ISBN 978-3-11-073783-7
ISBN 978-3-11-074139-1 (PDF)
ISBN 978-3-11-074151-3 (EPUB)
DOI https://doi.org/10.1515/9783110741391

Library of Congress Control Number: 2026934651

Bibliografische Information der Deutschen Nationalbibliothek
Die Deutsche Nationalbibliothek verzeichnet diese Publikation in der Deutschen Nationalbibliografie; detaillierte bibliografische Daten sind im Internet über http://dnb.dnb.de abrufbar.

De Gruyter und Walter de Gruyter GmbH sind Teil von De Gruyter Brill.
www.degruyterbrill.com

Fragen zur allgemeinen Produktsicherheit: productsafety@degruyterbrill.com

MIX
Papier | Fördert gute Waldnutzung
FSC® C083411
www.fsc.org

Druck: CPI books GmbH, Leck

Löwe-Rosenberg

Die Strafprozeßordnung und das Gerichtsverfassungsgesetz

Großkommentar

28., neu bearbeitete Auflage

herausgegeben von
Volker Erb, Robert Esser †, Kirsten Graalmann-Scheerer,
Alexander Ignor, Matthias Korte, Andreas Mosbacher

Achter Band
§§ 158–177

bearbeitet von
§§ 158–169a: Volker Erb
§§ 170–177: Malte Merz
Sachregister: Christian Klie

DE GRUYTER

Großkommentare der Praxis

Die Bearbeiterinnen und Bearbeiter der 28. Auflage

Dr. *Camilla Bertheau*, Rechtsanwältin in Berlin, Richterin am Anwaltsgericht Berlin
Dr. *Tillmann Bößx*, Richter am Landgericht, Bundesanwaltschaft, Karlsruhe
Gabriele Cirener, Vorsitzende Richterin am Bundesgerichtshof, Leipzig
Dr. *Susanne Claus*, Regierungsdirektorin im Bundesministerium der Justiz und für Verbraucherschutz, Berlin
Dr. *Volker Erb*, Professor an der Johannes Gutenberg-Universität Mainz
Dr. *Robert Esser* †, Professor an der Universität Passau
Dr. *Karsten Gaede*, Professor an der Bucerius Law School, Hamburg
Kerstin Gärtner, Richterin am Kammergericht, Berlin
Dr. *Julia Geneuss*, Professorin an der Universität Potsdam
Dr. *Oliver Harry Gerson*, Privatdozent an der Universität Passau
Dr. *Dirk Gittermann*, Richter am Oberlandesgericht Celle
Dr. *Sabine Gleß*, Professorin an der Universität Basel
Dr. *Kirsten Graalmann-Scheerer*, Generalstaatsanwältin a.D. in Bremen, Honorarprofessorin an der Hochschule für öffentliche Verwaltung in Bremen
Dr. *Georg-Friedrich Güntge*, Leitender Oberstaatsanwalt bei der Generalstaatsanwaltschaft in Schleswig, Honorarprofessor an der Christian-Albrechts-Universität zu Kiel
Klaus-Peter Hanschke, Richter am Kammergericht a.D., Berlin
Dr. *Pierre Hauck*, Professor an der Justus-Liebig-Universität Gießen
Dr. Dr. *Alexander Ignor*, Rechtsanwalt in Berlin, Apl. Professor an der Humboldt-Universität zu Berlin
Dr. *Christian Jäger*, Professor an der Friedrich-Alexander-Universität Erlangen-Nürnberg
Dr. *Matthias Jahn*, Professor an der Goethe-Universität Frankfurt am Main, Richter am Oberlandesgericht Frankfurt a. M.
Dr. *Björn Jesse*, Vorsitzender Richter am Landgericht Frankfurt (Oder)
Dr. *Pascal Johann*, Rechtsanwalt in Wiesbaden
Dr. *Daniel M. Krause*, Rechtsanwalt in Berlin
Dr. *Matthias Krauß*, Bundesanwalt beim Bundesgerichtshof, Karlsruhe
Claudia Kurtze, Vorsitzende Richterin am Landgericht Landau in der Pfalz
Detlef Lind, Richter am Kammergericht a.D., Berlin
Dr. *Beatrix Lindner*, Referatsleiterin Opferschutz und Datenschutz im Strafverfahren; Gerichtsverfassung im Bundesministerium der Justiz und für Verbraucherschutz, Berlin
Dr. *Holger Mann*, Richter am Kammergericht, Berlin
Dr. *Markus Mavany*, Richter am Landgericht Trier
Dr. *Eva Menges*, Vorsitzende Richterin am Bundesgerichtshof, Karlsruhe
Dr. *Malte Merz*, Oberstaatsanwalt beim Bundesgerichtshof, Karlsruhe
Dr. *Andreas Mosbacher*, Richter am Bundesgerichtshof, Leipzig, Honorarprofessor an der Universität Leipzig
Dr. *Bernhard Nicknig*, Richter am Oberlandesgericht Köln
Dr. *Ali B. Norouzi*, Rechtsanwalt in Berlin, Honorarprofessor an der Humboldt-Universität zu Berlin
Dr. *Günther M. Sander*, Vorsitzender Richter am Bundesgerichtshof a.D., Leipzig, Honorarprofessor an der Humboldt-Universität zu Berlin
Dr. *Charlotte Schmitt-Leonardy*, Professorin an der Universität Bielefeld
Dr. *Frank Peter Schuster*, Professor an der Julius-Maximilians-Universität Würzburg
Dr. *Eric Simon*, Oberstaatsanwalt beim Bundesgerichtshof, Karlsruhe
Dr. *Carl-Friedrich Stuckenberg*, Professor an der Rheinischen Friedrich-Wilhelms-Universität Bonn
Dr. *Michael Tsambikakis*, Rechtsanwalt in Köln, Honorarprofessor an der Universität Passau
Dr. *Brian Valerius*, Professor an der Universität Passau
Marc Wenske, Richter am Bundesgerichtshof, Leipzig
Dr. *Raik Werner*, Richter am Bundesgerichtshof, Leipzig, Honorarprofessor an der Ludwig-Maximilians-Universität München

 | https://doi.org/10.1515/9783110741391-201

Vorwort

Der LÖWE-ROSENBERG feierte 2024 seinen 145. Geburtstag und ist damit das älteste aktuelle Erläuterungswerk zur Strafprozessordnung und der mit ihr verbundenen Gesetze. Als Großkommentar hat er die Aufgabe, die Rechtslage und die rechtlichen Probleme des Strafverfahrensrechts möglichst vollständig darzustellen und Wege zur Lösung auch entlegener Fragen aufzuzeigen. In einem an Praxis und Wissenschaft gleichermaßen gerichteten Werk muss dabei der Praxisbezug theoretischer Streitfragen und die historische Entwicklung des geltenden Rechts deutlich werden. Die Entstehungsgeschichte der Strafprozessordnung und der Strafgerichtsverfassung seit dem Inkrafttreten der Reichsjustizgesetze nebst dem Recht der Vereinigung Deutschlands sowie die Entstehungsgeschichte der einzelnen Vorschriften sind dabei sorgfältig darzustellen.

Die über 145-jährige Entwicklung des Strafprozessrechts in Deutschland seit Inkrafttreten der RStPO am 1.10.1879, die ständigen Änderungen sowie eine sich zunehmend verfeinernde und immer stärker ausdifferenzierende Auslegung der Normen in der Rechtsprechung und in der Strafrechtswissenschaft stellen vor dem Hintergrund des gesellschaftlichen und wissenschaftlich-technischen Wandels eine stetige Herausforderung dar. Zur Aufgabe eines Großkommentars gehört es, sowohl den Rückgriff auf die Grundprinzipien zu ermöglichen als auch die Ausdifferenzierung zu dokumentieren und, soweit erforderlich, zu bewerten und zu systematisieren.

Inhaltlich wird die Konzeption des LÖWE-ROSENBERG auch in der 28. Auflage im Wesentlichen beibehalten. Der Einfluss der Menschenrechte, des Rechts der Europäischen Union und der Rechtsprechung europäischer und internationaler Gerichte sowie das Recht der Strafgerichtsverfassung und die Rechtsprechung nationaler Gerichte werden eingehend berücksichtigt.

Auf der Grundlage dieser Konzeption ist jeder Autor und jede Autorin für den Inhalt seiner oder ihrer Kommentierung verantwortlich.

Die zunehmende Flut der Veröffentlichungen hat inzwischen einen Umfang erreicht, der es nicht mehr in allen Bereichen möglich macht, den Grundsatz der vollständigen Dokumentation des Materials uneingeschränkt zu erfüllen. Es bleibt daher der Verantwortung eines jeden Autors und einer jeden Autorin überlassen, ob und in welchem Umfang er oder sie eine Auswahl trifft.

Für die 28. Auflage sind derzeit 19 Bände mit etwa 15.000 Seiten geplant, wobei für die Bände 1 und 2 jeweils zwei Teilbände vorgesehen sind. Das Werk erscheint wie bisher (teil-) bandweise. Die Autorinnen und Autoren sind im Autorenverzeichnis eines jeden Bandes aufgeführt.

Vier Herausgeber und eine Herausgeberin betreuen den Kommentar derzeit insgesamt, regelmäßig sind jeweils zwei für einen Band verantwortlich. Der Mitherausgeber Prof. Dr. Robert Esser ist im November 2025 völlig unerwartet und viel zu früh gestorben. Mit ihm verlieren Verlag und Herausgeber einen bewundernswert tatkräftigen, hilfsbereiten und engagierten Mitstreiter, dessen Mitwirken seit der 26. Auflage den Kommentar maßgeblich geprägt hat.

Verlag, Herausgeber und Autoren sind stets bemüht, die hohen Erwartungen zu erfüllen, die sich mit dem LÖWE-ROSENBERG seit jeher verbinden.

Der hiermit vorgelegte Band 8 hat den Bearbeitungsstand 11. Mai 2026. Autoren der Kommentierung des zweiten Abschnitts des zweiten Buchs der StPO „Vorbereitung der öffentlichen Klage" sind Herr Prof. Dr. Volker Erb, Johannes Gutenberg-Universität Mainz (§§ 158 bis 169a StPO), und Herr Oberstaatsanwalt beim Bundesgerichtshof Dr. Malte Merz, Karlsruhe (§§ 170 bis 177 StPO).

Berlin, im Mai 2026 Die Herausgeber

 | https://doi.org/10.1515/9783110741391-202

Hinweise für die Benutzung des Löwe-Rosenberg

1. Inhalt der Kommentierung

Der LÖWE-ROSENBERG kommentiert die StPO, das EGStPO, das GVG und das EGGVG (mit Ausnahme der nur den Zivilprozess betreffenden Teile) sowie die EMRK und den IPBPR (mit Schwerpunkt auf den strafverfahrensrechtlich besonders bedeutsamen Regelungen). Wenig bekannte oder schwer auffindbare strafverfahrensrechtliche Nebengesetze, deren Wortlaut für die Kommentierung erforderlich ist, werden bei den einschlägigen Erläuterungen im Kleindruck wiedergegeben.

2. Erscheinungsweise und Stand der Bearbeitung

Die 28. Auflage des LÖWE-ROSENBERG erscheint in **Bänden**, deren Erscheinungs-Reihenfolge von der des Gesetzes abweichen kann. Die Bände werden in der vom Gesetz vorgegebenen Reihenfolge durchnummeriert.

Der **Stand der Bearbeitung** ist dem Vorwort jedes Bandes zu entnehmen. Die Autoren sind bemüht, besonders wichtige Änderungen und Entwicklungen auch noch nach diesem Stichtag bis zur Drucklegung des Bandes zu berücksichtigen.

3. Bearbeiter/in

Jede/r Bearbeiter/in (in der Fußzeile angegeben) trägt für seinen bzw. ihren Teil die alleinige inhaltliche Verantwortung. Die Stellungnahmen zu Rechtsfragen, die an mehreren Stellen des Kommentars behandelt werden, können daher voneinander abweichen. Auf solche Abweichungen wird nach Möglichkeit hingewiesen.

4. Aufbau der Kommentierung

Neben der umfassenden Einleitung zum Gesamtwerk sind den Untereinheiten der kommentierten Gesetze (Bücher, Abschnitte, Titel), soweit erforderlich, **Vorbemerkungen** vorangestellt, die das für die jeweilige Untereinheit Gemeinsame erläutern.

Der den Vorbemerkungen und den Kommentierungen der einzelnen Vorschriften erforderlichenfalls vorangestellte Abschnitt **Geltungsbereich** enthält Hinweise auf zeitliche und örtliche Besonderheiten. Der Abschnitt **Entstehungsgeschichte** gibt, abgesehen von ganz unwesentlichen Änderungen, die Entwicklung der geltenden Fassung der Vorschrift vom Erlass des jeweiligen Gesetzes an wieder. Fehlt er, so kann davon ausgegangen werden, dass die Vorschrift unverändert ist. Der Hinweis auf **geplante Änderungen** verzeichnet Änderungsvorschläge, die sich zum Redaktionsschluss im parlamentarischen Gesetzgebungsverfahren befinden.

Die Erläuterungen sind nach systematischen Gesichtspunkten gegliedert, die durch Überschriften oder Stichworte hervorgehoben sind. In der Regel ist den Erläuterungen eine **systematische Übersicht** vorangestellt. Soweit angebracht, wird sie bei besonders umfangreichen Erläuterungen durch eine **alphabetische Übersicht** ergänzt. Bei den Erläuterungen selbst werden für jede Vorschrift (zur Erleichterung des Zitierens) durchlaufende Randnummern verwendet.

5. Schrifttum

Der Kommentar enthält am Anfang jedes Bandes ein allgemeines Literaturverzeichnis, das nur die häufiger verwendete oder allgemeine Literatur enthält. Den Vorbemerkungen und den Kommentierungen der einzelnen Vorschriften sind Schrifttumsverzeichnisse vorangestellt, die einen Überblick über das wesentliche Schrifttum zu dem jeweils behandelten Thema geben.

6. Zitierweise

Literatur, die in diesen Schrifttumsverzeichnissen enthalten ist, wird im laufenden Text im Allgemeinen nur mit dem Namen des Verfassers/der Verfasserin oder der sonstigen im Schrifttumsverzeichnis angegebenen Kurzbezeichnung zitiert, doch wird bei Veröffentlichungen in Zeitschriften vielfach auch die genaue Fundstelle nachgewiesen. Sonst sind selbständige Werke mit (gelegentlich verkürztem) Titel und Jahreszahl, unselbständige Veröffentlichungen (auch Beiträge in Festschriften u.ä.) mit der Fundstelle angegeben. **Auflagen** sind durch hochgestellte Zahlen gekennzeichnet; fehlt eine solche Angabe, so wird aus der Auflage zitiert, die im allgemeinen Schrifttumsverzeichnis angegeben ist. Hat ein Werk Randnummern, so wird nach diesen, sonst nach Seitenzahl oder Gliederungspunkten zitiert.

Befindet sich beim Zitat anderer **Kommentare** die in Bezug genommene Stelle in demselben Paragraphen, so wird nur die Randnummer oder (bei deren Fehlen) der Gliederungspunkt angegeben; wird auf die Erläuterungen in einem anderen Paragraphen Bezug genommen, so wird dieser genannt. Entsprechend wird auch im LÖWE-ROSENBERG selbst verwiesen. Verweise innerhalb des Werks beziehen sich auf die aktuelle Auflage, sofern nicht anders angegeben. Ist der Band mit den Erläuterungen, auf die verwiesen werden soll, noch nicht erschienen, so ist, soweit dies sachdienlich erschien, in Klammern ergänzend die genaue Fundstelle in der 27. Auflage angegeben.

Zeitschriften werden regelmäßig mit dem Jahrgang zitiert. Ausnahmen (Bandangabe) bilden namentlich ZStW, GA (bis 1933) und VRS; hier ist regelmäßig die Jahreszahl zusätzlich angegeben. Bei der Angabe der Fundstelle eines amtlichen Verkündungsblattes wird die Jahreszahl nur angegeben, wenn sie von der Jahreszahl der Rechtsvorschrift abweicht.

Entscheidungen werden im Allgemeinen nur mit einer Fundstelle angegeben. Dabei hat die amtliche Sammlung eines obersten Bundesgerichtes den Vorrang, sonst die Fundstelle, die die Entscheidung mit Anmerkung oder am ausführlichsten wiedergibt.

7. Abkürzungen

Die verwendeten Abkürzungen, namentlich von Gesetzen, Verwaltungsvorschriften, Entscheidungssammlungen, Zeitschriften usw. sind im Abkürzungsverzeichnis nachgewiesen.

Inhaltsverzeichnis

Abkürzungsverzeichnis

AA	Auswärtiges Amt
a.A.	anderer Ansicht
a.a.O.	am angegebenen Ort
Abg.	Abgeordneter
AbgG	Gesetz über die Rechtsverhältnisse der Mitglieder des Deutschen Bundestages (Abgeordnetengesetz – AbgG) vom 18.2.1977 i.d.F. der Bek. vom 21.2.1996 (BGBl. I S. 326)
abl.	ablehnend
ABl.	Amtsblatt
ABlEG	Amtsblatt der Europäischen Gemeinschaften; Ausgabe C: Mitteilungen und Bekanntmachungen; Ausgabe L: Rechtsvorschriften (zit.: ABlEG Nr. L ... /(Seite) vom ...)
ABlEU	Amtsblatt der Europäischen Union (ab 2003); Ausgabe C: Mitteilungen und Bekanntmachungen; Ausgabe L: Rechtsvorschriften (zit.: ABlEU Nr. L .../(Seite) vom ...)
ABMG	Autobahnmautgesetz für schwere Nutzfahrzeuge vom 5.4.2002 (BGBl. I S. 1234) aufgehoben durch Art. 6 Nr. 1 des Gesetzes vom 12.7.2011 (BGBl. I S. 1378)
Abs.	Absatz
Abschn.	Abschnitt
abw.	abweichend
ACHR	Arab Charter on Human Rights
AChRMV	Afrikanische Charta der Rechte der Menschen und Völker vom 26.6.1981, deutsche Übersetzung EuGRZ 1990, 348
AcP	Archiv für die civilistische Praxis
AdG	Adoptionsgesetz vom 2.7.1976 (BGBl. I S. 1749)
AdVermiG	Adoptionsvermittlungsgesetz vom 27.11.1989 (BGBl. I S. 2014) neugefasst durch Bek. vom 21.6.2021 (BGBl. I S. 2010)
a.E.	am Ende
AEPC	Association of European Police Colleges
ÄndG	Änderungsgesetz
ÄndVO	Änderungsverordnung
a.F.	alte Fassung
AfkKR	Archiv für katholisches Kirchenrecht
AfP	Archiv für Presserecht, Zeitschrift für Medien- und Kommunikationsrecht
AG	Amtsgericht; in Verbindung mit einem Gesetz: Ausführungsgesetz
AGB	Allgemeine Geschäftsbedingungen
AGH	Anwaltsgerichtshof
AGIS	Beschluss des Rates der Europäischen Union vom 22.7.2002 über ein Rahmenprogramm für die polizeiliche und justitielle Zusammenarbeit in Strafsachen – AGIS (ABlEG Nr. C 203 vom 1.8.2002, S. 5)
AGGewVerbrG	Ausführungsgesetz zum Gesetz gegen gefährliche Gewohnheitsverbrecher und über Maßregeln der Sicherung und Besserung vom 24.11.1933 (RGBl. I S. 1000)
AGGVG	Gesetz zur Ausführung des Gerichtsverfassungsgesetzes (Landesrecht)
AGS	Zeitschrift für das gesamte Gebührenrecht und Anwaltsmanagement
AGStPO	Ausführungsgesetz zur Strafprozessordnung (Landesrecht)
AHK	Alliierte Hohe Kommission
AI	Amnesty International
AIDP	Association Internationale de Droit Pénal
AJIL	American Journal of International Law
AK	Arbeitskreis
AKLS	Automatisches Kennzeichenlesesystem
AktG	Gesetz über Aktiengesellschaften und Kommanditgesellschaften auf Aktien (Aktiengesetz) vom 6.9.1965 (BGBl. I S. 1089)
AktO	Anweisung für die Verwaltung des Schriftguts bei den Geschäftsstellen der Gerichte und der Staatsanwaltschaften (Aktenordnung)
allg. M.	allgemeine Meinung

 | https://doi.org/10.1515/9783110741391-205

Alsb.E	Die strafprozessualen Entscheidungen der Oberlandesgerichte, herausgegeben von Alsberg und Friedrich (1927), 3 Bände
Alt.	Alternative
a.M.	anderer Meinung
AMRK	Amerikanische Menschenrechtskonvention vom 22.11.1969 (Pact of San José), deutsche Übersetzung EuGRZ 1980, 435
amtl.	amtlich
amtl. Begr.	amtliche Begründung
Anh.	Anhang
AnhRügG	Gesetz über die Rechtsbehelfe bei Verletzung des Anspruchs auf rechtliches Gehör (Anhörungsrügengesetz) vom 9.12.2004 (BGBl. I S. 3220)
Anl.	Anlage
Anm.	Anmerkung
AnwBl.	Anwaltsblatt
AöR	Archiv des öffentlichen Rechts
AO	Abgabenordnung vom 16.3.1976 (BGBl. I S. 613) i.d.F. der Bek. vom 1.10.2002 (BGBl. I S. 3866)
AOStrÄndG	Gesetz zur Änderung strafrechtlicher Vorschriften der Reichsabgabenordnung und anderer Gesetze vom 10.8.1967 (BGBl. I S. 877)
apf	Ausbildung Prüfung Praxis – Zeitschrift für die staatliche und kommunale Verwaltung
APR	Allgemeines Persönlichkeitsrecht
APuZ	Aus Politik und Zeitgeschichte (Zeitschrift)
ArbGG	Arbeitsgerichtsgesetz vom 3.9.1953 i.d.F. der Bek. vom 2.7.1979 (BGBl. I S. 853)
ArbRB	Der Arbeits-Rechtsberater
ArchKrim.	Archiv für Kriminologie
ArchPF	Archiv für das Post- und Fernmeldewesen
ArchPT	Archiv für Post und Telekommunikation (bis 1991: Archiv für Post und Fernmeldewesen – ArchPF)
ArchVR	Archiv des Völkerrechts
arg.	argumentum
Art.	Artikel
ASIL	The American Society of International Law
AsylG	Asylgesetz i.d.F. der Bek. vom 2.9.2008 (BGBl. I S. 1798)
ATDG	Gesetz zur Errichtung einer standardisierten zentralen Antiterrordatei von Polizeibehörden und Nachrichtendiensten von Bund und Ländern (Antiterrordateigesetz – ATDG) vom 22.12.2006 (BGBl. I S. 3409)
AtG	Gesetz über die friedliche Verwendung der Kernenergie und den Schutz gegen ihre Gefahren (Atomgesetz) vom 31.10.1976 (BGBl. I S. 3053) i.d.F. der Bek. vom 15.7.1985 (BGBl. I S. 1565)
AufenthG	Gesetz über den Aufenthalt, die Erwerbstätigkeit und die Integration von Ausländern im Bundesgebiet (Aufenthaltsgesetz – AufenthG), neugefasst durch Bek. vom 25.2.2008 (BGBl. I S. 162)
aufg.	aufgehoben
Aufl.	Auflage
AUILR	American University International Law Review
AUR	Agrar- und Umweltrecht
AuR	Arbeit und Recht (Zeitschrift)
ausf.	ausführlich
AuslG	Gesetz über die Einreise und den Aufenthalt von Ausländern im Bundesgebiet (Ausländergesetz) vom 9.7.1990 (BGBl. I S. 1354), außer Kraft getreten am 31.12.2004
AusnVO	Ausnahme-(Not-)Verordnung (1) VO zur Sicherung von Wirtschaft und Finanzen vom 1.12.1930 (RGBl. I S. 517) (2) VO zur Sicherung von Wirtschaft und Finanzen vom 6.10.1931 (RGBl. I S. 537, 563) (3) VO zur Sicherung von Wirtschaft und Finanzen und zum Schutz des inneren Friedens vom 8.12.1931 (RGBl. I S. 743)

	(4) VO über Maßnahmen auf dem Gebiet der Rechtspflege und Verwaltung vom 14.6.1932 (RGBl. I S. 285)
AV	Allgemeine Verfügung
AVG	Allgemeines Verwaltungsverfahrensgesetz (Österreich)
AVR	Archiv des Völkerrechts
AWG	Außenwirtschaftsgesetz vom 28.4.1961 (BGBl. I S. 481)
Az	Aktenzeichen
AZR-Gesetz	Gesetz über das Ausländerzentralregister (AZR-Gesetz) vom 2.9.1994 (BGBl. I S. 2265) i.d.F. der Bek. vom 23.12.2003 (BGBl. I S. 2848)
BACDJ	Bundesarbeitskreis Christlich Demokratischer Juristen
BAFin	Bundesanstalt für Finanzdienstleistungsaufsicht
BAG	Bundesarbeitsgericht
BAGE	Sammlung der Entscheidungen des Bundesarbeitsgerichts
BÄO	Bundesärzteordnung, neugefasst durch Bek. vom 16.4.1987 (BGBl. I S. 1218)
BAK	Blutalkoholkonzentration
BMAS	Bundesministerium für Arbeit und Soziales
BMFSFJ	Bundesministerium für Familie, Senioren, Frauen und Jugend
BAMF	Bundesamt für Migration und Flüchtlinge
BAnz.	Bundesanzeiger
BaWü.	Baden-Württemberg
Bay.	Bayern, bayerisch
BayAGGVG	Bayerisches Gesetz zur Ausführung des Gerichtsverfassungsgesetzes und von Verfahrensgesetzen des Bundes vom 23.6.1981 (BayGVBl. S. 188)
BayBS	Bereinigte Sammlung des Bayerischen Landesrechts (1802 bis 1956)
BayObLG	Bayerisches Oberstes Landesgericht
BayObLGSt	Sammlung von Entscheidungen des Bayerischen Obersten Landesgerichts in Strafsachen
BayPAG	Gesetz über die Aufgaben und Befugnisse der Bayerischen Staatlichen Polizei (Polizeiaufgabengesetz – PAG) i.d.F. d. Bek. vom 14.9.1990 (GVBl. S. 397)
BayRS	Bayerische Rechtssammlung (ab 1.1.1983)
BayStVollzG	Bayerisches Strafvollzugsgesetz vom 10.9.2007 (BayGVBl. S. 866)
BayVerf.	Verfassung des Freistaates Bayern vom 2.12.1946 (BayBS. I 3)
BayVerfGH	Bayerischer Verfassungsgerichtshof
BayVerfGHE	s. BayVGHE
BayVerwBl.	Bayerische Verwaltungsblätter
BayVGH	Bayerischer Verwaltungsgerichtshof
BayVGHE	Sammlung von Entscheidungen des Bayerischen Verwaltungsgerichtshofs mit Entscheidungen des Bayerischen Verfassungsgerichtshofes, des Bayerischen Dienststrafhofs und des Bayerischen Gerichtshofs für Kompetenzkonflikte
BayZ	Zeitschrift für Rechtspflege in Bayern (1905–34)
BB	Betriebs-Berater (Zeitschrift)
BBG	Bundesbeamtengesetz vom 14.7.1953 (BGBl. I S. 551) i.d.F. der Bek. vom 31.3.1999 (BGBl. I S. 675)
Bbg.	Brandenburg
BbgVerfG	Brandenburgisches Verfassungsgericht
BC	Business Compliance (Zeitschrift)
Bd.	Band
BDBOSG	Gesetz über die Errichtung einer Bundesanstalt für den Digitalfunk der Behörden und Organisationen mit Sicherheitsaufgaben (BDBOS-Gesetz – BDBOSG)
BDG	Bundesdisziplinargesetz vom 9.7.2001 (BGBl. I S. 1510)
BDH	Bundesdisziplinarhof (jetzt Bundesverwaltungsgericht)
BDSG	Bundesdatenschutzgesetz i.d.F. der Bek. vom 14.1.2003 (BGBl. I S. 66)
beA	besonderes elektronisches Anwaltspostfach
BeamtStG	Gesetz zur Regelung des Statusrechts der Beamtinnen und Beamten in den Ländern (Beamtenstatusgesetz – BeamtStG) vom 17.6.2008 (BGBl. I S. 1010)

Begr.	Begründung
BegrenzungsVO	Verordnung über die Begrenzung der Geschäfte des Rechtspflegers bei der Vollstreckung in Straf- und Bußgeldsachen vom 26.6.1970 (BGBl. I S. 992) i.d.F. der Bek. vom 16.2.1982 (BGBl. I S. 188)
BEG-SchlußG	Zweites Gesetz zur Änderung des Bundesentschädigungsgesetzes vom 14.9.1965 (BGBl. I S. 1315)
Bek.	Bekanntmachung
Bek. 1924	Strafprozeßordnung i.d.F. der Bek. vom 22.3.1924 (RGBl. I S. 299, 322)
Bek. 1950	Strafprozeßordnung i.d.F. der Bek. vom 12.9.1950 (BGBl. I S. 629)
Bek. 1965	Strafprozeßordnung i.d.F. der Bek. vom 17.9.1965 (BGBl. I S. 1373)
Bek. 1975	Strafprozeßordnung i.d.F. der Bek. vom 7.1.1975 (BGBl. I S. 129)
Bek. 1987	Strafprozeßordnung i.d.F. der Bek. vom 7.4.1987 (BGBl. I S. 1074)
beN	besonderes elektronisches Notarpostfach
ber.	berichtigt
BerHG	Gesetz über Rechtsberatung und Vertretung für Bürger mit geringem Einkommen (Beratungshilfegesetz) vom 18.6.1980 (BGBl. I S. 689)
BerlPVG	Berliner Polizeiverwaltungsgesetz
BerlVerf	Verfassung von Berlin
BerlVerfGH	Berliner Verfassungsgerichtshof
BerRehaG	Gesetz über den Ausgleich beruflicher Benachteiligungen für Opfer politischer Verfolgung im Beitrittsgebiet (Berufliches Rehabilitierungsgesetz – BerRehaG) vom 23.6.1994 (BGBl. I S. 1314)
Beschl.	Beschluss
Bespr.	Besprechung
beSt	besonderes elektronisches Steuerberaterpostfach
betr.	betreffend
BeurkG	Beurkundungsgesetz vom 28.8.1969 (BGBl. I S. 1513)
BewHi.	Bewährungshilfe (Zeitschrift)
BezG	Bezirksgericht
Bf.	Beschwerdeführer
BFH	Bundesfinanzhof
BFHE	Sammlung der Entscheidungen des Bundesfinanzhofs (BFH)
BfJG	Gesetz über die Errichtung des Bundesamtes für Justiz = Art. 1 des Gesetzes zur Errichtung und zur Regelung der Aufgaben des Bundesamtes für Justiz vom 17.12.2006 (BGBl. I S. 3171)
BGB	Bürgerliches Gesetzbuch vom 18.8.1896 (RGBl. S. 195) i.d.F. der Bek. vom 2.1.2002 (BGBl. I S. 42, ber. S. 2909 und BGBl. 2003 I S. 738)
BGBl. I, II, III	Bundesgesetzblatt Teil I, II und III
BGer	Schweizerisches Bundesgericht
BGH	Bundesgerichtshof
BGH-DAT	Datenbank der Rechtsprechung des Bundesgerichtshofs auf CD-ROM, herausgegeben von Werner Theune
BGH (ER)	Ermittlungsrichter beim Bundesgerichtshof
BGHE Strafs.	Rechtsprechung des Bundesgerichtshofes in Strafsachen auf CD-ROM, herausgegeben von Mitgliedern des Gerichts
BGHGrS	Bundesgerichtshof, Großer Senat (hier in Strafsachen)
BGHR	BGH-Rechtsprechung in Strafsachen (Loseblattsammlung)
BGHRZ	BGH-Rechtsprechung in Zivilsachen (Loseblattsammlung)
BGHSt	Entscheidungen des Bundesgerichtshofs in Strafsachen
BGHZ	Entscheidungen des Bundesgerichtshofs in Zivilsachen
BGSG	Gesetz über den Bundesgrenzschutz (Bundesgrenzschutzgesetz – BGSG) vom 19.10.1994 (BGBl. I S. 2978)
BGSNeuRegG	Gesetz zur Neuregelung der Vorschriften über den Bundesgrenzschutz (Bundesgrenzschutzneuregelungsgesetz – BGSNeuRegG) vom 19.10.1994 (BGBl. I S. 2978)

BHRJ	Business and Human Rights Journal
BinSchG	Gesetz betr. die privatrechtlichen Verhältnisse der Binnenschiffahrt (Binnenschiffahrtsgesetz) vom 15.6.1895 i.d.F. der Bek. vom 15.6.1898 (RGBl. S. 868)
BinSchGerG	Gesetz über das gerichtliche Verfahren in Binnenschiffahrtssachen vom 27.9.1952 (BGBl. I S. 641)
BJM	Basler Juristische Mitteilungen
BJOG	An International Journal of Obstetrics and Gynaecology
BKA	Bundeskriminalamt
BKAG	Gesetz über das Bundeskriminalamt und die Zusammenarbeit des Bundes und der Länder in kriminalpolizeilichen Angelegenheiten (Bundeskriminalamtgesetz – BKAG) vom 1.6.2017 (BGBl. I S. 1354)
Bln.	Berlin
Bln.GVBl.Sb.	Sammlung des bereinigten Berliner Landesrechts, Sonderband I (1806 bis 1945) und II (1945 bis 1967)
Blutalkohol	Blutalkohol, Wissenschaftliche Zeitschrift für die medizinische und juristische Praxis
BMI	Bundesminister(-ium) des Innern und für Heimat
BMinG	Gesetz über die Rechtsverhältnisse der Mitglieder der Bundesregierung (Bundesministergesetz) vom 17.6.1953 (BGBl. I S. 407) i.d.F. der Bek. vom 27.7.1971 (BGBl. I S. 1166)
BMJ	Bundesminister(-ium) für Justiz
BMJV	Bundesminister(-ium) der Justiz und für Verbraucherschutz
BNDG	Gesetz über den Bundesnachrichtendienst vom 20.12.1990 (BGBl. I S. 2979) i.d.F. der Bek. vom 9.1.2002 (BGBl. I S. 361 ff.)
Bonn.Komm.	Kommentar zum Bonner Grundgesetz (Loseblattausgabe)
BORA	Berufsordnung für Rechtsanwälte i.d.F. der Bek. vom 1.11.2001
BPolBG	Bundespolizeibeamtengesetz i.d.F. der Bek. vom 3.6.1976 (BGBl. I S. 1357)
BR	s. BRat
BRAGO	Bundesgebührenordnung für Rechtsanwälte vom 26.7.1957 (BGBl. I S. 907); ersetzt durch das Rechtsanwaltsvergütungsgesetz (RVG) aufgehoben durch Art. 6 Nr. 4 des Gesetzes vom 5.5.2004 (BGBl. I S. 718, 850)
BRAK	Bundesrechtsanwaltskammer
BRAK-Mitt.	Mitteilungen der Bundesrechtsanwaltskammer
BranntWMonG	Branntweinmonopolgesetz vom 8.4.1922 (RGBl. I S. 405; BGBl. III 612-7)
BRAO	Bundesrechtsanwaltsordnung vom 1.8.1959 (BGBl. I S. 565)
BRat	Bundesrat
BRDrucks.	Drucksachen des Bundesrats
BReg.	Bundesregierung
Brem.	Bremen
BRJ	Bonner Rechtsjournal
BRProt.	Protokolle des Bundesrates
BS	Sammlung des bereinigten Landesrechts
BSG	Bundessozialgericht
Bsp.	Beispiel
BT	Bundestag
BTDrucks.	Drucksachen des Bundestags
BtG	Gesetz zur Reform des Rechts der Vormundschaft und Pflegschaft für Volljährige (Betreuungsgesetz – BtG) vom 12.9.1990 (BGBl. I S. 2002) aufgehoben durch Art. 9 und 10 des Gesetzes vom 19.4.2006 (BGBl. I S. 866)
BtMG	Gesetz über den Verkehr mit Betäubungsmitteln (Betäubungsmittelgesetz) vom 28.7.1981 (BGBl. I S. 681) i.d.F. der Bek. vom 1.3.1994 (BGBl. I S. 358)
BTProt.	s. BTVerh.
BTRAussch.	Rechtsausschuss des Deutschen Bundestags
BTVerh.	Verhandlungen des Deutschen Bundestags
BVerfG	Bundesverfassungsgericht

BVerfGE	Entscheidungen des Bundesverfassungsgerichts
BVerfGG	Gesetz über das Bundesverfassungsgericht vom 12.3.1951 i.d.F. der Bek. vom 11.8.1993 (BGBl. I S. 1473)
BVerfGK	Kammerentscheidungen des Bundesverfassungsgerichts
BVerfSchG	Gesetz über die Zusammenarbeit des Bundes und der Länder in Angelegenheiten des Verfassungsschutzes und über das Bundesamt für Verfassungsschutz (Bundesverfassungsschutzgesetz) vom 20.12.1990 (BGBl. I S. 2954)
BVerwG	Bundesverwaltungsgericht
BVerwGE	Entscheidungen des Bundesverwaltungsgerichts
BV-G	Bundesverfassungsgesetz (österreichische Verfassung)
BVGer	Schweizerisches Bundesverwaltungsgericht (BVGer), St. Gallen
BW	Baden-Württemberg
BWahlG	Bundeswahlgesetz neugefasst durch Bek. vom 23.7.1993 (BGBl. I S. 1288, 1594)
bzgl.	bezüglich
BZR	Bundeszentralregister
BZRG	Gesetz über das Zentralregister und das Erziehungsregister (Bundeszentralregistergesetz), neugefasst durch Bek. vom 21.9.1984 (BGBl. I S. 1229, 1985 I S. 195);
2. BZRÄndG	Zweites Gesetz zur Änderung des Bundeszentralregistergesetzes (2. BZRÄndG) vom 17.7.1984 (BGBl. I S. 990)
bzw.	beziehungsweise
CAT	s. UN-CAT
Causa Sport	Die Sport-Zeitschrift für nationales und internationales Recht sowie für Wirtschaft
CB	Compliance Berater (Zeitschrift)
CCBE	Council of the Bars and Law Societies of the European Union
CCC	Constitutio Criminalis Carolina
CCJE	Consultative Council of European Judges
CCPR	s. HRC
CCZ	Corporate Compliance Zeitschrift
CD	Collection of Decisions Bd. 1 bis 46 (1960 bis 1974), Entscheidungen der Europäischen Kommission für Menschenrechte über die Zulässigkeit von Beschwerden
CDDH	Steering Committee for Human Rights (Europarat)
CDE	Cahiers de droit européen (Zeitschrift)
CDPC	European Committee on Crime Problems
CEAS	Common European Asylum System
CELJ	China-EU Law Journal
CEPEJ	European Commission on the Efficiency of Justice
CEPOL	European Police College (Budapest)
CERD	Internationales Übereinkommen zur Beseitigung von jeder Form von Rassendiskriminierung (CERD) vom 7.3.1966
CERT	Computer Emergency Response Team
CETS	(vgl. CTS)
ChE	Chiemsee-Entwurf (Verfassungsausschuß der Ministerpräsidentenkonferenz der Westlichen Besatzungszonen. Bericht über den Verfassungskonvent auf Herrenchiemsee vom 10. bis 23.8.1948) (1948)
ChemG	Chemikaliengesetz i.d.F. der Bek. vom 20.6.2002 (BGBl. I S. 2090)
CJ	Corpus Juris
CJEL	Columbia Journal of European Law
CMLRev	Common Market Law Review
COSI	Ständiger Ausschuss für die operative Zusammenarbeit im Bereich der inneren Sicherheit (EU)
COVuR	COVID-19 und Recht (Zeitschrift)
CPP	Code de procédure pénale
CPS	Crown Prosecution Service

CPT	Committee for the Prevention of Torture – Europäischer Ausschuss zur Verhütung von Folter und unmenschlicher oder erniedrigender Behandlung oder Strafe (Europarat)
CR	Computer und Recht (Zeitschrift)
CRC	Übereinkommen über die Rechte des Kindes vom 20.11.1989 (BGBl. 1992 II S. 122)
Crim.L.R.	Criminal Law Review
CrimeLawSoc-Change	Crime, Law and Social Change (Zeitschrift)
CSW	Cross-Border Surveillance Working Group
CWÜAG	Ausführungsgesetz zum Chemiewaffenübereinkommen vom 2.8.1994 (BGBl. I S. 1954)
DA	Dienstanweisung
DAG	Deutsches Auslieferungsgesetz vom 23.12.1929 (BGBl. I S. 239), aufgehoben durch IRG vom 23.12.1982 (BGBl. I S. 2071)
DAJV-Newsletter	Zeitschrift der Deutsch-Amerikanischen Juristen-Vereinigung e.V.
DAR	Deutsches Autorecht (Zeitschrift)
DAV	DeutscherAnwaltVerein
DB	Der Betrieb (Zeitschrift)
DDevR	Deutsche Devisen-Rundschau (1951–59)
DDR	Deutsche Demokratische Republik
ders.	derselbe
DERechtsmittelG	Diskussionsentwurf für ein Gesetz über die Rechtsmittel in Strafsachen, im Auftrag der JMK vorgelegt von der Bund-Länder-Arbeitsgruppe Strafverfahrensreform (1975)
DG	Disziplinargesetz (der Länder)
Die Justiz	Die Justiz, Amtsblatt des Justizministeriums Baden-Württemberg
Die Polizei	Die Polizei (seit 1955: Die Polizei – Polizeipraxis)
dies.	dieselbe
Diss.	Dissertation
DiszO	Disziplinarordnung (der Länder)
DJ	Deutsche Justiz, Rechtspflege und Rechtspolitik (1933–45)
DJT	Deutscher Juristentag (s. auch VerhDJT)
DJZ	Deutsche Juristenzeitung (1896–1936)
DNA-AnalyseG	Gesetz zur Novellierung der forensischen DNA-Analyse vom 12.8.2005 (BGBl. I S. 2360)
DNA-IFG	DNA-Identitätsfeststellungsgesetz vom 7.9.1998 (BGBl. I S. 2646; 1999 I S. 1242) aufgehoben durch Art. 4 des Gesetzes vom 12.8.2005 (BGBl. I S. 2360, 2362)
DNP	Die Neue Polizei
DNutzG	Gesetz zur effektiveren Nutzung von Dateien im Bereich der Staatsanwaltschaften vom 10.9.2004 (BGBl. I S. 2318)
DÖD	Der Öffentliche Dienst
DÖV	Die Öffentliche Verwaltung
DOGE	Entscheidungen des Deutschen Obergerichts für das Vereinigte Wirtschaftsgebiet
DPA	Deutsches Patentamt
DR	Deutsches Recht (1931 bis 1945) Decisions and Reports (ab 1975): Entscheidungen über die Zulässigkeit von Beschwerden; Berichte der Europäischen Kommission für Menschenrechte; Resolutionen des Ministerkomitees des Europarates
DRechtsw.	Deutsche Rechtswissenschaft (1936–43)
DRiG	Deutsches Richtergesetz, neugefasst durch Bek. vom 19.4.1972 (BGBl. I S. 713)
DRiZ	Deutsche Richterzeitung
DRpfl.	Deutsche Rechtspflege (1936–1939)
DRsp.	Deutsche Rechtsprechung, herausgegeben von Feuerhake (Loseblattsammlung)
Drucks.	Drucksache
DRZ	Deutsche Rechts-Zeitschrift (1946 bis 1950)
DSB	Datenschutz-Berater
DSGVO	Datenschutzgrundverordnung
DSteuerR	Deutsches Steuerrecht (Zeitschrift)

DStR	Deutsches Strafrecht (1934 bis 1944)
DStRE	Deutsches Steuerrecht Entscheidungsdienst (Zeitschrift)
DStrZ	Deutsche Strafrechts-Zeitung (1914 bis 1922)
DStZ	Deutsche Steuer-Zeitung
dt.	deutsch
DtBR	Das Deutsche Bundesrecht, Gesetzessammlung mit Erläuterungen (Loseblattausgabe)
DtZ	Deutsch-Deutsche Rechts-Zeitschrift
DuD	Datenschutz und Datensicherheit (Zeitschrift)
DuR	Demokratie und Recht (Zeitschrift)
DVBl.	Deutsches Verwaltungsblatt (Zeitschrift)
DVO	Durchführungsverordnung
DVollzO	Dienst- und Vollzugsordnung
DVOVereinf.VO	Verordnung zur Durchführung der Verordnung über Maßnahmen auf dem Gebiete der Gerichtsverfassung und der Rechtspflege vom 8.9.1939 (RGBl. I S. 1703)
DVOZust.VO	Verordnung zur Durchführung der Verordnung über die Zuständigkeit der Strafgerichte, die Sonderstrafgerichte sowie sonstige strafverfahrensrechtliche Vorschriften vom 13.3.1940 (RGBl. I S. 489)
DVP	Deutsche Verwaltungspraxis – Fachzeitschrift für die öffentliche Verwaltung
DVR	Datenverarbeitung im Recht (Zeitschrift)
DWiR	Deutsche Zeitschrift für Wirtschaftsrecht
E	Entwurf
e^2A	ergonomischer elektronischer Arbeitsplatz
E. & P.	International Journal of Evidence & Proof
EA	Vertrag über Gründung der Europäischen Atomgemeinschaft i.d.F. nach dem 1.5.1999
EAG	Europäische Atomgemeinschaft
EAGV	Vertrag zur Gründung der Europäischen Atomgemeinschaft vom 25.3.1957, Ges. vom 27.7.1957 (BGBl. II S. 753), Bek. vom 27.12. 1957 (BGBl. 1958 II S. 1)
EAJLG	European-Asian Journal of Law and Governance
E-Akte	Elektronische Akte
EAkteJEG	Gesetz zur Einführung der elektronischen Akte in der Justiz und zur weiteren Förderung des elektronischen Rechtsverkehrs vom 5.7.2017 (BGBl. I S. 2208)
eaS	E-Akte als Service
EAW	European Arrest Warrant, s. EuHb
EB	Ergänzungsband
EBA	Europäische Beweisanordnung
EBAO	Einforderungs- und Beitreibungsanordnung i.d.F. der Bek. vom 1.4.2001
ebda.	Ebenda
eBO	elektronisches Bürger- und Organisationenpostfach
ECBA	European Criminal Bar Association
ECG	European Cooperation Group on Undercover Activities (ECG)
ECJ	s. EuGH (European Court of Justice)
ECLAN	European Criminal Law Academic Network
ECOSOC	Wirtschafts- und Sozialrat (UN)
ECPI	European Criminal Policy Initiative
ECPT	Europäisches Übereinkommen zur Verhütung von Folter und unmenschlicher oder erniedrigender Behandlung oder Strafe vom 26.11.1987 (ETS 126; BGBl. 1989 II S. 946)
ECRI	European Commission against Racism and Intolerance/Europäische Kommission gegen Rassismus und Intoleranz
ECRIS	European Criminal Records Information System
EDS/EDU	Europäische Drogeneinheit (Vorläufer von Europol)/European Drug Unit
EDV	Elektronische Datenverarbeitung
EEA	Europäische Ermittlungsanordnung/European Investigation Order (EIO)

EFG	Entscheidungen der Finanzgerichte (Zeitschrift)
EG	Vertrag zur Gründung einer Europäischen Gemeinschaft i.d.F. nach dem 1.5.1999 (vor dem 1.5.1999: EGV); Europäische Gemeinschaft
EGBGB	Einführungsgesetz zum Bürgerlichen Gesetzbuch vom 18.8.1896 (RGBl. S. 604) i.d.F. der Bek. vom 21.9.1994 (BGBl. I S. 2494)
EGFaxÜbk	Abkommen vom 26.5.1989 zwischen den Mitgliedstaaten der Europäischen Gemeinschaften über die Vereinfachung und Modernisierung der Verfahren zur Übermittlung von Auslieferungsersuchen (BGBl. 1995 II S. 969)
EGFinSchÜbk	Übereinkommen vom 26.7.1995 über den Schutz der finanziellen Interessen der Europäischen Gemeinschaften (PIF-Übereinkommen; ABlEG Nr. C 316 vom 27.11.1995, S. 49)
EGFinSchG	Gesetz zu dem Übereinkommen vom 26. Juli 1995 über den Schutz der finanziellen Interessen der Europäischen Gemeinschaften (EG-Finanzschutzgesetz – EGFinSchG) vom 10.9.1998 (BGBl. II S. 2322)
EGG	Gesetz über rechtliche Rahmenbedingungen für den elektronischen Geschäftsverkehr (Elektronischer Geschäftsverkehr-Gesetz – EGG) vom 14.12.2001 (BGBl. I S. 3721)
EGGVG	Einführungsgesetz zum Gerichtsverfassungsgesetz vom 27.1.1877 (RGBl. S. 77) zuletzt geändert durch Art. 3 des Gesetzes vom 25.6.2021 (BGBl. I S. 2099)
EGH	Ehrengerichtshof in Anwaltssachen
EGInsO	Einführungsgesetz zur Insolvenzordnung vom 5.10.1994 (BGBl. I S. 2911) zuletzt geändert durch Art. 36 des Gesetzes vom 10.8.2021 (BGBl. I S. 3436)
EGKS	Europäische Gemeinschaft für Kohle und Stahl
EGKSV	Vertrag über die Gründung der EGKS vom 18.4.1951 (BGBl. II S. 447)
EGMR	Europäischer Gerichtshof für Menschenrechte
EGMR (GK)	Europäischer Gerichtshof für Menschenrechte (Große Kammer)
EGMR (K)	Europäischer Gerichtshof für Menschenrechte (Kammer)
EGMRVerfO	Verfahrensordnung des Europäischen Gerichtshofs für Menschenrechte (Rules of Court) i.d.F. der Bek. vom 28.3.2024 (www.echr.coe.int)
EG-ne bis in idem-Übk	Übereinkommen vom 25.5.1987 zwischen den Mitgliedstaaten der Europäischen Gemeinschaften über das Verbot der doppelten Strafverfolgung – EG-ne bis in idem-Übk (BGBl. 1998 II S. 2227)
EGOWiG	Einführungsgesetz zum Gesetz über Ordnungswidrigkeiten vom 24.5.1968 (BGBl. I S. 503)
EGStGB 1870	Einführungsgesetz zum Strafgesetzbuch vom 31.5.1870 (RGBl. S.195)
EGStGB 1974	Einführungsgesetz zum Strafgesetzbuch vom 2.3.1974 (BGBl. I S.469)
EGStPO	Einführungsgesetz zur Strafprozeßordnung vom 1.2.1877
EGV	Vertrag zur Gründung einer Europäischen Gemeinschaft i.d.F. vor dem 1.5.1999 (nach dem 1.5.1999: EG)
EGVollstrÜbk	Übereinkommen vom 13.11.1991 zwischen den Mitgliedstaaten der Europäischen Gemeinschaft über die Vollstreckung ausländischer strafrechtlicher Verurteilungen
EGVP	Elektronisches Gerichts- und Verwaltungspostfach
EGWStrG	Einführungsgesetz zum Wehrstrafgesetz vom 30.4.1957 (BGBl. I S. 393)
EGZPO	Einführungsgesetz zur Zivilprozeßordnung vom 30.1.1877 (RGBl. S. 244)
EhrenGHE	Ehrengerichtliche Entscheidungen (der Ehrengerichtshöfe der Rechtsanwaltschaft des Bundesgebietes und des Landes Berlin)
EHRLR	European Human Rights Law Review
EhrRiVG	Gesetz zur Vereinfachung und Vereinheitlichung der Verfahrensvorschriften zur Wahl und Berufung ehrenamtlicher Richter vom 21.12.2004 (BGBl. I S. 3599)
eIDKG	eID-Karte-Gesetz vom 21. Juni 2019 (BGBl. I S. 846)
Einf.	Einführung
EinigungsV	Vertrag zwischen der Bundesrepublik Deutschland und der Deutschen Demokratischen Republik über die Herstellung der Einheit Deutschlands vom 31.8.1990 (BGBl. II S. 889)
EinigungsVG	Gesetz zu dem Vertrag vom 31.8.1990 zwischen der Bundesrepublik Deutschland und der Deutschen Demokratischen Republik über die Herstellung der Einheit Deutschlands – Einigungsvertragsgesetz – und der Vereinbarung vom 18.9.1990 vom 23.9.1990 (BGBl. II S. 885)

Einl.	Einleitung
EIO	s. EEA
eIP	elektronisches Integrationsportal
EIS	Europol-Informationssystem
EJB	Beschluss des Rates (2002/187/JI) vom 28.2.2002 über die Errichtung von Eurojust zur Verstärkung der Bekämpfung der schweren Kriminalität (ABlEG Nr. L 63 vom 6.3.2002, S. 1), geändert durch Beschluss 2003/659/JI des Rates vom 18.6.2003 (ABlEU Nr. L 245 vom 23.9.2003, S. 44) und den Beschluss 2009/426/JI des Rates vom 16.12.2008 zur Stärkung von Eurojust (ABlEU Nr. L 138 vom 4.6.2009, S. 14)
EJF	Entscheidungen aus dem Jugend- und Familienrecht (1951–1969)
EJG	Gesetz zur Umsetzung des Beschlusses (2002/187/JI) des Rates vom 28. Februar 2002 über die Errichtung von Eurojust zur Verstärkung der Bekämpfung der schweren Kriminalität (Eurojust-Gesetz – EJG) vom 12.5.2004 (BGBl. I S. 902)
EJKoV	Verordnung über die Koordinierung der Zusammenarbeit mit Eurojust (Eurojust-Koordinierungs-Verordnung –) vom 26.9.2012 (BGBl. I S. 2093)
EJN	Europäisches Justitielles Netz/European Judicial Network
EJTAnV	Verordnung über die Benennung und Einrichtung der nationalen Eurojust-Anlaufstelle für Terrorismusfragen (Eurojust-Anlaufstellen-Verordnung – EJTAnV) vom 17.12.2004 (BGBl. I S. 3520)
EJTN	European Judicial Training Network
EKMR	Europäische Kommission für Menschenrechte
EKMRVerfO	Verfahrensordnung der Europäischen Kommission für Menschenrechte i.d.F. der Bek. vom 29.5.1991 (BGBl. II S. 838)
EL	Ergänzungslieferung
eIDAS	elektronische Identifizierung und Vertrauensdienste für elektronische Transaktionen im Binnenmarkt
eIDASDG	Gesetz zur Durchführung der Verordnung (EU) Nr. 910/2014 des Europäischen Parlaments und des Rates vom 23. Juli 2014 über und zur Aufhebung der Richtlinie 1999/93/EG (eIDAS-Durchführungsgesetz) vom 18.7.2017 (BGBl. I S. 2745)
ELJ	European Law Journal
ELRev	European Law Review
EMCDDA	European Monitoring Centre for Drugs and Drug Addiction
EmmingerVO	Verordnung über Gerichtsverfassung und Strafrechtspflege vom 4.1.1924 (RGBl. I S. 23)
EMöGG	Gesetz zur Erweiterung der Medienöffentlichkeit in Gerichtsverfahren und zur Verbesserung der Kommunikationshilfen für Menschen mit Sprach- und Hörbehinderungen (Gesetz über die Erweiterung der Medienöffentlichkeit in Gerichtsverfahren – EMöGG) vom 8.10.2017 (BGBl. I S. 3546)
EMRK	Konvention zum Schutze der Menschenrechte und Grundfreiheiten vom 4.11.1950 (BGBl. II S. 685, 953) i.d.F. der Bek. vom 22.10.2010 (BGBl. II S. 1198) 1. ZP-EMRK vom 20.3.1952 (BGBl. 1956 II S. 1880) 2. P-EMRK vom 6.5.1963 (BGBl. 1968 II S. 1112) 3. P-EMRK vom 6.5.1963 (BGBl. 1968 II S. 1116) 4. ZP-EMRK vom 16.9.1963 (BGBl. 1968 II S. 423) 5. P-EMRK vom 20.1.1966 (BGBl. 1968 II S. 1120) 6. ZP-EMRK vom 28.4.1983 (BGBl. 1988 II S. 662) 7. ZP-EMRK vom 22.11.1984 8. P-EMRK vom 19.3.1985 (BGBl. 1989 II S. 547) 9. P-EMRK vom 6.11.1990 (BGBl. 1994 II S. 490) 10. P-EMRK vom 25.3.1992 (BGBl. 1994 II S. 490) 11. P-EMRK vom 11.5.1994 (BGBl. 1995 II S. 578) 12. ZP-EMRK vom 4.11.2000 13. ZP-EMRK vom 3.5.2002 (BGBl. 2004 II S. 982) 14. P-EMRK vom 13.5.2004 (BGBl. 2006 II S. 138) 14bis P-EMRK vom 27.5.2009

	15. P-EMRK vom 24.6.2013 (BGBl. 2014 II S. 1034)
	16. P-EMRK vom 2.10.2013
ENeuOG	Gesetz zur Neuordnung des Eisenbahnwesens (Eisenbahnneuordnungsgesetz – ENeuOG) vom 27.12.1993 (BGBl. I S. 2378) zuletzt geändert durch Art. 107 des Gesetzes vom 8.7.2016 (BGBl. I S. 1594)
ENFSI	European Network of Forensic Institute
EntlG	Gesetz zur Entlastung der Gerichte vom 11.3.1921 (RGBl. S. 229)
Entsch.	Entscheidung
entspr.	entsprechend
Entw.	Entwurf
Entw. 1908	Entwurf einer Strafprozeßordnung und Novelle zum Gerichtsverfassungsgesetz nebst Begründung (1908), E 1908, MatStrRRef. Bd. 11
Entw. 1909	Entwürfe 1. eines Gesetzes, betreffend Änderungen des Gerichtsverfassungsgesetzes, 2. der Strafprozeßordnung (1909), E 1909 RT-Verhandl. Bd. 254 Drucks. Nr. 1310 = MatStrRRef. Bd. 12; Bericht der 7. Kommission des Reichstags 1909 bis 1911 zur Vorbereitung der Entwürfe 1. eines Gesetzes betreffend die Änderung des Gerichtsverfassungsgesetzes, 2. einer Strafprozeßordnung, 3. eines zu beiden Gesetzen gehörenden Einführungsgesetzes = MatStrRRef. Bd. 13
Entw. 1919/1920	Entwürfe 1. eines Gesetzes zur Änderung des Gerichtsverfassungsgesetzes (1919), 2. eines Gesetzes über den Rechtsgang in Strafsachen (1920), E 1919/1920, MatStrRRef. Bd. 14
Entw. 1930	Entwurf eines Einführungsgesetzes zum Allgemeinen Deutschen Strafgesetzbuch und zum Strafvollzugsgesetz 1930, EGStGB-Entw. 1930, RTDrucks. Nr. 2070 = MatStrRRef. Bd. 7
Entw. 1939	Entwurf einer Strafverfahrensordnung und einer Friedens- und Schiedsmannsordnung (1939), StPO-Entw. 1939, Nachdruck 1954
EP	Europäisches Parlament
EPA	Europäisches Patentamt
EPO	s. ESA
EPPO	European Public Prosecutor's Office / Europäische Staatsanwaltschaft
EPZ	Europäische Politische Zusammenarbeit
ERA	Europäische Rechtsakademie (Trier)
ERA-Forum	ERA-Forum (Zeitschrift)
ErbR	Zeitschrift für die gesamte erbrechtliche Praxis
erg.	ergänzend
Erg.	Ergänzung; Ergebnis
ErgBd.	Ergänzungsband
Erl.	Erlass; Erläuterung(en)
ERVV	Verordnung über die technischen Rahmenbedingungen des elektronischen Rechtsverkehrs und über das besondere elektronische Behördenpostfach (Elektronischer-Rechtsverkehr-Verordnung) vom 24.11.2017 (BGBl. I S. 3803), zuletzt geändert durch Art. 43 des Gesetzes vom 12.7.2024 (BGBl. 2024 I Nr. 234)
ErwG	Erwägungsgrund
ESA	Europäische Schutzanordnung/European Protection Order (EPO)
EStG	Einkommensteuergesetz
ETS	European Treaty Series; Übereinkommen des Europarates (fortlaufend nummeriert; www.coe.int; ab 1949)
EU	Vertrag über die Europäische Union
EU-RHÜ	Europäisches Übereinkommen über die Rechtshilfe in Strafsachen vom 20. April 1959 (BGBl. 1964 II S. 1369, 1386)
EuAbgG	Europaabgeordnetengesetz vom 6.4.1979 (BGBl. I S. 413) zuletzt geändert durch Art. 2 des Gesetzes vom 11.7.2014 (BGBl. I S. 906)
EuAlÜbk	Europäisches Auslieferungsübereinkommen vom 13.12.1957 (ETS 024; BGBl. 1964 II S. 1369); 2. ZP EuAlÜbk vom 17.3.1978 (ETS 098; BGBl. 1990 II S. 118; 1991 II S. 874)
EUAlÜbk	Übereinkommen vom 27.9.1996 aufgrund von Artikel K.3 des Vertrags über die Europäische Union über die Auslieferung zwischen den Mitgliedstaaten der Europäischen Union (ABlEG Nr. C 313 vom 23.10.1996, S. 11; BGBl. 1998 II S. 2253)

EuArch	Europa-Archiv
EUBestG	Gesetz zu dem Protokoll vom 27. September 1996 zum Übereinkommen über den Schutz der finanziellen Interessen der Europäischen Gemeinschaften (EU-Bestechungsgesetz – EUBestG) vom 10.9.1998 (BGBl. II S. 2340)
EUC	Charta der Grundrechte der Europäischen Union
EUCARIS	Vertrag über ein Europäisches Fahrzeug- und Führerscheininformationssystem
EuCLR	European Criminal Law Review (Zeitschrift)
eucrim	Journal for the Protection of the Financial Interests of the European Communities
EuDrogenÜbk	Übereinkommen vom 31.1.1995 über den unerlaubten Verkehr mit Drogen auf hoher See zur Durchführung des Art. 17 des Übereinkommens der Vereinten Nationen vom 20.12.1988 gegen den unerlaubten Verkehr mit Suchtstoffen und psychotropen Stoffen (ETS 156; BGBl. 2000 II S. 1313)
EuG	Europäisches Gericht erster Instanz (Luxemburg)
EuGeldwÜbk	Übereinkommen vom 8.11.1990 über Geldwäsche sowie Ermittlung, Beschlagnahme und Einziehung von Erträgen aus Straftaten (ETS 141; BGBl. 1998 II S. 519)
EuGH	Gerichtshof der Europäischen Union
EuGH Slg.	Entscheidungen des Gerichtshofs der Europäischen Union (EuGH) – Amtliche Sammlung
EuGHG	Gesetz vom 6.8.1998 betreffend die Anrufung des Gerichtshofs der Europäischen Gemeinschaften im Wege des Vorabentscheidungsverfahrens auf dem Gebiet der polizeilichen Zusammenarbeit und der justitiellen Zusammenarbeit in Strafsachen nach Art. 35 des EU-Vertrages – EuGHG (BGBl. 1998 I S. 2035; 1999 II S. 728)
EuGRAG	Gesetz zur Durchführung der Richtlinie des Rates der EG vom 22.3.1977 zur Erleichterung der tatsächlichen Ausübung des freien Dienstleistungsverkehrs der Rechtsanwälte vom 16.8.1980 (BGBl. I S. 1453)
EuGRZ	Europäische Grundrechte-Zeitschrift
EuHb	Europäischer Haftbefehl/European Arrest Warrant (EAW)
EuHbG	Gesetz zur Umsetzung des Rahmenbeschlusses über den Europäischen Haftbefehl und die Übergabeverfahren zwischen den Mitgliedstaaten der Europäischen Union (Europäisches Haftbefehlsgesetz – EuHbG) vom 21.7.2004 (BGBl. I S. 1748) und vom 20.7.2006 (BGBl. I S. 1721)
EuJCCCJ	European Journal of Crime, Criminal Law and Criminal Justice (Zeitschrift)
EuKonv	Europäischer Konvent
EUMC	s. ECRI
EuOEÜbk	Europäisches Übereinkommen vom 24.11.1983 über die Entschädigung für Opfer von Gewalttaten (ETS 116; BGBl. 2000 II S. 1209)
EuR	Europarecht (Zeitschrift)
EuRAG	Gesetz über die Tätigkeit europäischer Rechtsanwälte in Deutschland vom 9.3.2000 (BGBl. I S. 182) zuletzt geändert durch Art. 24 des Gesetzes vom 5.10.2021 (BGBl. I S. 4607)
EuRhÜbk	Europäisches Übereinkommen über die Rechtshilfe in Strafsachen vom 20.4.1959 (ETS 30; BGBl. 1964 II S. 1369; 1976 II S. 1799); ZP EuRhÜbk vom 17.3.1978 (ETS 99; BGBl. 1990 II S. 124; 1991 II S. 909); 2. ZP EuRHÜbk vom 8.11.2001 (ETS 182)
EURhÜbk	Rechtshilfeübereinkommen der Mitgliedstaaten der Europäischen Union vom 29.5.2000, ABlEG Nr. C 197 vom 12.7.2000, S. 1; ZP EURHÜbk vom 16.10.2001 (ABlEG Nr. C 326 vom 21.11.2001, S. 1)
EurJCrimeCrLJ	European Journal of Crime, Criminal Law and Criminal Justice
EURODAC	Daktyloskopische Datenbank im Rahmen von Asylantragsverfahren
Eurojust	Europäische Justitielle Clearing- und Dokumentationsstelle (Den Haag)
Europol	Europäisches Polizeiamt (Den Haag)
EuropolG	Europolgesetz vom 16.12.1997 (BGBl. II S. 2150)
EuropolÜbk	Übereinkommen vom 26.7.1995 auf Grund von Artikel K.3 des EUV über die Errichtung eines Europäischen Polizeiamtes, ABlEG Nr. C 316 vom 27.11.1995, S. 1
EuropolVO	Verordnung (EU) 2016/794 des Europäischen Parlaments und des Rates vom 11. Mai 2016 über die Agentur der Europäischen Union für die Zusammenarbeit auf dem Gebiet der Strafverfolgung (Europol) und zur Ersetzung und Aufhebung der Be-

	schlüsse 2009/371/JI, 2009/934/JI, 2009/935/JI, 2009/936/JI und 2009/968/JI des Rates, ABlEU Nr. L 135 vom 23.5.2016, S. 53
EuroPris	European Organisation of Prison and Correctional Services
EUStA	Europäische Staatsanwaltschaft
EUStAVO	Verordnung (EU) 2017/1939 des Rates vom 12.10.2017 zur Durchführung einer Verstärkten Zusammenarbeit zur Errichtung der Europäischen Staatsanwaltschaft (EUStA)
EuTerrÜbk	Übereinkommen zur Bekämpfung des Terrorismus vom 27.1.1977 (ETS 90; BGBl. 1978 II S. 321, 907)
EUV	Vertrag über die Europäische Union
EUV-Entw.	Entwurf einer Europäischen Verfassung i.d.F des am 18.6.2004 zwischen den Staats- und Regierungschefs erzielten Konsenses (Dokument der Regierungskonferenz CIG 86/04 vom 25.6.2004)
EUVereinfAlÜbk	Übereinkommen vom 10.3.1995 aufgrund von Artikel K.3 des Vertrags über die Europäische Union über das vereinfachte Auslieferungsverfahren zwischen den Mitgliedstaaten der Europäischen Union (ABlEG Nr. C 78 vom 30.3.1995, S. 1; BGBl. 1998 II S. 2229)
EuVKonv	Entwurf eines Vertrags über eine Verfassung für Europa – vom Europäischen Konvent im Konsensverfahren angenommen am 13.6. und 10.7.2003 – dem Präsidenten des Europäischen Rates in Rom überreicht am 18.7.2003
EuZ	Zeitschrift für Europarecht (Schweiz)
EuZA	Europäische Zeitschrift für Arbeitsrecht
EuZW	Europäische Zeitschrift für Wirtschaftsrecht
evt.	eventuell
EWG	Europäische Wirtschaftsgemeinschaft
EWGV	Vertrag zur Gründung der Europäischen Wirtschaftsgemeinschaft vom 25.3.1957 (BGBl. II S. 766)
EWiR	Entscheidungen zum Wirtschaftsrecht
EWR-Abk.	Gesetz zu dem Abkommen vom 2.5.1992 über den Europäischen Wirtschaftsraum
EYHR	European Yearbook on Human Rights
EZAR	Entscheidungssammlung zum Zuwanderungs-, Asyl- und Freizügigkeitsrecht
EzSt	Entscheidungssammlung zum Straf- und Ordnungswidrigkeitenrecht, 1983 bis 1990 (Loseblattausgabe)
f., ff.	folgende
FAG	Gesetz über Fernmeldeanlagen vom 6.4.1892 i.d.F. der Bek. vom 3.7.1989 (BGBl. I S. 1455); ersetzt durch das TKG
FAGO	Geschäftsordnung für die Finanzämter
FamFG	Gesetz über das Verfahren in Familiensachen und in den Angelegenheiten der freiwilligen Gerichtsbarkeit (FamFG), Art. 1 des Gesetzes vom 17.12.2008 (BGBl. I S. 2586, 2009 I S. 1102)
FamPLG	Gesetz über Aufklärung, Verhütung, Familienplanung und Beratung vom 27.7.1992 (BGBl. I S. 1398) nun Schwangerschaftskonfliktgesetz (SchKG)
FamRZ	Zeitschrift für das gesamte Familienrecht
FAO	Fachanwaltsordnung i.d.F. vom 1.1.2020
FG	Finanzgericht/Festgabe
FGG	Gesetz über die Angelegenheiten der freiwilligen Gerichtsbarkeit vom 17.5.1898 i.d.F. der Bek. vom 20.5.1898 (RGBl. S. 771) aufgehoben durch Art. 112 Abs. 1 des Gesetzes vom 17.12.2008 (BGBl. I S. 2586)
FGO	Finanzgerichtsordnung, neugefasst durch Bek. vom 28.3.2001 (BGBl. I S. 442, 2262, 2002 I S. 679)
FGPrax	Praxis der freiwilligen Gerichtsbarkeit
1. FiMaNoG	Erstes Gesetz zur Novellierung von Finanzmarktvorschriften auf Grund europäischer Rechtsakte (Erstes Finanzmarktnovellierungsgesetz) vom 30.6.2016 (BGBl. I S. 1514)

2. FiMaNoG	Zweites Gesetz zur Novellierung von Finanzmarktvorschriften auf Grund europäischer Rechtsakte (Zweites Finanzmarktnovellierungsgesetz) vom 23.6.2017 (BGBl. I S. 1693)
FinB	Finanzbehörde
FinVerwG	Gesetz über die Finanzverwaltung vom 6.9.1950 (BGBl. I S. 448) i.d.F. der Bek. vom 30.8.1971 (BGBl. I S. 1426)
FLF	Finanzierung Leasing Factoring (Zeitschrift)
FlRG	Gesetz über das Flaggenrecht der Seeschiffe und die Flaggenführung der Binnenschiffe (Flaggenrechtsgesetz) vom 8.2.1951 i.d.F. der Bek. vom 29.10.1994 (BGBl. I S. 3140)
FIU	Financial Intelligence Unit
Fn.	Fußnote
FN A	Fundstellennachweis des Deutschen Bundesrechts, Bundesrecht ohne völkerrechtliche Vereinbarungen und Verträge mit der DDR
FN B	Fundstellennachweis des Deutschen Bundesrechts, Völkerrechtliche Vereinbarungen und Verträge mit der DDR
FO	Fernmeldeordnung i.d.F. der Bek. vom 5.5.1971 (BGBl. I S. 541)
FoR	Forum Recht (Zeitschrift)
FP-IPBPR	1. Fakultativprotokoll zum Internationalen Pakt über bürgerliche und politische Rechte vom 19.12.1966 (BGBl. 1992 II S. 1247)
2. FP-IPBPR	2. Fakultativprotokoll zu dem Internationalen Pakt über bürgerliche und politische Rechte zur Abschaffung der Todesstrafe vom 15.12.1989 (BGBl. 1992 II S. 390)
FPR	Familie Partnerschaft Recht
FRA	Agentur der Europäischen Union für Grundrechte/Agency for Fundamental Rights
FRONTEX	Europäische Grenzschutzagentur
FS	Forum Strafvollzug – Zeitschrift für Strafvollzug und Straffälligenhilfe (früher ZfStrV)
FS (Name)	Festschrift, auch Festgabe usw. (angefügt Name des Geehrten)
FuR	Familie und Recht
G 10	Gesetz zur Beschränkung des Brief-, Post- und Fernmeldegeheimnisses vom 26.6.2001 (BGBl. I S. 1254)
GA	Goltdammer's Archiv für Strafrecht, zitiert nach Jahr und Seite (bis 1933: Archiv für Strafrecht und Strafpolitik, zitiert nach Band und Seite)
GASP	Gemeinsame Außen- und Sicherheitspolitik
GBA	Generalbundesanwalt
GBl.	Gesetzblatt
GBl./DDR I, II	Gesetzblatt der Deutschen Demokratischen Republik, Teil I und II (1949 bis 1990)
GDolmG	Gesetz über die allgemeine Beeidigung von gerichtlichen Dolmetschern (Gerichtsdolmetschergesetz) vom 10.12.2019 (BGBl. I S. 2121, 2124)
GedS	Gedächtnisschrift (angefügt Name des Geehrten)
gem.	gemäß
GemDatG	Gesetz zur Errichtung gemeinsamer Dateien von Polizeibehörden und Nachrichtendiensten des Bundes und der Länder vom 22.12.2006 (Gemeinsame-Dateien-Gesetz) (BGBl. I S. 3409)
GemProt.	Gemeinsames Protokoll
GenG	Gesetz betreffend die Erwerbs- und Wirtschaftsgenossenschaften vom 1.5.1889, neugefasst durch Bek. vom 16.10.2006 (BGBl. I S. 2230)
GenStA	Generalstaatsanwaltschaft
GerS	Der Gerichtssaal (1849–1942)
Ges.	Gesetz
GeschlkrG	Gesetz zur Bekämpfung der Geschlechtskrankheiten vom 23.7.1953 (BGBl. I S. 700)
GeschO	Geschäftsordnung
GETZ	Gemeinsames Extremismus- und Terrorismusabwehrzentrum
GewO	Gewerbeordnung vom 21.6.1869, neugefasst durch Bek. vom 22.2.1999 (BGBl. I S. 202)

GewSchG	Gesetz vom 11.12.2001 zur Verbesserung des zivilgerichtlichen Schutzes bei Gewalttaten und Nachstellungen sowie zur Erleichterung der Überlassung der Ehewohnung bei Trennung (Gewaltschutzgesetz – GewSchG; BGBl. I S. 3513)
GewVerbrG	Gesetz gegen gefährliche Gewohnheitsverbrecher und über Maßregeln der Sicherung und Besserung vom 24.11.1933 (RGBl. I S. 995)
GG	Grundgesetz für die Bundesrepublik Deutschland vom 23.5.1949 (BGBl. S. 1)
ggf.	gegebenenfalls
GKG	Gerichtskostengesetz vom 5.5.2004 (BGBl. I S. 718)
GKI	Gemeinsame Kontrollinstanz (jeweils eingerichtet bei Europol und Eurojust)
GKÖD	Gesamtkommentar Öffentliches Dienstrecht
GLY	German Law Journal (Internet-Zeitschrift; www.germanlawjournal.de)
GmbH	Gesellschaft mit beschränkter Haftung
GmbHG	Gesetz betreffend die Gesellschaften mit beschränkter Haftung vom 20.4.1892 (RGBl. S. 477)
GMBl.	Gemeinsames Ministerialblatt
GmS-OGB	Gemeinsamer Senat der obersten Gerichtshöfe des Bundes
GnO	Gnadenordnung
GNotKG	Gesetz über Kosten der freiwilligen Gerichtsbarkeit für Gerichte und Notare (Gerichts- und Notarkostengesetz) vom 23.7.2013
GoJIL	Göttingen Journal of International Law (Online-Zeitschrift)
GoltdA	s. GA
G&R	Geldwäsche & Recht (Zeitschrift)
GRC	Europäische Grundrechtecharta
grds.	grundsätzlich
GRECO	Group of States against Corruption
GreifRecht	Greifswalder Halbjahresschrift für Rechtswissenschaft
GRETA	Group of Experts on Action against Trafficking in Human Beings
GREVIO	Expertengruppe zur Überwachung des Übereinkommens zum Schutz von Frauen vor Gewalt und häuslicher Gewalt (CETS 210)
GrSSt	Großer Senat in Strafsachen
Gruchot	Beiträge zur Erläuterung des deutschen Rechts, begründet von Gruchot
GRUR	Gewerblicher Rechtsschutz und Urheberrecht (Zeitschrift)
GRURInt	Gewerblicher Rechtsschutz und Urheberrecht International (Zeitschrift)
GS	Gesetzessammlung
GSNW	Sammlung des bereinigten Landesrechts Nordrhein-Westfalen (1945–56)
GSSchlH	Sammlung des schleswig-holsteinischen Landesrechts, 2 Bände (1963)
GStA	Generalstaatsanwalt
GSZ	Zeitschrift für das Gesamte Sicherheitsrecht
GÜG	Gesetz zur Überwachung des Verkehrs mit Grundstoffen, die für die unerlaubte Herstellung von Betäubungsmitteln mißbraucht werden können (Grundstoffüberwachungsgesetz – GÜG) vom 7.10.1994 (BGBl. I S. 2835)
GuP	Gesundheit und Pflege (Zeitschrift)
GÜV	Gesetz zur Überwachung strafrechtlicher und anderer Verbringungsverbote vom 24.5.1961 (BGBl. I S. 607)
GV	Gemeinsame Verfügung (mehrerer Ministerien)
GVBl.	Gesetz- und Verordnungsblatt
GVBl. II	Sammlung des bereinigten Hessischen Landesrechts
GVG	Gerichtsverfassungsgesetz vom 27.1.1877 i.d.F. der Bek. vom 9.5.1975 (BGBl. I S. 1077)
GVGA	Geschäftsanweisung für Gerichtsvollzieher
GVGÄG 1971	Gesetz zur Änderung des Gerichtsverfassungsgesetzes vom 8.9.1971 (BGBl. I S. 1513)
GVGÄG 1974	Gesetz zur Änderung des Gerichtsverfassungsgesetzes vom 25.3.1974 (BGBl. I S. 761)
GVG/DDR	Gesetz über die Verfassung der Gerichte der Deutschen Demokratischen Republik – Gerichtsverfassungsgesetz – vom 27.9.1974 (GBl. I S. 457)
GVO	Gerichtsvollzieherordnung

GVRZ	Zeitschrift für das gesamte Verfahrensrecht
GVVG-ÄndG	Gesetz zur Änderung der Verfolgung der Vorbereitung von schweren staatsgefährdenden Gewalttaten vom 12.6.2015 (BGBl. I S. 926)
GVVO	Verordnung zur einheitlichen Regelung der Gerichtsverfassung vom 20.3.1935 (RGBl. I S. 403) in der im BGBl. III Gliederungsnummer 300-5 veröffentlichten bereinigten Fassung
GWB	Gesetz gegen Wettbewerbsbeschränkungen vom 27.7.1957 i.d.F. der Bek. vom 26.8.1998 (BGBl. I S. 2546)
GwG	Gesetz über das Aufspüren von Gewinnen aus schweren Straftaten (Geldwäschegesetz – GwG) vom 25.10.1993 (BGBl. I S. 1770)
GWR	Gesellschafts- und Wirtschaftsrecht (Zeitschrift)
GWuR	Geldwäsche & Recht (Zeitschrift)
GYIL	German Yearbook of International Law (Zeitschrift)
Haager Abk.	Haager Abkommen über den Zivilprozeß vom 17.7.1905 (RGBl. 1909 S. 409)
HalbleiterschutzG	Gesetz über den Schutz der Topographien von mikroelektronischen Halbleitererzeugnissen (Halbleiterschutzgesetz) vom 22.10.1987 (BGBl. I S. 2294)
Hamb.	Hamburg
HambJVBl.	Hamburgisches Justizverwaltungsblatt
Hans.	Hanseatisch
HansGZ	Hanseatische Gerichtszeitung (1880 bis 1927)
HansJVBl.	Hanseatisches Justizverwaltungsblatt (bis 1946/47)
HansOLGSt	Entscheidungen des Hanseatischen Oberlandesgerichts in Strafsachen (1879 bis 1932/33)
HansRGZ	Hanseatische Rechts- und Gerichtszeitschrift (1928–43), vorher: HansGZ (1880–1927)
HansRZ	Hanseatische Rechtszeitschrift für Handel, Schiff-Fahrt und Versicherung, Kolonial- und Auslandsbeziehungen sowie für Hansestädtisches Recht (1918 bis 1927)
HbStrVf/*Verfasser*	Heghmanns/Scheffler (Hrsg.), Handbuch zum Strafverfahren
HdR	Stier-Somlo/Elster (Hrsg.), Handwörterbuch der Rechtswissenschaft (1926 bis 1937)
Hess.	Hessen
HESt	Höchstrichterliche Entscheidungen, Sammlung von Entscheidungen der Oberlandesgerichte und der Obersten Gerichte in Strafsachen (1948–49)
HGB	Handelsgesetzbuch vom 10.5.1897 (RGBl. S. 219)
HKÜ	Haager Übereinkommen über die zivilrechtlichen Aspekte internationaler Kindesentführung vom 25.10.1980
h.M.	herrschende Meinung
HmbStVollzG	Hamburgisches Strafvollzugsgesetz
HRC	Human Rights Committee – UN-Menschenrechtsausschuss
HRLJ	Human Rights Law Journal
HRLR	Human Rights Law Review
HRN	Hamburger Rechtsnotizen (Zeitschrift)
HRR	Höchstrichterliche Rechtsprechung (1928 bis 1942)
HRRS	Online-Zeitschrift für Höchstrichterliche Rechtsprechung im Strafrecht (www.hrr-strafrecht.de)
Hrsg.	Herausgeber
HRSt	Entscheidungen zum Strafrecht, Strafverfahrensrecht und zu den Nebengebieten (Höchstrichterliche Rechtsprechung) (ab 1996)
Hs.	Halbsatz
HSOG	Hessisches Gesetz über die öffentliche Sicherheit und Ordnung
HStVollzG	Hessisches Strafvollzugsgesetz
HUDOC	Human Rights Documentation des Europarates
HuV-I	Humanitäres Völkerrecht – Informationsschriften
HV	Hauptverhandlung
IAGMR	Interamerikanischer Gerichtshof für Menschenrechte
ICC	s. IStGH

ICC-Statut	s. IStGH-Statut
ICJ	s. IGH
ICLQ	The International and Cooperative Law Quarterly
ICLR	International Criminal Law Review
ICPA	International Corrections and Prisons Association
ICTR	Internationaler Strafgerichtshof für Ruanda
ICTY	Internationaler Strafgerichtshof für das ehemalige Jugoslawien
i.d.F.	in der Fassung
i.d.R.	in der Regel
i.E.	im Ergebnis
i.e.S.	im engeren Sinne
IFCCLGE	International Forum on Crime and Criminal Law in the Global Era (Peking)
IGH	Internationaler Gerichtshof ICJ (Den Haag)
i.H.v.	in Höhe von
IKV	Internationale Kriminalistische Vereinigung
ILEA	International Law Enforcement Academy
ILO	International Labour Organization (Internationale Arbeitsorganisation)
InfAuslR	Informationsbrief Ausländerrecht
INPOL	Informationssystem der Polizei
InsO	Insolvenzordnung vom 5.10.1994 (BGBl. I S. 2866); zuletzt geändert durch Art. 34 Abs. 13 des Gesetzes vom 22.12.2023 (BGBl. I Nr. 411)
INTERPA	International Association of Police Academies
IntJLegalMed	International Journal of Legal Medicine
IPBPR	Internationaler Pakt über bürgerliche und politische Rechte vom 19.12.1966 (BGBl. 1973 II S. 1534)
IPBPRG	Zustimmungsgesetz zu dem Internationalen Pakt über bürgerliche und politische Rechte vom 15.11.1973 (BGBl. II S. 1533)
IPWSKR	Internationaler Pakt über die wirtschaftlichen, sozialen und kulturellen Rechte vom 19.12.1966 (BGBl. 1973 II S. 1570)
IRG	Gesetz über die internationale Rechtshilfe in Strafsachen i.d.F. der Bek. vom 27.6.1994 (BGBl. I S. 1537)
i.S.	im Sinne
i.S.d.	im Sinne des/der
IStR	Internationales Steuerrecht – Zeitschrift für europäische und internationale Wirtschaftsberatung
i.S.v.	im Sinne von
IStGH	Internationaler Strafgerichtshof ICC (Den Haag)
IStGHG	Gesetz über die Zusammenarbeit mit dem Internationalen Strafgerichtshof vom 21.6.2002 (BGBl. I S. 2144)
IStGHSt	Gesetz vom 4.12.2000 zum Römischen Statut des Internationalen Strafgerichtshofs vom 17. Juli 1998 – IStGH-Statutgesetz (BGBl. II S. 1393)
ITRB	IT-Rechts-Berater
Iurratio	Zeitschrift für Stud. iur und junge Juristen
i.V.m.	in Verbindung mit
IWG	International Working Group on Police Undercover Activities
i.w.S.	im weiteren Sinne
JA	Juristische Arbeitsblätter für Ausbildung und Examen
JahrbÖR	Jahrbuch des öffentlichen Rechts der Gegenwart
JahrbPostw.	Jahrbuch des Postwesens (1937 bis 1941/42)
JAVollzO	Jugendarrestvollzugsordnung vom 12.8.1966 i.d.F. der Bek. vom 30.11.1976 (BGBl. I S. 3270)
JBeitrG	Justizbeitreiungsgesetz vom 27.6.2017 (BGBl. I S. 1926)
JBeitrO	Justizbeitreibungsordnung vom 11.3.1937 (RGBl. I S. 298)
JBl.	Justizblatt/Juristische Blätter (Österreich)

JBlRhPf.	Justizblatt Rheinland-Pfalz
JBlSaar	Justizblatt des Saarlandes
JGG	Jugendgerichtsgesetz vom 4.8.1953 i.d.F. der Bek. vom 11.12.1974 (BGBl. I S. 3427)
JICJ	Journal of International Criminal Justice
JIR	Jahrbuch für internationales Recht
JK	Jura-Kartei
JKassO	Justizkassenordnung
JKomG	Gesetz über die Verwendung elektronischer Kommunikationsformen in der Justiz (Justizkommunikationsgesetz – JKomG) vom 22.3.2005 (BGBl. I S. 832)
JKostG	Justizkostengesetz (Landesrecht)
JLCJ	Journal of Law and Criminal Justice
jM	juris – Die Monatsschrift
JMBl.	Justizministerialblatt
JMBlNRW, JMBlNW	Justizministerialblatt für das Land Nordrhein-Westfalen
JMK	Justizministerkonferenz (Konferenz der Landesjustizministerinnen und -minister)
JoJZG	Journal der Juristischen Zeitgeschichte
JOR	Jahrbuch für Ostrecht
JöR	Jahrbuch des öffentlichen Rechts
JP	Juristische Person
JR	Juristische Rundschau
JRP	Journal für Rechtspolitik
JSt	Journal für Strafrecht
JStVollzG (NRW)	Gesetz zur Regelung des Vollzuges der Freiheitsstrafe in Nordrhein-Westfalen (Strafvollzugsgesetz Nordrhein-Westfalen – StVollzG NRW) vom 27.1.2015 (GVNRW S. 76)
JStVollzG (Saarland)	Gesetz über den Vollzug der Freiheitsstrafe im Saarland (Saarländisches Strafvollzugsgesetz – SLStVollzG) vom 24.4.2013 (ABl. I S. 116)
JugG	Jugendgericht
JugK	Jugendkammer
JugSchG	Jugendschöffengericht
JugStrafgG	Gesetz über die Zusammenarbeit mit dem Internationalen Strafgerichtshof für das ehemalige Jugoslawien (Jugoslawien-Strafgerichtshof-Gesetz) vom 10.4.1995 (BGBl. I S. 485)
Jura	Juristische Ausbildung (Zeitschrift)
JUFIL	Journal on the Use of Force and International Law
JurBüro	Das juristische Büro (Zeitschrift)
JurJahrb.	Juristen-Jahrbuch
JuS	Juristische Schulung (Zeitschrift)
JustG NRW	Gesetz über die Justiz im Land Nordrhein-Westfalen (Justizgesetz Nordrhein-Westfalen – JustG NRW) vom 1.1.2011 (GVNRW S. 30)
Justiz	Die Justiz, Amtsblatt des Justizministeriums Baden-Württemberg
JV	Justizverwaltung
JVA	Justizvollzugsanstalt
JVBl.	Justizverwaltungsblatt
JVEG	Gesetz über die Vergütung von Sachverständigen, Dolmetscherinnen, Dolmetschern, Übersetzerinnen und Übersetzern sowie die Entschädigung von ehrenamtlichen Richterinnen, ehrenamtlichen Richtern, Zeuginnen, Zeugen und Dritten (Justizvergütungs- und -entschädigungsgesetz) vom 5.5.2004 (BGBl. I S. 718)
JVerwA	Justizverwaltungsakt
JVerwB	Justizverwaltungsbehörde
JVKostG	Gesetz über Kosten in Angelegenheiten der Justizverwaltung vom 23.7.2013 (BGBl. I S. 2586)
JVKostO	Verordnung über Kosten im Bereich der Justizverwaltung vom 14.2.1940 (RGBl. I S. 357) – ersetzt durch das JVKostG mit Wirkung zum 1.8.2013 (BGBl. I S. 2586)
JVollz.	Jugendstrafvollzugsordnung: s. auch JAVollzO
JVollzGB	Gesetzbuch über den Justizvollzug in Baden-Württemberg
JW	Juristische Wochenschrift

JZ	Juristen-Zeitung
1. JuMoG	Erstes Gesetz zur Modernisierung der Justiz (1. Justizmodernisierungsgesetz) vom 24.8.2004 (BGBl. I S. 2198)
2. JuMoG	Zweites Gesetz zur Modernisierung der Justiz (2. Justizmodernisierungsgesetz) vom 22.10.2006 (BGBl. I S. 3416)
Kap.	Kapitel
KAS	Konrad-Adenauer-Stiftung
kes	Zeitschrift für Informations-Sicherheit
KFZ	Kraftfahrzeug
KG	Kammergericht/Kommanditgesellschaft
KGJ	Jahrbuch der Entscheidungen des Kammergerichts in Sachen der freiwilligen Gerichtsbarkeit, in Kosten-, Stempel- und Strafsachen (1881–1922)
KJ	Kritische Justiz (Zeitschrift)
KO	Konkursordnung vom 10.2.1877 i.d.F. der Bek. vom 20.5.1898 (RGBl. S. 612)
KoDD	Koordinierungsdauerdienst (Eurojust)
KOM	Dokument(e) der Europäischen Kommission
KonsG	Gesetz über die Konsularbeamten, ihre Aufgaben und Befugnisse (Konsulargesetz) vom 1.9.1974 (BGBl. I S. 2317)
KostÄndG	Gesetz zur Änderung und Ergänzung kostenrechtlicher Vorschriften vom 26.7.1957 (BGBl. I S. 861)
KostRMoG	Gesetz zur Modernisierung des Kostenrechts vom 5.5.2004 – Kostenrechtsmodernisierungsgesetz (BGBl. I S. 718)
2. KostRMoG	Zweites Gesetz zur Modernisierung des Kostenrechts vom 23.7.2013 – 2. Kostenrechtsmodernisierungsgesetz (BGBl. I S. 2586)
KostMaßnG	Gesetz über Maßnahmen auf dem Gebiet des Kostenrechts vom 7.8.1952 (BGBl. I S. 401)
KostO	Gesetz über die Kosten in Angelegenheiten der freiwilligen Gerichtsbarkeit i.d.F. der Bek. vom 26.7.1957 (BGBl. I S. 861) – ersetzt durch das GNotKG mit Wirkung zum 1.8.2013
KostRÄndG 1994	Gesetz zur Änderung von Kostengesetzen und anderen Gesetzen (Kostenrechtsänderungsgesetz 1994 – KostRÄndG 1994) vom 24.6.1994 (BGBl. I S. 1325)
KostRspr.	Kostenrechtsprechung (Loseblattsammlung)
KostVfg.	Kostenverfügung, Durchführungsbestimmungen zu den Kostengesetzen
K&R	Kommunikation und Recht (Zeitschrift)
KrG	Kreisgericht
Krim. Forens. Wiss	Kriminalistik und forensische Wissenschaften
Kriminalist	Der Kriminalist (Zeitschrift)
Kriminalistik	Kriminalistik, Zeitschrift für die gesamte kriminalistische Wissenschaft und Praxis
KrimJ	Kriminologisches Journal
KrimOJ	Kriminologie – Das Online-Journal
KrimPäd.	Kriminalpädagogische Praxis (Zeitschrift)
KriPoZ	Kriminalpolitische Zeitschrift
krit.	kritisch
KritV/CritQ/RCrit	Kritische Vierteljahresschrift für Gesetzgebung und Rechtswissenschaft/Critical Quarterly for Legislation and Law/Revue critique trimestrielle de jurisprudence et de législation
KronzG	Gesetz zur Einführung einer Kronzeugenregelung bei terroristischen Straftaten (Art. 4 des StGBÄndG 1989) vom 9.6.1989 (BGBl. I S. 1059)
KronzVerlG	Gesetz zur Änderung des Gesetzes zur Änderung des Strafgesetzbuches, der Strafprozeßordnung und des Versammlungsgesetzes und zur Einführung einer Kronzeugenregelung bei terroristischen Straftaten (Kronzeugen-Verlängerungs-Gesetz) vom 16.2.1993 (BGBl. I S. 238)
2. KronzVerlG	Zweites Gesetz zur Änderung des Gesetzes zur Änderung des Strafgesetzbuches, der Strafprozeßordnung und des Versammlungsgesetzes und zur Einführung einer Kronzeugenregelung bei terroristischen Straftaten (2. Kronzeugen-Verlängerungs-Gesetz) vom 19.1.1996 (BGBl. I S. 58)

KSI	Krisen-, Sanierungs- und Insolvenzberatung (Zeitschrift)
KSZE	Konferenz für Sicherheit und Zusammenarbeit in Europa
KSzW	Kölner Schrift zum Wirtschaftsrecht
KUG	Gesetz über das Urheberrecht an Werken der bildenden Künste und der Fotografie vom 9.1.1907 (RGBl. S. 7)
KUP	Kriminologie und Praxis (Schriftenreihe der Kriminologischen Zentralstelle)
KuR	Kirche und Recht (Zeitschrift)
KUR	Kunst und Recht (Zeitschrift)
k + v	Kraftfahrt und Verkehrsrecht, Zeitschrift der Akademie für Verkehrswissenschaft
KVGKG	Kostenverzeichnis (Anlage 1 zum GKG)
KWKG	Gesetz über die Kontrolle von Kriegswaffen i.d.F. der Bek. vom 22.11.1990 (BGBl. I S. 2506)
LDÜJG RP	Landesgesetz über Dolmetscherinnen und Dolmetscher und Übersetzerinnen und Übersetzer in der Justiz (LDÜJG) vom 10.9.2008 (GVBl. 358)
LegPer.	Legislaturperiode
Lfg.	Lieferung
LFGB	Lebensmittel-, Bedarfsgegenstände- und Futtermittelgesetzbuch
LG	Landgericht
LJV	Landesjustizverwaltung
LKA	Landeskriminalamt
LKV	Landes- und Kommunalverwaltung (Zeitschrift)
LM	Lindenmaier/Möhring u.a. (Hrsg.), Nachschlagewerk des Bundesgerichtshofs (Loseblattsammlung)
LMBG	Gesetz über den Verkehr mit Lebensmitteln, Tabakerzeugnissen, kosmetischen Mitteln und sonstigen Bedarfsgegenständen (Lebensmittel- und Bedarfsgegenständegesetz) i.d.F. der Bek. vom 9.9.1997 (BGBl. I S. 2297) aufgehoben durch Art. 8 des Gesetzes vom 4.4.2016 (BGBl. I S. 569)
LMG (1936)	Gesetz über den Verkehr mit Lebensmitteln und Bedarfsgegenständen (Lebensmittelgesetz) vom 5.7.1927 i.d.F. der Bek. vom 17.1.1936 (RGBl. I S. 17)
LPartG	Gesetz über die Eingetragene Lebenspartnerschaft (Lebenspartnerschaftsgesetz) vom 16.2.2001 (BGBl. I S. 266)
LPG	Landespressegesetz
LRE	Sammlung lebensmittelrechtlicher Entscheidungen
Ls.	Leitsatz
LuftFzgG	Gesetz über Rechte an Luftfahrzeugen vom 26.2.1959 (BGBl. I 57)
LuftVG	Luftverkehrsgesetz i.d.F. der Bek. vom 27.3.1999 (BGBl. I S. 550)
LuftVO	Luftverkehrs-Ordnung i.d.F. der Bek. vom 27.3.1999 (BGBl. I S. 580)
LV	Literaturverzeichnis, Schrifttumsverzeichnis
LVerf.	Landesverfassung
LVG	Landesverwaltungsgericht
LZ	Leipziger Zeitschrift für Deutsches Recht (1907 bis 1933)
m. Anm.	mit Anmerkung
MABl.	Ministerialamtsblatt
MarkenG	Gesetz über den Schutz von Marken und sonstigen Kennzeichen (Markengesetz – MarkenG) vom 25.10.1994 (BGBl. I S. 3082, 1995 I S. 156, 1996 I S. 682)
Mat.	s. Hahn
MatStrRRef.	Materialien zur Strafrechtsreform, herausgegeben vom BMJ, Bd. 1–15 (1954–1960) (s. auch Entw.)
MBl.	Ministerialblatt
MdL	Mitglied des Landtags
MDR	Monatsschrift für Deutsches Recht
MedR	Medizinrecht (Zeitschrift)
medstra	Zeitschrift für Medizinstrafrecht
MEPA	Mitteleuropäische Polizeiakademie

MHfS	Mannheimer Hefte für Schriftvergleichung
MiStra.	Anordnung über Mitteilungen in Strafsachen vom 15.3.1985 i.d.F. der Bek. vom 29.4.1998, bundeseinheitlich
MittKV	Mitteilungen der Internationalen Kriminalistischen Vereinigung (1889 bis 1914; 1926 bis 1933)
MMR	MultiMedia und Recht (Zeitschrift)
MOG	Gesetz zur Durchführung der Gemeinsamen Marktorganisation vom 31.8.1972 (BGBl. I S. 1617)
MONEYVAL	Committee of Experts on the Evaluation of Anti-Money Laundering Measures and the Financing of Terrorism
Mot.	Begründung zur Strafprozeßordnung bei Hahn (s. dort)
MR	Medien und Recht (Österreich)
MRG	Militärregierungsgesetz
MSchrKrim.	Monatsschrift für Kriminologie und Strafrechtsreform
MSchrKrimPsych.	Monatsschrift für Kriminalpsychologie und Strafrechtsreform (1904/05 bis 1936)
MStGO	Militärstrafgerichtsordnung i.d.F. der Bek. vom 29.9.1936 (RGBl. I S. 755)
Muster-Entw.	Muster-Entwurf eines einheitlichen Polizeigesetzes, verabschiedet von der JMK am 10./11.6.1976, geändert durch Beschluss der JMK vom 25.11.1977
MV	Mecklenburg-Vorpommern
m.w.B.	mit weiteren Beispielen
m.w.N.	mit weiteren Nachweisen
NachtrSichVG	Gesetz zur Einführung einer nachträglichen Sicherungsverwahrung vom 23.7.2004 (BGBl. I S. 1838)
NATO-Truppenstatut	Abkommen zwischen den Parteien des Nordatlantikvertrags vom 19.6.1951 über die Rechtsstellung ihrer Truppen (BGBl. 1961 II S. 1183, 1190), Bek. vom 16.6.1963 (BGBl. II S. 745)
Nds.	Niedersachsen
NdsAGGVG	Niedersächsisches Ausführungsgesetz zum Gerichtsverfassungsgesetz vom 5.4.1963 (GVBl. S. 225)
NdsRpfl.	Niedersächsische Rechtspflege
NdsVBl.	Niedersächsische Verwaltungsblätter
n.F.	neue Fassung
N.F.	Neue Folge
Nieders. GVBl. Sb. I, II	Niedersächsisches Gesetz- und Verordnungsblatt, Sonderband I und II, Sammlung des bereinigten niedersächsischen Rechts
NJ	Neue Justiz (bis 1990 DDR)
NJECL	New Journal of European Criminal Law
NJOZ	Neue Juristische Online-Zeitschrift (nur über beck-online abrufbar)
NJVollzG	Niedersächsisches Justizvollzugsgesetz
NJW	Neue Juristische Wochenschrift
NKrimpol.	Neue Kriminalpolitik (Zeitschrift)
NLMR	Newsletter Menschenrechte
noeP	Nicht offen ermittelnder Polizeibeamter
NordÖR	Zeitschrift für Öffentliches Recht in Norddeutschland
NotVO	s. Ausn. VO
NPA	Neues Polizei-Archiv
NRO	Nichtregierungsorganisation
NRW	Nordrhein-Westfalen
NRWO	(österreichisches) Bundesgesetz über die Wahl des Nationalrates (Nationalrats-Wahlordnung 1992)
NStE	Neue Entscheidungssammlung für Strafrecht
NStZ	Neue Zeitschrift für Strafrecht
NStZ-RR	NStZ – Rechtsprechungs-Report (Zeitschrift, ab 1996)
NSW	Neue Strafrechtswissenschaft (Zeitschrift)

NuR	Natur und Recht (Zeitschrift)
NVwZ	Neue Zeitschrift für Verwaltungsrecht
NWB	NWB Steuer- und Wirtschaftsrecht (Zeitschrift)
NWVBl.	Nordrheinwestfälische Verwaltungsblätter
NZA	Neue Zeitschrift für Arbeitsrecht
NZA-RR	NZA-Rechtsprechungs-Report Arbeitsrecht
NZI	Neue Zeitschrift für Insolvenzrecht
NZM	Neue Zeitschrift für Miet- und Wohnungsrecht
NZS	Neue Zeitschrift für Sozialrecht
NZV	Neue Zeitschrift für Verkehrsrecht
NZWehrr	Neue Zeitschrift für Wehrrecht
NZWiSt	Neue Zeitschrift für Wirtschafts-, Steuer- und Unternehmensstrafrecht
OASG	Gesetz zur Sicherung der zivilrechtlichen Ansprüche der Opfer von Straftaten (Opferanspruchsicherungsgesetz) vom 8.5.1998 (BGBl. I S. 905)
OBLG	Oberstes Landesgericht
OECD	Organisation für Wirtschaftliche Zusammenarbeit und Entwicklung
OEG	Gesetz über die Entschädigung für Opfer von Gewalttaten vom 11.5.1976 (BGBl. I S. 1181) i.d.F. der Bek. vom 7.1.1985 (BGBl. I S. 1)
OER	Osteuropa-Recht
OG	Oberstes Gericht der DDR
OGH	Oberster Gerichtshof (Österreich)
OGHSt	Entscheidungen des Obersten Gerichtshofes für die Britische Zone in Strafsachen (1949/50)
ÖJZ	Österreichische Juristen-Zeitung
OLAF	Europäisches Amt für Betrugsbekämpfung (Office Européen de Lutte Anti-Fraude)
OLG	Oberlandesgericht
OLG-NL	OLG-Report Neue Länder
OLGR	OLG-Report
OLGSt	Entscheidungen der Oberlandesgerichte zum Straf- und Strafverfahrensrecht (Loseblattausgabe, bis 1983)
OLGSt N.F.	Entscheidungen der Oberlandesgerichte zum Straf- und Strafverfahrensrecht, Neue Folge (Loseblattausgabe, ab 1983)
OLGVertrÄndG	Gesetz zur Änderung des Rechts der Vertretung durch Rechtsanwälte vor den Oberlandesgerichten vom 23.7.2002 (BGBl. I S. 2850)
OPCAT	s. UNCAT
OpferRRG	Gesetz zur Verbesserung der Rechte von Verletzten im Strafverfahren (Opferrechtsreformgesetz – OpferRRG) vom 24.6.2004 (BGBl. I S. 1354)
2. OpferRRG	Gesetz zur Stärkung der Rechte von Verletzten und Zeugen im Strafverfahren (2. Opferrechtsreformgesetz) vom 29.7.2009 (BGBl. I S. 2280)
3. OpferRRG	Gesetz zur Stärkung der Opferrechte im Strafverfahren (3. Opferrechtsreformgesetz) vom 21.12.2015 (BGBl. I S. 2525)
OpferschutzG	Erstes Gesetz zur Verbesserung der Stellung des Verletzten im Strafverfahren (Opferschutzgesetz) vom 18.12.1986 (BGBl. I S. 2496) aufgehoben durch Art. 68 des Gesetzes vom 19.4.2006 (BGBl. I S. 866)
OrgKG	Gesetz zur Bekämpfung des illegalen Rauschgifthandels und anderer Erscheinungsformen der Organisierten Kriminalität (OrgKG) vom 15.7.1992 (BGBl. I S. 1302)
OrgStA	Anordnung über Organisation und Dienstbetrieb der Staatsanwaltschaften
ÖRiZ	Österreichische Richterzeitung
ÖRZ	Österreichische Raiffeisen-Zeitung
OStA	Oberstaatsanwalt
ÖstAnwBl.	Österreichisches Anwaltsblatt
öStVG	Österreichisches Strafvollzugsgesetz
ÖStZ	Österreichische Steuerzeitung
OSZE	Organisation für Sicherheit und Zusammenarbeit in Europa

OSCI	Online Services Computer Interface
ÖVerfG	Österreichischer Verfassungsgerichtshof
OVG	Oberverwaltungsgericht
OWG/DDR	Gesetz zur Bekämpfung von Ordnungswidrigkeiten (der Deutschen Demokratischen Republik) vom 12.1.1968 (GBl. I S. 101)
OWiG	Gesetz über Ordnungswidrigkeiten, neugefasst durch Bek. vom 19.2.1987 (BGBl. I S. 602)
OWiGÄndG	Gesetz zur Änderung des Gesetzes über Ordnungswidrigkeiten, des Straßenverkehrsgesetzes und anderer Gesetze vom 7.7.1986 (BGBl. I S. 977)
PAO	Patentanwaltsordnung vom 7.9.1966 (BGBl. I S. 557)
ParlStG	Gesetz über die Rechtsverhältnisse der parlamentarischen Staatssekretäre vom 24.7.1974 (BGBl. I S. 1538)
PartG	Gesetz über die politischen Parteien (Parteiengesetz) neugefasst durch Bek. vom 31.1.1994, (BGBl. I S. 149)
PaßG	Paßgesetz vom 19.4.1986 (BGBl. I S. 537)
PatG	Patentgesetz, neugefasst durch Bek. vom 16.12.1980 (BGBl. 1981 I S. 1)
PAuswG	Gesetz über Personalausweise vom 19.12.1950 (BGBl. I S. 807) i.d.F. der Bek. vom 21.4.1986 (BGBl. I S. 548)
PD-Art. 43	Practice Direction – Requests under Article 43 of the Convention
PD-EF	Practice Direction – Electronic filing by applicants
PD-I	Practice Direction – Institution of proceedings (EGMR)
PD-IM	Practice Direction – Request for interim measures (Rule 39) (EGMR)
PD-JS	Practice Direction – Just satisfaction claims (Art. 41 ECHR) (EGMR)
PD-MI	Practice Direction – Processing of applications in the event of a mass influx
PD-RfA	Practice Direction – Request for anonymity (EGMR)
PD-RoJ	Practice Direction – Recusal of judges (Rule 28)
PD-SEF	Practice Direction – Secured electronic filing (EGMR)
PD-TPI	Practice Direction – Third-party intervention (Art. 36 § 2 of the Convention or Art. 3, second sentence, of Protocol No. 16)
PD-WP	Practice Direction – Written pleadings (EGMR)
PdR	Praxis der Rechtspsychologie (Zeitschrift)
PflVG	Gesetz über die Pflichtversicherung für Kraftfahrzeughalter i.d.F. der Bek. vom 5.4.1965 (BGBl. I S. 213)
PinG	Privacy in Germany
PJZS	Polizeiliche und Justizielle Zusammenarbeit in Strafsachen
PKH	Prozesskostenhilfe
PKHÄndG	Gesetz zur Änderung von Vorschriften über die Prozeßkostenhilfe (Prozeßkostenhilfeänderungsgesetz – PKHÄndG) vom 10.10.1994 (BGBl. I S. 2954) aufgehoben durch Art. 64 des Gesetzes vom 19.4.2006 (BGBl. I S. 866)
PlenProt.	Plenarprotokoll, Stenographische Berichte der Sitzungen des Deutschen Bundestages
PNR	Passenger Name Record
POGNRW	Polizeiorganisationsgesetz (des Landes NRW) i.d.F. der Bek. vom 22.10.1994 (GVNRW S. 852)
PolGBW	Polizeigesetz (des Landes BW) i.d.F. der Bek. vom 13.1.1992 (GBl. S. 1)
Polizei	s. Die Polizei
PostG	Gesetz über das Postwesen i.d.F. der Bek. vom 22.12.1997 (BGBl. I S. 3294)
PostO	Postordnung vom 16.5.1963 (BGBl. I S. 341)
PostStruktG	Gesetz zur Neustrukturierung des Post- und Fernmeldewesens und der Deutschen Bundespost (Poststrukturgesetz – PoststruktG) vom 8.6.1989 (BGBl. I S. 1026)
Pr.	Preußen
prALR	Allgemeines Landrecht für die Preußischen Staaten
PräsLG	Präsident des Landgerichts
PräsOLG	Präsident des Oberlandesgerichts
PräsVerfG	Gesetz über die Änderung der Bezeichnungen der Richter und ehrenamtlichen Richter und der Präsidialverfassungen der Gerichte vom 26.5.1972 (BGBl. I S. 841)

PrG	Pressegesetz (Landesrecht)
PrGS	Preußische Gesetzessammlung (1810–1945)
Prot.	Protokoll
ProzeßkostenhG	Gesetz über die Prozeßkostenhilfe vom 13.6.1980 (BGBl. I S. 677) aufgelöst durch Art. 62 des Gesetzes vom 19.4.2006 (BGBl. I S. 866)
Pro-Eurojust	Vorgänger- und Gründungseinheit von Eurojust
PrPG	Gesetz zur Stärkung des Schutzes des geistigen Eigentums und zur Bekämpfung der Produktpiraterie (PrPG) vom 7.3.1990 (BGBl. I S. 422)
PrZeugnVerwG	Gesetz über das Zeugnisverweigerungsrecht der Mitarbeiter von Presse und Rundfunk vom 25.7.1975 (BGBl. I S. 1973)
PStR	Praxis Steuerstrafrecht
PsychPbG	Gesetz über die psychosoziale Prozessbegleitung im Strafverfahren, Art. 4 des Gesetzes vom 21.12.2015, BGBl. I S. 2525, 2529 (Nr. 55).
PTNeuOG	Gesetz zur Neuordnung des Postwesens und der Telekommunikation (Postneuordnungsgesetz – PTNeuOG) vom 14.9.1994 (BGBl. I S. 2325)
PUAG	Gesetz zur Regelung des Rechts der Untersuchungsausschüsse des Deutschen Bundestages (Untersuchungsausschussgesetz – PUAG) vom 19.6.2001 (BGBl. I S. 1142)
PV	Personenvereinigung
PVG	Polizeiverwaltungsgesetz
PVR	Praxis Verkehrsrecht
RA	Rechtsanwalt
RabelsZ	Rabels-Zeitschrift für ausländisches und internationales Privatrecht
RAG/DDR	Rechtsanwaltsgesetz der Deutschen Demokratischen Republik vom 13.9.1990 (GBl. I S. 1504)
RAHG	s. RHG
RANotz.PrG	Gesetz zur Prüfung von Rechtsanwaltszulassungen, Notarbestellungen und Berufungen ehrenamtlicher Richter vom 24.6.1992 (BGBl. I S. 1386)
RAO	Reichsabgabenordnung vom 13.12.1919, aufgehoben durch AO vom 16.3.1976
RAussch.	Rechtsausschuss
RAVPV	Verordnung über die Rechtsanwaltsverzeichnisse und die besonderen elektronischen Anwaltspostfächer (Rechtsanwaltsverzeichnis- und -postfachverordnung – RAVPV) vom 23.9.2016 (BGBl. I S. 2167)
RAW	Recht Automobil Wirtschaft
RB	Rahmenbeschluss (Art. 34 EU)
RBerG	Gesetz zur Verhütung von Mißbrauch auf dem Gebiet der Rechtsberatung vom 13.12.1935 (RGBl. I S. 1478); aufgehoben durch Art. 20 des Gesetzes vom 12.12.2007 (BGBl. I S. 2840)
RBEuHb	Rahmenbeschluss des Rates (2002/584/JI) vom 13.6.2002 über den Europäischen Haftbefehl und die Übergabeverfahren zwischen den Mitgliedstaaten (ABlEU Nr. L 190 vom 18.7.2002, S. 1)
RdA	Recht der Arbeit
RdErl.	Runderlass
RDG	Gesetz über außergerichtliche Rechtsdienstleistungen (Rechtsdienstleistungsgesetz – RDG) vom 12.12.2007 (BGBl. I S. 2840)
RDH	Revue des Droits de l'Homme
Rdi	Recht Digital
RDIDC	Revue de droit international et de droit comparé
RdJB	Recht der Jugend und des Bildungswesens (Zeitschrift)
RdK	Das Recht des Kraftfahrers (1926–43, 1949–55)
RdM	Recht der Medizin
RDStH	Entscheidungen des Reichsdienststrafhofs (1939–41)
RDStO	Reichsdienststrafordnung vom 26.1.1937 (RGBl. I S. 71)
RDV	Recht der Datenverarbeitung
Recht	Das Recht, begründet von Soergel (1897 bis 1944)

recht	Information des Bundesministers der Justiz
RefE	Referentenentwurf
Reg.	Regierung
RegBl.	Regierungsblatt
RegE	Regierungsentwurf
RegE TKÜ	Entwurf der Bundesregierung eines Gesetzes zur Neuregelung der Telekommunikationsüberwachung und anderer verdeckter Ermittlungsmaßnahmen sowie zur Umsetzung der Richtlinie 2006/EG vom 18.4.2007
RehabG	Rehabilitierungsgesetz (der Deutschen Demokratischen Republik) vom 6.9.1990 (GBl. I S. 1459), aufgehoben durch StrRehaG
Res.	Resolution
RevMC	Revue du Marché commun et de l'Union européenne
Rev.trim.dr.h.	Revue trimestrielle des droits de l'homme
RG	Reichsgericht
RGBl., RGBl. I, II	Reichsgesetzblatt, von 1922 bis 1945 Teil I und II
RGRspr.	Rechtsprechung des Reichsgerichts in Strafsachen (1879 bis 1888)
RGSt	Entscheidungen des Reichsgerichts in Strafsachen
RGZ	Entscheidungen des Reichsgerichts in Zivilsachen
RheinSchA	Revidierte Rheinschiffahrtsakte (Mannheimer Akte) i.d.F. der Bek. vom 11.3.1969 (BGBl. II S. 597)
RHG	Gesetz über die innerdeutsche Rechts- und Amtshilfe in Strafsachen vom 2.5.1953 (BGBl. I S. 161)
RHGDVO	Verordnung zur Durchführung des Gesetzes über die innerdeutsche Rechts- und Amtshilfe in Strafsachen vom 23.12.1953 (BGBl. I S. 1569)
RhPf.	Rheinland-Pfalz
RiA	Recht im Amt
RichtlRA	Grundsätze des anwaltlichen Standesrechts – Richtlinien gem. § 177 Abs. 2 Satz 2 BRAO vom 21.6.1973
RiG/DDR	Richtergesetz der Deutschen Demokratischen Republik vom 5.7.1990 (GBl. I S. 637)
RiJGG	Richtlinien zum Jugendgerichtsgesetz
RiStBV	Richtlinien für das Strafverfahren und das Bußgeldverfahren vom 1.12.1970 (BAnz. Nr. 17/1971), i.d.F. der Bek. vom 1.2.1997 mit spät. Änderungen, bundeseinheitlich
RiVASt	Richtlinien für den Rechtshilfeverkehr mit dem Ausland in strafrechtlichen Angelegenheiten
RIW	Recht der Internationalen Wirtschaft (Zeitschrift)
RKG(E)	Reichskriegsgericht (Entscheidungen des RKG)
RL	Richtlinie
RMBl.	Reichsministerialblatt, Zentralblatt für das Deutsche Reich (1923–45)
RMilGE	Entscheidungen des Reichsmilitärgerichts
Rn.	Randnummer
ROW	Recht in Ost und West (Zeitschrift)
RpflAnpG	Gesetz zur Anpassung der Rechtspflege im Beitrittsgebiet (Rechtspflege-Anpassungsgesetz – RpflAnpG) vom 26.6.1992 (BGBl. I S. 1147)
RpflAnpÄndG	Gesetz zur Änderung des Rechtspflege-Anpassungsgesetzes – RpflAnpG vom 7.12.1995 (BGBl. I S. 1590)
Rpfleger	Der Deutsche Rechtspfleger
RpflEntlG	Gesetz zur Entlastung der Rechtspflege vom 11.1.1993 (BGBl. I S. 50) aufgehoben durch Art. 5 des Gesetzes vom 6.12.2011 (BGBl. S. 2554)
RPflG	Rechtspflegergesetz vom 5.11.1969 (BGBl. I S. 2065)
RpflVereinfG	Rechtspflege-Vereinfachungsgesetz vom 17.12.1990 (BGBl. I S. 2847)
RPsych	Rechtspsychologie (Zeitschrift)
Rs.	Rechtssache
Rspr.	Rechtsprechung
RT	Reichstag
RTDE	Revue trimestrielle de droit européen

RTDrucks.	Drucksachen des Reichstags
RTh	Zeitschrift für Logik und Juristische Methodenlehre, Rechtsinformatik, Kommunikationsforschung, Normen- und Handlungstheorie, Soziologie und Philosophie des Rechts – eJournal
RTVerh.	Verhandlungen des Reichstags
RuP	Recht und Politik (Zeitschrift)
RVerf.	s. WeimVerf.
RVG	Gesetz über die Vergütung der Rechtsanwältinnen und Rechtsanwälte – Rechtsanwaltsvergütungsgesetz vom 5.5.2004 (BGBl. I S. 718)
RVO	Reichsversicherungsordnung vom 19.7.1911 i.d.F. der Bek. vom 15.12.1924 (RGBl. I S. 779)
RW	Rechtswissenschaft – Zeitschrift für rechtswissenschaftliche Forschung
RZ	s. ÖRiZ
R&P	Recht und Psychiatrie (Zeitschrift)
r+s	Recht und Schaden (Zeitschrift)
s.	siehe
s.a.	siehe auch
s.o.	s. oben / siehe oben
s.u.	s. unten / siehe unten
S.	Satz, Seite
Sa.	Sachsen
SaAnh.	Sachsen-Anhalt
SaBremR	Sammlung des bremischen Rechts (1964)
SächsArch.	Sächsisches Archiv für Rechtspflege, seit 1924 (bis 1941/42) Archiv für Rechtspflege in Sachsen, Thüringen und Anhalt
SächsOLG	Annalen des Sächsischen Oberlandesgerichts zu Dresden (1880 bis 1920)
SächsVBl.	Sächsische Verwaltungsblätter
SAM	Steueranwaltsmagazin
SchAZtg	Schiedsamtszeitung
SchiedsmZ	Schiedsmannszeitung (1926 bis 1945), seit 1950 Der Schiedsmann
SchiedsstG	Gesetz (der Deutschen Demokratischen Republik) über die Schiedsstellen in den Gemeinden vom 13.9.1990 (GBl. I S. 1527)
SchlH	Schleswig-Holstein
SchlHA	Schleswig-Holsteinische Anzeigen
SchrR	Schriftenreihe
SchrRAGStrafR	Schriftenreihe der Arbeitsgemeinschaft Strafrecht im Deutschen Anwaltverein
SchRG	Gesetz über Rechte an eingetragenen Schiffen und Schiffsbauwerken vom 15.11.1940 (RGBl. I S. 1499)
SchrRBRAK	Schriftenreihe der Bundesrechtsanwaltskammer
SchwarzArbG	Gesetz zur Bekämpfung der Schwarzarbeit und illegalen Beschäftigung vom 23.7.2004 (Schwarzarbeitsbekämpfungsgesetz – SchwarzArbG) (BGBl. I S. 1842)
SchwGBG	Gesetz zur Verbesserung der Bekämpfung der Geldwäsche und Steuerhinterziehung vom 28.4.2011 (Schwarzgeldbekämpfungsgesetz) (BGBl. I S. 676)
SchwJZ	Schweizerische Juristenzeitung
SchwZStr	Schweizer Zeitschrift für Strafrecht
SDÜ	Übereinkommen vom 19.6.1990 zwischen dem Königreich Belgien, der Bundesrepublik Deutschland, der Französischen Republik, dem Großherzogtum Luxemburg und dem Königreich der Niederlande zur Durchführung des am 14.6.1985 in Schengen unterzeichneten Übereinkommens betreffend den schrittweisen Abbau der Kontrollen an den gemeinsamen Grenzen (Schengener Durchführungsübereinkommen; ABlEG Nr. L 239 vom 22.9.2000, S. 19)
1. SED-UnberG	Erstes Gesetz zur Bereinigung von SED-Unrecht (Erstes SED-Unrechtsbereinigungsgesetz – 1. SED-UnberG) vom 29.10.1992 (BGBl. I S. 1814)
2. SED-UnberG	Zweites Gesetz zur Bereinigung von SED-Unrecht (Zweites SED-Unrechtsbereinigungsgesetz – 2. SED–UnBerG) vom 23.6.1994 (BGBl. I S. 1311)

SeeAufgG	Gesetz über die Aufgaben des Bundes auf dem Gebiet der Seeschiffahrt (Seeaufgabengesetz – SeeAufgG) vom 24.5.1965 i.d.F. der Bek. vom 27.9.1994 (BGBl. I S. 2802)
SeemG	Seemannsgesetz vom 26.7.1957 (BGBl. II S. 713) aufgehoben durch Art. 7 des Gesetzes vom 20.4.2013 (BGBl. I S. 868)
SeuffBl.	Seufferts Blätter für Rechtsanwendung (1836–1913)
SFHÄndG	Schwangeren- und Familienhilfeänderungsgesetz (SFHÄndG) vom 21.8.1995 (BGBl. I S. 1050)
SFHG	Gesetz zum Schutz des vorgeburtlichen/werdenden Lebens, zur Förderung einer kinderfreundlicheren Gesellschaft, für Hilfe im Schwangerschaftskonflikt und zur Regelung des Schwangerschaftsabbruchs (Schwangeren- und Familienhilfegesetz) vom 27.7.1992 (BGBl. I S. 1398)
SGb	Die Sozialgerichtsbarkeit (Zeitschrift)
SGB	Sozialgesetzbuch SGB I – Sozialgesetzbuch, Allgemeiner Teil (1. Buch), vom 27.12. 2003 (BGBl. I S. 3022) SGB II – Sozialgesetzbuch, Grundsicherung für Arbeitsuchende (2. Buch), vom 24.12.2003 (BGBl. I S. 2954) SGB III – Sozialgesetzbuch, Arbeitsförderung (3. Buch), vom 27.12. 2003 (BGBl. I S. 3022) SGB IV – Sozialgesetzbuch, Gemeinsame Vorschriften für die Sozialversicherung (4. Buch) vom 24.7.2003 (BGBl. I S. 1526) SGB V – Sozialgesetzbuch, Gesetzliche Krankenversicherung (5. Buch) vom 27.12.2003 (BGBl. I S. 3022) SGB VI – Sozialgesetzbuch, Gesetzliche Rentenversicherung (6. Buch) vom 29.4.2004 (BGBl. I S. 678) SGB VII – Sozialgesetzbuch, Gesetzliche Unfallversicherung (7. Buch) vom 27.12.2003 (BGBl. I S. 3019) SGB VIII – Sozialgesetzbuch, Kinder- und Jugendhilfe (8. Buch) vom 27.12.2003 (BGBl. I S. 3022) SGB IX – Sozialgesetzbuch, Rehabilitation und Teilhabe behinderter Menschen (9. Buch) vom 23.4.2004 (BGBl. I S. 606) SGB X – Sozialgesetzbuch, Verwaltungsverfahren (10. Buch) vom 5.4.2004 (BGBl. I S. 718) SGB XI – Sozialgesetzbuch, Soziale Pflegeversicherung (11. Buch) vom 27.12.2003 (BGBl. I S. 3022) SGB XII – Sozialgesetzbuch, Sozialhilfe (12. Buch) vom 27.12.2003 (BGBl. I S. 3022)
SGG	Sozialgerichtsgesetz, neugefasst durch Bek. vom 23.9.1975 (BGBl. I S. 2535)
SGV.NW	Sammlung des bereinigten Gesetz- und Verordnungsblatts für das Land Nordrhein-Westfalen (Loseblattsammlung)
SIAK	Zeitschrift für Polizeiwissenschaft und polizeiliche Praxis (Österreich)
SichVG	Gesetz zur Rechtsvereinheitlichung der Sicherungsverwahrung (SichVG) vom 16.6.1995 (BGBl. I S. 818)
SIRENE	Supplementary Information Request at the National Entry (nationale Kontaktstelle des SIS)
SIS	Schengener Informationssystem
SJIR	Schweizerisches Jahrbuch für internationales Recht
SJZ	Schweizerische Juristen-Zeitung/Süddeutsche Juristenzeitung (1946–50), dann Juristenzeitung
SkAufG	Gesetz über die Rechtsstellung ausländischer Streitkräfte bei vorübergehenden Aufenthalten in der Bundesrepublik Deutschland (Streitkräfteaufenthaltsgesetz – SkAufG) vom 20.7.1995 (BGBl. II S. 554)
s.o.	siehe oben
SortSchG	Gesetz über den Schutz von Pflanzensorten (Sortenschutzgesetz) vom 20.5.1968 i.d.F. der Bek. vom 4.1.1977 (BGBl. I S. 105)
SozVw	Die Sozialverwaltung (Zeitschrift)

SprengG	Gesetz über explosionsgefährliche Stoffe (Sprengstoffgesetz – SprengG) vom 13.9.1976 (BGBl. I S. 2737) i.d.F. der Bek. vom 17.4. 1986 (BGBl. I S. 577)
SprengstG	Gesetz über explosionsgefährliche Stoffe (Sprengstoffgesetz) vom 25.8.1969 (BGBl. I S. 1358, ber. BGBl. 1970 I S. 224), aufgehoben durch SprengG vom 13.9.1976
SpuRt	Sport und Recht (Zeitschrift)
SR	Soziales Recht (Zeitschrift)
SRÜ	Seerechtsübereinkommen der Vereinten Nationen vom 10.12.1982 (BGBl. 1994 II S. 1799)
StA	Staatsanwalt, Staatsanwaltschaft
StaatsGH	Staatsgerichtshof
StaatsschStrafsG	Gesetz zur allgemeinen Einführung eines zweiten Rechtszuges in Staatsschutz-Strafsachen vom 8.9.1969 (BGBl. I S. 1582)
StAG/DDR	Gesetz über die Staatsanwaltschaft der Deutschen Demokratischen Republik vom 7.4.1977 (GBl. I S. 93)
StAZ	Das Standesamt (Zeitschrift)
StBerG	Steuerberatungsgesetz, neugefasst durch Bek. vom 4.11.1975 (BGBl. I S. 2735)
StGB	Strafgesetzbuch, neugefasst durch Bek. vom 13.11.1998 (BGBl. I S. 3322)
StGB/DDR	Strafgesetzbuch der Deutschen Demokratischen Republik vom 12.1.1968 in der Neufassung vom 14.12.1988 (GBl. I S. 93)
StGBÄndG 1976	Gesetz zur Änderung des Strafgesetzbuches, der Strafprozeßordnung, des Gerichtsverfassungsgesetzes, der Bundesrechtsanwaltsordnung und des Strafvollzugsgesetzes vom 18.8.1976 (BGBl. I S. 2181)
StGBÄndG 1989	Gesetz zur Änderung des Strafgesetzbuches, der Strafprozeßordnung und des Versammlungsgesetzes und zur Einführung einer Kronzeugenregelung bei terroristischen Straftaten vom 9.6.1989 (BGBl. I S. 1059)
StORMG	Gesetz zur Stärkung der Rechte von Opfern sexuellen Missbrauchs vom 26.6.2013 (BGBl. I S. 1805)
StPÄG 1964	Gesetz zur Änderung der Strafprozeßordnung und des Gerichtsverfassungsgesetzes vom 19.12.1964 (BGBl. I S. 1067)
StPÄG 1972	Gesetz zur Änderung der Strafprozeßordnung vom 7.8.1972 (BGBl. I S. 1361)
StPÄG 1978	Gesetz zur Änderung der Strafprozeßordnung vom 14.4.1978 (BGBl. I S. 497)
StPÄG 1986	Paßgesetz und Gesetz zur Änderung der Strafprozeßordnung vom 19.4.1986 (BGBl. I S. 537)
StPÄG 1988	Gesetz zur Änderung der Strafprozeßordnung vom 17.5.1988 (BGBl. I S. 606)
StPO	Strafprozeßordnung vom 1.2.1877 i.d.F. der Bek. vom 7.4.1987 (BGBl. I S. 1074)
StPO/DDR	Strafprozeßordnung der Deutschen Demokratischen Republik vom 12.1.1968 in der Neufassung vom 19.12.1974 (GBl. 1975 I S. 61)
str.	streitig/strittig
StraFo	Strafverteidiger Forum (Zeitschrift)
StrafrAbh.	Strafrechtliche Abhandlungen, herausgegeben von Bennecke, dann von Beling, v. Lilienthal und Schoetensack
StraftVVG	Gesetz zur Verfolgung der Vorbereitung von schweren staatsgefährdenden Gewalttaten vom 30.7.2009 (BGBl. I S. 2437)
StRÄndG	Strafrechtsänderungsgesetz 1. ~ vom 30.8.1951 (BGBl. I S. 739) 2. ~ vom 6.3.1953 (BGBl. I S. 42) 3. ~ vom 4.8.1953 (BGBl. I S. 735) 4. ~ vom 11.6.1957 (BGBl. I S. 597) 5. ~ vom 24.6.1960 (BGBl. I S. 477) 6. ~ vom 30.6.1960 (BGBl. I S. 478) 7. ~ vom 1.6.1964 (BGBl. I S. 337) 8. ~ vom 25.6.1968 (BGBl. I S. 741) 9. ~ vom 4.8.1969 (BGBl. I S. 1065) 10. ~ vom 7.4.1970 (BGBl. I S. 313) 11. ~ vom 16.12.1971 (BGBl. I S. 1977) 12. ~ vom 16.12.1971 (BGBl. I S. 1779)

13. ~ vom 13.6.1975 (BGBl. I S. 1349)
14. ~ vom 22.4.1976 (BGBl. I S. 1056)
15. ~ vom 18.5.1976 (BGBl. I S. 1213)
16. ~ vom 16.7.1979 (BGBl. I S. 1078)
17. ~ vom 21.12.1979 (BGBl. I S. 2324)
18. ~ vom 28.3.1980 (BGBl. I S. 379) – Gesetz zur Bekämpfung der Umweltkriminalität
19. ~ vom 7.8.1981 (BGBl. I S. 808)
20. ~ vom 8.12.1981 (BGBl. I S. 1329)
21. ~ vom 13.6.1985 (BGBl. I S. 963)
22. ~ vom 18.7.1985 (BGBl. I S. 1510)
23. ~ vom 13.4.1986 (BGBl. I S. 1986)
24. ~ vom 13.1.1987 (BGBl. I S. 141)
25. ~ vom 20.8.1990 – § 201 StG – (BGBl. I S. 1764)
26. ~ vom 24.7.1992 – Menschenhandel – (BGBl. I S. 1255)
27. ~ vom 23.7.1993 – Kinderpornographie – (BGBl. I S. 1346)
28. ~ vom 13.1.1994 – Abgeordnetenbestechung – (BGBl. I S. 84)
29. ~ vom 31.5.1994 – §§ 175, 182 StGB – (BGBl. I S. 1168)
30. ~ vom 23.6.1994 – Verjährung von Sexualstraftaten an Kindern und Jugendlichen – BGBl. I S. 1310)
31. ~ vom 27.6.1994 – 2. Gesetz zur Bekämpfung der Umweltkriminalität – (BGBl. I S. 1440)
32. ~ vom 1.6.1995 – §§ 44, 69b StGB – (BGBl. I S. 747)
33. ~ vom 1.7.1997 – §§ 177, 178 StGB (BGBl. I S. 1607)
34. ~ vom 22.8.2002 – § 129b StGB (BGBl. I S. 3390)
35. ~ vom 22.12.2003 – Betrug und Fälschung im Zusammenhang mit unbaren Zahlungsmitteln (BGBl. I S. 2838)
36. ~ vom 30.7.2004 – § 201a StGB (BGBl. I S. 2012)
37. ~ vom 18.2.2005 – §§ 180b, 181 StGB (BGBl. I S. 239)
38. ~ vom 4.8.2005 – § 78b StGB (BGBl. I S. 2272)
39. ~ vom 1.9.2005 – §§ 303, 304 StGB (BGBl. I S. 2674)
40. ~ vom 22.3.2007 – Strafbarkeit beharrlicher Nachstellungen (Anti-Stalking-Gesetz) (BGBl. I S. 354)
41. ~ vom 7.8.2007 – Bekämpfung der Computerkriminalität (BGBl. I S. 1786)
42. ~ vom 29.6.2009 – Anhebung der Höchstgrenze des Tagessatzes bei Geldstrafen (BGBl. I S. 1658)
43. ~ vom 29.7.2009 – Strafzumessung bei Aufklärungs- und Präventionshilfe (BGBl. I S. 2288)
44. ~ vom 1.11.2011 – Widerstand gegen Vollstreckungsbeamte (BGBl. I S. 2130)
45. ~ vom 6.12.2011 – Umsetzung der Richtlinie des Europäischen Parlaments und des Rates zum strafrechtlichen Schutz der Umwelt (BGBl. I S. 2557)
46. ~ vom 10.6.2013 – Beschränkung der Möglichkeit zur Strafmilderung bei Aufklärungs- und Präventionshilfe (BGBl. I S. 1497)
47. ~vom 24.9.2013 – Strafbarkeit der Verstümmelung weiblicher Genitalien (BGBl. I S. 3671)
48. ~ vom 23.4.2014 – Erweiterung des Straftatbestandes der Abgeordnetenbestechung (BGBl. I S. 410)
49. ~ vom 21.1.2015 – Umsetzung europäischer Vorgaben zum Sexualstrafrecht (BGBl. I S. 10)
50. ~ vom 4.11.2016 – Verbesserung des Schutzes der sexuellen Selbstbestimmung (BGBl. I S. 2460)
51. ~ vom 11.4.2017 – Strafbarkeit von Sportwettbetrug und der Manipulation von berufssportlichen Wettbewerben (BGBl. I S. 815)
52. ~ vom 23.5.2017 – Stärkung des Schutzes von Vollstreckungsbeamten und Rettungskräften (BGBl. I S. 1226)
53. ~ vom 11.6.2017 – Ausweitung des Maßregelrechts bei extremistischen Straftätern (BGBl. I S. 1612)

	54. ~ vom 17.7.2017 – Umsetzung des Rahmenbeschlusses 2008/841/JI des Rates vom 24. Oktober 2008 zur Bekämpfung der organisierten Kriminalität (BGBl. I S. 2440)
	55. ~ vom 17.7.2017 – Wohnungseinbruchdiebstahl (BGBl. I S. 2442)
	56. ~ vom 30.9.2017 – Strafbarkeit nicht genehmigter Kraftfahrzeugrennen im Straßenverkehr (BGBl. I S. 3532)
	57. ~ vom 3.3.2020 – Versuchsstrafbarkeit des Cybergroomings (BGBl. I S. 431)
	58. ~ vom 12.6.2020 – Strafrechtlicher Schutz bei Verunglimpfung der Europäischen Union und ihrer Symbole (BGBl. I S. 1247)
	59. ~ vom 9.10.2020 – Verbesserung des Persönlichkeitsschutzes bei Bildaufnahmen (BGBl. I S. 2075)
	60. ~ vom 30.11.2020 – Modernisierung des Schriftenbegriffs und anderer Begriffe sowie Erweiterung der Strafbarkeit nach den §§ 86, 86a, 111 und 130 des Strafgesetzbuches bei Handlungen im Ausland (BGBl. I S. 2600)
	61. ~ vom 10.3.2021 – Umsetzung der Richtlinie (EU) 2019/713 des Europäischen Parlaments und des Rates vom 17. April 2019 zur Bekämpfung von Betrug und Fälschung im Zusammenhang mit unbaren Zahlungsmitteln und zur Ersetzung des Rahmenbeschlusses 2001/413/JI des Rates (BGBl. I S. 333)
StraßenVSichG	1. Gesetz zur Sicherung des Straßenverkehrs (Straßenverkehrssicherungsgesetz) vom 19.12.1952 (BGBl. I S. 832) 2. Zweites ~ vom 26.11.1964 (BGBl. I S. 921)
StREG	Gesetz über ergänzende Maßnahmen zum 5. StrRG (Strafrechtsreformergänzungsgesetz) vom 28.8.1975 (BGBl. I S. 2289)
StrEG	Gesetz über die Entschädigung für Strafverfolgungsmaßnahmen vom 8.3.1971 (BGBl. I S. 157)
STREIT	Feministische Rechtszeitschrift
StrFG	Straffreiheitsgesetz – 1949 vom 31.12.1949 (BGBl. I S. 37) – 1954 vom 17.7.1954 (BGBl. I S. 203) – 1968 vom 9.7.1968 (BGBl. I S. 773) – 1970 vom 20.5.1970 (BGBl. I S. 509)
StRR	StrafRechtsReport – Arbeitszeitschrift für das gesamte Strafrecht
StrRehaG	Gesetz über die Rehabilitierung und Entschädigung von Opfern rechtsstaatswidriger Strafverfolgungsmaßnahmen im Beitrittsgebiet (Strafrechtliches Rehabilitierungsgesetz – StrRehaG) vom 29.10.1992 (BGBl. I S. 1814) i.d.F. der Bek. vom 17.12.1999 (BGBl. I S. 2664)
StrRG	Gesetz zur Reform des Strafrechts 1. ~ vom 25.6.1969 (BGBl. I S. 645) 2. ~ vom 4.7.1969 (BGBl. I S. 717) 3. ~ vom 20.5.1970 (BGBl. I S. 505) 4. ~ vom 23.11.1973 (BGBl. I S. 1725) 5. ~ vom 18.6.1974 (BGBl. I S. 1297) 6. ~ vom 26.1.1998 (BGBl. I S. 164)
StVÄG 1987	Strafverfahrensänderungsgesetz 1987 vom 27.1.1987 (BGBl. I S. 475)
StVÄG 1999	Strafverfahrensänderungsgesetz 1999 vom 2.8.2000 (BGBl. I S. 1253)
StVG	Straßenverkehrsgesetz vom 3.5.1909 i.d.F. der Bek. vom 19.12.1952 (BGBl. I S. 837)
StVO	Straßenverkehrsordnung vom 16.11.1970 (BGBl. I S. 1565, ber. 1971, S. 38)
StVollstrO	Strafvollstreckungsordnung vom 1.4.2001 (BAnz. Nr. 87) bundeseinheitlich
StVollzG	Gesetz über den Vollzug der Freiheitsstrafe und der freiheitsentziehenden Maßregeln der Besserung und Sicherung – Strafvollzugsgesetz – vom 16.3.1976 (BGBl. I S. 581)
StVollzGK	Strafvollzugsgesetz-Kommissionsentwurf, herausgegeben vom Bundesministerium der Justiz
StVollzK	Blätter für Strafvollzugskunde (Beilage zur Zeitschrift „Der Vollzugsdienst")
1. StVRErgG	Gesetz zur Ergänzung des 1. StVRG vom 20.12.1974 (BGBl. I S. 3686)
1. StVRG	Erstes Gesetz zur Reform des Strafverfahrensrechts vom 9.12.1974 (BGBl. I S. 3393)

StVZO	Straßenverkehrs-Zulassungs-Ordnung vom 13.11.1937 i.d.F. der Bek. vom 28.9.1988 (BGBl. I S. 1793)
s.u.	siehe unten
SubvG	Subventionsgesetz vom 29.7.1976 (BGBl. I S. 2034)
SVR	Straßenverkehrsrecht (Zeitschrift)
SZ	Süddeutsche Zeitung
SZIER	Schweizerische Zeitschrift für internationales und europäisches Recht
TDDDG	Telekommunikations-Digitale-Dienste-Datenschutz-Gesetz vom 23.6.2021 (BGBl. I S. 1982).
TerrorismusG	Gesetz zur Bekämpfung des Terrorismus vom 19.12.1986 (BGBl. I S. 2566)
TerrorBekämpfG	Gesetz vom 9.1.2002 zur Bekämpfung des internationalen Terrorismus (Terrorismusbekämpfungsgesetz) (BGBl. I S. 361)
TerrorBekErgG	Gesetz zur Ergänzung des Terrorismusbekämpfungsgesetzes (Terrorismusbekämpfungsergänzungsgesetz) vom 5.1.2007 (BGBl. I S. 2)
TFTP	Terrorist Finance Tracking Program
ThUG	Gesetz zur Therapierung und Unterbringung psychisch gestörter Gewalttäter (Therapieunterbringungsgesetz) vom 22.12.2010 (BGBl. I S. 2300, 2305)
Thür.	Thüringen
ThürVBl.	Thüringer Verwaltungsblätter
TiefseebergbauG	Gesetz zur vorläufigen Regelung des Tiefseebergbaus vom 16.8.1980 (BGBl. I S. 1457)
TierSchG	Tierschutzgesetz vom 24.7.1972 (BGBl. I S. 1277)
TKG	Telekommunikationsgesetz (TKG) vom 25.7.1996 (BGBl. I S. 1120) i.d.F. vom 22.6.2004 (BGBl. I S. 1190)
TKÜG	Gesetz zur Neuregelung der Telekommunikationsüberwachung und anderer Ermittlungsmaßnahmen sowie zur Umsetzung der Richtlinie 2006/24/EG vom 21.12.2007 (BGBl. I S. 3198)
TKO	Telekommunikationsordnung vom 16.7.1987 (BGBl. I S. 1761)
TMG	Telemediengesetz vom 26.2.2007 (BGBl. I S. 179)
TR-RESISCAN	Technische Richtlinie 03138 Ersetzendes Scannen
TREVI	Terrorisme, Radicalisme, Extremisme et Violence Internationale (1975) – Koordinierungsgruppe
TVöD	Tarifvertrag für den öffentlichen Dienst
TV/L	Tarifvertrag für den öffentlichen Dienst der Länder
Tz.	Teilziffer
UCLAF	Unité de Coordination de la Lutte Anti-Fraude
UdG	Urkundsbeamter der Geschäftsstelle
ÜAG	Gesetz vom 26.9.1991 zur Ausführung des Übereinkommens über die Überstellung verurteilter Personen vom 21.3.1983 – Überstellungsausführungsgesetz (BGBl. 1991 I S. 1954)
ÜberlG	Gesetz zur Überleitung von Bundesrecht nach Berlin (West) (Sechstes Überleitungsgesetz) vom 25.9.1990 (BGBl. I S. 2106)
ÜberstÜbk	Übereinkommen über die Überstellung verurteilter Personen vom 21.3.1983 (ETS 112; BGBl. 1991 II S. 1006; 1992 II S. 98); ZP ÜberstÜbk vom 18.12.1997 (ETS 167)
Übk	Übereinkommen
ÜF	Übergangsfassung
UFITA	Archiv für Medienrecht und Medienwissenschaft
UHaftVollzG	Untersuchungshaftvollzugsgesetz
UHaftÄndG	Gesetz zur Abänderung der Untersuchungshaft vom 27.12.1926 (RGBl. I S. 529)
UN	Vereinte Nationen
UNCAT	Übereinkommen (der Vereinten Nationen) gegen Folter und andere grausame, unmenschliche oder erniedrigende Behandlung oder Strafe vom 10.12.1984 (BGBl. 1990 II S. 246) OPCAT – Fakultativprotokoll vom 18.12.2002 zum Übereinkommen gegen Folter und andere grausame, unmenschliche oder erniedrigende Behandlung oder Strafe; Gesetz vom 26.8.2008 (BGBl. 2008 II S. 854)

UN-CAT	United Nations Committee against Torture – UN-Anti-Folter-Ausschuss
UN-FoltKonv.	s. UNCAT
UNHCR	United Nations High Commissioner for Refugees – Hoher Flüchtlingskommissar der Vereinten Nationen
UNO-Pakt	s. IPBPR
UnterbrSichG	Gesetz zur Reform des Rechts der Unterbringung in einem psychiatrischen Krankenhaus und in einer Entziehungsanstalt vom 16.7.2007 (BGBl. I S. 1327)
UrhG	Gesetz über Urheberrecht und verwandte Schutzrechte (Urheberrechtsgesetz) vom 9.9.1965 (BGBl. I S. 1273)
UVollzO	Untersuchungshaftvollzugsordnung vom 12.2.1953 i.d.F. der Bek. vom 15.12.1976, bundeseinheitlich
UZwG	Gesetz über den unmittelbaren Zwang bei Ausübung öffentlicher Gewalt durch Vollzugsbeamte des Bundes vom 10.3.1961 (BGBl. I S. 165)
UZwGBw	Gesetz über die Anwendung unmittelbaren Zwanges und die Ausübung besonderer Befugnisse durch Soldaten der Bundeswehr und verbündeter Streitkräfte sowie zivile Wachpersonen vom 12.8.1965 (BGBl. I S. 796)
VA	Verwaltungsakt/Verkehrsrecht aktuell
V.A.	Vorzeitige Anwendung (internationaler Übereinkommen)
VBlBW	Verwaltungsblätter für Baden-Württemberg (Zeitschrift)
VDA	Vergleichende Darstellung des deutschen und ausländischen Strafrechts, Allgemeiner Teil, Bd. 1 bis 6 (1908)
VDB	Vergleichende Darstellung des deutschen und ausländischen Strafrechts, Besonderer Teil, Bd. 1 bis 9 (1906)
VerbrbekG	Gesetz zur Änderung des Strafgesetzbuches, der Strafprozeßordnung und anderer Gesetze (Verbrechensbekämpfungsgesetz) vom 28.10.1994 (BGBl. I S. 3186)
VerbringungsverbG	Gesetz zur Überwachung strafrechtlicher und anderer Verbringungsverbote vom 24.5.1961 (BGBl. I S. 607)
VereinfVO	Vereinfachungsverordnung 1. ~, VO über Maßnahmen auf dem Gebiet der Gerichtsverfassung und Rechtspflege vom 1.9.1939 (RGBl. I S. 1658) 2. ~, VO zur weiteren Vereinfachung der Strafrechtspflege vom 13.8.1942 (RGBl. I S. 508) 3. ~, Dritte VO zur Vereinfachung der Strafrechtspflege vom 29.5.1943 (RGBl. I S. 342) 4. ~, Vierte VO zur Vereinfachung der Strafrechtspflege vom 13.12.1944 (RGBl. I S. 339)
VereinhG	Gesetz zur Wiederherstellung der Rechtseinheit auf dem Gebiete der Gerichtsverfassung, der bürgerlichen Rechtspflege, des Strafverfahrens und des Kostenrechts vom 12.9.1950 (BGBl. I S. 455)
VereinsG	Gesetz zur Regelung des öffentlichen Vereinsrechts (Vereinsgesetz) vom 5.8.1964 (BGBl. I S. 593) zuletzt geändert durch Art. 5 des Gesetzes vom 30.11.2020 (BGBl. I S. 2600)
VerfGH	Verfassungsgerichtshof
VerfO	Verfahrensordnung (s. EGMRVerfO)
Verh.	Verhandlungen des Deutschen Bundestages (BT), des Deutschen Juristentages (DJT) usw.
1. VerjährungsG	Gesetz über das Ruhen der Verjährung bei SED-Unrechtstaten vom 26.3.1993 (BGBl. I S. 392)
2. VerjährungsG	Gesetz zur Verlängerung strafrechtlicher Verjährungsfristen vom 27.9.1993 (BGBl. I S. 1657)
VerkA	Der Verkehrsanwalt
VerkMitt.	Verkehrsrechtliche Mitteilungen
VerpflG	Gesetz über die förmliche Verpflichtung nichtbeamteter Personen (Verpflichtungsgesetz) vom 2.3.1974 (BGBl. I S. 469) zuletzt geändert durch § 1 Nr. 4 des Gesetzes vom 15.8.1974 (BGBl. I S. 1942)

VerschG	Verschollenheitsgesetz vom 15.1.1951 (BGBl. I S. 59) zuletzt geändert durch Art. 182 der Verordnung vom 31.8.2015 (BGBl. I S. 1474)
VersMed	Die Versicherungsmedizin
VersR	Versicherungsrecht, Juristische Rundschau für die Individualversicherung
VerständigungsG	Gesetz zur Regelung der Verständigung im Strafverfahren vom 29.7.2009 (BGBl. I S. 2353)
VerwArch	Verwaltungsarchiv
VG	Verwaltungsgericht
VGH	Verfassungsgerichtshof; Verwaltungsgerichtshof
vgl.	vergleiche
Vhdlgen	s. Verh.
VideokonfIntensG	Gesetz zur Intensivierung des Einsatzes von Videokonferenztechnik in gerichtlichen und staatsanwaltschaftlichen Verfahren v. 25.4.2013 (BGBl. I S. 935)
VIS	Visa-Informations-System
VIZ	Vermögens- und Immobilienrecht (Zeitschrift)
VO	Verordnung; s. auch AusnVO
VOBl.	Verordnungsblatt
Vor	Vorbemerkung/en
VOR	Zeitschrift für Verkehrs- und Ordnungswidrigkeitenrecht
VR	Verwaltungsrundschau
VRR	VerkehrsRechtsReport
VRS	Verkehrsrechts-Sammlung
VRÜ	Verfassung und Recht in Übersee
VStGB	Völkerstrafgesetzbuch vom 26.6.2002 (BGBl. I 2254), zuletzt geändert durch Art. 1 des Gesetzes vom 22.12.2016 (BGBl. I 3150)
VStGBG	Gesetz vom 26.6.2002 zur Einführung des Völkerstrafgesetzbuches (BGBl. I S. 2254)
VVDStRL	Veröffentlichungen der Vereinigung der Deutschen Staatsrechtslehrer
VVStVollzG	Verwaltungsvorschriften zum Strafvollzugsgesetz (bundeseinheitlich) vom 1.7.1976
VwGO	Verwaltungsgerichtsordnung, neugefasst durch Bek. vom 19.3.1991 (BGBl. I S. 686); zuletzt geändert durch Art. 11 des Gesetzes vom 22.12.2023 (BGBl. I Nr. 409)
VwRehaG	Gesetz über die Aufhebung rechtsstaatswidriger Verwaltungsentscheidungen im Beitrittsgebiet und die daran anknüpfenden Folgeansprüche (Verwaltungsrechtliches Rehabilitierungsgesetz – VwRehaG) vom 23.6.1994 (BGBl. I S. 1311) zuletzt geändert durch Art. 13 des Gesetzes vom 12.12.2019 (BGBl. I S. 2652)
VwVfG	Verwaltungsverfahrensgesetz vom 25.5.1976 (BGBl. I S. 1253) zuletzt geändert durch Art. 1 des Gesetzes vom 4.12.2023 (BGBl. I Nr. 344)
VwZG	Verwaltungszustellungsgesetz vom 3.7.1952 (BGBl. I S. 379)
WDO	Wehrdisziplinarordnung vom 15.3.1957 i.d.F. der Bek. vom 9.6.1961 (BGBl. I S. 697)
WbeauftrG	Gesetz über den Wehrbeauftragten des Deutschen Bundestages i.d.F. der Bek. vom 16.6.1982 (BGBl. I S. 673) zuletzt geändert durch Art. 17 des Gesetzes vom 22.12.2023 (BGBl. I Nr. 414)
WeinG	Gesetz über Wein, Likörwein, Schaumwein, weinhaltige Getränke und Branntwein aus Wein (Weingesetz) vom 14.1.1971 (BGBl. I S. 893)
Wiener Übereinkommen	1. Wiener Übereinkommen über diplomatische Beziehungen vom 18.4.1961 (Zustimmungsgesetz vom 6.8.1964, BGBl. II S. 957) 2. Wiener Übereinkommen über konsularische Beziehungen vom 24.4.1963 (Zustimmungsgesetz vom 26.8.1969, BGBl. II S. 1585)
WiJ	Journal der Wirtschaftsstrafrechtlichen Vereinigung e.V.
1. WiKG	Erstes Gesetz zur Bekämpfung der Wirtschaftskriminalität vom 29.7.1976 (BGBl. I S. 2034)
2. WiKG	Zweites Gesetz zur Bekämpfung der Wirtschaftskriminalität vom 15.5.1986 (BGBl. I S. 721)
WisteV	Wirtschaftsstrafrechtliche Vereinigung e.V.

WiStG	Gesetz zur weiteren Vereinfachung des Wirtschaftsstrafrechts (Wirtschaftsstrafgesetz 1954) vom 9.7.1954 i.d.F. der Bek. vom 3.6.1975 (BGBl. I S. 1313)
wistra	Zeitschrift für Wirtschafts- und Steuerstrafrecht
WLR	Weekly Law Reports (Zeitschrift)
WoÜbG	Gesetz zur Umsetzung des Urteils des Bundesverfassungsgerichts vom 3. März 2004 (akustische Wohnraumüberwachung) vom 24.6.2005 (BGBl. I S. 1841)
WPO	Gesetz über eine Berufsordnung der Wirtschaftsprüfer (Wirtschaftsprüferordnung) vom 24.7.1961 i.d.F. der Bek. v. vom 5.11.1975 (BGBl. I S. 2803)
WRV	Weimarer Verfassung, Verfassung des Deutschen Reichs vom 11.8.1919 (RGBl. S. 1383)
WStG	Wehrstrafgesetz vom 30.3.1957 i.d.F. der Bek. vom 24.5.1974 (BGBl. I S. 1213)
WM	Wertpapiermitteilungen (Zeitschrift)
WuV	Wirtschaft und Verwaltung (Zeitschrift)
WuW	Entscheidungssammlung der Zeitschrift Wirtschaft und Wettbewerb
WÜD	s. 1. Wiener Übereinkommen
WÜK	s. 2. Wiener Übereinkommen
WVK	Wiener Vertragsrechtskonvention vom 23.5.1969 (BGBl. 1985 II S. 926)
WWSUV	Vertrag über die Schaffung einer Währungs-, Wirtschafts- und Sozialunion zwischen der Bundesrepublik Deutschland und der Deutschen Demokratischen Republik vom 18.5.1990 (BGBl. II S. 537)
WWSUVG	Gesetz zu dem Vertrag vom 18.5.1990 über die Schaffung einer Währungs-, Wirtschafts- und Sozialunion ... vom 25.6.1990 (BGBl. II S. 518)
WZG	Warenzeichengesetz vom 5.5.1936 i.d.F. der Bek. vom 2.1.1968 (BGBl. I S. 29)
WzS	Wege zur Sozialversicherung (Zeitschrift)
YB	Europarat (Hrsg.), Yearbook of the European Convention of the Human Rights, the European Commission and the European Court of Human Rights/Annuaire de la Convention Européenne des Droits de l'Homme; Commission et Cour Européenne des Droits de l'Homme
YEL	Yearbook of European Law
ZAG	Zahlungsdiensteaufsichtsgesetz
ZahlVGJG	Gesetz über den Zahlungsverkehr mit Gerichten und Justizbehörden vom 22.12.2006 = Art. 2 des 2. Justizmodernisierungsgesetzes (BGBl. 2006 I S. 3416)
ZAkDR	Zeitschrift der Akademie für Deutsches Recht (1934–44)
ZaöRV	Zeitschrift für ausländisches öffentliches Recht und Völkerrecht
ZAP	Zeitschrift für die Anwaltspraxis
ZAR	Zeitschrift für Ausländerrecht und Ausländerpolitik
ZBJV	Zeitschrift des Bernischen Juristenvereins
ZBlJugR	Zentralblatt für Jugendrecht und Jugendwohlfahrt
ZBR	Zeitschrift für Beamtenrecht
ZCG	Zeitschrift für Corporate Governance
ZD	Zeitschrift für Datenschutz
ZDRW	Zeitschrift für Didaktik der Rechtswissenschaft
ZER	Zeitschrift für Europarecht (Österreich)
ZERP	Zentrum für europäische Rechtspolitik (Universität Bremen)
ZESAR	Zeitschrift für europäisches Sozial- und Arbeitsrecht
ZEUP	Zeitschrift für europäisches Privatrecht
ZEuS	Zeitschrift für Europarechtliche Studien
ZEV	Zeitschrift für Erbrecht und Vermögensnachfolge
ZfBR	Zeitschrift für deutsches und internationales Bau- und Vergaberecht
ZfC	Zeitschrift für Compliance
ZFdG	Gesetz über das Zollkriminalamt und die Zollfahndungsämter (Zollfahndungsdienstgesetz) vom 16.8.2002 (BGBl. I S. 3202) aufgehoben durch Art. 3 des Gesetzes vom 30.3.2021 (BGBl. I S. 402)

ZfDR	Zeitschrift für Digitalisierung und Recht (ZfDR)
ZfIStw	Zeitschrift für Internationale Strafrechtswissenschaft
ZfJ	Zentralblatt für Jugendrecht
ZfL	Zeitschrift für Lebensrecht
ZfRV	Zeitschrift für Europarecht, Internationales Privatrecht und Rechtsvergleichung
ZfS	Zeitschrift für Schadensrecht
ZFSH/SGB	Zeitschrift für die sozialrechtliche Praxis
ZfStrVo	Zeitschrift für Strafvollzug und Straffälligenhilfe (jetzt: FS – Forum Strafvollzug)
ZfWG	Zeitschrift für Wett- und Glücksspielrecht
ZfZ	Zeitschrift für Zölle und Verbrauchssteuern
ZG	Zeitschrift für Gesetzgebung
ZInsO	Zeitschrift für das gesamte Insolvenzrecht
ZIP	Zeitschrift für Wirtschaftsrecht
ZIR	Zeitschrift für Interne Revision
ZIS	Zeitschrift für Internationale Strafrechtsdogmatik (Online-Zeitschrift)
ZJJ	Zeitschrift für Jugendkriminalrecht und Jugendhilfe
ZJS	Zeitschrift für das Juristische Studium (Online-Zeitschrift)
ZKA	Zollkriminalamt
ZKJ	Zeitschrift für Kindschaftsrecht und Jugendhilfe
ZLR	Zeitschrift für Lebensmittelrecht
ZOV	Zeitschrift für offene Vermögensfragen
ZÖR	Zeitschrift für öffentliches Recht
ZollG.	Zollgesetz vom 14.6.1961 i.d.F. der Bek. vom 18.5.1970 (BGBl. I S. 529) mit der Vollendung des EU-Binnenmarktes aufgehoben
ZP	Zusatzprotokoll
ZPO	Zivilprozeßordnung vom 30.1.1877 i.d.F. der Bek. vom 12.9.1950 (BGBl. I S. 533)
ZRFC	Zeitschrift für Risk, Fraud & Compliance
ZRP	Zeitschrift für Rechtspolitik
ZSchG	Gesetz vom 30.4.1998 zum Schutz von Zeugen bei Vernehmungen im Strafverfahren und zur Verbesserung des Opferschutzes (Zeugenschutzgesetz – ZSchG) (BGBl. I S. 820)
ZSE	Zeitschrift für Staats- und Europawissenschaften
ZSEG	Gesetz über die Entschädigung von Zeugen und Sachverständigen vom 26.7.1957 i.d.F. der Bek. vom 1.10.1969 (BGBl. I S. 1756); abgelöst durch das JVEG vom 5.5.2004
ZSHG	Gesetz zur Harmonisierung des Schutzes gefährdeter Zeugen (Zeugenschutz-Harmonisierungsgesetz) vom 11.12.2001 (BGBl. I S. 3510)
ZSR	Zeitschrift für Schweizerisches Recht
ZST	Zeitschrift für Schweizer Recht
ZSteu	Zeitschrift für Steuern und Recht
ZStW	Zeitschrift für die gesamte Strafrechtswissenschaft
ZStV	Zentrales staatsanwaltschaftliches Verfahrensregister
ZTR	Zeitschrift für Tarif-, Arbeits- und Sozialrecht des öffentlichen Dienstes
ZUM	Zeitschrift für Urheber- und Medienrecht
ZUM-RD	Zeitschrift für Urheber- und Medienrecht – Rechtsprechungsdienst
ZUR	Zeitschrift für Umweltrecht
ZusatzAbk.	Zusatzabkommen zum NATO-Truppenstatut vom 3.8.1959 (BGBl. 1961 II S. 1183, 1218)
Zusatzvereinb.	Vereinbarung zwischen der Bundesrepublik Deutschland und der Deutschen Demokratischen Republik zur Durchführung und Auslegung des am 31.8.1990 in Berlin unterzeichneten Vertrages zwischen der Bundesrepublik Deutschland und der Deutschen Demokratischen Republik über die Herstellung der Einheit Deutschlands vom 18.9.1990 (BGBl. II S. 1239)
zust.	zustimmend
ZustErgG	Gesetz zur Ergänzung von Zuständigkeiten auf den Gebieten des Bürgerlichen Rechts, des Handelsrechts und des Strafrechts (Zuständigkeitsergänzungsgesetz) vom 7.8.1952 (BGBl. I S. 407)

ZustG	Gesetz über die Zuständigkeit der Gerichte bei Änderung der Gerichtseinteilung vom 6.12.1933 (RGBl. I S. 1037)
ZustRG	Gesetz zur Reform des Verfahrens bei Zustellung im gerichtlichen Verfahren (Zustellungsreformgesetz – ZustRG) vom 25.6.2001 (BGBl. I S. 1206)
ZustVO	Verordnung über die Zuständigkeit der Strafgerichte, die Sondergerichte und sonstige strafverfahrensrechtliche Vorschriften vom 21.2.1940 (RGBl. I S. 405)
Zuwanderungsgesetz	Gesetz zur Steuerung und Begrenzung der Zuwanderung und zur Regelung des Aufenthalts und der Integration von Unionsbürgern und Ausländern vom 30.7.2004 (BGBl. I S. 1950)
ZVG	Gesetz über die Zwangsversteigerung und die Zwangsverwaltung (Zwangsversteigerungsgesetz) vom 24.3.1897 i.d.F. der Bek. vom 20.5.1898 (RGBl. S. 369, 713)
ZWehrR	Zeitschrift für Wehrrecht (1936/37–44)
ZWF	Zeitschrift für Wirtschafts- und Finanzstrafrecht (Österreich)
ZWH	Zeitschrift für Wirtschaftsstrafrecht und Haftung im Unternehmen
ZwHeiratBekG	Gesetz zur Bekämpfung der Zwangsheirat und zum besseren Schutz der Opfer von Zwangsheirat sowie zur Änderung weiterer aufenthalts- und asylrechtlicher Vorschriften vom 23.6.2011 (BGBl. I S. 1266)
ZZP	Zeitschrift für Zivilprozeß

Literaturverzeichnis

Achenbach/Ransiek/Rönnau	Achenbach/Ransiek/Rönnau, Handbuch Wirtschaftsstrafrecht, 6. Aufl. (2023)
AE-EV	Alternativ-Entwurf Reform des Ermittlungsverfahrens (AE-EV); Entwurf eines Arbeitskreises deutscher, österreichischer und schweizerischer Strafrechtslehrer (2001)
AE-EuStV	Schünemann (Hrsg.), Alternativentwurf Europäische Strafverfolgung (2004)
AE-StuM	Alternativ-Entwurf Strafjustiz und Medien (AE-StuM: Entwurf eines Arbeitskreises deutscher, österreichischer und schweizerischer Strafrechtslehrer (2004)
Ahlbrecht/Böhm/Esser/Eckelmans	Ahlbrecht/Böhm/Esser/Eckelmans, Internationales Strafrecht, 2. Aufl. (2017)
Ahlmann/Kapischke/Pankatz/Rech/Schneider/Schütz	Ahlmann/Kapischke/Pankatz/Rech/Schneider/Schütz (vormals Riedel/Sußbauer), Rechtsanwaltsvergütungsgesetz, 11. Aufl. (2024)
AK	Alternativkommentar zur Strafprozessordnung, Bd. I (§§ 1 bis 93; 1988), Bd. II 1 (§§ 94 bis 212b; 1992), Bd. II 2 (§§ 213 bis 275; 1993), Bd. III (§§ 276 bis 477; 1996)
AK-GG	Alternativkommentar zum Grundgesetz, 2. Aufl., Bd. I (Art. 1 bis 37; 1989), Bd. II (Art. 38 bis 146; 1989)
AK-StGB	Alternativkommentar zum Strafgesetzbuch, Bd. I (§§ 1 bis 21; 1990), Bd. III (§§ 80 bis 145d; 1986)
AnwK	Krekeler/Löffelmann/Sommer, AnwaltKommentar zur Strafprozessordnung, 2. Aufl. (2009)
AnwK-StGB	Leipold/Tsambikakis/Zöller (Hrsg.), AnwaltKommentar StGB, 4. Aufl. (2026)
AnwK-UHaft	König (Hrsg.), AnwaltKommentar Untersuchungshaft (2011)
Albrecht	Albrecht, Jugendstrafrecht, 3. Aufl. (2000)
Albrecht (Krim.)	Albrecht, Kriminologie, 4. Aufl. (2010)
Alsberg	Alsberg, Der Beweisantrag im Strafprozess, 8. Aufl. (2021)
Ambos	Ambos, Internationales Strafrecht, 5. Aufl. (2018)
Ambos/König/Rackow	Ambos/König/Rackow (Hrsg.), Rechtshilferecht in Strafsachen, 2. Aufl. (2020)
Anders/Gehle	Anders/Gehle (vormals Baumbach/Lauterbach/Hartmann/Anders/Gehle), Zivilprozessordnung, Kurz-Kommentar, 84. Aufl. (2026)
Arloth	Arloth, Strafprozeßrecht (1995)
Arloth/Krä	Arloth/Krä, Strafvollzugsgesetz, 5. Aufl. (2021)
Aschrott	Aschrott (Hrsg.), Reform des Strafprozesses, kritische Besprechung der von der Kommission für die Reform des Strafprozesses gemachten Vorschläge (1906)
Artkämper	Artkämper, Die „gestörte" Hauptverhandlung, 7. Aufl. (2026)
Artkämper/Esders/Jakobs/Sotelsek	Artkämper/Esders/Jakobs/Sotelsek, Praxiswissen Strafverfahren bei Tötungsdelikten (2012)
Aubert	Aubert, Fernmelderecht I, 3. Aufl. (1976)
Barczak	Barczak (Hrsg.), BKAG – Gesetz über das Bundeskriminalamt (2023)
Barton	Barton, Mindeststandards der Strafverteidigung (1994)
Barton (Verfahrensg.)	Barton, Verfahrensgerechtigkeit und Zeugenbeweis (2002)
Barton (Strafverteidigung)	Barton, Einführung in die Strafverteidigung, 2. Aufl. (2013)
Baumann	Baumann, Grundbegriffe und Verfahrensprinzipien des Strafprozeßrechts, 3. Aufl. (1979)
Baumann/Weber/Mitsch/Eisele	Baumann/Weber/Mitsch/Eisele, Strafrecht, Allgemeiner Teil, Lehrbuch, 13. Aufl. (2021)
Beck/Berr/Schäpe	Beck/Berr/Schäpe, OWi-Sachen im Straßenverkehrsrecht, 8. Aufl. (2022)
Beck/Müller	Beck/Müller, Fälle und Lösungen zur StPO, 6. Aufl. (2020)
Beck'sches Formularbuch	Hamm/Leipold (Hrsg.), Beck'sches Formularbuch für den Strafverteidiger, 7. Aufl. (2026)
Beling	Beling, Deutsches Reichsstrafprozeßrecht (1928)
Bender/Nack/Treuer	Bender/Nack/Treuer, Tatsachenfeststellung vor Gericht, 6. Aufl. (2025)

 | https://doi.org/10.1515/9783110741391-206

Benfer/Bialon	Benfer/Bialon, Rechtseingriffe von Polizei und Staatsanwaltschaft, 4. Aufl. (2010)
Bernsmann/Gatzweiler	Bernsmann/Gatzweiler, Verteidigung bei Korruptionsfällen, 2. Aufl. (2014)
Berz/Burmann	Berz/Burmann, Handbuch des Straßenverkehrsrechts, Loseblattausgabe, 2 Bände, 48. Aufl. (2023)
Beulke/Swoboda	Beulke, Strafprozessrecht, 17. Aufl. (2025)
Beulke/Swoboda (JugStr)	Beulke/Swoboda, Jugendstrafrecht, 16. Aufl. (2020)
Beulke/Ruhmannseder	Beulke/Ruhmannseder, Die Strafbarkeit des Verteidigers, 2. Aufl. (2010)
Binding	Binding, Grundriss des Deutschen Strafprozessrechts, 5. Aufl. (1904)
Birkenstock	Birkenstock, Verfahrensrügen im Strafprozess – Rechtsprechungssammlung, 2 Bände (2004)
Birkmeyer	Birkmeyer, Deutsches Strafprozeßrecht (1898)
Bittmann/Köhler/Seeger/Tschakert/Rettke	Bittmann/Köhler/Seeger/Tschakert/Rettke, Handbuch der strafrechtlichen Vermögensabschöpfung: Sicherstellung – Einziehung – Opferentschädigung, 2. Aufl. (2025)
Bock	Bock, Criminal Compliance, 2. Aufl. (2013)
Bockemühl	Bockemühl (Hrsg.), Handbuch Strafrecht, 9. Aufl. (2024)
Bohnert	Bohnert, Beschränkungen der strafprozessualen Revision durch Zwischenverfahren (1983)
Bonn.Komm.	Kommentar zum Bonner Grundgesetz, Loseblattausgabe (ab 1950)
Booß	Booß, Straßenverkehrsordnung, Kommentar, 3. Aufl. (1980)
Bosbach/Ackermann/Caba	Bosbach/Ackermann/Caba, Verteidigung im Ermittlungsverfahren, 9. Aufl. (2022)
Bouska/Laeverenz	Bouska/Laeverenz, Fahrerlaubnisrecht, 3. Aufl. (2004)
Böhm/Feuerhelm	Böhm/Feuerhelm, Einführung in das Jugendstrafrecht, 4. Aufl. (2004)
Böhm (Strafvollzug)	Böhm, Strafvollzug, 3. Aufl. (2002)
Böse	Böse (Hrsg.), Europäisches Strafrecht, Enzyklopädie Europarecht, 2. Aufl. Band 9 (2021)
Böttger	Böttger (Hrsg.), Wirtschaftsstrafrecht in der Praxis, 3. Aufl. (2022)
Brandstetter	Brandstetter, Straffreiheitsgesetz, Kommentar (1956)
Brenner	Brenner, Ordnungswidrigkeitenrecht (1996)
Brettel/Schneider	Brettel/Schneider, Wirtschaftsstrafrecht, 4. Aufl. (2020)
Breyer/Mehle/Osnabrügge/Schaefer	Breyer/Mehle/Osnabrügge/Schaefer, Strafprozessrecht (2005)
von Briel/Ehlscheid	von Briel/Ehlscheid, Steuerstrafrecht, 2. Aufl. (2000)
Bringewat	Bringewat, Strafvollstreckung, Kommentar zu den §§ 449 bis 463d StPO (1993)
Brodag	Brodag, Strafverfahrensrecht, 13. Aufl. (2014)
Brunner	Brunner, Abschlussverfügung der Staatsanwaltschaft, 16. Aufl. (2025)
Brunner/Dölling	Brunner/Dölling, Jugendgerichtsgesetz, Kommentar, 14. Aufl. (2023)
Bruns/Schröder/Tappert	Bruns/Schröder/Tappert, Kommentar zum strafrechtlichen Rehabilitierungsgesetz (1993)
Brüssow/Gatzweiler/Krekeler/Mehle	Brüssow/Gatzweiler/Krekeler/Mehle, Strafverteidigung in der Praxis, 4. Aufl. (2007)
Buddendiek/Rutkowski	Buddendiek/Rutkowski, Lexikon des Nebenstrafrechts, Stichwortband zu Erbs/Kohlhaas, Strafrechtliche Nebengesetze, 48. Aufl. (2025)
Bülte/Krumm	Bülte/Krumm, Ordnungswidrigkeitenrecht, 7. Aufl. (2024)
Burchardi/Klempahn/Wetterich	Burchardi/Klempahn/Wetterich, Der Staatsanwalt und sein Arbeitsgebiet, 5. Aufl. (1982)
Burhoff (Ermittlungsv.)	Burhoff, Handbuch für das strafrechtliche Ermittlungsverfahren, 10. Aufl. (2024)
Burhoff (Hauptv.)	Burhoff, Handbuch für die strafrechtliche Hauptverhandlung, 11. Aufl. (2024)
Burhoff (StrV-OWi)	Burhoff, Handbuch für das straßenverkehrsrechtliche OWi-Verfahren, 7. Aufl. (2024)

Burhoff/Stephan	Burhoff/Stephan, Strafvereitelung durch Strafverteidiger (2008)
Burhoff/Kotz	Burhoff/Kotz, Handbuch für strafrechtliche Rechtsmittel und Rechtsbehelfe, 3. Aufl. (2024)
Burhoff/Volpert	Burhoff/Volpert, RVG Straf- und Bußgeldsachen, 7. Aufl. (2025)
Burmann/Heß/Hühnermann/Jahnke	Burmann/Heß/Hühnermann/Jahnke, Straßenverkehrsrecht, 29. Aufl. (2026)
Ciolek-Krepold	Ciolek-Krepold, Durchsuchung und Beschlagnahme in Wirtschaftsstrafsachen (2000)
Cirener/Jahn/Radtke	Cirener/Jahn/Radtke (Hrsg.), Bild-Ton-Dokumentation und »Konkurrenzlehre 2.0« (2020)
Corstens/Pradel	Corstens/Pradel, European Criminal Law (2002)
Cramer	Cramer, Straßenverkehrsrecht StVO – StGB, Kommentar, 2. Aufl. (1977)
Cramer/Bürgle	Cramer/Bürgle, Die strafprozessualen Beweisverwertungsverbote, 2. Aufl. (2004)
Cramer/Cramer	Cramer/Cramer, Anwalts-Handbuch Strafrecht (2002)
Cryer/Friman/Robinson/Wilmshurst	Cryer/Friman/Robinson/Wilmshurst, An Introduction to International Criminal Law and Procedure, 4th ed. (2019)
Cullen/Jund	Cullen/Jund, Strafrechtliche Zusammenarbeit in der Europäischen Union nach Tampere (2002)
Dahs (Hdb.)	Dahs, Handbuch des Strafverteidigers, 8. Aufl. (2015)
Dahs (Rechtl. Gehör)	Dahs, Rechtliches Gehör im Strafverfahren (1963)
Dahs	Dahs, Die Revision im Strafprozess, 9. Aufl. (2017)
Daimagüler	Daimagüler, Der Verletzte im Strafverfahren – Handbuch für die Praxis (2016)
Dalcke/Fuhrmann/Schäfer	Dalcke/Fuhrmann/Schäfer, Strafrecht und Strafverfahren, Kommentar, 37. Aufl. (1961) (Reprint 2020)
Dallinger/Lackner	Dallinger/Lackner, Jugendgerichtsgesetz und ergänzende Vorschriften, Kommentar, 2. Aufl. (1965)
Dannecker/Knierim	Dannecker/Knierim, Insolvenzstrafrecht, 3. Aufl. (2018)
Deckers	Deckers, Der strafprozessuale Beweisantrag, 3. Aufl. (2013)
Delmas-Marty	Delmas-Marty, Corpus Juris der strafrechtlichen Regelungen zum Schutz der finanziellen Interessen der Europäischen Union (1998)
Delmas-Marty/Vervaele	Delmas-Marty/Vervaele, The Implementation of the Corpus Juris in the Member States, 4 Bände (2001)
Detter	Detter, Revision im Strafverfahren (2011)
Diemer/Schatz/Sonnen	Diemer/Schatz/Sonnen, Jugendgerichtsgesetz, Kommentar, 8. Aufl. (2020)
Dölling/Duttge/König/Rössner	Dölling/Duttge/König/Rössner, Gesamtes Strafrecht – Handkommentar, 5. Aufl. (2022) (zit.: HK-GS/*Verfasser*)
Dörndorfer	Dörndorfer, Rechtspflegergesetz, Kommentar, 4. Aufl. (2023)
Dörr/Grote/Marauhn	Dörr/Grote/Marauhn, EMRK/GG, Konkordanzkommentar zum europäischen und deutschen Grundrechtsschutz, 3. Aufl. (2022)
Doswald-Beck/Kolb	Doswald-Beck/Kolb, Judicial Process and Human Rights – United Nations, European, American and African Systems – Texts and summaries of international case law (2004)
Dürig/Herzog/Scholz	Dürig/Herzog/Scholz, Grundgesetz, Kommentar, Loseblattausgabe, 108. Aufl. (2025)
Eb. Schmidt	Eberhard Schmidt, Lehrkommentar zur Strafprozeßordnung und zum Gerichtsverfassungsgesetz, Teil I: Die rechtstheoretischen und die rechtspolitischen Grundlagen des Strafverfahrensrechts, 2. Aufl. (1964); Teil II: Erläuterungen zur Strafprozeßordnung und zum Einführungsgesetz (1957); Teil III: Erläuterungen zum Gerichtsverfassungsgesetz und zum Einführungsgesetz (1960), Nachtrag I: Nachträge und Ergänzungen zu Teil II (1967), Nachtrag II: Nachtragsband II (1970)
Eb. Schmidt (Geschichte)	Eberhard Schmidt, Einführung in die Geschichte der deutschen Strafrechtspflege, 3. Aufl. (1965)

Eb. Schmidt (Kolleg)	Eberhard Schmidt, Deutsches Strafprozeßrecht, ein Kolleg (1967)
Eberth/Müller/Schütrumpf/Just	Eberth/Müller/Schütrumpf/Just (vormals Eberth/Müller/Schütrumpf), Verteidigung in Betäubungsmittelsachen, 8. Aufl. (2025)
Eidam	Eidam, Unternehmen und Strafe, 5. Aufl. (2018)
Eisenberg/Kölbel (JGG)	Eisenberg/Kölbel, Jugendgerichtsgesetz, Kommentar, 27. Aufl. (2026)
Eisenberg/Kölbel (Kriminologie)	Eisenberg/Kölbel, Kriminologie, 8. Aufl. (2024)
Eisenberg (Beweismittel)	Eisenberg, Persönliche Beweismittel in der StPO, 2. Aufl. (1996)
Eisenberg (Beweisrecht)	Eisenberg, Beweisrecht der StPO, Spezialkommentar, 10. Aufl. (2017)
Endriß (BtM-Verfahren)	Endriß, Verteidigung in Betäubungsmittelverfahren (1998)
Engländer	Engländer, Examensrepetitorium Strafprozessrecht, 12. Aufl. (2024)
Erbs/Kohlhaas	Erbs/Kohlhaas, Strafrechtliche Nebengesetze, Kurzkommentar, Loseblattausgabe, 259. Aufl. (2026)
Erhardt	Erhardt, Strafrecht für Polizeibeamte, 8. Aufl. (2023)
ERST	Esser/Rübenstahl/Saliger/Tsambikakis (Hrsg.), Wirtschaftsstrafrecht (2017)
Eser	Eser, Einführung in das Strafprozeßrecht (1983)
Eser/Hassemer/Burkhardt	Eser/Hassemer/Burkhardt, Die deutsche Strafrechtswissenschaft vor der Jahrtausendwende (2000)
Esser	Esser, Auf dem Weg zu einem europäischen Strafverfahrensrecht (2002)
Esser, EuStR	Esser, Europäisches und Internationales Strafrecht, 3. Aufl. (2023)
Esser/Ida	Esser/Ida (Hrsg.), Menschenrechtsschutz und Zusammenarbeit im Strafrecht als globale Herausforderung (2018)
Esser/Tsambikakis	Esser/Tsambikakis (Hrsg.), Pandemiestrafrecht (2020)
Fahl	Fahl, Rechtsmißbrauch im Strafprozeß (2004)
Fahrner	Fahrner, Handbuch Internationale Ermittlungen (2020)
Feest/Lesting/Lindemann	Feest/Lesting/Lindemann (Hrsg.), Strafvollzugsgesetze, 8. Aufl. (2021)
Fehn/Wamers	Fehn/Wamers, ZFdG – Zollfahndungsdienstgesetz – Handkommentar (2003)
Feisenberger	Feisenberger, Strafprozeßordnung und Gerichtsverfassungsgesetz (1926)
Ferner	Ferner, Strafzumessung (2005)
Fezer	Fezer, Strafprozeßrecht, 2. Aufl. (1995)
FG Beulke	Strafverteidigung – Grundlagen und Stolpersteine: Symposion für Werner Beulke (2012)
FG Kempf	Freundesgabe für Eberhard Kempf zum 80. Geburtstag (2023)
Fischer	Fischer, Strafgesetzbuch und Nebengesetze, Kommentar, 73. Aufl. (2025)
Flore/Tsambikakis	Flore/Tsambikakis (Hrsg.), Steuerstrafrecht, 3. Aufl. (2024)
Franke/Wienroeder	Franke/Wienroeder, BtMG, 3. Aufl. (2007)
Freyschmidt/Krumm	Freyschmidt/Krumm, Verteidigung in Straßenverkehrssachen, 12. Aufl. (2024)
Fromm	Fromm, Verteidigung in Straßenverkehrs- und Ordnungswidrigkeitenverfahren, 2. Aufl. (2015)
Frowein/Peukert	Frowein/Peukert, Europäische Menschenrechtskonvention, EMRK-Kommentar, 4. Aufl. (2023)
FS 45. DJT	Festschrift für den 45. Deutschen Juristentag (1964)
FS 50 Jahre DStV	Strafverteidigung im Wandel der Zeit – Festschrift 50 Jahre Deutsche Strafverteidiger e.V. (2024)
FS Achenbach	Festschrift für Hans Achenbach zum 70. Geburtstag (2011)
FS Adamovich	Staatsrecht und Staatswissenschaften in Zeiten des Wandels – Festschrift für Ludwig Adamovich zum 60. Geburtstag (1992)
FS AG Strafrecht DAV	Strafverteidigung im Rechtsstaat – 25 Jahre Arbeitsgemeinschaft Strafrecht des Deutschen Anwaltvereins (2009)
FS Albrecht	Unterwegs in Kriminologie und Strafrecht – Exploring the World of Crime and Criminology, Festschrift für Hans-Jörg Albrecht zum 70. Geburtstag (2021)
FS Amelung	Grundlagen des Straf- und Strafverfahrensrechts – Festschrift für Knut Amelung zum 70. Geburtstag (2009)
FS Androulakis	Festschrift für Nikolaos Androulakis zum 70. Geburtstag (2003)

FS Augsburg	Recht in Europa – Festgabe zum 30-jährigen Bestehen der Juristischen Fakultät Augsburg (2002)
FS Barton	Festschrift für Stefan Barton zum 70. Geburtstag (2023)
FS Baudenbacher	Economic law and justice in times of globalisation – Festschrift für Carl Baudenbacher (2007)
FS Baumann	Festschrift für Jürgen Baumann zum 70. Geburtstag (1992)
FS Baumgärtel	Festschrift für Gottfried Baumgärtel zum 70. Geburtstag (1990)
FS BayVerfGH	Festschrift zum 50-jährigen Bestehen des Bayerischen Verfassungsgerichtshofs (1997)
FS Bemmann	Festschrift für Günther Bemmann zum 70. Geburtstag (1997)
FS Bernhardt	Recht zwischen Umbruch und Bewahrung – Festschrift für Rudolf Bernhardt (1995)
FS Beulke	Ein menschengerechtes Strafrecht als Lebensaufgabe – Festschrift für Werner Beulke zum 70. Geburtstag (2015)
FS Binding	Festschrift für Karl Binding zum 4. Juni 1911
FS BGH	Festschrift aus Anlass des 50-jährigen Bestehens von Bundesgerichtshof, Bundesanwaltschaft und Rechtsanwaltschaft beim Bundesgerichtshof (2000)
FS II BGH	Roxin/Widmaier (Hrsg.), 50 Jahre Bundesgerichtshof, Festgabe aus der Wissenschaft, Bd. IV: Strafrecht (2000)
FS Blau	Festschrift für Günter Blau zum 70. Geburtstag (1985)
FS Bockelmann	Festschrift für Paul Bockelmann zum 70. Geburtstag (1979)
FS Böhm	Festschrift für Alexander Böhm zum 70. Geburtstag (1999)
FS Böttcher	Recht gestalten – dem Recht dienen, Festschrift für Reinhard Böttcher zum 70. Geburtstag (2007)
FS Boujong	Verantwortung und Gestaltung – Festschrift für Karlheinz Boujong zum 65. Geburtstag (1996)
FS BRAK	Festschrift zu Ehren des Strafrechtsausschusses der Bundesrechtsanwaltskammer (2006)
FS Brauneck	Ehrengabe für Anne-Eva Brauneck (1999)
FS Breidling	Festschrift für Ottmar Breidling zum 70. Geburtstag (2017)
FS v. Brünneck	Festschrift für Alexander von Brünneck zum 70. Geburtstag (2011)
FS Bruns	Festschrift für Hans-Jürgen Bruns zum 70. Geburtstag (1978)
FS Burgstaller	Festschrift für Manfred Burgstaller zum 65. Geburtstag (2004)
FS Burhoff	Festschrift für Detlef Burhoff zum 70. Geburtstag (2020)
FS Carstens	Einigkeit und Recht und Freiheit – Festschrift für Karl Carstens zum 70. Geburtstag (1984)
FS Dahs	Festschrift für Hans Dahs zum 70. Geburtstag (2005)
FS Damaska	Festschrift for Mirjan Damaska (2008)
FS Dannecker	Strafrecht in Deutschland und Europa – Festschrift für Gerhard Dannecker zum 70. Geburtstag (2023)
FS Delbrück	Liber Amicorum Jost Delbrück (2005)
FS Dencker	Festschrift für Friedrich Dencker zum 70. Geburtstag (2012)
FS Doehring	Staat und Völkerrechtsordnung – Festschrift für Karl Doehring; Beiträge zum ausländischen Recht und Völkerrecht Bd. 98 (1989)
FS Dölling	Die Kriminalwissenschaften als Teil der Humanwissenschaften, Festschrift für Dieter Dölling zum 70. Geburtstag (2022)
FS Dreher	Festschrift für Eduard Dreher zum 70. Geburtstag (1977)
FS Dünnebier	Festschrift für Hanns Dünnebier zum 75. Geburtstag (1982)
FS Eide	Human rights and criminal justice for the downtrodden – Essays in honour of Asbjørn Eide (2003)
FS Eisenberg	Festschrift für Ulrich Eisenberg zum 70. Geburtstag (2009)
FS Eisenberg II	Für die Sache – Kriminalwissenschaften aus unabhängiger Perspektive – Festschrift für Ulrich Eisenberg zum 80. Geburtstag (2019)
FS Engisch	Festschrift für Karl Engisch zum 70. Geburtstag (1969)

FS Ermacora	Fortschritt im Bewußtsein der Grund- und Menschenrechte – Festschrift für Felix Ermacora zum 65. Geburtstag (1988)
FS Eser	Menschengerechtes Strafrecht – Festschrift für Albin Eser zum 70. Geburtstag (2005)
FS Eser II	Scripta amicitiae – Freundschaftsgabe für Albin Eser zum 80. Geburtstag (2015)
FS Europa-Institut	Europäische Integration und Globalisierung – Festschrift zum 60-jährigen Bestehen des Europa-Instituts (2011)
FS Everling	Festschrift für Ulrich Everling (1993)
FS Faller	Festschrift für Hans Joachim Faller (1984)
FS Feltes	Auf neuen Wegen. Kriminologie, Kriminalpolitik und Polizeiwissenschaft aus interdisziplinärer Perspektive – Festschrift für Thomas Feltes zum 70. Geburtstag (2021)
FS Fezer	Festschrift für Gerhard Fezer zum 70. Geburtstag (2008)
FS Fiedler	Verfassung – Völkerrecht – Kulturgüterschutz, Festschrift für Wilfried Fiedler zum 70. Geburtstag (2011)
FS Fischer	Festschrift für Thomas Fischer (2018)
FS Flume	Festgabe für Werner Flume zum 90. Geburtstag (1998)
FS Friauf	Festschrift für Karl Heinrich Friauf (1996)
FS Friebertshäuser	Festgabe für den Strafverteidiger Dr. Heino Friebertshäuser (1997)
FS Frisch	Grundlagen und Dogmatik des gesamten Strafrechtssystems – Festschrift für Wolfgang Frisch zum 70. Geburtstag (2013)
FS Fuchs	Festschrift für Helmut Fuchs zum 65. Geburtstag (2014)
FS Gallas	Festschrift für Wilhelm Gallas zum 70. Geburtstag (1973)
FS Geerds	Kriminalistik und Strafrecht – Festschrift für Friedrich Geerds zum 70. Geburtstag (1995)
FS Geiger	Verantwortlichkeit und Freiheit. Die Verfassung als wertbestimmende Ordnung; Festschrift für Willi Geiger zum 80. Geburtstag (1989)
FS Geiß	Festschrift für Karlmann Geiß zum 65. Geburtstag (2000)
FS Geppert	Festschrift für Klaus Geppert zum 70. Geburtstag (2011)
FS Gollwitzer	Verfassungsrecht – Menschenrechte – Strafrecht, Kolloquium für Dr. Walter Gollwitzer zum 80. Geburtstag (2004)
FS Gössel	Festschrift für Karl Heinz Gössel zum 70. Geburtstag (2002)
FS Graf-Schlicker	Festschrift zu Ehren von Marie Luise Graf-Schlicker (2018)
FS Graßhoff	Der verfasste Rechtsstaat – Festgabe für Karin Graßhoff (1998)
FS Graulich	Sicherheitsverfassung – Sicherheitsrecht, Festgabe für Kurt Graulich zum 70. Geburtstag (2019)
FS Grünwald	Festschrift für Gerald Grünwald zum 70. Geburtstag (1999)
FS Grützner	Aktuelle Probleme des Internationalen Strafrechts – Festschrift für Heinrich Grützner zum 65. Geburtstag (1970)
FS Hacker	Wandel durch Beständigkeit – Festschrift für Jens Hacker (1998)
FS Haffke	Das Dilemma des rechtsstaatlichen Strafrechts – Symposium für Bernhard Haffke zum 65. Geburtstag (2009)
FS Hamm	Festschrift für Rainer Hamm zum 65. Geburtstag (2008)
FS Hanack	Festschrift für Ernst-Walter Hanack zum 70. Geburtstag (1999)
FS Hassemer	Festschrift für Winfried Hassemer zum 70. Geburtstag (2010)
FS Heinitz	Festschrift für Ernst Heinitz zum 70. Geburtstag (1972)
FS Heintschel-Heinegg	Festschrift für Bernd von Heintschel-Heinegg zum 70. Geburtstag (2015)
FS Heinz	Festschrift für Wolfgang Heinz zum 70. Geburtstag (2012)
FS Heldrich	Festschrift für Andreas Heldrich zum 70. Geburtstag (2005)
FS Helmrich	Für Staat und Recht – Festschrift für Herbert Helmrich zum 60. Geburtstag (1994)
FS Henkel	Grundfragen der gesamten Strafrechtswissenschaft – Festschrift für Heinrich Henkel zum 70. Geburtstag (1974)

FS Herzberg	Strafrecht zwischen System und Telos – Festschrift für Rolf Dietrich Herzberg zum 70. Geburtstag (2008)
FS Heusinger	Ehrengabe für Bruno Heusinger (1968)
FS Hilger	Datenübermittlungen und Vorermittlungen – Festgabe für Hans Hilger (2003)
FS Hirsch	Berliner Festschrift für Ernst E. Hirsch (1968)
FS B. Hirsch	Mit Recht für Menschenwürde und Verfassungsstaat – Festgabe für Burkhard Hirsch (2007)
FS H. J. Hirsch	Festschrift Hans Joachim Hirsch zum 70. Geburtstag (1999)
FS Höpfel	Vielfalt des Strafrechts im internationalen Kontext – Festschrift für Frank Höpfel zum 65. Geburtstag (2018)
FS HU Berlin	Festschrift 200 Jahre Juristische Fakultät der Humboldt-Universität zu Berlin (2010)
FS Hubmann	Beiträge zum Schutz der Persönlichkeit und ihrer schöpferischen Leistung – Festschrift für Heinrich Hubmann zum 70. Geburtstag (1985)
FS Huber	Recht als Prozess und Gefüge – Festschrift für Hans Huber zum 80. Geburtstag (1981)
FS Ignor	Strafrecht und Strafverteidigung in Geschichte, Praxis und Politik – Festschrift für Alexander Ignor zum 70. Geburtstag (2023)
FS Imme Roxin	Festschrift für Imme Roxin zum 75. Geburtstag (2012)
FS Ismayr	Analyse demokratischer Regierungssysteme – Festschrift für Wolfgang Ismayr zum 65. Geburtstag (2010)
FS Jahrreiß	Festschrift für Hermann Jahrreiß zum 70. Geburtstag (1964)
FS II Jahrreiß	Festschrift für Hermann Jahrreiß zum 80. Geburtstag (1974)
FS Renate Jäger	Grundrechte und Solidarität: Durchsetzung und Verfahren – Festschrift für Renate Jäger zum 70. Geburtstag (2011)
FS Jakobs	Festschrift für Günther Jakobs zum 70. Geburtstag (2007)
FS Jescheck	Festschrift für Hans-Heinrich Jescheck zum 70. Geburtstag (1985)
FS Joerden	Liberalität und Verantwortung – Festschrift für Jan Joerden zum 70. Geburtstag (2023)
FS Jung	Festschrift für Heike Jung zum 65. Geburtstag (2007)
FS JurGes. Berlin	Festschrift zum 125jährigen Bestehen der Juristischen Gesellschaft zu Berlin (1984)
FS Kaiser	Internationale Perspektiven in Kriminologie und Strafrecht – Festschrift für Günther Kaiser zum 70. Geburtstag (1998)
FS Kargl	Festschrift für Walter Kargl zum 70. Geburtstag (2015)
FS Katoh	Blick über den Tellerrand – Festschrift für Hisao Katoh (2008)
FS Arthur Kaufmann	Strafgerechtigkeit – Festschrift für Arthur Kaufmann zum 70. Geburtstag (1993)
FS Kern	Tübinger Festschrift für Eduard Kern (1968)
FS Kerner	Kriminologie – Kriminalpolitik – Strafrecht, Festschrift für Hans-Jürgen Kerner zum 70. Geburtstag (2013)
FS Kielwein	Dogmatik und Praxis des Strafverfahrens – Beiträge anläßlich des Colloquiums zum 65. Geburtstag von Gerhard Kielwein (1989)
FS Kindhäuser	Festschrift für Urs Kindhäuser zum 70. Geburtstag (2019)
FS Kirchberg	Festschrift für Christian Kirchberg zum 70. Geburtstag (2017)
FS Klecatsky	Auf dem Weg zur Menschenwürde und Gerechtigkeit – Festschrift für Hans Klecatsky zum 60. Geburtstag (1980)
FS Klein	Festschrift für Franz Klein zum 60. Geburtstag (1914)
FS Kleinheyer	Festschrift für Gerd Kleinheyer zum 70. Geburtstag (2001)
FS Kleinknecht	Strafverfahren im Rechtsstaat – Festschrift für Theodor Kleinknecht zum 75. Geburtstag (1985)
FS Klug	Festschrift für Ulrich Klug zum 70. Geburtstag (1983)
FS Koch	Strafverteidigung und Strafprozeß – Festgabe für Ludwig Koch (1989)

FS Kohlmann	Festschrift für Günter Kohlmann zum 70. Geburtstag (2003)
FS Kralik	Festschrift für Winfried Kralik zum 65. Geburtstag (1986)
FS Krause	Festschrift für Friedrich-Wihelm Krause zum 70. Geburtstag (1990)
FS Krauss	Prozessuales Denken als Innovationsanreiz für das materielle Strafrecht – Kolloquium zum 70. Geburtstag von Detlef Krauss (2006)
FS Kreuzer	Mittler zwischen Recht und Wirklichkeit – Festschrift für Arthur Kreuzer zum 80. Geburtstag (2018)
FS Kriele	Staatsphilosophie und Rechtspolitik – Festschrift für Martin Kriele zum 65. Geburtstag (1997)
FS Krey	Festschrift für Volker Krey zum 70. Geburtstag (2010)
FS Kroeschell	Wirkungen europäischer Rechtskultur – Festschrift für Karl Kroeschll zum 70. Geburtstag (1997)
FS Kunert	Freiheit, Gesetz und Toleranz – Symposium zum 75. Geburtstag von Karl Heinz Kunert (2006)
FS Kühl	Festschrift für Kristian Kühl zum 70. Geburtstag (2014)
FS Kühne	Festschrift für Hans-Heiner Kühne zum 70. Geburtstag (2013)
FS Küper	Festschrift für Wilfried Küper zum 70. Geburtstag (2007)
FS Lackner	Festschrift für Karl Lackner zum 70. Geburtstag (1987)
FS Lampe	Jus humanum: Grundlagen des Rechts und Strafrechts – Festschrift für Ernst-Joachim Lampe zum 70. Geburtstag (2003)
FS Landau	Grundgesetz und Europa – Liber Amicorum für Herbert Landau zum Ausscheiden aus dem Bundesverfassungsgericht (2016)
FS Lange	Festschrift für Richard Lange zum 70. Geburtstag (1976)
FS Leferenz	Kriminologie – Psychiatrie – Strafrecht, Festschrift für Heinz Leferenz zum 70. Geburtstag (1983)
FS Leitner	Verteidigung und Vielfalt – Festschrift für Werner Leitner zum 70. Geburtstag (2025)
FS Lenckner	Festschrift für Theodor Lenckner zum 70. Geburtstag (1998)
FS Lerche	Wege und Verfahren des Verfassungslebens – Festschrift für Peter Lerche zum 65. Geburtstag (1993)
FS Loebenstein	Der Rechtsstaat in der Krise – Festschrift für Edwin Loebenstein zum 80. Geburtstag (1991)
FS Loewenstein	Festschrift für Karl Loewenstein zum 80. Geburtstag (1971)
FS von Lübtow	De iustitia et iure – Festschrift für Ulrich von Lübtow zum 80. Geburtstag (1980)
FS Lüderssen	Festschrift für Klaus Lüderssen zum 70. Geburtstag (2002)
FS Machacek und Matscher	Rechtsschutz gestern – heute – morgen, Festgabe zum 80. Geburtstag für Rudolf Machacek und Franz Matscher (2008)
FS Maelicke	Wertschöpfung durch Wertschätzung – Festschrift für Bernd Maelicke zum 70. Geburtstag (2011)
FS Maihofer	Festschrift für Werner Maihofer zum 70. Geburtstag (1988)
FS Maiwald	Fragmentarisches Strafrecht – Für Manfred Maiwald aus Anlass seiner Emeritierung (2003)
FS Maiwald II	Gerechte Strafe und legitimes Strafen – Festschrift für Manfred Maiwald zum 75. Geburtstag (2010)
FS Mangakis	Festschrift für Georgios Mangakis (1999)
FS Manoledakis	Festschrift für Ioannis Manoledakis (2005)
FS Maurach	Festschrift für Reinhard Maurach zum 70. Geburtstag (1972)
FS Mayer	Beiträge zur gesamten Strafrechtswissenschaft – Festschrift für Hellmuth Mayer zum 70. Geburtstag (1966)
FS Mehle	Festschrift für Volkmar Mehle zum 65. Geburtstag (2009)
FS Merkel	Recht – Philosophie – Literatur, Festschrift für Reinhard Merkel zum 70. Geburtstag (2020)
FS Meyer-Goßner	Festschrift für Lutz Meyer-Goßner zum 65. Geburtstag (2001)
FS Mezger	Festschrift für Edmund Mezger zum 70. Geburtstag (1954)

FS Middendorf	Festschrift für Wolf Middendorf zum 70. Geburtstag (1986)
FS Miebach	NStZ-Sonderheft – Zum Eintritt in den Ruhestand für Klaus Miebach (2009)
FS Miklau	Strafprozessrecht im Wandel – Festschrift für Roland Miklau zum 65. Geburtstag (2006)
FS Miyazawa	Festschrift für Koichi Miyazawa (1995)
FS Möhring	Festschrift für Philipp Möhring zum 65. Geburtstag (1965)
FS Mosler	Völkerrecht als Rechtsordnung, Internationale Gerichtsbarkeit, Menschenrechte – Festschrift für Hermann Mosler zum 70. Geburtstag (1983)
FS E. Müller	Opuscula Honoraria – Egon Müller zum 65. Geburtstag (2003)
FS E. Müller II	Festschrift für Egon Müller zum 70. Geburtstag (2008)
FS Müller-Dietz	Grundlagen staatlichen Strafens – Festschrift für Heinz Müller-Dietz zum 70. Geburtstag (2001)
FS Nehm	Strafrecht und Justizgewährung – Festschrift für Kay Nehm zum 65. Geburtstag (2006)
FS Neumann	Rechtsstaatliches Strafrecht – Festschrift für Ulfrid Neumann zum 70. Geburtstag (2017)
FS Nishihara	Festschrift für Harua Nishihara zum 70. Geburtstag (1998)
FS Odersky	Festschrift für Walter Odersky zum 65. Geburtstag (1996)
FS Oehler	Festschrift für Dietrich Oehler zum 70. Geburtstag (1985)
FS Ostendorf	Strafrecht – Jugendstrafrecht – Kriminalprävention in Wissenschaft und Praxis – Festschrift für Heribert Ostendorf zum 70. Geburtstag (2015)
FS Otto	Festschrift für Harro Otto zum 70. Geburtstag (2007)
FS Paarhammer	In mandatis meditari – Festschrift für Hans Paarhammer zum 65. Geburtstag (2012)
FS Paeffgen	Strafe und Prozess im freiheitlichen Rechtsstaat – Festschrift für Hans-Ullrich Paeffgen zum 70. Geburtstag (2015)
FS Partsch	Des Menschen Recht zwischen Freiheit und Verantwortung – Festschrift für Karl Josef Partsch zum 75. Geburtstag (1989)
FS Paulus	Festgabe des Instituts für Strafrecht und Kriminologie der Juristischen Fakultät der Julius-Maximilians-Universität Würzburg für Rainer Paulus zum 70. Geburtstag (2009)
FS Pavisic	Kazneno Pravo, Kazneno Postupovno I Kriminalistika – Festschrift für Berislav Pavisic zum 70. Geburtstag (2014)
FS Peters	Einheit und Vielfalt des Strafrechts – Festschrift für Karl Peters zum 70. Geburtstag (1974)
FS Peters II	Wahrheit und Gerechtigkeit im Strafverfahren – Festgabe für Karl Peters zum 80. Geburtstag (1984)
FS Chr. Pfeiffer	Kriminologie ist Gesellschaftswissenschaft – Festschrift für Christian Pfeiffer zum 70. Geburtstag (2014)
FS Pfeiffer	Strafrecht, Unternehmensrecht, Anwaltsrecht – Festschrift für Gerd Pfeiffer zum Abschied aus dem Amt als Präsident des Bundesgerichtshofes (1988)
FS Pfenniger	Strafprozeß und Rechtsstaat – Festschrift zum 70. Geburtstag von H. F. Pfenniger (1976)
FS Platzgummer	Festschrift für Winfried Platzgummer zum 65. Geburtstag (1995)
FS Posser	Anwalt des Rechtsstaats – Festschrift für Diether Posser zum 75. Geburtstag (1997)
FS Pöttering	Processus Criminalis Europeus – Festschrift für Hans-Gert Pöttering (2008)
FS Prittwitz	Risikostrafrecht und Strafrecht als Risiko – Festschrift für Cornelius Prittwitz zum 70. Geburtstag (2023)
FS Puppe	Strafrechtswissenschaft als Analyse und Konstruktion – Festschrift für Ingeborg Puppe zum 70. Geburtstag (2011)
FS RAV	40 Jahre RAV – Im Kampf um die freie Advokatur und um ein demokratisches Recht (2019)

FS Rebmann	Festschrift für Kurt Rebmann zum 65. Geburtstag (1989)
FS Reichsgericht	Die Reichsgerichtspraxis im deutschen Rechtsleben – Festgabe der juristischen Fakultäten zum 50jährigen Bestehen des Reichsgerichts, Bd. 5, Strafrecht und Strafprozeß (1929)
FS Reichsjustizamt	Vom Reichsjustizamt zum Bundesministerium der Justiz – Festschrift zum 100jährigen Gründungstag des Reichsjustizamtes am 1.1.1877 (1977)
FS Remmers	Vertrauen in den Rechtsstaat, Beiträge zur deutschen Einheit im Recht – Festschrift für Walter Remmers (1995)
FS Rengier	Festschrift für Rudolf Rengier zum 70. Geburtstag (2018)
FS Ress	Internationale Gemeinschaft und Menschenrechte – Festschrift für Georg Ress zum 70. Geburtstag (2005)
FS Richter	Verstehen und Widerstehen – Festschrift für Christian Richter II zum 65. Geburtstag (2006)
FS Rieß	Festschrift für Peter Rieß zum 70. Geburtstag (2002)
FS Rill	Grundfragen und aktuelle Probleme des öffentlichen Rechts – Festschrift für Heinz Peter Rill zum 60. Geburtstag (1995)
FS Rissing-van Saan	Festschrift für Ruth Rissing-van Saan zum 65. Geburtstag (2011)
FS Rittler	Festschrift für Theodor Rittler zu seinem achtzigsten Geburtstag (1957)
FS Rogall	Systematik in Strafrechtswissenschaft und Gesetzgebung – Festschrift für Klaus Rogall zum 70. Geburtstag (2018)
FS Rolinski	Festschrift für Klaus Rolinski zum 70. Geburtstag (2002)
FS Rosenfeld	Festschrift für Ernst Heinrich Rosenfeld zu seinem 80. Geburtstag (1949)
FS Rowedder	Festschrift für Heinz Rowedder zum 75. Geburtstag (1994)
FS Roxin	Festschrift für Claus Roxin zum 70. Geburtstag (2001)
FS Roxin II	Festschrift für Claus Roxin zum 80. Geburtstag (2011)
FS Rössner	Über allem: Menschlichkeit – Festschrift für Dieter Rössner zum 70. Geburtstag (2015)
Rudolphi-Symp.	Zur Theorie und Systematik des Strafprozeßrechts – Symposium zu Ehren von Hans-Joachim Rudolphi zum 60. Geburtstag (1995)
FS Rudolphi	Festschrift für Hans-Joachim Rudolphi zum 70. Geburtstag (2004)
FS Rüping	Recht und Macht: zur Theorie und Praxis von Strafe – Festschrift für Hinrich Rüping zum 65. Geburtstag (2008)
FS Rüter	Festschrift für C. F. Rüter zum 65. Geburtstag (2003)
FS Salger	Straf- und Strafverfahrensrecht, Recht und Verkehr, Recht und Medizin – Festschrift für Hannskarl Salger zum Abschied aus dem Amt als Vizepräsident des Bundesgerichtshofes (1995)
FS Samson	Festschrift für Erich Samson zum 70. Geburtstag (2010)
FS Sarstedt	Festschrift für Werner Sarstedt zum 70. Geburtstag (1981)
FS Sauer	Festschrift für Wilhelm Sauer zu seinem 70. Geburtstag (1949)
FS G. Schäfer	NJW-Sonderheft für Gerhard Schäfer zum 65. Geburtstag (2002)
FS Schäfer	Festschrift für Karl Schäfer zum 80. Geburtstag (1980)
FS Scharf	Festschrift für Ulrich Scharf zum 70. Geburtstag (2008)
FS W. Schiller	Festschrift für Wolf Schiller zum 65. Geburtstag (2014)
FS Schindler	Im Dienst an der Gemeinschaft – Festschrift für Dietrich Schindler zum 65. Geburtstag (1989)
FS Schlochauer	Staatsrecht – Völkerrecht – Europarecht, Festschrift für Hans Jürgen Schlochauer (1981)
FS Schlothauer	Festschrift für Reinhold Schlothauer zum 70. Geburtstag (2018)
FS Schlüchter	Freiheit und Verantwortung in schwieriger Zeit – Kritische Studien aus vorwiegend straf(prozess-)rechtlicher Sicht zum 60. Geburtstag von Ellen Schlüchter (1998)
FS Schmidt	Festschrift für Eberhard Schmidt zum 70. Geburtstag (1961)
FS H. Schmidt	Kostenerstattung und Streitwert – Festschrift für Herbert Schmidt (1981)
FS Schmidt-Leichner	Festschrift für Erich Schmidt-Leichner zum 65. Geburtstag (1975)

FS Schmitt-Glaeser	Recht im Pluralismus – Festschrift für Walter Schmitt-Glaeser zum 70. Geburtstag (2003)
FS Schneider	Kriminologie an der Schwelle zum 21. Jahrhundert – Festschrift für Hans Joachim Schneider zum 70. Geburtstag (1998)
FS Schomburg	Justice Without Borders – Essays in Honour of Wolfgang Schomburg (2018)
FS Schöch	Festschrift für Heinz Schöch zum 70. Geburtstag (2010)
FS Schreiber	Strafrecht, Biorecht, Rechtsphilosophie – Festschrift für Hans-Ludwig Schreiber zum 70. Geburtstag (2003)
FS Schroeder	Festschrift für Friedrich-Christian Schroeder zum 70. Geburtstag (2006)
FS Schüler-Springorum	Festschrift für Horst Schüler-Springorum zum 65. Geburtstag (1993)
FS Schünemann	Festschrift für Bernd Schünemann zum 70. Geburtstag (2014)
FS Schultz	Lebendiges Strafrecht – Festgabe zum 65. Geburtstag von Hans Schultz (1977)
FS Schwenn	Verteidigung – Festschrift für Johann Schwenn (2024)
FS Schwind	Kriminalpolitik und ihre wissenschaftlichen Grundlagen – Festschrift für Hans-Dieter Schwind zum 70. Geburtstag (2006)
FS Seebode	Festschrift für Manfred Seebode zum 70. Geburtstag (2008)
FS Seidl-Hohenveldern	Völkerrecht, Recht der Internationalen Organisationen, Weltwirtschaftsrecht – Festschrift für Ignaz Seidl-Hohenveldern zum 70. Geburtstag (1988)
FS Sellert	Zur Erhaltung guter Ordnung – Beiträge zur Geschichte von Recht und Justiz, Festschrift für Wolfgang Sellert zum 65. Geburtstag (2000)
FS Sellner	Verfassung – Umwelt – Wirtschaft, Festschrift für Dieter Sellner zum 75. Geburtstag (2010)
FS Sendler	Bürger-Richter-Staat – Festschrift für Horst Sendler zum Abschied aus seinem Amt (1991)
FS Sieber	Digitalisierung, Globalisierung und Risikoprävention – Festschrift für Ulrich Sieber zum 70. Geburtstag (2021)
FS Spendel	Festschrift für Günter Spendel zum 70. Geburtstag (1992)
FS Spinellis	Festschrift für Dionysios Spinellis zum 70. Geburtstag (1999–2003)
FS StA Schleswig-Holstein	Strafverfolgung und Strafverzicht – Festschrift zum 125jährigen Bestehen der Staatsanwaltschaft Schleswig-Holstein (1992)
FS Steinberger	Tradition und Weltoffenheit des Rechts – Festschrift für Helmut Steinberger (2002)
FS Steinhilper	Kriminologie und Medizinrecht – Festschrift für Gernot Steinhilper zum 70. Geburtstag (2013)
FS Stober	Wirtschaft – Verwaltung – Recht, Festschrift für Rolf Stober zum 65. Geburtstag (2008)
FS Stock	Studien zur Strafrechtswissenschaft – Festgabe für Ulrich Stock zum 70. Geburtstag (1966)
FS Stöckel	Strafrechtspraxis und Reform – Festschrift für Heinz Stöckel zum 70. Geburtstag (2010)
FS Strauda	Festschrift zu Ehren des Strafrechtsausschusses der Bundesrechtsanwaltskammer anlässlich seiner 196. Tagung vom 13.–15.10.2006 in Münster (2006)
FS Stree/Wessels	Beiträge zur Rechtswissenschaft – Festschrift für Walter Stree und Johannes Wessels zum 70. Geburtstag (1993)
FS Streng	Festschrift für Franz Streng zum 70. Geburtstag (2017)
FS Szwarc	Vergleichende Strafrechtswissenschaft – Frankfurter Festschrift für Andrzej J. Szwarc zum 70. Geburtstag (2009)
FS Tepperwien	NJW-Festheft zum 65. Geburtstag von Ingeborg Tepperwien (2010)
FS Tiedemann	Strafrecht und Wirtschaftsstrafrecht – Festschrift für Klaus Tiedemann zum 70. Geburtstag (2008)
FS Tondorf	Festschrift für Günter Tondorf zum 70. Geburtstag (2004)
FS Trechsel	Strafrecht, Strafprozessrecht und Menschenrechte – Festschrift für Stefan Trechsel zum 65. Geburtstag (2002)

FS Triffterer	Festschrift für Otto Triffterer zum 65. Geburtstag (1996)
FS Tröndle	Festschrift für Herbert Tröndle zum 70. Geburtstag (1989)
FS Trusen	Festschrift für Winfried Trusen zum 70. Geburtstag (1994)
FS Verdross	Völkerrecht und zeitliches Weltbild – Festschrift für Alfred Verdross zum 70. Geburtstag (1960)
FS Verdross II	Ius humanitas – Festschrift für Alfred Verdross zum 90. Geburtstag (1980)
FS Verosta	Völkerrecht und Rechtsphilosophie – Internationale Festschrift für Stephan Verosta zum 70. Geburtstag (1980)
FS Volk	In dubio pro libertate – Festschrift für Klaus Volk zum 65. Geburtstag (2009)
FS von Simson	Grundrechtsschutz im nationalen und internationalen Recht – Festschrift für Werner von Simson zum 75. Geburtstag (1983)
FS Vormbaum	Strafrecht und Juristische Zeitgeschichte – Symposium anlässlich des 70. Geburtstages von Thomas Vormbaum
FS Wiarda	Festschrift für Gerard J. Wiarda zum 70. Geburtstag (1990)
FS Wassermann	Festschrift für Rudolf Wassermann zum 60. Geburtstag (1985)
FS v. Weber	Festschrift für Hellmuth von Weber zum 70. Geburtstag (1963)
FS Weber	Festschrift für Ulrich Weber zum 70. Geburtstag (2004)
FS Weißauer	Ärztliches Handeln – Verrechtlichung eines Berufsstandes, Festschrift für Walther Weißauer zum 65. Geburtstag (1986)
FS Welp	Strafverteidigung in Forschung und Praxis – Kriminalwissenschaftliches Kolloquium aus Anlaß des 70. Geburtstages von Jürgen Welp (2006)
FS Welzel	Festschrift für Hans Welzel zum 70. Geburtstag (1974)
FS Werle	Strafrecht und Systemunrecht – Festschrift für Gerhard Werle zum 70. Geburtstag (2022)
FS Wessing	Unternehmensstrafrecht – Festschrift für Jürgen Wessing zum 65. Geburtstag (2015)
FS Widmaier	Strafverteidigung, Revision und die gesamten Strafrechtswissenschaften – Festschrift für Gunter Widmaier zum 70. Geburtstag (2008)
FS Wildhaber	Liber Amicorum Luzius Wildhaber – Human Rights – Strasbourg Views (2007)
FS Winkler	Beiträge zum Verfassungs- und Wirtschaftsrecht – Festschrift für Günther Winkler (1989)
FS Wolff	Festschrift für Ernst Amadeus Wolff zum 70. Geburtstag (1998)
FS Wolter	Festschrift für Jürgen Wolter zum 70. Geburtstag (2013)
FS Würtenberger	Kultur, Kriminalität, Strafrecht – Festschrift für Thomas Würtenberger zum 70. Geburtstag (1977)
FS Würtenberger II	Verfassungsstaatlichkeit im Wandel – Festschrift für Thomas Würtenberger zum 70. Geburtstag (2013)
FS Würzburger Juristenfakultät	Raum und Recht – Festschrift 600 Jahre Würzburger Juristenfakultät (2002)
FS Yamanaka	Rechtsstaatliches Strafen – Festschrift für Keiichi Yamanaka zum 70. Geburtstag (2017)
FS Zeidler	Festschrift für Wolfgang Zeidler (1987)
FS Zoll	Rechtsstaat und Strafrecht – Festschrift für Andrzej Zoll zum 70. Geburtstag (2012)
Gaede	Gaede, Fairness als Teilhabe – Das Recht auf konkrete und wirksame Teilhabe durch Verteidigung gemäß Art. 6 EMRK (2007)
Gaier/Wolf/Göcken	Gaier/Wolf/Göcken, Anwaltliches Berufsrecht, 3. Aufl. (2019)
Ganter/Jöbges/Stollenwerk	Ganter/Jöbges/Stollenwerk, Das strafrichterliche Dezernat, 2. Aufl. (2023)
GedS Bleckmann	Rechtsstaatliche Ordnung Europas – Gedächtnisschrift für Albert Bleckmann (2007)
GedS Blomeyer	Recht der Wirtschaft und Arbeit in Europa. Gedächtnisschrift für Wolfgang Blomeyer (2004)
GedS Blumenwitz	Iustitia et Pax, Gedächtnisschrift für Dieter Blumenwitz (2008)
GedS Bruns	Gedächtnisschrift für Rudolf Bruns (1980)
GedS Eckert	Gedächtnisschrift für Jörn Eckert (2008)

GedS Geck	Verfassungsrecht und Völkerrecht – Gedächtnisschrift für Wilhelm Karl Geck (1989)
GedS Heine	Strafrecht als ultima ratio – Gießener Gedächtnisschrift für Günter Heine (2015)
GedS Joecks	Strafrecht – Wirtschaftsstrafrecht – Steuerrecht, Gedächtnisschrift für Wolfgang Joecks (2018)
GedS A. Kaufmann	Gedächtnisschrift für Armin Kaufmann (1986)
GedS H. Kaufmann	Gedächtnisschrift für Hilde Kaufmann (1986)
GedS Keller	Gedächtnisschrift für Rolf Keller (2003)
GedS Küchenhoff	Recht und Rechtsbesinnung – Gedächtnisschrift für Günter Küchenhoff (1987)
GedS Lisken	Lauschen im Rechtsstaat – Zu den Konsequenzen des Urteils des Bundesverfassungsgerichts zum großen Lauschangriff, Gedächtnisschrift für Hans Lisken (2004)
GedS Lüderssen	Gedächtnisschrift für Klaus Lüderssen (2023)
GedS Meurer	Gedächtnisschrift für Dieter Meurer (2002)
GedS Meyer	Gedächtnisschrift für Karlheinz Meyer (1990)
GedS Noll	Gedächtnisschrift für Peter Noll (1984)
GedS H. Peters	Gedächtnisschrift für Hans Peters (1967)
GedS Ryssdal	Protection des droits de l'homme: la perspective européenne/Protecting Human Rights: The European Perspective – Gedächtnisschrift für Rolv Ryssdal (2000)
GedS Schlüchter	Gedächtnisschrift für Ellen Schlüchter (2002)
GedS Schröder	Gedächtnisschrift für Horst Schröder (1978)
GedS Seebode	Im Zweifel für die Freiheit – Gedächtnisschrift für Manfred Seebode (2015)
GedS Tröndle	Gedächtnisschrift für Herbert Tröndle (2020)
GedS Trzaskalik	Gedächtnisschrift für Christoph Trzaskalik (2005)
GedS Walter	Kriminologie – Jugendkriminalrecht – Strafvollzug, Gedächtnisschrift für Michael Walter (2014)
GedS Weßlau	Rechtsstaatlicher Strafprozess und Bürgerrechte – Gedächtnisschrift für Edda Weßlau (2016)
GedS Vogler	Gedächtnisschrift für Theo Vogler (2004)
GedS Zipf	Gedächtnisschrift für Heinz Zipf (1999)
Geerds	Handbuch der Kriminalistik, begr. von H. Groß, neubearbeitet von Geerds, 10. Aufl. (Bd. I 1977, Bd. II 1978)
Geiger/Khan/Kotzur/Kirchmair	Geiger/Khan/Kotzur/Kirchmair, EUV/AEUV, Kommentar, 7. Aufl. (2023)
Geipel	Geipel, Handbuch der Beweiswürdigung, 3. Aufl. (2017)
Geppert/Schütz	Geppert/Schütz, Beck'scher Kommentar zum TKG, 5. Aufl. (2023)
Gercke/Leimenstoll/Stirner	Gercke/Leimenstoll/Stirner, Handbuch Medizinstrafrecht (2020)
Gercke/Temming/Zöller	Gercke/Temming/Zöller, Strafprozessordnung, 7. Aufl. (2023)
Gerland	Gerland, Der Deutsche Strafprozeß (1927)
Gerold/Schmidt	Gerold/Schmidt, Rechtsanwaltsvergütungsgesetz, Kommentar, 27. Aufl. (2025)
Gerson	Gerson, Das Recht auf Beschuldigung (2016)
Gerst	Gerst (Hrsg.), Zeugen in der Hauptverhandlung, 2. Aufl. (2020)
Glaser	Glaser, Handbuch des Strafprozesses, in Binding, Systematisches Handbuch der Deutschen Rechtswissenschaft (Bd. I 1883, Bd. II 1885)
Gleß	Gleß, Internationales Strafrecht: Grundriss für Studium und Praxis, 3. Aufl. (2021)
Göbel/Schuster	Göbel/Schuster, Strafprozess, 9. Aufl. (2023)
Göhler	Göhler, Ordnungswidrigkeitengesetz, Kurzkommentar erläutert von Erich Göhler, fortgef. von Peter König und Helmut Seitz, 19. Aufl. (2024)
Gössel	Gössel, Strafverfahrensrecht, Studienbuch (1977)
Gössel/Dölling	Gössel/Dölling, Strafrecht, Besonderer Teil 1, 2. Aufl. (2004)
Goldschmidt	Goldschmidt, Der Prozeß als Rechtslage (1925)

Grabenwarter/Pabel	Grabenwarter/Pabel, Europäische Menschenrechtskonvention, 7. Aufl. (2021)
Grabitz/Hilf/Nettesheim	Grabitz/Hilf/Nettesheim, Das Recht der Europäischen Union, begr. von Grabitz, Loseblattausgabe, 86. Aufl. (2025)
Graf	Graf, Strafprozessordnung, 5. Aufl. (2025)
Graf/Goers (BGH Jahr)	Graf, BGH-Rechtsprechung Strafrecht 2010 (2011); 2011 (2012); 2012/2013 (2013); 2014 (2014); 2015 (2015); 2016 (2016); 2017 (2017); 2018 (2018); 2020 (2020)
Graf/Jäger/Wittig	Graf/Jäger/Wittig, Wirtschafts- und Steuerstrafrecht, 3. Aufl. (2024)
Graf zu Dohna	Graf zu Dohna, Das Strafprozeßrecht, 3. Aufl. (1929)
Greeve/Leipold	Greeve/Leipold, Handbuch des Baustrafrechts (2004)
Grunau/Tiesler	Grunau/Tiesler, Strafvollzugsgesetz, Kommentar, 2. Aufl. (1982)
von der Grün	von der Grün, Verdeckte Ermittlungen (2018)
Grüneberg	Grüneberg (vormals Palandt), Bürgerliches Gesetzbuch, 85. Aufl. (2026)
Grützner/Pötz/Kreß/Gazeas	Grützner/Pötz/Kreß/Gazeas, Internationaler Rechtshilfeverkehr in Strafsachen, Loseblattausgabe, Stand 2024
Guradze	Guradze, Die Europäische Menschenrechtskonvention (1968)
Gürtner	Gürtner (Hrsg.), Das kommende deutsche Strafverfahren, Bericht der amtlichen Strafprozeßkommission (1938)
Habschick	Habschick, Erfolgreich Vernehmen, 4. Aufl. (2016)
Hackner/Schierholt	Hackner/Schierholt, Internationale Rechtshilfe in Strafsachen, 4. Aufl. (2023)
Hahn	Hahn, Die gesammten Materialien zu dem Gerichtsverfassungsgesetz und dem Einführungsgesetz zum demselben vom 27. Januar 1877, 2 Bände (1879)
Haller/Conzen	Haller/Conzen, Das Strafverfahren, 10. Aufl. (2025)
Hamm/Hassemer/Pauly	Hamm/Hassemer/Pauly, Beweisantragsrecht, 3. Aufl. (2019)
Hamm/Pauly	Hamm/Pauly, Die Revision in Strafsachen, 8. Aufl. (2020)
Hanack-Symp.	Aktuelle Probleme der Strafrechtspflege – Beiträge eines Symposions anläßlich des 60. Geburtstags von Ernst Walter Hanack (1991)
Hansens	Hansens, RVG, Rechtsanwaltsvergütungsgesetz, 8. Aufl. (2018)
Hartung/Schons/Enders	Hartung/Schons/Enders, Rechtsanwaltsvergütungsgesetz (RVG), Kommentar, 3. Aufl. (2017)
Hauck	Heimliche Strafverfolgung und Schutz der Privatheit (2014)
Haupt/Weber/Bürner/Frankfurth/Luxemburger/Marth	Haupt/Weber/Bürner/Frankfurth/Luxemburger/Marth, Handbuch Opferschutz und Opferhilfe, 2. Aufl. (2003)
HdbGR	Merten/Papier (Hrsg.), Handbuch der Grundrechte in Deutschland und Europa (ab 2004)
HdbStR	Hilgendorf/Kudlich/Valerius (Hrsg.), Handbuch des Strafrechts (ab 2018)
HdbVerfR	Benda/Maihofer/Vogel (Hrsg.), Handbuch des Verfassungsrechts, 2. Aufl. (1994)
Hecker	Hecker, Europäisches Strafrecht, 7. Aufl. (2024)
Heghmanns/Herrmann	Heghmanns/Herrmann, Das Arbeitsgebiet des Staatsanwalts, 6. Aufl. (2021)
Heghmanns, Verteidigung	Heghmanns, Verteidigung in Strafvollstreckung und Strafvollzug, 2. Aufl. (2012)
Heghmanns/Scheffler	Heghmanns/Scheffler, Handbuch zum Strafverfahren (2008) (zit.: HbStrVf/Verfasser)
Held/Legner	Held/Legner, Digitale-Dienste-Gesetz: DDG (2025)
Hellebrand	Hellebrand, Die Staatsanwaltschaft (1999)
Hellmann	Hellmann, Strafprozessrecht, 2. Aufl. (2005)
Henkel	Henkel, Strafverfahrensrecht, Lehrbuch, 2. Aufl. (1968)
Henneke/Hofmann	Henneke/Hofmann (vormals Schmidt-Bleibtreu/Hofmann/Henneke), Kommentar zum Grundgesetz, 16. Aufl. (2025)
Henssler/Prütting	Henssler/Prütting (Hrsg.), Bundesrechtsanwaltsordnung, Kommentar, 6. Aufl. (2024)

Hentschel	Hentschel, Trunkenheit, Fahrerlaubnisentziehung, Fahrverbot im Straf- und Ordnungswidrigkeitenrecht, 10. Aufl. (2006)
Hentschel/König	Hentschel/König (vormals Hentschel/König/Dauer), Straßenverkehrsrecht, 48. Aufl. (2025)
Herdegen	Herdegen, Völkerrecht, 23. Aufl. (2024)
Herdegen, EuR	Herdegen, Europarecht, 25. Aufl. (2025)
Herrmann	Herrmann, Untersuchungshaft (2007)
Herrnfeld/Brodowski/Burchard	Herrnfeld/Brodowski/Burchard, European Public Prosecutor's Office (2021)
Herrnfeld/Esser	Herrnfeld/Esser (Hrsg.), Europäische Staatsanwaltschaft (2022)
Heselhaus/Nowak	Heselhaus/Nowak, Handbuch der Europäischen Grundrechte, 2. Aufl. (2020)
Herzog/Mülhausen	Herzog/Mülhausen, Geldwäschebekämpfung und Gewinnabschöpfung (2006)
von Hippel	von Hippel, Der deutsche Strafprozeß, Lehrbuch (1941)
HK	Heidelberger Kommentar zur Strafprozessordnung, 7. Aufl. (2023)
HK-GS	s. Dölling/Duttge/König/Rössner
HK-JGG	Meier/Rössner/Trüg/Wulf/Bannenberg/Bartsch (Hrsg.), Jugendgerichtsgesetz, 3. Aufl. (2024)
Höflich/Schriever/Bartmeier	Höflich/Schriever/Bartmeier, Grundriss Vollzugsrecht, 4. Aufl. (2014)
Hömig/Wolff	Hömig/Wolff, Grundgesetz für die Bundesrepublik Deutschland, 14. Aufl. (2025)
Hofmann	Hofmann, IPBPR Erläuterung, in: Das Deutsche Bundesrecht I A 10c (1986)
von Holtzendorff	von Holtzendorff, Handbuch des deutschen Strafprozesses (1879)
HRRS-FG Fezer	HRRS-Festgabe für Gerald Fezer zum 70. Geburtstag (2008)
Huber/Voßkuhle	Huber/Voßkuhle (Hrsg.; vormals von Mangoldt/Klein/Starck), Das Bonner Grundgesetz, 8. Aufl. (2024), 3. Bd.
Ignor/Mosbacher	Ignor/Mosbacher, Handbuch Arbeitsstrafrecht, 3. Aufl. (2016)
IK-EMRK	Pabel/Schmahl (Hrsg.), Internationaler Kommentar zur Europäischen Menschenrechtskonvention, Loseblattausgabe, 21. Lfg., Kommentar, 8. Aufl. (2015)
Ipsen	Ipsen, Völkerrecht, 8. Aufl. (2024)
Isele	Isele, Bundesrechtsanwaltsordnung, Kommentar (1976)
Jacobs/White/Ovey	Jacobs/White/Ovey, The European Convention on Human Rights, 8th ed. (2020)
Jahn/Krehl/Löffelmann/Güntge	Jahn/Krehl/Löffelmann/Güntge, Die Verfassungsbeschwerde in Strafsachen, 3. Aufl. (2025)
Jahn/Nack (I)	Jahn/Nack (Hrsg.), Strafprozessrechtspraxis und Rechtswissenschaft, 1. Karlsruher Strafrechtsdialog (2007)
Jahn/Nack (II)	Jahn/Nack (Hrsg.), Rechtsprechung, Gesetzgebung, Lehre: Wer regelt das Strafrecht? 2. Karlsruher Strafrechtsdialog (2009)
Jahn/Nack (III)	Jahn/Nack (Hrsg.), Gegenwartsfragen des europäischen und deutschen Strafrechts, 3. Karlsruher Strafrechtsdialog (2011)
Jahn/Nack (IV)	Jahn/Nack (Hrsg.), Rechtsprechung in Strafsachen zwischen Theorie und Praxis – zwei Seiten einer Medaille? 4. Karlsruher Strafrechtsdialog (2013)
Jahn/Radtke (V)	Deutsche Strafprozessreform und Europäische Grundrechte – Herausforderungen auch für die Rechtsprechung des BGH in Strafsachen? – Referate und Diskussionen auf dem 5. Karlsruher Strafrechtsdialog (2015)
Jahn/Radtke (VI)	Der Bundesgerichtshof im Spiegel der Öffentlichkeit – Referate und Diskussionen auf dem 6. Karlsruher Strafrechtsdialog (2017)
Jakobs	Jakobs, Strafrecht Allg. Teil, Lehrbuch, 2. Aufl. (1991)
Janiszewski	Janiszewski, Verkehrsstrafrecht, 5. Aufl. (2004)
Jansen	Jansen, Zeuge und Aussagepsychologie, 3. Aufl. (2021)
Janssen	Janssen, Gewinnabschöpfung im Strafverfahren (2007)
Jarass	Jarass, Charta der Grundrechte der Europäischen Union, 4. Aufl. (2021)

Jarass/Pieroth	Jarass/Pieroth, Grundgesetz für die Bundesrepublik Deutschland, 18. Aufl. (2024)
Jescheck/Weigend	Jescheck/Weigend, Lehrbuch des Strafrechts, Allgemeiner Teil, 5. Aufl. (1996)
Joachimski/Haumer	Joachimski/Haumer, Strafverfahrensrecht, 7. Aufl. (2015)
Joecks/Jäger	Joecks/Jäger, Studienkommentar StPO, 5. Aufl. (2022)
Joecks/Jäger/Randt	Joecks/Jäger/Randt, Steuerstrafrecht mit Zoll- und Verbrauchsteuerstrafrecht, 9. Aufl. (2023)
Johann	Johann, Möglichkeiten und Grenzen des neuen Vermögensabschöpfungsrechts (2019)
John	John, Strafprozeßordnung, Kommentar, Bd. I (1884), Bd. II (1888), Bd. III Lfg. 1 (1889)
Joseph/Castan	The International Covenant on Civil and Political Rights, 3. Aufl. (2013)
Jung	Jung, Praxiswissen Strafverteidigung von Ausländern (2009)
Junker	Junker, Beweisantragsrecht im Strafprozess, 3. Aufl. (2019)
Junker/Armatage	Junker/Armatage, Praxiswissen Strafverteidigung (2009)
Kaiser	Kaiser, Kriminologie, Lehrbuch, 3. Aufl. (1996)
Kaiser/Schöch/Kinzig	Kaiser/Schöch/Kinzig, Kriminologie, Jugendstrafrecht, Strafvollzug, Lehrbuch, 8. Aufl. (2015)
Kamann	Kamann, Handbuch für die Strafvollstreckung und den Strafvollzug, 2. Aufl. (2008)
Kammeier/Pollähne	Kammeier/Pollähne (Hrsg.), Kommentar zum Maßregelvollzugsrecht, 4. Aufl. (2018)
Karpenstein/Mayer	Karpenstein/Mayer (Hrsg.), EMRK – Konvention zum Schutz der Menschenrechte und Grundfreiheiten, 3. Aufl. (2022)
Katholnigg	Katholnigg, Strafgerichtsverfassungsrecht, 3. Aufl. (1999)
Kämmerer/Eidenmüller	Kämmerer/Eidenmüller, Post- und Fernmeldewesen (1971)
Kindhäuser/Hilgendorf	Kindhäuser/Hilgendorf, Strafgesetzbuch, Lehr- und Praxiskommentar, 10. Aufl. (2025)
Kindhäuser/Schumann	Kindhäuser/Schumann, Strafprozessrecht, 8. Aufl. (2025)
Kinzig	Kinzig, Die rechtliche Bewältigung von Erscheinungsformen organisierter Kriminalität (2004)
Kirsch	Kirsch (Hrsg.), Internationale Strafgerichtshöfe (2005)
Kissel/Mayer	Kissel/Mayer, Gerichtsverfassungsgesetz (GVG), 11. Aufl. (2025)
KK	Barthe/Gericke (Hrsg.), Karlsruher Kommentar zur Strafprozeßordnung, 9. Aufl. (2023)
KK-OWiG	Mitsch (Hrsg.), Karlsruher Kommentar zum Ordnungswidrigkeitengesetz, 6. Aufl. (2025)
Klein/(Orlopp)	Klein, Abgabenordnung, Kommentar, 19. Aufl. (2025)
Kleine-Cosack	Bundesrechtsanwaltsordnung, 9. Aufl. (2022)
Klemke/Elbs	Klemke/Elbs, Einführung in die Praxis der Strafverteidigung, 4. Aufl. (2019)
Klesczewski	Klesczewski, Strafprozessrecht, 2. Aufl. (2013)
KMR	Heintschel-Heinegg/Bockemühl (Hrsg.), Kommentar zur Strafprozeßordnung und zum Gerichtsverfassungsgesetz, Loseblattausgabe (Stand April 2026)
Knierim/Rübenstahl/Tsambikakis	Knierim/Rübenstahl/Tsambikakis (Hrsg.), Internal Investigations, 2. Aufl. (2016)
Koch/Scholtz	Koch/Scholtz, Abgabenordnung, Kommentar, 5. Aufl. (1996)
Koeniger	Koeniger, Die Hauptverhandlung in Strafsachen (1966)
Kohlmann	Kohlmann, Steuerstrafrecht mit Ordnungswidrigkeitenrecht und Verfahrensrecht, Loseblattausgabe, Stand Dezember 2025
Kohlrausch	Kohlrausch, Strafprozeßordnung und Gerichtsverfassungsgesetz, Kommentar, 24. Aufl. (1936)
Kraatz	Kraatz, Ordnungswidrigkeitenrecht (2023)
Krack	Krack, Die Rehabilitierung des Beschuldigten im Strafverfahren (2002)
Kramer	Kramer, Grundlagen des Strafverfahrensrechts, 9. Aufl. (2021)

Krause/Nehring	Krause/Nehring, Strafverfahrensrecht in der Polizeipraxis (1978)
Krekeler/Werner	Krekeler/Werner, Verteidigung in Wirtschaftsstrafsachen, 2. Aufl. (2013)
Krenberger/Krumm	Krenberger/Krumm, Ordnungswidrigkeitengesetz, 8. Aufl. (2024)
Krey	Krey, Deutsches Strafverfahrensrecht, Bd. I (2006), Bd. II (2007)
Krey/Esser	Krey/Esser, Strafrecht, Allgemeiner Teil, 7. Aufl. (2022)
Krey/Heinrich	Krey/Heinrich, Deutsches Strafverfahrensrecht, 2. Aufl. (2018)
von Kries	von Kries, Lehrbuch des Deutschen Strafprozeßrechts (1892)
Kühling/Buchner	Kühling/Buchner, DSGVO/BDSG, 4. Aufl. (2024)
Kühne	Kühne, Strafprozessrecht, 9. Aufl. (2015)
Kunz	Kunz, StrEG – Gesetz über die Entschädigung für Strafverfolgungsmaßnahmen, 4. Aufl. (2010)
Kunz/Zellner/Gelhausen/Weiner	Kunz/Zellner/Gelhausen/Weiner, Opferentschädigungsgesetz, 6. Aufl. (2015)
Lackner/Kühl	Lackner/Kühl, Strafgesetzbuch, Kommentar, 31. Aufl. (2025)
Laubenthal	Laubenthal, Strafvollzug, 8. Aufl. (2019)
Laubenthal/Baier/Nestler	Laubenthal/Baier/Nestler, Jugendstrafrecht, 3. Aufl. (2015)
Laubenthal/Nestler	Laubenthal/Nestler, Strafvollstreckung, 2. Aufl. (2018)
Laubenthal/Nestler/Neubacher/Verrel	Laubenthal/Nestler/Neubacher/Verrel, Strafvollzugsgesetze, Kommentar, 13. Aufl. (2024)
Lemke/Mosbacher	Lemke/Mosbacher, Ordnungswidrigkeitengesetz, 2. Aufl. (2005)
Lesch	Lesch, Strafprozeßrecht, 2. Aufl. (2002)
von Lilienthal	von Lilienthal, Strafprozeßrecht, Lehrbuch (1923)
Lindemann	Lindemann, Voraussetzungen und Grenzen legitimen Wirtschaftsstrafrechts (2012)
Lingens/Korte	Lingens/Korte, Wehrstrafgesetz, 6. Aufl. (2023)
Lisken/Denninger/Bäcker	Bäcker (Hrsg.) (vormals Lisken/Denninger), Handbuch Polizei- und Sicherheitsrecht, 8. Aufl. (2026)
LK	Cirener/Radtke/Rissing-van Saan/Rönnau/Schluckebier (Hrsg.), Leipziger Kommentar zum Strafgesetzbuch, 13. Aufl. (2019 bis 2024); Cirener/Greco/Radtke/Rönnau/Schluckebier (Hrsg.), 14. Aufl. (ab 2024)
Löffler	Löffler, Presserecht, 7. Aufl. (2023)
LR	Becker/Erb/Esser/Graalmann-Scheerer/Hilger/Ignor (Hrsg.), Die Strafprozeßordnung und das Gerichtsverfassungsgesetz, 27. Aufl. (ab 2016); Erb/Esser/Graalmann-Scheerer/Ignor/Korte/Mosbacher (Hrsg.), 28. Aufl. (ab 2024)
MAH	Müller/Schlothauer/Knauer (Hrsg.), Münchener Anwaltshandbuch Strafverteidigung, 3. Aufl. (2022)
MAH (WSSt)	Volk/Beukelmann (Hrsg.), Münchener Anwaltshandbuch Verteidigung in Wirtschafts- und Steuerstrafsachen, 3. Aufl. (2020)
Malek	Malek, Verteidigung in der Hauptverhandlung, 5. Aufl. (2017)
Malek (BtMG)	Malek, Betäubungsmittelstrafrecht, 4. Aufl. (2014)
Malek/Popp (Internet)	Malek/Popp, Strafsachen im Internet, 3. Aufl. (2024)
Malek/Wohlers	Malek/Wohlers, Zwangsmaßnahmen und Grundrechtseingriffe im Ermittlungsverfahren, 6. Aufl. (2026)
Marberth-Kubicki	Marberth-Kubicki, Computer- und Internetstrafrecht, 2. Aufl. (2010)
Marschner/Lesting/Stahmann	Marschner/Lesting/Stahmann, Freiheitsentziehung und Unterbringung, 7. Aufl. (2024)
Marx/Roderfeld	Marx/Roderfeld, Rechtsschutz bei überlangen Gerichts- und Ermittlungsverfahren (2013)
Marxen/Tiemann	Marxen/Tiemann, Die Wiederaufnahme in Strafsachen, 3. Aufl. (2014)
Matt/Renzikowski	Matt/Renzikowski, StGB, Kommentar, 2. Aufl. (2020)
Maurach/Zipf	Maurach/Zipf, Strafrecht, Allgemeiner Teil, Teilbd. 1, 8. Aufl. (1992)
Maurach/Gössel/Zipf	Maurach/Gössel/Zipf, Strafrecht, Allgemeiner Teil, Teilbd. 2, 8. Aufl. (2014)
Maurach/Schroeder/Maiwald	Maurach/Schroeder/Maiwald, Strafrecht, Besonderer Teil, Teilbd. 1, 11. Aufl. (2019), Teilbd. 2, 10. Aufl. (2013)

Mayer/Kroiß	Mayer/Kroiß, Rechtsanwaltsvergütungsgesetz, 9. Aufl. (2025)
Meier (Kriminologie)	Meier, Kriminologie, 6. Aufl. (2021)
Meier (Sanktionen)	Meier, Strafrechtliche Sanktionen, 6. Aufl. (2025)
Meier/Rössner/Trüg/Wulf/ Bannenberg/Bartsch	Meier/Rössner/Trüg/Wulf/Bannenberg/Bartsch (Hrsg.), Jugendgerichtsgesetz, 3. Aufl. (2024)
Meißner/Schütrumpf	Meißner/Schütrumpf, Vermögensabschöpfung, 2. Aufl. (2022)
Mellinghoff	Mellinghoff, Fragestellung, Abstimmungsverfahren und Abstimmungsgeheimnis im Strafverfahren (1988)
Mende	Mende, Grenzen privater Ermittlungen durch den Verletzten einer Straftat (2001)
Merten/Papier	Merten/Papier, Handbuch der Grundrechte in Deutschland und Europa (ab 2004)
Mertens/Stuff/Mück	Mertens/Stuff/Mück, Verteidigervergütung, 2. Aufl. (2016)
Meyer D.	Meyer D., Strafrechtsentschädigung, 11. Aufl. (2020)
Meyer D. (GKG)	Meyer D., GKG/FamGKG, Kommentar, 17. Aufl. (2020)
Meyer/Höver/Bach/Oberlack	Meyer/Höver/Bach/Oberlack, Die Vergütung und Entschädigung von Sachverständigen, Zeugen, Dritten und von ehrenamtlichen Richtern nach dem JVEG, 28. Aufl. (2021)
Meyer-Goßner (Prozess)	Meyer-Goßner, Prozessvoraussetzungen und Prozesshindernisse (2011)
Meyer-Goßner/Appl	Meyer-Goßner/Appl, Die Urteile in Strafsachen sowie Beschlüsse und Protokoll der Hauptverhandlung, 30. Aufl. (2021)
Meyer-Ladewig/Nettesheim/ v. Raumer	Meyer-Ladewig/Nettesheim/v. Raumer, Handkommentar zur EMRK, 5. Aufl. (2023)
Michalke	Michalke, Strafprozessuale Zwangsmaßnahmen, 2. Aufl. (2022)
Minkoff/Sahan/Wittig	Minkoff/Sahan/Wittig, Konzernstrafrecht (2020)
Minoggio	Minoggio, Unternehmensverteidigung, 3. Aufl. (2016)
Mitsch	Mitsch, Recht der Ordnungswidrigkeiten, Lehrbuch, 2. Aufl. (2005)
Momsen/Grützner	Momsen/Grützner, Wirtschafts- und Steuerstrafrecht, 2. Aufl. (2020)
Möller/Warg	Möller/Warg, Allgemeines Polizei- und Ordnungsrecht, 6. Aufl. (2011)
Möthrath/Rüther/Bahr	Möthrath/Rüther/Bahr, Verteidigung ausländischer Beschuldigter (2012)
Müller	Müller, Der Sachverständige im gerichtlichen Verfahren, Handbuch des Sachverständigenbeweises, 3. Aufl. (1988)
Müller (Beiträge)	Müller, Beiträge zum Strafprozessrecht 1969–2001 (2003)
Müller-Gugenberger	Müller-Gugenberger, Wirtschaftsstrafrecht, 8. Aufl. (2024)
von Münch/Kunig	von Münch/Kunig, Grundgesetz, Kommentar, 2 Bände, 8. Aufl. (2025)
Münchhalffen/Gatzweiler	Münchhalffen/Gatzweiler, Das Recht der Untersuchungshaft, 3. Aufl. (2009)
Murmann	Murmann, Prüfungswissen Strafprozessrecht, 5. Aufl. (2022)
MüKo	Knauer/Kudlich/Schneider (Hrsg., ab 2014), Münchener Kommentar zur Strafprozessordnung, 2. Aufl. (ab 2023)
MüKo-ZPO	Krüger/Rauscher (Hrsg.), Münchener Kommentar zur Zivilprozessordnung, 6. Aufl. (ab 2020), 7. Aufl. (ab 2025)
MüKo-BGB	Rixecker/Säcker/Limperg/Oetker (Hrsg.), Münchener Kommentar zum Bürgerlichen Gesetzbuch, 9. Aufl. (ab 2021), 10. Aufl. (ab 2025)
MüKo-StGB	Erb/Schäfer (Hrsg.), Münchener Kommentar zum Strafgesetzbuch; 4. Aufl. (ab 2020), 5. Aufl. (ab 2024)
Niese	Niese, Doppelfunktionelle Prozeßhandlungen (1950)
Nipperdey/Scheuner	Nipperdey/Scheuner, Die Grundrechte, 4 Bände (ab 1954)
NK-StGB	Kindhäuser/Neumann/Paeffgen/Saliger (Hrsg.), Nomos-Kommentar zum Strafgesetzbuch, 6. Aufl. (2023)
NK-StPO	Rotsch/Saliger/Tsambikakis (Hrsg.), Nomos-Kommentar zur Strafprozessordnung (2025)
Nobis	Nobis, Strafverteidigung vor dem Amtsgericht, 2. Aufl. (2018)
Nöding	Nöding, Verteidigung in Jugendstrafsachen, 8. Aufl. (2023)
Nowak	Nowak, CCPR – Commentary – Commentary on the U.N. Covenant on Civil and Political Rights, 2nd Edition (2005)

Oetjen/Endriß	Oetjen/Endriß, Leitfaden Untersuchungshaft (1999)
OK	Beck-Online-Kommentar zur StPO
OK-GG	Beck-Online-Kommentar zum GG
OK-InfoMedienR	Beck-Online-Kommentar zum Informations- und Medienrecht
OK-StGB	Beck-Online-Kommentar zum StGB
Ory/Weth	Ory/Weth, juris PraxisKommentar Elektronischer Rechtsverkehr, Band 4 – Strafverfahren, 2. Aufl. (2022)
Ostendorf/Brüning	Ostendorf/Brüning, Strafprozessrecht, 5. Aufl. (2024)
Ostendorf (U-Haft)	Ostendorf, Untersuchungshaft und Abschiebehaft (2012)
Ostendorf (JStVollzR)	Ostendorf (Hrsg.), Jugendstrafvollzugsrecht, 4. Aufl. (2022)
Ostendorf (JGG)	Ostendorf, Jugendgerichtsgesetz, 12. Aufl. (2026)
Ostendorf/Drenkhahn	Ostendorf/Drenkhahn, Jugendstrafrecht, 12. Aufl. (2026)
Paal/Pauly	Paal/Pauly, DSGVO/BDSG, 4. Aufl. (2026)
Park	Park, Handbuch Durchsuchung und Beschlagnahme, 5. Aufl. (2022)
Park (Kapitalmarkt)	Park, Kapitalmarktstrafrecht, Handkommentar, 6. Aufl. (2024)
Partsch	Partsch, Die Rechte und Freiheiten der Europäischen Menschenrechtskonvention, 1966 (Sonderdruck aus Bettermann/Neumann/Nipperdey (Hrsg.), Die Grundrechte der Welt Bd. I 1)
Patzak/Fabricius	Patzak/Fabricius, Betäubungsmittelgesetz, Kommentar, 11. Aufl. (2024)
Peter	Peter, Das 1x1 der Hauptverhandlung, 3. Aufl. (2017)
Peter (Opferanwalt)	Peter, Das 1x1 des Opferanwalts, 3. Aufl. (2017)
Peters/Altwicker (EMRK)	Peters/Altwicker, Europäische Menschenrechtskonvention, 2. Aufl. (2012)
Peters	Peters, Strafprozeß, Lehrbuch, 4. Aufl. (1985)
Peters (Fehlerquellen)	Peters, Fehlerquellen im Strafprozeß, Band I (1970), Band II (1972), Band III (1974)
Pfeiffer	Pfeiffer, Strafprozessordnung, Kommentar, 5. Aufl. (2005)
Pfordte/Degenhard	Pfordte/Degenhard, Der Anwalt im Strafrecht (2005)
Piller/Hermann	Piller/Hermann, Justizverwaltungsvorschriften, Loseblattsammlung
Plötz (Fürsorgepflicht)	Plötz, Die gerichtliche Fürsorgepflicht im Strafverfahren (1980)
Poller/Teubel/Köpf	Poller/Teubel/Köpf, Gesamtes Kostenhilferecht, 3. Aufl. (2018)
Popp	Popp, Grundzüge der internationalen Rechtshilfe in Strafsachen (2001)
Potrykus	Potrykus, Kommentar zum Jugendgerichtsgesetz, 4. Aufl. (1955)
Protokolle	Protokolle der Kommission für die Reform des Strafprozesses (1905)
Püschel/Bartmeier/Mertens	Püschel/Bartmeier/Mertens, Untersuchungshaft in der anwaltlichen Praxis (2011)
Putzke/Scheinfeld/Putzke	Putzke/Scheinfeld/Putzke, Strafprozessrecht, 9. Aufl. (2022)
Quedenfeld/Füllsack	Quedenfeld/Füllsack, Verteidigung in Steuerstrafsachen, 6. Aufl. (2024)
Quellen	Schubert/Regge/Rieß/Schmid (Hrsg.), Quellen zur Reform des Straf- und Strafprozeßrechts, I. Abt. – Weimarer Republik, II. Abt. NS-Zeit – Strafgesetzbuch, III. Abt. NS-Zeit – Strafverfahrensrecht (ab 1988)
Radtke/Hohmann	Radtke/Hohmann, Strafprozessordnung, Kommentar, 2. Aufl. (2025)
Randt	Randt, Der Steuerfahndungsfall (2004)
Ranft	Ranft, Strafprozeßrecht, (2005)
Rebmann/Roth/Hermann	Rebmann/Roth/Hermann, Gesetz über Ordnungswidrigkeiten, Kommentar, Loseblattausgabe, Stand 2024
Rebmann/Uhlig/Pieper	Rebmann/Uhlig/Pieper, Bundeszentralregistergesetz, Kommentar (1985)
Reisert	Reisert, Anwaltsgebühren im Straf- und Bußgeldrecht, 3. Aufl. (2021)
Ricker/Weberling	Ricker/Weberling, Handbuch des Presserechts, 7. Aufl. (2021)
Rieß	Rieß, Beiträge zur Entwicklung der deutschen Strafprozessordnung (2012)
Rode/Legnaro	Rode/Legnaro, Psychiatrische Sachverständige im Strafverfahren (1994)
Röttle/Wagner/Theurer	Röttle/Wagner/Theurer, Strafvollstreckung, 9. Aufl. (2023)
Rolletschke	Rolletschke, Steuerstrafrecht, 5. Aufl. (2021)
Rolletschke/Kemper	Rolletschke/Kemper, Steuerstrafrecht – Kommentar zum Steuerstrafrecht, Loseblattausgabe (2018)
Rosenberg/Schwab/Gottwald	Rosenberg/Schwab/Gottwald, Zivilprozessrecht, 18. Aufl. (2018)

Rosenfeld	Rosenfeld, Deutsches Strafprozeßrecht, 2 Bände (1926)
Rostek	Rostek, Verteidigung in Kapitalstrafsachen, 2. Aufl. (2012)
Rotberg	Rotberg, Gesetz über Ordnungswidrigkeiten, Kommentar, 5. Aufl., bearbeitet von Kleinwefers, Boujong und Wilts (1975)
Rotsch	Rotsch (Hrsg.), Criminal Compliance (2015)
Roxin/Greco	Roxin/Greco, Strafrecht, Allgemeiner Teil, Bd. I, 5. Aufl. (2020), Bd. II (2003)
Roxin/Schünemann	Roxin/Schünemann, Strafverfahrensrecht, 30. Aufl. (2022)
Roxin-Symp.	Schünemann/de Figueiredo Dias (Hrsg.), Bausteine des Europäischen Strafrechts, Coimbra-Symposium für Claus Roxin (1995)
Roxin (I.)	Roxin, I., Die Rechtsfolgen schwerwiegender Rechtsstaatsverstöße in der Strafrechtspflege, 5. Aufl. (2022)
Rönnau	Rönnau, Vermögensabschöpfung in der Praxis, 2. Aufl. (2015)
Rösch (Jugendrichter)	Rösch, Handbuch für den Jugendrichter (2001)
Rüping	Rüping, Das Strafverfahren, 3. Aufl. (1997)
Rüth/Berr/Berz	Rüth/Berr/Berz, Straßenverkehrsrecht, 2. Aufl. (1988)
Sachs	Sachs, Grundgesetz, Kommentar, 10. Aufl. (2024)
Sack	Sack, Umweltschutz-Strafrecht, Erläuterungen der Straf- und Bußgeldvorschriften, Loseblattausgabe (ab 2003)
Saliger/Tsambikakis	Saliger/Tsambikakis (Hrsg.), Strafrecht der Medizin (2022)
Satzger	Satzger, Die Europäisierung des Strafrechts (2001)
Satzger (Intern. Strafrecht)	Satzger, Internationales und Europäisches Strafrecht, 11. Aufl. (2025)
Sauer	Sauer, Allgemeine Prozeßrechtslehre (1951)
Sauer/Münkel (Absprachen)	Sauer/Münkel, Absprachen im Strafprozess, 2. Aufl. (2014)
Schäfer/Fresemann/Hinrichs	Schäfer/Fresemann/Hinrichs, Die Praxis des Strafverfahrens, 7. Aufl. (2024)
Schäfer/Sander/ van Gemmeren	Schäfer/Sander/van Gemmeren, Praxis der Strafzumessung, 7. Aufl. (2024)
Schellenberg	Schellenberg, Die Hauptverhandlung im Strafverfahren, 2. Aufl. (2000)
Schenke	Schenke, Polizei- und Ordnungsrecht, 13. Aufl. (2026)
Schenke/Graulich/Ruthig	Schenke/Graulich/Ruthig, Sicherheitsrecht des Bundes, 2. Aufl. (2019)
Schilken	Schilken, Gerichtsverfassungsrecht, Lehrbuch, 4. Aufl. (2007)
Schlothauer/Nobis/Voigt/Wolf	Schlothauer/Nobis/Voigt/Wolf, Untersuchungshaft, 6. Aufl. (2023)
Schlothauer/Wollschläger/Piel	Schlothauer/Wollschläger/Piel, Verteidigung im Revisionsverfahren, 4. Aufl. (2024)
Schlüchter	Schlüchter, Das Strafverfahren, Lehrbuch, 2. Aufl. (1983)
Schmahl	Schmahl, Kinderrechtskonvention, 2. Aufl. (2017)
Schmid	Schmid, Die Verwirkung von Verfahrensrügen im Strafprozess (1967)
Schmidt	s. Eb. Schmidt
Schmidt (Ausländer)	Schmidt, Verteidigung von Ausländern, 4. Aufl. (2016)
Schmidt/Sauter/Scheuß (Vermögensabschöpfung)	Schmidt/Sauter/Scheuß, Vermögensabschöpfung, Handbuch für das Straf- und Ordnungswidrigkeitenverfahren, 3. Aufl. (2024)
Schmidt-Räntsch	Schmidt-Räntsch, Deutsches Richtergesetz, Kommentar, 6. Aufl. (2009)
Schmitt/Köhler	Schmitt/Köhler, Strafprozessordnung mit GVG, Nebengesetzen und ergänzenden Bestimmungen, Kommentar, 69. Aufl. (2026)
Schneider	Schneider, Kriminologie, Lehrbuch, 3. Aufl. (1992)
Schneider (JVEG)	Schneider, JVEG, Justizvergütungs- und -entschädigungsgesetz, 4. Aufl. (2021)
Schneider/Volpert/Fölsch	Schneider/Volpert/Fölsch (Hrsg.), Gesamtes Kostenrecht, 3. Aufl. (2021)
Schomburg/Lagodny/Gleß/ Hackner	Schomburg/Lagodny/Gleß/Hackner, Internationale Rechtshilfe in Strafsachen, 6. Aufl. (2020)
Schönke/Schröder	s. TK-StGB
Schorn	Schorn, Die Europäische Konvention zum Schutze der Menschenrechte und Grundfreiheiten und ihr Zusatzprotokoll in Einwirkung auf das deutsche Recht (1965)
Schorn/Stanicki	Schorn/Stanicki, Die Präsidialverfassung der Gerichte aller Rechtswege, 2. Aufl. (1975)

Schroeder/Verrel	Schroeder/Verrel, Strafprozessrecht, 8. Aufl. (2022)
Schröder	Schröder, Europäische Richtlinien und deutsches Strafrecht (2002)
Schröder (KapitalStR)	Schröder, Handbuch Kapitalmarktstrafrecht, 4. Aufl. (2020)
Schroth	Schroth, Die Rechte des Opfers im Strafprozess, 4. Aufl. (2020)
Schulz/Berke-Müller/Händel	Schulz/Berke-Müller/Händel, Strafprozeßordnung, 7. Aufl. (1983)
Schünemann-Symp.	Hefendehl (Hrsg.), Empirische und dogmatische Fundamente, kriminalpolitischer Impetus, Symposium für Bernd Schünemann zum 60. Geburtstag (2005)
Schwind	Schwind, Kriminologie und Kriminalpolitik, 24. Aufl. (2021)
Schwind/Böhm/Jehle/Laubenthal	Schwind/Böhm/Jehle/Laubenthal (Hrsg.), Strafvollzugsgesetz, Kommentar, 7. Aufl. (2020)
Schwinge	Schwinge, Grundlagen des Revisionsrechts, 2. Aufl. (1960)
Seier	Seier, Verteidigung in Straßenverkehrssachen (2012)
Sieber/Satzger/v. Heintschel-Heinegg	Sieber/Satzger/v. Heintschel-Heinegg, Europäisches Strafrecht, 2. Aufl. (2014)
Simma/Fastenrath	Simma/Fastenrath, Menschenrechte. Ihr Internationaler Schutz, Textsammlung, 7. Aufl. (2018)
Sinn/Zöller/Esser	Sinn/Zöller/Esser (Hrsg.), Reform der Vermögensabschöpfung (2019)
SK	Wolter/Deiters (Hrsg.), Systematischer Kommentar zur Strafprozeßordnung. Mit GVG und EMRK, 6. Aufl. (ab 2022)
SK-StGB	Wolter/Hoyer (Hrsg.), Systematischer Kommentar zum Strafgesetzbuch, 10. Aufl. (ab 2023)
Sommer	Sommer, Effektive Strafverteidigung, 5. Aufl. (2023)
Sowada	Sowada, Der gesetzliche Richter im Strafverfahren (2002)
Spindler/Schmitz	Spindler/Schmitz, Telemediengesetz: TMG mit Netzwerkdurchsuchungsgesetz (NetzDG), 2. Aufl. (2018)
SSW-StGB	Satzger/Schluckebier/Werner (Hrsg.), Strafgesetzbuch, Kommentar, 6. Aufl. (2024)
SSW	Satzger/Schluckebier/Widmaier (Hrsg.), Strafprozessordnung, Kommentar, 6. Aufl. (2025)
Stegbauer	Stegbauer, Das Urteil in Straf- und Bußgeldsachen, 5. Aufl. (2022)
Stein	Stein, Zivilprozessordnung, 24. Aufl. (ab 2024)
Stern	Stern, Verteidigung in Mord- und Totschlagsverfahren, 3. Aufl. (2013)
Strauda-Denkschrift	Reform der Verteidigung im Ermittlungsverfahren – Thesen mit Begründung, vorgelegt vom Strafrechtsausschuss der Bundesrechtsanwaltskammer (2004)
Strauda-Denkschrift Rechtsmittelreform	Denkschrift zur Reform des Rechtsmittelrechts und der Wiederaufnahme des Verfahrens im Strafprozess (1971)
Streinz/Ohler/Herrmann	Streinz/Ohler/Herrmann, Der Vertrag von Lissabon zur Reform der EU, 3. Aufl. (2010)
Streng	Streng, Strafrechtliche Sanktionen, 3. Aufl. (2012)
Sydow/Marsch	Sydow/Marsch, DSGVO/BDSG, 3. Aufl. (2022)
Taegler/Gabel	Taegler/Gabel, DSGVO/BDSG/TDDDG, 5. Aufl. (2026)
Taylor	A Commentary on the International Covenant on Civil and Political Rights (2020)
Tettinger/Stern	Tettinger/Stern, Kölner Gemeinschaftskommentar zur Europäischen Grundrechte-Charta (2006)
Thomas/Putzo	Thomas/Putzo, Zivilprozessordnung, Kommentar, 46. Aufl. (2025)
TK-StGB	Tübinger Kommentar Strafgesetzbuch, 31. Aufl. (2025), vormals Schönke/Schröder (s. dort)
Tolzmann	Bundeszentralregistergesetz, Kommentar, 5. Aufl. (2015)
Tondorf/Tondorf	Tondorf, Psychologische und psychiatrische Sachverständige im Strafverfahren, 3. Aufl. (2011)
Toussaint	Toussaint, Kostenrecht, 56. Aufl. (2026)
Trechsel	Trechsel, Human Rights in Criminal Prodeedings (2005)

Tsambikakis/Rostalski	Tsambikakis/Rostalski (Hrsg.), Medizinstrafrecht (2023)
Ulrich	Ulrich, Der gerichtliche Sachverständige, Handbuch für die Praxis, 13. Aufl. (2019)
Ulsenheimer/Gaede	Ulsenheimer/Gaede, Arztstrafrecht in der Praxis, 6. Aufl. (2020)
Umbach/Clemens/Dollinger	Umbach/Clemens/Dollinger, Bundesverfassungsgerichtsgesetz: Mitarbeiterkommentar und Handbuch, 2. Aufl. (2005)
Verdross/Simma	Verdross/Simma, Universelles Völkerrecht, 3. Aufl. (1984)
Villiger	Villiger, Handbuch der Europäischen Menschenrechtskonvention (EMRK), 3. Aufl. (2020)
Vogler/Walter/Wilkitzki	Vogler/Walter/Wilkitzki, Gesetz über die internationale Rechtshilfe in Strafsachen, Kommentar (1983)
Volckart/Pollähne/Woynar	Volckart/Pollähne/Woynar, Verteidigung in der Strafvollstreckung und im Vollzug, 5. Aufl. (2014)
Volk (Prozessvoraussetzungen)	Volk, Prozeßvoraussetzungen im Strafrecht (1978)
Volk/Engländer	Volk/Engländer, Grundkurs StPO, 10. Aufl. (2021)
Vordermayer/v. Heintschel-Heinegg/Schnabl/Beckstein	Vordermayer/v. Heintschel-Heinegg/Schnabl/Beckstein (Hrsg.), Handbuch für den Staatsanwalt, 7. Aufl. (2022)
Wabnitz/Janovsky/Schmitt	Wabnitz/Janovsky/Schmitt, Handbuch des Wirtschafts- und Steuerstrafrechts, 6. Aufl. (2025)
Wagner/Kallin/Kruse	Wagner/Kallin/Kruse, Betäubungsmittelstrafrecht, 2. Aufl. (2004)
Wankel	Wankel, Zuständigkeitsfragen im Haftrecht (2002)
Wasmeier/Möhlig	Wasmeier/Möhlig, Strafrecht der Europäischen Union, 2. Aufl. (2008)
Weber/Kornprobst/Maier/Dietsch	Weber/Kornprobst/Maier/Dietsch, Betäubungsmittelgesetz: BtMG, 7. Aufl. (2025)
Weidemann/Glaser	Weidemann/Glaser, Die Revision im Strafrecht, 5. Aufl. (2026), vormals Weidemann/Scherf
Weiner/Ferber	Weiner/Ferber, Handbuch des Adhäsionsverfahrens, 2. Aufl. (2016)
Welzel	Welzel, Das Deutsche Strafrecht, 11. Aufl. (1969)
Wendler/Hoffmann	Wendler/Hoffmann, Technik und Befragung im Gerichtsverfahren, 2. Aufl. (2015)
Werle/Jeßberger	Werle/Jeßberger, Völkerstrafrecht, 5. Aufl. (2020)
Weyland	Weyland, Bundesrechtsanwaltsordnung, Kommentar, 11. Aufl. (2024)
Wieczorek/Schütze	Wieczorek/Schütze, Zivilprozeßordnung und Nebengesetze, 4. Aufl. (ab 2012), 5. Aufl. (ab 2019)
Wiesneth	Wiesneth, Handbuch für das ermittlungsrichterliche Verfahren (2006)
Wiesneth (U-Haft)	Wiesneth, Untersuchungshaft (2010)
Wiesneth (Bereitschaftsdienst)	Wiesneth, Der amtsgerichtliche Bereitschaftsdienst, 2. Aufl. (2012)
Wolf	Wolf, Gerichtsverfassungsrecht aller Verfahrenszweige, 6. Aufl. (1987)
Wolf/Kempfer	Wolf/Kempfer, Strafvollstreckungsordnung, Kommentar, 10. Aufl. (ab 2024)
Zieschang/Hilgendorf/Laubenthal	Zieschang/Hilgendorf/Laubenthal (Hrsg.), Strafrecht und Kriminalität in Europa (2003)
Ziegert	Ziegert, Grundlagen der Strafverteidigung (2000)
Zipf	Zipf, Kriminalpolitik, 2. Aufl. (1980)
Zöller (ZPO)	Zöller, Zivilprozessordnung, Kommentar, 36. Aufl. (2026)
Zöller	Terrorismusstrafrecht (2009)
Zöller/Esser	Zöller/Esser (Hrsg.), Justizielle Medienarbeit im Strafverfahren (2019)
Zwiehoff	Zwiehoff, Der Befangenheitsantrag im Strafverfahren, 2. Aufl. (2013)

Strafprozeßordnung

Vom 1. Februar 1877 in der Fassung der Bekanntmachung vom 7. April 1987 (BGBl. I S. 1074, 1319)

ZWEITES BUCH
Verfahren im ersten Rechtszug

ZWEITER ABSCHNITT
Vorbereitung der öffentlichen Klage

Vorbemerkungen*

Schrifttum

Ahlbrecht/Lagodny Einheitliche Strafverfahrensgarantien in Europa? StraFo **2003** 329; *Altenhain* Absprachen im Ermittlungsverfahren, in: Barton/Kölbel/Lindemann (Hrsg.) Wider die wildwüchsige Entwicklung des Ermittlungsverfahrens (2015) 219; *Ambos* Staatsanwaltschaftliche Kontrolle der Polizei, Verpolizeilichung des Ermittlungsverfahrens und organisierte Kriminalität, Jura **2003** 674; *Anders* Der Europäische Staatsanwalt, StraFo **1999** 407; *Arbeitskreis Alternativ-Entwürfe* Alternativentwurf Reform des Ermittlungsverfahrens (2001); *Artzt* Die verfahrensrechtliche Bedeutung polizeilicher Vorfeldermittlungen (2000); *Aschmann* Exekutive Befugnisse für Europol? Polizei **2000** 40; *Backes/Lindemann* Staatlich organisierte Anonymität als Ermittlungsmethode bei Korruptions- und Wirtschaftsdelikten (2006); *Bandisch* Die zukünftige Praxis der Strafverteidigung im reformierten Ermittlungsverfahren, AnwBl. **1986** 69; *Benfer* Grundrechtseingriffe im Ermittlungsverfahren[2] (1990); *Blankenburg/Sessar/Steffen* Die Staatsanwaltschaft im Prozeß strafrechtlicher Sozialkontrolle (1978); *Becker* Organisation und Umfang des Zugriffes des Bundes auf bundes- und landeseigene Polizeien, DVBl. **1977** 945; *Bernhardt* Innere Sicherheit, Kriminalitätskontrolle und Justiz, Kriminalistik **1999** 89; *Beulke* Konfrontation und Strafprozeßreform, FS Rieß (2002) 3; *Bindel* Verhältnis Staatsanwaltschaft (StA) – Polizei, DRiZ **1994** 165; *Böhm* Die Umsetzung der Europäischen Ermittlungsanordnung, NJW **2017** 1512; *Bölter* Der Staatsanwalt frei von ministerieller Weisung: Vision und Wirklichkeit, FS Strauda (2006) 293; *Bottke* Rechtsbehelfe der Verteidigung im Ermittlungsverfahren, StV **1986** 120; *Böse* Aufsichtsrechtliche Vorermittlungen in der Grauzone zwischen Strafverfolgung und Gefahrenabwehr, ZStW **119** (2007) 848; *ders.* Die Europäische Ermittlungsanordnung, ZIS **2014** 152; *Böse* Die Europäische Staatsanwaltschaft „als" nationale Strafverfolgungsbehörde? JZ **2017** 82; *Braum* Aufbruch oder Abbruch europäischer Strafverteidigung? StV **2003** 576; *Brodowski* Strafrechtsrelevante Entwicklungen in der Europäischen Union – ein Überblick, ZIS **2015** 79 und **2017** 11; *ders.* Die Europäische Staatsanwaltschaft – Eine Einführung, StV **2017** 684; *Brüner/Hetzer* Der Europäische Staatsanwalt – ein Instrument zur Verbesserung des Schutzes der EU-Finanzen oder ein Beitrag zur Verwirklichung eines Europas der Freiheit, der Sicherheit und des Rechts? NStZ **2002** 393; *dies.* Nationale Strafverfolgung und Europäische Beweisführung? NStZ **2003** 113; *Burhoff* Handbuch für das strafrechtliche Ermittlungsverfahren[9] (2022); *Dahs* Zur Verteidigung im Ermittlungsverfahren, NJW **1985** 1113; *Daum* Interpol – öffentliche Gewalt ohne Kontrolle, JZ **1980** 798; *Decker* Zum Verhältnis Staatsanwaltschaft – Polizei, Kriminalistik **1980** 423; *Deckers* Die Notwendigkeit der Verteidigung im Ermittlungsverfahren, AnwBl. **1986** 60; *Dedy* Ansätze einer Reform des Ermittlungsverfahrens (2002); *Dieckmann* Europäische Kooperation im Bereich der Strafrechtspflege, NStZ **2001** 617; *Diemer* Erhebungen des Generalbundesanwalts zur Klärung des Anfangsverdachts im Rahmen von ARP-Vorgängen, NStZ **2005** 666; *von Dietel* Zur Zentralstellenkompetenz des Bundeskriminalamtes, DVBl. **1982** 939; *Duesberg* Die Europäische Staatsanwaltschaft – Anklage im Namen der Europäischen Union, NJW **2021** 1207; *Eick/Trittel* Verfassungsrechtliche Bedenken gegen deutsche Mitarbeit bei Interpol, EuGRZ **1985** 81; *Elsner* Entlastung der Staatsanwaltschaft durch mehr Kompetenzen für die Polizei? (2008); *Erb* Legalität und Opportunität (1999); *ders.* Zur Strafbarkeit von Grenzüberschreitungen bei Verfahrensabsprachen, StV **2014** 103; *Ernesti*

* Die Vorbemerkungen und die Erläuterung der §§ 158–160, 161–163f, 164–169a sind eine Fortschreibung der Bearbeitung von *Peter Rieß* aus der 25. Auflage.

Staatsanwaltschaft, Polizei und die Zusammenarbeit mit den Nachrichtendiensten, ZRP **1986** 57; *ders.* Grenzen anwaltlicher Interessenvertretung im Ermittlungsverfahren, JR **1982** 221; *Esser* Die Europäische Staatsanwaltschaft, StV **2014** 494; *ders.* Reformbedüftigkeit des Ermittlungsverfahrens – eine Zwischenbilanz aus Sicht der Wissenschaft, StV **2022** 600; *Feest/Blankenburg* Die Definitionsmacht der Polizei (1972); *Felgenhauer* Grundlage der institutionalisierten Polizeizusammenarbeit in der Europäischen Union – Entwicklung und Zukunft des Europäischen Polizeiamtes Europol, FS Hilger (2003) 75; *Fezer* Richterliche Kontrolle der Ermittlungstätigkeit der Staatsanwaltschaft vor Anklageerhebung? GedS Schröder (1978) 407; *Forkert-Hosser* Vorermittlungen im Strafprozessrecht (2010); *Frankfurter Arbeitskreis Strafrecht* Müssen Rolle und Aufgaben der Staatsanwaltschaft neu definiert werden? StV **2000** 460; *Franzheim/Pfiszter* Die Zusammenarbeit von Polizei und Justiz bei der Verfolgung von Wirtschaftsstraftaten, DRiZ **1984** 90; *Frenz* Von Eurojust zur Europäischen Staatsanwaltschaft, wistra **2010** 432; *Freyschmidt/Ignor* Mehr Verteidigung im Ermittlungsverfahren?! NStZ **2004** 465; *Füllkrug* Neue Formen der Kriminalitätsbekämpfung und ihre Auswirkungen auf das Verhältnis von Staatsanwaltschaft und Polizei, ZRP **1984** 193; *Geisler* Stellung und Funktion der Staatsanwaltschaft im heutigen deutschen Strafverfahren, ZStW **93** (1981) 1109; *Gercke* Reformbedürftigkeit des Ermittlungsverfahrens – Die Sicht der Verteidigung, StV **2022** 609; *Gleß* Europol, NStZ **2001** 623; *Görgen* Strafverfolgungs- und Sicherheitsauftrag der Polizei, ZRP **1976** 59; *ders.* Die organisationsrechtliche Stellung der Staatsanwaltschaft zu ihren Hilfsbeamten und zur Polizei (1973); *Gössel* Überlegungen über die Stellung der Staatsanwaltschaft im rechtsstaatlichen Strafverfahren und über ihr Verhältnis zur Polizei, GA **1980** 325; *ders.* Parteiöffentlichkeit statt Verfahrensöffentlichkeit – oder: Der Rückzug der Kontrolle der Öffentlichkeit? JR **2004** 313; *Götz* Rechtsschutz gegen Maßnahmen der Polizei, JuS **1985** 869; *Groß/Geerds* Handbuch der Kriminalistik[10] (1977/78); *Grünwald* Menschenrechte im Strafprozeß, StV **1987** 453; *Hackner/Schomburg/Lagodny/Gleß* Das 2. Europäische Haftbefehlsgesetz, NStZ **2006** 663; *Haller* Anmerkungen zum „Diskussionsentwurf" für eine Reform des Strafverfahrens des BMJ vom 18.2.2004, DRiZ **2004** 184; *Hallmann-Häbler/Stiegel* Das Europäische Amt für Betrugsbekämpfung (OLAF), DRiZ **2003** 241; *Hamm* Rechtsbehelfe im Ermittlungsverfahren, AnwBl. **1986** 66; *ders.* Die (notwendige) Verteidigung während des Vorverfahrens im Lichte der Vertragstheorie und der neueren Rechtsprechung, FS Lüderssen (2003) 717; *Harms* Die Stellung des Finanzbeamten im Steuerstrafverfahren, GedS Schlüchter (2002) 451; *Hebert* Kommt der Europäische Staatsanwalt? DRiZ **2002** 209; *Heghmanns* Das Arbeitsgebiet des Staatsanwalts[3] (2003); *ders.* Die prozessuale Rolle der Staatsanwaltschaft, GA **2003** 433; *Hegmann* Fürsorgepflicht gegenüber dem Beschuldigten im Ermittlungsverfahren (1981); *Heimeshoff* Die Stellung von Staatsanwaltschaft und Polizei bei der Verbrechensbekämpfung, DRiZ **1972** 164; *Helmken* Das Verhältnis Staatsanwaltschaft – Polizei im Spiegel rechtssoziologischer Forschung, Kriminalistik **1981** 303; *Henneberg* Die Zuständigkeit der Finanzbehörden als Strafverfolgungsbehörden bei nicht steuerlichen Zuwiderhandlungen, BB **1977** 938; *Herold* 25 Jahre Bundeskriminalamt, DNP **1976** 65; *Hilger* Vor(feld)ermittlungen/Datenübermittlungen, FS Hilger (2003) 11; *Hoppe* Vorfeldermittlungen im Spannungsverhältnis von Rechtsstaat und der Bekämpfung Organisierter Kriminalität (1998); *Huber* Die polizeiliche und justitielle Zusammenarbeit in Europa – Ein Überblick, FS Hilger (2003) 135; *Hüls* Polizeiliche und staatsanwaltliche Ermittlungstätigkeit (2007); *Ignor/Matt* Integration und Offenheit – Vorschläge zu einer Reform des Strafverfahrens, StV **2002** 102; *Jahn* Aktuelle Probleme der Reform des Strafverfahrens, NJ **2005** 106; *ders.* Die Ermittlungsanfechtungs-„Klage", FS Strauda (2006) 335; *ders.* Der Verdachtsbegriff im präventiv orientierten Strafprozess, in: Institut für Kriminalwissenschaften und Rechtsphilosophie Frankfurt a.M. (Hrsg.) Jenseits des rechtsstaatlichen Strafrechts (2007) 545; *ders.* Das heutige strafrechtliche Ermittlungsverfahren aus Sicht von Wissenschaft und Justiz, in: Barton/Kölbel/Lindemann (Hrsg.) Wider die wildwüchsige Entwicklung des Ermittlungsverfahrens (2015) 35; *Jescheck/Leibinger* Funktion und Tätigkeit der Anklagebehörde im ausländischen Recht (1979); *Keller/Griesbaum* Das Phänomen der vorbeugenden Bekämpfung von Straftaten, NStZ **1990**, 416; *Klos* Die Vorfeldermittlungen der Steuerfahndung im Spiegel der Rechtsprechung, wistra **1988** 92; *Kniesel* Neue Polizeigesetze contra StPO? Zum Regelungsstandort der vorbeugenden Bekämpfung von Straftaten und zur Verfassungsmäßigkeit polizeilicher Vorfeldaktivitäten, ZRP **1987** 377; *ders.* Vorbeugende Bekämpfung von Straftaten im neuen Polizeirecht – Gefahrenabwehr oder Strafverfolgung? ZRP **1989** 329; *Kohlhaas* Staatsanwaltschaft und Polizei im Vorverfahren, JR **1953** 321; *Krause/Nehring* Strafverfahrensrecht in der Polizeipraxis (1978); *Krause* Allgemeine Rechtsfragen von „Vorermittlungen", Vorprüfungen und „AR"-Verfahren, FS Strauda (2006) 51; *Krause-Ablaß/Hauck* Zwei Jahre Europäische Staatsanwaltschaft – Erfahrungen und Perspektiven aus deutscher Sicht, wistra **2023** 441; *B. Krehl* Neuregelung des Ermittlungsverfahrens, Diss. Kiel 2002; *Kröninger* „Neue" Formen der Zusammenarbeit zwischen Polizei und Staatsanwaltschaft, Kriminalistik **2004** 613; *Kube* Systematische Kriminalprävention[2], BKA-Forschungsreihe (1987); *Kubica/Leineweber* Grundfragen zu den Zentralstellenaufgaben des Bundeskriminalamtes, NJW **1984** 2068; *Kuhlmann* Gedanken zum Bericht über das Verhältnis „Staatsanwaltschaft und Polizei", DRiZ **1976** 265; *Lange* Fehlerquellen im Ermittlungsverfahren (1980); *dies.* Vorermittlungen – Die Behandlung staatsanwaltschaftlicher Vorermittlungsverfahren unter besonderer Berücksichtigung von Abgeordneten, Politikern und Prominenten (1999); *dies.* Staatsanwaltschaftliche Vorermittlungen – ohne rechtliche Grundlage? DRiZ **2002** 264; *v. Langsdorff* Maßnahmen der Europäischen Union zur Vereinfachung und Beschleunigung der Rechtshilfe und insoweit vorgesehene Beschuldigten- und Verteidigerrechte, StV **2003** 472; *Lilie* Das Verhältnis von Polizei und Staatsanwaltschaft im Ermittlungsverfahren, ZStW **106** (1994) 625; *ders.* Verwicklungen im Ermittlungsverfahren, ZStW **111** (1999) 807; *Maas* Keimzelle einer „Euro-Kripo"? – Erfahrungen mit dem Europäischen Regionalsekretariat (EuSec) und dem Technischen Komitee für die Zusammenarbeit in Europa (TCE), Kriminalistik **1987** 431; *Mayer-Wegelin* Der Rechtsschutz in Ermittlungsverfahren wegen Steuerhinterziehung: Theorie und Wirklichkeit, DStZ **1984** 244; *Meyer/Hüttemann* Internationale Fahndung nach Personen, ZStW **128** (2016) 394; *Meier* Die Reform des Ermittlungsverfahrens, GA **2004** 441; *Merten* Das Verhältnis Staatsanwaltschaft – Polizei, Die Polizei **1979** 390; *Mörsch* Zur Rechtsstellung des Beschuldigten und seines Verteidigers im Vorverfahren unter Berücksichtigung der Aufgaben des gesamten Strafverfahrens, Diss. Mainz 1968; *Mosna* Europäische Ermittlungsanordnung und Europäische Staatsanwaltschaft, ZStW **131** (2019) 808; *E. Müller* Einige Bemerkungen zu dem saarländischen Gesetz zur Änderung der Bestimmungen über die Stellung des Beschuldigten und der Verteidigung im Strafverfahren vom 20. April 1950, FS zum 150-jährigen Bestehen des Landgerichts Saarbrücken (1985) 215; *ders.* Bemerkungen zu den Grundlagen der Reform des Ermittlungsverfahrens, AnwBl. **1986** 50; *Müller-Dietz* Die Stellung des Beschuldigten im Strafprozeß, ZStW **93** (1981) 1177; *Nehm* Zusammenarbeit der Strafverfolgungsorgane in Europa – eine Zwischenbilanz, DRiZ **2000** 355; *Nelles* Kompetenzen und Ausnahmekompetenzen in der StPO (1980); *dies.* Europäisierung des Strafverfahrens – Strafprozeßrecht für Europa? ZStW **109** (1997) 727; *Nötzel/Klauck* Die Absprache im Ermittlungsverfahren: Ein kleiner Deal? NStZ **2021** 577; *Paeffgen* Art. 30, 70, 101 I GG – vernachlässigbare Normen? JZ **1991** 437; *ders.* „Verpolizeilichung" des Strafprozesses – Chimäre oder Gefahr? Rudolphi-Symp. (1995) 7; *ders.* Kompetenzen zur (präventiven und repressiven) Datenübermittlung, FS Hilger (2003) 153; *Perron* Auf dem Wege zu einem europäischen Ermittlungsverfahren? ZStW **112** (2000) 202; *Pfordte* Vorermittlungen und Verdachtsgrade, StraFo **2016** 53; *Prittwitz* Waffengleichheit im Ermittlungsverfahren, zu teuer bezahlt mit der „Entleerung" der Hauptverhandlung? Zur Strafverteidigung in der verstrafrechtlichen Gesellschaft, FS Bemmann (1997) 596; *Popp* Verfahrenstheoretische Grundlagen der Fehlerkorrektur im Strafverfahren (2005); *Radtke* Der Europäische Staatsanwalt, GA **2004** 1; *Randelzhofer* Rechtsschutz gegen Maßnahmen von Interpol vor deutschen Gerichten? FS Schlochauer (1991) 531; *Reuber* Die Polizei im Strafprozeß und Bußgeldverfahren, Die Polizei **1987** 207; *Rheinbay* Die Errichtung einer Europäischen Staatsanwaltschaft (2014); *Richter II* Grenzen anwaltlicher Interessenvertretung im Ermittlungsverfahren, NJW **1981** 1820; *ders.* Zum Bedeutungswandel des Ermittlungsverfahrens, StV **1985** 382; *Riegel* Bundespolizeirecht (1985); *ders.* Internationale Bekämpfung von Straftaten und Datenschutz, JZ **1982** 312; *ders.* Stellung und Aufgabe des Bundeskriminalamtes: Überblick und Probleme, DVBl. **1982** 720; *ders.* Grundfragen zu den Zentralstellenaufgaben des Bundeskriminalamtes, NJW **1983** 656; *Riepl* Informationelle Selbstbestimmung im Strafverfahren (1998); *Rieß* Prozeßmaximen und Ermittlungsverfahren, FS Rebmann (1989) 381; *ders.* Grundfragen zur Reform des Ermittlungsverfahrens, GedS Schlüchter (2002) 15; *ders.* Die Entwicklung der gesetzlichen Aufgabenverteilung im Ermittlungsverfahren im deutschen Strafprozess, FS Volk (2009) 559; *Roxin* Rechtsstellung und Zukunftsaufgaben der Staatsanwaltschaft, DRiZ **1969** 385; *Rückel* Die Notwendigkeit eigener Ermittlungen des Strafverteidigers, FS Peters II (1984) 265; *Rüping* Das Verhältnis von Staatsanwaltschaft und Polizei, ZStW **95** (1983) 894; *Rupprecht* Keine Bedenken gegen die Leitsätze zum Verhältnis Staatsanwaltschaft – Polizei, ZRP **1977** 275, *Rzepka* Das Strafverfahren in den Händen der Polizei – Ist-Zustand und kriminalpolitische Visionen, KritV **1999** 312; *Satzger* DJT Gutachten C, Chancen und Risiken einer Reform des strafrechtlichen Ermittlungsverfahrens (2004); *ders.* Braucht der Strafprozess Reformen? StraFo **2006** 45; *ders.* Die potentielle Errichtung einer Europäischen Staatsanwaltschaft – Plädoyer für ein Komplementaritätsmodell, NStZ **2013** 206; *H. Schäfer* Die Prädominanz der Prävention, GA **1986** 49; *H.C. Schaefer* Zur Entwicklung des Verhältnisses Staatsanwaltschaft – Polizei, FS Hanack (1999) 191; *ders.* Strafverfolgung und Verfassungsschutz, NJW **1999** 2572; *ders.* Verpolizeilichung des Ermittlungsverfahrens – Entmachtung der Staatsanwaltschaft, StraFo **2002** 118; *Schapper* Das Verhältnis zwischen Polizei und Justiz aus politischer Sicht, Die Polizei **1999** 1; *Schemer* Kooperation trotz Statusunterschied? (2007); *Schick* Steuerfahndung im Rechtsstaat, JZ **1982** 125; *Schlachetzki* Die Polizei – Herrin des Strafverfahrens? (2003); *Schleifer* Zum Verhältnis von Besteuerungs- und Steuerstrafverfahren, wistra **1986** 250; *Schlothauer* Reform des Ermittlungsverfahrens, StV **2016** 607; *Schlothauer/Weider* Erweiterte Handlungsspielräume – gesteigerte Verantwortung der Verteidigung im künftigen Ermittlungsverfahren, StV **2004** 504; *Eb. Schmidt* Die

Rechtsstellung der Staatsanwaltschaft, MDR **1951** 1; *ders.* Staatsanwalt und Gericht, FS Kohlrausch (1978) 273; *Schöch* Die Reform des Ermittlungsverfahrens nach den Vorstellungen des Alternativentwurfs (AE-EV), GedS Schlüchter (2992) 29; *Schomburg* EUROJUST neben EUROPOL, Kriminalistik **2000** 13; *Schoreit* Staatsanwaltschaft und Polizei im Lichte fragwürdiger Beiträge zur Reform des Rechts der Staatsanwaltschaft, ZRP **1982** 288; *Schroeder* Der Begriff der Strafverfolgung, GA **1985** 485; *Schulz* Vom Anfang und Ende des Ermittelns – Der legitime Verdacht, StraFo **2003** 295; *Schünemann* Polizei und Staatsanwaltschaft, Kriminalistik **1999** 74, 146; *ders.* Wohin treibt der deutsche Strafprozeß? ZStW **114** (2002) 1; *ders.* Die Rechte des Beschuldigten im internationalisierten Ermittlungsverfahren, StraFo **2003** 344; *ders.* Ein Linsengericht zum Tausch für den Strafprozeß von 1988? StraFo **2004** 293; *ders.* Die Vorschläge der Expertenkommission zur Reform des Strafprozesses, StraFo **2016** 45; *Schuster* Die Europäische Ermittlungsanordnung, StV **2015** 393; *Schwan* Die Abgrenzung des Anwendungsbereichs der Regeln des Straf- und Ordnungswidrigkeitenrechts von denen des Rechts der Gefahrenabwehr, VerwArch **1979** 105; *Senge* Zur Zulässigkeit staatsanwaltlicher Vorermittlungen, FS Hamm (2008) 701; *Sowada* Zur Notwendigkeit der Verteidigerbeiordnung im Ermittlungsverfahren, NStZ **2005** 1; *Stade* Die Stellung des Verteidigers im Ermittlungsverfahren, Diss. Göttingen 1997; *Steffen* Analyse polizeilicher Ermittlungstätigkeit aus der Sicht des späteren Strafverfahrens, BKA-Forschungsreihe (1976); *Stiebler* Die Rechtsnatur der I.K.P.O.-Interpol, Kriminalistik **1982** 610; *Strafrechtsausschuß der Bundesrechtsanwaltskammer* Reform der Verteidigung im Ermittlungsverfahren, Thesen mit Begründung (2004); *Straßer* Probleme im Grenzbereich Staatsanwaltschaft und Polizei, Diss. Berlin 1979; *Stümper* Prävention und Repression als überholte Unterscheidung, Kriminalistik **1975** 49; *ders.* Wer ist Herrin des Strafverfahrens? Kriminalistik **1986** 117; *Tallroth* Informationsrechte des Beschuldigten im Vorverfahren (2004); *Thomas* Erweiterte Teilhaberechte der Verteidigung im reformierten Ermittlungsverfahren, AnwBl. **1986** 56; *Tolmein* Europol, StV **1999** 108; *Trentmann* Eurojust und Europäische Staatsanwaltschaft – Auf dem richtigen Weg? ZStW **129** (2017) 108; *Uhlig* Anspruch der Polizei: Herrin des Strafverfahrens? StV **1986** 117; *Ulrich* Das Verhältnis Staatsanwaltschaft – Polizei, ZRP **1977** 158; *Ungerbieler* Der Hilfspolizeibeamte im deutschen Polizeirecht, DVBl. **1980** 409; *Vahle* Vorbeugende Verbrechensbekämpfung, DNP **1987** 115; *Vogel* Chancen und Risiken einer Reform des strafrechtlichen Ermittlungsverfahrens, JZ **2004** 827; *H. Wagner* Rechtliches Gehör im Ermittlungsverfahren, ZStW **109** (1997) 545; *W. Wagner* Staatsanwaltschaft oder Polizei? MDR **1973** 713; *Walter* Doppelfunktionale Maßnahmen der Polizei, DNP **1988** 59; *Wensky* Die Unterstellung der Kriminalpolizei unter die Staatsanwaltschaft als wiederauflebendes Problem zum Strafprozeß, ZStW **75** (1963) 266; *Weßlau* Vorfeldermittlungen (1989); *dies.* Vor(feld)ermittlungen, Datentransfer und Beweisrecht, FS Hilger (2003) 57; *Wiesneth* Handbuch für das ermittlungsrichterliche Verfahren (2006); *Wingerter* Das Fernverkehrsnetz der Kriminalpolizei, Zentralstelle der IKPO-Interpol, Kriminalistik **1987** 415; *Wissgott* Probleme rechtsstaatlicher Garantien im Ermittlungsverfahren, Diss. Göttingen 1983; *Wohlers* Das partizipatorische Ermittlungsverfahren: kriminalpolititische Forderung oder „unverfügbarer" Bestandteil eines fairen Strafverfahrens? GA **2005** 11; *Wolter* Aspekte einer Strafprozeßreform bis 2007 (1991); *ders.* Datenschutz und Strafprozeß, ZStW **107** (1995) 793; *ders.* Zur Verbindung von Strafprozeßrecht und Polizeirecht, FS Rolinski (2002) 273; *Zabel* Dogmatik und Funktionswandel des Tatverdachts, ZIS **2014** 340; *Zöller* Informationssysteme und Vorfeldmaßnahmen von Polizei, Staatsanwaltschaft und Nachrichtendiensten (2002).

Entstehungsgeschichte

Der Abschnitt ist in seinem wesentlichen Aufbau und in seinen Kernregelungen, zunächst als §§ 156 bis 175, von Anfang an in der Strafprozessordnung enthalten gewesen; die heutigen Paragraphenbezeichnungen wurden durch die EmmingerVO geschaffen. Ursprünglich enthielt der Abschnitt lediglich die (heutigen) §§ 158 bis 161, 162, 163, 164 bis 167, 170 bis 177. Die früheren §§ 168, 169 verwiesen wegen der Protokollierung richterlicher Untersuchungshandlungen und des Anwesenheitsrechts hierbei auf die Vorschriften über die gerichtliche Voruntersuchung. In dieser Form blieben die Bestimmungen bis 1942 fast unverändert. Seither ist der Inhalt des Abschnitts, über mehr redaktionelle, bei der Entstehungsgeschichte der Einzelvorschriften erwähnte Änderungen hinaus, wiederholt erweitert worden. Teilweise wurden Änderungen wieder rückgängig gemacht.

Das Klageerzwingungsverfahren (§§ 172 bis 177) wurde durch die 2. VereinfVO ersatzlos beseitigt, durch das VereinhG wieder eingeführt. Das 3. StRÄndG schloss es ausdrücklich für Einstellungen nach den §§ 153 ff. aus und regelte die Gewährung von Armenrecht (jetzt Prozesskostenhilfe) für den Antragsteller.

Als §§ 169a bis 169c führte das StPÄG 1964 Vorschriften über das staatsanwaltschaftliche Schlussgehör und die mündliche Schlussanhörung ein. Sie wurden durch das 1. StVRG mit Ausnahme des jetzigen § 169a wieder aufgehoben.

Im Wesentlichen unverändert geblieben sind die §§ 158, 159, 164 bis 167 und 170. In § 160 wurde der heutige Absatz 3 durch das AGGewVerbrG eingefügt und durch das EGStGB 1974 um den Satz 2 ergänzt; Absatz 4 wurde durch das StVÄG 1999 angefügt. Durch dieses Gesetz wurde ferner § 161 neu gefasst und § 163 Abs. 1 um Satz 2 ergänzt. Die Rechtsbehelfsbelehrung in § 171 Satz 2 wurde durch das 3. StRÄndG eingeführt. Mit dem durch das StPÄG 1964 eingefügten § 163a wurde erstmals die gesetzliche Verpflichtung begründet, den Beschuldigten bei beabsichtigter Klageerhebung vor Abschluss der Ermittlungen zu hören. Der heutige § 169 wurde (als § 168a) durch das 1. StRÄndG eingefügt und durch das StaatsschStrafsG erweitert. Das 1. StVRG begründete mit der Einfügung des § 161a die Pflicht von Zeugen und Sachverständigen, vor der Staatsanwaltschaft zu erscheinen und auszusagen, und mit der Änderung des § 163a die Erscheinenspflicht des Beschuldigten vor der Staatsanwaltschaft und das Anwesenheitsrecht des Verteidigers hierbei; es änderte ferner § 162 und regelte als Folge der Abschaffung der gerichtlichen Voruntersuchung die Protokollierungspflicht sowie die Anwesenheitsbefugnisse selbstständig in den §§ 168 bis 168d, von denen die §§ 168 und 168a durch das StVÄG 1979 nochmals vollkommen neu gefasst wurden. § 168e wurde 1998 durch das Zeugenschutzgesetz eingefügt. Die §§ 163b und 163c mit der Regelung der Identitätsfeststellung gelangten durch das StPÄG 1978 in die StPO, § 163d durch das StPÄG 1986, § 163e durch das OrgKG und § 163f durch das StVÄG 1999. Kleine sprachliche Änderungen der §§ 163d, 163f und § 168a erfolgten durch das 1. JuMoG, der §§ 163d, 163f ferner durch das Gesetz zur Umsetzung des Urteils des Bundesverfassungsgerichts zur akustischen Wohnraumüberwachung vom 24.6.2005. Eine Änderung von § 176 bewirkte das 2. JuMoG.

Seit 2007 ist ein Aktionismus des Gesetzgebers zu verzeichnen, der im vorliegenden Abschnitt zu einer Vielzahl von Änderungen geführt, die hier nur aufgezählt, aber nicht näher erläutert werden können; wegen der Einzelheiten ist auf die Darstellung der Entstehungsgeschichte bei den einzelnen Vorschriften zu verweisen. In dieser Zeit wurde zunächst § 160a durch das TKÜG eingefügt, das im Übrigen zu Änderungen bei den §§ 161, 162, 163d, 163e und 163f führte. Sodann folgte die Einführung von § 160b durch das VerständigungsG. Änderungen bei den §§ 158, 161a, 163 und 163a brachte das 2. OpferRRG. Durch das Gesetz zum Schengener Informationssystem der zweiten Generation (SIS-II-G) vom 6.6.2009 (BGBl. I S. 1226) erfolgte eine Änderung von § 163e. Das Gesetz zur Änderung des Untersuchungshaftrechts vom 29.7.2009 (BGBl. I S. 2274) enthielt Änderungen von § 162 und § 163c. Das Gesetz zur Stärkung des Schutzes von Vertrauensverhältnissen zu Rechtsanwälten im Strafprozessrecht vom 22.10.2010 (BGBl. I S. 2261) führte zu einer Änderung von § 160a. Durch das Gesetz zur Intensivierung des Einsatzes von Videokonferenztechnik in gerichtlichen und staatsanwaltlichen Verfahren (VidVerfG) vom 25.4.2013 (BGBl. I S. 935) wurden die §§ 163, 163a geändert, durch das Gesetz zur Stärkung der Verfahrensrechte von Beschuldigten im Strafverfahren vom 2.7.2013 (BGBl. I S. 1938) die §§ 163a, 168b. Änderungen von § 169 und § 172 enthielt das 48. StRÄndG. Das Gesetz zur Einführung einer Speicherpflicht und einer Höchstspeicherpflicht für Verkehrsdaten vom 10.12.2015 (BGBl. I S. 2218) führte zu einer erneuten Änderung von § 160a. Durch das 3. OpferRRG wurden die §§ 158, 161a, 163 und 171 geändert. Das Gesetz zur Einführung der elektronischen Akte in der Justiz und zur weiteren Förderung des elektronischen Rechtsverkehrs v. 5.7.2017 (BGBl. I S. 2208) hatte Änderungen bei § 168a zur Folge. Das Gesetz zur effektiveren und praxistauglicheren Gestaltung des Strafverfahrens vom 17.8.2017 (BGBl. I S. 3202) führte zu Änderungen bei den §§ 160a, 161, 163, 163a, 163e, und 163f, von denen die Einführung einer Erscheinens- und Aussagepflicht von Zeugen vor der Polizei in § 163 gravierender inhaltlicher Art war, während es sich im Übrigen nur um die Anpassung von Verweisungen handelte. Das zweite Gesetz zur Stärkung der Verfahrensrechte von Beschuldigten im Strafverfahren und zur Änderung des Schöffenrechts vom 27.8.2017 (BGBl. I S. 3295) brachte schließlich weitere Änderungen der §§ 163a, § 168b und § 168c.

Seit dem Erscheinen der letzten Auflage waren folgende Änderungen zu verzeichnen: Art. 1 des Gesetzes zur Umsetzung der Richtlinie (EU) 2016/680 im Strafverfahren sowie zur Anpassung datenschutzrechtlicher Bestimmungen an die Verordnung (EU) 2016/679 vom 20.11.2019 (BGBl. I S. 1724) führte zu Änderungen in den §§ 161, 163d und § 163f. Durch Art. 1 des Gesetzes zur Fortentwicklung der Strafprozessordnung und zur Änderung weiterer Vorschriften vom 25.6.2021 (BGBl. I S. 2099) wurden § 163g neu eingefügt, § 168a mit Ausnahme des Absatzes 1 neu gefasst und die §§ 163a, 168, 168b und 168c einzelnen Änderungen unterworfen. Durch Art. 1 Nr. 9 des Gesetzes zur weiteren Digitalisierung der Justiz vom 16.7.2024; BGBl. I Nr. 234 wurde in § 158 Absatz 1 Satz 1 und 2 geändert und Absatz 2 neu gefasst.

Übersicht

Alphabetische Übersicht

I. Bedeutung, Zweck und Gegenstand des Ermittlungsverfahrens

1. Allgemeines

1 **a) Bedeutung und Notwendigkeit.** Nach den grundlegenden Strukturprinzipien des deutschen Strafverfahrens ist das gerichtliche Verfahren durch die Erhebung einer regelmäßig der Staatsanwaltschaft vorbehaltenen Klage bedingt, die durch die Bezeichnung von Tat und Angeschuldigtem den Prozessgegenstand im Sinne einer thematischen Bindung des erkennenden Gerichts bestimmt (LR/*Mavany* § 155, 1, 3). Ein solches gerichtliches Verfahren soll nur bei Bestehen eines hinreichenden Tatverdachts, also mindestens einer Verurteilungswahrscheinlichkeit[1] stattfinden. Andererseits schreibt die StPO der Staatsanwaltschaft als Strafverfolgungsbehörde vor, schon bei zureichenden tatsächlichen Anhaltspunkten dafür, dass eine verfolgbare Straftat vorliegt, einzuschreiten (§ 152 Abs. 2). Daraus folgt sachlogisch zwingend, dass dem gerichtlichen Verfahren regelmäßig ein Verfahrensabschnitt vorangehen muss, welcher der Klärung des Anfangsverdachts, seiner Konkretisierung auf eine bestimmte prozessuale Tat und bestimmte Beschuldigte und der Stoffsammlung für ein etwa folgendes gerichtliches Verfahren dient. Da die deutsche StPO diese Verdachtsklärung und Stoffsammlung, abgesehen von den Fällen der Privatklage, nicht etwa Privatpersonen oder der Polizei, sondern der Staatsanwaltschaft als Justizbehörde zuweist, ist es sachgerecht, die dazu dienende Tätigkeit als Teil des Strafverfahrens zu verstehen (s.u. Rn. 24) und in der StPO zu regeln. Das geschieht im Zweiten Abschnitt des Zweiten Buches in den §§ 158 bis 177.

2 Ein solches **Ermittlungsverfahren** ist aus **rechtsstaatlichen Gründen** als Voraussetzung für die Aufrechterhaltung wesentlicher Prozessmaximen des gerichtlichen Verfahrens und aus justizökonomischen Gründen **unverzichtbar**. Eine sorgfältige Verdachtsklärung vor Erhebung der öffentlichen Klage gewährleistet, dass es rechtsstaatlich verantwortet werden kann, jemanden „vor ein erkennendes Gericht zu stellen und alledem auszusetzen, was eine öffentliche Hauptverhandlung für einen Staatsbürger bedeutet".[2] Die für die Hauptverhandlung geltenden Grundsätze der Mündlichkeit, Unmittelbarkeit, Konzentration und Öffentlichkeit lassen sich praktisch nur auf der Grundlage eines bereits gesichteten und aufbereiteten Verhandlungsstoffes durchführen, und es gewährleistet insoweit die Unabhängigkeit des erkennenden Gerichts, dies in einen Abschnitt vor der Klageerhebung zu verlagern und in die Hand einer anderen Strafverfolgungsbehörde zu legen.[3] Schließlich ist es auch aus justizökonomischen Gründen notwendig, dem infolge erhöhter rechtsstaatlicher Garantien aufwendigeren gerichtlichen Verfahren einen Abschnitt vorzuschalten, in dem ein erheblicher Teil der anfänglich Verdächtigen folgenlos aus dem Verfahren entlassen wird.[4]

3 **b) Bezeichnung.** Die StPO bezeichnet den in den §§ 158 bis 177 geregelten Verfahrensabschnitt als Verfahren zur „Vorbereitung der öffentlichen Klage" und ordnet ihn damit dem gerichtlichen Verfahren im ersten Rechtszug zu. Die gleiche Ausrichtung auf das gerichtliche Verfahren ergibt sich aus der Einordnung in das das Verfahren im ersten Rechtszug regelnde Zweite Buch. An anderen Stellen wird dieser Verfahrensabschnitt als

---

1 Zur Verdachtsintensität beim hinreichenden Tatverdacht vgl. LR/*Stuckenberg* § 203, 6.

2 *Eb. Schmidt* 4; SK/*Albrecht* § 160, 4; zu den schon vom Ermittlungsverfahren ausgehenden erheblichen Belastungen etwa *Dahs* NJW **1985** 1114; *Richter II* StV **1985** 382; *Rieß* GedS Schlüchter 17.

3 Zu dem sich daraus ergebenden Problem der prägenden Wirkung des Ermittlungsverfahrens für das Hauptverfahren vgl. Rn. 7.

4 S. dazu näher AK/*Schöch* 29 ff.

„Vorverfahren"[5] oder „vorbereitendes Verfahren"[6] bezeichnet; gelegentlich wird er durch die Bezeichnung der Zäsur der „Erhebung der (öffentlichen) Klage" vom weiteren Verfahren abgegrenzt.[7] In anderen Gesetzen ist dagegen für diesen Verfahrensabschnitt die Bezeichnung als „Ermittlungsverfahren" vielfach gebräuchlich.[8] In der Literatur hat sich die Bezeichnung (staatsanwaltschaftliches) Ermittlungsverfahren allgemein durchgesetzt.[9] Sie entspricht, obwohl ebenfalls etwas unscharf,[10] besser als die gesetzliche Bezeichnung der Sachlage, weil sie die selbständige Bedeutung des Verfahrensabschnitts zum Ausdruck bringt[11] und dem Umstand Rechnung trägt, dass der größere Teil der Ermittlungsverfahren zur Einstellung und nicht zur Klageerhebung führt.[12]

c) Aufbau des Abschnitts. Dem **Aufbau des Abschnitts** in seiner ursprünglichen Fassung liegt eine klare, auch heute noch erkennbare Architektur zugrunde, die durch eine **Zweiteilung** in die Vorschriften über den Ablauf des Ermittlungsverfahrens und die in ihm möglichen Maßnahmen und Handlungen (§§ 158 bis 169) sowie die über die nach Abschluss der Ermittlungen erforderlichen Entscheidungen und deren richterlicher Kontrolle (§§ 170 bis 177) gekennzeichnet ist. Die neuere **Rechtsentwicklung** hat über die ursprünglich nur generalklauselhaft umschriebenen Aufgabenzuweisungen im Ermittlungsverfahren hinaus namentlich einzelne Zwangs- und Eingriffsbefugnisse, teils nur für die Staatsanwaltschaft (§§ 161a, 163 Abs. 4, 163a Abs. 3, 163e), teils auch für die Polizeibehörden (§§ 163b bis 163d, 163f) in diesem Abschnitt untergebracht, den Beweiserhebungsanspruch des Beschuldigten sowie sein Recht auf Gehör (§ 163a Abs. 1, 2, 4 und 5) geregelt und die ursprünglich durch Verweisung auf die Vorschriften über die Voruntersuchung geregelten Bestimmungen über die Protokollierung und Anwesenheitsbefugnisse erweiternd in den Abschnitt übernommen (§§ 168 bis 168e). Allgemeine Grenzen der Ermittlungsbefugnisse gegen Berufsgeheimnisträger wurden in § 160a normiert, eine Regelung zur Erörterung des Verfahrensstands mit den Beteiligten in § 160b. Darüber hinaus hat der **Wegfall der gerichtlichen Voruntersuchung** (durch das 1. StVRG) die Bedeutung des Abschnitts und den Charakter des Ermittlungsverfahrens insoweit verändert, als von ihm jetzt die gesamte sachverhaltserforschende Tätigkeit bis zur Anklagereife erfasst wird, während es nach der ursprünglichen Konzeption der StPO gerade in bedeutenden und schwierigen Sachen, in denen die Voruntersuchung in Betracht kam, stärker auf die erste tatkonkretisierende und einen Tatverdächtigen ermittelnde Vorklärung ausgerichtet war.[13] 4

---

5 Vgl. § 51 Abs. 3; § 58 Abs. 2; § 67 Abs. 1; § 70 Abs. 3; § 80a; § 82; § 149 Abs. 3; § 304 Abs. 1; § 306 Abs. 3; § 406g Abs. 3 Satz 5; § 414 Abs. 3.

6 Vgl. § 26a Abs. 2 Satz 3; §§ 62, 81 Abs. 3; § 111o Abs. 1 Satz 1; § 126 Abs. 1 Satz 3; § 138c Abs. 1 Satz 2; § 147 Abs. 5; § 169 Abs. 1 Satz 1; § 203; § 406e Abs. 5 Satz 1; § 406h Abs. 3 Satz 2.

7 So z.B. § 101 Abs. 7 Satz 4; § 120 Abs. 3 Satz 1; § 125 Abs. 1, § 126 Abs. 1 Satz 1; § 153 Abs. 2 Satz 1; § 153a Abs. 2 Satz 1; § 153b Abs. 2; § 153c Abs. 4; § 153d Abs. 2; § 153e Abs. 2; § 154 Abs. 2; § 154b Abs. 4 Satz 1; § 154e Abs. 2; § 406h Abs. 1 Satz 1.

8 Vgl. etwa (nur beispielhaft) § 386 Abs. 2, § 396 Abs. 2, § 402 Abs. 1 AO; § 34 Abs. 2 Nr. 2 AtG; § 32 Nr. 2 GVG; § 8 StrRehaG.

9 Vgl. z.B. *Eb. Schmidt* 1; ferner etwa *Beulke/Swoboda* Rn. 475; *Kühne* Rn. 5; *Peters* § 57 I; *Roxin/Schünemann* § 39; *Rüping* Rn. 328; *Schäfer/Fresemann/Hinrichs* Rn. 2, 318; *Schlüchter* Rn. 391.1; im älteren Schrifttum ist stärker die Bezeichnung Vorverfahren gebräuchlich, vgl. z.B. *Beling* 351; *Rosenfeld* 203, zum begrifflichen Verhältnis von „Strafverfolgung" und „Ermittlung" *Schroeder* GA **1985** 485.

10 *Rieß* GedS Schlüchter 16.

11 Ausführlich zur Selbstständigkeit des Ermittlungsverfahrens etwa m.w.N. *Wagner* ZStW **109** (1997) 550 ff.

12 Näher LR/*Merz* § 170, 4.

13 Vgl. zum Verhältnis von Ermittlungsverfahren und Voruntersuchung LR/*Kohlhaas*[21] Vor § 158, 2; Vor § 178, 1.

5 **Im Einzelnen** behandeln die §§ 158, 159 mit der Regelung von Anzeigenerstattung und der Mitteilungspflicht bei nicht natürlichen Todesfällen typische Situationen der Gewinnung des Anfangsverdachts. Die für das Ermittlungsverfahren zentrale Vorschrift findet sich in § 160, der der Staatsanwaltschaft die Aufgabe der Sachverhaltsaufklärung zuweist und dabei die Erforschungspflicht, das Erforschungsziel und den Umfang der Aufklärung umreißt. § 161 umschreibt in Form einer Ermittlungsgeneralklausel die Befugnisse der Staatsanwaltschaft und bezieht, ebenso wie § 163, die Polizei in die Strafverfolgungsaufgabe mit ein. Dagegen regeln die §§ 162, 165, 166 und 169 die Stellung des Gerichts im Rahmen des Ermittlungsverfahrens. Welche Entscheidungsmöglichkeiten der Staatsanwaltschaft nach Abschluss der Ermittlungen offenstehen und wie dabei zu verfahren ist, bestimmen die §§ 170, 171, während die §§ 172 bis 177 das Klageerzwingungsverfahren regeln.

2. Zweck und Gegenstand des Ermittlungsverfahrens

6 **a) Verdachtsklärung.** Nach der ursprünglichen, auch heute noch im Grundsatz der gesetzlichen Regelung zugrunde liegenden Konzeption besteht der Zweck des Ermittlungsverfahrens in der Klärung eines Verdachts und nicht in der Gewinnung einer Überzeugung, und sein Gegenstand ist die durch einen Anfangsverdacht ausgelöste Untersuchung eines bestimmten, abgegrenzten Lebenssachverhalts auf das Vorliegen eines strafbaren Verhaltens.[14] Dabei kann für die Bestimmung des Untersuchungsgegenstandes des Ermittlungsverfahrens allerdings nicht der Grad der Konkretisierung verlangt werden, der bei der Bestimmung der prozessualen Tat gefordert werden muss, denn es ist gerade der Zweck des Ermittlungsverfahrens, diese Konkretisierung vorzunehmen. Die Ergebnisse des Ermittlungsverfahrens haben prozessrechtlich gesehen aus dem Blickwinkel des späteren gerichtlichen Verfahrens grundsätzlich einen unfertigen und vorläufigen Charakter; sie sollen nach der ursprünglichen Konzeption der StPO in der Regel nicht in das Hauptverfahren hineinwirken, in dem vielmehr nach den Grundsätzen der Instruktionsmaxime und der Unmittelbarkeit die Beweiserhebung und Beweiswürdigung selbständig vorzunehmen ist.[15]

7 **b) Eigenständige Bedeutung.** Trotz der nach der gesetzlichen Regelung gewollten Vorläufigkeit des Ermittlungsverfahrens und der Selbständigkeit des gerichtlichen Verfahrens ist heute unbestritten, dass bereits im Ermittlungsverfahren **entscheidende Weichen** für das Ergebnis des Hauptverfahrens gestellt werden.[16] Da das Ermittlungsverfahren, falls es zur Klageerhebung und zur Eröffnung des Hauptverfahrens kommt, auch der Vorbereitung und Strukturierung der Hauptverhandlung dient, lassen sich in der Hauptverhandlung Fehler, Versäumnisse und Unrichtigkeiten im Ermittlungsverfahren nur schwer wiedergutmachen und sind deshalb nicht selten eine Quelle von Fehlurteilen.[17] Über diese mehr faktischen Zusammenhänge hinaus können die Ergebnisse des Ermittlungsverfahrens auch rechtlich dadurch in das gerichtliche Verfahren hineinwirken, dass

---

14 Näher § 160, 11 ff.

15 Vgl. dazu ausführlich *Eb. Schmidt* 5; *ders.* FS Kohlrausch 263, 303 f.

16 Vgl. u.a. HK/*Krehl*[3] 1; KMR/*Noltensmeier-von Osten* 10; MüKo/*Kölbel/Ibold* § 160, 5 ff.; *Richter II* StV **1985** 382, 385 f. m.w.N. in Fn. 29; *Roxin/Schünemann* § 39, 1a, 35 f.; *Mörsch* 49; *Fezer* GedS *Schröder* 407, 412; *Heimeshoff* DRiZ **1972** 164, 165; *E. Müller* AnwBl. **1986** 50, 51; *Satzger* StraFo **2006** 45, 46 f.; *Dedy* 77 ff., 113 f.; Barton/Kölbel/Lindemann/*Jahn* 35, 46 ff.; *Schlothauer* StV **2016** 607, 608 f.

17 Vgl. etwa *Peters* Fehlerquellen im Strafprozeß Bd. II (1972) 195 ff.; *Lange* 7 ff.; *Schlachetzi* 29 f. Zur Systematik der gesetzlich vorgesehenen Fehlerfolgen im Ermittlungsverfahren *Popp* 389 ff.

Beweisaufnahmen im Ermittlungsverfahren durch Verlesung (§ 251 Abs. 1, 2, §§ 253, 254, 256) oder durch sonstige Reproduktion (etwa nach § 255a) oder Vorhalt in die Hauptverhandlung eingeführt werden. Nach dem heutigen Stand der empirischen und dogmatischen Erkenntnisse über die Entscheidungsfindung erscheint es nicht mehr vertretbar, zu sagen, dass der Schwerpunkt des Verfahrens in der Hauptverhandlung liege.[18]

Eine Zunahme der eigenständigen Bedeutung des Ermittlungsverfahrens ergibt sicher 8
ferner aus der gestiegenen **Bedeutung der das Legalitätsprinzip begrenzenden Ausnahmen,**[19] vor allem der Möglichkeit der Einstellung nach Erfüllung von Auflagen und Weisungen nach § 153a, bei denen die Staatsanwaltschaft sanktionsähnliche Entscheidungen zu treffen hat, die richterlichen sozialen Gestaltungsakten im Zusammenhang mit der Sanktionsbemessung vergleichbar sind.[20] Soweit die Verfahrenseinstellung nach solchen Vorschriften in Betracht kommt, ist Ziel des Ermittlungsverfahrens nicht lediglich die Klärung eines Tatverdachts, sondern auch die Herbeiführung einer Entscheidung darüber, ob die Voraussetzungen dafür gegeben sind, von der Durchsetzung des Sanktionsanspruchs der Rechtsgemeinschaft abzusehen.

Eine selbstständige und nicht der Vorbereitung einer Hauptverhandlung dienende 9
Bedeutung hat das Ermittlungsverfahren auch im Falle einer späteren Erledigung durch **Strafbefehlsantrag**, weil hier die Ermittlungen so geführt werden müssen,[21] dass auf der das Ermittlungsverfahren abschließenden aktenmäßigen Grundlage eine richterliche Schuldüberzeugung gewonnen werden kann.[22] Auch soweit schon im Ermittlungsverfahren eine „konsensuale Verfahrenserledigung" in Form einer **Verständigung** angestrebt wird und stattfindet,[23] etwa in der Form einer Anwendung des § 153a oder eines „vereinbarten" Strafbefehls, verliert dieses seinen in erster Linie vorbereitenden Charakter. Die „Vorbereitung der öffentlichen Klage" bezeichnet nach alledem nur einen – de facto lediglich in der Minderheit der Verfahren relevanten – Teilaspekt des Ermittlungsverfahrens.[24]

3. Ermittlungsverfahren und Gefahrenabwehr; Vorbeugende Verbrechensbekämpfung; Vorermittlungen

a) Allgemeines und Problematik. Die nach den Regeln und auf der Grundlage der 10
StPO vorzunehmende Strafverfolgung knüpft regelmäßig an einen Anfangsverdacht begangener Straftaten an[25] und zielt auf deren Aufklärung und Ahndung. Der Einsatz strafprozessualer Machtmittel und Zwangsmaßnahmen beschränkt sich grundsätzlich auf diese Tätigkeit. Die Verhütung künftiger, zu befürchtender Straftaten ist weder Gegenstand noch Ziel des Strafverfahrens; allenfalls lässt sich davon sprechen, dass die Verfolgung begangener Straftaten eine Reflexwirkung dahingehend entfalten kann, dass künftige Straftaten verhindert werden, sodass insoweit dem Strafverfahren eine gewisse präventive Wirkung zugebilligt werden mag.[26] Davon abgesehen ist die staatliche Aufgabe, Straftaten zu verhindern, etwa durch Per-

---

18 Ebenso z.B. *Fezer* GedS Schröder 407, 412 f.; vgl. ferner *Rieß* FS Lackner 965, 985; *Richter II* StV **1985** 382, 385; vgl. aber auch BVerfGE **39** 156, 167; zu den daraus abgeleiteten Reformforderungen s.u. Rn. 61 f.

19 Dazu LR/*Mavany* § 152, 52 m.w.N.; *Erb* 69 ff.; ferner LR/*Merz* § 170, 4.

20 Vgl. *Rieß* NStZ **1981** 1, 7; vgl. auch *Richter II* StV **1985** 382, 385; *Erb* 242 ff.

21 Vgl. etwa *Richter II* StV **1985** 382, 385.

22 Näher LR/*Gaede*[27] Vor § 407, 21 ff.

23 Dazu unten Rn. 66 ff. und LR/*Kühne*[27] Einl. G 58 ff.

24 Dazu auch *Popp* 228 ff.; *Schlachetzki* 26 f.

25 Zu den Ausnahmen s.u. Rn. 17; vgl. auch *Schulz* StraFo **2003** 295 ff.

26 Vgl. auch *Kube* 106 ff., der Strafverfahren und Strafvollzug auch als „tertiäre" (postdeliktische) Prävention versteht.

sonen- oder Objektschutz oder durch Überwachung bestimmter Personengruppen allein mit dem Ziel, hieraus Hinweise für Straftatenplanung zu gewinnen, als eine mögliche Aufgabe der Gefahrenabwehr Gegenstand des Polizeirechts. Das ist im Grundsatz unbestritten, unterliegt aber in den Abgrenzungen und Einzelfragen erheblichen Meinungsverschiedenheiten, bei denen auch eine lebhafte wissenschaftliche Diskussion noch keine vollständige Klärung erbracht hat.[27] Im Mittelpunkt der Auseinandersetzungen stehen dabei u.a. die Fragen (1) welche Rechtsgrundlagen anwendbar sind, wenn eine einheitliche Maßnahme sowohl der Gefahrenabwehr als auch der Strafverfolgung dient (s.u. Rn. 13), (2) ob und in welchem Umfang vielfach unter dem unscharfen Begriff der vorbeugenden Verbrechensbekämpfung genannte Maßnahmen auf einer strafprozessualen Grundlage zulässig sind (s.u. Rn. 14 ff.) und (3) ob wegen einer vermeintlichen Dominanz der Prävention ein umfassender, auch das Strafverfahrensrecht mit umfassender Präventionsauftrag der Polizei anerkannt werden kann (s.u. Rn. 11). Dabei ist namentlich die Entscheidung darüber, welche Maßnahmen im diffusen Bereich der sog. vorbeugenden Verbrechensbekämpfung dem Polizeirecht oder dem Strafprozessrecht zuzurechnen sind, angesichts der Kompetenzverteilung des Grundgesetzes, aus der sich eine umfassende Bundeskompetenz nur für das Strafverfahrensrecht ergibt, sowohl nach der lex lata als auch de lege ferenda auch verfassungsrechtlich von erheblicher Bedeutung.[28]

11 **b) Keine Dominanz der Prävention.** Eine im polizeirechtlichen Schrifttum teilweise ausdrücklich vertretene Auffassung[29] postuliert entgegen der h.M., nach der die strafverfolgende und gefahrenabwehrende polizeiliche Tätigkeit voneinander zu scheiden sind, unter Verwendung des Schlagwortes „Dominanz der Prävention“ und unter Hinweis auf die „präventiven Strafzwecke“ einen umfassenden, auch die strafverfolgende Tätigkeit der Polizei mit einbeziehenden Präventionsauftrag der Polizei. Von diesem Ansatz her wird auch das Strafverfahren als Teil einer präventiven staatlichen Aufgabe verstanden und deshalb ein Vorrang polizeilicher Beurteilung bei der operativen und strategischen Bekämpfung von Kriminalität in Anspruch genommen. Auch wenn diese Konzeption mit einer expliziten Begründung wohl nur vereinzelt vertreten wird, dürfte sie gedanklich nicht ganz selten auch denjenigen polizeirechtlichen Äußerungen mit zugrunde liegen, die die „schützenden Förmlichkeiten des Strafverfahrens“[30] als Hemmnis einer „schlagkräftigen Kriminalitätsbekämpfung“ kritisieren.

12 Soweit es um **strafverfahrensrechtliche Folgerungen** geht, ist diesem Ansatz **zu widersprechen.**[31] Die detaillierten gesetzlichen Regelungen des Strafverfahrensrechts dürfen nicht unter Rückgriff auf den unscharfen Begriff der Prävention oder einen allgemeinen, insoweit mit der Gesetzeslage nicht vereinbaren Sicherheitsauftrag überspielt werden, der darüber hinaus die Leitungsfunktion der Staatsanwaltschaft in Frage stellt. Der Gesetzgeber hat aus einer langen rechtsstaatlichen Tradition heraus bewusst die Strafverfolgung als eine spezialge-

---

27 Vgl. zum Nachfolgenden insgesamt etwa *Kühne* Rn. 370 ff.; *Roxin/Schünemann* § 39, 18; *Artzt* passim; *Hilger* FS Hilger 11 ff.; *Keller/Griesbaum* NStZ **1990** 416 ff.; *Weßlau* (Vorfeldermittlungen) passim; *Wolter* FS Rolinski 273 ff.; *Zöller* (Informationssysteme) 59 ff., 77 ff.

28 S. dazu etwa *Kniesel* ZRP **1989** 329, 331 ff., *Paeffgen* JZ **1991** 437, 442 ff.; *ders.* FS Hilger 153, 155 ff.; *Weßlau* (Vorfeldermittlungen) 244 ff.; *Zöller* (Informationssysteme) 80, 85 f., 88 ff.; *Göhring* Polizeiliche Kontrollstellen und Datenverarbeitung (1992) 143 ff.

29 So vor allem *Herbert Schäfer* GA **1986** 49 ff.; ähnlich etwa *Stümper* Kriminalistik **1979** 254 (umfassender Sicherheitsauftrag); tendenziell wohl auch *Bernhardt* Kriminalistik **1999** 589 ff.; kritisch etwa bereits früher *Görgen* ZRP **1976** 59; *Schoreit* KritV **1988** 160 f.; vgl. dazu auch *Bermig* Rechtsprobleme der Schleppnetzfahndung, Diss. Bonn 1991, 145 ff.; *Lilie* ZStW **106** (1994) 625; **111** (1999) 807, 821 f.; *Weßlau* (Vorfeldermittlungen) 65.

30 Dazu näher LR/*Kühne*[27] Einl. H 19 ff. m.w.N.

31 Vgl. näher LR/*Rieß*[24] 13.

setzliche Regelung aus der allgemeinen, der Polizei übertragenen Gefahrenabwehr herausgelöst; es gibt auch rechtspolitisch keinen Anlass, dies in Frage zu stellen.

c) Rückgriff auf präventiv-polizeiliche Rechtsgrundlagen. Ein **Rückgriff auf präventiv-polizeiliche Rechtsgrundlagen** nach Polizeirecht ist, auch wenn die Polizei im Rahmen der §§ 161, 163 strafverfolgend tätig wird, grundsätzlich ebensowenig zulässig, wie umgekehrt bei einer gefahrenabwehrenden Tätigkeit der Polizei Zwangs- und Eingriffsbefugnisse auf die StPO gestützt werden können.[32] Inzwischen ist durch § 161 Abs. 3 jedoch auch gesetzlich klargestellt, dass im Rahmen einer zulässigen gefahrenabwehrenden Maßnahme gewonnene präventiv-polizeilichen Erkenntnisse in den von der StPO gezogenen Grenzen des „hypothetischen Ersatzeingriffs" auch zu strafprozessualen Zwecken verwendet werden dürfen.[33] Auf polizeirechtliche Befugnisse kann und muss dagegen mangels strafprozessualer Grundlagen zurückgegriffen werden, wenn dies bei der Vollstreckung strafprozessualer Maßnahmen zum Zwecke der Gefahrenabwehr oder der Eigensicherung erforderlich ist.[34] Ist eine einheitliche polizeiliche Maßnahme sowohl aus Gründen der Strafverfolgung als auch der Gefahrenabwehr veranlasst, so soll es für die Frage der Rechtsgrundlage darauf ankommen, wo das Schwergewicht des polizeilichen Handelns liegt.[35] Leitungsbefugnis und Weisungsrecht der Staatsanwaltschaft bestehen nur für die strafverfolgende Tätigkeit, nicht für die Gefahrenabwehr.[36] 13

d) Vorbeugende Verbrechensbekämpfung. Der Begriff der vorbeugenden Bekämpfung von Straftaten hat seit einiger Zeit als eine polizeiliche Aufgabenzuweisung verbreitet Eingang in die Polizeigesetze gefunden,[37] sein genauer Inhalt ist unklar und umstritten. Vielfach wird, auch in den Polizeigesetzen, hierunter einmal die Verhütung von Straftaten, zum anderen aber auch die Vorsorge für künftige Strafverfolgung verstanden. Im Mittelpunkt dürfte dabei das Bestreben stehen, dem Terrorismus und der organisierten Kriminalität nicht nur durch Verfolgung einzelner Straftaten, sondern durch eine möglichst umfassende proaktive Aufdeckung ihrer Strukturen entgegenzutreten.[38] Dabei ist namentlich zweifelhaft und streitig, wieweit auf diese Aufgabenzuweisung der Einsatz von Zwangsmaßnahmen gestützt werden und wieweit sie Grundrechtseingriffe rechtfertigen kann, sowie, ob es sich insoweit um eine Materie des Polizeirechts oder des Strafverfahrensrechts handelt.[39] Umstritten sind namentlich die Zulässigkeit und die mögliche Rechtsgrundlage für sog. **Vorfeldermittlungen**, also für Ermittlungsmaßnahmen einer gewissen 14

---

32 Näher LR/*Böß*[27] § 6, 1 EGStPO; ferner etwa AK/*Achenbach* § 163, 11; KK/*Weingarten* § 163, 22; *Reuber* Polizei **1987** 207, 223; *Schwan* VerwArch **1979** 105, 119 ff.; *Walter* DNP **1988** 59.

33 Zu den Grenzen m.w.N. § 161, 9, 77 ff.

34 Vgl. auch die insoweit bestehende (für sich genommen völlig unzureichende) Verwertungsbeschränkung in § 161 Abs. 4 und die dortigen Erläuterungen.

35 AK/*Achenbach* § 163, 11 (m.w.N.); *Beulke/Swoboda* Rn. 162; *Weßlau* (Vorfeldermittlungen) 153; vgl. auch *Dreier* JZ **1987** 1009; *Schwan* VerwArch **1979** 105, 109; *Walter* DNP **1988** 59, 62; **a.A.** *Götz* JuS **1985** 869, 872, nach dem primär die von der Polizei gegebene Begründung maßgebend sein soll; ähnlich *Schenke* Polizei- und Ordnungsrecht Rn. 423 f., nach dem es auf die Zielsetzung ankommt; während *Kühne* Rn. 149 stets Strafprozessrecht anwenden will.

36 Zur Frage des Zusammentreffens von Maßnahmen der Gefahrenabwehr und der Strafverfolgung § 161, 68; § 163, 36, jeweils m.w.N.

37 Näher Lisken/Denninger/Bäcker/*Bäcker* Kap. 2, 197 ff., Kap. 3, 36 ff., 320 ff.; *Zöller* (Informationssysteme) 77 ff.

38 *Hüls* 260 ff.

39 Dazu etwa Lisken/Denninger/Bäcker/*Bäcker* Kap. 2, 197 ff., Kap. 3, 320 ff.; *Zöller* (Informationssysteme) 81 ff.

Eingriffsintensität, die ohne einen konkreter umschriebenen gesetzlichen Anlass erfolgen.[40] Auf die damit verbundenen polizeirechtlichen Zweifelsfragen ist hier nicht einzugehen. Soweit es sich um die Zulässigkeit strafprozessualer Ermittlungen handelt, ist daran festzuhalten, dass nach dem geltenden Recht grundsätzlich das Vorliegen eines Anfangsverdachts hierfür Voraussetzung ist; solche Vorfeldermittlungen können daher nicht auf die StPO gestützt werden, soweit nicht besondere gesetzliche Regelungen dies gestatten.[41] Bei der danach notwendigen Rückführung auf polizeirechtliche Rechtsgrundlagen wirft deren Unbestimmtheit und Weite erhebliche rechtsstaatliche Bedenken auf.[42] Ebenfalls nicht unproblematisch erscheint es, wenn der Gesetzgeber Aufsichtsbehörden durch verwaltungsrechtliche Regelungen dazu ermächtigt, ohne Anfangsverdacht Ermittlungen zu führen, die von vornherein nicht in erster Linie der Gefahrenabwehr, sondern ganz überwiegend oder sogar ausschließlich der Aufdeckung von in der Vergangenheit begangenen Straftaten dienen, um diese anschließend der Strafverfolgung zuzuführen (so etwa bei der Überwachung des Insiderhandels durch die Bundesanstalt für Finanzdienstleistungsaufsicht).[43] Terminologisch und auch sachlich lassen sich vom Begriff der vorbeugenden Verbrechensbekämpfung, der präventiven polizeirechtlichen Maßnahmen vorbehalten werden sollte, die Aufgaben einer Vorsorge für künftige Strafverfolgung und Vorermittlungen zur Klärung eines Anfangsverdachts unterscheiden. Insoweit dürfte es sich, was umstritten ist, um strafverfahrensrechtliche Tätigkeiten handeln.

15 **e) Vorsorge für künftige Strafverfolgung.** Maßnahmen der Strafverfolgungsbehörden, namentlich der Polizei, die an einen Anfangsverdacht anknüpfen, können den Zweck verfolgen, Erkenntnisse für später aufzuklärende Straftaten bereitzustellen. Sie sind damit Hilfsmittel für eine zukünftige Strafverfolgung der dann begangenen Straftaten und dienen nicht, wie Maßnahmen der vorbeugenden Verbrechensbekämpfung, in erster Linie und von ihrer Zielsetzung her der Verhinderung von Straftaten und damit der Gefahrenabwehr. Dieser funktionelle Zusammenhang legt es nahe, sie rechtssystematisch als Gegenstand des Strafverfahrensrechts zu verstehen[44] und die etwa erforderlichen Rechtsgrundlagen hierfür diesem zu entnehmen oder de lege ferenda in diesem zu schaffen. Es ist daher auch kompetenzrechtlich nicht hinnehmbar, wenn die Landespolizeigesetze teilweise diese Aufgabe für sich reklamiert haben.[45] Die neuere Entwicklung des Strafprozessrechts trägt dieser Auffassung zunehmend Rechnung. Soweit es sich um die Speicherung und Verwendung von Daten handelt, die anlässlich konkreter Strafverfolgungsmaßnahmen gewonnen werden, findet dies einmal seinen Niederschlag in der in den §§ 492 ff.

---

40 Zum Ganzen immer noch grundlegend, wenn auch in Einzelfragen teilweise durch die neuere Rechtsentwicklung überholt, *Weßlau* (Vorfeldermittlungen) passim; s. ferner u.a. *Kühne* Rn. 372; *Göhring* Polizeiliche Kontrollstellen und Datenverarbeitung (1992) 131 ff.; *Hilger* FS Hilger 11 ff.; *Hoppe* passim; *Keller/Griesbaum* NStZ **1990** 416, 418 ff.; *Kniesel* ZRP **1989** 329 ff.; *Weßlau* FS Hilger 57 ff. (auch zu den beweisrechtlichen Konsequenzen einer Zuordnung zum Polizeirecht).

41 Näher LR/*Mavany* § 152, 44 ff.; ferner MüKo/*Kölbel/Ibold* § 160, 14; HbStrVf/*Jahn* I Rn. 69 ff.; *Pfordte* StraFo **2016** 53, 59; für eine Zuordnung der „vorbeugenden Verbrechensbekämpfung" zum Strafprozessrecht zwecks Gewährleistung einer staatsanwaltlichen Kontrolle hingegen *Ambos* Jura **2003** 674, 680.

42 Dazu MüKo/*Kölbel/Ibold* § 160, 15 m.w.N.

43 Zu dieser Problematik eingehend *Böse* ZStW **119** (2007) 848 ff.

44 Ebenso nunmehr BVerfGE **113** 348, 369 ff.; ausf. *Zöller* (Informationssysteme) 86 ff.; *Schlachetzki* 96 ff. (alle m.w.N. auch zur Gegenmeinung); MüKo/*Kölbel/Ibold* § 160, 12; *Krey/Heinrich* Rn. 307; **a.A.** etwa *Paeffgen* JZ **1991** 437, 443. Die frühere Kontroverse hat dies vor allem unter dem Gesichtspunkt der sog. Datenherrschaft thematisiert; dazu LR/*Rieß*[24] 10a m.w.N. in Fn. 22.

45 Vgl. BVerfGE **113** 348, 370 ff.; eingehend und m.w.N. Lisken/Denninger/Bäcker/*Bäcker* Kap. 2, 197 ff., Kap. 3, 321.

vorgeschrieben Einrichtung eines länderübergreifenden staatsanwaltschaftlichen Verfahrensregisters[46] sowie in der in § 484 geregelten Zulässigkeit der Datenverarbeitung für Zwecke künftiger Strafverfahren. Die Vornahme von molekulargenetischen Untersuchungen zum Zwecke einer DNA-Analyse für die Identitätsfeststellung in künftigen Strafverfahren ist in § 81g ausdrücklich gestattet; dabei besteht weitgehend Einigkeit, dass es sich hierbei um eine Materie des Strafverfahrens handelt.[47] Angesichts dieser Entwicklung dürften auch die besseren Gründe dafür sprechen, entgegen der früheren h.M.[48] die in § 81b geregelten Maßnahmen auch insoweit systematisch dem Strafverfahrensrecht zuzurechnen, als sie (2. Alternative) Zwecken des Erkennungsdienstes dienen sollen.

Gesetzliche Regelungen zur Vorsorge für die Verfolgung künftiger Straftaten müssen 16
im Ergebnis **denselben Bestimmtheits- und Verhältnismäßigkeitsanforderungen** genügen wie Ermächtigungen zu Maßnahmen der Gefahrenabwehr und der Strafverfolgung i.e.S.[49] Die Anhaltspunkte für mögliche künftige Straftaten, für deren Verfolgung Vorsorge getroffen werden soll, sind nun allerdings regelmäßig viel diffuser als der Anfangsverdacht einer bereits begangenen Straftat. Deshalb muss der Gesetzgeber bei entsprechenden Vorschriften nach der Rspr. des Bundesverfassungsgerichts gegenüber herkömmlichen strafprozessualen oder polizeirechtlichen Ermächtigungsgrundlagen **zusätzliche „handlungsbegrenzende Tatbestandsmerkmale“** vorsehen, „die einen Standard an Vorhersehbarkeit und Kontrollierbarkeit vergleichbar dem schaffen, der für die überkommenen Aufgaben der Gefahrenabwehr und der Strafverfolgung rechtsstaatlich geboten ist“.[50]

f) Vorermittlungen. Noch nicht vollständig geklärt ist trotz intensiver Diskussion,[51] 17
wie weit die Strafverfolgungsbehörden zu Nachforschungen berechtigt und verpflichtet sind, wenn konkrete Umstände dafür erkennbar sind, dass dies zur Begründung eines Anfangsverdachts oder zu seiner Verneinung führen kann. Auch hierzu wird teilweise die Auffassung vertreten, dass eine solche Tätigkeit ihre Grundlage im Polizeirecht finden müsse.[52] Die in § 159 getroffene Regelung lässt insoweit erkennen, dass eine strafprozessuale Anzeigepflicht und eine gewisse Ermittlungsbefugnis der Staatsanwaltschaft für eine Situation begründet ist, in der noch nicht von einem auf einen Anfangsverdacht gegründeten Ermittlungsverfahren gesprochen werden kann,[53] d.h. die StPO kennt hier offenbar eine Art Vorverdacht unterhalb der Schwelle des Anfangsverdachts.[54] Das rechtfertigt den allgemeinen Schluss, dass Vorklärungen, seien sie rechtlicher oder tatsächlicher Art, zulässig und als Gegenstand des Strafverfahrens zu betrachten sind. Mit ihnen soll festgestellt werden, ob sich erste, einen konkreten Lebenssachverhalt betreffende Anzeichen zu einem die Einleitung eines Ermittlungsverfahrens rechtfertigenden Anfangsverdacht ver-

---

46 Zu den Einzelheiten und den damit verfolgten Zwecken LR/*Böß*[27] Vor § 492, 2 ff.

47 Nachw. bei LR/*Krause* § 81g, 2; s. auch *Zöller* (Informationssysteme) 106 ff.

48 So etwa (m.w.N. zum Meinungsstand) LR/*Krause* § 81b, 3 f.; dagegen bereits früher *Dreier* JZ **1987** 1009 f.; wie hier MüKo/*Kölbel/Ibold* § 160, 12; *Krey/Heinrich* Rn. 306 ff.

49 BVerfGE **110** 33, 55 f.; MüKo/*Kölbel/Ibold* § 160, 12.

50 BVerfGE **113** 348, 377 f.

51 S. etwa monografisch *Lange* (Vorermittlungen); *Forkert-Hosser* 83 ff., 119 ff., 161 ff.; ferner etwa *Hilger* FS Hilger 11 ff.; *Krause* FS Strauda 351 ff.; *Lange* DRiZ **2002** 264 ff.; *Schlachetzki* 93 ff. (alle m.w.N. zum Streitstand); *Keller/Griesbaum* NStZ **1990** 416, 417.

52 So wohl SK/*Weßlau*[4] § 152, 16 a.E.; dagegen zutreffend *Lilie* ZStW **111** (1999) 807, 821 f. Zur Abgrenzung zu den Vorfeldermittlungen s. auch *Lange* (Vorermittlungen) 23 f.; *Hilger* FS Hilger 11, 14 f.

53 Vgl. auch § 159, 1, 14; *Lange* (Vorermittlungen) 55; *Hilger* FS Hilger 11, 12 f.; weitere Beispiele bei *Keller/Griesbaum* NStZ **1990** 416, 417, zur damit zusammenhängenden Problematik der Zulässigkeit sog. informatorischer Befragungen § 163a, 17 ff.

54 *Zabel* ZIS **2014** 340, 343.

dichten lassen, und es erscheint auch terminologisch nicht unvertretbar, eine solche Tätigkeit namentlich der Staatsanwaltschaft als Vorermittlungen (nicht zu verwechseln mit den sog. Vorfeldermittlungen, dazu o. Rn. 14) zu bezeichnen.[55] Andererseits ergibt sich aus der Schutzfunktion des Anfangsverdachts, dass Ermittlungshandlungen mit Eingriffscharakter ohne sein Vorliegen nicht zulässig sind.[56] Nach gegenwärtigem Strafprozessrecht[57] können deshalb als Vorermittlungen bezeichnete Prüfungsvorgänge tatsächlicher Art nur dergestalt vorgenommen werden, dass eine nähere Konkretisierung des Sachverhalts anhand allgemein verfügbarer Quellen oder Erkenntnismöglichkeiten oder unter Einsatz von solchen Eingriffen, wie etwa bei einer Leichenöffnung, erfolgt, die keinen personenbezogenen Anfangsverdacht voraussetzen.[58]

18 Dagegen handelt es sich in diesem Sinne um **keine Vorermittlungen**, sondern rechtlich um ein „normales" Ermittlungsverfahren, wenn bereits ein (auch schwacher) Anfangsverdacht vorliegt, und dieser lediglich nach außen zur Schonung des Betroffenen terminologisch durch die Verwendung einer anderen Bezeichnung verbrämt wird, was in der Rechtspraxis namentlich dann zu beobachten ist, wenn es sich, wie etwa bei Politikern oder anderen Prominenten, um solche Beschuldigte handelt, bei denen bereits das Bekanntwerden eines Ermittlungsverfahrens in der Öffentlichkeit erhebliche nachteilige Folgen haben könnte.[59] Ebenso wenig kommt es für den Status des Verfahrens darauf an, wie das Verfahren registermäßig behandelt wird.[60]

19 Die verbreitete Gepflogenheit, nicht als besonders „schonungsbedürftig" angesehene Personen, gegen die eine Strafanzeige vorliegt oder über die die Polizei einen Vorgang angelegt hat, umgekehrt selbst dann in einem Js-Verfahren als **„Beschuldigte"** zu registrieren, wenn definitiv **kein Anfangsverdacht** vorliegt, um erst bei der anschließenden Ak-

---

55 So auch (mit teilweise etwas unterschiedlichen Abgrenzungen) die wohl h.M.; etwa KK/*Weingarten* § 158, 1; § 163, 8; Schmitt/Köhler/*Köhler* § 162, 1 i.V.m. § 163, 9; MüKo/*Kölbel/Ibold* § 158, 26; *Beulke/Swoboda* Rn. 479; *Kramer* Rn. 172 (in dem auch hier vertretenen engen Rahmen); *Schäfer/Fresemann/Hinrichs* Rn. 331; *Schroeder/Verrel* Rn. 64; *Volk/Engländer* Strafprozeßrecht § 8, 6; *Keller/Griesbaum* NStZ **1990** 416, 417; *Hilger* FS Hilger 11, 12 f.; *Lange* DRiZ **2002** 264; *Zöller* (Informationssysteme) 129 f.; *Diemer* NStZ **2005** 666 ff. (zu „Vorerhebungen" des Generalbundesanwalts in Bezug auf Staatsschutzdelikte); *Forkert-Hosser* 161 ff.; *Senge* FS Hamm 701, 707 ff.; aus der Rspr. etwa (bejahend und zu weitgehend) LG Offenburg NStZ **1993** 506; (enger) BayObLGSt **1985** 71; **a.A.** (teilweise auch diese Tätigkeit dem Ermittlungsverfahren mit zurechnend) *Hellmann* Rn. 68; *Paeffgen* JZ **1991** 437, 441 ff. (mangels Kompetenz); *Walder* ZStW **95** (1983) 862, 867 ff.; *Weiler* StraFo **2003** 186, 187; zweifelnd *Zabel* ZIS **2014** 340, 343; differenzierend („Vorprüfungsvorgang", aber kein eigenständiger Verfahrensabschnitt) *Krause* FS Strauda 351, 353.

56 LR/*Mavany* § 152, 44 f.; HbStrVf/*Jahn* I Rn. 78 (jew. m.w.N. zum Streitstand); Schmitt/Köhler/*Köhler* § 162, 1; Radtke/Hohmann/*Link* § 160, 5 ff.; *Beulke/Swoboda* Rn. 479; *Krause* FS Strauda 351, 359 ff.; *Senge* FS Hamm 701, 709 ff.; Barton/Kölbel/Lindemann/*Jahn* 35, 76; *Forkert-Hosser* 194 ff. (de lege lata), 269 ff. (auch de lege ferenda); *Pfordte* StraFo **2016** 53, 57.

57 Zu den Möglichkeiten und Grenzen einer Regelung de lege ferenda s. *Lange* (Vorermittlungen) 223 ff. und DRiZ **2002** 272; *Hilger* FS Hilger 11, 16 ff.

58 Ähnlich *Pfordte* StraFo **2016** 53, 56 f.; Barton/Kölbel/Lindemann/*Jahn* 35, 76 f.; HbStrVf/*Jahn* I Rn. 79 f.; zu den in Betracht kommenden Maßnahmen eingehend *Forkert-Hosser* 205 ff.; zu den Rechtsgrundlagen für die Erhebung und Übermittlung personenbezogener Daten bei Vorermittlungen in Bezug auf mögliche Staatsschutzdelikte *Diemer* NStZ **2005** 666, 668 f.

59 Dazu etwa *Schäfer*[6] Rn. 253, der dies als „unbedenklich" bezeichnet, soweit die Verfahrensrechte der Betroffenen nicht beeinträchtigt werden; vgl. auch (wohl eher großzügig) *Lange* (Vorermittlungen) 27 ff.; zutr. krit. im Hinblick auf den Gleichheitssatz *Forkert-Hosser* 151 f.

60 Näher m.w.N. LR/*Mavany* § 152, 44; *Krause* FS Strauda 351, 353 ff.; dazu auch (zur Behandlung von Immunitätsfällen) *Rautenberg* NJW **2002** 1090 f.; ferner *Lange* (Vorermittlungen) 175.

tenvorlage eine Einstellung nach § 170 Abs. 2 zu verfügen,[61] erscheint im Hinblick auf die hieraus folgenden Konsequenzen nach §§ 492 ff.[62] allerdings **rechtsstaatlich untragbar**.[63] Daran vermag auch der Umstand nichts zu ändern, dass dies wohl *regelmäßig* und im Einklang mit den Aktenordnungen der meisten[64] Länder geschieht:[65] Es sollte von der Justiz nicht zu viel verlangt sein, Beschuldigte und Nichtbeschuldigte auch registermäßig klar voneinander zu trennen. Wenn es darauf nicht ankäme, bestünde ja auch bei „schonungsbedürftigen" Personen kein Anlass, eine Strafanzeige zunächst als AR-Vorgang zu behandeln, und selbst diplomatische Immunität bräuchte die Staatsanwaltschaft nicht daran zu hindern, einen strafrechtlichen Vorwurf aktenmäßig in einem (sogleich einzustellenden) Js-Verfahren zur Kenntnis zu nehmen, solange dies den Betroffenen über die Bezeichnung auf dem Aktendeckel hinaus nicht zu einem „wirklichen" Beschuldigten macht.

g) Strukturverfahren. Den Vorermittlungen ähnlich und rechtlich entsprechend zu bewerten ist die Führung sogenannter Strukturverfahren, bei denen im Zuge der Ermittlungen gegen einen oder mehrere konkrete Beschuldigten weitere Personen im Umfeld, bei denen eine Einbindung in kriminelle Strukturen möglich erscheint, dahingehend in den Blick genommen werden, ob bei ihnen evt. ebenfalls die Begründung eines bis dahin noch nicht bestehenden Anfangsverdachts möglich erscheint.[66] Strukturverfahren stehen freilich zugleich in einem engen Bezug zur „vorbeugenden Verbrechensbekämpfung" (s.o. Rn. 14), da sie wie diese (wenn auch im Gegensatz zu ihr immerhin unter Anknüpfung an einen strafprozessualen Kontext) dadurch gekennzeichnet sind, dass jenseits der Aufklärung einer bestimmten Einzeltat die Aufdeckung krimineller Strukturen in den Mittelpunkt der Betrachtung rückt. 20

4. Internationalisierung und Europäisierung des Ermittlungsverfahrens. Die gesetzlichen Regelungen über das strafrechtliche Ermittlungsverfahren in den §§ 158 bis 177 betreffen größtenteils nur das inländische Ermittlungsverfahren und enthalten Aufgaben und Befugnisse nur für inländische Strafverfolgungsbehörden. Eine Ausnahme hiervon stellt § 158 Abs. 3, 4 dar. Dieser regelt zum einen Strafanzeigen durch in Deutschland wohnhafte Verletzte bezüglich in der EU begangener Straftaten und deren Übermittlung an die Strafverfolgungsbehörden eines anderen Mitgliedsstaates und zum anderen die Übersetzungshilfe bei der Anzeige einer Straftat. Die Ermittlungstätigkeit für ein deutsches Strafverfahren, die im Ausland stattfinden muss, richtet sich nach den besonderen Vorschriften des Rechthilfeverkehrs, wie zum Beispiel nach dem Gesetz über die internationale Rechtshilfe in Strafsachen (IRG), wobei für den Europäischen Rechtsraum namentlich die in rascher Entwicklung befindlichen verschiedenen Europäischen Rechtshilfeübereinkom- 21

---

61 Vgl. *Backes/Lindemann* 98 f.; zur vorschnellen Behauptung eines Anfangsverdachts zwecks Legitimation einer schlichten Sachverhaltsüberprüfung *Forkert-Hosser* 142 ff.

62 Dazu *Backes/Lindemann* 79 ff.

63 Krit. auch KMR/*Noltensmeier-von Osten* 13; MüKo/*Kölbel/Ibold* § 158, 26; *Backes/Lindemann* 81; *Forkert-Hosser* 143 ff.

64 Ausdrücklich anders – und insofern vorbildlich – nunmehr jedoch § 41 Abs. 1 Nr. 5 AktO RhPf. in der seit 1.1.2024 geltenden Fassung, wonach die Prüfung des Vorliegens eines Anfangsverdachts unter dem Registerzeichen „AR" zu erfolgen hat und die Registrierung unter „Js" erst vorzunehmen ist, wenn ein solcher vorliegt.

65 So aber *Krause* FS Strauda 351, 353 ff.; SSW/*Ziegler* § 158, 6.

66 Dazu etwa HbStrVf/*Jahn* I Rn. 82 ff.; *ders.* in: Institut für Kriminalwissenschaften und Rechtsphilosophie Frankfurt a.M. 546, 561 ff.

men von Bedeutung sind.[67] Die Auslieferung von Verdächtigen zwischen den EU-Staaten erfolgt heute nach den Regeln über den **Europäischen Haftbefehl**. Dieses Institut geht auf einen Rahmenbeschluss vom 13.6.2002[68] zurück, der in Deutschland durch das zweite EuHbG vom 20.7.2006[69] umgesetzt wurde, nachdem das Bundesverfassungsgericht das erste EuHbG vom 21.7.2004[70] für nichtig erklärt hatte.[71] Eine Befugnis ausländischer oder supranationaler Ermittlungsorgane zur Vornahme von Ermittlungshandlungen im Inland kann sich lediglich aus internationalen oder supranationalen Vereinbarungen ergeben. Gleiches gilt für die Befugnis deutscher Ermittlungsbehörden für eine (eigenverantwortliche) Tätigkeit im Ausland,[72] wobei für die polizeiliche Strafverfolgungstätigkeit derzeit vor allem die Art. 40, 41 SDÜ eine Rolle spielen.[73] Daneben gilt auf Europäischer Ebene seit dem 22.2.2017 die sogenannte **Europäische Ermittlungsanordnung** für alle Ermittlungsmaßnahmen, die der Beweiserhebung dienen. Diese regelt die Anerkennung und Vollstreckung der Ermittlungsanordnungen eines EU-Staates in einem anderen Mitgliedsstaat.[74] Ihre innerstaatliche Umsetzung ist in den §§ 91a ff. IRG erfolgt.

22 Namentlich im **Bereich der Europäischen Union** geht eine derzeit in einer raschen Entwicklung befindliche Tendenz dahin, Organe der Union oder ihnen zugeordnete Einrichtungen auch mit innerstaatlich wirksamen Ermittlungskompetenzen für die Aufklärung bestimmter Straftaten auszustatten oder entsprechende Organe zu schaffen.[75] Dabei stehen derzeit noch Aufgaben der Koordinierung und des Datenaustausches im Vordergrund, die insbesondere durch das Schengener Informationssystem (SIS) realisiert werden, das am 9.4.2013 um das SIS II erweitert wurde.[76] Gerade auch durch die oben angeführte **Europäische Ermittlungsanordnung** soll das Ermittlungsverfahren standardisiert und beschleunigt werden.[77] Ihren Ausgangspunkt haben diese Ansätze in Bemühungen um eine wirksame Verbesserung der Aufklärung von Straftaten gefunden, die die finanziellen Interessen der Europäischen Union betreffen; hierüber hinausgehend und hieran anknüpfend zielen sie aber auch auf die Aufklärung sonstiger erheblicher Straftaten gegen Gemeinschaftsgüter,[78] was insbesondere vor dem Hintergrund der wachsenden Aktualität terroristischer Angriffe an Bedeutung gewinnt. Hierbei hat die Unterscheidung zwischen präventiver Tätigkeit (vorbeugende Verbrechensbekämpfung) und repressiver Straftaten-

---

67 Dazu m.w.N. LR/*Kühne*[27] Einl. D 107 ff.; Lisken/Denninger/Bäcker/*Aden* Kap. 12 64 ff.; zu den verschiedenen Übereinkommen namentlich *Schomburg/Lagodny/Gleß/Hackner* Internationale Rechtshilfe in Strafsachen Hauptteil II und Hauptteil III.

68 ABlEG Nr. L 190 v. 18.7.2002, S. 1.

69 BGBl. I S. 1721; dazu eingehend Lisken/Denninger/Bäcker/*Aden* Kap. 12 71 ff.; *Hackner/Schomburg/Lagodny/Gleß* NStZ **2006** 663; *Wiesneth* Rn. 399 ff.

70 BGBl. I S. 1748.

71 BVerfG NJW **2005** 2289.

72 Näher m.w.N. § 161, 51; § 163, 17.

73 Dazu Schomburg/Lagodny/Gleß/Hackner/*Gleß* zu Art. 40, 41 SDÜ; Lisken/Denninger/Bäcker/*Aden* Kap. 12 321 ff.

74 Richtlinie 2014/41/EU des Europäischen Parlaments und des Rates vom 3.4.2014 über die Europäische Ermittlungsanordnung in Strafsachen (ABlEU Nr. L 130 vom 1.5.2014); dazu *Schuster* StV **2015** 393 ff.; *Böhm* NJW **2017** 1512 ff.; *Mosna* ZStW **131** (2019) 808, 811 ff.; *Ambos* § 12 Rn. 88 ff. m.w.N.

75 Näher etwa *Dieckmann* NStZ **2001** 617 ff.; *Huber* FS Hilger 135 ff.; *Nehm* DRiZ **2000** 355 ff.; *Vogel* JZ **2004** 827, 835 f.; eingehende Gesamtübersicht nach dem damaligen Stand bei *Nelles* ZStW **109** (1997) 727 ff.; vgl. auch *Beulke/Swoboda* Rn. 33; krit. Würdigung der Entwicklung etwa bei *Braum* StV **2003** 576 ff.

76 Geregelt in den Art. 92 ff. SDÜ; dazu Lisken/Denninger/Bäcker/*Aden* Kap. 12 205 ff.; *Kühne* Rn. 77; *Schlachetzki* 123 f.; *Meyer/Hüttemann* ZStW **128** (2016) 394 ff.

77 Dazu etwa *Böse* ZIS **2014** 152 ff.

78 Vgl. etwa *Kühne* Rn. 64.1.

aufklärung bei den hierfür maßgebenden Zuständigkeitsbestimmungen vielfach keine Bedeutung.

Im Einzelnen ist nach dem gegenwärtigen Stand namentlich auf folgende Institutionen 23
hinzuweisen:[79] Als eine innerhalb der Europäischen Kommission bestehende Einrichtung, die aber keinen Weisungen unterliegt und in ihrer Tätigkeit sachlich unabhängig ist, befasst sich das Europäische Amt für Betrugsbekämpfung **(OLAF)**[80] mit der Aufklärung von finanziellen Unregelmäßigkeiten innerhalb der Europäischen Union und zu ihrem Nachteil. Ihm stehen dabei, auch gegenüber Dritten, die Auskunftsbefugnisse zu, die sich aus dem EU-Recht ergeben; zum Einsatz von Zwangsmaßnahmen bedarf es der Mitwirkung der Mitgliedstaaten. Die Ermittlungsergebnisse werden in Form eines Untersuchungsberichts zusammengefasst. Der polizeilichen Strafverfolgung von schweren internationalen Straftaten und Terrorismus dient **Europol** (ursprünglich nur durch Unterstützung des Datenaustausches zwischen den Mitgliedstaaten und durch Sammeln und Analysieren von Daten, heute aber auch durch die Koordinierung von Ermittlungsmaßnahmen).[81] Neben vorbereitender Unterstützung nationaler Ermittlungsmaßnahmen besteht mittlerweile auch die Möglichkeit, Bedienstete von Europol – allerdings ohne Zwangsbefugnisse – an gemeinsamen Ermittlungsgruppen mit nationalen Beamten zu beteiligen,[82] und als Ziel steht wohl die Etablierung exekutiver Kompetenzen im Raum.[83] Ein justizielles Gegenstück zu Europol bildet **Eurojust**,[84] das im Wesentlichen der justiziellen Koordinierung des Informationsaustausches betreffend transnationale Straftaten, aber unter bestimmten Voraussetzungen auch der Initiierung von Ermittlungshandlungen in den Mitgliedstaaten oder der Einsetzung gemeinschaftlicher Ermittlungsteams[85] dienen soll. Die Errichtung einer besonderen und gegenüber den Organen der EU und den Mitgliedstaaten unabhängigen **Europäischen Staatsanwaltschaft**, der für Straftaten zum finanziellen Nachteil der EU eine eigene Ermittlungstätigkeit einschließlich der Anklageerhebung eingeräumt werden soll, wurde schon seit Langem angestrebt.[86] Hier ist neben dem (wohl etwas anmaßend) sogenannten „Corpus Juris“[87] das im Jahre 2001 von der Europäischen Kommission vorgelegte „Grünbuch“ zu nennen.[88] 2013 schlug die Europäische Kommission eine Verord-

---

79 Gesamtübersichten bei LR/*Kühne*[27] Einl. D 20 ff.; *Kühne* Rn. 93 ff.; *Huber* FS Hilger 135 ff.; *v. Langsdorff* StV **2003** 472 ff.; zu Interpol s.u. Rn. 31.

80 Dazu eingehend *Kühne* Rn. 94 ff.; ferner *Hallmann-Häbler/Stiegel* DRiZ **2003** 241 ff.; *Huber* FS Hilger 135, 144; *Nelles* ZStW **109** (1997) 727, 743 ff.

81 Dazu näher LR/*Kühne*[27] Einl. D 20 ff. m.w.N.; Lisken/Denninger/Bäcker/*Aden* Kap. 12 104 ff.; *Gleß* NStZ **2001** 623; *Tolmein* StV **1999** 108 ff.; *Felgenhauer* FS Hilger 75 ff.; *Nelles* ZStW **109** (1997) 727, 739 ff.; *Schlachetzki* 124 ff., 128 ff.; *Brodowski* ZIS **2015** 79, 85 und **2017** 11, 15; Europol Homepage, https://www.europol.europa.eu/about-europol/data-protection-transparency (Stand 26.3.2025).

82 Lisken/Denninger/Bäcker/*Aden* Kap. 12 320 ff.

83 LR/*Kühne*[27] Einl. D 24, vgl. bereits *Aschmann* Polizei **2000** 40 ff. m.w.N.

84 Dazu näher LR/*Kühne*[27] Einl. D 30 ff.; *Kühne* Rn. 100.3; Lisken/Denninger/Bäcker/*Aden* Kap. 12 148 ff.; *Schomburg* Kriminalistik **2000** 13 ff.; *ders.* ZRP **1999** 237; *ders.* NJW **2002** 1629; *v. Langsdorff* StV **2003** 473 ff.; *Brodowski* ZIS **2015** 79, 85.

85 Vgl. etwa Art. 7 Buchstabe a des Eurojust-Beschlusses des Rates (2002/187/JI) vom 28.2.2002 (ABlEG Nr. L 63 S. 1); Homepage von Eurojust, http://www.eurojust.europa.eu/about/background/Pages/history.aspx (Stand 3.4.2018).

86 Dazu grundlegend *Radtke* GA **2004** 1 ff.; *Frenz* wistra **2010** 432 ff.; *Esser* StV **2014** 494, 496 ff.; *Rheinbay* passim; *Böse* JZ **2017** 82.

87 Dazu mit Wiedergabe der einschlägigen Art. *Kühne* Rn. 1481; LR/*Kühne*[27] Einl. D 48; zu diesem Entwurf auch *Wattenberg* StV **2000** 95 ff.; *Perron* ZStW **112** (2000) 202, 220 ff.; *Anders* StraFo **1999** 407 ff.; *Schlachetzki* 134 f.; vgl. ferner *Schünemann* StraFo **2003** 344 ff.; LR/*Kauß*[27] § 142a, 1 GVG.

88 Dazu *Hebert* DRiZ **2002** 209 ff.; *Brüner/Spitzer* NStZ **2002** 393 ff.; *Dieckmann* NStZ **2001** 617, 620 ff.; *Schlachetzki* 135 ff.; kritisch *Braum* ZRP **2002** 508 ff.; *Radtke* **2004** 1, 16 ff.; *Wohlers* GA **2005** 11, 14 f.

nung über die Errichtung einer solchen Staatsanwaltschaft vor,[89] bevor am 8.6.2017 der Rat der EU die „Allgemeine Ausrichtung zur Europäischen Staatsanwaltschaft“ beschloss. Auf der Grundlage der am 12.10.2017 erlassenen EUStAVO hat die Europäische Staatsanwaltschaft schließlich am 1.6.2021 ihre Tätigkeit aufgenommen.[90] Soweit diese in der EUStAVO nicht unmittelbar geregelt ist, richtet sie sich in Deutschland dabei nach dem EUStAG. Mit fortschreitender Europäisierung von Ermittlungsverfahren stellt sich zugleich die Frage nach einer **Vereinheitlichung der Verfahrensgarantien**.[91]

II. Charakter und Prinzipien des Ermittlungsverfahrens

24 **1. Bestandteil des Strafverfahrens.** Das Ermittlungsverfahren ist **Bestandteil des Strafverfahrens**, nicht etwa ein diesem vorgelagertes, erst der Vorbereitung des „eigentlichen“ Strafverfahrens dienendes Verfahren, worauf die gesetzliche Bezeichnung Vorverfahren oder vorbereitendes Verfahren hindeuten könnte. Das entspricht der heute ganz h.M.,[92] während das ältere Schrifttum stärker dazu neigte, den „eigentlichen“ Strafprozess erst mit der Klageerhebung, die allerdings damals den Antrag auf gerichtliche Voruntersuchung umfasste, beginnen zu lassen.[93] Mit der eigenständigen Bedeutung des Ermittlungsverfahrens (vgl. Rn. 7 f.) ist eine solche Differenzierung unvereinbar, und es wäre angesichts einer Einstellungsquote von mehr als 50 % eine eigenartige Terminologie, die eine sachverhaltserforschende, in der StPO geregelte Tätigkeit der Strafverfolgungsbehörden, die nicht zur Erhebung der öffentlichen Klage führt, als außerhalb des eigentlichen Strafprozesses stattfindend annehmen wollte. Allerdings ist die Folge dieser Einbeziehung des Ermittlungsverfahrens in den Begriff des Strafprozesses, dass ein Teil der traditionell sog. Prozessmaximen nicht auf den gesamten Prozess anwendbar ist (Rn. 27).

25 Das Ermittlungsverfahren ist **notwendiger Bestandteil** des auf ihm aufbauenden gerichtlichen Strafverfahrens mindestens insoweit, als einem nachfolgenden gerichtlichen Verfahren stets eine Entscheidung der Staatsanwaltschaft über die Klageerhebung und damit verbunden eine Prüfung der zureichenden tatsächlichen Anhaltspunkte auf ihren Wahrheitsgehalt und ihre rechtliche Relevanz vorangegangen sein muss.[94] Entfallen kann innerhalb des Ermittlungsverfahrens lediglich die Pflicht zur Erforschung des Sachverhalts, nämlich immer dann, wenn die der Staatsanwaltschaft bekanntgewordenen tatsächlichen Anhaltspunkte alsbald die Klageerhebung gestatten (näher § 160, 32).

---

89 Dazu *Satzger* NStZ **2013** 206 ff.; *Brodowski* StV **2017** 684 ff.; *Trentmann* ZStW **129** (2017) 108, 127 ff.; Homepage der Europäischen Kommission, https://ec.europa.eu/anti-fraud/policy/european_public_prosecutor_de (Stand 26.3.2025).

90 Zum Verfahrensablauf in Deutschland *Duesberg* NJW **2021** 1207 Rn. 19 ff., zur seitherigen Tätigkeit der Europäischen Staatsanwaltschaft in Deutschland *Krause-Ablaß/Hauck* wistra **2022** 441 ff.

91 Vgl. dazu das Diskussionspapier von *Ahlbrecht/Lagodny* StraFo **2003** 329 ff.

92 Vgl. z.B. *Beulke/Swoboda* Rn. 475; *Gössel* 29; Schmitt/Köhler/*Schmitt* Einl. 58, 59; *Peters* § 56 I 1; *Roxin/Schünemann* § 4, 3; *Dünnebier* FS Schäfer 27, 30 f.; **a.A.** *Mörsch* 48 f. (kein eigentliches Strafverfahren); zur in die gleiche Richtung zielenden früheren österreichischen Lehre vgl. kritisch *Moos* FS Jescheck 725 ff.

93 So z.B. *Birkmeyer* 5 ff.; *Binding* Grundriß[4] (1900) 178; *v. Lilienthal* Strafprozeßrecht (1923) 1; wohl auch *Rosenfeld* 28 ff.; wie hier schon *Beling* 80; *zu Dohna* 133; *von Hippel* 8; *von Kries* 461.

94 Enger LR/*Meyer-Goßner*[23] 4, nach dem das Ermittlungsverfahren im Falle der Nachtragsanklage nach § 266 Abs. 2 entfallen kann; aber ihr werden regelmäßig Ermittlungen vorausgegangen sein und sie erfordert notwendig eine tatsächliche und rechtliche Beurteilung des Stoffes sowie eine staatsanwaltschaftliche Entscheidung über die Klageerhebung; vgl. auch *Rieß* GedS Schlüchter 16 m.w.N. abweichender Auffassungen in Fn. 29.

Die **wissenschaftliche und rechtsdogmatische Erforschung** und Durchdringung des Ermittlungsverfahrens war lange Zeit gegenüber der des gerichtlichen Verfahrens, namentlich bei Hauptverhandlung und Rechtsmittelsystem, rückständig. Mittlerweile haben seine Bedeutung, seine Strukturen und die mit ihm verbundenen rechtspolitischen Fragen jedoch eine erhöhte Aufmerksamkeit gefunden. 26

2. Prinzipien des Ermittlungsverfahrens. Für das Ermittlungsverfahren gelten vielfach andere Prinzipien als für das gerichtliche Verfahren, namentlich für die Hauptverhandlung. So unterliegt das Ermittlungsverfahren im wesentlichen einer **freien Gestaltung durch die Staatsanwaltschaft.**[95] Die Grundsätze der Mündlichkeit, Öffentlichkeit und Unmittelbarkeit gelten nicht,[96] vielmehr ist das Ermittlungsverfahren grundsätzlich nicht öffentlich;[97] seine Erkenntnisse werden schriftlich festgehalten (näher § 160, 65 ff.), und die Entscheidungen im Ermittlungsverfahren werden aufgrund dieser schriftlichen Unterlagen getroffen, ohne dass es einen numerus clausus der Beweismittel gibt. Es gilt also nicht Strengbeweis, sondern **Freibeweis**. Naturgemäß gilt auch das Akkusationsprinzip nicht, denn das Ermittlungsverfahren hat gerade das Ziel, den Stoff für die mit dem Anklagegrundsatz verbundene thematische Begrenzung zu sammeln. Dagegen gilt der Amtsaufklärungsgrundsatz auch und das Legalitätsprinzip vorrangig für das Ermittlungsverfahren (§ 160, 1). 27

Die **Fürsorgepflicht**[98] und der Grundsatz eines **fairen Verfahrens**[99] sind auch von der Staatsanwaltschaft im Ermittlungsverfahren zu beachten.[100] Dagegen lässt sich der ohnehin problematische Begriff der **Waffengleichheit**[101] in seinem traditionellen Verständnis auf das Ermittlungsverfahren nicht sinnvoll übertragen.[102] Der verfassungsrechtliche Anspruch auf **rechtliches Gehör** gilt nach dem Wortlaut von Art. 103 Abs. 1 GG nur im gerichtlichen Verfahren; gegenüber der Staatsanwaltschaft ist die Reichweite zweifelhaft (vgl. § 160, 46). Zu den Grundsätzen der Sachverhaltserforschung insgesamt näher § 160, 34 ff.; zum Objektivitätsgebot § 160, 51 f.; zur Pflicht zur unverzögerten Abschlussverfügung LR/*Merz* § 170, 11. 28

3. Eingriffsbefugnisse und Zwangsmaßnahmen. Die §§ 160, 161 und 163 enthalten seit jeher eine Aufgabenzuweisung an die Strafverfolgungsbehörden zur Sachverhaltserforschung. Ob dieser Aufgabenzuweisung auch Befugnisse entsprechen, solche Ermittlungen vorzunehmen, war lange umstritten. Die Änderung des § 161 Abs. 1 und des § 163 Abs. 1 Satz 2 durch das StPÄG 1999 hat dies gesetzlich klargestellt. Die Vorschriften enthalten nunmehr eine **Ermittlungsgeneralklausel**, die allerdings von begrenzter Reichweite ist.[103] **Spezielle Eingriffsbefugnisse** und Ermächtigungen zur Vornahme von Zwangsmaßnahmen finden sich in diesem Abschnitt der StPO in §§ 161a, 163 Abs. 4 Nr. 4, 163a Abs. 3 sowie in den §§ 163b, 163c, 163d, 163e, 163f und 164. Im Übrigen stehen die an anderen Stellen der StPO, namentlich im siebten und achten Abschnitt des ersten Buches geregelten Maßnahmen, ggf. aufgrund 29

95 Dazu ausführlich, auch zur Kritik und zu den Grenzen, § 160, 34 ff.
96 *Eb. Schmidt* 12; *Rieß* FS Rebmann 381, 390 ff.
97 Vgl. auch § 160, 44.
98 Dazu LR/*Kühne*[27] Einl. I 121 ff.
99 Eingehend LR/*Kühne*[27] Einl. I 103 ff.
100 Vgl. Schmitt/Köhler/*Schmitt* Einl. 161; KMR/*Noltensmeier-von Osten* 10; *Hegmann* 19 ff.; *Kohlmann* FS Klug 507, 518 f.; *Müller-Dietz* ZStW **93** (1981) 1177, 1239; *Rieß* FS Rebmann 381, 395.
101 Vgl. LR/*Kühne*[27] Einl. I 117 ff.; ferner *Roxin/Schünemann* § 11, 7; *E. Müller* NJW **1976** 1063; *Vogel* JZ **2004** 627, 830.
102 *Rieß* FS Schäfer 155, 174; vgl. auch *E. Müller* AnwBl. **1986** 50, 52.
103 Näher § 161, 5 ff.

richterlicher Anordnung,[104] den Strafverfolgungsbehörden auch im Ermittlungsverfahren zur Verfügung, vielfach liegt hier ihr Schwerpunkt. Wegen der Einzelheiten des infolge der punktuellen und allmählich entstandenen und nicht immer klaren Rechtszustandes ist auf die Erläuterungen bei den einzelnen Vorschriften zu verweisen.

III. Beteiligte des Ermittlungsverfahrens

30 **1. Allgemeines.** Während das gerichtliche Verfahren und insbesondere die Hauptverhandlung durch eine Dreiecksbeziehung dergestalt gekennzeichnet ist, dass infolge des Akkusationsprinzips vor dem zur Entscheidung berufenen Gericht Staatsanwaltschaft und Beschuldigter in einer formal gleichen Position mit grundsätzlich gleichen Einwirkungsmöglichkeiten in der Rolle des Anklägers und des Angeklagten auftreten, ist das Ermittlungsverfahren überwiegend durch eine zweiseitige Beziehung geprägt, in der eine den Verfahrensgang bestimmende und den Sachverhalt erforschende, dabei zur Objektivität verpflichtete (näher § 160, 51 ff.) Staatsanwaltschaft regelmäßig einem tatverdächtigen Beschuldigten gegenübertritt. Dabei bedient sich die Staatsanwaltschaft zur Aufklärung des Sachverhalts in großem Umfang der Behörden und Beamten des Polizeidienstes, die zur Sachverhaltserforschung auch aus eigener Veranlassung tätig werden können (§ 163), sowie zur Erforschung der persönlichen Verhältnisse des Beschuldigten der Gerichtshilfe. Nach der Abschaffung der gerichtlichen Voruntersuchung im Jahre 1975, die zwar gesetzessystematisch stets außerhalb des Ermittlungsverfahrens als gesonderter Abschnitt erschien, funktionell aber einen in der Hand des Richters liegenden Teil des Ermittlungsverfahrens darstellte (vgl. auch Rn. 4), ist eine gerichtliche Zuständigkeit im Ermittlungsverfahren nur noch für einzelne Ermittlungshandlungen, vor allem aber für die Anordnung oder Kontrolle von Zwangsmaßnahmen[105] gegeben.

2. Staatsanwaltschaft

31 **a) Aufgabe.** Die Staatsanwaltschaft ist Trägerin und Leiterin des Ermittlungsverfahrens, das sich nach dem Gesetzeswortlaut weitgehend in ihrer Hand konzentriert, wenn auch die Polizei in der Rechtswirklichkeit einen erheblichen Teil der Sachverhaltsaufklärung selbstständig wahrnimmt (vgl. näher Rn. 44). Auch soweit das geschieht, trägt die Staatsanwaltschaft die Gesamtverantwortung für eine rechtsstaatliche, faire und ordnungsgemäße Durchführung des Verfahrens. Ihre Zuordnung zur Justiz befähigt sie in besonderem Maße, die Justizförmigkeit schon des Ermittlungsverfahrens zu sichern; die Verantwortlichkeit und Leitungsaufgabe der Staatsanwaltschaft bedeutet daher eine Garantie für die Rechtsstaatlichkeit des Strafverfahrens.[106] Aufgabe der Staatsanwaltschaft ist es im Einzelnen, bei Kenntniserlangung von einem Anfangsverdacht (§ 160, 15 ff.) den Sachverhalt zu erforschen und dabei die notwendigen Ermittlungen entweder selbst vorzunehmen (§ 161, 53 ff.) oder durch die Polizei (§ 161, 58 ff.) oder den Richter (§ 162) vorneh-

---

104 Vgl. zur Rechtsnatur der richterlichen Anordnung im Ermittlungsverfahren § 162, 3; zum Umfang der richterlichen Prüfungsbefugnis § 162, 34 ff., 43 ff.

105 Näher Rn. 50.

106 Vgl. etwa AK/*Schöch* 12; KMR/*Noltensmeier-von Osten* 15; SK/*Albrecht* § 160, 4; *Eb. Schmidt* I 92 ff. (auch zur historischen Entwicklung); *Gössel* § 3 A 1; *Peters* § 23 IV 1a; *Bindel* DRiZ **1994** 165, 166 m.w.N. (auch aus dem polizeilichen Schrifttum) in Fn. 6, 10 und 11; zur staatsrechtlichen Stellung m.w.N. LR/*Kühne*[27] Einl. J 55 ff.; vgl. auch (zur Position der StA insgesamt) Frankfurter Arbeitskreis StV **2000** 460 ff.; *Heghmanns* GA **2003** 433 ff.; ferner BGHSt **34** 215, 217.

men zu lassen, beim Richter die erforderlichen Anordnungen von Zwangsmaßnahmen zu beantragen, soweit sie hierfür keine originäre oder Eilkompetenz besitzt, und nach dem Abschluss der Ermittlungen zu entscheiden, ob das Verfahren eingestellt werden soll oder die öffentliche Klage zu erheben ist (vgl. § 170 und die dortigen Erl.). Die Staatsanwaltschaft unterliegt dabei grundsätzlich dem Legalitätsprinzip.[107]

Wegen dieser Stellung wird die Staatsanwaltschaft verbreitet als **Herrin des Ermittlungsverfahrens** bezeichnet.[108] Der Ausdruck trifft insoweit zu, als er kennzeichnet, dass im Ermittlungsverfahren die Verfahrensherrschaft bei ihr liegt, während sie nach Erhebung der öffentlichen Klage und vor allem nach dem Eröffnungsbeschluss auf das Gericht übergeht. Dabei ist allerdings zu beachten, dass es in der Sache nicht in erster Linie um die Ausübung von Herrschaft gegenüber sonstigen Strafverfolgungsbehörden und gegenüber dem Beschuldigten geht, sondern um eine unter rechtsstaatlichen Gesichtspunkten auszuübende Leitung und die Übernahme von Verantwortung.[109] 32

b) Amtsträger der Staatsanwaltschaft sind die Staatsanwälte (§ 142 Abs. 1 Nr. 2 und 3 GVG) und im Rahmen des § 142 Abs. 2 GVG die Amtsanwälte. Auch andere Beamte des höheren Dienstes, die die Befähigung zum Richteramt haben (vgl. § 122 Abs. 1 DRiG) und zu einer Staatsanwaltschaft abgeordnet sind, sind im Sinne der StPO Staatsanwälte, nicht dagegen Beamte mit der Amtsbezeichnung Staatsanwalt, solange sie (im Wege der Abordnung) bei einer anderen Behörde als bei einer Staatsanwaltschaft tätig sind.[110] Wegen der Einzelheiten und der Organisation der Staatsanwaltschaft wird auf die Erl. zu den §§ 141 ff. GVG verwiesen. Die aufgrund von Landesrecht zugelassenen örtlichen Sitzungsvertreter[111] haben im Ermittlungsverfahren keine Bedeutung, da ihnen nur die Vertretung der Staatsanwaltschaft in der Hauptverhandlung vor dem Strafrichter und dem Jugendrichter obliegt. Soweit die Staatsanwaltschaft prozessuale Befugnisse ausübt, die ihr ausdrücklich vorbehalten sind, wie die Abschlussentscheidung nach § 170, Aufträge und Weisungen gegenüber der Polizei nach § 161 Abs. 1 Satz 2, Anträge auf richterliche Untersuchungshandlungen nach § 162, die Zustimmung zum Einsatz Verdeckter Ermittler nach § 110b Abs. 1, die Vernehmung von Zeugen unter Begründung der Erscheinens- und Aussagepflicht nach § 161a oder die Vornahme der in § 163 Abs. 3, 4 im Zusammenhang mit polizeilichen Zeugenvernehmungen genannten Entscheidungen, müssen diese Amtsträger tätig werden. Im Übrigen kann sich die Staatsanwaltschaft im Ermittlungsverfahren auch anderer bei ihr tätiger Beamten und Angestellten bedienen, die das Amt des Staatsanwalts (vgl. § 122 DRiG) nicht wahrnehmen können; auch Amtsanwälte können insoweit außerhalb der Grenzen des § 142 Abs. 2 GVG tätig werden (vgl. § 161, 56). In der Praxis werden insbesondere sog. **Wirtschaftsreferenten**[112] teils in einer Funktion als weisungsunabhängige Sachverständige, teils als Ermittlungsgehilfen der Staatsanwaltschaft eingesetzt. 33

107 Vgl. näher, auch zur Bedeutung und zu den Grenzen die Erl. zu § 152.

108 So etwa (beispielhaft) SK/*Albrecht* § 160, 4; *Beulke/Swoboda* Rn. 131; *Kühne* Rn. 131; *Ranft* Rn. 200; *Rüping* Rn. 53; weitere Nachweise zu diesem Sprachgebrauch bei *Bindel* DRiZ **1994** 165, 166 Fn. 8; vgl. auch (zur historischen Herkunft) *Kramer* Rn. 98.

109 Zur besonderen Bedeutung bei Tötungsdelikten BGH NStZ **2009** 648 f.

110 Zur Europäischen Staatsanwaltschaft s.o. Rn. 23.

111 Vgl. LR/*Krauß*[27] § 141, 3 GVG; § 142, 31, 35 GVG.

112 Näher LR/*Krauß*[27] § 142, 25 f. GVG. Zur (je nach dem konkreten Auftrag) unterschiedlichen Rechtsstellung vgl. BGHSt **28** 381; OLG Zweibrücken NJW **1979** 1995.

34 **c) Gleichgestellte Behörden.** Soweit in **Steuerstrafsachen**, wozu auch Zollstrafsachen gehören, die **Finanzbehörde** nach § 386 Abs. 2 AO das Strafverfahren selbstständig führt, hat sie für das Ermittlungsverfahren die Stellung der Staatsanwaltschaft (§ 399 AO); sie unterliegt also wie diese dem Legalitätsprinzip und ist für die rechtsstaatliche und faire Durchführung des Ermittlungsverfahrens verantwortlich.[113] Gleiches gilt für andere Straftaten, in denen die Zuständigkeit der Finanzbehörden zur Strafverfolgung ausdrücklich gesetzlich bestimmt ist.[114] Bei der Verfolgung von **Ordnungswidrigkeiten** hat die zuständige **Verwaltungsbehörde** nach § 46 Abs. 2 OWiG grundsätzlich die Rechte und Pflichten der Staatsanwaltschaft; wegen der Abweichungen im Einzelnen s. die Erl. zu den einzelnen Vorschriften.

3. Behörden und Beamte des Polizeidienstes

35 **a) Allgemeines.** Die zentrale Aufgabe der Polizei besteht in der **Gefahrenabwehr.**[115] Sie hat aber auch bei der Strafverfolgung nach der StPO eine ihr gesetzlich zugewiesene ebenso wichtige Aufgabe zu erfüllen. Unbeschadet der Verantwortung und Leitungsaufgabe der Staatsanwaltschaft für das Ermittlungsverfahren und ihrer Befugnis zu eigenen Ermittlungen (§ 161, 53 ff.) trägt die Polizei in der Praxis die **Hauptlast der Straftataufklärung**. Denn die Staatsanwaltschaft ist hierzu aufgrund ihrer personellen Ausstattung quantitativ nicht in der Lage; ferner bedarf die Sachverhaltserforschung vielfach kriminalistischer, kriminaltechnischer und organisatorischer Kenntnisse und Mittel, über die die Staatsanwaltschaft nicht verfügt und nicht in dem erforderlichen Maße verfügen kann (vgl. § 161, 58). In der täglichen Praxis der Strafverfolgung besteht daher seit Langem im Bereich der kleinen und mittleren Kriminalität eine **Dominanz der polizeilichen Sachverhaltsermittlung**, sofern dabei keine Zwangsmaßnahmen benötigt werden, deren Anordnung Richter oder Staatsanwalt vorbehalten ist, und auch solche Maßnahmen obliegen in ihrer praktischen Durchführung zumeist der Polizei. Für die strafprozessuale Erkenntnisgewinnung ist deren gefahrenabwehrende Tätigkeit schließlich auch insoweit von nicht unerheblicher Bedeutung, als mit den Ermittlungsmaßnahmen der Kontrollfahndung (§ 163d) und der sog. polizeilichen Beobachtung (§ 163e) gezielt auf Erkenntnisse zurückgegriffen wird, die an der Gefahrenabwehr dienenden polizeilichen Kontrollstellen anfallen. Dagegen ist die rechtliche Bewertung und die Entscheidung über den Abschluss des Ermittlungsverfahrens nach wie vor der Staatsanwaltschaft vorbehalten. Über das Verhältnis von Staatsanwaltschaft und Polizei insgesamt näher Rn. 43 ff. sowie § 161, 60; § 163, 4, 11 ff.

36 Die Behörden und Beamte des Polizeidienstes sind verpflichtet, **Strafanzeigen** entgegenzunehmen (§ 158 Abs. 1 Satz 1); sie haben **Ermittlungsersuchen** und **-aufträge** der Staatsanwaltschaft auszuführen (§ 161)[116] und auch ohne staatsanwaltschaftliches Ersuchen beim Anfangsverdacht einer Straftat den **Sachverhalt zu erforschen** und dabei mindestens (vgl. § 163, 30) alle unaufschiebbaren Handlungen vorzunehmen (§ 163). Sie sind befugt, **erkennungsdienstliche Maßnahmen** durchzuführen (§ 81b), von anderen Behörden Auskünfte zu erbitten oder zu verlangen (§ 163 Abs. 1 Satz 2), die **Identität festzustellen** (§§ 163b, 163c) und bei Vorliegen der Haftvoraussetzungen bei Gefahr im Verzug Verdächtige **vorläufig festzunehmen** (§ 127 Abs. 2). Weitere Zwangsbefugnisse stehen den

---

113 Vgl. auch SK/*Albrecht* § 160, 13 m.w.N. Kritisch zur Verselbstständigung der Finanzbehörde z.B. *Rüping* ZStW **95** (1983) 894, 914; vgl. auch Rn. 42; ferner § 160, 7 f.; § 163, 95; *Schick* JZ **1982** 125 ff.

114 Näher *Henneberg* BB **1977** 938; vgl. auch Rn. 42.

115 Zum Verhältnis der Gefahrenabwehr zur sog. vorbeugenden Verbrechensbekämpfung s.o. Rn. 10 ff.

116 Vgl. näher § 161, 64 ff.

Beamten des Polizeidienstes bei der Strafverfolgung nicht automatisch zu; wenn sie zu **Ermittlungspersonen der Staatsanwaltschaft** bestellt sind (vgl. § 152 GVG und die dortigen Erl.), können sie eine Reihe von Zwangsmaßnahmen im Wege einer Eil- und Notkompetenz[117] bei Gefahr im Verzuge anordnen und vornehmen.[118]

Organisation und Einrichtung der Polizeibehörden richten sich überwiegend nach Landesrecht; **Bundespolizeibehörden** sind nur in beschränktem Maße gesetzlich zugelassen.[119] Wegen der Einzelheiten wird auf das polizeirechtliche Schrifttum verwiesen. Soweit die StPO den Polizeibehörden Aufgaben überträgt, sind damit nur die Behörden der **Vollzugs-** oder **Sicherheitspolizei** gemeint, nicht solche der sog. Verwaltungs- oder Ordnungspolizei. Bei diesen können allerdings bestimmte Bedienstete, soweit sie Ermittlungspersonen der Staatsanwaltschaft sind, Aufgaben der Strafverfolgung wahrnehmen. Wenig geklärt ist, ob **Hilfspolizeibeamte**[120] auch polizeiliche Aufgaben der Strafverfolgung wahrnehmen können. Maßgebend sind insoweit die landesrechtlichen Vorschriften,[121] aufgrund derer dies jedenfalls dann nicht zulässig ist, wenn diesen Personen nur im Einzelnen umschriebene Aufgaben der Gefahrenabwehr übertragen werden dürfen. 37

b) Schutz- und Kriminalpolizei. Die allgemeine **Schutz- und Kriminalpolizei**, die organisatorisch und dienstaufsichtsrechtlich den Innenministerien der Länder untersteht, ist in ihrem örtlichen Zuständigkeitsbereich für die polizeilichen Strafverfolgungsaufgaben **umfassend zuständig**. Welche Aufgaben dabei von der Schutzpolizei und welche von der fachlich verselbstständigten Kriminalpolizei[122] bearbeitet werden, richtet sich nach Landesrecht und innerdienstlichen Organisationsvorschriften. Regelmäßig wird heute, außer im Bereich der Bagatellkriminalität und der Verkehrsdelikte oder für einzelne Ermittlungsersuchen, die Kriminalpolizei tätig, wenn auch für den ersten Zugriff die Schutzpolizei infolge ihrer örtlichen Nähe eine wichtige Rolle spielt. Kriminalpolizeiliche **Zentralstellenaufgaben** innerhalb der einzelnen Bundesländer nehmen die **Landeskriminalämter** wahr, deren Einrichtung bundesgesetzlich (§ 1 Abs. 2 BKAG) vorgeschrieben ist. 38

c) Sonderpolizeibehörden. Unter den **Sonderpolizeibehörden** nach Bundesrecht ist in erster Linie die aus dem früheren Bundesgrenzschutz hervorgegangene **Bundespolizei** zu nennen.[123] Ihr obliegen u.a. die Grenzsicherung einschließlich der Grenzüberwachung im Grenzgebiet (§ 2 BPolG), die Aufgabe der früheren Bahnpolizei (§ 3 BPolG) und die Sicherung der Luftverkehrsanlagen sowie Sicherheitsmaßnahmen an Bord von Luftfahrzeugen (§ 4a BPolG),[124] und sie ist insoweit auch zur Verfolgung von Straftaten zuständig (§ 12 BPolG). Weitere Sonderpolizeibehörden sind beispielsweise die Strom- 39

117 Vgl. dazu grundsätzlich *Nelles* 23 ff. Zu den Grenzen nach der Rspr. des BVerfG (BVerfGE **103** 147 ff.) näher etwa LR/*Tsambikakis* § 105, 83 ff.

118 Vgl. § 81a Abs. 2; § 81c Abs. 5; § 81f Abs. 1 Satz 1; § 81g Abs. 3 Satz 1; § 98 Abs. 1 Satz 1; § 105 Abs. 1 Satz 1; § 111 Abs. 2; § 111j Abs. 1 Satz 2; § 111p Abs. 2 Satz 2; § 131 Abs. 1, Abs. 3 Satz 2; § 131c Abs. 1; § 132 Abs. 2; § 163d Abs. 2 Satz 1; § 163f Abs. 3 Satz 1.

119 Vgl. Art. 73 Nr. 9a, 10; Art. 87 Abs. 1 Satz 2 GG; näher die Übersicht *Becker* DVBl. **1977** 945.

120 Dabei handelt es sich um Personen, die, ohne Polizeibeamte zu sein, zur Wahrnehmung bestimmter polizeilicher Aufgaben bestellt werden (vgl. etwa § 63 BPolG; § 110 POG RhPf.). Zum Begriff und zur historischen Entwicklung *Ungerbieler* DVBl. **1980** 409.

121 Übersicht bei *Ungerbieler* DVBl. **1980** 409, 411; vgl. auch Lisken/Denninger/Bäcker/*Roggan* Kap. 2 39.

122 Vgl. etwa *Kühne* Rn. 152; zur Geschichte der Kriminalpolizei ausführlich *Groß*/*Geerds* II 522 ff.

123 Dazu näher Lisken/Denninger/Bäcker/*Bäcker* Kap. 2, 246 ff.; Lisken/Denninger/Bäcker/*Roggan* Kap. 2 67 ff.; *Zöller* (Informationssysteme) 252 ff.; s. auch Schmitt/Köhler/*Köhler* § 163, 14.

124 Zu weiteren Aufgaben vgl. §§ 5 ff. BPolG.

und Schiffahrtspolizei sowie für den Bereich des Zollstrafrechts und des grenzüberschreitenden Warenverkehrs das **Zollkriminalamt** (mit vergleichbarer Zentralstellenfunktion wie das Bundeskriminalamt) und die Zollfahndungsämter.[125] Sonderpolizeien der Länder sind etwa die Bereitschaftspolizeien und die Wasserschutzpolizei. Zur begrenzten Zuständigkeit solcher Sonderpolizeibehörden zur Strafverfolgung § 161, 61; § 163, 16. Die Behörden des **Verfassungsschutzes** werden nur teilweise polizeirechtlich den Polizeibehörden zugerechnet,[126] sind aber, da ihnen keine exekutiven Befugnisse zustehen, nicht Behörden des Polizeidienstes im Sinne der §§ 161, 163 StPO.[127]

40 **d) Bundeskriminalamt; Interpol.** Das dem Bundesinnenministerium unterstehende Bundeskriminalamt[128] erfüllt neben einigen präventivpolizeilichen Aufgaben[129] polizeiliche Strafverfolgungsaufgaben vor allem im Bereich der überregionalen und internationalen Strafverfolgung. Das Bundeskriminalamt ist nach § 2 BKAG **Zentralstelle** für kriminaltechnische Untersuchungen, für die Informationssammlung und den Informationsaustausch einschließlich der elektronischen Datenverarbeitung sowie für die kriminalpolizeiliche Forschung und Fortbildung. Als **Strafverfolgungsbehörde** wird es nach den §§ 161, 163 im Rahmen der in § 4 BKAG beschriebenen Zuständigkeiten tätig (vgl. näher § 161, 62); es kann ferner in einer mehrere Bundesländer betreffenden Tat die polizeilichen Aufgaben der Strafverfolgung koordinieren und einem Land zuweisen.[130]

41 Dem Bundeskriminalamt ist ferner grundsätzlich die **internationale polizeiliche Zusammenarbeit** auf dem Gebiet der Strafverfolgung vorbehalten (§ 3 Abs. 2, 3 BKAG); es hat nach § 3 Abs. 1 BKAG die Aufgabe des deutschen Zentralbüros der Interpol (Internationale Kriminalpolizeiliche Organisation – I.K.P.O.), einer Einrichtung zu internationalem Informationsaustausch über polizeiliche Verbrechensbekämpfung mit Sitz in Frankreich,[131] hinsichtlich derer die Verfassungsmäßigkeit der Mitwirkung der Bundesrepublik Deutschland teilweise bestritten wurde.[132]

42 **e) Gleichgestellte Behörden.** Für die Verfolgung bestimmter Straftaten sind andere Behörden und deren Bedienstete der Polizei ausdrücklich gleichgestellt; sie haben „dieselben Rechte und Pflichten wie die Behörden und Beamten des Polizeidienstes nach den Vorschriften der Strafprozessordnung“. Dazu gehören u.a. die Dienststellen der Steuerfahndung und die Zollfahndungsämter bei Steuerstrafsachen (§ 404 AO)[133] sowie die Hauptzollämter und Zollfahndungsämter etwa bei Straftaten nach dem Außenwirtschaftsgesetz und dem Marktordnungsgesetz.[134]

---

125 Näher *Zöller* (Informationssysteme) 227.

126 Vgl. *Zöller* (Informationssysteme) 284 ff.; zum Gebot der Trennung von Polizei und Geheimdiensten ferner Lisken/Denninger/Bäcker/*Bäcker* Kap. 2, 341 ff. m.w.N.

127 Zur Zusammenarbeit von Strafverfolgungs- und Verfassungsschutzbehörden § 161, 35.

128 Näher *Zöller* (Informationssysteme) 136 ff.; ferner Lisken/Denninger/Bäcker/*Bäcker* Kap. 2, 219 ff.; *Kühne* Rn. 157 ff.; *Roxin/Schünemann* § 9, 25; ferner (zur früheren Rechtslage) etwa *Becker* DVBl. **1977** 945, 946; *Herold* DNP **1976** 65; *Riegel* DVBl. **1982** 720.

129 Vgl. etwa §§ 5, 6 BKAG.

130 Vgl. dazu für die Verfahrensweise der Staatsanwaltschaft Nr. 28 RiStBV.

131 Näher und m.w.N. Lisken/Denninger/Bäcker/*Arzt* Kap. 6, 1469 ff.; *Zöller* (Informationssysteme) 403 ff.; ferner etwa *Eick/Trittel* EuGRZ **1985** 81; *Maaß* Kriminalistik **1987** 431; *Riegel* JZ **1982** 312; *Stiebler* Kriminalistik **1982** 610; *Wingerter* Kriminalistik **1987** 415; *Schlachetzki* 120 ff.

132 So *Eick/Trittel* EuGRZ **1985** 81; vgl. auch *Daum* JZ **1980** 798; *Randelzhofer* FS Schlochauer 531.

133 Vgl. auch etwa *Schick* JZ **1982** 125, 126 ff.; *Schleifer* wistra **1986** 250; *Rüster* wistra **1988** 49; insbesondere zur „Doppelfunktion“ der Steuerfahndung *Harms* GedS Schlüchter 451, 456; *Klos* wistra **1988** 92 f.

134 § 21 AWG; § 37 MOG; vgl. auch § 161, 62; Schmitt/Köhler/*Köhler* § 163, 14.

4. Verhältnis Staatsanwaltschaft – Polizei

a) Rechtslage und Rechtswirklichkeit. Nach dem geltenden Strafverfahrensrecht[135] 43
ist das Verhältnis von Staatsanwaltschaft und Polizei bei der Strafverfolgung im Ermittlungsverfahren durch eine umfassende **Leitungsbefugnis der Staatsanwaltschaft** gekennzeichnet; die Polizei wird durch die Strafprozessordnung, wenngleich organisatorisch und ressortmäßig selbstständig, der Strafjustiz dienstbar gemacht, sie erscheint gleichsam als der „verlängerte Arm der Staatsanwaltschaft".[136] Mit der Leitungsbefugnis verbunden ist zugleich die umfassende **Verantwortung der Staatsanwaltschaft** für die Einhaltung des Legalitätsprinzips, die Vollständigkeit der Sachverhaltserforschung und die Justizförmigkeit des Verfahrens, auch soweit es durch die Polizei durchgeführt wird.[137] Um diese Leitungsbefugnis und Verantwortlichkeit wahrnehmen zu können, steht der Staatsanwaltschaft gegenüber der Polizei ein uneingeschränktes Weisungsrecht in Bezug auf ihre auf die Sachverhaltserforschung gerichtete strafverfolgende Tätigkeit zu (vgl. § 161, 64 ff.; § 163, 11 ff.). Ein selbstständiges, aus diesem Zusammenhang herausfallendes polizeiliches Ermittlungsverfahren ist dem geltenden Recht fremd.[138] Es lässt sich auch nicht mit einem Vordringen des Präventionsgedankens begründen, wie er etwa in der Inanspruchnahme der sog. vorbeugenden Verbrechensbekämpfung durch das Polizeirecht zum Ausdruck kommt.[139] Um so weniger kann es aus dem (fernab der gesetzlichen Terminologie entwickelten) Schlagwort einer „Dominanz der Prävention" hergeleitet werden, die einen umfassenden Sicherheitsauftrag der Polizei unter Einschluss der strafverfolgenden Tätigkeit in Anspruch nimmt.[140]

In der **Rechtswirklichkeit** liegt seit Langem in erheblichem Umfang die Einleitung 44
und Durchführung des Ermittlungsverfahrens und namentlich die eigentliche Sachverhaltserforschung in der Hand der Polizei,[141] was sich mittlerweile auch in der Ausgestaltung zahlreicher untergesetzlicher Regelungen der Bundesländer widerspiegelt.[142] Strafanzeigen werden überwiegend bei der Polizei erstattet; aufgrund ihrer präventiven Aufgaben erfährt auch in erster Linie sie und nicht die Staatsanwaltschaft durch amtliche Wahrnehmung von einem Anfangsverdacht, sodass die ganz überwiegende Zahl der Ermittlungsverfahren bei der Polizei ihren Anfang nimmt.[143] Sie führt darüber hinaus im

---

135 Zur Entwicklung der einschlägigen Vorschriften und den Rückwirkungen erfolgter Gesetzesänderungen eingehend *Rieß* FS Volk 559 ff.

136 BVerwGE **47** 255, 263; vgl. auch § 161, 58 ff.; § 163, 11 ff.; sowie zur Abgrenzung von „Prävention" und „Repression" oben Rn. 10 ff.

137 Näher oben Rn. 31 f.

138 S. etwa *Eb. Schmidt* Nachtr. I 3; KMR/*Noltensmeier-von Osten* 16; SK/*Albrecht* § 160, 8; *Bindel* DRiZ **1994** 165, 166 f.; *Schaefer* StraFo **2002** 118, 119; teilw. **a.A.** eine gelegentlich im polizeirechtlichen Schrifttum vertretene Auffassung, dazu näher § 163, 5, 11 ff.

139 Vgl. dazu SK/*Albrecht* § 160, 11 m.w.N.; *Lilie* ZStW **106** (1994) 625, 628; andererseits *Bernhardt* Kriminalistik **1999** 589 ff.

140 So etwa *H. Schäfer* GA **1986** 49 ff.; näher oben Rn. 11 f.

141 Vgl. etwa KMR/*Noltensmeier-von Osten* 16, SK/*Albrecht* § 160, 10; *Fezer* 2/4; *Hellmann* Rn. 142; *Kühne* Rn. 135; *Peters* § 23 III; *Schäfer/Fresemann/Hinrichs* Rn. 382; *Lilie* ZStW **106** (1994) 625, 627 ff.; *Rüping* ZStW **95** (1983) 894, 899 ff.; *Rzepka* KritV **1999** 312, 314 ff.; *Schaefer* StraFo **2002** 118, 119 f.; *Ambos* Jura **2003** 674, 677 f.; *Schlachetzki* 39 ff.; Barton/Kölbel/Lindemann/*Jahn* 35, 42 ff.; Überblick über die zwischen 1972 und 1999 veröffentlichten einschlägigen empirischen Studien bei *Elsner* 26 ff. mit Darstellung der Gründe für die faktische Kompetenzverschiebung a.a.O. 47 ff.

142 Dazu eingehend *Elsner* 50 ff., 106 ff.

143 Nach der amtlichen Staatsanwaltschaftsstatistik wurden 2015 82,5 % (2005: 80,0 %) aller Ermittlungsverfahren von der Polizei, 14,4 % (2005:16,8 %) von der Staatsanwaltschaft, 2,1 % (2005: 1,9 %) von der Steuer- und Zollfahndung und 1,0 % (2005, 1,3 %) von sonstigen Verwaltungsbehörden eingeleitet. Das Zahlenverhält-

Bereich der kleinen und mittleren Kriminalität unter weitgehender Ausnutzung der durch § 163 eröffneten Möglichkeiten die Ermittlungen bis zur Abschlussreife (aus ihrer Sicht) selbstständig,[144] sodass sich die Staatsanwaltschaft in *diesen* Fällen vielfach auf die Anordnung weniger Nachermittlungen und die Abschlussverfügung nach § 170 beschränkt.[145] Unter Inanspruchnahme der Eilkompetenzen wegen Gefahr im Verzug bei der Durchführung von Zwangsmaßnahmen[146] spielt dies auch dann eine Rolle, wenn wegen der an sich bestehenden richterlichen Anordnungskompetenz eine Abgabe der Vorgänge an die Staatsanwaltschaft geboten wäre, damit diese die nach § 162 erforderlichen Anträge stellen kann.

45 Ein faktisches Übergewicht der Polizei besteht darüber hinaus zahlenmäßig bei der einfachen Ermittlungstätigkeit durch **Vernehmungen** sowie bei der Durchführung **kriminalistischer und kriminaltechnischer Untersuchungen**. In besonderem Maße gilt dies für komplexere Ermittlungsmaßnahmen, namentlich solche verdeckter Art, wie etwa beim Einsatz Verdeckter Ermittler oder bei der Verwendung von V-Personen oder Lockspitzeln.[147] Dabei kann die Polizei zur Sachverhaltsaufklärung in weitaus größerem Maße als die Staatsanwaltschaft auf Datenbestände und Erkenntnisse aus der sog. vorbeugenden Verbrechensbekämpfung zurückgreifen.[148] Insgesamt dürfte heute in vielen Kriminalitätsbereichen der operative Teil des Ermittlungsverfahrens, wenn auch teilweise aufgrund von Anordnungen oder mit Billigung der Staatsanwaltschaft, in der Hand der Polizei liegen.[149] Eine eigene **Ermittlungsführung** und nicht nur Ermittlungsleitung der **Staatsanwaltschaft** ist jedoch vor allem in bedeutenden und rechtlich schwierigen Verfahren keineswegs die seltene Ausnahme;[150] die Staatsanwaltschaft ist innerdienstlich verpflichtet, von ihren Ermittlungskompetenzen Gebrauch zu machen[151] und entscheidet vor allem, soweit nicht die Polizei bei der Entgegennahme von Anzeigen gesetzwidrig handelt,[152] allein über das Ergebnis des Ermittlungsverfahrens und dessen Abschluss.

46 Das **Gesamtbild** des Verhältnisses von Staatsanwaltschaft und Polizei dürfte durch ein unübersichtliches Geflecht von informellen und delikts- und bereichsspezifisch unterschiedlichen Formen der Zusammenarbeit und unterschiedlicher Dominanz der beiden

nis ist seit längerer Zeit konstant. Abweichend von dieser allgemeinen Verteilung wurden im Jahre 2015 im Sachgebiet „Wirtschafts- und Steuerstraftaten, Geldwäschedelikte" 45,2 % (2005: 57,1 %) von der Staatsanwaltschaft, 34,8 % (2005: 25,1 %) von der Polizei, 16,7 % (2005: 12,4 %) von der Steuer- und Zollfahndung und 3,3 % (2005: 5,3 %) von Verwaltungsbehörden eingeleitet; der Vergleich mit den Zahlen von 2005 zeigt freilich auch hier einen deutlichen Rückgang der Einleitungszahlen bei der Staatsanwaltschaft.

144 Näher zu dieser rechtlich umstrittenen Befugnis § 163, 30 f.

145 Vgl. dazu die empirischen Untersuchungen bei *Blankenburg/Sessar/Steffen* passim; *Feest/Blankenburg* passim; *Steffen* passim; zur Aussagekraft dieser Untersuchungen für das gesamte Verhältnis Staatsanwaltschaft/Polizei kritisch u.a. *Straßer* 70 ff.; *Helmken* Kriminalistik **1981** 303 mit Erwiderung *Steffen* Kriminalistik **1981** 429; vgl. auch *Schünemann* Kriminalistik **1999** 146, 148; *Rzepka* KritV **1999** 312, 316.

146 Zur (früheren) Häufigkeit *Nelles* 179 mit empirischen Angaben; zur um Eingrenzung bemühten Rspr. des BVerfG (namentlich BVerfGE **103** 142 ff.) § 162, 10; eingehend LR/*Tsambikakis* § 105, 83 ff. m.w.N.

147 S. etwa *Lilie* ZStW **106** (1994) 625, 630 f.; *Paeffgen* Rudolphi-Symp. 7, 14 ff. (mit Hinweis auf das damit verbundene Eindringen „nachrichtendienstlichen" Gedankenguts); *Rzepka* KritV **1999** 312, 318; *Schlachetzki* 77 ff.; *Hüls* 242 ff.

148 Dazu SK/*Albrecht* § 160, 11 m.w.N.

149 Vgl. etwa AK/*Schöch* 15; *Kühne* Rn. 135; *Lilie* ZStW **106** (1994) 625, 627; *Rüping* ZStW **95** (1983) 894, 899 ff.; ferner *Geisler* ZStW **93** (1981) 1109, 1114.

150 Vgl. auch § 161, 53 ff.

151 Nr. 3 RiStBV; vgl. *Peters* § 57 II 3b; *Rüping* ZStW **95** (1983) 894, 905.

152 Vgl. näher § 158, 28; ferner *Feest/Blankenburg* passim; *Hüls* 238 ff.; vgl. aber auch *Gössel* GA **1976** 60, 61.

maßgebenden Strafverfolgungsorgane gekennzeichnet sein.[153] Dieses dürfte mit den eher vagen und offenen Vorgaben der Strafprozessordnung wohl noch in Einklang zu bringen sein. Ein gewohnheitsrechtlich anerkannter Übergang der Ermittlungstätigkeit auf die Polizei kann nicht anerkannt werden, zumal in der neueren Rechtsentwicklung auch gegenläufige Tendenzen hervortreten,[154] wie beispielsweise in der Schaffung von ausdrücklichen Staatsanwaltschaftsvorbehalten bei Ermittlungsmaßnahmen der Polizei.[155] Auch der BGH hat deutlich betont, dass die Staatsanwaltschaft u.a. mit Blick auf Beweisverwertungsverbote, die aus fehlenden oder nicht rechtzeitigen Beschuldigtenbelehrungen resultieren, insbesondere bei schweren Straftaten gehalten ist, ihre Leitungs- und Kontrollbefugnisse frühzeitig und effektiv auszuüben.[156] Das Schwergewicht polizeilicher Tätigkeit liegt hiernach generell auf dem ersten Zugriff (§ 163, 31) sowie der Anwendung von kriminalistischen und kriminaltechnischen Maßnahmen und der operativen Durchführung verdeckter Ermittlungen, bei der kleinen und mittleren Kriminalität darüber hinaus auf der umfassenden Sachverhaltserforschung. Das Schwergewicht der staatsanwaltschaftlichen Tätigkeit liegt insoweit auf der Kontrolle der Ermittlungen und der Abschlussverfügung, bei bedeutenden Taten daneben auf der Wahrnehmung der Leitungsfunktion und bei rechtlich oder verfahrensmäßig schwierigen und komplexen Verfahren auch in der eigenen Sachverhaltserforschung.

b) Rechtspolitische Bewertung/Reformvorschläge. Das Verhältnis von Staatsan- 47
waltschaft und Polizei ist seit Langem Gegenstand intensiver rechtspolitischer Diskussion. Das Schrifttum ist nahezu unübersehbar;[157] die Argumentation von Seiten der Staatsanwaltschaft und Polizei ist nicht immer frei von Emotionalität, Polemik und Empfindlichkeit.[158] Die Auseinandersetzung hat längere Zeit die heute weitgehend zugunsten der Polizei gesetzlich geregelte[159] Problematik der Verfügungsmacht über die anlässlich der Strafverfolgung gewonnenen Daten betroffen; ferner spielt die Frage eine besondere Rolle, wieweit bei übergreifenden konzeptionellen Planungen und angesichts des Vorsprungs der Polizei an operativen Gestaltungsmöglichkeiten die Leitungsfunktion der Staatsanwaltschaft noch gewahrt bleiben kann.[160] Die bis 2004 vom Gesetz verwendete Bezeichnung der Ermittlungspersonen als „Hilfsbeamte der Staatsanwaltschaft" und der in der Literatur vielfach verwendete Begriff der Staatsanwaltschaft als „Herrin des Ermittlungsverfahrens" führen zu Kontroversen, die über die Sachprobleme hinausgehen. Bei diesen selbst ist die Leitungsaufgabe der Staatsanwaltschaft derzeit auch im polizeilichen Schrifttum im Grundsatz jedenfalls insoweit unbestritten, als die Gesamtverantwortung für den Verlauf

---

153 Eingehende empirische Analyse bei *Kröninger* Kriminalistik **2004** 613 ff.

154 Vgl. dazu auch *Krey/Heinrich* Rn. 314 ff.; *Schaefer* StraFo **2002** 118, 121 f.

155 Vgl. etwa 110b Abs. 1 Satz 1 (Einsatz verdeckter Ermittler).

156 BGH NStZ **2009** 648 f.

157 Zusammenfassende Übersichten älterer Publikationen etwa (vielfach m.w.N.) bei *Gössel* GA **1980** 325; *Lilie* ZStW **106** (1994) 625, 640 ff.; *Rüping* ZStW **95** (1983) 894; *Schaefer* FS Hanack 191 ff.; *Straßer* passim; *Elsner* passim; *Rieß* FS Volk 559, 566 ff.; vgl. ferner die hier nicht im Einzelnen wiederholte Literatur im Schrifttumsverzeichnis.

158 Vgl. z.B. aus der Perspektive der Polizei *Ahlf* Polizeiliche Kriminalakten (1988) 71 ff.; *Merten* Die Polizei **1979** 390; *H. Schäfer* GA **1986** 49; aus der Sicht der Staatsanwaltschaft *Schoreit* ZRP **1982** 288; *Uhlig* StV **1986** 117.

159 Vgl. § 481 Abs. 1 und § 483 Abs. 3; *Paeffgen* FS Hilger 153 ff.; zum heute durch § 29 Abs. 6 Satz 2 BKAG ermöglichten (wenngleich nicht unbeschränkten) unmittelbaren Zugriff der Staatsanwaltschaften auf den polizeilichen Informationsverbunde § 161, 21.

160 Dazu etwa Frankfurter Arbeitskreis StV **2000** 460, 461.

des Ermittlungsverfahrens und die Abschlussverfügung betroffen sind.[161] Dass dabei in Einzelfragen teilweise erhebliche Meinungsverschiedenheiten über den Grad der Selbständigkeit polizeilicher Tätigkeit vorhanden sind und z.T. eine partielle Übertragung der Einstellungskompetenz nach § 153a auf die Polizei gefordert wird,[162] steht auf einem anderen Blatt. Ebenso wenig wird heute noch gefordert, der Staatsanwaltschaft die Befugnis zur eigenen sachverhaltserforschenden Tätigkeit durch Gesetzesänderungen insgesamt zu nehmen.[163]

48 Im Schrifttum wurden zum Teil grundsätzliche **Reformvorschläge** vertreten,[164] die, eher vereinzelt, für den Bereich der Kleinkriminalität ein selbständiges polizeiliches Ermittlungsverfahren mit einer eigenen Abschlussbefugnis der Polizei in Form des Strafbefehlsantrags und die Ersetzung des staatsanwaltschaftlichen Weisungsrechts durch einen Rückgriff auf allgemeine Amtshilfegrundsätze vorschlagen.[165] Funktionell in die gleiche Richtung zielen die zeitweise auch als legislatorische Planungen verfolgten, aber mittlerweile wohl endgültig aufgegebenen Überlegungen zur Einführung eines von der Polizei zu verhängenden „Strafgeldes“ für einen aus dem Bereich der Kriminalität auszugliedernden Bereichs von „Verfehlungen“.[166] Häufiger ist dagegen die Forderung, die sich auf eine ältere Tradition stützen kann,[167] die Kriminalpolizei aus der Polizeiorganisation herauszulösen und der Staatsanwaltschaft zu unterstellen.[168] Eine gemeinsame Kommission der Justiz- und Innenressorts hatte 1975 Leitsätze über das Verhältnis von Staatsanwaltschaft und Polizei beschlossen,[169] aus denen 1978 ein Vorentwurf entwickelt,[170] aber schließlich nicht weiterverfolgt wurde. Diese Konzeption lief im Wesentlichen auf eine gesetzliche Verankerung der gegenwärtigen Rechtswirklichkeit mit formaler Anerkennung einer größeren Selbstständigkeit der Polizei im Bereich der Ermittlungen unter Beibehaltung der Leitungsbefugnis der Staatsanwaltschaft und ihrer alleinigen Abschlusskompetenz hinaus.[171]

---

161 Vgl. z.B. *Reuber* Die Polizei **1987** 207, 226; *Rupprecht* ZRP **1977** 275.

162 Dazu etwa *Elsner* 253 ff.

163 Eingehend und krit. zu früheren Vorschlägen dieser Art *Schlachetzki* 150 ff.; zur eigenen Ermittlungsbefugnis der Staatsanwaltschaft näher § 161, 40.

164 Vgl. zum Ganzen und zu den Gesamttendenzen auch KK/*Mayer* § 152, 2 GVG; *Rüping* Rn. 87 ff.; *Roxin* DRiZ **1997** 109, 120; *Lilie* ZStW **106** (1994) 625, 640 ff.; *Rieß* GedS Schlüchter 15, 21; *Schünemann* Kriminalistik **1999** 146, 150 ff.; *Ambos* Jura **2003** 674, 680 ff.; *Schlachetzki* 200 ff.

165 So etwa *Merten* Die Polizei **1979** 390; weitere Nachweise und Würdigung bei *Rüping* ZStW **95** (1983) 894, 907; *Straßer* 133 ff.; *Gössel* GA **1980** 325, 348.

166 Näher m.w.N. LR/*Mavany* § 153, 8; *Schlachetzki* 140 ff.; rechtsvergleichend mit Blick auf entsprechende Regelungen in England *Jasch* NJW **2004** 1077.

167 Vgl. *Rüping* ZStW **95** (1983) 894 f., 907; *Straßer* 124 f.

168 In dieser Richtung z.B. *Groß/Geerds* II 469 ff. (ausführlich); *Schlüchter* Rn. 71; *Füllkrug* ZRP **1984** 193, 195; *Schoreit* ZRP **1982** 288, 290; *Uhlig* StV **1986** 117, 120; *Wagner* MDR **1973** 713; **ablehnend** *Gössel* GA **1980** 325, 349; *Rüping* ZStW **95** (1983) 894, 908; *Peters* § 23 II 2b; *Straßer* 128 ff.; *Krause* Die Polizei **1982** 32; *Schlachetzki* 156 ff.

169 Wiedergabe in Kriminalistik **1976** 545; bei *Kuhlmann* DRiZ **1976** 265; bei *Straßer* 195 ff. mit ausf. Würdigung; dazu u.a. BKA-Vortragsreihe Bd. 23; *Goergen* ZRP **1976** 59; *Kuhlmann* a.a.O.; *Häring* Kriminalistik **1979** 269; *Römer* Kriminalistik **1979** 275; *Rupprecht* ZRP **1977** 275; *Sydow* ZRP **1977** 119; *Ulrich* ZRP **1977** 158; vgl. auch *Rüping* ZStW **95** (1983) 894, 911.

170 Wiedergabe und krit. Würdigung u.a. bei *Geisler* ZStW **93** (1981) 1109, 1115; vgl. auch *Häring* Kriminalistik **1979** 269; *Rüping* ZStW **95** (1983) 894, 911; *Schlachetzki* 171 ff.; ferner (mit unterschiedlicher Beurteilung) AK/*Schöch* 26; *Schaefer* FS Hanack 191 ff.; *ders.* StraFo **2002** 118, 120.

171 In etwa vergleichbare Richtung tendieren die Vorschläge des AE-EV; dazu *Schöch* GedS Schlüchter 29 ff.; *Schlachetzki* 178 ff., *Hüls* 383 ff.

Auch wenn sich angesichts rechtsstaatlicher Bindungen aller vollziehenden Gewalten die scharfe Antithese, dass die Staatsanwaltschaft den Rechtswillen und die Polizei den Machtwillen des Staates repräsentiere,[172] nicht mehr vertreten lässt, ist an der Einheitlichkeit des Ermittlungsverfahrens unter **verantwortlicher Leitung der Staatsanwaltschaft** auch de lege ferenda festzuhalten,[173] ohne dass damit notwendigerweise einer eigenen umfassenden Erforschungstätigkeit der Staatsanwaltschaft das Wort geredet werden soll (vgl. § 161, 53). Das schließt Selbstständigkeit polizeilicher Ermittlungen soweit und solange nicht aus, wie der Staatsanwaltschaft die Möglichkeit einer jederzeitigen Einflussnahme und Aktualisierung ihrer eigenen Ermittlungskompetenzen gewährleistet ist. Soweit das geschieht, dürfte die organisatorische Trennung zwischen einer vorwiegend exekutiv tätigen und insoweit wegen der Parallelität präventiver Tätigkeit mit umfassenden Ressourcen ausgestatteten Polizei und einer eher kontrollierenden und leitenden, der Justiz zugeordneten Staatsanwaltschaft mit nur in Einzelfällen wahrzunehmenden eigenen Ermittlungstätigkeiten aus rechtsstaatlichen Gründen die beste Lösung darstellen.[174] Die überwiegenden Gründe sprechen daher dafür, die seit mehr als einhundert Jahren geltende Rechtslage im Verhältnis von Staatsanwaltschaft und Polizei nicht grundlegend zu ändern.[175] Allerdings erfordert dies, dass die Staatsanwaltschaft die ihr zustehenden Leitungs- und Kontrollbefugnisse effektiv ausübt; dafür reicht es nicht aus, wenn sie lediglich Richtung und Umfang der von der Polizei vorzunehmenden Ermittlungen ganz allgemein vorgibt.[176] 49

5. Gericht. Die Mitwirkung der Gerichte im Ermittlungsverfahren besteht nur in der Vornahme einzelner Untersuchungshandlungen (vgl. § 162, 6 ff.), die kein zusammenhängendes richterliches Verfahren darstellen, selbst wenn sie von demselben Amtsgericht vorgenommen werden. Von der „Anhängigkeit“ eines Ermittlungsverfahrens bei einem bestimmten Gericht kann deshalb nicht gesprochen werden. Als richterliche Untersuchungshandlung kommen einerseits auf Erforschung des Sachverhalts gerichtete Ermittlungsmaßnahmen, andererseits Anordnungen von Zwangsmaßnahmen oder deren Bestätigung in Betracht.[177] Die gerichtliche Tätigkeit setzt regelmäßig einen ihren Umfang begrenzenden Antrag der Staatsanwaltschaft voraus (§ 162, 30 ff.); Ausnahmen enthalten die §§ 165, 166. Eine Anrufung des Gerichts durch den Beschuldigten oder sonst von einer Maßnahme Betroffenen ist nach § 161a Abs. 3, § 163 Abs. 5, § 163a Abs. 3 Satz 3 zulässig; sie ist ferner bei der nichtrichterlichen Anordnung von Zwangsmaßnahmen unter Inanspruchnahme einer Eilkompetenz möglich, solange die Maßnahme noch andauert. Gleiches gilt nach heutiger Rechtsprechung auch für den Fall, dass die Maßnahme bereits vollzogen ist; hier kann mit der Anrufung des Gerichts die Feststellung der Rechtswidrigkeit erreicht werden.[178] Eine richterliche Kontrolle der Einstellung des Ermittlungsverfahrens durch die Staatsanwaltschaft findet (nur) in der Form und unter den Voraussetzungen des Klageerzwingungsverfahrens nach den §§ 172 ff. statt. 50

---

172 *Eb. Schmidt* I 95; MDR **1951** 1, 6; *Krey/Pföhler* NStZ **1985** 145, 146; vgl. auch LR/*Kühne*[27] Einl. J 56.

173 Im Ergebnis wohl heute ganz h.M.

174 Näher mit Nachw. § 161, 51; vgl. auch (in diese Richtung) *Gössel* GA **1980** 325, 348 ff.; *Lilie* ZStW **106** (1994) 625, 641 f.; *Rieß* FS Schäfer 155, 195 f.; dagegen *Schoreit* ZRP **1982** 288 ff.

175 Im Ergebnis, wenn auch teilweise mit Unbehagen gegenüber dem gegenwärtigen Zustand wohl auch (beispielsweise) KK/*Mayer* § 152, 2 GVG; *Peters* § 23 II 2b; *Geisler* ZStW **93** (1981) 1109, 1141; *Rieß* GedS Schlüchter 15, 21; *Rüping* ZStW **95** (1983) 894, 909.

176 Zutr. BGH NStZ **2009** 648 f.; vgl. auch m.w.N. SK/*Albrecht* § 160, 9; ferner etwa AK/*Schöch* 26.

177 Näheres § 162, 1, 6 ff.

178 Näher m.w.N. § 160, 70.

51 Für die richterliche Tätigkeit im Ermittlungsverfahren sind ganz überwiegend die **Amtsgerichte sachlich zuständig**, in den Verfahren, die zur Zuständigkeit des Oberlandesgerichts im ersten Rechtszug gehören, daneben in gleichem Umfang Ermittlungsrichter des Bundesgerichtshofes oder des Oberlandesgerichts (§ 169). Zur örtlichen Zuständigkeit § 162, 25 ff. Ausnahmsweise (vgl. § 162, 23) ist auch die Zuständigkeit des Gerichts begründet, das für die Eröffnung des Hauptverfahrens zuständig wäre; für Entscheidungen über die Online-Durchsuchung nach § 100b und die akustische Wohnraumüberwachung nach § 100c ist gemäß § 100e Abs. 2 Satz 1 die Strafkammer nach § 74c GVG zuständig. Über Beschwerden gegen Entscheidungen des Amtsgerichts im Ermittlungsverfahren entscheidet das Landgericht. Für das Klageerzwingungsverfahren ist regelmäßig die Zuständigkeit der Oberlandesgerichte begründet.

52 **6. Gerichtshilfe.** Die **Gerichtshilfe** kann im Ermittlungsverfahren von der Staatsanwaltschaft nach § 160 Abs. 3 Satz 2 zur Aufklärung der für die Rechtsfolgenzumessung bedeutsamen Umstände herausgezogen werden. Die Einzelheiten sind bei § 160, 81 ff. erläutert.

7. Beschuldigter und Verteidiger

53 **a) Keine Notwendigkeit.** Während das gerichtliche Verfahren nach Erhebung der öffentlichen Klage notwendig einen individuellen Beschuldigten voraussetzt und durch seine Existenz bedingt ist,[179] erfordert das Ermittlungsverfahren einen solchen nicht notwendig; auch das Verfahren aufgrund des bloßen Anfangsverdachts einer Tat zur Ermittlung eines noch unbekannten Täters ist ein Ermittlungsverfahren im Sinne der §§ 158 bis 171. Allerdings ist jedes Ermittlungsverfahren darauf gerichtet, einen noch lebenden und verfolgbaren Beschuldigten festzustellen.[180] Steht zugleich mit dem Anfangsverdacht einer Tat fest, dass kein lebender oder verfolgbarer Täter oder Teilnehmer mehr existiert, der Beschuldigter werden könnte, etwa, weil die allein in Betracht kommenden Personen verstorben sind oder auf Dauer nicht der deutschen Gerichtsbarkeit unterliegen, so findet ein strafrechtliches Ermittlungsverfahren nicht statt. Etwas anderes gilt nur, soweit eine Einziehung im objektiven Verfahren nach § 435 in Betracht kommt.

54 **b) Stellung des Beschuldigten.** Die **Stellung des Beschuldigten** im Ermittlungsverfahren ist eine andere und schwächere als die im gerichtlichen Verfahren, wo es die durch den Anklagegrundsatz konstruktiv hergestellte Dreiecksbeziehung zwischen einem unabhängigen Gericht, einem Ankläger und einem Angeklagten gestattet, eine Ausbalancierung der Befugnisse zwischen Anklagebehörde und Beschuldigtem vorzunehmen, die sich als Chancengleichheit oder Waffengleichheit interpretieren lässt.[181] In dem auf Verdachtsklärung und Stoffsammlung gerichteten Ermittlungsverfahren lässt sich die Stellung des Beschuldigten nicht nach den gleichen Grundsätzen gestalten wie im Zwischen- und Hauptverfahren. Hier muss notwendigerweise der Ermittlungsbehörde ein gewisser Ermittlungsvorsprung eingeräumt werden; er darf allerdings nicht dazu führen, dass die Verteidigungsmöglichkeiten des Beschuldigten zu sehr eingeengt werden.[182]

---

179 BGHSt **34** 184, 185; BGH NStZ **1983** 179.

180 *Eb. Schmidt* 9.

181 Vgl. dazu LR/*Kühne*[27] Einl. I 117 ff.; *Mörsch* 43 ff.; zur Beschuldigtenstellung insgesamt auch LR/*Kühne*[27] Einl. J 65 ff.

182 Vgl. dazu in Bezug auf die Einzelfrage kontrovers u.a. *Richter II* NJW **1981** 1820; *Ernesti* JR **1982** 221; ferner *Dahs* NJW **1985** 1113; *Richter II* StV **1985** 382, 387; *Nelles* StV **1986** 74; *H. Schäfer* wistra **1987** 165; *Tallroth* 278 ff.; zu Reformüberlegungen Rn. 61 f.

Der Beschuldigte[183] ist auch im Ermittlungsverfahren keineswegs nur Objekt der Aufklärungstätigkeit der Staatsanwaltschaft, sondern auch **Subjekt des Verfahrens** mit einem Bündel unterschiedlicher Einzelbefugnisse und Einwirkungsmöglichkeiten.[184] Dem Beschuldigten steht bei richterlichen Zeugen- und Sachverständigenvernehmungen und bei richterlichen Augenscheinseinnahmen grundsätzlich ein Anwesenheitsrecht zu (§§ 168c, 168d); ihm ist ferner ein beschränkter Beweiserhebungsanspruch eingeräumt (§ 163a Abs. 2, § 166) der Beistand eines Verteidigers garantiert (§ 137) und, überwiegend über seinen Verteidiger, grundsätzlich und jedenfalls nach Abschluss der Ermittlungen uneingeschränkt Akteneinsicht eröffnet (§ 147). Wegen der Einzelheiten ist auf die Erläuterung zu diesen Vorschriften zu verweisen. Allerdings schreibt die StPO ihrem Wortlaut nach nicht vor, dass der Beschuldigte von der Einleitung eines Ermittlungsverfahrens alsbald in Kenntnis zu setzen ist.[185] Gewährleistet ist dies nur, wenn er als Beschuldigter vernommen wird (§ 163a Abs. 1 Satz 1); außerdem erfährt er bei gegen ihn gerichteten offenen Zwangsmaßnahmen in der Regel von dem Verfahren. Jedenfalls ist dem Beschuldigten vor Erhebung der öffentlichen Klage, nicht aber vor der Verfahrenseinstellung, Gelegenheit zur Äußerung zu geben. 55

c) Verteidiger. Die Befugnis des Beschuldigten, sich eines Verteidigers zu bedienen, ist, wie aus § 137 folgt, auch schon im Ermittlungsverfahren gewährleistet; notwendig, ggf. mit der Folge der Beiordnung eines Verteidigers, ist die Verteidigung unter den in § 141 i.V.m. § 140 geregelten Voraussetzungen. Gegenüber einer jedenfalls bis zur Reform von § 141 im Jahre 2019 wohl generell zurückhaltenden Praxis der Verteidigerbestellung schon im Ermittlungsverfahren[186] hat die Rechtsprechung eine Pflicht hierzu dann begründet, wenn die Vernehmung entscheidender Zeugen bevorsteht, deren Bekundungen im gerichtlichen Verfahren verwertet werden sollen.[187] Die Befugnisse des Verteidigers zur Anwesenheit bei Vernehmungen ergeben sich aus § 168c,[188] ggf. i.V.m. § 163a Abs. 3 Satz 2 oder Abs. 4 Satz 3, die zur Akteneinsicht aus § 147; auf die jeweiligen Erl. wird verwiesen.[189] Der Verteidiger ist auch während des Ermittlungsverfahrens zu **eigenen Ermittlungen** berechtigt.[190] 56

---

183 Zum Beginn der Beschuldigteneigenschaft § 163a, 11 ff.

184 Vgl. *Eb. Schmidt* Nachtr. I 2; ferner (auch zur historischen Entwicklung) *Fezer* GedS Schröder 407, 408 ff.

185 Näher, auch zur Kritik m.w.N. § 160, 46; § 163a, 35; vgl. auch *Ernesti* JR **1982** 221, 222 mit zu weitgehenden Schlussfolgerungen aus der Annahme eines „Ermittlungsgeheimnisses". Ein Vorschlag zur Einführung eines Informationsrechts des Beschuldigten findet sich in § 160 Abs. 5 des Diskussionsentwurfs für eine Reform des Strafverfahrens der damaligen Regierungsfraktionen aus dem Jahre 2004, StV **2004** 228, 233; dazu *Schlothauer/Weider* StV **2004** 504, 517; *Vogel* JZ **2004** 827, 835.

186 Kritisch etwa *Hamm* FS Lüderssen 717, 722; *Tallroth* 95 f., 294 ff.; *Sowada* NStZ **2005** 1, 4 f.; ferner bereits früher z.B. *Deckers* AnwBl. **1986** 60; *E. Müller* NJW **1981** 1801, 1806; dagegen z.B. *Ernesti* JR **1982** 221, 225; für eine (nunmehr in § 141 erfolgte) gesetzliche Regelung der Fälle, in denen bereits im Ermittlungsverfahren ein Verteidiger zu bestellen ist, Strafrechtsausschuss der Bundesrechtsanwaltskammer 41 ff.

187 Näher § 168c, 10 ff.

188 Zur Gestattung der Verteidigeranwesenheit bei staatsanwaltschaftlichen und polizeilichen Zeugen- und Sachverständigenvernehmungen § 161a, 31 ff.; § 163, 121.

189 Hinweise auf die praktische Tätigkeit des Verteidigers im Ermittlungsverfahren z.B. bei *Dahs* (Hdb.) Rn. 229 ff.; *ders.* NJW **1985** 1113; *Bosbach/Ackermann/Caba* passim; *Krekeler* wistra **1983** 43; zu den verschiedenen Funktionen des Verteidigers im Ermittlungsverfahren vgl. *Mörsch* 64 ff.

190 Vgl. näher LR/*Jahn* Vor § 137, 116 (m.w.N.); ferner (mit dogmatischer Begründung aus der Funktion der Verteidigung) *Mörsch* 68 ff., 104 ff.; aus praktischer Sicht z.B. *Dahs* NJW **1985** 1113, 1117; *Jungfer* StV **1981** 100; *E. Müller* NJW **1981** 1801, 1806; *Rückel* FS Peters II 265; zurückhaltend *Ernesti* JR **1982** 221, 227 f.

57 **8. Verletzter.** Der **Verletzte** spielt für das Ermittlungsverfahren zunächst insoweit eine wichtige Rolle, als er als Anzeigeerstatter den Strafverfolgungsbehörden die Kenntnis vom Tatverdacht verschafft und damit Anlass zur Erforschung des Sachverhalts gibt.[191] Ihm ist darüber hinaus durch das nur ihm offenstehende Klageerzwingungsverfahren im Falle der Verfahrenseinstellung nach § 170 Abs. 2 die Kontrolle der Einhaltung des Legalitätsprinzips durch die Staatsanwaltschaft überantwortet.[192] Darüber hinaus sind seine **Mitwirkungsbefugnisse** durch das OpferschutzG schon im Ermittlungsverfahren erheblich ausgebaut worden. Ihm steht nach § 406e ein (nach dessen Absatz 1 i.d.R. durch einen Rechtsanwalt, unter den Voraussetzungen von Absatz 3 auch selbst wahrzunehmendes) Akteneinsichtsrecht zu; bei seiner staatsanwaltschaftlichen oder gerichtlichen Vernehmung ist sein Rechtsanwalt uneingeschränkt zur Anwesenheit befugt (§ 406f Abs. 1 Satz 2); anderen Vertrauenspersonen ist die Anwesenheit auf Antrag des Verletzten zu gestatten, wenn der Untersuchungszweck hierdurch nicht gefährdet wird (§ 406f Abs. 2). Entsprechende Anwesenheitsrechte sieht § 406g Abs. 1 Satz 2 für einen psychosozialen Prozessbegleiter vor, wobei sich die Ausschlussmöglichkeit nach § 406g Abs. 4 auf den nicht beigeordneten psychosozialen Prozessbegleiter beschränkt. Dem im Falle eines gerichtlichen Verfahrens zum Anschluss als **Nebenkläger** befugten Verletzten (§ 395) gewährt § 406h besondere Befugnisse bereits im Ermittlungsverfahren. Den vermögensrechtlichen Anspruch im **Adhäsionsverfahren** kann der Verletzte schon im Ermittlungsverfahren bei der Staatsanwaltschaft anbringen.[193]

IV. Rechtsschutz im Ermittlungsverfahren

58 **1. Rechtsbehelfe.** Dem geltenden Recht ist, abgesehen von den Möglichkeiten der Gegenvorstellung und der Aufsichtsbeschwerde, ein einheitliches und geschlossenes Rechtsschutzsystem im Ermittlungsverfahren fremd.[194] Gegenüber der Erhebung der öffentlichen Klage findet im Zwischenverfahren dadurch eine gerichtliche Kontrolle des genügenden Anlasses statt, dass das Gericht die Zulassung der Anklage ablehnt, wenn es den hinreichenden Tatverdacht verneint.[195] Dies gilt (§ 408 Abs. 2) auch, wenn die Staatsanwaltschaft die öffentliche Klage in Form des Strafbefehlsantrags erhebt.[196] Gegen die Einstellung des Ermittlungsverfahrens nach § 170 Abs. 2 steht dem Beschuldigten schon deshalb kein Rechtsbehelf zur Verfügung, weil er dadurch nicht beschwert ist; der Verletzte kann eine gerichtliche Überprüfung unter den Voraussetzungen und in den Grenzen des Klageerzwingungsverfahrens, das insoweit eine abschließende Regelung darstellt, herbeiführen.[197]

59 Gegen die **Einleitung und Durchführung des Ermittlungsverfahrens** im Allgemeinen stehen dem Beschuldigten nach überwiegender Meinung gerichtliche Rechtsbehelfe nicht zur Verfügung.[198] Zweifelsfrei gerichtlich überprüfbar sind dagegen einzelne **Zwangsmaßnahmen**, und zwar auch dann, wenn sie im Zeitpunkt der gerichtlichen Entscheidung bereits erledigt sind. Wegen der Einzelheiten vgl. § 160, 70 sowie die jeweiligen Erl. zu den einzelnen Vorschriften.

---

191 Vgl. m.w.N. *Jung* ZStW **93** (1981) 1147, 1156; *Rieß* Verh. des 55. DJT Bd. I C 19.
192 LR/*Merz* § 172, 2.
193 Vgl. näher LR/*Wenske* § 404, 3 f. m.w.N. auch zur Gegenmeinung.
194 Dazu § 160, 69 ff.; SK/*Albrecht* § 160, 75 ff.
195 Vgl. LR/*Merz* § 170, 24 ff.; LR/*Stuckenberg* § 203, 6 ff.
196 Wegen des Antrags auf Aburteilung im beschleunigten Verfahren s. LR/*Gaede*[27] § 418, 12 ff.; § 419, 22.
197 Vgl. näher LR/*Merz* § 172, 5.
198 Dazu und zur Kritik § 160, 71 ff.; eingehend gegen die h.M. *Jahn* FS Strauda 335 ff.

2. Revision. Rechtsverstöße im Ermittlungsverfahren als solche vermögen die Revision 60
grundsätzlich nicht zu begründen, weil das Urteil im Rechtssinne nicht auf dem Ergebnis des Ermittlungsverfahrens, sondern nur auf dem Ergebnis der Hauptverhandlung beruht (näher § 160, 79). Etwas anderes gilt aber immer dann, wenn der im Ermittlungsverfahren vorgekommene Rechtsfehler in das Hauptverfahren hineinwirkt und sich (soweit nicht § 338 eingreift) auf das Urteil ausgewirkt haben kann.[199] Das kann beispielsweise der Fall sein, wenn im Ermittlungsverfahren Beweisverbote, die ein Verwertungsverbot auslösen, nicht beachtet wurden, oder wenn bei Beweisaufnahmen Benachrichtigungs- und Anwesenheitsrechte missachtet wurden (vgl. § 168c, 74), und wenn die dabei gewonnenen Erkenntnisse in der Hauptverhandlung verwertet werden. Wegen der Einzelheiten wird auf die Erl. zu den einzelnen Vorschriften verwiesen.

V. Reform des Ermittlungsverfahrens

1. Allgemeines. In der jahrzehntealten Diskussion[200] über die Reform des deutschen 61
Strafverfahrens[201] stehen Vorschläge zu Reformen im Ermittlungsverfahren an zentraler Stelle.[202] Sie beziehen ihre Stoßkraft vielfach aus der Erkenntnis, dass die entscheidenden Weichen für den Ausgang auch des gerichtlichen Verfahrens bereits im Ermittlungsverfahren gestellt werden und dass ein quantitativ und qualitativ beträchtlicher Teil aller Verfahren bereits in diesem Verfahrensabschnitt beendet wird, und sie zielen unter diesem Aspekt überwiegend auf eine Verstärkung der Position des Beschuldigten und seiner Mitwirkungs- und Gestaltungsmöglichkeiten. Weitere Reformtendenzen, die zwischenzeitlich vielfach legislatorisch umgesetzt worden sind,[203] betreffen die Präzisierung oder Schaffung von Eingriffsermächtigungen, die Bestimmung ihrer Grenzen und des erforderlichen Rechtsschutzes; sie sind, auch wenn sich ihr gesetzlicher Standort vielfach in anderen Abschnitten der StPO findet, in erster Linie für das Ermittlungsverfahren und seinen Charakter von Bedeutung, weil hier der Schwerpunkt ihrer Anwendung liegt. In diesem Zusammenhang verdient eine Harmonisierung des infolge der zeitlich gestreckten Realisierung unübersichtlichen und in sich wenig konsistenten Gesamtkonzepts ebenso eine weitere Diskussion wie die Frage, ob und in welcher Form bisher gesetzlich nicht geregelte Eingriffsmaßnahmen begrenzend geregelt werden sollen. Ein wichtiges Reformanliegen, dem der Gesetzgeber durch das TKÜG Rechnung getragen hat, ist die Beschränkung der strafprozessualen Verwendung von Daten, die aus einer präventivpolizeilichen Maßnahme gewonnen wurden, auf die Verfolgung solcher Delikte, zu deren Aufklärung eine entsprechende Maßnahme strafprozessual angeordnet werden dürfte, durch Einfügung eines entsprechenden Absatzes 2 (nunmehr Absatz 3) in § 161.[204] Entsprechendes gilt für die zugleich eingeführte und später z.T. ausgeweitete Beschränkung von Ermittlungsmaßnahmen, die sich gegen Berufsgeheimnisträger richten, nach § 160a. In jüngerer Zeit vollzogene zahlreiche weitere Änderungen (s.o. Entstehungsge-

---

199 Vgl. LR/*Franke*[26] § 336, 3 f.; *Dahs* Rn. 223 ff.; *Schmid* Die Verwirkung von Verfahrensrügen im Strafprozeß (1967) 175 ff., jeweils m.w.N.
200 Zum älteren Diskussionsstand mit Nachweisen der Einzelvorschläge die Angaben in der 24. Aufl.
201 Zur Frage einer Gesamtreform und den Möglichkeiten hierfür näher LR/*Kühne*[27] Einl. F 213 ff. m.w.N.
202 Vgl. zum Ganzen etwa *Dedy* passim; *B. Krehl* passim; *Rieß* GedS Schlüchter 15 ff.; *Prittwitz* FS Bemmann 596, 603 ff.; *Schünemann* ZStW **114** (2002) 1, 34 ff.; *Vogel* JZ **2004** 827 ff.; *Wolter* (Aspekte) insbes. 53 ff., 80 ff. (mit umfassenden Nachweisen zu den Einzelvorschlägen); *Satzger* StraFo **2006** 45 ff.; *Schlothauer* StV **2016** 607, 609 ff.; *Esser* StV **2022** 600.
203 Vgl. etwa § 161, 4; § 163d, 1; § 163e, 1.
204 Zur verfassungsrechtlichen Notwendigkeit einer solchen Beschränkung LR/*Erb*[26] § 161, 3f, 71a m.w.N.

schichte a.E.) führten nicht zu konzeptionellen, sondern nur zu punktuellen Neuerungen.[205] Zur Neuregelung des Verhältnisses von Staatsanwaltschaft und Polizei s.o. Rn. 47 f.; zu Reformen bei der Gerichtshilfe § 160, 120; zur Reform des Klageerzwingungsverfahrens LR/*Merz* § 172, 4 und zu Reformüberlegungen bei den Begrenzungen des Legalitätsprinzips LR/*Mavany* § 152, 68 ff.

62 Neben einer Vielzahl von Einzelvorschlägen finden sich verschiedene **übergreifende Konzeptionen**, so etwa im Alternativ-Entwurf für eine Reform des Ermittlungsverfahrens[206] oder in einer Denkschrift des Strafrechtsausschusses der Bundesrechtsanwaltskammer.[207] Die von den Regierungsfraktionen in der 14. Legislaturperiode veröffentlichten Eckpunkte für eine umfassendere Reform des Strafverfahrens[208] sowie der daran anknüpfende, in der darauffolgenden Legislaturperiode vorgelegte Diskussionsentwurf[209] setzen ebenfalls einen Schwerpunkt auf Veränderungen im Ermittlungsverfahren. Ferner hat sich der 65. Deutsche Juristentag 2004 in seiner strafrechtlichen Abteilung mit dem Thema „Chancen und Risiken einer Reform des strafrechtlichen Ermittlungsverfahrens" befasst.[210] Hinzu kam ein Gesetzentwurf des Deutschen Anwaltvereins aus dem Jahre 2005.[211] Ein eindrucksvolles Plädoyer mit umfangreichen Regelungsvorschlägen für eine partizipatorische Ausgestaltung des Ermittlungsverfahrens unter Bezugnahme auf die wichtigsten älteren Reformkonzepte wurde 2017 von *Schlothauer* vorgetragen.[212] Ob, zu welchem Zeitpunkt und mit welchem Inhalt derartige übergreifende Konzeptionen realisiert werden, ist derzeit nicht prognostizierbar. Bei der vielfach praktizierten Novellierung einzelner Punkte besteht demgegenüber die Gefahr von Systembrüchen und überbordender Komplexität des Regelungsgefüges.[213]

63 **2. Einzelne Aspekte und Tendenzen.** Die zahlreichen und unterschiedlichen Reformvorschläge können an dieser Stelle nur zusammenfassend und in groben Zügen dargestellt werden;[214] sie sind, auch soweit sie eine bestimmte Tendenz widerspiegeln, vielfach nicht unumstritten und in ihren Konsequenzen oft noch nicht ausreichend geklärt. Umstritten und zweifelhaft ist namentlich, ob die etwa in den Eckpunkten vorgeschlagene Verbesserung der Mitwirkungsbefugnisse des Beschuldigten an der Sachverhaltsaufklärung im Er-

---

205 Vgl. dazu die Kritik von *Schünemann* StraFo **2016** 45, 47 ff. an den Vorschlägen der Expertenkommission des BMJV zur Reform des Strafprozesses; allgemein Esser StV **2022** 600.

206 AE-EV, zum Inhalt näher *Schöch* GedS Schlüchter 29 ff.

207 Strafrechtsausschuss der Bundesrechtsanwaltskammer passim, teilweise mit Vorschlägen, die die Anwendung des geltenden Rechts betreffen oder seine Beibehaltung empfehlen, überwiegend aber mit solchen zu Gesetzesänderungen.

208 Wiedergegeben in StV **2001** 314 ff.; dazu etwa insgesamt *Beulke* FS Rieß 3, 18 ff.; *Bittmann* ZRP **2001** 441 ff.; *Freund* GA **2002** 82 ff.; *v. Galen/Wattenberg* ZRP **2001** 445 ff.; *Ignor/Matt* StV **2002** 102 ff.; *Salditt* StV **2001** 311 ff.; *Schünemann* ZStW **114** (2002) 1, 29 ff.

209 Abgedruckt in StV **2004** 228 ff.; dazu *Freyschmidt/Ignor* NStZ **2004** 465; *Jahn* NJ **2005** 106 ff.; *Schlothauer/Weider* StV **2004** 504 ff.; *Schünemann* StraFo **2004** 293 ff.; krit. *Haller* DRiZ **2004** 184.

210 Dazu etwa das Gutachten von *Satzger* Verh. des 65. DJT, Bd. 1 Teil C; *ders.* Beilage zu NJW Heft 27/**2004** 17; krit. *Gössel* JR **2004** 313; ferner die Beschlüsse des 65. DJT, NJW **2004** 3241, 3244; dazu *Wohlers* GA **2005** 2, 30 f.; vgl. auch *Satzger* StraFo **2006** 45, 46 f.

211 Vgl. AnwBl. **2006** 24 ff.

212 *Schlothauer* StV **2016** 607, 609 ff.

213 *Dedy* 68 ff., die deshalb nachdrücklich verlangt, Reformen nur auf der Grundlage eines Gesamtkonzepts in Angriff zu nehmen.

214 Eingehend etwa *Rieß* GedS Schlüchter 15, 20 ff.; *Meier* GA **2004** 441 ff.

mittlungsverfahren es – was mit diesen Vorschlägen zumeist verbunden sein soll –[215] rechtfertigen kann, eine größere „Transferierbarkeit" in die Beweisaufnahme in der Hauptverhandlung und damit eine weitere Reduktion des Unmittelbarkeitsgrundsatzes zu ermöglichen.[216]

Im Einzelnen wurden – was die Position des Beschuldigten und die Verteidigungsmög- 64
lichkeiten angeht – u.a. folgende Veränderungen diskutiert: Frühzeitige Unterrichtung des Beschuldigten über die Einleitung des Ermittlungsverfahrens, deutlich stärkerer Ausbau der notwendigen Verteidigung bereits im Ermittlungsverfahren, verbunden mit einer gebührenrechtlichen Verbesserung der Verteidigertätigkeit im Ermittlungsverfahren und der Möglichkeit einer (beschränkten) Kostenerstattung bei der Einstellung des Verfahrens, Klarstellung des Beschuldigtenbegriffs, Erweiterung der Anwesenheitsbefugnisse des Verteidigers und Beschuldigten bei Beweisaufnahmeakten im Ermittlungsverfahren, verbesserte Mitwirkung bei der Sachverständigenbestellung, in Anlehnung an das frühere Schlussgehör die Einführung eines Schlussgesprächs nach Abschluss der Ermittlungen und vor der Entscheidung über die Erhebung der öffentlichen Klage sowie ein Ausbau des Beweiserhebungsanspruchs des Beschuldigten im Ermittlungsverfahren – ein Thema, bei dem neuere Vorschläge allerdings deutlich zurückhaltender als frühere sind. Ferner wurde vorgeschlagen, die Möglichkeit eines gerichtlichen Einstellungserzwingungsverfahrens für den Fall zu schaffen, dass die Staatsanwaltschaft ihrer Pflicht zur unverzögerten Verfahrenseinstellung nicht nachkommt.[217]

Etwas außerhalb dieser, den Schwerpunkt bildenden Überlegungen stehen u.a. **weite-** 65
re Vorschläge zur Neuabgrenzung der Zuständigkeit des Ermittlungsrichters oder zur Schaffung einer einheitlichen gesetzlichen Regelung des gerichtlichen Rechtsschutzes im Ermittlungsverfahren. Was erstere betrifft, wurde § 162 durch das TKÜG dahingehend geändert, dass das Amtsgericht am Sitz der antragstellenden Staatsanwaltschaft von Anfang an grds. für alle Untersuchungshandlungen örtlich zuständig ist (§ 162 Abs. 1 Satz 1 n.F.); bei Vernehmungen und Augenscheinseinnahmen kann die Staatsanwaltschaft die Maßnahme „zur Beschleunigung des Verfahrens oder zur Vermeidung von Belastungen Betroffener" beim Gericht des Ortes beantragen, an dem sie vorzunehmen ist (§ 162 Abs. 1 Satz 3 n.F.). Das Vorhaben einer Neuregelung des gerichtlichen Rechtsschutzes wurde für die heimlichen Ermittlungsmaßnahmen durch § 101 Abs. 7 in einem Teilbereich realisiert; im Übrigen dürfte es durch die Rechtsprechungsentwicklung[218] an Dringlichkeit verloren haben, könnte bei einer weitgehenden Neugestaltung aber wieder Bedeutung erlangen.[219] Kontrovers diskutiert wird ferner, ob Ermittlungsbefugnisse im Vorfeld eines Tatverdachts (s.o. Rn. 17) gesetzlich geregelt werden sollen,[220] oder ob Veränderungen bei der Weisungsgebundenheit der Staatsanwaltschaft angebracht sind.[221] Von hoher Dringlichkeit ist die Schaffung einer gesetzlichen Regelung zum Einsatz von Vertrauenspersonen und zur Be-

---

215 Vgl. Eckpunkte StV **2001** 314, 316 (unter 7); eindeutiger *Däubler-Gmelin* StV **2001** 359, 361; deutlich Diskussionsentwurf StV **2004** 228, 230 f.; Barton/Kölbel/Lindemann/*Jahn* 35, 57 f.

216 Dazu näher und überwiegend kritisch etwa *Beulke* FS Rieß 3, 21 ff.; *Prittwitz* FS Bemmann 596, 608 ff.; *Salditt* StV **2001** 311, 312; *Schünemann* ZStW **114** (2002) 1, 42 f.; *Wohlers* GA **2005** 2, 31 ff.

217 So *Rieß* FS Roxin 1319 ff.; dazu näher LR/*Graalmann-Scheerer*[27] § 170, 13; zum Gebot eines Rechtsschutzes gegen die rechtswidrige Einleitung oder Weiterführung von Ermittlungsverfahren § 160, 71 ff.

218 Vgl. § 160, 69.

219 Insofern weiteren Reformbedarf anmahnend Esser StV **2022**, 600, 603.

220 Vgl. etwa *Forkert-Hosser* 253 ff., 329 ff.; Barton/Kölbel/Lindemann/*Jahn* 35, 77.

221 Dazu etwa AE-EV S. 141 ff. und *Schöch* GedS Schlüchter 29, 37 f.; vgl. auch *Heghmanns* GA **2003** 433, 445; vgl. auch die Vorschläge der Strafrechtskommission des Deutschen Richterbundes, DRiZ **2003** 249, 252 f.; für eine Beibehaltung des Weisungsrechts aus verfassungsrechtlichen Überlegungen nachdrücklich *Bölter* FS Strauda 293, 302 ff.

schränkung der Tatprovokation;[222] ein darauf abzielender Gesetzesentwurf in der 20. Legislaturperiode[223] ist dem vorzeitigen Ende der „Ampel-Koalition" zum Opfer gefallen. Sachgerecht wären auch eine eingehendere Regelung der Erhebung und Verwertung elektronischer Beweise und des möglichen Einsatzes künstlicher Intelligenz,[224] der Schaffung von Vorschriften gegen die gezielte und rechtsmissbräuchliche Veranlassung vorgeblicher Zufallsfunde[225] sowie zur klaren Abgrenzung präventiver und repressiver Maßnahmen mit Blick auf sog. legendierte Kontrollen (dazu auch § 161, 79),[226] des Weiteren eine verbesserte Partizipation der Verteidigung.[227]

VI. Der „Deal" im Ermittlungsverfahren

66 **1. Bedeutung.** Obwohl das Thema „Verfahrensabsprachen" bzw. – in der Terminologie des Gesetzgebers – „Verständigung im Strafverfahren" zumeist in Bezug auf die Hauptverhandlung diskutiert wird, ausschließlich insoweit Gegenstand der einschlägigen Grundsatzentscheidungen des BGH[228] war und im Wesentlichen auch nur unter diesem Blickwinkel Gegenstand der Regelungen im VerständigungsG wurde,[229] dürfte das Problem im Ermittlungsverfahren ebenfalls gewaltige Ausmaße angenommen haben.[230] Hier ist zum einen die Anbahnung (bzw. bereits die informelle Besiegelung) eines „Deals" in diesem Verfahrensstadium zu nennen,[231] um den angestrebten „einvernehmlich" schnellen Abschluss des Hauptverfahrens möglichst frühzeitig sicherzustellen. Zum anderen eröffnen § 153a sowie die §§ 154, 154a reichhaltige Möglichkeiten, den Verfahrensgegenstand ganz oder teilweise ohne Anklageerhebung einer einvernehmlichen Lösung zuzuführen,[232] und ähnliche „Einspareffekte" kann man erzielen, wenn sich der Beschuldigte bereiterklärt, über eine bestimmte Sanktion einen Strafbefehl zu akzeptieren.[233] Jeder Strafrechtspraktiker wird bestätigen, dass solche Vorgehensweisen weit verbreitet sind; wenn sie nach wie vor völlig im Schatten der Diskussion um Verständigungen in der Hauptverhandlung stehen, dürfte das nur daran liegen, dass Absprachen, aufgrund derer erst gar keine Hauptverhandlung stattfindet, einer Kontrolle durch die Revisionsgerichte (und dem damit verbundenen öffentlichen Bekanntwerden einschlägiger Fälle) noch viel effektiver entzogen sind, als das schon bei Urteilsabsprachen der Fall ist.[234]

---

222 *Esser* StV **2022** 600, 601 f.
223 RegE BTDrucks. **20** 11312.
224 *Esser* StV **2022** 600, 602.
225 *Esser* StV **2022** 600, 603 f.
226 *Esser* StV **2022** 600, 604.
227 *Esser* StV **2022** 600, 605 ff.; *Gercke* StV **2022** 609, 611 ff.
228 BGHSt **43** 195 und BGHGrSSt **50** 41.
229 In § 160b findet sich für das Ermittlungsverfahren dazu neben der Selbstverständlichkeit (s. § 160b, 1), dass die Staatsanwaltschaft „den Stand des Verfahrens mit den Verfahrensbeteiligten erörtern [kann], soweit dies geeignet erscheint, das Verfahren zu fördern", in Satz 2 nur die Vorgabe, den „wesentliche[n] Inhalt dieser Erörterung ... aktenkundig zu machen." Eine eingehendere Regelung mit der Verortung in einem „Schlussgehör" findet sich im Alternativvorschlag von *Matt/Vogel* FS Strauda 391, 401.
230 Vgl. *Dedy* 208 ff.
231 Vgl. *Matt/Vogel* FS Strauda 391, 394 f.
232 *Nötzel/Klauck* NStZ **2021** 577, 579; ebenso bereits LR/*Kühne*[26] Einl. G 65.
233 *Dedy* 209; eingehend zu den in Betracht kommenden Absprachevarianten Barton/Kölbel/Lindemann/*Altenhain* 219, 220 ff.
234 Ebenso MüKo/*Kölbel*/*Ibold* § 160, 8.

2. Gefahren. Die rechtsstaatlichen Gefahren sind dabei im Ermittlungsverfahren keineswegs geringer, sondern im Gegenteil vielleicht sogar noch größer als in der Hauptverhandlung.[235] Neben dem Verlust auch der letzten Reste einer obergerichtlichen Kontrolle besteht hier nämlich das Problem, dass die Sachlage im Ermittlungsverfahren von einer zuverlässigen Klärung noch weiter entfernt ist.[236] Dies bedingt ein nochmals gesteigertes Risiko, dass ein Unschuldiger mit der „Sanktionsschere" dazu genötigt wird, eine Verdachtsstrafe zu akzeptieren. 67

Dabei ist nicht nur an die Fälle zu denken, in denen § 153a ungeachtet der offensichtlichen Rechtswidrigkeit eines solchen Vorgehens[237] zur Anwendung gelangt, obwohl der **Verdacht nicht einmal ansatzweise ausermittelt** ist. Vielmehr besteht auch die (leider nicht nur theoretische, wie ein dem Verfasser persönlich bekannter Fall zeigt) Möglichkeit, bei zweifelhafter Sach- und Rechtslage einen Beschuldigten dahingehend gefügig zu machen, dass er ohne Rücksicht auf Schuld oder Unschuld im **Strafbefehlsverfahren** eine erhebliche Strafe (ggf. zuzüglich einer harten Bewährungsauflage) akzeptiert. Diese Möglichkeit beruht darauf, dass gerade ein unzureichend ausermittelter komplexer Sachverhalt, in dem die Verdachtsmomente zwar durchweg vage und möglicherweise haltlos, aber quantitativ umfangreich sind, einen Strafverfolger in Versuchung führen kann, die „Sanktionsschere" besonders weit zu öffnen. 68

Dabei ermöglicht speziell die Situation im Vorfeld einer möglichen Anklageerhebung, den **Druck auf den Beschuldigten** um eine **prozessuale Komponente** anzureichern, die nur in diesem Verfahrensstadium zur Verfügung steht: Bei Wohlverhalten lockt neben der relativen Milde der Sanktion zugleich der diskrete Ablauf des Strafbefehlsverfahrens, während für den verstockten Beschuldigten auf der anderen Seite eine Daumenschraube bereitsteht, die nicht nur durch die Härte der angedrohten Sanktion, sondern auch durch die Angst vor den Belastungen angetrieben wird, die mit einer Hauptverhandlung vor der großen Strafkammer verbunden sind. Hinzu kommt, dass die „Verhandlungsposition" des Beschuldigten in dieser Situation viel schwächer ist als dann, wenn es tatsächlich zu einer Hauptverhandlung gekommen ist, weil die Verteidigung einem entsprechenden Druck zunächst einmal nicht mit effektivem Gegendruck begegnen kann, denn innerhalb des Ermittlungsverfahrens hat sie ja (anders als in der Hauptverhandlung) keine prozessualen Möglichkeiten, den Strafverfolgungsorganen „das Leben schwer zu machen". Welche übermenschlichen Kräfte benötigt jemand, der unschuldig in einen nicht ganz einfach zu widerlegenden Verdacht geraten ist, um vor einem solchen Hintergrund weiter auf seiner Unschuld zu bestehen? 69

3. Erforderliche Maßnahmen. Um derartige Missbräuche von Absprachen im Ermittlungsverfahren zuverlässig auszuschließen, dürfte es noch viel weniger als im Bereich der Hauptverhandlung[238] genügen, Regularien darüber aufzustellen, wie der „Deal" in rechtsstaatlich erträglicher Form vonstatten gehen soll. Da die Kontrolle durch Rechtsmittel hier naturgemäß zum Scheitern verurteilt ist (ihre Ausschaltung ist ja gerade einer der wesentlichen Effekte eines funktionierenden „Deals"), könnten Grenzüberschreitungen wohl vielmehr nur durch effektive persönliche Sanktionen gegenüber den beteiligten Ak- 70

---

235 Zum Folgenden mit eingehender Darstellung des Fallbeispiels *Erb* GedS Blomeyer 743, 754 ff.; vgl. auch MüKo/*Kölbel/Ibold* § 160, 8; Barton/Kölbel/Lindemann/*Altenhain* 219, 231 ff.; vor diesem Hintergrund wohl zu optimistisch *Nötzel/Klauck* NStZ **2021** 577, 582.

236 Zutr. *Rieß* GedS Schlüchter 15, 24; LR/*Kühne*[26] Einl. G 65.

237 Vgl. LR/*Mavany* § 153a, 45 f.; *Dedy* 212.

238 Zu der jedenfalls bis 2013 offenbar völlig unzulänglichen Beachtung der Regelungen des VerständigungsG in der Praxis BVerfGE **133** 168.

teuren unterbunden werden, etwa durch eine entsprechende Erweiterung und konsequente Anwendung der §§ 339, 344 StGB.[239]

§ 158
Strafanzeige; Strafantrag

(1) [1]Die Anzeige einer Straftat und der Strafantrag können bei der Staatsanwaltschaft, den Behörden und Beamten des Polizeidienstes und den Amtsgerichten angebracht werden. [2]Die Anzeige und der Strafantrag sind durch die aufnehmende Stelle zu protokollieren oder auf sonstige Weise zu dokumentieren. [3]Dem Verletzten ist auf Antrag der Eingang seiner Anzeige schriftlich zu bestätigen. [4]Die Bestätigung soll eine kurze Zusammenfassung der Angaben des Verletzten zu Tatzeit, Tatort und angezeigter Tat enthalten. [5]Die Bestätigung kann versagt werden, soweit der Untersuchungszweck, auch in einem anderen Strafverfahren, gefährdet erscheint.

(2) Bei Straftaten, deren Verfolgung nur auf Antrag eintritt, müssen die Identität und der Verfolgungswille der antragstellenden Person sichergestellt sein.

(3) [1]Zeigt ein im Inland wohnhafter Verletzter eine in einem anderen Mitgliedstaat der Europäischen Union begangene Straftat an, so übermittelt die Staatsanwaltschaft die Anzeige auf Antrag des Verletzten an die zuständige Strafverfolgungsbehörde des anderen Mitgliedstaats, wenn für die Tat das deutsche Strafrecht nicht gilt oder von der Verfolgung der Tat nach § 153c Absatz 1 Satz 1 Nummer 1, auch in Verbindung mit § 153f, abgesehen wird. [2]Von der Übermittlung kann abgesehen werden, wenn
1. **die Tat und die für ihre Verfolgung wesentlichen Umstände der zuständigen ausländischen Behörde bereits bekannt sind oder**
2. **der Unrechtsgehalt der Tat gering ist und der verletzten Person die Anzeige im Ausland möglich gewesen wäre.**

(4) [1]Ist der Verletzte der deutschen Sprache nicht mächtig, erhält er die notwendige Hilfe bei der Verständigung, um die Anzeige in einer ihm verständlichen Sprache anzubringen. [2]Die schriftliche Anzeigebestätigung nach Absatz 1 Satz 3 und 4 ist dem Verletzten in diesen Fällen auf Antrag in eine ihm verständliche Sprache zu übersetzen; Absatz 1 Satz 5 bleibt unberührt.

Schrifttum

Backes Alle Macht dem Staatsanwalt! StV **2006** 712; *Backes/Lindemann* Staatlich organisierte Anonymität als Ermittlungsmethode bei Korruptions- und Wirtschaftsdelikten (2006); *Brenner* Zoll- und Steuerfahnder müssen Betrug, Konkursdelikte usw. der Staatsanwaltschaft mitteilen, DRiZ **1978** 58; *Deutsch* Mutwillige Strafanzeige gegen den Arzt: Ersatzpflicht des Anwalts oder Patienten? NJW **1982** 680; *Erb* Inwieweit schützt § 17 UWG ein ausländisches „Bankgeheimnis"? FS Roxin II (2011) 1103; *Ferber* Stärkung der Opferrechte im Strafverfahren – Das 3. Opferrechtsreformgesetz, NJW **2016** 279; *Franzheim* Zur Behandlung querulatorischer Strafanzeigen, GA **1978** 142; *Geerds* Zum Zusichern von Vertraulichkeit bei Anzeigen und Hinweisen, FS Krause (1991) 451; *Geißer* Die Zusage der vertraulichen Behandlung einer Mitteilung bei der Straftatenklärung, GA **1985** 247; *Hauser* Der Strafantrag gegenüber der Polizei im elektronischen Rechtsverkehr, JR **2022** 401; *ders.* Zur Neufassung des § 158 StPO – Strafanträge künftig per einfacher E-Mail? JR **2024**, 74; *Helle* Der Ausschluß privatrechtlichen Ehrenschutzes gegenüber Zeugenaussagen im Strafverfahren, NJW **1987** 233; *Jesse* Ist ein über die Internetwache gestellter Strafantrag wirksam? DRiZ **2018** 28; *Kaiser* Die Rechtsstellung geisteskranker und wegen Geistesschwäche entmündigter Antragsteller im staatsanwaltschaftlichen Ermitt-

239 Dazu (allerdings primär auf die Situation in der Hauptverhandlung bezogen) *Erb* StV **2014** 103.

lungsverfahren, NJW **1960** 373; *Koch* Denunciatio. Zur Geschichte eines strafprozessualen Rechtsinstituts (2006); *Kockel/Vossen-Kempkens* Zur Sachbehandlung von unschlüssigen, haltlosen, beschimpfenden, sich inhaltlich wiederholenden „querulatorischen" Strafanzeigen, NStZ **2001** 178; *Kunkel* Anzeige und Auskunftspflicht, Zeugnisverweigerungsrecht und Datenschutz bei Straftaten an Kindern, StV **2002** 333; *Kürzinger* Private Strafanzeige und polizeiliche Reaktion (1978); *Mesche* Anzeigepflicht auf dem Erlaßwege, DRiZ **1987** 396; *M. K. Meyer* Zur Rechtsnatur und Funktion des Strafantrages (1984); *Müller-Dietz* Schadensersatz bei erfolgloser Strafanzeige? FS Tröndle (1989) 567; *Nieuwenhuis* Strafanzeige und Steuergeheimnis, NJW **1989** 280; *Posselt* Die Strafanzeige, DNP **1977** 7, 23; *Pump* Anzeige von Steuerstraftaten durch Gerichte und Behörden (§ 116 AO), wistra **1987** 322; *Riegel* Zum Problem der Schriftlichkeit i.S. § 158 Abs. 2 StPO, NJW **1973** 495; *Salzmann* Die querulatorische Strafanzeige (2024); *Scheu* Anzeigepflicht von Verwaltungsbediensteten bei Umweltverstößen, NJW **1983** 1707; *Schnapp/Düring* Anzeigepflicht der Krankenkassen und kassenärztlicher Vereinigungen beim Verdacht auf sogenannten Abrechnungsbetrug? NJW **1988** 738; *Schulz* Können Strafanträge fristwahrend bei ausländischen Behörden und Gerichten gestellt werden? NJW **1977** 480; *Steffen* „Beleidigungen" Konfliktregelung durch Anzeigeerstattung? (1986); *Stree* Zum Strafantrag durch Strafanzeige, MDR **1956** 723; *Teyssen/Goetze* Vom Umfang staatsanwaltschaftlicher Ermittlungsrechte am Beispiel des kassenärztlichen Abrechnungsbetruges, NStZ **1986** 529; *Walther* Subjektiv-öffentliche Rechte auf Erstattung von Strafanzeigen und Durchführung strafrechtlicher Ermittlungen, FS Jung (2007) 1045; *N. Weisser* Die Auferlegung von Kosten und notwendigen Auslagen bei unwahren Strafanzeigen, wistra **2019** 355.

Entstehungsgeschichte

In der vom Inkrafttreten der StPO[1] bis 2009 inhaltlich unveränderten Vorschrift (Bezeichnung bis 1924: § 156) wurde durch Art. 1 Nr. 53 EGStGB 1974 der frühere Satzanfang in Absatz 1 Satz 1 „Anzeigen strafbarer Handlungen und Anträge auf Strafverfolgung" durch die heutige Fassung und in Absatz 2 die frühere Bezeichnung „strafbare Handlung" durch „Straftat" ersetzt. Absatz 3 wurde durch Art. 1 Nr. 16 des 2. OpferRRG vom 29.7.2009, BGBl. I S. 2280, mit Wirkung zum 1.10.2009 eingefügt. Er dient der Umsetzung von Art. 11 Abs. 2 des Rahmenbeschlusses des Rates der Europäischen Union vom 15.3.2001 über die Stellung des Opfers im Strafverfahren (2001/220/JI, ABlEG Nr. L 82/1 v. 22.3.2001); näher dazu LR/*Erb*[26] Nachtrag § 158. Absatz 1 Satz 3 bis 5 und der neue Absatz 4 wurden durch Art. 1 Nr. 4 Buchstabe a 3. OpferRRG vom 21.12.2015, BGBl. I S. 2525, mit Wirkung zum 31.12.2015 eingefügt. Damit wurden Vorgaben aus Art. 5 der Richtlinie des Europäischen Parlaments und des Rates vom 25.10.2012 über Mindeststandards für die Rechte, die Unterstützung und den Schutz von Opfern von Straftaten sowie zur Ersetzung des Rahmenbeschlusses 2001/220/JI („Opferschutzrichtlinie" RL 2012/29/EU, ABlEU Nr. L 315 v. 14.11.2012, S. 57) in nationales Recht umgesetzt. Durch Art. 1 Nr. 9 des Gesetzes zur weiteren Digitalisierung der Justiz vom 16.7.2024, BGBl. I Nr. 234, wurde Absatz 1 Satz 1 und 2 geändert und Absatz 2 neu gefasst.

Übersicht

1 Zur Entwicklung des Rechtsinstituts der Strafanzeige bis zu diesem Zeitpunkt eingehend *Koch* passim.

Alphabetische Übersicht

I. Allgemeines

1. Inhalt der Vorschrift. § 158 regelt zwei unterschiedliche Sachverhalte. **Absatz 1** betrifft Offizialdelikte, die keinen Strafantrag nach den §§ 77 ff. StGB erfordern. Er bestimmt, in welcher Form den Strafverfolgungsbehörden durch Dritte Kenntnis von möglicherweise strafbaren Sachverhalten gegeben werden kann, und regelt für den Fall einer Anzeige durch den Verletzten der Tat dessen Anspruch auf Erteilung einer schriftlichen Eingangsbestätigung. Die Strafanzeige oder der „Strafantrag" im Sinne des Absatz 1 kann zureichende tatsächliche Anhaltspunkte im Sinne des § 152 Abs. 2 begründen und die Erforschungspflicht nach § 160 Abs. 1, ggf. auch die Pflicht zum Einstellungsbescheid nach § 171 auslösen. Eine weitere Bedeutung hat sie nicht, namentlich ist die Verfolgungs- und Erforschungspflicht der Strafverfolgungsbehörden nicht davon abhängig, dass eine Strafanzeige nach § 158 Abs. 1 erstattet wird (vgl. § 160, 20), mag dies auch bei der kleinen und teilweise auch der mittleren Kriminalität der häufigste Anstoß zur Einleitung von Strafverfahren sein.[2] Ein über die Gewährleistungen der §§ 171 ff. hinausgehendes subjektives Recht auf eine bestimmte inhaltliche Bearbeitung der Strafanzeige,[3] kann aus § 158 nicht hergeleitet werden.[4] Absatz 2 enthält eine Teilregelung für den im Übrigen in den §§ 77 ff. StGB geregelten Strafantrag für Straftaten, bei denen die Verfolgung nach den jeweiligen Vorschriften des materiellen Strafrechts nur auf Antrag eintritt. Er bestimmt in seiner neuen Fassung nur noch das Erfordernis, Identität und Verfolgungswille des Antragstellers sicherzustellen. Absatz 3 ist eine Sonderregelung für Straftaten, die in einem anderen Mitgliedsstaat der Europäischen Union begangen wurden, und Absatz 4 bestimmt die sprachliche Unterstützung eines Verletzten, der der deutschen Sprache nicht mächtig ist. 1

2. Pflicht zur Strafanzeige?

a) Allgemeines. Eine strafverfahrensrechtliche Pflicht, den Strafverfolgungsbehörden Verdachtsgründe für strafbare Handlungen mitzuteilen, also Strafanzeigen zu erstatten, besteht weder für Privatpersonen, noch, anders als teilweise im ausländischen Recht,[5] allgemein für Behörden.[6] Die jedermann treffende Anzeigepflicht nach § 138 StGB betrifft 2

---

2 Ausführlich auch mit Nachw. der empirischen Erkenntnisse AK/*Schöch* 37 ff.; HbStrVf/*Dallmeyer* I Rn. 1; s. auch *Rieß* Verh. des 55. DJT (1984) Bd. I Teil C Rn. 18 Fn. 57; *Ostendorf* Rn. 73; *Roxin/Schünemann* § 39, 5; *Jung* ZStW **93** (1981) 1147, 1156; *Walther* FS Jung 1045.

3 Dafür *Walther* FS Jung 1045, 1052, 1057 ff.

4 Ebenso MüKo/*Kölbel/Ibold* 3.

5 Vgl. z.B. § 78 österreichische StPO, nach dem alle öffentlichen Behörden und Ämter von ihnen selbst wahrgenommene oder zu ihrer Kenntnis gelangte strafbare Handlungen sogleich der Staatsanwaltschaft anzuzeigen haben.

6 BGHSt **43** 82, 85 mit Nachw.; allg. M., etwa AK/*Schöch* 14; HK/*Zöller* 7; KK/*Weingarten* 26; Schmitt/Köhler/*Köhler* 6; SK/*Wohlers*[4] 8; *Roxin/Schünemann* § 39, 6; vgl. auch *Eb. Schmidt* Nachtr. I 1; für Beamte des Verfas-

nur *bevorstehende* Straftaten der dort genannten Art; sie verfolgt präventive Zwecke und nicht das Ziel der Aufklärung begangener Verbrechen.[7] Privatpersonen sind regelmäßig nicht verpflichtet, geschehene Straftaten anzuzeigen;[8] bei Behörden kann sich eine solche Anzeigepflicht aus speziellen Rechtsvorschriften ergeben (Rn. 5, 6). Ohne solche besteht grundsätzlich auch keine Pflicht zur Anzeige bei Straftaten von Behördenbediensteten innerhalb des Amtes.[9] Umstritten ist, ob dies auch bei besonders schwerwiegenden Straftaten[10] oder dann gilt, wenn es sich um den Dienstvorgesetzten handelt.[11] Soweit für letzteren eine Anzeigepflicht damit begründet wird, dass jede andere Entscheidung ermessensfehlerhaft wäre („Ermessensreduzierung auf Null"),[12] folgt daraus nicht automatisch eine Garantenstellung zugunsten der Strafverfolgung, sodass die Nichtanzeige u.U. nur dienstrechtliche, aber keine strafrechtlichen Konsequenzen nach §§ 258, 13 StGB auslöst.[13]

3 Dagegen haben **Behörden, denen Strafverfolgungsaufgaben obliegen**, für die deshalb das Legalitätsprinzip gilt (LR/*Mavany* § 152, 16) und die in diesem Aufgabenbereich tätig sind,[14] einzuschreiten und, wenn sie nicht selbst tätig werden, die zuständige Strafverfolgungsbehörde zu informieren (vgl. § 160, 15; § 163, 25 f.). Allein die Bestellung eines Beamten einer nicht mit Strafverfolgungsaufgaben betrauten Behörde zur Ermittlungsperson der Staatsanwaltschaft begründet noch keine Pflicht zur Strafanzeige,[15] ebenso wenig allein der Umstand, dass, wie beispielsweise in § 30 AO, für bestimmte Straftaten die Mitteilung verdachtsbegründender Tatsachen in Durchbrechung einer sonst bestehenden Geheimhaltungsvorschrift lediglich gestattet ist.[16]

4 Eine Pflicht zur Stellung eines **Strafantrags** im Sinne des § 77 StGB besteht in keinem Fall, auch nicht bei Vorliegen einer Anzeigepflicht.[17] Es ist gerade das Wesen des Strafantrags, die Entscheidung, ob Strafverfolgung eintreten soll, dem Antragsberechtigten zu überlassen; ihm kann dann nicht vom Recht vorgeschrieben werden, einen solchen Antrag zu stellen.

5 **b) Sonderfälle. Gesetzliche Anzeigepflichten** enthalten u.a. § 159 (vgl. die dortigen Erl.), § 183 GVG für das Gericht, wenn eine strafbare Handlung in der Sitzung begangen

sungsschutzes *Lisken* NJW **1982** 1481 ff.; **a.A.** früher z.B. *Gerland* 299; **a.A.** für die Sozialbehörden als Korrelat zum Sozialgeheimnis mit problematischer Begründung *Teyssen/Goetze* NStZ **1986** 529, 533; dagegen zutreffend *Schnapp/Düring* NJW **1988** 738; SK/*Wohlers*[4] 9. Zur Frage einer Anzeigepflicht der Jugendämter bei Kenntnis von Kindesmissbrauch aus dem Gesichtspunkt einer Garantenpflicht s. *Kunkel* StV **2002** 334 ff.

7 AK/*Schöch* 16; HK/*Zöller* 7; SK/*Wohlers*[4] 7; *Roxin/Schünemann* § 39, 5. Vgl. zu § 138 m.w.N. LK/*Krauß*[13] § 138, 1 f.; vgl. auch *Eb. Schmidt* I 400.

8 Anders nach § 43 GwG bei Geldwäscheverdacht; s.u. Rn. 7.

9 RGSt **73** 265, 267; **74** 178, 180; *Roxin/Schünemann* § 39, 6; offengelassen BGHSt **43** 82, 88.

10 Für eine Anzeigepflicht in diesem Fall AK/*Schöch* 16; HK-GS/*Ambos* 8; KK/*Weingarten* 26; Schmitt/Köhler/*Köhler* 6; SSW/*Ziegler* 13; dagegen SK/*Wohlers*[4] 9; vgl. auch BGHSt **4** 167, 170; *von Hippel* 475 m.w.N. des früheren, teilweise strengeren Schrifttums in Fn. 4.

11 Insoweit für die Situation des Strafvollzugs bejahend OLG Hamburg NStZ **1996** 102 mit Anm. *Klesczewski* = StV **1996** 608 mit Anm. *Volckart*; krit. SK/*Wohlers*[4] 9; *Hellmann* Rn. 48 f.

12 So etwa AK/*Schöch* 16; KMR/*Noltensmeier-von Osten* 15; dagegen SK/*Wohlers*[4] 9.

13 BGHSt **43** 82, 88 f. = NStZ **1997** 599 mit Anm. *Rudolphi* = JR **1988** 338 mit Anm. *Seebode* = JR **1988** 313 mit Anm. *Klesczewski*; MüKo/*Kölbel/Ibold* 20 f.; NK/*Heghmanns* 12.

14 Vgl. BGHSt **4** 167, 170 (keine einschränkungslose Anzeigepflicht für Gemeindevorsteher, der zugleich Polizeiaufgaben erfüllt, wenn die Kenntnisse nicht aus dem Polizeibereich stammen).

15 Vgl. LR/*Mavany* § 152, 19; § 163, 21; **a.A.** wohl *Scheu* NJW **1983** 1708; ausdrücklich NK/*Heghmanns* 10.

16 **A.A.** *Brenner* DRiZ **1978** 52.

17 Ebenso NK/*Heghmanns* 16.

ist,[18] § 40 WStG und § 33 Abs. 3 WDO, § 116 Abs. 1 AO bei Verdacht einer Steuerstraftat[19] und § 6 SubvG. Nach § 18 Abs. 2 des Gesetzes zur Regelung der Arbeitnehmerüberlassung unterrichtet die Bundesagentur für Arbeit die Verfolgungs- und Ahndungsbehörden über Verstöße gegen bestimmte arbeits- und steuerrechtliche Vorschriften; ähnliche Verpflichtungen bestehen beispielsweise für die zuständigen Behörden nach § 90 Abs. 1 AufenthG, § 6 Abs. 3 SchwarzArbG und § 139b Abs. 7 GewO.[20] Nach § 41 OWiG muss die Verwaltungsbehörde das Verfahren wegen der von ihr unter dem Gesichtspunkt der Ordnungswidrigkeit untersuchten Tat an die Staatsanwaltschaft abgeben, wenn der Verdacht einer Straftat besteht; eine allgemeine Verpflichtung für Verwaltungsbehörden, Straftaten anzuzeigen, kann aus dieser Vorschrift nicht hergeleitet werden.[21]

Durch **Verwaltungsvorschriften** kann nach ganz h.M. grundsätzlich innerdienstlich 6
eine Pflicht zur Anzeigeerstattung begründet werden,[22] soweit dem keine zur Geheimhaltung auch gegenüber den Strafverfolgungsbehörden verpflichtende Vorschriften (z.B. § 30 AO, § 35 I SGB)[23] oder entsprechende, aus dem Recht auf informationelle Selbstbestimmung möglicherweise ableitbare Verbote entgegenstehen.

Beim **Verdacht der Geldwäsche** nach § 261 StGB bestehen besondere Anzeigepflich- 7
ten, die in erheblichem Umfang auch Private betreffen. Nach § 43 GwG haben die in § 2 GwG bezeichneten Finanzinstitute, sonstigen Unternehmen und Berufsausübende (u.a. Rechtsanwälte, Notare, Wirtschaftsprüfer für bestimmte berufliche Tätigkeiten, Immobilienmakler und Spielbanken, Vermögensverwalter) den Verdacht einer Geldwäsche oder der Terrorismusfinanzierung auch den Strafverfolgungsbehörden mitzuteilen. Einschränkungen und einen abweichenden, zwischengeschalteten Anzeigeadressaten (nämlich die jeweils zuständige Bundesberufskammer) bestimmt § 43 Abs. 2 für die rechts- und wirtschaftsberatenden Berufe § 31b Abs. 2 AO statuiert eine gesetzliche Anzeigepflicht der Finanzbehörden bei Verdacht einer Straftat nach § 261 StGB oder eines Zusammenhangs mit Terrorismusfinanzierung.

II. Strafanzeige und Strafantrag nach Absatz 1

1. Bedeutung. Die Bedeutung des § 158 Abs. 1 liegt weniger darin, dass der Anzeigende 8
sich an die in Satz 1 genannten Behörden wenden kann (das ist ein selbstverständliches, aus der Pflicht des Staates zur Aufrechterhaltung einer funktionsfähigen Strafrechtspflege folgendes Recht, dessen Wahrnehmung auch nicht mittelbar erschwert werden darf),[24] sondern vor allem darin, dass diese, einschließlich der mit Strafverfolgungsaufgaben grundsätzlich nicht befassten Amtsgerichte, ohne Rücksicht auf Zuständigkeitsfragen zur Entgegennahme

---

18 S. dazu LR/*Krauß*[27] § 183 GVG, 1; nach Auffassung von *Hellmann* Rn. 47 setzt sich die Praxis hierüber häufig hinweg.

19 *Pump* wistra **1987** 322.

20 Zum Ganzen *Marschall* NJW **1982** 1363.

21 Göhler/*Thoma* § 41, 2; KK-OWiG/*Lampe* § 41, 2.

22 RGSt **73** 265, 267; wohl auch BGHSt **43** 82, 88 (der lediglich in Zweifel zieht, ob dadurch auch eine Strafbarkeit nach § 258 StGB begründet werden kann); AK/*Schöch* 16; HK/*Zöller* 7; KK/*Weingarten* 26; Schmitt/Köhler/*Köhler* 6; KMR/*Noltensmeier-von Osten* 15; SK/*Wohlers*[4] 8; *Hellmann* Rn. 47; *Roxin/Schünemann* § 39, 6; krit. *Menche* DRiZ **1987** 396, vgl. auch (zweifelnd für Krankenkassen) *Schnapp/Düring* NJW **1988** 738.

23 Zur Zulässigkeit von Strafanzeigen der Jugendämter bei Fällen von Kindesmisshandlung s. *Kunkel* StV **2002** 333 f.

24 Dazu und zu den hieraus folgenden Grenzen einer zivilrechtlichen Haftung des Anzeigeerstatters BVerfGE **74** 257; vgl. auch Rn. 12.

der Anzeige **verpflichtet** sind.[25] Die Vorschrift stellt ferner klar, dass jede Form der Strafanzeige, auch die mündliche, ausreicht und die Bescheidungspflicht nach § 171 auslösen kann.

9 **2. Strafanzeige und Strafantrag.** Begrifflich ist zwischen der Strafanzeige als bloßer Wissensmitteilung über das Vorliegen eines möglicherweise strafbaren Sachverhalts und dem Strafantrag (treffender: Antrag auf Strafverfolgung)[26] zu unterscheiden, bei dem zu dieser Wissensmitteilung die Willensäußerung des Anzeigenden hinzutritt, die Strafverfolgungsbehörden mögen aufklärend und ggf. anklagend tätig werden.[27] Nur die über die bloße Wissensmitteilung hinausgehende im Strafantrag liegende Willensäußerung löst die Bescheidungspflicht nach § 171 aus (LR/*Merz* § 171, 2). Für die Pflicht zur Entgegennahme der Anzeige und zum Tätigwerden der Strafverfolgungsbehörden ist der Unterschied ohne Bedeutung (§ 160, 17 f.). Zu einem selbständigen Prozessbeteiligten mit Anspruch auf rechtliches Gehör über die in den §§ 171, 172 getroffene Regelung hinaus wird weder der bloß Anzeigende noch der Antragsteller;[28] so ist es ihm u.a. verwehrt, mit der Behauptung einer zögerlichen Behandlung der Anzeige im Verfahren nach den §§ 23 ff. EGGVG vorzugehen.[29]

10 Der **Wortlaut** ist allerdings **nicht entscheidend** dafür, ob nur eine Strafanzeige oder darüber hinausgehend ein Strafantrag (Antrag auf Strafverfolgung) vorliegt,[30] zumal beide Begriffe heute nicht nur umgangssprachlich, sondern auch fachsprachlich vielfach synonym verwendet werden, wobei oft nur von „Strafanzeige" die Rede ist.[31] In der Regel wird mit einer Strafanzeige, namentlich wenn sie vom Verletzten herrührt,[32] auch das Verlangen nach Strafverfolgung und damit ein Strafantrag i.S.v. Absatz 1 verbunden sein. Von einer bloßen, nicht bescheidungspflichtigen Strafanzeige i.e.S. wird man nur dann ausgehen können, wenn sich aus den Umständen eindeutig ergibt, dass der Anzeigende das weitere Vorgehen den Strafverfolgungsbehörden anheimstellt und am Ergebnis nicht interessiert ist, so etwa, wenn ein Unbeteiligter der Polizei lediglich eine Wahrnehmung mitteilt.[33] Auch anonyme, pseudonyme oder vertrauliche Mitteilungen stellen in der Regel bloße Strafanzeigen dar.

3. Anzeigeerstatter

11 **a) Recht zur Anzeigeerstattung.** Zur Erstattung einer Strafanzeige und zur Stellung eines Antrags auf Strafverfolgung nach Absatz 1 ist jedermann berechtigt, soweit nicht

25 KMR/*Noltensmeier-von Osten* 19; Hinweise auf die Behandlung der Strafanzeige in der polizeilichen Wirklichkeit bei *Kürzinger*; vgl. auch AK/*Schöch* 37.

26 So die bis 1974 geltende, den Zusammenhang mit § 171 (dazu *Gössel* § 1 A Ia) besser zum Ausdruck bringende Gesetzesfassung.

27 Ebenso AK/*Schöch* 3 f.; KMR/*Noltensmeier-von Osten* 2 f.; KK/*Weingarten* 2 f.; Schmitt/Köhler/*Köhler* 2 ff.; NK/*Heghmanns* 3; MüKo/*Kölbel/Ibold* 9; Radtke/Hohmann/*Link* 2 f.; SK/*Albrecht* 2 f.; *Gössel* § 1 A Ia; *Hellmann* Rn. 40; *Kindhäuser/Schumann* § 4, 3 f.; *Peters* § 57 I (S. 503); *Roxin/Schünemann* § 39, 12; *Ranft* Rn. 262; *Schäfer/Fresemann/Hinrichs* Rn. 336; *Schlüchter* Rn. 391.2; *Schroeder/Verrel* Rn. 65 f.; **a.A.** (kein sachlicher Unterschied) *Erbs* Strafprozeßordnung (1950) I; LR/*Meyer-Goßner*[23] 1; *Eb. Schmidt* 2. Die Rechtsprechung des RG (RGSt **5** 92; **57** 132, 133; **74** 102, 103) hat, ohne dass es für die dort zu entscheidenden Fälle auf diese Differenzierung ankam, mit dem Begriff der Strafanzeige auch die Willenskomponente verknüpft.

28 *Röhl* NJW **1964** 275; HK/*Zöller* 5; KK/*Weingarten* 5; KMR/*Noltensmeier-von Osten* 3; MüKo/*Kölbel/Ibold* § 160, 60; **a.A.** *Walther* FS Jung 1045, 1057 ff.

29 OLG Hamm NStZ **1983** 38; OLG Stuttgart Justiz **1987** 199; vgl. auch § 160, 68.

30 Zur Möglichkeit, in dem Strafantrag im Sinne des Absatzes 1 auch einen Strafantrag im Sinne des § 77 StGB zu sehen, vgl. Rn. 39.

31 MüKo/*Kölbel/Ibold* 10; *Schäfer/Fresemann/Hinrichs* Rn. 336; *Volk/Engländer* § 8, 7.

32 KK/*Weingarten* 3.

33 MüKo/*Kölbel/Ibold* 10; NK/*Heghmanns* 15.

dabei Tatsachen mitgeteilt werden müssen, deren Offenbarung im konkreten Fall zu diesem Zweck gesetzlich verboten ist (näher Rn. 13). Ein besonderes persönliches Interesse an der Strafverfolgung braucht nicht vorzuliegen.[34] Prozessfähig oder auch nur geschäftsfähig braucht der Anzeigende nicht zu sein;[35] für einen (nach § 171 bescheidungspflichtigen) Strafantrag ist jedoch mindestens beschränkte Geschäftsfähigkeit oder die Stellung durch einen Vertreter zu verlangen.[36] Übermittlung durch Boten ist ebenso möglich wie Vertretung im Willen und der Erklärung. In diesem Fall ist der Vertretene als Anzeigeerstatter zu behandeln; eines Nachweises der Vertretungsmacht bedarf es nur, wenn die Anzeige ein Antrag nach § 171 sein soll.[37]

Der Anzeigende braucht nicht davon überzeugt zu sein, dass die angezeigte Tat began- 12
gen worden ist; ein **Verdacht reicht aus**. Eine vorherige Erkundigungs- und Nachforschungspflicht obliegt ihm regelmäßig nicht, doch dürfen Anzeigen nicht „ins Blaue hinein" erstattet werden.[38] Wer gutgläubig, also weder wissentlich noch leichtfertig unrichtig, eine Strafanzeige erstattet, ist dem dadurch Betroffenen auch dann nicht zum Schadensersatz verpflichtet, wenn sich später der Vorwurf nicht erweisen lässt;[39] ebenso wenig kann der Inhalt einer Strafanzeige zum Gegenstand einer zivilrechtlichen Widerrufsklage gemacht werden.[40] Nach zivilgerichtlicher Rechtsprechung[41] kann die Erstattung einer Strafanzeige gegen den Schenker einen groben Undank i.S. von § 530 Abs. 1 BGB darstellen, wenn der Beschenkte damit keine eigenen berechtigten Interessen verfolgt, sondern nur sein allgemeines staatsbürgerliches Recht wahrnimmt.

Bei **Behörden** kann der Berechtigung zur Anzeige ein gesetzliches **Offenbarungsver-** 13
bot entgegenstehen, wenn zur Begründung der Anzeige ihm unterfallende Tatsachen mitgeteilt werden müssten. Dies gilt etwa für das Steuergeheimnis, soweit nicht § 30 Abs. 4 AO[42] die Mitteilung gestattet,[43] oder für das Sozialgeheimnis, soweit nicht die Voraussetzungen des § 73 SGB X vorliegen.[44] **Privatpersonen** dürfen **fremde Geheimnisse**, deren unbefugte Offenbarung nach § 203 StGB strafbewehrt ist, und die zugleich durch ein Zeugnisverweigerungsrecht nach § 53 flankiert sind, auch im Rahmen einer Strafanzeige nur dann mitteilen, wenn dies aufgrund eines wesentlich überwiegenden Interesses im Einzelfall (d.h. keinesfalls nur aufgrund des allgemeinen staatlichen Interesses an der Verfolgung

---

34 *Beling* 355 Fn. 1 „Der Weg zum Staatsanwalt steht jedem in eigener und fremder Sache offen"; KK/*Weingarten* 4; vgl. auch BVerfGE **74** 257 (Strafanzeige liegt im allgemeinen Interesse an der Erhaltung des Rechtsfriedens). Zur Bedeutung privater Strafanzeigen für die Funktionsfähigkeit der Strafrechtspflege auch *Koch* 12 ff.

35 HK/*Zöller* 5; KK/*Weingarten* 6; Schmitt/Köhler/*Köhler* 12; SK/*Albrecht* 5.

36 Vgl. LR/*Merz* § 171, 8; MüKo/*Kölbel/Ibold* 11; für das Erfordernis voller Geschäftsfähigkeit hingegen AK/*Schöch* 6; NK/*Heghmanns* 16.

37 KK/*Weingarten* 8; Schmitt/Köhler/*Köhler* 14; zur Bescheidungspflicht in diesen Fällen LR/*Merz* § 171, 8.

38 NK/*Heghmanns* 8; *Müller-Dietz* FS Tröndle 567, 581 f.; vgl. auch EGH München BRAK-Mitteilungen **1990** 52 zur berufsrechtlichen Zulässigkeit der (routinemäßigen) Erstattung von Strafanzeigen im Auftrag des Mandanten.

39 BVerfGE **74** 257; dazu Anm. *Oberlies* STREIT **1987** 121. Zum Ganzen ausführlich *Müller-Dietz* FS Tröndle 567 ff., auch mit Nachw. der zivilrechtlichen Rspr. und des teilweise engeren zivilrechtlichen Schrifttums. Zur zivilrechtlichen Haftung für fehlerhafte Ermittlungsverfahren insgesamt s. § 160, 78.

40 BGH(Z) NJW **1962** 243; **1986** 2502, 2503; vgl. *Helle* NJW **1987** 233.

41 BGH JR **1991** 281 mit Anm. *Probst*.

42 Ggf. auch weitere, etwa die Verfolgung von Geldwäsche betreffende Sondervorschriften.

43 Zur Frage, wieweit das Steuergeheimnis einer Strafanzeige der Finanzbehörden bei gegen ihre dienstliche Tätigkeit gerichteten Straftaten entgegenstehen kann, *Nieuwenhuis* NJW **1989** 280.

44 S. auch *Kunkel* StV **2002** 333 f. (Anzeigemöglichkeit des Jugendamtes bei Kindesmisshandlungen).

von Straftaten!) nach § 34 StGB gerechtfertigt ist.[45] Geschäftsgeheimnisse i.S. von § 2 Nr. 1 GeschGehG können gegenüber dem staatlichen Strafverfolgungsinteresse hingegen generell keinen Vorrang beanspruchen. Dies ergibt sich nunmehr eindeutig aus § 5 Nr. 2 GeschGehG, wo die in § 4 geregelten Handlungsverbote u.a. ausdrücklich dann für unbeachtlich erklärt werden, wenn „die Erlangung, die Nutzung oder die Offenlegung eines Geschäftsgeheimnisses ... zur Aufdeckung einer rechtwidrigen Handlung" dient und das entsprechende Vorgehen „geeignet ist, das allgemeine öffentliche Interesse zu schützen". Das dürfte bei einer wahrheitsgemäßen Strafanzeige, die bei den für die Verfolgung von Straftaten zuständigen staatlichen erstattet wird, ausnahmslos der Fall sein.[46]

14 Bewusst **unrichtige Strafanzeigen** können für den Anzeigenden neben einer zivilrechtlichen Haftung[47] eine Strafbarkeit wegen falscher Verdächtigung (§ 164 StGB) und Verleumdung (§ 187 StGB) begründen. Die Verwirklichung des Tatbestands der üblen Nachrede (§ 186 StGB) bei gutgläubiger Erstattung einer objektiv unrichtigen Anzeige ist hingegen regelmäßig durch Wahrung berechtigter Interessen (§ 193 StGB) gerechtfertigt; etwas anderes gilt nur, wenn der Anzeigeerstatter leichtfertig zumutbare Erkundigungen unterlässt.[48] Besteht der Verdacht einer bewusst unrichtig oder leichtfertig ins Blaue hinein erstatteten Anzeige, so sind die Ermittlungen ggf. zweigleisig zu führen, d.h. sowohl zur Erforschung der angezeigten Tat als auch zur Erforschung eines evt. Verstoßes gegen §§ 164, 187 StGB bzw. § 186 StGB durch den Anzeigenden.[49] Bei einer mindestens leichtfertig erstatteten unwahren Anzeige sind dem Anzeigeerstatter nach § 469 im Übrigen die **Kosten** des Verfahrens und die notwendigen Auslagen des Beschuldigten aufzuerlegen.[50]

15 **b) Anonyme und pseudonyme Strafanzeigen** dürfen nicht unbeachtet bleiben; sie sind daraufhin zu überprüfen, ob sie einen Anfangsverdacht begründen.[51] Als Anträge auf Strafverfolgung werden sie regelmäßig nicht anzusehen sein. In solchen Fällen kann es sich empfehlen, dem Verdacht zunächst durch besonders schonende Ermittlungen nachzugehen.[52] Ähnliches gilt für **querulatorische Anzeigen**:[53] Allein der Umstand, dass jemand als Querulant bekannt ist, entbindet nicht von der Pflicht, seine Anzeige zur Kenntnis zu nehmen und die von ihm mitgeteilten Tatsachen (wiederum mit besonderer Vorsicht) daraufhin

45 Dazu etwa NK/*Heghmanns* 9; LK/*Hilgendorf*[13] § 203, 188 ff.; *Fischer/Anstötz* § 203, 48 ff.

46 Richtigerweise galt diese bereits unter der Geltung von § 17 UWG a.F.; dazu und m.w.N., auch zur Gegenansicht, *Erb* FS Roxin II 1103, 1108 ff. (im Zusammenhang mit den Bankdaten-CD-Fällen); tendenziell auch Radtke/Hohmann/*J. Kretschmer*[1] 3. Die damals herrschende gegenteilige Ansicht wird auch nach Inkrafttreten des GeschGehG in einigen Kommentaren ohne Auseinandersetzung mit der neuen Rechtslage (z.T. weiterhin unter Nennung des außer Kraft getretenen § 17 UWG) weitergeschleppt, so etwa bei Schmitt/Köhler/*Köhler* 26; MüKo/*Kölbel/Ibold* 12; OK/*Goers* 24.

47 Vgl. dazu etwa *Müller-Dietz* FS Tröndle 567 ff.; *Deutsch* NJW **1982** 680; LG Hildesheim AnwBl. **1977** 23; MüKo/*Kölbel/Ibold* 36; SK/*Albrecht* 24 m.w.N.

48 Eingehend (auch zur Konkretisierung der „Leichtfertigkeit" und m.w.N. aus dem materiellrechtlichen Schrifttum) *Müller-Dietz* FS Tröndle 567, 578 ff.; vgl. ferner z.B. MüKo/*Kölbel/Ibold* 36; *Koch* 21; *Fischer/Anstötz* § 193, 32.

49 Vgl. auch (für anonyme Anzeigen) *Posselt* DNP **1977** 8.

50 Dazu im einzelnen die Kommentierung dieser Vorschrift, eingehend auch *N. Weisser* wistra **2019** 355 ff.

51 Vgl. OLG Koblenz VRS **71** (1986) 37; Nr. 8 RiStBV; zur Behandlung auch *Posselt* DNP **1977** 8. Nach LR/*Meyer-Goßner*[23] 5 sollte bei anonymen Anzeigen nicht ermittelt werden, wenn eine Anwendung der §§ 153 ff. möglich ist.

52 AK/*Schöch* 7; HK/*Zöller* 6; KK/*Weingarten* 6; KMR/*Noltensmeier-von Osten* 5; MüKo/*Kölbel/Ibold* 29; OK/*Sackreuther* § 160 Rn. 3 (unter Anführung von Prüfkriterien); SK/*Albrecht* 11.

53 Zu deren begrifflicher Abgrenzung von „normalen" Strafanzeigen und zu ihren typischen Erscheinungsformen *Salzmann* 61 ff., 84 ff.

zu überprüfen, ob sie vielleicht doch einen Anfangsverdacht begründen.[54] Anders liegen die Dinge, wenn die Anzeige ersichtlich jeder Grundlage entbehrt, oder wenn in ihr lediglich ein schon früher als haltlos erwiesener Vorwurf wiederholt wird – hier ist eine weitere Sachprüfung entbehrlich, und die Aufnahme einer mündlichen Anzeige entsprechender Art darf verweigert werden.[55]

c) Vertrauliche Anzeigen i.w.S. sind solche, bei denen der Anzeigende die Offenbarung seiner Identität im Zuge des Verfahrens vermeiden möchte. Das Verlangen nach Stillschweigen kann sich dabei auch auf solche Tatsachen erstrecken, deren Bekanntwerden Rückschlüsse auf seine Identität ermöglichen würde.[56] Der Wunsch, die Strafverfolgungsorgane mögen darüber hinaus von bestimmten Sachangaben im weiteren Verfahren keinen Gebrauch machen, wäre demgegenüber widersinnig und von vornherein unbeachtlich, weil es jedermann klar sein muss, dass die weitere Verwendung von Tatsachen, die er den Behörden im Rahmen einer Strafanzeige unterbreitet, prinzipiell nicht seiner eigenen Disposition unterliegt. 16

Die **Geheimhaltung der Identität** des Anzeigeerstatters als solche kann ungeachtet der Berechtigung des damit verfolgten Anliegens (Schutz vor befürchteten Racheaktionen usw.) freilich mit zwingenden Anforderungen des Strafprozessrechts kollidieren: Wird der Anzeigeerstatter als Zeuge benötigt, so bieten die § 68 Abs. 3, §§ 247 und 247a nur eingeschränkte Möglichkeiten, im Zusammenhang mit der Vernehmung seine Identifizierung durch den Beschuldigten oder diesem nahestehende Personen zu verhindern. Deshalb auf die Vernehmung überhaupt zu verzichten, kommt nur dann in Betracht, wenn die Voraussetzungen einer Sperrerklärung entsprechend §§ 54, 96 StPO gegeben sind.[57] 17

Die **bloße Bitte** des Anzeigenden um Vertraulichkeit steht vor diesem Hintergrund weder der Aufnahme der Anzeige noch einer evt. erforderlich werdenden Vernehmung (selbst wenn diese mit einer Offenlegung der Identität verbunden ist) als Zeuge entgegen.[58] Ist der Anzeigende nur unter der Voraussetzung einer **Vertraulichkeitszusage** bereit, nähere Angaben zu machen, so darf die Polizei die Entgegennahme der Anzeige selbstverständlich nicht ablehnen.[59] Die Zusage sollte aber möglichst nur für den Fall erteilt werden, dass sich später nicht die Notwendigkeit einer Vernehmung als Zeuge ergibt,[60] oder dass dann die Voraussetzungen einer Sperrerklärung vorliegen. Besteht der Betroffene auf einer **vorbehaltslosen Zusage**, darf diese von der Polizei nur mit vorheriger Zustimmung der Staatsanwaltschaft[61] erteilt werden, die ihrerseits nur dann zulässig ist, wenn mit an Sicherheit grenzender Wahrscheinlichkeit anzunehmen ist, dass der Anzeigende nicht als Zeuge benötigt wird, oder dass eine rechtmäßige Sperrerklärung der obersten Dienstbehörde nach §§ 54, 96 StPO erfolgen 18

---

54 Dazu umfassend und m.w.N. *Kockel/Vossen-Kempkens* NStZ **2001** 178 ff.; *Salzmann* 101 ff.; ferner HK/*Zöller* 6; KK/*Weingarten* 7; Schmitt/Köhler/*Köhler* 12 (gegenstandslos, wenn querulatorischer Charakter offensichtlich); KMR/*Noltensmeier-von Osten* 6; SK/*Albrecht* 12; HbStrVf/*Jahn* I Rn. 53; *Kaiser* NJW **1960** 373, 374; zur Bescheidungspflicht LR/*Merz* § 171, 9 m.w.N.

55 Vgl. *Franzheim* GA **1978** 142 ff.; AnwK/*Walther* 16; KK/*Weingarten* 7; KMR/*Noltensmeier-von Osten* 6; SK/*Albrecht* 12; im Erg. wohl auch Schmitt/Köhler/*Köhler* 12; krit. *Salzmann* 97 f.

56 Vgl. AK/*Schöch* 8; AnwK/*Walther* 7; KK/*Weingarten* 18.

57 Dazu im einzelnen LR/*Menges* § 96, 55 ff.

58 SK/*Albrecht* 15; Schmitt/Köhler/*Köhler* 16.

59 BGH MDR **1952** 659; KK/*Weingarten* 22a; Schmitt/Köhler/*Köhler* 16; MüKo/*Kölbel*/*Ibold* 30.

60 Vgl. AnwK/*Walther* 8; KK/*Weingarten* 19; KMR/*Noltensmeier-von Osten* 12.

61 KK/*Weingarten* 22a; NK/*Heghmanns* 28; eingehend (auch zur abweichenden Situation bei der „operativen Kriminalitätsbekämpfung“) bereits *Geißer* GA **1985** 247, 260 ff.; *Geerds* FS Krause 451, 462 ff.

wird.[62] Nur wenn diese Erfordernisse erfüllt sind, hat die Vertraulichkeitszusage tatsächlich bindende Wirkung in dem Sinne, dass die Sperrung später schon aus Vertrauensschutzgründen zwingend vorzunehmen ist.[63]

19 **Die Verbindlichkeit entfällt** auch im letztgenannten Fall, wenn die Offenlegung zum Schutz höherwertiger Rechtsgüter (nicht nur im Interesse der Strafverfolgung) erforderlich ist, oder wenn sich hinreichende Anhaltspunkte dafür ergeben, dass die Anzeige bewusst oder leichtfertig der Wahrheit zuwider erstattet wurde.[64] Eines besonderen Hinweises im letztgenannten Sinn bei zweifelhaften Strafanzeigen[65] bedarf es nicht, weil ein Handeln des Anzeigeerstatters nach bestem Wissen und Gewissen als selbstverständliche Geschäftsgrundlage jeder Art von Entgegenkommen der Strafverfolgungsorgane anzusehen ist.

20 Ergeben sich im Laufe des Verfahrens **andere Erkenntnisquellen** als die Strafanzeige, die eine Vernehmung des Anzeigeerstatters nahelegen (z.B. Aufzeichnungen des Beschuldigten oder Hinweise anderer Zeugen), so steht die Vertraulichkeitszusage dieser nicht entgegen.[66]

21 Eine fundamental andere Qualität als die – stets unter den vorgenannten Vorbehalten stehende – Zusicherung von Vertraulichkeit hat die **gezielte Förderung anonymer Strafanzeigen**, bei denen sich die entgegennehmende Stelle selbst bewusst und gezielt der Möglichkeit begibt, die Identität des Anzeigeerstatters aufzudecken. Entsprechend konzipierte Meldestellen finden sich im Anschluss an die Entwicklung einer elektronischen Kommunikationsplattform zu Wirtschaftskriminalität und Korruption durch das LKA Niedersachsen[67] inzwischen bei vielen Landeskriminalämtern und auch auf Bundesebene.[68] Sie laden anonyme Hinweisgeber dazu ein, nicht nur einseitig Informationen zu übermitteln, sondern sogar mit der Behörde zu kommunizieren, ohne dass sie von dieser identifiziert werden können. Das Dilemma solcher Systeme besteht darin, dass nicht nur Zeugen, die bei Aufdeckung ihrer Identität Repressalien befürchten, zu einer Zusammenarbeit mit den Strafverfolgungsorganen ermuntert werden, sondern auch für Verleumder ein Forum geschaffen wird,[69] in dem sie falsche Anschuldigungen, die für die zu Unrecht Verdächtigten weitreichende Folgen haben, in weitaus effektiverer Form lancieren können, als dies bei anonymen Anzeigen im herkömmlichen Sinn möglich wäre (wobei de facto vor allem

---

62 Vgl. *Geißer* GA **1985** 247, 254 ff., 266 ff.; AK/*Schöch* 8 f.; AnwK/*Walther* 9; HK/*Zöller* 10; KK/*Weingarten* 19; MüKo/*Kölbel*/*Ibold* 31; SK/*Albrecht* 16. Zu den näheren Einzelheiten und zur aktenmäßigen Behandlung ist auf die im Zusammenhang mit dem Einsatz von V-Leuten entwickelten Grundsätze zu verweisen, dazu § 163, 66.

63 Dazu § 163, 66 sowie LR/*Menges* § 96, 65; vgl. ferner AK/*Schöch* 8; KMR/*Noltensmeier-von Osten* 13 f.; SK/*Albrecht* 17; differenzierend (bei eigenmächtiger Zusage der Polizei Interessenabwägung) AnwK/*Walther* 11; KK/*Weingarten* 22a; **a.A.** (Bindungswirkung auch bei eigenmächtig erteilten Zusagen der Polizei) HK-GS/*Ambos* 13. Die Sperrerklärung steht dabei freilich immer noch unter dem Vorbehalt einer verwaltungsgerichtlichen Nachprüfung, vgl. OVG Münster DÖV **1962** 218; KK/*Weingarten* 21.

64 BVerwG DÖV **1965** 488; AK/*Schöch* 8; AnwK/*Walther* 12; KK/*Weingarten* 23; KMR/*Noltensmeier-von Osten* 13; Meyer-Goßner/Schmitt/*Köhler* 17a; Radtke/Hohmann/*Link* 7; SK/*Albrecht* 19; zu Problemen der praktischen Durchsetzbarkeit des Auskunftsbegehrens eines objektiv zu Unrecht Bezichtigten *Koch* 23 ff.

65 Dafür *Geerds* FS Krause 451, 456 f.; SK/*Albrecht* 19.

66 AnwK/*Walther* 12; KK/*Weingarten* 23; KMR/*Noltensmeier-von Osten* 12; NK/*Heghmanns* 26; Schmitt/Köhler/*Köhler* 16; SK/*Albrecht* 18.

67 https://www.lka.polizei-nds.de/kriminalitaet/deliktsbereiche/korruption/korruption-1232.html, zuletzt abgerufen am 13.4.2026. Die Plattform ist bereits seit 2003 in Betrieb; eingehend dazu *Backes* StV **2006** 712 ff.; *Backes*/*Lindemann* 8 ff.

68 Vgl. etwa https://www.bundesjustizamt.de/DE/MeldestelledesBundes/MeldungvonVerstoessen/MeldungvonVerstoessen_node.html, zuletzt abgerufen am 13.4.2026.

69 Vgl. dazu das Fallmaterial bei *Backes*/*Lindemann* passim (Zusammenfassung und Auswertung S. 100 ff.).

jegliches Strafbarkeitsrisiko nach § 164 StGB und § 187 StGB entfällt).[70] Dieser Effekt ist unabhängig von der Häufigkeit solcher Fälle rechtsstaatlich nicht hinnehmbar,[71] weshalb in den Systemen dringend Identifizierungsmöglichkeiten eingerichtet werden sollten, von denen Gebrauch zu machen ist, sobald Anhaltspunkte für eine strafbare falsche Anschuldigung auftreten.[72] Soweit schon gegenwärtig im Einzelfall die Möglichkeit besteht, die Identität eines wider besseres Wissen handelnden Anzeigeerstatters aufzudecken, muss diese genutzt werden; verantwortliche Amtsträger, die entsprechende Maßnahmen aus Angst um die „Glaubwürdigkeit" des Konzepts unterlassen, begehen eine Strafvereitelung im Amt (§§ 258, 258a, 13 StGB).[73]

d) Selbstanzeigen also Mitteilungen eines Anzeigenden über einen Sachverhalt, aus 22
dem sich seine eigene Strafbarkeit ergibt, sind möglich. Sie können auch für die Strafverfolgungsbehörden einen Anfangsverdacht begründen und deshalb die Erforschungspflicht auslösen. Um eine Anzeige oder einen Strafantrag im Sinne des § 158 Abs. 1 handelt es sich bei ihnen aber nicht, sondern um die Kenntniserlangung von einem Tatverdacht auf andere Weise im Sinne des § 160 Abs. 1. Bei Einstellung des Verfahrens ist deshalb keine Bescheidung nach § 171, sondern nur eine Mitteilung nach § 170 Abs. 2 Satz 2 veranlasst.[74]

4. Inhalt der Anzeige. Die Anzeige und der Strafantrag nach Absatz 1 brauchen nicht 23
mit Gewissheit eine Straftat zu behaupten; es genügt, wenn die Möglichkeit eines strafbaren Verhaltens dargelegt wird. Ein Tatverdächtiger muss nicht bezeichnet werden; auch Anzeigen gegen **Unbekannt** sind möglich. Doch muss ein bestimmtes, auf eine Straftat hindeutendes historisches Ereignis mindestens in Umrissen angegeben werden.[75] Allgemeine Ausführungen über das Vorkommen strafbarer Handlungen oder bloße Nennungen von Straftatbeständen ohne Sachverhaltsangaben sind keine Strafanzeigen im Sinne des § 158.

5. Form der Anzeige. Die Strafanzeige und der Antrag auf Strafverfolgung (Strafan- 24
trag) sind formfrei möglich. Es genügt jede beliebige Übermittlung der Information durch den Anzeigenden. Eine in Textform erstattete Strafanzeige verlangt insofern weder Eigenhändigkeit noch Unterschrift oder elektronische Signatur und kann auch per einfacher E-Mail gestellt werden. Mündlich kann die Anzeige durch persönliche Vorsprache auf der Dienststelle, gegenüber einem Polizeibeamten außerhalb der Dienststelle, aber auch fernmündlich erstattet werden. Bei telefonischen oder elektronisch übermittelten Anzeigen kann es angebracht sein, vor der Aufnahme von Ermittlungen den Anzeigenden zuverlässig zu identifizieren.[76]

6. Adressaten der Anzeige sind **Staatsanwaltschaft**, **Behörden oder Beamte des** 25
Polizeidienstes (vgl. Vor § 158, 38 ff.; § 163, 16 ff.) und **Amtsgerichte**. Letztere haben, wenn nicht ausnahmsweise § 165 eingreift, allerdings keine Befugnis, sachlich auf die Anzeige hin tätig zu werden, sondern müssen sie an die Staatsanwaltschaft weiterleiten. Die Anzeigeerstattung beim Amtsgericht ist daher im allgemeinen wenig zweckmäßig

---

70 *Backes/Lindemann* 102 f.

71 Zutr. *Backes* StV **2006** 712, 716; *Backes/Lindemann* 103; krit. auch NK/*Heghmanns* 21.

72 Für die schlichte Abschaffung im Hinblick darauf, dass das System im Übrigen auch nicht die erhofften Ermittlungserfolge bringt, *Backes/Lindemann* 106; im Ergebnis ebenso MüKo/*Kölbel/Ibold* 32.

73 Allgemein auch AnwK/*Walther* 12.

74 Ebenso AK/*Schöch* 10; KK/*Weingarten* 9; SK/*Albrecht* 11.

75 AK/*Schöch* 10; KK/*Weingarten* 15; MüKo/*Kölbel/Ibold* 22; OK/*Goers* 6; SK/*Albrecht* 20.

76 Näher LR/*Meyer-Goßner*[23] 4; vgl. auch KK/*Weingarten* 16; SK/*Albrecht* 9.

und in der Praxis kaum üblich.[77] Bei Steuer- und Zolldelikten sind auch die Finanzbehörden taugliche Adressaten der Anzeige und haben insoweit dieselben Pflichten wie die in § 158 Abs. 1 Genannten.[78] Zuständig für die Entgegennahme der Strafanzeige ist jede Behörde der genannten Art, auch wenn sie für die angezeigte Tat sachlich oder örtlich nicht zuständig wäre.[79] Da es Sache der angegangenen Behörde ist, die Anzeige an die zur Bearbeitung zuständige weiterzuleiten, darf der Anzeigende, der eine unmittelbare Aufnahme der Anzeige wünscht, nicht an die sachlich oder örtlich zuständige Polizei oder Staatsanwaltschaft verwiesen werden.[80] Eine unverbindliche Anregung, sich mit einer mündlichen Anzeige unmittelbar an letztere zu wenden (was infolge einer möglichen Verfahrensbeschleunigung und der evt. entfallenden Notwendigkeit einer wiederholten Vernehmung des Anzeigeerstatters auch in dessen Interesse liegen kann), ist hingegen grds. zulässig.[81] Dies gilt allerdings nicht, wenn zu befürchten ist, dass die Anzeige am Ende unterbleiben könnte, z.B. bei einem unsicheren Anzeigeerstatter, der sich vielleicht nicht ein zweites Mal zu einem Behördengang überwinden wird.

26 **Behörden und Beamte des Polizeidienstes** sind nur dann allgemein zur Entgegennahme von Strafanzeigen verpflichtet, wenn sie allgemeine und sicherheitspolizeiliche Aufgaben erfüllen. Behörden mit speziellen polizeilichen Aufgaben, wie etwa Bundespolizei (bei Erfüllung bahnpolizeilicher Aufgaben) oder Wasserschutzpolizei, brauchen nur Anzeigen aus ihrem eigenen Aufgabenbereich entgegenzunehmen.[82] Bei Straftaten sonstiger Art haben sie die Stellung anderer Behörden.

27 **Andere Behörden** sind nicht verpflichtet, Strafanzeigen entgegenzunehmen. Ob sie das tun wollen, liegt in ihrem Ermessen. Wenn sie es tun, übernehmen sie jedoch eine Garantenstellung für die ordnungsgemäße Weiterleitung,[83] weil sich die Entgegennahme von einem Anzeigeerstatter, der hierauf vertraut und deshalb eine (weitere) Anzeige bei einer zuständigen Stelle unterlässt, ansonsten im Ergebnis als aktive Vereitelung des staatlichen Strafanspruchs erweist. Werden bei ihnen Strafanzeigen unaufgefordert angebracht, liegt darin allerdings noch keine zur Weitergabe verpflichtende Entgegennahme; in diesem Fall wird jedoch der Anzeigende, falls er ersichtlich ein Eingreifen erwartet, über die Sachlage zu unterrichten sein.[84]

7. Folgen der Anzeige und des Antrags

28 **a) Pflicht zur Entgegennahme.** Staatsanwaltschaft, Polizei und Amtsgerichte sind verpflichtet, die Anzeige oder den Antrag entgegenzunehmen, d.h. zur Kenntnis zu nehmen. Eine schriftliche Anzeige ist folglich zu prüfen, bei einer mündlichen Anzeige ist ferner der Anzeigevorgang zu dokumentieren (Rn. 29). Ist die Anzeige erkennbar haltlos

---

77 Überwiegend werden Strafanzeigen bei der Polizei erstattet, dazu mit empirischen Nachw. AK/*Schöch* 40; es ist nicht davon auszugehen, dass sich die Situation seither wesentlich geändert hat.

78 Vgl. §§ 369, 386, 391 Abs. 1 AO; Schmitt/Köhler/*Köhler* 7; SK/*Albrecht* 7; zur Strafverfolgungszuständigkeit der Zollbehörden bei nicht steuerstrafrechtlichen Straftaten Vor § 158, 32.

79 AK/*Schöch* 11; KK/*Weingarten* 12; SK/*Albrecht* 7; *Kühne* Rn. 342; *Posselt* DNP **1977** 9.

80 AK/*Schöch* 11; HK/*Zöller* 9; *Kühne* Rn. 342.

81 Ähnlich KK/*Weingarten* 13; KMR/*Noltensmeier-von Osten* 19; Schmitt/Köhler/*Köhler* 8; MüKo/*Kölbel/Ibold* 24; krit. SK/*Albrecht* 7.

82 Vgl. RGSt **74** 102, 105; ebenso KK/*Weingarten* 12; AK/*Schöch* 11; KMR/*Noltensmeier-von Osten* 18; SK/*Albrecht* 8.

83 Im Ergebnis auch HK-GS/*Ambos* 11; Schmitt/Köhler/*Köhler* 7; SK/*Albrecht* 8; **a.A.** (auch Weiterleitung im pflichtgemäßen Ermessen) wohl HK/*Zöller* 9; KK/*Weingarten* 14; differenzierend (Verpflichtung bei Behörden mit speziellen polizeilichen Aufgaben, nicht aber bei sonstigen Behörden) AK/*Schöch* 11.

84 Ebenso NK/*Heghmanns* 18.

und das angezeigte Verhalten offensichtlich nicht strafbar, so darf der Anzeigende zwar hierauf hingewiesen werden, besteht er aber auf der Aufnahme der Anzeige, so hat das zu geschehen.[85] Gleiches gilt bei Straftaten, die im Wege der Privatklage verfolgt werden können; hier ist die Polizei nicht berechtigt, die Entgegennahme der Anzeige abzulehnen und den Anzeigenden auf das Sühneverfahren zu verweisen. Sie kann ihn aber darüber belehren, dass möglicherweise das öffentliche Interesse an der Strafverfolgung verneint werde und er im Wege der Privatklage vorgehen könne.[86] Soweit ein Strafantrag nach § 77 StGB erforderlich ist, kann bei der Entgegennahme der Anzeige gefragt werden, ob ein solcher gestellt werden soll.[87] Wird das in der Weise verneint, dass darin ein Verzicht auf den Strafantrag liegt (Rn. 53) und kommt erkennbar kein weiterer Antragsberechtigter in Frage, so kann häufig auf die Entgegennahme der Anzeige verzichtet werden.[88] Durch Befragung des Anzeigenden kann auch geklärt werden, ob er wirklich eine Straftat verfolgt wissen oder nur einen Rat erbitten will oder ein präventivpolizeiliches Eingreifen erwartet.[89] Jeder Druck auf den Anzeigeerstatter, von der Anzeige abzusehen, hat aber zu unterbleiben.[90] Innerdienstlich sind Staatsanwaltschaft und Polizei gehalten, in der Regel den Eingang von Anzeigen zu bestätigen, wenn sie zur Einleitung eines Ermittlungsverfahrens geführt haben.[91]

b) Dokumentation. Die in Absatz 1 Satz 2 vorgeschriebene Dokumentation der Anzeige hat in erster Linie den Zweck, zu verhindern, dass die Anzeige in Vergessenheit gerät. Auch die nicht dokumentierte Anzeige löst dieselben Pflichten aus. Eine besondere Form ist für die Dokumentation nicht vorgeschrieben, doch muss sie mindestens erkennen lassen, wer welchen Sachverhalt angezeigt hat. Soweit die Dokumentation den dafür einschlägigen Formerfordernissen entspricht, stellt sie eine öffentliche Urkunde im Sinne der §§ 271, 348 StGB dar.[92] 29

c) Pflicht zur Bearbeitung. Alle Strafanzeigen und Anträge auf Strafverfolgung stellen Erkenntnisquellen dar, die der Staatsanwaltschaft oder Polizei Veranlassung geben, zu prüfen, ob ein zum „Einschreiten" erforderlicher Anfangsverdacht im Sinne des § 152 Abs. 2 (LR/*Mavany* § 152, 27 ff.) begründet wird. Die Strafanzeige führt also nicht automatisch zur Durchführung von Ermittlungen, sondern nur dann, wenn hierzu nach der durch sie mit gestalteten Sachlage Veranlassung besteht (vgl. auch § 171 Satz 1, 1. Alt.). Ob die Polizei aufgrund bei ihr eingegangener Anzeigen im Rahmen des ersten Zugriffs (§ 163) ermittelnd tätig wird oder die Sache unbearbeitet der Staatsanwaltschaft zuleitet, weil ein strafbares Verhalten nicht in Betracht kommt, die Tat nicht verfolgbar ist oder (bei einem Privatklagedelikt) das öffentliche Interesse an der Strafverfolgung fraglich ist, richtet sich 30

85 MüKo/*Kölbel/Ibold* 25b; **a.A.** KK/*Weingarten* 13; *Kühne* Rn. 343; vgl. auch Rn. 30 und *Posselt* DNP **1977** 9.

86 NK/*Heghmanns* 24; SK/*Albrecht* 13; *Posselt* DNP **1977** 41; *Klapper* Die Polizei **1981** 56; enger *Kay* Die Polizei **1980** 23 (auch Hinweis nicht zulässig); wohl weitergehend *Reuber* Die Polizei **1987** 212.

87 Vgl. Nr. 6 Abs. 2, 3 RiStBV.

88 *Reuber* Die Polizei **1987** 211 mit näheren Hinweisen. Zur Notwendigkeit von Maßnahmen des ersten Zugriffs, wenn eine Strafverfolgung auch ohne Antrag bei Vorliegen eines besonderen öffentlichen Interesses in Betracht kommt, vgl. § 163, 28 und *Kay* Die Polizei **1980** 23; *Reuber* a.a.O.

89 Zur Frage, ob mit der Anzeige lediglich eine „Konfliktregelung" angestrebt wird, für den Teilbereich der Beleidigung empirisch und mit Hinweisen de lege ferenda *Steffen* 152 ff.

90 Zur Rechtswirklichkeit bei der Aufnahme von Strafanzeigen durch die Polizei, die der Rechtslage nicht immer voll entsprechen dürfte, ausführlich *Kürzinger* passim; ferner AK/*Schöch* 41; *Schlachetzki* (LV Vor § 158) 45 ff.

91 Nr. 9 RiStBV, *Posselt* DNP **1977** 8.

92 RGSt **57** 56; LK/*Zieschang*[12] § 271, 13; **a.A.** *Eb. Schmidt* 6.

nach Lage des Einzelfalls. Jedoch muss die Polizei auf jeden Fall eine Abschlussentscheidung der Staatsanwaltschaft ermöglichen. Die Nichtweitergabe durch den polizeilichen Dienstvorgesetzten ist auch dann nicht zulässig, wenn er Zweifel an der Richtigkeit der Anzeige hat.[93]

31 Richtet sich die Strafanzeige gegen einen **Exterritorialien** oder einen der **Immunität** unterliegenden Abgeordneten, so sind für die Sachverhaltserforschung die insoweit bestehenden Grenzen zu beachten.[94] Die Entscheidung über das weitere Vorgehen ist stets der Staatsanwaltschaft zu überlassen. Gegen den Betroffenen gerichtete Ermittlungsmaßnahmen sind grds. unzulässig;[95] erscheint die Exterritorialität bzw. die parlamentarische Immunität zweifelhaft, so ist diese vorrangig zu klären.

32 **d) Einstellungsbescheid.** Ein **Einstellungsbescheid** ist dem Anzeigenden nur zu erteilen, wenn sich seine Strafanzeige zugleich als Antrag auf Strafverfolgung (Strafantrag) darstellt (Rn. 9). Die Einzelheiten sind bei § 171 erläutert.

33 **8. Rücknahme der Strafanzeige oder des Strafantrags.** Da bei Offizialdelikten die Strafverfolgung nicht von einer Anzeige abhängig ist, ist ihre Rücknahme rechtlich bedeutungslos.[96] Sie kann den möglicherweise durch die Strafanzeige begründeten Anfangsverdacht nicht aus der Welt schaffen. In der Rücknahme des Strafantrags (Antrags auf Strafverfolgung) wird meist der Verzicht auf den Einstellungsbescheid nach § 171 liegen. Je nach Lage des Einzelfalls kann die Rücknahme der Anzeige in tatsächlicher Hinsicht die Bedeutung haben, dass der Anzeigende etwaige, den Tatverdächtigen belastende tatsächliche Behauptungen nicht mehr aufrechterhalten kann; sie kann deshalb die Verdachts- und Beweislage beeinflussen.

34 **9. Bestätigungsanspruch des Verletzten.** In Ergänzung der schon zuvor üblichen, in Nr. 9 RiStBV vorgesehenen Praxis, den Eingang von Strafanzeigen dem Anzeigeerstatter grds. schriftlich zu bestätigen, gewährt Absatz 1 Satz 3 einem Anzeigeerstatter, der zugleich Verletzter der Tat ist, seit 2015 hierauf einen ausdrücklichen gesetzlichen Anspruch. Gemäß Satz 4 soll diese Bestätigung den Gegenstand der Anzeige zumindest stichwortartig nach Tatzeit, Tatort und angezeigter Tat wiedergeben. Zur Wiedergabe der Tat gehört auch eine grobe rechtliche Einordnung (z.B. als „Diebstahl", „Betrug" oder „Körperverletzung"), nicht jedoch eine – von der die Anzeige entgegennehmenden Stelle zu Beginn des Verfahren regelmäßig nicht zu leistende – detaillierte rechtliche Bewertung.[97] Damit wird u.a. sichergestellt, dass der Verletzte evt. erforderliche Nachweise gegenüber Versicherungen erbringen kann.[98] Speziell zur Erfüllung dieser Funktion ist zu verlangen, dass die Bestätigung über die vom Gesetzeswortlaut geforderten Informationen hinaus auch Ort und Zeitpunkt der Anzeigeerstattung sowie das Aktenzeichen enthält, unter dem der Vorgang geführt wird.[99]

---

93 BGH JR **1956** 383; vgl. auch zur Pflicht zur Weitergabe *Kay* Die Polizei **1980** 23; *Posselt* DNP **1977** 23.

94 S. dazu KK/*Weingarten* 10 f.; OK/*Goers* 13; SK/*Albrecht* 20; RiStBV 191 ff.

95 Zur Reichweite des Immunitätsschutzes im Ermittlungsverfahren im Einzelnen LR/*Mavany* § 152a, 21 m.w.N. Schmitt/Köhler/*Schmitt* § 152a, 4 ff.; RiStBV Nr. 191.

96 HK/*Zöller* 12; SK/*Albrecht* 10.

97 RegE BTDrucks. **18** 4621 S. 24; KK/*Weingarten* 17a; Schmitt/Köhler/*Köhler* 10; SK/*Albrecht* 21.

98 Vgl. Erwägungsgrund 24 der RL 2012/29/EU, ABlEU Nr. L 315 v. 14.11.2012, S. 60; RegE BTDrucks. **18** 4621 S. 24; SK/*Albrecht* 21.

99 Erwägungsgrund 24 der RL 2012/29/EU, ABlEU Nr. L 315 v. 14.11.2012, S. 60; RegE BTDrucks. **18** 4621 S. 24; SK/*Albrecht* 21.

Eine **Versagung der Bestätigung** kommt in Übereinstimmung mit dem ausdrücklichen Willen des Gesetzgebers[100] zunächst bei offensichtlich rechtsmissbräuchlichen Anzeigen in Betracht,[101] was insbesondere bei Querulanten (zum Umgang mit deren Anzeigen im Übrigen o. Rn. 15) eine gewisse praktische Bedeutung erlangen dürfte. Der in Absatz 1 Satz 5 ausdrücklich normierte Versagungsgrund einer „Gefährdung des Untersuchungszwecks" wird hingegen nur selten zum Tragen kommen, da eine solche (anders als bei der Gewährung von Akteneinsicht, an deren in § 406e Abs. 2 Satz 2 geregeltem Versagungsgrund sich der Gesetzgeber orientiert hat)[102] bei einer – zulässigerweise – knapp gehaltenen Formulierung der Bestätigung kaum jemals zu befürchten sein dürfte: Erhält der Verletzte eine auf nur wenige Stichpunkte beschränkte Bestätigung dessen, was er zur Anzeige gebracht hat, sollte dies eine Konstanzanalyse seiner späteren Zeugenaussage nicht beeinträchtigen.[103] Inwieweit die Aushändigung einer kurzen Zusammenfassung von Informationen, über die der Empfänger denknotwendig ohnehin verfügt, schließlich „anstehende Durchsuchungen und Festnahmen beeinträchtigen könnte",[104] ist schwer nachvollziehbar.[105] 35

III. Strafanträge (Absatz 2)

1. Allgemeines. Das Strafantragsrecht ist, obwohl der Strafantrag nach heute ganz h.M. eine Prozessvoraussetzung verfahrensrechtlicher Natur ist,[106] im StGB geregelt. Die Bestimmung der Delikte, die nur auf Antrag verfolgt werden, sowie etwaiger Beschränkungen und Ausnahmen ist in den einzelnen Tatbeständen des Besonderen Teils enthalten; die allgemeinen Vorschriften über Antragsbefugnis, Antragsfrist und Antragsrücknahme regeln die §§ 77 bis 77d StGB. Insoweit ist auf die Kommentare zum materiellen Strafrecht zu verweisen.[107] Der hier zu erläuternde § 158 Abs. 2 bestimmt in seiner neuen Fassung nur, dass Identität und Verfolgungswille des Antragstellers sichergestellt werden müssen. Für **Ermächtigung und Strafverlangen** gilt § 158 Abs. 2 nicht.[108] 36

Eine **Beschränkung** des Strafantrags auf einzelne Personen, abtrennbare Teile einer Tat (z.B. auf bestimmte Äußerungen in einem beleidigenden Schriftstück) oder einzelne Gesetzesverletzungen (etwa § 223 StGB im Rahmen einer tätlichen Beleidigung) ist ohne Weiteres möglich.[109] Wie weit das im Antrag zum Ausdruck gebrachte Strafverfolgungsbegehren insofern reicht, ist ggf. durch Auslegung zu ermitteln, wobei auch außerhalb der Erklärung liegende Umstände zu berücksichtigen sind.[110] Ist eine Beschränkung nicht erkennbar, hat der Strafantrag in rechtlich und tatsächlich umfassender Weise die gesamte Tat im prozessualen Sinn 37

---

100 RegE BTDrucks. **18** 4621 S. 24 unter Hinweis auf den dann nicht mehr einschlägigen Schutzbereich der Opferschutzrichtlinie.

101 Ebenso KK/*Weingarten* 17a; NK/*Heghmanns* 29; Schmitt/Köhler/*Köhler* 10a; SK/*Albrecht* 23.

102 RegE BTDrucks. **18** 4621 S. 24; KK/*Weingarten* 17a.

103 NK/*Heghmanns* 29; SK/*Albrecht* 22; Schmitt/Köhler/*Köhler* 10a; für die regelmäßige Annahme einer Gefährdung des Untersuchungszwecks in „Aussage-gegen-Aussage"-Konstellationen unter diesem Aspekt hingegen *Ferber* NJW **2016** 279.

104 RegE BTDrucks. **18** 4621 S. 24.

105 Zutr. SK/*Albrecht* 22.

106 LR/*Stuckenberg* § 206a, 60 f.; LK/*Greger*/*Weingarten*[14] Vor § 77–77e, 7 mit umfassenden Nachw., auch zur Gegenmeinung; ferner (monografisch) *M.-K. Meyer* Strafantrag.

107 Umfassend m.w.N. namentlich LK/*Greger*/*Weingarten*[14] §§ 77 ff. Ausführliche Behandlung dieser Frage etwa auch bei KK/*Weingarten* 33 ff.; SK/*Albrecht* 25 ff.

108 AK/*Schöch* 24; HK/*Zöller* 1; KK/*Weingarten* 32; LK/*Greger*/*Weingarten*[14] § 77e, 3.

109 AnwK/*Walther* 32; Schmitt/Köhler/*Köhler* 19 ff.; SK/*Albrecht* 47 m.w.N.

110 SK/*Albrecht* 48 m.w.N.

zum Gegenstand.[111] Dabei sind i.d.R. auch alle Beteiligten eingeschlossen, es sei denn, es handele sich um Angehörige des Antragstellers, deren Tatbeteiligung untergeordneter Art ist oder bei Antragstellung noch nicht bekannt war, weil im Zweifel anzunehmen ist, dass die Verfolgung Angehöriger nicht dem Willen des Antragstellers entspricht.[112]

38 Mit **Bedingungen** kann der Strafantrag nur insoweit versehen werden, als sie die **prozessuale Feststellung** oder die **rechtliche Bewertung** von Ereignissen betreffen, die sich bereits zugetragen haben.[113] Die aufschiebende Bedingung durch künftige ungewisse Ereignisse macht den Strafantrag hingegen unwirksam, und zwar unabhängig davon, ob das Ereignis noch während oder erst nach Ablauf der Antragsfrist eintritt.[114] Ein unter der auflösenden Bedingung eines künftigen ungewissen Ereignisses gestellter Strafantrag ist hingegen wirksam; hier ist die Bedingung als solche unbeachtlich, d.h. der Antragsteller kann die Wirkung des Strafantrags bei Eintritt des Ereignisses nur durch eine zusätzliche Rücknahmeerklärung (dazu Rn. 53 ff.) wieder beseitigen.[115]

39 **2. Strafanzeige, Antrag auf Strafverfolgung und Strafantrag.** Der Strafantrag gemäß § 77 StGB ist an sich eine selbständige, von der Strafanzeige oder dem Antrag auf Strafverfolgung (Strafantrag im Sinne des § 158 Abs. 1) zu unterscheidende Prozesshandlung. Er enthält das Verlangen nach Strafverfolgung wegen einer bestimmten Tat.[116] In der den Antrag auf Strafverfolgung (Rn. 9) einschließenden Strafanzeige eines Strafantragsberechtigten wegen eines Antragsdelikts liegt aber regelmäßig zugleich ein ausreichender Strafantrag.[117] Es muss allerdings, wie Absatz 2 nunmehr auch ausdrücklich klarstellt, aus der Anzeige ein eindeutiger Verfolgungswille auch wegen des Antragsdelikts erkennbar sein.[118] Bei einer bloßen Vermisstenanzeige ist dies nicht der Fall.[119] Ausreichen kann hingegen die Anzeige eines Offizialdelikts, das mit einem Antragsdelikt tateinheitlich zusammentrifft, etwa eines Sexualdelikts in Bezug auf Beleidigung[120] oder eines Einbruchsdiebstahls in Bezug auf Hausfriedensbruch[121] oder Sachbeschädigung. Ein Strafantrag i.S.v. Absatz 2 ist dagegen nicht anzunehmen, wenn eine rechtskundige Behörde einen Sachverhalt nur mit der Bitte um Prüfung in Hinblick auf den Tatbestand eines Offizialdelikts mitteilt, auch wenn er darüber hinaus Hinweise auf ein Antragsdelikt enthält.[122] In einer Strafanzeige gegen einen noch unbekannten Täter kann man nicht ohne Weiteres zugleich den ggf. erforderlichen Strafantrag gegen einen Angehörigen erblicken.[123] Bei Zweifeln liegt kein wirksamer Strafantrag vor (LR/*Stuckenberg* § 206a, 38 ff.).

---

111 Vgl. BGHSt **33** 114, 116; KG 20.8.2021 – 121 Ss 92/21, BeckRS **2021** 29793; KK/*Weingarten* 48; Schmitt/Köhler/*Köhler* 19; SK/*Albrecht* 46 m.w.N.

112 SK/*Albrecht* 48 m.w.N.; a.A. KK/*Weingarten* 48, 50.

113 LK/*Greger*/*Weingarten*[14] § 77, 14.

114 KK/*Weingarten* 52; KMR/*Noltensmeier-von Osten* 37; LK/*Greger*/*Weingarten*[14] § 77, 14; im letztgenannten Punkt **a.A.** SK/*Albrecht* 49.

115 Ebenso LK/*Greger*/*Weingarten*[14] 14; MüKo/*Kölbel*/*Ibold* 43; SK/*Albrecht* 49; **a.A.** (Wirksamkeit von Antrag und auflösender Bedingung) AK/*Schöch* 23; AnwK/*Walther* 33; KK/*Weingarten* 52; KMR/*Noltensmeier-von Osten* 37; NK/*Heghmanns* 36.

116 LK/*Greger*/*Weingarten*[14] § 77, 6 m.w.N.

117 RGSt **76** 335; OLG Düsseldorf MDR **1986** 165; VRS **71** (1986) 31; HK/*Zöller* 14; KK/*Weingarten* 48; LK/*Greger*/*Weingarten*[14] § 77, 13 ff.; *Roxin*/*Schünemann* § 39, 13; *Stree* MDR **1956** 723.

118 BGH GA **1957** 17; OLG Köln NJW **1965** 408; OLG Stuttgart NStZ **1981** 184; AK/*Schöch* 21.

119 BGH bei *Miebach* NStZ **1990** 25 (Nr. 7).

120 BGH NJW **1951** 368; LG Kiel STREIT **1985** 54; AK/*Schöch* 21.

121 BGH GA **1957** 17.

122 OLG Köln NJW **1965** 408; OLG Stuttgart NStZ **1981** 184.

123 KK/*Weingarten* 48; *Stree* MDR **1956** 753.

Eine **Anschlusserklärung als Nebenkläger** genügt – ebenso wie die Erhebung der Privatklage und der Widerklage – den Formerfordernissen eines Strafantrags und ist regelmäßig als solcher zu interpretieren.[124] Etwas anderes gilt nur dann, wenn der Nebenkläger zu erkennen gibt, dass sich sein Verfolgungsinteresse auf ein gleichzeitig begangenes Offizialdelikt beschränkt.[125] Die Inanspruchnahme einzelner Befugnisse des Nebenklageberechtigten gemäß § 406h kann hingegen selbst dann, wenn sie mit einer dem Formerfordernis von § 158 Abs. 2 entsprechenden Handlung einhergeht, nicht ohne Weiteres als Strafantrag betrachtet werden. Hier ist vielmehr im Einzelfall zu prüfen, ob der Verletzte ein Strafverfolgungsinteresse zum Ausdruck bringt, oder ob er lediglich die durch das OpferschutzG bezweckte gesicherte Rechtsposition gegenüber Schuldzuweisungen usw. erlangen will, ohne damit ein Strafverfolgungsinteresse zu verbinden. 40

3. Adressaten des Strafantrags. Nachdem Absatz 2 keine Zuständigkeitsregelung mehr enthält, kann der Strafantrag wirksam nur bei einer der in Absatz 1 genannten Stellen gestellt werden, also nunmehr bei der Staatsanwaltschaft, den Behörden und Beamten des Polizeidienstes und den Amtsgerichten. Damit wurden im Gegensatz zur früheren Rechtslage[126] einzelne Polizisten beim Streifendienst in den Kreis der zulässigen Adressaten einbezogen, andere Gerichte als die Amtsgerichte hingegen herausgenommen. Wird der Strafantrag bei einer anderen Behörde gestellt, auch bei der Vergleichsbehörde im Sinne des § 380,[127] so hängt seine Wirksamkeit davon ab, dass er innerhalb der Antragsfrist (§ 77b StGB) beim Amtsgericht, bei der Staatsanwaltschaft oder bei der Polizei eingeht.[128] Dies gilt auch dann, wenn die unzuständige Behörde den Strafantrag entgegengenommen hat und damit die Verpflichtung eingegangen ist,[129] ihn eine zuständige Stelle weiterzuleiten. Ist die Staatsanwaltschaft oder der sachbearbeitende Staatsanwalt selbst antragsberechtigt, so kann sie den Antrag bei sich selbst anbringen, indem sie ihn schriftlich zu den eigenen Akten nimmt.[130] 41

Auf die **sachliche und örtliche Zuständigkeit** der zur Entgegennahme des Strafantrags berechtigten Behörden kommt es nicht an. Der Strafantrag kann also fristwahrend auch bei einer Staatsanwaltschaft oder Polizeibehörde gestellt werden, die für das Verfahren im Übrigen nicht zuständig wäre, und zwar auch dann, wenn das Verfahren bereits gerichtlich anhängig ist.[131] 42

Zur **Wahrung der Antragsfrist**, die regelmäßig drei Monate beträgt[132] und mit der Kenntnis von Tat und Täter beginnt,[133] ist es erforderlich, dass spätestens bis zum Ende 43

---

124 BGHSt **33** 114, 116; ähnlich RGSt **38** 39, 41; im Schrifttum LK/*Greger*/*Weingarten*[14] § 77, 13b m.w.N.; NK/*Heghmanns* 35; SK/*Albrecht* 4; vgl. auch AK/*Schöch* 21, KK/*Weingarten* 44; MüKo/*Kölbel*/*Ibold* 37. Zum Verhältnis von Strafantrag und Nebenklagebefugnis allgemein *Rieß* NStZ **1989** 102 ff.

125 BGHSt **33** 114, 116.

126 Dazu LR/*Erb*[27] 43 ff. m.w.N.

127 OLG Celle JZ **1952** 568 (Ls.).

128 RGSt **48** 274, 276; BayObLGSt **28** 147; OLG Koblenz OLGSt § 158 S. 3; KK/*Weingarten* 38; *Eb. Schmidt* 15; SK/*Albrecht* 42.

129 Entsprechend der Situation bei der Strafanzeige, s.o. Rn. 27; speziell für den Strafantrag Radtke/Hohmann/*Link* 15.

130 RGSt **4** 164, 266; KK/*Weingarten* 40; *Eb. Schmidt* 14.

131 AK/*Schöch* 29; Schmitt/Köhler/*Köhler* 7. Anders bei der Rücknahme, s.u. Rn. 53.

132 § 77b StGB; wegen der Einzelheiten und Ausnahmen vgl. die Kommentierungen zu dieser Vorschrift. Nach Absatz 5 dieser Vorschrift ruht der Lauf der Antragsfrist während der Durchführung des Sühneverfahrens nach § 380.

133 Zum Fristbeginn näher LK/*Greger*/*Weingarten*[14] § 77b, 5 ff.; SK/*Albrecht* 36 f.; die Antragsmöglichkeit besteht bereits vor Fristbeginn, ausnahmsweise sogar schon vor Tatbeginn, BGHSt **13** 363, 365; OLG Düsseldes Tages, an dem die Frist abläuft, die den Strafantrag enthaltende Erklärung einer solchen Stelle zugeht.[134] Nach allgemeiner Auffassung handelt es sich um eine Ausschlussfrist, gegen die **keine Wiedereinsetzung** möglich ist.[135] Dieser Umstand dürfte dazu beigetragen haben, auch in anderen Erklärungen einen Strafantrag zu sehen (Rn. 35 f.) und in der Vergangenheit das früher bestehende Schriftlichkeitserfordernis teilweise großzügig auszulegen.

44 Mit fristwahrender Wirkung kann der Strafantrag nur bei einer **deutschen Behörde** gestellt werden. Die Antragstellung bei einem ausländischen Gericht, einer ausländischen Staatsanwaltschaft oder einer ausländischen Polizeibehörde reicht hierfür nicht aus,[136] wenn sich nicht aus zwischenstaatlichen Rechtshilfevereinbarungen etwas anderes ergibt. Ist dagegen bei einer Auslandstat das Verfahren im Ausland mit einem nach den dortigen Vorschriften erforderlichen Antrag eingeleitet worden, so bleibt dieser Antrag wirksam, wenn das ausländische Verfahren an deutsche Behörden abgegeben wird.[137]

4. Form

45 **a) Allgemeines.** Mit Wegfall des nach der alten Gesetzesfassung bis 2024 bestehenden Erfordernisse der Schriftform oder einer Antragstellung zu Protokoll bei Gericht oder Staatsanwaltschaft sind alle damit verbundenen Probleme[138] entfallen, einschließlich des misslichen Umstands, dass eine wirksame Antragstellung per einfacher E-Mail richtigerweise ebenso wenig möglich war wie eine solche bei sog. „Onlinewachen“ der Polizei.[139] Um die Zwecke des früheren Formerfordernisses auch bei der nunmehr zulässigen formlosen Antragstellung dieser oder anderer Art zu erreichen, hält Absatz 2 die Behörde, an die der Strafantrag adressiert ist, nunmehr dazu an, neben Einhaltung der aus Absatz 1 Satz 2 folgenden Dokumentationspflicht dafür zu sorgen, dass Identität und Verfolgungswille der antragstellenden Person zuverlässig festgestellt werden. Dies kann, da es sich nicht um ein Formerfordernis des Antrags als solchem handelt, bei Bedarf auch nachträglich durch entsprechende Rückfrage geschehen.[140]

46–51 **b) Bevollmächtigung.** Wird der Strafantrag durch einen **Bevollmächtigten** gestellt, ist er auch dann wirksam, wenn der Wille, im fremden Namen zu handeln, nicht aus dem Antrag hervorgeht,[141] und auch, wenn die Vollmacht nur mündlich erteilt ist.[142] Ihr Nach-

---

dorf NJW **1987** 2526; KK/*Weingarten* 38; Schmitt/Köhler/*Köhler* 5; SK/*Albrecht* 37; **a.A.** *Ott* StV **1982** 42; *Schroth* NStZ **1982** 1; LK/*Schmid*[12] § 77, 22.

134 Zur Fristwahrung allgemein LR/*Claus* Vor § 42, 6 ff.

135 BGH NStZ **1994** 281, 282; LK/*Greger*/*Weingarten*[14] § 77b, 2; KK/*Weingarten* 37; SK/*Albrecht* 35, alle m.w.N.; vgl. auch LR/*Claus* § 44, 11.

136 RGSt **27** 161; BayObLGSt **1972** 78 = NJW **1972** 1631; LG Stuttgart Justiz **1964** 236; AK/*Schöch* 29; KK/*Weingarten* 41; LK/*Greger*/*Weingarten*[14] § 77, 8 m.w.N.; **a.A.** *Schulz* NJW **1977** 480. Zur Unzuständigkeit von Polizeiorganen der Stationierungsstreitkräfte OLG Koblenz OLGSt § 158 S. 1. Ausführlich zum Ganzen LR/*Meyer-Goßner*[23] 23.

137 LK/*Greger*/*Weingarten*[14] § 77, 8 m.w.N.; SK/*Albrecht* 7.

138 Dazu LR/*Erb*[27] 46 ff. m.w.N.

139 BGH v. 21.11.2023 – 4 StR 72/23, NStZ-RR **2014** 123; *Jahn* JuS **2021** 564; 565 f.; im Ergebnis ebenso AG Auerbach 26.1.2021 – 3 Cs 500 Js 24368/20, BeckRS **2021** 5624; HK/*Zöller* 17; SSW/Ziegler 20; tendenziell auch KK/*Weingarten* 45a; **a.A.** *Jesse* DRiZ **2018** 28, 31.

140 RegE BTDrucks. **20** 110943 S. 49 f.; SK/*Albrecht* 45.

141 RGSt **61** 45, 47; BGH NStZ **1982** 508; zur Frage der Zulässigkeit der Vertretung bei Stellung des Strafantrags vgl. u.a. BGH StV **1986** 58; KK/*Weingarten* 45a; LK/*Greger*/*Weingarten*[14] § 77, 43 ff.; SK/*Albrecht* 30 f.

142 RGSt **19** 7; **60** 281, 282; **62** 262; KK/*Weingarten* 45a.

weis ist auch nach Ablauf der Antragsfrist möglich,[143] doch muss sie bereits im Zeitpunkt der Antragstellung vorgelegen haben,[144] wobei eine allgemeine Bevollmächtigung, auch durch konkludentes Verhalten, ausreichen soll.[145] Bei einem minderjährigen Verletzten genügt es in Fällen gemeinschaftlicher elterlicher Sorge zur Stellung eines wirksamen Strafantrags, wenn ein Elternteil den Antrag stellt und der andere mündlich zustimmt oder den Handelnden zur Stellung des Strafantrags ermächtigt.[146] Die Prokura gemäß § 49 Abs. 1 HGB schließt grds. die Befugnis ein, das betreffende Unternehmen als Verletzten bei der Stellung von Strafanträgen zu vertreten, es sei denn, die Herbeiführung der Strafverfolgung stelle nach den Umständen eine unternehmerische Grundlagenentscheidung dar, deren Übertragung auf Prokuristen unzulässig ist.[147]

c) Inhaltliche Unklarheiten. Trotz des in Absatz 2 ausgesprochenen Auftrags können sich im Einzelfall Zweifel darüber ergeben, ob dem schriftlich dokumentierten Antrag während der Antragsfrist tatsächlich ein Strafverfolgungsverlangen des Antragsberechtigten zugrunde lag. Das ist in jeder Lage des Verfahrens freibeweislich von Amts wegen zu prüfen,[148] etwa durch Befragung des Antragsberechtigten, ob der Antrag mit seinem Willen eingereicht worden ist. Bleiben Zweifel, so fehlt es an der erforderlichen Prozessvoraussetzung des Strafantrags.[149] 52

5. Rücknahme und Verzicht. Für die Rücknahme des gestellten Strafantrags (§ 77d StGB), sowie für den gesetzlich nicht geregelten, aber zulässigen Verzicht darauf, ihn zu stellen,[150] gilt § 158 Abs. 2 nicht.[151] 53

a) Adressat der Rücknahme. Adressat der Rücknahmeerklärung ist die Stelle, die gerade mit dem Verfahren befasst ist (d.h. bis zur Anklageerhebung grds. die Staatsanwaltschaft, danach das Gericht, zu dem Anklage erhoben wurde;[152] vor Einschaltung der Staatsanwaltschaft im Ermittlungsverfahren auch die Polizeibehörde, bei der der Strafantrag gestellt wurde).[153] Dieser gegenüber kann die Erklärung auch in konkludenter Form abgegeben werden, wenn der Verzichtswille klar zum Ausdruck kommt.[154] Wird die Rücknahme bei einer anderen Stelle (etwa gegenüber der Polizei nach Befassung der Staatsanwaltschaft mit der Sache) erklärt, wird sie erst wirksam, wenn sie der Stelle zugeht, bei der das Verfahren anhängig ist.[155] 54

b) Verzicht. Der **Verzicht** auf den noch nicht gestellten Strafantrag ist prozessual nur wirksam, wenn er entweder vor einer Stelle erklärt wird, die auch für die Entgegennahme des Strafantrags zuständig wäre,[156] oder im Rahmen des Sühneverfahrens vor der Ver- 55

---

143 RGSt **60** 281, 282; **61** 45; **62** 262; BGH NStZ **1982** 508; KK/*Weingarten* 45a.
144 BayObLGSt **34** 14.
145 LR/*Meyer-Goßner*[23] 31.
146 BGHR StPO § 158 Abs. 2 Formerfordernis 4; SK/*Albrecht* 34.
147 BGHSt **54** 148, 164 f.; Schmitt/Köhler/*Köhler* 15.
148 *Eb. Schmidt* 19; vgl. auch LR/*Stuckenberg* § 206a, 36.
149 LR/*Stuckenberg* § 206a, 38 ff.
150 Dazu und zu den Wirkungen LK/*Greger*/*Weingarten*[14] § 77d, 8 ff. m.w.N.
151 KK/*Weingarten* 53, 55; Schmitt/Köhler/*Köhler* 18; **a.A.** LG Kiel NJW **1964** 263.
152 BGHSt **16** 105, 108; HbStrVf/*Dallmeyer* I 33.
153 Für den Verzicht BGH NJW **1957** 1368, 1369; Schmitt/Köhler/*Köhler* 18; **a.A.** SK/*Albrecht* 52.
154 AK/*Schöch* 35; KK/*Weingarten* 53; MüKo/*Kölbel*/*Ibold* 48.
155 RGSt **8** 79; **52** 200; **55** 23; BGHSt **16** 105, 108; LK/*Greger*/*Weingarten*[14] § 77d, 3 m.w.N.
156 RGSt 77 157, 159; BGH NJW **1957** 1368, 1369; AK/*Schöch* 36.

gleichsbehörde.[157] Erklärungen, die anderen Behörden oder Privatpersonen (insbesondere dem Täter) gegenüber abgegeben werden, sind also unbeachtlich. Schriftform ist auch bei einer Erklärung bei der Polizei nicht erforderlich.[158] Die bloße Erklärung, dass ein Strafantrag nicht gestellt werde, stellt nicht ohne Weiteres einen Verzicht dar; ob dies der Fall ist, ist unter Berücksichtigung aller Umstände durch Auslegung zu ermitteln.[159] In der Rücknahme eines Strafantrags liegt zugleich ein Verzicht auf seine erneute Stellung.[160]

56 **c) Bedingungsfeindlichkeit.** Rücknahme- und Verzichtserklärung sind grds. bedingungsfeindlich, unwiderruflich und nicht wegen Willensmängeln anfechtbar.[161] Die Rücknahme kann jedoch unter der Bedingung einer Entlastung des Antragstellers bei der Kostenentscheidung gemäß § 470 erklärt werden.[162]

IV. EU-Auslandstaten (Absatz 3)

57 **1. Allgemeines.** In Ermangelung einer gesetzlichen Regelung bestand früher eine erhebliche Unsicherheit, ob und ggf. unter welchen Voraussetzungen die deutschen Strafverfolgungsbehörden bei der Anzeige von Auslandstaten, für die das deutsche Strafrecht keine Anwendung nach §§ 5 ff. StGB findet, den Behörden eines anderen EU-Staats, in dem die Tat begangen wurde, die notwendigen Informationen übermitteln sollen, damit diese eine nach dem Recht des Tatorts mögliche Strafverfolgung durchführen können. Dabei wurde nach Angaben von Opferschutzverbänden selbst nach Inkrafttreten des Rahmenbeschlusses des Rates der Europäischen Union vom 15.3.2001 vielfach nicht nach den Vorgaben von dessen Art. 11 Abs. 2 verfahren, weil die Kenntnis von dessen Inhalt in der Praxis offenbar wenig verbreitet war. Diesem Zustand wollte der Gesetzgeber durch die Schaffung von Absatz 3 abhelfen.[163]

2. Übermittlungspflichten

58 **a) Grundsatz.** Entsprechend den Vorgaben des Rahmenbeschlusses[164] verpflichtet Absatz 3 Satz 1 die Staatsanwaltschaft grundsätzlich, nach der Anzeige einer im EU-Ausland begangenen Straftat durch einen im Inland wohnhaften Verletzten die Anzeige auf dessen Antrag (also nicht von Amts wegen) an die zuständige Strafverfolgungsbehörde des anderes Mitgliedsstaats zu übermitteln, wenn das **deutsche Strafrecht** für die Tat entweder **überhaupt nicht anwendbar** ist **oder** wenn die Tat gerade im Hinblick darauf, dass es sich um eine Auslandstat handelt, nach § 153c Abs. 1 Satz 1 Nr. 1 (ggf. i.V.m. § 153f) **im Inland nicht verfolgt** wird. Daraus kann man im Umkehrschluss entnehmen, dass sonstige Gründe, aus denen die Staatsanwaltschaft eine Auslandstat, auf die nach den §§ 5 ff.

---

157 RGSt 77 157, 159; KK/*Weingarten* 55; *Holland* Rpfleger **1968** 45; LK/*Greger/Weingarten*[14] § 77d, 8; MüKo/*Kölbel/Ibold* 47.
158 LK/*Greger/Weingarten*[14] § 77d, 8 m.w.N.; Schmitt/Köhler/*Köhler* 18; **a.A.** LG Kiel NJW **1964** 263; AK/*Schöch* 36; SK/*Albrecht* 55.
159 OLG Hamm JMBlNW **1953** 35; KK/*Weingarten* 55; LK/*Greger/Weingarten*[14] § 77d, 8 m.w.N.
160 AK/*Schöch* 35.
161 Für erstere AK/*Schöch* 35; KK/*Weingarten* 54; KMR/*Noltensmeier-von Osten* 38; für letztere kann nichts anderes gelten, vgl. LK/*Greger/Weingarten*[14] § 77d, 8b.
162 BGHSt **9** 149, 154; **16** 105, 107; AK/*Schöch* 35; KK/*Weingarten* 54; *Kühne* Rn. 682; Schmitt/Köhler/*Köhler* 18; MüKo/*Kölbel/Ibold* 48; SK/*Albrecht* 53.
163 Vgl. RegE BTDrucks. **16** 12098 S. 22.
164 2001/220/JI, ABlEG Nr. L 82/1 v. 22.3.2001.

StGB deutsches Strafrecht anwendbar ist, im Einzelfall nicht verfolgt (z.B. nach den §§ 153, 153a, aber auch nach § 153c Abs. 3), die Übermittlungspflicht nicht auslösen.

b) Anforderungen an die Person des Verletzten. Nach dem Zweck der Vorschrift, das Strafverfahren ohne unzumutbaren Aufwand des Verletzten im Ausland in Gang zu bringen, wird man nicht verlangen können, dass dieser seinen Hauptwohnsitz im Inland hat, wenn der inländische Aufenthalt eine gewisse Dauer aufweist; ein kurzfristiger Aufenthalt im Rahmen einer Urlaubs- oder Geschäftsreise genügt hingegen nicht.[165] Über den Wortlaut der Vorschrift hinaus zu fordern, dass der Verletzte EU-Bürger ist,[166] erscheint verfehlt: Wenn § 158 Abs. 3 auf einen Rahmenbeschluss zurückgeht, der primär die Rechtsstellung der EU-Bürger verbessern soll, so folgt daraus weder eine Notwendigkeit noch (im Hinblick auf Art. 3 GG) eine Legitimation, Bürger von Drittstaaten dergestalt zu diskriminieren, dass man z.B. einen in Deutschland wohnhaften Schweizer, der auf einer Südeuropareise betrogen wurde, im Gegensatz zu seinem Nachbarn mit deutscher oder sonstiger EU-Staatsbürgerschaft darauf verweist, die Strafanzeige im Reiseland zu erstatten. 59

c) Einschränkungen. Satz 2 erlaubt der Staatsanwaltschaft in Nr. 1 zunächst den Verzicht auf eine Übermittlung, die im Hinblick darauf **überflüssig** erschiene, dass die ausländische Behörde mit der Kenntnis der Tat und der für ihre Verfolgung wesentlichen Umstände schon über alle Informationen verfügt, die sie zur Durchführung eines Strafverfahrens benötigt. Nr. 2 räumt der Staatsanwaltschaft ein entsprechendes Ermessen auch für den Fall ein, dass der **Unrechtsgehalt der Tat gering** ist und der verletzten Person eine **Anzeigeerstattung im Land des Tatorts möglich** gewesen wäre. Ersteres ist im Allgemeinen unter den gleichen Voraussetzungen der Fall, unter denen bei einer im Inland verfolgbaren Tat die Anwendung von § 153 in Betracht kommt.[167] Letzteres ist unter Aspekten der Zumutbarkeit für den Verletzten zu beurteilen, wobei insbesondere dessen Informationsstand während seines Auslandsaufenthalts und die Frage evt. Sprachbarrieren eine Rolle spielen.[168] Weil beide Voraussetzungen kumulativ vorliegen müssen, besteht die Übermittlungspflicht der Staatsanwaltschaft schon bei Straftaten mittlerer Schwere selbst dann, wenn eine Anzeigeerstattung im Ausland eigentlich zumutbar gewesen wäre; insofern stellt die Vorschrift den Anzeigeerstatter besser, als dies der Rahmenbeschluss gebietet.[169] Umgekehrt kann sich die Staatsanwaltschaft selbst bei noch so geringfügigen Taten nicht auf Satz 2 Nr. 2 berufen, wenn eine Anzeigeerstattung im Ausland nach Lage der Dinge unzumutbar war. Handelt es sich um eine Tat, auf die nach den §§ 5 ff. StGB neben dem ausländischen grds. auch deutsches Strafrecht anwendbar ist, kann die Staatsanwaltschaft die Übermittlungspflicht allerdings vermeiden, indem sie selbst ein Ermittlungsverfahren einleitet und dieses sogleich nach § 153 einstellt. Die de facto weiter gehende Übermittlungspflicht bei Taten, für die eine Anwendung deutschen Strafrechts von vornherein nicht in Betracht kommt und für die der Weg zu § 153 somit versperrt ist, begründet mit Blick auf absolute Bagatelldelikte, bei denen im Inland eine Nichtverfolgung nach § 153 StPO mehr oder weniger selbstverständlich erschiene, einen gewissen Wertungswiderspruch. 60

---

165 SK/*Albrecht* 57; SSW/*Ziegler* 27.

166 Dafür SSW/*Ziegler* 27.

167 Ebenso SK/*Albrecht* 58; vgl. auch das Bsp. in RegE BTDrucks. **16** 12098 S. 23 (einfacher Diebstahl von Modeschmuck im Wert von 20 €).

168 Ebenso SK/*Albrecht* 58.

169 Damit soll der besonderen Situation desjenigen Rechnung getragen werden, der im Ausland Opfer einer Straftat wurde und sich aufgrund der Sprachbarriere und unzureichender Kenntnisse über die Institutionen des betreffenden Landes scheut, vor Ort eine Anzeige zu erstatten, vgl. RegE BTDrucks. **16** 12098 S. 23.

61 **3. Übermittlung in sonstigen Fällen.** Auch jenseits des Anwendungsbereichs von Absatz 3 ist die Staatsanwaltschaft nicht gehindert, unter den Voraussetzungen von § 61a Abs. 1 IRG und § 92 Abs. 1 IRG eine Einzelfallentscheidung darüber zu treffen, ob in Fällen mit Auslandsbezug die Weiterleitung einer im Inland erstatteten Anzeige an eine zur Verfolgung zuständige ausländische Stelle sachgerecht erscheint.[170]

V. Hilfe bei der Verständigung (Absatz 4)

62 **1. Sprachliche Hilfe bei der Anzeigeerstattung.** Absatz 4 Satz 1 garantiert einem der deutschen Sprache nicht mächtigen Verletzten diejenige Hilfe bei der Verständigung, die erforderlich ist, um die Strafanzeige in sachdienlicher Weise anzubringen. Daraus folgt weder ein Anspruch, die Anzeige in der Muttersprache zu erstatten, noch ein solcher auf Hinzuziehung eines Dolmetschers, wenn der Verletzte und der die Anzeige aufnehmende Amtsträger in hinreichendem Umfang eine gemeinsame Fremdsprache beherrschen, oder wenn die Verständigung über eine dritte Person möglich ist, an deren Zuverlässigkeit nach Lage der Dinge keine Zweifel bestehen.[171]

63 **2. Übersetzung der Anzeigebestätigung.** Dementsprechend gewährt Absatz 4 Satz 2 dem Verletzten ein Recht, die von ihm nach Absatz 1 Satz 3 beanspruchte Bestätigung der Anzeige (s.o. Rn. 35 f.) in eine ihm verständliche Sprache, nicht jedoch unbedingt in seine Muttersprache übersetzen zu lassen, wobei es wiederum nicht zwangsläufig der Übersetzung durch einen professionellen Dolmetscher bedarf.[172]

§ 159
Anzeigepflicht bei Leichenfund und Verdacht auf unnatürlichen Tod

(1) Sind Anhaltspunkte dafür vorhanden, daß jemand eines nicht natürlichen Todes gestorben ist, oder wird der Leichnam eines Unbekannten gefunden, so sind die Polizei- und Gemeindebehörden zur sofortigen Anzeige an die Staatsanwaltschaft oder an das Amtsgericht verpflichtet.

(2) Zur Bestattung ist die schriftliche Genehmigung der Staatsanwaltschaft erforderlich.

Schrifttum

Dettmeyer/Madea Ärztliches Schweigerecht bezüglich Daten der Leichenschau, NStZ **1999** 605; *Geerds* Leichensachen und Leichenschau aus juristischer Sicht, MedR **1984** 172; *Forkert-Hosser* Vorermittlungen im Strafprozessrecht (2010); *Helbing* Die Würde des Menschen nach dem Tod, Kriminalistik **2004** 443; *Hilger* Vor(feld)ermittlungen/Datenübermittlungen, FS Hilger (2003) 11; *Karger* Artikel Leichenrecht, in: Eisen (Hrsg.) Handwörterbuch der Rechtsmedizin, Bd. III (1977) 254; *Klauck* Leichenschau und Leichenöffnung – Strafprozessuale Grundlagen und beweisrechtliche Problemstellungen, NStZ **2022** 81; *Langenberg* Organtransplantation und § 159 StPO, NJW **1972** 320; *L. Lorenz* Die Leichenschau aus kriminalistischer Sicht, Kriminalistik **2020** 486; *Magnus* Zentrale Rechtsfragen der Obduktion zugunsten der Strafverfolgung, medstra **2022** 71; *Maiwald* Zur Ermittlungspflicht des Staatsanwalts in Todesfällen, NJW **1978** 561; *Mallach/Weiser*

---

170 So ausdrücklich RegE BTDrucks. **16** 12098 S. 23 mit einigen Beispielen; ebenso Schmitt/Köhler/*Köhler* 30; SK/*Albrecht* 57; zu nahe liegenden Konstellationen SSW/*Ziegler* 33 ff.

171 RegE BTDrucks. **18** 4621 S. 24 f.; Schmitt/Köhler/*Köhler* 31; MüKo/*Kölbel/Ibold* 51; SK/*Albrecht* 59.

172 Schmitt/Köhler/*Köhler* 31.

Leichenschauprobleme bei der Erd- und Feuerbestattung, Kriminalistik **1983** 199; *Mätzler* Todesermittlung[3] (2003); *Metter* Ärztliche Leichenschau und Dunkelziffer bei unnatürlichen Todesfällen, Kriminalistik **1978** 155; *Oehmichen/Sternberg-Lieben* „Todesart natürlich“ bei Versterben infolge von freiwilligem Verzicht auf Essen und Trinken – Begründung und mögliche Folgen dieser Einschätzung für den Arzt, MedR **2022** 383; *Pfordte* Votermittlungen und Verdachtsgrade, StraFo **2016** 53; *Schewe* „Anlässe“, „Anhaltspunkte“ und „Prüfungspflichten“ im Straf- und Strafprozeßrecht, FS Geerds (1995) 561; *Spann* Der Ermittler als Anwalt des Verstorbenen – Leichenschau und polizeiliche Nachforschungen, Kriminalistik **1987** 586; *G. Zimmermann* Zur Verbesserung der Qualität der äußeren Leichenschau; FS Rissing-van Saan (2011) 807.

Entstehungsgeschichte

Art. 1 Nr. 41 des 1. StVRG ersetzte in Absatz 1 das Wort „Amtsrichter“ durch „Amtsgericht“ und beseitigte in Absatz 2 die bis dahin gegebene Möglichkeit der amtsrichterlichen Bestattungsgenehmigung.[1] Redaktionell hatte bereits das VereinhG den Absatz 2 neu gefasst. Er lautete bis dahin: „Die Beerdigung darf nur aufgrund einer schriftlichen Genehmigung der Staatsanwaltschaft oder des Amtsrichters erfolgen.“ Bezeichnung bis 1924: § 157.

Übersicht

1. Bedeutung und Zweck der Vorschrift. Die Vorschrift, deren Absatz 1 eine gesetzliche Anzeigepflicht statuiert,[2] soll sicherstellen, dass Hinweise vor allem auf vorsätzliche oder fahrlässige Tötungsdelikte nicht übersehen und dass Beweismittelverluste verhindert werden. Ein nicht natürlicher Tod oder das Auffinden der Leiche eines Unbekannten begründen für sich genommen zwar noch keinen Anfangsverdacht im Sinne des § 152 Abs. 2, sodass die allein aufgrund der Anzeige veranlasste Tätigkeit der Staatsanwaltschaft noch kein strafrechtliches Ermittlungsverfahren darstellt.[3] Diese Umstände lassen es aber nach der Lebenserfahrung als möglich erscheinen, dass bei Betrachtung der näheren Einzelheiten ein solcher entstehen kann. Durch die Anzeigepflicht wird insoweit eine „Vorermittlung“ ermöglicht.[4] **Absatz 2** ergänzt die landesrechtlichen Vorschriften über das Bestat- 1

1 Zu den Gründen vgl. LR/*Meyer-Goßner*[23] 9.

2 *Geerds* MedR **1984** 172; vgl. auch § 158, 4; nach Schmitt/Köhler/*Köhler* 7; KK/*Weingarten* 5; KMR/*Noltensmeier-von Osten* 6 keine Strafanzeige, sondern eine „Information“ bzw. „Meldung“.

3 BGHSt **49** 29, 32; BGH v. 28.3.2018 – 2 ARs 97/18, NStZ-RR **2018** 185; AK/*Schöch* 2; HK/*Zöller* 1; KK/*Weingarten* 1; Schmitt/Köhler/*Köhler* 1; KMR/*Noltensmeier-von Osten* 1; SK/*Albrecht* 1; *Hilger* FS Hilger 11, 12; *Klauck* NStZ **2022** 81; **a.A.** (Teil des Ermittlungsverfahrens) wohl *Maiwald* NJW **1978** 561, 564; ebenso *Hellmann* Rn. 68; AnwK/*Walther* 1.

4 Vgl. *Forkert-Hosser* 76 ff.; *Pfordte* **2016** 53, 57; HK/*Zöller* 1; KMR/*Noltensmeier-von Osten* 1; LR/*Mavany* § 152, 45; HbStrVf/*Jahn* I Rn. 75; Vor § 158, 12c; *Heger* Rn. 234; *Hilger* FS Hilger 11, 12; ähnlich *Geerds* MedR **1984** 172 (Vorfeld des Ermittlungsverfahrens).

tungswesen dahingehend, dass wegen des strafprozessualen Aufklärungsinteresses in den in der Vorschrift genannten Fällen die allgemein erforderliche Bestattungsgenehmigung durch eine solche der Staatsanwaltschaft als Strafverfolgungsbehörde ergänzt wird.

2. Voraussetzungen der Anzeigepflicht nach Absatz 1

2 **a) Nicht natürlicher Todesfall.** Wann ein nicht natürlicher Todesfall vorliegt, ist nach dem Zweck der Vorschrift (Rn. 1) zu bestimmen; es handelt sich um einen Rechtsbegriff. Todesfälle sind nicht natürlich, wenn ein strafrechtlich relevantes Verschulden und damit die Notwendigkeit staatsanwaltschaftlichen Einschreitens mit dem Ziel eines Ermittlungsverfahrens nicht völlig ausgeschlossen werden kann.[5] Negativ ausgedrückt liegt ein nicht natürlicher Tod immer dann vor, wenn sichere Anzeichen für einen natürlichen, d.h. alters- oder krankheitsbedingten Tod fehlen.[6] Dazu gehören namentlich der Tod durch (vermeintlichen) Suizid,[7] durch eine rechtswidrige Tat im Sinne des § 11 Abs. 1 Nr. 5 StGB, aber auch durch eine erkennbar gerechtfertigte Tat[8] oder durch Unfall.[9] Tritt der Tod bei einer **Operation** ein, so liegt nicht allein deshalb ein nicht natürlicher Tod vor, wohl aber dann, wenn ein irregulärer Operationsverlauf nicht ausgeschlossen werden kann.[10] Nicht natürlich ist auch jeder andere Todesfall, bei dem ein ärztlicher Behandlungsfehler eine Rolle gespielt haben kann.[11]

3 Für die Annahme des nicht natürlichen Todes genügen **Anhaltspunkte**, also gewisse, wenn auch vage tatsächliche Hinweise, die Zweifel an einem natürlichen, d.h. alters- oder krankheitsbedingten Tod aufkommen lassen. Sie können sich beispielsweise ergeben aus den Begleitumständen des Todeseintritts, aus dem Ort der Auffindung der Leiche oder aus Spuren von Gewaltanwendung. Sie können aber auch aus dem Fehlen von Anhaltspunkten oder Erklärungen für einen natürlichen Tod herzuleiten sein, sodass auch der Tod aus (medizinisch zunächst) ungeklärter Ursache namentlich bei jüngeren Menschen einen Anhaltspunkt für einen nicht natürlichen Tod darstellt und die Anzeigepflicht auslöst.[12]

4 **b) Leichnam eines Unbekannten.** Der **Leichnam eines Unbekannten** wird aufgefunden, wenn ein Toter nicht alsbald identifiziert werden kann, aber auch, wenn ein Unbekannter vor den Augen anderer Personen plötzlich stirbt und seine Identifizierung

---

5 *Maiwald* NJW **1978** 561, 563; ähnlich *Geerds* MedR **1984** 172, 173; im Ergebnis wohl auch AK/*Schöch* 3; KK/*Weingarten* 2; MüKo/*Kölbel*/*Ibold* 3; ferner m.w.N. *Schewe* FS Geerds 561, 566; aus medizinischer Sicht *Spann* Kriminalistik **1987** 586, 606 f.; zur kriminalistischen Perspektive *Mätzler* passim.

6 NK/*Heghmanns* 5; *Geerds* MedR **1984** 172, 173 m.w.N. in Fn. 11, 12.

7 Zu der strittigen Einstufung der Herbeiführung des eigenen Todes durch Verzicht auf Essen und Trinken in diesem Zusammenhang *Oehmichen*/*Sternberg-Lieben* MedR **2022** 383 ff.

8 **A.A.** Schmitt/Köhler/*Köhler* 3; wie hier HK/*Zöller* 2; HK-GS/*Ambos* 1; MüKo/*Kölbel*/*Ibold* 2; SK/*Albrecht* 4.

9 Vgl. aber BayObLGSt **1969** 4 zum krankheitsbedingten Unfall.

10 Vgl. AK/*Schöch* 3; HK/*Zöller* 2; HK-GS/*Ambos* 2; KK/*Weingarten* 2; Schmitt/Köhler/*Köhler* 2; KMR/*Noltensmeier-von Osten* 2; *Maiwald* NJW **1978** 561, 563, die (wohl etwas enger) auf Anhaltspunkte für „Kunstfehler" oder Pflichtwidrigkeiten des Personals abstellen; wie hier wohl *Geerds* MedR **1984** 172, 174 Fn. 21; weitergehend („natürlicher Tod" nur, wenn sich das „natürliche Krankheitsrisiko" verwirklicht hat) NK/*Heghmanns* 6.

11 *Magnus* medstra **2022** 71, 31.

12 AK/*Schöch* 3; HK/*Zöller* 3; KK/*Weingarten* 2; NK/*Heghmanns* 7; Schmitt/Köhler/*Köhler* 5; vom „Verdacht eines noch nicht näher konkretisierten Tötungsdelikts" (so *Magnus* medstra **2022** 71, 73) kann an dieser Stelle richtigerweise noch nicht die Rede sein.

nicht möglich ist.[13] Unanwendbar ist die Vorschrift, wenn ein Unbekannter erst nach längerer Behandlung stirbt.[14]

3. Zur Anzeige verpflichtet sind die Polizei und die Gemeindebehörden, wenn sie Anhaltspunkte für einen nicht natürlichen Todesfall haben. Dafür genügt es, wenn sich aus der vom Arzt auszustellenden Todesbescheinigung ergibt, dass die Todesursache ungeklärt ist.[15] Eine Entscheidung darüber, ob darüber hinaus der Verdacht einer Straftat begründet ist, steht ihnen nicht zu,[16] weshalb die Anzeigepflicht selbst dann zum Tragen kommt, wenn ein strafbares Verhalten offensichtlich ausscheidet.[17] Die Entscheidung trifft der Leiter oder der nach der Geschäftsorganisation zuständige Angehörige der Behörde. Dies kann auch die Leitung eines kommunalen Krankenhauses sein, auch soweit ihr Ärzte angehören, wenn der nicht natürliche Todesfall im Zusammenhang mit der Behandlung in diesem Krankenhaus eingetreten ist. Die ärztliche Schweigepflicht gemäß § 203 StGB steht dem nicht entgegen, weil die Offenbarung in Erfüllung der Verpflichtung nach § 159 nicht „unbefugt" erfolgt.[18] Hat eine der beiden Behörden die Anzeige erstattet, so entfällt die Pflicht der anderen hierzu.[19] In der Praxis wird bei auffälligen Fällen eines nicht natürlichen Todes und dem Auffinden des Leichnams eines Unbekannten regelmäßig die Polizei tätig. 5

Andere Behörden, Privatpersonen und auch Ärzte unterliegen der Anzeigepflicht nach § 159 Abs. 1 nicht, letztere auch dann nicht, wenn ihnen die Leichenschau und die Ausstellung der Todesbescheinigung obliegt.[20] Sie sind dann aber nach den landesrechtlichen Vorschriften über das Leichen- und Bestattungswesen verpflichtet, Anhaltspunkte für einen nicht natürlichen (gewaltsamen) Tod der Gemeindebehörde mitzuteilen, damit diese ihrer Anzeigepflicht nachkommen kann.[21] Jedenfalls für diesen Fall kann sich der Arzt, der die Leichenschau vorgenommen hat, auch hinsichtlich des sog. vertraulichen Teils des Leichenschauscheins nicht auf seine ärztliche Schweigepflicht berufen.[22] In der Praxis ist allerdings keineswegs gewährleistet, dass alle nicht natürlichen Todesfälle zur Kenntnis einer nach § 159 Abs. 1 anzeigepflichtigen Behörde kommen.[23] 6

---

13 KK/*Weingarten* 3; Schmitt/Köhler/*Köhler* 3; Radtke/Hohmann/*Link* 5; *Eb. Schmidt* 2; **a.A.** wohl *Gerland* 300.

14 AK/*Schöch* 4; HK/*Zöller* 3; KK/*Weingarten* 3; Schmitt/Köhler/*Köhler* 3; NK/*Heghmanns* 8; MüKo/*Kölbel/Ibold* 4; Radtke/Hohmann/*Link* 5; **a.A.** AnwK/*Walther* 4; HK-GS/*Ambos* 2.

15 Näher *Schewe* FS Geerds 567 ff.

16 KK/*Weingarten* 4; *Geerds* MedR **1984** 174 Fn. 18 m.w.N.

17 Insofern **a.A.** KK/*Weingarten* 4.

18 AK/*Schöch* 5; AnwK/*Walther* 5; HK/*Zöller* 5; KK/*Weingarten* 4; Schmitt/Köhler/*Köhler* 6; NK/*Heghmanns* 9; MüKo/*Kölbel/Ibold* 8; SK/*Albrecht* 7.

19 Schmitt/Köhler/*Köhler* 6.

20 Dazu näher *Karger* 259 f.; *Mallach/Weiser* Kriminalistik **1983** 199, 200.

21 HK/*Zöller* 5; MüKo/*Kölbel/Ibold* 7; *Peiffer* 2; vgl. dazu z.B. BayObLGSt **1969** 4; **1969** 204; *Geerds* MedR **1984** 172, 175 m.w.N.

22 SSW/*Ziegler* 5; vgl. auch (für eine etwas andere Konstellation und weitergehend) LG Berlin NStZ **1999** 86 und dazu (teilw. krit.) *Dettmeyer/Madea* NStZ **1999** 605 ff.; vgl. auch LR/*Krause* § 87, 13.

23 *Geerds* MedR **1984** 172, 176 f. m.w.N.; *Mallach/Weiser* 214 f. (Fehlerquote zwischen 3 und 5 % statistisch gesichert); *Metter* Kriminalistik **1978** 155; vgl. auch *Händel* Kriminalistik **1984** 634; *Mätzler* 1 ff.; *ders.* Kriminalistik **1978** 157; *Grede* Kriminalistik **1987** 580; *Schewe* FS Geerds 561, 569; *Spann* Kriminalistik **1987** 586, 607 f.; *Helbing* Kriminalistik **2004** 443 ff.; MüKo/*Kölbel/Ibold* 9; zu Maßnahmen zur Verbesserung der Situation *G. Zimmermann* FS Rissing-van Saan 807 ff.; *L. Lorenz* Kriminalistik **2020** 486 ff.; KMR/*Noltensmeier-von Osten* 4.

4. Anzeige

7 **a) Adressat der Anzeige** ist entweder die Staatsanwaltschaft oder das Amtsgericht des Bezirks, in dem sich der Leichnam befindet.[24] Da für die aufgrund der Anzeige nötigen Prüfungen und die Erteilung der Bestattungsgenehmigung (Rn. 12 ff.) die Staatsanwaltschaft zuständig ist, erscheint eine Anzeige an das Amtsgericht nur dann zweckmäßig, wenn der Richter des Amtsgerichts als Notstaatsanwalt nach § 165 oder nach § 163 Abs. 2 Satz 2 tätig werden muss.[25]

8 **b) Sofortige Anzeige.** Eine sofortige Anzeige schreibt § 159 Abs. 1 vor. Die Polizei oder die Gemeindebehörde muss also auf dem schnellstmöglichen Wege die Staatsanwaltschaft oder das Amtsgericht informieren, ggf. fernmündlich, mittels Telekommunikation oder durch besonderen Boten. Es darf auch nicht etwa mit der Anzeige abgewartet werden, weil sich der Verdacht eines nicht natürlichen Todes durch weitere Ermittlungen zerstreuen ließe.

9 **c) Inhalt der Anzeige.** Da die Anzeige die Strafverfolgungsbehörden in den Stand setzen soll, ein Ermittlungsverfahren einzuleiten und über die Bestattungsgenehmigung zu entscheiden, müssen mit ihr alle im Zeitpunkt der Anzeige vorhandenen, hierfür relevanten Informationen verbunden werden. Es ist also nicht nur mitzuteilen, dass ein (möglicherweise) nicht natürlicher Todesfall vorliegt, sondern welche tatsächlichen Umstände zu dieser Annahme geführt haben.[26] Dazu können auch Angaben gehören, die den sog. vertraulichen Teil des Leichenschauscheins betreffen; eine Sperrbefugnis oder ein Zeugnisverweigerungsrecht des diesen ausstellenden Arztes besteht insoweit nicht.[27]

5. Maßnahmen zur Vorbereitung der Entscheidung der Staatsanwaltschaft

10 **a) Maßnahmen der Polizei.** Die Polizeibehörden haben im Rahmen ihrer Befugnisse nach § 163 die erforderlichen Beweissicherungen vorzunehmen, also etwa dafür zu sorgen, dass der Leichnam sichergestellt wird und dass an ihm keine Veränderungen vorgenommen werden,[28] notfalls durch Beschlagnahme nach § 94 i.V.m. § 98 Abs. 1 Satz 1.[29] Ferner sind ggf. die notwendigen Maßnahmen zur Beweissicherung und Spurensuche am Fundort der Leiche vorzunehmen, vor allem, wenn eine Überführung der Leiche an einen anderen als den Auffindungsort vorgenommen wird, die auch ohne ausdrückliche Genehmigung der Staatsanwaltschaft und ohne Bestattungsgenehmigung zulässig ist.[30]

11 **b) Maßnahmen der Staatsanwaltschaft.** Aufgrund der Anzeige nach Absatz 1 hat die Staatsanwaltschaft zunächst zu prüfen, ob der ihr mitgeteilte Sachverhalt eine weitere

---

24 Zur Zuständigkeit für die richterliche Anordnung der Leichenöffnung § 162, 29.

25 AK/*Schöch* 6; HK/*Zöller* 6; KK/*Weingarten* 5; Schmitt/Köhler/*Köhler* 7; SK/*Albrecht* 10. Zu den Gründen für die Beibehaltung des Amtsgerichts als Mitteilungsadressat trotz Beseitigung der amtsgerichtlichen Bestattungsgenehmigung vgl. BTDrucks. 7 551 S. 71.

26 AK/*Schöch* 7; KK/*Weingarten* 5; MüKo/*Kölbel*/*Ibold* 5.

27 S.o. Rn. 6.

28 HK/*Zöller* 8; KK/*Weingarten* 7; Schmitt/Köhler/*Köhler* 8.

29 Zur Beschlagnahmefähigkeit der Leiche LR/*Menges* § 94, 16 m.w.N.; KK/*Weingarten* 6; Schmitt/Köhler/*Köhler* 8; *Eb. Schmidt* 6, 7.

30 KK/*Weingarten* 8; KMR/*Noltensmeier-von Osten* 5; Schmitt/Köhler/*Köhler* 8; MüKo/*Kölbel*/*Ibold* 10.

Aufklärung erforderlich macht, bevor die Bestattungsgenehmigung erteilt wird.[31] Sie muss entscheiden, ob vor der Bestattung eine Leichenschau oder eine Leichenöffnung vorgenommen werden soll, und ggf. die hierfür erforderlichen Anträge stellen.[32] Sie muss ferner prüfen, ob, weil etwa durch eine klinische Sektion oder eine Organtransplantation (vgl. Rn. 13) eine Veränderung der Leiche droht und dies aus Gründen der Beweissicherung verhindert werden muss, eine Beschlagnahme angezeigt erscheint. Wird die Anzeige an das **Amtsgericht** gerichtet, so hat der Richter zunächst zu prüfen, ob er als Notstaatsanwalt nach § 165 tätig werden muss. Andernfalls ist die Anzeige auf dem schnellsten Wege an die Staatsanwaltschaft weiterzuleiten.[33]

6. Bestattungsgenehmigung (Absatz 2)

a) Bedeutung. Anwendungsbereich. Ist eine Anzeige nach § 159 Abs. 1 vorgenommen worden, so darf der Standesbeamte die Bestattung nur genehmigen, wenn ihm die schriftliche Genehmigung der Staatsanwaltschaft vorliegt. Für eine **Feuerbestattung** bedarf es ihrer ausdrücklichen, zusätzlichen Genehmigung, bei deren Erteilung zu berücksichtigen ist, dass durch die Einäscherung der Leichnam als Beweismittel endgültig verlorengeht.[34] **12**

Die **klinische Sektion** und die **Organentnahme zum Zwecke der Transplantation** **13** sind keine Bestattung im Sinne des Absatzes 2 und folglich auch ohne ausdrückliche Genehmigung der Staatsanwaltschaft rechtlich zulässig.[35] Die Staatsanwaltschaft könnte sie rechtlich nur durch eine Beschlagnahme der Leiche verhindern. Es dürfte allerdings für die Praxis vorzuziehen sein, auf klinische Sektionen so lange zu verzichten, wie eine gerichtliche Leichenöffnung nach § 87 Abs. 2 in Betracht kommt und bei Organtransplantationen Vereinbarungen zwischen Medizinern und Strafverfolgungsbehörden zu treffen, durch die einerseits die Organentnahme zu Transplantationszwecken ermöglicht wird, andererseits aber die strafprozessualen Beweisinteressen gewahrt bleiben.[36]

b) Entscheidung. Es obliegt dem pflichtgemäßen Ermessen der Staatsanwaltschaft, **14** unter welchen Voraussetzungen sie die Bestattungsgenehmigung erteilt.[37] Sie kann dies ohne Weiteres tun, wenn sie nach dem Inhalt der ihr zugegangenen Anzeige den Verdacht einer Straftat ausschließen kann, sie kann aber auch weitere Aufklärung veranlassen, insbesondere eine Leichenschau (§ 87 Abs. 1) oder eine Leichenöffnung (§ 87 Abs. 2). Auch darin liegt, solange noch offen ist und geklärt werden soll, ob zureichende tatsächliche Anhaltspunkte für eine Straftat vorliegen, noch kein Ermittlungsverfahren im Sinne des § 160, sondern es handelt sich noch um eine sog. Vorermittlung.[38] Mit der Anordnung der Leichenöffnung kann bereits die Bestattungsgenehmigung nach deren Durchführung

---

31 Einzelheiten in den Nr. 33 ff. RiStBV.

32 Zu den Einzelheiten LR/*Krause* § 87, 1, 5; zur Notwendigkeit einer Leichenöffnung s. auch AK/*Schöch* 9; KMR/*Noltensmeier-von Osten* 7; SSW/*Ziegler* 7; *Eisenberg* (Beweisrecht) Rn. 1946; *Geerds* MedR **1984** 172, 174; *Maiwald* NJW **1978** 561, 563; *Klauck* NStZ **2022** 81, 82 f. Vgl. auch *Hilger* FS Hilger 12 (unklar, welche Maßnahmen zulässig sind).

33 Schmitt/Köhler/*Köhler* 7.

34 Vgl. Nr. 38 RiStBV; KK/*Weingarten* 9; Schmitt/Köhler/*Köhler* 9; *Eb. Schmidt* 9; zur Feuerbestattung auch *Karger* 257; *Mallach*/*Weiser* Kriminalistik **1983** 199, 215 f.

35 LR/*Meyer-Goßner*[23] 12; HK/*Zöller* 10; NK/*Heghmanns* 12; SK/*Albrecht* 14; *Langenberg* NJW **1972** 320; einschr.; SSW/*Ziegler* 8.

36 Ebenso KK/*Weingarten* 8; vgl. dazu bereits *Langenberg* NJW **1972** 320.

37 Vgl. auch *Maiwald* NJW **1978** 561, 563 ff.

38 AK/*Schöch* 2; vgl. auch Vor § 158, 17.

verbunden werden, es kann aber auch deren Ergebnis abgewartet werden. Alle erforderlichen Maßnahmen sind mit größtmöglicher **Beschleunigung** zu treffen,[39] vor allem ist die Bestattungsgenehmigung selbst, die dem Standesbeamten schriftlich vorliegen muss, schnellstens zu erteilen. Die Schriftform wird auch gewahrt, wenn die Bestattungsgenehmigung zunächst fernmündlich der örtlichen Polizeibehörde mit der Bitte übermittelt wird, sie schriftlich niederzulegen und dem Standesbeamten zuzuleiten,[40] wenngleich hierfür im Zeitalter moderner Kommunikationsmittel mit der Möglichkeit einer elektronischen Übermittlung kein praktischer Bedarf mehr besteht.[41]

15 **c) Anfechtbarkeit.** Gegen die Erteilung der Bestattungsgenehmigung ist kein Rechtsbehelf möglich. Ob die Nichterteilung der Bestattungsgenehmigung von den Hinterbliebenen im Verfahren nach den §§ 23 ff. EGGVG angegriffen werden kann,[42] ist zweifelhaft[43] und wohl eher zu verneinen. Für die Praxis ist die Frage ohne Bedeutung, denn dass die Bestattungsgenehmigung noch nicht vorliegt, bis die Frist nach § 27 Abs. 1 EGGVG abgelaufen ist, wird nicht vorkommen. Selbst in den Fällen des § 27 Abs. 1 Satz 2 EGGVG wird die Bestattungsgenehmigung erteilt sein, bis das Oberlandesgericht entscheidet; ein Feststellungsinteresse nach § 28 Abs. 1 Satz 4 EGGVG wird kaum jemals gegeben sein. Die **Verweigerung einer Feuerbestattung** dürfte hingegen über die §§ 23 ff. EGGVG angreifbar sein.[44]

§ 160
Pflicht zur Sachverhaltsaufklärung

(1) Sobald die Staatsanwaltschaft durch eine Anzeige oder auf anderem Wege von dem Verdacht einer Straftat Kenntnis erhält, hat sie zu ihrer Entschließung darüber, ob die öffentliche Klage zu erheben ist, den Sachverhalt zu erforschen.

(2) Die Staatsanwaltschaft hat nicht nur die zur Belastung, sondern auch die zur Entlastung dienenden Umstände zu ermitteln und für die Erhebung der Beweise Sorge zu tragen, deren Verlust zu besorgen ist.

(3) [1]Die Ermittlungen der Staatsanwaltschaft sollen sich auch auf die Umstände erstrecken, die für die Bestimmung der Rechtsfolgen der Tat von Bedeutung sind. [2]Dazu kann sie sich der Gerichtshilfe bedienen.

(4) Eine Maßnahme ist unzulässig, soweit besondere bundesgesetzliche oder entsprechende landesgesetzliche Verwendungsregelungen entgegenstehen.

Schrifttum

Allgemeines. *Amelung* Entwicklung, gegenwärtiger Stand und zukunftsweisende Tendenzen der Rechtsprechung zum Rechtsschutz gegen strafprozessuale Grundrechtseingriffe, FS II BGH (2000) 911; *ders.* Der Rechtsschutz gegen strafprozessuale Grundrechtseingriffe und die neue Rechtsprechung zur Ausweitung des Eingriffsbegriffs bei staatlichen Ermittlungsmaßnahmen, StV **2001** 131; *Amelung/Wirth* Die Rechtsprechung des Bundesverfassungsgerichts seit 1990 zum Schutz der materiellen Grundrechte im Strafverfahren, StV **2002** 161;

39 KK/*Weingarten* 9.

40 Einzelheiten bei Schmitt/Köhler/*Köhler* 9; vgl. auch *Lampe* NJW **1975** 195, 198; **a.A.** MüKo/*Kölbel/Ibold* 13; SK/*Albrecht* 13.

41 Insoweit zutr. MüKo/*Kölbel/Ibold* 13; SK/*Albrecht* 13; SSW/*Ziegler* 9.

42 So *Gössel* § 4 D IIIa 2.

43 Ebenso KMR/*Noltensmeier-von Osten* 9; zum rein theoretischen Charakter des Rechtsbehelfs in diesem Fall NK/*Heghmanns* 15.

44 NK/*Heghmanns* 15.

Anterist Anzeigepflicht und Privatsphäre des Staatsanwalts (1968); *Bachmann* Probleme des Rechtsschutzes gegen Grundrechtseingriffe im strafrechtlichen Ermittlungsverfahren (1994); *ders.* Einheitlicher Rechtsschutz im Ermittlungsverfahren, NJW **1999** 2414; *Bandisch* Mandant und Patient, schutzlos bei Durchsuchung von Kanzlei und Praxis, NJW **1987** 2200; *Bauwens* Schutz der Mandantenakten bei Durchsuchungen in der Kanzlei des Steuerberaters, wistra **1988** 100; *Berg* Neukonzeptionierung der Widerspruchslösung, StraFo **2018** 327; *Bockemühl* Private Ermittlungen im Strafprozeß (1996); *Böttcher* Zur Instrumentalisierung des Ermittlungsverfahrens im politischen Meinungskampf, GedS Schlüchter (2002) 435; *Brodersen* Das Strafverfahrensänderungsgesetz 1999, NJW **2000** 2536; *Brunhöber* Privatisierung des Ermittlungsverfahrens im Strafprozess, GA **2010** 571; *Combé* Stellung und Objektivität der Staatsanwaltschaft im Ermittlungsverfahren (2007); *Dunckel* Recht und Grenzen der staatsanwaltlichen Medienarbeit, NStZ **2021** 656; *Eisenberg/Conen* § 152 II StPO, Legalitätsprinzip im gerichtsfreien Raum, NJW **1998** 2241; *Eisele* Strafprozessführung durch Medien, JZ **2014** 932; *Eisenberg* Unterrichtungspflicht der Finanzbehörden gegenüber der Staatsanwaltschaft, FS Geppert (2011) 81; *Engländer/Zimmermann* Die Zulässigkeit eigenständiger Nachermittlungen durch die Staatsanwaltschaft, FS Beulke (2012) 699; *Erb* Legalität und Opportunität (1999); *Fezer* Effektiver Rechtsschutz bei Verletzung der Anordnungsvoraussetzung „Gefahr im Verzug", FS Rieß (2002) 93; *N. Fischer* Die Medienöffentlichkeit im strafrechtlichen Ermittlungsverfahren (2014); *Fluck* Amtspflichtverletzung durch Staatsanwälte, NJW **2001** 202; *Geerds* Kenntnisnahme vom Tatverdacht und Verfolgungspflicht, GedS Schröder (1978) 389; *Gössel* Über das Verhältnis von Beweisermittlungsverbot und Beweiserhebungsverbot unter besonderer Berücksichtigung der Amtsaufklärungsmaxime der §§ 160, 244 II StPO, NStZ **1998** 126; *Gounalakis* Verdachtsberichterstattung durch den Staatsanwalt, NJW **2012** 1473; *Groß* Medien und Verteidigung im Ermittlungsverfahren, FS Hanack (1999) 39; *Gusy* Verfassungsfragen des Strafprozeßrechts, StV **2002** 153; *Hahn* Staatsanwaltschaftliche Ermittlungstätigkeit während des Hauptverfahrens, GA **1978** 331; *Hamm* Das nichtöffentliche Ermittlungsverfahren und die Medienarbeit der Staatsanwaltschaft, FS Friebertshäuser (1997) 267; *Heghmanns* Die prozessuale Rolle der Staatsanwaltschaft, GA **2003** 433; *Hildebrand* Der Schutz des Beschuldigten bei Medienauskünften von Staatsanwaltschaften im Ermittlungsverfahren (2021); *Hilger* Zur Akteneinsicht Dritter in von Strafverfolgungsbehörden sichergestellte Unterlagen (Nr. 185 IV RiStBV), NStZ **1984** 541; *ders.* Über Vernichtungsregelungen in der StPO, NStZ **1997** 371; *ders.* Zum Strafverfahrensänderungsgesetz 1999 (StVÄG 1999), NStZ **2000** 561, **2001** 15; *ders.* Gedanken zu einem Aktenaufbewahrungsgesetz (AAG), FS Meyer-Goßner (2001) 755; *ders.* Überlegungen zum Verhältnis zwischen dem Zeugenschutz-Harmonisierungsgesetz und der StPO, FS Gössel (2002) 605; *Hoven* Die Grenzen des Anfangsverdachts – Gedanken zum Fall Edathy, NStZ **2014** 361; *Jahn* Die Ermittlungsanfechtungs-„Klage", FS Strauda (2006) 335; *ders.* Das heutige strafrechtliche Ermittlungsverfahren aus Sicht von Wissenschaft und Justiz, in: Barton/Kölbel/Lindemann (Hrsg.) Wider die wildwüchsige Entwicklung des Ermittlungsverfahrens (2015) 35; *Kalsbach* Die gerichtliche Nachprüfung von Maßnahmen der Staatsanwaltschaft im Strafverfahren (1967); *Kelker* Die Rolle der Staatsanwaltschaft im Strafverfahren, ZStW **118** (2006) 389; *Köhler* Prozeßrechtsverhältnis und Ermittlungseingriffe, ZStW **107** (1995) 10; *Kölbel* (Vorbeugender) Rechtsschutz gegen Ermittlungsverfahren? JR **2006** 322; *Kottkamp* Öffentlichkeitsarbeit von Staatsanwaltschaften in der Mediengesellschaft (2015); *Krause* Erfüllt die Nichtverfolgung durch den Staatsanwalt bei privat erlangter Kenntnis einer strafbaren Handlung den Tatbestand des § 346 StGB? GA **1964** 110; *ders.* Verfolgungspflicht bei privater Kenntnis und Strafvereitelung im Amt, JZ **1984** 548; *Krehl/Eidam* Die überlange Dauer von Strafverfahren, NStZ **2006** 1; *Landau* Ausgewählte neuere Entscheidungen des Bundesverfassungsgerichts zum Strafrecht und Strafverfahrensrecht, FS Strauda (2006) 201; *Laser* Das Rechtsschutzsystem gegen strafprozessuale Zwangsmaßnahmen, NStZ **2001** 120; *Lehr* Pressefreiheit und Persönlichkeitsrechte, NJW **2013** 728; *Lin* Richtervorbehalt und Rechtsschutz gegen strafprozessuale Grundrechtseingriffe (1998, zugl. Diss. München); *Löffelmann* Rechtsschutz gegen Ermittlungsmaßnahmen, StV **2009** 379; *Mansdörfer* Das Recht des Beschuldigten auf ein unverzögertes Ermittlungsverfahren, GA **2010** 153; *Mavany* Medienarbeit in Strafsachen – ein Thema für den Bundesgesetzgeber! in: Zöller/Esser (Hrsg.) Justizielle Medienarbeit im Strafverfahren (2019) 237; *Mende* Grenzen privater Ermittlungen durch den Verletzten einer Straftat (2001); *Meyer* Zur Anfechtung der durch Vollzug erledigten Maßnahmen der Staatsanwaltschaft im Ermittlungsverfahren, FS Schäfer (1980) 119; *Mitsch* Der Germanwings-Absturz – Eine strafrechtliche Nachlese, JuS **2015** 884; *E. Müller* Einige Bemerkungen zu Presseerklärungen der Staatsanwaltschaft, GA **2016** 702; *Nagel* Rechtsschutz gegen verfahrenseinleitende und -fortführende Maßnahmen der Strafverfolgungsbehörden im Ermittlungsverfahren? StV **2001** 185; *Radtke* Beweisverwertungsverbote in Verfahrensstadien vor der Hauptverhandlung und die sog. Widerspruchslösung, FS Schlothauer (2018) 453; *Rieß* Prozeßmaximen und Ermittlungsverfahren, FS Rebmann (1989) 381; *ders.* Gerichtliche Kontrolle des Ermittlungsverfahrens, FS Geerds (1995) 501; *ders.* Plädoyer für ein Einstellungserzwingungsverfahren, FS Roxin (2001) 1319; *Rieß/Thym* Rechtsschutz gegen strafprozessuale Zwangsmaßnahmen, GA **1981** 189; *Rinne* Strafprozessuale Bezüge in der Rechtsprechung des Bundesgerichtshofs zum Amtshaftungsrecht, FS Odersky (1996) 481; *Rittig* Der medienrechtliche Auskunftsanspruch gegen Strafverfolgungsbehörden (2019); *Saliger* Aushöhlung der Unschuldsvermutung durch gezielte Öffentlichkeit? KritV **2013** 173; *Chr. Schaefer* Das Fairnessgebot für den Staatsanwalt, FS Rieß (2002) 491; *Schlothauer* Zur Bedeutung der Beweisverwertungsverbote im Ermittlungs- und Zwischenverfahren, FS Lüderssen (2002) 761; *ders.* Reform des Ermittlungsverfahrens, StV **2016** 607; *Schoreit* Grundrechte und effektive Strafrechtspflege, Schutz der Allgemeinheit, Schutz des einzelnen; insbesondere unter Berücksichtigung neuer Fahndungstechniken, DRiZ **1987** 464; *Schroeder* Eine funktionelle Analyse der strafprozessualen Zwangsmittel, JZ **1985** 1023; *Schroth* Der Rechtsschutz gegen strafprozessuale Grundrechtseingriffe, StV **1999** 117; *Sotelsek* Leitlinien für Kooperationen von Staatsanwaltschaften mit privaten Ermittlern, wistra **2020** 361; *Spoerr* Tatsachenermittlung durch Rechtsanwälte und Strafverteidiger: Fakten und rechtlicher Schutz, StV **2019** 697; *Stoffer* Wie viel Privatisierung „verträgt" das strafprozessuale Ermittlungsverfahren? (2016); *Strauß* Das Ende der Ermittlungsbefugnis der Staatsanwaltschaft, NStZ **2006** 556; *Teyssen/Goetze* Vom Umfang staatsanwaltschaftlicher Ermittlungsrechte am Beispiel des kassenärztlichen Abrechnungsbetruges, NStZ **1986** 529; *Uhlenbruck* Probleme der Ermittlungskonkurrenz von Strafverfolgungsbehörde und Konkurs- bzw. Vergleichsgericht bei Insolvenzverfahren, Konkurs-, Treuhand- und Schiedsgerichtswesen (KTS) **1967** 9; *Vogel* Amtspflichten der Staatsanwaltschaft gegenüber Verletzten? NJW **1996** 3401; *Wackernagel/Graßie* Die Beauftragung von IT-Forensikern im Ermittlungsverfahren: Zulässige Sachverständigenbeauftragung oder unzulässiges Outsourcing originärer Ermittlungstätigkeit? NStZ **2021** 12; *Weigend* Ermittlungsverfahren im Lichte der Medienöffentlichkeit? FS Rolinski (2002) 253; *ders.* Sachverhaltserforschung durch die Staatsanwaltschaft – bis wann? StV **2024** 130; *Wohlers* Entstehung und Funktion der Staatsanwaltschaft (1994); Weiteres Schrifttum s. bei den §§ 161, 163.

Gerichtshilfe. *Arbeitskreis Alternativ-Entwürfe* AE – Novelle zur Strafprozeßordnung Reform der Hauptverhandlung (AE-StPO-HV) (1985); *Beese* Die prozessuale Stellung der Gerichtshilfe für Erwachsene und ihre Bedeutung für die Entwicklung dieses Instituts der modernen Strafrechtspflege, BewHi. **1977** 66; *ders.* Die Gerichtshilfe für Erwachsene, Aufgabenstellung, Arbeitsmethode und rechtliche Fragen, gesehen aus der Praxis von Strafrichtern und Staatsanwälten, BewHi. **1980** 142; *ders.* „Haftentscheidungshilfe", ein zukunftsträchtiges Experiment für den weiteren Auf- und Ausbau der Gerichtshilfe für Erwachsene, BewHi. **1981** 7; *Bender/Reher* Sozialarbeiter in der Entscheidungshilfe, Anmerkungen aus der Praxis, BewHi. **1981** 17; *Best* Ambulante Soziale Dienste der Justiz. Gestaltungsvorschläge für die Praxis, in: Steinhilper (Hrsg.) Soziale Dienste in der Strafrechtspflege (1984) 7; *Birkle* Polizei und Gerichtshilfe, BewHi. **1975** 275; *Block* Rechtliche Strukturen der Bewährungs- und Gerichtshilfe, BewHi. **1994** 117 ff.; *Bottke* Bemerkungen zur Gerichtshilfe für Erwachsene, MSchrKrim. **1981** 62; *Chilian* Die Zukunft der Sozialarbeit in der Justiz, FS Leferenz (1993) 107; *Hardraht* Modellversuch „Haftentscheidungshilfe" in Hamburg, BewHi. **1980** 182; *Hardt* Gedanken zur bundesgesetzlichen Verankerung der Gerichtshilfe, BewHi. **1975** 263; *Hering/Rössner* Die Opferperspektive in der Gerichtshilfe, BewHi. **1984** 220; *Hering* Arbeitsgemeinschaft Deutsche Gerichtshilfe e.V., BewHi. **2004** 11; *Hörster* Die (soziale) Gerichtshilfe zur Persönlichkeitserforschung, JZ **1982** 92; *Lange* Die Gerichtshilfe und ihr Einbau in das Erkenntnisverfahren des überkommenen Strafprozesses, Diss. Freiburg 1980; *Lau* Haftentscheidungshilfe – Bedeutung für den Richter, BewHi. **1981** 25; *Maelicke* Thesen zur Weiterentwicklung der sozialen Dienste in der Straffälligenhilfe, ZRP **1985** 53; *Mai* Auftrag, Arbeitsweisen und Perspektiven der Gerichtshilfe, BewHi. **1979** 231; *Ostendorf* Soziale Strafrechtspflege – 25 Jahre Gerichtshilfe in Schleswig-Holstein, SchlHA **2006** 2; *Plemper* Haftentscheidungshilfe – Kommentierung aus sozialwissenschaftlicher Sicht, BewHi. **1981** 32; *Rahn* Gerichtshilfe für Erwachsene – eine vordringliche Aufgabe, NJW **1973** 1357; *ders.* Die Situation der Gerichtshilfe und Bewährungshilfe, NJW **1976** 838; *Rahn* Aufgabe und Praxis der Gerichtshilfe, Vorschläge zu ihrer weiteren gesetzlichen Ausgestaltung, BewHi. **1976** 134; *Renschler-Delcker* Die Gerichtshilfe in der Praxis der Strafrechtspflege (1983); *Richtlinien* für die Erstellung von Gerichtshilfeberichten, BewHi. **1976** 71; *Rieß* Die Anforderungen der Strafrechtsreform an die Gerichtshilfe, BewHi. **1969** 320; *Scheurmann* Gerichtshilfe im deutschen und schwedischen Strafprozeß, BewHi. **1977** 334; *Schöch* Die Gerichtshilfe aus kriminologischer und verfahrensrechtlicher Sicht, FS Leferenz (1983) 127; *Schüler-Springorum* Perspektiven einer Gerichtshilfe für Erwachsene, BewHi. **1977** 224; *Sessar* Das Opfer als Faktor in der Arbeit von Bewährungs- und Gerichtshilfe, in: Janssen/Kerner (Hrsg.) Verbrechensopfer, Sozialarbeit und Justiz (1985) 221; *Sieverts* Zur Notwendigkeit und Gestaltung der Gerichtshilfe im allgemeinen Strafverfahren, MSchrKrim. **1953** 129; *Sonnen* „Neue" Gerichtshilfe, FS StA Schleswig-Holstein (1992) 431; *Sontag* Die prozessuale Stellung des Gerichtshelfers, NJW **1976** 1436; *Steindorfner* Bewährungs- und Gerichtshilfe in freier Trägerschaft, BewHi. **2004** 242; *Stöckel* Der Sozialdienst in der Justiz, FS Bruns (1978) 299; *ders.*

Zur Einführung der Gerichtshilfe für Erwachsene in Bayern, FS Nüchterlein (1978) 327; *Thier* Gerichtshilfe – auf halbem Wege? Neue Kriminalpolitik **2004** 67.

Entstehungsgeschichte

Die Vorschrift bestand zunächst nur aus den Absätzen 1 und 2. Durch Art. 2 Nr. 17 AGGewVerbrG wurde ein Absatz 3 angefügt, wonach sich die Ermittlungen der Staatsanwaltschaft auch auf die Umstände erstrecken sollten, „die für die Strafbemessung und die Anordnung oder Zulassung von Maßregeln der Sicherung und Besserung von Bedeutung sind". Die Worte „oder Zulassung" in Absatz 3 wurden durch § 8 des Gesetzes über Reichsverweisungen vom 23.3.1934 (RGBl. I S. 213) wieder gestrichen. Art. 4 Nr. 22 des 3. StRÄndG fügte in Absatz 3 die Worte „die Strafaussetzung zu Bewährung" hinter dem Wort „Strafbemessung" ein. Art. 21 Nr. 54 des EGStGB 1974 ersetzte die bis dahin in Absatz 1 stehenden Worte „strafbaren Handlung" durch das Wort „Straftat", gab Absatz 3 Satz 1 die heutige Fassung und fügte den Satz 2 in Absatz 3 an. Absatz 4 wurde durch Art. 1 Nr. 7 des StVÄG 1999 vom 2.8.2000 (BGBl. I S. 1253) eingefügt. Im Zuge des TKÜG vom 21.12.2007 (BGBl. I S. 3198) wurde § 160 zum Schutz von Berufsgeheimnissen durch den neu eingefügten § 160a ergänzt. Bezeichnung bis 1924: § 158.

Übersicht

Alphabetische Übersicht

I. Bedeutung und Anwendungsbereich

1. Bedeutung

a) Legalitätsprinzip und Amtsaufklärungsgrundsatz. § 160 gehört zu den Vorschriften von grundsätzlicher Bedeutung, die das Prozessmodell des deutschen Strafverfahrens konstituieren.[1] In Verbindung mit § 152 Abs. 2 und § 170 begründet er die Geltung des Legalitätsprinzips.[2] Die Verpflichtung, bei jeder Kenntniserlangung (Rn. 17 ff.) den Sachverhalt von Amts wegen zu erforschen und dabei auch entlastenden Umständen nachzugehen, beschreibt die **Pflicht zur Erforschung der materiellen Wahrheit** (vgl. Rn. 43 f.); insoweit steht die Vorschrift in Verbindung mit § 244 Abs. 2 und ist Ausdruck der Instruktionsmaxime.[3] Nach Auffassung des EGMR ergibt sich eine Rechtspflicht zur umfassenden, gründlichen und unvoreingenommenen Sachverhaltsaufklärung aus Art. 2 EMRK, wenn der Tod eines Menschen durch Gewalteinwirkung, namentlich durch staatliche Funktions- 1

1 Vgl. *Eb. Schmidt* 2 f. und MDR **1951** 4 f.
2 Vgl. LR/*Mavany* § 152, 3; LR/*Merz* § 170, 1.
3 *Eb. Schmidt* I 363; AK/*Schöch* 1; KK/*Weingarten* 3.

träger in Frage steht.[4] Indem § 160 Abs. 1 das Ziel staatsanwaltschaftlicher Sachverhaltserforschung grundsätzlich auf **Verdachtsklärung** beschränkt (vgl. Rn. 11), steht die Vorschrift in Beziehung zum **Anklageprinzip** und zu der in § 155 Abs. 2, §§ 206 und 264 verankerten selbständigen Kognitionsbefugnis des Gerichts.

2 **b) Verantwortlichkeit der Staatsanwaltschaft für das Ermittlungsverfahren.** Weil Absatz 1 der Staatsanwaltschaft die grundsätzliche Pflicht auferlegt, den Sachverhalt zu *erforschen*, wird durch die Vorschrift auch zum Ausdruck gebracht, dass diese zur eigenen Ermittlungstätigkeit berechtigt ist und nicht nur die Ermittlungstätigkeit anderer Behörden zu kontrollieren und zu bewerten hat.[5] Nähere Konkretisierungen dieses Grundsatzes enthalten die §§ 161, 161a, 163a Abs. 3. Wenn auch die Staatsanwaltschaft, wie aus § 163 folgt, **kein Monopol** für die Sachverhaltserforschung besitzt,[6] so kommt ihr doch, vor allem nach dem Wegfall der gerichtlichen Voruntersuchung,[7] allein die **umfassende Kompetenz** für Einleitung, Gestaltung und Abschluss des Ermittlungsverfahrens zu; alle anderen Strafverfolgungsbehörden haben entweder nur abgeleitete oder nur Teilkompetenzen. Mit den §§ 161, 163 Abs. 2 Satz 1, §§ 167 und 170 zusammen begründet daher § 160 auch die **Leitungsbefugnis** und Verantwortlichkeit der Staatsanwaltschaft für das Ermittlungsverfahren.[8]

3 **c) Reine Aufgabenzuweisung.** Die frühere Diskussion, inwieweit § 160 als Eingriffsermächtigung für Maßnahmen mit geringer Eingriffsintensität betrachtet werden konnte,[9] ist mit Aufnahme der Ermittlungsgeneralklausel in § 161 (s. dort Rn. 3 ff.) durch das StVÄG 1999 obsolet geworden.[10] Danach stellt § 160 heute eindeutig nur noch eine Aufgabenzuweisung dar. Die Ermächtigungsgrundlage für die Vornahme von Ermittlungshandlungen muss demgegenüber in spezialgesetzlichen Regelungen oder (soweit solche nicht vorhanden sind) in § 161 Abs. 1 Satz 1 gesucht werden. § 160 Abs. 1 kann allerdings als Rechtsgrundlage für die Verwertung der in den Beweisergebnissen verkörperten personenbezogenen Daten im Ermittlungsverfahren betrachtet werden.[11]

2. Anwendungsbereich

4 **a) Adressaten.** Die umfassende Erforschungspflicht nach § 160 betrifft in erster Linie die Staatsanwaltschaft, zu der im Rahmen ihrer Zuständigkeit (§ 142 Abs. 1 Nr. 3, Abs. 2 GVG) auch die **Amtsanwälte** gehören (s. näher Vor § 158, 33). Für die **Polizei** ergibt sich der Auftrag zur Sachverhaltserforschung nicht aus § 160. Ihre originäre Erforschungspflicht richtet sich nach § 163;[12] ferner wird sie nach § 161 im Auftrag der Staatsanwaltschaft tätig.[13] Die mit § 160 verbundenen Grundsätze der Sachverhaltserforschung (Rn. 34 ff.) hat jedoch auch die Polizei zu beachten; die Pflicht zu beweissichernden Maßnahmen (Rn. 55 ff.) gilt auch für sie.

---

4 EGMR NJW **2001** 1989 (Fall Grams/Deutschland) m.w.N. zu dieser Rspr. Die konkrete Beschwerde wurde als offensichtlich unbegründet verworfen.

5 Vgl. näher § 161, 1, 53 ff.

6 Vgl. § 163, 25 ff.; zur Stellung der Finanzbehörden in Steuerstrafsachen s.u. Rn. 4 und Vor § 158, 34.

7 Vgl. LR/*Rieß*[25] Einl. Abschn. I Rn. 42.

8 AK/*Schöch* 14; HK/*Zöller* 1; KK/*Weingarten* 4; SK/*Albrecht* 4; vgl. auch Vor § 158, 31 f. (u.a. zur problematischen Bezeichnung „Herrin des Ermittlungsverfahren“).

9 Dazu eingehend LR/*Rieß*[24] 3 ff. m.w.N.

10 SK/*Albrecht* 3.

11 Schmitt/Köhler/*Köhler* 1.

12 Zum Umfang § 163, 29 ff.

13 Dazu § 161, 58 ff.

In **Steuerstrafsachen** im Sinne von § 386 Abs. 2 AO richtet sich die Vorschrift auch an die Finanzbehörde, soweit diese das Ermittlungsverfahren nach § 386 Abs. 2 AO selbständig führt, denn sie hat insoweit die Rechte und Pflichten der Staatsanwaltschaft (§ 399 Abs. 1 AO).[14] Diese selbständige **Erforschungskompetenz** der **Finanzbehörde** nach § 160 **endet**, sobald der Anfangsverdacht einer tateinheitlich zusammentreffenden nichtsteuerlichen Straftat besteht, auch, wenn die Strafe nach § 51 Abs. 2 StGB dem steuerstrafrechtlichen Tatbestand zu entnehmen wäre,[15] ein Haft- oder Unterbringungsbefehl erlassen ist (§ 386 Abs. 3 AO), die Finanzbehörde die Sache an die Staatsanwaltschaft abgibt (§ 386 Abs. 4 Satz 1 AO) oder diese die Sache an sich zieht (§ 386 Abs. 4 Satz 2 AO);[16] sie **lebt wieder auf**, wenn die Staatsanwaltschaft die Sache (im Einvernehmen mit der Finanzbehörde) an die Finanzbehörde zurückgibt (§ 386 Abs. 4 Satz 3 AO). 5

In den Grenzen des § 386 Abs. 2 bis 4 AO ist die **Finanzbehörde unabhängig von der Staatsanwaltschaft** zur Aufklärung des Sachverhalts bis zum Abschluss der Ermittlungen berechtigt und verpflichtet; ihr stehen dabei die Befugnisse nach den §§ 161, 161a, 162, 163a Abs. 3 zu, und für sie gilt das Legalitätsprinzip, das Objektivitätspostulat des § 160 Abs. 2 und die Pflicht zur Aufklärung des Rechtsfolgenzumessungssachverhalts nach Absatz 3. Sie kann ohne Mitwirkung der Staatsanwaltschaft das Verfahren einstellen und die öffentliche Klage durch Strafbefehlsantrag erheben (§ 400 AO).[17] Eine Abgabe des Verfahrens nach Abschluss der Ermittlungen an die Staatsanwaltschaft ist nur erforderlich, wenn eine Anklageerhebung oder ein Antrag auf Aburteilung im beschleunigten Verfahren in Betracht kommt. Solange die Finanzbehörde das Ermittlungsverfahren selbständig führt, ist die Staatsanwaltschaft auch nicht befugt, ihr für die Behandlung des Falles rechtlich bindende Weisungen zu erteilen oder bestimmte Ermittlungen vorzuschreiben;[18] hält sie dies für erforderlich und ist eine Verständigung mit der Finanzbehörde nicht herbeizuführen, so muss sie die Sache an sich ziehen. Dass die Finanzbehörde die Staatsanwaltschaft über die Einleitung und den Abschluss von Steuerstrafverfahren unterrichtet, schreibt das Gesetz nicht vor.[19] Um eine sachgerechte Ausübung des Evokationsrechts nach § 386 Abs. 4 Satz 2 AO zu ermöglichen, muss die Finanzbehörde die Staatsanwaltschaft jedoch frühzeitig über alle bei ihr anhängigen Ermittlungsverfahren unterrichten, bei denen eine Evokation nicht fernliegt. Das ist z.B. dort der Fall, wo ein Antrag auf Erlass eines Haftbefehls in Betracht kommt, Zweifel bestehen, ob die Sache zur Erledigung im Strafbefehlsverfahren geeignet ist, oder sich die Beweislage als schwierig darstellt.[20] 6

b) Ordnungswidrigkeiten. Besteht nur der Verdacht einer Ordnungswidrigkeit, so hat die Staatsanwaltschaft als Strafverfolgungsbehörde weder eine Erforschungspflicht noch überhaupt eine Erforschungsbefugnis. Besteht der Anfangsverdacht einer Straftat, so erforscht sie allerdings den Sachverhalt auch unter dem Gesichtspunkt der Ordnungswidrigkeit (§ 40 OWiG),[21] solange sie wegen eines Zusammenhangs im Sinne des § 42 OWiG die Verfolgung nach dieser Vorschrift übernommen hat. Davon abgesehen ist sie zur Sach- 7

---

14 Vgl. auch Vor § 158, 34 und § 161, 30 f., jeweils m.w.N.

15 HK/*Zöller* 3; KK/*Weingarten* 9; Schmitt/Köhler/*Köhler* 13; SK/*Albrecht* 12; zur Möglichkeit von Ermittlungsaufträgen an die Steuer- und Zollfahndungsbehörden in solchen Fällen § 161, 63.

16 Maßstäbe hierfür in Nr. 267 Abs. 1 RiStBV.

17 Vgl. dazu Nr. 267 Abs. 2 RiStBV.

18 OLG Stuttgart MDR **1989** 914.

19 Kritisch *Rüping* ZStW **95** (1983) 894, 915.

20 BGH NJW **2009** 2319; Schmitt/Köhler/*Köhler* 13a; SSW/*Ziegler* 2; zu den praktischen Schwierigkeiten bei der Handhabung dieser Kriterien *Eisenberg* FS Geppert 81, 92 ff.

21 Zur Abschlussverfügung LR/*Merz* § 170, 15 m.w.N.

verhaltsaufklärung nur berechtigt, soweit sie (ausnahmsweise) **Verwaltungsbehörde** im Sinne des § 35 OWiG ist.[22] Für die Verwaltungsbehörde gilt nicht die Erforschungs*pflicht* nach § 160 Abs. 1, sondern es ist § 47 Abs. 1 OWiG maßgebend.[23] Dagegen gilt gemäß der Verweisung in § 46 Abs. 1, 2 OWiG für die Sachverhaltserforschung durch die Verwaltungsbehörde das Objektivitätsgebot des § 160 Abs. 2 und grundsätzlich die Pflicht zur Erforschung des Rechtsfolgenzumessungssachverhalts[24] nach Absatz 3 Satz 1.

8 **c) Zeitraum.** § 160 gilt für die staatsanwaltschaftliche Tätigkeit im **Ermittlungsverfahren**, denn nur so lange ist es möglich, den Sachverhalt zur Entscheidung darüber zu erforschen, ob die öffentliche Klage zu erheben ist. **Nach** der **Erhebung der öffentlichen Klage** kann sich die Staatsanwaltschaft nicht mehr auf § 160 Abs. 1 berufen. Ihre überwiegend anerkannte weiterbestehende Befugnis zur Vornahme eigener Ermittlungen[25] ergibt sich aus ihrer allgemeinen Stellung als weiterhin am Verfahren beteiligte Strafverfolgungsbehörde und wird beispielsweise in § 98 Abs. 3 vorausgesetzt.[26] Nach rechtskräftigem Abschluss des Verfahrens gilt § 160 (mindestens) analog für die Vorbereitung eines **Wiederaufnahmeverfahrens** sowohl zugunsten als auch zuungunsten des Verurteilten.[27]

9 **3. Sachverhaltserforschung durch Private.** Die staatlichen Strafverfolgungsbehörden besitzen kein Monopol zur Erforschung des Verdachts einer Straftat: Ein solches kann weder aus dem Offizialprinzip hergeleitet werden, noch sind sonstige Rechtsvorschriften ersichtlich, die der aus der allgemeinen Handlungsfreiheit ableitbaren Befugnis Privater generell entgegenstehen.[28] Ein Interesse an eigenen Maßnahmen zur Sachverhaltserforschung (ggf. unter Einschaltung eines Rechtsanwalts oder eines Privatdetektivs) kommt insbesondere bei Geschädigten in Betracht, die vor Erstattung einer Strafanzeige zunächst eine Klärung der Situation herbeiführen wollen, oder die bereits eingeleitete Ermittlungen der Strafverfolgungsorgane unterstützen wollen.[29] Private Wach- und Ordnungsdienste sind ebenfalls zu solchen Ermittlungen befugt. Auch den Medien ist es nicht untersagt, wegen eines vermeintlich strafbaren Geschehens selbst zu ermitteln.[30] Zu einer eigenen Ermittlungstätigkeit sind aber namentlich, was heute unbestritten ist, auch der Beschuldigte[31] und der **Verteidiger**[32] befugt.

---

22 Vgl. Göhler/*Thoma* § 35, 3 m.w.N.

23 Vgl. Göhler/*Bauer* § 47, 30.

24 Vgl. Göhler/*Bauer* Vor § 59, 53a; zur Unzuständigkeit der Gerichtshilfe § 46 Abs. 3 Satz 2 OWiG.

25 BGH v. 7.5.2019 – 5 StR 623/18, BeckRS **2019** 10447 Rn. 7; v. 24.6.2021 – 5 StR 67/21, NStZ **2021** 687 m. insoweit zust. ausf. Anm. *H. Schneider* NStZ **2021** 688; m.w.N. *Engländer/Zimmermann* FS Beulke 699, 705 ff.; LR/*Stuckenberg* § 202, 7; LR/*Gollwitzer*[25] Vor § 213, 17 f.; KK/*Weingarten* 21; Schmitt/Köhler/*Köhler* 15; MüKo/*Kölbel/Ibold* 75; SSW/*Ziegler* 8; krit. *Hahn* GA **1978** 331; *Strate* StV **1985** 337; *Strauß* NStZ **2006** 556 ff.; für eine Beschränkung auf die Einholung einfacher Erkundigungen während des Hauptverfahrens *Weigend* StV **2024** 130, 132; zur jedenfalls zu verneinenden Anwendbarkeit der §§ 161, 161a, 162 nach Anklageerhebung § 161, 11; § 161a, 7; § 162, 5.

26 LR/*Menges* § 98, 41; ähnlich NK/*Heghmanns* 14; kritisch SK/*Weßlau/Deiters* § 151, 7 (da nur Fälle der Gefahr im Verzug betreffend).

27 Dazu LR/*Schuster* § 362, 1; § 364b, 7; vgl. auch *Dünnebier* FS II Peters 333, 337.

28 Zum Ganzen ausführlich m.w.N. *Bockemühl* insbes. 32 ff.; *Stoffer* Rn. 266 ff.; ferner (mit verfassungsrechtlichen Bedenken aufgrund des staatlichen Gewaltmonopols) *Mende* insbes. 77 ff.; *Hellmann* Rn. 527.

29 *Stoffer* Rn. 299 ff.; **a.A.** für nicht nebenklagebefugte Verletzte *Brunhöber* GA **2010** 57, 574 ff.

30 Zu den damit verbundenen Gefahren LR/*Krauß*[27] § 169 GVG, 77.

31 *Stoffer* Rn. 289 ff.

32 BGHSt **46** 1, 3; **46** 53, 56; dazu LR/*Jahn* Vor § 137, 116; Bosbach/Ackermann/Caba/*Bosbach* Rn. 225 f.; *Burhoff* (Ermittlungsv.) Rn. 5131 ff. m.w.N.; *Bockemühl* 55 ff. (auch zu den Grenzen); *Dahs* (Hdb.) Rn. 313 ff. (auch mit

Prozessuale Zwangs- und Eingriffsbefugnisse stehen Privaten bei ihren Nachforschungen in keinem Fall zu. Weitere Zulässigkeitsgrenzen können sich im Einzelfall aus strafrechtlichen Verboten und einschlägigen Schutzvorschriften ergeben.[33] Soweit die Maßnahme dazu dient, einer falschen Anschuldigung entgegenzutreten oder ein noch nicht beendetes kriminelles Verhalten (Betrug, Erpressung, belästigende Telefonanrufe) durch die Beschaffung der notwendigen Beweismittel (etwa eine heimliche Tonbandaufnahme) für die Zukunft zu unterbinden, und sich gegen den entsprechend agierenden Gegner richtet, muss man freilich eine Rechtfertigung nach § 34 StGB in Betracht ziehen.[34] Noch nicht restlos geklärt ist, in welchem Umfang außerhalb einer solchen Rechtfertigungslage „technikgestützte" Ermittlungen Privater zulässig sind.[35] Rechtmäßig erlangte Erkenntnisse dieser Art dürfen von den Strafverfolgungsbehörden verwendet werden; inwieweit unzulässig erlangte Erkenntnisse ein Verwertungsverbot auslösen, ist teilweise umstritten.[36] Eine **Kooperation der Staatsanwaltschaft mit Privatpersonen** im Zuge der Ermittlungen ist grds. zulässig. Auf diese Weise dürfen jedoch weder die gesetzlichen Schranken staatlicher Strafverfolgung umgangen werden, noch darf die Staatsanwaltschaft wesentliche Teile ihrer Ermittlungstätigkeit einem Privaten zur eigenverantwortlichen Ausführung überlassen.[37] Diese Grundsätze müssen insbesondere im Zusammenhang mit unternehmensinternen Untersuchungen genaue Beachtung finden.[38] Probleme können sich insoweit auch bei der Beauftragung privater IT-Forensiker mit der Untersuchung von Datenbeständen ergeben, die man wohl nur dort als zulässig erachten kann, wo die betreffenden Personen aufgrund ihrer besonderen Sachkunde als Sachverständige in das Verfahren eingeschaltet werden.[39] 10

II. Erforschung des Sachverhalts im Allgemeinen

1. Ziel und Gegenstand der Erforschung

a) Erforschungsziel. Das Ermittlungsverfahren dient der Stoffsammlung; es soll klären, ob ein Anfangsverdacht (LR/*Mavany* § 152, 27 ff.) zu einem hinreichenden Tatverdacht LR/*Stuckenberg* § 203, 6 ff.) verdichtet werden kann, ob er diese Schwelle nicht erreicht oder ob er gar ausgeräumt werden kann. Das Gesetz begrenzt das Erforschungsziel auf die am Ende des Ermittlungsverfahrens der Staatsanwaltschaft zugewiesene Entscheidung, ob die öffentliche Klage zu erheben ist. Schon daraus ergibt sich, was Absatz 2 nochmals 11

Hinweisen auf die praktischen Möglichkeiten); *Parigger* StraFo **2003** 262 ff.; Thesen zur Strafverteidigung (Strafrechtsausschuss der Bundesrechtsanwaltskammer, 1992) 52 ff.; *Spoerr* StV **2019** 697 ff.; *Stoffer* Rn. 295 ff.

33 Dazu ausführlich *Bockemühl* 49 ff.; *Brunhöber* GA **2010** 571, 579 ff.; *Spoerr* StV **2019** 697, 699 f.; *Stoffer* Rn. 336 ff.; HK/*Zöller* 8.

34 Zu den Einzelheiten MüKo-StGB/*Erb* § 34, 258 ff.

35 Generell ablehnend im Hinblick auf eine angebliche Sperrwirkung der §§ 100a, 100c und 100f *Bockemühl* 82 ff.; demgegenüber krit. und danach differenzierend, ob der konkreten Maßnahme ein strafrechtliches Verbot entgegensteht, *Hellmann* Rn. 529; für den Fall, dass „den Ermittlungsbehörden selbst die *rechtliche* Möglichkeit einer zulässigen Beweismittelerlangung fehlte" (Hervorhebung im Original), *Stoffer* Rn. 827 ff.

36 Dazu LR/*Gössel*[27] Einl. L 183 ff., ferner *Bockemühl* 115 ff.; *Hellmann* Rn. 530. Zum Einsatz Privater im Auftrag oder mit Billigung der Strafverfolgungsbehörden § 163, 57 ff.

37 *Brunhöber* GA **2010** 571, 576 ff.; HK/*Zöller* 8; NK/*Heghmanns* § 161, 19; eingehende verfassungsrechtliche Begründung und Konkretisierung der Grenzen bei *Stoffer* Rn. 41 ff., 82 ff., 95 ff.

38 *Sotelsek* wistra **2020** 361, 364 ff.; HK/*Zöller* 8.

39 Dazu *Wackernagel*/*Graßie* NStZ **2021** 12 ff.; Radtke/Hohmann/*Link* § 161, 4; vgl. auch NK/*Heghmanns* § 161, 19.

hervorhebt, dass Ziel der Sachverhaltserforschung **objektive Verdachtsklärung**, nicht etwa Überführung eines Verdächtigen ist.[40] Ob die öffentliche Klage zu erheben ist, hängt nach § 170 regelmäßig davon ab, ob ein hinreichender Tatverdacht besteht (LR/*Merz* § 170, 22 f.), sodass das Ziel des Ermittlungsverfahrens im Allgemeinen nur in der Klärung dieses Verdachtsgrades und nicht wie beim richterlichen Urteil in der Gewinnung einer Überzeugung besteht. Lediglich wenn die Staatsanwaltschaft die öffentliche Klage durch **Strafbefehlsantrag** erheben will, muss die Sachverhaltserforschung so weit betrieben werden, dass dem Richter aufgrund der aktenmäßigen Ergebnisse des Ermittlungsverfahrens die Gewinnung einer Überzeugung möglich ist.[41] Soweit die Staatsanwaltschaft nach besonderen Vorschriften von der Erhebung der öffentlichen Klage oder der Verfolgung absehen kann,[42] ist das Erforschungsziel schon (aber auch erst dann)[43] erreicht, wenn feststeht, dass deren Voraussetzungen vorliegen; erscheint letzteres naheliegend, kann sich die Erforschung des Sachverhalts zunächst auf die für diese Beurteilung maßgebenden Umstände konzentrieren.[44] Soweit ein **Täter-Opfer-Ausgleich** nach § 155a in Betracht kommt,[45] sind dessen Voraussetzungen und Möglichkeiten vorrangig zu klären und erforderlichenfalls die dazu notwendigen Maßnahmen einzuleiten.

12 Ist die Erhebung der öffentlichen Klage zu erwarten, so besteht das Ziel der Sachverhaltserforschung ferner darin, das gerichtliche Verfahren, insbesondere die **Hauptverhandlung**, so vorzubereiten, dass deren störungsfreier und zügiger Ablauf ermöglicht wird.[46] Dies kann es nötig machen, auch solchen Umständen nachzugehen, die zur Begründung des hinreichenden Verdachts nicht unerlässlich wären, bei der umfassenden Beweiserhebung in der Hauptverhandlung aber nicht unberücksichtigt bleiben können. Die Anforderungen an das staatsanwaltliche Handeln dürfen in diesem Zusammenhang allerdings nicht überzogen werden, insbesondere nicht in Gestalt der Forderung, die Ermittlungen der Staatsanwaltschaft müssten eine ununterbrochene Durchführung der Hauptverhandlung gewährleisten.[47] Es kann nämlich richtigerweise nicht darum gehen, die Rolle des Gerichts als Ermittlungsorgan des Hauptverfahrens obsolet zu machen.[48] Besondere Ausprägungen der Vorbereitungsfunktion des Ermittlungsverfahrens für die Hauptverhandlung sind die Pflicht zur **Beweissicherung** (Rn. 55 ff.) und zur Ermittlung des Rechtsfolgenzumessungssachverhalts (Rn. 59 ff.).

13 **b) Gegenstand der Erforschung.** Die Vorschrift gibt der Staatsanwaltschaft auf, den Sachverhalt zu erforschen, also **tatsächliche Umstände** aufzuklären, von denen die Entscheidung über die Erhebung der öffentlichen Klage abhängt oder die für die Entscheidung in der Hauptverhandlung von Bedeutung sein können. Die **Klärung von Rechtsfragen** wird nicht ausdrücklich erwähnt. Da aber die Frage, welche tatsächlichen Umstände mit welchem Stellenwert bedeutsam sein können, stets von der möglichen rechtlichen Würdigung abhängig ist, muss die Sachverhaltserforschung stets auf der Grundlage einer (oder mehrerer alternativer) rechtlichen Subsumtion des Untersuchungsgegenstandes vorgenommen werden.

---

40 Zutr. *Kühne* Rn. 349.

41 Näher (auch zur Gegenmeinung) LR/*Gaede*[27] Vor § 407, 24 f.; *Rieß* JR **1988** 133; ferner MüKo/*Kölbel/Ibold* 69; SK/*Albrecht* 16.

42 Z.B. nach §§ 153 ff., § 376 oder § 45 JGG.

43 Zutr. betont bei MüKo/*Kölbel/Ibold* 42.

44 Vgl. auch unten Rn. 31; § 158, 28 (zur Behandlung von Strafanzeigen); § 163, 33 (zur Erforschungspflicht der Polizei). Vorschlag zu einer dies klarstellenden gesetzlichen Regelung im AE-EV, § 160 Abs. 1 Satz 3 (S. 106 f.).

45 Näher dazu die Erl. des § 155a bei LR/*Mavany*.

46 RGSt **76** 254, 255; KK/*Weingarten* 3, 21; s. auch Vor § 158, 2, 7; krit. dazu SK/*Albrecht* 16.

47 So RGSt **76** 254, 255; HK/*Zöller* 8; wie hier MüKo/*Kölbel/Ibold* 68.

48 Insoweit zumindest im Ansatz berechtigt die Kritik von *Wohlers* 207 ff.; SK/*Albrecht* 16.

Das kann es erforderlich machen, zweifelhafte Rechtsfragen bereits im Ermittlungsverfahren vorläufig zu klären.[49] Rechtsfragen sind auch insoweit von Bedeutung, als Rechtsvorschriften bei der Sachverhaltserforschung zu beachten sind oder ihr Grenzen setzen können. Bei außerstrafrechtlichen Vorfragen kann sich die Erforschungspflicht, mindestens ihrem Grundgedanken nach, auch auf die Erforschung der Rechtslage beziehen.[50]

2. Zuständigkeit. Die Erforschungspflicht obliegt der örtlich zuständigen Staatsanwaltschaft; eine unzuständige Staatsanwaltschaft hat jedoch die Ermittlungsmaßnahmen durchzuführen, bei denen Gefahr im Verzug besteht (§ 143 Abs. 2 GVG). Im Übrigen hat sie vom Tatverdacht die zuständige Staatsanwaltschaft, ggf. unter Abgabe bereits vorhandener Vorgänge, zu informieren,[51] wenn nicht, wie bei einem öffentlich bekanntwerdenden Verdacht, davon ausgegangen werden kann, dass diese unterrichtet ist. Welche Staatsanwaltschaften zuständig sind, ergibt sich aus den §§ 142, 142a, 143 GVG i.V.m. den §§ 7 ff., da sich die örtliche Zuständigkeit der Staatsanwaltschaft nach den Bestimmungen über den Gerichtsstand richtet. Bestehen mehrere Gerichtsstände, so ist nach Nr. 2 RiStBV grundsätzlich der Tatort maßgebend; bei überörtlichen Zusammenhängen sind von einer Staatsanwaltschaft Sammelverfahren zu führen (Nr. 25 ff. RiStBV). Zuständigkeitsstreitigkeiten innerhalb eines Landes sind mit Hilfe der Weisungsbefugnisse zu lösen;[52] bei solchen über die Ländergrenzen hinweg entscheidet der Generalbundesanwalt (§ 143 Abs. 3 GVG). Unter mehreren örtlich zuständigen Staatsanwaltschaften ist eine **Abgabe und Übernahme** bei Einverständnis oder durch Vereinbarung der jeweils vorgesetzten Behörde möglich.[53] 14

3. Auslösung der Erforschungspflicht

a) Verdacht einer Straftat. Die Erforschungspflicht beginnt, sobald der Verdacht einer Straftat besteht.[54] Erforderlich ist der sog. **Anfangsverdacht** im Sinne des Vorliegens zureichender tatsächlicher Anhaltspunkte nach § 152 Abs. 2.[55] Da der Anfangsverdacht nicht auf eine bestimmte Person hinzudeuten braucht,[56] verpflichtet § 160 Abs. 1 auch zur Ermittlung unbekannter Täter. Dagegen ist die Staatsanwaltschaft weder verpflichtet noch berechtigt, ohne hinreichende tatsächliche Anhaltspunkte für das Vorliegen konkreter Straftaten nach solchen zu forschen; dass in bestimmten Bereichen und unter bestimmten Umständen Straftaten ermittelt worden sind, begründet für sich allein noch keinen Anfangsverdacht für Nachforschungen in vergleichbaren Bereichen.[57] Vage Anhaltspunkte und bloße Vermutungen sind nicht ausreichend.[58] Aus einem legalen Verhalten darf selbst 15

---

49 Zur Problematik der Bindung an eine höchstrichterliche Rechtsprechung und der Klärung von verfassungsrechtlichen Zweifelsfragen LR/*Merz* § 170, 26 ff.

50 Vgl. für steuerrechtliche Vorfragen *Mayer-Wegelin* DStZ **1984** 244; vgl. auch (zur Aussetzung nach § 396 AO) *Kohlmann* FS Klug 516; s. auch die Erl. zu § 154d bei LR/*Mavany*.

51 *Eb. Schmidt* 6.

52 Näher LR/*Krauß*[27] § 143, 8 GVG; Schmitt/Köhler/*Schmitt* § 143, 3 GVG.

53 Vgl. auch Nr. 27 RiStBV.

54 Wegen des Verfahrens beim Verdacht von Ordnungswidrigkeiten s.o. Rn. 7.

55 Näher LR/*Mavany* § 152, 3; 27 ff.; Schmitt/Köhler/*Köhler* 4; KMR/*Noltensmeier-von Osten* 4; *Geerds* GedS Schröder 389, 390.

56 *Beulke/Swoboda* Rn. 479; LR/*Mavany* § 152, 30; Schmitt/Köhler/*Schmitt* § 152, 5; NK/*Heghmanns* 6; MüKo/*Kölbel/Ibold* 71; vgl. auch LG Baden-Baden NStZ-RR **2000** 52 zur Möglichkeit der Bestellung eines Beistands für einen Nebenklageberechtigten im Ermittlungsverfahren gegen unbekannt.

57 LR/*Mavany* § 152, 28 m.w.N.; krit. gegenüber einer routinemäßigen Überprüfung ärztlicher Abrechnungen durch Staatsanwaltschaften insofern *Teyssen/Goetze* NStZ **1986** 529 ff.

58 BVerfG NJW **2014** 1650; näher LR/*Mavany* § 152, 28; instruktive Beispiele bei *Volk/Engländer* § 8, 5.

dann, wenn dieses auf bestimmte Neigungen schließen lässt oder erfahrungsgemäß häufig mit Straftaten einhergeht, nur dann ein Anfangsverdacht abgeleitet werden, wenn zusätzliche konkrete Anhaltspunkte hinzutreten, die für eine Überschreitung der Strafbarkeitsschwelle sprechen.[59]

16 Besteht der Anfangsverdacht eines **Antragsdelikts**, für das kein Strafantrag i.S. der §§ 77 ff. StGB vorliegt, hat die Erforschungspflicht zunächst die Frage zum Gegenstand, ob ein Strafantrag gestellt werden wird.[60] Solange dies noch möglich ist, sind mindestens die Beweise zu sichern. Steht fest, dass kein Strafantrag gestellt werden wird, so entfällt die weitere Erforschungspflicht. Ist trotz Fehlens des Strafantrags eine Strafverfolgung bei Vorliegen eines **besonderen öffentlichen Interesses**[61] möglich, so sind erforderlichenfalls die hierfür maßgebenden tatsächlichen Umstände aufzuklären. Entsprechendes gilt selbstverständlich auch bei anderen nicht endgültigen Verfahrenshindernissen.[62]

17 **b) Dienstliche Kenntniserlangung.** Die Erforschungspflicht der Staatsanwaltschaft wird durch jede dienstlich erlangte Kenntnis[63] über das Vorliegen von tatsächlichen Umständen begründet, aus denen sich ein Anfangsverdacht (LR/*Mavany* § 152, 27 ff.) ergeben kann; dazu gehören auch allgemein verbreitete Gerüchte[64] und die Berichterstattung in Presse, Rundfunk und Fernsehen, wenn sie bestimmte und nachprüfbare Tatsachen enthalten.[65] Vor diesem Hintergrund ist es grds. unschädlich, wenn der Anfangsverdacht auf Behördenzeugnisse gestützt wird, in denen die auf eine Straftat hindeutenden primären Beweismittel nur sekundär wiedergegeben werden.[66]

18 Die besondere Erwähnung der **Anzeige** trägt dem Umstand Rechnung, dass dies eine typische und besonders häufige Form der Kenntniserlangung darstellt. Der Begriff „Anzeige" umfasst insoweit die in § 158 Abs. 1 genannten Mitteilungen;[67] auch der **Strafantrag** im Sinne der §§ 77 ff. StGB ist eine solche Anzeige.[68] Wird die Anzeige bei der Polizei oder gegenüber dem Amtsgericht erstattet (§ 158, 16), so erlangt die Staatsanwaltschaft von ihr Kenntnis, sobald diese Stellen sie an sie weiterleiten.[69]

19 Die Erwähnung der **Kenntniserlangung auf anderem Wege** verdeutlicht, dass die Anzeige keine rechtliche Voraussetzung für ein Tätigwerden darstellt. Wird ein Anfangsverdacht durch zuverlässige Berichte in der Öffentlichkeit bekannt, so braucht (und darf) die zuständige Staatsanwaltschaft nicht abzuwarten, bis von privater Seite eine Anzeige erstattet wird. Die nach § 160 Abs. 1 maßgebliche Kenntniserlangung liegt vielmehr immer vor, wenn der Staatsanwalt im Rahmen seiner **dienstlichen Tätigkeit** in welcher Form auch immer von tatsächlichen Umständen erfährt, die einen Anfangsverdacht begründen. Dabei ist nicht erforderlich, dass dies gerade im Zusammenhang mit der Wahrnehmung einer Strafverfolgungsaufgabe geschieht. Auch die Kenntniserlangung anlässlich anderer,

---

59 BVerfG NJW **2014** 3085, 3087 f. („Fall Edathy", wo die Annahme solcher Anhaltspunkte durch die Fachgerichte freilich nicht beanstandet wurde); *Hoven* NStZ **2014** 361 ff.; MüKo/*Kölbel/Ibold* 72; jew. m.w.N.
60 HK/*Zöller* 5; LR/*Mavany* § 152, 39.
61 Z.B. § 183 Abs. 2, § 230 Abs. 1, §§ 248a, 303c StGB.
62 MüKo/*Kölbel/Ibold* 71.
63 Zur außerdienstlichen Kenntnis Rn. 23 ff.
64 Vgl. RGSt **70** 251; dazu *Anterist* 40.
65 KK/*Weingarten* 12; Schmitt/Köhler/*Köhler* 9.
66 BGH NStZ **2016** 370.
67 Dazu § 158, 6 ff.; zum Bestehen von Anzeigepflichten § 158, 2 ff.
68 KK/*Weingarten* 10; Schmitt/Köhler/*Köhler* 9; **a.A.** AK/*Schöch* 6.
69 Zur Pflicht zur Weiterleitung s. § 158, 25; § 163, 33 f.

der Staatsanwaltschaft übertragener Dienstaufgaben reicht grundsätzlich aus.[70] Ebenso erlangt der Staatsanwalt in seiner dienstlichen Eigenschaft Kenntnis, wenn ihm die Tatsachen, sei es auch außerhalb seiner Dienstverrichtungen und im Zusammenhang mit einem privaten Kontakt, in der Erwartung mitgeteilt werden, dass er sie als Strafverfolgungsbehörde zur Kenntnis nehme und entsprechend reagiere, beispielsweise, wenn ihm ein Nachbar oder Bekannter entsprechende Mitteilungen macht, *weil* er Staatsanwalt ist.[71] Die dienstliche Kenntniserlangung entfällt in diesen Fällen auch nicht deshalb, weil der Staatsanwalt örtlich oder sachlich unzuständig ist; in solchen Fällen besteht die Pflicht zur Weitergabe an einen zuständigen Amtsträger.[72]

Die dienstliche Kenntnis auf anderem Wege als durch eine Anzeige kann sich insbesondere durch die Mitteilung von einem **nichtnatürlichen Todesfall** (§ 159 Abs. 1), durch die **Übersendung** von Verhandlungen **polizeilicher Ermittlungen** (§ 163 Abs. 2 Satz 1) oder durch **Mitteilungen des Gerichts** nach § 183 GVG ergeben. Sie wird ferner dadurch erlangt, dass andere Behörden der Staatsanwaltschaft aufgrund gesetzlicher Verpflichtungen[73] Verdachtsmomente mitteilen. 20

Dienstliche Kenntnis kann auch anlässlich der **Ermittlungstätigkeit** wegen konkreter Taten erlangt werden, soweit sich dabei Hinweise auf andere Taten ergeben, etwa, wenn der Verdacht von Falschaussagen, Begünstigung oder Strafvereitelung hervortritt oder wenn beigezogene Akten anderer Behörden einen Anfangsverdacht begründen.[74] Entsprechendes gilt im Hinblick auf Ereignisse und Beweisergebnisse in der Hauptverhandlung, die der Staatsanwalt als Sitzungsvertreter erfährt. Dienstliche Kenntnis ist auch eine solche, die die Staatsanwaltschaft als **Strafvollstreckungsbehörde** oder bei der Durchführung von **Verwaltungsaufgaben** (z.B. im Zusammenhang mit Baumaßnahmen) erlangt.[75] 21

c) Kenntniserlangung als Dienstvorgesetzter vom Verdacht strafbarer Handlungen von Untergebenen ist grundsätzlich dienstliche Kenntnisnahme und verpflichtet daher zum Einschreiten; dies gilt jedenfalls dann, wenn die Erkenntnis im Rahmen der allgemeinen Dienstaufsicht und Leitung erlangt wird.[76] Anders liegen die Dinge dann, wenn der Dienstvorgesetzte diese Kenntnis außerhalb der allgemeinen Dienstaufsicht und Leitung im Zusammenhang mit seiner besonderen **Personalführungsaufgabe** erfährt, etwa, wenn sich ihm ein Behördenmitglied in einer Aussprache unter vier Augen offenbart oder wenn sich der Verdacht allein aus den Personalakten ergibt: Da die Kenntniserlangung hier 22

70 Teilweise umstritten; wie hier etwa MüKo/*Kölbel*/*Ibold* 72; **a.A.** z.B. *Anterist* 58; wohl auch LR/*Meyer-Goßner*[23] 9, nach denen die Kenntnisnahme etwa bei der Wahrnehmung von Verwaltungsaufgaben oder im Rahmen der Personalführung dem außerdienstlichen Wissen zuzurechnen ist, vgl. dazu unten Rn. 22.

71 Vgl. *Anterist* 59; *Geerds* GedS Schröder 389, 395.

72 *Eb. Schmidt* I 398; *Geerds* GedS Schröder 389, 392.

73 Dazu näher § 158, 5 f.; zu den Mitteilungspflichten nach § 43 GwG, die auch private Institutionen betreffen, § 158, 7.

74 Zur Auswertung der Akten von Insolvenzverfahren eingehend *Uhlenbruck* KTS **1967** 9.

75 Wegen der bei präventiv-polizeilicher Tätigkeit der Polizei von dieser gewonnenen Erkenntnisse vgl. § 163, 27.

76 In Bezug auf die Polizei BGHSt **4** 167; anders, wenn dem Betreffenden nicht überwiegend Strafverfolgungsaufgaben, sondern daneben auch noch andere Aufgaben obliegen, vgl. RGSt **73** 265, 267; **74** 178, 180 für den Bürgermeister als Ortspolizeibehörde; kritisch zu dieser Differenzierung *Anterist* 60 f.; vgl. auch AK/*Schöch* 12; *Peters* § 24 VI; *Eb. Schmidt* I 400; *Geerds* GedS Schröder 389, 396 Fn. 16.

nicht mit der Funktion als Strafverfolgungsorgan zusammenhängt, steht sie unter dem Blickwinkel von § 160 Abs. 1 einer solchen außerdienstlicher Art gleich.[77]

23 **d) Private Kenntniserlangung.** Ob, unter welchen Voraussetzungen und in welchem Umfang ein Staatsanwalt (das Gleiche gilt infolge der entsprechenden Formulierung in § 163 Abs. 1 StPO für Polizeibeamte) zum Einschreiten oder mindestens zur Mitteilung an die zuständige Staatsanwaltschaft verpflichtet ist, wenn er vom Verdacht einer Straftat ohne dienstliche Veranlassung (im weitesten Sinne) erfährt, ist seit Langem umstritten und nach wie vor ungeklärt.[78] Rechtsprechung und Schrifttum haben die Problematik und die Bestimmung der Grenzen lange Zeit vorrangig in Bezug auf die Strafbarkeit nach § 258a StGB erörtert, die sich dann ergibt, wenn man die Pflicht zum Einschreiten zugleich als Garantenpflicht i.S. von § 13 StGB betrachtet. Die Tragfähigkeit der Konstruktion eines unechten Unterlassungsdelikts wird in diesem Zusammenhang mittlerweile freilich vielfach in Zweifel gezogen.[79] Ob die Kritik zutrifft, kann dahinstehen (insofern ist auf das materiell-strafrechtliche Schrifttum zu verweisen), weil hier lediglich die prozessuale Reichweite der Pflicht zum Einschreiten zu erörtern ist. Da eine solche (mit beamten- und disziplinarrechtlichen Konsequenzen) auch von denjenigen nicht ausgeschlossen wird, die eine Strafbarkeit nach § 258a StGB generell verneinen, behalten insoweit auch diejenigen Überlegungen zu einer sachgerechten Eingrenzung dieser Pflicht ihre Bedeutung, die im Rahmen der Diskussion einer Strafbarkeit nach § 258a StGB entwickelt wurden.

24 Die wohl noch herrschende Meinung in Rechtsprechung[80] und Schrifttum[81] bejaht eine (auch nach § 258a StGB) zu beurteilende Verfolgungspflicht nicht uneingeschränkt, sondern nur dann, wenn durch Art und Umfang der Straftat Belange der Öffentlichkeit und der Volksgesamtheit in besonderem Maße berührt werden.[82] Die Unbestimmtheit dieser Abgrenzungsformel wird vielfach kritisiert;[83] stattdessen wird auf die in § 138 StGB

---

77 Ähnlich bereits LR/*Meyer-Goßner*[23] 11; SK/*Wohlers*[4] § 158, 10; *Anterist* 61; im Ergebnis (keine Pflicht zum Einschreiten trotz dienstlicher Kenntniserlangung) auch LR/*Rieß*[25] 26; KK/*Weingarten* § 158, 30; **a.A.** BGHSt **4** 167, 169 f.

78 Dazu aus dem neueren strafprozessualen Schrifttum m.w.N. AK/*Schöch* 9; SK/*Wohlers*[4] § 158, 12 ff.; *Beulke/Swoboda* Rn. 149; *Hellmann* Rn. 52; *Krey/Heinrich* Rn. 608 ff.; grundlegend *Anterist*; *Geerds* GedS Schröder 389 ff.

79 Vgl. etwa *Anterist* 71 ff.; *Krause* GA **1964** 110, 118; *ders.* JZ **1984** 548, 550; KK/*Weingarten* § 158, 29; *Fezer* 2/40; *Rüping* Rn. 331; *Geerds* GedS Schröder 389, 394 ff.; *Pawlik* ZStW **111** (1999) 335, 354 Fn. 72; nach Schwere des Delikts differenzierend BGHSt **38** 388, 391 = NStZ **1993** 383 mit Anm. *Mitsch* = StV **1993** 126 mit Anm. *Bergmann* S. 518 = JR **1995** 165 mit Anm. *Rudolphi*.

80 So zuerst beiläufig (da die dienstliche Kenntnisnahme bejaht wurde) RGSt **70** 251; ferner BGHSt **5** 225; **12** 277, 280; OLG Freiburg DRZ **1947** 201; OLG Karlsruhe NStZ **1988** 503 = JR **1989** 210 mit Anm. *Geerds* (wobei es sich möglicherweise um einen Fall dienstlicher Kenntnis handelte); OLG Köln NJW **1981** 1792; offengelassen in BGH JR **1989** 430, 432 mit Anm. *Bottke* (da kein hinreichend schweres Delikt).

81 So mit Differenzierungen im Einzelnen HK/*Krehl*[3] § 158, 6; KMR/*Noltensmeier-von Osten* § 158, 16; *Beulke/Swoboda* Rn. 149; *Gössel* § 1 B III; *Kindhäuser/Schumann* § 4, 9; *Peters* § 23 IV 1a; *Schlüchter* Rn. 69; *Schroeder/Verrel* Rn. 67; *Bohne* SJZ **1948** 698; im materiellen Strafrecht etwa LK/*Walter* § 258, 100 f.; *Lackner/Kühl* § 258a, 4; *Fischer/Lutz* § 258a, 4a, jeweils m.w.N., auch zur Gegenmeinung. Für die Abgrenzung einer beamtenrechtlichen, nicht durch § 258a StGB sanktionieren Pflicht zum Einschreiten entsprechend KK/*Weingarten* 29.

82 So auch in den neueren Entscheidungen, soweit sie (beim generellen Abrücken von der Strafbarkeit) im Einzelfall an dieser festhalten, etwa BGHSt **38** 338, 392; BGH JR **1989** 432 mit Anm. *Bottke*.

83 Vgl. etwa AK/*Schöch* 10; HK/*Zöller* § 158, 8; *Fezer* 2/40; *Kühne* Rn. 315; *Bottke* JR **1989** 432, 433 a.E.; *Krause* GA **1964** 110, 116.

genannten Straftaten[84] oder auf den Verbrechenscharakter[85] abgestellt. Bei Betäubungsmitteldelikten sollen nur besonders schwere Fälle eine Verfolgungspflicht begründen.[86] Nach neueren Entscheidungen des Bundesgerichtshofs soll sich die Pflicht zum Einschreiten bei außerdienstlich erlangter Kenntnis auf solche Straftaten beschränken, die während der Dienstausübung fortwirken (Dauerdelikte usw.), wenn diese zugleich die nach der eingangs genannten Formel der Rechtsprechung zu bestimmende Schwere aufweisen.[87] Die Vertreter einer rein beamtenrechtlichen, nicht durch § 258a StGB sanktionierten Verpflichtung stellen überwiegend auf vergleichbare Einschränkungsmerkmale ab.[88] Abweichende Meinungen, die eine umfassende Verfolgungspflicht angenommen hatten,[89] sind heute überholt. Soweit das ältere Schrifttum eine Verfolgungspflicht gänzlich verneinte,[90] bleibt unklar, ob damit lediglich die materiell-strafrechtliche Beurteilung gemeint war.

Zumindest in beamtenrechtlicher Hinsicht **ist der h.M. darin zuzustimmen**, dass 25
Staatsanwälte und Polizisten nicht vor Straftaten beliebiger Schwere die Augen verschließen dürfen, von denen sie privat Kenntnis erlangen: Die Deckung von Straftaten, deren sanktionslose Hinnahme vitalen Interessen der Allgemeinheit zuwiderläuft, durch einen zur Strafverfolgung berufenen Beamten ist mit dem besonderen Treueverhältnis, in dem sich dieser anerkanntermaßen auch außerhalb der Dienstzeiten befindet, grds. nicht zu vereinbaren.[91] Den Kritikern ist allerdings zuzugeben, dass die Pflicht zur dienstlichen Verwendung privat erlangter Erkenntnisse Grenzen haben muss, damit der Beamte nicht in eine allgemeine Spitzelrolle gedrängt und hierdurch an der unbefangenen Wahrnehmung allgemeiner sozialer Kontakte gehindert wird. Ebenso berechtigt ist die Forderung nach einer hinreichend bestimmten Konkretisierung dieser Grenze, an der die eingangs unter Rn. 24 genannte Formel zwangsläufig scheitern muss. Keine Zustimmung verdient auch das Kriterium der „Fortwirkung" des Delikts, das ebenfalls keine trennscharfe Untergrenze eröffnet, durch die letztendliche Beschränkung auf Fälle mit präventivpolizeilichen Implikationen andererseits aber zu eng erscheint, was den Bereich der Schwerkriminalität betrifft (soll ein Staatsanwalt einen Mord decken dürfen, wenn das Tatgeschehen abgeschlossen ist und keine Wiederholungsgefahr droht?).[92] Zu weit erscheint demgegenüber die Annahme einer Pflicht zum Tätigwerden bei allen Verbrechen, weil auch hier Fälle denkbar sind (etwa bzgl. der weit ausgreifenden Verbrechenstatbestände im BtMG oder in § 51 Abs. 1 WaffG), mit denen der Beamte bei privaten Gesprächen im Rahmen normaler

84 AK/*Schöch* 11; MüKo/*Kölbel/Ibold* 72; Radtke/Hohmann/*Link* § 158, 10; SK/*Wohlers*[4] § 158, 13; *Klesczewski* Rn. 144; *Kühne* Rn. 315; *Roxin/Schünemann* § 39, 3; *Schlüchter* Rn. 69; *Geppert* Jura **1982** 148.

85 HK/*Zöller* § 158, 8; *Hellmann* Rn. 52; *Krey/Heinrich* Rn. 611; *Schäfer/Fresemann/Hinrichs* Rn. 341; weitergehend (bei Delikten, die mit einer fünf Jahre Freiheitsstrafe übersteigenden Höchststrafe bedroht sind) HbStrVf/*Jahn* I Rn. 110.

86 OLG Köln NJW **1981** 1754.

87 BGHSt **38** 388, 391 = NStZ **1993** 383 mit Anm. *Mitsch* = StV **1993** 126 mit Anm. *Bergmann* 518 = JR **1995** 165 mit Anm. *Rudolphi*; BGH NStZ **2000** 147; dazu auch SK/*Wohlers*[4] § 158, 12; ferner BGH NStZ **2000** 147 = wistra **2000** 338 mit Anm. *Wollschläger* = Kriminalistik **2001** 430 mit Anm. *Artkämper*; vgl. auch OLG Koblenz NStZ-RR **1998** 332. Nach BVerfG (Kammerentscheidung) NJW **2003** 1030 = JZ **2004** 303 mit abl. Anm. *Seebode* ist diese Auffassung verfassungsrechtlich nicht zu beanstanden.

88 Vgl. etwa AK/*Schöch* 11; SK/*Wohlers*[4] § 158, 13 (Orientierung am Katalog des § 138 StGB); KK/*Weingarten* § 158, 29; Schmitt/Köhler/*Köhler* 10 (schwere Straftat).

89 Nachweise bei LR/*Rieß*[25] 27 Fn. 119.

90 *Feisenberger* 2; *Binding* 198; *Birkmeyer* 577; *zu Dohna* 134; *Glaser* II 322; *von Hippel* 475 Fn. 7; weit. Nachw. bei *Anterist* 53 f.; *Krause* GA **1964** 110, 113; vgl. auch OLG Hamburg SJZ **1948** 688.

91 **A.A.** insofern LR/*Rieß*[25] Rn. 29.

92 Konsequenterweise für die Freistellung von Staatsanwälten von jeglicher Anzeigepflicht bei privat erlangter Kenntnis in der Tat NK/*Heghmanns* 13.

sozialer Kontakte in der Erwartung von Stillschweigen konfrontiert wird, dessen Bruch ihn für solche Kontakte disqualifizieren würde.

26 Eine ebenso bestimmte wie sachgerechte Eingrenzung der Pflicht ermöglicht demgegenüber der **Straftatenkatalog von § 138 StGB**. Bei Delikten, die im Falle ihres Bevorstehens für jedermann bei Strafe anzeigepflichtig sind, wird nämlich auch nach Abschluss ihrer Begehung schon bei einem Nicht-Amtsträger niemand ein berechtigtes Vertrauen darauf entfalten können, dass dieser das in einer alltäglichen Gesprächssituation (zum notwendigen Schutz besonderer Vertrauensverhältnisse sogleich Rn. 27) erworbene Wissen um eine solche Tat für sich behält. Insofern ist die Pflicht zur Veranlassung von Ermittlungen bei derartigen Delikten nicht geeignet, einen Beamten sozial zu disqualifizieren (es sei denn für den Verkehr in bestimmten kriminellen Milieus, von denen er sich ohnehin fernzuhalten hat). Eine (wiederum nicht scharf abgrenzbare, infolge ihrer begünstigenden Wirkung insofern aber weniger problematische) Ausnahme, bei der die Pflicht zum Tätigwerden auch hier entfällt, sind offenkundige Bagatellformen, die bei einem Teil der in § 138 StGB genannten Delikte möglich sind. Hier wäre z.B. der (an sich von § 138 Abs. 1 Nr. 7 StGB erfasste) Fall zu nennen, dass in einer Stammtischrunde die gewaltsame Wegnahme eines geringwertigen Gegenstands unter Jugendlichen zur Sprache kommt.

27 Soweit danach aufgrund der Deliktsschwere eine Verfolgungspflicht anzunehmen ist, entfällt diese im Falle einer **persönlichen Konfliktlage**.[93] Dazu gehört nicht nur der Fall, in dem sich die Strafverfolgung gegen einen Angehörigen richten würde (trotz § 258a Abs. 3 StGB, weil das Stillschweigen bzgl. privat erlangter Erkenntnisse in einem solchen Fall nicht mit der Vornahme von Strafvereitelungshandlungen bei der Dienstausübung vergleichbar ist), sondern auch die Konstellation, in der sich eine sonstige nahestehende Person dem Beamten im persönlichen Gespräch mit der Bitte um Stillschweigen anvertraut. Wollte man dem Beamten die Möglichkeit nehmen, im privaten Bereich solche Gespräche zu führen, würde das nämlich wiederum auf eine unverhältnismäßige Beschränkung seines sozialen Handlungsspielraums hinauslaufen. Auch im Falle einer eigenen strafbaren **Tatbeteiligung** ist richtigerweise jede (d.h. auch eine disziplinarrechtlich sanktionierte)[94] Pflicht zur Offenbarung des privat erlangten Wissens abzulehnen.

28 Von der Frage einer Pflicht muss diejenige einer **Berechtigung zum Einschreiten** bei privater Kenntniserlangung von Straftaten unterschieden werden. Sie ist nach allg. M. uneingeschränkt zu bejahen.

4. Ausnahmen von der Erforschungspflicht

29 **a) Entbehrlichkeit von Nachforschungen.** Die Pflicht der Staatsanwaltschaft zur *eigenen* Erforschung des Sachverhalts kommt nicht zum Tragen, wenn der Sachverhalt bei Kenntniserlangung bereits vollständig erforscht ist; in diesem Fall beschränkt sich das staatsanwaltliche Ermittlungsverfahren auf den Erlass der Abschlussverfügungen nach den §§ 169a, 170 (näher Rn. 32). Umgekehrt kann ein der Staatsanwaltschaft bekannt werdender Umstand, der keinen hinreichend konkreten Hinweis auf das mögliche Vorliegen einer Straftat darstellt, bei vager Informationslage zunächst nur Anlass zu der Prüfung geben, ob sich aus ihm überhaupt ein Anfangsverdacht ableiten lässt; wird das verneint, so besteht auch keine Erforschungspflicht (vgl. LR/*Mavany* § 152, 45; Vor § 158, 17; § 163, 24). Schließlich kann die Erforschungspflicht trotz eines Anfangsverdachts entfallen oder reduziert werden, wenn weitere Erkenntnisse nicht zu erwarten sind oder eine Verfah-

93 Ebenso im Grundsatz *Gössel* § 1 B III; *Roxin/Schünemann* § 39, 4; *Schlüchter* Rn. 69.
94 Insoweit **a.A.** SK/*Wohlers*[4] § 158, 14; *Geerds* GedS Schröder 389, 401 f.

renseinstellung nach den Begrenzungen des Legalitätsprinzips (§§ 153 ff., 376) in Betracht kommt. Wegen einer Einschränkung der Erforschungspflicht aus Gründen der Verhältnismäßigkeit vgl. Rn. 40; zur Frage, inwieweit Einschränkungen durch Notstand gerechtfertigt sein können, vgl. Rn. 47 und LR/*Mavany* § 152, 25; § 163, 36.

b) Alsbaldige Einstellung des Verfahrens. Eine alsbaldige Einstellung des Verfah- 30
rens ohne (weitere) Erforschung des Sachverhalts ist möglich und geboten, wenn die **rechtliche Prüfung** des bekannten Sachverhalts ergibt, dass eine verfolgbare Straftat (LR/*Mavany* § 152, 38 ff.) nicht vorliegt, weil das Verhalten unter kein Strafgesetz fällt, unzweifelhaft gerechtfertigt oder entschuldigt oder wegen eines unbehebbaren Verfahrenshindernisses nicht verfolgbar ist. Sind entsprechende Umstände möglicherweise gegeben, so ist vorrangig zu erforschen, ob sie vorliegen. Beim Verfahrenshindernis der Immunität verpflichtet das Legalitätsprinzip in diesem Zusammenhang dazu, die Genehmigung zur Strafverfolgung wenn möglich herbeizuführen (näher LR/*Mavany* § 152a, 40). Ein Anfangsverdacht und damit eine Erforschungspflicht besteht auch dann nicht, wenn in einer Anzeige zwar ein strafbares Verhalten schlüssig behauptet wird, die **tatsächliche Haltlosigkeit** aber für die Staatsanwaltschaft unzweifelhaft ersichtlich ist,[95] beispielsweise, weil der Vorwurf in anderem Zusammenhang bereits aufgeklärt wurde oder weil die Unglaubwürdigkeit des benannten Zeugen der Staatsanwaltschaft aus anderen Verfahren bekannt ist. Bloß ungenaue, unvollständige oder auch unwahrscheinliche Sachverhaltsangaben machen Nachforschungen nicht entbehrlich,[96] können es aber notwendig machen, die Ermittlungen unter besonderer Schonung des Betroffenen zu führen.[97] Dies gilt insbesondere bei anonymen oder querulatorischen Anzeigen (s. § 158 Rn. 15). Trotz vorhandenen Anfangsverdachts können Nachforschungen dann unterbleiben, wenn **unzweifelhaft** feststeht, dass sie **keinen Erfolg** versprechen.[98] Dies kann auch dann der Fall sein, wenn bereits vorliegende Erkenntnisse einem Verwendungsverbot unterliegen und/oder für erfolgversprechende weitere Maßnahmen, wie beispielsweise die Überwachung des Fernmeldeverkehrs oder der Einsatz technischer Mittel die gesetzlichen Voraussetzungen nicht vorliegen.

Lässt der bereits bekannte Sachverhalt schon eine Entscheidung darüber zu, dass das 31
Verfahren aufgrund einer **Ausnahme vom Legalitätsprinzip** eingestellt werden kann, so ist eine weitere Erforschung ebenfalls grundsätzlich nicht erforderlich. Das Verfahren kann also beispielsweise nach § 153 Abs. 1 eingestellt oder es kann nach § 376 auf den Privatklageweg verwiesen werden, wenn die Voraussetzungen hierfür ersichtlich sind,[99] ohne dass die Ermittlungen insgesamt durchgeführt und abgeschlossen werden. Für die Anwendung von § 153a Abs. 1 gilt dies nicht.[100] In zweifelhaften Fällen kann sich die Erforschung zunächst darauf beschränken, das Vorliegen der Einstellungsvoraussetzungen (geringe Schuld, fehlendes öffentliches Interesse) festzustellen.[101]

---

95 AK/*Schöch* 18; KK/*Weingarten* 18; KMR/*Noltensmeier-von Osten* 8; MüKo/*Kölbel/Ibold* 42.

96 HK/*Zöller* 5; KK/*Weingarten* 11; Schmitt/Köhler/*Köhler* 9.

97 Vgl. (auch zu anonymen Anzeigen) KK/*Weingarten* § 158, 6 f.; Schmitt/Köhler/*Köhler* 9; vgl. auch Nr. 8 RiStBV.

98 Ebenso NK/*Heghmanns* 12, vgl. Im Übrigen bereits *Eb. Schmidt* 9 (Aussichtslosigkeit der Aufklärung aus der Art der angebotenen oder sonst zur Verfügung stehenden Beweismittel).

99 AK/*Schöch* 19; HK/*Zöller* 4; KK/*Weingarten* 17, NK/*Heghmanns* 13.

100 Eingehend LR/*Mavany* § 153a, 45; vgl. ferner HK/*Zöller* 4; KK/*Weingarten* 17; KMR/*Noltensmeier-von Osten* 4; MüKo/*Kölbel/Ibold* 42; SK/*Wohlers*[4] 34.

101 S.o. Rn. 11.

32 **c) Alsbaldige Klageerhebung.** Eine **alsbaldige Klageerhebung** ohne eigene zusätzliche Sachverhaltserforschung durch die Staatsanwaltschaft ist in den in der Praxis häufigen Fällen möglich, in denen die von der Polizei übersandten Verhandlungen (§ 163 Abs. 2 Satz 1) bereits das erforderliche Material für die Abschlussverfügung enthalten.[102] Sie kommt auch in Betracht, wenn die Finanzbehörde die Sache zum Zwecke der Erhebung der öffentlichen Klage vorlegt (§ 400 AO) oder wenn eine Verwaltungsbehörde ein durchermitteltes Bußgeldverfahren an die Staatsanwaltschaft abgibt, weil die untersuchte Tat eine Straftat darstellt (§ 41 Abs. 1 OWiG). Auch bei Strafanzeigen anderer Behörden kann der Sachverhalt bereits so weit aufgeklärt sein, dass eine Erforschung der Tatumstände entbehrlich ist; jedoch wird stets eine Vernehmung des Beschuldigten (§ 163a Abs. 1) durchzuführen oder zu veranlassen und vielfach auch noch der Rechtsfolgenzumessungssachverhalt zu erforschen sein. Die Staatsanwaltschaft darf jedoch in all diesen Fällen die Ergebnisse fremder Sachverhaltsaufklärung nicht ungeprüft übernehmen und muss zusätzliche Ermittlungen durchführen oder veranlassen, wenn sie Zweifel an der Richtigkeit und Vollständigkeit des ihr vorliegenden Materials hat; sie kann das Verfahren einstellen, auch wenn die abgebende Behörde die Klageerhebung für möglich oder sogar für geboten hält.[103]

33 **d) Entgegenstehende Verwendungsregeln (Absatz 4).** Bei der Erlangung dienstlicher Kenntnis aus einer nicht der Strafverfolgung dienenden Tätigkeit **entfällt die Erforschungspflicht**, wenn eine gegenüber dem Strafverfahren wirksame besondere **Geheimhaltungsvorschrift** eingreift. In diesem Fall besteht im Gegenteil ein Verwendungsverbot, wie sich aus Absatz 4 allgemein ergibt.[104] Das gilt beispielsweise für die **Finanzbehörde**, die die Befugnisse der Staatsanwaltschaft wahrnimmt (§ 399 AO), in Bezug auf Kenntnisse aus dem Besteuerungsverfahren, soweit nicht § 30 Abs. 4 AO die Offenbarung gestattet,[105] oder für einen Staatsanwalt, der in einem ehrengerichtlichen Verfahren gegen einen Rechtsanwalt Erkenntnisse erlangt, die die Geheimsphäre zwischen Verteidiger und Beschuldigten betreffen. Gleiches gilt für Erkenntnisse, die im Rahmen der Gefahrenabwehr oder der Strafverfolgung gewonnen werden, wenn sie einem auch der Durchführung von Ermittlungen entgegenstehenden **Nutzungsverbot** unterliegen, so beispielsweise bei Erkenntnissen aus einer Fernmeldeüberwachung nach dem G 10 wegen § 4 Abs. 4, 6, § 7 Abs. 2 G 10 i.V.m. § 11a BNDG.[106] Dagegen können Zufallserkenntnisse, deren Verwendung zu Beweiszwecken auf einschlägige Katalogtaten beschränkt ist,[107] zur Grundlage weiterer Ermittlungen gemacht werden. Insofern lösen sie also eine Erforschungspflicht aus, auch wenn sie keine Katalogtat betreffen.[108]

---

102 Vgl. dazu mit rechtstatsächlichem Material u.a. *Blankenburg/Sessar/Steffen*.

103 Vgl. auch LR/*Merz* § 170, 36.

104 Näher zur Bedeutung von Absatz 4 unten Rn. 40 f. Mit der Bezeichnung „Verwendungsregel" nimmt die Vorschrift auf den datenschutzrechtlichen Begriff „Verwenden" Bezug, der nach § 3 Abs. 5 BDSG a.F. einen Oberbegriff für jedes Verarbeiten und Nutzen von Daten bildete. Aus der Herabstufung des „Verwendens" zu einem Unterbegriff des „Verarbeitens" in § 46 Nr. 2 BDSG dürfte keine inhaltliche Änderung der strafprozessualen Vorschriften folgen, in denen der Begriff unverändert erhalten blieb; näher dazu LR/*Tillich*[27] Vor § 483, 20.

105 Vgl. BGH (Z) NJW **1982** 1648.

106 Vgl. zum früheren § 7 Abs. 3 G 10 auch BGHSt **29** 244, 250; dazu u.a. *Dünnebier* DuR **1980** 383; *Riegel* JZ **1980** 757; *Rieß* JR **1983** 125 f. Weitere Beispiele bei LR/*Tillich*[27] § 479, 5 ff.

107 Vgl. § 161 Abs. 3 und 4 sowie § 479 Abs. 2 Satz 1.

108 Näher zu diesen teilweise umstrittenen Fragen LR/*Menges* § 98b, 24; ferner *Rieß* NJ **1992** 495.

5. Grundsätze der Erforschung

a) Allgemeines. Gegenüber dem gerichtlichen Verfahren, insbesondere gegenüber der Hauptverhandlung, weist das Ermittlungsverfahren einen fundamentalen Unterschied auf: Bei ersterem wird der thematische Rahmen durch den Anklagegrundsatz vorgegeben, und Formen und Mittel der Sachverhaltserforschung sowie die Reihenfolge der einzelnen Maßnahmen und Handlungen werden weitgehend durch feste Regelungen bestimmt, die dem Gericht nur einen begrenzten Spielraum einräumen. Demgegenüber ist das Ermittlungsverfahren ungeachtet seiner namentlich in den letzten Jahrzehnten zunehmenden „Verrechtlichung" neben der unschärferen Festlegung des Prozessgegenstands vor allem durch eine weitaus größere Formfreiheit gekennzeichnet: Welche Maßnahmen in welcher Reihenfolge in concreto ergriffen werden,[109] um den Auftrag zur Sachverhaltserforschung zu erfüllen, ist grds. nicht abstrakt vorgegeben, sondern im Rahmen der strafprozessualen und verfassungsrechtlichen Handlungsschranken, denen die Einzelmaßnahmen und das Verfahren insgesamt unterliegen, vom Staatsanwalt unter Zweckmäßigkeitsaspekten zu entscheiden, wie auch in § 161 Abs. 1 deutlich zum Ausdruck kommt.[110] 34

Insofern kann man vom **Grundsatz der freien Gestaltung des Ermittlungsverfahrens** sprechen.[111] Dabei handelt es sich im Gegensatz zu echten Prozessmaximen freilich nur um eine Bezeichnung des Faktums, dass die Staatsanwaltschaft im Ermittlungsverfahren ein **taktisches Handlungsermessen** hat,[112] nicht hingegen um ein Leitbild, das dem Staatsanwalt eine Orientierungshilfe für das richtige Vorgehen im Einzelfall geben könnte;[113] schon gar nicht ist er geeignet, vorhandene gesetzliche Bindungen zu lockern.[114] 35

Abgesehen von der Bindung an konkrete gesetzliche Vorgaben wird die Gestaltungsfreiheit der Strafverfolgungsorgane durch die **Rechtspflicht** begrenzt, das Ermittlungsverfahren **nachdrücklich, zweckmäßig, schonend** und **fair** zu führen. Sie haben das **Spannungsverhältnis** zu beachten, dass einerseits nur durch energische und zielgerichtete Aufklärung der Sanktionsanspruch der Rechtsgemeinschaft durchgesetzt werden und damit das Strafrecht seine friedenssichernde Wirkung entfalten kann, andererseits der Beschuldigte als Subjekt des Strafverfahrens zu behandeln, seiner Unschuldsvermutung Rechnung zu tragen und der Freiheitsraum des betroffenen Bürgers grundsätzlich zu respektieren ist.[115] Aus dem Gebot nachdrücklicher Ermittlungen folgt, dass in den Grenzen der Verhältnismäßigkeit und des fair trial (Rn. 42) von Zwangsmaßnahmen Gebrauch zu machen ist, wenn dies zur Sachverhaltsaufklärung notwendig erscheint.[116] Aus dem Gebot der Erforschung der objektiven Wahrheit folgt, dass das Ermittlungsverfahren nicht einsei- 36

---

109 Zu den einzelnen Möglichkeiten § 161, 46 ff.; zu besonderen Ermittlungsmaßnahmen § 163, 45 ff.; zur Vernehmung des Beschuldigten die Erl. zu § 163a und zur Vernehmung von Zeugen und Sachverständigen s. die Erl. zu § 161a und 163a.

110 Etwas anderes gilt nur dort, wo sich aus gesetzlich geregelten Subsidiaritätsbestimmungen ein Vorrang weniger eingreifender Maßnahmen ergibt.

111 Vgl. BVerfG (Kammerentscheidung) NJW **1996** 771, 772; OLG Schleswig StV **2000** 543; *Rieß* FS Rebmann 381, 390 ff.; LR/*Rieß*[25] 35 f.; HK/*Zöller* 7; Schmitt/Köhler/*Köhler* § 161, 7; MüKo/*Kölbel*/*Ibold* 32; *Kindhäuser*/*Schumann* § 4, 25; HbStrVf/*Jahn* II Rn. 14; *Schäfer*/*Fresemann*/*Hinrichs* Rn. 357 ff.; *Volk*/*Engländer* § 10, 1; *Nehm* FS Meyer-Goßner 277, 278; krit.; *Zacyk* StV **1990** 140, 141; *Schroeder* JR **1997** 96; *Schroeder*/*Verrel* Rn. 101; NK/*Heghmanns* 19; SK/*Albrecht* 34.

112 AK/*Achenbach* § 161, 1; HK/*Zöller* 7; KK/*Weingarten* § 160, 20; SK/*Albrecht* 35.

113 Für eine rechtspolitische Leitbildfunktion gegenüber dem Gesetzgeber allerdings *Rieß* FS Rebmann 381, 397.

114 *Nelles* StV **1986** 74, 77; SK/*Albrecht* 36; *Hellmann* Rn. 71.

115 Vgl. Schmitt/Köhler/*Köhler* 9; SK/*Wohlers*[4] 49 ff.

116 *Schroeder* JZ **1985** 1028; vgl. auch (zum Haftbefehl) LR/*Lind* § 112, 131.

tig die Überführung des Verdächtigen bezweckt, sondern auch zu seiner Entlastung beitragen soll (näher dazu Rn. 51 ff.). Diese Grundsätze hat die Staatsanwaltschaft nicht nur zu beachten, wenn sie selbst die Sachverhaltserforschung vornimmt, sondern sie hat als das für das Ermittlungsverfahren verantwortliche Organ insgesamt dafür Sorge zu tragen, dass sie auch von den anderen mit der Sachverhaltserforschung betrauten Behörden, namentlich der Polizei, beachtet werden. Die Pflicht zur ordnungsgemäßen Sachverhaltsaufklärung obliegt ihr auch als **Amtspflicht** gegenüber dem Beschuldigten.[117]

37 **b) Beschleunigungsgebot.** Das **Beschleunigungsgebot** (Art. 6 Abs. 1 EMRK)[118] ist bei der Sachverhaltserforschung nicht nur im Interesse des Beschuldigten,[119] sondern auch im Interesse einer effektiven Strafverfolgung zu beachten;[120] es bestimmt die zweckmäßige Gestaltung des Ermittlungsverfahrens maßgebend mit. Die Staatsanwaltschaft hat daher, besonders in Haftsachen, die ihr zur Verfügung stehenden sachlichen und persönlichen Mittel einzusetzen und sachgerecht zu organisieren, um eine überlange Dauer zu vermeiden.[121] Soweit dies sachdienlich ist, sind zur Beschleunigung Mehrfachakten anzulegen (soweit die Aktenführung noch nicht vollständig in elektronischer Form erfolgt), Ermittlungen parallel und nicht nacheinander zu führen, mehrere Beamte zur Aufklärung einzusetzen und die Möglichkeiten von Sammelverfahren und der Einrichtung von Schwerpunktstaatsanwaltschaften zu nutzen. Der Beschleunigung kann es aber auch dienen, wenn sich die Ermittlungen zunächst auf einzelne vorrangige Aspekte der Sachverhaltsaufklärung konzentrieren.[122] Die Vollständigkeit, Gründlichkeit und Objektivität der Sachverhaltserforschung darf durch das Bestreben nach Beschleunigung nicht beeinträchtigt werden. Ein **Verstoß** gegen das Beschleunigungsgebot kann dazu führen, dass ein zunächst bestehender dringender Tatverdacht entfällt[123] oder Untersuchungshaft nicht aufrechterhalten werden darf.[124]

38 **c) Beweisverbote** setzen grundsätzlich auch der Sachverhaltserforschung im Ermittlungsverfahren Grenzen.[125] Im Einzelnen ist hier vieles ungeklärt.[126] Umstritten ist, wie weit Erkenntnisse, die einem Beweisverwertungsverbot unterliegen, einen Anlass für weitere Sachverhaltserforschung bieten können. Soweit Erkenntnisse aus besonders geregelten Ermittlungsmaßnahmen „zu Beweiszwecken" nur für die Aufklärung bestimmter Straf-

---

117 Näher, auch zu den daraus resultierenden Amtshaftungsansprüchen, Rn. 71 ff.

118 Dazu näher LR/*Kühne*[27] Einl. Abschn. I Rn. 67 f.; zur besonderen Bedeutung beschleunigter Durchführung der Ermittlungen zur Klärung von Vorwürfen im politischen Meinungskampf *Böttcher* GedS Schlüchter 435, 437 ff.

119 Zu dessen subjektivem Recht auf unverzügliche Durchführung der Ermittlungen *Mansdörfer* GA **2010** 153 ff.

120 MüKo/*Kölbel*/*Ibold* 33.

121 BVerfGE **20** 45, 49 ff.; **36** 264, 272 f.; HK/*Zöller* 2; KK/*Weingarten* 5; Schmitt/Köhler/*Köhler* 1 ff.; SK/*Wohlers*[4] 47 f.; *Krehl*/*Eidam* NStZ **2006** 1, 5 f.; Nr. 5, 12 RiStBV; vgl. auch BVerfG (Vorprüfungsausschuß) NStZ **1982** 430; zur Bedeutung im Recht der Untersuchungshaft eingehend und m.w.N. LR/*Lind* Vor § 112, 66 f.

122 Eingehend zum Ganzen *Krehl*/*Eidam* NStZ **2006** 1, 5 f.

123 OLG Celle NdsRpfl. **1986** 84.

124 Vgl. LR/*Lind* § 120, 21 ff. m.w.N. Zu den sonstigen Konsequenzen der überlangen Verfahrensdauer LR/*Kühne*[27] Einl. Abschn. I Rn. 68.

125 Ausführlich zu diesen LR/*Gössel*[27] Einl. Abschn. L; wegen der Reichweite im Einzelnen s. die Hinweise bei der Erläuterung der jeweiligen Maßnahme.

126 Zum Ganzen auch SK/*Wohlers*[4] 53 f.; *Gössel* NStZ **1998** 126 ff., insbes. zur (begrenzten) Vorwegnahme späterer Verwertungsverbote bei der Beweiserhebung; *Schlothauer* FS Lüderssen 761 ff., insbes. zur Bedeutung für die Abschlußverfügung.

taten verwendet werden dürfen, ist ihre Verwendung als bloßer Spurenansatz nach der wohl h.M. zulässig.[127]

Bei allen Beweisen, für die ein Verwertungsverbot eingreift, ist jedoch zu beachten, dass sie als solche weder als Grundlage prozessualer Zwangsmaßnahmen dienen noch bei der zur Begründung eines hinreichenden Tatverdachts i.S. der §§ 170 Abs. 2, 203 erforderlichen Prognose zu Lasten des Beschuldigten berücksichtigt werden dürfen. Dies gilt auch bei solchen **Beweisverwertungsverboten**, die in der Revision nach der Rechtsprechung nur dann erfolgreich geltend gemacht werden können, wenn gegen die Verwertung des Beweises in der tatgerichtlichen Hauptverhandlung ein **Widerspruch** erhoben wurde. Der gegenteiligen Annahme, wonach ein potentielles Beweisverwertungsverbot in solchen Fällen bis zur tatsächlichen Erhebung des Widerspruchs in der Hauptverhandlung prozessual ignoriert werden kann, weil das Verbot erst im letztgenannten Moment entstehe,[128] ist durch eine neuere Rechtsprechung des BGH die Grundlage entzogen. Wenn der BGH in diesen Entscheidungen nunmehr betont, das Verwertungsverbot werde bereits durch den betreffenden Gesetzesverstoß begründet, muss dieses von den Strafverfolgungsorganen grundsätzlich in allen Verfahrensstadien von Amts wegen beachtet werden.[129] Es erschiene denn auch im Ergebnis wenig überzeugend, wenn die Staatsanwaltschaft auf der Grundlage von Beweisen Haftbefehle beantragen und Anklagen erheben dürfte und müsste, bei denen abzusehen ist, dass ihnen in der Hauptverhandlung durch einen Widerspruch die Grundlage entzogen wird und deshalb ein Freispruch zu erwarten ist. Durch die Etablierung einer bereits im Ermittlungsverfahren ansetzenden „Widerspruchslösung"[130] ließe sich der Eintritt untragbarer Konsequenzen entsprechender Art (zwischenzeitliche Inhaftierung eines Beschuldigten bis zur Erhebung des Widerspruchs) nicht umfassend vermeiden.[131] Die Bedeutung der „Widerspruchslösung" reduziert sich nach alledem auf die Begründung einer Rügepräklusion für das Revisionsverfahren, wenn der Widerspruch in der Hauptverhandlung unterlassen wird.[132] 39

d) Unzulässigkeit von Maßnahmen nach Absatz. Die **Unzulässigkeit von Maßnahmen nach Absatz 4** gehört ebenfalls in den Kontext der Beweisverbote, soweit die hier genannten Verwendungsregeln nicht die Quelle des Anfangsverdachts sperren und damit der Durchführung von Ermittlungen überhaupt entgegenstehen (s.o. Rn. 33). Die durch das StVÄG 1999 eingefügte Vorschrift stellt klar, dass **bundesgesetzliche Regelungen**, die den Schutz personenbezogener Daten betreffen, unabhängig von ihrem systematischen Standort grds. (d.h. vorbehaltlich der im jeweiligen Gesetz geregelten Ausnahmen, so etwa § 30 Abs. 4 Nr. 4 und Nr. 5 AO bzgl. des Steuergeheimnisses) vorrangig vor den von § 160 statuierten Pflichten zu beachten sind.[133] Beispiele sind neben dem Steuergeheimnis das Sozialgeheimnis, registerrechtliche Schutzvorschriften sowie *besondere* Amts- und Berufsgeheimnisse. Hierdurch werden zugleich die Auskunftsansprüche nach § 161 Abs. 1 Satz 2 40

---

127 Dazu bereits oben Rn. 33; vgl. auch LR/*Mavany* § 152, 34 f. m.w.N.

128 So noch die 27. Aufl.; vgl. ferner LR/*Mavany* § 152, 34; LR/*Schäfer*[25] Vor § 94, 142 f.; MüKo/*Kölbel* 37; SK/*Wohlers*[4] 54; *Schlothauer* FS Lüderssen 761, 767 ff.

129 BGH v. 1.12.2016 – 3 StR 230/16, NJW **2017** 1828; BGH v. 9.5.2018 – 5 StR 17/18, NJW **2018** 2279 Rn. 8; BGH v. 6.6.2019 – StB 14/19, NStZ **2019** 539 Rn. 26 f. m. krit. Anm. *Kulhanek* NStZ **2019** 544; HK/*Zöller* § 163a, 29; *Berg* StraFo **2018** 327, 333.

130 *Radtke* FS Schlothauer, 453, 466 ff.

131 BGH v. 6.6.2019 – StB 14/19, NStZ **2019** 544 Rn. 28 m. krit. Anm. *Kulhanek* NStZ **2019** 544; *Berg* StraFo **2018** 327, 333.

132 BGH v. 9.5.2018 – 5 StR 17/18, NJW **2018** 2279 Rn. 8.

133 BTDrucks. **14** 1494 S. 22; *Hilger* NStZ **2000** 561, 564; HK/*Zöller* 1, 17; KK/*Weingarten* 39; Schmitt/Köhler/*Köhler* 28; SK/*Albrecht* 50.

und nach § 163 Abs. 1 Satz 2 beschränkt. Dies entspricht der seit jeher anerkannten Rechtslage, wonach spezifische Geheimhaltungsvorschriften dem Auskunftsrecht der Strafverfolgungsbehörden vorgehen; insofern ist auf die Erläuterungen zu § 161, 27 ff. zu verweisen. Die *allgemeine* Pflicht zur Amtsverschwiegenheit und ähnliche generelle Geheimhaltungsvorschriften werden durch die auf „besondere" Verwendungsregelungen verweisende Vorschrift nicht erfasst.

41 Die Verwertungssperre gilt auch für **landesrechtliche Regelungen**, soweit sie den bundesgesetzlichen entsprechen. Gemeint sind damit nur solche Vorschriften, die einen vergleichbaren Regelungsgegenstand wie bundesgesetzliche Regelungen haben und wie diese eine spezielle Verwendungsregelung enthalten. In Betracht kommen etwa Landesstatistikgesetze, soweit das Statistikgeheimnis betroffen ist, oder Kommunalabgabenordnungen in Bezug auf die Wahrung des Steuergeheimnisses.[134] Dagegen stellt die Regelung keine allgemeine Öffnungsklausel für das Landesrecht dar, die es dem Landesgesetzgeber gestattet, ohne eine bundesgesetzliche Parallelregelung Verwertungssperren zu errichten.[135] Deshalb lösen etwa Polizeigesetze der Länder, soweit sie die strafprozessuale Verwendung von Erkenntnissen einschränken oder untersagen, nur dann eine solche Sperre aus, wenn im Bundespolizeirecht vergleichbare Regelungen vorhanden sind.[136]

42 **e) Verhältnismäßigkeit und Fair-trial-Prinzip.** Der aus dem Rechtsstaatsprinzip folgende verfassungsrechtliche Grundsatz der Verhältnismäßigkeit ist auch bei der Erforschung des Sachverhalts im Ermittlungsverfahren zu beachten. Er begrenzt nicht nur den Einsatz von spezialgesetzlich besonders geregelten Eingriffsmaßnahmen, sondern auch Auswahl und Einsatz einfacher Ermittlungshandlungen.[137] Allerdings kann aus dem Verhältnismäßigkeitsgrundsatz im Einzelfall kein Verbot hergeleitet werden, auf einen Anfangsverdacht hin überhaupt Ermittlungen zu führen.[138] Die aus dem Übermaßverbot folgenden Grenzen der konkret zulässigen Maßnahmen können aber im Ergebnis dazu führen, dass eine Sachverhaltserforschung unterbleiben muss. So kann bei **Bagatelldelikten** eine besonders intensive, auch in die Persönlichkeitssphäre des Beschuldigten eindringende Ermittlung unverhältnismäßig sein.[139] Ist der Anfangsverdacht besonders vage, etwa bei anonymen oder sonst zweifelhaften Anzeigen, so erfordert es das Übermaßverbot, zunächst nur solche Ermittlungsmaßnahmen vorzunehmen, die den Beschuldigten nicht oder möglichst wenig belasten; in diesem Fall muss das Beschleunigungsgebot (Rn. 37) notfalls zurücktreten.

43 Der Gesetzgeber hat den Gedanken des Übermaßverbotes bei der kontinuierlichen Schaffung spezieller Eingriffsermächtigungen dadurch verwirklicht (wenn auch nicht immer in besonders konsistenter Form), dass er ihre Zulässigkeit an das Merkmal der „Straftat von erheblicher Bedeutung"[140] oder an bestimmte **Deliktskataloge** knüpft oder in vielfältiger Form **Subsidiaritätsklauseln** verwendet, denen insgesamt das Verhältnismä-

---

134 Näher Begr. zum RegE StVÄG 1999, BTDrucks. **14** 1494 S. 23; vgl. auch SK/*Albrecht* 51.

135 Zutr. SK/*Albrecht* 51 f.; MüKo/*Kölbel*/*Ibold* 39.

136 Vgl. dazu auch die Prüfungsbitte des Bundesrats und die Gegenäußerung der Bundesregierung im Begr. zum RegE StVÄG 1999, BTDrucks. **14** 1494 S. 39 f., 46; krit. NK/*Heghmanns* 33.

137 So etwa KK/*Weingarten* § 161, 19; Schmitt/Köhler/*Köhler* § 161, 9; *Schäfer*/*Fresemann*/*Hinrichs* Rn. 365. Zum Verhältnis von Fürsorgepflicht und Verhältnismäßigkeit *Kohlmann* FS Klug 522; kritisch zur Leistungsfähigkeit des Verhältnismäßigkeitsprinzips zur Eingriffsbegrenzung insgesamt *Köhler* ZStW **107** (1995) 10 ff.

138 Näher LR/*Mavany* § 152, 24 m.w.N.; MüKo/*Kölbel*/*Ibold* 34; vgl. auch BVerfGE **28** 264, 280; **44** 353, 373 f.

139 NK/*Heghmanns* 22; vgl. z.B. für Lichtbildaufnahmen OLG Schleswig NJW **1980** 352; *Bonarens* FS Dünnebier 215, 226.

140 Dazu näher etwa LR/*Krause* § 81g, 16 ff.; LR/*Menges* § 98a, 26 f.; LR/*Erb* § 163e, 12 ff.

ßigkeitsprinzip zugrunde liegt.[141] Das Konzept von letzteren lässt sich insoweit generalisieren, als im Ermittlungsverfahren bei mehreren gleichermaßen erfolgversprechenden Maßnahmen immer diejenigen ausgewählt werden müssen, die nach der Lage des konkreten Einzelfalles den Betroffenen oder auch die Allgemeinheit am wenigsten beeinträchtigen, wenn ein eventueller Mehraufwand vertretbar ist. Damit ist (auch bei ausdrücklichen Subsidiaritätsklauseln) nicht ausgeschlossen, mehrere solcher Maßnahmen parallel durchzuführen, wenn dadurch der Ermittlungserfolg, auch unter Berücksichtigung des Beschleunigungsgebots, besser erreicht werden kann. Aus dem Verhältnismäßigkeitsgrundsatz folgt ferner auch ohne gesetzliche Regelung, dass Ermittlungsmaßnahmen mit Dauerwirkung zu beenden sind, wenn ihr **Zweck erreicht** ist oder nicht mehr erreicht werden kann.[142] Dies gilt auch für das Ermittlungsverfahren insgesamt, das bei Einstellungsreife unverzüglich einzustellen ist.[143]

Auch bei danach zulässigen Ermittlungshandlungen ist durch möglichst schonendes Vor- **44**
gehen auf die **berechtigten Belange eines Betroffenen** Rücksicht zu nehmen.[144] Aus dem Gedanken des **fair trial**, der auch für die Staatsanwaltschaft und das Ermittlungsverfahren gilt,[145] folgt im allgemeinen beispielsweise, dass die Staatsanwaltschaft sich bei der **Unterrichtung der Öffentlichkeit** auch im Interesse des Beschuldigten besondere Zurückhaltung auferlegt,[146] wobei insbesondere eine „proaktive" Pressearbeit der Staatsanwaltschaft vermieden[147] und tunlichst darauf geachtet werden sollte, dass Verfahrensbeteiligte von Amts wegen über neue Entwicklungen des Verfahrens informiert werden, bevor diese in den Medien kursieren.[148] Bei beschlagnahmten Geschäftsunterlagen, die der Beschuldigte für die Fortführung benötigt, müssen entweder für die Ermittlungen Kopien gefertigt oder dem Beschuldigten solche zur Verfügung gestellt werden.[149] Bei der Gewährung von **Akteneinsicht** an

---

141 Vgl. *Rieß* GedS Meyer 345, 367 ff., 378.

142 Einzelheiten bei den Erläuterungen zu den jeweiligen Einzelvorschriften.

143 Vgl. BGH (Z) NStZ **1988** 510, 512; *Hilger* JR **1985** 93 ff.; SK/*Wohlers*[4] 52.

144 Vgl. z.B. OLG Hamm NStZ **1986** 326 = StV **1988** 47 mit Anm. *Kiehl* (betr. Hinzuziehung von Vertretern des Anzeigeerstatters bei einer Durchsuchung).

145 *Rieß* FS Rebmann 381, 395; *Schaefer* FS Rieß 491 ff.; SK/*Wohlers*[4] 49 f.; zur Reichweite und Bedeutung des Fairnessgrundsatzes allgemein LR/*Kühne*[27] Einl. Abschn. I Rn. 103 ff.

146 Dazu Nr. 4a, 23 RiStBV sowie die Richtlinien des hessischen. GenStA, NJW **1996** 979 und dazu *Schroers* NJW **1996** 969; ferner aus der Rspr. etwa BGH (Z) NStZ **1986** 562 mit Anm. *Dahs*; OLG Koblenz StV **1987** 430; OLG Düsseldorf (Z) NJW **2005** 1791 (1800 ff.); zum Ganzen m.w.N. MüKo/*Kölbel*/*Ibold* 45 ff.; *Roxin*/*Schünemann* § 18, 20 ff.; *Eisele* JZ **2014** 932, 935 ff.; *Groß* FS Hanack 39 ff.; *Gounalakis* NJW **2012** 1473 ff.; *Hamm* FS Friebertshäuser 267 ff.; *Lehr* NJW **2013** 728, 731 ff.; *Mitsch* JuS **2015** 884, 890; *Schaefer* FS Rieß 491, 493 f.; *Weigend* FS Rolinski 253 ff.; *N. Fischer* 22 ff.; *Rittig* 408 ff.; *Hildebrand* 139 ff.; grundlegende Kritik gegenüber einer zunehmenden „Medienöffentlichkeit" von Ermittlungsverfahren bei *Neuling* Inquisition durch Information (2005) passim; zur Bedeutung der Unschuldsvermutung in diesem Zusammenhang *Saliger* KritV **2013** 173 ff. (mit Fallanalysen); eingehende empirische Untersuchung mit Befragung der Pressesprecher von Staatsanwaltschaften bei *Kottkamp* 71 ff.; Hinweise zu der gebotenen behutsamem Formulierung von Presseerklärungen bei *E. Müller* GA **2016** 702, 704 ff.; zu deren Rechtsgrundlagen de lege lata und de lege ferenda *E. Müller* GA **2016** 702, 706 ff.; zur umstrittenen Rechtswegfrage bei Presseerklärungen der StA im Zusammenhang mit Strafverfahren *E. Müller* GA **2016** 702, 710 f.; LR/*Gerson* § 23 EGGVG, 42 ff. m.w.N.; zu Amtshaftungsansprüchen bei unangemessenen Äußerungen der Staatsanwaltschaft auf einer Pressekonferenz KG (Z) v. 20.12.2022 – 9 U 21/21, MDR **2023** 497.

147 Eingehende Kritik gegenüber einer solchen bei Zöller/Esser/*Mavany* 237, 246 f.; ebenso *Dunckel* NStZ **2021** 656, 662.

148 KMR/*Noltensmeier-von Osten* Vor § 158, 23 f.

149 LR/*Menges* § 94, 62 ff. m.w.N.

den Anzeigeerstatter oder Dritte, insbesondere bei der Gewährung von Einsicht in beschlagnahmte Unterlagen, ist wiederum Zurückhaltung geboten.[150]

45 Das Gebot der schonenden Durchführung des Ermittlungsverfahrens gilt in besonderem Maße für die **Berücksichtigung** der **Interessen Dritter**, namentlich des Verletzten.[151] Werden bei einem Geheimnisinhaber im Sinne des § 53 Abs. 1 als Beschuldigtem an sich beschlagnahmefreie Unterlagen gemäß § 97 Abs. 1 Satz 3 beschlagnahmt, beispielsweise die Handakten eines Anwalts oder die Patientenkartei eines wegen Abrechnungsbetruges beschuldigten Arztes, so sind die bestehenden Verwertungsverbote zu beachten; Kenntnisse hieraus dürfen nicht zum Anlass für Ermittlungen genommen werden.[152] Zur Möglichkeit und den Grenzen von **Vertraulichkeitszusagen** § 158, 16 ff.; § 163, 66.

46 **f) Keine Pflicht zur offenen Ermittlungsführung.** Weder aus dem Grundsatz des fair trial noch aus dem Anspruch auf rechtliches Gehör lässt sich eine Verpflichtung ableiten, das Ermittlungsverfahren dem Beschuldigten gegenüber offen zu führen. Vor allem die Regelung der neueren speziellen Ermittlungsmaßnahmen zeigt, dass die Ermittlungsbehörden auch zu verdeckten Maßnahmen befugt sind (näher § 163, 49). Namentlich aus ermittlungstaktischen Gründen, aber auch zur Vermeidung von Untersuchungshaft wegen Verdunkelungsgefahr, darf der Sachverhalt zunächst durch Nachforschungen aufgeklärt werden, von denen der Beschuldigte nichts erfährt.[153] Es besteht auch keine uneingeschränkte Verpflichtung, dem Beschuldigten die Einleitung eines Ermittlungsverfahrens mitzuteilen, vielmehr wird aus der Regelung des § 163a Abs. 1 Satz 1 vielfach abgeleitet, dass dies erst nach Abschluss der Ermittlungen zu geschehen brauche. Dagegen lässt sich jedoch einwenden, dass aus dem Fairnessprinzip und der auch daraus folgenden Pflicht, eine effektive Verteidigung zu ermöglichen, eine **Informationspflicht über die Einleitung des Ermittlungsverfahrens** ableiten lässt, die unabhängig von dem spätesten Zeitpunkt der Beschuldigtenvernehmung zu bestimmen ist. Diese Frage wird näher bei § 163a, 35 behandelt.

47 **g) Güter- und Pflichtenkollision.** Ein gänzliches Absehen von einer notwendigen Sachverhaltserforschung unter dem Gesichtspunkt des **Notstandes**, das auf einen Verzicht des durch das Legalitätsprinzips gebotenen Einschreitens hinausläuft, ist grundsätzlich nicht zulässig. Dagegen ist unter engen Voraussetzungen das Absehen von einzelnen, an sich gebotenen Ermittlungshandlungen, namentlich wegen des Vorrangs der Gefahrenabwehr, nicht ausgeschlossen.[154]

48 **h) Ökonomischer Mitteleinsatz.** Es entspricht der Grundkonzeption des Strafverfahrensrechts, dass die lückenlose Aufklärung minder schwerer Delikte als weniger bedeutsam angesehen wird als diejenige von erheblichen Straftaten. Dies kommt zum einen

---

150 Vgl. dazu z.B. OLG Hamm NJW **1985** 2040; OLG Koblenz NJW **1985** 2038; NStZ **1985** 426 mit Anm. *Hermann* NStZ **1985** 565; NJW **1986** 3093; NStZ **1988** 89; *Hilger* NStZ **1984** 541; *H. Schäfer* NStZ **1984** 206 (Akteneinsicht bei Nebentätern); vgl. auch LR/*Wenske* § 406e, 9, 18 ff.; LR/*Tillich*[27] § 475, 6 m.w.N.; BVerfG (Kammerentscheidung) NJW **1988** 405.

151 Vgl. insoweit auch § 68a; Nr. 4b, 23 Abs. 1 Satz 3, 4 RiStBV.

152 Näher LR/*Menges* § 97, 153 m.w.N.; vgl. zur Problematik auch *Bandisch* NJW **1987** 2200; *Bauwens* wistra **1988** 100; *Seibert* NStZ **1987** 398.

153 Ebenso NK/*Heghmanns* 16; Schmitt/Köhler/*Köhler* 11; vgl. auch MüKo/*Kölbel*/*Ibold* 44; nach BVerfG (Vorprüfungsausschuss) NStZ **1984** 228 bestehen dagegen keine verfassungsrechtlichen Bedenken. Vgl. (auch zu den praktischen Möglichkeiten, teilweise bedenklich weitgehend) *Füllkrug* Kriminalistik **1987** 387; **a.A.** (StPO gestatte nur offene Eingriffe) mit zweifelhafter Begründung *Keller* StV **1984** 521, 523.

154 Näher dazu LR/*Mavany* § 152, 25; vgl. auch § 163, 36.

darin zum Ausdruck, dass das Legalitätsprinzip bei leichteren Delikten durch §§ 153, 153a weitgehenden Einschränkungen unterworfen ist, während diese Vorschriften bei Verbrechen generell unanwendbar sind. Zum anderen ist auf die zahlreichen speziellen Eingriffsermächtigungen zu verweisen, die auf Straftaten von erheblicher Bedeutung beschränkt sind, an spezielle, auf die Tatschwere abhebende Deliktskataloge anknüpfen oder bei geringfügigen Delikten nur eingeschränkt zulässig sind (§ 113). Bei den beschränkten Mitteln der Strafverfolgungsbehörden ist es deshalb auch gerechtfertigt, den Aufwand zur Erforschung des Sachverhalts nach der Schwere des jeweils aufzuklärenden Delikts zu dosieren.[155] Die Praxis verfährt entsprechend;[156] sie hat auch de facto schlechthin keine andere Möglichkeit.[157]

Wie bei der freien Gestaltung des Ermittlungsverfahrens dürfte es sich freilich auch hier eher um die Konsequenz **einer schlichten Notwendigkeit** und des daraus resultierenden **Zustands** handeln, nicht aber um eine Verfahrensmaxime, aus der man weitergehende normative Konsequenzen ableiten könnte.[158] Maßnahmen zum effizienten Einsatz der vorhandenen knappen Ressourcen (etwa das Abwarten des Ausgangs von Parallelermittlungen bei Verfahren mit gleichgelagertem Grundsachverhalt oder gleichen tatsächlichen Vorfragen zunächst, der frühzeitige Gebrauch von den Möglichkeiten der Stoffbeschränkung nach den §§ 154, 154a oder von § 154d bei zweifelhaften Vorfragen aus anderen Rechtsgebieten, soweit nicht die Gefahr von Aufklärungsverlusten droht), die sich in einem angemessenen Rahmen bewegen, sind schon deshalb zulässig und geboten, weil der Staatsanwalt seinen Aufgaben insgesamt überhaupt nur so in einigermaßen effektiver Form nachkommen kann. Im Übrigen ist er wie jeder Amtsträger selbstverständlich dem allgemeinen (d.h. nicht speziell auf die Strafverfolgungstätigkeit bezogenen) Gebot der Sparsamkeit im Umgang mit öffentlichen Mitteln unterworfen. 49

Umso bedeutsamer erscheinen die **Grenzen eines legitimen verfahrensökonomischen Denkens**. So wäre es auf der einen Seite mit der **Justizgewährleistungspflicht** nicht zu vereinbaren, in bestimmten Kriminalitätsbereichen einschlägige Vorfälle nur noch zu registrieren und auf Maßnahmen zur Sachverhaltserforschung generell zu verzichten, sodass die jeweilige Strafdrohung hier im Ergebnis nur noch auf dem Papier stünde.[159] Auf der anderen Seite dürfen sich Defizite bei der Sachverhaltsaufklärung, die aus justizökonomischen Zwängen resultieren, unabhängig von der Bedeutung der Sache unter keinen Umständen zum Nachteil des Beschuldigten auswirken.[160] 50

III. Umfang der Sachverhaltserforschung

1. Be- und entlastende Umstände

a) Allgemeines. Absatz 2 enthält mit dem ausdrücklichen Hinweis, dass die Staatsanwaltschaft auch die zur Entlastung des Beschuldigten dienenden Umstände zu ermitteln hat, 51

---

155 Ebenso NK/*Heghmanns* 22; ausführlich und teilw. krit. *Kühne* Rn. 279 ff.; vgl. auch MüKo/*Kölbel*/*Ibold* 43; SK/*Albrecht* 37, die dies als eigenständigen Grundsatz für entbehrlich halten.

156 LR/*Mavany* § 152, 53 m.w.N.; vgl. auch (zu den polizeilichen Ermittlungstätigkeiten im ersten Zugriff) § 163, 33.

157 Dazu und zu den hiermit verbundenen Problemen *Erb* 88 ff.

158 SK/*Albrecht* 37; **a.A.** wohl LR/*Rieß*[25] 44 f.

159 Vgl. *Erb* 121 sowie die Diskussion um eine Ausweitung der §§ 153, 153a durch Richtlinien, dazu u.a. *Füllkrug* Kriminalistik **1986** 319; *Hohendorf* NJW **1987** 1177; *Kerl* ZRP **1986** 312.

160 Zutr. *Kühne* Rn. 284; SK/*Albrecht* 37.

das **Objektivitätspostulat** und damit eine der Grundlagen für die Rechtsstellung der Staatsanwaltschaft im deutschen Strafverfahren.[161] Obwohl es für den Staatsanwalt in bestimmten Situationen psychologisch schwierig sein mag, dieses Postulat angemessen zu erfüllen,[162] weshalb hier in der Praxis sicherlich Defizite bestehen,[163] deren vollständige Behebung illusionär erschiene,[164] handelt es sich um ein **elementares und unverzichtbares rechtsstaatliches Gebot**.[165] Bei seiner Abschaffung müsste man den Staatsanwalt konsequenterweise für berechtigt halten, bewusst (!) vermeidbare Risiken einer nachfolgenden Fehlverurteilung zu schaffen (die erfolgreiche Korrektur fehlerhafter Weichenstellungen aus dem Ermittlungsverfahren ist im gerichtlichen Verfahren ja bekanntlich nicht immer gewährleistet). Da die Verurteilung eines Unschuldigen stets als furchtbares Versagen der Rechtsordnung zu begreifen ist,[166] erschiene die Freistellung eines staatlichen Strafverfolgungsorgans von der grundsätzlichen Pflicht, entsprechenden Gefahren in jeder Lage des Verfahrens nach besten Kräften entgegenzuwirken, mit unseren rechtsstaatlichen Maßstäben schlechthin unvereinbar.[167] Die Berücksichtigung entlastender Umstände obliegt der Staatsanwaltschaft als **Amtspflicht auch gegenüber dem Beschuldigten**, ist aber nicht disponibel (s.u. Rn. 54), worin zugleich allgemein zum Ausdruck kommt, dass die Berücksichtigung von Verteidigungsinteressen nicht nur ein Recht des Beschuldigten darstellt, sondern auch dem **öffentlichen Interesse** an der Erforschung der materiellen Wahrheit dient.[168]

52 Das Objektivitätspostulat des § 160 Abs. 2 korrespondiert mit der Auffassung, dass die Staatsanwaltschaft **keine Partei** im materiellen Sinne ist[169] und sich das Strafverfahren insgesamt nur sehr begrenzt als Parteiprozess interpretieren lässt.[170] Wegen der fehlenden Parteistellung kann der Staatsanwalt auch tauglicher Täter einer Rechtsbeugung sein.[171]

53 **b) Reichweite/Einzelfragen.** Die Pflicht zur Ermittlung und Berücksichtigung entlastender Umstände obliegt nicht nur der Staatsanwaltschaft und im Steuerstrafverfahren der Finanzbehörde (§ 386 Abs. 2, § 400 AO), sondern – unabhängig von Absatz 2 als rechtsstaatliche Selbstverständlichkeit – auch der **Polizei**, die im Rahmen des § 163 tätig wird. Sie endet für die Staatsanwaltschaft nicht mit der Erhebung der öffentlichen Klage, sondern gilt auch noch im **gerichtlichen Verfahren**[172] und kann dann Veranlassung geben, bei Auftauchen

---

161 Vgl. LR/*Kühne*[27] Einl. Abschn. J Rn. 48 ff.; *Eb. Schmidt* I 364 ff.; SK/*Albrecht* 31; *Peters* § 23 II 2a; *Roxin/Schünemann* § 9, 11; zur historischen Entwicklung *Wohlers* 67 ff.; *Kelker* ZStW **118** (2006) 389, 393 f.

162 Dazu *Rieß* FS Schäfer 155, 195; *Heghmanns* GA **2003** 433, 443 ff.; MüKo/*Kölbel/Ibold* 78; SK/*Wohlers*[4] 40; zur möglichen Beeinträchtigung durch die gesetzlichen Rahmenbedingungen staatsanwaltlicher Tätigkeit *Kelker* ZStW **118** (2006) 389, 396 ff.

163 Ebenso *Kühne* Rn. 138; Radtke/Hohmann/*Link* § 160, 11; zu einem krassen Verstoß (Nichtvorlage des Protokolls einer Zeugenaussage, die die Annahme eines dringenden Tatverdachts erschüttert, beim Antrag auf Erlass eines Haftbefehls) BGH (Z) NJW **2003** 3693, 3695; optimistischere Einschätzung der praktischen Handhabung bei LR/*Rieß*[25] 48.

164 Vgl. LR/*Kühne*[27] Einl. Abschn. J Rn. 51; *Kühne* Rn. 350; NK/*Heghmanns* 24.

165 Im Ergebnis ebenso *Schlothauer* StV **2016** 607, 608; *Kelker* ZStW **118** (2006) 389, 420 ff.; *Heghmanns* GA **2003** 433, 447 f.; *Kuhlmann* DRiZ **1976** 11, 13; AK/*Schöch* 20; AnwK/*Walther* 12; KK/*Weingarten* 22; Schmitt/Köhler/*Köhler* 14; OK/*Sackreuter* 13; zweifelnd LR/*Rieß*[25] 47; **a.A.** etwa *Jahn* GA **2004** 272, 284; *ders.* ZStW **118** (2006) 427, 456; HbStrVf/*Jahn* II Rn. 12 f.; einschränkend auch *Combé* 208 ff.

166 *Erb* FS Rieß 77, 92.

167 Zust. MüKo/*Kölbel/Ibold* 78.

168 Ebenso MüKo/*Kölbel/Ibold* 78.

169 Vgl. näher LR/*Kühne*[27] Einl. Abschn. J Rn. 52; ferner z.B. *Kintzi* DRiZ **1987** 457.

170 LR/*Mavany* § 151, 4.

171 LK/*Hilgendorf* § 339, 19; *Spendel* JR **1985** 486 m.w.N., auch zur im Schrifttum vertretenen Gegenmeinung.

172 Vgl. u.a. SK/*Albrecht* 31 a.E.; *Gössel* § 3 A I; *ders.* GA **1980** 341 f.; *Peters* § 23 II 2a.

neuer Erkenntnisse die Anklage zurückzunehmen, solange dies zulässig ist (§ 156), in der Hauptverhandlung Freispruch zu beantragen, zugunsten des Angeklagten Rechtsmittel einzulegen[173] oder zu seinen Gunsten ein Wiederaufnahmeverfahren zu betreiben.[174]

Die Staatsanwaltschaft hat entlastenden Umständen auch **gegen den Willen des Beschuldigten** nachzugehen; sie darf sich nicht mit einem Geständnis oder dem Einräumen von belastenden Tatsachen begnügen, wenn Anhaltspunkte dafür vorliegen, dass diese nicht zutreffen.[175] Die Pflicht zur Ermittlung entlastender Umstände ist nicht davon abhängig, dass der Beschuldigte entsprechende Beweisanträge stellt. Zwangsmaßnahmen zur Gewinnung ausschließlich entlastender Beweise kommen gegenüber dem Beschuldigten hingegen i.d.R. nicht in Betracht, weil man normalerweise davon ausgehen kann, dass dieser der Staatsanwaltschaft solches Material auf Aufforderung freiwillig vorlegen wird.[176] Kommen mehrere Verdächtige als Täter in Betracht, so ist objektiv, ohne vorgefasste Meinung unter kritischer Würdigung des sich allmählich verfestigenden Bildes nach den verschiedenen Richtungen hin zu ermitteln. Tauchen während der Ermittlungen Umstände auf, die Zweifel am bisherigen Verdacht begründen, so muss ihnen nachgegangen werden. Entlastende, von Amts wegen zu ermittelnde Umstände sind nicht nur solche, die die Täterschaft des Beschuldigten in Frage stellen, sondern auch solche, aus denen sich eine **leichtere Straftat**, ein geringerer Schuldumfang,[177] eine **günstigere Rechtsfolgenbemessung**[178] oder ein Verfahrenshindernis ergeben können. Straf- und strafverfahrensrechtlich dienen auch Umstände, aus denen sich eine Schuldunfähigkeit oder verminderte Schuldfähigkeit ergeben kann, stets der Entlastung des Beschuldigten.[179] 54

2. Beweissicherung. Absatz 2 hebt in seiner zweiten Alternative besonders hervor, dass die Staatsanwaltschaft die Beweise zu erheben hat, deren Verlust zu befürchten ist. Dazu gehört als Teilaufgabe die für die Polizei besonders ausgesprochene Verpflichtung (§ 163 Abs. 1 Satz 1), die Verdunkelung der Sache zu verhüten. Die Staatsanwaltschaft hat daher, auch soweit es zur bloßen Verdachtsklärung (Rn. 11) nicht erforderlich wäre, durch die dazu geeigneten Maßnahmen einem Beweismittelverlust oder einer Beweismittelverschlechterung für die Beweisaufnahme in der Hauptverhandlung entgegenzuwirken. Die Beweissicherungspflicht betrifft selbstverständlich nicht nur belastende Umstände; **auch Entlastungsmomenten** ist in gleicher Weise nachzugehen. Dem Grundgedanken und der Zielrichtung der Vorschrift i.V.m. § 163 Abs. 1 entsprechend dürfen die Beweise zum Zwecke der Beweissicherung nicht in beliebiger und vorläufiger Form erhoben werden, vielmehr ist nach **Form und Umfang** der Beweiserhebung ihrer späteren Verwertbarkeit für die Hauptverhandlung in möglichst großem Umfang Rechnung zu tragen.[180] Ist damit zu rechnen, dass die nochmalige Beweiserhebung in der Hauptverhandlung nicht mehr erfolgen kann und deshalb auf die Dokumentation aus dem Ermittlungsverfahren zurückgegriffen werden muss, so erfordert es der Grundsatz des fairen Verfahrens, dem Beschuldigten und seinem Verteidiger auch außerhalb von ausdrücklich normierten Beteiligungsbefugnissen eine Gelegenheit zur Mitwirkung zu eröffnen, soweit dies irgend möglich erscheint. Bei **Identifizierungsgegenüberstellungen** und 55

173 LR/*Jesse*[26] § 296, 14 ff.; zu den sich hieraus ergebenden Fragen bei der Beschwer LR/*Jesse*[26] Vor § 296, 53; § 296, 7.
174 Vgl. LR/*Schuster* § 365, 4.
175 Vgl. auch AK/*Schöch* 20; KK/*Weingarten* 22.
176 Vgl. BVerfG NJW **2008** 1937 f.; **2008** 2422, 2423 Rn. 19; Schmitt/Köhler/*Köhler* 14.
177 KK/*Weingarten* 22.
178 Schmitt/Köhler/*Köhler* 14.
179 OK/*Sackreuter* 16.
180 Ebenso MüKo/*Kölbel/Ibold* 80 f.

ähnlichen Maßnahmen muss wegen ihrer Unwiederholbarkeit sichergestellt werden, dass sie in der Hauptverhandlung zuverlässig rekonstruierbar sind.[181]

56 Ermittlungen zum Zwecke der Beweissicherung sind **vorrangig vorzunehmen**, und zwar um so beschleunigter, je größer die Gefahr des Beweismittelverlustes ist und je erheblicher die Bedeutung der Beweistatsache für das weitere Verfahren sein kann. Sie sind auch erforderlich, wenn das Verfahren, etwa wegen Abwesenheit des Beschuldigten, vorläufig eingestellt werden soll (vgl. § 205 Abs. 2).

57 Beim Personalbeweis, insbesondere bei **Zeugen** ist eine Beweissicherung namentlich erforderlich, wenn der Zeuge voraussichtlich in der Hauptverhandlung nicht zur Verfügung steht, aber auch, wenn zu befürchten ist, dass seine Erinnerung bis dahin erheblich nachlässt (vgl. § 253). Häufig wird eine, ggf. eidliche (§ 62 Nr. 2), **richterliche Vernehmung** zu beantragen sein, auch wenn sie ohne drohende Beweisverschlechterung nicht erforderlich wäre. Steht der Zeuge als Beweismittel später voraussichtlich nicht mehr zur Verfügung, so muss wegen des Konfrontationsrechts nach Art. 6 Abs. 3 lit. d EMRK[182] sichergestellt werden, dass dem Beschuldigten oder seinem Verteidiger die **Möglichkeit einer Befragung** gegeben wird,[183] erforderlichenfalls ist zu diesem Zweck ein Verteidiger zu bestellen.[184] Ferner ist gemäß § 58a Abs. 1 Nr. 2 von der Möglichkeit einer **Video-Vernehmung** Gebrauch zu machen. Eine richterliche Vernehmung ist auch dann geboten, wenn damit zu rechnen ist, dass der Zeuge in der Hauptverhandlung von einem Zeugnisverweigerungsrecht Gebrauch machen wird, da seine Bekundungen in diesem Fall nach h.M. (wegen § 252 ausschließlich) durch Vernehmung des Ermittlungsrichters in die Hauptverhandlung eingeführt werden können.[185] Bei einem **Geständnis** kommt eine richterliche Vernehmung in Betracht, wenn mit seinem Widerruf zu rechnen ist, weil dann die Verlesungsmöglichkeit gemäß § 254 besteht.[186]

58 Bei **vorübergehenden Spuren und Zuständen** ist die Beweissicherung stets geboten, selbst dann, wenn jene für das weitere Verfahren nur möglicherweise erheblich sein können. Es handelt sich vor allem um die Anordnung von Blutentnahme und sonstigen körperlichen Untersuchungen zur Feststellung des Alkoholisierungsgrades oder sonstiger körperlicher oder geistiger Eigenschaften,[187] die Feststellung von Spuren einer Straftat am Verletzten (§ 81c); ggf. auch die Feststellung des Wirkstoffgehalts bei Betäubungsmitteln.[188] Der Zustand von Augenscheinsobjekten ist jedenfalls dann festzuhalten, wenn eine Veränderung zu erwarten ist; erforderlichenfalls ist ein richterlicher Augenschein zu beantragen.[189] Zu den beweissichernden Maßnahmen gehören ferner die Leichenschau und die Leichenöffnung (§ 87). Zur Sicherung von **Sachbeweismitteln** sind erforderlichenfalls Durchsuchungs- und Beschlagnahmeanordnungen herbeizuführen.

3. Rechtsfolgenzumessungssachverhalt

59 **a) Bedeutung.** Der 1933 auf dem Hintergrund weiter zurückreichender materiell-strafrechtlicher Tendenzen zur stärkeren Berücksichtigung der Täterpersönlichkeit eingeführte

---

181 Näher LR/*Ignor*/*Bertheau* § 58, 11 ff. m.w.N.
182 Dazu *Beulke* FS Rieß 3, 8 ff. m.w.N.
183 KK/*Weingarten* 24.
184 Eingehend BGHSt **46** 93 ff. m.w.N.; ebenso OK/*Sackreuter* 18; näher dazu § 168c, 10 f.
185 Vgl. LR/*Sander*/*Cirener*[27] § 252, 9 f. m.w.N.; ebenso HK/*Zöller* 9; KK/*Weingarten* 24; OK/*Sackreuter* 18; *Beulke*/*Swoboda* Rn. 486.
186 *Schäfer*/*Fresemann*/*Hinrichs* Rn. 322, 397.
187 AK/*Schöch* 21; KK/*Weingarten* 25.
188 Vgl. *Endriß* StV **1984** 258.
189 Vgl. KK/*Weingarten* 25.

Absatz 3 Satz 1[190] zieht prozessual eine Konsequenz aus dem Wandel vom reinen Tatstrafrecht zu einem in den Rechtsfolgen der Tat spezialpräventiven und täterbezogenen Strafrecht. Da Sanktionsart und Sanktionshöhe nicht mehr überwiegend von der (im Ermittlungsverfahren zur Vorbereitung der Hauptverhandlung ohnehin aufzuklärenden) Täterschaft und dem Gewicht der Tat abhängen, sondern hierbei vielfach andere, davon unabhängige und darüber hinausgehende Tatsachen zu berücksichtigen sind, wird es notwendig, das Ermittlungsverfahren in seiner Funktion der Stoffsammlung und Vorklärung (vgl. Vor § 158, 2) auch für die Aufklärung solcher Umstände einzusetzen, weil deren erstmalige Feststellung in der formalisierten und zeitlich begrenzten Hauptverhandlung Schwierigkeiten bereitet.[191] Das Bedürfnis nach Aufklärung sanktionsrelevanter Tatsachen schon im Ermittlungsverfahren wird vollends unabweisbar, wenn die Staatsanwaltschaft bereits bei ihrer Abschlussentscheidung auf deren Kenntnis angewiesen ist, indem sie z.B. beurteilen muss, ob die Voraussetzungen von §§ 153, 153a, 153b oder 154 erfüllt sind. Der Gefahr, dass die Ermittlung eines unvorteilhaften Persönlichkeitsbilds des Beschuldigten als vermeintlicher Tatnachweis behandelt wird,[192] muss durch die unbedingte Ernstnahme der Objektivitätsverpflichtung nach Absatz 2 entgegengewirkt werden. Sie lässt sich im Übrigen dadurch herabsetzen, dass für die Persönlichkeitsermittlung nach Absatz 3 Satz 2 die Gerichtshilfe als spezialisiertes Ermittlungsorgan eingesetzt wird (dazu näher Rn. 81 ff.).

b) Für die Rechtsfolgenbemessung in Betracht kommende Umstände. Die **für die Rechtsfolgenbemessung in Betracht kommenden Umstände** nicht tatbezogener Art ergeben sich aus den Vorschriften des materiellen Strafrechts;[193] nähere Hinweise für die Staatsanwaltschaft enthalten insoweit die Nr. 13 bis 17 RiStBV. § 46 Abs. 2 StGB hebt dabei für die Strafbemessung das **Vorleben des Täters und seine persönlichen und wirtschaftlichen Verhältnisse** besonders hervor. Die **Persönlichkeit** des Täters spielt auch für die Anwendung des § 47 StGB und, zusammen mit seinen **Lebensverhältnissen**, der §§ 56, 57 StGB eine Rolle. Täterpersönlichkeit und Lebensumstände sind ferner bei der Anordnung von Maßregeln der Besserung und Sicherung und von sonstigen Maßnahmen zu berücksichtigen und müssen deshalb auch hierfür ermittelt werden. Auch das **Verhalten** des Beschuldigten **nach der Tat**, namentlich seine Ausgleichs- und Wiedergutmachungsbemühungen haben Strafzumessungsrelevanz und sind daher bei den in Betracht kommenden Fällen von Amts wegen zu erforschen.[194] Das **Ausmaß der Tatfolgen** (z.B. Höhe des Vermögensschadens oder Ausmaß der körperlichen Schädigung) muss schon wegen des Schuldumfangs festgestellt werden, ist aber auch für die Rechtsfolgenzumessung bedeutsam.[195] 60

Vorstrafen, die noch nicht getilgt oder tilgungsreif sind,[196] sind regelmäßig festzustellen.[197] Da sie keine schematische Strafschärfung rechtfertigen,[198] genügt die Einholung einer Auskunft aus dem Bundeszentralregister regelmäßig nicht; vielmehr sind die Akten 61

190 Vgl. *Eb. Schmidt* 3; *Lackner* JZ **1953** 430; *Dallinger* JZ **1953** 434, jew. m.w.N.
191 HK/*Zöller* 10; *Schäfer/Fresemann/Hinrichs* Rn. 324; vgl. auch schon RGSt **68** 167.
192 Dazu eindringlich *Eb. Schmidt* 5; vgl. auch AK/*Schöch* 29; KK/*Weingarten* 26.
193 Vgl. z.B. § 40 Abs. 2; §§ 42, 46 Abs. 2; §§ 46a, 47 Abs. 1; § 56 Abs. 1 Satz 2; § 57 Abs. 1 Satz 2; § 59 Abs. 1 Satz 1 Nr. 2; § 60 Satz 1; §§ 63, 64; § 73c Abs. 1; § 74 Satz 1 StGB.
194 Zur Aufklärung der Möglichkeiten eines Täter-Opfer-Ausgleichs s.o. Rn. 11 a.E.
195 AK/*Schöch* 25; KK/*Weingarten* 29; Nr. 15 Abs. 2 RiStBV.
196 §§ 51, 65, 66 BZRG; dazu m.w.N. *Fischer/Lutz* § 46, 39; LK/*Theune* § 46, 171.
197 Vgl. Nr. 16, 73 RiStBV; ebenso KK/*Weingarten* 28; Schmitt/Köhler/*Köhler* 17; 21.
198 Vgl. *Fischer/Lutz* § 46, 38; LK/*Theune* § 46, 169, jew. m.w.N.

beizuziehen oder mindestens Urteilsabschriften zu beschaffen.[199] Vor allem bei zu erwartender Geldstrafe sind die **Einkommens- und Vermögensverhältnisse** möglichst zuverlässig zu erheben; die Möglichkeit der Schätzung nach § 40 Abs. 3 StGB entbindet nicht von der Verpflichtung, die Schätzungsgrundlagen mit zumutbarem Aufwand, der eine Überprüfung der Bankkonten des Beschuldigten allemal einschließen wird, möglichst zuverlässig zu ermitteln.[200] Die wirtschaftliche Lage muss auch für etwaige Bewährungsauflagen oder für Auflagen nach § 153a Abs. 1 Satz 2 Nr. 2 ermittelt werden.

62 Eine **umfassende Persönlichkeitserforschung** ist nach § 43 Abs. 1 Satz 1 JGG regelmäßig in Jugendstrafverfahren erforderlich,[201] auch bei Heranwachsenden (§ 109 Abs. 1 Satz 1 JGG). Im Erwachsenenstrafrecht kommt sie vor allem in Betracht, soweit das materielle Strafrecht eine Gesamtwürdigung der Täterpersönlichkeit verlangt, so vor allem bei der Möglichkeit der Unterbringung nach § 63 StGB oder der Anordnung der Sicherungsverwahrung oder ihrem Vorbehalt nach §§ 66, 66a StGB (vgl. auch § 246a Abs. 3); sie kann auch geboten sein, wenn bei den Ermittlungen erkennbare Auffälligkeiten die Anwendung des § 21 StGB nahelegen.[202]

63 **c) Umfang und Grenzen der Ermittlungen.** Im Gegensatz zur tatbezogenen Sachverhaltserforschung ist die umfassende Erforschung aller für die Rechtsfolgenzumessung (theoretisch) in Betracht kommenden Umstände kaum jemals möglich. Für die vergleichbare Situation der Begründung des Urteils verlangt § 267 Abs. 3 Satz 1 lediglich die Angabe der **bestimmenden Gründe** und damit keine erschöpfende Aufzählung.[203] Dieser Grundsatz ist auch bei Anwendung des § 160 Abs. 3 Satz 1 zu beachten. Die Erforschung des Rechtsfolgenzumessungssachverhalts muss sich auf das nach Lage des konkreten Einzelfalles Notwendige beschränken, und zwar nicht nur im Interesse des ökonomischen Mitteleinsatzes (Rn. 48 ff.), sondern vor allem wegen des **Verhältnismäßigkeitsprinzips**, das einem intensiven Eindringen in den (höchst)persönlichen Lebensbereich dort Grenzen setzt, wo eine vergleichsweise geringe Sanktion in Frage steht.[204] Eine vertiefte und umfassende Persönlichkeitserforschung kommt in aller Regel jedenfalls ohne Einverständnis des Beschuldigten nicht in Betracht, wenn lediglich die Voraussetzungen des § 153a oder für das Absehen von Strafe (§ 59 StGB) zu klären sind oder eine Geldstrafe zu erwarten ist. Auch **Beweisverbote** (z.B. bei Tilgung oder Tilgungsreife einer Vorstrafe oder im Hinblick auf das Steuer- oder Sozialgeheimnis) können der Aufklärung des Rechtsfolgenzumessungssachverhalts eine Grenze setzen.

64 **d) Zeitpunkt.** Gezielte und systematische Ermittlungen zum Rechtsfolgenzumessungssachverhalt, vor allem solche, die größeren Aufwand erfordern oder (wegen der Beachtung des Verhältnismäßigkeitsgrundsatzes) tiefer in den persönlichen Bereich eingreifen, sind in der Regel erst veranlasst, wenn sich abzeichnet, dass keine Verfahrenseinstellung

---

199 Nr. 73 RiStBV; Schmitt/Köhler/*Köhler* 22.

200 *Fischer/Lutz* § 40, 19; LK/*Häger* § 40, 70; ferner AnwK/*Walther* 19; HK/*Zöller* 12; KK/*Weingarten* 30; Schmitt/Köhler/*Köhler* 18; KMR/*Noltensmeier-von Osten* 16 (auch zu den möglichen Maßnahmen); SK/*Albrecht* 23; SSW/*Ziegler* 13; ausführlich *Krehl* Die Ermittlung der Tatsachengrundlage zur Bemessung der Tagessatzhöhe bei der Geldstrafe (1985); vgl. auch LR/*Becker*[27] § 244, 11 ff.

201 Wegen der Einzelheiten s. das jugendstrafrechtl. Schrifttum, etwa *Brunner/Dölling* § 43, 5 ff.; *Beulke/Swoboda* (JugStr) Rn. 710 f.; *Streng* (JugStr) Rn. 144 ff.

202 HK/*Zöller* 11.

203 Zu den Einzelheiten LR/*Stuckenberg*[27] § 267, 89 ff. m.w.N.

204 AK/*Schöch* 28; HK/*Zöller* 13; KK/*Weingarten* 21, 26; NK/*Heghmanns* 28; Schmitt/Köhler/*Köhler* 21; Radtke/Hohmann/*Link* 14; HbStrVf/*Jahn* II Rn. 6.

nach § 170 Abs. 2 in Betracht kommt.[205] Spielen einzelne Ermittlungen für die Entscheidung über die Klageerhebung und die Eröffnungsentscheidung keine Rolle, so kann es genügen, wenn die Staatsanwaltschaft sie vorher lediglich veranlasst und ihr Ergebnis nachreicht.[206]

IV. Dokumentation und Nutzung der Ermittlungen

1. Grundsatz der Aktenvollständigkeit. Die StPO enthält keine ausdrückliche und vollständige Regelung darüber, dass und in welcher Form im Ermittlungsverfahren Akten geführt werden müssen. Sie setzt dies aber in einer Reihe von Vorschriften als selbstverständlich voraus.[207] Einzelheiten der Aktenführung sind vielfach in Verwaltungsanweisungen geregelt; ob eine gesetzliche Regelung namentlich der Dauer der Aufbewahrung solcher Akten erforderlich ist, wird unterschiedlich beurteilt.[208] Erst seit 1975 bestimmt § 168b Abs. 1, dass die Ergebnisse staatsanwaltschaftlicher Untersuchungshandlungen aktenkundig zu machen sind; diese Vorschrift gilt mittlerweile ausdrücklich für alle Strafverfolgungsbehörden (§ 168b, 2). Die Notwendigkeit einer Dokumentation der Ergebnisse des Ermittlungsverfahrens in Akten folgt mit **sachlogischer Notwendigkeit** aus der Aufgabe und Struktur dieses Verfahrensabschnitts, in dem Informationen und Erkenntnisse für später ohne mündliche Verhandlung aufgrund des Akteninhalts zu treffende Entscheidungen (Abschlussverfügung nach § 170; Entscheidung über die Zulassung der Anklage) gesammelt werden, und die darüber hinaus der Vorbereitung der Hauptverhandlung dienen sollen. Ebenso wichtig ist, da es sich um ein schriftliches Verfahren handelt, die Dokumentation der Ergebnisse des Ermittlungsverfahrens in Akten für eine effektive Verteidigung. Soweit es sich bei den in den Akten zu dokumentierenden Umständen um personenbezogene Daten im Sinne des BDSG handelt, gestatten die Vorschriften der StPO ihre im Aktenkundigmachen liegende Speicherung. Falls man hierfür aus datenschutzrechtlicher Sicht eine Speichernorm für erforderlich hält, findet sie sich in diesen Vorschriften; darüber hinausgehender, dies ausdrücklich gestattender Vorschriften bedarf es nicht.[209] 65

Aus der Aufgabe der Ermittlungsakten folgt der Grundsatz der **Aktenwahrheit und Aktenvollständigkeit.**[210] Der Akteninhalt muss ein lückenloses Bild darüber vermitteln, welche tatsächlichen Umstände Anlass zur Erforschung des Sachverhalts ergeben haben, welche Maßnahmen die Strafverfolgungsbehörden insoweit vorgenommen und welche Erkenntnisse sich dabei ergeben haben; dazu gehört auch, dass Untersuchungen ergebnis- 66

---

205 AK/*Schöch* 30; AnwK/*Walther* 16; KK/*Weingarten* 26; NK/*Heghmanns* 28; Schmitt/Köhler/*Köhler* 19; KMR/*Noltensmeier-von Osten* 15; MüKo/*Kölbel/Ibold* 83; OK/*Sackreuter* 20; Radtke/Hohmann/*Link* 15; SK/*Albrecht* 20; HbStrVf/*Jahn* II Rn. 4 ff.; zum Zeitpunkt der Einschaltung der Gerichtshilfe s.u. Rn. 96.

206 AK/*Schöch* 30; HK/*Zöller* 13; KK/*Weingarten* 27; NK/*Heghmanns* 28; Schmitt/Köhler/*Köhler* 22; KMR/*Noltensmeier-von Osten* 17.

207 § 147; § 163 Abs. 2 Satz 1; §§ 169a, 199 Abs. 2 Satz 2; § 406e.

208 Dazu ausführlich *Hilger* FS Meyer-Goßner 755 ff., der eine Regelung der Aufbewahrungsfrist nach dem Zeitpunkt des endgültigen Verfahrensabschlusses für „verfassungspolitisch" wünschenswert hält. Für die Justizorgane des Bundes wurde im Gesetz zur Aufbewahrung von Schriftgut der Gerichte des Bundes und des Generalbundesanwalts nach Beendigung des Verfahrens (SchrAG) vom 22.3.2005 (BGBl. I S. 837, 852) eine gesetzliche Regelung getroffen.

209 *Hilger* FS Meyer-Goßner 755, 759; MüKo/*Kölbel/Ibold* 48.

210 *Hilger* FS Meyer-Goßner 755, 759; *Groß/Fünfsinn* NStZ **1992** 105; *Kleinknecht* FS Dreher 721, 722; MüKo/*Kölbel/Ibold* 49; OK/*El Duwaik* § 168b, 2 ff.; HbStrVf/*Jahn* II Rn. 18; vgl. auch LG Berlin StV **1996** 96 (Erwähnung der Mitwirkung von V-Leuten); § 168b, 1.

los verlaufen sind.[211] Auch sog. **Spurenakten** sind Bestandteil der Ermittlungsakten.[212] Den Strafverfolgungsbehörden ist es nicht gestattet, bei der Sachverhaltserforschung zulässigerweise gewonnene Informationen deshalb nicht aktenkundig zu machen, weil sie sie für unerheblich halten; andernfalls würden die Beurteilungsmöglichkeiten des erkennenden Gerichts und die Möglichkeiten effektiver Verteidigung in einer mit der grundsätzlichen Rollenverteilung im Strafverfahren unvereinbaren Weise beeinträchtigt.[213] Die Aufnahme relevanter Informationen in die Akten hat im Übrigen **unverzüglich** zu erfolgen.[214] Die bewusste Nichtaufnahme beweisrelevanter Dokumente in dem Wissen, dass dies im Rahmen einer gerichtlichen Entscheidung die Bewertung des Verdachtsgrades oder die Einschätzung der Verhältnismäßigkeit einer strafprozessualen Maßnahme beeinflussen könnte, begründet für die verantwortlichen Amtsträger eine Strafbarkeit nach § 274 Abs. 1 Nr. 1 bzw. (bei elektronischer Aktenführung) Nr. 2 StGB.

67 Der Grundsatz der Aktenvollständigkeit unterliegt allerdings gesetzlichen **Einschränkungen**. Sie gehen dahin, dass bestimmte Unterlagen für eine begrenzte Zeit nicht zu den der Akteneinsicht unterliegenden und dem Gericht nach § 199 vorzulegenden Akten genommen, sondern bei der Staatsanwaltschaft verwahrt werden, so bei der Geheimhaltung der Identität von Zeugen nach § 68 Abs. 3 Satz 3 und 4, beim Einsatz bestimmter technischer Mittel sowie beim Einsatz Verdeckter Ermittler (§ 101 Abs. 2).[215] Dies kann dazu führen, dass die aus ihnen ersichtlichen Informationen während des gesamten Verfahrens dem Gericht und der Verteidigung vorenthalten bleiben. Auch in diesen Fällen macht die gesetzliche Regelung jedoch deutlich, dass solche Unterlagen jedenfalls in verfahrenszugehörigen Sonderakten der Staatsanwaltschaft zu verwahren sind und ihr als der verantwortlichen Leiterin des Ermittlungsverfahrens nicht vorenthalten werden dürfen.[216] Die Vollständigkeit des Akteninhalts wird ferner – in teilweise nicht ganz unbedenklicher Weise – dadurch berührt, dass ausdrückliche **gesetzliche Vernichtungsvorschriften**[217] zur Folge haben, dass bestimmte Unterlagen vorzeitig zu vernichten sind, sobald sie für das konkrete Strafverfahren (nach Auffassung der jeweiligen Strafverfolgungsbehörde) nicht mehr erforderlich sind.

68 **2. Speicherung in Dateien und deren Nutzung.** Ob und in welchem Umfang in Strafverfahren angefallene Informationen in Dateien gespeichert, an wen solche Daten übermittelt und zu welchem Zweck sie genutzt werden dürfen, war lange Zeit ungeklärt und umstritten.[218] Eine umfassende gesetzliche Regelung findet sich nunmehr in den durch das StVÄG 1999 eingefügten Vorschriften des Achten Buches der StPO (§§ 474 ff.).[219] Nach

---

211 Näher § 168a, 7 ff.; zu den Handakten der Staatsanwaltschaft LR/*Stuckenberg* § 199, 24 ff.

212 Strittig, dazu LR/*Jahn*[27] § 147, 36 ff.; LR/*Stuckenberg* § 199, 18 ff., jew. m.w.N.

213 BGH v. 16.12.2020 – 2 BGs 408/20, NStZ **2022** 651 Rn. 20; MüKo/*Kölbel*/*Ibold* 49; OK/*El Duwaik* 3.

214 BGH v. 16.12.2020 – 2 BGs 408/20, NStZ **2022** 651 Rn. 21; OK/*El Duwaik* 3.

215 Zur aktenmäßigen Behandlung von Vertraulichkeitszusagen § 163, 66, zur Abgabe von Sperrerklärungen im laufenden Verfahren LR/*Menges* § 96, 99 f.; LR/*Stuckenberg* § 199, 14.

216 Ebenso MüKo/*Kölbel*/*Ibold* 49. Davon teilweise abweichend die Sonderregelung in § 2 Abs. 3 des Zeugenschutzharmonisierungsgesetzes 11.12.2001 (BGBl. I S. 3510), wonach die Zeugenschutzmaßnahmen zwar aktenkundig zu machen sind, aber nicht Bestandteil der „Ermittlungsakten" werden und der Staatsanwaltschaft nur „auf Anforderung" zugänglich zu machen sind; dazu *Hilger* FS Gössel 605 ff.; *Soiné*/*Engelke* NJW **2002** 470, 473.

217 So § 81a Abs. 3 (auch in den Fällen des § 81c Abs. 5 Satz 2); § 81g Abs. 2 Satz 1; § 81h Abs. 3 Satz 3; § 100d Abs. 2 Satz 2 und Abs. 3 Satz 2; § 101 Abs. 8; § 160a Abs. 1 Satz 3; § 163c Abs. 3 (dazu näher § 163c, 26 ff.); § 163d Abs. 4 Satz 2 (zur zu verneinenden Frage der analogen Anwendung für die Fälle des § 163e s. § 163e, 44). Zum ganzen ausführlich und teilw. kritisch *Hilger* NStZ **1997** 371.

218 Zum früheren Meinungsstand eingehend LR/*Rieß*[24] 63 ff.

219 Dazu insgesamt *Brodersen* NJW **2000** 2540 ff.; *Hilger* NStZ **2001** 15 ff.; vgl. auch § 163, 100 ff.

der Grundregel des § 483 ist die **Speicherung** einschließlich der Veränderung und Nutzung uneingeschränkt zulässig für die Zwecke des konkreten Strafverfahrens, aber weitgehend auch für andere Strafverfahren, die internationale Rechtshilfe in Strafverfahren und Gnadensachen. Der Umfang der für Zwecke künftiger Strafverfolgung zulässigen Speicherung richtet sich nach § 484; für ihre Löschung ist § 489 maßgebend. § 485 erweitert die Zulässigkeit der Speicherung, Veränderung und Nutzung für Zwecke der Vorgangsverwaltung. Die **Nutzung** der in einem Strafverfahren erhobenen Informationen für Zwecke außerhalb des jeweiligen Verfahrens in Form der Akteneinsicht oder Auskunft, die vorher teilweise in Verwaltungsanweisungen geregelt war,[220] regelt sich nunmehr nach den §§ 474 bis 481. Regelungen für Mitteilungen an öffentliche Stellen des Bundes oder eines Landes finden sich in den §§ 12 ff. EGGVG. Wegen der Einzelheiten ist auf die Erläuterungen zu diesen Vorschriften zu verweisen.

V. Rechtsbehelfe. Kontrollmöglichkeiten

1. Allgemeines. Die Rechtsbehelfe und Kontrollmöglichkeiten bei Ermittlungsmaßnahmen der Staatsanwaltschaft waren lange Zeit unklar geregelt; die Rechtslage war, auch in der Rechtsprechung, umstritten und insgesamt unbefriedigend.[221] Vorschläge zu einer gesetzlichen Regelung[222] setzten sich anfangs nicht durch. Dieser Zustand hat sich seit Ende der 90er Jahre zunächst durch einige grundlegende Entscheidungen des Bundesverfassungsgerichts[223] und deren Einfluss auf die fachgerichtliche Rechtsprechung[224] entscheidend verbessert, was den Rechtsschutz gegen einzelne Zwangsmaßnahmen und ähnliche Grundrechtseingriffe betrifft.[225] Für die verdeckten Ermittlungsmaßnahmen hat der Gesetzgeber sodann in § 101 Abs. 7 einen eigenen Rechtsbehelf statuiert. Die Möglichkeit einer gerichtlichen Kontrolle der Einleitung und allgemeinen Durchführung des Ermittlungsverfahrens wird von Rspr. und h.M. hingegen weiterhin verneint (s.u. Rn. 71). Indirekte Kontrollmöglichkeiten ergeben sich durch die Geltendmachung von Amtshaftungsansprüchen (s.u. Rn. 78) sowie die Beanstandung von Ermittlungsmaßnahmen der Staatsanwaltschaft oder ihres Unterlassens mit **Gegenvorstellung und Aufsichtsbeschwerde**.[226] 69

2. Gesetzlich geregelte Grundrechtseingriffe und Zwangsmaßnahmen. Hier ist der gegenwärtige Rechtszustand an anderer Stelle dieses Kommentars umfassend dargestellt;[227] hierauf ist wegen aller Einzelfragen zu verweisen. Zu unterscheiden sind verschiedene, teil- 70

---

220 Insbesondere in Nr. 182 ff. RiStBV.

221 Dazu LR/*Rieß*[24] 67; vgl. auch LR/*Schäfer*[25] § 105, 79 ff.; *Amelung* FS II BGH 911 ff.; *Rieß/Thym* GA **1981** 189; *Lin* 46 ff.

222 Zu einem nicht verwirklichten Referentenentwurf *Rieß* ZRP **1981** 101.

223 Insbesondere BVerfGE **96** 27 ff.; **96** 44 ff.; **103** 142 ff.; zu dieser Rspr. *Gusy* StV **2002** 153, 157 f.; LR/*Schäfer*[25] § 105, 85 ff.; LR/*Krause* § 81a, 84 ff.

224 Vgl. namentlich BGHSt **44** 171; **44** 265 = NJW **1999** 730 mit Aufs. *Bachmann* 2414 = NStZ **1999** 200 mit Anm. *Fezer* NStZ **1999** 151 zum vorausgegangenen Anfragebeschluß = StV **1999** 72 mit Anm. *Eisele* 298 = JR **1999** 436 mit Anm. *Radtke*; BGHSt **45** 183 ff. mit Anm. *Katholnigg* NStZ **2000** 155 = JR **2000** 478 mit Anm. *Amelung*; näher zu diesen Entscheidungen LR/*Schäfer*[25] § 105, 90 ff.

225 Dazu Rn. 70; umfassende Darstellung bei SK/*Albrecht* 54 ff.; *Beulke/Swoboda* Rn. 493 ff.; *Amelung* FS II BGH 911, 914 ff.; *ders.* StV **2001** 131; *Laser* NStZ **2001** 120 ff.; Lisken/Denninger/Bäcker/*Frister* Kap. 10 145 ff.; *Schroth* StV **1999** 117 ff.

226 Zum Verhältnis von Dienstaufsichtsbeschwerde und Amtshaftungsanspruch vgl. BGH NStZ **1986** 562 mit Anm. *Dahs*; zur Zuständigkeit bei Maßnahmen der Polizei § 163, 101.

227 LR/*Tsambikakis* § 105, 130 ff.; LR/*Krause* § 81a, 84 ff.; ausführlich auch SK/*Albrecht* 56 ff.

weise sich überschneidende Konstellationen: Gegen **richterlich angeordnete Zwangsmaßnahmen** ist, solange sie noch nicht vollständig erledigt sind, regelmäßig **Beschwerde** zulässig. Nach der heutigen Rechtsprechung des Bundesverfassungsgerichts[228] gilt dies, ohne dass es noch auf ein besonderes Feststellungsinteresse ankäme, bei erledigten Maßnahmen jedenfalls dann, wenn es sich um einen tiefgreifenden Grundrechtseingriff[229] handelt, gegen den typischerweise eine rechtzeitige Anrufung des Beschwerdegerichts nicht möglich ist. Bei **Maßnahmen der Staatsanwaltschaft** oder der Polizei unter Inanspruchnahme einer **Eilkompetenz** ist inzwischen anerkannt, dass der Betroffene, soweit es um die Zulässigkeit der Maßnahme geht, auch nach ihrer vollständigen Erledigung stets eine gerichtliche Entscheidung nach § 98 Abs. 2 Satz 2 herbeiführen kann, der als Ausdruck eines allgemeinen Rechtsgedankens zu deuten ist.[230] An seine Stelle tritt, soweit es sich um **originäre Eingriffsmöglichkeiten** handelt, der beschwerdeähnliche Rechtsbehelf nach § 161a Abs. 3.[231] Der Antrag nach § 98 Abs. 2 Satz 2 ist auch dann der richtige Rechtsbehelf, wenn der Betroffene die **Art und Weise des Vollzugs** einer Maßnahme beanstanden will, die vom Richter nicht konkret festgelegt ist, gleichgültig, ob die Maßnahme selbst vom Richter angeordnet oder ohne eine solche Anordnung von der Staatsanwaltschaft oder Polizei vorgenommen wurde, und zwar auch dann, wenn die Maßnahme erledigt ist.[232] Richtet sich der Angriff gegen die bereits vom Richter angeordnete Art und Weise des Vollzugs, so ist dagegen unmittelbar Beschwerde gegeben;[233] für die Frage der prozessualen Überholung gelten hier die gleichen Maßstäbe wie bei der richterlichen Anordnung selbst. Nach der heutigen Rechtsprechung des Bundesverfassungsgerichts unterliegt schließlich auch die Frage, ob bei der Inanspruchnahme von Eilkompetenzen die Voraussetzung der Gefahr im Verzug vorgelegen hat, umfassender richterlicher Kontrolle.[234]

71 **3. Durchführung des Ermittlungsverfahrens als solche.** Gegen die Einleitung und Weiterführung eines Ermittlungsverfahrens an sich stehen dem Beschuldigten nach h.M. im Schrifttum[235] und nach der vom Bundesverfassungsgericht nicht beanstandeten[236] Rechtsprechung[237] **keine Rechtsbehelfe** zur Verfügung.[238] Der Beschuldigte kann danach

---

228 BVerfGE **96** 27; dazu LR/*Krause* § 81a, 85 f.; LR/*Matt*[26] Vor § 304, 68 ff., § 304, 53 ff.; Schmitt/Köhler/*Schmitt* Vor § 296, 18a; SK/*Albrecht* 70, jew. m.w.N., s. auch *Amelung/Wirth* StV **2002** 163 f.

229 Kritisch zu dieser Einschränkung etwa SK/*Albrecht* 66 f.

230 Näher SK/*Albrecht* 56 ff. m.w.N.; s. auch LR/*Krause* § 81a, 89 ff.; zur früheren Diskussion über den Rechtsweg (§§ 23 ff. EGGVG oder § 98 StPO) eingehend *Lin* 124 ff.

231 Vgl. zu den Einzelheiten die dortigen Erl., insbes. Rn. 47 ff.

232 Grundlegend BGHSt **44** 265, 270, womit die nach der früheren Rspr. durch die Anwendung der §§ 23 ff. EGGVG bedingte „Rechtswegspaltung" in überzeugender Weise beseitigt wurde, dazu *Beulke/Swoboda* Rn. 497 m.w.N.

233 Zur Gefahr einer Rechtswegspaltung zwischen Ermittlungsrichter und Beschwerdegericht *Amelung* FS II BGH 911, 920.

234 BVerfGE **103** 142, 156 ff.; dazu *Fezer* FS Rieß 93; *Landau* FS Strauda 201, 212 ff.

235 So etwa AK/*Schöch* 17; KK/*Mayer* § 23 EGGVG, 37; KMR/*Noltensmeier-von Osten* 13; Schmitt/Köhler/*Schmitt* § 23 EGGVG, 9; LR/*Rieß*[25] 68; SK/*Rogall* Vor § 133, 40; *Beulke/Swoboda* Rn. 493; *Ranft* Rn. 410; *Bottke* StV **1986** 120, 121; *Rieß* FS Geerds 501, 503 f.; *Combé* 136 ff.; *Löffelmann* StV **2009** 379, 380; wohl auch *Kühne* 348; weitere Nachweise bei SK/*Albrecht* 75.

236 BVerfG (Vorprüfungsausschuss) NStZ **1982** 434 mit Anm. *Kuhlmann* NStZ **1983** 130; NStZ **1984** 228; **2004** 447.

237 Etwa OLG Hamm NStZ **1983** 38; KG GA **1984** 24; OLG Karlsruhe NStZ **1982** 434 mit Anm. *Rieß*.

238 Gegen deren allgemeine Einführung auch de lege ferenda *Rieß* GedS Geerds 501, 507 ff.; LR/*Rieß*[25] 68; **a.A.** *Hamm* AnwBl. **1986** 66ff.; für ein „Einstellungserzwingungsverfahren" bei rechtswidriger Verzögerung des Verfahrensabschlusses aber auch *Rieß* FS Roxin 1319, 1324 ff.

also nicht gerichtlich erzwingen, dass das Ermittlungsverfahren nicht weiter betrieben oder alsbald eingestellt wird.[239] Eine gerichtliche Überprüfung der staatsanwaltlichen Entscheidung über die Notwendigkeit eines Ermittlungsverfahrens sei nach der Struktur des deutschen Strafverfahrens nicht vorgesehen, und der nach Art. 19 Abs. 4 GG garantierte Rechtsschutz werde durch das nachfolgende gerichtliche Verfahren in hinreichendem Maße gewährt.

Dem ist mit der Gegenansicht[240] **zu widersprechen**: Einleitung und Durchführung des Ermittlungsverfahrens stellen zumindest einen **Eingriff in das allgemeine Persönlichkeitsrecht** dar. Die hiervon ausgehenden Beeinträchtigungen können bei längerer Dauer weitaus gravierender sein als diejenigen, die mit einzelnen Zwangsmaßnahmen verbunden sind: Jahre seines Lebens unter dem Damoklesschwert strafrechtlicher Verfolgung verbringen zu müssen, bedeutet per saldo mit Sicherheit eine stärkere psychische Belastung (mit entsprechenden Auswirkungen auf die Lebensführung) als ein kurzfristiger Freiheitsentzug. Im Übrigen kann ein Ermittlungsverfahren für den Beschuldigten auch bei relativ kurzer Dauer mit schweren, u.U. irreversiblen Nachteilen einhergehen (z.B. im Zusammenhang mit der Bewerbung um eine Arbeitsstelle oder um ein politisches Amt).[241] Vor diesem Hintergrund ist es unerfindlich, warum die **Rechtsweggarantie**, die Art. 19 Abs. 4 GG für alle durch die öffentliche Gewalt bewirkten Rechtsverletzungen ausnahmslos gewährt, hier keine Geltung beanspruchen sollte. 72

So greift insbesondere die Annahme, der Rechtsschutz werde durch das dem Ermittlungsverfahren nachfolgende gerichtliche Verfahren in ausreichendem Maße gewährleistet, ersichtlich zu kurz: Erstens ist es mit dem **Gebot effektiven Rechtsschutzes** nicht zu vereinbaren, dem Beschuldigten eine gerichtliche Überprüfung auf eine unbestimmte, allein in der Hand der Staatsanwaltschaft liegende Dauer vorzuenthalten, am allerwenigsten dann, wenn ihm gerade aus der langen Fortdauer eines rechtswidrigen Ermittlungsverfahrens irreversible Nachteile drohen. Zweitens wird ein Ermittlungsverfahren, das ohne Anfangsverdacht ins Blaue hinein eingeleitet wurde, oder dessen Fortführung über einen längeren Zeitraum hinweg sachlich nicht gerechtfertigt war, in aller Regel nicht zur Annahme eines hinreichenden Tatverdachts, insofern nicht zur Anklage und mithin gerade nicht zu einem nachfolgenden gerichtlichen Verfahren führen.[242] Ebensowenig ist die Einräumung von Amtshaftungsansprüchen (s.u. Rn. 78) geeignet, den Anforderungen von Art. 19 Abs. 4 GG Genüge zu tun. Diese Verfassungsnorm verbietet es nämlich gerade, dem Betroffenen den unmittelbaren gerichtlichen Schutz gegen ein (im vorliegenden Zusammenhang u.U. jahrelang andauerndes!) staatliches Unrecht zu verweigern und ihn stattdessen ausschließlich auf Sekundäransprüche zum Ausgleich der dabei eintretenden nachteiligen Folgen zu verweisen.[243] 73

---

239 Zur Frage der gerichtlichen Kontrolle der verzögerten Einstellung nach Abschluss der Ermittlungen LR/*Merz* § 170, 11 f.; ferner *Böttcher* GedS Schlüchter Rn. 435, 440 ff.

240 *Eisenberg/Conen* NJW **1998** 2241, 2246 ff.; *Eisenberg* (Beweisrecht) Rn. 506a; *Nagel* StV **2001** 185 ff.; *Schulz* StraFo **2003** 295, 297; *Jahn* FS Strauda 335, 341 ff.; Barton/Kölbel/Lindemann/*ders.* 35, 89 ff.; HbStrVf/*Jahn* I Rn. 152 ff.; *Kölbel* JR **2006** 322 ff. (dessen Forderung nach vorbeugendem Rechtsschutz schon gegen die Einleitung eines Ermittlungsverfahrens freilich zu weit geht); NK/*Heghmanns* 37; MüKo/*Kölbel/Ibold* 55 f.; SK/*Albrecht* 77 ff. m.w.N.; Nachweise zum älteren Schrifttum bei *Rieß* FS Geerds 501, 503 Fn. 9.

241 Eingehend *Jahn* FS Strauda 335, 338, 347 ff.; *Kölbel* JR **2006** 322, 323 f.

242 Wobei selbst im Falle einer Anklage das Gericht nicht darüber zu entscheiden hat, ob die Durchführung des Ermittlungsverfahrens als solche rechtmäßig oder rechtswidrig war – diese Frage bleibt selbst dann offen, wenn der Angeklagte im Ergebnis wegen erwiesener Unschuld freigesprochen wird, zutr. *Kölbel* JR **2006** 322, 324; vgl. auch *Jahn* FS Strauda 335, 343.

243 Zutr. *Jahn* FS Strauda 335, 348; *Kölbel* JR **2006** 322, 328; vgl. auch allgemein Dürig/Herzog/Scholz/*Schmidt-Aßmann* Art. 19 Abs. 4 GG, 28: „Mit Art. 19 Abs. 4 ist die *‚dulde-und-liquidiere'-Formel* endgültig überwunden."

74 Mithin erscheint es als **zwingendes Gebot von Art. 19 Abs. 4 GG**, gegen die Einleitung und Fortführung eines Ermittlungsverfahrens **grds. Rechtsschutz zu gewähren**. Da eine diesbezügliche Entscheidung die auf die Kontrolle einzelner Maßnahmen beschränkte Kompetenz des Ermittlungsrichters sprengt, dürfte eine analoge Anwendung von § 98 Abs. 2 Satz 2[244] hier nicht in Betracht kommen. Stattdessen ist **§ 23 EGGVG** heranzuziehen,[245] wobei die Zuständigkeit des Oberlandesgerichts der grundlegenden Bedeutung einer solchen Entscheidung angemessen erscheint.[246]

75 Die bei der h.M. wohl im Vordergrund stehenden **Bedenken** hinsichtlich der **Funktionstüchtigkeit der Strafrechtspflege** erscheinen dabei letzten Endes **unbegründet**: Da die Klärung eines Tatverdachts die originäre Funktion des Ermittlungsverfahrens darstellt, hängt dessen Zulässigkeit nicht davon ab, ob dieser Verdacht materiell begründet oder unbegründet ist. Der Beschuldigte kann gegen die Durchführung eines Ermittlungsverfahrens deshalb – selbstverständlich – nicht mit der Begründung vorgehen, er sei unschuldig und werde deshalb im Ergebnis zu Unrecht strafrechtlich verfolgt.[247] Er müsste vielmehr aufzeigen, dass das Ermittlungsverfahren ohne Anfangsverdacht, trotz dessen zwischenzeitlicher Ausräumung oder trotz offenkundiger Aussichtslosigkeit, diesen jemals zu einem hinreichenden Tatverdacht erhärten zu können, betrieben bzw. weiterbetrieben wird, oder dass es nach Art und Weise seiner Durchführung in objektiv unvertretbarer Weise in die Länge gezogen wird. Dabei kommt zugunsten der Staatsanwaltschaft ein weiter Beurteilungsspielraum zum Tragen, was die Annahme des Verdachts betrifft,[248] und hinsichtlich der Gestaltung des Ermittlungsverfahrens bei bestehendem Anfangsverdacht ist der Staatsanwaltschaft sogar ein weitreichendes Ermessen zuzubilligen (s.o. Rn. 35). Eine gerichtliche Untersagung der Weiterführung eines Ermittlungsverfahrens **aus tatsächlichen Gründen** wird somit de facto nur dann Aussicht auf Erfolg haben, wenn die Staatsanwaltschaft nicht in der Lage ist, den Anfangsverdacht und ihre Vorstellungen darüber, wie dieser ggf. zur Gewissheit erhärtet werden kann, nachvollziehbar zu begründen.[249] Das sollte (hoffentlich) nicht allzu oft der Fall sein.[250] Im Ergebnis dürfte die hier vertretene Ansicht daher gar nicht so weit von der Position des Bundesverfassungsgerichts entfernt sein, das in einer neueren Kammerentscheidung zwar grds. an der bisherigen Linie festhält, zugleich aber zu Recht betont, dass gegen **„objektiv willkürliches Handeln der Staatsanwaltschaft** zum Nachteil des Beschuldigten" gerichtlicher Rechtsschutz zu gewähren ist.[251]

---

244 Dafür SK/*Wohlers/Deiters*[5] 79; *Roxin/Schünemann* § 29, 12; wohl auch *Nagel* StV **2001** 185, 188 f.

245 Zu dessen Anwendbarkeit eingehend *Jahn* FS Strauda 335, 340; Barton/Kölbel/Lindemann/*ders.* 35, 86 ff.; *Kölbel* JR **2006** 322, 326 f.; MüKo/*Kölbel/Ibold* 56; im Ergebnis auch *Eisenberg/Conen* NJW **1998** 2241, 2248; *Eisenberg* (Beweisrecht) Rn. 506 a; SK/*Albrecht* 79; für den Fall einer rechtswidrigen Verzögerung des Verfahrensabschlusses ebenso *Füßer/Viertel* NStZ **1999** 116, 118; *Strafrechtsausschuss der Bundesrechtsanwaltskammer* (LV Vor § 158) 38 ff.; für Ausnahmefälle auch *Böttcher* GedS Schlüchter 435, 448 ff.; LR/*Böttcher*[26] § 23 EGGVG, 112.

246 Ähnlich *Böttcher* GedS Schlüchter 435, 448; LR/*Böttcher*[26] § 23 EGGVG, 112.

247 Ebensowenig wird der Beschuldigte dadurch in seinen Grundrechten verletzt, dass die Staatsanwaltschaft (pflichtwidrig) nur gegen ihn und nicht gegen andere Personen in gleicher Verdachtslage vorgeht, dazu BVerfG (Vorprüfungsausschuss) NStZ **1982** 430.

248 Krit. insoweit allerdings *Eisenberg/Conen* NJW **1998** 2241, 2248 f.

249 Ebenso SK/*Albrecht* 79; ähnlich *Kölbel* JR **2006** 322, 325.

250 Zu praktisch relevanten Fallgestaltungen *Jahn* FS Strauda 335, 344 ff.

251 BVerfG NStZ **2004** 447; angedeutet bereits in BVerfG (Vorprüfungsausschuss) NStZ **1984** 228, 229; in dieser Richtung auch OLG Frankfurt NStZ-RR **2008** 78; ebenso *Böttcher* GedS Schlüchter 435, 446 ff.; Radtke/Hohmann/*Link* § 160, 19; zurückhaltender (nur bei Vorliegen eines besonderen Rechtsschutzinteresses) LR/*Böttcher*[26] § 23 EGGVG, 112.

Wo die Staatsanwaltschaft das Ermittlungsverfahren schließlich unter **Zugrundelegung einer zweifelhaften Rechtsansicht** betreibt, dient eine vorgezogene gerichtliche Klärung der Rechtslage nicht nur dem Schutz des Beschuldigten, sondern auch und gerade der Justizökonomie, da man auf diese Weise verhindern kann, dass sich aufwendige und kostenintensive Tatsachenermittlungen durch einen Freispruch aus Rechtsgründen letzten Endes als überflüssig erweisen. Was die materiellrechtliche Bewertung des mutmaßlichen Geschehens durch die Staatsanwaltschaft betrifft, spricht deshalb nichts gegen eine **umfassende** (also keinesfalls auf willkürliche Rechtsauslegung beschränkte) **Überprüfung** durch das Oberlandesgericht im Rahmen eines gegen das Ermittlungsverfahren als solches gerichteten Rechtsbehelfs.[252] 76

Einfache Ermittlungshandlungen aufgrund der Ermittlungsgeneralklauseln nach § 161 Abs. 1 Satz 1, § 163 Abs. 1 Satz 2, wie etwa Zeugenvernehmungen, die Einholung von Auskünften oder schriftliche Zeugenbefragungen[253] oder die Einschaltung von Sachverständigen können durch den Beschuldigten grds. keiner gerichtlichen Kontrolle zugeführt werden. Wie bei der Durchführung des Ermittlungsverfahrens als solchem muss es freilich auch hier eine Grenze geben, wenn die Vorgehensweise der Staatsanwaltschaft (z.B. wegen eindeutiger Unverhältnismäßigkeit) **offensichtlich rechtswidrig** erscheint und für den Beschuldigten oder für Dritte mit **konkreten grundrechtsrelevanten Belastungen** einhergeht, gegen die man ihm den Rechtsschutz nach Art. 19 Abs. 4 GG nicht vorenthalten darf.[254] Da es hier nicht um die Zulässigkeit von (weiteren) Ermittlungen an sich, sondern wiederum um diejenige von Einzelmaßnahmen geht, ist in solchen Fällen wie bei gesetzlich geregelten Grundrechtseingriffen nicht § 23 EGGVG, sondern **§ 98 Abs. 2 Satz 2 analog** anzuwenden. 77

4. Amtshaftung. Die sachgerechte Durchführung des Ermittlungsverfahrens stellt eine Amtspflicht i.S. von § 839 BGB dar, deren Verletzung Amtshaftungsansprüche begründen kann.[255] Grundsätzlich anerkannt ist die zunächst für die pflichtwidrige Verzögerung der gebotenen Verfahrenseinstellung,[256] bei der seit 2011 im Übrigen auch ein vom individuellen Verschulden eines Amtsträgers unabhängiger Entschädigungsanspruch nach § 198 GVG i.V.m. § 199 Abs. 2 GVG in Betracht kommt. Auch die Erhebung der öffentlichen Klage kann, wenn dies auch bei Zubilligung eines strafprozessualen Beurteilungsspielraums als nicht mehr vertretbar erscheint, amtspflichtwidrig sein.[257] Abgesehen von diesen, die Abschlussentscheidung der Staatsanwaltschaft betreffenden Umständen stellt auch die unberechtigte Einleitung eines Ermittlungsverfahrens oder die sachlich nicht mehr vertretbare Durchführung belastender Zwangsmaßnahmen[258] eine Amtspflichtverletzung dar, wenn diese Maßnahmen auch bei Würdigung der Belange einer funktionstüchtigen Strafrechtspflege nicht mehr vertretbar erscheinen.[259] Wieweit umgekehrt der Staatsanwaltschaft bei 78

---

252 So im Ergebnis auch *Kölbel* JR **2006** 322, 326.

253 OLG Dresden NJW **1998** 3368; OLG Frankfurt NStZ-RR **2005** 13.

254 Offengelassen in OLG Frankfurt NStZ-RR **2005** 13.

255 MüKo/*Kölbel/Ibold* 58; vgl. im Übrigen bereits *Steffen* DRiZ **1972** 153 ff.; aus der älteren Rspr. etwa BGHZ **20** 178; **27** 358; BGH AnwBl. **1958** 152, NStZ **1986** 572 mit Anm. *Dahs* (Presseinformation der Staatsanwaltschaft); aus der zivilrechtlichen Rspr. OLG Düsseldorf (Z) NJW **2005** 1791 mit umfangreichen Nachweisen zu früheren Entscheidungen *Thode* StV **2001** 581 ff. und DRiZ **2002** 417 ff.; ferner *Rinne* FS Odersky 481 ff.; *Fluck* NJW **2001** 202; wegen der Einzelheiten ist auf das zivilrechtliche Schrifttum zu § 839 BGB zu verweisen.

256 LR/*Merz* § 170, 11; *Böttcher* GedS Schlüchter 435, 441 f.; *Füßer/Viertel* NStZ **1999** 119.

257 So mit Nachw. der früheren Rspr. BGH (Z) NJW **2000** 2672 mit Aufs. *Fluck* NJW **2001** 202 = StV **2001** 579 mit Anm. *Thode*, möglicherweise mit einer Verschärfung gegenüber der bisherigen Rspr.

258 Etwa die Erwirkung eines Haftbefehls, dazu BGH (Z) NJW **1998** 751 ff.; **2003** 3693.

259 So OLG Hamm (Z) v. 8.3.2013 – 11 U 71/11, I-11 U 71/11; bereits früher etwa BGH (Z) NJW **2003** 3693, 3694; BGH (Z) StV **1988** 441; OLG Dresden StV **2001** 581.

Einleitung und Durchführung des Ermittlungsverfahren eine Amtspflicht zur Wahrnehmung der **Interessen des Verletzten** obliegt, ist umstritten. Grundsätzlich geht die bisherige Rechtsprechung davon aus, dass die Pflicht der Staatsanwaltschaft, aufgrund eines Anfangsverdachts einzuschreiten, ihr als nach § 839 BGB sanktionierte Amtspflicht nur gegenüber der Allgemeinheit obliegt.[260] Anders soll es dann liegen, wenn ihr in einem laufenden Strafverfahren konkrete Schutzpflichten erwachsen sind, etwa durch die Sicherstellung der Diebesbeute.[261]

79 **5. Revision.** Rechtsverstöße bei der Erforschung des Sachverhalts im Ermittlungsverfahren können als solche die Revision nicht begründen. Sie können mit ihr aber geltend gemacht werden, wenn sie in die Hauptverhandlung hineingewirkt haben und wenn, soweit kein absoluter Revisionsgrund vorliegt, das Urteil auf diesem Verfahrensfehler beruhen kann. Gegebenenfalls ist hierbei das Erfordernis eines rechtzeitigen Widerspruchs zu beachten. In Betracht kommen vor allem die Fälle, dass im Ermittlungsverfahren unter Verletzung revisibler Belehrungspflichten gewonnene Aussagen in der Hauptverhandlung durch Verlesung von Niederschriften reproduziert werden, dass bei solchen Niederschriften gegen zwingende Anwesenheits- oder Benachrichtigungspflichten verstoßen worden ist oder dass Rechtsverstöße bei der Anordnung und Durchführung von Zwangsmaßnahmen ein Verwertungsverbot begründen und die Erkenntnisse in der Hauptverhandlung verwertet werden. Die Einzelheiten sind bei den jeweiligen Vorschriften erläutert.

80 Mit der **Aufklärungsrüge** kann nur eine Verletzung der **gerichtlichen** Aufklärungspflicht geltend gemacht werden, nicht eine Verletzung der Erforschungspflicht im Ermittlungsverfahren. Die Aufklärungsrüge kann aber begründet sein, wenn in die Hauptverhandlung Beweisergebnisse und Erkenntnisse aus dem Ermittlungsverfahren nicht eingeführt werden, weil zu Unrecht angenommen wurde, dass sie einem Verwertungsverbot unterlägen. Darauf, dass die Strafverfolgungsbehörden einen Alibizeugen nicht gehört haben, kann die Revision nicht gestützt werden.[262] Führt eine Verletzung der Beweissicherungspflicht nach Absatz 2 dazu, dass ein später nicht mehr erhebbarer Entlastungsbeweis nicht erhoben worden ist, so muss deshalb zwar nicht unterstellt werden, dass dieser Entlastungsbeweis erfolgreich gewesen wäre. Hier ist das Gericht jedoch entsprechend der Situation bei der Unerreichbarkeit potentieller Entlastungsbeweise aufgrund staatlicher Geheimhaltungsinteressen[263] zu einer besonders kritischen Würdigung der belastenden Indizien verpflichtet.[264]

VI. Gerichtshilfe

1. Allgemeines

81 **a) Gesetzliche Grundlagen.** In der StPO wird die Gerichtshilfe als eine besondere Institution des Strafverfahrens erst seit 1975 in § 160 Abs. 3 Satz 2, § 463d genannt[265] und zwar nur in der Form einer Ermächtigung an die Staatsanwaltschaft und die Strafvollstre-

---

260 So etwa BGH (Z) NJW **1996** 2373 mit teilw. krit. Aufsatz *Vogel* NJW **1996** 3401; OLG Düsseldorf NJW **1996** 530 mit abl. Aufsatz *Hörstel* 497.
261 BGH (Z) NJW **1996** 2373; zur Vermeidung von Vermögensschäden auch *Thode* StV **2001** 582.
262 BGH v. 17.5.83 – 5 StR 207/83; KK/*Weingarten* 22.
263 Dazu BGH NStZ **2004** 343.
264 Ähnlich wohl SK/*Wohlers*[4] 41; vgl. auch *Nelles* StV **1986** 74, 78.
265 Zur Zielsetzung und zum (nach damaliger Absicht) vorläufigen Umfang der Regelung vgl. RegE EGStGB 1974, BTDrucks. 7 550 S. 300; ferner *Bottke* MSchrKrim. **1981** 64; *Hardt* BewHi. **1975** 263.

ckungsbehörden, sich ihrer zur Aufklärung bestimmter Umstände zu bedienen. Ergänzend regelt Art. 294 EGStGB 1974 ihre organisatorische Zuordnung (Rn. 89). Anders als bei der seit Langem gesetzlich verankerten Jugendgerichtshilfe[266] enthält das Gesetz weder nähere Vorschriften über den Aufgabenbereich der Gerichtshilfe und das Ziel ihrer Tätigkeit, noch solche über ihre Stellung im Verfahren und die Beteiligung an der Hauptverhandlung. Zur Ergänzung kann nicht ohne Weiteres auf die gesetzliche Regelung der Jugendgerichtshilfe zurückgegriffen werden, weil diese eng mit den besonderen Eigenarten und Aufgaben des Jugendstrafverfahrens zusammenhängen (vgl. Rn. 91). Vielmehr ist erforderlichenfalls auf die allgemeinen Rollenverteilungen, Aufgabenzuweisungen und Strukturen des Strafverfahrens zurückzugreifen.[267]

Obwohl die nähere organisatorische Ausgestaltung der Gerichtshilfe dem Landesrecht vorbehalten ist, folgt aus der bundesgesetzlichen Verankerung in § 160 Abs. 3 Satz 2 und § 463d grundsätzlich eine **Verpflichtung der Länder**, Organe der Gerichtshilfe einzurichten, um Aufträge nach diesen Vorschriften auch praktisch zu ermöglichen.[268] Dagegen begrenzt die bundesrechtliche Regelung die Einsatzmöglichkeiten der Gerichtshilfe nicht auf die in ihr erwähnten Aufgaben; sofern dies mit der grundsätzlichen Struktur des Strafverfahrens vereinbar und mit vorhandener Kapazität möglich ist, kann die Gerichtshilfe auch zu anderen Aufgaben herangezogen werden.[269] Im **Bußgeldverfahren** wird die Gerichtshilfe nicht beteiligt (§ 46 Abs. 3 Satz 2 OWiG). 82

b) Bezeichnung. Die gesetzliche **Bezeichnung** Gerichtshilfe knüpft an die bei Schaffung der Vorschriften eingebürgerte Terminologie an; sie ist jedoch zumindest unvollständig, wenn nicht ungenau: Die Hauptaufgabe liegt nicht in der Hilfe gerade für das Gericht bei der zu treffenden Entscheidung, sondern in der Ermittlung personenbezogener Umstände, die zumeist im Auftrag der Staatsanwaltschaft im Rahmen der dieser obliegenden Sachverhaltserforschungspflicht oder bei der Strafvollstreckung erfolgt.[270] 83

c) Entwicklung und Bedeutung. Die Institution der Gerichtshilfe als ein besonderes, von den herkömmlichen Strafverfolgungsbehörden getrenntes, mit der Aufklärung der persönlichen Verhältnisse und des sozialen Umfelds des Beschuldigten befasstes Ermittlungsorgan steht in engem Zusammenhang mit dem Übergang von einem ursprünglich rein tatbezogenen zu einem täterbezogenen Strafrecht, bei dem jedenfalls für die Sanktionsbemessung die Kenntnis der Täterpersönlichkeit, insbesondere sein Vorleben und seine persönlichen und wirtschaftlichen Verhältnisse eine wesentliche Rolle spielt.[271] Mit dem Vordringen dieser täterbezogenen Komponente der strafrechtlichen Reaktion und der damit verbundenen Notwendigkeit, die hierfür maßgebenden tatsächlichen Grundlagen schon für die Abschlussentscheidung der Staatsanwaltschaft zu ermitteln, erwuchs das Bedürfnis, für die Erforschung des Rechtsfolgenzumessungssachverhalts (vgl. § 160 Abs. 3 Satz 1) eine hierfür geeignete Institution einzurichten. Parallel zu der seit 1923 im damaligen RJGG vorgesehenen Jugendgerichtshilfe entwickelte sich bereits in der Weimarer Zeit ohne gesetzliche Grundlage auf lokaler und regionaler Basis die Gerichtshilfe für Erwach- 84

---

266 Vgl. insbes. §§ 38, 43 Abs. 1; § 50 Abs. 3 JGG, wegen der Einzelheiten der Jugendgerichtshilfe ist auf die Erläuterungsbücher zum JGG zu verweisen.

267 Ebenso AK/*Schöch* 36.

268 Vgl. BTDrucks. **5** 550 S. 300 (Zweck der Regelung sei die allgemeine Einführung); zu den Einzelheiten und zur tatsächlichen Situation Rn. 87 f.; vgl. auch *Stöckel* FS Bruns 299, 301; MüKo/*Kölbel*/*Ibold* 84.

269 Vgl. Rn. 100 (Haftentscheidungshilfe, Täter-Opfer-Ausgleich).

270 Vgl. auch NK/*Heghmanns* 30.

271 Vgl. u.a. *Kühne* Rn. 162 f.; *Peters* § 26 Ia; *Schlüchter* Rn. 77; *Sieverts* MSchrKrim. **1953** 146.

sene. Nach ihrer zunächst zögernden Wiederbelebung nach 1945 führte schließlich die die Große Strafrechtsreform begleitende Diskussion zu einer verbreiteten Anerkennung und schließlich zu ihrer bundesgesetzlichen Verankerung.[272]

85 Die **dogmatische und kriminalpolitische Bedeutung**[273] der Gerichtshilfe liegt vorwiegend darin, dass mit ihr für die materiell-strafrechtliche Verpflichtung, die Sanktionsbemessung an der Täterpersönlichkeit zu orientieren[274] und diese auch bei der Vollstreckung zu berücksichtigen,[275] zusätzlich zu dem bloßen Gebot der Erforschung auch solcher Umstände (§ 160 Abs. 3 Satz 1) ein hierfür besonderes spezialisiertes Ermittlungsorgan zur Verfügung gestellt wird. Die dadurch erreichbare Trennung von Tataufklärung und Erforschung der sanktionsrelevanten persönlichen Umstände kann dazu beitragen, für die Rechtsfolgenzumessung eine verlässlichere und breitere tatsächliche und prognostische Grundlage zu gewinnen.[276]

86 Aus der Entstehungsgeschichte und der Aufgabenzuweisung in § 160 Abs. 3 Satz 2, § 463d lässt sich der weitere Grundsatz ableiten, dass die Gerichtshilfe generell als **Ermittlungsorgan für die persönlichen Verhältnisse und das soziale Umfeld** in Betracht kommt und also auch dort beauftragt werden kann, wo es auf Erkenntnisse hierüber für verfahrensmäßige Entscheidungen ankommt (vgl. Rn. 96).

87 Die **praktische Bedeutung** der Gerichtshilfe für Erwachsene ist rein quantitativ eher gering.[277] Dabei liegt, wohl entgegen der ursprünglichen gesetzgeberischen Intention,[278] der Schwerpunkt ihres Einsatzes nicht im Erkenntnisverfahren; die Aufträge aus dem Strafvollstreckungsrecht und dem Gnadenbereich überwiegen insgesamt.[279] Eine regelmäßige Einschaltung in allen Ermittlungsverfahren, bei denen eine Klageerhebung in Betracht kommt, findet nicht statt; sie dürfte auch, ganz abgesehen davon, dass hierfür die Zahl der vorhandenen Gerichtshelfer nicht ausreichen würde, von der Sache her kaum geboten sein.[280] Denn in vielen einfach gelagerten oder sonst in bezug auf die Aufklärung der persönlichen Umstände keine Schwierigkeiten bereitenden Verfahren lassen sich die nach § 160 Abs. 3 Satz 1 notwendigen Erkenntnisse bei der allgemeinen Sachverhaltsauf-

---

272 Vgl. zur historischen Entwicklung ausführlich und m.w.N. (auch des älteren Schrifttums) *Lange* 9 bis 34; ferner AK/*Schöch* 31 ff.; *Kühne* 161 f.; *Peters* § 26 II; *Schöch* FS Leferenz 127, 129; *Sonnen* 431 f.; *Sieverts* MSchrKrim. **1953** 129 ff.; zur Diskussion über die Notwendigkeit gesetzlicher Regelungen u.a. *Hardt* BewHi. **1975** 263; *Rieß* BewHi. **1969** 320, 335; vgl. auch *Stöckel* FS Nüchterlein 327 (zur Entwicklung in Bayern); *Rebmann* BewHi. **1975** 258; *Renschler-Delcker* 40 ff. (Baden-Württemberg).

273 Zur kriminalpolitischen Bedeutung der Gerichtshilfe vgl. u.a. *Bruns* Das Recht der Strafzumessung² (1985) 293; *Kühne* 163; *Peters* § 26; *Schlüchter* Rn. 77; *Rüping* Rn. 200; *Lange* 82; über die verschiedenen Vorstellungen und Erwartungen der Beteiligten empirisch *Renschler-Delcker* 72 ff.; 112 ff.; 189 ff.

274 Vgl. § 46 Abs. 2; § 47 Abs. 1; § 56 Abs. 1 Satz 2 StGB.

275 Vgl. § 57 Abs. 1 Satz 2, Abs. 2 Nr. 2; § 67 Abs. 5 Satz 2 StGB.

276 HK/*Zöller* 14; KK/*Weingarten* 33; Schmitt/Köhler/*Köhler* 24; SK/*Albrecht* 40; *Ranft* Rn. 519; vgl. auch *Kühne* 163 mit Hinweis auf die mögliche Bedeutung im Falle einer Zweiteilung der Hauptverhandlung durch ein Schuldinterlokut; Bedenken im Hinblick auf die „Gefahr einer die Hauptverhandlung präjudizierenden Stigmatisierung des Beschuldigten" allerdings bei *Roxin/Schünemann* § 9, 31.

277 *Hellmann* Rn. 197; *Rüping* Rn. 200; *Schöch* FS Leferenz 127, 129 f.; *Sonnen* FS StA Schleswig-Holstein 431, 433; *Thier* Neue Kriminalpolitik **2004** 67, 68; vgl. auch die (im Untersuchungsmaterial nicht mehr aktuelle und regional begrenzte) Untersuchung von *Renschler-Delcker* 45 ff.

278 Die Einbeziehung der vollstreckungsrechtlichen Ermittlungen nach § 463d war im RegE des EGStGB noch nicht enthalten, sondern ist erst durch den Sonderausschuss für die Strafrechtsreform vorgeschlagen worden; vgl. BTDrucks. 7 1232 S. 33.

279 Näher *Schöch* FS Leferenz 127, 129 f.; ferner *Beese* BewHi. **1976** 148; **1979** 327; *Thier* Neue Kriminalpolitik **2004** 67, 68; *Sonnen* FS StA Schleswig-Holstein 431, 433 m.w.N., wobei letzterer a.a.O. S. 435 für eine Zurückverlagerung auf das Ermittlungsverfahren eintritt; ebenso AK/*Schöch* 53.

280 Für eine obligatorische Einschaltung aber etwa *Fezer* 2/65.

klärung durch Polizei und Staatsanwaltschaft unschwer ermitteln.[281] Auch bedarf unter dem Gesichtspunkt der Schonung der Privatsphäre der mit dem Einsatz der Gerichtshilfe regelmäßig verbundene **Eingriff in den persönlichen Lebensbereich** einer auch den Verhältnismäßigkeitsgedanken berücksichtigenden besonderen Rechtfertigung.[282]

Die aktuelle rechts- und kriminalpolitische Entwicklung lässt **wenig Dynamik in der Entwicklung** der Gerichtshilfe erkennen. Der bei ihrer Einführung ins Auge gefasste weitere gesetzliche Ausbau[283] hat nicht stattgefunden;[284] auch die Behandlung im neueren Schrifttum ist deutlich abgeflaut.[285] Ob dies mit einer gewissen Ernüchterung bei der Betonung des Resozialisierungsgedankens zusammenhängt oder welche Gründe hierfür sonst maßgebend sind, muss hier offenbleiben. 88

2. Organisation, rechtliche Stellung und Aufgabenbereich

a) Organisation der Gerichtshilfe. Die **Organisation der Gerichtshilfe** ist dem Landesrecht überlassen, jedoch schreibt Art. 294 Satz 1 EGStGB 1974 vor, dass sie zum Geschäftsbereich der Landesjustizverwaltung gehört; damit wird verdeutlicht, dass die Tätigkeit der Gerichtshilfe vorwiegend der Strafrechtspflege zugeordnet ist.[286] Die Organisation der Gerichtshilfe in den Ländern ist teilweise durch bloße Verwaltungsanordnungen, teilweise durch Rechtsverordnungen oder Gesetze geregelt. Errichtet sind die Behörden der Gerichtshilfe teilweise bei den Staatsanwaltschaften,[287] teilweise bei den Landgerichten, in den Stadtstaaten auch unmittelbar bei den Justizbehörden; verwaltungsmäßig sind sie teilweise als selbständige Einheiten organisiert; zum Teil mit der Bewährungshilfe und den Führungsaufsichtsstellen als Teil des „Sozialdienstes der Justiz"[288] organisatorisch zusammengefasst.[289] Intern ist die Tätigkeit der Gerichtshelfer überwiegend durch Allgemeine Dienstanweisungen im Wege allgemeiner Verfügungen durch die Landesjustizverwaltungen geregelt.[290] In der Reformdiskussion spielte u.a. die Frage einer Privatisierung durch Übertragung auf freie Träger im Vordergrund. Eine solche ist in Baden-Württemberg ab 2005 zunächst in einen Modellversuch und ab 2007 flächendeckend erfolgt,[291] am 89

281 *Peters* § 26 Ib; vgl. aber auch zu dem die Persönlichkeitserforschung erschwerenden Spannungsverhältnis u.a. *Rahn* NJW **1973** 1357, 1358; ferner *Lange* 108 m.w.N.

282 Vgl. *Schüler-Springorum* BewHi. **1977** 224, 231 f.

283 Der RegE EGStGB 1974 hat (BTDrucks. 7 550 S. 300) vor mehr als 50 Jahren die punktuelle Änderung in § 160 als eine Regelung für eine „Übergangszeit" gekennzeichnet.

284 Wegen– mittlerweile älterer und ersichtlich nicht weiterverfolgter – Reformforderungen in dieser Richtung s.u. Rn. 120.

285 Neuere monografische Behandlungen liegen nicht vor; in den neueren Strafprozesslehrbüchern wird die Gerichtshilfe vielfach, wenn überhaupt, nur kursorisch behandelt.

286 Von der Ermächtigung nach Art. 294 Satz 2 EGStGB, durch Rechtsverordnung eine Behörde der Sozialverwaltung mit den Aufgaben der Gerichtshilfe zu bestimmen, ist derzeit in keinem Bundesland (mehr) Gebrauch gemacht; vgl. die Gesamtübersicht bei *Block* BewHi. **1994** 117 ff.; ferner bei *Bottke* MSchrKrim. **1981** 62, 77; *Schöch* FS Leferenz 127, 131; *Lange* 63 ff.; vgl. auch *Rieß* BewHi. **1969** 329, 333.

287 Näher *Block* BewHi. **1994** 117, 122 ff.; dazu kritisch z.B. *Hörster* JZ **1982** 92, 99; befürwortend u.a. *Bottke* MSchrKrim. **1981** 62, 67; *Schöch* FS Leferenz 127, 131.

288 Kritisch zu diesem Begriff und zur Zusammenfassung der verschiedenen Bereiche *Bottke* MSchrKrim. **1981** 62, 68 m.w.N.; SK/*Wohlers*[4] 57; befürwortend dagegen z.B. *Maelicke* ZRP **1985** 53; vgl. auch *Stöckel* FS Bruns 299; *Dünkel* BewHi. **1986** 129.

289 Vgl. die Übersichten bei *Bottke* MSchrKrim. **1981** 62, 77; *Hörster* JZ **1982** 92; *Ostendorf* SchlHA **2006** 2, 3.

290 Übersicht bei *Block* BewHi. **1994** 117, 121; *Bottke* MSchrKrim. **1981** 62, 67 Fn. 21, 77 ff.

291 Dazu *Steindorfner* BewHi. **2004** 242 ff.; krit. gegenüber Privatisierungsbestrebungen *Hering* BewHi. **2004** 11, 15 ff.; zu den Vor- und Nachteilen auch *Ostendorf* SchlHA **2006** 2, 5 f.

Ende jedoch gescheitert, indem sich das Land 2017 zur Rückführung in eine Landesanstalt für Bewährungs- und Gerichtshilfe veranlasst sah,[292] nachdem das BVerwG eine Weisungsbefugnis des privaten Trägers gegenüber Landesbeamten verneint hatte[293]

90 Als **Gerichtshelfer** werden fast ausschließlich fachlich ausgebildete **Sozialarbeiter** eingesetzt.[294] Bundesrechtliche Qualifikationsanforderungen bestehen indessen nicht, und von der Aufgabe der Gerichtshilfe her (Rn. 91 ff.) ist eine sozialarbeiterische Fachausbildung und berufsspezifische Ausrichtung nicht gänzlich unproblematisch.[295] Soweit eine organisatorische Zusammenfassung von Gerichtshilfe und Bewährungshilfe stattfindet, erscheint es nicht sachgerecht, die Funktionen des Bewährungshelfers und des Gerichtshelfers gleichzeitig in einer Person zu konzentrieren, weil die mit der Bewährungshilfe verbundenen fürsorgenden und betreuenden Aufgaben dem Gerichtshelfer gerade nicht zukommen.[296]

91 **b) Aufgabe und Stellung.** Aus dem Wortlaut des geltenden Gesetzes, nach dem sich die Staatsanwaltschaft bei der Erforschung der für die Bestimmung der Rechtsfolgen der Tat maßgebenden Umstände der Gerichtshilfe ***bedienen*** kann,[297] ergibt sich ihre Aufgabe als **unselbständiges Ermittlungsorgan** zur Unterstützung des jeweils für die Sachverhaltsaufklärung verantwortlichen Strafverfolgungsorgans (Staatsanwaltschaft, Gericht, Strafvollstreckungsbehörde). Anders als bei der Jugendgerichtshilfe, die nach § 38 Abs. 2 Satz 1 JGG in eigener Verantwortung die erzieherischen, sozialen und fürsorgerischen Gesichtspunkte im Verfahren zur Geltung zu bringen hat, aus dieser selbständigen Aufgabenzuweisung heraus sich zu den zu treffenden Maßnahmen äußern kann (§ 38 Abs. 2 Satz 2 JGG) und auch nach der Verurteilung an den Bemühungen um die Resozialisierung des Jugendlichen mitwirkt (§ 38 Abs. 5, 6 JGG),[298] besteht die durch § 160 Abs. 3 Satz 2 zugewiesene Aufgabe des Erwachsenengerichtshelfers (vgl. aber auch Rn. 99 f.) allein in der Sachverhaltserforschung in Bezug auf die persönlichen Verhältnisse als Hilfsorgan des jeweils zuständigen Strafverfolgungsorgans, an dessen Auftrag er gebunden ist.[299] Gerichtshilfe ist damit in erster Linie rechtliche Ermittlungshilfe und kann allenfalls sekundär, wie die Jugendgerichtshilfe vorrangig, Sozialhilfe sein.[300] Die (versehentliche) alleinige Heranzie-

---

292 https://www.bgbw.landbw.de/pb/,Lde/Startseite/Ueber+uns/Historie?QUERYSTRING=Historie, abgerufen am 13.4.2026.

293 BVerwG v. 27.11.2014 – 2 C 24/13, BVerwGE **150** 366 = NVwZ **2015** 1061.

294 Vgl. die Übersicht bei *Bottke* MSchrKrim. **1981** 62, 77 ff.

295 Zu den damit verbundenen Rollenkonflikten vgl. *Beese* BewHi. **1976** 142, 145; **1977** 66, 71; *Best* 15; *Bottke* MSchrKrim. **1981** 62, 68; *Hörster* JZ **1982** 92, 95; *Schüler-Springorum* BewHi. **1977** 224, 227 ff.; *Rehder*, BewHi. **1982** 66; zur grundsätzlichen Notwendigkeit dieser Qualifikation schon *Sieverts* MSchrKrim. **1953** 129, 147; ferner *Peters* § 26 III 4; *Sonnen* FS StA Schleswig-Holstein 431, 440; vgl. auch aus der Sicht der Polizei (kritisch) *Birkle* BewHi. **1975** 275; zur Möglichkeit des Einsatzes kriminologisch qualifizierter Personen *Schöch* FS Leferenz 127, 143.

296 Ebenso *Best* 17 f.; *Rahn* NJW **1976** 838; *Rieß* BewHi. **1969** 320, 332; *Schöch* FS Leferenz 127, 142; *Schüler-Springorum* BewHi. **1977** 224, 234; Arbeitsgemeinschaft Deutsche Bewährungshelfer BewHi. **1976** 74; teilw. **a.A.** (für möglichst große Durchlässigkeit der verschiedenen Funktionen) *Maelicke* ZRP **1985** 53, 55; vgl. auch *Sonnen* FS StA Schleswig-Holstein 431, 438 ff.; AK/*Schöch* 35 (rechtlich nicht zu beanstanden, sollte aber nicht zum Normalfall werden).

297 Ebenso die Strafvollstreckungsbehörde und das Vollstreckungsgericht nach § 463d; kritisch dazu *Schüler-Springorum* BewHi. **1977** 224, 231.

298 Umfassende Darstellung bei *Eisenberg* Zur verfahrensrechtlichen Stellung der Jugendgerichtshilfe, StV **1998** 304 ff.

299 Dazu kritisch (Fremdbestimmtheit) z.B. *Mai* BewHi. **1979** 231, 233; ähnlich *Hörster* JZ **1982** 92, 94.

300 BGH StV **2001** 172; AK/*Schöch* 34; KK/*Weingarten* 32; SSW/*Ziegler* 14.

hung der allgemeinen Gerichtshilfe in einem Verfahren gegen Jugendliche stellt deshalb einen revisiblen Rechtsfehler dar.[301]

Diese gesetzliche Aufgabenzuweisung verpflichtet den Gerichtshelfer, den Strafverfolgungsbehörden ein der **Wahrheit entsprechendes Persönlichkeitsbild** und ein Bild des sozialen Umfeldes des Beschuldigten zu vermitteln,[302] soweit es für die Rechtsfolgenzumessung erforderlich ist (Rn. 101). Die dafür bedeutsamen Umstände hat der Gerichtshelfer **objektiv** zu ermitteln, ohne Rücksicht darauf, ob sich das Ergebnis für den Beschuldigten positiv oder negativ auswirkt.[303] Der Gerichtshelfer ist weder Verteidiger oder Beistand des Beschuldigten, noch ist seine Aufgabe, soweit er aufgrund des § 160 Abs. 3 Satz 2 tätig wird, fürsorgerische Hilfe oder Betreuung.[304] Diese kann und sollte er, wo es ihrer bedarf, bei den dafür zuständigen Organen veranlassen oder vermitteln; sie selbst zu leisten kann allenfalls insoweit in Betracht kommen, als dadurch seine vorrangige Ermittlungsaufgabe nicht beeinträchtigt wird. Dem lässt sich auch nicht entgegenhalten,[305] dass eine weniger auf Herstellung einer Vertrauensbeziehung und Hilfeleistung als auf inquisitorische Ermittlung ausgerichtete Tätigkeit dem Selbstverständnis sozialarbeiterischen Handelns widerspreche. Denn die (beschränkte) Aufgabenzuweisung der Erwachsenengerichtshilfe ergibt sich aus den vorrangigen bundesgesetzlichen strafverfahrensrechtlichen Regelungen, die über die berufliche Qualifikation des Gerichtshelfers gerade keine Aussagen enthalten. 92

Aufgabe der Gerichtshilfe ist aber auch **nicht** die **Aufklärung der Tat**.[306] Die aus § 160 Abs. 1 und § 163 Abs. 1 für Staatsanwaltschaft und Polizei folgende Sachverhaltserforschungspflicht trifft sie nicht. Der Gerichtshelfer unterliegt **nicht** dem **Legalitätsprinzip**; er muss also den Verdacht anderer Straftaten, den er bei seinen Ermittlungen erfährt, von sich aus nicht der Staatsanwaltschaft mitteilen.[307] Ihn trifft allerdings insoweit weder eine über die Pflicht zur Amtsverschwiegenheit hinausgehende Schweigepflicht, noch ist er berechtigt, Umstände aus den von ihm ermittelten persönlichen Verhältnissen deshalb zu verschweigen, weil sie auch für die Tataufklärung bedeutsam sein können.[308] 93

3. Einschaltung der Gerichtshilfe

a) Auftraggeber/Bindung. Nach Absatz 3 Satz 2 ist es im Ermittlungsverfahren Sache der **Staatsanwaltschaft** zu entscheiden, in welchem Verfahren, zu welchem Zeitpunkt und mit welchem konkreten Auftrag die Gerichtshilfe eingeschaltet werden soll. Einen solchen Auftrag kann auch der Verteidiger anregen.[309] Die **Polizei** ist zur unmittelbaren Einschaltung der Gerichtshilfe nicht befugt; sie kann lediglich die Staatsanwaltschaft darauf hinweisen, dass und aus welchen Gründen ein Gerichtshilfebericht wünschenswert erscheint. **Nach Klageerhebung** ist das **Gericht** infolge der Amtsaufklärungspflicht zur Auftragserteilung berechtigt;[310] der Standort der ohnehin unvollständigen gesetzli- 94

---

301 BGH StV **2001** 172.

302 KK/*Weingarten* 33; *Roxin/Schünemann* § 9, 30; *Rahn* NJW **1973** 1357, 1358.

303 HK/*Zöller* 14.

304 *Peters* § 26 IV 6; KK/*Weingarten* 33; *Maelicke* ZRP **1985** 53 f.; *Schöch* FS Leferenz 127, 132; teilw. weitergehend *Wolter* GA **1985** 89; *Hörster* JZ **1982** 92, 95; vgl. auch die Fallbeispiele bei *Beese* BewHi. **1977** 66, 69 f.; sowie AK/*Schöch* 34 (fürsorgliche Sofortmaßnahmen zulässig und geboten).

305 So aber z.B. *Mai* BewHi. **1979** 231, 233; *Hörster* JZ **1982** 92, 94; *Bottke* MSchrKrim. **1981** 62, 69; *Schüler-Springorum* BewHi. **1977** 224, 229; ausführlich und m.w.N. *Lange* 116 ff.

306 HK/*Zöller* 14.

307 *Scheurmann* BewHi. **1977** 334, 339.

308 Vgl. auch MüKo/*Kölbel/Ibold* 86.

309 AK/*Schöch* 37; KK/*Weingarten* 34; *Rahn* NJW **1973** 1357, 1358.

310 Allg. M., vgl. AK/*Schöch* 37; KK/*Weingarten* 34; SK/*Albrecht* 41; *Lange* 161; *Schöch* FS Leferenz 127, 129.

chen Regelung bedeutet nicht, dass im gerichtlichen Verfahren die Einschaltung der Gerichtshilfe nicht zulässig sei. Die **Gerichtshilfe** ist grundsätzlich **verpflichtet**, ihr erteilte Aufträge nach Absatz 3 Satz 2 auszuführen; sie kann sie vor allem nicht mit der Begründung ablehnen, dass es ihres Einsatzes im Einzelfall nicht bedürfe. Ebensowenig ist sie aber berechtigt, von sich aus und ohne Auftrag des zuständigen Strafverfolgungsorgans tätig zu werden.[311]

95 **b) Umfang der Heranziehung.** Anders als bei der Jugendgerichtshilfe (vgl. § 38 Abs. 2 Satz 1 JGG) besteht **keine Pflicht** zur Einschaltung der Gerichtshilfe; wann sie zu beauftragen ist, entscheidet die Staatsanwaltschaft unter Berücksichtigung aller **Umstände des Einzelfalles** nach pflichtgemäßem Ermessen.[312] Leitender Gesichtspunkt dabei sollte sein, ob es zur sachgerechten Entscheidung über die Rechtsfolgenzumessung notwendig ist, die Täterpersönlichkeit und das soziale Umfeld durch ein fachlich besonders ausgebildetes Ermittlungsorgan aufzuklären.[313] Das wird nicht selten im Bereich der Schwerkriminalität ohne Weiteres anzunehmen sein; im Übrigen liegt die Einschaltung nahe, wenn besondere Auffälligkeiten bei der Tatbegehung vorhanden sind oder wenn es sich um jungerwachsene Beschuldigte oder um solche handelt, die erstmals im höheren Alter auffallen.[314] Auch in Jugendschutzsachen wird oft eine besonders sorgfältige Ermittlung von Täterpersönlichkeit und sozialem Umfeld geboten sein, die den Einsatz der Gerichtshilfe nahelegt.[315]

96 Da die Gerichtshilfe nicht der Tataufklärung dient, ist ihre Einschaltung bei **zweifelhafter Anklagereife** nicht mit dem Ziel zulässig, aus der Aufklärung der persönlichkeitsrelevanten Umstände zusätzliche Indizien für die Täterschaft zu gewinnen. Sie kann indessen zumindest theoretisch in Betracht kommen, wenn zu klären ist, ob in der Täterpersönlichkeit Umstände vorliegen, die eine **Einstellung nach** den **§§ 153, 153a oder 153b** ermöglichen,[316] denn wenn es der Zweck der Gerichtshilfe ist, die sanktionsrelevanten Tatsachen aufzuklären, muss es im Prinzip auch zulässig sein, sie mit dem Ziel einzusetzen, festzustellen, ob überhaupt eine Sanktion notwendig ist. Hier wird ihr Einsatz freilich vielfach am Grundsatz der Verhältnismäßigkeit scheitern,[317] der an dieser Stelle in gleicher Weise zum Tragen kommt, wie dies bei Ermittlungen der Staatsanwaltschaft zum Rechtsfolgensachverhalt bei Erwartung eher geringfügiger Sanktionen der Fall ist (s.o. Rn. 63).

97 Der **Umfang der Ermittlungen** braucht im Auftrag nicht in jedem Fall konkretisiert zu werden; zulässig ist dies stets. Eine Konkretisierung ist immer dann erforderlich, wenn die Staatsanwaltschaft als Auftraggeber entweder bestimmte Ermittlungen, die üblicherweise von der Gerichtshilfe nicht vorgenommen werden, für erforderlich hält, oder wenn sie, aus ermittlungstaktischen Gründen oder aus Gründen der Verhältnismäßigkeit, bestimmte Ermittlungshandlungen ausschließen will.[318] Sie kann bestimmte Ermittlungsmaßnahmen des Gerichtshelfers auch von ihrer gesonderten Zustimmung abhängig machen oder nur für den

---

311 AK/*Schöch* 37. Zur Frage des Initiativrechts *Lange* 150 ff. m.w.N.

312 HK/*Zöller* 15; KK/*Weingarten* 34; *Rahn* NJW **1973** 1357, 1358.

313 Schmitt/Köhler/*Köhler* 24; SK/*Albrecht* 42; ausführlich *Lange* 143 ff.

314 Ähnlich *Rahn* BewHi. **1976** 134, 138; ferner *Peters* § 26 III 2 (regelmäßig bei Freiheitsstrafe oder freiheitsentziehenden Maßregeln); *Sontag* NJW **1976** 1436. Vgl. auch AK/*Schöch* 38 (regelmäßig bei nicht ganz geringer Freiheitsstrafe oder bei zu erwartenden Maßregeln); *Schäfer/Sander/van Gemmeren* Rn. 1282 (bei gravierenden Straftaten, wenn der Angeklagte keine zureichenden Angaben macht).

315 *Rahn* NJW **1973** 1357, 1358.

316 LR/*Meyer-Goßner*[23] 41; *Hörster* JZ **1982** 92, 93; *Schüler-Springorum* BewHi. **1977** 224, 230; *Stöckel* FS Bruns 299, 303; *Wolter* GA **1985** 88.

317 Vgl. *Schöch* FS Leferenz 127, 135; MüKo/*Kölbel/Ibold* 88; SK/*Albrecht* 42 a.E.

318 HK/*Zöller* 15; KK/*Weingarten* 34; MüKo/*Kölbel/Ibold* 87; vgl. auch *Lange* 166 ff.

Fall eines bestimmten Ergebnisses vorrangig auszuführender Ermittlungen anordnen („Stufenplan").[319] An derartige Beschränkungen ist der Gerichtshelfer gebunden.

c) Zeitpunkt. Die Gerichtshilfe sollte einerseits so früh wie möglich eingeschaltet werden, schon um Verfahrensverzögerungen zu vermeiden. Andererseits ist dies vielfach noch nicht sachgerecht, wenn die Frage des genügenden Anlasses zur Klageerhebung noch zweifelhaft ist.[320] Ist der Gerichtshilfebericht für die Art der Klageerhebung bedeutsam, etwa weil die Sanktionserwartung die Zuständigkeit beeinflussen kann, so muss mit der Klageerhebung i.d.R. bis zu seinem Vorliegen abgewartet werden. Es ist aber nicht ausgeschlossen, die Gerichtshilfe im zeitlichen Zusammenhang mit der Klageerhebung zu beauftragen und den Gerichtshilfebericht nachzureichen.[321] 98

d) Andere Aufträge. Aus § 160 Abs. 3 Satz 2 und § 463d kann nicht geschlossen werden, dass die Gerichtshilfe nur zu den dort umschriebenen Aufgaben herangezogen werden darf. Andere Aufträge können ihr im Strafverfahren immer dann übertragen werden, wenn es vorrangig auf die Ermittlung der persönlichen Verhältnisse und des sozialen Umfelds ankommt oder wenn die spezifischen beruflichen Fähigkeiten sozialarbeiterischer Tätigkeit für die Lösung des jeweiligen Problems besonders geeignet erscheinen.[322] Aus der StPO lässt sich allerdings keine Verpflichtung der Gerichtshilfe ableiten, solche anderen Aufträge zu erledigen, sodass es in diesen Fällen entweder einer Vereinbarung zwischen der Gerichtshilfe und den Strafverfolgungsbehörden oder einer landesrechtlichen Regelung bedarf. Dabei lassen sich für die Gerichtshilfe auch Felder erschließen, in denen über die bloße ermittelnde Tätigkeit hinaus auch fürsorgerische und betreuende Aufgaben eine Rolle spielen können.[323] 99

In der Praxis kommen solche zusätzlichen Aufträge für die Gerichtshilfe vor allem im Rahmen einer sog. **Haftentscheidungshilfe** in Betracht.[324] Bei dieser ist es das Ziel der Einschaltung der Gerichtshilfe, durch eine rasche Klärung der Persönlichkeit und des sozialen Umfelds des Beschuldigten dem Haftrichter eine möglichst umfassende Kenntnis der für die Bewertung der Haftgründe maßgebenden Tatsachen zu vermitteln. Darüber hinaus hat sie auch das Ziel, durch geeignete sozialhelferische und therapeutische Betreuungsmaßnahmen Haftgründe, namentlich den der Fluchtgefahr, auszuräumen oder den Einsatz milderer Mittel (§ 116) zu ermöglichen. Andere Überlegungen und Aktivitäten beziehen die Gerichtshilfe in die Bemühungen um einen **Täter-Opfer-Ausgleich** mit ein, indem dem Gerichtshelfer die Aufgabe zugewiesen wird, die Voraussetzungen und Modalitäten einer Schadenswiedergutmachung zu klären und eine solche 100

319 Schmitt/Köhler/*Köhler* 25.

320 KK/*Weingarten* 34; *Schöch* FS Leferenz 127, 135 (mit zu formalistischer Anknüpfung an das Geständnis); *Lange* 169 f.

321 Vgl. *Peters* § 26 III 2; enger LR/*Meyer-Goßner*[23] 41.

322 Dazu etwa die Übersicht bei *Block* BewHi. **1994** 117, 125 ff.; ferner die bei *Sonnen* FS StA Schleswig-Holstein 431, 434 ff. dargestellten Aktivitäten.

323 Vgl. insoweit zur Haftentscheidungshilfe *Mai* BewHi. **1979** 231, 239 f.; *Chilian* FS Leferenz 107, 117 f.; *Best* 41.

324 Dazu näher LR/*Lind* Vor § 112, 104; *Sonnen* FS StA Schleswig-Holstein 431, 434; vgl. auch die Darstellungen des Hamburger Modellversuchs bei *Hardraht* BewHi. **1980** 182; *Beese* BewHi. **1977** 66; *Bender/Reher* BewHi. **1981** 17; *Lau* BewHi. **1981** 25; *Plemper* BewHi. **1981** 7 ff.; vgl. auch den (nicht weiterverfolgten) Vorschlag in Art. 1 Nr. 10 des Gesetzentwurfs der SPD-Fraktion, BTDrucks. **11** 688 zur Einfügung eines neuen § 131a StPO; *Schöch* FS Leferenz 127, 137.

zu vermitteln.[325] Auch bei dem durch entsprechende Landesverordnungen geregelten Einsatz von **freier Arbeit statt Ersatzfreiheitsstrafe** kommt der Einsatz der Gerichtshilfe in Betracht.[326]

4. Tätigkeit der Gerichtshilfe

101 **a) Allgemeines/Grenzen.** Die der Gerichtshilfe nach Absatz 3 Satz 2 zugewiesene Aufgabe, die für die Rechtsfolgenzumessung maßgebenden Umstände zu ermitteln, erfordert in erster Linie die Feststellung von Fakten und ihre geordnete Zusammenstellung zu einem Bild der Persönlichkeit und des sozialen Umfeldes, das in Form eines schriftlichen Berichts (Rn. 108) zu den Akten des Strafverfahrens zu nehmen ist. Dabei brauchen nur diejenigen Umstände erforscht zu werden, die nach Lage des konkreten Falles für das Strafverfahren und die Rechtsfolgenentscheidung von Bedeutung werden können; zu einer darüber hinausgehenden und dadurch nicht veranlassten umfassenden „psychosozialen Diagnose" ist der Gerichtshelfer schon aus Gründen der Verhältnismäßigkeit nicht berechtigt.[327] Auffälligkeiten in Persönlichkeit und Umfeld des Beschuldigten, die Veranlassung zur Einschaltung eines psychiatrischen oder psychologischen Sachverständigen geben können, sind dem Auftraggeber mitzuteilen, mindestens im abschließenden Bericht deutlich hervorzuheben.[328] Das Gesetz schreibt, anders als bei der Jugendgerichtshilfe (§ 38 Abs. 3 Satz 2 JGG), nicht vor, dass der Gerichtshelfer Anregungen zu den Sanktionen geben soll. Sie sind ihm allerdings, ebenso wie eine Prognose über das künftige Verhalten (vgl. Rn. 111), nicht untersagt und können im Einzelfall zu den vom Gerichtshelfer zu ermittelnden und zu erörternden Umständen der Rechtsfolgenzumessung gehören.[329]

102 Die dem Gerichtshelfer obliegende **Sachverhaltserforschung** erfordert notwendig, dass er auf Erkenntnisquellen zurückgreift. Absatz 3 Satz 2 gestattet ihm damit die Erhebung personenbezogener Daten. Die Befugnis zur Speicherung und Nutzung solcher Erkenntnisse in Dateien richtet sich nach § 483 Abs. 1. Der Gerichtshelfer kann Gespräche mit dem Beschuldigten und mit anderen Auskunftspersonen (Zeugen) führen. Dabei würde es sich, wenn die Staatsanwaltschaft die Aufklärung des Rechtsfolgenzumessungssachverhalts selbst oder durch die Polizei vornehmen würde, um **Vernehmungen** handeln. Diesen Charakter verlieren sie nicht dadurch, dass sich die Staatsanwaltschaft der Gerichtshilfe bedient. Die für Vernehmungen geltenden Grenzen und Regeln hat deshalb auch der Gerichtshelfer zu beachten.[330]

103 Der Gerichtshelfer hat bei seinen Ermittlungen **keine Zwangsbefugnisse**; die besondere Auskunftsbefugnis der Staatsanwaltschaft nach § 161 Abs. 1 Satz 1 steht ihm nicht zu. Auskünfte, die etwa dem **Sozial- oder Steuergeheimnis** unterliegen (§ 161, 30 ff.) oder die Herausgabe entsprechender Akten kann er nicht verlangen, soweit nicht der Geheimnisinhaber zustimmt. Die vom Gerichtshelfer gewonnenen Kenntnisse unterliegen der nach § 203 Abs. 2 StGB strafbewehrten Pflicht zur **Amtsverschwiegenheit**. Bei den von der Gerichtshilfe erhobenen Daten handelt es sich dagegen **nicht** um **Sozialdaten** im Sinne

---

325 Dazu ausführlich LR/*Mavany* §§ 155a, 155b; ferner *Sonnen* FS StA Schleswig-Holstein 431, 436 f.; *Dünkel/Rössner* ZStW **99** (1987) 845, 867; *Hering/Rössner* BewHi. **1984** 220; *Sessar* 233 ff.; teilweise krit. (Verwässerung des Berufsbilds) *Thier* Neue Kriminalpolitik **2004** 67, 68.

326 Vgl. *Sonnen* FS StA Schleswig-Holstein 431, 434 ff.; *Best* 213 ff.

327 Vgl. dazu u.a. Richtlinien (BewHi. **1976** 71) Nr. 2; *Schüler-Springorum* BewHi. **1977** 224, 229.

328 Richtlinien (BewHi. **1976** 71) Nr. 5.

329 Vgl. z.B. § 46 Abs. 1 Satz 2; § 56 Abs. 1 Satz 1; § 63 StGB.

330 Dazu ausführlich (auch mit Nachw. der Gegenmeinung) *Bottke* MSchrKrim. **1981** 62, 69 ff.

des § 35 Abs. 1 SGB I,[331] weil sie nicht durch Organe der Sozialversicherung im Zusammenhang mit der Begründung von Sozialhilfeansprüchen gewonnen werden, sondern durch ein Strafverfolgungsorgan zum Zwecke der Strafverfolgung.

b) Gespräch mit dem Beschuldigten. Ein **Gespräch mit dem Beschuldigten** wird regelmäßig notwendiger Bestandteil der Ermittlungstätigkeit des Gerichtshelfers sein. Dabei ist der Beschuldigte nach § 136 Abs. 1 Satz 2 über seine Aussagefreiheit und seine Befugnis, einen Verteidiger zu befragen, zu belehren, denn dieses Gespräch ist im Rechtssinne Vernehmung des Beschuldigten.[332] Die Belehrung ist auch dann erforderlich, wenn der Beschuldigte bereits von Richter, Staatsanwaltschaft oder Polizei vernommen und dabei nach § 136 Abs. 1, § 163a Abs. 3 Satz 2, Abs. 4 belehrt worden ist, denn es kann nicht davon ausgegangen werden, dass dem Beschuldigten stets bewusst ist, dass seine Aussagefreiheit auch gegenüber einem für die Gerichtshilfe tätigen Sozialarbeiter besteht. Dem Beschuldigten muss unmissverständlich klargemacht werden, dass seine Angaben im Strafverfahren verwertet werden sollen;[333] daran findet auch die an sich durchaus erwünschte Herstellung einer Vertrauensbeziehung zwischen Beschuldigtem und Gerichtshelfer eine Grenze.[334] Befindet sich der Beschuldigte nicht auf freiem Fuß, so hat der Gerichtshelfer rechtlich keinen Anspruch auf ein unüberwachtes Gespräch; § 148 und § 93 Abs. 3 JGG sind auch nicht analog anwendbar.[335] Jedoch wird ihm eine solche Möglichkeit, wenn nicht besondere Gründe dagegen sprechen, durch die zuständige Strafverfolgungsbehörde im Rahmen pflichtgemäßer Ermessensausübung regelmäßig einzuräumen sein. 104

Wegen der Notwendigkeit, die Entscheidungsfreiheit des Beschuldigten zu berücksichtigen, sollte der Gerichtshelfer **Hausbesuche** nur zurückhaltend vornehmen;[336] ohne vorherige Ankündigung sind sie regelmäßig bedenklich, auch wenn sie für die Gewinnung eines unverfälschten Persönlichkeitsbildes besonders nützlich sein mögen. Der Gerichtshelfer darf Hausbesuche nur im Einverständnis mit den Inhabern des Hausrechts vornehmen. Dem **Verteidiger** steht ein Anwesenheitsrecht bei dem Gespräch mit dem Beschuldigten nicht zu; er hat auch keinen Anspruch auf Terminsmitteilung. Jedoch kann der Beschuldigte, was auch sein Verteidiger erklären kann, seine Gesprächsbereitschaft von der Anwesenheit seines Verteidigers abhängig machen.[337] 105

c) Andere Nachforschungen. Bei den Gesprächen mit anderen Personen handelt es sich, soweit der Gerichtshelfer nach Absatz 3 Satz 2 tätig wird, rechtlich um **Zeugenvernehmungen**. Der Gerichtshelfer hat diese daher über Zeugnis- und Auskunftsverweigerungsrechte (§§ 52, 55) zu belehren.[338] Er muss ferner alles vermeiden, was zu einer Diskriminie- 106

331 Für die JGH, bei der wegen der Zuordnung zu den Jugendämtern die Situation anders liegen mag, was hier dahinstehen kann, **a.A.** *Eisenberg* NStZ **1986** 310 gegen LG Bonn NStZ **1986** 40.

332 Heute allg. M.; AK/*Schöch* 42; HK/*Zöller* 15; KK/*Weingarten* 34; Schmitt/Köhler/*Köhler* 25; MüKo/*Kölbel/Ibold* 90; KMR/*Noltensmeier-von Osten* 19; SK/*Albrecht* 47; LR/*Gleß* § 136, 2; *Roxin/Schünemann* § 25, 12; *Ranft* Rn. 519; *Lange* 177; *Bottke* MSchrKrim. **1981** 62, 71; *Schöch* FS Leferenz 127, 137.

333 KK/*Weingarten* 34; *Hörster* JZ **1982** 92, 94; *Lange* 172, 179; *Rahn* NJW **1983** 1357, 1358.

334 Vgl. dazu u.a. *Bottke* MSchrKrim. **1981** 62, 69 f.; *Lange* 183.

335 KK/*Weingarten* 34; Schmitt/Köhler/*Köhler* 25; KMR/*Noltensmeier-von Osten* 19; *Lange* 172; **a.A.** AK/*Schöch* 43; *Schöch* FS Leferenz 127, 138.

336 Teilweise **a.A.** AK/*Schöch* 42 (erscheint sinnvoll); *Hörster* JZ **1982** 92, 95; *Mai* BewHi. **1979** 231, 235; vgl. auch *Lange* 187.

337 SK/*Albrecht* 47 a.E. Vgl. zur Zusammenarbeit zwischen Verteidiger und Gerichtshelfer auch *Dahs* (Hdb.) Rn. 1101.

338 HK/*Zöller* 15; KK/*Weingarten* 34; Schmitt/Köhler/*Köhler* 25; SK/*Albrecht* 47; *Lange* 186; *Ranft* Rn. 519; *Schöch* FS Leferenz 127, 137.

rung des Beschuldigten führen kann. Das gilt namentlich für Gespräche mit Personen, die über den Tatverdacht nicht unterrichtet sind; im Allgemeinen sollte für derartige Befragungen das Einverständnis des Beschuldigten herbeigeführt werden.[339] Die **Heranziehung von** anderen **Akten**, insbesondere solche der Sozialverwaltung, ist nur unter Berücksichtigung der jeweiligen datenschutzrechtlichen Grenzen (vgl. § 161, 32 ff.) möglich; dazu wird es vielfach des Einverständnisses des Betroffenen bedürfen.[340]

107 Nach herrschender und zutr. Ansicht hat der Gerichtshelfer keinen Anspruch auf **Einsicht in die Akten des Verfahrens**,[341] richtigerweise auch nicht im Hinblick auf § 474 Abs. 1, da die Gerichtshilfe im Verfahren nur als unselbständiges Hilfsorgan fungiert.[342] In der Regel dürfte freilich kein Grund ersichtlich sein, ihm die Einsicht zu verweigern (vgl. auch § 80 Abs. 2). Anders kann es dann liegen, wenn einer vollen Kenntnis des Akteninhalts der Ermittlungszweck entgegensteht, oder wenn, namentlich bei einem Verfahren gegen mehrere Beschuldigte, persönlichkeitssensible Daten Dritter betroffen sind. In solchen Fällen wird eine gegenständlich beschränkte Akteneinsicht in Betracht kommen.

108 **d) Bericht.** Der Auftrag und die Ergebnisse der Ermittlungen der Gerichtshilfe sind stets als Ergebnisse des Ermittlungsverfahrens in den Verfahrensakten zu dokumentieren (vgl. Rn. 65 f.). Regelmäßig erfolgt dies in der Form eines schriftlichen Berichts des Gerichtshelfers;[343] wird die Gerichtshilfe nur zur Aufklärung einzelner Umstände oder Tatsachen eingesetzt, so kann eine kurze Mitteilung hierüber oder ein Aktenvermerk genügen.[344] Ist die Erstellung eines Berichts nicht möglich, etwa weil der Beschuldigte und wichtige sonstige Auskunftspersonen nicht zur Mitarbeit bereit sind, so ist dieser Umstand in den Ermittlungsakten zu vermerken. Ob der Gerichtshelfer darüber hinaus die von ihm als Grundlage für den Bericht gefertigten Vermerke und Notizen über seine Gespräche zusammen mit dem Bericht zu den Verfahrensakten geben muss,[345] ist zweifelhaft; die Praxis verfährt ersichtlich nicht so.

109 Der Bericht ist der auftraggebenden Stelle, regelmäßig also der Staatsanwaltschaft, zu übersenden und von dieser zu den Akten des Verfahrens zu nehmen; er unterliegt damit der **Akteneinsicht** durch den Verteidiger nach § 147.[346] Ob diesem die Einsicht in den Bericht nach § 147 Abs. 2 versagt werden kann, erscheint nicht unzweifelhaft. Es könnte erwogen werden, auf ihn § 147 Abs. 3 (Gutachten von Sachverständigen) analog anzuwenden; verneint man dies, so wird es jedenfalls stets besonderer Begründung bedürfen, dass

---

339 Ebenso Nr. 3 der Richtlinien (BewHi. **1976** 71); wohl auch AK/*Schöch* 41; zu eng § 150 Abs. 3 nach dem Vorschlag des AE-StPO-HV, nach dem andere Personen nur dann nicht befragt werden sollen, wenn dadurch unverhältnismäßige Nachteile zu befürchten sind; ebenso *Schöch* FS Leferenz 127, 136; vgl. auch *Beese* BewHi. **1980** 142, 149; für die zwingende Notwendigkeit eines Einverständnisses des Beschuldigten MüKo/*Kölbel/Ibold* 90.

340 *Lange* 187, vgl. weitergehend Richtlinien (BewHi. **1976** 71) Nr. 2, wonach die Heranziehung von Vorgängen über den Betroffenen oder seiner Familie bei anderen Behörden nur „nach Möglichkeit" mit seinem Einverständnis erfolgen soll.

341 HK/*Zöller* 15; KK/*Weingarten* 34; KMR/*Noltensmeier-von Osten* 19, Schmitt/Köhler/*Köhler* 25; SK/*Albrecht* 48; *Lange* 183; *Groß/Fünfsinn* NStZ **1992** 105, 109 f. (für „externe" Gerichtshelfer); **a.A.** AK/*Schöch* 43; *Schöch* FS Leferenz 127, 138.

342 Zutr. SK/*Albrecht* 48; anders noch LR/*Erb*[26] 94a.

343 Vgl. zu Anforderungen, Aufbau und Bedeutung ausführlich die Richtlinien (BewHi. **1976** 71), ferner AK/*Schöch* 44; *Lange* 189 ff.; *Rahn* BewHi. **1976** 134, 139; *Beese* BewHi. **1980** 142, 144 ff.

344 Vgl. auch *Best* 42 (schnelle, präzise und der Fragestellung angemessene Auftragserledigung).

345 So *Lange* 181, 199; vgl. auch *Peters* § 26 III 5.

346 Allg. M.; vgl. AK/*Schöch* 47; KK/*Weingarten* 35; MüKo/*Kölbel/Ibold* 91; SK/*Albrecht* 45; *Bottke* MSchrKrim. **1981** 62, 72; *Hörster* JZ **1982** 92, 96; *Sontag* NJW **1976** 1436, 1437.

durch die Einsicht der Untersuchungszweck gefährdet werden kann. Dagegen wird der Bericht im Hinblick auf die in ihm enthaltenen Daten aus dem persönlichen Lebensbereich von der **Akteneinsicht durch den Verletzten** oft nach § 406e Abs. 2 Satz 1 auszunehmen sein.[347] Die Gerichtshilfe ist nicht befugt, den Bericht von sich aus anderen Personen als dem Auftraggeber, auch nicht dem Beschuldigten oder seinem Verteidiger, zur Verfügung zu stellen oder Auskünfte aus ihm zu erteilen.

Der Gerichtshelfer ist nicht verpflichtet, den vorzulegenden Bericht mit dem Beschul- **110**
digten zu erörtern, um diesem **rechtliches Gehör** zu gewähren.[348] Dem Beschuldigten ist durch die Akteneinsicht und die Erörterung des Berichtsinhalts in der Hauptverhandlung eine ausreichende Gehörsmöglichkeit eröffnet. Selbstverständlich ist ein solches abschließendes Gespräch mit dem Beschuldigten dem Gerichtshelfer nicht verboten; es kann zur Gewinnung eines umfassenden Bildes zweckmäßig sein.[349]

Der **Inhalt des Berichts** muss in erster Linie das vom Gerichtshelfer ermittelte Tatsa- **111**
chenmaterial in einer **objektiven** und geordneten **Darstellung** wiedergeben; er soll insoweit ein klares Bild von der Persönlichkeit und dem sozialen Umfeld des Beschuldigten zeichnen, soweit es nach Lage des konkreten Einzelfalles für die Sanktionsbemessung von Bedeutung ist (vgl. Rn. 101).[350] Dabei sind die ermittelten Tatsachen von eigenen Wertungen des Gerichtshelfers, bei denen Zurückhaltung angezeigt erscheint, klar zu trennen; die Quellen für die einzelnen tatsächlichen Feststellungen sind so anzugeben, dass die Strafverfolgungsbehörden, falls erforderlich, auf diese Beweismittel zurückgreifen können. Eigene Bewertungen zur Täterschaft des (bestreitenden) Beschuldigten sollte der Bericht regelmäßig nicht enthalten; dem Gerichtshelfer mitgeteilte Tatsachen, die insoweit Rückschlüsse ermöglichen, darf der Bericht aber nicht verschweigen.[351] Ob und in welchem Umfang der Bericht über diese anamnestische Darstellung hinaus auch prognostische Hinweise und Anregungen für die in Betracht kommenden Sanktionen enthalten soll, ist umstritten.[352]

5. Freibeweisliche Verwertung des Berichts. Die Verwertung des bei den Akten be- **112**
findlichen Gerichtshilfeberichts ist uneingeschränkt möglich, soweit Freibeweis gilt, also im gesamten **Ermittlungsverfahren**, bei der Entscheidung über die **Eröffnung des Hauptverfahrens** und im **Strafvollstreckungsverfahren**.[353] Im gerichtlichen Erkenntnisverfahren kann er verwertet werden, soweit eine Entscheidung aufgrund des Akteninhalts möglich ist, also beispielsweise beim Erlass eines **Strafbefehls**. In der Hauptverhandlung kann auf ihn zurückgegriffen werden, wenn Feststellungen im Freibeweis möglich sind,[354] also beispielsweise, wenn aus ihm Anhaltspunkte für eine Verhandlungsunfähigkeit des Angeklagten oder für den Grund seines Ausbleibens entnommen werden können.

---

347 Vgl. LR/*Wenske* § 406e, 18 ff.

348 So aber *Lange* 188; ähnlich *Mai* BewHi. **1979** 231, 236.

349 Vgl. dazu *Mai* BewHi. **1979** 231, 238; *Hörster* JZ **1982** 92, 96; vgl. auch *Chilian* FS Leferenz 107, 109.

350 Näher und m.w.N. zu Aufbau und Inhalt die Richtlinien (BewHi. **1976** 71); vgl. auch *Lange* 190 ff.; kritisch zum „filigranhaft ausgearbeiteten" Bericht *Best* 41 f.

351 Vgl. Rn. 93; insoweit besteht auch kein Auskunftsverweigerungsrecht, *Schöch* FS Leferenz 127, 142; vgl. auch *Scheurmann* BewHi. **1977** 334, 340; *Bottke* MSchrKrim. **1981** 62, 75; *Hörster* JZ **1982** 92, 98.

352 So Nr. 6 der Richtlinien (BewHi. **1976** 71); befürwortend u.a. *Chilian* FS Leferenz 107, 117, *Hörster* JZ **1982** 92, 98; *Schlüchter* Rn. 77; *Schüler-Springorum* BewHi. **1977** **224**, 232; wohl auch AK/*Schöch* 44; zurückhaltend *Rahn* BewHi. **1976** 134, 141; wohl auch *Lange* 196 f.; kontrovers Bundesarbeitstreffen Gerichtshilfe 1981, dazu *Rehder* BewHi. **1982** 72 f.; vgl. auch (zu den Erwartungen der Auftraggeber) *Renschler-Delcker* 192 ff.; *Schöch* FS Leferenz 127, 132; aber auch *Beese* BewHi. **1977** 66, 67; **1980** 142, 150.

353 *Bottke* MSchrKrim. **1981** 62, 72.

354 Dazu LR/*Becker*[27] § 244, 30 ff.

6. Verwertung in der Hauptverhandlung

113 **a) Gerichtshelfer kein Verfahrensbeteiligter.** Der **Gerichtshelfer** ist in der Hauptverhandlung **kein Verfahrensbeteiligter** mit eigenen Befugnissen.[355] Anders als nach § 50 Abs. 3 Satz 1 JGG dem Vertreter der Jugendgerichtshilfe brauchen ihm Zeit und Ort der Hauptverhandlung nicht mitgeteilt zu werden; ein Äußerungsrecht entsprechend § 50 Abs. 3 Satz 2 JGG steht ihm in der Eigenschaft als Gerichtshelfer nicht zu. § 50 Abs. 3 JGG kann auch nicht analog angewendet werden.[356] Erklärungen des Gerichtshelfers, die für die Entscheidung über die Schuldfrage und Rechtsfolgenzumessung aufgrund der Hauptverhandlung verwendet werden sollen, setzen voraus, dass er als Zeuge (oder Sachverständiger) vernommen wird (vgl. Rn. 116). Eine in der Praxis offenbar gelegentlich übliche „formlose" Anhörung des Gerichtshelfers[357] widerspricht dem Gesetz.[358]

114 **b) Einführung des Gerichtshilfeberichts.** Eine **Verlesung** des Gerichtshilfeberichts in der Hauptverhandlung zum Zwecke der Beweisaufnahme über seinen Inhalt ist in aller Regel nicht zulässig; sie kann vor allem nicht auf § 256 gestützt werden.[359] Für eine analoge Anwendung von § 50 Abs. 3 Satz 3 JGG ist im Hinblick auf die abweichende Rolle der Jugendgerichtshilfe und der spezifischen Bezugnahme der Vorschrift auf § 38 Abs. 7 Satz 1 JGG, der in der StPO keine Entsprechung findet ebenfalls kein Raum. Auch eine Verlesung unter den Voraussetzungen von § 251 Abs. 1 Nr. 1 oder 2 kommt nur ausnahmsweise und nur in Teilen in Betracht, soweit der Gerichtshelfer ohne die Voraussetzungen dieser Norm über einzelne, nicht durch sachnähere Beweismittel zu beweisende Tatsachen als Zeuge vernommen werden müsste.[360] Der Bericht in seiner Gesamtheit ist nämlich keine schriftliche Mitteilung eines Zeugen, sondern die Mitteilung eines besonderen Prozessorgans, für deren Verlesung als Beweismittel keine gesetzliche Grundlage besteht.[361] Letzteres gilt auch für die (entgegen verbreiteter Ansicht[362] und bestehenden praktischen Gepflogenheiten mithin ebenfalls unzulässige) formlose Verlesung durch den anwesenden Mitarbeiter der Gerichtshilfe selbst.[363]

---

355 Allg. M., vgl. etwa HK/*Zöller* 16; MüKo/*Kölbel/Ibold* 92; SK/*Wohlers*[4] 66; *Kühne* Rn. 164.1; *Schroeder/Verrel* Rn. 105 a.E.; Schmitt/Köhler/*Köhler* 23; umfassende Nachw. zu den verschiedenen Auffassungen zur Einführung des Gerichtshilfeberichts in die Hauptverhandlung bei *Lange* 201 ff.

356 KK/*Weingarten* 36; *Sontag* NJW **1976** 1436, 1437.

357 Vgl. *Renschler-Delcker* 165 f., 172 f.; *Schöch* FS Leferenz 127, 141; befürwortend *Hörster* JZ **1982** 92, 97.

358 Ebenso BGH NStZ **2008** 709; HK/*Zöller* 16; *Bottke* MSchrKrim. **1981** 62, 73; *Lange* 256 f.; ferner (für den Bewährungshelfer) OLG Celle StV **1995** 292.

359 Für § 256 Abs. 1 Nr. 1a im Ergebnis mit unterschiedl. Begründung allg. M.; vgl. LR/*Stuckenberg*[27] § 256, 19; AK/*Schöch* 47; AnwK/*Walther* 24; HK/*Zöller* 16; KK/*Weingarten* 37; Schmitt/Köhler/*Köhler* 26; *Rüping* Rn. 201; *Schäfer/Sander/van Gemmeren* Rn. 1285; *Kühne* Rn. 164; SK/*Wohlers*[4] 69; *Sontag* NJW **1976** 1436, 1437; *Schöch* FS Leferenz 127, 140; für § 256 Abs. 1 Nr. 5 **a.A.** im Ergebnis MüKo/*Kölbel/Ibold* 93; SSW/*Ziegler* 15; insoweit offen gelassen bei BGH v. 26.9.2007 – 1 StR 276/07, StV **2008** 338 Rn. 4 = NStZ **2008** 709 Rn. 4; einschr. NK/*Heghmanns* 32.

360 Zutr. (zu § 251 Abs. 2 a.F.) AK/*Schöch* 47; entsprechend lagen die Dinge bei BGH v. 26.9.2007 – 1 StR 276/07, StV **2008** 338 = NStZ **2008** 709, wo die Gerichtshilfe über die körperlichen und psychischen Folgen für die Tatopfer berichtete.

361 Ebenso SK/*Wohlers*[4] 69; **a.A.** BGH NStZ **2008** 709 f.; KK/*Weingarten* 36; NK/*Heghmanns* 32; Schmitt/Köhler/*Köhler* 26; *Eisenberg* NStZ **1985** 84.

362 So für den Jugendgerichtshelfer BGH NStZ **1984** 467 mit abl. Anm. *Brunner* und *Eisenberg* NStZ **1985** 84; allgemein KK/*Weingarten* 37; Schmitt/Köhler/*Köhler* 26; OK/*Sackreuter* 22; SSW/*Ziegler* 15.

363 AnwK/*Walther* 25; HK/*Zöller* 16; SK/*Wohlers*[4] 68; vgl. auch *Brunner* NStZ **1984** 467 f.

Soweit dies nach allgemeinen Grundsätzen zulässig ist, kann der Inhalt des Gerichtshilfeberichts im Wege des **Vorhalts** eingeführt werden.[364] Möglich ist dies jedoch nur bei solchen Tatsachen, die die Person, der der Bericht vorgehalten wird, bestätigen kann. Ein Vorhalt an den Angeklagten kommt deshalb in erster Linie für die ihn betreffenden biografischen Daten und die ihm bekannten Umstände seiner sozialen Umwelt in Betracht, nicht aber für Tatsachen, die der Gerichtshelfer bei dritten Personen erforscht hat, etwa deren Einschätzung vom Angeklagten, und nicht für das vom Gerichtshelfer beschriebene Gesamtbild von der Persönlichkeit des Angeklagten oder die Ausführungen zu den Sanktionsmaßnahmen und zur Prognose. Der gesamte Bericht kann deshalb in aller Regel nicht durch Vorhalt eingeführt werden.[365] Ist ein Vorhalt nicht möglich oder führt er, etwa weil der Angeklagte die ihm vorgehaltenen Umstände nicht bestätigt, nicht zum Erfolg, so sind, sofern es sich um die Bekundung von einzelnen Tatsachen handelt, erforderlichenfalls die hierfür im Bericht angegebenen Quellen als Beweismittel heranzuziehen, also in erster Linie die vom Gerichtshelfer angegebenen Auskunftspersonen als **Zeugen** zu vernehmen. Die Vernehmung des Gerichtshelfers als Zeuge genügt in diesen Fällen nur dann, wenn sich das Gericht nach allgemeinen Grundsätzen mit der Vernehmung des „Zeugen vom Hörensagen"[366] begnügen darf.[367] 115

c) Vernehmung des Gerichtshelfers. Eine **Vernehmung des Gerichtshelfers** kommt in Betracht, wenn es erforderlich ist, Beweis über von ihm ermittelte Umstände, etwa ihm gegenüber bekundete Tatsachen zu erheben, oder wenn seine Bewertung über die Persönlichkeit des Angeklagten und seines sozialen Umfeldes für die Urteilsfindung verwertet werden soll.[368] Der Gerichtshelfer ist insoweit (sachverständiger) **Zeuge**.[369] Wird er zur Prognose oder zu den zu verhängenden Sanktionen und ihrer Wirkung auf den Angeklagten gehört, so dürfte er jedenfalls dann als **Sachverständiger** anzusehen sein, wenn seine besondere Sachkunde als Sozialarbeiter der Grund für die Vernehmung darstellt.[370] Soweit sich zeugnisverweigerungsberechtigte Personen in der Hauptverhandlung auf ihr Zeugnisverweigerungsrecht berufen, darf auch der Gerichtshelfer über den Inhalt der ihm gegenüber gemachten Angaben nicht vernommen werden; er steht insoweit anderen nichtrichterlichen Verhörspersonen gleich.[371] 116

364 Ebenso AK/*Schöch* 48; AnwK/*Walther* 24; HK/*Zöller* 16; *Schäfer/Sander/van Gemmeren* Rn. 1285; *Schöch* FS Leferenz 127, 141; grundsätzlich **a.A.** *Lange* 215 ff.; *Rüping* Rn. 201; krit. auch *Bottke* MSchrKrim. **1981** 62, 73.

365 Ebenso MüKo/*Kölbel/Ibold* 93; großzügiger LR/*Meyer-Goßner*[23] 47; *Rahn* NJW **1973** 1356, 1358; *Sontag* NJW **1976** 1436, 1437; wohl auch KK/*Weingarten* 37; Schmitt/Köhler/*Köhler* 26.

366 Dazu allgemein LR/*Sander/Cirener*[27] § 250, 25 ff. m.w.N.

367 Zutr. AK/*Schöch* 48 f.; MüKo/*Kölbel/Ibold* 93; **a.A.** *Lange* 227 ff., der die Vernehmung des Gerichtshelfers regelmäßig für geboten und ausreichend erachtet.

368 Vgl. *Schäfer/Sander/van Gemmeren* Rn. 1285; nach AK/*Schöch* 49 kommt eine Vernehmung nur in Ausnahmefällen in Betracht.

369 HK/*Zöller* 16; KK/*Weingarten* 36; *Kühne* Rn. 164; *Rüping* Rn. 201; *Peters* § 26; *Schöch* FS Leferenz 127, 139.

370 Zu der umstrittenen Abgrenzung von Zeuge und Sachverständigem allgemein LR/*Krause* § 85, 3 ff. m.w.N. zu. Für die Möglichkeit, dass der Gerichtshelfer als Sachverständiger zu vernehmen sein kann, auch Schmitt/Köhler/*Köhler* 26; MüKo/*Kölbel/Ibold* 92; *Rüping* Rn. 201; *Peters* § 26 III 7; *Schöch* FS Leferenz 127, 139; *Sontag* NJW **1976** 1436, 1437; **a.A.** *Kühne* 164 Fn. 7; *Bottke* MSchrKrim. **1981** 62; krit. wegen regelmäßig anzunehmender eigener Sachkunde des Gerichts auch *Schäfer/Sander/van Gemmeren* Rn. 1286.

371 AK/*Schöch* 49; HK/*Zöller* 16; KK/*Weingarten* 36; Schmitt/Köhler/*Köhler* 26; SK/*Wohlers*[4] 71; *Sontag* NJW **1976** 1436, 1437; für die Jugendgerichtshilfe BGH NJW **2005** 765.

117 Für die Vernehmung des Gerichtshelfers als Zeuge ist eine **Aussagegenehmigung** nach § 54 erforderlich.[372] Jedenfalls soweit es sich um das Verfahren handelt, für das er beauftragt wurde, ist kaum vorstellbar, dass die Voraussetzungen für die Versagung vorliegen könnten. Ein **Zeugnisverweigerungsrecht** steht ihm dagegen nicht zu. Das ergibt sich für das Verfahren, in dem er auftragsgemäß tätig geworden ist, schon aus der Natur der Sache, gilt aber allgemein.[373] Auch soweit dem Gerichtshelfer **vertrauliche Angaben** gemacht worden sind, darf er von sich aus diese weder verschweigen noch die Auskunft über seine Gewährspersonen verweigern; es gelten insoweit die gleichen Grundsätze wie bei der Behandlung von Vertraulichkeitszusagen durch die Strafverfolgungsbehörden im Allgemeinen (vgl. § 158, 16 ff. und § 163, 66). Dass die oberste Dienstbehörde die Voraussetzungen des § 96 anerkennen wird, wird kaum jemals anzunehmen sein. Der Gerichtshelfer darf deshalb Vertraulichkeitszusagen nicht geben und sollte bei der spontanen Bitte um Vertraulichkeit seinen Gesprächspartner auf die Grenzen hinweisen.[374]

7. Rechtsbehelfe

118 **a) Allgemeines/Aufsichtsbeschwerde.** Ob und in welchem Umfang im Ermittlungsverfahren die Gerichtshilfe zur Aufklärung der sanktionsrelevanten Umstände eingesetzt wird, entscheidet die Staatsanwaltschaft im Rahmen der freien Gestaltung des Ermittlungsverfahrens. Eine isolierte **gerichtliche Überprüfung** ist weder mit dem Ziel möglich, eine Tätigkeit der Gerichtshilfe zu erzwingen, noch, eine solche zu verhindern. Da bei der Tätigkeit der Gerichtshilfe Zwangsmaßnahmen nicht ergriffen werden können, scheidet auch das Verfahren nach den §§ 23 EGGVG gegen einzelne Ermittlungshandlungen des Gerichtshelfers in aller Regel aus. Dagegen ist gegen Handlungen des Gerichtshelfers die **Aufsichtsbeschwerde** zulässig. Richtet sie sich gegen den Inhalt des der Gerichtshilfe erteilten Auftrags, so ist zur Entscheidung darüber der jeweilige Auftraggeber, im Ermittlungsverfahren also die Staatsanwaltschaft, zuständig. Bei Beanstandungen über die Art und Weise der Durchführung entscheidet hierüber diejenige Stelle, der nach den unterschiedlichen landesrechtlichen Vorschriften (vgl. Rn. 89) die Aufsicht über die Tätigkeit obliegt.

119 **b) Revisibilität.** Revisible Rechtsverstöße beim Einsatz der Tätigkeit der Gerichtshilfe, die meist nur den Rechtsfolgenausspruch betreffen werden, kommen nur dann in Betracht, wenn damit in Zusammenhang stehende Rechtsfehler in die Hauptverhandlung hineinwirken und das Urteil auf ihnen beruhen kann. Es gelten insoweit die allgemeinen Grundsätze über die Revisibilität von Rechtsverstößen in Ermittlungsverfahren (Rn. 79 f.). Die Revision kann beispielsweise darauf gestützt werden, dass der Inhalt des Gerichtshilfeberichts unter Verstoß gegen die §§ 249 ff. in die Hauptverhandlung eingeführt worden ist (vgl. Rn. 114 f.) oder dass Zeugenaussagen eingeführt und verwertet worden sind, die der Gerichtshelfer unter Verstoß gegen Belehrungspflichten gewonnen hat.[375] Anders als im Jugendgerichtsverfahren[376] begründet allein die unterbliebene Heranziehung der Ge-

---

372 AK/*Schöch* 49; *Peters* § 26 III 7; *Stöckel* FS Nüchterlein 327, 335; vgl. auch (zur JGH) *Eisenberg* NStZ **1986** 308, 309.

373 AK/*Schöch* 49; KK/*Weingarten* 36; MüKo/*Kölbel/Ibold* 92; SK/*Wohlers*[4] 71; *Peters* § 26 III 7; *Schöch* FS Lefenz 127, 142; vgl. auch generell für Sozialarbeiter BVerfGE **33** 367; LR/*Ignor/Bertheau* § 53, 4 m.w.N.; **a.A.** (de lege ferenda) in eingeschränktem Umfang *Scheurmann* BewHi. **1977** 334, 339; *Hörster* JZ **1982** 92, 98.

374 Vgl. NK/*Heghmanns* 31; *Hörster* JZ **1982** 92, 98.

375 Ebenso MüKo/*Kölbel/Ibold* 94.

376 Vgl. dazu mit weit. Nachw. *Brunner/Dölling* § 38, 22 ff.

richtshilfe schon deshalb nicht die Revision, weil eine solche nicht obligatorisch ist. Ob es die **Aufklärungsrüge** begründen kann, wenn kein Gerichtshilfebericht eingeholt wird,[377] erscheint zweifelhaft und dürfte allenfalls in besonderen Ausnahmefällen in Betracht kommen. Zwar ist das Gericht auch zur vollständigen Aufklärung des Rechtsfolgenzumessungssachverhalts verpflichtet, doch wird sich ihm in aller Regel nicht die Notwendigkeit aufdrängen, hierfür die Gerichtshilfe einzuschalten. Die Aufklärungsrüge kann aber begründet sein, wenn das Gericht einen in den Akten befindlichen Gerichtshilfebericht für die Entscheidung über den Umfang der Beweisaufnahme in der Hauptverhandlung nicht heranzieht.[378]

8. Reform. Der Gesetzgeber ist 1975 bei der gesetzlichen Verankerung der Gerichtshilfe davon ausgegangen, dass ihr weiterer **gesetzlicher Ausbau** insbesondere bei einer Reform der Hauptverhandlung erforderlich sei.[379] Vorschläge im Schrifttum[380] zielten dabei überwiegend auf die Schaffung einer der Jugendgerichtshilfe vergleichbaren selbständigen Rolle als Verfahrensbeteiligter in der Hauptverhandlung, teilweise verbunden mit einer Zweiteilung der Hauptverhandlung.[381] Andere Vorschläge zielten auf eine präzisere Beschreibung der Befugnisse der Gerichtshilfe[382] und der für ihre Einschaltung in Betracht kommenden Verfahren und Fallgruppen.[383] In der aktuellen Rechtspolitik ist derzeit eine Neigung, solche gesetzlichen Maßnahmen aufzugreifen, nicht ersichtlich. 120

§ 160a
Maßnahmen bei zeugnisverweigerungsberechtigten Berufsgeheimnisträgern

(1) [1]Eine Ermittlungsmaßnahme, die sich gegen eine in § 53 Absatz 1 Satz 1 Nummer 1, 2 oder Nummer 4 genannte Person, einen Rechtsanwalt oder einen Kammerrechtsbeistand richtet und voraussichtlich Erkenntnisse erbringen würde, über die diese das Zeugnis verweigern dürfte, ist unzulässig. [2]Dennoch erlangte Erkenntnisse dürfen nicht verwendet werden. [3]Aufzeichnungen hierüber sind unverzüglich zu löschen. [4]Die Tatsache ihrer Erlangung und der Löschung der Aufzeichnungen ist aktenkundig zu machen. [5]Die Sätze 2 bis 4 gelten entsprechend, wenn durch eine Ermittlungsmaßnahme, die sich nicht gegen eine in Satz 1 in Bezug genommene Person richtet, von dieser Person Erkenntnisse erlangt werden, über die sie das Zeugnis verweigern dürfte.

(2) [1]Soweit durch eine Ermittlungsmaßnahme eine in § 53 Abs. 1 Satz 1 Nr. 3 bis 3b oder Nr. 5 genannte Person betroffen wäre und dadurch voraussichtlich Erkenntnisse erlangt würden, über die diese Person das Zeugnis verweigern dürfte, ist dies

---

377 So AK/*Schöch* 38; *Peters* § 26 II 2; *Schlüchter* Rn. 77.
378 Ähnlich MüKo/*Kölbel*/*Ibold* 94.
379 RegE EGStGB 1974, BTDrucks. 7 550 S. 300.
380 Ein umfassender Vorschlag einer gesetzlichen Neuregelung in den §§ 150, 160 Abs. 3 bis 4, § 214a des AE-StPO-HV; dazu näher AK/*Schöch* 55; Gesamtvorschläge auch bei *Lange* 262 ff.; *Hardt* BewHi. **1975** 263; *Rahn* BewHi. **1976** 134, 142; *Renschler-Delcker* 260 ff.; *Wolter* GA **1985** 89; vgl. auch *Roxin*[25] § 10, 4 f.; *Rehder*, BewHi. **1982** 73 ff.
381 So z.B. *Wolter* GA **1985** 89; *Rahn* NJW **1976** 838, 839; *Beese* BewHi. **1977** 66, 72; *Bottke* MSchrKrim. **1981** 62, 75.
382 Vgl. § 150 AE-StPO-HV; für eine Verankerung im GVG z.B. *Hardt* BewHi. **1975** 263, 267; *Lange* 262; vgl. auch *Schlüchter* Rn. 77.
383 Vgl. § 160 Abs. 3, 4 AE-StPO-HV; *Rahn* BewHi. **1976** 134, 142.

im Rahmen der Prüfung der Verhältnismäßigkeit besonders zu berücksichtigen; betrifft das Verfahren keine Straftat von erheblicher Bedeutung, ist in der Regel nicht von einem Überwiegen des Strafverfolgungsinteresses auszugehen. [2]Soweit geboten, ist die Maßnahme zu unterlassen oder, soweit dies nach der Art der Maßnahme möglich ist, zu beschränken. [3]Für die Verwertung von Erkenntnissen zu Beweiszwecken gilt Satz 1 entsprechend. [4]Die Sätze 1 bis 3 gelten nicht für Rechtsanwälte und Kammerrechtsbeistände.

(3) Die Absätze 1 und 2 sind entsprechend anzuwenden, soweit die in § 53a Genannten das Zeugnis verweigern dürften.

(4) [1]Die Absätze 1 bis 3 sind nicht anzuwenden, wenn bestimmte Tatsachen den Verdacht begründen, dass die zeugnisverweigerungsberechtigte Person an der Tat oder an einer Datenhehlerei, Begünstigung, Strafvereitelung oder Hehlerei beteiligt ist. [2]Ist die Tat nur auf Antrag oder nur mit Ermächtigung verfolgbar, ist Satz 1 in den Fällen des § 53 Abs. 1 Satz 1 Nr. 5 anzuwenden, sobald und soweit der Strafantrag gestellt oder die Ermächtigung erteilt ist.

(5) Die §§ 97, 100d Absatz 5 und § 100g Absatz 4 bleiben unberührt.

Schrifttum

Achenbach Im Abwägungsdschungel, FS Beulke (2012) 593; *Ballo* Beschlagnahmeschutz im Rahmen von Internal Investigations – Zur Reichweite und Grenze des § 160a StPO, NZWiSt **2013** 46; *Bertheau* § 160a neuer Fassung – doch offene Fragen bleiben, StV **2012** 303; *Beulke* Fernwirkungen des § 148 StPO – Ein Plädoyer wider den „gläsernen Strafverteidiger", FS Fezer (2008) 3; *Beulke/Ruhmannseder* Strafprozessuale Zwangsmaßnahmen in der Verteidigungssphäre, StV **2011** 180, 252; *Buchert/Buchert* Privilegien anwaltlicher Ombudspersonen im Strafverfahren, StV **2017** 204; *Eichner* Die Beschlagnahmefreiheit im Vertrauensverhältnis zwischen (Compliance-)Ombudsmann und mandatierten Unternehmen (2020); *Ende* Verstärkter Schutz von Berufsgeheimnisträgern – auch für Steuerberater! DStR **2009** 2556; *Erb* Die Beschlagnahme von Unterlagen bei Rechtsanwälten, FS Kühne (2013) 171; *ders.* Beweisverwertungsverbote zum Nachteil des Beschuldigten? GA **2017** 113; *Fahr* Die Neuregelung der Telekommunikationsüberwachung – Steuerberater fahren beim Zeugnisverweigerungsrecht künftig nur noch „zweiter Klasse", DStR **2008** 375; *Gercke* Zum Beschlagnahmeschutz anwaltlicher Unterlagen bei unternehmensinternen Ermittlungen, FS Wolter (2013) 933; *Glaser/Gedeon* Dissonante Harmonie: Zu eine zukünftigen „System" strafprozessualer verdeckter Ermittlungsmaßnahmen, GA **2007** 415; *Graßie/Hiéramente* Durchsuchungen bei Anwälten – eine Zeitenwende? BB **2018** 2051; *Gruske* Telekommunikationsüberwachung und Pressefreiheit (2011); *Hilger* Über den flankierenden Schutz von Zeugnisverweigerungsrechten – Zugleich Besprechung von BVerfG, Urteil vom 12.3.2003, GA **2003** 482; *Ignor* Der rechtliche Schutz des Vertrauensverhältnisses zwischen Rechtsanwalt und Mandant im Visier des Gesetzgebers, NJW **2007** 3403; *ders.* Inhaltliche Grenzen geschützter anwaltlicher Tätigkeit – „Eigentliches" und „Uneigentliches", StV **2019** 693; *Jahn* Die verfassungskonforme Auslegung des § 97 Abs. 1 Nr. 3 StPO, ZIS **2011** 453; *J. Kretschmer* § 160a StPO – gelungene oder misslungene Gesetzgebung? HRRS **2010** 551; *R. Kühne* Der Schutz der Verschwiegenheit von Rechtsanwälten, Steuerberatern und Notaren vor strafprozessualen Ermittlungsmaßnahmen (2013); *Leitner* Strafverteidigung und Verstrickungsverdacht, FS Widmaier (2008) 325; *Lilie-Hutz/Ihwas* Ein Ausblick auf Internal Investigations nach den VW/Jones Day-Entscheidungen, NZWiSt **2018** 349; *de Lind van Wijngaarden/Egler* Der Beschlagnahmeschutz von Dokumenten aus unternehmensinternen Untersuchungen, NJW **2013** 3549; *Macula* Strafprozessuale Verwertbarkeit von Entlastungsbeweisen im Lichte des Schuldprinzips (Basel 2022); *Mann* Steuerberater als „Berufsgeheimnisträger zweiter Klasse", DStR **2016** 2012; *Müller-Jacobsen* Schutz von Vertrauensverhältnissen zu Rechtsanwälten im Strafprozess – Ein erster Schritt zum Abschied vom „Zwei-Klassen-Recht", NJW **2011** 257; *Oesterle* Die Beschlagnahme anwaltlicher Unterlagen und ihre Bedeutung für die Compliance-Organisation von Unternehmen (2016); *ders.* Das Gewahrsamserfordernis des § 97 Abs. 2 S. 1 StPO, StV **2016** 118; *Puschke/Singelnstein* Telekommunikationsüberwachung, Vorratsdatenspeicherung und (sonstige) heimliche Ermittlungsmaßnahmen der StPO nach der Neuregelung zum 1.1.2008, NJW **2008** 113; *Reiß* Der strafprozessuale Schutz verfassungsrechtlich geschützter Kommunikation vor verdeckten Ermittlungsmaßnahmen, StV **2008** 539; *Rübenstahl* Zur Durchsuchung beim

Unternehmensanwalt im Kontext von „Internal Investigations", ZWH **2018** 273; *Rüping* Gefahren für das Zeugnisverweigerungsrecht des Steuerberaters, DStR **2007** 1182; *Siegrist* Ermittlungen in Steuer- und Wirtschaftsstrafsachen – Quo Vadis? wistra **2010** 427; *Rütters/A. Schneider* Die Beschlagnahme anwaltlicher Unterlagen im Unternehmensgewahrsam, GA **2014** 160; *Scharenberg* Der Schutz des Vertrauensverhältnisses zu Berufsgeheimnisträgern gemäß § 160a StPO (2016); *A. Schneider* Strafprozessuale Ermittlungsmaßnahmen und Zeugnisverweigerungsrechte (2020); *Schmid/Wengenroth* Keine Beschlagnahmefreiheit für Compliance-Ombudspersonen, NZWiSt **2016** 401; *Schwarz* Die Durchsuchung bei Steuerberatern, wistra **2017** 4; *Szesny* Beschlagnahme von Unterlagen beim Ombudsmann? CCZ **2016** 25; *Wimmer* Unternehmensinterne Untersuchungen nach den Entscheidungen des Bundesverfassungsgerichts zu Jones Day – eine kritische Analyse, StV **2019** 704; *Winkler* Das Vertrauensverhältnis zwischen Anwalt und Mandant (2014); *Winterhoff* Kanzleidurchsuchungen im Lichte von Grund- und Menschenrechten, AnwBl. **2011** 789; *Xylander/Kiefner/Bahlinger* Durchsuchung und Beschlagnahme in der Sphäre des Unternehmensanwalts im Zuge von internen Ermittlungen, BB **2018** 2953; *Zöller* Heimliche und verdeckte Ermittlungsmaßnahmen im Strafverfahren, ZStW **124** (2012) 411.

Entstehungsgeschichte

Die Vorschrift wurde durch Artikel 1 Nr. 13a TKÜG vom 21.12.2007, BGBl. I S. 3198, mit Wirkung zum 1.1.2008 in die StPO eingefügt, wobei sie nach dem RegE ursprünglich als § 53b in Kraft treten sollte.[1] Ihre jetzige Fassung erhielt sie im Wesentlichen durch Artikel 1 des Gesetzes zur Stärkung des Schutzes von Vertrauensverhältnissen zu Rechtsanwälten im Strafprozessrecht vom 22.10.2010. Durch dieses wurde mit Wirkung zum 1.2.2011 Absatz 1 Satz 1 allgemein auf Rechtsanwälte, nach § 206 der Bundesrechtsanwaltsordnung in eine Rechtsanwaltskammer aufgenommene Personen und Kammerrechtsbeistände erstreckt, Absatz 1 Satz 5 durch die allgemeine Formulierung entsprechend angepasst und die betreffenden Berufsträger durch den neuen Absatz 2 Satz 4 von der beschränkten Zulässigkeit einschlägiger Ermittlungsmaßnahmen gegen Angehörige der übrigen in § 53 Abs. 1 Satz 1 Nr. 3 genannten Berufsgruppen ausdrücklich ausgenommen. Die Aufnahme der Datenhehlerei und des zusätzlichen Verweises auf § 100g Abs. 4 in Absatz 5 erfolgte durch Art. 1 Nr. 6 des Gesetzes zur Einführung einer Speicherpflicht und einer Höchstspeicherpflicht für Verkehrsdaten vom 10.12.2015, BGBl. I S. 2221, mit Wirkung zum 18.12.2015. Die durch Art. 3 Nr. 20 des Gesetzes zur effektiveren und praxistauglicheren Gestaltung des Strafverfahrens vom 17.8.2017, BGBl. I S. 3202, mit Wirkung zum 24.8.2017 eingefügte Verweisung auf § 100d Abs. 5 erfolgte als Anpassung an einen neuen Regelungsort der Bezugsnorm. Durch Art. 2 Nr. 5 Buchstaben a und b des Gesetzes zur Neuregelung des Schutzes von Geheimnissen bei der Mitwirkung Dritter an der Berufsausübung schweigepflichtiger Personen vom 30.10.2017, BGBl. I S. 3618, wurden in Absatz 1 Satz 1 und in Absatz 2 Satz 4 die nach § 206 der Bundesrechtsanwaltsordnung in eine Rechtsanwaltskammer aufgenommenen Personen gestrichen.

Übersicht

1 Vgl. BTDrucks. **16** 5846 S. 9; die (zugleich mit kleineren inhaltlichen Änderungen verbundene Verschiebung) an die vorliegende Stelle beruht auf der Beschlussempfehlung des BTRAussch., in der diese als „systematisch passender" bezeichnet wurde (BTDrucks. **16** 6979 S. 45); auch insoweit krit. jedoch *J. Kretschmer* HRRS **2010** 551; HK/*Zöller* 2; SK/*Wolter/Greco* 3. Ausführlich zur Gesetzgebungsgeschichte *R. Kühne* 168 ff.; *Scharenberg* 45 ff.

Alphabetische Übersicht

I. Allgemeines

1. Zweck der Vorschrift

a) Ursprüngliche Fassung. Mit Schaffung der Vorschrift verfolgte der Gesetzgeber das 1
Ziel, den durch § 53 geschützten Berufsgeheimnissen über die dort geregelten Zeugnisverweigerungsrechte und die damit korrespondierenden Beschlagnahmeverbote nach § 97 hinaus

und jenseits der Sonderregelung für Online-Durchsuchung und akustische Wohnraumüberwachung in § 100d Abs. 5 auch im Rahmen aller anderen Ermittlungsmaßnahmen einen Schutz zu gewähren, der allerdings in folgender Weise **abgestuft** wurde: Während solche Maßnahmen gegenüber **Geistlichen, Verteidigern** (zunächst hingegen nicht allgemein Rechtsanwälten) und **Abgeordneten absolut** unzulässig sind (mit Ausnahme von Fällen ihrer kriminellen Verstrickung), soweit dabei mit der Erlangung von Kenntnissen zu rechnen wäre, die dem Zeugnisverweigerungsrecht unterliegen, und von diesen Berufsträgern gleichwohl erlangte Erkenntnisse solcher Art in keinem Fall verwendet werden dürfen, ist das Interesse an der Wahrung des Berufsgeheimnisses bei **den anderen von § 53 genannten Personen** insoweit **nur im Rahmen einer Verhältnismäßigkeitsprüfung** besonders zu berücksichtigen. Der Grund für diese Differenzierung lag in der Annahme, dem Gespräch mit dem Strafverteidiger komme im Hinblick auf die fundamentale rechtsstaatliche Bedeutung der Verteidigungsrechte „eine wichtige Funktion zur Wahrung der Menschenwürde zu", das Gespräch mit dem Geistlichen als Seelsorger sei „dem Kernbereich privater Lebensgestaltung zuzurechnen, der dem staatlichen Zugriff schlechthin entzogen ist", und das mandatsbezogene Vertrauensverhältnis sei – auch im Hinblick auf Art. 47 GG und entsprechende Regelungen in den Landesverfassungen – im Interesse einer „Stärkung des freien Mandats und zugleich der ungestörten parlamentarischen Arbeit sowie daraus folgend der Funktionsfähigkeit der Volksvertretung" umfassend zu schützen.[2] Demgegenüber seien die Geheimhaltungsinteressen bei den übrigen Berufsgeheimnisträgern zwar ebenfalls hoch zu veranschlagen, könnten gegenüber den Belangen der Strafrechtspflege aber keinen generellen Vorrang beanspruchen, weshalb die Frage eines Erhebungs- und Verwertungsverbots hier in einer einzelfallbezogenen Abwägung entschieden werden müsse; ein „Überwiegen der schutzwürdigen Individualinteressen" sei dabei insbesondere dort anzunehmen, wo „es um Informationen aus dem Kernbereich privater Lebensgestaltung oder zumindest um kernbereichsnahe besonders sensible Informationen geht, die in einem Arzt-Patienten-Gespräch ausgetauscht werden."[3]

2 **b) Die Ausdehnung des absoluten Schutzes auf Rechtsanwälte** und bestimmte gleichgestellte Personen mit anwaltlichen Aufgaben erfolgte vor dem Hintergrund einer verbreiteten Kritik an der Differenzierung zwischen absolut und relativ geschützten Vertrauensverhältnissen,[4] durch die sich die Bundesregierung ausweislich der Begr. des RegE motiviert sah, „den Schutz von Berufsgeheimnisträgern insgesamt weiter zu verbessern." Dabei sollte „in einem ersten Schritt die als problematisch erachtete Differenzierung zwischen dem Vertrauensverhältnis zu einem Verteidiger einerseits und demjenigen zu einem (sonstigen) Rechtsanwalt ... andererseits" beseitigt werden, während die Erstreckung auf weitere Berufsgruppen der Prüfung vorbehalten blieb, „ob die Einbeziehung weiterer Berufsgeheimnisträger in den absoluten Schutz des § 160a Absatz 1 StPO angezeigt und im Hinblick auf die Durchsetzung des Strafverfolgungsanspruches des Staates vertretbar ist".[5] Die vorrangi-

---

2 So die Begr. des RegE TKÜG zu § 53b-E, BTDrucks. **16** 5846 S. 35; krit. gegen die Vermengung dieser heterogenen Aspekte *R. Kühne* 183 ff., der in der Vorschrift in erster Linie „eine Ergänzung zum Recht aus § 53 StPO" erblickt, „welches die Kehrseite der berufs- und strafrechtlichen Verschwiegenheitsverpflichtung" sei.

3 Vgl. BTDrucks. **16** 5846 S. 36 f.

4 Allgemein etwa *J. Kretschmer* HRRS **2010** 551, 554 f.; *Rüping* DStR **2007** 1182 ff.; *A. Schneider* 621 ff., 644 ff., 706; SK/*Wolter*[4] 4 ff.; speziell in Bezug auf die Differenzierung zwischen Verteidigern und (sonstigen) Rechtsanwälten *Ignor* NJW **2007** 3403 ff.; *Leitner* FS Widmaier 325, 333; für die grds. Zulässigkeit einer Differenzierung zwischen verschiedenen Berufsgruppen bei gleichzeitiger Kritik, die alleinige Privilegierung speziell der in § 53 Abs. 1 Nr. 1, 2 und 4 Genannten sei jedoch „willkürlich", mit Blick auf eine entsprechende Regelung in § 100h a.F. bereits *Hilger* GA **2003** 882, 485.

5 Vgl. BTDrucks. **17** 2637 S. 6.

ge Berücksichtigung der Rechtsanwälte wurde zum einen mit der besonderen Stellung des Rechtsanwalts als „unabhängigem Organ der Rechtspflege", zum anderen mit den in der Praxis zu verzeichnenden Schwierigkeiten bei der Abgrenzung zwischen Strafverteidigung und sonstiger anwaltlicher Tätigkeit begründet.

2. Regelungsübersicht

a) Absatz 1 sieht zum absoluten Schutz der Berufsgeheimnisse von Geistlichen als Seel- 3
sorgern, Verteidigern (zu den darunter fallenden Personen s.u. Rn. 18), Rechtsanwälten und diesen gleichgestellten Personen sowie Parlamentariern ein **Verbot von Ermittlungsmaßnahmen** gegenüber diesen Berufsgruppen vor, bei denen Erkenntnisse zu erwarten sind, die einem entsprechenden Zeugnisverweigerungsrecht unterliegen. Bei einer solchen Maßnahme erlangte Erkenntnisse dieser Art dürfen unabhängig davon, ob die Maßnahme rechtswidrig oder (weil mit solchen Erkenntnissen ex ante nicht zu rechnen war) rechtmäßig war, **„nicht verwendet werden"** (d.h. auch nicht als Spurenansatz); näher dazu unten Rn. 22. Das Verwendungsverbot wird durch Löschungs- und Dokumentationspflichten flankiert und nach Satz 5 ausdrücklich auf den Fall erstreckt, dass solche Erkenntnisse unmittelbar (s.u. Rn. 26 ff.) durch anderweitige Ermittlungsmaßnahmen erlangt wurden.

b) Absatz 2 verlangt bei den übrigen Berufsgeheimnisträgern in entsprechender Situati- 4
on, die Bedeutung des Berufsgeheimnisses sowohl vor Anordnung der Maßnahme (ggf. mit dem Ergebnis, dass diese zu unterlassen oder zu beschränken ist) als auch bei der Verwertung einschlägiger Erkenntnisse (ggf. mit der Konsequenz, dass diese unterbleibt) im Rahmen einer **Verhältnismäßigkeitsprüfung** besonders zu berücksichtigen (s.u. Rn. 32 ff.).

c) Absätze 3 bis 5. Absatz 3 bezieht sowohl für Absatz 1 als auch für Absatz 2 die Berufs- 5
helfer im Rahmen der Reichweite ihres Zeugnisverweigerungsrechts in die jeweilige Regelung ein. Absatz 4 sieht in allen Konstellationen eine Ausnahme von den Einschränkungen bei der Gewinnung und Verwertung von Erkenntnissen vor, wenn zumindest ein auf „bestimmte Tatsachen" gestützter Verdacht besteht, dass der Berufsgeheimnisträger bzw. Berufshelfer in das verfahrensgegenständliche kriminelle Geschehen verstrickt ist. Absatz 5 stellt den Vorrang der Sonderregelungen klar, die das Gesetz in § 97 für die Beschlagnahme und in § 100d Abs. 5 für Online-Durchsuchung und akustische Wohnraumüberwachung vorsieht.

3. Zur Möglichkeit künftiger Änderungen

a) Rechtspolitische Forderungen. Ausweislich der Begründung des Änderungsgeset- 6
zes war die Einbeziehung der Rechtsanwälte in Absatz 1 als „erster Schritt" zur allgemeinen Verbesserung der Situation von Berufsgeheimnisträgern gedacht (s.o. Rn. 2). Damit zeigte der Gesetzgeber eine grundsätzliche Aufgeschlossenheit gegenüber entsprechenden Forderungen von Berufsvertretern und wissenschaftlichen Autoren. Diese Forderungen gehen vielfach dahin, die nach geltendem Recht bestehende **Differenzierung** zwischen den unterschiedlichen Berufsgruppen dergestalt **zu beseitigen**, dass der in Absatz 1 geregelte absolute Schutz nunmehr allen Berufsgeheimnisträgern zugutekommt.[6] Unabhängig davon wird insbesondere von **Steuerberatern** verlangt, speziell ihr Berufsgeheimnis auch jenseits der Fälle, in denen sie nach § 392 Abs. 1 AO als Verteidiger tätig sind, allgemein

6 *Beulke/Swoboda* Rn. 357; *J. Kretschmer* HRRS **2010** 551, 554 f.; *Zöller* ZStW **124** (2012) 411, 432 f.; *Scharenberg* 196 ff.; MüKo/*Kölbel/Ibold* 5; Radtke/Hohmann/*J. Kretschmer*[1] 13; entsprechend auch eine Bundesratsinitiative des Landes Schleswig-Holstein, BRDrucks. 99/12.

dem gleichen Schutz wie dasjenige von Verteidigern und (nunmehr auch) Rechtsanwälten zu unterwerfen.[7] Ein anderer Vorschlag lautet, neben diesen zugleich die Notare, Wirtschaftsprüfer und vereidigten Buchprüfer in eine solche Regelung einzubeziehen,[8] und auch in Bezug auf Journalisten finden sich entsprechende Stimmen.[9]

7 **b) Verfassungsrechtlicher Spielraum.** Das **Bundesverfassungsgericht** hat indessen sowohl die in Absatz 2 getroffene Regelung, wonach die Vertrauensbeziehung bei den meisten Berufsgeheimnisträgern nur einen relativen, von einer Verhältnismäßigkeitsprüfung im Einzelfall abhängigen – dabei im Falle einer Tangierung des „unantastbaren Kernbereichs privater Lebensgestaltung“ allerdings zwingend zu gewährenden – Schutz genießt, als auch (im Hinblick auf den allgemeinen Gleichheitssatz) die Privilegierung der in Absatz 1 genannten Berufsgruppen und überdies auch die Vorschrift für den Verdacht einer kriminellen Verstrickung des Berufsgeheimnisträgers (mithin also die **gesamte gegenwärtige Regelung**) für **verfassungsgemäß** erklärt.[10] Damit ist für den Gesetzgeber nicht nur ein verfassungsrechtlich begründeter Handlungsdruck zu einer neuerlichen Ausweitung des absoluten Schutzes vor Ermittlungsmaßnahmen nach dem Modell von Absatz 1 entfallen, sondern für entsprechende **Reformansätze** sind im Gegenteil **zusätzliche Hürden** entstanden.

8 **aa) Erstreckung von Absatz 1 auf einzelne weitere Berufsgruppen?** So dürfte der Weg für eine **partielle Erweiterung** von Absatz 1 auf **einzelne weitere Berufsgruppen** dadurch versperrt sein, dass das BVerfG zwar ausdrücklich die Erwägungen teilt, die den Gesetzgeber zur Privilegierung von Geistlichen, Verteidigern und Parlamentariern veranlasst hatten, aber schon die Erstreckung des absoluten Schutzes auf Rechtsanwälte, und Kammerrechtsbeistände nur deshalb als „vor Art. 3 Abs. 1 GG noch zu rechtfertigen“ und „mit Blick auf den Menschenwürdebezug der Strafverteidigung vertretbar“ (also nicht etwa „verfassungsrechtlich geboten“!) bezeichnete, weil beim anwaltlichen Mandat „der Übergang zur Strafverteidigung mitunter fließend“ sei. Dabei stellte es entscheidend darauf ab, dass einem „anwaltlichen Beratungsverhältnis ... bei generalisierender Betrachtung die Option der Strafverteidigung immanent sei.“[11] Weil es letzteres für die Tätigkeit der Steuerberater im gleichen Satz ausdrücklich verneinte, muss man wohl davon ausgehen, dass der Gesetzgeber nach der in dieser Entscheidung vertretenen Position die Möglichkeit der Steuerberater, in Steuerstrafsachen als Verteidiger aufzutreten, nicht zum Anlass nehmen könnte, auch diese (den Forderungen ihrer Berufsverbände gemäß) generell in den absoluten Schutz von § 160a Abs. 1 einzubeziehen, ohne mit Blick auf die im Gel-

---

7 Vgl. etwa *Becherer* IStR **2010** 555, 557; *Ende* DStR **2009** 2556 ff.; *Fahr* DStR **2008** 375, 379 f.; *Mann* DStR **2016** 2012; entsprechend die Resolutionen der Bundeskammerversammlung der Bundessteuerberaterkammer vom 5.4.2011 (Juris-Dokument jnachr-JUNA110602036.htm) und der Mitgliederversammlung des Deutschen Steuerberaterverbands vom 17.6.2011 (Juris-Dokument jnachr-JUNA110401082.htm); Gegenkritik bei KK/*Weingarten* 1a.

8 *Müller-Jacobsen* NJW **2011** 257, 258 f.; für eine durch Art. 12 Abs. 1 GG und Art. 3 Abs. 1 GG gebotene Einbeziehung von Steuerberatern und Notaren *R. Kühne* 207 ff.

9 *Gola/Klug/Reif* NJW **2007** 2599, 2602; im Zusammenhang mit § 100h Abs. 2 a.F. bereits *Welp* GA **2002** 535, 549; für eine Verbesserung der Situation von Journalisten, die aber nicht zwangsläufig in einem absoluten Schutz entsprechend Absatz 1 bestehen müsse, auch *Gruske* 74 ff.; SK/*Wolter/Greco* 39.

10 BVerfGE **129** 208, 258 ff., 262 ff., 267 f.; eingehende Kritik bei *Scharenberg* 190 ff. In BVerfG NJW **2010** 287 f. wurde im Übrigen die Verfassungsmäßigkeit der Nichterstreckung von § 160a auf zeugnisverweigerungsberechtigte Angehörige klargestellt, die im Schrifttum z.T. ebenfalls Gegenstand heftiger Kritik ist, vgl. etwa *Zöller* ZStW **124** (2012) 411, 433; MüKo/*Kölbel/Ibold* 6; SK/*Wolter/Greco* 44; für die Sinnhaftigkeit dieser Einschränkung im Hinblick auf das andernfalls zu erwartende weitestgehende Leerlaufen heimlicher Ermittlungsmaßnahmen hingegen zutr. *Kühne* Rn. 525; im Ergebnis auch *Scharenberg* 220.

11 BVerfGE **129** 208, 264 f.

tungsbereich von Absatz 2 verbleibenden Berufsgruppen gegen Art. 3 Abs. 1 GG zu verstoßen. Weil das BVerfG auch weder in Bezug auf Ärzte noch in Bezug auf Journalisten (um die es in der Entscheidung primär ging) einen verfassungsrechtlich begründeten Anlass sah, deren Berufsgeheimnis einen generellen Vorrang vor den Belangen der Strafverfolgung einzuräumen,[12] und weil man von den weiteren in § 53 Abs. 1 Satz 1 Nr. 3 bis 3b genannten Berufsgruppen wohl keiner eine höhere Schutzbedürftigkeit als Ärzten und Steuerberatern zusprechen kann, folgt daraus, dass nach der Entscheidung bei konsequenter Betrachtung jegliche Erstreckung von § 160a Abs. 1 auf einzelne weitere Berufsgruppen als **Verstoß gegen den allgemeinen Gleichheitssatz** unzulässig wäre.

bb) Erstreckung von Absatz 1 auf alle Berufsgeheimnisträger? Darüber hinaus erwecken einige Formulierungen in der Entscheidung den Eindruck, das BVerfG halte eine **Erstreckung des Schutzniveaus von § 160a Abs. 1 auf alle Berufsgeheimnisträger** für **verfassungsrechtlich problematisch**. In der Entscheidung werden die „durch Strafverfolgungsmaßnahmen bezweckte Aufklärung von Straftaten und ihr Beitrag zur Durchsetzung der Strafgesetze, ... [die] durch Zeugnisverweigerungsrechte oder vergleichbare verfahrensrechtliche Beschränkungen der Strafverfolgung empfindlich berührt werden" könnten, nämlich nicht nur als legitimer Anlass für Eingriffe in die hinter den Berufsgeheimnissen stehenden grundrechtlich geschützten Belange, sondern als eigenes Schutzgut behandelt, dessen Beeinträchtigungen, die im vorliegenden Zusammenhang sicherlich zu erwarten sind, ihrerseits „der verfassungsrechtlichen Legitimation" bedürften.[13] In Bezug auf die Rechtsanwälte heißt es sodann, deren „Stellung ... als unabhängige Organe der Rechtspflege und ihre Teilnahme an der Verwirklichung des Rechtsstaats ... [würde] sie noch nicht in einer Weise aus dem Kreis der lediglich von dem relativen Schutz des § 160a Abs. 2 StPO erfassten Berufsgeheimnisträger heraus[heben], die *einen Verzicht auf Ermittlungsmaßnahmen rechtfertigen könnte*."[14] Warum das BVerfG diese im vorliegenden Kontext schiefe Formulierung (da es um die Prüfung von Art. 3 Abs. 1 GG geht, kommt es ja nicht darauf an, ob der Verzicht als solcher zu rechtfertigen ist, sondern nur darauf, ob man ihn einer Berufsgruppe im Unterschied zu anderen einseitig gewähren darf!) wählt, erscheint zunächst einmal unklar. Betrachtet man ihn zusammen mit den Ausführungen zu den Medienvertretern, wo betont wird, der Gesetzgeber sei „weder gehalten, *noch steht es ihm frei*, der Presse- und Rundfunkfreiheit den absoluten Vorrang vor anderen wichtigen Rechtsgütern einzuräumen, wie etwa dem hier in Rede stehenden Gebot der Wahrheitserforschung im Strafprozess",[15] so drängt sich jedoch unweigerlich die Frage auf, ob das Bundesverfassungsreicht den Ambitionen des Gesetzgebers zur weiteren Ausdehnung des Schutzes von Berufsgeheimnissen im Rahmen von § 160a vielleicht gezielt entgegenwirken wollte. 9

Damit wurde gegen **weitere Reformen** in dieser Richtung aber **keine konkrete Sperre** errichtet, auf deren Einhaltung das BVerfG ohne weiteres bestehen könnte: Im Hinblick auf die weiten **Beurteilungs- und Prognosespielräume**, die das BVerfG dem Gesetzgeber allgemein gewährt und die es ihm im vorliegenden Zusammenhang schwerlich vorenthalten könnte, müsste dieses eine Einschätzung des Gesetzgebers, wonach weitergehende Ermittlungsbeschränkungen die „Funktionstüchtigkeit der Strafrechtspflege" nicht in nennenswertem Maße beeinträchtigen würden, zunächst einmal hinnehmen. Auf der Grundlage einer solchen Annahme wäre ein rechtspolitisch liberal ausgerichteter Gesetzgeber richtigerweise nicht einmal gehindert, entsprechend den im Schrifttum erhobenen Maxi- 10

12 BVerfGE **129** 208, 266.
13 BVerfGE **129** 208, 260.
14 BVerfGE **129** 208, 264 (Hervorhebung vom Verfasser der Kommentierung).
15 BVerfGE **129** 208, 266 (Hervorhebung wiederum vom Verfasser der Kommentierung).

malforderungen das Schutzniveau von § 160a Abs. 1 auf alle Berufsgeheimnisträger zu erstrecken, sondern müsste nur dann, wenn ein solcher Schritt letzten Endes doch zu ernsten Defiziten bei der Verfolgung gravierender Straftaten führen sollte, für die notwendigen Korrekturen sorgen.

11 Im Übrigen sollte man bedenken, dass das gesetzgeberische Bestreben, „den Schutz von Berufsgeheimnisträgern insgesamt weiter zu verbessern" (s.o. Rn. 2) ja **nicht zwangsläufig in eine Verallgemeinerung** des Schutzniveaus von § 160a Abs. 1 auf alle Berufsgruppen oder eine (nach der Entscheidung des BVerfG wohl in der Tat unzulässige, s.o. Rn. 8) Einbeziehung einzelner weiterer Berufsgruppen in das absolute Ermittlungs- und Verwendungsverbot münden muss. Stattdessen wäre z.B. auch ein Kompromiss denkbar, nach dem die jetzige **Differenzierung** zwischen den von Absatz 1 und Absatz 2 erfassten Berufsgruppen zwar **bestehen bleibt**, die Durchführung von Ermittlungsmaßnahmen bei denjenigen, die nicht dem absoluten Schutz von Absatz 1 unterfallen, und die Verwertung der bei den betreffenden Berufsgeheimnisträgern erlangten Erkenntnisse jedoch an deutlich **höhere Hürden** geknüpft wird.

12 **c) Vorschläge de lege ferenda.** Nach alledem könnte eine sachgerechte Lösung z.B. darin bestehen, entsprechende Maßnahmen bzw. Beweisverwertungen überhaupt nur bei einem **engen Katalog von Straftaten** zuzulassen, die abstrakt und darüber hinaus auch im Einzelfall besonders schwerwiegend erscheinen (etwa nach dem Vorbild von § 100b Abs. 2 i.V.m. Abs. 1 Nr. 2), statt wie derzeit nur eine Regelvermutung der Unzulässigkeit für Fälle zu statuieren, in denen „das Verfahren keine Straftat von erheblicher Bedeutung betrifft". Darüber hinaus erschiene es angemessen, das vom BVerfG angemahnte Verbot eines gezielten Zugriffs auf bzw. die Verwendung von Erkenntnissen aus dem **„unantastbaren Kernbereich privater Lebensgestaltung"**, soweit dieser Gegenstand der Kommunikation mit dem Berufsgeheimnisträger ist, in der Vorschrift ausdrücklich auszusprechen.[16] Umgekehrt würde es sich anbieten, für den Fall des zwischenzeitlichen Todes der Person, auf die sich das geschützte Geheimnis bezieht, im Hinblick darauf, dass der postmortale Achtungsanspruch nicht so weit reicht wie die Persönlichkeitsrechte eines Lebenden,[17] die Eingriffsschwelle abzusenken, um z.B. auf psychiatrische Erkenntnisse über den Täter eines schweren Verbrechens zugreifen zu können, wenn sich dieser durch Suizid der Verantwortung entzogen hat und nunmehr das grob pflichtwidrige Verhalten einer Person in seinem Umfeld nach § 222 StGB geahndet werden soll; dass sich speziell in dieser Konstellation auch ein Fahrlässigkeitsdelikt als „Straftat von erheblicher Bedeutung" darstellen kann, liegt auf der Hand.[18] Der Gesetzgeber sollte des Weiteren die Verwendung vorhandener entlastender Erkenntnisse zugunsten des Beschuldigten (dazu unten Rn. 23) ausdrücklich für zulässig erklären. Was die (im Grundsatz ebenfalls schon de lege lata anzunehmende, s.u. Rn. 47) **Unverwertbarkeit aller Erkenntnisse** betrifft, die auf Maßnahmen beruhen, die aufgrund eines zunächst in der von Absatz 4 geforderten Weise bestehenden, später aber wieder **entfallenen Verdachts einer kriminellen Verstrickung** des Berufsgeheimnisträgers durchgeführt wurden, sollte ebenfalls zum einen eine gesetzliche Klarstellung, zum anderen auch bei den von Absatz 2 erfassten Berufsgruppen eine Erstreckung des Verbots auf die Verwendung als Spurenansatz erfolgen.

---

16 So auch – bzw. durch die Forderung nach Einbeziehung von Angehörigenverhältnissen noch weitergehend – *Reiß* StV **2008** 539, 542; *J. Kretschmer* HRRS **2010** 551, 556 f.; Radtke/Hohmann/*J. Kretschmer*[1] 14; wie hier *Scharenberg* 195.

17 BGH NStZ **1998** 635; BGH StraFo **2012** 173, 175; *Jäger* JA **2012** 634, 636; **a.A.** *Scharenberg* 195.

18 Zutr. BGH StraFo **2012** 173, 175 im Fall des Amoklaufs von Winnenden; zust. *Jäger* JA **2012** 634, 636.

II. Anwendungsbereich

1. Erfasste Ermittlungsmaßnahmen. § 160a gilt grundsätzlich für **alle** strafprozessualen Ermittlungsmaßnahmen, **nicht nur für heimliche** (bei denen die Gefahr einer Unterlaufung der Zeugnisverweigerungsrechte freilich besonders hoch und der Schutz der Vorschrift deshalb besonders dringlich ist),[19] die sich gegen einen der unmittelbar oder durch Verweisung auf § 53 genannten Berufsgeheimnisträger richten und voraussichtlich Erkenntnisse erbringen werden, über die dieser das Zeugnis verweigern könnte.[20] Die Anwendbarkeit entfällt, wenn der Berufsgeheimnisträger selbst Beschuldigter des betreffenden Verfahrens ist (schon deshalb, weil ein Beschuldigter nicht das nach dem Wortlaut von § 160a vorausgesetzte „Zeugnisverweigerungsrecht", sondern ein Schweigerecht nach § 136 Abs. 1 Satz 2 hat; zu der in einer Ausnahmekonstellation gebotenen analogen Anwendung s.u. Rn. 42 a.E.)[21] oder die Voraussetzungen einer kriminellen Verstrickung i.S. von § 160a Abs. 4 erfüllt sind (dazu unten Rn. 42 ff.).[22] Ob der Beschuldigte des Verfahrens, in dem die Anwendung von § 160a zur Debatte steht, selbst in den Schutz des Berufsgeheimnisses einbezogen ist, oder ob das durch die Ermittlungsmaßnahme berührte Berufsgeheimnis einen nichtbeschuldigten Dritten schützt, spielt keine Rolle, weil auch im letztgenannten Fall eine empfindliche Erschütterung der Vertrauensbeziehung droht, die durch das Berufsgeheimnis gesichert werden soll.[23] Dass § 160a nicht nur einen durch das Berufsgeheimnis geschützten Beschuldigten begünstigen, sondern das Berufsgeheimnis als solches einer staatlichen Ausforschung entziehen soll, kann man im Übrigen aus der unterschiedslosen Einbeziehung auch solcher Berufsgeheimnisse erkennen, deren allgemeiner Zweck gar nicht darin besteht, den Kommunikationspartner des Berufsgeheimnisträgers zu privilegieren (so bei Abgeordneten und Journalisten). Allgemein nicht von der Vorschrift erfasst sind Zeugenvernehmungen, für die es bei der Anwendung der unmittelbar einschlägigen §§ 53, 53a bleibt.[24] Zum Verhältnis zu §§ 97, 100d Abs. 5 und § 100g Abs. 4 s.u. Rn. 53 ff. 13

2. Berechtigung zur Ausübung des Zeugnisverweigerungsrechts

a) Grundsatz. Indem sowohl Absatz 1 als auch Absatz 2 daran anknüpfen, dass die betreffende Person über die fraglichen Erkenntnisse „das Zeugnis verweigern dürfte", kommt auf der einen Seite klar zum Ausdruck, dass nicht erst die tatsächliche Ausübung dieser Befugnis, sondern **allein schon ihr Bestehen** – insbesondere auch bei demjenigen Berufsgeheimnisträger, der von seiner Rolle als potenzieller Zeuge und den damit korrespondierenden Rechten in der betreffenden Angelegenheit noch gar nichts weiß – die von § 160a statuierten Verbote auslöst.[25] 14

b) Bedeutung einer Entbindung von der Schweigepflicht. Auf der anderen Seite folgt daraus aber auch, dass eine Entbindung von der Schweigepflicht, die als solche das Zeugnisverweigerungsrecht entfallen lässt (also nach § 53 Abs. 2 Satz 1 bei den in § 53 15

---

19 Zutr. HK/*Zöller* 2.

20 Umfassender Überblick über die in Betracht kommenden Maßnahmen bei *R. Kühne* 152 ff.; *Scharenberg* 103 ff.

21 BGHSt **53** 257, 260, 262; *Winterhoff* AnwBl. **2011** 789, 791; Schmitt/Köhler/*Köhler* 1; MüKo/*Kölbel*/*Ibold* 25.

22 HK/*Zöller* 2.

23 Vgl. dazu BVerfG NJW **2009** 2518, 2520; *Ignor* NJW **2007** 3403, 3405; im Ergebnis auch LG Mannheim wistra **2012** 400, 407; *Bertheau* StV **2012** 303; *Schuster* NZWiSt **2012** 28 f.

24 HK/*Zöller* 2; Schmitt/Köhler/*Köhler* 1; SK/*Wolter*/*Greco* 13.

25 HK/*Zöller* 8; SK/*Wolter*/*Greco* 13.

Abs. 1 Satz 1 Nr. 2 bis 3b genannten Berufsgruppen) zugleich der Anwendbarkeit von § 160a die Grundlage entzieht, und zwar auch in Bezug auf Erkenntnisse, die aus einer nach der Vorschrift zunächst unzulässigen Ermittlungsmaßnahme gewonnen wurden.[26] Für die Fälle, in denen die Entbindung von der Schweigepflicht keine Pflicht des Berufsgeheimnisträgers zum Zeugnis begründet (also bei Geistlichen nach § 53 Abs. 1 Satz 1 Nr. 1 und bei Journalisten nach § 53 Abs. 1 Satz 1 Nr. 5) oder in denen dieser ohnehin unabhängig von einer solchen frei über die Ausübung des Zeugnisverweigerungsrechts entscheiden kann (so bei Parlamentariern nach § 53 Abs. 1 Satz 1 Nr. 4), lässt jene mit dem Zeugnisverweigerungsrecht hingegen auch die Wirkungen von § 160a zunächst einmal unberührt.[27] Hier ändern sich die Dinge erst, wenn der Berufsgeheimnisträger **tatsächlich auf die Ausübung des Zeugnisverweigerungsrechts verzichtet**. Im letztgenannten Fall entfallen die Beschränkungen der Erkenntnisgewinnung und -verwendung nicht nur bei Geistlichen und Parlamentariern,[28] sondern richtigerweise auch bei Journalisten.[29] Wenn deren Zeugnisverweigerungsrecht auch „vorrangig der im öffentlichen Interesse liegenden Tätigkeit von Presse und Rundfunk liegt",[30] so braucht die Justiz ihre eigene Aufgabe der Wahrheitsfindung im Strafverfahren hinter diesem Interesse nicht zurückzustellen, wenn der primär zu dessen Wahrung berufene Journalist auf den Einsatz des entsprechenden Schutzinstruments selbst keinen Wert legt (wofür er im Einzelfall ja vielleicht gute Gründe haben kann – jedenfalls dann, wenn der Informant seinerseits einverstanden ist).

16 **c) Widerruf einer Entbindung von der Schweigepflicht.** Wird eine Entbindung von der Schweigepflicht dort, wo sie die Anwendbarkeit des § 160a entfallen lässt, später widerrufen, so lebt das Zeugnisverweigerungsrecht wieder auf,[31] womit die weitere Durchführung von Ermittlungsmaßnahmen gegen den Berufsgeheimnisträger nicht mehr zulässig ist. Zwischenzeitlich gewonnene Erkenntnisse bleiben jedoch unbeschränkt verwertbar:[32] Erstens ist die Schutzwürdigkeit eines evt. gegenläufigen Interesses nach dem freiwilligen Verzicht der begünstigten Person auf die Wahrung des Berufsgeheimnisses geringer zu veranschlagen, und zweitens hätte eine Anwendung von § 160a Abs. 1 Satz 2 oder Abs. 2 Satz 3 hier die untragbare Konsequenz, dass Personen, die durch die Schweigepflicht eines Berufsgeheimnisträgers begünstigt sind, durch Entbindungserklärungen und deren Widerruf nach Belieben Beweise generieren und annullieren und auf diese Weise das Verfahren in bedenklicher Weise manipulieren könnten.

17 **3. Freiwillig übermittelte Angaben.** Liegt ein rechtlich geschütztes Geheimhaltungsinteresse des Kommunikationspartners vor, auf das dieser nicht durch eine Entbindung des Berufsgeheimnisträgers von der Schweigepflicht verzichtet hat, so findet § 160a Abs. 1 Satz 2 und Abs. 2 Satz 3 auch auf Informationen Anwendung, die letzterer freiwillig an die

---

26 Ebenso *Bertheau* StV **2012** 303, 304; *Glaser/Gedeon* GA **2007** 415, 425; NK/*Heghmanns* 4 f.; Schmitt/Köhler/*Köhler* 1; Radtke/Hohmann/*Link* 5; entsprechend auch die Annahme in der Begr. des RegE zu § 53b-E, BTDrucks. **16** 5846 S. 37.

27 *Bertheau* StV **2012** 303; *Glaser/Gedeon* GA **2007** 415, 425; im Ergebnis wohl ebenso HK/*Zöller* 6; SK/*Wolter/Greco* 13; *A. Schneider* 603 ff.; nicht eindeutig Schmitt/Köhler/*Köhler* 1.

28 Insoweit wie hier *Glaser/Gedeon* GA **2007** 415, 426.

29 So wohl auch NK/*Heghmanns* 4.

30 So der Einwand von *Glaser/Gedeon* GA **2007** 415, 426.

31 Vgl. Schmitt/Köhler/*Schmitt* § 53, 49.

32 Für die Fälle, in denen der Berufsgeheimnisträger durch eine Schweigepflichtentbindung zur Kooperation verpflichtet wurde, auch NK/*Heghmanns* 5; allgemein **a.A.** *Bertheau* StV **2012** 303, 304.

Strafverfolgungsorgane übermittelt hat.[33] Im Gegensatz zur Situation bei § 53, wo Rspr. und h.M. bei einer unbefugten und ggf. nach § 203 StGB strafbaren Offenbarung eines Berufsgeheimnisses im Rahmen einer Zeugenvernehmung kein Beweisverwertungsverbot annehmen,[34] kann man hierfür nicht nur den Willen des Gesetzgebers,[35] sondern auch den Umstand anführen, dass § 160a eben nicht auf die Ausübung, sondern auf das **schlichte Bestehen eines Zeugnisverweigerungsrechts** abstellt.[36] Dieses entfällt als solches nämlich nicht schon deshalb, weil der Geheimnisträger gegen die Schweigepflicht verstößt, da ein solcher Verstoß nichts daran ändert, dass er für die Zukunft weiterhin zum Schweigen berechtigt bzw. im Verhältnis zum Partner der vertraulichen Kommunikation sogar verpflichtet ist. Etwas anderes gilt wiederum nur, wenn der Berufsgeheimnisträger ohne einen solchen Verstoß und insofern **in befugter Weise** auf das an sich bestehende Zeugnisverweigerungsrecht **verzichtet**, was dann auch konkludent durch die Übermittlung der Information an die Strafverfolgungsorgane geschehen kann. Hiervon ist außer in den Fällen einer wirksamen Entbindung eines Geistlichen von der Schweigepflicht (s.o. Rn. 15; ohne eine solche scheitert die Verwertbarkeit trotz fehlender Strafbewehrung des Geheimnisbruchs nach § 203 StGB wohl daran, dass seelsorgerische Gespräche per se zum unantastbaren Kernbereich privater Lebensgestaltung gehören)[37] zunächst allgemein bei Parlamentariern auszugehen, weil diese unabhängig vom Willen desjenigen, der ihm die geschützten Informationen anvertraut hat, nach freiem Ermessen darüber entscheiden können, ob sie von ihrem Zeugnisverweigerungsrecht Gebrauch machen wollen oder nicht.[38] Entsprechendes gilt richtigerweise auch bei Medienangehörigen, weil der Informant keinen Rechtsanspruch darauf hat, dass der Journalist von seinem Zeugnisverweigerungsrecht Gebrauch macht.[39] Ein befugter und wirksamer Verzicht auf das Zeugnisverweigerungsrecht, der die Anwendbarkeit von § 160a entfallen lässt, ist schließlich dort anzunehmen, wo die durch die Mitteilung an die Strafverfolgungsorgane erfolgte Offenbarung des Geheimnisses durch einen allgemeinen Rechtfertigungsgrund (z.B. nach § 34 StGB) gedeckt ist.

III. Absoluter Schutz nach Absatz 1

1. Personenkreis. Der absolute Schutz von Absatz 1 gilt infolge der Verweisung auf § 53 Abs. 1 Satz 1 Nr. 1, 2 und 4 für Geistliche als Seelsorger, Verteidiger und Parlamentarier[40] und im Übrigen für Rechtsanwälte und ihnen gleichgestellte Personen.[41] Verteidiger sind bei entsprechender Tätigkeit neben Rechtsanwälten auch Hochschullehrer nach § 138 Abs. 1, nach § 138 Abs. 2 zugelassene Personen, Rechtsreferendare im Rahmen von § 139 und Steuerberater unter den Voraussetzungen von § 392 Abs. 1 AO. Unter „Rechtsanwäl- 18

33 HK/*Zöller* 13; Schmitt/Köhler/*Köhler* 1; SK/*Wolter*/*Greco* 13; *R. Kühne* 182 f.; teilweise **a.A.** (lediglich Fortdauer des Verbots von Ermittlungsmaßnahmen, aber Verwertbarkeit der preisgegebenen Erkenntnisse) HK-GS/*Ambos* 1.

34 Dazu eingehend LR/*Ignor*/*Bertheau* § 53, 12 f. m.w.N.

35 Vgl. die Begr. des RegE zu § 53b-E Abs. 2 a.E., BTDrucks. **16** 5846 S. 37, zweifelnd *Glaser*/*Gedeon* GA **2007** 415, 427.

36 Ähnlich *Bertheau* StV **2012** 303.

37 Vgl. LR/*Ignor*/*Bertheau* § 53, 13, 20.

38 LR/*Ignor*/*Bertheau* § 53, 45.

39 LR/*Ignor*/*Bertheau* 53, 48 m.w.N.; vgl. ferner die Erwägungen oben Rn. 15 a.E.

40 Zur genauen Abgrenzung dieser Berufsgruppen LR/*Ignor*/*Bertheau* § 53, 21 f., 26, 44; zu den Gründen für ihrer Privilegierung s.o. Rn. 1.

41 Zu den Gründen für deren Einbeziehung s.o. Rn. 2; zu deren Bewertung durch das BVerfG s.o. Rn. 8 f.

ten" sind neben den nach § 12 BRAO bei einem deutschen Gericht zugelassenen Rechtsanwälten auch ausländische Rechtsanwälte zu verstehen, und zwar auch „Berufsträger aus Nicht-EU-Staaten, deren Ausbildung und Befugnisse dem Beruf des Rechtsanwalts in der Bundesrepublik Deutschland entspricht".[42] Die Erstreckung auf „Kammerrechtsbeistände" bezieht sich auf die Inhaber einer Erlaubnis nach dem Rechtsberatungsgesetz.[43] Auf Rechtsanwaltsgesellschaften und deren Geschäftsführer als solche ist die Vorschrift nicht anwendbar; insofern erfolgt der Schutz ausschließlich durch Anwendung von § 160a Abs. 1 auf die in den Gesellschaften tätigen Berufsträger.[44] Bei **Rechtsanwälten**, die **gleichzeitig als Steuerberater** tätig sind, greift Absatz 1 dann ein, wenn die Ermittlungsmaßnahme zumindest teilweise in das anwaltliche Vertrauensverhältnis eingreift.[45]

19 **2. Beweiserhebungsverbot.** Absatz 1 Satz 1 verbietet Ermittlungsmaßnahmen, die sich gezielt gegen die hier genannten Personen richten, soweit diese „voraussichtlich" Erkenntnisse aus dem durch das Zeugnisverweigerungsrecht geschützten Bereich[46] erbringen würden.

20 **a) Erfordernis einer Prognose.** Insofern bedarf es einer Prognose, die anhand der zum betreffenden Zeitpunkt bekannten Tatsachen zu erstellen ist (ohne dass insoweit gesonderte Ermittlungen geboten wären), und bei deren Vornahme den Strafverfolgungsorganen ein gewisser Beurteilungsspielraum zuzubilligen ist.[47] Zur Begründung des Verbots genügt es dabei, wenn nach Lage der Dinge eine **überwiegende Wahrscheinlichkeit** dafür spricht, dass die Maßnahme zumindest auch (also nicht notwendigerweise ausschließlich!) einschlägige Erkenntnisse zutage bringen würde (was insbesondere bei heimlichen Überwachungsmaßnahmen eher die Regel als die Ausnahme sein dürfte).[48] Die engere Annahme, wonach das Verbot nur greifen soll, wenn die vorliegenden Anhaltspunkte dies „zweifelsfrei" erwarten lassen,[49] wird weder der Bedeutung des Wortes „voraussichtlich" noch dem verfassungsrechtlich fundierten Schutzzweck der Norm gerecht.[50] Die Erwartung, mit der Maßnahme auch geschützte Inhalte zu erfassen, steht deren Zulässigkeit jedoch dann nicht entgegen, wenn die Umstände darauf schließen lassen, dass geschützte Bestandteile der Kommunikation gezielt mit nicht geschützten, berechtigterweise dem Ermittlungsziel unterfallenden Gesprächsinhalten vermischt werden, um einen

---

42 RegE BTDrucks. **18** 12940 S. 12; HK/*Zöller* 4; Schmitt/Köhler/*Köhler* 2; KMR/*Noltensmeier-von Osten* 3, 8; dies wollte der Gesetzgeber 2017 mit der Streichung der Alternative „nach § 206 Bundesrechtsanwaltsordnung in eine Rechtsanwaltskammer aufgenommene Person", die sich nur auf europäische Rechtsanwälte bezog, zum Ausdruck bringen.

43 Vgl. RegE BTDrucks. **17** 2637 S. 8.

44 HK/Zöller 4.

45 Schmitt/Köhler/*Köhler* 7b; OK/*Sackreuter* 7.

46 Zu dessen Reichweite und Grenzen bzgl. der einzelnen Berufsgruppen LR/*Ignor/Bertheau* § 53, 23 ff., 27, 31, 46.

47 KMR/*Noltensmeier-von Osten* 10; Schmitt/Köhler/*Köhler* 3a; OK/*Sackreuter* 7; in Bezug auf letzteren **a.A.** NK/*Heghmanns* 17.

48 NK/*Heghmanns* 18; im Ergebnis ähnlich wohl *J. Kretschmer* HRRS **2010** 551, 552; Radtke/Hohmann/*Link* 3; *R. Kühne* 186; für eine Anlehnung an die Maßstäbe von §§ 170 Abs. 1, 203 *Scharenberg* 136; weitergehend i.S. einer umfassenden Anwendbarkeit von § 160a Abs. 1 Satz 1, solange nicht „zumindest genügende (konkrete) tatsächliche Anhaltspunkte bzw. bestimmte Tatsachen dafür [sprechen], dass § 53 im Ergebnis erst gar nicht betroffen ist", SK/*Wolter/Greco* 24; ähnlich HK/*Zöller* 7; dagegen *Scharenberg* 138 f.

49 So AnwK/*Walther* 7; KK/*Weingarten* 6.

50 Gegen diesen Ansatz auch Schmitt/Köhler/*Köhler* 3a; Radtke/Hohmann/*Link* 3; SK/*Wolter/Greco* 21; *Scharenberg* 135 ff.

Zugriff der Strafverfolgungsorgane auf letztere zu vereiteln.[51] Ergibt sich erst im Zuge der Ermittlungsmaßnahme, dass deren Durchführung gegen § 160a Abs. 1 Satz 1 verstößt, so ist sie abzubrechen.[52] Die Möglichkeit, dies sofort zu tun, ist allerdings nicht gewährleistet, weil bei der Durchführung der Maßnahme im Gegensatz zu § 100c i.V.m. § 100d Abs. 4 keine Pflicht zur „Echtzeiterhebung" besteht.[53]

b) Maßnahmen gegen Beschuldigte oder gegen Dritte sind grds. nicht deshalb unzulässig, weil sie mittelbar den Zugriff auf Inhalte eröffnen, die durch ein Zeugnisverweigerungsrecht eines der von § 160a Abs. 1 erfassten Berufsgeheimnisträgers geschützt sind,[54] da Satz 1 ausdrücklich voraussetzt, dass sich die Maßnahme „gegen" die zeugnisverweigerungsberechtigte Person „richtet". Etwas anderes – und ggf. auch die Pflicht zur Unterbrechung oder Beschränkung einer bereits begonnenen Maßnahme[55] – kann sich allerdings im Einzelfall aus dem Verhältnismäßigkeitsprinzip ergeben. Dies muss zum einen dann gelten, wenn sich abzeichnet, dass die gegen Dritte gerichtete Maßnahme **ausschließlich geschützte Erkenntnisse** zutage fördern würde (und damit im Hinblick auf das nach Absatz 1 Satz 5 folgende Verwendungsverbot keinem legitimen Zweck mehr dienen könnte), zum anderen mindestens überall dort, wo im Anwendungsbereich von Absatz 2 Satz 1 eine **Interessenabwägung** zur Annahme der Unzulässigkeit führen würde, weil der Schutz von Absatz 1 schwerlich hinter demjenigen von Absatz 2 zurückbleiben kann. Die Möglichkeit, dass sich unter diesen Aspekten während der Durchführung der Maßnahme ihre weitere Unzulässigkeit ergibt, begründet jedoch wiederum keine Pflicht, durch eine „Echtzeiterhebung" vorsorglich sicherzustellen, dass der Abbruch in diesem Fall unverzüglich erfolgen kann.[56] 21

3. Verwendungsverbot nach Satz 2

a) Reichweite. Der Flankierung des Beweiserhebungsverbots durch das Verwendungsverbot in Absatz 1 Satz 2 kommt nicht nur im Hinblick auf mögliche Verstöße gegen Satz 1, sondern auch im Hinblick darauf zentrale Bedeutung zu, dass der durch Satz 1 gewährte Schutz angesichts der Notwendigkeit einer Prognose über den Gegenstand der zu erwartenden Erkenntnisse (s.o. Rn. 20), mit der die Strafverfolgungsorgane selbst bei einem sorgfältigen Vorgehen im Ergebnis naturgemäß falsch liegen können, zwangsläufig lückenhaft ist. Weil dies angesichts des hohen verfassungsrechtlichen Rangs der Belange, die hinter den von Absatz 1 geschützten Berufsgeheimnissen stehen, wenigstens im Ergebnis nicht zum Nachteil des Beschuldigten durchschlagen darf (was auch im Falle eines von diesem verschiedenen Begünstigten der geschützten Kommunikationsbeziehung zu einer Schwächung des allgemeinen Vertrauens in das betroffene Berufsgeheimnis führen würde), ist die Rege- 22

51 Ebenso NK/*Heghmanns* 19; Schmitt/Köhler/*Köhler* 3a; OK/*Sackreuter* 7, jew. unter Hinweis auf eine entsprechende Bemerkung des BVerfG in einer Entscheidung zur „Online-Durchsuchung", BVerfGE **120** 274, 338 = NJW **2008** 822, 834; SSW/*Ziegler* 2; **a.A.** HK/*Zöller* 7; zweifelnd MüKo/*Kölbel/Ibold* 12.

52 HK/*Zöller* 3; KMR/*Noltensmeier-von Osten* 11, 14.

53 Vgl. auch die Begr. des RegE zu § 53b-E, BTDrucks. **16** 5846 S. 35 bzgl. der Konstellation einer zufälligen Betroffenheit des Berufsgeheimnisträgers; SSW/*Ziegler* 5.

54 Begr. des RegE zu § 53b-E, BTDrucks. **16** 5846 S. 35; KMR/*Noltensmeier-von Osten* 14; Schmitt/Köhler/*Köhler* 3 a.E.; **a.A.** für den Fall einer „Erwartung" oder „konkreten Möglichkeit", bei einer Maßnahme gegen Dritte entsprechende Informationen zu erlangen, SK/*Wolter/Greco* 32; für den Fall, dass der Berufsgeheimnisträger von der Maßnahme „mitbetroffen" ist, HK-GS/*Ambos* 2; MüKo/*Kölbel/Ibold* 12.

55 AnwK/*Walther* 10; KK/*Weingarten* 11; Schmitt/Köhler/*Köhler* 7; OK/*Sackreuter* 13.

56 Begr. des RegE zu § 53b-E, BTDrucks. **16** 5846 S. 35; Schmitt/Köhler/*Köhler* 7; insgesamt krit. *Glaser/Gedeon* GA **2007** 415, 424.

lung somit nicht nur als **unselbstständiges** (bei Rechtswidrigkeit der vorangegangenen Maßnahme), sondern für den Fall, dass durch eine rechtmäßige Maßnahme Erkenntnisse erlangt wurden, die in den vom jeweiligen Zeugnisverweigerungsrecht erfassten Bereich fallen, zugleich **auch als selbstständiges Verwendungsverbot** zu verstehen.[57] Sowohl aus dem Wortlaut, der (im Gegensatz zu Absatz 2 Satz 3) nicht nur eine Verwertung „zu Beweiszwecken" untersagt, als auch aus den verfassungsrechtlichen Vorgaben folgt, dass die dem Verbot unterfallenden Erkenntnisse weder unmittelbar noch (i.S. eines Spurenansatzes) mittelbar verwendet werden dürfen.[58] Die Verwertung von Erkenntnissen aus Folgemaßnahmen, die aufgrund der geschützten Informationen zwischenzeitlich bereits durchgeführt wurden, ist danach bei konsequenter Betrachtung ebenfalls ausgeschlossen, und zwar unabhängig davon, ob das Verwendungsverbot im Zeitpunkt ihrer Durchführung bereits erkennbar war.[59] Zu den bei einer **kriminellen Verstrickung** des Berufsgeheimnisträgers geltenden Ausnahmen s.u. Rn. 42 ff.

23 **b) Entlastende Erkenntnisse.** Obwohl der Wortlaut von § 160a Abs. 1 Satz 2 insofern keine Einschränkung enthält,[60] ist die Vorschrift einer **teleologischen Reduktion** zu unterwerfen, nach der geschützte Erkenntnisse selbst dann, wenn sie durch einen Verstoß gegen Absatz 1 Satz 1 erlangt wurden, **in vollem Umfang verwertbar** sind, soweit sie für den Beschuldigten **entlastende Wirkung** haben. Die andernfalls drohende Konsequenz, dass die Entscheidungsträger in der Justiz weitere belastende Maßnahmen aller Art (eingriffsintensive Ermittlungshandlungen, Anklageerhebung, Eröffnung des Hauptverfahrens und im Extremfall die Verurteilung eines Angeklagten, von dem sie wissen, dass er die Tat nicht begangen haben kann, bei dem die rechtmäßig erlangten Beweise als solche aber so erdrückend erscheinen, dass sie für sich genommen zwangläufig zur Bildung einer sicheren Überzeugung von dessen Schuld führen) durchführen müssten – oder überhaupt nur dürften, ohne dafür ggf. nach § 344 StGB belangt zu werden –, obwohl dafür nach den ihnen persönlich bekannten Tatsachen eigentlich keine Legitimation besteht, liefe auf eine **Pervertierung der freiheitsschützenden Grundfunktion des Strafprozessrechts** hinaus.[61] Dies gilt unabhängig davon, wessen Interesse die betroffene Berufsgeheimnissphäre dient; eine Beschränkung der Verwertbarkeit zu Entlastungszwecken auf Fälle, in denen diese zugunsten des Beschuldigten geschützt wird,[62] verkennt, dass eine sehenden Auges betriebene Fehlverurteilung einen in seinem Gewicht kaum zu überbietenden Menschenrechtsverstoß darstellt, hinter dem die bloße Vertiefung (!) einer ohnehin erfolgten – und sei sie noch so gravierenden – Vertrauensverletzung durch Verwertung dabei erlangter Erkenntnisse bis zur Unkenntlichkeit verblasst.[63] Diese Ausnahme von der Absolutheit des Verwendungsverbots gilt natürlich nur und erst dann, wenn die entlastende Wirkung gewonnener Erkenntnisse für die Strafverfolgungsorgane nach den Umständen nahelie-

---

57 NK/*Heghmanns* 20; Schmitt/Köhler/*Köhler* 4.

58 NK/*Heghmanns* 20; Schmitt/Köhler/*Köhler* 4; vgl. ferner *Glaser*/*Gedeon* GA **2007** 415, 429; *J. Kretschmer* HRRS **2010** 551, 552; HK/*Zöller* 8; KK/*Weingarten* 9; KMR/*Noltensmeier-von Osten* 11; SK/*Wolter*/*Greco* 28.

59 **A.A.** SSW/*Ziegler* 3.

60 Darauf verweisend HK/*Zöller* 8; Schmitt/Köhler/*Köhler* 4; SK/*Wolter*/*Greco* 27; krit. gegen die Fassung des Gesetzes unter diesem Aspekt *R. Kühne* 186 f.; ausdrücklich für ein Verbot der Verwertung auch entlastender Erkenntnisse KMR/*Noltensmeier-von Osten* 11; OK/*Sackreuter* 9; SSW/*Ziegler* 3; differenzierend MüKo/*Kölbel*/*Ibold* 14.

61 Dazu eingehend *Erb* GA **2017** 113 ff. m.w.N.; zustimmend KK/*Weingarten* 7; Radtke/Hohmann/*Link* 5; *Scharenberg* 142; im Hinblick auf den Inhalt von Selbstgesprächen im Ergebnis tendenziell auch BGHSt **50** 206, 215, insoweit jedoch anders BGHSt **57** 71, 78. Zum Recht in der Schweiz eingehend *Macula* passim.

62 Dafür NK/*Heghmanns* 21.

63 Eingehend *Erb* GA **2017** 113, 114 ff.

gend erscheint. Demgegenüber rechtfertigt eine vage Möglichkeit, dass Erkenntnisse aus dem geschützten Bereich eines Berufsgeheimnisses eine solche Wirkung entfalten könnten, nicht deren nähere Auswertung (etwa durch die bislang nicht erfolgte Betrachtung des genauen Inhalts eines aufgezeichneten Gesprächs). Weil auch zugunsten des Beschuldigten keine „Wahrheitsfindung um jeden Preis" verlangt werden kann, ist die bloße Hoffnung auf Gewinnung entlastenden Materials nämlich nicht geeignet, die in einem solchen Vorgehen liegende Vertiefung des Grundrechtseingriffs zu legitimieren. Aus dem gleichen Grund ist die Durchführung der nach Absatz 1 Satz 1 verbotenen Maßnahmen als solche selbstverständlich auch dann rechtswidrig, wenn sie gezielt zu Entlastungszwecken erfolgt, aber nur die bloße Hoffnung auf ein solches Ergebnis besteht.[64]

c) Entbindung von der Schweigepflicht. Unabhängig von der Frage, ob die Erkenntnisse den Beschuldigten be- oder entlasten, hat eine Entbindung von der Schweigepflicht in den Fällen, in denen sie zum Wegfall des Zeugnisverweigerungsrechts führt, zur Folge, dass jene selbst dann verwertbar werden, wenn die Maßnahme, die zu ihrer Erlangung geführt hat, unzulässig war (dazu bereits oben Rn. 15). 24

4. Löschungs- und Dokumentationspflichten. Soweit durch eine Maßnahme Erkenntnisse erlangt wurden, die nach Absatz 1 Satz 2 einem absoluten Verwendungsverbot unterliegen, sind die Aufzeichnungen über ihren Inhalt nach Satz 3 unverzüglich zu löschen. Weil damit nicht nur „einer etwaigen Perpetuierung der Verletzung des Erhebungsverbots nach Satz 1 vorgebeugt", sondern auch „die Einhaltung des [hier sog.] Verwertungsverbots nach Satz 2 abgesichert" werden soll,[65] und die Bezugnahme auf Satz 2 denn auch ohne jede Einschränkung erfolgt, kommt es dabei nicht darauf an, ob die betreffenden Erkenntnisse „durch einen unzulässigen Eingriff erlangt" wurden,[66] sondern ausschließlich auf deren (ggf. auch nach rechtmäßigen Eingriffen mögliche, s.o. Rn. 22) Unverwertbarkeit.[67] Bei erkennbar **entlastenden Erkenntnissen** (s.o. Rn. 23) besteht demnach richtigerweise weder eine Pflicht noch überhaupt nur eine Befugnis zu einer (dann ggf. nach § 274 StGB strafbaren!) Löschung der betreffenden Aufzeichnungen.[68] Weil die Entscheidung über die Verwertbarkeit u.U. schwierige rechtliche Bewertungen voraussetzt und die Löschung für das Verfahren von hoher Tragweite sein kann, muss sich die **Staatsanwaltschaft** die Entscheidung in jedem Fall selbst vorbehalten und darf diese entgegen der Vorstellung des Gesetzgebers[69] keinesfalls der „mit der Auswertung von Überwachungsaufzeichnungen betrauten Ermittlungsperson" überlassen.[70] Um die Erfüllung der Löschungspflicht sicherzustellen und einem evt. Rechtsschutzbegehren gegen den Eingriff zur Effektivität zu verhelfen,[71] müssen die Tatsache der Erlangung unverwertbarer Erkenntnisse und ihre Löschung in den Akten **dokumentiert** werden. Diesem Zweck entsprechend muss der Vermerk erkennen lassen, warum es zur Erlangung unverwertbarer 25

64 Näher zum Ganzen *Erb* GA **2017** 113, 128.

65 So ausdrücklich RegE zu § 53b-E, BTDrucks. **16** 5846 S. 36.

66 So eine verbreitete missverständliche Formulierung, vgl. RegE zu § 53b-E, BTDrucks. **16** 5846 S. 36; KK/*Weingarten* 10; SK/*Wolter*/*Greco* 30.

67 Zutr. Formulierung bei Schmitt/Köhler/*Köhler* 5.

68 *Erb* GA **2017** 113, 127 f.

69 Vgl. RegE TKÜG BTDrucks. **16** 5846 S. 36 i.V.m. S. 45.

70 Zutr. KK/*Weingarten* 10; vgl. ferner *Erb* GA **2017** 113, 128; **a.A.** im Hinblick auf die damit verbundene Verzögerung und Involvierung weiterer Personen (was indessen weniger schwer wiegen dürfte als die Gefahr einer nicht sachgerechten Löschungsentscheidung) NK/*Heghmanns* 23.

71 RegE zu § 53b-E, BTDrucks. **16** 5846 S. 36.

Erkenntnisse kam, wobei diese zur Vermeidung einer Perpetuierung des Eingriffs selbstverständlich nicht inhaltlich referiert werden dürfen.[72] Gegenüber der in § 101 Abs. 8 getroffenen Regelung geht § 160a Abs. 1 Satz 3 vor, weshalb für eine in der erstgenannten Vorschrift vorgesehene **Zurückstellung der Löschung** für eine gerichtliche Überprüfung der Maßnahme im Rahmen von § 160a **kein Raum** ist.[73]

5. Erkenntnisse aus anderweitig ausgerichteten Maßnahmen

26 **a) Interessenlage.** Die Beschränkung der Verbote in den Sätzen 1 und 2 auf Maßnahmen, die gerade gegen einen der genannten Berufsgeheimnisträger gerichtet sind, bzw. auf die gerade aus solchen Maßnahmen erlangten Erkenntnisse führt zu einer massiven Durchlöcherung des Schutzes der betreffenden Geheimnisse, weil auch Ermittlungsmaßnahmen, die sich gegen den Beschuldigten selbst oder gegen Dritte richten, zufällig oder sogar vorhersehbar (z.B. bei einem Beschuldigten, von dem nach den Umständen zu erwarten ist, dass er während der Überwachung seines Telefonanschlusses sowohl mit Komplizen als auch mit seinem Strafverteidiger telefonieren wird) dazu führen können, dass von einem Berufsgeheimnisträger Informationen erlangt werden, die dessen Zeugnisverweigerungsrecht unterfallen. Da diese Schutzlücken auf der Primärebene nur in Ausnahmefällen geschlossen werden können (Unzulässigkeit einer Maßnahme nach dem Verhältnismäßigkeitsprinzip vor allem dann, wenn sich abzeichnet, dass diese ausschließlich zur Erlangung von Erkenntnissen aus dem geschützten Bereich führen wird, s.o. Rn. 21), ist es umso wichtiger, dass Absatz 1 Satz 5 den geschützten Informationen auf der Sekundärebene des Verwendungsverbots durch die Verweisung auf die Sätze 2–4 den gleichen Schutz angedeihen lässt, wie das nach Maßnahmen gegen den Berufsgeheimnisträger selbst der Fall ist.

27 **b) Konsequenzen.** Auch insofern gilt also unabhängig von der Rechtmäßigkeit der zugrundeliegenden Maßnahme ein (abgesehen von den oben Rn. 22 ff. dargestellten Ausnahmen) absolutes, auch die Nutzung als Spurenansatz ausschließendes Verwendungsverbot, flankiert durch die in den Sätzen 3 und 4 statuierten Löschungs- und Dokumentationspflichten. Es erstreckt sich auf alle dem jeweiligen Berufsgeheimnis unterfallenden Tatsachen und schließt insofern z.B. auch die Inhalte zufällig abgehörter Telefongespräche zur Anbahnung von Verteidigermandaten (auch dann, wenn die Initiative vom Verteidiger ausging)[74] oder die aus der Auswertung von Verbindungsdaten zu erschließenden Kontaktaufnahmen des Beschuldigten zu seinem späteren Verteidiger[75] mit ein. Gleiches gilt nach Sinn und Zweck der Regelung generell für Inhalte der geschützten Kommunikation, die nicht im Zuge strafprozessualer Ermittlungen, sondern im Rahmen einer **anderweitigen hoheitlichen Tätigkeit** (z.B. der Bewachung eines Gefangenen oder der Durchführung von Maßnahmen der Gefahrenabwehr durch Polizeibeamte) von Amsträgern – legal oder illegal, zufällig oder beabsichtigt – zur Kenntnis genommen wurden.[76]

---

72 AnwK/*Walther* 9; KK/*Weingarten* 10; OK/*Sackreuter* 12.

73 BGH NJW **2014** 1314, 1315 = StV **2014** 388, 390 m. Anm. *Scharenberg*; *Scharenberg* 146; MüKo/*Kölbel*/*Ibold* 15; OK/*Sackreuter* 10.

74 BGH NJW **2014** 1314 = StV **2014** 388, 389 m. Anm. *Scharenberg*; BGH NStZ **2016** 740 f.; KMR/*Noltensmeier-von Osten* 8, 14; OK/*Sackreuther* 13.

75 Schmitt/Köhler/*Köhler* 7.

76 Zutr. LG Augsburg StV **2014** 468 f.; OK/*Sackreuther* 13; SK/*Wolter*/*Greco* 32; zweifelnd Schmitt/Köhler/*Köhler* 1.

c) Vom Berufsgeheimnisträger weitergegebene Informationen. Schon nach dem Wortlaut von Absatz 1 Satz 5, der darauf abstellt, dass trotz Ausrichtung der Maßnahme auf eine andere als die „in Satz 1 in Bezug genommene Person ... von dieser Person Erkenntnisse erlangt werden", ist die Regelung auf Erkenntnisse, die von einem **Dritten** erlangt wurden, an den der Berufsgeheimnisträger die betreffenden Informationen weitergegeben hat, nicht anwendbar.[77] In der Sache kann man für diese Einschränkung anführen, dass sich letztere nach der (sei es unbefugten, sei es aufgrund eines allgemeinen Rechtfertigungsgrunds erlaubten) Weitergabe an einen Dritten bei ihrer Gewinnung durch die Strafverfolgungsorgane nicht mehr in dem durch das Berufsgeheimnis geschützten Bereich befinden, was die Konstellation u.a. auch maßgeblich vom Fall einer unbefugten Übermittlung vom Berufsgeheimnisträger an die Strafverfolgungsorgane (dazu oben Rn. 17) unterscheidet. Dementsprechend erfasst § 160a Abs. 1 Satz 5 selbstverständlich auch nicht den Fall, in dem die Strafverfolgungsorgane eine Information, die der Berufsgeheimnisträger dem **Partner der geschützten Kommunikationsbeziehung** übermittelt hat, ausschließlich (d.h. ohne Eingriff in die Kommunikation mit dem Berufsgeheimnisträger als solche) bei letzterem erheben. So ist z.B. der Inhalt einer Mitteilung, die ein Rechtsanwalt seinem Mandanten gemacht hat, ohne weiteres verwertbar, wenn er bei der Überwachung eines Telefongesprächs nach § 100a ermittelt wird, das der Mandant darüber mit einem Dritten führt.[78] 28

IV. Relativer Schutz von Berufsgeheimnissen nach Absatz 2

1. Personenkreis. Absatz 2 erfasst alle übrigen, nicht durch Absatz 1 privilegierten Träger von Berufsgeheimnissen, denen nach § 53 ein Zeugnisverweigerungsrecht zusteht.[79] Die negative Formulierung in Satz 4 stellt noch einmal klar, dass Absatz 2 auf die dort genannten, von der Verweisung in Satz 1 formal miterfassten Personen angesichts deren weitergehender Privilegierung nach Absatz 1 keine Anwendung mehr findet. 29

2. Beweiserhebungsverbot. Im Gegensatz zu Absatz 1 Satz 1 betrifft das relative Beweiserhebungsverbot nach Absatz 2 Satz 1 nicht nur Maßnahmen, die sich gezielt gegen einen der in der Vorschrift genannten Berufsgeheimnisträger wenden, sondern auch solche, die sich gegen den Beschuldigten oder gegen Dritte richten und dabei voraussichtlich geschützte Erkenntnisse erbringen werden. Als letztere gelten dabei wiederum nur Informationen aus dem Bereich, auf den sich das jeweilige Zeugnisverweigerungsrecht bezieht.[80] 30

a) Prognose. Für die Prognose hinsichtlich der Erlangung geschützter Erkenntnisse, die bei Maßnahmen, die sich nicht gezielt gegen den Berufsgeheimnisträger richten, auch die Frage umfasst, ob gleichwohl ein solcher davon betroffen sein wird, gelten die gleichen 31

---

77 KMR/*Noltensmeier-von Osten* 14; Schmitt/Köhler 7, entsprechend auch RegE des Gesetzes zur Stärkung des Schutzes von Vertrauensverhältnissen zu Rechtsanwälten im Strafprozessrecht, BTDrucks. **17** 2637 S. 7.

78 **A.A.** für den (richtigerweise indessen ohnehin nicht nach § 160a, sondern ausschließlich nach § 97 zu beurteilenden, s.u. Rn. 55 ff.) Zugriff der Strafverfolgungsorgane auf schriftliche Nachrichten von Rechtsanwälten an ihre Mandanten *Ballo* NZWiSt **2013** 46 (48, 51, 52), entgegen dessen Annahme die Beeinträchtigung des Vertrauensverhältnisses zwischen Rechtsanwalt und Mandant sehr wohl entscheidend davon abhängt, in wessen Gewahrsamssphäre der Zugriff erfolgt.

79 Zum Kreis dieser Personen näher LR/*Ignor*/*Bertheau* § 53, 30, 32, 36, 40, 42, 49 ff.

80 Dazu im Einzelnen LR/*Ignor*/*Bertheau* § 53, 31, 32, 37 ff., 41, 43, 59 ff.

Maßstäbe wie im Rahmen von Absatz 1 Satz 1, sodass insofern auf die Ausführungen oben Rn. 20 verwiesen werden kann.

32 **b) Verhältnismäßigkeitsprüfung.** Nach Absatz 2 Satz 1 steht die zu erwartende Erlangung geschützter Erkenntnisse der Zulässigkeit der Maßnahme nur dann entgegen, wenn diese bei „besonderer Berücksichtigung" jenes Umstands unverhältnismäßig erscheint. Für diese Prüfung, bei der das „Interesse an einer wirksamen, auf die Ermittlung der materiellen Wahrheit und die Findung einer gerechten Entscheidung gerichteten Strafrechtspflege gegen das öffentliche Interesse an den durch die zeugnisverweigerungsberechtigten Personen wahrgenommenen Aufgaben und das individuelle Interesse an der Geheimhaltung der einem Berufsgeheimnisträger anvertrauten oder bekannt gewordenen Tatsachen" abgewogen werden sollen,[81] liefert das Gesetz **keine hinreichend bestimmten** und schon gar keine der Bedeutung der Berufsgeheimnisse **angemessenen Maßstäbe**.[82]

33 § 160a Abs. 2 Satz 1, 2. Halbsatz, wonach „in der Regel nicht von einem Überwiegen des Strafverfolgungsinteresses auszugehen" sein soll, wenn das Verfahren „**keine Straftat von erheblicher Bedeutung**" betrifft, bewirkt insofern nur eine **sehr vage Konkretisierung**, die überdies in eine äußerst **fragwürdige Richtung** weist: Abgesehen von der Dehnbarkeit des Begriffes der „erheblichen Bedeutung", die nach Ansicht des BVerfG auch bei Vergehen mit einer Höchststrafe von weniger als fünf Jahren zwar nicht generell, wohl aber mit Blick auf den Einzelfall bejaht werden kann,[83] lässt diese Formulierung als bloße Regelvermutung zum einen selbst dann noch die Möglichkeit offen, über die Behauptung eines Ausnahmefalles gleichwohl ein Überwiegen des Strafverfolgungsinteresses zu bejahen, wenn die „erhebliche Bedeutung" verneint wurde. Zum anderen verleitet sie zu dem Umkehrschluss, bei Straftaten, denen man eine „erhebliche Bedeutung" zuspricht, sei die Ausforschung des Berufsgeheimnisses im Zweifel zulässig. Bedenkt man, dass die meisten Ermittlungsmaßnahmen, bei denen § 160a praktisch werden dürfte, ohnehin nur bei gravierenden Delikten zulässig sind (wobei die maßgebliche Schwere i.d.R. sogar in doppelter Hinsicht begründet sein muss, nämlich erstens durch die Zugehörigkeit des Delikts zu einem bestimmten Katalog und zweitens durch eine zusätzliche einzelfallbezogene Schwerebetrachtung (vgl. etwa § 100a Abs. 1, § 100f Abs. 1, § 100g Abs. 1 Satz 1 Nr. 1, § 110a Abs. 1), hätte eine solche Betrachtung indessen zur Folge, dass § 160a Abs. 2 de facto so gut wie keine Erhöhung der Eingriffsschwelle bewirken würde.[84]

34 Zur Vermeidung dieser – in BVerfGE **129** 208 nicht ansatzweise erörterten und dem BVerfG insofern offenbar entgangenen – verfassungsrechtlich kaum akzeptablen Konsequenz[85] ist die Regelung richtigerweise so auszulegen, dass die Vermutung nicht nur bei Straftaten ohne erhebliche Bedeutung, sondern grundsätzlich für die Unzulässigkeit der

---

81 RegE zu § 53b-E, BTDrucks. **16** 5846 S. 36, wenngleich die beiden für die Maßnahmenbeschränkung streitenden Faktoren entgegen dem ursprünglichen Entwurf nicht ausdrücklich in den Gesetzestext aufgenommen wurden; entsprechende Formulierung bei BGH NStZ **2016** 741, 742; Schmitt/Köhler/*Köhler* 9.

82 Krit. auch *Ignor* NJW **2007** 3403, 3405; *Reiß* StV **2008** 539, 544; *J. Kretschmer* HRRS **2010** 551, 553; *Bertheau* StV **2012** 303, 304 f.; NK/*Heghmanns* 27; Radtke/Hohmann/*J. Kretschmer*[1] 12; SK/*Wolter*/*Greco* 2; Bedenken im Hinblick auf die Rspr. des EGMR zu Art. 6 Abs. 1, 3 und Art. 8 EMRK bei *Kühne* Rn. 826.2.

83 So im Zusammenhang mit der Sicherstellung und Beschlagnahme von E-Mails auf dem Mailserver des Providers BVerfGE **124** 43, 64 f.

84 Ähnlich HK/*Zöller* 11; SK/*Wolter*/*Greco* 36.

85 BVerfGE **129** 208 stand ganz im Zeichen der Diskussion um die Ungleichbehandlung der von Absatz 1 und Absatz 2 erfassten Berufsgruppen.

Maßnahme spricht, während ein Überwiegen des Strafverfolgungsinteresses stets der besonderen Begründung bedarf.[86] Hierfür wird in erster Linie der Umstand in Betracht kommen, dass das Gewicht der zu verfolgenden Tat das **Minimum** dessen, was das Gesetz für die **Zulässigkeit der betreffenden Maßnahme** generell voraussetzt, noch einmal **deutlich überschreitet**. De lege ferenda ist der Gesetzgeber aufgerufen, durch eine entsprechende Bestimmung für Abhilfe zu sorgen (dazu bereits oben Rn. 12). Zu Verfolgung von **Ordnungswidrigkeiten** kommt die Durchführung von Ermittlungsmaßnahmen gegen Berufsgeheimnisträger vor diesem Hintergrund allgemein nicht in Betracht.[87]

c) Schutz des Kernbereichs privater Lebensgestaltung. Bei alledem ist zu beachten, dass der „Kernbereich privater Lebensgestaltung" **absoluten Schutz** genießt, was im Einzelfall dazu führen kann, dass die Durchführung von Maßnahmen gegen Berufsgeheimnisträger deshalb per se unzulässig ist, weil sie erkennbar zur Ausforschung von Informationen führt, die nicht nur dem Zeugnisverweigerungsrecht unterliegen, sondern diesem besonders geschützten Bereich zuzuordnen sind. Diese Möglichkeit, dass das betreffende Berufsgeheimnis im Einzelfall ebenso abwägungsfest und damit im Ergebnis mit der gleichen Reichweite wie die Berufsgeheimnisse der in Absatz 1 erfassten Personen zu schützen ist, haben sowohl der Gesetzgeber als auch das BVerfG im Falle von **Arztgesprächen** ausdrücklich anerkannt (wobei eine Klarstellung im Gesetzeswortlaut durchaus wünschenswert erschiene, s.o. Rn. 12).[88] Soweit mit den Angehörigen der übrigen geschützten Berufsgruppen eine ebenso intime Kommunikation stattfindet, was jedenfalls bei den weiteren in § 53 Abs. 1 Satz 1 Nr. 3 genannten Heilberufen und bei den nach § 53 Abs. 1 Satz 1 Nr. 3a und 3b privilegierten Beratungsstellen eine naheliegende Möglichkeit darstellt, wird man zwangsläufig genauso entscheiden müssen.[89] 35

d) Tod der durch das geschützte Geheimnis betroffenen Person. Ist die Person, auf die sich das geschützte Geheimnis bezieht, zwischenzeitlich verstorben, führt dies (was der Gesetzgeber ggf. auch de lege ferenda berücksichtigen sollte, s.o. Rn. 12) im Hinblick darauf, dass der postmortale Achtungsanspruch nicht so weit reicht wie die Persönlichkeitsrechte eines Lebenden,[90] zu einer **Absenkung der Eingriffsschwelle**.[91] In dieser Konstellation kann die Ermittlung von Informationen, die grundsätzlich durch das Zeugnisverweigerungsrecht eines Berufsgeheimnisträgers geschützt sind, deshalb auch zur Verfolgung eines Fahrlässigkeitsdelikts nach § 160a Abs. 2 Satz 1 zulässig sein, wenn dieses aufgrund des Umfangs der Tatfolgen und den Umständen ihrer Herbeiführung (Tötung von Menschen durch einen psychisch gestörten Amokläufer, dem der Beschuldigte in grob pflichtwidriger Weise Zugang zu einer Waffe ermöglichte) zu einer nachhaltigen Erschütterung des Rechtsfriedens geführt hat und insofern eine „Straftat von erheblicher Bedeutung" darstellt.[92] 36

---

86 So auch SK/*Wolter*/*Greco* 38.

87 *Bertheau* StV **2012** 303, 305.

88 RegE zu § 53b-E, BTDrucks. **16** 5846 S. 36 f.; BVerfGE **129** 208, 265 f. unter Bezugnahme auf BVerfGE **32** 373, 397; **109** 279, 323; im Schrifttum etwa *Bertheau* StV **2012** 303, 305; KMR/*Noltensmeier-von Osten* 19; Schmitt/Köhler/*Köhler* 13; MüKo/*Kölbel*/*Ibold* 9.

89 Zutr. NK/*Heghmanns* 28; MüKo/*Kölbel*/*Ibold* 9.

90 BGH NStZ **1998** 635; StraFo **2012** 173, 175; speziell für das Bsp. des Amokläufers bezweifelt *Jäger* JA **2012** 634, 636, ob die Auswertung der Krankenakte, die dessen Taten „sogar bis zu einem gewissen Grad erklärbar machen könnte", überhaupt den Schutzbereich des postmortalen Persönlichkeitsrechts berührt.

91 Ähnlich SK/*Wolter*/*Greco* 38.

92 Zutr. BGH StraFo **2012** 173, 175 im Fall des Amoklaufs von Winnenden; zust. *Jäger* JA **2012** 634, 636.

37 **e) Konsequenzen der Unverhältnismäßigkeit.** Soweit der Zugriff auf geschützte Erkenntnisse nach den vorgenannten Grundsätzen unzulässig ist, muss die Maßnahme nach Absatz 2 Satz 2 wenn möglich so beschränkt werden, dass die unzulässigen Auswirkungen vermieden werden; können die maßgeblichen Verhältnismäßigkeitsanforderungen auf diese Weise nicht erfüllt werden, hat sie ggf. ganz zu unterbleiben. Für den Fall, dass sich die Unverhältnismäßigkeit während der Durchführung der Maßnahme herausstellt (insbesondere wenn entgegen ursprünglicher Erwartung der „Kernbereich privater Lebensgestaltung" getroffen wird), ist sie entsprechend der Situation bei Absatz 1 Satz 1 (s.o. Rn. 20 a.E.) nachträglich entsprechend einzuschränken oder abzubrechen, wobei die Möglichkeit, dies unverzüglich zu tun, jedoch wiederum nicht durch eine „Echtzeiterhebung" sichergestellt werden muss.

3. Verwertung von Erkenntnissen

38 **a) Voraussetzungen der Verwertbarkeit.** Werden im Zuge von Ermittlungsmaßnahmen, seien sie gezielt gegen die von Absatz 2 erfassten Berufsgeheimnisträger, seien sie gegen Beschuldigte oder Dritte gerichtet, Erkenntnisse erlangt, die vom Zeugnisverweigerungsrecht umfasst sind, knüpft Absatz 2 Satz 3 deren Verwertung zu Beweiszwecken durch die Verweisung auf Satz 1 an die gleichen Verhältnismäßigkeitsmaßstäbe, die für die Zulässigkeit ihrer gezielten Erhebung gelten würden. Im Falle der Unverhältnismäßigkeit folgt daraus je nachdem, ob die vorangegangene Maßnahme aufgrund der damaligen Prognoselage rechtmäßig oder aufgrund eines Verstoßes gegen Satz 1 rechtswidrig war, ein **selbstständiges oder ein unselbstständiges Verwertungsverbot**. Erscheint die Verwertung geschützter Erkenntnisse, deren Gewinnung zunächst unter Verstoß gegen Satz 1 erfolgte, für sich genommen nunmehr verhältnismäßig (insbesondere deshalb, weil sich eine anfangs zu Unrecht als „Straftat von erheblicher Bedeutung" eingestufte Tat nach dem neuen Stand der Ermittlungen tatsächlich als hinreichend gravierend erweist), so richtet sich die Verwertbarkeit danach, welche Folgen man der Rechtswidrigkeit einer Beweiserhebung allgemein beimisst; nach der dazu von der h.M. vertretenen „Abwägungslehre" bedarf es insofern einer zusätzlichen Prüfung, ob das Strafverfolgungsinteresse nicht nur die Bedeutung des Berufsgeheimnisses, sondern darüber hinaus auch das Gewicht des Rechtsverstoßes bei der Beweisgewinnung überwiegt.[93] Für die Verwertbarkeit entlastender Erkenntnisse ist auf die Ausführungen oben Rn. 23, für die Konsequenzen einer wirksamen Entbindung von der Schweigepflicht auf Rn. 24 und für Informationen, die der Berufsgeheimnisträger unter Verletzung seiner Schweigepflicht aus freien Stücken weitergegeben hat, auf Rn. 17 (bei Übermittlung an die Strafverfolgungsorgane) und Rn. 28 (bei einer Weitergabe an Dritte) zu verweisen.

39 **b) Reichweite eines Verwertungsverbots.** Aus der Formulierung „zu Beweiszwecken" und der insoweit bestehenden Abweichung gegenüber Absatz 1 Satz 2 folgt, dass die Unverhältnismäßigkeit einer diesbezüglichen Nutzung nur ein Beweisverwertungsverbot als solches, aber keine Fernwirkungen auslöst, d.h. die Verwendung der erlangten Erkenntnisse als „Spurenansatz" für weitere Ermittlungen bleibt zulässig.[94] Letzteres gilt jedoch

93 *Bertheau* StV **2012** 303, 305; *J. Kretschmer* HRRS **2010** 551, 553; *Puschke/Singelnstein* NJW **2008** 113, 117; AnwK/*Walther* 15; KK/*Weingarten* 16; NK/*Heghmanns* 31; Radtke/Hohmann/*Link* 11; wohl ohne diese Einschränkung RegE zu § 53b-E, BTDrucks. **16** 5846 S. 37; HK-GS/*Ambos* 11; Schmitt/Köhler/*Köhler* 11; OK/*Sackreuter* 16.

94 *Glaser/Gedeon* GA **2007** 415, 429; *Scharenberg* 171; KK/*Weingarten* 16; KMR/*Noltensmeier-von Osten* 21; Schmitt/Köhler/*Köhler* 12; MüKo/*Kölbel/Ibold* 22; NK/*Heghmanns* 32; **a.A.** HK/*Zöller* 14; SK/*Wolter/Greco* 43.

nicht in Bezug auf Erkenntnisse aus dem **Kernbereich privater Lebensgestaltung**, die im Rang den von Absatz 1 geschützten Berufsgeheimnissen gleichstehen und denen deshalb der gleiche, jegliche Verwendung entsprechender Erkenntnisse ausschließende (s.o. Rn. 22) Schutz zuteil werden muss.[95] Dementsprechend sind auf letztere auch die in § 160a Abs. 1 Satz 3 und 4 geregelten Löschungs- und Dokumentationspflichten (s.o. Rn. 25) entsprechend anzuwenden, während Absatz 2 für diejenigen Erkenntnisse aus dem geschützten Bereich, bei denen grundsätzlich eine Abwägung zwischen Strafverfolgungs- und Geheimhaltungsinteresse erfolgen kann, nichts Vergleichbares vorsieht. Für die Annahme einer über den Wortlaut der Vorschrift hinausgehenden Löschungsverpflichtung in Bezug auf Erkenntnisse, die nach einer Verhältnismäßigkeitsprüfung als unverwertbar einzustufen sind (wodurch u.U. die Verwendbarkeit als „Spurenansatz" vereitelt würde), besteht kein Anlass.[96]

V. Einbeziehung der Berufshelfer

1. Grundsatz. Eine Unterlaufung des Schutzes der Berufsgeheimnisse durch Ermittlungsmaßnahmen, die nicht gegen den Berufsgeheimnisträger selbst, sondern stattdessen gegen sein Hilfspersonal gerichtet sind bzw. dieses beiläufig treffen, wird durch Absatz 3 ausgeschlossen, indem dieser die Anwendung der Absätze 1 und 2 auf die in § 53a genannten **Berufshelfer** ausdehnt. Dabei ist die **Akzessorietät** von deren Zeugnisverweigerungsrecht gegenüber demjenigen des Hauptberufsträgers zu beachten. Aufgrund dieser führt (insofern schon aus § 53a Abs. 2 folgend) eine Entbindung des Hautberufsträgers von der Schweigepflicht, sein (je nach Art des Berufsgeheimnisses ggf. kumulativ mit einer Schweigepflichtentbindung oder unabhängig von einer solchen möglicher, s.o. Rn. 15) rechtmäßiger Verzicht auf das Zeugnisverweigerungsrecht oder seine kriminelle Verstrickung in das Tatgeschehen im gleichen Umfang zur Zulässigkeit von Ermittlungsmaßnahmen gegen seine Berufshelfer, wie das in Bezug auf Ermittlungen gegen ihn selbst der Fall ist.[97] 40

2. Pflichtwidrige Gestattung der Übermittlung von Informationen. Weil Angaben, die dem (nach § 160a Abs. 1 absolut bzw. aufgrund der Verhältnismäßigkeitsprüfung nach Absatz 2 relativ) geschützten Bereich unterfallen, im Rahmen von § 160a **selbst dann unverwertbar** sind, wenn der Berufsgeheimnisträger sie unter Verletzung einer nicht zu seiner freien Disposition stehenden Schweigepflicht freiwillig an die Strafverfolgungsorgane übermittelt (s.o. Rn. 17), darf die Verwertbarkeit der betreffenden Informationen bei konsequenter Betrachtung auch nicht dadurch eröffnet werden, dass der Hauptberufsträger seinen Berufshelfern ein solches Verhalten **in pflichtwidriger Weise erlaubt**. Dies gilt selbst dann, wenn der Hauptberufsträger für den Berufshelfer eine nach § 53a Abs. 1 Satz 2, 1. Halbsatz verbindliche Entscheidung getroffen hat, das Zeugnisverweigerungsrecht als solches nicht auszuüben. Angesichts der unterschiedlichen Konsequenzen einer Verletzung der Schweigepflicht passt diese Vorschrift nämlich nur im originären Anwendungsbereich der §§ 53, 53a, nicht hingegen im Rahmen von § 160a. Deshalb lässt eine solche Entscheidung des Hauptberufsträgers im Falle ihrer Pflichtwidrigkeit trotz des in Bezug auf § 53a begründeten Wegfalls des Zeugnisverweigerungsrechts und trotz der in 41

95 Ebenso im Ergebnis Schmitt/Köhler/*Köhler* 13; Radtke/Hohmann/*Link* 12.

96 Zutr. Schmitt/Köhler/*Köhler* 10; offengelassen in BGH NStZ **2016** 741, 742 m. Anm. *Kämpfer*; **a.A.** *Gercke* StV **2017** 2, 3.

97 Vgl. HK/*Zöller* 15; Schmitt/Köhler/*Köhler* 14 i.V.m. § 97, 43.

§ 160a Absatz 3 anzutreffenden Formulierung „soweit die in § 53a Genannten das Zeugnis verweigern dürfen" die Anwendbarkeit von § 160a richtigerweise unberührt.[98]

VI. Kriminelle Verstrickung des Zeugnisverweigerungsberechtigten

42 **1. Verdacht der Beteiligung.** Nach Absatz 4 Satz 1 entfällt der Schutz von § 160a grundsätzlich im Falle einer Beteiligung des Zeugnisverweigerungsberechtigten an der Tat, die Gegenstand des Verfahrens ist, oder an einer darauf bezogenen Datenhehlerei, Begünstigung, Strafvereitelung oder Hehlerei. Insoweit ist ein **durch bestimmte Tatsachen begründeter Verdacht** erforderlich, d.h. die Schwelle ist gegenüber einem einfachen Anfangsverdacht dadurch erhöht, dass „vage Anhaltspunkte und bloße Vermutungen" keinesfalls genügen, sondern „auf Grund der Lebenserfahrung oder der kriminalistischen Erfahrung fallbezogen aus Zeugenaussagen, Observationen oder anderen sachlichen Beweisanzeichen" entsprechende Schlüsse gezogen werden können.[99] Dies impliziert richtigerweise eine **erhöhte Wahrscheinlichkeit** der Tatbegehung,[100] die allerdings noch weit davon entfernt sein kann, die Annahme eines – nach dem Gesetz gerade nicht erforderlichen – „dringenden Tatverdachts"[101] zu tragen. Dabei kann der Grundsatz der Verhältnismäßigkeit dazu führen, dass die notwendige Stärke des Tatverdachts je nach Gewicht der konkreten Tat, der Eingriffstiefe und der Bedeutung der zu erwartenden Erkenntnisse für das weitere Verfahren etwas variiert, weil zwischen all diesen Faktoren ein angemessenes Verhältnis bestehen muss.[102] Im Übrigen haben die Strafverfolgungsorgane bei der Bewertung der Verdachtslage – wie in anderen Zusammenhängen auch – einen **Beurteilungsspielraum.**[103] Dass gegen den Berufsgeheimnisträger bereits irgendwelche Maßnahmen ergriffen wurden, setzt § 160a Abs. 4 Satz 1 nicht voraus. Im Vergleich zu der im RegE zu § 53b-E ursprünglich vorgesehenen Regelung, wonach die Einleitung eines Ermittlungsverfahrens gegen den Berufsgeheimnisträgers das maßgebliche Kriterium sein sollte,[104] dürfte die vorliegende Fassung des Gesetzes mit dem Erfordernis der Verdachtsbegründung durch „bestimmte Tatsachen" besser geeignet sein, entsprechend der Zielsetzung des Gesetzgebers[105] einer „Umgehung der Schutzregelungen allein aufgrund bloßer Vermutungen" entgegenzuwirken, weil die Einleitung eines Ermittlungsverfahrens auch bei einem Anfangsverdacht niedrigsten Grades jederzeit kurzfristig möglich ist und ein entsprechendes Erfordernis deshalb keine ernstzunehmende Hürde wäre.[106] Wird gegen den Berufsgeheimnisträger aufgrund eines den Anforderungen von § 160a Abs. 4 Satz 1 nicht genügenden Verdachts, dass er in die Tat eines Partners der geschützten Kommunikation verstrickt ist, gleichwohl ein Ermittlungsverfahren eingeleitet, so bleibt § 160a trotz der damit entstandenen Beschuldigtenrolle ausnahmsweise (zum Grundsatz s.o. Rn. 13) analog anwendbar, solange sich der Verdacht nicht bis zur maßgeblichen

---

98 Zustimmend *Scharenberg* 211; **a.A.** wohl HK/*Zöller* 15 a.E.

99 So im Zusammenhang mit der Einstufung eines Rechtsanwalts als Nachrichtenmittler i.S.v. § 100a Abs. 3 BVerfG NJW **2007** 2752 f.; allgemein LR/*Menges* § 97, 40; krit. im Hinblick auf die Konturenlosigkeit des Merkmals *Leitner* FS Widmaier 325, 332, 335; NK/*Heghmanns* 7.

100 KK/*Weingarten* 18; KMR/*Noltensmeier-von Osten* 23; Radtke/Hohmann/*Link* 14.

101 Für eine entsprechende Erhöhung der Verdachtsschwelle de lege ferenda *Ignor* NJW **2007** 3403, 3405; speziell in Bezug auf Journalisten *Gruske* 73 f.

102 KK/*Weingarten* 18; allgemein LR/*Menges* § 97, 40.

103 KK/*Weingarten* 18; für die Beurteilung der Voraussetzungen von § 100a entsprechend BGHSt **41** 30, 33 f.

104 BTDrucks. **16** 5846 S. 37.

105 Begr. des RegE zu § 53b-E, BTDrucks. **16** 5846 S. 37.

106 Zutr. *Leitner* FS Widmaier 325, 334; *Scharenberg* 223; SK/*Wolter*/*Greco* 47; in Bezug auf die geltende Regelung pessimistischer *J. Kretschmer* HRRS **2010** 551, 554; Radtke/Hohmann/*J. Kretschmer*[1] 16.

Schwelle erhärtet hat, weil die vom Gesetzgeber gewollte Schutzwirkung der erhöhten Verdachtsanforderungen andernfalls jegliche Effektivität verlieren würde.[107]

2. Besonderheiten beim Verteidiger

a) Situation beim Verdacht eines Anschlussdelikts. Für den **Verteidiger** ist bei der Anwendung von § 160a Abs. 4 Satz 1 ergänzend die – ihrerseits verfassungsrechtlich fundierte – weitergehende Rechtsgarantie des § 148 Abs. 1 zu beachten. Soweit keine Tatbeteiligung i.e.S. im Raum steht, sondern lediglich ein Anschlussdelikt bzw. die Beteiligung an einem solchen (was nach dem Wortlaut von § 160a Abs. 4 Satz 1 ja ohne weiteres genügt), würde diese Garantie jedenfalls dann in unannehmbarer Weise verkürzt, wenn auf Grund eines derartigen Verdachts Eingriffe in den Verkehr zwischen Verteidiger und Beschuldigtem erlaubt wären. Neben der Leichtigkeit, mit der sich bei diesem speziell in Bezug auf § 258 StGB ein (und sei er zur Umgehung der Schutzvorschrift vorgeschobener) Verdacht begründen ließe, selbst wenn er sich am Ende als unhaltbar erweist,[108] ist hier nämlich zu berücksichtigen, dass der auf eine freie Kommunikation mit dem Verteidiger existenziell angewiesene Beschuldigte die dafür maßgeblichen Umstände u.U. überhaupt nicht erkennen, geschweige denn beeinflussen kann.[109] Deshalb werden zumindest solche Maßnahmen, die mit einem Eindringen in die mündliche Kommunikation zwischen Verteidiger und Beschuldigtem verbunden sind, durch § 160a Abs. 4 Satz 1 mit Rücksicht auf § 148 Abs. 1 nur beim Verdacht einer Beteiligung i.e.S. gestattet,[110] während sie im Falle der **Datenhehlerei, Begünstigung, Strafvereitelung oder Hehlerei** nur und erst dann zulässig sind, wenn der Verteidiger nach den §§ 138a ff. rechtskräftig von der Mitwirkung im Verfahren gegen den betreffenden Mandanten **ausgeschlossen** ist oder zumindest nach § 138c Abs. 3 das **vorläufige Ruhen seiner Rechte** aus den §§ 147, 148 angeordnet wurde. Der EGMR hat die im konkreten Fall auf denkbar vage Verdachtsmomente gestützte staatsanwaltliche Überprüfung des Geschäftskontos eines Strafverteidigers als Verstoß gegen Art. 8 EMRK eingestuft.[111] 43

b) Wegfall des Schutzes bei Tatbeteiligung i.e.S. Zu weit gehen dürfte es indessen, das letztgenannte Erfordernis auch auf den Fall zu erstrecken, in dem der Verteidiger einer unmittelbaren Beteiligung an der verfahrensgegenständlichen Tat verdächtig ist.[112] Hier ist nämlich erstens zu bedenken, dass ein solcher Verdacht jedenfalls bei einem Verteidiger, der nicht von vornherein die gebotene professionelle Distanz zum Mandanten vermissen lässt, wesentlich schwerer zu begründen ist als derjenige eines Anschlussdelikts, weshalb die Gefahr, dass der Verdacht einer Tatbeteiligung nur vorgeschoben wird, um den Schutz von § 160a auszuhebeln, nicht so groß erscheint. Zweitens wäre gerade in Konstellationen, in denen die unmittelbare Beteiligung eines Strafverteidigers an der verfahrensgegenständlichen Tat ernsthaft denkbar erscheint (z.B. bei einem Verteidiger von politisch oder religiös motivierten Straftätern, der selbst in die betreffende extremisti- 44

107 Im Ergebnis ebenso KMR/*Noltensmeier-von Osten* 23.

108 Radtke/Hohmann/*J. Kretschmer*¹ 16.

109 Zum letztgenannten Aspekt *Beulke/Ruhmannseder* StV **2011** 180, 185.

110 *Beulke* FS Fezer 3, 8 ff.; KK/*Weingarten* 20; wohl auch Schmitt/Köhler/*Köhler* 15 i.V.m. § 100a, 21; entsprechend für die Zulässigkeit einer Telefonüberwachung nach § 100a im Lichte von § 148 bereits BGHSt **33** 347, 350 ff.; **a.A.** wohl *R. Kühne* 199.

111 EGMR AnwBl. **2017** 666.

112 Dafür *Beulke/Ruhmannseder* StV **2011** 180, 185 f.; *Scharenberg* 230 f.; SK/*Wolter/Greco* 46; wohl auch MüKo/*Kölbel/Ibold* 26.

sche Szene integriert ist, aber auch bei Rechtsanwälten, die im Rahmen einer unseriösen Beratungstätigkeit auf dem Gebiet der Wirtschafts- oder organisierten Kriminalität in Bezug auf Betätigungen, deren Legalität zweifelhaft erscheint, strafrechtliche Risiken unterschlagen, um den Mandanten zu einem „gekauften Verbotsirrtum" zu verhelfen, und die sich sodann in der gleichen Sache als Verteidiger betätigen) in besonderem Maße zu befürchten, dass die vorbehaltlose Gewährung des Schutzes von § 160a „zur Begründung von Geheimbereichen führen [würde], „in denen kriminelles Verhalten einer staatlichen Aufklärung schlechthin entzogen ist",[113] also genau das, was der Gesetzgeber durch § 160a Abs. 4 berechtigterweise verhindern möchte.[114]

45 **3. Medienangehörige** genießen über § 160a Abs. 4 Satz 2 einen etwas erhöhten Schutz, indem Satz 1 bei ihnen im Falle eines Antrags- oder Ermächtigungsdelikts erst dann zum Tragen kommt, wenn tatsächlich der Strafantrag gestellt bzw. die Ermächtigung erteilt wurde. In der Begründung des RegE des Gesetzes zur Stärkung der Pressefreiheit im Straf- und Strafprozessrecht vom 25.6.2012, BGBl. I S. 1374, Geltung ab 1.8.2012, wurde dem Bestehen dieser Regelung in Bezug auf den Informantenschutz im Zusammenhang mit § 353b StGB, der in Absatz 4 die Strafverfolgung von einer Ermächtigung abhängig macht, besondere Bedeutung beigemessen.[115]

46 **4. Nachträgliche Änderung der Verdachtslage.** In allen Fällen der Anwendung von § 160a Abs. 4 ergeben sich besondere Probleme, wenn es im Lauf des Verfahrens zu einer Änderung der Verdachtslage kommt, was angesichts der Dynamik strafprozessualer Ermittlungen in der Praxis ein alltägliches Phänomen sein dürfte.

47 **a) Wegfall des Verdachts.** Erweist sich der zunächst angenommene Verdacht gegen den Berufsgeheimnisträger später als unbegründet, so führt dies zunächst zur **Unzulässigkeit einer weiteren Durchführung** der Maßnahme. Sodann kommt der (wie gesagt nicht an die Rechtswidrigkeit der vorangegangenen Maßnahme gebundene, s.o. Rn. 22, 38) Schutz von § 160a Abs. 1 Satz 2 bzw. Abs. 2 Satz 3 zum Tragen, was im Falle von ersterem zu einem **absoluten Verwendungsverbot** (s.o. Rn. 22) führt, im Falle von letzterem zu einem **Beweisverwertungsverbot**, das eine Verwendung als Spurenansatz freilich nicht ausschließt (es sei denn, es ginge um Erkenntnisse aus dem „Kernbereich privater Lebensgestaltung", was wiederum eine Angleichung an das Schutzniveau von § 160 Abs. 1 Satz 2 zur Folge hätte, s.o. Rn. 39). Eine Übertragung der (richtigerweise schon dort abzulehnenden)[116] fragwürdigen Rspr., die bei § 97 eine weitere Verwertung des Beweismittels zulässt, wenn der Verstrickungsverdacht nachträglich entfällt,[117] ist für § 160a infolge der unmittelbaren Erfassung der Konstellation durch die in Absatz 1 Satz 2 und Absatz 2 Satz 3 normierten Verbote zwingend ausgeschlossen.[118] Die Unzulässigkeit nicht nur einer unmittelbaren Verwertbarkeit als Beweismittel, sondern auch einer Verwendung als Spurenansatz (mit entsprechenden Folgewirkungen für die auf entsprechender Grundlage dann ihrer-

---

113 So die Formulierung in der Begr. des RegE zu § 53b-E, BTDrucks. **16** 5846 S. 37.

114 Gegen ein Erfordernis, Strafverteidiger von Abhörmaßnahmen unter allen Umständen auszunehmen, denn auch BGHSt **33** 347, 348 f.; vgl. im Übrigen bereits BVerfGE **30** 1, 32 f.; im Schrifttum etwa KK/*Nack* § 100a, 48 i.V.m. § 97, 39; Schmitt/Köhler/*Köhler* 15 i.V.m § 100a, 21; warum im Rahmen von § 160a etwas anderes gelten sollte, ist nicht ersichtlich.

115 Vgl. BTDrucks. **17** 3355 S. 7; entsprechende Einschätzung bei Schmitt/Köhler/*Köhler* 16.

116 Überzeugend m.w.N. SK/*Wohlers* § 97, 47.

117 Vgl. LR/*Menges* § 97, 151; Schmitt/Köhler/*Köhler* § 97, 48, jew. m.w.N.

118 Zutr. NK/*Heghmanns* 10; Schmitt/Köhler/*Köhler* 15; Radtke/Hohmann/*Link* 14; SSW/*Ziegler* 11.

seits rechtswidrig erlangten Folgebeweise) dürfte ein wirksamer Gegenanreiz gegen Verlockungen sein, den Schutz von § 160a durch eine allzu eilfertige Bejahung der Voraussetzungen von dessen Absatz 4 Satz 1 zu umgehen. Das absolute Verwendungsverbot sollte für den Fall einer im Ergebnis unzutreffenden Annahme eines Tatverdachts deshalb de lege ferenda allgemein auf alle Berufsgeheimnisträger ausgedehnt werden (s.o. Rn. 12).

b) Nachträgliche Verdachtsbegründung. Entsteht der Verstrickungsverdacht gegen einen Berufsgeheimnisträger erst nach einer zunächst unter Verstoß gegen § 160a erfolgten Ermittlungsmaßnahme, so führt dies entgegen der in der Begründung des RegE zu § 53b-E geäußerten Einschätzung[119] nicht allgemein zur Verwertbarkeit der gewonnenen Erkenntnisse. 48

aa) Verdachtsbegründung unabhängig von der betreffenden Maßnahme. Selbst wenn der Verdacht unabhängig von der betreffenden Maßnahme und insofern rechtmäßig begründet wurde, ändert dies nichts daran, dass die Beweiserhebung als solche rechtswidrig war, was nach allgemeinen Grundsätzen zwar nicht automatisch ein Verwertungsverbot nach sich zieht, nach der „Abwägungslehre“ abhängig von der Schwere des Verstoße und dessen Relation zum Gewicht des Strafverfolgungsinteresses im Einzelfall aber durchaus ein solches zur Folge haben kann.[120] Das wird man i.d.R. z.B. dann annehmen müssen, wenn sich die Strafverfolgungsorgane im Rahmen einer vorsätzlich-rechtswidrigen Ausforschung des eines zu diesem Zeitpunkt völlig unverdächtigen Berufsgeheimnisträgers willkürlich über § 160a Abs. 1 Satz 1 bzw. Abs. 2 Satz 1 hinweggesetzt haben. 49

bb) Verdachtsbegründung aus der rechtswidrig angeordneten Maßnahme. Weitergehende Konsequenzen ergeben sich, wenn der Verdacht gegen den Berufsgeheimnisträger selbst auf Erkenntnissen beruht, die aus der rechtswidrig angeordneten Maßnahme gewonnen wurden. 50

In diesem Fall folgt bei einem **Verstoß gegen § 160a Abs. 1 Satz 1** (und bei einem solchen gegen Absatz 2 Satz 1, soweit Erkenntnisse aus dem „Kernbereich privater Lebensgestaltung“ zur Debatte stehen) für die betreffenden Informationen schon aus der Logik des Gesetzes ein absolutes Verwendungsverbot,[121] das die Anwendung von § 160a Abs. 4 sogar für die Zukunft ausschließt (es sei denn, für die Verstrickung des Berufsgeheimnisträgers würden weitere hinreichende Anhaltspunkte auftauchen, die mit der verbotenen Maßnahme in keinem Zusammenhang stehen): Weil § 160 Abs. 1 Satz 2 „dennoch“ – d.h. unter Verstoß gegen das Beweiserhebungsverbot – erlangte Erkenntnisse ohne jede Einschränkung einem absoluten Verwendungsverbot unterstellt, muss dies konsequenterweise nicht nur für ihre Verwendung als „Spurenansatz“ für weitere Ermittlungen i.e.S. gelten, sondern auch für ihre Heranziehung zur Begründung einer Verdachtslage mit wie auch immer gearteten Folgewirkungen für die prozessuale Situation im vorliegenden Verfahren. Das Argument, die aufgrund eines rechtswidrigen Vorgehens erlangten Verdachtsmomente könnten nicht nur die Anwendbarkeit von Absatz 4 eröffnen, sondern über diese durch eine Suspendierung der Wirkungen von Absatz 1 Satz 2 sogar die unter Verstoß gegen Absatz 1 Satz 1 erlangten Erkenntnisse der Verwertbarkeit zuführen,[122] ist demgegenüber offenkundig zirkulär und mithin nicht tragfähig. 51

119 Vgl. BTDrucks. **16** 5846 S. 37; im Schrifttum KMR/*Noltensmeier-von Osten* 23.
120 *Puschke/Singelnstein* NJW **2008** 113, 117; NK/*Heghmanns* 9.
121 Ebenso NK/*Heghmanns* 8.
122 In diesem Sinne unter ausdrücklichem Einschluss von „Fallgestaltungen, die Absatz 1 unterfallen“, die Begr. des RegE zu § 53b-E, BTDrucks. **16** 5846 S. 37.

52 Bei **Verstößen gegen § 160a Abs. 2 Satz 1**, die den Verdacht gegen den Berufsgeheimnisträger begründen, ist demgegenüber zwar kein (Absatz 2 nun einmal fremdes) absolutes Verwendungsverbot anzunehmen, weshalb der solchermaßen gewonnene Verdacht immerhin als Grundlage weiterer Ermittlungen unter Einschluss einer – nunmehr durch Absatz 4 legitimierten – Fortsetzung der ursprünglichen Maßnahme dienen kann. Die als solche rechtswidrige Erlangung der hierfür maßgeblichen Erkenntnisse kann aber schwerlich dazu führen, dass auch die bis dahin erlangten geschützten Informationen zu Beweiszwecken verwendet werden dürfen. Andernfalls hätten es die Strafverfolgungsorgane nämlich in der Hand, dem von Absatz 2 Satz 1 statuierten Verbot gerade durch dessen Missachtung de facto jede Wirkung zu entziehen. Deshalb unterliegen Erkenntnisse, die bis zur Begründung eines den Anforderungen von Absatz 4 genügenden Verdachts gegen den Berufsgeheimnisträger angefallen sind unter Einschluss derjenigen, auf die dieser Verdacht gestützt wird (weil die Weiterführung der Maßnahme mit deren Gewinnung erst für die Zukunft legitimiert wird), auch im Falle von Absatz 2 einem Beweisverwertungsverbot.[123] Für die Parallelsituation bei § 97 Abs. 2 Satz 2 wurde dies mittlerweile auch durch das Bundesverfassungsgericht unmissverständlich klargestellt.[124]

VII. Verhältnis zu den §§ 97, 100d Abs. 5, 100g Abs. 4

53 **1. Diskussionen trotz § 160a Abs. 5.** Trotz der auf den ersten Blick eindeutigen Regelung in § 160a Abs. 5, wonach die §§ 97, 100d Abs. 5, 100g Abs. 4 **„unberührt"** bleiben, ist das Verhältnis von § 160a zu diesen Vorschriften nicht unumstritten. Es besteht zwar (selbstverständlich) kein Zweifel, dass letztere für die **Beschlagnahme von Gegenständen**, für **akustische Wohnraumüberwachungen** bzw. für die Erhebung von Verkehrsdaten in ihrem jeweiligen Regelungsbereich weiterhin anwendbar sind, also durch die Schaffung von § 160a nicht etwa aufgehoben wurden. Umgekehrt besteht wohl Einigkeit darüber, dass im Zusammenhang mit § 97, § 100d Abs. 5 und § 100g Abs. 4 grds. ein Rückgriff auf § 160a möglich ist, soweit diese für bestimmte Fragen keine Regelung treffen (wobei § 160a Abs. 2 Satz 3 jedoch nicht die Verwertungsverbote ersetzt, die für Verstöße gegen § 97 entwickelt wurden, weil § 160a schwerlich die Funktion haben kann, die Beschlagnahmeverbote von § 97 zu relativieren, indem die Konsequenzen eines Verstoßes durch ein zusätzliches Abwägungserfordernis verwässert werden);[125] im Übrigen sind die Rückverweisungen von § 97 Abs. 5 Satz 2 auf § 160a Abs. 4 Satz 2, von § 100d Abs. 5 Satz 3 auf § 160a Abs. 4 und von § 100g Abs. 4 Satz 6 auf § 160a Abs. 3 und 4 zu beachten.[126] Umstritten ist jedoch, ob die §§ 97, 100d Abs. 5, 100g Abs. 4 **in ihrem originären Anwendungsbereich Sondervorschriften** darstellen, die eine Heranziehung von § 160a immerhin insoweit ausschließen, oder ob § 160a insbesondere den durch § 97 gewährleisteten Schutz erweitern kann.

54 **2. Beschlagnahmeschutz bei internen Untersuchungen?** Praktische Bedeutung hat diese Frage im Zusammenhang mit **internen Untersuchungen** („internal investigations")

---

123 Zustimmend *Scharenberg* 233 f.; ähnlich HK/*Zöller* 18; HK-GS/*Ambos* 14; NK/*Heghmanns* 8; Schmitt/Köhler/*Köhler* 15; MüKo/*Kölbel*/*Ibold* 24; Radtke/Hohmann/*Link* 14; SK/*Wolter*/*Greco* 48; *R. Kühne* 197 f.; nunmehr auch SSW/*Ziegler* 11.

124 BVerfG v. 30.11.2021 – 2 BvR 2038/18, StV **2022** 237 Rn. 49 ff.

125 Zutr. *Achenbach* FS Beulke 593, 602 f.; SK/*Wohlers*[4] § 97, 95; **a.A.** KK/*Weingarten* 21.

126 Schmitt/Köhler/*Köhler* 17 i.V.m. § 97, 50 und § 100a, 24; vgl. auch KMR/*Noltensmeier-von Osten* 25; OK/*Sackreuter* 21.

erlangt, die Rechtsanwälte im Auftrag von Unternehmen durchführen, und bei denen sie (u.a. durch die Befragung von Mitarbeitern)[127] Erkenntnisse über betriebsbezogene Straftaten zusammentragen; Ähnliches gilt für Rechtsanwälte, die als sog. **Ombudspersonen** dazu beauftragt sind, anonyme Hinweise auf Straftaten und sonstige Unregelmäßigkeiten in Unternehmen entgegenzunehmen.[128] Im Streit, ob und ggf. inwieweit entsprechende Unterlagen im Rahmen der nachfolgenden Strafverfahren gegen die betreffenden Mitarbeiter bei den Rechtsanwälten, die vom Unternehmen im eigenen Interesse (also nicht etwa als potenzielle Verteidiger belasteter Mitarbeiter) beauftragt wurden, beschlagnahmt und als Beweismittel verwertet werden dürfen, wurde neben einer originär auf die Auslegung von § 97 bezogenen Argumentation nämlich z.T. auch auf § 160a und hier insbesondere auf dessen Absatz 1 rekurriert: Dessen weitergehender, eindeutig nicht auf die Mandatsbeziehung zwischen dem betroffenen Berufsgeheimnisträger und dem Beschuldigten des jeweiligen Verfahrens beschränkter[129] Schutz müsse im Ergebnis auch bei der Beschlagnahme von Gegenständen zum Tragen kommen. Dabei dürfe vor allem § 160a Abs. 1, der neben den Strafverteidigern nunmehr auch allen (sonstigen) Rechtsanwälten einen absoluten Schutz vor strafprozessualen Ermittlungseingriffen gewährt, nicht durch die Zugrundelegung eines niedrigeren Schutzniveaus unterlaufen werden, das auf einer Auslegung von § 97 Abs. 1 Nr. 3 beruht, die den Regelungsgehalt von § 160a unberücksichtigt lässt.[130] Die Annahme eines solchen Vorrangs von § 97 folge auch nicht aus § 160a Abs. 5, denn dieser habe in Bezug auf § 97 lediglich die Funktion, bei denjenigen Berufsgeheimnisträgern, die im Rahmen von § 160a nach dessen Absatz 2 nur einen eingeschränkten Schutz genießen, gleichwohl die uneingeschränkte Geltung der Beschlagnahmeverbote nach § 97 Abs. 1 aufrechtzuerhalten.[131]

3. Stellungnahme. Die Annahme, wonach § 160a im ureigenen Anwendungsbereich 55
von § 97 neben diesem anwendbar bleiben[132] oder dessen Auslegung unmittelbar mitbestimmen soll, ist abzulehnen.

a) Gesetzessystematische Betrachtung. Gegen sie spricht zunächst in gesetzessyste- 56
matischer Hinsicht, dass eine Übertragung des absoluten Schutzes, den § 160a Abs. 1 bestimmten Berufsgruppen gewährt, auf die Beschlagnahme von Gegenständen nicht nur

127 Auch von solchen, die sich möglicherweise strafbar gemacht haben und deren Recht auf Selbstbelastungsfreiheit insofern gefährdet ist. Dieser Gesichtspunkt kann im vorliegenden Zusammenhang allerdings nicht ausschlaggebend sein: Weil ein Beschlagnahmeverbot die betroffenen Mitarbeiter von den strafrechtlichen Folgen einer Selbstbelastung nur so lange schützt, wie die Unternehmensleitung die beauftragten Rechtsanwälte nicht von ihrer Schweigepflicht entbindet, muss die Wahrung des nemo-tenetur-Grundsatzes bei „internen Untersuchungen" nämlich ohnehin auf anderen, hier nicht zu erörternden Wegen sichergestellt werden; vgl. dazu auch *Bauer* StV **2012** 277, 278 f.

128 Zur Vergleichbarkeit der Situation in Bezug auf die vorliegende Problematik eingehend *Buchert/Buchert* StV **2017** 204 ff.

129 S.o. Rn. 13; zum diesbezüglichen Streit im Rahmen von § 97 Abs. 1 Nr. 3 LR/*Menges* § 97, 21 ff. m.w.N.

130 Vgl. *Bertheau* StV **2012** 303, 306; *von Galen* NJW **2011** 945; *Schuster* NZWiSt **2012** 28 ff.; *ders.* NZWiSt **2012** 431, 432; *Winterhoff* AnwBl. **2011** 789, 792; Knierim/Rübenstahl/Tsambikakis/*Bock*/*Gerhold* Kap. 5 Rn. 68; *Scharenberg* 93 f.

131 *Schuster* NZWiSt **2012** 28, 30; *ders.* NZWiSt **2012** 431, 432; *Ballo* NZWiSt **2013** 46, 49 ff.; *de Lind van Wijngaarden*/*Egler* NJW **2013** 3549, 3552; Rotsch/*Sahan*/*Urban* § 35 C, 28.

132 Unabhängig vom Problem der „internen Untersuchungen" dafür in Bezug auf § 160a Abs. 2 ohne nähere Begründung LG Saarbrücken NStZ-RR **2013** 183; ohne Erfassung der strafprozessrechtsdogmatischen Problematik und letzten Endes auch nicht tragend für die (im Ergebnis zutr.) Kammerentscheidung, die einen unzulässigen Zugriff auf Verteidigungsunterlagen zum Gegenstand hatte, auch BVerfG StraFo **2015** 61, 63.

den Streit um die grundsätzliche Reichweite der Beschlagnahmeverbote bei Berufsgeheimnisträgern im Sinne eines umfassenden (d.h. nicht auf den Bereich der Mandatsbeziehung zwischen dem Berufsgeheimnisträger und dem Beschuldigten des jeweiligen Verfahrens begrenzten) Beschlagnahmeverbots in der Sphäre des Berufsgeheimnisträgers entscheiden würde, sondern auch deren Einschränkungen nach § 97 Abs. 2 Satz 3 teilweise leerlaufen ließe. Die dort getroffene Regelung, wonach eine Beschlagnahme außer beim Verdacht einer kriminellen Verstrickung des Berufsgeheimnisträgers auch allgemein bei **Deliktsgegenständen** zulässig ist, erlaubt in bestimmten Konstellationen nämlich durchaus ein Vorgehen gegen einen nicht tatverstrickten (!) Berufsgeheimnisträger, das Erkenntnisse verspricht, über die dieser das Zeugnis verweigern dürfte – man denke etwa an einen Schriftwechsel, den ein Rechtsanwalt als erkennbar gutgläubiges Werkzeug eines Betrügers mit dessen Opfern geführt hat. Eine ergänzende Heranziehung von § 160a oder gar dessen Anwendungsvorrang vor § 97 hätte bei konsequenter Betrachtung aber die Unzulässigkeit der Beschlagnahme solcher Unterlagen zur Folge und würde mithin einen offenen Widerspruch zum Regelungsgehalt von § 97 Abs. 2 Satz 3 begründen. Diesen zugunsten von § 160a aufzulösen, wäre mit der in § 160a Abs. 5 getroffenen Anordnung, wonach § 97 „unberührt" bleiben soll (und zwar der gesamte § 97 durch den gesamten § 160a, nicht nur Absatz 1 von ersterem durch Absatz 2 von letzterem, wie die Formulierung von § 160a Abs. 5 und dessen Konzeption als eigener Absatz und nicht etwa als Satz 5 von Absatz 2 deutlich zeigen), offensichtlich unvereinbar. Um dieser Anordnung zur Geltung zu verhelfen, muss § 97 somit zwangsläufig als Sondervorschrift betrachtet werden, die für die von ihr erfasste Regelungsmaterie den Rückgriff auf § 160a sperrt.[133] Bei einer solchen Einstufung spricht nun aber nichts mehr dagegen bzw. es erscheint sogar im Gegenteil naheliegend, auch Grenzfragen der Anwendung von § 97, die sich nicht unmittelbar aus dem Gesetzeswortlaut beantworten lassen, in einer autonomen, nicht durch § 160a präjudizierten Auslegung dieser Vorschrift zu entscheiden.

57 **b) Weiterreichende Folgen von Beschlagnahmeverboten.** Die Aufrechterhaltung unterschiedlicher Maßstäbe in § 97 und in § 160a erscheint im Hinblick auf die unterschiedlichen Auswirkungen von Beschlagnahmeverboten auf der einen und den nach § 160a vorgesehenen Beschränkungen der Beweisgewinnung und -verwertung auf der anderen Seite auch in der Sache gerechtfertigt. Erstere führen nämlich deshalb zu einer deutlich stärkeren Beeinträchtigung der Wahrheitsfindung, weil der Beschlagnahme unterliegende Beweismittel selbst dann, wenn aus ihnen dem Berufsgeheimnis unterliegende Informationen ersichtlich sind, vielfach nicht nur durch die Berufstätigkeit des Geheimnisträgers als solche geprägt wurden, sondern zugleich Träger von **Spuren eines äußeren Geschehens** oder des **Verhaltens von Beschuldigten oder Dritten** sein können (vgl. dazu etwa das in Rn. 56 gebildete Beispiel). Dabei besteht – anders als bei der durch § 160a geschützten reinen Kommunikation mit einem solchen – die Möglichkeit, dass der Berufsgeheimnisträger gerade deshalb eingeschaltet wird, um die betreffenden Gegenstände

---

133 Näher *Erb* FS Kühne 171, 175 ff.; im Ergebnis auch LG Hamburg NJW **2011** 942, 944; LG Mannheim wistra **2012** 400, 409; LG Bochum NStZ **2016** 500, 501 f.; *Winkler* 113 ff.; *Bauer* StV **2012** 277; *Buchert/Buchert* StV **2017** 204, 205 f.; *Gercke* FS Wolter 933, 940 f.; *Jahn* ZIS **2011** 453, 459 f.; *Jahn/Kirsch* StV **2011** 151, 154; Rotsch/*Jahn/Kirsch* § 33, 102; *Hartmut Schneider* NStZ **2016** 309, 310; *Siegrist* wistra **2010** 427, 430; *Eichner* 148 ff.; Schmitt/Köhler/*Köhler* § 97, 9, 10; MüKo/*Kölbel/Ibold* 8; SK/*Wolter/Greco* 51. BVerfG v. 27.6.2018 – 2 BvR 1405/17, 2 BvR 1780/17, NJW **2018** 2385 Rn. 74 f. = NStZ **2019** 159 Rn. 74 f. mit Anm. *Knauer* hat diese Interpretation nicht nur für verfassungsrechtlich unbedenklich erklärt, sondern auch in der Sache zustimmend argumentiert (zu der insofern „auch einfachgesetzlich deutlichen Position der Kammer" auch *Knauer* NStZ **2019** 164 f.).

durch die Begründung eines Beschlagnahmeverbots dem Zugriff der Strafverfolgungsorgane zu entziehen.[134] Vor diesem Hintergrund bedarf es für die Beschlagnahme einer differenzierten Regelung, wie sie der Gesetzgeber in § 97 getroffen hat. Damit ist übrigens weder gegenüber den betreffenden Berufsgeheimnisträgern noch gegenüber deren Auftraggebern ein Misstrauen oder ein Vorwurf unlauteren Verhaltens verbunden, weil hier (anders als im Zusammenhang mit § 160 Abs. 4) keine kriminellen Machenschaften im Raum stehen. Es geht vielmehr nur darum, legale Handlungsoptionen auf ein erträgliches Maß zu begrenzen, denn die vorliegenden Möglichkeiten der „Beweisvereitelung" sind als Ausfluss der gesetzlich eingeräumten Zeugnisverweigerungsrechte im Grundsatz ja durchaus ein legitimes Instrument, von dem der Berufsgeheimnisträger im Interesse seines Mandanten Gebrauch machen darf bzw. dies zur Erfüllung seiner diesem gegenüber bestehenden Pflichten sogar tun muss!

c) Konsequenzen für die Auslegung von § 97

aa) Eindeutige Anordnungen. Soweit § 97 insofern eindeutige Anordnungen trifft, 58
sind diese somit **allein maßgeblich**, weshalb z.B. die nach dessen Absatz 2 Satz 3 vorgesehene Beschlagnahme von **Deliktsgegenständen** ebenso **unbegrenzt möglich** bleibt wie die nach § 97 Abs. 2 Satz 1, 1. Halbsatz grds. erlaubte Beschlagnahme von **Gegenständen**, die sich **nicht im Gewahrsam des Berufsgeheimnisträgers** befinden.[135] Dabei ist die im letztgenannten Fall für Verteidigerkorrespondenz geltende Ausnahme[136] ausschließlich durch § 148 Abs. 1 und dessen verfassungsrechtliche Fundierung bedingt, sodass hier nicht der geringste Anlass besteht (und insbesondere auch der Hinweis auf die Gleichbehandlung von Verteidigern und [sonstigen] Rechtsanwälten in § 160a Abs. 1 n.F. nicht verfängt), im Besitz des Mandanten befindliche Korrespondenz, die dieser mit einem nicht zu Zwecken der Strafverteidigung mandatierten Rechtsanwalt geführt hat, von der Beschlagnahme auszunehmen. Der Bericht, den ein mit internen Untersuchungen beauftragter Rechtsanwalt, der nicht zugleich als potenzieller Verteidiger der verdächtigen Mitarbeiter eingesetzt wurde, dem selbst nicht beschuldigten Auftraggeber übersendet, unterliegt also keinem Schutz.[137]

bb) Auslegungsspielräume. Soweit § 97 Auslegungsspielräume lässt, sind sie unter 59
Zugrundelegung der allgemeinen Auslegungsmethoden primär nach **Sinn und Zweck dieser (!) Norm** zu schließen. Ohne dass dazu abschließend Stellung genommen werden könnte (hier ist stattdessen auf die Kommentierung von § 97 zu verweisen), sei in diesem Zusammenhang nur Folgendes bemerkt:

Im Hinblick auf die aus § 97 Abs. 2 Satz 3 ersichtliche Zielsetzung, eine **Vereitelung** 60
strafrechtlicher Ermittlungen durch die **Verlagerung beweisrelevanter Gegenstände** in die Gewahrsamssphäre eines Berufsgeheimnisträgers tunlichst auszuschließen, liegt es nahe, außerhalb der (von § 97 Abs. 1 Nr. 1 und 2 schon nach dem Gesetzeswortlaut besonders geschützten) Beziehung zwischen dem Berufsgeheimnisträger und dem Beschuldigten

---

134 LG Mannheim wistra **2012** 400, 405 f.; *Buchert/Buchert* StV **2017** 204, 206; zum Ganzen *Erb* FS Kühne 171, 176 f.

135 Im Hinblick auf die Eindeutigkeit der Vorschrift wohl zwingend und praktisch allg. M.; **a.A.** jedoch *Oesterle* 285 ff.; *ders.* StV **2016** 118, 120 ff.

136 Dazu und zu den dabei im Raum stehenden Abgrenzungsfragen LG Braunschweig NStZ **2016** 308, 309 m. Anm. *Hartmut Schneider*; *Klengel/C. Buchert* NStZ **2016** 383 ff.; *Gercke* FS Wolter 933, 937 ff.; *Rütters/A. Schneider* GA **2014**, 160, 161 ff.; *Buchert/Buchert* StV **2017** 204, 206 f.

137 Zutr. LG Mannheim wistra **2012** 400, 407 ff.

des betreffenden Verfahrens sämtliche Schriftstücke, die dem Berufsgeheimnisträger übergeben oder sonst zugespielt wurden, auch dann der Beschlagnahme zu unterwerfen (§ 97 Abs. 1 Nr. 3 insoweit also nicht anzuwenden), wenn sie sich in dessen Gewahrsam befinden und die Voraussetzungen von § 97 Abs. 2 Satz 3 nicht vorliegen.[138] Speziell mit Blick auf interne Untersuchungen lässt sich (nur) auf diese Weise vermeiden, dass Unternehmen, die solche Untersuchungen in Auftrag geben, die Weitergabe nicht nur von be-, sondern auch von entlastendem (!) Material an die Strafverfolgungsorgane beliebig dosieren und so im Extremfall die Herrschaft über das staatliche Strafverfahren an sich reißen können.[139]

61 Auf der anderen Seite darf § 97 freilich **nicht so ausgelegt** werden, dass er den **Schutz des Berufsgeheimnisses**, der ja weder nach § 53 noch nach § 160a auf die Beziehung zwischen dem Berufsgeheimnisträger und einem Beschuldigten des konkreten Verfahrens beschränkt ist (s.o. Rn. 13), außerhalb einer solchen Beziehung **völlig leerlaufen** ließe. Weil die meisten der in § 53 genannten Berufsangehörigen kaum jemals in der Lage sein werden, ihre Tätigkeit in rein mündlicher Form ohne schriftliche Konzepte und ohne Dokumentation auszuüben, würde indessen genau dieser Effekt eintreten, wenn die eigenen Aufzeichnungen, Niederschriften und Ausarbeitungen des Berufsgeheimnisträgers aus dessen Gewahrsamssphäre heraus beschlagnahmt werden dürften. Eine solche Beschlagnahme (etwa von den Untersuchungsprotokollen und Berichten, die ein mit internen Untersuchungen betrauter Rechtsanwalt erstellt hat) muss deshalb – wiederum völlig unabhängig von § 160a und der Frage, welche Berufsgruppen dort in welcher Form privilegiert werden – nach § 97 Abs. 1 als unzulässig eingestuft werden.[140] Das Beschlagnahmeverbot umfasst dabei auch die **schriftlichen Auskünfte**, die der Berufsgeheimnisträger in Ausübung seiner Tätigkeit **von Dritten eingeholt** hat. Dabei kommt es nicht darauf an, ob die vom Berufsgeheimnisträger formulierten Fragen und die Antworten der Befragten in einem Dokument miteinander verbunden sind.[141] Der entscheidende Punkt liegt vielmehr im Fehlen eines sachlichen Grundes, schriftlich eingeholte Auskünfte im Ergebnis anders zu behandeln als die Notizen über die mündliche Befragung Dritter (auf die die Betroffenen ja auch leicht ausweichen könnten, wenn ersteren der Beschlagnahmeschutz versagt bliebe). Für letztere kommt eine Beschlagnahme im Beispiel des nicht von seiner Schwei-

---

138 So im Ergebnis etwa Schmitt/Köhler/*Köhler* § 97, 9, 10; verfassungsrechtlich unbeanstandet durch BVerfG v. 27.6.2018 – 2 BvR 1405/17, 2 BvR 1780/17, NJW **2018** 2385 Rn. 79 ff. = NStZ **2019** 159 Rn. 79 ff. mit insoweit krit. Anm. *Knauer* NStZ **2019** 164, 166; **a.A.** *Jahn* ZIS **2011** 453 ff., jew. m.w.N.

139 Näher *Erb* FS Kühne 171, 180 f.; ähnlich LG Mannheim wistra **2012** 400, 405 ff., wo als Voraussetzung der Zulässigkeit einer Beschlagnahme allerdings „konkrete Anhaltspunkte für eine missbräuchliche Inanspruchnahme der Möglichkeit der Verlagerung beweisrelevanter Unterlagen“ verlangt werden. Diese ist indessen schon deshalb abzulehnen, weil es vorliegend nicht um die Unterbindung eines Missbrauchs, sondern nur darum geht, legale Möglichkeiten der Vorenthaltung von Beweismitteln in sachgerechter Weise zu begrenzen, s.o. Rn. 57 a.E.! Zum Missbrauchspotenzial und den Schwierigkeiten, einen entsprechenden Missbrauch zu erkennen, deutlich auch BVerfG v. 27.6.2018 – 2 BvR 1405/17, 2 BvR 1780/17, NJW **2018** 2385 Rn. 91 = NStZ **2019** 159 Rn. 91 mit insoweit krit. Anm. *Knauer* NStZ **2019** 164, 166.

140 *Erb* FS Kühne 171, 179 f.; im Ergebnis ebenso LG Mannheim wistra **2012** 400, 407; *Jahn/Kirsch* StV **2011** 151 ff.; Rotsch/*Jahn/Kirsch* § 33, 101; *Gercke* FS Wolter 933, 941 ff.; *Schmid/Wengenroth* NZWiSt **2016** 401, 405 f.; *Szesny* CCZ **2016** 25, 26; *Buchert/Buchert* StV **2017** 204, 207 ff.; *Lilie-Hutz/Ihwas* NZWiSt **2018** 349, 351; *Xylander/Kiefner/Bahlinger* BB **2018** 2953, 2954; *Eichner* 161 ff.; **a.A.** (generelle Beschränkung des Beschlagnahmeschutzes nach § 97 Abs. 1 Nr. 3 auf das Verhältnis des Berufsgeheimnisträgers zu einem Beschuldigten) BVerfG v. 27.6.2018 – 2 BvR 1405/17, 2 BvR 1780/17, NJW **2018** 2385 Rn. 84 ff. = NStZ **2019** 159 Rn. 84 ff.; LG Hamburg NJW **2011** 942 ff.; LG Bochum NStZ **2016** 500; *Winkler* 97 ff., *Bauer* StV **2012** 277 ff.; *Hartmut Schneider* NStZ **2016** 309, 310; Schmitt/Köhler/*Köhler* § 97, 9, 10; MüKo/*Kölbel/Ibold* 8a.

141 So aber LG Mannheim wistra **2012** 400, 407 im Fall der Mitarbeiterfragebögen bei internen Untersuchungen.

gepflicht entbundenen Rechtsanwalts aber schon deshalb nicht in Betracht, weil über das, was er im Rahmen des Mandats von Dritten erfahren hat, nach § 250 StPO grundsätzlich durch seine Vernehmung als Zeuge vom Hörensagen Beweis zu erheben wäre. Würde man deshalb, weil diese Vernehmung an der Ausübung des Zeugnisverweigerungsrechts nach § 53 Abs. 1 Nr. 3 StPO scheitert, stattdessen auf die beruflichen Aufzeichnungen zugreifen, wäre die Umgehung des Zeugnisverweigerungsrechts insofern besonders offensichtlich.

4. Zur Zulässigkeit vorbereitender Durchsuchungen. Wenn die Beschlagnahme 62 von Gegenständen in der Gewahrsamssphäre von Berufsgeheimnisträgern nach alledem auch in Konstellationen zulässig sein kann, in denen sich dies weder mit einer Interessenabwägung nach § 160a Abs. 2 Satz 1 noch mit einer kriminellen Verstrickung nach § 160a Abs. 4 rechtfertigen lässt, stellt sich zwangsläufig die Frage nach der Möglichkeit ihrer Durchsetzung im Rahmen von Durchsuchungsmaßnahmen.[142]

a) Grundsatz. Diese ist aus folgender Erwägung grundsätzlich zu bejahen: Nach sei- 63 nem Wortlaut untersagt § 160a nicht sämtliche Ermittlungsmaßnahmen gegen den betreffenden Berufsgeheimnisträger, sondern nur solche, „die voraussichtlich Erkenntnisse erbringen würden, über die dieser das Zeugnis verweigern dürfte".[143] Nach Sinn und Zweck der Regelung kann damit nur die unmittelbare Erlangung entsprechender Erkenntnisse durch einen Zugriff auf die geschützte Kommunikation gemeint sein, nicht hingegen jede Erhebung von Informationen, die der Berufsgeheimnisträger nicht aktiv preiszugeben braucht, bei der das Gesetz einen anderweitigen Zugriff jedoch ausdrücklich vorsieht. Letzteres ist bei einer Durchsuchung, die zielsicher auf die Beschlagnahme solcher Unterlagen ausgerichtet ist, die nach den unter Rn. 60 ausgeführten Grundsätzen keinem Beschlagnahmeverbot unterliegen (zur Lösung des Problems einer gleichzeitigen Aufdeckung von Inhalten der geschützten Kommunikation als einer nach § 160a ebenfalls unzulässigen Nebenwirkung der Maßnahme s.u. Rn. 65), eindeutig der Fall: Wenn die aus den rechtmäßig beschlagnahmten Gegenständen zu gewinnenden Erkenntnisse nicht im Wege einer Vernehmung des Berufsgeheimnisträgers erhoben werden dürfen (und deshalb wohl auch die Durchsetzung eines Herausgabeverlangens mit Zwangsmitteln nach § 95 Abs. 2 Satz 2 ausscheiden würde),[144] so bedeutet die vorbereitende Durchsuchung hier gleichwohl ebenso wenig einen Eingriff in die rechtlich geschützte Kommunikation wie die Beschlagnahme selbst. Soweit die Beschlagnahme von Gegenständen nach dem Regelungskonzept von § 97, der von § 160a nach dessen Absatz 5 ausdrücklich „unberührt" bleiben soll (!), zulässig ist, befinden wir uns nämlich außerhalb des geschützten Bereichs, den der Gesetzgeber dem Berufsgeheimnis insgesamt eingeräumt hat. Somit kommt die Funktion von § 160a Abs. 1 Satz 1 und Abs. 2 Satz 1, eine Ausforschung der Vertrauensbeziehung im Rahmen des vor-

---

142 Generell **gegen** deren Zulässigkeit im Hinblick auf § 160a Abs. 1 *Winterhoff* AnwBl. **2011** 789, 792; *Schuster* NZWiSt **2012** 431, 432; *Lilie-Hutz/Ihwas* NZWiSt **2018** 349, 351 f.; *Graßie/Hiéramente* BB **2018** 2051, 2054; *Rübenstahl* ZWH **2018** 273, 283 ff. (in einem etwas empörten Duktus und unter Verwendung eines sachfremden argumentum ad personam in Fn. 103); *Wimmer* StV **2019** 704, 705; *Winkler* 106 f., 117, 257; *Roxin/Schünemann* § 35, 15; für die Anwendung von § 160a Abs. 2 auf Durchsuchungen bei Steuerberatern *Schwarz* wistra **2017** 4 ff.; allgemein *R. Kühne* 155, 168 f.; **für** die grundsätzliche Zulässigkeit, solange die Durchsuchung nicht auf die Auffindung beschlagnahmefreier Gegenstände gerichtet ist, LG Stuttgart v. 26.3.2018 – 6 Qs 1/18, StV **2019** 7 Rn. 40 ff.; *Eichner* 151 f.; MüKo/*Hauschild* § 103, 10; wohl auch Schmitt/Köhler/*Köhler* § 103, 7; die hiesige Position als verfassungskonform eingestuft durch BVerfG v. 27.6.2018 –2 BvR 1405/17, 2 BvR 1780/17, NJW **2018** 2385 Rn. 76 ff. = NStZ **2019** 159 Rn. 76 ff. mit Anm. *Knauer.*

143 Diesen Aspekt im Grundsatz zu Recht hervorhebend *R. Kühne* 153; zustimmend *Eichner* 151.

144 Vgl. LR/*Menges* § 95, 25.

liegenden Gesamtkonzepts zu verhindern, hier ebenfalls nicht zum Tragen. Eine andere Auslegung, die bei § 160a Abs. 1 Satz 1 und Abs. 2 Satz 1 im Gegensatz zu § 97 einfach auf den formalen Umstand rekurriert, dass der Berufsgeheimnisträger zu den beschlagnahmten Gegenständen keine Aussage machen muss, wäre methodisch unzulässig, weil sie nach § 160a Abs. 5 „unberührt" bleibende Möglichkeiten der Beweisgewinnung de facto unmöglich machen und damit das Regelungsgefüge zwischen § 160a und § 97 zerstören würde.[145] Die Vorstellung, mit der Schaffung von § 160a habe der Gesetzgeber die von dessen Absatz 1 erfassten Berufsgeheimnisträger (d.h. nunmehr insbesondere auch sämtliche Rechtsanwälte) außer im Falle eigener krimineller Verstrickung von strafprozessualen Zwangsmaßnahmen jeder Art bedingungslos freigestellt,[146] ist insofern eindeutig zu verwerfen.

64 **b) Einschränkungen.** Dies bedeutet nun selbstverständlich nicht, dass Durchsuchungen bei Berufsgeheimnisträgern außerhalb der von § 160a Abs. 4 geregelten Situationen zur Auffindung und Sicherstellung von Gegenständen, die keinem Beschlagnahmeverbot nach § 97 unterliegen, ein Mittel erster Wahl sein dürften. Unter Berücksichtigung der besonderen Sensibilität der Gewahrsamssphäre von Personen, die dem Schutz von § 160a unterliegen,[147] dürfte der Grundsatz der Verhältnismäßigkeit[148] vielmehr durchweg gebieten, einen Berufsgeheimnisträger, der grds. die Vermutung rechtstreuen Verhaltens auf seiner Seite hat, zunächst einmal zur freiwilligen Herausgabe der betreffenden Gegenstände aufzufordern. Kommt er dieser Aufforderung deshalb nicht nach, weil er sich nach eigenen Angaben nicht in Besitz der gesuchten Gegenstände befindet, so ist dies zunächst einmal so hinzunehmen, solange keine konkreten Tatsachen vorliegen, die eine gegenteilige Annahme nahelegen.

65 **c) Problem der evt. gleichzeitigen Erlangung geschützter Informationen.** Ist letzteres der Fall (etwa bei einem Rechtsanwalt, der vielleicht sogar einräumt, Unterlagen zu besitzen, die ihm im Zuge eines Beratungsmandats übergeben wurden, sich aber explizit weigert, diese den Strafverfolgungsorganen auszuhändigen), so stellt sich weiterhin die Frage, ob die Zulässigkeit einer Durchsuchung als ultima ratio nicht daran scheitert, dass diese neben dem Zugriff auf die zu beschlagnahmenden Gegenstände voraussichtlich weitere Erkenntnisse erbringt, die tatsächlich dem Schutz von § 160a unterfallen (s.o. Rn. 20).[149] In diesem Zusammenhang ist von einem Berufsgeheimnisträger indessen zu verlangen, dass er potenziell der Beschlagnahme unterliegende Gegenstände (also alle unabhängig von seiner Tätigkeit vorhandenen Unterlagen, die er von Mandanten oder von Dritten erhalten hat) von solchen, die geschützte Informationen verkörpern (d.h. seine eigenen Aufzeichnungen, Erhebungen und Ausarbeitungen) innerhalb seiner Aktenführung so voneinander trennt, dass eine Durchsuchung effektiv auf erstere begrenzt werden kann. Andernfalls führt die dann gegebene **Vermischung geschützter mit nicht geschützten Dokumenten** dazu, dass die Zulässigkeit der Maßnahme nicht mehr an § 160a Abs. 1 Satz 1 oder Abs. 2 Satz 1 scheitert (s.o. Rn. 20).

---

145 Ebenso *Eichner* 151 f.; Formulierung unbeanstandet übernommen durch BVerfG v. 27.6.2018 – 2 BvR 1405/17, 2 BvR 1780/17, NJW **2018** 2385 Rn. 76 = NStZ **2019** 159 Rn. 76.

146 So wohl *Bertheau* StV **2012** 303, 306; *von Galen* NJW **2011** 945; eingehende Kritik bei *Erb* FS Kühne 171, 177 f.

147 Vgl. etwa *Beulke/Ruhmannseder* StV **2011** 180, 182.

148 Zu dessen Bedeutung im vorliegenden Zusammenhang *Ignor* StV **2019** 696 f.

149 Vgl. zu diesem Problem und der drohenden Diskrepanz zwischen der Zulässigkeit einer Beschlagnahme und der Unmöglichkeit ihrer Durchsetzung im Rahmen einer Durchsuchung auch *Siegrist* wistra **2010** 427, 430.

VIII. Revision

1. Unzulässige Erkenntnisverwertung

a) Allgemeines. Verstöße gegen die Verwendungs- bzw. Verwertungsverbote nach § 160a Abs. 1 Satz 2 (ggf. i.V.m. Satz 5) oder Abs. 2 Satz 3, jeweils auch i.V.m. Abs. 3, können unabhängig davon, ob ihnen ein Verstoß gegen ein (für eine erfolgreiche Revision allein nicht ausreichendes, weil das Urteil auf ihm allein schwerlich beruhen kann) Beweiserhebungsverbot nach § 160a Abs. 1 Satz 1 bzw. Abs. 2 Satz 1 vorausging oder ob sie ohne einen solchen Verstoß selbstständig zum Tragen kommen (s.o. Rn. 22, 38), die Revision gegen das Urteil begründen, das bei Eingang der gesperrten Erkenntnisse in die Überzeugungsbildung des Gerichts regelmäßig auf ihnen beruht. Dies gilt sowohl für die unzulängliche Erfassung der originären Voraussetzungen dieser Regelungen als auch für die fälschliche Bejahung der Voraussetzungen, unter denen ihre Anwendbarkeit nach Absatz 4 entfällt. 66

b) Beurteilungsspielräume. Soweit bei der Anwendung der Vorschrift ein Beurteilungsspielraum besteht (s.o. Rn. 20, 31, 42), beschränkt sich die Nachprüfung durch das Revisionsgericht auf eine Vertretbarkeitskontrolle.[150] Für die Prüfung der besonderen Verhältnismäßigkeit nach § 160a Abs. 2 Satz 3 i.V.m. Satz 1 kann letzteres richtigerweise jedoch nicht gelten,[151] weil die dabei vorzunehmenden Abwägung kein prognostisches oder situationsgebundenes Moment enthält, das die Anerkennung eines entsprechenden Spielraums legitimieren könnte. 67

c) Widerspruch gegen die Verwertung. Die Erhebung eines Widerspruchs gegen die Verwertung in der tatgerichtlichen Hauptverhandlung ist im Hinblick auf die in anderen Zusammenhängen bestehende Rechtsprechung[152] und das bisherige Fehlen einer höchstrichterlichen Entscheidung zur Frage nach deren Übertragbarkeit auf die Verwertungsverbote nach § 160a aus Verteidigersicht dringend zu empfehlen. Richtigerweise darf der Erfolg der Revision hiervon allerdings nicht abhängen, weil die von § 160a erfassten Berufsgeheimnisse nicht nur im Interesse des Beschuldigten, sondern im öffentlichen Interesse an der Erhaltung eines allgemeinen Vertrauens in ihre grundsätzliche Wahrung geschützt werden.[153] 68

2. Fehlerhafte Annahme eines Beweisverwertungsverbots. Umgekehrt eröffnet auch eine nicht durch die einschlägigen Regelungen in § 160a gedeckte Ausklammerung von Erkenntnissen aus der gerichtlichen Wahrheitsfindung – im Wege der Aufklärungsrüge – die Revision.[154] Dies ist allgemein dann der Fall, wenn (richtigerweise immer zu berücksichtigende, s.o. Rn. 23, 38) manifeste entlastende Erkenntnisse außer Betracht bleiben. Bei der unrichtigen Annahme der Unverwertbarkeit belastender Erkenntnisse ist im Hinblick auf die (nur) insoweit gegebene Beschwer an eine Revision von Staatsanwaltschaft oder der Nebenklage zu denken. 69

---

150 So in Bezug auf das Vorliegen eines auf bestimmte Tatsachen gerichteten Tatverdachts und die Einhaltung der Subsidiarität bei § 100a BGHSt **41** 30 ff.; für § 160a KK/*Weingarten* 23 f.; Schmitt/Köhler/*Köhler* 18; OK/*Sackreuter* 23; **krit.** SK/*Wolter*/*Greco* 52.

151 **A.A.** BGH StraFo **2012** 173, 175; KK/*Weingarten* 24.

152 Vgl. etwa BGHSt **50** 206, 215 f.

153 Zur ausschließlichen Dispositionsbefugnis des Beschuldigten als Voraussetzung der „Widerspruchslösung" BGHSt **51** 1, 3; BGH NJW **2007** 2269, 2273; im vorliegenden Zusammenhang insofern wohl unentschieden KK/*Weingarten* 22.

154 HK/*Zöller* 21; KK/*Weingarten* 22; Schmitt/Köhler/*Köhler* 18; OK/*Sackreuter* 23.

70 **3. Die Revisionsbegründung** muss nach § 344 Abs. 2 Satz 2 zunächst die Tatsachen enthalten, aus denen sich ein Verstoß gegen § 160a Abs. 1 Satz 2 (ggf. i.V.m. Satz 5) oder Abs. 2 Satz 3 ergibt. Darüber hinaus sollte sie bei der Rüge einer unzulässigen Verwertung von Erkenntnissen im Hinblick auf die – in der Sache äußerst fragwürdige,[155] vom Revisionsverteidiger aber tunlichst zu beachtende – Rechtsprechung zum Erfordernis der Anführung von „Negativtatsachen“ auch ausführen, inwiefern das Tatgericht Absatz 4 entweder nicht angewendet oder dessen Voraussetzungen zu Unrecht bejaht hat.[156]

§ 160b
Erörterung des Verfahrensstands mit den Verfahrensbeteiligten

[1]Die Staatsanwaltschaft kann den Stand des Verfahrens mit den Verfahrensbeteiligten erörtern, soweit dies geeignet erscheint, das Verfahren zu fördern. [2]Der wesentliche Inhalt dieser Erörterung ist aktenkundig zu machen.

Schrifttum

Abraham Im Vorhof der Verständigung, StV **2021** 606; *Altenhain/Haimerl* Die gesetzliche Regelung der Verständigung im Strafverfahren – eine verweigerte Reform, JZ **2010** 327; *Bittmann* Das Gesetz zur Regelung der Verständigung im Strafverfahren, wistra **2009** 414; *Eckstein* Die Einstellung des Verfahrens gem. § 154 I StPO im Rahmen einer Verständigung gem. § 257c StPO, NStZ **2017** 609; *Jahn/Müller* Das Gesetz zur Regelung der Verständigung im Strafverfahren – Legitimation und Reglementierung der Absprachenpraxis, NJW **2009** 2625; *Niemöller/Schlothauer/Weider* Gesetz zur Verständigung im Strafverfahren (2010); *Nötzel/Klauck* Die Absprache im Ermittlungsverfahren: Ein „kleiner Deal“? NStZ **2021** 577.

Entstehungsgeschichte

Die Vorschrift wurde durch Art. 1 Nr. 4 des Gesetzes zur Regelung der Verständigung im Strafverfahren vom 29.7.2009, BGBl. I S. 2353, in die StPO eingefügt.

Übersicht

155 Eingehende Kritik bei SK/*Frisch* § 344, 64.

156 HK/*Zöller* 21; Schmitt/Köhler/*Köhler* 18; SK/*Wolter/Greco* 52; die in diesem Zusammenhang angeführten Belegstellen BGHSt **37** 245, 248 f. und BGHSt **38** 144, 145 f. (beide zu § 97) passen allerdings nicht ganz, weil es dort um vergleichsweise naheliegende Negativtatsachen ging (nämlich im einen Fall um ein mögliches Einverständnis der *selbst nicht beschuldigten* Patientinnen eines Arztes, im anderen um die Deliktsverstrickung nicht des Berufsgeheimnisträgers selbst, sondern der *bei diesem beschlagnahmten Unterlagen*, unter denen sich Rechnungen befanden, die der Beschuldigte gefälscht hatte). Eine strafbare Beteiligung des Berufsgeheimnisträgers an der verfahrensgegenständlichen Tat oder an einem Anschlussdelikt zu dieser ist demgegenüber ein *außergewöhnliches Ereignis*, bei dem es als *maßlose Überspannung* von § 344 Abs. 2 Satz 2 zu bezeichnen wäre, zu seinem *Nichtvorliegen* selbst dann Ausführungen zu verlangen, wenn eine auf einen solchen Verdacht gestützte Anwendung von § 160a Abs. 4 im vorangegangenen Verfahren niemals zur Debatte stand.

1. Zweck und Problematik der Regelung

a) Allgemeines. Ausweislich der Begründung des Gesetzentwurfs soll die Vorschrift bewirken, „dass die Gesprächsmöglichkeiten zwischen Staatsanwaltschaft und Verfahrensbeteiligten gefördert werden und damit – wo dies Aufgabe und Funktion des Strafverfahrens zulassen – ein offenerer Verhandlungsstil unterstützt wird, der – sachgerecht eingesetzt – das Verfahren insgesamt fördern kann."[1] Wo dies den Beteiligten aus welchem Grund auch immer sachdienlich erscheint, dürften solche Gespräche freilich schon immer stattgefunden haben, und es ist auch nicht ersichtlich, was unabhängig vom Vorhandensein einer gesetzlichen Regelung gegen ihre Zulässigkeit sprechen sollte,[2] soweit es darum geht, der Verteidigung durch ein „Spiel mit offenen Karten" die Möglichkeit zu geben, ihr Vorgehen in sachdienlicher Weise situationsadäquat auszurichten. Solange sich die Erörterung des Verfahrensstands in diesem Rahmen bewegt, könnte die (durch Satz 2 auch insoweit bestehende) Dokumentationspflicht evt. einen zusätzlichen Verfahrensaufwand bedeuten, der eine kommunikative Verfahrensführung eher behindert.[3] 1

b) Zusammenhang mit Verfahrensabsprachen. Brisanz gewinnen Erörterungen der Staatsanwaltschaft mit den Verfahrensbeteiligten und die gesetzliche Regelung solcher Gespräche jedoch dort, wo sie der Anbahnung von Verfahrensabsprachen dienen. Wenn es in der Gesetzesbegründung auch heißt, die Regelung stehe „nicht in unmittelbarem Zusammenhang mit dem Gegenstand der Verfahrensabsprache im Strafprozess, die zu diesem frühen Zeitpunkt und außerhalb der Beteiligung des Gerichts noch nicht möglich ist",[4] so erscheint es doch naheliegend, dass die **Weichen für eine derartige Erledigung des Hauptverfahrens** vielfach schon im Rahmen von Gesprächen zwischen Staatsanwaltschaft und Verteidigung (ggf. unter informeller Beteiligung der Berufsrichter, die dem für das Hauptverfahren zuständigen Spruchkörper angehören) gestellt werden.[5] Anders als bei einer Verständigung im Hauptverfahren nach § 257c besteht dabei auch die Möglichkeit der Vereinbarung einer „Gesamtlösung" mit der Einbeziehung anderer Ermittlungsverfahren zur Erledigung nach § 154 Abs. 1.[6] 2

Damit schlagen bereits an dieser Stelle nicht nur alle Bedenken zu Buche, die gegen das Institut der Verfahrensabsprachen allgemein erhoben werden,[7] sondern es besteht vor allem auch in besonderem Maße die Gefahr, dass die Aushandlung des Verfahrensergebnisses entgegen der Intention des Gesetzgebers de facto weiterhin nicht in öffentlicher Hauptverhandlung, sondern **im Verborgenen** erfolgt: Erzielen Staatsanwaltschaft und Verteidigung schon vor Anklageerhebung einen Konsens, zu dem das Gericht im Rahmen einer inoffiziellen Einbindung sein Wohlwollen signalisiert (was § 160b natürlich nicht vorsieht, aber wohl zumindest in der Vergangenheit eine gängige Praxis dar- 2a

---

1 BTDrucks. **16** 12310 S. 11; zustimmend SSW/*Ignor*/*Wegner* 3.
2 Ebenso HK/*Temming* 1; KMR/*Noltensmeier-von Osten* 3; Schmitt/Köhler/*Köhler* 1; für einen „rein deklaratorischen Charakter" von Satz 1 insoweit SK/*Wohlers*/*Deiters* 2; **a.A.** MüKo/*Jahn* 3.
3 SK/Wohlers/*Deiters* 2.
4 BTDrucks. **16** 12310 S. 12; ebenso KK/*Weingarten* 2.
5 Vgl. auch KK/*Weingarten* 2, 7 („bilaterale Anbahnungen").
6 KK/*Weingarten* 7.
7 Dazu eingehend LR/*Stuckenberg* § 257c, 1 ff.

stellte,[8] die durch die gesetzliche Regelung der Verfahrensabsprachen jedenfalls in der Anfangszeit[9] kaum effektiv unterbunden wurde), ändert die Bestätigung des Ergebnisses in dem von § 257c Abs. 3 vorgesehenen förmlichen Prozedere in der Hauptverhandlung nichts daran, dass die eigentliche Entscheidungsfindung in Wahrheit schon im Ermittlungsverfahren erfolgt ist.[10] Im Übrigen kommt die rechtsstaatliche Problematik der Verfahrensabsprachen nicht nur dort zum Tragen, wo diese ein nach mündlicher Hauptverhandlung ergehendes Urteil zum Gegenstand hat, sondern auch – bzw. sogar in besonderem Maße – dort, wo die Erörterungen zwischen den Verfahrensbeteiligten im Ermittlungsverfahren im Ergebnis darauf hinauslaufen, dass der durch frühzeitigen Einsatz der **„Sanktionsschere"** eingeschüchterte Beschuldigte auf der Grundlage eines nicht einmal ansatzweise ausermittelten Verdachts bei zweifelhafter Beweislage **einen Strafbefehl akzeptiert.**[11]

3 **c) Bewertung.** Vor diesem Hintergrund könnte die Vorschrift die Praxis ermuntern, von den Möglichkeiten des „Deals" im Ermittlungsverfahren in bedenklichem Umfang Gebrauch zu machen. Dabei fällt besonders ins Gewicht, dass das Gesetz – offenbar in Verkennung des Gewichts der Probleme, die sich auch und gerade in diesem Stadium des Strafverfahrens stellen – für das Ermittlungsverfahren (anders als für die Hauptverhandlung in § 257c) **nicht einmal den Versuch** unternommen hat, **entsprechende Praktiken zu kanalisieren** und Missstände (s.o. Rn. 2 a.E.) durch einschlägige Verbote zu unterbinden. Immerhin ist die in Satz 2 der Vorschrift statuierte Verpflichtung, den „wesentlichen Inhalt" von Erörterungen aktenkundig zu machen, darauf angelegt, für mehr Transparenz zu sorgen;[12] inwieweit dies speziell in Bezug auf das Ermittlungsverfahren tatsächlich auf breiter Front gelingt, erscheint freilich zweifelhaft. Im Übrigen unterliegen – was im Hinblick auf die vorgenannten Bedenken ein großes Manko darstellt – Erörterungen nach § 160b auch nicht der Mitteilungspflicht nach § 243 Abs. 4.[13]

2. Regelungsgehalt

4 **a) Kann-Vorschrift.** Mit der Formulierung „kann" räumt die Vorschrift der Staatsanwaltschaft ein **Ermessen** darüber ein, ob sie mit den Verfahrensbeteiligten Erörterungen führen möchte, um das Verfahren zu fördern. Diesen steht es offen, von sich aus die Initiative zu ergreifen, um die Staatsanwaltschaft hierzu zu bewegen, sie haben jedoch

---

8 So jedenfalls eigene Erfahrungen des Autors in seiner Zeit als Staatsanwalt in den Jahren 1998 und 1999, vgl. auch MüKo/*Jahn* 7 (unter Bezugnahme auf die rechtstatsächliche Untersuchung von *Altenhain/Dietmeier/May* Die Praxis der Absprachen im Strafverfahren [2013] 61 ff.), und 13 mit Fn. 59 (wo er insofern zwar „keine belastbaren empirischen Belege" sieht, aber gleichwohl einige Indizien anführt, die in diese Richtung deuten).

9 Von einem deutlichen Rückgang der Zahl der Richter, die nach eigenen Angaben an Gesprächen über Absprachen im Vorverfahren beteiligt waren, auf 8,2 % berichtet MüKo/*Jahn* 7 unter Bezugnahme auf die Studie von *Altenhain/Jahn/Kinzig* Die Praxis der Verständigung im Strafprozess (2020) 349 f.

10 Vgl. *Schünemann* FS Rieß 525, 543 f.; *Altenhain/Haimerl* JZ **2010** 327, 334 f.; SK/*Wohlers/Deiters* 3.

11 Näher dazu Vor § 158, 66 ff.; ähnlich NK/*Heghmanns* 3; SK/*Albrecht* 3.

12 Dies betonend KMR/*Noltensmeier-von Osten* 3; MüKo/*Jahn* 3 f.; SSW/*Ignor/Wegner* 3.

13 BGH NStZ **2015** 232; *Abraham* StV **2021** 606, 607 f.; *Nötzel/Klauck* NStZ **2021** 577, 581; MüKo/*Jahn* 32 (aber de lege ferenda für eine Neuregelung); OK/*Sackreuter* 9; SK/*Albrecht* 8; SSW/*Ignor/Wegner* 17. Der BGH verlangt allerdings gleichwohl, dass Gespräche, die außerhalb der Hauptverhandlung zwischen Staatsanwaltschaft und Verteidigung zur Anbahnung einer Verständigung geführt wurden, in der Hauptverhandlung offengelegt werden, BGH NStZ **2012** 347, 348.

keinen Anspruch darauf, dass sich letztere hierauf tatsächlich einlässt.[14] Eine **willkürliche Verweigerung** von Gesprächen (etwa dann, wenn ein Staatsanwalt bei mehreren Mitbeschuldigten nur gegenüber einem Teil von ihnen zu Erörterungen bereit ist, ohne dass für die Ungleichbehandlung ein sachlicher Grund ersichtlich wäre), wird man als **ermessensmissbräuchlich** und rechtswidrig ansehen müssen,[15] ohne dass für die Betroffenen jedoch eine Möglichkeit bestünde, die Gesprächsbereitschaft auf dem Rechtsweg zu erzwingen; hier wäre lediglich ein Anlass gegeben, nach den für den „befangenen Staatsanwalt" geltenden Grundsätzen[16] bei dessen Vorgesetzten auf seine Ersetzung durch einen anderen Staatsanwalt hinzuwirken.[17] Ob ein Verfahrensbeteiligter umgekehrt bereit ist, an Erörterungen teilzunehmen, die die Staatsanwaltschaft oder ein anderer Verfahrensbeteiligter vorgeschlagen hat, ist seine freie Entscheidung.[18] Die inhaltliche Leitung und die organisatorische Abwicklung der Erörterungen obliegen der Staatsanwaltschaft.[19]

b) Verfahrensbeteiligte, mit denen die Staatsanwaltschaft den Verfahrensstand erörtern kann, sollen nach dem Willen des Gesetzgebers nicht nur **Beschuldigte und Verteidiger** sowie Einziehungsbeteiligte,[20] sondern auch **Nebenklageberechtigte** und in Steuerstrafverfahren die **Finanzbehörde**, nicht aber (jenseits der Fälle einer Nebenklageberechtigung) die durch eine Straftat verletzte Person sein.[21] Ebenso wenig sind Zeugen und Sachverständige sowie Angehörige der Bewährungs- und Gerichtshilfe „Verfahrensbeteiligte" i.S. von § 160b,[22] wohl aber im Jugendgerichtsverfahren die Vertreter der **Jugendgerichtshilfe** und dort im Übrigen auch die **Erziehungsberechtigten** und die **gesetzlichen Vertreter** des Beschuldigten.[23] Die Bedeutung der Einordnung wird dadurch relativiert, dass „Verfahrensbeteiligte" i.S. der Vorschrift keinen Anspruch darauf haben, dass die Staatsanwaltschaft mit ihnen Erörterungen führt, während es dieser auf der anderen Seite aber auch nicht verwehrt ist, andere Personen als „Verfahrensbeteiligte" in Erörterungen einzubeziehen, wenn ihr dies sachdienlich erscheint.[24] 5

Das nach Anklageerhebung in der Hauptsache zuständige **Gericht** ist (selbstverständlich) kein „Verfahrensbeteiligter".[25] Der Gesetzgeber hat darüber hinaus die Auffassung bekundet, dass eine Verfahrensabsprache „zu diesem frühen Zeitpunkt und außerhalb der Beteiligung des Gerichts noch nicht möglich ist".[26] Ob er die Verlockung, den „Deal" gleichwohl schon im Ermittlungsverfahren anzubahnen und – unter informeller Einbeziehung 6

14 KMR/*Noltensmeier-von Osten* 7; Schmitt/Köhler/*Köhler* 1, 5; Niemöller/Schlothauer/Weider/*Schlothauer* 9; SSW/*Ignor*/*Wegner* 6.
15 Ähnlich MüKo/*Jahn* 22; SK/*Albrecht* 4; SSW/*Ignor*/*Wegner* 6; grds **a.A.** (aber unter zutr. Anhahme eines Fairnessverstoßes im genannten Bsp.) NK/*Heghmanns* 7 f.
16 Dazu LR/*Nicknig* Vor § 22, 8 ff.
17 Vgl. auch MüKo/*Jahn* 22; SK/*Albrecht* 8.
18 MüKo/*Jahn* 21.
19 MüKo/*Jahn* 8.
20 KMR/*Noltensmeier-von Osten* 4; MüKo/*Jahn* 11.
21 Vgl. BTDrucks. **16** 12310 S. 11, zustimmend HK/*Temming* 4; KK/*Weingarten* 4 ff.; KMR/*Noltensmeier-von Osten* 3; Schmitt/Köhler/*Köhler* 2 ff.; MüKo/*Jahn* 13; Radtke/Hohmann/*Link* 3; SK/*Albrecht* 5; teilweise **a.A.** NK/*Heghmanns* 4 (keine Beteiligteneigenschaft des Nebenklageberechtigten); Niemöller/Schlothauer/Weider/*Schlothauer* 14; SSW/*Ignor*/*Wegner* 4 (Beteiligteneigenschaft des Verletzten unabhängig von der Nebenklageberechtigung).
22 Schmitt/Köhler/*Köhler* 4; MüKo/*Jahn* 13; Niemöller/Schlothauer/Weider/*Schlothauer* 13; SK/*Albrecht* 5.
23 Niemöller/Schlothauer/Weider/*Schlothauer* 12; MüKo/*Jahn* 12.
24 Ebenso Niemöller/Schlothauer/Weider/*Schlothauer* 13; MüKo/*Jahn* 14.
25 SK/*Albrecht* 5; SSW/*Ignor*/*Wegner* 4.
26 RegE BTDrucks. **16** 12310 S. 12.

des Gerichts – ggf. auch schon weitgehend „in trockene Tücher zu bringen" (s.o. Rn. 2) dabei in naiver Weise verkannt oder aufgrund ihres Potenzials, neben dem Rest der Hauptverhandlung auch die dort in den Formen des § 257c praktizierte „Verständigung" zu einer reinen Schauveranstaltung (entsprechend dem „endlichen Rechtstag" im klassischen Inquisitionsprozess) degenerieren zu lassen, nicht wahrhaben wollte, sei dahingestellt.

7 **c) Gegenstand der Erörterungen. Gegenstand der Erörterungen** können alle Aspekte des Verfahrens sein, deren Besprechung geeignet ist, dieses in irgendeiner Form zu fördern. Darunter fällt sowohl die **Mitteilung** der gegenwärtigen eigenen Einschätzung hinsichtlich der **tatsächlichen und rechtlichen Bewertung** des Falles, um den anderen Beteiligten eine sachdienliche Ausrichtung ihres Prozessverhaltens zu ermöglichen, als auch die Besprechung von **Möglichkeiten des weiteren Verfahrensgangs**. Neben Fragen einer sachdienlich Ausgestaltung der Beweiserhebung (z.B. Auswahl von Sachverständigen, Kreis der zu vernehmenden Zeugen, Durchführung der Vernehmungen, Teilnahmemöglichkeiten der Verfahrensbeteiligten usw.)[27] kommen hier auch Art und Bedingungen des Verfahrensabschlusses in Betracht. In der Begründung des Gesetzentwurfs wurden insofern die Beendigung des Verfahrens nach § 153a und die Vorbereitung eines Täter-Opfer-Ausgleichs genannt;[28] im Übrigen ist hier an die Begrenzung der Strafverfolgung nach §§ 154, 154a,[29] an die Wahl des Strafbefehlsverfahrens[30] und – mit allen damit verbundenen Problemen – an die Anbahnung einer Verständigung für die spätere Hauptverhandlung – zu denken.[31] Insofern gibt es im Grunde genommen keinerlei inhaltliche Beschränkung der Erörterungen.[32]

8 **d) Die Form der Erörterungen** hat der Gesetzgeber dem Ermessen der Staatsanwaltschaft überlassen, wobei er in der Begründung des Gesetzentwurfs neben **mündlichen** ausdrücklich auch **telefonische** Erörterungen genannt hat.[33] Ein höheres Maß an Förmlichkeit ist damit selbstverständlich nicht ausgeschlossen, wobei sich neben der (i.d.R. wohl zu umständlichen) **schriftlichen** Kommunikation auch diejenige per **E-Mail** anbieten dürfte,[34] die einerseits schnell und unkompliziert erfolgen kann und dabei andererseits eine zuverlässigere Dokumentation erzeugt, als das bei dem nach Satz 2 vorgesehenen Aktenvermerk über den wesentlichen Inhalt mündlicher Erörterungen der Fall ist.[35] Welche von mehreren Verfahrensbeteiligten überhaupt in Erörterungen einbezogen werden (solange keine willkürlich selektive Gesprächsverweigerung erfolgt, s.o. Rn. 4) und ob mehrere Verfahrensbeteiligte gleichzeitig beteiligt oder nacheinander getrennte Gespräche geführt werden, steht ebenfalls im Ermessen der Staatsanwaltschaft.[36] Da Erörterungen mit der Staatsanwaltschaft insbeson-

---

27 Dazu Niemöller/Schlothauer/Weider/*Schlothauer* 18.

28 RegE BTDrucks. **16** 12310 S. 12.

29 Zur Zulässigkeit einer entsprechenden „Gesamtlösung" im Rahmen von § 160b für alle bei der jeweiligen Staatsanwaltschaft anhängigen Verfahren MüKo/*Jahn* 20.

30 Eingehend HK/*Temming* 3.

31 KMR/*Noltensmeier-von Osten* 6; Schmitt/Köhler/*Köhler* 6; MüKo/*Jahn* 5, 17, 19; SK/*Wohlers*[4] 2; SSW/*Ignor/Wegner* 8; gegen die Zulässigkeit von Letzterer NK/*Heghmanns* 10; SK/*Albrecht* 3; für die Zulässigkeit von letzterer ausdrücklich BGH NStZ **2012** 347, 348, wobei solche Gespräche dann jedoch in der Hauptverhandlung unbedingt offenzulegen seien. Nach den in BVerfG NJW **2013** 1058, 1064 ff. ausgeführten Grundsätzen muss Letzteres erst recht gelten.

32 MüKo/*Jahn* 18.

33 RegE BTDrucks. **16** 12310 S. 12.

34 Niemöller/Schlothauer/Weider/*Schlothauer* 21; Zweifel an der Zweckmäßigkeit bei NK/*Heghmanns* 12.

35 Zustimmend MüKo/*Jahn* 16.

36 Schmitt/Köhler/*Köhler* 7; MüKo/*Jahn* 16; OK/*Sackreuter* 5; SK/*Albrecht* 6.

dere dann, wenn sie eine spätere Verständigung i.S. von § 257c vorbereiten sollen, häufig mit Implikationen verbunden sind, die ein juristischer Laie nur schwer durchschauen kann, wird es i.d.R. angezeigt sein, bei einem bis dahin unverteidigten Beschuldigten nach § 141 Abs. 2 Nr. 3 i.V.m. § 140 Abs. 2 zunächst die Bestellung eines **Pflichtverteidigers** zu beantragen.[37] Nach Gesprächen mit einzelnen Verfahrensbeteiligten muss der betreffende Inhalt den übrigen Verfahrensbeteiligten auch dann durch **Übersendung der betreffenden Dokumentation** (zu dieser sogleich) zugänglich gemacht werden, wenn kein Akteneinsichtsgesuch gestellt wird.[38]

e) Dokumentation. Zur Dokumentation der Erörterungen schreibt Satz 2 vor, deren „wesentlichen Inhalt" aktenkundig zu machen. Dies setzt voraus, dass es über eine bloße Kontaktaufnahme hinaus tatsächlich zu einer sachbezogenen Besprechung gekommen ist (unabhängig davon, ob es dabei irgendeine Übereinkunft erzielt wurde) oder dass der angesprochene Verfahrensbeteiligte eine solche ausdrücklich verweigert hat.[39] Ein entsprechender Aktenvermerk muss mindestens den bzw. die kontaktierten Verfahrensbeteiligten und evt. weitere einbezogene Personen (s.o. Rn. 5 a.E.),[40] den Gegenstand und ein evt. erzieltes Ergebnis des Gesprächs festhalten. Sofern der Vorschlag für eine Verständigung in der Hauptverhandlung erörtert, eine Zusage erteilt oder eine wie auch immer geartete Vereinbarung getroffen wurde, ist bei der Dokumentation besondere Sorgfalt geboten;[41] hier sollte der mitgeteilte Inhalt nicht hinter dem zurückbleiben, was für die Protokollierung einer Verständigung in der Hauptverhandlung verlangt wird.[42] Zur Vermeidung späterer Streitigkeiten sollte die Niederschrift von den Beteiligten hier überdies nach Möglichkeit unterzeichnet werden.[43] Ein Verfahrensbeteiligter, der die Dokumentation als unvollständig oder unrichtig betrachtet, kann (und sollte) eine schriftliche Gegenvorstellung zur Akte reichen.[44] Für Sondierungsgespräche zwischen Staatsanwaltschaft und einem anderen Verfahrensbeteiligten, die nicht von den §§ 202a, 212, 257b und den damit korrespondierenden Dokumentationspflichten erfasst werden, gilt § 160b Satz 2 entsprechend.[45] 9

3. Wirkungen des erzielten Ergebnisses

a) Keine unmittelbaren Rechtswirkungen. Im Rahmen von Erörterungen nach § 160b erfolgte Zusagen und Vereinbarungen begründen für sich genommen keinen durchsetzbaren Anspruch auf ihre Erfüllung.[46] Hält eine Seite nicht Wort, braucht die Gegenseite ihre Zusagen (selbstverständlich) ebenfalls nicht einzuhalten. 10

b) Kompensation bei Vorleistungen. Die eigentlichen Probleme treten dann auf, wenn **der Beschuldigte** im Vertrauen auf eine Zusage der Staatsanwaltschaft bereits Vor- 11

---

37 Weitergehend im Hinblick auf die Annahme einer generellen notwendigen Verteidigung in Verständigungsfällen MüKo/*Jahn* 23; für letztere im gerichtlichen Verfahren OLG Naumburg NStZ **2014** 116 f.; insoweit **a.A.** *Wenske* NStZ **2014** 117 f.

38 MüKo/*Jahn* 24.

39 MüKo/*Jahn* 26; SK/*Wohlers*[4] 6; enger (Vermerk in den Akten nur, wenn tatsächlich ein Ergebnis erzielt wurde) *Bittmann* wistra **2009** 414; Schmitt/Köhler/*Köhler* 8; SK/*Albrecht* 7.

40 MüKo/*Jahn* 27.

41 So auch BGH NStZ **2012** 347, 348; OK/*Sackreuter* 9.

42 Vgl. MüKo/*Jahn* 27 f.

43 *Jahn/Müller* NJW **2009** 2625, 2627; MüKo/*Jahn* 29; SK/*Albrecht* 7; **a.A.** NK/*Heghmanns* 13.

44 MüKo/*Jahn* 29; SSW/*Ignor/Wegner* 10.

45 BGH NStZ **2012** 347, 348 (obiter dictum); MüKo/*Jahn* 6, 25.

46 NK/*Heghmanns* 11; MüKo/*Jahn* 31 ff.; (mit eingehender Begründung); SK/Albrecht 9.

leistungen erbracht hat (insbesondere bei Ablegung eines Geständnisses). Hier wird man die Staatsanwaltschaft aus dem Gebot des fairen Verfahrens heraus für verpflichtet halten müssen, ihre Zusage ebenfalls zu erfüllen, also z.B. die in Aussicht gestellte Einstellung eines weiteren Verfahrens nach § 154 Abs. 1 tatsächlich vorzunehmen.[47] Kommt sie dieser Verpflichtung nicht nach, so muss das Gericht die Fairness des Verfahrens gewährleisten, indem es für diejenigen Taten, die nach der Zusage der Staatsanwaltschaft von der Verfolgung ausgenommen werden sollten, ein **Verfahrenshindernis** annimmt und insoweit die Eröffnung des Verfahrens ablehnt bzw. ein bereits eröffnetes Verfahren einstellt.[48] Wird dem Beschuldigten eine als Gegenleistung zugesagte Einstellung nach § 153a Abs. 1 oder ein anderweitig versprochener Vorteil, der nicht in der Anwendung von § 154 besteht, nach Ablegung des Geständnisses verweigert, so ist das Geständnis analog § 257c Abs. 4 Satz 3 **unverwertbar**.[49] Dies gilt selbst dann, wenn sich die Staatsanwaltschaft zur Einhaltung der Zusage deshalb nicht mehr in der Lage sieht, weil **neue Umstände** hinzugetreten sind.[50] Ob **die Staatsanwaltschaft** eine von ihr erbrachte Vorleistung zurücknehmen kann, wenn der Beschuldigte seine Zusage nicht einhält, richtet sich nach den allgemeinen Regeln (z.B. Wiedererstreckung der Verfolgung auf die nach §§ 154, 154a ausgeschiedenen Taten bzw. Tatteile ausschließlich dann, wenn keine Verjährung und kein Strafklageverbrauch eingetreten ist), d.h. die Staatsanwaltschaft genießt insofern keinen besonderen Vertrauensschutz.[51]

§ 161
Allgemeine Ermittlungsbefugnisse der Staatsanwaltschaft

(1) [1]Zu dem in § 160 Abs. 1 bis 3 bezeichneten Zweck ist die Staatsanwaltschaft befugt, von allen Behörden Auskunft zu verlangen und Ermittlungen jeder Art entweder selbst vorzunehmen oder durch die Behörden und Beamten des Polizeidienstes vornehmen zu lassen, soweit nicht andere gesetzliche Regelungen ihre Befugnisse besonders regeln. [2]Die Behörden und Beamten des Polizeidienstes sind verpflichtet, dem Ersuchen oder Auftrag der Staatsanwaltschaft zu genügen, und in diesem Falle befugt, von allen Behörden Auskunft zu verlangen.

(2) Soweit in diesem Gesetz die Löschung personenbezogener Daten ausdrücklich angeordnet wird, ist § 58 Absatz 3 des Bundesdatenschutzgesetzes nicht anzuwenden.

---

47 Vgl. BGHSt **52** 165, 172; Schmitt/Köhler/*Köhler* 10 f.; Niemöller/Schlothauer/Weider/*Schlothauer* 26; SK/*Albrecht* 10.

48 Schmitt/Köhler/*Köhler* 11; Radtke/Hohmann/*Link* 6; SK/*Albrecht* 11; SSW/*Ignor*/*Wegner* 13; grundlegend *Eckstein* NStZ **2017** 609, 614 f.; einschränkend (Verfahrenshindernis nur, wenn keine Kompensation im Rahmen der Strafzumessung möglich ist) BGHSt **52** 165, 172 ff. im Anschluss an BGHSt **37** 10. Der Einwand von MüKo/*Jahn* 37, die „generelle Annahme eines Verfahrenshindernisses" sei zu weitgehend (ähnlich NK/*Heghmanns* 15), beruht wohl auf dem Missverständnis, hier werde ein Verfahrenshindernis für das *Verfahren als Ganzes* befürwortet, was indessen nicht der Fall ist.

49 *Nötzel*/*Klauck* NStZ **2021** 577, 580 f.; Radtke/Hohmann/*Link* 6; SK/Albrecht 11 (mit der zusätzlichen Annahme einer Wahlmöglichkeit des Beschuldigten, stattdessen eine Strafmilderung in Anspruch zu nehmen, a.a.O. Rn. 12); einschr. (Beweisverwertungsverbot nur in besonderen, über das bloße Fehlschlagen der Vereinbarung hinausgehenden Konstellationen) KMR/*Noltensmeier-von Osten* 11; MüKo/*Jahn* 38 ff.; insgesamt **a.A.** (keinerlei Vertrauensschutz für den Beschuldigten) HK/*Temming* 7.

50 Ähnlich MüKo/*Jahn* 41.

51 Zutr. MüKo/*Jahn* 35.

(3) [1]Ist eine Maßnahme nach diesem Gesetz nur bei Verdacht bestimmter Straftaten zulässig, so dürfen die auf Grund einer entsprechenden Maßnahme nach anderen Gesetzen erlangten personenbezogenen Daten ohne Einwilligung der von der Maßnahme betroffenen Personen zu Beweiszwecken im Strafverfahren nur zur Aufklärung solcher Straftaten verwendet werden, zu deren Aufklärung eine solche Maßnahme nach diesem Gesetz hätte angeordnet werden dürfen. [2]§ 100e Absatz 6 Nummer 3 bleibt unberührt.

(4) In oder aus einer Wohnung erlangte personenbezogene Daten aus einem Einsatz technischer Mittel zur Eigensicherung im Zuge nicht offener Ermittlungen auf polizeirechtlicher Grundlage dürfen unter Berücksichtigung des Grundsatzes der Verhältnismäßigkeit zu Beweiszwecken nur verwendet werden (Art. 13 Abs. 5 des Grundgesetzes), wenn das Amtsgericht (§ 162 Abs. 1), in dessen Bezirk die anordnende Stelle ihren Sitz hat, die Rechtmäßigkeit der Maßnahme festgestellt hat; bei Gefahr im Verzuge ist die richterliche Entscheidung unverzüglich nachzuholen.

Schrifttum

A. H. Albrecht Zur Rechtmäßigkeit legendierter Kontrollen, FS Rogall (2018) 435; *Anders* Die Privatsphäre im Zeitalter von Big Data. Zum staatsanwaltschaftlichen Zugriff auf personenbezogene Daten in Speichern privater Dritter, ZIS **2020** 70; *Bandemer* Zufallsfunde bei Zollkontrolle – Zweifel in der Zwangslage, wistra **1988** 136; *Beiser* Das österreichische Bankgeheimnis (§ 23 KWG) im Verhältnis zum Ausland, insbesondere zur Bundesrepublik Deutschland, ÖJZ **1985** 178; *Benning* Die Nutzung zu Beweiszwecken nicht verwendbarer Zufallserkenntnisse im strafprozessualen Ermittlungsverfahren (2018); *Bindel* Verhältnis Staatsanwaltschaft (StA) – Polizei, DRiZ **1994** 165; *Blesinger* Das Steuergeheimnis im Strafverfahren, wistra **1991** 239; *Brandt* Das Bundesamt für Verfassungsschutz und das strafprozessuale Ermittlungsverfahren (2015); *Brodersen* Das Strafverfahrensänderungsgesetz 1999, NJW **2000** 2536; *Cerny/Fickentscher* Die Rechtsprechung des BGH zu legendierten Kontrollen – eine „drohende Gefahr" für den Rechtsstaat? NStZ **2019** 697; *Derin/Singelnstein* Verwendung und Verwertung von Daten aus massenhaften Eingriffen in informationstechnische Systeme aus dem Ausland (Encrochat), NStZ **2021** 449; *El-Ghazi* Die Einwilligung in strafprozessuale Zwangsmaßnahmen nach der Umsetzung der Richtlinie (EU) 2016/680 – das Ende der freiwilligen Atemalkoholkontrolle! ZIS **2019** 110; *Erdsiek* Persönlichkeitsrecht und behördliche Auskunftspflicht, NJW **1960** 616; *Engelhardt* Verwendung präventivpolizeilich erhobener Daten im Strafprozess (2011); *Ertel* Nutzbarkeit der LKW-Mautdaten zur Strafverfolgung (2015); *Gazeas* Übermittlung nachrichtendienstlicher Erkenntnisse an Strafverfolgungsbehörden (2014); *Gercke* PRISM, TEMPORA und das deutsche Strafverfahren – Verwertbarkeit der Erkenntnisse ausländischer Nachrichtendienste, CR **2013** 749; *Glaser/Gedeon* Dissonante Harmonie: Zu einem zukünftigen „System" strafprozessualer verdeckter Ermittlungsmaßnahmen, GA **2007** 415; *Glauben* Das Bankgeheimnis – Rechtsgrundlagen, Inhalt und Grenzen, DRiZ **2002** 104; *Goll* Steuergeheimnis und abgabenrechtliche Offenbarungsbefugnis, NJW **1979** 90; *Grabau/Hundt/Hennecka* Das Bankgeheimnis und § 30a AO, ZRP **2002** 430; *Greiner* „Sozialgeheimnis" und Strafverfolgungsauftrag, Kriminalistik **1981** 167; *Griesbaum* Die Verwendung nachrichtendienstlicher Erkenntnisse für die Verfolgung terroristischer Straftaten, FS Breidling (2017) 121; *Hauser* Aktuelle Fragen zum schweizerischen Bankgeheimnis, JZ **1985** 871; *Hefendehl* Die neue Ermittlungsgeneralklausel der §§ 161, 163 StPO: Segen oder Fluch? StV **2001** 700; *ders.* Die Entfesselung des Strafverfahrens über Methoden der Nachrichtendienste, GA **2011** 209; *Hein* Das Bankgeheimnis und seine Grenzen, Kriminalistik **1980** 401; *M. Heinrich* Surfen im Internet und Cloud Computing zwischen Telekommunikationsüberwachung und Online-Durchsuchung, ZIS **2020** 421, 425; *Hertweck* Staatsanwalt und Schießbefehl, DRiZ **1971** 308; *Hiéramente* Die Verwertbarkeit von Zufallsfunden bei der (Email-)Telekommunikationsüberwachung in Straf- und Zivilverfahren, wistra **2015** 9; *Hilger* Zum Strafverfahrensänderungsgesetz 1999 (StVÄG 1999), NStZ **2000** 561, **2001** 15; *ders.* StVÄG 1999 und Verteidigung, FS Rieß (2002) 171; *ders.* Überlegungen zum Verhältnis zwischen dem Zeugenschutz-Harmonisierungsgesetz und der StPO, FS Gössel (2002) 605; *Hirsch* Probleme des Polizeieinsatzes durch den Staatsanwalt, ZRP **1971** 206; *Jahn* Beweiserhebungs- und Beweisverwertungsverbote im Spannungsfeld zwischen den Garantien des Rechtsstaats und der effektiven Bekämpfung von Kriminalität und Terrorismus, Gutachten C zum 67. DJT (2008); *Jakobs* Ermittlungsverfahren wegen Verstoßes gegen das Betäubungsmittelgesetz – Auskunftsverweigerung des Gesundheitsamtes bei Auskunftsersuchen der Staatsanwaltschaft, JR **1982** 359; *Jansen* Zulässigkeit und Grenzen des schriftlichen staatsanwaltlichen Erkenntnisgewinns am Beispiel des Bankauskunftsersuchens und der Providerhaftung (2010); *Kerl* Staatsanwalt und Sozialgeheimnis, NJW **1984** 2444; *Kimmel* Das Bankgeheimnis im Strafprozeß, Diss. Erlangen-Nürnberg 1982; *Klesczewski* Das Auskunftsersuchen an die Post: die wohlfeile Dauerkontrolle von Fernmeldeanschlüssen, StV **1993** 332; *Knierim* Fallrepetitorium zur Telekommunikationsüberwachung nach neuem Recht, StV **2008** 599; *ders.* Fallrepetitorium zur Wohnraumüberwachung und anderen verdeckten Eingriffen nach neuem Recht, StV **2009** 206; *Kochheim* Gemengelage und die legendierte Kontrolle, KriPoZ **2017** 316; *Krägeloh* Zur Neuregelung des Sozialgeheimnisses, VR **1980** 407; *Krehl* Was wird aus den legendierten Kontrollen? StraFo **2018** 265; *J. Kretschmer* Das Bankgeheimnis in der deutschen Rechtsordnung – ein Überblick, wistra **2009** 180; *Krey* Grenzen des staatsanwaltschaftlichen Weisungsrechts gegenüber der Polizei, ZRP **1971** 224; *Krey/Meyer* Zum Verhalten von Staatsanwaltschaft und Polizei bei Delikten mit Geiselnahme, ZRP **1973** 1; *Kudlich* Strafverfolgung im Internet, GA **2011** 193; *Kunkel* Justiz und Sozialdatenschutz, StV **2000** 531; *Kurth* Zeugnispflicht und Postgeheimnis, NStZ **1983** 541; *Lenk* Vertrauen ist gut, legendierte Kontrollen sind besser, StV **2017** 692; *Mallmann/Walz* Schutz der Sozialdaten nach dem neuen Sozialgesetzbuch, NJW **1981** 1020; *Meyer-Teschendorf* Die Amtshilfe, JuS **1981** 187; *Mitsch* Strafverfolgung durch legendierte Verkehrskontrollen NJW **2017** 3124; *Mosbacher* Aktuelles Strafprozessrecht, JuS **2022** 726; *Müller/Römer* Legendierte Kontrollen – Die gezielte Suche nach dem Zufallsfund, NStZ **2012** 543; *Nerz* Die Zusammenarbeit von Staatsanwaltschaft und Kriminalpolizei, Justiz **1958** 228; *Niedernhuber* Die Verwendung von Corona-Gästelisten zur Strafverfolgung, KriPoZ **2020** 318; *Nowrousian*, Repression, Prävention und Rechtsstaat. Zur Zulässigkeit und zu Folgefragen legendierter Kontrollen, NStZ **2018** 254; *Ostendorf* Die Informationsrechte der Strafverfolgungsbehörden im Widerstreit mit deren strafrechtlichen Geheimhaltungspflichten, DRiZ **1981** 4; *Perschke* Die Zulässigkeit nicht spezialgesetzlich geregelter Ermittlungsmethoden im Strafverfahren (1997, zugleich Diss. Osnabrück 1995); *Pfab* Rechtsprobleme bei Datenschutz und Strafverfolgung im Autobahnmautgesetz, NZV **2005** 213; *Pfister* Auf den Schultern von Riesen, JR **2015** 314; *Pickel* Geheimhaltung und Offenbarung von Daten im Sozialrecht, MDR **1984** 885; *Plonka* Das Bankgeheimnis und das Verfahrensrecht, Die Polizei **1986** 395; *Prost* Bankgeheimnis und neues Strafprozeßrecht, NJW **1976** 214; *Rehbein* Die Verwertbarkeit von nachrichtendienstlichen Erkenntnissen aus dem In- und Ausland im Strafprozess (2011); *Reichling* Der staatliche Zugriff auf Bankkundendaten im Strafverfahren (2010); *ders.* Strafprozessuale Ermittlungen bei Kreditinstituten, JR **2011** 12; *Reiß* Zwang zur Selbstbelastung nach der neuen Abgabenordnung, NJW **1977** 1436; *ders.* Beschlagnahmebefugnis der Strafgerichte gegenüber Strafgericht und Auslieferungs- und Auskunftspflichten der Behörden gegenüber Behörden und Staatsanwaltschaft in Strafverfahren, StV **1988** 31; *Reinbacher/Werkmeister* Zufallsfunde im Strafverfahren, ZStW **130** (2018) 1104; *Riekenbrauk* Sozialdatenschutz im Strafverfahren, StV **1992** 37; *Rieß* Datenübermittlungen im neuen Strafprozeßrecht, FS Hilger (2003) 171; *ders.* Zur aktuellen Entwicklung des Strafverfahrensrechts, StraFo **2006** 4; *Rosengarten/Römer* Der „virtuelle verdeckte Ermittler" in sozialen Netzwerken und Internetboards, NJW **2012** 1764; *Rückert* Zwischen Online-Streife und Online-(Raster-)Fahndung, ZStW **129** (2017) 302; *Schatzschneider* Die Neuregelung des Schutzes von Sozialdaten im Sozialgesetzbuch – Verwaltungsverfahren, MDR **1982** 6; *Schefer* Die Vortäuschung eines Zufallsfundes im Ermittlungsverfahren (2019), *Schlachetzki* Die Polizei – Herrin des Strafverfahrens? (2003); *Schnapp* Amtshilfe, behördliche Mitteilungspflichten und Geheimhaltung, NJW **1980** 2165; *Schnarr* Die Verwendung präventiv erhobener Daten zu repressiven Zwecken, StraFo **1998** 217; *Chr. Schneider* Zur Anzeigepflicht nichtsteuerlicher Straftaten durch Finanzbeamte als Hilfsbeamte der Staatsanwaltschaft, wistra **2004** 1; *L.-H. Schröder* Das verwaltungsrechtlich organisatorische Verhältnis der strafverfolgenden Polizei zur Staatsanwaltschaft (1996); *Seibert* Zur Zulässigkeit der Beschlagnahme von ärztlichen Abrechnungsunterlagen bei den Krankenkassen, NStZ **1987** 398; *Selmer* Steuerrecht und Bankgeheimnis (1981); *Sichtermann* Strafverfahren und Bankgeheimnis, NJW **1968** 1996; *Singelnstein* Strafprozessuale Verwendungsregelungen zwischen Zweckbindungsgrundsatz und Verwertungsverboten, ZStW **120** (2008) 854; *ders.* Möglichkeiten und Grenzen neuerer strafprozessualer Ermittlungsmaßnahmen – Telekommunikation, Web 2.0, Datenbeschlagnahme, polizeiliche Datenverarbeitung & Co, NStZ **2012** 593; *ders.* Folgen des neuen Datenschutzrechts für die Praxis des Strafverfahrens und die Beweisverbotslehre, NStZ **2020** 639; *Soiné* Erkenntnisverwertung von Informanten und V-Personen der Nachrichtendienste in Strafverfahren, NStZ **2007** 247; *ders.* Identitätsfeststellung und Vernehmung festgenommener Personen im Anschluss an grenzüberschreitende Nacheile im Schengen-Raum, ZIS **2016** 319; *Stober* Auslobung und öffentliches Recht – dargestellt am Beispiel der Polizei und Staatsanwaltschaft, DÖV **1979** 853; *Stürzl-Friedlein/Lachenmann* Behördliche Löschungsverbote aus strafprozessualer und datenschutzrechtlicher Sicht, wistra **2021** 184; *Walder* Grenzen der Ermittlungstätigkeit, ZStW **95** (1983) 862; *Weyand* Steuergeheimnis und Offenbarungsbefugnis der Finanzbehörden im Steuerstraf- und Bußgeldverfahren, wistra **1988** 9; *ders.* Ist ein Informant durch das Steuergeheimnis geschützt? Praxis Steuerstrafrecht **2005** 213; *Wollweber* Nochmals: Das Strafverfahrensänderungsgesetz 1999, NJW **2000** 3623; *Wolter* Strafprozessuale Verwendung von Zufallsfunden nach polizeirechtlichen Maßnahmen, FS Schenke (2011) 541; *Zeibig* Das Recht zur Übermittlung von Sozialdaten im Strafverfahren, NStZ **1999** 339; *Zöller* Die zweckändernde Nutzung von personenbezogenen Daten im Strafverfahren – Gegenwart und Zukunft von § 161 StPO, StV **2019** 419. Weiteres Schrifttum bei den §§ 160, 163.

Entstehungsgeschichte

Absatz 1 hat seine heutige Fassung im Grundsatz durch Art. 1 Nr. 10 des Strafverfahrensänderungsgesetzes 1999 vom 2.8.2000 (BGBl. I S. 1253) erhalten, wobei zugleich ein neuer Absatz 2 eingefügt wurde, der inhaltlich dem heutigen Absatz 3 entspricht. Bis dahin lautete die Vorschrift:

> [1]Zu dem im vorstehenden Paragraphen bezeichneten Zweck kann die Staatsanwaltschaft von allen öffentlichen Behörden Auskunft verlangen und Ermittlungen jeder Art entweder selbst vornehmen oder durch die Behörden und Beamten des Polizeidienstes vornehmen lassen. [2]Die Behörden und Beamten des Polizeidienstes sind verpflichtet, dem Ersuchen oder Auftrag der Staatsanwaltschaft zu genügen.

In dieser Form entsprach sie weitgehend der ursprünglichen Fassung. Wegen zuvor ergangener Änderungen s. die Entstehungsgeschichte in der 24. Auflage. Bezeichnung bis 1924: § 159.

Der heutige **Absatz 3** wurde durch Art. 1 Nr. 14 TKÜG vom 21.12.2007, BGBl. I S. 3198, mit Wirkung zum 1.1.2008 zunächst als Absatz 2 eingefügt; der frühere Absatz 2, in dem ohne sachliche Änderungen der Begriff „Informationen" durch „Daten" ersetzt wurde, wurde dabei zunächst zu Absatz 3. Die im erstgenannten Absatz durch Art. 3 Nr. 21 des Gesetzes zur effektiveren und praxistauglicheren Gestaltung des Strafverfahrens vom 17.8.2017, BGBl. I S. 3202, mit Wirkung zum 24.8.2017 eingefügte Verweisung auf § 100e Abs. 6 Nr. 3 erfolgte als Anpassung an einen neuen Regelungsort der Bezugsnorm.

Absatz 2 wurde durch Art. 1 Nr. 13 des Gesetzes zur Umsetzung der Richtlinie (EU) 2016/680 im Strafverfahren sowie zur Anpassung datenschutzrechtlicher Bestimmungen an die Verordnung (EU) 2016/679 vom 20.11.2019, BGBl. I S. 1724, mit Wirkung zum 26.11.2019 in die Vorschrift eingefügt, wobei der zwischenzeitliche Absatz 2 zum heutigen **Absatz 3** und der dem ursprünglichen Absatz 2 entsprechende zwischenzeitliche Absatz 3 zum heutigen **Absatz 4** wurde.

Übersicht

Alphabetische Übersicht

I. Allgemeines

1. Bedeutung und Rechtsnatur

1 **a) Inhalt.** Die Vorschrift bestimmt zusammen mit § 160 und § 163 die Struktur des Ermittlungsverfahrens als eines unter der verantwortlichen Leitung der Staatsanwaltschaft stehenden, ihr eigene Ermittlungen gestattenden, auf objektive Erforschung des Sachverhalts zum Zwecke der Verdachtsklärung (vgl. § 160, 11) gerichteten Verfahrensabschnitts. **§ 161 Abs. 1** regelt dabei namentlich, dass über die allgemeinen Amtshilfegrundsätze hinaus alle öffentlichen Behörden der Staatsanwaltschaft zur Auskunft verpflichtet sind[1] und dieser der unmittelbare Zugriff auf die Polizeibehörden als ihr „verlängerter Arm" gestattet wird. Durch die Rückverweisung auf § 160 („zu dem in § 160 Abs. 1 bis 3 bezeichneten Zweck") begrenzt die Vorschrift jedoch diese weitgespannte Ermittlungskompetenz; sie ermächtigt zur Sachverhaltserforschung erst vom Vorliegen eines Anfangsverdachts an (§ 160, 14) und begrenzt sie auf das Erforschungsziel der Verdachtsklärung.[2] Mit der Ermächtigung zur Vornahme von Ermittlungen jeder Art wird der Grundsatz der Freibeweislichkeit und der freien Gestaltung des Ermittlungsverfahrens zum Ausdruck gebracht.[3] Absatz 2 regelt den Vorrang strafprozessualer Regelungen zur Datenlöschung vor § 58 Abs. 3 BDSG. **Absatz 3** enthält eine allgemeine gesetzliche Regelung für die (früher umstrittene) Verwendbarkeit präventivpolizeilicher Erkenntnisse im Strafprozess. Er beschränkt diese nach dem Grundsatz des **hypothetischen Ersatzeingriffs.**[4] **Absatz 4** enthält eine Verwendungsbegrenzung für solche Erkenntnisse, die bei einer präventiv-polizeilichen Maßnahme aus einer Eigensicherung mit technischen Mitteln gewonnen worden sind.[5]

2 **b) Rechtsnatur.** Nach der Neufassung durch das StVÄG 1999 enthält die Vorschrift nicht lediglich eine **Aufgabenzuweisung**, sondern auch eine beschränkte **Ermächtigungsgrundlage** (sog. Ermittlungsgeneralklausel), und zwar sowohl für die Befugnis, Auskünfte zu verlangen, als auch für bestimmte Eingriffe in grundrechtlich geschützte Rechte.[6] Freilich gilt dies, wie Absatz 1 Satz 1 letzter Satzteil ausdrücklich ausspricht, nur, soweit nicht andere (bundes-)gesetzliche Regelungen die Befugnisse enger bestimmen. Aus dem Gesamtzusammenhang folgt dabei, dass die Vorschrift nur zu solchen Eingriffen ermächtigt,

1 Zur Geltung dieser Auskunftspflicht auch gegenüber dem Gericht s.u. Rn. 15.
2 Vgl. § 160, 1; aber auch – weitergehend – § 160, 55 ff.; zur Unanwendbarkeit der Ermittlungsgeneralklausel im Rahmen von Vorermittlungen (dazu allgemein Vor § 158, 16) NK/*Heghmanns* § 160, 7; *Diemer* NStZ **2005** 666, 668; insoweit **a.A.** KK/*Weingarten* 1, 32a.
3 Schmitt/Köhler/*Köhler* 7; zu diesen Grundsätzen näher Vor § 158, 27; § 160, 34 f.
4 Vgl. RegE BTDrucks. **16** 5846 S. 64.
5 S.u. Rn. 83 ff.
6 HK/*Zöller* 2; Schmitt/Köhler/*Köhler* 1; SK/*Albrecht* 3.

die in ihrer Eingriffsintensität hinter den gesetzlich geregelten zurückbleiben, und dem Auskunftsanspruch dürfen keine bereichsspezifischen Geheimhaltungsvorschriften entgegenstehen.[7]

2. Die Ermittlungsgeneralklausel

a) Entwicklung. In den ersten fast 100 Jahren der Geltung der StPO wurde kaum bezweifelt, dass abgesehen von den engeren traditionellen Einzelermächtigungen, wie sie seit jeher vorwiegend der 8. Abschnitt des ersten Buches in Bezug etwa auf Beschlagnahme, Durchsuchung und Postbeschlagnahme[8] und der 9. Abschnitt in Bezug auf die Freiheitsentziehung durch die Untersuchungshaft enthielt, der Sachverhaltserforschungsauftrag des § 160 Abs. 1 verbunden mit der Aufgabenzuweisung an die Staatsanwaltschaft und die Polizeibehörden in der damaligen Fassung der §§ 161, 163 eine ausreichende Rechtsgrundlage auch zur Vornahme solcher Ermittlungsmaßnahmen enthielt, die in Voraussetzung und Folgen nicht in Einzelermächtigungen näher geregelt waren. Etwa zu Beginn 70er Jahre des 20. Jahrhunderts änderte sich diese Meinung grundlegend. Ursachen dafür waren das verfeinerte verfassungsrechtliche Verständnis über die Grundrechts- und Eingriffsqualität auch von Eingriffen in die allgemeine Handlungsfreiheit, die sich im öffentlichen Recht durchsetzende Unterscheidung zwischen bloßen Aufgabenzuweisungen und Befugnisnormen und namentlich die Konsequenzen, die aus dem sog. Volkszählungsurteil des Bundesverfassungsgerichts (BVerfGE **65** 1 ff.) vielfach gezogen wurden und die in der verbreiteten Anerkennung eines (Grund)rechts auf „informationelle Selbstbestimmung" mündeten. Da die Strafprozessordnung von Anfang an keine allgemeine Eingriffsermächtigung nach dem Vorbild der (früheren) polizeilichen Generalklausel enthielt, setzte sich zunehmend die Auffassung durch, dass das Strafverfahrensrecht keine ausreichenden Rechtsgrundlagen für (allgemeine oder spezifische) Ermittlungsmaßnahmen enthielt.[9] Demgegenüber war andererseits unbestritten, dass eine Vielzahl solcher Maßnahmen zur Aufrechterhaltung einer funktionstüchtigen Strafrechtspflege unverzichtbar war; auf der anderen Seite wurden für tiefer eingreifende Grundrechtseingriffe an engere Voraussetzungen geknüpfte Einzelregelungen nachdrücklich angemahnt. Über die Notwendigkeit einer breiter angelegten gesetzlichen Regelung, zu der sich auch der Gesetzgeber bekannte, bestand schließlich verbreitete Übereinstimmung. 3

In der **Gesetzgebung** erfolgten daraufhin zunächst eine Reihe punktueller Einzelmaßnahmen, die namentlich für neuartige Ermittlungsmethoden besondere Eingriffsvoraussetzungen schufen. Dazu gehören insbesondere als erster Vorreiter (1986) die Vorschrift über die sog. Schleppnetzfahndung (§ 163d), die Regelungen der Rasterfahndung (§§ 98a ff.), des Einsatzes technischer Mittel (§§ 100c, 100d a.F., heute §§ 100f, 100h), und von Verdeckten Ermittlern (§§ 110a ff.) sowie die sog. polizeiliche Beobachtung (§ 163e) durch das OrgKG 1992, die Einrichtung eines staatsanwaltschaftlichen Verfahrensregisters (heute §§ 492 ff.) durch das Verbrechensbekämpfungsgesetz 1994, die mehrfach geänderte und erweiterte Regelung der DNA-Analyse (§§ 81e, 81f, 81g) im Jahre 1997, und die Einführung der akustischen Wohnraumüberwachung (sog. Großer Lauschangriff, § 100c Abs. 1 Nr. 3, §§ 100e, 100f a.F., heutige Nachfolgeregelung in §§ 100c ff.) durch Gesetz vom 4.5.1998. Mit dem StVÄG 1999[10] ist dieses Instrumentarium von genauer umschriebenen Eingriffsermächtigungen um Vorschriften 4

7 Näher unten Rn. 27 ff.

8 Später ergänzt namentlich durch die Regelungen über die Fernmeldeüberwachung nach § 100a.

9 Zur Diskussion über die Konsequenzen dieses Umstands vor Schaffung der Ermittlungsgeneralklausel LR/*Rieß*[24] § 160, 3 ff.; vgl. ferner den Rückblick bei *Hefendehl* StV **2001** 700 ff. m.w.N.

10 Näher zur Entstehungsgeschichte (auch mit Nachweis der früheren Bemühungen) *Brodersen* NJW **2000** 2536; *Hilger* NStZ **2000** 561 f.

über Fahndungsmaßnahmen (§§ 131 bis 131c) sowie über die längerfristige polizeiliche Observation (§ 163f) ergänzt worden; ferner sind im neuen Achten Buch der StPO (§§ 474 bis 491) Regelungen über die Erteilung von Auskünften aus dem Strafverfahren heraus für andere Zwecke sowie Vorschriften über die Datenverarbeitung in Dateien und deren Verwendung geschaffen worden.[11] Erst bei dieser Gelegenheit wurde die Aufgabenzuweisung an die Staatsanwaltschaft in § 160 Abs. 1 (und diejenige an die Polizei in § 163 Abs. 1) durch die Ermittlungsgeneralklausel in § 161 Abs. 1 Satz 1 n.F. (bzw. in § 163 Abs. 1 Satz 2 n.F.) um eine ausdrückliche Ermächtigungsgrundlage zur Vornahme minder intensiver grundrechtsrelevanter Ermittlungshandlungen ergänzt.[12]

5 **b) Bedeutung.** Mit der Ermittlungsgeneralklausel wurde für die allgemeine **Erhebung personenbezogener Daten** eine nunmehr zweifelsfrei[13] ausreichende Rechtsgrundlage geschaffen, auf die Erkundigungen über den verfahrensgegenständlichen Sachverhalt und die betroffenen Personen ebenso gestützt werden können wie die Erhebung öffentlich zugänglicher (d.h. nicht zugangsgesicherter) Informationen aus dem Internet.[14] Sowohl bei der Datenerhebung als auch bei sonstigen Maßnahmen, die den Schutzbereich von Grundrechten berühren und der Staatsanwaltschaft von § 161 Abs. 1 Satz 1 ohne nähere Konkretisierung und ohne weitere Voraussetzungen gestattet werden, ist die Einschränkung „soweit nicht andere gesetzliche Vorschriften ihre Befugnisse besonders regeln", von zentraler Bedeutung: Es versteht sich zunächst von selbst, dass die inzwischen häufigen (s.o. Rn. 4) gesetzlich besonders geregelten Ermittlungshandlungen mit Eingriffscharakter nur zulässig sind, soweit die jeweiligen speziellen Voraussetzungen vorliegen. Aus der Vorbehaltsklausel lässt sich darüber hinaus (die ohnehin eindeutige Rechtslage klarstellend)[15] ableiten, dass auch bei solchen Ermittlungshandlungen, die nicht insgesamt an das Vorliegen besonderer Voraussetzungen geknüpft sind, die besonderen verfahrensrechtlichen Vorschriften zu beachten sind, wie etwa bei Zeugenvernehmungen die Belehrungsvorschriften oder die Beachtung von Zeugnisverweigerungsrechten[16] oder bei Vernehmungen des Beschuldigten die Respektierung seiner Einlassungsfreiheit. Entsprechendes gilt für die Gewährung von Akteneinsicht an unbeteiligte Dritte, die auch dann nur unter den Voraussetzungen der §§ 475 f. erfolgen darf, wenn sie ermittlungstaktisch begründet

---

11 Zu den Einzelheiten der Entstehungsgeschichte und der Bedeutung dieser Regelungen ist auf die Erläuterungen der einzelnen Vorschriften zu verweisen.

12 Dazu etwa Schmitt/Köhler/*Köhler* 1; KMR/*Noltensmeier-von Osten* 1; SK/*Albrecht* 3; *Hefendehl* StV **2001** 700, 703; *Hilger* NStZ **2000** 561, 563; *Hilger* FS Rieß 171, 181; *Wollweber* NJW **2000** 3623. Für ein Verständnis des § 161 Abs. 1 Satz 1 und § 163 Abs. 1 a.F. als (eng begrenzte) Befugnisnormen aber schon vor der Neufassung etwa *Perschke* 93 ff., 122 f.

13 Vgl. BVerfG NJW **2009** 1405; MüKo/*Kölbel*/*Ibold* 11; Schmitt/Köhler/*Köhler* 1; für die Entbehrlichkeit einer speziellen Datenerhebungsvorschrift schon nach altem Recht LR/*Rieß*[24] § 160, 9; vgl. auch *Rieß* FS Hilger 171 f.

14 Zu letzterer BVerfGE **120** 274; *Kudlich* GA **2011** 193, 198 f. (der dazu den anschaulichen Begriff der „elektronischen Streifenfahrt" prägte); *Rosengarten*/*Römer* NJW **2012** 1764, 1767; KK/*Weingarten* 12a; Schmitt/Köhler/*Köhler* § 163, 28a; OK/*Sackreuther* 11; SK/*Albrecht* 15; einschr. (Bedenken bei automatisierter Datenerhebung und zutr. gegen die Anwendbarkeit der Ermittlungsgeneralklausel bei automatisierter Erhebung und Auswertung von „Online-Rasterdaten", dazu auch u. Rn. 6) *Rückert* ZStW **129** (2017) 302, 329 ff.

15 Ebenso die Begr. zum RegE StVÄG 1999, BTDrucks. **14** 1494 S. 23.

16 Soweit als Beispiel für die Anwendung der Ermittlungsgeneralklausel in der Begr. zum RegE (BTDrucks. **14** 1494 S. 23), ebenso *Hilger* FS Rieß 171, 182, „Erkundigungen im Umfeld" oder informatorische Befragungen genannt werden, kann dies nicht bedeuten, dass die damit verbundenen spezifischen Probleme, vor allem in Bezug auf evt. Belehrungserfordernisse (dazu § 163a, 15 ff.) damit obsolet wären.

wird.[17] Vor allem aber statuiert der Vorbehalt, wie sich aus dem legislatorischen Gesamtzusammenhang und der Entwicklungsgeschichte der Neuregelung zweifelsfrei ergibt, eine **Sperrwirkung** für solche Eingriffsmaßnahmen, die den gesetzlich geregelten in ihrer Grundrechtsrelevanz **vergleichbar**, aber selbst **nicht gesetzlich geregelt** sind. Solche Maßnahmen sind also nicht etwa ungeachtet ihrer Eingriffsschwere unbeschränkt zulässig, sondern generell unzulässig, wenn es an einer speziellen Eingriffsermächtigung fehlt.[18] Insgesamt hat die Schaffung umfangreicher gesetzlicher Ermächtigungen für datenschutzrelevante Maßnahmen gegenüber der früheren faktischen Handhabung[19] im Ergebnis wohl nicht zu einer Erweiterung der Eingriffsbefugnisse geführt.[20]

Keinesfalls auf die Ermittlungsgeneralklausel gestützt werden können danach Maß- 6
nahmen, die mit einer wie auch immer gearteten **Zwangsausübung** i.e.S. verbunden sind. Bei sonstigen Maßnahmen ist zu fragen, ob ein Gesichtspunkt vorliegt, der in dieser oder ähnlicher Form bei anderen Ermittlungshandlungen Anlass gab, diesen eine über die Informationsbeschaffung als solche hinausgehende Grundrechtsrelevanz beizumessen und sie deshalb einer besonderen gesetzlichen Regelung zu unterwerfen. Einen solchen Gesichtspunkt bildet zunächst das Eindringen in die **rechtlich geschützte Privatsphäre**, sei es in räumlicher, sachlicher (Zugriff auf besonders geschützte Daten) oder persönlicher Hinsicht (Nichtachtung von Vertrauensbeziehungen);[21] Entsprechendes gilt für die Durchführung eines „verdeckten Verhörs" durch einen nicht offen ermittelnden Polizeibeamten mit dem Ziel, einen noch nicht förmlich vernommenen Beschuldigten zur Selbstbelastung zu veranlassen.[22] In diesem Zusammenhang ist sodann die **Nachhaltigkeit** der Maßnahme zu nennen, die sich aus ihrer Dauer (vgl. § 163f)[23] oder dem Einsatz technischer Mittel (vgl. § 100f) ergeben kann.[24] Die computergestützte Erhebung und Auswertung von öffentlich zugänglichen Internetdaten eines bestimmten Beschuldigten kann als bloße technische Erleichterung des Sammelns entsprechender Informationen noch auf die Ermittlungsgeneralklausel gestützt werden.[25] Anders liegen die Dinge hinsichtlich der automatisierten Erfassung und Verarbeitung der Internetdaten einer unbestimmten Vielzahl von Personen zwecks Abgleich mit vorhandenen Daten („Internet-Schleppnetzfahndung"), die wegen der Betroffenheit einer Vielzahl Unbeteiligter einer speziellen Ermächtigung bedürfte und im Hinblick auf das Fehlen einer solchen unzulässig ist.[26] Ebenso wenig von der Ermittlungsgeneralklausel gedeckt ist eine Überwachung der Internetnutzung (also des „Surfverhal-

---

17 BVerfG NJW **2009** 2876 f.

18 Dazu ausführlich *Hilger* FS Rieß 171, 181 f.; LR/*Menges* Vor § 94, 22 ff.; HK/*Zöller* 2; MüKo/*Kölbel*/*Ibold* 7 ff.; SK/*Albrecht* 12 ff. mit Behandlung verschiedener Einzelfälle in Rn. 13 ff.; ferner *Hilger* NStZ **2000** 561, 564; *Hefendehl* StV **2001** 700, 704 (mit skeptischer Bewertung der zu erwartenden Praxis); ähnlich Schmitt/Köhler/*Köhler* 1 (weniger intensiv eingreifende Maßnahmen); *Schroeder*/*Verrel* Rn. 98 (Einzelermächtigung bei „schwereren" Eingriffen); *Volk*/*Engländer* (Strafprozessrecht) § 10, 1. Vgl. auch Begr. zum RegE StVÄG 1999, BTDrucks. **14** 1494 S. 23, der bei der Beschreibung der von der Generalklausel erfassten Maßnahmen erkennbar auf solche geringerer Schwere abhebt, auch wenn dies in Einzelfällen zweifelhaft sein mag.

19 Zu dieser sehr kritisch *Riegel* GedS Meyer 345 ff.

20 Vgl. *Rieß* StraFo **2006** 4, 6 Fn. 20.

21 Ebenso HK/*Zöller* 2; MüKo/*Kölbel*/*Ibold* 10; SK/*Albrecht* 14.

22 So jedenfalls tendenziell BGH NStZ **2010** 526 Rn. 18.

23 Näher § 163f, 3; s. auch Begr. zum RegE StVÄG 1999, BTDrucks. **14** 1494 S. 23 1. Sp.; SK/*Albrecht* 16 (soweit kein Eindringen in den räumlich geschützten Bereich oder die geschützte Privatsphäre).

24 Ähnlich SK/*Albrecht* 14.

25 KK/*Moldenhauer* 13; Schmitt/Köhler/*Köhler* § 163, 28a; **a.A.** (Anwendbarkeit der Ermittlungsgeneralklausel nur bei manueller Ergebung und Auswertung) SK/*Albrecht* 19.

26 *Rückert* ZStW **129** (2017) 302, 331 f.; KK/*Moldenhauer* 13; Schmitt/Köhler/*Köhler* § 163, 28a.

tens") oder der Zugriff auf Speicherinhalte in der „Clowd".[27] Einer gesonderten Ermächtigungsgrundlage bedarf es schließlich immer dann, wenn durch einen Öffentlichkeitsbezug der Maßnahme (vgl. §§ 131 ff.)[28] die **Bloßstellung** des Betroffenen zu befürchten ist. Umgekehrt folgt daraus, dass Maßnahmen, die einer gesetzlich geregelten Vorgehensweise ähneln, das für deren gesonderte Normierung maßgebliche Belastungsmoment der vorgenannten Art aber nicht aufweisen, auf die Ermittlungsgeneralklausel gestützt werden können. Ein Beispiel wäre etwa eine kurzfristige, kein Aufsehen erregende, ohne Einsatz technischer Mittel und außerhalb der Privatsphäre erfolgende Beschattung des Beschuldigten.[29]

6a Ermittlungsmaßnahmen, die aufgrund ihrer Eingriffstiefe normalerweise einer gesonderten Ermächtigungsgrundlage und einer entsprechenden Anordnung bedürfen, können ausnahmsweise auf die Ermittlungsgeneralklausel gestützt werden, wenn der Betroffene **wirksam eingewilligt** hat.[30] Die abgesehen von Fällen eines ausdrücklichen gesetzlichen Verbots (§ 136a Abs. 3 Satz 2) bestehende Möglichkeit einer solchen Einwilligung entspricht seit jeher der ständigen Rechtsprechung. Es ist nicht davon auszugehen, dass der Gesetzgeber durch die Anordnung der subsidiären Geltung des Bundesdatenschutzgesetzes in § 500 daran etwas ändern wollte; vielmehr gehört die Zulässigkeit eines freiwilligen Verzichts auf Rechtspositionen zum Kernbestand strafprozessualer Grundsätze, die nach § 500 Abs. 2 Nr. 1 Vorrang genießen, sodass insbesondere § 51 BDSG im vorliegenden Zusammenhang keine Anwendung findet.[31] Die Wirksamkeit der Einwilligung setzt dabei selbstverständlich voraus, dass diese **freiwillig** erteilt, also insbesondere nicht durch Druck (etwa durch die Ankündigung, einen entsprechenden Beschluss herbeizuführen) oder Täuschung (z.B. über nicht vorhandene rechtliche Befugnisse) herbeigeführt wurde.[32] Eine **Belehrung** ist im Zusammenhang mit der Einwilligung (im Gegensatz zum Anwendungsbereich von § 51 BDSG) hingegen nur dort erforderlich, wo das Gesetz sie ausdrücklich vorsieht, so etwa in § 81f Abs. 1 Satz 2 und in § 81h Abs. 4.[33] Nach wirksamer Einwilligung bildet § 161 Abs. 1 zugleich die Rechtsgrundlage für die strafprozessuale Verwertung der bei der Maßnahme erlangten Informationen.[34]

7 Entgegenstehende **gesetzliche Regelungen**, die den Vorbehalt auslösen, werden in der Regel solche der StPO sein. Doch können sie auch in anderen **bundesrechtlichen Vorschriften** enthalten sein. Dagegen reichen landesrechtliche Vorschriften, auch solche vergleichbarer Art, anders als in den Fällen des § 98c Satz 2, § 160 Abs. 4 nicht aus. Die Zulässigkeit von strafprozessualen Ermittlungsmaßnahmen und ihre Grenzen ist eine Ma-

---

27 Zutr. *M. Heinrich* ZIS **2020** 421, 425; Schmitt/Köhler/*Köhler* § 163, 28a; möglicherweise **a.A.** (oder aber missverständlich) LR/*Hauck* § 100a Rn. 31, 81.

28 Dazu LR/*Gleß* Vor § 131, 15 f., 15; *Hilger* FS Rieß 171, 182.

29 Vgl. zum Ganzen und in Bezug auf bestimmte Einzelmaßnahmen auch unten Rn. 37, 49; § 163, 48, 51, 56, 65; eingehend zur Gesamtproblematik und den Einzelmaßnahmen LR/*Menges* Vor § 94, 22 bis 72; ferner SK/*Albrecht* 12 ff.; vgl. im übrigen (zur Situation vor der Änderung durch das StVÄG 1999 und teilweise abw.) *Perschke* 104 ff.

30 Vgl. BGH v. 18.9.2018 – 3 StR 92/18, NStZ-RR **2019** 26.

31 Zutr. *Mosbacher* JuS **2022** 726, 729 f.; KK/*Weingarten* 1b; Schmitt/Köhler/*Köhler* 1a; **a.A.** LG Kiel v. 19.8.2021 – 10 Qs 43/21, BeckRS **2021** 45030 Rn. 15; *El-Ghazi* ZIS **2019** 110, 117 f.; *Singelnstein* NStZ **2020** 639, 640 f.; SK/*Albrecht* 22.

32 Schmitt/Köhler/*Köhler* 1b.

33 *Mosbacher* JuS **2022** 726, 730; KK/*Weingarten* 1b; Schmitt/Köhler/*Köhler* 1c; **a.A.** LG Kiel v. 19.8.2021 – 10 Qs 43/21, BeckRS **2021** 45030 Rn. 13 ff.

34 Schmitt/Köhler/*Köhler* 1d.

terie des Strafverfahrensrechts, für die der Landesgesetzgeber keine Regelungskompetenz besitzt,[35] und eine ausdrückliche Öffnungsklausel wie etwa bei § 160 Abs. 4 fehlt.

c) Der Auskunftsanspruch gegenüber Behörden war schon immer in der Vorschrift enthalten. Er wurde im Zuge der Neufassung in die Ermittlungsgeneralklausel („ist befugt") integriert und damit zugleich ausdrücklich den Grenzen unterworfen, die aufgrund anderweitiger gesetzlicher Regelungen zu beachten sind. Früheren Bedenken im Hinblick auf den Eingriff in das Recht auf informationelle Selbstbestimmung, der mit der Auskunftserteilung verbunden ist,[36] dürfte damit ausreichend Rechnung getragen sein. Die allgemeine Pflicht zur Amtsverschwiegenheit und die grundsätzliche Geheimhaltungspflicht nach § 30 VwVfG[37] stehen dem Auskunftsanspruch nicht entgegen,[38] ebensowenig im Ergebnis die Bestimmungen des **Bundesdatenschutzgesetzes.** Etwas anderes gilt selbstverständlich (durch den Vorbehalt einer besonderen Regelung in anderen gesetzlichen Vorschriften und überdies durch § 160 Abs. 4[39] ausdrücklich klargestellt) für bereichsspezifische Geheimhaltungspflichten sowie für die Wirkung von Sperrerklärungen und Beschlagnahmeverboten.[40] 8

Die Auskunftsbefugnis erstreckt sich grundsätzlich auch auf Erkenntnisse, die auf der Grundlage einer **präventivpolizeilichen Ermächtigung** rechtmäßig[41] gewonnen worden sind. Für ihre Verwendung zu Beweiszwecken sind freilich die Einschränkungen der Absätze 3 und 4 zu beachten (s.u. Rn. 77 ff.).[42] Für die Online-Durchsuchung und die akustische Wohnraumüberwachung bleibt es bei der Sonderregelung in § 100e Abs. 6 Nr. 3, die eine weitergehende Verwendungsbeschränkung enthält. 9

3. Geltungsbereich der Vorschrift

a) Adressatenkreis. Die durch die Vorschrift eingeräumten Befugnisse stehen der **Staatsanwaltschaft** zu, im Rahmen ihrer gesetzlichen Zuständigkeit (§ 142 Abs. 2 GVG) auch den **Amtsanwälten**, in Steuerstrafsachen (§ 386 Abs. 2 AO) der **Finanzbehörde**, die das Ermittlungsverfahren selbstständig führt (§ 399 Abs. 2 AO). Im **Bußgeldverfahren** hat die jeweils zuständige Verwaltungsbehörde die Rechte aus § 161 (§ 46 Abs. 2 OWiG); ob Absatz 1 Satz 2 uneingeschränkt gilt, ist streitig.[43] Zu den Befugnissen des Ermittlungsrichters als **Notstaatsanwalt** § 165, 12; wegen der Reichweite des Auskunftsrechts s.u. Rn. 14 ff.; wegen der durch Satz 2 verpflichteten Behörden und Beamten des Polizeidienstes s.u. Rn. 48 f. und zu ihren Befugnissen Rn. 56. 10

b) Ermittlungsverfahren. Soweit sich die Vorschrift an die Staatsanwaltschaft und ihr gleichgestellte Strafverfolgungsbehörden richtet, gilt sie für das **Ermittlungsverfahren.** Nach Erhebung der öffentlichen Klage ist die Staatsanwaltschaft zwar noch zu Ermitt- 11

---

35 Näher LR/*Böß*[27] § 6, 1 EGStPO.
36 Vgl. etwa *Riegel* GedS Meyer 345, 352 f.; zum früheren Meinungsstand LR/*Rieß*[24] § 160, 14 m.w.N. in Fn. 37.
37 Dazu *Meyer* JR **1986** 172 m.w.N.
38 OLG Karlsruhe NJW **1986** 145 (Personal- und Dienstakte, insoweit Bedenken bei AK/*Achenbach* 5 a.E.); HK/*Zöller* 10; Schmitt/Köhler/*Köhler* 1e; MüKo/*Kölbel*/*Ibold* 41.
39 Dazu § 160, 39b.
40 Dazu im einzelnen unten Rn. 14 ff.
41 Zutr. *Wollweber* NJW **2000** 3623 gegen *Brodersen* NJW **2000** 2536, 2539; wie hier HK/*Zöller* 3.
42 Zur verfassungsrechtlichen Gebotenheit der nunmehr in Absatz 3 geregelten Einschränkungen LR/*Erb*[26] 3f m.w.N.
43 Dazu Göhler/*Thoma* § 53, 20 f.; Göhler/*Bauer* Vor § 59, 60 m.w.N.

lungen befugt,[44] ihre Befugnis zu Auskunftsverlangen sowie zur Inanspruchnahme der Polizei richtet sich nunmehr aber nach allgemeinen Amtshilfegrundsätzen.[45] § 161 gilt aber auch während des gerichtlichen Verfahrens für die Staatsanwaltschaft weiter, soweit es sich um die **Vollstreckung** gerichtlicher Entscheidungen handelt, da § 36 Abs. 2 diese Aufgabe auch während der gerichtlichen Verfahrensherrschaft der Staatsanwaltschaft zuweist.[46] § 161 ist wieder uneingeschränkt anwendbar, wenn die Staatsanwaltschaft zur Vorbereitung eines **Wiederaufnahmeantrags** den Sachverhalt erforscht; die Anwendbarkeit endet mit dem Beschluss, der die Wiederaufnahme für zulässig erklärt, weil damit die Verfahrensherrschaft auf das Gericht übergeht.[47]

II. Auskunftsverlangen

1. Allgemeines

12 **a) Rechtsnatur.** Ob das Auskunftsverlangen sich bereits aus Art. 35 Abs. 1 GG ableiten lässt oder eine spezifische strafprozessrechtliche, mit den §§ 54, 96 in Verbindung stehende Sonderregelung darstellt, ist umstritten,[48] aber wohl ohne erhebliche praktische Bedeutung. Vorzuziehen dürfte die Auffassung sein, dass es sich um eine mit dem allgemeinen Amtshilfegrundsatz in Verbindung stehende, aber **selbständige Regelung** handelt, die ihre Rechtfertigung in dem das Strafverfahrensrecht beherrschenden Amtsaufklärungsgrundsatz findet.[49] Dem Auskunftsverlangen entspricht eine grundsätzliche **Auskunftspflicht** der Behörden;[50] zu den Ausnahmen und Grenzen s.u. Rn. 23 ff. Die ersuchte Behörde ist verpflichtet, die erforderlichen Unterlagen und Erkenntnisse bei Bedarf auch zu beschaffen und zusammenzustellen, solange der erforderliche Aufwand nicht außer Verhältnis zur Bedeutung der Auskunft steht.[51]

13 **b) Auskunftsanspruch und Akteneinsicht.** Der Auskunftsanspruch steht in enger Verbindung mit dem Recht der Staatsanwaltschaft auf **Akteneinsicht** und **Aktenvorlage**[52] und lässt sich teilweise als Sonderfall der Akteneinsicht interpretieren. Aus ihm folgt das Recht der Strafverfolgungsbehörden, bei anderen öffentlichen Stellen vorhandene Informationen zu erfahren, soweit sie für die Strafverfolgung von Bedeutung sind. Da in der heutigen Verwaltungswirklichkeit diese Informationen regelmäßig in Akten oder in sonsti-

---

44 Vgl. § 160, 8 m.w.N.; AK/*Achenbach* 2; SK/*Albrecht* 1; **a.A.** *Strauß* NStZ **2006** 556 ff.; *Roxin/Schünemann* § 9, 4.

45 *Kramer* Rn. 108 a.E.; **a.A.** (Fortgeltung von § 161) NK/*Heghmanns* 3; möglicherweise auch KK/*Weingarten* 24.

46 Dazu LR/*Claus* § 36, 16 ff. m.w.N.; *Benfer* NJW **1981** 1246.

47 **A.A.** (Beschluss, der die Erneuerung der Hauptverhandlung anordnet) LR/*Meyer-Goßner*[23] 8; KK/*Weingarten* 24.

48 Vgl. *Eb. Schmidt* 3 m.w.N.; ferner *Schulz* GA **1958** 268.

49 Ebenso BVerfGE **57** 250, 283; BGHSt **29** 109, 112; **30** 34; HK/*Zöller* 4; KK/*Weingarten* 2; *Eb. Schmidt* 3; teilw. **a.A.** (Konkretisierung der Amtshilfe) *Ostendorf* DRiZ **1981** 4, 6; *Meyer-Teschendorf* JuS **1981** 187, 188; *Reiß* StV **1988** 31, 36; wohl auch *Kühne* Rn. 133.

50 OLG Karlsruhe NJW **1986** 145; AK/*Achenbach* 5; KK/*Weingarten* 2; Schmitt/Köhler/*Köhler* 1e; SK/*Albrecht* 30; *Erdsiek* NJW **1960** 616; *Jakobs* JR **1982** 359, 360; *Kurth* NStZ **1983** 541, 543; *Ostendorf* DRiZ **1981** 4, 6; *Meyer* JR **1986** 172; einschränkend *Reiß* StV **1988** 31, 36.

51 KK/*Weingarten* 2.

52 Vgl. dazu die Erl. zu § 96; teilw. **a.A.** *Reiß* StV **1988** 31, 35 f., nach dem der Aktenvorlageanspruch auch im Ermittlungsverfahren nur gerichtlich durchgesetzt werden kann.

gen, auch automatisch gespeicherten, Datensammlungen enthalten sind, ist mit dem Auskunftsanspruch notwendig der Zugriff auf den jeweiligen Akteninhalt oder die gespeicherten Daten verbunden.[53]

Auskunftsanspruch und Akteneinsichtsrecht **decken sich** jedoch **nicht**. Der Auskunftsanspruch umfasst auch die Pflicht, behördliches Wissen mitzuteilen, das nicht aktenmäßig gespeichert ist, sowie die Pflicht der ersuchten Behörde, die geforderten Auskünfte erforderlichenfalls aus verschiedenen Akten(teilen) zusammenzustellen und der Staatsanwaltschaft aufbereitet mitzuteilen.[54] Die ersuchte Behörde erfüllt deshalb ihre Auskunftspflicht nicht schon dadurch, dass sie nach einem Auskunftsersuchen lediglich die entsprechenden Akten der Staatsanwaltschaft übersendet oder ihr Akteneinsicht gewährt. Jedoch stellt sich das Auskunftsverlangen insoweit als ein **Minus** gegenüber dem Verlangen nach Aktenvorlage dar, als die Staatsanwaltschaft, sofern es sich um aktenmäßig gespeicherte Informationen handelt, diese stets den vorzulegenden Akten entnehmen könnte. Aus diesem Verhältnis folgt auch, dass, soweit nicht besondere behördliche Geheimhaltungsvorschriften gelten (dazu Rn. 27 ff.), die Auskunft grundsätzlich nur unter den Voraussetzungen des § 96 verweigert werden darf (Rn. 25 f.). 14

c) Zum Einholen der Auskunft Berechtigte sind im Ermittlungsverfahren die Staatsanwaltschaft und die ihr gleichgestellten Strafverfolgungsbehörden.[55] Da die Vorschrift jedoch mit dem im gesamten Strafverfahren geltenden Amtsaufklärungsgrundsatz in enger Verbindung steht, gilt sie auch für den **Richter**, soweit dieser die Verfahrensherrschaft hat.[56] Das Auskunftsverlangen nach § 161 steht deshalb auch dem **eröffnenden** (§ 202) und dem **erkennenden Gericht** (§ 244 Abs. 2) zu.[57] Auch der **Ermittlungsrichter** kann, wie sich beispielsweise auch aus § 73 SGB X ergibt, aufgrund § 161 Satz 1 Auskünfte verlangen.[58] 15

2. Adressaten des Auskunftsanspruchs

a) Öffentliche Behörden sind alle Träger der unmittelbaren und mittelbaren Staatsverwaltung im weitesten Sinne, also alle Stellen, die Aufgaben der öffentlichen Verwaltung wahrnehmen.[59] Der Begriff stimmt mit dem in § 96 verwendeten überein[60] und umfasst hier auch die dort gesondert genannten öffentlichen Beamten.[61] Dazu gehören auch die **Notare**,[62] bei denen allerdings die Auskunftspflicht regelmäßig durch das Zeugnisverweigerungsrecht (§ 53 Abs. 1 Satz 1 Nr. 3) begrenzt wird. Öffentliche Behörden sind die Dienststellen des Bun- 16

53 Ähnlich NK/*Heghmanns* 10.

54 HK/*Zöller* 5; KMR/*Noltensmeier-von Osten* 4, Schmitt/Köhler/*Köhler* 1e; MüKo/*Kölbel*/*Ibold* 30; SK/*Albrecht* 30.

55 S.o. Rn. 10; zu den Auskunftsmöglichkeiten der Polizei als Strafverfolgungsbehörde s.u. Rn. 69 und § 163, 39.

56 HK/*Zöller* 3; KK/*Weingarten* 2; KMR/*Noltensmeier-von Osten* 4; Schmitt/Köhler/*Köhler* 1e; MüKo/*Kölbel*/*Ibold* 23; OK/*Sackreuther* 5; vgl. auch *Ostendorf* DRiZ **1981** 4, 6; teilw. **a.A.** *Reiß* StV **1988** 31, 33 ff. (der das Gericht auf § 95 verweist).

57 BGHSt **30** 34, 35; **36** 328, 337; st.Rspr.; abw. Begr. (durch § 244 Abs. 2 „als selbstverständlich" vorausgesetzt) SK/*Albrecht* 23.

58 Insoweit ebenso SK/*Albrecht* 23.

59 Vgl. § 4 Abs. 1 i.V.m. § 1 Abs. 4 VwVfG; wegen der Kirchen und öffentlich-rechtlichen Religionsgemeinschaften s.u. Rn. 22.

60 Vgl. auch LR/*Stuckenberg*[27] § 256, 22 ff.

61 SK/*Albrecht* 25.

62 SK/*Albrecht* 25; zweifelnd *Amelung* DNotZ **1984** 195, 217 (der aber allein auf die Behördeneigenschaft und auf die allgemeine Amtshilfepflicht abstellt).

des, der Länder, der Gemeinden und der sonstigen Gebietskörperschaften,[63] ferner öffentlich-rechtliche Körperschaften mit eigener Rechtspersönlichkeit, die einer staatlichen Aufsicht unterliegen, wie die Sozialversicherungsträger, und schließlich, in wenigstens sinngemäßer Anwendung der Vorschrift, auch die Parlamente.[64] Bahn, Post und Telekommunikationsunternehmen sind nach ihrer Privatisierung keine öffentlichen Behörden mehr. Wegen weiterer Einzelheiten s. LR/*Menges* § 96, 29 ff. Die Vorschrift bezieht sich nur auf **inländische Behörden**, zu denen auch die Auslandsvertretungen der Bundesrepublik Deutschland gehören.[65]

17 Zur Auskunft verpflichtet ist die jeweils für die einzelne Sache konkret **sachlich und örtlich zuständige Behörde**, an die die Staatsanwaltschaft ihr Auskunftsersuchen **unmittelbar** richtet.[66] Bei Zweifeln über die Zuständigkeit umfasst das Auskunftsrecht auch Aufklärung hierüber; insoweit kann die Staatsanwaltschaft auch eine Auskunft der jeweils vorgesetzten Behörde verlangen.[67] Eine ersuchte Behörde kann auch um Weitergabe des Ersuchens an die zuständige Behörde gebeten werden.

18 **b) Gerichte und Staatsanwaltschaften.** Auch **Gerichte und Staatsanwaltschaften** sind nach § 161 auskunftspflichtige Behörden. Für die Staatsanwaltschaft ergibt sich dies schon aus dem allgemeinen Behördenbegriff; für Gerichte kann, auch soweit sie rechtsprechende Tätigkeit ausüben, nach dem Zweck der Vorschrift nichts anderes gelten.[68] Die Vorschrift gilt also auch für Auskunftsersuchen an andere Staatsanwaltschaften und an Strafgerichte nach dem Sachstand oder sonstigen Daten anderer Strafverfahren.

19 Nach der gesetzlichen Regelung in den §§ 474 ff. durch das StVÄG 1999 kann insoweit **§ 161 Abs. 1 Satz 1** mit **§ 474 Abs. 1** konkurrieren, der zwar die Akteneinsicht regelt, aber die Auskunft als minus mit umfasst.[69] **Das Verhältnis** beider Vorschriften ist noch nicht ausreichend geklärt.[70] Es dürfte aber deshalb in der Praxis keine besondere Rolle spielen, weil die bei Anwendung des § 474 zu beachtenden Einschränkungen der §§ 479 Abs. 1, 480 Abs. 1 Satz 2 nicht zu einer Auskunftsverweigerung führen werden. Sollten insoweit Konflikte eintreten, so wird man § 161 Abs. 1 Satz 1 zusammen mit den mit ihm verbundenen Begrenzungen als vorgehende Sonderregelung i.S. des § 487 Abs. 5 behandeln können.[71] Dabei sind die allgemeinen Auskunftsgrenzen (s.u. Rn. 23 ff.) zu beachten,[72] auch wenn eine Sperrerklärung nach § 96 in der Praxis nur ganz ausnahmsweise in Betracht kommen wird.[73] Bei **Auskunftsersuchen, die das jeweilige Verfahren** betreffen, etwa solche der Staatsanwaltschaft an das Gericht nach Klageerhebung oder der vorgesetzten Staatsanwaltschaft an diejenige, die das Verfahren betreibt, kommt eine Auskunftsverweigerung nicht in Betracht. Wieweit die Auskunftsbefugnis den Zugriff auf der Strafverfolgung dienende **Verbunddateien** ermöglicht, bestimmt sich nach den §§ 483 ff.

---

63 Zu den Gesundheitsämtern *Jakobs* JR **1982** 359, 362.

64 Ebenso HK/*Zöller* 3; MüKo/*Kölbel/Ibold* 24; SK/*Albrecht* 25.

65 *Pfeiffer* 2.

66 HK/*Zöller* 5; KK/*Weingarten* 3; SK/*Albrecht* 30.

67 HK/*Zöller* 5.

68 Ebenso NK/*Heghmanns* 11; SSW/*Ziegler* 2; zu Art. 35 GG AK-GG/*Bull* Art. 35 GG, 22; v. Münch/Kunig/*Gubelt/Goldhammer* Art. 35, 17 GG.

69 LR/*Tillich*[27] § 474, 3.

70 Nach SK/*Wohlers/Deiters* 20 a.E. ist diese Frage jetzt dort geregelt, während nach Schmitt/Köhler/*Köhler* 1e a.E. und § 474, 2 die Befugnis nur ergänzt wird, wenn die Auskunft nicht ausreicht.

71 **A.A.** (Vorrang der §§ 479 Abs. 1, 480 Abs. 1 Satz 2) MüKo/*Kölbel/Ibold* 31.

72 Teilw. **a.A.** LR/*Jahn* § 147, 53 ff.

73 Die Möglichkeit einer Sperrerklärung der StA für das laufende Verfahren bejahend LR/*Menges* § 96, 99; LR/*Stuckenberg* § 199, 14; verneinend LR/*Jahn* § 147, 24 ff.

20 **c) Polizeibehörden.** Gegenüber Polizeibehörden richtet sich der Auskunftsanspruch nach § 161 mit seinen Grenzen, soweit es sich um **präventivpolizeiliche Erkenntnisse** handelt.[74] Gleiches gilt grundsätzlich für polizeiliche Auskünfte aus **anderen Strafverfahren**;[75] jedoch darf die Polizei diese Auskünfte nicht verweigern, wenn die für das andere Ermittlungsverfahren zuständige (andere) Staatsanwaltschaft der Auskunftserteilung zustimmt;[76] das folgt aus der Leitungsbefugnis der Staatsanwaltschaft für das Ermittlungsverfahren. Dagegen fällt das **Auskunftsverlangen** der Staatsanwaltschaft an die **wegen der konkreten Tat** ermittelnde Polizei nicht unter § 161 Abs. 1 Satz 1, sondern unter Satz 2, ggf. i.V.m. § 163 Abs. 2 Satz 1, § 152 Abs. 1 GVG;[77] es ist also grundsätzlich uneingeschränkt Auskunft zu erteilen. Zur Frage, ob die Polizei in konkreten Verfahren eine Sperrerklärung nach § 96 herbeiführen kann, § 163, 66.

21 Der bereits zuvor seit langem erhobenen Forderung nach einen **unmittelbaren Zugriff auf polizeiliche Dateien**[78] hat der Gesetzgeber durch das „Gesetz zur effektiven Nutzung im Bereich der Staatsanwaltschaften“ vom 10.9.2004[79] Rechnung getragen, das den Staatsanwaltschaften durch eine in § 11 Abs. 4 Satz 2 BKAG a.F. (nunmehr § 29 Abs. 6 Satz 2 BKAG) verankerte Regelung einen (wenngleich nicht unbeschränkten) Zugriff auf das polizeiliche Informationssystem „INPOL“ (nunmehr: „polizeilicher Informationsverbund“) eröffnet. Soweit den Staatsanwaltschaften der unmittelbare Zugriff auf polizeilich gespeicherte „Repressivdaten“ weiterhin verwehrt ist, folgt daraus **nicht**, dass die Polizeibehörden **berechtigt** wären, die in ihnen enthaltenen **Informationen** der Staatsanwaltschaft **vorzuenthalten**.[80]

22 **d) Privatpersonen.** Gegenüber Privatpersonen und anderen Stellen, die keine öffentlichen Behörden sind, hat die Staatsanwaltschaft ebenfalls die Möglichkeit, schriftliche Auskünfte zu erbitten; auch gegenüber Unternehmen, wie beispielsweise Banken oder gegenüber privaten Krankenanstalten. Gleiches gilt gegenüber **Kirchen und Religionsgemeinschaften**, selbst wenn sie rechtlich öffentlich-rechtliche Körperschaften sind; denn auch insoweit nehmen sie keine staatlichen Aufgaben wahr.[81] Rechtsgrundlage hierfür ist aber nicht der nur gegenüber öffentlichen Behörden bestehende Auskunftsanspruch des § 161 Abs. 1 Satz 1, sondern die allgemeine Ermittlungsbefugnis der Staatsanwaltschaft. Privatpersonen sind daher rechtlich **nicht zur Auskunft verpflichtet**, sondern lediglich zur mündlichen Aussage als Zeuge (§§ 47 ff.; § 161a).[82] Zulässig ist es aber, dass die Staatsanwaltschaft bei einem Auskunftsersuchen auf die sonst notwendige Zeugenvernehmung

74 HK/*Zöller* 6; SK/*Albrecht* 26; *Schnarr* StraFo **1998** 217, 222. Zur Verwertbarkeit solcher Erkenntnisse s.o. Rn. 3 f.

75 HK/*Zöller* 6; wohl **a.A.** (§ 161 Satz 1 im Verhältnis Staatsanwaltschaft zur Strafverfolgungstätigkeit der Polizei generell nicht anwendbar) *Geißer* GA **1983** 385, 392; SK/*Albrecht* 26.

76 HK/*Zöller* 6.

77 HK/*Zöller* 6; Schmitt/Köhler/*Köhler* 1e a.E.; KMR/*Noltensmeier-von Osten* 4; MüKo/*Kölbel*/*Ibold* 32; Radtke/Hohmann/*Link*; *Füllkrug* ZRP **1984** 193, 195.

78 Vgl. etwa (beispielhaft) *Zöller* (Informationssysteme, LV Vor § 158) 177 ff. im Hinblick auf das INPOL-System; ferner etwa *Lilie* ZStW **106** (1994) 625, 635; *Odersky* FS Rebmann 343, 348 ff.; KK/*Schoreit*[5] § 152, 3a ff. GVG; *Kühne* Rn. 137; *Schlachetzki* 113 ff.

79 BGBl. I S. 2318.

80 Zur Unzulässigkeit der (theoretischen) Möglichkeit, dass das Polizeirecht über die Öffnungsklausel des § 483 Abs. 3 die Nutzung präventiver Daten durch die StA sperren könnte, vgl. *Rieß* FS Hilger 171, 180 f.

81 HK/*Zöller* 3; SK/*Albrecht* 25; zum diesbezüglichen Status der Kirchen allgemein Dürig/Herzog/Scholz/*Korioth* Art. 140 GG – Art. 137 WRV, 67; von Münch/Kunig/*Gubelt*/*Goldhammer* Art. 35, 20 GG.

82 LG Frankfurt NJW **1954** 688 mit Anm. *Sichtermann*; LG Hof NJW **1968** 65; HK/*Zöller* 7; KMR/*Noltensmeier-von Osten* 5; Schmitt/Köhler/*Köhler* 2; MüKo/*Kölbel*/*Ibold* 26; SK/*Albrecht* 27.

und ggf. auch auf die Möglichkeit des Herausgabeverlangens (§ 95),[83] der Durchsuchung oder Beschlagnahme hinweist.[84] § 161 erlaubt dabei jedoch nicht, dem Adressaten des Ersuchens im Gegenzug zum Verzicht auf bestimmte Ermittlungsmaßnahmen Verhaltenspflichten aufzuerlegen, für die es keine gesetzliche Grundlage gibt (etwa die Vorgabe, zur routinemäßigen Löschung fällige Daten weiter aufzubewahren).[85]

3. Grenzen des Auskunftsanspruchs

23 **a) Allgemeines/Übersicht.** Der Grundsatz, dass es nicht das Ziel des Strafverfahrens sei, die Wahrheit um jeden Preis zu erforschen,[86] beschränkt auch den Auskunftsanspruch der Staatsanwaltschaft und die Auskunftspflicht des Adressaten.[87] Begrenzungen ergeben sich insoweit vor allem (1) aus besonderen bereichsspezifischen Geheimhaltungsvorschriften, die, soweit sie reichen, auch die Verpflichtung zur Aktenvorlage und zur Auskunft einschränken (näher Rn. 27 ff.), (2) aus der Zulässigkeit einer Sperrerklärung nach § 96 (näher Rn. 24 f.) und (3) aus dem Verhältnis von Auskunftsersuchen, Beschlagnahmefreiheit und Zeugnisverweigerungsrecht (näher Rn. 26). Gleiches gilt für den Fall, dass im Zeitpunkt des Auskunftsersuchens aus anderen Gründen ersichtlich ist, dass der Verwendung der Auskunft ein Verwertungsverbot entgegenstehen würde, da eine solche Auskunft zur Sachverhaltsaufklärung ungeeignet und damit unverhältnismäßig wäre. Keine Einschränkungen des Auskunftsanspruchs ergeben sich hingegen aus dem Recht auf informationelle Selbstbestimmung, der allgemeinen Pflicht zur Amtsverschwiegenheit, § 30 VwVfG und im Ergebnis auch nicht aus den Bestimmungen des Bundesdatenschutzgesetzes.[88]

24 **b) Sperrerklärung nach § 96.** Soweit die Voraussetzungen des § 96 einer Aktenvorlage entgegenstehen, begründen sie auch ein Auskunftsverweigerungsrecht.[89] Voraussetzung ist, dass nach der Entscheidung der obersten Dienstbehörde, zu deren Geschäftsbereich die ersuchte Behörde gehört, das Bekanntwerden dem Wohl des Bundes oder eines deutschen Landes Nachteile bereiten würde (wegen der Einzelheiten s. die Erl. zu § 96). Dabei kommt es bei Auskunftsersuchen allein auf das Bekanntwerden der erbetenen Auskunft gegenüber der Strafverfolgungsbehörde an; die Voraussetzungen brauchen deshalb noch nicht gegeben zu sein, wenn der Vorlage der gesamten Akten der Versagungsgrund schon entgegenstehen würde. Gegebenenfalls ist die **Auskunft** auf die Informationen **zu beschränken**, bei denen der Versagungsgrund nicht vorliegt; damit dadurch kein unzutreffendes Bild entsteht, muss auf die Unvollständigkeit hingewiesen werden.[90]

---

83 Zur Streitfrage, ob die Staatsanwaltschaft die Herausgabe nach § 95 ohne Einschaltung des Richters verlangen kann, verneinend LR/*Menges* § 95, 20; ferner § 161a, 9.

84 HK/*Zöller* 7; Schmitt/Köhler/*Köhler* 2; MüKo/*Kölbel/Ibold* 27; SK/*Albrecht* 27; insbes. zur sog. Bankauskunft *Selmer* 77 ff.; vgl. auch Rn. 41.

85 *Stürzl-Friedlein/Lachenmann* wistra **2021** 184, 188; HK/*Zöller* 7.

86 BGHSt **14** 358, 365; LR/*Kühne*[27] Einl. H 29.

87 Zusammenfassende Übersicht bei SK/*Albrecht* 31 ff.

88 Zu diesen Aspekten bereits oben Rn. 8.

89 BVerfGE **57** 250, 282; BGHSt **30** 34, 35; AK/*Achenbach* 6; HK/*Zöller* 9; KK/*Weingarten* 4; Schmitt/Köhler/*Köhler* 1e; OK/*Sackreuther* 7; SK/*Albrecht* 31; LR/*Menges* § 96, 43 m.w.N. sowie (zum behördlich geheimgehaltenen Zeugen) LR/*Menges* § 96, 60 ff.; dazu auch § 163, 66.

90 HK/*Zöller* 9; zur Begründung der (auch nur teilweisen) Versagung vgl. BGHSt **29** 109, 112; Schmitt/Köhler/*Köhler* 1e; LR/*Menges* § 96, 73 f. m.w.N.; vgl. auch BVerfGE **57** 250, 281 ff.

Nur die **oberste Dienstbehörde** darf die Auskunft nach § 96 sperren;[91] es ist Sache der ersuchten Behörde, deren Sperrerklärung herbeizuführen, wenn sie es für geboten hält.[92] Die Staatsanwaltschaft kann also das Auskunftsersuchen auch dann an die zuständige nachgeordnete Behörde richten, wenn sie mit der Möglichkeit einer Sperrerklärung rechnet. Über die Entscheidungsmöglichkeiten bei Meinungsverschiedenheiten s.u. Rn. 43. 25

c) Strafprozessualer Geheimnisschutz. Soweit die Behörde Auskünfte aus Unterlagen erteilen müsste, die nach § 97 nicht beschlagnahmt werden dürften, besteht auch kein Auskunftsanspruch.[93] Es ist nicht der Sinn der Auskunftspflichten, Erkenntnisse zu erlangen, die die Staatsanwaltschaft mit Hilfe von Zeugenvernehmungen nicht gewinnen und in Verfahren nicht verwerten darf. Aus diesem Grund kann z.B. die ärztliche Schweigepflicht der Auskunftspflicht eines in öffentlicher Trägerschaft betriebenen Krankenhauses entgegenstehen.[94] Eine Auskunftspflicht der ersuchten Behörde besteht vielfach auch insoweit nicht, als deren Wissen auf den Mitteilungen von Personen beruht, die gegenüber dieser Behörde zu dieser Auskunft rechtlich verpflichtet waren. In diesen Fällen kann der Verwertung im Strafverfahren ein Verwertungsverbot entgegenstehen.[95] Über die Zulässigkeit des Auskunftsersuchens entscheidet in diesen Fällen die Staatsanwaltschaft als ersuchende Behörde; die ersuchte ist hieran ebenso gebunden wie deren oberste Dienstbehörde.[96] Diese Einschränkung gilt aber nicht, soweit besondere bereichsspezifische Geheimhaltungsvorschriften die Auskunftspflicht begrenzend regeln; in solchen Fällen richtet sich der Auskunftsanspruch nach diesen besonderen Vorschriften (dazu sogleich). 26

4. Besondere bereichsspezifische Geheimhaltungsvorschriften

a) Allgemeines. Die bereichsspezifischen Geheimhaltungsvorschriften finden sich regelmäßig in Gesetzen nicht strafverfahrensrechtlicher Art. Ihre bei bundesrechtlichen Vorschriften seit jeher anerkannte Sperrwirkung gegenüber der Auskunftspflicht ergibt sich auch aus § 160 Abs. 4, in dem ferner bestimmt ist, dass auch vergleichbare landesgesetzliche Vorschriften diese Wirkung auslösen.[97] Regelmäßig bewirken diese Vorschriften keine vollständige Auskunftssperre, sondern lassen eine Auskunft unter bestimmten, näher bezeichneten sachlichen oder formellen Voraussetzungen zu. Teilweise sind diese Regelungen auch so gestaltet, dass sie die Auskunft zu Zwecken der Strafverfolgung uneingeschränkt zulassen. 27

b) Post- und Fernmeldegeheimnis. Nach der Privatisierung des Post- und Fernmeldewesens können Auskunftsersuchen an die hiermit betrauten Unternehmen auf § 161 Abs. 1 Satz 1 schon deshalb nicht mehr gestützt werden, weil es sich bei ihnen nicht um 28

---

91 BGH NStZ **1987** 518 f.; StV **1988** 46; KK/*Weingarten* 3; Schmitt/Köhler/*Köhler* 1e; *Erdsiek* NJW **1960** 616; näher LR/*Menges* § 96, 76 f. m.w.N.; **a.A.** *Ostendorf* DRiZ **1981** 4, 6 (Dienstvorgesetzter).

92 HK/*Zöller* 9; KK/*Weingarten* 3; *Eb. Schmidt* 3.

93 AK/*Achenbach* 8; KK/*Weingarten* 6; Schmitt/Köhler/*Köhler* 1e; SK/*Albrecht* 31; vgl. auch *Ostendorf* DRiZ **1981** 4, 10 (zu Zeugnisverweigerungsrechten).

94 *Auffermann/Vogel* NStZ **2016** 387, 389; HK/*Zöller* 8.

95 Vgl. die sog. Gemeinschuldnerentscheidung BVerfGE **65** 37 ff.; dazu ausführlich *K. Schäfer* FS Dünnebier 11 ff.; näher mit weit. Nachw. (auch zu anderen Fallgruppen) LR/*Kühne*[27] Einl. J 98 ff.; ferner HK/*Zöller* 8; MüKo/*Kölbel/Ibold* 33.

96 Näher LR/*Menges* § 96, 52, ebenso HK/*Zöller* 8; KK/*Weingarten* 2; **a.A.** für das Auskunftsersuchen der Staatsanwaltschaft wohl *Reiß* StV **1988** 31, 36, der die Staatsanwaltschaft in solchen Fällen auf einen nach § 162 herbeizuführenden Gerichtsbeschluss verweist.

97 Näher § 160, 40 f.

„Behörden" handelt.[98] Es geht also nur noch um die Frage, wieweit eine freiwillige Auskunft (Rn. 13) erbeten und erteilt werden darf. Insoweit ist für die zulässigen Einschränkungen des **Postgeheimnisses** (§§ 64, 65 PostG)[99] die in §§ 99, 100 getroffene Regelung maßgebend, die, soweit eine Beschlagnahme zulässig ist, auch eine Auskunft zu ihrer Abwendung gestattet.[100] Für das **Fernmeldegeheimnis** (§ 3 TDDDG) bestimmen sich die strafprozessual zulässigen Überwachungsmaßnahmen des laufenden Verkehrs nach § 100a. Auskünfte über den abgewickelten Verkehr ermöglicht § 100g unter den dort geregelten Voraussetzungen.[101] Technische Ermittlungsmaßnahmen an Mobiltelefonen sind unter den dort genannten Voraussetzungen nach § 100i zulässig. Wegen aller Einzelheiten wird auf die Erläuterung zu diesen Bestimmungen verwiesen.

29 Die **Postbankdienste**[102] unterliegen, abgesehen von der Beförderung von Postbankbriefen bis zum Eingang bei diesen, nicht dem Post- und Fernmeldegeheimnis.[103] Nach der Privatisierung der Postbank besteht aber keine Auskunftspflicht nach § 161 Abs. 1 Satz 1; es gelten vielmehr die für Banken allgemein bestehenden Regelungen (s.u. Rn. 39 f.).[104]

30 **c) Steuergeheimnis.** Das **Steuergeheimnis** steht nach § 30 Abs. 1 AO grundsätzlich einer Auskunftspflicht entgegen; es umfasst alle Erkenntnisse, die im Verwaltungsverfahren oder gerichtlichen Verfahren wegen einer Steuerfestsetzung oder bei damit zusammenhängenden Ermittlungen gewonnen worden sind (§ 30 Abs. 2 AO).[105] Wegen der Einzelheiten ist auf das steuerstrafrechtliche Spezialschrifttum und die Kommentare zur Abgabenordnung zu verweisen.[106] Das Auskunftsrecht nach § 161 Satz 1 ist keine die Offenbarung gestattende ausdrückliche gesetzliche Regelung im Sinne des § 30 Abs. 4 Nr. 2 AO.[107] Das Steuergeheimnis entfällt, wenn die von ihm Geschützten zustimmen; soweit die Staatsanwaltschaft eine solche Zustimmung herbeiführt, ist die jeweilige Behörde uneingeschränkt zur Auskunft verpflichtet.[108] Eine Auskunftspflicht besteht ferner grundsätzlich für Erkenntnisse, die von der Finanzbehörde nicht im Besteuerungsverfahren, sondern im Steuerstraf- und Steuerbußgeldverfahren gewonnen worden sind (§ 30 Abs. 4 Nr. 4 lit. a).[109] Die Auskunft über einen **Informanten der Finanzbehörde** unterliegt dem Steuergeheimnis richtigerweise nicht, weil das Steuergeheimnis den Ausgleich für die weitrei-

98 KK/*Weingarten* 7; KMR/*Noltensmeier-von Osten* 9; Schmitt/Köhler/*Köhler* 3; zur früheren Rechtslage LR/*Rieß*[24] 18 f.; ferner etwa *Klesczewski* StV **1993** 332 ff.

99 Vom 23.12.1997 (BGBl. I S. 3294); zum Umfang näher LR/*Menges* § 99, 2 ff.

100 Eingehend LR/*Menges* § 99, 29 ff.

101 Dazu *Hilger* GA **2002** 228; *Welp* GA **2002** 535 ff.; *Wollweber* NJW **2002** 1554; zur Verfassungsmäßigkeit und den dabei zu beachtenden Grenzen BVerfG NJW **2003** 1787 ff.

102 Früher Postgiroverkehr und Postsparkassendienst.

103 So schon zur früheren Rechtslage LG Frankfurt NJW **1980** 1478 = JR **1980** 317 mit Anm. *Solbach*; LR/*Rieß*[24] Rn. 19 Fn. 45 m.w.N. (auch zur Gegenmeinung).

104 AK/*Achenbach* 8; HK/*Zöller* 16; KK/*Griesbaum*[7] 8; KMR/*Noltensmeier-von Osten* 9; Schmitt/Köhler/*Köhler* 3.

105 Wegen der Gleichstellungsklausel in § 160 Abs. 4 gilt das Gleiche für die Begründung vergleichbarer Steuergeheimnisse, wie sie sich etwa in den landesrechtlichen Kommunalabgabenordnungen findet; dazu § 160, 41.

106 Vgl. auch *Blesinger* wistra **1991** 239 ff., 294 ff.; *Goll* NJW **1979** 90.

107 SK/*Albrecht* 31; *Goll* NJW **1979** 90, 91 Fn. 19; *Meyer-Teschendorf* JuS **1981** 187, 191.

108 Einzelheiten u.a. bei *Goll* NJW **1979** 90, 92.

109 KK/*Weingarten* 10; KMR/*Noltensmeier-von Osten* 15; SK/*Albrecht* 31; *List* DRiZ **1977** 6, 7; ferner (zur Behandlung nicht steuer- und zollstrafrechtlicher Zufallsfunde durch die Zollfahndung) *Bandemer* wistra **1988** 136; *Kniffka* wistra **1987** 312 f.

chenden Offenbarungspflichten des Steuerrechts bildet, denen ein Hinweisgeber regelmäßig nicht unterliegt.[110]

Eine **Durchbrechung des Steuergeheimnisses** u.a. auch für Zwecke der Strafverfolgung sieht § 30 Abs. 4 vor; insoweit besteht auch eine Auskunftspflicht. Das gilt uneingeschränkt für Steuerstraftaten und Steuerordnungswidrigkeiten (§ 30 Abs. 4 Nr. 1 i.V.m. Abs. 2 Nr. 1 lit. b) sowie nach § 30 Abs. 4 Nr. 5 AO für andere Straftaten, an deren Verfolgung ein zwingendes öffentliches Interesse besteht. Die Vorschrift zählt regelbeispielhaft („namentlich") Verbrechen und vorsätzliche schwere Vergehen gegen Leib und Leben oder gegen den Staat und seine Einrichtungen sowie bestimmte Wirtschaftsstrafen auf.[111] Eine **Offenbarungspflicht** auch für das Strafverfahren besteht in den Fällen des § 31a Abs. 2 i.V.m. Abs. 1 Nr. 1a[112] und des § 31b Abs. 2 Satz 1 i.V.m. Abs. 1 Nr. 1 AO.[113] Nach § 393 Abs. 2 AO, dessen Verfassungsmäßigkeit bezweifelt worden ist,[114] gilt die Verwertbarkeit und damit auch das Auskunftsrecht für andere als Steuerstraftaten in dem in § 30 Abs. 4 Nr. 5 AO bezeichneten Umfang auch dann, wenn die Erkenntnisse auf Mitteilungen beruhen, die der Steuerpflichtige in Unkenntnis der Einleitung eines Steuerstrafverfahrens in Erfüllung steuerrechtlicher Pflichten offenbart hat.[115] Uneingeschränkt zulässig ist ferner gegenüber den Strafverfolgungsbehörden die Offenbarung vorsätzlicher falscher Angaben in Besteuerungsverfahren.[116] Auch soweit eine gesetzliche Offenbarungsbefugnis besteht, ist der Verhältnismäßigkeitsgrundsatz zu berücksichtigen, woraus indessen keine Subsidiarität des Auskunftsverlangens gegenüber anderen Maßnahmen zur Erlangung der betreffenden Information abgeleitet werden kann.[117] 31

d) Sozialgeheimnis. § 35 SGB I verpflichtet die Leistungsträger sowie die ausdrücklich genannten gleichgestellten Behörden (§ 35 Abs. 1 Satz 4 SGB I), zu denen die Gesundheitsämter regelmäßig nicht gehören,[118] zur Wahrung des Sozialgeheimnisses; er schließt Auskunfts- und Vorlagepflichten ausdrücklich aus (§ 35 Abs. 3 SGB I), soweit die Offenbarung nicht nach den Vorschriften der §§ 67 bis 77 SGB X zulässig ist. Besteht im Rahmen dieser grundsätzlich abschließenden Regelung kein Auskunftsanspruch, so ist auch eine Beschlagnahme der einschlägigen Unterlagen ausgeschlossen.[119] Die gesetzliche Regelung differenziert, soweit es um eine Offenbarung zu Zwecken der Strafverfolgung geht, teilweise nach der Art der zu offenbarenden Daten, teilweise nach dem Verfahrensgegenstand und stellt teilweise die Auskunftspflicht der Träger des Sozialgeheimnisses unter den Vor- 32

---

110 LG Hamburg NJW **2002** 1216 in Auseinandersetzung mit der gegenteiligen Rspr. des BFH; früher bereits KG NJW **1985** 1972; ebenso *Koch* Denunciatio (LV § 158) 25 Fn. 137; differenzierend *Weyand* Praxis Steuerstrafrecht **2005** 213 ff.

111 Beispiele und Einzelheiten etwa bei SK/*Albrecht* 36; vgl. auch *Goll* NJW **1979** 94; *Weyand* wistra **1988** 9; zur Offenbarungsbefugnis bei Anfangsverdacht nichtsteuerlicher Straftaten auch BGH (Z) NJW **1982** 1648.

112 Strafverfahren zur Bekämpfung illegaler Beschäftigung und Schwarzarbeit.

113 Strafverfahren wegen § 261 StGB (Geldwäsche).

114 Vgl. *Reiß* NJW **1977** 1436; *Rogall* ZRP **1975** 278; zur Problematik auch ausführlich *K. Schäfer* FS Dünnebier 11, 18 ff.

115 Ebenso HK/*Zöller* 11.

116 Dazu kritisch *Goll* NJW **1979** 90, 96; vgl. zur Reichweite bei einer Denunziation auch BFH NJW **1985** 2440 und dazu *Hetzer* NJW **1985** 2991.

117 Zutr. SK/*Albrecht* 36 gegen LG Bremen NJW **1981** 592.

118 Vgl. näher *Jakobs* JR **1982** 359, 362; vgl. aber auch LG Braunschweig NStZ **1986** 472 (amtsärztliches Attest).

119 OLG Celle NJW **1997** 2964, 2965.

behalt einer richterlichen Anordnung (§ 73 SGB X).[120] Die Übermittlung von Sozialdaten, die der betreffenden Stelle von einer Person zugänglich wurden, die einer nach § 203 Abs. 1 und 4 StGB sanktionierten Schweigepflicht unterliegt, ist nach § 76 Abs. 1 SGB X generell nur unter solchen Voraussetzungen zulässig, unter denen diese Person selbst zur Übermittlung befugt wäre. Das gilt auch für die **Jugendgerichtshilfe**, die nach § 61 Abs. 1 SGB VIII ebenfalls den §§ 67 ff. SGB X unterliegt[121] (was der Weitergabe von Sozialdaten an das Gericht im Rahmen ihrer Mitwirkung im Jugendgerichtsverfahren ansonsten im Ergebnis nicht entgegensteht).[122]

33 Die Übermittlung ist als Unterfall der Datenverarbeitung unter den in § 67b Abs. 2 SGB X bestimmten Voraussetzungen **zulässig**, soweit der Betroffene **einwilligt**.[123] Die Sozialbehörden sind gegenüber der Staatsanwaltschaft zur Auskunft verpflichtet, wenn diese die Einwilligung herbeiführt; dabei steht eine mündliche Erklärung, die der Betroffene bei seiner Vernehmung nach der gemäß § 67b Abs. 2 Satz 1 SGB X erforderlichen Belehrung abgibt und die protokolliert wird (§ 168b Abs. 2), einer schriftlichen Einwilligung gleich.[124] Einen eigenen, nicht an eine richterliche Entscheidung gebundenen Auskunftsanspruch hat die Staatsanwaltschaft hinsichtlich der in **§ 68 Abs. 1 SGB X** genannten Daten,[125] wenn sie die Information nicht auf andere Weise beschaffen kann[126] (entgegenstehende schutzwürdige Belange des Betroffenen sind im Strafverfahren insoweit i.d.R. nicht anzuerkennen),[127] und darüber hinaus bzgl. einiger weiterer Daten nach **§ 68 Abs. 3 SGB X**,[128] wenn diese zur Durchführung einer Rasterfahndung erforderlich sind. Umstritten ist, ob aus der Offenbarungsbefugnis, die **§ 69 Abs. 1 Nr. 1 SGB X** für die Erfüllung sozialgesetzlicher Aufgaben vorsieht, eine Auskunftsverpflichtung ohne richterliche Anordnung abgeleitet werden kann, wenn das Verfahren eine Straftat zum Gegenstand hat, die einen Bezug zur Erbringung von Sozialleistungen aufweist (z.B. Betrug durch Erschleichung von Sozialleistungen, aber auch Verletzung der Unterhaltspflicht gemäß § 170b StGB,[129] wenn die Sozialbehörde deshalb Leistungen erbringen musste).[130] Soweit § 72

---

120 Dazu im einzelnen *Kunkel* StV **2000** 531 ff. sowie die ausführliche Darstellung bei SK/*Albrecht* 37 ff.; vgl. auch die älteren Darstellungen bei *Bittmann* NJW **1988** 3188; *Greiner* Kriminalistik **1981** 167; *Mallmann/Walz* NJW **1981** 1020; *Kerl* NJW **1984** 2444; *Pickel* MDR **1984** 885; *Riekenbrauk* StV **1992** 37; *Schatzschneider* MDR **1982** 6; zur Frage der Herausgabe und Beschlagnahmefähigkeit von Patientenunterlagen im Verfahren gegen den Arzt *Seibert* NStZ **1987** 398.

121 Vgl. LG Hamburg NStZ **1993** 401 mit Anm. *Dölling*.

122 Eingehend und m.w.N. *Brunner/Dölling* § 38, 47 f. JGG; ferner KK/*Weingarten* 9; KMR/*Noltensmeier-von Osten* 14; Schmitt/Köhler/*Köhler* 6; *Dölling* BewHi. **1993** 128; zweifelnd *Kunkel* StV **2000** 531, 534.

123 Zu den allgemeinen Wirksamkeitsvoraussetzungen der Einwilligung, zu denen grds. u.a. die Schriftform gehört, § 67b Abs. 2 SGB X.

124 HK/*Zöller* 12; KMR/*Noltensmeier-von Osten* 12; MüKo/*Kölbel/Ibold* 35; SK/*Albrecht* 37.

125 Vor- und Familienname, Geburtsdatum, Geburtsort, derzeitige Anschrift, derzeitiger und künftiger Aufenthalt und Name und Anschrift des derzeitigen Arbeitgebers.

126 Was im Einzelnen darzulegen ist, dazu *Riekenbrauk* StV **1992** 37, 38 f.; *Kunkel* StV **2000** 531, 533.

127 KG JR **1992** 25, 27; LG Verden StV **1986** 429; AK/*Achenbach* 11; AnwK/*Walther* 9; HK/*Zöller* 12; KK/*Weingarten* 9; Schmitt/Köhler/*Köhler* 6; SK/*Albrecht* 38; *Schlüchter* Rn. 491.1; **a.A.** *Kunkel* StV **2000** 531, 533; vgl. auch OLG Köln VRS **64** (1983) 198.

128 Staats- und Religionszugehörigkeit, frühere Anschriften, Namen und Anschriften früherer Arbeitgeber, erbrachte oder demnächst zu erbringende Geldleistungen.

129 Für diesen Fall noch **a.A.** LR/*Rieß*[25] 23.

130 Wohl zutr. bejaht von LG Stuttgart NStZ **1993** 552, 553; HK/*Zöller* 12; Schmitt/Köhler/*Köhler* 6; SK/*Albrecht* 40; SSW/*Ziegler* 9; *Hardtung* NJW **1992** 211, 212; *Kerl* NJW **1984** 2444; **a.A.** LG Hamburg NJW **1984** 1570; *Zeibig* NStZ **1999** 339 ff.; zu weitgehend hingegen die Einbeziehung der strafrechtlichen Untersuchung von Arbeitsunfällen (dafür LG Stuttgart NStZ **1993** 552 f.; zust. Schmitt/Köhler/*Köhler* 6), sowie diejenige von

SGB X die Übermittlung von Daten an das Bundeskriminalamt gestattet, betrifft dies nur dessen präventive Aufgaben.[131]

Im Übrigen ist die Übermittlung von Sozialdaten nach richterlicher Anordnung (Rn. 35) gemäß § 73 SGB X **zulässig**. Nach dessen Absatz 1 dürfen bei Verdacht eines Verbrechens oder einer sonstigen Straftat von erheblicher Bedeutung[132] mit Ausnahme der aus § 76 SGB X folgenden Einschränkung (s.o. Rn. 32) alle Daten offenbart werden. Dies gilt nicht nur in Bezug auf den Beschuldigten, sondern auch für Daten sonstiger Personen, die für das betreffende Verfahren in irgendeiner Form relevant erscheinen.[133] Bei Verdacht einer anderen Straftat gilt nach Absatz 3 i.V.m. § 72 Abs. 1 Satz 2 SGB X hingegen eine Beschränkung auf Angaben über Vor- und Familiennamen, einschließlich früher geführter Namen, Geburtsdatum, Geburtsort, derzeitige und frühere Anschriften, derzeitige und frühere Arbeitgeber sowie über erbrachte und demnächst zu erbringende Geldleistungen. Soweit sich diese Angaben mit denjenigen decken, die der Staatsanwaltschaft nach § 68 Abs. 1 SBG X auch ohne richterliche Entscheidung zu übermitteln sind, besteht der Unterschied namentlich darin, dass die dort vorgesehene doppelte Einschränkung (keine Beeinträchtigung schutzwürdiger Belange und keine anderweitige Beschaffungsmöglichkeit) und der dort in § 68 Abs. 2 vorgesehene Entscheidungsvorbehalt entfallen.[134] Ein Zusammenhang des Vergehens mit der Erfüllung sozialgesetzlicher Aufgaben braucht nicht zu bestehen.[135] Die Angaben unterliegen einer **Verwendungsbeschränkung** für die Tat, wegen derer sie offenbart worden sind (§ 78 SGB X); sollen sie zur Strafverfolgung wegen einer anderen Tat genutzt werden, bedarf es einer erneuten isolierten richterlichen Anordnung.[136] Die auskunftspflichtige **Sozialbehörde** ist an die richterliche Anordnung **gebunden**.[137] Sie kann insbesondere nicht geltend machen, dass überhaupt kein Anfangsverdacht oder, wenn eine über § 73 Abs. 2 SGB X hinausgehende Auskunft verlangt wird, nur ein solcher eines Vergehens ohne erhebliche Bedeutung bestehe, ebensowenig, dass die Auskunft zur Aufklärung des Sachverhalts nicht erforderlich sei[138] oder dass schutzwürdige Belange des Betroffenen (§ 68 Abs. 1 Satz 1 SGB X) beeinträchtigt würden.[139] Es ist nämlich gerade der Sinn der richterlichen Anordnung, eine ausreichende Prüfung dieser Fragen innerhalb des Strafverfahrens zu gewährleisten, zu der die Sozialversicherungsbehörden regelmäßig ohnehin nicht in der Lage wären. 34

Für die **richterliche Anordnung** der Offenbarung ist in Ermittlungsverfahren der Ermittlungsrichter nach § 162 zuständig; die Anordnung setzt daher regelmäßig einen Antrag der Staatsanwaltschaft voraus. Bedarf die Polizei für ihre Ermittlungen im Rahmen des § 163 solcher Auskünfte, so hat sie regelmäßig die Staatsanwaltschaft zu unterrichten; nur (in diesem Fall kaum vorstellbar) bei Eilbedürftigkeit kann sie sich nach § 163 Abs. 2 Satz 2 unmittelbar an den Richter wenden, der dann ggf. nach § 165 als Notstaatsanwalt tätig werden muss.[140] Es bleibt der Staatsanwaltschaft überlassen, ob sie beim Ermittlungsrichter lediglich die Auskunftsanordnung beantragt und nach ihrem Vorliegen die Sozial- 35

Korruptionsdelikten und von Straftaten nach §§ 223, 240 gegen Mitarbeiter der Sozialverwaltung; dagegen zutr. SK/*Albrecht* 40.

131 *Schatzschneider* MDR **1982** 6, 8.

132 Kritisch hierzu *Kunkel* StV **2000** 531, 535; allgemein zu diesem Merkmal § 163e, 12 m.w.N.

133 OLG Karlsruhe NJW **2006** 3656; HK/*Zöller* 13; Schmitt/Köhler/*Köhler* 6.

134 HK/*Zöller* 13; *Kunkel* StV **2000** 531, 534.

135 LG Frankfurt NJW **1988** 84 (Betrugsverdacht und Feststellung der finanziellen Leistungsfähigkeit).

136 Schmitt/Köhler/*Köhler* 6 a.E.; KMR/*Noltensmeier-von Osten* 13.

137 SK/*Albrecht* 41.

138 **A.A.** *Schatzschneider* MDR **1982** 6, 9, der eine „zumindest eingeschränkte Schlüssigkeitsprüfung" verlangt.

139 *Krägeloh* Verwaltungsrundschau **1980** 407, 410 Fn. 29.

140 *Greiner* Kriminalistik **1981** 167, 168.

behörde selbst um Auskunft ersucht, oder ob sie beantragt, dass der Richter die Auskunft selbst einholt. In beiden Fällen zielt der Antrag nicht nur auf eine richterliche Ermittlungshandlung, sondern auf die Anordnung einer richterlichen Zwangsmaßnahme (vgl. § 162, 9); der Richter hat deshalb auch zu prüfen, ob der Anfangsverdacht einer die Auskunft rechtfertigenden Straftat vorliegt;[141] seiner Prüfung unterliegt aber nicht die Notwendigkeit und Zweckmäßigkeit des Auskunftsersuchens.[142]

36 **e) Weitere Geheimhaltungsvorschriften** für alle Strafverfahren[143] enthalten ferner § 16 des **Bundesstatistikgesetzes**[144] sowie wegen der in § 160 Abs. 4 getroffenen Regelung entsprechende Vorschriften in Landesstatistikgesetzen.[145] Eine Auskunft aus dem **Bundeszentralregister** kann der Staatsanwalt (nur) dann nicht verlangen, wenn das umfassende Auskunftsverbot des § 45 Abs. 2 Satz 2 BZRG entgegensteht. Die Schweigepflicht nach § 9 des **Gesetzes über das Kreditwesen** steht dem Auskunftsverlangen der Staatsanwaltschaft gemäß Absatz 1 Satz 5 Nr. 1 ausdrücklich **nicht** entgegen. Gleiches gilt für die Verschwiegenheitspflicht nach § 10 Börsengesetz,[146] in dem Absatz 1 Satz 3 Nr. 1 ebenfalls ausdrücklich klarstellt, dass die Weitergabe zu Zwecken der Strafverfolgung nicht unbefugt erfolgt. Auch die melderechtlichen Vorschriften des **Melderechtsrahmengesetzes** stehen einer Auskunft zu Zwecken der Strafverfolgung nicht entgegen,[147] weshalb z.B. auch die Anforderung eines bei der Meldebehörde hinterlegten Lichtbilds zulässig ist, wenn die Identität des Verdächtigen andernfalls nicht ohne unverhältnismäßige Maßnahmen ermittelt werden kann.[148]

37 Wegen der strikten Verwendungsregeln in § 4 Abs. 3 Satz 5, § 7 Abs. 2 Satz 3 BFStrMG besteht nach wie vor keine Möglichkeit eines strafprozessualen Zugriffs auf die **Daten der Autobahnmaut**,[149] was bei schweren Kapitalverbrechen (noch dazu bei solchen mit akuter Wiederholungsgefahr – serienweise Begehung von Sexualmorden durch einen LKW-Fahrer, durch die dieser Umstand im Jahre 2006 öffentliche Aufmerksamkeit erregte) rechtspolitisch unerträglich erscheint und dringend einer gesetzlichen Korrektur bedarf.[150] Ebenfalls – und in diesem Fall zur Gewährleistung der Akzeptanz der durch einen Ausnahmezustand begründeten und zugleich besonders einschneidenden Überwachungsmaßnahmen (ein Aspekt, der bei der Autobahnmaut keine Rolle spielt) zu Recht – absolut unzulässig war gemäß § 28 Abs. 3 Satz 3, 6 IfSG jeglicher strafprozessuale Zugriff auf Kontaktdaten, die (etwa in der Gastronomie) gemäß § 28 Abs. 1 Nr. 18 IfSG zur Nachvollziehbarkeit von COVID-19-Infektionsketten erhoben werden mussten.[151] Die **Standortermittlung eines gestohlenen Fahrzeugs** mit Hilfe der Daten, die das Mautgerät nach dem Diebstahl hinterlässt, ist dagegen (selbstverständlich) zulässig.[152] Da es sich bei diesen

141 LG Verden StV **1986** 428 (in concreto allerdings mit zu hohen Anforderungen an die Verhältnismäßigkeit).

142 Ebenso HK/*Zöller* 14.

143 Vgl. auch die Übersicht bei Lisken/Denninger/Bäcker/*Müller*/*Schwabenbauer* Kap. 6, 1050 ff.

144 Hierunter fällt nicht der Leichenschauschein; LG Berlin NStZ **1999** 86 mit abl. Aufsatz *Dettmeyer*/*Madea* NStZ **1999** 605 ff.

145 Vgl. auch § 160, 41.

146 Vom 22.6.2002 (BGBl. I S. 2010).

147 Vgl. § 18 Abs. 3 Melderechtsrahmengesetz und dazu *Fuckner* NJW **1981** 1016, 1018.

148 HK/*Zöller* 10; dies gilt selbst im Bußgeldverfahren wegen einer Verkehrsordnungswidrigkeit, vgl. BayObLG NJW **1998** 3656, 3657; NStZ-RR **2004** 91; OLG Stuttgart v. 6.11.2003 – 5 Gs 13/04, juris-Nr. JURE060010226.

149 De lege lata zutr. *Niehaus* NZV **2004** 502, 504; *Pfab* NZV **2005** 506 ff.; *Ertel* 72 ff., 95 ff.

150 Zutr. *Ertel* 101 ff.; krit. auch AnwK/*Walther* 11.

151 Eingehend *Niedernhuber* KriPoZ **2020** 318 ff.

152 Zutr. AG Friedberg NStZ **2006** 517.

Informationen nicht um das Ergebnis eines an sich rechtmäßigen und deshalb grundrechtlich besonders geschützten Datenverkehrs, sondern schlicht um die **Spur einer Straftat** handelt (nicht anders als dort, wo sonstige Eigenschaften der Beute Hinweise auf ihren Verbleib vermitteln), brauchen hier richtigerweise nicht einmal die Voraussetzungen von § 100g erfüllt zu sein.[153] Die Verwendung der Daten findet in diesem Fall vielmehr schon in der **Ermittlungsgeneralklausel** eine ausreichende Grundlage; werden sie vom Systembetreiber nicht freiwillig zur Verfügung gestellt, kommen insofern Maßnahmen nach § 94 Abs. 2 in Betracht. Entsprechendes gilt, wenn ein Dieb das von ihm **gestohlene Mobiltelefon** eingeschaltet mit sich führt.

Ob **Maßnahmen des Zeugenschutzes** auf der Grundlage von § 4 des ZSHG[154] als eine bereichsspezifische Geheimhaltungsvorschrift dem Auskunftsverlangen der Staatsanwaltschaft oder des Strafgerichts entgegenstehen können, ist ebensowenig geklärt wie das Verhältnis zur Sperrerklärung nach § 96,[155] wenn man dies bejaht. Der in § 4 Abs. 1 bis 3 ZSHG getroffenen Regelung, nach der die Auskunft über personenbezogene Informationen, die einen nach diesem Gesetz geschützten Zeugen betreffen, grundsätzlich verweigert werden kann, steht jedoch dessen Absatz 5 entgegen, wonach die §§ 161, 161a unberührt bleiben. Nach dem Wortlaut der Vorschrift ist daher für Auskunftsersuchen der Staatsanwaltschaft eine Auskunftsverweigerung auch dann nicht möglich, wenn der Zeuge für ein anderes Verfahren als das, das Anlass zur Zeugenschutzmaßnahme gegeben hat, benötigt wird. Dagegen vertritt *Hilger* unter Hinweis auf die legislatorische Absicht und entsprechende Ausführungen in der Gesetzesbegründung die Auffassung, § 4 Abs. 5 beziehe sich nur auf Auskunftsersuchen der sachleitenden Staatsanwaltschaft, die das Verfahren betreibt, in dem der Zeuge geschützt wird.[156] Dem kann nicht zugestimmt werden. Der – wenig klare – Hinweis in der Gesetzesbegründung[157] findet im Gesetzeswortlaut keinen Niederschlag, er dürfte darüber hinaus in sich deshalb wenig überzeugend sein, weil § 161 Abs. 1 das Auskunftsersuchen der sachleitenden Staatsanwaltschaft gegenüber der Polizei ohnehin nicht regelt (s.o. Rn. 19). Soweit in einem anderen Verfahren die Offenbarung der Daten eines zu schützenden Zeugen in Betracht kommt, kann daher dem Auskunftsverlangen der Staatsanwaltschaft (und der von ihr beauftragten Polizei) nur unter Rückgriff auf eine Sperrerklärung nach § 96 begegnet werden.[158] 38

f) Kein Bankgeheimnis. Im Strafverfahren (einschließlich des Steuerstrafverfahrens) besteht **kein Bankgeheimnis**, dessen rechtliche Grundlage allein zivilrechtlicher Natur ist.[159] Das entspricht inzwischen völlig gesicherter Auffassung.[160] Soweit Auskunfts-, Aussage- und Herausgabepflichten bestehen, können sie also nicht unter Berufung auf ein Bank- 39

153 Insofern wohl **a.A.** AG Friedberg NStZ **2006** 517, 518.

154 Gesetz zur Harmonisierung des Schutzes gefährdeter Zeugen (Zeugenschutz-Harmonisierungsgesetz) vom 11.12.2001 (BGBl. I S. 3510); dazu näher *Hilger* FS Gössel 605 ff.; *Soiné/Engelke* NJW **2002** 470 ff.

155 Dazu *Hilger* FS Gössel 605, 609 ff.

156 *Hilger* FS Gössel 605, 608 f.; ebenso, aber ohne nähere Erörterung, auf die sachleitende StA bezogen *Soiné/Engelke* NJW **2002** 470, 474.

157 BTDrucks. **14** 6279 S. 11; dazu *Hilger* a.a.O. S. 608.

158 Ebenso HK/*Zöller* 10.

159 Vgl. Nr. 2 der AGB Banken und dazu etwa *Grabau/Hundt/Hennecka* ZRP **2002** 430. Zur Berücksichtigung im Zivilprozess *Glauben* DRiZ **2002** 104 f. m.w.N.

160 LG Frankfurt NJW **1954** 688 mit Anm. *Sichtermann*; LG Hamburg NJW **1978** 958; LG Hof NJW **1968** 65 mit Anm. *Müller*; AK/*Achenbach* 13; KK/*Weingarten* 8; Schmitt/Köhler/*Köhler* 4; KMR/*Noltensmeier-von Osten* 10; *Eb. Schmidt* 3; *Roxin/Schünemann* § 26, 29; aus dem weiteren Schrifttum vgl. u.a. Alsberg/*Güntge* Rn. 893; *Glauben* DRiZ **2002** 104, 105; *Kimmel* 50 ff.; *Selmer* 7 f.; *Sichtermann* NJW **1968** 1997; *Prost* NJW **1976** 214; *Plonka* Die Polizei **1986** 395; *Rengier* Zeugnisverweigerungsrechte (1979) 213; *J. Kretschmer* wistra **2009** 180 ff.;

geheimnis verweigert werden. Zur Ermittlung der **Kontostammdaten** sieht § 24c Abs. 3 Nr. 2 KWG eine Auskunftserteilung der Bundesanstalt für Finanzdienstleistungen (BaFin) in einem automatisierten Verfahren vor.[161] Diese ist nicht an eine bestimmte Schwere der zu verfolgenden Straftat gebunden.[162] Wenn die deutsche Rechtsordnung dem Bankgeheimnis im Strafverfahren keinen Schutz gewährt, deckt die Ermittlungsgeneralklausel nach § 161 Abs. 1 Satz 1 die Erhebung von Daten ausländischer Banken selbst dann, wenn hierbei (etwa beim Ankauf von „Steuer-CDs“ von ausländischen Bankmitarbeitern) ein weitergehendes ausländisches Bankgeheimnis unterlaufen wird, solange eine entsprechende Beweiserhebung nicht aus anderen Gründen unzulässig erscheint.[163]

40 Eine **Auskunftspflicht** gemäß § 161 besteht nach ganz h.M., soweit es sich um Behörden, also öffentlich-rechtliche Kreditinstitute handelt (z.B. Deutsche Bundesbank, Landesbanken).[164] Die h.M. wendet daher die Auskunftspflicht auch auf den Geschäftsbankenbereich der Landesbanken und namentlich auf die überwiegend öffentlich-rechtlich organisierten[165] **Sparkassen** an.[166] Dagegen bestehen Bedenken, soweit diese Kreditinstitute im Rahmen der allgemeinen Bankgeschäfte und in Wettbewerb mit privatrechtlichen Instituten tätig werden.[167] Insoweit dürften sie unter den Bedingungen des gegenwärtigen Bankenmarktes keine öffentlichen Aufgaben dergestalt mehr erfüllen,[168] dass es gerechtfertigt wäre, ihnen eine strafprozessuale Auskunftspflicht aufzuerlegen, denen die mit ihnen in Wettbewerb stehenden Kreditinstitute, auch privatrechtlich organisierte Sparkassen,[169] nicht ausgesetzt sind.

41 **Private Kreditinstitute**[170] sind zu einer schriftlichen Auskunft gegenüber der Staatsanwaltschaft und dem Ermittlungsrichter nicht verpflichtet,[171] können aber solche Auskünfte ohne Verstoß gegen ihre zivilrechtliche Geheimhaltungspflicht erteilen, weil sie (worauf die Staatsanwaltschaft bei Auskunftsersuchen hinweisen kann) nach § 95 zur Herausgabe der Unterlagen (worauf die Staatsanwaltschaft bei Auskunftsersuchen hinweisen kann) und ihre Mitarbeiter zur Aussage als Zeugen verpflichtet sind.[172] Teilweise wird die (zweifelhafte) Auffassung vertreten, dass sie dazu ihren Kunden gegenüber zivilrechtlich

---

zur im wesentlichen gleichen Rechtslage in Österreich vgl. *Beiser* ÖJZ **1985** 178; in der Schweiz *Hauser* JZ **1985** 871; *Bottliger* SchwJZ **1994** 377 f.

161 Dazu eingehend *Reichling* 3 ff.; KK/*Weingarten* 8; KMR/*Noltensmeier-von Osten* 11.

162 OLG Stuttgart NStZ **2016** 48; Schmitt/Köhler/*Köhler* 4a; OK/*Sackreuther* 5; SSW/*Ziegler* 4.

163 Zutr. VerfGH RhPf. NJW **2014** 1434, 1437; für das genannte Bsp. NK/*Heghmanns* 16; **a.A.** *Pfisterer* JR **2015** 314, 321 f.

164 KK/*Weingarten* 8; NK/*Heghmanns* 12; Schmitt/Köhler/*Köhler* 4; *Tiedemann* NJW **1972** 665; zum öffentlich-rechtlichen Charakter einer Landesbank vgl. BGHSt **31** 264 = NStZ **1984** 501 mit Anm. *Dingeldey*.

165 Vgl. BGHSt **31** 264, 271 f.; *Kimmel* 22.

166 So etwa HK/*Zöller* 17; KK/*Weingarten* 8; KMR/*Noltensmeier-von Osten* 10; Schmitt/Köhler/*Köhler* 4; *Tiedemann* NJW **1972** 657, 665.

167 Ablehnend deshalb AK/*Achenbach* 13; LR/*Menges* § 96, 31; MüKo/*Kölbel*/*Ibold* 39; Radtke/Hohmann/*Link* 6; *Selmer* 76 ff.; *Reichling* 60 f.; *ders.* JR **2011** 12, 15.

168 Zur öffentlich-rechtlichen Aufgabe der Sparkassen insgesamt s. etwa BGHSt **31** 264, 271 f.; vgl. auch *Dingeldey* NStZ **1984** 501, 504 zur vergleichbaren Frage der Amtsträgereigenschaft.

169 So beispielsweise in Hamburg und Frankfurt.

170 Dazu zählen nach der Privatisierung auch die Postbank sowie nach der hier vertretenen Auffassung (Rn. 40) auch die öffentlich-rechtlich organisierten Sparkassen.

171 LG Hof NJW **1968** 65 mit Anm. *Müller*; KK/*Weingarten* 8; Schmitt/Köhler/*Köhler* 4; *Selmer* 75; *Plonka* Die Polizei **1986** 359 397 (mit Hinweisen zum polizeilichen Auskunftsersuchen); teilw. **a.A.** (für den Ermittlungsrichter) *Sichtermann* NJW **1968** 1996, 1997; vgl. auch Rn. 13.

172 Ebenso KK/*Weingarten* 8; KMR/*Noltensmeier-von Osten* 10; NK/*Heghmanns* 13. Zum Vorgehen bei Bankauskunftsersuchen in der Praxis und den dabei zu beachtenden rechtlichen Grenzen eingehend *Jansen* 196 ff. mit der Darstellung von Musteranschreiben a.a.O. S. 409 ff., zum Anspruch auf Kostenerstattung für die Vorbereitung entsprechender Auskünfte LR/*Menges* § 95, 29 ff.

nicht ohne Weiteres, sondern nur bei drohendem[173] oder bereits angeordnetem Einsatz von Zwangsmitteln (Zeugenladung, Durchsuchung, Beschlagnahme) und zu deren Abwendung berechtigt seien.[174] Da die Staatsanwaltschaft über eine Beschlagnahme der Unterlagen bzw. die Vernehmung von Mitarbeitern als Zeugen ohnehin unbeschränkten Zugriff auf die betreffenden Daten hat, bestehen auch keine datenschutzrechtlichen Bedenken, und eine weitergehende Ermächtigungsgrundlage ist nicht erforderlich.[175]

5. Entscheidung über die Berechtigung von Auskunftsverlangen. Soweit eine Sperrerklärung nach § 96 in Betracht kommt, entscheidet die oberste Dienstbehörde der ersuchten Behörde,[176] nicht etwa auf Antrag der Staatsanwaltschaft der nach § 162 zuständige Ermittlungsrichter. Darüber, ob die Auskunft aus anderen Gründen (Rn. 26 bis 36) verweigert werden kann, entscheidet dagegen die ersuchende Staatsanwaltschaft, denn nur sie kann die regelmäßig erforderliche Abwägung zwischen dem Geheimhaltungsinteresse und dem Strafverfolgungsinteresse sachgerecht vornehmen.[177] Hat die ersuchte Behörde Bedenken gegen die Auskunftserteilung, so wird sie diese der ersuchenden Staatsanwaltschaft im Einzelnen darzulegen haben. Beharrt die Staatsanwaltschaft auf ihrem Auskunftsersuchen, so ist die ersuchte Behörde hieran grundsätzlich gebunden. **Zwangsmittel** zur Durchsetzung des Auskunftsanspruchs stehen der ersuchenden Strafverfolgungsbehörde **nicht** zur Verfügung;[178] die Streitfrage ist notfalls durch Einschaltung der jeweiligen Aufsichtsbehörden zu entscheiden.[179] 42

Die Sperrerklärung nach § 96 und eine sonstige, im Dienstaufsichtswege nicht zu überwindende Auskunftsverweigerung der ersuchten Behörde können von der das Verfahren betreibenden Strafverfolgungsbehörde **nicht gerichtlich angefochten werden**.[180] Dagegen kann der **Beschuldigte** die Sperrerklärung ebenso wie die sonstige Auskunftsver- 43

173 Krit. gegenüber der Androhung ohne vorherige Erwirkung eines Gerichtsbeschlusses *Reichling* 63; *ders.* JR **2011** 12, 16.

174 So insbes. *Selmer* 77 ff.; *Sichtermann* NJW **1968** 1996; großzügiger *Prost* NJW **1976** 214 im Hinblick auf die Neuregelung der staatsanwaltschaftlichen Ermittlungsbefugnisse durch das 1. StVRG; vgl. dazu (sog. Bankauskunft) auch LR/*Menges* § 94, 67; *Hein* Kriminalistik **1980** 401, 403; *Plonka* Die Polizei **1986** 395, 396 f.; vgl. auch (gerichtlicher Beschluss, der Staatsanwaltschaft Auskunft zu erteilen) LG Kaiserslautern NStZ **1981** 438.

175 Ebenso Schmitt/Köhler/*Köhler* 2; MüKo/*Kölbel*/*Ibold* 40; zur verfassungsrechtlichen Unbedenklichkeit in Bezug auf die Abfrage von Kreditkartendaten BVerfG NJW **2009** 1405, 1407; allgemein zu Auskunfts- und Herausgabeverlangen in Bezug auf gespeicherte Daten *Anders* ZIS **2020** 70 ff.; **a.A.** *Petri* StV **2007** 266 ff., dessen Vergleich mit der Rasterfahndung auch im konkreten Fall (Auskunft über eine Vielzahl von Personen, die per Kreditkarte das Entgelt für den Besuch einer Homepage mit Kinderpornographie bezahlt haben) verfehlt ist, weil das Auskunftsverlangen nicht auf die Übermittlung der Daten von Nichtverdächtigen abzielt; *Singelnstein* NStZ **2012** 593, 603 (für einen Vorrang der Beschlagnahmevorschriften, soweit ein Zugriff auf Datenbestände erfolgt).

176 Näher LR/*Menges* § 96, 76; vgl. auch *Eb. Schmidt* 3; *Vogel* NJW **1959** 1938; vgl. auch BVerwGE **8** 324 (mit teilw. unzutreffender Begründung); BGH NStZ **1987** 518 f.; StV **1988** 45; *Reiß* StV **1988** 31, 36.

177 LR/*Menges* § 96, 52.

178 AK/*Achenbach* 7; HK/*Zöller* 8; KK/*Weingarten* 5; zur äußerst umstrittenen Frage, ob und unter welchen Voraussetzungen Behördenakten beschlagnahmt werden können, ausführlich und m.w.N. LR/*Menges* § 96, 4 bis 26.

179 *Eb. Schmidt* 3.

180 BVerwGE **8** 324 = NJW **1959** 1456 mit Anm. *Vogel* NJW **1959** 1938; zur Entscheidung und ihrer Vorgeschichte näher *Röhrich* (LV zu § 163) 546; ferner *Arloth* (LV zu § 163) 72 f. m.w.N.; vgl. auch LR/*Menges* § 96, 102 m.w.N.; **a.A.** *Eb. Schmidt* Nachtr. I § 96, 6 (für Staatsanwaltschaft); *Ostendorf* DRiZ **1981** 4, 10; *Ellbogen* NStZ **2007** 310 312 f., s. aber auch die ein britisches Verfahren betreffende Entscheidung des EGMR StraFo **2002** 51 mit Anm. *Sommer*.

weigerung auch schon im Ermittlungsverfahren **anfechten.**[181] Eine solche Anfechtung durch den Beschuldigten wird allerdings, zumindest praktisch, nur dann in Betracht kommen, wenn die erwartete Auskunft seiner Entlastung dienen soll. Ob in den übrigen Fällen im staatsanwaltschaftlichen Ermittlungsverfahren eine Anfechtung durch den **Verletzten** (auch den zum Anschluss als Nebenkläger befugten) zulässig ist, erscheint auch dann zweifelhaft, wenn man mit der überwiegenden Meinung[182] die Anfechtung durch den Nebenkläger nach Erhebung der öffentlichen Klage für zulässig hält.

III. Ermittlungen jeder Art

44 **1. Allgemeines.** Die Wendung, dass die Staatsanwaltschaft zur Erforschung des Sachverhalts (§ 160 Abs. 1) zu „Ermittlungen jeder Art" befugt sei, beschreibt die **Freibeweislichkeit** des Ermittlungsverfahrens[183] und räumt der Staatsanwaltschaft bei der Auswahl der vorzunehmenden Ermittlungshandlungen durch den Grundsatz der **freien Gestaltung des Ermittlungsverfahrens** (s. § 160, 34 f.) einen Ermessensspielraum über den einzuschlagenden Weg und die dabei vorzunehmenden Ermittlungshandlungen ein.[184] Sie kann dabei aber nicht nach Belieben und Willkür vorgehen; die Erforschung des Sachverhalts unterliegt bestimmten Grundsätzen (dazu § 160, 36 ff.) und Grenzen (s.u. Rn. 45). Die Formulierung gestattet der Staatsanwaltschaft nur **rechtlich zulässige Ermittlungen,**[185] wobei auch die Einhaltung des Verhältnismäßigkeitsgrundsatzes zu den einzuhaltenden rechtlichen Schranken gehört (§ 160, 42). Als Ermittlungsgeneralklausel ermächtigt sie für sich allein nur zu solchen Grundrechtseingriffen, die nicht spezialgesetzlich geregelt und in ihrer Eingriffsintensität geringer als diese sind.[186] Als Aufgabenzuweisung geht sie allerdings weiter, indem sie auch dazu Veranlassung gibt, Zwangsmaßnahmen oder sonstige Grundrechtseingriffe bei Vorliegen der besonders geregelten Voraussetzungen durchzuführen oder zu beantragen.[187] **Kriminaltaktische Gesichtspunkte** dürfen und müssen bei der Durchführung der Ermittlungen berücksichtigt werden;[188] sie können es auch rechtfertigen, Ermittlungen in einer „verdeckten Form" zunächst so zu führen, dass der Beschuldigte von ihnen nichts erfährt (§ 160, 46). Zur Frage, von wem die Ermittlungen zu führen sind, s.u. Rn. 53 ff.; zur Dokumentation der Ermittlungsergebnisse § 160, 65 ff.

45 **2. Grenzen der Ermittlungstätigkeit.** Allgemeine **Grenzen der Ermittlungstätigkeit** ergeben sich aus der Aufgabe des Ermittlungsverfahrens, von einem konkreten Anfangsverdacht her zu einer Verdachtsklärung wegen einer bestimmten Tat zu gelangen. Ermittlungshandlungen müssen deshalb mit einem konkreten Verdachtsfall zusammenhängen oder mit ihm in Verbindung gebracht werden können, im weitesten Sinne beweisthematisch relevant sein und nach allgemeinen oder speziellen Erkenntnissen kriminalistisch,

---

181 HK/*Zöller* 9; zu den sehr strittigen Einzelheiten, insbes. zur Frage des Rechtsweges, LR/*Menges* § 96, 103 ff.

182 Vgl. LR/*Menges* § 96, 103; ferner SK/*Wohlers/Singelnstein* § 96, 44.

183 Vgl. Schmitt/Köhler/*Köhler* 7; *Schäfer/Fresemann/Hinrichs* Rn. 393.

184 HK/*Zöller* 19; KMR/*Noltensmeier-von Osten* 18; Schmitt/Köhler/*Köhler* 7; MüKo/*Kölbel/Ibold* 2; OK/*Sackreuther* 4; *Schäfer/Fresemann/Hinrichs* Rn. 392; Vorbehalte bei AK/*Achenbach* 1; vgl. auch die Zusammenstellung möglicher Ermittlungsmaßnahmen bei KK/*Weingarten* 13 ff.; *Walder* ZStW **95** (1983) 862, 882.

185 Vgl. Schmitt/Köhler/*Köhler* 7; zur Bedeutung des § 160 Abs. 4 in diesem Zusammenhang bereits § 160, 40.

186 Näher oben Rn. 5 f.; vgl. auch die (insoweit enge) Aufzählung bei SK/*Albrecht* 12 ff.

187 Ebenso NK/*Heghmanns* 15.

188 AK/*Achenbach* 1; HK/*Zöller* 19; Schmitt/Köhler/*Köhler* 8.

kriminologisch oder in anderer Art geeignet erscheinen, die Sachverhaltserforschung voranzutreiben.[189] Spezielle Grenzen der Ermittlungstätigkeit ergeben sich daraus, dass **Beweisverbote** zu beachten sind[190] oder dass bestimmte Zwangsmaßnahmen zwar an sich ermittlungstaktisch notwendig erscheinen, ein für diese erforderlicher höherer Verdachtsgrad aber nicht vorhanden ist oder eine solche Maßnahme unverhältnismäßig wäre.[191]

3. Arten von Ermittlungshandlungen/Einzelfälle

a) Vernehmungen, Augenschein, Sachverständigengutachten. Vernehmungen, Augenscheinseinnahmen und die Einholung **von Sachverständigengutachten** gehören zu den regelmäßig vorzunehmenden Ermittlungshandlungen. Die Staatsanwaltschaft, in deren Auftrag und mit deren Unterstützung gemäß § 163 Abs. 3, 4 nunmehr auch die Polizei, kann Vernehmungen und die Erstattung von Sachverständigengutachten mit Zwangsmitteln durchsetzen (§§ 161a, 163a Abs. 3); zur Entgegennahme eidesstattlicher Versicherungen ist sie nicht befugt.[192] Zu den Augenscheinseinnahmen gehört die Tatortbesichtigung und die Spurensuche, um die Führung eines **kriminalistischen Sachbeweises**[193] zu ermöglichen, für den sich die Staatsanwaltschaft in der Regel der Polizei bedienen wird (s.u. Rn. 41). 46

b) Zwangsmaßnahmen. Auch besonders geregelte **Zwangsmaßnahmen** und Grundrechtseingriffe[194] wie beispielsweise körperliche Untersuchungen (§ 81a), molekulargenetische Untersuchungen (§§ 81e, 81f), Beschlagnahmen (§ 98), Durchsuchungen (§§ 102, 103), Postbeschlagnahme und Fernmeldeüberwachung (§§ 99 ff.); Einsatz sonstiger technischer Ermittlungsmaßnahmen (§§ 100b ff.) oder Verdeckter Ermittler (§§ 110a ff.), Identifizierungsmaßnahmen (§§ 163b, 163c) sowie Maßnahmen, die der Verfahrenssicherung dienen, wie Untersuchungshaft oder vorläufige Festnahme, gehören zu den von der Aufgabenzuweisung des § 161 erfassten Ermittlungsmaßnahmen. Sie sind daher anzuordnen oder, sofern sie unter Richtervorbehalt stehen, zu beantragen, wenn dies zur Sachverhaltsermittlung geboten ist und ihre jeweiligen Voraussetzungen vorliegen; die übliche Gesetzesfassung, dass sie „zulässig" seien oder angeordnet werden „können", eröffnet der Strafverfolgungsbehörde kein Ermessen dahingehend, dass von ihnen abgesehen werden könne, wenn sie zur Sachverhaltserforschung erforderlich sind.[195] 47

c) Auskunftsersuchen, Aktenbeiziehung, Herausgabeverlangen. Auskunftsersuchen, Aktenbeiziehung und das **Herausgabeverlangen** nach § 95[196] können je nach Sachlage ebenfalls erforderliche Ermittlungsmaßnahmen darstellen.[197] Die Zulässigkeit der **Abfrage** von Erkenntnissen **aus Dateien** und deren Verwendung richtet sich nach den §§ 483 ff.[198] In Betracht kommt auch eine **Zusammenarbeit** der Strafverfolgungsbehörden 48

---

189 Eingehend *Walder* ZStW **95** (1983) 862, 875 ff.; vgl. auch LR/*Mavany* § 152, 28; ferner *Teyssen/Goetze* NStZ **1986** 529.

190 *Eb. Schmidt* 5.

191 Vgl. LR/*Mavany* § 152, 24; ferner KMR/*Noltensmeier-von Osten* 20; Schmitt/Köhler/*Köhler* 9.

192 RGSt **37** 209; OLG Hamburg HESt **1** 39; HK/*Zöller* 20; KK/*Weingarten* 13; KMR/*Noltensmeier-von Osten* 19; *Eb. Schmidt* 6.

193 Dazu LR/*Krause* Vor § 72, 21 ff.

194 Dazu auch die Aufzählung in Rn. 4.

195 *Schroeder* JZ **1985** 1028; vgl. auch LR/*Lind* § 112, 131 (betr. Anordnung der Untersuchungshaft).

196 Zur umstrittenen Frage der Zuständigkeit für dieses LR/*Menges* § 95, 20 f.

197 Vgl. zu den Vorstrafakten § 160, 61 und Nr. 73 RiStBV; ferner KK/*Weingarten* 16; KMR/*Noltensmeier-von Osten* 21.

198 Dazu auch § 160, 68 sowie die Erl. zu diesen Vorschriften bei LR/*Tillich*.

mit den Behörden des Verfassungsschutzes, soweit die hierfür maßgeblichen gesetzlichen Grundlagen dies gestatten; insoweit enthalten die RiStBV (Nr. 205 f.) nähere Hinweise.[199]

49 **d) Fahndungsmaßnahmen und öffentliche Bekanntmachungen.** Soweit **Fahndungsmaßnahmen und öffentliche Bekanntmachungen** zur Sicherung der Strafverfolgung erforderlich sind, werden sie ebenfalls von der Aufgabenzuweisung des § 161 Abs. 1 Satz 1 erfasst, können jedoch seit der Regelung entsprechender Maßnahmen in den §§ 131 ff.[200] nur noch in geringem Umfang auf die Ermittlungsgeneralklausel gestützt werden. Dies gilt etwa für unauffällige und nur einen kleinen Personenkreis erfassende Nachfragen, Nachforschungen in allgemein zugänglichen Quellen und für Auskünfte aus dem Melderegister und ähnlichen Unterlagen[201] sowie in der Regel für die bloße Sachfahndung.[202] Im Übrigen richtet sich die Zulässigkeit von Fahndungsmaßnahmen nach den §§ 131 bis 131c,[203] wobei § 131b Abs. 1 i.V.m. § 131c auch die Veröffentlichung des Phantombilds eines unbekannten Täters erfasst.[204] Besondere Voraussetzungen gelten auch für spezielle Fahndungsmaßnahmen,[205] etwa für die Rasterfahndung (§ 98a), die Einrichtung von Kontrollstellen (§ 111), die Kontrollfahndung (§ 163d), die polizeiliche Beobachtung (§ 163e) oder die längerfristige Observation (§ 163f), soweit sie zur Ergreifung des Täters oder zur Feststellung seines Aufenthaltes zulässig sind.

50 **e) Auslobungen.** Für **Auslobungen**, d.h. das an die Öffentlichkeit gerichtete Versprechen, für sachdienliche Hinweise Geldbeträge zu zahlen, bestehen interne Verwaltungsvorschriften des Bundes und der einzelnen Länder.[206] Die Rechtsnatur solcher Auslobungen ist wenig geklärt; es dürfte sich wohl um eine zivilrechtliche Auslobung nach § 657 BGB handeln, bei der im Einzelnen Grundsätze des öffentlichen Rechts mitzubeachten sind.[207]

51 **f) Ermittlungen im Ausland** durch die deutschen Strafverfolgungsbehörden sind (derzeit noch) grundsätzlich nicht möglich, da die Hoheitsgewalt an den Grenzen endet. Soweit das Ermittlungsziel nicht im Wege einer Vernehmung durch deutsche Konsularbeamte im Ausland nach § 15 KonsG zu erreichen ist, bedarf es regelmäßig eines **ausgehenden Rechtshilfeersuchens**. Dieses hat in den §§ 68 ff. IRG nur für bestimmte Sonderfälle eine gesetzliche Regelung erfahren; sein Gang wird im Wesentlichen durch Verwaltungsanweisungen bestimmt wird, insbesondere durch die RiVASt.[208] Im **europäischen Rechts-**

---

199 Vgl. zu den dabei entstehenden Problemen etwa Lisken/Denninger/Bäcker/*Bäcker* Kap. 2, 323 ff.; zum Ganzen auch *Zöller* (Informationssysteme, LV Vor § 158) 279 ff. m.w.N.; zur früheren Rechtslage LR/*Rieß*[24] 35 Fn. 98.

200 Zur Rechtslage davor die Nachw. bei LR/*Rieß*[24] Rn. 36 Fn. 100 ff.

201 Näher LR/*Gleß* Vor § 131, 15 f.; Schmitt/Köhler/*Köhler* 1; wohl enger SK/*Albrecht* 16.

202 LR/*Gleß* Vor § 131, 20.

203 Dazu im Einzelnen die Erl. bei LR/*Gleß* §§ 131 bis 131c m.w.N.

204 Zutr. Schmitt/Köhler/*Schmitt* § 131b, 1; die gegenteiligen Entscheidungen des AG Torgau (NStZ-RR **2003** 112 sowie Beschl. v. 10.2.2004 – 5 Gs 13/04) erscheinen im Hinblick auf die ausdrückliche Bestimmung von § 131b Abs. 1, „insbesondere die Feststellung der Identität eines unbekannten Täters" zu ermöglichen, völlig abwegig.

205 Dazu LR/*Gleß* Vor § 131, 17.

206 Vgl. die Nachw. bei *Stober* DÖV **1979** 853, 854 Fn. 3; ferner LR/*Gleß* § 131, 33 (zur entsprechenden Anwendung der §§ 657 ff. BGB); LR/*Kurtze*[27] § 464a, 15.

207 Eingehend *Stober* DÖV **1979** 853.

208 Ausführliche Darstellung bei Schomburg/Lagodny/Gleß/Hackner/*Hackner* Vor § 68 IRG, 18 ff.

raum ist allerdings die Entwicklung im Fluss[209] und es zeichnet sich eine zunehmende Tendenz ab, auch unmittelbare grenzüberschreitende Ermittlungshandlungen zu ermöglichen[210] oder ausländische Maßnahmen der Strafverfolgung ohne zusätzliche Prüfung anzuerkennen.[211] Letzteres ist mittlerweile der Fall hinsichtlich des Strafklageverbrauchs bei ausländischen Verurteilungen (Art. 54 SDÜ),[212] bei Erfüllung bestimmter Voraussetzungen auch hinsichtlich der Auslieferung auf der Grundlage eines Europäischen Haftbefehls (§§ 80 ff. IRG) und der Beschlagnahme von Gegenständen nach einer Europäischen Ermittlungsanordnung (§§ 91a ff. IRG).[213] Namentlich bei der polizeilichen Strafverfolgung[214] gestatten die Art. 40, 41 SDÜ unter bestimmten Voraussetzungen die grenzüberschreitende Observation und die Nacheile bei verfolgten Personen.[215]

g) Besondere Ermittlungsmaßnahmen. Wegen **besonderer Ermittlungsmaßnahmen**, die keine selbstständige gesetzliche Regelung gefunden haben, wie etwa den Einsatz von V-Leuten und Lockspitzeln oder zur Behandlung von Vertraulichkeitszusagen, vgl. § 163, 57 ff. 52

IV. Eigene Ermittlungen der Staatsanwaltschaft

1. Zulässigkeit und Bedeutung. Die Staatsanwaltschaft ist nicht nur Anklagebehörde 53
und als Leitungs- und Kontrollorgan für die ordnungsgemäße und justizförmige Aufklärung des Sachverhalts durch andere Behörden verantwortlich; § 161 gestattet ihr auch, Ermittlungshandlungen selbst vorzunehmen (vgl. auch § 160, 2).[216] Die durch das 1. StVRG im Zusammenhang mit der Abschaffung der gerichtlichen Voruntersuchung eingefügten §§ 161a, 163a Abs. 3 geben ihr insoweit Zwangsbefugnisse, die der Polizei nicht zustehen. Damit wird deutlich, dass sich die Staatsanwaltschaft auch nach der Vorstellung des Gesetzgebers aktiv am Ermittlungsverfahren beteiligen soll.[217] Nutzen und grundsätzliche Notwendigkeit eigener Ermittlungstätigkeit der Staatsanwaltschaft sind heute im Wesentlichen unbestritten.[218] Eine allzu starke Einbeziehung der Staatsanwaltschaft in die ei-

209 Eingehend LR/*Kühne*[27] Einl. D; vgl. ferner Vor § 158, 21 ff.

210 Dazu SSW/*Ziegler* 21 ff.

211 S. etwa § 54 SDÜ über die Anerkennung des Strafklageverbrauchs bei ausländischen Verurteilungen; vgl. auch die Beratungen der diesem Thema gewidmeten 3. Abteilung des 1. Europäischen Juristentags in Nürnberg 2001 in: 1. Europäischer Juristentag, Ansprachen und Sitzungsberichte (2001) 181 ff.

212 Dazu näher LR/*Kühne*[27] Einl. K 98.

213 Näher (auch zu rechtsstaatlichen Bedenken) LR/*Kühne*[27] Einl. D 143 ff.; zu verfassungsrechtlichen Problemen bei der Auslieferung BVerfGE **140** 317.

214 Zur polizeilichen europäischen Zusammenarbeit ausführlich Lisken/Denninger/Bäcker/*Aden* Kap. 12 99 ff.

215 Dazu eingehend *Soiné* ZIS **2016** 319 ff.; vgl. ferner Schmitt/Köhler/*Köhler* § 163, 8a; Schomburg/Lagodny/Gleß/Hackner/*Gleß* zu Art. 40, 41 SDÜ; zum Ganzen auch *Gleß* NStZ **2000** 57 ff.; *Heinrich* NStZ **1996** 361, 365 f.; *Sommer* StraFo **1999** 37 ff.

216 Vgl. die Differenzierung bei *Peters* § 57 II 3b in Ermittlungsleitung und Ermittlungstätigkeit; vgl. auch Schmitt/Köhler/*Köhler* 10 („Ermittlungsvernehmungen" und „Bestätigungsvernehmungen", also Ermittlungskontrolle durch eigene Ermittlungstätigkeit).

217 Vgl. RegE 1. StVRG BTDrucks. 7 550 S. 38 f.; 46 (Personalmehrbedarf bei der Staatsanwaltschaft).

218 Vgl. dazu u.a. KK/*Weingarten* 20 unter Hinweis auf Nr. 3 Abs. 1 RiStBV; MüKo/*Kölbel*/*Ibold* 3; *Eb. Schmidt* Vor § 158, 3; *Peters* § 57 II 3b; *Rüping* Rn. 89 und ZStW **95** (1983) 894, 909; *Schäfer*/*Fresemann*/*Hinrichs* Rn. 390; *Schlüchter* 71; *Geisler* ZStW **93** (1981) 1109, 1139; teilw. abweichend aber z.B. *Kaiser* Strategien und Prozesse strafrechtlicher Sozialkontrolle (1972) 97; *Gössel* GA **1980** 325, 348; zum Ganzen Vor § 158, 43 ff. m.w.N.

gentliche ermittelnde Tätigkeit ist allerdings, was nicht übersehen werden sollte, der Ermittlungsleitung und der Kontrolle der Ermittlungen nicht immer förderlich; für die Verwirklichung der unverzichtbaren Gesamtverantwortung und Leitung des Ermittlungsverfahrens durch die Staatsanwaltschaft kommen auch andere Wege in Betracht.[219]

54 Schon die personelle Ausstattung der Staatsanwaltschaft führt allerdings dazu, dass staatsanwaltschaftliche **Eigenermittlungen nicht der Regelfall** sind, sondern nur unter besonderen Umständen vorgenommen werden können. Auch erfordern manche Ermittlungshandlungen, wie etwa Spurensicherung, kriminalistisches Spezialwissen, das bei der Staatsanwaltschaft regelmäßig nicht vorhanden sein wird. Eigene Vernehmungen durch die Staatsanwaltschaft kommen vor allem in rechtlich schwierigen Verfahren, etwa der Wirtschaftskriminalität oder im Bereich des Staatsschutzes in Betracht; auch bei Kapitalverbrechen erscheint jedenfalls ihre maßgebliche Mitwirkung an den Ermittlungen wünschenswert.[220] Die Staatsanwaltschaft wird die Ermittlungen beispielsweise auch dann selbst zu führen haben, wenn sich die aufzuklärenden Vorwürfe gegen die Polizei richten.[221] Auch wenn die Ermittlungen im Übrigen der Polizei übertragen werden, sollte sich die Staatsanwaltschaft diejenigen Ermittlungshandlungen (vor allem Vernehmungen) vorbehalten, bei denen es auf schwierige Rechtsfragen ankommt. Die Heranziehung von Sachverständigen ist, von Routinefällen wie etwa Blutalkoholuntersuchungen abgesehen, regelmäßig Sache der Staatsanwaltschaft.

55 **Ermittlungsmaßnahmen** von erheblicher Bedeutung, vor allem solche **mit Zwangscharakter**, wie beispielsweise Durchsuchungen, wird die Staatsanwaltschaft in bedeutenden Fällen selbst leiten.[222] Die Staatsanwaltschaft sollte in geeigneter Form sicherstellen, dass bei der Anordnung von Zwangsmaßnahmen aufgrund einer Eilkompetenz ihre Ermittlungspersonen erst tätig werden, wenn sie selbst nicht rechtzeitig eine Entscheidung treffen kann.[223] Die Leitungsbefugis der Staatsanwaltschaft erfordert ferner, ggf. auch durch eigene organisatorische Maßnahmen sicherzustellen, dass Ermittlungshandlungen in Form von Auskunftsersuchen im allgemeinen ihr überlassen werden und dass die unmittelbare Übersendung eilbedürftiger Verhandlungen an den Ermittlungsrichter nach § 163 Abs. 2 Satz 2 möglichst nicht erforderlich wird.[224] Wegen der nach der heutigen Rechtsprechung des Bundesverfassungsgerichts engen Voraussetzungen der Inanspruchnahme einer Eilkompetenz bei der Annahme von Gefahr im Verzug[225] ist die Einrichtung eines staatsanwaltschaftlichen Eil- und Bereitschaftsdienstes zur Gewährleistung ihrer Leitungsfunktion unverzichtbar; die Praxis dürfte, in unterschiedlicher Form, entsprechend verfahren. Sichergestellt werden muss auch, dass sie bei Vernehmungen durch den Haftrichter nach den §§ 115, 128 anwesend ist.[226]

---

219 Vgl. näher *Rieß* FS K. Schäfer 155, 195 ff.; ähnlich SK/*Albrecht* 45; *Bottke* GedS Meyer 37, 57. *Gössel* GA **1980** 325, 348 ff.; *Baumann* Grundbegriffe Kap. 3 III 1; *Fincke* ZStW **95** (1983) 918, 941 f.; dagegen *Schoreit* ZRP **1982** 288; vgl. auch *Koller* Die Staatsanwaltschaft – Organe der Judikative oder Exekutivbehörde (1997) 346, nach dem Eigenermittlungen der Polizei einen Verlust an Kontrolle bedeuten.

220 Vgl. etwa übereinstimmend auch KK/*Weingarten* 20; *Peters* § 57 II 3b.

221 Ebenso HK/*Zöller* 22.

222 Vgl. auch KK/*Weingarten* 27; MüKo/*Kölbel*/*Ibold* 4.

223 Vgl. LR/*Menges* § 98, 31; Schmitt/Köhler/*Köhler* 6; für eine neben derjenigen der StA stehende Eilkompetenz der Polizei noch KK/*Nack*[5] § 98, 12; *Meyer-Goßner*[51] § 98, 6, nach denen die Ermittlungspersonen aber immerhin „tunlichst" versuchen sollten, eine Anordnung der StA herbeizuführen; vgl. auch § 163d, 49.

224 SK/*Albrecht* 45.

225 BVerfGE **103** 142 ff.; näher dazu LR/*Tsambikakis* § 105, 83 ff. m.w.N.

226 Vgl. schon *Nerz* Justiz **1958** 231; zur tatsächlichen Situation vgl. *Gebauer* Die Rechtswirklichkeit der Untersuchungshaft (1987) 347 ff.

2. Organe eigener Ermittlungstätigkeit der Staatsanwaltschaft. Die Vorschrift besagt nicht, dass Ermittlungen jeder Art nur durch den Staatsanwalt vorgenommen werden dürften; sie weist diese Befugnis vielmehr der Staatsanwaltschaft, also der staatsanwaltschaftlichen Behörde zu. Es können also, allerdings unter der verantwortlichen Leitung des Staatsanwalts für das jeweilige Verfahren, auch andere Bedienstete tätig werden; auch deren Bestellung zu Ermittlungspersonen der Staatsanwaltschaft wäre zulässig. Zur Unterstützung des Staatsanwalts bei seiner ermittelnden Tätigkeit können beispielsweise eingesetzt werden: Amtsanwälte, auch außerhalb ihres gesetzlichen Zuständigkeitsbereichs (§ 142 Abs. 2 GVG), Wirtschaftsreferenten (vgl. Vor § 158, 33) sowie sonstige Beamte und Angestellte der Staatsanwaltschaft.[227] Zulässig ist es auch, Beamte des Polizeidienstes für ein oder mehrere bestimmte Ermittlungsverfahren unmittelbar einem Staatsanwalt zu unterstellen oder auf andere Weise **Ermittlungsgruppen** unter staatsanwaltschaftlicher Leitung zu bilden. Die Staatsanwaltschaft kann einzelne Ermittlungshandlungen auch durch eine **ersuchte Staatsanwaltschaft** vornehmen lassen (s. § 161a, 60). 56

3. Ermittlungen durch Dritte. Ob **Ermittlungen durch Dritte** oder eigene Ermittlungen zu führen sind, entscheidet die Staatsanwaltschaft nach pflichtgemäßem Ermessen.[228] Dabei kommt nicht nur die Vornahme von Ermittlungen durch die Polizei in Frage (dazu Rn. 58 ff.), sondern auch durch den **Ermittlungsrichter** nach § 162 oder § 169, der den Auftrag grundsätzlich nicht auf seine Notwendigkeit oder Zweckmäßigkeit prüfen darf (§ 162, 35). **Andere Behörden** kann die Staatsanwaltschaft gemäß Art. 35 GG nach allgemeinen Amtshilfegrundsätzen um Ermittlungen ersuchen.[229] Anders als bei der Polizei, der die Ermittlungen weitgehend oder insgesamt übertragen werden können, kann die Staatsanwaltschaft beim Ermittlungsrichter jeweils nur einzelne, bestimmte Untersuchungshandlungen beantragen (§ 162, 16); das Gleiche gilt für die ohnehin nur ausnahmsweise in Betracht kommende Einschaltung anderer Behörden im Wege der Amtshilfe. 57

V. Aufträge und Ersuchen an die Polizei

1. Bedeutung und Rechtsnatur. Da die personelle und sachliche Ausstattung der Staatsanwaltschaft ebenso wie die vorwiegend straf*rechtlich* orientierte Ausbildung der Staatsanwälte, die sich zwar kriminalistisches Fachwissen aneignen können (und sollten),[230] bei denen dies aber nicht im Mittelpunkt stehen kann, nicht ausreicht, um den ihr durch § 160 zugewiesenen umfassenden Erforschungsauftrag durch eigene Ermittlungstätigkeit wahrzunehmen, bedarf sie zu ihrer Unterstützung der Hilfe anderer Amtsträger.[231] Das geltende Recht entspricht dem dadurch, dass es der **Staatsanwaltschaft** als ihren „verlängerten Arm" **die gesamte Polizei zur Verfügung stellt**, zugleich aber durch besondere Regelungen (§ 161 Abs. 1 Satz 2, § 163 Abs. 2 Satz 1, § 152 GVG) im Bereich der strafverfolgenden Tätigkeit die Verantwortlichkeit und Leitungsbefugnis der Staatsanwaltschaft in einem Umfang sicherstellt, der über das sonst gegebene Maß an Einflussmöglichkeiten zwischen zwei selbstständigen, in unterschiedlichen Ressorts angesiedelten Behörden hinausgeht. 58

227 SK/*Albrecht* 43; näher u.a. *Kuhlmann* DRiZ **1976** 265, 268.
228 HK/*Zöller* 22; NK/*Heghmanns* 20; SK/*Albrecht* 45; *Schlüchter* Rn. 397.
229 NK/*Heghmanns* 18.
230 Vgl. etwa *Peters* § 24 III (S. 183), § 45 II 7; *Kühne* Rn. 136 f.
231 *Eb. Schmidt* 8; *Gössel* § 3 B Ia 2; *Kühne* Rn. 136 f.; *Peters* § 24 III; *Roxin/Schünemann* § 9, 21.

59 Die **Einbindung der Polizei in die Strafverfolgungs- und Erforschungsaufgabe** wird in der StPO auf **zwei Wegen** erreicht. § 161 Abs. 1 Satz 1 verpflichtet die Polizei grundsätzlich uneingeschränkt[232] zur Vornahme aller Ermittlungshandlungen aufgrund eines Auftrags der Staatsanwaltschaft im Einzelfall. § 163 Abs. 1 weist ihr darüber hinaus eine von einer Anordnung der Staatsanwaltschaft unabhängige (begrenzte) Erforschungskompetenz zu (näher § 163, 3, 20 ff.). § 161 Abs. 1 Satz 2 und – für einen besonderen Kreis von Polizeibeamten – § 152 Abs. 1 GVG stellen klar, dass für jede polizeiliche strafverfolgende Tätigkeit die Staatsanwaltschaft ein Weisungsrecht und damit die **Leitungsbefugnis** besitzt. Zum Verhältnis von Staatsanwaltschaft und Polizei im Allgemeinen und der rechtspolitischen Auseinandersetzungen hierüber näher Vor § 158, 43 ff.[233]

60 Über die **Rechtsnatur** der Stellung der Polizei im Verhältnis zur Staatsanwaltschaft besteht dogmatisch noch keine völlige Übereinstimmung, doch betrifft die praktische Bedeutung der Kontroverse in erster Linie die Auslegung des § 163 StPO.[234] Bei § 161 wird teilweise die Auffassung vertreten, dass die Verpflichtung zum Tätigwerden der Polizei auf Veranlassung der Staatsanwaltschaft eine spezialgesetzlich geregelte Sonderform der allgemeinen Amtshilfe darstelle,[235] überwiegend ist aber, weil damit auch die Kompetenz der Polizeibehörden nach § 163 Abs. 1 erklärt werden kann, im strafprozessualen Schrifttum die Meinung vorherrschend, dass es sich insgesamt um ein organisationsrechtliches Mandat, also ein gesetzliches Auftragsverhältnis handle.[236] Unabhängig hiervon besteht heute in der praktischen Konsequenz bei Anwendung des § 161 Abs. 1 Satz 2 insoweit Übereinstimmung,[237] als Maßnahmen der Polizei in Bezug auf den Rechtsschutz als Justizverwaltungsakte anzusehen sein können und deshalb den §§ 23 ff. EGGVG und nicht dem Rechtsweg vor den Verwaltungsgerichten unterfallen.[238]

2. Behörden und Beamte des Polizeidienstes

61 **a) Allgemeines.** Wegen der Behörden und Beamten des Polizeidienstes vgl. näher Vor § 158, 35 ff. Die Staatsanwaltschaft kann die Ermittlungen durch **jede** nach den Besonderheiten des konkreten Falles **zuständige Polizeibehörde** vornehmen lassen und sich unmittelbar an diese wenden, auch soweit es sich um Polizeibehörden eines anderen Landes handelt.[239] Im Allgemeinen wird sie sich an die örtlich zuständige Dienststelle der Kriminalpolizei oder der allgemeinen Polizei wenden. **Sonderpolizeibehörden** kann sie nur im Rahmen des jeweiligen Zuständigkeitsbereichs mit Ermittlungen beauftragen. Hält sich die von der Staatsanwaltschaft beauftragte Polizeibehörde für **unzuständig**, so teilt sie dies dieser mit; im Einverständnis mit der Staatsanwaltschaft kann sie die Akten oder das Ersuchen an die zuständige Behörde weiterleiten.[240] Zur Frage, wieweit sich die Staatsanwaltschaft an einzelne Polizeibeamte wenden kann s.u. Rn. 65.

---

232 Zu einzelnen Grenzen vgl. Rn. 68, 73, 74.

233 Zu der in Teilen des polizeirechtlichen Schrifttums (dazu näher *Bindel* DRiZ **1994** 165, 166 m.w.N.) vertretenen Auffassung, die im Rahmen des § 163 für ein selbstständiges polizeiliches Ermittlungsverfahren eintritt und insoweit eine Weisungsbefugnis der StA verneint, s.u. Rn. 71 und § 163, 4 f., 11.

234 Dazu unten § 163, 4 f.; sowie insgesamt LR/*Kühne*[27] Einl. J 58 ff.

235 So z.B. *Kramer* Rn. 108; *Fezer* 2/52; *Schäfer/Fresemann/Hinrichs* Rn. 379; *Becker* DVBl. **1977** 945, 950.

236 So namentlich *Görgen* (LV Vor § 158) 88 ff.; weitere Nachweise bei § 163, 4 f.; für den Fall des § 161 auch, soweit es sich nicht um Ermittlungspersonen der StA handelt, *L.-H. Schröder* 129 ff., der bei Ermittlungspersonen „Organwalterleihe“ annimmt; insoweit ähnlich *Schmidt-Jortzig* NJW **1989** 129, 131.

237 Für die Tätigkeit nach § 163 Abs. 1 s.u. § 163, 103.

238 Näher LR/*Gerson* § 23 EGGVG, 14 f. m.w.N.; vgl. auch § 163, 103.

239 Ebenso MüKo/*Kölbel/Ibold* 13.

240 Zur Abgabebefugnis in den Fällen des § 163 dort Rn. 92.

b) Bundeskriminalamt. Für das **Bundeskriminalamt** (BKA) gelten die Sonderregelungen des § 4 BKAG.[241] Danach können alle Staatsanwaltschaften Ermittlungen durch das BKA vornehmen lassen, soweit dieses nach § 4 Abs. 1 BKAG (ggf. unter Beachtung des Satzes 3) zuständig ist, in anderen Fällen nur, wenn ihm die Zuständigkeit nach § 4 Abs. 2 Nr. 1 und 2 BKAG übertragen worden ist. Der Generalbundesanwalt kann seine Ermittlungen stets durch das BKA vornehmen lassen (§ 4 Abs. 2 Nr. 3). Auch soweit das BKA die polizeilichen Aufgaben der Strafverfolgung wahrnimmt, bleibt die Staatsanwaltschaft berechtigt, eine andere zuständige Polizeibehörde um Ermittlungen zu ersuchen (§ 4 Abs. 1 Satz 2; Abs. 3 Satz 2 BKAG). Die gegenseitige Unterrichtung der beteiligten Strafverfolgungsbehörden bestimmt sich nach § 4 Abs. 3 Satz 1 BKAG. Soweit das BKA nach §§ 5 ff. BKAG bestimmte Aufgaben der Gefahrenabwehr wahrzunehmen hat, sind damit Aufgaben der Strafverfolgung nicht erfasst; allenfalls können sich hieraus Maßnahmen des ersten Zugriffs nach § 163 ergeben.[242] 62

c) Gleichgestellte Behörden. In Verfahren wegen **Steuerstraftaten**[243] haben die Zollfahndungsstellen und die Dienststellen der Steuerfahndung[244] nach § 404 Satz 1 AO stets die Rechte und Pflichten der Polizeibehörden; sie sind also nach § 161 verpflichtet, Ermittlungsersuchen der Staatsanwaltschaft und der Finanzbehörde, die das Steuerstrafverfahren nach § 386 Abs. 2 AO selbstständig führt, auszuführen. Gleiches gilt für die zur Strafverfolgung zuständige Finanzbehörde selbst, wenn die Staatsanwaltschaft das Steuerstrafverfahren führt (§ 402 Abs. 1 AO). In einem (wegen der beschränkten Kompetenzen der Finanzbehörde gemäß § 386 Abs. 2 AO zwingend von der Staatsanwaltschaft zu führenden) Verfahren, das neben einer Steuerstraftat sonstige Delikte zum Gegenstand hat, die mit ersterer eine einheitliche Tat im prozessualen Sinn bilden, haben Finanzbehörde sowie Zoll- und Steuerfahndung die entsprechenden Rechte und Pflichten in vollem Umfang auch in Bezug auf letztere.[245] Die gegenteilige Annahme[246] kann nicht auf § 386 AO gestützt werden, weil dessen Absatz 2 lediglich die Befugnis der Finanzbehörden zur *selbstständigen* Durchführung des Ermittlungsverfahrens auf Fälle beschränkt, in denen ausschließlich die dort genannten Delikte im Raum stehen. Die in § 386 Abs. 1 AO normierte Zuständigkeit, beim Verdacht einer Steuerstraftat „den Sachverhalt“ zu ermitteln, enthält demgegenüber keine Beschränkung, dies *nur* in steuerstrafrechtlicher Hinsicht zu tun. Eine solche Beschränkung wäre wegen der Notwendigkeit von Parallelermittlungen der Polizei bzgl. desselben Lebenssachverhalts auch völlig unpraktikabel.[247] In **Bußgeldverfahren** hat die an sich zuständige Verwaltungsbehörde die Pflichten der Polizei nach § 161, wenn die Staatsanwaltschaft die Verfolgung der Ordnungswidrigkeit nach § 42 OWiG übernommen hat (§ 63 Abs. 1 Satz 1 OWiG).[248] 63

---

241 Vgl. auch Nr. 30 ff. RiStBV; Schmitt/Köhler/*Köhler* 12; *Kühne* 157 ff.; Lisken/Denninger/Bäcker/*Bäcker* Kap. 2, 227 ff.; *Zöller* (Informationssysteme, LV Vor § 158) 138 f.

242 Dazu *Riegel* DVBl. **1982** 720, 727.

243 Zum Begriff s. § 369 AO.

244 AK/*Achenbach* 15; SK/*Albrecht* 43; zur Behandlung nicht steuerstrafrechtlicher Zufallsfunde *Bandemer* wistra **1988** 136; *Kniffka* wistra **1987** 309, 312 f.

245 Zutr. OLG Braunschweig wistra **1998** 71, 72 f. m.w.N.; HK/*Zöller* 24; MüKo/*Kölbel*/*Ibold* 15; für den Fall (materiellrechtlicher?) „Tateinheit“ bereits grundlegend BGHSt **36** 283 m.w.N., auch zur Gegenansicht.

246 *Schneider* wistra **2004** 1, 3 f. m.w.N.

247 Vgl. OLG Braunschweig wistra **1998** 71, 72 f.

248 SK/*Albrecht* 43.

3. Ersuchen, Aufträge und ihre Ausführung

64 **a) Begriff.** Nach herrschendem,[249] wenngleich nicht durchgehend anerkanntem[250] Begriffsverständnis bezeichnet „Auftrag" eine Anordnung von Ermittlungshandlungen von Ermittlungspersonen nach § 152 GVG, während sich das „Ersuchen" an sonstige Polizeibeamten und Polizeibehörden richtet. Die terminologische Differenzierung ist für die Anwendung von § 161 indessen im Ergebnis bedeutungslos, da Absatz 1 Satz 2 beide Formen gleichbehandelt,[251] und da sich bereits aus Absatz 1 Satz 1 ergibt, dass sich die Staatsanwaltschaft auch an einzelne Polizeibeamte wenden kann und diese unmittelbar zur Befolgung verpflichtet sind (vgl. auch Rn. 72).

65 **b) Adressat.** Der **Adressat** des staatsanwaltschaftlichen Ermittlungsersuchens ist die **zuständige Polizeibehörde**, wenn bei dieser noch kein bestimmter Beamter mit der Sache befasst ist; es ist Sache dieser Behörde, die innerbehördliche Zuständigkeit zu regeln. Ist der Staatsanwaltschaft die Organisation der jeweiligen Dienststelle bekannt, so kann sie sich auch unmittelbar an die zuständige Arbeitseinheit wenden. Einen einzelnen **Beamten** darf die Staatsanwaltschaft unmittelbar beauftragen (oder ersuchen), wenn er bereits mit der Sache befasst ist.[252] Gleiches gilt, wenn die Staatsanwaltschaft eine Ermittlungshandlung leitet, an der auch Polizeibeamte mitwirken[253] (Rn. 42 f.). Die Staatsanwaltschaft hat kein Recht, sich über die innerbehördliche Organisation der Polizeibehörde hinwegzusetzen und in deren Geschäftsverteilungs-, Einsatz- und Dienstplan einzugreifen; die Polizeibehörde kann nicht verlangen, dass alle Ersuchen und Aufträge nur über den Dienststellenleiter erteilt werden. Die namentlich früher verbreitete Auffassung, dass Einzelweisungen grds. nur gegenüber Ermittlungspersonen zulässig seien,[254] wird dem Erfordernis einer sachgerechten und organisatorisch zweckmäßigen Zusammenarbeit, der auch die Auslegung Rechnung tragen muss, nicht gerecht (vgl. auch Rn. 72).

66 **c) Inhalt und Form des Ersuchens.** Die Befugnis der Staatsanwaltschaft, Ermittlungen durch die Polizei vornehmen zu lassen, kann in unterschiedlicher Form realisiert werden. Der Polizei kann zunächst ein von ihr **selbstständig zu erledigender Ermittlungsauftrag** erteilt werden. Dieser Auftrag kann sich auf eine oder mehrere einzelne Ermittlungshandlungen eines im Übrigen von der Staatsanwaltschaft selbst geführten Ermittlungsverfahrens oder auf Nachermittlungen in einem Verfahren beziehen, in dem die Polizei ihre Verhandlungen bereits der Staatsanwaltschaft nach § 163 Abs. 2 Satz 1 vorgelegt hat; er kann aber auch, etwa bei einer bei der Staatsanwaltschaft erstatteten Strafanzeige, der Polizei die Durchführung der Ermittlungen insgesamt überlassen. Die Polizei

---

249 So etwa AK/*Achenbach* 15; KK/*Weingarten* 28; MüKo/*Kölbel*/*Ibold* 16; NK/*Heghmanns* 21; Radtke/Hohmann/*J. Kretschmer*[1] 3; *Eb. Schmidt* 9; *Fezer* 2/51; *Krey* I Rn. 205; *Schäfer*/*Fresemann*/*Hinrichs* Rn. 379 f.; *Schlüchter* Rn. 71 Fn. 187; *L.-H. Schröder* 128 (der hieraus auch Konsequenzen für die rechtliche Konstruktion zieht).

250 Abw. („Ersuchen" an die jeweilige Behörde, „Auftrag" an den einzelnen Beamten) LR/*Rieß*[25] 51; SSW/*Ziegler* 26; *Schroeder*/*Verrel* Rn. 93; *Kramer* Rn. 108; ähnlich *Gössel* § 3 B IIc.

251 HK/*Zöller* 25; KK/*Weingarten* 28; OK/*Sackreuther* 13; SK/*Albrecht* 461.

252 KMR/*Noltensmeier-von Osten* 24; SK/*Albrecht* 47; *Kramer* Rn. 108; ferner (für die Ermittlungspersonen) AK/*Achenbach* 16; krit. („nicht mehr zeitgemäß") NK/*Heghmanns* 5, 21.

253 Im Wesentlichen übereinstimmend KK/*Weingarten* 28; Schmitt/Köhler/*Köhler* 11; *Gössel* § 3 B IIc 1.

254 Vgl. LR/*Meyer-Goßner*[23] 19 m.w.N. (aber selbst zweifelnd); AK/*Achenbach* 16; *Eb. Schmidt* 10; ferner z.B. *Krey* I Rn. 205; *Schäfer*/*Fresemann*/*Hinrichs* 379 f.; *Peters* § 24 IV; *Fezer* 2/52; *Füllkrug* ZRP **1984** 193, 194; vgl. auch LR/*Krauß*[27] § 152, 16; 33; 50 GVG.

lediglich zu beauftragen, die „erforderlichen Ermittlungen vorzunehmen", ist rechtlich zulässig, wird aber oft der Stellung der Staatsanwaltschaft als für die Erforschung des Sachverhalts verantwortliches Organ nicht entsprechen; ein konkretisiertes Ermittlungsersuchen ist, abgesehen von Routineangelegenheiten, regelmäßig angebracht.[255] Überzogene Vorgaben in ermittlungstaktischen Details, für die kein spezifischer Anlass besteht, müssen allerdings ebenfalls vermieden werden,[256] weil sie (trotz und gerade wegen der Verbindlichkeit, die solche Weisungen unabhängig von ihrer Zweckmäßigkeit entfalten, s.u. Rn. 73) eine Missachtung der polizeilichen Fachkompetenzen bedeuten und einer vertrauensvollen Zusammenarbeit in hohem Maße abträglich sind. Ersuchen und Aufträge werden im Allgemeinen schriftlich erteilt werden; ihre mündliche oder fernmündliche Erteilung ist ebenfalls möglich,[257] erscheint aber nur in besonderen Fällen zweckmäßig.

§ 161 betrifft auch den Fall, dass bei einer unter der **Leitung der Staatsanwaltschaft stehenden Ermittlungshandlung** den Polizeibeamten einzelne Teilaufträge erteilt werden, beispielsweise, wenn unmittelbar am Tatort Weisungen erteilt werden, welcher Polizeibeamte welche Zeugen mit welcher Zielrichtung vernehmen soll oder welche Ermittlungsmaßnahmen sonst vorzunehmen sind, oder wenn bei einer umfangreichen Durchsuchung bestimmt wird, wie vorzugehen ist. In solchen Fällen wird der die Ermittlungen leitende Staatsanwalt, insbesondere bei Tatortsicherung und Spurensuche, das oft überlegene Fachwissen der Polizei in besonderem Maße zu berücksichtigen haben.[258] 67

Die Aufträge und Weisungen müssen sich aber stets auf eine **strafverfolgende Tätigkeit** der Polizei beziehen; soweit diese präventiv im Rahmen der **Gefahrenabwehr** tätig wird, hat die Staatsanwaltschaft keine Weisungsbefugnis.[259] Wenn bei einer Maßnahme der Strafverfolgung die **Anwendung unmittelbaren Zwangs** nach den dafür geltenden landes- oder bundesrechtlichen Vorschriften[260] in Betracht kommt, ist grundsätzlich der Staatsanwalt auch insoweit zur Anordnung befugt. Wegen der Einzelheiten haben die Justiz- und Innenverwaltungen hierzu eine übereinstimmende Dienstanweisung erlassen.[261] Danach soll der Staatsanwalt in der Regel nur allgemeine Weisungen erteilen, die, bei Einsatz mehrerer Polizeibeamten, an den weisungsbefugten Beamten oder die Einsatzleitung zu richten sind. Bei konkreten Einzelweisungen soll die Staatsanwaltschaft die besondere Sachkunde der Polizei berücksichtigen. Werden gleichzeitig aus demselben Lebenssachverhalt heraus Maßnahmen der Gefahrenabwehr und der Strafverfolgung notwendig, beispielsweise bei einer noch nicht abgeschlossenen Geiselnahme, so ist die Staatsanwaltschaft nur für den Bereich der Strafverfolgung zuständig, darf also nicht etwa der Polizei Weisungen zur Gefahrenabwehr erteilen;[262] widerstreiten sich die notwendigen Maßnahmen, so ist nach dem Grundsatz der Güter- und Pflichtenabwägung zu ent- 68

255 Ebenso Nr. 11 RiStBV; vgl. ferner HK/*Zöller* 26; KMR/*Noltensmeier-von Osten* 24; MüKo/*Kölbel*/*Ibold* 17; SK/*Albrecht* 45; SSW/*Ziegler* 27.

256 Ähnlich KK/*Weingarten* 28; NK/*Heghmanns* 22.

257 MüKo/*Kölbel*/*Ibold* 17; SK/*Albrecht* 47 (keine Formvorschriften).

258 Vgl. Schmitt/Köhler/*Köhler* 11; OK/*Sackreuther* 14; *Schlüchter* Rn. 71 Fn. 188a; *Benfer* NJW **1981** 1245 (Vollzug von Zwangsmaßnahmen).

259 S. etwa HK/*Zöller* 29; KK/*Weingarten* 32; Schmitt/Köhler/*Köhler* 13; SK/*Albrecht* 48; *Beulke*/*Swoboda* Rn. 162; zur „Gemengelage" ausführlich AK/*Achenbach* 19.

260 BGHSt **26** 99, 101 (zum Schusswaffengebrauch).

261 Anl. A zu den RiStBV, Teil B Abschnitt I und II; dazu näher *Krey* I Rn. 207 ff.; *Rupprecht* Die Polizei **1974** 270.

262 Vgl. dazu u.a. *Hertweck* DRiZ **1971** 308; *Hirsch* ZRP **1971** 206; *Krey* ZRP **1971** 224; *Krey*/*Meyer* ZRP **1973** 1.

scheiden, wobei in Konfliktfällen hinsichtlich der Anwendung unmittelbaren Zwangs die Auffassung der Polizei vorgeht.[263]

69 **d) Befugnisse der Polizei.** Die **Befugnisse der Polizei** durch das Ersuchen oder den Auftrag der Staatsanwaltschaft werden gegenüber den ihr allgemein bei einer unmittelbaren Tätigkeit nach § 163 Abs. 1 zustehenden[264] grundsätzlich nicht erweitert, sind aber auch nicht eingeschränkt. Die Polizei kann jedoch in diesen Fällen, wie Absatz 1 Satz 2 zweiter Halbsatz bestimmt, den **Auskunftsanspruch** gegenüber allen Behörden (Rn. 16 ff.) uneingeschränkt geltend machen, der ihr nach § 163 Abs. 1 Satz 2 nur bei Gefahr im Verzug zusteht, und ist nicht lediglich zu einer Auskunftsbitte befugt.[265] Im Übrigen stehen ihr diejenigen Eingriffsbefugnisse zu, die die in § 161 Abs. 1 Satz 1 und § 163 Abs. 1 Satz 2, zweiter Halbsatz übereinstimmend gefasste Ermittlungsgeneralklausel einräumt.[266] Die Staatsanwaltschaft kann sich allerdings bei der Auftragserteilung auch insoweit die Anordnungskompetenz vorbehalten.

70 **Befugnisse**, die nur **der Staatsanwaltschaft** zustehen würden, wenn sie die Ermittlungshandlung selbst vornehmen würde, erhält die Polizei durch den Auftrag nicht.[267] Sie kann also weder die Vernehmung von Sachverständigen (§ 161a) noch das Erscheinen des Beschuldigten (§ 163a Abs. 3) erzwingen (anders liegen die Dinge im Hinblick auf § 163 Abs. 3, 4 insofern nunmehr in Bezug auf Zeugen), und Entscheidungsvorbehalte der Staatsanwaltschaft (§ 110b Abs. 1 Satz 1) bleiben unberührt. Im Auftrag liegt auch kein Verzicht auf die grundsätzlich vorrangige Befugnis (und Pflicht) der Staatsanwaltschaft,[268] über das Vorliegen einer Eilkompetenz bei Gefahr im Verzug zu entscheiden.

4. Befolgungspflicht (Satz 2)

71 **a) Grundsatz und Reichweite.** Nach Absatz 1 Satz 2 sind die Behörden und Beamten des Polizeidienstes verpflichtet, dem Ersuchen oder Auftrag der Staatsanwaltschaft zu genügen; die Vorschrift statuiert also im Bereich der Strafverfolgung (Rn. 68) ein Weisungsrecht der Staatsanwaltschaft und eine Befolgungspflicht der Polizei, wie es sonst nur innerhalb einer einheitlichen Behördenhierarchie üblich ist. Dem Gesetz ist nicht eindeutig zu entnehmen, ob sich diese Befolgungspflicht nur auf die in § 161 Abs. 1 Satz 1 erwähnte Vornahme von Ermittlungen auf Veranlassung der Staatsanwaltschaft bezieht, oder ob es sich hierbei um einen allgemein das Verhältnis der Staatsanwaltschaft zur Polizei betreffenden Rechtssatz handelt. Bei der vom Gesetzgeber gewollten und im Grundsatz auch heute noch anerkannten Leitungsbefugnis der Staatsanwaltschaft für das gesamte Ermittlungsverfahren dürfte teleologisch die weitere Auslegung der Vorschrift den Vorrang verdienen. Folgt man ihr, dann enthält § 161 Abs. 1 Satz 2 nicht nur die fast selbstverständliche Aussage, dass die Polizei die Ermittlungen vornehmen muss, die die Staatsanwaltschaft nach Satz 1 durch sie vornehmen lassen kann, sondern er besagt **generell**, dass die Staatsanwaltschaft gegenüber der Polizei bei Strafverfolgungsmaßnahmen nach der StPO weisungsbefugt ist, und bildet damit eine gesetzliche Grundlage für ihre Leitungsbefugnis.[269]

---

263 Dazu im einzelnen Anlage A zu den RiStBV, Teil B Abschnitt III; MüKo/*Kölbel/Ibold* 18; vgl. auch § 163, 36.
264 Vgl. dazu vor allem § 163, 8 f., 37 ff.
265 Zutr. NK/*Heghmanns* 14; zur Situation bei § 163 näher § 163, 39.
266 Zur Befugnis zur Auskunftserteilung § 163, 42 ff.
267 Ebenso HK/*Zöller* 27; MüKo/*Kölbel/Ibold* 22.
268 Näher oben Rn. 55.
269 Abweichend im polizeirechtlichen Schrifttum *Knemeyer* FS Krause 471 ff.; *Knemeyer/Deubert* NJW **1992** 3131; ferner *L.-H. Schröder* 90 ff., 139 f., die eine Weisungsbefugnis der StA für den Fall der polizeili-

b) Adressat der Befolgungspflicht. Unstreitig trifft die Befolgungspflicht die zuständige **Polizeibehörde**, an die das staatsanwaltschaftliche Ersuchen gerichtet ist. Bei der Frage, ob auch der einzelne **Polizeibeamte** zur Befolgung eines unmittelbaren staatsanwaltschaftlichen Auftrags oder Ersuchens verpflichtet ist, unterscheidet, wenn auch nicht immer eindeutig, die wohl überwiegende Meinung[270] in Anknüpfung an die Regelung in § 152 Abs. 1 GVG und die vielfach vertretene Auffassung, dass Einzelweisungen nur an Ermittlungspersonen erteilt werden können (Rn. 65), zwischen Ermittlungspersonen der Staatsanwaltschaft und sonstigen Polizeibeamten. Nur die Ermittlungspersonen sollen hiernach bei staatsanwaltschaftlichen Aufträgen unmittelbar weisungsgebunden sein, anderen Polizeibeamten soll eine solche Pflicht nur gegenüber dem polizeilichen Vorgesetzten obliegen. Diese Auffassung erscheint unzutreffend. Unabhängig von der hier nicht zu erörternden Frage, ob die ursprünglich vom Gesetzgeber mit der Institution der Ermittlungspersonen und der Konstruktion einer unmittelbaren Weisungsbefugnis beabsichtigte Schaffung eines exekutiven Unterbaus für die Staatsanwaltschaft in ihrem Bezirk heute noch das dort geregelte unmittelbare Weisungsrecht zu tragen vermag,[271] sollte § 161 Abs. 1 Satz 2 unabhängig von der in § 152 GVG getroffenen Regelung ausgelegt werden. Sein Wortlaut bestimmt aber auch für den einzelnen Beamten des Polizeidienstes und nicht nur für Behörden die Befolgungspflicht, ohne auf die Ermittlungspersoneneigenschaft abzustellen. Soweit unmittelbare staatsanwaltschaftliche Aufträge an den einzelnen Polizeibeamten zulässig sind (Rn. 65), besteht für diesen auch eine strafprozessrechtliche Befolgungspflicht.[272] 72

c) Umfang der Befolgungspflicht. Die Polizei hat die Ersuchen und Aufträge zu erfüllen, auch wenn sie sie für überflüssig, unzweckmäßig oder sogar kriminaltaktisch für verfehlt hält.[273] Sie hat auch nicht, wie nach allgemeinem Amtshilferecht,[274] zu prüfen, ob die Ermittlungshandlungen von der Staatsanwaltschaft selbst oder einer anderen Stelle mit gleichem oder geringerem Aufwand durchgeführt werden könnten, und sie kann nicht geltend machen, dass die Ausführung der Ersuchen oder Aufträge die Erfüllung ihrer sonstigen Aufgaben wesentlich erschweren würde.[275] Zur Frage der Befolgungspflicht bei einer Gefährdung der öffentlichen Sicherheit gerade durch die Ermittlungshandlung s. § 163, 36. 73

Ob bei **rechtswidrigen Ersuchen und Aufträgen** die Befolgungspflicht stets entfällt,[276] ist zweifelhaft und in dieser Allgemeinheit wohl eher zu verneinen. Denn es würde im Ergebnis darauf hinauslaufen, dass die Polizei entsprechend § 162 Abs. 2 die gesetzliche Zulässigkeit der Ermittlungshandlung, um die die Staatsanwaltschaft ersucht, zu prüfen hätte, obwohl § 161 eine dem § 162 Abs. 2 vergleichbare Regelung gerade nicht enthält. Abgesehen von der Grenze erkennbar strafbaren oder gegen die Menschenwürde verstoßenden Verhaltens ist deshalb die Polizei als verpflichtet anzusehen, auch Ersuchen und 74

---

chen Tätigkeit nach § 163 verneinen; wie hier (§ 161 Abs. 1 Satz 2 als Grundlage für eine generelle Weisungsbefugnis) ausdrücklich etwa *Krey* I Rn. 205; HK/*Zöller* 28; NK/*Heghmanns* 24; näher § 163, 5, 11.

270 OVG Hamburg NJW **1970** 1700; ferner etwa AK/*Achenbach* 16; MüKo/*Kölbel/Ibold* 19; NK/*Heghmanns* 5, 25; *Eb. Schmidt* 10; *Fezer* 2/53; *L.-H. Schröder* 146.

271 Dazu etwa KK/*Mayer* § 152, 2 GVG; *Kramer* Rn. 109 f.

272 Ebenso LR/*Krauß*[27] § 152, 23 GVG; *Gössel* § 3 B IIc 1; HK/*Zöller* 28.

273 KK/*Weingarten* 30; KMR/*Noltensmeier-von Osten* 24; MüKo/*Kölbel/Ibold* 20; *Pfeiffer* 8; SK/*Albrecht* 48; teilw. **a.A.** *Benfer* NJW **1981** 1245.

274 Vgl. z.B. § 5 Abs. 3 VwVfG.

275 Ebenso HK/*Zöller* 28; vgl. auch § 163, 7.

276 So möglicherweise AK/*Achenbach* 15; AnwK/*Walther* 20; KK/*Weingarten* 30; SK/*Albrecht* 48, soweit dort nicht lediglich die Unverbindlichkeit einer auf ein strafbares Verhalten gerichteten Weisung gemeint sein sollte.

Aufträge auszuführen, die sie für rechtswidrig hält, wenn die Staatsanwaltschaft, nachdem ihr die Bedenken dargelegt worden sind, auf dem Ersuchen beharrt.[277]

75 **d) Durchsetzung der Befolgungspflicht.** Weigert sich die Polizei, dem Ersuchen oder Auftrag zu genügen, so stehen der Staatsanwaltschaft weder Zwangsmittel zur Verfügung, noch kann sie eine gerichtliche Klärung herbeiführen. Die Meinungsverschiedenheiten können nur durch Einschaltung der vorgesetzten Behörde im Aufsichtswege entschieden werden.[278]

76 **5. Rechtsbehelfe.** Gegen Ermittlungshandlungen der Polizei im Auftrag oder auf Ersuchen der Staatsanwaltschaft haben die Betroffenen nach ganz h.M. die gleichen Rechtsbehelfsmöglichkeiten wie beim Tätigwerden der Polizei nach § 163 (vgl. dort Rn. 100 ff.).

VI. Ausschluss der Anwendung von § 58 Abs. 3 BDSG (Absatz 2)

76a Der 2019 in die Vorschrift eingefügte Absatz 2 stellt sicher, dass in der StPO statuierte Pflichten zur Löschung bestimmter Daten (vgl. etwa § 81h Abs. 3, § 100d Abs. 2 Satz 2, Abs. 3 Satz 2, § 101 Abs. 8) auch dann erfüllt werden müssen, wenn nach der allgemeinen datenschutzrechtlichen Regelung in § 58 Abs. 3 BDSG unter den dort genannten Voraussetzungen auf die Löschung verzichtet und an deren Stelle lediglich eine Einschränkung der Verarbeitung vorgenommen werden könnte.[279] Für die Verarbeitung personenbezogener Daten durch die Europäische Staatsanwaltschaft gilt nicht § 161 Abs. 2, sondern Art. 61 Abs. 3 EUStA-VO.[280]

VII. Verwendung außerstrafprozessualer hoheitlicher Erkenntnisse (Absatz 3)

77 **1. Allgemeines.** Der durch das TKÜG Ende 2007 als Absatz 2 eingefügte heutige Absatz 3 enthält eine gesetzliche Regelung der zuvor umstrittenen Verwendbarkeit außerstrafprozessualer hoheitlicher (d.h. in erster Linie präventiv-polizeilicher; zu den Besonderheiten bei Geheimdienstinformationen s.u. Rn. 81) Erkenntnisse im Strafprozess. Er beschränkt sie entsprechend der früher in einer Reihe von Einzelvorschriften getroffenen Regelung für Zufallsfunde, die im Rahmen strafprozessualer Maßnahmen erlangt wurden, nach dem Grundsatz des **hypothetischen Ersatzeingriffs**[281] und ist insofern mittlerweile auch Gegenstand einer Verweisung, die der Gesetzgeber in der der allgemeinen Regelung zur strafprozessualen Datenverwendung in § 479 Abs. 2 Satz 1 geschaffen hat. Diese Vorgabe für die Verwertung von Zufallsfunden erscheint systemgerecht und beseitigt einen bis dahin bestehenden verfassungswidrigen Zustand.[282] Die Frage nach der Auswirkung von Rechtsverstößen bei Erlangung der fraglichen Daten ist richtigerweise in der gleichen (differenzierten) Form zu beantworten wie diejenige von Rechtsverstößen bei einer origi-

---

277 Ebenso MüKo/*Kölbel/Ibold* 20.

278 HK/*Zöller* 28; KK/*Weingarten* 30; MüKo/*Kölbel/Ibold* 21; SK/*Albrecht* 48; *Gössel* § 3 B II c 2.

279 Dazu BTDrucks. **19** 4671 S. 63; *Singelnstein* NStZ **2020** 639, 643; HK/*Zöller* 31; KK/*Weingarten* 34b; KMR/*Noltensmeier-von Osten* 27a; Schmitt/Köhler/*Köhler* 21; MüKo/*Kölbel/Ibold* 42a; SK/*Albrecht* 49.

280 HK/*Zöller* 31; Schmitt/Köhler/*Köhler* 21.

281 Vgl. RegE BTDrucks. **16** 5846 S. 64; MüKo/*Kölbel/Ibold* 44; NK/*Heghmanns* 29; SK/*Albrecht* 49.

282 Dazu eingehend LR/*Erb*[26] 3f m.w.N.

när strafprozessualen Beweiserhebung.[283] Im **Rechtshilfeverkehr** ist die Vorschrift nach ihrem Wortlaut nicht unmittelbar anwendbar, jedoch ist dem in ihr verankerten Gedanken des hypothetischen Ersatzeingriffs dahingehend Rechnung zu tragen, dass eine Verwendung der übermittelten Erkenntnisse ebenfalls nur zur Aufklärung solcher Straftaten in Betracht kommt, zu deren Aufklärung die StPO die Anordnung vergleichbar eingriffsintensiver Maßnahmen zulässt.[284]

2. Regelungsgehalt

a) Voraussetzungen der Zweckumwidmung personenbezogener Daten. Personenbezogene Daten sind beliebige Informationen über persönliche und sachliche Verhältnisse von Personen, unabhängig davon, ob sie in einer Datei gespeichert sind oder nicht.[285] Wurden sie im Rahmen einer außerhalb der StPO (insbesondere in den Vorschriften über die polizeiliche Gefahrenabwehr) geregelten Maßnahme gewonnen, so dürfen **sie zu Beweiszwecken im Strafverfahren** allgemein dann verwendet werden, wenn die „von der Maßnahme betroffenen Personen" hierin **einwilligen**. Ob damit nur die Adressaten der Ausgangsmaßnahme gemeint sind oder ob es darüber hinaus auch der Einwilligung eines Beschuldigten bedarf, dessen Betroffenheit erst durch die Umwidmung der Daten für die Strafverfolgung begründet wird, weil er z.B. an einer überwachten Kommunikation als solcher nicht beteiligt war, wird nur vereinzelt thematisiert und dabei nicht einheitlich beantwortet.[286] Im Ergebnis dürfte die Frage in der Praxis kaum eine Rolle spielen, weil unmittelbar Beteiligte, die der Verwendung gegen den Beschuldigten zustimmen, regelmäßig als Zeugen über den Vorgang zur Verfügung stehen werden, sodass es dem Beschuldigten im Ergebnis nicht viel bringt, die unmittelbare Verwendung der erlangten Erkenntnisse zu verhindern, indem er seine Einwilligung verweigert. 78

Im Übrigen dürfen die betreffenden Daten zu Beweiszwecken unabhängig von jeglicher Einwilligung betroffener Personen verwendet werden, wenn es um die Verfolgung von Taten geht, zu deren Aufklärung die Anordnung einer gleichartigen Maßnahme nach der StPO („**hypothetischer Ersatzeingriff**") zulässig gewesen wäre. Beschränkungen auf einen bestimmten **Katalog** von Straftaten und Regelungen, wonach die jeweiligen Delikte allgemein ein **bestimmtes Gewicht** aufweisen müssen (z.B. eine „auch im Einzelfall schwerwiegende" Katalogtat nach § 100a Abs. 1 Nr. 2 oder eine „Straftat von erheblicher Bedeutung" nach § 98a), sind dabei gleichermaßen zu beachten.[287] Entfällt der Verdacht einer einschlägigen Tat nach rechtmäßiger Übermittlung der Daten wieder, so sollen diese zur Verfolgung eines anderen, innerhalb der gleichen Tat im prozessualen Sinn angesiedelten Delikts weiterhin verwertbar sein.[288] Sieht die StPO eine entsprechende Maßnahme überhaupt nicht vor und ist ein hypothetischer Ersatzeingriff insofern generell nicht denk- 78a

---

283 Allgemein zu strafprozessualen Verwendungsregeln BGHSt **54** 69, 87 ff.; in Bezug auf § 161 Abs. 3 zutr. *Gazeas* 528 ff.; KK/*Weingarten* 40; Schmitt/Köhler/*Köhler* 18c; SK/*Albrecht* 57 f. (allerdings mit Verwerfung des Abwägungsansatzes der Rspr.); **a.A.** *Singelnstein* ZStW **120** (2008), 854, 888 f.; MüKo/*Kölbel*/*Ibold* 46.

284 Im Grundsatz ähnlich für die bei der Online-Durchsuchung geltende Sonderregelung in § 100e Abs. 6 die (im Ergebnis allerdings höchst problematische) „Encrochat"-Entscheidung BGH v. 2.3.2022 – 5 StR 457/21, NJW **2022** 1539 Rn. 65 ff. m. krit. Anm. *Cornelius* = NStZ **2022** 435 Rn. 65 ff. m. krit. Anm. *Rückert*.

285 Näher dazu LR/*Tillich*[27] Vor § 483, 9 ff.

286 Für ersteres Hiéramente wistra **2015** 9, 11, für letzteres *Benning* 43 ff.

287 MüKo/*Kölbel*/*Ibold* 47; SK/*Albrecht* 51; in Bezug auf § 100d Abs. 5 Nr. 3 a.F. (= § 100e Abs. 6 Nr. 3 n.F.) offenbar zutr. als selbstverständlich unterstellt in BGHSt **54** 69, 80.

288 BGH 15.1.2020 – 2 StR 352/18, BeckRS **2020** 7275 Rn. 20; KK/*Weingarten* 35b.

bar, kommt eine strafprozessuale Verwertung der dabei erlangten Beweise auch und erst recht nicht in Betracht.[289]

78b Ein für den hypothetischen Ersatzeingriff nach der StPO geforderter **gesteigerter Verdachtsgrad** oder besondere Anforderungen an die diesbezügliche **Tatsachengrundlage** spielen dagegen de facto keine Rolle, weil sie, soll die vom Gesetzgeber gewollte Verwertbarkeit von Zufallserkenntnissen über Taten entsprechender Art und Schwere nicht weitestgehend leerlaufen, mit Blick auf die Situation im neuen Verfahren zu prüfen sind.[290] Sobald dort ihre Verwendung zu Beweiszwecken (!) in Rede steht, dürfte eine entsprechende Verdichtung der Verdachtslage aber praktisch immer eingetreten sein. Anders lägen die Dinge nur, wenn man auch die Verwendung als Spurenansatz den gesteigerten Anforderungen des hypothetischen Ersatzeingriffs unterwerfen wollte (dagegen s.u. Rn. 80): In diesem Fall wäre es konsequent, eine Anknüpfung jeglicher strafprozessualen Ermittlungstätigkeit an die betreffenden Erkenntnisse auch bei Hinweisen auf ein Delikt, das den Voraussetzungen der entsprechenden strafprozessualen Maßnahme genügt, nur und erst dann zuzulassen, wenn der betreffende Verdacht die maßgebliche Schwelle überschritten hat und dabei den einschlägigen Anforderungen an die ihm zugrunde liegenden Tatsachen entspricht.[291] In jedem Fall mit Blick auf die Situation im neuen Verfahren zu beachten ist eine auf den hypothetischen Ersatzeingriff nach der StPO bezogene **Subsidiaritätsklausel.**[292]

78c Eine Verwendung der anderweitig erhobenen Daten für strafprozessuale Zwecke setzt im Übrigen voraus, dass das Gesetz, auf dessen Grundlage die Datenerhebung erfolgt war, eine Umwidmung für Zwecke der Strafverfolgung gestattet.[293] Dabei ist nicht restlos geklärt, ob ein evt. **Rechtsverstoß bei der Datenerhebung** einer strafprozessualen Verwertung nach § 161 Abs. 3 Satz 1 entgegensteht. Für eine generelle Unzulässigkeit der Verwertung von Zufallsfunden, die bei einer – in welcher Form auch immer – rechtswidrigen Maßnahme gewonnen wurden, wird z.T. angeführt, das Vorliegen einer „Maßnahme nach anderen Gesetzen", wie sie Absatz 3 Satz 1 voraussetzt, könne nur dann bejaht werden, wenn die vom betreffenden Gesetz statuierten Anforderungen an die Rechtmäßigkeit der Maßnahme umfassend gewahrt sind.[294] Bei Rechtsverstößen von untergeordneter Bedeutung gleichwohl noch von einer „Maßnahme nach dem betreffenden Gesetz" zu sprechen, ist indessen durchaus mit dem Wortlaut der Vorschrift vereinbar und erscheint in der Sache deshalb völlig naheliegend, weil kein nachvollziehbarer Grund besteht, die strafprozessuale Verwertbarkeit von Erkenntnissen aus präventivpolizeilichen Maßnahmen an strengere Rechtmäßigkeitsvoraussetzungen zu binden, als das bei den Erkenntnissen aus einem gleichartigen Vorgehen nach der StPO der Fall wäre. Richtigerweise sind die Auswirkungen von Rechtsverstößen auf die strafprozessuale Verwertbarkeit der bei einer präventivpolizeilichen Maßnahme gewon-

---

289 Zutr. *Derin/Singelnstein* NStZ **2021** 449, 450; KK/*Weingarten* 35a; MüKo/*Kölbel/Ibold* 47; **a.A.** *Nowrousian* NStZ **2018** 254, 255.

290 Vgl. BGHSt **54** 69, 79 zu § 100d Abs. 5 Nr. 3 a.F. (= § 100e Abs. 6 Nr. 3 n.F.); *Wolter* FS Schenke 541, 551 Fn. 43; *Benning* 50 ff.; KK/*Weingarten* 35; Schmitt/Köhler/*Köhler* 18c; MüKo/*Kölbel/Ibold* 47; SK/*Albrecht* 52; unklar *Engelhardt* 213 ff.

291 So wohl *Singelnstein* ZStW **120** (2008) 854, 882; SK/*Albrecht* 53. In jedem Fall zu weit ginge hingegen die Forderung, der gesteigerte Verdacht müsse schon bei Durchführung der präventivpolizeilichen Maßnahme begründbar gewesen sein, in dieser Richtung *Knierim* StV **2008** 599, 601 f.; *ders.* StV **2009** 206, 207; gegen eine solche Annahme im Zusammenhang mit § 100d Abs. 5 Nr. 3 a.F. (= § 100e Abs. 6 Nr. 3 n.F.) ausdrücklich BGHSt **54** 69, 79.

292 BGHSt **54** 69, 80 zu § 100d Abs. 5 Nr. 3 a.F. (= § 100e Abs. 6 Nr. 3 n.F.).

293 BGHSt **54** 69, 82 zu § 100d Abs. 5 Nr. 3 a.F. (= § 100e Abs. 6 Nr. 3 n.F.); *Singelnstein* ZStW **120** (2008) 854, 863 ff.; Schmitt/Köhler/*Köhler* 18c.

294 *Singelnstein* ZStW **120** (2008) 854, 888 f.; *Zöller* StV **2019** 419, 421; HK/*Zöller* 3; MüKo/*Kölbel/Ibold* 46; im Ergebnis wohl auch BGH v. 26.4.2017 – 2 StR 247/16, BGHSt **62** 123 Rn. 37 ff. = NStZ **2017** 651 Rn. 37 ff.

nenen Beweise deshalb nach den gleichen (im Einzelnen freilich str.) Grundsätzen zu beurteilen wie die Auswirkungen gleichwertiger Rechtsverstöße bei der strafprozessualen Beweiserhebung im laufenden Verfahren.[295] Soweit es dabei einer Abwägung bedarf, ist auf das Gewicht der neu entdeckten Tat abzustellen.[296]

War die außerstrafprozessuale Maßnahme **ohne richterliche Anordnung** zulässig, 79
so steht ein für den entsprechenden Eingriff in der StPO vorgesehener Richtervorbehalt der Beweisverwertung im Strafprozess nicht entgegen.[297] Das soll sogar dann gelten, wenn die polizeirechtliche Maßnahme als „legendierte Kontrolle" während eines bereits laufenden Ermittlungsverfahrens erfolgt ist.[298] Diese Sichtweise birgt freilich die Gefahr einer Aushebelung des strafprozessualen Richtervorbehalts und der Unterlaufung des Grundsatzes der Offenheit strafprozessualer Durchsuchungen, wenn Ermittlungspersonen ihr Vorgehen gezielt auf passende Ermächtigungsgrundlagen aus dem Recht der Gefahrenabwehr stützen, um die Anforderungen der StPO zu umgehen.[299] Richtigerweise wird man die Verwertbarkeit von Erkenntnissen aus außerstrafprozessualen Maßnahmen, die ohne richterliche Anordnung und ohne „Gefahr im Verzug" durchgeführt wurden, obwohl für ein entsprechendes strafprozessuales Vorgehen ein Richtervorbehalt besteht, deshalb auf **echte Zufallsfunde** beschränken müssen. Beweise, nach denen aufgrund eines bestehenden Anfangsverdachts gezielt geforscht wurde, dürfen unter diesen Umständen hingegen ebenso wenig verwertet werden wie solche, die anlässlich einer strafprozessualen Ermittlungsmaßnahme unter bewusster Überschreitung des Untersuchungsgegenstands als Ergebnis einer allgemeinen Ausforschung erlangt wurden. Einen Rechtsmissbrauch grundsätzlich dann zu verneinen, wenn die „präventivpolizeiliche" Suche nach Beweisen aufgrund von Erkenntnissen aus einem laufenden Ermittlungsverfahren nicht durch die Staatsanwaltschaft initiiert wird, sondern trotz des Wissens um den strafprozessualen Hintergrund seitens der Polizei eine Deklaration als gefahrenabwehrrechtliche Maßnahme erfolgt,[300] erscheint dabei schwer nachvollziehbar. Richtigerweise würde ein Konzept „legendierter Kontrollen", mit dem strafprozessual verwertbare Beweise generiert werden sollen, eine eigenständige gesetzliche Regelung erfordern.[301]

---

295 So BGHSt **54** 69, 87 ff. zu § 100d Abs. 5 Nr. 3 a.F. (= § 100e Abs. 6 Nr. 3 n.F.) unter Rekurs auf die vom BGH insoweit vertretene „Abwägungslehre"; ebenso *Benning* 162 ff.; *Reinbacher/Werkmeister* ZStW **130** (2018) 1104, 1134 ff.; Schmitt/Köhler/*Köhler* 18c; für die Situation bei § 479 Abs. 2 entsprechend LR/*Tillich*[27] § 479, 12; für eine Verwertbarkeit nur unter der Voraussetzung, dass die Daten auch im Ausgangsverfahren verwertbar sind, *Wolter* FS Schenke 541, 554 ff.; KK/*Weingarten* 40a f.

296 Überzeugend *Reinbacher/Werkmeister* ZStW **130** (2018) 1104, 1136 ff.; *Benning* 163 f.

297 BGH NStZ-RR **2016** 176 m. krit. Anm. *Voigt* StV **2017** 435 ff.; KK/*Weingarten* 35a; MüKo/*Kölbel/Ibold* 47; NK/*Heghmanns* 29; **a.A.** *Mitsch* NJW **2017** 3124, 3126.

298 BGH v. 26.4.2017 – 2 StR 247/16; BGHSt **62** 123 Rn. 41 f. = NStZ **2017** 651 Rn. 41 f. m. Praxiskommentar *Schiemann* = JR **2017** 588, 591 f. m. Anm. *Löffelmann* = JZ **2017** 1119, 1121 f. m. Anm. *Brodowski*; BGH v. 15.11.2017 – 2 StR 128/17, NStZ **2018** 296, 297; zust. *Kochheim* KriPoZ **2017** 316, 319 ff. *Nowrousian* NStZ **2018** 254; KK/*Weingarten* 35a; KMR/*Noltensmeier-von Osten* 28; OK/*von Häfen* § 163, 13; SSW/*Ziegler* 30; dagegen krit. *Lenk* StV **2017** 692, 694 ff.; *Mitsch* NJW **2017** 3124, 3126.

299 *Gubitz* NStZ **2016** 128 gegen LG Münster NStZ **2016** 126; *Schefer* 179 ff., 211 ff.; MüKo/*Kölbel/Ibold* § 163, 28; für die zwingende Geltung der Anforderungen der StPO ab dem Vorliegen eines strafprozessualen Anfangsverdachts und für ein Beweisverwertungsverbot bei deren bewusster Umgehung *Müller/Römer* NStZ **2012** 543, 546 f.; *Lenk* StV **2017** 692, 694 ff.; *Albrecht* FS Rogall 435, 449 ff.; SK/*Albrecht* 55 und § 163, 16; für letzteres auch *Löffelmann* JR **2017** 596, 599; *Mitsch* NJW **2017** 3124, 3126; *Zöller* StV **2019** 419 (427); HK/*Zöller* 32.

300 So aber *Krehl* StraFo **2018** 265, 270 f.

301 Zutr. *Cerny/Fickentscher* NStZ **2019** 697, 701 f.; eingehend *Schefer* 260 ff. mit einem Regelungsvorschlag auf S. 286 f.; für das Erfordernis einer solchen, wenn eine *staatsanwaltliche* Veranlassung eines entsprechenden Vorgehens ermöglicht werden soll, auch *Krehl* StraFo **2018** 265, 269 f.

80 **b) Verwendung als Spurenansatz.** Die Möglichkeit, präventivpolizeilich erlangte Erkenntnisse allgemein zur Ermittlung des Aufenthaltsorts von Beschuldigten oder als **Spurenansatz** auch zur Aufklärung sonstiger Straftaten zu verwenden, soll nach der Entwurfsbegründung unberührt bleiben.[302] Dies ist systemgerecht und verfassungsrechtlich nicht zu beanstanden.[303] Eine entsprechende mittelbare Verwendung kam dementsprechend vor Inkrafttreten von § 100b n.F. auch bei Erkenntnissen aus einer präventivpolizeilichen **„Online-Durchsuchung“** gemäß § 20k BKAG a.F. (nunmehr § 49 BKAG) in Betracht, soweit § 20v Abs. 5 Nr. 3 BKAG a.F. deren Übermittlung zu Zwecken der Strafverfolgung zuließ (d.h. bei Straftaten, die „im Höchstmaß mit mindestens fünf Jahren Freiheitsstrafe bedroht sind“; die Nachfolgevorschrift in § 25 Abs. 1 BKAG enthält diese Einschränkung nicht mehr), während eine unmittelbare Verwendung als Beweismittel in diesem Fall daran scheiterte, dass die StPO insofern keinen hypothetischen Ersatzeingriff kannte.[304] Seit die Online-Durchsuchung in § 100b eine strafprozessuale Regelung erfahren hat und über die Verweisung von Absatz 3 Satz 2 insofern § 100e Abs. 6 Nr. 3 zum Tragen kommt, setzt (ebenso wie bei der akustischen Wohnraumüberwachung) auch die Verwendung entsprechender präventivpolizeilicher Erkenntnisse als Spurenansatz hingegen voraus, dass es um die Aufklärung einer Katalogtat nach § 100b Abs. 2 geht.[305] Ausgeschlossen ist die Verwertung als Spurenansatz im Hinblick auf die dort abweichende verfassungsrechtliche Situation im Übrigen im Falle von § 161 Abs. 4, wenn eine unmittelbare Verwendung der betreffenden Daten zu Beweiszwecken daran scheitert, dass nicht (wie richtigerweise zu verlangen) zugleich die Voraussetzungen von **§ 100e Abs. 6 Nr. 3** vorliegen.[306] Für die Strafverfolgung **generell unverwertbar** sowohl zu Beweiszwecken als auch als Spurenansatz sind Erkenntnisse aus einer **präventivpolizeilichen optischen Wohnraumüberwachung**, weil es hier nicht nur keinen strafprozessualen hypothetischen Ersatzeingriff gibt, sondern die Maßnahme zugleich das Gewicht einer akustischen Wohnraumüberwachung nochmals übersteigt, sodass die Unverwertbarkeit der Erkenntnisse nicht weniger weit reichen kann als dort, wo die StPO eine Verwertung von Erkenntnissen aus letzterer verbietet.[307]

81 **c) Nachrichtendienstliche Erkenntnisse.** Verdeckte Maßnahmen der Nachrichtendienste, die nicht auf einem konkreten Anlass beruhen, haben angesichts ihrer extremen Streubreite auf Unbeteiligte und der Gefahr eines selektiven Einsatzes der erlangten Erkenntnisse nicht nur im Vergleich zu strafprozessualen, sondern auch gegenüber präventivpolizeilichen Maßnahmen eine so weitgehende Sonderstellung, dass die äußerliche Übereinstimmung mit strafprozessual geregelten Grundrechtseingriffen (z.B. im Falle einer Überwachung der Telekommunikation) keine hinreichende Legitimation für die Anwendung

---

302 RegE BTDrucks. **16** 5846 S. 64.

303 Vgl. BVerfG NJW **2005** 2766; für die Zulässigkeit der Verwendung als Spurenansatz auch *Benning* 62 ff.; KK/*Weingarten* 34a, 36; KMR/*Noltensmeier-von Osten* 29; Schmitt/Köhler/*Köhler* 18d; Radtke/Hohmann/*Link* 15; **einschr.** NK/*Heghmanns* 31 (keine „Verwendung als Beleg für Voraussetzungen qualifizierter Ermittlungsmaßnahmen); SK/*Albrecht* 60 (nur zur Verfolgung von Straftaten, „zu deren Aufklärung vergleichbar intensive Maßnahmen angeordnet werden können“); **a.A.** *Jahn* 96; *Singelnstein* ZStW **120** (2008) 854, 884 ff.; *Engelhardt* 223 ff.; HK/*Zöller* 32; krit. auch *Glaser/Gedeon* GA **2007** 415, 435; *Wolter* FS Schenke 541, 546 mit einem Vorschlag de lege ferenda a.a.O. S. 553.

304 KMR/*Noltensmeier-von Osten* 30; Schmitt/Köhler/*Köhler* 18e; vgl. auch allgemein KK/*Weingarten* 35; **a.A.** (analoge Anwendung von § 100d Abs. 5 Nr. 3 a.F.) SK/*Albrecht* 64.

305 Schmitt/Köhler/*Köhler* 18e.

306 S.u. Rn. 92; dazu auch *Wolter* FS Schenke 541, 548 f.; **a.A.** Schmitt/Köhler/*Köhler* 19.

307 Vgl. *Wolter* FS Schenke 541, 550; wie hier auch KMR/*Noltensmeier-von Osten* 30.

der Figur des „hypothetischen Ersatzeingriffs" bietet.[308] Die Verwendung entsprechender Beweismittel im Strafverfahren erscheint deshalb richtigerweise nur in Bezug auf Straftaten zulässig, bei denen die einschlägigen Gesetze über die Nachrichtendienste ausdrücklich eine Datenübermittlung an Strafverfolgungsorgane zum Zwecke der Strafverfolgung vorsehen,[309] wie das in § 21 BVerfSchG und in § 11a BNDG der Fall ist. Die Verwertbarkeit ist dabei auf die Verfolgung[310] der dort genannten Delikte beschränkt. Darüber hinaus ist zu beachten, dass die Datenübermittlung nur zulässig ist, wenn dem Verdacht einer entsprechenden Straftat „konkrete und in gewissem Umfang verdichtete Umstände als Tatsachenbasis" zugrunde liegen.[311] Da ohne Vorliegen dieser Voraussetzungen bereits die Datenübermittlung als solche rechtswidrig ist, muss richtigerweise ggf. auch eine Verwendung als Spurenansatz ausscheiden.[312] Für die strafprozessuale Verwertbarkeit von Erkenntnissen **ausländischer Geheimdienste** und **ausländischer militärischer Stellen**, die von dort an deutsche Dienststellen weitergegeben werden, gibt es keine gesetzliche Regelung. Dies erscheint rechtsstaatlich höchst fragwürdig; man wird eine Verwertung allenfalls in dem Rahmen als zulässig betrachten können, in dem auch die Erkenntnisse inländischer Nachrichtendienste als Grundlage der Strafverfolgung dienen dürfen. Im Übrigen wird ein zulässiger Datentransfer ins Strafverfahren regelmäßig daran scheitern, dass die Art und Weise der Informationsgewinnung nur selten nachvollziehbar sein dürfte und infolgedessen die Voraussetzungen einer Anwendung von § 161 Abs. 3 de facto nicht erfüllt werden können.[313]

d) Verhältnis zu § 100e Abs. 6 Nr. 3. Absatz 3 Satz 2 stellt klar, dass für die strafpro- 82
zessuale Verwertung von Erkenntnissen, die bei präventivpolizeilichen Maßnahmen der Online-Durchsuchung oder der akustischen Wohnraumüberwachung erlangt wurden, nicht § 161 Abs. 3 Satz 1, sondern ausschließlich die speziellere Regelung in § 100e Abs. 6 Nr. 3 Anwendung findet.

VIII. Besondere Verwendungsbeschränkung nach Absatz 4

1. Allgemeines. Absatz 4 ist (als damaliger Absatz 2) durch das StVÄG 1999 eingefügt 83
worden. In der Gesetz gewordenen Fassung[314] statuiert er lediglich eine Verwendungsbeschränkung für solche präventiv-polizeilichen Erkenntnisse, die durch den Einsatz technischer Mittel zum Zwecke der Eigensicherung anlässlich nicht offener Ermittlungen in oder aus Wohnungen erlangt worden sind. Damit knüpft er an die begrenzenden Verwendungsvoraussetzungen an, die **Art. 13 Abs. 5 GG** hierfür aufstellt, und zu dem er insoweit eine **Ausführungsvorschrift darstellt.**[315] Die Vorschrift gilt auch für polizeiliche Ermittlungen

308 Dazu *Rehbein* 248 ff.; *Hefendehl* GA **2011** 209, 224 ff.

309 Ebenso *Gazeas* 504; MüKo/*Kölbel*/*Ibold* 38; SK/*Albrecht* 54; **a.A.** *Brandt* 195 ff., 338; differenzierend *Rehbein* 252 ff.; Übersicht über einschlägige gesetzliche Bestimmungen bei *Griesbaum* FS Breidling 121, 126 ff.; zu den verfassungsrechtlichen Anforderungen BVerfG v. 28.9.2022 – 1 BvR 2354/13, BVerfGE **163** 43 Rn. 106 ff., 116 ff. = NVwZ-RR **2023** 1 Rn. 106 ff., 116 ff.

310 Zu den Möglichkeiten und Grenzen der Kooperation zwischen Geheimdiensten und Strafverfolgungsorganen in diesem Zusammenhang (allerdings auf der Grundlage einer heute nicht mehr ganz aktuellen Rechtslage) *Soiné* NStZ **2007** 247 ff.; *Brandt* 173 ff.

311 BVerfG v. 19.5.2020 – 1 BvR 2835/17, NJW **2020** 2235 Rn. 222.

312 Zutr. SK/*Albrecht* 54; **a.A.** noch LR/*Erb*[27] 81.

313 *Gercke* CR **2013** 749, 754.

314 Zur Entstehungsgeschichte und den ursprünglich schon damals vorgesehenen weitergehenden Verwendungsbeschränkungen für präventivpolizeilich erlangte Erkenntnisse LR/*Erb*[26] Rn. 3f Fn. 33.

315 Schmitt/Köhler/*Köhler* 19; *Brodersen* NJW **2000** 2536, 2539.

nach § 163 Abs. 1. Ihr Hauptanwendungsbereich liegt in der Verwertbarkeit von Abhörmaßnahmen, die allein zum Schutz eines Verdeckten Ermittlers getroffen werden.[316]

84 Die Vorschrift begrenzt die Verwertbarkeit der von ihr erfassten Erkenntnisse für sich genommen allein durch eine besondere Betonung des **Verhältnismäßigkeitsgrundsatzes** sowie durch das Erfordernis einer besonderen **richterlichen Entscheidung**. Dies genügt freilich nicht den verfassungsrechtlichen Anforderungen, die sich bei einer Auslegung von Art. 13 Abs. 5 GG im Gesamtkontext von Art. 13 GG ergeben, und zu deren Erfüllung mithin weitere Einschränkungen zu beachten sind (dazu unten Rn. 90 ff.).

2. Anwendungsbereich

85 **a) Personenbezogene Erkenntnisse in oder aus Wohnungen.** Die zu verwendenden Erkenntnisse müssen – was in aller Regel der Fall sein wird – personenbezogen sein, sowie in oder aus einer Wohnung erlangt werden. Der Wohnungsbegriff ist hier entsprechend den verfassungsrechtlichen Vorgaben ebenso auszulegen wie in § 100c Abs. 1; auf die dortigen Erläuterungen wird verwiesen.[317] Maßgebend ist, dass etwas wahrgenommen worden ist, das sich innerhalb des durch Art. 13 GG geschützten Bereichs ereignet, auch wenn die als technische Mittel eingesetzten Aufzeichnungsgeräte, wie etwa bei Richtmikrophonen, nur von außen auf sie einwirken.

86 Findet die zu überwachende Kommunikation **außerhalb einer Wohnung** statt, so ist Absatz 3 unabhängig davon unanwendbar, ob die Überwachung zur Sachverhaltsaufklärung oder zum Zwecke der Eigensicherung erfolgt.[318] Einschränkungen der Verwertbarkeit folgen hier lediglich aus Absatz 3.

87 **b) Maßnahmen der Eigensicherung bei nicht offenen Ermittlungen.** Die zu verwendenden Erkenntnisse müssen auf Maßnahmen zur Eigensicherung der eingesetzten Beamten beruhen. Insoweit gestattet Art. 13 Abs. 5 Satz 1 GG über die in Art. 13 Abs. 2 und 3 GG vorgesehenen Begrenzungen hinaus den erweiterten Einsatz technischer Mittel und verzichtet namentlich auf die in diesen Absätzen grundsätzlich verlangten richterlichen Anordnungen. Der in Art. 13 Abs. 5 Satz 2 GG verlangte und in § 161 Abs. 4 näher konkretisierte Richtervorbehalt stellt hierfür einen Ausgleich dar. Nicht zur Anwendung kommen die Begrenzungen dieser Regelung dann, wenn der Einsatz technischer Mittel der selbstständigen Erkenntnisgewinnung dient; in solchen Fällen bestimmt sich die Zulässigkeit und Verwertbarkeit allein nach den hierfür maßgeblichen polizeirechtlichen oder strafprozessualen Regelungen.[319] **Nicht offen** sind diese (präventiv-polizeilichen) Ermittlungen dann, wenn dem Betroffenen nicht erkennbar ist, dass es sich um eine präventiv-polizeiliche Tätigkeit handelt. In Betracht kommt in erster Linie der (auch präventiv zulässige)[320] Einsatz Verdeckter Ermittler, aber auch das sonstige (gefahrenabwehrende) Tätigwerden von Polizeibeamten, bei denen diese Eigenschaft geheimgehalten wird. Unanwendbar ist die Begrenzung dann, wenn solche Beamten in Wohnungen unter Offenlegung ihrer Befugnisse tätig werden, selbst wenn aus besonderen Gründen zusätzliche Maßnahmen der Eigensicherung notwendig sind.

---

316 SK/*Albrecht* 65; *Hilger* NStZ **2000** 564 Fn. 54.
317 LR/*Hauck* § 100c, 90 ff.
318 *Brodersen* NJW **2000** 2536, 2539.
319 *Brodersen* NJW **2000** 2536, 2539; HK/*Zöller* 34; vgl. auch § 100c und die dortigen Erl.
320 Vgl. etwa Lisken/Denninger/Bäcker/*Müller*/*Schwabenbauer* Kap. 6, 956 ff.

c) Einsatz technischer Mittel. Absatz 4 betrifft nur Erkenntnisse, die durch technische Mittel[321] erlangt worden sind. Nicht eingeschränkt wird die **Vernehmung** nicht offen tätig werdender Beamte darüber, was sie bei ihrer präventiv-polizeilichen Tätigkeit als zur Aufklärung von Straftaten dienlich in Wohnungen optisch oder akustisch wahrgenommen haben.[322] Nach dem Gesetzeswortlaut, der insoweit mit Art. 13 Abs. 4 GG übereinstimmt und hieran erkennbar anknüpft, sind auch solche Erkenntnisse (eingeschränkt) verwertbar, bei denen die technischen Mittel nicht nur der akustischen, sondern auch der **optischen Wahrnehmung** in oder aus Wohnungen dienen. Diese Regelung in Verbindung mit der im Übrigen uneingeschränkten Verwertbarkeit von Präventiverkenntnissen gestattet es ihrem Wortlaut nach, zur Aufklärung von Straftaten in diesen Fällen auch die Ergebnisse der optischen Überwachung zu verwenden. Da diese Aufklärungsmöglichkeit nach Art. 13 Abs. 3 GG und dem ihm folgenden § 100c bei der unmittelbar auf Strafverfolgung gerichteten Tätigkeit schlechthin ausgeschlossen ist, bedarf es insofern jedoch einer teleologischen Reduktion, um die Entstehung eines unüberbrückbaren Wertungswiderspruchs mit den letztgenannten Vorschriften zu verhindern.[323] 88

d) Polizeirechtliche Grundlage. Absatz 4 betrifft nur in oder aus Wohnungen erlangte Erkenntnisse, bei denen die nicht offene Ermittlung auf polizeirechtlicher Grundlage beruht. Unklar ist die Verwendung solcher Erkenntnisse, wenn sie anlässlich der Eigensicherung eines auf **strafprozessualer Grundlage** tätigen Verdeckten Ermittlers gewonnen worden sind. Sie kann jedenfalls nicht über die Verwertbarkeit von Erkenntnissen aus präventivpolizeilichem Zusammenhang hinausgehen; richtigerweise ist sie im Ergebnis wie diese auf den durch § 100e Abs. 6 abgesteckten Rahmen begrenzt (dazu unten Rn. 90). 89

3. Umfang der Verwendungsbegrenzung

a) Das Verhältnis zu § 100e Abs. 6. Die Vorstellung des Gesetzgebers, durch die Betonung des Verhältnismäßigkeitsgrundsatzes und die Statuierung eines besonderen Richtervorbehalts den verfassungsrechtlichen Vorgaben zu genügen, hat nur bei isolierter Betrachtung von Art. 13 Abs. 5 GG[324] eine gewisse Plausibilität. Im Gesamtkontext von Art. 13 GG dürfte sie hingegen kaum haltbar sein: Die Funktion von Art. 13 Abs. 5 GG Satz 1 besteht offensichtlich darin, Maßnahmen zur Eigensicherung gegenüber der zur Sachverhaltsaufklärung bestimmten Wohnraumüberwachung mit technischen Mitteln dahingehend zu privilegieren, dass die Notwendigkeit einer generellen richterlichen Kontrolle entfällt. Satz 2 schränkt diese Privilegierung dahingehend ein, dass bei einer Verwertung der Erkenntnisse zu den in Art. 13 Abs. 2 und 3 GG geregelten Zwecken der Richtervorbehalt wieder zur Geltung kommen muss, und bestätigt damit die dort getroffenen Wertungen. Vor diesem Hintergrund erschiene eine Interpretation, wonach Art. 13 Abs. 5 GG bei Erkenntnissen aus den vom generellen Richtervorbehalt befreiten Maßnahmen erlaubt, die strafprozessuale Verwertbarkeit umfassender anzusetzen, als das bei richterlich angeordneten Maßnahmen unter den restriktiven Voraussetzungen von Art. 13 Abs. 2 und 3 GG der Fall wäre, nicht nachvollziehbar.[325] 90

---

321 Dazu näher LR/*Hauck* § 100h, 1 ff.

322 MüKo/*Kölbel*/*Ibold* 52.

323 Zweifelnd noch LR/*Rieß*[25] 69.

324 So etwa bei *Brodersen* NJW **2000** 2536, 2539.

325 Verfassungsrechtliche Bedenken auch bei *Hilger* NStZ **2000** 561, 564; *ders.* FS Rieß 171, 183; abw. LR/*Rieß*[25] 71.

91 Richtigerweise sind hier deshalb **die gleichen Verwendungsbeschränkungen** zu beachten, die § 100e Abs. 6 Nr. 1 und 3 für diese Konstellationen vorsieht (nur Verfolgung von Delikten aus dem Katalog von § 100b Abs. 2).[326] Auf einfachgesetzlicher Ebene lässt sich dies problemlos bewerkstelligen, indem man Maßnahmen zur „Eigensicherung" ebenfalls unter § 100e Abs. 6 Nr. 1 oder 3 (je nach Kontext der Maßnahme) subsumiert, was zwanglos möglich ist. § 161 Abs. 4 ist verfassungskonform dahingehend auszulegen, dass er nur Mindestvoraussetzungen der Verwertbarkeit statuiert, neben denen diejenigen nach § 100e Abs. 6 Nr. 1 und 3 selbstständig zum Tragen kommen.[327] Dass diese Interpretation möglicherweise den Vorstellungen des Gesetzgebers widerspricht, der auf die sonst üblichen strafprozessualen Verwendungsbeschränkungen im Rahmen von § 161 Abs. 4 gerade verzichten wollte,[328] ist im Hinblick auf die offenkundige Verfassungswidrigkeit einer weitergehenden Verwertung von Erkenntnissen aus Maßnahmen der Eigensicherung letzten Endes irrelevant.

92 **b) Beweiszwecke.** Nach dem Gesetzeswortlaut gelten die Einschränkungen von § 161 Abs. 4 nur für eine Verwendung zu Beweiszwecken. Nach dem allgemeinen Sprachgebrauch der StPO[329] würde dies bedeuten, dass sie **als Spurenansatz** für weitere Ermittlungen **uneingeschränkt verwendbar** wären.[330] Eine solche Ausnahme sieht jedoch Art. 13 Abs. 5 Satz 2 GG, zu dessen Umsetzung die Vorschrift dient, nicht vor, sodass die Regelung in dieser Auslegung insoweit, als sie die Verwendung als Spurenansatz ermöglicht, verfassungswidrig wäre.[331] Sie ist deshalb verfassungskonform und geltungserhaltend dahingehend auszulegen, dass sie auch die **Verwendung** solcher Erkenntnisse **als Spurenansatz** für weitere Ermittlungen den entsprechenden Beschränkungen unterwirft.[332]

93 **c) Verhältnismäßigkeit.** Der Gesetzeswortlaut hebt darüber hinaus hervor, dass bei der Verwendung der **Grundsatz der Verhältnismäßigkeit** zu berücksichtigen sei, was sich auch ohne diesen Hinweis von selbst verstanden hätte.[333] Eine nähere Konkretisierung kann dem Gesetz nicht entnommen werden. Bei der richtigerweise anzunehmenden Beschränkung der Verwendbarkeit auf den Straftatenkatalog von § 100c Abs. 1 Nr. 1 i.V.m. § 100b Abs. 2 (s.o. Rn. 89 f.) wird die Verhältnismäßigkeit i.d.R. zu bejahen sein, wenn es sich nicht um Bagatellausprägungen handelt, die bei einzelnen der dort genannten „besonders schweren Straftaten" (z.B. bei § 244 Abs. 1 Nr. 2) in besonders gelagerten Fällen nicht ganz auszuschließen sind.

---

326 Im Ergebnis ebenso SK/*Albrecht* 65.

327 Im Ergebnis ebenso MüKo/*Kölbel/Ibold* 50 mit Fn. 133 durch eine kumulative Heranziehung von § 161 Abs. 3 (was über dessen Satz 2 freilich ebenfalls wieder zu Anwendung von § 100e Abs. 6 führen muss).

328 Vgl. *Brodersen* NJW **2000** 2536, 2538; KK/*Nack*[5] § 100f, 16; LR/*Rieß*[25] 70 f., 73.

329 Vgl. § 161 Abs. 3 Satz 1 („zu Beweiszwecken") im Gegensatz zu § 100e Abs. 6 Nr. 1 („zur Aufklärung").

330 KMR/*Noltensmeier-von Osten* 31; Schmitt/Köhler/*Köhler* 19; dazu allgemein § 160, 38 und die Erl. zu § 100d bei LR/*Hauck*.

331 So etwa *Hilger* NStZ **2000** 561, 564; *ders.* FS Rieß 171, 182.

332 HK/*Zöller* 36; NK/*Heghmanns* 32; Radtke/Hohmann/*Link* 16; SK/*Albrecht* 67; dies erwägend auch *Brodersen* NJW **2000** 2536, 2539 Fn. 25. In diesem Punkt lässt sich bei der auch insoweit unklaren Entstehungsgeschichte der Vorschrift übrigens kein gegensätzlicher gesetzgeberischer Wille feststellen: Die Formulierung „zu Beweiszwecken" enthielt bereits der Regierungsentwurf (BTDrucks. **14** 1484), ohne dass dies (S. 23) näher begründet wird; vielmehr handelt es sich um eine Übernahme des § 16 Abs. 3 Satz 2 BKAG a.F. Dabei dürfte die veränderte verfassungsrechtliche Lage durch die Schaffung des danach entstandenen Art. 13 Abs. 5 GG unberücksichtigt geblieben sein.

333 MüKo/*Kölbel/Ibold* 50; SK/*Albrecht* 65; *Wollweber* NJW **2000** 3623, 3624.

4. Richterliche Entscheidung. Kernstück der Verwendungsbegrenzung ist die Notwendigkeit einer grundsätzlich vorherigen richterlichen Entscheidung. Die Auslegung im Einzelnen wirft eine Reihe von Problemen auf. 94

a) Prüfungsgegenstand und Prüfungsumfang. Der gerichtlichen Überprüfung unterliegt – auch insoweit stimmt der Wortlaut mit Art. 13 Abs. 5 Satz 2 GG überein – die Rechtmäßigkeit der Maßnahme. Zweifelhaft erscheint schon vom Wortlaut her, ob mit dem Begriff der „Maßnahme" diejenige polizeirechtlichen, der Eigensicherung dienenden Handlungen gemeint sind, durch die die Erkenntnisse erlangt worden sind, ob also eine rein retrospektive Prüfung stattzufinden hat,[334] oder ob dieser Begriff auch die beabsichtigte strafprozessuale Verwendung umfasst, also auch eine prospektive Prüfung erfordert und deshalb eine ähnliche Bedeutung hat wie der Begriff der „beantragten Handlung" in § 162 Abs. 2. Für die erste Auffassung spricht, dass sie ausreichen würde, das strukturelle Defizit des Art. 13 Abs. 5 Satz 1 GG auszugleichen, das darin liegt, dass anders als in den Fällen der Absätze 2 bis 4 ein Richtervorbehalt nicht vorgesehen ist, und ein weiteres Argument ließe sich aus der Regelung der örtlichen Zuständigkeit (s.u. Rn. 97) gewinnen. Sie dürfte wohl auch der gesetzgeberischen Absicht entsprechen. Es erschiene jedoch grotesk, dem Gericht eine rein retrospektive Rechtmäßigkeitsprüfung abzuverlangen, die im Ergebnis u.U. ausschließlich dazu dient, ein als solches rechtswidriges weiteres Vorgehen zu ermöglichen. In diesem Fall müsste man den Richter konsequenterweise nämlich für verpflichtet halten, ggf. auch sehenden Auges die Weichen für eine rechtswidrige Strafverfolgungstätigkeit zu stellen, wenn er z.B. mit dem Ansinnen konfrontiert wird, im Rahmen einer Entscheidung nach § 161 Abs. 4 die Rechtmäßigkeit einer Abhörmaßnahme zu bestätigen, die (ersichtlich nur) Zufallserkenntnisse über einen einfachen Ladendiebstahl zutage gefördert hat. Das wäre mit der Rolle des Richters im Rechtsstaat schwerlich zu vereinbaren. Richtigerweise wird man deshalb (auch) eine prospektive Prüfung verlangen müssen, die die – zwangsläufig auf die beabsichtigte Verwendung bezogenen – weiteren Voraussetzungen der Verwertbarkeit (Verfolgung einer Katalogtat nach § 100c Abs. 1 Nr. 1 i.V.m. § 100b Abs. 2, Verhältnismäßigkeit, s.o. Rn. 90 f., 93) einschließt.[335] Ob ein evt. Rechtsverstoß bei der polizeirechtlichen Maßnahme einer Verwendung der Präventivdaten entgegensteht, ist nach den oben Rn. 78c ausgeführten Grundsätzen als Vorfrage mitzuprüfen. 95

Bei alledem beschränkt sich die Aufgabe des Gerichts (selbstverständlich) auf eine **Rechtmäßigkeitsprüfung**, für die ähnliche Grundsätze gelten dürften, wie sie zu § 162 Abs. 2 entwickelt worden sind.[336] Dazu gehört auch die Prüfung der Verhältnismäßigkeit.[337] Dagegen unterliegt es nicht der gerichtlichen Beurteilung, ob die retrospektiv zu beurteilende polizeirechtliche Maßnahme und die Art der Eigensicherung sachgerecht war oder ob die beabsichtigte Ermittlungshandlung der Strafverfolgungsbehörden ermittlungstaktisch sachgerecht ist. 96

b) Zuständigkeit. Zuständig ist kraft ausdrücklicher gesetzlicher Regelung sachlich das Amtsgericht und örtlich dasjenige, in dessen Bezirk die anordnende Stelle ihren Sitz hat. „Anordnende Stelle" ist im Hinblick auf die erkennbare Bezugnahme des Gesetzes auf die Maßnahme zur Eigensicherung die Polizeibehörde, die diese veranlasst hat (also nicht 97

334 MüKo/*Kölbel/Ibold* 53; wohl ebenso, wenn auch ohne weitere Begründung, HK/*Zöller* 35; Schmitt/Köhler/*Köhler* 19; SK/*Albrecht* 65; *Brodersen* NJW **2000** 2536, 2539; *Hilger* NJW **2000** 561, 564, die alle die Rechtmäßigkeitsprüfung auf die „polizeiliche" Maßnahme beziehen.

335 Im Ergebnis ebenso NK/*Heghmanns* 34.

336 Näher dazu § 162, 34 ff.

337 S.u. § 162, 43; ebenso KMR/*Noltensmeier-von Osten* 32; NK/*Heghmanns* 35.

etwa die das Ermittlungsverfahren betreibende Staatsanwaltschaft). Für die Rechtskontrolle im Strafverfahren erscheint dies wenig sachgerecht, weil die Staatsanwaltschaft hierdurch gezwungen sein kann (namentlich wenn mehrere solcher Maßnahmen in Betracht kommen), ihre Anträge bei verschiedenen, sonst mit der Sache möglicherweise nicht befassten Amtsgerichten zu stellen. Damit wird die Konzentrationsvorschrift des § 162 Abs. 1 Satz 1 konterkariert.[338] Die Herbeiführung der gerichtlichen Entscheidung obliegt als eine strafverfahrensrechtliche Maßnahme in jedem Fall der Staatsanwaltschaft.

98 Die Regelung dürfte als eine **Sondervorschrift** anzusehen sein, die die übrigen Zuständigkeitsbestimmungen verdrängt. Daraus folgt, dass im Ermittlungsverfahren keine Zuständigkeit der Ermittlungsrichter des Oberlandesgerichts oder des Bundesgerichtshofs gegeben ist, und dass im gerichtlichen Verfahren, falls das Bedürfnis nach der Verwendung solcher Erkenntnisse – was auch in der Praxis denkbar erscheint – erst jetzt hervortritt, nicht das erkennende Gericht zuständig ist, sondern dass dieses sich an den zuständigen Ermittlungsrichter zu wenden hat.[339] Welche Konsequenzen eine verneinende Entscheidung dieses Richters für die Aufklärungspflicht des erkennenden Gerichts hat, ist ungeklärt.

99 **c) Eilkompetenz.** Der letzte Satzteil des Absatzes 4 übernimmt wörtlich die entsprechende Formulierung in Art. 13 Abs. 5 Satz 2 GG. Angesichts der Rechtsprechung des Bundesverfassungsgerichts zu den Grenzen dieser Eilkompetenz[340] dürfte bei der Verwendung zu Beweiszwecken i.e.S. ihre Inanspruchnahme kaum jemals in Betracht kommen. Anders können die Dinge dann liegen, wenn man mit der hier vertretenen Auffassung[341] Absatz 4 auch dort für einschlägig hält, wo lediglich eine Verwendung als Spurenansatz im Raum steht. Zuständig für die Herbeiführung der gerichtlichen Entscheidung ist die Staatsanwaltschaft.

100 **5. Anfechtbarkeit.** Die Entscheidung des Richters am Amtsgericht über die Rechtmäßigkeit der Maßnahme ist trotz ihrer Besonderheiten eine solche, die im Strafverfahren ergeht und für die die Vorschriften der StPO gelten. Sie ist deshalb (§ 304 Abs. 1) grundsätzlich mit der einfachen **Beschwerde** anfechtbar. Diese steht der Staatsanwaltschaft zu, wenn die Rechtmäßigkeit verneint wird; andernfalls dem Beschuldigten, dem die Entscheidung daher grundsätzlich (vorbehaltlich § 33 Abs. 4) bekannt zu machen ist.

101 Die Folgen von **Verstößen gegen die Verwendungsbeschränkungen** des Absatzes 4 sind bisher nicht erörtert worden und weitgehend ungeklärt. Unter Rückgriff auf die insoweit allgemein anerkannten Grundsätze wird sich derzeit folgendes annehmen lassen: Der Verwendung von Erkenntnissen entgegen den Begrenzungen der Regelung zu Beweiszwecken, namentlich ohne eine die Rechtmäßigkeit der Maßnahme feststellende gerichtliche Entscheidung, dürfte regelmäßig ein – widerspruchsabhängiges – **Beweisverwertungsverbot** entgegenstehen, das auch, wenn es auf die Entscheidung des erkennenden Gerichts durchschlägt, mit der **Revision** als Verfahrensfehler geltend gemacht werden kann. Eine Heilung dieses Verstoßes könnte dann zu erwägen sein, wenn die Entscheidung nachträglich herbeigeführt wird. Ob die Verwendung der Erkenntnisse dem Verhältnismäßigkeitsgrundsatz entspricht, wird nach dem Zeitpunkt ihrer erstmaligen Verwendung zu beurteilen sein.

---

338 Ebenso NK/*Heghmanns* 34.
339 Ebenso MüKo/*Kölbel*/*Ibold* 54.
340 BVerfGE **103** 142 ff.; näher dazu LR/*Tsambikakis* § 105, 83 ff. m.w.N.
341 S.o. Rn. 92 m.w.N.

§ 161a
Vernehmung von Zeugen und Sachverständigen durch die Staatsanwaltschaft

(1) [1]Zeugen und Sachverständige sind verpflichtet, auf Ladung vor der Staatsanwaltschaft zu erscheinen und zur Sache auszusagen oder ihr Gutachten zu erstatten. [2]Soweit nichts anderes bestimmt ist, gelten die Vorschriften des sechsten und siebenten Abschnitts des ersten Buches über Zeugen und Sachverständige entsprechend. [3]Die eidliche Vernehmung bleibt dem Richter vorbehalten.

(2) [1]Bei unberechtigtem Ausbleiben oder unberechtigter Weigerung eines Zeugen oder Sachverständigen steht die Befugnis zu den in den §§ 51, 70 und 77 vorgesehenen Maßregeln der Staatsanwaltschaft zu. [2]Jedoch bleibt die Festsetzung der Haft dem nach § 162 zuständigen Gericht vorbehalten.

(3) [1]Gegen die Entscheidungen der Staatsanwaltschaft nach Absatz 2 Satz 1 kann gerichtliche Entscheidung durch das nach § 162 zuständige Gericht beantragt werden. [2]Gleiches gilt, wenn die Staatsanwaltschaft Entscheidungen im Sinne des § 68b getroffen hat. [3]Die §§ 297 bis 300, 302, 306 bis 309, 311a und 473a gelten jeweils entsprechend. [4]Gerichtliche Entscheidungen nach den Sätzen 1 und 2 sind unanfechtbar.

(4) Ersucht eine Staatsanwaltschaft eine andere Staatsanwaltschaft um die Vernehmung eines Zeugen oder Sachverständigen, so stehen die Befugnisse nach Absatz 2 Satz 1 auch der ersuchten Staatsanwaltschaft zu.

(5) § 185 Absatz 1 und 2 des Gerichtsverfassungsgesetzes gilt entsprechend.

Schrifttum

Benfer Die strafprozessuale Hausdurchsuchung als implizierte Befugnis, NJW **1980** 1611; *Engländer/Zimmermann* Die Zulässigkeit eigenständiger Nachermittlungen durch die Staatsanwaltschaft, FS Beulke (2012) 699; *Enzian* Das richterliche und das staatsanwaltschaftliche Vorführungsrecht, JR **1975** 277; *Jansen* Zulässigkeit und Grenzen des schriftlichen staatsanwaltlichen Erkenntnisgewinns am Beispiel des Bankauskunftsersuchens und der Providerhaftung (2010); *Kaiser* Notwendigkeit eines Durchsuchungsbefehls bei strafprozessualen Zwangsmaßnahmen? NJW **1980** 875; *Kay* Der Vorführungsbefehl in polizeilicher Wertung und Sicht, Die Polizei **1987** 298; *Lampe* Ermittlungszuständigkeit von Richter und Staatsanwalt nach dem 1. StVRG, NJW **1975** 195; *Lisken* Richtervorbehalt bei Freiheitsentziehung, NJW **1982** 1268; *Matt/Dierlamm/Schmidt* Das (neue) Recht vom Zeugenbeistand und seine verfassungswidrigen Einschränkungen, StV **2009** 715; *Moritz* Vereinbarkeit des Vorführungsrechts der Staatsanwaltschaft mit Art. 104 GG? NJW **1977** 796; *Schnickmann* Das Vorführungsrecht der Staatsanwaltschaft und seine Vereinbarkeit mit Art. 104 GG, MDR **1976** 363; *Welp* Zwangsbefugnisse für die Staatsanwaltschaft (1976). Weiteres Schrifttum s. bei § 163a.

Entstehungsgeschichte

Die Vorschrift wurde durch Art. 1 Nr. 43 des 1. StVRG eingefügt. Absatz 2 Satz 2 und Absatz 3 wurden durch Art. 1 Nr. 17 des Gesetzes zur Stärkung der Rechte von Verletzten und Zeugen im Strafverfahren (2. Opferrechtsreformgesetz – 2. ORRG) vom 29.7.2009, BGBl. I S. 2280, mit Wirkung zum 1.10.2009 in die vorliegende Fassung gebracht. Absatz 5 wurde durch Art. 1 Nr. 5 des Gesetzes zur Stärkung der Opferrechte im Strafverfahren (3. Opferrechtsreformgesetz – 3. ORRG) vom 21.12.2015, BGBl. I S. 2526, mit Wirkung zum 31.12.2015 angefügt.

Übersicht

Alphabetische Übersicht

1. Allgemeines

a) Rechtspolitische und dogmatische Bedeutung. Die 1975 im Zusammenhang mit der Beseitigung der gerichtlichen Voruntersuchung eingeführte Vorschrift[1] soll der Staatsanwaltschaft als für die Erforschung des Sachverhalts im Ermittlungsverfahren verantwortliches Strafverfolgungsorgan die Möglichkeit geben, auf die Personalbeweismittel Zeuge und Sachverständiger auch ohne deren freiwillige Bereitschaft zur Mitwirkung zurückzugreifen. Sie stellt deshalb der Staatsanwaltschaft insoweit diejenigen Befugnisse und weitgehend auch Zwangsmaßnahmen zur Verfügung, über die bis dahin der Untersuchungsrichter verfügte. Die Staatsanwaltschaft wird damit in die Lage versetzt, Vernehmungen durchzuführen und Sachverständigengutachten zu veranlassen, ohne hierfür den Ermittlungsrichter (§ 162) einschalten zu müssen. Diese durch Zwangsbefugnisse gesicherten Aussage- und Begutachtungspflicht hat der Gesetzgeber zunächst ganz auf die Ermittlungstätigkeit der Staatsanwaltschaft beschränkt; er verdeutlicht damit ihre Verantwortung für die Leitung des Ermittlungsverfahrens.[2] Letztere kommt auch nach der 2017 erfolgten Einführung einer Pflicht von Zeugen, vor Ermittlungspersonen der Staatsanwaltschaft zu erscheinen und auszusagen, nach wie vor darin zum Ausdruck, dass diese gemäß § 163 Abs. 3 Satz 1 einen entsprechenden Auftrag der Staatsanwaltschaft voraussetzt (s. § 163, 106). Andererseits hat der Gesetzgeber die vorsätzliche Falschaussage vor dem Staatsanwalt nicht nach § 153 StGB unter Strafe gestellt[3] und für die Verwertung im Hauptverfahren die Vorzugsstellung richterlicher Protokolle beibehalten.[4] Er hat damit anerkannt, dass die Staatsanwaltschaft nur im Rahmen der grundsätzlich allein verdachtsklärenden Zielsetzung des Ermittlungsverfahrens (§ 160) tätig werden soll, und er hat insoweit eine richterliche Kontrolle vorgesehen.[5] Damit 1

1 Vgl. LR/*Kühne*[27] Einl. F 113; *Peters* § 57 II 3b; *Rüping* Rn. 39.

2 *Peters* § 57 II 3b (wichtiges Instrument zur Durchführung eigener Ermittlungen); *Roxin/Schünemann* § 16, 4 (Ausdruck des Beschleunigungsgedankens); zur Bewertung s. auch AK/*Amelung* 1.

3 Entgegen dem Vorschlag des RegE 1. StVRG, BTDrucks. 7 551 S. 19; vgl. BTDrucks. 7 2600 S. 14; vgl. auch (zur Bewertung) LR/*Meyer-Goßner*[23] 11; *Lampe* NJW **1975** 195, 196; *Hanack* FS Gallas 339, 342 Fn. 14; *Welp* Zwangsbefugnisse 30 f.

4 Vgl. *Kohlhaas* ZRP **1974** 7, 9; *Lampe* NJW **1975** 195, 196; eine Gleichstellung befürwortend *Pfeiffer/v. Bubnoff* DRiZ **1972** 49.

5 Vgl. dazu *Eb. Schmidt* Vor § 158, 7.

ist zwar in tatsächlicher Hinsicht die Stellung der Staatsanwaltschaft verstärkt,[6] in die rechtliche Struktur des Ermittlungsverfahrens aber nicht eingegriffen worden.[7]

2 Eine **Rechtspflicht der Staatsanwaltschaft** zur Ausnutzung der aus den §§ 161a, 163a Abs. 3 folgenden Befugnisse **besteht** entgegen einer etwas missverständlichen Bemerkung in der Gesetzesbegründung,[8] die im wesentlichen appellativen Charakter haben dürfte, **nicht**; auch soweit das Schrifttum hierauf abstellt,[9] dürfte es nicht anders zu verstehen sein.[10] Die Staatsanwaltschaft kann, ohne dass sie sich auf die Möglichkeiten nach den §§ 161a, 163a Abs. 3 verweisen lassen muss, richterliche Vernehmungen beantragen[11] und Vernehmungen durch die Polizei durchführen lassen. Im Rahmen der nach pflichtgemäßem Ermessen vorzunehmenden Gestaltung des Ermittlungsverfahrens sollte die Staatsanwaltschaft jedoch in geeigneten Fällen die sich aus diesen Vorschriften ergebenden besseren Möglichkeiten der Sachaufklärung ausnutzen.

3 Die anfängliche **Kritik** an der Vorschrift, die ein Machtungleichgewicht zu Lasten des Beschuldigten beanstandete,[12] ist weitgehend verstummt; in der praktischen Anwendung sind Unzuträglichkeiten nicht deutlich geworden. Das kann allerdings damit zusammenhängen, dass die Staatsanwaltschaft von Eigenvernehmungen zurückhaltend (und immer seltener) Gebrauch macht[13] und es offenbar zu einem Einsatz der Zwangsbefugnisse nur selten kommt.[14] Die bei der Schaffung der Vorschrift geäußerte Erwartung, dass es sich um den „praktisch bedeutsamsten Teil der Maßnahmen zur Konzentration des Ermittlungsverfahrens in der Hand der Staatsanwaltschaft" handele,[15] scheint sich nicht voll erfüllt zu haben. Aus der geringen Häufigkeit staatsanwaltschaftlicher Vernehmungen ergibt sich jedoch nicht die Bedeutungslosigkeit der Vorschrift; gerade in wichtigen Verfahren und für zentrale Vernehmungen vermittelt sie der Staatsanwaltschaft die erforderlichen Aufklärungsmöglichkeiten. Besonders wertvoll erscheint die Eigenvernehmung dabei zum einen durch die Möglichkeit direkter Rückfragen an den

---

6 *Rudolphi* ZRP **1976** 165, 167; vgl. auch *Kühne* 135 a.E.

7 *Lampe* NJW **1975** 195, 196; **a.A.** *Welp* Zwangsbefugnisse 6.

8 RegE 1. StVRG, BTDrucks. 7 551 S. 72.

9 KK/*Weingarten* 1, Schmitt/Köhler Schmitt/*Köhler* 1; SK/*Albrecht* 3; § 162, 7; *van Els*/*Hinkel* NJW **1977** 85; treffend „Pflicht zur Nutzung der Befugnisse nach pflichtgemäßem Ermessen" SSW/*Ziegler* 1; vgl. auch *Endriß* FS Rieß 65, 66, der die Frage für akademisch hält.

10 Vgl. auch LG Tübingen MDR **1989** 1015, wonach aus einer etwa bestehenden Rechtspflicht keine Konsequenzen für die Kontrollmöglichkeit des Ermittlungsrichters gezogen werden dürfen.

11 Vgl. näher § 162, 41.

12 Ausführlich *Welp* Zwangsbefugnisse; *Grünwald* Verh. d. 50 DJT (1974) Bd. I S. C 30 ff.; LR/*Meyer-Goßner*[23] 94 ff. m.w.N.; weiterhin AK/*Amelung* 1; ferner (überzogen) *Schumacher* Kontinuität und Diskontinuität im Strafverfahrensrecht (1987) 43 ff.

13 Nach dem statistischen Bericht der Staatsanwaltschaften wurden 2023 bei 5.569.896 erledigten Ermittlungsverfahren nur 7.325 Zeugenvernehmungen und 1.516 Sachverständigenanhörungen durch die Staatsanwaltschaft beim Landgericht und durch die Amtsanwaltschaft durchgeführt. Im Vergleich zu den Zahlen aus dem Jahr 2000 (117.733 Zeugenvernehmungen und 24.099 Sachverständigenanhörungen in 4.447.000 erledigten Ermittlungsverfahren) bedeutet dies einen Rückgang um Größenordnungen (nachdem die Zahlen in den Jahren davor relativ konstant gewesen waren; dazu LR/*Rieß*[25] 3 Fn. 14; zu älteren Werten LR/*Rieß*[24] Fn. 12 und *Rieß* FS Sarstedt 253, 264; zur Zahl der Beschuldigtenvernehmungen § 163a, 56).

14 Gerichtliche Entscheidungen nach § 161a Abs. 3 Satz 2 kommen offenbar sehr selten vor; vereinzelt veröffentlicht z.B. LG Hamburg NStZ **1983** 182 mit Anm. *Dahs*; BGH bei *Schmidt* MDR **1986** 179; BGH NStZ **1989** 539.

15 BTDrucks. 7 551 S. 72.

Zeugen, zum anderen durch den unmittelbaren Eindruck, den sich der Staatsanwalt dabei verschaffen kann.[16]

b) Inhalt der Vorschrift. Absatz 1 begründet für Zeugen und Sachverständige die Verpflichtungen, auf Ladung vor der Staatsanwaltschaft zu erscheinen, und, unabhängig davon, gegenüber der Staatsanwaltschaft wahrheitsgemäß (Rn. 12) uneidlich auszusagen. Beim **Sachverständigen** begründet er darüber hinaus die Auswahlbefugnis der Staatsanwaltschaft (Rn. 25) und in gleichem Umfang wie bei einer Heranziehung durch den Richter die Pflicht zur fristgerechten Gutachtenerstattung. **Absatz 2** räumt der Staatsanwaltschaft (nach **Absatz 4** auch der ersuchten) die zur Durchsetzung dieser Zeugen- und Sachverständigenpflichten erforderlichen Zwangsbefugnisse ein und behält dem Richter lediglich die Anordnung der Ordnungs- und Zwangshaft gegenüber Zeugen vor. **Absatz 3** eröffnet gegenüber der Anordnung von Zwangsmitteln und den Zeugen belastenden Entscheidungen nach § 68b Abs. 1 Satz 3 und Abs. 2 Satz 1 durch die Staatsanwaltschaft einen Antrag auf ermittlungsrichterliche Entscheidung, für den Satz 2 die dort genannten Vorschriften des allgemeinen Rechtsmittelrechts, des Beschwerderechts und des Kostenrechts für anwendbar erklärt. **Absatz 4** regelt die Möglichkeit von Ersuchen an andere Staatsanwaltschaften, **Absatz 5** die Hinzuziehung von Dolmetschern. 4

2. Zur Anwendung berechtigte Strafverfolgungsbehörde ist in erster Linie **die Staatsanwaltschaft.** Die Befugnisse nach § 161a stehen auch den **Amtsanwälten** zu, soweit sie selbstständig tätig werden dürfen (§ 142 Abs. 2 GVG).[17] Werden sie außerhalb ihrer gesetzlichen Zuständigkeit zur Unterstützung eines Staatsanwalts eingesetzt (Vor § 158, 33; § 161, 56), so gilt für sie § 161a nicht. Auch Wirtschaftsreferenten und andere mit Ermittlungstätigkeiten betraute Bedienstete der Staatsanwaltschaft, die nicht das Amt des Staatsanwaltes ausüben, haben diese Befugnisse nicht. Sie können zwar Zeugen und Sachverständige vernehmen, doch dürfen sie keine Zwangsmittel anordnen, und ihnen gegenüber besteht keine Aussagepflicht. In **Steuerstrafsachen** ist die **Finanzbehörde** zur Anwendung berechtigt, wenn sie das Steuerstrafverfahren selbstständig führt (§ 386 Abs. 2; § 399 Abs. 1 AO).[18] Die bloße Anwesenheit eines Staatsanwalts bei einer von einem Polizeibeamten im Übrigen selbstständig durchgeführten Vernehmung begründet nicht die Anwendung von § 161a.[19] Für die Pflichten von Zeugen bei einer Vernehmung durch Ermittlungspersonen der Staatsanwaltschaft und die in diesem Zusammenhang bestehenden Zwangsbefugnisse der Staatsanwaltschaft gilt nunmehr § 163 Abs. 3 und 4 Nr. 3. 5

Im **Bußgeldverfahren** gilt § 161a grundsätzlich für die Verwaltungsbehörde (§ 46 Abs. 2 OWiG).[20] Zeugen und Sachverständige sind also zum Erscheinen und zur Aussage verpflichtet; die Verwaltungsbehörde kann dies durch Ordnungsgeld erzwingen. Die An- 6

---

16 Ähnlich NK/*Heghmanns* 5. Zur Forderung nach Ausnutzung der Befugnisse LR/*Meyer-Goßner*[23] 97; *van Els/Hinkel* NJW **1977** 85; *Lampe* NJW **1975** 195, 199; *Herrmann* ZStW **89** (1977) 164, 189; *Schmidt-Leichner* NJW **1975** 417, 418; zurückhaltender *Rieß* FS Schäfer 155, 195 f.

17 KK/*Weingarten* 2, KMR/*Noltensmeier-von Osten* 1; MüKo/*Kölbel/Ibold* 18; kritisch (zu Unrecht) *G. Schmidt* DRiZ **1971** 77.

18 SK/*Albrecht* 2; *Selmer* (LV zu § 161) 62; näher § 160, 7 f.

19 Zutr. OLG Hamburg NStZ **2010** 716, 717 f.; HK/*Zöller* 1; Schmitt/Köhler/*Köhler* 2, 17; MüKo/*Kölbel/Ibold* 3; OK/*Sackreuther* 3; SK/*Albrecht* 2.

20 Göhler/*Bauer* § 59, 1; *Gillmeister* (LV zu § 164) 32.

ordnung der Vorführung ist jedoch im Bußgeldverfahren dem Richter vorbehalten (§ 46 Abs. 5 OWiG), und zwar auch dann, wenn die Staatsanwaltschaft Verfolgungsbehörde ist.[21]

7 **3. Zeitlicher Geltungsbereich.** Die Vorschrift gilt, soweit sie der Staatsanwaltschaft Zwangsbefugnisse einräumt, nur für das **Ermittlungsverfahren**. Nach Erhebung der öffentlichen Klage, also im Zwischenverfahren und im Hauptverfahren, ist die Staatsanwaltschaft zwar noch zu eigenen Ermittlungen befugt,[22] doch stützt sich diese Berechtigung nicht auf § 160 (vgl. § 160, 10). Zwangsbefugnisse stehen der Staatsanwaltschaft während des gerichtlichen Verfahrens nicht zu;[23] eine Aussagepflicht besteht ihr gegenüber nicht mehr.[24] Denn der Zweck des § 161a besteht darin, der Staatsanwaltschaft diejenigen Befugnisse einzuräumen, die sie wegen ihrer Verfahrensherrschaft für das Ermittlungsverfahren benötigt; diese Verfahrensherrschaft geht aber nach Klageerhebung auf das Gericht über, dem nunmehr die Sachverhaltsaufklärung obliegt. Der Staatsanwaltschaft in diesem Verfahrensstadium erzwingbare Vernehmungsbefugnisse einzuräumen, könnte nur zu Störungen der gerichtlichen Tätigkeit führen und würde ein sachlich nicht zu rechtfertigendes Ungleichgewicht zwischen Anklagebehörde und Beschuldigtem bewirken. An dieser Betrachtung vermögen auch der formelle Einschluss von § 162 Abs. 3 in die Verweisungen von Absatz 2 Satz 2 und Absatz 3 Satz 1 und der Hinweis auf die (damals erst geplante) Schaffung dieser Vorschrift in den Gesetzesmaterialien[25] nichts zu ändern,[26] da ein solcher apokrypher Verweis auf eine auch während des gerichtlichen Verfahrens zur Verfügung stehende Rechtsschutzmöglichkeit nicht genügt, die staatsanwaltlichen Zwangsbefugnisse als solche zu erweitern. Dagegen kann die Staatsanwaltschaft **nach rechtskräftigem Abschluss des Verfahrens**, etwa bei Ermittlungen zur Vorbereitung eines Wiederaufnahmeantrags, auf § 161a zurückgreifen.[27] Selbstverständlich gilt aber die Verweisung in Absatz 1 Satz 2 für etwaige staatsanwaltschaftliche Vernehmungen auch während des gerichtlichen Verfahrens insoweit, als die Staatsanwaltschaft zu den in § 52 Abs. 3, § 55 Abs. 2 vorgeschriebenen Belehrungen verpflichtet ist.

4. Vernehmung von Zeugen

8 **a) Allgemeines.** Absatz 1 begründet zwei zwar aufeinander bezogene, aber voneinander unabhängige Verpflichtungen für den Zeugen. Er ist einmal verpflichtet, auf ordnungsgemäße Ladung zum Zwecke der Vernehmung vor der Staatsanwaltschaft zu erscheinen, und zwar auch dann, wenn er ankündigt, von einem Zeugnisverweigerungsrecht Gebrauch machen zu wollen.[28] Unabhängig hiervon ist er – außer bei bestehendem Zeugnisverweigerungsrecht – zur Aussage gegenüber der Staatsanwaltschaft verpflichtet,[29] also auch dann, wenn er (etwa aus ermittlungstaktischen Gründen) von der Staatsanwaltschaft

21 Göhler/*Bauer* § 46, 33; zur Problematik auch *Welp* Zwangsbefugnisse 51 Fn. 144.
22 Vgl. LR/*Stuckenberg* § 202, 7; LR/*Gollwitzer*[25] Vor § 213, 17; *Engländer/Zimmermann* FS Beulke 699, 705 ff.; **a.A.** *Strauß* NStZ **2006** 556 ff.; näher § 160, 10.
23 Jedenfalls nicht ohne eine nicht an den Kontext des Ermittlungsverfahrens gebundene Ermächtigungsgrundlage, dazu eingehend *Engländer/Zimmermann* FS Beulke 699, 705 ff.
24 *Meyer-Goßner*[52] 1; MüKo/*Kölbel/Ibold* 19; SK/*Albrecht* 4; *Odenthal* StV **1991** 441, 446; **a.A.** *Gössel* § 11 B IIa; KK/*Weingarten* 1; KMR/*Noltensmeier-von Osten* 1; NK/*Heghmanns* 3.
25 Vgl. RegE BTDrucks. **16** 12098 S. 24.
26 So aber nunmehr KMR/*Noltensmeier-von Osten* 1; Schmitt/Köhler/*Köhler* 1.
27 Vgl. auch LR/*Schuster* § 362, 1; § 364b, 7; *Dünnebier* FS Peters II 333, 340.
28 KMR/*Noltensmeier-von Osten* 6; NK/*Heghmanns* 6.
29 Zu einer Einschränkung (Sozialgeheimnis) vgl. Rn. 18.

zum Zwecke der Vernehmung aufgesucht[30] oder wenn mit ihm ohne förmliche Ladung ein Vernehmungstermin vereinbart wird und er zu diesem erscheint.[31] Eine staatsanwaltliche Vernehmung, die diese Pflicht begründet, setzt dabei stets voraus, dass das Vernehmungsgespräch im Wesentlichen von einem Staatsanwalt selbst geführt wird, d.h. seine bloße Anwesenheit bei einer durch sonstige Ermittlungsbeamte vorgenommenen Vernehmung genügt insofern nicht.[32]

Eine **schriftliche Erklärung des Zeugen** kann anstelle der Vernehmung ausreichen[33] 9
oder sie ergänzen. Sie kann jedoch von der Staatsanwaltschaft nicht erzwungen werden; § 161a verpflichtet den Zeugen nur zu Aussage, nicht zur schriftlichen Auskunft (vgl. § 161, 22). Auch der Zeuge kann gegen den Willen der Staatsanwaltschaft seine Aussagepflicht nicht durch eine schriftliche Erklärung abwenden. Die **Herausgabepflicht nach § 95** kann nicht auf § 161a gestützt werden.[34]

b) Entsprechende Anwendung der §§ 48 bis 71. Die **entsprechende Anwendung** 10
der §§ 48 bis 71 ordnet Absatz 1 Satz 2 für staatsanwaltschaftliche Zeugenvernehmungen an; diese Bestimmungen gelten also nur insoweit, als sich nicht aus den Sonderregelungen der Vorschrift oder aus den Besonderheiten der Vernehmung durch eine nichtrichterliche Strafverfolgungsbehörde im Ermittlungsverfahren[35] ihre Unanwendbarkeit ergibt. **Unanwendbar** sind wegen Absatz 1 Satz 3 alle die Eidesleistung betreffenden Vorschriften, also die **§§ 59 bis 67**, ferner **§ 49 Satz 2, 3, § 50 Abs. 4 und § 68 Abs. 3 Satz 2**, die sich auf die Vernehmung in der Hauptverhandlung beziehen. Mit welchen Abweichungen und Einschränkungen die anderen Vorschriften gelten, ist an der jeweiligen Stelle erläutert. Wegen der Bedeutung der unverändert geltenden Bestimmungen wird im Einzelnen auf die entsprechenden Erläuterungen der §§ 48 ff. verwiesen.

c) Zeugenbeistand. Nach Absatz 1 Satz 2 i.V.m. § 68b kann sich der Zeuge wie bei 11
richterlichen Vernehmungen eines Rechtsanwalts als Zeugenbeistand bedienen; auf die Erl. bei LR/*Ignor*/*Bertheau* zu § 68b wird verwiesen. Ist der Zeuge **Verletzter**, so ergibt sich diese Befugnis zusätzlich aus § 406f Abs. 1; ihm kann darüber hinaus gestattet werden, eine andere Vertrauensperson bei seiner Vernehmung hinzuzuziehen (§ 406f Abs. 2), und nach § 406g Abs. 1 Satz 1 kann er sich des Beistands eines psychosozialen Prozessbegleiters bedienen. Die **Bestellung** eines Zeugenbeistands ist unter den Voraussetzungen von § 68b Abs. 2 vorgesehen, diejenige eines psychosozialen Prozessbegleiters unten denen von § 406g Abs. 3. Zum Rechtsbehelf gegen belastende Entscheidungen der Staatsanwaltschaft Rn. 50. Neben oder anstelle der Unterstützung durch einen Zeugenbeistand kommt nunmehr im Übrigen eine psychosoziale Prozessbegleitung nach § 406g in Betracht. Gegen die Zurückweisung einer Vertrauensperson bei der Vernehmung eines Verletzten als Zeugen ist wegen der Sonderregelung in § 406f Abs. 2 Satz 2 kein Rechtsbehelf gegeben.

d) Wahrheitspflicht. Mit der staatsbürgerlichen Pflicht des Zeugen zur Aussage vor 12
der Staatsanwaltschaft ist untrennbar die Verpflichtung zur Wahrheit und Vollständigkeit

---

30 SSW/*Ziegler* 6.
31 HK/*Zöller* 4; KK/*Weingarten* 4; NK/*Heghmanns* 9; Schmitt/Köhler/*Köhler* 2.
32 KMR/*Noltensmeier-von Osten* 3; NK/*Heghmanns* 10.
33 Vgl. Nr. 67 RiStBV; HK/*Zöller* 4; KK/*Weingarten* 4; MüKo/*Kölbel*/*Ibold* 3; *Jansen* 14 ff.
34 LG Kaiserslautern NStZ **1981** 438, 439 mit Anm. *Lilie*; LG Bonn NStZ **1983** 327 mit Anm. *Kurth*; vgl. LR/*Menges* § 95, 20 m.w.N., auch zur Gegenmeinung.
35 Vgl. RegE 1. StVRG, BTDrucks. 7 551 S. 73.

verbunden.[36] Die Verletzung dieser Pflicht ist für sich allein jedoch bei Aussagen vor dem Staatsanwalt nicht nach § 153 StGB strafbewehrt;[37] auch zur Entgegennahme eidesstattlicher Versicherungen ist der Staatsanwalt nicht befugt.[38] Prozessuale Sanktionen zieht die unwahre Aussage ebenfalls nicht nach sich; mit Zwangs- und Beugemaßnahmen darf die Wahrheit nicht erzwungen werden.[39] Bestehen Anhaltspunkte dafür, dass ein Zeuge die Unwahrheit sagt, so ist deshalb ggf. eine richterliche Vernehmung zu beantragen.

13 Die unwahre Aussage vor dem Staatsanwalt kann jedoch nach den §§ 145d, 164, 257 und 258 StGB **strafbar** sein, wenn dafür die jeweiligen Tatbestandsvoraussetzungen vorliegen. Bei der **Belehrung nach § 57** ist deshalb nicht nur auf die Wahrheitspflicht hinzuweisen; sofern es die Sachlage erfordert, kann auch ein Hinweis auf die Strafbarkeit nach diesen Vorschriften notwendig werden, da auch sie strafrechtliche Folgen einer unrichtigen Aussage darstellen.[40] Die Eidesbelehrung unterbleibt stets.

14 **e) Ladung des Zeugen/Terminsmitteilungen.** Die Ladung des Zeugen ist von der Staatsanwaltschaft selbst vorzunehmen; § 38 findet keine Anwendung.[41] Anders als bei richterlichen Vernehmungen (**§ 48**) ist die Staatsanwaltschaft nicht verpflichtet, den Zeugen unter Hinweis auf die gesetzlichen Folgen seines Ausbleibens zu laden; sie kann ihn formlos, ggf. unter Hinweis auf die gesetzliche Aussagepflicht nach Absatz 1 Satz 1[42] zur Vernehmung bitten, wenn sie von vornherein nicht beabsichtigt, von Zwangsmaßnahmen Gebrauch zu machen.[43] Andernfalls muss die Ladung[44] den Hinweis auf die Möglichkeit von Kostenauferlegung und Ordnungsgeld stets enthalten; auf die Möglichkeit der Anordnung der Haft durch den Richter (Absatz 2 Satz 2) braucht in keinem Fall hingewiesen zu werden.[45] Die **Vorführungsandrohung** braucht, anders als bei der Ladung zur gerichtlichen Vernehmung, nur dann in die Ladung aufgenommen zu werden, wenn die Staatsanwaltschaft sie auch durchzusetzen beabsichtigt.[46]

15 Der **Bundespräsident (§ 49)** wird nicht zur Vernehmung geladen; bestimmte **Verfassungsorgane** sind unter bestimmten Voraussetzungen stets an ihrem Amtssitz zu vernehmen **(§ 50)**. In diesem Rahmen können sie auch durch den Staatsanwalt vernommen werden.[47] Falls ihre Aussage in einer Hauptverhandlung verwertet werden soll, ist allerdings im Hinblick auf § 49 Satz 2, 3 und § 50 Abs. 4 schon im Ermittlungsverfahren eine richterliche Vernehmung vorzuziehen.

---

36 Bericht des BTRAussch. zum 1. StVRG, BTDrucks. 7 2600 S. 14; KK/*Weingarten* 4; SK/*Albrecht* 10; *Welp* Zwangsbefugnisse 31; *Schäfer/Fresemann/Hinrichs* Rn. 456; einschr. MüKo/*Kölbel/Ibold* 4.

37 Im Gesetzgebungsverfahren war die Frage bis zum Schluss umstritten, dazu jew. m.w.N. *Lampe* NJW **1975** 195, 196; *Welp* Zwangsbefugnisse 31 Fn. 85, 86, 90.

38 RGSt **37** 209; **47** 157; *Fischer/Anstötz* § 156, 5; KMR/*Noltensmeier-von Osten* § 161, 19; zur teilweise abw. Regelung im Bußgeldverfahren Göhler/*Bauer* Vor § 59, 59; § 52, 20; vgl. auch OLG Hamburg HESt **1** 39.

39 *Welp* Zwangsbefugnisse 32 f.; HK/*Zöller* 5; KMR/*Noltensmeier-von Osten* 8; MüKo/*Kölbel/Ibold* 4.

40 Vgl. LR/*Ignor/Bertheau* 57, 2; SSW/*Ziegler* 7; enger KK/*Weingarten* 9; Schmitt/Köhler/*Köhler* 2.

41 Allg. M.; vgl. etwa Schmitt/Köhler/*Köhler* 3; KMR/*Noltensmeier-von Osten* 15; MüKo/*Kölbel/Ibold* 9; SK/*Albrecht* 7; *Eisenberg* (Beweisrecht) Rn. 1078.

42 Schmitt/Köhler/*Köhler* 3.

43 Schmitt/Köhler/*Köhler* 5; HK/*Zöller* 5; SSW/*Ziegler* 5; **a.A.** KK/*Weingarten* 8; SK/*Albrecht* 6, die den Hinweis auf Kostenauferlegung und Ordnungsgeld stets für notwendig halten.

44 Zu Form und Inhalt LR/*Ignor/Bertheau* § 48, 5 ff.; ferner Schmitt/Köhler/*Köhler* 3; SK/*Albrecht* 6.

45 BTDrucks. 7 551 S. 73; im Schrifttum allg. M.

46 Ausführlich Schmitt/Köhler/*Köhler* 5; ferner AnwK/*Walther* 5; KK/*Weingarten* 8; **a.A.** Radtke/Hohmann/*Link* 2.

47 Vgl. LR/*Ignor/Bertheau* § 49, 3; § 50, 6.

Der **Zeugenbeistand** braucht weder geladen zu werden, noch muss er eine Terminsmitteilung erhalten; es ist Sache des Zeugen, ihn zu informieren.[48] Untersagt ist der Staatsanwaltschaft allerdings eine Terminsnachricht nicht, ggf. kann auch eine Terminabsprache mit ihm in Betracht kommen, falls der Zeuge in Anwesenheit des Beistandes aussagen will.[49] Ist der Zeugenbeistand verhindert, so soll dies nach der Rechtsprechung keinen Anspruch des Zeugen auf Terminsverlegung begründen; bleibt er fern, so wird dies als schuldhaft i.S. des § 51 Abs. 2 angesehen.[50] **Beschuldigte** und ihre **Verteidiger** erhalten, anders als bei richterlichen Vernehmungen (§ 168c Abs. 5), in der Regel keine Terminsmitteilung, weil sie kein Anwesenheitsrecht haben (Rn. 31).[51] Will ihnen die Staatsanwaltschaft jedoch die Anwesenheit gestatten, so kann sie diese Personen vom Termin benachrichtigen. Eine Terminsnachricht muss aber unterbleiben, soweit sie den Untersuchungszweck gefährden würde. 16

f) Weigerungsrechte. Die Zeugnis- und Auskunftsverweigerungsrechte nach den **§§ 52, 53, 53a, 55** sind auch vom Staatsanwalt zu beachten; die nach § 52 Abs. 3 Satz 1, § 55 Abs. 2 vorgeschriebenen Belehrungen obliegen dem Staatsanwalt. Dieser hat, falls sich der Zeuge auf seine Pflicht zur Amtsverschwiegenheit (§ 54) beruft, erforderlichenfalls die Aussagegenehmigung bei der zuständigen Behörde einzuholen. Soweit durch andere Gesetze, wie beispielsweise für die Mitglieder des Vorstandes der Rechtsanwaltskammer nach § 76 Abs. 2 BRAO ein Zeugnisverweigerungsrecht oder Aussageverbot für gerichtliche Verfahren begründet worden ist, gilt es auch bei staatsanwaltschaftlichen Vernehmungen, denn der Gesetzgeber hat der Staatsanwaltschaft, wie die Verweisung auf die §§ 52 ff. zeigt, insoweit keine weitergehenden Rechte eingeräumt, als sie dem Ermittlungsrichter bei einer gerichtlichen Vernehmung zustehen würden. Die **Glaubhaftmachung** der das Weigerungsrecht begründenden Tatsachen nach **§ 56** kann auch der Staatsanwalt verlangen; jedoch scheidet der Eid ebenso wie die eidesstattliche Versicherung als Mittel der Glaubhaftmachung aus. Wenn dem Zeugen, der ein Weigerungsrecht geltend macht, die Glaubhaftmachung nicht auf andere Weise (vgl. LR/*Ignor*/*Bertheau* § 56, 6), notfalls durch einfache Versicherung, möglich ist, muss ihm durch eine richterliche Vernehmung Gelegenheit zur Glaubhaftmachung nach § 56 Satz 2 gegeben werden. 17

Dem Amtsträger, der das **Sozialgeheimnis** (§ 35 SGB I) zu wahren hat, steht ein besonderes Zeugnisverweigerungsrecht gegenüber der Staatsanwaltschaft insoweit zu, als bestimmte Sozialdaten für ein Strafverfahren ohne schriftliches Einverständnis des Betroffenen nur aufgrund richterlicher Anordnung offenbart werden dürfen (vgl. näher § 161, 32 ff.). Soweit dieser Richtervorbehalt (§ 73 SGB X) reicht, ist der Zeuge bei einer Vernehmung durch die Staatsanwaltschaft grundsätzlich zur Aussage weder berechtigt noch verpflichtet.[52] Ist abzusehen, dass die Offenbarung solcher Daten eine Rolle spielen wird, so muss die Staatsanwaltschaft entweder eine richterliche Vernehmung beantragen oder sich um die Einwilligung des Betroffenen bemühen oder vor der Vernehmung eine richterliche Anordnung nach § 73 SGB X herbeiführen. Ähnliche Situationen können sich ergeben, 18

---

48 KK/*Weingarten* 8; HK/*Zöller* 5; NK/*Heghmanns* 13; OK/*Sackreuther* 9; teilweise **a.A.** SK/*Albrecht* 16; vgl. auch LR/*Wenske* § 406 f., 9.

49 Vgl. LR/*Ignor*/*Bertheau* Vor § 48, 21.

50 BGH NStZ **1989** 484 mit abl. Anm. *Krehl* NStZ **1990** 192; vgl. auch HK/*Zöller* 9; MüKo/*Kölbel*/*Ibold* 10; SK/*Albrecht* 16 (grundsätzlich Anspruch auf Terminsverlegung).

51 KK/*Weingarten* 8; KMR/*Noltensmeier-von Osten* 7; OK/*Sackreuther* 10; SSW/*Ziegler* 4; de lege ferenda krit. MüKo/*Kölbel*/*Ibold* 14.

52 *Ostendorf* DRiZ **1981** 4, 8.

wenn im Rahmen der aufgrund richterlicher Entscheidung zulässigen Durchbrechung des **Postgeheimnisses** die Aussage eines zu dessen Wahrung Verpflichteten in Frage kommt.[53]

19 Das sog. **Bankgeheimnis** greift gegenüber Ermittlungshandlungen der Strafverfolgungsbehörden nicht durch (näher § 161, 39). Ein Bankbediensteter kann deshalb auch bei staatsanwaltschaftlichen Vernehmungen die Aussage nicht unter Berufung hierauf verweigern.[54] Wegen der Erfüllung von Auskunftsersuchen der Staatsanwaltschaft s.o. § 161, 37.

20 **g) Durchführung der Vernehmung.** Auf die **Durchführung der Vernehmung** durch den Staatsanwalt sind grundsätzlich die **§§ 58, 58a, 68, 68a und 69** anzuwenden.[55] Es gelten der Grundsatz der **Einzelvernehmung** (§ 58 Abs. 1)[56] mit den durch die Zulässigkeit der Vernehmungsgegenüberstellung (§ 58 Abs. 2) eröffneten Ausnahmen, die Notwendigkeit, dem Zeugen **Personal- und Generalfragen** vorzulegen (§ 68 Abs. 1 Satz 1) und die Trennung der Vernehmung im zusammenhängenden **Bericht und** ergänzende **Befragung** (§ 69).[57] Nach § 136a untersagte Vernehmungsmethoden dürfen selbstverständlich nicht angewendet werden. Fragen, die dem Zeugen zur Unehre gereichen oder seinen persönlichen Lebensbereich betreffen, soll auch der Staatsanwalt dem Zeugen nur bei Unerlässlichkeit stellen (§ 68a Abs. 1); für die Feststellung von Vorstrafen gilt § 68a Abs. 2 mit der Maßgabe, dass ihre Ermittlung zum Zwecke der Feststellung des Vorliegens von Vereidigungshindernissen bei Vernehmungen durch die Staatsanwaltschaft regelmäßig nicht erforderlich sein wird.

21 **h) Beanstandung der Vernehmung.** Der Zeuge oder für ihn der Zeugenbeistand (vgl. § 406f Abs. 1 Satz 2) können die Art der Vernehmung, insbesondere den Verstoß gegen die §§ 58, 68a und 69 förmlich beanstanden, ebenso die Nichtanerkennung geltend gemachter Zeugnis- und Auskunftsverweigerungsrechte. Auch dem Beschuldigten oder seinem Vertreter dürfte dieses Beanstandungsrecht zustehen, falls er bei der Vernehmung anwesend ist. Über die Beanstandung entscheidet zunächst der die Vernehmung leitende Staatsanwalt. Weist er sie zurück und beharrt der Zeuge auf seiner Weigerung, so ließe sich eine gerichtliche Entscheidung nach dem Gesetzeswortlaut nur dadurch herbeiführen, dass der Staatsanwalt wegen unberechtigter Zeugnisverweigerung eine Maßnahme nach § 70 trifft und der Zeuge hiergegen den Rechtsbehelf nach Absatz 3 ergreift. Das belastet den an sich rechtstreuen Zeugen, der lediglich eine gerichtliche Klärung seiner Beanstandung wünscht, mit dem Risiko, im Falle einer Entscheidung zu seinen Ungunsten mit einer Ordnungsstrafe belegt zu werden.[58] Deshalb erscheint es rechtsstaatlich geboten, den Antrag auf gerichtliche Entscheidung nach Absatz 3 auch gegen eine Entscheidung der Staatsanwaltschaft zuzulassen, die ohne Festsetzung einer Maßnahme die Beanstandung durch den Zeugen zurückweist (s.u. Rn. 49).[59] Um dem Zeugen die Möglichkeit hierzu zu geben, sollte der vernehmende Staatsanwalt eine nicht offensichtlich unbegründete Beanstandung mit der Maßgabe

---

53 Vgl. dazu (zur damaligen Rechtslage) *Kurth* NStZ **1983** 541.

54 *Lilie* NStZ **1981** 440; *Ostendorf* DRiZ **1981** 4, 7; *Prost* NJW **1976** 214, 215; *Selmer* (LV zu § 161) 61.

55 Vgl. zur inhaltlichen Gestaltung der Vernehmung auch Schmitt/Köhler/*Köhler* 6 ff. Zur Beiordnung eines Zeugenbeistands nach § 68b s.o. Rn. 11a.

56 Großzügiger Begr. RegE 1. StVRG BTDrucks. 7 551 S. 73; dem folgend LR/*Meyer-Goßner*[23] 29.

57 Insoweit wiederum großzügiger BTDrucks. 7 551 S. 73 (wegen des nur formalen Charakters); LR/*Meyer-Goßner*[23] 33; wie hier Schmitt/Köhler/*Köhler* 8; HK/*Zöller* 8; SK/*Albrecht* 12; SSW/*Ziegler* 7.

58 Vgl. auch LG Hamburg NStZ **1983** 182, 183 mit Anm. *Dahs* (Reduzierung des Ordnungsgeldes, weil Weigerung rechtlich vertretbar).

59 Ebenso MüKo/*Kölbel/Ibold* 31; SK/*Albrecht* 13. Zum Ganzen auch *Bachmann* (Rechtsschutz, LV zu § 160) 148 ff. Vgl. auch den Vorschlag von *Dahs* NStZ **1983** 182, 184 (Aufhebung der Zwangsmaßnahme und Zurückverweisung mit der Anheimgabe einer neuen Vernehmung).

zurückzuweisen, dass die Festsetzung eines Ordnungsgeldes vorbehalten bleibt, wenn nicht binnen einer zugleich zu bestimmenden Frist ein Antrag auf gerichtliche Entscheidung gestellt wird.

i) Protokollierung. Maßgebend ist § 168b Abs. 2; auf die dortigen Erl. wird Bezug 22 genommen. Vernimmt die Staatsanwaltschaft einen Zeugen, den sie unter Androhung von Zwangsmaßnahmen förmlich geladen hat, so ist es regelmäßig nicht angebracht, von der Protokollierung wegen einer erheblichen Verzögerung der Ermittlungen abzusehen (vgl. § 168b, 10). Wird die Vernehmung ausnahmsweise nicht protokolliert, so ist mindestens ihr Ergebnis gemäß § 168b Abs. 1 aktenkundig zu machen.

j) Entschädigung. Nach § 1 Abs. 1 ZSEG werden Zeugen und Sachverständige bei ihrer 23 Heranziehung durch die Staatsanwaltschaft in gleicher Weise wie bei einer Inanspruchnahme durch den Richter entschädigt. Das ergibt sich unmittelbar aus diesem Gesetz; einer entsprechenden Anwendung des § 71 bedarf es daher nicht.

5. Gutachten von Sachverständigen

a) Allgemeines. Die Bedeutung von Absatz 1 Satz 1 für Sachverständige ist im Vorver- 24 fahren verhältnismäßig gering, da eine mündliche Gutachtenerstattung bei einer Vernehmung durch die Staatsanwaltschaft keine große Rolle spielt.[60] Von erheblicher praktischer, dogmatischer und rechtspolitischer Bedeutung ist aber die aus Absatz 1 Satz 2 folgende Konsequenz, dass die Auswahl des Sachverständigen im Vorverfahren dem Staatsanwalt zusteht (näher Rn. 25) und dass dieser die fristgerechte schriftliche Gutachtenerstattung auch mit Zwangsmitteln durchsetzen kann. Für die **entsprechende Anwendung** der §§ 72 ff. kommen von vornherein nur die §§ 73 bis 84 in Betracht, weil § 85 den Zeugenbeweis betrifft und die §§ 86 ff. den Augenschein regeln. § 72 gilt als Weiterverweisungsvorschrift insoweit, als die von ihm erfassten Vorschriften über die Zeugenvernehmung (vgl. die Erl. zu § 72) in dem Umfang für die Sachverständigentätigkeit im Ermittlungsverfahren gelten, wie sie für Zeugenvernehmungen anwendbar sind (vgl. Rn. 10). Im Übrigen sind **unanwendbar** oder nicht einschlägig die §§ 74,[61] 79, 81 und 81a bis 81h. Für die Entschädigung des Sachverständigen gilt das ZSEG unmittelbar (s.o. Rn. 23).

b) Auswahl des Sachverständigen. Aus § 161a folgt die Berechtigung des Staatsan- 25 walts, für das Vorverfahren den Sachverständigen im Sinne des § 73 auszuwählen, sodass diese Ernennung den Sachverständigen wie eine richterliche zum Tätigwerden verpflichtet.[62] Eine Ausnahme gilt infolge der in § 81f Abs. 2 Satz 1 getroffenen Regelung für die Bestellung eines Sachverständigen zur Durchführung einer DNA-Untersuchung, soweit dafür nach § 81f Abs. 1 Satz 1 auch im Ermittlungsverfahren der Ermittlungsrichter zuständig ist.[63] Für die Sachverständigenbegutachtung im gerichtlichen Verfahren nach Klageerhebung bindet diese Ernennung das Gericht rechtlich nicht; es kann nach § 73 andere Sachverständige bestellen (LR/*Krause* § 73, 2). Tatsächlich wird allerdings vielfach durch die

60 Zur Häufigkeit vgl. Rn. 3 Fn. 13.

61 Hier str.; dazu ausf. und m.w.N. LR/*Krause* § 74, 21 m.w.N.

62 Ebenso LG Trier NJW **1987** 722; AK/*Achenbach* 7 (mit krit. Bewertung); KK/*Weingarten* 10; Schmitt/Köhler/*Köhler* 12; KMR/*Noltensmeier-von Osten* 11; LR/*Krause* § 73, 2; SK/*Albrecht* 37; *Gössel* § 4 C IIb; *Roxin/Schünemann* § 27, 11; *Schlüchter* Rn. 526; *Grünwald* Verh. des 50. DJT (1974) Bd. I S. C 39; *E. Müller* NJW **1976** 1067; **a.A.** *Dippel* Die Stellung des Sachverständigen im Strafprozeß (1986) 82 f. m.w.N.

63 Vgl. dazu die Erl. zu § 81f bei LR/*Krause*.

Auswahlkompetenz der Staatsanwaltschaft auch der später in der Hauptverhandlung tätige Sachverständige vorbestimmt.[64] Bei einer Unterbringung zur Begutachtung in einem psychiatrischen Krankenhaus nach § 81 ist auch im Vorverfahren die Bestellung des Gutachters Sache des Gerichts.

26 Im Hinblick auf die **Bedeutung** auch **der Person des Sachverständigen**, namentlich bei einer psychiatrischen oder psychologischen Begutachtung, und der Wirkung auf das spätere gerichtliche Verfahren ist die einseitige Auswahlkompetenz der Staatsanwaltschaft jedenfalls bei Gutachten von erheblicher Bedeutung nicht unproblematisch.[65] Die Staatsanwaltschaft wird deshalb Nr. 70 Abs. 1 RiStBV sorgfältig zu beachten haben, wonach dem **Verteidiger** vor Auswahl des Sachverständigen Gelegenheit zur **Stellungnahme** zu geben ist, wenn es sich nicht um Routinegutachten handelt oder eine Gefährdung des Untersuchungszwecks oder eine Verfahrensverzögerung zu befürchten ist. Auch eine Fühlungnahme mit dem Vorsitzenden des für die Hauptverhandlung zuständigen Gerichts, falls dieses schon bekannt ist, kann sich empfehlen.[66] Um einen Konflikt mit der Verteidigung über die auszuwählende Person zu entschärfen, könnte die Staatsanwaltschaft evt. auch durch einen Antrag nach § 162 dem Ermittlungsrichter die Entscheidung überlassen.[67]

27 **c) Pflicht zur fristgerechten Gutachtenerstattung.** Der vom Staatsanwalt ausgewählte Sachverständige ist unter den gleichen Voraussetzungen wie der vom Gericht ausgewählte zur Gutachtenerstattung verpflichtet (vgl. die Erl. zu den §§ 75, 76); er kann hierzu ggf. mit Zwangsmitteln angehalten werden.[68] Dabei genügt es, wenn die Bereiterklärung (LR/*Krause* § 75, 6) der Staatsanwaltschaft gegenüber abgegeben wird. Die in Form einer Sollvorschrift vorgesehene **Fristabsprache** (§ 73 Abs. 1 Satz 2) trifft der Staatsanwalt und vermerkt das Ergebnis in den Akten.[69] Eine Entbindung des ausgewählten Sachverständigen von der Verpflichtung zur Gutachtenerstattung (§ 76 Abs. 1 Satz 2) wird beispielsweise dann in Betracht zu ziehen sein, wenn dieser von einem Verhältnis Anzeige macht, das zur Ablehnung des Sachverständigen berechtigen würde.

28 **d) Art der Gutachtenerstattung.** Für die Gutachtenerstattung gelten die §§ 78, 80 und 82, auf deren Erläuterung verwiesen wird, mit der Maßgabe, dass die dort dem Gericht zugewiesenen Aufgaben dem Staatsanwalt obliegen. Dieser hat also die Tätigkeit des Sachverständigen insbesondere dadurch zu leiten, dass er ihm einen klar umrissenen Auftrag erteilt und diesen ggf. mündlich erläutert und in Zweifelsfällen mit dem Sachverständigen erörtert,[70] ihn erforderlichenfalls über die verfahrensrechtlichen Vorschriften und die materielle Rechtslage unterrichtet und ihm die erforderlichen Anknüpfungstatsachen mitteilt und die notwendige weitere Aufklärung verschafft. Der Staatsanwalt hat ferner zu entscheiden (§ 83), ob er das Gutachten für ungenügend erachtet und deshalb

---

64 AK/*Achenbach* 7; *Kühne* Rn. 862.

65 Ausf. LR/*Krause* § 73, 2; vgl. auch *Kühne* Rn. 862; *Schäfer/Fresemann/Hinrichs* Rn. 467; *Krauß* ZStW **85** (1973) 320, 324 f. und 331 f.; *Erb* ZStW **121** (2009), 882, 894 f.; sowie vor allem *Dippel* Die Stellung des Sachverständigen im Strafprozeß (1986) 82 ff. mit Vorschlägen de lege ferenda S. 100 ff.

66 HbStrVf/*Jahn* II Rn. 183; HK/*Zöller* 10; KK/*Weingarten* 10; Schmitt/Köhler/*Köhler* 12; OK/*Sackreuther* 10; Radtke/Hohmann/*Link* 5; SSW/*Ziegler* 10; vgl. auch BGHSt **44** 26, 31 f.

67 Vgl. BGHSt **44** 26, 32; MüKo/*Kölbel/Ibold* 8; **a.A.** NK/*Heghmanns* 16; SK/*Albrecht* 38, wogegen indessen zu bemerken ist, dass die eigene Kompetenz zur Auswahl den StA nicht daran hindern muss, wie bei anderen „Untersuchungshandlungen" nach § 162 den Ermittlungsrichter damit zu beauftragen, vgl. § 162, 6.

68 LG Trier NJW **1987** 722.

69 KK/*Weingarten* 11; Schmitt/Köhler/*Köhler* 13.

70 Vgl. Nr. 72 Abs. 2 RiStBV; KK/*Weingarten* 11.

eine neue Begutachtung veranlassen will, oder ob er das Gutachten einer kollegialen Fachbehörde einholen will.

Ob das Gutachten **schriftlich oder** nur **mündlich** zu erstatten ist (§ 82), entscheidet 29
ebenfalls der Staatsanwalt; auch eine fernmündliche Mitteilung der Ergebnisse des Gutachtens ist zulässig und ebenso eine Kombination dergestalt, dass das Gutachten in seinem wesentlichen Inhalt zunächst mündlich erstattet, eine schriftliche Fassung aber nachgereicht wird. Wieweit die mündliche und in den Akten festzuhaltende Vorwegmitteilung des Gutachteninhalts eine ausreichende Entscheidungsgrundlage für die Anklageerhebung und Eröffnung darstellt, und das schriftliche Gutachten für das Hauptverfahren nachgereicht werden kann, ist eine Frage des Einzelfalles; regelmäßig wird erwartet werden können, dass der Sachverständige, der sich mündlich verbindlich äußert, auch zur schriftlichen Niederlegung seines Inhalts in kurzer Frist in der Lage sein muss.[71]

Soweit das Gutachten mündlich (auch fernmündlich) erstattet wird, ist es stets als 30
Ergebnis einer Untersuchungshandlung nach § 168b Abs. 1 **aktenkundig zu machen**, jedoch empfiehlt sich dieser formlose Weg in der Regel nur dann, wenn es sich um die Vorausmitteilung eines schriftlich nachzureichenden Gutachtens handelt. Wird das Gutachten nur mündlich erstattet, so ist die förmliche staatsanwaltschaftliche Vernehmung nach § 161a Abs. 1 Satz 1 und ihre Protokollierung nach § 168b Abs. 2 Satz 1 i.V.m. 168a vorzuziehen.[72] Eine solche Vernehmung kommt auch in Betracht, wenn eine ergänzende Erläuterung eines bereits schriftlich vorliegenden Gutachtens notwendig ist. Wegen der Anwesenheit des Verteidigers bei solchen Vernehmungen s.u. Rn. 34, wegen der Einsicht in die Gutachten Rn. 35.

6. Anwesenheits- und Informationsrechte des Beschuldigten und seines Verteidigers

a) Kein Anwesenheitsrecht bei Zeugenvernehmungen. Anders als bei richterlichen 31
Zeugenvernehmungen (vgl. § 168c) besteht bei staatsanwaltschaftlichen Zeugenvernehmungen kein Anwesenheitsrecht des Beschuldigten oder seines Verteidigers;[73] eine Terminsmitteilung ist deshalb nicht vorgeschrieben.[74] Dies gilt auch dann, wenn im Rahmen der Zeugenvernehmung eine **Identifizierungsgegenüberstellung** (vgl. LR/*Ignor/Bertheau* § 58, 11; § 168a, 18) mit dem Beschuldigten vorgenommen wird, denn insoweit handelt es sich allein um Zeugenvernehmungen.[75] Anderes gilt bei einer **Vernehmungsgegenüberstellung** (vgl. LR/*Ignor/Bertheau* § 58, 10), die gleichzeitig Beschuldigtenvernehmung und Zeugenvernehmung darstellt, und bei der sich deshalb das Anwesenheitsrecht des Verteidigers aus § 163a Abs. 3 Satz 2 i.V.m. § 168c Abs. 1 ergibt.[76]

---

71 Großzügiger Schmitt/Köhler/*Köhler* 14; im Wesentlichen wie hier HK/*Zöller* 10; KK/*Weingarten* 11; MüKo/*Kölbel/Ibold* 13.

72 Vgl. KK/*Weingarten* 11; Schmitt/Köhler/*Köhler* 14.

73 Begr. RegE 1. StVRG, BTDrucks. 7 551 S. 72; weitere Nachweise zum Gesetzgebungsverfahren bei *Welp* Zwangsbefugnisse S. 41 Fn. 144; vgl. im übrigen AK/*Achenbach* 4; KK/*Weingarten* 6; Schmitt/Köhler/*Köhler* 3; *Endriß* FS Rieß 65, 66; *Burhoff* (Ermittlungsv.) Rn. 1648. Nachweise zur früheren Kritik an dieser Regelung bei LR/*Meyer-Goßner*[23] 15 f.; ferner *Dahs* NJW **1985** 1113, 1118; *Mörsch* (LV Vor § 158) 101. Zu später vorgetragenen Forderungen etwa *Endriß* FS Rieß 65, 67 f. m.w.N.; „Eckpunkte" der Regierungsfraktionen in der 14. Legislaturperiode, StV **2001** 314, 315; Schünemann StraFo **2004** 293; *Satzger* Gutachten C zum 65. DJT (2004) 51 ff.; in den Beschl. des 65. DJT fand lediglich die Forderung nach einer Sollvorschrift bzgl. der Mitwirkung des Verteidigers eine knappe Mehrheit, vgl. NJW **2004** 3241, 3244.

74 S.o. Rn. 16.

75 KG NJW **1979** 1669.

76 KG NJW **1979** 1669.

32 Die Staatsanwaltschaft kann jedoch nach pflichtgemäßem Ermessen dem Beschuldigten oder seinem Verteidiger die **Anwesenheit** bei Zeugenvernehmungen **gestatten**, soweit dadurch nicht der Untersuchungszweck gefährdet wird.[77] In Hinblick auf die neuere Rechtsprechung des EGMR und des Bundesgerichtshofs zur Bedeutung der Gewährleistung des Fragerechts für die spätere Verwertbarkeit solcher Bekundungen bei der Urteilsfindung[78] wird – sofern in solchen Fällen nicht ohnehin eine richterliche Vernehmung vorzuziehen ist – dies namentlich dann in Betracht kommen, wenn mit der Möglichkeit zu rechnen ist, dass die Bekundungen des Zeugen ohne seine nochmalige Vernehmung in die Hauptverhandlung eingeführt werden müssen. In solchen Fällen kann es auch zweckmäßig sein, den Verteidiger vom Termin zu unterrichten, jedenfalls dann, wenn sein Interesse an der Teilnahme ersichtlich ist.[79] Entsprechend dem Rechtsgedanken des § 168c ist auch zu berücksichtigen, dass von der Teilnahme allein des Verteidigers nach der gesetzgeberischen Wertentscheidung in § 168c Abs. 3 (vgl. § 168c, 9) eine Gefährdung des Untersuchungszwecks in geringerem Maße ausgehen wird als von der des Beschuldigten selbst. Die Gestattung der Anwesenheit kann auf einzelne Abschnitte der Vernehmung beschränkt werden. Über die Zulassung von Fragen des anwesenden Verteidigers entscheidet der Staatsanwalt, da kein Anwesenheitsrecht besteht, nach pflichtgemäßem Ermessen (vgl. § 168c, 34 a.E.).

33 Auch **anderen Personen** kann der Staatsanwalt die Anwesenheit gestatten, sofern dadurch nicht der Untersuchungszweck gefährdet und der nichtöffentliche Charakter der Vernehmung beeinträchtigt wird (vgl. § 168c, 29 f.); in Betracht kommen namentlich Sachverständige und mit der Sachaufklärung befasste Polizeibeamte. Auch einem **Vertreter des Verletzten** kann bei Vernehmung anderer Zeugen[80] die Anwesenheit gestattet werden; wird sie zugleich dem Verteidiger versagt, so muss dabei berücksichtigt werden, ob dadurch Verteidigungsinteressen betroffen werden.

34 **b) Vernehmung von Sachverständigen.** Auch die **Vernehmung von Sachverständigen** ist in Bezug auf die Anwesenheitsbefugnisse nach h.M. wie diejenige von Zeugen zu behandeln.[81] Da § 147 Abs. 3 dem Verteidiger ein uneingeschränktes Einsichtsrecht in die in den Akten befindlichen Sachverständigengutachten gewährt und dieser von der Stellungnahme des Sachverständigen somit ohnehin jederzeit Kenntnis erlangen kann (vgl. auch Rn. 35), erscheint es angebracht, die Anwesenheitsgestattung für den Verteidiger hier großzügig zu handhaben.[82]

35 **c) Akteneinsicht.** Protokolle über staatsanwaltschaftliche Zeugenvernehmungen unterliegen dem Akteneinsichtsrecht des Verteidigers nach § 147 Abs. 1 mit den Beschränkungsmöglichkeiten nach § 147 Abs. 2. Dagegen darf dem Verteidiger die Einsicht in die **Sachverständigengutachten** nach § 147 Abs. 3 in keinem Falle versagt werden. Zu ihnen

---

77 Ebenso KK/*Weingarten* 6; weitergehend (wenn Gefährdung des Untersuchungszwecks ausgeschlossen, nach dem Grundsatz des „fair trial" verpflichtet) *Welp* Zwangsbefugnisse S. 42 Fn. 119; vgl. auch AK/*Achenbach* 11.

78 Dazu § 168c, 10 m.w.N.

79 MüKo/*Kölbel/Ibold* 15; Radtke/Hohmann/*Link* 7; enger (Anwesenheitsgestattung nur dann, wenn Verteidiger von sich aus zum Termin erscheint) KK/*Weingarten* 6.

80 Ebenso NK/*Heghmanns* 12; für den Fall der Vernehmung des Verletzten selbst als Zeugen s. § 406f Abs. 2 Satz 1 und oben Rn. 11.

81 AK/*Achenbach* 11; KK/*Weingarten* 6; Schmitt/Köhler/*Köhler* 15; *Stade* (LV Vor § 158) 210; *Toepel* Grundstrukturen des Sachverständigenbeweises im Strafprozeßrecht (2002) 305; **a.A.** LR/*Rieß*[25] 34; SK/*Albrecht* 43.

82 Für die Annahme eines Anwesenheitsrechts aus dieser Erwägung LR/*Rieß*[25] 34; SK/*Albrecht* 43; wie hier wohl SSW/*Ziegler* 12.

gehören auch die Niederschriften über die Vernehmung eines Sachverständigen sowie diejenigen Vermerke, in denen das mündlich oder fernmündlich mitgeteilte Ergebnis einer Sachverständigenbegutachtung nach § 168b Abs. 1 aktenkundig gemacht wird.

7. Zwangsmaßnahmen gegen Zeugen und Sachverständige

a) Allgemeines. Nach den auch für staatsanwaltschaftliche Vernehmungen und Gutachtenerstattungen im Auftrag des Staatsanwalts entsprechend geltenden §§ 48 bis 86 kommen im Falle des Ungehorsams folgende Zwangsmittel in Betracht: Bei unentschuldigtem Ausbleiben eines **Zeugen** Auferlegung der dadurch verursachten Kosten, Ordnungsgeld und im Falle seiner Nichtbeitreibbarkeit Ordnungshaft sowie zwangsweise Vorführung (§ 51), bei unberechtigter Aussageverweigerung Kostenauferlegung, Ordnungsgeld und im Falle der Nichtbeitreibbarkeit Ordnungshaft sowie zur Erzwingung der Aussage Erzwingungshaft (§ 70), bei unentschuldigtem Ausbleiben eines **Sachverständigen**, Verweigerung der Gutachtenerstattung oder der Fristvereinbarung sowie der Nichteinhaltung der Frist Ordnungsgeld sowie Kostenauferlegung. Soweit eine Vorführung zulässig ist, richtet sie sich nach § 135. All diese Zwangsmaßnahmen sind, soweit die jeweiligen gesetzlichen Voraussetzungen gegeben sind, auch bei staatsanwaltschaftlichen Vernehmungen und Aufträgen an Sachverständige zulässig, wie sich aus Absatz 2 Satz 1 ergibt. Absatz 2 teilt jedoch die **Anordnungskompetenz** auf. Zur Auferlegung der Kosten, zur Festsetzung von Ordnungsgeld und zur Anordnung der Vorführung ist der Staatsanwalt zuständig. Die Festsetzung der Ordnungs- und Zwangshaft ist aus verfassungsrechtlichen Gründen[83] dem Ermittlungsrichter (§§ 162, 169) vorbehalten. 36

Die jeweiligen **materiellen und formellen Voraussetzungen** für die Zulässigkeit der Zwangsmaßnahmen ergeben sich aus den §§ 51, 70, 77 und (wegen der Verweisung in § 51 Abs. 1 Satz 3) § 135. Auf die Erläuterung zu diesen Vorschriften wird daher insgesamt verwiesen. Die nachfolgende Kommentierung beschränkt sich auf die Darstellung der Abweichungen und Besonderheiten, die sich aus dem Charakter einer staatsanwaltschaftlichen Vernehmung und der Aufteilung der Anordnungskompetenz auf Staatsanwalt und Richter ergeben. 37

b) Kostenauferlegung und Ordnungsgeld bei Nichterscheinen des Zeugen. Dem Zeugen bei Nichterscheinen Kosten und Ordnungsgeld aufzuerlegen setzt voraus, dass der Zeuge unter Hinweis auf diese Möglichkeit geladen worden ist (§ 48) und sein Erscheinen nicht rechtzeitig (vgl. § 51 Abs. 2) genügend entschuldigt wird. Die Staatsanwaltschaft kann also diese Maßnahme nicht anordnen, wenn sie von einer förmlichen Ladung abgesehen hat (vgl. Rn. 14). Im Übrigen wird vielfach die Auffassung vertreten, dass sowohl die Auferlegung der Kosten wie die Festsetzung des Ordnungsgeldes zwingend vorgeschrieben seien.[84] Dem ist für die **Kosten** zuzustimmen, weil andernfalls die Staatskasse oder im Falle seiner Verurteilung der Beschuldigte ungerechtfertigt mit ihnen belastet werden könnte.[85] Von der Auferlegung der Kosten kann deshalb nur abgesehen werden, wenn, was bei staatsanwaltschaftlichen Vernehmungen nicht selten der Fall sein wird, erkennbar ist, dass solche nicht entstanden sind. Beim **Ordnungsgeld** dürfte es dem Grundsatz der freien Gestaltung des Ermittlungsverfahrens eher entsprechen, die Festsetzung namentlich im 38

---

83 Art. 104 Abs. 2 GG, vgl. RegE 1. StVRG, BTDrucks. 7 551 S. 73.

84 AK/*Achenbach* 13; AnwK/*Walther* 13; KK/*Weingarten* 12; KMR/*Noltensmeier-von Osten* 23; MüKo/*Kölbel*/*Ibold* 20; SK/*Albrecht* 20 ff.; **a.A.** (und wie hier) HbStrVf/*Jahn* II Rn. 176; HK/*Zöller* 11; NK/*Heghmanns* 21; *Eisenberg* (Beweisrecht) Rn. 1079; SSW/*Ziegler* 15.

85 Ebenso NK/*Heghmanns* 22.

Hinblick auf die Beschränkung in § 51 Abs. 1 Satz 4 dem pflichtgemäßen Ermessen der Staatsanwaltschaft zu überlassen. Die gegenteilige Annahme führt im Übrigen zu einem gravierenden Wertungswiderspruch gegenüber den weiten Ermessenspielräumen, die der Staatsanwaltschaft nach den §§ 153 ff. bei der Ahndung von Straftaten zustehen.

39 Zu den durch das Ausbleiben verursachten, dem ausgebliebenen Zeugen aufzuerlegenden **Kosten** gehören auch die Kosten einer Vorführung und der Vollstreckung des Ordnungshaftbeschlusses.[86] Die **Festsetzung** des Ordnungsgeldes und die Kostenauferlegung erfolgt durch **Verfügung der Staatsanwaltschaft**, die inhaltlich den Anforderungen an den in § 51 vorgesehenen Gerichtsbeschluss (LR/*Ignor*/*Bertheau* § 51, 26) entsprechen muss. Der Zeuge braucht vorher nicht gehört zu werden; rechtliches Gehör erhält er durch den Antrag nach Absatz 3. Die Verfügung ist dem Zeugen mitzuteilen; Zustellung ist nicht erforderlich.[87] Die **Vollstreckung** ist Sache der Staatsanwaltschaft.[88] Ordnungshaft braucht die Staatsanwaltschaft erst zu beantragen, wenn die Beitreibung des Ordnungsgelds vergeblich versucht worden ist.[89]

40 **c) Vorführung des Zeugen.** Sie ist gegen einen ordnungsgemäß geladenen, unentschuldigt ausgebliebenen Zeugen aufgrund eines schriftlichen Vorführungsbefehls der Staatsanwaltschaft zulässig,[90] wenn die Ladung eine Vorführungsandrohung enthielt (vgl. Rn. 14). Eine vorherige Anhörung des Zeugen ist nicht erforderlich und in der Regel untunlich.[91] Auch wenn die Staatsanwaltschaft die Vorführung in der Ladung angedroht hatte, steht ihr die Anordnung frei.[92] Die zwangsweise Vorführung, deren Dauer nach § 135 begrenzt ist, ist eine auch ohne richterliche Anordnung zulässige Freiheitsbeschränkung, keine nach Art. 104 Abs. 2 Satz 1 GG nur dem Richter vorbehaltene Freiheitsentziehung.[93] Nach der dies bestreitenden **Gegenmeinung**[94] verstößt die Kompetenz der Staatsanwaltschaft zur Vorführungsanordnung gegen Art. 104 Abs. 1 Satz 2 GG und ist damit nichtig. Nach ihr erfordert die Vorführung zu einer staatsanwaltschaftlichen Vernehmung eine von der Staatsanwaltschaft zu beantragende Anordnung des Ermittlungsrichters.

41 **Die Vollstreckung** des Vorführungsbefehls richtet sich nach § 135 i.V.m. § 51 Abs. 1 Satz 3.[95] Zur Durchführung der Vorführung wird sich die Staatsanwaltschaft der Polizei bedienen; dieser ist die Anwendung unmittelbaren Zwanges gestattet.[96] Zweifelhaft ist, ob die Polizei aufgrund des staatsanwaltschaftlichen Vorführungsbefehls die **Wohnung des Betroffenen** gegen dessen Willen **betreten** darf. Das Bundesverfassungsgericht (BVerfGE **51** 97, 107)

---

86 KK/*Weingarten* 13; Schmitt/Köhler/*Köhler* 16. Notwendige Auslagen des Beschuldigten (vgl. LR/*Ignor*/*Bertheau* § 51, 18) dürften im Falle des § 161a in der Regel nicht entstehen.

87 KK/*Weingarten* 12; KMR/*Noltensmeier-von Osten* 21.

88 Zur praktischen Ausführung SSW/*Ziegler* 16.

89 Schmitt/Köhler/*Köhler* 16.

90 Zur Kritik an dieser Regelung und ihrer Bewertung ausführlich LR/*Meyer-Goßner*[23] 59ff.

91 H.M., vgl. LR/*Ignor*/*Bertheau* § 51, 26 m.w.N.; ferner *Welp* Zwangsbefugnisse 24; **a.A.** *Enzian* JR **1975** 277.

92 KK/*Weingarten* 15; Schmitt/Köhler/*Köhler* 16; SK/*Albrecht* 6; *Welp* Zwangsbefugnisse 24.

93 HK/*Zöller* 11; KK/*Weingarten* 15; Schmitt/Köhler/*Köhler* 16; KMR/*Noltensmeier-von Osten* 20; MüKo/*Kölbel*/*Ibold* 21; Radtke/Hohmann/*Link* 8; SK/*Albrecht* 22; SSW/*Ziegler* 16; *Enzian* JR **1975** 277, 280; *Kay* Polizei **1987** 298; *Lampe* MDR **1974** 535; *ders.* NJW **1975** 195, 198; ausführlich dazu LR/*Meyer-Goßner*[23] 60; zur dahingehenden Auffassung des Gesetzgebers BTDrucks. 7 551, S. 72. Ebenso für den vergleichbaren Fall der Vorführung nach GeschlkrG BGHZ **82** 261; für die Vorführung nach dem WPflG BVerwG DÖV **1990** 76 (auch ohne vorherige Androhung).

94 Ausführlich AK/*Achenbach* 15 f.; *Eisenberg* (Beweisrecht) Rn. 1079; ebenso bereits früher *Lisken* NJW **1982** 1268; *Moritz* NJW **1977** 796; *Schnickmann* MDR **1976** 363, 367.

95 Näher LR/*Gleß* § 134, 8 bis 10; § 135, 4 ff.

96 Einzelheiten bei *Kay* Die Polizei **1987** 298.

hat dies für Zwangsvollstreckungsmaßnahmen des Gerichtsvollziehers im Hinblick auf den Richtervorbehalt des Art. 13 Abs. 2 GG verneint;[97] dagegen wird im richterlichen Vorführungsbefehl nach der h.M. zugleich die implizierte Befugnis zum Betreten und zur Durchsuchung der Wohnung des Betroffenen gesehen.[98] Mangels einer richterlichen Entscheidung wird dies für den staatsanwaltschaftlichen Vorführungsbefehl nicht angenommen werden können.[99] Das Betreten der Wohnung des Vorzuführenden und erst recht einer anderen Wohnung[100] gegen den Willen des Inhabers ist deshalb nur dann zulässig, wenn nach Lage des konkreten Einzelfalles Gefahr im Verzug vorliegt.[101] Ist bei Erlass des Vorführungsbefehls mit der Notwendigkeit zu rechnen, dass bei seiner Vollstreckung in das Grundrecht des Art. 13 GG eingegriffen werden muss, so muss die Staatsanwaltschaft daher beim Ermittlungsrichter den Erlass eines richterlichen Vorführungsbefehls beantragen.

d) Aussageverweigerung des Zeugen. Die Zwangsmaßnahmen nach § 70 setzen keine ordnungsgemäße Ladung des Zeugen voraus; sie sind auch zulässig, wenn der Zeuge ohne Ladung erscheint oder von der Staatsanwaltschaft aufgesucht wird.[102] Bevor sie festgesetzt werden, sind sie dem Zeugen anzudrohen (LR/*Ignor*/*Bertheau* § 70, 27). Sie sind auch bei Teilverweigerung der Aussage ohne gesetzlichen Grund zulässig, dürfen aber nicht zur Erzwingung einer wahrheitsgemäßen Aussage angewendet werden.[103] Die Auferlegung der durch die Weigerung verursachten Kosten ist obligatorisch (vgl. Rn. 38). Ob die Staatsanwaltschaft ein Ordnungsgeld festsetzt oder darüber hinaus die Anordnung von Zwangshaft beantragt, steht in ihrem pflichtgemäßen Ermessen.[104] Da diese Maßnahmen zeitlich beschränkt sind bzw. nicht wiederholt werden dürfen (§ 70 Abs. 4), muss es der Staatsanwaltschaft überlassen bleiben, sie erst im Zusammenhang mit einer richterlichen Vernehmung zu beantragen; zur Vollstreckung s.u. Rn. 46. 42

e) Maßnahmen gegen Sachverständige können nach § 77 nur in der Auferlegung der Kosten und der Festsetzung eines Ordnungsgeldes bestehen; mit Haft verbundene Zwangsmaßnahmen kennt das Gesetz nicht. Auch eine Vorführung des Sachverständigen ist nicht zulässig (LR/*Krause* § 77, 1). Zuständig für die Festsetzung der Zwangsmaßnahmen ist stets die Staatsanwaltschaft. Sofern durch das Nichterscheinen oder die Verweigerung der Gutachtenerstattung (§ 77 Abs. 1 Satz 1) Kosten entstanden sein können (Rn. 38), müssen diese dem Sachverständigen auferlegt werden. Die Festsetzung des Ordnungsgeldes steht stets, auch wenn sie nach § 77 Abs. 1 obligatorisch ist, im Ermessen der Staatsanwaltschaft.[105] 43

---

97 Vgl. insoweit auch die Neuregelung in § 758a ZPO.

98 Näher und krit. LR/*Gleß* § 134, 8a; LR/*Tsambikakis* § 105, 16 ff., jew. m.w.N.; ferner *Kaiser* NJW **1980** 875; SK/*Rogall* § 134, 14; *Benfer* NJW **1980** 1611; differenzierend *Kay* Die Polizei **1987** 298, 301.

99 BGH v. 28.8.2020 – 2 BGs 645/20, NStZ **2022** 559; KK/*Weingarten* 15; NK/*Heghmanns* 25; SK/*Albrecht* 28 m.w.N. Vgl. auch für den vergleichbaren Fall der Vorführung nach dem damaligen GeschlkrG BGHZ **82** 271, 275; vgl. ferner *Kay* Die Polizei **1987** 298, 301.

100 Insoweit wird auch bei richterlichen Vorführungsbefehlen eine implizierte Durchsuchungsbefugnis nach h.M. verneint; vgl. LR/*Gleß* § 134, 8a; LR/*Tsambikakis* § 105, 19 ff., jew. m.w.N.

101 Ebenso SSW/*Ziegler* 16.

102 AK/*Achenbach* 14; KK/*Weingarten* 16; Schmitt/Köhler/*Köhler* 17; SK/*Albrecht* 32; SSW/*Ziegler* 15.

103 Näher LR/*Ignor*/*Bertheau* § 70, 6; ebenso KK/*Weingarten* 16; vgl. bereits BGHSt **9** 362, 364; dazu kritisch *Welp* Zwangsbefugnisse S. 32 Fn. 89.

104 Näher oben Rn. 38.

105 Vgl. Rn. 38; **a.A.** KK/*Weingarten* 17.

44 **f) Haftanordnungen** (Ordnungshaft nach § 51 Abs. 1 Satz 2, § 70 Abs. 1 Satz 2 und Erzwingungshaft nach § 70 Abs. 2) sind gemäß Absatz 2 Satz 2 dem Gericht vorbehalten. Ausschließlich **zuständig** ist der Ermittlungsrichter (§ 162) des Amtsgerichts, in dessen Bezirk die antragstellende Staatsanwaltschaft ihren Sitz hat; das kann in den Fällen des Absatz 4 eine andere Staatsanwaltschaft als die sein, die das Ermittlungsverfahren führt. In den Fällen des § 169 ist auch der Ermittlungsrichter des Oberlandesgerichts oder des Bundesgerichtshofes zuständig. Die Anordnung setzt einen **Antrag** der Staatsanwaltschaft voraus, zu dem der Zeuge vor der richterlichen Entscheidung zu hören ist (§ 33 Abs. 3); bei Festsetzung der Ordnungshaft ist die Antragstellung regelmäßig erst dann veranlasst, wenn die Beitreibung des Ordnungsgeldes erfolglos versucht worden ist.[106]

45 Der **Richter hat zu prüfen**, ob die gesetzlichen Voraussetzungen für die Haftanordnung vorliegen (vgl. § 162 Abs. 2). Dazu gehört nicht nur, ob ein Ordnungsgeldbeschluss der Staatsanwaltschaft vorliegt und ob das Ordnungsgeld nicht beigetrieben werden konnte, sondern auch, ob die gesetzlichen Voraussetzungen für die Festsetzung des Ordnungsgeldes vorlagen, ob also in den Fällen des § 51 der Zeuge ordnungsgemäß geladen war und unentschuldigt ausgeblieben ist und ob in den Fällen des § 70 das Zeugnis ohne gesetzlichen Grund verweigert worden ist. Über die Dauer der Haft entscheidet der Richter; an den Antrag der Staatsanwaltschaft ist er nicht gebunden.[107] Bei der **Erzwingungshaft** erstreckt sich die richterliche Prüfung auch auf die Beachtung des Verhältnismäßigkeitsgrundsatzes.[108] Der Richter darf dagegen die Haftanordnung nicht deswegen ablehnen, weil er die Haft zur Erzwingung der Aussage nicht für zweckmäßig hält.

46 Der Richter entscheidet durch zu begründenden (§ 34) **Beschluss**, der dem Betroffenen und der Staatsanwaltschaft bekanntzumachen ist. Zustellung ist nicht erforderlich. Wegen der Anfechtbarkeit s.u. Rn. 64. Die **Vollstreckung** obliegt nach § 36 Abs. 2 Satz 1 der Staatsanwaltschaft; das gilt in den Fällen des § 161a auch für die Erzwingungshaft, da es sich um eine staatsanwaltschaftliche Vernehmung handelt und die bei einer richterlichen Vernehmung für die Vollstreckung durch das Gericht maßgebenden Gründe[109] hier nicht zutreffen.[110] Die Staatsanwaltschaft entscheidet hierbei zunächst über etwaige Vollstreckungshindernisse, hiergegen kann entsprechend § 98 Abs. 2 Satz 2 der Ermittlungsrichter angerufen werden.[111]

8. Antrag auf gerichtliche Entscheidung – Zulässigkeit

47 **a) Allgemeines.** Absatz 3 stellt in Satz 1 gegen Maßnahmen der Staatsanwaltschaft mit Eingriffscharakter nach Absatz 2 Satz 1 und in Satz 2 gegen dem Zeugen nachteilige Entscheidungen bei der Anwendung von § 68b einen **beschwerdeähnlichen** besonderen **Rechtsbehelf** zur Verfügung; er trägt damit dem Verfassungsgebot des Art. 19 Abs. 4 GG Rechnung. Über ihn entscheidet nach der durch das 2. ORRG im Jahre 2009 eingefügten Verweisung auf § 162 der Ermittlungsrichter. Dessen Entscheidung ist Absatz 3 Satz 4 unanfechtbar.[112] Dogmatisch handelt es sich bei dem Gegenstand dieses Rechtsbehelfs um die

---

106 Zu den Einzelheiten LR/*Ignor*/*Bertheau* § 51, 23; Anh. zu § 51, 5 f.; wegen der Erzwingungshaft LR/*Ignor*/*Bertheau* § 70, 15 ff.

107 Ebenso NK/*Heghmanns* 24.

108 Vgl. LR/*Ignor*/*Bertheau* § 70, 16; LR/*Erb* § 162, 35; MüKo/*Kölbel*/*Ibold* 26.

109 Vgl. LR/*Claus* § 36, 26 f.; LR/*Ignor*/*Bertheau* § 70, 29.

110 AK/*Achenbach* 14; HK/*Zöller* 11; Schmitt/Köhler/*Köhler* 17.

111 BGHSt **36** 155; MüKo/*Kölbel*/*Ibold* 27.

112 Zur Zuständigkeit, wenn der Generalbundesanwalt die Ermittlungen führt, BGHSt **39** 96, 98 und § 163a, 76.

Anfechtung von Justizverwaltungsakten im Sinne der §§ 23ff. EGGVG. § 161a Abs. 3 ist diesen Vorschriften gegenüber lex specialis und damit eine andere Vorschrift, nach der die ordentlichen Gerichte angerufen werden können, bei der es im Sinne des § 23 Abs. 3 EGGVG sein Bewenden hat.[113]

48 Zu dem in § 161a Abs. 3 eröffneten Sonderrechtsbehelf bestehen heute inhaltsgleiche Parallelregelungen (bis 2009 z.T. ausdrückliche Verweisungen) bei Entscheidungen im Zusammenhang mit der polizeilichen Vernehmung von Zeugen (§ 163 Abs. 5), bei dem staatsanwaltschaftlichen Vorführungsbefehl gegenüber dem Beschuldigten (§ 163a Abs. 3 Satz 3–5), bei der staatsanwaltschaftlichen Entscheidung über die Akteneinsicht des Verletzten (§ 406e Abs. 5 Satz 2–4), und über die Akteneinsicht und Auskunft an Dritte (§ 480 Abs. 3 Satz 1–3); abgesehen vom Fehlen einer § 161a Abs. 4 Satz 2 entsprechenden Vorschrift gilt dies im Übrigen auch für die staatsanwaltliche Entscheidung über die Akteneinsicht des Verteidigers (§ 147 Abs. 5 Satz 2 und 3). Damit erfasst ein entsprechend ausgestalteter Rechtsbehelf einen wesentlichen Teil der originären Eingriffskompetenz der Staatsanwaltschaft.[114] Es liegt daher nahe, ihn zumindest insoweit als Ausprägung eines allgemeinen Rechtsgedankens anzusehen, dass der Anwendungsbereich des § 161a Abs. 3 grundsätzlich **weit** und nicht etwa als Ausnahmevorschrift eng **auszulegen** ist.[115] Es ist deshalb geboten, über den Wortlaut des Absatz 3 Satz 1 hinaus den Antrag auf gerichtliche Entscheidung nicht nur für die in Absatz 2 Satz 1 genannten staatsanwaltschaftlichen Maßnahmen zu eröffnen, sondern auch für sonstige bei der staatsanwaltschaftlichen Vernehmung erforderlich werdenden Maßnahmen, bei denen wegen ihres Eingriffscharakters Art. 19 Abs. 4 GG eine gerichtliche Überprüfung gewährleistet (vgl. Rn. 50).[116] Die im Schrifttum früher teilweise erwogene darüber hinausgehende Lösung, § 161a Abs. 3 analog auf alle einer Rechtskontrolle bedürftigen originären Eingriffe der Staatsanwaltschaft anzuwenden,[117] hat keine weitere Verbreitung gefunden; insoweit dürfte nach heute allgemeiner Meinung die entsprechende Anwendung des § 98 Abs. 2 vorgezogen werden.[118]

49 **b) Kostenauferlegungs- und Ordnungshaftbeschlüsse, Vorführungsbefehl. Kostenauferlegungs-** und **Ordnungshaftbeschlüsse** sowie der **Vorführungsbefehl**[119] sind als Maßregeln nach den §§ 51, 70 und 77 nach Absatz 3 Satz 1 mit dem Antrag auf gerichtliche Entscheidung anfechtbar. Sofern man mit der in diesem Kommentar vertretenen Meinung (Rn. 21) der Auffassung ist, dass der Staatsanwalt bei Geltendmachung eines Zeugnis- oder Aussageverweigerungsrechts auch ohne Festsetzung einer Maßnahme nach § 70 die Weigerung zurückweisen kann, muss auch gegen diese Entscheidung der Antrag auf gerichtliche Entscheidung anerkannt werden. Bei der Auferlegung der Kosten ist der Antrag auch dann zulässig, wenn der Beschwerdegegenstand 200 € nicht übersteigt. Da § 304 in

---

113 Näher und ausf. LR/*Gerson* § 23 EGGVG, 96ff.; *Bachmann* (Rechtsschutz, LV zu § 160) 236. Ebenso *Schenke* NJW **1976** 1816, 1820; *Welp* Zwangsbefugnisse S. 27; teilw. anders *Amelung* Rechtsschutz gegen strafprozessuale Grundrechtseingriffe (1976) 31. Zu den Konsequenzen bei prozessualer Überholung s.u. Rn. 52.

114 Vgl. dazu *Rieß/Thym* GA **1981** 189, 192 Fn. 26, 28; 207ff.; Übersicht auch bei *Bachmann* (Rechtsschutz, LV § 169) 90ff.

115 Ebenso LR/*Gerson* § 23 EGGVG, 96; *Bachmann* (Rechtsschutz, LV § 160) 148, 236; **a.A.** KK/*Griesbaum*[4] 21 (abschließende Regelung); vgl. auch OLG Hamburg NStZ **1984** 566 (analoge Anwendung des § 98 Abs. 2 auf Zurückweisung eines Zeugenbeistandes).

116 Ebenso LR/*Gerson* § 23 EGGVG, 96; *Bachmann* (Rechtsschutz, LV zu § 160) 236.

117 So *Rieß/Thym* GA **1981** 189, 207f.

118 Dazu näher § 160, 70; ferner *Bachmann* (Rechtsschutz, LV zu § 160) 236; vgl. auch BGHSt **44** 171, 175 (für die erledigte vorläufige Festnahme nach § 127).

119 Zu diesem kritisch (Bedeutung der Überprüfungsmöglichkeit sei dunkel) *Roxin/Schünemann* § 31, 24; ihm folgend *Kühne* Rn. 461.

§ 161a Abs. 3 Satz 3 insgesamt nicht für anwendbar erklärt ist, findet nämlich auch die Wertgrenze des § 304 Abs. 3 keine Anwendung.[120]

50 **c) Zurückweisung eines Zeugenbeistands.** Die Zulässigkeit des Rechtsbehelfs gegen die **Zurückweisung eines anwaltlichen Zeugenbeistandes** durch die Staatsanwaltschaft wird durch Absatz 3 Satz 2 ausdrücklich eröffnet. Neben diesem (in § 68a Abs. 1 Satz 3 und 4) geregelten Fall ist auch die Ablehnung der Bestellung eines anwaltlichen Zeugenbeistands nach § 68b Abs. 2 eine von § 161a Abs. 3 Satz 2 erfasste Entscheidung. Wegen der Frage der prozessualen Überholung s.u. Rn. 52.

51 **d) Androhung der Vorführung/Ladung.** Nach heute h.M. ist auch schon die Androhung der Vorführung in der staatsanwaltschaftlichen Ladung mit dem Antrag nach Absatz 3 angreifbar.[121] Das ist früher namentlich deshalb bejaht worden, weil wegen der damaligen überwiegenden Auffassung zur prozessualen Überholung eine Kontrollmöglichkeit gegenüber der vollzogenen Vorführung vielfach verneint wurde.[122] An dieser Auffassung ist aber auch nach dem Rechtsprechungswandel hierzu festzuhalten, der in solchen Fällen regelmäßig ein Rechtsschutzinteresse nach der Erledigung der Maßnahme bejaht.[123] Denn einmal ist auch bei Anerkennung einer Beschwer trotz prozessualer Überholung der in der Vorführung liegende Eingriff nicht wieder rückgängig zu machen,[124] und außerdem lässt sich schon die Vorführungsandrohung dogmatisch als Rechtseingriff ansehen.[125] Dagegen ist gegen die bloße Ladung ohne Vorführungsandrohung der Antrag auf gerichtliche Entscheidung noch nicht zulässig.[126]

52 **e) Erfolgte Vorführung/Zurückweisung eines Zeugenbeistands.** Bei einer Vorführung und vielfach auch bei der Zurückweisung eines Zeugenbeistands wird die Maßnahme zu diesem Zeitpunkt in aller Regel vollständig erledigt sein. Mit Blick auf die durch Vorgabe des BVerfG, auch bei der Beschwerde in Fällen prozessualer Überholung ein **fortbestehendes Rechtsschutzinteresse** anzuerkennen, wenn es sich um einen tiefgreifenden Grundrechtseingriff handelt, gegen den die rechtzeitige Anrufung des Beschwerdegerichts typischerweise nicht möglich ist,[127] lässt sich ein solches zumindest bei der Vorführung

---

120 HK/*Zöller* 17; KK/*Weingarten* 23; KMR/*Noltensmeier-von Osten* 29; OK/*Sackreuther* 19; SK/*Albrecht* 51; BTDrucks. 7 551 S. 74.

121 Für den Beschuldigten BGHSt **39** 96, 98 JR **1994** 37 mit Anm. *Welp*; noch offengelassen in BGH NStZ **1989** 539; im Schrifttum etwa HK/*Zöller* 14; AnwK/*Walther* 22; KK/*Weingarten* 20; NK/*Heghmanns* 33; Schmitt/Köhler/*Köhler* 20; SK/*Albrecht* 47; LR/*Gerson* § 23 EGGVG, 97; LR/*Meyer-Goßner*[23] 73 f. (mit ausf. Begründung); *Burhoff* (Ermittlungsv.) Rn. 5512; *Eisenberg* (Beweisrecht) Rn. 1080a; *Welp* Zwangsbefugnisse S. 23; für die richterliche Ladung mit Vorführungsandrohung ebenso LR/*Gleß* § 133, 18 m.w.N.; **a.A.** SSW/*Ziegler* 19; vgl. im Übrigen AK/*Achenbach* 19, der (s.o. Rn. 40 a.E.) eine richterliche Vorführungsanordnung für erforderlich hält und deshalb (unzutreffend) ein Bedürfnis verneint. *Amelung* Rechtsschutz gegen strafprozessuale Grundrechtseingriffe (1976) 31 hat in solchen Fällen den Rechtsweg nach § 23 EGVG für gegeben gehalten.

122 Näher dazu LR/*Rieß*[24] 51 f.

123 Näher Rn. 52 und § 160, 70 m.w.N.

124 Vgl. *Welp* Zwangsbefugnisse S. 24 f.

125 Vgl. etwa KK/*Weingarten* 19; LR/*Meyer-Goßner*[23] 74; *Gössel* GA **1976** 60, 62; *Welp* Zwangsbefugnisse S. 17 f.

126 BGH NStZ **1989** 539 (auch bei Belehrung über die gesetzlichen Folgen des Ausbleibens nach § 51 Abs. 1 Satz 2); HK/*Zöller* 14; LR/*Gerson* § 23, 97 EGGVG; LR/*Gleß* § 133, 18; MüKo/*Kölbel/Ibold* 30; *Bachmann* (Rechtsschutz, LV zu § 160) 144 ff.; **a.A.** HbStrVf/*Jahn* II Rn. 172; NK/*Heghmanns* 33; SK/*Rogall* § 133, 17; SK/*Albrecht* 47; *Gössel* GA **1976** 60, 62; *Welp* Zwangsbefugnisse S. 17 f.; differenzierend *Eisenberg* (Beweisrecht) Rn. 1080a.

127 BVerfGE **96** 27; dazu näher LR/*Matt*[26] Vor § 304, 68 ff.; § 304, 53 ff., vgl. auch § 160, 69 ff.

mit einer tragfähigen Begründung wohl nicht mehr verneinen. Ob die Zurückweisung eines Zeugenbeistands das für einen „tiefgreifenden Grundrechtseingriff" erforderliche Gewicht aufweist, erscheint hingegen zweifelhaft. Hier liegt es deshalb nahe, ein besonderes **Feststellungsinteresse** an der Feststellung der Rechtswidrigkeit der erledigten Maßnahme zu verlangen, das bei der Zurückweisung eines Zeugenbeistands oder in vergleichbaren Fällen jedenfalls dann vorliegt, wenn mit weiteren Vernehmungen zu rechnen ist.[128]

9. Antrag auf gerichtliche Entscheidung – Verfahren

a) Allgemeines/Zuständigkeit. Für das Verfahren bestimmt Absatz 3 Satz 3 die entsprechende Anwendung des überwiegenden Teiles der allgemeinen Rechtsmittelvorschriften und der Vorschriften über die Beschwerde; auf die entsprechenden Erläuterungen wird generell Bezug genommen. **Unanwendbar** sind, namentlich weil sie von ihrem Regelungsgehalt nicht auf den Antrag passen, die §§ 296, 303, 304, 305, 305a, 310 und 311. 53

Sachlich zuständig ist nach Absatz 3 Satz 1 der Ermittlungsrichter. In Strafsachen, die im ersten Rechtszug nach §§ 120 oder 120b GVG zur Zuständigkeit des Oberlandesgerichts gehören, ist § 169 zu beachten. **Örtlich zuständig** ist nach § 162 Abs. 1 Satz 1 das Amtsgericht, in dessen Bezirk diejenige Staatsanwaltschaft ihren Sitz hat, also ggf. in den Fällen des Absatzes 4 das Amtsgericht, zu dessen Bezirk die ersuchte Staatsanwaltschaft gehört. 54

b) Antragstellung. Zur Antragstellung **befugt** sind der durch die Maßnahme Betroffene, also regelmäßig der Zeuge oder Sachverständige und für ihn sein Rechtsanwalt (§ 297) sowie der gesetzliche Vertreter (§ 298). Wird ein Zeugenbeistand zurückgewiesen, so ist er aus eigenem Recht antragsbefugt.[129] Wie in den Fällen der unmittelbaren Anwendung des § 51[130] ist im Übrigen auch der Beschuldigte antragsbefugt, wenn er durch eine Entscheidung über die Auferlegung der Kosten beschwert ist.[131] 55

Der Antrag kann **schriftlich** oder zu **Protokoll der Geschäftsstelle** der Staatsanwaltschaft gestellt werden (§ 306 Abs. 1), für den nicht auf freiem Fuß befindlichen Antragsteller gilt § 299. Der Antrag ist an **keine Frist** gebunden. Zur Frage der prozessualen Überholung s.o. Rn. 52; durch die Vollstreckung von Ordnungsgeld und Ordnungshaft tritt eine solche in keinem Fall ein.[132] Eine **Teilanfechtung** ist zulässig, soweit die angefochtenen Entscheidungsteile unabhängig von den bestehenbleibenden geprüft werden können;[133] etwa allein gegen die Festsetzung des Ordnungsgeldes bei Anerkennung der Kostenauferlegung oder allein gegen die Höhe des Ordnungsgeldes. **Verzicht und Rücknahme** sind nach allgemeinen Grundsätzen möglich.[134] 56

Der Antrag hat **keine aufschiebende Wirkung** (§ 307 Abs. 1), doch kann sowohl die Staatsanwaltschaft als auch das Gericht den Vollzug aussetzen (§ 307 Abs. 2). Das wird bei der Vollstreckung von Ordnungsgeldfestsetzungen regelmäßig geboten sein (vgl. auch § 9 57

---

128 Vgl. zum Ganzen MüKo/*Kölbel/Ibold* 32; NK/*Heghmanns* 35; SK/*Albrecht* 48; OK/*Sackreuther* 16; Radtke/Hohmann/*Link* 10; SSW/*Ziegler* 19.

129 HK/*Zöller* 14; **a.A.** NK/*Heghmanns* 34.

130 Vgl. LR/*Ignor/Bertheau* § 51, 30.

131 KK/*Weingarten* 18; Schmitt/Köhler/*Köhler* 19; SK/*Albrecht* 49; *Eisenberg* (Beweisrecht) Rn. 1081; zweifelnd LR/*Rieß*[25] 57.

132 LR/*Ignor/Bertheau* § 51, 31 m.w.N.

133 HK/*Zöller* 14; KK/*Weingarten* 23; Schmitt/Köhler/*Köhler* 21; KMR/*Noltensmeier-von Osten* 29; vgl. auch LR/*Matt*[26] Vor § 304, 16.

134 Vgl. die Erl. zu § 302.

Abs. 1 JBeitrG).[135] Wendet sich der Betroffene gegen einen noch nicht vollzogenen Vorführungsbefehl oder gegen die Androhung der Vorführung, so ist nach Lage des Einzelfalles zu beurteilen, ob dies Veranlassung geben kann, von dessen Vollstreckung oder weitergehend von der Durchführung der Vernehmung abzusehen.[136] Dementsprechend liegt es im (u.a. mit Blick auf die Eilbedürftigkeit der Vernehmung, die Wahrscheinlichkeit einer abweichenden gerichtlichen Entscheidung und die konkrete Bedeutung des anwaltlichen Beistands für den Zeugen auszuübenden) Ermessen der Staatsanwaltschaft, ob bei einem Ausschluss des Zeugenbeistands nach § 68b Abs. 1 Satz 3 oder einer Ablehnung der Bestellung eines solchen nach § 68b Abs. 2 die Vernehmung fortgesetzt oder bis zu einer Entscheidung des Gerichts zurückgestellt wird.[137]

58 **c) Verfahren.** Die Staatsanwaltschaft kann dem Antrag **abhelfen**, soweit sie ihn für begründet erachtet (§ 306 Abs. 2), andernfalls legt sie ihn dem Gericht mit ihrer Stellungnahme vor (§ 306 Abs. 2). Damit erhält sie zugleich die Möglichkeit zur Äußerung als Gegner im Sinne des § 308. Etwa noch erforderlich werdende **weitere Ermittlungen** veranlasst das Gericht (§ 308 Abs. 2), soweit sie nicht bereits vorher die Staatsanwaltschaft auf den Antrag hin durchgeführt hat. Soweit das Beschwerdegericht die Aufhebung eines Kostenauferlegungsbeschlusses beabsichtigt, ist auch der **Beschuldigte als Gegner** anzusehen und nach § 308 Abs. 1 zu hören.[138]

59 **d) Entscheidung.** Das Gericht entscheidet, wenn es den Antrag für begründet erachtet, regelmäßig in der Sache selbst (§ 309 Abs. 2); es hebt also etwa die beanstandete Maßnahme der Staatsanwaltschaft auf oder ändert sie ab.[139] Prüfungsmaßstab des Gerichts ist nur die Rechtmäßigkeit, nicht die Zweckmäßigkeit der beanstandeten Maßnahme.[140] Im Falle von § 163a Abs. 3 Satz 3 folgt dies aus dem Wortlaut der Vorschrift (vgl. § 163a, 76), und es ist nicht anzunehmen, dass der Gesetzgeber bei § 161a Abs. 3 eine weitergehende Prüfung zulassen wollte. Eine Verschärfung des Ordnungsmittels ist nicht zulässig.[141] Der Beschluss ist zu begründen und mit einer **Kostenentscheidung** zu versehen, für die § 473 entsprechend gilt;[142] hat der Antrag Erfolg, so sind dem Antragsteller die notwendigen Auslagen aus der Staatskasse zu erstatten.[143]

10. Ersuchte Staatsanwaltschaft

60 **a) Allgemeines.** Die Staatsanwaltschaft, die das Ermittlungsverfahren führt, kann eine andere Staatsanwaltschaft um die Vernehmung von Zeugen und Sachverständigen

---

135 AK/*Achenbach* 18; *Eisenberg* (Beweisrecht) Rn. 1081.

136 Weitergehend LR/*Meyer-Goßner*[23] 86.

137 KK/*Weingarten* 23; KMR/*Noltensmeier-von Osten* 25; Schmitt/Köhler/*Köhler* 21; OK/*Sackreuther* 17; **a.A.** HK/*Zöller* 15 (keine Fortsetzung bis zur Gelegenheit, ggf. anderen Zeugenbeistand zu kontaktieren); MüKo/*Kölbel/Ibold* 6 („Erscheinens- und Aussagepflicht ... bis zur richterlichen Entscheidung ausgesetzt"); SK/*Albrecht* 51 („nach Möglichkeit" abwarten); *Matt/Dierlamm/Schmidt* StV **2009** 715, 718 (zwischenzeitliches Zeugnisverweigerungsrecht).

138 Ebenso MüKo/*Kölbel/Ibold* 34.

139 Zu den Möglichkeiten einer Aufhebung und Zurückverweisung in besonderen Fällen vgl. *Dahs* NStZ **1983** 183, 184.

140 Ebenso *Pfeiffer* 9.

141 LR/*Ignor/Bertheau* § 51, 31 m.w.N.; vgl. auch LR/*Matt*[26] § 309, 22.

142 Vgl. LR/*Kurtze*[27] § 473, 13 f.

143 Vgl. auch OLG Hamm AnwBl. **1980** 167.

ersuchen.[144] Das ergibt sich aus allgemeinen Amtshilfegrundsätzen. Absatz 4 knüpft hieran an, indem er der ersuchten Staatsanwaltschaft die Befugnis zur Anwendung von Zwangsmaßnahmen einräumt. Ob die Staatsanwaltschaft, wenn eine Vernehmung in einem fremden Bezirk notwendig wird, diese, wozu sie berechtigt ist, dort selbst durchführt, ob sie den Ermittlungsrichter um die Durchführung der Vernehmung ersucht (§ 162 Abs. 1 Satz 1 und 3) oder ob sie eine andere Staatsanwaltschaft um die Vernehmungen ersucht, ist unter Berücksichtigung der Besonderheiten des jeweiligen Ermittlungsverfahrens nach pflichtgemäßem Ermessen zu entscheiden. In der Praxis wird das Ersuchen an eine andere Staatsanwaltschaft freilich nur bei Vorliegen besonderer Umstände in Betracht kommen;[145] i.d.R. dürfte es bei Eintritt der Notwendigkeit einer auswärtigen Vernehmung zweckmäßiger sein, eine Vernehmung beim örtlich zuständigen Ermittlungsrichter zu beantragen.[146] Ob die ersuchte Staatsanwaltschaft dem Ersuchen nachkommen muss, richtet sich nach allgemeinen Amtshilfegrundsätzen.[147]

b) Befugnisse und Zwangsmaßnahmen. Der ersuchten Staatsanwaltschaft stehen nach Absatz 4 die gleichen Zwangsmaßnahmen zu, die der ermittelnden (ersuchenden) Staatsanwaltschaft für den Fall zustehen würden, dass sie die Ermittlungshandlung selbst vornehmen würde. Die Erscheinens-, Aussage- und Gutachtenerstattungspflicht des Zeugen oder Sachverständigen besteht auch gegenüber der ersuchten Staatsanwaltschaft. Diese kann mit Vorführungsandrohung laden, die zwangsweise Vorführung anordnen, bei unentschuldigtem Ausbleiben oder bei Aussageverweigerung ein Ordnungsgeld und die Kostenfolge festsetzen und ggf. Ordnungs- und Erzwingungshaft beantragen. Dass die ersuchte Staatsanwaltschaft einen Sachverständigen bestellt oder mit ihm eine Fristabsprache trifft, ist rechtlich nicht ausgeschlossen,[148] dürfte aber praktisch bedeutungslos sein. 61

Durch die **Befugnis** der ersuchten Staatsanwaltschaft zur Anordnung von Zwangsmaßnahmen wird die Befugnis der **ersuchenden Staatsanwaltschaft nicht ausgeschlossen.**[149] Diese kann in ihrem Ersuchen die ersuchte Staatsanwaltschaft zur Vornahme bestimmter Zwangsmaßnahmen ausdrücklich ermächtigen oder sich alle oder einzelne Zwangsmaßnahmen ausdrücklich vorbehalten, was vor allem in den Fällen des § 70 oft zweckmäßig sein wird.[150] Hieran ist die ersuchte Staatsanwaltschaft **innerbehördlich gebunden**, doch sind Zwangsmaßnahmen, die sie entgegen dem Ersuchen trifft, wirksam.[151] Werden im Ersuchen bestimmte Zwangsmaßnahmen ausdrücklich erbeten, so ist die ersuchte Staatsanwaltschaft hieran nicht gebunden, wenn sich die Sachlage erkennbar geändert hat; in Zweifelsfällen wird die ersuchte Staatsanwaltschaft bei der ersuchenden rückfragen. Bei einer von der ersuchten Staatsanwaltschaft angeordneten, aber noch nicht vollzogenen Maßnahme ist die ersuchende Staatsanwaltschaft berechtigt, die Maßnahme 62

---

144 Dazu kritisch *Welp* Zwangsbefugnisse S. 48; dagegen zu Recht LR/*Meyer-Goßner*[23] 92.

145 AK/*Achenbach* 21; AnwK/*Walther* 30; KK/*Weingarten* 25 (z.B. bei Eilbedürftigkeit, wenn eine Vernehmung durch die Polizei abgelehnt wird und der ersuchte StA schneller zu erreichen ist als der Ermittlungsrichter); Schmitt/Köhler/*Köhler* 23 (dann, wenn die andere StA mit den betreffenden Vorgängen aus anderen Verfahren vertraut ist, oder beim Ersuchen einer auswärtigen Polizeibehörde nach § 160 Abs. 2 für den Fall, dass der Einsatz von Zwangsmaßnahmen erforderlich wird).

146 NK/*Heghmanns* 31.

147 Vgl. insoweit als Anhaltspunkt § 5 VwVfG; vgl. aber § 2 Abs. 2 Nr. 2 VwVfG.

148 **A.A.** (Ersuchen um Beauftragung eines Sachverständigen oder um Fristabsprache mit diesem) KK/*Weingarten* 25; gegen die Zulässigkeit eines Ersuchens um Fristabsprache auch Schmitt/Köhler/*Köhler* 23.

149 KK/*Weingarten* 25, KMR/*Noltensmeier-von Osten* 32.

150 KK/*Weingarten* 25, wohl enger Schmitt/Köhler/*Köhler* 23.

151 AK/*Achenbach* 21; HK/*Zöller* 19; KK/*Weingarten* 25; KMR/*Noltensmeier-von Osten* 32; MüKo/*Kölbel*/*Ibold* 28.

aufzuheben oder auf einen Antrag zur Festsetzung von Ordnungshaft in dem Fall, dass ein festgesetztes Ordnungsgeld nicht beigetrieben werden kann, zu verzichten.

63 **c) Zuständigkeit für gerichtliche Entscheidungen.** Die **Zuständigkeit für gerichtliche Entscheidungen** richtet sich in den Fällen des Absatzes 3 danach, welche Staatsanwaltschaft die Maßnahme getroffen hat. Ist dies die ersuchte Staatsanwaltschaft, so entscheidet das Amtsgericht, bei dessen Landgericht sie gebildet ist; die ersuchende Staatsanwaltschaft wirkt diesem gegenüber am Verfahren nicht mit. Wird eine richterliche Haftanordnung beantragt, so ist maßgebend, welche Staatsanwaltschaft den Antrag stellt (Absatz 2 Satz 2).

64 **11. Anfechtbarkeit.** Gegen die gerichtliche Entscheidung nach Absatz 3 ist gemäß dessen Satz 4 kein Rechtsmittel statthaft; damit ist auch die damit zu verbindende Kostenentscheidung unanfechtbar (§ 473a i.V.m. § 464 Abs. 3 Satz 1, zweiter Halbsatz).[152] Dagegen ist gegen die Festsetzung der Ordnungs- und Zwangshaft durch den Richter nach Absatz 2 Satz 2 nach den allgemeinen Grundsätzen Beschwerde zulässig.[153]

65 **12. Hinzuziehung eines Dolmetschers.** Die durch das 3. ORRG in Absatz 5 eingeführte Verweisung auf § 185 Abs. 1 und 2 (nicht hingegen 1a) GVG dient der Umsetzung von Art. 7 Abs. 1 der Opferschutzrichtlinie,[154] geht aber über deren Anforderungen hinaus, indem sie nicht auf nebenklageberechtigte Personen beschränkt ist.[155] Entgegen der Idee des Gesetzgebers, eine allgemeine Neuregelung für Opferzeugen zu schaffen,[156] gilt sie in Ermangelung des Eingangs einer solchen Beschränkung in das Gesetz im Übrigen nicht nur für solche, sondern unterschiedslos **für alle Zeugen**. Die Voraussetzungen, unter denen bei der Vernehmung eines der deutschen Sprache nicht hinreichend mächtigen Zeugen hiernach ein Dolmetscher zuzuziehen ist, sind infolge der Verweisung die gleichen wie im gerichtlichen Verfahren; insofern ist in vollem Umfang auf die Kommentierung von § 185 Abs. 1 und 2 GVG zu verweisen. Die frühere Handhabung in der Praxis dürfte im Wesentlichen bereits der nunmehr bestehenden Gesetzeslage entsprochen haben.[157]

§ 162
Ermittlungsrichter

(1) ^{1}Erachtet die Staatsanwaltschaft die Vornahme einer gerichtlichen Untersuchungshandlung für erforderlich, so stellt sie ihre Anträge vor Erhebung der öffentlichen Klage bei dem Amtsgericht, in dessen Bezirk sie oder ihre den Antrag stellende Zweigstelle ihren Sitz hat. ^{2}Hält sie daneben den Erlass eines Haft- oder Unterbringungsbefehls für erforderlich, so kann sie, unbeschadet der §§ 125, 126a, auch einen solchen Antrag bei dem in Satz 1 bezeichneten Gericht stellen. ^{3}Für ge-

152 HK/*Zöller* 18; KK/*Weingarten* 24; Schmitt/Köhler/*Köhler* 22; MüKo/*Kölbel*/*Ibold* 34; SK/*Albrecht* 52; *Eisenberg* (Beweisrecht) Rn. 1081b.
153 Allg. M. Zu den verfassungsrechtlichen Anforderungen an die Begründung der Beschwerdeentscheidung in solchen Fällen, wenn das Beschwerdegericht in Abweichung von der Entscheidung des Ermittlungsrichters eine derartige Haft anordnen will, BVerfG (Kammerentscheidung) NStZ **2001** 103.
154 RL 2012/29/EU, ABlEU Nr. L 315 v. 14.11.2012, S. 57.
155 Vgl. RegE BTDrucks. **18** 4621 S. 25.
156 So ausdrücklich RegE BTDrucks. **18** 4621 S. 25.
157 Vgl. SSW/*Ziegler* 25.

richtliche Vernehmungen und Augenscheinnahmen ist das Amtsgericht zuständig, in dessen Bezirk diese Untersuchungshandlungen vorzunehmen sind, wenn die Staatsanwaltschaft dies zur Beschleunigung des Verfahrens oder zur Vermeidung von Belastungen Betroffener dort beantragt.

(2) Das Gericht hat zu prüfen, ob die beantragte Handlung nach den Umständen des Falles gesetzlich zulässig ist.

(3) [1]Nach Erhebung der öffentlichen Klage ist das Gericht zuständig, das mit der Sache befasst ist. [2]Während des Revisionsverfahrens ist das Gericht zuständig, dessen Urteil angefochten ist. [3]Nach rechtskräftigem Abschluss des Verfahrens gelten die Absätze 1 und 2 entsprechend. [4]Nach einem Antrag auf Wiederaufnahme ist das für die Entscheidungen im Wiederaufnahmeverfahren zuständige Gericht zuständig.

Schrifttum

Asbrock Der Richtervorbehalt, prozedurale Grundrechtssicherung oder rechtsstaatliches Trostpflaster? ZRP **1998** 17; *Beichel/Kieninger* „Gefahr im Verzug" auf Grund Selbstausschaltung des erreichbaren, jedoch „unwilligen" Bereitschaftsrichters? NStZ **2003** 10; *Benfer* Anordnung von Grundrechtseingriffen durch Richter und Staatsanwalt und Verpflichtung zum Vollzug, NJW **1981** 1245; *Bötticher/Landau* Plädoyer für eine Stärkung des Richters im Ermittlungsverfahren, FS II BGH (2000) 555; *Brüning* Der Richtervorbehalt im strafrechtlichen Ermittlungsverfahren (2005); *Brüning/Wenske* Der Ermittlungsrichter – Ein Hilfsorgan der Staatsanwaltschaft? ZIS **2008** 340; *Burhoff* Durchsuchung und Beschlagnahme, StraFo **2005** 140; *Einmahl* Gefahr im Verzug und Erreichbarkeit des Ermittlungsrichters bei Durchsuchungen und Beschlagnahmen, NJW **2001** 1393; *van Els/Hinkel* Kompetenzverteilung zwischen Richter und Staatsanwalt im Ermittlungsverfahren, NJW **1977** 85; *Fuhrmann* Die Befugnisse des Amtsrichters bei der Prüfung eines Antrags der Staatsanwaltschaft auf Vernehmung des Beschuldigten, JR **1965** 253; *Geppert* Kontroll- und Förderungspflicht des Ermittlungsrichters, DRiZ **1992** 405; *Gusy* Grundrechtssicherung durch Richtervorbehalte, FS Paeffgen (2015) 407; *Hilger* Über den „Richtervorbehalt" im Ermittlungsverfahren, GedS Meyer (1990) 209; *Hofmann* Der „unwillige" Bereitschaftsrichter und Durchsuchungsanordnungen wegen Gefahr im Verzug, NStZ **2003** 230; *Kintzi* Die Tätigkeit des Ermittlungsrichters im Ermittlungsverfahren und Richtervorbehalt, DRiZ **2004** 83; *Kittel* Zur Bedeutung des Begriffs „Richterliche Untersuchungshandlung" im Sinne des § 162 StPO, JR **1966** 124; *Koch* Zum Umfang richterlicher Prüfung nach § 162 Abs. 2 StPO, NJW **1968** 1316; *Krehl* Richtervorbehalt und Durchsuchungen außerhalb gewöhnlicher Dienstzeiten, NStZ **2003** 461; *Kubick* Zur Verpflichtung des Amtsrichters, Rechtshilfeersuchen der Staatsanwaltschaft nachzukommen, DRiZ **1976** 114; *Landau/Sander* Ermittlungsrichterliche Entscheidungen und ihre Revisibilität, StraFo **1998** 397; *Lin* Richtervorbehalt und Rechtsschutz gegen strafprozessuale Grundrechtseingriffe (1998, zugleich Diss. München); *Loh* Örtliche Zuständigkeit und Rechtsmittelbefugnis der Staatsanwaltschaft, MDR **1970** 812; *Morré/Bruns* Einfluß verdeckter Ermittlungen auf die Struktur des strafrechtlichen Ermittlungsverfahrens, FS BGH (2000) 581; *Nehm* Umfang der Bindung des Ermittlungsrichters an Anträge der Staatsanwaltschaft, FS Meyer-Goßner (2001) 277; *Nelles* Kompetenzen und Ausnahmekompetenzen in der StPO (1980); *Prechtel* Das Verhältnis der Staatsanwaltschaft zum Ermittlungsrichter (1995, zugleich Diss. München); *Rautenberg* Das zur Anordnung der Leichenöffnung grundsätzlich zuständige Amtsgericht, SchlHA **1985** 17; *Rieß* Die Prüfungskompetenz des Ermittlungsrichters, NStZ **1991** 513; *Roxin* Zur richterlichen Kontrolle von Durchsuchungen und Beschlagnahmen, StV **1997** 654; *Schäfer* Vom Umgang mit dem Ermittlungsrichter, FS Roxin II (2011) 1299; *Schellenberg* Zu den Formerfordernissen staatsanwaltschaftlicher Anträge im Ermittlungsverfahren, MDR **1991** 210; *ders.* Zur Zulässigkeit staatsanwaltschaftlicher Vernehmungsersuchen im Ermittlungsverfahren, NStZ **1991** 72; *Schlothauer* Ermittlungsrichterliche Entscheidungen und ihre Revisibilität, StraFo **1998** 402; *Schnarr* Zur Verknüpfung von Richtervorbehalt, staatsanwaltschaftlicher Eilanordnung und richterlicher Bestätigung, NStZ **1991** 209; *Schulz* Letztmals: Der „unwillige" Bereitschaftsrichter und Durchsuchungsanordnungen wegen Gefahr im Verzuge, NStZ **2003** 635; *Spaniol* Grundrechtsschutz im Ermittlungsverfahren durch qualifizierten Richtervorbehalt und wirksame richterliche Kontrolle, FS Eser (2005) 473; *Steinmetz* Welcher Ermittlungsrichter ist im Fall des

§ 145 Abs. 1 GVG örtlich zuständig? SchlHA **2005** 147; *Thewes* Richter, Notstaatsanwalt und Notverwaltungsbehörde, NJW **2015** 2845; *Wiesneth* Handbuch für das ermittlungsrichterliche Verfahren (2006).

Entstehungsgeschichte

Bezeichnung bis 1924: § 160. Durch Art. 1 Nr. 44 des 1. StVRG wurden in dem bis dahin nur aus Satz 1 bestehenden Absatz 1 die Sätze 2 und 3 angefügt. Zugleich erhielt die Vorschrift einen neuen Absatz 2, während der vormalige (und heutige) Absatz 2 zwischenzeitlich Absatz 3 wurde. In Absatz 1 Satz 1 wurden außerdem die Worte „Amtsrichter des Bezirks, in dem" durch die Worte „Amtsgericht, in dessen Bezirk" und im damaligen Absatz 3 das Wort „Amtsrichter" durch „Richter" ersetzt. Die Vorschrift lautete hiernach bis 2007:

(1) [1]Erachtet die Staatsanwaltschaft die Vornahme einer richterlichen Untersuchungshandlung für erforderlich, so stellt sie ihre Anträge bei dem Amtsgericht, in dessen Bezirk diese Handlung vorzunehmen ist. [2]Hält sie richterliche Anordnungen für die Vornahme von Untersuchungshandlungen in mehr als einem Bezirk für erforderlich, so stellt sie ihre Anträge bei dem Amtsgericht, in dessen Bezirk sie ihren Sitz hat. [3]Satz 2 gilt nicht für richterliche Vernehmungen sowie dann, wenn die Staatsanwaltschaft den Untersuchungserfolg durch eine Verzögerung für gefährdet erachtet, die durch einen Antrag bei dem nach Satz 2 zuständigen Amtsgericht eintreten würde.
(2) Die Zuständigkeit des Amtsgerichts wird durch eine nach der Antragstellung eintretende Veränderung der sie begründenden Umstände nicht berührt.
(3) Der Richter hat zu prüfen, ob die beantragte Handlung nach den Umständen des Falles gesetzlich zulässig ist.

Durch Art. 1 Nr. 15 TKÜG vom 21.12.2007, BGBl. I S. 3198, erhielt Absatz 1 mit Wirkung zum 1.1.2008 im Wesentlichen die vorliegende Fassung, zunächst allerdings ohne die ausdrückliche Einschränkung „vor Erhebung der öffentlichen Klage". Zugleich wurde der alte Absatz 2 gestrichen und der frühere Absatz 3 wurde bei gleichzeitiger redaktioneller Anpassung an den neuen Sprachgebrauch der StPO (Ersetzung der Wendung „Der Richter hat zu prüfen ..." durch „Das Gericht hat zu prüfen ...") ohne inhaltliche Änderung zum neuen Absatz 2. Durch Art. 1 Nr. 12 des Gesetzes zur Änderung des Untersuchungshaftrechts vom 29.7.2009, BGBl. I S. 2274 (Nr. 48) erhielt Absatz 1 mit Wirkung zum 1.1.2010 besagten Zusatz, während die Zuständigkeit für die späteren Verfahrensstadien im neuen Absatz 3 in der vorliegenden Form ausdrücklich geregelt wurde.

Übersicht

Alphabetische Übersicht

1. Bedeutung und Inhalt

1 **a) Bedeutung.** Das Verständnis über die Bedeutung und Reichweite der Vorschrift ist lange Zeit dadurch erschwert worden,[1] dass mit dem Begriff der richterlichen Untersuchungshandlung,[2] ohne dass dies wohl seinerzeit vom Gesetzgeber klar erkannt worden ist,[3] mehrere unterschiedliche, auch bei der Anwendung im Einzelnen verschieden zu behandelnde Sachverhalte erfasst werden. Heute hat sich weitgehend die Auffassung durchgesetzt, dass § 162 (mindestens) zwei Funktionsbereiche betrifft.[4] Die Aufgabe des sog. Ermittlungsrichters[5] besteht einmal in **einzelnen Ermittlungsmaßnahmen**, die eine von ihm (letzten Endes in Amtshilfe für die Staatsanwaltschaft, s.u. Rn. 3) vorzunehmende Erforschung des Sachverhalts zum Gegenstand haben, namentlich in Vernehmungen. Sie umfasst ferner die **richterliche Anordnung von Zwangsmaßnahmen (Grundrechtseingriffen)**, die die StPO (regelmäßig außer in Fällen einer Eilkompetenz) in anderen Vorschriften dem Richter vorbehält[6] **oder deren Bestätigung** ihm obliegt, falls sie zunächst von nicht richterlichen Strafverfolgungsorganen angeordnet worden sind.[7] Hier werden dem Richter keine eigentlichen Ermittlungsaufgaben zugewiesen, sondern die von ihm getroffenen Anordnungen stellen eine an die Strafverfolgungsbehörde gerichtete **Erlaubnis** dar, die jeweilige Maßnahme durchzuführen (näher unten Rn. 47).

2 Dem als Ermittlungsrichter tätigen Richter beim Amtsgericht obliegt damit im Ermittlungsverfahren schwerpunktmäßig[8] die **Aufgabe des präventiven Rechtsschutzes** bei Grundrechtseingriffen, die allgemein als ein wichtiges Element des rechtsstaatlichen Strafverfahrens und der Effektivität des Rechtsschutzes im Sinne von Art. 19 Abs. 4 Satz 1 angesehen wird.[9] Kritische Äußerungen gegen die Überbetonung dieses Grundsatzes bezwei-

---

1 Vgl. *Eb. Schmidt* 3; *Rieß* NStZ **1983** 521.

2 Dazu auch aus terminologischen Erwägungen krit. *Schroeder/Verrel* Rn. 94. Vgl. zu den möglichen Interpretationen auch *Prechtel* 205 ff.

3 *Rieß* NStZ **1983** 521 m.w.N. in Fn. 3; Nachweise über das (umfangreiche) ältere Schrifttum z.B. bei LR[15] (1922) § 160, 9; vgl. auch *Kittel* JR **1966** 124, 126 f.

4 So etwa AK/*Achenbach* 2; KK/*Weingarten* 1; Schmitt/Köhler/*Köhler* 1; SK/*Albrecht* 2 ff.; *Fezer* 2/56 ff.; *Hellmann* Rn. 179; *Asbrock* ZRP **1998** 17; *Geppert* DRiZ **1992** 405 ff.; *Nehm* FS Meyer-Goßner 277, 278; *Nelles* 24; *Rieß* NStZ **1991** 513; im Ergebnis schon *von Kries* 479 f. Vgl. auch die terminologische Differenzierung de lege ferenda im Regelungsvorschlag des AE-EV, S. 112 ff.

5 Kritisch zur hergebrachten Terminologie, der auch diese Kommentierung durchweg folgt, etwa SK/*Albrecht* 1; vgl. auch AE-EV S. 111 ff., der de lege ferenda die Bezeichnung „Ermittlungsverfahrensrichter" vorschlägt, damit aber auch die Möglichkeiten einer Erweiterung seiner Befugnisse verbindet.

6 Aufgelistet unten Rn. 9 Fn. 35; ausführliche systematische Übersicht bei *Brüning* 32 ff.; tabellarische Übersichten bei *Schäfer/Fresemann/Hinrichs* Rn. 522, 627, 736; vgl. ferner *Roxin/Schünemann* § 9, 26.

7 Vgl. etwa als (weitgehend entsprechend angewendete Grundnorm) § 98 Abs. 2; ferner die Nachweise in Rn. 11, Fn. 42. Zur dogmatischen Bedeutung *Schnarr* NStZ **1991** 209, 213 ff.; vgl. auch *Prechtel* 113 ff.

8 Zu den Ausnahmen s.u. Rn. 5, 22 f.

9 Vgl. etwa (zuletzt) BVerfGE **103** 142, 151; BVerfG (Kammerentscheidungen) StV **2002** 348; **2002** 406; SK/*Albrecht* 4 m.w.N.; *Bötticher/Landau* FS BGH 555, 557; *Hilger* GedS Meyer 209 ff.; *Lin* 210 ff.; *Nelles* 45 ff.; *Prechtel* 131 ff.; *Schnarr* NStZ **1991** 209, 210.

feln einerseits die Effektivität dieses Systems unter den realen Bedingungen,[10] sie befürchten andererseits eine Aushöhlung der Leitungsbefugnis der Staatsanwaltschaft und treten aus diesem Grunde für einen stärkeren Ausbau von Entscheidungsvorbehalten der Staatsanwaltschaft gegenüber der Polizei ein.[11] Nach dem geltenden Recht steht dem Ermittlungsrichter dagegen **keine umfassende Kontrolle des Ermittlungsverfahrens**, etwa auch auf Grund einer Initiative des Beschuldigten, zu.[12]

b) Rechtsnatur der richterlichen Untersuchungshandlungen. Bei **Ermittlungsmaßnahmen** des Richters handelt es sich um eine gesetzlich geregelte Sonderform der **Amtshilfe** im Sinne von Art. 35 Abs. 1 GG,[13] nicht um einen Akt der Rechtsprechung, weil der Richter insoweit keine von ihm zu treffende Entscheidung vorbereitet, sondern die Entschließung der Staatsanwaltschaft nach § 170.[14] Die richterliche **Anordnung von Zwangsmaßnahmen** oder ihre Bestätigung ist dagegen nicht dem Bereich der Amtshilfe zuzuordnen; es handelt sich wenigstens von der Struktur her um eine **materielle Rechtsprechungstätigkeit,**[15] weil die vorgeschaltete richterliche Prüfung gerade auf die in richterlicher Unabhängigkeit zu treffende Entscheidung abzielt.[16] Um materielle Rechtsprechungstätigkeit, bei der der Richter mit eigener Prüfungs- und Entscheidungskompetenz als Organ der Rechtsprechung tätig wird, handelt es sich auch, wenn der Richter zur Durchführung einer Ermittlungsmaßnahme ihm vorbehaltene Zwangsmaßnahmen anordnet, beispielsweise eine Ordnungs- oder Zwangsmaßnahme gegen einen nicht erscheinenden Zeugen. In der Einschaltung des Ermittlungsrichters liegt **keine Durchbrechung des Anklagegrundsatzes,**[17] weil sich dieser lediglich darauf bezieht, dass das Verfahren insgesamt nur aufgrund einer Klage auf das Gericht übergehen darf. 3

c) Inhalt und Geltungsraum. Die Vorschrift regelt in Absatz 1 die **sachliche und örtliche Zuständigkeit** für richterliche Tätigkeiten im Ermittlungsverfahren (näher Rn. 22). Bei sog. Vorermittlungen, in deren Rahmen grds. nur das formloses Sammeln von 4

---

10 So etwa *Kühne* Rn. 410; *Asbrock* ZRP **1998** 17 (mit Änderungsvorschlägen); *Paeffgen* FS Roxin 1299, 1308 ff.; *Lilie* ZStW **111** (1999) 807, 816 ff.; *Heghmanns* GA **2003** 433, 438 f.; vgl. auch *Schünemann* ZStW **114** (2002) 1, 35 ff.; *Kintzi* DRiZ **2004** 83, 84; *Spaniol* FS Eser 473, 476 ff.; *Gusy* FS Paeffgen 407 ff.

11 So etwa (namentlich bei verdeckten Ermittlungen und gegen eine detaillierte Konkretisierungspflicht bei der richterlichen Gestattung) *Morré/Bruns* FS BGH 581, 597 ff.; *Lilie* ZStW **111** (1999) 807, 817 ff.

12 Zur Kritik und zu einem Lösungsweg über § 23 EGGVG § 160, 72 ff.; eingehend gegen die h.M. *Jahn* FS Strauda 335 ff.; vgl. ferner etwa *Bötticher/Landau* FS BGH 555, 561 ff.; im Übrigen auch die Überlegungen im AE-EV, S. 114.

13 AK/*Achenbach* 4; AnwK/*Walther* 1; HK/*Zöller* 1; KK/*Weingarten* 1; KMR/*Noltensmeier-von Osten* 2; Schmitt/Köhler/*Köhler* 1; SK/*Albrecht* 6; *Geppert* DRiZ **1992** 405, 406 (Hilfsorgan der StA, ähnlich schon *Gerland* 119); *Nehm* FS Meyer-Goßner 277, 279; *Rieß* NStZ **1991** 513; *Schnarr* NStZ **1991** 209, 211; **a.A.** *Prechtel* 196 (Rechtsbeziehungen von eigener prozessualer Art).

14 MüKo/*Kölbel/Ibold* 1; **a.A.** *Brüning/Wenske* ZIS **2008** 340, 342 ff., die in dieser Sichtweise einen Verstoß gegen den Grundsatz der Gewaltenteilung erblicken. Zu den Konsequenzen für die eingeschränkte Prüfungskompetenz des Gerichts s.u. Rn. 40 f. Zur Bindungswirkung des staatsanwaltschaftlichen Antrags vgl. näher Rn. 30.

15 So die gegenwärtig ganz h.M.; BVerfGE **49** 329, 341 (zum Durchsuchungsbeschluß); AK/*Achenbach* 3; AnwK/*Walther* 1; HK/*Zöller* 1; KK/*Weingarten* 1; KMR/*Noltensmeier-von Osten* 2; Schmitt/Köhler/*Köhler* 1; MüKo/*Kölbel/Ibold* 1; SK/*Albrecht* 3; *Geppert* DRiZ **1992** 405, 409; *Lin* 256 ff.; *Nehm* FS Meyer-Goßner 277, 280; *Prechtel* 103 ff., *Rieß* NStZ **1991** 513; ausführlich *Brüning* 81 ff., 107; **a.A.** *Schnarr* NStZ **1991** 209, 212; wohl auch *Paeffgen* FS Roxin 1299, 1308 f. (funktionell Teil der Exekutive); *Roxin/Schünemann* § 9, 26. Vgl. zur Problematik auch *Nelles* 33, 35.

16 Zum damit verbundenen Gewährleistungsgehalt s. näher *Lin* 259 ff.

17 Vgl. *Eb. Schmidt* Vor § 158, 6; *Beling* 215; **a.A.** KG JR **1965** 286.

Informationen anhand allgemein verfügbarer Quellen oder Erkenntnismöglichkeiten zulässig ist (dazu Vor § 158, 17), ist für die Anwendung der Vorschrift normalerweise kein Raum;[18] etwas anderes gilt ausnahmsweise dann, wenn ein Eingriff ausdrücklich ohne personenbezogenen Anfangsverdacht zulässig ist, so insbesondere bei der Leichenöffnung nach § 87 Abs. 4 Satz 1. Im Bußgeldverfahren ist § 162 gemäß § 46 Abs. 1, 2 OWiG sinngemäß anwendbar; an die Stelle der Staatsanwaltschaft tritt – auch was die Begründung der örtlichen Zuständigkeit des Amtsgerichts betrifft – die Verwaltungsbehörde.[19] Absatz 1 Satz 1 stellt ferner i.V.m. den §§ 165 bis 167 klar, dass entsprechend der Leitungsbefugnis der Staatsanwaltschaft richterliche Handlungen grds. **nur auf** deren **Antrag** in Betracht kommen. Absatz 2 bestimmt und begrenzt den **Umfang der Prüfungsbefugnis und Prüfungspflicht** des Richters dahingehend, dass ihm keine Zweckmäßigkeitsprüfung zusteht (näher Rn. 34 ff.). Absatz 3 stellt klar, dass die durch die Vorschrift eröffnete ermittlungsrichterliche Zuständigkeit grds. **mit Klageerhebung endet**, und regelt die an deren Stelle tretende Zuständigkeit (näher Rn. 49).

5 Die Vorschrift geht für die örtliche Zuständigkeit als lex specialis den allgemeinen Vorschriften nach den §§ 7 ff. vor.[20] Sie **gilt nicht**, soweit spezielle Vorschriften für richterliche Tätigkeiten im Ermittlungsverfahren andere Zuständigkeiten begründen[21] oder zulassen,[22] namentlich die Zuständigkeit des Gerichts, das für die Eröffnung des Hauptverfahrens zuständig wäre.[23] Nach **Erhebung der öffentlichen Klage** ist die Vorschrift gemäß Absatz 3 grundsätzlich nicht mehr anwendbar,[24] im Gegensatz zur früheren Rechtslage auch nicht bei Gefahr im Verzug; in diesem Fall kommt ggf. ein Rückgriff auf § 21 in Betracht.[25] Für Maßnahmen, die zwar mit dem laufenden Verfahren in Zusammenhang stehen, aber nicht für dieses benötigt werden, bleibt es weiterhin bei der ermittlungsrichterlichen Zuständigkeit nach § 162 Abs. 1.[26]

5a **d) Besonderheiten bei grenzüberschreitenden Maßnahmen der EUStA.** Geht es um grenzüberschreitende Maßnahmen der EuStA, so ist Folgendes zu beachten: Ist nach dem Recht beider beteiligter Mitgliedsstaaten eine gerichtliche Entscheidung erforderlich,

---

18 Vgl. HK/*Zöller* 2; Schmitt/Köhler/*Köhler* 1; **a.A.** LG Offenburg NStZ **1993** 506; LR/*Erb*[26] 3; OK/*von Häfen* 6; SK/*Albrecht* 8; SSW/*Ziegler* 4.

19 BGHSt **52** 222 m. zust. Anm. *Harms* NStZ **2009** 265 f.; *Thewes* NJW **2015** 2845, 2847; HK/*Zöller* 6; KK/*Weingarten* 2; KMR/*Noltensmeier-von Osten* 2; Schmitt/Köhler/*Köhler* 1; SK/*Albrecht* 8; SSW/*Ziegler* 8; **a.A.** (für eine Zuständigkeit des Amtsgerichts am Sitz der für den betreffenden Bezirk zuständigen Staatsanwaltschaft) LG Arnsberg wistra **2009** 368; zu Folgeproblemen von negativen Kompetenzkonflikten, die aus einer entsprechenden Verweigerungshaltung von Untergerichten resultieren und dringend eine gesetzliche Klarstellung erforderlich machen, OLG Oldenburg NStZ **2016** 474; OK/*von Häfen* 17.

20 AG Gemünden NJW **1978** 770 (für den Fall der vorläufigen Entziehung der Fahrerlaubnis, dazu näher LR/*Hauck* § 111a, 45); zur Anordnung des vorläufigen Berufsverbots s. LR/*Gleß* § 132a, 22 m.w.N.

21 Vgl. § 100e Abs. 2; § 125 Abs. 1; § 126 Abs. 1; § 126a Abs. 2 Satz 1; näher, auch zu Streit- und Zweifelsfragen Rn. 22 f.

22 Vgl. § 169 und die dort. Erl.

23 § 81 Abs. 3; § 153 Abs. 1 Satz 1; § 153a Abs. 1 Satz 1; § 153b Abs. 1; vgl. auch § 153e Abs. 1 Satz 1.

24 Zum früher bestehenden Streit m.w.N. LR/*Stuckenberg*[26] § 202, 8; vgl. ferner OLG Frankfurt StV **2006** 122; OLG Düsseldorf NJW **1981** 2133 (für das Strafvollstreckungsverfahren).

25 NK/*Heghmanns* 20; zur Anwendung von § 21 in den früher von § 162 Abs. 1 Satz 3, 2. Alt. a.F. erfassten Fällen Rn. 12.

26 MüKo/*Kölbel*/*Ibold* 16; SSW/*Ziegler* 19; entsprechend unter der Geltung des alten Rechts KG NStZ-RR **2004** 82 (DNA-Analyse im Hinblick auf mögliche künftige Verfahren); OLG Köln StV **2004** 417 (Durchsuchungs- und Beschlagnahmeanordnungen im Hinblick auf den Verdacht der Tatbeteiligung eines in der Hauptverhandlung vernommenen Zeugen).

so ist eine solche (ausschließlich) in dem Mitgliedstaat zu erwirken, in dem die Maßnahme erfolgen soll. Besteht ein solches Erfordernis hingegen nur in einem der beteiligten Mitgliedstaaten, so ist sie in diesem unabhängig davon zu erwirken, um welchen der beteiligten Staaten es sich handelt.[27] Für Maßnahmen, die der deutsche Delegierte EUStA in einem anderen Mitgliedstaat durchgeführen lassen möchte, findet sich eine entsprechende Regelung in § 3 Abs. 2 EUStAG. Im umgekehrten Fall erfolgt eine gerichtliche Überprüfung, ob die Anordnung der Maßnahme als solche zulässig ist, ausschließlich dann, wenn im anderen Mitgliedstaat keine gerichtliche Anordnung vorgesehen ist. Ist eine solche hingegen vorgesehen und ergangen, so sind die Gerichte des ausführenden Staats auf eine Überprüfung von Gesichtspunkten der Vollstreckung der Maßnahme beschränkt.[28]

2. Richterliche Untersuchungshandlungen

a) Allgemeines. Über Art und Inhalt richterlicher Untersuchungshandlungen besagt 6
die Vorschrift nichts; in Betracht kommen alle auf die Erforschung des Sachverhalts gerichteten gesetzlich zulässigen Ermittlungsmaßnahmen,[29] unabhängig davon, ob sie eine eigene ermittelnde Tätigkeit des Richters zum Inhalt haben oder lediglich die Anordnung oder Gestattung einer von einem anderen Strafverfolgungsorgan vorzunehmende Maßnahme betreffen.[30] Welche Maßnahmen im Einzelnen zulässig sind, richtet sich nach den in den jeweiligen Vorschriften geregelten Voraussetzungen. Die Vorschrift begründet keine selbstständigen Rechtspflichten Dritter, Ermittlungshandlungen zu dulden oder vorzunehmen. Die für das Ermittlungsverfahren maßgebenden Grundsätze des Freibeweises (§ 161, 44) gelten an sich auch für die Tätigkeit des Ermittlungsrichters. Seine Freiheit zur Vornahme von Untersuchungshandlungen ist aber dadurch erheblich begrenzt, dass er außer in den Fällen der §§ 165, 166 ohne einen konkreten Auftrag der Staatsanwaltschaft nicht tätig werden, über diesen grundsätzlich nicht hinausgehen und die beantragte Maßnahme nicht durch eine andere ersetzen darf (Rn. 30 ff.).

b) Ermittlungsmaßnahmen. Als **Ermittlungsmaßnahmen** des Richters kommen ins- 7
besondere Vernehmungen von Beschuldigten, Zeugen und Sachverständigen, die Einnahme eines Augenscheins und die Anwesenheit bei der Leichenschau und Leichenöffnung[31] in Betracht; ferner kann der Richter statt der Staatsanwaltschaft im Rahmen des § 161 Auskunftsersuchen an alle öffentlichen Behörden richten (§ 161, 15); soweit es sich um dem Sozialgeheimnis unterliegende Auskünfte handelt, ist ihm nach § 73 SGB X das Auskunftsersuchen oder mindestens die Erlaubnis hierzu vorbehalten (§ 161, 32 ff.). Zulässig ist ferner, dass die Staatsanwaltschaft, obwohl sie dazu selbst befugt wäre (§ 161a, 25 f.), dem Ermittlungsrichter die Auswahl und Bestellung des Sachverständigen überlässt. Trotz der originären Befugnis der Staatsanwaltschaft zur **Durchsicht der Papiere** des von einer Durchsuchung Betroffenen kann diese damit auch den Ermittlungsrichter beauftragen,

---

27 BTDrucks. **19** 17963 S. 29, 50.

28 EuGH (Große Kammer) vom 21.12.2023 – C-281/22 (GK, BOD GmbH, SL), NJW **2024** 487 m. krit. Anm. Duesberg NJW **2024** 491; Schmitt/Köhler/*Köhler* 3.

29 RGSt **65** 82; BGHSt **7** 202, 204; **12** 177, 179 f. (im Zusammenhang mit der heute nicht mehr aktuellen Problematik der verjährungsunterbrechenden Wirkung; zu dieser auch *Eb. Schmidt* Nachtr. I 2). Zum Begriff der Untersuchungshandlungen auch *Prechtel* 204 ff.

30 KK/*Weingarten* 4; SK/*Albrecht* 6; *Loh* MDR **1970** 812; *Gössel* § 3 B IId 1; *Nelles* 34.

31 § 87 Abs. 1 Satz 1, Abs. 2 Satz 6; näher, auch zu den Gründen der Hinzuziehung eines Richters, LR/*Krause* § 87, 10, 18 ff.

auch wenn sich dieser nicht, was zulässig ist,[32] bereits bei der Anordnung der Durchsuchung die Durchsicht vorbehalten hat.

8 Die **Gründe** für die Staatsanwaltschaft, beim Richter Ermittlungsmaßnahmen zu beantragen, die sie auch selbst vornehmen oder durch die Polizei vornehmen lassen könnte, bestimmen sich nach den Umständen des Einzelfalles. Wegen der besseren Verwertungsmöglichkeiten in der Hauptverhandlung wird dies vor allem in Fällen einer notwendigen **Beweissicherung** erforderlich werden;[33] bei Zeugenvernehmungen auch dann, wenn nach § 62 i.V.m. § 59 Abs. 1 die Voraussetzungen einer **eidlichen Vernehmung** im Ermittlungsverfahren gegeben sind. Darüber hinaus können die **Besonderheiten des konkreten Verfahrens** die Einschaltung des Richters zweckmäßig erscheinen lassen,[34] etwa ein gesteigertes Bedürfnis nach der Einschaltung eines objektiven Dritten für einzelne, bestimmte Ermittlungshandlungen oder die Erklärung des Beschuldigten, nur vor dem Richter aussagen zu wollen (näher § 163a, 45). Dagegen entspricht es nicht der Rollenverteilung und der Aufgabe der Staatsanwaltschaft im Ermittlungsverfahren, den Ermittlungsrichter ohne besonderen Anlass einzusetzen;[35] eine rechtliche Verpflichtung, hiervon abzusehen, besteht jedoch nicht.[36] Zur Frage der Bindung an den Auftrag der Staatsanwaltschaft s.u. Rn. 30, 41.

9 **c) Anordnung und Bestätigung von Zwangsmaßnahmen.** Die Einschaltung des Ermittlungsrichters ist stets erforderlich, wenn die Strafverfolgungsbehörden eine dem Richtervorbehalt unterliegende Ermittlungsmaßnahme[37] durchführen wollen und nicht ein Fall der nach d Rechtsprechung des Bundesverfassungsgerichts restriktiv zu handhabenden[38] Eilkompetenz gegeben ist, oder wenn sie eine verfahrenssichernde oder vorbeugende Maßnahme mit Richtervorbehalt[39] für erforderlich erachten. Eine ergänzende Anordnung von Zwangsmaßnahmen durch den Ermittlungsrichter kommt auch bei staatsanwaltschaftlichen Zwangsmaßnahmen in Betracht, so etwa in den Fällen des § 161a Abs. 2 Satz 2 bei der Festsetzung von Ordnungs- und Zwangshaft oder für eine Durchsuchungsanordnung zur Vollstreckung staatsanwaltschaftlicher Vorführungsbefehle (§ 161a, 41). Nachdem der EuGH die Ausstellung **Europäischer Haftbefehle** durch deutsche Staatsanwaltschaften im Hinblick auf deren fehlende Unabhängigkeit von externen Weisungen für unzulässig erklärt

---

32 Vgl. LR/*Tsambikakis* § 110, 11, 18 m.w.N.

33 Zu den in Betracht kommenden Konstellationen § 160, 55 ff.; ferner etwa *Beulke/Swoboda* Rn. 486; *Gerland* 229 (zum Augenschein).

34 Beispiele bei KK/*Weingarten* 7; Schmitt/Köhler/*Köhler* 6 (verfahrenspsychologische Gründe); SK/*Albrecht* 7; *Fuhrmann* JR **1965** 253, 254 (politisch bedeutsame Verfahren); *Nehm* FS Meyer-Goßner 277, 279; *Rieß* NStZ **1991** 513, 517; sehr viel enger *van Els/Hinkel* NJW **1977** 85, 86; *Schellenberg* NStZ **1991** 72, 73.

35 Ähnlich AnwK/*Walther* 8; Schmitt/Köhler/*Köhler* 3; SK/*Albrecht* 7; vgl. auch Nr. 10 RiStBV; zur früheren Praxis einer Antragstellung zur Verjährungsunterbrechung kritisch *Fuhrmann* JR **1965** 253, 254; *Kittel* JR **1966** 124.

36 *Rieß* NStZ **1991** 513, 516; SK/*Albrecht* 7; **a.A.** NK/*Heghmanns* 11.

37 Vgl. etwa § 81a Abs. 2 Satz 1, § 81c Abs. 5, § 81f Abs. 1 Satz 1, § 81g Abs. 3 Satz 1 und 2, § 81h Abs. 2 Satz 1, § 87 Abs. 4 Satz 1, § 98 Abs. 1, § 98b Abs. 1 Satz 1, § 100 Abs. 1, § 100e Abs. 1, § 100f Abs. 4, § 100i Abs. 3, § 105 Abs. 1, § 110b Abs. 2, § 111 Abs. 2, § 163d Abs. 2, § 163e Abs. 4. Zur verfassungsrechtlichen Gebotenheit des Richtervorbehalts auch dort, wo dieser vom GG nicht ausdrücklich gefordert wird, eingehend *Brüning* 136 ff.; zur z.T. zweifelhaften Effektivität des Richtervorbehalts und den dafür maßgeblichen Gründen *dies.* 223 ff.

38 BVerfGE **103** 142 ff.; näher LR/*Tsambikakis* § 105, 83 ff. m.w.N.; *Spaniol* FS Eser 473 ff.

39 § 111a Abs. 1, § 111j Abs. 1 Satz 1; § 111q Abs. 4 Satz 1, § 132 Abs. 2, § 132a Abs. 1 Satz 1, § 443 Abs. 2; wegen der Anordnung der Untersuchungshaft und der einstweiligen Unterbringung s. § 114 Abs. 1, § 125 Abs. 1, § 126a.

hat,[40] erfordert auch deren Erlass eine gesonderte Einschaltung des Ermittlungsrichters, dessen Zuständigkeit sich aus der allgemeinen Verweisung in § 77 Abs. 1 IRG auf die StPO ergibt.[41]

Nach den gesteigerten Anforderungen an das Vorliegen der Voraussetzungen einer Eilkompetenz wegen Gefahr im Verzug lässt es sich grundsätzlich nicht rechtfertigen, deren Vorliegen schon deshalb zu bejahen, weil der Ermittlungsrichter außerhalb der normalen Dienstzeit nicht erreichbar ist; die Justiz hat vielmehr organisatorisch sicherzustellen, dass eilbedürftige richterliche Entscheidungen jederzeit möglich sind.[42] Für die Funktion des Ermittlungsrichters ist deshalb die **Einrichtung eines Bereitschaftsdienstes** erforderlich.[43] Dieser muss nicht nur tagsüber (d.h. ganzjährig zwischen 6 Uhr und 21 Uhr) jederzeit erreichbar sein, sondern auch für die Nachtzeit eingerichtet werden, sofern dafür ein über den Ausnahmefall hinausgehender Bedarf besteht.[44] Letzteres ist nur dann zu verneinen, wenn Anordnungen, die von Verfassungs wegen grds. vom Richter getroffenen werden müssen, im betreffenden Bezirk nachts nur in sehr geringem Umfang anfallen.[45] Die Gerichtspräsidien haben darüber nach pflichtgemäßen Ermessen der Gerichtspräsidien zu entscheiden, wobei ihnen bei der Ermittlung des Bedarfs ein Beurteilungs- und Prognosespielraum zusteht.[46] Der Bereitschaftsdienst ist so ist, dass der jeweilige Richter zu einer Entscheidung in der Lage ist. 10

Ist der danach **zuständige Richter erreichbar**, meint aber, infolge fehlender Aktenkenntnis oder aus anderen Gründen **keine Entscheidung** treffen zu können, so lebt die Eilkompetenz nach der Rspr. des BVerfG selbst bei offensichtlich drohendem Beweismittelverlust grds. nicht wieder auf; etwas anderes gilt nur dann, wenn die Gefahr des Beweismittelverlusts auf neuen oder neu bekannt gewordenen tatsächlichen Umständen beruht.[47] Diese Sperrwirkung wird bereits durch die Stellung des Antrags der Staatsanwaltschaft bei dem tatsächlich erreichbaren Richter ausgelöst, nicht jedoch, solange die Staatsanwaltschaft vergeblich versucht, den zuständigen Ermittlungsrichter zu erreichen.[48] Um einen aus dem Eintritt der Sperrwirkung folgenden Beweismittelverlust zu vermeiden, sollte die Staatsanwaltschaft vor Stellung des Antrags beim Ermittlungsrichter anfragen, unter welchen Umständen innerhalb welches Zeitraums mit einer Entscheidung gerechnet werden kann;[49] wäre dies nicht rechtzeitig der Fall, so wird sie regelmäßig „Gefahr im Verzug" annehmen können. 10a

In den jeweils gesetzlich bestimmten Fällen[50] hat der Ermittlungsrichter ferner nach der Inanspruchnahme einer nichtrichterlichen Eilkompetenz nachträglich über die **Bestä-** 11

---

40 EuGH v. 27.5.2019 – C-508/18 und C-82/19 PPU, OG, PI, JZ **2019** 728 m. Anm. *Ambos* JZ **2019** 732.

41 HK-GS/*Ambos* 7; SSW/*Ziegler* 5.

42 BVerfGE **103** 142, 152, 156; *Einmahl* NJW **2001** 1393, 1394; LR/*Tsambikakis* § 105, 103 m.w.N.

43 Dazu etwa *Einmahl* NJW **2001** 1393 ff. mit weiteren Einzelheiten; vgl. auch die dadurch ausgelöste Neufassung des § 22c GVG und dazu die Erl. bei LR/*Gittermann*; krit. *Spaniol* FS Eser 473, 488 f.

44 So bereits BVerfG NJW **2004** 1442.

45 Die Anforderungen in diesem Sinne präzisierend und verschärfend BVerfG v. 12.3.2019 – 2 BvR 675/14, NJW **2019** 1428 Rn. 70.

46 BVerfG v. 12.3.2019 – 2 BvR 675/14, NJW **2019** 1428 Rn. 68 ff.; zum Ganzen SSW/*Ziegler* 9.

47 BVerfG NStZ **2015** 529, 533 f.; MüKo/*Kölbel/Ibold* 6a; zur früheren Debatte um die Frage einerseits BGH NStZ **2006** 114; *Hofmann* NStZ **2003** 230 ff.; *Schulz* NStZ **2003** 635; *Burhoff* StraFo **2005** 140, 156; *Spaniol* FS Eser 473, 485 ff. (mit Abgrenzung zum Fall der sachwidrigen Weigerung, eine Entscheidung zu treffen); andererseits *Beichel/Kieninger* NStZ **2003** 10 ff.; *Krehl* JR **2001** 491, 493; *ders.* NStZ **2003** 461, 463.

48 BVerfG NStZ **2015** 529, 533; MüKo/*Kölbel/Ibold* 6a f.

49 *Bittmann* NJW **2015** 2794; MüKo/*Kölbel/Ibold* 6b.

50 Vgl. etwa als (weitgehend entsprechend angewendete) Grundnorm § 98 Abs. 2; ferner § 98b Abs. 1 Satz 2; § 100e Abs. 1 Satz 2; § 110b Abs. 2 Satz 4, § 111j Abs. 2 Satz 1; § 111q Abs. 4 Satz 3, § 163e Abs. 4 Satz 3 und 4.

tigung der Maßnahme nach den gleichen Maßstäben[51] zu entscheiden, die bei seiner unmittelbaren Einschaltung anzuwenden wären, wenn die Staatsanwaltschaft dies beantragt, weil sie das sonst regelmäßig angeordnete Außerkrafttreten verhindern will. Unabhängig hiervon hat er stets dann zu entscheiden, wenn von einem Betroffenen die Rechtswidrigkeit geltend gemacht wird und nach den Maßstäben der heutigen Rechtsprechung[52] hierfür ein Rechtsschutzinteresse besteht.

3. Antragstellung

12 **a) Zur Antragstellung berechtigte Strafverfolgungsbehörde** ist in erster Linie die **Staatsanwaltschaft**. Amtsanwälte können, soweit ihre gesetzliche Zuständigkeit reicht (§ 142 Abs. 1 Nr. 3 GVG), mit für den Ermittlungsrichter bindender Wirkung Anträge stellen;[53] innerdienstlich sind sie auf einen engeren Tätigkeitsbereich beschränkt.[54] Soweit dies im Rahmen des Rechtshilfeverkehrs nach dem IRG oder besonderen zwischenstaatlichen Vereinbarungen zulässig ist, können auch ausländische Staatsanwaltschaften beim Ermittlungsrichter Anträge stellen, die nach den Grundsätzen des § 162 zu behandeln sind.[55] Unter den Voraussetzungen von Absatz 1 Satz 3 kann die Staatsanwaltschaft ihre Anträge auch bei einem Amtsgericht stellen, das nicht zu dem Bezirk des Landgerichts gehört, bei dem sie gebildet ist. Entsprechendes kommt auch nach Abschaffung von Absatz 1 Satz 3, 2. Alt. a.F. weiterhin bei **Eilfällen** in Betracht: Der Gesetzgeber hielt eine entsprechende Regelung zwar im Hinblick darauf für entbehrlich, „dass in Eilfällen regelmäßig auch eine Eilkompetenz der Staatsanwaltschaft oder ihrer Ermittlungspersonen gegeben ist".[56] In den immerhin denkbaren einschlägigen Konstellationen (Bsp.: ein außerhalb seines Dienstsitzes ermittelnder Staatsanwalt muss hier eine dringliche Durchsuchung oder Beschlagnahme durchführen und der mit Anrufung des Ermittlungsrichters am Sitz der Staatsanwaltschaft verbundene Zeitverlust kann nicht hingenommen werden) sollte eine im Einzelfall bestehende Möglichkeit, den Richtervorbehalt durch Einschaltung des Richters vor Ort zu wahren, aber tunlichst genutzt werden, um den Bemühungen des BVerfG, dem **Richtervorbehalt** zu **effektiver Geltung** zu verhelfen, wo immer dies geht, angemessen Rechnung zu tragen. Eine Rechtsgrundlage hierfür findet sich in § 21,[57] der es der Staatsanwaltschaft erlaubt, sich bei Gefahr im Verzug jederzeit an das Amtsgericht zu wenden, in dessen Bezirk die Untersuchungshandlung vorzunehmen ist. Diese Vorschrift ist nämlich ohne Weiteres auch im Ermittlungsverfahren anwendbar und kam dort in der Vergangenheit lediglich deshalb nicht zum Tragen, weil hier die speziellere Regelung in § 162 Abs. 1 Satz 3, 2. Alt. vorging.[58]

13 Wird eine **ersuchte Staatsanwaltschaft** tätig (§ 161a, 60 ff.), so kann diese, soweit zur ordnungsmäßigen Durchführung des Ersuchens erforderlich, unmittelbar Anträge beim Ermittlungsrichter stellen; zuständig ist in diesem Fall der Ermittlungsrichter des Amtsgerichts, bei dessen Landgericht sie ihren Sitz hat.

---

51 *Hellmann* Rn. 190.

52 Dazu näher § 160, 70 m.w.N.

53 KK/*Weingarten* 2; Schmitt/Köhler/*Köhler* 1; SK/*Albrecht* 11.

54 Vgl. LR/*Krauß*[27] § 142, 32 ff. GVG.

55 Vgl. OLG Zweibrücken NJW **1981** 534; MüKo/*Kölbel*/*Ibold* 9; SK/*Albrecht* 11; Schomburg/Lagodny/Gleß/Hackner/*Trautmann*/*Zimmermann* Vor § 59, 23 IRG.

56 RegE BTDrucks. **16** 5846 S. 65.

57 Ebenso MüKo/*Kölbel*/*Ibold* 15; NK/*Heghmanns* 14; wohl auch Schmitt/Köhler/*Köhler* 8.

58 Vgl. LR/*Erb* § 21, 2.

In **Steuerstrafsachen** sind die Finanzbehörden, die das Ermittlungsverfahren selbstständig führen (§ 386 Abs. 2 AO), in gleichem Umfang wie die Staatsanwaltschaft zur Antragstellung berechtigt.[59] Dies gilt jedoch nicht, wenn zugleich der Verdacht einer (tateinheitlich oder tatmehrheitlich zusammentreffenden) allgemeinen Straftat besteht.[60] Die Antragsbefugnis gilt auch nicht für unselbstständige Dienststellen wie die Steuerfahndung oder eine Strafsachenstelle.[61] Im **Bußgeldverfahren** steht das Antragsrecht der Verwaltungsbehörde zu.[62] 14

Die **Polizei** ist zur unmittelbaren Antragstellung nach § 162 **nicht befugt**. Hält sie richterliche Untersuchungshandlungen für geboten, so muss sie sich grundsätzlich an die Staatsanwaltschaft wenden, die zu entscheiden hat, ob sie Anträge beim Richter stellen will. Nur unter den Voraussetzungen des § 163 Abs. 2 Satz 2 kann sich die Polizei unmittelbar an das Amtsgericht wenden (näher § 163, 97 ff.). Dabei handelt es sich nicht um Anträge nach § 162, sondern um Anregungen an den Richter, auf der Grundlage und unter den Voraussetzungen der §§ 165, 166 tätig zu werden.[63] 15

b) Inhalt des Antrags. Der Antrag muss sich auf **bestimmte Untersuchungshandlungen** richten; es ist nicht zulässig, dass die Staatsanwaltschaft den Richter generell um die Durchführung von Ermittlungen oder um die Aufklärung des Sachverhalts ersucht.[64] Der Richter muss erkennen können, welche Untersuchungshandlungen mit welchem Erfolgsziel von ihm verlangt werden. Eine genauere Konkretisierung der Ermittlungsmaßnahme, etwa durch einen Fragenkatalog, kann im Einzelfall zweckmäßig sein, ist aber nicht stets erforderlich. Der Antrag kann darauf beschränkt werden, nur ganz bestimmte Ermittlungshandlungen vorzunehmen und dabei auch engere Grenzen setzen, etwa einen Zeugen nur zu einem bestimmten Beweisthema zu vernehmen oder ihn nicht zu vereidigen.[65] Dem Richter kann aber auch ein gewisser Spielraum bei der Durchführung von Ermittlungshandlungen überlassen werden, solange nicht dadurch die Leitung des Ermittlungsverfahrens in wesentlichen Teilen auf ihn übergeht.[66] Zur Befugnis des Ermittlungsrichters zu Abweichungen vom Antrag und zu den Grenzen s.u. Rn. 30 ff. Bei der **Anordnung von Zwangsmaßnahmen** muss der Antrag erkennen lassen, welcher Art sie sein und gegen wen sie sich richten sollen und aus welchen Umständen die Staatsanwaltschaft die jeweiligen gesetzlichen Voraussetzungen herleitet.[67] Dass der Antrag so gefasst wird, dass er wörtlich der begehrten richterlichen Anordnung entspricht, ist nicht erforderlich. 16

Mehrere Untersuchungshandlungen können gleichzeitig beantragt werden, auch **wahl-** oder **hilfsweise,**[68] etwa als **Anschlussmaßnahmen**[69] in Abhängigkeit vom Ergebnis 17

---

59 OLG Stuttgart NStZ **1991** 291, 292; AK/*Achenbach* 7; KK/*Weingarten* 2; Schmitt/Köhler/*Köhler* 1; SK/*Albrecht* 11; *Wiesneth* Rn. 31. Vgl. auch Vor 158, 34; § 160, 5.

60 LG Freiburg StV **2001** 268.

61 LG Berlin wistra **1988** 203 (für Steuerfahndung, anders für Strafsachenstelle); AG Kempten wistra **1986** 271 mit Anm. *Cratz* m.w.N. (auch zur Zeichnungsbefugnis).

62 KK/*Weingarten* 2.

63 AK/*Achenbach* 7; HK/*Zöller* 4; KK/*Weingarten* 2; SK/*Albrecht* 11; SSW/*Ziegler* 10; vgl. näher § 165, 8; 11, 13.

64 AK/*Achenbach* 6; KK/*Weingarten* 5; KMR/*Noltensmeier-von Osten* 3; MüKo/*Kölbel/Ibold* 10; NK/*Heghmanns* 6; SK/*Albrecht* 13; *Eb. Schmidt* 2; *Gerland* 305 Fn. 55; *Nehm* FS Meyer-Goßner 277, 281; *Prechtel* 229.

65 KK/*Weingarten* 5; KMR/*Noltensmeier-von Osten* 4.

66 AK/*Achenbach* 6; HK/*Zöller* 4; KK/*Griesbaum*[7] 6; enger KK/*Weingarten* 5; SK/*Albrecht* 13; zur Berücksichtigung des mutmaßlichen Willens des StA in diesem Zusammenhang unten Rn. 30, 32.

67 Vgl. auch LG Köln StV **1983** 275 (die Entscheidung geht im Einzelnen zu weit).

68 KK/*Griesbaum*[7] 6; KMR/*Noltensmeier-von Osten* 4; MüKo/*Kölbel/Ibold* 10; SK/*Albrecht* 15.

69 KK/*Griesbaum*[7] 6; KMR/*Noltensmeier-von Osten* 4; NK/*Heghmanns* 6; *Eb. Schmidt* 2; *Nehm* FS Meyer-Goßner 277, 281.

der ersten Untersuchungshandlung. Es ist auch als zulässig anzusehen, dass die Staatsanwaltschaft bereits in ihrem Antrag auf Zeugenvernehmung den Richter ersucht, die Vernehmung als Beschuldigtenvernehmung nach § 136 fortzusetzen, wenn sich gegen den zu Vernehmenden ein Anfangsverdacht herausstellt.[70] Mit dem Antrag auf richterliche Vernehmung eines Zeugen kann auch der weitere Antrag verbunden werden, im Falle eines bestimmten Ermittlungsergebnisses die Vorgänge an die Polizei zur Erledigung von bereits vorsorglich konkretisierten Ermittlungsaufträgen nach § 161 weiterzuleiten;[71] auch der umgekehrte Weg ist möglich.

18 **c) Form des Antrags.** Es ist üblich und zweckmäßig, dass die Staatsanwaltschaft den Antrag **schriftlich** (auch fernschriftlich) stellt; rechtlich notwendig ist dies nicht.[72] **Mündliche und fernmündliche Anträge**, die vom Ermittlungsrichter aktenkundig zu machen sind, erscheinen allerdings nur in besonderen Ausnahmefällen sinnvoll, etwa bei besonderer Eilbedürftigkeit oder wenn sich der Vorgang bereits beim Ermittlungsrichter befindet und Anschlussanträge zu stellen sind. Zwingend geboten ist die fernmündliche Antragstellung dann, wenn allein hierdurch die Möglichkeit der vorbeugenden richterlichen Kontrolle einer Zwangsmaßnahme eröffnet wird.[73] Dem Ermittlungsrichter müssen diejenigen **Informationen** aus dem Akteninhalt gegeben werden, die er zur sachgemäßen Erledigung des Antrags benötigt. Werden Ermittlungsmaßnahmen beantragt, so müssen die Ermittlungsakten dem Antrag nicht stets beigefügt werden; ein detailliert ausformuliertes Ersuchen oder Kopien einzelner Aktenteile (deren Anfertigung nach der Umstellung auf elektronische Aktenführung freilich keinen Sinn mehr ergibt) können ausreichen. Wird die **Anordnung von Zwangsmaßnahmen** beantragt, so sind dem Richter regelmäßig die (die jeweilige Tat betreffenden) Akten oder Kopien von ihnen vollständig vorzulegen; wird davon abgesehen, so müssen die dem Antrag beizufügenden Informationen lückenlos und detailliert sein,[74] vor allem dürfen keine Tatsachen vorenthalten werden, denen der Richter auch nur möglicherweise entlastende Wirkung beimessen könnte.[75] Ob der Ermittlungsrichter von der Staatsanwaltschaft einen bestimmten Aufbau der ihm vorgelegten Akten verlangen kann,[76] erscheint hingegen zweifelhaft.[77]

19 Die verbreitete Praxis, dem Gericht den Antrag in Form eines **vollständigen Beschlussentwurfs** zu unterbreiten,[78] birgt die Gefahr, dass der Ermittlungsrichter letzten Endes keine eigene Entscheidung trifft, sondern das Ansinnen der Staatsanwaltschaft le-

---

70 Vgl. auch LR/*Gleß* § 136, 11 sowie zu der Frage, ob der Richter auch ohne eine solche Ermächtigung zur Beschuldigtenvernehmung übergehen darf, unten Rn. 32.

71 *Nehm* FS Meyer-Goßner 277, 281; vgl. auch § 168c, 13 sowie den der Entscheidung BGH StV **1985** 397 zugrunde liegenden Sachverhalt.

72 HK/*Zöller* 4; KMR/*Noltensmeier-von Osten* 3; MüKo/*Kölbel/Ibold* 11; NK/*Heghmanns* 9; SK/*Albrecht* 12; **a.A.** *Schellenberg* MDR **1991** 210 f., der mündliche Anträge unter Berufung auf ein vermeintlich allgemein für Prozesshandlungen geltendes Prinzip für unbeachtlich hält.

73 Vgl. BGH NStZ **2005** 392, 393; grds. krit. gegenüber fernmündlichen Anträgen im Hinblick auf die zweifelhafte Qualität der Entscheidungsgrundlage in solchen Fällen *Spaniol* FS Eser 473, 480 ff.

74 Zu den notwendigen Informationen eingehend *Schäfer* FS Roxin II 1299, 1302 ff.; zur Notwendigkeit, den Ermittlungsrichter über evt. weitere Maßnahmen zu unterrichten, damit dieser die Verhältnismäßigkeit der Maßnahmenkumulation prüfen kann, *Steinmetz* NStZ **2001** 344, 345 f.; dazu auch § 163, 52.

75 LG Stuttgart NStZ **1983** 521; MüKo/*Kölbel/Ibold* 12; SK/*Albrecht* 13; *Rieß* NStZ **1983** 521, 522; möglicherweise **a.A.** LG Köln StV **1983** 275. *Brüning* 222 f. erblickt in der einseitigen Zusammenstellung der Entscheidungsgrundlagen durch den Antragsteller eines der wesentlichen strukturellen Defizite des Richtervorbehalts.

76 BGH 16.12.2020 – 2 BGs 408/20, NStZ **2022** 561 Rn. 23 ff.

77 KK/*Weingarten* 19a.

78 Vgl. HbStrVf/*Jahn* II Rn. 198.

diglich einer oberflächlichen Plausibilitätsprüfung unterzieht und seine Rolle de facto auf diejenige eines „Urkundsbeamten der Staatsanwaltschaft"[79] reduziert.[80] Das BVerfG hat hier ohne „Vorliegen hinreichender und konkreter Anhaltspunkte dafür ..., dass eine eigenständige richterliche Prüfung nicht stattgefunden hat", allerdings keinen Grund zum Einschreiten gesehen.[81]

d) Antragsrücknahme. Eine **Antragsrücknahme** ist jederzeit möglich; ein weiteres 20
Tätigwerden des Ermittlungsrichters ist dann grundsätzlich nicht mehr zulässig.[82] Bereits vorgenommene Untersuchungshandlungen werden durch die Rücknahme nicht berührt;[83] ob in der Zurücknahme eines Antrags auf Erlass von Zwangsmaßnahmen (etwa eines Durchsuchungsbeschlusses) zugleich der Antrag auf Aufhebung einer bereits angeordneten Zwangsmaßnahme zu sehen ist, ist eine Frage des Einzelfalles. Regelmäßig schließt die Antragsrücknahme auch aus, dass der Richter die (nunmehr nicht mehr beantragte) Untersuchungshandlung nach § 165 vornimmt, weil aufgrund der Rücknahme feststeht, dass die Staatsanwaltschaft insoweit nicht tätig werden will (vgl. § 165, 9); anderes gilt, wenn die Voraussetzungen für die Notwendigkeit der Untersuchungshandlung sich nach der Rücknahmeerklärung ändern und nunmehr die Staatsanwaltschaft nicht mehr zu erreichen ist. Die Befugnis zu weiterem Tätigwerden unter den Voraussetzungen des § 166 bleibt stets erhalten.

e) Anträge anderer Beteiligter, namentlich des Beschuldigten oder sonst von einer 21
Zwangsmaßnahme Betroffenen, verpflichten den Ermittlungsrichter dann zu einer Entscheidung, wenn diese bei einer nicht richterlich angeordneten Maßnahme befugt sind, eine richterliche Entscheidung zu beantragen, so in den Fällen des § 98 Abs. 2 Satz 2,[84] der weitgehend auf ähnliche Situationen angewendet wird.[85] Sonst können solche „Anträge", was wohl nur ganz ausnahmsweise in Betracht kommt, allenfalls Anregungen zum Tätigwerden nach § 165 darstellen.

4. Zuständigkeit

a) Allgemeines. Die Vorschrift regelt in Absatz 1 die sachliche und örtliche Zuständig- 22
keit für richterliche Untersuchungshandlungen im Ermittlungsverfahren, soweit nicht Sondervorschriften eingreifen.[86] Im **Jugendstrafverfahren** ist als Ermittlungsrichter der Jugendrichter zuständig.[87] Für die Fälle der **DNA-Analyse** zum Zwecke künftiger Identitätsfeststellung gilt § 162 gemäß § 81g Abs. 3 Satz 1 und 2 ebenfalls.

Vorrangige Sonderregelungen bestehen für die Anordnung der **Online-Durchsu-** 23
chung (§ 100b) und der **akustischen Wohnraumüberwachung** (§ 100c) in § 100e Abs. 2

79 Treffend *Schünemann* ZStW **114** (2002) 1, 20.
80 Entsprechende Kritik etwa bei LR/*Kühne*[27] Einl. F 234; HbStrVf/*Jahn* II Rn. 199; HK/*Gercke* § 105, 24; KMR/*Noltensmeier-von Osten* 3; für die Zulässigkeit dieser Praxis hingegen SSW/*Ziegler* 11.
81 BVerfG NJW **2015** 851, 851.
82 HK/*Zöller* 4; KK/*Weingarten* 3; KMR/*Noltensmeier-von Osten* 5; NK/*Heghmanns* 9.
83 KK/*Weingarten* 3; SK/*Albrecht* 13; zur verjährungsunterbrechenden Wirkung vgl. u.a. LK/*Greger*/*Weingarten*[14] § 78c, 10.
84 Näher LR/*Menges* § 98, 48 ff.
85 Dazu § 160, 70 m.w.N.
86 Zur strittigen örtlichen Zuständigkeit bei der vorläufigen Entziehung der Fahrerlaubnis (§ 111a) und dem vorläufigen Berufsverbot (§ 132a), bei denen eine gesetzliche Regelung fehlt, LR/*Hauck* § 111a, 45 und LR/*Gleß* § 132a, 22, jew. m.w.N.
87 Vgl. § 34 Abs. 1, § 37 JGG; *Brunner*/*Dölling* § 34,3; zum Bezirksjugendgericht s.u. Rn. 25.

(Zuständigkeit der Strafkammer nach § 74a Abs. 4 GVG), sowie bei den Zustimmungen zur **Verfahrenseinstellung** nach den §§ 153, 153a und 153b und bei der Anordnung der **Unterbringung** eines Beschuldigten **nach § 81** (Zuständigkeit des Gerichts des Hauptverfahrens). Für **Haftentscheidungen** gilt die weitergehende Regelung des § 125 Abs. 1, wobei gemäß § 162 Abs. 1 Satz 2 unabhängig von dieser eine (ggf. zusätzliche) Zuständigkeit nach § 162 Abs. 1 Satz 1 besteht, wenn der Antrag auf Erlass eines Haftbefehls oder Unterbringungsbefehls mit einem Antrag verbunden wird, für die letztgenannte Vorschrift einschlägig ist (s.u. Rn. 26).

24 **b) Sachliche Zuständigkeit.** Sachlich zuständig ist der Richter beim **Amtsgericht.** In den in § 169 genannten Fällen können daneben wahlweise[88] Ermittlungsrichter des Oberlandesgerichts und des Bundesgerichtshofes tätig werden. **Funktionell zuständig** ist als Ermittlungsrichter derjenige Richter, den der Geschäftsverteilungsplan hierfür bestimmt (§ 21e Abs. 1 Satz 1 GVG). Dabei erscheint es zweckmäßig, ihm auch die Zuständigkeit als **Haftrichter** zu übertragen, wenn sich nicht schon aus der Auslegung des Geschäftsverteilungsplans ergibt, dass sie mit umfasst ist.[89] Bei größeren Amtsgerichten erscheint es sachgerecht, wenn der Geschäftsverteilungsplan die ermittlungsrichterlichen Aufgaben auf einen oder wenige Richter konzentriert, weil dadurch die notwendige Sachkunde besser zu gewährleisten ist.

25 **c) Örtliche Zuständigkeit (Absatz 1 Satz 1).** Die örtliche Zuständigkeit liegt beim Amtsgericht, in dessen Bezirk die antragstellende Staatsanwaltschaft (bzw. die ihr im jeweiligen Verfahren gleichstehende Behörde, s.o. Rn. 4) ihren Sitz hat. Für den Fall, dass der Antrag von einer Zweigstelle (wobei auch eine durch Justizverwaltungsakt errichtete „Außenstelle" als solche zu betrachten ist)[90] gestellt wird, ist insofern deren Sitz maßgebend.[91] Damit besteht heute eine einfach zu bestimmende allgemeine ermittlungsrichterliche Zuständigkeit.[92] Bei **Zuständigkeitskonzentrationen** nach § 58 GVG,[93] die nach der durch § 162 Abs. 1 Satz 1 ohnehin bewirkten Konzentration auf wenige Amtsgerichte im vorliegenden Zusammenhang kaum noch praktische Bedeutung haben dürften, ist das Amtsgericht zuständig, in dessen erweitertem Bezirk der örtliche Anknüpfungspunkt gegeben ist. Gleiches gilt für die Konzentration von Jugendsachen beim **Bezirksjugendrichter** (§ 33 Abs. 3 Satz 1, 1. Alt. JGG). Die Ermittlungsrichter des Oberlandesgerichts und des Bundesgerichtshofes sind für das gesamte Bundesgebiet örtlich zuständig (näher § 169, 8).

26 **d) Haft- und Unterbringungsbefehl.** Die nach Satz 2 vorgesehene Möglichkeit, auch beim Antrag auf Erlass eines Haft- oder Unterbringungsbefehls die in Satz 1 geregelte Zuständigkeit in Anspruch zu nehmen, besteht zunächst dort, wo der Haft- oder Unterbringungsbefehl nicht allein, sondern **zusammen mit** einer oder mehreren **anderen richterlichen Untersuchungshandlungen** beantragt wird.[94] Sie ist aber auch in Fällen anzuerkennen, in denen der Antrag auf Erlass eines Haft- oder Unterbringungsbefehls **zeitlich**

---

88 Näher, auch zur Frage der Zweckmäßigkeit, § 169, 7 m.w.N.

89 Vgl. Schmitt/Köhler/*Köhler* 13; zur funktionellen Zuständigkeit für Entscheidungen nach § 163c näher § 163c, 12; für Jugendsachen s.o. Rn. 22.

90 HK-GS/*Pflieger* 5; Schmitt/Köhler/*Köhler* 8.

91 NK/*Heghmanns* 13.

92 Zu den mit der Reform der Vorschrift durch das TKÜG Ende 2007 entfallenen zahlreichen Problemen der früheren Regelung LR/*Erb*[26] 17 ff., 24 ff. m.w.N.

93 Dazu LR/*Gittermann* § 58, 22 ff. GVG.

94 HK/*Zöller* 6; HK-GS/*Pflieger* 6; Schmitt/Köhler/*Köhler* 10.

nachfolgend gestellt wird.[95] Die Staatsanwaltschaft ist nicht gezwungen, davon Gebrauch zu machen, sondern kann den Antrag auf Erlass des Haft- oder Unterbringungsbefehls gleichwohl bei einem anderen Gericht stellen, dessen Zuständigkeit nach § 125 Abs. 1 (ggf. i.V.m. § 126a Abs. 2 Satz 1) begründet ist.[96] Um nach der Inanspruchnahme einer haftrichterlichen Zuständigkeit nach der letztgenannten Vorschrift ein wenig sachdienliches Auseinanderfallen der Zuständigkeiten für die weiteren haftrechtlichen Entscheidungen und für nachfolgende sonstige ermittlungsgerichtliche Entscheidungen zu verhindern, bietet sich ein Vorgehen nach § 126 Abs. 1 Satz 3 an.[97] Praktische Bedeutung dürfte dieser Möglichkeit vor allem dort zukommen, wo das Ermittlungsverfahren an eine andere Staatsanwaltschaft abgegeben wird, weil die Übernahme in Bezug auf eine nach § 125 Abs. 1 begründete Zuständigkeit (im Gegensatz zu derjenigen nach § 162 Abs. 1 Satz 1, dazu sogleich) nicht ohne Weiteres den Übergang auf das Amtsgericht am Sitz der neuen Staatsanwaltschaft bewirkt.

27 Wird das Verfahren, an eine **andere Staatsanwaltschaft abgegeben** oder nach § 145 Abs. 1 GVG an eine andere Staatsanwaltschaft übertragen, oder übernimmt die Staatsanwaltschaft in einer Steuerstrafsache von der Finanzbehörde die weitere Strafverfolgung, so geht die Zuständigkeit für spätere Anträge auf das Amtsgericht über, in dessen Bezirk die nunmehr verfahrensführende Staatsanwaltschaft ihren Sitz hat:[98] Anträge der abgebenden Staatsanwaltschaft, über die der ursprünglich zuständigen Ermittlungsrichter noch nicht entschieden hat, müssen bei dem nunmehr zuständigen Amtsgericht neu gestellt werden.[99]

28 **e) Gerichtliche Vernehmungen und Augenscheineinnahmen.** Absatz 1 Satz 1 gilt grds. auch für gerichtliche Vernehmungen und Augenscheinnahmen. Satz 3 eröffnet in diesen Fällen jedoch eine alternative Zuständigkeit des Amtsgerichts, in dessen Bezirk die Untersuchungshandlung vorzunehmen ist, wenn dies zur Beschleunigung des Verfahrens oder der Vermeidung von Belastungen Betroffener geboten erscheint. Ist die Annahme dieser Voraussetzungen vertretbar, so hat die Staatsanwaltschaft einen **Ermessensspielraum**, ob sie von dieser Möglichkeit Gebrauch macht; das angerufene Gericht kann seine Zuständigkeit nur im Falle von Willkür verneinen.[100]

29 Da die **Vernehmungszuständigkeit des Ermittlungsrichters** nicht auf die in seinem Bezirk wohnhaften Personen beschränkt ist, kann die Staatsanwaltschaft den Antrag zur Vornahme einer Vernehmung nicht nur bei dem Richter stellen, in dessen Bezirk die zu vernehmende Person wohnt, sondern auch in einem anderen Bezirk, in dem diese sich zeitweilig aufhält (Arbeitsort, Urlaubsort usw.), wenn die Vernehmung am dortigen Gerichtsort Unannehmlichkeiten oder Kosten vermeiden hilft.[101] Weil insofern keine Zustän-

---

95 SSW/*Ziegler* 16; **a.A.** KMR/*Noltensmeier-von Osten* 13; NK/*Heghmanns* 16.

96 Zum diesbezüglichen Wahlrecht der Staatsanwaltschaft KG v. 1.8.2016 – 2 Ws 190/16 – 121 AR 17/16, BeckRS **2016** 110175 Rn. 9; SSW/*Ziegler* 16.

97 Vgl. *Bittmann* NStZ **2010** 13, 16; HK/*Zöller* 6; NK/*Heghmanns* 16; Schmitt/Köhler/*Köhler* 10.

98 OLG Hamm v. 11.10.2018 – 4 Ws 133/18, BeckRS **2018** 25541 Rn. 13; HK/*Zöller* 6; KMR/*Noltensmeier-von Osten* 11; MüKo/*Kölbel/Ibold* 15; OK/*von Häfen* 13; SK/*Albrecht* 18; SSW/*Ziegler* 7; für den Fall einer Übertragung der Sache auf eine andere Staatsanwaltschaft durch die GenStA nach § 145 Abs. 1 GVG **a.A.** LG Zweibrücken NStZ-RR **2004** 304 ff. Für die alte Rechtslage (beiläufig) auch BGH NStZ-RR **2005** 146; **a.A.** OLG Stuttgart NStZ **1991** 291, 292.

99 MüKo/*Kölbel/Ibold* 15.

100 Zutr. LG Nürnberg-Fürth NStZ-RR **2008** 313 f.; HK/*Zöller* 7; HK-GS/*Pflieger* 8; KMR/*Noltensmeier-von Osten* 14; Schmitt/Köhler/*Köhler* 11; einschr. (nur „gewisser Beurteilungsspielraum") NK/*Heghmanns* 17; **a.A.** MüKo/*Kölbel/Ibold* 14; SK/*Albrecht* 20.

101 MüKo/*Kölbel/Ibold* 14; zum alten Recht *Kubick* DRiZ **1976** 114.

digkeit eines Richters für bestimmte Personen im Raum steht, sondern allein die Frage, an welchem Ort das Tätigwerden eines Richters zweckmäßig erscheint, ist bei **Videovernehmungen**, die in Ermangelung eines geeigneten Vernehmungszimmers nicht im Wohnortbezirk des Zeugen durchgeführt werden können, anstelle des Wohnorts der Standort des nächsten geeigneten Vernehmungszimmers maßgeblich.[102] Wird der **Wohnort** eines Zeugen **geheimgehalten** (§ 68 Abs. 2, 3), so richtet sich die örtliche Zuständigkeit nach dem Sitz der Polizeidienststelle oder der Zeugenschutzdienststelle, über die der Zeuge geladen werden kann;[103] braucht der Zeuge lediglich seine Dienstanschrift anzugeben (§ 68 Abs. 1 Satz 2, Abs. 2 Satz 1), so ist auch der Ermittlungsrichter für den Ort der jeweiligen Dienststelle zuständig. Bei einer **Gegenüberstellung** nach § 58 Abs. 2 ist jedes Amtsgericht örtlich zuständig, in dem für eine der gegenüberzustellenden Person ein hinreichender Anknüpfungspunkt besteht.[104] Für die Teilnahme an der **Leichenschau** ist der Richter zuständig, in dessen Bezirk sich die Leiche im Zeitpunkt der Antragstellung befindet, auch wenn sie in einem anderen Bezirk aufgefunden worden ist. Entsprechendes gilt grds. für die Anordnung der **Leichenöffnung** (§ 87 Abs. 4 Satz 1), während bei der Teilnahme an dieser der von der Staatsanwaltschaft zu bestimmende Sektionsort maßgeblich ist. **Augenscheinseinnahmen** sind dort durchzuführen, wo sich die in Augenschein zu nehmende Sache befindet.[105]

5. Umfang und Vornahme der Untersuchungshandlungen

30 **a) Allgemeines/Bindungsgrundsatz.** Der Ermittlungsrichter ist grundsätzlich insoweit an den Antrag der Staatsanwaltschaft gebunden, als er weder über ihn hinausgehen noch andere als die beantragten Untersuchungshandlungen vornehmen darf.[106] Er darf auch nicht statt einer von ihm für unzulässig gehaltenen beantragten Maßnahme eine andere vornehmen, denn damit würde er in die der Staatsanwaltschaft zustehende Gestaltung des Ermittlungsverfahrens eingreifen. Eine Ausnahme gilt, soweit die Voraussetzungen der §§ 165, 166 vorliegen. Soweit dies offensichtlich dem **mutmaßlichen Willen der Staatsanwaltschaft** entspricht, darf der Ermittlungsrichter nach überwiegender Meinung über den Antrag hinausgehen oder von ihm abweichen,[107] so etwa, wenn bei einem Vernehmungsantrag eine Personenverwechslung vorliegt.[108] Hat sich die Staatsanwaltschaft in der Zuständigkeitsfrage erkennbar geirrt, so entspricht es regelmäßig ihrem mutmaßlichen Willen, dass der Richter den Antrag an das zuständige Amtsgericht weiterleitet. In Zweifelsfällen empfiehlt sich stets eine Rückfrage bei der Staatsanwaltschaft.[109] Fehlen notwendige Unterlagen, um die Zulässigkeit einer beantragten Maßnahme zu beurteilen,

---

102 Ebenso HK/*Zöller* 7; HK-GS/*Pflieger* 7; MüKo/*Kölbel*/*Ibold* 14; NK/*Heghmanns* 18; für die alte Gesetzeslage LG München II NStZ-RR **2005** 317; **a.A.** OLG München NStZ **2004** 642; auch für die heutige Gesetzeslage **a.A.** Schmitt/Köhler/*Köhler* 11; Radtke/Hohmann/*J. Kretschmer*[1] 12; SSW/*Ziegler* 17.

103 HK/*Zöller* 7; KMR/*Noltensmeier-von Osten* 14; Schmitt/Köhler/*Köhler* 11; SSW/*Ziegler* 17; zum alten Recht LG Karlsruhe NStZ **1997** 509.

104 Zum alten Recht KK/*Wache*[5] 9.

105 MüKo/*Kölbel*/*Ibold* 14.

106 HK/*Zöller* 4; KK/*Weingarten* 6; KMR/*Noltensmeier-von Osten* 3; NK/*Heghmanns* 6; Schmitt/Köhler/*Köhler* 5; SK/*Albrecht* 14; *Geppert* DRiZ **1992** 405, 406; *Nehm* FS Meyer-Goßner 277, 281 f.; *Rieß* NStZ **1991** 511, 514; vgl. auch LG Köln StV **1983** 275.

107 AK/*Achenbach* 6; HK/*Zöller* 9; KK/*Griesbaum*[7] 6; KMR/*Noltensmeier-von Osten* 21; Schmitt/Köhler/*Köhler* 14; *Nehm* FS Meyer-Goßner 277, 282; *Rieß* NStZ **1991** 511, 514; zweifelnd *Geppert* DRiZ **1992** 405, 407; **a.A.** NK/*Heghmanns* 7; SK/*Albrecht* 14.

108 KK/*Griesbaum*[7] 6; MüKo/*Kölbel*/*Ibold* 19; *Nehm* FS Meyer-Goßner 277, 282.

109 KK/*Griesbaum*[7] 6.

und werden diese von der Staatsanwaltschaft trotz eines entsprechenden Hinweises nicht nachgereicht, so hat der Richter keine eigenen Ermittlungen durchzuführen, sondern den Antrag abzulehnen.[110] Untersuchungshandlungen, die der Richter vornimmt, ohne dass sie beantragt waren, sind gleichwohl prozessual wirksam.[111]

b) Ermittlungsmaßnahmen. Bei **Ermittlungsmaßnahmen**, insbesondere Verneh- 31
mungen, ist der Richter zu zusätzlichen eigenen Ermittlungen befugt, die nur den Zweck haben, die Voraussetzungen für die beantragte Maßnahme zu schaffen, etwa, den Aufenthalt der zu vernehmenden Person festzustellen u.ä.[112] Der Antrag auf Vornahme einer Ermittlungshandlung berechtigt und verpflichtet regelmäßig den Richter zugleich, ohne dass dies von der Staatsanwaltschaft besonders beantragt werden muss, zum Einsatz der dazu erforderlichen Zwangsmaßnahmen. Beantragt die Staatsanwaltschaft aber, Zwangsmaßnahmen nicht anzuwenden oder von einer **Vereidigung** abzusehen, so ist der Richter hieran gebunden.[113] Der umgekehrte Antrag entbindet den Richter (selbstverständlich) nicht von der Pflicht zu prüfen, ob die Voraussetzungen von § 62 i.V.m. § 59 Abs. 1 vorliegen und ob Vereidigungsverbote bestehen.[114] Selbst wenn die Voraussetzungen erfüllt sind, steht es nach § 59 Abs. 1 Satz 1 im Ermessen des Gerichts, ob es dem Antrag entspricht.[115] Hat der Staatsanwalt nicht ausdrücklich beantragt, von einer Vereidigung abzusehen, darf der Ermittlungsrichter den Zeugen aber auch ohne diesbezüglichen Antrag der Staatsanwaltschaft vereidigen.[116] Eine beantragte richterliche Vernehmung darf der Ermittlungsrichter nicht von sich aus dadurch ersetzen, dass er eine lediglich schriftliche Erklärung des Zeugen oder Beschuldigten entgegennimmt oder herbeiführt;[117] unangebracht ist im Allgemeinen auch der Ladungshinweis an den Beschuldigten, dass im Nichterscheinen die Inanspruchnahme des Schweigerechts gesehen werde.[118]

Beantragt die Staatsanwaltschaft, jemanden als **Zeugen** zu vernehmen, der schon 32
nach dem Akteninhalt **als Beschuldigter zu behandeln** wäre,[119] so darf der Richter ihn weder als Zeugen noch als Beschuldigten laden und vernehmen; er hat die Zeugenvernehmung als unzulässig abzulehnen.[120] Erweist sich erst durch die Vernehmung oder bei einem Vorgespräch,[121] dass eine als **Zeuge** zu vernehmende Person tatverdächtig und **als Beschuldigter** zu behandeln ist, so darf der Richter keinesfalls die Vernehmung als Zeugenvernehmung fortsetzen.[122] Er darf unter Anwendung der Belehrungsvorschriften (§ 136) zur **Beschuldigtenvernehmung übergehen**, wenn ihn der Antrag dazu ermächtigt

110 SK/*Albrecht* 23.

111 So *Nehm* FS Meyer-Goßner 277, 282; KK/*Weingarten* 5; **a.A.** LG Gera MDR **1996** 731, das aber den Verstoß für heilbar hält, wenn die StA im Beschwerdeverfahren der Maßnahme zustimmt.

112 *Nehm* FS Meyer-Goßner 277, 282 Fn. 33 (Randermittlungen); *Geppert* DRiZ **1992** 405, 406.

113 KK/*Weingarten* 5; MüKo/*Kölbel/Ibold* 20; SK/*Albrecht* 15; *Nehm* FS Meyer-Goßner 277, 282.

114 LG Verden NJW **1976** 1280; KK/*Weingarten* 18; *Kittel* JR **1966** 124, 126; vgl. auch *Nehm* FS Meyer-Goßner 277, 287.

115 LR/*Ignor/Bertheau* § 62, 5; Schmitt/Köhler/*Schmitt* § 62, 1 i.V.m. § 59, 8.

116 LR/*Ignor/Bertheau* § 62, 5; KK/*Senge* § 62, 4; KMR/*Neubeck* § 62, 5.

117 KK/*Weingarten* 18; Schmitt/Köhler/*Köhler* 16; *Nehm* FS Meyer-Goßner 277, 282; vgl. OLG Hamm JMBlNW **1974** 53.

118 Schmitt/Köhler/*Köhler* 16; vgl. auch § 163a, 38 f., 53; LR/*Gleß* § 133, 8; KK/*Weingarten* 18.

119 Zum Ganzen LR/*Gleß* 136, 9 ff.; *Nehm* FS Meyer-Goßner 277, 284, 286; *Geppert* DRiZ **1992** 405, 406 f.; unten § 163a, 13 ff.

120 LR/*Gleß* § 136, 11; MüKo/*Kölbel/Ibold* 21.

121 *Nehm* FS Meyer-Goßner 277, 283.

122 Näher LR/*Gleß* § 136, 11.

(Rn. 17) oder die Staatsanwaltschaft auf Rückfrage ihren Antrag umstellt.[123] Ob der Richter von sich aus zur Beschuldigtenvernehmung übergehen darf, ist umstritten;[124] es dürfte regelmäßig zu verneinen sein, da der Zeitpunkt der Beschuldigtenvernehmung von der Staatsanwaltschaft zu bestimmen ist, und deren mutmaßlicher Wille für ein entsprechendes Vorgehen des Richters kann insofern nicht ohne Weiteres unterstellt werden.[125] Die Voraussetzungen von § 165, unter denen grds. eine Ausnahme in Betracht käme,[126] dürften in Bezug auf eine Beschuldigtenvernehmung kaum jemals vorliegen. Keinesfalls darf der Richter einen Beschuldigten, den er nicht für tatverdächtig hält, als Zeugen vernehmen.[127]

33 **c) Anordnung von Zwangsmaßnahmen.** Bei der **Anordnung von Zwangsmaßnahmen** sind dem Richter eigene Ermittlungen zur Klärung der Voraussetzungen nicht gestattet, ebensowenig ist er befugt, andere Behörden unmittelbar um Auskünfte oder die Vornahme von Ermittlungen zu ersuchen.[128] Reichen ihm die Unterlagen nicht aus, so kann er der Staatsanwaltschaft ergänzende Ermittlungen anheimstellen oder sogleich oder wenn diese ausbleiben den Antrag ablehnen.[129]

6. Prüfungspflicht des Richters und ihre Grenzen (Absatz 2)

34 **a) Allgemeines.** Nach Absatz 2 wird dem Richter einerseits eine Prüfungspflicht auferlegt, andererseits zum Ausdruck gebracht, dass sich diese auf die „gesetzliche Zulässigkeit" beschränkt,[130] sodass er einen Antrag nicht aus Gründen ablehnen darf, die nicht unter Absatz 2 fallen.

35 Über den Inhalt des **Begriffs der gesetzlichen Zulässigkeit** besteht noch keine vollständige Klarheit,[131] wenn auch über die Ergebnisse vielfach Übereinstimmung herrscht. So ergibt sich aus der Bestimmung, dass der Richter grundsätzlich nicht berechtigt ist,[132] über die ermittlungstaktische Zweckmäßigkeit und Notwendigkeit der beantragten Handlung zu entscheiden.[133] Unbestritten ist ferner, dass zu den vom Richter zu prüfenden Voraussetzun-

123 *Nehm* FS Meyer-Goßner 277, 283 m.w.N.; KK/*Weingarten* 5; MüKo/*Kölbel/Ibold* 21; vgl. auch BGH StV **1985** 397.

124 **Bejahend** AK/*Achenbach* 6; AnwK/*Walther* 6; LR/*Gleß* § 136, 11; Schmitt/Köhler/*Schmitt* § 136, 3; *v. Gerlach* NJW **1969** 779; **verneinend** *Lenckner* FS Peters 333, 341; *Fincke* ZStW **95** (1983) 918, 940; SK/*Rogall* Vor § 133, 41.

125 *Nehm* FS Meyer-Goßner 277, 283 f.; MüKo/*Kölbel/Ibold* 21; NK/*Heghmanns* 7.

126 Vgl. KK/*Weingarten* 5; *Geppert* DRiZ **1992** 405, 407; *Nehm* FS Meyer-Goßner 277, 284; zweifelnd LR/*Rieß*[25] 34.

127 *Nehm* FS Meyer-Goßner 277, 286 mit Fn. 63 m.w.N.; vgl. auch LR/*Gleß* § 136, 11.

128 LG Stuttgart NStZ **1983** 520 mit Anm. *Rieß*; HK/*Zöller* 4; Schmitt/Köhler/*Köhler* 5; MüKo/*Kölbel/Ibold* 19; SK/*Albrecht* 14; *Fezer* 2/63; *Roxin/Schünemann* § 9, 29; teilw. zu weitgehend die unklare Entscheidung LG Köln StV **1983** 275; vgl. aber auch BVerfGE **49** 329, 341 (Befugnis, auf weitere Aufklärung des Sachverhalts „hinzuwirken").

129 AK/*Achenbach* 6; KK/*Weingarten* 6; MüKo/*Kölbel/Ibold* 19; *Roxin/Schünemann* § 9, 29; *Boetticher/Landau* FS BGH 555, 559; *Geppert* DRiZ **1992** 405, 409; *Nehm* FS Meyer-Goßner 277, 289, vgl. auch OLG Düsseldorf (Ermittlungsrichter) NStZ **1990** 145, 146.

130 Zur Verfassungsmäßigkeit BVerfGE **31** 43.

131 Zum Ganzen ausführlich SK/*Albrecht* 25 ff.; *Eb. Schmidt* 4 bis 13; *Nelles* 40 ff.; *Prechtel* 257 ff.; *Rieß* NStZ **1991** 513; *Kittel* JR **1966** 124; *Koch* NJW **1968** 1316, 1317; *Nehm* FS Meyer-Goßner 277, 284 f.

132 Zu den sich aus der Anwendung von Subsidiaritätsvorschriften ergebenden Ausnahmen s.u. Rn. 45.

133 So etwa BVerfGE **31** 43, 46; BGHSt **7** 205, 207; **15** 234, 238; RGSt **65** 83; KG JR **1965** 268; LG Düsseldorf NStZ **1985** 377; LG Nürnberg-Fürth NJW **1967** 2127; SK/*Albrecht* 25 m.w.N.; AK/*Achenbach* 18; HK/*Zöller* 9; KK/*Weingarten* 17; Schmitt/Köhler/*Köhler* 14; *Eb. Schmidt* 13; *Fezer* 2/61; *Gössel* § 3 B IId 2; *Roxin/Schünemann* § 9, 26; *Benfer* NJW **1981** 1245, 1246; *Geppert* DRiZ **1992** 405, 406; *Nehm* FS Meyer-Goßner 277, 285; *Prechtel* 278 ff.; *Rieß* NStZ **1991** 513, 515; wohl nur in der Wortwahl abweichend und insoweit zu weitgehend OLG Düsseldorf (Ermittlungsrichter) NStZ **1990** 145; MDR **1991** 78, wonach bei einer beantragten Durchsuchungsanordnung

gen seine Zuständigkeit und das Vorliegen der für die spezielle Handlung etwa geforderten besonderen Verfahrensvoraussetzungen gehört.[134] Ebenso ist heute unbestritten, dass die Beachtung des **Verhältnismäßigkeitsgrundsatzes** zu den auch den Richter zur Prüfung verpflichtenden gesetzlichen Voraussetzungen gehört;[135] Meinungsverschiedenheiten bestehen insoweit lediglich über die Reichweite. Hierbei ist danach zu unterscheiden, ob es sich bei der beantragten Handlung um eine Ermittlungsmaßnahme handelt, bei der der Richter im Wege der Amtshilfe tätig wird (näher Rn. 40 ff.), oder ob es um die Anordnung einer Zwangsmaßnahme und insofern um Rechtsprechungstätigkeit geht (näher Rn. 43 f.). Missverständlich erscheint dagegen die Formulierung, wonach die Bindung des Richters nur bei offensichtlichen Verstößen gegen den Verhältnismäßigkeitsgrundsatz entfalle.[136] Richtigerweise kann damit nicht die Tolerierung von Verstößen gemeint sein, die ungeachtet ihres minder schweren Charakters echte Rechtsverstöße darstellen, sondern nur der zutreffende Grundsatz, dass unter dem Deckmantel einer Verhältnismäßigkeitsprüfung keine allgemeine Zweckmäßigkeitskontrolle erfolgen darf (s.u. Rn. 43).[137]

b) Zuständigkeit/Besondere Voraussetzungen für die beantragte Handlung. Der 36 Richter hat zu prüfen, ob er **sachlich oder örtlich zuständig** ist, und bei negativem Prüfungsergebnis die beantragte Untersuchungshandlung abzulehnen.[138] Wegen sachlicher Unzuständigkeit kommt eine Ablehnung beispielsweise in Betracht, wenn bereits die öffentliche Klage erhoben ist[139] oder wenn für die beantragte Handlung oder Entscheidung das für die Eröffnung des Hauptverfahrens zuständige Gericht zuständig wäre (vgl. Rn. 5). Wegen der örtlichen Zuständigkeit s.o. Rn. 25 ff. Nimmt der Richter trotz örtlicher Unzuständigkeit oder nach Erhebung der Anklage eine Untersuchungshandlung vor, so ist sie nach § 20 gleichwohl wirksam.[140]

Eine **Rechtswegverweisung** an das Verwaltungsgericht nach den §§ 17a, 17b GVG kann 37 in Betracht kommen, wenn ein von einer nicht richterlich angeordneten Maßnahme Betroffener den Ermittlungsrichter anruft (Rn. 11) und dieser zu der Auffassung gelangt, dass es sich um eine nach Polizeirecht zu beurteilende Maßnahme gehandelt habe.[141] Bei einem Tätigwerden auf staatsanwaltschaftlichen Antrag können solche Fälle nicht vorkommen.

Besondere gesetzliche Voraussetzungen, die für die konkreten Untersuchungshandlun- 38 gen vorliegen müssen, unterliegen ebenfalls stets der Prüfung des Richters; für die allgemeinen Verfahrensvoraussetzungen gilt dies nicht in jedem Fall.[142] Die Untersuchungshandlung

---

auch die Notwendigkeit „und Zweckmäßigkeit" zu prüfen sei, womit aber nur die Beachtung des Verhältnismäßigkeitsgrundsatzes gemeint sein dürfte.

134 Nach *Eb. Schmidt* 4 f.; dem KK/*Weingarten* 15; SK/*Albrecht* 25 und *Prechtel* 224 ff. folgen, betrifft dies nicht die in Absatz 2 geregelte gesetzliche Zulässigkeit der Maßnahme, sondern die davon dogmatisch zu trennende Frage der Zulässigkeit des staatsanwaltschaftlichen Antrags.

135 Im Grundsatz allg. M.; vgl. etwa OLG Düsseldorf (Ermittlungsrichter) NStZ **1990** 144; OLG Zweibrücken NJW **1981** 534; LG Hildesheim NdsRpfl. **1966** 251; LG Krefeld MDR **1968** 68; LG Verden StV **1986** 426; AK/*Achenbach* 16; HK/*Zöller* 9; KK/*Weingarten* 17; Schmitt/Köhler/*Köhler* 15; SK/*Albrecht* 26 m.w.N.; *Nelles* 55; *Prechtel* 282 ff.

136 So LG Saarbrücken NStZ **1989** 142 mit Anm. *Weyand*; Schmitt/Köhler/*Köhler* 14; KMR/*Noltensmeier-von Osten* 21; *Nehm* FS Meyer-Goßner 277, 285 Fn. 52; vgl. auch *Prechtel* 289 ff., 310.

137 Vgl. *Rieß* NStZ **1991** 513, 515; zust. *Nehm* FS Meyer-Goßner 277, 285.

138 KK/*Weingarten* 15; KMR/ *Noltensmeier-von Osten* 24; *Eb. Schmidt* 6; SK/*Albrecht* 21; *Koch* NJW **1968** 1316.

139 KK/*Weingarten* 15; *Eb. Schmidt* 8; vgl. näher Rn. 5.

140 Vgl. die Erl. zu § 20; KK/*Weingarten* 12 a.E.; KMR/*Noltensmeier-von Osten* 19.

141 Vgl. auch LR/*Berg*[27] §§ 17 bis 17b, 2 GVG.

142 Vgl. zu diesen Rn. 40, 43; ebenso z.B. KMR/*Noltensmeier-von Osten* 24; *Gössel* § 3 B IId 2; **a.A.** *Eb. Schmidt* 7.

ist als gesetzlich unzulässig zu verweigern, wenn der Beschuldigte der deutschen **Gerichtsbarkeit** nicht unterliegt[143] oder solange und soweit der beantragten Ermittlungshandlung die **parlamentarische Immunität** entgegensteht.[144] Es ist nicht Aufgabe des Ermittlungsrichters, sich um die Genehmigung des Parlaments zur Strafverfolgung zu bemühen, sondern Sache der Staatsanwaltschaft, diese Voraussetzungen für die Untersuchungshandlung vor der Entscheidung über den Antrag beizubringen. Ansonsten ist die Frage, ob der Ermittlungsrichter die Zulässigkeit des Ermittlungsverfahrens als solchem (im Hinblick auf das Vorliegen eines Anfangsverdachts einschließlich der Strafbarkeit der verfolgten Handlung, evt. Strafklageverbrauch, das Verfahrenshindernis der Amnestie usw.) zu prüfen hat, bei reinen Ermittlungsmaßnahmen und der Anordnung von Zwangsmaßnahmen differenziert zu beurteilen (s.u. Rn. 40, 43 ff.).

39 Der Richter hat ferner in jedem Fall zu prüfen, ob die antragstellende **Strafverfolgungsbehörde** für das von ihr betriebene Verfahren **generell zuständig** ist. Deshalb ist ein Antrag der Finanzbehörde abzulehnen, wenn es sich nicht um eine **Steuerstraftat** im Sinne des § 386 Abs. 2 AO handelt, ein solcher der Staatsanwaltschaft, wenn Gegenstand des Verfahrens offensichtlich nur eine **Ordnungswidrigkeit** und die Staatsanwaltschaft nicht ausnahmsweise zuständige Verwaltungsbehörde ist.[145] Anders liegen die Dinge freilich zunächst (selbstverständlich) dann, wenn das staatsanwaltschaftliche Ermittlungsverfahren darauf gerichtet ist, festzustellen, ob im Zusammenhang mit einer Ordnungswidrigkeit die tatsächlichen Voraussetzungen einer Straftat vorliegen. Dem Ermittlungsrichter steht es im Übrigen aber ebensowenig zu, bei rechtlichen Zweifeln an der Einordnung des verfolgten Verhaltens als Straftat die Staatsanwaltschaft aufgrund einer insoweit abweichenden Beurteilung als generell unzuständig zu behandeln. In diesem Fall geht es vielmehr letzten Endes wiederum nur um die Frage, ob der von der Staatsanwaltschaft angenommene Anfangsverdacht tatsächlich vorliegt, und mithin nur um die Zulässigkeit des konkreten Verfahrens (s.o. Rn. 38 und unten Rn. 40, 44). Die konkrete Zuständigkeit der Staatsanwaltschaft für das jeweilige Verfahren hat der Richter nicht zu prüfen.[146]

40 **c) Ermittlungsmaßnahmen, insbesondere Vernehmungen.** Es ist Aufgabe der zuständigen Strafverfolgungsbehörden, zu entscheiden, ob ein Anfangsverdacht besteht, deshalb der Sachverhalt zu erforschen ist und mit welchen Mitteln dies geschehen soll. Der Richter darf deshalb den Antrag nicht mit der Begründung ablehnen, dass ein Anfangsverdacht nicht bestehe oder bereits ausgeräumt sei,[147] gleichgültig, ob er das in Frage stehende Verhalten nicht für strafbar hält,[148] die tatsächlichen Umstände nicht für beweiskräftig erachtet, eine allgemeine Verfahrensvoraussetzung (z.B. Strafantrag) vermisst oder ein Verfahrenshindernis (z.B. Verjährung) für gegeben hält.[149] Er darf Ermittlungshandlungen

---

143 KK/*Weingarten* 15; KMR/ *Noltensmeier-von Osten* 24; *Eb. Schmidt* 7.

144 *Eb. Schmidt* 12; AnwK/*Walther* 12; LR/*Mavany* § 152a, 40 ff.

145 KK/*Weingarten* 15; *Eb. Schmidt* 9; *Nehm* FS Meyer-Goßner 277, 284.

146 KG v. 1.8.2016 – 2 Ws 190/16 – 121 AR 17/16, BeckRS **2016** 110175 Rn. 10; HK/*Zöller* 9; KK/*Weingarten* 16; KMR/*Noltensmeier-von Osten* 24; *Nehm* FS Meyer-Goßner 277, 285.

147 LG Freiburg NStZ **1993** 146; LG Offenburg NStZ **1993** 506; AK/*Achenbach* 18; AnwK/*Walther* 13 f.; KK/*Weingarten* 16; KMR/*Noltensmeier-von Osten* 24; MüKo/*Kölbel/Ibold* 24; SK/*Albrecht* 25; *Geppert* DRiZ **1992** 405, 406, *Nehm* FS Meyer-Goßner 277, 285; im Grundsatz auch *Eb. Schmidt* 10, 11; eingeschränkt *Prechtel* 273 ff.; *Brüning/Wenske* ZIS **2008** 340, 346; **a.A.** NK/*Heghmanns* 23.

148 Insofern teilweise enger *Eb. Schmidt* 10.

149 AK/*Achenbach* 18; KK/*Weingarten* 16; MüKo/*Kölbel/Ibold* 24; OK/*von Häfen* 24; Radtke/Hohmann/*Link* 15; *Geppert* DRiZ **1992** 405, 406; *Nehm* FS Meyer-Goßner 277, 285; **a.A.** *Brüning/Wenske* ZIS **2008** 340, 347.

nicht ablehnen, weil er sie für überflüssig,[150] unzweckmäßig oder gar für ermittlungstaktisch schädlich hält oder weil er der Auffassung ist, das Verfahren solle nach den §§ 153 ff. eingestellt werden, denn all das betrifft nicht die Frage der gesetzlichen Zulässigkeit, sondern der Zweckmäßigkeit und Notwendigkeit.

Eine beantragte **richterliche Vernehmung** darf der Richter nach ganz überwiegender 41
Meinung nicht mit der Begründung ablehnen, die Staatsanwaltschaft könne sie nach den §§ 161a, 163a Abs. 3 selbst durchführen.[151] Die vereinzelt vertretene Gegenmeinung[152] verkennt, dass die innerdienstliche Regelung in Nr. 10 RiStBV keine rechtliche Unzulässigkeit begründet,[153] worauf es nach Absatz 2 allein ankommt, dass das insoweit teilweise in Anspruch genommene Verhältnismäßigkeitsprinzip[154] für diese Situation keine Bedeutung entfalten kann, und dass ein Rückgriff auf allgemeine Grundsätze der Amtshilfe schon durch die Spezialregelung des § 162 ausgeschlossen wird. Etwas anderes gilt nur, wenn der staatsanwaltschaftliche Antrag offensichtlich willkürlich und rechtsmissbräuchlich erscheint,[155] was insbesondere dort der Fall ist, wo ein Erkenntnisgewinn schlechthin nicht erwartet werden kann (etwa bei Ankündigung der zu vernehmenden Person, von einem ihr zustehenden Schweige- bzw. Zeugnisverweigerungsrecht Gebrauch zu machen),[156] und der Antrag nach Lage der Dinge offenbar nur gestellt wurde, um eine drohende Verjährung zu unterbrechen.[157] Ebenso wenig kann der Richter die Vornahme eines Augenscheins oder die Teilnahme an der **Leichenschau oder Leichenöffnung** unter Berufung auf mangelnde Erforderlichkeit ablehnen.[158]

Die vom Richter zu beurteilende **gesetzliche Zulässigkeit der Maßnahme** ist dage- 42
gen betroffen, wenn bei einer Zeugenvernehmung zu entscheiden ist, ob ein Zeugnis- oder Auskunftsverweigerungsrecht zu beachten ist,[159] ob eine Vereidigung zulässig ist (vgl. auch

---

150 Insoweit **a.A.** *Brüning/Wenske* ZIS **2008** 340, 345 ff.; HK/*Zöller* 1; die richterliche Ermittlungshandlungen überhaupt nur im Falle eines „drohenden Beweisnotstands" für zulässig halten und dementsprechend auch von einer entsprechenden Prüfungspflicht des Ermittlungsrichters ausgehen.

151 In der Rspr. (teilweise mit Einschränkungen) LG Düsseldorf NStZ **1985** 377; LG Essen DRiZ **1975** 376; LG Freiburg NStZ **1993** 146; LG Offenburg NStZ **1991** 506; LG Tübingen MDR **1989** 1015; LG Verden NJW **1976** 1280; LG Wuppertal NJW **1975** 1719; **1977** 116; LG Zweibrücken VRS **90** (1996) 126; LG Berlin bei *Ebsen* NStZ **2007** 501, 505; LG Stuttgart NStZ-RR **2011** 279 f.; im Schrifttum AK/*Achenbach* 17, 20; HK/*Zöller* 9; KK/*Weingarten* 17; KMR/*Noltensmeier-von Osten* 21; NK/*Heghmanns* 22; SK/*Albrecht* 27; *Beulke/Swoboda* Rn. 487; *Fezer* 2/61; *Roxin/Schünemann* § 9, 26; *Schäfer/Fresemann/Hinrichs* Rn. 400; *Volk/Engländer* § 8, 2; *Wiesneth* Rn. 37; *Endriß* FS Rieß 65, 67; *Geppert* DRiZ **1992** 405, 407; *Nehm* FS Meyer-Goßner 277, 285; *Rieß* NStZ **1991** 513, 515 ff. (ausführlich); bereits vor der Neuregelung durch das 1. StVRG KG JR **1965** 268; *Fuhrmann* JR **1965** 253, 254.

152 So in der Rspr. OLG Düsseldorf (Ermittlungsrichter) NStZ **1990** 144, 145; LG Köln MDR **1988** 602; NStZ **1989** 41 (anders aber eine andere Strafkammer MDR **1995** 1252); AG Solingen MDR **1975** 950; AG Trittau (mitgeteilt bei BVerfGE **42** 91 ff.); im Schrifttum Radtke/Hohmann/*J. Kretschmer*[1] 7; *Schellenberg* NStZ **1991** 72 ff.; wohl auch *Kubick* DRiZ **1976** 114.

153 *Nehm* FS Meyer-Goßner 277, 286; *Rieß* NStZ **1991** 513, 516; MüKo/*Kölbel/Ibold* 25; SSW/*Ziegler* 18.

154 So OLG Düsseldorf und LG Köln a.a.O.; dagegen auch *Schellenberg* NStZ **1991** 72; ferner *Rieß* NStZ **1991** 513, 516.

155 So etwa LG Düsseldorf NStZ **1985** 377; LG Köln MDR **1995** 1252; *van Els/Hinkel* NJW **1977** 85, 87; *Fuhrmann* JR **1965** 253, 254; *Ebsen* NStZ **2007** 501 ff. unter Darstellung einer entsprechenden Entscheidung des AG Tiergarten; wohl auch *Prechtel* 229 ff.; dagegen *Rieß* NStZ **1991** 513, 517.

156 KMR/*Noltensmeier-von Osten* 21.

157 *Geilen* FS Schreiber 89, 101; HK/*Zöller* 9; insoweit **a.A.** SSW/*Ziegler* 18.

158 Näher dazu LR/*Krause* § 87, 10, 19; vgl. auch BTDrucks. **10** 1313 S. 20 (bindender Antrag der StA); zur Anordnung der Leichenöffnung vgl. auch LG Waldshut NJW **1972** 1148; AK/*Achenbach* 16.

159 BGHSt **36** 298, 300; Schmitt/Köhler/*Köhler* 14; vgl. auch (in der dogmatischen Konstruktion abweichend) *Nehm* FS Meyer-Goßner 277, 287.

Rn. 31) oder ob bei einem ausbleibenden oder die Aussage verweigernden Zeugen Zwangsmaßnahmen zulässig sind. Ist dies der Fall, so hat der Richter bei der **Auswahl und Bemessung der Ungehorsamsfolgen** nach eigenem Ermessen zu handeln; an die Anträge der Staatsanwaltschaft ist er nur insoweit gebunden, als er über sie nicht hinausgehen darf. Der Ermittlungsrichter hat auch zu prüfen, ob der **Verhältnismäßigkeitsgrundsatz** einer Ladung und/oder Vorführung des Beschuldigten oder Zeugen insgesamt, also nicht nur seiner Einschaltung, entgegensteht, was allerdings nur ausnahmsweise in Betracht kommt.[160] Zum Verhältnis von Beschuldigten- und Zeugenvernehmung s.o. Rn. 32.

43 **d) Anordnung von Zwangsmaßnahmen.** Auch bei der **Anordnung von Zwangsmaßnahmen** ist entgegen einem durch einen verbreiteten Sprachgebrauch[161] naheliegenden Missverständnis nicht unter allen denkbaren Gesichtspunkten über die Notwendigkeit und Angemessenheit einer solchen Maßnahme zu entscheiden, sondern nur insoweit, als hiervon die rechtliche Zulässigkeit der Maßnahme abhängt.[162] Der Ermittlungsrichter hat also auch hier die ermittlungstaktische Zweckmäßigkeit und Notwendigkeit einer solchen Maßnahme grundsätzlich nicht zu prüfen, sondern nur dann und insoweit, als hiervon die Bejahung der gesetzlichen Voraussetzungen und die allgemeine oder im Einzelfall gesetzlich normierte **Verhältnismäßigkeit** abhängt.[163] Angesichts der in der neueren Gesetzgebung zutage getretenen Ausdifferenzierung der Eingriffsvoraussetzungen dürfte allerdings eine klare Abgrenzung der insoweit gegebenen Prüfungskompetenz nicht selten auf Schwierigkeiten stoßen;[164] sie kann auch hier nicht nach dem Maßstab bewältigt werden, dass nur offensichtliche Verstöße gegen das Verhältnismäßigkeitsprinzip zu berücksichtigen sind (dazu oben Rn. 35). Der Ermittlungsrichter darf aber nicht jede abweichende Bewertung des Gewichts einer Tat zum Anlass nehmen, die Maßnahme als unverhältnismäßig einzustufen, weshalb es z.B. unzulässig wäre, den Antrag mit der Begründung abzulehnen, dass das Verfahren nach den §§ 153 ff. eingestellt werden könne oder bei einem Privatklagedelikt kein öffentliches Interesse an der Strafverfolgung bestehe.

44 Der **Umfang der richterlichen Zulässigkeitsprüfung** ergibt sich in erster Linie aus den gesetzlichen Voraussetzungen der jeweils beantragten Maßnahme. Ist sie, wie vielfach, vom Bestehen eines **Tatverdachts** oder eines gesteigerten Verdachts abhängig, so hat der Ermittlungsrichter unter Würdigung des gesamten bisherigen Materials und ohne Bindung an die Auffassung der Staatsanwaltschaft zu entscheiden, ob ein solcher besteht.[165] Gleiches gilt für die Beurteilung, ob der Verdacht einer Katalogtat oder einer Straftat von erheblicher Bedeu-

---

160 Näher § 163a, 61, 69; LR/*Gleß* § 133, 13; KK/*Weingarten* 18; Schmitt/Köhler/*Köhler* 14; MüKo/*Kölbel/Ibold* 23; SK/*Albrecht* 26; *Kindhäuser/Schumann* § 4, 36 Fn. 52; s. auch OLG Zweibrücken NJW **1981** 534 (Vorführung eines Beschuldigten zur Vernehmung zum Zwecke der internationalen Rechtshilfe unzulässig, weil Gegenstand des Verfahrens nach deutschem Recht eine geringfügige Ordnungswidrigkeit).

161 Vgl. etwa AnwK/*Walther* 15; HK/*Zöller* 10; KK/*Weingarten* 19; SK/*Wohlers/Albrecht* 29; *Hellmann* Rn. 189; *Kühne* Rn. 409; in der Rspr. etwa OLG Düsseldorf (Ermittlungsrichter) NStZ **1990** 145, 146; LG Krefeld MDR **1968** 68.

162 Zutr. *Nehm* FS Meyer-Goßner 277, 288 f. m.w.N.; für einen Teilbereich („vollstreckungssichernde" Grundrechtseingriffe) **a.A.** *Brüning* 152 f.

163 Ebenso KK/*Weingarten* 19; KMR/*Noltensmeier-von Osten* 23; MüKo/*Kölbel/Ibold* 27.

164 Vgl. etwa *Lin* 286; der bezweifelt, dass sich die Prüfung der Zweckmäßigkeit von der der Verhältnismäßigkeit hinreichend klar trennen lässt; vgl. auch *Nelles* 56 f.; *Ranft* Rn. 393.

165 So z.B. BGH (Ermittlungsrichter) NStZ **1989** 333 (für den vergleichbaren Fall der Anwendung des § 148 Abs. 2); OLG Düsseldorf (Ermittlungsrichter) NStZ **1990** 145, 146; AnwK/*Walther* 15; KK/*Weingarten* 19; SK/*Albrecht* 28; *Schäfer/Fresemann/Hinrichs* 400; *Nehm* FS Meyer-Goßner 277, 288; zu Problemen, diesen Grundsatz bei Durchsuchungen im Auftrag der Europäischen Kommission bei Kartellordnungswidrigkeiten in entsprechender Form durchzuhalten, eingehend *Toepel* NStZ **2003** 631 ff.

tung vorliegt, wenn die Zulässigkeit der Maßnahme hiervon abhängt, oder wenn das Gesetz eine besondere **Erfolgseignung** verlangt. Ist eine solche, auch wenn sie in den tatbestandlichen Voraussetzungen der in Frage stehenden Maßnahme nicht verlangt wird, erkennbar überhaupt nicht gegeben, so kann es wiederum an der **Verhältnismäßigkeit** (s.o. Rn. 43) fehlen, in diesem Fall in der Ausprägung des Geeignetheitsmerkmals.

Bei Maßnahmen, die unter einer **Subsidiaritätsklausel** stehen, erstreckt sich die Prü- 45 fung auch darauf, ob ihre Voraussetzungen gegeben sind, was im Ergebnis in diesen Fällen auch eine begrenzte Prüfungsbefugnis hinsichtlich der ermittlungstaktischen Zweckmäßigkeit zur Folge haben kann.[166] Soweit dies nicht aus den ohnehin zu prüfenden Unterlagen ersichtlich ist, wird die Staatsanwaltschaft dies darzulegen haben. Hält der Ermittlungsrichter auf Grund seiner Prüfung eine weniger einschneidende Maßnahme für ausreichend, so darf er diese nicht von sich aus anordnen, sondern muss den Antrag unter Darlegung seiner Gründe ablehnen.[167]

7. Weiteres Verfahren/Wirkungen

a) Ermittlungsmaßnahmen. Die Durchführung der richterlichen Ermittlungsmaß- 46 nahmen, insbesondere von Vernehmungen und Augenscheinseinnahmen, richtet sich nach den dafür geltenden speziellen Vorschriften; vgl. zur Notwendigkeit der **Protokollierung** §§ 168, 168b, zu Anwesenheitsrechten §§ 168c, 168d und die dortigen Erläuterungen. Nach Vornahme der beantragten und ggf. nach §§ 165, 166 zusätzlich vorgenommenen Ermittlungen übersendet der Richter die dadurch erwachsenen Vorgänge der antragstellenden Staatsanwaltschaft, der das weitere Vorgehen obliegt. Der Richter ist danach mit der Sache nicht mehr befasst; soll er wieder tätig werden, so ist ein neuer Antrag erforderlich. Die Vorgänge sind der Staatsanwaltschaft im Interesse der Verfahrensbeschleunigung auch dann **unverzüglich zu übersenden**, wenn im Anschluss an die Ermittlungshandlung noch weitere Maßnahmen des Richters erforderlich sind, etwa die Vollstreckung eines Kostenauferlegungs- oder Ordnungsgeldbeschlusses, oder wenn insoweit noch über ein Rechtsmittel zu entscheiden ist. Verzögert sich die Ermittlungshandlung, so sollte der Ermittlungsrichter hiervon die Staatsanwaltschaft unter Mitteilung der Gründe unterrichten, damit diese entscheiden kann, ob sie den Antrag aufrechterhält.

b) Anordnung von Zwangsmaßnahmen. Ordnet der Richter eine Zwangsmaßnahme 47 an, so ist deren Vollstreckung schon nach § 36 Abs. 2 regelmäßig Sache der Staatsanwaltschaft.[168] Der Ermittlungsrichter leitet daher den die Anordnung enthaltenden oder den Antrag ablehnenden Beschluss unverzüglich der Staatsanwaltschaft zu und ist auch in diesem Fall, soweit nicht gegen die Entscheidung Beschwerde eingelegt wird (vgl. § 306), mit der Sache nicht mehr befasst. Anders ist es dann, wenn sich der Richter, dessen Befugnis hierzu aus § 105 Abs. 2 Satz 1 folgt, die Anwesenheit bei einer Durchsuchung vorbehält.[169] Ob und wann die Staatsanwaltschaft von der Anordnung Gebrauch macht, also die Zwangsmaßnahme vollstreckt, unterliegt ihrer Entscheidung; die **richterliche Anordnung verpflichtet sie** hierzu **nicht**.[170] Die Anordnung ist aufzuheben, wenn die Staatsanwaltschaft es beantragt. Wieweit

---

166 KK/*Weingarten* 19; MüKo/*Kölbel*/*Ibold* 27; vgl. auch *Schlothauer* StraFo **1998** 402, 406.

167 Für eine evt. Auslegungsfähigkeit des Antrags der StA in dieser Richtung allerdings SK/*Albrecht* 29.

168 Vgl. dazu auch *Morré*/*Bruns* FS BGH 581, 584 ff., 954 f. m.w.N.

169 Dazu, auch zu der kontrovers beurteilten Frage, welche Befugnisse sich für ihn hieraus ergeben, LR/*Tsambikakis* § 105, 74, 111 m.w.N.

170 LG Osnabrück NStZ **1986** 522 mit Anm. *Kronisch*; LR/*Tsambikakis* § 105, 111; NK/*Heghmanns* 28; SK/*Albrecht* 5; *Morré*/*Bruns* FS BGH 581, 605; *Benfer* NJW **1981** 1245.

die Wirkung der Anordnung einer Zwangsmaßnahme, die noch nicht vollstreckt worden ist, **zeitlichen Grenzen** unterliegt, ist noch nicht vollständig geklärt. Für den Fall des Durchsuchungsbeschlusses hat das Bundesverfassungsgericht etwas dezisionistisch[171] entschieden, dass er nach Ablauf von sechs Monaten seine Wirkung verliere;[172] das Gleiche wird (mindestens) auch für den Fall einer Beschlagnahmeanordnung anzunehmen sein.[173] Diese starre Obergrenze schließt aber nicht aus, dass die Anordnung ihre Wirkung früher verliert, wenn sich in Bezug auf die für sie maßgebenden Gründe die Ermittlungslage so verändert hat, dass nicht mehr sicher ist, dass der Richter die Anordnung getroffen hätte.[174] Dem Ermittlungsrichter steht es frei, seine Anordnung zeitlich zu befristen.[175]

48 **c) Weitere Folgen.** Die Tätigkeit nach § 162 schließt den Richter von der Mitwirkung im erkennenden Gericht nicht nach §§ 22, 23 aus;[176] für die Tätigkeit nach den §§ 165, 166 s.u. § 165, 13.

49 **8. Zuständigkeit nach Klageerhebung (Absatz 3).** Durch die Klarstellung in Absatz 1 Satz 1 steht bereits fest, dass die durch die Vorschrift eröffnete ermittlungsrichterliche Zuständigkeit grds. **mit Klageerhebung endet**.[177] An deren Stelle tritt, was bereits früher h.M. war[178] und wie Absatz 3 Satz 1 jetzt ausdrücklich bestimmt, diejenige des nunmehr **mit der Sache befassten Gerichts**. In Anlehnung an § 126 Abs. 2 Satz 2 gilt dies nach Absatz 3 Satz 2 jedoch ausdrücklich nicht für das Revisionsverfahren, während dessen Dauer das Gericht der Vorinstanz zuständig bleibt. Für die Zeit nach Rechtskraft des Urteils sieht Absatz 3 Satz 3 wieder eine Zuständigkeit nach Absatz 1 vor,[179] die aufgrund vorrangiger Spezialregelungen (z.B. in § 457 Abs. 3 Satz 3) allerdings nicht für das Vollstreckungsverfahren gilt.[180] Nach Absatz 3 Satz 4 führt schließlich schon der Eingang eines Wiederaufnahmeantrags bei dem für das Wiederaufnahmeverfahren zuständigen Gericht dazu, dass auch die Zuständigkeit für die Entscheidung über gerichtliche Untersuchungshandlungen auf dieses übergeht.[181]

9. Anfechtbarkeit

50 **a) Allgemeines.** Gegen die vom Richter angeordneten oder vorgenommenen Untersuchungshandlungen stehen dem Beschuldigten oder sonst Betroffenen (vgl. § 304 Abs. 2) diejenigen Rechtsmittel oder sonstigen Rechtsbehelfe zu, die für die unterschiedlichen Maßnahmen gegeben sind; auf die Erläuterungen zu den jeweiligen Vorschriften wird verwiesen. Den bloßen staatsanwaltschaftlichen Antrag auf Vornahme einer richterlichen

---

171 Krit. NK/*Heghmanns* 28.

172 BVerfGE **96** 44, 54; näher dazu m.w.N. LR/*Tsambikakis* § 105, 113; nach LG Berlin StV **1999** 520 ist insoweit der Beginn der Vollstreckung, nicht schon deren Anordnung maßgebend.

173 So etwa LG Neuruppin NStZ **1997** 563; **a.A.** LR/*Menges* § 98, 23.

174 So bereits LG Osnabrück NStZ **1987** 522 mit Anm. *Kronisch*; *Krekeler* NStZ **1993** 263, 266; NK/*Heghmanns* 28.

175 Vgl. auch LR/*Tsambikakis* § 105, 113; ähnlich auch *Roxin* StV **1997** 654, 655.

176 BGHSt **9** 233; BayObLGSt **1954** 158 = NJW **1955** 395; vgl. auch RGSt **68** 375, 377.

177 Freilich nur für dieses Verfahren als solches, also nicht für Maßnahmen, die trotz eines bestehenden Zusammenhangs der Beweisgewinnung in einem getrennt geführten anderen Ermittlungsverfahren dienen, s.o. Rn. 5 a.E.

178 Vgl. BGHSt **27** 253; OLG Frankfurt StV **2006** 122; HK/*Zöller* 11; *Meyer-Goßner*[52] 16.

179 Zu einem solchen Fall OLG Hamburg NStZ **2012** 51 f.

180 HK/*Zöller* 11; KMR/*Noltensmeier-von Osten* 18; Schmitt/Köhler/*Köhler* 17; zum alten Recht OLG Düsseldorf NJW **1981** 2133.

181 Schmitt/Köhler/*Köhler* 17; MüKo/*Kölbel*/*Ibold* 18.

Untersuchungshandlung kann der Beschuldigte nicht anfechten.[182] Selbstverständlich steht auch dem angegangenen Richter kein Rechtsmittel gegen den Antrag zu; hält er ihn oder die beantragte Maßnahme für unzulässig, so lehnt er ihn ab. Allerdings kann er sich im Wege der Gegenvorstellung oder Dienstaufsichtsbeschwerde gegen Anträge auf die Vornahme von Ermittlungsmaßnahmen wendet, bei denen er seine Anrufung für nicht notwendig erachtet;[183] diese Möglichkeit muss man ihm als Korrektiv dafür, dass er einen Antrag der Staatsanwaltschaft als solchen nicht wegen Unzweckmäßigkeit ablehnen darf, zur Abwehr missbräuchlicher Inanspruchnahme zubilligen.

b) Gegen die Ablehnung der beantragten Untersuchungshandlung steht der antragstellenden Staatsanwaltschaft gemäß § 304 Abs. 1 die (einfache) Beschwerde zu.[184] Sie ist auch als zulässig anzusehen, wenn der Ermittlungsrichter die beantragte Untersuchungshandlung nicht innerhalb einer angemessenen Zeit vornimmt oder einleitet.[185] Zuständig für die Beschwerdeentscheidung ist das dem ablehnenden Amtsgericht übergeordnete Landgericht; die antragstellende Staatsanwaltschaft tritt diesem gegenüber unmittelbar auf, auch wenn sie bei einem anderen Landgericht gebildet ist. Einer Einschaltung der Staatsanwaltschaft bei dem zuständigen Landgericht bedarf es nicht.[186] 51

c) Entscheidung des Beschwerdegerichts. Bezweckt der abgelehnte Antrag die **Anordnung einer Zwangsmaßnahme**, so hat das Beschwerdegericht, wenn es die Beschwerde für begründet hält und der Ermittlungsrichter ihr nicht abgeholfen hat (§ 306 Abs. 2), die Anordnung selbst zu treffen (§ 309 Abs. 2), also beispielsweise den Durchsuchungsbeschluss zu erlassen oder die Beschlagnahme anzuordnen.[187] War eine **Ermittlungshandlung** (Vernehmung, Augenscheinseinnahme) beantragt worden, so kann das Beschwerdegericht sie mangels Zuständigkeit nicht selbst vornehmen; es muss sich daher darauf beschränken, den ablehnenden Beschluss aufzuheben und den Ermittlungsrichter anzuweisen, die Maßnahme vorzunehmen.[188] Dieser ist an die Anweisung gebunden und muss dann die Untersuchungshandlung durchführen, weil andernfalls das Verfahren zum Erliegen käme.[189] 52

d) Zwischenzeitliche Klageerhebung. Wird während des Beschwerdeverfahrens die **öffentliche Klage** erhoben, so ist die Beschwerde **der Staatsanwaltschaft** (bzw. einer anderen antragsberechtigten Stelle, s.o. Rn. 12), mit der eine richterliche Untersuchungshandlung begehrt wird, wegen prozessualer Überholung erledigt.[190] Denn für die Vornahme von Ermittlungshandlungen besteht danach keine Zuständigkeit des Ermittlungsrichters mehr (s.o. 53

182 LG Karlsruhe Justiz **1980** 94; SK/*Albrecht* 33.

183 So z.B. MüKo/*Kölbel/Ibold* 25; KMR/*Noltensmeier-von Osten* 24; NK/*Heghmanns* 22; Radtke/Hohmann/*Link* 15; SSW/*Ziegler* 18; *van Els/Hinkel* NJW **1977** 85, 87 ff.; *Fuhrmann* JR **1965** 253, 254 f.; *Koch* NJW **1968** 1316, 1317; vgl. auch KG JR **1965** 268; skeptisch allerdings LR/*Rieß*[25] 49.

184 AK/*Achenbach* 21; HK/*Zöller* 12; KK/*Weingarten* 20; KMR/*Noltensmeier-von Osten* 26; Schmitt/Köhler/*Köhler* 18; SK/*Albrecht* 31.

185 HK/*Zöller* 12; MüKo/*Kölbel/Ibold* 32; SK/*Albrecht* 31; vgl. auch LR/*Matt*[26] Vor § 304, 31; § 304, 7 ff.

186 LR/*Jesse*[26] § 296, 8; HK/*Zöller* 12; KK/*Weingarten* 20; KMR/*Noltensmeier-von Osten* 27; Schmitt/Köhler/*Köhler* 18; SK/*Albrecht* 31; *Loh* MDR **1970** 812, 813.

187 KK/*Weingarten* 20; SK/*Albrecht* 32.

188 LG Nürnberg-Fürth NJW **1967** 2128; AnwK/*Walther* 18; KK/*Weingarten* 20; KMR/*Noltensmeier-von Osten* 28; NK/*Heghmanns* 30; SK/*Albrecht* 38; vgl. auch LR/*Matt*[26] § 309, 13; **a.A.** *Kubick* DRiZ **1976** 114.

189 LG Nürnberg-Fürth NJW **1967** 2128 leitet dies aus einer analogen Anwendung des § 358 Abs. 1 her; von der Bindung geht auch BVerfGE **42** 91, 94 aus.

190 OLG Karlsruhe Justiz **1998** 130; KK/*Weingarten* 20; KMR/*Noltensmeier-von Osten* 29; Schmitt/Köhler/*Köhler* 19; MüKo/*Kölbel/Ibold* 34; SK/*Albrecht* 34.

Rn. 5); für die Anordnung von Zwangsmaßnahmen ist nunmehr von Amts wegen das Gericht zuständig, bei dem die Klage erhoben ist. Eine Umdeutung der Beschwerde in einen Antrag bei dem nunmehr zuständigen Gericht wird hier in der Regel nicht möglich sein, weil sich durch die Klageerhebung die Sachlage für die Ermittlungsbehörde grundlegend geändert hat.[191] Auch wenn die Staatsanwaltschaft das **Verfahren einstellt**, ist die Beschwerde prozessual überholt. Mit dem Eintritt der prozessualen Überholung entfällt zugleich die Befugnis des Ermittlungsrichters zur Abhilfe.[192] Unzulässig wird die Beschwerde der Staatsanwaltschaft auch dort, wo sie sich **gegen eine ablehnende Entscheidung des erkennenden Gerichts** richtet, dessen Zuständigkeit mit Eintritt der Rechtskraft gemäß § 162 Abs. 3 Satz 3 auf den Ermittlungsrichter zurückfällt, womit zugleich die Zuständigkeit des ihm übergeordneten Beschwerdegerichts entfällt.[193]

54 Ist dem Beschuldigten oder sonst Betroffenen wegen einer bereits vollzogenen Maßnahme **nachträglicher Rechtsschutz** zu gewähren (dazu § 160, 70), so führt die Einstellung des Verfahrens selbstverständlich nicht zur Erledigung der Beschwerde. Kommt es vor Abschluss des Beschwerdeverfahrens hingegen zur Anklageerhebung, so geht die Zuständigkeit für die Aufhebung bzw. Feststellung einer evt. Rechtswidrigkeit der Maßnahmen auf das **erkennende Gericht** über.[194] In diesem Fall ist die Beschwerde in der Tat in einen entsprechenden Antrag an letzteres umzudeuten.[195]

55 **e) Revision.** Rechtsfehler bei der Anwendung des § 162 können als solche mit der Revision nur in beschränktem Umfang geltend gemacht werden, und zwar stets nur dann, wenn sie sich auf die Hauptverhandlung und das Urteil ausgewirkt haben können. Dies ist etwa dann der Fall, wenn eine rechtsfehlerhafte Entscheidung des Ermittlungsrichters zu einem in der Hauptverhandlung nicht beachteten Verwertungsverbot führt.[196]

§ 163
Aufgaben der Polizei im Ermittlungsverfahren

(1) [1]Die Behörden und Beamten des Polizeidienstes haben Straftaten zu erforschen und alle keinen Aufschub gestattenden Anordnungen zu treffen, um die Verdunkelung der Sache zu verhüten. [2]Zu diesem Zweck sind sie befugt, alle Behörden um Auskunft zu ersuchen, bei Gefahr im Verzug auch, die Auskunft zu verlangen, sowie Ermittlungen jeder Art vorzunehmen, soweit nicht andere gesetzliche Vorschriften ihre Befugnisse besonders regeln.

---

191 Die verbreitete Befürwortung einer Umdeutung überzeugt nur bei Beschwerden des Adressaten von Zwangsmaßnahmen, dazu sogleich folgende Rn. 54.

192 HK/*Zöller* 12; KK/*Weingarten* 20; KMR/*Noltensmeier-von Osten* 29; SK/*Albrecht* 34.

193 OLG Celle NStZ-RR **2001** 145 f.; OLG Düsseldorf NStZ **2004** 349 f.; OLG Hamburg v. 23.2.2016 – 2 Ws 111/14, wobei die Umdeutung der Beschwerde in einen Antrag an den Ermittlungsrichter in diesen Fällen infolge der in concreto unveränderten Sachlage (es ging jeweils um die Ermöglichung einer DNA-Identitätsfeststellung nach § 86g mit Blick auf evt. künftige Strafverfahren) zutreffend war.

194 OLG Frankfurt NStZ-RR **2006** 44.

195 Insoweit zutr. OLG Karlsruhe Justiz **1998** 130; OLG Jena wistra **2010** 80; OLG Frankfurt NStZ-RR **2014** 217; LG Darmstadt NStZ-RR **2011** 217 f.; Schmitt/Köhler/*Köhler* 19; KMR/*Noltensmeier-von Osten* 29; HK/*Zöller* 12; KK/*Weingarten* 20; NK/*Heghmanns* 30; SK/*Albrecht* 34; SSW/*Ziegler* 22.

196 Näher dazu *Landau/Sander* StraFo **1998** 397 ff.; *Schlothauer* StraFo **1998** 402 ff.; wegen der Einzelheiten ist auf die Erläuterungen zu den in Frage stehenden Maßnahmen zu verweisen.

(2) [1]Die Behörden und Beamten des Polizeidienstes übersenden ihre Verhandlungen ohne Verzug der Staatsanwaltschaft. [2]Erscheint die schleunige Vornahme richterlicher Untersuchungshandlungen erforderlich, so kann die Übersendung unmittelbar an das Amtsgericht erfolgen.

(3) [1]Zeugen sind verpflichtet, auf Ladung vor Ermittlungspersonen der Staatsanwaltschaft zu erscheinen und zur Sache auszusagen, wenn der Ladung ein Auftrag der Staatsanwaltschaft zugrunde liegt. [2]Soweit nichts anderes bestimmt ist, gelten die Vorschriften des Sechsten Abschnitts des Ersten Buches entsprechend. [3]Die eidliche Vernehmung bleibt dem Gericht vorbehalten.

(4) [1]Die Staatsanwaltschaft entscheidet

1. **über die Zeugeneigenschaft oder das Vorliegen von Zeugnis- oder Auskunftsverweigerungsrechten, sofern insoweit Zweifel bestehen oder im Laufe der Vernehmung aufkommen,**
2. **über eine Gestattung nach § 68 Absatz 3 Satz 1, Angaben zur Person nicht oder nur über eine frühere Identität zu machen,**
3. **über die Beiordnung eines Zeugenbeistands nach § 68b Absatz 2 und**
4. **bei unberechtigtem Ausbleiben oder unberechtigter Weigerung des Zeugen über die Verhängung der in den §§ 51 und 70 vorgesehenen Maßregeln; dabei bleibt die Festsetzung der Haft dem nach § 162 zuständigen Gericht vorbehalten.**

[2]Im Übrigen trifft die erforderlichen Entscheidungen die die Vernehmung leitende Person.

(5) [1]Gegen Entscheidungen von Beamten des Polizeidienstes nach § 68b Absatz 1 Satz 3 sowie gegen Entscheidungen der Staatsanwaltschaft nach Absatz 4 Satz 1 Nummer 3 und 4 kann gerichtliche Entscheidung durch das nach § 162 zuständige Gericht beantragt werden. [2]Die §§ 297 bis 300, 302, 306 bis 309, 311a und 473a gelten jeweils entsprechend. [3]Gerichtliche Entscheidungen nach Satz 1 sind unanfechtbar.

(6) Für die Belehrung des Sachverständigen durch Beamte des Polizeidienstes gelten § 52 Absatz 3 und § 55 Absatz 2 entsprechend. In den Fällen des § 81c Absatz 3 Satz 1 und 2 gilt § 52 Absatz 3 auch bei Untersuchungen durch Beamte des Polizeidienstes sinngemäß.

(7) § 185 Absatz 1 und 2 des Gerichtsverfassungsgesetzes gilt entsprechend.

Schrifttum

Allgemeines. *Altenhain* Dokumentationspflicht im Ermittlungsverfahren, ZIS **2015** 269; *Beck* Ausweitung der Befugnisse der Polizei im Ermittlungsverfahren – Effizienz vor Rechtsschutz? ZRP **2011** 21; *Bindel* Verhältnis Staatsanwaltschaft (StA) – Polizei, DRiZ **1994** 165; *Bottke* Polizeiliche Ermittlungsarbeit und Legalitätsprinzip, GedS Meyer (1990) 37; *ders.* Grundlagen des polizeilichen Legalitätsprinzips, JuS **1990** 81; *Buschbell/Janker* Gewährung von Akteneinsicht durch die Polizei – ein Weg zur Beschleunigung der Schadensabwicklung in Verkehrsunfallsachen, ZRP **1996** 475; *Erb* Kritische Bemerkungen zur geplanten Einführung einer strafprozessualen Erscheinens- und Aussagepflicht des Zeugen vor der Polizei, StV **2010** 655; *Geerds* Vernehmungstechnik (1976); *Greifeld* Öffentliche Sachherrschaft und Polizeimonopol, DÖV **1981** 906; *Gundlach* Die Vernehmung des Beschuldigten im Ermittlungsverfahren (1984); *Heinrich* Die Nacheile im Rahmen von Strafverfolgungsmaßnahmen, NStZ **1996** 361; *Herzog* Rechtstaatliche Grenzen der Verbrechensbekämpfung, NStZ **1985** 153; *Hoffmann-Riem* Übergang der Polizeigewalt auf Private, ZRP **1977** 277; *Jasch* Anregungen für das deutsche Strafverfahrensrecht aus England, NJW **2004** 1077; *Kay* Die Verschärfung des polizeilichen Sicherheitsauftrags, Polizei **1980** 23; *Knemeyer* Staatsanwaltschaft und Polizei – Einige kritische Anmerkungen zur herrschenden Meinung, FS Krause (1990) 471; *Knemeyer/Deubert* Kritische Überlegungen zum Verhältnis Staatsanwaltschaft–Polizei/Polizei–Staatsanwaltschaft, NJW **1992** 3131; *Kniesel* Die Prinzipien der Legalität, Opportunität und Verhältnismäßigkeit als polizeiliche Handlungsmaximen, Die Polizei **1989** 179; *Lemke/Rothstein-Schubert* Effektivierung von Strafverfahren im Bereich der einfachen und mittleren Kriminalität nach geltendem Recht, ZRP **1997** 488;

A. Meyer § 163 Abs. 3 S. 1 StPO – Neue Beweiserhebungs- und Beweisverwertungsverbote? StraFo **2021** 359; *E. Müller* Thesen gegen die geplante Einführung einer strafprozessualen Erscheinens- und Aussagepflicht des Zeugen vor der Polizei, GA **2011** 630; *Radbruch* Grenzen der Kriminalpolizei, FS Sauer (1949) 121; *Rössmann* Die Aufgabe der Polizei bei der Persönlichkeitserforschung, Kriminalistik **1968** 194; *Schmitz* Tatortbesichtigung und Tathergang, BKA-Forschungsreihe (1977); *L.-H. Schröder* Das verwaltungsrechtlich organisatorische Verhältnis der strafverfolgenden Polizei zur Staatsanwaltschaft (1996); *Singelnstein/Derin* Das Gesetz zur effektiveren und praxistauglicheren Ausgestaltung des Strafverfahrens, NJW **2017** 2646; *Soiné* Erweiterte Zeugenpflichten gegenüber der Polizei im Ermittlungsverfahren, NStZ **2018** 2646; *Walder* Die Vernehmung des Beschuldigten (1965); *Wulf* Strafprozessuale und kriminalpraktische Fragen der polizeilichen Beschuldigtenvernehmung auf der Grundlage empirischer Untersuchungen (1984). Weiteres Schrifttum bei den §§ 160, 161 und 163a.

Besondere Ermittlungsmaßnahmen, insbesondere V-Personen und Lockspitzel. *Arloth* Geheimhaltung von V-Personen und Wahrheitsfindung im Strafprozeß (1987); *Bellen* „Entrapment defense" – Ein Überblick, StV **1988** 402; *Brunhöber* Privatisierung des Ermittlungsverfahrens im Strafprozess, GA **2010** 571; *Bruns* „Widerspruchsvolles" Verhalten des Staates als neuartiges Strafverfolgungs- und Verfahrenshindernis, insbesondere beim tatprovozierenden Einsatz polizeilicher Lockspitzel, NStZ **1983** 49; *ders.* Zur Frage der Folgen tatprovozierenden Verhaltens polizeilicher Lockspitzel, StV **1984** 388; *Creutz* Verfassungsrechtliche Probleme des Lockspitzeleinsatzes, ZRP **1988** 415; *Decker* Der V-Manneinsatz durch Polizei und Verfassungsschutz (2018); *Dencker* Zur Zulässigkeit staatlich gesteuerter Deliktsbeteiligung, FS Dünnebier (1982) 447; *Detter* Der Zeuge vom Hörensagen – Eine Bestandsaufnahme, NStZ **2003** 1; *Deutsch* Die heimliche Erhebung von Informationen und deren Aufbewahrung durch die Polizei (1992); *Dölp* Auswirkungen der Tatprovokation auf Schuld- und Rechtsfolgenausspruch, StraFo **2016** 265; *Duttge* Strafprozessualer Einsatz von V-Personen und Vorbehalt des Gesetzes, JZ **1996** 556; *Endriß/Kinzig* Tatprovokation ohne Tatverdacht: Grenzenlos möglich? StraFo **1998** 299; *Erfurth* Verdeckte Ermittlungen – Problemlösung durch das OrgKG? (1997); *Eschelbach* Rechtsfragen zum Einsatz von V-Leuten, StV **2000** 390; *ders.* Staatliche Selbstbelastungs-, Fremdbelastungs- und Tatprovokationen, GA **2015** 545; *Esser* Vom endgültigen Ende der Strafzumessungslösung bei der Tatprovokation – und der Notwendigkeit einer gesetzlichen Regelung ihres Verbots, StV **2021** 383; *Foth* Kann die Anstiftung durch eine V-Person ein Verfahrenshindernis begründen? NJW **1984** 221; *Geißer* Das Anklagemonopol der Staatsanwaltschaft und die Gewährsperson als Aufklärungsmittel im Ermittlungs- und als Beweismittel im Strafverfahren, GA **1983** 385; *ders.* Die Zusage der vertraulichen Behandlung einer Mitteilung bei der Straftatenklärung, GA **1985** 247; *Geisler* (Hrsg.) Verdeckte Ermittler und V-Personen im Strafverfahren (2001); *van Gemmeren* Tatprovokation, FS G. Schäfer (2002) 29; *Gleß* Zur Verwertung von Erkenntnissen aus verdeckten Ermittlungen im Ausland im inländischen Strafverfahren, NStZ **2000** 57; *Greco* Menschenrechtskonformes Täterstrafrecht? StraFo **2010** 52; *Haas* V-Leute im Ermittlungs- und Hauptverfahren (1986); *Hamm* Der Einsatz heimlicher Ermittlungsmethoden und der Anspruch auf ein faires Verfahren, StV **2001** 81; *Heghmans* Heimlichkeit von Ermittlungshandlungen, FS Eisenberg (2009) 511; *Herzog* Infiltrativ-provokatorische Ermittlungsoperationen als Verfahrenshindernis, StV **2003** 410; *Hildebrandt* Die Behandlung vertraulicher Anzeigen im Steuerstrafverfahren, wistra **1988** 300; *Hilger* Verdeckte Ermittler, V-Leute, FS Hanack (1999) 207; *ders.* Über den flankierenden Schutz von Zeugnisverweigerungsrechten, GA **2003** 482; *Hübner* Rechtsstaatswidrig, aber straflos? Der Der agent provocateur-Einsatz und seine strafrechtlichen Konsequenzen (2020); *Hund* Verdeckte Ermittlungen – ein gelöstes Problem? StV **1993** 379; *Jahn/Gazeas/Hübner* Rechtssicherheit beim Einsatz von Vertrauenspersonen und rechtsstaatskonformes Verbot der Tatprovokation: Ein Regelungsvorschlag, StV **2023** 414; *Jahn/Hübner* Notwendigkeit und Ausgestaltung einer gesetzlichen Regelung der Tatprovokation im deutschen Strafprozess, StV **2020** 207; *Jahn/Kudlich* Rechtsstaatswidrige Tatprovokation als Verfahrenshindernis, JR **2016** 54; *Keller* Rechtliche Grenzen der Provokation von Straftaten (1989); *Kintzi* Einsatz von V-Leuten bei der Strafverfolgung, DRiZ **2003** 136; *Kinzig* Bewegung in der Lockspitzelproblematik nach der Entscheidung des EGMR: Muß die Rechtsprechung ihre strikte Strafzumessungslösung verabschieden? StV **1999** 288; *K. Krauß* V-Leute im Strafprozeß und die Europäische Menschenrechtskonvention (1999); *Lagodny* Verdeckte Ermittler und V-Leute im Spiegel von § 136a StPO als „angewandtem Verfassungsrecht", StV **1996** 167; *Lammer* Verdeckte Ermittlungen im Strafprozeß (1992); *Lesch* Zu den Rechtsgrundlagen des V-Mann-Einsatzes und der Observation im Strafverfahren, JA **2000** 725; *Lochmann* Die Entwicklung der Rechtsprechung zur rechtsstaatswidrigen Tatprovokation, StraFo **2015** 492; *Lorenz* Die Zulässigkeit der Vertraulichkeitszusage gegenüber Vertrauenspersonen und Informanten sowie deren Auswirkung auf das Strafverfahren, StraFo **2016** 316; *Lüderssen* Verbrechensprophylaxe durch Verbrechensprovokation, FS Peters (1974) 349; *ders.* Verdeckte Ermittlungen im Strafprozeß, FS II BGH (2000) 883; *ders.* (Hrsg.) V-Leute – Die Falle im Rechtsstaat (1985); *Makrutzki* Verdeckte Ermittlungen im Strafprozeß. Rechtswissenschaftliche Analyse – Rechtsvergleichende Studie mit dem US-amerikanischen Prozeßrecht (2000, zugleich Diss. Freiburg 1997); *Maul* Die Probleme des Bundesgerichtshofs mit der Tatprovokation im Bereich der Betäubungsmittelkriminalität, FS BGH (2000) 569; *Meurer* Informelle Ausforschung, FS Roxin (2001) 1281; *Jes Meyer* Verdeckte Ermittlungen. Zulässigkeit und rechtliche Grenzen des Einsatzes nicht offen operierender Polizeibeamter, Kriminalistik **1999** 49; *Jürgen Meyer* Zur prozeßrechtlichen Problematik des V-Mannes, ZStW **95** (1983) 834; *ders.* Zur V-Mann-Problematik aus rechtsvergleichender Sicht, FS Jescheck (1985) 1311; *Frank Meyer/Wohlers* Tatprovokation quo vadis, JZ **2015** 761; *Morré/Bruns* Einfluß verdeckter Ermittlungen auf die Struktur des strafrechtlichen Ermittlungsverfahrens, FS BGH (2000) 581; *Müssig* Grenzen der Beweisverwertung beim Einsatz „Verdeckter Ermittler" gegen den Verdächtigen, GA **2004** 87; *Nack* Verdeckte Ermittlungen. Der Zeuge von Hörensagen in der Revision, Kriminalistik **1999** 171; *ders.* Verdeckte Ermittlungen und Revisionsrecht, FS Hilger (2003) 349; *Ostendorf/Frahm/Doege* Internetaufrufe zur Lynchjustiz und organisiertes Mobbing, NStZ **2012** 529; *Paeffgen* Zeugnisverweigerungsrechte und heimliche Informationserhebung, FS Rieß (2002) 413; *Petersdorf* Völker- und strafrechtliche Probleme der Tatprovokation durch vom Ausland gesteuerte Lockspitzel, ZEuS **2005** 441; *Puppe* Verführung als Sonderopfer, NStZ **1986** 404; *Riepl* Informationelle Selbstbestimmung im Strafverfahren (1998); *Röhrich* Rechtsprobleme bei der Verwendung von V-Leuten für den Strafprozeß, Diss. Erlangen-Nürnberg 1974; *Roggan* Die „Technikoffenheit" von strafprozessualen Ermittlungsbefugnissen und ihre Grenzen, NJW **2015** 1995; *Rosengarten/Römer* Der „virtuelle verdeckte Ermittler" in sozialen Netzwerken und Internetboards, NJW **2012** 1764; *Roxin* Zum Einschleichen polizeilicher Scheinaufkäufer in Privatwohnungen, StV **1998** 43; *Imme Roxin* Die Rechtsfolgen schwerwiegender Rechtsstaatsverstöße in der Strafrechtspflege³ (2000); *V. Schmidt* Der nicht offen ermittelnde Polizeibeamte – noeP – Kriminalistik **2000** 162; *Hartmut Schneider* Verdeckte Ermittlungen in Haftanstalten, NStZ **2001** 8; *ders.* Ausgewählte Rechtsprobleme des Einsatzes verdeckter Ermittler, NStZ **2004** 359; *Schumann* Verfahrenshindernis bei Einsatz von V-Leuten als agents provocateurs? JZ **1986** 66; *Seelmann* Zur materiell-rechtlichen Problematik des V-Mannes, ZStW **95** (1983) 797; *Sinn/Maly* Zu den strafprozessualen Folgen einer rechtsstaatswidrigen Tatprovokation, NStZ **2015** 379; *Soiné* Personale verdeckte Ermittlungen in sozialen Netzwerken zur Strafverfolgung, NStZ **2014** 248; *ders.* Der Einsatz von V-Personen im Ermittlungsverfahren. Plädoyer für die Schaffung einer normenklaren Regelung in der StPO, ZRP **2021** 47; *Sommer* Kompatibilitätsprobleme zwischen dem BGH und dem Europäischen Gerichtshof für Menschenrechte, StraFo **2000** 150; *Steinmetz* Zur Kumulierung strafprozessualer Ermittlungsmaßnahmen, NStZ **2001** 344; *Stock* Datenerhebung und -verarbeitung der Zentralstelle Bundeskriminalamt nach dem 11. September, FS Hilger (2003) 247; *Taschke* Verfahrenshindernis bei Anstiftung durch einen Lockspitzel? StV **1984** 178; *Thiel* Die polizeiliche Verfolgungspflicht im Rahmen verdeckter Ermittlungen (1989, zugleich Diss. Bremen 1988); *Thomann* Verdeckte Fahndung aus der Sicht der Polizei, SchwZStr **1993** 285; *Velten* Befugnisse der Ermittlungsbehörden zur Information und Geheimhaltung (1995); *Voller* Der Staat als Urheber von Straftaten: Zur Berechtigung des Einsatzes von Lockspitzeln und zur Verwertbarkeit der durch sie geschaffenen Beweise, Diss. Tübingen 1983; *Walter* Vermummte Gesichter, verzerrte Stimmen – audio-visuell verfremdete Aussagen von V-Leuten, StraFo **2004** 224; *Weigend* Vertrauenspersonen im Strafverfahren, FS Barton (2023) 193; *Weiler* Befragung von Beschuldigten oder aussageverweigerungsberechtigten Zeugen im Ermittlungsverfahren durch V-Leute, GA **1996** 101; *ders.* Grundlagen und Grenzen des polizeilichen Einsatzes von V-Leuten (2000); *Wetterich* Verwertung vertraulicher Informationen – einige forensisch-kriminalistische Bemerkungen, FS Middendorf (1986) 273; *Wolter* Staatlich gesteuerte Selbstbelastungsprovokation mit Umgehung des Schweigerechts, ZIS **2012** 238; *Zöller* Heimlichkeit als System, StV **2008** 15; *v. Zwehl* Der Einsatz von V-Leuten und die Einführung des Wissens von V-Leuten in das Strafverfahren, Diss. Kiel 1986; Nachweis älteren Schrifttums in der 24. Auflage.

Entstehungsgeschichte

Die bis 1924 als § 161 bezeichnete Vorschrift entsprach lange Zeit weitgehend inhaltlich dem ursprünglichen Text. Sie erhielt durch das VereinhG folgenden zusätzlichen Absatz 2: „Die Vorschriften der §§ 136a und 69 Abs. 3 sind anzuwenden". Er wurde durch Art. 4 Nr. 2 des StPÄG 1964 wegen des neu eingefügten § 163a wieder gestrichen. Der frühere und jetzige Absatz 2 wurde während dieser Zeit Absatz 3. Die sonstigen Änderungen waren sprachlicher Art. Bis zur Neubekanntmachung aufgrund des VereinhG war in Absatz 1 von den „Behörden und Beamten des Polizei- und Sicherheitsdienstes" die Rede und begann Absatz 2 mit dem Wort „Sie". Art. 21 Nr. 55 EGStGB 1974 ersetzte in Absatz 1 die Worte

„strafbare Handlungen“ durch „Straftaten“; Art. 1 Nr. 45 des 1. StVRG in Absatz 2 die Worte „dem Amtsrichter“ durch die Worte „das Amtsgericht“.

Eine inhaltliche Ergänzung erfolgte mit der Einfügung von Absatz 1 Satz 2 durch Art. 1 Nr. 9 des Strafverfahrensänderungsgesetzes 1999 vom 2.8.2000 (BGBl. I S. 1253). Durch Art. 1 Nr. 18 des Gesetzes zur Stärkung der Rechte von Verletzten und Zeugen im Strafverfahren (2. Opferrechtsreformgesetz – 2. OpferRRG) vom 29.7.2009, BGBl. I S. 2280, wurde mit Wirkung zum 1.10.2009 ein neuer Absatz 3 in die Vorschrift eingefügt. Er entsprach in der Sache in wesentlichen Teilen dem gleichzeitig gestrichenen § 163a Abs. 5 a.F. Durch Art. 6 Nr. 3a des Gesetzes zur Intensivierung des Einsatzes von Videokonferenztechnik in gerichtlichen und staatsanwaltlichen Verfahren (VidVerfG) vom 25.4.2013, BGBl. I S. 935, wurden die Verweisungen in dessen Satz 1 mit Wirkung zum 1.11.2013 um den neuen § 58b ergänzt. Durch Art. 1 Nr. 6 des Gesetzes zur Stärkung der Opferrechte im Strafverfahren (3. OpferRRG) vom 21.12.2015 erfolgte eine weitere Ergänzung der Verweisungen um § 48 Abs. 3, und zugleich wurde ein dem heutigen Absatz 7 entsprechender weiterer Satz angefügt.

Ihre heutige Gestalt erhielt die Vorschrift mit Ersetzung des vorherigen Absatzes 3 durch die neuen Absätze 3 bis 7 durch Art. 3 Nr. 22 des Gesetzes zur effektiveren und praxistauglicheren Gestaltung des Strafverfahrens vom 17.8.2017, BGBl. I S. 3202, mit Wirkung zum 24.8.2017. Kern dieser Neuregelung ist die Einführung einer Erscheinens- und Aussagepflicht von Zeugen vor Ermittlungspersonen der Staatsanwaltschaft und der hierdurch notwendig gewordenen Begleitregelungen; zugleich wurden die bis dahin punktuellen Verweisungen in § 163 Abs. 3 Satz 1 a.F. durch eine pauschale Verweisung auf den 6. Abschnitt des 1. Buches ersetzt, während die übrigen Verweisungen der alten Regelung in die neuen Absätze 4 bis 7 übernommen wurden.

Übersicht

Alphabetische Übersicht

I. Allgemeines

1 **1. Bedeutung und Inhalt der Vorschrift.** § 163 Abs. 1 erstreckt die in § 160 der Staatsanwaltschaft zugewiesene Pflicht zur Sachverhaltserforschung (vgl. § 160, 1) und damit das Legalitätsprinzip auf die Polizei.[1] Er gestattet der Polizei eine auf eigener amtlicher Kenntnis (vgl. Rn. 25 ff.) von einem Anfangsverdacht beruhende selbständige strafverfolgende Tätigkeit, während § 161 Abs. 1 Satz 2 die durch die Staatsanwaltschaft veranlasste behandelt. Er weist damit auch der Polizei eine auf dem Strafverfahrensrecht beruhende Ermittlungsaufgabe zu. Zur Frage des Umfangs der selbständigen Erforschungspflicht der Polizei s.u. Rn. 29 ff.; zur Leitungsbefugnis der Staatsanwaltschaft auch bei Anwendung des § 163 Abs. 1 s.u. Rn. 11 ff.

2 **Absatz 2** enthält die Verpflichtung der Polizei zur Information der Staatsanwaltschaft durch (grundsätzlich vollständige, vgl. Rn. 83) Übersendung der bei ihr entstandenen Unterlagen; er gestattet die unmittelbare Inanspruchnahme des Richters nur in Eilfällen (näher Rn. 97 ff.). Aus ihm lässt sich ferner (mit) ableiten, dass die Polizei nicht berechtigt ist, ein aus eigener Initiative eingeleitetes Ermittlungsverfahren selbständig einzustellen, sondern dass sie diese Abschlussentscheidung der Staatsanwaltschaft überlassen muss.

3 **Absatz 3** statuiert nunmehr die (ursprünglich bereits im Zuge der Änderungen durch das 2. ORRG geplante, damals aber noch aus guten Gründen verworfene)[2] Erscheinens- und Aussagepflicht von Zeugen vor Ermittlungspersonen der Staatsanwaltschaft (Rn. 106), **Absatz 4** regelt die dabei geltenden Entscheidungsvorbehalte der Staatsanwaltschaft (Rn. 110, 117 ff., 131) und **Absatz 5** den Rechtsschutz gegen bestimmte Entscheidungen von Beamten des Polizeidienstes und der Staatsanwaltschaft (Rn. 129). **Absatz 6** wird benötigt, um die entsprechende Anwendung der einschlägigen Belehrungsvorschriften auch für die

---

1 AK/*Achenbach* 2; HK/*Zöller* 1; KK/*Weingarten* 1; KMR/*Noltensmeier-von Osten* 1; *Eb. Schmidt* 3; näher zur Reichweite des Legalitätsprinzips für die Polizei etwa *Bottke* JuS **1990** 81 ff. und GedS Meyer 37 ff.

2 Vgl. die Stellungnahme des BRats in BTDrucks. **16** 12812 S. 11 und die Gegenerklärung der BReg. in BTDrucks. **16** 12812 S. 19 f.; zu den gegen eine solche Regelung bestehenden Einwänden ausf. *Erb* StV **2010** 655 ff.; *Beck* ZRP **2011** 21 ff.; *Egon Müller* GA **2011** 630 ff.

polizeiliche Vernehmung von Sachverständigen und die polizeiliche Anordnung von Untersuchungen sicherzustellen (Rn. 130 f.), denn die Absätze 3 bis 6 beziehen sich im Gegensatz zu § 163a Abs. 5 a.F. nur noch auf Zeugen. **Absatz** 7 regelt die Hinzuziehung von Dolmetschern (Rn. 132).

2. Rechtsstellung der Polizei

4 **a) Rechtsnatur der polizeilichen Ermittlungstätigkeit.** Über die **Rechtsnatur der polizeilichen Ermittlungstätigkeit** auf der Grundlage des § 163[3] besteht dogmatisch noch keine volle Übereinstimmung. Im strafprozessualen Schrifttum überwiegt im Anschluss an die Arbeiten von *Goergen*[4] die Auffassung, es handele sich um ein organisationsrechtliches Mandat;[5] im polizeirechtlichen Schrifttum wird dies teilweise bestritten.[6] Organisationsrechtlich wird die Meinung vertreten, es handle sich um eine „konservierende Delegation";[7] vielfach wird auch eine originäre Strafverfolgungskompetenz angenommen.[8] Dass es sich, wie teilweise bei § 161 Abs. 1 angenommen, um eine spezielle Form der Amtshilfe handle, lässt sich dagegen für § 163 nicht vertreten.

5 Diese vorwiegend dogmatisch konstruktive Frage ist insoweit von **praktischer Bedeutung**, als einige Vertreter einer sich originär aus § 163 ergebenden Strafverfolgungskompetenz die daran anknüpfende, damit aber nicht notwendig verbundene weitergehende Auffassung vertreten, es handle sich um ein selbständiges polizeiliches Ermittlungsverfahren, mit der Folge, dass der Staatsanwaltschaft in diesem Bereich keine Weisungsbefugnis zukomme und dass gegen polizeiliche Maßnahmen insoweit der Rechtsweg zu den Verwaltungsgerichten eröffnet sei.[9] Dieser Meinung ist zu widersprechen, weil sie die strukturellen Zusammenhänge des Ermittlungsverfahrens, namentlich § 152 sowie die der Staatsanwaltschaft vorbehaltenen Befugnisse zur Abschlussverfügung und zum Verkehr mit dem Ermittlungsrichter nicht beachtet.[10] Unabhängig von der dogmatischen Konstruktion liegt dem deutschen Strafverfahrensrecht daher ein **einheitliches staatsanwaltschaftliches Ermittlungsverfahren** zugrunde.[11]

---

3 Zu den insoweit zu § 161 Abs. 1 vertretenen Auffassungen § 161, 60.

4 Die organisationsrechtliche Stellung der Staatsanwaltschaft (1973) 88 ff.; *ders.* ZRP **1976** 59 ff. Dagegen in ausführlicher Auseinandersetzung *L.-H. Schröder* 101 ff.

5 So etwa AK/*Achenbach* 3; MüKo/*Kölbel*/*Ibold* 2 und § 161, 12; *Krey*/*Heinrich* Rn. 313; *Rüping* Rn. 76; *ders.* ZStW **95** (1983) 894, 910; *Geißer* GA **1983** 385, 393; *Merten* NStZ **1987** 10, 12; *Ernesti* NStZ **1983** 57, 60 f. (Durchgangszuständigkeit); vgl. auch (wohl ähnlich) *Gössel* § 3 B Ia 2 (Hilfsorgan); *Geisler* ZStW **93** (1981) 1109, 1141 (abgeleitete Befugnisse); *Beling* 147 (Parteigehilfe auf der Aktivseite).

6 So etwa *Kramer* Rn. 106b; *Knemeyer* FS Krause 471 ff.; *L.-H. Schröder* 101 ff.

7 So *L.-H. Schröder* 109 ff.

8 *Kay* Polizei **1982** 33, *Kramer* Rn. 106b; *Knemeyer* FS Krause 471 ff.; *Meyer-Teschendorf* JuS **1981** 187, 189; *Nerz* Justiz **1958** 230; weitere Nachweise bei *L.-H. Schröder* 97; weitergehend *H. Schäfer* GA **1986** 49 ff. mit der Konzeption eines einheitlichen, auch die Strafverfolgung umfassenden Präventionsauftrags (dazu näher Vor § 158, 13).

9 So vor allem *Knemeyer* FS Krause 471 ff. und *Knemeyer*/*Deubert* NJW **1992** 3131; *L.-H. Schröder* 90 ff., 139 f.; vgl. auch unten Rn. 11 ff.

10 Ebenso etwa AK/*Achenbach* 3; SK/*Albrecht* 4; *Bindel* DRiZ **1994** 165, 166 f.; *Rieß* GA **1998** 247 f.

11 So in der Rspr. auch BVerwGE **47** 245, 263; BGHSt **34** 215, 217 (obiter dictum); im strafprozessualen Schrifttum allg. M., vgl. etwa jew. m.w.N. SK/*Albrecht* § 160, 8; SK/*Albrecht* 163, 4; ferner AK/*Achenbach* 3; HK/*Zöller* 1; KK/*Weingarten* 2; KMR/*Noltensmeier-von Osten* 1, 8; NK/*Heghmanns* 1; Schmitt/Köhler/*Köhler* 1, 3; OK/*von Häfen* 3; SSW/*Ziegler* 1; vgl. auch Vor § 158, 43 und zur Frage des Rechtswegs bei gerichtlicher Kontrolle unten Rn. 102.

b) Gefahrenabwehr. Nicht nach § 163 zu beurteilen ist die sog. präventive Aufgabe und Tätigkeit der Polizei zum Zwecke der Gefahrenabwehr und der Aufrechterhaltung der öffentlichen Sicherheit und Ordnung. In diesem Bereich sind Aufgabenzuweisungen und Befugnisse dem Polizeirecht zu entnehmen; Ermittlungshandlungen und Maßnahmen der Polizei sind keine strafverfolgende Tätigkeit; die richterliche Kontrolle obliegt den Verwaltungsgerichten.[12] Eine Leitungsbefugnis der Staatsanwaltschaft besteht insoweit nicht. Inwieweit die sog. **vorbeugende Verbrechensbekämpfung** zur polizeirechtlich zu beurteilenden Gefahrenabwehr gehört, ist umstritten und bedarf einer differenzierenden Beurteilung (vgl. näher Vor § 158, 14 f.). Polizeiliche **Razzien** sind zu Zwecken der Strafverfolgung nur unter den Voraussetzungen und in den Grenzen des § 111 (Einrichtung von Kontrollstellen) zulässig;[13] soweit sie der Gefahrenabwehr einschließlich der sog. vorbeugenden Verbrechensbekämpfung dienen, richtet sich ihre Zulässigkeit nach Polizeirecht.[14] 6

Für die Polizei sind **gefahrenabwehrende und strafverfolgende Tätigkeit** grundsätzlich **gleichrangig** und stehen in Beziehung zueinander. Ein genereller Vorrang der gefahrenabwehrenden (präventiven) Tätigkeit besteht nicht (vgl. Vor § 158, 14 f.). Da § 163 der Polizei die Strafverfolgung als eigene und unmittelbare Aufgabe und nicht nur nach Amtshilfegrundsätzen zuweist, kann sie diese Tätigkeit nicht (vgl. allgemein § 5 Abs. 3 Nr. 2 VwVfG) mit der Begründung zurückstellen, dass dadurch die Erfüllung der Aufgaben der Gefahrenabwehr beeinträchtigt würde. Die Polizeibehörden müssen im Rahmen des Möglichen die personellen und sachlichen Voraussetzungen dafür schaffen, dass die Polizei ihrer Strafverfolgungsaufgabe nachkommen kann.[15] Über das Verhältnis von Gefahrenabwehr und Strafverfolgung bei Interessenkollisionen im Einzelfall s.u. Rn. 36. Erkenntnisse, die aus präventiver Tätigkeit stammen, darf die Polizei ebenso wie die Staatsanwaltschaft grundsätzlich auch für die Straftatenaufklärung nutzen; die Grenzen richten sich nach § 161 Abs. 3 und 4; insofern ist auf die Erläuterung dieser Vorschriften zu verweisen. Ebenso gilt, wie sich aus § 481 ergibt, dass bei der Strafverfolgung gewonnene Erkenntnisse regelmäßig auch für Zwecke der Gefahrenabwehr genutzt werden können.[16] Darin mag zwar eine Nutzungsänderung liegen, sie ist aber durch den Gesetzgeber durch eine Art begrenzten Datenverbundes[17] gestattet worden. 7

3. Eingriffsermächtigungen

a) Allgemein. Nach der Einfügung des Absatzes 1 Satz 2 durch das StVÄG 1999 enthält § 163 Abs. 1 nicht nur eine Aufgabenzuweisung, sondern ebenso wie § 161 Abs. 1 Satz 1 für die Staatsanwaltschaft eine beschränkte Ermächtigungsgrundlage in Form einer **Ermittlungsgeneralklausel**, die zu solchen Eingriffen ermächtigt, die keine Zwangsmaßnahmen i.e.S. darstellen und in ihrer Eingriffsintensität hinter den gesetzlich geregelten zurückbleiben.[18] 8

b) Spezielle Eingriffsermächtigungen für die Sachverhaltsaufklärung durch die Polizei enthalten § 81a Abs. 2 Satz 2 (Anordnung von Blutproben bei bestimmten Verkehrsde- 9

12 LR/*Gerson* § 23, 13 EGGVG m.w.N. und unten Rn. 102; vgl. auch (zur Abgrenzung) AK/*Achenbach* 14, möglicherweise einschränkend *Peters* § 24 II.
13 Näher LR/*Hauck* § 111, 3 f.; ferner KK/*Weingarten* 23; Schmitt/Köhler/*Köhler* 33.
14 Dazu näher Lisken/Denninger/Bäcker/*Graulich* Kap. 4, 280 ff.; LR/*Hauck* § 111, 6 f.
15 Schmitt/Köhler/*Köhler* 7; MüKo/*Kölbel*/*Ibold* 4.
16 Näher LR/*Tillich*[276] § 481, 4 ff.
17 Vgl. dazu *Rieß* FS Hilger 171, 181.
18 Dazu näher § 161, 3 ff.; zur Auskunftsbefugnis s.u. Rn. 42 f.

likten), § 81b (erkennungsdienstliche Maßnahmen), § 100h Abs. 1 (Herstellung von Bildaufnahmen und Verwendung technischer Mittel zu Observationszwecken),[19] § 127 Abs. 2 (vorläufige Festnahme), § 163b (Identitätsfeststellung) und § 164 (Störung von Amtshandlungen). Weitere Eingriffsbefugnisse stehen im Einzelfall denjenigen Polizeibeamten zu, die im Sinne von § 152 Abs. 2 GVG Ermittlungspersonen der Staatsanwaltschaft sind, wenn **Gefahr im Verzug**[20] vorliegt,[21] doch wird man dies nur dann annehmen können, wenn auch eine Entscheidung der Staatsanwaltschaft nicht rechtzeitig erreicht werden kann.[22] Bei einer Tätigkeit der Polizei nach § 163 dürfen fehlende strafprozessuale Eingriffsermächtigungen nicht durch den Rückgriff auf etwa bestehende polizeirechtliche ersetzt werden.[23] Die Rechtsinstitute der **Notwehr**, **Nothilfe** und des **Notstandes** stehen zwar den Polizeibeamten persönlich auch bei ihrer strafverfolgenden Tätigkeit zur Seite; nach ganz h.M. können sie aber fehlende strafprozessuale Eingriffsbefugnisse nicht ersetzen.[24]

10 Umgekehrt lassen sich **aus strafprozessualen Handlungsschranken** (z.B. § 136a StPO) angesichts der überragenden menschenrechtlichen Bedeutung der Befugnis, gegenwärtigen rechtswidrigen Angriffen, die eine existenzielle Bedrohung von Leben, Leib oder Freiheit eines Menschen darstellen, mit den zu ihrer Abwehr erforderlichen Mitteln entgegenzutreten, jedenfalls insoweit **keine Einschränkungen des Notwehr- bzw. Nothilferechts** des Beamten herleiten.[25] Mögliche nachteilige Auswirkungen auf die Strafverfolgung (z.B. aufgrund der Unverwertbarkeit von Aussagen) müssen in diesem Fall wie sonstige unvermeidbare faktische Erschwernisse staatlicher Tätigkeit notgedrungen in Kauf genommen werden.

4. Verhältnis zur Staatsanwaltschaft

11 **a) Allgemeines.** Zum Verhältnis der Staatsanwaltschaft zur Polizei im Rahmen der Strafverfolgungstätigkeit allgemein sei auf die Erl. Vor § 158, 43 ff. und § 161, 58 ff. verwiesen. Wegen der Einheitlichkeit des Ermittlungsverfahrens und der staatsanwaltschaftlichen Leitungsbefugnis und Verantwortlichkeit unterliegt die Polizei auch dort, wo sie auf der Grundlage des § 163 selbständig tätig wird, den Weisungen der Staatsanwaltschaft;[26] § 161 Satz 2 enthält eine allgemeine, auch die Tätigkeit nach § 163 umfassende Regelung (näher § 161, 71). Eine teilweise im polizeirechtlichen Schrifttum vertretene Auffassung zieht aus der von ihr vorgenommenen Konstruktion eines selbständigen polizeilichen Ermittlungsverfahrens die Konsequenz, dass die Staatsanwaltschaft der Polizei keine Weisungen erteilen könne, solange diese nach § 163 tätig werde.[27] Das würde vor allem die

19 Ebenso KK/*Bruns* § 100h, 14; Schmitt/Köhler/*Köhler* § 100h, 10.

20 Zur Notwendigkeit restriktiver Anwendung BVerfGE **103** 142 ff.; dazu näher LR/*Tsambikakis* § 105, 83 ff. m.w.N.; *Landau* FS Strauda 201, 212 ff.

21 Vgl. etwa § 81a Abs. 2 Satz 1, § 81c Abs. 5, § 98 Abs. 1 Satz 1, § 105 Abs. 1 Satz 1, § 110b Abs. 1 Satz 2, § 111 Abs. 2, § 111j Abs. 1 Satz 3, § 131 Abs. 2 Satz 1, § 131c Abs. 1, § 132 Abs. 2, § 163d Abs. 2 Satz 1, § 163f Abs. 3 Satz 1.

22 Ebenso NK/*Heghmanns* 11; vgl. auch § 161, 55 m.w.N.

23 Näher Vor § 158, 13; § 163b, 2; LR/*Böß*[27] § 6, 1 EGStPO; AK/*Achenbach* 10 m.w.N.

24 Dazu näher und m.w.N. (auch zur Gegenmeinung) namentlich AK/*Achenbach* 9; KK/*Weingarten* 12; SK/*Albrecht* 14; vgl. auch BGHSt **31** 304, 307; **34** 39, 51 f.; MüKo-StGB/*Erb* § 34, 56.

25 Eingehend *Erb* NStZ **2005** 593 ff.; MüKo-StGB/*Erb* § 32, 189 ff., jew. m.w.N., auch zur Gegenansicht (**a.A.** etwa LG Frankfurt NJW **2005** 692).

26 AK/*Achenbach* 4; AnwK/*Walther* 2; HK/*Zöller* 2; KK/*Weingarten* 2; Schmitt/Köhler/*Köhler* 3; wohl auch *Kramer* Rn. 107.

27 So *Knemeyer* FS Krause 471 ff. und *Knemeyer*/*Deubert* NJW **1992** 3131; *L.-H. Schröder* 139 ff.

Unzulässigkeit allgemeiner Weisungen (s.u. Rn. 14) für die polizeiliche Ermittlungstätigkeit zur Folge haben. Dem kann, wie bereits dargelegt (s.o. Rn. 5), nicht zugestimmt werden.[28]

Die Befugnis der Polizei zur selbständigen Ermittlungstätigkeit beschränkt nicht das **Recht der Staatsanwaltschaft**, sich frühzeitig **in die Ermittlungen einzuschalten**;[29] sie besteht vielmehr nur soweit und solange, wie die Staatsanwaltschaft von ihren Befugnissen keinen Gebrauch macht. Sobald diese die Ermittlungen übernommen hat, richtet sich die weitere Tätigkeit der Polizei nach § 161 Abs. 1 Satz 2; dagegen wird die Polizei weiterhin nach § 163 tätig, wenn die Staatsanwaltschaft lediglich die allgemeine Richtung der Nachforschungen bestimmt oder Beschränkungen der Ermittlungen (etwa im Hinblick auf eine mögliche Anwendung der §§ 154, 154a) anordnet oder billigt. 12

b) Einzelfragen. § 163 gibt der Polizei keinen Anspruch darauf, zunächst unabhängig von der Staatsanwaltschaft tätig zu werden. Diese braucht die Übersendung der polizeilichen Verhandlungen nicht abzuwarten, sondern kann jederzeit Unterrichtung über den Sachstand verlangen und, auch ohne dass sie die Ermittlungen insgesamt an sich zieht, Weisungen für die weitere Sachbehandlung erteilen. Hieran ist die Polizei auch dann gebunden, wenn ihr die Staatsanwaltschaft im Übrigen bei den Ermittlungen freie Hand lässt. Insoweit kann die Staatsanwaltschaft beispielsweise an Ermittlungshandlungen der Polizei teilnehmen,[30] verlangen, regelmäßig unterrichtet zu werden,[31] die Ermittlungen in zusammenhängenden Tatkomplexen zu verbinden oder zu trennen oder Sammelverfahren zu führen.[32] Auch wenn die Staatsanwaltschaft die weiteren Ermittlungen zunächst generell der Polizei nach § 163 überlässt, kann sie bestimmte Ermittlungsmaßnahmen, etwa die Vernehmung des Beschuldigten oder anderer Personen, untersagen, von ihrer Zustimmung abhängig machen oder sich selbst vorbehalten. Wegen der Bindung bei unaufschiebbaren Handlungen s.u. Rn. 31. 13

Die Staatsanwaltschaft kann ihre Leitungsbefugnis auch unabhängig vom Einzelfall durch **allgemeine Weisungen im Voraus** in Anspruch nehmen, soweit diese die Aufklärung von Straftaten und nicht die Gefahrenabwehr betreffen.[33] Sie kann generell verlangen, in bestimmten Fallgruppen und Sachverhalten, etwa bei Kapitalverbrechen, sofort oder fortlaufend unterrichtet zu werden,[34] oder sie kann bestimmen, dass in anderen Fällen, beispielsweise bei Bagatellkriminalität, zunächst die Ermittlungen nur auf das zur Beweissicherung Unerlässliche beschränkt werden (vgl. Rn. 33). Ebenso kann sie generell bestimmen, dass bestimmte Ermittlungsmaßnahmen, beispielsweise Vertraulichkeitszusagen,[35] polizeiliche Beobachtungen oder bestimmte Fahndungsmaßnahmen nur mit ihrer Zustimmung vorgenommen werden dürfen. Allerdings darf dabei die Pflicht der Polizei, alle keinen Aufschub gestattenden Maßnahmen des ersten Zugriffs vorzunehmen (Rn. 31), 14

---

28 De lege ferenda hatte der AE-EV (S. 108 ff.) Vorschläge zu einer Neuregelung unterbreitet, die die Gesamtverantwortung der StA wahren, der Polizei aber nach deren Vorgaben eine beschränkte eigene Kompetenz einräumen; dazu *Schöch* GedS Schlüchter 29, 34 f.

29 Ebenso AnwK/*Walther* 3; HK/*Zöller* 3; KK/*Weingarten* 3; Schmitt/Köhler/*Köhler* 4; KMR/*Noltensmeier-von Osten* 9; *Peters* § 23 IV 1 a; *Geißer* GA **1983** 385, 389; *Kuhlmann* DRiZ **1976** 265 (auch zur Verpflichtung, hiervon in bedeutsamen oder rechtlich schwierigen Sachen Gebrauch zu machen); vgl. auch Nr. 3 RiStBV.

30 HK/*Zöller* 3; KK/*Weingarten* 3; Schmitt/Köhler/*Köhler* 5; MüKo/*Kölbel/Ibold* 3; KMR/*Noltensmeier-von Osten* 9; vgl. § 163a, 94.

31 HbStrVf/*Jahn* II Rn. 23; KK/*Weingarten* 3; KMR/*Noltensmeier-von Osten* 9.

32 Vgl. KK/*Weingarten* 3; Schmitt/Köhler/*Köhler* 5; KMR/*Noltensmeier-von Osten* 9; vgl. Nr. 25 ff. RiStBV.

33 SK/*Albrecht* 6; SSW/*Ziegler* 3; **a.A.** *Knemeyer* FS Krause 471 ff.; *L.-H. Schröder* 139 ff.

34 HK/*Zöller* 3; KK/*Weingarten* 3; KMR/*Noltensmeier-von Osten* 9; MüKo/*Kölbel/Ibold* 3; vgl. auch *Rieß* FS Schäfer 155, 197.

35 Vgl. auch Schmitt/Köhler/*Köhler* 3 und ausführlich unten Rn. 66.

nicht beeinträchtigt werden; die Polizei ist an solche, ihre Erforschungstätigkeit begrenzenden generellen Weisungen dann nicht gebunden, wenn durch ihre Befolgung eine Verdunkelung der Sache zu befürchten wäre und die Staatsanwaltschaft nicht rechtzeitig unterrichtet werden kann.[36]

15 Auch ohne besondere oder allgemeine Anweisungen hat die **Polizei die Staatsanwaltschaft von sich aus zu unterrichten**, wenn dies wegen der Bedeutung der Sache oder der Schwierigkeit der Sach- oder Rechtslage angezeigt erscheint, damit die Staatsanwaltschaft ihrer Leitungsaufgabe und Gesamtverantwortung gerecht werden kann. Dies gilt auch dann, wenn die Polizei zunächst noch weiter im ersten Zugriff tätig werden muss.[37] Eine unverzügliche Unterrichtung der Staatsanwaltschaft ist u.a. auch dann geboten, wenn die Ressourcen der betreffenden Polizeidienststelle für eine zügige Bearbeitung der bei ihr anhängigen Ermittlungsverfahren nicht ausreichen; die in diesem Fall evt. erforderliche Priorisierung zwischen den Verfahren obliegt ausschließlich der Staatsanwaltschaft.[38] In der Praxis dürfte es sich empfehlen, dass zwischen den einzelnen Staatsanwaltschaften und den örtlichen Polizeibehörden eine Verständigung über die Kriterien herbeigeführt wird, bei deren Vorliegen die Polizei die Staatsanwaltschaft alsbald unterrichtet.

II. Erforschung von Straftaten

1. Adressaten der Vorschrift

16 **a) Behörden und Beamte des Polizeidienstes.** Die Vorschrift richtet sich an die Behörden und Beamten des Polizeidienstes; welche Behörden damit erfasst sind, ist Vor § 158, 38 ff. näher erläutert. **Sonderpolizeibehörden** sind zur Strafverfolgung nur im Rahmen ihrer jeweiligen Aufgabenbereiche berufen.[39] Die Auffassung, dass sich die Vorschrift in erster Linie an die **Kriminalpolizei** richte,[40] erscheint in dieser Allgemeinheit unzutreffend. Richtig ist zwar, dass der spezialisierten Kriminalpolizei[41] in erster Linie die intensivere Sachverhaltserforschung und vor allem die kriminalistische Untersuchung obliegt. Jedoch werden die Beamten und Behörden der **allgemeinen Schutzpolizei** bei ihrer gefahrenabwehrenden Tätigkeit besonders häufig in die Lage kommen, aufgrund der Wahrnehmung eines Anfangsverdachts im ersten Zugriff tätig zu werden. Sie sind deshalb vielfach in erster Linie berufen, die keinen Aufschub gestattenden Maßnahmen zu veranlassen, um eine Verdunkelung der Sache zu verhindern.[42]

17 Die **Zuständigkeit der Landespolizeibehörden** beschränkt sich grundsätzlich, da es sich um die Ausübung von Polizeihoheit des jeweiligen Landes handelt, auf das Landesgebiet. Hiervon besteht eine bundesrechtlich in § 167 GVG geregelte Ausnahme für

36 Vgl. auch KK/*Weingarten* 3; Schmitt/Köhler/*Köhler* 5; MüKo/*Kölbel/Ibold* 3; einschränkend SK/*Albrecht* 6 a.E.

37 AnwK/*Walther* 3; KK/*Weingarten* 3; Schmitt/Köhler/*Köhler* 4.

38 BGH v. 29.4.2021 – 6 BGs 19/21, NStZ-RR **2021** 287, 289 f.; KK/*Weingarten* § 161, 27; SK/*Albrecht* 7.

39 KMR/*Noltensmeier-von Osten* 3; SK/*Albrecht* 8; vgl. z.B. (frühere Bahnpolizei) RGSt **57** 19 f.; OLG Celle NdsRpfl. **1964** 258; OLG Oldenburg NJW **1973** 291; OLG Schleswig MDR **1983** 249; (Bundesgrenzschutz) OLG Schleswig NStZ **1981** 398; zum BKA Vor § 158, 40; § 161, 62; *Becker* DVBl. **1977** 945, 950 (Befugnisse beim ersten Zugriff).

40 So z.B. *Eb. Schmidt* 2; ferner KK/*Weingarten* 5.

41 Vgl. näher Vor § 158, 38.

42 Vgl. auch *Kramer* Rn. 106a; HK/*Zöller* 1; NK/*Heghmanns* 5.

die Verfolgung und Ergreifung eines Flüchtigen im Wege der sog. **Nacheile.**[43] Ferner bestehen Zuständigkeitserweiterungen aufgrund von Ländervereinbarungen, namentlich durch das **Abkommen über die erweiterte Zuständigkeit der Polizei** der Länder bei der Strafverfolgung,[44] das zu Amtshandlungen auch in anderen Ländern ermächtigt, wenn einheitliche Ermittlungen[45] notwendig erscheinen.[46] Die Einschränkungen gelten nicht für Polizeibeamte des Bundes[47] und nach umstrittener Meinung[48] für Ermittlungspersonen der Staatsanwaltschaft, die Landesbeamte sind, dann nicht, wenn sie aufgrund eines Ermittlungsauftrags der Staatsanwaltschaft nach § 161 Abs. 1 tätig werden. Im **Ausland** dürfen deutsche Polizeibeamte zu Zwecken der Strafverfolgung nur dann tätig werden, wenn und soweit völkerrechtliche Vereinbarungen oder Rechtsakte der Europäischen Union es ihnen gestatten, so etwa unter den Voraussetzungen und in den Grenzen der Art. 40, 41 SDÜ.[49]

Neben den Polizeibehörden sind auch die einzelnen **Beamten des Polizeidienstes** 18
gesondert genannt. Die aus § 163 folgende Erforschungspflicht trifft daher auch den einzelnen Beamten, der im Rahmen der generellen Zuständigkeit seiner Behörde auch dann die notwendigen Strafverfolgungsmaßnahmen zu treffen oder zu veranlassen hat, wenn er gefahrenabwehrend tätig wird und innerdienstlich für Strafverfolgungsaufgaben nicht zuständig ist; ggf. hat er die zuständige Stelle zu informieren und seine Erkenntnisse an diese weiterzuleiten.[50] Dies gilt allerdings nicht ohne Weiteres, wenn es sich um privates Wissen handelt (näher Rn. 28 i.V.m. § 161, 23 ff.). Die Befugnis (und evt. Pflicht) zum Einschreiten entfällt nicht dadurch, dass der Beamte dienstfrei hat und Zivilkleidung trägt.[51] Wieweit **Hilfspolizeibeamte** (also Personen, die keine Polizeivollzugsbeamten sind, denen aber nach § 63 Abs. 3 BPolG oder entsprechenden Vorschriften in den Polizeigesetzen der Länder, z.B. § 110 RhPf. POG, die Wahrnehmung polizeilicher Aufgaben übertragen wurde) für Strafverfolgungsaufgaben nach § 163 zuständig sind, richtet sich nach den für ihre Bestellung maßgeblichen Bestimmungen.[52]

Ob lediglich **Beamte im staatsrechtlichen Sinne** durch die Vorschrift angesprochen 19
sind, oder ob sie sich auch an **Angestellte** richtet, falls diese bei Polizeibehörden tätig und mit der Wahrnehmung polizeilicher und strafverfolgender Aufgaben betraut sind, ist bisher kaum erörtert worden. Der Gesetzgeber dürfte 1877 von der ersten Auffassung ausgegangen sein. Im Hinblick auf die seit 1975 in § 152 Abs. 2 GVG getroffene Regelung, die auch zur Bestellung von bestimmten Angestellten zu Ermittlungspersonen der Staatsanwaltschaft ermächtigt, spricht dagegen heute manches für die weitergehende Möglichkeit. Es ist schwer begründbar, warum der Gesetzgeber Angestellten unter den in § 152 Abs. 2 Satz 2 GVG bezeichneten Voraussetzungen die weitergehenden Zwangsbefugnisse

---

43 Dazu (auch zu den Grenzen und zu Zweifelsfragen) die Erl. bei LR/*Simon*[27] § 167 GVG; ferner (ausführlich) *Heinrich* NStZ **1996** 361 ff.

44 Derzeitige Fassung vom 8.11.1991.

45 Als in Betracht kommende Fälle (insbesondere) werden angeführt: Räumliche Ausdehnung der Tat, Person des Täters oder in der Tatausführung liegende Umstände.

46 Einzelheiten bei *Heinrich* NStZ **1996** 361, 364 Fn. 63; ferner HK/*Zöller* 7; Schmitt/Köhler/*Köhler* 8; SK/*Albrecht* 9.

47 LR/*Simon*[27] § 167, 3 GVG; *Heinrich* NStZ **1996** 361, 362.

48 Näher dazu LR/*Franke*[27] § 167, 4 GVG m.w.N.; *Heinrich* NStZ **1996** 361, 362.

49 Näher § 161, 51 m.w.N.; ferner HK-GS/*Ambos* 8; Schmitt/Köhler/*Köhler* 8a; SK/*Albrecht* 9; SSW/*Ziegler* 20; *Heinrich* NStZ **1996** 361, 365 f.

50 KK/*Weingarten* 5; Schmitt/Köhler/*Köhler* 8; MüKo/*Kölbel*/*Ibold* 6.

51 OLG Celle NdsRpfl. **1964** 258; OLG Neustadt NJW **1959** 161 (Ls.).

52 Vgl. *Ungerbieler* DVBl. **1980** 409 und Vor § 158, 37.

von Ermittlungspersonen der Staatsanwaltschaft eingeräumt hat,[53] nicht aber die weniger einschneidende Befugnis zur Sachverhaltserforschung.

20 **b) Gleichgestellte Behörden.** Soweit andere Behörden im Rahmen der Strafverfolgung die Rechte und Pflichten von Polizeibeamten haben,[54] gilt § 163 auch für sie und für die bei ihnen tätigen Beamten. Dazu gehören u.a. die Finanzbehörden, wenn die Staatsanwaltschaft das Steuerstrafverfahren führt,[55] ferner die Steuer- und Zollfahndungsämter in den Fällen des § 404 AO[56] und die Verwaltungsbehörden, wenn die Staatsanwaltschaft die Verfolgung einer Ordnungswidrigkeit übernommen hat (§ 63 Abs. 1 Satz 1 OWiG).

21 **c) Ermittlungsperson der Staatsanwaltschaft.** Die Eigenschaft als **Ermittlungsperson der Staatsanwaltschaft** nach den jeweiligen landesrechtlichen Bestimmungen ist für die Anwendbarkeit des § 163 weder erforderlich noch für sich allein ausreichend. Maßgebend ist allein, ob es sich um Beamte von Polizeibehörden oder ihnen ausdrücklich gleichgestellten Behörden (Rn. 20) handelt. Ist jemand Ermittlungsperson der Staatsanwaltschaft, ohne für eine Polizeibehörde tätig zu sein, so unterliegt er nicht der Erforschungspflicht nach § 163, anders nur, wenn er, was oft der Fall sein wird, zugleich als Hilfspolizeibeamter bestellt ist.[57] Ist jemand für eine Polizeibehörde tätig, so kommt es für § 163 nicht darauf an, ob er Ermittlungsperson der Staatsanwaltschaft ist. Hiervon hängt es aber ab, ob er bei Gefahr im Verzug von den besonderen, den Ermittlungspersonen vorbehaltenen Zwangsmaßnahmen[58] Gebrauch machen kann.

22 **d) Privatdetektive und private Ordnungsdienste** unterliegen nicht § 163. Sie haben weder eine Pflicht, Straftaten zu erforschen, noch stehen ihnen die polizeilichen Eingriffsbefugnisse (Rn. 8, 9) zu. Dies gilt auch, wenn private Ordnungsdienste die Bewachung öffentlicher Einrichtungen und die Aufrechterhaltung der Ordnung in ihnen wahrnehmen.[59] Sie dürfen nur solche Untersuchungshandlungen vornehmen, zu denen jedermann befugt ist.[60] Neben der Wahrnehmung eines evt. auf sie übertragenen Hausrechts können sie insoweit das Festnahmerecht nach § 127 Abs. 1 und das Recht der Notwehr einschließlich der Nothilfe ausüben; die vereinzelt geforderten Einschränkungen bei letzterem[61] entbehren einer gesetzlichen Grundlage[62] und erschienen auch de lege ferenda nicht angebracht (möglichen Missständen in der Sicherheitsbranche ist ggf. mit gewerberechtlichen Mitteln entgegenzutreten).[63]

---

53 Zu den Gründen der Regelung (gewandelte Personalstruktur im öffentlichen Dienst, Bedürfnisse des Zollfahndungsdienstes und der Bekämpfung der Wirtschaftskriminalität) vgl. BTDrucks. 7 2600 S. 11 f.

54 Zusammenstellungen bei AK/*Achenbach* 13; HK/*Zöller* 7; KK/*Weingarten* 6; Schmitt/Köhler/*Köhler* 14; SSW/*Ziegler* 7; vgl. auch Vor § 158, 42; § 161, 63.

55 § 399 Abs. 2 AO; s. näher § 160, 5 f.

56 Zu den Befugnissen bei nicht steuerstrafrechtlichen Zufallsfunden vgl. *Bandemer* wistra **1988** 136; *Kniffka* wistra **1987** 309, 312.

57 Vgl. LR/*Krauß*[27] § 152, 24 GVG; NK/*Heghmanns* 7; ferner *Ungerbieler* DVBl. **1980** 409, 411 ff.

58 Vgl. die Auflistung in den Fn. zu Rn. 9.

59 AK/*Achenbach* 18; KK/*Weingarten* 7; SK/*Albrecht* 20; vgl. dazu kritisch *Greifeld* DÖV **1981** 906; *Hoffmann-Riem* ZRP **1977** 277; zu den privaten Sicherheitsorganen ausführlich *Groß/Geerds* (LV Vor § 158) II 479 ff.

60 RGSt **59** 291, 298; *Eb. Schmidt* 9; HK/*Zöller* 7; KK/*Weingarten* 7.

61 *Hoffmann-Riem* ZRP **1977** 277, 283; für die Nothilfe allgemein *Seelmann* ZStW **89** (1977) 36, 56 ff.

62 Vgl. etwa *Kunz* ZStW **95** (1983) 973, 987 ff.; zur Frage evt. strafprozessualer Verwertungsverbote *Keller* FS Grünwald 267 ff.

63 Zum Ganzen MüKo-StGB/*Erb* § 32, 181 m.w.N.

2. Voraussetzungen

a) Anfangsverdacht. Die Formulierung, dass die Polizei Straftaten zu erforschen habe, knüpft an die in § 160 Abs. 1 für die Staatsanwaltschaft begründete Pflicht an. Voraussetzung ist auch hier, dass infolge einer Anzeige oder auf anderem Wege der Anfangsverdacht (LR/*Mavany* § 152, 27 ff.) einer Straftat entsteht.[64] Aus der Verwendung der Worte „Straftaten zu erforschen" lässt sich insofern nicht etwa eine auf das Strafverfahrensrecht gegründete Berechtigung herleiten, ohne hinreichende tatsächliche Anhaltspunkte nach bisher unbekannten Straftaten zu forschen. Legislatorische Erwägungen im Vorfeld der Anti-Terrorismusgesetzgebung 2001/2002, namentlich dem BKA die Befugnis einzuräumen, ohne konkreten Anfangsverdacht Ermittlungen zu repressiven Zwecken vorzunehmen (sog. Initiativermittlungen), haben sich bislang mit Recht nicht durchgesetzt.[65] Ob und wieweit polizeirechtliche Vorschriften hierzu berechtigen, ist hier nicht zu erörtern; nach der Entscheidung des BVerfG zu den Grenzen der präventivpolizeilichen Rasterfahndung[66] kommen Initiativermittlungen, die mit einer Durchleuchtung der Lebensverhältnisse einer Vielzahl gänzlich unverdächtiger Personen verbunden sind, aus verfassungsrechtlichen Gründen aber auch insoweit jedenfalls nur bei einer hinreichend konkretisierten Gefahrenlage (also keinesfalls ins Blaue hinein) in Betracht. Soweit ein Anfangsverdacht besteht, begründet Absatz 1 eine Erforschungspflicht; die Behörde und Beamten des Polizeidienstes unterliegen damit dem strafbewehrten (§ 258a StGB) Legalitätsprinzip.[67] 23

Nach verbreiteter Auffassung kann die Polizei **informatorische Ermittlungen** zur Klärung der Frage anstellen, ob tatsächlich der Anfangsverdacht einer Straftat vorliegt.[68] Dies kommt etwa in Betracht, wenn sie bei ihrer gefahrenabwehrenden Tätigkeit auf Sachverhalte stößt, bei denen das Vorliegen einer Straftat zwar wenig wahrscheinlich ist, aber auf den ersten Blick nicht gänzlich ausgeschlossen werden kann, etwa bei einem Unfall.[69] Die Polizei kann sich in solchen Fällen durch einfache, schnell zu erledigende Nachforschungen Gewissheit darüber verschaffen, ob die ersten Anhaltspunkte für das Vorliegen einer Straftat alsbald ausgeräumt werden können. Ob man diese Klärung bereits als Teil der nach § 163 der Polizei obliegenden Sachverhaltserforschung versteht und die Polizei lediglich als berechtigt ansieht, keine selbständigen aktenmäßigen Unterlagen zu fertigen und von der Übersendung der Verhandlungen an die Staatsanwaltschaft abzusehen, wenn der Verdacht einer Straftat alsbald und unzweifelhaft ausgeräumt werden kann, oder ob hier selbständige „Vorermittlungen" vorliegen,[70] ist zweifelhaft. Zur Möglichkeit und den Grenzen informatorischer Befragung von Beschuldigten und Zeugen näher § 163a, 13 ff. 24

b) Art der Kenntniserlangung und Umfang der Tätigkeit. Allgemein gelten die gleichen Grundsätze wie für die Erforschungspflicht der Staatsanwaltschaft;[71] auf die Erl. in 25

---

64 AK/*Achenbach* 16; HK/*Zöller* 8; KK/*Weingarten* 8; NK/*Heghmanns* 12; Schmitt/Köhler/*Köhler* 9; SK/*Albrecht* 7; SSW/*Ziegler* 10; *Geerds* SchlHA **1964** 60.

65 Dazu u.a. *Schaefer* NJW **2001** 3755, 3756; ausführlich (und im Ansatz befürwortend) *Stock* FS Hilger 252 ff.

66 BVerfG JZ **2006** 906 m. Anm. *Volkmann*.

67 Allg. M.; vgl. z.B. KK/*Weingarten* 8; *Eb. Schmidt* 3; dazu eingehend *Bottke* GedS Meyer 37 ff. und JuS **1990** 81 ff.; zur Annahme eines „taktischen Handlungsermessens" vgl. AK/*Achenbach* 16; SK/*Albrecht* 7; zur Zurückstellung des unmittelbaren Zugriffs bei verdeckten Ermittlungen etwa *Thiel* 47 ff.

68 HK/*Zöller* 8; HK-GS/*Ambos* 9; KK/*Weingarten* 8; Schmitt/Köhler/*Köhler* 9; KMR/*Noltensmeier-von Osten* 12; OK/*von Häfen* 8; *Kramer* Rn. 172; *Kleinknecht* Kriminalistik **1965** 451; *Kohlhaas* NJW **1965** 1254, 1255.

69 Vgl. auch LR/*Mavany* § 152, 45.

70 So KK/*Weingarten* 8; vgl. auch *Marxen* Straftatsystem und Strafprozeß (1984) „Sondierungsverfahren".

71 KK/*Weingarten* 8; Schmitt/Köhler/*Köhler* 9 f.; *Geerds* GedS Schröder 389.

§ 160, 16 ff. wird verwiesen. Die Behörden und Beamten des Polizeidienstes sind namentlich dann zum Tätigwerden verpflichtet, wenn bei ihnen eine Strafanzeige erstattet wird (§ 158; vgl. § 160, 18) oder wenn sie durch eigene Wahrnehmung oder im Zusammenhang mit der Aufklärung von anderen Straftaten von einem Anfangsverdacht Kenntnis erlangen (§ 160, 17, 19 f.). Besteht keine Veranlassung, im Wege des ersten Zugriffs tätig zu werden, so erfüllen die Polizeibehörden auch dann ihre Pflicht zum Einschreiten, wenn sie die gewonnenen Erkenntnisse ohne eigene Ermittlungen der Staatsanwaltschaft mitteilen.[72] Ein Einschreiten ist nur in den Fällen nicht erforderlich, in denen die Polizei zulässigerweise von der Entgegennahme der Anzeige absehen könnte (näher § 158, 28) und darüber hinaus die erlangten Kenntnisse auch sonst keinen Anfangsverdacht begründen.

26 Auch wenn der Polizeibeamte durch die Tat **selbst verletzt** ist, hat er die zur Sicherung der Strafverfolgung notwendigen Maßnahmen durchzuführen; werden weitere Ermittlungen erforderlich, so sollten sie anderen Beamten übertragen werden.[73] Die Pflicht zum Einschreiten entfällt aber, wenn es sich um ein Antragsdelikt handelt, der verletzte Polizeibeamte keinen Antrag stellen will und auch ein solcher des Dienstvorgesetzten (§ 77a StGB) nach den Umständen nicht in Betracht kommt.

27 Nach der Rechtsprechung besteht **keine uneingeschränkte Pflicht** zum Tätigwerden, wenn der jeweilige Beamte seine Kenntnis nicht aus seiner Strafverfolgungsaufgabe heraus erlangt hat, sondern aus einer anderen, ihm daneben obliegenden Tätigkeit.[74] Diese Einschränkungen gelten bei Polizeibeamten jedenfalls dann **nicht**, wenn sie den Anfangsverdacht einer Straftat **bei** ihrer **gefahrenabwehrenden Tätigkeit** gewinnen.[75] Ein Polizeibeamter ist daher nach § 163 beispielsweise zum Einschreiten verpflichtet; wenn ein Anfangsverdacht anlässlich von Streifenfahrten oder Streifengängen auffällt, die in erster Linie der Aufrechterhaltung der öffentlichen Sicherheit und Ordnung dienen,[76] wenn er bei Abwendung der Gefahr für eine sog. hilflose Person Anhaltspunkte für eine Körperverletzung oder Aussetzung gewinnt oder wenn er bei der vorsorglichen Begleitung einer Demonstration oder einer sonstigen Ansammlung Hinweise auf Straftaten wahrnimmt.[77]

28 **c) Private Kenntniserlangung.** Bei **privater Kenntniserlangung**[78] gelten für den der Erforschungspflicht nach § 163 unterliegenden Polizeibeamten die gleichen Grundsätze wie für den Staatsanwalt;[79] insofern ist auf § 160, 23 ff. zu verweisen.

3. Umfang der Sachverhaltserforschung

29 **a) Ziel der Erforschung.** Ziel und Gegenstand der Sachverhaltserforschung durch die Polizei nach § 163 entsprechen der staatsanwaltschaftlichen Tätigkeit nach § 160 (näher § 160, 11 ff.) mit der Einschränkung, dass die Polizei den Sachverhalt nicht bis zur Abschlussreife aufzuklären hat, sondern bereits nach Vornahme der unaufschiebbaren Hand-

---

72 Vgl. auch § 158, 30.

73 Ebenso NK/*Heghmanns* 8.

74 So z.B. für den Bürgermeister als Ortspolizeibehörde RGSt **73** 265, 267; **74** 178, 180; vgl. aber auch BGHSt **4** 167, 169; vgl. näher § 160, 22.

75 *Geerds* GedS Schröder 389, 396 f.

76 Ob die Praxis dem immer entspricht, ist eine andere Frage, vgl. LR/*Mavany* § 152, 53 m.w.N. zu empirischen Untersuchungen; ferner *Bottke* JuS **1990** 81, 83.

77 Vgl. aber Rn. 36 zur Frage der Einschränkung aufgrund des Grundsatzes der Güter- und Pflichtenkollision.

78 Zu deren begrifflichen Grenzen § 160, 19.

79 Ebenso AK/*Achenbach* 16 a.E.; KK/*Weingarten* 8; Schmitt/Köhler/*Köhler* 10; *Eb. Schmidt* 3 und I 298.

lungen die weiteren Ermittlungen der Staatsanwaltschaft überlassen kann (s.u. Rn. 32), und dass sie die Abschlussverfügung stets der Staatsanwaltschaft überlassen muss. Ziel der Sachverhaltserforschung durch die Polizei ist daher **objektive Verdachtsklärung**, bei der wie bei den staatsanwaltschaftlichen Ermittlungen gemäß § 160 Abs. 2 auch die zur Entlastung des Beschuldigten dienenden Umstände zu ermitteln und die erforderlichen Beweise zu sichern sind.[80] Die für den **Rechtsfolgenzumessungssachverhalt** bestimmenden Umstände[81] können bei der polizeilichen Ermittlungstätigkeit jedenfalls insoweit mit erhoben werden, als es um äußere Feststellungen geht;[82] speziellere Ermittlungen sind freilich zweckmäßigerweise der Entscheidung der Staatsanwaltschaft zu überlassen, der es auch vorbehalten bleibt, die Gerichtshilfe einzuschalten (§ 160, 94).

b) Erster Zugriff und weitere Ermittlungen. Unzweifelhaft ist die gegenwärtige Pra- 30
xis der Strafverfolgung dadurch gekennzeichnet, dass sich die Polizei in vielen Bereichen auf der Grundlage der Anwendung des § 163 nicht darauf beschränkt, im sog. ersten Zugriff lediglich alle keinen Aufschub gestattenden Ermittlungen zu treffen, sondern in Form einer Ausermittlungspraxis[83] ohne ausdrücklichen Auftrag der Staatsanwaltschaft den ihr bekannt werdenden Anfangsverdacht weitgehend abschlussreif aufklärt, und weitgehende Übereinstimmung besteht auch darüber, dass diese Praxis namentlich angesichts der personellen Ausstattung der beteiligten Behörden unvermeidbar ist.[84] Ungeklärt und umstritten ist aber, was auch die rechtspolitische Bewertung dieses Zustandes beeinflusst, ob sich diese Praxis ohne eine ausdrückliche gesetzliche Grundlage, also praeter, wenn nicht contra legem vollzieht,[85] oder ob sie mit dem Wortlaut des § 163 vereinbar ist.[86] Im Hinblick auf den allgemeinen, in den nachfolgenden Passagen der Vorschrift als solchen nicht relativierten Auftrag in Absatz 1 Satz 1, 1. Hs., „Straftaten zu erforschen", wird man § 163 letzten Endes kein Verbot für die Polizei entnehmen können, bei der selbständigen Erforschung einer Straftat über Maßnahmen des ersten Zugriffs hinauszugehen. Seit der Einfügung von Absatz 1 Satz 2 durch das StVÄG 1999 spricht es im Gegenteil entschieden gegen die Annahme eines solchen Verbots, dass die dort ausdrücklich nicht auf „Gefahr im Verzug" begrenzte Befugnis, zur Wahrnehmung der durch Satz 1 zugewiesenen Aufgaben Behörden um Auskunft zu ersuchen, dadurch ihren Sinn verlieren würde. Die Statuierung einer besonderen Pflicht zur eigenverantwortlichen Ergreifung unaufschiebbarer Maßnahmen in Absatz 1 Satz 2, 2. Hs. (dazu sogleich) bedeutet aber andererseits, dass die Polizei zu einer selbständigen *Weiterermittlung* nicht verpflichtet, sondern – unter Beachtung

---

80 Näher § 160, 53 ff.; AnwK/*Walther* 10; HK/*Zöller* 6; KK/*Weingarten* 9; Schmitt/Köhler/*Köhler* 20; MüKo/*Kölbel/Ibold* 29; OK/*von Häfen* 9.

81 Dazu § 160, 69 ff., 74.

82 Vgl. auch HK/*Zöller* 6; KK/*Weingarten* 9; Schmitt/Köhler/*Köhler* 21; *Döhring* Kriminalistik **1967** 5; *Rossmann* Kriminalistik **1968** 194.

83 So die treffende Bezeichnung von *Kramer* Rn. 107a.

84 Vgl. auch Vor § 158, 43 ff.; § 161, 53 f.

85 So HK/*Zöller* 5; NK/*Heghmanns* 27 und § 161, 6; SK/*Albrecht* 18; ferner (meist knapper) *Fezer* 2/50; *Kühne* Rn. 134; *Peters* S. 182; *Roxin/Schünemann* § 9, 21; *Rüping* Rn. 75; ders. ZStW **95** (1983) 894, 903; *Schäfer/Fresemann/Hinrichs* Rn. 383; *Schlüchter* Rn. 71; *Geisler* ZStW **93** (1981) 1109, 1114; *Heghmanns* GA **2003** 433, 434; *Kuhlmann* DRiZ **1976** 265, 266; *Reuber* Polizei **1987** 207, 210; wohl auch *Beulke/Swoboda* Rn. 165.

86 So AK/*Achenbach* 4; *Kramer* 107a; Schmitt/Köhler/*Köhler* 20; MüKo/*Kölbel/Ibold* 31; wohl auch (wenn auch nicht ganz eindeutig) KK/*Weingarten* 4; *Bindel* DRiZ **1994** 167 mit Nachw. in Fn. 26; ebenso diejenigen Autoren, die, wie etwa *Knemeyer* und *Schröder*, für ein selbstständiges Ermittlungsverfahren der Polizei ohne eine Weisungsbefugnis der Staatsanwaltschaft eintreten (s.o. Rn. 4, 13).

der Leitungsbefugnis der Staatsanwaltschaft und ihres Weisungsrechts (s.o. Rn. 11 ff. und unten Rn. 32) – lediglich *berechtigt* ist.[87]

31 Nach § 163 Abs. 1 Satz 1, 2. Hs. darf die Polizei **Maßnahmen des ersten Zugriffs** bei drohender „Verdunkelung der Sache" auch dann nicht unterlassen, wenn sie im Übrigen die weitere Entschließung der Staatsanwaltschaft überlässt; ggf. sind dazu durch die Ermittlungspersonen der Staatsanwaltschaft die erforderlichen Zwangsmaßnahmen anzuordnen. Der **Begriff der Verdunkelung der Sache** ist dabei objektiv zu verstehen: Auf eine Verdunkelungsabsicht durch einen Tatverdächtigen kommt es nicht an; es genügt, wenn durch Zeitablauf oder andere objektive Umstände eine spätere Aufklärung gefährdet ist. Zum ersten Zugriff gehört regelmäßig die Identitätsfeststellung von Verdächtigen und Zeugen, ferner beispielsweise die Spurensicherung, erforderlichenfalls die Anordnung einer Blutentnahme zur Feststellung des Alkoholisierungsgrades oder die Auslösung von Fahndungsmaßnahmen.[88] Eine über die gesetzlichen Regelungen (s.o. Rn. 8f.) hinausgehende Ermächtigung zur Vornahme von Zwangsmaßnahmen ergibt sich aus der Vorschrift hierbei nicht, auch nicht zur vorläufigen Festnahme.[89] Unaufschiebbare Maßnahmen zur Verhinderung von Beweisverlusten hat die Polizei auch dann aus eigener Initiative vorzunehmen, wenn die Staatsanwaltschaft die Ermittlungen führt, aber von der Notwendigkeit solcher Maßnahmen nicht mehr rechtzeitig unterrichtet werden kann.[90] Droht **Verjährung**, so kann auch eine verjährungsunterbrechende Maßnahme (vgl. § 78c Nr. 1 StGB) zu den unaufschiebbaren Maßnahmen des ersten Zugriffs gehören.[91]

32 Ob die Polizei nach Erfüllung der vorgenannten Pflichten **weitere Ermittlungen** auf der Grundlage der Ermächtigung des § 163 selbständig vornimmt, unterliegt insofern, als sie dazu nur berechtigt, aber nicht verpflichtet ist (s.o. Rn. 30), ihrem pflichtgemäßen Ermessen. Dieses kann allerdings durch allgemeine Weisungen der örtlichen Staatsanwaltschaft bzgl. bestimmter Deliktsformen in der einen oder anderen Richtung eingeschränkt sein.[92] Auch die praktisch bedeutsame Anweisung, die Staatsanwaltschaft von bestimmten Sachverhalten alsbald zu unterrichten, kann de facto zum Ende der selbständigen polizeilichen Ermittlungen führen, wenn die Staatsanwaltschaft die Unterrichtung zum Anlass nimmt, selbst über die Details des weiteren Vorgehens zu entscheiden. Rechtlich schwierige Sachen hat die Polizei generell von sich aus alsbald der Staatsanwaltschaft vorzulegen. Allgemein gilt, dass eine selbstständige Ermittlungstätigkeit der Polizei weder die Leitungsbefugnis der Staatsanwaltschaft beeinträchtigen noch den Richtervorbehalt für die Anordnung von Zwangsmaßnahmen unterlaufen darf. Sobald erkennbar wird, dass demnächst Zwangsmaßnahmen mit Richtervorbehalt erforderlich werden können, hat die Polizei deshalb die Staatsanwaltschaft zu informieren, damit diese die erforderlichen Anträge stellen kann. Sie darf nicht etwa die Sache so lange bei sich behalten, bis Gefahr im Verzug eintritt.[93]

---

87 Ebenso schon LR/*Meyer-Goßner*[23] 15; ausführlich LR/*Rieß*[25] 24a; ausdrücklich auch SSW/*Ziegler* 55.

88 Zu weiteren typischen Maßnahmen HK/*Zöller* 10 ff.; SK/*Albrecht* 17.

89 Vgl. bereits RGSt **27** 153, 155 f.; **67** 351, 352 f.; LR/*Gärtner* § 127, 5; HK/*Zöller* 10.

90 Vgl. NK/*Heghmanns* 10; MüKo/*Kölbel*/*Ibold* 30; Schmitt/Köhler/*Köhler* 5 (stets bleibende Notzuständigkeit für eilige Untersuchungshandlungen).

91 HK/*Zöller* 6; KK/*Weingarten* 9; Schmitt/Köhler/*Köhler* 22.

92 Diese Möglichkeit ergibt sich aus dem umfassenden Weisungsrecht der Staatsanwaltschaft bzgl. der strafprozessualen Aktivitäten der Polizei, s.o. Rn. 11 ff., bes. Rn. 14; für eine gesetzliche Verankerung de lege ferenda AE-EV, S. 110.

93 Ebenso KMR/*Noltensmeier-von Osten* 12.

c) Privatklagedelikte/Begrenzungen des Legalitätsprinzips. Auch soweit für die Staatsanwaltschaft die Möglichkeit besteht, von der Erhebung der öffentlichen Klage abzusehen (§§ 153 ff., § 376), entfällt für die Polizei nicht die Verpflichtung zur Sachverhaltserforschung nach § 163.[94] Die polizeilichen Ermittlungen sollten sich aber, wenn eine solche Entscheidung wahrscheinlich erscheint, schon aus dem Gesichtspunkt der Verhältnismäßigkeit heraus auf diejenigen Maßnahmen beschränken, die zur Sicherung einer etwaigen späteren Strafverfolgung unerlässlich sind.[95] Diese bestehen regelmäßig in der Aufnahme einer Anzeige, der Feststellung der Personalien der Betroffenen und der wesentlichen sonstigen, für die Einstellungsentscheidung maßgebenden Umstände, bei Privatklagedelikten namentlich derjenigen, aus denen sich ergibt, ob ein öffentliches Interesse an der Strafverfolgung (§ 376) gegeben sein kann.[96] Es ist dann Sache der Staatsanwaltschaft, gemäß § 161 Abs. 1 Satz 2 weitere Ermittlungen zu veranlassen, soweit dies im Einzelfall notwendig erscheint. Entsprechende, evt. durch elektronische Kommunikationsformen an die Staatsanwaltschaft zu übermittelnde Kurzanzeigen können auch für bestimmte Fallgruppen durch Vereinbarung zwischen Staatsanwaltschaft und Polizei oder durch allgemeine Verwaltungsanweisungen vorgesehen werden.[97] 33

Es ist aber auch in solchen Fällen nicht zulässig, von der Aufnahme der Anzeige oder den sonst unerlässlichen Maßnahmen des ersten Zugriffs völlig abzusehen, und es ist stets notwendig, die **Staatsanwaltschaft zu unterrichten**. Etwas anderes gilt nur, wenn sich bei der Aufnahme der Anzeige herausstellt, dass der „Anzeigende" keine strafrechtliche Verfolgung erreichen will und die von ihm mitgeteilten Informationen noch keinen Anfangsverdacht begründen oder wenn es sich um ein **Antragsdelikt** handelt und kein Strafantrag gestellt wird (vgl. auch § 158, 28). Die unerlässlichen Maßnahmen des ersten Zugriffs sind aber auch in diesem Fall erforderlich, wenn das angezeigte Antragsdelikt bei Vorliegen eines besonderen öffentlichen Interesses auch von Amts wegen verfolgt werden kann.[98] 34

d) Rechtliche und tatsächliche Zweifelsfälle. Bei **rechtlichen** und **tatsächlichen Zweifelsfällen** darüber, ob ein Anfangsverdacht besteht oder ob und wieweit Ermittlungsmaßnahmen geboten und zulässig sind, hat sich die Polizei ebenfalls auf die (gesetzlich zulässigen) unaufschiebbaren Maßnahmen zu beschränken und im Übrigen die weitere Entscheidung der Staatsanwaltschaft zu überlassen.[99] Dies gilt beispielsweise, wenn zweifelhaft ist, ob ein bestimmter Sachverhalt unter einen Straftatbestand fällt; wenn den Ermittlungen das Verfahrenshindernis der parlamentarischen[100] oder diplomatischen Immunität entgegensteht oder wenn die Strafklage möglicherweise bereits verbraucht ist. Die Polizei darf jedoch auch in diesen Fällen nicht von sich aus und ohne die Staatsanwaltschaft zu informieren von Ermittlungen absehen, weil das im Ergebnis auf eine ihr nicht zustehende Einstellungsbefugnis hinauslaufen würde. 35

---

94 Vgl. LR/*Mavany* § 152, 65 m.w.N., auch zur Kritik; einschr. Schmitt/Köhler/*Köhler* 2; für die Einführung einer Möglichkeit der Verfahrensbeendigung durch „Polizeiverwarnung" bei Bagatelldelikten de lege ferenda *Jasch* NJW **2004** 1077.

95 AK/*Achenbach* 16a; AnwK/*Walther* 11; HK/*Zöller* 9; KK/*Weingarten* 10; KMR/*Noltensmeier-von Osten* 12; MüKo/*Kölbel*/*Ibold* 33; SK/*Albrecht* 5; *Bottke* JuS **1990** 81, 83.

96 KMR/*Noltensmeier-von Osten* 12; Schmitt/Köhler/*Köhler* 2; vgl. auch Nr. 87 Abs. 1 RiStBV und dazu *Kay* Polizei **1980** 23; *Klapper* Polizei **1981** 56; *Kuhlmann* DRiZ **1981** 138.

97 Vgl. dazu etwa *Killischon* Kriminalistik **1986** 72; *Lemke*/*Rothstein-Schubert* ZRP **1997** 488, 489 mit weiteren Hinweisen zum Verfahren.

98 *Kay* Polizei **1980** 23.

99 HK/*Zöller* 8; KK/*Weingarten* 10; MüKo/*Kölbel*/*Ibold* 31.

100 Vgl. LR/*Mavany* § 152a, 39 m.w.N.

36 **e) Kollision zwischen Aufgaben der Strafverfolgung und der Gefahrenabwehr.** Da die polizeilichen strafverfolgenden Aufgaben des ersten Zugriffs und der Gefahrenabwehr gleichrangige selbständige Aufgaben der Polizei sind (Rn. 6 f.), besteht für die Gefahrenabwehr kein genereller Vorrang. Kollisionen polizeilicher Handlungspflichten mit dem Ziel der Strafverfolgung und der Gefahrenabwehr (Aufrechterhaltung der öffentlichen Sicherheit und Ordnung) sind vielmehr im Einzelfall nach dem Grundsatz der Güter- und Pflichtenkollision zu lösen.[101] Dabei kann eine Zurückstellung strafverfolgender Tätigkeit nur dann gerechtfertigt werden, wenn die Polizei die jeweils voraussichtlich erforderlichen und zumutbaren personellen und organisatorischen Maßnahmen getroffen hat, um beiden Aufgaben gerecht werden zu können. Ist dies der Fall, so sind in erster Linie gegeneinander abzuwägen: Einerseits das Ausmaß und die Intensität der Gefahr für die öffentliche Sicherheit, der durch sofortigen polizeilichen Einsatz begegnet werden muss, andererseits die Schwere der aufzuklärenden Straftat und die Gefährdung des Aufklärungserfolgs, die durch den Verzicht auf die an sich gebotenen Maßnahmen des ersten Zugriffs zu befürchten ist. Gegebenenfalls müssen nach ersten Sicherungsmaßnahmen auch weniger vordringliche Maßnahmen der Gefahrenabwehr zurückgestellt werden, um dringliche Strafverfolgungsmaßnahmen vorzunehmen. Eine bloße Gefährdung der öffentlichen Ordnung oder eine entfernte Gefahr für die öffentliche Sicherheit rechtfertigt eine Zurückstellung dringlicher Strafverfolgungsmaßnahmen regelmäßig nicht.

4. Formen und Mittel der Sachverhaltserforschung

37 **a) Allgemeines.** Für die polizeiliche Ermittlungstätigkeit gelten weitgehend die gleichen Grundsätze wie für die Tätigkeit der Staatsanwaltschaft; auf die Ausführungen in § 160, 34 bis 47 wird Bezug genommen. Diese Grundsätze werden dadurch modifiziert und eingeschränkt, dass die Polizei die Leitungsbefugnis der Staatsanwaltschaft zu beachten hat. Innerhalb dieser Grenzen gilt auch für die Polizei der Grundsatz der **freien Gestaltung des Ermittlungsverfahrens.**[102] Soweit eine Aufklärung der Straftat dadurch nicht insgesamt gefährdet wird, können Maßnahmen des ersten Zugriffs gegen einzelne Tatverdächtige zunächst zurückgestellt werden, wenn durch verdeckte Ermittlungen (vgl. Rn. 48 und § 160, 46) eine vollständigere Aufklärung und die Ermittlung von Hintermännern zu erwarten ist.[103] Regelmäßig sollten solche, von der normalen Ermittlungstätigkeit abweichende Ermittlungen nur im Einverständnis mit der Staatsanwaltschaft vorgenommen werden.[104]

38 **b) Zwangsmittel.** Wegen der der Polizei bei Durchführung ihrer Ermittlungen auf der Grundlage des § 163 zustehenden Eingriffs- und Zwangsbefugnisse s.o. Rn. 8 f.

---

101 Ausführlich (weitgehend übereinstimmend mit konkreten Beispielen) etwa *Kniesel* Polizei **1989** 179, 185 f.; *Bottke* GedS Meyer 37, 52 ff.; *Odersky* FS Rebmann 343, 344 ff. (m.w.N.); ferner (zu großzügig zu Gunsten der Gefahrenabwehr) *Reuber* Polizei **1987** 225 f.; *Benrath* JR **1984** 1 ff.; *Krey/Heinrich* Rn. 321 ff.; *R. Jahn* JZ **1988** 545, 549; vgl. auch (jeweils m.w.N.) LR/*Mavany* § 152, 25 (zur Frage des generellen Verzichts auf das Einschreiten); § 161, 68 (zur Frage des Handelns auf staatsanwaltschaftliche Weisung).

102 KK/*Weingarten* 11; Schmitt/Köhler/*Köhler* 64; MüKo/*Kölbel/Ibold* 8; näher (auch zur Kritik und zu den Grenzen) § 160, 34 f.

103 Dazu näher *Thiel* 48 ff.

104 Zu Einzelheiten bei spezialgesetzlich noch nicht geregelten besonderen Ermittlungsmaßnahmen, insbesondere zum Einsatz von V-Leuten und Lockspitzeln s.u. Rn. 57 ff.

c) Auskunftsersuchen. Seit der Neufassung des Absatzes 1 Satz 2 durch das StVÄG 1999 sind die Polizeibehörden befugt, Auskünfte von allen öffentlichen Behörden nach den gleichen Grundsätzen einzuholen, wie sie für Auskunftsersuchen der Staatsanwaltschaft gelten.[105] Eine **Auskunftspflicht** der ersuchten Behörde besteht aber, anders als bei einem Tätigwerden der Polizei auf Grund eines Ersuchens der Staatsanwaltschaft nach § 161 Abs. 1 Satz 1,[106] nicht generell, sondern nur, wenn **Gefahr im Verzug** vorliegt, wenn also durch das Abwarten oder die Herbeiführung eines staatsanwaltschaftlichen Auskunftsersuchens oder eines Ermittlungsauftrags nach § 161 Abs. 1 Satz 2 der Untersuchungserfolg gefährdet würde.[107] Ersucht die Polizei eine Behörde auf Grund ihrer generellen Befugnis um Auskunft, so dürfte sie nicht verpflichtet sein, auf die Freiwilligkeit der Auskunftserteilung ausdrücklich hinzuweisen, weil bei öffentlichen Behörden die Kenntnis der Rechtslage unterstellt werden kann. Ist absehbar, dass diese Behörde freiwillig keine Auskunft erteilen wird oder verweigert sie sie ausdrücklich, so muss die Polizei auf die im konkreten Fall bestehende Auskunftspflicht hinweisen. Zwangsmaßnahmen zu ihrer Durchsetzung stehen nicht zur Verfügung; bei absehbaren Konfliktsituationen wird sich schon deshalb die Einschaltung der Staatsanwaltschaft empfehlen. Unberührt bleiben spezielle gesetzliche Vorschriften, die für bestimmte Behörden generell eine Auskunftspflicht auch gegenüber der Polizei begründen.[108] 39

d) Vernehmungen. Die Polizei darf, wie sich aus § 163 Abs. 3 und 6 sowie aus § 163a Abs. 4 ergibt, zur Aufklärung des Sachverhalts Zeugen, Sachverständige und Beschuldigte vernehmen; (ausschließlich) für erstere besteht dabei nach Absatz 3 neuerdings auch eine Erscheinens- und Aussagepflicht (näher dazu unten Rn. 106). **Identifizierungsgegenüberstellungen**[109] werden vielfach zu den Maßnahmen des ersten Zugriffs gehören und deshalb von der Polizei zu veranlassen sein.[110] Sofern der Beschuldigte einverstanden ist, können sie auch dann von ihr durchgeführt werden, wenn keine Gefahr im Verzug ist, doch empfiehlt sich wegen der Notwendigkeit einer Reproduktion der Ergebnisse in der Hauptverhandlung regelmäßig auch dann die Einschaltung des Ermittlungsrichters. Zwingend notwendig ist diese, wenn weder Gefahr im Verzug noch ein Einverständnis des Beschuldigten vorliegt, weil entsprechende Maßnahmen nach h.M. als körperliche Untersuchungen i.S. von § 81a anzusehen sind.[111] 40

e) Sonstige Ermittlungsmaßnahmen.[112] Dazu gehören regelmäßig (als Maßnahmen des ersten Zugriffs) die **Inaugenscheinnahme** des Tatortes[113] einschließlich der Fertigung von Lichtbildern,[114] die Spurensicherung und die Vornahme kriminaltechnischer Untersuchungen sowie die erkennungsdienstliche Behandlung (§ 81b) und die Überprüfung der 41

105 Dazu, auch zu den Grenzen und Voraussetzungen, ausführlich § 161, 12 bis 43.

106 Dazu § 161, 69.

107 HK/*Zöller* 18; KMR/*Noltensmeier-von Osten* 15; Schmitt/Köhler/*Köhler* 1a; MüKo/*Kölbel/Ibold* 10; SK/*Albrecht* 13; zu den Gründen RegE StVÄG 1999, BTDrucks. **14** 1484 S. 24; krit. NK/*Heghmanns* 20.

108 SSW/*Ziegler* 47; BTDrucks. **14** 1484 S. 24 (mit beispielhaftem Hinweis auf die Meldegesetze).

109 Dazu näher LR/*Krause* § 81a, 44 f. m.w.N.; vgl. auch (zur Rechtsgrundlage) SK/*Albrecht* § 163a, 5; *Kramer* Rn. 186 f.

110 KK/*Weingarten* 15.

111 Vgl. LR/*Krause* § 81a, 44 f. m.w.N. (auch zu den abweichenden Meinungen); MüKo/*Kölbel/Ibold* 12.

112 Einzelheiten auch bei KK/*Weingarten* 11 ff.; KMR/*Noltensmeier-von Osten* 15 ff.; Schmitt/Köhler/*Köhler* 27 ff.

113 Ausführlich zur Tatortbesichtigung und der Wiedergabe der Ergebnisse im Tatortbericht unter Einbeziehung kommunikationstheoretischer Ansätze *Schmitz* 447 ff. (Zusammenfassung).

114 Vgl. KK/*Weingarten* 18.

kriminalpolizeilichen Karteien und Dateien zur Gewinnung aufklärungsrelevanter Erkenntnisse. **Fahndungsmaßnahmen** und Ausschreibungen kann die Polizei veranlassen, soweit sie sich (was heute nur noch in geringem Umfang der Fall ist)[115] auf die allgemeine Eingriffsermächtigung stützen lassen oder ihr diese Befugnisse in den §§ 131 bis 131c ausdrücklich eingeräumt sind, was weitgehend nur für die Ermittlungspersonen der Staatsanwaltschaft in Betracht kommt. Ob die Polizei generell befugt ist, die **Herausgabe** von Beweismitteln **nach § 95** zu verlangen,[116] ist umstritten und zweifelhaft.[117] Die Bitte um eine freiwillige Herausgabe unterliegt keinen Bedenken.

42 **f) Mitteilungen und Auskünfte.** Bei Mitteilungen und Auskünften an dritte Stellen, die sich auf das konkrete Strafverfahren beziehen und personenbezogene Daten enthalten, besteht grundsätzlich ein Entscheidungsvorbehalt der Staatsanwaltschaft; dies gilt insbesondere auch für die Information der Öffentlichkeit über die Medien.[118] Zu Mitteilungen von Amts wegen auf der Grundlage der §§ 12 ff. EGGVG nach den Verwaltungsvorschriften der **MiStra.** sind nach dem klaren Gesetzeswortlaut nur Gerichte und Staatsanwaltschaften befugt,[119] auch soweit solche Mitteilungen (ausnahmsweise) schon bei der Einleitung eines Ermittlungsverfahrens zu machen sind. Etwas anderes kann allenfalls dann gelten, wenn die Polizei innerhalb ihrer eigenen Behördenorganisation eine vorgesetzte Stelle von einem Verdacht gegen einen Polizeiangehörigen unterrichten will. Soweit die Polizei (ausnahmsweise) selbstständig die Medien unterrichtet, hat sie die in Nr. 23 Abs. 1 RiStBV aufgestellten Grundsätze zu beachten.

43 Die Entscheidung über Ersuchen um **Einzelauskünfte sowie um Akteneinsicht** durch Behörden, den Verletzten und dritte Personen sind nach § 480 Abs. 1 Satz 1 im Ermittlungsverfahren grundsätzlich der Staatsanwaltschaft vorbehalten. Eine Ausnahme gilt nach § 480 Abs. 1 Satz 5, soweit es sich um solche an andere Polizeibehörden handelt. Nach Auffassung des Gesetzgebers betrifft diese Regelung lediglich die Datenübermittlung zu Zwecken der Strafverfolgung, also in den Fällen des § 474.[120] Folgt man dem, so dürfte sich die Berechtigung zur unmittelbaren Übermittlung an andere Polizeibehörden zu präventivpolizeilichen Zwecken allerdings aus § 481 Abs. 1 ergeben.[121]

44 Die Staatsanwaltschaft kann nach § 480 Abs. 1 Satz 3 die **Polizei ermächtigen**, gemäß § 475 Auskünfte gegenüber „Privatpersonen" und „sonstigen" (privaten) „Stellen"[122] zu erteilen oder Akteneinsicht zu gewähren. Diese Ermächtigung kann die Erteilung von Auskünften an den Verletzten oder dessen anwaltlichen Vertreter einschließen,[123] nicht jedoch die Gewährung von Akteneinsicht für den anwaltlichen Vertreter, weil die insoweit maßgebende Vorschrift des § 406e Abs. 5 Satz 1 nicht auf § 480 Abs. 1 verweist.[124] Eine solche Ermächtigung dürfte auch im Rahmen einer allgemeinen Weisung für bestimmte Fallgrup-

---

115 Dazu § 161, 49.

116 So etwa Schmitt/Köhler/*Köhler* 28.

117 Dazu ausführlich LR/*Menges* § 95, 20 f., die dies abgesehen von einer Eilkompetenz für die Ermittlungspersonen verneint.

118 Zutr. NK/*Heghmanns* 21; SSW/*Ziegler* 14.

119 Vgl. auch LR/*Gerson* § 13, 2 EGGVG.

120 BTDrucks. **14** 1484 S. 30; ebenso LR/*Tillich*[27] § 480, 11; HK/*Temming* § 478, 2 a.E.; Schmitt/Köhler/*Köhler* § 480, 2.

121 Zu dessen Bedeutung und Reichweite die Erl. von LR/*Tillich*[27] zu § 481.

122 Zum Personenkreis näher LR/*Tillich*[27] § 475, 3; auf Auskünfte nach § 474 (Behörden) und § 476 (wissenschaftliche Zwecke) bezieht sich die Ermächtigung nicht.

123 Dies folgt aus der Verweisung in § 406e Abs. 3 Satz 3; näher LR/*Wenske* § 406e, 45.

124 So wohl auch LR/*Hilger*[26] Nachtrag § 406e, 21.

pen im Voraus möglich sein. Ob die Ermächtigung auch nach dem Übergang in das gerichtliche Verfahren erteilt werden kann oder fortbesteht,[125] erscheint zweifelhaft.

5. Polizeiliche Ermittlungen und Verteidigung. Die Befugnis des Beschuldigten, sich 45 des Beistands eines Verteidigers zu bedienen (§ 137), besteht ohne Einschränkungen auch, soweit und solange die Polizei die Ermittlungen selbständig führt; durch den Umstand, dass die Staatsanwaltschaft mit dem Verfahren noch nicht befasst ist, dürfen die Rechte des Verteidigers nicht verkürzt werden. Auch solange der Beschuldigte sich aufgrund vorläufiger Festnahme in Polizeigewahrsam befindet, ist deshalb dem Verteidiger der unüberwachte Verkehr (§ 148 Abs. 1) zu gestatten, und es ist dem Beschuldigten zu ermöglichen, seinen Verteidiger fernmündlich unüberwacht zu informieren.[126] Zur Anwesenheit des Verteidigers bei polizeilichen Vernehmungen s.u. § 163a, 98. Wenn der Verteidiger um Auskunft über den Schuldvorwurf nachsucht, muss die Polizei ihm diejenigen Angaben machen, die sie auch dem Beschuldigten bei seiner Vernehmung machen müsste (§ 163a Abs. 4 Satz 1), also ihm mitteilen, welche Tat dem Beschuldigten zur Last gelegt wird.[127]

Das **Akteneinsichtsrecht** des Verteidigers erstreckt sich auch auf die bei der Polizei 46 erwachsenen Vorgänge, weil sie Bestandteil der einheitlichen, dem Gericht vorzulegenden Ermittlungsakten sind. Über die Akteneinsicht und ihre Versagung (§ 147 Abs. 2) entscheidet nicht die Polizei, sondern stets die Staatsanwaltschaft (§ 147 Abs. 5).[128] Die Polizei hat deshalb, sobald der Verteidiger Akteneinsicht beantragt, unverzüglich eine Entscheidung der Staatsanwaltschaft herbeizuführen.

Das **Beweisantragsrecht** (§ 163a Abs. 2) gilt auch, solange die Polizei die Ermittlungen 47 führt. Diese kann, wenn sie die angebotenen Entlastungsbeweise für bedeutsam hält (vgl. § 163a, 115 f.), ihnen nachgehen oder die Entscheidung hierüber der Staatsanwaltschaft überlassen. Sie muss jedoch unverzüglich tätig werden, wenn durch eine Verzögerung Beweisverluste zu befürchten sind; Gleiches gilt entsprechend dem in § 166 zum Ausdruck gebrachten Grundsatz, wenn der Beschuldigte vorläufig festgenommen ist und die Beweise seine Freilassung begründen können.

III. Besondere Ermittlungsmaßnahmen

1. Allgemeines

a) Zur Problematik. Außerhalb der traditionell von der StPO geregelten oder als 48 selbstverständlich vorausgesetzten Maßnahmen zur Aufklärung des Sachverhalts, wie etwa Vernehmungen oder Einholung von Auskünften (s.o. Rn. 37 ff.), hat sich die legislatorische, rechtspolitische und dogmatische Aufmerksamkeit in den vergangenen Jahrzehnten in besonderem Maße auf die Zulässigkeit und die Grenzen besonderer Ermittlungsmaßnahmen konzentriert, deren gemeinsame Merkmale grob gesprochen darin gesehen werden können, dass sie überwiegend vom Betroffenen unbemerkt, also heimlich erfolgen, dass sie vielfach auch die Erhebung von Erkenntnissen über unbeteiligte Personen mit erfordern und damit die traditionelle Unterscheidung von Maßnahmen gegen Beschul-

125 So LR/*Tillich*[27] § 480, 5; wie hier Schmitt/Köhler/*Köhler* 480, 2.

126 Vgl. etwa BGHSt **38** 372 f.; SSW/*Ziegler* 15; zum Ganzen *Schlothauer/Nobis/Voigt/Wolf* Rn. 45 ff.

127 KK/*Weingarten* 21; Schmitt/Köhler/*Köhler* 6; SSW/*Ziegler* 15; *Kleinknecht* Kriminalistik **1965** 454.

128 LR/*Jahn* § 147, 184 f.; KK/*Weingarten* 21; Schmitt/Köhler/*Köhler* 6; vgl. auch *Buschbell/Janker* ZRP **1996** 476 ff., die de lege ferenda die Möglichkeit einer Delegation der Entscheidung an die Polizei durch die StA vorschlagen.

digte und Dritte in Frage stellen, und dass sie angesichts der Möglichkeiten moderner Datenverarbeitung die Erfassung, Speicherung und Verknüpfung einer Vielzahl von personenbezogenen Daten gestatten.[129] Sie lassen sich auch terminologisch unter der nicht in allen Punkten trennscharfen Sammelbezeichnung **verdeckte Ermittlungen** zusammenfassen.[130] Zur Schärfung des Problembewusstseins haben vor allem die verfassungsrechtliche Entwicklung insgesamt und namentlich das Urteil des Bundesverfassungsgerichts zum Volkszählungsgesetz[131] beigetragen, woraus vielfach hergeleitet wird, dass auch für Eingriffe in das allgemeine Persönlichkeitsrecht oder in ein teilweise postuliertes spezielles Recht auf informationelle Selbstbestimmung präzisere gesetzliche Grundlagen erforderlich seien, und zwar unabhängig von der inzwischen realisierten terminologischen Umwandlung der Befugnisnormen in § 161 Abs. 1 Satz 1, § 163 Abs. 1 Satz 2 in Ermittlungsgeneralklauseln.[132] Mittlerweile ist die Zulässigkeit des überwiegenden Teils dieser Maßnahmen im Einzelnen durch besondere Vorschriften geregelt worden, sodass an dieser Stelle nunmehr ein kursorischer Überblick ausreicht (unten Rn. 53 f). Weiterhin fehlt es jedoch an spezialgesetzlichen Regelungen für den Einsatz von Informanten und V-Leuten (dazu unten Rn. 57 ff.) sowie für die Zulässigkeit, Grenzen und die Folgen der Tätigkeit von sog. Lockspitzeln (dazu unten Rn. 67 ff.).

49 **b) Unzulässigkeit heimlicher Ermittlungsmaßnahmen?** Ein Prinzip der Offenheit strafprozessualer Ermittlungsmaßnahmen, das den hier zu behandelnden meist heimlichen Ermittlungen schon im Grundsatz entgegenstehen könnte, besteht nicht.[133] Namentlich durch die neuere Gesetzesentwicklung hat der Gesetzgeber verstärkt Regelungen geschaffen, denen die Geheimhaltung gegenüber den von ihr Betroffenen immanent ist. Verfassungsrechtliche Bedenken dagegen dürften sich nicht generalisierend erheben lassen, zumal die Steigerung der Eingriffsintensität je nach Art der Maßnahme erheblich variiert;[134] vielfach sind solche Regelungen zur Aufrechterhaltung einer funktionsfähigen Strafrechtspflege[135] unverzichtbar. Allerdings bleibt zu berücksichtigen, dass die Heimlichkeit aus rechtsstaatlichen Gründen jeweils ihrer besonderen Legitimation bedarf und nicht weiterreichen darf, als dies aus Sachgründen notwendig ist.[136] Dem trägt § 101 Abs. 4 und 5 für die gesetzlich geregelten verdeckten Maßnahmen dadurch Rechnung, dass hier grds. eine nachträgliche Unterrichtung der Betroffenen nach Wegfall des Geheimhaltungsgrundes vorgesehen ist.[137] Eine solche Begrenzung der Heimlichkeit erscheint auch deshalb geboten, damit die – nach heutiger Rspr. auch nach vollständiger Erledigung der Maßnahme in weitem Rahmen mögliche – nachträgliche Gewährung von Rechtsschutz effektiv realisierbar ist.

---

129 Dazu namentlich *Zöller* (Informationssysteme, LV Vor § 158) 47 ff.

130 Dazu monografisch etwa *Lammer* und *Erfurth*; vgl. auch *Lüderssen* (Hrsg.) V-Leute, alle m.w.N.; namentlich zur Zurückstellung des Einschreitens in solchen Fällen *Thiel*; zum schweizerischen Recht *Thomann* SchwZStr **1993** 285 ff.

131 BVerfGE **65** 1 ff.; zu den Konsequenzen für den Strafprozess etwa (sehr weitgehend) *Riepl*; zurückhaltender *Rogall* Informationseingriff und Gesetzesvorbehalt im Strafprozeßrecht (1997).

132 Dazu näher und m.w.N. § 161, 3 ff.; vgl. auch LR/*Menges* Vor § 94, 22 ff.; SK/*Albrecht* § 161, 12 ff.

133 Vgl. etwa BGHSt **42** 139, 150 (GSSt) m.w.N. aus der Rspr.; *Heghmanns* FS Eisenberg 511, 518 f.; MüKo/*Kölbel*/*Ibold* 16; ebenso schon BGHSt **40** 211; *Deutsch* 13 ff.; teilw. **a.A.** etwa *Lammer* 142 ff.; *Makrutzki* 51 ff.; *Velten* insbes. 77 ff.; kritisch zur Gesamtentwicklung etwa auch *Hamm* StV **2001** 81 ff.; *Zöller* StraFo **2008** 15 ff.; s. auch *Weßlau* (Vorfeldermittlungen, LV Vor § 158) 205 ff.

134 *Heghmanns* FS Eisenberg 511, 519 ff.

135 Dazu näher LR/*Kühne*[27] Einl. H 10 ff. m.w.N.

136 Ebenso MüKo/*Kölbel*/*Ibold* 17.

137 Vgl. dazu die Kommentierung dieser Vorschrift.

Die Grenzen der Zulässigkeit von **verdeckten Ermittlungen**, die sich **gegen Zeugnisverweigerungsberechtigte** richten (können), waren in Bezug auf Berufsgeheimnisträger früher und sind für Angehörige nach wie vor nur unvollständig und punktuell geregelt.[138] Erst mit dem durch das TKÜG vom 21.12.2007 in die StPO eingefügten § 160a wurde hierzu für die Berufsgeheimnisträger eine umfassende gesetzliche Regelung geschaffen; zugunsten zeugnisverweigerungsberechtigter Angehöriger verlangt das Gesetz in § 100d Abs. 5 Satz 2 nur bei der Online-Durchsuchung und bei der akustischen Wohnraumüberwachung eine besondere Interessenabwägung. 50

2. Spezialgesetzlich geregelte Maßnahmen

a) Verhältnis zur Ermittlungsgeneralklausel. Maßnahmen, die gesetzlich gesondert geregelt worden sind, können, wie sich aus § 161 Abs. 1 Satz 1, § 163 Abs. 1 Satz 2, jeweils zweiter Halbsatz ergibt, nicht für den Fall, dass ihre jeweiligen Voraussetzungen nicht gegeben sind, auf die Ermittlungsgeneralklausel der §§ 161, 163 gestützt werden. Das Gleiche gilt für bisher nicht gesetzlich geregelte Maßnahmen dann, wenn sie in ihrer Eingriffsintensität vergleichbar sind.[139] Soweit **polizeirechtliche Vorschriften** die jeweilige Maßnahme unter großzügigeren Voraussetzungen gestatten, darf die Polizei bei ihrer strafverfolgenden Tätigkeit hierauf nicht zurückgreifen. Die grds. mögliche Verwertung rechtmäßig präventivpolizeilich gewonnener Erkenntnisse auch zu Zwecken der Strafverfolgung ist nur in den durch § 161 Abs. 3 und 4 sowie durch § 100e Abs. 6 Nr. 3 festgelegten Grenzen zulässig.[140] 51

b) Maßnahmenkumulation. Erfordert eine Ermittlungsmaßnahme den Rückgriff auf mehrere besonders geregelte Ermächtigungsgrundlagen, so etwa, wenn bei einer längerfristigen Observation technische Mittel eingesetzt werden sollen, so müssen die Voraussetzungen für alle in Betracht kommenden Maßnahmen gegeben sein.[141] Ein solcher **kumulierter Maßnahmeneinsatz** kann, wenn er zu einer vollständigen Überwachung der Person führen würde, auch dann unverhältnismäßig und mithin unzulässig sein, wenn die einzelnen Maßnahmen jeweils für sich betrachtet noch als verhältnismäßig erscheinen würden.[142] Bei einem Antrag auf richterliche Anordnung ist daher der Ermittlungsrichter über eine solche Maßnahmenkumulation zu unterrichten, wenn sie sich nicht bereits aus dem Antrag ergibt.[143] Durch die Nutzung des länderübergreifenden staatsanwaltlichen Verfahrensregisters (§§ 492 ff.) muss sichergestellt werden, dass der Beschuldigte nicht in mehreren parallel laufenden Verfahren unkoordinierten Ermittlungsmaßnahmen verschiedener Behörden ausgesetzt wird, die in ihrer Gesamtheit die Schwelle der Unverhältnismäßigkeit überschreiten.[144] 52

---

138 Eingehend *Hilger* GA **2003** 482 ff.; *Paeffgen* FS Rieß 413 ff.

139 Zum Ganzen näher (auch zu den teilweise umstrittenen Einzelfragen) § 160, 5 f.; SK/*Albrecht* § 161, 7 ff.; zum Einsatz von V-Leuten unten Rn. 65.

140 Näher § 161, 77 ff.; LR/*Hauck* § 100e, 83 ff.

141 BGH NStZ **2001** 386 mit Aufsatz *Steinmetz* NStZ **2001** 344; vgl. auch OLG Düsseldorf NStZ **1998** 268 = JR **1999** 256 mit Anm. *Theisen* = StV **1998** 170 mit Bespr. *Comes* S. 569; SK/*Albrecht* § 161, 8. Vgl. ferner *Eschelbach* FS G. Schäfer (2002) 20 ff. (zu den in Betracht kommenden „Begleitmaßnahmen" bei einem „großen Lauschangriff").

142 BGH NStZ **2001** 386, 388; OLG Düsseldorf NStZ **1998** 268, 269; SK-*Wohlers* § 161, 6; *Comes* StV **1998** 569, 570; *Steinmetz* NStZ **2001** 344, 345; vgl. auch BGHSt **44** 13, 18; LR/*Menges* Vor § 94, 56; HK/*Zöller* 17.

143 Dazu näher *Steinmetz* NStZ **2001** 344, 345 f.

144 BVerfGE **112** 304, 319 ff.

53 **c) Übersicht über die spezialgesetzlich geregelten Maßnahmen.** An **klassischen Freiheitsbeschränkungen**, die durch wahrnehmbare Zwangseinwirkungen auf die Person oder deren Sachen gekennzeichnet sind und seit eh und je nur bei Eingreifen einer speziellen Eingriffsermächtigung für zulässig gehalten werden (weshalb hier schon immer entsprechende Regelungen vorhanden waren, die im Lauf der Zeit freilich z.T. ausdifferenziert, erweitert und durch neue Ermächtigungen ergänzt wurden), sind im Einzelnen zu nennen: Untersuchungshaft und vorläufige Festnahme (§§ 112 ff.), Beschlagnahme (§§ 94 ff.), Durchsuchung (§§ 102 ff.) und Postbeschlagnahme (§ 99), ferner die Unterbringung zur Beobachtung (§ 81), Körperliche Untersuchungen (§§ 81a, 81c) sowie Maßnahmen nach § 81b und § 81g, und §§ 163b, 163c. In diesen Zusammenhang gehören letzten Endes auch sämtliche Regelungen, nach denen die strafprozessuale Pflicht einer Person zum Erscheinen, zur Aussage oder zur Vornahme einer sonstigen Handlung mit Zwangsmitteln durchgesetzt werden kann.

54 Die **Eingriffe ohne Zwangseinwirkungen i.e.S.**, für die mittlerweile spezialgesetzlich geregelte Eingriffsermächtigungen geschaffen wurden, lassen sich in einer groben Übersicht folgendermaßen gruppieren: Ermittlungsmaßnahmen unter **Einsatz technischer Mittel** sind geregelt in § 100a (Überwachung des Fernmeldeverkehrs), § 100b (Online-Durchsuchung), § 100c (akustische Wohntraumüberwachung, sog. „großer Lauschangriff"), § 100f (akustische Überwachung außerhalb des durch Art. 13 GG geschützten Bereichs, sog. „kleiner Lauschangriff"), § 100g (Erhebung von Verkehrsdaten), § 100h (Herstellung von Bildaufnahmen; Einsatz von Observationsmitteln) und § 100i (Technische Ermittlungsmaßnahmen bei Mobilfunkendgeräten). Auch molekulargenetische Untersuchungen (§§ 81e ff.) stellen letzten Endes eine technische Ermittlungsmaßnahme dar, die freilich mit einer klassischen Freiheitsbeschränkung (s.o. Rn. 53) zusammentrifft, soweit die zwangsweise Gewinnung des dafür erforderlichen Zellmaterials in Rede steht. Möglichkeiten der **Informationsgewinnung durch moderne Datenverarbeitungstechniken** schaffen die §§ 98a, 98b (Rasterfahndung), § 100j (Bestandsdatenauskunft), § 163d (Schleppnetzfahndung) und § 163e (Ausschreibung zur polizeilichen Beobachtung). Eine Gewinnung von Erkenntnissen durch das **Einschleusen von „getarnten" Ermittlungsbeamten** in den aufklärungsrelevanten sozialen Bereich ermöglichen die Regelungen über den Einsatz „Verdeckter Ermittler" in den §§ 110a ff. Die längerfristige Observation, bei der die **zeitliche Ausdehnung der Überwachung** das maßgebliche belastende Moment darstellt, wurde schließlich in § 163f geregelt.

55 Wegen der **Einzelheiten** sämtlicher spezialgesetzlicher Regelungen ist auf die Kommentierung der jeweils einschlägigen Vorschriften zu verweisen.

56 **3. Nicht offen ermittelnde Polizeibeamte.** Die Sonderregelungen in den §§ 110a ff. sind nicht auf solche Polizeibeamte anwendbar, die ohne Ausstattung mit einer Legende lediglich im Einzelfall ermittelnd oder sonst strafverfolgend tätig werden, ohne ihre Eigenschaft als Polizeibeamte zu offenbaren, etwa als Scheinaufkäufer von Drogen. Für sie hat sich die Bezeichnung **„nicht offen ermittelnde Polizeibeamte** (noeP)" eingebürgert,[145] die auch vom Gesetzgeber – allerdings den Verdeckten Ermittler mit einschließend – verwendet wurde.[146] Ihr Einsatz unterliegt keinen den §§ 110a ff. entsprechenden Anforderungen, sondern kann auf die Ermittlungsgeneralklauseln in § 161 Abs. 1 Satz 1, 163 Abs. 1

---

145 Dazu etwa *Meyer* Kriminalistik **1999** 49; *V. Schmidt* Kriminalistik **2000** 162 ff., beide m.w.N.; vgl. auch *Krey/Jäger* NStZ **1995** 517; zur Abgrenzung vom Verdeckten Ermittler ausführlich *Schneider* NStZ **2004** 359 ff.

146 § 101 Abs. 1 in der bis 31.12.2007 geltenden Fassung; vgl. auch LR/*Hauck* § 110a, 18.

Satz 2 gestützt werden.[147] Die Durchführung eines „verdeckten Verhörs" durch einen noeP ist aber jedenfalls dann unzulässig und hat ein Beweisverwertungsverbot zur Folge, wenn sie unter Ausnutzung einer Zwangslage (Haftsituation) des Beschuldigten erfolgt.[148] Zweifelhaft und umstritten ist die Frage, ob auch ein Verdeckter Ermittler unter Befreiung von den besonderen Einsatzvoraussetzungen lediglich als noeP eingesetzt werden kann.[149] Die Differenzierung zwischen noeP und Verdeckten Ermittlern ist auch bei Ermittlungen im Internet zu beachten.[150]

4. Einsatz von Informanten und V-Leuten

a) Allgemeines. Die Erlangung von Informationen zu Ermittlungs- oder Beweiszwecken kann aus verschiedenen Gründen davon abhängen, dass dem Informanten in Aussicht gestellt oder verbindlich zugesichert wird, dass seine Identität im Ermittlungsverfahren nicht offengelegt wird.[151] Vielfach erscheint es auch zweckmäßig, dass die Strafverfolgungsbehörden über die vertrauliche Entgegennahme von einzelnen Informationen hinaus mit bestimmten Personen, die sich möglicherweise in einem kriminellen Umfeld bewegen, in dauerndem Kontakt stehen, um von diesen zufällig erlangte Informationen zu gewinnen oder sie um die Beschaffung solcher Informationen zu bitten, dies möglicherweise auch dergestalt, dass ihnen konkretere Erforschungsaufträge erteilt werden. In diesen zuletzt genannten Funktionen berührt sich das Verwendungsziel solcher Personen mit dem gesetzlich geregelten Einsatz Verdeckter Ermittler (oben Rn. 54). Insgesamt ist das in der Strafverfolgungspraxis namentlich der Polizei, aber auch im Bereich der Gefahrenabwehr und der sog. vorbeugenden Verbrechensbekämpfung seit langem gebräuchliche Spektrum des Rückgriffs auf solche Personen außerordentlich vielschichtig,[152] und über die meist geheim gehaltenen Einzelheiten ist öffentlich wenig bekannt,[153] soweit nicht gerichtliche Entscheidungen, die meist die Verwertbarkeit der dabei gewonnenen Erkenntnisse betreffen, hierüber Aufschlüsse vermitteln. 57

Gesetzliche Regelungen, die die Verwendung solcher Personen und der dabei gewonnenen Erkenntnisse näher bestimmen, sind nicht vorhanden. Verwaltungsintern sind ge- 58

---

147 Vgl. Schmitt/Köhler/*Köhler* § 110a, 4; *Hilger* NStZ **1992** 523 Fn. 141; *Krey/Jäger* NStZ **1995** 517; **a.A.** HbStrVf/*Murmann* III Rn. 436; zweifelnd, ob für die Durchführung „verdeckter Verhöre" durch noeP eine hinreichende Ermächtigungsgrundlage besteht, BGHSt **55** 138, 143 f.; *Schneider* NStZ **2004** 359. Zur Frage, ob und inwieweit insoweit das Betreten einer Wohnung zulässig ist, BGH NStZ **1997** 448 mit Anm. *Hilger* = StV **1997** 233 mit Anm. *Wollweber* S. 507 und *Felsch* StV **1998** 285 = JZ **1997** 1130 mit Anm. *Frister* = JR **1998** 211 mit Anm. *Nitz*; dazu auch *Roxin/Schünemann* § 37, 6; *Roxin* StV **1998** 43 ff.

148 Deutlich BGHSt **55** 138, 144 ff. m. zust. Anm. *J. Kretschmer* HRRS **2010** 343 ff.; generell gegen die Zulässigkeit verdeckter Vernehmungen HK/*Zöller* 15; MüKo/*Kölbel/Ibold* 18.

149 Dazu ausführlich und m.w.N. LR/*Hauck* § 110a, 23 f.; vgl. auch BGHSt **41** 64 = NStZ **1995** 516 mit Anm. *Krey/Jäger* = StV **1995** 281 mit Anm. *Weßlau* S. 506 = JR **1996** 517 mit Anm. *Beulke* = JZ **1996** 260 mit Anm. *Rogall*.

150 Dazu LR/*Hauck* § 110a, 26; Schmitt/Köhler/*Köhler* § 110a, 4; SSW/*Ziegler* 30; *Ostendorf/Frahm/Doege* NStZ **2012** 529, 537; *Rosengarten/Römer* NJW **2012** 1764 ff.; *Soiné* NStZ **2014** 248, 249 ff.; für das Erfordernis einer gesetzlichen Sonderregelung *Roggan* NJW **2015** 1995, 1996; HK/*Zöller* 12.

151 Zu den hierfür maßgebenden Motiven vgl. u.a. *Geißer* GA **1985** 247, 257; *Wetterich* FS Middendorf 273, 275 ff.

152 Zum Ganzen etwa *Duttge* JZ **1996** 556 ff.; *Eschelbach* StV **2000** 390 ff., *Haas* passim; *Katharina Krauß* passim; *Meurer* FS Roxin 1271 ff.; *Weiler* (V-Leute); ausführliche Bibliographie bis 1985 bei *Lüderssen* (V-Leute) 624; vgl. auch die bei *Kintzi* DRiZ **2003** 136 ff. zusammenfassend wiedergegebene gutachtliche Stellungnahme der Großen Strafrechtskommission des Deutschen Richterbundes.

153 Empirisches Material zum Einsatz bei *Makrutzki* 36 ff.

wisse Grundlagen in einer gemeinsamen Richtlinie der Justiz- und Innenverwaltungen geregelt,[154] die veröffentlicht ist und jedenfalls die beteiligten Behörden insoweit bindet, als sie mit der geltenden Rechtslage vereinbar ist. Weitere, verwaltungsinterne und meist als vertraulich eingestufte Richtlinien namentlich der Polizei befassen sich mit weiteren Einzelheiten. Ein in der 20. Legislaturperiode vorgelegter Gesetzesentwurf der Bundesregierung, der die Problematik gemeinsam mit der Tatprovokation im Zusammenhang einer Überarbeitung der Bestimmungen über den Einsatz Verdeckter Ermittler einer gesetzlichen Regelung zuführen sollte,[155] konnte durch das vorzeitige Ende der „Ampel-Koalition" keiner parlamentarischen Entscheidung mehr zugeführt werden.

59 **b) Terminologie und Abgrenzungen.** Im Anschluss an die frühere Anlage D zu den RiStBV (in deren aktueller Fassung vom 28.3.2023 nicht mehr enthalten) hat sich in der Strafverfolgungspraxis und überwiegend auch im Schrifttum weitgehend die Unterteilung in Informanten und V-Personen durchgesetzt, wobei zweifelhaft erscheint, ob dies und die damit verbundene Begriffsbestimmung dem sehr differenzierten Erscheinungsbild in allen Fällen ausreichend gerecht wird.[156] Danach sind **Informanten** Personen, die im Einzelfall bereit sind, gegen Zusicherung der Vertraulichkeit den Strafverfolgungsbehörden Informationen zu geben, **V-Personen** (V-Leute) solche Personen, die längerfristig gegen Zusicherung der Vertraulichkeit die Strafverfolgungsbehörden durch Informationsbeschaffung unterstützen, ohne ihnen selbst anzugehören.

60 Diesen Begriffsbestimmungen ist gemeinsam, dass sie auf eine spätere **Geheimhaltung** der Art der Informationsgewinnung abzielen und, da es sich vielfach um Personalbeweis handelt, dadurch der Zugriff auf das unmittelbare Beweismittel versperrt sein kann. Namentlich bei V-Personen tritt vielfach der Umstand hinzu, dass ihre Nachforschungen nicht nur verdeckt, sondern unter Einsatz ihren Charakter verschleiernder Täuschung, mindestens aber unter **Ausnutzung entgegengebrachten Vertrauens** vorgenommen werden. Dies ist bei der Beurteilung der rechtlichen Zulässigkeit auch dann nicht ohne Bedeutung, wenn man dogmatisch den Einsatz von Informanten und V-Personen, anders als den von Verdeckten Ermittlern und nicht offen ermittelnden Polizeibeamten (Rn. 56) als Informationsgewinnung durch Zeugenbeweis qualifiziert.[157]

61 V-Personen treten nicht selten als sog. **Lockspitzel** (agents provocateurs) in Erscheinung. Jedoch handelt es sich dabei, was in Rechtsprechung und Schrifttum nicht immer ausreichend beachtet wird, um eine davon zu trennende Problematik mit anderen Konsequenzen, die unter Rn. 67 ff. gesondert erörtert wird.[158]

62 **c) Zur allgemeinen Problematik des V-Mann-Einsatzes.** Mit der Verwendung von Informanten und V-Leuten sind verschiedene **Probleme** verbunden, die in unterschiedlichen Zusammenhängen zu erörtern sind. Umstritten ist etwa, ob die durch die Strafverfolgungsbehörden gesteuerte Informationsgewinnung durch einen V-Mann durch Gespräche mit der Zielperson als Vernehmung oder „vernehmungsähnliche Situation" mit der Folge der grundsätzlichen Anwendung der gesetzlichen Belehrungsvorschriften zu qualifizieren

---

154 Frühere Anlage D zu den RiStBV, abgedruckt auch bei LR/*Hauck* § 110a, 84 ff.

155 RegE BTDrucks. **20** 11312; für die Notwendigkeit einer Regelung unter Vorlage eigener Entwürfe auch *Jahn/Gazeas/Hübner* StV **2023** 381 ff.; *Soiné* ZRP **2021** 47 ff.; *Weigend* Barton (2023) 193 ff.

156 Zur Terminologie *Makrutzki* 31 ff.; ferner *Haas* 1 ff.; *J. Meyer* ZStW **95** (1983) 834, 835 f.; *Röhrich* 10 ff.

157 So etwa *Hilger* FS Hanack 207, 212 f.; vgl. auch BTDrucks. **12** 989 S. 43.

158 Wohl zweifelnd an der Möglichkeit der Trennung *Lüderssen* FS II BGH 883, 905 ff.

ist.[159] Umstritten ist ferner, auch in Hinblick auf die Rechtsprechung des EGMR,[160] der den Einsatz von V-Leuten im Grundsatz freilich ausdrücklich für zulässig hält,[161] ob und unter welchen Voraussetzungen ein in der Hauptverhandlung gesperrter V-Mann mit der Folge der Verwendung mittelbarer Beweismittel als unerreichbar angesehen werden darf[162] und welche Konsequenzen sich für die Beweiswürdigung hieraus ergeben.[163] Noch nicht gänzlich geklärt dürfte die, allerdings mehr den Einsatz Verdeckter Ermittler betreffende Frage sein, ob und in welchen Grenzen bei einsatz- und milieubedingten Straftaten die Strafbarkeit entfallen kann.[164]

d) Zulässigkeit des V-Mann-Einsatzes. Die **Zulässigkeit des V-Mann-Einsatzes** ist umstritten. Der Gesetzgeber ist bei der Schaffung der Regelungen über den Verdeckten Ermittler davon ausgegangen, dass insoweit keine Regelung erforderlich sei, weil es sich um Zeugenbeweis handle, eine Rechtsgrundlage für ihre Verwendung vorhanden sei und die bundeseinheitlichen Richtlinien eine ausreichende Einschränkung gewährleisteten; er hat ausdrücklich darauf hingewiesen, dass die Regelung des Verdeckten Ermittlers keinen Umkehrschluss dahin rechtfertige, die Heranziehung von Informanten und V-Personen als Zeugen sei unzulässig.[165] Nicht eindeutig kann dieser Auffassung allerdings entnommen werden, ob sich dies nur auf die eher „normale“ Informationsgewinnung bezieht, oder ob auch Tätigkeiten einer V-Person umfasst sein sollen, die in besonderer Weise in die Persönlichkeitssphäre der Betroffenen eindringen. 63

Insofern lässt sich auch aus der **Rechtsprechung**, namentlich des Bundesgerichtshofs[166] und des Bundesverfassungsgerichts[167] kein ganz eindeutiges Bild entnehmen. In ihr wird zwar generell anerkannt, dass der Einsatz von Privatpersonen zur Strafverfolgung zulässig sei, andererseits aber auch wiederholt ausgesprochen, dass namentlich bei verschleiernden oder sonst durch ein besonderes Vorgehen gekennzeichneten intensiveren Nachforschungen allgemein eine Abwägung stattzufinden habe, bei der der Einsatz nur bei Straftaten von erheblicher Bedeutung und nur dann zulässig sei, wenn der Einsatz 64

---

159 Dazu näher *Wolter* ZIS **2012** 238, 242 ff.; LR/*Gleß* § 136, 12, 91 ff., § 136a, 15; ferner namentlich (dies verneinend) BGH (GSSt) **42** 139 = NStZ **1996** 502 mit Anm. *Rieß* und Anm. *Roxin* **1997** 18 = JZ **1997** 710 mit Anm. *Renzikowski* = JR **1997** 167 mit Anm. *Derksen* = StV **1996** 465 mit Anm. *Bernsmann* StV **1997** 116; erneut bestätigt durch BGH NStZ **2011** 596 = JR **2011** 407 m. krit. Anm. *Eisenberg* = StV **2012** 129 m. krit. Anm. *Roxin* = JZ **2012** 263 m. krit. Anm. *Schumann*; ferner etwa *Meurer* FS Roxin 1281 ff.; *Müssig* GA **2004** 87, 90 ff. Vgl. hierzu auch EGMR StV **2003** 257, 259 mit Anm. *Gaede* (Fall Allan); zur Rspr. des EGMR im vorliegenden Zusammenhang auch *Walter* StraFo **2004** 224, 226 ff.

160 Dazu etwa eingehend mit Nachw. der Rspr. des EGMR *Esser* 657 ff.; *Katharina Kraus* passim.

161 EGMR NJW **2009** 3565.

162 Näher LR/*Menges* § 96, 83 ff.; LR/*Sander/Cirener*[27] § 251, 31 m.w.N., ferner etwa *Roxin/Schünemann* § 45, 25; *Kolz* FS G. Schäfer 35 ff.; *Eisenberg* (Beweisrecht) Rn. 1035 ff.; *Detter* StV **2006** 544, 545 ff.; aus der Rspr. BGH NStZ **2004** 345 = StV **2004** 241 mit Anm. *Wattenberg*.

163 Hierzu etwa *Detter* NStZ **2003** 1, 4 m.w.N. und Einzelheiten; ferner *Nack* Kriminalistik **1999** 171 ff.; zur Verwertbarkeit ausländischer Erkenntnisse dieser Art *Gleß* NStZ **2000** 57 ff.; für den Fall geheimer Vernehmungen eines mutmaßlichen weiteren Tatbeteiligten im Ausland (Fall Motassadeq) BGHSt **49** 112; krit. *Detter* StV **2006** 544, 547 f.

164 Dazu ausführlich etwa *Makrutzki* 137 bis 251; zum zeitweise besonders diskutierten Sonderfall der Begehung von Taten nach §§ 86, 86a, 130 StGB durch V-Leute in der rechtsextremistischen Szene LG Cottbus NJ **2005** 377; *Kubiciel* NStZ **2003** 57; *Rautenberg* GA **2003** 632; *Willems* ZRP **2005** 79.

165 BTDrucks. **12** 989 S. 41; ebenso etwa *Hilger* FS Hanack 207, 212 f. Vgl. auch LR/*Hauck* § 110a, 11.

166 Vgl. etwa BGHSt **32** 115, 122 (GSSt); **34** 362 f.; **40** 211, 213; **41** 42; **42** 139, 155 (GSSt), jeweils m.w.N. der Rspr.; aus der Rspr. des EGMR StV **1992** 499 (Fall Lüdi); weitere Nachweise bei *Esser* 178 ff.

167 Vgl. etwa BVerfGE **57** 250, 284 ff.; BVerfG StV **1991** 449 (Kammerentscheidung); aber auch BVerfG NStZ **2000** 489 (Kammerentscheidung), dazu übernächste Fn.

anderer Ermittlungsmethoden erheblich weniger erfolgversprechend oder wesentlich erschwert sei.[168] In einem obiter dictum in einer Kammerentscheidung hat schließlich das Bundesverfassungsgericht, das die Verfassungsbeschwerde aus nicht sonderlich überzeugenden Gründen als unzulässig behandelt hat, die Auffassung vertreten, dass jedenfalls die dort in Frage stehenden, über den „einfachen" V-Mann-Einsatz deutlich hinausgehenden Maßnahmen, deren Vereinbarkeit mit dem Fairnessprinzip es bezweifelt hat, einer gesetzlichen Grundlage bedürfen.[169] Im **Schrifttum** sind die Meinungen geteilt. Teilweise wird, wenn auch mit unterschiedlichen Begrenzungen und Differenzierungen, der Einsatz von Informanten und V-Personen grundsätzlich für zulässig gehalten.[170] Im Vordringen ist jedoch die Auffassung, die dies ohne eine (derzeit fehlende) besondere gesetzliche Grundlage entweder generell oder doch bei wichtigen und häufigen Modalitäten für unzulässig hält,[171] namentlich bei einem Vorgehen, das über die bloße Informationsbeschaffung hinausgeht.

65 Ausgehend von dem durch die Regelungen des StVÄG 1999 erreichten Rechtszustand über das Verhältnis der Ermittlungsgeneralklausel zu den spezialgesetzlich geregelten Eingriffsermächtigungen[172] erscheint eine **differenzierte Bewertung** erforderlich. Dabei dürfte die entscheidende Frage dahin gehen, ob sich die Inanspruchnahme von Privatpersonen als Informanten oder V-Leute noch unter die Ermittlungsgeneralklausel subsumieren lässt. Das wird man bejahen können, so lange sich dies darauf beschränkt, das bei diesen Personen vorhandene, auch das aus ihrer Tätigkeit in einem kriminellen Umfeld allgemein erlangte Wissen abzuschöpfen.[173] Anders liegen die Dinge dann, wenn V-Personen operativ zur Aufklärung eines konkreten Sachverhalts deshalb eingesetzt werden, weil gerade der damit verbundene Charakter einer verdeckten Ermittlung einen sonst nicht erreichbaren Aufklärungserfolg erwarten lässt.[174] In solchen Fällen gewinnt der Einsatz eine Eingriffsintensität, die bei einer Gesamtbetrachtung mit der der spezial-gesetzlich geregelten Maßnahmen vergleichbar ist und deshalb ihre Rechtsgrundlage nicht mehr in der Ermittlungsgeneralklausel der § 161 Abs. 1 Satz 1, § 163 Abs. 1 Satz 2 finden kann. Ein derartiger Einsatz von Informanten und V-Personen findet im geltenden Recht keine Grundlage und ist daher unzulässig, wobei es auf die Unterscheidung zwischen diesen beiden Personengruppen insoweit nicht ankommt. Ohne Bedeutung ist dabei, weil es die

---

168 So namentlich (GSSt) BGHSt **42** 139, 157.

169 BVerfG NStZ **2000** 489 mit Anm. *Rogall* = StV **2000** 233 mit Anm. *Weßlau* S. 488 = JR **2000** 467 mit Anm. *Franke*. Gegenstand der Verfassungsbeschwerde war die Entscheidung BGHSt **40** 211; zu dieser vgl. etwa *Weiler* GA **1996** 101 ff.

170 So etwa HK/*Zöller* 15; KK/*Senge* Vor § 48, 55; KK/*Weingarten* 18; KMR/*Noltensmeier-von Osten* 21; Schmitt/Köhler/*Köhler* 34a; *Beulke*/*Swoboda* Rn. 651; *Hilger* FS Hanack 207, 212 f.; *Lesch* JA **2000** 725.

171 So etwa AK/*Achenbach* 8c; HK/*Zöller* 15; MüKo/*Kölbel*/*Ibold* 22; Radtke/Hohmann/*Link* 9; SK/*Albrecht* § 161, 18; *Roxin*/*Schünemann* § 37, 9; *Kühne* Rn. 534; *Burhoff* (Ermittlungsv.) Rn. 5437; *Duttge* JZ **1996** 563 ff. (mit Vorschlag einer gesetzlichen Regelung); *Erfurth* 47 ff.; *Eschelbach* StV **2000** 290, 293 ff.; *Hefendehl* StV **2001** 700; *Hund* StV **1993** 379 f.; *Lagodny* StV **1996** 167 ff.; *Makrutzki* 48 ff.; *Meurer* FS Roxin 1271, 1292; *Riepl* 212 ff.; Strafrechtskommission des Deutschen Richterbundes bei *Kintzi* DRiZ **2003** 142 (mit Einzelvorschlägen); *Brunhöber* GA **2010** 571, 576; *Weigend* FS Barton 192, 194 ff.

172 Dazu näher § 161, 5 f.

173 Ähnlich LR/*Menges* Vor § 94, 48 ff.; auch die in der vorletzten Fn. genannten Autoren dürften, soweit sie den Einsatz nicht generell für unzulässig halten, in diese Richtung tendieren; deutlich etwa MüKo/*Kölbel*/*Ibold* 22.

174 Ebenso HbStrVf/*Murmann* III Rn. 442; Radtke/Hohmann/*Link* 10; *Decker* 135 ff.; Bedenken auch bei HK/*Zöller* 15; vgl. dazu (nur als ergänzbare Beispiele) BGHSt **34** 362 f.; **44** 129 = NStZ **1999** 147 mit Anm. *Roxin* = JR **1999** mit Anm. *Hanack* (V-Person als Zellengenosse oder Mithäftling); dazu auch *Schneider* NStZ **2001** 8 ff.; ferner BGHSt **40** 211.

fehlende gesetzliche Grundlage nicht zu ersetzen vermag, dass sowohl die Rechtsprechung[175] als auch die den Einsatz bestimmende frühere Anlage D zu den RiStBV[176] den hier in Frage stehenden Einsatz auf Fälle beschränkt, die sachlich vertretbar erscheinen mögen. Eine nähere Präzisierung der hier vorgeschlagenen Grenze ist eine Frage des Einzelfalles und kann hier nicht geleistet werden. Ebenso ist es eine rechtspolitische, hier nicht zu erörternde Frage, ob man sich mit diesem Befund des partiell unzulässigen V-Mann-Einsatzes begnügt und auf ihn zu verzichten bereit ist, oder ob man eine ihn gestattende und seine Grenzen bestimmende gesetzliche Regelung für erforderlich hält, wofür sich Gründe von Gewicht, aber auch erhebliche rechtsstaatliche Bedenken[177] anführen ließen.

e) Grenzen der Vertraulichkeitszusage/Geheimhaltung. Die Bereitschaft von Infor- 66
manten und V-Personen zur Mitwirkung ist, wovon auch die frühere Anlage D zu den RiStBV ausgeht, vielfach davon abhängig, dass ihnen Vertraulichkeit zugesagt wird. Dies ist allerdings nur eingeschränkt möglich, weil eine Geheimhaltung, soweit es auf die Verwertung ihrer Erkenntnisse im gerichtlichen Verfahren ankommt, nicht schon aufgrund der Vertraulichkeitszusage möglich ist, sondern nur durch eine Sperrerklärung nach § 96, für die die oberste Dienstbehörde zuständig und der (regelmäßig später liegende) Zeitpunkt ihrer Erforderlichkeit unter Berücksichtigung des Einzelfalls unter Abwägung der dann zu beachtenden Umstände maßgebend ist.[178] Die Sperrerklärung kann im Übrigen nur verhindern, dass die Behörde die Identität der V-Person offenbaren muss; werden deren Personalien dem Gericht aus anderer Quelle bekannt, so steht einer Ladung und Vernehmung als Zeuge nichts entgegen.[179] Der weitergehende Hinweis in den Richtlinien, wonach die Strafverfolgungsbehörden außer in den dort genannten Ausnahmefällen an die Vertraulichkeitszusage gebunden seien,[180] entspricht nicht der Rechtslage; er sollte auch nicht zur Folge haben, dass damit die spätere Entscheidung der obersten Dienstbehörde faktisch präjudiziert wird. In keinem Fall darf, wovon im Grundsatz auch die Richtlinien ausgehen, der Staatsanwaltschaft die Kenntnis über den Einsatz und die Person des V-Mannes vorenthalten werden.[181] Dagegen ist die Staatsanwaltschaft berechtigt, für das gerichtliche Verfahren eine Sperrerklärung nach § 96 zu veranlassen und insoweit von der Aktenvorlage abzusehen.[182] Ob die in den Richtlinien vorgeschriebene aktenmäßige Behandlung der Vorgänge, die zur Folge haben kann, dass sich aus den Verfahrensakten

---

175 So etwa BGHSt **42** 139, 155 ff.; BGH v. 15.2.2023 – 2 Str 270/22, NStZ **2023** 560 Rn. 22 ff. m. zust. Anm. *Soiné* NStZ **2023** 563; daran anknüpfend Schmitt/Köhler/*Köhler* 24a.

176 Vgl. etwa die Beschränkungen in den lit. a und b in Abschn. I 3.1 und die Subsidiaritätsklausel in Nr. 3.2.

177 Eingehend *Hilger* FS Hanack 207, 212 f.

178 Dazu näher und kritisch LR/*Menges* § 96, 49, 60 ff.; *Lorenz* StraFo **2016** 316, 321 f.; vgl. auch BGHSt **35** 82, 84 ff.; BGH NStZ **2001** 333. Zu Besonderheiten im Steuerstrafverfahren *Hildebrandt* wistra **1988** 300 ff.

179 BGH NStZ **2003** 610; vgl. auch § 158, 20. Zur audiovisuellen Vernehmung bei optischer und akustischer Verfremdung als Alternative zur vollständigen Sperre von V-Leuten BGH NStZ **2003** 274; **2004** 345; **2005** 43; *Ewert* Der gefährdete Zeuge in der Hauptverhandlung des Strafprozesses, Diss. Mainz 2003, 348 ff.; *Walter* StraFo **2004** 224 ff.; *Detter* StV **2006** 544, 547 f.; *Schuster* StV **2007** 507 ff.

180 Frühere Anlage D RiStBV, Abschn. I 2.4.

181 Ebenso MüKo/*Kölbel*/*Ibold* 24, zu eng ist insofern Abschnitt I 5.4 der früheren Anlage RiStBV, wonach die Polizei die Staatsanwaltschaft nur „in Ausnahmefällen" über die Identität der V-Person unterrichtet. Jedenfalls auf Verlangen hat sie dies stets zu tun.

182 Näher zu dieser umstrittenen Frage LR/*Stuckenberg* § 199, 14; LR/*Menges* § 96, 99, beide m.w.N.

keinerlei Hinweise auf den Einsatz ergeben,[183] uneingeschränkt mit dem Gesetz vereinbar ist, erscheint zweifelhaft. Sie schließt die Möglichkeit praktisch aus, bei der obersten Dienstbehörde auf eine begründete Sperrerklärung hinzuwirken und die Begründung zu würdigen und kann die Möglichkeiten einer umfassenden Verteidigung erheblich und mit dem Fairnessprinzip kaum vereinbar beeinträchtigen.[184]

5. Einsatz von Lockspitzeln

67 **a) Allgemeines.** Als Lockspitzel oder Agent provocateur wird eine Person bezeichnet, die im Auftrag oder mit Wissen und Billigung staatlicher Strafverfolgungsbehörden[185] Dritte zur Begehung strafbarer Handlungen veranlasst oder von diesen bereits geplante Taten so beeinflusst und steuert, dass die Täter gefasst werden können oder sonst ihre Überführung möglich ist. Ihr kriminalistischer Zweck liegt vorwiegend darin, vor allem im Bereich organisierter Kriminalität durch die Provokation von nachweisbaren Straftaten durch einen ohnehin zu Straftaten entschlossenen Personenkreis kriminelle Strukturen zu zerschlagen und damit die weitere Begehung von Straftaten zu verhindern. Damit liegt dem Lockspitzeleinsatz eine gefahrenabwehrende, präventive Zwecksetzung mit zugrunde.[186] Dennoch ist die Problematik unter Rückgriff auf straf- und strafverfahrensrechtliche Rechtsgrundlagen und Lösungsmöglichkeiten zu behandeln; eine polizeirechtliche Beurteilung kommt nicht in Betracht.[187] Die Beurteilung des Lockspitzeleinsatzes, seiner Zulässigkeit, seiner Grenzen und seiner Konsequenzen ist seit längerer Zeit außerordentlich umstritten; das Schrifttum ist nahezu unübersehbar.[188] Auch die Rechtsprechung hat in der Behandlung geschwankt[189] und ist durch die Rechtsprechung des EGMR in jüngerer Zeit erneut in Bewegung geraten (s.u. Rn. 71, 73). Bei der Betrachtung ist zwischen der prozessualen Zulässigkeit, die in Ermangelung einer gesetzlichen Grundlage[190] zur Zeit nur in der Ermittlungsgeneralklausel zu finden ist (s.u. Rn. 70 ff.), und den materiellrechtlichen Folgen für die Bestrafung der zur Tatbegehung provozierten Person (s.u. Rn. 73 ff.) zu differenzieren. Keine ganz einheitliche Meinung besteht auch über die hier nicht näher zu behandelnde Frage der Strafbarkeit des Lockspitzels selbst.[191]

---

183 Frühere Anlage D RiStBV, Abschnitt I 5.6, wonach die entsprechenden Vermerke zu den Generalakten genommen werden; vgl. auch § 160, 67.

184 Zutr. krit. deshalb MüKo/*Kölbel/Ibold* 24.

185 Vgl. zur damit verbundenen Zurechenbarkeit zuletzt BGHSt **45** 321, 336; ferner etwa BGH StV **1983** 2 mit krit. Anm. *Körner*; NStZ **1984** 519 (Zweifel an der staatlichen Mitverantwortung nicht zu Lasten des Angeklagten); näher unten Rn. 72.

186 BGHSt **45** 321, 336 f.; vgl. auch *Dencker* FS Dünnebier 447, 459.

187 BGHSt **45** 321, 337; **47** 44, 48.

188 Vgl. zum Ganzen etwa *Creutz* ZRP **1988** 415 ff.; *van Gemmeren* passim; *Keller* passim; *Lüderssen* FS II BGH 883 ff.; *I. Roxin* 1 ff., 186 ff.; KK/*Senge* Vor § 48, 78 ff.; LR/*Hauck* § 110a, 73 ff. Zur Situation im amerikanischen Strafprozess *Bellen* StV **1988** 402 ff.; *Makrutzki* 289 ff.; zur Tatprovokation durch einen vom Ausland gesteuerten Lockspitzel *Petersdorf* ZEuS **2005** 441 ff.

189 Vgl. dazu die Nachweise in BGHSt **45** 321, 324 f.; ferner LR/*Stuckenberg* § 206a, 85; *Roxin/Schünemann* § 37, 7; *Creutz* ZRP **1988** 416 f.; *Maul* FS BGH 569, 570 f.; vollständige Darstellung früherer Entscheidungen (auch anderer Gerichte) bei *I. Roxin* 4 bis 30.

190 Zum gescheiterten Entwurf einer gesetzlichen Regelung bereits oben Rn. 58 a.E.

191 Dazu LK/*Schünemann/Greco*[13] § 26, 60 ff.; ferner etwa *I. Roxin* 191 ff.; *Hübner* 190 ff.; *Keller* 160 ff.; *Makrutzki* 137 ff.; *Seelmann* ZStW **95** (1983) 797, 799 ff.; *Greco* StraFo **2010** 52, 56 f.; vgl. dazu auch KK/*Bader* Vor § 48, 92.

b) Abgrenzungen. Kein nach den nachstehend dargestellten Grundsätzen zu behandelnder **Lockspitzeleinsatz** liegt vor, wenn ein Polizeibeamter, auch als Verdeckter Ermittler, oder eine V-Person lediglich die offen erkennbare Bereitschaft zur Begehung oder Fortsetzung von Straftaten dergestalt ausnutzt, dass er mit dem Tatverdächtigen in Verbindung tritt, ohne seine Absicht der Strafverfolgung zu offenbaren.[192] Lockspitzel ist vielmehr nur, wer über das bloße „Mitmachen" hinaus in Richtung auf eine Weckung der Tatbereitschaft oder Intensivierung der Tatplanung stimulierend auf den Täter einwirkt. Darunter fällt beispielsweise nicht der bloße Scheinaufkäufer im Bereich der Betäubungsmittelkriminalität oder der Hehlerei oder der eine Prostituierte im Sperrbezirk als vorgeblicher Freier ansprechende Polizeibeamte.[193] 68

Ob eine Einwirkung auf die Tatplanung bereits entschlossener Täter, die lediglich die **Modalitäten der Tatbegehung** beeinflusst, ohne deren Unrechts- oder Schuldgehalt zu steigern oder den Schaden zu vergrößern, und die nur das Ziel hat, die Überführungsmöglichkeiten zu verbessern, als Lockspitzeleinsatz anzusehen ist, erscheint zweifelhaft und dürfte zu verneinen sein. Dies gilt erst recht, wenn sie darauf gerichtet ist, den Tatumfang zu verringern. Selbst wenn man solche Fälle der erfolgsneutralen oder abschwächenden staatlich veranlassten Tateinwirkung dem Lockspitzelbegriff zuordnet, besteht kein Grund, seine Zulässigkeit zu bezweifeln, und es dürfte regelmäßig ausgeschlossen sein, die Rechtsfolgen der Tat wegen einer solchen Einwirkung zu mildern.[194] 69

c) Zulässigkeit des Lockspitzeleinsatzes. Nach der Rechtsprechung[195] und der ganz überwiegenden Meinung im Schrifttum[196] ist der Lockspitzeleinsatz nicht in jedem Fall unzulässig, weil er in den Bedürfnissen einer mit dem Grundsatz der Aufrechterhaltung einer funktionstüchtigen Strafrechtspflege verbundenen wirksamen Verbrechensbekämpfung seine Rechtfertigung findet. Übereinstimmung besteht aber auch darin, dass er nicht uneingeschränkt zulässig ist, sondern einer besonderen Rechtfertigung bedarf, weil das Rechtsstaatsprinzip und namentlich der Fairnessgrundsatz es den Strafverfolgungsbehörden verbietet, auf die Verübung von Straftaten hinzuwirken, wenn die Gründe vor diesem Prinzip nicht bestehen können.[197] 70

Die Zulässigkeitsgrenze wird nach der neueren Rechtsprechung, der das Schrifttum weitgehend folgt, stets überschritten, wenn bei Beginn der Einflussnahme kein durch zureichende tatsächliche Anhaltspunkte begründeter **Anfangsverdacht** dahingehend besteht, an einer begangenen Straftat beteiligt gewesen oder zu einer künftigen bereit zu sein.[198] Dabei muss sich die Tat, zu der provoziert wird, hinsichtlich der Deliktsart und 71

---

192 BGHSt **45** 321, 338; MüKo/*Kölbel/Ibold* 25; *van Gemmeren* 29 m.w.N.

193 Vgl. BVerfG (Vorprüfungsausschuss) NStZ **1985** 131 = StV **1985** 178 mit abl. Anm. *Lüderssen*; vgl. aber auch LG Stuttgart NStZ **1985** 568 mit Anm. *Hilger*; vgl. auch BGHSt **45** 321, 338; HK/*Zöller* 16; NK/*Heghmanns* 19.

194 Vgl. dazu etwa BGH GA **1981** 89; aber auch BGH StV **1994** 15.

195 So etwa BGHSt **32** 345, 346; **45** 321, 324; **47** 44, 50; BGH NStZ **1992** 488; StV **1994** 48, 349; weitere Nachweise bei *I. Roxin* 4 ff.; *van Gemmeren* 28 Fn. 2 ff.

196 HK/*Zöller* 16; KK/*Senge* Vor § 48, 78; KK/*Bruns* § 110c, 8; Schmitt/Köhler/*Köhler* 34b, *Hellmann* Rn. 166; *Schroeder/Verrel* Rn. 75; weitgehend **a.A.** etwa *Keller* insbes. 331 ff.; *Peters* § 41 II 2 b; *Lüderssen* FS Peters 349 ff.; *Greco* StraFo **2010** 52 ff.

197 So schon BGH NJW **1980** 1761; **1981** 1626 = StV **1981** 392 mit Anm. *Mache* S. 599; zuletzt BGHSt **47** 44, 50; im Schrifttum auch bei den die Zulässigkeit Bejahenden ganz überwiegende Meinung.

198 BGHSt **45** 321, 337 = NStZ **2000** 249 mit Anm. *Endriß/Kinzig* = StV **2000** 57 mit Anm. *Kreuzer/Sinner* S. 114 = JZ **2000** 369 mit Anm. *Roxin*; dazu auch die Aufsätze *Maul* FS BGH 569 ff.; *Sommer* StraFo **2000** 150 ff. Vgl. auch schon in ähnliche Richtung gehend BGH StV **1994** 368 f. (schuldunabhängiger Strafmilderungsgrund, wenn kein Anfangsverdacht vorliegt); StV **1995** 364.

voraussichtlichen Schwere in den Grenzen des Verdachts halten; der bloße Anfangsverdacht beliebigen kriminellen Verhaltens rechtfertigt nicht die Provokation einer Straftat, auf deren Charakter und Schweregrad sich der Anfangsverdacht nicht erstreckt.[199] Unabhängig hiervon ist ein Lockspitzeleinsatz auch dann unzulässig, wenn eine **Gesamtbetrachtung** zeigt, dass dem Umfang der Einwirkung durch den Lockspitzel gegenüber dem Maß der eigenen, nicht fremd gesteuerten Aktivitäten das entscheidende Gewicht zukommt, dieser also unvertretbar übergewichtig ist.[200] Bei der Grenzziehung kommt der **Rechtsprechung des EGMR** zu dem bei Verstößen verletzten Gebot des fairen Verfahrens nach Art. 6 Abs. 1 Satz 1 EMRK besondere Bedeutung zu. Hiernach darf auch eine ursprünglich tatgeneigte Person **nicht wiederholt** zur Tatbegehung aufgefordert werden, wenn sie ein entsprechendes Ansinnen bereits ausdrücklich abgelehnt hat, die Annahme der Tatgeneigtheit bedarf einer **hinreichend fundierten Tatsachenbasis**, dem Verbot einer führenden Rolle des Lockspitzels im Gesamtgeschehens ist besondere Beachtung zu schenken, und es dürfen weder besondere **Anreize** (unüblich hohe Belohnungen) noch irgendwelcher **Druck** (und sei es in Form von Gewissensappellen im Hinblick auf eine angebliche Hilfsbedürftigkeit Dritter) eingesetzt werden, um den Beschuldigten zur Tatbegehung zu veranlassen.[201] Dabei besteht freilich die Schwierigkeit, dass insbesondere die zulässige Intensität der Einwirkung vom EGMR nicht klar bestimmt und – wohl in Relation zum Anlass des Einsatzes – variabel gehandhabt wird.[202]

72 Unzulässig mit der Folge strafverfahrensrechtlicher Konsequenzen ist die Tatprovokation jedoch nur dann, wenn sie **dem Staat zuzurechnen** ist.[203] Das bei ist einer Provokation durch Verdeckte Ermittler oder nicht offen ermittelnde Polizeibeamte stets der Fall. Bei V-Personen und Informanten ist es stets zu bejahen, wenn diese insoweit mit Wissen oder auch nur stillschweigenden Billigung eines für ihre Führung verantwortlichen Amtsträgers handeln, regelmäßig aber auch schon dann, wenn dieser mit einem solchen Verhalten rechnen konnte und es nicht verhindert hat.[204] Unzulässig ist auch die mittelbare Provokation einer Tat desjenigen, der durch den unmittelbaren Adressaten der Provokation in das Tatgeschehen hineingezogen wurde, wenn seine Aktivitäten dabei letzten Endes ebenfalls vom Verhalten der Polizei geleitet waren.[205] Im Ergebnis wird die Zurechnung deshalb nur bei einem nicht voraussehbaren „Exzessverhalten" der V-Person entfallen. Dagegen soll die Zurechenbarkeit zu verneinen sein, wenn der Provokateur lediglich früher mit Billigung der Strafverfolgungsbehörden als Lockspitzel tätig war.[206] Das Verhalten eines vom Ausland gesteuerten Lockspitzels ist den inländischen Strafverfolgungsorganen richtigerweise nur dann zurechenbar, wenn es (insbesondere im Rahmen internationaler

---

199 BGHSt **47** 44 ff. = NStZ **2001** 553 mit Anm. *Weber* **2002** 50 (sog. Quantensprung-Entscheidung, Unzulässigkeit des auf Kokainhandel im Kilobereich gerichteten Lockspitzeleinsatzes bei einem Anfangsverdacht von Haschischhandel in geringen Mengen); dazu auch *van Gemmeren* 30; BGH NStZ **2014** 277, 279 mit einer eingehenden Darstellung der skandalösen Umstände des Falles bei *Eisenberg* GA **2014** 404 ff.; BGH v. 16.12.2021 – 1 StR 197/21, NStZ **2023** 243 Rn. 22.

200 BGHSt **32** 345, 347; BGH v. 7.12.2017 – 1 StR 320/17, NStZ **2018** 355, 357, BGH v. 16.12.2021 – 1 StR 197/21, NStZ **2023** 243 Rn. 19 ff., jew. m.w.N.; *van Gemmeren* 30; ausführlich zu den dabei zu berücksichtigenden Abwägungsgesichtspunkten bereits LR/*Rieß*[24] 69.

201 Eingehend mit umfassender Analyse einschlägiger Entscheidungen des EGMR *Meyer/Wohlers* JZ **2015** 761, 765 ff.

202 *Meyer/Wohlers* JZ **2015** 761, 766.

203 Dazu etwa *van Gemmeren* 30; *Haas* 86 f.; *I. Roxin* 186 ff.; LR/*Menges* Vor § 94, 3 ff.

204 BGHSt **45** 321, 331, 336; *van Gemmeren* 30.

205 BGH v. 16.12.2021 – 1 StR 197/21, NStZ **2023** 243 Rn. 40 f. unter Bezugnahme auf EGMR Akbay u.a./Deutschland, 15.10.2020 – 40495/15, 40913/15, 37273/15, NJW **2021** 3515 Rn. 117; MüKo/*Kölbel/Ibold* 26.

206 OLG Düsseldorf NStZ-RR **1999** 281.

Zusammenarbeit) mit Wissen und Billigung inländischer staatlicher Stellen erfolgte.[207] Das bloße **Unterlassen des Einschreitens** gegen eine tatgeneigte Person stellt selbst dann, wenn es willkürlich erscheint und für die betreffenden Beamten ggf. eine Strafbarkeit wegen Strafvereitelung im Amt begründet, keine Tatprovokation dar.[208]

d) Folgen des Lockspitzeleinsatzes. Auch der **zulässige Lockspitzeleinsatz** ist, so- 73
weit er nicht ganz unerheblich war, zugunsten des Täters bei der Rechtsfolgenzumessung zu berücksichtigen.[209] Die Folgen bei einem **unzulässigen Lockspitzeleinsatz** waren lange Zeit außerordentlich umstritten. Die **Rechtsprechung** des Bundesgerichtshofs hielt ungeachtet der zweifelhaften Vereinbarkeit mit einschlägigen Entscheidungen des EGMR lange an der seit 1985 gefestigten, später konkretisierten und präzisierten Rechtsfolgenlösung fest.[210] Danach war, was zugleich die im Sinne von Art. 41 EMRK erforderliche gerechte Entschädigung darstellen sollte, der unzulässige Lockspitzeleinsatz und damit der Konventionsverstoß in den Urteilsgründen festzustellen und bei den Rechtsfolgen zu kompensieren. Das Maß der Kompensation war gesondert zum Ausdruck zu bringen und exakt zu bestimmen; dies unterlag revisionsgerichtlicher Kontrolle.[211] Nachdem der EGMR in einer neuen, in diesem Fall gegen Deutschland ergangenen Entscheidung die Rechtsfolgenlösung der deutschen Rechtsprechung ausdrücklich als unzulänglich bemängelte, sich dabei allerdings – in Anknüpfung an frühere Entscheidungen[212] – auf den Ausschluss der „durch polizeiliche Anstiftung gewonnenen Beweismittel" fokussiert hat,[213] folgte der 2. Strafsenat des BGH der von erheblichen Teilen des Schrifttums[214] schon früher geforderten Annahme eines **Verfahrenshindernisses.**[215] Nach einer fast zeitgleich ergangenen Entscheidung des

207 Die weitergehende Annahme von *Petersdorf* ZEuS **2005** 441, 453, wonach die Strafverfolgung der zur Tat provozierten Person die Übernahme einer völkerrechtlichen Verantwortung für den Lockspitzeleinsatz bedeute, den sich der Staat wie einen eigenen zurechnen lassen müsse, ist nicht nachvollziehbar, weil sich der Staat durch die Verfolgung einer rechtswidrig-schuldhaften Tat nicht mit deren Anlass zu identifizieren braucht, wenn er mit diesem nichts zu tun hatte.

208 BGH v. 7.2.2022 – 5 StR 542/20, 5 StR 207/21, NStZ **2023** 247 Rn. 117 ff.; MüKo/*Kölbel/Ibold* 26b; für das Steuerstrafverfahren abw. BGH v. 12.1.2005 – 5 StR 191/01, NStZ **2005** 519 Rn. 2 f.

209 Ständige Rspr. und allg. M. im Schrifttum, vgl. etwa MüKo-StGB/*Maier* § 46, 213, jew. m.w.N.

210 BGHSt **32** 345, 355; BGH NJW **1986** 1764; NStZ **1995** 506, 607; BGHSt **45** 321, 325 ff. = JZ **2000** 363 mit Anm. *Roxin* = NStZ **2000** 269 mit Anm. *Endriß/Kinzig* = StV **2000** 57 mit Anm. *Sinnen/Kreuzer*; BGHSt **47** 44, 47; BGH NStZ **2014** 277, 280; tendenziell immer noch BGHSt **60** 238, 239 ff.

211 BGHSt **45** 321 ff. = JZ **2000** 363 mit Anm. *Roxin* = NStZ **2000** 269 mit Anm. *Endriß/Kinzig* = StV **2000** 57 mit Anm. *Sinnen/Kreuzer*; näher (auch zur Entwicklung und der Stellungnahme im Schrifttum) LR/*Stuckenberg* § 206a, 85 f.; dazu auch LR/*Hauck* § 110a, 78; *Schäfer* FS Rieß 478, 488 f.

212 Vgl. etwa EGMR NJW **2009** 3565, 3568; im deutschen Schrifttum hat die Lösung über ein Beweisverwertungsverbot ebenfalls Anhänger, vgl. etwa *Ambos* NStZ **2002** 628, 632; *Berz* JuS **1982** 419; *Fischer/Maul* NStZ **1992** 7, 13; *Franzheim* NJW **1979** 2014; *Kinzig* StV **1999** 288, 292; *Lüderssen* FS Peters 349, 363; *Makrutzki* 318; für die Kombination mit einem Strafausschließungsgrund SK/*Wolter/Jäger* § 110c, 11.

213 EGMR NJW **2015** 3631, 3635 = JR **2015** 81 m. Anm. *Peschke* = StV **2015** 405 m. Anm. *Pauly* = StraFo **2014** 504 m. Anm. *Sommer*; dazu ferner *Meyer/Wohlers* JZ **2015** 761 ff.; *Sinn/Maly* NStZ **2015** 379 ff.

214 So etwa *Arloth* NJW **1985** 417; *Bruns* NStZ **1983** 49 ff., aufgegeben StV **1984** 390; *Dencker* FS Dünnebier 447, 453; *Diercks* AnwBl. **1987** 154, 165; *Herzog* StV **2003** 410 ff.; *Hillenkamp* NJW **1989** 2841; *Kempf* StV **1999** 128, 130; *Maul* FS BGH 569, 577 ff.; *J. Meyer* ZStW **95** (1983) 834, 853; *Rüping* Rn. 600; *Schlüchter* Rn. 388.1; *Schumann* JZ **1986** 66, 70 ff.; *Taschke* StV **1984** 178; *Wolfslast* Staatlicher Strafanspruch und Verwirkung (1995) 216; HK/*Zöller* 16.

215 BGHSt **60** 276, 294 ff. = NJW **2016** 91 m. Anm. *Eisenberg* = NStZ **2016** 52 m. Anm. *Mitsch* = StV **2016** 70 m. Anm. *Eidam* StV **2016** 129; dem 2. Strafsenat insoweit nachdrücklich zustimmend *Jahn/Kudlich* JR **2016** 54, 60 f.; ausf. Bespr. mit Überblick über die Entwicklung der übrigen Rspr. dieser Zeit bei *Lochmann* StraFo **2015** 492 ff.

1. Strafsenats, die noch ein gegen diese Lösung gerichtetes obiter dictum enthielt,[216] und einer halbherzigen Kammerentscheidung des BVerfG[217] hat schließlich auch der 1. Strafsenat die Konsequenzen gezogen und für den Fall einer rechtswidrigen Tatprovokation ein Verfahrenshindernis bejaht.[218]

74 Die Annahme eines Verfahrenshindernisses dürfte sich damit endgültig als der maßgebliche Weg etabliert haben, um in den einschlägigen Fällen den nach der Rspr. des EGMR im Ergebnis zwingend gebotenen **Verzicht auf strafrechtliche Sanktionierung** des Täters[219] zu erreichen. Sie korrespondiert in gewisser Weise mit der vom EGMR selbst an erster Stelle ins Spiel gebrachten Lösung über Beweisverwertungsverbote,[220] mit der ersichtlich auch das BVerfG liebäugelte,[221] indem ein Verfahrenshindernis zugleich mit der Konsequenz einhergeht, dass alle durch die Tatprovokation erlangten Beweise den Beschuldigten nicht mehr belasten können.[222] Für sich allein genommen ginge der Versuch einer Lösung über Beweisverwertungsverbote hingegen am Kern des Problems vorbei, weil das rechtsstaatswidrige Handeln des Staates nicht erst die Generierung der Beweise, sondern bereits die Begründung der Strafbarkeit als solche betrifft. Da vielfach genug andere Beweise vorliegen werden, um den Täter unabhängig von der Aussage des ihn anstiftenden Lockspitzels zu überführen, wären Beweisverwertungsverbote im Übrigen zumeist entweder ungeeignet, dem Betroffenen eine spürbare Kompensation des staatlichen Unrechts zu vermitteln, oder man müsste ihnen eine umfassende Fernwirkung beimessen,[223] die dem deutschen Strafprozessrecht fremd ist und kaum lösbare Abgrenzungsprobleme heraufbeschwören würde.[224] Von anderen Ansätzen zur gebotenen Freistellung von Strafe, nach denen die **Verwirkung des staatlichen Strafanspruchs** durch die Annahme eines **Strafausschließungsgrundes**[225] oder **in ähnlicher Weise**[226] zu bewerkstelligen wäre, unterscheidet sich die Lösung über ein Verfahrenshindernis für die Praxis im Ergebnis insbesondere dadurch, dass ihre Anwendung in der Revisionsinstanz keine einschlägige Verfahrensrüge voraussetzt und über § 357 StPO ggf. auch einem Nichtrevidenten zugutekommt.[227] Angesichts der rechtsstaatlichen Bedeutung der Problematik und der gleichzeitig bestehenden massiven Rechtsunsicherheit erscheint eine Regelung durch den

---

216 BGHSt **60** 238, 239 ff.; im Schrifttum weiterhin nachdrücklich für eine „abgestufte Strafzumessungslösung" etwa *Dölp* StraFo **2016** 265, 267 f.

217 BVerfG NJW **2015** 1083 ff.; zur Kritik *Jahn/Kudlich* JR **2016** 54, 58 f.

218 BGH v. 16.12.2021 – 1 StR 197/21, NStZ **2023** 243 Rn. 17.

219 Nochmals deutlich EGMR Akbay u.a./Deutschland, 15.10.2020 – 40495/15, 40913/15, 37273/15, NJW **2021** 3515 Rn. 132 ff. m. Anm. Hoven NJW **2021** 3524, die insofern wohl zutreffend von dem „vermutlich finale[n] Akt in der Auseinandersetzung des *EGMR* mit den deutschen Gerichten um die angemessenen Folgen einer rechtsstaatswidrigen Tatprovokation durch verdeckte Ermittler" spricht; eingehend *Esser* StV **2021** 383, 386 ff.

220 EGMR NJW **2015** 3631, 3635.

221 Vgl. BVerfG NJW **2015** 1083, 1086.

222 MüKo/*Kölbel/Ibold* 27.

223 Für eine entsprechende Interpretation der (insofern freilich durch eine erhebliche Unschärfe geprägten) Ausführungen des EGMR *Meyer/Wohlers* JZ **2015** 761, 765.

224 Zutr. BGHSt **60** 276, 294 ff.; *Sinn/Maly* NStZ **2015** 379, 383.

225 *Bruns* StV **1984** 388; *Eisenberg* (Beweisrecht) Rn. 1034c ff.; *Ranft* Rn. 1127; *I. Roxin* 220 ff. (ausführlich); *Roxin* JZ **2000** 269; *Roxin*[25] § 10, 28; *Seelmann* ZStW **95** (1983) 797, 831; SK/*Paeffgen* § 206a, Anh. 28; SK/*Wolter/Jäger* § 110c, 11; *Wolter* NStZ **1993** 9, 10; *ders.* FS II BGH 963, 980 (i.V.m. einem Beweisverwertungsverbot); den Weg zur Straffreistellung offenlassend *Kühne* Rn. 537 ff.

226 Etwa durch die von *Sinn/Maly* NStZ **2015** 379, 382 f. befürwortete „Strafreduzierung auf Null".

227 *Eschelbach* GA **2015** 545, 562.

Gesetzgeber dringend geboten.[228] Diese sollte unbedingt auch die genauen Voraussetzungen eines rechtmäßigen Lockspitzeleinsatzes umfassen, weil die Rechtsprechung des EGMR teilweise dahingehend interpretiert werden kann, dass ein solcher überhaupt nur auf der Grundlage einer klaren Regelung im nationalen Strafprozessrecht in Betracht kommt.[229]

Bei alledem ist freilich ein weiterer Aspekt zu beachten, der in der bisherigen Debatte wohl deshalb kaum eine Rolle spielte,[230] weil dafür der Anlassfall fehlte: Die auf eine rechtsstaatswidrige Tatprovokation gestützte Nachsicht mit dem Täter hat nur dort ihre Berechtigung, wo (den bislang aufgetretenen Konstellationen entsprechend) „opferlose" Straftaten wie Betäubungsmittel- und Korruptionsdelikte im Raum stehen, die auch im Falle ihrer Vollendung **keine Rechtsgüter von Privatpersonen** verletzen. Über Belange der Allgemeinheit kann der Staat nämlich bis zu einem gewissen Grad disponieren, und den Schutz dessen, worüber man dispositionsbefugt ist, kann man im Umfang der Dispositionsbefugnis auch verwirken. Anders lägen die Dinge hingegen, wenn sich staatliche Stellen dazu hinreißen ließen, die Begehung von Straftaten gegen Individualrechtsgüter Dritter (Diebstähle, Körperverletzungen, Raubüberfälle usw.) zu provozieren: Wenn diese Rechtsgüter nicht der Disposition des Staates unterliegen, kommt für ihn auch eine Verwirkung ihres Schutzes, die konkret zu Lasten Dritter ginge, nicht in Betracht. Hier hat der gegen die Anerkennung eines Verfahrenshindernisses ins Feld geführte Einwand, der strafrechtliche Rechtsgüterschutz müsse unabhängig von einem evt. Fehlverhalten der Strafverfolgungsorgane gewährleistet bleiben,[231] deshalb weiterhin uneingeschränkte Geltung, sodass einer Bestrafung des Täters (in diesem Fall gemeinsam mit den ihn anstiftenden Repräsentanten des Staates)[232] nichts entgegenstünde. 75

IV. Übersendung der Verhandlungen (Absatz 2)

1. Allgemeines

a) Bedeutung. § 163 Abs. 2 regelt nicht nur eine technische Einzelheit des Ermittlungsverfahrens, sondern ist eine für das Verhältnis von Staatsanwaltschaft und Polizei und die staatsanwaltschaftliche Leitungsbefugnis grundlegende Vorschrift.[233] Sie begründet den Grundsatz der Einheitlichkeit des Ermittlungsverfahrens (Vor § 158, 49) mit. Die uneingeschränkte Verpflichtung der Polizei, ihre „Verhandlungen", also *alle* bei ihr angefallenen Vorgänge, *ohne Verzug*, also auf dem schnellsten Wege, der Staatsanwaltschaft zu übersenden, soll bewirken, dass die Staatsanwaltschaft ihrer Aufgabe gerecht werden kann, sich aus einer umfassenden Sachverhaltskenntnis heraus erforderlichenfalls unmittelbar in die Ermittlungen einzuschalten und die weitere Sachbehandlung zu beeinflussen. Sie stellt ferner sicher, dass die Staatsanwaltschaft von allen Anzeigen strafbarer Handlungen (§ 158, 8 ff.) und von allen Fällen des bei der Polizei entstandenen Anfangsverdachts umfas- 76

---

228 Dazu *Jahn/Kudlich* JR **2016** 54, 63 ff.; *Eidam* StV **2016** 129, 131; *Lochmann* StraFo **2015** 492, 500; *Jahn/Hübner* StV **2020** 207 ff.; zu einem gescheiterten RegE oben Rn. 58 a.E.

229 *Meyer/Wohlers* JZ **2015** 761, 765 m.w.N.

230 Vgl. aber *Foth* NJW **1984** 221, 222 und BVerfG NJW **2015** 1083, 1085 f., wo dieser Aspekt freilich als *generelles* Argument gegen die Freistellung staatlich angestifteter Personen von Strafe verwendet wird; eingehend und pointiert *Roxin/Schünemann* § 37, 8.

231 Vgl. BGHSt **32** 345, 353.

232 Für eine zwingende Verfahrensverbindung in diesem Fall *Roxin/Schünemann* § 38, 8.

233 Ebenso AK/*Achenbach* 19; MüKo/*Kölbel/Ibold* 34.

send unterrichtet wird; damit steht sie in Verbindung mit dem Legalitätsprinzip nach § 152 Abs. 2. Sie gewährleistet schließlich das Monopol der Staatsanwaltschaft für die Abschlussentscheidung nach den §§ 153 ff. und § 170.

77 Der **Zweck** der Vorschrift liegt, über ihren Wortlaut hinausgehend, darin, dass sie die Polizei gegenüber der Staatsanwaltschaft zur **vollständigen Informationsbereitstellung** verpflichtet. Schon wegen der Einheitlichkeit des Ermittlungsverfahrens liegt in der Übersendung der Verhandlungen zur Information der Staatsanwaltschaft keine eine gesetzliche Ermächtigung erfordernde „Zweckumwandlung",[234] sodass es des Rückgriffs auf § 474, der diesen Sachverhalt nicht erfasst,[235] nicht bedarf. Im Übrigen wäre § 163 Abs. 2 selbst dann, wenn man dies für erforderlich halten sollte, als ausreichende Rechtsgrundlage anzusehen. Er ist ferner Rechtsgrundlage für die Befugnis der Staatsanwaltschaft, von der Polizei *alle* bei der Strafverfolgung gewonnenen Informationen mitgeteilt zu erhalten.[236] Über den Wortlaut hinaus verpflichtet die Vorschrift die Polizei auch zur Mitteilung solcher Erkenntnisse, die nicht in Form von Verhandlungen schriftlich fixiert sind.[237] Aus ihr lässt sich ferner mit ableiten, dass die Polizei **unaufgefordert** zu einer vollständigen Unterrichtung der Staatsanwaltschaft verpflichtet ist.

78 **b) Anwendungsbereich.** Die Vorschrift richtet sich an alle Behörden und Beamten des Polizeidienstes und gleichgestellte Behörden (s.o. Rn. 16 ff., 20), die aufgrund des § 163 Abs. 1 zur Erforschung von Straftaten tätig geworden sind.[238] Soweit die Polizeibehörden nach **§ 161** auf Ersuchen oder auf Antrag der Staatsanwaltschaft tätig werden, bedarf es des Rückgriffs auf § 163 Abs. 2 Satz 1 nicht; dass die Polizei die insoweit gewonnenen Informationen der Staatsanwaltschaft mitzuteilen hat, ergibt sich unmittelbar aus dem Begriff des Auftrags oder Ersuchens. Unanwendbar ist die Bestimmung hinsichtlich solcher Informationen, die die Polizei aufgrund polizeilicher Tätigkeit zum Zwecke der **Gefahrenabwehr** gewonnen hat;[239] insoweit richtet sich die Auskunftsbefugnis der Staatsanwaltschaft nach § 161 Abs. 1 Satz 1 (vgl. § 161, 20).

79 Die Verpflichtung zur Übersendung der Verhandlungen schließt nicht aus, dass die Polizei in Form von **Handakten** ein Doppel ihrer der Staatsanwaltschaft übermittelten Verhandlungen zurückbehält, um ggf. weitere Ermittlungen zu tätigen oder auf Ersuchen der Staatsanwaltschaft tätig werden zu können, ohne dass die Akten jeweils wieder mitübersandt werden müssen. Es gelten hier ähnliche Grundsätze wie für die Handakten der Staatsanwaltschaft.[240] Eine ausschließliche „Datenherrschaft" der Staatsanwaltschaft kann aus Absatz 2 nicht hergeleitet werden.[241] Diese Vorschrift verbietet der Polizei auch nicht, die in den zu übersendenden Verhandlungen enthaltenen Informationen durch Aufnahme in die kriminalpolizeilichen Sammlungen oder Datensysteme zu Zwecken der Gefahrenabwehr einschließlich der vorbeugenden Verbrechensbekämpfung zu nutzen. Dies ist nunmehr in § 481 in den sich aus dieser Vorschrift ergebenden Grenzen[242] ausdrücklich bestimmt.

---

234 Dazu LR/*Tillich*[27] Vor § 474, 9.
235 LR/*Tillich*[27] § 474, 1; Schmitt/Köhler/*Köhler* § 474, 1.
236 Ähnlich AK/*Achenbach* 20.
237 Dazu auch unten Rn. 83 f.
238 Zum Übermittlungsweg s.u. Rn. 93.
239 Ebenso KK/*Weingarten* 28.
240 Dazu LR/*Stuckenberg* § 199, 24 f.
241 *Bull* DVR **1982** 16; im Ergebnis ebenso NK/*Heghmanns* 22; einschränkend *Schoreit* ZRP **1981** 73, 74.
242 Dazu LR/*Tillich*[27] § 481, 4 ff.

Soweit es sich bei diesen Unterlagen um mit den Ermittlungsakten vergleichbare Informationen handelt, richtet sich die Befugnis der Polizei, aus ihnen **Auskunft** zu erteilen oder **Akteneinsicht** zu gewähren, nach den dafür allgemein geltenden Vorschriften;[243] für die Akteneinsicht des Verteidigers oder des Rechtsanwalts des Verletzten ist daher die Zustimmung der Staatsanwaltschaft, sonst regelmäßig deren Ermächtigung erforderlich. Für die Einsicht in spezielle kriminalpolizeiliche Akten und Unterlagen, deren Zweck hierüber hinausgeht, dürfte in der Regel[244] das Polizeirecht maßgebend sein. 80

c) Verpflichtung zur Aktenführung. Eine **Verpflichtung zur Aktenführung** ergibt sich heute auch für polizeiliche Ermittlungen aus § 168b. Sie folgt darüber hinaus mit sachlogischer Notwendigkeit aus der Struktur des Ermittlungsverfahrens (näher § 160, 65 f.). Der Grundsatz der Aktenwahrheit und Aktenvollständigkeit gilt auch für die Polizei, die den wesentlichen Verlauf und das Ergebnis jeder Ermittlungshandlung aktenkundig zu machen hat (vgl. § 168b).[245] Der Staatsanwaltschaft dürfen bei der „Übersendung der Verhandlungen" keinerlei Informationen vorenthalten werden,[246] und zwar auch diejenigen nicht, die im Falle der Erhebung der öffentlichen Klage dem Gericht nicht mitzuteilen wären und die der Akteneinsicht nicht unterliegen, weil dies gesetzlich bestimmt ist[247] oder eine von der Staatsanwaltschaft herbeizuführende Sperrerklärung in Betracht kommt.[248] 81

d) Vorweginformation der Staatsanwaltschaft. Aus der Regelung, dass die Polizei ihre Verhandlungen „ohne Verzug" der Staatsanwaltschaft zu übersenden hat, lässt sich die Beschränkung der polizeilichen Tätigkeit auf den sog. ersten Zugriff nicht ableiten (s.o. Rn. 30). Zu übersenden sind die Verhandlungen vielmehr „unverzüglich", *sobald* die aufgrund von § 163 vorzunehmende polizeiliche Tätigkeit beendet ist (näher Rn. 89 ff.). Die Polizei kann also, ohne dass Absatz 2 Satz 1 entgegensteht, namentlich in weniger wichtigen und nicht besonders eilbedürftigen Fällen entsprechend der Praxis zunächst die Ermittlungen zu Ende führen. Unberührt bleibt hierdurch jedoch die Pflicht der Polizei, schon vor der Übersendung der Verhandlungen und auch, wenn solche noch gar nicht vorliegen, nach den in Rn. 13 ff. dargelegten Grundsätzen die Staatsanwaltschaft zu informieren.[249] Dies ist u.a. auch deshalb erforderlich, damit der Vorgang unverzüglich in das auf § 492 basierende zentrale staatsanwaltliche Informationssystem (SISY) aufgenommen werden kann und im Zuge evt. weiterer Ermittlungsverfahren in anderen Zuständigkeitsbezirken nicht übersehen wird. Die polizeilichen Ermittlungen können unabhängig hiervon weiterlaufen, solange die Staatsanwaltschaft keine konkreten Ermittlungsweisungen gibt.[250] 82

2. Begriff und Umfang der Verhandlungen

a) Umfang. Aus dem Normzweck, die Staatsanwaltschaft umfassend über die bisherigen Ermittlungen zu informieren und sie in den Stand zu setzen, eine Abschlussentschei- 83

243 Näher oben Rn. 42 ff.; vgl. auch Schmitt/Köhler/*Köhler* 23.
244 Zu erkennungsdienstlichen Unterlagen nach § 81b LR/*Krause* § 81b, 26, 29 ff.
245 AnwK/*Walther* 23; KK/*Weingarten* 26; MüKo/*Kölbel*/*Ibold* 36; vgl. auch § 168b, 2, 6 ff.
246 Ebenso MüKo/*Kölbel*/*Ibold* 39.
247 Vgl. etwa § 68 Abs. 4 Satz 3, 4, § 101 Abs. 2 und die dortigen Erläuterungen.
248 Näher § 160, 67; zu Zeugenschutzmaßnahmen auch § 161, 38; zu den Möglichkeiten einer Sperrerklärung für das laufende Verfahren LR/*Stuckenberg* § 199, 14; LR/*Menges* § 96, 98 ff., beide m.w.N.; zur Vertraulichkeitszusage s.o. Rn. 66; vgl. auch AK/*Achenbach* 21 f.
249 KK/*Weingarten* 24; MüKo/*Kölbel*/*Ibold* 35; SK/*Albrecht* 21; *Eb. Schmidt* 10.
250 AnwK/*Walther* 24; *Pfeiffer* 10.

dung zu treffen und ggf. die Durchführung der Hauptverhandlung vorzubereiten, folgt, dass „Verhandlungen" im weitesten Sinne zu verstehen sind. Sie umfassen neben den **Beweisgegenständen**[251] alle verkörperten oder gespeicherten bei den Ermittlungen angefallenen Informationen, gleichviel, ob sie in (noch) herkömmlicher Form schriftlich oder als **„elektronische Akte"** lediglich in elektronisch gespeicherter Form vorliegen.[252] Die Sonderregelung in § 483 Abs. 3 ist auf diesen Fall der elektronischen Speicherung nicht anwendbar, weil der Gesetzgeber mit ihrer Einführung der Polizei schwerlich die Möglichkeit verschaffen wollte, Informationen, die nach den strafverfahrensrechtlichen Vorschriften (etwa § 168b) zu dokumentieren und der Staatsanwaltschaft zu übermitteln sind, nach ihrem Belieben durch Speicherung in Mischdateien dem Regime der Polizeigesetze zu unterstellen.[253]

84 Die **Vorlagepflicht** besteht **unabhängig** davon, ob nach der **Einschätzung der Polizei** ein Tatverdacht (noch) besteht. Jeder zum Zwecke der Erforschung einer Straftat entstandene Ermittlungsvorgang ist der Staatsanwaltschaft zu übersenden. Dies gilt auch, wenn die Polizei schon bei der Aufnahme einer Anzeige einen Anfangsverdacht verneint hat[254] oder wenn ein ursprünglich bejahter durch die Ermittlungen ausgeräumt oder ein Täter nicht ermittelt werden konnte,[255] denn die abschließende Bewertung ist ausschließlich Sache der Staatsanwaltschaft.[256] Die dieser Verpflichtung entsprechende Weitergabe einer Anzeige an die Staatsanwaltschaft erfüllt schon nicht den objektiven Tatbestand der §§ 164, 344 StGB.[257] Ein polizeilicher Dienstvorgesetzter ist nicht berechtigt, die Weiterleitung zu verhindern, wenn er Zweifel an der Richtigkeit hat; er kann allenfalls seine Bedenken in einem Begleitbericht niederlegen.[258]

85 **b) Akten und Beweisgegenstände.** Zu den vorzulegenden Verhandlungen gehören alle verkörperten Unterlagen und sonstigen Gegenstände, die im Zusammenhang mit der Erforschung der jeweiligen Tat entstanden oder in den Gewahrsam der Polizei gelangt sind.[259] Lediglich gespeicherte Informationen (elektronische Akten) werden etwa dergestalt „übersandt", dass die Polizei einen Ausdruck übersendet oder die Daten im Einvernehmen mit der Staatsanwaltschaft an diese überspielt.[260] Ausgenommen sind lediglich die Unterlagen, die ausschließlich den internen Dienstbetrieb der Polizei betreffen. Im Einzelnen gehören zu den zu übersendenden **Akten** z.B. die Strafanzeige oder der Vermerk über die amtliche Wahrnehmung des Anfangsverdachts (Amtsanzeige), die Niederschriften über Vernehmungen und die Ergebnisse der aktenkundig gemachten Ermittlungshandlungen, kri-

---

251 S.u. Rn. 87.

252 AnwK/*Walther* 24; zu der ähnlich gelagerten Problematik der Aktenvorlage an das Gericht LR/*Stuckenberg* § 199, 7 f.

253 Zustimmend HK/*Zöller* 20, zur Frage, wieweit der ermittlungsführenden StA der Zugriff auf nach § 483 Abs. 3 zu beurteilende Dateien möglich ist, § 161, 21.

254 Vgl. § 158, 30; **a.A.** *Fincke* ZStW **95** (1983) 918, 947.

255 AnwK/*Walther* 25; KK/*Weingarten* 28; NK/*Heghmanns* 24; Schmitt/Köhler/*Köhler* 25; KMR/*Noltensmeier-von Osten* 27.

256 Zur dort zu verlangenden registermäßigen Differenzierung Vor § 158, 19.

257 OLG München NStZ **1985** 549; dazu *Herzberg* JR **1986** 6. Anders liegen die Dinge bzgl. § 344 Abs. 1 StGB bei der von *Fincke* ZStW **95** (1983) 918, 947 zu Recht kritisierten vorherigen Durchführung einer „Beschuldigtenvernehmung" trotz des Wissens um den fehlenden Anfangsverdacht.

258 BGH JR **1956** 383; AnwK/*Walther* 25; KK/*Weingarten* 30; Schmitt/Köhler/*Köhler* 25; SSW/*Ziegler* 52.

259 Vgl. auch (im Wesentlichen übereinstimmend) AK/*Achenbach* 26; KK/*Weingarten* 27; NK/*Heghmanns* 22; Schmitt/Köhler/*Köhler* 23; MüKo/*Kölbel*/*Ibold* 40; SK/*Albrecht* 24, SSW/*Ziegler* 49; *Eb. Schmidt* 10 (alles entstandene Ermittlungsmaterial).

260 Ebenso NK/*Heghmanns* 22.

minaltechnische Gutachten, Lichtbilder und Tatortskizzen, etwa herangezogene Beiakten oder von Auskunftspersonen zur Verfügung gestellte Unterlagen.

Auch **Spurenakten** sind jedenfalls in der Form zu „übersenden", dass in den Akten 86
auf ihr Vorhandensein aufmerksam gemacht und deutlich wird, dass sie auf Anforderung jederzeit zur Verfügung gestellt werden können.[261] Dabei macht es keinen Unterschied, ob diese „Spurenakten" als einzelne Blattsammlungen oder in der Form eines „Spurenbuches" geführt werden oder lediglich als automatisierte Dateien vorhanden sind.

Zu den vorzulegenden Verhandlungen gehören auch die **Sachbeweismittel**, sowie 87
beschlagnahmte oder sonst sichergestellte **Einziehungsgegenstände**. Sie können allerdings faktisch im Gewahrsam der Polizei verbleiben, falls diese, wie etwa bei sichergestellten Kraftfahrzeugen, hierfür organisatorisch besser ausgerüstet ist. In diesem Fall ist hierauf bei der Übersendung der schriftlichen Vorgänge deutlich hinzuweisen.[262] Die Polizei verwahrt dann die Sachen für die Staatsanwaltschaft und nach Anklageerhebung für das Gericht und hat sie auf Erfordern diesen zur Verfügung zu stellen.[263]

c) Schlussbericht. Umfangreiche Ermittlungsvorgänge legt die Polizei vielfach mit 88
einem zusammenfassenden Schlussbericht oder Schlussvermerk vor,[264] der das Ergebnis der Ermittlungen übersichtlich zusammenfasst, um einen schnellen Überblick zu ermöglichen; er informiert darüber hinaus die polizeilichen Vorgesetzten, über die der Vorgang zu leiten ist (Rn. 93), über das Ergebnis der Ermittlungen.[265] Gesetzlich vorgeschrieben ist der Schlussbericht nicht. Eine Verfahrensverzögerung darf durch ihn nicht eintreten;[266] kann er nicht alsbald erstellt werden, so sind die Akten ohne ihn der Staatsanwaltschaft vorzulegen. Eine nähere rechtliche Bewertung und eine ins einzelne gehende Beweiswürdigung braucht der Schlussbericht nicht zu enthalten.[267] Sie schaden indessen nicht, weil sie dem Staatsanwalt (dessen eigene Bewertung sie selbstverständlich in keiner Weise präjudizieren) Rückschlüsse ermöglichen, welche Erwägungen bei der Polizei in die Konzeption der Ermittlungen eingeflossen sind, und welche Gesichtspunkte möglicherweise nicht bedacht wurden und deshalb evt. Anlass für Nachermittlungen geben können.

3. Übersendung an die Staatsanwaltschaft

a) Zeitpunkt. Die Verhandlungen sind „ohne Verzug" zu übersenden. Das entspricht 89
dem allgemeinen Beschleunigungsgebot, zugleich soll damit aber auch sichergestellt werden, dass die Staatsanwaltschaft möglichst frühzeitig in der Lage ist, sich in die Ermittlungen einzuschalten. Dass sich die Polizei generell auf Maßnahmen des ersten Zugriffs zu beschränken habe, kann der Formulierung nicht entnommen werden.[268] Ein fester Zeitraum oder eine zeitliche Obergrenze für die Dauer der selbständigen Ermittlungen der

---

261 AK/*Achenbach* 26; HK/*Zöller* 20; KK/*Weingarten* 27; SK/*Albrecht* 24; enger (soweit verfahrensrelevant) KMR/*Noltensmeier-von Osten* 26; Schmitt/Köhler/*Köhler* 24; zur umstrittenen Behandlung der Spurenakten näher LR/*Stuckenberg* § 199, 18 ff. m.w.N.

262 KK/*Weingarten* 27; NK/*Heghmanns* 23; Schmitt/Köhler/*Köhler* 24.

263 Vgl. auch LR/*Stuckenberg* § 199, 26 (zu ähnlichen Fragen bei der Vorlage der Akten an das Gericht).

264 Vgl. dazu auch Schmitt/Köhler/*Köhler* 65 (mit Einzelheiten); ferner AK/*Achenbach* 27; HK/*Zöller* 22; KK/*Weingarten* 29; KMR/*Noltensmeier-von Osten* 29; SK/*Albrecht* 23.

265 KK/*Weingarten* 29, Schmitt/Köhler/*Köhler* 65.

266 KK/*Weingarten* 29; SK/*Albrecht* 21; vgl. auch AK/*Achenbach* 27 (keine ungebührliche Verzögerung).

267 Im Grundsatz allg. M.; teilweise strenger („soll nicht") AK/*Achenbach* 27; AnwK/*Walther* 26; HK/*Zöller* 22; KK/*Weingarten* 29; NK/*Heghmanns* 25; Schmitt/Köhler/*Köhler* 65; OK/*von Häfen* 18; wie hier HbStrVf/*Jahn* II Rn. 25; SSW/*Ziegler* 54.

268 Vgl. bereits oben Rn. 30.

Polizei lässt sich nicht angeben. Die Verhandlungen sind auf dem schnellstmöglichen Weg zu übersenden, sobald die Polizei keine (weiteren) Ermittlungen für erforderlich hält oder wenn wegen der Bedeutung des Falles oder eines entsprechenden Verlangens der Staatsanwaltschaft (näher Rn. 13 ff.) deren vorzeitige Information erforderlich ist. Auch nach der Übersendung der Verhandlungen kann die Polizei die Ermittlungen fortsetzen.

90 Hat die Polizei eine **Strafanzeige entgegengenommen** und beabsichtigt sie keine weiteren Ermittlungen, weil sie eine Einstellung des Verfahrens erwartet, so sind die Vorgänge alsbald zu übersenden. Hat sie Ermittlungsmaßnahmen, wie beispielsweise kriminaltechnische Gutachten, veranlasst, so entspricht es dem Beschleunigungsgedanken, wenn deren Eingang nicht abgewartet wird; die Ergebnisse können den vorweg übersandten Verhandlungen nachgereicht werden. Sind mehrere zusammenhängende Taten aufzuklären, so sollten die bereits abgeschlossenen Ermittlungen vorweg an die Staatsanwaltschaft übersandt werden.[269] Hält die Polizei aus ermittlungstaktischen Gründen eine Zurückstellung weiterer Ermittlungsschritte für geboten, so ist hiervon die Staatsanwaltschaft durch Übersendung der bisher entstandenen Vorgänge zu unterrichten. Hält die Polizei einen Fall für derzeit nicht aufklärbar, und hofft lediglich auf zukünftige Erkenntnisse, so hat sie ebenfalls die Verhandlungen der Staatsanwaltschaft zu übersenden.[270]

91 Eine alsbaldige Übersendung der Verhandlungen ist regelmäßig notwendig, sobald **staatsanwaltschaftliche oder richterliche Ermittlungshandlungen** erforderlich werden. Gleiches gilt, wenn unter Inanspruchnahme einer polizeilichen Eilkompetenz Zwangsmaßnahmen angeordnet oder durchgeführt worden sind und entweder eine staatsanwaltschaftliche oder richterliche Bestätigung vorgeschrieben oder mit Einwendungen des Betroffenen zu rechnen ist. Hat die Polizei Schriftstücke sichergestellt, deren Durchsicht der Staatsanwalt oder auf dessen Anordnung Ermittlungspersonen der Staatsanwaltschaft vorzunehmen haben (§ 110), so sind ebenfalls die Ermittlungsvorgänge mit zu übersenden, wenn die Staatsanwaltschaft hierauf nicht nach näherer Unterrichtung verzichtet.

92 **b) Abgabe innerhalb der Polizei.** Solange die Polizei selbständig nach § 163 ermittelt, kann sie ihre Verhandlungen aus Gründen der örtlichen oder sachlichen Zuständigkeit ohne Zustimmung der Staatsanwaltschaft an eine andere Polizeibehörde abgeben. Hiervon ist die Staatsanwaltschaft zu unterrichten, falls sie vorweg von den polizeilichen Ermittlungen unterrichtet worden war.[271]

93 **c) Übermittlungsweg.** Die Übersendung obliegt der jeweiligen Polizeibehörde. Es regelt sich nach deren interner Organisation, ob der einzelne Beamte die Vorgänge vor der Übersendung an die Staatsanwaltschaft Vorgesetzten (ggf. bis hin zum Behördenleiter) vorzulegen hat;[272] diese sind zur Weiterleitung verpflichtet.[273]

94 **d) Adressaten.** Die Polizei übersendet grundsätzlich ihre Verhandlungen der Staatsanwaltschaft, also der örtlich und sachlich zuständigen staatsanwaltschaftlichen Behörde. Soweit für bestimmte Strafsachen Zuständigkeitskonzentrationen nach § 143 Abs. 4 GVG oder durch generelle Substitutionsanordnungen bestehen (Schwerpunktstaatsanwaltschaften), sind die entsprechenden Verhandlungen diesen vorzulegen. Ist der Generalbundesanwalt für die Ermittlungen zuständig (§ 142a Abs. 1 i.V.m. § 120 GVG), so sind ihm die Ermitt-

269 Vgl. Schmitt/Köhler/*Köhler* 25.
270 Vgl. auch LR/*Merz* § 170, 11; ferner *Hilger* JR **1985** 93, 95.
271 Zur Abgabe bei der Ermittlungstätigkeit nach § 161 dort Rn. 61.
272 HK/*Zöller* 25; NK/*Heghmanns* 26; SK/*Albrecht* 22.
273 Vgl. BGH JR **1956** 383; oben Rn. 84.

lungsvorgänge unmittelbar zu übersenden.[274] Besteht bei der Polizei Unklarheit, ob staatsanwaltschaftliche Sonderzuständigkeiten begründet sind, so kann sie ihre Verhandlungen stets der örtlich zuständigen Staatsanwaltschaft übersenden und dieser die Klärung der Zuständigkeitsfrage überlassen. Hält sich eine Staatsanwaltschaft, der die Vorgänge übersandt sind, für unzuständig, so gibt sie das Verfahren unmittelbar an die zuständige Staatsanwaltschaft ab; es ist unangebracht, sie der Polizei unter Hinweis auf die Unzuständigkeit zurückzugeben.

Wenn ausschließlich eine **Steuerstraftat** (§§ 369, 386 Abs. 1 AO) in Betracht kommt, 95
kann die Polizei oder die Behörde der Steuer- und Zollfahndung (§ 404 AO) ihre Verhandlungen unmittelbar der Finanzbehörde vorlegen, solange diese das Ermittlungsverfahren selbstständig zu führen berechtigt ist (§ 386 Abs. 2 AO);[275] eine Verpflichtung hierzu besteht in Ermangelung einer entsprechenden gesetzlichen Regelung aber nicht.[276] Umgekehrt übersenden die Behörden der Steuer- und Zollfahndung ihre Verhandlungen unmittelbar der Staatsanwaltschaft, wenn die Ermittlungen den Verdacht einer nicht (nur) unter § 386 Abs. 2 AO fallenden Straftat ergeben haben.

Eine Verpflichtung der Staatsanwaltschaft zur **weiteren Information der Polizei** 96
über den Verlauf des Verfahrens, mit dem diese befasst war, ergibt sich aus § 482.[277]

4. Übersendung an das Amtsgericht (Absatz 2 Satz 2). Die Polizei kann nach dem 97
Wortlaut der Vorschrift die Verhandlungen unmittelbar, also ohne Einschaltung der Staatsanwaltschaft, schon dann dem Amtsgericht übersenden, wenn sie die schleunige Vornahme richterlicher Untersuchungshandlungen (§ 165, 13) für erforderlich hält. Da die Polizei beim Ermittlungsrichter keine Anträge stellen, sondern nur Anregungen zu dessen Tätigkeit nach § 165 geben kann,[278] und die unmittelbare Übersendung der Verhandlungen an diesen mithin nur unter den Voraussetzungen von § 165 sinnvoll ist, müssen diese zusätzlich vorliegen. Dazu gehört aber neben Gefahr im Verzug (§ 165, 10), dass kein Staatsanwalt erreichbar ist;[279] in Zeiten flächendeckender Bereitschaftsdienste und moderner Kommunikationsmittel dürfte dies nur noch selten der Fall sein.[280] Darüber hat sich die Polizei Gewissheit zu verschaffen und dies bei der Übersendung dem Richter mitzuteilen (§ 165, 8).

Ein **Staatsanwalt ist erreichbar**, wenn er aufgrund mündlicher oder fernmündlicher 98
Unterrichtung oder nach Übersendung eines Auszugs oder einer Kopie der Verhandlungen rechtzeitig vor der erforderlichen richterlichen Untersuchungshandlung Anträge stellen kann.[281] In diesen Fällen kann die Polizei die Akten nach Abstimmung mit der Staatsanwaltschaft unmittelbar dem Ermittlungsrichter zuleiten und dabei den Antrag der Staatsanwaltschaft übermitteln.[282] Dabei handelt es sich nicht um einen Anwendungsfall des Absatzes 2 Satz 2,[283] sondern um eine lediglich technische Vereinfachung der Übersendung

---

274 AK/*Achenbach* 24, HK/*Zöller* 24; KK/*Weingarten* 25; KMR/*Noltensmeier-von Osten* 28; Schmitt/Köhler/*Köhler* 23; vgl. auch Nr. 202 Abs. 4 RiStBV.

275 KK/*Weingarten* 25; Schmitt/Köhler/*Köhler* 25.

276 Ebenso MüKo/*Kölbel/Ibold* 42; **a.A.** möglicherweise KK/*Weingarten* 25; Schmitt/Köhler/*Köhler* 25.

277 Wegen der Einzelheiten LR/*Tillich*[27] § 482.

278 AK/*Achenbach* 28; HK/*Zöller* 26; KK/*Weingarten* 31; Schmitt/Köhler/*Köhler* 26; SK/*Albrecht* 26 *Eb. Schmidt* 11.

279 MüKo/*Kölbel/Ibold* 43.

280 KK/*Weingarten* 31; NK/*Heghmanns* 28 bezeichnet die Regelung deshalb als „Anachronismus".

281 MüKo/*Kölbel/Ibold* 43; zur entsprechenden Situation bei der Vorführung eines vorläufig Festgenommenen LR/*Gärtner* § 128, 18.

282 HK/*Zöller* 26; MüKo/*Kölbel/Ibold* 43; NK/*Heghmanns* 28; **a.A.** *Schellenberg* MDR **1991** 210 f., der solche Anträge für unbeachtlich hält.

283 HK/*Zöller* 26; MüKo/*Kölbel/Ibold* 43; **a.A.** wohl AnwK/*Walther* 27.

der Ermittlungsunterlagen; der Richter wird in diesem Fall nicht aufgrund des § 165 tätig, sondern entscheidet über einen staatsanwaltschaftlichen Antrag nach § 162.

99 Der **Ermittlungsrichter**, dem die Verhandlungen übersandt werden, **hat zu prüfen**, ob nach § 165 richterliche Untersuchungshandlungen veranlasst sind, diese ggf. vorzunehmen und danach die **Akten** nach § 167 **der Staatsanwaltschaft zu übersenden**. Verneint er die Voraussetzungen des § 165, so übersendet er die Ermittlungsvorgänge ebenfalls der Staatsanwaltschaft.[284] Rechtsmittel stehen der Polizei gegen die Maßnahmen des Richters nicht zu.[285]

V. Rechtsbehelfe gegen Maßnahmen nach den Absätzen 1 und 2

1. Aufsichtsbeschwerde

100 **a) Zulässigkeit.** Gegen Strafverfolgungsmaßnahmen der Polizei nach § 161 Abs. 1 Satz 2 oder § 163 ist (selbstverständlich) uneingeschränkt Aufsichtsbeschwerde zulässig, unabhängig davon, ob die Strafverfolgungsmaßnahme in ihren Wirkungen noch andauert oder bereits endgültig erledigt ist und ob sich die Beschwerde gegen die Strafverfolgungsmaßnahme selbst **(Sachaufsichtsbeschwerde)** oder gegen das Verhalten des Beamten anlässlich der strafverfolgenden Tätigkeit richtet **(Dienstaufsichtsbeschwerde)**.[286] Gegen die ablehnende Entscheidung auf die Aufsichtsbeschwerde ist die weitere Aufsichtsbeschwerde an die nächsthöhere Dienststelle möglich.

101 **b) Zuständigkeit.** Über die **Dienstaufsichtsbeschwerde** i.e.S. entscheidet stets der polizeiliche Dienstvorgesetzte.[287] Die Zuständigkeit für die Entscheidung über die **Sachaufsichtsbeschwerde** ist teilweise strittig. Die Zuständigkeit der Staatsanwaltschaft hierfür wird generell bejaht, wenn die Polizei auf Grund eines Ersuchens oder einer Weisung nach § 161 Abs. 1 Satz 2 tätig geworden ist.[288] Dagegen wird in den Fällen des § 163 eine solche teilweise gänzlich zu Gunsten der des polizeilichen Dienstvorgesetzten verneint,[289] teilweise nur dann angenommen, wenn der Polizeibeamte als Ermittlungsperson der Staatsanwaltschaft tätig geworden ist.[290] Richtigerweise ist davon auszugehen, dass auch in den Fällen des § 163 **immer die Staatsanwaltschaft** zuständig ist.[291] Aufgrund ihres umfassenden Weisungsrechts in bezug auf sämtliche strafprozessualen Aktivitäten der Polizei (s.o. Rn. 5, 11 ff.) besteht für die Staatsanwaltschaft (bzw. für die ihr vorgesetzte

---

284 KK/*Weingarten* 31.

285 AK/*Achenbach* 28; KK/*Weingarten* 31; KMR/*Noltensmeier-von Osten* 31; Schmitt/Köhler/*Köhler* 26; SK/*Albrecht* 26.

286 Allg. M.; vgl. u.a. AK/*Achenbach* 30; KK/*Weingarten* 45 (mit Beispielen); Schmitt/Köhler/*Köhler* 67; SK/*Albrecht* 42.

287 AK/*Achenbach* 30; AnwK/*Walther* 39; KK/*Weingarten* 45; Schmitt/Köhler/*Köhler* 67; SK/*Albrecht* 42; *Bindel* DRiZ **1994** 165, 171.

288 Allg. M.; vgl. etwa AK/*Achenbach* 31; AnwK/*Walther* 39; HK/*Zöller* 34; KK/*Weingarten* 45; Schmitt/Köhler/*Köhler* 67; SK/*Albrecht* 42; *Bindel* DRiZ **1994** 171; in der Rspr. etwa OVG Hamburg v. 28.1.1970, BS I 85/69, wiedergegeben in OVG Hamburg NJW **1970** 1700.

289 So HK-GS/*Ambos* 20; NK/*Heghmanns* 43; wohl konsequenterweise diejenigen, die bei Anwendung des § 163 eine Weisungsbefugnis der StA verneinen, dazu oben Rn. 11.

290 So etwa KK/*Griesbaum*[7] 45; OK/*von Häfen* 36.

291 So etwa AK/*Achenbach* 32; HK/*Zöller* 34; KK/*Weingarten* 45; KMR/*Noltensmeier-von Osten* 46; Schmitt/Köhler/*Köhler* 67; MüKo/*Kölbel*/*Ibold* 45; SK/*Albrecht* 41; SSW/*Ziegler* 81; *Bindel* DRiZ **1994** 165, 171; wohl auch *Ulrich* ZRP **1977** 158, 162.

Generalstaatsanwaltschaft oder Landesjustizverwaltung) nämlich durchweg die Möglichkeit, die (auf der außergerichtlichen Ebene) letztverbindliche Entscheidung über die sachliche Berechtigung entsprechender Maßnahmen herbeizuführen, während der polizeiliche Dienstvorgesetzte schon durch eine Abhilfeentscheidung mit der Leitungsbefugnis der Staatsanwaltschaft in Konflikt geraten kann. Dies gilt unabhängig davon, ob es um selbständige Ermittlungsmaßnahmen der Polizei geht, und ob sie von einem Polizeibeamten vorgenommen wurden, der kraft Landesrecht die Eigenschaft einer Ermittlungsperson hat, und es gilt auch dann, wenn der Beschwerdeführer lediglich eine bereits vollständig abgeschlossene Maßnahme beanstandet.[292]

2. Gerichtliche Rechtsbehelfe

a) Ausschluss des Verwaltungsrechtsweges. Maßnahmen der Polizei aufgrund der §§ 161, 163 sind funktionell Maßnahmen der Justiz, sie können daher nach heute ganz h.M. nicht vor den Verwaltungsgerichten angefochten werden.[293] Dagegen sind die **Verwaltungsgerichte zuständig**, soweit es sich um polizeiliche Maßnahmen der Gefahrenabwehr handelt.[294] Dies gilt auch, soweit es sich um die Führung von Kriminalakten oder um polizeiliche Daten handelt. 102

b) Anrufung der ordentlichen Gerichte. Soweit der Verwaltungsrechtsweg ausgeschlossen ist, gelten für die Zulässigkeit des Rechtsweges zu den ordentlichen Gerichten die gleichen Grundsätze wie für Ermittlungsmaßnahmen der Staatsanwaltschaft; auf die Erl. bei § 160, 69 ff. wird verwiesen. 103

Vor der gerichtlichen Entscheidung ist stets die **Staatsanwaltschaft zu hören** (§ 33 Abs. 2).[295] Geht der Antrag auf gerichtliche Entscheidung bei der Polizei ein, so leitet diese ihn der Staatsanwaltschaft zu. Richtet sich der Antrag auf gerichtliche Entscheidung gegen eine noch nicht vollständig erledigte Zwangsmaßnahme, die von einer Ermittlungsperson der Staatsanwaltschaft angeordnet worden ist, so hat die Staatsanwaltschaft zunächst zu prüfen, ob die Maßnahme aufrechterhalten werden soll. Richtet sich der Antrag auf Feststellung der Rechtswidrigkeit einer vollständig erledigten Zwangsmaßnahme, so kann eine die Rechtswidrigkeit bejahende Feststellung der Staatsanwaltschaft je nach Lage des Falles das berechtigte Interesse an der gerichtlichen Feststellung beseitigen. 104

3. Revision. Zur Revision s. § 160, 70. 105

VI. Polizeiliche Vernehmungen von Zeugen und Sachverständigen (Absätze 3 bis 7)

1. Erscheinens- und Aussagepflicht des Zeugen. Absatz 3 Satz 1 statuiert eine Pflicht des Zeugen, auf Ladung vor **Ermittlungspersonen der Staatsanwaltschaft** zu erscheinen 106

---

292 Ebenso bereits LR/*Rieß*[25] 105 (entgegen der 24. Aufl.).

293 Grundlegend in der Rspr. BVerwGE **47** 255; BGHSt **28** 206, 208; ferner etwa OVG Hamburg NJW **1970** 1699; näher und m.w.N. LR/*Gerson* § 23, 13 ff. EGGVG; ferner etwa MüKo/*Kölbel/Ibold* 44; SK/*Albrecht* 41; zum früheren Meinungsstreit in Rspr. und Schrifttum eingehend *L.-H. Schröder* 163 ff. **A.A.** in jüngerer Zeit wohl nur *Schröder* a.a.O., der bei der Tätigkeit von Polizeibeamten nach § 163, soweit sie nicht als Ermittlungspersonen der StA tätig werden, den Rechtsweg zu den Verwaltungsgerichten für gegeben hält; dagegen *Rieß* GA **1998** 247.

294 LR/*Gerson* § 23, 13 EGGVG; zur Frage der Abgrenzung dort Rn. 17 f. und Vor § 158, 13.

295 HK/*Zöller* 35.

und zur Sache auszusagen. Die entsprechende Pflicht reicht also einerseits über polizeiliche Vernehmungen hinaus, indem sie auch bei Vernehmungen durch sonstige Ermittlungspersonen (insbesondere nach § 404 AO) gilt, besteht aber andererseits nicht für Vernehmungen durch Polizeibeamte, die keine Ermittlungspersonen sind. Es soll jedoch genügen, wenn einer von mehreren an der Vernehmung beteiligten Beamten Ermittlungsperson der Staatsanwaltschaft ist und dieser die Vernehmung leitet.[296] Strafprozessuale Zeugenvernehmungen, die allein durch **sonstige Polizeibeamte** durchgeführt werden, sind zwar weiterhin zulässig, in Ermangelung entsprechender Pflichten des Zeugen aber nach wie vor nicht gegen dessen Willen durchsetzbar. Auch gegenüber Ermittlungspersonen der Staatsanwaltschaft besteht eine Erscheinens- und Aussagepflicht im Übrigen nur dann, wenn die Ladung auf einem „Auftrag der Staatsanwaltschaft" beruht und dies aus ihr hervorgeht.[297] Ein solcher **Auftrag** setzt in jedem Fall eine Entschließung der Staatsanwaltschaft voraus, die im Hinblick auf die Eröffnung von Zwangsmitteln aus Gründen der Rechtsklarheit aktenmäßig dokumentiert sein muss. Er kann nur **einzelfallbezogen** erteilt werden; weil die Entscheidung in der Verantwortung der Staatsanwaltschaft für das konkrete Verfahren erfolgen muss, die durch die Vorschrift sichergestellt werden soll.[298] Die Erteilung des Auftrags für eine konkretisierbare Personengruppe (etwa die Bewohner eines bestimmten Hauses) ist hingegen zulässig.[299] Die Möglichkeit einer von der Staatsanwaltschaft selbst vorgenommenen Ladung des Zeugen zur Vernehmung durch eine Ermittlungsperson ist nach dem Willen des Gesetzgebers mit umfasst.[300] Entsprechend der Situation bei staatsanwaltlichen Vernehmungen (§ 161a, 8) bestehen die in § 163 Abs. 3 Satz 1 geregelten Pflichten des Zeugen nur für die Dauer des Ermittlungsverfahrens. § 46 Abs. 1 OWiG eröffnet mit den in dessen Absatz 5 vorgesehenen Einschränkungen die Anwendung der Vorschrift auch für das **Bußgeldverfahren**, wenn die verfahrensführende Verwaltungsbehörde Ermittlungspersonen der Staatsanwaltschaft mit einer Zeugenvernehmung beauftragt. **Sachverständige** werden von § 163 Abs. 3 Satz 1 im Gegensatz zu § 161a Abs. 1 Satz 1 ausdrücklich nicht erfasst, sind also wie bisher nur unmittelbar bei Staatsanwaltschaft und Gericht zum Erscheinen und zur Aussage verpflichtet.

2. Für die Vernehmung geltende Regelungen

107 **a) Allgemeines.** Für die Vernehmung von Zeugen gelten durch die pauschale **Verweisung in § 163 Abs. 3 Satz 2** auf den sechsten Abschnitt des ersten Buches im Grundsatz nunmehr die gleichen Regelungen, wie sie § 161a Abs. 1 Satz 2 im Zusammenhang mit der staatsanwaltlichen Vernehmung vorsieht (dazu § 161a, 10).

108 Soweit die betreffenden Vorschriften nicht mit der Erscheinens- und Aussagepflicht zusammenhängen, sind sie **bei allen polizeilichen Vernehmungen** (und sonstigen strafprozessualen Vernehmungen durch dazu befugte Amtsträger außer Richtern und Staatsanwälten), über § 46 Abs. 1 OWiG entsprechend auch im Bußgeldverfahren, unabhängig davon zu beachten, ob das Erscheinen und die Aussage für den Zeugen nach § 163 Abs. 3

---

296 RegE BTDrucks. **18** 11277 S. 30; *Soiné* NStZ **2018** 141, 143; KK/*Weingarten* 34a; KMR/*Noltensmeier-von Osten* 33; Meyer-Goßner/Schmitt/*Köhler* 49; MüKo/*Kölbel/Ibold* 14b; OK/*von Häfen* 21; SK/*Albrecht* 27; SSW/*Ziegler* 60.

297 MüKo/*Kölbel/Ibold* 14b; OK/*von Häfen* 22.

298 *Singelnstein/Derin* NJW **2017** 2646, 2650; HK/*Zöller* 28; KK/*Weingarten* 34; NK/*Heghmanns* 37; Schmitt/Köhler/*Köhler* 49; MüKo/*Kölbel/Ibold* 14b; Radtke/Hohmann/*Link* 14 ff.; SK/*Albrecht* 28; **a.A.** *Soiné* NStZ **2018** 141, 142.

299 KK/*Weingarten* 34; Radtke/Hohmann/*Link* 16.

300 RegE BTDrucks. **18** 11277 S. 30; Meyer-Goßner/Schmitt/*Köhler* 49; MüKo/*Kölbel/Ibold* 14b; SK/*Albrecht* 28.

Satz 1 verpflichtend sind.[301] Die Geltung der Belehrungsvorschriften war durch § 163 Abs. 5 a.F. nämlich schon lange vor der Statuierung dieser Pflichten ausdrücklich angeordnet, und die entsprechende Geltung weiterer wesentlicher Vorschriften aus dem sechsten Abschnitt des ersten Buches war damals bereits allgemein anerkannt[302] und wurde schließlich in § 163 Abs. 3 a.F. unabhängig von einer Erscheinens- und Aussagepflicht des Zeugen in das Gesetz aufgenommen.[303]

Nicht anwendbar sind (entsprechend der Situation bei der staatsanwaltlichen Zeugenvernehmung, § 161a, 10) neben solchen Bestimmungen, für die eine **Sonderregelung** besteht, auch diejenigen Vorschriften, die für die polizeiliche Zeugenvernehmung in der Sache nicht passen, weil sie die durch § 161a Abs. 1 Satz 3 ausgeschlossene Vereidigung (§§ 59–67) oder ersichtlich nur die Vernehmung in der Hauptverhandlung (§ 49 Satz 2 und 3, § 50 Abs. 4, § 68 Abs. 3 Satz 2) betreffen. 109

Die **Entscheidungskompetenz** bei Anwendung der Bezugsnormen bleibt in den in **§ 163 Abs. 4 Satz 1** enumerativ genannten Fällen der Staatsanwaltschaft vorbehalten, während sie nach **§ 163 Abs. 4 Satz 2** im Übrigen bei der die Vernehmung leitenden Person liegt. Letzteres gilt insbesondere für den äußeren Ablauf und das taktische Vorgehen.[304] 110

Ebenso wie die staatsanwaltliche Vernehmung (§ 161a, 12) besteht auch bei polizeilichen Vernehmungen die Möglichkeit einer Ersetzung oder Ergänzung der Aussage durch eine **schriftliche Erklärung** des Zeugen. Die Abgabe einer solchen ist aber auch hier in keinem Fall erzwingbar und entbindet den Zeugen umgekehrt nicht von den Pflichten nach § 163 Abs. 3 Satz 1, wenn die für die Vernehmung zuständige Ermittlungsperson im Einklang mit dem Auftrag der Staatsanwaltschaft zusätzlich auf deren Erfüllung besteht. Die Polizei kann den Zeugen auch um eine schriftliche Äußerung bitten, ggf. mit einem vorbereiteten Fragebogen.[305] Bei der Bitte um schriftliche Äußerung ist dem Zeugen entsprechend § 68 der Beschuldigte und der Verfahrensgegenstand mitzuteilen; ferner muss die Anfrage die erforderlichen Belehrungen enthalten.[306] 111

b) Ladung des Zeugen. Für die **Ladung des Zeugen** und evt. Terminsmitteilungen ist sinngemäß auf die Ausführungen bei der staatsanwaltlichen Zeugenvernehmung (§ 161a, 14 ff.) zu verweisen, wobei die Androhung von Zwangsmaßnahmen nur in Betracht kommt, wenn die Voraussetzungen von § 163 Abs. 3 Satz 1 erfüllt sind, und ihre Notwendigkeit in diesem Fall im Hinblick auf § 163 Abs. 4 Nr. 4 davon abhängt, ob die Staatsanwaltschaft tatsächlich beabsichtigt, ggf. von solchen Maßnahmen Gebrauch zu machen (vgl. § 161a, 14). 112

c) Belehrungen. Nach den von der Verweisung in § 163 Abs. 3 Satz 2 umfassten § 52 Abs. 3, § 55 Abs. 2 StPO muss der Zeuge neben der allgemeinen Belehrung nach § 57 ggf. über das Bestehen eines Zeugnisverweigerungsrechts als Angehöriger und über das Auskunftsverweigerungsrecht bei Selbstbelastungsgefahr belehrt werden. Die Belehrungen sind, entsprechend der Rechtslage bei richterlichen Vernehmungen, nicht nur bei der ersten Vernehmung erforderlich, sondern bei **wiederholten Vernehmungen** zu erneuern;[307] 113

---

301 Dazu eingehend NK/*Heghmanns* 30.

302 Näher LR/*Erb*[26] § 163a, 87 m.w.N.

303 Dazu LR/*Erb*[26] Nachtrag § 163, 3 ff.

304 *Soiné* NStZ **2018** 141, 143; Schmitt/Köhler/*Köhler* 59.

305 KK/*Weingarten* 41; KMR/*Noltensmeier-von Osten* 34; *Eb. Schmidt* Nachtr. I 12; SK/*Albrecht* 37; krit. für den Fall einer generellen Verwaltungsanweisung *Kerl* DRiZ **1985** 3 ff.

306 KK/*Weingarten* 41; Schmitt/Köhler/*Köhler* 53; SK/*Albrecht* 37.

307 KK/*Weingarten* 36; MüKo/*Kölbel*/*Ibold* 14c; Radtke/Hohmann/*Link* 18; SK/*Albrecht* 32.

sie sind nur entbehrlich, wenn kein Zweifel daran bestehen kann, dass der zu Vernehmende sich seiner Weigerungsrechte noch bewusst ist. Die Belehrungspflicht über ein Untersuchungsverweigerungsrecht als Angehöriger nach § 81c Abs. 3 Satz 1 und 2 i.V.m. § 52 Abs. 3 wird zwar von der Verweisung in § 163 Abs. 3 Satz 2 nicht erfasst, ist aber gemäß **§ 163 Abs. 6 Satz 2** ebenfalls zu beachten.

114 **Keine Belehrungen** sind erforderlich, solange die Polizei in einem Vorgespräch lediglich klärt, ob der Betroffene überhaupt etwas Sachdienliches bekunden kann und deshalb als Zeuge in Betracht kommt,[308] und soweit dabei auf die Sache selbst in keiner Weise eingegangen wird und namentlich alle Fragen vermieden werden, die diese betreffen. Gleiches gilt bei **Spontanäußerungen** (z.B. Strafanzeigen, Hilfeersuchen) von Personen, die später als Zeugen in Betracht kommen.[309] Die Belehrungen sind aber vorzunehmen, bevor der Beamte weitere Informationen erfragt.

115 Die Belehrung über das Zeugnis- und Untersuchungsverweigerungsrecht als **Angehöriger** (§§ 52, 81c) setzt notwendig voraus, dass ein identifizierbarer Tatverdächtiger als Beschuldigter vorhanden ist; sie kommt deshalb bei Verfahren gegen Unbekannt nicht in Betracht.[310] Sind im Zeitpunkt der Vernehmung mehrere Personen als Beschuldigte zu behandeln, die alternativ als Täter in Betracht kommen (vgl. § 163a, 15), so ist die Belehrung erforderlich, wenn das Angehörigenverhältnis nur zu einem dieser Beschuldigten besteht.[311] Wird jemand als Beschuldigter vernommen, so braucht er nicht über ein Zeugnisverweigerungsrecht belehrt zu werden, das ihm als Angehörigem eines Mitbeschuldigten zustehen würde.[312]

116 Die Belehrung über das **Auskunftsverweigerungsrecht wegen Gefahr der Selbstbelastung** (§ 55) ist erst erforderlich, wenn konkrete Anhaltspunkte hierfür hervortreten.[313] In diesem Fall reicht eine bloße Belehrung über das Auskunftsverweigerungsrecht aber nur dann aus, wenn der zu Vernehmende entweder einen Angehörigen oder sich selbst in einer anderen als der den Ermittlungsgegenstand betreffenden Sache belasten könnte; denn wenn in der jeweiligen Sache insoweit konkrete Anhaltspunkte hervortreten, darf der Betroffene nicht mehr als Zeuge, sondern muss, mit den dafür nach § 163a Abs. 4 vorgeschriebenen Belehrungen, als Beschuldigter weitervernommen werden.[314] Anders liegen die Dinge, wenn die Belehrung nach § 55, was zulässig wäre,[315] schon zu einem Zeitpunkt erteilt wird, in dem gegen den Betroffenen noch kein Anfangsverdacht vorliegt.

117 Sowohl das Vorliegen der **Zeugeneigenschaft** als auch die Frage, ob dem Zeugen ein **Zeugnis- oder Auskunftsverweigerungsrecht** zusteht, kann in Grenzfällen **rechtlich zweifelhaft** sein. Um hier eine sachkundige Entscheidung zu gewährleisten, behält § 163 Abs. 4 Satz 1 Nr. 1 diese der Staatsanwaltschaft vor, wenn entsprechende Zweifel bestehen oder im Lauf der Vernehmung aufkommen. Das bedeutet, dass die Vernehmung ggf. unterbrochen werden muss und erst nach Rücksprache mit der Staatsanwaltschaft fortgesetzt werden

---

308 KK/*Weingarten* 36; Schmitt/Köhler/*Köhler* 50; zur informatorischen Befragung und den dabei notwendigen Differenzierungen § 163a, 17 ff.; vgl. auch (zur Abgrenzung bei „informatorischen Vernehmungen" in der Hauptverhandlung) BGH StV **1988** 289; krit. NK/*Heghmanns* 33.

309 S. § 163a Rn. 26.

310 SK/*Albrecht* 32; *Eb. Schmidt* Nachtr. I 11.

311 Vgl. auch LR/*Ignor/Bertheau* § 52, 18 ff.; LR/*Sander/Cirener*[27] § 252, 20.

312 BayObLGSt **1977** 127.

313 LR/*Ignor/Bertheau* § 55, 32 ff.; KK/*Weingarten* 36; Schmitt/Köhler/*Köhler* 50; weitergehend SK/*Wohlers*[5] 26.

314 KK/*Weingarten* 36; MüKo/*Kölbel/Ibold* 14c; SK/*Albrecht* 32; *Eb. Schmidt* Nachtr. I 11; vgl. auch § 163a, 27.

315 LR/*Ignor/Bertheau* § 55, 33.

darf.[316] Um die Korrektheit der in jedem Fall zu erteilenden Belehrungen mit deren weitreichenden Konsequenzen (evt. Beweisverwertungsverbote!) sicherzustellen, gilt dies wiederum unabhängig davon, ob die Vernehmung unter den Voraussetzungen von § 163 Abs. 3 Abs. 1 erfolgt oder für die vernommene Person „freiwillig" ist. Im erstgenannten Fall hat das Aufkommen einschlägiger Zweifel allerdings die Konsequenz, dass die **Pflichten des Zeugen bis zur Entscheidung der Staatsanwaltschaft suspendiert** sind.

Ein erhebliches Problem dürfte darin liegen, dass die Frage, ob ein bestimmter Sachverhalt rechtlich zweifelhaft erscheint, ihrerseits nicht immer eindeutig zu beantworten ist, und dass polizeiliche Vernehmungsleiter deshalb gerade in Grenzfällen durch Effizienzstreben dazu verleitet werden könnten, die Rechtslage im Zweifel – in der von ihm als verfahrensfördernd betrachteten Richtung – als klar einzustufen. Die hierdurch bedingte **Gefahr einer faktischen Verkürzung elementarer Rechte** von Zeugen (bzw. von Personen, denen die Polizei statt der Vernehmung als Beschuldigte, s.o. Rn. 116, zu lange eine Zeugenrolle zuschreibt) ist einer der wesentlichen Einwände, denen die Einführung der nunmehr in § 163 Abs. 3 Satz 1 statuierten Pflicht generell ausgesetzt war und bleibt.[317] Um sie auf ein erträgliches Minimum zu begrenzen, wird man „Zweifel" i.S. von § 163 Abs. 4 Satz 1 Nr. 1 – mit der Wirkung, dass der Zeuge seine Kooperation bis zur Einholung einer Entscheidung der Staatsanwaltschaft sanktionslos einstellen darf – u.a. immer dann annehmen müssen, wenn sich dieser selbst **auf ein Zeugnis- und Auskunftsverweigerungsrecht beruft**, das nach Lage der Dinge nicht völlig aus der Luft gegriffen erscheint.[318] 118

d) Beschränkung von Angaben nach § 68 Abs. 3 Satz 1. Da es auf der Hand liegt, dass die Beurteilung der Voraussetzungen, unter denen dem Zeugen nach § 68 Abs. 3 Satz 1 nur beschränkte Angaben über seine Identität abverlangt werden können, ebenfalls schwierige rechtliche Bewertungen erfordern kann, bleibt die Entscheidung hierüber nach § 163 Abs. 4 Satz 1 Nr. 2 auch hier der Staatsanwaltschaft vorbehalten. 119

e) Anwaltlicher Zeugenbeistand. Der Einschluss von § 68b in die Verweisungen von § 163 Abs. 3 erfolgte erstmals durch die Änderungen im Zuge des 2. ORRG und ist nunmehr Bestandteil der Generalverweisung auf den sechsten Abschnitt des ersten Buches. Das hierdurch begründete Recht des Zeugen auf einen (ihm nach § 68b Abs. 2 ggf. auch beizuordnenden) anwaltlichen Zeugenbeistand entspricht nunmehr in jeder Hinsicht demjenigen bei der staatsanwaltlichen Vernehmung (dazu § 161a, 11). Nach § 163 Abs. 4 Satz 1 Nr. 2 obliegt die Entscheidung über die Beiordnung eines anwaltlichen Beistands gemäß § 68b Abs. 2 auch im Falle einer polizeilichen Vernehmung der Staatsanwaltschaft, wohingegen Entscheidungen über den Ausschluss eines Zeugenbeistands nach § 68b Abs. 1 Satz 3 gemäß § 163 Abs. 4 Satz 2 der die Vernehmung leitenden Person obliegen,[319] ebenso die Frage, ob die Vernehmung im Anschluss an einen solchen fortgesetzt werden soll.[320] Bei einem durch die Straftat verletzten Zeugen folgt das Anwesenheitsrecht des Beistands zusätzlich aus § 406f Abs. 1 Satz 2; hier kommt im Übrigen nach § 406f Abs. 2 die Anwesenheit einer sonstigen Person des Vertrauens und nach § 406g Abs. 1 Satz 2 (mit evt. Einschränkungen nach § 406g Abs. 4) diejenige eines psychosozialen Prozessbegleiters in Betracht. 120

---

316 Ebenso HK/*Zöller* 31; KK/*Weingarten* 37; KMR/*Noltensmeier-von Osten* 39; Schmitt/Köhler/*Köhler* 56; SK/*Albrecht* 38.

317 Näher *Erb* StV **2010** 655, 656; ebenso HK/*Zöller* 28; SK/*Albrecht* 38.

318 Ähnlich SSW/*Ziegler* 69.

319 *Soiné* NStZ **2018** 141, 143; Schmitt/Köhler/*Köhler* 59.

320 Schmitt/Köhler/*Köhler* 60.

121 **f) Weitere Anwesenheitsrechte.** Die **Staatsanwaltschaft** kann bei polizeilichen Ermittlungen stets anwesend sein. Das folgt aus ihrer Leitungsfunktion und der Einheitlichkeit des Ermittlungsverfahrens. Wenn der Staatsanwalt die Ermittlungen jederzeit ganz an sich ziehen kann, ist er auch befugt, an sämtlichen Untersuchungshandlungen der Polizei teilzunehmen.[321] Der **Verteidiger** hat bei polizeilichen Vernehmungen von Zeugen **kein Anwesenheitsrecht**. Das entspricht der ganz herrschenden Meinung, auch soweit für Beschuldigtenvernehmungen bis zur jüngsten Reform von § 163a eine andere Auffassung vertreten wurde.[322] Es stimmt mit der allgemeinen Auffassung für Zeugenvernehmungen durch die Staatsanwaltschaft überein,[323] und es ist kein Grund ersichtlich, bei solchen durch die Polizei großzügiger zu verfahren. Umso weniger besteht ein Recht des Beschuldigten auf Anwesenheit, deren Gestattung im Übrigen oft eine Gefährdung des Untersuchungszwecks entgegenstünde. Anders verhält es sich nur, wenn eine Vernehmungsgegenüberstellung erforderlich wird (dazu § 161a, 31 und § 163a, 72).

122 **g) Durchführung der Vernehmung.** Die **Durchführung der Vernehmung** unterliegt in gleicher Weise wie bei staatsanwaltlichen Vernehmungen der Verweisung auf die **§§ 58, 58a, 68, 68a und 69**; zu den danach zu beachtenden Aspekten § 161a, 20. Die Durchführung von Videovernehmungen durch die Polizei gemäß § 58a Abs. 1 ist hiernach uneingeschränkt möglich, aber nach wie vor als unzweckmäßig zu bewerten (auch jenseits des Geltungsbereichs der in dessen Satz 2 enthaltenen Soll-Vorschrift zugunsten richterlicher Vernehmungen), weil dort, wo eine Videovernehmung in der Sache angebracht erscheint, infolge des mit ihnen verbundenen hohen Aufwands tunlichst immer eine richterliche Vernehmung erfolgen sollte, um eine optimale Verwertbarkeit in der Hauptverhandlung zu gewährleisten.[324] Anders liegen die Dinge allenfalls dort, wo der zur Anzeigeerstattung bei der Polizei erschienene Zeuge sofort vernommen wird, sodass er zum Zwecke der Aufzeichnung einer richterlichen Vernehmung einen zusätzlichen Termin wahrnehmen müsste.[325]

123 **h) Wahrheitspflicht.** Für die **Wahrheitspflicht** des Zeugen gelten die Ausführungen zur staatsanwaltlichen Vernehmung sinngemäß, dazu § 161a, 12 f.

124 **i) Beanstandung der Vernehmung. Eine Beanstandung der Vernehmung** durch den Zeugen oder für ihn durch den Zeugenbeistand wird man dort, wo die Kooperation für den Zeugen nach § 163 Abs. 3 Satz 1 verpflichtend ist, nach den gleichen Grundsätzen zulassen müssen, wie das bei der staatsanwaltlichen Vernehmung der Fall ist (dazu § 161a, 21).

3. Protokollierung

125 **a) Notwendigkeit und Form.** Die schon nach altem Recht zu bejahende[326] grundsätzliche Pflicht zur Protokollierung polizeilicher Vernehmungen folgt nunmehr zweifelsfrei aus § 168b Abs. 2, nachdem der früher auf staatsanwaltliche Untersuchungshandlungen

---

321 HK/*Zöller* 3, 34; Radtke/Hohmann/*Link* 25; SK/*Albrecht* 35.

322 Dazu § 163a, 98 m.w.N.

323 Dazu § 161a, 31.

324 Ebenso KMR/*Noltensmeier-von Osten* 36. Zum jedenfalls in der Anfangszeit sehr zurückhaltenden Einsatz der Videotechnik im Ermittlungsverfahren, zu den Gründen hierfür und zu den damit ungenutzt bleibenden Vorteilen eingehend *Altenhain* ZIS **2015** 269, 271 ff.

325 Schmitt/Köhler/*Schmitt* § 58a, 4.

326 Dazu LR/*Erb*[26] § 163a, 100 m.w.N.

beschränkte § 168b Abs. 1 allgemein auf die „Untersuchungshandlungen der Ermittlungsbehörden“ erstreckt wurde. Sie ist für die weiteren Entscheidungen im Ermittlungsverfahren sowie für eine eventuelle Verwertbarkeit in der Hauptverhandlung unter den Voraussetzungen von § 251 Abs. 1 (s.u. Rn. 127) von großer Bedeutung. Der als Sollvorschrift formulierte § 168b Abs. 2 ermöglicht ein Absehen von der Protokollierung, wenn es sich nur um kurze und weniger bedeutsame Bekundungen handelt. Wegen der Einzelheiten ist auf die Kommentierung von § 168b i.V.m. § 168a zu verweisen.

b) Aushändigung von Protokollabschriften. Das Gesetz gibt dem Vernommenen keinen Anspruch auf Überlassung einer Protokollabschrift. Unzulässig ist sie nicht, jedoch wird ihr bei einer Zeugenvernehmung vielfach eine Gefährdung des Untersuchungszwecks entgegenstehen, weil zu befürchten sein kann, dass sich der Zeuge bei späteren Vernehmungen hieran orientiert (s auch § 168a, 107).[327] Aus diesem Grund hat auch ein **anwaltlicher Zeugenbeistand** weder einen Anspruch auf Einsicht in die Vernehmungsniederschrift noch ein Akteneinsichtsrecht.[328] Die **Entscheidung** über die Überlassung von Protokollabschriften trifft auch bei polizeilichen Vernehmungen die Staatsanwaltschaft. 126

c) Verwertbarkeit. Staatsanwaltschaftliche und polizeiliche Vernehmungsniederschriften können unter bestimmten Voraussetzungen im Wege des Urkundenbeweises in der Hauptverhandlung verwertet werden. Dies ist, mit den sich aus der Aufklärungspflicht ergebenden Einschränkungen, unter den Voraussetzungen von § 251 Abs. 1 oder § 253 zulässig. Zulässig ist ferner nach h.M. die Verwendung zum Zwecke des Vorhalts.[329] Jede Verwertung, auch die durch Vernehmung der nichtrichterlichen Verhörsperson, ist unzulässig, wenn der Vernommene in der Hauptverhandlung von einem Zeugnisverweigerungsrecht Gebrauch macht (§ 252, dazu die dortigen Erl.). Dies gilt auch für Äußerungen im Rahmen informatorischer Befragungen.[330] Wird eine notwendige **Zeugenbelehrung** unterlassen oder fehlerhaft vorgenommen, so gelten für die Frage der Verwertbarkeit der dabei gewonnenen Aussagen und der Geltendmachung des Verstoßes im weiteren Verfahren die gleichen Grundsätze wie bei entsprechenden Verstößen anlässlich von richterlichen Vernehmungen; auf die entsprechenden Erläuterungen bei den §§ 52, 55, 81c wird daher verwiesen. Ein **Überschreiten polizeilicher Befugnisse** wie die Verbindung einer Ladung mit dem Hinweis auf eine Erscheinens- und Aussagepflicht, die in Ermangelung eines staatsanwaltschaftlichen Auftrags nicht besteht, oder die Vorführung eines Zeugen ohne die nach § 163 Abs. 4 Satz 1 Nr. 4 erforderliche Anordnung führt für sich genommen nicht zu einem Verwertungsverbot, weil die in diesen Fällen zu verzeichnende Täuschungs- oder Zwangskomponente die materielle Aussagefreiheit als solche nicht beeinträchtigt.[331] 127

4. Zwangsmaßnahmen. Die **Zwangsmaßnahmen**, die gegen einen Zeugen bei Nichterfüllung der ihm nach § 163 Abs. 3 Satz 1 obliegenden Pflichten ergriffen werden können, entsprechen denen im Zusammenhang mit einer staatsanwaltlichen Vernehmung nach 161a Abs. 2; insofern ist auf die Erläuterungen unter § 161a, 36 ff. zu verweisen. Die Entscheidung über ihre Anwendung liegt mit Ausnahme der dem Gericht vorbehaltenen Festsetzung von Haft gemäß § 163 Abs. 4 Satz 1 Nr. 4 bei der Staatsanwaltschaft. Eine **zwangs-** 128

327 KK/*Weingarten* § 163a, 33.
328 Zutr. KG NJW **2015** 3255 ff.
329 Dazu LR/*Mosbacher*[27] § 249, 92 ff.
330 OLG Jena StV **2006** 517.
331 KK/*Weingarten* 34, **a.A.** *Meyer* StraFo **2021** 359, 363.

weise Vorführung des unentschuldigt ausgebliebenen Zeugen ist dabei sowohl zur Vernehmung durch die hierzu beauftragte Ermittlungsperson als auch zu einer ersatzweisen Vernehmung bei der Staatsanwaltschaft selbst möglich.[332]

129 **5. Antrag auf gerichtliche Entscheidung. Absatz 5** eröffnet gegen Entscheidungen, die Polizeibeamte bei Ausschluss eines Zeugenbeistands entsprechend § 68b Abs. 1 Satz 3 bzw. die Staatsanwaltschaft bei Ablehnung der Bestellung eines Zeugenbeistands entsprechend § 68b Abs. 2 oder in Bezug auf Zwangsmaßnahmen bei unberechtigtem Ausbleiben oder unberechtigter Weigerung zum Nachteil eines Zeugen getroffen haben, den gleichen **beschwerdeähnlichen Rechtsbehelf**, wie das nach § 161a Abs. 3 im Zusammenhang mit staatsanwaltlichen Vernehmungen der Fall ist. Für die Einzelheiten der Zulässigkeit und des Verfahrens ist in vollem Umfang auf die Kommentierung dieser Vorschrift unter § 161a, 47 bis 61 zu verweisen.

130 **6. Vernehmung von Sachverständigen; Untersuchung von Angehörigen des Beschuldigten.** Da nicht nur die in Absatz 3 Satz 1 statuierten Pflichten, sondern auch die in Absatz 3 Satz 2 ausgesprochenen Verweisungen ausschließlich für Zeugen gelten (im Gegensatz zu der früheren Regelung in § 163a Abs. 5 a.F. mit ihrer unterschiedslosen Verweisung für Zeugen und Sachverständige), enthält **Absatz 6 Satz 1** für die polizeiliche Vernehmung von Sachverständigen die gesonderte Anordnung einer entsprechenden Geltung der **Belehrungsvorschriften** nach § 52 Abs. 3, § 55 Abs. 2. **Absatz 6 Satz 2** gilt entgegen dem insofern etwas unklaren Wortlaut nicht nur für Fälle, in denen Polizeibeamte selbst Untersuchungen durchführen, sondern auch für die Konstellation, in der sie die Untersuchung durch einen Sachverständigen anordnen.[333] Die Verweisung auf § 81c Abs. 3 Satz 1 und 2 i.V.m. § 52 Abs. 3 begründet in diesen Fällen eine Pflicht der Polizeibeamten, Angehörige des Beschuldigten über ihr Untersuchungsverweigerungsrecht zu belehren.[334]

131 Durch die Abspaltung der Verweisungen für die Sachverständigenvernehmung in Absatz 6 Satz 1 von denjenigen für die Zeugenvernehmung in Absatz 3 Satz 2 ist für erstere übrigens eine **Lücke** entstanden, was **§ 136a** betrifft, denn zu diesem besteht über § 69 Abs. 3 jetzt nur noch für die Zeugenvernehmung eine Verweisungskette. § 136a dürfte bei der Vernehmung von Sachverständigen, wo im Falle richterlicher und staatsanwaltlicher Vernehmungen die Verweisung in § 72 auf § 69 seine Anwendbarkeit begründet,[335] freilich keine praktische Rolle spielen. Sollte im Rahmen einer polizeilichen Vernehmung doch einmal der Einsatz entsprechender Methoden gegenüber einem Sachverständigen im Raum stehen, wäre ihr Verbot damit zu begründen, dass § 136a einen allgemeinen Rechtsgrundsatz verkörpert, an den alle im Strafprozess tätigen staatlichen Organe unabhängig davon gebunden sind, ob die Vorschrift auf ihre jeweilige Tätigkeit formal anwendbar ist oder nicht.[336]

132 **7. Hinzuziehung eines Dolmetschers.** Für die **Hinzuziehung eines Dolmetschers**, die Absatz 7 durch die Verweisung auf § 185 Abs. 1 und 2 GVG unter den dort geregelten Voraussetzungen vorschreibt, ist auf die Kommentierung der identischen Verweisung in § 161a Abs. 5 unter § 161a, 65 zu verweisen.

---

332 Entsprechend der Intention des Gesetzgebers, vgl. RegE BTDrucks. **18** 11277 S. 31; KK/*Weingarten* 37.

333 NK/*Heghmanns* 41; SK/*Albrecht* 39; SSW/*Ziegler* 76.

334 HK/*Zöller* 32; NK/*Heghmanns* 41; Schmitt/Köhler/*Köhler* 46 f.

335 LR/*Gleß* § 136a, 14.

336 Ebenso SK/*Albrecht* 39.

§ 163a
Vernehmung des Beschuldigten

(1) [1]Der Beschuldigte ist spätestens vor dem Abschluß der Ermittlungen zu vernehmen, es sei denn, daß das Verfahren zur Einstellung führt. [2]In einfachen Sachen genügt es, daß ihm Gelegenheit gegeben wird, sich schriftlich zu äußern.

(2) Beantragt der Beschuldigte zu seiner Entlastung die Aufnahme von Beweisen, so sind sie zu erheben, wenn sie von Bedeutung sind.

(3) [1]Der Beschuldigte ist verpflichtet, auf Ladung vor der Staatsanwaltschaft zu erscheinen. [2]Die §§ 133 bis 136a und 168c Abs. 1 und 5 gelten entsprechend. [3]Über die Rechtmäßigkeit der Vorführung entscheidet auf Antrag des Beschuldigten das nach § 162 zuständige Gericht. [4]Die §§ 297 bis 300, 302, 306 bis 309, 311a und 473a gelten entsprechend. [5]Die Entscheidung des Gerichts ist unanfechtbar.

(4) [1]Bei der Vernehmung des Beschuldigten durch Beamte des Polizeidienstes ist dem Beschuldigten zu eröffnen, welche Tat ihm zur Last gelegt wird. [2]Im Übrigen sind bei der Vernehmung des Beschuldigten durch Beamte des Polizeidienstes § 136 Absatz 1 Satz 2 bis 6, Absatz 2 bis 5 und § 136a anzuwenden. [3]§ 168c Absatz 1 und 5 gilt für den Verteidiger entsprechend.

(5) Die §§ 186 und 187 Absatz 1 bis 3 sowie § 189 Absatz 4 des Gerichtsverfassungsgesetzes gelten entsprechend.

Schrifttum

Altenhain Dokumentationspflicht im Ermittlungsverfahren, ZIS **2015** 269; *Banscherus* Polizeiliche Vernehmung. Formen, Verhalten, Protokollierung (1977); *Bente/von Lübken* Soziolinguistik und Kriminalpolizei – „Underworld-Lingo", Die Polizei **1984** 117; *Bernsmann* Verwertungsverbot bei fehlender oder mangelhafter Belehrung, StraFo **1998** 73; *Beulke* Die Vernehmung des Beschuldigten – Einige Anmerkungen aus der Sicht der Prozeßrechtswissenschaft, StV **1990** 180; *ders.* Muß die Polizei dem Beschuldigten vor der Vernehmung „Erste Hilfe" bei der Verteidigerkonsultation leisten? NStZ **1996** 257; *Bialek* Die Aussagebereitschaft der Tatverdächtigen bei der Polizei, Die Polizei **1983** 343; *Brenner* Schwache Vernehmungsprotokolle im Strafverfahren, Kriminalistik **1981** 142; *Burkhard* Falsche Belehrung bei einer Einleitungsverfügung, StraFo **2001** 37; *Dahs* Die Ausweitung des Widerspruchserfordernisses, StraFo **1998** 253; *Dingeldey* Das Prinzip der Aussagefreiheit im Strafprozeß, JA **1984** 407; *Eisenberg* Vernehmung und Aussage (insbesondere) im Strafverfahren aus empirischer Sicht, JZ **1984** 912; *ders.* Zum Schutzbedürfnis jugendlicher Beschuldigter im Ermittlungsverfahren, NJW **1988** 1250; *Esser* Rechtsfolgen eines Verstoßes gegen die Belehrungspflicht aus Artikel 36 WÜK, JR **2008** 271; *Epik* Das Elternkonsultationsrecht im Jugendverfahren, StV **2020** 703; *Fincke* Verwertbarkeit von Aussagen des nicht belehrten Beschuldigten, NJW **1969** 1014; *ders.* Zum Begriff des Beschuldigten und den Verdachtsgraden, ZStW **95** (1983) 918; *Frehsee* „Strafverfolgung" von Strafunmündigen, ZStW **100** (1988) 290; *Frister* Der Anspruch des Beschuldigten auf Mitteilung der Beschuldigung aus Art. 6 Abs. 3 lit. a EMRK, StV **1998** 159; *Geppert* Notwendigkeit und rechtliche Grenzen der „informatorischen Befragung" im Strafverfahren, FS Oehler (1985) 323; *ders.* Die „qualifizierte" Belehrung, GedS Meyer (1990) 93; *von Gerlach* Die Begründung der Beschuldigteneigenschaft im Ermittlungsverfahren, NJW **1969** 776; *Gerling* Informatorische Befragung und Auskunftsverweigerungsrecht (1987); *Gerson* Das Recht auf Beschuldigung (2016); *Gillmeister* Rechtliches Gehör im Ermittlungsverfahren, StraFo **1996** 114; *Glatzel* Die Ermittlungsvernehmung aus psychologisch-psychopathologischer Sicht, StV **1982** 283; *Gleß/Peters* Verwertungsverbot bei Verletzung der Pflicht zur Belehrung nach Art. 34 WÜK? StV **2011** 369; *Grosjean* Der Beginn der Beschuldigteneigenschaft (1999, zugleich Diss. Köln 1998); *Gundlach* Die Vernehmung des Beschuldigten im Ermittlungsverfahren (1984); *Helgerth* Der „Verdächtige" als schweigeberechtigte Auskunftsperson und selbständiger Prozeßbeteiligter neben den Beschuldigten und den Zeugen, Diss. Erlangen/Nürnberg 1976; *Herren/Bortz* Das Vernehmungsprotokoll, Kriminalistik **1976** 313; *Herrmann* Die Rechtstellung des Beschuldigten bei der Vernehmung durch die Polizei, FS Moos (1997) 229; *ders.* Das Recht des Beschuldigten, vor der polizeilichen Vernehmung einen Verteidiger zu befragen, NStZ **1997** 209; *Heydebreck* Die Begründung der Beschuldigteneigenschaft im

Strafverfahren, Diss. Göttingen 1974; *Ignor* Plädoyer für die Widerspruchslösung, FS Rieß (2002) 185; *Karow* Der Experimentalbeweisantrag im Strafprozeß (2002, zugl. Diss. Greifswald); *Kempf* Rechtliches Gehör im Ermittlungsverfahren, FS AG Strafrecht DAV (2009) 592; *Kerl* Staatsanwaltschaft und Polizei – über einen Versuch, die schriftliche Polizeivernehmung einzuführen, DRiZ **1985** 3; *Kintzi* Das Kind als Tatverdächtiger, DRiZ **1997** 32; *Kleinknecht* Ermittlungen der Polizei nach der „kleinen Strafprozeßreform", Kriminalistik **1965** 449; *Koch* Informatorische Befragungen im Strafverfahren, JA **2004** 558; *Kohlhaas* Vom ersten Zugriff zum Schlußgehör, NJW **1965** 1254; *Krause* Die informatorische Befragung, Die Polizei **1978** 305; *ders.* Einzelfragen zum Anwesenheitsrecht des Verteidigers im Strafverfahren, StV **1984** 169; *Krekeler* Der Beweiserhebungsanspruch der Verteidigung im Ermittlungsverfahren unter besonderer Berücksichtigung des Sachverständigenbeweises, AnwBl. **1986** 62; *ders.* Der Beweiserhebungsanspruch des Beschuldigten im Ermittlungsverfahren de lege lata und de lege ferenda, Diss. Münster 1990; *ders.* Der Beweiserhebungsanspruch des Beschuldigten im Ermittlungsverfahren, NStZ **1991** 367; *Kreß* Die verfassungsrechtliche Pflicht der deutschen Strafverfolgungsbehörden zur Berücksichtigung des Wiener Konsularrechtsübereinkommens, GA **2007** 296; *J. Kretschmer* Begriff und Bedeutung des Beweisantrags außerhalb der Hauptverhandlung, StraFo **2013** 184; *Krost* Die Vernehmung, „Aushandeln der Wirklichkeit" oder ungenutzte Chancen besserer Ermittlungs- und Aufklärungsergebnisse? Kriminalistik **1986** 173; *Kroth* Die Belehrung des Beschuldigten im Strafverfahren über sein Recht, die Aussage zu verweigern, Diss. München 1976; *Kutschera* Verwertungsverbot bei unterbliebenem Hinweis auf einen Strafverteidigernotdienst, StraFo **2001** 262; *Lenckner* Mitbeschuldigter und Zeuge, FS Peters (1974) 333; *Lesch* Inquisition und rechtliches Gehör in der Beschuldigtenvernehmung, ZStW **111** (1999) 624; *Leitner* Anklageerhebung ohne Schlussgehör – ein Zustand ohne Beschwer und Folgen, FS Volk (2009) 301; *Ludwig* Belehrungspflichten aus § 67 JGG und mögliche Fehlerfolgen bei Verstößen, NStZ **2019** 123; *Lüder* gen. *Lühr* Das juristische Umfeld der informatorischen Befragung, Die Polizei **1985** 43; *Meinecke* Ermittlungsverfahren ohne Anhörung? StV **2015** 325; *Meyer-Goßner/Appl* Die Ausweitung des Widerspruchserfordernisses, StraFo **1998** 258; *Moormann* Die informatorische Anhörung im Ermittlungsverfahren, Diss. Osnabrück 1989; *E. Müller* Einige Bemerkungen zur Bedeutung der Europäischen Menschenrechtskonvention für das Ermittlungsverfahren in der Bundesrepublik Deutschland, FS Koch (1989) 191; *Nelles* Der Einfluß der Verteidigung auf Beweiserhebungen im Ermittlungsverfahren, StV **1986** 74; *Neuhaus* Zur Notwendigkeit der qualifizieren Beschuldigtenbelehrung, NStZ **1997** 312; *Perron* Das Beweisantragsrecht des Beschuldigten im deutschen Strafprozeßrecht (1995); *Paulus/Müller* Konsularische Information vor deutschen Gerichten, StV **2009** 495; *Prittwitz* Der Mitbeschuldigte im Strafprozeß (1984); *ders.* Der Mitbeschuldigte – ein unverzichtbarer Belastungszeuge? NStZ **1981** 463; *Quedenfeld* Beweisantrag und Verteidigung in den Abschnitten des Strafverfahrens bis zum erstinstanzlichen Urteil, FS Peters II (1984) 215; *Ransiek* Die Rechte des Beschuldigten in der Polizeivernehmung (1990); *Reinhart* Die Befragung des Beschuldigten im Strafprozeß (1978); *Rieß* Die Vernehmung des Beschuldigten im Strafprozeß, JA **1980** 293; *Rogall* Der Beschuldigte als Beweismittel gegen sich selbst (1977); *ders.* Zur Verwertbarkeit der Aussage einer noch nicht beschuldigten Person, MDR **1977** 978; *Roschmann* Das Schweigerecht des Beschuldigten im Strafprozeß; seine rechtlichen und faktischen Grenzen, Diss. Bremen 1983; *Schaal* Beweisverwertungsverbot bei informatorischer Befragung im Strafverfahren (2002); *Chr. Schaefer* Zum Anwesenheitsrecht des Verteidigers bei polizeilichen Vernehmungen des Beschuldigten, MDR **1977** 980; *H. Schäfer* Das Recht des Beschuldigten auf Gehör im Ermittlungsverfahren, wistra **1987** 165; *Schlothauer* Der Beweiserhebungsanspruch des Beschuldigten gegenüber dem Ermittlungsrichter (§ 166 Abs. 1 StPO), StV **1995** 158; *ders.* Zur Bedeutung der Beweisverwertungsverbote im Ermittlungs- und Zwischenverfahren, FS Lüderssen (2002) 761; *Eb. Schmidt* Sinn und Tragweite des Hinweises auf die Aussagefreiheit des Beschuldigten, NJW **1968** 1209; *Schoene* Können Kinder Beschuldigte sein? DRiZ **1999** 321; *Schomburg/M. Schuster* Unterlassene Informationen nach Artikel 36 WÜK, NStZ **2008** 593; *Schreiber* Zum Beweisantragsrecht im Ermittlungsverfahren, FS Baumann (1992) 383; *Schrepfer* Die Anwesenheit des Verteidigers bei der polizeilichen Beschuldigtenvernehmung (2001); *Sieg* Zur Anwesenheit des Verteidigers bei Vernehmungen des Beschuldigten im Ermittlungsverfahren, NJW **1975** 1009; *ders.* Verwertungsverbot für Aussagen eines Beschuldigten im Ermittlungsverfahren ohne Belehrung nach § 136 I 2 StPO? MDR **1984** 725; *ders.* Zum Anwesenheitsrecht des Verteidigers bei polizeilichen Vernehmungen des Beschuldigten – de lege late, de lege ferenda? MDR **1985** 195; *Soyer/S. Schumann* Verteidigerrechte im Vorverfahren, StV **2012** 495; *Strate/Ventzke* Unbeachtlichkeit einer Verletzung des § 136 Abs. 1 Satz 1 StPO im Ermittlungsverfahren? StV **1986** 30; *Streng* Kindliche Delinquenten im Ermittlungsverfahren de lege lata und de lege ferenda, FS Gössel (2002) 501; *Tolksdorf* Verwertungsverbote wegen unterlassener Beschuldigtenbelehrung nur bei Widerspruch? FS Graßhoff (1998) 255; *ter Veen* Die Zulässigkeit der informatorischen Befragung, StV **1983**

293; *Ventzke* Die Widerspruchslösung des Bundesgerichtshofs – viel Getue um nichts? StV **1997** 543; *Verrel* Die Selbstbelastungsfreiheit im Strafverfahren (2001); *Wagner* Rechtliches Gehör im Ermittlungsverfahren, ZStW **109** (1997) 545; *M. Walter* Die Zulässigkeit der Strafverfolgung von Kindern, DRiZ **1999** 325; *T. Walter* Der deutsche Strafprozeß und das Völkerrecht, JR **2007** 99; *Wegemer* Vernehmungspraxis der Hilfsbeamten der Staatsanwaltschaft im Rahmen der Steuer- und Zollfahndung, NStZ **1981** 247; *Welp* Zwangsbefugnisse für die Staatsanwaltschaft (1976); *Werner* Zur Notwendigkeit der Verteidigeranwesenheit während der polizeilichen Beschuldigtenvernehmung (2008); *Wiezoreck* Die „schriftliche Äußerung", Kriminalistik **1981** 25; *Wulf* Strafprozessuale und kriminalpraktische Fragen der polizeilichen Beschuldigtenvernehmung auf der Grundlage empirischer Untersuchungen (1984); *Zeyher* Zeitpunkt der Beschuldigtenstellung und der damit einhergehenden Belehrungspflicht bei der allgemeinen Verkehrskontrolle, NStZ **2022** 142. Weiteres Schrifttum bei den §§ 136, 136a und 161a.

Entstehungsgeschichte

Die Vorschrift wurde durch Art. 4 Nr. 3 StPÄG 1964 eingefügt, nachdem die Anwendbarkeit des § 136a auf staatsanwaltschaftliche und polizeiliche Vernehmungen seit dem VereinhG zunächst in den §§ 161, 163 (vgl. die dort. Entstehungsgeschichte) geregelt war. Sie enthielt in Absatz 5 früher eine zusätzliche Regelung für die Vernehmung von Zeugen und Sachverständigen, die zuletzt lautete:

(5) Bei der Vernehmung eines Zeugen oder Sachverständigen durch Beamte des Polizeidienstes sind § 52 Abs. 3, § 55 Abs. 2, § 81c Abs. 3 Satz 2 in Verbindung mit § 52 Abs. 3 und § 136a entsprechend anzuwenden.

Die Absätze 1 und 2 entsprechen der ursprünglichen Fassung. Absatz 3 bestimmte ursprünglich lediglich, dass bei der Vernehmung des Beschuldigten die §§ 136, 136a anzuwenden seien; die Erweiterung um den übrigen Regelungsgehalt der Sätze 1 bis 3 erfolgte durch Art. 1 Nr. 46 des 1. StVRG. Dieser erweiterte zugleich in Absatz 4 die Verweisung auf § 136 Abs. 1 Satz 2 und 3 auf Satz 2 bis 4, strich in Hinblick auf den gleichzeitig eingefügten § 161a in Absatz 5 die dort ursprünglich enthaltenen Worte „durch die Staatsanwaltschaft oder" und erweiterte die Verweisung auf „§ 81c Abs. 3 Satz 2 in Verbindung mit § 52 Abs. 3". Durch Art. 1 Nr. 18 des Gesetzes zur Stärkung der Rechte von Verletzten und Zeugen im Strafverfahren (2. Opferrechtsreformgesetz – 2. ORRG) vom 29.7.2009, BGBl. I S. 2280, wurde mit Wirkung zum 1.10.2009 Absatz 3 Satz 3 neu gefasst, Satz 4 und Satz 5 angefügt und der alte Absatz 5 (dessen Gegenstand nunmehr in § 163 Abs. 3 geregelt wurde) aufgehoben.

Durch Art. 6 Nr. 4 des Gesetzes zur Intensivierung des Einsatzes von Videokonferenztechnik in gerichtlichen und staatsanwaltlichen Verfahren (VidVerfG) vom 25.4.2013, BGBl. I S. 935, wurde mit Wirkung zum 1.11.2013 in Absatz 1 ein neuer Satz 2 eingefügt, der eine Verweisung auf § 58a Abs. 1 Satz 1, Abs. 2 und 3 sowie § 58b enthielt; dieser wurde durch Art. 3 Nr. 23 des Gesetzes zur effektiveren und praxistauglicheren Gestaltung des Strafverfahrens vom 17.8.2017, BGBl. I S. 3202, mit Wirkung zum 1.1.2020 wieder aufgehoben und dadurch ersetzt, dass Absatz 4 Satz 2 auf einen zugleich in Kraft tretenden neuen Absatz 4 von § 136 verweist, der eine allgemeine Regelung über die Anfertigung von Ton-Bildaufnahmen bei Beschuldigtenvernehmungen enthält.

Der neue Absatz 5 mit Verweisungen in das GVG wurde mit Wirkung zum 6.7.2013 durch Art. 2 Nr. 4 des Gesetzes zur Stärkung der Verfahrensrechte von Beschuldigten im Strafverfahren vom 2.7.2013, BGBl. I, S. 1938 in die Vorschrift eingefügt.

Durch Art. 1 Nr. 4 des zweiten Gesetzes zur Stärkung der Verfahrensrechte von Beschuldigten im Strafverfahren und zur Änderung des Schöffenrechts vom 27.8.2017, BGBl. I S. 3295, wurde mit Wirkung zum 5.9.2017 die Verweisung in Absatz 4 Satz 2 auf die Sätze 2 bis 5 des (nunmehr 6 Sätze umfassenden) § 136 Abs. 1 erweitert und zugleich Absatz 4 Satz 3 neu angefügt.

Durch Art. 1 Nr. 28 des Gesetzes zur zur Fortentwicklung der Strafprozessordnung und zur Änderung weiterer Vorschriften vom 25.6.2021, BGBl. 1, S. 2099, wurden die bis dahin auf die erste Vernehmung beschränkte Regelung in Absatz 4 Satz 1 auf alle Vernehmungen des Beschuldigten erweitert. Zugleich erfolgte eine Erweiterung der Verweisungen in Absatz 4 Satz 2 auf einen neuen Absatz 5 von § 136, und die Verweisungen auf das GVG in Absatz 5 wurden neu gefasst.

Übersicht

Alphabetische Übersicht

I. Bedeutung und Inhalt der Vorschrift

1 **1. Bedeutung.** Die Vorschrift erfüllt eine wichtige **rechtsstaatliche Funktion**. Sie stärkt und konkretisiert die Subjektstellung des Beschuldigten schon im Ermittlungsverfahren.[1] Sie erkennt grundsätzlich seinen Anspruch auf rechtliches Gehör und seinen Beweiserhebungsanspruch schon in diesem Verfahrensabschnitt an. Ferner erstreckt sie, überwiegend durch Verweisung auf die ursprünglich nur für richterliche Vernehmungen geltenden Bestimmungen, die Geltung des Verbots unzulässiger Vernehmungsmethoden und den Schutzbereich von Belehrungsvorschriften ausdrücklich auf staatsanwaltschaftliche und polizeiliche Vernehmungen.

2 Für die **Befugnisse von Staatsanwaltschaft und Polizei** und ihr Verhältnis zueinander ist die Vorschrift insoweit von Bedeutung, als sie insgesamt voraussetzt, dass die Strafverfolgungsbehörden zur Vernehmung von Beschuldigten berechtigt sind. Sie stellt damit klar, dass die Ermittlungsgeneralklausel der § 161 Abs. 1 Satz 1, § 163 Abs. 1 Satz 2 als Ermächtigungsnorm hierfür ausreicht. Im Verhältnis von Staatsanwaltschaft und Polizei verdeutlicht Absatz 3, ebenso wie § 161a,[2] dass der Staatsanwaltschaft für ihre eigene Ermittlungstätigkeit weitergehende Befugnisse zustehen; damit begründet auch § 163a die leitende und verantwortliche Stellung der Staatsanwaltschaft für das Ermittlungsverfahren.[3] Aus dem für die Polizei geltenden Absatz 4 kann aber **nicht** die **Verpflichtung** des Beschuldigten abgeleitet werden, vor ihr zu erscheinen (näher Rn. 81 f.).

3 **2. Inhalt.** Die Vorschrift handelt in den Absätzen 1, 3 und 4 von der **Vernehmung** des Beschuldigten.[4] **Absatz 1** gewährleistet dem Beschuldigten, falls das Verfahren nicht eingestellt wird, die Möglichkeit der Äußerung vor Abschluss des Ermittlungsverfahrens (näher Rn. 31 ff.). Durch **Absatz 3 Satz 2** und **Absatz 4 Satz 1 und 2** werden das nach seinem Standort nur für richterliche Beschuldigtenvernehmungen geltende Verbot unzulässiger Vernehmungsmethoden (§ 136a) und weitgehend die für den Richter geltenden Hinweis- und Belehrungsvorschriften auf staatsanwaltschaftliche und polizeiliche Vernehmungen erstreckt.[5] Absatz 3 verpflichtet den Beschuldigten darüber hinausgehend, auf Ladung vor der Staatsanwaltschaft zu erscheinen, gibt dieser das Vorführungsrecht, regelt den richterlichen Rechtsschutz hiergegen und gibt dem Verteidiger ein uneingeschränktes Anwesenheitsrecht (näher Rn. 58 ff.). Absatz 4 Satz 3 gibt dem Verteidiger bei der polizeili-

---

1 SK/*Albrecht* 1.
2 Vgl. näher § 161a, 1.
3 Vgl. näher Vor § 158, 43; § 161, 59; § 163, 11.
4 Vgl. zum Beginn der Beschuldigteneigenschaft Rn. 11 ff., zu „informatorischen Befragungen" Rn. 17 ff.
5 Die heute in § 163a enthaltene Erstreckung des Verbots unzulässiger Vernehmungsmethoden war seit der Schaffung des § 136a durch das VereinhG zunächst in § 161 und § 163 enthalten (s. die dortige Entstehungsgeschichte); die Geltung der sonstigen Belehrungsvorschriften war umstritten.

chen Vernehmung nunmehr ebenfalls ein uneingeschränktes Anwesenheitsrecht (Rn. 98). **Absatz 5** regelt die Hinzuziehung eines Dolmetschers (Rn. 48).

4 **Absatz 2** räumt dem Beschuldigten schon im Ermittlungsverfahren ein **Beweisantragsrecht** ein (näher Rn. 110 ff.). Die Regelung steht mit den übrigen Absätzen der Vorschrift nur in lockerem Zusammenhang, weil das Beweisantragsrecht auch außerhalb von Vernehmungen geltend gemacht werden kann.

3. Geltungsbereich

5 **a) Zeitlicher Geltungsbereich.** Die Vorschrift gilt nur für das Ermittlungsverfahren. Das folgt für Absatz 1 und Absatz 3 aus dem Regelungsinhalt. Auch wenn man anerkennt, dass die Staatsanwaltschaft nach Klageerhebung noch zu eigenen Ermittlungen befugt ist (vgl. § 160, 8), kann sie das Erscheinen des Beschuldigten dann nicht nach Absatz 3 erzwingen (s. § 161a, 7). Die Beschränkung der Anwendung des Absatzes 2 auf das Ermittlungsverfahren folgt daraus, dass das Beweisantragsrecht nach Klageerhebung durch andere Vorschriften (§§ 201, 219, 244) geregelt ist.

6 **b) Adressaten.** Die Vorschrift richtet sich in den Absätzen 1 und 2 an alle im Ermittlungsverfahren tätigen Strafverfolgungsbehörden, also an Staatsanwaltschaft, Polizei und die diesen gleichgestellten Behörden.[6] Absatz 3 gilt nur für die Staatsanwaltschaft sowie in Steuerstrafsachen (§ 386 AO) für die **Finanzbehörde**, soweit diese das Strafverfahren selbstständig führt. Absatz 4 gilt nur für die Beamten des Polizeidienstes[7] sowie für diejenigen Beamten, die im Strafverfahren die Rechte und Pflichten von Polizeibeamten haben.[8] In **Bußgeldverfahren** ist § 163a grundsätzlich anwendbar; die Befugnisse nach Absatz 3 stehen der Verwaltungsbehörde zu. Jedoch ist Absatz 1 durch § 55 Abs. 1 OWiG, Absatz 3 durch § 46 Abs. 5 und § 55 Abs. 2 OWiG modifiziert.

II. Beginn und Ende der Beschuldigteneigenschaft

7 **1. Allgemeines.** Die StPO setzt den Begriff des Beschuldigten voraus, bestimmt ihn aber nicht näher; sie sagt namentlich nichts darüber, wann jemand beginnt, Beschuldigter zu sein. Die in § 157 verwendete Terminologie bezeichnet als Beschuldigten im engeren Sinne die Person, gegen die ermittelt wird, bis zur Erhebung der Klage, im weiteren Sinne umfasst diese Bezeichnung den Angeschuldigten und den Angeklagten mit (s. LR/*Mavany* § 157, 2); offen lässt diese Vorschrift den Beginn und das Ende der Beschuldigteneigenschaft und die Abgrenzung des Beschuldigten vom bloß Verdächtigen. Eine gesetzliche Regelung hierüber ist bei der Schaffung der StPO wegen der damit verbundenen Abgrenzungsschwierigkeiten bewusst unterlassen worden.[9] Eine vollständige Klärung ist bisher weder im Schrifttum noch in der Rechtsprechung gelungen.[10]

8 Im Einzelnen geht es um **unterschiedliche Problemzusammenhänge**. Der Beginn der Beschuldigteneigenschaft ist insbesondere dafür wichtig, wann die den Beschuldig-

---

6 Vgl. Vor § 158, 34, 42.

7 Vgl. Vor § 158, 35 ff.; § 163, 16 ff.

8 Vgl. Vor § 158, 42.

9 Näher *Grosjean* 3 ff.; *Gundlach* 5 ff.; *Dingeldey* JA **1984** 409 Fn. 31; vgl. auch LR/*Mavany* § 157, 2.

10 Umfassende Darstellung der Problematik etwa bei SK/*Rogall* Vor § 133, 9 bis 58; ferner LR/*Gleß* § 136, 4 ff.; *Prittwitz* Mitbeschuldigter 89 ff. Vgl. de lege ferenda auch den zwischen Verdächtigen und Beschuldigten unterscheidenden Definitionsvorschlag des AE-EV in einer Neufassung des § 157.

ten betreffenden und vielfach seinem Schutz dienenden gesetzlichen Vorschriften, namentlich sein Recht, sich nicht selbst belasten zu müssen, eingreifen; hiermit zusammen hängt die ebenfalls noch nicht ausreichend geklärte Frage, ob und in welchem Umfang den Strafverfolgungsbehörden informatorische Befragungen ohne Belehrungen gestattet und wie deren Ergebnisse im späteren Verfahren verwertbar sind (s.u. Rn. 17 ff.). Der Begriff des Beschuldigten und seine Abgrenzung vom bloß Tatverdächtigen und vom Zeugen ist ferner dafür von Bedeutung, auf welche Weise die Bekundungen eines materiell der Beteiligung an der abzuurteilenden Tat Verdächtigen im Verfahren berücksichtigt werden können.[11] Schließlich ist umstritten, welche Konsequenzen es hat, wenn die Strafverfolgungsbehörden und die Gerichte den jeweiligen Auskunftspersonen sachwidrig oder gar willkürlich Rollen zuweisen, die ihnen von der Sache her nicht zukommen.

9 **2. Begriff des Beschuldigten.** Der Begriff des Beschuldigten[12] war lange Zeit umstritten, doch dürfte sich in neuerer Zeit eine in den Grundzügen allgemein anerkannte Meinung gebildet haben. Eine objektive Theorie betrachtet, mit Varianten im Einzelnen, denjenigen als Beschuldigten, gegen den sich ein personenbezogener Anfangsverdacht von solchem Gewicht richtet, dass er bei einer objektiven Betrachtung als Beschuldigter erscheint. Demgegenüber ist nach der subjektiven Auffassung Voraussetzung der Beschuldigteneigenschaft, dass das jeweils zuständige Strafverfolgungsorgan das Verfahren gerade gegen diese Person als Beschuldigten betreibt. Die inzwischen wohl herrschende[13] und auch von der Rechtsprechung anerkannte[14] Meinung stellt eine Fortentwicklung der subjektiven Auffassung dar. Sie betrachtet, anknüpfend an die in § 397 Abs. 1 AO getroffene gesetzliche Regelung,[15] einen objektiv Tatverdächtigen dann als Beschuldigten, wenn sich ein gegen ihn gerichteter Verfolgungswille in einem äußerlich erkennbaren Verfolgungsakt manifestiert. Es ist also nicht erforderlich, dass das Verfahren formell, etwa durch eine ausdrückliche Bezeichnung oder eine entsprechende registermäßige Behandlung, gegen den Betroffenen als Beschuldigten geführt wird; es reicht aber andererseits nicht aus, dass jemand lediglich aufgrund der materiellen Verdachtslage einer Tat in einem Maße verdächtig erscheint, die es prozessual rechtfertigen würde, ihn als Beschuldigten zu betrachten.

---

11 Vgl. zu der an dieser Stelle nicht zu behandelnden Frage, ob der Verdächtige neben dem Beschuldigten und Zeugen als eine selbstständige, schweigeberechtigte Auskunftsperson anzusehen ist (was im neueren Schrifttum kaum noch vertreten wird), wann ein Mitbeschuldigter Zeuge sein kann sowie zur Problematik des sog. „Rollentausches" LR/*Ignor/Bertheau* Vor § 48, 38 f. m.w.N.; ferner SK/*Rogall* Vor § 133, 51 ff.; *Mitsch* FS Lenckner 721 ff.; umfassend *Prittwitz* Mitbeschuldigte passim; *ders.* NStZ **1981** 463 ff.

12 Vgl. grundlegend *Fincke* ZStW **95** (1983) 918 ff.; ferner z.B. LR/*Gleß* § 136, 4 ff.; SK/*Rogall* Vor § 133, 26 ff.; *Grosjean* 26 ff.; *Prittwitz* Mitbeschuldigter 41 f., 61 ff., jeweils m.w.N.

13 Vgl. näher LR/*Gleß* § 136, 4; SK/*Rogall* Vor § 133, 31; Schmitt/Köhler/*Schmitt* Einl. 76; KK/*Fischer* Einl. 251; *Beulke/Swoboda* Rn. 172 f.; *Fezer* 3/51; *Kindhäuser/Schumann* § 6, 4 ff.; *Fincke* ZStW **95** (1983) 937; *Grosjean* 50 ff., *Müller-Dietz* ZStW **93** (1981) 1217; **a.A.** mit ausf. Kritik und Vorstellung eines Gegenmodells *Gerson* 791 ff.

14 S. etwa BGHSt **34** 138, 140; **38** 214, 228; BGH NStZ **1987** 83; **1997** 398 mit Anm. *Rogall*; NStZ-RR **2002** 67 (bei *Becker*); StV **2003** 540, 541; vgl. auch BGH StV **1985** 397; OLG Karlsruhe Justiz **1986** 163, OLG Stuttgart MDR **1977** 978 (dazu *Rogall* MDR **1977** 978); zur früheren Rspr. des BGH s. vor allem BGHSt **10** 8, 12; s. auch unten Rn. 11.

15 So wohl zuerst ausführlich *Rogall* Beschuldigter 27 (bezogen auf den damaligen, aber inhaltlich übereinstimmenden § 432 RAO).

Die in § 137 geregelte **Befugnis, sich eines Verteidigers zu bedienen**, zwingt nicht dazu, hier einen weiteren Beschuldigtenbegriff[16] oder insgesamt einen früheren Beginn der Beschuldigteneigenschaft anzunehmen.[17] Diese Regelung stellt lediglich klar, dass sich jeder Beschuldigte vom Beginn der Beschuldigteneigenschaft an eines Verteidigers bedienen kann, begrenzt aber diese Befugnis nicht. Der Beistand eines Verteidigers kann vielmehr, wie sich aus dem dem Rechtsstaatsprinzip folgenden Schutzbereich des Verteidigungsverhältnisses ergibt, schon dann erforderlich sein, wenn den Ermittlungsbehörden noch keine zureichenden tatsächlichen Anhaltspunkte für eine Straftat oder den konkreten Beschuldigen bekannt sind, aus der Sicht des noch nicht beschuldigten Betroffenen aber ein vernünftiger Anlass für die Annahme besteht, er könne als Beschuldigter in ein Strafverfahren einbezogen werden. Auch eine solche Verteidigung eines „Nichtbeschuldigten" steht unter dem generell durch die StPO gewährten Schutz, wie etwa dem Zeugnisverweigerungsrecht nach den §§ 53, 53a StPO, der Beschlagnahmefreiheit von Verteidigungsunterlagen und der sich aus § 148 ergebenden vollständigen Abhörfreiheit. 10

3. Beginn der Beschuldigteneigenschaft

a) Grundsatz. Der Beginn der Beschuldigteneigenschaft hängt nach der derzeit herrschenden Meinung, der die nachfolgende Kommentierung folgt, stets von einer manifestierten Strafverfolgungsmaßnahme der Strafverfolgungsbehörde, dem **Inkulpationsakt** ab. Dafür ist nicht erforderlich, dass ein Ermittlungsverfahren förmlich eingeleitet oder jedenfalls die Inkulpation ausdrücklich dokumentiert wird; vielmehr reicht in Anlehnung an die in § 397 Abs. 1 getroffene Regelung jede Maßnahme[18] aus, die erkennbar darauf gerichtet ist, gegen jemanden als Beschuldigten vorzugehen.[19] Dazu gehören diejenigen Maßnahmen, die, wie etwa nach § 81a, den Beschuldigten voraussetzen, aber auch solche, die, wie etwa die Durchsuchung nach § 102 oder die Identitätsfeststellung nach § 163b Abs. 1, an die Voraussetzung des bloßen Verdachts anknüpfen. Liegt ein solcher Inkulpationsakt vor, so wird die Stellung eines Beschuldigten unabhängig davon erworben, ob die materiellen Voraussetzungen für die Beschuldigung, nämlich ein personenbezogener Anfangsverdacht, vorgelegen hat.[20] Eine bloße Alibiprüfung mit dem Ziel, Personen unabhängig von konkreten Hinweisen auf eine mögliche Täterschaft als potentielle Verdächtige auszuschließen, stellt für sich genommen noch keinen Inkulpationsakt dar.[21] 11

Für die Strafverfolgungsbehörden besteht als **Inkulpationspflicht** die rechtliche Verpflichtung, denjenigen, gegen den ein personenbezogener Anfangsverdacht besteht, als Beschuldigten zu behandeln, falls gegen ihn strafverfahrensrechtlich vorgegangen werden soll, ihn also ggf. nach den §§ 136, 163a Abs. 3, 4 zu belehren und dafür Sorge zu tragen, 12

---

16 Dies erwägend *Rieß* ZStW **95** (1983) 1221; vgl. auch *Prittwitz* FS Bemmann 596, 604 f. Zum Bestehen von materiellen Verteidigerbefugnissen, wenn der Mandant noch nicht (formell) Beschuldigter ist, s. auch BGHSt **29** 99, 105.

17 So etwa LR/*Jahn* § 137, 8, die hieraus ein Argument für die objektive Beschuldigtentheorie ableiten.

18 Näher dazu *Eisenberg* (Beweisrecht) Rn. 505; *Moormann* 64 f.; vgl. auch BGH NStZ **2015** 291, 292 (Anfrage der Polizei beim Jugendamt zur weiteren Klärung des Sachverhalts unter Erwähnung bestehender Verdachtsmomente).

19 S. etwa aus der Rspr. BVerfG (Kammerentscheidung) NStZ **2001** 103 (obiter dictum); BGH NStZ **1997** 399 mit Anm. *Rogall*; StV **2003** 540, 541; NStZ **2015** 291, 292; vgl. auch BGHSt **37** 48 ff.; **38** 214, 228; aus dem Schrifttum m.w.N. LR/*Gleß* § 136, 4 f.; AK/*Achenbach* 20; KK/*Weingarten* § 160, 14; SK/*Rogall* Vor 133, 34; *Eisenberg* (Beweisrecht) Rn. 505.

20 *Grosjean* 63 ff., KK/*Weingarten* 2; vgl. auch *Fincke* ZStW **95** (1993) 918, 919; vgl. auch (zur Behandlung strafunmündiger Kinder) unten Rn. 16.

21 KK/*Weingarten* 2 und § 160, 14.

dass der Grundsatz der Selbstbelastungsfreiheit gewahrt bleibt. Für die Frage, wann diese Inkulpationspflicht besteht, soll es nach der Rechtsprechung auf die Stärke des Tatverdachts ankommen, wobei insoweit der jeweiligen Strafverfolgungsbehörde ein Ermessensspielraum[22] oder ein Beurteilungsspielraum zustehe.[23] Soweit damit zum Ausdruck gebracht werden sollte, dass ein in seiner Intensität über den (personenbezogenen) Anfangsverdacht hinausgehender Verdacht erforderlich sei,[24] kann dem nicht zugestimmt werden; liegen zureichende tatsächliche Anhaltspunkte im Sinne des § 152 Abs. 2 vor und wollen die Strafverfolgungsbehörden sich zur Aufklärung des Verdächtigen bedienen, so müssen sie ihn als Beschuldigten behandeln. Hiernach ist es z.B. unzulässig, das durch einen entsprechend verdichteten Verdacht einer Verkehrsstraftat motivierte Vorgehen als allgemeine Verkehrskontrolle auszugeben, um den Verdächtigen ohne vorherige Belehrung befragen zu können.[25] Die Frage, wie zu verfahren ist, wenn objektiv pflichtwidrig der aus der Inkulpationspflicht folgende Inkulpationsakt unterlassen wird, ist mit Hilfe der Anerkennung von Verwertungsverboten für die prozessordnungswidrig erlangten Erkenntnisse zu lösen (näher Rn. 122); je nach Lage des Falles kann auch das Täuschungsverbot des § 136a eingreifen.

13 **b) Einzelfragen.** Wird gegen eine **bestimmte Person** wegen eines konkreten Vorwurfs ermittelt, so muss diese als Beschuldigter behandelt werden; es kommt nicht darauf an, wie intensiv der die Ermittlungen auslösende Verdacht ist und ob angenommen werden kann, er werde sich alsbald zerstreuen lassen. Dasselbe gilt, wenn sich der Vorwurf gegen mehrere Personen als mögliche Mittäter oder Tatbeteiligte richtet. Ob die bloße **Erstattung der Strafanzeige** nach § 158 bereits die Beschuldigteneigenschaft begründet, ist umstritten.[26] Die Frage ist dann zu verneinen, wenn die Anzeige lediglich entgegengenommen wird, ihr aber (in der Terminologie des § 171) keine Folge gegeben, also das Verfahren ohne irgendeine Ermittlungshandlung eingestellt wird, weil das angezeigte Verhalten unter keinen Straftatbestand fällt oder die Anzeige als offensichtlich haltlos erkannt wird. Denn dann fehlt es an einem manifestierten Verfolgungsakt. Die Beschuldigteneigenschaft wird in diesen Fällen erst dann begründet, wenn gegen die angezeigte Person in

---

22 So (in der Ausdrucksweise wechselnd) BGHSt **37** 48, 51 f.; vgl. auch BGH NStZ-RR **2002** 67 (bei *Becker*), wo von pflichtgemäßer Beurteilung die Rede ist; im Schrifttum HK/*Zöller* 2; dagegen zutreffend LR/*Gleß*[26] § 136, 4 Fn. 12 m.w.N.; *Grosjean* 8 ff.

23 So etwa BGHSt **38** 214, 228; BGH NStZ **1997** 298 mit Anm. *Rogall*; StraFo **2005** 27; NStZ **2008** 48; BGH v. 6.6.2019 – StB 14/19, NJW **2019** 2627 Rn. 31 ff.; KK/*Weingarten* 2; Schmitt/Köhler/*Schmitt* Einl. 77a; Schmitt/Köhler/*Köhler* 4a; MüKo/*Kölbel*/*Ibold* 5; *Beulke*/*Swoboda* Rn. 172; ausf. *Grosjean* 8 ff.; enger z.B. *Gundlach* 32; *Störner* ZStW **108** (1996) 494, 512 ff., nach denen es sich um unbestimmte Rechtsbegriffe handelt; zur unbedingten Inkulpationspflicht bei tatsächlich bestehendem Verfolgungswillen BGHSt **51** 367; dazu unten Rn. 27 a.E.

24 Vgl. etwa BGHSt **37** 48, 52, wo auf einen „starken Tatverdacht" abgestellt wird; im Anschluss daran OLG Koblenz StV **2005** 122, 123; ähnlich BGH NStZ **2008** 48; KK/*Weingarten* 2; Schmitt/Köhler/*Köhler* 4a; SSW/*Ziegler* 3; ausdrücklich BGH v. 6.6.2019 – StB 14/19, NJW **2019** 2627 Rn. 34; OK/*von Häfen* 8; SK/*Rogall* Vor § 133, 17; vgl. auch *Schäfer*/*Fresemann*/*Hinrichs* Rn. 152.

25 Grds, zutr. *Zeyher* NStZ **2022** 142, 144 ff.; der dies allerdings erst bei der erhöhten Verdachtsschwelle annimmt, die nach Ansicht des BGH (s. vorangegangene Fn.) zur Begründung der Inkulpationspflicht erforderlich sein soll. Zur ähnlich gelagerten Problematik einer Umgehung der schützenden Formen des Strafprozessrechts durch die Beweisgewinnung im Zuge „legendierter Kontrollen LR/*Erb* § 161, 79.

26 Bejahend etwa AK/*Gundlach* § 136, 9; *v. Gerlach* NJW **1969** 776; verneinend *Kohlhaas* NJW **1965** 1277; *Fincke* ZStW **95** (1981) 933, 947; *Grosjean* 105 f.; SSW/*Ziegler* 4; differenzierend (etwa wie hier) LR/*Gleß* § 136, 9; MüKo/*Kölbel*/*Ibold* 3; SK/*Rogall* Vor § 133, 22; *Moormann* 95; wohl auch Schmitt/Köhler/*Schmitt* Einl. 77.

irgendeiner Form ermittelt wird; dabei muss es sich aber nicht unbedingt um ihre Vernehmung handeln, auch das bloße Einziehen von Erkundigungen über sie reicht aus.

In einem Ermittlungsverfahren, in dem noch **kein Tatverdächtiger erkennbar** ist 14 (**Unbekanntsache**), kann naturgemäß noch niemand als Beschuldigter behandelt werden. Die Pflicht zur Begründung der Beschuldigteneigenschaft entsteht, sobald gegen bestimmte Personen ein personenbezogener Anfangsverdacht erkennbar wird. Dies kann im Zusammenhang mit einer Vernehmung dieser Person als Zeuge oder durch andere Ermittlungen geschehen. Entsprechendes gilt für den Fall, dass überhaupt noch nicht, selbst im Sinne eines Anfangsverdachts, zu erkennen ist, ob eine Straftat vorliegt (z.B. wenn jemand eine Person als vermisst meldet).

Kommen **mehrere Personen alternativ** als Tatbeteiligte in Betracht, so hängt die 15 Frage, wer von welchem Zeitpunkt ab als Beschuldigter behandelt werden muss, davon ab, wann gegen wen ein personenbezogener Anfangsverdacht entsteht.[27] Nicht überzeugend ist insofern die Unterscheidung, ob sich mehrere Personen gegenseitig ausschließen oder ob aus einem bestimmten Personenkreis nur einzelne in Betracht kommen;[28] sie ist nur insoweit von Bedeutung, als die Zahl der potentiell in Betracht kommenden Personen für die Frage des Bestehens eines personenbezogenen Anfangsverdachts mit von Bedeutung ist. Steht lediglich fest, dass der mögliche Täter in einer großen Gruppe von Personen, etwa den Besuchern einer Versammlung oder Veranstaltung zu finden ist, so ist es nicht ohne weiteres gerechtfertigt, hinsichtlich all dieser Personen einen durch zureichende tatsächliche Anhaltspunkte begründeten Anfangsverdacht anzunehmen;[29] anders liegen die Dinge dann, wenn der in Betracht kommende Personenkreis klein ist, beispielsweise nur die Mitglieder einer Familie umfasst, oder wenn zusätzliche verdachtsbegründende Umstände auf einzelne Personen hindeuten.[30]

Ein strafunmündiges **Kind** darf grds. **nicht** als **Beschuldigter** behandelt werden.[31] 16 Soweit von ihm ermittlungsrelevante Auskünfte zu erwarten sind, ist es als Zeuge zu behandeln.[32] Werden jedoch gegen ein Kind, etwa weil sein wahres Alter noch nicht bekannt ist, Maßnahmen getroffen, aus den sich ein Verfolgungswille ergibt, so erlangt es jedenfalls insoweit die Stellung eines Beschuldigten, als es sich auf die einem solchen zustehenden Rechte berufen kann, bis es durch Verfahrenseinstellung aus der Beschuldigtenrolle entlassen wird.

4. Informatorische Anhörungen

a) Problematik. Unter dem Begriff der informatorischen Befragungen oder Anhörungen[33] verbergen sich unterschiedliche, namentlich in der polizeilichen Praxis verbreitete Formen der Entgegennahme oder Erhebung von Informationen im Zusammenhang mit Strafverfolgungsmaßnahmen. Ihr gemeinsames Kennzeichen besteht im Wesentlichen da- 17

---

27 Schmitt/Köhler/*Schmitt* Einl. 78; SK/*Rogall* § 133, 20; *Grosjean* 104 m.w.N.; *Moormann* 101.

28 So aber etwa AK/*Gundlach* § 136, 8; *v. Gerlach* NJW **1969** 780.

29 S. etwa Schmitt/Köhler/*Schmitt* Einl. 78; *Schäfer/Fresemann/Hinrichs* Rn. 156; *Grosjean* 105; vgl. auch BGHSt **38** 214, 227. Zur damit verbundenen Frage der Zulässigkeit von sog. „Massentests" LR/*Krause* § 81a, 9 m.w.N.

30 *Volk/Engländer* (Strafprozessrecht) § 9, 6; *Schäfer/Fresemann/Hinrichs* Rn. 156; vgl. auch *Helgerth* 31 ff.

31 Vgl. näher, jeweils m.w.N. LR/*Gleß* § 136, 7 sowie unten § 163b, 11a; ferner eingehend *Frehsee* ZStW **100** (1988) 290, 296 ff.; *Streng* FS Gössel 501 ff.

32 Dazu und zu den Grenzen LR/*Ignor/Bertheau* Vor § 48, 28.

33 Dazu insgesamt monografisch *Gerling*; *Moormann*; ferner etwa (ausführlicher) AK/*Achenbach* 23 f.; SK/*Rogall* Vor § 133, 44 ff.; *Eisenberg* (Beweisrecht) Rn. 509; *Beulke/Swoboda* Rn. 174, 181; *Geppert* FS Oehler 323; *Krause* Polizei **1978** 305; *ter Veen* StV **1983** 293; *Verrel* (Selbstbelastungsfreiheit) 137 ff.; *Wulf* 138 ff.

rin, dass die für Beschuldigten- und Zeugenvernehmungen vorgesehenen Belehrungen nicht stattfinden; ihre rechtliche Problematik taucht regelmäßig dann auf, wenn die dabei gewonnenen Informationen, vor allem für die Hauptverhandlung, verwertet werden sollen, und ihre rechtspolitische Brisanz besteht in der Möglichkeit, die gesetzlichen Belehrungs- und Hinweispflichten zur Gewinnung einer sonst nicht erreichbaren Aussage zu überspielen.[34]

18 Im Einzelnen sind zu unterscheiden: (1) Die informatorische **Vorbesprechung** mit einem Beschuldigten oder Zeugen vor der eigentlichen Vernehmung mit dem Ziel, die protokollierte Vernehmung zu straffen;[35] sie ist rechtlich Bestandteil der Vernehmung (vgl. Rn. 86); (2) die informatorische Erkundigung, ob eine möglicherweise als Beweismittel in Betracht kommende Person überhaupt etwas Sachdienliches bekunden kann, also die **Vergewisserung über** ihre **objektive Eignung** (vgl. § 163, 114); (3) die Entgegennahme von **Spontanäußerungen** (vgl. Rn. 26) und (4) die **informatorische Befragung** im engeren Sinne, bei der der ermittelnde Strafverfolgungsbeamte durch Herumfragen herauszufinden sucht, ob überhaupt hinreichende Anhaltspunkte für eine Straftat vorliegen und welche der als Auskunftspersonen in Betracht Kommenden als Zeugen oder als Beschuldigte zu betrachten sein könnten.

19 Solche **informatorischen Befragungen im engeren Sinne** werden von der Rechtsprechung[36] und vom Schrifttum[37] überwiegend für zulässig gehalten, wobei über die Grenzen und die Terminologie im Einzelnen keine Übereinstimmung besteht. Auch die dogmatische Begründung ist umstritten; teilweise wird die (zweifelhafte) Auffassung vertreten, dass es sich noch nicht um Vernehmungen im Rechtssinne handele und infolgedessen keine Belehrungspflicht bestehe,[38] teilweise wird jedoch die Zulässigkeit allein aus der tatsächlichen Unmöglichkeit einer sachgerechten Rollenzuweisung hergeleitet.

20 Wenig geklärt ist auch, ob und unter welchen Voraussetzungen die bei einer jeweils für zulässig gehaltenen informatorischen Befragung gewonnenen **Erkenntnisse** im weiteren Verfahren **verwertbar** sind. Die aus der neueren Rechtsprechung zum Verwertungsverbot bei einer unterbliebenen Belehrung im Ermittlungsverfahren (s.u. Rn. 122) naheliegende

---

34 Vgl. dazu u.a. *Herrmann* FS Moos 232; *ter Veen* **1983** 295 m.w.N.; *Koch* JA **2004** 558; ferner *Wulf* 140 ff. Ein deutliches Bsp. aus der Rspr. ist BayObLG NStZ-RR **2003**, 343 = NZV **2003** 435 m. zutr. abl. Anm. *T. Heinrich* NZV **2004** 159, wo ein Polizeibeamter einen von ihm kontrollierten Autofahrer mit Billigung des BayObLG „informatorisch" nach der Herkunft des Alkoholgeruchs im Fahrzeug befragte, statt ihn im Hinblick auf den hierdurch begründeten Anfangsverdacht als Beschuldigten zu belehren; für eine andere Konstellation beschuldigtenfreundlicher hingegen BayObLG NStZ-RR **2005** 175. Eingehende, aber unkritische Darstellung beider Entscheidungen bei AnwK/*Walther* 35 f.

35 Vgl. *Krause* Die Polizei **1978** 306; *Wulf* 143, 161 (mit Hinweis, daß sie in der polizeilichen Praxis oft mit der informatorischen Befragung im engeren Sinne verwechselt wird).

36 Vgl. etwa BGH NStZ **1983** 86 = StV **1983** 265 mit Besprechungsaufsatz *ter Veen* 293; BGSt **38** 214, 227 (obiter dictum); bereits früher BGH NJW **1968** 1390; s. auch BayObLG VRS **44** (1973) 62; **58** (1960) 422; OLG Hamm VRS **41** (1971) 384; KG JR **1992** 437; OLG Stuttgart MDR **1977** 70; zu den Grenzen BayObLG NStZ-RR **2005** 175; ausführliche Darstellung bei *Gerling* 12 ff.; vgl. auch *Moormann* 38 ff.

37 Wohl zuerst *Kohlhaas* NJW **1965** 1254; *Kleinknecht* Kriminalistik **1965** 451; ferner mit unterschiedlicher Bestimmung der Grenzen etwa AK/*Achenbach* 23 f.; *Roxin/Schünemann* § 25, 11 (alle sehr eng); HK/*Zöller* 3; KK/*Weingarten* 2; Schmitt/Köhler/*Schmitt* Einl. 79; *Beulke/Swoboda* Rn. 174, 181; *Eisenberg* (Beweisrecht) Rn. 509; *Fezer* 3/52; *Krey/Heinrich* Rn. 464; *Ranft* Rn. 335; *Rüping* Rn. 94; *Schäfer/Fresemann/Hinrichs* Rn. 154; *Volk/Engländer* (Strafprozessrecht) § 9, 6; *Kramer* Rn. 28c; *Geppert* FS Oehler 322 ff.; *Koch* JA **2004** 558 ff.; weitere Übersicht bei *Gerling* 12 ff.; *Moormann* 42 ff. Weitere Nachweise bei LR/*Rieß*[24] Fn. 32.

38 So etwa SK/*Rogall* Vor § 133, 43 m.w.N.; *Beulke* Rn. 181; *Fezer* 2/52; dagegen etwa *Grosjean* 93 ff. (m.w.N.); *Kramer* Rn. 28c; vgl. auch (keine Vernehmungen im engeren Sinne) *Schmitt/Köhler/Schmitt* Einl. 79.

Konsequenz, auch insoweit ein Verwertungsverbot anzunehmen, hat die Rechtsprechung noch nicht in der wünschenswerten Klarheit gezogen (dazu näher unten Rn. 24).

b) Stellungnahme. Dass bei einer unklaren Sachlage auch durch die Befragung von Auskunftspersonen Klarheit über die Frage herbeigeführt werden kann, ob ein Anfangsverdacht vorliegt und gegen wen er sich möglicherweise richten könnte, entspricht einer aus dem Erforschungsauftrag entspringenden praktischen Notwendigkeit. Ebensowenig kann bezweifelt werden, dass hierbei Situationen vorkommen, bei denen eine Belehrung über die Einlassungsfreiheit, Zeugnisverweigerungsrechte und das Auskunftsverweigerungsrecht nach § 55 mangels tatsächlicher Anhaltspunkte noch nicht möglich ist. Dabei kann es auch nicht darauf ankommen, ob dies darauf beruht, dass überhaupt erst geklärt werden soll, ob ein Anfangsverdacht vorliegt[39] oder ob nur die nach Sachlage erforderlichen Rollenzuweisungen noch nicht vorgenommen werden können. Andererseits sind auch keine anerkennenswerten Gründe ersichtlich, die es rechtfertigen können, außerhalb dieser Notwendigkeiten die Zulässigkeit von belehrungsfreien Befragungen anzuerkennen, unabhängig davon, ob man sie nun terminologisch verselbstständigt oder ihnen den Charakter als Vernehmungen abspricht. Entscheidend ist allein die auf tatsächlichen Gründen beruhende Unmöglichkeit, vorgeschriebene Belehrungen sachgerecht zu erteilen.[40] Zu entscheiden ist dabei vor allem, ob und in welchem Umfang es zulässig sein soll, Auskunftspersonen an ihren ohne Belehrung gemachten Bekundungen festzuhalten und diese im weiteren Verfahren zu verwenden. 21

Das Problem der informatorischen Befragung dürfte daher genau genommen ein **Problem der Verwertbarkeit ohne Belehrung gewonnener Auskünfte** darstellen. Es erscheint deshalb zweifelhaft, ob die informatorische Befragung als selbständiges Rechtsinstitut sinnvoll ist, zumal dies dazu führen kann, Belehrungen auch dort zu unterlassen, wo sie nach Sachlage möglich wären.[41] Da diese Bezeichnung sich eingebürgert hat, besteht aber wohl derzeit wenig Aussicht, auf den Begriff zu verzichten. Behält man ihn bei, so lässt sich die informatorische Befragung etwa folgendermaßen begrenzen: (1) Informatorische Befragungen sind nur dann und insoweit zulässig, wie es aus tatsächlichen Gründen nicht möglich ist, eine Auskunftsperson sachentsprechend zu belehren; das dürfte im Wesentlichen der h.M. entsprechen. (2) Die von einer informatorischen Befragung betroffenen Personen sind als Zeugen anzusehen; eine besondere Kategorie von Auskunftspersonen ohne Zeugenstatus kommt in diesem Zusammenhang nicht in Betracht.[42] (3) Es lässt sich nicht rechtfertigen, den Vorgang der informatorischen Befragung nicht als Vernehmung anzusehen. 22

c) Verwertbarkeit/Belehrung. Für die **Verwertbarkeit** der bei einer informatorischen Befragung gewonnenen Erkenntnisse können, wenn man dem folgt, keine anderen Grundsätze gelten, als sie für die Verwertbarkeit von belehrungsfrei gewonnenen Aussagen allgemein angenommen werden. Soweit die informatorische Befragung wegen Fehlens der Voraussetzungen **unzulässig** war, ergibt sich dies daraus, dass sie dann einer „normalen" Beschuldigten- oder Zeugenvernehmung gleichzusetzen ist, bei der mindestens objektiv pflichtwidrig die Belehrung unterblieben ist. Hier entspricht die Annahme eines (für 23

---

39 So aber wohl etwa SK/*Rogall* Vor § 133, 43; vgl. auch *Grosjean* 81 (Entstehung eines Anfangsverdachts müsse als möglich erscheinen).

40 Ebenso MüKo/*Kölbel*/*Ibold* 9.

41 Ähnlich *Grosjean* 82; teilw. weitergehend wohl *Moormann* 60 ff. Der BGH hat die Gegenüberstellung von Vernehmung und informatorischer Befragung als „missverständlich" bezeichnet, BGHSt **38** 214, 227.

42 Ebenso MüKo/*Kölbel*/*Ibold* 9.

die Verwertung in der Hauptverhandlung widerspruchsabhängigen) **Verwertungsverbots** denn auch der allg. M. Für eine evt. Folgevernehmung begründet der Verstoß das Erfordernis einer **qualifizierten Belehrung** über die Unverwertbarkeit der bisherigen Einlassung, wobei freilich umstritten ist, ob eine Verletzung dieses Erfordernisses für die Folgevernehmung ebenfalls per se zu einem Verwertungsverbot führt,[43] oder ob ein solches von einer einzelfallbezogenen Abwägung des Strafverfolgungsinteresses mit den Beschuldigtenrechten abhängt.[44]

24 Umstritten ist dagegen, auch in der Rechtsprechung,[45] ob ein Verwertungsverbot auch für solche Erkenntnisse gilt, die bei einer **zulässigen informatorischen Befragung** gewonnen worden sind.[46] Die besseren Gründe sprechen auch hier für ein Verwertungsverbot, weil sich die Interessenlage in keiner Weise von derjenigen bei einer (sonstigen) belehrungsfreien Vernehmung unterscheidet: In beiden Fällen äußert sich der Betroffene auf Veranlassung eines Strafverfolgungsorgans zur Sache, ohne dass der gesetzlich vorgeschriebene Hinweis auf seine Einlassungsfreiheit oder seine Zeugnis- und Aussageverweigerungsrechte erfolgt war. Dieser Gesichtspunkt kann nicht durch die fragwürdige begriffliche Abspaltung der informatorischen Befragung von der eigentlichen Vernehmung überspielt werden. Die wohl vielfach als schwer erträglich empfundene Konsequenz, dass ein Beschuldigter trotz Offenkundigkeit der durch eine geständige Einlassung bestätigten Täterschaft nicht verurteilt werden kann, ist leicht zu vermeiden: Hierzu muss man die informatorische Befragung lediglich streng auf die Phase der aus tatsächlichen Gründen bestehenden Unsicherheit in der Rollenzuweisung beschränken und im selben Moment, in dem die ersten Anhaltspunkte für eine Täterschaft des Befragten zutage treten, zu der mit einer Belehrung verbundenen förmlichen Vernehmung übergehen. Dies ist ohnehin sachlich geboten; die nach verbreiteter Ansicht gegebene Verwertbarkeit selbstbelastender Äußerungen im Rahmen informatorischer Befragungen ist es gerade, die hier den Anreiz schafft, letztere zwecks Umgehung der Belehrungspflicht in missbräuchlicher Weise auszudehnen.

25 Verwertbar sind solche Erkenntnisse mithin nur dann, wenn der Betroffene, nachdem er mit einer ordnungsmäßigen **Belehrung** in die Beschuldigtenrolle eingerückt ist, sich damit einverstanden erklärt, als verteidigter Angeklagter in der Hauptverhandlung nicht widerspricht oder seine Äußerungen nach einer Belehrung über seine Einlassungsfreiheit wiederholt. Bei der letztgenannten Möglichkeit ist umstritten, ob hier wiederum die Notwendigkeit einer **qualifizierten Belehrung** besteht, die verdeutlicht, dass die früheren Bekundungen des Betroffenen nicht verwertet werden können. Richtigerweise wird eine

---

43 So etwa *Beulke/Swoboda* Rn. 182.

44 So Schmitt/Köhler/*Köhler* 4b; offengelassen von BGH NStZ **2015** 291, 293.

45 Für Verwertbarkeit etwa (vor der Anerkennung eines Verwertungsverbots bei unterlassener Beschuldigtenbelehrung) BGH NStZ **1983** 86; BayObLG VRS **58** (1980) 422; OLG Oldenburg NJW **1967** 1097; OLG Stuttgart MDR **1977** 70; später BGHSt **38** 214, 227 f.; BGH NStZ-RR **2002** 67 (bei *Becker*); KG JR **1992** 437; BayObLG NZV **2003** 435; für ein Verwertungsverbot etwa LG Nürnberg StV **1994** 123; LG Heilbronn StV **2005** 380; AG Berlin-Tiergarten StV **1983** 277; AG Gelnhausen StV **1991** 206; AG Homburg/Saar StV **1994** 124. Die uneingeschränkte Geltung von § 252 für die Erkenntnisse aus einer informatorischen Befragung von Zeugen, die später von ihrem Recht auf Zeugnisverweigerung Gebrauch machen, dürfte außer Frage stehen; dazu OLG Jena StV **2006** 517.

46 Ein Verwertungsverbot bejahen etwa MüKo/*Kölbel/Ibold* 11; *Beulke/Swoboda* 181 und StV **1990** 180, 181; *Fezer* 3/52; *Eisenberg* (Beweisrecht) Rn. 509a; *Moormann* 166; *Schaal* 136 ff.; *ter Veen* StV **1983** 296; *Ostendorf* (Strafprozessrecht) Rn. 143; **a.A.** etwa AnwK/*Walther* 4; HK/*Zöller* 3; KK/*Weingarten* 2; *Schmitt/Köhler/Schmitt* Einl. 79a; SK/*Rogall* Vor § 133, 47; *Kindhäuser/Schumann* § 6, 27; *Ranft* Rn. 335; *Geppert* FS Oehler 323, 328; *Verrel* (Selbstbelastungsfreiheit) 137 ff.; grds. auch *Koch* JA **2004** 558, 561, der den Rahmen zulässiger informatorischer Befragungen allerdings enger fasst als die h.M.

solche auch für diesen Sonderfall verlangt werden müssen.[47] Der Gegenmeinung, die hier eine Ausnahme deshalb annimmt, weil es sich um keine unzulässige Vernehmung gehandelt habe,[48] ist entgegenzuhalten, dass der Sachgrund für diese Konzeption nicht in der Sanktionierung eines Rechtsverstoßes, sondern im Schutz des Beschuldigten vor einem Missverständnis liegt, das die effektive Wahrnehmung seiner Rechte vereiteln würde.

5. Spontanäußerungen. Keine Belehrungspflichten und keine Einschränkungen bei der Verwertbarkeit bestehen grundsätzlich hinsichtlich solcher Bekundungen, die gegenüber Strafverfolgungsbehörden spontan und ohne eine amtliche Veranlassung gemacht werden, etwa bei einer Selbstanzeige oder bei einem Hilfeersuchen. Anders ist es aber dann, wenn diese Äußerungen durch eine „vernehmungsähnliche Situation" herbeigeführt werden oder, für die dann nachfolgenden Erklärungen, wenn aufgrund einer solchen Äußerung weitere Erkundigungen eingezogen werden. Die Einzelheiten der Abgrenzung sind umstritten.[49] 26

6. Übergang zur Beschuldigtenvernehmung. Wird jemand als Zeuge vernommen oder informatorisch gehört und stellt sich dabei heraus, dass gegen ihn wegen des Sachverhalts, der Gegenstand der Ermittlungen ist, ein Anfangsverdacht besteht, so darf die Vernehmung nicht als informatorische Befragung oder als Zeugenvernehmung fortgesetzt werden; es reicht auch nicht aus, den Betreffenden nur nach § 55 zu belehren (vgl. § 163, 116).[50] Die Vernehmung darf nur, nachdem die Belehrungen nach § 136 i.V.m. § 163a Abs. 3, 4 vorgenommen worden sind, als **Beschuldigtenvernehmung** fortgesetzt werden.[51] Sofern dies nicht in Betracht kommt, ist sie abzubrechen. Wenn es zum Zeitpunkt der Befragung objektiv noch vertretbar wäre, einen Anfangsverdacht gegen den Betroffenen zu verneinen, so entbindet dies die Strafverfolgungsorgane (selbstverständlich) nicht von der Pflicht, diesen sofort als Beschuldigten zu belehren, wenn sie ihm tatsächlich mit Verfolgungswillen gegenübertreten.[52] 27

Berechtigt zum sofortigen Übergang zur Beschuldigtenvernehmung ist uneingeschränkt dasjenige Strafverfolgungsorgan, das die Ermittlungen führt, also die das Verfahren betreibende Staatsanwaltschaft stets, die Polizei dann, wenn sie nach § 163 selbstständig oder aufgrund eines generellen staatsanwaltschaftlichen Ermittlungsersuchens nach § 161 tätig wird. Liegt der Vernehmung lediglich ein einzelner auf Zeugenvernehmung gerichtete Auftrag an die Polizei oder eine ersuchte Staatsanwaltschaft zugrunde, so ist es eine Frage des Einzelfalles, ob im mutmaßlichen Einverständnis mit dem Auftraggeber zur Beschuldigtenvernehmung übergegangen werden kann; in Zweifelsfällen empfiehlt sich eine (mindestens fernmündliche) Verständigung. Zur Situation bei richterlichen Vernehmungen s. § 162, 32. 28

7. Ende der Beschuldigteneigenschaft. Die Beschuldigteneigenschaft endet mit der Erledigung der Beschuldigung; sie erfordert aber, wie die Begründung, eine Prozesshandlung des verfahrensleitenden Prozessorgans, die auf die Einstellung des Verfahrens gegen 29

---

47 Ebenso AG Berlin-Tiergarten StV **1983** 277; dem zustimmend *ter Veen* StV **1983** 293, 296; *Lüder* Polizei **1985** 46; *Gerling* 55; ferner MüKo/*Kölbel/Ibold* 11; *Moormann* 166; wohl auch *Beulke/Swoboda* Rn. 182.

48 Etwa *Geppert* GedS Meyer 93, 108 f.; *Ranft* Rn. 343.

49 Dazu m.w.N. auch aus der Rspr. etwa ferner LR/*Gollwitzer*[25] § 252, 29 f.; *Fezer* 15/55.

50 Deutlich zuletzt BGH NStZ **2015** 291, 293.

51 Allg. M.; vgl. z.B. LR/*Gleß* § 136, 11; KK/*Weingarten* 2; Schmitt/Köhler/*Schmitt* Einl. 77a; *Eb. Schmidt* Nachtr. I 11.

52 Zutr. BGHSt **51** 367 ff. m. Bespr. *Roxin* JR **2008** 16 Schmitt/Köhler/*Köhler* 4a.

den betreffenden Beschuldigten gerichtet ist.[53] Sie endet deshalb mit der Einstellung des Ermittlungsverfahrens nach § 170 Abs. 2 (LR/*Merz* § 170, 47), mit der Einstellung des Ermittlungsverfahrens oder des gerichtlichen Verfahrens nach den §§ 153 ff. und mit der rechtskräftigen Erledigung des Verfahrens durch Urteil, Strafbefehl, Einstellungsbeschluss nach den §§ 206a, 206b oder Nichteröffnungsbeschluss nach § 204.[54] Die vorläufige Einstellung nach § 205 (auch dessen analoge Anwendung durch die Staatsanwaltschaft) und die Beschränkung des Prozessstoffes nach § 154a[55] beendet die Beschuldigteneigenschaft nicht.

30 Die **Beschuldigteneigenschaft lebt wieder auf**, ohne dass es eines erneuten besonderen Inkulpationsaktes bedarf, wenn das beendete Verfahren mit dem gleichen Verfahrensgegenstand fortgesetzt oder erneuert wird.[56] Der ursprünglich Beschuldigte erlangt also seinen Beschuldigtenstatus wieder, wenn die Staatsanwaltschaft das eingestellte Verfahren wieder aufnimmt; nach rechtskräftigem Freispruch schon dann, wenn die Staatsanwaltschaft es mit dem Ziel der Prüfung aufnimmt, ob ein Wiederaufnahmegrund nach § 362 gegeben ist.

III. Vernehmung des Beschuldigten – Allgemeines

31 **1. Notwendigkeit und Zweck der Vernehmung.** Bis 1964 schrieb die Strafprozessordnung nicht zwingend vor, dass der Beschuldigte, gegen den die öffentliche Klage erhoben wurde, im Ermittlungsverfahren zu vernehmen sei. Sofern die Staatsanwaltschaft die gerichtliche Voruntersuchung beantragte und diese eröffnet wurde, war der Beschuldigte vom Untersuchungsrichter zu vernehmen (§ 192 Abs. 2 a.F.). Erhob die Staatsanwaltschaft die öffentliche Klage durch Einreichung einer Anklageschrift, so erhielt der Angeschuldigte Gelegenheit zur Äußerung im Eröffnungsverfahren, im Verfahren vor dem Einzelrichter jedoch möglicherweise, da eine Zustellung der Anklage hier nicht vorgeschrieben war,[57] erst im Hauptverfahren. In der Praxis war allerdings eine Beschuldigtenvernehmung schon vor Anklageerhebung außer in kleineren Sachen regelmäßig üblich.[58]

32 **Absatz 1** ist nach allgemeiner Meinung in erster Linie Ausprägung des **Anspruchs auf rechtliches Gehör**;[59] er gewährleistet, dass der Beschuldigte nicht mit einer Klage überrascht wird, sondern dass er die Möglichkeit hat, den Verdacht zu entkräften oder mindestens so abzuschwächen, dass die Staatsanwaltschaft den Anklagevorwurf reduziert oder das Verfahren nach den §§ 153 ff. einstellt. Zugleich trägt die Vorschrift der Einsicht Rechnung, dass entscheidende Weichen für das Hauptverfahren bereits im Ermittlungsverfahren gestellt werden (vgl. Vor § 158, 7). Mittelbar dient die Vorschrift auch der Sachverhaltserforschung und der Konzentration des gerichtlichen Verfahrens, weil die Kenntnis davon, ob und wie der Beschuldigte sich (voraussichtlich) gegen den Vorwurf verteidigen wird, für die

---

53 SK/*Rogall* Vor § 133, 36 ff.; ferner Schmitt/Köhler/*Schmitt* Einl. 81; MüKo/*Kölbel/Ibold* 6; zur Frage der Pflicht zur Verfahrenseinstellung durch die Staatsanwaltschaft vgl. LR/*Merz* § 170, 11 ff. und *Hilger* JR **1985** 93.

54 OLG Hamm NJW **1974** 914.

55 Insoweit **a.A.** SK/*Rogall* Vor § 133, 37.

56 Ebenso MüKo/*Kölbel/Ibold* 6; zur Frage, wann insoweit ein neues Verfahren in Betracht kommt oder das bereits abgeschlossene fortzusetzen ist, s. *Radtke* NStZ **1999** 481, 483 ff.

57 Vgl. Entstehungsgeschichte zu § 201; *Rieß* FS Reichsjustizamt 399 ff.

58 LR/*Kohlhaas*[21] EB 1.

59 Vgl. etwa AK/*Achenbach* 3; HK/*Zöller* 1; KK/*Weingarten* 1; MüKo/*Kölbel/Ibold* 13; *Eb. Schmidt* Nachtr. I 4; NK/*Heghmanns* 4; SK/*Albrecht* 3 (m.w.N.); *Peters* § 57 II 3 c; *Wagner* ZStW **109** (1997) 545, 548 ff.; *Meinecke* StV **2015** 325, eingehend *Gerson* 500 ff.

Abschlussverfügung der Staatsanwaltschaft und die Vorbereitung der Hauptverhandlung von Bedeutung ist.[60]

Zweck der Vernehmung und insbesondere der in Absatz 1 vorgeschriebenen Anhörungspflicht ist aber in erster Linie die Sicherung des rechtlichen Gehörs und die Gewährleistung einer effektiven Verteidigung schon im Ermittlungsverfahren; der Nebenzweck der Sachverhaltsaufklärung darf gegenüber dieser Zielrichtung weder den Zeitpunkt noch die Art der Vernehmung beeinflussen.[61] 33

Die **Möglichkeit der Äußerung** muss jedem Beschuldigten vor dem Abschluss der Ermittlungen (§ 169a, vgl. Rn. 43) eingeräumt werden, wenn die Staatsanwaltschaft das Verfahren nicht einstellen (Rn. 38), wenn sie also die öffentliche Klage erheben will.[62] Absatz 1 Satz 3 gestattet in einfachen Sachen (Rn. 50) lediglich, die Form der mündlichen Vernehmung durch die der schriftlichen Äußerung zu ersetzen. Gelegenheit zur Äußerung muss also nicht nur bei Erhebung der öffentlichen Klage durch Einreichung einer Anklageschrift, sondern auch beim Antrag auf Erlass eines Strafbefehls, auf Aburteilung im beschleunigten Verfahren oder im vereinfachten Jugendverfahren sowie beim Antrag auf Einleitung eines Sicherungsverfahrens (§§ 413 ff.) gegeben werden.[63] Dass der Beschuldigte in einer anderen Prozessrolle, beispielsweise als Zeuge vernommen worden war, reicht nicht aus; ebensowenig genügt eine informatorische Anhörung (Rn. 19). Die Pflicht zur Anhörung eines späteren **Einziehungsbeteiligten** richtet sich nach § 426. 34

Eine frühzeitige **Unterrichtung jedes Beschuldigten** über die Einleitung eines gegen ihn gerichteten Ermittlungsverfahrens gewährleistet die Vorschrift schon wegen ihrer zeitlichen und gegenständlichen Beschränkung nicht. Eine solche ist auch davon abgesehen in der StPO nicht vorgeschrieben. Sofern nicht aus Sachgründen eine frühzeitige Vernehmung stattfindet oder offene Zwangsmaßnahmen vorgenommen werden, kann nach dieser Rechtslage ein Ermittlungsverfahren stattfinden, von dem der Beschuldigte längere Zeit oder, im Falle der Verfahrenseinstellung, überhaupt nichts erfährt. Dieser Rechtszustand unterliegt verbreiteter und berechtigter Kritik.[64] Ob schon nach geltendem Recht aus der EMRK eine grundsätzliche Verpflichtung zur Unterrichtung des Beschuldigten von der Einleitung des Verfahrens abgeleitet werden kann, erscheint zweifelhaft;[65] eine Auslegung des § 163a Abs. 1 dahingehend, eine Rechtspflicht zur alsbaldigen Vernehmung zu begründen,[66] erscheint weder sachgerecht noch in allen Fällen ausreichend. De lege ferenda spricht daher alles dafür, eine selbstständige Verpflichtung zu schaffen, einen Beschuldigten ggf. auch unabhängig von einer Vernehmung unverzüglich von der Einleitung eines Ermittlungsverfahrens zu unterrichten, solange dadurch nicht der Untersuchungszweck gefährdet wird.[67] 35

---

60 KK/*Weingarten* 3; *Eb. Schmidt* Nachtr. I 7; SK/*Albrecht* 3 f.

61 Zum Vernehmungszweck näher LR/*Gleß* § 136, 57 m.w.N.; ferner SK/*Rogall* § 136, 18; *Grünwald* StV **1987** 453; *Lesch* ZStW **111** (1999) 636 ff. (mit Hinweis zur Entwicklungsgeschichte); *Rieß* JA **1980** 293, 297; für einen Gleichrang beider Zwecke SSW/*Ziegler* 9.

62 Wegen der Konsequenzen eines Verstoßes gegen diese Pflicht s.u. Rn. 121; zu Defiziten in der Praxis *Leitner* FS Volk 301 f.

63 HK/*Zöller* 1; KMR/*Noltensmeier-von Osten* 2.

64 Ausführlich *Gillmeister* StraFo **1996** 114, 115; *Gerson* 537 ff.; ferner etwa *E. Müller* FS Koch 191, 196 ff.; vgl. auch NK/*Heghmanns* 6; SK/*Albrecht* 9; AK/*Achenbach* 3.

65 So wohl *Gillmeister* a.a.O.; ebenso (eingehend) *Frister* StV **1998** 159 ff.; vgl. auch LR/*Esser*[27] Art. 6, 118 f., 763 ff. EMRK; LR/*Gleß* § 136, 23.

66 So der Vorschlag etwa von SK/*Albrecht* 9 und AK/*Achenbach* 4 m.w.N.; s. auch unten Rn. 43.

67 So der Vorschlag des AE-EV in seiner Neufassung des § 163a (S. 124 f.); zustimmend SK/*Albrecht* 8; dazu auch *Gerson* 546.

2. Entbehrlichkeit

36 **a) Allgemeines.** Das Gebot des Absatzes 1, dem Beschuldigten rechtliches Gehör zu gewähren, gilt nicht, wenn das Ermittlungsverfahren eingestellt wird, kommt aber (selbstverständlich) wieder in vollem Umfang zum Tragen, wenn das Verfahren nach Einstellung wieder aufgenommen wird (etwa auf eine Beschwerde des Anzeigenden oder auf Anweisung der vorgesetzten Staatsanwaltschaft) und nunmehr Klage erhoben werden soll.[68] Im gerichtlichen **Klageerzwingungsverfahren** muss die Vernehmung des Beschuldigten nachgeholt werden, *bevor* das Oberlandesgericht die Erhebung der öffentlichen Klage beschließt.[69]

37 Die Ausnahme in Absatz 1 bei beabsichtigter Einstellung betrifft **lediglich** die **unbedingte Verpflichtung**, dem Beschuldigten Gelegenheit zur Äußerung zu geben. Damit ist nicht ausgeschlossen, dass seine Vernehmung aus anderen Gründen geboten ist, etwa zu einer auf diese Weise evt. doch noch möglichen Sachverhaltsaufklärung oder aus dem Gesichtspunkt der Fürsorgepflicht, um dem Beschuldigten Gelegenheit zu geben, einen bestehenbleibenden, aber zur Klageerhebung nicht ausreichenden Verdacht weiter zu entkräften.[70] Legt der Beschuldigte ausdrücklich Wert auf eine Vernehmung, so kann diesem Wunsch entsprochen werden, auch wenn das Verfahren einstellungsreif zu sein scheint.

38 **b) Einstellung des Verfahrens.** Ob die **Einstellung des Verfahrens** auf § 170 Abs. 2, den §§ 153 ff. (außer § 153a), § 376 oder § 45 JGG beruht, ist rechtlich unerheblich;[71] auch wenn ein Verfahrenshindernis vorliegt, beruht die Einstellung auf § 170 Abs. 2 und kann deshalb eine Vernehmung entbehrlich machen.[72] Die teilweise vertretene Auffassung, dass in den Fällen der Einstellung nach den §§ 153 ff. stets eine Vernehmung erforderlich sei, weil hierauf die Ausnahmevorschrift unanwendbar sei,[73] findet im Gesetzeswortlaut und der Entstehungsgeschichte keine Stütze. Das für sie angeführte Argument, dem Beschuldigten müsse aufgrund der Möglichkeit einer jederzeitigen Wiederaufnahme in die Lage versetzt werden, Entlastungsbeweise vorzutragen und ggf. zu sichern, könnte bei einer Einstellung nach § 170 Abs. 2 Satz 1 in gleicher Weise Geltung beanspruchen. Allerdings wird eine Beschuldigtenvernehmung vor einer Einstellung nach § 153 Abs. 1, § 153b Abs. 1 oder § 45 JGG häufig deshalb notwendig sein, um feststellen zu können, ob die Einstellungsvoraussetzungen gegeben sind. Beabsichtigt die Staatsanwaltschaft, das Verfahren nach Erfüllung von Auflagen und Weisungen nach **§ 153a Abs. 1** einzustellen, so muss dem Beschuldigten vorher gemäß Absatz 1 Gelegenheit zur Äußerung gegeben werden,[74] denn diese Verfahrensweise setzt einen anklagereifen Sachverhalt voraus (LR/*Mavany* § 153a, 45 f.) und erfordert den Vermerk über den Abschluss der Ermittlungen nach § 169a (§ 169a, 3).

39 **c) Abwesenheit des Beschuldigten.** Ist der Beschuldigte abwesend, so kann die Staatsanwaltschaft das Verfahren gemäß § 154f vorläufig einstellen. In diesem Fall bedarf es einer Vernehmung des Beschuldigten, wenn dieser wieder erreichbar ist und deshalb

68 HK/*Zöller* 5; KK/*Weingarten* 5.
69 Näher LR/*Merz* § 175, 3 m.w.N.; KK/*Moldenhauer* § 175, 1.
70 AK/*Achenbach* 5; HK/*Zöller* 5; KK/*Weingarten* 5; MüKo/*Kölbel/Ibold* 19.
71 HK/*Zöller* 5; KK/*Weingarten* 5; KMR/*Noltensmeier-von Osten* 12; Schmitt/Köhler/*Köhler* 3; *Eb. Schmidt* Nachtr. I 4.
72 Vgl. KK/*Weingarten* 5; *Eb. Schmidt* 5.
73 *Peters* § 57 II 3c aa; AK/*Achenbach* 5; SK/*Wohlers*[4] 8; *Wagner* ZStW **109** (1997) 545, 573.
74 KMR/*Noltensmeier-von Osten* 12; HK/*Zöller* 5; NK/*Heghmanns* 4; Schmitt/Köhler/*Köhler* 3; SK/*Albrecht* 8; *Rieß* JA **1980** 297.

Klage erhoben werden soll. Die Staatsanwaltschaft ist aber nicht gehindert, bei einem anklagereifen Sachverhalt trotz der Abwesenheit des Beschuldigten die Klage zu erheben, damit das Verfahren, evt. nach Anklagezustellung an den Verteidiger, weiter gefördert werden kann. War der Beschuldigte jedoch noch nicht im Sinne des Absatzes 1 vernommen, so ist dies nur möglich, wenn der Beschuldigte auf seine Anhörung verzichtet (Rn. 40) oder wenn ihm vorher Gelegenheit zu einer schriftlichen Äußerung, etwa durch Vermittlung seines Verteidigers, gegeben wird und wenn dies nach den in Rn. 41 ff. dargelegten Grundsätzen ausreicht.[75]

d) Verzicht. Erklärt der noch nicht vernommene Beschuldigte in Kenntnis der Vorwürfe, zu denen er anzuhören ist, im Ermittlungsverfahren keine (weiteren) Erklärungen zur Sache abgeben zu wollen, beispielsweise durch einen Schriftsatz seines Verteidigers, so entfällt damit grundsätzlich die Verpflichtung zur Vernehmung.[76] Gleiches gilt, wenn er eine schriftliche Stellungnahme ankündigt, eine solche aber nicht abgegeben wird.[77] Anders liegen die Dinge jedoch, wenn sich der Beschuldigte über die Tragweite dieser Äußerung nicht im Klaren war oder wenn der Beschuldigte (oder sein Verteidiger) gebeten hat, vom Abschluss der Ermittlungen unterrichtet zu werden, um dann zu entscheiden, ob eine Äußerung abgegeben werden soll. In Zweifelsfällen ist die Anhörungsmöglichkeit einzuräumen. Ob ein darüber hinausgehender genereller Verzicht auf die Anwendung des Absatzes 1 möglich ist, ist zweifelhaft und wohl eher zu verneinen. 40

3. Umfang der Vernehmung. Die Äußerungsmöglichkeit des Beschuldigten muss sich auf **alle Taten** beziehen, die ihm mit der Erhebung der Klage zur Last gelegt werden sollen. Erstreckt die Staatsanwaltschaft ihre Ermittlungen, nachdem der Beschuldigte bereits vernommen war, auf andere Taten, also selbständige historische Lebenssachverhalte, so muss insoweit die Vernehmung oder die Gelegenheit zur schriftlichen Äußerung nachgeholt werden.[78] 41

Zweifelhaft ist, ob der Beschuldigte erneut vernommen werden muss, wenn sich die ursprünglich angenommene und dem Beschuldigten eröffnete (§ 136 Abs. 1 Satz 1) **rechtliche Qualifikation** ändert oder wenn **neue erhebliche Beweismittel** oder sonst neue erhebliche Umstände auftauchen.[79] Das wird im Allgemeinen zu verneinen sein; denn die Informationen, die dem Beschuldigten im Rahmen seines rechtlichen Gehörs gegeben werden müssen, brauchen nicht über das hinauszugehen, was die Absätze 3 und 4 an Belehrungspflichten vorschreiben. Absatz 4 verpflichtet die Polizei aber nur zur Information über die Tat, also zur Mitteilung des konkreten Lebenssachverhalts, in dem das strafbare Verhalten gesehen wird, nicht darüber hinaus zur Mitteilung der konkreten Verdachtslage und der vorhandenen Beweismittel.[80] Eine Pflicht, dem Beschuldigten bei Abschluss der Ermittlungen stets Gelegenheit zu geben, sich zu der nunmehrigen Sachlage umfas- 42

75 Ebenso NK/*Heghmanns* 7.

76 Ebenso NK/*Heghmanns* 7; zur Frage, ob sein Erscheinen vor der Staatsanwaltschaft oder dem Gericht dennoch erzwungen werden kann, s.u. Rn. 61.

77 BGH NStZ-RR **1999** 259 (bei *Kusch*).

78 KK/*Weingarten* 1; SK/*Albrecht* 9, 19; *Wagner* ZStW **109** (1997) 545, 568.

79 Vgl. dazu **bejahend** AK/*Achenbach* 39; MüKo/*Kölbel*/*Ibold* 15; SK/*Albrecht* 19; *Peters* § 28 IV 2; *Fincke* ZStW **95** (1983) 918, 968; *Frister* StV **1998** 159, 161; *Mayer-Wegelin* DStZ **1984** 244, 247; *Wagner* ZStW **109** (1997) 545, 572; *Kempf* FS AG Strafrecht DAV 592, 597 f.; **verneinend** Schmitt/Köhler/*Köhler* 1; *Eb. Schmidt* Nachtr. I 4; *H. Schäfer* wistra **1987** 165, 166.

80 Zur Frage, ob eine während der Vernehmung durch Gericht oder Staatsanwaltschaft erkennbar werdende Veränderung der rechtlichen Beurteilung eine Ergänzung der rechtlichen Belehrung erforderlich macht, vgl. LR/*Gleß*[26] § 136, 26 m.w.N.

send zu äußern, liefe auf ein Schlussgehör hinaus, das der Gesetzgeber von Anfang an nicht unbeschränkt gewährt und 1975 insgesamt wieder beseitigt hat.[81] **Ausnahmsweise** kann sich aus den Grundgedanken des Absatzes 1 eine Pflicht zur nochmaligen Vernehmung auch bei gleicher prozessualer Tat ergeben, wenn sich die Sachlage so weitgehend verändert hat, dass in der ursprünglichen Vernehmung eine ausreichende Gewährung des rechtlichen Gehörs nicht mehr gesehen werden kann.[82]

43 **4. Zeitpunkt.** Die Vernehmung (oder die schriftliche Anhörung) muss vor Abschluss der Ermittlungen, also vor Anbringung des in § 169a vorgeschriebenen Vermerks erfolgen.[83] Mit dem Wort „spätestens" bezeichnet das Gesetz den Endzeitpunkt, nicht etwa schreibt es damit vor, dass ein bereits früher vernommener Beschuldigter vor dem Abschluss der Ermittlungen nochmals vernommen werden müsse.[84] Die Wortwahl lässt aber den Schluss zu, dass der Gesetzgeber für den Regelfall eine frühere Vernehmung für angemessen gehalten hat. Wird der Beschuldigte in Haft genommen, so ist er bei der Verkündung des Haftbefehls zu vernehmen (§ 115 Abs. 3). Es entspricht nicht dem Vernehmungszweck (Rn. 33), wenn die Vernehmung erst zu einem Zeitpunkt stattfindet, in dem sie die Abschlussentscheidung nicht mehr beeinflussen kann. Im Übrigen soll es dem pflichtgemäßen Ermessen der Strafverfolgungsbehörden im Rahmen der freien Gestaltung des Ermittlungsverfahren unterliegen, wann sie dem Beschuldigten durch Vernehmung Gelegenheit zur Verteidigung geben und, falls er zur Äußerung bereit ist, seine Erklärungen zur Sachaufklärung nutzen wollen.[85] Eine uneingeschränkte Pflicht, den Beschuldigten zu Beginn der Ermittlungen zu vernehmen, besteht nicht;[86] es entspricht jedoch dem Grundsatz des fairen Verfahrens, dem Beschuldigten unverzüglich Gelegenheit zur Äußerung zu geben, sobald die Ermittlungsnotwendigkeit dies gestattet (vgl. § 160, 44, 46).[87] Dem ließe sich mindestens de lege ferenda besser dadurch Rechnung tragen, dass eine selbstständige Pflicht zur frühzeitigen, von der Vernehmung unabhängigen Information über die Einleitung des Ermittlungsverfahrens angenommen wird (s.o. Rn. 35).

44 **5. Form der Anhörung.** Es bleibt grds. der Staatsanwaltschaft überlassen, ob sie der Verpflichtung nach Absatz 1 durch eine polizeiliche, staatsanwaltschaftliche oder richterliche Vernehmung oder, soweit dies ausreicht (s.u. Rn. 49 f.), durch die Gelegenheit zur schriftlichen Äußerung entspricht. Erscheint der Beschuldigte vor der Polizei nicht, so kann die Staatsanwaltschaft dies als die Erklärung auffassen, keine Angaben machen zu wollen. **Entschuldigt** sich der Beschuldigte rechtzeitig ausreichend oder legt er später dar, dass ihm eine rechtzeitige Entschuldigung nicht möglich war, so ist das Vernehmungsangebot zu wiederholen.[88]

---

81 Vgl. *H. Schäfer* wistra **1987** 165, 168.

82 Ähnlich NK/*Heghmanns* 8; weitergehend etwa *Wagner* ZStW **109** (1997) 545, 569; SK/*Albrecht* 9.

83 KK/*Weingarten* 7.

84 *Eb. Schmidt* Nachtr. I 4; vgl. auch Rn. 42.

85 So HK/*Zöller* 7; KK/*Weingarten* 7; Schmitt/Köhler/*Köhler* 2 (alle mit Beispielen über die dabei anzustellenden Erwägungen); KMR/*Noltensmeier-von Osten* 7; *Schäfer/Fresemann/Hinrichs* Rn. 413; *H. Schäfer* wistra **1987** 167.

86 BVerfG (Vorprüfungsausschuss) NStZ **1984** 228.

87 HK/*Zöller* 7; MüKo/*Kölbel/Ibold* 14; teilweise weitergehend (Aufschieben nur so lange, wie konkrete Verdunkelungsmaßnahmen drohen) AK/*Achenbach* 4; SK/*Albrecht* 9; vgl. auch *Kühne* Rn. 351; *Dahs* NJW **1985** 1115; *Fincke* ZStW **95** (1983) 918, 971 f.; *Mayer-Wegelin* DStZ **1984** 247.

88 Vgl. zu den anzuerkennenden Entschuldigungsgründen, die im Wesentlichen auch für diesen Fall gelten, LR/*Ignor/Bertheau* § 51, 10 ff.

Erklärt der Beschuldigte bei einer polizeilichen Vernehmung mündlich oder auf die Ladung zu einer solchen schriftlich, **nur vor der Staatsanwaltschaft aussagen zu wollen**, so ist diesem Anliegen entgegen der h.M.[89] zwingend zu entsprechen: Angesichts der Justizförmigkeit des Ermittlungsverfahrens ist es mit dem Anspruch auf rechtliches Gehör schwerlich zu vereinbaren, dem Beschuldigten einen von diesem ausdrücklich gewünschten unmittelbaren Dialog mit dem für die Abschlussentscheidung verantwortlichen Justizorgan zu verweigern.[90] Die von der h.M. immerhin geforderte Prüfung, ob nicht die **Pflicht zur Sachverhaltsaufklärung** oder die **Fürsorgepflicht** im Einzelfall gebietet, verständlichen Wünschen des Beschuldigten (nach der Vernehmung durch den Staatsanwalt, aber auch nach Überlassung einer Durchschrift des Vernehmungsprotokolls)[91] zu entsprechen, um von ihm eine Aussage zur Sache zu erhalten,[92] reicht für sich genommen nicht aus, um die angemessene Gewährung rechtlichen Gehörs generell zu gewährleisten. Auf eine Vernehmung durch den **Ermittlungsrichter** hat der Beschuldigte hingegen **keinen Anspruch**. 45

6. Art und Inhalt der Vernehmung. Wegen der Durchführung der Vernehmung des Beschuldigten verweisen Absätze 3 und 4 auf die §§ 136, 136a mit der einzigen Ausnahme, dass der Umfang der von der Polizei zu erteilenden Belehrungen eingeschränkt ist (näher Rn. 79 ff.). Es gilt also auch für die polizeiliche und staatsanwaltschaftliche Vernehmung, dass sie dem Beschuldigten Gelegenheit geben soll, die gegen ihn vorliegenden Verdachtsgründe zu beseitigen und die zu seinen Gunsten sprechenden Tatsachen geltend zu machen (§ 136 Abs. 2, näher LR/*Gleß* § 136, 56).[93] Wegen der Vernehmung zur Person und zur Feststellung der persönlichen Verhältnisse (§ 136 Abs. 3) LR/*Gleß* § 136, 14 bis 19; zum Gang und Inhalt der Vernehmung zur Sache LR/*Gleß* § 136, 60 ff. und zur Frage der Wahrheitspflicht LR/*Gleß* § 136, 63 ff. Einzelheiten zur polizeilichen Vernehmung und zur Protokollierung s.u. Rn. 83 ff., 103 ff. Das Verbot, die in § 136a beschriebenen Vernehmungsmethoden zu verwenden, gilt uneingeschränkt für Polizei und Staatsanwaltschaft; auf die Erläuterungen zu § 136a wird verwiesen. 46

7. Bild-Ton-Aufzeichnung. Indem Absatz 4 Satz 2 u.a. auf § 136 Abs. 4 und 5 verweist, wird die Bild-Ton-Aufzeichnung der Beschuldigtenvernehmung allgemein ermöglicht (§ 136 Abs. 4 Satz 1) und unter bestimmten Voraussetzungen positiv verlangt (§ 136 Abs. 4 Satz 2; vgl. auch dazu die Kommentierung von § 136). Die Weiterverweisung von § 136 Abs. 4 Satz 3 auf § 58a Abs. 2 führt zur Geltung der dort normierten Verwendungs- und Löschungsregeln, diejenige von § 136 Abs. 5 auf § 58b ermöglicht den Einsatz von **Videokonferenztechnik.**[94] Der **Beschuldigte** hat es weiterhin in der Hand, eine Bild-Ton-Aufzeichnung selbst dann zu **verhindern**, wenn sie nach § 136 Abs. 4 Satz 2 eigentlich vorgeschrieben ist, indem er seine Aussagebereitschaft davon abhängig macht, dass die Aufzeichnung unterbleibt (vgl. auch § 168a, 31). In diesem Fall ist es auch nicht zulässig, die Entgegennahme seiner Aussage umgekehrt an die Bedingung zu knüpfen, dass er der Aufnahme in Bild und Ton doch zustimmt, weil es mit dem Anspruch auf rechtliches 47

---

89 LR/*Rieß*[25] 38; AK/*Achenbach* 7; AnwK/*Walther* 8; HK/*Zöller* 4, 6; KK/*Weingarten* 4, 6; KMR/*Noltensmeier-von Osten* 9; NK/*Heghmanns* 9; Schmitt/Köhler/*Köhler* 2; SK/*Albrecht* 16; SSW/*Ziegler* 14; HbStrVf/*Jahn* II Rn. 85; zweifelnd *Wagner* ZStW **109** (1997) 545, 576 f.

90 Zutr. MüKo/*Kölbel/Ibold* 16; SK/*Albrecht* 17; *Wagner* ZStW **109** (1997) 545, 576 f.

91 KMR/*Noltensmeier-von Osten* 9; Schmitt/Köhler/*Köhler* 2, 26; vgl. auch § 147 Abs. 3; näher Rn. 107.

92 AK/*Achenbach* 7; KK/*Weingarten* 4; SK/*Albrecht* 17.

93 Vgl. auch *Eb. Schmidt* Nachtr. I 7.

94 Dazu LR/*Erb*[26] Nachtrag; Schmitt/Köhler/*Köhler* 1.

Gehör schwerlich vereinbar wäre, ihm die Entgegennahme einer Einlassung am Ende tatsächlich zu verweigern.[95] Die heimliche Anfertigung einer Bild-Ton-Aufzeichnung wäre ebenfalls unzulässig.

48 **8. Hinzuziehung eines Dolmetschers (Absatz 5).** Für die **Hinzuziehung eines Dolmetschers**, die **Absatz 5** durch die Verweisung auf § 187 Abs. 1 bis 3 und § 189 Abs. 4 GVG unter den dort geregelten Voraussetzungen vorschreibt, ist auf die Kommentierung dieser Vorschriften zu verweisen.

9. Schriftliche Äußerungen

49 **a) Allgemeines.** Absatz 1 Satz 2 gestattet im Interesse einer ökonomischen Verfahrenserledigung, aber auch, um dem Beschuldigten Zeitaufwand und Unannehmlichkeiten zu ersparen,[96] das rechtliche Gehör in der Form zu gewähren, dass dem Beschuldigten Gelegenheit zu einer schriftlichen Äußerung gegeben wird, beschränkt diese Möglichkeit aber auf einfache Sachen; in Bußgeldverfahren reicht dieser Weg stets aus (§ 55 Abs. 1 OWiG). Dem **Beschuldigten steht es** jederzeit, auch in nicht einfachen Sachen, **frei**, sich insgesamt oder ergänzend schriftlich zu äußern,[97] auch durch seinen Verteidiger[98] und auch, wenn er bei einer Vernehmung von seinem Schweigerecht Gebrauch macht. Solche schriftlichen Äußerungen müssen stets zur Kenntnis genommen werden. Unberührt bleibt auch die Möglichkeit, den Beschuldigten bei seiner Vernehmung nach **§ 136 Abs. 1 Satz 6** darauf hinzuweisen, dass er sich schriftlich (näher) äußern könne, auch wenn die Sache nicht einfach ist.[99]

50 **b) Einfache Sachen.** Ob eine Sache einfach ist, ist nach Lage des Einzelfalles zu beurteilen. Vom Sinn der Vorschrift her, dem Beschuldigten eine gleichwertige Form des rechtlichen Gehörs anzubieten, ist maßgebend, ob von ihm, soweit das nach dem Stand der Ermittlungen erkennbar ist (vgl. auch Rn. 53), eine ausreichende schriftliche Ausdrucksfähigkeit erwartet werden kann.[100] Es ist deshalb bedenklich, für ganze Deliktsgruppen durch allgemeine Verwaltungsanweisungen die schriftliche Anhörung vorzuschreiben.[101] Im Verfahren gegen Jugendliche wird die schriftliche Anhörung regelmäßig nicht angebracht sein.[102] Entscheidend ist, ob die Sache in tatsächlicher Hinsicht so einfach gelagert ist, dass dem Beschuldigten in schriftlicher Form eine ausreichende Sacheinlassung möglich ist,[103] ohne dass durch Vorhalte und Fragen Ergänzungen der Aussage herbeigeführt werden müssen. Rechtliche Schwierigkeiten sollen in der Regel keine Rolle spielen.[104] Bei

---

95 Vom Gesetzgeber bei der lapidaren Erwägung, der Beschuldigte habe die Möglichkeit, „die Aussage zu verweigern und damit auch eine Aufzeichnung zu vermeiden" (RegE BTDrucks. **18** 11277 S. 25), wohl nicht hinreichend durchdacht.

96 KK/*Weingarten* 10; SK/*Albrecht* 21; zur Bewertung *Wieczoreck* Kriminalistik **1981** 25; *Kerl* DRiZ **1985** 3.

97 KK/*Weingarten* 11; SK/*Albrecht* 20; vgl. auch unten Rn. 94.

98 Zu den verteidigungstaktischen Überlegungen bei einer schriftlichen Äußerung vgl. u.a. *Dahs* (Hdb.) Rn. 288 ff.; Bosbach/Ackermann/Caba/*Bosbach* Rn. 329 ff.

99 AK/*Achenbach* 6; s. näher LR/*Gleß* § 136, 52 und unten Rn. 94.

100 AK/*Achenbach* 6; HK/*Zöller* 9; KK/*Weingarten* 11; Schmitt/Köhler/*Köhler* 9; KMR/*Noltensmeier-von Osten* 10; *Eb. Schmidt* Nachtr. I 5; *Kleinknecht* Kriminalistik **1965** 449, 455.

101 *Kerl* DRiZ **1985** 3.

102 NK/*Heghmanns* 13; *Wieczoreck* Kriminalistik **1981** 25, 26.

103 Vgl. auch KK/*Weingarten* 11; SK/*Albrecht* 23, zur Vielgestaltigkeit möglicher Probleme NK/*Heghmanns* 13 f.

104 LR/*Meyer-Goßner*[23] 11; *Eb. Schmidt* 5; zweifelnd SK/*Albrecht* 22.

schweren Tatvorwürfen, etwa bei Verbrechen, wird eine schriftliche Äußerung im Allgemeinen nicht ausreichen.[105] Bei einer objektiv nicht einfachen Sache genügt die Einräumung einer schriftlichen Äußerung gegen den Willen des Beschuldigten auch dann nicht, wenn sie ihm aufgrund seiner besonderen persönlichen Fähigkeiten möglich ist.[106]

Ob, auch wenn die Sache einfach ist, der Weg einer schriftlichen Äußerung gewählt 51
werden soll, entscheiden die Strafverfolgungsbehörden nach **pflichtgemäßem Ermessen**;[107] maßgebend ist in Zweifelsfällen die Auffassung der Staatsanwaltschaft. Dabei ist die Polizei insbesondere nicht befugt, bei einem Auftrag der Staatsanwaltschaft, den Beschuldigten zu „vernehmen", stattdessen eine schriftliche Anhörung durchzuführen.[108] Anlass für eine Aufforderung, sich schriftlich zu äußern, kann auch ein entsprechender Wunsch des Beschuldigten darstellen, etwa auf eine Vorladung hin.

c) Durchführung und Ergebnis. Der Beschuldigte ist regelmäßig schriftlich, entspre- 52
chend dem Anhörungsbogen im Bußgeldverfahren, zur schriftlichen Äußerung aufzufordern. Die Aufforderung kann nach § 145a an den Verteidiger oder in den Fällen des § 116a Abs. 3, § 132 Abs. 1 Satz 1 Nr. 2 einen sonstigen Zustellungsbevollmächtigten gerichtet werden.[109] Eine förmliche Zustellung ist nicht erforderlich; öffentliche Zustellung reicht nicht aus.[110] Die Aufforderung muss, wenn sie von der Staatsanwaltschaft stammt, die Belehrungen nach § 136 Abs. 1 Satz 1, 2, 5 und 6, 2. Alt. (§ 163a Abs. 3 Satz 2; die übrigen Sätze von § 136 Abs. 1 passen inhaltlich nicht für die Anforderung schriftlicher Äußerungen), wenn sie von der Polizei stammt, die nach § 163a Abs. 4 enthalten;[111] dabei ist eindeutig klarzustellen, dass der Beschuldigte zu einer Äußerung in der Sache nicht verpflichtet ist. Eine mündliche (auch telefonische) Aufforderung ist rechtlich nicht ausgeschlossen;[112] dürfte aber nur in Ausnahmefällen zweckmäßig sein; sie ist aktenkundig zu machen. Es ist zweckmäßig, für die Äußerung eine (ausreichende) **Frist** zu setzen;[113] verspätete Äußerungen sind (selbstverständlich) gleichwohl zu berücksichtigen. Unzulässig ist es, den Vermerk über den Abschluss der Ermittlungen (§ 169a) alsbald nach der Mitteilung vorzunehmen; die Ermittlungen sind erst abgeschlossen, wenn sich der Beschuldigte innerhalb der ihm gesetzten oder einer angemessenen Frist nicht geäußert hat (s. auch Rn. 43).

Äußert sich der **Beschuldigte** auf die Aufforderung hin **nicht**, oder teilt er mit, keine 53
Angaben machen zu wollen, so ist die Verpflichtung nach Absatz 1 Satz 1 erfüllt, wenn nicht Anzeichen dafür sprechen, dass er zu einer sachgerechten schriftlichen Äußerung nicht in der Lage ist. Bittet er um eine mündliche Vernehmung, so ist dem aus den unter Rn. 45 genannten Gründen zu entsprechen.[114] **Äußert sich der Beschuldigte**, so ist dies wie bei einer Vernehmung zu berücksichtigen; enthält die Äußerung Beweisanträge, so sind sie nach Absatz 2 zu behandeln. Wird aus der Äußerung ersichtlich, dass die Sache für den Beschuldigten nicht einfach ist, so muss eine Vernehmung vorgenommen werden.[115]

105 KK/*Weingarten* 11.
106 HK/*Zöller* 9; KK/*Weingarten* 11; SK/*Albrecht* 22.
107 HK/*Zöller* 9; KK/*Weingarten* 10; MüKo/*Kölbel/Ibold* 22; SK/*Albrecht* 21.
108 Zutr. NK/*Heghmanns* 14.
109 SK/*Albrecht* 23.
110 SK/*Albrecht* 23; *Schmid* MDR **1978** 96 f.
111 KK/*Weingarten* 12; Schmitt/Köhler/*Köhler* 12; SK/*Albrecht* 23.
112 **A.A.** NK/*Heghmanns* 15.
113 KK/*Weingarten* 12; Schmitt/Köhler/*Köhler* 13; *Eb. Schmidt* Nachtr. I 5; SK/*Albrecht* 23.
114 Ähnlich HK/*Zöller* 10; enger (je nachdem, ob es die Aufklärungspflicht im Einzelfall gebietet) KK/*Wache* 13; Schmitt/Köhler/*Köhler* 13; MüKo/*Kölbel/Ibold* 23.
115 KK/*Weingarten* 11; SK/*Albrecht* 22; *Eb. Schmidt* Nachtr. I 5.

54 **d) Verwertbarkeit.** Die schriftliche Äußerung des Beschuldigten kann, auch wenn sie nur gegenüber der Polizei oder der Staatsanwaltschaft abgegeben worden ist, in der Hauptverhandlung nach **§ 249** im Wege des **Urkundenbeweises** verwertet werden,[116] und zwar auch im Wege des Selbstleseverfahrens nach § 249 Abs. 2 und unabhängig davon, ob der Angeklagte sich zur Sache einlässt oder schweigt. Die für eine protokollierte Beschuldigtenaussage in § 254 vorgesehenen Beschränkungen gelten insoweit nicht. Nicht verlesbar sind jedoch schriftliche Erklärungen, die der Verteidiger für den Beschuldigten abgibt;[117] anders kann es sein, wenn der Verteidiger lediglich (als „Schreibhilfe") eine Erklärung des Beschuldigten wiedergeben will,[118] oder wenn der Beschuldigte später unzweideutig erklärt, die Erklärung als seine gelten lassen zu wollen.[119]

IV. Vernehmung des Beschuldigten durch die Staatsanwaltschaft (Absatz 3)

55 **1. Entwicklung und Bedeutung.** Dass die Staatsanwaltschaft zur Vernehmung des Beschuldigten berechtigt ist, war stets unumstritten. Bis 1965 wurde dies aus § 161 Satz 1 abgeleitet.[120] Eine Pflicht bei der Staatsanwaltschaft zu erscheinen, bestand aber nicht,[121] und es fehlte auch an gesetzlichen Vorschriften darüber, wie die Vernehmung im Einzelnen durchzuführen sei. Für die Beschuldigtenvernehmung wurde diese zweite Lücke durch das StPÄG 1964 geschlossen, indem im damaligen Absatz 3 die §§ 136, 136a für anwendbar erklärt wurden. Das 1. StVRG begründete als Ausgleich für die Abschaffung der gerichtlichen Voruntersuchung neben der Verpflichtung von Zeugen und Sachverständigen zur Aussage vor dem Staatsanwalt (§ 161a) die Verpflichtung des Beschuldigten, vor ihm zur Vernehmung zu erscheinen, und gab der Staatsanwaltschaft das Recht, dies durch eine Vorführungsanordnung zu erzwingen. Wegen der Einzelheiten und der damaligen rechtspolitischen Kontroversen s. § 161a, 1, 3.[122]

56 Staatsanwaltschaftliche Beschuldigtenvernehmungen sind in der **Strafverfolgungspraxis** keineswegs singulär, aber doch verhältnismäßig selten.[123] Staatsanwaltschaftliche Vorführungsanordnungen dürften in der Praxis keine nennenswerte Rolle spielen; gerichtliche Entscheidungen nach Absatz 3 Satz 3 sind bisher kaum bekanntgeworden.[124] Die Erscheinenspflicht vor der Staatsanwaltschaft berührt die **Einlassungsfreiheit** des Beschuldigten

116 BGHSt **39** 305, 306; OLG Düsseldorf VRS **41** (1971) 436; OLG Hamm VRS **42** (1972) 100; OLG Zweibrücken VRS **60** (1981) 442; LR/*Mosbacher*[27] § 249, 13; HK/*Zöller* 11; KK/*Weingarten* 14; Schmitt/Köhler/*Köhler* 14; MüKo/*Kölbel/Ibold* 23; SK/*Albrecht* 24.

117 BGHSt **39** 305, 306; BGH StV **2002** 182; OLG Celle NStZ **1988** 426; HK/*Zöller* 11; Schmitt/Köhler/*Köhler* 14; SK/*Albrecht* 24.

118 Vgl. LR/*Mosbacher*[27] § 249, 13; in BGHSt **39** 305, 307 offengelassen.

119 Ebenso KMR/*Noltensmeier-von Osten* 10; vgl. dazu bereits BGH NStZ **1990** 447, 448; OLG Hamm JR **1980** 82 mit Anm. *Fezer*; StV **2002** 187.

120 Vgl. m.w.N. LR/*Kohlhaas*[21] § 161, 4.

121 RGSt **9** 433, 436; RG GA **62** (1915/16) 342; vgl. aber (Vorführung eines inhaftierten Beschuldigten zur Vernehmung) OLG Stuttgart *Alsb.*E **1** Nr. 345.

122 Speziell zur Erscheinenspflicht des Beschuldigten bei der Staatsanwaltschaft krit. *Welp* Zwangsbefugnisse S. 38 ff.

123 Nach dem statistischen Bericht der Staatsanwaltschaften wurden 2023 bei 5.569.896 erledigten Ermittlungsverfahren 4.904 Beschuldigtenvernehmungen durchgeführt. Gegenüber den Zahlen aus dem Jahr 2000 (bei 4.447.000 Ermittlungsverfahren 51.160 Vernehmungen) bedeutet dies einen Rückgang um mehr als 90 %! Zur Zahl der Zeugen- und Sachverständigenvernehmungen s. § 161a, 3 Fn. 13.

124 S. lediglich BGHSt **39** 96 = JR **1994** 37 mit Anm. *Welp*.

nicht; sie darf deshalb auch nicht zu einem Druck auf den Beschuldigten missbraucht werden, sich zur Sache zu erklären.[125]

Richterliche Beschuldigtenvernehmungen sind durch die Verpflichtung des Beschuldigten, vor der Staatsanwaltschaft zu erscheinen, nicht stets entbehrlich. Abgesehen von den gesetzlich vorgeschriebenen Fällen im Zusammenhang mit Haftentscheidungen[126] können sie wegen der Regelung in § 254 notwendig werden, um ein in der Hauptverhandlung verlesbares Protokoll zu gewinnen. Wenn der Beschuldigte nur bereit ist, vor dem Richter auszusagen, kann es die Aufklärungspflicht gebieten, auf diesen Wunsch einzugehen, wenngleich insoweit kein Anspruch besteht (s.o. Rn. 45). Der Richter darf den staatsanwaltschaftlichen Antrag auf Vornahme einer Beschuldigtenvernehmung nicht mit der Begründung ablehnen, der Staatsanwalt könne das Erscheinen selbst erzwingen (§ 162, 41). 57

2. Erscheinenspflicht. Wenn die Staatsanwaltschaft den Beschuldigten vernehmen will, kann sie mit ihm oder seinem Verteidiger formlos, auch mündlich oder fernmündlich, einen Vernehmungstermin vereinbaren.[127] Der Staatsanwalt kann den Beschuldigten mit dessen Zustimmung auch aufsuchen, um ihn zu vernehmen.[128] Eine **Pflicht** des Beschuldigten, vor der Staatsanwaltschaft zum Zwecke einer Vernehmung zu erscheinen, besteht aber nur, wenn er von der Staatsanwaltschaft förmlich geladen wird (näher Rn. 64). Diese Pflicht hängt nicht davon ab, dass in der Ladung die Vorführung angedroht wird; dies ist nur für die Vorführung selbst Voraussetzung. 58

Befindet sich der Beschuldigte in **Untersuchungshaft**, so wird er auf Anordnung der Staatsanwaltschaft vorgeführt, ohne dass es eines Vorführungsbefehls im Sinne der §§ 133 f. bedarf;[129] wegen der Einzelheiten ist das Gesetz zur Regelung des Vollzuges der Untersuchungshaft des jeweiligen Bundeslands zu beachten. Befindet er sich in einer anderen Sache in Untersuchungshaft, so bedarf es der Zustimmung des für diese zuständigen Richters oder Staatsanwalts.[130] Befindet sich der Beschuldigte in anderer Sache in **Strafhaft**, so gelten insoweit § 36 Abs. 1 und die einschlägigen Bestimmungen in den Strafvollzugsgesetzen der Länder.[131] Der Anstaltsleiter kann hiernach dem Gefangenen, sofern dieser bereit ist, der Ladung zu folgen, Ausgang oder Urlaub gewähren oder, wenn die Voraussetzungen hierfür nicht vorliegen, ihn mit seiner Zustimmung vorführen lassen. Andernfalls muss die Anwesenheit mit einem Vorführungsbefehl nach § 133 erzwungen werden. 59

Die Pflicht, auf Ladung zu erscheinen, besteht auch bei **wiederholten Vernehmungen**. Es ist grundsätzlich Sache der Staatsanwaltschaft, zu bestimmen, wie oft, zu welchem Zeitpunkt und zu welchem Gegenstand sie den Beschuldigten vernehmen will. Die **Erscheinenspflicht entfällt**, wenn der Beschuldigte vernehmungsunfähig oder ihm das Erscheinen nicht möglich oder zuzumuten ist; letzteres ist dann der Fall, wenn Gründe vorliegen, die bei einem ausbleibenden Angeklagten als genügende Entschuldigung im Sinne der §§ 230, 329, 412 anzusehen wären.[132] 60

Zweifelhaft ist, ob darüber hinaus die Erscheinenspflicht wegen eines Verstoßes gegen den **Verhältnismäßigkeitsgrundsatz** dann entfallen kann, wenn der Beschuldigte sich 61

---

125 *Lampe* NJW **1975** 195, 199; vgl. auch Rn. 61.
126 § 115 Abs. 2 und 3; § 115a Abs. 2 Satz 1; § 128 Abs. 1 Satz 2.
127 HK/*Zöller* 17; SK/*Albrecht* 39.
128 HK/*Zöller* 17; KK/*Weingarten* 16; Schmitt/Köhler/*Köhler* 18; vgl. auch Rn. 81.
129 **A.A.** SK/*Albrecht* 37, die einen Vorführungsbefehl für erforderlich hält.
130 Ebenso MüKo/*Kölbel*/*Ibold* 27.
131 Vgl. KK/*Weingarten* 16; KMR/*Noltensmeier-von Osten* 15; Schmitt/Köhler/*Köhler* 17; SK/*Albrecht* 37.
132 SK/*Albrecht* 36.

nicht zur Sache äußern will. Dies wird für die richterliche Vernehmung von der ganz h.M. verneint.[133] Für die staatsanwaltschaftliche Vernehmung gilt in aller Regel aus den gleichen Gründen Entsprechendes. Allerdings kann in Ausnahmefällen die Begründung einer Erscheinenspflicht **rechtsmissbräuchlich** sein, beispielsweise, wenn sie ersichtlich als Druckmittel eingesetzt werden würde, um eine Einlassung herbeizuführen, oder wenn bei einer wiederholten Vernehmung zu einem bestimmten Beweisthema der Beschuldigte in Kenntnis der Sachlage erklärt hat, hierzu nicht aussagen zu wollen.[134]

62 Nach der Rechtsprechung des Bundesgerichtshofs,[135] der der überwiegende Teil des Schrifttums folgt,[136] besteht eine Erscheinenspflicht auch für den Fall, dass sie der Durchführung einer **Identifizierungsgegenüberstellung** (Wahlgegenüberstellung)[137] dienen soll. Folgt man dem, so hat die fehlende Erscheinenspflicht des Beschuldigten vor der Polizei zugleich zur Folge, dass eine solche Maßnahme gegen den Willen des Betroffenen nicht allein von der Polizei zwangsweise durchgesetzt werden, sondern nur unter der verantwortlichen Leitung der Staatsanwaltschaft vorgenommen werden kann.[138]

63 Die Ladung begründet für den Beschuldigten die Verpflichtung, zur festgesetzten **Zeit** an dem **Ort** zu erscheinen, der in der Ladung angegeben ist, und dort eine angemessene Zeit auf die Vernehmung zu warten. Die **Erscheinenspflicht** umfasst auch die Pflicht, während der Vernehmung **anwesend zu bleiben**. Sie entfällt, sobald eine weitere Vernehmung nicht mehr in Betracht kommt. Sie endet deshalb, falls der Beschuldigte zur Sache nicht aussagen will, nach der Erteilung der in § 136 vorgeschriebenen Belehrungen und der Vernehmung zur Person, soweit der Beschuldigte insoweit zu Angaben verpflichtet ist (vgl. LR/*Gleß* § 136, 15 ff.).[139]

3. Ladung und Terminsmitteilungen

64 **a) Ladung.** Für die **Ladung** gilt § 133; auf die Erläuterungen bei LR/*Gleß* zu § 133 wird verwiesen. Öffentliche Zustellung kommt nicht in Betracht;[140] Mitteilung an den Verteidiger genügt nur, wenn die besonderen Voraussetzungen des § 145a Abs. 2 vorliegen. Ob in die Ladung die Androhung der Vorführung aufgenommen werden soll, entscheidet die Staatsanwaltschaft nach pflichtgemäßem Ermessen; sie sollte dies nur tun, wenn die zwangsweise Durchsetzung der Erscheinenspflicht bei unentschuldigtem Ausbleiben erwogen wird.[141] Die Ladung muss, wenn sie die Erscheinenspflicht begründen soll, vom **Staatsanwalt** angeordnet werden; auch der **Amtsanwalt** ist hierzu im Rahmen seiner Zuständigkeit (§ 142 Abs. 2 GVG) befugt. Ob, wie es bei der richterlichen Vernehmung angenommen wird,[142] als Ausnahme von der sonst geltenden **Schriftform** eine **mündliche Ladung** zu einem Fortsetzungstermin dann ausreicht, wenn sie während einer Vernehmung des Be-

---

133 Näher m.w.N. LR/*Gleß* § 133, 8; SK/*Rogall* § 133, 10.

134 Ähnlich AK/*Achenbach* 33; NK/*Heghmanns* 20; vgl. auch *Nehm* FS Meyer-Goßner 277, 287.

135 BGHSt **39** 96, 98 f. = JR **1994** mit abl. Anm. *Welp*.

136 So etwa HK/*Zöller* 18; KMR/*Noltensmeier-von Osten* 16; Schmitt/Köhler/*Köhler* 19; *Beulke/Swoboda* Rn. 197; *Hellmann* Strafprozeßrecht Rn. 131; *Ranft* Rn. 381; **a.A.** SK/*Albrecht* 5 m.w.N.; offengelassen bei *Schroeder/Verrel* 106.

137 Zu den (umstrittenen) Rechtsgrundlagen hierfür insgesamt s. näher m.w.N. LR/*Krause* § 81a, 44 ff.; dagegen namentlich *Welp* JR **1994** 38 f., der die (zwangsweise) Identifizierungsgegenüberstellung mangels einer ausdrücklichen Ermächtigung für unzulässig hält; ebenso wohl SK/*Albrecht* 5.

138 So ausdrücklich BGHSt **39** 96, 100.

139 Vgl. auch SK/*Albrecht* 38.

140 AnwK/*Walther* 18; KK/*Weingarten* 16; Schmitt/Köhler/*Köhler* 18; SK/*Albrecht* 39.

141 Vgl. Nr. 44 Abs. 2 RiStBV; LR/*Gleß* § 133, 9; KK/*Weingarten* 16; Schmitt/Köhler/*Köhler* 18.

142 Vgl. LR/*Gleß* § 133, 7; SK/*Rogall* § 133, 8.

schuldigten in seiner Gegenwart erfolgt, ist nicht unzweifelhaft,[143] dürfte aber wohl zu bejahen sein.

b) Terminsmitteilungen. Eine **Terminsmitteilung** muss der zur Akte legitimierte oder bestellte **Verteidiger** erhalten (Absatz 3 Satz 2 i.V.m. § 168c Abs. 5 und § 168c Abs. 1). Fernmündliche oder mündliche Mitteilung reicht aus.[144] Dass eine Benachrichtigung nach § 168c Abs. 5 Satz 2 unterbleiben könnte, weil sie den Untersuchungserfolg (vgl. § 168c, 44) gefährden würde, ist entgegen der zumeist beiläufig geäußerten gegenteiligen Annahme im Schrifttum[145] nicht denkbar: Da der Beschuldigte schriftlich und unter Einräumung einer angemessenen Vorbereitungszeit zu laden ist LR/*Gleß* § 133, 5), ist es stets möglich, auch den Verteidiger zu benachrichtigen (s. auch Rn. 73). 65

Andere Personen können nach pflichtgemäßem Ermessen eine Terminsnachricht erhalten, wenn der Staatsanwalt ihnen die Anwesenheit bei der Vernehmung gestatten will (vgl. auch § 161a, 16). Dies gilt auch für den Rechtsanwalt als Beistand oder Vertreter des zum Anschluss als **Nebenkläger** befugten Verletzten, weil dieser nach § 406h Abs. 2 Satz 3 zwar bei richterlichen, nicht aber bei staatsanwaltschaftlichen Vernehmungen ein Anwesenheitsrecht hat.[146] 66

4. Vorführung. Wie sich aus der Verweisung auf die §§ 133 bis 135 in Absatz 3 Satz 2 ergibt, kann die Staatsanwaltschaft unter den dort genannten Voraussetzungen das Erscheinen des Beschuldigten durch einen eigenen Vorführungsbefehl erzwingen,[147] dessen Vollstreckung der Polizei übertragen wird.[148] Die **Polizei** hat **kein** eigenes **Vorführungsrecht**;[149] ein staatsanwaltschaftlicher Vorführungsbefehl darf auch nicht dazu verwendet werden, den Beschuldigten bei der Vorführung zu veranlassen, vor der Polizei auszusagen.[150] Wegen der rechtspolitischen und verfassungsrechtlichen Kontroversen zum staatsanwaltschaftlichen Vorführungsrecht § 161a, 40; zur Frage der Zulässigkeit des Betretens von Wohnungen bei der Vollstreckung des Vorführungsbefehls § 161a, 41. In Steuerstrafsachen kann die **Finanzbehörde** die Vorführung anordnen, wenn sie das Verfahren selbstständig führt (§ 399 Abs. 1 AO). In **Bußgeldverfahren** hat die Verwaltungsbehörde grundsätzlich die Stellung der Staatsanwaltschaft, jedoch ist nach § 46 Abs. 5 OWiG die Anordnung der Vorführung dem Richter vorbehalten (s. § 161a, 6). 67

Voraussetzungen und Ablauf der Vorführung ergeben sich aus den §§ 133 bis 135, auf deren Erläuterung wegen der Einzelheiten ergänzend zu den nachfolgenden Ausführungen verwiesen wird. Die Vorführung setzt regelmäßig voraus, dass sie dem Beschuldigten in einer schriftlichen Ladung angedroht worden ist (s.o. Rn. 64) und dass der Beschuldigte unentschuldigt ausgeblieben ist. Eine **sofortige Vorführung** ohne vorherige Androhung und ohne unentschuldigtes Ausbleiben ist nur unter den Voraussetzungen des § 134 zulässig (näherLR/*Gleß* § 134, 1 bis 4). Die Vorführung erfordert einen **schriftlichen** 68

---

143 Vgl. auch BGH NStZ **1984** 41 mit Anm. *Hilger.*

144 KK/*Weingarten* 21; Schmitt/Köhler/*Köhler* 20.

145 So etwa bei HK/*Zöller* 20; KK/*Weingarten* 21; KMR/*Noltensmeier-von Osten* 117; Schmitt/Köhler/*Köhler* 20; wie hier AK/*Achenbach* 40.

146 Vgl. LR/*Wenske* § 406h, 15.

147 **A.A.** AK/*Achenbach* 35, der das staatsanwaltschaftliche Vorführungsrecht für verfassungswidrig hält; s. näher § 161a, 40.

148 Zur Vollstreckung bei einem in Strafhaft befindlichen Beschuldigten s. § 36 Abs. 2 Satz 2 StVollzG, der analog anwendbar ist, ebenso KK/*Weingarten* 16; Schmitt/Köhler/*Köhler* 17.

149 Näher Rn. 81 und § 163, 40.

150 So aber *Füllkrug* Kriminalistik **1986** 186, dagegen zu Recht *Hohendorf* Kriminalistik **1986** 403; wie hier HK/*Zöller* 18.

Vorführungsbefehl (näher LR/*Gleß* § 134, 5 bis 10). Wegen der Dauer des Festhaltens s. § 135 und die dort. Erl.[151] Zur Anfechtbarkeit s.u. Rn. 76 ff.

69 Ob das **Verhältnismäßigkeitsprinzip** einer Vorführung entgegenstehen kann, ist für die staatsanwaltschaftliche Vorführung grundsätzlich ebenso wie für die richterliche (vgl. LR/*Gleß* § 133, 14) verneinend zu beantworten. Bei der staatsanwaltschaftlichen Vernehmung sind allerdings Ausnahmefälle vorstellbar, in denen bereits die Erscheinenspflicht wegen missbräuchlicher Inanspruchnahme nicht besteht (s.o. Rn. 61). In solchen Fällen wäre eine Vorführung, weil sie eine dann nicht bestehende Erscheinenspflicht voraussetzt, unzulässig,[152] ohne dass es einer gesonderten Prüfung ihrer Verhältnismäßigkeit bedarf. Soweit die Erscheinenspflicht besteht, sind keine Gründe dafür erkennbar, ihre Durchsetzung mit dem Zwangsmittel der Vorführung für unverhältnismäßig und damit unzulässig zu halten.

5. Durchführung der Vernehmung

70 **a) Allgemeines.** Für die Durchführung der Vernehmung verweist Absatz 3 Satz 2 uneingeschränkt auf die für die richterliche Vernehmung in den §§ 136, 136a geltenden Vorschriften; auf die dortigen Erläuterungen wird Bezug genommen. Zu den durch die Verweisung auf § 136 Abs. 1 Satz 3, 4 und 5 nunmehr ausdrücklich vorgeschriebenen ergänzenden Pflichten im Zusammenhang mit dem **Recht auf Verteidigerkonsultation** s.u. Rn. 91; diese gelten bei der staatsanwaltlichen Beschuldigtenvernehmung selbstverständlich in gleicher Weise, wenngleich sie hier im Gegensatz zu polizeilichen Vernehmungen in der Praxis wohl noch keine Probleme bereitet haben. Ein der deutschen Sprache nicht hinreichend mächtiger Beschuldigter ist im Übrigen gemäß § 163a Abs. 5 i.V.m. § 187 Abs. 1 Satz 2 GVG auf seinen Anspruch auf unentgeltliche Hinzuziehung eines **Dolmetschers oder Übersetzers** hinzuweisen.

71 Die in § 136 Abs. 1 Satz 1 bis 6 vorgeschriebenen **Belehrungen** sind nach dem dortigen Wortlaut, in dem das Wort „erste" gestrichen wurde, nunmehr für **jede Vernehmung** vorgeschrieben. Die mit der früheren Beschränkung der Belehrungspflicht auf die „erste Vernehmung" verbundenen Fragen (insbesondere mit Blick auf eine erste staatsanwaltliche Vernehmung nach einer früheren richterlichen oder polizeilichen Vernehmung oder nach Eintritt zwischenzeitlicher Veränderungen[153]) haben sich damit erledigt. Zur Notwendigkeit einer Belehrung ausländischer Beschuldigter nach Art. 36 Abs. 1b WÜK s.u. Rn. 93.

72 Die Hinzuziehung von **Sachverständigen** zur staatsanwaltschaftlichen Vernehmung ist zulässig; sie kann geboten sein, um die Vernehmungsfähigkeit des Beschuldigten beurteilen zu können, namentlich bei Erstvernehmungen von möglicherweise betäubungsmittelabhängigen Beschuldigten.[154] Zulässig ist auch die Hinzuziehung von **Zeugen** zum Zwecke einer Vernehmungsgegenüberstellung; dabei handelt es sich um eine kombinierte Vernehmung nach den §§ 161a und 163a Abs. 3 mit den entsprechenden Konsequenzen für das Anwesenheitsrecht.[155]

73 **b) Anwesenheitsrechte.** Aufgrund der Verweisung auf § 168c Abs. 1, 5 in Absatz 3 Satz 2 hat der **Verteidiger** ein uneingeschränktes Anwesenheitsrecht bei der Beschuldigten-

151 Zur Entstehungsgeschichte und zur im Gesetzgebungsverfahren umstrittenen Verweisung auf § 135 Satz 2 näher LR/*Meyer-Goßner*[23] 42.

152 Im Ergebnis wohl ebenso SK/*Albrecht* 42.

153 Dazu LR/*Erb*[27] 71.

154 Vgl. BGH StV **1986** 138 mit Anm. *Deckers*; *Glatzel* StV **1982** 283, 285; vgl. auch LR/*Stuckenberg* § 205, 17.

155 Näher § 161a, 31; zur Identifizierungsgegenüberstellung auch oben Rn. 62.

vernehmung durch die Staatsanwaltschaft.[156] Wegen der Einzelheiten und Befugnisse § 168c, 9 ff., 34 ff. Bei einer Verhinderung des Verteidigers besteht zwar kein Anspruch auf Terminsverlegung (§ 168c Abs. 5 Satz 3), jedoch sollte wegen der Bedeutung der Anwesenheit des Verteidigers begründeten Vertagungsanträgen schon deshalb entsprochen werden, weil der andernfalls aussagebereite Beschuldigte bei Abwesenheit des Verteidigers von seinem Schweigerecht Gebrauch machen kann und dies bei sachgerechter Beratung durch seinen Verteidiger wohl regelmäßig tun wird.[157] Vielfach und vor allem in bedeutenden Sachen wird sich eine Terminsvereinbarung mit dem Verteidiger vor der Ladung empfehlen.

In **Jugendsachen** steht dem Erziehungsberechtigten und dem gesetzlichen Vertreter 74
i.d.R. ein Anwesenheitsrecht zu (§ 67 Abs. 3 JGG).[158] Anderen Personen, etwa dem Vertreter des Verletzten (s.o. Rn. 66), kann die Staatsanwaltschaft die Anwesenheit gestatten, wenn dadurch der Untersuchungszweck nicht gefährdet wird (s. näher § 168c, 27, 29 ff.). Erscheint die Anwesenheit der betreffenden Person aus Sicht der Verteidigung nicht opportun, so ist dem Beschuldigten zu raten, eine Aussage zur Sache von ihrem Ausschluss abhängig zu machen.

c) Protokollierung. Die **Protokollierung** der staatsanwaltschaftlichen Vernehmung 75
ist in § 168b i.V.m. § 168a geregelt; auf die dortigen Erläuterungen wird verwiesen.

6. Anfechtbarkeit. Nach Absatz 3 Satz 3 ist gegen die Anordnung der Vorführung ein 76
Antrag auf gerichtliche Entscheidung zulässig. Dieser Rechtsbehelf weist durch Verweisungen in Satz 4 die gleiche beschwerdeähnliche Struktur auf wie derjenige nach § 161a Abs. 3, auf dessen Kommentierung insoweit verwiesen werden kann.[159] Hat der Generalbundesanwalt die Vorführung angeordnet, so ist hierfür nicht der Ermittlungsrichter des Bundesgerichtshofs, sondern der Strafsenat zuständig.[160] Mit dem Rechtsbehelf kann, wie der Gesetzeswortlaut deutlich macht, nur geltend gemacht werden, dass die Vorführung rechtswidrig gewesen sei; ihre bloße Zweckmäßigkeit kann gerichtlich nicht überprüft werden.[161] Aus den bereits bei § 161a, 51 erörterten Gründen ist der Antrag auch schon gegen die Androhung der Vorführung in der Ladung, nicht aber gegen die bloße Ladung ohne Vorführungsandrohung zulässig.[162] Ebenso wie bei § 161a ist der Antrag auch gegen andere Maßnahmen mit Eingriffscharakter zulässig, die die Staatsanwaltschaft im Zusammenhang mit der Vernehmung getroffen hat.[163] Hier wäre etwa der Fall zu nennen, in dem entgegen § 168c Abs. 1 i.V.m. § 163a Abs. 3 Satz 2 dem Verteidiger oder dem Erziehungsberechtigten oder dem gesetzlichen Vertreter die Anwesenheit nicht gestattet werden würde; Entsprechendes gilt wohl auch dann, wenn die Staatsanwaltschaft bei der Gestattung der Anwesenheit anderer Personen ermessensmissbräuchlich verfahren sollte.

---

156 Zur Entstehung dieser erst im Laufe des Gesetzgebungsverfahrens eingefügten Regelung LR/*Meyer-Goßner*[23] 47; *Welp* Zwangsbefugnisse S. 38 Fn. 104; zum Anwesenheitsrecht bei polizeilichen Vernehmungen s.u. Rn. 98; zur Pflicht zur Terminsmitteilung Rn. 65.

157 Vgl. zum Ganzen auch § 168c, 51; ferner HK/*Zöller* 25; KK/*Weingarten* 21; Schmitt/Köhler/*Köhler* 20.

158 Vgl. dazu *Eisenberg* NJW **1988** 1250; ferner (keine Anwesenheitsbefugnis des mitbeschuldigten Elternteils bei polizeilicher Vernehmung) LG Konstanz NJW **1988** 1276 und dazu BVerfG (Kammerentscheidung) NJW **1988** 1256.

159 § 161a, 47 ff.; zu den Einzelheiten des Verfahrens § 161a, 53 ff.

160 BGHSt **39** 96, 98 f. = JR **1994** 37 mit Anm. *Welp*.

161 Zum Prüfungsmaßstab in den Fällen des § 161a Abs. 3 dort Rn. 61.

162 BGHSt **39** 96, 98; AnwK/*Walther* 22; HK/*Zöller* 19; KK/*Weingarten* 20; KMR/*Noltensmeier-von Osten* 19; Schmitt/Köhler/*Köhler* 22; Radtke/Hohmann/*Link* 12; SK/*Albrecht* 43; *Gössel* GA **1976** 62, *Welp* Zwangsbefugnisse S. 19; **a.A.** (Zulässigkeit schon gegen die Ladung als solche) NK/*Heghmanns* 35.

163 Dazu § 161a, 48.

77 Ist im Zeitpunkt der Entscheidung über die Anfechtung die Vorführung bereits vollzogen, so wird dadurch der Antrag nach der heutigen Rechtsprechung des Bundesverfassungsgerichts **nicht** wegen **prozessualer Überholung** unzulässig.[164]

78 **7. Ersuchte Staatsanwaltschaft.** Ebenso wie die das Ermittlungsverfahren führende Staatsanwaltschaft eine andere um die Vernehmung von Zeugen und Sachverständigen ersuchen kann (§ 161a, 60), kann eine ersuchte Staatsanwaltschaft auch Beschuldigte vernehmen. Dieser stehen nach heute ganz h.M. auch die Zwangsbefugnisse nach § 163a Abs. 3 zu; § 161a Abs. 4 gilt analog.[165] Der Beschuldigte ist also auch zum Erscheinen vor der ersuchten Staatsanwaltschaft verpflichtet; diese kann eine Vorführung von sich aus veranlassen.[166]

V. Polizeiliche Beschuldigtenvernehmung (Absatz 4)

79 **1. Allgemeines.** Bereits aus der Ermittlungsgeneralklausel (§ 161 Abs. 1 Satz 1, § 163 Abs. 1 Satz 2) folgt, dass die Polizei berechtigt ist, den Beschuldigten zu vernehmen. Absatz 4 setzt diese Befugnis voraus, indem er für die Polizei bei solchen Vernehmungen Belehrungspflichten begründet. In der Rechtswirklichkeit wird der weitaus überwiegende Teil aller Vernehmungen durch die Polizeibehörden durchgeführt, nicht etwa durch die Staatsanwaltschaft oder den Ermittlungsrichter. Für die rechtsstaatliche Anwendung des Verfahrensrechts ist daher wichtig, dass gerade die Beamten des Polizeidienstes besonders diejenigen verfahrensrechtlichen Bestimmungen sorgfältig beachten, die dem Schutz des Beschuldigten dienen. Unbeschadet der Notwendigkeit nachhaltiger und effektiver Strafverfolgung[167] muss auch für die polizeiliche Vernehmungstätigkeit im Ermittlungsverfahren nicht nur die Einhaltung der Grenzen des § 136a selbstverständlich sein; es gelten auch hier die allgemeinen Grundsätze der Sachverhaltserforschung (§ 160, 34 ff.) und es gilt der Grundsatz, dass es nicht das Ziel des Strafverfahrens sein kann, dass die Wahrheit um jeden Preis erforscht werde.[168]

80 Gerade in einem dem Grundsatz der freien Gestaltung unterliegenden Verfahrensabschnitt wie dem Ermittlungsverfahren besteht für den einzelnen mit Strafverfolgungsaufgaben betrauten Amtsträger die Notwendigkeit, sich dieses **Spannungsverhältnisses** und der **Grenzen der Verfolgungstätigkeit** stets bewusst zu sein. Empirische Untersuchungen[169] geben Hinweise darauf, dass die nicht nur wortgetreue, sondern auch ihrem Geiste gemäße Befolgung insbesondere der den Beschuldigten, aber auch den Verletzten schützenden Vorschriften leider nicht ausnahmslos gewährleistet ist.

81 Beschuldigte sind **nicht verpflichtet**, vor der Polizei zu erscheinen. Der Polizei stehen **keine Zwangsbefugnisse** zur Verfügung, um das Erscheinen des Beschuldigten zu Aussa-

164 Näher § 161a, 52.

165 Ausführliche Begründung bei LR/*Meyer-Goßner*[23] 35; im Ergebnis auch KK/*Weingarten* 15; Schmitt/Köhler/*Köhler* 19; SK/*Albrecht* 35; **a.A.** *Welp* Zwangsbefugnisse S. 48 Fn. 133.

166 Näher § 161a, 60 ff.

167 Vgl. u.a. BVerfGE **45** 272, 294; LR/*Kühne*[27] Einl. H 10 ff. m.w.N.

168 BGHSt **14** 358, 365; **17** 337, 348; **19** 325, 329; BGH NJW **1978** 1426 („Das Strafverfahren ist nicht darauf angelegt, den Schuldigen unter allen Umständen der gerechten Strafe zuzuführen"); vgl. auch LR/*Kühne*[27] Einl. H 29 f.

169 Vgl. etwa *Wulf*; ferner m.w.N. *Eisenberg* (Beweisrecht) Rn. 573; zu den unterschiedlichen Bewertungskriterien der Aufklärung *Blankenburg/Sessar/Steffen* Die Staatsanwaltschaft im Prozeß strafrechtlicher Sozialkontrolle (1978); zur Behandlung von Strafanzeigen *Kürzinger* Private Strafanzeige und polizeiliche Reaktion (1978); s. auch die weiteren Nachweise am Ende von Rn. 83.

gezwecken zu erzwingen. Namentlich hat sie nicht das Recht der Vorführung; dieses kann auch nicht aufgrund polizeilicher Vorschriften durchgesetzt werden.[170] Zu Vernehmungszwecken dürfen Beschuldigte aufgesucht werden; jedoch darf der Polizeibeamte eine Wohnung zu diesem Zweck nur betreten oder in ihr verweilen, solange der Hausrechtsinhaber damit einverstanden ist.[171]

82 Die Polizei kann zwar Beschuldigte **vorladen**; rechtlich handelt es sich dabei aber um eine nicht verbindliche Aufforderung (oder Bitte).[172] Zu einer besonderen Belehrung über die Freiwilligkeit der Mitwirkung ist die Polizei nicht verpflichtet. Sie darf aber auch nicht den Anschein erwecken, als ob eine Erscheinens- oder Aussagepflicht bestünde; darin kann ein Verstoß gegen das Täuschungsverbot des § 136a liegen.[173]

2. Beschuldigtenvernehmung

83 **a) Zweck der Vernehmung.** Aus den nach Absatz 4 auch für die Polizei geltenden Belehrungspflichten und aus der Anwendbarkeit der §§ 136, 136a folgt eindeutig, dass die polizeiliche Vernehmung keinen anderen Zweck hat als die richterliche oder staatsanwaltschaftliche, also in erster Linie Verteidigungszwecken dient (Rn. 33; LR/*Gleß* § 136, 57). Es ist deshalb auch nicht richtig, die polizeiliche Beschuldigtenvernehmung in ihrer Zielsetzung als in erster Linie auf Überführung des Täters und Erlangung eines Geständnisses gerichtete Vernehmung von der staatsanwaltschaftlichen und vor allem der richterlichen zu trennen, mag auch die polizeiliche Vernehmungspraxis teilweise in bedenklicher Weise in diese Richtung zielen.[174]

84 Soweit die Beschuldigtenvernehmung in diesen Grenzen auch der **Sachverhaltsaufklärung** dient, kann sie ihren Zweck nur erfüllen, wenn erreicht wird, dass der Beschuldigte möglichst unbeeinflusst zu Worte kommt und Gelegenheit erhält, mit seinen Worten und aus seiner Sicht den Tathergang zu schildern,[175] weil nur dann für die weiteren Entscheidungen im Verfahren den Strafverfolgungsorganen eine zuverlässige Entscheidungsgrundlage zur Verfügung steht. Zur Durchführung der Vernehmung im Einzelnen Rn. 95 f.; zur Protokollierung Rn. 103 ff.

85 **b) Belehrungen.** Die der Polizei obliegenden Belehrungen entsprechen seit 1965 im Wesentlichen denen bei richterlichen und staatsanwaltschaftlichen Vernehmungen.[176] Entgegen teilweise geäußerter Befürchtungen haben die Belehrungspflichten für die Polizei die kriminalpolizeiliche Aufklärungsarbeit nicht erheblich beeinträchtigt, was allerdings

---

170 SK/*Albrecht* 25; vgl. ferner § 163, 33 m.w.N., auch zur insoweit vereinzelt anzutreffenden Gegenmeinung.

171 KK/*Weingarten* § 163, 15; Schmitt/Köhler/*Köhler* § 163, 38; SK/*Albrecht* 59.

172 Ebenso *Benfer* (Grundrechtseingriffe, LV Vor § 158) 134 f.

173 Vgl. LR/*Gleß*[6] § 136a, 40, 42; HK/*Zöller* 21; MüKo/*Kölbel*/*Ibold* 31; NK/*Heghmanns* 23; SK/*Albrecht* 59; skurriles Bsp. bei LG Bremen StV **1995** 515, wo der Vernommene zunächst ohne Tatverdacht oder Festnahmegrund wie ein vorläufig Festgenommener behandelt wurde.

174 Vgl. etwa die Hinweise und Ergebnisse in der Untersuchung von *Wulf*, insbes. S. 221; ferner die (wenn auch nicht ohne weiteres generalisierbaren) alarmierenden Darstellungen im polizeirechtlichen Schrifttum bei *Ransiek* 17 ff.; im übrigen etwa AK/*Achenbach* 27; MüKo/*Kölbel*/*Ibold* 33; *Eisenberg* (Beweisrecht) Rn. 573; *Herrmann* FS Moos 229, 230, 234; *Schrepfer* 89 ff. Zur Entwicklung im US-amerikanischen Strafverfahren *Ransiek* 23 ff. Zu den faktischen Grenzen der Einlassungsfreiheit etwa *Roschmann* 153 ff.

175 Dazu u.a. *Gundlach* 41 ff. (partiell symmetrischer Vernehmungscharakter); vgl. auch *Eisenberg* (Beweisrecht) Rn. 583.

176 Zur Entstehungsgeschichte der seinerzeit umstrittenen (zwingenden) Vorschrift bei den Beratungen des StPÄG 1964 vgl. m.w.N. *Kroth* 196 f.

möglicherweise zum Teil auch an ihrer bedenklichen Handhabung in der Praxis ihre Ursache finden kann.[177] Zu den Einzelheiten über Zeitpunkt, Inhalt und Form der Belehrungen wird auf die Erl. zu § 136 verwiesen. Zur Frage, wieweit informatorische Befragungen ohne Belehrungen zulässig sind, s.o. Rn. 19 ff.

86 Die Belehrungspflichten sowohl nach Absatz 4 Satz 1 als auch nach den Verweisungen auf § 136 in Absatz 4 Satz 2 gelten nach der jeweiligen Streichung des Wortes „erster" nunmehr in vollem Umfang für **jede Vernehmung** durch die Polizei;[178] dies gilt vor allem für die Eröffnung des Tatvorwurfs, den Hinweis auf die Einlassungsfreiheit und auf die Möglichkeit der Verteidigerkonsultation. Gleiches wird man für einen ggf. nach Absatz 5 i.V.m. § 187 Abs. 1 Satz 2 GVG erforderlichen Hinweis auf den Anspruch auf unentgeltliche Hinzuziehung eines Dolmetschers oder Übersetzers annehmen müssen.[179] Ebenso muss § 136 Abs. 2 bei jeder polizeilichen Vernehmung beachtet werden. Ein neuer Tatvorwurf ist auch bei späteren Vernehmungen mitzuteilen. Informatorische **Vorbesprechungen** vor der eigentlichen protokollierten Vernehmung, die den Tatvorwurf betreffen, sind erst zulässig, nachdem dem Beschuldigten die vorgeschriebenen Belehrungen erteilt worden sind.[180] Wieweit solche Vorbesprechungen, die nicht mit der sog. informatorischen Vernehmung (s.o. Rn. 19 ff.) verwechselt werden dürfen, rechtlich bedenkenfrei und kriminalistisch zweckmäßig sind, ist umstritten.[181] Die bloße Unterbrechung einer Vernehmung begründet bei deren Fortsetzung keine Pflicht zur erneuten Belehrung.[182]

87 Abweichend von § 136 Abs. 1 Satz 1 gilt die Pflicht zur **Belehrung über den Tatvorwurf** bei der polizeilichen Vernehmung nur eingeschränkt. Der Beschuldigte ist wie beim Richter über die Tat zu unterrichten, die ihm zur Last gelegt wird (LR/*Gleß* § 136, 21 f.). Dagegen besteht keine Pflicht zur Angabe der in Betracht kommenden Strafvorschriften. Dahinter steht die Überlegung, dass den Polizeibeamten insoweit die zur Subsumtion erforderlichen Rechtskenntnisse fehlen.[183] Gleichwohl ist es durch den Belehrungszweck regelmäßig geboten, dem Beschuldigten mindestens deutlich zu machen, wegen welcher Art von Straftat er sich nach Auffassung des Vernehmenden (möglicherweise) strafbar gemacht hat; ihm kann und sollte unschwer mitgeteilt werden, dass der ihm ohnehin zu eröffnende historische Lebenssachverhalt beispielsweise unter dem Gesichtspunkt eines Diebstahls, einer Körperverletzung oder eines Betruges untersucht wird.[184] Unzulässig ist es jedenfalls, einem wegen eines Gewaltdelikts vernommenen Beschuldigten den zwi-

---

177 Vgl. *Kroth* 268, 273 ff., 288 ff.; vgl. auch (einschränkend) *Bialek* Die Polizei **1983** 343 (mit statistischem Material über das Aussageverhalten); über die (teilweise bedenkliche) Praxis der Belehrung ausführlich *Wulf* 160 ff. mit empirischem Material. Zur Intensität und Form der Belehrung bei Jugendlichen vgl. *Eisenberg* NStZ **1999** 231.

178 Zur (zu bejahenden) Frage, ob dies auch gilt, wenn der Beschuldigte bereits vorher vom Richter oder der Staatsanwaltschaft vernommen ist, vgl. Rn. 71.

179 MüKo/*Kölbel/Ibold* 38; SK/*Albrecht* 47.

180 MüKo/*Kölbel/Ibold* 38; SK/*Albrecht* 45; *Eisenberg* (Beweisrecht) Rn. 580; *Gundlach* 144; *Herrmann* FS Moos 229, 233; *Krause* Polizei **1978** 305 ff.; *Ransiek* 57.

181 Ausführl. m.w.N. *Wulf* 144 ff.; krit. *Gundlach* 144; vgl. auch *Brenner* Kriminalistik **1981** 142, 144. Ein klarer Missbrauchsfall bei AG Freising StV **1998** 121; m.w.N. insoweit *Herrmann* FS Moos 229, 232 f.

182 BTDrucks. **19** 27654 S. 81; Schmitt/Köhler/*Köhler* 4.

183 So KK/*Weingarten* 25; KMR/*Noltensmeier-von Osten* 22; *Eb. Schmidt* Nachtr. I 10; krit. LR/*Rieß*[25] 79; SK/*Albrecht* 61 (m.w.N.); *Gundlach* 42.

184 Für eine rechtliche Einordung, soweit die Polizei diese leisten kann, auch NK/*Heghmanns* 24. Zum Umfang der Belehrung, wenn der Tatverdacht noch unbestimmt ist, SK/*Albrecht* 62 (regelmäßig sei der schwerste der in Betracht kommenden Vorwürfe offen zu legen).

schenzeitlichen Tod des Opfers zu verschweigen.[185] Eine Pflicht, dem Beschuldigten alle bekannten Umstände mitzuteilen, besteht hingegen nicht.[186] Untersagt ist es (selbstverständlich) auch der Polizei nicht, die einschlägigen Strafvorschriften zu nennen.

Die Belehrung über die **Einlassungsfreiheit** (näher LR/*Gleß* § 136, 27 ff.) ist für die 88
nicht selten im ersten Zugriff stattfindende polizeiliche Beschuldigtenvernehmung von besonderer Bedeutung; sie muss daher sorgfältig und eindringlich erfolgen,[187] braucht jedoch nicht so weit zu gehen, dass der Beschuldigte zur Nichteinlassung geradezu gedrängt wird. Es ist auch zulässig, auf die Nachteile hinzuweisen, die die Nichteinlassung zur Sache für ihn haben kann.[188] Ob und in welchen Grenzen die Einlassungsfreiheit auch die Personalangaben umfasst, ist umstritten;[189] die Belehrung braucht hierauf in keinem Fall hinzuweisen.

Beim Hinweis auf die **Möglichkeit der Verteidigerkonsultation** erweist sich die polizei- 89
liche Vernehmung des nicht auf freiem Fuß befindlichen Beschuldigten immer wieder als problemträchtig. Hier hat die (wenngleich in sich nicht immer konsistente und widerspruchsfreie) Rechtsprechung des Bundesgerichtshofs[190] die Anforderungen an die Belehrung und die Notwendigkeit einer Hilfestellung für den Beschuldigten präzisiert und insgesamt verschärft. Diese Tendenz wurde durch die Annahme eines (widerspruchsabhängigen)[191] Verwertungsverbots bei einem Verstoß gegen die einschlägigen Pflichten flankiert.[192] Dabei geht es weniger um die in der neueren Rechtsprechung[193] allgemein bejahte Frage, ob das völlige Unterlas-

---

185 BGH NStZ **2012** 581 = StV **2013** 485 m. Anm. *Neuhaus*, der dabei im Gegensatz zum Senat ein Beweisverwertungsverbot verlangt; KMR/*Noltensmeier-von Osten* 23.

186 BGH v. 26.4.2017 – 2 StR 247/26, BGHSt **62** 123 Rn. 47; KK/*Weingarten* 26; Schmitt/Köhler/*Köhler* 4.

187 Ebenso etwa AK/*Achenbach* 18. Krit. zur Praxis z.B. *Wulf* 161, 217 ff., nach dessen Untersuchung die Belehrung nur in 10 % aller beobachteten Fälle korrekt vorgenommen ist. Zu den Besonderheiten bei Jugendlichen *Eisenberg* NJW **1988** 1250 in krit. Auseinandersetzung mit LG Konstanz NJW **1988** 1276 und der dazu ergangenen Kammerentscheidung BVerfG NJW **1988** 1256. Zur Belehrung nach einer Einleitungsverfügung im Steuerstrafverfahren nach § 209 AO im schriftlichen Verfahren *Burkhard* StraFo **2001** 37 ff. (sehr krit. ggü. einem konkreten Einzelfall).

188 Dazu m.w.N. LR/*Gleß* § 136, 34; vgl. auch HK/*Zöller* 22; KMR/*Noltensmeier-von Osten* 26; SK/*Rogall* § 136, 46.

189 Vgl. LR/*Gleß* § 136, 16 ff.; SK/*Rogall* Vor § 133, 69 ff., jew. m.w.N.

190 Dazu in zeitlicher Reihenfolge BGHSt **38** 372 = JR **1993** 334 mit Anm. *Rieß* = JZ **1993** 426 mit Anm. *Roxin*; BGHSt **42** 15 = NJW **1996** 1547 mit Anm. *Hamm* S. 2185 = StV **1996** 187 mit Anm. *E. Müller* S. 358 = NStZ **1996** 291 mit Aufs. *Beulke* S. 257 = JZ **1997** 343 mit Anm. *Roxin*; dem teilweise widersprechend BGHSt **42** 170 = NStZ **1996** 452 mit Aufs. *Herrmann* NStZ **1997** 209 = StV **1996** 409 mit Anm. *Ventzke* S. 524 = JZ **1997** 343 mit Anm. *Roxin*; ferner BGH NStZ **1997** 502; NStZ **1997** 609 mit Anm. *M. Kaufmann* NStZ **1998** 474 = StV **1999** 354 mit Anm. *Wollweber*; BGHSt **47** 172 = JR **2002** 290 mit Anm. *Wohlers* und Aufs. *Franke* GA **2002** 575; BGHSt **47** 233 = JZ **2002** 898 mit Anm. *Roxin*; BGH NStZ **2006** 115; **2006** 236; BGHSt **50** 272; vgl. ferner OLG Hamm NStZ-RR **2006** 47; eingehende Darstellung der Kasuistik bei KMR/*Noltensmeier-von Osten* 39.

191 Bei BGHSt **42** 15, 22; BGH NStZ **1997** 502 blieb, obwohl ein Rechtsverstoß bejaht wurde, die Revisionsrüge mangels rechtzeitigen Widerspruchs erfolglos; BGHSt **47** 172, 174; BGH NStZ **1997** 609 hat den Nachweis des Verstoßes als nicht erbracht angesehen; BGH NStZ **2004** 389 verneinte eine umfassende Wirkung des nur gegen die Vernehmung eines von zwei Vernehmungsbeamten gerichteten Widerspruchs; bei BGHSt **50** 272 = StV **2006** 397 m. Anm. *Schlothauer* blieb offen, ob ein Rechtsverstoß vorlag, weil der Verwertung in der ersten Hauptverhandlung nicht widersprochen wurde und ein evt. Rechtsverstoß in der zweiten Hauptverhandlung nach zwischenzeitiger Zurückverweisung der Sache aus der Revisionsinstanz nach Ansicht des BGH nicht mehr geltend gemacht werden konnte.

192 Vgl. zum Ganzen auch SK/*Albrecht* 50 ff., 65 m.w.N.; Schmitt/Köhler/*Schmitt* § 136, 10 ff.; *Roxin/Schünemann* § 24, 31 ff.; *Beulke* NStZ **1996** 257 ff.; *Herrmann* NStZ **1997** 209 ff. und FS Moos 229, 237; LR/*Gleß* § 136, 95, 96 m.w.N.

193 BGHSt **38** 217 ff.

sen der Belehrung grundsätzlich ein Verwertungsverbot begründet.[194] In den Vordergrund ist vielmehr die davon zu trennende weitere Frage gerückt, wie im Einzelnen zu verfahren ist, wenn der Beschuldigte aufgrund der Belehrung den Wunsch nach einer Verteidigerkonsultation äußert. Dabei ist im Grundsatz anerkannt, dass die Vernehmung zu unterbrechen ist, wenn der Beschuldigte erklärt, von dieser Möglichkeit Gebrauch machen zu wollen.[195] Befindet er sich auf freiem Fuß, so kann es angebracht sein, ihm eine Frist zu setzen, innerhalb derer er erklären möge, ob er Angaben zur Sache machen wolle mit dem Hinweis, dass andernfalls davon ausgegangen werde, dass er sich nicht zur Sache einlassen werde.[196] Zum Anwesenheitsrecht des Verteidigers bei polizeilichen Vernehmungen s.u. Rn. 98.

90 Befindet sich der zu vernehmende Beschuldigte nicht auf freiem Fuß, so darf der **Wunsch, Kontakt mit einem Verteidiger aufzunehmen**, nicht unterlaufen oder erschwert werden.[197] Die der Rechtsprechung zugrundeliegenden Sachverhalte deuten allerdings auf ein verbreitetes Bedürfnis der Polizei hin, sich namentlich bei Erstvernehmungen im ersten Zugriff hierüber hinwegzusetzen.[198] Hat der Beschuldigte bereits einen Verteidiger, so darf ihm der telefonische Kontakt mit diesem nicht verweigert werden,[199] und ihm ist, auch wenn er sich bereit erklärt hat, ohne Verteidiger auszusagen, mitzuteilen, wenn sich ein solcher für ihn gemeldet hat.[200]

91 Hat der Beschuldigte noch keinen Verteidiger, so hat die Polizei, wenn sie die Vernehmung fortzuführen wünscht, nach der nunmehr in § 136 Abs. 1 Satz 3, 4 enthaltenen ausdrücklichen gesetzlichen Regelung **Informationen zur Erleichterung einer Kontaktaufnahme** zur Verfügung zu stellen, und sie muss den Beschuldigten auf bestehende **anwaltliche Notdienste** hinweisen. Mit der Schaffung dieser Vorschrift wollte der Gesetzgeber nicht nur den Vorgaben von Art. 3 Abs. 4 der Richtlinie 2013/48/EU Rechnung tragen, sondern zugleich Verpflichtungen gesetzlich normieren, die der BGH bereits zuvor anerkannt hatte.[201] Insofern gilt weiterhin (bzw. jetzt erst recht), dass der Vernehmende **ernsthafte Bemühungen** zu unternehmen hat, einen Kontakt mit einem Verteidiger herzustellen; wobei der Hinweis auf das Bestehen eines anwaltlichen Notdienstes[202] zum absoluten Minimum gehört.[203] Zugleich sollte zumindest für die nunmehr gesetzlich geregelten Pflichten endgültig feststehen, dass ihr Ge-

194 Dazu näher LR/*Gleß* § 136, 96 f. BGHSt **47** 172, 174 (1. Strafsenat) misst der Belehrung über die Möglichkeit zur Verteidigerkonsultation das gleiche Gewicht wie der Einlassungsfreiheit bei und wendet daher die gleichen Grundsätze an, während BGH NStZ **1997** 609 (2. Strafsenat) dies offengelassen hatte.

195 BGHSt **38** 372, 373; **42** 15; 19; im Schrifttum allg. M.; vgl. etwa LR/*Gleß* § 136, 43; AK/*Achenbach* 18a; HK/*Zöller* 23; KK/*Weingarten* 28; Schmitt/Köhler/*Schmitt* § 136, 10b; SK/*Albrecht* 50; *Strate/Ventzke* StV **1986** 30, 31; vgl. auch *Beulke* NStZ **1996** 257, 259.

196 KK/*Weingarten* 28; MüKo/*Kölbel/Ibold* 40; SK/*Albrecht* 50.

197 Wohl überholt die insoweit sehr restriktive Entscheidung BGH v. 2.10.1984 – 5 StR 604/84, mitgeteilt bei *Strate/Ventzke* StV **1986** 31 mit krit. Würdigung. Zu den revisionsrechtlichen Rügeanforderungen in derartigen Fällen etwa BGH NStZ **1999** 154.

198 Besonders krass der Sachverhalt in BGHSt **38** 372 mit einer an die Grenze des § 136a gehenden Verhaltensweise; dazu *Rieß* JR **1993** 334.

199 HK/*Zöller* 23; Schmitt/Köhler/*Schmitt* § 136, 10b; LR/*Gleß* § 136, 43.

200 BGH NStZ **1997** 502; Schmitt/Köhler/*Schmitt* § 136, 10e; vgl. auch *Hiebl* StraFo **1998** 412.

201 RegE BTDrucks. **18** 9534 S. 22.

202 BGHSt **42** 15, 19; näher zu den Hilfsmaßnahmen *Beulke* NStZ **1996** 257 ff.; zum anwaltlichen Notdienst, der inzwischen verbreitet eingerichtet ist, *Kutschera* StraFo **2001** 262; zu seiner Bedeutung und den Voraussetzungen seiner Effizienz *Soyer/S. Schumann* StV **2012** 495 ff. *Hamm* NJW **1996** 2185, 2186 verlangt den Hinweis auf einen Verteidigernotdienst als regelmäßigen Bestandteil der Vernehmung; dagegen *Roxin* JZ **2002** 897, 898.

203 Vgl. RegE BTDrucks. **18** 9534 S. 22 mit ergänzendem Hinweis auf „die Anforderungen der Barrierefreiheit für Menschen mit Behinderungen".

wicht demjenigen der Belehrungspflichten in § 136 Abs. 1 Satz 2 entspricht, so dass ihre Verletzung unter den gleichen Voraussetzungen ein Beweisverwertungsverbot nach sich ziehen kann.[204] Die ausdrückliche Anknüpfung des Gesetzes am **Verlangen des Beschuldigten**, einen Verteidiger zu befragen, spricht umgekehrt dafür, dass diese Pflichten nicht zum Tragen kommen, wenn jener keinen entsprechenden Wunsch äußert,[205] und im Übrigen auch dann nicht, wenn die Kontaktaufnahme mit einem Verteidiger scheitert und der Beschuldigte deshalb nicht ausdrücklich die Konsultation eines anderen Verteidigers verlangt.[206] Weiterhin ungeklärt ist die Frage, ob die Vernehmung im Falle der **effektiven Unerreichbarkeit** eines vom Beschuldigten verlangten Verteidigers fortgesetzt werden darf.[207] Der Beschuldigte darf in diesem Fall jedenfalls nicht dazu gedrängt werden, weitere Angaben zu machen.[208] Unabhängig von der gebotenen Unterstützung einer gewünschten Kontaktaufnahme mit einem Wahlverteidiger ist der Beschuldigte seit der Reform des Rechts der Pflichtverteidigung in Fällen der notwendigen Verteidigung nach § 136 Abs. 1 Satz 5 über sein Antragsrecht zur Bestellung eines Pflichtverteidigers gemäß § 141 Abs. 1, § 142 Abs. 1 zu belehren.[209]

Hat ein Rechtsanwalt telefonisch erklärt, die Verteidigung zu übernehmen, so darf die Vernehmung nicht fortgesetzt werden, ohne eine **angemessene Zeit** auf sein Erscheinen **zu warten**.[210] 92

Beschuldigte mit **ausländischer Staatsbürgerschaft** sind im Falle ihrer **Festnahme** ggf. auch unabhängig von einer Vernehmung unverzüglich über ihr Recht zu belehren, nach Art. 36 Abs. 1b des Wiener Konsularrechtsübereinkommens (WÜK) die Benachrichtigung der konsularischen Vertretung ihres Heimatlands zu verlangen. Die Belehrungspflicht obliegt allen Strafverfolgungsorganen einschließlich der festnehmenden Polizeibeamten und kommt zum Tragen, sobald sich Anhaltspunkte für eine fremde Staatsbürgerschaft des Festgenommenen ergeben.[211] 93

Wegen der **Belehrung über das Beweisantragsrecht** ist auf LR/*Gleß* § 136, 49 ff. zu verweisen; wegen des Hinweises auf die Möglichkeit der **schriftlichen Äußerung** auf LR/*Gleß* § 136, 52, wegen der Verwertung einer solchen auf Rn. 54. Der Hinweis an den Beschuldigten, dass er sich schriftlich äußern kann, kommt innerhalb einer Vernehmung (anders als nach Absatz 1 Satz 2) nicht nur bei einfachen Fällen in Betracht. Hier kann ihm eine ergänzende schriftliche Äußerung vielmehr auch und gerade dann anheimgestellt werden, wenn es sich um einen komplizierten Sachverhalt handelt, bei dem er zur sachgerechten Einlassung auf Unterlagen zurückgreifen muss.[212] Möglich ist auch, alsbald nach der Eröffnung des Tatvorwurfs durch den Belehrenden den Hinweis zu geben, wenn 94

---

204 Speziell für die Belehrung hinsichtlich der Möglichkeit einer Pflichtverteidigerbestellung ebenso HK-GS/*Ambos* 8; **a.A.** BGH v. 6.2.2018 – 2 StR 163/17, NStZ **2018** 671 m. krit. Anm *Jäger* NStZ **2018** 672.

205 BGHSt **47** 233, 235 = JZ **2002** 897 m. abl. Anm. *Roxin*.

206 BGH NStZ **2006** 114 f.; ähnlich BGH NStZ **2013** 299; BGH v.19.6.2019 – 5 StR 167/19, BeckRS **2019** 14505 Rn. 6 ff.; **a.A.** *Beulke/Barisch* StV **2006** 569, 570.

207 So vor allem BGHSt **42** 170 ff. mit gleichzeitiger Ablehnung eines Beweisverwertungsverbots für den Fall, dass man dies anders sehen wolle; im Schrifttum ist diese Entscheidung auf breite Kritik gestoßen, vgl. etwa *Herrmann* NStZ **1997** 209; *Roxin/Schünemann* § 24, 38 und JZ **1997** 343; *Hellmann* Rn. 455; *Kühne* Rn. 106; *Ventzke* StV **1996** 543; *Wolter* FS Roxin 1141, 1148; für die Notwendigkeit, mit der Vernehmung ist zu einer erfolgreichen Kontaktaufnahme zu warten, auch MüKo/*Kölbel/Ibold* 41; Schmitt/Köhler/*Schmitt* § 136, 10b hält die alte Rspr. seit der Erweiterung der Belehrungspflichten zur Verteidigerkonsultation in § 136 für überholt.

208 BGH NStZ **2004** 450, 451; NJW **2006** 1008, 1009 f.

209 Zur str. Frage, inwieweit Verstöße ein Verwertungsverbot auslösen, LR/*Gleß* § 136, 95a m.w.N.

210 So für ein in 30 Minuten angekündigtes Erscheinen zumindest tendenziell BGH NStZ **2008** 643.

211 BVerfG NJW **2007** 449; dazu *Kreß* GA **2007** 296 ff.; *T. Walter* JR **2007** 99 ff.; zu den möglichen Folgen von Verstößen s.u. Rn. 124 ff.

212 BGH wistra **1999** 66, 67; Schmitt/Köhler Schmitt/*Köhler* 9; SK/*Albrecht* 20.

sich zeigt, dass der Beschuldigte zu einer sachgerechten schriftlichen Äußerung in der Lage ist. Ob es sich um einen „geeigneten Fall" handelt, entscheidet der vernehmende Beamte nach Lage des Einzelfalls nach pflichtgemäßem Ermessen.[213] Die schriftliche Äußerung stellt für den zur Vernehmung geladenen und aussagebereiten Beschuldigten lediglich eine (ggf. zusätzliche) Option dar (er „kann" sich schriftlich äußeren), d.h. er darf keinesfalls ausschließlich auf diese Möglichkeit verwiesen werden, wenn er mündlich aussagen will.

95 **c) Durchführung der Vernehmung.** Die Vernehmung des Beschuldigten dient nicht in erster Linie seiner Überführung, sondern soll seine Verteidigung gewährleisten und ihm Gelegenheit geben, die gegen ihn sprechenden Verdachtsgründe zu beseitigen (s.o. Rn. 83). Das ist auch bei Gang und Inhalt der Vernehmung zu berücksichtigen. Es erfordert grundsätzlich, dass die Verdachtsgründe offengelegt werden, wenn auch der Vernehmende nicht verpflichtet ist, sein ganzes Wissen zu offenbaren.[214] Der aus rechtsstaatlichen Gründen notwendige Ausgleich zwischen dem Anspruch auf ein faires Verfahren und den Erfordernissen einer effektiven Strafverfolgung lässt sich nicht allein durch ein System von detaillierten Rechtsvorschriften regeln; er verlangt vielmehr die stete Bereitschaft des Vernehmenden, sich unter Berücksichtigung der Besonderheiten des jeweiligen Einzelfalles dieses Spannungsverhältnisses bewusst zu sein und – über die selbstverständlichen Grenzen des § 136a hinaus – sein Handeln danach einzurichten (vgl. auch Rn. 79 f.).

96 Der Vernehmende muss sich vergewissern, ob der Beschuldigte **vernehmungsfähig** ist. Er sollte sich der besonderen psychologischen Situation des Beschuldigten bewusst sein.[215] Sowohl der Anspruch des Beschuldigten auf ein faires Verfahren als auch das Interesse an der Wahrheitsfindung gebieten es, dem Beschuldigten Gelegenheit zu geben, sich von sich aus im Zusammenhang zu äußern.[216] Der vernehmende Beamte sollte auch den Sprachstil und die Spracheigenarten des Beschuldigten nicht unbeachtet lassen und auf sie eingehen können.[217]

97 In diesen Grenzen richtet sich die Gestaltung der Vernehmung nach Gesichtspunkten der **kriminalistischen Zweckmäßigkeit**. Insoweit muss an dieser Stelle auf das reichhaltige Spezialschrifttum verwiesen werden.[218] Zur Hinzuziehung von Sachverständigen und zur Gegenüberstellung mit Zeugen s.o. Rn. 72; zur Protokollierung s.u. Rn. 103 ff.

3. Anwesenheitsrechte

98 **a) Verteidiger.** Die gesetzliche Bestimmung eines Anwesenheitsrechts des Verteidigers durch die Verweisung von § 163a Abs. 4 Satz 3 auf § 168c Abs. 1 wurde erst zur Erfüllung von Vorgaben aus Art. 3 Abs. 3 Buchstabe b der Richtlinie 2013/48/EU[219] geschaffen. Vorher

---

213 *Kleinknecht* Kriminalistik **1965** 449, 455.

214 Vgl. LR/*Gleß* § 136, 56; § 136a, 42 f.

215 Vgl. dazu u.a. *Glatzel* StV **1982** 283; *Wulf* 432 ff.; ferner BGH StV **1986** 138 mit Anm. *Deckers*; LG Dortmund NStZ **1997** 356 f. mit Aufsatz *Neuhaus* 312. Vgl. auch LG Verden StV **1986** 97; LG Münster StV **1981** 613 f.

216 Näher LR/*Gleß* § 136, 62 m.w.N.; vgl. auch *Wegemer* NStZ **1981** 247; *Eisenberg* (Beweisrecht) Rn. 583 ff. und JZ **1984** 912, 914.

217 Ebenso HK/*Zöller* 21; vgl. dazu mit Beispielen auch *Bente/v. Lübken* Die Polizei **1984** 117; *Eisenberg* NStZ **1999** 281 (für jugendliche Beschuldigte).

218 Nachw. dazu bei LR/*Gleß* § 136, 62; *Ransiek* 17 ff.; *Schrepfer* 89 ff., jeweils mit der Mitteilung von teilweise bedenklichen Praktiken; zusammenfassende Übersicht bei *Eisenberg* (Beweisrecht) Rn. 580 ff.; ferner, insbesondere aus Sicht der Praxis *Banscherus* passim; *Krost* Kriminalistik **1986** 173; aus kommunikationstheoretischer Sicht *Gundlach* 84 ff.; ferner *Roschmann* 166 ff.

219 Vgl. RegE BTDrucks. **18** 9534 S. 22.

war ein solches im Schrifttum umstritten[220] und wurde von der wohl herrschenden Meinung mit Blick auf den Gesetzeswortlaut und die Entstehungsgeschichte des 1. StVRG verneint.[221] Diese verlor spätestens in dem Moment ihre Berechtigung, als die durch Art. 1 Nr. 18 des 2. ORRG mit Wirkung zum 1.10.2009 in § 163 Abs. 3 übernommenen Regelungen zur polizeilichen Zeugenvernehmung erstmals eine Verweisung auf die Vorschriften über den anwaltlichen Zeugenbeistand enthielten. Deren Geltung für den Opferzeugen und potentiellen Nebenkläger als Gegner des Beschuldigten führte bei gleichzeitiger Nichtgewährung eines verbrieften Rechts des Beschuldigten, sich bei seiner eigenen polizeilichen Vernehmung des Beistands eines Verteidigers zu bedienen, nämlich zu einem mit Art. 3 Abs. 1 GG schwerlich zu vereinbarenden Ungleichgewicht.[222] Deshalb ist nachdrücklich zu begrüßen, dass der Gesetzgeber schließlich im Sinne eines uneingeschränkten Anwesenheitsrechts des Verteidigers Klarheit geschaffen hat.

Da sich die Verweisung in § 163a Abs. 4 Satz 3 auch auf § 168c Abs. 5 erstreckt, ist der 99
Verteidiger nach dessen Satz 1 grundsätzlich auch **vom Vernehmungstermin zu benachrichtigen**. Insofern kann grds. auf die entsprechende Darstellung bei der staatsanwaltlichen Beschuldigtenvernehmung (s.o. Rn. 65) verwiesen werden. Anders als dort erscheint es allerdings nicht per se ausgeschlossen, dass die Benachrichtigung i.S. von § 168c Abs. 5 Satz 2 den Untersuchungszweck gefährden könnte und deshalb unterbleiben darf: Eine „Gefährdung des Untersuchungszwecks" i.S. dieser Vorschrift wird zwar selbstverständlich nicht dadurch begründet, dass der Beschuldigte infolge der anwaltlichen Beratung von seinem Schweigerecht Gebrauch machen könnte. In Betracht kommt jedoch der Fall, dass ein nicht zur Vernehmung geladener, sondern im Zuge polizeilicher Ermittlungsarbeit soeben als Verdächtiger identifizierter oder frisch aufgegriffener Beschuldigter, der nach ordnungsgemäßer Belehrung spontane Aussagebereitschaft zeigt, sogleich vernommen werden soll, um eilbedürftige Folgeermittlungen durchführen zu können und *auf diese Weise* eine Gefährdung des Untersuchungserfolgs durch Zeitablauf (dazu § 168c, 44 f.) zu vermeiden.

b) Staatsanwaltschaft. Die **Staatsanwaltschaft** kann bei polizeilichen Ermittlungen 100
stets anwesend sein. Das folgt aus ihrer Leitungsfunktion und der Einheitlichkeit des Ermittlungsverfahrens. Wenn der Staatsanwalt die Ermittlungen jederzeit ganz an sich ziehen kann, ist er auch befugt, an sämtlichen Untersuchungshandlungen der Polizei teilzunehmen.

c) Person des Vertrauens, Erziehungsberechtigter. § 406f Abs. 2 erlaubt es, bei der 101
Vernehmung des Verletzten als Zeugen auf seinen Antrag einer Person des Vertrauens die Anwesenheit zu gestatten (näher dazu die Kommentierung von § 406f). Die dieser Vorschrift zugrundeliegende Wertentscheidung kann auch Veranlassung geben, bei der Beschuldigtenvernehmung entsprechend zu verfahren. Über die Zulassung entscheidet der vernehmende Beamte unter Berücksichtigung der Umstände des Einzelfalles nach pflichtgemäßem Ermessen; sie darf aber nicht erfolgen, wenn dadurch der Untersuchungszweck gefährdet würde. Bei Vernehmungen eines jugendlichen Beschuldigten folgt ein Anwesenheitsrecht des **Erzie-**

220 Näher dazu LR/*Erb*[26] 95a m.w.N.
221 So auch noch LR/*Erb*[26] 95a.
222 Dazu LR/*Erb*[26] Nachtrag § 163, 5; allgemein zur rechtsstaatlichen Notwendigkeit des Anwesenheitsrechts grundlegend *Werner* passim.

hungsberechtigten i.d.R. aus § 67 Abs. 1 JGG,[223] wenn die dort genannten Voraussetzungen erfüllt sind, wobei dem Jugendlichen im Übrigen dessen vorhergehende Konsultation ermöglicht werden muss.[224] Wenn in Polizeidienstvorschriften vorgeschrieben wird, dass Jugendliche im Interesse der Wahrheitsfindung in Abwesenheit ihrer Erziehungsberechtigten zu vernehmen seien,[225] so widerspricht dies dem vorrangigen Vernehmungszweck (Rn. 32). Dass die sachgerechte Ausübung der Verteidigungsrechte durch den Jugendlichen insofern nicht als „Beeinträchtigung des Strafverfahrens" oder Beeinträchtigung „der Ermittlung der Wahrheit" betrachten werden kann, was nach § 67 Abs. 3 Satz 1 Nr. 2, Satz 2 i.V.m. 51 Abs. 2 Nr. 4 JGG seit der Neufassung von § 67 JGG im Jahre 2019 einen Ausschluss des Erziehungsberechtigten ermöglichen würde, sollte sich vor diesem Hintergrund von selbst verstehen.

102 **d) Dritte.** Weitere Personen haben bei polizeilichen Beschuldigtenvernehmungen kein Anwesenheitsrecht. Dies gilt auch für den als **Vertreter des als Nebenkläger Anschlussberechtigten**; § 406h Abs. 2 Satz 3 gilt nach wie vor nur für richterliche Vernehmungen. Anders als bei der richterlichen Vernehmung des Beschuldigten in der früheren Voruntersuchung[226] enthält die StPO für polizeiliche Vernehmungen aber auch **keine** ausdrücklichen **Anwesenheitsverbote**. Die Polizei kann deshalb die Anwesenheit dritter Personen bei ihren Vernehmungen gestatten. Die Grenze liegt aber, wie sich aus § 406h Abs. 2 Satz 3 ergibt, da, wo durch die Anwesenheit der Untersuchungszweck gefährdet würde, also eine Gefährdung der Wahrheitsfindung droht.[227] Die Gestattung der Anwesenheit von **Mitbeschuldigten** wird man aus diesem Grund allenfalls in besonderen Ausnahmefällen für zulässig erachten können (vgl. auch § 168c, 14 f.) In Zweifelsfällen hat die Polizei, namentlich soweit sie im Auftrag der Staatsanwaltschaft tätig wird, deren Entscheidung einzuholen.

4. Protokollierung

103 **a) Notwendigkeit und Form.** Durch die Erstreckung des ursprünglich auf „staatsanwaltliche Untersuchungshandlungen" beschränkten § 168b auf „Untersuchungshandlungen der Ermittlungsbehörden" gilt dessen Absatz 2, dessen entsprechende Anwendung die h.M. schon zuvor befürwortet hatte,[228] jetzt zweifelsfrei auch für die Protokollierung polizeilicher Vernehmungen. Nach dieser Sollvorschrift ist daher regelmäßig eine Niederschrift anzufertigen.[229] Beschuldigtenvernehmungen sollten in aller Regel protokolliert

---

223 Ebenso *Kölbel* NStZ **2021** 524, 530; LR/*Gleß* § 136, 73; HK/*Zöller* 20; HK-GS/*Ambos* 12; MüKo/*Kölbel/Ibold* 34; vgl. auch *Eisenberg* NJW **1988** 1250, 1251; **a.A.** für den Sonderfall des mitbeschuldigten Erziehungsberechtigten LG Konstanz NJW **1988** 1276 und dazu BVerfG (Kammerentscheidung) NJW **1988** 1256; u.a. für diese Konstellation nunmehr auch entsprechend geregelt in § 67 Abs. 3 Satz 2 i.V.m. 51 Abs. 2 Satz 1 Nr. 2 JGG.

224 MüKo/*Kölbel/Ibold* 34; zur Frage einer daran anknüpfenden Belehrungspflicht und eines evt. Verwertungsverbots LG Köln v. 13.1.2016 – 13 S 129/15, NJW-RR **2016** 544; offengelassen in BGH v. 13.8.2019 – 5 StR 257/19, NStZ **2019** 680 Rn. 12; *Epik* StV **2020** 703, 709; *Ludwig* NStZ **2019** 123,125 ff.

225 Vgl. die Nachw. bei *Eisenberg* NJW **1988** 1250, 1251; ferner den Hinweis von *Ludwig* NStZ **2019** 123,124 f. auf Punkt 3.4.2. der Polizeidienstschrift 382, wonach die Belehrung unterbleiben soll, „wenn Anhaltspunkte vorliegen, daß dadurch die Aufklärung einer rechtswidrigen Tat gefährdet wird."

226 Vgl. § 192 Abs. 2 in der bis 1965 geltenden Fassung, s. dazu LR/*Kohlhaas*[21] 7; zur (damals umstrittenen) Einführung eines Anwesenheitsrechts vgl. *Rieß* FS Reichsjustizamt 373, 397.

227 Wohl strenger KK/*Weingarten* § 163, 20 (Ermittlungen dürfen nicht beeinträchtigt werden); Schmitt/Köhler/*Köhler* § 163, 15 (Anwesenheit muss aus Ermittlungsgründen geboten erscheinen).

228 Näher LR/*Erb*[26] m.w.N. § 168b, 2a.

229 Zu den Ausnahmen § 168b, 9.

werden;[230] verzichtbar ist dies allenfalls, wenn ein Beschuldigter bei einer wiederholten Vernehmung nur weniger wichtige, ergänzende Angaben macht oder sich hierbei nicht zur Sache äußert. Ein Protokollführer braucht nicht hinzugezogen zu werden.[231] Soweit auf ein Protokoll verzichtet wird, ist das Ergebnis der Ermittlungen stets aktenkundig zu machen (§ 168b, 6 ff.); die erforderlichen Belehrungen müssen dabei gemäß § 168b Abs. 3 in jedem Fall dokumentiert werden (näher § 168b, 15 f.).

Für die **Form des Protokolls** gilt aufgrund der Verweisung in § 168b Abs. 2 Satz 1 104
§ 168a entsprechend. Bei Beschuldigtenvernehmungen sollte neben den erteilten Belehrungen auch der während der Vernehmung gegebene Hinweis auf die Möglichkeit einer ergänzenden schriftlichen Äußerung (s.o. Rn. 94) in das Protokoll aufgenommen werden.

Für eine Aufzeichnung der Vernehmung auf einem **Tonträger** gilt grds. das Gleiche 105
wie bei Zeugenvernehmungen (§ 168a, 31); da der Beschuldigte nicht zur Aussage verpflichtet ist, braucht er sich freilich nicht darauf einzulassen. Aus diesem Grund hat es der Beschuldigte letzten Endes auch in der Hand, die durch durch Verweisung auf § 136 Abs. 4 geregelte Anfertigung einer **Bild-Ton-Aufzeichnung** selbst dann zu verhindern, wenn sie nach § 136 Abs. 4 Satz 2 eigentlich vorgeschrieben ist (s.o. Rn. 47). Zulässig ist auch die Video- oder Bildaufzeichnung von Wahlgegenüberstellungen zum Zwecke der Identitätsfeststellung.[232]

b) Inhalt des Protokolls. Zu den Anforderungen an den Inhalt von Vernehmungspro- 106
tokollen § 168a, 7 ff.

c) Aushändigung von Protokollabschriften. Das Gesetz gibt auch dem vernommenen 107
Beschuldigten keinen Anspruch auf Überlassung einer Protokollabschrift. Anders als beim Zeugen (§ 163, 126) kann eine solche bei einer **Beschuldigtenvernehmung** im Rechtssinne jedoch niemals den Untersuchungszweck gefährden, denn der Verteidiger ist insoweit uneingeschränkt zur Akteneinsicht befugt und berechtigt, den Akteninhalt dem Beschuldigten mitzuteilen.[233] Der Bitte des Beschuldigten um Überlassung einer Protokollabschrift kann deshalb im Allgemeinen entsprochen werden;[234] geschieht dies, so sollte das in den Akten vermerkt werden. Die **Entscheidung** über die Überlassung von Protokollabschriften trifft auch bei polizeilichen Vernehmungen die Staatsanwaltschaft.[235]

d) Verwertbarkeit. Die Verwertung staatsanwaltschaftlicher und polizeilicher Nie- 108
derschriften von Beschuldigtenvernehmungen im Wege des Urkundenbeweises in der Hauptverhandlung ist unter den Voraussetzungen von § 251 Abs. 1 nur als Ersatz der Vernehmung eines Mitbeschuldigten möglich. Der Urkundenbeweis über ein Geständnis oder zur Klärung von Widersprüchen zwischen der früheren und einer neuen Aussage eines Angeklagten setzt nach § 254 hingegen ausdrücklich und ausnahmslos ein richterliches Vernehmungsprotokoll voraus (weshalb bei Geständnisbereitschaft eines Beschuldigten in einer nicht ganz bedeutungslosen und in der Beweislage nicht völlig klaren Sache unbedingt eine ermittlungsrichterliche Vernehmung veranlasst werden sollte). Umso größere

230 Empirische Daten zur Protokollierung bei *Wulf* 492 ff.; s. auch *Eisenberg* (Beweisrecht) Rn. 610 ff.
231 S. § 168b Rn. 11; AnwK/*Walther* 28; KK/*Weingarten* 32; Schmitt/Köhler/*Köhler* 25; SK/ *Albrecht* § 168b, 7.
232 Näher § 168a, 18.
233 Vgl. § 147 Abs. 3 und die dortigen Erläuterungen.
234 KMR/*Noltensmeier-von Osten* 36; MüKo/*Kölbel/Ibold* 43; SK/*Albrecht* 55; enger AnwK/*Walther* 29; KK/*Weingarten* 33; Schmitt/Köhler/*Köhler* 26; weitergehend (grds. Anspruch auf Überlassung einer Abschrift) Radtke/Hohmann/*Link* 20.
235 Schmitt/Köhler/*Köhler* 26; SK/*Albrecht* 55; für die vorliegende Konstellation **a.A.** MüKo/*Kölbel/Ibold* 43.

praktische Bedeutung hat nach nichtrichterlichen Beschuldigtenvernehmungen, in deren Rahmen ein Geständnis abgelegt wurde, die Verwendung des Protokolls zum Zwecke eines nach h.M. uneingeschränkt (also insbesondere auch gegenüber der über das frühere Geständnis des Angeklagten vernommenen damaligen Vernehmungsperson) zulässigen Vorhalts.[236]

109 **5. Rechtsbehelfe.** Bei polizeilichen Beschuldigtenvernehmungen ist die Aufsichtsbeschwerde nach den in § 163, 100 f. dargelegten Grundsätzen möglich. Die Anrufung des Gerichts dürfte kaum jemals zulässig sein, da der Polizei Eingriffsbefugnisse nicht zustehen und Zwangsmaßnahmen nicht zulässig sind. Gegebenenfalls wäre der Rechtsweg nach den §§ 23 ff. EGGVG, nicht der Verwaltungsrechtsweg eröffnet (vgl. § 163, 102).

VI. Beweisantragsrecht (Absatz 2)

110 **1. Bedeutung.** Absatz 2 erkennt mit der Regelung, dass vom Beschuldigten *beantragte* Beweise zu erheben seien, wenn sie von Bedeutung sind, das Beweisantragsrecht des Beschuldigten gegenüber der Staatsanwaltschaft und der Polizei im Ermittlungsverfahren ausdrücklich an.[237] Ob die verbreitete Einschätzung zutrifft, wonach die Vorschrift von geringer praktischer Bedeutung sei,[238] mag dahinstehen; immerhin wird von Verteidigerseite über Erfahrungen berichtet, wonach Beweisbegehren „faktisch im Ermittlungsverfahren leichter durchsetzbar [seien] als in anderen Verfahrensstadien".[239] Sie ist dogmatisch für die Position des Beschuldigten im Ermittlungsverfahren jedenfalls deshalb von Gewicht, weil sich aus ihr die Subjektstellung des Beschuldigten mit ableiten lässt, und weil sie zeigt, dass dem Beschuldigten auch im Ermittlungsverfahren eine Befugnis zur Mitgestaltung der (vorläufigen) Sachverhaltsfeststellung eingeräumt wird. Es erscheint auch sachgerecht, einen **Beweiserhebungsanspruch** des Beschuldigten anzuerkennen.[240] Allerdings weisen die Entscheidungskriterien (s.u. Rn. 115) nicht die Genauigkeit auf, die in einer langen Entwicklung heute hinsichtlich des Beweiserhebungsanspruchs in der Hauptverhandlung erreicht worden ist.[241]

111 Es erscheint auch nicht zutreffend, § 163a Abs. 2 lediglich als einen **Unterfall der Pflicht nach § 160 Abs. 2** zu interpretieren, auch die entlastenden Beweise von Amts wegen zu ermitteln.[242] Dass die Strafverfolgungsbehörden dazu verpflichtet sind, trifft zwar zu. Insofern ist die Rechtslage aber nicht anders als die für das Gericht nach § 244

236 Dazu LR/*Mosbacher*[27] § 249, 92 ff.

237 Zum Ganzen monografisch *Krekeler* Beweiserhebungsanspruch; knappere Zusammenfassung *ders.* NStZ **1991** 367; ferner *Karow* 105 (auch zu den Besonderheiten des sog. Experimentalbeweisantrags); *Nelles* StV **1986** 74 ff.; *Quedenfeld* FS Peters II 215 ff.; *Schreiber* FS Baumann 383 ff.

238 So etwa *Alsberg/Nüse/Meyer*[5] 336; *Fezer* 3/21; *Krekeler* NStZ **1991** 367, 368; *Eisenberg* (Beweisrecht) Rn. 553; *Perron* 292 ff.; Bosbach/Ackermann/Caba/*Bosbach* Rn. 335.

239 So (mit Darlegung verschiedener Gründe für diesen Befund) Alsberg/*Tsambikakis* Rn. 584.

240 Eingehend dazu *Krekeler* Beweiserhebungsanspruch S. 55 ff.; *ders.* NStZ **1991** 367; ferner etwa AK/*Achenbach* 8; MüKo/*Kölbel/Ibold* 45; SK/*Albrecht* 76; *Nelles* StV **1986** 74, 77; *J. Kreschmer* StraFo **2013** 184; HbStrVf/*Jahn* II Rn. 151; Alsberg/*Tsambikakis* Rn. 585; **a.A.** KK/*Weingarten* 8; Schmitt/Köhler/*Köhler* 15; zur Entstehungsgeschichte der Vorschrift ausführlich *Krekeler* Beweiserhebungsanspruch 67 ff.

241 Vorschläge zu einer (auf einen Ausbau gerichteten) Reform etwa bei *Schreiber* FS *Baumann* 383, 390 ff. (mit Übersicht und krit. Würdigung); *Beulke* FS Rieß 3, 27 f.; *Fezer* GedS Schröder 407, 411; *Hegmann* (LV Vor § 158) 38; *Krekeler* Beweiserhebungsanspruch S. 214 ff.; *Loritz* (LV Vor § 158) 126; *Quedenfeld* FS Peters II 215, 230 ff.; *Wolter* Aspekte einer Strafprozeßreform (1991) 89 f.; vgl. auch Vor § 158, 64.

242 So aber *Alsberg/Nüse/Meyer*[5] 335; vgl. auch KK/*Weingarten* 8; *E. Müller* NJW **1976** 1063, 1067.

Abs. 2 gegebene, wo sich Rechtsprechung und Lehre ebenfalls nicht gehindert sahen, aus der Existenz eines Beweisantragsrechts eine eigenständige und über die Amtsaufklärungspflicht hinausgehende Befugnis des Angeklagten herzuleiten (und zwar schon bevor die Ablehnungsgründe in § 244 Abs. 3, 4 näher normiert wurden). Von daher begründet § 163a Abs. 2 über § 160 Abs. 2 hinaus zumindest ein selbstständiges Antragsrecht des Beschuldigten und für die Strafverfolgungsbehörden eine damit korrespondierende Prüfungs- und Befassungspflicht sowie grundsätzlich eine Bescheidungspflicht (näher Rn. 119). Zum Beweisantragsrecht des Beschuldigten bei **richterlichen Vernehmungen** § 166 und die dortigen Erläuterungen; zur **Belehrung** über das Beweisantragsrecht LR/*Gleß* § 136, 49 ff.

2. Voraussetzungen

a) Begriff. Unter Beweisanträgen im Sinne des § 163a Abs. 2 ist weitgehend das Gleiche zu verstehen wie im gerichtlichen Verfahren nach den §§ 201, 219 und 244. Es müssen also, verbunden mit dem Verlangen, dass der Beweis erhoben werden soll, die Tatsachen bezeichnet werden, über die Beweis erhoben werden soll, und es müssen hierzu Beweismöglichkeiten aufgezeigt werden. Der Begriff ist allerdings nicht mit demjenigen von § 244 identisch, weil die dort maßgebliche scharfe Unterscheidung zwischen Beweisanträgen und bloßen **Beweisermittlungsanträgen** auf den Besonderheiten des Beweisantragsrechts nach § 244 Abs. 3 bis 6 beruht und deshalb für die Beweisanträge nach § 163a Abs. 2 ebenso wie für diejenigen nach § 201 (vgl. LR/*Stuckenberg* § 201, 25) keine Bedeutung hat.[243] Kein Beweisantrag liegt, wie im Falle des § 244, in der bloßen **Beweisanregung** oder dem **Beweiserbieten**, also wenn der Beschuldigte die Beweiserhebung erkennbar in das Ermessen der Strafverfolgungsbehörde stellt.[244] 112

Die beantragte Beweiserhebung muss objektiv der **Entlastung des Beschuldigten** dienen können; nimmt der Beschuldigte dies nur irrtümlich an, würden sie aber tatsächlich nur zu seiner Belastung führen können, so liegt kein nach Absatz 2 zu behandelnder Beweisantrag vor (vgl. § 166, 6); die Strafverfolgungsbehörden sind allerdings im Rahmen ihrer Erforschungspflicht (selbstverständlich) gehalten, auch solchen belastenden Hinweisen nachzugehen. 113

b) Antragstellung. Der Antrag ist grundsätzlich formfrei und zu jedem Zeitpunkt möglich; er setzt nicht voraus, dass der Beschuldigte sich zur Sache einlässt,[245] und kann auch durch den Verteidiger gestellt werden.[246] Aus dem Standort der Vorschrift kann nicht geschlossen werden, dass er nur im Zusammenhang mit einer Vernehmung oder einer schriftlichen Äußerung gestellt werden kann; er ist auch zulässig und beachtlich, wenn er unabhängig davon schriftlich angebracht wird. Wird der Antrag bei einer Vernehmung gestellt, so ist er in das Protokoll aufzunehmen oder sonst aktenkundig zu machen;[247] beantragt der Beschuldigte die Beweiserhebung bei seiner **richterlichen Vernehmung**, so 114

---

243 Vgl. Alsberg/*Tsambikakis* Rn. 586; MüKo/*Kölbel/Ibold* 46; *Eisenberg* (Beweisrecht) Rn. 554; *Krekeler* Beweiserhebungsanspruch 80 ff.; *Quedenfeld* FS Peters II 215, 218; *Schreiber* FS Baumann 383, 387; wohl auch KK/*Weingarten* 8; Schmitt/Köhler/*Köhler* 16; enger (nur förmliche Beweisanträge) NK/*Heghmanns* 28; ebenso wohl SK/*Albrecht* 77.

244 MüKo/*Kölbel/Ibold* 46; *Krekeler* Beweiserhebungsanspruch S. 80; zur Abgrenzung allgemein LR/*Becker*[27] § 244, 168 ff. m.w.N.

245 LR/*Gleß* § 136, 49 m.w.N.; NK/*Heghmanns* 28; SK/*Albrecht* 78.

246 Zur Problematik aus verteidigungstaktischer Sicht *Quedenfeld* FS Peters II 215, 219; Bosbach/Ackermann/Caba/*Bosbach* Rn. 334 ff.

247 Alsberg/*Tsambikakis* Rn. 586; HK/*Zöller* 13.

hat der Richter den Antrag, wenn die Voraussetzungen des § 166 nicht vorliegen, in das Protokoll aufzunehmen; die Staatsanwaltschaft erfährt dann von ihm durch die Übersendung der Verhandlungen.[248]

3. Behandlung

115 **a) Entscheidungsmaßstab.** Dem Beweisantrag ist zu entsprechen, d.h. die beantragten Beweise sind zu erheben, wenn sie von Bedeutung sind. Darin wird teilweise die Einräumung von Ermessen gesehen.[249] Richtigerweise handelt es sich jedoch um einen unbestimmten Rechtsbegriff.[250] Daran ändert auch nichts, dass die Nichterhebung der beantragten Beweise im Ermittlungsverfahren gerichtlich nicht gesondert überprüft werden kann. Wann eine Beweiserhebung von Bedeutung sein kann, beurteilt sich nach ähnlichen Kriterien wie bei der Auslegung des Ablehnungsgrundes der Bedeutungslosigkeit nach § 244 Abs. 3 Satz 3 Nr. 2 (vgl. die dortigen Erl.).[251] Die Beweiserhebung kann also abgelehnt werden, wenn die unter Beweis gestellten Tatsachen mit dem Gegenstand des Ermittlungsverfahrens in keiner Beziehung stehen oder wenn sie, ihre Erwiesenheit unterstellt, die Entscheidung der Staatsanwaltschaft über die Erhebung der öffentlichen Klage nicht beeinflussen könnten. Bedeutungslos sind die Anträge auch dann, wenn sie zwar die Bildung der richterlichen Überzeugung, nicht aber das für die Erhebung der öffentlichen Klage ausreichende **Wahrscheinlichkeitsurteil** beeinflussen können.[252] Im Falle eines drohenden Beweismittelverlustes sind sie aufgrund von § 160 Abs. 2 freilich auch in diesem Fall zwingend zu erheben.[253]

116 Auch die **übrigen** in § 244 Abs. 3 Satz 3 und Abs. 4 normierten **Ablehnungsgründe** geben teilweise **Anhaltspunkte**, wann Beweisanträgen nicht nachgegangen zu werden braucht.[254] Dies darf (selbstverständlich) nicht geschehen, wenn die beantragte Beweiserhebung unzulässig wäre; es kann nicht geschehen, wenn die in Betracht kommenden Beweismittel nicht erreichbar sind. Eine Beweiserhebung erübrigt sich auch dann, wenn die Staatsanwaltschaft ohnehin davon ausgeht, dass die entlastenden Umstände dem Beschuldigten nicht widerlegt werden können. Bei der Frage, ob die zur Verfügung stehenden Beweismittel ungeeignet sind, dürfte im Falle des § 163a Abs. 2 ein etwas großzügigerer Maßstab vertretbar sein als im Falle des § 244 Abs. 3 Satz 3 Nr. 4.

117 **b) Entscheidungskompetenz/Zeitpunkt.** Die Entscheidung über die beantragte Beweiserhebung steht grundsätzlich der Staatsanwaltschaft zu. Solange die **Polizei** den Sachverhalt aufgrund des § 163 Abs. 1 selbstständig erforscht, kann sie die beantragten Entlas-

---

248 Vgl. HK/*Zöller*13; KK/*Weingarten* 8; Schmitt/Köhler/*Köhler* 15; *Fezer* 3/22; *J. Kretschmer* StraFo **2013** 184, 186; *Nelles* StV **1986** 74, 78 (differenzierend).

249 So Alsberg/*Tsambikakis* Rn. 587; KK/*Weingarten* 8; KMR/*Noltensmeier-von Osten* 13; Schmitt/Köhler/*Köhler* 15; OK/*von Häfen* 13; Radtke/Hohmann/*J. Kretschmer*[1] 17; SSW/*Ziegler* 16; *Quedenfeld* FS Peters II 215, 218.

250 AK/*Achenbach* 8; HK/*Zöller* 11; HK-GS/*Ambos* 6; MüKo/*Kölbel/Ibold* 47; Radtke/Hohmann/*Link* 7; SK/*Albrecht* 79; *Eb. Schmidt* Nachtr. I 1; *Eisenberg* (Beweisrecht) Rn. 555; *Kindhäuser/Schumann* § 4, 28; *Nelles* StV **1986** 74, 77; *Schreiber* FS Baumann 383, 387.

251 AK/*Achenbach* 18; KK/*Weingarten* 8; Alsberg/*Tsambikakis* Rn. 588; *Eb. Schmidt* Nachtr. I 8, ausführlich und teilweise abweichend *Krekeler* Beweiserhebungsanspruch S. 84. Für eine vollständige Übertragung der im Rahmen von § 244 Abs. 3–5 maßgeblichen Kriterien NK/*Heghmanns* 29.

252 AK/*Achenbach* 8; *Eisenberg* (Beweisrecht) Rn. 556; vgl. auch *Nelles* **1986** 74, 77; § 201, 30.

253 SK/*Albrecht* 80; vgl. auch *Perron* 168; für die Herleitung der Beweiserhebungspflicht aus § 163a Abs. 2 auch in diesem Fall *Schlothauer* StV **1995** 158, 160.

254 Dazu ausführlich und z.T. weitergehend (analoge Anwendung einzelner Ablehnungsgründe) *Krekeler* Beweiserhebungsanspruch S. 90 ff.

tungsbeweise erheben; Gleiches gilt, wenn sie im Auftrag der Staatsanwaltschaft tätig wird und sich der Antrag im Rahmen des jeweiligen Auftrags bewegt.[255] Sie ist dagegen nicht berechtigt, einen Beweisantrag abzulehnen;[256] tut sie es dennoch, so erledigt diese Entscheidung den Antrag nicht. Die Staatsanwaltschaft hat über ihn endgültig zu entscheiden; der Beschuldigte braucht ihn nicht gegenüber der Staatsanwaltschaft zu wiederholen. Auf unerledigte Beweisanträge gegenüber der Polizei ist bei der Übersendung der Verhandlungen, zweckmäßigerweise im Schlussbericht, hinzuweisen.[257] Wann über den Antrag entschieden wird, bestimmt wegen der freien Gestaltung des Ermittlungsverfahrens die Staatsanwaltschaft.[258]

c) Erhebung der Beweise. Da im Ermittlungsverfahren Freibeweis gilt, hat der Be- 118
schuldigte grundsätzlich keinen Anspruch auf eine bestimmte **Form der Beweiserhebung**; er kann namentlich keine richterliche Vernehmung erzwingen, wenn die Strafverfolgungsbehörde eine polizeiliche oder staatsanwaltschaftliche für ausreichend hält.[259] Dass dem Beweisantrag stattgegeben worden ist, sollte dem Beschuldigten unter dem Gesichtspunkt eines fairen Verfahrens mitgeteilt werden, damit er seine weitere Verteidigung darauf ausrichten kann.[260]

d) Nichterhebung der Beweise. Lehnt die Staatsanwaltschaft den Beweisantrag ab, 119
so ist der Beschuldigte hierüber vor dem Abschluss der Ermittlungen zu unterrichten.[261] Dies ist, auch wenn kein förmlicher Bescheid notwendig sein soll,[262] nach nunmehr ganz herrschender Meinung zu begründen.[263] Die **Begründung** muss, was in knapper Form erfolgen kann, die entscheidenden Gründe für die Nichterhebung der Beweise ersehen lassen. Dagegen ist ein besonderer Hinweis, dass der Antrag in der Hauptverhandlung wiederholt werden könne,[264] nicht erforderlich und in der Regel nicht einmal angebracht. Die Staatsanwaltschaft ist, wenn sie die öffentliche Klage erhebt, nicht verpflichtet, bei der Vorlage der Akten an das Gericht (§ 199 Abs. 2) auf abgelehnte und unerledigte Beweisanträge des Beschuldigten aufmerksam zu machen; aus Gründen der Übersichtlichkeit und Klarheit kann es aber in umfangreichen Sachen zweckmäßig sein, hierauf und auf

255 SK/*Albrecht* 78; *Benfer* (Grundrechtseingriffe, LV Vor § 158) Kap. 11, 15; *Krekeler* Beweiserhebungsanspruch S. 29; *Nelles* StV **1986** 74, 76.

256 Allg. M.; vgl. etwa Alsberg/*Tsambikakis* Rn. 589; KK/*Weingarten* 9; Schmitt/Köhler/*Köhler* 15; MüKo/*Kölbel/Ibold* 48; *Eb. Schmidt* Nachtr. I 9; *Eisenberg* (Beweisrecht) Rn. 558; *Nelles* StV **1986** 74, 76; *Perron* 167.

257 HK/*Zöller*14; KK/*Weingarten* 9; KMR/*Noltensmeier-von Osten* 13; Schmitt/Köhler/*Köhler* 15; SK/*Albrecht* 78.

258 KK/*Weingarten* 9; Schmitt/Köhler/*Köhler* 15; SK/*Albrecht* 81; *Eisenberg* (Beweisrecht) Rn. 560; **a.A.** *Krekeler* Beweiserhebungsanspruch S. 172 ff. (Pflicht zur unverzüglichen Entscheidung).

259 *Eb. Schmidt* Nachtr. I 9; HK/*Zöller* 14; SK/*Albrecht* 81; teilw. **a.A.** *Nelles* StV **1986** 74, 78; vgl. auch (zur Problematik des fehlenden Anwesenheitsrechts bei nichtrichterlichen Vernehmungen) *Quedenfeld* FS Peters II 215, 219.

260 Vgl. *Krekeler* Beweiserhebungsanspruch S. 162 ff.; Alsberg/*Tsambikakis* Rn. 592.

261 HK/*Zöller* 14; KK/*Weingarten* 9; *Krekeler* Beweiserhebungsanspruch S. 160 ff.; Alsberg/*Tsambikakis* Rn. 590; für die Möglichkeit einer Bescheidung in der Anklageschrift im wesentlichen Ergebnis der Ermittlungen NK/*Heghmanns* 30.

262 So etwa KK/*Weingarten* 9; SK/*Albrecht* 81.

263 Ausführlich *Krekeler* Beweiserhebungsanspruch 180 ff., ferner AK/*Achenbach* 9; HK/*Zöller* 14; KK/*Weingarten* 9; Alsberg/*Tsambikakis* Rn. 590; *Eb. Schmidt* Nachtr. I 9; Radtke/Hohmann/*Link* 9; SK/*Albrecht* 81.

264 So AK/*Achenbach* 9, *Schlüchter* Rn. 109 Fn. 353, beide im Anschluss an einen de lege ferenda gemeinten Vorschlag von *Beulke* in: Schreiber (Hrsg.) Strafprozeß und Reform (1979) 46; vgl. auch LR/*Stuckenberg* § 201, 36.

die Gründe für die Nichterhebung der Beweise im wesentlichen Ergebnis der Ermittlungen einzugehen.

120 **4. Folgen unterlassener Beweiserhebung.** Unterlässt es die Staatsanwaltschaft, beantragte Entlastungsbeweise zu erheben, so stehen dem Beschuldigten hiergegen im Ermittlungsverfahren, abgesehen von der Aufsichtsbeschwerde an die vorgesetzte Staatsanwaltschaft, keine Rechtsbehelfe zur Verfügung.[265] Der Beschuldigte kann auch der Eröffnung des Hauptverfahrens nicht mit Aussicht auf Erfolg allein mit der Begründung entgegentreten, dass die Staatsanwaltschaft solche Beweiserhebungen unterlassen habe. Er hat aber die Möglichkeit, seine Anträge im Eröffnungsverfahren zu wiederholen (§ 201 Abs. 1). Das eröffnende Gericht entscheidet hierüber unter dem Gesichtspunkt, ob sie für *seine* Entscheidung über das Bestehen eines hinreichenden Tatverdachts von Bedeutung sind; es befindet also nicht aus einer Ex-ante-Betrachtung heraus darüber, ob die Staatsanwaltschaft die Beweiserhebung zu Unrecht abgelehnt hat.[266]

VII. Verstöße und ihre Folgen

121 **1. Unterlassene Beschuldigtenvernehmung.** Wird der Beschuldigte entgegen Absatz 1 vor Klageerhebung nicht oder nicht zu allen Tatvorwürfen gehört, so berührt dies die Wirksamkeit der Klageerhebung nicht.[267] Entsprechend den behebbaren Mängeln in der Anklageschrift (vgl. LR/*Stuckenberg* § 200, 82) muss der Vorsitzende bei einer Vorprüfung der Anklage, falls er Mängel bei der Gewährung des rechtlichen Gehörs nach Absatz 1 feststellt, der Staatsanwaltschaft die Sache mit der Anregung um Nachholung zurückgeben.[268] Kommt die Staatsanwaltschaft dem nicht nach, hat das Gericht die Eröffnung des Hauptverfahrens abzulehnen.[269] Der gegenteiligen h.M., wonach die unterlassene Beschuldigtenanhörung im Zwischenverfahren durch die Aufforderung zur Erklärung nach § 201 oder eine Nachholung der Vernehmung durch das eröffnende Gericht gemäß § 202 geheilt werden kann,[270] ist aus folgendem Grund zu widersprechen: Bei Nachholung im Zwischenverfahren kann das rechtliche Gehör seine zentrale Funktion, dem Beschuldigten evt. die Belastungen einer Hauptverhandlung zu ersparen, nur noch eingeschränkt erfüllen, weil die Erreichung einer Einstellung nach §§ 153 ff. ohne Eintritt in die Hauptverhandlung de facto kaum mehr in Betracht kommt und die Möglichkeit, durch Geltendmachung geeigneter Umstände eine Erledigung im Strafbefehlsverfahren zu erreichen, überhaupt nicht

---

265 SK/*Albrecht* 82; Alsberg/*Tsambikakis* Rn. 591; *Eisenberg* (Beweisrecht) Rn. 561; *Krekeler* Beweiserhebungsanspruch S. 199 ff.; **a.A.** (jedenfalls de lege ferenda) *Mörsch* (LV Vor § 158) 107; dazu zweifelnd *Fezer* GedS Schröder 407, 418.

266 SK/*Albrecht* 82; teilw. **a.A.** *Nelles* StV **1986** 74, 79; *Krekeler* Beweiserhebungsanspruch S. 212 (Pflicht, unerledigten Beweisanträgen nachzugehen); de lege ferenda auch *Fezer* GedS Schröder 407, 421 f.

267 HK/*Zöller* 28; KMR/*Noltensmeier-von Osten* 38; SK/*Albrecht* 11; *Schreiber* FS Baumann 383 f.; vgl. auch (mit einer anderen Gesamtkonzeption) *Wagner* ZStW **109** (1997) 545, 577 ff.; **a.A.** *Meinecke* StV **2015** 325, 326 ff.

268 Zutr. *Wagner* ZStW **109** (1997) 545, 579 ff.; HK/*Zöller* 28; **a.A.** (Rückgabe fakultativ) AnwK/*Walther* 31; KK/*Weingarten* 34; LR/*Rieß*[25] 118.

269 Ebenso Radtke/Hohmann/*Link* 3; MüKo/*Kölbel*/*Ibold* 50; NK/*Heghmanns* 31; SK/*Albrecht* 11; SSW/*Ziegler* 8; *Leitner* FS Volk 301, 308 f.; *Kempf* FS AG Strafrecht DAV 592, 599 ff.; im Ergebnis ebenfalls zustimmend *Meinecke* StV **2015** 325, 326; insoweit unklar *Wagner* ZStW **109** (1997) 545, 582.

270 AnwK/*Walther* 31; KK/*Weingarten* 34; KMR/*Noltensmeier-von Osten* 38; LR/*Rieß*[25] 118; Schmitt/Köhler/*Köhler* 1; OK/*von Häfen* 2; HbStrVf/*Jahn* II Rn. 67; *H. Schäfer* wistra **1997** 170.

mehr besteht.[271] Die **Revision** kann in der Regel nicht auf einen Verstoß gegen § 163a Abs. 1 gestützt werden.[272]

2. Verstöße gegen Belehrungsvorschriften

a) Konsequenzen für die Verwertbarkeit. Wird eine notwendige Beschuldigtenbelehrung unterlassen oder fehlerhaft vorgenommen, so gelten für die Frage der Verwertbarkeit der dabei gewonnenen Aussagen und der Geltendmachung des Verstoßes im weiteren Verfahren[273] die gleichen Grundsätze wie bei entsprechenden Verstößen anlässlich von richterlichen Vernehmungen; auf die entsprechenden Erläuterungen bei § 136 wird daher verwiesen. Zur Verwertbarkeit von Bekundungen anlässlich informatorischer Befragungen s.o. Rn. 23 f. 122

b) Revision. Auch für die Möglichkeit der **Revision** ist grundsätzlich auf die Erläuterungen zu den entsprechenden Vorschriften über richterliche Vernehmungen zu verweisen. Auf eine unterlassene Belehrung im Ermittlungsverfahren kann die **Revision** aber immer nur dann gestützt werden, wenn die dabei gewonnene Aussage in irgendeiner Weise, etwa durch Verlesung der Niederschrift oder durch Vernehmung des Vernehmungsbeamten, ggf. auch durch Vorhalt, in der Hauptverhandlung das Urteil beeinflusst haben kann (vgl. § 160, 79), und wenn ein evt. erforderlicher Widerspruch (dazu LR/*Gleß*[26] § 136, 82 ff.) gegen die Verwertung rechtzeitig erhoben wurde. 123

c) Verstöße gegen Art. 36 Abs. 1b WÜK. Die Folgen einer unterlassenen oder verspäteten Belehrung ausländischer Beschuldigter nach Art. 36 Abs. 1b WÜK im Falle ihrer Festnahme (s.o. Rn. 93) waren zeitweise Gegenstand einer intensiven Debatte. Nach der hierzu ergangenen **ersten Entscheidung des Bundesverfassungsgerichts** stand zunächst lediglich fest, dass die Rüge eines solchen Verstoßes im weiteren Verfahren einschließlich der Revision grds. möglich sein muss.[274] Im Anschluss daran ergingen in kurzer Folge drei Entscheidungen unterschiedlicher Strafsenate des BGH. Der 1. Strafsenat stellte den Verstoß dabei in eine Reihe mit der Verletzung sonstiger Belehrungspflichten, wobei er das hiernach im Raum stehende Beweisverwertungsverbort deshalb verneinte, weil der Widerspruch gegen die Beweisverwertung in der tatgerichtlichen Hauptverhandlung verspätet erhoben worden war.[275] Der 5. Strafsenat lehnte in der Sache, die der vorangegangenen Entscheidung des BVerfG zugrunde lag, ein Beweisverwertungsverbot ab, hielt jedoch eine Kompensation auf Rechtsfolgenseite im Wege der (zuvor für Fälle überlanger Verfahrensdauer entwickelten und in diesem Zusammenhang wenig später vom GrSSt[276] bestätigten) „Vollstreckungslösung" für geboten.[277] Der 3. Strafsenat erteilte sowohl dieser Position (unter Verneinung der Voraussetzungen von § 132 Abs. 2 GVG, weil der 5. Strafsenat offengelassen hatte, ob die Kompensation auch im nunmehr gegebenen Falle einer alsbald nachgeholten Belehrung erforderlich sein sollte)[278] 124

---

271 Überzeugend NK/*Heghmanns* 31; SK/*Albrecht* 11.

272 MüKo/*Kölbel*/*Ibold* 50; Radtke/Hohmann/*Link* 22; SK/*Albrecht* 12; vgl. auch *Quedenfeld* FS Peters II 215, 218 Fn. 17. BGH NStZ-RR **1999** 259 (bei *Kusch*) hat allerdings auf eine Revisionsrüge, § 163a Abs. 1 sei verletzt, das Vorliegen eines Verfahrensverstoßes sachlich geprüft und verneint.

273 Zu den Anforderungen an den Nachweis der Nichtbelehrung BGH StV **2007** 65.

274 BVerfG NJW **2007** 449; kritisch zur Begründung des BVerfG *Burchard* JZ **2007** 891 ff.

275 BGHSt **52** 38, 41 ff.

276 BGHSt **52** 124; dazu eingehend LR/*Esser*[27] Art. 6, 489 ff. EMRK.

277 BGHSt **52** 48, 55 ff.

278 BGHSt **52** 110, 118.

als auch der Annahme eines Beweisverwertungsverbots[279] eine Absage. Für den Beschuldigten müsse vielmehr nur gewährleistet sein, „dass er den Verstoß im Strafverfahren geltend machen und dort zur Überprüfung stellen kann, ob dieser sich in maßgeblicher Weise auf seine Verteidigungsrechte und damit gegebenenfalls auf seine Verurteilung ausgewirkt hat";[280] Letzteres sei in concreto jedoch ersichtlich nicht der Fall gewesen.[281]

125 Einer gegen die Entscheidung des 5. Strafsenats eingelegten **erneuten Verfassungsbeschwerde** gab das Bundesverfassungsgericht in einer Kammerentscheidung teilweise statt, weil sich der 5. Strafsenat in der pauschalen Verneinung eines Beweisverwertungsverbots nicht hinreichend mit der Rechtsprechung des IGH zu Art. 36 Abs. 1b WÜK auseinandergesetzt habe.[282] Der nach § 95 Abs. 2 BVerfGG mit der weiteren Entscheidung betraute 4. Strafsenat des BGH stellte daraufhin zunächst klar, dass nach Feststellung des Konventionsverstoßes unter dessen Berücksichtigung eine umfassende Überprüfung von Schuld- und Strafausspruch möglich sein muss.[283] In deren Rahmen hielt er die Annahme eines Beweisverwertungsverbots für möglich, wenn dem Beschuldigten „im weiteren Verfahrensverlauf tatsächlich ein Nachteil entstanden ist", was er im vorliegenden Fall unter Rekurs auf die „Abwägungslehre" verneinte.[284] Zugleich wandte er sich gegen die zuvor vom 5. Strafsenat ausgesprochene Kompensation nach der „Vollstreckungslösung" und stützte den (wegen des Verbots der reformatio in peius im Ergebnis nicht mehr angreifbaren) Strafnachlass im Rahmen der Vollstreckungslösung stattdessen auf die zugleich eingetretene rechtsstaatswidrige Verfahrensverzögerung.[285] Die hiergegen gerichtete erneute Verfassungsbeschwerde wurde vom BVerfG nicht zur Entscheidung angenommen, weil es den Vorgaben des IGH genüge, den Belehrungsmangel **als Verfahrensfehler** zu behandeln, der in der Revision eine **Kontrolle des Urteils** eröffnet und damit gewährleistet, dass der Bruch des Völkerrechts **nicht generell folgenlos** bleibt.[286] Dabei sei es nicht zu beanstanden, ein evt. Beweisverwertungsverbot an eine „Abwägung der im Rechtsstaatsprinzip angelegten gegenläufigen Gebote und Ziele" zu knüpfen und eine Aufhebung des Urteils nach allgemeinen Grundsätzen davon abhängig zu machen, dass dieses auf dem Belehrungsmangel beruht.[287] Die Gewährung einer Kompensation im Rahmen der Vollstreckungslösung sei demgegenüber weder erforderlich noch überhaupt geeignet, den Vorgaben des IGH zu genügen, weil sie gerade keine „erneute Überprüfung des Schuld- und Strafausspruchs" impliziere.[288]

126 Den Entscheidungen des 1., 3. und 4. Strafsenats des BGH sowie des Bundesverfassungsgerichts ist darin zuzustimmen, dass ein Verstoß im Einzelfall **nur dann unmittelbare strafprozessuale Konsequenzen** haben muss und kann, wenn er sich im Ergebnis möglicherweise **zu Lasten des Beschuldigten ausgewirkt** hat. Diese können entgegen der Annahme des 5. Strafsenats richtigerweise nicht in einer Minderung der Sanktion liegen; umso weniger geht es an, eine solche selbst dort zu gewähren, wo sich der Verstoß auf das Urteil ersichtlich in keiner Weise ausgewirkt hat,[289] denn es ist unerfindlich, wa-

279 BGHSt **52** 110, 114 ff.; zustimmend *Esser* JR **2008** 271, 274 ff.
280 BGHSt **52** 110, 119.
281 BGHSt **52** 110, 117 f.
282 BVerfG NJW **2011** 207, 208 ff.
283 BGH StV **2011** 603, 604 f.
284 BGH StV **2011** 603, 605 f.
285 BGH StV **2011** 603, 606 f.
286 BVerfG NJW **2014** 532, 533 ff.
287 BVerfG NJW **2014** 532, 534.
288 BVerfG NJW **2014** 532, 535; ebenso bereits *Esser* JR **2008** 271, 277; *Gleß/Peters* StV **2011** 369, 370.
289 Dafür *T. Walter* JR **2007** 99, 102; *Schomburg/M. Schuster* NStZ **2008** 593, 595 f.

rum der Beschuldigte auf Kosten der Strafgerechtigkeit von Rechtsverstößen profitieren sollte, die ihn nicht effektiv belastet haben und die aus seiner Perspektive insofern rein formaler Art geblieben sind. Im Vordergrund steht vielmehr die Frage nach einem Beweisverwertungsverbot für eine Einlassung des Beschuldigten, die er in Unkenntnis seines Rechts auf Inanspruchnahme konsularischer Hilfe abgegeben hat. Dabei ist richtigerweise zu prüfen, ob Anhaltspunkte dafür bestehen, dass der Beschuldigte bei ordnungsgemäßer Belehrung bis zur Kontaktaufnahme mit dem Konsulat zunächst einmal von seinem Schweigerecht Gebrauch gemacht hätte.[290] Ist das der Fall, sollte das hieran anknüpfende **Beweisverwertungsverbot** allerdings nicht an weitere Bedingungen geknüpft werden; die von BGH StV **2011** 603, 605 f. geforderte Abwägung an gegenläufige Belange der Strafrechtspflege zu knüpfen, dürfte der Bedeutung des Völkerrechtsverstoßes nicht hinreichend Rechnung tragen.[291] Was die Geltendmachung des Beweisverwertungsverbots mit der Revision betrifft, kann diese wegen der völkerrechtlichen Vorgaben nicht davon abhängig gemacht werden, dass der Verwertung in der Hauptverhandlung widersprochen wurde.[292] Unabhängig von einem Beweisverwertungsverbot muss der Belehrungsmangel im Übrigen auch dann zu einer Aufhebung des Urteils führen, wenn konkrete Anhaltspunkte dafür bestehen, dass die Einschaltung des Konsulats dem betroffenen Ausländer zu **besseren Verteidigungsmöglichkeiten** verholfen hätte.[293]

3. Versagung des Anwesenheitsrechts. Wird der Verteidiger entgegen § 163a Abs. 3 Satz 2 oder Abs. 4 Satz 3 i.V.m. § 168c Abs. 1, 5 nicht vom Termin einer Beschuldigtenvernehmung benachrichtigt oder wird ihm die Anwesenheit verwehrt, so gelten die Erläuterungen zu § 168c, 57 bis 69 entsprechend. 127

§ 163b
Maßnahmen zur Identitätsfeststellung

(1) [1]Ist jemand einer Straftat verdächtig, so können die Staatsanwaltschaft und die Beamten des Polizeidienstes die zur Feststellung seiner Identität erforderlichen Maßnahmen treffen; § 163a Abs. 4 Satz 1 gilt entsprechend. [2]Der Verdächtige darf festgehalten werden, wenn die Identität sonst nicht oder nur unter erheblichen Schwierigkeiten festgestellt werden kann. [3]Unter den Voraussetzungen von Satz 2 sind auch die Durchsuchung der Person des Verdächtigen und der von ihm mitgeführten Sachen sowie die Durchführung erkennungsdienstlicher Maßnahmen zulässig.

(2) [1]Wenn und soweit dies zur Aufklärung einer Straftat geboten ist, kann auch die Identität einer Person festgestellt werden, die einer Straftat nicht verdächtig ist; § 69 Abs. 1 Satz 2 gilt entsprechend. [2]Maßnahmen der in Absatz 1 Satz 2 bezeichneten Art dürfen nicht getroffen werden, wenn sie zur Bedeutung der Sache außer Verhältnis stehen; Maßnahmen der in Absatz 1 Satz 3 bezeichneten Art dürfen nicht gegen den Willen der betroffenen Person getroffen werden.

---

290 So bereits *Kreß* GA **2007** 296, 305 f.; ebenso KK/*Weingarten* 35; MüKo/*Kölbel*/*Ibold* 54.

291 *Gleß*/*Peters* StV **2011** 369, 376 f.

292 Überzeugend *Kreß* GA **2007** 296, 306; zumindest für den Fall, dass die Belehrung nach Art. 36 Abs. 1b WÜK zu dem Zeitpunkt, als der Widerspruch hätte erfolgen müssen, noch nicht nachgeholt war, auch BGH StV **2011** 603, 604 f.

293 Dazu *Kreß* GA **2007** 296, 306 f.; *Esser* JR **2008** 271, 278; als grds. Möglichkeit auch von BGH St **52** 110, 117 f. erörtert.

Schrifttum zu den §§ 163b, 163c

Achenbach Vorläufige Festnahme, Identifizierung und Kontrollstellen im Strafprozeß, JA **1981** 660; *F. Albrecht* Anhalterechte kommunaler Bediensteter zur Verfolgung von Verkehrsverstößen, DAR **2003** 537; *Arzt/Eier* Section Control und allgemeine Videoüberwachung im Straßenverkehr, NZV **2010** 113; *Benfer* § 127 I 2 StPO – eine strafprozessuale Personalienfeststellung, Die Polizei **1978** 249; *ders.* Grundrechtseingriffe im Ermittlungsverfahren[2] (1990); *Brenner* Festnahme und Durchsuchung zur Identitätsfeststellung nach § 163b StPO auch durch Politessen, VR **2004** 5; *Ehmke* Das Recht der strafprozessualen Identitätsfeststellung durch Staatsanwaltschaft und Polizei, Die Polizei **1978** 279; *Geerds* Strafprozessuale Personenidentifizierung – Juristische und kriminalistische Probleme der §§ 81b, 163b, 163c StPO, Jura **1986** 7; *Gratz* Datenschutzverstöße bei Ermittlungen wegen Verkehrsordnungswidrigkeiten, DAR **2021** 650; *Greiner* Zur Zulässigkeit der erkennungsdienstlichen Behandlung eines Kindes, Kriminalistik **1979** 430; *Härtel* Übermaßverbot und Identitätsfeststellung beim Betroffenen im Ordnungswidrigkeitenrecht, DNP **1982** 51; *Kurth* Identitätsfeststellung, Einrichtung von Kontrollstellen und Gebäudedurchsuchung nach neuem Recht, NJW **1979** 1377; *Möllers* Abkehr vom liberalen Brokdorf- Beschluss? RuP **2017** 26; *Riegel* Die neuen Grundlagen der polizeilichen Personenkontrolle und der Durchsuchung von Wohnungen im Strafverfahrensrecht, BayVerwBl. **1978** 589; *ders.* Neue Aspekte des polizeilichen Befugnisrechts zur Gefahrenabwehr und Strafverfolgung, JR **1981** 229; *Roggan* Rechtsgrundlage für bildgebende Messverfahren in der Verkehrsüberwachung? NJW **2010** 1042; *Rudolphi* Die Gesetzgebung zur Bekämpfung des Terrorismus, JA **1979** 1; *Suden/Weitemeier* Auswirkungen und Effektivität der strafprozessualen Änderungen vom 14.4.1978, Die Polizei **1980** 333; *Vogel* Strafverfahrensrecht und Terrorismus – eine Bilanz, NJW **1978** 1217. Weiteres Schrifttum bei § 111.

Entstehungsgeschichte

Die Vorschrift wurde zusammen mit §§ 111, 163c durch Art. 1 Nr. 10 StPÄG 1978 eingefügt.[1]

Übersicht

1 Zur Entstehungsgeschichte ausführlich LR/*Rieß*[23] EB 4 bis 8; ferner *Achenbach* JA **1981** 660; *Kurth* NJW **1979** 1377; vgl. auch *Vogel* NJW **1978** 1217, 1221, 1227.

Alphabetische Übersicht

I. Bedeutung und Aufbau der §§ 163b und 163c

1. Bedeutung. Bis zur Einführung der §§ 163b und 163c war eine strafprozessuale Identitätsfeststellung gegen den Willen der betroffenen Person nur bei Verdächtigen unter den Voraussetzungen des § 127 Abs. 1 oder nach § 81b mit Zwangsmaßnahmen durchsetzbar; für unverdächtige Personen, die als Zeugen oder sonst als Beweismittel für ein späteres Strafverfahren in Betracht kamen, war eine strafverfahrensrechtliche Ermächtigung 1 nicht vorhanden. Auf polizeiliche Vorschriften durfte nach richtiger, wenn auch umstrittener Ansicht nicht zurückgegriffen werden.[2]

2 Die §§ 163b und 163c, die in engem Zusammenhang mit dem gleichzeitig geschaffenen § 111[3] stehen, regeln die Befugnis zu **Identitätsfeststellungen für Zwecke des Strafverfahrens** abschließend; ein Rückgriff auf weiterreichende polizeirechtliche Ermächtigungen[4] ist in diesem Bereich nicht möglich (vgl. aber Rn. 10),[5] wie sich u.a. aus der Entstehungsgeschichte und der mit der Vorschrift verfolgten Absicht des Gesetzgebers ergibt.[6]

3 **2. Inhalt und Aufbau.** § 163b behandelt die Zulässigkeit der Identitätsfeststellung einschließlich der dabei zulässigen Eingriffe. § 163c Abs. 1 bis 3 regelt das Verfahren bei Freiheitsentziehungen im Zusammenhang mit der Identitätsfeststellung, während § 163c Abs. 4 (Vernichtung der bei der Identifizierung angefallenen Unterlagen) systematisch zu § 163b Abs. 2 gehört und richtiger als dessen Satz 3 hätte eingestellt werden sollen. Die Regelung unterscheidet zwischen einer Straftat „Verdächtigen" (§ 163b Abs. 1) und anderen Personen, also „Unverdächtigen" (§ 163b Abs. 2). Bei Verdächtigen gehen die Identifizierungsmaßnahmen in mehrfacher Hinsicht weiter. Sie sind nach dem Wortlaut der Generalklausel (§ 163b Abs. 1 Satz 1) ohne weitere Voraussetzungen zulässig (vgl. Rn. 19) und umfassen unter bestimmten Voraussetzungen auch die Durchsuchung und erkennungsdienstliche Maßnahmen gegen den Willen des Betroffenen; letzteres ist bei Unverdächtigen ausnahmslos ausgeschlossen. Bei diesen ist die Identitätsfeststellung überhaupt nur zulässig, wenn und soweit dies zur Aufklärung einer Straftat geboten ist. Beide Personengruppen können unter den Voraussetzungen des § 163b Abs. 1 Satz 2 zum Zwecke der Identifizierung festgehalten werden; bei Unverdächtigen ist insoweit der Verhältnismäßigkeitsgrundsatz ausdrücklich hervorgehoben (§ 163b Abs. 2 Satz 2). Die Dauer der Freiheitsentziehung ist relativ auf das unerlässliche Maß (§ 163c Abs. 1 Satz 1) und absolut auf einen Zeitraum von höchstens zwölf Stunden (§ 163c Abs. 2) beschränkt; sie unterliegt grundsätzlich richterlicher Kontrolle (§ 163c Abs. 1 Satz 2) und begründet einen Anspruch auf Benachrichtigung von Vertrauenspersonen (§ 163c Abs. 1 Satz 3 i.V.m. § 114b Abs. 2 Satz 1 Nr. 6, § 114c). Bei Unverdächtigen sind die Identifizierungsunterlagen nach der Identitätsfeststellung zu vernichten (§ 163c Abs. 4).

4 Gegen die Regelungen der §§ 163b, 163c, die bei ihrer Schaffung auch rechtspolitisch heftig umstritten waren,[7] sind von *Achenbach*[8] und vor allem von *Wolter*[9] schwerwiegende dogmatische, systematische, verfassungsrechtliche und verfassungspolitische **Bedenken** erhoben worden, die namentlich *Wolter* in einen Gesamtzusammenhang mit den seitherigen Regelungen in den §§ 163d und 163e stellt. Das Bundesverfassungsgericht

---

2 Näher m.w.N. zum damaligen Streitstand LR/*Rieß*[23] EB 1; KK/*Weingarten* 1; *Achenbach* JA **1981** 660, 661.

3 Dazu LR/*Hauck* § 111, 3 ff.

4 Zu den polizeirechtlichen Grundlagen von Identitätsfeststellungen m.w.N. Lisken/Denninger/Bäcker/*Graulich* Kap. 4, 252 ff.; SK/*Wolter/Werkmeister* 14; *Benfer* (Grundrechtseingriffe) Kap. 2, 6 ff. Die neueren Polizeigesetze begrenzen anders als nach früherem Recht vielfach die Festhaltedauer entsprechend § 163c Abs. 2 ebenfalls auf 12 Stunden; vgl. etwa § 42 Abs. 2 BPolG.

5 Jetzt allg. M., vgl. AK/*Achenbach* 2; HK/*Zöller* 1; KK/*Weingarten* 1; NK/*Heghmanns* 2; Schmitt/Köhler/*Köhler* 1; *Pfeiffer* 1; SK/*Wolter/Werkmeister* 13 f.; *Ranft* Rn. 796; *Achenbach* JA **1981** 660, 661; *Riegel* ZRP **1978** 14; *ders.* JR **1981** 229, 231; *Suden/Weitemeier* Die Polizei **1980** **333**, 336; vgl. auch *Schwan* VerwArch **70** (1979) 109, 115.

6 Näher LR/*Rieß*[23] EB 2 m.w.N.; *Schwan* VerwArch **70** (1979) 109 ff.

7 Dazu m.w.N. SK/*Wolter/Werkmeister* 3; *Achenbach* JA **1981** 661, 665.

8 AK/*Achenbach* z.B. 11; § 163c, 6, namentlich, was die Behandlung Unverdächtiger angeht.

9 SK/*Wolter/Werkmeister* 4 ff., der in vielen Einzelpunkten eine deutlich restriktivere Auslegung als die h.M. vertritt; vgl. auch *ders.* ZStW **107** (1995) 793 ff., namentlich 806 f.

hat, soweit es mit den Vorschriften befasst war, keinen Anlass gesehen, sie grundsätzlich in Frage zu stellen.[10] Auch in der bisher bekannt gewordenen (spärlichen) Rechtsprechung sind trotz einer Geltungsdauer von mittlerweile fast fünf Jahrzehnten die von der Kritik hervorgehobenen Gefahren jedenfalls in neuerer Zeit nicht zutage getreten.[11] Soweit von der Kritik das Fehlen datenschutzrechtlicher Begleitvorschriften beanstandet wurde,[12] dürfte sie durch die Änderungen im Achten Buch der StPO überholt sein.[13] Ein Anlass dafür, die Regelungen grundsätzlich in Frage zu stellen, dürfte derzeit nicht bestehen.

II. Anwendungsbereich

1. Straf- und Bußgeldverfahren

a) Strafverfahren. Die §§ 163b und 163c regeln die Zulässigkeit der Identitätsfeststel- 5
lung durch die Strafverfolgungsbehörden (Rn. 49) für Zwecke des Strafverfahrens, das heißt für die aufklärende und verfolgende Tätigkeit in Bezug auf eine bestimmte Straftat, hinsichtlich derer mindestens ein Anfangsverdacht (LR/*Mavany* § 152, 27 ff.) besteht.[14] Eine polizeiliche Tätigkeit, die allein auf die Aufdeckung bereits begangener, aber noch unbekannter Straftaten zielt, fällt nicht in den von der Strafprozessordnung umfassten Tätigkeitsbereich (vgl. Vor § 158, 14); Identitätsfeststellungen, die allein dem Zweck dienen, ohne das Vorhandensein zureichender tatsächlicher Anhaltspunkte mögliche Straftaten aufzudecken und mögliche Täter zu ermitteln, können auf die §§ 163b, 163c nicht gestützt werden.[15] Liegen einer Identitätsfeststellung **präventiv-polizeiliche** und **strafverfahrensrechtliche Zwecke gleichzeitig** zugrunde, so gelten die §§ 163b, 163c, wenn der objektiven Zweckrichtung nach der Aspekt der Strafverfolgung überwiegt;[16] die Polizei darf dann nicht ohne Weiteres auf möglicherweise weiterreichende polizeirechtliche Ermächtigungen zurückgreifen.[17]

Auch bei Identitätsfeststellungen an einer **Kontrollstelle** (§ 111) sind infolge der Ver- 6
weisung in § 111 Abs. 3 die §§ 163b, 163c grundsätzlich anzuwenden. Insbesondere besteht auch hier das Festhalterecht nach Absatz 1 Satz 2 mit den Verfahrensvorschriften des § 163c Abs. 1 bis 3, die Belehrungspflicht nach Absatz 1 Satz 1 zweiter Halbsatz und grundsätzlich das Gebot, die angefallenen Unterlagen zu vernichten.[18] Umstritten ist, wieweit

---

10 BVerfGE **92** 191 ff. (wo allerdings in einer etwas undeutlichen Form [S. 198] in Hinblick auf die damals noch fehlenden datenschutzrechtlichen Begleitvorschriften bemerkt wird, die Vorschrift sei „für sich genommen ebenfalls nicht bedenkenfrei"); BVerfG (Kammerentscheidung) StV **1992** 210.

11 Vgl. allerdings die krit. Beurteilungen der damaligen polizeilichen Praxis bei OLG Nürnberg StV **1988** 372; LG Amberg StV **1990** 541.

12 SK/*Wolter/Werkmeister* 5 ff.

13 Vgl. dazu die Erl. zu den §§ 483 ff. bei LR/*Tillich* und unten § 163c, 26 f.

14 AK/*Achenbach* 5; KK/*Weingarten* 3; KMR/*Noltensmeier-von Osten* 1 ff.; *Pfeiffer* 5; SK/*Wolter/Werkmeister* 19; *Ranft* Rn. 789; *Geerds* Jura **1986** 7, 10.

15 KK/*Weingarten* 3; MüKo/*Kölbel/Neßeler* 3; OK/*von Häfen* 1; *Kurth* NJW **1979** 1377, 1378; möglicherweise abweichend (auch bei „Vorermittlungsverfahren") KMR/*Noltensmeier-von Osten* 2.

16 *Achenbach* JA **1981** 660, 662.

17 *Achenbach* JA **1981** 660, 662; *Riegel* JR **1981** 229, 234.

18 Zu der bei Anordnung einer Kontrollfahndung nach § 163d insoweit an Kontrollstellen bestehenden Einschränkung § 163d, 41; vgl. auch § 163c, 27.

an Kontrollstellen jedermann eine Durchsuchung und erkennungsdienstliche Behandlung dulden muss.[19]

7 Die der Identitätsfeststellung durch die §§ 163b und 163c gezogenen Grenzen haben Staatsanwaltschaft und Polizei auch dann zu beachten, wenn der **Verdächtige auf frischer Tat** betroffen wird. Die weitergehenden Befugnisse nach § 127 Abs. 1 stehen insoweit nur noch Privatpersonen zur Verfügung; bei amtlicher Tätigkeit gelten sie nicht.[20] Das **Fehlen eines Strafantrags**, einer Ermächtigung oder eines Strafverlangens hindert die Identitätsfeststellung nicht; § 127 Abs. 3 gilt auch für diesen Fall. Nach dem Gesetzeswortlaut ist dies zwar nicht ganz zweifelsfrei, da § 127 Abs. 1 Satz 2 die behördliche Identitätsfeststellung insgesamt aus dem Anwendungsbereich des § 127 herauszunehmen scheint. Doch kann eine diese weitgehende Einschränkung der bisherigen Befugnisse bewirkende Absicht des Gesetzgebers den Materialien nicht entnommen werden; dem Zweck der Regelung liefe sie eindeutig zuwider.

8 Die Identitätsfeststellung nach den §§ 163b, 163c ist **in jeder Lage des Verfahrens** möglich, solange ein Aufklärungsinteresse (Rn. 20) besteht; das kann auch nach Abschluss des Ermittlungsverfahrens im gerichtlichen Verfahren und im Strafvollstreckungsverfahren der Fall sein.[21] Verdächtiger im Sinne des § 163b Abs. 1 ist daher ebenso wie in § 102 auch der Beschuldigte, der Angeschuldigte, der Angeklagte und der rechtskräftig Verurteilte. Der Begriff bezeichnet im teleologischen Zusammenhang dieser Vorschrift eine Unter- nicht aber eine Obergrenze. Für die **Strafvollstreckung** ist allerdings nur die Identitätsfeststellung bei Verdächtigen nach Absatz 1 zulässig, worunter hier solche Personen zu verstehen sind, die als rechtskräftig Verurteilte zur Durchführung der Strafvollstreckung ermittelt werden müssen. Die Identitätsfeststellung bei Nichtverdächtigen nach Absatz 2 scheidet aus, weil für die Strafvollstreckung die Aufklärung der Straftat nicht mehr geboten sein kann.

9 **b) Bußgeldverfahren.** Die Bestimmungen gelten grundsätzlich auch, wie aus der Generalverweisung in § 46 Abs. 1 OWiG folgt, für die Aufklärung und Verfolgung von Ordnungswidrigkeiten.[22] Auch das Festhalterecht steht der Verfolgungsbehörde im Bußgeldverfahren zu,[23] nicht aber die Möglichkeit der vorläufigen Festnahme nach § 127 Abs. 1 (§ 46 Abs. 3 Satz 1 OWiG). Wie sich schon aus der Wertung ergibt, die im generellen Ausschluss von letzterer zum Ausdruck kommt, sind der Ausübung des Festhalterechts im Bußgeldverfahren allerdings durch den **Verhältnismäßigkeitsgrundsatz** (dazu allgemein Rn. 33 f.) enge Grenzen gesetzt: Selbst beim Verdächtigen wird ein nicht ganz kurzfristiges Festhalten nur bei Ordnungswidrigkeiten von erheblichem Gewicht in Betracht kommen; Gleiches gilt für die nicht minder eingriffsintensiven Maßnahmen

---

19 Dazu LR/*Hauck* § 111, 28 f.

20 AnwK/*Walther* 1; KK/*Weingarten* 3; MüKo/*Kölbel*/*Neßeler* 2; *Pfeiffer* 1; HbStrVf/*Jahn* II Rn. 47; *Ranft* Rn. 795; *Roxin*/*Schünemann* § 31, 2, 19; *Benfer* MDR **1993** 828; **a.A.** *Kühne* Rn. 453; *Kramer* MDR **1993** 111 ff.; näher m.w.N. LR/*Gärtner* § 127, 30.

21 KK/*Weingarten* 3; NK/*Heghmanns* 4; Schmitt/Köhler/*Köhler* 2; MüKo/*Kölbel*/*Neßeler* 7; für den Nichtverdächtigen enger als hier (Unanwendbarkeit insoweit bereits mit Abschluss des Ermittlungsverfahrens und nicht erst im Vollstreckungsverfahren) OK/*von Häfen* 2.

22 BayObLG VRS **60** (1981) 129; OLG Düsseldorf VRS **58** (1980) 398; OLG Köln NJW **1982** 296; StV **1982** 359; KK/*Weingarten* 4; *Härtel* DNP **1982** 51; *Kurth* NJW **1979** 1377 Fn. 18; *Rieß* NJW **1978** 2277; *Vogel* NJW **1978** 1217, 1228; ausführlich und enger SK/*Wolter*/*Werkmeister* 25.

23 VGH Mannheim NVwZ-RR **2005** 540; Göhler/*Bauer* Vor § 59, 139, 145; *Rieß* NJW **1978** 2277; vgl. auch KK/*Weingarten* 4 ff.; *Pfeiffer* 2; NK/*Heghmanns* 6.

der Durchsuchung und erkennungsdienstlichen Behandlung.[24] Unter Berücksichtigung des insoweit bestehenden Wertungsgefälles folgt daraus für den Nichtverdächtigen, dass er im Bußgeldverfahren i.d.R. überhaupt nicht festgehalten werden darf; Ausnahmen kommen nur bei sehr bedeutsamen Ordnungswidrigkeiten in Betracht, wenn ein überragendes Aufklärungsinteresse besteht und die Freiheitsbeschränkung nur von kurzer Dauer ist.[25]

2. Geltung polizeirechtlicher Vorschriften. Auf polizeirechtliche Ermächtigungsgrundlagen kann für Identitätsfeststellungen nur dann zurückgegriffen werden, wenn die Identitätsfeststellung außerhalb des Bereichs der Strafverfolgung (Rn. 8) erforderlich wird (Rn. 2), wobei die Abgrenzung nach dem Schwerpunkt der Maßnahme erfolgt.[26] Verkehrskontrollen nach § 36 Abs. 5 StVO sind keine Identitätsfeststellungen nach § 163b; wird ein Verkehrsteilnehmer zum Zwecke der Identitätsfeststellung angehalten, so gilt die Bußgeldandrohung des § 49 Abs. 3 Nr. 1 StVO nicht.[27] Auf der Grundlage der jeweiligen polizeirechtlichen Vorschrift ist dagegen zu beurteilen, ob und wieweit zur Durchsetzung zulässiger Identitätsfeststellungen **unmittelbarer Zwang** angewendet werden darf.[28] Ebenso richtet sich nach Polizeirecht, ob eine Durchsuchung der betroffenen Person nach Waffen zum Zwecke der **Eigensicherung** des feststellenden Beamten zulässig ist.[29] Das Verbot der Durchsuchung zum Zwecke der Identitätsfeststellung bei Unverdächtigen steht dem nicht entgegen. 10

3. Verdächtige – Unverdächtige

a) Verdächtiger. Verdächtiger kann sowohl sein, wessen Identität mit dem bereits bekannten Beschuldigten zweifelhaft ist,[30] wie derjenige, gegen den Anhaltspunkte von der Stärke eines Anfangsverdachts[31] für eine Täterschaft bestehen, dessen Personalien aber unbekannt sind. Die Fassung knüpft bewusst an die §§ 102, 103 an. Unter welchen Voraussetzungen jemand als Verdächtiger zu gelten hat, ist daher grundsätzlich wie bei § 102 zu beurteilen (LR/*Tsambikakis* § 102, 8 ff.). Verdächtiger[32] ist demnach jeder, gegen den sich möglicherweise ein Strafverfahren richten kann,[33] der Verdacht eines schuldhaf- 11

---

24 Ebenso HK/*Zöller* 2; KK/*Weingarten* 5; MüKo/*Kölbel/Neßeler* 4; vgl. auch ausführlich *Härtel* DNP **1982** 51 ff.; wohl noch strenger SK/*Wolter/Werkmeister* 25; verkannt von *Brenner* VR **2004** 5, 6, der selbst Verkehrsüberwachungspersonal in den von diesem üblicherweise verfolgten Bagatellordnungswidrigkeiten Festhaltebefugnisse zusprechen will.

25 Ähnlich Göhler/*Bauer* Vor § 59, 141; AK/*Achenbach* 20; OK/*von Häfen* 3; großzügiger wohl KK/*Weingarten* 6 (ohne die letztgenannte Einschränkung); LR/*Rieß*[25] 8 (nur längeres Festhalten grds. unzulässig, in besonders bedeutsamen Fällen aber ebenfalls möglich); gegen jede Festhaltebefugnis beim Nichtverdächtigen SK/*Wolter/Werkmeister* 25.

26 BGH v. 17.12.2020 – 3 ZB 7/19, NStZ-RR **2021** 226, 227; KK/*Weingarten* 8.

27 *Dvorak* JR **1982** 447 m.w.N.

28 KK/*Weingarten* 8; *Achenbach* JA **1981** 660, 661; *Schenke* JR **1970** 52; **a.A.** (Anwendung des UZwG des Bundes) AK/*Achenbach* 2; vgl. auch SK/*Wolter/Werkmeister* 13 f.

29 KK/*Weingarten* 8; Schmitt/Köhler/*Köhler* 10; HbStrVf/*Jahn* II Rn. 57; *Achenbach* JA **1981** 660, 661.

30 AK/*Achenbach* 5; *Pfeiffer* 5; MüKo/*Kölbel/Neßeler* 6; SK/*Wolter/Werkmeister* 17; *Ranft* Rn. 798; wohl weitergehend KMR/*Noltensmeier-von Osten* 5; vgl. auch BVerfGE **92** 191, 199; LG Amberg StV **1990** 541, 542 (unzulässige Behandlung von 280 Personen als Verdächtige, unter denen 17 Straftäter vermutet wurden).

31 AK/*Achenbach* 6; KMR/*Noltensmeier-von Osten* 1 f.; MüKo/*Kölbel/Neßeler* 6; SK/*Wolter/Werkmeister* 17.

32 Dazu ausführlich und teilweise abweichend auch SK/*Wolter/Werkmeister* 17 ff.

33 KK/*Weingarten* 10; Schmitt/Köhler/*Köhler* 4; *Rüping* Rn. 248; *Achenbach* JA **1981** 663.

ten Verhaltens ist entgegen dem etwas missverständlichen Wortlaut nicht erforderlich.[34] Dazu kann auch der **Schuldunfähige** gehören, weil gegen ihn im Strafverfahren Maßregeln der Besserung und Sicherung verhängt werden können und weil gegen ihn ein Sicherungsverfahren nach den §§ 413 ff. durchgeführt werden kann.[35] Der **Verdacht** kann auch **während** einer gegen einen zunächst Unverdächtigen gerichteten **Identitätsfeststellung** entstehen. Dann kann die Identitätsfeststellung nach Absatz 1 fortgeführt werden,[36] nachdem dem Betroffenen der Verdacht eröffnet wird. Dies gilt entgegen der h.M. allerdings nicht bei einem durch das Verhalten während der Feststellungsmaßnahmen begangenen Verstoß gegen § 111 OWiG (näher Rn. 26).

12 **Keinen ausreichenden Verdacht** begründet die bloße **Teilnahme an einer Versammlung**, aus der heraus eine Minderheit anderer Teilnehmer Straftaten begeht. Das Vorgehen gegen Versammlungsteilnehmer nach § 163b Abs. 1 Satz 1 und 2 kann allerdings ggf. dadurch begründet werden, dass sie innerhalb der Versammlung einer Gruppe angehören, deren Verhalten auf ein planvolles Zusammenwirken mit Gewalttätern schließen lässt und deshalb gegenüber allen Mitgliedern dieser Gruppe den Anfangsverdacht eines strafbaren Verhaltens begründet.[37]

13 Nach der herrschenden und auch hier vertretenen Auffassung[38] wird ein Verdächtiger Beschuldigter, sobald ein Strafverfolgungsorgan gegen ihn erkennbar vorgeht. Eine **Identitätsfeststellung** nach Absatz 1 **begründet** daher regelmäßig die **Beschuldigteneigenschaft** und löst die sich aus ihr ergebenden Rechte aus.[39] Eine Ausnahme dürfte dann anzunehmen sein, wenn noch durch die Identitätsfeststellung deutlich wird, dass der Verdacht nicht aufrechterhalten werden kann. Die Lage dürfte mit der vergleichbar sein, die bei den sog. informatorischen Anhörungen besteht.[40]

14 Die **Verdächtigeneigenschaft entfällt** auch, sobald feststeht, dass der zunächst Verdächtige nicht Beschuldigter werden kann, weil ein Rechtfertigungs- oder Entschuldigungsgrund vorliegt.[41] In diesem Fall kommt auch eine Identitätsfeststellung nach Absatz 2 nur dann in Betracht, wenn Anhaltspunkte für eine deliktische Beteiligung Dritter bestehen und das strafprozessuale Aufklärungsinteresse deshalb nicht insgesamt entfällt. Diese Einschränkungen gelten jedoch nur, wenn das Vorliegen eines Rechtfertigungs- oder Schuldausschließungsgrundes im Zeitpunkt der Identitätsfeststellung unzweifelhaft ist; die bloße (selbst naheliegende) Möglichkeit, dass der Betroffene gerechtfertigt oder entschuldigt gehandelt haben könnte, beseitigt den Verdacht nicht.[42] In all diesen Fällen kann ferner eine Identitätsfeststellung aufgrund polizeirechtlicher Ermächtigungen aus Gründen der Gefahrenabwehr in Betracht kommen.

15 Die gleichen Grundsätze gelten für zweifelsfrei erkennbar (etwas anderes gilt selbstverständlich, wenn das Alter einer tatverdächtigen Person unklar ist und überhaupt erst auf der Grundlage einer Maßnahme nach Absatz 1 sicher ermittelt werden kann) **strafun-**

---

34 AK/*Achenbach* 7; KMR/*Noltensmeier-von Osten* 6; *Achenbach* JA **1981** 663; **a.A.** *Benfer* Polizei **1978** 249; *ders.*(Grundrechtseingriffe) Kap. 2, 21.

35 AK/*Achenbach* 7; HK/*Zöller* 4; KK/*Weingarten* 10; Schmitt/Köhler/*Köhler* 4; SK/*Wolter*/*Werkmeister* 25.

36 HK/*Zöller* 4; KK/*Weingarten* 33; Schmitt/Köhler/*Köhler* 20; MüKo/*Kölbel*/*Neßeler* 6.

37 BVerfG NVwZ **2017** 555 f. m. krit. Bespr. *Möllers* RuP **2017** 26, 32 ff. zum „schwarzen Block" in einer Demonstration gegen die Krisenpolitik der EZB; HK/*Zöller* 4; KK/*Weingarten* 9; Schmitt/Köhler/*Köhler* 5a; MüKo/*Kölbel*/*Neßeler* 9a; OK/*von Häfen* 6; SK/*Wolter*/*Werkmeister* 20; SSW/*Ziegler* 3.

38 § 163a, 9, 11 ff. m.w.N.

39 Ebenso AnwK/*Walther* 4; HK/*Zöller* 4; KK/*Weingarten* 9; NK/*Heghmanns* 7; ähnlich SK/*Wolter*/*Werkmeister* 18.

40 Dazu § 163a, 17 ff.

41 AK/*Achenbach* 7; KK/*Weingarten* 10; *Schlüchter* Rn. 259.3 Fn. 303b.

42 KK/*Weingarten* 10.

mündige Kinder. Eine Identitätsfeststellung nach Absatz 1 scheidet hier stets aus, weil ein Kind im Sinne dieser Vorschrift nicht als Verdächtiger behandelt werden kann.[43] Eine Anwendung des Absatzes 2 kommt nur in Betracht, wenn Anhaltspunkte für eine Tatbeteiligung strafmündiger Personen oder eine (strafbare) Verletzung der Aufsichtspflicht vorliegen und das Kind insofern als Zeuge in Betracht kommt,[44] was in der Rechtspraxis nicht ganz selten der Fall sein dürfte. Auch eine polizeirechtliche Identitätsfeststellung zur Gefahrenabwehr ist möglich.

b) Unverdächtiger. Mit der Formulierung „einer Straftat nicht verdächtig" in Absatz 2 bezeichnet das Gesetz in der Sache nichts anderes als „andere Personen" i.S. von § 103. Die Anwendbarkeit des Absatzes 2 auf solche Personen zu beschränken, bei denen ein Verdacht zwar gegenwärtig nicht begründet werden kann, aber auch nicht auszuschließen ist,[45] findet weder im Gesetzeswortlaut noch in der Entstehungsgeschichte eine Grundlage und ist mit dem Sinn der Vorschrift, Beweismittel für das spätere Verfahren zu sichern, nicht vereinbar. Unverdächtiger ist daher jeder, gegen den ein Verdacht nicht begründet werden kann; gleichgültig ist, ob vage Anhaltspunkte für eine irgendwie geartete Tatbeteiligung bestehen oder ob dies völlig ausgeschlossen ist. Die rechtsstaatlich erforderliche Einschränkung dieses weitgespannten Personenkreises ergibt sich daraus, dass die Identitätsfeststellung zur Aufklärung einer (konkreten) Straftat geboten sein muss (Rn. 21). 16

III. Identitätsfeststellung

1. Begriff. § 163b ermächtigt zur Feststellung der Identität[46] und setzt damit voraus, dass sie dem feststellenden Beamten nicht zweifelsfrei bekannt ist. § 111 OWiG ist die allgemeine Verpflichtung zu entnehmen, gegenüber zuständigen Behörden und Beamten über Vor-, Familien- und Geburtsnamen, Ort und Tag der Geburt, Familienstand, Beruf, Wohnung und Staatsangehörigkeit Auskunft zu geben. Doch enthält diese Bestimmung einen für alle denkbaren Fälle behördlichen Auskunftsverlangens bestimmten Maximalkatalog allgemein geltender Auskunftspflichten, der für die Zwecke der Identitätsfeststellung nicht überschritten werden darf, aber nicht ausgeschöpft werden muss.[47] Die Identität einer Person für Zwecke der Strafverfolgung ist dann festgestellt, wenn diejenigen Personaldaten gesichert sind, die es ermöglichen, den Betroffenen zuverlässig und ohne unverhältnismäßige Schwierigkeiten zu erreichen. Dazu gehören der Familienname, Vorname 17

---

43 AK/*Achenbach* 7; HK/*Zöller* 4; KK/*Weingarten* 10; Schmitt/Köhler/*Köhler* 4; KMR/*Noltensmeier-von Osten* 6; MüKo/*Kölbel*/*Neßeler* 9; *Pfeiffer* 5; SK/*Wolter*/*Werkmeister* 23; *Rüping* Rn. 248; *Schlüchter* Rn. 259.3; *Achenbach* JA **1981** 660, 663; *Benfer* Polizei **1978** 249; *Kurth* NJW **1979** 1377, 1378; *Streng* FS Gössel 501, 504; *Walter* DRiZ **1999** 325 ff.; unklar *Greiner* Kriminalistik **1979** 430, 431; **a.A.** *Ehmke* Polizei **1978** 279, 280; *Riegel* BayVerwBl. **1978** 589, 591; *Schoene* DRiZ **1999** 321 ff., differenzierend *F.-W. Krause* FS Geerds 489 ff. (zu § 127); *Verrel* NStZ **2001** 284, 285; vgl. m.w.N. auch zur Gegenmeinung im Übrigen LR/*Gärtner* § 127, 14; zum Ganzen auch *Frehsee* ZStW **100** (1988) 290, 304 ff.

44 Ebenso etwa AK/*Achenbach* 7; HK/*Zöller* 4; Schmitt/Köhler/*Köhler* 4; Radtke/Hohmann/*Rettenmaier* 5; *Verrel* NStZ **2001** 284, 285; **a.A.** wohl SK/*Wolter*/*Werkmeister* 23.

45 So *Rudolphi* JA **1979** 1, 6; dazu *Achenbach* JA **1981** 660, 664; ablehnend auch SK/*Wolter*/*Werkmeister* 50.

46 Zu den verschiedenen kriminalistischen Möglichkeiten der Identifizierung m.w.N. *Geerds* Jura **1986** 7, 12.

47 *Benfer* Die Polizei **1978** 249; *ders.* (Grundrechtseingriffe) Kap. 2, 26; *Härtel* DNP **1982** 51, 52.

und Geburtsname sowie Ort und Tag der Geburt,[48] in der Regel wird auch die Feststellung der Wohnung gerechtfertigt sein.[49] Beruf[50] und Familienstand[51] gehören nicht zu den Identitätsdaten, die Staatsangehörigkeit allenfalls ausnahmsweise.

18 Die **Identität steht fest**, wenn der Betroffene einen gültigen Personalausweis oder Pass vorlegt und keine konkreten Anhaltspunkte für seine Fälschung, Verfälschung oder sonstige Unrichtigkeiten vorliegen.[52] Auch sonstige Ausweispapiere können zur Identitätsfeststellung ausreichen, wenn sie vollständig und zuverlässig sind.[53] Da im Reisepass nur der Wohnort des Passinhabers zur Zeit der Ausstellung verzeichnet ist, ermöglicht dessen Vorlage allein keine volle Identitätsfeststellung, wenn es auf die Wohnanschrift ankommt. In diesem Fall kann die zusätzliche Angabe der Wohnanschrift gefordert werden; wenn im Einzelfall konkrete Zweifel an der Richtigkeit dieser Angabe bestehen, kann es notwendig werden, sie durch Rückfragen zu überprüfen. Da der Reisepass ein vollwertiges Ausweispapier ist und es nicht zu Lasten des Betroffenen gehen kann, dass in ihm die Anschrift nicht eingetragen ist, muss allerdings die Angabe des Passinhabers, namentlich wenn sie durch sonstige Unterlagen belegt werden kann, im Allgemeinen als ausreichend angesehen werden.[54] Die Identität kann auch **ohne Vorlage von Ausweispapieren** feststehen, wenn der Betroffene von anderen glaubwürdigen Personen zuverlässig und vollständig identifiziert wird.[55]

2. Zulässigkeit

19 **a) Voraussetzungen.** Bei **Verdächtigen** (Rn. 11) ist die Identitätsfeststellung für sich allein von keinen weiteren Voraussetzungen abhängig. Das verfassungsrechtliche Übermaßverbot gilt zwar an sich auch hier, doch wird sich aus ihm anders als bei den besonderen Maßnahmen nach Absatz 1 Satz 2, 3 die Unzulässigkeit der Identitätsfeststellung als solcher kaum jemals begründen lassen. Denn ein schutzwürdiges Interesse, gegenüber einem Strafverfolgungsorgan anonym zu bleiben, hat der Verdächtige niemals, der Unverdächtige mindestens dann nicht, wenn ein strafprozessuales Aufklärungsinteresse besteht.

20 Bei **Unverdächtigen** ist die Feststellung nur statthaft, wenn und soweit dies zur Aufklärung einer Straftat geboten ist; unerlässlich muss sie nicht sein.[56] Die Feststellung

48 OLG Koblenz VRS **58** (1980) 441; enger BayObLG VRS **60** (1981) 129 (nicht bei geringfügigen Ordnungswidrigkeiten, wenn Identität aufgrund anderer Merkmale ausreichend gesichert); HK/*Zöller* 5; KMR/*Noltensmeier-von Osten* 8; SK/*Wolter/Werkmeister* 27; vgl. auch *Härtel* DNP **1982** 51, 52 (Geburtsdaten nur ausnahmsweise erforderlich).

49 *Benfer* Die Polizei **1978** 249; AnwK/*Walther* 6; KK/*Weingarten* 11.

50 BayObLG NJW **1979** 1054; **1981** 1385; OLG Celle VRS **53** (1977) 458 (jedenfalls bei Ordnungswidrigkeiten); KK/*Weingarten* 11; SK/*Wolter/Werkmeister* 27; SSW/*Ziegler* 5; HbStrVf/*Jahn* II Rn. 50; **a.A.** *Ehmke* Die Polizei **1978** 279; *Schnupp* NJW **1979** 2240 (mit abwegiger Begründung).

51 BayObLG MDR **1980** 520; KK/*Weingarten* 11; SK/*Wolter/Werkmeister* 27; SSW/*Ziegler* 5; HbStrVf/*Jahn* II Rn. 50; **a.A.** *Ehmke* Die Polizei **1978** 279.

52 AnwK/*Walther* 7; KK/*Weingarten* 13; *Benfer* Die Polizei **1978** 249; *ders.* (Grundrechtseingriffe) Kap. 2, 28; vgl. auch BVerfG StV **2011** 389; OLG Nürnberg StV **1988** 372, 373; *Härtel* DNP **1982** 51, 52.

53 KK/*Weingarten* 13; *Benfer* a.a.O., *Härtel* a.a.O., beide mit Beispielen; evt. enger etwa *Kühne* Rn. 452; *Ranft* Rn. 800 (Führerschein reiche nicht); vgl. auch *Benfer* (Grundrechtseingriffe) Kap. 2, 30 f.

54 KK/*Weingarten* 13; MüKo/*Kölbel/Neßeler* 10; vgl. auch *Benfer* (Grundrechtseingriffe) Kap. 2, 28; *Härtel* DNP **1982** 51, 52.

55 OLH Hamm NStZ-RR **2009** 271, 272; NK/*Heghmanns* 6.

56 Zum Gebotensein näher AK/*Achenbach* 13; *Benfer* (Grundrechtseingriffe) Kap. 2, 50; **a.A.** (unerlässlich) SK/*Wolter/Werkmeister* 49.

muss insofern durch ein strafverfahrensrechtlich relevantes **Aufklärungsinteresse** gerechtfertigt sein.[57] Daran fehlt es, wenn im Zeitpunkt der Identitätsfeststellung sicher feststeht, dass alle als Täter oder Beteiligte an der Tat in Betracht kommenden Personen strafunmündig waren oder gerechtfertigt oder entschuldigt gehandelt haben. Ferner muss es mindestens möglich sein, dass die Kenntnis von der Identität des Betroffenen zur Aufklärung in einem Strafverfahren (sei es im Ermittlungs-, Zwischen- oder Hauptverfahren) beitragen kann, etwa weil er als Zeuge, als Spurenträger oder als Augenscheinsobjekt in Frage kommt.[58] Ist dies schon im Zeitpunkt der Identitätsfeststellung erkennbar nicht der Fall, so ist diese nicht zulässig. Die Frage des Gebotenseins ist ex ante zu beurteilen.[59]

Das Aufklärungsinteresse muss sich, insoweit ist der Wortlaut des Absatzes 2 Satz 1 21
(einer Straftat) aus systematischen und wohl auch aus verfassungsrechtlichen Gründen einschränkend auszulegen, auf dasjenige tatsächliche Geschehen im Sinne der prozessualen Tat beziehen, das den **Anlass zur Identitätsfeststellung** gegeben hat, es muss also ein die Feststellung legitimierender **tatbezogener Anfangsverdacht** gegeben sein; bei Identitätsfeststellungen an einer Kontrollstelle gilt dies für die in der Anordnung bezeichneten Taten nach § 111 Abs. 1 Satz 1. Damit ist es trotz der scheinbar umfassenderen Eingriffsermächtigung nicht zulässig, allein wegen der nicht näher konkretisierbaren Erwartung, auf Spuren, Beweismittel oder gar Tatverdächtige zu stoßen, beliebige dritte Personen in die Identitätsfeststellung einzubeziehen, also etwa Reihenuntersuchungen auf sie zu stützen. Der von *Wolter* aus verfassungsrechtlichen Überlegungen vertretenen weitergehenden Beschränkung des Absatzes 2 auf Konstellationen, in denen die Maßnahme zur Aufklärung erheblicher Straftaten unerlässlich ist,[60] bedarf es nicht. Sie ist abzulehnen, weil sie zu kaum akzeptablen und mit der Absicht des Gesetzgebers nicht zu vereinbarenden Aufklärungsdefiziten führen würde, wenn die Erheblichkeitsschwelle oder die Unerlässlichkeit noch nicht erreicht, andererseits aber die Beweiseignung des Betroffenen offensichtlich ist. Dabei ist zu berücksichtigen, dass der Zugriff auf potentielle Zeugen und Spurenträger nicht nur der Verfolgung Schuldiger, sondern auch der Entlastung unschuldig in Verdacht geratener Personen dienen kann.

b) Belehrung. Die Betroffenen sind infolge der Verweisung auf § 163a Abs. 4 Satz 1 22
und § 69 Abs. 1 Satz 2 über den Grund der Identitätsfeststellung zu belehren,[61] und zwar vor Beginn der ersten, auf die Identitätsfeststellung gerichteten Maßnahme.[62] Dem **Verdächtigen** ist dabei der historische Vorgang mitzuteilen, dessen er verdächtig ist, eine rechtliche Subsumtion ist nicht erforderlich.[63] Der **Unverdächtige** ist darüber zu unterrichten, welcher historische Sachverhalt Anlass dazu gegeben hat, dass seine Identität festgestellt werden soll. Wegen der gegenüber Zeugenvernehmungen grundverschiedenen Situation ist § 69 Abs. 1 Satz 2 bei seiner entsprechenden Anwendung einer teleologischen

---

57 KK/*Weingarten* 27; KMR/*Noltensmeier-von Osten* 23; NK/*Heghmanns* 18; OK/*von Häfen* 14.

58 KK/*Weingarten* 27; Schmitt/Köhler/*Köhler* 15; MüKo/*Kölbel/Neßeler* 22 f.; Radtke/Hohmann/*Rettenmaier* 11; möglicherweise enger *Ehmke* Die Polizei **1978** 279, 281 (Zeugenaussage); vgl. auch SK/*Wolter/Werkmeister* 50.

59 Schmitt/Köhler/*Köhler* 15; *Suden/Weitemeier* Die Polizei **1980** 333, 336; vgl. auch KK/*Weingarten* 27; *Kurth* NJW **1979** 1377, 1379.

60 SK/*Wolter/Werkmeister* 44 ff.

61 Nach OLG Düsseldorf VRS **58** (1980) 398; OLG Köln StV **1982** 359 ist die Belehrung für die Anwendbarkeit des § 111 OWiG Rechtmäßigkeitsvoraussetzung der Identitätsfeststellung.

62 KK/*Weingarten* 25; KMR/*Noltensmeier-von Osten* 9; *Pfeiffer* 4; SK/*Wolter/Werkmeister* 32; *Kurth* NJW **1979** 1377, 1379.

63 KK/*Weingarten* 25; Schmitt/Köhler/*Köhler* 3; vgl. auch § 163a, 87.

Reduktion zugänglich: Bei § 163b Abs. 2 soll der Betroffene nach dem Sinn der Belehrung darüber unterrichtet werden, warum er den Unbequemlichkeiten einer Identitätsfeststellung ausgesetzt ist. Insoweit erscheint die Angabe sinnvoll, welche Straftat aufzuklären ist. Ein Interesse an der Kenntnis der Person des Beschuldigten hat der Betroffene in dieser Situation nicht, weshalb die entsprechende Angabe entbehrlich sein dürfte.[64] Kann der Betroffene nach Lage der Dinge über den Grund der Identitätsfeststellung nicht im Unklaren sein, z.B. weil er als Nichtverdächtiger Augenzeuge der Straftat war, so kann die Belehrung unterbleiben.[65] Entsprechendes gilt für Verdächtige, wenn der Grund der Identitätsfeststellung aus deren Perspektive (!) offenkundig ist.[66] Für einen Verzicht auf die Belehrung wegen einer angeblichen Gefährdung des Untersuchungszwecks[67] ist hingegen keine Grundlage ersichtlich.

IV. Zur Identitätsfeststellung erforderliche Maßnahmen (Absatz 1 Satz 1)

23 **1. Generalklausel.** Absatz 1 Satz 1 ermächtigt dazu, die zur Feststellung der Identität erforderlichen Maßnahmen zu treffen; sie gestattet damit auch den Rechtseingriff, der mit Maßnahmen geringer Intensität verbunden ist.[68] Diese Generalklausel gilt nicht für schwerwiegendere Eingriffe, die durch Satz 2 und Satz 3 an besondere Voraussetzungen geknüpft werden. Sie umfasst daher nicht das Festhalten, die Durchsuchung und die Vornahme erkennungsdienstlicher Maßnahmen. Ebensowenig kann sie als Rechtsgrundlage für Maßnahmen dienen, die den in Satz 2 und Satz 3 geregelten in ihrer Schwere entsprechen; in einem solchen, derzeit nicht ersichtlichen Fall wäre an eine analoge Anwendung der Sätze 2 und 3 zu denken. Maßnahmen, die in ihrer Eingriffsintensität über Festhalten, Durchsuchung und erkennungsdienstliche Maßnahmen hinausgehen (z.B. Entnahme einer Blutprobe zum Zwecke einer DNA-Analyse) können keinesfalls auf § 163b gestützt werden. Bei den grds. zulässigen Maßnahmen ist die Begrenzung durch den allgemeinen Verhältnismäßigkeitsgrundsatz zu beachten. Aus dem Merkmal der Erforderlichkeit folgt, dass die Maßnahmen zur Identitätsfeststellung geeignet sein müssen.[69] Dass eine Identitätsfeststellung nicht mit den nach § 136a verbotenen Mitteln durchgeführt werden darf, ist selbstverständlich. Die Anfertigung von Bildaufnahmen zur Dokumentation von Verkehrsverstößen findet in § 163b Abs. 1 Satz 1 schon deshalb keine geeignete Ermächtigungsgrundlage, weil die zwingend erforderliche Belehrung (s.o. Rn. 22) in diesen Fällen naturgemäß unterbleibt.[70]

---

64 Ebenso AnwK/*Walther* 18; Schmitt/Köhler/*Köhler* 3; HK/*Zöller* 3; KK/*Weingarten* 32; NK/*Heghmanns* 19; *Pfeiffer* 4; SSW/*Ziegler* 11; wohl enger LR/*Rieß*[25] 17; **a.A.** AK/*Achenbach* 18; MüKo/*Kölbel*/*Neßeler* 27; SK/*Wolter*/*Werkmeister* 54; *Roxin*/*Schünemann* § 31, 20; *Schlüchter* Rn. 259.3; *Ehmke* Die Polizei **1978** 279, 281.

65 KK/*Weingarten* 32; Schmitt/Köhler/*Köhler* 3; *Pfeiffer* 4; *Kurth* NJW **1979** 1377, 1379.

66 OLG Hamm NStZ **1982** 76, 77; KG StV **2001** 260, 261; NK/*Heghmanns* 10.

67 Dafür KG NJW **2002** 3789 (obiter dictum); HK-GS/*Ambos* 3; KK/*Weingarten* 25; Schmitt/Köhler/*Köhler* 3; wie hier im Ergebnis NK/*Heghmanns* 10 Fn. 26.

68 AK/*Achenbach* 9; **a.A.** (in solchen Fällen liege gar kein Rechtseingriff vor) KMR/*Noltensmeier-von Osten* 10.

69 KK/*Weingarten* 12; Schmitt/Köhler/*Köhler* 5; KMR/*Noltensmeier-von Osten* 7; SK/*Wolter*/*Werkmeister* 30; *Achenbach* JA **1981** 660, 663, vgl. dazu auch (im konkreten Fall zu Recht verneinend) LG Amberg StV **1990** 541, 542.

70 Zutr. *Arzt*/*Eier* NZV **2010** 113, 117; *Roggan* NJW **2010** 1042, 1044; HK/*Zöller* 6; im Ergebnis auch OLG Düsseldorf **2010** 1216, 1217; MüKo/*Kölbel*/*Neßeler* 4; SK/*Wolter*/*Werkmeister* 17; **a.A.** (unter diesem Aspekt unreflektiert und aus heutiger Sicht überholt) OLG Koblenz NStZ **2010** 589, 590.

2. Einzelfragen

a) Beispiele. Als **Beispiele** für aufgrund der Generalklausel zulässige Maßnahmen sind anzuführen:[71] Der Betroffene kann angehalten, nach seinen Personalien befragt und aufgefordert werden, mitgeführte Ausweispapiere vorzulegen. Zulässig ist auch die Erkundigung bei anderen Personen, die Überprüfung polizeilicher und sonstiger Unterlagen (etwa von Lichtbildern aus Pass- und Personalausweisregister[72]), die Prüfung von Ausweispapieren auf ihre Echtheit und die Nachprüfung der angegebenen Daten, soweit dies alles ohne besonderen Zeitaufwand möglich ist. Es ist auch zulässig, den Betroffenen auf die Möglichkeit der Zwangsmaßnahmen (Festhalten, evt. Durchsuchung und erkennungsdienstliche Maßnahmen) hinzuweisen, damit er von sich aus zur Identitätsfeststellung beiträgt.[73] 24

b) Auskunftspflicht. Die Ermächtigung zur Identitätsfeststellung begründet keine selbstständige prozessuale Auskunftspflicht des Betroffenen.[74] Sie stellt jedoch klar, dass der eine zulässige Identitätsfeststellung vornehmende Beamte ein zuständiger Amtsträger im Sinne des § 111 OWiG ist, dem gegenüber die sich aus dieser Vorschrift ergebende Auskunftspflicht besteht. Die Streitfrage, ob ein Beschuldigter oder Verdächtiger die Auskunft auch über seine Personalangaben im Sinne des § 111 OWiG verweigern darf (LR/*Gleß* § 136, 16 ff.), ist deshalb hier nicht anders als sonst zu beurteilen. 25

Entgegen verbreiteter Ansicht[75] ist es allerdings nicht möglich, einen bis dahin **Unverdächtigen**, der durch unrichtige Angaben oder unzulässige Verweigerung der für die Identitätsfeststellung erforderlichen Angaben (Rn. 17) seine **Auskunftspflicht nach § 111 OWiG** verletzt, im Hinblick auf diese Ordnungswidrigkeit nunmehr als Verdächtigen i.S. von Absatz 1 zu behandeln und deshalb auch solchen Feststellungsmaßnahmen zu unterziehen, die bei einem Nichtverdächtigen nach Art oder Intensität eigentlich unterbleiben müssten. Diese spitzfindige Konstruktion läuft nämlich im Ergebnis auf die Beseitigung der Differenzierung zwischen Verdächtigen und Nichtverdächtigen hinaus, die der Gesetzgeber gewollt und im Konzept der §§ 163b, 163c klar zum Ausdruck gebracht hat. An diesem Befund ändert sich auch nichts, wenn man gegen den Auskunftsverweigerer aus Verhältnismäßigkeitsgründen trotz des über § 111 OWiG begründeten Verdächtigenstatus nur Maßnahmen geringer Intensität zulässt,[76] weil das Gesetz beim Nichtverdächtigen bestimmte Maßnahmen nun einmal kategorisch ausschließt. Dieser Ausschluss darf nicht durch die Heranziehung einer Vorschrift ausgehebelt werden, die praktisch immer bereitstünde, wenn beim Nichtverdächtigen der Bedarf nach Maßnahmen gemäß Absatz 1 Satz 2 oder 3 entsteht. Um das der Vorschrift zugrundeliegende Konzept nicht ad absurdum zu führen, ist § 163b deshalb dahingehend auszulegen, dass der Status des Nichtverdächtigen i.S. von Absatz 2 durch die Nichterfüllung von Mitwirkungspflichten im Rahmen der Iden- 26

---

71 Vgl. auch AK/*Achenbach* 9; KK/*Weingarten* 13; Schmitt/Köhler/*Köhler* 6; KMR/*Noltensmeier-von Osten* 10; *Pfeiffer* 6; *Achenbach* JA **1981** 660, 663; *Benfer* (Grundrechtseingriffe) Kap. 2, 27; *Härtel* DNP **1982** 51, 52; *Kurth* NJW **1979** 1377, 1378.

72 Zu den damit verbundenen Datenschutzfragen bei der Verfolgung von Verkehrsordnungswidrigkeiten *Gratz* DAR **2021** 650 ff.

73 Göhler/*Bauer* Vor § 59, 145, zu weitgehend jedoch deren Auffassung, der Betroffene dürfe auch durch Wegnahme von Sachen (Abziehen des Zündschlüssels) zur Mitwirkung veranlasst werden.

74 LR/*Gleß* § 136, 16 ff.; *Helgerth* Der Verdächtige als schweigeberechtigte Auskunftsperson, Diss. Erlangen 1976, 100 f.; *Seebode* JA **1980** 494 f.

75 KK/*Weingarten* 6; NK/*Heghmanns* 7; Schmitt/Köhler/*Köhler* 17; OK/*von Häfen* 14; Radtke/Hohmann/*Rettenmaier* 14; SSW/*Ziegler* 13; Göhler/*Bauer* Vor § 59, 141, 144; *Brenner* VR **2004** 5, 6; *Härtel* DNP **1982** 51, 53; *Vogel* NJW **1978** 1217, 1227 Fn. 168; wohl auch LR/*Rieß*[25] 20; zweifelnd *Suden*/*Weitemeier* Polizei **1980** 333, 337.

76 So *Kurth* NJW **1979** 1377, 1379 Fn. 40; AK/*Achenbach* 21.

titätsfeststellung trotz § 111 OWiG unberührt bleibt und ein Übergang zur Identitätsfeststellung nach Absatz 1 in diesem Fall somit generell ausgeschlossen ist.[77]

27 **c) Verbringen zur Dienststelle.** Die Identitätsfeststellung muss nicht an Ort und Stelle durchgeführt werden; der Betroffene kann auch gebeten werden, zur Dienststelle mitzukommen, damit dies dort geschehen kann. Ist er allerdings hierzu nicht freiwillig bereit, so bedarf es der Festhalteanordnung im Sinne und unter den Voraussetzungen des Absatzes 1 Satz 2.

28 **3. Freiheitsbeschränkung.** Auch die Maßnahmen aufgrund der Generalklausel, etwa das Anhalten, das Befragen, das Vorzeigenlassen der Personalpapiere und deren Prüfung, stellen unvermeidbar eine Einschränkung der allgemeinen Bewegungsfreiheit des Betroffenen dar, der sich während der hierfür notwendigen Zeit nicht ohne Weiteres entfernen kann. Diese notwendig mit jeder Identitätsfeststellung verbundene Freiheitsbeschränkung ist kein Festhalten im Sinn des Absatzes 1 Satz 2,[78] sodass dessen besondere Voraussetzungen nicht vorzuliegen brauchen.

V. Festhalten (Absatz 1 Satz 2)

29 **1. Begriff.** Ein Festhalten i.S. von Absatz 1 Satz 2 liegt immer dann vor, wenn der Betroffene durch Ankündigung oder Anwendung von Zwang daran gehindert wird, sich zu entfernen. Das gilt entgegen verbreiteter Ansicht richtigerweise nicht nur dann, wenn das Verbleiben für einen Zeitraum erzwungen werden soll, der die übliche Dauer einer Personenkontrolle überschreitet, sondern auch in Fällen, in denen die Anwesenheit für die Identitätsfeststellung anhand der Personalpapiere (s.o. Rn. 28) zwangsweise durchgesetzt werden muss,[79] weil der durch die Kontrolle als solche bedingte Eingriff in diesem Fall eine neue Qualität erlangt und ein (wenngleich kurzfristiges) „Festhalten" hier schon rein begrifflich kaum zu verneinen ist. Das „Festhalten" ist zugleich eine Freiheitsentziehung i.S. von Art. 104 Abs. 2 GG.[80] Ein Festhalten liegt auch dann vor, wenn dem Betroffenen während der Dauer der Identitätsfeststellung oder des Wartens auf sie gestattet wird, sich in einem beschränkten räumlichen Umkreis frei zu bewegen; er muss sich nur noch im räumlichen Machtbereich des mit der Identitätsfeststellung befassten Hoheitsträgers befinden.

2. Voraussetzungen

30 **a) Zweck des Festhaltens.** Das Festhalten kann als solches und für sich allein niemals ein Mittel der Identitätsfeststellung sein: Die Festhaltebefugnis ist keine Beugemaßnahme; der Betroffene darf nicht allein deshalb festgehalten werden, damit er von sich aus seine

---

77 Im Ergebnis ebenso HK/*Zöller* 4; MüKo/*Kölbel* /*Neßeler* 26; SK/*Wolter*/*Werkmeister* 25.

78 VG Würzburg NJW **1980** 2541; AK/*Achenbach* 11; KK/*Weingarten* 16; Schmitt/Köhler/*Köhler* 7; MüKo/*Kölbel*/*Neßeler* 11; OK/*von Häfen* 9.

79 Im Ergebnis wohl ebenso AK/*Achenbach* 11; KMR/*Noltensmeier-von Osten* 11; Schmitt/Köhler/*Köhler* 7; MüKo/*Kölbel*/*Neßeler* 12; *Pfeiffer* 7; **a.A.** LR/*Rieß*[25] 22, 29; AnwK/*Walther* 10 f.; KK/*Weingarten* 16; SK/*Wolter*/*Werkmeister* 33.

80 AK/*Achenbach* 11; KK/*Weingarten* 15; Schmitt/Köhler/*Köhler* 7; KMR/*Noltensmeier-von Osten* 11; SK/*Wolter*/*Werkmeister* 33; *Ehmke* Polizei **1978** 279, 280; *Härtel* DNP **1982** 51, 52; **a.A.** (bloße Freiheitsbeschränkung) HbStrVf/*Jahn* II Rn. 54; MüKo/*Kölbel*/*Neßeler* § 163c, 5.

Identität preisgibt.[81] Der Zweck des Festhaltens kann deshalb nur darin liegen, eine Identitätsfeststellung mit den Mitteln der Generalklausel zu ermöglichen, die andernfalls nicht oder nur unter erheblichen Schwierigkeiten erfolgen kann, eine angegebene, aber nicht zweifelsfrei feststehende Identität zu überprüfen oder, soweit zulässig, die besonderen Identitätsfeststellungsmaßnahmen (Durchsuchung und erkennungsdienstliche Behandlung) zu ergreifen.

b) Nicht oder nur unter erheblichen Schwierigkeiten. Das Festhalten ist sowohl beim 31
Verdächtigen wie beim Unverdächtigen nur zulässig, wenn die Identität sonst nicht oder nur unter erheblichen Schwierigkeiten festgestellt werden kann. Der mit der Identitätsfeststellung befasste Beamte muss sich bemühen, diese ohne Zeitverlust an Ort und Stelle durchzuführen; dass es lediglich einfacher oder bequemer ist, abzuwarten, rechtfertigt das Festhalten nicht.[82] Wird der Betroffene ohne sein Einverständnis auf die Dienststelle verbracht, so liegt darin stets ein Festhalten; es ist deshalb nicht zulässig, wenn die Identitätsfeststellung an Ort und Stelle gewisse, aber keine erheblichen Schwierigkeiten bereiten würde. **Erhebliche Schwierigkeiten** sind regelmäßig dann gegeben, wenn der die Maßnahmen durchführende Beamte oder der Betroffene durch Umstehende ernsthaft bedroht wird.[83] Im Übrigen ist die Situation des Einzelfalls maßgebend; neben dem mit der Identifizierung verbundenen Aufwand ist hierbei auch zu berücksichtigen, welche vorrangigen Aufgaben den am Einsatzort befindlichen Beamten noch obliegen. Dazu kann die Notwendigkeit gehören, Verletzte zu versorgen, den Tatort zu sichern oder Fahndungsmaßnahmen einzuleiten. Nicht feststellbar ist die Identität ohne Festhalten namentlich dann, wenn der Betroffene sich nicht ausweisen kann oder will und sich weigert, Angaben über seine Identität zu machen oder wenn diese Angaben nachprüfungsbedürftig erscheinen.[84]

Ist **gleichzeitig** die **Identität mehrerer** Personen **festzustellen** und reichen die ein- 32
setzbaren Beamten zur alsbaldigen Feststellung nicht aus, so ist hinsichtlich eines Teiles der Betroffenen die Feststellung nicht ohne Festhalten möglich und insoweit das Festhalten gerechtfertigt. Bei der Auswahl der Reihenfolge hat sich der feststellende Beamte von pflichtgemäßem Ermessen leiten zu lassen. Dabei muss er die gesetzgeberische Wertentscheidung in § 163b mitberücksichtigen, die dem Verdächtigen größere Opfer zumutet. Regelmäßig ist daher zunächst die Identität der Unverdächtigen festzustellen.[85] Davon abgesehen wird das Festhalten eher gegenüber solchen Betroffenen in Frage kommen, bei denen die Identitätsfeststellung größere Schwierigkeiten bereitet, etwa weil sie sich nicht ausweisen können.

c) Verhältnis zur Bedeutung der Sache. Unverdächtige dürfen nach Absatz 2 Satz 2 33
nicht festgehalten werden, wenn dies zur Bedeutung der Sache außer Verhältnis steht. Damit soll nach der Gesetzesbegründung die Festhaltebefugnis „in Bagatellfällen" ausgeschlossen sein.[86] Insofern handelt es sich um eine (in der Sache wohl zu enge) Wiederho-

---

81 AnwK/*Walther* 19; HK/*Zöller* 7; KK/*Weingarten* 15; Schmitt/Köhler/*Köhler* 17; MüKo/*Kölbel/Neßeler* 13; SK/*Wolter/Werkmeister* 36; *Benfer* Polizei **1978** 249, 252; *Härtel* DNP **1982** 51, 53; *Suden/Weitemeier* Polizei **1980** 333, 336; zu den verfassungsrechtlichen Voraussetzungen BVerfG (Kammerentscheidung) StV **1992** 210.

82 AK/*Achenbach* 10; KK/*Weingarten* 14; MüKo/*Kölbel/Neßeler* 13; *Ehmke* Polizei **1978** 279, 280.

83 HK/*Zöller* 6; KK/*Weingarten* 14; NK/*Heghmanns* 12; *Benfer* Polizei **1978** 249, 250; enger AK/*Achenbach* 10; SK/*Wolter/Werkmeister* 35.

84 MüKo/*Kölbel/Neßeler* 13; *Geerds* Jura **1986** 7, 11 Fn. 50.

85 SK/*Wolter/Werkmeister* 42.

86 Schriftlicher Bericht des BT-Rechtsaussch. BTDrucks. **8** 1482 S. 10; ähnlich AnwK/*Walther* 19; KK/*Weingarten* 28; *Hellmann* Rn. 276; weitergehend etwa AK/*Achenbach* 14; abweichend SK/*Wolter/Werkmeister* 44 ff.

lung des allgemeinen, aus dem Rechtsstaatsprinzip abzuleitenden verfassungsrechtlichen Verhältnismäßigkeitsgrundsatzes. Dabei wird immerhin verdeutlicht, dass bei der Verhältnismäßigkeitsabwägung in erster Linie auf die aufzuklärende Tat abzustellen ist und nicht auf das Gewicht des Aufklärungsinteresses.[87] Maßgebend ist nicht die abstrakte Strafdrohung, sondern der tatsächliche Bagatellcharakter des konkreten Delikts, soweit er dem feststellenden Beamten erkennbar ist. Die Bedeutung von Ordnungswidrigkeiten steht zwar nicht per se, aber doch in aller Regel außer Verhältnis zum Festhalten von Unverdächtigen (s.o. Rn. 9). Die geringe Bedeutung der Sache kann auch die Dauer des Festhaltens beschränken und dazu führen, dass schon vor den zeitlichen Grenzen des § 163c Abs. 1 Satz 1, Abs. 3 die Festhaltebefugnis endet, denn die Zumutbarkeitsgrenze wird bei einer geringfügigen Straftat oder einer Ordnungswidrigkeit selbstverständlich schneller erreicht als bei einer Straftat von einigem Gewicht.[88]

34 Auch **beim Verdächtigen** ist das Gewicht der Tat, derer er verdächtig ist, für Zulässigkeit und Dauer des Festhaltens nicht ohne Bedeutung. Absatz 2 Satz 2 rechtfertigt für den Verdächtigen insofern **keinen Umkehrschluss**, weil der Verhältnismäßigkeitsgrundsatz Verfassungsrang hat und deshalb durch die in § 163b getroffene Regelung auch nicht partiell ausgeschlossen werden kann. Die Verdächtigeneigenschaft ist bei der erforderlichen Abwägung allerdings als wesentlicher Gesichtspunkt zu Lasten des Betroffenen zu berücksichtigen. Eine generelle Unzulässigkeit des Festhaltens wird daher nur selten zu erwägen sein, etwa bei geringfügigen Ordnungswidrigkeiten, oder wenn erkennbar ist, dass das Festhalten den Betroffenen besonders belastet.

35 **3. Beginn des Festhaltens.** Das Festhalten beginnt mit der hoheitlichen Anordnung an den Betroffenen, sich nicht zu entfernen.[89] Solange sich ein Betroffener erkennbar freiwillig für Maßnahmen der Identitätsfeststellung zur Verfügung hält, wird er nicht festgehalten. Bleibt er auf Aufforderung des die Identität feststellenden Beamten, so wird er nicht festgehalten, wenn die Aufforderung erkennen lässt, dass es in seinem Belieben steht, ob er bleiben will; dagegen wird er festgehalten, wenn die Aufforderung so verstanden werden muss, dass ihre Befolgung erwartet wird.[90] Bei Zweifeln ist von einem Festhalten auszugehen; es ist Sache des Hoheitsträgers, sich klar auszudrücken.[91] Bleibt der Betroffene zunächst freiwillig, so beginnt das Festhalten, wenn seinem erkennbaren Willen, sich zu entfernen, die Aufforderung entgegengesetzt wird, dazubleiben.

36 Von einer **besonderen Form** ist die Festhalteanordnung **nicht** abhängig. Es reicht jede unmissverständliche Willensäußerung des Hoheitsträgers aus, der der Betroffene entnehmen kann, dass es ihm nicht mehr freisteht, sich nach Belieben zu entfernen. Auch ein **Protokoll** über die Festhalteanordnung ist nicht erforderlich; ist aber damit zu rechnen, dass die Höchstfrist erreicht werden kann, so sollte die genaue Uhrzeit des Festhalte-

---

87 HK/*Zöller* 12; KK/*Weingarten* 28; Schmitt/Köhler/*Köhler* 17; MüKo/*Kölbel/Neßeler* 24; OK/*von Häfen* 16; *Kurth* NJW **1979** 1377, 1379; zur Lage in Bußgeldverfahren vgl. *Härtel* DNP **1982** 51, 53. Nach SK/*Wolter/Werkmeister* 30, 41 ist die Erwähnung überflüssig und missverständlich.

88 Ebenso NK/*Heghmanns* 12; wohl weitergehend KMR/*Noltensmeier-von Osten* 24 (Festhalten von Nichtverdächtigen im Bereich der kleineren Kriminalität grundsätzlich nicht erlaubt); vgl. auch *Achenbach* JA **1981** 660, 664.

89 AnwK/*Walther* 10; HK/*Zöller* 7; KK/*Weingarten* 16; Schmitt/Köhler/*Köhler* 7; SK/*Wolter/Werkmeister* 33; *Kurth* NJW **1979** 1377, 1380.

90 Insoweit **a.A.** KK/*Weingarten* 16.

91 Insoweit zust. KK/*Weingarten* 16.

beginns schriftlich niedergelegt werden.[92] Bei Unklarheiten über den Anfangszeitpunkt ist die früheste mögliche Zeit zugrunde zu legen.

4. Art des Festhaltens

a) Verwahrung. Der Betroffene wird schon festgehalten, wenn ihm auferlegt wird, sich nicht zu entfernen; er muss nicht notwendig in besondere Verwahrung genommen werden.[93] Bietet die bloße Festhalteanordnung keine hinreichende Sicherheit dafür, dass der Betroffene sich zur Verfügung hält, so ist seine Verwahrung zulässig. Ihre Art bestimmt der die Feststellung leitende Beamte nach pflichtgemäßem Ermessen; der Verhältnismäßigkeitsgrundsatz ist zu beachten. Die polizeilichen Vorschriften können als Maßstab dienen.[94] Der Betroffene kann zum Zwecke der Verwahrung zur **Dienststelle gebracht** werden. Notwendige Voraussetzung der Verwahrung ist dies nicht; auch die Verwahrung in anderen Räumen, in Kraftwagen oder durch bloße Bewachung ist möglich. Die Unterbringung in einer Arrestzelle kommt nur in Ausnahmefällen in Betracht, beispielsweise dann, wenn das Verhalten des Betroffenen dazu Veranlassung gibt; gänzlich unzulässig dürfte sie nicht sein.[95] 37

b) Zwangsmaßnahmen. Zur Durchsetzung der Festhalteanordnung kann unmittelbarer Zwang angewendet werden. Art und Umfang richtet sich nach den polizeirechtlichen Bestimmungen.[96] Das kurzfristige Betreten des Eingangsbereichs einer Wohnung, um einen Verdächtigen daran zu hindern, die Festhalteanordnung durch eine Flucht in seine Wohnung zu vereiteln, ist als Begleitmaßnahme zulässig; insoweit handelt es sich um eine Annexkompetenz zur Festhaltebefugnis.[97] Wollte man dies mit Blick auf Art. 13 Abs. 1 GG anders sehen, so würde sich wegen der in solchen Fällen regelmäßig anzunehmenden Gefahr im Verzug eine Befugnis der Polizei zum Betreten der Wohnung zwecks Ergreifung des Beschuldigten aus §§ 102, 105 ergeben.[98] 38

5. Festhaltedauer. Die **Festhaltedauer**, die Notwendigkeit der richterlichen Überprüfung sowie der Anspruch auf Benachrichtigung sind in § 163c Abs. 1 und 2 geregelt und dort erläutert. 39

6. Rechtsbeistand. Der von einer Identitätsfeststellung Betroffene kann sich während der gesamten Dauer des Festhaltens entsprechend den Grundsätzen, die das Bundesverfassungsgericht für die Heranziehung eines Rechtsanwalts als Zeugenbeistand entwickelt hat,[99] des Beistandes eines **Rechtsanwalts** bedienen, dem grundsätzlich der Zutritt zum 40

---

92 MüKo/*Kölbel*/*Neßeler* 14; *Pfeiffer* 7; SK/*Wolter*/*Werkmeister* 34.

93 **A.A.** anscheinend *Benfer* Polizei **1978** 249, 250; wie hier aber *ders.* (Grundrechtseingriffe) Kap. 2, 36.

94 Vgl. § 41 Abs. 3 BPolG. Danach soll der Betroffene gesondert und ohne seine Einwilligung nicht gemeinsam mit Straf- oder Untersuchungsgefangenen untergebracht werden; Männer und Frauen sollen getrennt untergebracht werden und dem Festgehaltenen dürfen nur solche Beschränkungen auferlegt werden, die der Zweck der Festhaltung oder die Ordnung im Gewahrsam erfordert.

95 S. dazu *Benfer* (Grundrechtseingriffe) Kap. 2, 33; SK/*Wolter*/*Werkmeister* 34.

96 KK/*Weingarten* 16.

97 KG v. 21.5.2021 – (2) 161 Ss 62/20 (19/20), BeckRS **2021** 13949 Rn. 12 m. Anm. *Ziemann*/*Zühlke* StV **2022** 371; MüKo/*Kölbel*/*Neßeler* 11.

98 Schmitt/Köhler/*Köhler* 7.

99 BVerfGE **38** 105; vgl. näher LR/*Ignor*/*Bertheau* Vor § 48, 28.

Betroffenen zu gestatten ist.[100] Der Zutritt darf (nur) soweit und solange **versagt** werden, wie dies im Interesse einer ordnungsmäßigen Identitätsfeststellung *unerlässlich* ist, denn die zulässige Identitätsfeststellung gehört zur Aufrechterhaltung einer wirksamen und funktionstüchtigen Rechtspflege. Diese Einschränkung kann im Einzelfall dazu führen, bei einer größeren Zahl von Festgehaltenen die Zutrittsmöglichkeiten für den Rechtsanwalt unter Berücksichtigung der organisatorischen und räumlichen Möglichkeiten zeitlich zu begrenzen;[101] sie gänzlich auszuschließen, wird kaum jemals gerechtfertigt werden können. Zur Anwesenheit des Rechtsbeistandes bei der richterlichen Entscheidung über die Festhaltung § 163c, 15.

41 **7. Entschädigung/Anrechnung.** Für das **rechtswidrige** Festhalten kommt eine Entschädigung wegen Amtspflichtverletzung (§ 839 BGB, Art. 34 GG) in Betracht, soweit deren Voraussetzungen vorliegen. Hier ist insbesondere an Fälle zu denken, in denen der Betroffene die Beamten auf den drohenden Schadenseintritt (z.B. bei Verpassen eines Fluges) hinweist und diese dem entsprechenden Umstand bei der Verhältnismäßigkeitsprüfung nicht das erforderliche Gewicht beimessen. Für das **rechtmäßige** Festhalten sieht das Gesetz eine Entschädigung an sich nicht vor. Eine entsprechende Anwendung des JVEG beim Nichtverdächtigen dürfte nicht in Betracht kommen, und dieses enthält gerade für gravierende Konstellationen auch keine passende Anspruchsgrundlage. Beim festgehaltenen Verdächtigen oder Beschuldigten soll eine Entschädigung nach dem StrEG ausscheiden, weil § 2 Abs. 2 StrEG diesen Fall nicht erfasst.[102] Ob dieser Zustand bei Eintritt erheblicher Schäden verfassungsrechtlich haltbar ist, erscheint zweifelhaft. Auf eine spätere Strafe ist die Zeit des Festhaltens nach § 51 Abs. 1 StGB anzurechnen, da es sich insoweit um eine aus Anlass der Tat erlittene Freiheitsentziehung handelt.

VI. Durchsuchungen und erkennungsdienstliche Maßnahmen (Absatz 1 Satz 3)

42 **1. Zulässigkeit.** Bei **Verdächtigen** (Rn. 11) sind Durchsuchungen und erkennungsdienstliche Maßnahmen unter der auch für das Festhalten geltenden Voraussetzung zulässig, dass die Identität sonst nicht oder nur unter erheblichen Schwierigkeiten festgestellt werden kann (Rn. 31). Kann die Identität nur *entweder* durch eine Festhalteanordnung *oder* durch Durchsuchung und erkennungsdienstliche Maßnahmen festgestellt werden, so ist der Verdächtige festzuhalten, denn aus der in Absatz 2 Satz 2 für Unverdächtige getroffenen Regelung ergibt sich die gesetzliche Wertentscheidung, dass die Durchsuchung und erkennungsdienstliche Behandlung gegen den Willen des Betroffenen der schwerere Eingriff ist.[103] Der Betroffene kann dieses Wertverhältnis dadurch umkehren und dem längeren Festhalten entgehen, dass er freiwillig eine Durchsuchung oder erkennungsdienstliche Maßnahmen gestattet. Sind Durchsuchung und erkennungsdienstliche Behandlung zur Identitätsfeststellung

---

100 Ebenso AK/*Achenbach* § 163c, 7; KK/*Weingarten* 29; MüKo/*Kölbel/Neßeler* 14; *Pfeiffer* 7; SK/*Wolter/Werkmeister* 36; *Krause* StV **1984** 169, 171; **a.A.** *Riegel* BayVerwBl. **1978** 589; ihm folgend *Kurth* NJW **1979** 1377, 1380.

101 Ebenso KK/*Weingarten* 18.

102 Schmitt/Köhler/*Schmitt* § 2, 4 StrEG; *Kunz* § 2, 11 (auch nicht für auf § 163b gestützte Durchsuchungen).

103 Ebenso MüKo/*Kölbel/Neßeler* 16; *Härtel* DNP **1982** 51, 54; **a.A.** *Benfer* Polizei **1978** 249, 251, der mit einer gewissen Plausibilität, aber unvereinbar mit der klaren gesetzlichen Wertentscheidung für die Reihenfolge Durchsuchung, Festhalten, erkennungsdienstliche Maßnahmen eintritt; vgl. auch Schmitt/Köhler/*Köhler* 9; OK/*von Häfen* 11; SK/*Wolter/Werkmeister* 38.

gleich aussichtsreich, so dürfte die Durchsuchung im Allgemeinen als der Eingriff von geringerem Schweregrad nach dem Verhältnismäßigkeitsprinzip den Vorrang haben.[104]

Bei **Unverdächtigen** sind Durchsuchungen und erkennungsdienstliche Maßnahmen 43 nach Absatz 2 Satz 2 zweiter Halbsatz „gegen ihren Willen" ausnahmslos unzulässig. Die Fassung entspricht dem Wortlaut des § 81b, während § 81a und § 81c von der „Einwilligung" des Betroffenen sprechen. Ob an dieser Stelle aus der Gesetzesfassung abgeleitet werden kann, dass nur der erkennbare Gegenwille des Betroffenen zu beachten ist,[105] oder ob eine positive Einwilligung des Betroffenen erforderlich ist,[106] ist umstritten. Die besseren Gründe sprechen dafür, ein positives **Einverständnis des Betroffenen** zu verlangen, dessen konkludente Erklärung nur dann in Betracht kommt, wenn der Betroffene sein Weigerungsrecht ersichtlich kennt; im Zweifel ist er über die Freiwilligkeit zu belehren. Nur auf diese Weise lässt sich nämlich effektiv sicherstellen, dass der Betroffene die Maßnahme nicht in der irrtümlichen Annahme über sich ergehen lässt, er sei dazu verpflichtet, und dass der Beamte diesen (bei juristischen Laien vermutlich eher die Regel als die Ausnahme darstellenden) Umstand auch ganz gezielt ausnutzt (was auch nach den Vertretern der Gegenansicht unzulässig sein soll).[107] Durchaus zulässig ist es, den Betroffenen in geeigneten Fällen darauf hinzuweisen, dass durch die Gestattung der Durchsuchung oder erkennungsdienstliche Behandlung ein sonst erforderliches Festhalten abgekürzt werden kann,[108] wobei jedoch dabei der Eindruck vermieden werden muss, das Festhalten stelle eine Beugemaßnahme dar (vgl. Rn. 24 a.E., 30).

Unmittelbarer Zwang ist zur Durchsetzung von Durchsuchungen und erkennungs- 44 dienstlichen Maßnahmen beim Verdächtigen möglich, beim Unverdächtigen ist er (selbstverständlich, da die Maßnahme insoweit ja gegen den Willen des Betroffenen durchgeführt würde) unzulässig.[109]

2. Durchsuchung

a) Durchsuchungsziel. Da die Durchsuchung nach dieser Vorschrift nur der Identi- 45 tätsfeststellung dient, darf sie nicht weitergehen als hierzu erforderlich (vgl. aber Rn. 10). Sie besteht insbesondere in der Suche nach Gegenständen oder Zeichen, die eine Identifizierung ermöglichen oder erleichtern können; neben der Suche nach Ausweispapieren oder sonstigen Schriftstücken gehört dazu auch die nach bestimmten körperlichen Merkmalen. Die Durchsuchung darf nicht dazu verwendet werden, gezielt nach Beweismitteln zu forschen; werden solche zufällig gefunden, so soll § 108 gelten.[110]

---

104 SK/*Wolter*/*Werkmeister* 37; *Härtel* DNP **1982** 51, 54; *Kurth* NJW **1979** 1377, 1378 Fn. 34; ähnlich Schmitt/Köhler/*Köhler* 9; s. auch AK/*Achenbach* 16 mit Vorschlag für eine Neuskalierung de lege ferenda und für generelle Unzulässigkeit der erkennungsdienstlichen Behandlung Unverdächtiger.

105 So AnwK/*Walther* 20; HK/*Krehl*[3] 10; KK/*Weingarten* 31; Schmitt/Köhler/*Köhler* 19; wohl auch KMR/*Noltensmeier-von Osten* 25 (für den Fall der Durchsuchung); *Suden*/*Weitemeier* Die Polizei **1980** 333, 336.

106 So AK/*Achenbach* 15; HK/*Zöller* 13; MüKo/*Kölbel*/*Neßeler* 25; Radtke/Hohmann/*Rettenmaier* 14; SK/*Wolter*/*Werkmeister* 56; *Roxin*/*Schünemann* § 31, 20; *Rüping* Rn. 248; *Schlüchter* Rn. 259.3; *Achenbach* JA **1981** 660, 663; *Benfer* Polizei **1978** 249, 251; *Geerds* Jura **1986** 7, 11; *Riegel* BayVerwBl. **1978** 589, 591; *Sangenstedt* StV **1985** 117, 119, vgl. auch *Volk*/*Engländer* § 10, 71.

107 Vgl. KK/*Weingarten* 31; KMR/*Noltensmeier-von Osten* 25; NK/*Heghmanns* 21; Schmitt/Köhler/*Köhler* 18.

108 Vgl. HK/*Zöller* 13; KK/*Weingarten* 31; NK/*Heghmanns* 21; Schmitt/Köhler/*Köhler* 18.

109 AnwK/*Walther* 22; Schmitt/Köhler/*Köhler* 19.

110 AnwK/*Walther* 13, 26; AK/*Achenbach* 11; HK/*Krehl*[3] 8; KK/*Weingarten* 21; Schmitt/Köhler/*Köhler* 22; *Kurth* NJW **1979** 1377, 1379 Fn. 38; **a.A.** mit beachtlichen Gründen HK/*Zöller* 9; MüKo/*Kölbel*/*Neßeler* 18; SK/*Wolter*/*Werkmeister* 11, 37; *Benfer* (Grundrechtseingriffe) Kap. 2, 40.

46 **b) Durchsuchungsobjekte.** Durchsucht werden können die Person des Betroffenen und die von ihm mitgeführten Sachen. Bei den Sachen unterscheidet sich der Wortlaut von § 102, stimmt aber mit § 111 überein. Mitgeführt sind Sachen, über die der Betroffene im Zeitpunkt der Durchsuchung die tatsächliche Herrschaftsgewalt ausübt; auf die zivilrechtliche Frage des Eigentums oder Besitzes kommt es nicht an. Der Fahrer eines Kraftfahrzeuges führt dieses stets mit sich,[111] nicht hingegen derjenige, der von dem Fahrer lediglich mitgenommen wird, ohne Halter oder sonst verfügungsberechtigt zu sein (er wird vielmehr selbst von dem Kraftfahrzeug mitgeführt). Ist also lediglich die Identität einer solchen verdächtigen Begleitperson festzustellen, so rechtfertigt dies nicht die Durchsuchung des Fahrzeuges.[112] Soweit die Durchsuchung eines Fahrzeugs zulässig ist, umfasst die Ermächtigung als Begleitmaßnahme ggf. auch dessen gewaltsames Öffnen.[113] Für die Durchsuchung von Personen gilt § 81d.[114]

47 Nach dem klaren Wortlaut der Vorschrift ist eine Durchsuchung von **Wohnungen und anderen Räumlichkeiten** zum Zwecke der Identitätsfeststellung nicht möglich, da sie niemals mitgeführte Sachen sein können.[115] Offenbar hat der Gesetzgeber nur den Regelfall der Identitätsfeststellung vor Augen gehabt, der sich außerhalb der Räumlichkeiten des Betroffenen abspielt. Allerdings sind Ausnahmefälle denkbar, in denen die Identitätsfeststellung eines in einer Wohnung angetroffenen Verdächtigen erforderlich und zu diesem Zweck die Wohnungsdurchsuchung zweckmäßig erscheinen kann. Dennoch kommt eine analoge Anwendung der Vorschrift auf Wohnungen nicht in Frage, weil eine durch eine Analogie zu schließende Gesetzeslücke nicht ausreichend gesichert ist und weil dem Art. 13 Abs. 2 GG entgegensteht, wonach Wohnungsdurchsuchungen grundsätzlich nur durch den Richter und nur bei Gefahr im Verzug durch andere Organe angeordnet werden dürfen. § 163b regelt aber nur die Anordnungsbefugnis anderer Stellen. Oft werden in solchen Fällen aber die Durchsuchungsvoraussetzungen nach den §§ 102, 103 gegeben sein.

48 **3. Erkennungsdienstliche Maßnahmen.** Hierunter sind diejenigen Maßnahmen zu verstehen, die nach § 81b zulässig sind, also insbesondere die Aufnahme von Lichtbildern und Fingerabdrücken sowie Messungen und ähnliche Maßnahmen. Im Einzelnen ist auf § 81b, 13 ff. zu verweisen. Eine DNA-Analyse nach den §§ 81e, 81g ist keine durch § 163b gestattete erkennungsdienstliche Behandlung. Zur Durchführung der Maßnahmen wird der Betroffene im Allgemeinen zu einer Dienststelle verbracht werden müssen.[116] In Bußgeldsachen kommen erkennungsdienstliche Maßnahmen nur ganz ausnahmsweise in Betracht.[117]

VII. Anordnungsbefugnis

49 **1. Allgemeines.** Zur Anordnung und Durchführung der Identitätsfeststellung sind die Staatsanwaltschaft und die Beamten des Polizeidienstes befugt. Es handelt sich wie bei den §§ 81b, 111k Abs. 1, 127, 161a und 163a um selbstständige Eingriffsbefugnisse der

---

111 Nach *Geerds* Jura **1986** 7, 11 Fn. 57 ein Grenzfall mitgeführter Sachen.

112 AnwK/*Walther* 15; HK/*Zöller* 8; KK/*Weingarten* 23; NK/*Heghmanns* 14; Schmitt/Köhler/*Köhler* 11; MüKo/*Kölbel/Neßeler* 17; vgl. auch KMR/*Noltensmeier-von Osten* 19.

113 BGH v. 17.2.2016 – 2 StR 25/15, NStZ **2016** 551, 552; MüKo/*Kölbel/Neßemer* 17.

114 Vgl. LR/*Krause* § 81d, 2; LR/*Tsambikakis* § 102, 37.

115 KK/*Weingarten* 23; KMR/*Noltensmeier-von Osten* 19; NK/*Heghmanns* 14; SK/*Wolter/Werkmeister* 39.

116 KK/*Weingarten* 24; Schmitt/Köhler/*Köhler* 13; zur Frage des Festhaltens bis zur Auswertung der Erkenntnisse vgl. § 163c, 2.

117 Göhler/*Bauer* Vor § 59, 148 i.V.m. § 46, 32; *Härtel* DNP **1982** 51, 54.

Strafverfolgungsbehörden, nicht nur um Eilkompetenzen bei grundsätzlichem Richtervorbehalt. Bei Steuer- und Zollstraftaten sind auch die Finanzbehörden, die Zollfahndungsämter und die mit der Steuerfahndung betrauten Dienststellen zur Identitätsfeststellung berechtigt, solange sie das Ermittlungsverfahren führen (§ 399 Abs. 1, § 404 Abs. 1 Satz 1 AO). Der **Richter** ist **nicht** zur Identitätsfeststellung nach § 163b berechtigt,[118] und zwar auch dann nicht, wenn er als sogenannter „Notstaatsanwalt" nach § 165 tätig wird. Denn § 165 erweitert die richterlichen Befugnisse nicht, sondern entbindet lediglich von dem sonst im Vorverfahren notwendigen Erfordernis des Antrags der Staatsanwaltschaft. Auch § 164 gibt dem Richter keine Befugnis zur Identitätsfeststellung, ebensowenig die Ordnungsgewalt nach dem Gerichtsverfassungsgesetz. Wird bei richterlichen Untersuchungshandlungen eine Identitätsfeststellung erforderlich, so muss der Richter den Staatsanwalt oder die Polizei um Amtshilfe ersuchen. Die Staatsanwaltschaft kann, wenn sie die Anordnung trifft, die Polizei mit der Ausführung beauftragen (und wird dies in aller Regel tun).[119]

2. Beamte des Polizeidienstes. Der Begriff **Beamte des Polizeidienstes** deckt sich 50
mit dem früher in § 127 verwendeten Begriff Polizeibeamte.[120] Anordnungsbefugt sind auch diejenigen Hoheitsträger, die aufgrund besonderer gesetzlicher Vorschriften die Rechte und Pflichten der Staatsanwaltschaft oder der Behörden und Beamten des Polizeidienstes haben.[121] Die Eigenschaft als Ermittlungsperson der Staatsanwaltschaft ist nicht erforderlich und reicht für sich allein nicht aus.

3. Bußgeldverfahren. Im **Bußgeldverfahren** hat die Verwaltungsbehörde die Stel- 51
lung der Staatsanwaltschaft (§ 46 Abs. 2 OWiG) und ist damit zur Identitätsfeststellung ermächtigt.[122] Die Beamten des Polizeidienstes können auch im Bußgeldverfahren Identitätsfeststellungen vornehmen, weil sie nach § 53 Abs. 1 Satz 2 OWiG die gleichen Befugnisse wie bei der Verfolgung von Straftaten haben.

VIII. Anfechtbarkeit

Maßnahmen der Identitätsfeststellung nach § 163b sind nach heute allg. M. schon in 52
Hinblick auf Art. 19 Abs. 4 GG **gerichtlich überprüfbar**.[123] § 163c Abs. 1 Satz 2 kann nicht als abschließende, die Anfechtung im Übrigen ausschließende Sonderregelung angesehen werden, denn die richterliche Überprüfung bezieht sich dort nur – und nicht einmal in jedem Fall – auf das Festhalten und führt auch dann nicht notwendig zu einer Inzidentprüfung der gesamten Identitätsfeststellung (§ 163c, 16).

Als **Rechtsweg** war nach früher verbreiteter Meinung das Verfahren nach den 53
§§ 23 ff. EGGVG eröffnet,[124] da es sich um eine originäre staatsanwaltschaftliche oder

---

118 AK/*Achenbach* 17; HK/*Zöller* 15; KK/*Weingarten* 34; MüKo/*Kölbel*/*Neßeler* 19; OK/*von Häfen* 4; NK/*Heghmanns* 9; SK/*Wolter*/*Werkmeister* 31; *Fezer* 6/26.

119 Schmitt/Köhler/*Köhler* 21; SK/*Wolter*/*Werkmeister* 31.

120 Schriftlicher Bericht des BT-Rechtsaussch., BTDrucks. **8** 1482 S. 10; vgl. auch LR/*Gärtner* § 127, 40.

121 KK/*Weingarten* 34.

122 Näher Göhler/*Bauer* Vor § 59, 150; das Recht zum Anhalten von Kraftfahrern aus dem fließenden Verkehr soll nach *F. Albrecht* DAR **2003** 537 ff. allerdings nur der Polizei im formellen Sinn zustehen.

123 So etwa AK/*Achenbach* 22; HK/*Zöller* 16; vgl. auch OLG Nürnberg StV **1988** 372.

124 AK/*Achenbach* 22; HK/*Krehl*[3] 11; SK/*Wolter*/*Werkmeister* 58; vgl. auch BVerwGE **47** 255; OLG Nürnberg StV **1988** 372.

polizeiliche Kompetenz handelt. Diese Begründung ist indessen überholt, nachdem die heutige Rspr. § 98 Abs. 2 Satz 2 bei anderen Maßnahmen ebenfalls unabhängig von der originären Anordnungskompetenz analog anwendet.[125] Da sich die letztgenannte Vorschrift insofern de facto zur Grundlage eines allgemeinen Rechtsbehelfs gegen nichtrichterlich angeordnete belastende Maßnahmen im Ermittlungsverfahren entwickelt hat, ist kein Grund mehr ersichtlich, Maßnahmen nach § 168b hiervon auszunehmen.[126] Für die analoge Anwendung von § 98 Abs. 2 Satz 2 sprechen vielmehr hier wie an anderer Stelle die auf diese Weise erreichbare Vereinheitlichung, Vereinfachung und Beschleunigung des Rechtsschutzes im Ermittlungsverfahren. Dabei entfällt zugleich das im Verfahren nach den §§ 23 ff. EGGVG gesondert zu prüfende Erfordernis des „berechtigten Interesses an der Feststellung der Rechtswidrigkeit" nach § 28 Abs. 1 Satz 4 EGGVG.[127] Für das allgemeine Rechtsschutzinteresse bei der analogen Anwendung von § 98 Abs. 2 Satz 2 genügt es nach heutiger Rechtsprechung des Bundesverfassungsgerichts, wenn ein (bei Maßnahmen nach Absatz 1 Satz 2 und 3 ohne Weiteres zu bejahender) tiefgreifender Grundrechtseingriff vorliegt, gegen den sich der Betroffene während seiner Dauer nicht effektiv zur Wehr setzen konnte.

§ 163c
Freiheitsentziehung zur Identitätsfeststellung

(1) [1]Eine von der Maßnahme nach § 163b betroffene Person darf in keinem Fall länger als zur Feststellung ihrer Identität unerläßlich festgehalten werden. [2]Die festgehaltene Person ist unverzüglich dem Richter bei dem Amtsgericht, in dessen Bezirk sie ergriffen worden ist, zum Zwecke der Entscheidung über Zulässigkeit und Fortdauer der Freiheitsentziehung vorzuführen, es sei denn, daß die Herbeiführung der richterlichen Entscheidung voraussichtlich längere Zeit in Anspruch nehmen würde, als zur Feststellung der Identität notwendig wäre. [3]Die §§ 114a bis 114c gelten entsprechend.

(2) Eine Freiheitsentziehung zum Zwecke der Feststellung der Identität darf die Dauer von insgesamt zwölf Stunden nicht überschreiten.

(3) Ist die Identität festgestellt, so sind in den Fällen des § 163b Abs. 2 die im Zusammenhang mit der Feststellung angefallenen Unterlagen zu vernichten.

Schrifttum

Siehe bei § 163b.

Entstehungsgeschichte

Die Vorschrift wurde zusammen mit §§ 111, 163b durch Art. 1 Nr. 10 StPÄG 1978 eingefügt. Durch Art. 1 Nr. 13 des Gesetzes zur Änderung des Untersuchungshaftrechts vom 29.7.2009, BGBl. I S. 2274 (Nr. 48), wurde mit Wirkung zum 1.1.2010 Absatz 1 Satz 3 eingefügt und Absatz 2 (der eine eigene Regelung für die Benachrichtigung von Angehörigen enthal-

---

125 Vgl. BGHSt **44** 171; **44** 265; **45** 183; dazu eingehend LR/*Menges* § 98, 50.

126 Ebenso nunmehr HK/*Zöller* 16; MüKo/*Kölbel*/*Neßeler* 29; NK/*Heghmanns* 23; SK/*Wolter*/*Werkmeister* 58; für den vergleichbaren Fall des § 81b LR/*Krause* § 81b, 40 m.w.N.

127 Vgl. OLG Nürnberg StV **1988** 372, 373, wo dieses Interesse zu Recht bejaht wurde.

ten hatte) aufgehoben, Absatz 3 a.F. wurde zum neuen Absatz 2, Absatz 4 a.F. zum neuen Absatz 3.

Übersicht

1. Zeitliche Grenzen des Festhaltens

1 **a) Unerlässlichkeit zur Identitätsfeststellung.** Das nach § 163b Abs. 1 Satz 2 und Abs. 2 Satz 2 erster Halbsatz zulässige Festhalten des Betroffenen (§ 163b, 29 bis 34) unterliegt nach Absatz 1 Satz 1 einer relativen, nach den Umständen des Falles zu beurteilenden zeitlichen Begrenzung. Der Betroffene darf nur so lange festgehalten werden, wie dies zur Identitätsfeststellung „unerlässlich" ist. Das bedeutet, dass einerseits das Festhalten nur so lange zulässig ist, wie es für den Zweck der Identitätsfeststellung notwendig ist, und dass andererseits vermeidbare Verzögerungen zu Lasten der Behörde gehen.[1] Der die Identitätsfeststellung betreibende Amtsträger hat die erforderlichen Maßnahmen mit Vorrang vorzunehmen;[2] ein absoluter Vorrang vor allen anderen Dienstgeschäften besteht freilich nicht.

2 Die **Freilassung** ist nicht davon abhängig, dass die Identität bereits endgültig festgestellt ist, sondern sie **muss** schon **stattfinden**, wenn das Festhalten zur Identitätsfeststellung nichts mehr beitragen kann.[3] Ein Festhalten zu anderen Zwecken, etwa um eine Vernehmung durchzuführen, rechtfertigt § 163b in keinem Fall;[4] es kann allenfalls auf andere Rechtsgrundlagen gestützt werden, soweit deren Voraussetzungen vorliegen.[5] Ist die Identität eines Betroffenen zwar noch nicht festgestellt, braucht er aber zur Feststellung nicht mehr festgehalten zu werden, so ist er zu entlassen, wenn nicht eine weitere Freiheitsentziehung nach anderen Rechtsvorschriften gerechtfertigt ist. Ist der Beschuldigte durchsucht oder erkennungsdienstlich behandelt worden und haben sich dabei Erkenntnisse ergeben, deren künftige Auswertung eine zuverlässige Feststellung der Identität ermöglichen wird, so ist der Betroffene zu entlassen, auch wenn das Ergebnis der Überprüfung noch nicht vorliegt; weiter festgehalten werden darf er nur noch dann, wenn die möglichen Auswertungsergebnisse weitere Nachforschungen erforderlich machen *und* das Festhalten des Beschuldigten hierfür erforderlich ist.[6] Stellt sich heraus, dass das Festhalten des Betroffenen zur Identitätsfeststellung nichts beitragen kann, so ist er ebenfalls

---

1 AK/*Achenbach* 2; HK/*Zöller* 2; KK/*Weingarten* 1; SK/*Wolter*/*Werkmeister* 4.

2 HK/*Zöller* 2; ähnlich KK/*Weingarten* 1; Schmitt/Köhler/*Köhler* 12; SK/*Wolter*/*Werkmeister* 4; vgl. auch *Rüping* FS Hirsch 959, 970 f.

3 AnwK/*Walther* 2; KK/*Weingarten* 1; NK/*Heghmanns* 3; Schmitt/Köhler/*Köhler* 1; MüKo/*Kölbel*/*Neßeler* 2 f.; SK/*Wolter*/*Werkmeister* 4.

4 LG Amberg StV **1990** 541, 543.

5 Vgl. BVerfG NStZ-RR **2006** 381; AG München NStZ **1999** 528, 529 für den Fall einer anschließenden erkennungsdienstlichen Behandlung gem. § 81b 2. Alternative.

6 **A.A.** *Kurth* NJW **1979** 1377, 1380; für den Verdächtigen auch AK/*Achenbach* 3, 4.

zu entlassen; ein dazu nicht geeignetes Festhalten ist zur Identitätsfeststellung nicht unerlässlich.[7]

3 Der Betroffene ist stets zu entlassen, sobald seine **Identität festgestellt** ist, das heißt, wenn die hierfür notwendigen Daten frei von jedem durch Tatsachen begründeten Zweifel feststehen (§ 163b, 17, 18). Unüberprüfte und nicht sofort überprüfbare Angaben, die der Betroffene während des Festhaltens macht, stellen keine hinreichende Identitätsfeststellung dar, wenn nach den Umständen des Falles Anlass besteht, ihre Richtigkeit zu bezweifeln. Wird der Betroffene nach Absatz 1 Satz 2 dem Richter vorgeführt und stellt sich währenddessen seine Identität heraus, so ist er vor einer richterlichen Entscheidung, die dadurch überflüssig wird, zu entlassen.[8]

4 **b) Zwölfstundenfrist (Absatz 2).** Spätestens zwölf Stunden nach Beginn des Festhaltens (§ 163b, 35) ist der Betroffene auch zu entlassen, wenn zur Identitätsfeststellung an sich noch ein weiteres Festhalten erforderlich wäre.[9] Auch eine nur geringfügige Fristüberschreitung ist rechtswidrig und kann zugleich einen Verstoß gegen Art. 5 Abs. 1 lit. c EMRK darstellen.[10] Eine weitere Freiheitsentziehung ist nur zulässig, wenn sie auf andere Rechtsgrundlagen gestützt werden kann, etwa bei einem präventiv-polizeilichen Schwerpunkt der Maßnahme, für die die Polizeigesetze der Länder in diesem Fall z.T. längere Fristen vorsehen.[11] Die **Frist umfasst** sowohl die Zeit der auf staatsanwaltschaftlicher oder polizeilicher Anordnung beruhenden Freiheitsentziehung als auch die, die aufgrund einer richterlichen Anordnung folgt.[12] Aus der Verwendung des Wortes „insgesamt" folgt weiter, dass eine vorübergehende Unterbrechung des Festhaltens zwar nicht in die Fristberechnung einzubeziehen ist, aber bei einem einheitlichen Identitätsfeststellungsvorgang keine neue Frist beginnen lässt, so etwa wenn die Festhalteanordnung deshalb unterbrochen wird, weil der Betroffene sich vorübergehend freiwillig zum Bleiben bereit erklärt (vgl. § 163b, 35).[13]

2. Richterliche Entscheidung (Absatz 1 Satz 2)

5 **a) Notwendigkeit.** Entsprechend dem Verfassungsgebot des Art. 104 Abs. 2 Satz 2 GG ist grundsätzlich eine richterliche Entscheidung über die Zulässigkeit der im Festhalten liegenden Freiheitsentziehung vorgeschrieben, für die der Gesetzgeber jedoch im Vergleich zu den verfassungsrechtlichen Höchstgrenzen für eine nichtrichterliche Freiheits-

7 HK/*Zöller* 2.

8 SK/*Wolter/Werkmeister* 4.

9 Die Höchstfrist war im Gesetzgebungsverfahren umstritten (vgl. *Kurth* NJW **1979** 1377, 1380 m.w.N.) und wurde im Schrifttum (vgl. vor allem *Riegel* BayVerwBl. **1978** 589, 591; *ders.* JR **1981** 229, 234; ähnlich *Suden/Weitemeier* Die Polizei **1980** 333, 336) heftig kritisiert; vgl. auch *Vogel* NJW **1978** 1217, 1228 (Grenzen der Praktikabilität erreicht). Vgl. aber auch den Erfahrungsbericht BTDrucks. **8** 3564 S. 6, wonach praktische Schwierigkeiten nicht aufgetreten seien; dazu kritisch *Suden/Weitemeier* a.a.O. S. 338. Inzwischen hat auch ein erheblicher Teil der neueren Polizeigesetze die Festhaltedauer bei Identitätsfeststellungen auf diesen Zeitraum begrenzt; vgl. § 163b, 2 Fn. 4; ferner Schmitt/Köhler/*Köhler* 15.

10 EGMR NJW **1999** 775 mit Besprechungsaufsatz *Eiffler* S. 762.

11 BGH v. 17.10.2020 – 3 ZB 7/19, NStZ-RR **2021** 226, 227; KK/*Weingarten* 2; krit. im Hinblick auf die nicht von der Hand zu weisende Gefahr einer Umgehung der strafprozessualen Vorgaben *Kische* NStZ **2021** 126 in einer Anmerkung zur Vorentscheidung LG Mönchengladbach 8.8.2019 – 5 T 35/19, NStZ **2021** 125; MüKo/*Kölbel/Neßeler* 4; SK/*Wolter/Werkmeister* 5.

12 BTDrucks. **8** 1428 S. 11; KK/*Weingarten* 2; Schmitt/Köhler/*Köhler* 15.

13 Ebenso KK/*Weingarten* 2; KMR/*Noltensmeier-von Osten* 3; NK/*Heghmanns* 13; MüKo/*Kölbel/Neßeler* 4; OK/*von Häfen* 3; SK/*Wolter/Werkmeister* 5.

entziehung eine deutlich kürzere Frist vorgesehen hat.[14] Sie unterbleibt nur dann, wenn das Festhalten im Zeitpunkt der richterlichen Entscheidung voraussichtlich schon beendet wäre. Das kann entweder der Fall sein, weil bis dahin die Unerlässlichkeitsvoraussetzung (Rn. 1 f.) entfallen sein würde oder weil, etwa an Wochenenden bei fehlendem richterlichen Bereitschaftsdienst (vgl. aber Rn. 11), die Zwölfstundenfrist schon abgelaufen wäre, bis ein Richter erreicht werden kann. Nach der Rechtsprechung des Bundesverfassungsgerichts zur Gefahr im Verzug[15] dürfte dies kaum noch vorkommen, weil die alsbaldige Erreichbarkeit eines Richters regelmäßig sichergestellt sein sollte.[16] Dabei kommt es entgegen dem missverständlichen Wortlaut[17] nicht entscheidend darauf an, wann voraussichtlich die Identität festgestellt sein wird, sondern wann es voraussichtlich der Festhaltung des Betroffenen zum Zwecke der Identitätsfeststellung nicht mehr bedarf.[18] Die Vorführung darf nicht deshalb unterbleiben, weil der hiermit verbundene Zeitverlust dazu führt, dass die Identität innerhalb der Zwölfstundenfrist nicht mehr festgestellt werden kann.[19] Die Erwartung, die Festhaltung vor Fristablauf durch eine vorläufige Festnahme ersetzen zu können, entbindet ebenfalls nicht von der Vorführungspflicht nach § 163c Abs. 1 Satz 2.[20]

Ob eine Vorführung vor den Richter zu veranlassen ist, muss der für die Identitätsfest- 6
stellung zuständige Beamte aufgrund einer **doppelten Prognose** entscheiden. Er hat zu erwägen, wie lange voraussichtlich die Festhaltung unerlässlich sein wird und wann voraussichtlich eine richterliche Entscheidung herbeigeführt werden kann; das zweite kann Erkundigungen beim zuständigen Gericht erforderlich machen. In beiden Fällen reicht, wie das Wort „voraussichtlich" verdeutlicht, ein Wahrscheinlichkeitsurteil aus. Stellt sich während der Festhaltung heraus, dass die Anfangsprognose **falsch** war, weil die Feststellung länger als ursprünglich angenommen dauert oder eine richterliche Entscheidung schneller erreichbar ist, so ist ex nunc zu prüfen, ob die Voraussetzungen der Ausnahmeklausel noch vorliegen, andernfalls ist der Betroffene nunmehr unverzüglich dem Richter vorzuführen.[21]

Die Vorführung erfordert **keinen Antrag** des Betroffenen und wird durch seinen 7
Verzicht nicht entbehrlich. Die bloße Erklärung des Betroffenen, freiwillig so lange warten zu wollen, bis die Identität festgestellt ist, befreit als solche noch nicht von der Vorführungspflicht.[22] Erst wenn der Festhaltende aufgrund dieser Erklärung die Festhaltung beendet (also tatsächlich bereit wäre, den Betroffenen jederzeit gehen zu lassen, wenn dieser es wünscht, und dies auch zum Ausdruck bringt), liegt keine Freiheitsentziehung mehr vor.

b) Unverzügliche Vorführung. Der Betroffene ist unverzüglich dem Richter vorzu- 8
führen. Verantwortlich dafür ist der Amtsträger, der die Festhaltung angeordnet hat, also ggf. auch die Polizei. Unverzüglich ist nicht im Sinne von § 121 BGB (ohne schuldhaftes

---

14 Dazu ausführlich SK/*Wolter*/*Werkmeister* 8 f.
15 BVerfGE **103** 142 ff.; näher § 161, 55; § 162, 10; LR/*Tsambikakis* § 105, 83 ff.
16 HK/*Zöller* 3; KMR/*Noltensmeier-von Osten* 6; MüKo/*Kölbel*/*Neßeler* 7; *Rüping* FS Hirsch 959, 971.
17 Es handelt sich um ein Redaktionsversehen, vgl. LR/*Rieß*[23] EB 6 Fn. 4.
18 HK/*Zöller* 5; KK/*Weingarten* 5; NK/*Heghmanns* 6.
19 KK/*Weingarten* 5; KMR/*Noltensmeier-von Osten* 9.
20 SK/*Wolter*/*Werkmeister* 11.
21 HK/*Zöller* 5; KK/*Weingarten* 5; KMR/*Noltensmeier-von Osten* 9; NK/*Heghmanns* 6; Schmitt/Köhler/*Köhler* 6; MüKo/*Kölbel*/*Neßeler* 6; *Kurth* NJW **1979** 1377, 1380; **a.A.** *Riegel* BayVerwBl. **1978** 589, 592 (nach dem nunmehr auf jeden Fall vorzuführen sei).
22 HK/*Zöller* 4; KK/*Weingarten* 4; MüKo/*Kölbel*/*Neßeler* 8; SK/*Wolter*/*Werkmeister* 12; **a.A.** Schmitt/Köhler/*Köhler* 5; OK/*von Häfen* 5; SSW/*Ziegler* 5.

Zögern) auszulegen, sondern erfordert ein Handeln ohne jede nach den Umständen vermeidbare Säumnis.[23] Entscheidend ist, welches Abwarten sachlich gerechtfertigt ist; was hierüber hinausgeht, verletzt das Gebot der unverzüglichen Vorführung auch dann, wenn den Beamten hieran kein Verschulden trifft. Es ist sachlich gerechtfertigt, vor der Vorführung diejenigen Maßnahmen durchzuführen, die wenig Zeit in Anspruch nehmen und dazu beitragen können, die Identität zu klären, denn aus Satz 2 zweiter Halbsatz ist die gesetzliche Wertentscheidung zu entnehmen, dass die Einschaltung des Richters die Festhaltedauer nicht verlängern soll. So kann, wenn dies alsbald möglich ist, der Betroffene vor der Vorführung durchsucht und es können erkennungsdienstliche Maßnahmen vorgenommen werden, damit die hierdurch gewonnenen Erkenntnisse während der Vorführungszeit für weitere Feststellungen genutzt werden können.[24]

9 **c) Zuständiger Richter. Sachlich zuständig** ist nach dem eindeutigen Wortlaut stets der Richter am Amtsgericht, auch wenn die Identitätsfeststellung in einem bereits rechtshängigen Strafverfahren stattfindet und für das Hauptverfahren ein anderes Gericht zuständig ist.

10 **Örtlich zuständig** ist das Amtsgericht, in dessen Bezirk der Betroffene ergriffen worden ist; es kommt nicht darauf an, wo er zu Beginn der Vorführung verwahrt wird. Maßgebend ist danach der Ort des Beginns des Festhaltens (§ 163b, 35 f.). An dieser Zuständigkeit ändert sich nichts, wenn der festgehaltene Betroffene danach auf eine in einem anderen Gerichtsbezirk liegende Dienststelle verbracht wird.[25] Kommt der Betroffene aber zunächst freiwillig auf die Dienststelle mit und wird er erst auf dieser festgehalten, so ist er im Bereich des Amtsgerichts ergriffen worden, in dessen Bezirk die Dienststelle liegt.

11 **Eine Konzentration** der Aufgaben nach § 163c bei einem Amtsgericht für die Bezirke mehrerer Amtsgerichte ist unter den Voraussetzungen des § 58 GVG zulässig, weil es sich um Entscheidungen in einer Strafsache handelt. Empfehlenswert ist eine solche örtliche Konzentration namentlich dann, wenn dadurch ein Gericht zuständig wird, bei dem – etwa wegen der Zuständigkeit für Haftentscheidungen – ein Eildienst eingerichtet worden ist. Eine bestehende vollständige Konzentration aller Strafsachen bei einem Amtsgericht erfasst die Entscheidungen nach § 163c mit.

12 Welcher von mehreren Richtern des Amtsgerichts **funktionell zuständig** ist, bestimmt sich in erster Linie nach dem Geschäftsverteilungsplan (§ 21e GVG). Durch ihn können diese Aufgaben auch dem Richter zugewiesen werden, der für Entscheidungen nach dem 7. Buch des Gesetzes über das Verfahren in Familiensachen und in den Angelegenheiten der freiwilligen Gerichtsbarkeit zuständig ist.[26] Ohne besondere Zuweisung im Geschäftsverteilungsplan ist der Richter zuständig, dem die richterlichen Untersuchungshandlungen im Vorverfahren nach § 162 übertragen worden sind.[27] Denn § 162 sagt nichts über den Inhalt der richterlichen Handlungen und umfasst alle dem Amtsrichter im Zusammenhang mit einem Strafverfahren außerhalb des Hauptverfahrens obliegenden Geschäfte.

---

23 AnwK/*Walther* 3; SK/*Wolter*/*Werkmeister* 12; *Lampe* MDR **1974** 535, 537; *Ehmke* Die Polizei **1978** 279, 281; *Rüping* FS Hirsch 959, 970; vgl. auch LR/*Lind* § 115, 10; LR/*Gleß* § 135, 3; des Weiteren OVG Münster NJW **1980** 139 (Freiheitsentziehung von mehr als 2 bis 3 Stunden nicht „vorübergehend" i.S. des § 26 Abs. 2 Nr. 1 PolGNRW).

24 KK/*Weingarten* 6; NK/*Heghmanns* 5; MüKo/*Kölbel*/*Neßeler* 8.

25 HK/*Zöller* 6; KK/*Weingarten* 9; Schmitt/Köhler/*Köhler* 10; MüKo/*Kölbel*/*Neßeler* 9; SK/*Wolter*/*Werkmeister* 13 (mit Nachweisen der abweichenden Rechtslage nach den polizeirechtlichen Vorschriften).

26 Vgl. Schmitt/Köhler/*Köhler* 9; KK/*Weingarten* 10.

27 KK/*Weingarten* 10; Schmitt/Köhler/*Köhler* 9; KMR/*Noltensmeier-von Osten* 12.

d) Verfahren. Das Verfahren ist nicht näher geregelt. Eine Anwendung des Gesetzes über das Verfahren in Familiensachen und in den Angelegenheiten der freiwilligen Gerichtsbarkeit vom 17.12.2008 (BGBl. I S. 2586), wie sie für die polizeiliche Identitätsfeststellung vorgesehen ist,[28] kommt hier weder unmittelbar noch analog in Frage, da es sich um eine Freiheitsentziehung handelt, die ihre Rechtsgrundlage in der StPO hat und für die die StPO ausreichende Verfahrensvorschriften zur Verfügung stellt. Der Richter verfährt nach den allgemeinen Grundsätzen für richterliche Untersuchungshandlungen im Vorverfahren.[29] Verfahrensbeteiligte sind der Betroffene sowie die Strafverfolgungsbehörde, die die Identitätsfeststellung betreibt und die Festhaltung angeordnet hat. Die Entscheidung ergeht nach mündlicher Verhandlung, in der der Betroffene rechtliches Gehör erhält. Das ergibt sich aus dem Begriff „vorzuführen", der hier wie in § 115 Abs. 1 das mündliche Verhandeln vor dem Richter einschließt. Sind schriftliche Unterlagen vorhanden, so hat die für die Festhaltung verantwortliche Behörde sie dem Richter vorzulegen, andernfalls hat sie die Festhaltegründe mündlich darzulegen.[30] Die Verhandlung ist nach den §§ 168, 168a zu protokollieren.[31] 13

Betreibt die **Polizei** die Identitätsfeststellung, so braucht die **Staatsanwaltschaft** am gerichtlichen Verfahren und insbesondere an der mündlichen Verhandlung nicht teilzunehmen.[32] Sie ist jedoch aufgrund ihrer Leitungsfunktion für das Ermittlungsverfahren hierzu jederzeit berechtigt und kann, wenn sie sich einschaltet, auch vor der richterlichen Entscheidung, die dadurch entbehrlich wird, die Freilassung anordnen. 14

Der Betroffene kann sich im gerichtlichen Verfahren und in der mündlichen Verhandlung ausnahmslos des Beistands eines **Rechtsanwaltes** bedienen.[33] Dass dies grundsätzlich für das gesamte Festhalten gilt, ist in § 163b, 40 näher dargelegt. Für die richterliche Entscheidung über die Zulässigkeit und Fortdauer der Freiheitsentziehung entfallen diejenigen Gründe, die im Interesse der Aufrechterhaltung einer funktionsfähigen Rechtspflege im Einzelfall Einschränkungen des Verkehrs des staatsanwaltschaftlich oder polizeilich Festgehaltenen mit einem Rechtsanwalt rechtfertigen können. Es ist ausgeschlossen, dass die Mitwirkung eines Rechtsanwaltes als Beistand des Betroffenen eine sachgerechte richterliche Entscheidung über die Freiheitsentziehung jemals gefährden könnte. 15

e) Inhalt und Form der richterlichen Entscheidung. Gegenstand der Entscheidung ist die „Zulässigkeit und Fortdauer der Freiheitsentziehung". Maßgebend sind die Umstände im Zeitpunkt der Entscheidung; der Richter muss darüber befinden, ob die Freiheitsentziehung *jetzt noch* zulässig ist und fortdauern darf.[34] Die Zulässigkeit der Identitätsfeststellung insgesamt ist nur insoweit vom Richter zu prüfen, als sie für seine Entscheidung präjudiziell ist. Dies ist stets der Fall, wenn der Richter die Zulässigkeit und Fortdauer der Freiheitsentziehung bejahen will. Hält er die Freiheitsentziehung dagegen im Zeitpunkt seiner Entscheidung jedenfalls für nicht *mehr* gerechtfertigt, so kann er offenlassen, ob 16

---

28 Z.B. § 40 Abs. 2 BPolG; § 15 Abs. 2 RhPf. POG.

29 HK/*Zöller* 7; KK/*Weingarten* 11; OK/*von Häfen* 8; vgl. auch KMR/*Noltensmeier-von Osten* 13.

30 KK/*Weingarten* 11; Schmitt/Köhler/*Köhler* 11.

31 OK/*von Häfen* 9; SK/*Wolter/Werkmeister* 16.

32 HK/*Zöller* 7; KK/*Weingarten* 11; KMR/*Noltensmeier-von Osten* 14; NK/*Heghmanns* 4; SK/*Wolter/Werkmeister* 16; abweichend Schmitt/Köhler/*Köhler* 11; *Kurth* NJW **1979** 1377, 1380 (zu beteiligen, es sei denn, dass nicht sofort erreichbar).

33 AK/*Achenbach* 7; KK/*Weingarten* 11; Schmitt/Köhler/*Köhler* 11; KMR/*Noltensmeier-von Osten* 13; SK/*Wolter/Werkmeister* 16; SSW/*Ziegler* 8; *Krause* StV **1984** 169, 171; **a.A.** *Kurth* NJW **1979** 1377, 1380 Fn. 68; *Riegel* BayVerwBl. **1978** 589, 593.

34 HK/*Zöller* 8; KK/*Weingarten* 12; Schmitt/Köhler/*Köhler* 12; *Kurth* NJW **1979** 1377, 1380.

sie zu einem früheren Zeitpunkt gerechtfertigt war; meint er, dass die Festhaltevoraussetzungen von Anfang an nicht vorgelegen haben, so kann offenbleiben, ob die Identitätsfeststellung als solche zulässig war.

17 Der Richter hat die **Freilassung** des Betroffenen anzuordnen, wenn er die Voraussetzungen für eine weitere Freiheitsentziehung verneint. Andernfalls ist zu entscheiden, dass die **Freiheitsentziehung fortdauern** dürfe. In der Befugnis, über die Fortdauer der Freiheitsentziehung zu entscheiden, liegt auch die mindere Befugnis, ihre Dauer auf eine kürzere Zeit als die Höchstfrist von zwölf Stunden zu begrenzen.[35]

18 Die Entscheidung ergeht durch **Beschluss**, der in der mündlichen Verhandlung zu verkünden ist (§ 35). Der Beschluss, durch den die Fortdauer der Freiheitsentziehung angeordnet wird, ist zu begründen (§ 34).[36]

19 **f) Rechtsmittel.** Der Beschluss, der die Freiheitsentziehung für zulässig erklärt und ihre Fortdauer anordnet, ist für den **Betroffenen** nach § 304 mit der (einfachen) **Beschwerde** anfechtbar. Sie wird zwar regelmäßig durch Zeitablauf überholt sein. Doch kommt in diesen Fällen nach heutiger Rechtsprechung[37] vielfach die nachträgliche Feststellung der Rechtswidrigkeit in Betracht.[38] Auch bei rechtzeitig eingelegter Beschwerde kommt eine Aussetzung des Vollzugs der angefochtenen Entscheidung nach § 307 Abs. 2 nicht in Betracht, weil sie den Zweck der angefochtenen Entscheidung vereiteln würde.[39] Eine **weitere Beschwerde** gegen die Entscheidung des Landgerichts ist nicht statthaft, weil die Freiheitsentziehung zur Identitätsfeststellung keine Verhaftung i.S. von § 310 Abs. 1 Nr. 1 darstellt.[40]

20 Während der Polizei ein Rechtsmittel gegen den die **Freilassung** des Betroffenen anordnenden Beschluss schon mangels gesetzlicher Grundlage nicht zusteht, wäre für die **Staatsanwaltschaft** an sich die Beschwerde eröffnet (§ 296 Abs. 1). Doch muss sie hier als **ausgeschlossen** gelten, weil sie mit der Verfahrenslage nach der richterlichen Entscheidung unvereinbar wäre.[41] Da ihre Einlegung keine aufschiebende Wirkung hat, würde sich der Betroffene im Zeitpunkt einer möglichen Beschwerdeentscheidung ausnahmslos auf freiem Fuß befinden, sodass das Beschwerdegericht eine sinnvolle Sachentscheidung über die Fortdauer der Freiheitsentziehung in keinem Fall treffen könnte.[42] Eine Beschwerdeentscheidung bloß feststellenden Inhalts, die hier allein in Betracht käme, ist der Strafprozessordnung fremd und insoweit auch verfassungsrechtlich nicht geboten.

21 **3. Benachrichtigung.** Mit der Verweisung in Absatz 1 Satz 3 hat der Gesetzgeber beabsichtigt, zugunsten einer zur Identitätsfeststellung festgehaltenen Person grds. die gleichen Mitteilungs-, Belehrungs- und Benachrichtigungspflichten einzurichten, wie das nach den §§ 114a bis 114c bei inhaftierten Personen der Fall ist.[43] Wie der früher in Absatz 2 a.F. geregelte Anspruch auf Benachrichtigung Dritter kommen sie **schon beim Festhalten**

---

35 KK/*Weingarten* 12; Schmitt/Köhler/*Köhler* 12; KMR/*Noltensmeier-von Osten* 13; MüKo/*Kölbel*/*Neßeler* 11.

36 AnwK/*Walther* 11; KK/*Weingarten* 13; SK/*Wolter*/*Werkmeister* 17.

37 BVerfGE **96** 27; dazu m.w.N. LR/*Matt*[26] Vor § 304, 68 ff. und § 304, 53 ff.; Schmitt/Köhler/*Schmitt* Vor § 296, 18a.

38 AnwK/*Walther* 11; KK/*Weingarten* 13; KMR/*Noltensmeier-von Osten* 15; NK/*Heghmanns* 17; Schmitt/Köhler/*Köhler* 12; BGH NJW **1989** 538 ist durch die neuere Rechtsprechungsentwicklung insoweit überholt.

39 LR/*Matt*[26] § 307, 5; KK/*Weingarten* 13.

40 KG v. 13.5.2020 – 5 Ws 53/20–161 AR 45/20, BeckRS **2020** 40659 Rn. 4.

41 LR/*Matt*[26] § 304, 28 f.

42 Zust. KK/*Weingarten* 13; Schmitt/Köhler/*Köhler* 12; MüKo/*Kölbel*/*Neßeler* 12; OK/*von Häfen* 14; SK/*Wolter*/*Werkmeister* 17.

43 Vgl. RegE BTDrucks. **16** 11644 S. 35.

durch die Polizei zum Tragen.[44] Gewisse faktische Einschränkungen aller Benachrichtigungspflichten folgen aus der insgesamt kurzen Festhaltedauer und aus den besonderen Umständen der Identitätsfeststellung.

Hinsichtlich der dem Betroffenen über die Verweisung **im Einzelnen eingeräumten Rechte** ist auf die Kommentierung der §§ 114a bis 114c zu verweisen. Diese Vorschriften sind dabei **nur insoweit** („entsprechend") anzuwenden, wie sie **im vorliegenden Regelungszusammenhang passen**. So versteht es sich von selbst, dass man einer nach § 163b Abs. 2 festgehaltenen Person, die keiner Straftat verdächtig ist, keinen Tatverdacht eröffnen kann,[45] die Aushändigung der Abschrift eines Haftbefehls kommt im Rahmen der §§ 163b, 163c naturgemäß generell nicht in Betracht und die Belehrungen nach § 114b Abs. 2 sind der Situation anzupassen (Nr. 1: Unverzüglichkeit der Vorführung nach Maßgabe von § 163c Abs. 1 Satz 2; Nr. 2 und Nr. 3 entfallen; Nr. 4: „Rechtsanwalt"). Die in § 114b Abs. 2 Satz 4 genannte Pflicht, ausländische Staatsangehörige über die Möglichkeit **konsularischen Beistands** zu belehren, ist auch im Rahmen von § 168c unbedingt zu beachten, weil der dieser Regelung zugrundeliegende Art. 36 Abs. 1b WÜK neben der Festnahme und Inhaftierung ausdrücklich auch den Fall erfasst, dass dem Betroffenen „anderweitig die Freiheit entzogen ist".[46] 22

Bei der Anwendung von § 114c Abs. 1 wird man entsprechend der Differenzierung in § 163c Abs. 2 Satz 2 a.F. dem **Nichtverdächtigen** weiterhin ein **unbedingtes Recht** zubilligen müssen, die **Benachrichtigung selbst vorzunehmen**,[47] ohne dass insoweit jedoch ein Anspruch auf unüberwachte Benachrichtigung bestünde.[48] Der „Zweck der Untersuchung", der beim Beschuldigten über die Verweisung auf § 114b Abs. 2 Satz 2 Nr. 6, § 114c Abs. 1 dem Recht auf eigene Benachrichtigung entgegenstehen kann, ist nach wie vor in der Aufklärung der Straftat insgesamt und nicht etwa in der (durch die Benachrichtigung als solche schwerlich zu gefährdenden) Identitätsfeststellung zu erblicken.[49] Die in § 114c Abs. 2 zur Erfüllung der Vorgabe von Art. 104 Abs. 4 GG geregelte **zwingende Benachrichtigung eines Angehörigen** durch das Gericht kommt auch im Rahmen von § 163b zum Tragen, wenn das Gericht die Fortdauer des Festhaltens anordnet. Durch die Besonderheit der allein der Identitätsfeststellung dienenden Freiheitsentziehung unterliegt sie freilich gewissen **Grenzen**: Benennt der Betroffene keine Person seines Vertrauens, so kann der Richter nur einen Angehörigen benachrichtigen. Dessen Ermittlung setzt die Feststellung der Identität des Betroffenen voraus. Steht diese aber fest, so ist der Betroffene zu entlassen, und einer Benachrichtigung eines Angehörigen bedarf es nicht mehr. Anders als im unmittelbaren Anwendungsbereich von § 114c Abs. 2 entfällt deshalb hier die Benachrichtigungspflicht, wenn – um ihr zu genügen – zunächst die Identität des Betroffenen festgestellt werden müsste.[50] 23

Einer entsprechend § 114c Abs. 1 oder 2 bestehenden Pflicht, die Benachrichtigung vorzunehmen bzw. zu ermöglichen, ist **unverzüglich** zu entsprechen, das heißt, so bald und so schnell, wie dies nach Sachlage möglich ist (vgl. Rn. 8). Zwar hat die Benachrichtigungspflicht keinen absoluten Vorrang vor anderen dringlichen Geschäften, doch darf sie nicht erheblich hinausgeschoben werden. In diesen Fällen verhältnismäßig kurzfristiger Freiheitsentziehung erfordert der Zweck der Benachrichtigung, dass sie den Adressaten 24

44 Schmitt/Köhler/*Köhler* 13.
45 Bsp. nach RegE BTDrucks. **16** 11644 S. 35.
46 HK/*Zöller* 11; KMR/*Noltensmeier-von Osten* 17; NK/*Heghmanns* 9.
47 *Bittmann* NStZ **2010** 13, 15; Schmitt/Köhler/*Köhler* 13.
48 HK/*Zöller* 11; zur alten Gesetzeslage LR/*Erb*[26] 22 f.; **a.A.** SK/*Wolter*/*Werkmeister* 23.
49 SK/*Wolter*/*Werkmeister* 25; zur alten Gesetzeslage LR/*Erb*[26] 23.
50 Im Ergebnis ebenso HK/*Zöller* 12.

alsbald und noch vor dem Ende der Freiheitsentziehung erreicht. Eine schriftliche, durch die Post übermittelte Benachrichtigung reicht nicht aus, sondern es wird eine **telefonische, computergestützte oder mündliche Mitteilung** durch hiermit zu beauftragende Beamte des Polizeidienstes erforderlich sein.[51] Angesichts der eindeutigen, keine Einschränkungen vorsehenden Entscheidung des Gesetzgebers rechtfertigen technische und organisatorische Schwierigkeiten, die erheblich sein können, keine Ausnahme, sofern sie nicht gerade die Unmöglichkeitsschwelle erreichen.

4. Behandlung der bei der Identitätsfeststellung angefallenen Unterlagen (Absatz 3)

25 **a) Verdächtige.** Bei Verdächtigen richtet sich die Behandlung, die Aufbewahrung und der Anspruch auf Vernichtung der bei der Identitätsfeststellung angefallenen Unterlagen, namentlich der Daten der erkennungsdienstlichen Behandlung, nach den im Zusammenhang mit § 81b geltenden, teilweise umstrittenen Grundsätzen.[52] Die die Identitätsfeststellung betreffenden Vorgänge sind zu den Ermittlungsakten zu nehmen und wie diese aufzubewahren; die Ergebnisse erkennungsdienstlicher Maßnahmen können nach überwiegender Meinung zu den polizeilichen Sammlungen genommen werden.[53] Die **Speicherung in Dateien**, für die lange Zeit das Fehlen einer Rechtsgrundlage beanstandet wurde,[54] richtet sich jetzt bei Verdächtigen jedenfalls dann nach den §§ 483 bis 491, wenn es sich um Identifizierungsdaten zum Zwecke der Strafverfolgung handelt. Maßgebend für die Verdächtigeneigenschaft ist insoweit, ob der Betroffene nach Abschluss der Identifizierung noch als verdächtig anzusehen ist.

26 **b) Unverdächtige.** Absatz 3 begründet seinem Wortlaut nach die uneingeschränkte Pflicht, bei Unverdächtigen nach der Identitätsfeststellung sämtliche im Zusammenhang mit der Identität angefallenen **Unterlagen** zu vernichten. Die Vorschrift kann nicht ihrem Wortlaut gemäß ausgelegt werden, weil dies zu unsinnigen Ergebnissen führen würde: Damit die Identitätsfeststellung nicht jeden vernünftigen Sinn verliert, können die Daten, die die **Identifizierung selbst** ausmachen, nicht dem Vernichtungsgebot unterfallen.[55] Insbesondere Name, Geburtstag, Geburtsort und Anschrift dürfen (und müssen) also festgehalten werden. Der vom Gesetzgeber mit der Bestimmung verfolgte Zweck liegt darin, sicherzustellen, dass die von Unverdächtigen zum Zwecke der Identitätsfeststellung gewonnenen Daten über die reine Identitätsfeststellung hinaus weder für das laufende Strafverfahren verwendet werden (vgl. aber auch Rn. 28) noch sonst in Datensammlungen aufgenommen werden dürfen, die zu Ermittlungen, Fahndungen oder Aufklärungsmaßnahmen verwendet werden.

27 **Zu vernichten sind** deshalb alle Unterlagen, die bei Maßnahmen zur Gewinnung der Identifizierungsdaten angefallen sind. Dazu gehören insbesondere die durch eine erkennungsdienstliche Behandlung gewonnenen Unterlagen, zu der es auch beim Unverdächtigen kommen kann, wenn sie nicht gegen seinen Willen vorgenommen wird, aber auch sonstige Erkenntnisse über seine Person, die im Zuge der Maßnahme gewonnen wurden.

---

51 HK/*Zöller* 13; KK/*Wache* 15; KMR/*Noltensmeier-von Osten* 16.

52 Dazu LR/*Krause* § 81b, 29 ff.; ausführlich (kritisch und in vielen Punkten abweichend) auch SK/*Wolter*/*Werkmeister* § 163b, 6 ff.

53 KK/*Weingarten* 18; Schmitt/Köhler/*Köhler* 17; KMR/*Noltensmeier-von Osten* 19; MüKo/*Kölbel*/*Neßeler* 16; SSW/*Ziegler* 14; **a.A.** HK/*Zöller* 17.

54 Vgl. etwa *Riegel* GedS Meyer 345, 350.

55 AK/*Achenbach* 13; AnwK/*Walther* 20; KK/*Weingarten* 19; Schmitt/Köhler/*Köhler* 18; KMR/*Noltensmeier-von Osten* 21; SK/*Wolter*/*Werkmeister* 31; *Ranft* Rn. 808; *Achenbach* NJW **1981** 660, 664; *Vogel* NJW **1978** 1217, 1227.

Aus dem Zweck des Vernichtungsgebots folgt, dass die in den zu vernichtenden Unterlagen enthaltenen Daten auch nicht in anderer Form gespeichert werden dürfen; sie dürfen weder in die Akten des Ermittlungsverfahrens noch in polizeiliche Sammlungen, noch in sonstige Dateien übernommen werden.[56] Soweit die jeweiligen Daten nicht in schriftlichen Unterlagen verkörpert, sondern nur elektronisch in Dateien gespeichert sind, bedeuten „Vernichtung“ deren vollständige **Löschung**.[57] Insoweit ist die Regelung vorrangige und engere Spezialvorschrift gegenüber den allgemeinen Dateiregelungen in den §§ 483 ff. Deshalb ist auch § 489 Abs. 6, der unter bestimmten Voraussetzungen statt der Löschung eine Einschränkung ihrer Verarbeitung ausreichen lässt, nicht anwendbar. Die Vernichtung ist von Amts wegen alsbald nach der Identitätsfeststellung durchzuführen. Die Verantwortung hierfür trägt die Behörde, die die Identitätsfeststellung vorgenommen hat, wobei die Polizei die zuständige Staatsanwaltschaft zu unterrichten hat.[58]

Nicht zu den zu vernichtenden Unterlagen gehört, was nur **anlässlich der Identitätsfeststellung** angefallen ist, nicht aber dieser dient, so etwa Vermerke über informatorische Befragungen.[59] Auch der Ort und die Umstände des Antreffens der Person (äußeres Erscheinungsbild, Verhalten, evt. besondere Erregung, Anzeichen für Rauschzustände usw.) sind Ermittlungserkenntnisse, die nicht im Zusammenhang mit der Identitätsfeststellung, sondern in deren Vorfeld als Ergebnis der **allgemeinen Ermittlungstätigkeit im betreffenden Verfahren** angefallen sind. Das rechtfertigt zwar nicht ihre Aufnahme in polizeiliche Sammlungen und Dateien, wohl aber in die Akten des laufenden Verfahrens,[60] wo sie später noch zentrale Bedeutung erlangen können – etwa für die Beurteilung der Glaubwürdigkeit als Zeuge. 28

Das Vernichtungsgebot greift nicht ein, soweit der Betroffene **nach anderen Rechtsgrundlagen** eine erkennungsdienstliche Behandlung dulden müsste,[61] etwa, wenn sich bei der Identitätsfeststellung herausstellt, dass der in Bezug auf die zu ihr Anlass gebende Straftat Unverdächtige Beschuldigter wegen einer anderen Straftat ist, sodass aus diesem Grunde gegen ihn nach § 81b vorgegangen werden dürfte. Es wäre ein sinnloser Formalismus, wenn die Polizei diejenigen erkennungsdienstlichen Unterlagen vernichten müsste, die sie sich sofort durch eine erneute erkennungsdienstliche Behandlung wieder beschaffen dürfte. 29

Im Zusammenhang mit der Identitätsfeststellung sind auch diejenigen Unterlagen angefallen, die als **schriftliche Vorgänge** bei **der richterlichen Entscheidung** über Zulässigkeit und Fortdauer der Freiheitsentziehung nach Absatz 1 Satz 2 notwendigerweise entstehen. Dazu gehören mindestens das Protokoll über die Verhandlung vor dem Richter und seine Entscheidung. Trotz des diese Unterlagen einschließenden Wortlauts kann nicht angenommen werden, dass das Vernichtungsgebot sich auch hierauf erstreckt. Ein schutzwürdiges Interesse des Betroffenen, dass sie vernichtet werden, ist nicht ersichtlich. Im Einzelfall kann dies im Gegenteil seinen Interessen zuwiderlaufen, denn er kann auf diese 30

---

56 AK/*Achenbach* 13; HK/*Zöller* 16; KK/*Weingarten* 19; KMR/*Noltensmeier-von Osten* 21; Schmitt/Köhler/*Köhler* 18; SK/*Wolter/Werkmeister* 34; *Achenbach* NJW **1981** 660, 664; zur Speichermöglichkeit bei Kontrollfahndungen nach § 163d und bei Identitätsfeststellungen an Kontrollstellen nach § 111 im Einzelnen § 163d, 41.

57 SK/*Wolter/Werkmeister* 31.

58 Ebenso MüKo/*Kölbel/Neßeler* 27; abweichend SK/*Wolter/Werkmeister* 38 (auf Anordnung und unter Aufsicht der StA).

59 KK/*Weingarten* 19; *Kurth* NJW **1979** 1377, 1381; zweifelnd SK/*Wolter/Werkmeister* 31; **a.A.** MüKo/*Kölbel/Neßeler* 18.

60 **A.A.** wohl noch LR/*Rieß*[25] 27.

61 *Riegel* Polizeiliche Personenkontrolle (1979) 74; **a.A.** SK/*Wolter/Werkmeister* 36; *ders.* ZStW **107** (1995) 793, 807.

Unterlagen bei seiner Rechtsverfolgung dringend angewiesen sein, etwa wenn er Verfassungsbeschwerde einlegen oder Ersatzansprüche geltend machen will. Nach dem Zweck des Vernichtungsgebotes ist für die bei der gerichtlichen Überprüfung der Freiheitsentziehung entstandenen Aktenstücke eine Vernichtung nicht erforderlich. Doch dürfen diese Aktenstücke nicht Teil etwaiger Ermittlungsakten werden, sondern sind als **gesonderte Verfahrensakten** bei dem Amtsgericht zu verwahren, das über die Freiheitsentziehung entschieden hat.[62]

31 **c) Rechtsbehelfe.** Der **Verdächtige** kann einen etwaigen Anspruch auf Vernichtung der Unterlagen nach den für § 81b geltenden Grundsätzen durchsetzen.[63] Der **Unverdächtige** kann den Vernichtungsanspruch nach Absatz 4 im Verfahren nach den §§ 23 ff. EGGVG verfolgen.[64]

§ 163d
Speicherung und Abgleich von Daten aus Kontrollen

(1) [1]Begründen bestimmte Tatsachen den Verdacht, daß
1. eine der in § 111 bezeichneten Straftaten oder
2. eine der in § 100a Abs. 2 Nr. 6 bis 9 und 11 bezeichneten Straftaten
begangen worden ist, so dürfen die anläßlich einer grenzpolizeilichen Kontrolle, im Falle der Nummer 1 auch die bei einer Personenkontrolle nach § 111 anfallenden Daten über die Identität von Personen sowie Umstände, die für die Aufklärung der Straftat oder für die Ergreifung des Täters von Bedeutung sein können, in einem Dateisystem gespeichert werden, wenn Tatsachen die Annahme rechtfertigen, daß die Auswertung der Daten zur Ergreifung des Täters oder zur Aufklärung der Straftat führen kann und die Maßnahme nicht außer Verhältnis zur Bedeutung der Sache steht. [2]Dies gilt auch, wenn im Falle des Satzes 1 Pässe und Personalausweise automatisch gelesen werden. [3]Die Übermittlung der Daten ist nur an Strafverfolgungsbehörden zulässig.

(2) [1]Maßnahmen der in Absatz 1 bezeichneten Art dürfen nur durch den Richter, bei Gefahr im Verzug auch durch die Staatsanwaltschaft und ihre Ermittlungspersonen (§ 152 des Gerichtsverfassungsgesetzes) angeordnet werden. [2]Hat die Staatsanwaltschaft oder eine ihrer Ermittlungspersonen die Anordnung getroffen, so beantragt die Staatsanwaltschaft unverzüglich die richterliche Bestätigung der Anordnung. [3]§ 100e Absatz 1 Satz 3 gilt entsprechend.

(3) [1]Die Anordnung ergeht schriftlich. [2]Sie muß die Personen, deren Daten gespeichert werden sollen, nach bestimmten Merkmalen oder Eigenschaften so genau bezeichnen, wie dies nach der zur Zeit der Anordnung vorhandenen Kenntnis von dem oder den Tatverdächtigen möglich ist. [3]Art und Dauer der Maßnahmen sind festzulegen. [4]Die Anordnung ist räumlich zu begrenzen und auf höchstens drei Monate zu befristen. [5]Eine einmalige Verlängerung um nicht mehr als drei weitere Monate ist zulässig, soweit die in Absatz 1 bezeichneten Voraussetzungen fortbestehen.

---

62 AK/*Achenbach* 13; HK/*Zöller* 16; KK/*Weingarten* 19; Schmitt/Köhler/*Köhler* 18; MüKo/*Kölbel/Neßeler* 19; SK/*Wolter/Werkmeister* 32.

63 Schmitt/Köhler/*Köhler* 19; KMR/*Noltensmeier-von Osten* 19; SSW/*Ziegler* 15; zum Ablauf näher LR/*Krause* § 81b, 30 ff.

64 HK/*Zöller* 18; KK/*Weingarten* 19; NK/*Heghmanns* 18; Schmitt/Köhler/*Köhler* 19; MüKo/*Kölbel/Neßeler* 19; KMR/*Noltensmeier-von Osten* 21; SK/*Wolter/Werkmeister* 39; Schmitt/Köhler/*Köhler* 19; KMR/*Noltensmeier-von Osten* 21; SSW/*Ziegler* 15.

(4) [1]Liegen die Voraussetzungen für den Erlaß zur Anordnung nicht mehr vor oder ist der Zweck der sich aus der Anordnung ergebenden Maßnahmen erreicht, so sind diese unverzüglich zu beenden. [2]Die durch die Maßnahmen erlangten personenbezogenen Daten sind unverzüglich zu löschen, sobald sie für das Strafverfahren nicht oder nicht mehr benötigt werden; eine Speicherung, die die Laufzeit der Maßnahmen (Absatz 3) um mehr als drei Monate überschreitet, ist unzulässig. [3]Über die Löschung ist die Staatsanwaltschaft zu unterrichten.

Schrifttum

Baumann Einige Gedanken zu § 163d StPO und seinem Umfeld, StV **1986** 494; *Bermig* Rechtsprobleme der Schleppnetzfahndung, Diss. Bonn 1991; *Diercks* Darf der Gesetzgeber die Unschuldsvermutung vernachlässigen? StraFo **2020** 318; *Göhring* Polizeiliche Kontrollstellen und Datenverarbeitung (1992); *Hilger* Über Vernichtungsregelungen in der StPO, NStZ **1997** 371; *Kühl* Neue Gesetze gegen terroristische Straftaten, NJW **1987** 737; *Müller-Terpitz* Grenzpolizeiliche Schleierfahndung im Binnenraum, DÖV **1999** 329; *Riegel* Einführung der Schleppnetzfahndung – behutsame Fortentwicklung des Rechts? CuR **1986** 138; *Riepl* Informationelle Selbstbestimmung im Strafverfahren (1998); *Rogall* Frontalangriff auf die Bürgerrechte oder notwendige Strafverfolgungsmaßnahme? – Zur Regelung der sog. Schleppnetzfahndung in § 163d StPO, NStZ **1986** 385; *Schnarr* Gehören Vorbereitungshandlungen nach § 30 StGB zum Deliktsbereich von Katalogtaten? NStZ **1990** 257; *ders.* Strafprozessuale Vernichtungspflichten und Wiederaufnahme des Verfahrens, ZRP **1990** 295; *Schoreit* Datenverarbeitung, Datenschutz und Strafrecht, DRiZ **1987** 82; *Schroeder* Darf die StPO von „Tätern" sprechen? NJW **2000** 2483; *Schütte* Befugnis des Bundesgrenzschutzes zu lageabhängigen Personenkontrollen, ZRP **2002** 393; *Waechter* Die „Schleierfahndung" als Instrument der indirekten Verhaltenssteuerung durch Abschreckung und Verunsicherung, DÖV **1999** 138; *Wittig* Schleppnetzfahndung, Rasterfahndung und Datenabgleich, JuS **1997** 961.

Entstehungsgeschichte

Die Vorschrift wurde als Artikel 2 durch das Passgesetz und Gesetz zur Änderung der Strafprozessordnung vom 19.4.1986 (BGBl. I S. 537) eingefügt; sie ist nach dessen Artikel 4 am 1.4.1987 in Kraft getreten. Kleine sprachliche Änderungen erfolgten durch Art. 1 Nr. 20 des 1. JuMoG und durch Art. 1 Nr. 6 des Gesetz zur Umsetzung des Urteils des Bundesverfassungsgerichts zur akustischen Wohnraumüberwachung vom 24.6.2005 (BGBl. I S. 1841). Durch das TKÜG vom 21.12.2007 (BGBl. I S. 3198) wurden die Verweisung in Absatz 1 Satz 1 Nr. 2 an die Neufassung des § 100a angepasst, die Regelung über die richterliche Bestätigung der Anordnung in Absatz 2 Satz 3 durch eine Verweisung auf § 100b Abs. 1 Satz 3 a.F. ersetzt und Absatz 4 Sätze 4 und 5 sowie Absatz 5 im Hinblick auf die Schaffung allgemeiner Verwendungsregeln in § 477 Abs. 2 a.F. und einer allgemeinen Regelung der Benachrichtigungspflicht in § 101 Abs. 4 bis 7 gestrichen.[1] Durch Art. 3 Nr. 24 des Gesetzes zur effektiveren und praxistauglicheren Gestaltung des Strafverfahrens vom 17.8.2017, BGBl. I S. 3202, wurde die Verweisung in Absatz 2 Satz 3 mit Wirkung zum 24.8.2017 an die Neufassung der §§ 100a ff. angepasst. Durch Art. 1 Nr. 14 des Gesetzes zur Umsetzung der Richtlinie (EU) 2016/680 im Strafverfahren sowie zur Anpassung datenschutzrechtlicher Bestimmungen an die Verordnung (EU) 2016/679 vom 20.11.2019, BGBl I S. 1724, wurde mit Wirkung zum 26.11.2019 in Absatz 1 Satz 1 der Begriff „Datei" durch „Dateisystem" ersetzt.

---

1 Damit wurden die spezifischen Probleme von Absatz 4 Satz 4 und 5 a.F. und von Absatz 5 a.F. obsolet; zu diesen LR/*Erb*[26] 66 bis 74 bzw. 78 bis 81.

Übersicht

Alphabetische Übersicht

1. Bedeutung und Reichweite der Vorschrift

a) Allgemeines. Die Vorschrift, die schon bei ihrer Schaffung rechtspolitisch außerordentlich umstritten war,[2] stellt die erste strafprozessuale Regelung dar, die auch als Reaktion auf das nach dem sog. Volkszählungsurteil des Bundesverfassungsgerichts[3] von der überwiegenden Meinung anerkannte (Grund)Recht auf informationelle Selbstbestimmung 1987 eingeführt worden ist. Ihr lag kein umfassendes Konzept der strafprozessualen Auswirkungen und Konsequenzen dieses Rechts zugrunde; vielmehr ist sie im Zusammenhang mit der Neuregelung des Pass- und Personalausweisrechts weitgehend erst im Verlauf der parlamentarischen Ausschussberatungen[4] in der schließlich Gesetz gewordenen Form konzipiert worden.[5] Dennoch dürfte sie für die seitherigen Regelungen in einzelnen Problembereichen einen gewissen Modellcharakter entwickelt haben. 1

2 Dazu LR/*Rieß*[24] Fn. 5 f. m.w.N.; ferner die Angaben zur Entstehungsgeschichte in den folgenden Fn.

3 BVerfGE **65** 1 ff., insbes. 43 ff.

4 (Über)scharfe Kritik dazu bei AK/*Achenbach* 1 („dunkle Schatten auf die Bereitschaft und Fähigkeit des parlamentarischen Gesetzgebers" zu sorgfältiger und umfassender Abwägung); vgl. dagegen den Hinweis von *Göhring* 13, dass das Gesetz in den Ausschüssen in diesem Punkt (trotz der zeitlich gestrafften Behandlung) ungewöhnlich häufig und ausführlich erörtert wurde. Würdigung der Kritik auch bei *Riepl* 237 ff.

5 Zur Entstehungsgeschichte LR/*Rieß*[24] 2; ferner AK/*Achenbach* 1; KK/*Moldenhauer* 1 f.; *Bermig* 18 ff. (mit einer Synopse der unterschiedlichen in den Ausschussberatungen erörterten Fassungen S. 21); *Göhring* 9 ff.

2 Die durch § 163d geregelten Maßnahmen gehören, da die von ihnen Betroffenen regelmäßig davon nichts bemerken, einerseits in den **Formenkreis der verdeckten Ermittlungen.**[6] In den Möglichkeiten der Verarbeitung zeigen sich Verwandtschaften mit der 1992 gesetzlich geregelten **Rasterfahndung** nach den §§ 98a bis 98c: Wie dort und bei der bereits 1978 geschaffenen Einrichtung von **Kontrollstellen** nach § 111 spielt auch bei § 163d die herkömmliche Unterscheidung zwischen Verdächtigen und Unverdächtigen kaum noch eine Rolle (und kann dies auch nach dem zugrundeliegenden Regelungsansatz wohl auch nicht mehr tun).[7] Eine im Anwendungsbereich ähnliche Vorschrift, deren Verhältnis zu § 163d einige Probleme aufwirft,[8] hat der Gesetzgeber 1992 in § 163e durch die sog. **polizeiliche Beobachtung** geschaffen. Schließlich sind 1999 durch die Einfügung des Achten Buches (heute §§ 474 bis 500) die zuvor zu Recht als fehlend beanstandeten[9] allgemeinen **Regelungen über die Datenverarbeitung** im Strafverfahren geschaffen worden. Damit dürfte nunmehr eine weitgehend abgeschlossene Gesamtregelung vorhanden sein; an der teilweise wünschenswerten, wenn nicht dringend erforderlichen Glättung von Friktionen und Widersprüchen hat der Gesetzgeber bisher wenig Interesse gezeigt.

3 Die Vorschrift unterliegt im Schrifttum teilweise erheblicher und vehementer **Kritik**, und zwar nicht nur, was einzelne, problematische Regelungen angeht, sondern in ihrem gesamten konzeptionellen Zuschnitt;[10] teilweise werden wesentliche Elemente für verfassungswidrig gehalten oder es wird eine weitreichende verfassungskonforme Reduktion gefordert. Wie weit man dieser Grundsatzkritik, die auch von bestimmten rechtspolitischen Grundvorstellungen getragen sein dürfte, folgen will, hängt auch mit der Frage zusammen, welchen Stellenwert man dem Recht auf informationelle Selbstbestimmung in diesem Zusammenhang in Hinblick auf die soziale Gebundenheit der Rechtsgutträger und die Notwendigkeit einer funktionsfähigen Strafrechtspflege[11] beimessen will, und wie weit man die mit der Kritik oft verbundene Forderung nach „Normenklarheit" überhaupt für realisierbar hält. Unbeschadet vielfach möglicher Kritik im Einzelnen wird man von einer evidenten, die Grenze der Verfassungswidrigkeit erreichenden gesetzgeberischen Fehlleistung nicht sprechen können.[12]

4 Die **praktische Bedeutung** der Vorschrift ist wohl nach wie vor gering.[13] Dazu dürften neben ihrer schweren Handhabbarkeit die geringe Anwendungshäufigkeit[14] der von ihr vorausgesetzten Kontrollstellenanordnung[15] und der Abbau der Grenzkontrollen an Binnengrenzen beigetragen haben. Ob deshalb ihre Notwendigkeit generell in Frage gestellt werden kann,[16] erscheint jedoch zweifelhaft.

---

6 Dazu näher § 163, 48 ff.

7 Dazu eingehend *Wolter* Rudolphi-Symp. 49 ff.

8 Dazu § 163e, 8 f.

9 So etwa SK/*Wolter* (alte Loseblattausgabe Stand Mai 1997) 2; ferner etwa AK/*Achenbach* 2; vgl. auch KK/*Moldenhauer* 4.

10 So vor allem AK/*Achenbach* etwa 2, 14, 17, 20; SK/*Wolter*/*Werkmeister* 6 ff.; *Bermig* passim (zusammenfassend 195 ff.); *Riepl* 239 ff.; dagegen namentlich KK/*Moldenhauer* 3 ff.; *Göhring* 69 ff. (eingehend). Die strafprozessuale Lehrbuchliteratur, die die Vorschrift meist eher kursorisch behandelt (ausführlicher *Kühne* Rn. 546 ff.; *Ranft* Rn. 827 ff.), hat diese Kritik bisher nicht aufgegriffen.

11 S. dazu LR/*Kühne*[27] Einl. H 10 ff.; *Rieß* StraFo **2000** 364 ff.

12 Ebenso *Roxin*/*Schünemann* § 32, 10; *Hellmann* Rn. 323 hält die Vorschrift für „bedenklich".

13 NK/*Heghmanns* 1; zur Situation in den 90er Jahren SK/*Wolter*/*Werkmeister* 11.

14 Lisken/Denninger/*Petri*[5] G 193.

15 S. dazu die Kommentierung von § 111 bei LR/*Hauck*.

16 So SK/*Wolter*/*Werkmeister* 12; *Bermig* 73 ff.

b) Inhalt und Aufbau. § 163d ermächtigt dazu, bei dem Verdacht bestimmter Straftaten zu strafverfahrensrechtlichen Aufklärungs-, insbesondere zu Fahndungszwecken, personenbezogene Daten zu speichern, zu verarbeiten und zu nutzen, die bei bestimmten Personenkontrollen anfallen. Diese nunmehr mit der amtlichen Überschrift „Speicherung und Abgleich von Daten aus Kontrollen" versehenen Maßnahmen lassen sich wohl am sachgerechtesten als (automationsgestützte) **Kontrollfahndung** bezeichnen;[17] jedoch ist der Sprachgebrauch, von dem sachlich nichts abhängt, nicht einheitlich.[18] Verbreitet ist inzwischen der in den politischen Auseinandersetzungen der Entstehungszeit eher polemisch verwendete Begriff der **Schleppnetzfahndung**,[19] der sachlich den Regelungsgehalt nicht treffen dürfte.[20] Weiter wird vielfach die Bezeichnung (computergestützte) Netzfahndung verwendet.[21] 5

Die **materiellen Anwendungsvoraussetzungen** der Kontrollfahndung im Hinblick auf die Straftaten, bei denen sie zulässig ist (Rn. 11 ff.), die Verdachtsschwelle und Erfolgstauglichkeit (Rn. 17 ff.) sowie der Anlass der Datenerhebung ergeben sich aus Absatz 1 Satz 1 und 2. **Art und Umfang der Daten**, die verwendet werden dürfen, sind in Absatz 1 nur sehr allgemein bestimmt, die Begrenzungen ergeben sich aus der in Absatz 3 Satz 2 bis 4 geregelten **Konkretisierungspflicht** (Rn. 57). Die **zulässigen Maßnahmen** (Speicherung, Verarbeitung und Übermittlung) ergeben sich im Wesentlichen ebenfalls aus Absatz 1. Absatz 2 bestimmt die **Anordnungskompetenz** (Rn. 48 ff.); Absatz 3 Satz 1 bis 3 regelt **Inhalt und Form der Anordnung** (Rn. 56 ff.). Aussagen darüber, welche anderen Datensammlungen bei der Auswertung der gespeicherten Daten zum Zwecke des Abgleichs verwendet werden dürfen, enthält die Vorschrift nicht.[22] 6

c) Allgemeine Reichweite. § 163d regelt und begrenzt nur die strafverfahrensrechtliche Verwendung von personenbezogenen Daten, die bei den in der Vorschrift genannten Massenkontrollen (zulässigerweise, vgl. Rn. 77 ff.) erhoben werden, und dies auch nur insoweit, als ihre Speicherung und Verarbeitung in einem Dateisystem (Rn. 39) in Frage steht. **Nicht erfasst** werden von der Vorschrift namentlich folgende Sachverhalte: (1) Die strafverfahrensrechtliche Nutzung von personenbezogenen Daten, die bei Kontrollstellen oder grenzpolizeilichen Kontrollen anfallen, sofern sie nicht in der Speicherung in einem Dateisystem besteht; für diese Art der Nutzung gilt also weder der Straftatenkatalog noch die besondere Verdachtsschwelle; (2) die Nutzung von personenbezogenen Daten einschließlich ihrer Speicherung in Dateisystemen, wenn diese Erkenntnisse nicht bei einer Massenkontrolle, sondern bei einer **einzelfallbezogenen** strafprozessualen **Ermittlungshandlung** gewonnen werden;[23] (3) die präventiv-polizeiliche Nutzung, Speicherung und 7

---

17 Ebenso MüKo/*Kölbel/Neßeler* 1; SK/*Wolter/Werkmeister* 6 m.w.N.; *Göhring* 67.

18 Vgl. die Zusammenstellungen bei *Bermig* 12 f.; *Göhring* 67 ff.

19 So etwa, teilweise mit gewissen Einschränkungen und Distanzierungen, AK/*Achenbach* 2; HK-GS/*Ambos* 1; *Beulke/Swoboda* Rn. 410, *Hellmann* Rn. 323; *Kühne* Rn. 399, 546; *Benfer* (Grundrechtseingriffe, LV § 163b) Kap. 10, 24; ausdrücklich *Bermig* 12.

20 Vgl. *Rogall* NStZ **1986** 385, 387; *Kühl* NJW **1987** 737, 739; **a.A.** *Bermig* 12. Die von *Rogall* (a.a.O. Fn. 27) wohl eher ironisch verwendete Bezeichnung „Reusenfahndung" ist von *Roxin/Schünemann* § 32, 10 übernommen worden, akzeptiert auch von *Kühne* Rn. 546.

21 HK/*Zöller* 1 f.; KK/*Moldenhauer* 3; Schmitt/Köhler/*Köhler* 1; KMR/*Noltensmeier-von Osten* 2; SSW/*Höltkemeier* 2; *Fezer* 8/22; *Ranft* Rn. 827.

22 Dazu unten Rn. 44 und SK/*Wolter/Werkmeister* 16 ff.

23 *Rogall* NStZ **1986** 385, 388; vgl. auch *Kühl* NJW **1987** 737, 740; *Riegel* CuR **1986** 138, 146.

Verarbeitung solcher Daten.[24] Wegen der Zulässigkeit solcher Maßnahmen im strafverfahrensrechtlichen Bereich s. die Erl. zu den §§ 160, 161.

8 Die Vorschrift ist insoweit eine abschließende Regelung, als sie, was aus der Entstehungsgeschichte folgt,[25] auf **andere unspezifische Massenkontrollen** auch nicht entsprechend anwendbar ist.[26] Für ähnlich strukturierte Kontrollmöglichkeiten, etwa für allgemeine Verkehrskontrollen (§ 36 Abs. 5 StVO), Verkehrskontrollen nach § 12 GüKG oder nach allgemeinem Polizeirecht zulässige Kontrollstellen gilt sie nicht.[27] Ob und wieweit insoweit strafprozessuale Maßnahmen vergleichbarer Art zulässig sind, bestimmt sich nach anderen Vorschriften, namentlich nach § 163e.

9 **d) Charakter und Rechtsnatur.** Strafprozessual stellt die Vorschrift eine zugleich das Verfahren regelnde und den Umfang der Maßnahme begrenzende Eingriffsermächtigung zumindest in das Recht auf informationelle Selbstbestimmung dar. In der datenschutzrechtlichen Terminologie[28] handelt es sich vorrangig[29] um eine Datenverarbeitungs-, namentlich eine Speicher- und Übermittlungsnorm. Darüber hinaus gestattet sie bei den zu präventiven Zwecken bei einer Grenzfahndung erhobenen Daten die Umwidmung für eine strafverfahrensrechtliche Nutzung, und sie erlaubt schließlich insgesamt die Verarbeitung und Nutzung der gespeicherten Daten in den von ihr bestimmten Grenzen. Eine (selbständige) Datenerhebungsnorm dergestalt, dass sie auch die zusätzliche, sonst nicht mögliche Erhebung von Daten gestattet, ist sie nicht.[30]

2. Voraussetzungen

10 **a) Allgemeines.** Maßnahmen der Kontrollfahndung im Sinne des § 163d sind nur zur Aufklärung bestimmter Straftaten (Rn. 11 ff.) zulässig. Dabei gilt für grenzpolizeiliche Kontrollen ein umfangreicherer Straftatenkatalog als bei Kontrollstellen nach § 111.[31] Hinsichtlich dieser Straftaten ist ein höherer als der bloße Anfangsverdacht im Sinne des § 152 Abs. 2 erforderlich (Rn. 17). Notwendig ist ferner die konkrete Erfolgstauglichkeit (Rn. 18 f.), und im Übrigen ist der Verhältnismäßigkeitsgrundsatz zu beachten (Rn. 21 f.). Anders als etwa § 81c Abs. 2, § 98a Abs. 1 Satz 2, § 100a Abs. 1, § 100c Abs. 1, § 110a Abs. 1 Satz 3 und § 163e Abs. 1 Satz 2 enthält die Vorschrift **keine Subsidiaritätsklausel**; es ist also nicht Voraussetzung, dass die Sachverhaltsaufklärung auf andere Weise (wesentlich) erschwert wäre.[32]

---

24 Insoweit ist die Zulässigkeit nach polizeirechtlichen Vorschriften zu beurteilen; *Rogall* NStZ **1986** 385 388; vgl. im Übrigen § 15 PAuswG und § 17 PaßG; vgl. auch *Wittig* JuS **1997** 961, 962.

25 Näher LR/*Rieß*[24] 6.

26 HK/*Zöller* 4; Schmitt/Köhler/*Köhler* 2; MüKo/*Kölbel/Neßeler* 3; OK/*von Häfen* 4; SSW/*Höltkemeier* 2; *Wittig* JuS **1997** 961, 964.

27 Zum Anwendungsbereich bei den mit der Grenzkontrolle in Verbindung stehenden Maßnahmen der sog. Schleierfahndung s.u. Rn. 26.

28 Näher zur datenschutzrechtlichen Terminologie insgesamt LR/*Tillich*[27] Vor § 483, 8 ff.

29 Weitergehend (*nur* Verarbeitungsnorm) *Baumann* StV **1986** 494, 498; *Rogall* NStZ **1986** 385, 389; ihm folgend *Kühl* NJW **1987** 737, 739.

30 Ebenso *Ranft* 832; *Bermig* 130; *Göhring* 39 m.w.N.; *Wittig* JuS **1997** 961, 964; wohl nur terminologisch abweichend, weil auch die Zweckumwandlung miteinschließend *Riegel* CuR **1986** 138, 140 ff.; vgl. auch *Kühl* NJW **1987** 737, 742.

31 Kritik wegen der Enge des Katalogs u.a. bei *Rogall* NStZ **1986** 385, 389; *Benfer* (Grundrechtseingriffe, LV § 163b) Kap. 10, 38; zur Katalogbildung auch *Baumann* StV **1986** 494, 497 f. und *Kühl* NJW **1987** 737, 741 f.

32 Zu den Gründen *Rogall* NStZ **1986** 385, 389; kritisch *Riegel* CuR **1986** 138, 145 f.

b) In Betracht kommende Straftaten. Nach dem Vorbild der §§ 100a, 111 ist die Zulässigkeit der Maßnahme an einen Straftatenkatalog geknüpft,[33] der allerdings nicht selbständig ausformuliert, sondern durch Verweisung auf die §§ 100a, 111 gebildet worden ist.[34] Der Verdacht einer solchen Straftat besteht auch dann, wenn sie nur (in strafbedrohter Weise) versucht worden ist.[35] Ob auch die (vollendete) Teilnahme, also Anstiftung oder Beihilfe, ausreicht, ist umstritten, dürfte aber, da ein sachlicher Grund für eine abweichende Behandlung nicht ersichtlich ist, zu bejahen sein.[36] Dagegen reicht eine nach anderen Tatbeständen strafbare, der Vorbereitung einer Katalogtat dienende Tat und wohl auch die bloße nach § 30 StGB strafbare Verabredung einer Katalogtat nicht aus.[37] 11

Das **Verhältnis der** ineinander verschachtelten **Straftatenkataloge** für Grenzkontrollen und Kontrollstellen ist nicht sonderlich klar formuliert, doch wird das Gewollte noch hinreichend deutlich.[38] Der gesamte in den Nummern 1 und 2 enthaltene Straftatenkatalog gilt nur für grenzpolizeiliche Kontrollen. Dagegen darf bei Kontrollstellen nach § 111 eine Kontrollfahndung nur angeordnet werden, wenn der Verdacht der in Nummer 1 durch Verweisung auf § 111 bezeichneten Straftaten besteht.[39] Offenbar hat der Gesetzgeber die Datenspeicherung anlässlich der Identitätsfeststellung an Kontrollstellen auf den Verdacht solcher Straftaten begrenzen wollen, bei denen eine Kontrollstelle angeordnet werden darf. 12

Bei den für beide Arten der in der Vorschrift genannten Personenkontrollen (Grenzkontrolle und Kontrollstelle) in Betracht kommenden **Straftaten** aus dem Katalog von § 111 handelt es sich um die Vorbereitung einer schweren staatsgefährdenden Gewalttat (§ 89a StGB), die Terrorismusfinanzierung (§ 89c StGB), die Bildung einer terroristischen Vereinigung (§ 129a StGB, ggf. i.V.m. § 129b StGB), den Raub mit Schusswaffen (§ 250 Abs. 1 Nr. 1 StGB a.F.; eine Erstreckung auf alle von der heutigen Fassung dieser Vorschrift erfassten Fälle kann vom Gesetzgeber schwerlich gewollt sein),[40] wobei die räuberische Erpressung mit Schusswaffen richtigerweise mit umfasst wird,[41] und die (nach der jeweiligen Fassung) in § 129a StGB genannten Straftaten.[42] 13

---

33 Ebenso seither dem folgend in ganz unterschiedlicher Form etwa § 98a Abs. 1 Satz 1, § 100c Abs. 1 Nr. 2; § 110a Abs. 1 Satz 1.

34 Zu dieser, insbesondere wegen der Weiterverweisung auf § 129a StGB wenig übersichtlichen Gesetzgebungstechnik kritisch *Kühl* NJW **1987** 741; *Rogall* NStZ **1986** 389; *Riepl* 239 f. hält (überzogen) die Regelung nicht mehr mit dem Gebot der Normenklarheit für vereinbar; zur Katalogverwendung insgesamt kritisch aus methodischer Sicht *Grunst* GA **2002** 214, 219 ff.

35 AK/*Achenbach* 6; HK/*Zöller* 3; KK/*Moldenhauer* 8; Schmitt/Köhler/*Köhler* 9; SK/*Wolter*/*Werkmeister* 26; SSW/*Höltkemeier* 4; *Rogall* NStZ **1986** 388; zur gleichlautenden Formulierung in § 111 ebenso LR/*Hauck* § 111, 9; **a.A.** MüKo/*Kölbel*/*Neßeler* 7; NK/*Heghmanns* 15; zur Kritik § 163e, 14.

36 KK/*Moldenhauer* 8; Schmitt/Köhler/*Köhler* 9; KMR/*Noltensmeier-von Osten* 5; SSW/*Höltkemeier* 4; *Rogall* NStZ **1986** 385, 389; **a.A.** AK/*Achenbach* 7; MüKo/*Kölbel*/*Neßeler* 7; SK/*Wolter*/*Werkmeister* 26; SSW/*Höltkemeier* 4.

37 HK/*Zöller* 3; KK/*Moldenhauer* 8; KMR/*Noltensmeier-von Osten* 5; Schmitt/Köhler/*Köhler* 9; SK/*Wolter*/*Werkmeister* 26; *Rogall* NStZ **1986** 388; *Bermig* 33; *Göhring* 15; *Schnarr* NStZ **1990** 257, 259 f.; anders kraft ausdrücklicher gesetzlicher Regelung bei § 100a; vgl. dazu BGHSt **32** 10, 16.

38 Der Schriftliche Bericht des BT-Innenaussch., BTDrucks. **10** 5128 S. 7 geht auf das Verhältnis nicht ein; ebensowenig ist es bei der Sachberatung dieser Bestimmung im Innenausschuss während der 97. Sitzung vom 19.12.1986 (Prot. 97/30 bis 34) erörtert worden.

39 Ebenso Schmitt/Köhler/*Köhler* 3, 4; SK/*Wolter*/*Werkmeister* 25; *Rogall* NStZ **1986** 385, 389; *Schoreit* DRiZ **1987** 82, 83.

40 Näher LR/*Hauck* § 111, 8 m.w.N.

41 Zutr. Schmitt/Köhler/*Köhler* § 111, 2, 3; KK/*Henrichs*/*Weingast* § 111, 4; **a.A.** LR/*Hauck* § 111, 8; SK/*Wolter*/*Greco* § 111, 4.

42 *Kühl* NJW **1987** 737, 741; *Rogall* NStZ **1986** 385, 388; nähere Darstellung etwa bei AK/*Achenbach* 4; *Bermig* 29 ff.

14 Für **Grenzkontrollen** (Rn. 24) ist eine Kontrollfahndung darüber hinaus bei den Straftaten nach dem AWG, dem BtMG, dem GÜG, dem KWKG und dem Waffengesetz zulässig, die in **§ 100a Abs. 2 Nr. 6 bis 9 und 11** genannt sind (da die Verweisung Nr. 7a und 7b, nicht jedoch Nr. 9a einschließt, sind neben dem BtMG das KCanG und das MedCanG, jedoch – in wenig konsistenter Weise – nicht das NpSG miterfasst). Bloße Kontrollstellen nach § 111 rechtfertigen dagegen bei dem Verdacht solcher Straftaten keine Maßnahmen nach § 163d. Anders liegt es, wo die Kontrollstellenanordnung auch (oder nur) bestimmte Grenzübergänge erfasst und Personenkontrolle nach § 111 Abs. 1 Satz 2 mit der grenzpolizeilichen Kontrolle zusammenfällt.

15 Eine **Kontrollstellenanordnung** nach § 111 kann mit einer den gleichen Sachverhalt betreffenden **Kontrollfahndung** nach § 163d **verbunden** werden, die sich dann regelmäßig räumlich und zeitlich auf die deshalb eingerichteten Kontrollstellen beschränken wird.[43] Dazu wird vielfach dann Anlass bestehen, wenn die auf die Tatverdächtigen hindeutenden Anhaltspunkte nicht sicher genug erwarten lassen, dass die Täter bei bloßer Identitätskontrolle ergriffen werden können, die Datenspeicherung und Auswertung aber konkrete weitere Hinweise für die Tataufklärung ergeben kann.

16 Die Kontrollstellenanordnung muss aber **nicht die gleiche Straftat** betreffen wie die Anordnung nach § 163d. Es ist zulässig, aus anderen Gründen zulässigerweise eingerichtete und bestehende Kontrollstellen für eine Kontrollfahndung zu nutzen, dies wohl auch dann, wenn diese Kontrollstellen erst nach der Anordnung der Kontrollfahndung aus anderen Gründen eingerichtet werden, sofern nur die räumliche Begrenzung der Kontrollfahndung (Absatz 3 Satz 4) den Bereich solcher Kontrollstellen mit erfasst.[44] Jedoch darf selbstverständlich die Existenz einer Anordnung nach § 163d nicht zum Anlass genommen werden, eine sonst nicht gerechtfertigte Anordnung nach § 111 zu treffen oder Kontrollstellen länger als von ihren Ursprungszweck her erforderlich aufrechtzuerhalten.

17 **c) Verdachtsgrad.** Erforderlich ist der durch bestimmte Tatsachen begründete Verdacht, dass eine konkrete Katalogtat begangen worden ist. Nach dem Sprachgebrauch der StPO[45] ist damit eine Verdachtsintensität gemeint, die zwischen dem zur Einleitung eines Ermittlungsverfahrens (§ 160 Abs. 1) ausreichenden Vorliegen zureichender tatsächlicher Anhaltspunkte (Anfangsverdacht, dazu LR/*Mavany* § 152, 27 ff.) und dem „dringenden Verdacht" liegt, ohne dass bisher eine befriedigende exaktere Bestimmung gelungen ist.[46] Diese nicht nur geringe Wahrscheinlichkeit muss sich darauf beziehen, dass ein strafrechtlich relevanter Lebenssachverhalt vorliegt, der die Merkmale eines vom Katalog erfassten Straftatbestandes erfüllt. Die allgemeine, wenn auch durch bestimmte Tatsachen begründete Annahme, dass nicht näher konkretisierbare Taten dieser Art begangen wurden, reicht nicht aus. Dagegen muss sich der gesteigerte Verdacht nicht gegen eine bestimmte Person als Beschuldigten oder Verdächtigen richten; auch wenn die Täter noch unbekannt sind, ist die Maßnahme zulässig, die ja gerade ihrer Ermittlung und Ergreifung dienen soll.[47]

---

43 Zustimmend Radtke/Hohmann/*Rettenmaier* 10.

44 Ebenso HK/*Zöller* 6.

45 § 100a Abs. 1 Satz 1 Nr. 1, § 100c Abs. 1 Nr. 1, § 111 Abs. 1 Satz 1.

46 KK/*Moldenhauer* 9; KMR/*Noltensmeier-von Osten* 6; Radtke/Hohmann/*Rettenmaier* 6; SK/*Wolter*/*Werkmeister* 24; *Bermig* 25 ff.; *Göhring* 16; unklar *Benfer* (Grundrechtseingriffe, LV § 163b) Kap. 10, 35; krit. gegenüber der Annahme einer Abgrenzbarkeit gegenüber dem schlichten Anfangsverdacht NK/*Heghmanns* 16.

47 MüKo/*Kölbel*/*Neßeler* 8; SK/*Wolter*/*Werkmeister* 24; vgl. auch *Bermig* 25 ff.

d) Erfolgstauglichkeit. Die Maßnahme muss zur Ergreifung des Täters,[48] auch eines Teilnehmers,[49] oder sonst zur Aufklärung der Tat führen können. Das ist an sich eine selbstverständliche Ausprägung des Verhältnismäßigkeitsgrundsatzes, der es verbietet, zwecklose belastende Maßnahmen durchzuführen. Die neben der Tätergreifung genannte Möglichkeit der Tataufklärung ist so umfassend formuliert, dass jedes strafverfahrensrechtliche Aufklärungsinteresse erfasst ist; neben der Auffindung von Beweismitteln (vgl. § 111) genügt auch die Gewinnung von sonstigen Anhaltspunkten, die allein oder zusammen mit den bereits vorhandenen oder noch zu erwartenden Erkenntnissen einen Beitrag zur Sachaufklärung abgeben können. 18

Diese Aufklärungseignung muss aber auf einzelfallbezogene **Tatsachen** gegründet sein; es genügt nicht, dass eine Kontrollfahndung generell geeignet ist, die Aufklärungsmöglichkeiten zu verbessern (vgl. LR/*Hauck* § 111, 11).[50] Die für die Anordnung einer Kontrollstelle erforderliche Erfolgsprognose ist damit nicht identisch, vielmehr kommt es darauf an, dass gerade die spätere **Auswertung** im Rahmen des zulässigen (Rn. 37 ff.) Abgleichs **erfolgsgeeignet** erscheint.[51] 19

Keine ausreichende **Erfolgstauglichkeit** ist gegeben, wenn ein tauglicher Beitrag zur Aufklärung nur dann erwartet werden kann, wenn die sich aus Absatz 3 ergebenden Konkretisierungsgrenzen (Rn. 30, 33, 36) überschritten werden müssten.[52] Liegen etwa bei der Fahndung nach unbekannten Tatverdächtigen, bei denen eine Grenzfahndung nach § 163d in Betracht kommt, keinerlei Hinweise über den Ort ihres möglichen Grenzübertritts vor, sodass nur eine alle Grenzübergänge erfassende Anordnung Fahndungserfolg verspricht, so fehlt es für die allein zulässige räumlich begrenzte Anordnung (Rn. 36) an der Erfolgstauglichkeit. 20

e) Verhältnismäßigkeit. Der letzte Satzteil des Absatzes 1 Satz 1 hebt den verfassungsmäßigen Grundsatz der Verhältnismäßigkeit[53] (vgl. LR/*Kühne*[27] Einl. I 96 ff.), an sich überflüssigerweise,[54] besonders hervor. Der Wortlaut stellt insoweit auf die Bedeutung der Sache ab. Damit ist in erster Linie das Gewicht der konkreten Tat gemeint. Das Gesetz lässt dadurch erkennen, dass trotz der Beschränkung der Kontrollfahndung auf bestimmte, regelmäßig schwerwiegende Delikte die Maßnahme unverhältnismäßig sein kann, wenn der Unrechtsgehalt im konkreten Fall besonders gering ist.[55] In Betracht kommen vor allem, wenn dies bei Anordnung der Maßnahme bereits erkennbar ist, minderschwere Fälle von Vergehen, die teilweise dem Katalog unterfallen, oder andere Tatbestandsverwirklichungen, die im unteren Bereich der jeweils denkbaren Schweregrade liegen. In den Fällen des § 129a StGB werden vor allem bloße, eher geringfügige Unterstützungs- und 21

48 Ob die Verwendung des Begriffs „Täter" hier und an anderen Stellen der StPO glücklich ist, kann dahinstehen; der Kritik von *Schroeder* NJW **2000** 2483 ff., *Egon Müller* FS Müller-Dietz 567, 583, *Paeffgen* DRiZ **1998** 317, 320, *Diercks* StraFo **2020** 318, MüKo/*Kölbel/Neßeler* 5 ist jedenfalls entgegenzuhalten, dass die StPO hier nicht einen konkreten Beschuldigten als „Täter" bezeichnet (was mit der Unschuldsvermutung in der Tat unvereinbar wäre), sondern nur das (letzten Endes allen strafprozessualen Handelns zugrundeliegende) Ziel ausspricht, denjenigen zu überführen, der die Straftat wirklich begangen hat; ähnlich LR/*Rieß*[25] 16.

49 *Göhring* 23 f. m.w.N.; *Rogall* NStZ **1986** 385, 389; s. auch oben Rn. 11.

50 HK/*Zöller* 10; MüKo/*Kölbel/Neßeler* 9; NK/*Heghmanns* 17; SK/*Wolter/Werkmeister* 37; *Bermig* 37; *Göhring* 22; weitergehend (kriminalistische Erfahrung genügt) Schmitt/Köhler/*Köhler* 10; HK-GS/*Ambos* 2; KMR/*Noltensmeier-von Osten* 9; OK/*von Häfen* 8; SSW/*Höltkemeier* 8.

51 SK/*Wolter/Werkmeister* 46; *Bermig* 37.

52 Ebenso Schmitt/Köhler/*Köhler* 10, 17; *Rogall* NStZ **1986** 385, 389 (konkrete Erfolgstauglichkeit).

53 Dazu allgemein LR/*Kühne*[27] Einl. I 96 ff.

54 SK/*Wolter/Werkmeister* 39; vgl. auch *Göhring* 25.

55 Ebenso NK/*Heghmanns* 18; vgl. auch Schmitt/Köhler/*Köhler* 11; *Rogall* NStZ **1986** 385, 389.

Werbehandlungen (§ 129a Abs. 6 StGB) die Prüfung der Verhältnismäßigkeit besonders nahelegen; bei Verbrechensverdacht wird die Kontrollfahndung in aller Regel nicht außer Verhältnis zur Bedeutung der Sache stehen.

22 Aus der auf die Bedeutung der Sache abstellenden Formulierung darf nicht geschlossen werden, dass diese der alleinige Maßstab für die Abwägung sein könne. Da der Verhältnismäßigkeitsgrundsatz ein allgemeines Verfassungsprinzip darstellt, sind vielmehr auch der Grad der Erfolgstauglichkeit und die Notwendigkeit der Kontrollfahndung im Rahmen einer **Gesamtabwägung** mit zu berücksichtigen.[56] Je geringer der Unrechtsgehalt der aufzuklärenden Straftat wiegt, desto höhere Anforderungen sind an die Notwendigkeit und die Erfolgstauglichkeit der Kontrollfahndung und an die gegenständliche, räumliche und zeitliche Begrenzung (Konkretisierungspflicht, s.u. Rn. 30, 33, 36) zu stellen.

3. Anlass und Art der Datenerhebung

23 **a) Allgemeines/Kontrollstellen.** Die Vorschrift ermächtigt nur zur Kontrollfahndung bei grenzpolizeilichen Kontrollen und bei Personenkontrollen an einer aufgrund des § 111 eingerichteten Kontrollstelle. Für Kontrollstellen, die zu präventiven Zwecken aufgrund polizeirechtlicher Vorschriften eingerichtet werden,[57] gilt sie nicht. Sie schließt damit die durch sie geregelte Datenverwendung bei anderen Massenkontrollen aus (Rn. 8); die Speicherung von Daten anlässlich individueller Erhebungen beschränkt sie nicht (Rn. 7). Die grenzpolizeiliche Kontrolle und die Kontrollstelleneinrichtung nach § 111 müssen ihrerseits nach den dafür maßgebenden Rechtsvorschriften rechtmäßig sein.[58] Welche Daten gespeichert, übermittelt und verarbeitet werden dürfen, bestimmt sich dagegen ausschließlich nach § 163d (Rn. 28 ff.); es hängt nicht davon ab, welche Daten bei der grenzpolizeilichen Kontrolle oder der Kontrollstelle erhoben werden dürfen.[59] So gestattet namentlich § 111 nur die Feststellung der Identität, § 163d ermächtigt aber darüber hinaus auch zur Speicherung sonstiger aufklärungsrelevanter Umstände, die der Strafverfolgungsbehörde bei dieser Gelegenheit bekannt werden.

24 **b) Grenzpolizeiliche Kontrolle.** In welchem Umfang grenzüberwachende Maßnahmen als grenzpolizeiliche Kontrollen im Sinne des § 163d angesehen werden können, ist noch nicht restlos geklärt. Insbesondere der Abbau der Binnengrenzen innerhalb der EU nach dem Schengener Durchführungsübereinkommen hat zur Einführung neuer Kontrollmaßnahmen geführt,[60] deren Zuordnung zweifelhaft ist. **Zuständig** für die grenzpolizeiliche Kontrolle ist in erster Linie der Bundespolizei (§ 2 Abs. 1 BPolG); aufgrund einer Vereinbarung zwischen Bund und Ländern können Aufgaben den Polizeibehörden eines Landes übertragen werden,[61] und es können Beamte der Zollverwaltung mit der Wahrneh-

---

56 HK/*Zöller* 10; Schmitt/Köhler/*Köhler* 11; SK/*Wolter/Werkmeister* 39; vgl. auch AK/*Achenbach* 9 f.

57 Dazu Lisken/Denninger/Bäcker/*Graulich* Kap. 4, 280 ff. m.w.N.

58 *Göhring* 17.

59 Vgl. dazu auch SK/*Wolter/Werkmeister* 15 (auch zur Frage, ob dort weitere Daten erhoben werden dürfen); *Ranft* Rn. 835; *Baumann* StV **1986** 494, 499.

60 Dazu u.a. Lisken/Denninger/*Rachor*[5] E 369 ff.; *Zöller* (LV Vor § 158) 259 ff.; vgl. auch *Müller-Terpitz* DÖV **1999** 329.

61 So in Bayern die bayerische Grenzpolizei sowie in Hamburg und Bremen die landeseigene Wasserschutzpolizei für die Kontrolle in den Häfen; näher KK/*Moldenhauer* 10; Lisken/Denninger/*Denninger/Poscher*[5] B 150; *Bermig* 35.

mung von Aufgaben der polizeilichen Kontrolle des grenzüberschreitenden Verkehrs betraut werden.[62]

25 Unzweifelhaft unterfällt dem § 163d die in § 2 Abs. 2 Nr. 2a BPolG als Unterfall genannte **Überprüfung** der Grenzübertrittspapiere und **der Berechtigung zum Grenzübertritt** und auch die damit verbundene sonstige Identitätsüberprüfung nach § 23 Abs. 1 Nr. 2 BPolG. Nach dem Sinn der Regelung wird das Gleiche gelten müssen, soweit entsprechende Kontrollen bei Flughäfen stattfinden, wenn sie der **Personenkontrolle für grenzüberschreitende Flüge** dienen, ohne dass es darauf ankommt, ob man diese Befugnis auf § 2 BPolG oder auf § 4 BPolG i.V.m. den §§ 5, 16 Abs. 1 Satz 2 LuftSiG stützen will.[63] Dagegen dürfte die Grenzfahndung und die Abwehr von Gefahren (§ 2 Abs. 2 Nr. 2b und c BPolG) sowie die polizeiliche Grenzüberwachung nach § 2 Abs. 2 Nr. 1 BPolG dem § 163d nicht unterfallen.[64]

26 Zweifelhaft und im Strafprozessrecht wenig erörtert ist, ob anlassunabhängige Kontrollen im Grenzgebiet bei der sog. **Schleierfahndung**,[65] soweit sie auf § 2 Abs. 2 Nr. 3 BPolG beruhen, also Kontrollen im Grenzgebiet bis zu einer Tiefe von 30 km zur Abwehr von die Sicherheit der Grenze beeinträchtigenden Gefahren, die Anwendung des § 163d gestatten. Dafür könnte sprechen, dass sie ihre gesetzgeberische Motivation auch daraus bezogen haben, die durch den Wegfall der echten Grenzkontrollen an den Binnengrenzen der EU entstandenen Kontrolldefizite auszugleichen. Dagegen spricht aber wohl entscheidend, dass die damit eröffnete, unbestimmte und weitgespannte Kontrollmöglichkeit gegenüber der Kontrolle an konkreten Grenzübergängen eine andere Dimension aufweist, die mit der vom Gesetzgeber bei der Einführung des § 163d vorausgesetzten Situation nicht vergleichbar ist, und dass sich die nach Absatz 3 Satz 3 unerlässliche Konkretisierung kaum durchführen lässt.[66] Soweit allein das Landespolizeirecht solche grenzraumbezogenen Kontrollen gestattet,[67] unterfallen sie keinesfalls dem § 163d.[68] Ebensowenig dürften trotz ihres Bezugs zur Verhinderung einer unerlaubten Einreise Kontrollen im Bahnverkehr nach § 22 Abs. 1a BPolG[69] als grenzpolizeiliche Kontrollstellen anzusehen sein. In all diesen Fällen handelt es sich allerdings um polizeiliche Kontrollstellen, die – was die Bedeutung der Kontroverse erheblich entschärft – die Anwendung des § 163e gestatten.

27 **c) Art der Erhebung der Daten.** Auf die **Art der Erhebung** der zu speichernden **Daten** kommt es nicht an.[70] Maßnahmen nach § 163d sind zulässig, wenn die Daten durch bloße Beobachtung, beispielsweise bei reinen Sichtkontrollen, durch individuelle Abfrage des die Kontrolle durchführenden Beamten, durch Einsicht in die Personalpapiere des zu Kontrollierenden oder durch **automatisches Lesen** maschinenlesbarer Personalpapiere

---

62 § 66 BPolG in Verb. mit der Verordnung über die Übertragung von Grenzschutzaufgaben auf die Zollverwaltung vom 25.3.1975 (BGBl. I S. 1068) mit spät. Änderungen.

63 Für die Flugsicherheitskontrollen im Übrigen, also soweit sie keine grenzüberschreitenden Flüge betreffen, gilt dies unzweifelhaft nicht.

64 Möglicherweise **a.A.** Schmitt/Köhler/*Köhler* 3, 4, SK/*Wolter*/*Werkmeister* 28, wo pauschal auf § 2 Abs. 2 Nr. 2 BPolG Bezug genommen wird.

65 Zu dieser näher Lisken/Denninger/Bäcker/*Barczak*/*Bäcker* Kap. 4, 287 ff.; *Müller-Terpitz* DÖV **1999** 329 ff.; *Waechter* DÖV **1999** 138 ff.; *Schütte* ZRP **2002** 393 ff. (der die Regelung insgesamt für verfassungswidrig hält); *Zöller* (LV Vor § 158) 259 ff.

66 Im Ergebnis wie hier MüKo/*Kölbel* 13, NK/*Heghmanns* 5; SSW/*Höltkemeier* 6.

67 Nachweise bei *Zöller* (LV Vor § 158) 259 f., 273 ff.

68 Ebenso HK/*Zöller* 5; KMR/*Noltensmeier-von Osten* 7; MüKo/*Kölbel*/*Neßeler* 13.

69 Dazu *Müller-Terpitz* DÖV **1999** 329, 330 ff.

70 Ebenso NK/*Heghmanns* 5.

der betroffenen Person gewonnen werden. Letzteres stellt Absatz 1 Satz 2 klar;[71] er enthält die in § 15 Abs. 2 PersAuswG und § 17 Abs. 2 PaßG vorbehaltene gesetzliche Regelung, die eine Speicherung gestattet.

4. Art und Umfang der zu speichernden Daten

28 **a) Identitätsdaten.** Nach § 163d gespeichert und verarbeitet werden dürfen zunächst die Daten über die **Identität** von (bestimmten, vgl. Rn. 33) Personen. Zum Begriff der Identität vgl. § 163b, 17. Zu ihnen gehört bei § 163d auch die Angabe, wann und wo die Identitätsdaten erhoben worden sind, denn diese Vorschrift regelt den Fall, dass die Daten nicht an Ort und Stelle überprüft und ausgewertet werden können, sondern zum Zwecke einer späteren Auswertung zu speichern sind. Diese Zwecksetzung späterer Auswertung erfordert zwingend, dass Ort und Zeit der Identitätsfeststellung später feststellbar sind.[72]

29 Die Vorschrift bezieht sich auf Daten über die Identität und auf solche über andere aufklärungsrelevante Umstände (Rn. 30 f.), ist also umfassend formuliert. Nach dem Regelungszweck und der Entstehungsgeschichte sind damit jedoch nur **personenbezogene Daten** im Sinne von Art. 1 Nr. 1 DSGVO gemeint, also Einzelangaben über persönliche oder sachliche Verhältnisse einer bestimmten oder bestimmbaren natürlichen Person; Daten über bloß objektive Umstände, die auch im Rahmen möglicher Speicherung und Auswertung keine Rückschlüsse auf bestimmte Personen ermöglichen können, unterfallen nicht den begrenzenden Regelungen des § 163d, sondern können uneingeschränkt gespeichert und verarbeitet werden.[73] Ein strafverfahrensrechtliches Bedürfnis wird dafür aber allenfalls in Ausnahmefällen bestehen.

30 **b) Andere aufklärungsrelevante Umstände.** Zulässig ist ferner die Speicherung und Verarbeitung sonstiger Umstände, die für die Aufklärung der Straftat oder die Ergreifung des Täters von Bedeutung sein können. Damit kommen alle Tatsachen in Betracht, bei denen nicht ausgeschlossen werden kann, dass sie für sich allein oder im Zusammenhang mit anderen Erkenntnissen die Erforschung des Sachverhalts wegen der in der Anordnung beschriebenen Tat fördern können, also eine abstrakt kaum eingegrenzte Befugnis, deren eindeutige Beschreibung im Schrifttum bisher noch nicht gelungen sein dürfte.[74] Die Anknüpfung an die die sog. polizeiliche Beobachtung regelnde polizeiliche Dienstvorschrift[75] ist jedenfalls nicht sachgerecht.[76] Im Einzelfall wird die Befugnis dadurch eingegrenzt, dass bei der Anordnung der Maßnahme die **Konkretisierungspflicht** (Absatz 3 Satz 2, 3) auch insoweit zu beachten ist.[77] Die anordnende Stelle muss also nach Lage des Einzelfalls die konkreten Umstände so genau bezeichnen, wie dies nach den jeweiligen Aufklärungsnotwendigkeiten möglich ist. Hierüber darf die Erhebung von Daten und vor allem ihre

---

71 Die ausdrückliche Normierung erklärt sich aus der Entstehungsgeschichte; vgl. zur Bedeutung und Reichweite kontrovers *Riegel* CuR **1986** 138, 140, 143 ff.; *Rogall* NStZ **1986** 385, 388.

72 SK/*Wolter*/*Werkmeister* 30; *Göhring* 37.

73 Umgekehrt (dürfen nicht gespeichert werden) SK/*Wolter*/*Werkmeister* 32.

74 Kritisch zur Uferlosigkeit der letztlich Gesetz gewordenen Fassung schon früher z.B. *Kühl* NJW **1987** 737, 742; *Riegel* CuR **1986** 138, 143, *Rogall* NStZ **1986** 385, 390; ferner etwa AK/*Achenbach* 17 (der insoweit Bedenken gegen die Verfassungsmäßigkeit erhebt); SK/*Wolter*/*Werkmeister* 37; *Göhring* 77; *Riepl* 243; zum Ganzen ausführlich namentlich SK/*Wolter*/*Werkmeister* 30 ff. (der für eine restriktive Auslegung eintritt); *Bermig* 99 ff., 127 ff.; *Göhring* 33 ff.

75 PdV 384.2, zu den Merkmalen *Göhring* 34 f.

76 AK/*Achenbach* 17; KK/*Moldenhauer* 13, **a.A.** *Riegel* CuR **1986** 138; *Rogall* NStZ **1986** 385, 390; wohl auch *Benfer* (Grundrechtseingriffe, LV § 163b) Kap. 10, 44.

77 Schriftlicher Bericht des BT-Innenaussch., BTDrucks. **10** 5128 S. 7; *Rogall* NStZ **1986** 385, 391.

Übermittlung und Speicherung nicht hinausgehen.[78] Dagegen ist der die Speicherung im Einzelfall vornehmende Beamte nicht berechtigt, hinter der Anordnung zurückzubleiben und von dieser erfasste Daten nicht zu speichern, weil er sie für nicht aufklärungsrelevant hält; regelmäßig wird ihm der hierzu erforderliche Gesamtüberblick fehlen. Andererseits dürfen nur „angefallene" Daten übermittelt und gespeichert werden.[79] Es kommen daher nur solche Umstände in Betracht, die auf der Grundlage der jeweiligen Kontrollmöglichkeit (also Kontrollstelle nach § 111 oder grenzpolizeiliche Kontrolle) überhaupt in zulässiger Weise erhoben werden durften.

Im Einzelnen kommen nach insoweit weitgehend übereinstimmender Meinung als aufklärungsrelevante Umstände in Betracht: **Ort, Zeit, Anlass und Ergebnis** der Überprüfung, benutzte **Fahrzeuge** und wohl auch sonstige mitgeführte **Gegenstände** sowie die Ergebnisse einer etwaigen erkennungsdienstlichen Behandlung oder Durchsuchung.[80] Erfasst werden dürfen wohl auch Angaben und Mitteilungen, die die überprüften Personen anlässlich einer Kontrolle selbst und spontan machen, ohne dazu verpflichtet zu sein. Die Speicherung von **Reiseweg und Reiseziel** ist jedenfalls dann zulässig, wenn sich dies (ausnahmsweise) bei der Überprüfung als „anfallendes" Datum ergibt, wohl aber auch dann, wenn diese Angaben freiwillig gemacht werden, wobei zweifelhaft ist, ob hierbei ein Hinweis auf die Freiwilligkeit erforderlich ist.[81] Für die Ergreifung des Täters sind auch solche Erkenntnisse von Bedeutung, die allein die Ergreifung eines Teilnehmers befördern können.[82] 31

Die Erfassung und Übermittlung von Daten, die bloße **Begleitpersonen** betreffen, wird durch § 163d nicht gedeckt.[83] Das folgt nunmehr aus der in § 163e Abs. 3 getroffenen Regelung. Wenn der Gesetzgeber dort, obwohl die Vorschrift an geringere Voraussetzungen anknüpft, die Erfassung von Begleitpersonen ausdrücklich gestattet, wäre es ein Wertungswiderspruch, sie im Falle des § 163d als stillschweigend mit umfasst anzunehmen.[84] Anders liegen die Dinge nur dann, wenn die konkretisierten Identifizierungsmerkmale (Absatz 3 Satz 2) auch die „Begleitperson" betreffen.[85] Ob sonstige **verdachtserregende Umstände** erfasst und mitgeteilt werden können,[86] erscheint zweifelhaft und dürfte wegen der Unbestimmtheit dieser Bezeichnung jedenfalls in dieser allgemeinen Form zu verneinen sein.[87] Dem die Kontrolle vornehmenden Beamten kann es jedenfalls nicht überlassen bleiben, darüber zu entscheiden, was er für verdachtserregend hält. Anders kann es dann sein, wenn bereits die Anordnung eine ausreichend präzise Bestimmung solcher Umstände enthält. 32

c) Personenkreis. Der Kreis der Personen, deren Daten gespeichert werden dürften, wird durch die Konkretisierungspflicht in Absatz 3 Satz 2 eingeschränkt; sie müssen nach bestimmten Merkmalen und Eigenschaften möglichst genau bestimmt werden. Das kann, 33

---

78 Vgl. dazu auch *Ranft* Rn. 834.

79 Vgl. SK/*Wolter*/*Werkmeister* 29 ff., der hierauf wohl maßgeblich abstellt.

80 So etwa (teilweise weitergehend) HK/*Zöller* 7; KK/*Moldenhauer* 13; Schmitt/Köhler/*Köhler* 5; OK/*von Häfen* 3; SK/*Wolter*/*Werkmeister* 35 (mit Beispielen); *Rogall* NStZ **1986** 385, 390; *Bermig* 127 f.

81 So SK/*Wolter*/*Werkmeister* 31; *Göhring* 41.

82 KK/*Moldenhauer* 13 a.E.; s. auch oben Rn. 11.

83 Ebenso SK/*Wolter*/*Werkmeister* 31; *Göhring* 41 f.; im Grundsatz wohl auch KK/*Moldenhauer* 12 a.E.; **a.A.** NK/*Heghmanns* 9.

84 Zur Anwendbarkeit auf sog. Kontaktpersonen s.u. Rn. 34.

85 KK/*Moldenhauer* 12 a.E.

86 So etwa, vielfach in Anlehnung an die PdV 384.2, HK/*Zöller* 7; KK/*Moldenhauer* 13; *Rogall* NStZ **1986** 395, 390; ebenso noch LR/*Rieß*[24] 27.

87 Ebenso MüKo/*Kölbel*/*Neßeler* 15.

wenn die gemeinten Personen namentlich feststehen, durch die Beschränkung auf sie, andernfalls beispielsweise durch die hinreichend konkrete Angabe von Altersgruppen, körperlichen Merkmalen, Wohnortangaben oder Angaben über benutzte Fahrzeuge erfolgen. Die Konkretisierung kann auch durch eine negative Ausgrenzung von Personengruppen, deren Daten nicht gespeichert werden dürfen, vorgenommen werden, dies allerdings nur, wenn dadurch nicht der ganz überwiegende Teil der an den Kontrollstellen vorkommenden Personen von der Anordnung erfasst würde, so etwa, wenn nur Kinder und hochbetagte Personen ausgenommen würden. Ist eine hinreichend genaue Konkretisierung nicht möglich, sodass die Erfassung und Speicherung der Daten im Ergebnis zu einer generellen Speicherung führen würde, so ist eine Anordnung nach § 163d nicht zulässig (s.o. Rn. 20).[88] Die von der Anordnung erfassten Personen werden dadurch nicht zu Verdächtigen; die Unterscheidung zwischen solchen und Nichtverdächtigen macht hier, wie bei der Rasterfahndung, keinen Sinn.[89]

34 Zweifelhaft und umstritten ist, ob sich die Anordnung auch gegen solche näher zu konkretisierende Personen richten darf, von denen im Zeitpunkt der Anordnung feststeht, dass sie **nicht als Verdächtige** (Beschuldigte oder später Täter oder Teilnehmer) **in Betracht kommen**, die aber zur Aufklärung der Tat beitragen können. Die wohl ganz überwiegende Meinung dürfte dies verneinen[90] oder jedenfalls davon ausgehen, dass nur solche Personen in Betracht kommen, die einer Tatbeteiligung verdächtig werden können.[91] Weder der Gesetzeswortlaut noch die Zielsetzung der Vorschrift schließen es aber aus, sie auch für **Kontaktpersonen** (dazu § 163e, 22) für anwendbar zu halten, soweit ausreichend wahrscheinlich ist, dass dies zur Tataufklärung oder Ergreifung des Täters führen kann.[92] Dem lässt sich an dieser Stelle nicht entgegenhalten,[93] dass sie anders als in § 163e Abs. 1 Satz 3 im Wortlaut der Vorschrift nicht erwähnt sind. In § 163e musste ihre Einbeziehung nämlich nur deshalb gesondert angeordnet werden, weil sich diese Vorschrift zunächst nur auf Beschuldigte bezieht. Ebenfalls zweifelhaft erscheint es nach der Schaffung des § 163e in umgekehrter Hinsicht, ob sich eine Maßnahme nach § 163d auch gegen einen bereits bekannten Beschuldigten richten darf (dazu näher § 163e, 8 a.E.).

35 **d) Zeitliche und räumliche Begrenzung.** Zulässig ist nur die Speicherung derjenigen Daten, die **während der Laufzeit der Anordnung** einschließlich einer etwaigen Verlängerung (Rn. 45 ff.) erhoben worden sind. Daten, die vor dem Erlass der Anordnung erhoben wurden, dürfen nicht nachträglich nach § 163d gespeichert oder ausgewertet werden, denn Absatz 1 Satz 1 spricht von „anfallenden“, nicht von „angefallenen“ Daten.[94] Entsprechendes gilt für Daten, die nach dem Ende der Laufzeit der Anordnung erhoben werden. Rechtszeitig erhobene Daten können aber auch nach Fristablauf noch weiterverarbeitet und in den Grenzen des Absatzes 3 Satz 2 ausgewertet werden, wenn dies alsbald geschieht.[95]

---

88 Zur notwendigen Bestimmtheit auch AK/*Achenbach* 18; HK/*Zöller* 14; KK/*Moldenhauer* 25; SK/*Wolter*/*Werkmeister* 51.

89 Dazu ausführlich *Bermig* 39 ff.; vgl. auch AK/*Achenbach* 18; SK/*Wolter*/*Werkmeister* 52.

90 Vgl. vor allem (mit scharfer Kritik an der Gegenmeinung) SK/*Wolter*/*Werkmeister* 53 m.w.N.

91 Vgl. etwa *Pfeiffer* 2 (noch nicht ermittelter Täter, von dem schon eine Beschreibung möglich ist); *Kühl* NJW **1987** 737, 742; *Rogall* NStZ **1986** 385, 390; vgl. aber auch *Baumann* StV **1986** 494, 496.

92 Ebenso SSW/*Höltkemeier* 18.

93 Anders als bei den Begleitpersonen, s.o. Rn. 32.

94 MüKo/*Kölbel*/*Neßeler* 24; *Göhring* 20; **a.A.** *Kühl* NJW **1987** 737, 739. Anders die ursprünglich vorgeschlagene Fassung, vgl. DRiZ **1986** 153; *Rogall* NStZ **1986** 385, 386 Fn. 13.

95 *Rogall* NStZ **1986** 385, 391; MüKo/*Kölbel*/*Neßeler* 36; wohl auch SK/*Wolter*/*Werkmeister* 57; Schmitt/Köhler/*Köhler* 19.

Zulässig ist ferner nur die Speicherung der Daten, die in dem räumlich begrenzten Bereich der Anordnung erhoben worden sind. Diese **räumliche Begrenzung** schreibt Absatz 3 Satz 4 zwingend vor; sie darf nicht in der Weise umgangen werden, dass im Ergebnis nur verhältnismäßig unbedeutende Teile des Bundesgebietes von der Anordnung ausgenommen werden, etwa einzelne abgelegene Grenzübergänge oder Landkreise.[96] Im Übrigen kann die räumliche Begrenzung, namentlich bei der Kontrollfahndung an Kontrollstellen nach § 111 nach regionalen Merkmalen vorgenommen werden, was bei der grenzpolizeilichen Kontrolle auch durch die Bezeichnung eines oder mehrerer Nachbarländer oder der Art der Grenzübergänge (etwa in Form einer Beschränkung auf Flughäfen) geschehen kann. Wird eine Kontrollfahndungsanordnung mit einer den gleichen Sachverhalt betreffenden Kontrollstellenanordnung nach § 111 verbunden (Rn. 15), so wird die Kontrollfahndung in der Regel auf die Kontrollstellen beschränkt werden, deren Einrichtung aufgrund dieser Anordnung erfolgt. 36

5. Verarbeitung der Daten

a) Allgemeines. Die Vorschrift beschreibt an verschiedenen Stellen, was mit den zulässigerweise erhobenen personenbezogenen Daten geschehen darf.[97] Sie dürfen (zeitlich begrenzt) in einem Dateisystem gespeichert (Absatz 1 Satz 1), an Strafverfolgungsbehörden übermittelt (Absatz 1 Satz 3) und für bestimmte Zwecke ausgewertet werden (Absatz 1 Satz 1), wobei Letzteres in der Terminologie der DSGVO wohl der „Verarbeitung" entspricht.[98] Die früher in Absatz 4 Satz 4 und 5 a.F. geregelte Verwendung der Daten richtet sich heute hingegen nach den allgemeinen Verwendungsregeln in § 479 Abs. 2 Satz 1 (ggf. i.V.m. § 161 Abs. 3 Satz 1) und 3, auf deren Kommentierung insoweit zu verweisen ist. Die Daten sind schließlich unter bestimmten Voraussetzungen zu löschen. In datenschutzrechtlicher Terminologie der Datenverwendung[99] gesprochen regelt die Vorschrift daher die Speicherung, Übermittlung, Veränderung und Löschung und damit, soweit ihr Anwendungsbereich reicht (Rn. 7 f.), abgesehen von der Erhebung den Umgang mit diesen Daten. Soweit die später eingefügten Vorschriften des Achten Buches (§§ 477 bis 500) weitgehende Nutzungs- und Verarbeitungsbefugnisse enthalten, gehen die aus § 163d folgenden Grenzen nach dem Spezialitätsgrundsatz vor, und zwar auch dann, wenn sich die Speicherung und Verarbeitung solcher Daten für die Polizeibehörden nach den Polizeigesetzen bestimmt (§ 481 Abs. 1, § 483 Abs. 3). 37

b) Speicherung in einem Dateisystem. Nach dem datenschutzrechtlichen Sprachgebrauch ist **Speicherung** das Erfassen, Aufnehmen oder Aufbewahren der Daten auf einem Datenträger zum Zwecke ihrer weiteren Verarbeitung oder Nutzung.[100] Werden Daten ohne Einfügung in eine Datensammlung lediglich schriftlich notiert und werden diese schriftlichen Aufzeichnungen später für Ermittlungszwecke genutzt oder in Akten eingefügt, so sind die begrenzenden Regelungen des § 163d also nicht anwendbar; ein solches Vorgehen dürfte allerdings in der Praxis ohne Bedeutung sein. 38

Ein **Dateisystem** ist nach der Legaldefinition in § 46 Abs. 6 BDSG „jede strukturierte Sammlung personenbezogener Daten, die nach bestimmten Kriterien zugänglich sind, un- 39

---

96 Ähnlich MüKo/*Kölbel*/*Neßeler* 22.

97 Dazu umfassend und teilweise abweichend SK/*Wolter*/*Werkmeister* 16 ff.

98 Vgl. auch *Rogall* NStZ **1986** 385, 389 (gemeint sei „Verarbeitung"); *Wittig* JuS **1997** 961, 963 (mit Hinweis auf den Sprachgebrauch des BDSG 1990).

99 Zu dieser näher LR/*Tillich*[27] Vor § 483, 8 ff.

100 LR/*Tillich*[27] Vor § 483, 18.

abhängig davon, ob diese Sammlung zentral, dezentral oder nach funktionalen oder geografischen Gesichtspunkten geordnet geführt wird".[101] Dazu würde auch jede manuell hergestellte Handkartei der Strafverfolgungsbehörden gehören, die nach dem erkennbaren Zweck der Vorschrift und ihrer Entstehungsgeschichte jedoch nicht erfasst sein soll.[102] Man wird deshalb hier eine digitale Datensammlung verlangen müssen, die in einem automatisierten Verfahren, namentlich durch Eingabe in Datenträger in elektronisch oder sonst nicht unmittelbar wahrnehmbarer Form betrieben wird.[103]

40 Wegen der besonderen Löschungsregelungen und Nutzungsbeschränkungen muss nach insoweit heute allg. M. für jedes Strafverfahren, in dem aufgrund einer Anordnung nach § 163d Daten gespeichert werden, ein rechtlich **gesondertes Dateisystem** eingerichtet werden; das gilt im Fall der Übermittlung an andere Strafverfolgungsbehörden nach Absatz 1 Satz 3 auch für den Empfänger von Daten. In welcher Form diese Trennung von anderen Daten technisch vorgenommen wird, ist nicht von Bedeutung. Die Daten können also auch in andere Datensammlungen eingespeist werden, wenn durch technische oder organisatorische Vorkehrungen sichergestellt ist, dass ein durch § 163d nicht gestatteter Zugriff auf sie verhindert wird. Auf diese getrennt zu führende Sonder- und Kurzzeitdatei bezieht sich die Löschungspflicht (Absatz 4 Satz 2, 3; vgl. Rn. 66 f.). Bei **welcher Behörde** die Speicherung vorgenommen wird, schreibt das Gesetz nicht vor. Soweit rechtlich und tatsächlich sichergestellt ist, dass der Charakter einer Kurzzeitdatei mit begrenzten Zugriffsmöglichkeiten nicht beeinträchtigt wird, kann dies bei zentralen oder lokalen Polizeibehörden einschließlich der Bundespolizei (im Falle der grenzpolizeilichen Kontrolle),[104] aber auch bei der das Verfahren betreibenden Staatsanwaltschaft oder in staatsanwaltschaftlichen Verbundsystemen[105] geschehen.

41 Bei der Datenerhebung an Kontrollstellen nach § 111 gilt für **unverdächtige Personen** an sich das Vernichtungsgebot nach § 163c Abs. 3. Soweit eine Anordnung nach § 163d vorliegt, geht die damit gestattete Speicherung als lex specialis vor.[106] Erfolgt die Identitätsfeststellung nach den §§ 163b, 163c dagegen im Rahmen einer einzelfallbezogenen Maßnahme und nicht an einer Kontrollstelle, so gilt § 163c Abs. 3 uneingeschränkt, da für diesen Fall eine Kontrollfahndung nicht zulässig ist.

42 **c) Übermittlung. Übermittlung** ist das Bekanntgeben gespeicherter oder durch Datenverarbeitung unmittelbar gewonnener Daten an Dritte in der Weise, dass die Daten durch die speichernde Stelle weitergegeben oder zur Einsichtnahme, namentlich zum Abruf, bereitgehalten werden.[107] Sie ist nach Absatz 1 Satz 3 nur an Strafverfolgungsbehörden zulässig, also an Strafgerichte,[108] Staatsanwaltschaften und Polizeibehörden, so-

---

101 LR/*Tillich*[27] Vor § 483, 14.

102 Vgl. auch Schmitt/Köhler/*Köhler* 7 (automatisiertes Informationssystem); *Riegel* CuR **1986** 138, 144; *Rogall* NStZ **1986** 385, 389. Bei allen Erörterungen im Gesetzgebungsverfahren war fast durchweg von der Speicherung und Verarbeitung in automatisierter Form die Rede, die mit der ursprünglichen Konzeption der Regelung in § 3a PersAuswG a.F. (vgl. *Riegel* CuR **1986** 138, 139) ohnehin notwendig verbunden war.

103 Vgl. auch KK/*Schoreit*[6] 22; *Rogall* NStZ **1986** 385, 388; *Wittig* JuS **1997** 961, 966.

104 AnwK/*Walther* 9; HK/*Zöller* 8; Schmitt/Köhler/*Köhler* 6; MüKo/*Kölbel/Neßeler* 18; *Wittig* JuS **1997** 961, 966; vgl. auch SSW/*Höltkemeier* 10, 16; **a.A.** KK/*Schoreit*[6] 17, 21, der grundsätzlich nur die StA für zuständig hält; ebenso *Riepl* 242.

105 Insoweit **a.A.** *Bermig* 134 (nur Polizeibehörden) unter Hinweis auf die in Absatz 4 Satz 3 getroffene Regelung.

106 *Rogall* NStZ **1986** 350, 390 Fn. 60; *Wittig* JuS **1997** 961, 963.

107 Näher LR/*Tillich*[27] Vor § 483, 22.

108 KMR/*Noltensmeier-von Osten* 12; NK/*Heghmanns* 13; *Göhring* 48 m.w.N., zweifelnd AnwK/*Walther* 13; KK/*Moldenhauer* 19; **a.A.** MüKo/*Kölbel/Neßeler* 20.

weit letztere Aufgaben der Strafverfolgung wahrnehmen (und nur für diesen Zweck). Strafverfolgungsbehörde ist auch die Finanzbehörde, soweit sie das Ermittlungsverfahren nach § 386 Abs. 2, § 399 AO selbständig führt; doch kommt eine Übermittlung an sie allenfalls bei steuerstrafrechtlich relevanten Zufallserkenntnissen zur Verwendung als Spurenansatz (die Verwendung zu Beweiszwecken ist hier nach § 479 Abs. 2 Satz 1 i.V.m. § 161 Abs. 3 ausgeschlossen) in Betracht. Die Übermittlung der Daten an Polizeibehörden zu präventiv-polizeilichen Zwecken, an Nachrichtendienste und Verfassungsschutzbehörden und an andere Behörden ist nur unter den Voraussetzungen von § 479 Abs. 2 Satz 2 gestattet.

Trotz des scheinbar weitergehenden Wortlauts ist die **Übermittlung an Strafverfolgungsbehörden nicht unbeschränkt** zulässig.[109] Da die ursprünglich gespeicherten Daten grds. nur für das Strafverfahren, für das sie erhoben worden sind, gezielt genutzt werden dürfen, besteht kein Anlass, sie an Strafverfolgungsbehörden zu übermitteln, die mit diesem Verfahren nicht befasst sind. Die sich aus der Sache ergebende Einschränkung[110] geht als lex specialis den weitergehenden Übermittlungsmöglichkeiten nach § 487 vor. Die speichernde Stelle darf die gesamten gespeicherten Daten jedenfalls an die Staatsanwaltschaft und die Polizeibehörden übermitteln, denen die Strafverfolgung im konkreten Verfahren obliegt; dem Bundeskriminalamt immer dann, wenn dieses polizeiliche Strafverfolgungsaufgaben nach § 4 Abs. 1, 2 BKAG wahrnimmt. Ob sie ihm darüber hinaus im Hinblick auf seine Befugnisse nach § 2 BKAG stets übermittelt werden dürfen, ist zweifelhaft.[111] **Einzelne Daten**, die als Zufallserkenntnisse nach der Auswertung gemäß § 479 Abs. 2 Satz 1 i.V.m. § 161 Abs. 3 für andere Strafverfahren verwendet werden dürfen, dürfen auch den mit diesen Verfahren befassten Strafverfolgungsbehörden und den Strafvollstreckungsbehörden übermittelt werden. 43

d) Auswertung. Zum Zwecke der Nutzung in dem Strafverfahren, für das die Daten erhoben sind (Rn. 73 f.), dürfen sie ausgewertet werden. Die früher teilweise vermisste Befugnis[112] hierfür ergibt sich jetzt auch aus § 483. Zulässig ist dabei die Überprüfung der gespeicherten Angaben auf ihre Aufklärungsrelevanz, unabhängig davon, ob dies mit herkömmlichen Mitteln oder in automatisierten Verfahren geschieht.[113] Sie dürfen dabei auch mit anderen staatsanwaltschaftlichen oder polizeilichen Datenbeständen automatisiert abgeglichen werden, ggf., wenn dies für die Sachaufklärung in beiden Verfahren erforderlich ist, auch mit Daten aus einer Kontrollfahndung in einem anderen Verfahren. Mit Dateisystemen anderer Behörden oder privaten Datenbeständen ist das Abgleichen dagegen nicht allein auf der Grundlage des § 163d zulässig, weil dies auf eine Rasterfahndung nach den §§ 98a, 98b hinauslaufen würde, deren Voraussetzungen besonders (und enger) geregelt sind.[114] Zulässig ist aber der Abgleich mit den in § 98c genannten Daten, weil diese Vorschrift die dort genannten Fälle gerade von den Voraussetzungen der Raster- 44

---

109 NK/*Heghmanns* 13 erblickt in § 163 d Abs. 1 Satz 1 überhaupt keine Rechtsgrundlage zur Datenübermittlung (die vielmehr in §§ 151 Abs. 2, 160 Abs. 1 und § 161 Abs. 1 mit der in § 161 Abs. 3 getroffenen Einschränkung liege), sondern nur eine Begrenzung von deren Zulässigkeit im Hinblick auf Nicht-Strafverfolgungsbehörden. Im Ergebnis dürften sich daraus gegenüber der hier vertretenen Sichtweise keine Unterschiede ergeben.

110 Ebenso HK/*Zöller* 11; Schmitt/Köhler/*Köhler* 13 (kein beliebiger Datentransfer); *Wittig* JuS **1997** 961, 967.

111 Vgl. KK/*Moldenhauer* 19 a.E.

112 So AK/*Achenbach* 14; dagegen zutreffend *Wittig* JuS **1997** 961, 964.

113 HK/Zöller 39; Schmitt/Köhler/*Köhler* 7; **a.A.** *Wittig* JuS **1997** 961, 966.

114 KK/*Moldenhauer* 16; NK/*Heghmanns* 12; Schmitt/Köhler/*Köhler* 7; SK/*Wolter*/*Werkmeister* 17; SSW/*Höltkemeier* 10; *Fezer* 8/22; *Göhring* 44; *Wittig* JuS **1997** 961, 966.

fahndung ausnimmt.[115] Die Auswertung wird durch die mit dem konkreten Strafverfahren befasste Strafverfolgungsbehörde veranlasst. **Ziel** der Auswertung darf nur die Gewinnung von Erkenntnissen für das Verfahren wegen der (Anlass-)Tat im prozessualen Sinn sein.[116]

45 **6. Dauer und Wiederholung der Maßnahme.** Aus dem Verhältnismäßigkeitsgrundsatz und der Voraussetzung der Erfolgstauglichkeit folgt, dass die Maßnahme schon bei ihrer Anordnung höchstens auf den Zeitraum bemessen werden darf, innerhalb dessen mit einem Aufklärungserfolg realistischerweise zu rechnen ist; das ist jeweils nach den konkreten Umständen des Einzelfalles zu beurteilen. Danach richtet es sich auch, ob die Maßnahme sofort beginnen muss, so regelmäßig bei der Errichtung von Kontrollstellen wegen eines aktuellen Anlasses, oder ob der Zeitpunkt des Beginns in der Anordnung auf einen späteren Termin festzusetzen ist.[117] Das **Beendigungsgebot** des Absatzes 4 Satz 1 (Rn. 62 f.) rechtfertigt es nicht, die Frist bei der Anordnung besonders großzügig zu bemessen. Eine längere Frist als drei Monate darf mit der Anordnung nicht verbunden werden (Absatz 3 Satz 4).

46 Absatz 3 Satz 5 gestattet es, die Dauer der **Anordnung** einmal zu **verlängern**, also die Fortdauer der Maßnahme über den ursprünglich vorgesehenen Endtermin hinaus anzuordnen, soweit im Zeitpunkt dieser Entscheidung die Anordnungsvoraussetzungen (Rn. 10 ff.) weiterhin vorliegen. Auch hierbei ist die neue Frist nach den konkreten Bedürfnissen des jeweiligen Verfahrens zu bemessen; dass die Verlängerung drei weitere Monate umfassen, die Maßnahme also insgesamt sechs Monate andauern darf, berechtigt nicht dazu, die Höchstfristen schematisch auszuschöpfen. Eine **mehrmalige Verlängerung** ist nach dem eindeutigen Wortlaut selbst dann nicht zulässig, wenn, weil die Fristen kurz bemessen worden sind, die Höchstfristen dadurch bei Weitem nicht ausgeschöpft werden.[118] Die Verlängerung kann **nur der Richter** anordnen; die Eilkompetenz nach Absatz 2 Satz 1 gilt schon ihrem Wortlaut nach nicht, auch kann Gefahr im Verzug in dieser Situation nicht vorkommen.

47 Zweifelhaft und vom Gesetz nicht geregelt ist, ob die **Anordnung** einer Kontrollfahndung in demselben Strafverfahren (d.h. wegen derselben prozessualen Tat, s.u. Rn. 73 f.) jedenfalls dann **wiederholt** werden darf, wenn insgesamt die 6-monatige Höchstfrist nicht überschritten wird. Dagegen spricht, dass auf diese Weise das Verbot der mehrmaligen Verlängerung unterlaufen werden könnte. Andererseits wäre nicht recht verständlich, warum eine einmalige Anordnung, die möglicherweise alsbald beendet werden kann, weil ihre gegenwärtige Zwecklosigkeit erkannt oder durch die Ergreifung eines von mehreren Mittätern ihr Zweck erreicht wird, die Kontrollfahndung für das gesamte weitere Verfahren verbrauchen soll. Die besseren Gründe dürfen deshalb wohl dafür sprechen, eine Wiederholung der Anordnung dann als zulässig anzusehen, wenn sich aufgrund neuer Erkenntnisse neue Ansatzpunkte für die Erfolgsaussicht ergeben, und soweit insgesamt eine Dauer von sechs Monaten nicht überschritten wird.[119]

---

115 HK/*Zöller* 9; NK/*Heghmanns* 12; Schmitt/Köhler/*Köhler* 7; Lisken/Denninger/Bäcker/*Müller*/*Schwabenbauer* Kap. 6, 1118 ff.; **a.A.** SK/*Wolter*/*Werkmeister* 17. Nach *Wittig* JuS **1997** 961, 966 und *Kaefer* Kriminalistik **2000** 456 geht § 98c als lex posterior vor, was im Ergebnis zur gleichen Auffassung führt.

116 S.u. Rn. 73 f., wegen der Verwendung von Zufallserkenntnissen s.u. Rn. 76.

117 KK/*Moldenhauer* 26; SK/*Wolter*/*Werkmeister* 57.

118 KK/*Moldenhauer* 28; Schmitt/Köhler/*Köhler* 19; SK/*Wolter*/*Werkmeister* 58.

119 **A.A.** HK/*Zöller* 16; MüKo/*Kölbel*/*Neßeler* 25; SK/*Wolter*/*Werkmeister* 58.

7. Anordnungskompetenz/Richterliche Bestätigung

a) Richterliche Anordnung. In der schließlich Gesetz gewordenen Fassung[120] erfordert die Kontrollfahndung (außer bei Gefahr im Verzug, Rn. 49) eine richterliche Anordnung.[121] **Zuständig** ist im Ermittlungsverfahren der nach § 162 Abs. 1 Satz 1 zuständige Richter bei dem Amtsgericht, in dessen Bezirk die Staatsanwaltschaft ihren Sitz hat, in den Fällen des § 169 auch der Ermittlungsrichter des Oberlandesgerichts oder des Bundesgerichtshofs. Die Anordnung darf, wenn nicht die Voraussetzungen des § 165 vorliegen, nur ergehen, wenn die Staatsanwaltschaft sie beantragt. Der **Antrag** muss die nach Absatz 3 Satz 2 bis 4 erforderlichen Konkretisierungen bezeichnen, über die der Richter in der Anordnung nicht hinausgehen darf. Dem Richter steht nur die Prüfung der Rechtmäßigkeit, nicht der Zweckmäßigkeit der beantragten Maßnahme (§ 162 Abs. 2) zu. Dazu gehört aber auch die Beurteilung der Erfolgstauglichkeit und der Verhältnismäßigkeit;[122] sie kann Veranlassung geben, die konkretisierenden Merkmale enger als von der Staatsanwaltschaft beantragt zu bestimmen. Eine Kontrollfahndung nach **Erhebung der Klage** dürfte praktisch kaum in Betracht kommen; rechtlich ausgeschlossen ist sie wohl nicht. Zuständig für die Anordnung wäre in diesem Fall das Gericht, bei dem das Verfahren anhängig ist, das auch die Zweckmäßigkeit zu beurteilen hätte.[123] 48

b) Nichtrichterliche Anordnung. Bei Gefahr im Verzug[124] kann die Kontrollfahndung auch durch die Staatsanwaltschaft oder eine Ermittlungsperson der Staatsanwaltschaft angeordnet werden. Weil die „Gefahr im Verzug" in einer durch Zeitablauf drohenden Vereitelung des Zwecks der Maßnahme besteht, ist sie richtigerweise schon dann anzunehmen, wenn die Erhebung der Daten anlässlich der Kontrollen (also nicht unbedingt auch die weitere Verarbeitung der Daten) so eilbedürftig ist, dass eine richterliche Entscheidung nicht abgewartet werden kann.[125] Für diesen ersten Schritt genügt es nämlich nicht, die (als solche ja nicht in § 163d geregelte) Erhebung der Daten nach einer anderen Rechtsgrundlage durchzuführen,[126] weil die Speicherung zur weiteren Verwendung nach § 163d mit dieser zeitlich untrennbar verbunden ist. Außerdem setzt die Vorschrift während der Maßnahme *anfallende* Daten voraus, verlangt also ihre Wirksamkeit von Anfang an. Das Gesetz schreibt nicht ausdrücklich vor, dass die Ermittlungspersonen der Staatsanwaltschaft die Anordnung erst treffen dürfen, wenn **kein Staatsanwalt erreichbar** ist, doch dürfte sich dies aus der Verantwortung der Staatsanwaltschaft für das Ermittlungsverfahren[127] sowie aus der Entstehungsgeschichte der Vorschrift ergeben. Diese sah in ihrer ursprünglichen Fassung ohne Richtervorbehalt eine Anordnungskompetenz 49

---

120 Die zunächst vorgelegte Fassung (vgl. *Rogall* NStZ **1986** 385, 386 Fn. 13) sah in Absatz 2 eine originäre Anordnungskompetenz der Staatsanwaltschaft mit Eilkompetenz ihrer Ermittlungspersonen und lediglich die Notwendigkeit einer richterlichen Bestätigung nach einer Dauer von mehr als drei Tagen vor.

121 Zweifel an der anwendungsbegrenzenden Funktion angesichts der Besonderheiten des § 163d bei *Bermig* 120 ff.

122 Dazu näher *Bermig* 110; vgl. auch § 162, 44.

123 SK/*Wolter*/*Werkmeister* 43.

124 Zu den Voraussetzungen vgl. LR/*Menges* § 98, 34 ff.; KMR/*Noltensmeier-von Osten* 15. Zu den verfassungsrechtlich gebotenen Einschränkungen auch BVerfGE **103** 142 ff.; danach dürfte eine nichtrichterliche Anordnung bei § 163d nur noch ganz ausnahmsweise in Betracht kommen.

125 Ebenso NK/*Heghmanns* 19; im Ergebnis wohl tendenziell ebenso AnwK/*Walther* 14; HK/*Zöller* 12; Schmitt/Köhler/*Köhler* 14; SK/*Wolter*/*Werkmeister* 44; **a.A.** KK/*Moldenhauer* 21.

126 So wohl KK/*Moldenhauer* 21.

127 Ebenso LR/*Menges* § 98, 31; LR/*Hauck* § 111, 17 m.w.N. auch der Gegenmeinung; Schmitt/Köhler/*Köhler* 14; SK/*Wolter*/*Werkmeister* 43.

der Staatsanwaltschaft und lediglich eine Eilkompetenz der Ermittlungspersonen vor.[128] Die spätere Einführung des Richtervorbehalts enthält keine Hinweise darauf, dass dieses Stufenverhältnis geändert werden sollte.[129] Ist in Eilfällen kein Staatsanwalt, wohl aber der zuständige Richter erreichbar, so kann die Polizei nach § 163 Abs. 2 Satz 2 verfahren (vgl. § 165, 14).[130]

50 **c) Bestätigung durch den Richter.** Die nichtrichterliche Anordnung bedarf der richterlichen Bestätigung, die unverzüglich zu beantragen ist (Rn. 52 f.). Sie ist nach Absatz 2 Satz 3 i.V.m. § 100e Abs. 1 Satz 3 stets erforderlich, wenn die Kontrollfahndung länger als drei Werktage aufrechterhalten werden soll.[131] Für die Frist ist § 42 maßgebend; wird die nichtrichterliche Anordnung beispielsweise an einem Montag erlassen, so endet die Frist am Donnerstag, 24.00 Uhr. § 43 Abs. 2 dürfte ebenfalls gelten; das Fehlen eines zwingenden praktischen Bedürfnisses ist kein Grund, diese allgemeine gesetzliche Regelung zur Bestimmung von Fristenden im Strafverfahren hier als unanwendbar einzustufen.[132] Die Bestätigung muss vor Fristablauf beschlossen sein; eine **verspätete Bestätigung** ist regelmäßig in eine richterliche Anordnung umzudeuten, die vom Zeitpunkt ihres Erlasses an wirksam wird.[133]

51 **Maßstab** für die Entscheidung über die **Bestätigung** ist (wie bei der richterlichen Anordnung) nach § 162 Abs. 2 nur die Rechtmäßigkeit (einschließlich der Erfolgstauglichkeit und Verhältnismäßigkeit), nicht die Zweckmäßigkeit der Kontrollfahndung, und zwar grundsätzlich im Zeitpunkt der Bestätigung. Die Bestätigung ist also abzulehnen, wenn die Anordnung *nicht mehr* gerechtfertigt ist. Der Richter hat aber auch zu prüfen, ob sie ursprünglich materiell gerechtfertigt war, weil andernfalls ein Verwendungsverbot entsteht (vgl. Rn. 55, 77). In dem (praktisch seltenen) Fall, dass die nichtrichterliche Anordnung rechtswidrig war, im Zeitpunkt der Bestätigungsentscheidung aber die Voraussetzungen für die Kontrollfahndung vorliegen, muss, um die Unverwertbarkeit der bisher erhobenen Daten sicherzustellen, die Bestätigung abgelehnt und gleichzeitig eine neue richterliche Kontrollfahndungsanordnung mit Wirkung ex nunc getroffen werden, für die der erforderliche staatsanwaltschaftliche Antrag regelmäßig im Bestätigungsantrag gesehen werden kann. War die Kontrollfahndung mit einer den gleichen Sachverhalt betreffenden Kontrollstellenanordnung verbunden gewesen (Rn. 15), so ist bei der Bestätigung als Vorfrage auch über die Rechtmäßigkeit der Kontrollstellenanordnung mit zu entscheiden. Die Anordnung kann auch in **modifizierter Form** bestätigt werden, indem eine engere Konkretisierung der betroffenen Personen (Absatz 3 Satz 2) oder der räumlichen Begrenzung (Absatz 3 Satz 4) vorgenommen wird; darin liegt hinsichtlich des überschießenden Teils eine Nichtbestätigung. Einen weiteren Anwendungsbereich darf der Richter im Bestätigungsverfahren nur bestimmen, wenn die Staatsanwaltschaft dies beantragt.

52 Die richterliche Bestätigung ist stets **von der Staatsanwaltschaft zu beantragen**, auch wenn die Anordnung von ihren Ermittlungspersonen getroffen worden ist.[134] Damit die Staatsanwaltschaft ihrer Verpflichtung zur unverzüglichen Antragstellung (Absatz 2

---

128 S.o. erste Fn. unter Rn. 48.

129 In dieser Richtung wohl auch der im Schriftlichen Bericht des BT-Innenaussch., BTDrucks. **10** 5128 S. 7 enthaltene Hinweis, daß die Anordnung durch eine Ermittlungsperson der Staatsanwaltschaft nur bei einem Eilfall im örtlichen Bereich zum Zuge käme.

130 Krit. gegenüber dieser Option, die „in der Praxis kaum denkbar" sei, KK/*Moldenhauer* 22.

131 Zur Fristberechnung in solchen Fällen (auf § 100 bezogen) insgesamt *Schnarr* NStZ **1988** 481, 483.

132 Zu § 100 ebenso Schmitt/Köhler/*Köhler* § 100, 7; im Ergebnis auch *Schnarr* NStZ **1988** 481, 484; **a.A.** LR/*Menges* § 100, 20; zu § 163d LR/*Rieß*[25] 45.

133 So die allg. M. zu § 100; vgl. m.w.N. LR/*Menges* § 100, 19.

134 SK/*Wolter*/*Werkmeister* 45.

Satz 2) nachkommen kann, muss die Polizei sie auf dem schnellstmöglichen Wege unterrichten. Absatz 2 Satz 2 ist anders konzipiert als vergleichbaren Regelungen (§§ 100, 100e Abs. 1), für die sich die Ansicht vertreten ließe, dass die Staatsanwaltschaft die Bestätigung nur dann zu beantragen braucht, wenn die Maßnahme länger als drei Werktage andauern soll:[135] Bei § 163d (entsprechendes gilt für die ihm nachgebildeten neueren Regelungen)[136] verpflichtet Absatz 2 Satz 2 die Staatsanwaltschaft jedenfalls dann zur Antragstellung, wenn eine richterliche Bestätigung noch vor Ablauf der Dreitagesfrist möglich ist und wenn die Staatsanwaltschaft die Anordnung nicht von sich aus beendet.[137] Wird beispielsweise eine nichtrichterliche Anordnung an einem Montagabend getroffen, und von vornherein bis Donnerstag befristet, so muss die Staatsanwaltschaft am Dienstag die richterliche Bestätigung beantragen, weil eine richterliche Bestätigung (oder Nichtbestätigung) noch innerhalb der Laufzeit erreichbar ist. Aus dem Zweck des Absatzes 2 Satz 2 folgt ferner, dass **auch** der **Richter** die Entscheidung über die Bestätigung **unverzüglich** zu treffen hat.[138]

Ob die Staatsanwaltschaft auch dann die richterliche Bestätigung beantragen muss, 53
wenn feststeht, dass die **Anordnung** im frühestmöglichen Zeitpunkt der richterlichen Entscheidung **nicht mehr vollzogen wird**, ist trotz des Wortlauts der Vorschrift zweifelhaft und wird auch durch die Gesetzesmaterialien nicht eindeutig erhellt.[139] Einen Sinn hätte eine solche Auslegung nur dann, wenn eine nicht bestätigte nichtrichterliche Anordnung in jedem Fall auch hinsichtlich der während ihrer Laufzeit erhobenen Daten rückwirkend mit der Folge unwirksam wäre, dass diese Daten überhaupt nicht genutzt werden dürften.[140] Das ist aber mit dem klaren Wortlaut des von Satz 3 in Bezug genommenen § 100e Abs. 1 Satz 3 unvereinbar, wonach die Anordnung ohne richterliche Bestätigung nach drei Werktagen „außer Kraft" tritt, die in der Zwischenzeit gewonnenen Erkenntnisse also verwertbar bleiben.[141] Die Gegenmeinung[142] dürfte nicht ausreichend beachten, dass trotz der vorgeschriebenen Beendigung der Maßnahme die Speicherung und damit notwendig auch die Auswertung der rechtmäßig gespeicherten Daten zunächst nach Absatz 4 Satz 2 Halbsatz 2 aufrecht erhalten werden darf. Eine richterliche Bestätigung braucht daher richtigerweise **nicht beantragt zu werden**, wenn die Staatsanwaltschaft die Anordnung aufhebt, oder wenn sie so befristet ist, dass ihr Endzeitpunkt vor dem Zeitpunkt der (frühestmöglichen) richterlichen Entscheidung liegt.[143]

---

135 Vgl. SK/*Wolter/Werkmeister* 46; *Göhring* 50 m.w.N., sowie die Erl. zu diesen Vorschriften.

136 So § 98b Abs. 1; § 110b Abs. 2 Satz 3; § 163e Abs. 4 Satz 3 und (vergleichbar) § 163f Abs. 3 Satz 2.

137 KK/*Moldenhauer* 22; SK/*Wolter/Werkmeister* 46.

138 SK/*Wolter/Werkmeister* 47.

139 Vgl. dazu Schriftlichen Bericht des BT-Innenaussch., BTDrucks. **10** 5128 S. 7; Protokoll über die 97. Sitzung des Innenaussch. vom 19.2.1986, S. 97/3 ff.

140 So AK/*Achenbach* 25; NK/*Heghmanns* 20; SK/*Wolter/Werkmeister* 47.

141 So für den vergleichbaren Fall des § 110b BGHSt **41** 64, 66 f. = NStZ **1995** mit Anm. *Krey* = JR **1996** 517 mit Anm. *Beulke* = JZ **1996** 260 mit Anm. *Rogall*; *Bermig* 124; wohl auch *Rogall* NStZ **1986** 385, 391. Auch die im BT-Innenaussch. (vgl. Fn. 136) erfolgten kontroversen Beratungen beziehen sich nicht auf die Verwertbarkeit, sondern auf die alsbaldige Löschung; unklar insoweit auch der Schriftl. Bericht des BT-Innenaussch., BTDrucks. **10** 5128 S. 7. Ein zweifelsfreier gesetzgeberischer Wille, der eine andere Auslegung tragen könnte, ist den Materialien nicht zu entnehmen.

142 AK/*Achenbach* 25; HK-GS/*Ambos* 4; MüKo/*Kölbel/Neßeler* 29; NK/*Heghmanns* 20; SK/*Wolter/Werkmeister* 47.

143 Ebenso KK/*Moldenhauer* 23; Schmitt/Köhler/*Köhler* 15; **a.A.** HK-GS/*Ambos* 4; SSW/*Höltkemeier* 14; zur Wirksamkeit und Verwertbarkeit s.u. Rn. 55, 77.

54 **d) Nichtbestätigung der Anordnung.** Wird die Anordnung nicht vom Richter bestätigt, so tritt sie gemäß Satz 3 i.V.m. § 100e Abs. 1 Satz 3 auch ohne ihre ausdrückliche Aufhebung nach Ablauf der Dreitagesfrist automatisch außer Kraft – mit der Folge, dass weitere Daten nicht mehr erhoben werden dürfen und im Übrigen nach Absatz 4 Satz 1 bis 3 zu verfahren ist.[144] Dies gilt unabhängig davon, ob die beantragte Bestätigung vom Richter verweigert wird, oder ob die Staatsanwaltschaft, weil der Zweck der Maßnahme erreicht ist oder die Voraussetzungen für die Anordnung weggefallen sind, die Bestätigung nicht beantragt. Gleiches muss gelten, sobald der Richter vor Ablauf der Dreitagesfrist die Bestätigung ablehnt.

55 Hinsichtlich der Wirksamkeit der zwischenzeitlich getroffenen **Maßnahmen** ist zu unterscheiden. Lehnt der Richter die Bestätigung ab, weil er die Voraussetzungen *nicht mehr* für vorliegend erachtet oder den Zweck der Maßnahme für erreicht hält, oder sieht die Staatsanwaltschaft aus diesem Grunde davon ab, die Bestätigung zu beantragen, so gilt uneingeschränkt Absatz 2 Satz 3 i.V.m. § 100e Abs. 1 Satz 3, wonach die Anordnung „außer Kraft" tritt, also bis dahin wirksam war. Erlangte Erkenntnisse dürfen deshalb für das vorliegende Strafverfahren und im Übrigen in den durch § 479 Abs. 2 Satz 1 i.V.m. § 161 Abs. 3 und durch § 479 Abs. 2 Satz 2 festgelegten Grenzen verwendet werden.[145] Lehnt der Richter dagegen die Bestätigung ab, weil die Voraussetzungen für den Erlass der Anordnung von vornherein nicht vorgelegen haben, so erweist sich die Anordnung als von Anfang an rechtswidrig mit der Folge, dass auch die zwischenzeitlich erlangten Erkenntnisse nicht genutzt werden dürfen.[146] Das Gleiche gilt, wenn bereits die Staatsanwaltschaft aus diesem Grunde von einer Antragstellung absieht. Wegen dieser unterschiedlichen Rechtsfolgen muss die Entscheidung des Richters, der die Bestätigung ablehnt, den Grund hierfür erkennen lassen.[147]

8. Form und Inhalt der Anordnung

56 **a) Schriftform.** Die Anordnung muss, was Absatz 3 Satz 1 ausdrücklich bestimmt, schriftlich ergehen, auch wenn sie von der Staatsanwaltschaft oder ihren Ermittlungspersonen erlassen wird. In Ermangelung eines Unterschrifterfordernisses bedarf es bei elektronischer Erstellung gemäß § 32b Abs. 1 keiner qualifizierten Signatur, weshalb die Anordnung auch durch eine einfache E-Mail erfolgen kann.[148] Die durch sie zugelassenen Maßnahmen dürfen erst beginnen, wenn sie schriftlich vorliegt; die Übermittlung an die mit der Erhebung und Speicherung beauftragten Stellen kann danach auch mündlich geschehen,[149] sie ist alsdann unverzüglich nachträglich schriftlich zu übermitteln. Sofern es wegen des Beginns der Zulässigkeit der Datenspeicherung (vgl. auch Rn. 35) darauf ankommen kann, sollte die genaue Uhrzeit der schriftlichen Anordnung in dieser vermerkt werden. Die schriftliche Anordnung ist zu den Verfahrensakten zu nehmen.

---

144 *Riegel* CuR **1986** 138, 145; *Rogall* NStZ **1986** 385, 391; ihm folgend *Kühl* NJW **1987** 737, 743; unklar insoweit der Schriftliche Bericht des BT-Innenaussch., BTDrucks. **10** 5128 S. 7, wo zweifelhaft bleibt, ob die als Konsequenz des Außerkrafttretens bezeichnete Löschung die in Absatz 4 Satz 2 gemeinte ist.

145 Vgl. oben Rn. 53; **a.A.** AK/*Achenbach* 28; NK/*Heghmanns* 20; SK/*Wolter*/*Werkmeister* 48.

146 HK/*Zöller* 20; KK/*Moldenhauer* 23; MüKo/*Kölbel*/*Neßeler* 30; SK/*Wolter*/*Werkmeister* 49; *Göhring* 52; *Rogall* NStZ **1986** 385, 391; *Wittig* JuS **1997** 961, 967.

147 *Bermig* 124.

148 Schmitt/Köhler/*Köhler* 16.

149 *Göhring* 54 m.w.N.; *Rogall* NStZ **1986** 385, 391; Schmitt/Köhler/*Köhler* 16; **a.A.** AnwK/*Walther* 15; KK/*Moldenhauer* 24; SK/*Wolter*/*Werkmeister* 50.

b) Inhalt/Konkretisierungspflicht. Absatz 3 Satz 2 bis 4 regelt (nicht ganz vollständig und wenig klar) den Inhalt des bestimmenden Teils sowohl für die richterliche als auch für die nichtrichterliche Anordnung. Es versteht sich, obwohl dies nicht ausdrücklich vorgeschrieben ist, von selbst, dass die Anordnung das Verfahren, in dem sie ergeht und den **Verfahrensgegenstand**, also das historische Geschehen, das den Verdacht der Katalogtat begründet, bezeichnen muss. So genau, wie nach Lage des Einzelfalls möglich, sind ferner im Rahmen der **Konkretisierungspflicht** die aufklärungsrelevanten **Umstände** im Sinne des Absatzes 1 Satz 1 (vgl. Rn. 30 f.), der von der Anordnung betroffene **Personenkreis** (vgl. Rn. 33) und die **räumliche Begrenzung** (vgl. Rn. 36) anzugeben, und es ist der Zeitraum festzulegen, für den die Anordnung höchstens gilt (Rn. 45). Letzteres ist bei einer nichtrichterlichen Anordnung im Hinblick auf Absatz 2 Satz 3 i.V.m § 100e Abs. 1 Satz 3 allerdings nur dann erforderlich, wenn dieser auf weniger als drei Werktage bemessen werden soll. Ob sich aus dem wenig klaren und sich teilweise mit den Sätzen 2 und 4 überschneidenden Satz 3[150] ableiten lässt, dass die Einzelheiten der Speicherung oder Übermittlung festzulegen sind,[151] ist zweifelhaft; jedenfalls muss aber bei der Anordnung der Maßnahme klar sein, wem die Daten zum Zwecke der Speicherung zu übermitteln sind. Zur Frage der Nachkonkretisierung s. Rn. 51, 59, 62.[152] 57

c) Begründung/Vollstreckung. Die richterliche Anordnung ist zu begründen, weil gegen sie der Rechtsbehelf nach § 101 Abs. 7 Satz 2 und gegen die daraufhin ergehende Entscheidung nach § 101 Abs. 7 Satz 3 die sofortige Beschwerde eröffnet ist (§ 34 1. Alt., vgl. Rn. 83); auch müssen für das weitere Verfahren die Umstände aktenkundig gemacht werden, aus denen sich das Vorliegen der Voraussetzungen der Anordnung ergibt. Es muss also, mit der nach Lage des Einzelfalls möglichen Genauigkeit, mindestens angegeben werden, welche Tatsachen den Verdacht einer Katalogtat begründen und welche Tatsachen die Maßnahme erfolgstauglich erscheinen lassen. Die **Vollstreckung** einer richterlichen Anordnung richtet sich nach § 36 Abs. 2; sie ist also der Staatsanwaltschaft zuzuleiten, die die Polizei beauftragen wird, die erforderlichen Vollzugsmaßnahmen durchzuführen.[153] 58

d) Bestätigung, Verlängerung, Ablehnung. Für die Bestätigung einer nichtrichterlichen Anordnung (Absatz 2 Satz 2) und die Verlängerung der Anordnung gelten die inhaltlichen Anforderungen des Absatzes 3 entsprechend. Diese Anordnungen bedürfen ebenfalls der Schriftform. Der Richter hat ferner zu prüfen, ob die Maßnahme (noch) ausreichend konkretisiert ist; verneint er dies, so besteht die Pflicht zur ergänzenden und einschränkenden Konkretisierung (Nachkonkretisierung). Dies folgt für die Verlängerung aus Absatz 3 Satz 5, nach dem diese nur zulässig ist, „soweit“ die Voraussetzungen fortbestehen. Auch die **Ablehnung** eines Antrags oder einer Bestätigung bedarf der Schriftform und ist, weil beschwerdefähig (vgl. Rn. 84), zu begründen. Bei der Ablehnung der Bestätigung muss die Begründung wegen der unterschiedlichen Rechtsfolgen (Rn. 55) erkennen lassen, ob der Richter die Voraussetzungen nicht mehr für gegeben hält oder ob sie schon im Zeitpunkt der Anordnung nicht vorlagen. 59

---

150 Dieser Satz war in der Ursprungsfassung (vgl. *Rogall* NStZ **1986** 385, 386 Fn. 13; DRiZ **1986** 153) nicht enthalten; er ist weder in den Ausschussberatungen noch im Schriftlichen Bericht erläutert worden.

151 So KK/*Moldenhauer* 26; Schmitt/Köhler/*Köhler* 18; MüKo/*Kölbel*/*Neßeler* 13; SK/*Wolter*/*Werkmeister* 56; *Wittig* JuS **1997** 961, 965.

152 Eine umfassende Pflicht zur Nachkonkretisierung nimmt *Rogall* NStZ **1986** 385, 391 an; ebenso ihm folgend Schmitt/Köhler/*Köhler* 17, wohl auch KK/*Moldenhauer* 26.

153 SK/*Wolter*/*Werkmeister* 43.

9. Beendigung der Maßnahmen

60 **a) Allgemeines.** Absatz 4 regelt in etwas verwirrender und teilweise widersprüchlicher Form nicht ganz vollständig die Beendigung der Kontrollfahndung und der mit ihr verbundenen Maßnahmen sowie die sich daraus ergebenden Konsequenzen. Die Regelung ist insoweit unvollständig, als sie keine Aussagen über die Aufhebung der Anordnung selbst und über die aus dem Ablauf der Anordnungsfrist folgenden Konsequenzen enthält; sie ist (mindestens terminologisch) insoweit verwirrend und zu weitgehend, als sie mit dem Begriff der zu beendenden Maßnahmen eine uneingeschränkte Beendigungspflicht zu normieren scheint, die mit den verbleibenden Nutzungs- und Verwendungsregelungen nicht übereinstimmt. Unter Rückgriff auf allgemeine Grundsätze und die Systematik der StPO lässt sich aus dem Gesamtzusammenhang der Vorschrift wohl folgender Regelungsinhalt entnehmen: (1) Die Erhebung, Einspeicherung und Übermittlung der Daten und ihre Auswertung sind bei Wegfall der Anordnungsvoraussetzungen oder Zweckerreichung[154] ohne Rücksicht auf die ursprünglich bestimmte Laufzeit der Anordnung alsbald einzustellen (Satz 1, s.u. Rn. 62 f.), die Anordnung ist danach (deklaratorisch) aufzuheben. (2) Ohne Rücksicht auf die Zweckerreichung endet die Befugnis zur Datenerhebung und Verarbeitung später gewonnener Daten mit dem Zeitablauf der Anordnung; zulässig bleibt für maximal drei Monate die automatisierte Speicherung in gesonderten Dateisystemen und die Verarbeitung (s.u. Rn. 65, 71). (3) Bei Wegfall der Anordnungsvoraussetzungen, Zweckerreichung oder Aufhebung der Anordnung sind die Daten in den gesonderten automatisierten Dateisystemen spätestens innerhalb von drei Monaten zu löschen; soweit sie für das Strafverfahren aufklärungsrelevant sind, dürfen sie in dessen Akten weiterhin mitgeführt werden (Satz 2, näher Rn. 67). (4) Zufallsfunde dürfen nach Maßgabe von § 479 Abs. 2 Satz 1 i.V.m. § 161 Abs. 3 und § 479 Abs. 2 Satz 2 nur in die Akten des anderen Strafverfahrens überführt bzw. den für die Folgemaßnahmen zuständigen Stellen übermittelt werden, solange die Auswertung für die Zwecke des die Anordnung rechtfertigenden Strafverfahrens zulässig ist (näher Rn. 68, 76 ff.).

61 **Absatz 4** bezieht sich, mit Ausnahme des Satzes 3, nur auf **rechtmäßige Anordnungen**, wie die Wendung in Satz 1 zeigt, dass die Voraussetzungen „nicht mehr" vorliegen. Lagen sie von Anfang an nicht vor, so besteht eine uneingeschränkte Löschungspflicht, ein Übermittlungsverbot, ein Auswertungsverbot und ein Verbot der Nutzung etwa gewonnener Erkenntnisse für das Strafverfahren und für Zufallsfunde.[155]

62 **b) Beendigung der Maßnahmen bei Wegfall der Voraussetzungen (Satz 1).** Die Voraussetzungen für den Erlass der Anordnung liegen nicht mehr vor, wenn entweder kein durch bestimmte Tatsachen begründeter Verdacht einer Katalogtat mehr besteht, mag auch der Verdacht einer anderen Straftat bestehenbleiben, oder wenn die Erfolgstauglichkeit nicht mehr bejaht werden kann oder wenn die Maßnahme nunmehr unverhältnismäßig wäre. Damit fällt auch die **Zweckverfehlung** unter Satz 1 (vgl. aber Rn. 64 a.E.). Der **Zweck** der Anordnung ist **erreicht**, wenn entweder der Täter ergriffen oder der mittels der Kontrollfahndung erstrebte Aufklärungsgewinn erzielt worden ist. Absatz 4 Satz 1 gilt auch dann, wenn nur ein Teilerfolg erreicht, ein weiterer aber nicht zu erwarten ist. Rechtfertigt der nach einem Teilerfolg noch zu erwartende Aufklärungserfolg nur noch eine nach Personen, Art, Raum oder Zeit enger begrenzte Kontrollfahndung, so folgt aus

154 Nach *Rogall* NStZ **1986** 385, 391 Fn. 71 ist die Zweckerreichung ein Unterfall des Wegfalls der Voraussetzungen.

155 AK/*Achenbach* 28; AnwK/*Walther* 19; KK/*Moldenhauer* 30; SK/*Wolter*/*Werkmeister* 60; *Rogall* NStZ **1986** 385, 391; vgl. auch Rn. 77 ff.

dem Beendigungsgebot ein **Beschränkungsgebot**. Die Anordnung ist im Wege der Nachkonkretisierung entsprechend einzuschränken.[156]

Die **Beendigungspflicht** bei Wegfall der Voraussetzungen besteht unabhängig davon, ob die Anordnung formal noch besteht; sie verpflichtet das zuständige Strafverfolgungsorgan, die Kontrollfahndung abzubrechen und als Folge hiervon die Aufhebung der richterlichen Anordnung zu beantragen.[157] Zuständig hierfür ist im Ermittlungsverfahren die Staatsanwaltschaft, nicht deren Ermittlungspersonen, auch wenn diese die Kontrollfahndung angeordnet haben.[158] Eine Ausnahme gilt nur dann, wenn die Staatsanwaltschaft nicht erreichbar ist und die Beendigungsvoraussetzungen unzweifelhaft vorliegen. 63

Nach dem Wortlaut des Absatzes 4 Satz 1 betrifft die Beendigungspflicht die **Maßnahmen**. Maßnahmen sind nach Absatz 1 die Erhebung personenbezogener Daten, deren Speicherung in einem Dateisystem, ihre Auswertung und ihre Übermittlung an Strafverfolgungsbehörden. Hierauf kann sich aber die Pflicht zur Beendigung nicht uneingeschränkt beziehen. Dass die Speicherung aufrechterhalten bleiben darf, folgt schon aus Satz 2 zweiter Halbsatz. Im Übrigen ist zu unterscheiden: Bei Zweckerreichung oder bei Wegfall des Tatverdachts besteht kein Bedürfnis für weitere Speicherung, Auswertung und Übermittlung, die folglich unverzüglich zu beenden sind. Hat die Kontrollfahndung zu gewissen Ergebnissen geführt und sind **weitere** aufklärungsrelevante **Erkenntnisse nicht zu erwarten**, so entfällt für die Zukunft die Erfolgseignung und löst damit die Beendigungspflicht dergestalt aus, dass die Maßnahmen nicht mehr fortgesetzt werden dürfen. In diesen Fällen muss es aber vom Zweck der Kontrollfahndung her als zulässig angesehen werden, dass die vorher angefallenen Daten noch gespeichert bleiben und ausgewertet und zu diesem Zweck auch übermittelt werden.[159] Die Situation entspricht der der Beendigung der Kontrollfahndung durch Fristablauf. 64

c) Beendigung durch Fristablauf. Aus den zeitlichen Grenzen für die Kontrollfahndung (Absatz 2 Satz 3 i.V.m. § 100e Abs. 1 Satz 3, Absatz 3 Satz 3 bis 5) folgt zwingend, dass die auf ihr beruhenden Maßnahmen mit Fristablauf auch dann zu beenden sind, wenn die materiellen Voraussetzungen der Anordnung weiterhin bestehen und ihr Zweck noch nicht erreicht ist. Die Anordnung verliert mit Ablauf der Frist ihre Wirkung; einer Aufhebung bedarf es nicht. In diesem Fall ist die Speicherung danach anfallender Daten nicht mehr zulässig; zulässig bleibt es aber, in den Grenzen des Absatz 4 Satz 2 zweiter Halbsatz die Speicherung aufrechtzuerhalten, die gespeicherten Dateisysteme auszuwerten, zu übermitteln und zu nutzen. 65

d) Löschungspflicht (Absatz 4 Satz 2, 3). Obwohl der Wortlaut eine weitergehende Auslegung zulassen würde, bezieht sich die an die Beendigungspflicht anknüpfende Löschungspflicht[160] nur auf die personenbezogenen Daten, die in dem nach Absatz 1 Satz 1 angelegten oder einem von diesem durch Datenübermittlung abgeleiteten Sekundärdateisystem gespeichert sind, die beide als selbständige Kurzzeitdateien (vgl. Rn. 40) geführt werden müssen.[161] 66

---

156 SK/*Wolter/Werkmeister* 59; *Rogall* NStZ **1986** 385, 391.

157 Ebenso MüKo/*Kölbel/Neßeler* 34; vgl. auch die funktionell vergleichbare Regelung in § 120.

158 SK/*Wolter/Werkmeister* 59.

159 Ebenso MüKo/*Kölbel/Neßeler* 36 f.; vgl. auch, teilweise abweichend, *Wittig* JuS **1997** 961, 967.

160 Zum Begriff des Löschens LR/*Tillich*[27] Vor § 483, 23. Eine bloße Einschränkung der Verarbeitung nach § 489 Abs. 6 dürfte nicht ausreichen, da Absatz 4 Satz 2 gegenüber § 489 lex specialis ist.

161 Vgl. *Rogall* NStZ **1986** 385, 391; krit. *Riegel* CuR **1986** 138, 145.

67 Aus Absatz 4 Satz 2 kann dagegen **keine Löschungspflicht** für solche personenbezogenen Daten abgeleitet werden, die nach Auswertung dieser besonderen im Rahmen der Kontrollfahndung entstandenen Dateisysteme in verfahrensbezogene Unterlagen gelangt sind, d.h. die für das jeweilige Strafverfahren relevanten, die Täterermittlung oder Aufklärung betreffenden Daten, die für das laufende Strafverfahren und (bei Zufallserkenntnissen) im Rahmen von § 479 Abs. 2 Satz 1 i.V.m. § 161 Abs. 3 und § 479 Abs. 2 Satz 2 genutzt werden dürfen. Insoweit sind die Informationen zu den Akten zu nehmen;[162] wieweit sie in diesem Zusammenhang aufzubewahren sind und zu welchem Zweck sie dazu gespeichert und übermittelt werden dürfen, richtet sich nach § 101 Abs. 8, nicht nach § 163d. Im Ergebnis gewährleistet die Bestimmung damit für die Daten Unbeteiligter, die entsprechend der Natur der Kontrollfahndung ex post gesehen überflüssigerweise angefallen sind, deren spurenlose Löschung, soweit nicht § 479 Abs. 2 Satz 1 i.V.m. § 161 Abs. 3 oder § 479 Abs. 2 Satz 2 die Nutzung gestattet.

68 Die Pflicht zur Löschung obliegt der **speichernden Stelle**; die das Strafverfahren führende Behörde hat darauf hinzuwirken, dass die Löschung vorgenommen wird, sobald ihre Voraussetzungen vorliegen. Sind nach Absatz 1 Satz 3 Daten übermittelt worden, so muss auch der Empfänger sie löschen; die speichernde Stelle hat dafür Sorge zu tragen, dass der Empfänger über die Löschungsnotwendigkeit informiert wird. Im Hinblick auf mögliche **Zufallserkenntnissen** nach § 479 Abs. 2 Satz 1 i.V.m. § 161 Abs. 3 oder § 479 Abs. 2 Satz 2 (Rn. 76 ff.) ist dabei Folgendes zu beachten: Eine Aufrechterhaltung der Speicherung oder eine Fortführung der Auswertung von Daten über den Eintritt der Löschungsreife hinaus, um nach diesem Zeitpunkt noch Zufallserkenntnisse zu gewinnen, wäre unzulässig. Sind solche Erkenntnisse bereits vor einer rechtzeitig erfolgten Löschung angefallen und zu den Akten genommen worden, so bleiben sie hingegen verwertbar. Eine weitergehende Verpflichtung zur Löschung aller solcher Erkenntnisse[163] besteht nicht; sie würde die gesetzlich geregelte Verwendungsmöglichkeit unterlaufen.

69 Die in Absatz 4 Satz 3 vorgeschriebene **Unterrichtung der Staatsanwaltschaft** von der Löschung kommt nur dann in Betracht, wenn nicht die das Ermittlungsverfahren führende Staatsanwaltschaft speichernde Stelle ist; im Übrigen ist sie gegenstandslos.[164] Die Unterrichtung erfolgt zweckmäßigerweise durch Übersendung eines Löschungsprotokolls;[165] sie soll der Staatsanwaltschaft die Kontrolle ermöglichen, dass die Löschungspflicht befolgt wird. Diese muss deshalb von sich aus überwachen, ob spätestens drei Monate nach Beendigung der Kontrollfahndung eine Löschungsmitteilung eingegangen ist. Die Mitteilung ist in den Ermittlungsakten aktenkundig zu machen. Gleiches gilt, wenn die Staatsanwaltschaft, weil sie selbst gespeichert hat, die Löschung selbst vornimmt.

70 **e) Löschungsfrist.** Die personenbezogenen Daten sind zu löschen, sobald erkennbar ist, dass sie für das Strafverfahren nicht (mehr) benötigt werden. Das setzt regelmäßig

---

162 AnwK/*Walther* 18; HK/*Zöller* 17; KK/*Moldenhauer* 29; Schmitt/Köhler/*Köhler* 21, MüKo/*Kölbel/Neßeler* 38; KMR/*Noltensmeier-von Osten* 23; SK/*Wolter/Werkmeister* 61; SSW/*Höltkemeier* 21; *Bermig* 171; *Hilger* NStZ **1997** 371, 373; *Rogall* NStZ **1986** 385, 391; *Schnarr* ZRP **1990** 295, 296; zweifelnd *Kühl* NJW **1987** 737, 743, der aber ebenfalls für noch „benötigte" Daten die Löschungspflicht verneint.

163 So möglicherweise, wenn auch nicht eindeutig KK/*Schoreit*[6] 39; ihm folgend SK/*Wolter* (alte Loseblattausgabe Stand Mai 1997) 74; wie hier HK/*Zöller* 17; MüKo/*Kölbel/Neßeler* 39.

164 AnwK/*Walther* 21; vgl. dazu auch (aus diesem Grunde kritisch) KK/*Moldenhauer* 32; SK/*Wolter/Werkmeister* 64; *Göhring* 58. Die Auffassung von *Bermig* 134, der hieraus die Unzulässigkeit einer Speicherung durch die StA ableiten will, ist unzutreffend.

165 Schmitt/Köhler/*Köhler* 22; MüKo/*Kölbel/Neßeler* 40; SK/*Wolter/Werkmeister* 64; *Göhring* 58, *Rogall* NStZ **1986** 385, 391.

zunächst voraus, dass sie ausgewertet (Rn. 44) werden, es sei denn, dass bereits vorher feststeht, dass der Zweck der Kontrollfahndung auf andere Weise erreicht worden ist (etwa, weil der gesuchte Tatverdächtige auf andere Weise ergriffen und die Tat aufgeklärt worden ist). Zeigt sich bei einer ersten Auswertung, dass ein Teil der Daten irrelevant ist, so sollten diese, wenn dies mit vertretbarem Aufwand möglich ist, vorweg gelöscht werden.[166]

Die **Höchstfrist** von drei Monaten[167] für die Aufrechterhaltung der Speicherung nach Absatz 4 Satz 2 zweiter Halbsatz darf nach dem Verhältnismäßigkeitsprinzip nur in Anspruch genommen werden, wenn nicht vorher festgestellt werden kann, ob die Löschungsvoraussetzungen vorliegen; überschritten werden darf sie auf keinen Fall. Der **Beginn der Frist**, der auf die Laufzeit nach Absatz 3 abstellt, wird vom Gesetz nur für den Fall zutreffend beschrieben, dass die Kontrollfahndung infolge Ablaufs der in der richterlichen Anordnung bestimmten Frist endet; nicht berücksichtigt ist der Fall, dass die Kontrollfahndung nach Absatz 2 Satz 3 außer Kraft tritt, oder nach Absatz 4 Satz 1 vorzeitig beendet wird. Nach dem erkennbaren Sinn der Vorschrift darf in diesen Fällen nicht auf ein späteres Fristende nach Absatz 3 abgestellt werden; die Frist beginnt immer dann, wenn die Kontrollfahndungsmaßnahmen, namentlich die Einspeicherung, beendet werden. 71

10. Verwendung rechtmäßig gespeicherter Daten

a) Allgemeines. Bei der Nutzung der Daten und der Verwertbarkeit der daraus gewonnenen Erkenntnisse ist zwischen der unbeschränkten Verwendbarkeit der Daten für den Zweck, zu dem sie gespeichert worden sind, und einer beschränkten Verwendbarkeit für andere Zwecke nach § 479 Abs. 2 Satz 1 i.V.m. § 161 Abs. 3 und § 479 Abs. 2 Satz 2 zu unterscheiden. Im zweiten Fall ist nur die Verwendung von Erkenntnissen zulässig, die sich bei Gelegenheit der Auswertung ergeben (**Zufallserkenntnisse**, näher Rn. 77 ff.). Voraussetzung für die Verwendbarkeit ist stets, dass die Datenerhebung und Datenspeicherung rechtmäßig war (Rn. 61); für die Fälle rechtswidriger Speicherung s.u. Rn. 77 ff. 72

b) Verwendung zur Verfolgung der Anlasstat. Uneingeschränkt nutzbar sind die gewonnenen Daten zur **Aufklärung der Tat im prozessualen Sinn**, die den Grund für die Kontrollfahndung bildete.[168] Die gezielte Verwendung der Daten ist also auch zulässig, wenn wegen der Tat, die der Kontrollfahndungsanordnung zugrunde lag, mehrere Strafverfahren durchgeführt werden, etwa wenn Mittäter oder Tatbeteiligte in getrennten Verfahren verfolgt werden. Andererseits dürfen die Daten für andere Taten nur in dem nach § 479 Abs. 2 Satz 1 i.V.m. § 161 Abs. 3 zulässigen Rahmen verwendet werden, auch wenn die anderen Taten im gleichen Verfahren verfolgt werden, beispielsweise, wenn gegen den nach einer Kontrollfahndung wegen Mordverdachts Beschuldigten im gleichen Strafverfahren eine damit nicht zusammenhängende Unterschlagung aufzuklären ist.[169] 73

Eine **Nutzung wegen der gleichen Tat** liegt auch dann vor, wenn sie ex post nicht mehr den Straftatbestand einer Katalogtat erfüllt, beispielsweise, wenn der Verdacht des gewerbsmäßigen Handelns mit Betäubungsmitteln (§ 29 Abs. 3 Satz 2 Nr. 1 BtMG) ursprüng- 74

---

166 SK/*Wolter/Werkmeister* 61 a.E.

167 Grundsätzliche Bedenken gegen die Frist bei AK/*Achenbach* 27; Kritik an der Länge etwa bei *Rogall* NStZ **1986** 391 (regelmäßig nicht mehr als ein Monat erforderlich); vgl. auch den schriftlichen Bericht des BT-Innenaussch., BTDrucks. **10** 5128 S. 8 (grundsätzlich sei nur sehr kurze Speicherung erforderlich).

168 MüKo/*Kölbel/Neßeler* 42 f.; *Meyer-Goßner*[50] 23; *Baumann* StV **1986** 494, 499; *Schnarr* ZRP **1990** 295, 297; enger (auch insoweit nur für Katalogdelikte) SK/*Wolter* (alte Loseblattausgabe Stand Mai 1997) 78 f.

169 Ähnlich SK/*Wolter* (alte Loseblattausgabe Stand Mai 1997) 78, 80 („mitlaufende Straftaten").

lich bestand, das Merkmal der Gewerbsmäßigkeit später aber nicht nachweisbar ist, oder wenn trotz des ursprünglichen Verdachts eines versuchten vorsätzlichen Tötungsdelikts im Ergebnis nur eine Körperverletzung (§ 223 StGB) verbleibt.[170]

75 Die **Nutzung** der Daten besteht in ihrer **gezielten und planmäßigen Auswertung**, also der Durchführung von Such- und Kontrollläufen mit anderen Datenbeständen, wenn sich durch die Kombination von Daten aufklärungsrelevante Erkenntnisse ergeben können, ferner die Verwendung der gewonnenen Erkenntnisse als Grundlage für weitere Ermittlungen und als Beweismittel im Verfahren. Die insoweit zu nutzenden und deshalb zu den Ermittlungsvorgängen zu nehmenden Daten unterliegen nicht der Löschungspflicht nach Absatz 4 Satz 2 (Rn. 67).

76 **c) Zufallserkenntnisse.** Nach § 479 Abs. 2 Satz 1 i.V.m. § 161 Abs. 3 und § 479 Abs. 2 Satz 2 sind ausschließlich solche Erkenntnisse zu behandeln, die nicht aufgrund der gezielten und planmäßigen Auswertung der gespeicherten Daten ermittelt werden, sondern die als Nebenergebnisse eines mit anderen Zwecksetzungen erstellten Auswertungsprogramms anfallen. Ausgeschlossen ist damit, die Daten komplett an eine sonst nicht mit dem Verfahren befasste Strafverfolgungsbehörde zu übermitteln, damit diese bei „Gelegenheit" einer Auswertung „Zufallserkenntnisse" gewinnt, denn ein solches Vorgehen würde zwangsläufig eine planmäßige Suche bedeuten.[171] In Bezug auf andere Stellen als an Strafverfolgungsbehörden wäre ein solches Vorgehen im Übrigen schon deshalb unzulässig, weil Absatz 1 Satz 3 die Datenübermittlung ausschließlich an Strafverfolgungsbehörden erlaubt. Einer Übermittlung echter Zufallsfunde, die bei der Datenauswertung im Ausgangsverfahren angefallen sind, an sonstige Behörden gemäß § 479 Abs. 2 Satz 2 steht Absatz 1 Satz 3 demgegenüber nicht entgegen,[172] weil letzterer so ausgelegt werden kann und muss, dass er insoweit nur den die Maßnahme erzeugten Ausgangsdatensatz, nicht jedoch die bei seiner rechtmäßigen Auswertung gewonnenen sicherheitsrelevanten Einzelerkenntnisse betrifft, da eine andere Interpretation die vom Gesetzgeber ausdrücklich beabsichtigte Eröffnung der Anwendung von § 479 Abs. 2 Satz 2[173] ad absurdum führen würde. Ob in der Praxis eine effektive Begrenzung der „Produktion von Zufallserkenntnissen" gewährleistet ist (die bei einer sachgerechten und korrekten Durchführung der Maßnahme eigentlich kaum jemals anfallen dürften,[174] weil das Auswertungsprogramm hierfür entsprechend ausgerichtet sein müsste, womit es sich bei den auf diese Weise gewonnenen zusätzlichen Erkenntnissen aber nicht mehr um „Zufallsfunde" handelt) erscheint freilich zweifelhaft.[175]

77 **11. Verwendungsverbot bei rechtswidriger Kontrollfahndung.** Nur rechtmäßige Kontrollfahndungen gestatten die Nutzung der gespeicherten Daten und der bei ihrer Auswertung gewonnenen Erkenntnisse. Ist die Kontrollfahndung rechtswidrig, so besteht

---

170 Schmitt/Köhler/*Köhler* 23; MüKo/*Kölbel/Neßeler* 42; **a.A.** SK/*Wolter* (alte Loseblattausgabe Stand Mai 1997) 80; vgl. auch zur ähnlich gelagerten, aber intensiver erörterten Situation bei der Fernmeldeüberwachung LR/*Hauck* § 100a, 206 ff. m.w.N., auch zur Gegenmeinung.

171 Ebenso SSW/*Höltkemeier* 24.

172 **A.A.** MüKo/*Kölbel/Neßeler* 44; SK/*Wolter/Werkmeister* 2.

173 Vgl. RegE BTDrucks. **16** 5846 S. 65 in Bezug auf § 477 Abs. 2 Satz 3 a.F.

174 Zutr. KK/*Schoreit*[5] 42; *Ranft* Rn. 839; ebenso HK/*Zöller* 19; Schmitt/Köhler/*Köhler* 24; MüKo/*Kölbel/Neßeler* 43.

175 Zu entsprechenden Verlockungen etwa *Kalf* Polizei **1986** 413; ferner KK/*Schoreit*[5] 42.

ein Verwendungsverbot,[176] für dessen Umfang und Reichweite wegen der Vergleichbarkeit der Sachlage auf die bei rechtswidriger Fernmeldeüberwachung entwickelten Grundsätze zurückgegriffen werden kann.[177]

Die **Rechtswidrigkeit der Kontrollfahndung** kann sich schon daraus ergeben, dass die zugrundeliegende grenzpolizeiliche Kontrolle oder Kontrollstelle nach § 111 rechtswidrig war, weil § 163d die Zulässigkeit der Datenerhebung bei diesen Kontrollen voraussetzt. Rechtswidrig ist die Kontrollfahndung ferner, wenn die den Verdacht begründenden Tatsachen nicht die Subsumtion unter den Tatbestand einer Katalogtat gestatten, während bei der Bewertung des Verdachtsgrades nur die völlige Unvertretbarkeit (Willkür) zur Rechtswidrigkeit führt;[178] Gleiches wird für die Beurteilung der Erfolgstauglichkeit und der Verhältnismäßigkeit anzunehmen sein. Rechtswidrig wird ferner eine nach **Ablauf ihrer Laufzeit** (Absatz 2 Satz 3, Absatz 3 Satz 3, 4) fortgesetzte Kontrollfahndung hinsichtlich der danach erhobenen und gespeicherten Daten. Das Gleiche gilt für die Fortsetzung trotz einer Beendigungsanordnung (Rn. 63); wird dem **Beendigungsgebot** des Absatzes 4 Satz 1 zuwider die Beendigung nicht unverzüglich veranlasst, so entsteht ein Verwertungsverbot wohl nur dann, wenn die Fortsetzung unvertretbar (willkürlich) ist. 78

Die Erhebung und Speicherung **einzelner Daten** kann dann rechtswidrig sein, wenn sie Personen betrifft, die von der Konkretisierung nach Absatz 3 Satz 2 nicht erfasst werden, oder wenn über die räumlichen Begrenzungen hinausgegangen wird. Die dadurch gewonnenen Daten dürfen bei der Auswertung der Speicherung nicht berücksichtigt werden. Lässt sich im Zeitpunkt der Auswertung nicht mehr feststellen, welche Daten wegen rechtswidriger Einspeicherung unberücksichtigt bleiben müssen, so kann dies die Auswertung insgesamt unzulässig machen. Aufgrund ihrer rechtswidrigen Erlangung (s.o. Rn. 76) unverwertbar[179] sind auch „Zufallserkenntnisse“, nach denen gezielt Ausschau gehalten wurde. 79

12. Unterrichtungspflicht. Die früher in Absatz 5 a.F. geregelte Verpflichtung zur Unterrichtung der Betroffenen folgt heute aus der allgemeinen Regelung in § 101 Abs. 4 bis 6. Die Unterrichtungspflicht wird noch nicht durch die Datenspeicherung und deren Auswertung ausgelöst, weil dies wegen der potenziell großen Anzahl der Betroffenen, der eher geringen Auswirkungen auf sie und des damit verbundenen Aufwands weder erforderlich noch sinnvoll erscheint.[180] Sie beginnt nach § 101 Abs. 4 Satz 1 Nr. 10 vielmehr erst durch die dadurch veranlasste **Vornahme weiterer Ermittlungen** gegen diese Personen. Nicht benachrichtigt zu werden brauchen daher alle Personen, deren Daten schon aufgrund der Auswertung gelöscht werden, weil sie weder als Verdächtige noch sonst als Beweispersonen in Betracht kommen. Nach dem Gesetzeswortlaut besteht keine Benachrichtigungspflicht gegenüber solchen Personen, die bei der Verwendung von Zufallserkenntnissen ermittelt werden, weil sie zur Fahndung oder Aufenthaltsermittlung ausgeschrieben waren, denn gegen diese werden keine weiteren Ermittlungen geführt; sie *sind* nach der Auswertung ermittelt. Der Sinn und Zweck des § 101 Abs. 4 bis 6 zugrundeliegen- 80

---

176 AK/*Achenbach* 28; HK/*Zöller* 20; KK/*Moldenhauer* 30; NK/*Heghmanns* 7; SK/*Wolter*/*Werkmeister* 60, 72; s.o. Rn. 61.

177 Zu den Einzelheiten dieser Grundsätze LR/*Hauck* § 100a, 214 ff.

178 Vgl. LR/*Hauck* § 100a, 219 ff. m.w.N.

179 Richtigerweise auch als Spurenansatz, vgl. AK/*Achenbach* 28.

180 MüKo/*Kölbel*/*Neßeler* 41; zu Absatz 5 a.F. ebenso KK/*Schoreit*[5] 44; SK/*Wolter* (alte Loseblattausgabe Stand Mai 1997) 86; krit. *Bermig* 177 ff.

den Transparenzgebots kommt bei ihnen jedoch in gleicher Weise zum Tragen, weshalb sie richtigerweise ebenfalls zu benachrichtigen sind.[181]

81 Die **weiteren Ermittlungen** i.S. von § 101 Abs. 4 Satz 1 Nr. 10 sind Ermittlungshandlungen herkömmlicher und im Rahmen des Strafverfahrens zulässiger Art. Sie können beispielsweise in der Vernehmung dieser Personen bestehen, in der Anordnung und im Vollzug von Zwangsmaßnahmen, etwa Durchsuchungen, aber auch in Nachforschungen in ihrem Umfeld oder in der bloßen Einholung von Auskünften über sie, auch von Auskünften aus dem Bundeszentralregister oder dem Verkehrszentralregister. Zweifelhaft ist, welche Bedeutung dem Gesetzeswortlaut zukommt, dass *gegen* diese Personen ermittelt worden sein muss. Nach dem allgemeinen Wortsinn wäre er dahin auszulegen, dass die Ermittlung das Ziel haben muss, einen mindestens möglichen Verdacht aufzuklären, sodass sich die Benachrichtigungspflicht nur auf Verdächtige (und Beschuldigte) beziehen würde.[182] Ermittlungen *über* Personen, gegen die keinerlei Tatverdacht besteht, und die etwa mit dem Ziel angestellt werden, festzustellen, ob über sie Bezüge zu einem Tatverdächtigen hergestellt werden können oder ob sie als Beweispersonen in Betracht kommen, würden danach die Benachrichtigungspflicht nicht begründen. Besonders sinnvoll erscheint diese Auslegung allerdings nicht. Beschuldigte sind auch dann nach § 101 Abs. 4 zu unterrichten, wenn nach den allgemeinen Vorschriften, weil das Ermittlungsverfahren nicht zur Erhebung der öffentlichen Klage führt,[183] eine Vernehmung nicht zwingend erforderlich ist.

82 Zu den **Ausnahmen** von der Benachrichtigungspflicht, zum diesbezüglichen **Verfahren** und zur **Entscheidungszuständigkeit** ist auf die Kommentierung von § 101 zu verweisen.

13. Anfechtbarkeit

83 **a) Angeordnete Kontrollfahndung.** Bei Maßnahmen nach § 163d können Personen, gegen die nach Auswertung der Daten weitere Ermittlungen geführt wurden, nach § 101 Abs. 7 Satz 2 i.V.m. Abs. 4 Satz 1 Nr. 10 zunächst bei dem für die Anordnung der Maßnahme zuständigen Amtsgericht die **Überprüfung der Rechtmäßigkeit** sowohl der Maßnahme als solcher als auch der Art und Weise ihres Vollzugs beantragen. Gegen die daraufhin ergehende Entscheidung eröffnet § 101 Abs. 7 Satz 3 den Betroffenen die **sofortige Beschwerde**. Wegen der Einzelheiten ist auf die Kommentierung von § 101 Abs. 7 zu verweisen. Andere Personen, deren personenbezogene Daten gespeichert werden, und denen die Rechtsbehelfe nach § 101 Abs. 7 nicht zustehen, wird man im Hinblick auf Art. 19 Abs. 4 GG die Beschwerde nach § 304 Abs. 1 zubilligen müssen,[184] solange durch die Maßnahme ihre Daten erfasst und gespeichert werden. Da sie in dieser Phase nichts von der Maßnahme erfahren werden, ist dieses Rechtsmittel in der Regel freilich nur theoretischer Art; Entsprechendes gilt für die Möglichkeit, gegen eine nicht richterlich bestätigte andauernde Maßnahme analog § 98 Abs. 2 Satz 2 deren Rechtswidrigkeit geltend zu machen. Sollte jemand, der nicht von weiteren Ermittlungen betroffen war, nach Abschluss der Maßnahme von ihr durch Zufall (eine Benachrichtigung ist für ihn ja nicht vorgesehen) Kenntnis

181 A.A. zur alten Rechtslage *Bermig* 174; *Göhring* 63; LR/*Erb*[26] 78.

182 So wohl auch Schmitt/Köhler/*Köhler* 25; *Rogall* NStZ **1986** 385, 392; auch der Schriftl. Bericht des BT-Innenaussch., BTDrucks. **10** 5128 S. 8, spricht von einem „Verdacht ... der bestätigt oder ausgeräumt werden muß".

183 Dazu § 163a, 36 ff.

184 Im Ergebnis ebenso Schmitt/Köhler/*Köhler* 26; MüKo/*Kölbel/Neßeler* 46; NK/*Heghmanns* 26; OK/*von Häfen* 19.

erlangen, steht der Zulässigkeit einer Beschwerde mit Löschung seiner Daten regelmäßig die **prozessuale Überholung** entgegen.[185] Angesichts des geringen Maßes an Betroffenheit derjenigen, für denen die Maßnahme letzten Endes ohne jede Folgen (auch nicht in Form verbleibender Datenspuren) geblieben ist, wird man insoweit nämlich schwerlich von einem „tiefgreifenden Grundrechtseingriff" sprechen können, gegen den in jedem Fall nachträglicher Rechtsschutz gewährt werden müsste. Wollte man das anders sehen, müsste man wohl schon die Beschränkung der Benachrichtigung nach § 101 Abs. 4 Satz 1 Nr. 10 und (in Verbindung damit) der Rechtsbehelfe nach § 101 Abs. 7 als verfassungswidrig betrachten.

b) Ablehnung der Kontrollfahndung. Lehnt der Richter beim Amtsgericht die Anordnung einer Kontrollfahndung, die Bestätigung einer nichtrichterlichen Anordnung oder die Verlängerung ihrer Laufzeit ab, so steht der Staatsanwaltschaft die (einfache) Beschwerde zu. Sind diese Entscheidungen vom Ermittlungsrichter des Bundesgerichtshofs oder des Oberlandesgerichts erlassen worden, so ist die Beschwerde deshalb zulässig, weil § 304 Abs. 5 dies u.a. für „die in § 101 Abs. 1 bezeichneten Maßnahmen" und mithin auch für die Kontrollfahndung bestimmt. 84

14. Revision. Mit der Verfahrensrüge kann geltend gemacht werden, dass der Tatrichter Erkenntnisse aus der Kontrollfahndung verwertet hat, die einem Verwendungsverbot unterliegen (Rn. 77), wobei sich ähnliche Probleme wie bei § 100a stellen.[186] Davon abgesehen ist die regelmäßig nur im Ermittlungsverfahren vorkommende Kontrollfahndung revisionsrechtlich nicht überprüfbar. 85

§ 163e
Ausschreibung zur Beobachtung bei polizeilichen Kontrollen

(1) [1]Die Ausschreibung zur Beobachtung anläßlich von polizeilichen Kontrollen, die die Feststellung der Personalien zulassen, kann angeordnet werden, wenn zureichende tatsächliche Anhaltspunkte dafür vorliegen, daß eine Straftat von erheblicher Bedeutung begangen wurde. [2]Die Anordnung darf sich nur gegen den Beschuldigten richten und nur dann getroffen werden, wenn die Erforschung des Sachverhalts oder die Ermittlung des Aufenthaltsortes des Täters auf andere Weise erheblich weniger erfolgversprechend oder wesentlich erschwert wäre. [3]Gegen andere Personen ist die Maßnahme zulässig, wenn auf Grund bestimmter Tatsachen anzunehmen ist, daß sie mit dem Täter in Verbindung stehen oder eine solche Verbindung hergestellt wird, daß die Maßnahme zur Erforschung des Sachverhalts oder zur Ermittlung des Aufenthaltsortes des Täters führen wird und dies auf andere Weise erheblich weniger erfolgversprechend oder wesentlich erschwert wäre.

(2) Das Kennzeichen eines Kraftfahrzeuges, die Identifizierungsnummer oder äußere Kennzeichnung eines Wasserfahrzeuges, Luftfahrzeuges oder eines Containers kann ausgeschrieben werden, wenn das Fahrzeug auf eine nach Absatz 1 ausgeschriebene Person zugelassen ist oder das Fahrzeug oder der Container von ihr oder einer bisher namentlich nicht bekannten Person genutzt wird, die einer Straftat von erheblicher Bedeutung verdächtig ist.

185 Zutr. NK/*Heghmanns* 26; **a.A.** (Feststellung der Rechtswidrigkeit möglich) KMR/*Noltensmeier-von Osten* 30; Schmitt/Köhler/*Köhler* 26; SSW/*Höltkemeier* 26.
186 Vgl. LR/*Hauck* § 100a, 243 ff.

(3) Im Falle eines Antreffens können auch personenbezogene Daten eines Begleiters der ausgeschriebenen Person, des Führers eines nach Absatz 2 ausgeschriebenen Fahrzeuges oder des Nutzers eines nach Absatz 2 ausgeschriebenen Containers gemeldet werden.

(4) [1]Die Ausschreibung zur polizeilichen Beobachtung darf nur durch das Gericht angeordnet werden. [2]Bei Gefahr im Verzug kann die Anordnung auch durch die Staatsanwaltschaft getroffen werden. [3]Hat die Staatsanwaltschaft die Anordnung getroffen, so beantragt sie unverzüglich die gerichtliche Bestätigung der Anordnung. [4]§ 100e Absatz 1 Satz 3 gilt entsprechend. [5]Die Anordnung ist auf höchstens ein Jahr zu befristen. [6]Eine Verlängerung um jeweils nicht mehr als drei Monate ist zulässig, soweit die Voraussetzungen der Anordnung fortbestehen.

Schrifttum

Bottke Polizeiliche Ermittlungsarbeit und Legaliätsprinzip, GedS Meyer (1990) 37; *Busch* Polizeiliche Beobachtung, in: Bürgerrechte und Polizei, CILIP 49 (3/1994); *Hilger* Neues Strafverfahrensrecht durch das OrgKG, NStZ **1992** 457, 523; *Krahl* Der Anwendungsbereich der polizeilichen Beobachtung nach § 163e StPO als strafprozessuale Ermittlungsmaßnahme, NStZ **1998** 339; *Liebich-Frels* Die Ausschreibung zur polizeilichen Beobachtung gemäß § 163e StPO (2001); *Lindemann* Die Straftat von erheblicher Bedeutung, KJ **2000** 86; *H.J. Meyer* Rechtsfragen im Zusammenhang mit polizeilichen Beobachtungsmaßnahmen, Diss. Tübingen 1982; *Möhrenschlager* Das OrgKG – eine Übersicht nach amtlichen Materialien, Teil 2, wistra **1992** 326; *Riegel* Probleme der Polizeilichen Beobachtung und Observation, JZ **1980** 224; *Rieß* Über Subsidiaritätsverhältnisse und Subsidiaritätsklauseln im Strafverfahren, GedS Meyer (1990) 367; *ders.* Die Straftat von „erheblicher Bedeutung" als Eingriffsvoraussetzung, GA **2004** 623; *Vahle* Polizeiliche Aufklärungs- und Observationsmaßnahmen, Diss. Bielefeld 1983.

Entstehungsgeschichte

Die Vorschrift wurde 1992 durch Art. 3 Nr. 11 des OrgKG eingefügt. Durch das TKÜG vom 21.12.2007 wurde in Absatz 3 das Wort „Informationen" durch „Daten" ersetzt, Absatz 4 Satz 1 und 3 neu gefasst, Absatz 4 Satz 4 durch eine Verweisung auf § 100b Abs. 1 Satz 3 a.F. ersetzt und an die Stelle der Verweisung auf § 100b Abs. 2 Satz 5 a.F. in Absatz 4 Satz 6 a.F. ist die heutige selbständige Regelung getreten. Durch Artikel 4 des Gesetzes zum Schengener Informationssystem der zweiten Generation (SIS-II-G) vom 6.6.2009, BGBl. I S. 1226, erfolgten Ergänzungen in den Absätzen 2 und 3, die sich bis dahin ausschließlich auf Kraftfahrzeuge bezogen hatten. Durch Art. 3 Nr. 25 des Gesetzes zur effektiveren und praxistauglicheren Gestaltung des Strafverfahrens vom 17.8.2017, BGBl. I S. 3202, wurde die Verweisung in Absatz 4 Satz 4 mit Wirkung zum 24.8.2017 an die Neufassung der §§ 100a ff. angepasst.

Übersicht

Alphabetische Übersicht

1. Allgemeines, Bedeutung und kritische Würdigung

1 **a) Entstehungszusammenhang und Vorgeschichte.** § 163e verdankt als gesetzliche Regelung seine Einführung den legislatorischen Maßnahmen zur Bekämpfung der organisierten Kriminalität durch das OrgKG 1992, durch die neben tiefgreifenden materiell-rechtlichen Änderungen[1] u.a. die vergleichbaren Regelungen der Rasterfahndung (§§ 98a bis 98c), des Einsatzes technischer Mittel (§§ 100c, 100d a.F.)[2] und des Einsatzes Verdeckter Ermittler (§§ 110a bis 110e) geschaffen wurden.[3] Die durch ihn erfassten Ermittlungshandlungen wurden allerdings bereits vorher angewandt, und zwar auf der Basis der §§ 161, 163 und unter Rückgriff auf eine polizeiliche Dienstvorschrift,[4] wobei die Zulässigkeit nach wohl überwiegender Meinung anerkannt wurde, aber umstritten war.[5] Namentlich nach dem sog. Volkszählungsurteil des Bundesverfassungsgerichts[6] verdichtete sich die Auffassung, dass insoweit eine spezialgesetzliche Regelung notwendig sei. Die ursprünglich beabsichtigte Gesamtregelung der durch diese Entscheidung insgesamt aufgeworfenen Fragen[7] wurde allerdings 1992 noch nicht realisiert; die spezialgesetzliche Regelung der längerfristigen Observation (§ 163f) und der Möglichkeiten der Datenverarbeitung und Speicherung in Dateien sowie der Fahndungsmöglichkeiten (§§ 131 bis 131c) erfolgte erst im Jahre 2000 durch das StVÄG 1999. Die sich über fast 15 Jahre[8] hinziehende legislatorische Umsetzung hat zu mancherlei Friktionen und Brüchen geführt, zumal der Gesetzgeber bisher wenig Bereitschaft zu einer späteren Harmonisierung gezeigt hat.

2 **b) Inhalt und Bedeutung.** Die Vorschrift hat die längerfristige Nutzbarmachung der Ergebnisse polizeilicher Personenkontrollen, die aus anderen Gründen stattfinden, für strafprozessuale Ermittlungshandlungen im Rahmen eines konkreten Ermittlungsverfahrens zum Gegenstand;[9] sie setzt die Erhebung personenbezogener Daten nach anderen Vorschriften voraus, ermächtigt aber nicht selbständig dazu. Ihrem Wortlaut nach gestattet sie lediglich die „Ausschreibung" bestimmter Personen „zur Beobachtung" und bestimmt die hierfür erforderlichen Voraussetzungen sowie (unvollständig) das dabei zu beachtende Verfahren. Was das im Einzelnen bedeutet, ergibt sich aus der gesetzlichen Regelung nicht einmal ansatzwei-

---

1 Dazu etwa *Möhrenschlager* wistra **1992** 282 ff.

2 Heute § 100h; die heute in den §§ 100c, 100d und 100e geregelte akustische Wohnraumüberwachung wurde erst 1998 eingeführt (damals in 100c Abs. 1 Nr. 3 a.F. mit Ergänzungen in § 100d und in §§ 100e und 100f a.F.); dazu LR/*Schäfer*[25] § 100f, Entstehungsgeschichte; LR/*Kühne*[27] Einl. F 154.

3 Näher LR/*Kühne*[27] Einl. F 139 ff.; zur Entstehungsgeschichte auch m.w.N. *Hilger* NStZ **1992** 457 f.; *Möhrenschlager* wistra **1992** 281, 282; *Rieß* NJ **1992** 491; KK/*Moldenhauer* 3.

4 PdV 384.2, Polizeiliche Beobachtung (früher Beobachtende Fahndung), dazu u.a. KK/*Moldenhauer* 3; *Liebich-Frels* 54 ff.; jew. m.w.N.

5 Näher m.w.N. LR/*Rieß*[24] § 163, 52 f.; vgl. auch Schmitt/Köhler/*Köhler* 1.

6 BVerfGE **65** 1 ff., insbes. S. 43 ff.

7 Vgl. dazu die seinerzeit nicht Gesetz gewordenen Regelungen im Gesetzentwurf des Bundesrates, BTDrucks. **12** 986. Vgl. auch zu einem umfassenden Referentenentwurf des BMJ für ein StVÄG 1989 (Teilabdruck StV **1989** 172 ff.), dem auch der jetzige § 163e entstammt, *Hilgendorf-Schmidt* wistra **1989** 208 sowie die krit. Stellungnahme von *Bottke* GedS Meyer 37 ff.; ferner *Strate* StV **1989** 406.

8 In den Regelungszusammenhang insgesamt gehört auch der bereits 1986 eingefügte § 163d; dazu § 163d, 1.

9 KK/*Moldenhauer* 1; vgl. auch SK/*Wolter*/*Werkmeister* 4 ff.; Schmitt/Köhler/*Köhler* 1.

se. Sie nimmt erkennbar Bezug auf die in der entsprechenden polizeilichen Dienstvorschrift geregelten Einzelheiten,[10] die nicht publiziert und nicht allgemein zugänglich, sondern als sog. VS-Sache (nur für den Dienstgebrauch) eingestuft ist und auch auf Anforderung nicht mitgeteilt wird.[11] Diese ungewöhnliche und **bedenkliche Gesetzgebungstechnik** hat zur Folge, dass der Rechtsunterworfene der Norm kaum entnehmen kann, was sie regelt. Verschleiert wird dies weiterhin durch den **wenig überzeugenden Sprachgebrauch**. Um eine (polizeiliche) Beobachtung, also die visuelle Wahrnehmung eines Verhaltens, wie es nunmehr etwa in § 163f unter der Bezeichnung „Observation" geregelt ist, handelt es sich gerade nicht, sondern um die (heimliche) Erfassung, Speicherung und spätere Verarbeitung von Daten.[12] Insgesamt ist schon unter diesem Aspekt zweifelhaft, ob § 163e den verfassungsrechtlichen Anforderungen an ein hinreichend normenklares und verständliches Gesetz und den Publikationserfordernissen für ein solches noch gerecht wird.

Als **strafprozessuale Ermittlungsmaßnahme**,[13] die an einen konkreten Tatverdacht 3 anknüpft (Rn. 11), soll die polizeiliche Beobachtung die Gewinnung eines „Bewegungsbildes" ermöglichen, das der (weiteren) Tataufklärung dient.[14] In der Praxis wird das, wenn überhaupt, vorwiegend dann Bedeutung erlangen können, wenn es sich um Dauerdelikte handelt, die nach dem Bekanntwerden eines Anfangsverdachts noch fortgesetzt werden können, oder wenn, was nicht allzu häufig in Betracht kommen wird, gerade dieses zufällige[15] „Bewegungsbild" weitere aufklärungsrelevante Erkenntnisse zu vermitteln vermag. Soweit es um die Ermittlung des nicht bekannten Aufenthaltsortes des Beschuldigten (Rn. 16 f.) geht, kommt die Anwendung der Vorschrift dann in Betracht, wenn die Voraussetzungen für seine Festnahme nicht vorliegen (Rn. 16) oder wenn die Erfassung von Kontaktpersonen (Absatz 1 Satz 3, Rn. 22 f.) hierzu beitragen kann.

Ob die ebenfalls als Ziel der Anwendung genannte Möglichkeit, **Kontakte zwischen 4 kriminellen Strukturen** aufzudecken,[16] nach der Konstruktion der Regelung in wirksamer Weise in Betracht kommt, ist zweifelhaft.[17] Denn sie knüpft an die Aufklärung einer konkreten Straftat an und ist nach dem eindeutigen Gesetzeswortlaut („Erforschung des Sachverhalts") hierauf konzentriert (Rn. 15). Als Instrument der „Vorsorge für künftige Strafverfolgung" oder der „vorbeugenden Verbrechensbekämpfung" (dazu Vor § 158, 14 f.) kann sie deshalb regelmäßig nur dann dienen, wenn sich die entsprechenden Erkenntnisse gleichsam als Nebenprodukt aus den Ermittlungen wegen einer hinreichend bestimmten bereits begangenen, wenn auch möglicherweise noch andauernden Straftat ergeben.[18]

---

10 Vgl. BTDrucks. **12** 989 S. 44; Hinweise auf den Inhalt etwa bei *Busch* 44.

11 Das ist etwa dem Verfasser der 25. Auflage mit dem Hinweis verweigert worden, eine Kommentierung stehe einem unbestimmten Adressatenkreis zur Verfügung. Recht detaillierte Angaben zu den in der PdV 384.2 enthaltenen Regelungen finden sich jedoch bei *Liebich-Frels* 85 ff.

12 Ähnlich NK/*Heghmanns* 1; treffender der Bezeichnungsvorschlag von *Schroeder/Verrel* Rn. 107 „besondere Beobachtung bei allgemeinen Polizeikontrollen", wobei das Wort „Beobachtung" hier immer noch missverständlich wirken kann.

13 Zu den hier nicht zu erörternden Möglichkeiten einer „Polizeilichen Beobachtung" auf polizeirechtlicher Grundlage m.w.N. etwa Lisken/Denninger/Bäcker/*Müller/Schwabenbauer* Kap. 6, 1181 ff.; KK/*Moldenhauer* 2; zweifelnd zu ihrer Eignung als Mittel der Gefahrenabwehr etwa *Weßlau* (Vorfeldermittlungen, LV Vor § 158) 95 ff.; vgl. auch *Busch* 44 ff.

14 Dazu etwa BTDrucks. **12** 989; SK/*Wolter/Werkmeister* 16; *Hilger* NStZ **1992** 523, 525.

15 Zum Zufallscharakter der Ergebnisse etwa Lisken/Denninger/Bäcker/*Müller/Schwabenbauer* Kap. 6, 1184.

16 Vgl. etwa AnwK/*Walther* 2; Schmitt/Köhler/*Köhler* 2; SSW/*Höltkemeier* 2; *Hilger* NStZ **1992** 523, 525; *Hilgendorf-Schmidt* wistra **1989** 208, 210; *Möhrenschlager* wistra **1992** 326, 328.

17 Ebenso HK/*Zöller* 2; NK/*Heghmanns* 1; MüKo/*Kölbel/Neßeler* 1.

18 Vgl. dazu auch KK/*Moldenhauer* 3; SK/*Wolter/Werkmeister* 17; *Krahl* NStZ **1998** 339, 341; s. auch unten Rn. 15.

5 **c) Kritik.** Die Vorschrift, über deren Anwendungshäufigkeit wenig bekannt[19] und für die, soweit ersichtlich, Rechtsprechung kaum vorhanden ist, unterliegt im Schrifttum verbreiteter Kritik[20] sowohl im Grundsätzlichen als auch wegen zahlreicher Einzelheiten, insoweit namentlich dahingehend, dass sie vor allem in Absatz 3 in einem nicht mehr akzeptablem Umfang nichtverdächtige Begleitpersonen in den Anwendungsbereich einbezieht.[21] Diese Kritik erscheint weitgehend berechtigt (darüber hinaus zur mangelnden Klarheit der Norm oben Rn. 2). Angesichts des zwar schmalen, aber immerhin noch erkennbaren Anwendungsbereichs für die Aufklärung von Straftaten dürfte es aber wohl zu weit gehen, ihr die Geeignetheit und damit die Verhältnismäßigkeit völlig abzusprechen und sie aus diesem Grunde für verfassungswidrig zu halten.[22]

6 Soweit die Kritik lange Zeit – im Ergebnis zu Recht – das **Fehlen ausreichender Datenübermittlungs- und Datenverarbeitungsregelungen** beanstandet und auch damit die Bedeutungslosigkeit der Regelung begründet hat,[23] dürfte ihr allerdings durch die Ergänzungen der StPO insbesondere durch das StVÄG 1999 inzwischen der **Boden entzogen** worden sein. Maßgebend sind hierfür jetzt die allgemein geltenden Vorschriften, namentlich die §§ 481, 483 Abs. 1, § 484 Abs. 4, auf die hier nicht näher einzugehen ist. Unbefriedigend bleibt allerdings weiterhin, dass Einzelfragen der Verwendung der durch die polizeiliche Beobachtung gewonnenen Daten ebensowenig geregelt sind wie solche der Anordnung der Maßnahme.

7 **2. Anwendungsbereich.** § 163e regelt die Ausschreibung zur Beobachtung in einem konkreten Strafverfahren zu strafprozessualen Zwecken; die entsprechenden Maßnahmen auf polizeirechtlicher Grundlage betrifft er nicht.[24] Dem Standort nach gilt die Vorschrift für das Ermittlungsverfahren.[25] Die Anwendung für das **gerichtliche Verfahren** nach Erhebung der öffentlichen Klage ist jedoch rechtlich nicht ausgeschlossen.[26] Praktisch kommt sie in diesem Verfahrensabschnitt zur Sachverhaltsaufklärung nicht mehr in Betracht. Sie kann jedoch zur Ermittlung des Aufenthalts eines Angeklagten eingesetzt werden, etwa wenn das Verfahren wegen seiner Abwesenheit nach § 205 vorläufig eingestellt ist.[27] Im **Vollstreckungsverfahren** kann sie nach verbreiteter Meinung infolge der Verweisung in § 457 Abs. 3 Satz 1 auch zur Ermittlung des Aufenthaltsortes eines Verurteilten eingesetzt werden.[28] Ferner kann nach der Sonderregelung des § 463a Abs. 2 die Ausschreibung zur Beobachtung zur

---

19 Zur Häufigkeit der aufgrund der polizeilichen Beobachtung insgesamt ausgeschriebenen Personen (im Jahresdurchschnitt etwa 2000) BTDrucks. **14** 526; *Busch* 47 f.; unbekannt ist, wie viele davon auf der Anwendung des § 163e beruhen; vgl. auch SK/*Wolter*/*Werkmeister* 21 m.w.N.

20 Dazu etwa KK/*Moldenhauer* 1 ff.; SK/*Wolter*/*Werkmeister* 4 ff.; Lisken/Denninger/Bäcker/*Müller*/*Schwabenbauer* Kap. 6, 1186 ff.; *Krahl* NStZ **1998** 339, 341 f.; *Volk*/*Engländer* § 10, 73; die Praktikabilität bezweifelt auch Schmitt/Köhler/*Köhler* 2; *Kühne* Rn. 552.

21 So namentlich SK/*Wolter*/*Werkmeister* 21 m.w.N., ebenfalls Schmitt/Köhler/*Köhler* 10; s. auch unten Rn. 27 f.

22 So aber tendenziell wohl SK/*Wolter*/*Werkmeister* 17; *Liebich-Frels* 105 ff.

23 So ausführlich etwa SK/*Wolter*/*Werkmeister* 5 ff. mit dem Versuch einer verfassungsrechtlichen Begrenzung; ähnlich *Liebich-Frels* 110 ff.; vgl. auch KK/*Moldenhauer* 7 f.

24 Vgl. dazu Lisken/Denninger/Bäcker/*Müller*/*Schwabenbauer* Kap. 6, 1181 ff.; s. auch oben Fn. 13.

25 Dazu kritisch (systematisch bei den §§ 96 ff. einzuordnen) SK/*Wolter*/*Werkmeister* 2 i.V.m. § 163d, 6 a.E.

26 Ebenso HK/Zöller 1; **a.A.** *Pfeiffer* 2 (nur Ermittlungsverfahren).

27 Vgl. auch LR/*Stuckenberg* § 205, 41; HK/*Zöller* 1; **a.A.** (für einen Vorrang besser geeigneter Fahndungsmaßnahmen nach den §§ 131 ff. bei Aufenthaltsermittlungen) NK/*Heghmanns* 9.

28 Näher m.w.N. LR/*Graalmann-Scheerer*[27] § 457, 27 f.; Schmitt/Köhler/*Köhler* § 457, 13.

Überwachung der **Führungsaufsicht** angeordnet werden.[29] Im **Bußgeldverfahren** findet trotz der Generalverweisung in § 46 Abs. 2 OWiG § 163e schon deshalb keine Anwendung,[30] weil Ordnungswidrigkeiten keine „erheblichen Straftaten" sind.

3. Verhältnis zu anderen Vorschriften. Der Gesetzgeber hat es bei der Einführung der Vorschrift unterlassen, das Verhältnis zur Kontrollfahndung nach § 163d zu klären, auch die Gesetzesmaterialien geben hierüber keinen Aufschluss. Wegen der vielfältigen Überschneidungen bestehen daher in mehrfacher Hinsicht Zweifelsfragen.[31] § 163d und § 163e stimmen dahingehend überein, dass sie ohne eine eigene Datenerhebungsbefugnis die (verdeckte) Übermittlung aus anderen Gründen angefallener Daten, deren Speicherung und Nutzung zur Aufklärung eines Tatverdachts oder zur Ermittlung des Aufenthalts eines Tatverdächtigen gestatten. Gegenüber § 163d ist § 163e insoweit weiter, als er den bloßen Anfangsverdacht einer Straftat genügen lässt, die Zulässigkeit der Maßnahme nicht an einen Deliktskatalog knüpft, die Maßnahme an allen polizeilichen Kontrollstellen zulässt und eine deutlich höhere Höchstfrist der Maßnahme vorsieht. Er ist insoweit enger, als er nur die Ausschreibung eines identifizierbaren Beschuldigten oder konkreter Kontaktpersonen gestattet und die (praktisch wohl bedeutungslose) Eilkompetenz bei Gefahr im Verzug nicht den Ermittlungspersonen der Staatsanwaltschaft einräumt. Die Anwendungsbereiche beider Vorschriften überschneiden sich, soweit es um konkrete Beschuldigte geht. Ob daraus gefolgert werden kann, dass die Strafverfolgungsbehörden nach ihrem Ermessen auf die eine oder die andere Vorschrift zurückgreifen können,[32] erscheint zweifelhaft. Nach der Lex-posterior-Regel dürfte vielmehr in diesen Fällen ein **Vorrang des § 163e für** bekannte **Beschuldigte** anzunehmen sein mit der Folge, dass insoweit die Kontrollfahndung nach § 163d keine Anwendung findet. 8

Im Gegensatz zu § 163d **fehlen in § 163e** u.a. **Regelungen** zur Form und zum Inhalt der Anordnung sowie zur Beendigung der Maßnahme. Ob und wieweit insoweit auf § 163d zurückgegriffen werden kann, ist im weiteren Verlauf der Kommentierung zu erörtern.[33] 9

Die (längerfristige) **Observation** (§ 163f) hat mit der Ausschreibung zur Beobachtung nichts zu tun. Ebensowenig überschneidet sich, trotz gewisser struktureller Verwandtschaften, ihr Anwendungsbereich mit der **Anwendung technischer Mittel** (§ 100f) oder dem **Einsatz verdeckter Ermittler** (§§ 110a ff.); Anwendungskonkurrenzen können sich hier allerdings insoweit ergeben, als auch diese Maßnahmen teilweise unter einer Subsidiaritätsklausel stehen (näher unten Rn. 19). Soweit § 163e mit dem Ziel der Aufenthaltsermittlung eingesetzt werden kann, ist zu beachten, dass insoweit auch die **Fahndungsvorschriften** (§§ 131 ff.) anwendbar sind.[34] 10

4. Voraussetzungen

a) Verdachtsgrad/Verhältnismäßigkeit. Die Anordnung der Ausschreibung zur Beobachtung setzt das Vorliegen zureichender tatsächlicher Anhaltspunkte für eine Straftat, also den sog. Anfangsverdacht[35] voraus; abweichend von § 163d wird keine erhöhte Ver- 11

29 Näher LR/*Graalmann-Scheerer*[27] § 463a, 10 ff.; vgl. auch mit unterschiedlicher Bewertung HK/*Zöller* 1; KK/*Moldenhauer* 24; SK/*Wolter*/*Werkmeister* 17.

30 Ebenso KK/*Moldenhauer* 11; MüKo/*Kölbel*/*Neßeler* 6; Göhler/*Bauer* § 46, 8.

31 Dazu näher SK/*Wolter*/*Werkmeister* § 163d, 9 f., § 163e, 18 f.

32 So etwa MüKo/*Kölbel*/*Neßeler* 4.

33 Dazu Rn. 42 (Schriftform) und Rn. 44 (Beendigungspflicht).

34 Zum Verhältnis beider Maßnahmen s.u. Rn. 17.

35 Dazu näher LR/*Mavany* § 152, 27 f.

dachtsschwelle verlangt. Auch einen begrenzenden Deliktskatalog enthält die Vorschrift nicht. Es muss sich aber um eine „Straftat von erheblicher Bedeutung" handeln (näher Rn. 12 ff.) und die Maßnahme muss, wie sich auch aus der Subsidiaritätsklausel des Absatz 1 Satz 2 ergibt, geeignet sein, die Sachaufklärung oder die Aufenthaltsermittlung eines Täters oder Teilnehmers zu ermöglichen (näher Rn. 15 ff.). Aus der Subsidiaritätsvorschrift folgt weiter, dass weniger belastende Maßnahmen den Vorrang haben (näher Rn. 18 f.). Sie konkretisiert damit den verfassungsrechtlichen Verhältnismäßigkeitsgrundsatz, dem eine selbstständige und darüber hinaus den Anwendungsbereich begrenzende Bedeutung jedenfalls dann nur sehr eingeschränkt zukommen dürfte, wenn man die grundsätzliche Eignung der Maßnahme nicht gänzlich in Frage stellt (s.o. Rn. 5). Dieser kann allerdings Veranlassung geben, die Höchstdauer der Maßnahme nicht auszuschöpfen oder die Anordnung einschränkend zu konkretisieren (näher Rn. 43).

12 **b) Straftat von erheblicher Bedeutung.** Der Anfangsverdacht muss sich auf eine **Straftat von erheblicher Bedeutung** beziehen. Das ist ein Abgrenzungsmerkmal, das der Gesetzgeber beginnend mit dem OrgKG[36] und seither mehrfach[37] zur Begrenzung von Eingriffsmaßnahmen verwendet, ohne dass bisher eine allseits befriedigende Abgrenzung gelungen ist.[38] Die Rechtsprechung des Bundesgerichtshofs hat es aufgegriffen und in Zusammenhang mit der Begrenzung der Zulässigkeit sog. Hörfallen benutzt.[39] Trotz der im Wortlaut übereinstimmenden Verwendung an den verschiedenen Stellen kann der Begriff wohl nicht übereinstimmend ausgelegt werden, denn er steht in einem unterschiedlichen Kontext und verschiedenen Funktionszusammenhängen:[40] Bei den §§ 98a und 110a tritt er als zusätzliches Begrenzungsmerkmal zu einem weitgespannten Deliktskatalog oder einer Generalklausel mit katalogartigen Grenzen; seine Verwendung macht hier deutlich, dass auch innerhalb dieser Grenzen eine weitere Gewichtung erforderlich ist.[41] Bei § 81g[42] fungiert der Begriff hingegen wie in den §§ 163e und 163f als alleiniges Begrenzungsmerkmal.

13 Die Gesetzgebungsmaterialien sind nicht sehr ergiebig; eine nähere Erläuterung enthielt der Referentenentwurf des StVÄG 1989.[43] Danach soll es sich um **Straftaten mindestens der mittleren Kriminalität** handeln, die – nach den Umständen des konkreten Falles – den Rechtsfrieden empfindlich stören und geeignet sind, das Gefühl der Rechtssicherheit erheblich zu beeinträchtigen, etwa dadurch, dass besonders bedeutsame Rechtsgüter betroffen sind, oder wenn es sich um Straftaten mit Seriencharakter handelt. Das wird auch im Schrifttum weitgehend als Mindeststandard akzeptiert.[44] Dass mit der Beschränkung auf erhebliche

---

36 § 98a Abs. 1 Satz 1 (Rasterfahndung); § 110a Abs. 1 Satz 1 (Verdeckte Ermittler) und an dieser Stelle.

37 So in § 81g Abs. 1 (DNA-Analyse für künftige Strafverfahren); § 100g Abs. 1 Nr. 1; § 100h Abs. 1 Satz 2 (Einsatz technischer Mittel); § 100i Abs. 1 Satz 2 (Technische Ermittlungsmaßnahmen bei Mobilfunkendgeräten); § 131 Abs. 3 Satz 1, § 131a Abs. 3 Satz 1 (Öffentlichkeitsfahndungen); § 163f (längerfristige Observation).

38 Kritisch zur Unbestimmtheit etwa KK/*Moldenhauer* 12; Schmitt/Köhler/*Köhler* § 98a, 4, 5; *Bottke* GedS Meyer 37, 43; Lisken/Denninger/Bäcker/*Müller/Schwabenbauer* Kap. 6, 1142 (zu § 98a); *Lindemann* KJ **2000** 86 ff.; Übersicht über die Bandbreite bisheriger Konkretisierungsversuche bei *Rieß* GA **2004** 623, 625 ff.

39 BGHSt **42** 139, 157 (GSSt) = NStZ **1996** 505 mit Anm. *Rieß*.

40 *Rieß* GA **2004** 632, 632.

41 Vgl. LR/*Menges* § 98a, 27.

42 Dazu die ausführlichen Erl. bei LR/*Krause* § 81g, 16 ff.; ferner *Krause* FS Rieß 261, 269 ff.; vgl. auch BVerfG (Kammerentscheidung) NStZ **2001** 328, 329.

43 Wiedergegeben bei *Möhrenschlager* wistra **1992** 327; vgl. auch *Hilger* NStZ **1992** 457, 462 Fn. 93; ähnlich auch der Entw. des DNA-Identitätsfeststellungsgesetzes, BTDrucks. **13** 10719 S. 5. Zur Normgenese auch *Lindemann* KJ **2000** 86, 91 ff.

44 So etwa HK/*Zöller* 4; Schmitt/Köhler/*Köhler* § 98a, 4, 5; hierauf abstellend auch BVerfG NStZ **2001** 328, 329 (Kammerentscheidung zu § 81g); BVerfGE **109** 279, 344 (Urteil zur akustischen Wohnraumüberwachung).

Straftaten lediglich Bagatellkriminalität ausgegrenzt werde, wird nicht vertreten;[45] es wäre auch schon mit dem Wortlaut nicht vereinbar. Dieser spricht eher dafür, auch bei der sog. mittleren Kriminalität noch weitere Eingrenzungen zu entwickeln.[46] Auf die Deliktskategorie (Verbrechen oder Vergehen) kommt es nicht entscheidend an, auch wenn der Verdacht eines **Verbrechens** wohl regelmäßig die erhebliche Bedeutung indizieren wird.[47] Auch die Frage, ob das Delikt im Straftatenkatalog der Regelung einer anderen Ermittlungsmaßnahme verzeichnet ist, ist nicht unmittelbar ausschlaggebend.[48] Ebensowenig ist die **abstrakte Strafdrohung** für sich allein entscheidend, wenn es auch bei einer geringen Höchststrafe nur selten überhaupt vertretbar sein dürfte, von einer Straftat von erheblicher Bedeutung zu sprechen.[49] Dagegen vermag die (vermutliche) **Verwirklichung eines Regelbeispiels** für besonders schwere Fälle diese Annahme eher zu begründen, ebenso allgemein die gewerbs-, gewohnheits-,[50] bandenmäßige oder sonstige organisierte Begehungsweise.[51]

Da insofern nur das **konkrete Gewicht der jeweiligen Tat**[52] entscheiden kann, das 14 maßgeblich durch die Umstände des Einzelfalls geprägt wird,[53] handelt es sich um einen unbestimmten Rechtsbegriff, der den Rechtsanwendern einen breiten **Beurteilungsspielraum** einräumt[54] und der auch bei einer nachträglichen Rechtskontrolle nur beschränkt, etwa auf objektive Willkür, überprüfbar sein dürfte. Maßgebend für die Beurteilung ist der **Erkenntnisstand im Zeitpunkt der Anordnung** der Maßnahme; stellt sich später eine weniger erhebliche Bedeutung heraus, so kann das allenfalls Anlass geben, die Ausschreibung vor der ursprünglich vorgesehenen Laufzeit zu beenden. Ob die in Frage stehende Straftat vollendet ist, ist nicht entscheidend, auch ein **Versuch** kann, je nach Lage des Einzelfalles, von erheblicher Bedeutung sein:[55] Auch ein nach § 23 Abs. 1 StGB strafbarer Versuch ist eine „Straftat", und ein Umkehrschluss aus anderen Vorschriften, die den Versuch ausdrücklich einbeziehen (§ 100a Abs. 1 Nr. 1, § 100c Abs. 1 Nr. 1, § 100g Abs. 1 Nr. 1),[56] erscheint im Hinblick darauf, dass der Verzicht auf eine entsprechende Klarstellung in § 163e schwerlich auf einer planmäßigen Entscheidung des Gesetzgebers beruhen dürfte, wenig überzeugend.

c) Sachverhaltsaufklärung und Aufenthaltsermittlung. Zweck der Ausschreibung 15 zur Beobachtung nach § 163e ist allein die Aufklärung eines bestimmten historischen Geschehens, das vermutlich (Anfangsverdacht) die Voraussetzungen einer Straftat von erheblicher Bedeutung erfüllt, oder die Ermittlung des Aufenthaltsortes des einer solchen Tat

---

45 Auch die von SK/*Wolter*/*Werkmeister* 26 zitierte Passage bei *Hilger* NStZ **1992** 457, 462 dürfte kaum in diesem Sinne gemeint sein.

46 Dazu und zum Folgenden eingehend *Rieß* GA **2004** 623, 630 ff.; vgl. im Übrigen etwa KK/*Moldenhauer* 13; SK/*Wolter*/*Werkmeister* 26; wohl problematisch der Ansatz von KK/*Bruns* § 110a, 21, der auf die sachliche Zuständigkeit des LG oder des OLG zurückgreifen will.

47 Vgl. *Rieß* GA **2004** 623, 636 f.

48 *Rieß* GA **2004** 623, 632, 633 f.; **a.A.** (Orientierung an § 100a Abs. 2) MüKo/*Kölbel*/*Neßeler* 6.

49 *Rieß* GA **2004** 623, 636.

50 Vgl. auch AnwK/*Walther* 4.

51 *Rieß* GA **2004** 623, 632, 638.

52 Nicht dasjenige der Beteiligung desjenigen, gegen den sich die Maßnahme richtet, vgl. *Rieß* GA **2004** 623, 634 f.

53 *Rieß* GA **2004** 623, 631; ähnlich auch *Nimtz* (LV § 163f) 109; für das Anknüpfen an einer daraus abgeleiteten Straferwartung von mindestens 6 Monaten Freiheitstrafe NK/*Heghmanns* 10.

54 *Krahl* NStZ **1998** 339, 340.

55 KK/*Moldenhauer* 13; SK/*Wolter*/*Werkmeister* 26; **a.A.** NK/*Heghmanns* 11.

56 Dafür NK/*Heghmanns* 11.

Verdächtigen.[57] Das folgt aus der Formulierung der Subsidiaritätsklausel in Absatz 1 Satz 2, die von der Erforschung *des* Sachverhalts spricht und damit auf den anlassgebenden Tatverdacht verweist. Was dazu gehört, ergibt sich für das Ermittlungsverfahren aus dem Erforschungsauftrag des § 160 StPO. In Betracht kommen Umstände, die die Tatbestandserfüllung, die Rechtswidrigkeit oder die Schuld unmittelbar betreffen, ferner solche von lediglich indizieller Bedeutung und solche, auf die es allein für die Rechtsfolgenzumessung ankommt. Dagegen reicht es, wenn dies alles bereits genügend aufgeklärt erscheint, nicht aus, dass weitere Aufschlüsse zu erwarten sind, die außerhalb der aufzuklärenden Straftaten allein Erkenntnisse über kriminelle Strukturen und Querverbindungen vermitteln können (s. auch oben Rn. 4).

16 Das Ziel der **Ermittlung des Aufenthalts** des Täters dürfte weitgehend deckungsgleich mit dem in § 163d Abs. 1 Satz 1 genannten der „Ergreifung des Täters" sein. Jedoch verlangt die Vorschrift nicht, dass die Maßnahme seine Festnahme oder Verhaftung ermöglichen müsse.[58] Sie ist vielmehr auch und wohl in erster Linie anwendbar, wenn das nicht in Betracht kommt. Denn wenn die Voraussetzungen für eine Verhaftung vorliegen, wäre der Betroffene bei einer polizeilichen Kontrollstelle, bei der seine Identität festgestellt wird, festzuhalten und festzunehmen; solche gesetzlich gebotenen Handlungen zu unterlassen, rechtfertigt die Ausschreibung zur Beobachtung nicht.[59] § 163e kommt in solchen Fällen nur in Bezug auf Kontaktpersonen (Absatz 1 Satz 3) in Betracht, wenn deren Beobachtung dazu führen kann, den Aufenthaltsort des festzunehmenden Tatverdächtigen zu ermitteln. Auch der **Teilnehmer** (Anstifter oder Gehilfe) ist **als Täter** im Sinne des Absatz 1 Satz 2 und 3 anzusehen.[60]

17 Umgekehrt rechtfertigt der Umstand allein, dass der **Aufenthalt des Beschuldigten** möglicherweise nur **vorübergehend nicht bekannt** ist, nicht ohne Weiteres die Anwendung des § 163e. Wegen der Subsidiaritätsklausel (s.u. Rn. 18 f.) ist zunächst zu versuchen, mit Hilfe der üblichen Methoden der Aufenthaltsermittlung, etwa durch Anfrage bei den Meldebehörden, oder, soweit dies erfolgversprechend erscheint, durch die (einfache) Ausschreibung zur Aufenthaltsermittlung nach § 131a Abs. 1 zum Ziel zu kommen.[61] Dagegen dürfte gegenüber einer Öffentlichkeitsfahndung nach § 131a Abs. 3 wegen der dortigen Subsidiaritätsklausel eine ausreichend erfolgversprechende Maßnahme nach § 163e als weniger eingreifend vorzuziehen sein; sie kommt ohnehin dann allein in Betracht, wenn es an dem in § 131a Abs. 3 geforderten dringenden Tatverdacht fehlt.

18 **d) Subsidiarität.** Voraussetzung für die Ausschreibung zur Beobachtung ist in den Fällen von Absatz 1 weiter, dass die Erreichung des Ermittlungsziels (Rn. 15 ff.) auf andere Weise erheblich weniger erfolgversprechend oder wesentlich erschwert wäre; die gleiche Formulierung verwendet Absatz 1 Satz 3 als Voraussetzung für die Erfassung von Kontaktpersonen.[62] Es handelt sich um eine Subsidiaritätsklausel,[63] wie sie der Gesetzgeber seit

---

57 Zur teilweise im Schrifttum (so etwa *Schroeder* NJW **2000** 2483 ff.) kritisierten Verwendung des Begriffs des „Täters" § 163d, 18.

58 So aber SK/*Wolter*/*Werkmeister* 27 m.w.N.

59 Möglicherweise zweifelnd KK/*Moldenhauer* 14; vgl. auch *Volk*/*Engländer* § 10, 73 (Aufforderung, untätig zu bleiben, was der Regelung aber nicht ohne Weiteres entnommen werden kann).

60 Vgl. bereits § 163d, 9; **a.A.** SK/*Wolter*/*Werkmeister* 25, der insoweit Absatz 1 Satz 3 anwenden will.

61 Zustimmend MüKo/*Kölbel*/*Neßeler* 10.

62 Zu den verbleibenden Differenzen s.u. Rn. 22.

63 Dazu insgesamt ausführlich (auch zur Struktur und zu verwandten Erscheinungen) *Rieß* GedS Meyer 367 ff.; *Bernsmann*/*Jansen* StV **1998** 217, 220 f.; krit. zur Wirksamkeit als Mittel der Maßnahmenbegrenzung KK/*Moldenhauer* 15; SK/*Wolter*/*Werkmeister* 27; Lisken/Denninger/Bäcker/*Frister* Kap. 5, 128 f.; *Meyer-Goßner* ZRP **2000** 345, 348; *Nimtz* (LV § 163f) 111 ff.

dem OrgKG verbreitet und in unterschiedlichen Variationen verwendet. Die hier verwendete Fassung kennzeichnet sie als eine solche von eher „weicher Art". Bei der Ausschreibung zur Beobachtung, deren Ermittlungseignung sich nicht ohne Weiteres von selbst versteht (Rn. 3), lässt sich aus der Formulierung auch ein Hinweis darauf entnehmen, dass die beabsichtigte Maßnahme überhaupt erfolgsgeeignet sein muss. Ob eine trennscharfe Abgrenzung des erfolgsorientieren („weniger erfolgversprechend") und des erschwernisorientierten Merkmals möglich ist, lässt sich bezweifeln, kann aber angesichts der Alternativität beider Möglichkeiten offenbleiben.[64] Sachlich entscheidend dürfte sein, dass ein deutliches **Aufklärungsdefizit** prognostiziert werden kann, wenn die Durchführung der polizeilichen Beobachtung unterbleibt;[65] dies kann auch bei einer erheblichen zeitlichen Verzögerung des Ermittlungserfolges angenommen werden,[66] wohl aber nicht bei einem andernfalls eintretenden erhöhten Arbeits- oder Kostenaufwand.[67]

Trotz der Subsidiaritätsvorschrift kann eine Ausschreibung zur Beobachtung vorge- 19
nommen werden, wenn dadurch nur ein **zusätzlicher**, auf andere Weise nicht ebenso erfolgversprechend oder einfach erreichbarer **Ermittlungserfolg** zu erwarten ist; gerade diese Maßnahme wird selten für sich allein aussichtsreich sein.[68] Eine Erhöhung der Aufklärungswahrscheinlichkeit reicht aus. In den praktisch seltenen Fällen, in denen bei gleichrangigen Subsidiaritätsbedingungen entweder die eine oder die andere Maßnahme gleichwertigen Erfolg verspricht, also eine **Anwendungskonkurrenz** vorliegt, wird diejenige vorzuziehen sein, die unter den konkreten Umständen des Falles unter Verhältnismäßigkeitsgesichtspunkten die geringere Belastung für den Betroffenen darstellt.[69]

Die Ausschreibung von Fahrzeugen und Containern nach **Absatz 2** unterliegt in Fäl- 19a
len, in denen sie isoliert erfolgt (s.u. Rn. 26), **keiner Subsidiarität**, da Absatz 2 von der Klausel in Absatz 1 Satz 3 nicht abgedeckt wird und eine Erstreckung im Hinblick auf die geringere Eingriffstiefe einer rein sachbezogenen Ausschreibung auch in der Sache nicht geboten erscheint.[70]

5. Betroffener Personenkreis. Als **Objekt der Ausschreibung** zur Beobachtung 20
kommen in Betracht: (1) Beschuldigte unter den allgemeinen Voraussetzungen (Rn. 11 ff.), (2) sog. Kontaktpersonen nach in Absatz 1 Satz 3 genannten zusätzlichen besonderen Voraussetzungen (Rn. 22) und (3) die Kennzeichen der in Absatz 2 genannten Kraftfahrzeuge und die Identifizierungsnummern oder äußere Kennzeichnungen der dort ebenfalls genannten Wasserfahrzeuge, Luftfahrzeuge und Container (Rn. 24 ff.). Diese Ausschreibungen können, wenn es sich um das gleiche Tatgeschehen handelt, auch miteinander kombiniert werden. Darüber hinaus können nach Absatz 3 die Daten von Begleitpersonen, auch wenn sie nicht ausgeschrieben worden sind, erfasst und gemeldet werden (Rn. 27 ff.). § 163e ist nicht anwendbar, wenn keines dieser Objekte bezeichnet werden kann, weil zwar ein tatbezogener, nicht aber ein personenbezogener Verdacht vorliegt. In solchen Fällen kann allenfalls eine Kontrollfahndung nach § 163d angeordnet werden.

---

64 Vgl. näher *Rieß* GedS Meyer 367, 384 ff.
65 So etwa Schmitt/Köhler/*Köhler* § 98a, 3; KK/*Greven* § 98a, 14; SK/*Wolter*/*Werkmeister* 27; *Rieß* GedS Meyer 367, 384.
66 KK/*Moldenhauer* 15; SK/*Wolter*/*Werkmeister* 27; *Bernsmann*/*Jansen* StV **1998** 217, 221 m.w.N.
67 HK/*Zöller* 6; MüKo/*Kölbel*/*Neßeler* 9; NK/*Heghmanns* 13; SK/*Wolter*/*Werkmeister* 27 m.w.N.
68 Vgl. auch KK/*Moldenhauer* 16; *Rieß* GedS Meyer 367, 387; *Hilger* NStZ **1992** 457, 462 (zu § 100c Abs. 1 Nr. 2 a.F. – regelmäßig zusätzlich Fernmeldeüberwachung nach § 100a erforderlich).
69 *Rieß* GedS Meyer 367, 387 f.; MüKo/*Kölbel*/*Neßeler* 9; NK/*Heghmanns* 14.
70 Zutr. NK/*Heghmanns* 20.

21 **a) Beschuldigte.** Zum Begriff des Beschuldigten und zum Beginn der Beschuldigteneigenschaft s. § 163a, 7 ff. Auch ein Angeschuldigter oder Angeklagter kann ausgeschrieben werden, soweit die Anwendung nach der Klageerhebung in Betracht kommt (Rn. 7). Richtet sich der Verdacht gegen mehrere Beschuldigte, so können sie alle ausgeschrieben werden. Nach der Struktur der Maßnahme muss der Beschuldigte namentlich bekannt sein. Bestehen zureichende tatsächliche Anhaltspunkte, dass er mehrere Namen benutzt, so kann er unter allen Namen ausgeschrieben werden. Trotz der etwas missverständlichen Verwendung des Wortes „Täter" in Absatz 1 Satz 2 genügt es, wenn der Gemeinte als Teilnehmer beschuldigt wird.[71]

22 **b) Kontaktpersonen.** Nach Absatz 1 Satz 3 können andere Personen ausgeschrieben, also im Rahmen der Maßnahme gezielt erfasst werden, wenn anzunehmen ist, dass sie mit dem Täter (auch einem Teilnehmer)[72] in Verbindung stehen oder eine solche Verbindung hergestellt wird (Verbindungs-[73] oder Kontaktpersonen). In diesem Fall braucht ein namentlich identifizierbarer Beschuldigter noch nicht vorhanden zu sein; die Maßnahme kann auch dazu dienen, ihn zu ermitteln.[74] Voraussetzung ist, (1) dass die Verbindung zum Täter auf Grund bestimmter Tatsachen, also nach dem Sprachgebrauch der StPO mit einer erhöhten Wahrscheinlichkeit anzunehmen ist und (2) dass gerade diese Maßnahme zur Aufklärung des Sachverhalts oder zur Aufenthaltsermittlung führen *wird*. Damit werden an die Eignung, unbeschadet des Prognosecharakters, erhöhte Anforderungen gestellt; es reicht nicht aus, dass sie lediglich dazu führen *kann*.[75] Auch insoweit gilt die gleiche Subsidiaritätsklausel.

23 Welche **Personen** hierfür in Betracht kommen, richtet sich nach den konkreten **Umständen des Einzelfalles**; das Gesetz enthält hierfür keine Einzelheiten. Weil deshalb auch Unverdächtige empfindlich betroffen werden können, ist das Vorliegen der Voraussetzungen, namentlich das Vorhandensein bestimmter Tatsachen,[76] besonders sorgfältig zu prüfen. In Betracht kommen neben potenziellen Tatbeteiligten, bei denen eine nähere Konkretisierung nach der Verdachtslage noch nicht möglich ist,[77] vor allem Verwandte, Verlobte, Lebenspartner, Freunde und Bekannte sowie Geschäftspartner,[78] wobei diese Eigenschaften allein keinesfalls ausreichen.[79] Soweit es sich dabei um **Zeugnisverweigerungsberechtigte** nach § 52 handelt, steht dies der Anordnung der Maßnahme nicht entgegen, verpflichtet jedoch zu einer besonders strengen Prüfung der Verhältnismäßigkeit.[80] Bei Berufsgeheimnisträgern ist hingegen § 160a zu beachten. Gegen einen **Verteidiger** durfte die Ausschreibung zur Beobachtung schon vor Inkrafttreten von § 160a in keinem

---

71 Dazu bereits Rn. 16 a.E. und § 163d, 11.

72 Vgl. vorangegangene Rn. und Fn.; **a.A.** SK/*Wolter/Werkmeister* 27 unter Verweis auf § 163d, 38.

73 So die Bezeichnung bei SK/*Wolter/Werkmeister* 27, 28.

74 **A.A.** (bereits bekannte, als Täter verdächtige Person erforderlich) HK/*Zöller* 7; Schmitt/Köhler/*Köhler* 8.

75 NK/*Heghmanns* 15; *Bernsmann/Jansen* StV **1998** 217, 221.

76 Im Zusammenhang mit § 163f LG Mainz 8.7.2019 – 3 Qs 28/19, BeckRS **2019** 20492 Rn. 14.

77 Dazu KK/*Moldenhauer* 17; MüKo/*Kölbel/Neßeler* 12; SK/*Wolter/Werkmeister* 28; *Hilger* NStZ **1992** 457, 463 Fn. 107.

78 Dazu auch KK/*Moldenhauer* 17; SK/*Wolter/Werkmeister* 28; KMR/*Noltensmeier-von Osten* 9.

79 Wohl enger, aber einen anderen Sachverhalt (polizeiliche Observation auf polizeirechtlicher Grundlage) betreffend BVerfG (Kammerentscheidung) NJW **2002** 1037, wo ein objektiver Tatbezug, insbesondere im Hintergrund oder im Umfeld von Straftaten gefordert wird. In der der Entscheidung zugrundeliegenden polizeirechtlichen Vorschrift fehlte es namentlich an der Möglichkeit, über Kontaktpersonen den Aufenthalt des Täters zu ermitteln.

80 MüKo/*Kölbel/Neßeler* 13.

Fall angeordnet werden, weil dies gegen die Garantie des unüberwachten Verkehrs (§ 148 Abs. 1) verstoßen würde.[81]

24 **c) Kennzeichen bestimmter Transportmittel.** Absatz 2 hat es schon immer ermöglicht, in die Ausschreibung zur Beobachtung (zusätzlich[82] oder selbstständig) das amtliche Kennzeichen, auch ein ausländisches, eines Kraftfahrzeuges einzubeziehen. Diese Möglichkeit wurde mit Blick auf die in Artikel 36 Abs. 1 des Beschlusses 2007/533/JI des Rates vom 12.6.2007, ABlEU Nr. L 205/63 v. 7.8.2007, vorgesehenen Handlungsoptionen um die Ausschreibung der Identifizierungsnummer oder äußeren Kennzeichnung von Wasser- und Luftfahrzeugen sowie Containern ergänzt. Für diese Fälle hielt der Gesetzgeber (zu Recht) eine spezielle Regelung für erforderlich, weil die entsprechenden Objekte i.d.R. einen „Personenbezug" aufweisen (infolge ihrer behördlichen Registrierung). Deshalb kann ihre Ausschreibung im Gegensatz zu anderen Gegenständen, bei denen nicht automatisch eine Verbindung zu einer bestimmten Person herzustellen ist, nicht auf die Ermittlungsgeneralklausel in § 161 Abs. 1 Satz 1 bzw. § 163 Abs. 1 Satz 2 gestützt werden.[83] Obwohl sich dies aus dem Wortlaut nicht zwingend ergibt, wird man annehmen müssen, dass sich die allgemeine Erfolgseignung (Erforschung des Sachverhalts oder Aufenthaltsermittlung) und die Subsidiaritätsklausel auch auf die Ausschreibung der in Absatz 2 genannten Transportmittel bezieht. Die Vorschrift rechtfertigt daher, auch wenn dies in der Praxis nicht selten so sein dürfte, nicht die schematische Einbeziehung aller mit Betroffenen in Verbindung stehenden einschlägigen Objekte.[84] Andererseits gestattet sie es auch, die Ausschreibung auf die Kennzeichen **mehrerer Kraftfahrzeuge** und die Identifizierungsnummer oder äußere Kennzeichnung mehrerer Wasserfahrzeuge, Luftfahrzeuge und Container zu erstrecken, die von einem Betroffenen benutzt oder auf ihn zugelassen werden; die Verwendung des Singulars (*eines* Kraftfahrzeuges usw.) besagt in diesem Zusammenhang nichts.[85]

25 Die Ausschreibung ist zunächst möglich, wenn das Kraftfahrzeug bzw. das Wasserfahrzeug, das Luftfahrzeug oder der Container auf eine **nach Absatz 1 ausgeschriebene Person** (Beschuldigter oder Kontaktperson) zugelassen ist oder von ihr benutzt wird. Der Wortlaut deutet auch für den zweiten Fall der bloßen **Benutzung** (im ersten Fall können Zweifel nicht auftreten) darauf hin, dass dies im Zeitpunkt der Anordnung feststehen müsse. Doch wird man eine derartige Gewissheit, bei deren Erforderlichkeit die Vorschrift auf wenige Ausnahmen beschränkt wäre, nicht verlangen können, sondern es als ausreichend ansehen müssen, dass bestimmte Tatsachen für eine solche Benutzung sprechen. Andererseits wird anzunehmen sein, dass die **Nutzungsmöglichkeit für einen längeren Zeitraum** bestehen muss.[86] In Betracht kommen beispielsweise die Fälle, in denen der Beschuldigte oder die Kontaktperson einen Firmenwagen benutzt, oder in denen es sich um ein Fahrzeug handelt, das auf einen Verwandten oder eine sonst nahestehende Person zugelassen ist.

26 Die **alleinige Ausschreibung des Kennzeichens** ist zulässig, wenn es von einer namentlich nicht bekannten Person benutzt wird, die einer Straftat mit erheblicher Bedeutung verdächtig ist, etwa in den Fällen, in denen dies einen besonders wichtigen Ansatz für weitere Ermittlungen darstellt und weitere personenbezogene Eingrenzungen (noch)

---

81 Ähnlich, aber weniger entschieden KK/*Moldenhauer* 17; SK/*Wolter*/*Werkmeister* 28.

82 Zur „Verknüpfung" mit der Ausschreibung einer Person auch HK/*Zöller* 8; KK/*Moldenhauer* 18; SK/*Wolter*/*Werkmeister* 29; *Hilger* NStZ **1992** 525 Fn. 172.

83 Vgl. RegE BTDrucks. **16** 10816 S. 9; Schmitt/Köhler/*Köhler* 9.

84 Vgl. auch den in ähnliche Richtung zielenden Hinweis bei SK/*Wolter*/*Werkmeister* 29.

85 Ebenso NK/*Heghmanns* 17.

86 MüKo/*Kölbel*/*Neßeler* 15; SK/*Wolter*/*Werkmeister* 29.

nicht möglich sind.[87] Der Anfangsverdacht dürfte genügen.[88] Unklar ist, ob eine isolierte Ausschreibung des Kennzeichens auch möglich ist, wenn eine in **Absatz 1 bezeichnete Person** vorhanden ist, insoweit die Ausschreibung aber unterbleibt. Nach dem Gesetzeswortlaut scheint dies nicht möglich zu sein, denn er verlangt insoweit die Nutzung durch eine nach Absatz 1 *ausgeschriebene* Person.[89] Sonderlich einleuchtend ist dies nicht, weil Fälle denkbar sind, in denen die personenbezogene Ausschreibung zur Beobachtung wenig erfolgversprechend ist, anders aber diejenige, die sich auf Transportmittel bezieht, die auf einen Beschuldigten (oder eine Kontaktperson) zugelassen sind. Hier ist etwa an den Fall eines Verdachts zu denken, dass die für ein Unternehmen zugelassenen Kraftfahrzeuge systematisch für ein verbotenes Handeltreiben mit Betäubungsmitteln, für Schmuggel oder für ähnliches verwendet werden, ohne dass gegen die jeweiligen Fahrer ein ausreichender Verdacht begründet werden kann.

27 **d) Begleitpersonen.** Nach Absatz 3 können auch personenbezogene Informationen solcher Personen gemeldet werden, die nicht nach Absatz 1 zur Beobachtung ausgeschrieben sind, aber als „Begleiter" einer solchen Person als Führer eines ausgeschriebenen Fahrzeugs bzw. als Nutzer eines ausgeschriebenen Containers erscheinen.[90] Die Vorschrift enthält keine sachlichen Einschränkungen und kann sie wohl auch, da bei der polizeilichen Beobachtung in aller Regel keine zusätzlichen Daten anfallen, nicht enthalten. Sie ermöglicht im Ergebnis ihrem Wortlaut nach die Erfassung von Personen und – insoweit weitergehend als im Falle des § 163d – die nur wenig eingeschränkte Nutzung aller sie betreffenden Daten, ohne dass im Zeitpunkt des Meldens weitere Anhaltspunkte dafür vorliegen, dass dies zum Erfolg der Maßnahme beitragen kann. Damit werden die begrenzenden Voraussetzungen des Absatzes 1 (Erfolgseignung und Subsidiarität) für die Ausführung der Beobachtung teilweise unterlaufen. Die Regelung unterliegt im Schrifttum verbreiteter und berechtigter Kritik,[91] teilweise wird ihre Verfassungswidrigkeit angenommen.[92] Soweit man dem folgen will, dürfte eine verfassungskonforme restriktive Auslegung kaum Abhilfe ermöglichen, weil das insoweit geforderte umfassende Beweisverwertungs-, Datenübermittlungs-, Datennutzungs- und Speicherungsverbot i.V.m. einer sofortigen Löschungspflicht[93] im Ergebnis die Unanwendbarkeit der Norm bedeuten würde.

28 Um jemanden als Begleitperson ansehen zu können, wird man eine gewisse, möglicherweise auch nur lockere **Verbindung mit der zur Beobachtung ausgeschriebenen Person** verlangen müssen. Gehört diese einer größeren Personengruppe, etwa einer Reisegruppe an, so sind die zu dieser gehörenden Personen nicht allein deshalb Begleitpersonen. Bloß als Anhalter mitgenommene Personen dürften nicht als Begleitpersonen des Fahrers eines ausgeschriebenen Fahrzeuges anzusehen sein, ein Taxifahrer nicht als Begleitperson des

87 Ebenso MüKo/*Kölbel*/*Neßeler* 16; ähnlich, aber wohl enger (einziger Ansatz) *Hilger* NStZ **1992** 523, 525 Fn. 172; dem folgend Schmitt/Köhler/*Köhler* 9; SK/*Wolter*/*Werkmeister* 29.

88 **A.A.** SK/*Wolter*/*Werkmeister* 29, der wie bei Kontaktpersonen einen durch bestimmte Tatsachen begründeten Verdacht verlangt. Aber der Vergleichsfall des namentlich nicht bekannten Verdächtigen ist der in Absatz 1 Satz 2 genannte Beschuldigte und nicht die in Satz 3 beschriebene Kontaktperson.

89 Deshalb verneinend MüKo/*Kölbel*/*Neßeler* 16; NK/*Heghmanns* 20.

90 Nicht hingegen Informationen in Bezug auf Begleitpersonen eines Führers bzw. Nutzers von Transportmitteln, der selbst nicht nach Absatz 1 zur Beobachtung ausgeschrieben ist, überzeugend NK/*Heghmanns* 21.

91 So etwa HK/*Zöller* 9; Schmitt/Köhler/*Köhler* 10; SK/*Wolter*/*Werkmeister* 21, 32 m.w.N.; *Krahl* NStZ **1998** 339, 341; *Strate* StV **1989** 406, 410.

92 So vor allem HK/*Zöller* 9, SK/*Wolter*/*Werkmeister* 21, 32 und *Krahl* NStZ **1998** 339, 341; Bedenken auch bei OK/*von Häfen* 7; **a.A.** SSW/*Höltkemeier* 15.

93 Vgl. etwa SK/*Wolter*/*Werkmeister* 21.

ausgeschriebenen Fahrgastes.[94] Da die Erfassung der Daten bei der polizeilichen Beobachtung grundsätzlich unauffällig vorgenommen wird und die Vorschrift als solche keine Befragungen gestattet, werden allerdings solche, den Charakter als Begleitperson ausschließenden Umstände vielfach nicht feststellbar sein. Anders liegt es dann, wenn solche Feststellungen an der jeweiligen Kontrollstelle als zulässige Maßnahmen nach den für sie geltenden Rechtsgrundlagen getroffen werden. Ergibt sich daraus, dass es sich nicht um „Begleitpersonen" im Sinne des Absatzes 3 handelt, so entfällt die Meldebefugnis. Allenfalls die Tatsache, dass die ausgeschriebene Person sich in einer derartigen „Begleitung" befunden hat, kann möglicherweise als ein Umstand des Antreffens (Rn. 32) gemeldet werden, ohne dass dabei Identifizierungsdaten dieser Personen mitgeteilt werden dürfen.

6. Art und Umfang der Datenerfassung

a) Polizeiliche Kontrollstellen. Maßnahmen aufgrund einer Ausschreibung zur Beobachtung nach § 163e sind überall dort zulässig, wo das Gesetz polizeiliche Kontrollen ermöglicht, die die Feststellung der Personalien gestatten. Die Anordnung der Ausschreibung kann Beschränkungen enthalten (s.u. Rn. 43). Damit ist der gesamte Bereich des Polizeirechts einschließlich von Sondervorschriften, wie etwa in Fällen allgemeiner Verkehrskontrolle nach § 36 Abs. 5 StVO, eröffnet. Ebenfalls in Betracht kommen, auch wenn sie auf strafprozessualer Grundlage erfolgen mögen, Identitätsfeststellungen wegen des Verdachts des Vorliegens einer Straftat einschließlich der Kontrollen an einer nach § 111 eingerichteten Kontrollstelle.[95] Dazu gehören auch die in § 163d besonders genannten grenzpolizeilichen Kontrollstellen (§ 163d, 25 f.) sowie Kontrollen im Grenzraum, auch soweit sie den grenzpolizeilichen Kontrollen nicht zugerechnet werden.[96] Ausreichend sind auch aus konkretem Anlass vorgenommene (rechtlich zulässige) **polizeiliche Einzelkontrollen**; um speziell eingerichtete Kontroll*stellen* muss es sich nicht handeln. Jedoch darf eine solche Kontrolle nicht allein deshalb vorgenommen werden, um eine „polizeiliche Beobachtung" zu ermöglichen.[97] Die Datenerhebung und Datennutzung ist nur zulässig, wenn die Daten „anlässlich" einer auf anderen Gründen beruhenden Kontrollmaßnahme anfallen. Für die Rechtmäßigkeit der Maßnahmen nach § 163e müssen die Rechtmäßigkeitsvoraussetzungen der jeweiligen polizeilichen Maßnahme zusätzlich erfüllt sein.[98] 29

b) Durchführung der Maßnahmen. Der Gesetzeswortlaut enthält keinerlei Hinweise darauf, was auf Grund einer Ausschreibung zur Beobachtung zu geschehen hat. Da der Gesetzgeber an die bei der Einführung der Vorschrift bereits geübte Praxis und die Regelung von Einzelheiten in der entsprechenden polizeilichen Dienstvorschrift angeknüpft hat,[99] muss insoweit auf die durch diese näher konkretisierte, auch für Maßnahmen der polizeilichen Beobachtung auf polizeirechtlicher Grundlage geltende Praxis zurückgegriffen werden. Danach erfolgt die Umsetzung einer solchen Maßnahme dadurch, dass die anlässlich einer Personenkontrolle angefallenen Daten (Rn. 31 f.) an die ausschreibende Stelle gemeldet werden, und zwar grundsätzlich dergestalt, dass die Betroffenen davon 30

94 Ähnlich MüKo/*Kölbel/Neßeler* 21; **a.A.** NK/*Heghmanns* 21.
95 Ebenso für diese SK/*Wolter/Werkmeister* 23, dort auch kurzer Gesamtüberblick m.w.N.
96 Dazu § 163d, 26.
97 Ebenso SSW/*Höltkemeier* 6.
98 SK/*Wolter/Werkmeister* 23.
99 Vgl. Entw. des OrgKG, BTDrucks. **12** 989 S. 44; PdV 384.2; zur Kritik an dieser Gesetzgebungsmethode s.o. Rn. 2.

nichts bemerken und nicht unterrichtet werden.[100] Das setzt notwendigerweise voraus, dass die mit der Personenkontrolle befassten Beamten von der Ausschreibung unterrichtet sind; sie muss deshalb in die polizeilichen Dateien aufgenommen werden, die üblicherweise bei solchen Gelegenheiten abgerufen werden.[101]

31 **c) Zu meldende Daten.** Auch über die **zu meldenden Daten** sagt die Vorschrift – anders als § 163d – nichts aus. Hinweise können insoweit den vergleichbaren polizeirechtlichen Vorschriften und der PdV 384.2 entnommen werden.[102] Die **Identitätsdaten** der betroffenen Personen (§ 163d, 28) sind ohnehin regelmäßig Anknüpfungspunkt für die Meldung; ihre Erfassung und Übermittlung wird also vorausgesetzt. Ist lediglich das Kennzeichen eines Transportmittels ausgeschrieben (Absatz 2), so sind, soweit sie bei der polizeilichen Kontrolle erfasst werden, die Identitätsdaten des Führers bzw. Nutzers zu melden. Bei **Begleitpersonen** ist zu bedenken, dass Absatz 3 lediglich die Übermittlung ihrer Identitätsdaten gestattet, sie aber nicht zwingend vorschreibt. Sofern nicht die Ausschreibung selbst hierüber Einzelheiten enthält,[103] kann (und sollte) jedenfalls dann von der Übermittlung abgesehen werden, wenn erkennbar ist, dass der Ausschreibungsanlass dadurch nicht betroffen ist.[104]

32 Stets zu melden sind, weil andernfalls die Maßnahme keinen Sinn hätte, **Ort und Zeit** der Überprüfung. Nach ganz h.M. sind ferner entsprechend den polizeirechtlichen Vorschriften die sonstigen **Umstände des Antreffens** und die Ergebnisse einer Überprüfung zu melden,[105] soweit sie anlässlich der polizeilichen Kontrolle angefallen sind.

7. Behandlung der Daten

33 **a) Allgemeines.** Die bis zu den Neuregelungen durch das StVÄG 1999 vielfach zu Recht kritisierten unzureichenden Rechtsgrundlagen für die Übermittlung und Nutzung der anlässlich einer Ausschreibung zur Beobachtung angefallenen Daten[106] finden sich nunmehr grundsätzlich in den Vorschriften des Achten Buches der StPO, auf deren Erläuterung, soweit sie einschlägig sind, an dieser Stelle zu verweisen ist. Spezielle Datenverarbeitungsvorschriften, die diesen Regelungen als Sondervorschriften vorgehen könnten, enthält § 163e im Gegensatz zu § 163d[107] nicht. Eine analoge Anwendung der teilweise engeren Verwendungsregelungen des § 163d für Maßnahmen nach § 163e dürfte sich kaum begründen lassen; dem Gesetzgeber des StVÄG 1999 sind die Probleme bekannt gewesen, und er hätte klarstellende Regelungen treffen können, wenn er sie für sachgerecht gehalten hätte. Die sich daraus ergebenden weitgespannten Nutzungs- und Verwendungsmöglichkeiten mögen rechtspolitischer Kritik unterliegen; sie sind aber für die Rechtsanwendung hinzunehmen, soweit sich keine durchgreifenden verfassungsrechtlichen Bedenken begründen lassen.

---

100 Zur „Heimlichkeit" der Maßnahme auch HK/*Zöller* 2; KK/*Moldenhauer* 9; SK/*Wolter*/*Werkmeister* 9, 18; *Busch* 46 f.

101 Dazu ausführlich SK/*Wolter*/*Werkmeister* 9 ff.

102 Dazu mit weiteren Hinweisen etwa KK/*Moldenhauer* 9; SK/*Wolter*/*Werkmeister* 6; *Göhring* (LV zu § 163d) 34; Lisken/Denninger/Bäcker/*Müller*/*Schwabenbauer* Kap. 6, 1199 ff.; *Hilger* NStZ **1992** 523, 525 Fn. 167.

103 Zur Bindungswirkung solcher Konkretisierungen s.u. Rn. 43 und § 163d, 30.

104 Vgl. auch MüKo/*Kölbel*/*Neßeler* 21; Lisken/Denninger/Bäcker/*Müller*/*Schwabenbauer* Kap. 6, 1188.

105 HK/*Zöller* 1; KK/*Moldenhauer* 9; *Hilger* NStZ **1992** 523, 525 Fn. 167; wohl enger SK/*Wolter*/*Werkmeister* 7; vgl. auch § 163d, 31.

106 Vgl. dazu etwa SK/*Wolter*/*Werkmeister* 5 ff.; KK/*Moldenhauer* 6 ff.

107 Vgl. § 163d, 37, 43, 73.

b) Einzelfragen. Die bei der polizeilichen Kontrolle anfallenden Daten sind der Strafverfolgungsbehörde zu übermitteln, die die Ausschreibung zur Beobachtung veranlasst hat. Dies kann durch eine Einzelmitteilung geschehen, möglich ist aber auch, wenn die jeweilige Organisation der Datenverarbeitung den speziellen Zugriff auf diese Daten ermöglicht, die **Einspeicherung in eine** bei der Polizei oder der Staatsanwaltschaft geführte **Datei**. Da insoweit die allgemeinen Vorschriften anwendbar sind, ist – anders als bei § 163d (s. dort Rn. 39) – eine rechtlich selbstständige Sonderdatei nicht zwingend erforderlich; möglich dürfte auch die Speicherung in den allgemeinen polizeilichen Dateien sein, namentlich in solchen, die auch oder überwiegend der Strafverfolgung dienen.[108] Sofern es sich dabei um Dateien der Polizei handelt, richten sich die Möglichkeiten und Grenzen der Verarbeitung und Nutzung gemäß § 483 Abs. 3 grundsätzlich nach den polizeirechtlichen Vorschriften. Die Datenerhebungsbefugnis des Bundeskriminalamts richtet sich nach § 9 Abs. 1 Satz 1 BKAG. Rechtlich geboten ist die Speicherung der gemeldeten Daten in solchen übergreifenden Dateien nicht; nach Lage des Einzelfalles können die Meldungen auch allein zu den Verfahrensakten des jeweiligen Strafverfahrens genommen oder in einer nur dieses betreffenden Datei gespeichert werden. 34

Die **Ausschreibungsergebnisse sind** von der Strafverfolgungsbehörde, die die Ausschreibung veranlasst hat, kontinuierlich **auszuwerten.** Ergibt sich dabei, dass der Zweck der Ausschreibung erreicht ist oder nicht mehr erreicht werden kann, so ist die Ausschreibung unverzüglich zu beenden (näher unten Rn. 44). Der jeweiligen Strafverfolgungsbehörde, insbesondere der das Ermittlungsverfahren leitenden Staatsanwaltschaft, ist deshalb der Zugriff auf die Daten unabhängig davon zu ermöglichen, in welcher Datei sie gespeichert sind. Die **Nutzung der Daten zu anderen Zwecken** richtet sich grundsätzlich nach den allgemeinen Vorschriften; es gilt also für die Polizei § 481 Abs. 1 Satz 1, für die dateimäßige Nutzung für Strafverfahren § 483 Abs. 2 und § 484 und für die **Löschung**, soweit sich diese nach Strafprozessrecht richtet, § 101 Abs. 8. 35

c) Zufallserkenntnisse. Die früher problematische Verwertbarkeit von Zufallserkenntnissen,[109] die bei der späteren Auswertung der mitgeteilten Daten anfallen können, richtet sich heute nach § 479 Abs. 2 Satz 1 i.V.m. § 161 Abs. 3 und ist zu Beweiszwecken somit immer dann zulässig, wenn sie eine „Straftat von erheblicher Bedeutung" in dem oben Rn. 12 ausgeführten Sinn betreffen. 36

Die durch § 479 Abs. 2 Satz 1 i.V.m. § 161 Abs. 3 in Bezug auf sonstige Straftaten nicht ausgeschlossene Verwendung als **Spurenansatz** erscheint im Ergebnis jedenfalls insoweit fragwürdig, als sie zu Lasten unverdächtiger Kontaktpersonen und Begleitpersonen erfolgt. Trotz nicht unerheblicher dogmatischer und systematischer Bedenken sollte deshalb erwogen werden, in solchen Fällen die Verwendung von Zufallserkenntnissen auch als Spurenansatz nur dann zuzulassen, wenn sie eine Straftat von erheblicher Bedeutung betreffen.[110] 37

8. Anordnungskompetenz/Höchstdauer der Ausschreibung

a) Richtervorbehalt und Eilkompetenz. Die Anordnung der Ausschreibung zur Beobachtung steht wie im Falle des § 163d nach Absatz 4 Satz 1 unter Richtervorbehalt (näher 38

108 Ebenso MüKo/*Kölbel/Neßeler* 20; vgl. auch KK/*Moldenhauer* 7 f.; HbStrVf/*Jahn* II Rn. 44.
109 Dazu LR/*Erb*[25] 36 f. m.w.N.
110 Generell gegen die Verwendbarkeit als Spurenansatz und für ein umfassendes Verwertungsverbot in Bezug auf Begleitpersonen HK/*Zöller* 14.

§ 163d, 47). Bei Gefahr im Verzug ist die Staatsanwaltschaft zur Anordnung befugt;[111] eine Eilkompetenz der Ermittlungspersonen der Staatsanwaltschaft ist hier – abweichend von § 163d Abs. 2 Satz 1 – nicht eröffnet. Ist die Staatsanwaltschaft nicht, wohl aber ein Richter erreichbar, so kann rechtlich die Polizei nach § 163 Abs. 2 Satz 2 verfahren (vgl. § 165, 14).[112] Identisch mit der Regelung in § 163d Abs. 2 Satz 2, 3 hat die Staatsanwaltschaft unverzüglich die richterliche Bestätigung zu beantragen, und ihre Anordnung tritt gemäß der Verweisung auf § 100e Abs. 1 Satz 3 außer Kraft, wenn sie nicht binnen drei Werktagen richterlich bestätigt wird. Auf die Erläuterungen bei § 163d, 52 bis 55 wird verwiesen.

39 **b) Höchstdauer.** Die **Höchstdauer** der auf Grund der Anordnung zulässigen Ausschreibung beträgt, unbeschadet der Möglichkeit der Verlängerung (s.u. Rn. 40), **ein Jahr**. Diese gegenüber vergleichbaren Maßnahmen lange Dauer trägt dem Umstand Rechnung, dass die polizeiliche Beobachtung als „Langfristmaßnahme“ angelegt sein kann.[113] Eine schematische Ausnutzung dieser Frist ist jedoch unangebracht und kann zur Unverhältnismäßigkeit führen.[114] Die Dauer ist schon bei der Anordnung auf den nach kriminalistischer Erfahrung notwendigen Zeitraum zu begrenzen, zumal eine Fehlbeurteilung durch eine – ggf. auch wiederholte – Verlängerung korrigiert werden kann.

40 **c) Verlängerung und Wiederholung der Anordnung.** Eine auch mehrfache, aber jeweils drei Monate nicht übersteigende **Verlängerung** der Anordnung ist, wie sich aus Absatz 4 Satz 6 ergibt, zulässig. Sie kann nur vom Richter angeordnet werden und erfordert, was dieser zu prüfen hat, dass die Voraussetzungen der Anordnung weiterhin vorliegen. Wird die Maßnahme, wie regelmäßig, im Ermittlungsverfahren angeordnet, so erfordert die Verlängerung einen darauf gerichteten Antrag der Staatsanwaltschaft. Bei einer mehrfachen Verlängerung enthält das Gesetz keine Höchstfrist. Die unter der früheren Rechtslage, als Absatz 4 Satz 6 eine „entsprechende“ Geltung von § 100b Abs. 2 Satz 5 a.F. anordnete, z.T. vertretene Auffassung, dass die Verlängerungen insgesamt die Dauer eines weiteren Jahres nicht übersteigen dürfen,[115] ist nach der heutigen Gesetzesfassung ebenso überholt wie die (richtigerweise schon früher abzulehnende) Auffassung, wonach eine wiederholte Verlängerung, abgesehen von der erforderlichen Prüfung der Fortdauer der Voraussetzungen für die Anordnung, nur zulässig sein sollte, wenn neue Verdachtsmomente entstanden sind.[116] Nach Ablauf der (verlängerten) Frist tritt die Anordnung ohne Weiteres außer Kraft.[117] Eine **Wiederholung** der Anordnung, auch wegen des gleichen Tatgeschehens, dürfte jedenfalls dann zulässig sein, wenn neue Verdachtsmomente vorliegen.[118]

41 **9. Verfahrensfragen.** § 163e enthält keine Regelungen über das bei Anordnung der Ausschreibung zu beachtende Verfahren und über die Beendigung der Maßnahme. Diese

---

111 Was kaum jemals von praktischer Bedeutung sein wird, zutreffend KK/*Moldenhauer* 21; SK/*Wolter*/*Werkmeister* 33.

112 Ebenso HK/*Zöller* 10; MüKo/*Kölbel*/*Neßeler* 24; **a.A.** KK/*Moldenhauer* 22; ihm folgend SK/*Wolter*/*Werkmeister* 33, nach denen die Polizei die StA nicht übergehen dürfte. Das ist indessen die regelmäßige Konsequenz der Befugnis des Ermittlungsrichters als „Notstaatsanwalt“, der die StA dadurch entgehen kann und sollte, dass sie einen ausreichenden Bereitschaftsdienst einrichtet.

113 KK/*Moldenhauer* 23; Schmitt/Köhler/*Köhler* 15; vgl. auch *Hilgendorf-Schmidt* wistra **1989** 208, 210 zum Regelungsvorschlag im RefE StVÄG 1989.

114 Schmitt/Köhler/*Köhler* 15.

115 So Lisken/Denninger/*Bäumler*[3] J 462.

116 So KK/*Moldenhauer* 23; SK/*Wolter*/*Werkmeister* 37.

117 Schmitt/Köhler/*Köhler* 15; SK/*Wolter*/*Werkmeister* 37; s.u. Rn. 44.

118 Zur ähnlichen, umstrittenen Situation bei § 163d dort Rn. 47.

offensichtlichen Lücken der Vorschrift lassen sich durch eine entsprechende Anwendung der Verfahrensregelungen in § 163d Abs. 3 und Abs. 4 Satz 1 füllen.[119] Für die früher ebenfalls ungeregelte **Benachrichtigung der Betroffenen** und die **Löschung der angefallenen Daten** gilt heute § 101 Abs. 4 bis 6 und Abs. 8.

a) Form und Inhalt. Die Anordnung bedarf, wie die nach § 163d, der Schriftform[120] 42
und ist zu begründen (näher § 163d, 56, 58). Trotz des Schweigens des Gesetzes ist hier kein Grund dafür ersichtlich, warum abweichend von den Regelungen in den vergleichbaren § 98b Abs. 1 Satz 4, § 100e Abs. 3 Satz 1, § 163d Abs. 3 Satz 1 eine bloß mündliche Anordnung ausreichend sein sollte. Sie muss notwendigerweise die ausgeschriebenen **Personen**, also Beschuldigte und Kontaktpersonen, so exakt **bezeichnen**, dass sie im Rahmen der polizeilichen Kontrollen erfasst werden können, also unter Angabe ihrer **Personalien**. Die bloße Angabe von Prüfmerkmalen wie bei § 163d reicht nicht aus. Besteht Anlass zu der Annahme, dass der Betroffene unter falschen Personalangaben auftritt, so kann, wenn diese bekannt sind, auch unter ihnen ausgeschrieben werden. In den Fällen des Absatz 2 ist das **amtliche Kennzeichen, die Identifizierungsnummer bzw. die äußere Kennzeichnung** anzugeben; daneben mag es, um Verwechslungen auszuschließen, angebracht sein, auch weitere das Transportmittel kennzeichnende Angaben, etwa Art und Typ aufzunehmen. Ferner ist die Anordnung zu befristen, auch in Fällen der Höchstfrist.[121] Zur Bestätigung, Verlängerung und Ablehnung § 163d, 59.

b) Konkretisierung. Eine weitere **Konkretisierung** ist, anders als in § 163d Abs. 3, 43
rechtlich nicht erforderlich und nicht in allen Fällen angebracht.[122] Fehlt sie, so gilt die Ausschreibung für alle in ihr genannten Personen und für alle polizeilichen Kontrollen; dies muss nicht ausdrücklich zum Ausdruck gebracht werden. Eine den Anwendungsbereich einengende Konkretisierung ist aber möglich, kann nach dem Verhältnismäßigkeitsprinzip geboten sein und ist für die mit der Kontrolle beschäftigten Beamten bindend. So kann die Ausschreibung räumlich, auf bestimmte Arten von polizeilichen Kontrollen oder auf bestimmte Zeiten beschränkt werden,[123] wenn erkennbar ist, dass sie außerhalb dieses Anwendungsbereichs nicht erfolgsgeeignet ist. Es ist auch zulässig, in der Anordnung der Ausschreibung festzulegen, dass bloße Begleitpersonen nicht zu melden sind. Solche Einschränkungen ändern nichts daran, dass die Ausschreibung in die allgemeinen polizeilichen Dateien (Rn. 30) aufgenommen wird, jedoch ist die Beschränkung kenntlich zu machen.

c) Beendigung der Ausschreibung, Löschungspflichten. Über die Beendigung der 44
Ausschreibung enthält § 163e ebenfalls keine Aussagen. Dass sie (automatisch) endet, wenn die in der Anordnung bestimmte Frist abgelaufen ist, versteht sich von selbst. Die für die Ausschreibung verantwortliche Stelle hat auch in solchen Fällen dafür Sorge zu tragen, dass entsprechende Löschungen in den Fahndungsdateien vorgenommen werden. Die Ausschreibung ist ferner, entsprechend § 163d Abs. 4 Satz 1, auch dann unverzüglich zu beenden, wenn

---

119 Ebenso SK/*Wolter/Werkmeister* 3, 34.

120 Ebenso HK-GS/*Ambos* 7; KK/*Moldenhauer* 20; MüKo/*Kölbel/Neßeler* 25; SK/*Wolter/Werkmeister* 34; enger (nur in der Regel) AnwK/*Walther* 11; HK/*Zöller* 11; Schmitt/Köhler/*Köhler* 14; OK/*von Häfen* 9; SSW/*Höltkemeier* 20; *Hilger* NStZ **1992** 523, 525 Fn. 173.

121 SK/*Wolter/Werkmeister* 34.

122 Teilweise weitergehend wohl KK/*Moldenhauer* 20; SK/*Wolter/Werkmeister* 34; soweit letzterer verlangt, das Ziel der Beobachtung anzugeben, dürfte es sich um einen Teil der Begründung handeln.

123 Ebenso Schmitt/Köhler/*Köhler* 14.

die **Anordnungsvoraussetzungen entfallen** oder der **Zweck erreicht** ist,[124] weil sie von diesem Zeitpunkt an unverhältnismäßig werden würde. Die Erl. in § 163d, 62 f. gelten entsprechend. Die Strafverfolgungsbehörde, die die Ausschreibung veranlasst hat, muss daher, um ihrer Beendigungspflicht nachkommen zu können, den Sachstand regelmäßig überprüfen. Eine **Löschungspflicht** entsprechend § 163d Abs. 4 Satz 2 besteht hingegen **nicht,**[125] denn diese hängt mit der begrenzten Laufzeit (Kurzzeitdatei, vgl. § 163d, 40) und beschränkten Verwendung der nach § 163d gespeicherten Daten zusammen. Die Verpflichtung zur Löschung richtet sich daher ausschließlich nach den dafür allgemein geltenden Vorschriften, also bei nach der StPO errichteten Dateien nach § 101 Abs. 8, bei Dateien der Polizei gemäß § 483 Abs. 3, § 484 Abs. 4 nach den polizeirechtlichen Vorschriften.[126]

45 **10. Anfechtbarkeit.** Für die **Anfechtbarkeit** wird zunächst auf die Ausführungen in § 163d, 83 ff. verwiesen. Da bei § 163e gegenüber den namentlich bezeichneten Betroffenen schon mit der Aufnahme in die entsprechenden Fahndungsdateien eine grundrechtsrelevante Maßnahme vorliegt, wird jedoch bereits mit dieser und nicht erst mit der Speicherung oder sonstigen Weitergabe von Daten im Zuge der Maßnahme (theoretisch) die Beschwerde eröffnet.[127]

§ 163f
Längerfristige Observation

(1) [1]Liegen zureichende tatsächliche Anhaltspunkte dafür vor, dass eine Straftat von erheblicher Bedeutung begangen worden ist, so darf eine planmäßig angeordnete Beobachtung des Beschuldigten angeordnet werden, die
1. durchgehend länger als 24 Stunden dauern oder
2. an mehr als zwei Tagen stattfinden
soll (längerfristige Observation).
[2]Die Maßnahme darf nur angeordnet werden, wenn die Erforschung des Sachverhalts oder die Ermittlung des Aufenthaltsortes des Täters auf andere Weise erheblich weniger Erfolg versprechend oder wesentlich erschwert wäre. [3]Gegen andere Personen ist die Maßnahme zulässig, wenn auf Grund bestimmter Tatsachen anzunehmen ist, dass sie mit dem Täter in Verbindung stehen oder eine solche Verbindung hergestellt wird, dass die Maßnahme zur Erforschung des Sachverhalts oder zur Ermittlung des Aufenthaltsortes des Täters führen wird und dies auf andere Weise erheblich weniger Erfolg versprechend oder wesentlich erschwert wäre.

(2) [1]Die Maßnahme darf auch durchgeführt werden, wenn Dritte unvermeidbar betroffen werden. [2]§ 100d Absatz 1 und 2 gilt entsprechend.

(3) [1]Die Maßnahme darf nur durch das Gericht, bei Gefahr im Verzug auch durch die Staatsanwaltschaft und ihre Ermittlungspersonen (§ 152 des Gerichtsverfassungsgesetzes) angeordnet werden. [2]Die Anordnung der Staatsanwaltschaft oder ihrer Ermittlungspersonen tritt außer Kraft, wenn sie nicht binnen drei Werktagen von dem Gericht bestätigt wird. [3]§ 100e Absatz 1 Satz 4 und 5, Absatz 3 Satz 1 gilt entsprechend.

---

124 Ebenso MüKo/*Kölbel/Neßeler* 29; SK/*Wolter/Werkmeister* 38.

125 **A.A.** SK/*Wolter/Werkmeister* 38.

126 Vgl. etwa als Beispiele § 35 Abs. 2 bis 4 BPolG; § 78 Abs. 2 BKAG; eingehend Lisken/Denninger/Bäcker/*Müller/Schwabenbauer* Kap. 6, 1204.

127 So auch HK/*Zöller* 15; MüKo/*Kölbel/Neßeler* 32.

Schrifttum

Bleckat Erforderlichkeit eines richterlichen Beschlusses für verdeckte Videoaufnahmen, NJ **2021** 539; *Eisenberg* Zur Unzulässigkeit optischer Ermittlungsmaßnahmen (Observationen) betreffend eine Wohnung, NStZ **2002** 638; *Gehrlein/Schübel* Video-Überwachung und Einsatz neuer Ermittlungsmethoden, NStZ **1999** 104; *Hefendehl* Observationen im Spannungsfeld von Prävention und Repression, StV **2000** 270; *Hilger* Zum Strafverfahrensänderungsgesetz 1999 (StVÄG 1999), NStZ **2000** 551; *von Hippel/Weiß* Eingriffsqualität polizeilicher Observierungen, JR **1992** 316; *Hohenhaus* Die strafprozessuale Observation (2006); *Koller* Polizeiliche Observation und strafprozessuale Wahrheitserforschung, StV **1984** 521; *H. J. Meyer* Rechtsfragen im Zusammenhang mit polizeilichen Beobachtungsmaßnahmen, Diss. Tübingen 1982; *Nimtz* Die strafprozessuale Observation nach dem Strafrechtsänderungsgesetz 1999 (2003); *Riegel* Probleme der Polizeilichen Beobachtung und Observation, JZ **1980** 224; *Steinmetz* Zur Kumulierung strafprozessualer Ermittlungsmaßnahmen, NStZ **2001** 344; *Vahle* Polizeiliche Aufklärungs- und Observationsmaßnahmen, Diss. Bielefeld 1983.

Entstehungsgeschichte

Die Vorschrift wurde durch Art. 1 Nr. 10 des Strafverfahrensänderungsgesetzes 1999 vom 2.8.2000 (BGBl. I S. 1253) eingefügt. Kleine sprachliche Änderungen erfolgten durch Art. 1 Nr. 20 des 1. JuMoG und durch Art. 1 Nr. 6 des Gesetzes zur Umsetzung des Urteils des Bundesverfassungsgerichts zur akustischen Wohnraumüberwachung vom 24.6.2005 (BGBl. I S. 1841). Die ursprüngliche Regelung der Absätze 3 und 4 a.F., nach denen die Anordnungsbefugnis grds. bei der Staatsanwaltschaft lag und ein präventiver Richtervorbehalt nur im Falle einer Verlängerung zum Tragen kam, wurde durch Art. 1 Nr. 18 TKÜG vom 21.12.2007, BGBl. I S. 3198, durch den heutigen Absatz 3 ersetzt. Durch Art. 3 Nr. 26 des Gesetzes zur effektiveren und praxistauglicheren Gestaltung des Strafverfahrens vom 17.8.2017, BGBl. I S. 3202, wurde die Verweisung in Absatz 3 Satz 3 mit Wirkung zum 24.8.2017 an die Neufassung der §§ 100a ff. angepasst. Durch Art. 1 Nr. 15 des Gesetzes zur Umsetzung der Richtlinie (EU) 2016/680 im Strafverfahren sowie zur Anpassung datenschutzrechtlicher Bestimmungen an die Verordnung (EU) 2016/679 vom 20.11.2019, BGBl. I S. 1724, wurde mit Wirkung zum 26.11.2019 Absatz 2 Satz 2 eingefügt.

Übersicht

Alphabetische Übersicht

1. Allgemeines

1 **a) Vorgeschichte und Entwicklung.** Die Vorschrift ist im Zuge der sich über längere Zeit erstreckenden Schaffung spezieller Eingriffsermächtigungen für einzelne, als besonders gravierend angesehene Zwangsmaßnahmen erst spät eingeführt worden,[1] gehört aber zu den von Anfang beabsichtigten Regelungen.[2] Sie war nicht im Grundsatz, aber in Einzelheiten bis zum Schluss im Gesetzgebungsverfahren umstritten.[3] Der von ihr nunmehr geregelte Sachverhalt einer längerfristigen Observation wurde bereits früher praktiziert.[4] Die Zulässigkeit ohne spezielle Rechtsgrundlage war allerdings umstritten.[5] Mehrere sie bejahende Entscheidungen des Bundesgerichtshofs blieben im Schrifttum nicht ohne Widerspruch;[6] durch die gesetzliche Regelung dürften diese Streitfragen erledigt sein.[7] Vergleichbare Vorschriften enthalten für die polizeiliche Observation in weitgehend übereinstimmender Form die neueren Polizeigesetze.[8]

1 Durch das am 1.11.2000 in Kraft getretene StVÄG 1999; vorangegangen waren die Regelungen über den Einsatz technischer Mittel in § 100c Abs. 1 Nr. 1, 2 a.F. (heute § 100h Abs. 1); vgl. auch § 163e, 1.

2 So schon (§ 163f i.V.m. § 163h Abs. 1, 2, § 163i Abs. 1 Satz 2) im RefE des BMJ zu einem StVÄG 1988 (Abdruck in StV **1989** 177 ff.); seither überwiegend in den unterschiedlichen Entwürfen; abweichend nur der Gesetzentwurf des Bundesrates in der 13. LegPer., BTDrucks. **13** 194. Zur Entwicklung ausführlich KK/*Moldenhauer* 1 f.; SK/*Wolter*/*Werkmeister* 2; *Nimtz* 100 ff.; *Hohenhaus* 73 ff.

3 Die Gesetz gewordene Fassung entspricht dem Entwurf der BReg. (BTDrucks. **14** 1484). Eine zunächst vom BT beschlossene Verkürzung der Frist in Absatz 3 Satz 3 auf 24 Stunden (BTDrucks. **14** 2595 S. 8, 28) konnte sich im Vermittlungsausschuss ebensowenig durchsetzen wie die vom Bundesrat von Anfang an (BTDrucks. **14** 1484 S. 40) bis zum Vermittlungsverfahren (BTDrucks. **14** 2886 S. 3 f.) geforderte Verlängerung der Frist in Absatz 1 Satz 1 Nr. 2 von zwei auf sieben Tage.

4 Zur praktischen Bedeutung und Durchführung eingehend *Nimtz* 42 ff.

5 Näher LR/*Rieß*[24] § 163, 50 f.; vgl. auch m.w.N. *v. Hippel*/*Weiß* JR **1992** 316 ff.; *Hefendehl* StV **2000** 270, 274 ff. (insbesondere zu den Beziehungen zwischen Observation und Video-Beobachtung); *Hohenhaus* 175 ff.

6 So vor allem (unter Inanspruchnahme des sog. Übergangsbonus) BGH NStZ **1992** 44 mit Anm. *Rogall* und Anm. *Schön* 504 = StV **1991** 499 mit Anm. *Gusy*; dazu auch *Wolter* Jura **1992** 520 ff.; BGHSt **44** 13 ff. = JZ **1998** 796 mit Anm. *Rogall* = NStZ **1998** 629 mit Anm. *Amelung* und *Asbrock* (unter Anwendung des damals schon geltenden § 100c Abs. 1 Nr. 1 lit. a a.F.); vgl. auch OLG Düsseldorf StV **1998** 170 mit Anm. *Gusy* 526 = JR **1999** 255 mit Anm. *Theisen*; zum Ganzen KK/*Moldenhauer* 3 f.; *Nimtz* 91 ff.

7 Überzogene und pauschale Kritik an der gesetzlichen Neuregelung aber etwa bei *P.A. Albrecht* StV **2001** 416, 419. Kritisch zu den Aufweichungen im Laufe der Entwicklung und zu weiterhin fehlenden übergreifenden Vorschriften auch SK/*Wolter*/*Werkmeister* 2 f.

8 Vgl. etwa § 45 Abs. 2 Nr. 1 BKAG; § 28 Abs. 2 Nr. 1 BPolG; ferner Lisken/Denninger/Bäcker/*Müller*/*Schwabenbauer* Kap. 6, 956 ff.; zu den präventiven Observationen und ihren Grenzen näher *Hefendehl* StV **2000** 270 ff.; zur Problematik doppelfunktionaler Maßnahmen *Nimtz* 155 ff.

b) Anwendungsbereich. § 163f bezeichnet die Voraussetzungen für eine sog. länger- 2
fristige Observation (Rn. 3 ff.) einer oder mehrerer bestimmter Personen; für die nicht auf eine solche abzielende Überwachung von Objekten und Örtlichkeiten, die auf die Ermittlungsgeneralklauseln in § 161 Abs. 1 Satz 1 und in § 163 Abs. 1 Satz 2 gestützt werden können, findet die Vorschrift keine Anwendung.[9] Sie gilt jedoch auch in einem Verfahren gegen Unbekannt, in dem ein Hauseingang überwacht wird, weil die Polizei den Täter im Kreis der Bewohner vermutet, denn in diesem Fall ist die Maßnahme personengerichtet und stellt mitnichten eine bloße Objektüberwachung dar.[10] § 163f regelt die maßgebenden Anordnungskompetenzen (Rn. 14 ff.) und (teilweise) das dabei anzuwendende Verfahren. Die Vorschrift setzt den konkreten Tatverdacht einer aufzuklärenden Straftat oder die Notwendigkeit der Ermittlung des Aufenthalts eines Tatverdächtigen voraus. Im zweiten Fall kommt rechtlich auch ihre Anwendung im gerichtlichen Verfahren nach Erhebung der öffentlichen Klage in Betracht;[11] Gleiches gilt wohl auch für das Vollstreckungsverfahren sowie für das Auslieferungsverfahren[12] zur Ermittlung des Aufenthaltsortes eines Verurteilten (näher § 163e, 7). Die Überwachung der Führungsaufsicht gestattet die Regelung dagegen nicht.[13] Im Bußgeldverfahren ist sie unanwendbar (vgl. § 163e, 7). Die Möglichkeit einer **grenzüberschreitenden Observation** im Bereich der Schengen-Staaten ist in Art. 40 SDÜ geregelt;[14] außerdem bestehen insoweit bilaterale Verträge mit Österreich, der Schweiz, Frankreich, Luxemburg, Belgien, den Niederlanden, Dänemark und Polen.[15]

2. Längerfristige Observation

a) Begriff und Abgrenzung. Nach der Legaldefinition in Absatz 1 Satz 1 gelten die be- 3
sonderen, den Anwendungsbereich begrenzenden Voraussetzungen nur, wenn es sich um eine „planmäßig angelegte Beobachtung"[16] handelt, die entweder (1) länger als 24 Stunden ununterbrochen oder (2) ohne Rücksicht auf die Dauer der Einzelmaßnahme an mindestens drei Tagen „stattfinden soll". Observationen (Beschattungen), die unterhalb der damit bezeichneten Eingriffsschwelle liegen, sind ohne weitere Voraussetzungen aufgrund der allgemeinen Ermittlungsgeneralklausel in § 161 Abs. 1 Satz 1, § 163 Abs. 1 Satz 2[17] zulässig,[18] soweit

---

9 *Von der Grün* Kap. 2, 25; *Bleckat* NJ **2021** 539, 540 f.; MüKo/*Kölbel/Neßeler* 7; vermutet die Polizei den Täter im Kreis der Bewohner eines Hauses, handelt es sich jedoch um eine gegen diese gerichtete Maßnahme nach § 163 f. und nicht nur um eine bloße Objektüberwachung.

10 Zutr. und insofern keineswegs im Widerspruch zu dem vorgenannten Grundsatz LG Tübingen v. 11.3.2020 – 9 Qs 28/20, BeckRS **2020** 14109 Rn. 10 ff.

11 Dazu § 163e, 7.

12 Vgl. OLG Hamm NStZ-RR **2004** 145; MüKo/*Kölbel/Neßeler* 6.

13 Anders in den Fällen der sog. polizeilichen Beobachtung; dazu § 163e, 7.

14 Eingehende Erl. bei Schomburg/Lagodny/Gleß/Hackner/*Gleß*, die die wenig übersichtliche Vorschrift als „rechtsetzungstechnisch unschön" bezeichnet (Art. 40 SDÜ, 2); HK-GS/*Ambos* 4; MüKo/*Kölbel/Neßeler* 12 ff.; ferner *Nimtz* 204 ff. mit rechtsvergleichenden Betrachtungen zum innerstaatlichen Recht anderer Schengen-Staaten.

15 Schmitt/Köhler/*Köhler* 1b.

16 Eingehend dazu *Hohenhaus* 107 ff.

17 Dazu näher § 161, 5.

18 AnwK/*Walther* 4; HK/*Zöller* 2; KK/*Moldenhauer* 12; Schmitt/Köhler/*Köhler* 1; KMR/*Noltensmeier-von Osten* 3; OK/*von Häfen* 3; *Pfeiffer* 1; SK/*Wolter/Werkmeister* 4; *Beulke/Swoboda* Rn. 163, 364; *Schroeder/Verrel* Rn. 107; *Volk/Engländer* § 10, 3; *Nimtz* 37; *Hohenhaus* 197 ff. (mit der Einschränkung, wonach die Voraussetzungen des – dann analog anzuwendenden – § 163f vorliegen müssen, wenn das Gewicht des Eingriffs aus anderen Gründen dem einer längerfristigen Observation entspricht, a.a.O. 241 ff.); Bedenken gegen die Differenzierung bei *Hefendehl* StV **2000** 270, 276.

nicht ausnahmsweise das Verhältnismäßigkeitsprinzip entgegensteht[19] oder technische Mittel verwendet werden, deren Einsatz an besondere Voraussetzungen gebunden ist (s.u. Rn. 7).

4 **Maßgebend** ist daher zunächst die **Vorstellung**, die die jeweilige Strafverfolgungsbehörde bei Beginn der Maßnahme von deren voraussichtlicher Art, Dauer und Umfang hat. Stellt sich während einer zunächst kurzfristig angelegten Beobachtung heraus, dass die Fristen der Vorschrift überschritten werden müssen, so wird daraus von diesem Zeitpunkt an eine längerfristige Observation.[20] Entsteht dagegen im Laufe eines Ermittlungsverfahrens in nicht vorhersehbarer Weise mehrfach die Notwendigkeit einer nur vorübergehenden und kurzfristigen Observation, so handelt es sich nicht um eine solche im Sinne des § 163f.[21] Eine darüber hinausgehende Begrenzungswirkung dürfte dem Merkmal der **Planmäßigkeit** nicht zukommen.

5 Eine Observation dauert **durchgehend länger als 24 Stunden**, wenn sie während dieses Zeitraums nicht in nennenswertem Umfang unterbrochen wird. Es muss also in der Absicht der Beobachtung liegen, dass der Verbleib der betroffenen Person während dieses Zeitraums vollständig kontrolliert wird. Dies ist auch dann der Fall, wenn lediglich überprüft wird, ob sie sich etwa in ihrer Wohnung oder auf ihrer Arbeitsstätte aufhält, ohne dass ihr Verhalten dort überwacht wird. In solchen Fällen ändert es auch an der *durchgehenden* Überwachung nichts, wenn die Kontrollmaßnahmen kurzfristig ausgesetzt werden.[22] Bei einer **länger als zwei Tage** stattfindenden Überwachung spielen Dauer und Intensität im Übrigen keine Rolle; ebenso wenig kommt es darauf an, ob die Observation durch überwachungsfreie Tage unterbrochen wird. Eine Anordnung nach § 163f wird daher schon dann erforderlich, wenn ein bestimmtes Verhalten der betroffenen Person an einzelnen Wochentagen oder aus sonstigen Anlässen beobachtet werden soll, etwa um festzustellen, ob sie jeweils am Wochenende oder abends oder zu einem bestimmten Zeitpunkt oder aus einem bestimmten Anlass ihre Wohnung verlässt oder einen bestimmten Ort aufsucht. Zeiten einer **im Ausland erfolgten Überwachung** sind entgegen einer vom BGH vertretenen Ansicht[23] richtigerweise dann anzurechnen, wenn diese mit der inländischen Maßnahme koordiniert war, denn in diesem Fall müssen die deutschen Strafverfolgungsorgane der mit ihrem Wissen und Wollen geschaffenen Gesamt-Belastungswirkung unabhängig davon Rechnung tragen, ob sie auf die Durchführung der Maßnahme im Ausland irgendeinen Einfluss haben. Inwieweit die aus diesem Grund gebotene Bindung einer Fortsetzung der Observation im Inland an die Voraussetzungen von § 163f (d.h. insbesondere die Notwendigkeit der Einholung einer gerichtlichen Anordnung) „die Grundsätze der Staatensouveränität und -immunität" berühren sollte (so die Begründung des BGH), ist nicht nachvollziehbar.[24]

6 **b) Durchführung.** Über die Durchführung der längerfristigen Observation enthält § 163f keine Aussagen. Sie kann ohne weitere Voraussetzungen dergestalt vorgenommen werden, dass der Betroffene durch Polizeibeamte, auch in verdeckter und unauffälliger

---

19 Dazu § 163e, 23.

20 OLG Hamburg StV **2007** 628; HK/*Zöller* 2; Schmitt/Köhler/*Köhler* 1a; MüKo/*Kölbel/Neßeler* 9; NK/*Heghmanns* 4; SSW/*Höltkemeier* 2.

21 Ebenso Schmitt/Köhler/*Köhler* 1a.

22 Zustimmend MüKo/*Kölbel/Neßeler* 8.

23 BGH v. 21.1.2020 – 3 StR 572/19, BGHR StPO § 163f Observation 2; übernommen von Schmitt/Köhler/*Köhler* 1; MüKo/*Kölbel/Neßeler* 8; NK/*Heghmanns* 3; Radtke/Hohmann/*Rettenmaier* 4.

24 Ebenso HK/*Zöller* 2.

Form, optisch überwacht wird, dabei ist auch der Einsatz von allgemein gebräuchlichen Verstärkungsmöglichkeiten, etwa von Feldstechern und Ferngläsern möglich.[25]

c) Einsatz technischer Mittel. Nach dem modernen Stand der Kriminalistik erfolgt allerdings namentlich die längerfristige Observation zumeist ganz oder teilweise durch den Einsatz (ggf. mehrerer) technischer Mittel, wie sie in § 100h geregelt sind.[26] In Betracht kommen dabei namentlich die Anfertigung von Lichtbildern, Video-Aufzeichnungen[27] und sonstigen Observationsmitteln (§ 100h Abs. 1 Satz 1 Nr. 1 und 2) sowie die Aufzeichnung des außerhalb einer Wohnung nichtöffentlich gesprochenen Wortes (§ 100f). Eine umfassende Observation kann allerdings auch die Überwachung des Fernmeldeverkehrs (§ 100a) sowie (ausnahmsweise) die Aufzeichnung des in einer Wohnung gesprochenen Wortes (§ 100c) umfassen.[28] Wenn so verfahren wird, müssen die gesetzlichen Voraussetzungen (unter Beachtung der jeweiligen Anordnungskompetenzen) sowohl nach § 163f als auch nach der jeweiligen Einzelmaßnahme vorliegen.[29] Wegen der Einzelheiten ist auf die Erläuterungen hierzu zu verweisen.[30] Sind solche Einzelmaßnahmen unter **unterschiedliche Subsidiaritätsklauseln** gestellt, so ist dies zu beachten. Die Aufzeichnung des nichtöffentlich gesprochenen Wortes ist deshalb in solchen Fällen nur dann zulässig, wenn nicht bereits die Verwendung „üblicher" Observierungsmittel einen ausreichenden Erfolg verspricht. 7

3. Voraussetzungen. Die Voraussetzungen für die Anordnung einer längerfristigen Observation entsprechen den in § 163e Abs. 1 für die Ausschreibung zur Beobachtung verlangten. Es muss der Anfangsverdacht einer Straftat von erheblicher Bedeutung vorliegen,[31] die Maßnahme muss zur Sachverhaltsaufklärung oder zur Aufenthaltsermittlung eines Tatverdächtigen geeignet sein, und es gilt eine Subsidiaritätsklausel. Wegen der Einzelheiten wird auf die Erläuterungen bei § 163e (Rn. 11 bis 19) Bezug genommen. Die Verweisung in Absatz 2 Satz 2 auf § 100d Abs. 1 und 2 stellt klar, daß – wie bei allen heimlichen Ermittlungsmaßnahmen – der Kernbereich privater Lebensgestaltung respektiert werden muss. 8

4. Personenkreis. Observiert werden dürfen der Beschuldigte sowie Kontaktpersonen.[32] Die Regelung stimmt mit der in § 163e Abs. 1 getroffenen wörtlich überein. Die dortigen Erläuterungen (Rn. 21 bis 23) gelten entsprechend. Für **Begleitpersonen** enthält 9

---

25 LR/*Hauck* § 100h, 5. Vgl. auch (zur begrenzten Bedeutung des § 100c Abs. 1 Nr. 1 a.F.) BTDrucks. **12** 989 S. 38 f., 58.

26 HK/*Zöller* 3; KK/*Moldenhauer* 10; MüKo/*Kölbel/Neßeler* 5; *Beulke/Swoboda* Rn. 364; zum begrifflichen Verhältnis zwischen „Observation" und Einsatz technischer Mittel *Nimtz* 31 f., zum Verhältnis der Rechtsgrundlagen eingehend *ders.* 148 ff.

27 Dazu umfassend *Hefendehl* StV **2000** 270 ff., zu den hier interessierenden Fragen namentlich S. 275 ff.

28 Zu den Grenzen einer durch die Kumulation mehrerer Maßnahmen bedingten „Totalüberwachung" näher § 163, 52; vgl. auch HK/*Zöller* 3; *Steinmetz* NStZ **2001** 344 ff.; *Nimtz* 145 ff.

29 BGHSt **46** 266, 278 = JZ **2001** 1148 mit Anm. *Kühne* = StV **2001** 216 mit Anm. *Bernsmann* S. 382; HK/*Zöller* 3; Schmitt/Köhler/*Köhler* 2; MüKo/*Kölbel/Neßeler* 5; SSW/*Höltkemeier* 8; *Beulke/Swoboda* Rn. 364, 413; *Steinmetz* NStZ **2001** 344, 348; *Demko* NStZ **2004** 57, 62.

30 Zu den Grenzen der Observation, soweit der Wohnungsbereich betroffen ist, *Eisenberg* NStZ **2002** 638 ff.

31 Vgl. zum Verzicht auf einen begrenzenden Deliktskatalog die Entwurfsbegründung, BTDrucks. **14** 1428 S. 24; *Hilger* NStZ **2000** 561, 564; vgl. auch *Hohenhaus* 214 ff.

32 Dazu näher Lisken/Denninger/*Petri* [5] G 232; *Nimtz* 117 ff.; zur Anwendbarkeit bei Bestehen von Zeugnisverweigerungsrechten § 163, 41.

die Vorschrift, anders als § 163e Abs. 3, keine Regelung.[33] Allerdings kann der Umstand, von wem der observierte Beschuldigte begleitet wird, aufklärungsrelevant sein und ist dann verwertbar.

10 Absatz 2 stellt ausdrücklich klar, dass die Zulässigkeit der Observation nicht daran scheitert, dass **unbeteiligte Dritte betroffen** sind,[34] weil dies vielfach eine notwendige Folge von Überwachungsmaßnahmen darstellt. Aus der Formulierung, dass dies „unvermeidbar" sein müsse, lässt sich ableiten, dass die Maßnahme insoweit möglichst drittschonend angelegt sein sollte; sie darf insbesondere nicht dazu verwendet werden, solche unbeteiligten Dritten planmäßig zu überwachen.[35] Diese Personen betreffende **Zufallserkenntnisse** unterliegen keinem besonderen Verwertungsverbot;[36] die Situation ist hier keine andere, als wenn die Polizeibeamten sonst Umstände wahrnehmen, die auf eine Straftat hindeuten, sodass auch in Bezug auf Dritte § 479 Abs. 2 Satz 1 i.V.m. § 161 Abs. 3 Anwendung findet. Beim zusätzlichen Einsatz technischer Mittel ist die Verwertbarkeit nach § 479 Abs. 2 Satz 1 i.V.m. § 161 Abs. 3 (bzw. bei der Online-Durchsuchung und bei der akustischen Wohnraumüberwachung nach § 100e Abs. 6 Nr. 1) selbstverständlich noch einmal gesondert mit Blick auf die jeweilige Maßnahme zu prüfen.

11 **5. Dauer und Wiederholung der Maßnahme.** Die Dauer der Observation aufgrund der jeweiligen Anordnung ist gemäß der Verweisung von Absatz 3 Satz 3 auf § 100e Abs. 1 Satz 4 auf höchstens drei Monate zu befristen. Bei der Inanspruchnahme der Eilkompetenz nach Absatz 3 Satz 1 ist der auf sie entfallende Zeitraum mitzuzählen.[37] Im Übrigen beginnt die Frist mit der Anordnung, nicht erst mit dem tatsächlichen Beginn der Überwachung.[38] Es besteht auch hier kein Anlass, die Höchstfrist schematisch auszuschöpfen, vielmehr sollte sie, schon nach dem Verhältnismäßigkeitsgrundsatz, auf den kriminalistisch erforderlichen Zeitraum beschränkt werden. Sie ist ohne Rücksicht auf die angeordnete Dauer sofort zu **beenden**, wenn sich zeigt, dass der Ermittlungszweck erfüllt ist oder nicht mehr erfüllt werden kann.[39]

12 Eine **Verlängerung** der Anordnung ist unter den Voraussetzungen von Absatz 3 Satz 3 i.V.m. § 100e Abs. 1 Satz 5 um jeweils maximal drei Monate zulässig. Eine absolute Höchstfrist besteht dabei nicht, wobei irgendwann freilich in jedem Fall die Schwelle der Unverhältnismäßigkeit erreicht wird.[40]

13 Eine **Wiederholung** der Maßnahme, also die Durchführung einer neuen Observation, ist grds. zulässig. Von der Verlängerung lässt sie sich, abgesehen von der regelmäßig vorliegenden zeitlichen Zäsur, dadurch abgrenzen, dass in diesem Fall neue Erkenntnisse

---

33 Für eine entsprechende Anwendung wohl Schmitt/Köhler/*Köhler* 5 a.E.; im Ergebnis auch KK/*Moldenhauer* 21. Im Falle der Observation werden regelmäßig allerdings keine Identitätsdaten solcher Begleitpersonen festgestellt werden, und normalerweise erfolgt auch keine Meldung der Observationserkenntnisse an eine speichernde Stelle.

34 Ebenso die Regelung beim „großen Lauschangriff" in § 100c Abs. 2 Satz 3, bei der akustischen Überwachung außerhalb des Wohnraums § 100f Abs. 3 und beim Einsatz technischer Mittel in § 100h Abs. 3; dazu auch LR/*Hauck* § 100c, 101 ff.; vgl. auch (für den Fall, dass Angehörige betroffen sind) BGHSt **44** 138, 141.

35 Ebenso HK/*Zöller* 5; MüKo/*Kölbel*/*Neßeler* 16; NK/*Heghmanns* 8.

36 Ebenso *Hohenhaus* 226; **a.A.** Lisken/Denninger/*Bäumler*[3] J 469.

37 So für die frühere Fassung der Vorschrift HK/*Krehl*[3] 7.

38 BGHSt **44** 243, 245 ff. = JR **1999** 521 mit zust. Anm. *Wolters* = NStZ **1999** 203 mit krit. Anm. *Starkgraff* 470 = StV **1999** 185 mit zust. Anm. *Asbrock* (zur Frist nach § 100b Abs. 2 Satz 4 a.F.); AnwK/*Walther* 11; KK/*Moldenhauer* 25; Schmitt/Köhler/*Köhler* 6; KMR/*Noltensmeier-von Osten* 9; zu § 100b a.F. **a.A.** *Schnarr* NStZ **1988** 481 f.

39 SK/*Wolter*/*Werkmeister* 16 i.V.m. § 163e, 38; vgl. dazu auch § 163d, 57 f.; § 163e, 44.

40 Ebenso HK/*Zöller* 8; KK/*Moldenhauer* 27; MüKo/*Kölbel*/*Neßeler* 21.

und Verdachtsmomente vorliegen müssen, die eine Observation als geboten erscheinen lassen.[41]

6. Anordnungskompetenz (Absatz 3)

a) Präventiver Richtervorbehalt. Seit der Neufassung der Vorschrift durch das TKÜG zum 1.1.2008 steht die Anordnung der Maßnahme gemäß Absatz 3 Satz 1 unter einem präventiven Richtervorbehalt. Der Gesetzgeber hielt dessen Einführung mit „mit Blick auf das Ziel der Harmonisierung der verdeckten Ermittlungsmaßnahmen [für] notwendig, weil die längerfristige Observation im Einzelfall mit erheblichen Eingriffen in das Recht auf informationelle Selbstbestimmung des Betroffenen verbunden sein und mit Blick auf die Problematik der Kumulierung von Ermittlungsmaßnahmen ... eine Eingriffsintensität erreichen kann, die eine staatsanwaltliche Anordnung nicht mehr als ausreichend erscheinen lässt". Eine gerichtliche Anordnung sei auch in praktischer Hinsicht „ohne weiteres möglich, weil sie während des Laufs einer kurzfristigen Observation erfolgen kann, die bereits auf Grundlage der §§ 161, 163 StPO zulässig ist, und zudem bei Gefahr im Verzug eine Eilanordnungskompetenz der Staatsanwaltschaft und ihrer Ermittlungsbeamten verbleibt".[42] Die Zuständigkeit für den Erlass der Anordnung richtet sich grds. nach § 162; im Auslieferungsverfahren ist jedoch die Zuständigkeit des OLG zu beachten.[43] 14

b) Eilkompetenz. Nach Einführung des Richtervorbehalts ist für die Staatsanwaltschaft und (insofern unverändert) für ihre Ermittlungspersonen eine Eilkompetenz bei „Gefahr im Verzug" verblieben. Auf diese muss die Maßnahme immer dann gestützt werden, wenn sie **voraussichtlich die in Absatz 1 Nr. 1 oder 2 genannte Dauer überschreiten** wird, denn in diesem Fall ist sie von vornherein nicht kurzfristiger Art und lässt sich deshalb auch nicht vorübergehend auf § 163 Abs. 1 Satz 2 stützen.[44] 15

c) Gerichtliche Bestätigung. Das Erfordernis einer gerichtlichen Bestätigung der Eilanordnung binnen drei Werktagen nach Absatz 3 Satz 2 ist an die Regelung in § 100e Abs. 1 Satz 3 angelehnt, ohne dass insoweit (wie im gleichzeitig geänderten § 163d Abs. 2 Satz 3 und im wenig später geänderten § 163e Abs. 4 Satz 4) der Weg einer Verweisung gewählt wurde; insofern kann gleichwohl auf die Kommentierung dieser Vorschrift verwiesen werden. Für die Herbeiführung der gerichtlichen Bestätigung gebietet Absatz 3 zwar nicht mehr ausdrücklich eine „unverzügliche" Antragstellung. Dies bedeutet jedoch keinesfalls, dass die Frist von drei Werktagen bis zur Antragstellung voll ausgeschöpft oder die Herbeiführung der gerichtlichen Entscheidung bei einer weniger als drei volle Werktage dauernden Observation sogar unterbleiben dürfte.[45] Andernfalls liefe der vom Gesetz schon bei Überschreitung von 24 Stunden Beobachtungsdauer vorgesehene Richtervorbehalt nämlich faktisch leer, wenn die Maßnahme im Wege der Eilkompetenz angeordnet wurde und weniger als drei volle Werktage andauert. 16

d) Formerfordernisse. Mit der Verweisung von Absatz 4 Satz 3 auf § 100e Abs. 1 Satz 4 und 5, Abs. 3 Satz 1 wurde neben den dort getroffenen Regelungen über Befristung und Verlängerungsmöglichkeiten (s.o. Rn. 11 f.) das **Schriftformerfordernis** übernommen. 17

---

41 HK/*Zöller* 8; MüKo/*Kölbel*/*Neßeler* 21.
42 RegE BTDrucks. **16** 5846 S. 65 f.
43 OLG Hamm NStZ **2009** 347; HK/*Zöller* 7.
44 Wohl ebenso AnwK/*Walther*[1] 12; *Pfeiffer* 4 a.E.; wohl **a.A.** KK/*Moldenhauer* 24.
45 HK/*Zöller* 7; SK/*Wolter*/*Werkmeister* 12.

Die **Begründungspflicht** für die gerichtliche Anordnung ergibt sich allgemein aus § 34 StPO.[46] Bei Ausübung der Eilkompetenz durch die Staatsanwaltschaft oder ihre Ermittlungspersonen besteht schon nach allgemeinen Grundsätzen eine umfassende **Dokumentationspflicht**.[47] Lässt sich aufgrund deren Verletzung nicht mehr sicher rekonstruieren, ob die Maßnahme so lang andauerte, dass eine gerichtliche Entscheidung erforderlich gewesen wäre und mithin der Richtervorbehalt verletzt wurde, ist für das weitere Verfahren zugunsten des Beschuldigten letzteres anzunehmen.[48]

18 **7. Verwertbarkeit der Erkenntnisse.** Durch eine rechtmäßige längerfristige Observation gewonnene Erkenntnisse sind im weiteren Verfahren uneingeschränkt verwertbar. Für **Zufallserkenntnisse**, die auf die Verübung einer anderen Straftat hindeuten, gilt § 479 Abs. 2 Satz 1 i.V.m. § 161 Abs. 3, der die Verwendung zu Beweiszwecken insofern vom Vorliegen einer Straftat von erheblicher Bedeutung abhängig macht,[49] wenn die Erkenntnisse bei einer „normalen" Observation, also durch visuelle Wahrnehmung durch Polizeibeamte oder durch den Einsatz technischer Mittel i.S. von § 100h Abs. 1 gewonnen werden. Kommen spezielle Maßnahmen zum Einsatz, so bestimmt sich die Verwertbarkeit der hierdurch gewonnenen Erkenntnisse danach, ob dem Erfordernis von § 479 Abs. 2 Satz 1 i.V.m. § 161 Abs. 3 auch in Bezug auf die jeweils einschlägige Regelung Genüge getan ist[50] bzw. ob im Falle einer Online-Durchsuchung oder einer akustischen Wohnraumüberwachung die weitergehenden Voraussetzungen von § 100e Abs. 6 Nr. 1 erfüllt sind. Die Verwertbarkeit für polizeiliche Zwecke richtet sich nach § 479 Abs. 2 Satz 2 bzw. § 100e Abs. 6 Nr. 2.

19 Ein **Verwertungsverbot** besteht dagegen, wenn eine längerfristige Observation gänzlich ohne die erforderliche Anordnung oder ihre Bestätigung durch das Gericht vorgenommen worden ist oder wenn trotz einer solchen Anordnung die gesetzlichen Voraussetzungen nicht vorlagen.[51] Ist eine bei Gefahr im Verzug erlassene Anordnung wegen Nichtbestätigung durch das Gericht außer Kraft getreten, so hängt die Verwertbarkeit der bis dahin erlangten Erkenntnisse davon ab, ob sie ursprünglich zulässig war. Nach der Klageerhebung hat das mit der Sache befasste Gericht die Zulässigkeit der Maßnahme selbstständig zu prüfen. Wird eine beim Richter beantragte Verlängerung der Observation von diesem abgelehnt, so ergibt sich dadurch nicht ohne Weiteres ein Verwertungsverbot für die bei der vorangegangenen Maßnahme angefallenen Erkenntnisse; die Frage, ob diese rechtmäßig war, ist selbstständig zu prüfen.[52] Nach der im Schrifttum nicht unangefochten gebliebenen Rechtsprechung des Bundesgerichtshofs zu § 163f Abs. 4 a.F.[53] begründet die **Überschreitung der gesetzlichen Höchstfrist** jedenfalls nicht regelmäßig ein Verwertungsverbot.

---

46 So auch die Begründung für die vollständige Aufhebung von Absatz 4 a.F. in RegE BTDRucks **16** 5846 S. 66.

47 Vgl. insbesondere BVerfG StV **2004** 633; HK/*Zöller* 9.

48 Für § 163f Abs. 4 Satz 2 a.F. BVerfG StraFo **2009** 453, 454 f.; HK/*Zöller* 2; MüKo/*Kölbel*/*Neßeler* 9.

49 Grundlegend KG v. 20.12.2018 – 3 Ws 309/18, NStZ **2019** 429 Rn. 6 ff.; zutr. auch Radtke/Hohmann/*Rettenmaier* 12.

50 Ebenso MüKo/*Kölbel*/*Neßeler* 24.

51 Ebenso HK/*Zöller* 14; KK/*Moldenhauer* 22; KMR/*Noltensmeier-von Osten* 15; Schmitt/Köhler/*Köhler* 10; zurückhaltender („kann" Verwertungsverbot auslösen) AnwK/*Walther* 21; KK/*Moldenhauer* 36; MüKo/*Kölbel*/*Neßeler* 25; **a.A.** (Verwertbarkeit nach Interessenabwägung) OLG Hamburg StV **2007** 628, 629. Zum Umfang der revisionsgerichtlichen Kontrolle in solchen Fällen s.u. Rn. 23.

52 OLG Frankfurt NStZ-RR **2006** 44; HK/*Zöller* 14.

53 So (zu § 100b Abs. 2) BGHSt **44** 243, 248 ff. = JZ **1999** 529 mit abl. Anm. *Fezer* = JR **1999** 521 mit insoweit abl. Anm. *Wohlers* = StV **1999** 187 mit insoweit abl. Anm. *Asbrock*.

8. Unterrichtung der Betroffenen. Die nachträgliche Unterrichtung der von einer längerfristigen Observation Betroffenen richtet sich heute nach § 101 Abs. 4 bis 6 (vgl. bes. § 101 Abs. 4 Satz 1 Nr. 12). Wenn für die Observation besondere technische Mittel eingesetzt werden, begründet dies nach § 101 Abs. 4 Satz 1 Nr. 3 ff. insoweit zusätzliche Unterrichtungspflichten. 20

9. Anfechtung/Revision

a) Anfechtbarkeit. Die von der Maßnahme Betroffenen können nach § 101 Abs. 7 Satz 2 i.V.m. Abs. 4 Satz 1 Nr. 12 zunächst bei dem für die Anordnung der Maßnahme zuständigen Amtsgericht die **Überprüfung der Rechtmäßigkeit** sowohl der Maßnahme als solcher als auch der Art und Weise ihres Vollzugs beantragen. Gegen die daraufhin ergehende Entscheidung eröffnet § 101 Abs. 7 Satz 3 den Betroffenen die **sofortige Beschwerde**. Wegen der Einzelheiten ist auf die Kommentierung von § 101 Abs. 7 zu verweisen. 21

Lehnt der Ermittlungsrichter (§ 162) die von der Staatsanwaltschaft beantragte Anordnung oder Bestätigung der Maßnahme **ab**, so kann dies von dieser mit der Beschwerde angefochten werden. 22

b) Revision. Mit der **Revision** kann geltend gemacht werden, dass der Tatrichter ein sich aus der Rechtswidrigkeit der Observierung ergebendes Verwertungsverbot nicht beachtet hat. Ob dies einen rechtzeitigen Widerspruch in der tatrichterlichen Hauptverhandlung voraussetzt,[54] ist von der Rechtsprechung noch nicht entschieden, dürfte aber nach der von ihr verfolgten Tendenz anzunehmen sein. Vom Revisionsgericht nur beschränkt überprüfbar i.S. einer Kontrolle auf objektive Willkür ist die Beurteilung der tatsächlichen Voraussetzungen für die Anordnung der Überwachung und die Einhaltung des Subsidiaritätsgrundsatzes.[55] Unterlässt umgekehrt der Tatrichter die sich aufdrängende Verwertung von Observationsergebnissen, weil er rechtsfehlerhaft von einem Verwertungsverbot ausgeht, so kann dies mit der Aufklärungsrüge beanstandet werden.[56] 23

§ 163g
Automatische Kennzeichenerfassung

(1) [1]Örtlich begrenzt dürfen im öffentlichen Verkehrsraum ohne das Wissen der betroffenen Personen Kennzeichen von Kraftfahrzeugen sowie Ort, Datum, Uhrzeit und Fahrtrichtung durch den Einsatz technischer Mittel automatisch erhoben werden, wenn zureichende tatsächliche Anhaltspunkte dafür vorliegen, dass eine Straftat von erheblicher Bedeutung begangen worden ist, und die Annahme gerechtfertigt ist, dass diese Maßnahme zur Ermittlung der Identität oder des Aufenthaltsorts des Beschuldigten führen kann. [2]Die automatische Datenerhebung darf nur vorübergehend und nicht flächendeckend erfolgen.

54 Vgl. dazu m.w.N. LR/*Gleß* § 136, 82 f.; verneinend HK/*Zöller* 14.

55 HK/*Zöller* 14; KK/*Moldenhauer* 36; KMR/*Noltensmeier-von Osten* 15; Schmitt/Köhler/*Köhler* 10; **a.A.** *Nimtz* 183 ff.

56 Ebenso HK/*Zöller* 14; MüKo/*Kölbel*/*Neßeler* 28; Radtke/Hohmann/*Rettenmaier* 8.

(2) [1]Die nach Absatz 1 erhobenen Kennzeichen von Kraftfahrzeugen dürfen automatisch abgeglichen werden mit Kennzeichen von Kraftfahrzeugen,

1. die auf den Beschuldigten zugelassen sind oder von ihm genutzt werden oder
2. die auf andere Personen als den Beschuldigten zugelassen sind oder von ihnen genutzt werden, wenn aufgrund bestimmter Tatsachen anzunehmen ist, dass sie mit dem Beschuldigten in Verbindung stehen oder eine solche Verbindung hergestellt wird, und die Ermittlung des Aufenthaltsortes des Beschuldigten auf andere Weise erheblich weniger erfolgversprechend oder wesentlich erschwert wäre.

[2]Der automatische Abgleich hat unverzüglich nach der automatischen Datenerhebung nach Absatz 1 zu erfolgen. [3]Im Trefferfall ist unverzüglich die Übereinstimmung zwischen den nach Absatz 1 erhobenen Kennzeichen und den in Satz 1 bezeichneten weiteren Kennzeichen manuell zu überprüfen. [4]Wenn kein Treffer vorliegt oder die manuelle Überprüfung den Treffer nicht bestätigt, sind die nach Absatz 1 erhobenen Daten sofort und spurenlos zu löschen.

(3) [1]Die Anordnung der Maßnahmen nach den Absätzen 1 und 2 ergeht schriftlich durch die Staatsanwaltschaft. [2]Sie muss das Vorliegen der Voraussetzungen der Maßnahmen darlegen und diejenigen Kennzeichen, mit denen die automatisch erhobenen Daten nach Absatz 2 Satz 1 abgeglichen werden sollen, genau bezeichnen. [3]Die örtliche Begrenzung im öffentlichen Verkehrsraum (Absatz 1 Satz 1) ist zu benennen und die Anordnung ist zu befristen. [4]Bei Gefahr im Verzug darf die Anordnung auch mündlich und durch die Ermittlungspersonen der Staatsanwaltschaft (§ 152 des Gerichtsverfassungsgesetzes) ergehen; in diesem Fall sind die schriftlichen Darlegungen nach den Sätzen 2 und 3 binnen drei Tagen vom Anordnenden nachzuholen.

(4) Liegen die Voraussetzungen der Anordnung nicht mehr vor oder ist der Zweck der Maßnahmen erreicht, sind diese unverzüglich zu beenden.

Schrifttum

Hunsicker Erfassen von KFZ-Kennzeichen in Deutschland und mit Blick nach Österreich, Kriminalistik **2018** 244; *Kiel* Strafprozessuale Dogmatik zwischen Effizienz und Norm: Eine Untersuchung der Befugnisnormen zum Einsatz verdeckter Ermittlungsmaßnahmen am Beispiel der §§ 95a, 163g StPO, ZStW **134** (2022) 747; *Roggan* Verfassungsrechtliche Grenzen von automatisierten KfZ-Kennzeichenkontrollen, NVwZ **2019** 344; *ders.* Der Einsatz von Automatischen Kennzeichenlesesystemen (AKLS) zu Fahndungszwecken, NStZ **2022** 19; *Zaremba* Die neue Befugnis zum Einsatz automatischer Kennzeichenlesesysteme, SVR **2022** 168 ff. und 209 ff.

Entstehungsgeschichte

Die Vorschrift wurde durch Art. 1 Nr. 29 des Gesetzes zur Fortentwicklung der Strafprozessordnung und zur Änderung weiterer Vorschriften vom 25.6.2021, BGBl. I S. 2099, mit Wirkung zum 1.7.2021 in die StPO eingefügt.

Übersicht

I. Allgemeines

1. Zweck der Vorschrift. Die Vorschrift wurde geschaffen, um für die automatische Kennzeichenerfassung zu strafprozessualen Zwecken eine sichere Rechtsgrundlage zu schaffen. Zuvor wurden entsprechende Maßnahmen, für die im präventivpolizeilichen Bereich schon länger einschlägige Regelungen bestehen (vgl. etwa § 27b BPolG, Art. 39 PAG Bay., § 33 POG RhPf., § 24d ASOG Bln., § 14a HSOG),[1] auf § 100h gestützt,[2] was jedoch in mehrfacher Hinsicht auf Bedenken stieß.[3] Zugleich ging es dem Gesetzgeber um eine Umsetzung der Vorgaben, die das BVerfG kurz zuvor im Zusammenhang mit den präventivpolizeilichen Ermächtigungsgrundlagen aufgestellt hatte.[4] Seit Inkrafttreten der Vorschrift sind einschlägige Maßnahmen nur noch auf ihrer Grundlage und nicht mehr nach dem (insofern jedenfalls nach den Grundsätzen der Spezialität verdrängten) § 100h zulässig.[5] 1

2. Anwendungsbereich. § 163g regelt die (i.d.R. heimlich an Fernstraßen erfolgende) automatische Erfassung der Kennzeichen von Kraftfahrzeugen (Absatz 1) und den nachfolgenden automatisierten Datenabgleich (Absatz 2), um entweder nach einem bekannten Beschuldigten zu fahnden oder die Identität eines bislang unbekannten Tatverdächtigen über das Kennzeichen eines von ihm benutzten Kraftfahrzeugs zu ermitteln.[6] Die **erhebliche Grundrechtsrelevanz** resultiert aus der Erfassung der Daten einer unbestimmten Vielzahl unverdächtiger Personen, der Heimlichkeit des Vorgehens, der vielfältigen Möglichkeiten des Abgleichs mit anderweitig gespeicherten Daten und des Umfangs, mit dem ein solcher Abgleich im Rahmen einer elektronischen Datenverarbeitung erfolgen kann.[7] Mit Rücksicht auf sie bindet Absatz 1 die Kennzeichenerfassung nicht nur an bestimmte Voraussetzungen, sondern setzt ihr zugleich zeitliche und räumliche Grenzen, und die in den folgenden Absätzen getroffenen Regelungen des Datenabgleichs und der für die Anordnung geltenden formellen Anforderungen sollen ein möglichst passgenaues und zü- 2

1 Dazu *Hunsicker* Kriminalistik **2018** 244 ff.; KK/*Moldenhauer* 2.

2 *Hunsicker* Kriminalistik **2018** 244, 245; MüKo/*Kölbel/Neßeler* 2.

3 Vgl. BTDrucks. **19** 27654 S. 84 f.; KK/*Moldenhauer* 1; gegen den Versuch eines Landesgesetzgebers, in § 26 Abs. 1 Nr. 4 und 5 PolG BW entsprechende Maßnahmen zur Fahndung nach Straftätern zu regeln, BVerfG v. 18.12.2018 – 1 BvR 2795/09, 1 BvR 3187/10, NVwZ **2019** 398 Rn. 58 f.

4 BTDrucks. **19** 27654 S. 85 unter Bezugnahme auf BVerfG v. 18.12.2018 – 1 BvR 142/15, NJW **2019** 827 Rn. 81 ff.; vgl. ferner BVerfG v. 18.12.2018 – 1 BvR 2795/09, 1 BvR 3187/10, NVwZ **2019** 398 Rn. 70 ff.; zu beiden Entscheidungen ausf. *Roggan* NVwZ **2019** 344.

5 *Roggan* NStZ **2022** 19; MüKo/*Kölbel/Neßeler* 2.

6 HK/*Zöller* 5; Schmitt/Köhler/*Köhler* 1; der Maßnahme hiernach insgesamt eine „im Mittel angesiedelte Eingriffsintensität" zuschreibend *Kiel* ZStW **134** (2022) 747, 754.

7 BVerfG v. 18.12.2018 – 1 BvR 142/15, NJW **2019** 827 Rn. 37, 98; *Roggan* NStZ **2022** 19, 23; HK/*Zöller* 1; MüKo/*Kölbel/Neßeler* 2; vor diesem Hintergrund in mehrfacher Hinsicht krit. gegenüber der Regelung SK/*Werkmeister* 3.

giges Vorgehen sicherstellen, um eine längere Speicherung der Daten einer Vielzahl von Personen tunlichst zu vermeiden.[8]

II. Inhalt der Maßnahme

3 **1. Ablauf und Zielsetzung.** Die Maßnahme besteht im Einzelnen darin, dass sog. Automatische Kennzeichenlesesysteme (AKLS), die sowohl **stationär** als auch **in Fahrzeugen** installiert sein können,[9] von allen Kraftfahrzeugen, die die Straße in einem bestimmten Zeitraum passieren, Lichtbilder anfertigen. Aus diesen werden mit einer speziellen Software die **Kennzeichen ausgelesen** und zusammen mit Ort, Datum Uhrzeit und Richtung des Passierens gespeichert. Durch den nachfolgenden **automatischen Datenabgleich** wird sodann überprüft, ob sich darunter ein Fahrzeug befindet, das entweder auf den Beschuldigten zugelassen ist oder von ihm genutzt wird, oder bei dem dies in Bezug auf bestimmte Kontaktpersonen i.S. von § 163g Abs. 2 Satz 1 Nr. 2 der Fall ist.[10] Ergeben sich dabei „Treffer", ermöglicht dies bei einem namentlich bekannten Beschuldigten Rückschlüsse auf seinen Aufenthalt. Soweit es sich um einen bis dato unbekannten Verdächtigen handelt und dem Kennzeichen zuvor insofern zwar keine Personalien, aber ein Bezug zur aufzuklärenden Straftat zugeordnet werden konnte (etwa aufgrund der Aussage eines Zeugen, der sich das Kennzeichen eines Fluchtfahrzeugs gemerkt hat), kann ein „Treffer" auch dazu dienen, den Tatverdacht überhaupt erst gegen eine bestimmte Person zu konkretisieren.[11] Die Maßnahme ist **ausschließlich auf das konkrete Ermittlungsverfahren** bezogen, das die betreffende Anlasstat zum Gegenstand hat; ein Abgleich mit Kennzeichen, die in irgendwelchen Registern zu Fahndungsmaßnahmen ausgeschrieben werden, ist in der Vorschrift nicht vorgesehen und wäre de lege lata[12] selbstredend unzulässig.[13]

4 **2. Eingeschränkte Wirksamkeit.** Für sich genommen kann die Maßnahme allenfalls gewisse Anhaltspunkte liefern, an die sich bis zum Fahndungserfolg erst noch **weitere Ermittlungsschritte** anschließen müssen: Die Erkenntnis, dass ein Fahrzeug, das man dem namentlich bekannten oder mutmaßlich einem unbekannten Tatverdächtigen zuordnen kann, zu einer bestimmten Zeit eine bestimmte Stelle passiert hat, beinhaltet keine präzise Information, wo sich das Fahrzeug nunmehr befindet. Umso weniger kann auf die Identität einer Person geschlossen werden, die dem Fahrzeug nicht schon vorher zugeordnet werden konnte (etwa als dessen registrierter Halter oder Mieter), solange es nicht gelingt, das Fahrzeug mit der betreffenden Person tatsächlich dingfest zu machen.[14] Dies gilt umso mehr, als § 163g über die Erfassung und den Abgleich der Kennzeichen hinaus

8 BTDrucks. **19** 27654 S. 86 ff.

9 *Roggan* NStZ **2022** 19, 20; Schmitt/Köhler/*Köhler* 2.

10 BTDrucks. **19** 27654 S. 83.

11 BTDrucks. **19** 27654 S. 86.

12 Zu möglichen Erweiterungen de lege ferenda Koalitionsvertrag CDU/CSU/SPD 2025, Zeilen 2637 f.: „Wir erlauben zu Strafverfolgungszwecken den Einsatz von automatisierten Kennzeichenlesesystemen im Aufzeichnungsmodus".

13 Zu diesem Unterschied gegenüber den präventivpolizeilichen Regelungen eines automatischen Kennzeichenabgleichs *Zaremba* SVR **2022** 168 ff. und 209 ff., die zugleich fordert, de lege ferenda die Ausschreibung von KFZ-Kennzeichen in „Sachfahndungsdateien" und deren Abgleich mit den durch AKLS erfassten Kennzeichen zuzulassen. Unklar und missverständlich in diesem Zusammenhang MüKo/*Kölbel/Neßeler* 10 a.E.

14 Ähnlich HK/*Zöller* 6; krit. im Hinblick auf eine mangelnde Wirksamkeit der Maßnahme aus diesen und weiteren Gründen *Zaremba* SVR **2022** 168 ff. und 209 ff., die hierdurch die Verhältnismäßigkeit und Verfassungsmäßigkeit der geltenden Regelung in Frage gestellt sieht.

die Erhebung oder Verarbeitung **keinerlei weiterer Informationen** zulässt, wie das rein technisch betrachtet etwa hinsichtlich Anzahl und Erscheinungsbild der Fahrzeuginsassen (bis hin zu einer automatischen Gesichtserkennung) denkbar wäre.[15]

3. Strikte Begrenzung der Zielsetzung. Im Übrigen ist die Maßnahme in ihrer Zielsetzung strikt auf die Verfolgung der in Absatz 1 Satz 1 genannten Zwecke begrenzt, d.h. auf die „Ermittlung der **Identität** oder des **Aufenthaltsorts**“ des Beschuldigten (wobei ersteres naturgemäß nur im Rahmen eines gegen Unbekannt geführten Ermittlungsverfahrens, letzteres – bei einem flüchtigen Beschuldigten – hingegen auch noch nach Abschluss des Ermittlungsverfahrens in Betracht kommt;[16] zur insoweit bestehenden Parallelsituation bei § 163e s. dort Rn. 7). Ein Einsatz der Maßnahme zur Rekonstruktion des Sachverhalts (etwa zur Bestimmung der Absatzwege der Tatbeute) ist von der Vorschrift hingegen nicht abgedeckt.[17] Eine Mehrfachermittlung des Aufenthaltsorts[18] wird man vor diesem Hintergrund zwar als zulässig betrachten können, wenn der Anhaltspunkte dafür bestehen, dass der Verdächtige seinen Aufenthaltsort verändert oder sich im Wechsel an mehreren festzustellenden Orten aufhält, nicht jedoch, wenn das Ziel darin besteht, ein Bewegungsprofil zu erstellen.[19] 5

III. Voraussetzungen

1. Tatverdacht. Die Voraussetzung der „zureichenden tatsächlichen Anhaltspunkte“ für das Vorliegen einer „Straftat von erheblicher Bedeutung“ entspricht derjenigen in § 163e, sodass insofern auf Rn. 11 – 14 der dortigen Erläuterungen verwiesen werden kann.[20] 6

2. Konkrete Möglichkeit einer Zweckerreichung. Mit dem Erfordernis, dass „die Annahme gerechtfertigt ist,“ durch die Maßnahme Identität oder Aufenthaltsort des Beschuldigten ermitteln zu können, wollte der Gesetzgeber die Zulässigkeit der Maßnahme auf solche Kontrollpunkte beschränken, „an denen sich ein Passieren der Zielperson ... in absehbarer Zeit aus ex-ante-Sicht als hinreichend wahrscheinlich darstellt“, womit ein „unzulässiger flächendeckender Einsatz der automatischen Kennzeichenerfassung ‚ins Blaue hinein‘ ausgeschlossen“ werden sollte.[21] Im Übrigen folgt aus dem Erfordernis, die Kontrollpunkte so zu wählen, dass „Treffer“ tatsächlich einen Rückschluss auf die weitere Fahrtrichtung erlauben oder einen Zugriff in der Nähe des Kontrollpunkts ermöglichen, also nicht im Hinblick auf die Vielzahl der Richtungen, in sich das Fahrzeug weiterbewegt haben kann (etwa vor einem Autobahnkreuz) im Ergebnis belanglos erscheinen.[22] Damit soll dem **Grundsatz der Verhältnismäßigkeit** Rechnung getragen werden, indem die Zahl der mitbetroffenen Unbeteiligten begrenzt und die Bedeutung der Maßnahmeeignung unterstrichen wird.[23] 7

---

15 BTDrucks. **19** 27654 S. 87; *Roggan* NStZ **2022** 19, 20; NK/*Heghmanns* 7; Schmitt/Köhler/*Köhler* 4. MüKo/*Kölbel*/*Neßeler* 7.

16 Ebenso MüKo/*Kölbel*/*Neßeler* 4.

17 MüKo/*Kölbel*/*Neßeler* 6.

18 Für deren Zulässigkeit allgemein *Roggan* NStZ **2022** 19, 20.

19 Insoweit **a.A.** und zu weitgehend *Roggan* NStZ **2022** 19, 20.

20 Speziell mit Blick auf § 163g *Kiel* ZStW **134** (2022) 747, 755 f., 759 ff.

21 BTDrucks. **19** 27654 S. 87.

22 NK/*Heghmanns* 6.

23 Vgl. *Roggan* NStZ **2022** 19, 20; KK/*Moldenhauer* 9; Schmitt/Köhler/*Köhler* 2; SK/*Werkmeister* 6.

3. Einhaltung örtlicher, zeitlicher und sachlicher Grenzen

8 **a) Örtliche Begrenzung.** Mit den Formulierungen „örtlich begrenzt“ in Satz 1 und „nicht flächendeckend“ in Satz 2 wollte der Gesetzgeber gleich in doppelter Hinsicht klarstellen, dass die Maßnahme keine beliebige räumliche Ausdehnung erfahren darf. Eine abstrakt-generelle Festlegung der zulässigen Reichweite ist damit freilich nicht erfolgt; diese kann vielmehr nur im Einzelfall durch eine Abwägung mit dem Gewicht der zugrundeliegenden Straftat und der Dringlichkeit für den Erfolg der Ermittlungen konkretisiert werden.[24] Dabei wird man allerdings durchweg verlangen müssen, dass die Maßnahme nur an jeweils **abschließend konkretisierten erfolgversprechenden Stellen** (bei mobilen Erfassungsgeräten in entsprechend eingegrenzten Bereichen) und nicht pauschal über die Ausdehnung eines bestimmten Gebiets hinweg durchgeführt wird.[25] Ihr Einsatz ist dabei auf den **„öffentlichen Verkehrsraum“** beschränkt, unter dem in diesem Zusammenhang nur solche Straßen und Plätze zu verstehen sind, für die eine Widmung für den öffentlichen Verkehr besteht, d.h. es genügt nicht, dass für die betreffende Fläche eine schlichte Duldung des Zugangs für einen unbestimmten Personenkreis besteht.[26]

9 **b) Zeitliche Begrenzung.** Angesichts des Verzichts auf die Vorgabe einer Höchstfrist ähnlich unbestimmt[27] ist die mit der Formulierung „nur vorübergehend“ in Absatz 1 Satz 2 angeordnete zeitliche Begrenzung, sodass die zulässige Dauer der Maßnahme ebenfalls nur im Einzelfall anhand des Grundsatzes der Verhältnismäßigkeit bestimmt werden kann.[28]

10 **c) Sachliche Begrenzung.** In sachlicher Hinsicht ist die Maßnahme abgesehen von den Einschränkungen, die sich mit Blick auf die Ausschließlichkeit der zulässigen Zwecke ergeben (s.o. Rn. 5), ausdrücklich auf die Erhebung der **KFZ-Kennzeichen als solchen** (einschließlich Versicherungskennzeichen, der auf den Kennzeichen angebrachten Plaketten, entwerteter Kennzeichen und ausländischer Kennzeichen) sowie von Ort, Datum, Uhrzeit und Fahrtrichtung beschränkt. Darüber hinausgehende Inhalte der bei der Erfassung gefertigten Lichtbilder sind nicht nur kein zulässiger Gegenstand der späteren Auswertung, sondern dürfen schon nicht gespeichert werden.[29]

IV. Datenabgleich

11 **1. Umfang.** Der Abgleich der nach Absatz 1 erfassten Daten ist nach Absatz 2 Satz 1 Nr. 1 zunächst allgemein zulässig mit den Kennzeichen, unter denen Fahrzeuge registriert sind, die „auf den **Beschuldigten** zugelassen sind oder von ihm genutzt werden“. Während ersteres einen individuell bekannten Beschuldigten als Fahrzeughalter voraussetzt, ist letzteres

---

24 Entsprechend den flexiblen Grenzen, die das BVerfG für entsprechende Maßnahmen im präventivpolizeilichen Bereich zulässt, BVerfG v. 18.12.2018 – 1 BvR 2795/09, 1 BvR 3187/10, NVwZ **2019** 398 Rn. 100; krit. hinsichtlich der insofern fehlenden Bestimmtheit *Roggan* NStZ **2022** 19, 20, 23.

25 So für den präventivpolizeilichen Einsatz BVerfG v. 18.12.2018 – 1 BvR 142/15, NJW **2019** 827 Rn. 115; daran anschließend für § 163g *Roggan* NStZ **2022** 19, 23; HK/*Zöller* 5; MüKo/*Kölbel/Neßeler* 8; NK/*Heghmanns* 8.

26 BTDrucks. **19** 27654 S. 87; KK/*Moldenhauer* 7; MüKo/*Kölbel/Neßeler* 8; NK/*Heghmanns* 9; Radtke/Hohmann/*Rettenmaier* 9; SK/*Werkmeister* 7; SSW/*Höltkemeier* 7.

27 Auch insofern kritisch *Roggan* NStZ **2022** 19, 23.

28 Ebenso KK/*Moldenhauer* 8; MüKo/*Kölbel/Neßeler* 9; enger (Erscheinen des Fahrzeugs müsse „binnen weniger Tage zu erwarten“ sein) NK/*Heghmanns* 10.

29 BTDrucks. **19** 27654 S. 87; KK/*Moldenhauer* 10; Schmitt/Köhler/*Köhler* 4; MüKo/*Kölbel/Neßeler* 7.

zum einen bei solchen Fahrzeugen der Fall, auf die ein solcher Beschuldigter nach Lage der Dinge jederzeit zugreifen kann, wie das bei den Fahrzeugen von Angehörigen, dem Beschuldigten zur Verfügung gestellten Dienstwagen oder von ihm für den betreffenden Zeitraum gemieteten Fahrzeugen der Fall ist. Zum anderen erfasst die zweite Alternative aber auch die Kennzeichen von Fahrzeugen, bei denen Anhaltspunkte dafür bestehen (etwa aufgrund der Angaben von Tatzeugen), daß sie von einem bisher unbekannten Tatverdächtigen benutzt werden. Absatz 2 Satz 1 Nr. 2 erweitert den zulässigen Abgleich auf die Kennzeichen von Fahrzeugen, die auf **Kontaktpersonen** des Beschuldigten (zu den auch hier zu beachtenden Einschränkungen bei Zeugnisverweigerungsberechtigten und dem Ausschluss beim Strafverteidiger § 163e Rn. 23) zugelassen sind oder von solchen benutzt werden. In diesem Fall setzt das Gesetz einen bereits identifizierten Beschuldigten voraus, wie sich daraus ergibt, dass hier nur die Ermittlung des Aufenthaltsorts, nicht hingegen der Identität des Beschuldigten als mögliches Ziel genannt wird.[30] Im Gegensatz zu Absatz 2 Satz 1 Nr. 1 gilt bei Nr. 2 überdies eine Subsidiaritätsklausel, die derjenigen in § 163e Abs. 1 Satz 3 entspricht, auf dessen Erläuterung (s. dort Rn. 18 f.) insoweit verwiesen werden kann. Die Annahme einer Verbindung zwischen dem Beschuldigten und der anderen Person muss wie bei § 163e Abs. 1 Satz 3 (s. dort Rn. 22) auf „bestimmten Tatsachen" beruhen, also oberhalb der für einen Anfangsverdacht maßgeblichen Schwelle liegen.[31] Für die Haltereigenschaft oder die Nutzung des Fahrzeugs durch den Beschuldigten sollen nach der Gesetzesbegründung in allen Varianten von Absatz 1 Satz 1 entsprechende „tatsächliche Anhaltspunkte" erforderlich sein.[32] Damit sind **spekulative Vermutungen ausgeschlossen**. Infolgedessen entspricht die Schwelle für die betreffende Annahme de facto derjenigen eines Anfangsverdachts.[33]

2. Verfahren. Um die Speicherung der Daten Unbeteiligter auf ein zeitliches Minimum zu beschränken, sieht Absatz 2 Satz 1 zunächst vor, dass die nach Absatz 1 erhobenen Daten „unverzüglich", d.h. ohne vermeidbare Verzögerung, in automatisierter Weise auf Übereinstimmungen mit den Vergleichsdaten überprüft werden. Die Masse der Daten, bei denen kein „Treffer" vorliegt, ist sodann nach Absatz 2 Satz 4, 1. Fall „sofort und spurenlos" zu löschen. Bei vorhandenen Treffern muss gemäß Absatz 2 Satz 2 im Anschluss ebenfalls unverzüglich ein manueller Abgleich nachgeschaltet werden, um scheinbare Treffer, die durch Fehler im automatischen Datenverarbeitungsvorgang entstanden sind, als solche zu erkennen. Die darauf bezogenen Daten sind nach Absatz 2 Satz 4, 2. Fall wiederum „sofort und spurenlos" zu löschen.[34] Nur bei hiernach **verbleibenden echten Treffern** werden die nach Absatz 1 Satz 1 erhobenen Daten längerfristig gespeichert, um bestimmungsgemäß zur Identifizierung des Beschuldigten oder Bestimmung seines Aufenthaltsorts Verwendung finden zu können. Ausschließlich diese Daten werden dabei zum Aktenbestandteil, sind gemäß § 101 Abs. 3 zu kennzeichnen und unterfallen den in § 101 Abs. 4–8 getroffenen **Benachrichtigungs-** (insofern speziell nach Absatz 4 Satz 1 Nr. 13), **Rechtsschutz-** (zu diesen auch u. Rn. 16) und **Löschungsregelungen**. 12

30 MüKo/*Kölbel*/*Neßeler* 10.

31 *Kiel* ZStW **134** (2022) 747, 764; *Roggan* NStZ **2022** 19, 21; KK/*Moldenhauer* 13; MüKo/*Kölbel*/*Neßeler* 10 i.V.m. § 163e, 12; **a.A.** wohl Schmitt/Köhler/*Köhler* 5.

32 BTDrucks. **19** 27654 S. 87.

33 Ebenso KK/*Moldenhauer* Rn. 12; die Kritik von *Roggan* NStZ **2022** 19, 21, wonach die Gesetzesbegründung durch den Verzicht auf das Wort „zureichend" eine niedrigere Verdachtsschwelle propagiere, basiert auf einer Überinterpretation des Begründungswortlauts, auf einer Überschätzung der effektiven Filterwirkung dieses Begriffs in der Definition des Anfangsverdachts oder auf beidem.

34 In der Gesetzesbegründung als „‚hit/no hit'-Verfahren" bezeichnet, BTDrucks. **19** 27654 S. 88.

V. Anordnung und Beendigung

13 **1. Regelverfahren.** Die Anordnungskompetenz liegt nach Absatz 3 Satz 1 grds. bei der **Staatsanwaltschaft**. Die Anordnung bedarf im Regenfall der Schriftform. Dabei verlangt Absatz 3 Satz 2 eine Darlegung der Voraussetzungen der Maßnahme und eine genaue Bezeichnung der Kennzeichen, mit denen die gewonnenen Daten abgeglichen werden sollen, Satz 3 die Angabe der örtlichen Begrenzung auf bestimmte Kontrollstellen bzw. (bei mobilen Erfassungsgeräten) -bereiche (s.o. Rn. 8) und eine Befristung (für die es keine Höchstdauer gibt, sondern die im Einzelfall nach dem Grundsatz der Verhältnismäßigkeit zu bestimmen ist. S.o. Rn. 9). Eine Verlängerung sieht das Gesetz nicht ausdrücklich vor, was einer Fortsetzung der Maßnahme aufgrund einer erneuten Anordnung indessen nicht entgegensteht, bei der es dann keine Rolle spielt, ob sie als Neuanordnung oder als Verlängerung deklariert wird; entscheidend ist in diesem Fall nur, dass die Gesamtdauer nicht unverhältnismäßig erscheint und die bisherige Erfolglosigkeit nicht auf eine fehlende Eignung schließen läßt.[35] Um ein Überspielen der entsprechenden Voraussetzungen durch formelhafte Handhabung zu vermeiden, wird man verlangen müssen, dass in der schriftlichen Begründung nicht nur wie von Satz 2 ausdrücklich gefordert die Voraussetzungen der Maßnahme als solche, sondern auch die Gründe für ihre konkrete räumliche Ausdehnung dargelegt werden.[36]

14 **2. Verfahren bei Gefahr im Verzug.** Bei Gefahr im Verzug[37] eröffnet Absatz 3 Satz 4 zum einen die Möglichkeit einer **mündlichen Anordnung** und zum anderen eine **Eilkompetenz der Ermittlungspersonen der Staatsanwaltschaft**. Bei einer mündlichen Anordnung müssen die von Ansatz 3 Satz 2 und 3 geforderten Angaben innerhalb von drei Tagen schriftlich nachgeholt werden. Warum der Gesetzgeber hier eine Frist von drei Tagen und nicht (wie dies heute sonst üblich ist) von drei Werktagen[38] bestimmt hat, ist unerfindlich. Wenn das Gesetz für die Nachholung eine Zuständigkeit des „Anordnenden" vorsieht, wird man es nach Ausübung der Eilkompetenz durch eine Ermittlungsperson zwar nicht als unzulässig, aber umgekehrt auch schwerlich als notwendig betrachten können, dass die Nachholung der schriftlichen Darlegungen in diesem Fall durch die Staatsanwaltschaft erfolgt.[39] Dies gilt insbesondere im Hinblick darauf, dass das Gesetz keine nachträgliche Bestätigung einer von den Ermittlungspersonen der Staatsanwaltschaft getroffenen Anordnung verlangt.

15 **3. Beendigung der Maßnahme.** Mit der Vorgabe, die Maßnahmen unverzüglich zu beenden, wenn deren Zweck erreicht ist oder die Voraussetzungen der Anordnung nicht mehr vorliegen, bringt Absatz 4 im Grunde genommen eine rechtsstaatliche Selbstverständlichkeit zum Ausdruck.[40] Ihre praktische Bedeutung dürfte vor allem darin bestehen, dass sie die Staatsanwaltschaft dazu verpflichtet, die weitere Zulässigkeit und Erforderlichkeit der Maßnahme kontinuierlich im Blick zu behalten, um bei Veränderungen tatsächlich kurzfristig reagieren zu können.[41]

---

35 Vgl. BTDrucks. **19** 27654 S. 88; MüKo/*Kölbel/Neßeler* 13.

36 *Roggan* NStZ **2022** 19, 22; KK/*Moldenhauer* 16; MüKo/*Kölbel/Neßeler* 13.

37 Dazu allgemein LR/*Menges* § 98, 34 ff.

38 Eine solche auch vorliegend unterstellend MüKo/*Kölbel/Neßeler* 14.

39 Letzteres zumindest als Regelfall fordernd hingegen *Roggan* NStZ **2022** 19, 22; MüKo/*Kölbel/Neßeler* 14; als zwingend betrachtet von SK/*Werkmeister* 16; immer eine Nachholung durch die *anordnende Person* verlangend hingegen NK/*Heghmanns* 16.

40 Vgl. *Roggan* NStZ **2022** 19, 22: „lediglich deklaratorische Bedeutung".

41 Vgl. MüKo/*Kölbel/Neßeler* 15; SK/*Werkmeister* 17.

VI. Anfechtbarkeit

Die Zielpersonen (Beschuldigte, Halter der wegen einer mutmaßlichen Benutzung durch den Beschuldigten nach Absatz 2 Nr. 1, 2. Fall ausgeschriebenen Fahrzeuge und Kontaktpersonen i.S. von Absatz 2 Nr. 2[42]) können nach § 101 Abs. 7 Satz 2 i.V.m. Abs. 4 Satz 1 Nr. 13 bei dem Gericht am Sitz der zuständigen Staatsanwaltschaft eine **Überprüfung der Rechtmäßigkeit** der Maßnahme beantragen. Gegen die hiernach ergehende Entscheidung eröffnet § 101 Abs. 7 Satz 3 die **sofortige Beschwerde**. Wegen der Einzelheiten, insbesondere den nach Anklageerhebung nach § 101 Abs. 7 Satz 4 geltenden Besonderheiten, ist auf die Kommentierung von § 107 Abs. 7 zu verweisen. Zu der – richtigerweise auf die Dauer der Maßnahme beschränkten und insofern wohl nur theoretisch bestehenden – Möglichkeit anderer Personen, deren Daten bei der Maßnahme gespeichert wurden, statt dem ihnen nicht zustehenden Rechtsbehelf nach § 107 Abs. 7 analog § 98 Abs. 2 Satz 2 die Rechtswidrigkeit der Maßnahme geltend zu machen,[43] gelten die Ausführungen zu § 163d, 83 entsprechend. 16

VII. Revision

Die Möglichkeit, mit der Revision ein vom Tatgericht nicht beachtetes Verwertungsverbot geltend zu machen, scheidet normalerweise deshalb aus, weil die Maßnahme allenfalls zu einer Identifizierung oder Aufenthaltsbestimmung beiträgt, aber keine Erkenntnisse zum Sachverhalt liefert, auf deren unzulässiger Berücksichtigung das tatgerichtliche Urteil beruhen könnte.[44] Anders lägen die Dinge nur bei einem **Missbrauch** der Maßnahme zur **Ermittlung zusätzlicher Umstände**, die der Tataufklärung dienen (etwa der Erstellung eines Bewegungsprofils). Angesichts der strikten Begrenzung auf die aus § 163g Abs. 1 Satz 1 ersichtlichen Zwecke (s.o. Rn. 5) erschiene ein solches Vorgehen zwangsläufig willkürlich, sodass die Verwertung entsprechender Erkenntnisse bei der Urteilsfindung unzulässig wäre und die Revision begründen würde.[45] 17

§ 164
Festnahme von Störern

Bei Amtshandlungen an Ort und Stelle ist der Beamte, der sie leitet, befugt, Personen, die seine amtliche Tätigkeit vorsätzlich stören oder sich den von ihm innerhalb seiner Zuständigkeit getroffenen Anordnungen widersetzen, festnehmen und bis zur Beendigung seiner Amtsverrichtungen, jedoch nicht über den nächstfolgenden Tag hinaus, festhalten zu lassen.

Schrifttum

Arnemann Vernehmung und Verhaftung anlässlich der Durchsuchung, StraFo **2021** 142; *Baufeld* Der Richter und die freie Meinung im demokratischen Verfassungsstaat, GA **2004** 163; *Benfer* Grundrechtseingriffe im Er-

42 NK/*Heghmanns* 18.
43 Für eine diesen Personenkreis einbeziehende erweiterte Auslegung von § 101 Abs. 7 Satz 2 hingegen NK/*Heghmanns* 16.
44 Ähnlich Schmitt/Köhler/*Köhler* 10.
45 Vgl. auch HK/*Zöller* 13; NK/*Heghmanns* 20.

mittlungsverfahren² (1990) Kap. 4 Rn. 149 bis 162; *Geerds* Über die Festnahme von Störern nach § 164 StPO, FS Maurach (1972) 517; *Gillmeister* Ermittlungsrechte im deutschen und europäischen Kartellordnungswidrigkeitenverfahren (1985) 73; *Puls* Schutz der Polizei vor der Öffentlichkeit? NJW **1969** 1016; *Rengier* Praktische Fragen bei Durchsuchungen, insbesondere in Wirtschaftsstrafsachen, NStZ **1981** 372; *Eb. Schmidt* Festnahmen zum Schutz vor Amtshandlungen bei Widersetzlichkeiten und Störungen (§ 164 StPO), NJW **1969** 393 und 1017; *Weisser* Durchsuchungsarreste, präventive Ingewahrsamnahmen und Kontaktsperren, wistra **2014** 212.

Bezeichnung bis 1924: § 162

Übersicht

1 **1. Bedeutung.** Die Vorschrift enthält in Form einer weitgespannten Befugnisnorm[1] eine Ermächtigungsgrundlage für Zwangsbefugnisse einschließlich von Festnahme und Festhalten gegenüber solchen Personen, die strafprozessuale Ermittlungshandlungen stören.[2] Die verbreitete Bezeichnung als „amtliches Selbsthilferecht“[3] erscheint wenig sachgerecht und irreführend.[4] Ihr **Zweck** liegt darin, die ungestörte Durchführung strafprozessualer Amtshandlungen durch den zuständigen Amtsträger (Rn. 17 f.) zu ermöglichen. Die Vorschrift hat dagegen weder Straf- noch Beugecharakter;[5] sie deckt nur solche Maßnahmen, die geeignet sind, eine Störung (Rn. 7 ff.) der Amtshandlung zu verhindern. Der **Verhältnismäßigkeitsgrundsatz** ist sowohl bei der Frage zu beachten, ob überhaupt eine Störung von solcher Intensität vorliegt, dass die Anwendung der Vorschrift gerechtfertigt ist, als auch (Anwendung des jeweils mildesten Mittels) bei der Auswahl der konkreten (geeigneten) Maßnahme.[6]

2. Anwendungsbereich

2 **a) Strafprozessuale Amtshandlungen.** Die Bestimmung bezieht sich nur auf strafprozessuale Amtshandlungen, also auf solche, die aufgrund des Strafverfahrensrechts und zu strafprozessualen Zwecken vorgenommen werden;[7] für präventiv-polizeiliches Handeln auf

1 SK/*Wolter*/*Werkmeister* 5.

2 Ausführlich *Geerds* FS Maurach 517, 519; ebenso KK/*Schmitt* 1; SK/*Wolter*/*Werkmeister* 1.

3 BayObLGSt **1962** 316; HK-GS/*Ambos* 1; Schmitt/Köhler/*Schmitt* 1; KMR/*Noltensmeier-von Osten* 1; *Eb. Schmidt* NJW **1969** 393, 394.

4 So schon LR/*Meyer-Goßner*²³ 1; *Geerds* FS Maurach 517, 519; ferner AK/*Achenbach* 1; HK/*Zöller*/*Niedernhuber* 1; SK/*Wolter*/*Werkmeister* 1.

5 BayObLGSt **1962** 316, 319; vgl. auch OLG Celle MDR **1955** 692; MüKo/*Kölbel* 2.

6 AK/*Achenbach* 6, 8; *Geerds* FS Maurach 517, 522; näher Rn. 11.

7 BayObLGSt **1962** 316, 318; HK/*Zöller*/*Niedernhuber* 2; KK/*Schmitt* 1; Schmitt/Köhler/*Schmitt* 1; *Geerds* FS Maurach 517, 519; *Gössel* § 6 A Ib; *Schlüchter* Rn. 263.

der Grundlage des Polizeirechts gilt sie nicht.[8] Für das **Bußgeldverfahren** ist die Vorschrift entsprechend anzuwenden.[9] In diesem Rahmen gilt die Bestimmung **für alle Verfahrensabschnitte**.[10] Dabei kann es sich sowohl um die Vollstreckung von Zwangsmaßnahmen wie etwa Durchsuchungen,[11] Beschlagnahmen, Kontrollstellen oder Vollstreckung eines Haftbefehls[12] als auch um andere Ermittlungsmaßnahmen, wie Vernehmungen,[13] Augenscheinseinnahmen oder eine Spurensuche an allgemein zugänglichen Orten handeln.

b) Richterliche Amtshandlungen. Die Anwendbarkeit auf **richterliche Amtshandlungen** ist in Hinblick auf die weitgehend inhaltsgleiche Regelung in den §§ 177, 180 GVG umstritten und noch nicht abschließend geklärt; von der Rechtsprechung ist sie noch nicht entschieden. Teilweise wird die Ansicht vertreten, beide Befugnisse stünden dem Richter nebeneinander zu.[14] Die Gegenmeinung sieht in den §§ 177, 180 GVG eine vorrangige Spezialregelung und hält deshalb § 164 für unanwendbar.[15] Teilweise wird er nur dann für anwendbar gehalten, wenn es sich bei der richterlichen Amtshandlung um keine einer Sitzung vergleichbare richterliche Tätigkeit handelt.[16] Die Anwendbarkeit der Vorschrift sollte zumindest im letztgenannten Fall zu bejahen sein. Der Richter kann also mindestens dann auf § 164 zurückgreifen, wenn er (etwa als Notstaatsanwalt) die Vollstreckung einer Maßnahme leitet. Maßnahmen innerhalb einer Sitzung gegen solche Personen, die in § 177 GVG nicht genannt sind und deshalb von der h.M. als von ihr nicht erfasst angesehen werden, wie etwa Zeugenbeistände oder Vertreter von Nebenklägern,[17] lassen sich hingegen richtigerweise nicht auf § 164 stützen,[18] da andernfalls die entsprechenden Einschränkungen der sitzungspolizeilichen Gewalt unterlaufen würden; dies gilt erst recht in bezug auf den Verteidiger (zur Frage ob § 164 diesem gegenüber überhaupt anwendbar ist, s.u. Rn. 6). § 164 gewährt dem Vorsitzenden als „Leiter" der Amtshandlung bei einer Störung der Verhandlung eines Kollegialgerichts auch keine Befugnisse, die § 177 Satz 2 GVG dem Gericht vorbehält, und ermöglicht, anders als § 178 GVG, nicht die Sanktionierung in Form von Ordnungsgeld und Ordnungshaft. 3

c) Ort der Amtshandlung. Aus der Formulierung „an Ort und Stelle"[19] ist früher verbreitet die heute nur noch selten vertretene Auffassung hergeleitet worden, wonach § 164 4

---

8 *Geerds* FS Maurach 517, 521; *Krüger* Kriminalistik **1974** 445; vgl. auch HK/*Zöller/Niedernhuber* 2; SK/*Wolter/Werkmeister* 2, 6; zu den dort etwa vergleichbaren Möglichkeiten der Platzverweisung und der Ingewahrsamnahme Lisken/Denninger/Bäcker/*Graulich* Kap. 4, 354 ff., 461 ff.; vgl. auch Schmitt/Köhler/*Schmitt* 1 a.E.

9 HK/*Zöller/Niedernhuber* 2; OK/*El Duwaik* 1; Göhler/*Bauer* Vor § 59, 126; vgl. auch *Gillmeister* 73; SK/*Wolter/Werkmeister* 6 (besondere Beachtung des Verhältnismäßigkeitsgrundsatzes).

10 Ausführlich *Eb. Schmidt* NJW **1969** 393, 394; allg. M.; vgl. etwa HK/*Zöller/Niedernhuber* 1; KK/*Schmitt* 2; NK/*Heghmanns* 2; SK/*Wolter/Werkmeister* 2.

11 RGSt **33** 251.

12 Vgl. *Eb. Schmidt* NJW **1969** 393, 395.

13 *Geerds* FS Maurach 517, 521.

14 AnwK/*Walther* 1; KK/*Griesbaum*[8] 10; Schmitt/Köhler/*Schmitt* 1; *Schlüchter* Rn. 263; *Gillmeister* 74.

15 AK/*Achenbach* 4; HK/*Zöller/Niedernhuber* 2; KK/*Schmitt* 1; MüKo/*Kölbel* 2; NK/*Heghmanns* 5; OK/*El Duwaik* 1; Radtke/Hohmann/*Rettenmaier* 2; SSW/*Andrä* 2; *Benfer* (Grundrechtseingriffe) Kap. 4, 150 (bei Störungen im Gerichtssaal); *Geerds* FS Maurach 517, 528; *Eb. Schmidt* NJW **1969** 393 (wohl abweichend von Lehrkommentar § 164, 4); *Krüger* Kriminalistik **1974** 445; vgl. auch OLG Celle MDR **1955** 692.

16 SK/*Wolter/Werkmeister* 3.

17 Dazu LR/*Krauß*[27] § 177, 9 GVG m.w.N.

18 HK/*Zöller/Niedernhuber* 2; NK/*Heghmanns* 5; **a.A.** LR/*Rieß*[25] 3.

19 Vgl. *Hahn* 150, 722 (mit unterschiedlicher Interpretation); zur Entstehungsgeschichte auch *Geerds* FS Maurach 517, 518.

lediglich auf Ermittlungshandlungen außerhalb der Diensträume, namentlich auf solche im Freien, anwendbar sei, nicht aber auf solche in den Diensträumen selbst, weil insoweit das Hausrecht zur Störungsabwehr ausreiche.[20] Nach der heute herrschenden, zutreffenden Meinung kommt es darauf nicht an. Die von der Vorschrift geschützte Amtshandlung, etwa eine polizeiliche oder staatsanwaltschaftliche Vernehmung oder eine Maßnahme nach § 81b, kann **auch innerhalb der Diensträume** stattfinden.[21] „An Ort und Stelle" bedeutet lediglich, dass sich die Störung physisch auf den Ort der Amtshandlung auswirken muss. Eine bloß mittelbare Einwirkung (etwa durch einen Drohbrief) reicht nicht aus;[22] wohl aber genügen Störungshandlungen außerhalb der Diensträume (etwa Lärm oder Werfen von Gegenständen), die die Amtshandlung unmittelbar beeinträchtigen.[23]

5 **3. Adressaten der Maßnahmen** nach § 164 können grundsätzlich alle Personen sein, die die Störung verursachen oder sich den getroffenen (rechtmäßigen) Anordnungen widersetzen, unabhängig davon, ob sie als bloße sonst unbeteiligte Zuschauer oder Zuhörer auf die Amtshandlung einwirken oder ob sie an dieser beteiligt oder von ihr betroffen sind.[24] Auch ein Rechtsanwalt als Vertreter oder Beistand eines sonst von der Amtshandlung Betroffenen kann Störer sein.[25] Die Maßnahme kann sich auch gegen denjenigen richten, der an sich befugt wäre, an der Amtshandlung teilzunehmen, so z.B. der Inhaber der zu durchsuchenden Räume (§ 106 Abs. 1 Satz 1) oder der hinzugezogene Durchsuchungszeuge (§ 105 Abs. 2 Satz 1), oder der sich sonst befugt am Ort der Amtshandlung aufhält.[26] Auch Mitarbeiter von Presse und Rundfunk können als Störer in Betracht kommen.[27]

6 Ob gegen einen **Verteidiger** als Störer nach § 164 vorgegangen werden darf, erscheint zweifelhaft.[28] Dem lässt sich die in § 177 GVG zum Ausdruck kommende gesetzgeberische Wertentscheidung entgegenhalten, nach der im Rahmen der Sitzungspolizei Maßnahmen gegen den Verteidiger unzulässig sind.[29] Das muss in den hier zu behandelnden Fällen jedenfalls dann ebenfalls gelten, wenn der Verteidiger ein gesetzlich ausdrücklich anerkanntes Anwesenheitsrecht bei der jeweiligen Amtshandlung hat, und insoweit kann die umstrittene Anwendbarkeit auf richterliche Amtshandlungen[30] nicht damit gerechtfertigt

---

20 *Geerds* FS Maurach 517, 520, 529; *Roxin/Schünemann* § 31, 18 (außerhalb der Amtsräume); *Puls* NJW **1969** 1016; LR/*Kohlhaas*[20] 3; weitgehend auch AK/*Achenbach* 5; offengelassen von OLG Hamburg VRS **28** (1965) 201, zum Hausrecht s.u. Rn. 11.

21 AnwK/*Walther* 2; KK/*Schmitt* 3; Schmitt/Köhler/*Schmitt* 3; MüKo/*Kölbel* 3; KMR/*Noltensmeier-von Osten* 3; NK/*Heghmanns* 4; SK/*Wolter*/*Werkmeister* 8; *Eb. Schmidt* 3 und NJW **1969** 393, 394; *Benfer* (Grundrechtseingriffe) Kap. 4, 153; *Dünnebier* JR **1963** 68; *Schlüchter* Rn. 263.

22 Schmitt/Köhler/*Schmitt* 3.

23 Schmitt/Köhler/*Schmitt* 3; *Eb. Schmidt* NJW **1969** 393, 394.

24 KK/*Schmitt* 4; KMR/*Noltensmeier-von Osten* 7; *Eb. Schmidt* 5; *Gillmeister* 74; möglicherweise enger *Geerds* FS Maurach 517, 529 f., 531 (grundsätzlich nur Dritte); vgl. auch SK/*Wolter*/*Werkmeister* 15 (nur Dritte, aber in Ergebnis weitgehend übereinstimmend).

25 KK/*Schmitt* 4; *Krüger* Kriminalistik **1974** 444.

26 NK/*Heghmanns* 7; *Gillmeister* 74.

27 KK/*Schmitt* 4; MüKo/*Kölbel* 6; kontrovers *Eb. Schmidt* NJW **1969** 393, 395 und 1017, 1018; *Puls* NJW **1969** 1016, 1017; vgl. auch (einschränkend) AK/*Achenbach* 11; SK/*Wolter*/*Werkmeister* 15.

28 Bejahend KK/*Schmitt* 4; KMR/*Noltensmeier-von Osten* 7; HK/*Zöller*/*Niedernhuber* 5 („in Ausnahmefällen"); NK/*Heghmanns* 8 verneinend AK/*Achenbach* 4; SK/*Wolter*/*Werkmeister* 4; differenzierend *Rengier* NStZ **1981** 372, 375.

29 Dazu ausführlich LR/*Krauß*[27] § 177, 9 f. GVG m.w.N.

30 S.o. Rn. 3.

werden, dass allein sie ein Vorgehen gegen den Verteidiger ermögliche.[31] Anders dürften die Dinge dann liegen, wenn dem Verteidiger die Anwesenheit bei der jeweiligen Amtshandlung lediglich gestattet werden kann und gestattet worden ist.[32]

Gegen den **unmittelbar von der Amtshandlung Betroffenen** kann aufgrund des 7 § 164 jedoch nur dann vorgegangen werden, wenn die Störung oder Widersetzlichkeit über die Weigerung hinausgeht, die von ihm verlangte Maßnahme oder Handlung zu dulden oder vorzunehmen. Beschränkt sie sich darauf, so ist der Eingriff mit **unmittelbarem Zwang** oder die verlangte Handlung mit den hierfür vorgesehenen Erzwingungsmaßnahmen durchzusetzen.[33] Unmittelbarer Zwang kommt etwa bei der Weigerung in Betracht, eine körperliche Untersuchung oder eine Personendurchsuchung zu dulden,[34] das gewaltsame Öffnen von Räumlichkeiten und Behältern, wenn der Betroffene zur Mitwirkung hierbei nicht bereit ist. Ordnungsgeld und Erzwingungshaft können festgesetzt werden, wenn ein Zeuge rechtswidrig nicht aussagt.[35] Mit § 164 hat das alles nichts zu tun. Er ist aber anwendbar, wenn der Betroffene nicht die Duldung des Eingriffs verweigert, sondern darüber hinaus oder in anderer Weise die Durchführung der Maßnahme stört, etwa bei einer Durchsuchung den Durchsuchungsmaßnahmen aktiv hindernd in den Weg tritt.[36]

4. Voraussetzungen

a) Vorsätzliche Störung. Eine Störung der amtlichen Tätigkeit liegt in einem Verhal- 8 ten, das die ordnungsgemäße und sachgerechte Durchführung der jeweiligen strafprozessualen Amtshandlung nicht ganz unerheblich beeinträchtigt oder erschwert; dass es sie gänzlich verhindern würde, ist nicht erforderlich.[37] Das kann durch bloß passives Verhalten (z.B. Sitzblockade) oder aktives Tun (z.B. Herumlaufen, Dazwischentreten, Verbergen von Gegenständen, Geräuschentwicklung) geschehen. Auch das Einwirken auf Dritte kann ausreichen. Bloße Belästigungen, die die Amtshandlung nicht erheblich beeinträchtigen, reichen nicht aus, so etwa kritische (auch unsachliche) Bemerkungen.[38] Verbale Äußerungen kommen als Störung i.S. von § 164 nur dann in Betracht, wenn sie (etwa durch die Beeinflussung von Verfahrensbeteiligten) den Erfolg der Amtshandlung effektiv gefährden, oder wenn die Belästigung nicht aus ihrem kritischen Inhalt, sondern aus ihrer Lautstärke resultiert.[39] Die Störung muss **vorsätzlich** vorgenommen werden; bedingter Vorsatz genügt. Es reicht also aus, dass dem Störer bewusst ist oder durch einen Hinweis des die Amtshandlung leitenden Beamten deutlich gemacht wird, dass sein Verhalten eine Störung darstellt.

---

31 Zutr. AK/*Achenbach* 4; SK/*Wolter*/*Werkmeister* 4; ebenso bereits LR/*Rieß*[25] 5a (anders noch in der 24. Aufl.).

32 Ebenso MüKo/*Kölbel* 6; OK/*El Duwaik* 7; **a.A.** (Vorgehen auch hier unzulässig) Radtke/Hohmann/*J. Kretschmer*[1] 3.

33 AK/*Achenbach* 12; HK/*Zöller*/*Niedernhuber* 6; KK/*Schmitt* 5; Schmitt/Köhler/*Schmitt* 2; SK/*Wolter*/*Werkmeister* 16; *Geerds* FS Maurach 517, 526.

34 Vgl. LR/*Krause* § 81a, 64; LR/*Tsambikakis* § 105, 126.

35 Zur Festhaltebefugnis bei Vernehmungen vgl. LR/*Ignor*/*Bertheau* § 51, 6; LR/*Gleß* § 134, 10.

36 AK/*Achenbach* 12; HK/*Zöller*/*Niedernhuber* 6; NK/*Heghmanns* 3; Schmitt/Köhler/*Schmitt* 2; SK/*Wolter*/*Werkmeister* 16; *Geerds* FS Maurach 517, 527.

37 Im Ergebnis weitgehend übereinstimmend KK/*Schmitt* 6; *Benfer* (Grundrechtseingriffe) Kap. 4, 156, *Geerds* FS Maurach 517, 521; *Eb. Schmidt* NJW **1969** 394 (mit Beispielen).

38 Ähnlich NK/*Heghmanns* 9.

39 Zutr. *Baufeld* GA **2004** 163, 178 f.

9 Erforderlich ist eine bereits **vorliegende oder unmittelbar bevorstehende Störung**. Der Störer muss also störend handeln oder doch unmittelbar zur Störungshandlung ansetzen (vgl. § 22 StGB); die bloße, auch durch Tatsachen gestützte Erwartung, dass es zu Störungen kommen könne, rechtfertigt noch keine Maßnahmen nach § 164 StPO.[40] **Präventive Maßnahmen** zur Sicherung einer ungestörten Durchsuchung, namentlich bei der Durchsuchung größerer Geschäftsräume, wie etwa **Unterbrechung der Telekommunikationsverbindungen**, um einen Datentransfer oder eine Datenlöschung zu vermeiden, Besetzung der Telefonzentrale oder der Pförtnerloge, **Telefonsperre** oder **Stubenarrest** können deshalb grundsätzlich nicht auf § 164 gestützt werden.[41] Dies ist erst dann möglich, wenn zu einer konkreten Störung unmittelbar angesetzt wird, und es darf nicht weiter gehen als zur Verhinderung dieser Störung notwendig. Ob und wieweit sich prophylaktische Sicherungsmaßnahmen implizit aus der Durchsuchungsanordnung und dem Durchsuchungszweck ableiten lassen, ist eine Frage der Auslegung der die Durchsuchung regelnden Vorschriften.[42] Die drohende Vereitelung des Untersuchungszwecks einer Folgemaßnahme (Anschlussdurchsuchung in einem anderen Objekt) ist keine Störung der aktuellen Amtshandlung vor Ort, weshalb Maßnahmen zu ihrer Verhinderung (etwa wiederum eine Telefonsperre) nicht auf § 164 gestützt werden können.[43]

10 Nur eine **rechtswidrige Störung** rechtfertigt die Anwendung des § 164.[44] Daraus folgt zunächst, dass die Amtshandlung, vor deren Störung gesichert werden soll, ihrerseits rechtmäßig mindestens in dem Sinne sein muss, dass sie von dem Betroffenen zunächst hinzunehmen ist. Im Übrigen stört im Sinne des § 164 nicht, wer lediglich von seinen prozessualen Befugnissen Gebrauch macht, so etwa, wenn er einen Verteidiger oder sonst einen Rechtsanwalt befragen oder hinzuziehen will.[45] Auch wenn (ausnahmsweise, vgl. Rn. 9, 13) eine Telefon- oder sonstige Kontaktsperre oder eine Aufenthaltsbeschränkung zulässig ist, muss dem Beschuldigten der Kontakt mit seinem Verteidiger, einem sonstigen Betroffenen mit einem Rechtsanwalt, gestattet werden;[46] ebenso wenig kann die fernschriftliche Einlegung eines Rechtsbehelfs gegen die Amtshandlung als Störung angesehen und nach § 164 verhindert werden.[47]

11 **b) Widersetzlichkeit.** Zwischen der Störung und der Widersetzlichkeit dürfte in bezug auf die jeweilige Handlung entgegen einer teilweise vertretenen Meinung, die das rein passive Verhalten stets dem zweiten Begriff zuordnet,[48] kein Unterschied bestehen; auch eine Störung kann durch Unterlassen begangen werden. Kennzeichnend für die Widersetzlichkeit ist vielmehr die Nichtbefolgung einer vorherigen Anordnung, die, wie sich aus dem Gesamtzusammenhang und dem Zweck der Vorschrift ergibt, auf die Beseitigung einer be-

---

40 *Arnemann* StraFo **2021** 142, 145; HK/*Zöller/Niedernhuber* 6; KK/*Schmitt* 6.

41 Ausf. und m.w.N. AK/*Achenbach* 9; ebenso KK/*Schmitt* 6; MüKo/*Kölbel* 4; NK/*Heghmanns* 9; SK/*Wolter/Werkmeister* 11; *Gillmeister* 76 ff.; **a.A.** *Rengier* NStZ **1981** 372, 375 („an der Grenze des rechtlich Zulässigen"); *Schlüchter* Rn. 263; vgl. auch Rn. 12; *Tiedemann* NJW **1979** 1856.

42 Vgl. LR/*Tsambikakis* § 105, 127; OLG Stuttgart Justiz **1984** 25; *Gillmeister* 76 ff.

43 *Weisser* wistra **2014** 212, 215; OK/*El Duwaik* 5.

44 KK/*Schmitt* 6; Schmitt/Köhler/*Schmitt* 1; SK/*Wolter/Werkmeister* 12; *Geerds* FS Maurach 517, 522; *Gillmeister* 75.

45 HK/*Zöller/Niedernhuber* 4; KK/*Schmitt* 6; MüKo/*Kölbel* 4; NK/*Heghmanns* 10; OK/*El Duwaik* 5; *Burhoff* (Ermittlungsv.) Rn. 2054.

46 *Burhoff* (Ermittlungsv.) Rn. 2054; *Gillmeister* 80; *Krekeler* wistra **1983** 45; *Rengier* NStZ **1981** 372, 375; Bosbach/Ackermann/Bosbach/*Bosbach* Rn. 435; KK/*Schmitt* 6.

47 Vgl. *Gillmeister* 81; KK/*Schmitt* 6.

48 LR/*Meyer-Goßner*[23] 13; *Geerds* FS Maurach 517, 522; *Eb. Schmidt* NJW **1969** 396; wohl auch *Baufeld* GA **2004** 163, 178; AnwK/*Walther* 6; wie hier AK/*Achenbach* 6; SK/*Wolter/Werkmeister* 13.

reits eingetretenen oder die Vermeidung einer unmittelbar bevorstehenden Störung gerichtet sein muss. Auch die Widersetzlichkeit muss vorsätzlich und rechtswidrig sein.[49] Widerstand durch Gewalt oder Drohung mit Gewalt im Sinne des § 113 StGB ist nicht erforderlich; bloße Passivität reicht aus.[50] Widersetzlich ist also beispielsweise, wer trotz Aufforderung seinen Platz nicht räumt oder sich umgekehrt nicht zu einer ihm angewiesenen Stelle begibt,[51] wenn dies zu einer Störung der Amtshandlung führt.

5. Zulässige Maßnahmen

a) Allgemeines. Der Wortlaut des § 164 gestattet zur Verhinderung und Beseitigung 12 von Störungen allein die Festnahme und das Festhalten des Störers. Per argumentum a maiore ad minus ergibt sich daraus jedoch auch die Zulässigkeit weniger einschneidender Eingriffe in die allgemeine Handlungsfreiheit. Dazu kann auch der bloße Rückgriff auf die Möglichkeiten des Hausrechts gehören.[52] Auf mildere Maßnahmen ist die Störungsabwehr nach dem Verhältnismäßigkeitsprinzip zu beschränken, wenn sie ausreichen. Stets ist deshalb die im konkreten Fall mildeste, hinreichend erfolgversprechende Maßnahme zu wählen.[53] In der Regel erfordert es der Verhältnismäßigkeitsgrundsatz, durch **Androhung** der beabsichtigten Zwangsmaßnahme, vor allem der Festnahme, den Störer zur Aufgabe seines Verhaltens zu veranlassen; nur wenn eine solche bloße Androhung keinen Erfolg verspricht, kann von ihr abgesehen werden.[54]

Als solche **mildere Maßnahmen** kommen, je nach Lage des Einzelfalls, neben der 13 Androhung der Freiheitsentziehung namentlich in Betracht: die Absperrung des Geländes, in dem die Amtshandlung (z.B. eine Spurensuche) vorzunehmen ist, das Gebot, sich vom Ort der Amtshandlung zu entfernen, sich nur in bestimmten Räumlichkeiten aufzuhalten oder solche nicht zu betreten,[55] Einschränkung, äußerstenfalls Unterbindung des fernschriftlichen oder fernmündlichen Kontakts (Telefonsperre)[56] – außer mit dem Verteidiger – oder die vorübergehende Wegnahme und Sicherstellung von Gegenständen, die zur Störung der Amtshandlung verwendet werden. Auch solche Maßnahmen können aber erst dann auf § 164 gestützt werden, wenn eine Störung (Rn. 8 ff.) vorliegt, und dürfen nicht weiter gehen und länger dauern als zur Verhinderung der Störung notwendig (Rn. 16 ff.). Eine Sanktionierung in Form von **Ordnungsgeld und Ordnungshaft** ermöglicht § 164 im Gegensatz zu § 178 GVG nicht.

b) Festnahme und Festhalten. Versprechen mildere Maßnahmen keinen Erfolg, so 14 kann der Störer festgenommen und festgehalten werden, wenn dies geeignet ist, die Störung zu unterbinden, und nicht außer Verhältnis zum Umfang der Störung steht. Die Anordnung begründet die Verpflichtung des Betroffenen, die Festnahme und das Festhalten zu dulden. Ein etwaiger Widerstand kann durch **unmittelbaren Zwang** überwunden

---

49 KK/*Schmitt* 6; *Geerds* FS Maurach 517, 522.

50 KK/*Schmitt* 6; NK/*Heghmanns* 12; *Eb. Schmidt* NJW **1969** 396.

51 Vgl. z.B. RGSt **33** 251; OK/*El Duwaik* 6; *Geerds* FS Maurach 517, 522.

52 Zu dessen Möglichkeiten und Grenzen Schmitt/Köhler/*Schmitt* 3; SK/*Wolter*/*Werkmeister* 9.

53 Das entspricht insoweit der ganz h.M., als die „ultima-ratio-Funktion" der Festnahme allgemein anerkannt wird; so z.B. AK/*Achenbach* 8; KK/*Schmitt* 7; Schmitt/Köhler/*Schmitt* 1; MüKo/*Kölbel* 8; KMR/*Noltensmeier-von Osten* 8; SSW/*Andrä* 7; HbStrVf/*Jahn* II Rn. 142; *Eb. Schmidt* 6 und NJW **1969** 393, 396; *Geerds* FS Maurach 517, 522; *Benfer* (Grundrechtseingriffe) Kap. 4, 159; vgl. auch OLG Stuttgart Justiz **1984** 25.

54 KK/*Schmitt* 7; NK/*Heghmanns* 13; LR/*Meyer-Goßner*[23] 14; speziell für den Fall störender Zwischenreden *Baufeld* GA **2004** 163, 178 f.

55 Vgl. RGSt **33** 251; OLG Stuttgart Justiz **1984** 25.

56 Vgl. aber Rn. 8.

werden; er kann tatbestandsmäßig nach § 113 StGB sein[57] und für den betroffenen Beamten Notwehrbefugnisse nach § 32 StGB begründen.[58] Der Festzuhaltende darf aus Gründen der Eigensicherung körperlich durchsucht werden.[59] Das Festhalten ist aber – da es nur zur Verhinderung der Störung dient – im Allgemeinen unzulässig, wenn sich der Störer beim Versuch der Festnahme entfernt, beispielsweise, wenn er sich losreißt und davonläuft;[60] etwas anderes muss freilich dann gelten, wenn nach Lage der Dinge mit seiner alsbaldigen Rückkehr zur Fortsetzung der Störung zu rechnen ist.

15 Die **Durchführung** der Festnahme und namentlich **des Festhaltens** besteht darin, dass der Betroffene in amtlichen Gewahrsam genommen wird. In welcher Form das geschieht, richtet sich unter Beachtung des Verhältnismäßigkeitsgrundsatzes nach den Bedürfnissen des konkreten Falles: Das Festhalten an einer bestimmten Stelle der Örtlichkeit der Amtshandlung unter Bewachung[61] oder das Verbringen in bestimmte Räumlichkeiten (beispielsweise bei einer Durchsuchung) kann ausreichen, auch die Bewachung in einem Polizeifahrzeug. Namentlich bei voraussichtlich längerer Dauer des Festhaltens kann der Betroffene auch zu einer Polizeidienststelle gebracht und dort festgehalten werden, äußerstenfalls (nicht aber regelmäßig) kann er auch in einer Arrestzelle untergebracht werden.[62] Ein Anwesenheitsrecht des festzuhaltenden Störers, beispielsweise als Inhaber der zu durchsuchenden Räume oder als Durchsuchungszeuge (§ 105 Abs. 2, § 106 Abs. 1), wird durch die Festnahme während ihrer Dauer verdrängt.[63]

16 **c) Dauer.** Die Freiheitsentziehung darf, ebenso wie eine mildere Maßnahme (Rn. 13), auf keinen Fall länger dauern als die Amtshandlung selbst, sie ist durch deren Beendigung begrenzt.[64] Wird der Betroffene außerhalb des Ortes der Amtshandlung, etwa auf einer Polizeiwache (Rn. 15), festgehalten, so muss sichergestellt werden, dass er spätestens sofort nach Ende der Amtshandlung freigelassen wird. Als **absolute**, wohl nur in besonderen Ausnahmefällen bedeutsame **Grenze** bestimmt die Vorschrift das Ende des auf den Zeitpunkt der Festnahme folgenden Tages. Freizulassen ist der Betroffene auch, wenn die **Amtshandlung** für längere Zeit, etwa für die Nachtzeit, **unterbrochen** wird, selbst dann, wenn von ihm weitere Störungen bei Fortsetzung der Amtshandlung zu befürchten sind. Ihnen muss ggf. durch eine erneute Maßnahme nach § 164 begegnet werden,[65] wobei die Höchstfrist allerdings von neuem zu laufen beginnt.[66]

17 Die Freiheitsentziehung ist bereits **vor dem Ende der Amtshandlung** zu beenden, wenn die Gefahr einer weiteren Störung nicht mehr droht, so etwa, wenn der Betroffene glaubhaft erklärt, dass er nicht mehr stören werde,[67] oder wenn der Anlass zur Störung entfallen ist. Ein an der weiteren Amtshandlung nicht Beteiligter und deshalb nicht zur weiteren Anwesenheit Verpflichteter darf namentlich nicht gehindert werden, sich zu ent-

---

57 *Eb. Schmidt* NJW **1969** 393, 397.

58 HK/*Zöller*/*Niedernhuber* 10; KK/*Schmitt* 8.

59 *Geerds* FS Maurach 517, 524.

60 MüKo/*Kölbel* 7; SK/*Wolter*/*Werkmeister* 17; *Eb. Schmidt* NJW **1969** 396 f.

61 KK/*Schmitt* 7; Schmitt/Köhler/*Schmitt* 5; vgl. den Sachverhalt in RGSt **33** 251.

62 HK-GS/*Ambos* 5; KK/*Schmitt* 7; Schmitt/Köhler/*Schmitt* 5; *Benfer* (Grundrechtseingriffe) Kap. 4, 160; **a.A.** (in keinem Fall) HK/*Zöller*/*Niedernhuber* 8; MüKo/*Kölbel* 7; SK/*Wolter*/*Werkmeister* 14.

63 RGSt **33** 251, 252; AnwK/*Walther* 8; KK/*Schmitt* 7; Schmitt/Köhler/*Schmitt* 1; *Gillmeister* 74.

64 BayObLGSt **1962** 316, 319; OLG Celle MDR **1955** 692; AK/*Achenbach* 10; KK/*Schmitt* 9; NK/*Heghmanns* 12; SK/*Wolter*/*Werkmeister* 19; *Geerds* FS Maurach 517, 524.

65 HK/*Zöller*/*Niedernhuber* 9; KK/*Schmitt* 9; Schmitt/Köhler/*Schmitt* 5; SK/*Wolter*/*Werkmeister* 19; *Benfer* (Grundrechtseingriffe) Kap. 4, 159; *Geerds* FS Maurach 517, 524 f.

66 NK/*Heghmanns* 14.

67 KK/*Schmitt* 9; NK/*Heghmanns* 12; SK/*Wolter*/*Werkmeister* 20.

fernen, wenn nicht zu befürchten ist, er werde seine Bewegungsfreiheit zu weiteren Störungen missbrauchen.

6. Anordnungskompetenz. Zur Anordnung von Maßnahmen nach § 164 ist derjenige Beamte befugt, der die jeweilige Amtshandlung (im Rahmen seiner abstrakten und konkreten Zuständigkeit)[68] leitet. Er bestimmt auch die Art der jeweiligen Maßnahme und ist für die rechtzeitige Beendigung verantwortlich, auch wenn die Freiheitsentziehung vom Ort der Amtshandlung entfernt in einer Polizeidienststelle durchgeführt wird. Eine Delegation der Anordnung auf unterstellte, an der Amtshandlung mitwirkende Bedienstete ist nicht zulässig; ihnen kann lediglich die Vollstreckung übertragen werden.[69] 18

Leitender Beamter ist derjenige, der die Gesamtverantwortung für die Durchführung der jeweiligen Amtshandlung trägt; um einen Beamten im staatsrechtlichen Sinne braucht es sich dabei nicht zu handeln, sofern die Amtshandlung zulässigerweise auch durch einen anderen Amtsträger vorgenommen werden kann. Ermittlungsperson der Staatsanwaltschaft braucht er nicht zu sein; auch ein bestimmter Dienstrang wird nicht erfordert.[70] Sofern man die Vorschrift bei richterlichen Untersuchungshandlungen, etwa Vernehmungen oder richterlichen Augenscheinseinnahmen, für anwendbar hält (s.o. Rn. 3), ist dort der Richter zuständig. Findet die Amtshandlung, etwa eine Durchsuchung, im Beisein eines Staatsanwalts unter Mitwirkung der Polizei statt, so entscheidet der Staatsanwalt, sonst der konkret mit der Leitung beauftragte oder der ranghöchste Polizeibeamte.[71] Dies gilt bei einer Durchsuchung oder der Vollstreckung einer anderen Zwangsmaßnahme auch dann, wenn sie im Beisein des Richters stattfindet.[72] 19

7. Rechtsbehelfe

a) Maßnahme der Staatsanwaltschaft oder der Polizei. Gegen **Maßnahmen der Staatsanwaltschaft oder der Polizei** ist (neben Gegenvorstellung und Dienstaufsichtsbeschwerde) der Antrag auf gerichtliche Entscheidung nach den **§§ 23 ff. EGGVG** eröffnet.[73] Da die Maßnahme in der Regel bis zur Entscheidung des Gerichts erledigt sein wird, kommt meist nur die Feststellung der Rechtswidrigkeit durch das Oberlandesgericht in Betracht, die ein berechtigtes Interesse des Antragstellers an der Feststellung voraussetzt (§ 28 Abs. 1 Satz 4 EGGVG). Beweisverwertungsverbote dürften sich aus einer unzulässigen Anwendung des § 164 schwerlich ableiten lassen.[74] 20

b) Anordnungen des Richters, soweit solche in Betracht kommen, sind an sich der Beschwerde zugänglich (§ 304 Abs. 1). Eine Aussetzung des Vollzugs der Anordnung nach § 307 Abs. 2 kommt, selbst wenn das Beschwerdegericht rechtzeitig angerufen werden 21

68 *Eb. Schmidt* 4; vgl. auch BayObLGSt **1962** 316, 318.

69 OK/*El Duwaik* 2; SK/*Wolter/Werkmeister* 5.

70 KK/*Schmitt* 10; SK/*Wolter/Werkmeister* 5 (ausf.); *Eb. Schmidt* 1; *Geerds* FS Maurach 517, 523.

71 Vgl. NK/*Heghmanns* 6; *Benfer* (Grundrechtseingriffe) Kap. 4, 162; wegen der Befugnisse der Finanzämter in Steuerstrafsachen vgl. §§ 399, 402 AO.

72 Vgl. LR/*Tsambikakis* § 105, 110 f. (m.w.N. der Gegenmeinung); ebenso *Benfer* (Grundrechtseingriffe) Kap. 4, 161; **a.A.** wohl *Gillmeister* 74.

73 AK/*Achenbach* 15; HK-GS/*Ambos* 6; KK/*Schmitt* 11; Schmitt/Köhler/*Schmitt* 6; KMR/*Noltensmeier-von Osten* 10; OK/*El Duwaik* 9; SSW/*Andrä* 9; für Anwendung des § 98 Abs. 2 Satz 2 *Roxin/Schünemann* § 29, 15; nunmehr auch HK/*Zöller/Niedernhuber* 12; NK/*Heghmanns* 15; SK/*Wolter/Werkmeister* 22; nach Göhler/*Bauer* Vor § 59, 126 ist im Bußgeldverfahren der Antrag auf gerichtliche Entscheidung nach § 62 OWiG zulässig.

74 *Geerds* FS Maurach 517, 525; **a.A.** wohl SK/*Wolter/Werkmeister* 21.

kann, nicht in Betracht, weil sie mit dem Zweck der Maßnahme unvereinbar wäre.[75] Wieweit nach der heutigen Rechtsprechung[76] trotz der an sich regelmäßig vorliegenden prozessualen Überholung eine Feststellung der Rechtswidrigkeit in Betracht kommt, ist eine Frage des Einzelfalls, insbesondere der Intensität der Maßnahme. Bei einer nicht nur ganz unerheblichen Freiheitsentziehung dürfte das regelmäßig der Fall sein.[77]

§ 165
Richterliche Untersuchungshandlungen bei Gefahr im Verzug

Bei Gefahr im Verzug kann der Richter die erforderlichen Untersuchungshandlungen auch ohne Antrag vornehmen, wenn ein Staatsanwalt nicht erreichbar ist.

Schrifttum

Koller Die Staatsanwaltschaft – Organ der Judikative oder Exekutivbehörde? (1977); *Krauth/Kurfess/Wulf* Zur Reform des Staatsschutz-Strafrechts durch das Achte Strafrechtsänderungsgesetz (Haftbefehl und Untersuchungshandlungen des Amtsrichters ohne Antrag), JZ **1968** 736; *Nelles* Kompetenzen und Ausnahmekompetenzen in der Strafprozeßordnung (1980) 61, 123; *Thewes* Richter, Notstaatsanwalt und Notverwaltungsbehörde, NJW **2015** 2845.

Entstehungsgeschichte

Die Vorschrift lautete ursprünglich:

Bei Gefahr im Verzug hat der Amtsrichter die erforderlichen Untersuchungshandlungen vom Amts wegen vorzunehmen.

Ihre heutige Fassung erhielt sie im Wesentlichen durch Art. 6 Nr. 3 des 8. StRÄndG. Art. 1 Nr. 47 des 1. StVRG ersetzte das Wort „Amtsrichter" durch „Richter". Bezeichnung bis 1924: § 163.

Übersicht

1 **1. Bedeutung der Vorschrift.** Die Vorschrift beruhte ursprünglich auf der Annahme, dass „strafbare Handlungen häufig eher zur Kenntnis des Richters als zu der der Staatsan-

75 *Geerds* FS Maurach 517, 532; vgl. auch LR/*Matt*[26] § 307, 5.
76 BVerfGE **96** 21 ff.; dazu m.w.N. LR/*Matt*[26] Vor § 304, 68 ff.; § 304, 53 ff.; *Schmitt/Köhler/Schmitt* Vor § 296, 18a.
77 HK/*Zöller/Niedernhuber* 13; KMR/*Noltensmeier-von Osten* 11; SK/*Wolter/Werkmeister* 23; vgl. auch AnwK/*Walther* 11; AK/*Achenbach* 15.

waltschaft kommen, und ebenso häufig die ersten Schritte zur Feststellung des Thatbestandes oder zur Sicherung der Verfolgung sich als unaufschiebbar darstellen".[1] Soweit und solange ein Staatsanwalt nicht zu erreichen ist, geht die aus § 160 Abs. 1 folgende Pflicht zur Erforschung des Sachverhalts in Bezug auf eilbedürftige Handlungen auf den Richter als **Notstaatsanwalt**[2] über.[3] Ferner wird dieser ermächtigt, die ihm ohnehin vorbehaltenen Zwangsmaßnahmen ohne den sonst nach § 162 erforderlichen staatsanwaltschaftlichen Antrag anzuordnen. Für den Erlass des Haftbefehls enthalten § 125 Abs. 1 und § 128 Abs. 2 Satz 2 eine gleichartige Sonderregelung. Eine ergänzende selbstständige Eilkompetenz des Richters bei Beweisanträgen des Beschuldigten enthält § 166. Wenn die Polizei im ersten Zugriff nach § 163 tätig wird, kann sie nach § 163 Abs. 2 Satz 2 den Richter durch Aktenvorlage veranlassen, von seiner Eilkompetenz Gebrauch zu machen.

Die **praktische Bedeutung** der Vorschrift ist durch die Verbesserung der Kommunika- 2
tions- und Verkehrsverhältnisse stark zurückgegangen.[4] Im Reformschrifttum wurde teilweise die Abschaffung vorgeschlagen.[5] Ihr Anwendungsbereich ist durch die Neufassung des 8. StRÄndG auch insoweit eingeengt worden, als der Richter sich zunächst darum bemühen muss, einen (zuständigen) Staatsanwalt zu erreichen.[6] Das Tätigwerden nach § 165 kommt namentlich bei einem richterlichen Bereitschaftsdienst am Wochenende in Betracht, soweit kein staatsanwaltschaftlicher Eildienst besteht, oder wenn eilbedürftige Ermittlungshandlungen im Bezirk eines außerhalb des Sitzes der Staatsanwaltschaft gelegenen Amtsgerichts notwendig sind und eine fernmündliche oder fernschriftliche Entscheidung der Staatsanwaltschaft nicht herbeigeführt werden kann. Wegen der Rechtsprechung des Bundesverfassungsgerichts zu den Grenzen der Eilkompetenz bei Gefahr im Verzug[7] dürfte auch – was die Bedeutung der Vorschrift weiter verringert – ein staatsanwaltschaftlicher Eildienst notwendig und allgemein eingerichtet sein, weil andernfalls in Eilfällen durch § 165 die staatsanwaltschaftliche Verfahrensherrschaft unterlaufen werden könnte. Selbst wenn die tatsächliche Bedeutung der Vorschrift heute somit im Regelfall gegen Null tendieren mag, erscheint ihre Beibehaltung auch de lege ferenda mit Blick auf mögliche Ausnahmesituationen (etwa bei massiven Verkehrs- und Kommunikationsbeeinträchtigungen in extremen Unwetterlagen) sinnvoll, für die das Recht ebenfalls gerüstet sein sollte,

Verfassungsrechtliche Bedenken, wie sie im Schrifttum vereinzelt artikuliert wer- 3
den,[8] greifen im Ergebnis auch dann nicht durch, wenn man davon ausgeht, dass Initiativermittlungen richterlicher Tätigkeit grundsätzlich fremd sind: Die prozessuale Gewaltenteilung bei Grundrechtseingriffen ist im geltenden Recht im Einklang mit der Verfassung nicht in Reinform verwirklicht, da die Staatsanwaltschaft und ihre Ermittlungspersonen bei Gefahr im Verzug regelmäßig Anordnungen treffen dürfen, die normalerweise dem Richter vorbehalten sind. Vor diesem Hintergrund entbehrt die Behauptung eines absoluten verfassungsrechtlichen Verbots von Ausnahmen, bei denen ein Richter – ebenfalls

1 *Hahn* Motive 150.

2 Die Bezeichnung ist allgemein gebräuchlich, vgl. z.B. AK/*Achenbach* 2; SK/*Albrecht* 1; KK/*Schmitt* 1; Schmitt/Köhler/*Schmitt* 1; *Eb. Schmidt* 1; *Roxin/Schünemann* § 9, 29; *Schlüchter* Rn. 75.4; *Volk/Engländer* § 8, 1 und § 18, 6.

3 Zur dogmatischen Konstruktion, die für die praktische Anwendung weitgehend bedeutungslos sein dürfte, AK/*Achenbach* 2; *Nelles* 61 ff.; *Schnarr* NStZ **1991** 209, 211.

4 AK/*Achenbach* 2; HK/*Zöller/Niedernhuber* 2; NK/*Heghmanns* 2; SK/*Albrecht* 2; *Haller/Conzen* Rn. 109 (praktisch nicht bedeutsam).

5 So etwa AE-EV S. 113; in jüngerer Zeit NK/*Heghmanns* 2.

6 Vgl. *Krauth/Kurfess/Wulf* JZ **1968** 736.

7 BVerfGE **103** 142 ff.

8 *Koller* 363 ff.; *Brüning* (LV § 162) 110.

wegen Gefahr im Verzug – nun umgekehrt staatsanwaltliche Aufgaben wahrnehmen darf, jeglicher Plausibilität.

2. Anwendungsbereich und Zuständigkeit

4 **a) Ermittlungsverfahren.** Die Vorschrift gilt grds. nur im Ermittlungsverfahren, also vom Aufkommen eines Anfangsverdachts i.S. des § 152 Abs. 2 bis zur Erhebung der öffentlichen Klage. Danach kommt eine Tätigkeit des Ermittlungsrichters nach dieser Bestimmung nur noch in Betracht, soweit die Staatsanwaltschaft weiterhin zu einer Ermittlungstätigkeit befugt ist[9] und soweit Gefahr im Verzug vorliegt[10] und weder die Staatsanwaltschaft noch das mit der Sache befasste Gericht erreichbar ist.[11] Maßnahmen auf der Grundlage des § 165 können nicht nur im sog. ersten Zugriff vorgenommen werden, sondern auch dann, wenn die Staatsanwaltschaft bereits mit der Sache befasst ist, so etwa, wenn bei der Erledigung eines Antrags nach § 162 erkennbar wird, dass unaufschiebbare weitere Handlungen notwendig werden.[12] Auch nach **Einstellung des Ermittlungsverfahrens** durch die Staatsanwaltschaft nach § 170 Abs. 2 ist, wenn auch nur in seltenen Ausnahmefällen, ein Tätigwerden des Richters nach § 165 zulässig, wenn neue Erkenntnisse die Verfahrensfortsetzung rechtfertigen, Gefahr im Verzug gegeben ist und die Staatsanwaltschaft nicht erreicht werden kann.[13]

5 Auch im **Bußgeldverfahren** ist die Anwendung der Vorschrift rechtlich nicht ausgeschlossen, wenn die Verwaltungsbehörde nicht rechtzeitig erreicht werden kann.[14] Soweit im **Steuerstrafverfahren** die Finanzbehörde die Ermittlungen selbständig führt (§ 386 Abs. 2, § 399 Abs. 1 AO), kommt es auf deren Erreichbarkeit an.[15] War bisher weder die Staatsanwaltschaft noch die Finanzbehörde mit dem Ermittlungsverfahren befasst, so darf der Richter nur tätig werden, wenn weder die Staatsanwaltschaft noch die Finanzbehörde erreichbar sind. Ist oder wird dem Richter bekannt, dass die Staatsanwaltschaft von ihrem Evokationsrecht (§ 386 Abs. 4 Satz 2 AO) keinen Gebrauch macht, so genügt allerdings die Unerreichbarkeit der Finanzbehörde.

6 **b) Zuständigkeit.** Die Befugnis nach § 165 steht nur dem **Richter beim Amtsgericht** nach § 162 sowie den Ermittlungsrichtern des Oberlandesgerichts und des Bundesgerichtshofes im Rahmen ihrer Zuständigkeit nach § 169 (vgl. § 169, 4) zu.[16] Regelmäßig wird der nach der Geschäftsverteilung für Strafsachen oder im Eildienst zuständige Richter tätig werden müssen, doch kommt es hierauf für die Gültigkeit seiner Ermittlungshandlungen nicht an (§ 22d GVG). **Richter anderer Gerichte** können nicht nach § 165, sondern nur –

---

9 Dazu LR/*Stuckenberg* § 202, 7.

10 KMR/*Noltensmeier-von Osten* 1.

11 Im Ergebnis weitgehend übereinstimmend SK/*Albrecht* 4. Zur umstrittenen Frage, ob bei einzelnen Ermittlungshandlungen der Staatsanwaltschaft im Zwischenverfahren der Ermittlungsrichter oder das mit der Sache befasste Gericht zuständig ist, vgl. LR/*Stuckenberg* § 202, 8 m.w.N.; vgl. auch LR/*Gollwitzer*[25] Vor § 213, 17f.

12 Schmitt/Köhler/*Schmitt* 1; *Eb. Schmidt* 4; vgl. auch zum Übergang von der Zeugen- zur Beschuldigtenvernehmung § 162, 34.

13 Zustimmend KK/*Schmitt* 1; MüKo/*Kölbel* 2.

14 Zutr. *Thewes* NJW **2015** 2845, 2847f.; OK/*El Duwaik* 3, 5; wohl im Erg. übereinstimmend Göhler/*Bauer* Vor § 59, 10, die allerdings den Fall für praktisch ausgeschlossen halten.

15 KK/*Schmitt* 3; für den Fall einer irrtümlichen Annahme der Zuständigkeit der Finanzbehörde vgl. LG Freiburg StV **2001** 268.

16 Vgl. BTDrucks. 7 551 S. 55, 75; OLG Köln StV **2004** 417, 418; AK/*Achenbach* 3; KK/*Schmitt* 5; NK/*Heghmanns* 6; SK/*Albrecht* 6.

soweit die jeweiligen Voraussetzungen vorliegen – nach § 183 GVG oder nach § 127 Abs. 1 tätig werden.[17]

Örtlich zuständig ist nach der im Zuge des TKÜG zum 1.1.2008 erfolgten Änderung von § 162 Abs. 1 nunmehr auch im Rahmen von § 165 grds. der Richter bei dem Amtsgericht, in dessen Bezirk die zuständige Staatsanwaltschaft ihren Sitz hat.[18] Eine Unzuständigkeit nach dem Geschäftsverteilungsplan lässt die Gültigkeit der vorgenommenen Handlung gemäß § 22d GVG unberührt.[19] Fehlt dem Richter, der von der Notwendigkeit dringlicher Amtshandlungen Kenntnis erlangt hat, die örtliche Zuständigkeit, so hat er den Richter beim örtlich zuständigen Gericht zu informieren, soweit er nicht wegen Gefahr im Verzug nach § 166 Abs. 1 GVG selbst tätig werden muss.[20] 7

3. Anlass. Anlass zum Tätigwerden als „Notstaatsanwalt" ergibt sich für den Richter aus jeder dienstlichen Kenntnis,[21] dass dringliche Untersuchungshandlungen notwendig sind. In der Regel wird ihm diese Kenntnis dadurch vermittelt werden, dass ihm die Polizei ihre Verhandlungen nach § 163 Abs. 2 Satz 2 unmittelbar übersendet (vgl. § 163, 97), die dabei zugleich mitteilen sollte, warum die Übersendung nicht an die Staatsanwaltschaft erfolgt und deren Antrag nicht herbeigeführt werden kann.[22] Auch eine Anregung oder ein Antrag des Beschuldigten, eine dringliche, seiner Entlastung dienende Ermittlungshandlung vorzunehmen, kann ausreichen, selbst wenn die besonderen Voraussetzungen des § 166 nicht vorliegen.[23] 8

Unter den Voraussetzungen des § 165 ist der Richter nicht nur berechtigt, sondern (mit Ausnahme des Falles privater Kenntniserlangung) **verpflichtet**, die erforderlichen Untersuchungshandlungen vorzunehmen; das Wort „kann" räumt ihm kein Ermessen ein,[24] da er mit dem Eintritt in die funktionale Rolle eines Staatsanwalts wie ein solcher dem Legalitätsprinzip unterliegt.[25] **Er darf** allerdings **nicht tätig werden**, wenn ihm bekannt ist, dass die für die Gestaltung des Ermittlungsverfahrens verantwortliche Staatsanwaltschaft die von ihm für notwendig gehaltenen Untersuchungshandlungen nicht vornehmen will,[26] es sei denn, dass die Voraussetzungen des § 166 gegeben sind (vgl. § 166, 1). 9

4. Voraussetzungen

a) Gefahr im Verzug liegt vor, wenn zu befürchten ist, dass der Aufschub der Ermittlungshandlung bis zu einer Antragstellung der Staatsanwaltschaft den Zweck der Maßnahme vereiteln (der richterlich zu vernehmende Zeuge droht zu versterben) oder nicht uner- 10

---

17 Vgl. die Erl. zu § 183 GVG.

18 Zutr. *Thewes* NJW **2015** 2845, 2848; KK/*Schmitt* 5; SK/*Albrecht* 7; SSW/*Andrä* 3; **a.A.** (nach wie vor Maßgeblichkeit des Ortes, an dem die dringliche Handlung vorzunehmen ist) jedoch die **h.M.**, so etwa HK/*Zöller/Niedernhuber* 6; HK-GS/*Ambos* 2; KK/*Schmitt* 5; Schmitt/Köhler/*Schmitt* 2; MüKo/*Kölbel* 5; OK/*El Duwaik* 6.

19 HK/*Zöller/Niedernhuber* 8; KK/*Schmitt* 5; Schmitt/Köhler/*Schmitt* 2.

20 KK/*Schmitt* 5; MüKo/*Kölbel* 5; *Eb. Schmidt* 3; SK/*Albrecht* 8.

21 Privates Wissen berechtigt, verpflichtet ihn wie den Staatsanwalt aber nicht ohne Weiteres zum Einschreiten, vgl. § 160, 23 ff.; KMR/*Noltensmeier-von Osten* 9.

22 *Krauth/Kurfess/Wulf* JZ **1968** 736, 737.

23 AK/*Achenbach* 8; MüKo/*Kölbel* 4; SK/*Albrecht* 2.

24 AK/*Achenbach* 13; KK/*Schmitt* 1; KMR/*Noltensmeier-von Osten* 9; LR/*Meyer-Goßner*[23] 2.

25 Zutr. NK/*Heghmanns* 5.

26 HK/*Zöller/Niedernhuber* 3; Schmitt/Köhler/*Schmitt* 1; MüKo/*Kölbel* 4; NK/*Heghmanns* 4; SSW/*Andrä* 2, 4; *Krauth/Kurfess/Wulf* JZ **1968** 737; differenzierend SK/*Albrecht* 13 f. m.w.N.; vgl. auch LG Frankfurt NJW **1968** 118; wohl enger KMR/*Noltensmeier-von Osten* 7 a.E. (anders bei offensichtlich rechtswidriger Untätigkeit der Staatsanwaltschaft).

heblich beeinträchtigen würde (indem ohne sofortige Durchsuchung z.B. Beweismittel beiseitegeschafft würden).[27] Der Richter darf ohne Antrag nur diejenigen erforderlichen (Rn. 14) Ermittlungshandlungen vornehmen, bei denen Entsprechendes droht; aufschiebbare Handlungen muss er der Staatsanwaltschaft überlassen.

11 **b) Unerreichbarkeit eines Staatsanwalts** liegt vor, wenn kein Staatsanwalt der für das Ermittlungsverfahren zuständigen Staatsanwaltschaft[28] so rechtzeitig erreicht und so umfassend unterrichtet werden kann, dass er Anträge stellen oder die erforderlichen Untersuchungshandlungen selbst vornehmen kann.[29] Es ist zwar zweckmäßig, dass der Richter zunächst den nach der Geschäftsverteilung der Staatsanwaltschaft zuständigen Staatsanwalt zu erreichen sucht, doch reicht es nicht aus, dass lediglich dieser nicht erreicht werden kann. Die Erreichbarkeit irgendeines Staatsanwalts oder (im Rahmen seiner gesetzlichen Zuständigkeit) Amtsanwalts der zuständigen Staatsanwaltschaft genügt, soweit er zu einer Entscheidung über die Antragstellung in der Lage ist. Ggf. muss sich der Richter an den Behördenleiter oder den im Eil- oder Bereitschaftsdienst zuständigen Staatsanwalt wenden. Der Richter hat, bevor er nach § 165 tätig wird, regelmäßig den Versuch zu unternehmen, die Staatsanwaltschaft zu erreichen.[30] Er kann hiervon absehen, wenn sich die Unerreichbarkeit zuverlässig aus den von der Polizei nach § 163 Abs. 2 Satz 2 übersandten Unterlagen ergibt oder aus anderen Gründen klar erkennbar ist.

12 Ob ein Staatsanwalt unerreichbar ist, beurteilt sich nach den **tatsächlichen Umständen**[31] des konkreten Einzelfalls; telefonische oder fernschriftliche Verständigungsmöglichkeiten sind auszunutzen. Unerreichbar ist der Staatsanwalt auch dann, wenn nur eine **fernmündliche Information** möglich ist, sich der Staatsanwalt aber danach außerstande erklärt, den Sachverhalt so beurteilen zu können, dass ihm eine Entscheidung über die Antragstellung möglich ist (etwa weil es dazu des Augenscheins vor Ort bedarf).[32] Dagegen darf der Richter nicht nach § 165 tätig werden, wenn der erreichte Staatsanwalt es nach ihm ausreichend erscheinender Information ablehnt, einen Antrag zu stellen.[33] Die Umstände, aus denen sich die Unerreichbarkeit des Staatsanwalts ergibt, sind **aktenkundig** zu machen.[34]

5. Umfang der Tätigkeit

13 **a) Untersuchungshandlungen** sind die von § 162 umfassten Maßnahmen des Ermittlungsrichters, also sowohl einfache Ermittlungstätigkeiten wie Vernehmungen, Auskunftsersuchen oder Augenscheinseinnahmen als auch die Anordnung von grundsätzlich dem Richter vorbehaltenen Zwangsmaßnahmen, etwa Durchsuchungen oder Beschlagnahmen. Für die Anordnung der Untersuchungshaft gilt § 125 Abs. 1 zweite Alternative und § 128 Abs. 2 Satz 2. Auf die Untersuchungshandlungen des Richters sind die §§ 168, 168a, 168c und 168d (nicht aber § 168b) anzuwenden.[35] Ein Ausschluss des Richters im weiteren Ver-

---

27 Ähnlich AK/*Achenbach* 10; KK/*Schmitt* 2; KMR/*Noltensmeier-von Osten* 8; *Eb. Schmidt* 2.

28 AK/*Achenbach* 11; KK/*Schmitt* 3; *Krauth/Kurfess/Wulf* JZ **1968** 737.

29 KK/*Schmitt* 3; SK/*Albrecht* 10.

30 Ebenso KK/*Schmitt* 3; MüKo/*Kölbel* 3.

31 Dazu ausf. SK/*Albrecht* 11; *Krauth/Kurfess/Wulf* JZ **1968** 736, 737.

32 AK/*Achenbach* 12; HK/*Zöller/Niedernhuber* 4; KK/*Schmitt* 3; Schmitt/Köhler/*Schmitt* 3; vgl. auch *Nelles* 124 Fn. 8.

33 AK/*Achenbach* 9; KK/*Schmitt* 3; SK/*Albrecht* 11; SSW/*Andrä* 2; s.o. Rn. 9.

34 KK/*Schmitt* 3; SK/*Albrecht* 11.

35 KK/*Schmitt* 4; Schmitt/Köhler/*Schmitt* 4; OK/*El Duwaik* 2.

fahren nach § 22 Nr. 4[36] ist wohl zu verneinen, weil dieser auch im Anwendungsbereich von § 165 keine staatsanwaltliche, sondern richterliche Tätigkeit ausübt;[37] dies ändert selbstverständlich nichts daran, dass nach Lage des Einzelfalles eine Ablehnung wegen Befangenheit begründet sein kann. Die Befugnis zur **Inanspruchnahme der Polizei** richtet sich nach allgemeinem Amtshilferecht; § 161 Abs. 1 Satz 2 und § 152 Abs. 1 GVG finden keine Anwendung.[38]

14 **b) Erforderlichkeit.** Abgesehen davon, dass der Richter ohne Antrag nur zu den Untersuchungshandlungen befugt ist, hinsichtlich derer Gefahr im Verzug besteht (Rn. 10), obliegen ihm nur die konkret erforderlichen Maßnahmen, und zwar nur solche, bei denen gerade eine richterliche oder, da er die unerreichbare Staatsanwaltschaft vertritt, eine staatsanwaltschaftliche Tätigkeit angezeigt ist. Der Richter braucht deshalb nicht tätig zu werden, wo **polizeiliche Ermittlungshandlungen** nach § 163 Abs. 1 jedenfalls vorerst ausreichen und rechtzeitig möglich sind.[39] In solchen Fällen genügt es, wenn er die zu Ermittlungshandlungen Anlass gebenden Umstände (Rn. 8) der Polizei mitteilt oder die ihm nach § 163 Abs. 2 Satz 2 übersandten Verhandlungen dieser mit dem Hinweis auf ihre Eigenkompetenz zurückgibt. Das gilt jedoch nicht, soweit **Zwangsmaßnahmen** anzuordnen sind, die grds. einem Richtervorbehalt unterliegen, denn eine Eilkompetenz der Polizei bei Gefahr im Verzug sieht das Gesetz in diesen Fällen ja gerade nur dann vor, wenn eine richterliche Entscheidung nicht rechtzeitig erreicht werden kann (d.h. wo eine solche faktisch möglich ist, ist sie automatisch auch erforderlich).[40]

15 In diesem Rahmen beurteilt der Richter nach eigenem **pflichtgemäßem Ermessen**, welche gesetzlich zulässigen Untersuchungshandlungen auch unter **Zweckmäßigkeitsgesichtspunkten** notwendig sind.[41] § 162 Abs. 2, der den Richter auf die Prüfung der gesetzlichen Zulässigkeit der Maßnahme beschränkt, gilt also nicht. Dies folgt zwingend aus dem Umstand, dass die Staatsanwaltschaft in der von § 165 vorausgesetzten Situation eben nicht in der Lage ist, die normalerweise ihr obliegenden Zweckmäßigkeitserwägungen, ohne die eine Vornahme von Untersuchungshandlungen schlechthin undenkbar erscheint, selbst vorzunehmen.

16 **c) Durchführung und Vollstreckung.** Die Durchführung von richterlichen Vernehmungen und Augenscheinseinnahmen erfolgt so, als ob diese auf staatsanwaltschaftlichen Antrag nach § 162 angeordnet wären. Ordnet der Richter Zwangsmaßnahmen an, so muss er regelmäßig auch deren Vollstreckung veranlassen. § 36 Abs. 2 Satz 1, wonach dies der Staatsanwaltschaft obliegt, kann schon deshalb im Allgemeinen keine Anwendung finden, weil die Unerreichbarkeit eines Staatsanwalts Voraussetzung der richterlichen Anordnung war und die Gefahr im Verzug in aller Regel auch einem Abwarten mit der Vollstreckung entgegenstehen wird.[42] Bei der **Durchführung der Vollstreckung**, bei der sich der Richter zumeist der Amtshilfe der Polizei bedienen wird (wenngleich z.B. die eigenhändige Vor-

36 Dafür Schmitt/Köhler/*Schmitt* 4; Radtke/Hohmann/*Rettenmaier* 5; SK/*Albrecht* 17; *Koller* 365.
37 BGHSt **9** 233; RGSt **30** 400; **68** 375, 377; AK/*Achenbach* 4; KK/*Schmitt* 4; OK/*El Duwaik* 2; SSW/*Andrä* 4; *Eb. Schmidt* 1.
38 Ausf. AK/*Achenbach* 7; vgl. auch KMR/*Noltensmeier-von Osten* 4, 5; **a.A.** LR/*Meyer-Goßner*[23] 11; MüKo/*Kölbel* 7; SK/*Albrecht* 15; wohl auch KK/*Schmitt* 4.
39 KK/*Schmitt* 4; KMR/*Noltensmeier-von Osten* 5; SK/*Albrecht* 12.
40 Ebenso AnwK/*Walther* 4.
41 MüKo/*Kölbel* 6; SK/*Albrecht* 13; wohl auch KK/*Schmitt* 4; möglicherweise enger AK/*Achenbach* 9; *Nelles* 126 f.
42 Vgl. SK/*Albrecht* 15; **a.A.** möglicherweise *Schlüchter* Rn. 75.4.

nahme einer Durchsuchung bei Gefahr im Verzug theoretisch nicht ausgeschlossen erscheint), steht dem Richter nicht nur wie sonst ein bloßes Anwesenheitsrecht,[43] sondern anstelle des unerreichbaren Staatsanwalts auch die Leitung zu.

17 **d) Weiteres Verfahren.** Nach Durchführung der wegen Gefahr im Verzug zunächst erforderlichen Untersuchungshandlungen endet die Notkompetenz des Richters, wenn nicht die dabei gewonnenen Erkenntnisse weitere dringliche Maßnahmen notwendig machen und ein Staatsanwalt, worüber sich der Richter erforderlichenfalls erneut vergewissern muss, weiterhin unerreichbar ist. Der Richter verfährt alsdann nach § 167.

18 **6. Verstöße/Anfechtung.** Ist der Richter ohne Antrag der Staatsanwaltschaft tätig geworden, obwohl die Voraussetzungen des § 165 nicht vorlagen, so sind seine Anordnungen wirksam; die Ergebnisse der Untersuchungshandlungen unterliegen keinem Verwertungsverbot.[44] Soweit die Maßnahme noch nicht erledigt ist, steht dem Betroffenen nach allgemeinen Grundsätzen die Beschwerde zu.[45]

19 Wird allein geltend gemacht, dass die antragsersetzenden **Voraussetzungen** des § 165 **nicht vorgelegen** hätten, so kann dies der Beschwerde nicht zum Erfolg verhelfen;[46] nicht etwa ist der Beschwerde ohne weitere Sachprüfung stattzugeben.[47] Es liegt hier ein Fall der prozessualen Überholung vor. Dies gilt erst recht, wenn sich die Staatsanwaltschaft bei ihrer Anhörung im Beschwerdeverfahren mit der Maßnahme einverstanden erklärt.[48] Ein berechtigtes Interesse an einer nachträglichen Feststellung der Rechtswidrigkeit[49] dürfte in dieser Konstellation schwer vorstellbar sein.[50]

20 Einer **Beschwerde der Staatsanwaltschaft**, mit der das Fehlen der Voraussetzungen der **Maßnahme als solcher** beanstandet wird, wird regelmäßig das Rechtsschutzinteresse fehlen:[51] Ist eine Zwangsmaßnahme (ausnahmsweise) noch nicht (vollständig) vollstreckt, so kann die Staatsanwaltschaft von der (weiteren) Vollstreckung absehen. Ist die Maßnahme, etwa eine Beschlagnahme, bereits vollzogen und dauert sie an, so kann die Staatsanwaltschaft mit bindender Wirkung[52] ihre Aufhebung beantragen. Anders liegen die Dinge dann, wenn bei einer erledigten Zwangsmaßnahme nach den Grundsätzen der heutigen Rechtsprechung auch des Bundesverfassungsgerichts eine Beschwerde des Betroffenen mit dem Ziel der Feststellung der Rechtswidrigkeit zulässig wäre.[53] In diesem Fall kann richtigerweise auch die zuständige Staatsanwaltschaft nach § 296 Abs. 2 Beschwerde einlegen.[54] Soweit hingegen lediglich das Fehlen der **spezifischen Voraussetzungen** von § 165 bean-

43 Vgl. LR/*Tsambikakis* § 105, 51.

44 LG Freiburg StV **2001** 268, 269; HK/*Zöller*/*Niedernhuber* 7; KK/*Schmitt* 6; KMR/*Noltensmeier-von Osten* 10; SK/*Albrecht* 18; krit. *Koller* 364 f.

45 AK/*Achenbach* 16; KK/*Schmitt* 6; KMR/*Noltensmeier-von Osten* 13; SK/*Albrecht* 19.

46 AK/*Achenbach* 17; NK/*Heghmanns* 8; SK/*Albrecht* 19; abweichend LG Freiburg StV **2001** 268 (Feststellung der Rechtswidrigkeit).

47 So aber LG Frankfurt NJW **1968** 118.

48 Vgl. OLG Köln StV **2004** 417, 418.

49 Vgl. LG Freiburg StV **2001** 268; für diese Möglichkeit grds. auch SK/*Albrecht* 19.

50 Ähnlich KMR/*Noltensmeier-von Osten* 13.

51 AK/*Achenbach* 18, KK/*Schmitt* 6; KMR/*Noltensmeier-von Osten* 10, 13; MüKo/*Kölbel* 9; SK/*Albrecht* 19; **a.A.** (Beschwerde zulässig) HK-GS/*Ambos* 3; OK/*El Duwaik* 10; LR/*Meyer-Goßner*[23] 12 unter Hinweis auf LG Frankfurt NJW **1968** 118, aus dieser Entscheidung ist aber nicht ersichtlich, dass es sich um ein Rechtsmittel der Staatsanwaltschaft handelte.

52 Vgl. LR/*Menges* § 98, 61.

53 BVerfGE **96** 27; dazu m.w.N. LR/*Matt*[26] Vor § 304, 68 ff.; Schmitt/Köhler/*Schmitt* Vor § 296, 18a.

54 Wohl ähnlich und grundsätzlich SK/*Albrecht* § 160, 104 ff.

standet wird, dürfte die Einlegung des Rechtsbehelfs zugunsten des Betroffenen aus dem oben Rn. 19 a.E. genannten Grund kaum jemals in Betracht kommen. Hier stellt sich die Frage, ob die Staatsanwaltschaft zwecks Vermeidung künftiger Kompetenzüberschreitungen des Richters mit der Beschwerde ein eigenes Feststellungsinteresse verfolgen kann,[55] oder ob sie auf die (angesichts der richterlichen Unabhängigkeit freilich wenig effektive) Möglichkeit einer Dienstaufsichtsbeschwerde zu verweisen ist.[56]

§ 166
Beweisanträge des Beschuldigten bei richterlichen Vernehmungen

(1) Wird der Beschuldigte von dem Richter vernommen und beantragt er bei dieser Vernehmung zu seiner Entlastung einzelne Beweiserhebungen, so hat der Richter diese, soweit er sie für erheblich erachtet, vorzunehmen, wenn der Verlust der Beweise zu besorgen ist oder die Beweiserhebung die Freilassung des Beschuldigten begründen kann.

(2) Der Richter kann, wenn die Beweiserhebung in einem anderen Amtsbezirk vorzunehmen ist, den Richter des letzteren um ihre Vornahme ersuchen.

Schrifttum

Borowsky Zum Beweisantragsrecht im Ermittlungsverfahren, StV **1986** 455; *Hamm/Pauly* Beweisantragsrecht³ (2019); *Krekeler* Der Beweiserhebungsanspruch des Beschuldigten im Ermittlungsverfahren de lege lata und de lege ferenda, Diss. Münster 1990; *J. Kretschmer* Begriff und Bedeutung des Beweisantrags außerhalb der Hauptverhandlung, StraFo **2013** 184; *Nelles* Der Einfluß der Verteidigung auf Beweiserhebungen im Ermittlungsverfahren, StV **1986** 74; *Schlothauer* Der Beweiserhebungsanspruch des Beschuldigten gegenüber dem Ermittlungsrichter (§ 166 Abs. 1 StPO), StV **1995** 158; *Schreiber* Zum Beweisantragrecht im Ermittlungsverfahren, FS Baumann (1992) 383.

Entstehungsgeschichte

Die Vorschrift ist seit Schaffung der StPO sachlich unverändert. Art. 1 Nr. 48 des 1. StVRG ersetzte lediglich jeweils das Wort „Amtsrichter" durch „Richter". Bezeichnung bis 1924: § 164.

Übersicht

55 Dafür NK/*Heghmanns* 8; SK/*Albrecht* 20; allgemein mit beachtlichen Erwägungen und m.w.N. zur herrschenden Gegenansicht SK/*Albrecht* § 160, 106 ff.

56 So AK/*Achenbach* 17.

1 **1. Bedeutung der Vorschrift.** Die Vorschrift war bis zur Schaffung des heutigen § 163a Abs. 2 durch das StPÄG 1964 die einzige Bestimmung des Ermittlungsverfahrens, in der ein Beweisantragsrecht des Beschuldigten anerkannt wurde.[1] Sie verpflichtet den Richter, unabhängig von den Anträgen der Staatsanwaltschaft vom Beschuldigten beantragte, seiner Entlastung dienende Beweiserhebungen vorzunehmen.[2] Darin liegt eine Abweichung vom Grundsatz, dass das Ermittlungsverfahren der eigenverantwortlichen Leitung der Staatsanwaltschaft unterliegt.[3] Zwar lässt sich die Vorschrift zum Teil als ein gesetzlich geregelter Sonderfall des § 165 verstehen[4] – auch in Bezug auf die zweite Alternative, da die mögliche Freilassung des Beschuldigten stets die Eilbedürftigkeit der Beweisaufnahme begründet. § 166 geht aber insoweit über § 165 hinaus, als der Richter anders als dort (vgl. § 165, 9) die Beweise auch gegen den Willen der Staatsanwaltschaft erheben muss und es auf die Unerreichbarkeit eines Staatsanwalts nicht ankommt.[5] Die praktische Bedeutung der Vorschrift ist außerordentlich gering.[6]

2 **2. Anwendungsbereich/Zuständigkeit.** Die Vorschrift gilt nur für das Ermittlungsverfahren und hier nur für den Richter beim Amtsgericht sowie für den nach § 169 zuständigen Ermittlungsrichter des Oberlandesgerichts und des Bundesgerichtshofs.[7] **Zuständig** ist der Richter des Amtsgerichts, bei dem die jeweilige Beschuldigtenvernehmung, während der der Beweisantrag gestellt wird, durchgeführt wird; belanglos ist, ob er mit sonstigen Untersuchungshandlungen in der Sache befasst war. Dabei kann es sich um den nach § 162 oder nach § 165 zuständigen Richter, aber auch um den Haftrichter (§ 115 Abs. 1, § 125 Abs. 1, § 128 Abs. 1) oder um den nach § 115a zuständigen Richter handeln.

3. Voraussetzungen

3 **a) Richterliche Vernehmung.** Die Vorschrift betrifft nur den Fall, dass der Beschuldigte richterlich vernommen wird, egal aus welchem Grund dies geschieht. Neben den Fällen des § 162 und des § 165 kommen, vor allem wegen der 2. Alternative, die Vernehmungen anlässlich der Entscheidung über die Untersuchungshaft nach den § 115 Abs. 2, § 115a Abs. 2 Satz 1, § 126a Abs. 2 Satz 1 und § 128 Abs. 1 Satz 2 in Betracht. Die Vorschrift ist aber nach ihrem Normzweck auch beim mündlichen **Haftprüfungsverfahren** des Richters beim Amtsgericht nach § 118a Abs. 3 (mindestens analog) anwendbar.[8] Für das Haftprüfungsverfahren des Oberlandesgerichts nach § 122 Abs. 2 oder das Haftbeschwer-

---

1 Vgl. noch *Eb. Schmidt* 1, wonach bei Anträgen gegenüber der Staatsanwaltschaft die Entscheidung deren freiem Ermessen überlassen sei.

2 Nach *Gerland* 307 Fn. 64 verdankt die erst in den Reichstagsberatungen eingefügte Bestimmung dem Misstrauen gegen die Staatsanwaltschaft ihre Entstehung; vgl. *Hahn* 1300 ff., 1539 f., 1629 f. Zur Entstehungsgeschichte ausführlich *Schlothauer* StV **1995** 158, 162.

3 Alsberg/*Tsambikakis* Rn. 598; LR/*Meyer-Goßner*[23] 1.

4 Vgl. AK/*Achenbach* 1 („situationsbedingte Ergänzung").

5 NK/*Heghmanns* 5; SK/*Albrecht* 1; *Krekeler* (Beweiserhebungsanspruch) 19.

6 Dazu *Schlothauer* StV **1995** 158, 159 m.w.N.; *Hamm/Hassemer/Pauly* Rn. 627 mit dem Hinweis, dass sich dies bei der Anerkennung eines Anspruchs auf richterliche Vernehmung (dazu unten Rn. 4) ändern könne; NK/*Heghmanns* 2.

7 HK/*Zöller/Niedernhuber* 4; *Krekeler* (Beweiserhebungsanspruch) 20; teilweise abweichend SK/*Albrecht* 5.

8 *Schlothauer* StV **1995** 158, 161 mit ausf. Begr.; KK/*Schmitt* 2; NK/*Heghmanns* 3; Schmitt/Köhler/*Schmitt* 2; SK/*Albrecht* 4; LR/*Lind* § 118a, 32; *Eisenberg* (Beweisrecht) Rn. 744b Fn. 487; Alsberg/*Tsambikakis* Rn. 597; *Krekeler* (Beweiserhebungsanspruch) 20; *Nelles* StV **1986** 78; **a.A.** AK/*Achenbach* 2; *Alsberg/Nüse/Meyer*[5] 338 (weil es sich dabei um keine Vernehmung handele).

deverfahren nach § 118 Abs. 2 gilt sie dagegen nicht,[9] weil sie sich in erster Linie an den Richter beim Amtsgericht und die nach § 169 gleichgestellten Ermittlungsrichter richtet, und weil sie strukturell mit der ohnehin nur ausnahmsweise und in Abweichung von der generellen Konzeption dieser Verfahren vorgesehenen mündlichen Verhandlung in diesen Fällen nicht vereinbar sein dürfte. Freilich wird erheblichen Beweisanträgen, die die Freilassung des Beschuldigten begründen können, jedenfalls im Haftbeschwerdeverfahren ohnehin regelmäßig nachzugehen sein. Beweisanträge, die der Beschuldigte im Übrigen beim Richter anbringt, etwa wenn er bei einer richterlichen Zeugen- oder Sachverständigenvernehmung oder einer richterlichen Augenscheinseinnahme anwesend ist, sind nach § 165 zu behandeln.[10]

Ein **Anspruch auf eine richterliche Vernehmung** mit dem Ziel, den dann bestehenden Beweiserhebungsanspruch geltend zu machen, lässt sich entgegen der Auffassung von *Schlothauer*[11] aus dem geltenden Recht nicht ableiten, zumal das Gesetz heute in § 163a Abs. 2 unabhängig von einer solchen einen allgemeinen Beweiserhebungsanspruch vorsieht.[12] Dem rechtspolitischen Anliegen, die Durchsetzbarkeit von letzterem für den Beschuldigten im Ermittlungsverfahren zu verbessern, ist ggf. durch einen Ausbau der Kontrollmöglichkeiten bei der Anwendung des § 163a Abs. 2 Rechnung zu tragen, nicht aber durch ein Ausweichen auf § 166, der die richterliche Vernehmung nicht vorschreibt, sondern als eine aus einem anderen Grund (Antrag der Staatsanwaltschaft, haftrechtliche Notwendigkeit oder Anwendung von § 165) eingetretene Ausgangssituation voraussetzt.[13] 4

b) Beweisantrag. Nur ein **Beweisantrag** des Beschuldigten **bei** seiner **Vernehmung**, den auch der Verteidiger stellen kann, verpflichtet den Richter zum Tätigwerden nach § 166. In diesem muss das Begehren zum Ausdruck kommen, dass der Richter zur Beweiserhebung über eine bestimmte, den Beschuldigenden entlastende Tatsache ein konkretes Beweismittel heranziehen soll.[14] Will der Beschuldigte erkennbar nur, dass die zuständige Ermittlungsbehörde dem entsprechenden Anliegen im weiteren Verlauf des Ermittlungsverfahrens nachkommt, so liegt ein solcher Antrag nicht vor. In Zweifelsfällen sollte der Beschuldigte befragt werden, was er meint. Es genügt, wenn der Beschuldigte einen bereits bei seiner Vernehmung durch die Polizei oder die Staatsanwaltschaft gestellten oder früher schriftlich angebrachten Beweisantrag wiederholt;[15] jedoch braucht der Richter ohne eine solche Bezugnahme frühere Anträge nicht von sich aus aufzugreifen. 5

c) Erheblicher Entlastungsbeweis. Nur ein **erheblicher Entlastungsbeweis** ist nach § 166 zu erheben, wenn die weiteren Voraussetzungen (Rn. 7 ff.) hierfür vorliegen. Dabei kommt es trotz des missverständlichen Wortlauts nicht auf die Meinung des Be- 6

9 Ebenso HK/*Zöller*/*Niedernhuber* 2; Schmitt/Köhler/*Schmitt* 2; MüKo/*Kölbel* 3; Radtke/Hohmann/*Rettenmaier* 1; Krekeler (Beweiserhebungsanspruch) 20; für ersteres **a.A.** OK/*El Duwaik* 1; insgesamt **a.A.** NK/*Heghmanns* 3; Radtke/Hohmann/*J. Kretschmer*[1] 2; SK/*Albrecht* 5.

10 Vgl. § 165, 8.

11 *Schlothauer* StV **1995** 158, 162 ff.; ablehnend Schmitt/Köhler/*Schmitt* 1; KMR/*Noltensmeier-von Osten* 1; OK/*El Duwaik* 1; SK/*Albrecht* 2; *Eisenberg* (Beweisrecht) Rn. 559.

12 Dazu im Einzelnen § 163a, 110 ff. m.w.N.

13 Zutr. SK/*Albrecht* 2.

14 SK/*Albrecht* 7; *Eb. Schmidt* 4; Alsberg/*Tsambikakis* Rn. 599; *J. Kretschmer* StraFo **2013** 184, 186; vgl. auch LR/*Becker*[27] § 244, 94; für einen unmittelbare Rückgriff auf § 244 Abs. 3 Satz 1 NK/*Heghmanns* 4.

15 SK/*Albrecht* 7; Alsberg/*Tsambikakis* Rn. 598.

schuldigten von der **Entlastungswirkung** an, sondern auf die Beurteilung des Richters. Er darf nach dieser Vorschrift keine belastenden Umstände aufklären, von denen der Beschuldigte nur irrtümlich annimmt, sie dienten seiner Entlastung.[16] Ob die beantragte Beweiserhebung **erheblich** sein kann, richtet sich danach, ob sie die Beweissituation zugunsten des Beschuldigten beeinflussen kann.[17] Hierüber entscheidet der Richter, wobei die Ablehnungsgründe des § 244 Abs. 3 einen gewissen Maßstab bilden.[18] Sachlich stimmt der Begriff „erheblich" mit der Formulierung „soweit sie von Bedeutung sind" in § 163a Abs. 2 überein.[19]

7 **d) Drohender Beweismittelverlust.** Auch erhebliche Entlastungsbeweise darf der Richter nur unter zwei alternativen Voraussetzungen erheben, von denen die Vorschrift als erste den drohenden Beweisverlust nennt. Insofern muss also Gefahr im Verzug im Sinne des § 165 vorliegen (§ 165, 10), etwa weil ein Zeuge schwer erkrankt ist oder ein Augenscheinsobjekt unterzugehen droht.[20] Die Gefahr einer nicht unerheblichen Beweisverschlechterung (z.B. drohende Erinnerungslücken bei einem Entlastungszeugen, der den Vorgang nur beiläufig wahrgenommen hat), muss nach Sinn und Zweck der Vorschrift ebenfalls ausreichen.[21] Auf die Unerreichbarkeit eines Staatsanwalts kommt es nicht an, und auch dessen entgegenstehender Wille bindet, anders als bei § 165, den Richter nicht; doch sollte der Richter, wenn ein Staatsanwalt erreichbar ist, dessen Anträgen nicht ohne zwingenden Grund vorgreifen.[22] Die Ansicht, wonach der Beweisverlust „in der kurzen Spanne bis zu einem zu erwartenden beweissichernden Tätigwerden der Staatsanwaltschaft" drohen muss,"[23] erscheint bei alledem zu eng. Ob die Staatsanwaltschaft tatsächlich für eine entsprechende Beweissicherung sorgen wird, ist nämlich kaum zuverlässig prognostizierbar. Deshalb würde das besondere Antragsrecht des Beschuldigten nach § 166 Abs. 1, 1. Fall weitestgehend entwertet, wenn man ihn jenseits von Extremfällen eines quasi auf der Stelle drohenden Beweisverlusts darauf verweisen wollte, es stattdessen mit einem nachgeschalteten Antrag bei der Staatsanwaltschaft zu versuchen – unter Verlust des durch § 166 Abs. 1, 1. Fall statuierten Vorteils, dass die Beweissicherung hier ausnahmsweise gegen den Willen der Staatsanwaltschaft erzwungen werden kann. Da man die Staatsanwaltschaft im Zweifel mindestens so schnell mit dem Sachverhalt konfrontieren kann wie ein anderes Gericht, würde bei einer derart engen Auslegung im Übrigen § 166 Abs. 2 jeglichen Anwendungsbereich verlieren.

8 **e) Eignung zur Freilassung des Beschuldigten.** Besteht keine Gefahr ihres Verlustes, sind die Beweise nur dann zu erheben, wenn sie die Freilassung des inhaftierten oder vorläufig festgenommenen Beschuldigten begründen können (2. Alternative). Die beantragte Beweiserhebung muss also, das Gelingen des Beweises unterstellt, Anlass geben, einen Haftbefehl aufzuheben oder außer Vollzug zu setzen bzw. bei vorläufiger Festnahme

---

16 Alsberg/*Tsambikakis* Rn. 599.

17 AK/*Achenbach* 3; KK/*Schmitt* 4; *Eb. Schmidt* 3.

18 Zustimmend OK/*El Duwaik* 5.

19 *Krekeler* (Beweiserhebungsanspruch) 21; *Nelles* StV **1986** 74, 78; *Schlothauer* StV **1995** 158, 160 Fn. 20; vgl. auch § 163a, 115 f.

20 AK/*Achenbach* 5; KK/*Schmitt* 5; Schmitt/Köhler/*Schmitt* 3; SK/*Albrecht* 11 (mit weiteren Einzelheiten); *Krekeler* (Beweiserhebungsanspruch) 21.

21 HK/*Zöller*/*Niedernhuber* 5; Radtke/Hohmann/*J. Kretschmer*[1] 4; *Schlothauer* StV **1995** 158, 160; *Kretschmer* StraFo **2013** 184; 186; **a.A.** Schmitt/Köhler/*Schmitt* 3; wohl auch noch LR/*Rieß*[25] 6.

22 SK/*Albrecht* 13; Alsberg/*Tsambikakis* Rn. 601; LR/*Meyer-Goßner*[23] 2.

23 NK/*Heghmanns* 7.

vom Erlass eines Haftbefehls oder von seiner Vollstreckung abzusehen.[24] Das ist sowohl bei Tatsachen der Fall, die den dringenden Tatverdacht entfallen lassen, beispielsweise bei einen Alibi, als auch bei solchen, die den Haftgrund betreffen,[25] etwa wenn eine Aufklärung der persönlichen Verhältnisse die Annahme von Fluchtgefahr ausräumen kann. Neben der Vernehmung neuer Zeugen kommt u.a. auch die erneute Vernehmung eines Belastungszeugen oder eines Mitbeschuldigten in Betracht, wenn Anhaltspunkte dafür bestehen, dass dieser seine Aussage ändern könnte, oder dass eine persönliche Vernehmung Zweifel an der Glaubhaftigkeit der Aussage erhärten könnte.[26]

Eine **Befugnis zur Freilassung** selbst ergibt sich auch nach einem erfolgreichen Ent- 9
lastungsbeweis nicht aus § 166. Der Richter, der den Beschuldigten vernommen und die Beweise erhoben hat, kann eine Entscheidung über die Haft nur dann treffen, wenn er nach § 126 Abs. 1 zuständig ist.[27] Andernfalls hat er den für die Haftentscheidung zuständigen Richter oder die Staatsanwaltschaft (vgl. § 120 Abs. 3 Satz 2)[28] – je nach dem, wen von beiden er schneller erreichen kann –, auf dem schnellstmöglichen Weg (d.h. i.d.R. durch ein sofortiges Telefongespräch und Übermittlung der notwendigen Aktenteile auf elektronischem Weg)[29] über das Ergebnis der Beweisaufnahme zu unterrichten, wenn er der Auffassung ist, dass es die sofortige Freilassung begründen kann. Das gilt auch für den nach § 115a mit der Haftfrage befassten Richter, sofern nicht die besonderen Voraussetzungen vorliegen, unter denen § 115a Abs. 2 Satz 3 eine sofortige Freilassung des Beschuldigten vorsieht. Der **Haftrichter** kann über § 166 hinaus, also auch ohne Beweisantrag des Beschuldigten, einzelne Beweise erheben oder veranlassen, auf die es für seine weitere Entscheidung ankommen kann (vgl. auch § 117 Abs. 3).[30]

4. Umfang der Beweiserhebung. Die Vorschrift ermächtigt und verpflichtet den Rich- 10
ter lediglich zu „einzelnen Beweiserhebungen" (vgl. auch § 117 Abs. 3, § 202); damit ist ihm eine ausgedehnte umfassende Beweisaufnahme zur Klärung des Tatvorwurfs versagt.[31] Zulässig sind nur ergänzende Ermittlungshandlungen, die zu einer alsbaldigen Klärung namentlich der Frage der Freilassung führen können. Auf eine einzige Ermittlungshandlung ist der Richter nicht beschränkt; je nach Lage des Einzelfalls können auch mehrere in Betracht kommen, so etwa, wenn der Verlust mehrerer Beweismittel zu befürchten ist. Eine scharfe Abgrenzung ist nicht möglich; entscheidend dürfte der Gesichtspunkt sein, dass die Leitungsbefugnis der Staatsanwaltschaft für das Ermittlungsverfahren nicht beeinträchtigt wird.

---

24 KMR/*Noltensmeier-von Osten* 7; SK/*Albrecht* 13; *Schlothauer* StV **1995** 158, 159.

25 *Borowsky* StV **1986** 455; *Schlothauer* StV **1995** 158, 159.

26 OLG Köln NStZ-RR **2009** 123, 124; OK/*El Duwaik* 7.

27 KK/*Schmitt* 7; Schmitt/Köhler/*Schmitt* 4; KMR/*Noltensmeier-von Osten* 7; NK/*Heghmanns* 8; *Eb. Schmidt* 5; Alsberg/*Tsambikakis* Rn. 605.

28 Ebenso KK/*Schmitt* 7; KMR/*Noltensmeier-von Osten* 7 f.; für grds. Übermittlung an die Staatsanwaltschaft (Haftrichter nur, wenn diese unerreichbar) AK/*Achenbach* 10.

29 Eine Zuleitung von – soweit heute überhaupt noch gebräuchlichen – Akten im herkömmlichen Sinn (dafür möglicherweise KK/*Schmitt* 7; KMR/*Noltensmeier-von Osten* 8) wird dem besonderen Beschleunigungsgebot in dieser Situation nicht gerecht, es sei denn, diese könnte bei geringer räumlicher Distanz auf der Stelle durch einen Kurier erfolgen.

30 Alsberg/*Tsambikakis* Rn. 602; LR/*Meyer-Goßner*[23] 2; *Eb. Schmidt* 5; einschr. (keine Verzögerung der Freilassung durch Erhebung belastender Beweise, die möglicherweise die Aufrechterhaltung der Haft rechtfertigen könnten) LR/*Lind* § 117, 22.

31 Alsberg/*Tsambikakis* Rn. 602; KK/*Schmitt* 6; KMR/*Plöd* 7; SK/*Albrecht* 12; *Eb. Schmidt* 4; *Borowsky* StV **1986** 455.

11 **5. Durchführung.** Die nach § 166 erforderlichen Ermittlungshandlungen hat der **Richter selbst** vorzunehmen; er darf sich nicht auf eine bloße Anordnung an Staatsanwaltschaft oder Polizei beschränken. Das ergibt der von § 117 Abs. 3 und § 202 abweichende Wortlaut. Erfordert dies ein Tätigwerden außerhalb seines Bezirks, so kann nach **Absatz 2** im Rechtshilfeweg nach den §§ 156 ff. GVG vorgegangen werden. Nach heutiger Rechtslage[32] ist der Richter gemäß § 166 GVG aber auch nicht gehindert, die Ermittlungshandlungen selbst vorzunehmen, und zwar unabhängig davon, ob Gefahr im Verzug vorliegt.[33] Die Ermittlungen können im Wege des **Freibeweises** durchgeführt werden, soweit dies nach dem Zweck der beantragten Beweiserhebung ausreicht. Bei drohendem Beweismittelverlust (1. Alternative) wird im Hinblick auf die Verlesbarkeit in der Hauptverhandlung allerdings eine förmliche richterliche, ggf. eidliche (§ 62 Nr. 2) Vernehmung erforderlich sein.[34]

12 **6. Verfahren.** Stellt der Beschuldigte bei seiner Vernehmung einen Beweisantrag (Rn. 5), so ist dieser in das Protokoll aufzunehmen (§ 168a, 11). Bei Vorliegen der Voraussetzungen (Rn. 3 ff.) ist der Richter verpflichtet, dem Beweisantrag stattzugeben; ihm steht hierbei kein Ermessen zu.[35] Lehnt der Richter den Antrag ab, so ist dies zu begründen (§ 34, 2. Alt.) und ebenfalls zu protokollieren.[36] Von der Anhörung der Staatsanwaltschaft vor der Durchführung der Beweiserhebung kann abgesehen werden, wenn dies im Interesse der Beschleunigung geboten ist.[37]

13 **7. Verstöße/Anfechtung.** Erhebt der Richter die beantragten Beweise, obwohl die Voraussetzungen des § 166 nicht vorlagen, so hat das auf ihre Verwertbarkeit keinen Einfluss; der Staatsanwaltschaft steht hiergegen auch keine Beschwerde zu.

14 Ob dem Beschuldigten gegen die **Ablehnung des Beweisantrags** die **Beschwerde** zusteht, ist zweifelhaft.[38] Sie wäre an sich nach § 304 Abs. 1 statthaft; ein ausdrücklicher Beschwerdeausschluss im Sinne des § 304 Abs. 1 Satz 2 ist nicht ersichtlich. Die Unzulässigkeit der Beschwerde folgt jedoch aus systematischen Erwägungen: Zum einen ist zu berücksichtigen, dass dem Beschuldigten gegen die Ablehnung von Beweisanträgen vor der Eröffnung des Hauptverfahrens auch sonst kein Rechtsmittel zur Verfügung steht.[39] Zum anderen ist der Beweiserhebungsanspruch nach § 166 ein temporäres, an die Situation der richterlichen Vernehmung gebundenes Recht. Die Annahme, der Beschuldigte könnte die-

---

32 Anders vor der entsprechenden Änderung von § 166 GVG durch Art. 2 Nr. 14 des RpflVereinfG vom 17.12.1990; s. näher LR/*Simon* Erl. zu § 166 GVG.

33 An diesem Erfordernis aber weiterhin festhaltend HK-GS/*Ambos* 2; wie hier etwa MüKo/*Kölbel* 6.

34 Ähnliche Differenzierung bei MüKo/*Kölbel* 6.

35 AK/*Achenbach* 3, 7; HK/*Zöller*/*Niedernhuber* 3; KK/*Schmitt* 4; NK/*Heghmanns* 10; *Nelles* StV **1986** 74, 78; *Schlothauer* StV **1995** 158, 160 m.w.N. auch zur früher vertretenen Gegenmeinung.

36 HK/*Zöller*/*Niedernhuber* 3; Schmitt/Köhler/*Schmitt* 2; *Krekeler* (Beweiserhebungsanspruch) 22; zur Bedeutung des abgelehnten (oder nicht beschiedenen) Antrags für das weitere Verfahren vgl. Alsberg/*Tsambikakis* Rn. 606.

37 KK/*Schmitt* 1; *Eb. Schmidt* 2.

38 Verneinend etwa LG Berlin StV **2004** 10 mit abl. Anm. *Wohlers*; LG Zweibrücken VRS **113** (2007) 236; AK/*Achenbach* 11; KK/*Schmitt* 8; HK/*Zöller*/*Niedernhuber* 7; Schmitt/Köhler/*Schmitt* 5; KMR/*Noltensmeier-von Osten* 9; Radtke/Hohmann/*Rettenmaier* 6; SSW/*Andrä* 4; *Eisenberg* (Beweisrecht) Rn. 561; *Krekeler* (Beweiserhebungsanspruch) 23; Bosbach/Ackermann/Caba/*Bosbach* Rn. 335; **a.A.** SK/*Albrecht* 18 (mit ausf. Auseinandersetzung); HK-GS/*Ambos* 4; MüKo/*Kölbel* 8; Radtke/Hohmann/*J. Kretschmer*[1] 7; *Burhoff* (Ermittlungsv.) Rn. 1236; *Borowski* StV **1986** 455; *Schlothauer* StV **1995** 158, 164 f.; für die Eröffnung eines Beschwerderechts de lege ferenda *J. Kretschmer* StraFo **2013** 184, 186; Alsberg/*Tsambikakis* Rn. 603.

39 AnwK/*Walther* 7; vgl. § 201 Abs. 2 Satz 2, § 202 Satz 2 sowie für den Beweisantrag nach § 163a Abs. 2 § 163a, 120; vgl. auch *Fezer* GedS Schröder 407, 415; *Nelles* StV **1986** 74, 79.

ses über das Ende der Vernehmung hinaus mit Rechtsmitteln weiterverfolgen, wäre nur dann überzeugend, wenn der Beschuldigte auf die Herstellung der Situation, in der er in Abweichung von § 163a Abs. 2 einen Beweiserhebungsanspruch gegen den Ermittlungsrichter erlangt, ihrerseits einen gerichtlich durchsetzbaren Rechtsanspruch hätte. Das ist indessen richtigerweise nicht der Fall.[40]

§ 167
Weitere Verfügung der Staatsanwaltschaft

In den Fällen der §§ 165 und 166 gebührt der Staatsanwaltschaft die weitere Verfügung.

Bezeichnung bis 1924: § 165.

Die Vorschrift stellt ebenso wie § 163 Abs. 2 Satz 1 klar, dass die **Staatsanwaltschaft** 1
die **Verantwortung** für Gestaltung und Inhalt des Ermittlungsverfahrens trägt[1] und dass die Notkompetenzen des Richters keine sie bindende Wirkung haben[2] und ihre Entschließungsfreiheit, namentlich im Hinblick auf die nach § 170 zu treffende Abschlussverfügung, nicht beeinträchtigen. Der Richter hat nach Abschluss seiner Ermittlungshandlungen der Staatsanwaltschaft seine **Verhandlungen** unverzüglich zu **übersenden**, damit diese die Fortsetzung der Ermittlungen veranlassen kann.[3]

Die **Ergebnisse der richterlichen Untersuchungshandlungen** sind von der Staats- 2
anwaltschaft im weiteren Ermittlungsverfahren in gleicher Weise zu berücksichtigen, als ob sie auf ihren Antrag vorgenommen worden wären. Hat der Richter im Rahmen seiner Notkompetenz **Zwangsmaßnahmen** angeordnet und vollstreckt, so muss die Staatsanwaltschaft prüfen, ob sie aufrechtzuerhalten sind, ggf. ist ihre Aufhebung zu beantragen.[4] Sind die Maßnahmen noch nicht vollstreckt, so steht es der Staatsanwaltschaft frei, von der Vollstreckung abzusehen (vgl. § 165, 21).

§ 168
Protokoll über richterliche Untersuchungshandlungen

¹Über jede richterliche Untersuchungshandlung ist ein Protokoll aufzunehmen. ²Für die Protokollführung ist ein Urkundsbeamter der Geschäftsstelle zuzuziehen; hiervon kann der Richter absehen, wenn er die Zuziehung eines Protokollführers nicht für erforderlich hält. ³In dringenden Fällen kann der Richter eine von ihm zu vereidigende Person als Protokollführer zuziehen. ⁴Das Protokoll ist von dem Richter und, sofern ein solcher zugezogen wurde, dem Protokollführer zu unterschreiben.

---

40 S.o. Rn. 4; insofern ist es konsequent, wenn *Schlothauer* StV **1995** 158, 164 f., der einen solchen Anspruch bejaht, die Ablehnung eines Beweisantrags nach § 166 für beschwerdefähig hält.

1 AK/*Achenbach* 1; HK/*Zöller/Niedernhuber* 1; KK/*Schmitt* 1; SK/*Albrecht* 1; *Eb. Schmidt* 1; vgl. auch BayObLGSt **1953** 96.

2 AK/*Achenbach* 2; HK/*Zöller/Niedernhuber* 1; KMR/*Noltensmeier-von Osten* 2; NK/*Heghmanns* 2.

3 Zur Verfahrensweise bei einer ohne Mitwirkung der Staatsanwaltschaft vorgenommenen Verhaftung (§ 125 Abs. 1, § 128 Abs. 2 Satz 2) LR/*Lind* § 114, 26.

4 Vgl. § 120 Abs. 3; LR/*Menges* § 98, 61.

Schrifttum zu den §§ 168 bis 168d

Altenhain Dokumentationspflicht im Ermittlungsverfahren, ZIS **2015** 269; *Beulke* Konfrontation und Strafprozeßreform, FS Rieß (2002) 3; *Brenner* Schwache Vernehmungsprotokolle im Strafverfahren, Kriminalistik **1981** 142; *v. Dellingshausen* Zum Anwesenheitsrecht eines Mitbeschuldigten bei der richterlichen Vernehmung des anderen Mitbeschuldigten im Ermittlungsverfahren, FS Stree/Wessels (1993) 685; *Dölp* Zur Nichtbenachrichtigung des Beschuldigten nach § 168c V StPO, NStZ **1990** 117; *Eisele* Die Berücksichtigung der Beschuldigtenrechte der EMRK im deutschen Strafprozeß aus dem Blickwinkel des Revisionsrechts, JR **2004** 12; *Eisenberg* Vernehmung und Aussage (insbesondere) im Strafverfahren aus empirischer Sicht, JZ **1984** 912, 961; *ders.* Zur „besonderen Qualität" richterlicher Vernehmungen im Ermittlungsverfahren, NStZ **1988** 488; *Endriß* Vom Fragerecht des Beschuldigten im Vorverfahren, FS Rieß (2002) 65; *Franke* Unterbliebene Pflichtverteidigerbeiordnung im Ermittlungsverfahren – § 141 III 1 StPO im Spannungsfeld zwischen Verwertungsverbot und sog. Beweiswürdigungslösung, GA **2002** 573; *Franzki* Die neuen Vorschriften für das Sitzungsprotokoll, DRiZ **1975** 97; *Gerdemann* Die Verwertbarkeit belastender Zeugenaussagen bei Beeinträchtigungen des Fragerechts des Beschuldigten (2010); *Gleß* Zur „Beweiswürdigungs-Lösung" des BGH, NJW **2001** 3606; *Gründler* Zur Frage der Anwesenheit des Beschuldigten bei richterlicher Vernehmung eines Mitbeschuldigten, MDR **1986** 903; *Gundlach* Die Vernehmung des Beschuldigten im Ermittlungsverfahren (1984); *Hegmann* Fürsorgepflichten gegenüber dem Beschuldigten im Ermittlungsverfahren (1981); *Herren/Bortz* Das Vernehmungsprotokoll, Kriminalistik **1976** 313; *Hilger* Über Vernichtungsregelungen in der StPO, NStZ **1997** 371; *Holtgrave* Das gerichtliche Protokoll, DB **1975** 821; *Ignor* Plädoyer für die Widerspruchslösung, FS Rieß (2002) 185; *Klemke* Unterlassene Pflichtverteidigerbestellung im Ermittlungsverfahren und ihre Konsequenzen, StV **2003** 413; *Kurth* Beschränkung des Prozeßstoffs und Einführung des Tonbandprotokolls durch das Strafverfahrensänderungsgesetz 1979, NJW **1978** 2481; *Larsen* Zum Anwesenheitsrecht des Beschuldigten und seines Verteidigers bei der richterlichen Vernehmung des Mitbeschuldigten in analoger Anwendung des § 168c StPO, FS E. Müller (2003) 3; *Nöldeke* Zum Wiedererkennen des Tatverdächtigen bei Gegenüberstellung und Bildvorlage, NStZ **1982** 193; *Odenthal* Die Gegenüberstellung im Strafverfahren, Diss. Köln 1984; *ders.* Die Gegenüberstellung zum Zwecke des Wiedererkennens, NStZ **1985** 433; *Park* Revisionsrechtliche Aspekte der Verlesung von Vernehmungsniederschriften und schriftlichen Erklärungen gem. § 251 StPO, StV **2000** 218; *Rieß* Die Folgen des Fehlens der Unterschrift des Übertragungsgehilfen nach § 168a IV 2, 3 StPO, NStZ **1987** 444; *Roxin* Zur Reichweite von Verwertungsverboten bei Beeinträchtigung des Aussageverweigerungsrechts und der Verteidigung, FS Kühne (2013) 317; *Schlothauer* Die Flucht aus der Justizförmigkeit durch die europäische Hintertür, StV **2001** 127; *B. Schmitt* Zum Verzicht auf das Verwertungsverbot des § 252 StPO, NStZ **2013** 213; *Schulz* Die analoge Anwendung des § 168c II StPO auf die Vernehmung des Mitbeschuldigten, StraFo **1997** 294; *Schuster* Verwertbarkeit im Ausland gewonnener Beweise im deutschen Strafprozess (2006); *Sieg* Anwesenheit des Beschuldigten bei richterlichen Vernehmungen des Mitbeschuldigten? MDR **1986** 285; *Sowada* Zur Notwendigkeit der Verteidigerbeiordnung im Ermittlungsverfahren, NStZ **2005** 1; *Thörnich* Art. 6 Abs. 3 lit. d EMRK und der unerreichbare (Auslands-)Zeuge: Appell zur Stärkung des Konfrontationsrechts bei präjudizierender Zeugenvernehmung im Ermittlungsverfahren, ZIS **2017** 39; *Walder* Die Vernehmung des Beschuldigten (1965); *Walther* Zur Frage eines Rechts des Beschuldigten auf „Konfrontation von Belastungszeugen", GA **2003** 204; *Welp* Anwesenheitsrechte und Benachrichtigungspflichten, JZ **1980** 134; *Widmaier* Zum Verwertungsverbot wegen Verstoßes gegen § 168c Abs. 5 StPO, FS Friebertshäuser (1997) 185; *ders.* Zu den Folgen der Verletzung von Art. 6 III lit. d. EMRK durch unterbliebene Verteidigerbestellung; Beweiswürdigungslösung oder Verwertungsverbot? FS G. Schäfer (2002) 76; *Wieczorek* Oft genug von nur geringem Beweiswert – Anforderungen an eine Wahlgegenüberstellung, Kriminalistik **1984** 545; *Wohlers* Verwertungsverbot bei Verstoß gegen § 168c Abs. 5 StPO, GA **2003** 895; *Zaczyk* Das Anwesenheitsrecht des Verteidigers bei richterlichen Vernehmungen im Ermittlungsverfahren (§ 168c StPO), NStZ **1987** 535.

Entstehungsgeschichte

Die Vorschrift bestimmte ursprünglich, dass „die Beurkundung der von dem Amtsrichter vorzunehmenden Untersuchungshandlungen und die Zuziehung eines Gerichtsschreibers … nach den für die Voruntersuchung geltenden Vorschriften" erfolgt. Dort bestimmte

§ 187 (Bezeichnung bis 1924: § 185), dass der Untersuchungsrichter bei der Vernehmung des Angeschuldigten, der Zeugen und Sachverständigen sowie bei der Einnahme eines Augenscheins einen Gerichtsschreiber (seit 1927 – VO vom 30.11.1927, RGBl. I S. 334 – Urkundsbeamten der Geschäftsstelle) zuzuziehen habe (Satz 1) und in dringenden Fällen eine von ihm zu beeidigende Person als Urkundsbeamten hinzuziehen könne (Satz 2). Bei der Abschaffung der Voruntersuchung wurde der Inhalt jener Bestimmung sachlich unverändert durch Art. 1 Nr. 49 des 1. StVRG in § 168 übernommen. Durch Art. 1 Nr. 13 StVÄG 1979 erhielten die Sätze 1 bis 3 ihre heutige Fassung; Satz 1 ist wortgleich mit dem früheren § 168a Abs. 1 Satz 1 in der Fassung durch das 1. StVRG, die Regelung in Satz 2, zweiter Halbsatz wurde neu eingefügt. Satz 4 wurde durch das Gesetz zur Fortentwicklung der Strafprozessordnung und zur Änderung weiterer Vorschriften vom 25.6.2021, BGBl. I S. 2099, mit Wirkung zum 1.7.2021 eingefügt. Bezeichnung bis 1924: § 166.

Übersicht

1 **1. Allgemeines zu den §§ 168 bis 168e.** Die StPO enthielt in ihrer bis 1975 geltenden Fassung für Untersuchungshandlungen im Ermittlungsverfahren keine eigenen Vorschriften über die Protokollierung und über Anwesenheitsrechte und Benachrichtigungspflichten. In Bezug auf die Protokollierung verwies der frühere § 168 auf die für die Voruntersuchung geltenden Vorschriften;[1] in Bezug auf die Anwesenheitsbefugnisse und Benachrichtigungspflichten waren nach dem früheren § 169 die für die Voruntersuchung geltenden Bestimmungen in eingeschränktem Umfang anzuwenden.[2] Protokollierungsvorschriften für nichtrichterliche Untersuchungshandlungen enthielt das Gesetz ebensowenig, wie es hierfür Anwesenheitsbefugnisse und korrespondierende Benachrichtigungspflichten anerkannte.

2 Mit der **Beseitigung der gerichtlichen Voruntersuchung** durch das 1. StVRG sind die die **Protokollierung betreffenden** §§ 187, 188 zunächst sachlich unverändert als **§§ 168, 168a** übernommen und durch den die Protokollierung staatsanwaltschaftlicher Ermittlungshandlungen regelnden § 168b ergänzt worden. Durch das StVÄG 1979 wurden diese Bestimmungen redaktionell neu geordnet[3] und sachlich in weitgehender Übereinstimmung mit den Protokollierungsvorschriften für den Zivilprozess und (wegen der Ver-

---

1 §§ 187, 188, vgl. Entstehungsgeschichte.

2 Vgl. LR/*Kohlhaas*[22] Erl. zu § 169 sowie zu den Anwesenheitsbefugnissen § 192 Abs. 2, §§ 193 bis 195 (letzte Kommentierung in der 22. Aufl.); vgl. auch § 168c Fn. 1.

3 Näher LR/*Rieß*[23] EB 3, auch zum Verhältnis der Vorschrift zu den §§ 159 ff. ZPO.

weisung auf die ZPO in der VwGO, der FGO, dem SGB und dem ArbGG) den übrigen Verfahrensordnungen[4] dahingehend ergänzt, dass Regelungen über den Verzicht auf die Hinzuziehung eines Protokollführers und über die vorläufige Aufzeichnung des Protokollinhalts getroffen wurden. Sie gelten im Strafverfahren allgemein für die Protokollierung aller gerichtlichen Handlungen, soweit nicht die speziellen Vorschriften über die Protokollierung der Hauptverhandlung (§§ 271 bis 274) anzuwenden sind (näher Rn. 7). § 168a wurde 2021 mit Ausnahme des (unverändert gebliebenen) Absatz 1 durchgehend neu gefasst.

3 Die das **Anwesenheitsrecht** und die **Benachrichtigung** regelnden Bestimmungen der Voruntersuchung (§ 192 Abs. 2, §§ 193 bis 195) wurden als **§§ 168c, 168d** unter Erweiterung der Anwesenheitsbefugnisse des Beschuldigten und seines Verteidigers übernommen.[5] Durch die gleiche Novellierung wurde ein Anwesenheitsrecht des Verteidigers bei staatsanwaltschaftlichen Beschuldigtenvernehmungen geschaffen (§ 163a Abs. 3 Satz 2). **§ 168e**, der bei einer schwerwiegenden Gefährdung des Wohles des zu vernehmenden Zeugen das Recht auf körperliche Anwesenheit durch die Möglichkeit einer gleichzeitigen Bild-Tonübertragung ersetzt, wurde 1998 eingefügt.[6]

2. Vorschriften über die Protokollierung (§§ 168 bis 168b)

4 **a) Überblick.** Das Gesetz regelt in den §§ 168, 168a im Wesentlichen nur die Formalien für die Protokollierung richterlicher Untersuchungshandlungen, nämlich die Pflicht zur förmlichen Protokollierung, die dabei mitwirkenden Personen (Richter und Protokollführer) und die Unterzeichnung (§ 168), die in das Protokoll aufzunehmenden Förmlichkeiten (§ 168a Abs. 1), die Herstellungsmöglichkeiten als Wort- oder Inhaltsprotokoll sowohl während der Verhandlung als auch später auf der Grundlage einer vorläufigen Aufzeichnung (§ 168a Abs. 2), die Genehmigung des Protokollinhalts (§ 168a Abs. 3 und 4), die Bestätigung der Richtigkeit einer Erstellung des Protokolls durch die wörtliche Übertragung einer Aufzeichnung (§ 168a Abs. 5) sowie erforderliche Vermerke, die Art der Aufbewahrung von Aufzeichnungen und die Voraussetzungen, unter denen diese gelöscht werden können (§ 168a Abs. 6). Die Beachtung der Förmlichkeiten ist regelmäßig Voraussetzung dafür, dass das Protokoll als richterliches Protokoll nach den dafür geltenden Vorschriften[7] in der Hauptverhandlung zu Beweiszwecken verlesen werden darf.[8]

5 Wie sich nunmehr auch aus § 68a Abs. 2 mit der dort vorgesehenen Alternative eines Wortlaut- oder Inhaltsprotokolls ergibt (dazu § 168a, 14, 23), muss das Protokoll die vorgenommenen **Untersuchungshandlungen** mindestens **nach Inhalt und Ergebnis beurkunden**; d.h. es darf sich nicht nur um ein Formalprotokoll handeln, wie das vielfach beim Hauptverhandlungsprotokoll der Fall ist.[9] Für das Protokoll über eine richterliche Augenscheineinnahme enthält § 86 einige weitere Angaben. Das Erfordernis einer inhaltlichen Wiedergabe der Verhandlung ergibt sich im Übrigen aus der Natur der Sache, weil die nach § 168 zu protokollierenden Untersuchungshandlungen ausnahmslos in einem schriftlichen, aktenmäßigen Verfahren vorgenommen werden. Dabei könnte ein reines Formalprotokoll der Aufgabe, entweder als Grundlage einer Entscheidung

---

4 Vgl. näher LR/*Rieß*[23] EB 2, auch zu den verbleibenden Unterschieden; vgl. auch *Kurth* NJW **1978** 2481, 2484.

5 Näher Entstehungsgeschichte zu § 168c; vgl. LR/*Meyer-Goßner*[23] § 168c, 8; *Rieß* FS Reichsjustizamt 396 ff.

6 Näher § 168e, 1.

7 Z.B. § 232 Abs. 3, § 249 Abs. 1 Satz 2, § 251 Abs. 2, § 254.

8 AK/*Achenbach* 2; HK/*Zöller*/*Niedernhuber* 1; Schmitt/Köhler/*Schmitt* 1; SK/*Albrecht* 14 ff.; wegen der Einzelheiten s.u. Rn. 24 ff.; § 168a, 65 ff.

9 Vgl. LR/*Stuckenberg*[27] § 273, 38.

nach Aktenlage zu dienen, wie der Abschlussentscheidung der Staatsanwaltschaft oder der Entscheidung über die Eröffnung des Hauptverfahrens, oder aufgrund einer Verlesung oder anderweitigen Kenntnisnahme in eine Entscheidung aufgrund mündlicher Verhandlung einzufließen (vgl. § 251 Abs. 2 i.V.m. § 249), ersichtlich nicht gerecht werden.

b) Anwendungsbereich. Die §§ 168, 168a gelten nach ihrem Standort unmittelbar für alle richterlichen Untersuchungshandlungen (Rn. 9) im **Ermittlungsverfahren**, auch bei einer Tätigkeit des Richters als Notstaatsanwalt nach § 165 und für richterliche Ermittlungen im **Klageerzwingungsverfahren** nach § 173 Abs. 3.[10] Wegen des Fehlens spezieller Regelungen gelten sie ferner (mindestens analog) für alle richterlichen Untersuchungshandlungen im **Erkenntnisverfahren außerhalb der Hauptverhandlung**,[11] so namentlich für richterliche Verhandlungen bei Erlass und Verkündung des Haftbefehls (§§ 115, 115a, 128), für Ermittlungen im Zwischenverfahren nach § 202[12] und für kommissarische Ermittlungen außerhalb der Hauptverhandlung nach den §§ 223 bis 225[13] sowie für Vernehmungen des Angeklagten nach § 233 Abs. 2. Ihre Anwendbarkeit für die mündliche Anhörung des Verurteilten im **Vollstreckungsverfahren** nach § 454 wird überwiegend verneint.[14] Für das **Bußgeldverfahren** nach dem OWiG sind die Bestimmungen sinngemäß anzuwenden.[15] 6

Die **Vorschriften gelten** dagegen **nicht**, soweit die speziellen Vorschriften für das Hauptverhandlungsprotokoll (§§ 271 bis 274) anwendbar sind,[16] namentlich für die Hauptverhandlung vor dem erstinstanzlichen Gericht, dem Berufungsgericht (§ 332) und dem Revisionsgericht.[17] Ebensowenig gelten sie für die mündliche Verhandlung im **Haftprüfungsverfahren**, bei der Haftbeschwerde (§ 118 Abs. 1, 2)[18] und bei der Verhandlung über die **Ausschließung eines Verteidigers** (§ 138d), weil dort (§ 118a Abs. 3 Satz 3, § 138d Abs. 4 Satz 4) die §§ 271ff. für entsprechend anwendbar erklärt sind. In all diesen Fällen kann daher keine andere Person als ein Urkundsbeamter der Geschäftsstelle mitwirken.[19] 7

Für die Protokollierung staatsanwaltschaftlicher und polizeilicher Untersuchungshandlungen gilt § 168b (s. die dortigen Erl.). 8

3. Richterliche Untersuchungshandlungen. Der Begriff ist hier enger zu verstehen als in § 162, wo er auch die vom Richter im Ermittlungsverfahren zu treffenden Entscheidungen mit erfasst. Gemeint sind solche richterlichen Maßnahmen, bei denen für das weitere Verfahren bestimmte Ermittlungs*ergebnisse*, Erkenntnisvorgänge oder gesetzlich vorgeschriebene Verhandlungen mit dritten Personen aktenkundig zu machen sind.[20] Hierunter fallen in erster Linie die bis 1979 ausdrücklich genannten Vernehmungen von Beschuldigten, Zeugen und Sachverständigen sowie die Einnahme von Augenschein, ferner 9

10 Vgl. LR/*Merz* § 173, 17.
11 *Schäfer/Fresemann/Hinrichs* Rn. 485; SK/ *Albrecht* 2.
12 OLG Hamburg StV **1996** 418 f.; vgl. auch LR/*Stuckenberg* § 202, 17.
13 Dazu LR/*Jäger*[26] § 223, 36 und § 225, 8.
14 Vgl. LR/*Graalmann-Scheerer*[27] § 454, 40.
15 § 46 Abs. 1 OWiG; KK/*Schmitt* 1; *Göhler/Bauer* Vor § 59, 13.
16 BGH NStZ **1981** 31 (Ls.) – kein Verzicht auf Urkundsbeamten nach § 168 Satz 2, zweiter Halbsatz; Schmitt/Köhler/*Schmitt* 1; SK/ *Albrecht* 2 (m.w.N.).
17 LR/*Franke*[26] § 351, 9.
18 SK/*Wohlers/Albrecht* 2.
19 Näher und m.w.N. LR/*Güntge* § 226, 20; AK/*Achenbach* 2.
20 KK/*Schmitt* 2; Schmitt/Köhler/*Schmitt* 1; MüKo/*Kölbel* 4; SK/*Albrecht* 3.

die Vernehmung eines Augenscheinsgehilfen[21] oder eines Beweismittlers,[22] die Leichenschau (§ 87 Abs. 1) oder die Leichenöffnung (§ 87 Abs. 2) in Anwesenheit des Richters (bei einer solchen in Anwesenheit des Staatsanwalts gilt § 168b) sowie die Verkündung des Haftbefehls nach den §§ 115, 115a, auch soweit es dabei nicht zu Vernehmungen kommt.

10 **Keine** nach den §§ 168, 168a protokollierungspflichtigen **richterlichen Untersuchungshandlungen** sind die **Anordnungen und Entscheidungen**, die der Richter im Ermittlungsverfahren nach Aktenlage ohne Verhandlung trifft,[23] wie etwa der Erlass eines Haftbefehls, die Anordnung einer körperlichen Untersuchung, einer Beschlagnahme, einer Rasterfahndung nach § 98b oder einer Durchsuchung, einer Kontrollstelle nach § 111, der Kontrollfahndung nach § 163d und der Ausschreibung zur polizeilichen Beobachtung nach § 168e oder der Telefonüberwachung nach § 100a. Gleiches gilt für die nachträgliche Bestätigung solcher Maßnahmen, die unter Inanspruchnahme einer Eilkompetenz angeordnet wurden, oder für die Entscheidung über ihre Verlängerung. Diese Anordnungen ergehen schriftlich und werden dadurch aktenkundig gemacht. Werden derartige Anordnungen im Beisein des Richters vollstreckt, so ist die Protokollierung nach den §§ 168, 168a zwar möglich, aber nicht zwingend vorgeschrieben; erfolgt sie, so kann das Protokoll nach den §§ 249 ff. verwertet werden.[24] Nicht protokollierungspflichtig sind (selbstverständlich) **schriftliche Anfragen und Antworten**, auch wenn es sich dabei um Untersuchungshandlungen handelt. Nicht protokollierungspflichtig ist auch die **Tätigkeit des Sachverständigen**, selbst wenn sie im Beisein des Richters stattfindet.[25] Geht man davon aus, dass Belehrungen von Beschuldigten oder Zeugen, die vor den Untersuchungsmaßnahmen des Sachverständigen erforderlich werden, dem Richter obliegen,[26] finden die §§ 168, 168a hierfür jedoch Anwendung.

4. Zuziehung eines Protokollführers

11 **a) Grundsatz.** Die Zuziehung eines Protokollführers (Urkundsbeamten oder Hilfsperson, vgl. Rn. 14 ff.) ist auch nach der Rechtsänderung von 1979 der vom Gesetz vorausgesetzte Regelfall. Sie ist, wenn der Richter nicht ausdrücklich nach Satz 2 zweiter Halbsatz hiervon absieht, ein wesentliches Formerfordernis für die Entstehung eines richterlichen, nach den §§ 249 ff. als solches verlesbaren Protokolls.[27]

12 **b) Umfang der Mitwirkung.** Soweit nicht ausdrücklich, auch bei Teilen einer einheitlichen Untersuchungshandlung (vgl. Rn. 19), von der Zuziehung des Protokollführers abgesehen wird, muss dieser während der ganzen Verhandlung anwesend sein.[28] Ein Wechsel unter mehreren Protokollführern ist zulässig[29] (vgl. auch § 168a, 5).

21 LR/*Krause* § 86, 4 ff.
22 LR/*Krause* § 81d, 6.
23 AnwK/*Walther* 3; AK/*Achenbach* 2; HK/*Zöller*/*Niedernhuber* 2; KK/*Schmitt* 2; KMR/*Noltensmeier-von Osten* 2; NK/*Heghmanns* 3; Schmitt/Köhler/*Schmitt* 1; SK/*Albrecht* 3; *Schäfer*/*Fresemann*/*Hinrichs* Rn. 4854; vgl. aber (für staatsanwaltschaftliche Ermittlungshandlungen) § 168b, 3 f.
24 Vgl. dazu LR/*Meyer-Goßner*[23] 6; *Eb. Schmidt* § 188, 4.
25 Vgl. LR/*Krause* § 72, 2.
26 So grds. LR/*Gleß* § 136, 3 m.w.N., auch zur Gegenansicht.
27 RGSt **56** 257, 258; OLG Celle GA **1954** 317; vgl. (zur fehlenden Unterschrift) BGHSt **9** 297, 301; RGSt **34** 396; **41** 216, 217; vgl. auch Rn. 24 f.
28 HK/*Zöller*/*Niedernhuber* 3; KK/*Schmitt* 3; KMR/*Noltensmeier-von Osten* 3; Schmitt/Köhler/*Schmitt* 2; MüKo/*Kölbel* 5; SK/*Albrecht* 11.
29 HK/*Zöller*/*Niedernhuber* 2; KK/*Schmitt* 3; Schmitt/Köhler/*Schmitt* 2.

c) Urkundsbeamter der Geschäftsstelle. Wer **Urkundsbeamter der Geschäftsstelle** ist, bestimmt sich unter Berücksichtigung der in § 153 GVG enthaltenen Mindestanforderungen nach Landesrecht.[30] Er braucht nicht dem Gericht anzugehören, dessen Richter die Untersuchungshandlung durchführt oder (bei einer kommissarischen Vernehmung durch einen beauftragten Richter) in dessen Bezirk sie vorgenommen wird; es genügt, dass er Urkundsbeamter eines ordentlichen Gerichts ist.[31] Ein Justizbediensteter (auch ein Referendar), der die jeweiligen Voraussetzungen nicht erfüllt, kann als Protokollführer nur nach Satz 3 herangezogen und muss gesondert vereidigt werden.[32] 13

d) Hilfspersonen als Protokollführer (Satz 3). Die Vorschrift gestattet die Heranziehung anderer (besonders zu vereidigender, Rn. 17 f.) Personen als Protokollführer „in dringenden Fällen", also wenn die Untersuchungshandlung nach pflichtgemäßem Ermessen des Richters keinen Aufschub duldet und ein Urkundsbeamter der Geschäftsstelle nicht zur Verfügung steht.[33] Die Befugnis des Richters, so zu verfahren, wird nicht dadurch eingeschränkt, dass er von der Hinzuziehung eines Protokollführers absehen kann, denn dies steht in seinem pflichtgemäßen Ermessen. 14

Besondere **persönliche oder sachliche Voraussetzungen** für die hinzuzuziehenden Hilfspersonen enthält das Gesetz **nicht**; dass sie voll geschäftsfähig sein müssen, wird allerdings zu fordern sein.[34] Nach Möglichkeit sollte ein Gerichtsbediensteter, der nicht Urkundsbeamter der Geschäftsstelle ist, oder ein geeigneter Bediensteter der Staatsanwaltschaft, der Polizei oder einer anderen Behörde herangezogen werden, von dem erwartet werden kann, dass er der Protokollierungsaufgabe gewachsen ist. Ob diese Behörden eine geeignete Person zur Verfügung stellen müssen, wird nach Amtshilfegrundsätzen zu entscheiden sein.[35] Eine **Pflicht zum Tätigwerden** als Protokollführer begründet § 168 Satz 3 nicht; sie kann sich für Bedienstete der Justiz, der Polizei oder anderer öffentlicher Stellen allenfalls aus ihrem Dienstverhältnis ergeben. **Privatpersonen** können (ihre Eignung vorausgesetzt) stets nur mit ihrem Einverständnis herangezogen werden;[36] eine Vergütung für diese Tätigkeit sieht das Gesetz nicht vor.[37] 15

Für die als Protokollführer hinzuzuziehenden Hilfspersonen gilt § 31 Abs. 1. Sie dürfen daher **nicht gesetzlich ausgeschlossen** sein (was im Hinblick auf § 22 Nr. 4 insbesondere in Bezug auf ermittelnde Polizeibeamte zu beachten ist) und können nach § 24 abgelehnt werden.[38] 16

Die Hilfsperson muss vor Beginn ihrer Tätigkeit als Protokollführer vom Richter **vereidigt** werden, und zwar auch dann, wenn sie bei einer anderen Behörde einschließlich der Staatsanwaltschaft regelmäßig als Protokollführer tätig ist, weil ihr die besondere Verantwortung bei der Wahrnehmung einer gerichtlichen Aufgabe noch einmal geson- 17

---

30 Vgl. näher die Erl. zu § 153 GVG; LR/*Güntge* § 226, 9; vgl. auch BGH bei *Pfeiffer* NStZ **1981** 95; BGH NStZ **1984** 327; **1984** 564 (für Niedersachsen); StV **1985** 492 (für Baden-Württemberg).

31 BGH bei *Pfeiffer/Miebach* NStZ **1983** 213; BGH NJW **1986** 390, 891 (insoweit in BGHSt **33** 217 ff. nicht abgedruckt); NK/*Heghmanns* **9**.

32 Vgl. BGH bei *Pfeiffer* NStZ **1981** 95; BGH StV **1984** 409.

33 KK/*Schmitt* 5; Schmitt/Köhler/*Schmitt* 5; KMR/*Noltensmeier-von Osten* 6; NK/*Heghmanns* 10; SK/*Albrecht* 7 f.

34 LR/*Meyer-Goßner*[23] 6; *Eb. Schmidt* § 187, 2.

35 MüKo/*Kölbel* 6; vgl. auch (Einverständnis des Dienstherrn erforderlich) KK/*Schmitt* 5; Schmitt/Köhler/*Schmitt* 4; KMR/*Noltensmeier-von Osten* 5.

36 Vgl. Schmitt/Köhler/*Schmitt* 4.

37 Schmitt/Köhler/*Schmitt* 4. Das JVEG ist nicht einschlägig; durch die Justizverwaltung kann eine Vergütungsregelung getroffen werden.

38 KK/*Schmitt* 3; NK/*Heghmanns* 10; SK/*Albrecht* 8.

dert verdeutlicht werden soll.[39] Die **Eidesformel** schreibt das Gesetz nicht vor; ihre Fassung ist daher im Einzelnen dem Richter überlassen. Sinngemäß wird sie dahin gehen müssen, dass die zugezogene Person die Pflichten eines Protokollführers treu und gewissenhaft (nach bestem Wissen und Gewissen; getreulich) erfüllen werde.[40] Der Eid kann mit oder ohne religiöse Beteuerung geleistet werden. Bei Personen, die aus Glaubens- oder Gewissensgründen keinen Eid leisten wollen, genügt ein **Gelöbnis** (entsprechend § 45 Abs. 4 DRiG, § 189 Abs. 1 Satz 2, 3 GVG, § 65 StPO).[41] Ob entsprechend § 57 eine Belehrung über die Aufgabe und die Bedeutung des Eides angezeigt ist, richtet sich nach Lage des Einzelfalls, vielfach, besonders bei Behördenmitarbeitern, wird hierfür kein Anlass bestehen.

18 Die Vereidigung muss, auch wenn die gleiche Hilfsperson wiederholt als Protokollführer herangezogen wird, für **jeden dringenden Fall gesondert** vorgenommen werden. Dass die gleiche Person früher in einem anderen dringenden Fall vereidigt wurde, reicht nicht aus, auch eine Berufung auf einen früher geleisteten Eid genügt nicht.[42] Nur wenn **mehrere Untersuchungshandlungen** insgesamt als ein dringender Fall erscheinen, etwa wenn einem Haftrichter nacheinander mehrere Beschuldigte vorgeführt werden oder wenn der Ermittlungsrichter unmittelbar nacheinander mehrere Zeugen zu vernehmen hat, genügt eine einmalige Vereidigung.[43] Sie ist dann allerdings, wenn es sich um verschiedene Verfahren handelt, als **wesentliche Förmlichkeit** in jedem Protokoll als geschehen zu beurkunden.[44]

5. Absehen von der Zuziehung eines Protokollführers

19 **a) Allgemeine Bedeutung.** Von der Hinzuziehung eines Protokollführers, nicht aber von der Herstellung eines den Anforderungen des § 168a entsprechenden Protokolls überhaupt, kann abgesehen werden, wenn der Richter dessen Mitwirkung nicht für erforderlich hält. Möglich ist auch die teilweise Nichtheranziehung bei einer einheitlichen Untersuchungshandlung.[45] Ein aufgrund der Entscheidung des Richters ohne Protokollführer hergestelltes Protokoll stellt eine ordnungsgemäße Niederschrift dar, die nach den jeweiligen Vorschriften als richterliches Protokoll verlesbar ist. Die Übertragung einer Aufzeichnung richtet sich in diesem Fall nach § 168a Abs. 2, Satz 2, 3, Abs. 5 (dazu 168a, 23 ff., 50).

20 **b) Voraussetzungen.** Die **Entscheidung** über die Nichtheranziehung eines Protokollführers trifft allein der **Richter** nach pflichtgemäßem Ermessen. Maßgebend ist, dass *er* die

---

39 BGHSt 27 339 = JR **1978** 525 mit Anm. *Meyer-Goßner*; AnwK/*Walther* 8; HK/*Zöller*/*Niedernhuber* 6; KK/*Schmitt* 6; **a.A.** für den Urkundsbeamten der Staatsanwaltschaft Schmitt/Köhler/*Schmitt* 6; KMR/*Noltensmeier-von Osten* 7; SK/*Albrecht* 9; SSW/*Andrä* 4.

40 Ähnlich KK/*Schmitt* 7; KMR/*Noltensmeier-von Osten* 7; MüKo/*Kölbel* 7; SK/*Wohlers* 8; *Eb. Schmidt* § 183, 3.

41 Ebenso NK/*Heghmanns* 11; SK/*Albrecht* 9; bereits früher LR/*Meyer-Goßner*[23] 8.

42 BGHSt 27 339 = JR **1978** 525 mit Anm. *Meyer-Goßner*; KK/*Schmitt* 6; Schmitt/Köhler/*Schmitt* 7.

43 BGHSt 27 339 (wo die Frage, wie eng der Zusammenhang zwischen den einzelnen Untersuchungshandlungen sein muss, offengelassen ist); Schmitt/Köhler/*Schmitt* 8; HK/*Zöller*/*Niedernhuber* 6; KK/*Schmitt* 7; KMR/*Noltensmeier-von Osten* 8; SK/*Albrecht* 10.

44 AnwK/*Walther* 9; Schmitt/Köhler/*Schmitt* 9; KK/*Schmitt* 7; MüKo/*Kölbel* 7; SK/*Albrecht* 13; SSW/*Andrä* 5; *Meyer-Goßner* JR **1978** 526 fordert (wohl zu weitgehend) die Aufnahme einer Durchschrift des Vereidigungsprotokolls in jedes Vernehmungsprotokoll.

45 KK/*Schmitt* 4; NK/*Heghmanns* 8; Schmitt/Köhler/*Schmitt* 3.

Mitwirkung nicht für erforderlich hält.[46] Die Qualität als Niederschrift über eine richterliche Untersuchungshandlung und die entsprechende Verwertbarkeit kann dem Protokoll grds. nicht mit der Begründung abgesprochen werden, die Hinzuziehung eines Protokollführers sei sachlich geboten gewesen. Etwas anderes gilt wohl nur in Fällen eindeutiger Ermessensüberschreitung.[47] Eine solche dürfte dort anzunehmen sein, wo eine ordnungsgemäße Protokollierung ohne Hinzuziehung eines Protokollführers schlechthin nicht mehr gewährleistet ist (etwa wegen eines Umfangs der anfallenden Protokollierungstätigkeit, die den Richter selbst offensichtlich überfordert). Die Entscheidung des Richters darf nicht durch Maßnahmen der Justizverwaltung beeinträchtigt werden und kann insbesondere nicht Gegenstand der Dienstaufsicht sein.[48] Die Personallage darf für den Richter kein Grund sein, von der an sich sachlich gebotenen Zuziehung eines Protokollführers Abstand zu nehmen. Die Justizverwaltungen bleiben verpflichtet, die erforderliche Zahl von Urkundsbeamten bereitzustellen.[49] Daneben sind sie verpflichtet, im heute üblichen Rahmen eine technische Ausstattung bereit zu halten, die es dem Richter grds. ermöglicht, in einfachen Fällen von § 168 Satz 2 Gebrauch zu machen.[50] Über das normale Maß (Diktiergerät und PC) hinausgehende Hilfsmittel, die den Verzicht auf die Heranziehung eines Protokollführers weiter erleichtern (z.B. ein Spracherkennungsprogramm für den PC) wird man hingegen nicht verlangen können.[51]

Der Verzicht auf die Zuziehung eines Protokollführers kommt theoretisch **unabhängig** 21
davon in Betracht, ob der Richter zugleich von der Möglichkeit Gebrauch macht, den Protokollinhalt nach § 168a Abs. 2 Satz 2 zunächst **aufzuzeichnen** und die Erstellung des Protokolls erst anschließend zu veranlassen. In der Praxis wird dies freilich zumeist der Fall sein, und zwar (heute wohl fast ausschließlich) in der Variante der Verwendung eines Tonaufnahmegeräts.[52]

Unabhängig von verhandlungs- und protokollierungstechnischen Gründen empfiehlt 22
sich die Hinzuziehung eines Protokollführers regelmäßig, wenn aus **Gründen der Vernehmungspsychologie** eine Vernehmung unter vier Augen im Interesse aller Beteiligten vermieden werden sollte, oder wenn zu erwarten ist, dass die zu vernehmende Person später den ordnungsmäßigen Ablauf der Vernehmung bestreiten wird.[53] Gleiches gilt dort, wo die Vernehmung wegen der Komplexität des Sachverhalts oder wegen Schwierigkeiten, die in der vernommenen Person begründet liegen (Unwilligkeit, Verhaltensauffälligkeiten usw.), eine besondere Aufmerksamkeit des Richters und deshalb seine Entlastung von der Protokollierungsaufgabe erfordert.[54] Dagegen braucht die Befürchtung, es könne später die Richtigkeit der Protokollierung bestritten werden, dann kein Grund für die Hinzuziehung eines Protokollführers zu sein, wenn die gesamte Vernehmung im Wortlaut auf Tonträger aufgenommen oder eine Video-Aufzeichnung nach § 58a vorgenommen wird.

---

46 Begr. RegE StVÄG 1979, BTDrucks. **8** 976 S. 41; KK/*Schmitt* 4; KMR/*Noltensmeier-von Osten* 4; Schmitt/Köhler/*Schmitt* 3; *Kurth* NJW **1978** 2481, 2484; übereinstimmend das zivilprozessuale Schrifttum zur Änderung des § 159 ZPO, vgl. *Franzki* DRiZ **1975** 97; *Putzo* NJW **1975** 185, 188; der Wortlaut des § 168 Satz 2 ist insoweit noch eindeutiger als § 159 Abs. 1 Satz 2 ZPO.

47 In Erwägung gezogen bereits bei LR/*Rieß*[25] 20.

48 BGH NJW **1978** 2509; KK/*Schmitt* 4; Schmitt/Köhler/*Schmitt* 3.

49 KK/*Schmitt* 4; KMR/*Noltensmeier-von Osten* 4; NK/*Heghmanns* 6; Schmitt/Köhler/*Schmitt* 3; *Kurth* NJW **1978** 2481, 2484.

50 Ebenso wohl KK/*Schmitt* 4; Schmitt/Köhler/*Schmitt* 3 a.E.; SK/*Albrecht* 4; enger LR/*Rieß*[25] 20.

51 Insofern zutr. LR/*Rieß*[25] 20.

52 Ähnlich unter Hinweis auf Nr. 5b RiStBV MüKo/*Kölbel* 8.

53 Vgl. *Schäfer*[6] Rn. 365; NK/*Heghmanns* 7; SK/*Albrecht* 5.

54 NK/*Heghmanns* 7.

23 **c) Protokollierung.** Die richterliche Entscheidung, dass von der Hinzuziehung eines Protokollführers abgesehen werde, ist nach § 168a Abs. 1 als wesentliche Förmlichkeit in das Protokoll aufzunehmen.[55] Bei teilweiser Nichtheranziehung muss auch aufgenommen werden, während welcher Abschnitte ohne Protokollführer verhandelt worden ist.

6. Unterzeichnung des Protokolls (Satz 4)

24 **a) Bedeutung.** Die Vorschrift regelt die Unterzeichnung des Protokolls (bei Erstellung als elektronisches Dokument im Zuge elektronischer Aktenführung tritt an deren Stelle gemäß § 32b Abs. 1 Satz 2 die **Hinzufügung einer qualifizierten elektronischen Signatur**) durch den bei der Untersuchungshandlung anwesenden Richter und, soweit ein solcher zugezogen war, durch den Protokollführer. Mit ihrer Unterschrift bezeugt die jeweilige Amtsperson aufgrund eigener Wahrnehmung die Richtigkeit des Protokollinhalts und übernimmt die Verantwortung hierfür. Bei einer nur teilweisen Hinzuziehung eines Protokollführers gilt das Erfordernis einer Unterzeichnung durch diesen ebenfalls, wobei sich seine Mitverantwortung in diesem Fall selbstverständlich auf die richtige Protokollierung derjenigen Verhandlungsteile beschränkt, während derer er zugegen war. Bei **wechselnden Protokollführern** hat jeder den von ihm gefertigten Teil durch seine Unterschrift abzuschließen.[56] Erst durch die Unterzeichnung durch den Richter und bei erfolgter Hinzuziehung auch durch den Protokollführer kommt ein ggf. nach §§ 251 ff. verlesbares richterliches Protokoll zustande.[57] Hinsichtlich der Darstellung des tatsächlichen Ablaufs der Untersuchungshandlung kann der Richter dem Protokollführer keine Anweisungen erteilen. Meinungsverschiedenheiten hierüber dürfen nicht unerledigt bleiben, sondern müssen, wenn keine Übereinstimmung erzielt werden kann, im Protokoll offengelegt werden.[58] Es gelten insoweit die gleichen Grundsätze wie für das Hauptverhandlungsprotokoll.[59]

25 **b) Möglichkeit der Nachholung.** Eine fehlende Unterschrift kann grundsätzlich nachgeholt werden,[60] solange derjenige, der noch unterschreiben muss, sich in der Lage sieht, die mit der Unterschrift verbundene inhaltliche Verantwortung zu übernehmen, und solange er noch rechtlich befugt ist, die Unterschrift zu leisten, also beispielsweise nicht mehr nach seinem Ausscheiden aus dem aktiven Justizdienst.[61] Die Nachholung der Unterschrift heilt jedoch nicht den Verfahrensverstoß, der darin liegt, dass ein mangels Unterschrift unverlesbares Protokoll als richterliches Protokoll in der Hauptverhandlung verlesen worden ist.[62]

26 **c) Situation bei nachträglicher Protokollerstellung.** Wurde in der Verhandlung zunächst eine Aufzeichnung gefertigt, auf deren Grundlage erst nach ihrem Ende das endgültige Protokoll gefertigt wird (näher dazu § 168a, 23 ff.), so ist das gesamte Protokoll vom

---

55 HK/*Zöller/Niedernhuber* 4; KK/*Schmitt* § 168a, 2; NK/*Heghmanns* 7; Schmitt/Köhler/*Schmitt* § 168a, 4.

56 Schmitt/Köhler/*Schmitt* § 168, 2; SK/*Albrecht* 15; vgl. auch LR/*Stuckenberg*[27] § 271, 13.

57 BGHSt **9** 297, 301 (erst durch die Unterschriften erhält das Protokoll seine Glaubhaftigkeit); RGSt **41** 216; **53** 106; **56** 256, 258; NK/*Heghmanns* 13; SK/*Albrecht* 17.

58 *Eb. Schmidt* § 188, 3; MüKo/*Kölbel* 5; SK/*Wohlers/Albrecht* 15.

59 Vgl. m.w.N. LR/*Stuckenberg*[27] § 271, 18 f.

60 HK/*Zöller/Niedernhuber* 9; KK/*Schmitt* 8; Schmitt/Köhler/*Schmitt* 12; KMR/*Noltensmeier-von Osten* 13.

61 Vgl. auch OLG Stuttgart Rpfleger **1976** 257 f. mit abl. Anm. *Vollkommer* (keine Unterzeichnung nach Versetzung an ein anderes Gericht), SK/*Albrecht* 17; vgl. ferner LR/*Stuckenberg*[27] § 271, 25.

62 RGSt **53** 106; HK/*Zöller/Niedernhuber* 9; KK/*Schmitt* 8; NK/*Heghmanns* 12; *Eb. Schmidt* § 188, 2; SK/*Albrecht* 17; Alsberg/*Güntge* Rn. 1011; wegen des Sonderfalls, dass das Protokoll eines beauftragten Richters in dessen Gegenwart in der Hauptverhandlung verlesen wird, vgl. BGHSt **9** 297, 302 und LR/*Sander/Cirener*[27] § 251, 45.

Richter gleichfalls zu unterzeichnen. Seine Unterschrift deckt dabei auch die Richtigkeit der Übertragung der aufgezeichneten Aussagen, auch insofern übernimmt er eine Mitverantwortung.[63] Dies bedeutet aber nicht, dass er die Richtigkeit der Übertragung anhand eines Vergleichs mit den Aufzeichnungen im Detail überprüfen muss; es genügt, wenn sie ihm aus dem Gesamtzusammenhang heraus nach seiner Erinnerung an die Vernehmung zutreffend erscheint.[64] Kann er sich wegen eines längeren Zeitablaufs nicht mehr erinnern und hat er deshalb keine ausreichende Möglichkeit mehr, diese beschränkte Mitverantwortung zu übernehmen, so muss er die Unterschrift verweigern. Ein verwertbares richterliches Protokoll kommt dann nicht zustande.[65]

Soweit in der Verhandlung ein **Protokollführer** zugezogen war, ist dessen Unterschrift bei Erstellung des Protokolls anhand einer Aufzeichnung ebenfalls stets erforderlich. Auch er beurkundet mit seiner Unterschrift, dass die vorläufige Aufzeichnung vollständig und sachlich richtig übertragen worden ist. Dies gilt selbst dann, wenn er sie nicht selbst schriftlich fixiert hat, sondern wenn sie mittels eines Tonaufnahmegerätes aufgenommen worden ist.[66] Deshalb hat er in jedem Fall die Übertragung zu überprüfen.[67] Unabhängig davon besteht im Falle der wörtlichen Übertragung durch einen Dritten oder der Überprüfung einer maschinell erstellten wörtlichen Übertragung durch einen Dritten das Erfordernis einer Bestätigung der Richtigkeit der Übertragung durch diesen gemäß § 168a Abs. 5. 27

d) Verhinderung. Ist eine der beiden bei der Untersuchungshandlung anwesenden Personen auf Dauer an der Unterschrift verhindert, so gelten die zu § 271 Abs. 2 entwickelten Grundsätze.[68] Ist auf die Hinzuziehung des Protokollführers verzichtet worden und ist der Richter an der Unterschrift verhindert, so kommt kein verlesbares richterliches Protokoll zustande. 28

7. **Berichtigung des Protokolls.** Die StPO enthält an dieser Stelle ebensowenig wie beim Hauptverhandlungsprotokoll Regelungen über die Protokollberichtigung. Sie ist aber ebenso wie bei diesem zulässig und grundsätzlich nach den gleichen Regeln zu beurteilen wie dort. Auf die Erl. bei § 271 wird daher verwiesen. 29

8. Mängel bei der Protokollierung/Revision

a) Verwertbarkeit. Wird eine Untersuchungshandlung entgegen Satz 1 nicht protokolliert, sondern lediglich aktenkundig gemacht, oder ist die Protokollierung entgegen den Vorschriften in den Sätzen 2 und 3 mangelhaft (Rn. 26), so begründet dies **kein** generelles **Verwertungsverbot**. Die (in Form eines Aktenvermerks niedergelegten oder mangelhaft protokollierten) Umstände können für Entscheidungen, die im schriftlichen Verfahren aufgrund des Akteninhalts ergehen, **freibeweislich verwertet** oder zum Gegenstand von **Vorhalten** in der Hauptverhandlung gemacht werden.[69] Dabei ist der durch den Mangel 30

63 Zu § 168a Abs. 4 a.F. Begr. zum RegE des StVÄG 1979, BTDrucks. **8** 976 S. 42; KK/*Schmitt* 8b; *Kurth* NJW **1978** 2481, 2484.
64 BTDrucks. **8** 976 S. 42; BVerwG NJW **1977** 264; HK/*Zöller*/*Niedernhuber* 10; KK/*Schmitt* 8b; NK/*Heghmanns* 13; SK/*Albrecht* 15; *Franzki* DRiZ **1975** 97, 100; *Holtgrave* DB **1975** 821, 832.
65 KK/*Schmitt* 8a; NK/*Heghmanns* 13; SK/*Albrecht* 15; *Franzki* DRiZ **1975** 97, 100.
66 KK/*Schmitt* 8b.
67 Für § 168a Abs. 4 a.F. BTDrucks. **8** 976 S. 42, HK/*Zöller*/*Niedernhuber* 10.
68 SK/*Albrecht* 15; dazu LR/*Stuckenberg*[27] § 271, 24 ff.
69 Schmitt/Köhler/*Schmitt* 1; SK/*Albrecht* 22.

möglicherweise geminderte Beweiswert zu berücksichtigen. Sie können aber **nicht** als Niederschriften über richterliche Untersuchungshandlungen **strengbeweislich** durch Verlesung (oder Verlesungsersatz – § 249 Abs. 2) nach den dafür geltenden Vorschriften[70] der Hauptverhandlung zugrunde gelegt werden. Jedoch ist ihre Verwertung als nichtrichterliche Niederschriften möglich, wenn die dafür geltenden Vorschriften (z.B. § 251 Abs. 1, § 253) vorliegen.[71] Auch die Vernehmung des Richters als Zeuge bleibt möglich.[72]

31 **b) Revision.** Mit der Revision können Mängel bei der Protokollierung unmittelbar nicht geltend gemacht werden, denn das Urteil kann nicht darauf beruhen, dass bei einer Untersuchungshandlung im Vorverfahren oder sonst außerhalb der Hauptverhandlung gegen die Protokollierungsvorschriften verstoßen worden ist. Revisibel ist aber die Verlesung solcher Niederschriften in der Hauptverhandlung als ordnungsmäßige richterliche Niederschriften.[73] Dabei ist hier, anders als bei Verstößen gegen die §§ 168c, 224 (vgl. § 168c, 61) nach der bisherigen Rechtsprechung nicht Voraussetzung, dass der Revisionsführer der Verlesung in der Hauptverhandlung widersprochen hat.[74]

32 **c) Einzelne Mängel.** Als Mängel, die einer Verlesung als richterliches Protokoll entgegenstehen und, falls dies doch geschieht, mit der Revision geltend gemacht werden können, kommen neben der völligen Nichtprotokollierung in Betracht (vgl. auch § 168a, 55 ff.): die Nichtmitwirkung eines Protokollführers, ohne dass der Richter von einer Hinzuziehung abgesehen hat, die Mitwirkung eines Protokollführers, der weder Urkundsbeamter der Geschäftsstelle noch als Hilfsperson vereidigt worden ist,[75] oder die Mitwirkung eines nach §§ 22, 31 ausgeschlossenen Richters oder Protokollführers.[76] Ist jemand entgegen der Annahme des Richters nicht wirksam zum Urkundsbeamten der Geschäftsstelle bestellt und folglich nicht besonders vereidigt,[77] ist eine Hilfsperson nicht für den einzelnen Fall vereidigt[78] oder ist (schwer vorstellbar) ohne dahingehende richterliche Entscheidung gänzlich ohne Protokollführer verhandelt worden, so kann dieser Mangel auch nicht dadurch geheilt werden, dass der Richter von der Hinzuziehung eines Protokollführers hätte absehen können.[79] Hat der Richter nur teilweise von der Hinzuziehung eines Protokollführers abgesehen und hat ein (ordnungsgemäß bestellter oder vereidigter) Protokollführer auch im Übrigen nicht mitgewirkt, so ist das Protokoll jedenfalls in den Abschnitten mangelhaft, die von der Entscheidung darüber, ohne Protokollführer zu verhandeln, nicht gedeckt sind; im Übrigen wird man es mindestens so weit als ordnungsmäßig ansehen können, als die einzelnen Teile selbstständig sind, etwa wenn das Protokoll mehrere Ver-

70 § 232 Abs. 3; § 233 Abs. 3 Satz 2; § 249 Abs. 1 Satz 2; § 251 Abs. 2; § 254.

71 BGSt **22** 118; BGH NStZ **1984** 564; HK/*Zöller*/*Niedernhuber* 11; KK/*Schmitt* 9; Schmitt/Köhler/*Schmitt* 11; MüKo/*Kölbel* 10; NK/*Heghmanns* 17; OK/*El Duwaik* 14; vgl. näher § 168c, 70.

72 KK/*Schmitt* 9; HK/*Zöller*/*Niedernhuber* 11; MüKo/*Kölbel* 10; NK/*Heghmanns* 17; SK/ *Albrecht* 20.

73 BGHSt **27** 339 = JR **1978** 525 mit Anm. *Meyer-Goßner*; BGH bei *Pfeiffer* NStZ **1981** 95; BGH StV **1984** 409; OLG Celle GA **1954** 317; vgl. auch § 168c, 74.

74 BGH NStZ **1986** 325; HK/*Zöller*/*Niedernhuber* 12; Schmitt/Köhler/*Schmitt* § 251, 45; SK/*Albrecht* 23; *Park* StV **2000** 218, 219.

75 Schmitt/Köhler/*Schmitt* 11; KK/*Schmitt* 9; NK/*Heghmanns* 17; SK/*Albrecht* 20; *Burhoff* (Ermittlungsv.) Rn. 4202; *Eisenberg* (Beweisrecht) Rn. 2122; vgl. aber OLG Düsseldorf VRS **88** (1995) 198 (Vernehmung des Richters gleichwohl zulässig, wenn die früher vernommene Zeugin von ihrem Zeugenverweigerungsrecht Gebrauch macht).

76 *Eisenberg* (Beweisrecht) Rn. 2122.

77 Vgl. BGH NStZ **1984** 564.

78 Vgl. BGHSt **27** 339.

79 KK/*Schmitt* 4 a.E., 9; Schmitt/Köhler/*Schmitt* 11.

nehmungen enthält. Keinen Mangel, der die Verwendung als richterliches Protokoll hemmen würde, stellt es dar, wenn der Richter zu Unrecht einen dringenden Fall im Sinne des Satz 3 angenommen hat, sofern die von ihm hinzugezogene Person ordnungsgemäß vereidigt worden ist.[80]

§ 168a
Art der Protokollierung; Aufzeichnungen

(1) [1]Das Protokoll muß Ort und Tag der Verhandlung sowie die Namen der mitwirkenden und beteiligten Personen angeben und ersehen lassen, ob die wesentlichen Förmlichkeiten des Verfahrens beachtet sind. [2]§ 68 Abs. 2, 3 bleibt unberührt.

(2) [1]Das Protokoll kann in Form einer wörtlichen Wiedergabe der Verhandlung (Wortprotokoll) oder in Form einer Zusammenfassung ihres Inhalts (Inhaltsprotokoll) sowohl während der Verhandlung als auch nach ihrer Beendigung erstellt werden. [2]Die Verhandlung kann wörtlich oder in Form einer Zusammenfassung ihres Inhalts (zusammenfassende Aufzeichnung) aufgezeichnet werden. [3]Der Nachweis der Unrichtigkeit des Protokolls anhand der Aufzeichnung ist zulässig.

(3) Wird das Protokoll während der Verhandlung erstellt oder wird die Verhandlung in Form einer Zusammenfassung ihres Inhalts aufgezeichnet, so ist das Protokoll oder die zusammenfassende Aufzeichnung den an der Verhandlung beteiligten Personen, soweit es sie betrifft, zur Genehmigung auf einem Bildschirm anzuzeigen, vorzulesen, abzuspielen oder zur Durchsicht vorzulegen, es sei denn, sie verzichten darauf.

(4) Wird das Protokoll nach Beendigung der Verhandlung als Inhaltsprotokoll erstellt, so ist es den an der Verhandlung beteiligten Personen, soweit es sie betrifft, zur Genehmigung zu übermitteln, es sei denn, sie verzichten darauf.

(5) Wird das Protokoll nach Beendigung der Verhandlung durch die wörtliche Übertragung einer Aufzeichnung erstellt, so versieht die Person, welche die Übertragung hergestellt oder eine maschinelle Übertragung überprüft hat, diese mit ihrem Namen und dem Zusatz, dass die Richtigkeit der Übertragung bestätigt wird.

(6) [1]Die Art der Protokollierung und der Aufzeichnung, die Genehmigung des Protokolls oder einer zusammenfassenden Aufzeichnung, Einwendungen dagegen sowie ein Verzicht auf die Vorlage zur Genehmigung sind im Protokoll zu vermerken oder sonst aktenkundig zu machen. [2]Aufzeichnungen sind zu den Akten zu nehmen, bei der Geschäftsstelle mit den Akten aufzubewahren oder in anderer Weise zu speichern. [3]Sie können gelöscht werden, wenn das Verfahren rechtskräftig abgeschlossen oder sonst beendet ist; § 58a Absatz 2 Satz 2 und § 136 Absatz 4 Satz 3 bleiben unberührt. [4]Die Art der Aufbewahrung oder Speicherung und die Löschung sind aktenkundig zu machen.

Schrifttum

Siehe bei § 168.

Entstehungsgeschichte

Bis zur Abschaffung der Voruntersuchung durch Art. 1 Nr. 57 des 1. StVRG galten infolge der Verweisung im damaligen § 168 (vgl. Entstehungsgeschichte dort) die Vorschriften über

80 BGH StV **1996** 131; KK/*Schmitt* 9; KMR/*Noltensmeier-von Osten* 11; NK/*Heghmanns* 16; SK/*Albrecht* 21.

die Voruntersuchung. Im dortigen § 188 (Bezeichnung bis 1924: § 186) war ursprünglich in Absatz 1 Satz 1 bestimmt, dass über jede Untersuchungshandlung ein Protokoll aufzunehmen sei, und in Satz 2, dass dieses vom Untersuchungsrichter und Protokollführer zu unterschreiben sei. Absatz 2 entsprach dem jetzigen § 168a Absatz 1, Absatz 3 regelte die Genehmigung des Protokolls. Durch Art. 4 Nr. 26 des 3. StRÄndG wurde in einem neuen Absatz 4 die Befugnis geregelt, Niederschriften über die Erklärungen des Angeschuldigten und über die Angabe von Zeugen und Sachverständigen sowie über die Ergebnisse eines Augenscheins in einer gebräuchlichen Kurzschrift als Anlage zum Protokoll aufzunehmen. In dieser Form wurde die Vorschrift durch Art. 1 Nr. 49 des 1. StVRG als § 168a übernommen. Durch Art. 1 Nr. 13 StVÄG 1979 erhielt die Bestimmung im Wesentlichen die bis zum 30.6.2021 geltende Fassung (zur Bedeutung dieser Änderung der §§ 168, 168a vgl. 23. Aufl., EB § 168 Rn. 1 bis 3). Absatz 1 Satz 2 wurde 1992 durch Art. 3 Nr. 12 OrgKG eingefügt. Absatz 1 Satz 1 erfuhr 2004 durch Art. 3 Nr. 6b des 1. JuMoG eine geringfügige redaktionelle Änderung. Durch Art. 1 Nr. 18 des Gesetzes zur Einführung der elektronischen Akte in der Justiz und zur weiteren Förderung des elektronischen Rechtsverkehrs v. 5.7.2017, BGBl. I S. 2208, wurde die Regelung in Absatz 3 mit Wirkung zum 1.1.2018 um die Möglichkeiten einer Bildschirmanzeige und einer elektronischen Signierung ergänzt. Durch Art. 1 Nr. 31 des Gesetzes zur Fortentwicklung der Strafprozessordnung und zur Änderung weiterer Vorschriften vom 25.6.2021, BGBl. I S. 2099, wurde die Vorschrift einschließlich ihrer Überschrift mit Wirkung zum 1.7.2021 mit Ausnahme des (unverändert gebliebenen) Absatz 1 grundlegend neu gefasst, wobei sich die Zahl der Absätze von vier auf sechs erhöhte.

Von 1951 (1. StRÄndG) bis 1975 (1. StVRG) hatte die heute in § 169 geregelte Materie ihren Standort in § 168a (vgl. Entstehungsgeschichte zu § 169).

Übersicht

Alphabetische Übersicht

1. Bedeutung und Geltungsbereich

a) Allgemeines. Die Vorschrift regelt den formellen Ablauf der Protokollierung bei richterlichen Untersuchungshandlungen (§ 168, 9 f.) außerhalb der Hauptverhandlung, nämlich den formalen Protokollinhalt (Absatz 1), die Herstellungsmöglichkeiten als Wort- oder Inhaltsprotokoll sowohl während der Verhandlung als auch später auf der Grundlage einer in dieser gefertigten Aufzeichnung (Absatz 2), die Genehmigung des Protokollinhalts (Absätze 3 und 4), die Bestätigung der Richtigkeit einer Erstellung des Protokolls durch die wörtliche Übertragung einer Aufzeichnung (Absatz 5) sowie erforderliche Vermerke, die Art der Aufbewahrung von Aufzeichnungen und die Voraussetzungen, unter denen diese gelöscht werden können (Absatz 6). 1

b) Geltungsbereich. Zum Geltungsbereich im Allgemeinen vgl. § 168, 6 ff. Für Vernehmungen durch einen **ausländischen Richter** gelten die Vorschriften (naturgemäß) nicht; für die Verlesbarkeit eines solchen Protokolls kommt es grds. nur darauf an, dass die ausländischen Vorschriften beachtet worden sind; anders liegen die Dinge bei Vertragsstaaten des EURhÜbk, nach dem Rechtshilfeersuchen nach dem Recht des ersuchten Staa- 2 tes erledigt werden.[1] Für Protokollierungen durch den **Urkundsbeamten der Geschäftsstelle**, z.B. nach § 345 Abs. 2, gilt § 168a nicht unmittelbar; ob hierbei eine vorläufige Aufzeichnung in analoger Anwendung des Absatz 2 möglich ist, erscheint zweifelhaft, dürfte aber wohl zu bejahen sein.[2] Für die **Rechtsmitteleinlegung** zu Protokoll des Urkundsbeamten der Geschäftsstelle gilt § 168a jedenfalls insoweit nicht, als das Fehlen des Genehmigungsvermerks oder der Unterschrift des Urkundsbeamten die Wirksamkeit nicht berührt.[3]

3 **2. Aufnahme des Protokolls.** In welcher Weise das Protokoll erstellt wird, entscheidet der Richter. Soweit ein Protokollführer mitwirkt (vgl. § 168, 19 ff.), kann er diesem ganz oder teilweise die selbstständige Niederschrift überlassen, ihm das Protokoll diktieren oder bei Erklärungen von Beweispersonen auch diesen gestatten, dass sie ihre Erklärungen dem Protokollführer selbst diktieren. Wenn Aussagen nicht im Wortlaut protokolliert werden, wird im Allgemeinen dem Diktat des Aussageinhalts durch den Richter der Vorzug einzuräumen sein.[4] Die durch die Unterschrift (§ 168 Satz 4) bekundete Verantwortung für die Richtigkeit des Protokollinhalts müssen aber Richter und Protokollführer stets gemeinsam übernehmen (s. § 168, 24).

4 Über die Protokollierung bei **Vernehmungen in fremder Sprache** vgl. die Regelung in § 185 GVG und die dortigen Erläuterungen.

5 Wird eine **Untersuchungshandlung unterbrochen** und später fortgesetzt, so ist die Aufnahme eines selbstständigen Protokolls über die einzelnen Teile ebensowenig notwendig wie die über einzelne Teile einer nach § 229 unterbrochenen Hauptverhandlung;[5] ein einheitliches Protokoll reicht aus.

6 **Anlagen zum Protokoll** sind zulässig, etwa in der Form von Zeichnungen, Video- und Filmaufnahmen, Fotografien und Skizzen bei Augenscheineinnahmen, Tonaufnahmen bei akustischen Wahrnehmungen (auch wenn nicht der spätere Protokollinhalt auf einen Tonträger aufgezeichnet wird) oder von schriftlichen Unterlagen, die von einer Beweisperson beigebracht und bei ihrer Aussage verwendet werden.[6] Die Anlagen sind als solche zu kennzeichnen und im Protokoll zu bezeichnen. Dass sie gesondert unterschrieben werden, ist nicht zwingend vorgeschrieben; es kann aber angebracht sein, um späteren Einwänden zu begegnen.[7] Zur Behandlung von Bild-Ton-Aufzeichnungen nach § 58a s.u. Rn. 20 ff.

3. Protokollinhalt

7 **a) Ort, Tag und Namen.** Es handelt sich im Wesentlichen um die Angaben, die auch für das Hauptverhandlungsprotokoll nach § 272 Nr. 1, 2 und 4 verlangt werden,[8] also die **äußeren Formalien**, die üblicherweise im Kopf des Protokolls angegeben werden. Absatz 1 erster Halbsatz führt die hiernach erforderlichen Angaben nicht vollständig auf. Selbstverständlich muss im Protokoll auch das Gericht angegeben werden, von dessen Richter die Untersuchungshandlung durchgeführt wird, und es muss das Verfahren, dem die Untersuchungshandlung dient, gekennzeichnet werden, regelmäßig durch die Angabe

---

1 Näher, auch zu den Grenzen und Ausnahmen, LR/*Sander*/*Cirener*[27] § 251, 55 ff. m.w.N.
2 Vgl. näher m.w.N. LR/*Hanack*[25] § 345, 34; OLG Celle NJW **1958** 1314; NStZ-RR **1999** 62, 63.
3 Vgl. m.w.N. LR/*Gössel*[26] § 314, 13; OLG Celle NStZ-RR **1999** 62, 63.
4 Schmitt/Köhler/*Schmitt* § 168, 10.
5 Dazu LR/*Stuckenberg*[27] § 271, 11 f.
6 HK/*Zöller*/*Niedernhuber* 5; KK/*Schmitt* 3; NK/*Heghmanns* 8; Schmitt/Köhler/*Schmitt* 5; SK/*Albrecht* 9.
7 RGSt **36** 55, 56 f.; OLG Düsseldorf MDR **1986** 166.
8 Vgl. ergänzend LR/*Stuckenberg*[27] § 272, 5 ff.

des Aktenzeichens. Anders als in § 272 Nr. 3, 4 ist jedoch weder die Angabe des Beschuldigten und anderer Verfahrensbeteiligter (soweit sie nicht an der jeweiligen Untersuchungshandlung beteiligt sind) noch die der Straftat, die den Gegenstand des Verfahrens bildet, zwingend vorgeschrieben. Zulässig sind diese Angaben stets.

Wechseln **Ort** oder **Tag der Verhandlung**, etwa weil bei einer Vernehmung eine 8
Ortsbesichtigung eingeschoben wird oder weil eine (einheitliche) Untersuchungshandlung an einem folgenden Tag fortgesetzt wird, so ist dies im Protokoll zu vermerken. Eine **uhrzeitmäßige Angabe** des Beginns und Endes der Untersuchungshandlung verlangt die Vorschrift nicht; sie kann aber dann erforderlich werden, wenn die Dauer oder der Zeitpunkt einer Vernehmung, etwa in Hinblick auf § 136a, im weiteren Verfahren eine Rolle spielen kann.

Zu den mitwirkenden und beteiligten **Personen** gehört stets der zusätzlich zur Namens- 9
angabe mit seiner Amtsbezeichnung und in dieser Funktion zu bezeichnende Richter und, soweit nicht nach § 168 Satz 2 zweiter Halbsatz von der Hinzuziehung abgesehen wird, der Protokollführer, auch der nach § 168 Satz 3 hinzugezogene. Im Übrigen sind aufzuführen, soweit sie an der Untersuchungshandlung beteiligt sind (was auch dann der Fall ist, wenn sie sich nach § 168e an einem anderen Ort aufhalten): Staatsanwalt, Beschuldigte und ihre Verteidiger sowie in den Fällen des § 67 JGG die Erziehungsberechtigten und gesetzlichen Vertreter, der zu vernehmende Zeuge und ggf. sein Beistand,[9] ein psychosozialer Prozessbegleiter (§ 406g Abs. 1 Satz 2), ein Rechtsanwalt als Vertreter des als Nebenkläger anschlussberechtigten Verletzten (§ 406h Abs. 2) oder eine Vertrauensperson, der nach § 406f Abs. 2 die Anwesenheit gestattet wird, Sachverständige (vgl. §§ 87, 168d), in den Fällen des § 185 GVG der Dolmetscher[10] sowie Personen, die Gegenstand eines Augenscheins sind (§ 86). Anzugeben sind dabei nicht nur solche anwesenden Personen, die ausdrücklich gesetzlich zur Anwesenheit berechtigt sind, sondern auch solche, denen der Richter die Anwesenheit lediglich gestattet (dazu 168c, 29). Anzugeben ist neben den Namen dieser Personen auch ihre jeweilige prozessuale Funktion.[11] Nehmen sie nur teilweise an der protokollierten Untersuchungshandlung teil, so ist dies ebenfalls zu vermerken.

Bei der richterlichen Zeugenvernehmung im Ermittlungsverfahren ist, was Absatz 1 10
Satz 2 noch einmal klarstellt, sowohl bei der Angabe der Personalien als auch bei der Vernehmung zur Person die dem **Zeugenschutz** dienende Regelung des § 68 Abs. 2, 3 zu beachten. Bei einem gefährdeten Zeugen braucht also statt der Wohnanschrift nur dessen Geschäfts- oder Dienstanschrift oder eine andere ladungsfähige Adresse angegeben zu werden,[12] bei qualifizierter Gefährdung kann auf die Angaben zur Person insgesamt verzichtet werden; hierzu getroffene Entscheidungen sind zu protokollieren.[13]

b) Wesentliche Förmlichkeiten[14] sind einmal die Vorgänge und Umstände, die für 11
die gesetzmäßige Vornahme der Untersuchungshandlung allgemein und das ordnungsmäßige Zustandekommen des Protokolls selbst von Bedeutung sind, ferner diejenigen Ereignisse und Maßnahmen, die nach den verfahrensrechtlichen Vorschriften für die spezielle

---

9 Dazu LR/*Ignor*/*Bertheau* Vor § 48, 28; vgl. ferner § 68b.

10 KK/*Schmitt* 1; Schmitt/Köhler/*Schmitt* 3.

11 AK/*Achenbach* 5; HK/*Zöller*/*Niedernhuber* 3; KK/*Schmitt* 1; Schmitt/Köhler/*Schmitt* 3; KMR/*Noltensmeier-von Osten* 4.

12 Näher dazu LR/*Ignor*/*Bertheau* § 68, 9 ff. m.w.N.

13 HK/*Zöller*/*Niedernhuber* 3; KMR/*Noltensmeier-von Osten* 4.

14 Vgl. auch LR/*Stuckenberg*[27] § 273, 8 ff.

Untersuchungshandlung zu berücksichtigen sind.[15] Zu den wesentlichen Förmlichkeiten im Sinne dieser Vorschrift gehören auch die während der protokollierten Untersuchungshandlung gestellten Anträge und ergangenen Entscheidungen, die hier, anders als in § 273, nicht gesondert erwähnt sind. Zur Beweiskraft s.u. Rn. 52.

12 Zu den **die Protokollierung selbst betreffenden wesentlichen Förmlichkeiten** gehören z.B. die Angabe, ob der Richter von der Hinzuziehung eines Protokollführers nach § 168 Satz 2 zweiter Halbsatz abgesehen hat,[16] dass eine Hilfsperson als Protokollführer hinzugezogen und vereidigt worden ist (§ 168 Satz 3), die Anordnung, dass eine Bild-Ton-Aufzeichnung nach § 58a vorgenommen wird oder die Verhandlung nach Absatz 2 Satz 2 aufgezeichnet werden soll,[17] und die Vorgänge, die die in Absatz 3, 4 vorgeschriebene Genehmigung betreffen (Rn. 49). Anzugeben sind ferner **Entscheidungen und Maßnahmen**, die vom gesetzlich vorgesehenen Regelfall abweichen, so etwa die Anwendung des § 168e, die Ausschließung oder Nichtzulassung des Beschuldigten nach § 168c Abs. 3, des Vertreters eines als Nebenkläger anschlussberechtigten Verletzten (§ 406h Abs. 2 Satz 3) oder des nicht beigeordneten psychosozialen Prozessbegleiters (§ 406g Abs. 4), die Zurückweisung von Sachverständigen nach § 168d Abs. 2 Satz 2, eine Entscheidung nach § 164 oder nach den §§ 177 ff., 180 GVG[18] oder die Nichtzulassung der Frage einer frageberechtigten Person.

13 Zu den wesentlichen Förmlichkeiten der jeweiligen Untersuchungshandlung gehören beispielsweise bei der **Vernehmung des Beschuldigten** die in § 136 Abs. 1, § 115 Abs. 3, 4, § 115a Abs. 3 Satz 2, § 233 Abs. 2 Satz 2 vorgeschriebenen Belehrungen, bei **Zeugenvernehmungen** die Belehrungen nach § 52 Abs. 3, § 55 Abs. 2, § 57,[19] die Ausübung des Zeugnis- und Auskunftsverweigerungsrechts[20] und der Grund einer evt. Vereidigung (§ 59 Abs. 1 Satz 2 a.E.) sowie die Vereidigung selbst. Wirkt ein **Dolmetscher** mit, so ist auch dessen Vereidigung oder die Berufung auf den allgemein geleisteten Eid (§ 189 GVG) zu protokollieren.

14 **c) Allgemeines zum sachlichen Inhalt.** Wie sich nunmehr auch aus Absatz 2 Satz 1 deutlich ergibt, muss das Protokoll das Ergebnis der Untersuchungshandlung beurkunden. Dies folgt zugleich aus der Funktion des Protokolls (§ 168, 5) und wird im Übrigen durch die in Absatz 3, 4 getroffene Regelung vorausgesetzt.[21] Es ist also zu beurkunden, was die vernommene Person ausgesagt oder was eine Augenscheinseinnahme ergeben hat oder wie eine Gegenüberstellung verlaufen ist. Für die Art der Protokollierung des Untersuchungsergebnisses sieht Absatz 2 alternativ ein Wortprotokoll oder ein zusammenfassendes Inhaltsprotokoll vor. Auszugehen ist dabei von der prozessualen Funktion dieses Protokolls, das Untersuchungshandlungen beurkundet, die nicht vor dem erkennenden Gericht stattfinden. Als schriftliche Unterlage für das weitere Verfahren muss das Protokoll demnach so gestaltet werden, dass es die Fragen beantworten kann, mit denen im weiteren Verfahren zu rechnen ist. Es muss für die Abschlussverfügung der Staatsanwaltschaft, für die Eröffnungsentscheidung, für die Vorbereitung der Hauptverhandlung und für die Einführung der Untersuchungsergebnisse in der Hauptverhandlung ein wahrheitsgetreues

---

15 AK/*Achenbach* 5; HK/*Zöller*/*Niedernhuber* 4; KK/*Schmitt* 2; Schmitt/Köhler/*Schmitt* 4; MüKo/*Kölbel*/*Neßeler* 3; NK/*Heghmanns* 4.

16 KK/*Schmitt* 2; Schmitt/Köhler/*Schmitt* 4.

17 KK/*Schmitt* 2.

18 HK/*Zöller*/*Niedernhuber* 4; KK/*Schmitt* 2; KMR/*Noltensmeier-von Osten* 5.

19 Vgl. BGHSt **26** 281, 283; **32** 25, 30; SK/*Albrecht* 3.

20 Eine gesetzlich nicht geforderte Darlegung der Motivation des Zeugen, die letzten Endes nicht zu Sache gehört, ist dagegen nicht zu protokollieren; sie darf vom erkennenden Gericht ohnehin nicht verwertet werden, vgl. BGHSt **6** 279.

21 OLG Hamburg StV **1996** 418, 419; SK/*Albrecht* 4.

und vollständiges Bild ergeben. Welche Anforderungen sich hieraus für die inhaltliche Wiedergabe der konkreten Untersuchungshandlung ergeben, richtet sich weitgehend nach den Umständen des Einzelfalls.

d) Vernehmungen. Bei Vernehmungen des Beschuldigten und von Zeugen muss das Protokoll nach den in Rn. 14 dargelegten Grundsätzen die Äußerung der vernommenen Person unverfälscht wiedergeben und erkennen lassen, wie es zu ihr gekommen ist. Widersprüche und Änderungen in der Aussage, besonders auf Vorhalte und Fragen, müssen erkennbar sein (vgl. auch Rn. 46), ebenso muss deutlich werden, ob die Beweisperson eine Bekundung spontan oder erst auf Befragen gemacht hat.[22] Meist wird es auch zweckmäßig sein, nicht nur die Tatsache anzugeben, dass die Beweisperson befragt worden ist, sondern auch, wie die Frage lautete. Werden, was vielfach üblich und unbedenklich ist, die Angaben, obwohl sie vom vernehmenden Richter zusammengefasst und formuliert werden, in der ersten Person und in direkter Rede wiedergegeben, so ist kenntlich zu machen, welche Formulierungen auch ihrem Wortlaut nach vom Vernommenen stammen. Wenn es sich nicht um einfache Sachverhalte handelt, sollte die Aussage nicht erst am Ende der Vernehmung zusammenhängend protokolliert werden, sondern abschnittsweise oder Zug um Zug dergestalt, dass erkennbar wird, wie die Aussage zustande gekommen ist.[23] 15

Bezugnahmen auf früher protokollierte Aussagen sind nur in eingeschränktem Umfang zulässig. Es stellt einen die Verlesbarkeit des Protokolls nach § 251 Abs. 2, § 254 hindernden Mangel dar, wenn lediglich eine Erklärung der Beweisperson protokolliert wird, sie mache das bei einer früheren polizeilichen oder staatsanwaltschaftlichen Vernehmung Protokollierte zum Gegenstand ihrer Aussage. Zulässig wäre eine Bezugnahme auf ein früheres Protokoll allenfalls in folgender Form:[24] Die Beweisperson hat zunächst nach §§ 69, 136 einen zusammenhängenden Bericht gegeben, der sich mit der früheren Aussage deckt, ihr wird sodann die frühere Aussage vorgelesen,[25] worauf sie erklärt, sie mache diese auch zum Inhalt ihrer jetzigen Aussage, im Protokoll wird der wesentliche Inhalt der Aussage wiedergegeben, und all diese Vorgänge werden in die Niederschrift über die richterliche Vernehmung aufgenommen.[26] Wegen der Umständlichkeit und Fehlerträchtigkeit dieses Vorgehens[27] dürfte die Praxis indessen gut beraten sein, stets eine umfassende neue Vernehmung durchzuführen, die dabei erfolgten Bekundungen als solche ohne jede Bezugnahme auf das Protokoll der früheren Aussage vollständig zu protokollieren und die evt. Übereinstimmung mit einer früheren Aussage nur als zusätzlichen (evt. für die Glaubhaftigkeit relevanten) Umstand festzustellen und im Protokoll zu vermerken. Bei der Vernehmung eines Sachverständigen kann auf ein vorliegendes oder vorgelegtes schriftliches **Gutachten** Bezug genommen werden, wenn der Sachverständi- 16

---

22 Ähnlich KK/*Schmitt* 3; MüKo/*Kölbel/Neßeler* 5; ausführlich dazu und zur vielfach problematischen Verlässlichkeit von Protokollen etwa *Kühne* Rn. 363 ff.; *Eisenberg* (Beweisrecht) Rn. 611 ff.; zur polizeilichen Vernehmung s. auch § 163a, 84, 95, 106.

23 Vgl. jeweils m.w.N. *Schäfer/Fresemann/Hinrichs* Rn. 491 ff.; *Brenner* Kriminalistik **1981** 142; *Gundlach* 182; *Eisenberg* JZ **1984** 912, 917; *Herren/Bortz* Kriminalistik **1976** 313; *Walder* 197 ff.

24 So LR/*Rieß*[25] 15.

25 BGH NJW **1952** 1027 (Vorhalt reicht nicht); NStZ **1987** 85 (Selbstdurchlesenlassen durch die Aussageperson genügt nicht); StV **1989** 90.

26 BGH NStZ **1987** 85; näher *Schäfer/Fresemann/Hinrichs* Rn. 496; vgl. m.w.N. LR/*Ignor/Bertheau* § 69, 16; LR/*Gleß* § 136, 59; speziell zur Verlesbarkeit LR/*Sander/Cirener*[27] § 251, 46; § 254, 22; **a.A.** für Beschuldigtenvernehmungen (ohne Weiteres gestattet) LR/*Meyer/Goßner*[23] 13.

27 Krit. auch MüKo/*Kölbel/Neßeler* 6.

ge dessen wesentlichen Inhalt vorträgt; ihm braucht das Gutachten nicht vorgelesen zu werden.[28]

17 **Beobachtungen des** vernehmenden **Richters** über das Verhalten einer Beweisperson während ihrer Vernehmung, das über den bloßen Inhalt der Aussage hinausgeht und das für die Bewertung der Aussage von Bedeutung sein kann, sind in der Vernehmungsniederschrift (möglichst konkret) festzuhalten. Geschieht das, so kann auf solche Beobachtungen, wenn sie durch Verlesung der Niederschrift in die Hauptverhandlung eingeführt werden, die tatrichterliche Überzeugungsbildung gestützt werden.[29]

18 **e) Augenscheineinnahmen.** Wegen der Protokollierung von **Augenscheineinnahmen** ist auf die Erl. zu § 86 zu verweisen.[30] Erläuternde Angaben einer „Auskunftsperson", die dem besseren Verständnis des Augenscheins dienen, sind mit zu protokollieren und dürfen ggf. mit verlesen werden. Sollen diese Angaben zur Überzeugungsbildung herangezogen werden, bedarf es allerdings der Vernehmung der Auskunftsperson als Zeuge.[31]

19 **f) Wahlgegenüberstellungen.** Bei **Wahlgegenüberstellungen** und ähnlichen Identifizierungsmaßnahmen ist eine besonders sorgfältige Protokollierung einschließlich einer vollständigen Dokumentation des Hergangs erforderlich. Da eine wiederholte Wiedererkennung regelmäßig ohne Beweiswert ist,[32] kommt es entscheidend auf die korrekte Durchführung der ersten Wahlgegenüberstellung (meist im Ermittlungsverfahren) an, deren Vornahme und Verlauf ggf. in der Hauptverhandlung zu rekonstruieren ist.[33] Deshalb muss das Protokoll den Hergang der Gegenüberstellung in Bild-, ggf. auch Tonaufnahmen dokumentieren[34] und die Reaktion der Beweispersonen mitteilen. Zu diesem Zweck wird sich die Anfertigung einer Bild-Ton-Aufzeichnung gemäß § 58a Abs. 1 Satz 1 dringend empfehlen. Werden dem Zeugen zum Zweck der Identifizierung Lichtbilder vorgelegt, so sind alle vorgelegten Bilder dem Protokoll beizufügen,[35] mindestens sind die vorgelegten Lichtbildsammlungen so eindeutig zu kennzeichnen, dass sie bei Bedarf beigezogen werden können.[36]

20 **g) Protokollierung bei Bild-Ton-Aufzeichnungen nach § 58a.** Auch bei einer Vernehmung, die nach § 58a in Bild und Ton aufgezeichnet wird, muss über ihren Inhalt ein

28 BGH GA **1964** 275; vgl. auch (enger) LR/*Krause* § 82, 3.

29 RGSt **37** 212; BGH NStZ **1983** 182; BGHSt **45** 354, 360 = JR **2001** 120 mit Anm. *Goeckenjan/Eisenberg*; KK/*Schmitt* 3; NK/*Heghmanns* 8 und § 168, 15; Schmitt/Köhler/*Schmitt* 5; SK/*Albrecht* 7; näher LR/*Jäger* § 223, 35; Bedenken bei LR/*Sander/Cirener*[27] § 251, 52, jew. m.w.N.

30 Insbesondere LR/*Krause* § 86, 43 ff.; ferner ausführlich *Eisenberg* (Beweisrecht) Rn. 2240 ff.

31 BGHSt **33** 217, 220; vgl. auch LR/*Mosbacher*[27] § 249, 28 m.w.N.

32 *Odenthal* NStZ **1985** 433 m.w.N. in Fn. 3; *Wieczorek* Kriminalistik **1984** 545; vgl. auch LR/*Ignor/Bertheau* § 58, 24; LR/*Krause* § 81a, 44 ff.; SK/*Albrecht* 8; Nr. 18 RiStBV; ausf. zur Identifizierungsgegenüberstellung m.w.N. auch *Eisenberg* (Beweisrecht) Rn. 1353 ff., 1399 ff. (zur vielfach problematischen Verlässlichkeit). Bedenken gegen die Zulässigkeit der Identifizierungsgegenüberstellung überhaupt ohne (von ihnen empfohlene) ausdrückliche gesetzliche Grundlage bei *Burgdorf/Ehrentraut/Lesch* GA **1987** 106.

33 Näher LR/*Ignor/Bertheau* § 58, 18 und *Odenthal* NStZ **1985** 433, 436; vgl. auch OLG Frankfurt StV **1988** 290 (zu den Anforderungen an eine Rekonstruktion in der Hauptverhandlung).

34 Näher *Eisenberg* (Beweisrecht) Rn. 1350a; *Odenthal* NStZ **1985** 433, 434 m.w.N.; *Wieczorek* Kriminalistik **1984** 545.

35 OLG Karlsruhe NStZ **1983** 377 mit Anm. *Odenthal* NStZ **1984** 137; *Odenthal* NStZ **1985** 433, 435; vgl. auch LG Frankfurt StV **1986** 13 (zur Kennzeichnung des Beschuldigten in vorgelegten Lichtbildern).

36 *Wieczorek* Kriminalistik **1984** 545.

vollständiges schriftliches Protokoll nach Maßgabe der §§ 168, 168a erstellt werden.[37] Der Verlauf der Vernehmung muss aus dem Protokoll vollständig ersichtlich sein. Dabei ist allerdings kein prinzipielles Hindernis ersichtlich, die Bild-Ton-Aufzeichnung als eine Aufzeichnung des Verhandlungsinhalts nach Absatz 2 Satz 2 zu verwenden[38] oder sonst, etwa als Protokollanlage (s.o. Rn. 6), für das Protokoll nutzbar zu machen.[39] Bei der Verwendung als Aufzeichnung der Verhandlung ist jedoch zu beachten, dass in diesem Fall alle wesentlichen Förmlichkeiten, etwa Beanstandungen und Entscheidungen hierüber, so in die Bild-Ton-Aufnahme mit aufgenommen werden müssen, dass man sie später aus dieser (!) in hinreichend klarer und eindeutiger Form in das Protokoll übernehmen kann (s.u. Rn. 3);[40] dabei liegt es auf der Hand, dass dies namentlich bei kindlichen Zeugen die kindgerechte Durchführung der Vernehmung beeinträchtigen kann. Zu den bei Bild-Ton-Aufzeichnungen außerdem zu beachtenden Konsequenzen der – nach § 168a Abs. 6 Satz 3, 2. Hs. nunmehr ausdrücklich „unberührt" bleibenden – Löschungsregeln gemäß § 58a Abs. 2 Satz 2 i.V.m. § 101 Abs. 8 (ggf. auch i.V.m. § 136 Abs. 4 Satz 3) s.u. Rn. 37.

Die Alternative besteht darin, parallel zur Bild-Ton-Vernehmung **nach den allgemeinen Regeln** (Rn. 15 ff.) ein „normales" **Inhaltsprotokoll** herzustellen,[41] indem der Inhalt der Aussage entweder durch Diktat oder durch einen Protokollführer zusätzlich schriftlich niedergelegt wird. Ob dieser Vorgang in die Bild-Ton-Vernehmung einbezogen oder diese hierfür jeweils unterbrochen wird, dürfte eine nach den Umständen des Einzelfalls zu beantwortende Frage der Zweckmäßigkeit sein. Wenn so verfahren wird, ist allein die schriftliche, protokollierte Fassung Teil der Vernehmungsniederschrift nach § 168a Abs. 1, und auf sie beschränken sich die Genehmigung nach Absatz 3,4. In diesem Fall handelt es sich bei der Bild-Ton-Aufzeichnung mithin nicht um einen Bestandteil des Protokolls, sondern um ein davon unabhängiges Beweismittel, wobei sich die Durchführung der Vernehmung als Bild-Ton-Vernehmung und das Vorhandensein einer Ton-Bild-Aufzeichnung (selbstverständlich) aus dem Protokoll ergeben muss. Seit Einfügung von § 58a Abs. 3 durch Art. 1 OpferRRG ist eine gemäß § 58a erstellte Tonaufnahme unabhängig von § 168a jedenfalls dann in ihrem vollen Wortlaut in Schriftform zu übertragen, wenn eine Anwendung jener Regelung in Betracht kommt.[42] 21

Mit dem Erfordernis einer **Protokollierung** nach Wortlaut oder Inhalt gemäß § 168a Abs. 2 Satz 1 unvereinbar wäre es hingegen, ohne eine gesonderte schriftliche Wiedergabe des Vernehmungsinhalts im Protokoll lediglich die Bild-Ton-Aufzeichnung als **Anlage zum Protokoll** zu behandeln und auf sie zu verweisen.[43] Daran würde auch die spätere Her- 22

---

37 So bereits die Entwurfsbegr. BTDrucks. **13** 7165 S. 6 (Anwendbarkeit der §§ 168, 168a); ferner HK/*Zöller/Niedernhuber* 6; KK/*Schmitt* 7; Schmitt/Köhler/*Schmitt* 7 und § 58a, 9; MüKo/*Kölbel/Neßeler* 7; SSW/*Andrä* 11; *Burhoff* (Ermittlungsv.) Rn. 5423; *Eisenberg* (Beweisrecht) Rn. 1313; *Seitz* JR **1998** 309, 312; *Swoboda* (LV zu § 168e) 359 (mit Kritik hieran); de lege ferenda für einen Verzicht auf dieses Erfordernis *Altenhain* ZIS **2015** 269, 281.

38 Ebenso MüKo/*Kölbel/Neßeler* 14; **a.A.** NK/*Heghmanns* 11 unter Hinweis auf den nicht übertragbaren Bildanteil, wobei jedoch nicht ersichtlich ist, warum die Existenz der darin verkörperten *zusätzlichen* Informationen einer Übertragung des in der Tonspur vollständig enthaltenen protokollrelevanten Inhalts in ein Protokoll i.S. von § 168a entgegenstehen sollte.

39 Ebenso MüKo/*Kölbel/Neßeler* 14; SK/*Rogall* § 58a, 22; KMR/*Noltensmeier-von Osten* § 168e, 10; ausf. *Schmoll* (LV zu § 168e) 142 ff.; trotz gewisser Bedenken letzten Endes auch LR/*Rieß*[25] 18a, 18d; Bedenken bei *Altenhain* ZIS **2015** 269, 280 Fn. 128.

40 Ebenso MüKo/*Kölbel/Neßeler* 14.

41 *Altenhain* ZIS **2015** 269, 280; wohl auch KK/*Senge* § 58a, 9 und *Eisenberg* (Beweisrecht) Rn. 1313, soweit sie von einer „zeitgleichen" schriftlichen Dokumentation sprechen.

42 Unter der Geltung von § 58a a.F. insofern zweifelnd LR/*Rieß*[25] 18b.

43 Vgl. auch MüKo/*Kölbel/Neßeler* 14 sowie unten Rn. 29.

stellung einer vollständigen schriftliche Übertragung gemäß § 58a Abs. 3 nichts ändern, weil es sich bei dieser für sich genommen nicht um ein Protokoll i.S. der §§ 168, 168a handelt, und weil die Erhebung der Bild-Ton-Aufzeichnung zum Bestandteil des Vernehmungsprotokolls, dessen Aufbewahrung sich nach den allgemeinen Aktenaufbewahrungsfristen bestimmt, im Übrigen mit dem Vernichtungsgebot des § 58a Abs. 2 Satz 2 kollidieren könnte.

4. Arten der Protokollierung und Aufzeichnung der Verhandlung (Absatz 2)

23 **a) Allgemeines.** Absatz 2 Satz 1 eröffnet in doppelter Hinsicht Alternativen, zwischen denen der Richter nach **pflichtgemäßem Ermessen**[44] wählen kann: Zum einen eröffnet das Gesetz die Wahl zwischen einem **Wortprotokoll**, bei der die Verhandlung im Wortlaut wiedergegeben wird, und einem **Inhaltsprotokoll**, bei dem die Verhandlung in zusammengefasster Form wiedergegeben wird.[45] Zum anderen kann das Protokoll in beiden Fällen entweder schon **während der Verhandlung** oder aber **im Anschluss** an diese auf der Grundlage einer während der Verhandlung gefertigten Aufzeichnung erstellt werden. Letztere kann Absatz 2 Satz 2 wiederum sowohl in wörtlicher als auch in zusammenfassender Form angefertigt werden, wobei erstere als Grundlage für die spätere Erstellung eines Wortlaut- oder Inhaltsprotokolls dienen kann,[46] während letztere naturgemäß nur die Erstellung eines Inhaltsprotokolls ermöglicht. **Keine bloße Aufzeichnung** der Verhandlung nach Absatz 2 Satz 2 liegt vor, wenn das Protokoll in der Verhandlung handschriftlich in Langschrift hergestellt und nach § 168 Satz 4 unterschrieben wird, und wenn hiervon später lediglich zusätzlich aus Gründen der besseren Lesbarkeit eine maschinenschriftliche Leseabschrift gefertigt wird. Gleiches gilt für den Fall, dass der Text des Protokolls während der Sitzung vollständig elektronisch gespeichert, diese elektronische Fassung als Grundlage für die Genehmigung (Rn. 44) verwendet und davon im Anschluss an die Sitzung noch ein Papierausdruck gefertigt wird.[47] Die **nachträgliche Herstellung** eines Inhaltsprotokolls, dem nicht einmal zusammenfassende Notizen aus der Verhandlung, sondern lediglich eine **Rekonstruktion aus dem Gedächtnis** zugrundliegt, ist entgegen einer in der Gesetzesbegründung enthaltenen Einschätzung und der diese übernehmenden h.M.[48] nach wie vor[49] als **grds. unzulässig** zu betrachten, weil sie dem Sinn und Zweck der Protokollierungspflicht in eklatanter Weise zuwiderläuft.[50] Dieser Umstand wiegt schwerer als die – offenbar unreflektierte – Nennung eines solchen Vorgehens in der Gesetzesbegründung, ohne dass sich dessen Zulassung dem Gesetzeswortlaut zwingend entnehmen ließe. Ausnahmen wird man allenfalls bei ganz kurzen Verhandlungen zulassen können, bei denen die Gefahr einer unvollständigen Wiedergabe in einer aus dem Gedächtnis rekonstruierten Niederschrift gering erscheint. Die Art der Protokollierung oder Aufzeichnung ist nach § 168a Abs. 6 Satz 1 ihrerseits **als wesentliche Förmlich-**

---

44 BTDrucks. **19** 27654 S. 91; MüKo/*Kölbel/Neßeler* 8; KK/*Schmitt* 4; KMR/*Noltensmeier-von Osten* 9; Schmitt/Köhler/*Schmitt* 8; Nr. 5b RiStBV empfehlen, vom Einsatz technischer Hilfsmittel in möglichst großem Umfang Gebrauch zu machen.

45 Zu jeweiligen Vor- und Nachteilen und möglichen Kriterien einer sachgerechten Wahl NK/*Heghmanns* 7.

46 BTDrucks. **19** 27654 S. 91; HK/*Zöller/Niedernhuber* 8; MüKo/*Kölbel/Neßeler* 9; OK/*El Duwaik* 18.

47 Ebenso MüKo/*Kölbel/Neßeler* 11.

48 BTDrucks. **19** 27654 S. 93; HK/*Zöller/Niedernhuber* 9; KK/*Schmitt* 6; Schmitt/Köhler/*Schmitt* 22; OK/*El Duwaik* 19.

49 Zur alten Rechtslage BTDrucks. **8** 976 S. 41; LR/*Erb*[27] 25 a.E.

50 Ebenfalls krit., ein solches Vorgehen aber wegen besagter Äußerung in der Gesetzesbegründung gleichwohl als „Neuerung" akzeptierend, MüKo/*Kölbel/Neßeler* 9, 13.

keit zu protokollieren; die Möglichkeit, einen relevanten Vorgang gemäß § 168a Abs. 6 Satz 1 a.E. „sonst aktenkundig zu machen", wird man auf Verfahrensschritte beschränken müssen, die erst nach der endgültigen Fertigstellung des Protokolls erfolgen (d.h. im Wesentlichen auf das Genehmigungsverfahren nach Abs. 4).[51]

Gegen die **Entscheidung des Richters** darüber, ob das Protokoll während der Untersuchungshandlung sogleich in Langschrift herzustellen ist oder ob und in welcher Art die Verhandlung zunächst nur gemäß § 168a Abs. 2 Satz 2 aufgezeichnet werden soll, ist **keine Beschwerde** zulässig, da dies mit der Verfahrenslage unvereinbar wäre. Auch wenn ein **Protokollführer** mitwirkt, kommt eine bloße Aufzeichnung vor der endgültigen Protokollerstellung in Betracht; dem Protokollführer obliegt es alsdann, die Aufzeichnung herzustellen oder das hierfür eingesetzte Tonaufnahmegerät zu bedienen. Aus dem späteren Protokoll muss erkennbar sein, dass es nachträglich aufgrund von Aufzeichnungen hergestellt worden ist.[52] 24

b) Formen der Aufzeichnung. In welchen Formen eine Aufzeichnung der Verhandlung erfolgen kann, auf deren Grundlage das Protokoll zu einem späteren Zeitpunkt erstellt werden soll, ist der Vorschrift im Gegensatz zur früheren Gesetzesfassung nicht mehr zu entnehmen, womit sich Diskussionen um einen evt. (richtigerweise indessen schon nach alter Rechtslage zu verneinenden) abschließenden Charakter einer entsprechenden Aufzählung[53] erledigt haben. 25

In Betracht kommen neben den in § 168a Abs. 2 a.F. genannten Kurzschriften (die heute freilich keine praktische Rolle mehr spielen) und **Tonaufnahmen** etwa **flüchtige handschriftliche Langschrift**[54] (ggf. mit verständlichen, d.h. auch von einem an der Verhandlung unbeteiligten sachkundigen Dritten nachträglich zuverlässig nachvollziehbaren **Abkürzungen**) und Diktate in den Computer mit Hilfe von **Spracherkennungsprogrammen**, soweit auf diese Weise nicht bereits das endgültige Protokoll erstellt wird (vgl. auch oben Rn. 23). 26

Werden Tonaufnahmegeräte oder Spracherkennungsprogramme verwendet, so müssen die **Geräte nicht während der gesamten Dauer** der Untersuchungshandlung eingeschaltet sein, es genügt, wenn der Richter in sie hinein die wesentlichen Förmlichkeiten und die Untersuchungsergebnisse diktiert. Bei Vernehmungen kann entweder der Wortlaut der Aussage unmittelbar auf Tonträger aufgezeichnet werden oder ein zusammenhängendes Diktat des Richters; auch ein Wechsel zwischen beiden Vorgehensweisen kommt in Betracht.[55] 27

Eine **Kombination verschiedener Formen** der Aufzeichnung untereinander ist möglich.[56] So können beispielsweise die wesentlichen Förmlichkeiten des Verfahrens mittels Kurzschrift, Langschrift (auch durch Eingabe in einen Computer) oder verständlicher Abkürzungen schriftlich festgehalten und die Vernehmungen mit einem Tonaufnahmegerät 28

51 Zutr. KK/*Schmitt* 9; **a.A.** (wohl allgemein von einer Gleichwertigkeit des Mitprotokollierens oder des Aktenkundigmachens ausgehend) HK/*Zöller/Niedernhuber* 7; Schmitt/Köhler/*Schmitt* 28.

52 HK/*Zöller/Niedernhuber* 4; SK/ *Albrecht* 12.

53 Dazu LR/*Erb*[27] 25 ff.

54 Für letztere **a.A.** NK/*Heghmanns* 10, der im Falle einer Lesbarkeit handschriftlicher Aufzeichnungen darin bereits das endgültige Protokoll erblickt. Dem ist entgegenzuhalten, dass die Handhabung solcher Aufzeichnungen wegen der Mühe, die das Lesen einer fremden Handschrift regelmäßig bedeutet, ähnlich erschwert ist wie diejenige einer Tonaufzeichnung, während die Funktion des Protokolls die Möglichkeit verlangt, sich durch einen einfachen Blick Kenntnis von seinem Inhalt zu verschaffen.

55 Zum alten Recht Begr. zum RegE des StVÄG 1979, BTDrucks. **8** 976 S. 41.

56 Ebenso SK/*Albrecht* 10.

aufgenommen werden. In diesen Fällen wird aus den verschiedenen Unterlagen später das einheitliche Protokoll erstellt.

29 Dagegen erscheint es zweifelhaft und dürfte im Allgemeinen unzulässig sein, bei einer einheitlichen richterlichen Untersuchungshandlung **teilweise** bereits das endgültige Protokoll und teilweise eine schlichte Aufzeichnung zu erstellen, etwa dergestalt, dass die Formalien sogleich protokolliert und der sachliche Inhalt, namentlich bei Vernehmungen, zwecks späterer Protokollierung aufgezeichnet wird.[57] Auch bei Bild-Ton-Aufzeichnungen nach § 58a dürfte diese Verfahrensweise daher ausscheiden (s.o. Rn. 22). Anders können die Dinge allenfalls dann liegen, wenn es sich um zwei voneinander trennbare, wenn auch zeitlich unmittelbar zusammenhängende Ermittlungshandlungen handelt, etwa, wenn mehrere Zeugen nacheinander vernommen werden.

30 Wird die **gesamte Verhandlung** ohne besonderes Diktat durch unmittelbare Aufnahme **auf** den **Tonträger** aufgezeichnet, so muss der Richter dafür Sorge tragen, dass die nach Absatz 1 erforderlichen Angaben in die Aufzeichnung aufgenommen werden, damit ihre spätere Aufnahme in das Protokoll sichergestellt ist.

31 Bei der Vernehmung von Zeugen und Sachverständigen ist die unmittelbare Aufzeichnung ihrer Aussage auf Tonträger auch **ohne** ihre **Zustimmung** (aber nicht heimlich) zulässig.[58] Absatz 2 Satz 2 stellt insofern eine Ermächtigungsgrundlage für diesen Eingriff in das Persönlichkeitsrecht am gesprochenen Wort dar.[59] Die zur alten Fassung der Vorschrift früher teilweise vertretene **Gegenmeinung**[60] war spätestens durch die Schaffung des § 58a überholt, der die Bild-Ton-Aufzeichnung jeder (richterlichen) Zeugenvernehmung ohne gesetzliche Einschränkungen gestattet und insofern über die Zulässigkeit einer bloßen Tonaufnahme noch hinausgeht. Der Beschuldigte kann die unmittelbare Aufzeichnung seiner Aussage jedoch dadurch verhindern, dass er von seinem Recht zum Schweigen Gebrauch macht. Ist er davon abgesehen aussagebereit, so können es die Aufklärungspflicht und der Anspruch des Beschuldigten auf rechtliches Gehör gebieten, eine andere Form der Aufzeichnung zu wählen.[61]

32 **c) Herstellung des Protokolls aus Aufzeichnungen.** Wenngleich das in § 168a Abs. 2 Satz 2 a.F. enthaltene Gebot, aus einer Aufzeichnung der Verhandlung unverzüglich nach deren Beendigung das Protokoll herzustellen (das erst dadurch entsteht[62]), nicht in die heutige Gesetzesfassung übernommen wurde, sollte dies schon im Interesse der Verfahrensbeschleunigung ohne jede vermeidbare Verzögerung geschehen[63] – auf jeden Fall so rechtzeitig, dass dem Richter, der durch seine Unterschrift eine gewisse inhaltliche Mitverantwortung übernimmt (§ 168, 26), noch eine inhaltliche Kontrolle nach seinem Gedächtnis möglich ist.[64] Hat bei der Aufzeichnung ein Protokollführer mitgewirkt, so ist er für die zügige Herstellung des Protokolls verantwortlich. Es empfiehlt sich, den Zeitpunkt der

---

57 Ebenso SK/*Albrecht* 10.

58 KMR/*Noltensmeier-von Osten* 9; NK/*Heghmanns* 11; *Kurth* NJW **1978** 2481, 2484 Fn. 40.

59 BGHSt **34** 39, 52; vgl. auch OLG Koblenz NStZ **1988** 42 (zur Aufnahme der mündlichen Urteilsverkündung zwecks Erleichterung des schriftlichen Urteils, die allerdings kein Fall des § 168a ist). Die Tonaufzeichnung darf allerdings nicht heimlich erfolgen.

60 *Kühne* StV **1991** 103.

61 Ebenso SK/*Albrecht* 10.

62 BTDrucks. **19** 27654 S. 93; MüKo/*Kölbel/Neßeler* 15; HK/*Zöller* 6; KMR/*Noltensmeier-von Osten* 10; SSW/*Andrä* 4.

63 HK-GS/*Ambos* 3; KK/*Schmitt* 6; KMR/*Noltensmeier-von Osten* 7; Schmitt/Köhler/*Schmitt* 13; OK/*El Duwaik* 13; Radtke/Hohmann/*Rettenmaier* 6; SSW/*Andrä* 3.

64 Ebenso HK/Zöller/*Niedernhuber* 10; MüKo/*Kölbel/Neßeler* 15.

Protokollherstellung in diesem zu vermerken.[65] Jegliche stilistische und grammatikalische „Korrekturen" bei der Übertragung können die Bedeutung einer Aussage verzerren und sind müssen deshalb strikt vermieden werden.[66] Eine schleppende Herstellung des Protokolls stellt für sich allein keinen Mangel dar, der seine Verwertbarkeit hindert; es kann aber dann seinen Beweiswert beeinträchtigen, wenn infolge einer langen Verzögerung die Zuverlässigkeit des Inhalts in Frage gestellt erscheint.[67] Sind die Aufzeichnungen noch vorhanden und erkennbar vollständig, so wird dies jedoch kaum jemals der Fall sein.

Sind die **Aufzeichnungen**, was namentlich in Bezug auf die nach Absatz 1 geforderten 33
Angaben oder wegen technischer Fehler vorkommen kann, **lückenhaft**, so können die Lücken bei der Herstellung des Protokolls wahrheitsgemäß ausgefüllt werden.[68] Die Aufzeichnungen haben – wie das Protokoll als solches (vgl. Rn. 52 f.) – keine Beweiskraft dahingehend, dass in ihnen Festgehaltenes als geschehen und in ihnen nicht Enthaltenes als nicht geschehen gilt oder auch nur vermutet wird. Soweit die Aufzeichnungen allerdings genehmigte Aussagen enthalten, sind Änderungen mit Ausnahme der Berichtigung von offensichtlichen Fassungsversehen nicht zulässig.[69] Können Unklarheiten und Lücken nicht auf diese Weise ausgefüllt werden, so ist im Protokoll auf diese Unsicherheit hinzuweisen.[70]

d) Behandlung der Aufzeichnungen nach Herstellung des Protokolls. Die nicht 34
sogleich als endgültiges Protokoll erstellten Aufzeichnungen werden nicht Bestandteil des späteren Protokolls;[71] sie sind aber Bestandteil der Akten, und zwar unabhängig davon, ob sie sich dazu eignen, körperlich zu den Akten genommen zu werden. Die nunmehr in Absatz 6 Satz 2 getroffene Regelung über die weitere Behandlung der Aufzeichnungen hat lediglich aufbewahrungstechnische Bedeutung: Schriftliche Aufzeichnungen sind regelmäßig zu den Akten zu nehmen. Tonträger, die hierzu nicht geeignet sind, sind gesondert bei der Geschäftsstelle zu verwahren, der die Aktenführung obliegt. In Computerdateien erstellte Aufzeichnungen, die im Rahmen der elektronischen Aktenführung künftig eine dominierende Rolle einnehmen dürften, sind so zu speichern, dass eine jederzeitige Zuordnung möglich ist. Sind die Akten, wie regelmäßig bei richterlichen Untersuchungshandlungen im Vorverfahren, an eine andere aktenführende Stelle zurückzusenden, so sind die Aufzeichnungen einschließlich etwaiger Tonträger beizufügen. Wechselt die aktenführende Stelle, so sind mit den Akten auch die Aufzeichnungen, die gesondert verwahrt werden, abzugeben; mit der Erhebung der Anklage sind sie stets an die Geschäftsstelle des Gerichtes abzugeben, wenn dieses nach der Aktenordnung aktenführende Stelle wird. Bleibt die Staatsanwaltschaft aktenführende Stelle, so ist es rechtlich nicht unzulässig, wenn die Aufzeichnungen weiterhin bei der Geschäftsstelle der Staatsanwaltschaft verwahrt werden;[72] praktisch empfiehlt sich dies zumindest dann nicht, wenn Gericht und Staatsanwaltschaft ihren Sitz an verschiedenen Orten haben. Werden die Akten vorübergehend versandt oder zur Bearbeitung vorgelegt, so brauchen die gesondert aufzubewahrenden Tonträger regelmäßig nicht mit versandt oder vorgelegt zu werden. Eine unmittelbare räumliche Verbindung zwischen der Aktenver-

---

65 MüKo/*Kölbel/Neßeler* 15; *Eb. Schmidt* § 188, 10.

66 NK/*Heghmanns* 12.

67 KMR/*Noltensmeier-von Osten* 7; NK/*Heghmanns* 12; SK/*Albrecht* 11.

68 MüKo/*Kölbel/Neßeler* 15; SK/*Albrecht* 11; einschr., (Protokoll hinsichtlich der betroffenen Aspekte nicht mehr als richterliches Protokoll verwertbar) NK/*Heghmanns* 12.

69 BTDrucks. **8** 976 S. 41.

70 MüKo/*Kölbel/Neßeler* 15; HK/*Zöller/Niedernhuber* 11.

71 KK/*Schmitt* 8; *Kurth* NJW **1978** 2481, 2484; ebenso für die ZPO *Franzki* DRiZ **1975** 97, 100.

72 Vgl. auch LR/*Stuckenberg* § 199, 23.

wahrung und den „mit den Akten“ aufzubewahrenden Aufzeichnungen ist nicht erforderlich; auch die Sammelverwahrung der Tonträger ist möglich, wenn sie jederzeit unschwer auffindbar sind und eindeutig zugeordnet werden können. Im Rahmen der elektronischen Aktenführung ist eine feste physische Verbindung zwischen evt. verbleibenden körperlichen Aufzeichnungen und elektronischem Akteninhalt ohnehin nicht mehr möglich.

35 Das **Akteneinsichtsrecht** nach § 147 umfasst auch das Recht auf Einsicht in die Aufzeichnungen.[73] Bei Tonaufzeichnungen kann der Verteidiger verlangen, dass ihm das Abhören auf der Geschäftsstelle ermöglicht wird; dagegen werden dem Verlangen, sie ihm zum Abhören in seine Geschäftsräume oder Wohnung mitzugeben, schon wegen der Gefahr der versehentlichen Löschung häufig wichtige Gründe entgegenstehen.[74]

36 Dagegen kann der Verteidiger, soweit dies technisch möglich ist (was regelmäßig der Fall sein wird), die Aufzeichnung auf einen anderen **Tonträger überspielen** oder eine amtlich gefertigte **Kopie** jedenfalls dann verlangen, wenn es sich um eine umfangreiche und schwierige Tonaufzeichnung, namentlich ein längeres Wortprotokoll, handelt.[75] Dies kann man heute daraus ableiten, dass das Gesetz in § 58a Abs. 2 Satz 3 grds. sogar die Überlassung von Kopien der (weitaus sensibleren) Bild-Tonaufzeichnung nach § 58a an den Verteidiger vorsieht.[76] Weil die besondere Schutzbedürftigkeit des Zeugen im Zusammenhang mit einer Bild-Ton-Aufzeichnung bei einer schlichten Aufzeichnung der Vernehmung per Tonaufnahme regelmäßig nicht besteht, können die nach § 58a Abs. 2 Satz 4 und Abs. 3 vorgesehenen Einschränkungen umgekehrt nicht auf letztere übertragen werden. Diese sind jedoch in vollem Umfang zu beachten, wenn eine **Bild-Ton-Aufzeichnung** nach § 58a zugleich als Aufzeichnung i.S. von § 168a dient (dazu oben Rn. 20). (Ausschließlich) in diesem Fall ist es dem Verteidiger also gemäß § 58a Abs. 2 Satz 4 untersagt, eigene Kopien zu fertigen oder die ihm überlassenen Kopien an den Beschuldigten oder an Dritte weiterzugeben, und nach § 58a Abs. 3 kann ein Zeuge der Überlassung einer Kopie hier mit der Maßgabe widersprechen, dass der zur Akteneinsicht Berechtigte nur ein schriftliches Protokoll der Aufzeichnung erhält.

37 Grundsätzlich gelten für die Aufzeichnungen die allgemeinen **Aufbewahrungsfristen**, wobei Absatz 6 Satz 2 jedoch eine vorzeitige Löschung zulässt, wenn das Verfahren rechtskräftig abgeschlossen oder sonst beendet ist.[77] Maßgebend für diese (nach § 168a Abs. 2 Satz 4 a.F. zunächst auf Tonträger beschränkte) Sonderregelung waren ursprünglich fiskalische Gründe,[78] die nach dem inzwischen erreichten Stand der Technik keine nennenswerte Bedeutung mehr haben dürften. Es besteht deshalb im Allgemeinen kein Anlass, die Befugnis zur vorzeitigen Löschung auszunutzen. Bei **Bild-Ton-Aufzeichnungen** von Vernehmungen sind allerdings ergänzend – nach § 168a Abs. 6 Satz 3, 2. Hs. nunmehr ausdrücklich „unberührt“ bleibenden – Löschungsregeln gemäß § 58a Abs. 2 Satz 2 i.V.m. § 101 Abs. 8 (ggf. auch i.V.m. § 136 Abs. 4 Satz 3) zu beachten. Diese können einerseits eine längere Aufbewahrung erfordern als die Regelung in § 168a Abs. 6 Satz 3, wenn die Aufzeichnung über die Beendigung des laufenden Verfahrens hinaus anderweitig zur Strafverfolgung oder zu einer gerichtlichen Überprüfung einer Maßnahme benötigt wird. An-

73 OLG Stuttgart NStZ **1986** 42; KK/*Schmitt* 8; KMR/*Noltensmeier-von Osten* 31; SK/*Albrecht* 25; *Kurth* NJW **1978** 2481, 2484.

74 *Burhoff* (Ermittlungsv.) Rn. 462; *Kurth* NJW **1978** 2484; *Franzki* DRiZ **1975** 101; vgl. auch AK/*Achenbach* 4.

75 Ähnlich LR/*Jahn* § 147, 121.

76 Eingehend LR/*Rieß*[25] 28a.

77 Die großzügigere Löschungsregelung des § 160a Abs. 4 Nr. 1 ZPO ist mit den Besonderheiten des Strafverfahrens unvereinbar.

78 Der RegE des StVÄG 1979, BTDrucks. **8** 976 S. 41 spricht von den häufig kostspieligen Tonträgern.

dererseits gebietet § 101 Abs. 8 Satz 1 dann, wenn letzteres nicht mehr der Fall ist, anders als die bloße Kann-Vorschrift in § 168a Abs. 6 Satz 3 zwingend die unverzügliche Löschung der Aufzeichnung. Ein echter Regelungskonflikt ist an dieser Stelle allerdings nicht zu befürchten, weil man die Aufzeichnung bis zu dem in § 168a Abs. 6 Satz 3 bezeichneten Zeitpunkt stets als „zur Strafverfolgung erforderlich" betrachten kann.[79] Infolgedessen wird es niemals nach § 101 Abs. 8 Satz 1 geboten sein, eine Aufzeichnung zu löschen, bevor § 168a Abs. 6 Satz 3 sie erlaubt. Für polizeiliche Vernehmungen gilt die Pflicht, Tonträger-Aufzeichnungen bis zur Beendigung des Verfahrens aufzubewahren, ebenfalls.[80]

Beendet in diesem Sinne ist das Verfahren dann, wenn mit der Notwendigkeit, das Protokoll anhand der Aufzeichnungen auf seine Richtigkeit zu überprüfen, im regelmäßigen Verfahrensgang nicht mehr zu rechnen ist.[81] Unter **Rechtskraft** ist daher hier auch die beschränkte Rechtskraft nach § 211 zu verstehen. Dagegen ist die Löschung noch nicht zulässig, wenn das Verfahren nach § 205 vorläufig oder nach § 206a oder § 260 Abs. 3 wegen eines *behebbaren* Verfahrenshindernisses eingestellt worden ist, solange noch damit zu rechnen ist, dass das Verfahren nach seiner Behebung sachlich fortgesetzt wird. Bei Einstellung des Verfahrens durch die Staatsanwaltschaft nach § 170 Abs. 2 ist vor der Löschung die Frist für ein Klageerzwingungsverfahren abzuwarten. Wird das Verfahren nach § 153a vorläufig eingestellt, so ist es erst nach der Erfüllung der Auflagen und Weisungen beendet. Entsprechendes gilt bei einer Einstellung nach § 154, sobald die Bezugssache in Rechtskraft erwachsen und die Frist nach § 154 Abs. 4 abgelaufen ist.[82] Der Umstand, dass die Staatsanwaltschaft ein nach § 170 Abs. 2 oder nach § 153 Abs. 1 eingestelltes Verfahren jederzeit fortsetzen kann, hindert dagegen die Löschung nicht; insoweit steht die faktische Verfahrensbeendigung der Rechtskraft gleich.[83] Betrifft die Tonaufzeichnung nur einen von mehreren Mitbeschuldigten, so kommt es darauf an, ob das Verfahren gegen diesen beendet ist. Die Entscheidung über die Löschung obliegt der Geschäftsstelle in eigener Verantwortung; doch kann sich bei Zweifelsfragen darüber, ob das Verfahren beendet ist, eine Rückfrage beim Richter oder Staatsanwalt empfehlen. 38

e) Verlust der Aufzeichnungen. Der **Verlust der Aufzeichnungen** oder die vorzeitige Vernichtung oder Löschung nach der Herstellung des Protokolls hindert nicht dessen Verwertung als gerichtliches Protokoll.[84] 39

5. Genehmigung des Protokollinhalts (Absatz 3, 4)

a) Bedeutung und Varianten. Die in Absatz 3 und 4 vorgeschriebene Genehmigung soll eine Gewähr dafür bieten, dass der Protokollinhalt den Bekundungen der vernommenen Person entspricht. Für Protokolle, die bereits **während der Verhandlung** erstellt werden, und für zusammenfassende Aufzeichnungen der Verhandlung sieht das Gesetz dabei vor, dass das Dokument den von ihm betroffenen Personen am Ende der Verhandlung zur 40

---

79 Ebenso NK/*Heghmanns* 22.
80 BGH NStZ **1997** 611.
81 Begr. zum RegE des StVÄG 1979, BTDrucks. **8** 976 S. 41; HK/*Zöller/Niedernhuber* 19; KK/*Noltensmeier-von Osten* 32.
82 NK/*Heghmanns* 22.
83 Ebenso KK/*Noltensmeier-von Osten* 32; MüKo/*Kölbel/Neßeler* 18; **a.A.** SK/*Albrecht* 26, nach deren Auffassung in den (häufigen) Fällen der „normalen" Einstellung nach § 170 Abs. 2 eine vorzeitige Löschung ausscheidet.
84 HK/*Zöller/Niedernhuber* 19; KK/*Schmitt* 8; KMR/*Noltensmeier-von Osten* 33 f.; zum Vorgehen bei Zweifeln an der Richtigkeit der Übertragung s.u. Rn. 54.

Genehmigung zur Kenntnis gebracht wird (Absatz 3). Wird das Protokoll erst **nach der Verhandlung** als Inhaltsprotokoll aus Aufzeichnungen erstellt, ohne dass diese wörtlich übernommen werden, so ist es den von ihm betroffenen Personen nachträglich zur Genehmigung zu übermitteln (Absatz 4). Erfolgt die nachträgliche Erstellung des Protokolls hingegen durch die **wörtliche Übertragung** einer Aufzeichnung (wobei es nicht darauf ankommt, ob diese die Verhandlung ihrerseits wörtlich wiedergibt oder ob sie diese zusammenfasst), sieht das Gesetz keine zusätzliche Genehmigung durch die Beteiligten vor; in diesem Fall ist die Authentizität durch die Person zu bestätigen, die die Übertragung hergestellt oder – bei maschineller Übertragung – überprüft hat (Absatz 5).

41 Eine **Pflicht** zur Genehmigung oder zur Geltendmachung von Einwänden wird durch die Vorschrift **für die Beweisperson nicht begründet** Die beteiligte Person kann daher, ohne die Gründe hierfür darlegen zu müssen, die Genehmigung verweigern. Nach dem Zweck der Vorschrift, durch das Genehmigungsverfahren auf eine vollständige inhaltliche Protokollierung und ggf. die Klärung von Missverständnissen hinzuwirken, sollte jedoch eine Erklärung darüber angestrebt werden, warum die Genehmigung verweigert wird.[85] Eine **Belehrung** über die Bedeutung der Genehmigung ist nicht erforderlich.[86] Eine Verweigerung der Genehmigung stellt die Verwertbarkeit als richterliches Protokoll nicht in Frage.[87]

42 **b) Beteiligte Personen** im Sinne der Absätze 3 und 4 sind diejenigen, deren Äußerungen im Protokoll wiedergegeben werden, und das Genehmigungsverfahren (Vorlage und Genehmigung) bezieht sich nur auf die Protokollteile, die diese Erklärungen enthalten.[88] Einen Anspruch auf Vorlage und Genehmigung des ganzen Protokolls hat niemand, auch nicht der anwesende Beschuldigte. An der Verhandlung beteiligt ist bei einer Vernehmung die vernommene Person. Beteiligt sind ferner andere Personen, die während einer Vernehmung oder einer Augenscheineinnahme Erklärungen abgeben, die sich auf den Inhalt der Untersuchungshandlung beziehen und mitzuprotokollieren sind,[89] so etwa Fragen und Vorhalte des Verteidigers oder Staatsanwalts oder eigene ergänzende Äußerungen des anwesenden Beschuldigten (bei Zeugenvernehmungen). Zu den beteiligten Personen gehören dagegen nicht solche, die lediglich das Verfahren betreffende Anträge gestellt haben. Solche Anträge sind zwar als wesentliche Förmlichkeiten zu protokollieren (Rn. 11), unterliegen aber nicht dem Genehmigungsverfahren nach Absatz 3, 4.

43 Wer bei **Augenscheineinnahmen** als beteiligte Personen anzusehen sind, ist noch nicht restlos geklärt. Die frühere Rechtsprechung[90] hat in diesem Fall die anwesenden Verfahrensbeteiligten, also Staatsanwalt, Verteidiger, Beschuldigten und ggf. auch Sachverständigen, als beteiligte Personen angesehen, weil deren Genehmigung bezeuge, dass der Augenschein zutreffend protokolliert worden sei. Nach neuerer, nur beiläufig geäußerter Meinung im Schrifttum soll nur die Person beteiligt sein, die Gegenstand einer Augenscheineinnahme ist.[91] Vom Zweck des Genehmigungsverfahrens her sprechen gute Gründe

85 Zu § 168a Abs. 3 a.F. HK-GS/*Pflieger*/*Ambos*[4] 3; KK/*Griesbaum*[7] 11; Meyer-Goßner/*Schmitt*[60] 6; SSW/*Sing*/*Vordermayer*[3] 5 (Genehmigung sei anzustreben).

86 Zu § 168a Abs. 3 a.F. BGH v. 16.2.1982 – 5 StR 688/81; HK/*Zöller*/*Niedernhuber* 13; vgl. auch *Hegmann* 153, der einen Hinweis auf die Bedeutung für wünschenswert hält.

87 KMR/*Noltensmeier-von Osten* 16; Schmitt/Köhler/*Schmitt* 18, 23.

88 KK/*Schmitt* 10; NK/*Heghmanns* 18; Schmitt/Köhler/*Schmitt* 17; SK/*Albrecht* 17.

89 Ähnlich MüKo/*Kölbel*/*Neßeler* 20; **a.A.** NK/*Heghmanns* 14.

90 RGSt **31** 135; RG JW **1931** 2504 mit Anm. *Lißner*; ebenso LR[15] § 186, 6; *Eb. Schmidt* § 188, 14; wohl auch *Feisenberger* § 188, 5.

91 AnwK/*Walther* 9; HK/*Zöller*/*Niedernhuber* 13; Schmitt/Köhler/*Schmitt* 17; SK/*Albrecht* 2.

für die frühere Auffassung.[92] Bei einer richterlichen Leichenschau ist der Arzt beteiligte Person,[93] ebenso bei einer Leichenöffnung im Beisein des Richters.[94]

c) Genehmigungsverfahren. Um der beteiligten Person die Mitprüfung zu ermöglichen, ist ihr die entsprechende Protokollpassage oder Aufzeichnung auf einem der in der Vorschrift vorgesehenen Wege zur Kenntnis zu bringen; sie kann hierauf nach Absatz 3 a.E. und Absatz 4 a.E. aber auch verzichten. Bei einem solchen **Verzicht** darf der Richter vom entsprechenden Prozedere absehen, muss dies aber nicht tun – und sollte es auch insbesondere dann nicht tun, wenn er Zweifel hat, ob dem Beteiligten die Bedeutung des Verzichts bewusst ist.[95] Im Übrigen ist auch nach erfolgtem Verzicht in jedem Fall nach einer Genehmigung zu fragen, weil diese trotz eines solchen erteilt oder verweigert werden kann.[96] 44

Für das Genehmigungsverfahren **in der Verhandlung** kommt nach Absatz 3 die Anzeige auf einem Bildschirm, die Vorlage zur Durchsicht oder das Vorlesen in Betracht, bei Aufzeichnungen darüber hinaus das Abspielen, wenn sie (was beim Protokoll als solchem nicht möglich ist) in einer hierfür geeigneten Form (Ton- oder Bild-Ton-Aufnahmen) erstellt wurden. Soweit bei der jeweiligen Art der Protokollierung oder Aufzeichnung unterschiedliche Varianten technisch möglich sind (Vorlage oder Vorlesen bei Schriftstücken, Bildschirmanzeige oder Vorlesen bei Textdateien), entscheidet der Richter, welche von ihnen gewählt wird. Die beteiligte Person hat keinen Anspruch darauf, dass ihr das Dokument vorgelegt wird, wenn es auch oft zweckmäßig sein wird, ihrem Wunsch Rechnung zu tragen.[97] Umgekehrt muss man einer Person, die des Lesens nicht hinreichend kundig ist, selbstverständlich einen Anspruch auf Vorlesen zubilligen. Ein bereits in der Verhandlung in Langschrift hergestelltes Protokoll darf erst nach vollständigem Abschluss des Genehmigungsverfahrens und dessen nach Absatz 6 Satz 1 vorgesehener Protokollierung vom Richter und vom Protokollführer unterzeichnet werden,[98] denn das Genehmigungsverfahren und seine Protokollierung nach Absatz 3 gehören noch zu der zu protokollierenden Untersuchungshandlung, sodass im Zeitpunkt der Vorlage nur ein Protokollentwurf vorliegt. Nachdem das Gesetz eine Unterschrift der beteiligten Person nicht mehr vorsieht, wird die Genehmigung im Protokoll zweckmäßigerweise durch die Worte „vorgelesen (bzw. selbst gelesen) und genehmigt" (abgekürzt „v.u.g." bzw. „s.g.u.g.") ausgedrückt. 45

Werden gegen den Protokollinhalt **Einwendungen** erhoben, so darf dem, sofern es sich nicht um rein stilistische Änderungen oder um offensichtliche Unrichtigkeiten bei der ersten Protokollierung handelt, nicht durch einfache Änderung des zunächst Protokollierten Rechnung getragen werden, weil das die Aufgabe des Protokolls beeinträchtigen würde, auch den Ablauf der Untersuchungshandlung genau wiederzugeben (Rn. 14). Es ist vielmehr jetzt zu protokollieren, was die Beweisperson im Genehmigungsverfahren ergänzend, erläuternd, abschwächend oder korrigierend erklärt hat, ggf. auch, wie sie dies motiviert.[99] Führt eine solche ergänzende Protokollierung nicht zur Genehmigung, so ist dies im Protokoll zu vermerken. 46

---

92 Ebenso MüKo/*Kölbel/Neßeler* 20.

93 LR/*Krause* § 87, 15 m.w.N.; *Eisenberg* (Beweisrecht) Rn. 1949.

94 LR/*Krause* § 87, 29; *Eisenberg* (Beweisrecht) Rn. 1957.

95 HK/*Zöller/Niedernhuber* 16; KK/*Schmitt* 11; vgl. auch NK/*Heghmanns* 15.

96 HK/*Zöller/Niedernhuber* 16; KK/*Schmitt* 11; MüKo/*Kölbel/Neßeler* 22; Radtke/Hohmann/*Rettenmaier* 9; SK/*Albrecht* 21; SSW/*Andrä* 8.

97 Ausführlich LR/*Meyer-Goßner*[23] 15; vgl. auch *Eb. Schmidt* § 188, 15; **a.A.** RGSt **55** 1, 4.

98 OK/*El Duwaik* § 168, 9.

99 Ähnlich HK/*Zöller/Niedernhuber* 15; NK/*Heghmanns* 15; SK/*Albrecht* 19; großzügiger Schmitt/Köhler/*Schmitt* 12.

47 Einen Anspruch auf Erteilung einer **Protokollabschrift** haben bei dem Verfahren nach Absatz 3 weder die beteiligten Personen (auch soweit es sich nur um die Wiedergabe ihrer Bekundungen handelt) noch der Beschuldigte oder sein Verteidiger. Wenngleich die StPO dies in der Sache umgekehrt auch nicht untersagt, verbietet es sich angesichts der Verfahrensherrschaft der Staatsanwaltschaft im Ermittlungsverfahren, dass der Richter eine entsprechende Entscheidung trifft.[100] Einem Zeugen eine Protokollabschrift zu überlassen wird im Übrigen in Hinblick auf die mögliche Gefährdung des Untersuchungszwecks und die Spontaneität späterer Aussagen oft auf Bedenken stoßen (s. bereits § 163, 129).

48 Bei einer **nachträglichen Erstellung des Protokolls,** die nicht in einer wörtlichen Übertragung von Aufzeichnungen besteht, wird die Möglichkeit der Kenntnisnahme gemäß Absatz 4 durch „Übermittlung" des fertigen Protokolls eröffnet, die in elektronischer Form oder durch Übersendung eines Ausdrucks erfolgen kann. Ein Verzicht auf die Übermittlung kann sowohl während der Verhandlung als auch nachträglich erfolgen.[101] Dieser Form des Genehmigungsverfahrens führt zwangsläufig dazu, dass die beteiligte Person (sei es in digitaler Form, sei es in Papierform) eine Protokollabschrift erhält, was im Hinblick auf die Überprüfung der Aussagekonstanz bei einer späteren Vernehmung in der Hauptverhandlung sehr problematisch erscheint.[102] Außerdem liegt es bei ihr in der Natur der Sache, dass eine Genehmigung oder evt. Einwendungen nicht mehr im Protokoll als solchem vermerkt werden können. Diese sind dann vielmehr gemäß Absatz 6 Satz 1 a.E. „sonst aktenkundig zu machen".

49 **d) Protokollierung der Genehmigung.** Die Vorgänge, die die Genehmigung betreffen, gehören im Fall von Absatz 3 zu den wesentlichen in das Protokoll aufzunehmenden Förmlichkeiten. Zu protokollieren sind insofern die Eröffnung der Kenntnis vom Inhalt des Dokuments auf dem im Einzelfall gewählten Weg oder aber der Verzicht der beteiligten Person, die Genehmigung oder ihre Verweigerung und im letztgenannten Fall evt. Einwendungen, auf die die Verweigerung gestützt wird.[103] Bei einem Vorgehen nach Absatz 4 sind diese Vorgänge nach Absatz 6 Satz 1 a.E. „sonst aktenkundig zu machen". Eine Unterzeichnung des Protokolls durch die Beteiligten sieht das Gesetz nicht mehr vor, erfolgt sie gleichwohl, ist dies jedoch selbstverständlich unschädlich.[104]

50 **e) Sonderregelung bei wörtlicher Übertragung (Absatz 5).** Wird das nach der Verhandlung durch die **wörtliche Übertragung** einer Aufzeichnung (wobei es nicht darauf ankommt, ob diese die Verhandlung ihrerseits wörtlich wiedergibt oder ob sie diesen zusammenfasst) erstellt, bedarf es keiner zusätzlichen Genehmigung durch die beteiligte Person. Eine solche hielt der Gesetzgeber wohl zu Recht für überflüssig,[105] weil in diesem Fall keine inhaltlichen Verzerrungen zu befürchten sind, sondern allenfalls Übertragungsfehler auftreten können, die indessen anhand der Aufzeichnung, mit der nach Absatz 2 Satz 3 ausdrücklich der Nachweis der Unrichtigkeit des Protokolls geführt werden kann, leicht aufgedeckt werden können. Um das Risiko solcher Übertragungsfehler auf ein Minimum zu begrenzen, verlangt Absatz 5 jedoch, dass die Person, die entweder die Übertragung herstellt oder (im Falle einer maschinellen Herstellung) deren Richtigkeit überprüft, mit einem entsprechenden Vermerk und der Hinzufügung ihres Namens (eine Unterschrift

---

100 Zutr. NK/*Heghmanns* 19; **a.A.** noch LR/*Erb*[27] 46.

101 BTDrucks. **19** 27654 S. 93; vgl. auch NK/*Heghmanns* 17.

102 Zutr. krit. NK/*Heghmanns* 17.

103 NK/*Heghmanns* 4, 15.

104 Ebenso HK/*Zöller*/*Niedernhuber* 12; NK/*Heghmanns* § 168, 12.

105 Vgl. BTDrucks. **19** 27654 S. 93.

oder qualifizierte Signatur ist hier nicht erforderlich) die Richtigkeit der Übertragung bestätigt. Anders als Richter und Protokollführer dies mit ihrer Unterschrift tun (s. § 168 Rn. 24 ff.), übernimmt sie damit ausschließlich eine Verantwortung für die Übereinstimmung, nicht aber für die richtige Wiedergabe der Verhandlung.[106] Zu den (beschränkten) Konsequenzen eines Fehlens des Vermerks s.u. Rn. 57. Umgekehrt schließt die Unterschrift durch einen Richter oder Protokollführer, der die Übertragung bzw. deren Übertragung selbst vornimmt, deren Richtigkeit mit ein, sodass es in diesem Fall keiner gesonderten Bestätigung nach Absatz 5 bedarf.[107]

6. Berichtigung des Protokolls. Zur Möglichkeit einer Protokollberichtigung s. § 168, 29. 51

7. Beweiskraft des Protokolls

a) Allgemein. Bei einem mangelfreien Protokoll kann das Gericht im Allgemeinen, soweit nicht besondere Umstände Zweifel begründen oder Einwendungen erhoben werden, davon ausgehen, dass es inhaltlich richtig ist, also die wesentlichen Förmlichkeiten zutreffend beurkundet und das Ergebnis der Untersuchungshandlung richtig wiedergibt.[108] Das Protokoll hat aber **keine absolute Beweiskraft** im Sinne des § 274; diese Vorschrift gilt auch nicht entsprechend.[109] Es ist also der Gegenbeweis möglich, dass im Protokoll beurkundete wesentliche Förmlichkeiten nicht beachtet worden sind, und umgekehrt, dass trotz des Schweigens des Protokolls eine wesentliche Förmlichkeit erfüllt worden ist, etwa die Belehrung eines Zeugen nach § 52.[110] Ob das Protokoll insoweit zutrifft, kann freibeweislich geklärt werden.[111] Führt der Versuch der Klärung nicht zum Erfolg, bleibt also zweifelhaft, ob eine beurkundete wesentliche Förmlichkeit wirklich vorgenommen wurde oder eine nicht beurkundete tatsächlich beobachtet worden ist, so ist für die Verwertung des Protokolls davon auszugehen, dass es an dieser Förmlichkeit mangelt.[112] Ob durch die Erschütterung des Protokolls in diesem Punkt auch sein Beweiswert im Übrigen berührt wird, ist eine Frage des Einzelfalls. 52

Auch hinsichtlich des **sachlichen Inhalts** der protokollierten Untersuchungshandlung (Rn. 14 ff.) ist der Nachweis der Unrichtigkeit des Protokolls (und nicht nur der der Übertragung von Aufzeichnungen, vgl. Rn. 64) möglich.[113] Weisen vorhandene Aufzeichnungen den betreffenden Fehler ebenfalls auf, nimmt ein solcher Nachweis dem Protokoll regelmäßig faktisch in diesem Punkt seine Verwertungsmöglichkeit, denn ohne die zusätzliche Gedächtnisstütze vorhandener Aufzeichnungen wird es kaum jemals möglich sein, den Inhalt der unrichtig protokollierten Untersuchungshandlung zu rekonstruieren. Eine Protokollberichtigung kommt deshalb nicht in Frage. 53

b) Unrichtigkeit der Übertragung von Aufzeichnungen. Der Nachweis der **Unrichtigkeit der Übertragung von Aufzeichnungen** in ein später erstelltes Protokoll ist nach 54

---

106 KK/*Schmitt* 7; MüKo/*Kölbel*/*Neßeler* 21.
107 NK/*Heghmanns* 20.
108 Vgl. *Eb. Schmidt* § 188, 13 (praktisch kaum widerlegbare Beweiskraft).
109 BGHSt **26** 281; **32** 25, 30; BGH NJW **1979** 1722 = JR **1980** 123 mit Anm. *Foth*; im Schrifttum jetzt allg. M.; vgl. etwa AK/*Achenbach* 7; HK/*Zöller*/*Niedernhuber* 21; KK/*Schmitt* 13; Schmitt/Köhler/*Schmitt* 14; KMR/*Noltensmeier-von Osten* 11; SK/*Albrecht* 28; **a.A.** früher RGSt **55** 1, 5; LR/*Kohlhaas*[22] § 188, 10; *Müller*/*Sax*[6] § 188, 5.
110 Vgl. BGHSt **26** 281; **32** 25, 30; BGH NJW **1979** 1722 (regelmäßig hierfür Vernehmung der Verhörspersonen erforderlich); NK/*Heghmanns* 24.
111 AK/*Achenbach* 7; KK/*Schmitt* 13; KMR/*Noltensmeier-von Osten* 12; NK/*Heghmanns* § 168, 19; Schmitt/Köhler/*Schmitt* 14; SK/*Albrecht* 28; LR/*Sander*/*Cirener*[27] § 252, 32; vgl. auch BGHSt **26** 281, 283.
112 Ebenso SK/*Albrecht* 28 a.E.
113 KK/*Schmitt* 13.

Absatz 2 Satz 3 uneingeschränkt möglich. Er wird in der Regel durch Vergleich des Protokolls mit den Aufzeichnungen, die gerade zu diesem Zweck aufzubewahren sind, erbracht werden.[114] Sind sie nicht mehr vorhanden, so kann der Nachweis auf jede andere Weise im Wege des Freibeweises geführt werden.[115] Ergibt sich aus den Aufzeichnungen zuverlässig ein anderer Protokollinhalt, so kann das Protokoll, ohne seine Eigenschaft als verwertbares Protokoll zu verlieren, im Sinne der Aufzeichnungen berichtigt werden.[116] Doch bedarf es zu einer wirksamen Protokollberichtigung der Genehmigung der Urkundspersonen, die das Protokoll unterzeichnet haben;[117] nur die Genehmigung desjenigen, der, ohne bei der Untersuchungshandlung anwesend gewesen zu sein, lediglich die Richtigkeit der Übertragung bestätigt hat, ist entbehrlich.

55 **8. Mängel des Protokolls** begründen kein generelles Verwertungsverbot (§ 168, 24). Sie können aber den Beweiswert mindern oder aufheben oder der Verlesbarkeit in der Hauptverhandlung als richterliches Protokoll entgegenstehen.[118] Zur Frage, ob in solchen Fällen eine Verlesung als nichtrichterliches Protokoll nach § 251 Abs. 1 möglich ist, vgl. § 168c, 70.

56 **Kein verlesbares** richterliches **Protokoll** liegt vor, wenn die **Unterschrift** des **Richters** oder des mitwirkenden Protokollführers **fehlt**[119] oder wenn der Richter oder Urkundsbeamte nach den §§ 22, 23, 31 kraft Gesetzes ausgeschlossen war.[120] Ein verlesbares richterliches Protokoll liegt auch dann nicht vor, wenn nur Aufzeichnungen vorhanden sind, die Herstellung des Protokolls aber unterblieben ist, selbst wenn die Aufzeichnungen, etwa in Kurzschrift, vom Richter und Protokollführer unterzeichnet sein sollten. Der Verlesbarkeit als richterliches Protokoll steht nicht stets entgegen, dass sich in der Akte lediglich eine **Abschrift oder Ausfertigung**, nicht aber das Original des Protokolls befindet.[121] Diese Abschrift oder Ausfertigung ist vielmehr verlesbar, wenn unzweifelhaft feststeht, dass ihr ein mangelfreies Originalprotokoll zugrunde gelegen hat.[122]

57 Ist das Protokoll aufgrund von Aufzeichnungen hergestellt worden und fehlt entgegen Absatz 5 nur die Bestätigung dessen, der die **Richtigkeit der Übertragung** zu bezeugen hat, so steht das der Verlesung des Protokolls als richterliches Protokoll regelmäßig nicht entgegen.[123] Denn der entscheidende Grund, warum einem vom Urkundsbeamten nicht unterschriebenen Protokoll die Eigenschaft eines verlesbaren richterlichen Proto-

---

114 OLG Stuttgart NStZ **1986** 42.

115 Ebenso SK/*Albrecht* 13; im Ergebnis auch NK/*Heghmanns* 24.

116 HK/*Zöller/Niedernhuber* 21; KK/*Schmitt* 14; MüKo/*Kölbel/Neßeler* 25; NK/*Heghmanns* 13; vgl. zu § 168a a.F. auch Begr. zum RegE des StVÄG 1979, BTDrucks. **8** 976 S. 41, wo von der „Berichtigung des Protokolls" aufgrund der Tonaufzeichnungen die Rede ist; für eine „Ersetzung" des Protokolls durch die Aufzeichnungen hingegen Schmitt/Köhler/*Schmitt* 14; OK/*El Duwaik* 12; für beide Möglichkeiten KMR/*Noltensmeier-von Osten* 12.

117 AnwK/*Walther* 19; HK/Zöller/*Niedernhuber* 21.

118 Näher dazu LR/*Sander/Cirener*[27] § 251, 44 ff.

119 BGHSt **9** 297, 301; RGSt **41** 216; **53** 106; **56** 257, 258; vgl. auch § 168, 24; LR/*Sander/Cirener*[27] § 251, 45; zur Nachholung der Unterschrift § 168, 25.

120 RGSt **30** 70, 72; *Eb. Schmidt* § 188, 12; vgl. LR/*Nicknig* § 22, 52.

121 **A.A.** RGSt **55** 1, 3; LR/*Meyer-Goßner*[23] 32; *Eb. Schmidt* § 188, 11; wie hier LR/*Sander/Cirener*[27] § 251, 54.

122 Gerade diese Voraussetzung war in dem von RGSt **55** 1 ff. entschiedenen Fall erkennbar nicht gegeben, weil das Originalprotokoll in Kurzschrift abgefasst war und sich die vermeintliche Abschrift in Wahrheit als eine (nach damaliger Rechtslage unzulässige) spätere Übertragung der kurzschriftlichen Aufzeichnung darstellte.

123 Tendenziell auch NK/*Heghmanns* 25; zur alten Gesetzesfassung bereits *Rieß* NStZ **1987** 444; **a.A.** OLG Stuttgart NStZ **1986** 41 mit insoweit zust. Anm. *Mitsch* NStZ **1986** 377; HK/*Zöller/Niedernhuber* 22; MüKo/*Kölbel/Neßeler* 26; zweifelnd LR/*Sander/Cirener*[27] § 251, 45.

kolls abgesprochen wird, liegt in der besonderen Funktion der Unterschrift, die Richtigkeit des Protokollinhalts in Bezug auf den Ablauf der Untersuchungshandlung zu bezeugen und damit dem Protokoll seine Glaubwürdigkeit zu verleihen.[124] Diese besondere Aufgabe kann aber der bloß die Richtigkeit der Übertragung bezeugende Vermerk nach Absatz 5 nicht erfüllen. Er hat lediglich beweiserleichternden Charakter, und bei seinem Fehlen ist es unschwer möglich, anhand der noch vorhandenen Aufzeichnungen die Richtigkeit der Übertragung zweifelsfrei zu kontrollieren. Eine **Unverlesbarkeit** ist in diesen Fällen nur dann anzunehmen, wenn, etwa wegen Verlusts der Aufzeichnungen und Fehlens der die Richtigkeit der Übertragung bezeugenden Bestätigung, überhaupt nicht mehr festgestellt werden kann, ob das Protokoll die Untersuchungshandlung zuverlässig beurkundet.

Bleibt wegen Mängeln des Protokolls zweifelhaft, ob **wesentliche Förmlichkeiten** 58
beachtet sind, von deren Einhaltung die Verwertung einer Aussage in der Hauptverhandlung abhängt, so steht dieser Umstand der Verlesung als richterliches Protokoll und seiner sonstigen Verwertung in der Hauptverhandlung entgegen, so z.B., wenn ein Dolmetscher entgegen § 185 GVG nicht vereidigt[125] oder ein Zeuge nicht nach § 52 belehrt worden ist.[126] Doch liegt der Grund für die Unzulässigkeit der Verlesung hier nicht unmittelbar im Mangel des Protokolls, sondern darin, dass eine wesentliche Förmlichkeit, von der die Verlesung abhängig ist, nicht nachgewiesen ist; die Dinge liegen insofern nicht anders, als ob ein mangelfreies Protokoll ergeben würde, dass diese wesentliche Förmlichkeit nicht beachtet worden ist. Deshalb ist in diesem Fall das Verlesungshindernis auch dadurch zu überwinden, dass sich das erkennende Gericht die Überzeugung von der Beachtung der entsprechenden Förmlichkeit verschafft (vgl. Rn. 52).

Sonstige Mängel, wie etwa Radierungen, Streichungen, ununterzeichnete Ergänzun- 59
gen und Randvermerke sowie Lücken und Widersprüche, stehen der Verlesung nicht entgegen, können aber, soweit sie reichen, den Beweiswert des Protokolls vermindern oder aufheben.[127] Das gilt auch, wenn das Protokoll nicht gemäß Absatz 3, 4 zur Genehmigung unterbreitet wurde[128] oder ein entsprechender Vermerk fehlt.

9. Revisibilität. Zur **Revisibilität** von Mängeln vgl. zunächst § 168, 31. Verwendet der 60
Tatrichter in der Hauptverhandlung ein mangelhaftes Protokoll, bei dem die Mängel Zweifel am Beweiswert begründen können (Rn. 59), so kann mit der Revision (Sachrüge) auch geltend gemacht werden, dass er sich in den Urteilsgründen mit den sich deshalb aufdrängenden Zweifeln am Beweiswert nicht auseinandergesetzt hat. Mit der **Aufklärungsrüge** kann ggf. geltend gemacht werden, dass der Tatrichter es unterlassen hat, sich ihm aufdrängende Unklarheiten eines in der Hauptverhandlung verwerteten Protokolls etwa durch Vernehmung der an der damaligen Untersuchungshandlung beteiligten Personen aufzuklären.[129]

In den Akten befindliche Protokolle über richterliche Untersuchungshandlungen kön- 61
nen **präsente Beweismittel** sein. Ihre Nichtverwendung in der Hauptverhandlung kann daher gegen § 245 verstoßen.[130]

---

124 BGHSt **9** 297, 301; vgl. näher § 168, 24.

125 BGHSt **22** 118, 120; RG Recht **1903** Nr. 2526.

126 Vgl. BGH NJW **1979** 1722 = JR **1980** 123 mit Anm. *Foth*.

127 *Eb. Schmidt* § 188, 12; HK/*Zöller*/*Niedernhuber* 22; KK/*Schmitt* 12.

128 BGH bei *Becker* NStZ-RR **2005** 258; BVerfG NStZ **2006** 46; AnwK/*Walther* 13; HK/*Zöller*/*Niedernhuber* 22; NK/*Heghmanns* 24.

129 AnwK/*Walther* 20; KK/*Noltensmeier-von Osten* 38.

130 KK/*Noltensmeier-von Osten* 39; näher LR/*Becker*[27] § 245, 24 a.E.

§ 168b
Protokoll über ermittlungsbehördliche Untersuchungshandlungen

(1) Das Ergebnis der Untersuchungshandlungen der Ermittlungsbehörden ist aktenkundig zu machen.

(2) [1]Über die Vernehmung des Beschuldigten, der Zeugen und Sachverständigen soll ein Protokoll nach § 168a aufgenommen werden, soweit dies ohne erhebliche Verzögerung der Ermittlungen geschehen kann. [2]Wird über die Vernehmung des Beschuldigten kein Protokoll gefertigt, ist die Teilnahme seines Verteidigers an der Vernehmung aktenkundig zu machen.

(3) [1]Die in § 163a vorgeschriebenen Belehrungen des Beschuldigten vor seiner Vernehmung sowie die in § 58 Absatz 2 Satz 5 vorgeschriebene Belehrung vor einer Gegenüberstellung sind zu dokumentieren. [2]Dies gilt auch für die Entscheidung des Beschuldigten darüber, ob er vor seiner Vernehmung einen von ihm zu wählenden Verteidiger befragen möchte, und für das Einverständnis des Beschuldigten gemäß § 141a Satz 1.

Schrifttum

Siehe bei § 168.

Entstehungsgeschichte

Die Vorschrift wurde durch Art. 1 Nr. 49 des 1. StVRG eingefügt. Mit Wirkung zum 6.7.2013 wurden durch Art. 2 Nr. 5 des Gesetzes zur Stärkung der Verfahrensrechte von Beschuldigten im Strafverfahren vom 2.7.2013, BGBl. I S. 1938, in Absatz 1 die Worte „staatsanwaltschaftlicher Untersuchungshandlungen" durch „der Untersuchungshandlungen der Ermittlungsbehörden" ersetzt und Absatz 3 neu angefügt. Absatz 2 Satz 2 und Absatz 3 Satz 2 kamen durch Art. 1 Nr. 5 des zweiten Gesetzes zur Stärkung der Verfahrensrechte von Beschuldigten im Strafverfahren und zur Änderung des Schöffenrechts vom 27.8.2017, BGBl. I S. 3295, mit Wirkung zum 5.9.2017 hinzu. Absatz 3 wurde durch Art. 1 Nr. 11 des Gesetzes zur Neuregelung des Rechts der notwendigen Verteidigung vom 10.12.2019, BGBl. I S. 2128, mit Wirkung vom 13.12.2019 neu gefasst. Durch Art. 1 Nr. 31 des Gesetzes zur Fortentwicklung der Strafprozessordnung und zur Änderung weiterer Vorschriften vom 25.6.2021, BGBl. I S. 2099, wurde in Absatz 2 mit Wirkung zum 1.7.2021 die bis dahin bestehende Mitverweisung auf § 168 gestrichen.

Übersicht

1. Bedeutung und Anwendungsbereich

a) Allgemeines. Absatz 1 normiert den an sich selbstverständlichen Grundsatz, dass die Ergebnisse des Ermittlungsverfahrens aktenkundig zu machen sind.[1] Da das Ermittlungsverfahren ein schriftliches Verfahren ist, muss jedes mit der Sache befasste Ermittlungsorgan, auch das Gericht, wenn es im Vorverfahren oder im gerichtlichen Verfahren tätig wird, das bisherige Ergebnis des Verfahrens und seine Entwicklung erkennen können; Gleiches gilt für eine sachgerechte Verteidigung.[2] Insofern ist die Vorschrift in Absatz 1 Ausprägung des Grundsatzes der **Aktenwahrheit und der Aktenvollständigkeit**.[3] Zur Frage, wieweit das Ergebnis vertraulicher Ermittlungen den Akten ferngehalten werden kann, vgl. § 163, 66, 81. **Ausnahmen** hiervon bestehen hinsichtlich der Aktenvollständigkeit nur dann, wenn das Gesetz dies ausdrücklich gestattet oder besondere Vernichtungs- oder Löschungsregelungen enthält.[4] **Absatz 2** enthält für **Vernehmungen** eine **weitergehende Regelung**, indem hier für den Regelfall eine Protokollierung nach den für richterliche Vernehmungen geltenden Vorschriften vorgeschrieben wird. Den Rechtsgrund für diese Bestimmung in der schließlich Gesetz gewordenen Fassung[5] wird man wohl auch darin sehen können, dass bei staatsanwaltschaftlichen Vernehmungen eine erzwingbare (vgl. §§ 161a, 163a Abs. 3) Erscheinens-, für Zeugen und Sachverständige auch Aussagepflicht besteht, und dies im Falle der Zeugen seit einiger Zeit auch für polizeiliche Vernehmungen gilt. 1

b) Anwendungsbereich. Die Vorschrift bezieht sich seit 2013 ausdrücklich auf **alle Ermittlungsbehörden**. Zu dieser Erweiterung der nach dem früheren Wortlaut der Vorschrift auf **staatsanwaltschaftliche** Untersuchungshandlungen (und nach § 399 Abs. 1 AO für solche der **Finanzbehörde**, soweit diese nach § 386 Abs. 2 AO das Steuerstrafverfahren selbstständig durchführt) beschränkten Regelung sah sich der Gesetzgeber durch die von Art. 7 der Richtlinie 2010/64/EU geforderte allgemeine Dokumentation von Dolmetsch- und Übersetzungsleistungen bei strafprozessualen Untersuchungshandlungen veranlasst, wobei er insbesondere auch die **Zollverwaltung** im Blick hatte.[6] Damit hat sich die früher nicht einheitlich beantwortete Frage erledigt, inwieweit für Polizeibehörden schon nach alter Rechtslage eine analoge Anwendung in Betracht kam.[7] Für **richterliche Untersuchungshandlungen**, auch bei Anwendung der §§ 165, 166, gelten die §§ 168, 168a unmittelbar; im Übrigen und soweit diese Vorschriften nicht anwendbar sind, sind sie ebenfalls nach Absatz 1 aktenkundig zu machen. 2

2. Untersuchungshandlungen. Anders als bei § 168 (vgl. § 168, 9) ist der Begriff der Untersuchungshandlung hier umfassend verwendet; er meint alle Maßnahmen, die die Strafverfolgungsbehörden zur Erforschung des Sachverhalts treffen.[8] Dazu gehören neben 3

---

1 Vgl. den Hinweis in der Begr. des RegE des 1. StVRG, BTDrucks. 7 551 S. 76.

2 Schmitt/Köhler/*Schmitt* 1; ähnlich KK/*Schmitt* 2.

3 Eingehend BGH 16.12.2020 – 2 BGs 408/20, NStZ **2022** 561 Rn. 17 ff.; AK/*Achenbach* 10; KK/*Schmitt* 2; KMR/*Noltensmeier-von Osten* 1; NK/*Heghmanns* 3; SK/*Albrecht* 2; OK/*El Duwaik* 2 ff.; *Kleinknecht* FS Dreher 721, 722 f.; dazu auch § 160, 66; § 163, 81; LR/*Korte*[27] Vor § 483, 5.

4 Dazu näher § 160, 67.

5 Die Begründung (BTDrucks. 7 551 S. 76) motiviert dies damit, dass nach den (insoweit nicht Gesetz gewordenen) Vorschlägen des RegE die falsche Aussage bei einer staatsanwaltschaftlichen Vernehmung in die Strafbarkeit nach § 153 StGB mit einbezogen werden sollte.

6 Vgl. RegE BTDrucks. **17** 12578 S. 19.

7 Dazu LR/*Erb*[26] 2a m.w.N.

8 KK/*Schmitt* 2.

den in erster Linie nach Absatz 2 zu protokollierenden Vernehmungen, deren Ergebnis aber auch bei Nichtanwendung des Absatzes 2 mindestens aktenkundig zu machen ist, auch andere Maßnahmen, wie die Einholung von schriftlichen Auskünften (§ 161 Abs. 1 Satz 1), Ermittlungsaufträge, Tatortbesichtigungen, Observationen, informatorische Befragungen (vgl. § 163a, 17 ff.), kriminaltechnische Untersuchungen, die (staatsanwaltschaftliche) Leichenschau und die Leichenöffnung (§ 87) usw.

4 Zu den Untersuchungshandlungen im Sinne dieser Vorschrift gehört auch die **Anordnung von Zwangsmaßnahmen** aufgrund originärer Zuständigkeit oder unter Inanspruchnahme einer Eilkompetenz (Gefahr im Verzug),[9] also beispielsweise die Anordnung der Durchsuchung, der Beschlagnahme, der Überwachung des Fernmeldeverkehrs, der Postbeschlagnahme, ferner die körperliche Untersuchung nach den §§ 81a, 81c, die Durchführung von Identifizierungsmaßnahmen nach § 81b, die Wahlgegenüberstellung,[10] die vorläufige Festnahme und die Anordnung von Fahndungsmaßnahmen. Wird eine richterlich angeordnete Zwangsmaßnahme vollzogen, so liegt darin eine weitere selbständige Untersuchungshandlung.

5 **Keine Untersuchungshandlungen** im Sinne des § 168b sind Vorgänge und Überlegungen, die allein den internen Dienstbetrieb betreffen,[11] namentlich solche, die, falls sie schriftlichen Niederschlag finden, zu den Handakten[12] zu nehmen sind,[13] oder bei der Ermittlungsbehörde intern angestellte rechtliche Prüfungen und Überlegungen. Anders kann es bei externen Rechtsgutachten sein. **Erörterungen des Verfahrensstands** mit den Verfahrensbeteiligten durch die Staatsanwaltschaft sind keine Untersuchungen i.S. von § 168b Abs. 1; die Dokumentationspflicht folgt in diesem Fall aus § 160b Satz 2.[14]

3. Aktenkundigmachen

6 **a) Ergebnis der Untersuchungshandlung.** Nach Absatz 1 genügt es, wenn das Ergebnis der jeweiligen Untersuchungshandlung aktenkundig gemacht wird. Es muss sich mindestens aus den Akten ergeben, welche konkrete Maßnahme durchgeführt oder veranlasst worden ist und welchen Erfolg sie gehabt hat.[15] Einzelheiten der Durchführung und des Verlaufs der Untersuchungshandlung müssen nicht zwangsläufig angegeben werden. Zulässig ist dies jedoch stets, und es ist zwingend geboten, wenn das Ergebnis einer näheren Begründung bedarf oder die Umstände, die zu ihm geführt haben, für das weitere Verfahren festgehalten werden müssen,[16] insbesondere dann, wenn auf die gewonnenen Erkenntnisse grundrechtsrelevante Folgemaßnahmen (z.B. eine Durchsuchung) gestützt werden sollen.[17] Entsprechendes gilt für alle Aspekte, die für die spätere Beweiswürdigung in der Hauptverhandlung eine Rolle spielen können,[18] wie z.B. die Frage, ob einer Vertrauensperson für ihre Tätigkeit eine Entlohnung zugesagt wurde.[19]

---

9 KK/*Schmitt* 2; Schmitt/Köhler/*Schmitt* 1; KMR/*Noltensmeier-von Osten* 3; SK/*Albrecht* 2.

10 Zu dem dabei auch von der Staatsanwaltschaft und der Polizei zu beachtenden Vorgehen und der Protokollierung vgl. § 168a, 19 und LR/*Ignor*/*Bertheau* § 58, 16 ff.

11 HK/*Zöller*/*Niedernhuber* 2; NK/*Heghmanns* 5.

12 Dazu LR/*Stuckenberg* § 199, 24f.

13 MüKo/*Kölbel*/*Neßeler* 3.

14 Ebenso NK/*Heghmanns* 5; SK/*Albrecht* 2.

15 OLG Karlsruhe NStZ **1991** 50 (Ls. 3).

16 AnwK/*Walther* 4; AK/*Achenbach* 9; KK/*Schmitt* 2; ähnlich auch NK/*Heghmanns* 6.

17 BVerfG StV **2017** 361, 362.

18 MüKo/*Kölbel*/*Neßeler* 2.

19 BGH NStZ **2014** 277, 281.

Auch dass eine Untersuchungshandlung **ergebnislos** verlaufen ist, ist als ihr Ergebnis festzuhalten. Es ist also beispielsweise aktenkundig zu machen, dass und ggf. welche Beweispersonen befragt worden sind und keine sachdienlichen Angaben machen konnten, dass bei einer Durchsuchung keine für das Verfahren bedeutsamen Gegenstände gefunden worden sind oder dass bestimmten Spuren erfolglos nachgegangen wurde.[20] Gleiches wird für den Fall anzunehmen sein, dass eine **richterliche Ermittlungshandlung**, namentlich die Anordnung einer Zwangsmaßnahme zwar beantragt, aber **abgelehnt** worden ist. 7

b) Form. Besteht die Untersuchungshandlung in schriftlichen Anordnungen, Anfragen oder Auskünften, so wird das Ergebnis dadurch aktenkundig gemacht, dass die schriftlichen Unterlagen zu den Akten genommen werden. Im Übrigen genügt es, wenn ein Vermerk über die Untersuchungshandlung und ihr Ergebnis zu den Akten genommen wird.[21] Dabei können auch Skizzen, Fotografien, Diagramme und sonstige Unterlagen angefertigt und beigefügt werden. Der Vermerk muss so zeitnah nach der Untersuchungshandlung zu den Akten gebracht oder mindestens vorläufig aufgezeichnet werden, dass er das Ergebnis noch zuverlässig wiedergibt.[22] Persönliche Notizen des Beamten, die es ihm später ermöglichen sollen, als Zeuge über den Vorgang auszusagen (aussageerleichternde Unterlagen), sind nicht zu den Akten zu nehmen.[23] 8

4. Protokollierung von Vernehmungen (Absatz 2)

a) Notwendigkeit. Bei der Vernehmung von Zeugen und Sachverständigen (§ 161a) und der des Beschuldigten (§ 163a) schreibt Absatz 2 für den Regelfall (Sollvorschrift) die Protokollierung nach § 168a vor. Hiervon darf nur abgewichen werden, wenn besondere Sachgründe vorliegen. In Betracht kommen etwa die Fälle, in denen sich alsbald ergibt, dass die Beweisperson nichts Sachdienliches bekunden kann[24] oder von einem Aussageverweigerungsrecht oder (als Beschuldigter) vom Schweigerecht Gebrauch macht. Auch bei sachlich übereinstimmenden Aussagen einer größeren Zahl von Beweispersonen, besonders bei Fragen von untergeordneter Bedeutung, kann teilweise auf die Protokollierung verzichtet werden.[25] Wird von der Protokollierung abgesehen, so ist das Ergebnis der Vernehmung stets nach Absatz 1 aktenkundig zu machen. Ebenfalls zwingend ist in diesem Fall nach Absatz 2 Satz 2, die **Teilnahme eines Verteidigers** in den Akten zu vermerken.[26] 9

Keine Protokollierung nach Absatz 2 braucht vorgenommen zu werden, wenn dadurch eine erhebliche Verzögerung der Ermittlungen eintreten würde. Die Verzögerung muss Folge gerade der Protokollierung, nicht der Ermittlungshandlung selbst sein. Diese Voraussetzung liegt nicht allein deshalb vor, weil ein Protokollführer nicht alsbald zur Verfügung steht;[27] vielmehr ist in solchen Fällen zunächst zu erwägen, ob eine Protokollie- 10

20 Ebenso NK/*Heghmanns* 6 zur umstrittenen Behandlung der dabei entstehenden Spurenakten vgl. LR/*Stuckenberg* § 199, 18 ff.

21 KK/*Schmitt* 2; Schmitt/Köhler/*Schmitt* 1; SK/*Albrecht* 2.

22 KK/*Schmitt* 2 (im unmittelbaren Anschluss an die Untersuchungshandlung); KMR/*Noltensmeier-von Osten* 4.

23 OLG Düsseldorf DAR **2007** 398; NK/*Heghmanns* 8.

24 Begr. BTDrucks. 7 551 S. 76; KK/*Schmitt* 3; KMR/*Noltensmeier-von Osten* 5; Schmitt/Köhler/*Schmitt* 2.

25 AnwK/*Walther* 9; KK/*Schmitt* 3; NK/*Heghmanns* 12; SK/*Albrecht* 6; ebenso bereits LR/*Meyer-Goßner*[23] 12.

26 Zu dieser ausdrücklichen Regelung sah sich der Gesetzgeber durch Art. 3 Abs. 3 Buchstabe b der Richtlinie 2013/48/EU veranlasst, vgl. RegE BT Drucks. **18** 9534.

27 So noch Begr. BTDrucks. 7 551 S. 76.

rung unter Verzicht auf den Protokollführer in Betracht kommt. Angesichts der von § 168a Abs. 2 vorgesehenen Möglichkeit, die Untersuchungshandlung zunächst aufzuzeichnen (was in unterschiedlichster Form geschehen kann, s. § 168a, 25 ff.) und das endgültige Protokoll erst später zu erstellen, sollte das normalerweise kein Problem sein. Erhebliche Verzögerungen durch die Protokollierung werden demnach selten sein, sie können etwa eintreten, wenn eilbedürftige Vernehmungen am Tat- oder Unfallort vorzunehmen sind,[28] ohne dass ein Aufnahmegerät zur Verfügung steht. Kleinere Verzögerungen müssen in Kauf genommen werden.[29]

11 **b) Hinzuziehung eines Protokollführers.** Darüber, ob das Protokoll bei einer staatsanwaltlichen Vernehmung unter Mitwirkung eines Urkundsbeamten der Staatsanwaltschaft (vgl. § 153 GVG) hergestellt oder von dessen Hinzuziehung abgesehen werden soll, entscheidet der Staatsanwalt nach freiem Ermessen.[30] Ein Rückgriff auf sonstige Personen ist möglich, ohne dass es hierfür einer (für Staatsanwaltschaften und sonstige Ermittlungsbehörden naturgemäß nicht in Betracht kommenden) Vereidigung bedürfte; stattdessen ist die betreffende Person auf eine getreuliche und gewissenhafte Amtsführung zu verpflichten (vgl. auch Rn. 13). Der frühere Streit, ob die Unmöglichkeit einer Vereidigung dem Rückgriff auf sonstige Personen entgegensteht,[31] ist nach Streichung der Verweisung auf § 168 obsolet geworden.[32] Bei Vernehmungen durch sonstige Ermittlungsbehörden unterliegt es ebenfalls dem freien Ermessen des Vernehmenden, ob er das Protokoll selbst erstellt oder hierfür einen gesonderten Protokollführer hinzuzieht.

12 **c) Anwendbarkeit des § 168a.** Die Vorschrift gilt uneingeschränkt mit der Maßgabe, dass an die Stelle des in ihr erwähnten Richters der Staatsanwalt, der Polizeibeamte oder die sonstige die Vernehmung leitende Person tritt. Ist eine Abweichung von ihren Vorgaben aus Sachgründen unerlässlich, so handelt es sich nicht mehr um eine Protokollierung nach Absatz 2, sondern nur um ein Aktenkundigmachen nach Absatz 1. In Ermangelung einer Verweisung auf § 168 besteht hingegen – wie vom Gesetzgeber ausdrücklich gewollt[33] – **kein Unterschriftserfordernis.**[34]

13 **5. Verstöße und Mängel.** Da Protokolle über nichtrichterliche Vernehmungen ohnehin nur im Rahmen des § 251 Abs. 1 und des § 253 verlesen werden können, kommt es hier nicht auf die Frage an, welche Protokollierungsmängel dem Protokoll die Eigenschaft eines verlesbaren richterlichen Protokolls nehmen können.[35] Solche Mängel können, soweit eine Verwertung des Protokolls in Frage steht, den Beweiswert beeinträchtigen; Gleiches gilt für Vermerke, in denen das Ergebnis von Untersuchungshandlungen nur unzureichend aktenkundig gemacht wird.[36]

---

28 AnwK/*Walther* 7; KK/*Schmitt* 5; NK/*Heghmanns* 11.

29 Vgl. HK/*Zöller*/*Niedernhuber* 3; Schmitt/Köhler/*Schmitt* 2; SK/*Albrecht* 6.

30 Zu den Gründen, die Vernehmung unter Mitwirkung eines Protokollführers durchzuführen, vgl. § 168, 20 ff.

31 Dazu LR/*Erb*[27] 11.

32 KK/*Schmitt* 4; vgl. auch KMR/*Noltensmeier-von Osten* 6; unter diesem Gesichtspunkt unklar NK/*Heghmanns* 10.

33 Vgl. BTDrucks. **19** 27654 S. 91.

34 KK/*Schmitt* § 168, 8; OK/*El Duwaik* 7.

35 KK/*Schmitt* 7; **a.A.** (ggf. auch Unzulässigkeit einer Verlesung als nichtrichterliches Protokoll) NK/*Heghmanns* 17.

36 AnwK/*Walther* 8; KK/*Schmitt* 7; SK/*Albrecht* 10; AK/*Achenbach* 9.

Wird eine Vernehmung **nicht** nach Absatz 2 Satz 1 **protokolliert**, sondern nur nach Absatz 1 aktenkundig gemacht, so scheidet in der Regel auch eine Verlesung nach § 251 Abs. 1, § 253 aus.[37] Etwas anderes kann dann gelten, wenn dieser Aktenvermerk so gefasst ist, dass er im Ergebnis als eine, wenn auch den Erfordernissen des § 168a nicht entsprechende Niederschrift über die Vernehmung erscheint oder wenn er (ausnahmsweise) als eine von dem Vernommenen stammende schriftliche Äußerung behandelt werden kann.[38] Die Rechtmäßigkeit einer mündlich angeordneten Zwangsmaßnahme wird, wenn nicht ausdrücklich eine schriftliche Anordnung vorgeschrieben ist (vgl. etwa § 81f Abs. 2 Satz 1, § 81h Abs. 2 Satz 2, § 98b Abs. 1 Satz 4, § 100e Abs. 3 Satz 1, § 163d Abs. 3 Satz 1), nicht dadurch berührt, dass die Anordnung nicht nach Absatz 1 aktenkundig gemacht wird. 14

6. Dokumentation der Beschuldigtenbelehrung. Die in Absatz 3 Satz 1 geregelte Dokumentationspflicht für alle in § 163a vorgeschriebenen Belehrungen (sei es über die Verweisung auf § 136 in § 163a Abs. 3 Satz 2, sei es über § 163a Abs. 4 Satz 1 und die Teilverweisung auf § 136 in § 163a Abs. 4 Satz 2, sei es über die Verweisung auf § 187 Abs. 3 GVG in § 163a Abs. 5)[39] wurde zur vollständigen Umsetzung der Richtlinie 2012/13/EU in das Gesetz aufgenommen.[40] Sie hat für den Regelfall, in dem die Beschuldigtenvernehmung protokolliert wird, indessen nur deklaratorische Bedeutung, weil die Belehrungen als wesentliche Förmlichkeit gemäß Absatz 2 Satz 1 i.V.m. § 168a Abs. 1 Satz 1 ohnehin protokollierungspflichtig sind.[41] Eigenständige Bedeutung erlangt sie bei nicht protokollierten Vernehmungen des Beschuldigten, wobei vor allem polizeiliche Befragungen vor Ort zu denken ist.[42] Die Einbeziehung der Belehrungspflicht nach § 58 Abs. 2 Satz 5 erfolgte mit deren Einführung im Zuge der Neuregelung des Rechts der notwendigen Verteidigung.[43] 15

Die Erweiterung der Dokumentationspflicht nach Absatz 3 Satz 2 um die **Entscheidung** des Beschuldigten, ob er vor seiner Vernehmung einen von ihm zu wählenden **Verteidiger befragen** möchte, geht auf die Richtlinie 2013/48/EU zurück.[44] Die zusätzliche Erweiterung der Dokumentationspflicht um das Einverständnis nach § 141a Satz 1 erfolgte wiederum im Zuge der Neuregelung des Rechts der notwendigen Verteidigung.[45] Bei der Dokumentation sollte zweckmäßigerweise auch festgehalten werden, ob eine vom Beschuldigten gewünschte Kontaktaufnahme mit einem Verteidiger gelungen ist.[46] Äußert ein Beschuldigter zunächst den Wunsch, einen Verteidiger zu konsultieren, und erklärt sich erst nachträglich bereit, nun doch in Abwesenheit eines solchen eine Aussage zu machen, muss dies aus der Dokumentation ersichtlich sein.[47] Verstöße können 16

---

37 BGH NStZ **1992** 48; SK/*Albrecht* 10; wohl **a.A.** (Verlesung grds. möglich, sofern es sich nicht nur um die Zusammenfassung einer Vernehmungsniederschrift handelt) LR/*Sander/Cirener*[27] § 251, 9.

38 Vgl. BGH NStZ **1992** 48 verneinend für den Fall, dass eine Protokollierung abgelehnt und lediglich das Einverständnis erteilt wird, Angaben stichwortartig mitzuschreiben; **a.A.** (stets nur Vorhalt möglich) HK/*Zöller/Niedernhuber* 5; MüKo/*Kölbel/Neßeler* 7.

39 Schmitt/Köhler/*Schmitt* 3; SK/*Albrecht* 9.

40 Vgl. RegE BTDrucks. **17** 12578 S. 19; HK/*Zöller/Niedernhuber* 4, 6.

41 SK/*Albrecht* 9.

42 NK/*Heghmanns* 14.

43 Dazu RegE BTDrucks. **19** 13829 S. 50.

44 RegE BTDrucks. **18** 9534 S. 24.

45 Dazu RegE BTDrucks. **19** 13829 S. 50.

46 NK/*Heghmanns* 15.

47 NK/*Heghmanns* 15.

wie formale Mängel (s.o. Rn. 13)[48] schwerlich zur Unverlesbarkeit oder Unverwertbarkeit führen, mindern aber den Beweiswert des Protokolls, wenn Zweifel aufkommen, ob der Beschuldigte die Konsultation eines Verteidigers verlangt hat und die in diesem Fall bestehenden Obliegenheiten der Ermittlungsbehörden (dazu § 163a, 89 ff.) ordnungsgemäß erfüllt wurden.[49]

§ 168c
Anwesenheitsrecht bei richterlichen Vernehmungen

(1) [1]Bei der richterlichen Vernehmung des Beschuldigten ist der Staatsanwaltschaft und dem Verteidiger die Anwesenheit gestattet. [2]Diesen ist nach der Vernehmung Gelegenheit zu geben, sich dazu zu erklären oder Fragen an den Beschuldigten zu stellen. [3]Ungeeignete oder nicht zur Sache gehörende Fragen oder Erklärungen können zurückgewiesen werden.

(2) [1]Bei der richterlichen Vernehmung eines Zeugen oder Sachverständigen ist der Staatsanwaltschaft, dem Beschuldigten und dem Verteidiger die Anwesenheit gestattet. [2]Diesen ist nach der Vernehmung Gelegenheit zu geben, sich dazu zu erklären oder Fragen an die vernommene Person zu stellen. [3]Ungeeignete oder nicht zur Sache gehörende Fragen oder Erklärungen können zurückgewiesen werden. [4]§ 241a gilt entsprechend.

(3) [1]Der Richter kann einen Beschuldigten von der Anwesenheit bei der Verhandlung ausschließen, wenn dessen Anwesenheit den Untersuchungszweck gefährden würde. [2]Dies gilt namentlich dann, wenn zu befürchten ist, daß ein Zeuge in Gegenwart des Beschuldigten nicht die Wahrheit sagen werde.

(4) Hat ein nicht in Freiheit befindlicher Beschuldigter einen Verteidiger, so steht ihm ein Anspruch auf Anwesenheit nur bei solchen Terminen zu, die an der Gerichtsstelle des Ortes abgehalten werden, wo er in Haft ist.

(5) [1]Von den Terminen sind die zur Anwesenheit Berechtigten vorher zu benachrichtigen. [2]In den Fällen des Absatzes 2 unterbleibt die Benachrichtigung, soweit sie den Untersuchungserfolg gefährden würde. [3]Auf die Verlegung eines Termins wegen Verhinderung haben die zur Anwesenheit Berechtigten keinen Anspruch.

Schrifttum

Siehe bei § 168.

Entstehungsgeschichte

Die Vorschrift wurde durch Art. 1 Nr. 49 des 1. StVRG eingefügt. Bis dahin verwies der damalige § 169 für die Anwesenheitsrechte bei richterlichen Vernehmungen des Beschuldigten uneingeschränkt auf die für die Voruntersuchung geltenden Vorschriften (§ 192 Abs. 2 a.F.); für die Anwesenheitsrechte bei sonstigen richterlichen Untersuchungshandlungen galt die Verweisung auf §§ 193, 194 a.F. nur dann, wenn der Beschuldigte bereits als

48 Für diese (insbesondere das Fehlen einer Unterschrift) **a.A.** NK/*Heghmanns* 17.
49 Insofern wie hier NK/*Heghmanns* 17, 19.

solcher vom Richter vernommen war oder sich in Untersuchungshaft befand.[1] Absatz 1 Satz 2 und 3 sowie Absatz 2 Satz 2 bis 4 wurden durch Art. 1 Nr. 6 des zweiten Gesetzes zur Stärkung der Verfahrensrechte von Beschuldigten im Strafverfahren und zur Änderung des Schöffenrechts vom 27.8.2017, BGBl. I S. 3295, mit Wirkung zum 5.9.2017 neu hinzugefügt. Durch Art. 1 Nr. 31 des Gesetzes zur Fortentwicklung der Strafprozessordnung und zur Änderung weiterer Vorschriften vom 25.6.2021, BGBl. I S. 2099, wurde Absatz 5 mit Wirkung zum 1.7.2021 dahingehend geändert, dass die Benachrichtigung nur noch in den Fällen des Absatzes 2 unterbleibt, soweit sie den Untersuchungserfolg gefährden würde.

Übersicht

1 Vom Regelungsgehalt her entsprechen der jetzige Absatz 1 § 192 Abs. 2 Satz 1, der Absatz 2 § 193 Abs. 2, der Absatz 3 § 194, der Absatz 4 § 193 Abs. 4 und der Absatz 5 § 192 Abs. 2 Satz 2 und 3. Ein Anwesenheitsrecht bestand jedoch nur, soweit voraussichtlich die Voraussetzungen des § 251 Abs. 1 Nr. 2 oder 3 a.F. gegeben waren; die Benachrichtigungspflicht entfiel dann, wenn die Benachrichtigung nicht „ohne Aufenthalt für die Sache“ geschehen konnte. Zu dem durch die Neufassung durch das 1. StVRG erweiterten Anwendungsbereich vgl. BGHSt **26** 334 = JR **1977** 257 mit Anm. *Meyer-Goßner*; zur Entwicklung insgesamt *Rieß* FS Reichsjustizamt 396.

Alphabetische Übersicht

I. Allgemeines

1. Bedeutung und Aufbau der Vorschrift

a) Bedeutung. Die Vorschrift regelt zusammen mit § 168d die Anwesenheitsbefugnisse bei richterlichen Untersuchungshandlungen im Ermittlungsverfahren, vor allem die des Beschuldigten und seines Verteidigers. Sie wurden früher häufig unter dem Begriff der **Parteiöffentlichkeit** zusammengefasst.[2] Damit wird allerdings terminologisch verdunkelt, dass es sich nicht um Fragen der Öffentlichkeit handelt, sondern um solche der Teilnahme der Prozessbeteiligten an Ermittlungshandlungen und um die Möglichkeit, auf diese Einfluss zu nehmen.[3] Was die Teilnahmebefugnisse des Beschuldigten und seines Verteidigers betrifft, kann man insofern von der Herstellung von **Waffengleichheit** sprechen,[4] indem das Gesetz durch die effektive Gewährung rechtlichen Gehörs sicherstellt, dass der Beschuldigte und sein Verteidiger bereits im Ermittlungsverfahren die Möglichkeit haben, der Gewinnung einseitiger, durch eine evt. Voreingenommenheit der Strafverfolgungsorgane geprägter Beweisergebnisse wirksam entgegenzutreten.[5] Damit wird der Erkenntnis Rechnung getragen, dass die Ergebnisse des Ermittlungsverfahrens in vielfacher Weise und über die Verlesungsmöglichkeiten nach § 251 hinaus auf das Hauptverfahren einwirken. Ferner wird dadurch ermöglicht, durch Verteidigungsaktivitäten im Ermittlungsverfahren die Verfahrenseinstellung durch die Staatsanwaltschaft zu erreichen und damit die den Beschuldigten regelmäßig stärker belastende Verstrickung in ein gerichtlich anhängiges Strafverfahren zu vermeiden. Schließlich enthält die Vorschrift, namentlich soweit es um die Beweissicherung für die Hauptverhandlung geht, auch eine wichtige innerstaatliche Ausgestaltung des durch Art. 6 Abs. 3 lit. d EMRK gewährleisteten unmittelbaren Fragerechts.[6] 1

b) Aufbau und Inhalt. Die Absätze 1 bis 4 regeln die Anwesenheitsrechte bei richterlichen Vernehmungen und ihre Grenzen. Absatz 1 betrifft Beschuldigtenvernehmungen (zur Abgrenzung s.u. Rn. 7); er gewährleistet dem Staatsanwalt und dem Verteidiger ein uneingeschränktes Anwesenheitsrecht. Absatz 2 betrifft die Vernehmung von Zeugen und Sachverständigen;[7] er regelt das Anwesenheitsrecht der Staatsanwaltschaft, des Verteidigers und des Beschuldigten; für diesen enthalten die Absätze 3 und 4 Einschränkungen (näher Rn. 18 ff.). Absatz 5 Satz 1 und 2 regelt die Pflicht zur Benachrichtigung der Anwesenheitsberechtigten (näher Rn. 36 ff.); Satz 3 bestimmt, dass bei Verhinderung kein Anspruch auf Terminverlegung besteht (näher Rn. 51). Für richterliche Augenscheinseinnahmen enthält § 168d Abs. 1 eine parallele Regelung. 2

Die Vorschrift enthält **keine abschließende Regelung** der Anwesenheitsbefugnisse im Ermittlungsverfahren (näher Rn. 25 ff.), und sie untersagt auch nicht, dass in ihr nicht 3

---

2 So vor allem im älteren Schrifttum z.B. *Beling* 136; *von Gerland* 174 f.; *von Kries* 258 ff.

3 Ebenso z.B. *von Hippel* 329; vgl. auch *Hahn* 155.

4 So z.B. LR/*Meyer-Goßner*[23] 6 m.w.N.; AnwK/*Walther* 1; *Schmitt* 1; *Krause* NJW **1976** 2029.

5 Vgl. BGHSt **26** 332, 335 = JR **1977** 257 mit Anm. *Meyer-Goßner*; AK/*Achenbach* 2; KK/*Schmitt* 1; SK/*Albrecht* 2; viel zu eng (Anwesenheit dient der Vermittlung des Wissensstandes des Gerichts) *Gründler* MDR **1986** 903. Dabei besteht zwischen dem Gesichtspunkt der „Waffengleichheit" und demjenigen der Gewährleistung einer effektiven Verteidigung bereits im Ermittlungsverfahren wohl kein Gegensatz; anders insoweit noch LR/*Rieß*[25] 1.

6 Dazu ausführlich BGHSt **46** 93 ff.; zu den Konsequenzen für die Verteidigerbestellung s.u. Rn. 10 f.

7 Zur Rechtslage bei der Vernehmung von Mitbeschuldigten s. Rn. 15 f.

genannten Personen die Anwesenheit bei richterlichen Vernehmungen gestattet wird (Rn. 29 f.).

2. Anwendungsbereich

4 **a) Richterliche Vernehmungen im Ermittlungsverfahren.** Die Vorschrift regelt die Anwesenheitsrechte bei richterlichen Vernehmungen von Zeugen, Sachverständigen und Beschuldigten. Unter den besonderen Voraussetzungen der sog. Kontaktsperre (§§ 31 ff. EGGVG) beschränkt § 34 Abs. 3 Nr. 2, 3 EGGVG die Anwesenheitsbefugnisse (vgl. die dort. Erl. sowie unten Rn. 9). Für richterliche Vernehmungen nach Eröffnung des Hauptverfahrens enthält § 224 und für das Wiederaufnahmeverfahren § 369 Abs. 3 eine besondere Vorschrift (vgl. die dort. Erl.);[8] dagegen ist § 168c für Vernehmungen im Klageerzwingungsverfahren[9] und im Zwischenverfahren[10] anzuwenden. Für das **Bußgeldverfahren** gilt die Vorschrift nach § 46 Abs. 1 OWiG entsprechend.[11] Zur Anwesenheitsbefugnis des Verteidigers bei der staatsanwaltschaftlichen und bei der polizeilichen Beschuldigtenvernehmung vgl. § 163a Abs. 3 Satz 2 und Abs. 4 Satz 3, nach denen § 168c Abs. 1 und 5 jeweils entsprechend gilt, zur Anwesenheit bei staatsanwaltschaftlichen Zeugen- und Sachverständigenvernehmungen § 161a, 31 ff.

5 **b) Andere richterliche Untersuchungshandlungen. Bei anderen richterlichen Untersuchungshandlungen** als Vernehmungen und Augenscheinseinnahmen gelten die §§ 168c, 168d nicht. Anwesenheitsrechte können deshalb aus diesen Vorschriften beispielsweise bei einer vom Richter geleiteten Durchsuchung oder Durchsicht von Papieren (§ 110) nicht hergeleitet werden.[12] Jedoch sind die §§ 168c, 168d anwendbar, soweit eine solche Maßnahme mit einer Vernehmung oder Augenscheinseinnahme verbunden wird, so etwa eine Wahlgegenüberstellung zum Zwecke der Identifizierung (speziell für diesen Fall mittlerweile ausdrücklich geregelt in § 58 Abs. 2 Satz 2).[13]

6 **c) Richterliche Vernehmungen im Ausland. Für richterliche Vernehmungen im Ausland** kommt es für die spätere Verwertbarkeit grds. auf die Beachtung der dort geltenden Vorschriften an, sofern nicht das ausländische Verfahrensrecht oder das zwischenstaatliche Recht, namentlich die Rechtshilfevorschriften, die Anwendung des deutschen Rechts ermöglicht.[14] Letzteres ist heute allerdings vielfach der Fall, da Art. 8 des 2. ZP-EuRhÜbk für die Erledigung von Rechtshilfeersuchen zwischen den Mitgliedsstaaten der EU im Grundsatz vorsieht, dass die im Ersuchen genannten „Formvorschriften oder Verfahren ..., die nach dem Recht der ersuchenden Vertragspartei erforderlich sind", einzuhalten sind, sofern sie nicht den Grundprinzipien des Rechts der ersuchten Vertragspartei zuwiderlaufen.[15] Soll im Wege der Rechtshilfe eine richterliche Vernehmung im EU-Aus-

---

8 Zur Herleitung des Anwesenheitsrechts unabhängig von § 168c aus dem Grundsatz des fairen Verfahrens bei der mündlichen Anhörung nach § 454 Abs. 1 Satz 3 LR/*Graalmann-Scheerer*[27] § 454, 19 f. m.w.N.

9 LR/*Merz* § 173, 17.

10 Ebenso *Noltensmeier-von Osten* 1; NK/*Heghmanns* 2; hier umstritten, vgl. LR/*Stuckenberg* § 202, 17.

11 Göhler/*Bauer* Vor § 59, 12; NK/*Heghmanns* 2.

12 Vgl. aber LR/*Tsambikakis* § 106, 11 ff.

13 Vgl. (Fall des § 168c Abs. 2) KG NJW **1979** 1669; weitergehend (§ 168c Abs. 1) *Krause* StV **1984** 169, 171; vgl. auch LR/*Ignor*/*Bertheau* § 58, 15; LR/*Krause* § 81a, 46; *Burhoff* (Ermittlungsv.) Rn. 2514.

14 Dazu etwa BGHSt **42** 86, 91 = JZ **1997** 48 mit Anm. *Lagodny* = NStZ **1996** 595 mit Anm. *Nagel* NStZ **1997** 148; näher LR/*Sander*/*Cirener*[27] § 251, 55 ff.; SK/*Albrecht* 40; *Schuster* 181 ff.

15 Dazu und zu den Ausnahmen Schomburg/Lagodny/Gleß/Hecker/*Schierholt* Art. 8 2. ZP-EuRhÜbk Rn. 1 f.

land veranlasst werden, ist deshalb auf eine Erfüllung der Anforderungen von § 168c hinzuwirken, um die Verwertbarkeit sicherzustellen.[16] Wo ein § 168c entsprechendes Vorgehen im Ausland nach wie vor nicht möglich ist (sei es außerhalb der EU, sei es innerhalb der EU wegen der von Art. 4 Abs. 1 EURhÜbk als Ausnahme anerkannten Unvereinbarkeit mit „den Grundprinzipien des Rechts des ersuchten Mitgliedsstaats"), ist dem Beschuldigten bzw. seinem Verteidiger im Hinblick auf Art. 6 Abs. 3 lit. d EMRK aber in jedem Fall die Vorbereitung eines Fragenkatalogs zu ermöglichen.[17] Für den Fall, dass dafür keine Gelegenheit mehr besteht, weil die Vernehmung im Rahmen eines im Ausland durchgeführten Verfahrens rechtmäßig durchgeführt und bereits abgeschlossen wurde, darf sich eine Verurteilung nur „inter alia" auf die Aussage stützen.[18]

3. Vernommene Person. Ob jemand vom Richter im Vorverfahren als **Beschuldigter, Zeuge oder Sachverständiger** zu vernehmen ist, richtet sich, abgesehen von den Fällen des § 165, in erster Linie nach dem staatsanwaltschaftlichen Antrag.[19] Für die Frage der Anwesenheitsberechtigung nach § 168c ist die Frage, ob der Vernommene Zeuge oder Sachverständiger ist, regelmäßig (vgl. aber Rn. 18) ohne praktische Bedeutung. Zu der für die Einräumung eines Anwesenheitsrechts maßgeblichen Frage,[20] ob jemand als Zeuge oder als Mitbeschuldigter richterlich vernommen wird, ist auf die Erläuterungen bei LR/*Gleß*[26] § 136, 11 zu verweisen. 7

II. Anwesenheitsbefugnisse

1. Staatsanwaltschaft. Die **Staatsanwaltschaft** ist bei allen richterlichen Vernehmungen zur Anwesenheit befugt,[21] in **Steuerstrafsachen** im gleichen Umfang die Finanzbehörde, wenn sie das Ermittlungsverfahren selbstständig führt,[22] in **Bußgeldsachen** die Verwaltungsbehörde, dagegen nicht die Staatsanwaltschaft.[23] Wegen der Einschränkung der Benachrichtigungspflicht s.u. Rn. 43 ff. 8

2. Verteidiger

a) Anwesenheitsrecht. Auch für den Verteidiger besteht ein uneingeschränktes Anwesenheitsrecht bei der Vernehmung des Beschuldigten, den er verteidigt, sowie bei der Vernehmung von Zeugen und Sachverständigen.[24] Das Anwesenheitsrecht endet, sobald es für den Beschuldigten nicht mehr besteht, weil dessen Beschuldigteneigenschaft beendet ist (vgl. Rn. 14). Zur **faktischen Einschränkung** der Anwesenheitsmöglichkeit bei Unterlassen der Benachrichtigung nach Absatz 5 Satz 2 s.u. Rn. 43 ff., zur Frage der Verhinde- 9

16 Vgl. BGH NStZ **2007** 417 = StV **2007** 627 m. Anm. *Schuster* StV **2008** 396, 398; NK/*Heghmanns* 2.
17 *Schuster* 185 unter Berufung auf BGH NStZ **1993** 292; MüKo/*Kölbel*/*Neßeler* 5.
18 *Schuster* 186, u.a. unter Berufung auf EGMR (Kostovski vs. Niederlande) StV **1990** 481; EGMR v. 31.8.1999 (Verdam vs. Niederlande); BGHSt **46** 93.
19 Vgl. näher (auch zu den Ausnahmen und Grenzen) LR/*Gleß* § 136, 4 ff.; ferner § 162, 32; § 163a, 13 ff.; NK/*Heghmanns* 5.
20 S.u. Rn. 16; **a.A.** noch LR/*Rieß*[25] 6, 14.
21 Allg. M. Bis 1965 war nach § 192 Abs. 2 bei richterlichen Vernehmungen des Beschuldigten in der Voruntersuchung die Anwesenheit des Staatsanwalts und des Verteidigers untersagt; vgl. näher *Rieß* FS Reichsjustizamt 396 ff.
22 § 386 Abs. 2, § 399 Abs. 1 AO.
23 *Göhler*/*Bauer* Vor § 59, 12; SK/*Albrecht* 7.
24 Zur früheren Rechtslage vgl. LR/*Meyer-Goßner*[23] 8.

rung s.u. Rn. 51. In Fällen der sog. **Kontaktsperre** nach den §§ 31 ff. EGGVG ist das Anwesenheitsrecht nach Maßgabe des § 34 Abs. 3 Nr. 2 Satz 2, Nr. 3 EGGVG eingeschränkt; zur Anwesenheitsbefugnis der sog. Kontaktperson vgl. § 34a Abs. 2 Satz 2 EGGVG.

10 **b) Notwendigkeit der Verteidigung und Bestellung eines Pflichtverteidigers.** Im Fall von **Absatz 1** wird man dort, wo die Vernehmung der Gewinnung eines verlesbaren Geständnisprotokolls dient, regelmäßig einen Fall von § 140 Abs. 1 Nr. 10 annehmen müssen, sodass der Beschuldigte nach § 141 Abs. 1 zu belehren und ihm auf Ausübung des entsprechenden Antragsrechts ein Pflichtverteidiger zu bestellen ist. Von Amts wegen hat letzteres zu geschehen, wenn in der Vernehmung die Voraussetzungen von § 141 Abs. 2 Nr. 3 zutage treten.[25] Bei der **Vernehmung von Zeugen und Sachverständigen** hat die Mitwirkung eines Verteidigers namentlich dann eine besondere Bedeutung, wenn dem Beschuldigten die Anwesenheit nach Absatz 3 oder 4 versagt wird, weil dies den Anspruch auf das unmittelbare Fragerecht nach Art. 6 Abs. 3 lit. d EMRK[26] jedenfalls dann beeinträchtigt, wenn die richterliche Vernehmung zum Zwecke der Beweissicherung erfolgt.[27] Hier wird man mit Blick auf Art. 6 Abs. 3 lit. d EMRK bei allen Belastungszeugen[28] regelmäßig einen Fall von § 140 Abs. 1 Nr. 10 annehmen müssen. Dabei erscheint ungeachtet des in § 141 Abs. 1 nunmehr grds. vorgesehenen Antragserfordernisses weiterhin eine Beantragung der Beiordnung von Amts wegen durch die Staatsanwaltschaft angezeigt,[29] um nicht hinter das Schutzniveau zurückzufallen, das eine Rechtsprechung des Bundesgerichtshofs entwickelt hatte, deren Ausgangspunkt bei der an dieser Stelle nicht näher zu behandelnden Auslegung des § 141 Abs. 3 Satz 2 a.F. lag[30] Die Bestellung des Pflichtverteidigers muss regelmäßig so rechtzeitig geschehen, dass dieser Gelegenheit hat, sich vor der Vernehmung mit dem Beschuldigten zu besprechen.[31] Zu den Konsequenzen eines Verstoßes s.u. Rn. 61 ff. Der Umstand, dass ein vorhandener Verteidiger ohne Angabe von Hinderungsgründen nicht an der Vernehmung teilnimmt, macht die Bestellung eines (zusätzlichen) Pflichtverteidigers hingegen nicht erforderlich.[32]

11 Bei der hier vertretenen Antragspflicht der Staatsanwaltschaft bleibt klärungsbedürftig, wie in dem **Konfliktfall** zu verfahren ist, dass diese keinen Beiordnungsantrag stellt, der Ermittlungsrichter die Mitwirkung eines Verteidigers aber für erforderlich hält.[33] Hier

---

25 Zu beiden Konstellationen NK/*Heghmanns* 3.

26 Eingehende Darstellung und Analyse der hierzu bis 2009 ergangenen Entscheidungen des EGMR bei *Gerdemann* 32 ff.

27 Dazu aus neuerer Zeit EGMR NJW **2013** 3225; JR **2015** 95; Zusammenfassung der älteren einschlägigen Rspr. des EGMR bei BGHSt **46** 93 ff. (unter II); vgl. auch etwa EGMR StV **1990** 481 (Fall Kostovski); StV **1991** 193 (Fall Windisch). Zum Ganzen auch *Beulke* FS Rieß 3 ff.; *Endriß* FS Rieß 65, 72 f.; *Esser* 655 f.; *Eisele* JR **2004** 12, 16 f.; *Wohlers* GA **2005** 11, 31 ff.

28 So auch NK/*Heghmanns* 17; SK/ *Albrecht* 22; enger (nur bei wichtigen Belastungszeugen) LR/*Erb*[27] 10; noch enger (nur bei „zentralen“ Belastungszeugen) MüKo/*Kölbel*/*Neßeler* 7.

29 So wohl auch MüKo/*Kölbel*/*Neßeler* 7 mit Fn. 21.

30 Grundlegend BGHSt **46** 93 ff. NStZ **2001** 212 mit Anm. *Kunert* = JZ **2001** 359 mit Anm. *Fezer* = StV **2000** 593 mit Bespr. *Schlothauer* StV **2001** 127; vgl. auch *Franke* GA **2002** 573; *Hamm* FS Lüderssen 722 f.; *Klemke* StV **2003** 413 ff.; *Schwaben* NStZ **2002** 288, 293; noch **a.A.** und insoweit überholt BGHSt **29** 1, 5.

31 BGHSt **46** 93, 101 f.; MüKo/*Kölbel*/*Neßeler* 7. Verfehlt deshalb BGH StV **2005** 533 mit zutr. abl. Anm. *Wohlers*.

32 BGH StV **2005** 533, 534.

33 Vgl. auch BGHSt **46** 93, 99 (unter 1b aa), wonach der Ermittlungsrichter für ein konventionsgemäßes Verfahren mit Sorge zu tragen hat; *Schlothauer* StV **2001** 129. Zur Frage, ob der Beschuldigte die Weigerung der StA, einen Beiordnungsantrag zu stellen, gerichtlich überprüfen lassen kann, verneinend LG Cottbus StV **2002** 414 mit abl. Anm. *Klemke*.

wird man wie schon nach der Rechtslage vor Reform der §§ 140 ff. dem Ermittlungsrichter die Befugnis zubilligen müssen, von sich aus einen Verteidiger mindestens für die Vernehmung zu bestellen;[34] dies gilt namentlich in eilbedürftigen Fällen.

Auch bei einem Beschuldigten, der an der Vernehmung teilnehmen darf, ist bei zentralen Belastungszeugen jedenfalls dann ein Fall von § 140 Abs. 1 Nr. 10 anzunehmen und (in diesem Fall auf seinen Antrag gemäß § 141 Abs. 1 Satz 1) rechtzeitig vor der Vernehmung ein Pflichtverteidiger zu bestellen, wenn der Beschuldigte mit der Wahrnehmung seines Fragerechts voraussichtlich überfordert sein wird, etwa, weil es sich um einen komplizierten Sachverhalt handelt, der zu vernehmende Zeuge mit einem Zeugenbeistand erscheint oder dem Verletzten, der als Nebenkläger anschlussberechtigt wäre, schon im Ermittlungsverfahren ein Beistand bestellt wird und dieser bei den Vernehmungen anwesend ist (§ 406h Abs. 2 Satz 3).[35] 12

3. Beschuldigter

a) Allgemeines. Dass der Beschuldigte bei seiner eigenen Vernehmung anwesend sein muss, ergibt sich aus der Natur der Sache; er braucht deshalb in Absatz 1 nicht ausdrücklich erwähnt zu werden. Im Übrigen hat er grundsätzlich ein Anwesenheitsrecht bei allen richterlichen Vernehmungen von Zeugen und Sachverständigen, soweit nicht die den Untersuchungszweck betreffende Ausschlussklausel des Absatz 3 (dazu Rn. 18 ff.) oder die Sondervorschrift für den nicht auf freiem Fuß befindlichen Beschuldigten in Absatz 4 (dazu Rn. 22 ff.) eingreift. Dies gilt auch dann, wenn die Staatsanwaltschaft beim Antrag auf richterliche Zeugenvernehmung zugleich die Polizei beauftragt, danach den Beschuldigten erstmals zu vernehmen, mag auch bei der Zeugenvernehmung das Verfahren noch als Unbekanntsache bezeichnet worden sein,[36] oder wenn das Verfahren formal gegen eine andere Person geführt wird.[37] Zur faktischen Einschränkung beim Unterlassen der Benachrichtigung s.u. Rn. 36 ff., zur Verhinderung s.u. Rn. 51. Die Anwesenheitsbefugnis ist in Fällen der sog. Kontaktsperre (§§ 31 ff. EGGVG) nach § 34 Abs. 3 Nr. 2 Satz 1 EGGVG ausgeschlossen. Sie entfällt ferner, wenn der Beschuldigte die **Vernehmung stört** und deshalb nach dem auch in diesem Fall anwendbaren **§ 164** verfahren wird.[38] 13

Das **Anwesenheitsrecht endet** mit dem Ende der Beschuldigteneigenschaft,[39] also sobald das Verfahren gegen ihn endgültig eingestellt worden ist,[40] mag es auch gegen andere Beschuldigte noch fortgesetzt werden. Es besteht jedoch fort, wenn im Klageerzwingungsverfahren Vernehmungen nach § 173 Abs. 3 durchgeführt werden. Bei vorläufiger Einstellung nach § 153a Abs. 1 endet das Anwesenheitsrecht erst mit der Erfüllung der Auflagen und Weisungen. Der Umstand, dass das Verfahren nach einer Einstellung gemäß § 170 Abs. 2 jederzeit von der Staatsanwaltschaft wiederaufgenommen werden kann,[41] rechtfertigt es nicht, das Anwesenheitsrecht nach Absatz 2 fortbestehen zu lassen, jedoch 14

---

34 Zutr. zum alten Recht *Gerdemann* 159 f.; vgl. zu einer ähnlich gelagerten Problematik (Zulassung eines Assessors als Verteidiger) BGHR StPO § 138 Abs. 2 Zulassung 1 (in StV **1993** 113 f. insoweit nur als Leitsatz abgedruckt).

35 Ebenso MüKo/*Kölbel*/*Ibold* 7.

36 BGH StV **1985** 397.

37 BGHSt **51** 150, 156; MüKo/*Kölbel*/*Neßeler* 6 („faktische Inkulpation" ausreichend); SK/*Albrecht* 8; vgl. auch *Gerdemann* 142.

38 Vgl. § 164, 15.

39 Dazu LR/*Merz* § 170, 47.

40 KK/*Schmitt* 5; SK/*Albrecht* 8.

41 LR/*Merz* § 170, 50 f.

kann, wenn das Verfahren gegen andere Mitbeschuldigte fortgesetzt wird, dem früheren Beschuldigten die Anwesenheit gestattet werden (s.u. Rn. 29 ff.). Nimmt die Staatsanwaltschaft, was auch konkludent durch den Antrag auf eine richterliche Untersuchungshandlung geschehen kann, das Verfahren wieder auf, so lebt damit auch die Beschuldigteneigenschaft wieder auf.

15 **b) Vernehmung von Mitbeschuldigten.** Ob der Beschuldigte und sein Verteidiger außer bei der Vernehmung von Zeugen und Sachverständigen auch bei der Vernehmung eines Mitbeschuldigten ein Anwesenheitsrecht haben, ist umstritten.[42] Die dies bejahende Auffassung sieht in der Nichterwährung des Mitbeschuldigten in § 168c eine Gesetzeslücke und hält unter Hinweis auf die gleiche Interessenlage für den Beschuldigten eine analoge Anwendung der Absätze 2 bis 5 für geboten[43] bzw. für erforderlich, um einen Verstoß gegen Art. 6 Abs. 3 lit. d EMRK zu vermeiden.[44] Bei Zugrundlegung dieser Ansicht muss man dem Verteidiger bzgl. der Niederschrift über die Vernehmung des Mitbeschuldigten konsequenterweise ein uneinschränkbares **Akteneinsichtsrecht** nach § 147 Abs. 3 zubilligen.[45] Die Gegenansicht, der auch die neuere Rspr. folgt[46] und die nach Ansicht des Bundesverfassungsgerichts verfassungsrechtlich nicht zu beanstanden ist,[47] sieht sich durch die fehlende Nennung des Mitbeschuldigten in § 168c hingegen zu einem Umkehrschluss veranlasst und verneint ein Anwesenheitsrecht des Beschuldigten und seines Verteidigers.[48] Neben dem Gesetzeswortlaut verweist sie auf die Gefährdung des Untersuchungszwecks durch eine Beeinflussung der Aussage, die im Gegensatz zur Zeugenvernehmung nicht nur in Ausnahmefällen, sondern typischerweise zu befürchten sei.[49]

16 Ein **Anwesenheitsrecht** des Beschuldigten und seines Verteidigers bei der Vernehmung eines Mitbeschuldigten ist mit der letztgenannten Ansicht **abzulehnen**: Wenngleich sich aus den Gesetzesmaterialien kein Hinweis ergibt, dass durch die Nichterwähnung des Mitbeschuldigten in Absatz 2 das Anwesenheitsrecht ausgeschlossen werden sollte,[50] kann man dem Gesetzgeber angesichts der unterschiedlichen Interessenlage nicht unterstellen, er habe die Einbeziehung des Mitbeschuldigten nur versehentlich unterlassen.[51] Die Nicht-

42 Zur Entwicklung der Kontroverse näher *v. Dellingshausen* FS Stree/Wessels 690 ff.; *Larsen* FS E. Müller 3, 6 ff.; *Schulz* StraFo **1997** 294; *Rieß* StV **1996** 305.

43 So zuerst *Krause* NJW **1975** 2283 und StV **1984** 169, 171; ausführlich *von Dellingshausen* FS Stree/Wessels 685, 690 ff.; *Endriß* FS Rieß 65, 69 ff.; *Larsen* FS E. Müller 3, 15 ff.; *Gerdemann* 176 ff.; *Mosbacher* NStZ **2015** 303; *Roxin* FS Kühne 317, 331; LR/*Rieß*[25] 14; Radtke/Hohmann/*J. Kretschmer*[1] 5; SK/ *Albrecht* 11 ff.; ferner AK/ *Achenbach* 4; *Beulke/Swoboda* Rn. 237; *Hellmann* Rn. 441; *Roxin/Schünemann* § 39, 31; *Eisenberg* (Beweisrecht) Rn. 937a; *Fezer* JR **1997** 1019; *Rieß* StV **1996** 304; *ders.* NStZ **1997** 353, 354; *Schulz* StraFo **1997** 294 ff.; *Schwaben* NStZ **2002** 288, 291 f.; *Stade* (LV Vor § 158) 185 ff.

44 *Wohlers* StV **2002** 585 ff.; *Gleß* NStZ **2010** 98, 99; *Gerdemann* 179; SK/*Albrecht* 14; de lege ferenda *Dedy* (LV Vor § 158) 120 ff.; Strafrechtsausschuss der Bundesrechtsanwaltskammer (LV Vor § 158) 49 f.

45 Dazu *Rieß* NStZ **1997** 353, 354; LR/*Rieß*[25] 14a; vgl. auch *Larsen* FS E. Müller 3, 19.

46 BGHSt **42** 391 = NStZ **1997** 351 mit Anm. *Rieß* = JR **1998** 165 mit Anm. *Theisen* = JZ **1997** 1016 mit Anm. *Fezer*; BGH StV **2002** 584; OLG Düsseldorf NStZ-RR **2003** 238 f.; OLG Köln NStZ **2012** 174 (Entscheidung über eine Beschwerde nach Vernehmung im Haftprüfungsverfahren); **a.A.** noch OLG Karlsruhe StV **1996** 302 mit Anm. *Rieß* = JR **1996** 434 mit Anm. *Theisen*.

47 BVerfGE **96** 68, 96; BVerfG NJW **2007** 204.

48 HK/*Zöller/Niedernhuber* 4; HK-GS/*Ambos* 2; Schmitt/Köhler/*Schmitt* 1; MüKo/*Kölbel/Neßeler* 8 f.; KMR/*Plöd* 4; OK/*Monka* 1; SSW/*Andrä* 5; *Rüping* Rn. 131; *Schäfer/Fresemann/Hinrichs* Rn. 475; *Haller/Conzen* Rn. 150; *Gründler* MDR **1986** 903; **differenzierend** (kein Anwesenheitsrecht für den Mitbeschuldigten, wohl aber für dessen Verteidiger) NK/*Heghmanns* 13 f.

49 AnwK/*Walther* 10; KK/*Schmitt* 11; *Ranft* Rn. 409; *Theisen* JR **1996** 436, 437; *ders.* JR **1998** 168, 169.

50 Darauf entscheidend abstellend für die Gegenansicht noch LR/*Rieß*[25] 14.

51 Ausf. BGHSt **42** 391, 395 f.; vgl. im Übrigen bereits *Theisen* JR **1996** 436, 437; *ders.* JR **1998** 168, 169.

einbeziehung erscheint auch durchaus sachgerecht, weil die Gefahr einer Beeinflussung des Aussageverhaltens, die bei Zeugen nur in bestimmten Konstellationen droht (in denen dann die Ausnahmeregelung nach Absatz 3 zum Tragen kommt, s.u. Rn. 18 ff.), bei Mitbeschuldigten praktisch immer im Raum steht. Angesichts seines vitalen eigenen Interesses am Ausgang des Verfahrens bei gleichzeitigem Fehlen einer strafrechtlich sanktionierten Wahrheitspflicht besteht für einen Mitbeschuldigten nämlich stets die Versuchung, sein Aussageverhalten den Reaktionen des anderen anzupassen. Das gilt sowohl für den solidarischen Mitbeschuldigten, der vermeiden will, in Widersprüche zur Einlassung des anderen zu geraten, als auch für denjenigen, der sich selbst auf Kosten des anderen entlasten möchte (sei es durch einseitige Schuldzuweisungen an diesen, sei es durch eine in Kontrast zu dessen Verteidigungsverhalten präsentierte Bereitschaft, mit den Strafverfolgungsorganen zu kooperieren). Die aus dem fehlenden Anwesenheitsrecht resultierende Einschränkung der Verteidigungsmöglichkeiten ist im Rahmen der **Beweiswürdigung** zu kompensieren.[52] Da man den Beweiswert der Belastung durch einen Mitbeschuldigten für sich genommen i.d.R. ohnehin gering veranschlagen muss,[53] sollte sich eine Verurteilung, die ohne unterstützende zusätzliche Beweise in einem solchen Maße auf ihr beruht, dass ohne Ermöglichung einer konfrontativen Befragung ein Verstoß gegen Art. 6 Abs. 3 lit. d EMRK vorläge (s.o. Rn. 10),[54] normalerweise ohnehin unabhängig davon verbieten, ob in concreto eine Befragungsmöglichkeit bestand oder nicht. Sollte sich abzeichnen, dass die Aussage eines Mitbeschuldigten ausnahmsweise doch einmal eine derartige Bedeutung erlangen könnte, sind die Strafverfolgungsorgane nicht gehindert, anderen Mitbeschuldigten oder deren Verteidigern zur Sicherstellung einer EMRK-konformen Verwertbarkeit unabhängig von § 168c die Teilnahme zu gestatten – bzw. müssen dies tun, um nicht sehenden Auges eine unverwertbare Aussage zu veranlassen.[55]

Die Ablehnung eines Anwesenheitsrechts ändert nämlich nichts daran, dass das Gericht **nach seinem Ermessen** einem Mitbeschuldigten oder dessen Verteidiger **die Anwesenheit gestatten** kann, wenn dafür ein berechtigtes Interesse besteht und eine Gefährdung des Untersuchungszwecks in concreto nicht zu befürchten ist.[56] Das Recht des Beschuldigten zur unmittelbaren Befragung des Mitbeschuldigten ist auch in diesem Fall analog § 240 Abs. 2 Satz 2 ausgeschlossen.[57] 17

c) Ausschluss bei Gefährdung des Untersuchungszwecks (Absatz 3). Von der Anwesenheit bei der Vernehmung kann der Beschuldigte, nicht aber der Verteidiger,[58] ausgeschlossen werden, wenn seine Anwesenheit den Untersuchungszweck gefährden würde. Das ist der Fall, wenn zureichende Anhaltspunkte dafür vorliegen, dass der Beschuldigte seine Anwesenheit oder sein durch die Anwesenheit erlangtes Wissen dazu missbrauchen würde, durch Verdunkelungshandlungen, etwa durch Beseitigung oder Verfälschung von Beweismitteln, oder durch unzulässige Beeinflussung von Zeugen oder Sachverständigen 18

52 OLG Düsseldorf NStZ-RR **2003** 238, 239; *Theisen* JR **1996** 436, 437; *ders.* JR **1998** 168, 169.

53 Vgl. BGH StV **2007** 402 f.

54 Zu dessen Geltung auch in Bezug auf Aussagen von Mitbeschuldigten eingehend SK/*Albrecht* 14 mit umfassenden Nachweisen aus der Rspr. des EGMR.

55 Zutr. MüKo/*Kölbel/Ibold* 9.

56 Für diese Möglichkeit bereits LR/*Meyer-Goßner*[23] 17, 20; ferner Burhoff/*Hirsch* (Ermittlungsv.) Rn. 5030; KK/*Schmitt* 14; MüKo/*Kölbel/Neßeler* 9.

57 MüKo/*Kölbel/Neßeler* 16; ebenso vom Standpunkt der Gegenansicht aus, die grds. ein Anwesenheitsrecht bejaht, AK/*Achenbach* 4; LR/*Rieß*[25] 14a.

58 Zur umstrittenen Frage, ob bei diesem in solchen Fällen von der Terminsnachricht abgesehen werden kann, s.u. Rn. 46 ff.

die Ermittlung des Sachverhalts zu erschweren.[59] Als typischen Unterfall der Gefährdung des Untersuchungszwecks nennt Satz 2 die Befürchtung, dass ein Zeuge in Gegenwart des Beschuldigten nicht die Wahrheit sagen werde.[60] Die (kaum vorstellbare) Befürchtung, dass ein Sachverständiger in Gegenwart des Beschuldigten nicht die Wahrheit sagen werde, reicht nicht aus. Zum Unterlassen der Terminmitteilung gegenüber dem Beschuldigten, wenn bereits diese den Untersuchungszweck gefährden kann, s.u. Rn. 49.

19 Wegen der Bedeutung des Anspruchs auf Anwesenheit ist die Ausschließungsmöglichkeit **eng auszulegen**. Besteht nur bei Teilen einer Vernehmung die Besorgnis der Gefährdung des Untersuchungszwecks, so ist der Ausschluss, wenn möglich, auf diese Teile zu beschränken.[61] Ob der Richter in den Fällen des Satz 2 und insoweit namentlich bei einem nur teilweisen Ausschluss nachträglich den wesentlichen Inhalt der Aussage mitteilt, steht in seinem pflichtgemäßen Ermessen; § 247 Satz 4 gilt nicht.[62]

20 Umstritten ist, ob die Erwartung ausreicht, der zu vernehmende Zeuge werde durch die Anwesenheit (oder durch vorherige Einwirkung auf ihn) zur Ausübung eines **Zeugnisverweigerungsrechtes** veranlasst.[63] Die Frage wird verbreitet mit dem Unterlassen der Benachrichtigung nach Absatz 5 Satz 2 verknüpft,[64] betrifft aber vorrangig die Ausschließungsbefugnis. Für den vergleichbaren Fall der Anwendung des § 247 Satz 1 ist anerkannt, dass die Erklärung eines zeugnisverweigerungsberechtigten Zeugen, nur in Abwesenheit des Angeklagten aussagen zu wollen, ausreicht.[65] Jedenfalls in derartigen Fällen wird daher auch die Ausschlussmöglichkeit nach Absatz 3 Satz 2 anzuerkennen sein. Für die Erwartung, der Zeuge werde im Angesicht des Beschuldigten dessen (als solcher ja nicht illegitimer) Bitte nachkommen, von seinem Zeugnisverweigerungsrecht Gebrauch zu machen, dürfte dies hingegen nicht ohne Weiteres gelten.

21 **Keine Gefährdung des Untersuchungszwecks** im Sinne des Absatzes 3 wird durch die bloß theoretische oder auf vage Vermutungen gestützte Möglichkeit von Verdunkelungshandlungen ausgelöst.[66] Ebenso wenig reicht es in der Regel aus, dass der Beschuldigte durch die Kenntnis des Aussageinhalts zu einer Anpassung seiner Einlassung veranlasst werden könnte. Denn diese bloße Kenntnis des Aussageinhalts kann ihm auf Dauer durch den Ausschluss von der Vernehmung nicht vorenthalten werden, weil insoweit ein unbeschränkbares Akteneinsichtsrecht des Verteidigers besteht (§ 147 Abs. 3) und dieser berechtigt wäre, den Beschuldigten über den Akteninhalt zu informieren.[67]

22 **d) Nicht auf freiem Fuß befindlicher Beschuldigter (Absatz 4).** Anders als nach dem bis 1975 geltenden Rechtszustand[68] hat der nicht auf freiem Fuß befindliche Beschuldigte, der **keinen Verteidiger** hat (was es in den früher praktisch wichtigsten Fällen der

---

59 AK/*Achenbach* 6; HK/*Zöller/Niedernhuber* 6; KK/*Schmitt* 6; Schmitt/Köhler/*Schmitt* 3; vgl. auch BGSt **29** 1, 3; teilweise **a.A.** SK/*Albrecht* 24.

60 Dazu LR/*Becker*[27] § 247, 14 ff.

61 MüKo/*Kölbel/Neßeler* 10; SK/*Albrecht* 23.

62 KK/*Schmitt* 6; KMR/*Noltensmeier-von Osten* 8; MüKo/*Kölbel/Neßeler* 10; **a.A.** AK/*Achenbach* 6 (Anwendung geboten).

63 Bejahend BayObLG NJW **1978** 223 = JR **1978** 173 mit Anm. *Peters*; KK/*Schmitt* 6; Schmitt/Köhler/*Schmitt* 5d; KMR/*Noltensmeier-von Osten* 8; NK/*Heghmanns* 16; Radtke/Hohmann/*Rettenmaier* 6; **a.A.** *Peters* JR **1978** 174; AK/*Achenbach* 6; MüKo/*Kölbel/Neßeler* 10; Radtke/Hohmann/*J. Kretschmer*[1] 7; offengelassen in BGHSt **29** 1, 4.

64 So bei den in der vorigen Fn. genannten Entscheidungen; vgl. auch unten Rn. 46.

65 Näher LR/*Becker*[27] § 247, 16 m.w.N.

66 NK/*Heghmanns* 16; vgl. auch Schmitt/Köhler/*Schmitt* 3 (nach den Umständen des Einzelfalls in nicht geringem Maße zu erwarten); SK/*Albrecht* 24 (konkrete Gefährdung).

67 Ebenso NK/*Heghmanns* 16; näher LR/*Jahn* § 147, 141 ff.

68 Vgl. § 193 Abs. 4, § 224 Abs. 2 a.F.; zur Änderung RegE 1. StVRG, BTDrucks. 7 551 S. 76.

Untersuchungshaft oder der einstweiligen Unterbringung im Hinblick auf § 140 Abs. 1 Nr. 4 i.V.m. § 141 Abs. 2 Satz 1 Nr. 1 heute nicht mehr geben sollte; es verbleiben insbesondere Fälle der Straf- und Abschiebehaft sowie sämtliche Formen der Anstaltsunterbringung), einen Anspruch auf Anwesenheit, wenn nicht die Voraussetzungen des Absatzes 3 vorliegen. Er ist also vom Termin zu benachrichtigen und ggf. vorzuführen, wenn er es verlangt. Eine Vorführung gegen seinen Willen ist aber unzulässig.[69]

Ist der **Beschuldigte verteidigt**, so besteht für ihn ein Anwesenheitsrecht nur unter der 23 doppelten Voraussetzung, dass die Vernehmung an der Gerichtsstelle, also im Dienstgebäude des vernehmenden Richters stattfindet[70] und dass sich diese am gleichen Ort wie die Haftanstalt befindet. Zweck der Regelung ist ersichtlich, der Fluchtgefahr bei Vernehmung außerhalb der Gerichtsstelle und dem Überstellungsaufwand bei Vernehmung an einem anderen Ort zu begegnen. Deshalb dürfte die **Vorschrift unanwendbar** sein, wenn solche Erschwernisse offensichtlich nicht drohen, so etwa, wenn in der gleichen Haftanstalt, in der sich der Beschuldigte befindet, ein Mithäftling als Zeuge zu vernehmen ist, oder wenn die Haftanstalt zwar in einer anderen Gemeinde als die Gerichtsstelle liegt, von ihr jedoch ein regelmäßiger Vorführungsdienst zum Gericht stattfindet.[71] Ebenso wenig darf einem Beschuldigten, der im Rahmen von Vollzugslockerungen eigenständig zum Vernehmungsort gelangt, die Anwesenheit unter Berufung auf Absatz 4 verweigert werden.[72]

Auch wenn an sich die Voraussetzungen des Absatz 4 vorliegen, kann dem verteidig- 24 ten Beschuldigten die **Anwesenheit** an einer außerhalb des Verwahrungsortes durchgeführten Vernehmung **gestattet** und hierfür seine Vorführung und Überstellung veranlasst werden, wenn der vernehmende Richter dies für zweckmäßig hält, etwa weil die Vernehmung von besonderer Bedeutung ist. Andererseits entfällt der Anspruch auf eigene Anwesenheit schon dann, wenn der Beschuldigte einen Verteidiger hat; es kommt nicht darauf an, ob dieser an der Vernehmung tatsächlich teilnimmt. Zur Frage der Terminsnachricht s.u. Rn. 39.

4. Weitere Personen

a) Erziehungsberechtigter und gesetzlicher Vertreter. Der **Erziehungsberechtigte** 25 und der **gesetzliche Vertreter** haben im Verfahren gegen jugendliche Beschuldigte nach § 67 Abs. 1 JGG ein Anwesenheitsrecht, das grundsätzlich dem des Beschuldigten entspricht. Der Wortlaut wirft einige auch im jugendstrafrechtlichen Schrifttum kaum behandelte Zweifelsfragen auf, da nach ihm das Anwesenheitsrecht streng akzessorisch zu sein scheint („soweit"), es also beispielsweise entfiele, wenn allein von der Anwesenheit des beschuldigten Jugendlichen, nicht aber des gesetzlichen Vertreters eine Gefährdung des Untersuchungszwecks ausgehen würde. Doch liegt der Sinn des § 67 Abs. 1 JGG erkennbar auch darin, dem Erziehungsberechtigten und gesetzlichen Vertreter eine selbstständige Beistandsfunktion zu ermöglichen. Daraus folgt, dass diese auch bei Vernehmungen des Beschuldigten selbst gemäß Absatz 1 ein Anwesenheitsrecht haben,[73] und dass ihr Ausschluss nach Absatz 3 bei der Vernehmung von Zeugen und Sachverständigen (bei der Vernehmung des jugendlichen Beschuldigten selbst kommt ein Ausschluss abgesehen vom Fall des § 67 Abs. 4 JGG nicht in Betracht[74]) nur möglich ist, wenn die Ausschließungsgründe auf sie (und nicht nur auf den Be-

69 Vgl. HK/*Zöller*/*Niedernhuber* 7.
70 BGHSt **1** 269, 271 (kein Anwesenheitsrecht bei Vernehmung in der Wohnung des Zeugen).
71 Ebenso MüKo/*Kölbel*/*Neßeler* 11; SK/*Albrecht* 28.
72 Zutr. NK/*Heghmanns* 20.
73 LR/*Gleß* § 136, 73.
74 Zutr. NK/*Heghmanns* 18.

schuldigten) zutreffen.[75] Das Anwesenheitsrecht besteht auch, wenn der Beschuldigte selbst nach Absatz 4 keinen Anspruch auf Anwesenheit hat.

26 **b) Einziehungsbeteiligte** im technischen Sinne (§ 427) kennt das Gesetz erst mit Erhebung der öffentlichen Klage; erst von diesem Zeitpunkt an erlangen sie die Befugnisse eines Angeklagten (§ 427 Abs. 1). Der bloße **Einziehungsinteressent** im Ermittlungsverfahren[76] (§ 426) hat zwar Anspruch auf rechtliches Gehör, aber nicht die vollen Befugnisse eines Beschuldigten (näher bei § 426). Ein Anwesenheitsrecht bei der Vernehmung von Beschuldigten, Zeugen oder Sachverständigen hat er daher nicht, doch kann ihm der Richter nach pflichtgemäßem Ermessen die Anwesenheit gestatten (Rn. 29). Wird der Einziehungsinteressent dagegen nach § 426 Abs. 2 selbst richterlich vernommen, so gilt Absatz 1, sodass hier der Staatsanwaltschaft und seinem „Verteidiger" (§ 428)[77] die Anwesenheit gestattet ist. Für die Anwesenheit des Verteidigers und des Beschuldigten bei diesen Vernehmungen dürften die gleichen Grundsätze gelten wie bei der Vernehmung von Mitbeschuldigten (s.o. Rn. 15 f.).

27 **c) Verletzter und Nebenklageberechtigter.** Wird der Verletzte als Zeuge richterlich vernommen, so hat nach § 406f Abs. 1 Satz 2[78] sein Rechtsanwalt ein Anwesenheitsrecht entsprechend der Regelung für den Beschuldigten in Absatz 1; darüber hinaus ist nach Absatz 2 auf Antrag einer sonstigen Person seines Vertrauens die Anwesenheit zu gestatten, sofern dies nicht den Untersuchungszweck gefährden könnte. Das Anwesenheitsrecht eines psychosozialen Prozessbegleiters und die (nur für den nicht beigeordneten psychosozialen Prozessbegleiter geltende) entsprechende Ausschlussmöglichkeit ist in § 406g Abs. 1, 4 geregelt. Bei anderen Vernehmungen besteht für den Verletzten und seinen Rechtsanwalt kein Anwesenheitsrecht. Nur für denjenigen Verletzten, der bei Erhebung der öffentlichen Klage zum Anschluss als **Nebenkläger** berechtigt wäre, ist nach § 406h Abs. 2 Satz 3 ein Rechtsanwalt als Beistand zur Anwesenheit bei richterlichen Vernehmungen berechtigt, soweit nicht der Untersuchungszweck gefährdet wird.[79] Dem Nebenklageberechtigten selbst steht diese Befugnis nicht zu, ihm kann allenfalls nach richterlichem Ermessen die Anwesenheit gestattet werden.[80]

28 **d) Zeugenbeistand.** Bei der Vernehmung eines Zeugen ist dessen **Rechtsanwalt** als Zeugenbeistand ebenso wie der nach § 68b bestellte Vernehmungsbeistand grundsätzlich berechtigt, an der Vernehmung teilzunehmen.[81] Einen Anspruch auf Anwesenheit bei der Vernehmung anderer Personen oder bei Augenscheinseinnahmen hat der Zeugenbeistand nicht.

29 **e) Sonstige Personen.** § 168c und entsprechende andere Vorschriften[82] regeln lediglich, unter welchen Voraussetzungen ein Anspruch auf Anwesenheit besteht; sie enthalten kein gesetzliches Verbot der Anwesenheit anderer Personen.[83] Der Richter kann daher

75 Ebenso NK/*Heghmanns* 18; SK/*Albrecht* 17.
76 LR/*Gaede*[27] § 426, 1.
77 Zur Einbeziehung auch des Einziehungsinteressenten in diese Vorschrift vgl. LR/*Gaede*[27] § 428, 2.
78 Näher LR/*Wenske* § 406f, 2.
79 LR/*Wenske* § 406h, 18.; NK/*Heghmanns* 10.
80 KK/*Schmitt* 12; vgl. auch NK/*Heghmanns* 6 f.
81 Vgl. näher LR/*Ignor*/*Bertheau* Vor § 48, 28.
82 Z.B. § 406f Abs. 1 Satz 2, § 406h Abs. 2 Satz 3; § 67 Abs. 1 JGG.
83 KK/*Schmitt* 14; KMR/*Plöd* 1; MüKo/*Kölbel*/*Neßeler* 13; SK/*Albrecht* 19; *Eb. Schmidt* Nachtr. I § 169, 11.

nach pflichtgemäßem Ermessen andere Personen zulassen. Auch die Gestattung der Anwesenheit bei Teilen der Vernehmung ist möglich, ebenso der Widerruf der Gestattung.[84] Dies darf allerdings nicht dazu führen, dass berechtigte Interessen der zu Vernehmenden und anderer Prozessbeteiligter beeinträchtigt werden, oder dass die Vernehmung im Ergebnis zu einer öffentlichen Verhandlung wird. Eine Zulassung kommt ferner nicht in Betracht, wenn dadurch der Untersuchungszweck im Sinne des Absatz 3 gefährdet werden würde. Es muss also ein berechtigtes, persönliches und verfahrensbezogenes Interesse desjenigen bestehen, der die Zulassung begehrt, und es dürfen keine überwiegenden schutzwürdigen Interessen Dritter entgegenstehen. Unzulässig ist namentlich die Zulassung solcher Personen, die lediglich ein allgemeines Informationsinteresse haben, insbesondere von Vertretern der Medien.[85]

Als **Personen, denen die Anwesenheit gestattet werden kann**, kommen, immer nach Lage des Einzelfalles, beispielsweise in Betracht der **Ehegatte** oder Lebenspartner des Beschuldigten bei seiner Vernehmung[86] oder der eines Zeugen bei dessen Vernehmung, eine andere **Person des Vertrauens** der zu vernehmenden Person,[87] sachbearbeitende **Polizeibeamte** (allein oder in Begleitung der Staatsanwaltschaft),[88] **Sachverständige** (vgl. § 80 Abs. 2), bei der Vernehmung von Sachverständigen deren Mitarbeiter, Wirtschaftsreferenten der Staatsanwaltschaft, Bewährungshelfer und **Gerichtshelfer**. 30

Nicht zu gestatten sein wird in der Regel die Anwesenheit solcher Personen, deren Vernehmung als Zeuge noch bevorsteht (vgl. § 58 Abs. 1) oder in Betracht kommen kann.[89] 31

5. Verfahrensrechtliche Fragen. Zweifelsfragen darüber, ob eine Anwesenheitsbefugnis besteht, entscheidet der vernehmende Richter durch Beschluss, ebenso, ob und wieweit einer Person die Anwesenheit gestattet werden soll. Die Prozessbeteiligten sind nach § 34 zu hören, soweit sie anwesend sind. Zur Anfechtbarkeit s.u. Rn. 71. Wenn ein Anwesenheitsberechtigter an der Vernehmung teilnimmt, bedarf es keiner ausdrücklichen Entscheidung, wohl aber seiner Erwähnung im Protokoll (§ 168a, 9). Dagegen ist stets darüber zu entscheiden, ob einer anderen Person die Anwesenheit gestattet werden soll. Erscheint jemand zur Vernehmung und beantragt, bei ihr anwesend sein zu dürfen, so ist, wenn dem nicht stattgegeben wird, die Entscheidung als wesentliche Förmlichkeit nach § 168a Abs. 1 zu protokollieren. 32

Bei der Entscheidung, ob ein Beschuldigter wegen Gefährdung des Untersuchungszwecks nach Absatz 3 ausgeschlossen werden soll, steht dem Richter trotz des Wortes „kann“ **kein Ermessen** zu,[90] denn dies würde darauf hinauslaufen, dass ihm gestattet wäre, eine Beeinträchtigung der Wahrheitsfindung hinzunehmen. Der Richter muss daher von der Ausschlussbefugnis Gebrauch machen, wenn er die Voraussetzungen des Absatz 3 für gegeben hält; ihm steht dabei allerdings ein breiter und im weiteren Verfahren nur begrenzt überprüfbarer Beurteilungsspielraum offen (vgl. Rn. 53, 58).[91] 33

---

84 KK/*Schmitt* 14; SSW/*Andrä* 3.

85 Vgl. dazu z.B. (auch in Hinblick auf den Schutz vor „öffentlichen Vorverurteilungen“) BTDrucks. **10** 4608 S. 17; *Volk* Verh. des 54. DJT (1982) Bd. II K 30 und Beschl. des 54. DJT, a.a.O. K 162.

86 Wegen der Zulassung als formeller Beistand nach § 149 vgl. die dortigen Erl.

87 Unter den Voraussetzungen von § 406f Abs. 2 Satz 1 besteht insoweit grds. ein Anspruch, s.o. Rn. 27.

88 KK/*Schmitt* 14.

89 NK/*Heghmanns* 11.

90 MüKo/*Kölbel/Neßeler* 10; SK/*Albrecht* 22; **a.A.** (mindestens terminologisch) zum gleichgelagerten Fall des Unterbleibens der Benachrichtigung nach Absatz 5 Satz 2 *Peters* § 28 IV 1; *Schlüchter* Rn. 75.3; vgl. auch Rn. 58.

91 Insoweit **a.A.** MüKo/*Kölbel/Neßeler* 10, 24.

III. Befugnisse der Anwesenheitsberechtigten (Absatz 1 Satz 2 und 3 sowie Absatz 2 Satz 2 bis 4)

34 **1. Fragerecht.** Die im Jahre 2017 erfolgte ausdrückliche Verankerung eines Fragerechts der Anwesenheitsberechtigten an die vernommene Person, durch die der Gesetzgeber dem in Art. 3 Abs. 3 Buchstabe b der Richtlinie 2013/48/EU verankerten Recht auf eine „wirksame Teilnahme" des Verteidigers Rechnung tragen wollte,[92] ist letzten Endes nur eine Klarstellung einer schon seit langem einhellig anerkannten[93] Befugnis, weil ein Anwesenheitsrecht ohne die Möglichkeit, auf die Beweisaufnahme einzuwirken, dem mit ihm verbundenen Zweck (Rn. 1) nicht entsprechen würde. Dass der Gesetzgeber schon früher von Mitwirkungsrechten ausging, die über die Anwesenheitsbefugnis als solche hinausgehen, ist im Übrigen aus § 168e Satz 3 ersichtlich, wonach trotz der Beschränkung der körperlichen Anwesenheit die „übrigen Mitwirkungsbefugnisse" unberührt bleiben. Dass der Richter Beschränkungen, die für die Hauptverhandlung gelten, auch im Rahmen von § 168c zu beachten hat (vgl. § 241 Abs. 2), folgt aus Absatz 1 Satz 3 und Absatz 2 Satz 3; gemäß der Verweisung von Absatz 2 Satz 4 auf § 241a sind im Übrigen die dort für die Hauptverhandlung geregelten Besonderheiten bei der Vernehmung minderjähriger Zeugen in vollem Umfang zu beachten. Vor der entsprechenden Ergänzung von § 168c galt aufgrund einer analogen Anwendung der §§ 241, 241a richtigerweise bereits nichts anderes.[94] Die Fragemöglichkeit muss nicht generell „konfrontativ" i.S. der gängigen Auslegung von Art. 6 Abs. 3 lit. d EMRK sein, wohl aber dann, wenn das Konfrontationsrecht in der Hauptverhandlung mangels erneuter Vernehmung des Belastungszeugen nicht mehr ausgeübt werden kann und stattdessen die Aussage aus dem Ermittlungsverfahren verwertet werden soll.[95] Wird der Beschuldigte zur Vernehmung eines Mitbeschuldigten zugelassen (s.o. Rn. 17), steht ihm dem Rechtsgedanken von § 240 Abs. 2 Satz 2 entsprechend kein unmittelbares Fragerecht zu.[96] Bei Personen, denen die Anwesenheit lediglich gestattet wird (Rn. 29 ff.), steht es nach wie vor im Ermessen des Richters, welche Befugnisse er ihnen einräumen will.[97]

35 **2. Weitere Mitwirkungsrechte.** Neben dem Recht, an die vernommene Person Fragen zu stellen, sieht das Gesetz für die Anwesenheitsberechtigten nunmehr ausdrücklich auch ein Recht vor, zur Vernehmung Erklärungen abzugeben, wobei nach Absatz 1 Satz 3 und Absatz 2 Satz 3 die gleichen Einschränkungen wie beim Fragerecht zu beachten sind. Die Funktion des Anwesenheitsrechts legt im Übrigen die Einräumung der Möglichkeit nahe, Fragen eines anderen Anwesenheitsberechtigten oder Maßnahmen des Ermittlungsrichters als unzulässig zu beanstanden.[98] Zur Protokollierung § 168a, 15.

IV. Benachrichtigungspflicht (Absatz 5)

36 **1. Bedeutung/Allgemeines.** Regelmäßig ist notwendige Voraussetzung für die Wahrnehmung des Anwesenheitsrechts, dass die Berechtigten vom Vernehmungstermin benach-

---

92 RegE BTDrucks. **18** 9534 S. 24; HK/*Zöller/Niedernhuber* 3.

93 Näher und m.w.N. LR/*Erb*[26] 30.

94 Näher und m.w.N. LR/*Erb*[26] 31.

95 Vgl. *Thörnich* ZIS **2017** 39, 51; MüKo/*Kölbel/Ibold* 15.

96 Ebenso SK/*Albrecht* 20.

97 HK/*Zöller/Niedernhuber* 4; KK/*Schmitt* 15; KMR/*Plöd* 1; SK/*Albrecht* 21; SSW/*Andrä* 3.

98 Vgl. dazu auch *Dahs* (Hdb.) Rn. 305; zum Ganzen auch (weitergehend) *Walther* GA **2003** 204 ff., insbes. 225.

richtigt werden. Die in Absatz 5 geregelte, durch das 1. StVRG neu gefasste[99] Benachrichtigungspflicht stimmt im Wortlaut weitgehend mit der für kommissarische Vernehmungen im Hauptverfahren geltenden (§ 224 Abs. 1) überein. Zweck der damaligen Neufassung war es, die Benachrichtigungspflicht deutlich zu erweitern.[100] Weil die Benachrichtigung in der Regel notwendige Voraussetzung für das Anwesenheitsrecht ist, muss sie auch ermöglichen, dass der Berechtigte den Termin unter normalen Umständen und in zumutbarer Weise wahrnehmen kann. Es ist deshalb, soweit eine Benachrichtigungspflicht besteht, regelmäßig so zu terminieren und die Anwesenheitsberechtigten sind hiervon so rechtzeitig zu benachrichtigen, dass ihnen das Erscheinen ermöglicht wird;[101] dadurch eintretende Verzögerungen müssen in Kauf genommen werden, sofern sie nicht den Untersuchungserfolg gefährden (vgl. Rn. 44 f.).

Ein **Verzicht auf die Benachrichtigung** ist möglich;[102] er kann, solange die Untersu- 37
chungshandlung noch nicht stattgefunden hat, widerrufen werden. Nicht erforderlich ist ein ausdrücklicher Antrag auf Terminmitteilung; er kann jedoch im Verteidigungsinteresse zweckmäßig sein.[103]

2. Personenkreis

a) Zur Anwesenheit Berechtigte. Eine Terminsnachricht gemäß Absatz 5 Satz 1 er- 38
halten, soweit dies möglich ist (Rn. 42) und sie hierauf nicht verzichtet haben, alle zur Anwesenheit berechtigten Personen, also namentlich die Staatsanwaltschaft, der Beschuldigte,[104] der Verteidiger und (im Jugendstrafverfahren) der Erziehungsberechtigte und der gesetzliche Vertreter sowie der Rechtsanwalt als Beistand eines zum Anschluss als Nebenkläger berechtigten Verletzten.[105] Die Benachrichtigung des Beschuldigten kann unter den Voraussetzungen des § 145a an den Verteidiger gerichtet werden.

Bei dem **nicht auf freiem Fuß befindlichen Beschuldigten** war bereits früher aner- 39
kannt, dass er vom Termin auch dann zu benachrichtigen sei, wenn er keinen Anspruch auf Anwesenheit hatte, weil ihm die Möglichkeit gegeben werden müsse, einen Verteidiger zu beauftragen.[106] Dieses Problem ist zwar seit der Neufassung des Absatzes 4 erledigt, weil das Anwesenheitsrecht eines Beschuldigten, der keinen Verteidiger hat, bestehen bleibt (Rn. 22) und er deshalb zu benachrichtigen ist. Hat er einen Verteidiger und folglich keinen Anspruch auf Anwesenheit, so ist er jedoch gleichwohl zu benachrichtigen (was gemäß § 145a mit der Benachrichtigung des Verteidigers verbunden werden kann, s.o. Rn. 38 a.E.), weil ihm die Möglichkeit gegeben werden muss, seinen Verteidiger zu instruieren und ggf. auch die Gründe geltend zu machen, die für seine persönliche Teilnahme sprechen (vgl. Rn. 24).[107]

---

99 Vgl. zur früheren Fassung und zu den Absichten des Gesetzgebers bei der Änderung BGHSt **26** 332, 334 = JR **1977** 257 mit Anm. *Meyer-Goßner*; zur Entstehungsgeschichte der jetzigen Fassung BTDrucks. 7 551 S. 76, 144; 7 2600 S. 5; LR/*Meyer-Goßner*[23] 23; *Welp* JZ **1980** 134, 135.

100 Vgl. BGHSt **26** 332, 335; AK/*Achenbach* 9; LR/*Meyer-Goßner*[23] 23; *Welp* JZ **1980** 134, 135, alle m.w.N.

101 AK/*Achenbach* 16; HK/*Zöller*/*Niedernhuber* 10; KK/*Schmitt* 20.

102 *Schmid* Verwirkung von Verfahrensrügen (1966) 96; LR/*Jäger* § 224, 23; vgl. auch Nr. 121 Abs. 4 RiStBV.

103 Näher *Dahs* (Hdb.) 253.

104 Zur Frage, wann die Beschuldigteneigenschaft und damit die Benachrichtigungspflicht beginnt, vgl. etwa BGH StV **1985** 398; NJW **2003** 3142, 3143.

105 § 406h Abs. 2 Satz 3; *Kühne* Rn. 248.

106 Z.B. RGSt **23** 142, 143; BGH bei *Holtz* MDR **1976** 814; vgl. auch OLG Hamm NJW **1955** 1123.

107 Für Benachrichtigung des Beschuldigten auch in den Fällen des Absatzes 4 auch BGH StV **2013** 3; KK/*Schmitt* 16; MüKo/*Kölbel*/*Neßeler* 18; NK/*Heghmanns* 22; SK/*Albrecht* 28; Alsberg/*Güntge* Rn. 1012; *Eisenberg* (Beweisrecht) Rn. 2244.

40 **b) Personen, denen die Anwesenheit gestattet werden kann. Personen, denen die Anwesenheit lediglich gestattet werden kann** (Rn. 29 ff.), müssen nicht vom Termin benachrichtigt werden, doch ist dies, wenn dadurch nicht der Untersuchungszweck im Sinne des Absatzes 3 gefährdet wird, zulässig.

41 **c) Wegfall der Benachrichtigungspflicht?** Ob die Benachrichtigungspflicht allgemein gegenüber solchen Personen entfällt, die zwar grundsätzlich zur Anwesenheit berechtigt sind, bei denen aber konkret bereits im Zeitpunkt der Terminierung sicher voraussehbar ist, dass sie bei der in Aussicht genommenen Vernehmung nach Absatz 3 ausgeschlossen werden würden, war lange ungeklärt.[108] Der BGH hat sich der zutreffenden Ansicht angeschlossen, wonach das Vorliegen eines Ausschlussgrundes (richtigerweise – vom BGH bislang offengelassen[109] – auch ein bereits erfolgter Ausschluss)[110] die Benachrichtigung nicht entbehrlich macht, weil diese die Wahrung der Rechte des Beschuldigten unabhängig von der Möglichkeit seines Erscheinens sicherstellen soll.[111] Dabei muss dem Betroffenen insbesondere die Gelegenheit eröffnet werden, rechtzeitig mit Hilfe einer Gegenvorstellung darzulegen, dass ein Ausschließungsgrund nicht vorliegt, oder eine an sich zulässige (Rn. 71) Beschwerde einzulegen. Die Benachrichtigungspflicht besteht demgemäß auch gegenüber einem Beschuldigten, der nach Absatz 4 keinen Anspruch auf Teilnahme an der Vernehmung hat (s.o. Rn. 39 a.E.). Bezieht sich die Gefährdung des Untersuchungszwecks auf die Anwesenheit des Beschuldigten oder des Beistandes des als Nebenkläger anschlussberechtigten Verletzten allein auf die Vernehmung und nicht schon darauf, dass die Kenntnis von der bevorstehenden Vernehmung den Untersuchungszweck gefährden könnte (vgl. Rn. 49), so sind diese Personen deshalb vom Termin zu benachrichtigen und zugleich darauf hinzuweisen, dass ihre persönliche Anwesenheit nicht gestattet werde; namentlich der unverteidigte Beschuldigte hat dann Gelegenheit, einen Verteidiger zu beauftragen oder die Beiordnung eines solchen zu beantragen. Anders ist es nur dann, wenn bereits die **Kenntnis der** bevorstehenden **Vernehmung** zu einer **Gefährdung des Untersuchungserfolgs** führen würde und deshalb nach Absatz 5 Satz 2 ein Verzicht auf die Benachrichtigung als solche in Betracht kommt. Hält man Absatz 5 Satz 2 nur bei einer Gefährdung des Untersuchungserfolgs aufgrund zeitlicher Verzögerung für anwendbar,[112] führt an der Benachrichtigung in der vorliegenden Konstellation trotz der damit verbundenen Beeinträchtigung der Wahrheitsfindung konsequenterweise kein Weg vorbei.[113]

42 **d) Benachrichtigung undurchführbar.** Ist die **Benachrichtigung undurchführbar**, so kann sie ebenfalls unterbleiben, so etwa gegenüber einem Beschuldigten, der flüchtig oder dessen Aufenthalt sonst unbekannt und nicht mit zumutbarem Aufwand zu ermitteln ist. Der Verteidiger oder der Rechtsanwalt als Beistand des zum Anschluss als Nebenkläger berechtigten Verletzten (§ 406h Abs. 2) braucht nur benachrichtigt zu werden, wenn er

---

108 Für einen Wegfall der Benachrichtigungspflicht BGHSt **31** 140, 142 (obiter dictum) mit der lapidaren Begründung, der nach Absatz 3 ausgeschlossene Beschuldigte gehöre nicht mehr zu den anwesenheitsberechtigten Personen; *Schäfer*[6] Rn. 360; LR/*Rieß*[24] 37; **a.A.** bereits LR/*Rieß*[25] 37; ebenso wohl SK/*Albrecht* 33.

109 BGH v. 7.10.2014 – 1 StR 381/14, NStZ **2015** 98.

110 Zutr. *Mosbacher* NStZ **2015** 303; MüKo/*Kölbel/Neßeler* 18; SSW/*Sing/Andrä* 11.

111 BGH StV **2011** 336 f. (obiter dictum); BGH v. 12.9.2012 – 5 StR 401/12, BeckRS **2012** 20644 Rn. 6 (tragend); OLG München NStZ **2015** 300, 301; im Schrifttum etwa HK/*Zöller/Niedernhuber* 9; KK/*Schmitt* 16; Schmitt/Köhler/*Schmitt* 5b; MüKo/*Kölbel/Neßeler* 19; NK/*Heghmanns* 22.

112 Zu dieser Streitfrage unten Rn. 43 ff.

113 **A.A.** LR/*Rieß*[25] 37, der das Unterlassen der Terminmitteilung hier auf eine analoge Anwendung von Absatz 3 stützen will.

vom Gericht bestellt worden oder als gewählter Verteidiger oder Beistand zur Akte legitimiert ist.[114] Bestellt das Gericht im Rahmen einer Beschuldigtenvernehmung einen Verteidiger, so gebietet es der Schutzzweck von § 168c, die Vernehmung erst fortzuführen, sobald diesem durch eine Benachrichtigung nach Absatz 5 Gelegenheit zum Erscheinen gegeben wurde.[115]

3. Unterbleiben der Benachrichtigung bei Gefährdung des Untersuchungserfolgs (Absatz 5 Satz 2)

a) Allgemeines/Streitstand. Nach Absatz 5 Satz 2, der mit § 224 Abs. 1 Satz 2 wörtlich 43
übereinstimmt, unterbleibt bei der richterlichen Vernehmung von Zeugen und Sachverständigen die Benachrichtigung, wenn sie den Untersuchungserfolg gefährden würde. Über den Inhalt des Begriffs „Untersuchungserfolg" besteht keine Einigkeit. **Übereinstimmung** besteht dahingehend, dass dessen Gefährdung stets vorliegt, wenn die Vernehmung so dringlich ist, dass der durch die Benachrichtigung erforderliche Aufschub der Vernehmung das Untersuchungsergebnis gefährden würde (dazu Rn. 44 f.). Diese auf den Zeitverlust abstellende Auslegung knüpft an den früheren Wortlaut des § 193 Abs. 3 („soweit dies ohne Aufschub der Sache geschehen kann") und des § 224 Abs. 1 („soweit dies nicht wegen Gefahr im Verzuge untunlich ist") an. **Umstritten** ist, ob und in welchem Umfang darüber hinaus auch eine Gefährdung der Wahrheitserforschung, also eine **materielle Gefährdung,**[116] dem Begriff des Untersuchungserfolgs zugeordnet werden kann, was vor allem für die Benachrichtigung des Verteidigers von Bedeutung ist (näher Rn. 46 ff.).

b) Gefährdung des Untersuchungserfolgs durch Zeitablauf. Von der Benachrichti- 44
gung kann abgesehen werden, wenn die zeitliche Verzögerung, die andernfalls eintreten würde, zur Folge hätte, dass die Vernehmung nicht mehr sachgerecht durchführbar wäre, also wenn die Vernehmung so eilbedürftig ist, dass mit ihr nicht abgewartet werden kann.[117] Dass der Zeuge als Beweismittel durch den Zeitverlust gänzlich verlorenginge, ist dabei nicht erforderlich; es genügt, wenn die Sachverhaltserforschung durch den Zeitverlust wesentlich erschwert würde. Dies kann etwa der Fall sein, wenn die Aussage die Grundlage für weitere eilbedürftige Ermittlungen darstellt. Für die Gefahr eines zeitablaufbedingten Beweisverlusts im vorgenannten Sinn genügt eine gewisse, auf tatsächliche Umstände gegründete Wahrscheinlichkeit. Dabei berechtigt die Prognose, der Anwesenheitsberechtigte werde zu einer aus diesem Grunde kurzfristig anberaumten Vernehmung ohnehin nicht mehr rechtzeitig erscheinen können (z.B. wegen eines auswärtigen Wohnsitzes), richtigerweise nicht dazu, schon von der Benachrichtigung als solcher abzusehen.[118] Im Hinblick auf die Möglichkeit, dass sich der Betroffene vielleicht zufällig in der Nähe aufhält oder einen in der Nähe befindlichen bekannten Rechtsanwalt per Mobiltelefon mit der Wahrnehmung des Termins beauftragen kann, ist eine Benachrichtigung, die nor-

---

114 Vgl. § 145a Abs. 1; für den Vertreter des als Nebenkläger anschlußberechtigten Verletzten s. auch BTDrucks. **10** 5305 S. 20.

115 **A.A.** (nur, wenn der Grundsatz des fairen Verfahrens nach den Umständen des Einzelfalls ein entsprechendes Vorgehen gebiete) BGH StV **2006** 228 mit abl. Anm. *Wohlers*.

116 So die anschauliche Terminologie bei *Welp* JZ **1980** 134; ähnlich AK/*Achenbach* 11; *Krause* StV **1984** 169, 172.

117 So in Nuancen unterschiedliche allg. M., z.B. AK/*Achenbach* 10; KK/*Schmitt* 17; Schmitt/Köhler/*Schmitt* 5d; KMR/*Noltensmeier-von Osten* 15; SK/*Albrecht* 36; vgl. ferner die Nachweise bei LR/*Jäger* § 224, 20.

118 Zutr. *Zaczyk* NStZ **1987** 535, 538; MüKo/*Kölbel*/*Neßeler* 20; NK/*Heghmanns* 21; wohl auch LR/*Jäger* § 224, 20; **a.A.** LR/*Rieß*[25] 40.

malerweise zu spät kommt, nämlich besser als gar keine. Zur Wahrung jeder denkbaren Möglichkeit der Teilnahme ist bei der Benachrichtigung von eilbedürftigen Vernehmungen ggf. ein geeignetes modernes Kommunikationsmittel (i.d.R. Verständigung über das Mobiltelefon) zu wählen.

45 Der Fall, dass bei Gefährdung des Untersuchungserfolgs durch Zeitablauf nicht einmal der **Versuch einer kurzfristigen Benachrichtigung** zu unternehmen ist, dürfte im Zeitalter moderner Kommunikationsmittel demnach sehr selten sein;[119] zu denken wäre etwa an die Vernehmung eines Zeugen, der im Sterben liegt, oder eines Zeugen aus Übersee, dessen Rückflug unmittelbar bevorsteht. Von solchen Extremfällen abgesehen wird zumeist eine kurzzeitige Verschiebung möglich sein, die eine Benachrichtigung auf dem schnellsten technisch möglichen Wege gestattet und dem Betroffenen evt. doch noch die Teilnahme an der Vernehmung ermöglicht.[120] Häufiger als auf den Versuch einer Benachrichtigung wird man berechtigterweise auf die effektive Herbeiführung des **Benachrichtigungserfolges** verzichten können, wenn sich die kurzfristige Herstellung eines Kontakts als unmöglich erweist, ein weiteres Abwarten wegen der Gefährdung des Untersuchungserfolgs aber nicht in Betracht kommt. Vielfach wird der Untersuchungserfolg indessen erst durch denjenigen Zeitablauf gefährdet sein, den der Anwesenheitsberechtigte als „Vorlauf" benötigt, um sich sachgerecht vorbereiten oder (im Hinblick auf eine notwendige Anreise) überhaupt an der Vernehmung teilnehmen zu können. In diesem Fall ist eine entsprechend kurzfristige Benachrichtigung zulässig und geboten, die unter normalen Umständen nicht rechtzeitig (s.o. Rn. 36) wäre, aber im Verhältnis zum Unterlassen der Benachrichtigung nach Absatz 5 Satz 2 das mildere Mittel darstellt.

46 **c) Materielle Gefährdung des Untersuchungserfolgs.** Die **Rechtsprechung**,[121] der ein Teil des Schrifttums folgt,[122] versteht unter Gefährdung des Untersuchungserfolgs im Sinne des Absatz 5 auch die durch tatsächliche Umstände begründete Gefahr, dass die Kenntnis vom Vernehmungstermin[123] von dem zu Benachrichtigenden dazu verwendet wird, das Ermittlungsverfahren zu stören oder die Erforschung der Wahrheit (unlauter) zu beeinflussen. Sie setzt den Begriff der Gefährdung des Untersuchungserfolgs in Absatz 5 mit dem Begriff der Gefährdung des Untersuchungszwecks in Absatz 3 weitgehend gleich.[124] Namentlich die neuere Rechtsprechung hat allerdings klargestellt, dass die materielle Gefährdung des Untersuchungserfolgs sich nur auf die konkret beabsichtigte Vernehmung bezieht, nicht aber daraus hergeleitet werden kann, dass spätere Ermittlungshandlungen, deren Notwendigkeit sich aus der Vernehmung ergeben können, beeinflusst werden könnten. Eine Gefährdung des Untersuchungszwecks in einem weiter verstandenen Sinne reicht also nicht aus.[125] Danach kommt ein Absehen von der Benachrichtigung des Beschuldigten insbesondere in Betracht, wenn zu befürchten ist, dass er auf den zu

119 *Zaczyk* NStZ **1987** 535, 538; vgl. auch KK/*Schmitt* 17.

120 BGH NStZ **1999** 417, 418 mit konkretem Beispiel.

121 So namentlich BGHSt **29** 1 = JR **1980** 253 mit Anm. *Meyer-Goßner*; **32** 129 (GrSSt); BGH NJW **1980** 2088; NStZ **1999** 417; NJW **2003** 3142, 3143; BayObLG NJW **1978** 223 = JR **1978** 173 mit Anm. *Peters*.

122 HK/*Zöller/Niedernhuber* 9; KK/*Schmitt* 18; Schmitt/Köhler/*Schmitt* 5d; KMR/*Noltensmeier-von Osten* 14; LR/*Meyer-Goßner*[23] 25; ferner *Haller/Conzen* Rn. 152; *Ranft* Rn. 441; *Schlüchter* Rn. 75.3, 111; *Ernesti* JR **1982** 221, 222; *Meyer-Goßner* JR **1980** 254; *Peters* JR **1978** 174 (der „Verdunkelung" für ausreichend hält).

123 Wohl weitergehend (auch das bei der Vernehmung erlangte Wissen) z.B. KK/*Schmitt* 18.

124 So ausdrücklich *Meyer-Goßner* JR **1980** 255; auch *Schlüchter* a.a.O. (Fn. 117) verwendet beide Begriffe offenbar synonym.

125 BGH NStZ **1999** 417; NK/*Heghmanns* 23; Schmitt/Köhler/*Schmitt* 5d; SK/*Albrecht* 39; SSW/*Andrä* 11; **a.A.** KK/*Schmitt* 18.

vernehmenden Zeugen unlauter einwirkt,[126] oder wenn sonst eine Zeugnisverweigerung aus Furcht vor Repressalien zu befürchten ist.[127] Für sich genommen nicht ausreichend ist hingegen der Umstand, dass dem Zeugen eine Vertraulichkeitszusage erteilt wurde.[128]

Auch eine **Benachrichtigung des Verteidigers** kann nach dieser Auffassung unterbleiben, allerdings nicht schon dann, wenn die Gründe allein in der Person des Beschuldigten liegen, sondern nur, wenn in seiner Person eine materielle Gefährdung des Untersuchungserfolges begründet ist.[129] BGHSt **29** 1, 4 hat in diesem Zusammenhang den Verdacht genannt, dass der Verteidiger auf die zu vernehmende Zeugin in unzulässiger Weise einwirken werde. Handelt der Verteidiger in Kenntnis des bevorstehenden Vernehmungstermins nicht missbräuchlich, sondern in Ausübung berechtigter Verteidigungsaktivitäten, so dürfte er damit den Untersuchungserfolg der Gewinnung einer wahrheitsgemäßen Aussage schwerlich gefährden können, und soweit er (wozu er befugt ist)[130] den Beschuldigten vom Termin unterrichtet und dieser entsprechende Verdunkelungshandlungen vornimmt, würde es sich wohl um Gründe handeln, die in der Person des Beschuldigten liegen. Dagegen erlaubt Absatz 5 Satz 2 nicht, dem trotz unterbliebener Benachrichtigung zum Vernehmungstermin **erschienenen Verteidiger** die Anwesenheit zu verwehren.[131] 47

Dieser Auffassung, wonach auch bei einer materiellen Gefährdung der Wahrheitsfindung die Benachrichtigung wegen Gefährdung des Untersuchungserfolgs unterbleiben darf, wird im Schrifttum von einer verbreiteten **Gegenansicht**[132] mit beachtlichen Argumenten widersprochen: Der Gesetzgeber habe die Anwesenheitsrechte bei der Schaffung der Vorschrift gegenüber dem früheren Rechtszustand nicht einschränken, sondern stärken wollen, und da er in Absatz 3 von „Untersuchungszweck“, in Absatz 5 hingegen von „Untersuchungserfolg“ spricht, sei mit Gefährdung von letzterem wohl nicht dasselbe gemeint wie mit derjenigen von ersterem.[133] In der Sache sei nicht nachvollziehbar, warum die Befürchtung einer Beweisvereitelung durch den Verteidiger die Pflicht zu dessen Benachrichtigung entfallen lassen soll, wo sein Anwesenheitsrecht als solches nach Absatz 3 doch unbeschränkbar ist (durch die Nichtbenachrichtigung aber de facto unterlaufen wird).[134] Schließlich entspreche die Regelung der Anwesenheitsbefugnisse in § 168c exakt 48

126 BGHSt **29** 1, 4; KK/*Schmitt* 18; NK/*Heghmanns* 23; weitgehend **a.A.** SK/*Albrecht* 37.

127 BayObLG NJW **1978** 223 = JR **1978** 173 mit Anm. *Peters*; offengelassen von BGHSt **29** 1, 4; NK/*Heghmanns* 23; vgl. auch oben Rn. 20.

128 BGH NJW **2003** 3142, 3144.

129 BGHSt **29** 1, 4 = JR **1980** 253 mit Anm. *Meyer-Goßner*; BGH NStZ **1999** 417; NJW **2003** 3142, 3144; vgl. auch AK/*Achenbach* 12; KMR/*Noltensmeier-von Osten* 14; Schmitt/Köhler/*Schmitt* 5d; **a.A.** einerseits (Verteidiger ist immer zu benachrichtigen) MüKo/*Kölbel*/*Neßeler* 22; andererseits (bei einem Grund in der Person des Beschuldigten zwar Benachrichtigung des Verteidigers, aber so kurzfristig, dass der Beschuldigte keine Gelegenheit zu einer unlauteren Einflussnahme mehr gewinnen kann) NK/*Heghmanns* 24.

130 LG Hamburg StraFo **2003** 131; KMR/*Noltensmeier-von Osten* 14; Meyer-Goßner/*Schmitt*[60] 5a; SSW/*Andrä* 13; *Meyer-Goßner* JR **1980** 254, 255.

131 BGHSt **29** 1, 5; **32** 119, 129 f.; vgl. auch BGHSt **31** 148, 153; KK/*Schmitt* 19; KMR/*Noltensmeier-von Osten* 14; Meyer-Goßner/*Schmitt*[60] 5a; NK/*Heghmanns* 23; *Krause* StV **1984** 169, 172; vgl. auch (auch zur teilweise abweichenden früheren Rspr. bei der Vernehmung nach § 96 gesperrter Zeugen) LR/*Jäger* § 224, 5 m.w.N.

132 LR/*Rieß*[25] 44 f.; AK/*Achenbach* 11; Radtke/Hohmann/*J. Kretschmer*[1] 15; SK/*Albrecht* 37 f.; *Fezer* 3/48; *Roxin*/*Schünemann* § 39, 32; Alsberg/*Güntge* Rn. 1012 (Verteidigung sei immer zu benachrichtigen); *Eisenberg* (Beweisrecht) Rn. 523; *Welp* JZ **1980** 134 ff.; *ders.* Zwangsbefugnisse für die Staatsanwaltschaft (1976) 43; *Zaczyk* NStZ **1987** 535 ff.; Bosbach/Ackermann/Caba/*Bosbach* Rn. 342 Fn. 243; *Grünwald* FS Dünnebier 347, 361; *Krause* StV **1984** 169, 172; *Nelles* StV **1986** 74, 75; *Stade* (LV Vor § 158) 192 ff.; *Gerdemann* 144 ff.; wohl auch *Dahs* (Hdb.) Rn. 304; teilweise (materielle Gefährdungen des Untersuchungserfolgs beim Beschuldigten nur in „Evidenzfällen“ und beim Verteidiger niemals relevant) auch MüKo/*Kölbel*/*Neßeler* 21 f.

133 *Welp* JZ **1980** 134 ff.; LR/*Rieß*[25] 44.

134 SK/*Albrecht* 38; *Welp* JZ **1980** 134, 136; *Zaczyk* NStZ **1987** 535 ff.

derjenigen in § 223, die einen „vorweggenommenen Teil der Hauptverhandlung" zum Gegenstand hat, weshalb die Verfahrensbeteiligten dort die gleichen prozessualen Rechte haben müssten wie in der Hauptverhandlung selbst.[135]

49 Im Ergebnis ist dennoch der Rspr. darin zuzustimmen, dass § 168c Abs. 5 Satz 2 **auch materielle Gefährdungen des Untersuchungserfolgs** erfasst: Wenn der historische Gesetzgeber eine Beschränkung auf Fälle einer Gefährdung durch Zeitablauf beabsichtigte (wofür es im Übrigen keinen expliziten Beleg gibt), dann hat dieser Wille jedenfalls keinen hinreichenden Niederschlag im Gesetzestext gefunden.[136] Die Formulierung „Gefährdung des Untersuchungserfolgs" ist vielmehr so allgemein gefasst, dass ein Ausschluss materieller Gefährdungen auf eine teleologische Reduktion hinausliefe. Hierfür besteht indessen kein Anlass, weil die Vorschrift in ihrer wortlautgetreuen weiten Auslegung eine sachgerechte Ergänzung der Ausschlussmöglichkeit nach Absatz 3 darstellt. Die Kenntnis der bevorstehenden Vernehmung eröffnet nämlich anders gelagerte und u.U. weitergehende (!) Obstruktionsmöglichkeiten, als sie in der Vernehmung selbst bestehen (die ja unter der Aufsicht des Richters erfolgt).[137] Dem Vorschlag, diesen in Bezug auf den Beschuldigten durch eine analoge Anwendung von Absatz 3 zu begegnen, auf die man das Unterlassen der Benachrichtigung stützen könne,[138] ist entgegenzuhalten, dass im Hinblick auf die Möglichkeit, entsprechende Konstellationen zwanglos unter Absatz 5 Satz 2 zu subsumieren, insofern keine Regelungslücke besteht. Weil im Vorfeld des Vernehmungstermins tendenziell weitergehende Möglichkeiten unlauterer Beweismanipulationen bestehen, als das in der Vernehmung selbst der Fall ist,[139] erscheint es auch nur auf den ersten Blick widersinnig, dass der Verteidiger nur von Absatz 5 Satz 2, nicht aber von Absatz 3 erfasst wird.

50 Der Gegenansicht ist allerdings zuzugeben, dass speziell die Möglichkeit, den **Verteidiger** wegen einer von ihm ausgehenden Gefährdung des Untersuchungserfolgs nicht zu benachrichtigen, im Hinblick auf dessen Rolle und Funktion problematisch erscheint. Mit dieser wäre es in der Tat unvereinbar, auch dort einen Fall von Absatz 5 Satz 2 anzunehmen, wo die Beeinträchtigung der Wahrheitsfindung aus einem prozessual ordnungsgemäßen Verhalten des Verteidigers (z.B. Äußerung der – nicht mit Nötigungsdruck verknüpften – Bitte, ein Zeuge möge sein Zeugnisverweigerungsrecht ausüben, aber auch Weitergabe von Informationen an den Beschuldigten, s.o. Rn. 47) resultiert. Diese Bedenken lassen sich ausräumen, wenn man das von der Rspr. zu Recht angenommene Erfordernis, dass die Gefährdung des Untersuchungserfolgs „in der Person des Verteidigers" begründet ist (s.o. Rn. 47), dahingehend konkretisiert, dass die **materiellen Voraussetzungen einer Ausschließung** des Verteidigers nach § 138a vorliegen müssen, die Herbeiführung des Ausschlusses oder einer Anordnung nach § 138c Abs. 3 Satz 2 im Hinblick auf die Eilbedürftigkeit der Vernehmung jedoch zu spät käme. Um Wertungswidersprüche zu den §§ 138a ff. zu vermeiden und Missbräuche seitens der Strafverfolgungsorgane auszuschließen, ist darüber hinaus zu verlangen, dass der Ermittlungsrichter die Benachrichtigung des Verteidigers nur dann unterlässt, wenn die Staatsanwaltschaft dies ausdrücklich beantragt und zeitgleich beim zuständigen Oberlandesgericht einen Antrag auf Ausschließung des Verteidigers nach § 138a stellt. Um für den Fall einer Einführung des Vernehmungsergebnisses in die Hauptverhandlung Einschränkungen des Beweiswerts zu vermeiden, ist es im Übrigen nach den oben Rn. 10 dargestellten Grund-

135 *Welp* JZ **1980** 134, 137; vgl. auch *Zaczyk* NStZ **1987** 535, 538.

136 *Meyer-Goßner* JR **1980**, 254 f.

137 Vgl. *Meyer-Goßner* JR **1980**, 254, 255.

138 So LR/*Rieß*[25] 46.

139 Hier dürfte zumeist eher die Anwesenheit einer dem Zeugen negativ bekannten Person als solche das Problem sein – eine Beeinflussung durch offene Drohung oder Suggestion kann der Richter ja unterbinden.

sätzen angezeigt, dem Beschuldigten für die bevorstehende Zeugenvernehmung sogleich ersatzweise einen **Pflichtverteidiger** zu bestellen.[140]

4. Terminverlegung. Nach Absatz 5 Satz 3 haben die zur Anwesenheit Berechtigten bei Verhinderung keinen Anspruch auf Terminverlegung.[141] Das schließt nicht aus, einem begründeten Vertagungsantrag namentlich des Verteidigers stattzugeben, wenn die dadurch eintretende Verzögerung hinnehmbar ist, vor allem, wenn dessen Anwesenheit nach Lage des Einzelfalles im Interesse der Verteidigung besonders geboten erscheint.[142] Dies ist als Ausprägung des Fairnessprinzips etwa dann veranlasst, wenn eine nach § 255a Abs. 2 zu behandelnde Video-Aufzeichnung beabsichtigt ist und wenn einer kurzfristigen Verlegung des Termins, für die der Verteidiger konkrete Vorschläge unterbreitet hat, keine gewichtigen Gründe entgegenstehen.[143] Es wäre ermessensmissbräuchlich, ohne zwingenden Grund richterliche Untersuchungshandlungen an verschiedenen Orten zeitlich so eng zu terminieren, dass eine gleichzeitige Anwesenheit nicht möglich ist, oder sonst ohne Notwendigkeit den Termin so zu bestimmen, dass eine bereits bekannte Verhinderung eines Anwesenheitsberechtigten ausgenutzt wird. Zur Beschwerdebefugnis s.u. Rn. 73. 51

Die Vorschrift gilt auch bei einem **Verlegungsantrag der Staatsanwaltschaft**. Jedoch wird, wenn schon die Staatsanwaltschaft die durch die Terminverschiebung eintretende Verzögerung des Ermittlungsverfahrens für vertretbar erachtet, regelmäßig – aber nicht immer – eine großzügige Handhabung angemessen sein.[144] 52

5. Verfahrensfragen

a) Entscheidungsmaßstab und Beurteilungszeitpunkt. Ob die Voraussetzungen vorliegen, unter denen von der Benachrichtigung abgesehen werden kann, entscheidet zunächst der vernehmende Richter.[145] Entgegen einer zumindest terminologisch anzutreffenden Auffassung[146] handelt es sich dabei nicht um Ermessensausübung, sondern um die Anwendung unbestimmter Rechtsbegriffe.[147] Kommt es auf die Verwertung des Ergebnisses der Vernehmung in der Hauptverhandlung an, so hat der Tatrichter selbst zu entscheiden, ob die Voraussetzungen vorlagen, unter denen die Benachrichtigung unterbleiben durfte, unabhängig davon, ob der Grund für die Nichtbenachrichtigung aktenkundig gemacht worden ist oder nicht.[148] Das bedeutet indessen nicht, dass hierzu im tatrichterlichen Urteil stets Ausführungen zu verlangen wären; hat der Ermittlungsrichter das Unterlassen der Benachrichtigung hinreichend begründet, so ist das Schweigen des Tatrichters 53

---

140 Ebenso *Gerdemann* 160 ff.; KK/*Schmitt* 6a; **a.A.**, aber durch die neuere Rspr. zu Art. 6 Abs. 3 lit. d EMRK insoweit überholt BGHSt **29** 1, 5.

141 **A.A.** *Hegmann* Fürsorgepflicht gegenüber dem Beschuldigten im Ermittlungsverfahren (1981) 235 f. (außer, wenn konkrete Anzeichen für Verzögerungsabsicht vorhanden); dem zuneigend auch SK/*Albrecht* 42.

142 KK/*Schmitt* 20; Meyer-Goßner/Schmitt/*Schmitt* 5e; MüKo/*Kölbel*/*Neßeler* 23; KMR/*Noltensmeier-von Osten* 17; SSW/*Andrä* 10; vgl. auch *Dahs* (Hdb.) Rn. 253; Bosbach/Ackermann/Caba/*Bosbach* Rn. 342; wohl weitergehend (begründetem Antrag ist Rechnung zu tragen) AK/*Achenbach* 16.

143 OLG München StV **2000** 252.

144 Wohl weitergehend (Richter soll dem Gesuch in aller Regel entsprechen) LR/*Meyer-Goßner*[23] 7; vgl. auch SK/*Albrecht* 42 a.E.

145 Zur Frage, inwieweit dies aktenkundig zu machen ist, s.u. Rn. 56.

146 So z.B. BGH bei *Holtz* MDR **1980** 456; BGH JZ **1983**, 354; KK/*Schmitt* 23; *Peters* § 28 IV 1; *Schlüchter* Rn. 75.3.

147 AK/*Achenbach* 13; *Fezer* JZ **1983** 355 f.; *Mosbacher* NStZ **2015** 303, 304; vgl. auch *Dölp* NStZ **1990** 117.

148 BGHSt **29** 1, 4; BGH bei *Holtz* MDR **1980** 456; BGH NStZ **1990** 136; vgl. auch *Fezer* JZ **1983** 355 f.; zum Ganzen auch *Dölp* NStZ **1990** 117.

insoweit als konkludente Zustimmung zu werten.[149] Eigene Ausführungen des Tatrichters sind jedoch dann erforderlich, wenn die Begründung des Ermittlungsrichters defizitär ist, ganz fehlt, oder wenn die Benachrichtigung versehentlich unterblieben war.[150] In diesen Fällen kann der Tatrichter (was freilich nicht ganz unproblematisch erscheint) für seine Entscheidung, dass von der Benachrichtigung abgesehen werden durfte, auch auf Gründe zurückgreifen, die jedenfalls möglicherweise für den Ermittlungsrichter nicht maßgebend waren, sei es, dass er die Benachrichtigungspflicht übersehen, seine Gründe nicht verlautbart oder die Nichtbenachrichtigung auf solche gestützt hat, die für den Tatrichter nicht ausreichen würden.[151] Maßgebend ist dabei aber stets, auch für die Beurteilung des erkennenden Richters, der Zeitpunkt der Vernehmung durch den Ermittlungsrichter. Umstände, die dieser noch nicht kennen konnte, bleiben unberücksichtigt.[152] Zum Umfang der revisionsrechtlichen Überprüfungsmöglichkeiten s.u. Rn. 74.

54 Über den **Antrag auf Terminverlegung** entscheidet dagegen der Ermittlungsrichter nach pflichtgemäßem Ermessen. Hier kann der spätere Tatrichter im weiteren Verfahren nur prüfen, ob die Grenzen des Ermessens überschritten worden sind.

55 **b) Terminsnachricht.** Eine besondere Form ist nicht vorgeschrieben; im Regelfall wird sie schriftlich vorzunehmen sein. Zustellung kann sich dann empfehlen, wenn der Nachweis des Zugangs notwendig ist. In dringenden Fällen kann die Benachrichtigung fernschriftlich, telegrafisch oder telefonisch erfolgen; im letzteren Fall ist sie aktenkundig zu machen.

56 **c) Dokumentation der Entscheidung.** Der Ermittlungsrichter hat seine Entscheidung über das Absehen von der Benachrichtigung aktenkundig zu machen und dabei den hierfür maßgebenden Grund anzugeben.[153] Es handelt sich um eine Rechtspflicht, nicht nur um ein nobile officium.[154] Verstöße hiergegen bleiben jedoch weitgehend sanktionslos, weil der Tatrichter diese Frage, bevor er die Niederschrift verwertet, nach verbreiteter Meinung selbstständig zu prüfen hat und durch den mitgeteilten Grund nicht gebunden wird.[155]

V. Verstöße gegen § 168c

57 **1. Allgemeines/Hinweise.** Die Folge von Verstößen gegen § 168c ist bisher in Rechtsprechung und Schrifttum ganz überwiegend beschränkt auf den Fall der zu Unrecht unterlassenen Benachrichtigung erörtert worden. Die gleichen Grundsätze gelten aber (erst recht) dann, wenn einem zur Anwesenheit Berechtigten die Anwesenheit verwehrt

---

149 Im Ergebnis zutr. *Mosbacher* NStZ **2015** 303, 304.

150 So für den Tatrichter (anders für die revisionsrechtliche Prüfung) wohl auch BGHSt **31** 140, 142 = JZ **1983** 353 mit Anm. *Fezer*; vgl. auch BGH NJW **2003** 3142, 3143 zur Pflicht der StA, beim Antrag auf richterliche Zeugenvernehmung erforderlichenfalls auf das Vorhandensein eines Beschuldigten hinzuweisen.

151 Ebenso KK/*Schmitt* 22; MüKo/*Kölbel*/*Neßeler* 27.

152 BGH NJW **2003** 3142, 3143; *Fezer* JZ **1983** 355 f.; KK/*Schmitt* 22; SSW/*Andrä* 14; kritisch *Dölp* NStZ **1990** 117, 118.

153 BGHSt **29** 1, 4; **31** 140, 142; BGH NJW **2003** 3142, 3143; Schmitt/Köhler/*Schmitt* 5c; *Eisenberg* (Beweisrecht) Rn. 524; **a.A.** *Dölp* NStZ **1990** 117 (der eine gesetzliche Grundlage hierfür vermisst); zweifelnd *Fezer* JZ **1983** 356.

154 So aber AK/*Achenbach* 14; *Haller*/*Conzen* Rn. 153, die dies lediglich für zweckmäßig halten.

155 S.o. Rn. 53; vgl. auch *Fezer* JZ **1983** 355 f.; *Krause* StV **1994** 169, 173 m.w.N.; zur begrenzten Prüfungskompetenz des Revisionsgerichts s.u. Rn. 74.

worden ist.[156] Dabei stellt sich die Frage nach der Konsequenz solcher Verstöße in erster Linie für die Verwertbarkeit des Ergebnisses der Untersuchungshandlung in der Hauptverhandlung. Für die freibeweislich vorzunehmende Sachverhaltsaufklärung im Ermittlungsverfahren spielt dies grundsätzlich keine Rolle, und für die Frage, ob ein hinreichender Tatverdacht besteht, nur insoweit, als dabei auch die Beweisbarkeit in einer Hauptverhandlung mit den Mitteln des Strengbeweises zu berücksichtigen ist.[157] Ergänzend ist deshalb auf die ausführlichen Erläuterungen bei den §§ 251, 254 zu verweisen. Zu unterscheiden ist dabei, unter welchen Voraussetzungen ein Verstoß angenommen werden kann (Rn. 58 f.), ob und unter welchen Voraussetzungen die Verlesbarkeit des Protokolls als richterliche Vernehmung ausscheidet (Rn. 61) und ob in solchen Fällen die Verwertung auf andere Weise oder die Verlesung als nichtrichterliche Niederschrift (§ 251 Abs. 1) in Betracht kommt.[158]

Ein die Verwertbarkeit der richterlichen Vernehmung in Frage stellender **Verstoß liegt** immer dann **vor**, wenn einem Anwesenheitsberechtigten zu Unrecht verwehrt wird, an der Vernehmung teilzunehmen. Das ist dann der Fall, wenn er von der Anwesenheit ausgeschlossen wird, obwohl kein Anschlussgrund vorlag, wobei dem vernehmenden Richter bei Anwendung des Absatzes 3 ein erheblicher Beurteilungsspielraum zusteht (Rn. 33), oder wenn absichtlich oder versehentlich[159] gegen die Benachrichtigungspflicht nach Absatz 5 Satz 1 verstoßen wurde, ohne dass die Ausnahme des Absatzes 5 Satz 2 vorlag. Letzteres ist aber dann unschädlich, wenn der Berechtigte, etwa weil er auf andere Weise Kenntnis erlangt hatte, zum Vernehmungstermin erschienen ist und zu ihm zugelassen wurde. Gleiches gilt, wenn nach Lage der Dinge auszuschließen ist, dass der Berechtigte bei rechtzeitiger Benachrichtigung in der Lage gewesen wäre, den Termin wahrzunehmen, da die Nichtteilnahme in diesem Fall nicht auf dem Rechtsverstoß beruht.[160] Einem unberechtigten Ausschluss oder einem Verstoß gegen die Benachrichtigungspflicht steht es gleich, wenn die Bestellung eines Pflichtverteidigers zur Teilnahme an der Vernehmung unterbleibt, obwohl sie nach den unter Rn. 10 ff. dargestellten Grundsätzen geboten wäre. Ein gleichwertiger Verstoß liegt im Übrigen dann vor, wenn dem anwesenden Beschuldigten oder Verteidiger in unzulässiger Weise eine Befragung nach Absatz 2 Satz 2 verweigert wird,[161] weil die Anwesenheit in diesem Fall nur eine leere Hülse darstellt. Die Ablehnung eines Terminverlegungsantrags wird einen Verstoß hingegen nur in seltenen Ausnahmefällen begründen können (Rn. 51 f., 54). 58

Eine **Heilung des Verstoßes** ist stets dadurch möglich, dass die Vernehmung unter Berücksichtigung der Anwesenheitsrechte wiederholt wird. Das kann insbesondere dann geboten sein, wenn es notwendig ist, die Verwertbarkeit für die Hauptverhandlung sicherzustellen.[162] Eine Heilung ist ferner dadurch möglich, dass der in seinem Anwesenheitsrecht Beeinträchtigte nachträglich auf sein Anwesenheitsrecht verzichtet, indem er erklärt, aus dem Verstoß keine Folgen herleiten zu wollen.[163] Die Vorschrift gewährleistet nämlich nur ein durch die Benachrichtigungspflicht gesichertes Anwesenheitsrecht, auf das der Berechtigte verzichten kann (Rn. 37). Erklärt er nachträglich (ausdrücklich oder 59

156 KK/*Schmitt* 24; SK/*Albrecht* 44.
157 Dazu LR/*Stuckenberg* § 203, 18.
158 Dazu Rn. 62 ff.
159 KK/*Schmitt* 22; Schmitt/Köhler/*Schmitt* 6a; zur Unerheblichkeit der Frage eines persönlichen Verschuldens des Amtsträgers ausdrücklich BGH NJW **2003** 3142, 2143; BVerfG StV **2006** 73, 77.
160 OLG München NStZ **2015** 300, 301 f.; Schmitt/Köhler/*Schmitt* 6a.
161 Zutr. SK/*Albrecht* 44.
162 KK/*Schmitt* 22; Schmitt/Köhler/*Schmitt* 6b; *Eb. Schmidt* § 193, 12; LR/*Jäger* § 224, 34.
163 Vgl. LR/*Jäger* § 224, 23 a.E.; MüKo/*Kölbel*/*Neßeler* 26; Alsberg/*Güntge* Rn. 1016.

konkludent durch sein Prozessverhalten),[164] ggf. in Kenntnis des Inhalts der Vernehmung, aus der unzulässigen Beschränkung seiner Anwesenheitsbefugnis keine Folgen herleiten zu wollen, so steht dies einem Verzicht auf das Anwesenheitsrecht gleich. Nach einer solchen Erklärung kann der Verwertung der Niederschrift in der Hauptverhandlung nicht mehr mit der Folge eines Verwertungsverbots widersprochen werden.

60 Wenn es für einen Beschuldigten möglich ist, auf seine aus § 168c folgenden Rechte oder auf die Herleitung von Folgen aus einem erfolgten Verstoß zu verzichten, dann erscheint es konsequent, aus Verstößen im Übrigen nur zugunsten desjenigen ein Verwertungsverbot abzuleiten, der dabei **in eigenen Rechten** verletzt wurde. Dementsprechend lehnt es der BGH entgegen verbreiteter Stimmen im Schrifttum[165] wohl zu Recht ab, ein Beweisverwertungsverbot, das aus der unterbliebenen Benachrichtigung des Verteidigers eines Beschuldigten resultiert, auf **Mitbeschuldigte** zu erstrecken.[166]

61 **2. Unverwertbarkeit als richterliche Niederschrift.** Ist das Anwesenheitsrecht zu Unrecht beeinträchtigt worden (Rn. 58), so hindert dies nach bisheriger Rechtsprechung die **Verlesbarkeit** als richterliche Niederschrift in der Hauptverhandlung, wenn derjenige, dessen Anwesenheitsrecht beeinträchtigt wurde, als Prozessbeteiligter widerspricht.[167] Dies gilt nicht nur für die Verlesung von Niederschriften über Zeugenvernehmungen, sondern auch für Beschuldigtenvernehmungen.[168] Bei einem unverteidigten Angeklagten ist es erforderlich, dass er zuvor auf den Verstoß und seine daraus erwachsenen Rechte hingewiesen worden ist.[169] Der Widerspruch wirkt nicht zurück, wenn er erst vor einer Protokollverlesung, nicht aber vor der vorherigen Vernehmung des Ermittlungsrichters erklärt wird; er macht diese nicht nachträglich unverwertbar.[170]

62 Wenn Verstöße gegen § 168c insofern die qualifizierte Verwertungsmöglichkeit in der Hauptverhandlung entfallen lassen, wäre es inkonsequent, bei der Unzulässigkeit der Verlesung als richterliche Vernehmungsniederschrift stehenzubleiben. Die Beeinträchtigung der besonderen Qualität einer richterlichen Untersuchungshandlung bedeutet vielmehr zwangsläufig, dass auch eine **Vernehmung des Richters**, der die Vernehmung durchgeführt hat, nicht mehr in Betracht kommt.[171] Besondere Bedeutung hat dies

---

164 Zur Frage, ob in schriftlichen oder mündlichen Äußerungen ein solcher Verzicht gesehen werden kann, BGH NStZ **1989** 282 (im konkreten Fall verneinend) mit Anm. *Hilger.* SK/*Albrecht* 44 verlangen eine „qualifizierte Belehrung".

165 Vgl. neben den in der folgenden Fn. genannten krit. Anm. etwa *Roxin* FS Kühne 317, 331 f.; HK/*Zöller*/*Niedernhuber* 11; MüKo/*Kölbel*/*Neßeler* 28; Radtke/Hohmann/*J. Kretschmer*[1] 24; SK/*Albrecht* 44.

166 BGHSt **53** 191, 194 ff. = NStZ **2009** 345 m. abl. Anm. *Fezer* NStZ **2009** 524 und abl. Anm. *Gleß* NStZ **2010** 98 = JR **2009** 300 m. Anm. *Kudlich*; dem BGH folgend HK-GS/*Ambos* 8; KK/*Schmitt* 22a; NK/*Heghmanns* 30; OK/*Monka* 12; Radtke/Hohmann/*Rettenmaier* 12; wohl auch *Kühne* Rn. 224; zweifelnd Schmitt/Köhler/*Schmitt* 6c a.E.

167 RGSt **4** 301; **23** 142, 144; **58** 90; BGHSt **1** 245, 248; **9** 24; **26** 332; **29** 1, 2; **31** 140, 144 = JZ **1983** 354 mit Anm. *Fezer* = StV **1983** 51 mit Anm. *Temming*; BGH NJW **1952** 1426; StV **1985** 398; NStZ **1987** 133; **1998** 312 mit Anm. *Wönne*; **1999** 417; BayObLG NJW **1977** 2034 = JR **1977** 475 mit Anm. *Peters*; KG StV **1984** 390; im Schrifttum (soweit es die Unverwertbarkeit betrifft) allg. M., vgl. etwa AK/*Achenbach* 18; KK/*Schmitt* 22; Schmitt/Köhler/*Schmitt* 6b; SK/*Albrecht* 44; *Schäfer*/*Fresemann*/*Hinrichs* Rn. 477, 481; zum Erfordernis des Widerspruchs bereits RGSt **4** 301; **23** 142, 144; dazu und zum Zeitpunkt seiner Geltendmachung u.a. auch BGH NStZ **1997** 502; BayObLG NStZ **1997** 99; krit. zur Notwendigkeit eines ausdrücklichen Widerspruchs AK/*Achenbach* 17; SK/*Albrecht* 44; wohl auch *Dornach* NStZ **1995** 57, 61.

168 BGH NStZ **1989** 282 mit Anm. *Hilger.*

169 Alsberg/*Güntge* Rn. 1016; *Eb. Schmidt* § 193, 15; vgl. BGHSt **38** 214, 226; ferner m.w.N. LR/*Jäger* § 224, 32 f.

170 BGH NStZ **1987** 133.

171 Zutr. noch BGHSt **26** 332; BGH NStZ **1999** 417; NJW **2003** 3142, 3144.

für den Fall der **nachträglichen Ausübung eines Zeugnisverweigerungsrechts**,[172] in dem nach der Rspr. gemäß § 252 allgemein nur die Protokollverlesung, nicht aber die Vernehmung des Richters ausgeschlossen sein soll[173] – in dieser Konstellation führt ein Verstoß gegen § 168c nach den vorstehenden Überlegungen zu einem absoluten Verwertungsverbot.

In seiner neueren Rechtsprechung lässt es der Bundesgerichtshof jedoch ausdrücklich zu, trotz eines Verstoßes gegen § 168c die **Vernehmungsperson** über den Inhalt der Vernehmung **als Zeuge** zu hören.[174] Dies ist – abgesehen von möglichen Verstößen gegen die EMRK[175] – aus folgendem Grund **abzulehnen**: Wird der Verteidigung die Möglichkeit zur effektiven Wahrnehmung der Rechte verwehrt, die § 168c speziell bei richterlichen Vernehmungen garantiert, dann ist zumindest die besondere Qualität einer richterlichen Vernehmung, mit der die erweitere Verwertbarkeit in der Hauptverhandlung gemeinhin legitimiert wird, in einem zentralen Punkt nicht mehr gegeben. Infolgedessen ist sämtlichen Privilegierungen gegenüber nichtrichterlichen Vernehmungen die Grundlage entzogen.[176] 63

Dies gilt dann auch und insbesondere für die Möglichkeit, **in der von § 252 geregelten Konstellation** im Gegensatz zu anderen Vernehmungspersonen den Ermittlungsrichter als Zeuge über das Ergebnis der Vernehmung zu hören. Damit muss es speziell bei nachträglicher Verweigerung des Zeugnisses nach einer den Anforderungen des § 168c nicht genügenden Vernehmung entsprechend der ganz h.M. im Schrifttum[177] und einer vom OLG Hamburg gebilligten[178] zutr. Entscheidung des Amtsgerichts Hamburg[179] im Ergebnis bei einem **absoluten Verwertungsverbot** bleiben. 64

Dieses darf richtigerweise auch nicht dadurch **unterlaufen** werden, dass man dem Zeugen gestattet, **auf die Wirkungen von § 252 zu verzichten**, um eine Verlesung als nichtrichterliche Vernehmungsniederschrift oder eine Vernehmung des Richters mit dem Beweiswert der Vernehmung eines sonstigen Zeugen vom Hörensagen zu ermöglichen. Zwar hat der Bundesgerichtshof dem Zeugen in anderem Zusammenhang in der Tat das Recht zugesprochen, ein Zeugnisverweigerungsrecht auszuüben und gleichzeitig die Vernehmung beliebiger Personen über frühere eigene Bekundungen zu genehmigen.[180] Diese Rspr. ist jedoch abzulehnen, da sie einen **grotesken Missbrauch des Zeugnisverweigerungsrechts** ermöglicht, der darin liegt, dass ein Zeuge die Möglichkeiten, die ihm das Gesetz in den §§ 52, 252 gewährt, damit ihm der Zwang zur Belastung von Angehörigen erspart bleibt, zweckwidrig dazu instrumentalisiert, den Angehörigen in gerichtsverwertbarer Form zu belasten, ohne sich jemals 65

172 So in den BGHSt **26** 332 und BGH NJW **2003** 3142 zugrundeliegenden Fällen.

173 Allgemein dazu und zur gegensätzlichen h.M. im Schrifttum eingehend und m.w.N. LR/*Sander*/*Cirener*[27] § 252, 9 f.

174 So bereits BGH v. 31.1.2001 – 3 StR 237/00, StV **2002** 584 m. Anm *Wohlers*; v. 24.4.2019 – 4 StR 16/19, NStZ-RR **2019** 222; v. 5.10.2020 – 2 Ws 321/20, NStZ **2021** 687 Rn. 13.

175 Vgl. EGMR (GK) v. 15.12.2015 – 9154/10, BeckRS **2015** 114495 Rn. 129 ff.

176 Ähnlich bereits *Sowada* NStZ **2005** 1, 7.

177 Vgl. etwa Schmitt/Köhler/*Schmitt* 10; SK/*Albrecht* 48; *Kunert* NStZ **2001** 217; *Endriß* FS Rieß 65, 74; *Fezer* FS Gössel 627 ff., *Gleß* NJW **2001** 3606; *Gössel* GedS Meurer 381, 384 ff.; *Ignor* FS Rieß 185, 188 f.; *Schlothauer* StV **2001** 127; *Eisele* JR **2004** 12, 16 f.; *Meyer-Mews* JuS **2004** 39, 42; *Sowada* NStZ **2005** 1, 6 f.; *Gerdemann* 148 ff. mit Fn. 532.

178 Vgl. StV **2004** 370.

179 StV **2004** 11 mit zust. Anm. *Meyer-Lohkamp*.

180 BGHSt **45** 203 (4. Strafsenat), bestätigt und erweitert in BGH NStZ-RR **2006** 181, 183 (1. Strafsenat); ferner BGH HRRS **2007** Nr. 427 Rn. 13 (1. Strafsenat); zust. etwa *Ranft* NJW **2001** 1305; grds. auch Schmitt/Köhler/*Schmitt* § 252, 16a m.w.N.; zweifelnd 3. Strafsenat in BGH NStZ **2003** 498; BGHSt **49** 72, 75.

kritischen Fragen der Verteidigung stellen zu müssen.[181] Das ist mit Art. 6 Abs. 3 lit. d EMRK schwerlich zu vereinbaren[182] und im Übrigen deshalb rechtsstaatlich unerträglich, weil in der für einschlägige Konstellationen typischen „Aussage-gegen-Aussage"-Situation in Bezug auf den Vorwurf sexuellen Missbrauchs ohnehin eine erhöhte Gefahr von Fehlverurteilungen besteht,[183] die ohne die Möglichkeit einer effektiven Überprüfung der Glaubwürdigkeit des Zeugen durch die Verteidigung völlig unbeherrschbar wird.

66 Betrifft der Verstoß gegen § 168c nur jemanden, der an der **Hauptverhandlung nicht beteiligt** ist, in der die Niederschrift verlesen werden soll, so wird die Verlesbarkeit dadurch nicht beeinträchtigt, ohne dass es auf Widerspruch oder Verzicht ankommt. Dabei kann es sich beispielsweise um einen früheren Mitbeschuldigten und dessen Verteidiger handeln (vgl. bereits oben Rn. 60), aber auch um den Rechtsanwalt, der als Beistand eines zum Anschluss als Nebenkläger befugten Verletzten in seinem Anwesenheitsrecht nach § 406h Abs. 2 Satz 3 beeinträchtigt worden ist, wenn sich der Verletzte im späteren Hauptverfahren nicht als Nebenkläger angeschlossen hat.

67 **3. Unverwertbarkeit in anderer Weise.** Inwieweit das Ergebnis der Vernehmung bei einem Verstoß gegen § 168c (Rn. 58) gegen den Widerspruch des Betroffenen (Rn. 61 f.) in anderer Weise als durch Verlesung als richterliche Niederschrift oder Rückgriff auf den Vernehmungsrichter als Zeuge in die Hauptverhandlung eingeführt werden darf, ist in Rechtsprechung und Literatur umstritten. Die wohl h.M. im Schrifttum[184] vertritt die Auffassung, dass ein solcher Verstoß ein umfassendes Beweisverwertungsverbot begründe, sodass jeder Rückgriff auf den Inhalt der protokollierten Vernehmung unzulässig sei, also auch eine Vernehmung von Vernehmungspersonen hierüber, die Verwendung als Vorhalt oder die Verlesung als nichtrichterliches Protokoll.

68 Demgegenüber hat sich der Bundesgerichtshof, der zunächst ebenfalls einem uneingeschränkten Verwertungsverbot zuneigte,[185] letztlich anders positioniert, indem er die Verwertbarkeit eines unter Verstoß gegen § 168c zustande gekommenen Protokolls als **nichtrichterliche Niederschrift** nach § 251 Abs. 1, § 253 gestattet,[186] wenn diese veränderte Bewertung durch einen Hinweis nach § 265 deutlich gemacht wird, sich der Tatrichter der geringeren Beweiskraft bewusst ist und dies in der Urteilbegründung deutlich macht.[187] Dem folgt – oft ohne nähere Begründung – ein Teil des Schrifttums.[188]

---

181 Zutr. *Gerdemann* 132 ff.; *B. Schmitt* NStZ **2013** 213, 214 f.; krit. etwa auch *Fezer* JR **2000** 341 f.; *Keiser* NStZ **2000** 596 ff.; *Vogel* StV **2003** 598 ff.; *Lammer* FS Rieß 289, 301 f.; *Roxin* FS Rieß 451, 455 ff.; *Kett-Straub* ZStW **117** (2005) 354, 375 ff.; Bedenken mit Blick auf Opferzeugen auch bei Schmitt/Köhler/*Schmitt* 16c.

182 Zutr. *Gerdemann* 137 mit Fn. 464; *B. Schmitt* NStZ **2013** 213, 214 f.; *Roxin* FS Rieß 451, 457 f.; vgl. auch EGMR NJW **2003** 2893.

183 Instruktiv und erschütternd *Sabine Rückert* Unrecht im Namen des Volkes (2007) passim.

184 So etwa LR/*Rieß*[24] 59 (**a.A.** aber LR/*Rieß*[25] 59); AK/*Achenbach* 18; HK/*Zöller/Niedernhuber* 11; MüKo/*Kölbel/Neßeler* 28ff.; NK/*Heghmanns* 28; Radtke/Hohmann/*Rettenmaier* 11; SK/*Albrecht* 46 (mit ausf. Würdigung); Alsberg/*Güntge* Rn. 1013; *Fezer* 3/49 und StV **1987** 234, 235; *Kühne* Rn. 224; *Roxin/Schünemann* § 24, 42; *Hanack* JR **1988** 81; *Krause* StV **1984** 169, 173; *Peters* JR **1977** 476, 477; *Schlothauer* StV **2001** 129 f.; *Widmaier* FS Friebertshäuser 185 ff. (ausführlich); Strafrechtsausschuss der Bundesrechtsanwaltskammer (LV Vor § 158) 51.

185 BGHSt **26** 332, 335; wohl auch noch BGHSt **31** 140, 144; insoweit unklar BGH NStZ **1999** 417.

186 BGHSt **34** 231, 234 f. = StV **1987** 233 mit Anm. *Fezer* = JR **1988** 80 mit Anm. *Hanack*; NStZ **1998** 312 mit Anm. *Wönne*; BGH v. 24.4.2019 – 4 StR 16/19, NStZ-RR **2019** 222; v. 5.10.2020 – 5 StR 67/21, NStZ **2021** 687 Rn. 13.

187 BGH NStZ **1998** 312, wo im Unterlassen des Hinweises der entscheidende Rechtsverstoß gesehen wurde; vgl. auch *Tolksdorf* FS Graßhoff 255, 259 f.

188 So etwa (mit Abweichungen im Detail) HK-GS/*Ambos* 8; KK/*Schmitt*25; KK/*Diemer* § 251, 19 a.E.; Schmitt/Köhler/*Schmitt* 6a; KMR/*Noltensmeier-von Osten* 16; OK/*Monka* 7; *Haller/Conzen* Rn. 153; *Schäfer/Fresemann*/

Hiergegen spricht entscheidend, dass sich die Strafverfolgungsorgane mit der Entscheidung, einen Zeugen im Ermittlungsverfahren richterlich zu vernehmen, einem **ganz bestimmten Verfahren mit spezifischen Rechten** des Beschuldigten unterworfen haben. Diese eröffnen dem Beschuldigten die rechtlich garantierte Chance, durch Ausübung des Konfrontationsrechts der Verteidigung eine günstigere Beweisposition zu erlangen – günstiger nicht nur gegenüber einer rechtswidrigen richterlichen, sondern auch gegenüber einer rechtmäßigen nichtrichterlichen Vernehmung des Zeugen, deren Ergebnis zwar von geringerem Beweiswert, für den Beschuldigten aber inhaltlich wesentlich ungünstiger sein kann, weil eine denkbare Erschütterung der Glaubwürdigkeit des Zeugen unterblieben ist. Deshalb lässt sich eine rechtswidrige Vereitelung dieser Chance durch Vorenthaltung der in § 168c vorgesehenen Rechte nicht dadurch kompensieren, dass man für die richterliche Vernehmung im Nachhinein auf die Grundsätze abstellt, die für eine solche nichtrichterlicher Art gelten.[189] Dem Hinweis auf die hypothetische Möglichkeit, den Beschuldigten durch eine nichtrichterliche Vernehmung ohne Anwesenheitsrechte von vornherein schlechter zu stellen,[190] ist dabei entgegenzuhalten, dass es nicht im Belieben der Strafverfolgungsorgane steht, die Wahl einer prozessualen Alternative, die für den Beschuldigten mit der Einräumung bestimmter rechtlicher Vorteile einhergeht, rückwirkend für unbeachtlich zu erklären, weil ihre Rechtsfolgen nicht mehr opportun erscheinen. Widerspricht der Beschuldigte eine **Verwertung** des Ergebnisses einer richterlichen Vernehmung, bei der gegen § 168c verstoßen wurde, so ist jene somit richtigerweise **in jeder Hinsicht ausgeschlossen.** 69

Ein umfassendes **Verwertungsverbot**, das auch die Verwertbarkeit als nichtrichterliche Niederschrift, die Vernehmung des Ermittlungsrichters oder die Möglichkeit des Vorhalts einschließt, **gilt** jedoch **nicht**, wenn der Verstoß nicht § 168c, sondern die §§ 168, 168a betrifft und nach den dort näher dargelegten Grundsätzen[191] der Verlesbarkeit als richterliches Protokoll entgegensteht. Denn der Verstoß gegen diese Vorschriften betrifft allein die Förmlichkeiten der Protokollierung, durch sie wird nicht die Einwirkungsmöglichkeit der Prozessbeteiligten auf den Inhalt der Untersuchungshandlung verkürzt. In derartigen Fällen ist daher, soweit die besonderen gesetzlichen Voraussetzungen hierfür vorliegen, die Verlesung als nichtrichterliches Protokoll nach § 251 Abs. 1, § 253 zulässig,[192] ebenso ist es als zulässig anzusehen, über den Hergang der Vernehmung eine Vernehmungsperson als Zeugen zu vernehmen oder die Niederschrift zum Gegenstand von Vorhalten zu machen. 70

VI. Anfechtung

1. Beschwerde. Gegen die Beschränkung des Anwesenheitsrechts, namentlich den Ausschluss von der Vernehmung nach Absatz 3 und gegen die Ablehnung der Vorführung des unverteidigten Beschuldigten an die Gerichtsstelle nach Absatz 4, steht dem Betroffenen die einfache Beschwerde nach § 304 zu.[193] Sie dürfte jedoch wegen prozessualer Über- 71

Hinrichs Rn. 477, 481, 361; *Schlüchter* Rn. 75.3; *Volk/Engländer* § 27, 6; *Paulus* JuS **1988** 873, 879; *Wönne* NStZ **1998** 314 f.; wohl auch *Park* StV **2000** 220.

189 Zutr. *Böse* ZStW **114** (2002) 148, 166 f.; ähnlich bereits SK/*Albrecht* 46.

190 So LR/*Rieß*[25] 59.

191 § 168, 24; § 168a, 65 ff.

192 BGHSt **22** 118; BGH NStZ **1984** 564; *Gössel* § 27 D IIa 2; beachtliche grundsätzliche Einwände bei *Fezer* StV **1987** 234, 235.

193 AK/*Achenbach* 21; KK/*Schmitt* 7; Schmitt/Köhler/*Schmitt* 3, 4; KMR/*Noltensmeier-von Osten* 19; SK/*Albrecht* 29.

holung vielfach unzulässig sein oder werden,[194] weil bis zu ihrer Einlegung oder bis zur Entscheidung des Beschwerdegerichts die Vernehmung meist abgeschlossen sein wird.[195] Daran dürfte sich wohl auch durch die Rechtsprechung des Bundesverfassungsgerichts[196] über die isolierte Feststellung der Rechtswidrigkeit nichts geändert haben:[197] Die Beeinträchtigung des Anwesenheitsrechts ist für sich genommen kein „tiefgreifender Grundrechtseingriffs". Ein solcher liegt vielmehr erst in einer späteren Verurteilung, die auf dem fehlerhaft gewonnenen Beweis beruht, und um eine solche zu verhindern, hat der Betroffene die Möglichkeit, der Verwertung der Niederschrift im weiteren Verfahrensablauf zu widersprechen; eine isolierte Feststellung der Rechtswidrigkeit könnte keine darüber hinausgehenden Wirkungen entfalten.[198] Stets unzulässig ist die Beschwerde, wenn es sich um Ermittlungshandlungen des Ermittlungsrichters beim Oberlandesgericht oder beim Bundesgerichtshof handelt (§ 304 Abs. 5).

72 Eine Beschwerde gegen das **Unterbleiben der Terminsnachricht** (Absatz 5 Satz 2) ist zwar zulässig, kommt aber nur in Ausnahmefällen in Betracht. Sie hat zur praktischen Voraussetzung, dass der Beschwerdeberechtigte vom Termin etwas weiß, weil er sonst keine Veranlassung haben kann, Beschwerde einzulegen. Dann wird es aber häufig an einem Rechtsschutzinteresse für eine Beschwerdeentscheidung fehlen.[199] Anders liegen die Dinge, wenn die Terminsnachricht deshalb unterbleibt, weil der Richter das Vorliegen eines Ausschließungsgrundes (Rn. 41) oder eine materielle Gefährdung des Untersuchungsergebnisses als Gefährdung des Untersuchungserfolgs (Rn. 46) annimmt. Dann kann auch für den Betroffenen, der den Termin kennt, die Beschwerde den Zweck haben, eine rechtzeitige Entscheidung des Beschwerdegerichts über seine Anwesenheitsbefugnis herbeizuführen, um einer Zurückweisung zu entgehen.

73 Auch gegen die **Ablehnung einer Terminverlegung** (Rn. 51) oder gegen die Zurückweisung einer Person, deren Zulassung im Ermessen des Richters (Rn. 29 f.) steht, ist Beschwerde zulässig.[200] Sie wird jedoch oft unbegründet sein,[201] da ein Anspruch auf Terminverlegung und auf Gestattung der Anwesenheit nicht besteht. Das Beschwerdegericht kann jedoch überprüfen, ob der Ermittlungsrichter die Grenzen seines Ermessens beachtet hat.

74 **2. Revision.** Verstöße gegen § 168c für sich allein begründen nicht die Revision (vgl. § 168, 25). Revisibel ist jedoch (regelmäßig mit der Verfahrensrüge), wenn der Tatrichter entgegen dem aus den Verstößen sich ergebenden Verwertungsverbot (Rn. 61 ff.) das Vernehmungsergebnis in der Hauptverhandlung verwertet hat[202] und wenn das Urteil hierauf beruht. Der Umfang der revisionsrechtlichen Prüfung ist jedoch beschränkt. Hat der Ermittlungsrichter die Gründe für den Ausschluss oder die Nichtbenachrichtigung dokumen-

---

194 KMR/*Noltensmeier-von* Osten 19; vgl. auch LR/*Matt*[26] § 304, 53.

195 HK/*Zöller*/*Niedernhuber* 13; KK/*Schmitt* 7; Schmitt/Köhler/*Schmitt* 3, 4; KMR/*Noltensmeier-von Osten* 19; Bosbach/Ackermann/Caba/*Bosbach* Rn. 341; **a.A.** AK/*Achenbach* 21 mit dem Argument, dass die Verwendungsmöglichkeiten eine fortbestehende Beschwer begründeten.

196 BVerfGE **96** 27; dazu m.w.N. LR/*Matt*[26] Vor § 304, 68 ff.; § 304, 53 ff.; Schmitt/Köhler/*Schmitt* Vor § 296, 18a.

197 Abweichend SK/*Albrecht* 25, 29.

198 Ebenso MüKo/*Kölbel*/*Neßeler* 31; im Ergebnis auch NK/*Heghmanns* 26.

199 Zustimmend HK/*Zöller*/*Niedernhuber* 13.

200 Zweifelnd LR/*Meyer-Goßner*[23] 35.

201 Ebenso HK/*Zöller*/*Niedernhuber* 13; KMR/*Noltensmeier-von Osten* 20; weitergehend (stets unbegründet) LR/*Meyer-Goßner*[23] 35.

202 St.Rspr., so etwa BGHSt **26** 332, 335; **29** 1, 2 f.; **31** 140 = JZ **1983** 354 mit Anm. *Fezer*; BGH bei *Holtz* MDR **1976**; 814; **1980** 456; KG StV **1984** 68; KMR/*Noltensmeier-von Osten* 21.

tiert (s.o. Rn. 56) und der Tatrichter sie sich, was auch stillschweigend geschehen kann,[203] zu eigen gemacht, oder hat dieser, auch wenn eine solche Dokumentation fehlt, sie selbst geprüft,[204] so kann diese Entscheidung nur auf Rechtsfehler überprüft werden.[205] Bleibt offen, ob eine solche Prüfung überhaupt stattgefunden hat, so greift die Revision in der Regel durch, weil ein Rechtsfehler nicht auszuschließen ist. Anders liegt es ausnahmsweise dann, wenn auch für das Revisionsgericht klar ersichtlich ist, dass die Voraussetzungen für einen Ausschluss oder eine Nichtbenachrichtigung zweifelsfrei vorgelegen haben.[206] Wird im Revisionsverfahren das Fehlen der Benachrichtigung geltend gemacht und bleibt dies zweifelhaft, so ist von der Nichtbenachrichtigung auszugehen.[207]

Unterlässt der **Tatrichter** die **Verlesung** oder sonstige Verwertung eines Protokolls in 75
der irrigen Annahme seiner Unverwertbarkeit, etwa weil ein die Verwertbarkeit hindernder Widerspruch nicht vorlag, so kann dies ggf. mit der **Aufklärungsrüge** beanstandet werden.

§ 168d
Anwesenheitsrecht bei Einnahme eines richterlichen Augenscheins

(1) [1]Bei der Einnahme eines richterlichen Augenscheins ist der Staatsanwaltschaft, dem Beschuldigten und dem Verteidiger die Anwesenheit bei der Verhandlung gestattet. [2]§ 168c Abs. 3 Satz 1, Abs. 4 und 5 gilt entsprechend.

(2) [1]Werden bei der Einnahme eines richterlichen Augenscheins Sachverständige zugezogen, so kann der Beschuldigte beantragen, daß die von ihm für die Hauptverhandlung vorzuschlagenden Sachverständigen zu dem Termin geladen werden, und, wenn der Richter den Antrag ablehnt, sie selbst laden lassen. [2]Den vom Beschuldigten benannten Sachverständigen ist die Teilnahme am Augenschein und an den erforderlichen Untersuchungen insoweit gestattet, als dadurch die Tätigkeit der vom Richter bestellten Sachverständigen nicht behindert wird.

Schrifttum

Siehe bei § 168.

Entstehungsgeschichte

Die Vorschrift wurde durch Art. 1 Nr. 49 des 1. StVRG eingefügt. Bis dahin verwies § 169 Abs. 2 auf die Vorschriften über die Voruntersuchung, bei denen § 193 Abs. 1 dem jetzigen Absatz 1 und § 195 dem jetzigen Absatz 2 entsprach.[1]

---

203 S.o. Rn. 53; vgl. dazu BGHSt **31** 140, 142; BGH NStZ **1999** 417.

204 So im Falle BGHSt **29** 1, 2.

205 BGHSt **29** 1, 3; **31** 140, 143; **42** 86, 91 f.; BGH bei *Holtz* MDR **1980** 456; NStZ **1999** 417; NJW **2003** 3142, 3143, 541; KG StV **1984** 68; KK/*Schmitt* 23; KMR/*Noltensmeier-von Osten* 21; NK/*Heghmanns* 31; Schmitt/Köhler/*Schmitt* 9; *Krause* StV **1984** 169, 173; *Temming* StV **1983** 54, **a.A.** *Fezer* JZ **1983** 314; MüKo/*Kölbel*/*Neßeler* 32; SK/*Albrecht* 49; kritisch *Wohlers* GA **2003** 895 ff.

206 So im Falle BGHSt **42** 86, 91 f.

207 BayObLGSt **1953** 62, 63; OLG Bremen OLGSt § 224, S. 1; OLG Frankfurt NJW **1952** 1068; NK/*Heghmanns* 31; Schmitt/Köhler/*Schmitt* 9; *Krause* StV **1984** 169, 173.

1 Vgl. ergänzend die Entstehungsgeschichte zu § 168c.

Übersicht

1. Bedeutung und Anwendungsbereich

1 **a) Allgemeines.** Die Vorschrift regelt in **Absatz 1** die Anwesenheitsbefugnisse und die sie sichernden Benachrichtigungspflichten bei richterlichen Augenscheinseinnahmen im Ermittlungsverfahren entsprechend den bei richterlichen Vernehmungen bestehenden aus den gleichen Gründen, die dort maßgebend sind.[2] Von Bedeutung ist hier namentlich, dass die Verlesung richterlicher Protokolle über Augenscheinseinnahmen in der Hauptverhandlung in weitem Umfang zulässig ist, da insoweit das in § 250 niedergelegte Unmittelbarkeitsprinzip nicht greift.[3] Die Notwendigkeit einer Protokollierung und die dabei zu beachtenden Förmlichkeiten bestimmen die §§ 168, 168a; den sachlichen Inhalt regelt § 86 (näher dazu die dortigen Erl.). Da richterliche Augenscheinseinnahmen im Ermittlungs- und Zwischenverfahren heute zu einer seltenen Ausnahme geworden sind, ist die praktische Relevanz der Vorschrift mittlerweile denkbar gering.[4]

2 **Absatz 2** begründet für den Sonderfall des richterlichen Augenscheins unter Hinzuziehung von Sachverständigen die Befugnis des Beschuldigten, mittels eigener Sachverständiger auf die Beweisgewinnung Einfluss zu nehmen. Er dürfte von noch geringerer praktischer Bedeutung sein als Absatz 1. Dogmatisch und rechtspolitisch verdeutlicht er als Sonderform des Beweisantragsrechts[5] die rechtlich anerkannte Einflussmöglichkeit des Beschuldigten auf die Beweisaufnahme.[6]

3 **b) Anwendungsbereich.** Die Vorschrift gilt für richterliche Augenscheinseinnahmen (Rn. 4) im Ermittlungsverfahren. Im Zwischenverfahren ist sie analog anwendbar, weil dort trotz identischer Interessenlage keine entsprechende gesetzliche Regelung besteht.[7] Für kommissarische Augenscheinseinnahmen nach Eröffnung des Hauptverfahrens[8] und im Wiederaufnahmeverfahren ergeben sich Anwesenheitsbefugnis und Benachrichtigungspflicht aus den §§ 224, 225, 369 Abs. 3; die Befugnis, eigene Sachverständige hinzuzu-

---

2 Vgl. § 168c, 1.

3 AK/*Achenbach* 1; *Roxin/Schünemann* § 28, 2; vgl. auch LR/*Krause* § 86, 2 f.; LR/*Mosbacher*[27] § 249, 24.

4 NK/*Heghmanns* 2.

5 Alsberg/*Tsambikakis* Rn. 608.

6 Die Vorschrift war bei ihrer Entstehung (als § 193, später § 195) sehr umstritten; sie ist gegen den Widerstand der Regierung von der Justizkommission erzwungen worden, vgl. *Hahn* 751 f., 1315 ff., 1632 f., 1863 ff.

7 NK/*Heghmanns* 3; SK/*Albrecht* 3.

8 Zur umstrittenen Frage, welche Vorschriften bei der Beweiserhebung im Zwischenverfahren anzuwenden sind, vgl. LR/*Stuckenberg* § 202, 17.

ziehen, folgt dort aus analoger Anwendung des § 168d Abs. 2.[9] Für einen **staatsanwaltschaftlichen** oder **polizeilichen Augenschein** gilt die Bestimmung weder unmittelbar noch entsprechend;[10] ob dem Beschuldigten, seinem Verteidiger oder dem von diesen benannten Sachverständigen die Anwesenheit gestattet werden soll, ist in diesen Fällen nach Ermessen zu entscheiden.[11]

2. Richterlicher Augenschein. Die Vorschrift gilt nur bei Durchführung eines richterlichen Augenscheins.[12] Dazu gehört auch die **Leichenschau**, wenn sie (auf Antrag der Staatsanwaltschaft) vom Richter vorgenommen wird,[13] dagegen nach wohl überwiegender, wenn auch zweifelhafter Meinung nicht die **Leichenöffnung** im Beisein des Richters.[14] 4

Kein richterlicher Augenschein, der Teilnahmeberechtigung und Benachrichtigungspflicht auslöst, liegt vor, wenn Dritte, etwa Polizeibeamte, im Auftrag des Gerichts einen Augenschein einnehmen, um darüber später als Zeugen zu berichten (sog. Augenscheinsgehilfen),[15] oder wenn ein Sachverständiger im Auftrag des Gerichts, aber ohne dessen Anwesenheit, Untersuchungshandlungen vornimmt. Werden im Zusammenhang mit einem richterlichen Augenschein Zeugen und Sachverständige hinzugezogen und vernommen, so gilt insoweit § 168c unmittelbar. 5

3. Anwesenheitsrechte und Benachrichtigungspflichten bei richterlichem Augenschein entsprechen denen, die bei der richterlichen Vernehmung von Zeugen und Sachverständigen gelten. Auf die Erläuterungen zu § 168c ist daher zu verweisen. Für den nicht auf freiem Fuß befindlichen Beschuldigten, der einen Verteidiger hat, entfällt der Anspruch auf Anwesenheit regelmäßig dann, wenn der Augenschein, was häufig der Fall sein wird, als Ortsbesichtigung außerhalb der Gerichtsstelle durchgeführt wird (§ 168c, 22 f.). Andererseits wird bei der bloßen Augenscheinseinnahme von der Anwesenheit des Beschuldigten eine Gefährdung des Untersuchungszwecks im Sinne des § 168c Abs. 3 Satz 1 (vgl. § 168c, 18) seltener als bei der Vernehmung von Zeugen und Sachverständigen zu befürchten sein. 6

Ob der in der neueren Rechtsprechung des Bundesgerichtshofs entwickelte Grundsatz, dass dem Beschuldigten in solchen Fällen vor der Vernehmung ein **Pflichtverteidiger** zu bestellen ist,[16] auch hier gilt, erscheint zweifelhaft, denn der Bundesgerichtshof stützt diesen Grundsatz namentlich auf das durch Art. 6 Abs. 3 lit. d EMRK verbürgte unmittelbare Fragerecht. Ein vergleichbares Recht auf unmittelbare Wahrnehmung eines Augenscheins gewährleistet die EMRK nicht;[17] ebenso wenig lässt sich ein solches Recht uneingeschränkt aus dem Fairnessprinzip (Art. 6 Abs. 1 Satz 1 EMRK) ableiten. Soweit es sich um 7

---

9 Vgl. Schmitt/Köhler/*Schmitt* § 225, 2; LR/*Jäger* § 225, 7; insgesamt für eine analoge Anwendung von § 168d SK/*Albrecht* 3.

10 KK/*Schmitt* 2; Schmitt/Köhler/*Schmitt* 1; KMR/*Noltensmeier-von Osten* 1; SK/*Albrecht* 4.

11 HK/*Zöller*/*Niedernhuber* 1; KK/*Schmitt* 2; Schmitt/Köhler/*Schmitt* 1; vgl. auch SK/*Albrecht* 4 mit Hinweis auf die dabei zu beachtenden Ermessensbindungen.

12 Vgl. näher LR/*Krause* § 86, 2 ff., 42.

13 So schon RGSt **2** 153, 159; vgl. näher LR/*Krause* § 87, 8; KK/*Schmitt* 1; *Eisenberg* (Beweisrecht) Rn. 1947a.

14 HK-GS/*Ambos* 1; KK/*Schmitt* 1; NK/*Heghmanns* 4; Schmitt/Köhler/*Schmitt* 1; LR/*Krause* § 87, 28; **a.A.** *Schäfer*/*Fresemann*/*Hinrichs* Rn. 397 a.E.; HK/*Zöller*/*Niedernhuber* 2; MüKo/*Kölbel*/*Neßeler* 1; SK/*Albrecht* 3; *Eisenberg* (Beweisrecht) Rn. 1956; *Eb. Schmidt* § 195, 1, 5; *Keller* Strafprozeßordnung (1878) § 193, 2. Bei der Einführung der Vorschrift hat bei den Befürwortern allerdings gerade die Leichenöffnung eine Rolle gespielt; vgl. *Hahn* 792, 1316; vgl. auch RGSt **2** 153, 159.

15 OLG Frankfurt VRS **58** (1980) 369 (Fahrversuche); NK/*Heghmanns* 4; näher LR/*Krause* § 86, 4.

16 BGHSt **46** 93 ff.; näher § 168c, 10.

17 Ebenso NK/*Heghmanns* 6; SK/*Albrecht* 1.

eine schwierige, für den Verfahrensausgang entscheidende und nicht wiederholbare Augenscheinseinnahme handelt, dürfte jedoch eine Verteidigerbestellung schon nach § 140 Abs. 2 und § 141 Abs. 2 Nr. 3 zu erwägen sein.[18]

8 Zur Anwesenheit berechtigt sind auch der **Erziehungsberechtigte** und der gesetzliche Vertreter im Jugendstrafverfahren (§ 168c, 25) sowie der anwaltliche Vertreter des als **Nebenkläger anschlussberechtigten Verletzten** (§ 168c, 27). **Anderen Personen** kann der Richter die Anwesenheit nach pflichtgemäßem Ermessen gestatten (§ 168c, 29 ff.); eine Benachrichtigungspflicht besteht ihnen gegenüber nicht (§ 168c, 40).

9 Bei **Verstößen gegen Anwesenheitsrechte und Benachrichtigungspflichten** gelten die gleichen Grundsätze, wie sie zu § 168c entwickelt worden sind.[19] Derart mangelbehaftete richterliche Augenscheinsprotokolle unterliegen daher für die Hauptverhandlung einem (widerspruchsabhängigen) Verwertungsverbot.[20] Ebenso, wie dies bei mangelhaften Vernehmungsprotokollen diskutiert wird,[21] wäre es auf der Grundlage der entsprechenden Position allerdings folgerichtig, auch hier ersatzweise eine strengbeweisliche Verwendung als nichtrichterliches Protokoll zuzulassen, seit § 256 Abs. 1 Nr. 5 die Verlesung solcher Protokolle grds. gestattet.[22] Lehnt man dies ab, muss die Augenscheinseinnahme wiederholt, oder, falls dies nicht möglich ist, die Beschaffenheit des Augenscheinsobjekts auf andere Weise aufgeklärt werden.

4. Zuziehung von Sachverständigen (Absatz 2)

10 **a) Zuziehung von Sachverständigen durch den Richter.** Die Befugnis des Beschuldigten nach Absatz 2, eigene Sachverständige an der Augenscheinseinnahme mitwirken zu lassen, besteht nur in den in der Praxis verhältnismäßig seltenen Fällen, in denen sich der Richter bereits zur Durchführung des Augenscheins (auf Antrag der Staatsanwaltschaft oder von sich aus) der Hilfe von Sachverständigen bedient.[23] Die Benennung weiterer Sachverständiger durch den Beschuldigten bezweckt also, deren Tätigkeit zu ergänzen oder zu kontrollieren oder die gleiche Tatsachengrundlage für ein späteres Gutachten zu gewinnen.[24] Gesetzlich vorgeschrieben ist die Hinzuziehung eines Sachverständigen regelmäßig lediglich bei der richterlichen Leichenschau,[25] bei der die Anwendbarkeit des § 168d Abs. 2 oft an der Eilbedürftigkeit der Maßnahme scheitern wird.

11 Bei einem **Augenschein ohne** vom Richter veranlasste Hinzuziehung eines **Sachverständigen** kann der Beschuldigte anregen, dass der Richter einen Sachverständigen hinzuzieht; geschieht das, so hat der Beschuldigte die Rechte nach Absatz 2. Im Übrigen kann der Richter in solchen Fällen einem vom Beschuldigten gestellten Sachverständigen nach pflichtgemäßem Ermessen als einer sonstigen Person (Rn. 8) die Anwesenheit gestatten, ohne dabei an die engen Versagungsgrenzen des Absatz 2 Satz 2 gebunden zu sein. Ist das Augenscheinsobjekt (etwa eine öffentliche Straße) dem Beschuldigten oder seinem Verteidiger zugänglich, so steht es ihm selbstverständlich frei, unabhängig von der richter-

---

18 So auch *Eisenberg* (Beweisrecht) Rn. 2243; für diese Konstellation auf Art. 6 Abs. 1 EMRK abstellend SK/*Albrecht* 1.

19 Näher § 168c, 57 ff.

20 LR/*Mosbacher*[27] § 249, 27 m.w.N.; HK/*Zöller*/*Niedernhuber* 2; MüKo/*Kölbel*/*Neßeler* 1 i.V.m. § 168c, 29 f.; *Eisenberg* (Beweisrecht) Rn. 2246; *Ranft* Rn. 571; *Roxin*/*Schünemann* § 24, 42.

21 Zu dieser Streitfrage § 168c, 67 ff.

22 Dazu LR/*Mosbacher*[27] § 249, 26.

23 KK/*Schmitt* 3; SK/*Albrecht* 5 f.; *Eb. Schmidt* § 195, 2.

24 Vgl. HK/*Zöller*/*Niedernhuber* 3; KK/*Schmitt* 3; Alsberg/*Tsambikakis* Rn. 608.

25 Zur umstrittenen Unanwendbarkeit bei der Leichenöffnung vgl. Rn. 4 und LR/*Krause* § 87, 28.

lichen Augenscheinseinnahme im Rahmen seiner Nachforschungsbefugnis einen Sachverständigen mit der Untersuchung des Augenscheinsobjekts zu beauftragen.

b) Qualifizierte Benachrichtigungspflicht. Da der Beschuldigte seine Befugnis nach Absatz 2 nur wahrnehmen kann, wenn er von der richterlichen Hinzuziehung von Sachverständigen etwas weiß, muss er oder sein Verteidiger (§ 145a) nicht nur von der bevorstehenden Augenscheinseinnahme (§ 168c Abs. 5 Satz 1) unterrichtet werden, sondern auch darüber, dass und zu welchem Zweck Sachverständige welcher Fachrichtung hinzugezogen werden.[26] Die Mitteilung, um welche Sachverständige es sich im Einzelnen handelt und über welche Sachkunde sie verfügen, ist zwar nicht zwingend erforderlich, kann aber nach Sachlage empfehlenswert sein, damit der Beschuldigte eine hinreichende Entscheidungsgrundlage dafür besitzt, ob die Hinzuziehung weiterer Sachverständiger aus seiner Perspektive sachdienlich erscheint.[27] Die Mitteilung ist auch erforderlich, wenn der Beschuldigte an sich vom Termin nicht benachrichtigt werden musste, weil seine Anwesenheit nicht gestattet würde (§ 168c, 41) oder weil auf die Anwesenheit verzichtet worden war (§ 168c, 37), denn das Recht zur Hinzuziehung eigener Sachverständiger besteht unabhängig davon, ob der Beschuldigte oder sein Verteidiger selbst am Augenscheinstermin teilnehmen.[28] Die Benachrichtigung des Beschuldigten kann aber dann unterbleiben, wenn zu befürchten ist, dass der Beschuldigte die Kenntnis vom bevorstehenden Termin zu Verdunkelungsmaßnahmen ausnutzen und damit den Untersuchungszweck gefährden würde.[29] 12

c) Benennung der Sachverständigen. Die Vorschrift ist unnötig kompliziert und missverständlich gefasst.[30] Zunächst einmal kommt es nicht darauf an, dass der Beschuldigte die benannten Sachverständigen für die Hauptverhandlung vorschlagen will, zumal es im Vorverfahren unsicher ist, ob es zu einer solchen kommt, und weil der Beschuldigte ein legitimes Interesse daran hat, durch Einbringung zusätzlichen Sachverstandes auf die Einstellung des Ermittlungsverfahrens hinzuwirken. Aber auch, wenn es zu einem gerichtlichen Verfahren kommt, steht es dem Beschuldigten frei, für die Hauptverhandlung auf Sachverständige zu verzichten oder andere zu benennen.[31] Es kommt für die Teilnahmebefugnis des Sachverständigen nach Satz 2 auch nicht darauf an, dass der Beschuldigte zunächst dessen Ladung beantragt, ob dieser Antrag abgelehnt und der Beschuldigte darauf den Sachverständigen nach § 38 hat laden lassen. Wie die Wendung, dass den vom Beschuldigten benannten Sachverständigen die Teilnahme gestattet sei, zeigt, genügt es vielmehr, dass der Beschuldigte die Sachverständigen zum Termin stellt.[32] Daraus folgt weiter, dass der Beschuldigte auch ohne vorangegangenen Antrag an das Gericht zur förmlichen Ladung der Sachverständigen befugt ist (vgl. § 220 Abs. 1 Satz 2).[33] 13

Zum **Erscheinen verpflichtet** ist der Sachverständige allerdings nur, wenn er gemäß § 38 geladen wird und wenn ihm die gesetzliche Entschädigung für Reisekosten und Zeit- 14

26 AK/*Achenbach* 4; KK/*Schmitt* 4; Schmitt/Köhler/*Schmitt* 2; SK/*Albrecht* 12; Alsberg/*Tsambikakis* Rn. 609.
27 AK/*Achenbach* 4; HK/*Zöller/Niedernhuber* 4; KK/*Schmitt* 4; MüKo/*Kölbel/Neßeler* 2.
28 HK/*Zöller/Niedernhuber* 4; KK/*Schmitt* 4; SK/*Albrecht* 6; Alsberg/*Tsambikakis* Rn. 611.
29 § 168c, 46, 49; zu der umstrittenen, richtigerweise (nur) in Ausnahmefällen bestehenden Möglichkeit, den Verteidiger ebenfalls nicht zu benachrichtigen, § 168c, 47, 50.
30 So schon *Keller* Strafprozeßordnung (1878) § 193, 4: Die Vorschrift besage: Der Angeschuldigte ist berechtigt, in der Voruntersuchung Sachverständige zum Augenschein beizuziehen. Zum Ganzen auch SK/*Albrecht* 6 ff.
31 HK/*Zöller/Niedernhuber* 3; KK/*Schmitt* 3; MüKo/*Kölbel/Neßeler* 3.
32 AK/*Achenbach* 6; HK/*Zöller/Niedernhuber* 5; KK/*Schmitt* 6; KMR/*Noltensmeier-von Osten* 6; MüKo/*Kölbel/Neßeler* 3; NK/*Heghmanns* 9; SK/*Albrecht* 7; SSW/*Andrä* 2; *Eb. Schmidt* § 195, 4; Alsberg/*Tsambikakis* Rn. 612.
33 KK/*Schmitt* 6; Alsberg/*Tsambikakis* Rn. 612.

versäumnis gemäß **§ 220 Abs. 2** dargeboten wird. Ob auch **§ 220 Abs. 3** über die Gewährung einer Entschädigung aus der Staatskasse entsprechend anzuwenden ist,[34] erscheint zweifelhaft.

15 **d) Antrag des Beschuldigten.** Der **Antrag des Beschuldigten**, den auch der Verteidiger stellen kann, zielt nur darauf ab, die Bemühung und den Aufwand für die eigene Ladung oder Gestellung des Sachverständigen zu ersparen. Er ist an das Gericht zu richten und muss die zu ladenden Sachverständigen namentlich bezeichnen[35] sowie das Fachgebiet, in dem der betreffende Sachverständige tätig werden soll, angeben. Der Antrag ist formfrei; einer Begründung bedarf er nicht.[36] Ob der Richter den benannten Sachverständigen lädt, soll nach verbreiteter Ansicht seinem pflichtgemäßen Ermessen unterliegen.[37] Für eine Ermessensausübung dürfte in diesem Zusammenhang indessen kein Raum sein:[38] Ist sicher erkennbar, dass der benannten Person die Sachverständigeneigenschaft fehlt (Rn. 19) oder dass ihre Teilnahme die Tätigkeit der richterlichen Sachverständigen behindern würde, so muss der Richter den Antrag ablehnen;[39] ist das nicht der Fall, so ist kein legitimer Grund ersichtlich, einem ordnungsgemäß gestellten Antrag nicht zu entsprechen.

16 Die **Ablehnung des Antrags**, die zu begründen ist,[40] ist dem Beschuldigten unverzüglich mitzuteilen, damit er die Möglichkeit hat, den Sachverständigen selbst zu laden oder zum Augenscheinstermin zu stellen.[41]

17 **e) Befugnisse des Sachverständigen.** Den auf Veranlassung des Beschuldigten geladenen und den von ihm gestellten Sachverständigen ist grundsätzlich die Teilnahme am Augenschein und an den erforderlichen Untersuchungen zu gestatten, unabhängig davon, ob der Beschuldigte selbst oder sein Verteidiger am Augenschein teilnehmen. Sie können das Augenscheinsobjekt, auch unter Zuhilfenahme technischer Mittel, besichtigen, die Befunde des gerichtlichen Sachverständigen in Augenschein nehmen und deren Untersuchung beobachten.[42] Sie können auf das aufmerksam machen, worauf es ihrer Ansicht nach ankommt, und anregen, bestimmte Feststellungen im Protokoll festzuhalten.[43] Eigene Untersuchungen, etwa Fahrversuche, oder solche, die die Substanz des Augenscheinsobjekts verändern können, und die Entnahme von Proben zu eigenen Laboruntersuchungen können ihnen nach pflichtgemäßem Ermessen des Richters gestattet werden; einen Anspruch auf eigene Untersuchungen gewährt ihnen die Vorschrift nicht.[44]

---

34 KK/*Schmitt* 6; KMR/*Noltensmeier-von Osten* 5; LR/*Meyer-Goßner*[23] 11.

35 Alsberg/*Tsambikakis* Rn. 609.

36 Alsberg/*Tsambikakis* Rn. 611.

37 So AK/*Achenbach* 5; KK/*Schmitt* 5; HK/*Zöller*/*Niedernhuber* 5; NK/*Heghmanns* 8; *Eb. Schmidt* § 195, 4; *Burhoff* (Ermittlungsv.) Rn. 660; im Grundsatz auch LR/*Rieß*[25] 13.

38 Zutr. SK/*Albrecht* 10; Alsberg/*Tsambikakis* Rn. 613.

39 Für diesen Fall auch AK/*Achenbach* 5; HK/*Zöller*/*Niedernhuber* 5; KK/*Schmitt* 5; LR/*Rieß*[25] 13; vgl. auch Schmitt/Köhler/*Schmitt* 2.

40 Alsberg/*Tsambikakis* Rn. 611.

41 AK/*Achenbach* 4; KK/*Schmitt* 5; MüKo/*Kölbel*/*Neßeler* 3; Alsberg/*Tsambikakis* Rn. 611; vgl. auch SK/*Albrecht* 13.

42 KK/*Schmitt* 7; LR/*Meyer-Goßner*[23] 12; SK/*Albrecht* 13; *Eb. Schmidt* § 195, 5.

43 Dem ist in der Regel zu entsprechen, so bereits LR/*Meyer-Goßner*[23] 12; vgl. auch HK/*Zöller*/*Niedernhuber* 6; SK/*Albrecht* 11.

44 LR/*Meyer-Goßner*[23] 12; MüKo/*Kölbel*/*Neßeler* 4; *Eb. Schmidt* § 195, 5; wohl **a.A.** Alsberg/*Tsambikakis* Rn. 613 (erforderliche Untersuchungen müssen gestattet werden); ebenso *Eisenberg* (Beweisrecht) Rn. 2245a; NK/*Heghmanns* 7; SK/*Albrecht* 11.

Eine **Behinderung der Tätigkeit des gerichtlich bestellten Sachverständigen** berechtigt (und verpflichtet)[45] den Richter dazu, die Teilnahme oder Tätigkeit des vom Beschuldigten benannten Sachverständigen zu untersagen, soweit die Behinderung reicht. Einen völligen Ausschluss von der Teilnahme am Augenschein wird dies nur ganz ausnahmsweise rechtfertigen, etwa wenn der Sachverständige durch ständiges Dazwischenreden stört. Die Behinderung kann ihren Grund in der Beschaffenheit des Untersuchungsgegenstandes, in der Art der vom gerichtlichen Sachverständigen vorzunehmenden Untersuchung, aber auch im Verhalten des Sachverständigen haben. Die Entscheidung trifft stets der Richter.[46] Wenn die Behinderung nicht offensichtlich ist, ist eine Stellungnahme des gerichtlichen Sachverständigen herbeizuführen, der auch von sich aus auf eine solche Behinderung hinweisen und eine Beschränkung der Tätigkeit des anderen Sachverständigen anregen kann. 18

Auch wenn die vom Beschuldigten als Sachverständige bezeichneten Personen die gerichtlichen Sachverständigen nicht behindern, können sie von der Augenscheinseinnahme **ausgeschlossen** werden, **wenn** offensichtlich ist, dass ihnen die für die jeweilige Begutachtung nötige **Sachkunde fehlt**, wenn sie also die Eigenschaft von Sachverständigen nicht haben.[47] Andernfalls könnte der Beschuldigte die Teilnahme jeder beliebigen Person am Augenschein mit der Behauptung erzwingen, sie sei sachverständig. Bloße Zweifel an der Sachkunde rechtfertigen diese Maßnahme jedoch nicht.[48] 19

f) Andere Personen. Die Befugnisse nach Absatz 2 stehen im Jugendstrafverfahren auch dem **Erziehungsberechtigten** und dem **gesetzlichen Vertreter** zu (vgl. § 168c, 25). Aus der Stellung der **Staatsanwaltschaft** im Ermittlungsverfahren ergibt sich, dass sie ebenfalls von sich aus zusätzlich zu den vom Richter hinzugezogenen Sachverständigen weitere Sachverständige benennen oder sistieren kann, denen die Teilnahme nach Absatz 2 Satz 2 gestattet ist.[49] In diesen Fällen wird, auch wenn der Richter keinen Sachverständigen herangezogen hat, auf einen vom Beschuldigten benannten Sachverständigen Absatz 2 Satz 2 entsprechend anzuwenden sein.[50] 20

Dagegen gilt Absatz 2 nicht für den Vertreter des als **Nebenkläger anschlussberechtigten Verletzten**, der gemäß § 406h Abs. 2 Satz 3 zur Teilnahme am Augenschein berechtigt ist. Diese Vorschrift gewährt lediglich ein Anwesenheitsrecht, aber nicht die zusätzlichen Befugnisse, wie sie in § 168d Abs. 2 geregelt sind.[51] In diesen Fällen entscheidet der Richter nach pflichtgemäßem Ermessen, ob und in welchem Umfang er den benannten Sachverständigen die Teilnahme gestatten will. 21

g) Beschwerde. Gegen die Ablehnung des Antrags auf Ladung des Sachverständigen steht dem Beschuldigten trotz der Möglichkeit der eigenen Ladung und der unmittelbaren 22

---

45 **A.A.** KK/*Schmitt* 7, nach dem der Richter insoweit nach pflichtgemäßem Ermessen zu entscheiden hat. Aber den Richter trifft die Verpflichtung, dem von ihm hinzugezogenen Sachverständigen die Begutachtung zu ermöglichen.

46 Vgl. KMR/*Noltensmeier-von Osten* 4.

47 AnwK/*Walther* 8; AK/*Achenbach* 7; HK/*Zöller*/*Niedernhuber* 6; KK/*Schmitt* 5, 7; KMR/*Noltensmeier-von Osten* 4; MüKo/*Kölbel*/*Neßeler* 4; NK/*Heghmanns* 7; SSW/*Andrä* 2; *Eb. Schmidt* § 195, 1; Alsberg/*Tsambikakis* Rn. 613.

48 *Eb. Schmidt* § 195, 1.

49 Im Ergebnis mit unterschiedlicher Begründung heute ganz h.M., vgl. AnwK/*Walther* 9; KK/*Schmitt* 8; SK/*Albrecht* 5; LR/*Meyer-Goßner*[23] 15; *Eb. Schmidt* § 195, 6; ebenso bereits *Feisenberger* § 196, 1; **a.A.** AK/*Achenbach* 8 und früher z.B. *Keller* Strafprozeßordnung (1878) § 193, 6.

50 SK/*Albrecht* 8.

51 Vgl. auch RegE BTDrucks. **10** 5305 S. 20, wo ausdrücklich allein auf § 168d Abs. 1 hingewiesen wird; anders früher zu § 195 für den Nebenkläger *Eb. Schmidt* § 195, 6.

Gestellung (die damit verbundenen Erschwernisse begründen eine hinreichende Beschwer) die (einfache) Beschwerde zu,[52] ebenso ihm und dem Sachverständigen, soweit dieser nach Absatz 2 Satz 2 oder mangels Sachverständigeneigenschaft (Rn. 19) von der Teilnahme ausgeschlossen wird.[53] Sie ist unzulässig (§ 304 Abs. 5), soweit der Augenschein von einem Ermittlungsrichter des Bundesgerichtshofs oder des Oberlandesgerichts eingenommen wird (§ 169, 11). Die Beschwerde hat jedoch keine aufschiebende Wirkung; sie wird daher nach früher allg. M. wegen prozessualer Überholung gegenstandslos, wenn über sie erst nach Abschluss des Augenscheintermins zu entscheiden ist. Daran hat auch die Rechtsprechung des Bundesverfassungsgerichts[54] über die isolierte Feststellung der Rechtswidrigkeit nichts geändert,[55] weil es sich hier nicht um einen insoweit vorausgesetzten tiefgreifenden Grundrechtseingriff handelt (vgl. auch § 168c, 71).

23 **h) Revision.** Mit der **Revision** können Verstöße gegen Absatz 2 in der Regel[56] nicht geltend gemacht werden, da das Urteil kaum jemals auf ihnen beruhen wird. Denkbar wäre immerhin der Fall, dass das Gericht in der Hauptverhandlung möglicherweise nur deshalb dem Gutachten des gerichtlich bestellten Sachverständigen gefolgt ist, weil der vom Beschuldigten benannte Sachverständige gerade infolge der verweigerten Teilnahme am richterlichen Augenschein nicht in die Lage war, seinen Einwänden hinreichendes Gewicht zu verleihen. Davon dürfte allerdings nur dann auszugehen sein, wenn das Gutachten des gerichtlich bestellten Sachverständigen mit erkennbaren Schwächen behaftet ist. Ist das der Fall, kann man die Revision aber unmittelbar darauf stützen, dass ihm das Gericht aus diesem Grund ohnehin nicht ohne weiteres folgen durfte.

§ 168e
Vernehmung von Zeugen getrennt von Anwesenheitsberechtigten

[1]Besteht die dringende Gefahr eines schwerwiegenden Nachteils für das Wohl des Zeugen, wenn er in Gegenwart der Anwesenheitsberechtigten vernommen wird, und kann sie nicht auf andere Weise abgewendet werden, so soll der Richter die Vernehmung von den Anwesenheitsberechtigten getrennt durchführen. [2]Die Vernehmung wird diesen zeitgleich in Bild und Ton übertragen. [3]Die Mitwirkungsbefugnisse der Anwesenheitsberechtigten bleiben im übrigen unberührt. [4]Die §§ 58a und 241a finden entsprechende Anwendung. [5]Die Entscheidung nach Satz 1 ist unanfechtbar.

Schrifttum

Bohlander Der Einsatz von Videotechnologie bei der Vernehmung kindlicher Zeugen im Strafverfahren, ZStW **107** (1985) 82; *Caesar* Noch stärkerer Schutz für Zeugen und andere, nicht beteiligte Personen im Strafprozess, NJW **1998** 2313; *Griesbaum* Der gefährdete Zeuge, NStZ **1998** 433; *Janovski* Zeugenvernehmung mit Video. Eine wirksame Maßnahme des Zeugenschutzes, Kriminalistik **1999** 453; *Kolz* Neue Wege zur Einführung des Wissens anonymer Gewährsleute in das Strafverfahren? FS G. Schäfer (2002) 35; *Kretschmer*

52 Ebenso KMR/*Noltensmeier-von Osten* 7; MüKo/*Kölbel*/*Neßeler* 5; SK/*Albrecht* 13; SSW/*Andrä* 2; **a.A.** Schmitt/Köhler/*Schmitt* 3; OK/*Monka* 4.

53 KK/*Schmitt* 9; KMR/*Noltensmeier-von Osten* 7; SK/*Albrecht* 13; Alsberg/*Tsambikakis* Rn. 611, 615.

54 BVerfGE **96** 27; dazu m.w.N. LR/*Matt*[26] Vor § 304, 68 ff.; § 304, 53 ff.; Schmitt/Köhler/*Schmitt* Vor § 296, 18a.

55 HK/*Zöller* 7; HK-GS/*Ambos* 2; KK/*Schmitt* 9; SSW/*Andrä* 2; *Burhoff* (Ermittlungsv.) Rn. 661; **a.A.** SK/*Albrecht* 13; Alsberg/*Tsambikakis* Rn. 615.

56 Ebenso KMR/*Noltensmeier-von Osten* 8; noch weitergehend („in keinem Fall“) LR/*Rieß*[25] 21.

Einige Eckpunkte in der Entwicklung der Videoaufzeichnung von strafprozessualen Zeugenvernehmungen, JR **2006** 453; *Laubenthal/Nevermann-Jaskolla* Die Rechte des Kindes als Zeuge im Strafverfahren, JA **2005** 294; *Leitner* Rechtliche Probleme von Video-Aufzeichnungen und praktische Konsequenzen für die Verteidigung, StraFo **1999** 45; *Nelles* Der Zeuge – Ein Rechtssubjekt, kein Schutzobjekt, NJ **1998** 449; *Pott* Rechtsprobleme bei der Anwendung von Videotechnologie im Strafprozess (2003); *Rieß* Das neue Zeugenschutzgesetz, insbesondere Video-Aufzeichnungen von Aussagen im Ermittlungsverfahren und in der Hauptverhandlung, StraFo **1999** 1; *ders.* Zeugenschutz bei Vernehmungen im Strafverfahren, NJW **1998** 3240; *Schlüchter* Zeugenschutz im Strafprozess, FS Schneider (1998) 445; *Schlüchter/Greff* Zeugenschutz durch das Zeugenschutzgesetz? Kriminalistik **1998** 530; *Schmoll* Video-Vernehmung kindlicher Zeugen im Strafprozess. Verfahrens- und verfassungsrechtliche Lösungen auf der Grundlage des Zeugenschutzgesetzes (1999, zugleich Diss. Mannheim); *Seitz* Das Zeugenschutzgesetz, JR **1998** 309; *Swoboda* Video-Technik im Strafverfahren (2002, zugleich Diss. Passau); *Wagner* V-Personen und Zeugenschutz, Kriminalistik **2000** 167; *Weider* Die Video-Vernehmung von V-Leuten gemäß § 247a StPO unter optischer und akustischer Abschirmung, StV **2000** 48; *Weider/Stächelin* Das Zeugenschutzgesetz und der gesperrte V-Mann, StV **1999** 51; *Weigend* Schutzbedürftige Zeugen im Strafverfahren, FS Kaiser (1998) 1481; *Wittke* Beweisführung mittels verdeckter Ermittlungen, Kriminalistik **2005** 221; *Zacharias* Der gefährdete Zeuge im Strafverfahren (1997). Weiteres Schrifttum in der 25. Aufl. bei § 247a und bei § 255a.

Entstehungsgeschichte

Die Vorschrift wurde durch Art. 1 Nr. 3 des Zeugenschutzgesetzes vom 30.4.1998 (BGBl. I S. 820) eingefügt.

Übersicht

1. Bedeutung und Anwendungsbereich

a) Allgemeines und Entstehungsgeschichte. Die durch das Zeugenschutzgesetz vom 30.4.1998 eingefügte Vorschrift ist Teil eines umfassenderen Regelungskonzepts,[1] durch das u.a. die Möglichkeit einer Video-Aufzeichnung von Zeugenvernehmungen zum Zwecke ihrer späteren Verwertung (so namentlich § 58a in Verbindung mit § 255a) sowie die Möglichkeit einer räumlich getrennten Vernehmung von Zeugen bei gleichzeitiger Bild-Ton- 1

1 Näher etwa *Rieß* NJW **1998** 3240; *ders.* StraFo **1999** 1; zur Gesamtentwicklung des Zeugenschutzgedankens unter Einbeziehung der früheren Entwicklung etwa *Caesar* NJW **1998** 2313; *Jung* GA **1998** 313, 221. Monografische teilweise kritische Gesamtuntersuchungen bieten namentlich die Arbeiten von *Schmoll* und *Swoboda* passim.

übertragung für sonstige Prozessbeteiligte geschaffen wurde (so namentlich § 247a). § 168e betrifft in erster Linie den zweiten Regelungskomplex, indem er die durch § 168c gewährleisteten Anwesenheitsbefugnisse bei richterlichen Zeugenvernehmungen im Ermittlungsverfahren dahingehend modifiziert, dass die körperliche Anwesenheit durch die bloße Möglichkeit der optischen und akustischen Wahrnehmung von einem anderen Ort aus ersetzt wird, unter Erhaltung einer mindestens akustischen Möglichkeit, die mit der Anwesenheit verbundenen Mitwirkungsmöglichkeiten, namentlich das Fragerecht, auszuüben. Da sich die systematische Struktur einer richterlichen Zeugenvernehmung außerhalb der Hauptverhandlung durch diese Modifikationen nicht entscheidend ändert, spielt hier die rechtspolitische Kontroverse über zwei unterschiedliche Regelungsmodelle, die die Schaffung des jetzigen § 247a begleitet hat,[2] keine entscheidende Rolle; es erscheint deshalb auch nicht zutreffend, § 168e als einen Restbestand des im Übrigen im Gesetzgebungsverfahren aufgegebenen sog. „Mainzer Modells"[3] zu interpretieren.[4]

2 Die **Entstehungsgeschichte** des Zeugenschutzgesetzes ist wenig übersichtlich, weil in der endgültigen Fassung verschiedene Gesetzentwürfe aus der 13. Legislaturperiode mit unterschiedlichen Konzeptionen zu einem gesetzgeberischen Kompromiss zusammengeführt worden sind,[5] was zu Unklarheiten bei der schließlich Gesetz gewordenen Fassung geführt hat.

3 **b) Gesetzgeberische Zielsetzung, Normzweck.** Nach den – im Grundsatz, aber nicht in den Einzelheiten – in den verschiedenen Gesetzentwürfen übereinstimmenden gesetzgeberischen Vorstellungen soll die Neuregelung insgesamt einem verbesserten Schutz besonders belasteter Zeugen dienen.[6] Dafür sind einerseits Regelungen bestimmt, die durch eine besonders verlässliche Dokumentation der Aussage die Notwendigkeit von den Zeugen belastenden wiederholten Vernehmungen verringern, so vor allem § 58a und § 247a Abs. 1 Satz 4, beide in Verbindung mit § 255a; andererseits bestehen Vorschriften, die, insoweit verwandt mit § 168c Abs. 3 Satz 2 und § 247 Satz 2, die Belastung eines Zeugen durch die unmittelbare Konfrontation mit dem Beschuldigten oder das Erlebnis einer (öffentlichen) Hauptverhandlung verringern sollen. § 168e gehört zur zweiten Gruppe; zur ersten nur dann, wenn, was nicht notwendig der Fall sein muss und die Anwendung dieser Vorschrift nicht voraussetzt,[7] zugleich eine Video-Aufzeichnung nach § 58a vorgenommen wird. Nur insoweit erscheint es auch möglich, gerade in § 168e eine Tendenz zur Vorverlagerung der Hauptverhandlung zu erkennen. Entstehungsgeschichtlich spielt zwar der besondere Schutz kindlicher und jugendlicher Zeugen namentlich in Verfahren wegen sexuellen Missbrauchs oder etwa von Opfern schwerer sexueller Nötigung eine besondere Rolle,[8] die auch noch in den für sie geltenden Sondervorschriften in § 58a Abs. 1 Satz 2

---

2 Dazu näher LR/*Becker* § 247a, Entstehungsgeschichte; *Beulke/Swoboda* Rn. 658; *Caesar* NJW **1998** 2313, 2315; *Rieß* StraFo **1999** 1.

3 LG Mainz NJW **1996** 208; dazu u.a. krit. *Dahs* NJW **1996** 178; *Jansen* StV **1996** 123; *Schlüchter* FS Schneider 445, 449; zum Ganzen m.w.N. *Swoboda* 83 ff. Die (problematische) Besonderheit dieses Modells besteht darin, dass sich während der Hauptverhandlung der zu ihrer Leitung berufene Vorsitzende, um den zu schützenden Zeugen zu vernehmen, mit diesem zusammen außerhalb des Sitzungssaales aufhält.

4 So aber *Swoboda* 336.

5 Dazu eingehend und m.w.N. LR/*Rieß*[25] 2; *Rieß* NJW **1998** 3240; *Seitz* JR **1998** 309.

6 KK/*Schmitt* 1, 3; Schmitt/Köhler/*Schmitt* 1; KMR/*Noltensmeier-von Osten* 1; zur Typologie solcher schutzbedürftiger Zeugen etwa *Schlüchter* FS Schneider 445, 447.

7 S.u. Rn. 24 f.

8 Vgl. auch LR/*Kühne*[27] Einl. F 155; LR/*Becker* § 247a, Entstehungsgeschichte.

Nr. 1, § 255a Abs. 2 deutlich wird;[9] für den hier zu erörternden § 168e ist dies aber in der Gesetz gewordenen Fassung rechtlich ohne Bedeutung.[10]

Als einen **weiteren**, wohl untergeordneten **Normzweck** wird man auch eine Verbesserung der Wahrheitsfindung ansehen können,[11] sofern die Anwendung der Vorschriften die Aussagebereitschaft und die Aussagetüchtigkeit zu verbessern geeignet sein kann. Dagegen erscheint zweifelhaft, ob für § 168e[12] auch Tendenzen maßgebend sind, eine bessere Vernehmungsqualität bei schwer erreichbaren Zeugen zu erreichen, weil dann die Anwendbarkeitsvoraussetzungen anders ausgestaltet sein müssten. Bei der Auslegung und Anwendung sollten die sich schon aus dem Wortlaut (und aus der systematischen Bedeutung) ergebenden Unterschiede zu § 247a wegen der unterschiedlichen Reichweite beider Vorschriften mit bedacht und nicht durch den Versuch einer harmonisierenden Interpretation eingeebnet werden. 4

c) Anwendungsbereich. Die Vorschrift gilt ihrem Wortlaut und Standort nach für alle **richterlichen Zeugenvernehmungen** im Ermittlungsverfahren. Für eine richterliche Beschuldigtenvernehmung kommt sie aus Sachgründen nicht in Betracht. Für die Vernehmung von **Sachverständigen** ist sie ihrem Wortlaut nach nicht bestimmt; ein Bedürfnis für eine etwaige, methodisch höchst zweifelhafte analoge Anwendung ist nicht ersichtlich. Für **polizeiliche** und **staatsanwaltschaftliche Zeugenvernehmungen** bedarf es der Anwendung des § 168e schon deshalb nicht, weil es insoweit keine rechtlich verbürgten Anwesenheitsrechte gibt,[13] die sie modifiziert. Jedoch kann die in ihm zum Ausdruck kommende Grundtendenz berücksichtigt werden, wenn sich die Strafverfolgungsbehörden, namentlich die Staatsanwaltschaft dazu entschließen, bei von ihnen durchgeführten Zeugenvernehmungen dem Beschuldigten oder seinem Verteidiger die Anwesenheit zu gestatten.[14] 5

Für nach Abschluss des Ermittlungsverfahrens und außerhalb der Hauptverhandlung stattfindende richterliche Vernehmungen (sog. **kommissarische Vernehmungen**) nach den §§ 223, 224 hat der Gesetzgeber weder eine vergleichbare selbstständige Vorschrift statuiert noch eine Verweisung vorgenommen. Die Anwendbarkeit des § 168e auf diese Fälle ist daher zweifelhaft. Die Gesetzesmaterialien geben hierüber keinen Aufschluss. Es ist aber kein sachlicher Grund ersichtlich, der es rechtfertigen könnte, einem Zeugen die Konfrontation mit den Anwesenheitsberechtigten im Ermittlungsverfahren und in der Hauptverhandlung (unter Anwendung des § 247a) zu ersparen, sie ihm aber in den Fällen der §§ 223, 224 zuzumuten, sodass eine Regelungslücke vorliegen dürfte, die durch eine **analoge Anwendung** des § 168e zu schließen ist[15] (Gleiches gilt für richterliche Vernehmungen im Zwischenverfahren nach § 202, wenn man die Vorschriften des Ermittlungsverfahrens hier nicht für unmittelbar anwendbar hält).[16] Anders liegen die Dinge dann, wenn die Notwendigkeit einer kommissarischen Vernehmung deshalb entfällt, weil in der 6

---

9 Vgl. *Rieß* NJW **1998** 3240 (apokryphes Kinderzeugenschutzgesetz).

10 Ebenso KK/*Schmitt* 3.

11 So etwa BTDrucks. **13** 7165 S. 9; HK/*Zöller/Niedernhuber* 1; KK/*Schmitt* 1; MüKo/*Krüger* 2; SK/*Albrecht* 1; vgl. auch KMR/*Noltensmeier-von Osten* 1.

12 Zur möglicherweise anders gelagerten Situation bei § 247a LR/*Becker*[27] § 247a, 1 a.E.

13 Dazu näher § 161a, 31 ff.; § 163, 121.

14 *Rieß* StraFo **1999** 7; NK/*Heghmanns* 3; SK/*Albrecht* 3.

15 HK/*Zöller/Niedernhuber* 3; NK/*Heghmanns* 2; Radtke/Hohmann/*Rettenmaier* 1; SK/*Albrecht* 4; *Rieß* StraFo **1999** 1, 7; **a.A.** (für Vorgehen nach § 247a im Rahmen kommissarischer Vernehmungen) Schmitt/Köhler/*Schmitt* § 223, 20; zw. MüKo/*Krüger* 4.

16 Dazu LR/*Stuckenberg* § 202, 17 m.w.N.

Hauptverhandlung nach § 247a verfahren werden kann; dann hat § 247a Vorrang vor § 168e. Der Rückgriff auf § 223 kann aber erforderlich bleiben, etwa weil für § 247a die technischen Voraussetzungen nicht geschaffen werden können oder weil die Notwendigkeiten eines effektiven Schutzes gefährdeter Zeugen entgegenstehen.[17] Erst recht ist § 168e, sofern dessen sonstige Voraussetzungen vorliegen, auf die nach § 369 Abs. 3 durchzuführende **Beweisaufnahme im Wiederaufnahmeverfahren** anzuwenden.[18]

7 **d) Verhältnis zu anderen Vorschriften.** Bei Zeugenvernehmungen in der Hauptverhandlung ist allein § 247a anzuwenden; § 168e ist hier ohne Bedeutung. Das Gleiche dürfte, falls dies jemals von praktischer Bedeutung sein sollte, für andere Verfahren mit mündlicher Verhandlung gelten, die sich an die Regelungen für die Hauptverhandlung anlehnen, etwa in den Fällen des § 138d. Abgesehen von der Modifikation der körperlichen Anwesenheitsbefugnis bleiben auch die Regelungen über die richterliche Vernehmung im Ermittlungsverfahren und ihre Protokollierung (§§ 168, 168a, 168c Abs. 3 bis 5) unberührt.[19] Auch der die Zulässigkeit einer Video-Vernehmung regelnde § 58a ist in seinen rechtlichen Voraussetzungen unabhängig von § 168e zu beurteilen, was in der Interpretation der Vorschrift nicht immer beachtet wird.

8 **2. Voraussetzungen.** § 168e ist vom Gesetzgeber bewusst als eine eng anzuwendende Ausnahmevorschrift gegenüber den körperlichen Anwesenheitsbefugnissen nach § 168c Abs. 2 ausgestaltet worden,[20] deren Anwendungsbereich sich gegenüber dem vergleichbaren § 247a in mehreren Punkten unterscheidet. Er erfordert einen erheblichen Nachteil für das Wohl des zu vernehmenden Zeugen (Rn. 9 ff.) und ist gegenüber anderen Möglichkeiten, diesen zu vermeiden, subsidiär (Rn. 12 f.). Seine Anwendung ist darüber hinaus nur dann erforderlich, wenn bei der Vernehmung die Anwesenheit anderer Prozessbeteiligter in Frage steht (Rn. 14).

9 **a) Gefahr für das Wohl des Zeugen.** Die Voraussetzung, dass durch die körperliche Anwesenheit der Berechtigten die dringende Gefahr eines schwerwiegenden Nachteils für das Wohl des Zeugen bestehen muss, entspricht der in § 247a Abs. 1 Satz 1 verlangten; auf die dortigen Erläuterungen[21] wird verwiesen.[22] Die Vorschrift gilt, sofern diese Voraussetzung vorliegt, für **alle** in Betracht kommenden **Zeugen,**[23] nicht etwa nur für minderjährige Zeugen bei den in § 255a Abs. 2 Satz 1 genannten Delikten[24] oder von Zeugen, die als Minderjährige Verletzte eines dieser Delikte wurden. Diese Differenzierungen spielen anders als etwa in § 58a Abs. 1 Satz 2 Nr. 1 und § 255a Abs. 2 rechtlich keine Rolle. Sie bezeichnet aber Fallgruppen, bei denen nach der Wertentscheidung des Gesetzgebers eine Gefährdung des Zeugenwohls besonders naheliegen kann.[25]

---

17 Zum Verhältnis von kommissarischer Vernehmung und Anwendung des § 247a auch LR/*Becker*[27] § 247a, 5, 14; SK/*Frister* § 247a, 56 f.; *Swoboda* 200 f.

18 Ebenso HK/*Zöller*/*Niedernhuber* 3; NK/*Heghmanns* 2; SK/*Albrecht* 4.

19 Näher unten Rn. 20 ff.

20 BTDrucks. **13** 7165 S. 9; Schmitt/Köhler/*Schmitt* 2; ähnlich *Schmoll* 205 f.; krit. zum Ausnahmecharakter *Swoboda* 340 ff.

21 LR/*Becker*[27] § 247a, 8 f.; s. auch HK/*Zöller*/*Niedernhuber* 5; KK/*Schmitt* 4.

22 Ausführlich ferner *Eisenberg* (Beweisrecht) Rn. 1305a; *Swoboda* 148 ff.

23 HK/*Zöller*/*Niedernhuber* 4; KK/*Schmitt* 3; KMR/*Noltensmeier-von Osten* 2; MüKo/*Krüger* 4; SK/*Albrecht* 5.

24 Zur Behandlung kindlicher Zeugen bei Sexualdelikten bereits vor dem Inkrafttreten des § 168e generell *Zschockelt*/*Wegner* NStZ **1996** 305 ff.

25 Dazu sehr weitgehend (bei kindlichen Opferzeugen regelmäßig anzuwenden) *Schmoll* 201.

Das **Wohl des Zeugen**, das schwerwiegend beeinträchtigt sein muss, umfasst das körperliche, geistige und seelische Wohlergehen; eine Gesundheitsbeeinträchtigung wird, anders als in § 247 Satz 2, 2. Alt. nicht verlangt. Von Dauer muss der Nachteil nicht sein; die Gefahr eines Nervenzusammenbruchs während der Vernehmung kann ausreichen.[26] Das Gesetz verlangt einen *schwerwiegenden* Nachteil und schließt damit nicht nur geringfügige Beeinträchtigungen aus, sondern auch solche, die sich als erheblich kennzeichnen lassen; das folgt aus der Entstehungsgeschichte der Regelung.[27] Genauere Regeln lassen sich abstrakt kaum aufstellen; maßgebend ist immer die konkrete Situation des Einzelfalles. Der schwerwiegende Nachteil muss **gerade aus dem Umstand** herrühren, dass die Vernehmung in **körperlicher Anwesenheit** der Berechtigten stattfindet, und ihm muss mit Hilfe der durch die Vorschrift vorgeschrieben Verfahrensweise begegnet werden können.[28] Ob bei Kindern insoweit bereits die Anwesenheit einer Vielzahl von Personen die Gefahr einer massiven psychischen Belastung begründet,[29] ist eine Frage des Einzelfalls. § 168e ist daher **nicht anwendbar**, wenn bereits die Vernehmung als solche, etwa durch die Notwendigkeit, das Tatgeschehen schildern zu müssen, durch das fortbestehende Fragerecht oder durch das Bewusstsein, dass ein Anwesenheitsberechtigter die Vernehmung optisch und akustisch miterlebt, die Gefahr solcher Beeinträchtigungen begründet. In welchem Umfang dem Rechnung getragen werden kann, ist eine Frage der Grenzen der allgemeinen Zeugenpflicht, auf die hier nicht näher einzugehen ist.[30] 10

Bei der Vernehmung von **gefährdeten Zeugen** dürfte die Anwendung der Vorschrift für sich genommen kaum jemals ausreichen, dem Geheimhaltungs- und Schutzinteresse gebührend Rechnung zu tragen.[31] Denkbar ist jedoch, dass sich die Gefährdung im Einzelfall abwenden lässt, indem man Gesicht und Stimme des Zeugen der Übertragung durch technische Vorkehrungen so verfremdet, dass seine Identifizierung verhindert wird. Nachdem der BGH ein solches Vorgehen im Rahmen von § 247a zugelassen hat, wenn auf diese Weise eine Sperrerklärung der zuständigen Stelle abgewendet werden kann,[32] wird man dies auch im Rahmen von § 168e grds. zulassen müssen.[33] Für die Anwendung von § 168e ist dabei allerdings zu beachten, dass die drohende Vereitelung des weiteren Einsatzes von V-Leuten oder verdeckten Ermittlern kein „Nachteil für das Wohl des Zeugen“ dar- 11

---

26 AnwK/*Walther* 5; HK/*Zöller*/*Niedernhuber* 5; KK/*Schmitt* 4; KMR/*Noltensmeier-von Osten* 6; NK/*Heghmanns* 3; SK/*Albrecht* 8.

27 KK/*Schmitt* 4.

28 Schmitt/Köhler/*Schmitt* 2; SK/*Albrecht* 8.

29 Für diese Möglichkeit NK/*Heghmanns* 3; SK/*Albrecht* 9 m.w.N.

30 Dazu etwa *Nelles* NJ **1998** 450 ff.

31 Vgl. AnwK/*Walther* 4; HK/*Zöller*/*Niedernhuber* 4; Schmitt/Köhler/*Schmitt* 1; KMR/*Noltensmeier-von Osten* 2; NK/*Heghmanns* 3; Eisenberg (Beweisrecht) Rn. 1306; ausführlich *Schlüchter*/*Greff* Kriminalistik **1998** 530, 533; *Wagner* Kriminalistik **2000** 167; tendenziell **a.A.** *Griesbaum* NStZ **1998** 433, 440; *Leitner* StraFo **1998** 45, 48; *Weider*/*Stächelin* StV **1999** 51, 52.

32 Vgl. BGH NStZ **2003** 274 (Anfragebeschluss des 1. Senats, der sich durch Rücknahme der Revision erledigte); **2004** 345, 346 (3. Senat); **2005** 43 (1. Senat); StV **2007** 228 (1. Senat); dazu *Pott* 72 ff. (mit eingehender Begr. der Zulässigkeit S. 82 ff.); *Kretschmer* JR **2006** 453, 458 f.; teilweise krit. *Schuster* StV **2007** 507, 508 f.; bereits vor diesen Entscheidungen befürwortend *Weider* StV **2000** 48, 51 f. m.w.N., nachdem BGHSt **32** 115, 124 (GSSt) eine optische und akustische Abschirmung des Zeugen noch für unzulässig hielt; dazu etwa *Kolz* FS G. Schäfer 35, 36; Zweifel an einer effektiven Abwendbarkeit der Gefährdung bei *Wittke* Kriminalistik **2005** 221, 226.

33 Ebenso KK/*Schmitt* 3; Radtke/Hohmann/*Rettenmaier* 2; SK/*Albrecht* 10; *Burhoff* (Ermittlungsv.) Rn. 4892; **a.A.** noch LR/*Rieß*[25], der in diesem Zusammenhang aber bereits einen „größeren Anwendungsbereich“ für § 168e erwartete, falls im Anschluß an BGH StV **2002** 639 ein Rechsprechungswandel ggü. BGHSt **32** 115, 124 eintreten sollte.

stellt und deshalb für sich genommen nicht geeignet ist, die Anwendbarkeit dieser Vorschrift zu begründen.[34]

12 **b) Subsidiarität.** Von § 168e darf nach dem Wortlaut der Vorschrift nur Gebrauch gemacht werden, wenn die Gefahr für das Wohl des Zeugen nicht auf andere Weise abgewendet werden kann. Diese Subsidiaritätsvorschrift fand sich mit gewissen Unterschieden (insbesondere in Gestalt einer ausdrücklichen Anordnung des vorrangigen Ausschlusses des Angeklagten) ursprünglich auch in § 247a und dürfte bei der Konzeption der Regelung von dort übernommen worden sein,[35] wobei sich die Gesetzesmaterialien zu § 168e zu ihrer Bedeutung nicht äußern. Bei § 247a wurde die Subsidiaritätsklausel indessen zwischenzeitlich durch das OpferRRG beseitigt, wobei die Gesetzesmaterialien wiederum keinen Hinweis darauf enthalten, warum § 168e nicht ebenfalls in entsprechender Weise geändert wurde. Angesichts des unveränderten Gesetzeswortlauts wird man bei § 168e an der Subsidiarität der audiovisuellen Vernehmung gegenüber solchen anderweitigen Maßnahmen festhalten müssen, die nicht nur im Einzelfall ausreichen, dem Schutzbedürfnis des Zeugen Rechnung zu tragen, sondern auch keine nennenswerte Einschränkung der Verteidigungsrechte bedeuten. In Betracht kommen etwa die Bestellung eines Zeugenbeistandes nach § 68b[36] oder bei einem als Zeugen zu vernehmenden Verletzten die Anwesenheit einer Vertrauensperson nach den §§ 406f ff., wenn diese Maßnahmen ausreichen, um der Gefahr zu begegnen. Bei Zeugen unter 18 Jahren kann auch bei einer normalen richterlichen Vernehmung die Anwendung des § 241a ausreichen, der aufgrund der Verweisung in § 168c Abs. 2 Satz 4 auch im Ermittlungsverfahren gilt.[37] Zweifelhaft erscheint, ob der Subsidiaritätsklausel die Aussage entnommen werden kann, die Vernehmung bei ausreichend klarer Beweislage gänzlich zu unterlassen.[38]

13 Hingegen hat der **Ausschluss des Beschuldigten** von der Anwesenheit nach § 168c Abs. 3 oder das Unterlassen der Benachrichtigung nach § 168c Abs. 5 nach Abschaffung der Subsidiaritätsklausel bei § 247a entgegen der bisher wohl h.M.[39] endgültig **keinen Vorrang** mehr vor der Anwendung des § 168e:[40] Der Annahme eines solchen Vorrangs konnte man bereits früher entgegenhalten, dass der Gesetzgeber in § 168e im Gegensatz zu § 247a a.F. gerade keinen ausdrücklichen Vorrang für den Ausschluss des Beschuldigten bestimmt hatte, wobei auch die Gesetzesmaterialien keinen Hinweis darauf enthielten, dass dies beabsichtigt war.[41] Nunmehr kommt ergänzend hinzu, dass der Gesetzgeber mit Abschaffung der Subsidiaritätsklausel bei § 247a durch das OpferRRG neben einer allgemeinen Aufwertung der audiovisuellen Vernehmung den Abbau unnötiger Einschränkun-

---

34 KK/*Schmitt* 3; SK/*Albrecht* 10.

35 Der Vorschlag zur Änderung des § 168c in Art. 1 Nr. 2 des Entwurfs des Bundesrats für ein Gesetz zur Änderung der Strafprozeßordnung (Gesetz zum Schutz kindlicher Zeugen), BTDrucks. **13** 4983, enthielt eine solche Subsidiaritätsklausel noch nicht. Kritisch zu ihr etwa *Swoboda* 342 ff.

36 AnwK/*Walther* 6; KK/*Schmitt* 5; Schmitt/Köhler/*Schmitt* 2.

37 Vgl. § 168c, 35.

38 So AnwK/*Walther* 6; KK/*Schmitt* 5; KMR/*Noltensmeier-von Osten* 7.

39 HK/*Zöller*/*Niedernhuber* 6; HK-GS/*Ambos* 2; Schmitt/Köhler/*Schmitt* 2; OK/*Monka* 3; Radtke/Hohmann/*Rettenmaier* 3; mit Einschränkungen auch KK/*Schmitt* 5; KMR/*Noltensmeier-von Osten* 7; **a.A.** bereits zutr. LR/*Rieß*[25] 13; *Eisenberg* (Beweisrecht) Rn. 1305; zum Ganzen auch (teilweise abweichend) *Schmoll* 201; *Swoboda* 347 ff.

40 Wie hier nunmehr auch KK/*Schmitt* 5; NK/*Heghmanns* 4.

41 LR/*Rieß*[25] 13; die gelegentlich angeführte Begründungspassage in BTDrucks. **13** 7165 S. 9 betrifft eine andere Fallkonstellation, nämlich die zusätzliche Anwendung des § 168c Abs. 3 bei einer audio-visuellen Vernehmung.

gen der Verteidigungsmöglichkeiten bezweckte.[42] Da dieses Anliegen bei § 168e von gleicher Bedeutung ist, diese Vorschrift in der Begründung des Entwurfs zum OpferRRG aber überhaupt nicht erwähnt wird, muss man davon ausgehen, dass der Gesetzgeber die Problematik an dieser Stelle schlicht übersehen hat. Um seinem Willen auch im Rahmen von § 168e Rechnung zu tragen, bedarf es deshalb spätestens seit der Neuregelung von § 247a einer einschränkenden Auslegung der Subsidiaritätsklausel. Danach ist die Anwendung von § 168e gegenüber Maßnahmen nach § 168c Abs. 3 und Abs. 5 Satz 2 rechtlich vorrangig,[43] weil eine Vernehmung des Zeugen ohne körperliche Anwesenheit, die der Beschuldigte am Bildschirm bei grundsätzlicher Wahrung seiner Mitwirkungsbefugnisse mit verfolgen kann, den geringeren Eingriff in seine Rechtsstellung darstellt.[44] Dabei kommt es nicht darauf an, ob der sonst auszuschließende Beschuldigte diesen Weg vorzieht, und es reicht auch nicht aus zu empfehlen, dass der Richter hierauf eingehen sollte.[45] Erst recht nicht zulässig ist es, als vorrangige Maßnahme vor der Anwendung des § 168e die Benachrichtigung des Verteidigers vom Termin nach § 163c Abs. 5 Satz 2 zu unterlassen, weil dies allgemein nur in besonders gelagerten Ausnahmekonstellationen in Betracht kommt.[46]

c) Bestehende Anwesenheitsbefugnisse. Der Anwendung des § 168e bedarf es nur 14
dann, wenn Anwesenheitsbefugnisse solcher Prozessbeteiligter in Frage stehen, von deren körperlicher Anwesenheit bei der Vernehmung die dringende Gefahr eines schwerwiegenden Nachteils ausgeht. Sie ist deshalb weder erforderlich noch angebracht, wenn, was häufig der Fall sein wird, diese Gefahr nur durch die Anwesenheit des Beschuldigten und des Verteidigers begründet wird, ein anwesenheitsberechtigter Beschuldigter aber noch nicht vorhanden ist. Geht die Gefahr nur von der Anwesenheit des Beschuldigten, nicht aber seines Verteidigers aus, so ist die Vorschrift nicht anzuwenden, wenn der Beschuldigte nicht anwesend ist, weil die Voraussetzungen des § 168c Abs. 4 vorliegen, und wohl auch dann nicht, wenn er unabhängig von der Art der Vernehmungsdurchführung wegen Gefährdung des Untersuchungszwecks nach § 168c Abs. 3 von der Anwesenheit ausgeschlossen wird. Von der Anwendung des § 168e kann man auch dann absehen, wenn die anlassgebenden Prozessbeteiligten freiwillig auf ihr Anwesenheitsrecht verzichten, was wegen der damit verbundenen Pressionsmöglichkeiten allerdings nicht unproblematisch ist. Zur Frage der „Trennbarkeit" des Anwesenheitsausschlusses s.u. Rn. 16.

3. Durchführung der Vernehmung

a) Getrennte Vernehmung. Nach dem Gesetzeswortlaut ist die Vernehmung durch 15
den Richter „getrennt von den Anwesenheitsberechtigten" durchzuführen. Sie findet also in einem Raum statt, in dem sich die übrigen Prozessbeteiligten nicht aufhalten. Das muss nicht notwendigerweise ein Sitzungssaal oder Vernehmungszimmer im Gericht sein; sofern die Bild-Ton-Übertragung gewährleistet ist, kann die richterliche Vernehmung auch an einem anderen Ort stattfinden.[47] Dessen Lage muss, was bei der Vernehmung gefährdeter Zeugen von Bedeutung sein kann, den Anwesenheitsberechtigten nicht bekannt sein

---

42 BTDrucks. **15** 1976 S. 12.

43 Ebenso MüKo/*Krüger* 7; NK/*Heghmanns* 4; SK/*Albrecht* 12; SSW/*Andrä* 5; *Eisenberg* (Beweisrecht) Rn. 1305; zur verbleibenden Anwendbarkeit des § 168c Abs. 3 innerhalb einer Vernehmung nach § 168e s.u. Rn. 22.

44 Bereits unter der Geltung von § 247a a.F. LR/*Rieß*[25] 13.

45 So aber KK/*Schmitt* 5; HK-GS/*Ambos* 2; KMR/*Noltensmeier-von Osten* 7.

46 Näher § 168c, 47, 50.

47 Schmitt/Köhler/*Schmitt* 5.

oder mitgeteilt werden.[48] Bei der Vernehmung von Kindern ist eine „kindgerechte Ausstattung“ des Vernehmungszimmers anzustreben.[49] Sichergestellt sein muss stets, dass dem Zeugen bewusst bleibt, dass es sich um eine Vernehmung handelt, bei der er der Wahrheitspflicht unterliegt. Vertrauens- und Begleitpersonen des Zeugen, von denen naturgemäß regelmäßig keine Gefährdung für ihr Wohl ausgehen kann, sind unter den Voraussetzungen von § 406f Abs. 2 Satz 1 zur Anwesenheit berechtigt.[50]

16 Zweifelhaft ist, ob im Übrigen die Vernehmung stets in **Abwesenheit aller Anwesenheitsberechtigten** durchzuführen ist.[51] Dafür scheint der – allerdings nicht ganz zwingende – Wortlaut der Regelung zu sprechen, der von der von *den* Anwesenheitsberechtigten getrennt durchzuführenden Vernehmung spricht.[52] Dagegen ließe sich allerdings, weil von *den*, also bestimmten Anwesenheitsberechtigten die Gefahr für das Wohl des Zeugen ausgehen muss, eine teleologische Reduktion erwägen, die das körperliche Anwesenheitsrecht solcher Beteiligter bestehen lässt, bei denen eine solche Gefahr nicht besteht. Das könnte etwa für einen aussagepsychologischen Sachverständigen in Betracht zuziehen sein.[53] Für die nicht ganz seltene Fallgestaltung, dass die Gefahr für das Zeugenwohl allein von der Konfrontation mit dem Beschuldigten (oder auch dem Verteidiger), nicht aber von dem Staatsanwalt ausgeht, wird man allerdings eine unterschiedliche Behandlung schon deshalb ausschließen müssen, weil dadurch das gesetzliche Gleichgewicht der Anwesenheitsbefugnis bei richterlichen Vernehmungen missachtet werden würde.[54]

17 Ob auch die **Anwesenheit des Protokollführers** ausgeschlossen ist, wie verbreitet angenommen wird,[55] erscheint ebenfalls zweifelhaft und dürfte grds. zu verneinen sein: Der Protokollführer ist eine von Amts wegen grundsätzlich zwingend hinzuzuziehende Urkundsperson, sodass es schon vom Wortlaut her problematisch ist, ihn als einen Anwesenheits*berechtigten* anzusehen. Die Gesetzesbegründung spricht insoweit von „Verfahrensbeteiligten“,[56] was ebenfalls nicht auf die Rolle des Protokollführers passt. Es kommt hinzu, dass die Ursprungsformulierung durch eine Erweiterung des § 168c Abs. 2[57] von der „Gegenwart der nach *Satz 1* zur Anwesenheit Berechtigten“ sprach und sich damit eindeutig auf die Staatsanwaltschaft, den Beschuldigten und den Verteidiger bezog, den Protokollführer aber nicht im Blickfeld hatte. Es spricht einiges dafür, dass bei der Übertragung der Regelung in eine selbstständige Vorschrift insoweit keine Erweiterung beabsichtigt war. Dass die körperliche Anwesenheit des Protokollführers bei der Vernehmung einen schwerwiegenden Nachteil für das Wohl des Zeugen begründen könnte, wird kaum jemals angenommen werden können. Ausnahmen, bei denen auch der Protokollführer aufgrund der Bild-Ton-Übertragung von einem anderen Ort aus tätig werden muss, sind allenfalls für die ganz seltenen Fälle denkbar, in denen bei kindlichen Opferzeugen jede Anwesen-

---

48 SK/*Albrecht* 13.

49 So Schmitt/Köhler/*Schmitt* 5; *Laubenthal*/*Nevermann-Jaskolla* JA **2005** 294, 297.

50 So HK/*Zöller*/*Niedernhuber* 8; Schmitt/Köhler/*Schmitt* 5; Radtke/Hohmann/*Rettenmaier* 3; SK/*Albrecht* 14; vgl. auch den Hinweis in der Gesetzesbegründung, BTDrucks. **13** 7165, S. 9; wohl enger KK/*Schmitt* 6.

51 So die überwiegende Meinung, etwa HK/*Zöller*/*Niedernhuber* 8; *Eisenberg* (Beweisrecht) Rn. 1307.

52 Ebenso die Gesetzesbegründung, BTDrucks. **13** 7165 S. 9; BTDrucks. **13** 9063 S. 4, wo von den „übrigen Verfahrensbeteiligten“ die Rede ist.

53 Insoweit aber ablehnend HK/*Zöller*/*Niedernhuber* 8; KK/*Schmitt* 6; NK/*Heghmanns* 6; SK/*Albrecht* 14; *Eisenberg* (Beweisrecht) Rn. 1307; wie hier Schmitt/Köhler/*Schmitt* 5.

54 SK/*Albrecht* 14.

55 HK/*Zöller*/*Niedernhuber* 8; Schmitt/Köhler/*Schmitt* 8; KMR/*Noltensmeier-von Osten* 9; OK/*Monka* 5; einschränkend (nicht, wenn der Zeuge hierdurch weder irritiert noch gefährdet wird) *Swoboda* 360 Fn. 114; **a.A.** (wie hier) AnwK/*Walther* 10; MüKo/*Krüger* 9; NK/*Heghmanns* 6; SSW/*Andrä* 6.

56 BTDrucks. **13** 7165 S. 9; **13** 9063 S. 4.

57 BTDrucks. **13** 4983.

heit einer dritten Person neben dem Richter das Zeugenwohl schwerwiegend beeinträchtigen könnte.

b) Bild-Ton-Übertragung. Die Vernehmung ist den Anwesenheitsberechtigten, soweit sie an der Vernehmung teilnehmen wollen, zeitgleich in Bild und Ton durch eine Standleitung zu übertragen. Dies muss, da auch die möglichst unverzerrte und ungefilterte Wahrnehmung der Vernehmung zu den unberührt bleibenden Mitwirkungsbefugnissen (Satz 2) gehört, so geschehen, dass die Vernehmung und die Situation, in der sie sich abspielt, im Rahmen des technisch Möglichen unverfälscht und vollständig wahrgenommen werden kann. Die Übertragung muss deshalb sowohl den vernehmenden Richter als auch den Zeugen erfassen, und zwar dergestalt, dass auch dessen körperliche Reaktionen vollständig erkennbar sind.[58] Regelmäßig wird bei mehreren teilnehmenden Anwesenheitsberechtigten die Übertragung gemeinsam in einen besonderen Raum, regelmäßig im Gerichtsgebäude, vorgenommen werden.[59] Das Gesetz verbietet es allerdings nicht, die Vernehmung für verschiedene Anwesenheitsberechtigte an unterschiedliche Orte zu übertragen, etwa um einem Verteidiger oder dem Staatsanwalt die Anreise zum Vernehmungsort zu ersparen. Ein Anspruch auf eine solche, technisch aufwendige Ausgestaltung besteht aber nicht.[60] 18

c) Mitwirkungsbefugnisse. Die **Mitwirkungsbefugnisse**, die nach Satz 2, abgesehen von dem Recht auf körperliche Anwesenheit, unberührt bleiben, entsprechen im Falle des § 168e denen, die auch sonst bei richterlichen Vernehmungen im Vorverfahren bestehen.[61] Dazu gehört in erster Linie das Fragerecht, bzw. bei der Anwendung des § 241a das Recht, die Befragung durch den Vorsitzenden zu verlangen, aber wohl auch das Recht zu Vorhalten oder zur Beanstandung einer dem Gesetz nicht entsprechenden Vernehmung.[62] Die Möglichkeit hierzu muss durch entsprechende technische Vorkehrungen sichergestellt werden.[63] Nach verbreiteter Meinung genügt hier eine Tonverbindung mit dem vernehmenden Richter.[64] Jedenfalls, soweit es um das Fragerecht geht, spricht aber mehr dafür, auch insoweit eine audio-visuelle Verbindung zu ermöglichen,[65] der allenfalls entgegengehalten werden kann, dass es Fälle geben mag, in denen dies zu einer schwerwiegenden Gefährdung des Zeugenwohls führen kann. Bei Zeugen unter 18 Jahren kann dem durch Anwendung des § 241a begegnet werden. 19

d) Anwendbarkeit der §§ 168, 168a, 168c. Da es sich bei § 168e lediglich um eine durch die Einschränkung der körperlichen Anwesenheit modifizierte richterliche Vernehmung im Ermittlungsverfahren handelt, gelten im Übrigen die hierfür gegebenen allgemeinen Vorschriften, namentlich die §§ 168, 168a und 168c Abs. 2 bis 5 uneingeschränkt; auf 20

---

58 KK/*Schmitt* 6; Schmitt/Köhler/*Schmitt* 6; NK/*Heghmanns* 7; SK/*Albrecht* 15; *Eisenberg* (Beweisrecht) Rn. 1307; *Schlothauer* StV **1999** 47, 50; *Schmoll* 202; *Swoboda* 363 f.

59 Vgl. auch HK/*Zöller*/*Niedernhuber* 9.

60 Ebenso SK/*Albrecht* 13.

61 Die Frage, ob der in § 255a Abs. 2 Satz 1 verwendete Begriff, dass Gelegenheit bestanden haben musste, an der Vernehmung „mitzuwirken", eine weitergehende Bedeutung hat (vgl. dazu LR/*Mosbacher*[27] § 255a, 12 f.; *Rieß* StraFo **1999** 1, 4), ist hier nicht zu erörtern.

62 Näher § 168c, 35 f.

63 Der Gesetzgeber hat gemeint, die Einzelheiten den RiStBV überlassen zu können, BTDrucks. **13** 7165 S. 9.

64 So HK/*Zöller*/*Niedernhuber* 3, 9; KK/*Schmitt* 6; Schmitt/Köhler/*Schmitt* 7; KMR/ *Noltensmeier-von Osten* 11; NK/*Heghmanns* 7; SK/*Albrecht* 16; vgl. auch *Janovski* Kriminalistik **1999** 453, 455.

65 Ebenso *Eisenberg* (Beweisrecht) Rn. 1307; einschränkend *Schmoll* 203; *Swoboda* 363 f.

die dortigen Erläuterungen wird verwiesen. Zusätzliche Befugnisse wegen der Anwendung des § 168e bestehen nicht.[66]

21 Über die Vernehmung ist nach den §§ 168, 168a ein **Protokoll** zu erstellen. Dabei muss, sofern der Richter nicht hiervon absieht (§ 168 Satz 2), wofür auch bei einer Vernehmung auf der Grundlage des § 168e keine Besonderheiten gelten dürften,[67] ein Protokollführer mitwirken,[68] der sich nach der hier vertretenen, umstrittenen Auffassung (Rn. 17) auch im Vernehmungsraum aufhalten kann. Zur Protokollierung bei einer Video-Aufzeichnung nach § 58a vgl. § 168a, 20 ff.

22 Die **Ausschließung des Beschuldigten** von der Vernehmung nach § 163c Abs. 2 ist gegenüber der Anwendung des § 168e zwar keine zulässige Alternative (Rn. 13); sie ist aber möglich, wenn auch seine bloße mittelbare Anwesenheit aufgrund einer zeitgleichen Bild-Ton-Übertragung den Ermittlungszweck gefährden kann.[69] Dies kann etwa, wenn auch eher selten, der Fall sein, wenn bereits der Umstand, dass der Beschuldigte die Aussage am Bildschirm mit verfolgt, den Zeugen von einer wahren und vollständigen Aussage abhalten könnte,[70] oder wenn zu befürchten ist, der Beschuldigte werde sein Wissen über den Aussageinhalt zu Verdunklungshandlungen missbrauchen.[71]

23 Die **Benachrichtigung** vom Vernehmungstermin richtet sich auch in den Fällen des § 168e nach § 168c Abs. 5 (näher dort Rn. 36 ff.).[72] Sie wird nicht dadurch eingeschränkt, dass beabsichtigt ist, von § 168e Gebrauch zu machen. Ist dies bereits im Zeitpunkt der Benachrichtigung absehbar, so erscheint es sachgerecht, hierauf bereits bei der Benachrichtigung hinzuweisen,[73] um den Anwesenheitsberechtigten die Möglichkeit zu Gegenvorstellungen zu geben. Unterbleibt dieser Hinweis, erwächst daraus aber kein Recht auf eine normale richterliche Vernehmung.

24 **e) Video-Aufzeichnung nach § 58a.** Nach Satz 4 findet bei der Durchführung der richterlichen Vernehmung auf der Grundlage des § 168e § 58a „entsprechende Anwendung". Diese Verweisung ist überflüssig und, soweit sie eine „entsprechende" Geltung anordnet, missverständlich; auch die Begründung gibt hierüber keinen verständlichen Aufschluss.[74] Sie bringt im Ergebnis lediglich zum Ausdruck, dass die per Standleitung übertragene Vernehmung unter den Voraussetzungen des § 58a Abs. 1 aufgezeichnet werden könne. Dazu hätte es aber weder einer ausdrücklichen Regelung in § 168e noch gar der Anordnung einer *entsprechenden* Geltung des § 58a bedurft. § 58a gilt als eine Regelung des allgemeinen Teils nämlich für alle richterlichen Vernehmungen und damit auch

---

66 SK/*Albrecht* 16.

67 Abw. HK/*Zöller*/*Niedernhuber* 8, der (was bedenklich erscheint) in diesem Fall regelmäßig die Anwendung des § 168 Satz 2 empfiehlt.

68 Insofern besteht im Schrifttum Übereinstimmung, vgl. etwa HK/*Zöller*/*Niedernhuber* 8; Schmitt/Köhler/*Schmitt* 8; KMR/*Noltensmeier-von Osten* 9.

69 KK/*Schmitt* 5; Schmitt/Köhler/*Schmitt* 3; Burhoff/*Hirsch* (Ermittlungsv.) Rn. 5417; **a.A.** SK/*Albrecht* 12.

70 So etwa der Hinweis in der Entwurfsbegründung, BTDrucks. **13** 7165 S. 9; ferner *Weigend* Gutachten zum 62. DJT, Verh. des 62. DJT, Bd. I (1998) C 53 Fn. 156; **a.A.** *Janovski* Kriminalistik **1999** 453, 455.

71 Näher § 168c, 18 ff.

72 HK/*Zöller*/*Niedernhuber* 3; NK/*Heghmanns* 9; SK/*Albrecht* 17.

73 NK/*Heghmanns* 9; SK/*Albrecht* 17; zur Entscheidung schon in diesem Zeitpunkt s.u. Rn. 27.

74 BTDrucks. **13** 7165 S. 9. Das Schrifttum deutet dies teilweise als „Klarstellung", so *Weider*/*Stächelin* StV **1999** 51, 52; aber zu einer solchen (eher verwirrenden) Klarstellung besteht kein Anlass. Von einem selbstständigen Regelungsgehalt des Satzes 4 scheinen auszugehen KK/*Schmitt* 1; KMR/*Noltensmeier-von Osten* 4; *Laubenthal*/*Nevermann-Jaskolla* JA **2005** 294, 297.

für solche im Ermittlungsverfahren, ohne dass dies wiederholt werden müsste, und zwar nicht etwa entsprechend, sondern unmittelbar.[75]

Aus Satz 4 folgt im Übrigen **keineswegs**, dass die Anwendung des § 58a mit derjenigen des § 168e **rechtlich verbunden** sei und außerhalb dieser Vorschrift nicht in Betracht komme; für die Anwendung beider Vorschriften gelten vielmehr unterschiedliche Voraussetzungen.[76] Dass diese de facto nicht selten zusammentreffen und es sich infolge des nur geringen technischen Mehraufwands anbietet, bei einem Vorgehen nach § 168e regelmäßig zugleich eine Aufzeichnung nach § 58a anzufertigen,[77] steht auf einem anderen Blatt. 25

4. Verfahren

a) Sollvorschrift. Wenn die Voraussetzungen des § 168e vorliegen, ist er, da die Vorschrift als Sollvorschrift ausgestaltet ist,[78] grundsätzlich anzuwenden. Ein Ermessen wird, abweichend von § 247a,[79] nicht eingeräumt, jedoch eröffnen die Anwendungsvoraussetzungen (Rn. 8 ff.) verhältnismäßig breite Beurteilungsspielräume. Aus dem Charakter als Sollvorschrift folgt, dass die Nichtanwendung eines besonderen, sie rechtfertigenden (wichtigen) Grundes bedarf. Solche Gründe sind bei sorgfältiger Prüfung der zunächst zu beurteilenden Anwendungsvoraussetzungen kaum ersichtlich. Zu denken ist etwa an den Fall, dass der zu vernehmende Zeuge keinen Wert auf die Anwendung legt,[80] obwohl bei objektiver Betrachtung der Sachlage mit einer schwerwiegenden Gefährdung des Zeugenwohls zu rechnen ist. In ganz besonders gelagerten Fällen mag auch ein überragendes Interesse eines Anwesenheitsberechtigten, etwa des Verteidigers, an der körperlichen Anwesenheit zur Nichtanwendung führen, namentlich dann, wenn die zu befürchtende Beeinträchtigung des Zeugenwohls an der unteren Grenze dessen liegt, was man als „schwerwiegend“ bezeichnen kann.[81] 26

b) Entscheidung. Die Entscheidung trifft der vernehmende Richter **von Amts** wegen spätestens zu Beginn der Vernehmung;[82] die Notwendigkeit einer vorherigen Anhörung bestimmt sich nach § 33 Abs. 2, 3. Sie ist als wesentliche Förmlichkeit im Sinne des § 168a Abs. 1 Satz 1 zu protokollieren. Da die Durchführung der Vernehmung nach § 168e einen nicht unerheblichen organisatorischen und technischen Aufwand erfordern kann, erscheint es häufig sachgerecht, sie bereits zeitlich deutlich davor zu treffen; das kann bereits mit der Terminsbestimmung geschehen, und die Entscheidung kann und sollte dann mit der Terminsmitteilung bekannt gemacht werden.[83] Erscheint zur Vernehmung niemand, der zur Anwesenheit berechtigt ist, so wird eine früher getroffene Entscheidung, nach § 168e zu verfahren, mangels einer Anwendungsmöglichkeit gegenstandslos.[84] 27

Eine **Begründung** ist rechtlich nicht vorgeschrieben. § 34 ist nicht anwendbar, weil die Entscheidung unanfechtbar ist und keinen Antrag voraussetzt, sondern von Amts we- 28

---

75 Im Ergebnis ebenso NK/*Heghmanns* 8.

76 Ebenso SK/*Albrecht* 19.

77 Vgl. auch Schmitt/Köhler/*Schmitt* 9.

78 Nach der Entscheidung des RAussch. BT, die im schriftlichen Bericht nicht näher erläutert wird; vgl. BTDrucks. **13** 8990 (Beschlussempfehlung) und BTDrucks. **13** 9063 S. 4 (schriftl. Bericht).

79 Vgl. LR/*Becker*[27] § 247a, 17.

80 So Schmitt/Köhler/*Schmitt* 3; einschr. (nur, „wenn der Zeuge seinerseits auf einer Konfrontation besteht“) NK/*Heghmanns* 5; **a.A.** SK/*Albrecht* 7.

81 Insoweit zustimmend SK/*Albrecht* 7.

82 S. aber unten Rn. 29.

83 Zur nachträglichen Änderung s.u. Rn. 29.

84 Zur Anwesenheit des Protokollführers s.o. Rn. 17.

gen ergeht.[85] Sie kann aber zweckmäßig sein, namentlich dann, wenn von der Sollvorschrift abgewichen wird, oder wenn begründete „Anträge“ auf Anwendung oder Nichtanwendung vorliegen. Solche **Anträge**, zu denen die Staatsanwaltschaft, die sonstigen Anwesenheitsberechtigten, also namentlich der Beschuldigte und der Verteidiger, aber auch der zu vernehmende Zeuge berechtigt sind,[86] sind grundsätzlich zu bescheiden, wenn ihnen nicht stattgegeben wird.

29 Die **Entscheidung** hat keine Bestandskraft; sie **kann** jederzeit **geändert werden**, wenn sich herausstellt, dass die für sie maßgebenden Umstände sich geändert haben, aber wohl auch, wenn sie anders bewertet werden. Eine schon bei der Terminsbestimmung verfügte Anwendung der Vorschrift kann namentlich dann aufgehoben werden, wenn Umstände bekannt werden, die das Vorhandensein eines schwerwiegenden Nachteils für das Zeugenwohl erschüttern; in diesem Fall dürfte in eindeutigen Fällen eine Rechtspflicht zur Aufhebung bestehen, weil andernfalls die Befugnisse der Anwesenheitsberechtigten ohne sachlichen Grund beschränkt werden würden. Ebenso kann verfahren werden, wenn ein wichtiger Grund dafür auftaucht, von der Sollvorschrift abzuweichen. Umgekehrt kann auch nach Beginn der normalen Vernehmung noch die Anwendung des § 168e angeordnet werden, wenn erst der Verlauf der Vernehmung zeigt, dass die Voraussetzungen gegeben sind.

30 **5. Verwertbarkeit.** Die Verwertbarkeit eines Protokolls, das bei einer mit den Modifikationen des § 168e durchgeführten Vernehmung entstanden ist, und die Bedeutung von hierbei unterlaufenen Mängeln richtet sich nach den dafür allgemein geltenden Grundsätzen.[87]

6. Anfechtung und Revision

31 **a) Anfechtung.** Die Entscheidung über die Anwendung des § 168e, auch die dies ablehnende Entscheidung,[88] ist infolge der ausdrücklichen Regelung in Satz 5 unanfechtbar und damit der **Beschwerde entzogen.**[89] Dies gilt jedoch nicht für andere die richterliche Vernehmung betreffende Entscheidungen. Hier richtet sich die Möglichkeit einer Beschwerde nach den dafür allgemein geltenden Grundsätzen.[90]

32 **b) Revision.** Rechtsfehler im Ermittlungsverfahren für sich allein können mit der Revision schon nach allgemeinen Grundsätzen nicht geltend gemacht werden, weil das Urteil hierauf nicht beruhen kann.[91] Es ist deshalb, anders als möglicherweise bei Anwendung des § 247a, auch nicht möglich,[92] die fehlerhafte Anwendung des § 168e mit einer Aufklärungsrüge geltend zu machen oder einen Verstoß gegen § 338 Nr. 8 zu rügen.[93]

33 Dagegen kann die Revision grundsätzlich und ggf. unter der zusätzlichen Voraussetzung eines vor der Verwertung zu erhebenden Widerspruchs mit der Verfahrensrüge darauf gestützt werden, dass der **Tatrichter** die Niederschrift über eine richterliche Vernehmung im

---

85 Ebenso SK/*Albrecht* 6.

86 Vgl. auch Schmitt/Köhler/*Schmitt* 3.

87 Dazu § 168a, 55 ff.; § 168c, 57.

88 Schmitt/Köhler/*Schmitt* 10.

89 Zu den Gründen des Gesetzgebers hierfür (Beschleunigung des Verfahrens und Vermeidung prozessualer Unsicherheiten) vgl. die Entwurfsbegründung, BTDrucks. **13** 7165 S. 9; krit. *Swoboda* 365 f.

90 Dazu namentlich § 168c, 71 ff.

91 Näher § 168, 31; 168c, 74; LR/*Franke*[26] § 336, 6 m.w.N.

92 So aber HK/*Zöller*/*Niedernhuber* 12.

93 SK/*Albrecht* 23.

Ermittlungsverfahren oder eine Video-Vernehmung nach § 58a unter Verkennung des Umstandes **verwertet** hat, dass sie, weil mangelhaft, einem Verwertungsverbot unterliegt, und umgekehrt kann ggf. (mit der Aufklärungsrüge) beanstandet werden, dass er eine solche Niederschrift nicht verwendet hat, weil er rechtsfehlerhaft ein Verwertungsverbot angenommen hat.[94] All dies gilt grundsätzlich auch für den Sonderfall der Vernehmung nach § 168e. Wegen der **Unanfechtbarkeitsregelung** in Satz 5 in Verbindung mit § 336 Satz 2 ist aber die Entscheidung des Ermittlungsrichters, ob nach § 168e verfahren werden soll, der revisionsrechtlichen Kontrolle entzogen.[95]

§ 169
Ermittlungsrichter des Oberlandesgerichts und des Bundesgerichtshofes

(1) [1]In Sachen, die nach § 120 oder § 120b des Gerichtsverfassungsgesetzes zur Zuständigkeit des Oberlandesgerichts im ersten Rechtszug gehören, können die im vorbereitenden Verfahren dem Richter beim Amtsgericht obliegenden Geschäfte auch durch Ermittlungsrichter dieses Oberlandesgerichts wahrgenommen werden. [2]Führt der Generalbundesanwalt die Ermittlungen, so sind an deren Stelle Ermittlungsrichter des Bundesgerichtshofes zuständig.

(2) Der für eine Sache zuständige Ermittlungsrichter des Oberlandesgerichts kann Untersuchungshandlungen auch dann anordnen, wenn sie nicht im Bezirk dieses Gerichts vorzunehmen sind.

Schrifttum

Fischer Die Einführung eines zweiten Rechtszuges in Staatsschutz-Strafsachen, NJW **1969** 449; *Kohlhaas* Das Gesetz über die Einführung eines zweiten Rechtszuges in Staatsschutzsachen, NJW **1970** 20; *Martin* Zur allgemeinen Einführung eines zweiten Rechtszugs in Staatsschutz-Strafsachen, NJW **1969** 713; *Wimmer* Der Ermittlungsrichter beim BGH, StraFo **2018** 221.

Entstehungsgeschichte

Die Vorschrift wurde durch Art. 4 Nr. 3 des 1. StRÄndG als § 168a in die Strafprozessordnung eingefügt. Sie bestimmte zunächst in Absatz 1, dass in den im ersten Rechtszug zur Zuständigkeit des Bundesgerichtshofes gehörenden Sachen die im vorbereitenden Verfahren dem Amtsrichter obliegenden Geschäfte auch durch einen oder mehrere Ermittlungsrichter des Bundesgerichtshofes wahrgenommen werden konnten. Absatz 2 wies dem Präsidenten des Bundesgerichtshofes die Bestellung der Ermittlungsrichter und die Regelung der Geschäftsverteilung für die Dauer eines Jahres zu; in Absatz 2 Satz 2 war bestimmt, dass jedes Mitglied eines deutschen Gerichts und jeder Amtsrichter zum Ermittlungsrichter bestellt werden konnte. Durch Art. 2 Nr. 5 StaatsschStrafsG 1969 wurde die Vorschrift in vier Absätze gegliedert, wobei der heutige Absatz 2 Absatz 4 war, Absatz 1 die heutige Form erhielt, in Absatz 2 bestimmt war, dass zu Ermittlungsrichtern des Ober-

94 Näher § 168c, 74 f. m.w.N.

95 KK/*Schmitt* 9; Schmitt/Köhler/*Schmitt* 10; KMR/*Noltensmeier-von Osten* 15; NK/*Heghmanns* 11; OK/*Monka* 8; Radtke/Hohmann/*Rettenmaier* 6; SSW/*Andrä* 11; *Eisenberg* (Beweisrecht) Rn. 1307 a.E.; vgl. auch (evt. Ausnahme bei „Ermessensüberschreitung") Burhoff/*Hirsch* (Ermittlungsv.) Rn. 5420.

landesgerichts Mitglieder des Oberlandesgerichts und zu Ermittlungsrichtern des Bundesgerichtshofes Mitglieder dieses Gerichts zu bestellen seien, und Absatz 3 die Bestellung und die Regelung der Geschäftsverteilung durch die Präsidien der zuständigen Gerichte anordnete. Durch das PräsVerfG wurden die gerichtsverfassungsrechtlichen Regelungen dieser Absätze in das GVG (vgl. § 21e Abs. 1 Satz 1, § 116 Abs. 1 Satz 2, § 130 Abs. 1 GVG) übertragen; Art. IV Nr. 2 dieses Gesetzes gab der Vorschrift im Wesentlichen die heutige Fassung. Durch Art. 1 Nr. 51 des 1. StVRG erhielt sie die Bezeichnung § 169; zugleich wurde in Absatz 1 Satz 1 das Wort „Amtsrichter" durch die Worte „Richter beim Amtsgericht" ersetzt. Die Einbeziehung des zugleich neu geschaffenen § 120b GVG in Absatz 1 Satz 1 erfolgte durch Art. 3 Nr. 3 des 48. StRÄndG.

Übersicht

1 **1. Bedeutung.** § 169 Abs. 1 Satz 1 begründet in den sog. Staatsschutz-Strafsachen und bei Verstößen gegen §§ 108e, 108f StGB (Bestechlichkeit und Bestechung von Mandatsträgern und unzulässige Interessenwahrnehmung), für die nach § 120 Abs. 1, 2 GVG bzw. § 120b GVG als erkennendes Gericht des ersten Rechtszuges das Oberlandesgericht zuständig wäre, für richterliche Maßnahmen im Ermittlungsverfahren neben der Zuständigkeit des Richters beim Amtsgericht (§ 162) eine zusätzliche Zuständigkeit besonderer Ermittlungsrichter des Oberlandesgerichts. Nach § 169 Abs. 1 Satz 2 tritt an die Stelle der Zuständigkeit letzterer eine solche von Ermittlungsrichtern des Bundesgerichtshofes, soweit bei Staatsschutzsachen gemäß § 142 a Abs. 1 GVG i.V.m § 120 Abs. 1, 2 GVG der Generalbundesanwalt die Ermittlungen führt (im Falle von § 120b GVG kommt dies nicht in Betracht, weil die Vorschrift von der Verweisung in § 142a GVG nicht erfasst wird).[1] Die Vorschrift dient den gleichen Zielen, die für die Ermittlungskonzentration beim Generalbundesanwalt oder dem Generalstaatsanwalt bei dem nach § 120 GVG zuständigen Oberlandesgericht und für die Entscheidungskonzentration bei diesem maßgebend sind, insbesondere dem Gesichtspunkt der Spezialisierung und der besonderen Sachkunde.[2]

2 **2. Ermittlungsrichter.** Die **Ermittlungsrichter** des **Oberlandesgerichts** werden gemäß § 116 GVG aus dem Kreis der Richter des nach § 120 GVG zuständigen Oberlandesgerichts oder der Mitglieder eines anderen, zum örtlichen Zuständigkeitsbereich dieses Oberlandesgerichts (§ 120 Abs. 1, Abs. 5 Satz 2 GVG) gehörenden Oberlandesgerichts bestellt. Auch an das Oberlandesgericht abgeordnete (vgl. § 37 DRiG) Richter eines anderen Gerichts können bestellt werden.[3] Werden mehrere Ermittlungsrichter bestellt, so sind die Geschäfte unter ihnen vom Präsidium zu verteilen (§ 21e Abs. 1 Satz 1 GVG, vgl. Rn. 10). Zu Ermittlungsrichtern des **Bundesgerichtshofs** können nur Richter am Bundesgerichtshof

1 KK/*Schmitt* 6.
2 KK/*Schmitt* 1; ferner AK/*Achenbach* 1; SK/*Albrecht* 1.
3 LR/*Gittermann* § 116, 4 GVG; KK/*Hannich* § 116, 5 GVG; **a.A.** *Kissel/Mayer* § 116, 21 GVG.

bestellt werden.[4] Ihre Zahl bestimmt der Bundesminister der Justiz und für Verbraucherschutz (§ 130 Abs. 1 Satz 2 GVG); die Auswahl der Richter und die Verteilung der Geschäfte unter ihnen obliegt dem Präsidium (§ 21e Abs. 1 GVG).

3. Zuständigkeit

a) Allgemeines. Die nach § 169 bestellten Ermittlungsrichter sind nur zuständig, wenn das Oberlandesgericht nach § 120 Abs. 1, Abs. 2 Satz 1 GVG im ersten Rechtszug zuständig wäre. Dies ist immer dann der Fall, wenn der Generalbundesanwalt nach § 142a GVG die Ermittlungen führt. Hat er das Verfahren nach § 142a Abs. 2 GVG an die Landesstaatsanwaltschaft abgegeben, so besteht die Zuständigkeit der Ermittlungsrichter des Oberlandesgerichts, wenn der Generalstaatsanwalt beim Oberlandesgericht zuständig wird.[5] In Sachen, die zur Zuständigkeit der sog. **Staatsschutz-Strafkammer nach § 74a GVG** gehören würden, besteht eine Zuständigkeit der Ermittlungsrichter des Bundesgerichtshofes nur, solange der Generalbundesanwalt die Verfolgung nach § 74a Abs. 2 GVG übernommen hat; eine solche der Ermittlungsrichter des Oberlandesgerichts besteht in keinem Fall.[6] 3

In diesem Rahmen umfasst die Zuständigkeit der Ermittlungsrichter grundsätzlich **alle Geschäfte**, die sonst **im vorbereitenden Verfahren** dem Richter beim Amtsgericht übertragen sind, also namentlich die Anordnung von Zwangsmaßnahmen, richterliche Vernehmungen und Augenscheinseinnahmen (vgl. näher die Erl. zu § 162) sowie die Aufgaben des Haftrichters (§ 125 Abs. 1) einschließlich der Auferlegung haftgrundbezogener Beschränkungen nach § 119.[7] Auch diese Ermittlungsrichter können aber nicht allgemein um die Durchführung von Ermittlungen ersucht werden, sondern nur um die Vornahme bestimmter Untersuchungshandlungen.[8] Ihnen steht auch die Befugnis zur Tätigkeit als **Notstaatsanwalt gemäß § 165** zu,[9] umgekehrt ist aber auch in diesen Fällen der Richter beim Amtsgericht ggf. zum Einschreiten nach § 165 verpflichtet.[10] Als **ersuchte Richter** zu Beweiserhebungen nach den §§ 202, 223, 369 können die Ermittlungsrichter nach § 169 **nicht herangezogen** werden, da es sich insoweit nicht um Tätigkeiten im vorbereitenden Verfahren handelt.[11] 4

b) Ermittlungsrichter des Bundesgerichtshofes und des Oberlandesgerichts. Der Ermittlungsrichter des **Bundesgerichtshofes** ist zuständig, wenn und solange der Generalbundesanwalt die Ermittlungen nach § 142a GVG führt. Seine **Zuständigkeit beginnt**, sobald der Generalbundesanwalt wegen einer der in § 120 Abs. 1 GVG bezeichneten Straftaten ermittelt oder eine Sache nach § 74a Abs. 2 GVG an sich zieht. Die Zuständigkeit für den Erlass eines Haftbefehls besteht in diesem Fall auch dann, wenn dieser nur auf einen für sich allein genommen nicht in die Zuständigkeit des Generalbundesanwalts fallenden 5

4 Dazu kritisch *Fischer* NJW **1969** 452 ff.; *Roxin/Schünemann* § 9, 27; *Kohlhaas* **1970** 20, 22 (wegen der damals noch vorhandenen Voruntersuchung); befürwortend *Martin* NJW **1969** 713, 715.

5 AK/*Achenbach* 5; SK/*Albrecht* 4.

6 AK/*Achenbach* 6; SK/*Albrecht* 6.

7 BGH NJW **2012** 1158; beispielhaft zum Gegenstand unterschiedlicher Entscheidungen *Wimmer* StraFo **2018** 221, 223 ff.

8 *Eb. Schmidt* § 168a, 6; vgl. näher § 162, 16.

9 HK/*Zöller/Niedernhuber* 5; KMR/*Noltensmeier-von Osten* 1; SK/*Albrecht* 2; *Eb. Schmidt* § 168, 5.

10 KK/*Schmitt* 7; Schmitt/Köhler/*Schmitt* 4.

11 AK/*Achenbach* 3; SK/*Albrecht* 2; **a.A.** für § 223 *Eb. Schmidt* § 168a, 7; unklar KMR/*Noltensmeier-von Osten* 1, nach dem Untersuchungshandlungen „nicht ausschließlich" während des Ermittlungsverfahrens in Betracht kommen.

Straftatbestand gestützt werden kann, weil nur insoweit ein dringender Tatverdacht vorliegt.[12] Die Zuständigkeit des Ermittlungsrichters beim Bundesgerichtshof endet mit der Abgabe der Sache an die Landesstaatsanwaltschaft nach § 142a Abs. 2 oder Abs. 4 GVG,[13] doch bleiben die von ihm getroffenen Anordnungen bis zu ihrer Aufhebung durch den nunmehr zuständigen Richter wirksam.[14] Der **Ermittlungsrichter des Oberlandesgerichts** ist nur zuständig, wenn und solange der Generalstaatsanwalt beim Oberlandesgericht die Ermittlungen führt; die Zuständigkeit beginnt also in den Fällen des § 142a GVG mit der Abgabe der Sache durch den Generalbundesanwalt. In allen Fällen endet die Zuständigkeit mit der Erhebung der öffentlichen Klage.[15] Zum Übergang der **Haftzuständigkeit** bei einem Zuständigkeitswechsel zwischen den Ermittlungsrichtern LR/*Gärtner* § 126, 12 ff.

6 Bei **Streit über die Zuständigkeit** zwischen dem Ermittlungsrichter des Bundesgerichtshofes und dem des Oberlandesgerichts (oder dem Richter beim Amtsgericht) entscheidet hierüber analog § 14 der Bundesgerichtshof.[16]

7 **c) Zuständigkeit des Richters beim Amtsgericht.** Die **Zuständigkeit des Richters beim Amtsgericht** nach § 125 Abs. 1, § 162 bleibt neben der der Ermittlungsrichter nach § 169 erhalten;[17] er muss also ggf. auch auf Antrag des Generalbundesanwalts tätig werden. Sachgerecht dürfte allerdings die Einschaltung dieses Richters nur dann sein, wenn es sich um einzelne, wenig bedeutsame Untersuchungshandlungen handelt,[18] etwa um eine einzelne richterliche Vernehmung am Sitz dieses Richters. Das Fehlen jeglicher gesetzlicher Regelungen darüber, wann von der Parallelzuständigkeit des Ermittlungsrichters beim Amtsgericht Gebrauch zu machen ist, erscheint im Hinblick auf Art. 101 Abs. 1 Satz 2 GG in hohem Maße verfassungsrechtlich bedenklich.[19]

8 **4. Befugnisse.** Den Ermittlungsrichtern nach § 169 stehen alle Befugnisse zu, die dem Richter im vorbereitenden Verfahren nach den jeweiligen Bestimmungen zukommen. Sie können dagegen nicht tätig werden, soweit bereits im vorbereitenden Verfahren das für die Eröffnung des Hauptverfahrens zuständige Gericht entscheiden muss (vgl. z.B. §§ 81, 153 ff.) oder wenn die Zuständigkeit eines Kollegialgerichts bestimmt ist (§ 100e Abs. 2 Satz 1). Sie können im gesamten Bundesgebiet tätig werden und an allen Orten richterliche Untersuchungshandlungen anordnen oder durchführen. Für den Ermittlungsrichter des Bundesgerichtshofes ergibt sich das daraus, dass sein Amtsbereich das ganze Bundesgebiet

---

12 KK/*Schmitt* 2; *Wimmer* StraFo **2018** 221, 222.

13 BGH NJW **1973** 475.

14 KK/*Schmitt* 2 a.E.; SK/*Albrecht* 6.

15 Vgl. BGHSt **27** 253; zur allgemein umstrittenen Frage, ob im Zwischenverfahren bei Ermittlungshandlungen auf Antrag der Staatsanwaltschaft der Ermittlungsrichter zuständig ist, vgl. LR/*Stuckenberg* § 202, 8 m.w.N.

16 BGH NJW **1973** 475.

17 HK/*Zöller*/*Niedernhuber* 1, 3, 5; KK/*Schmitt* 1, 7; Schmitt/Köhler/*Schmitt* 1; KMR/*Noltensmeier-von Osten* 1; SK/*Albrecht* 8; *Roxin*/*Schünemann* § 9, 27; **a.A.** AK/*Achenbach* 1, 7, der dies wegen eines Verstoßes gegen den Grundsatz des gesetzlichen Richters für verfassungswidrig hält. Vgl. auch *Nehm* NStZ **1996** 513, 518, der von einem Wechsel des gesetzlichen Richters und davon spricht, dass „statt" des Ermittlungsrichters nach § 162 derjenige nach § 169 zuständig werde, aber wohl nicht so verstanden werden kann, dass damit die Zuständigkeit des Richters beim Amtsgericht entfalle.

18 HK/*Zöller*/*Niedernhuber* 1; KK/*Schmitt* 7; Schmitt/Köhler/*Schmitt* 4; MüKo/*Kölbel*/*Neßeler* 4; KMR/*Noltensmeier-von Osten* 1, 6; *Eb. Schmidt* § 168a, 4; AK/*Achenbach* 7 sieht hierin die Möglichkeit einer verfassungskonformen Auslegung.

19 Zutr. NK/*Heghmanns* 3.

umfasst, für die Ermittlungsrichter des Oberlandesgerichts ist es in Absatz 2 ausdrücklich bestimmt. Der Ermittlungsrichter kann auch den jeweils örtlich zuständigen Richter beim Amtsgericht nach § 157 GVG im Wege der Rechtshilfe um die **Vornahme** einzelner Untersuchungshandlungen **ersuchen**.[20]

Die **Zuständigkeit** besteht auch **für** die **Anordnung einer DNA-Untersuchung** nach § 81g, und zwar selbst dann, wenn sich die Maßnahme nach § 81g Abs. 4 gegen einen bereits rechtskräftig Verurteilten richtet.[21] Da es im letztgenannten Fall an einem konkreten Verfahren als Anknüpfungspunkt fehlt, ist hier allerdings unklar, in welchen Fällen welcher Ermittlungsrichter nach § 169 zur Entscheidung befugt ist. Insoweit wird man darauf abstellen können, ob das Ursprungsverfahren vor dem Oberlandesgericht stattgefunden hat und ob in diesem der Generalbundesanwalt (dann Zuständigkeit des Ermittlungsrichters des Bundesgerichtshofs) oder die Generalstaatsanwaltschaft des Landes die Anklage vertreten hat. In jedem Fall ist bei einer Entscheidung dieser Ermittlungsrichter die grds. eröffnete Beschwerde nach § 304 Abs. 5 ausgeschlossen.[22] 9

Sind **mehrere Ermittlungsrichter** bestellt, so sind die Aufgaben unter ihnen durch das Präsidium nach § 21e GVG nach sachlichen oder örtlichen Merkmalen aufzuteilen. Wird ein Ermittlungsrichter außerhalb des ihm dadurch zugewiesenen Aufgabenbereichs tätig, so berührt das Abweichen von dieser internen Geschäftsverteilung nicht die Wirksamkeit seiner Maßnahmen (§ 22d GVG analog).[23] 10

5. Anfechtung. Die Entscheidungen des Ermittlungsrichters nach § 169 können grundsätzlich mit der Beschwerde angefochten werden (§ 304 Abs. 1). Jedoch unterliegt ihre Zulässigkeit den Beschränkungen des § 304 Abs. 5 (vgl. im Einzelnen die dortigen Erl.). Dies gilt seit 1987[24] auch für die Entscheidungen des Ermittlungsrichters beim Oberlandesgericht.[25] 11

Zuständig für die Beschwerde gegen Entscheidungen des Ermittlungsrichters beim Oberlandesgericht ist der Strafsenat des gemäß § 120 GVG zuständigen **Oberlandesgerichts** in der Besetzung nach § 122 Abs. 1 GVG. Gleiches gilt, soweit die Oberlandesgerichte im ersten Rechtszug zuständig sind, für Entscheidungen des nach § 162 tätigen Richters beim Amtsgericht (§ 120 Abs. 3 Satz 1 GVG). Über Beschwerden gegen Entscheidungen des Ermittlungsrichters beim Bundesgerichtshof entscheidet ein Strafsenat des **Bundesgerichtshofes** (§ 135 Abs. 2 GVG) in der Besetzung nach § 139 Abs. 2 Satz 1 GVG. Jedoch entfällt die Beschwerdezuständigkeit des Bundesgerichtshofes auch in diesen Fällen, sobald der Generalbundesanwalt die Sache an die Landesstaatsanwaltschaft abgegeben hat,[26] oder wenn die öffentliche Klage erhoben ist.[27] Entfällt die Zuständigkeit des Bundesgerichtshofs erst nach Einlegung, aber vor Erledigung der Beschwerde, so ist sie als Antrag 12

---

20 HK/*Zöller*/*Niedernhuber* 6; KK/*Schmitt* 5; Schmitt/Köhler/*Schmitt* 5; MüKo/*Kölbel*/*Neßeler* 4; SK/*Albrecht* 3.

21 In diesem Sinne wohl BGH NJW **2002** 765 (zu § 81g a.F. i.V.m. § 2 DNA-IFG a.F.), wo die Beschwerde zwar als unzulässig behandelt wird, Zweifel an der Zuständigkeit des Ermittlungsrichters des BGH aber nicht geäußert werden; ebenso HK/*Zöller*/*Niedernhuber* 6; SK/*Albrecht* 6.

22 BGH NJW **2002** 765 für eine Anordnung nach § 2 DNA-IFG a.F.; NStZ-RR **2003** 100 (bei *Becker* Nr. 15) für eine Anordnung nach §§ 81e, 81f.

23 AK/*Achenbach* 9; KK/*Schmitt* 3; MüKo/*Kölbel*/*Neßeler* 1; SK/*Albrecht* 4; vgl. auch HK/*Zöller*/*Niedernhuber* 4; Schmitt/Köhler/*Schmitt* 6 (Absatz 2 analog für den Fall örtlicher Aufteilung).

24 Infolge der Änderung des § 304 Abs. 5 durch das StVÄG 1987.

25 Für eine analoge Anwendung des § 304 Abs. 5 a.F. bereits vorher OLG Hamburg NStZ **1982** 130 mit abl. Anm. *Rieß* = JR **1982** 302 mit abl. Anm. *Fezer*.

26 BGH NJW **1973** 417; AK/*Achenbach* 11; Schmitt/Köhler/*Schmitt* 7; SK/*Albrecht* 11; vgl. auch *Rieß* NStZ **1982** 131.

27 BGHSt **27** 253; vgl. auch BGHSt **29** 200; NK/*Heghmanns* 7.

auf Erlass der erstrebten oder auf Aufhebung der beanstandeten Maßnahme umzudeuten, den der Bundesgerichtshof dem nunmehr zuständigen Gericht zur Entscheidung vorlegt.[28]

13 **Begründet** ist die Beschwerde u.a. auch dann, wenn die Zuständigkeit des Generalbundesanwalts für das betreffende Verfahren fehlt, weil die damit zugleich **fehlende Zuständigkeit** des Ermittlungsrichters des BGH dessen Entscheidungen fehlerhaft macht, sodass diese aufzuheben sind.[29]

§ 169a
Vermerk über den Abschluss der Ermittlungen

Erwägt die Staatsanwaltschaft, die öffentliche Klage zu erheben, so vermerkt sie den Abschluß der Ermittlungen in den Akten.

Schrifttum

Bohnert Die Abschlußentscheidung des Staatsanwalts (1992); *Hildenstab* Das Ende der Ermittlungsbefugnis der Staatsanwaltschaft – Eine Entgegnung zu Strauß, NStZ 2006, 556 ff., NStZ **2008** 249; *Strauß* Das Ende der Ermittlungsbefugnis der Staatsanwaltschaft, NStZ **2006** 556.

Entstehungsgeschichte

Die Vorschrift wurde als Teil des staatsanwaltschaftlichen Schlussgehörs (§§ 169a bis 169c)[1] durch Art. 2 Nr. 1 des StPÄG 1964 eingefügt. In diesem ursprünglichen Zusammenhang bestimmt der damalige Absatz 2, dass (außer bei beabsichtigter Anklageerhebung vor dem Strafrichter) der Abschluss der Ermittlungen dem Beschuldigten mit der Anheimgabe mitzuteilen war, Einwendungen gegen die beabsichtigte Klageerhebung zu erheben oder einzelne Beweiserhebungen zu beantragen. Die §§ 169b, 169c regelten die auf entsprechenden Antrag teils obligatorische, teils fakultative Gewährung eines mündlichen Schlussgehörs und die Ausnahmen hiervon. Bei der Beseitigung des Schlussgehörs durch Art. 1 Nr. 52 bis 54 des 1. StVRG[2] blieb allein der ursprüngliche § 169a Abs. 1, von einer redaktionellen, durch den Wegfall der gerichtlichen Voruntersuchung bedingten Änderung[3] abgesehen, unverändert erhalten.

Übersicht

28 BGH v. 3.2.2021 – StB 5/21, BeckRS **2021** 1983; vgl. auch MüKo/*Kölbel/Neßeler* 6.

29 BGH NStZ **2008** 146; AnwK/*Walther* 9; MüKo/*Kölbel/Neßeler* 5.

1 Letzte Kommentierung der ursprünglichen §§ 169a bis 169c in der 22. Auflage.

2 Vgl. *Rieß* FS Kleinknecht 355, 362. Nach dem Vorschlag des RegE 1. StVRG (BTDrucks. 7 551 S. 8, 77) sollten Schlussanhörung und Schlussgehör lediglich eingeschränkt werden; die völlige Beseitigung ist erst im Bundestag beschlossen worden, wobei der schriftliche Bericht des RAussch. (BTDrucks. 7 2600 S. 6) keinen Aufschluss über die Gründe für die Beibehaltung des § 169a Abs. 1 gibt.

3 In der ursprünglichen Fassung folgten auf die Worte „öffentliche Klage“ die Worte „durch Einreichung einer Anklageschrift“, um den Antrag auf gerichtliche Voruntersuchung auszunehmen.

1. Bedeutung. Die Verpflichtung, den Abschluss der Ermittlungen in den Akten zu vermerken, ist nach der Beseitigung des Schlussgehörs (s.o. Entstehungsgeschichte) nur noch von geringer Bedeutung.[4] Mit dem Abschlussvermerk dokumentiert die Staatsanwaltschaft, dass sie aus ihrer Sicht die Erforschung des Sachverhalts im Sinne des § 160 Abs. 1 für abgeschlossen und das Verfahren für abschlussreif im Sinne des § 170 hält. Dogmatisch lässt sich daher der Vorschrift die Funktion entnehmen, das Ermittlungsverfahren in einen Ermittlungsteil und einen Entschließungsteil zu trennen,[5] wenn auch dadurch weitere Ermittlungen nicht ausgeschlossen werden. Ferner knüpfen an den Abschlussvermerk die Wirkungen des § 147 Abs. 6 Satz 1 (Rn. 6). 1

2. Anwendungsbereich

a) Erhebung der öffentlichen Klage. Der Abschlussvermerk ist in allen Fällen der Erhebung der öffentlichen Klage erforderlich, also bei Einreichung einer Anklage, beim Antrag auf Aburteilung im beschleunigten Verfahren und im vereinfachten Jugendverfahren und beim Strafbefehlsantrag,[6] ebenso bei Einreichung des Antrags im Sicherungsverfahren nach den §§ 413 ff. (§ 414 Abs. 2 Satz 1).[7] Bei einer **Nachtragsanklage** gemäß § 266 ist er jedenfalls dann möglich und auch sachgerecht, wenn ihrer Erhebung aktenmäßig niedergelegte Ermittlungen der Strafverfolgungsbehörden vorangegangen sind.[8] Ordnet im Klageerzwingungsverfahren das Oberlandesgericht nach § 175 die Anklageerhebung an, so hat die Staatsanwaltschaft den Abschlussvermerk anzubringen, bevor sie die Klage erhebt.[9] 2

b) Einstellung des Verfahrens. Bei einer **Einstellung des Verfahrens** ist der Abschlussvermerk gesetzlich nicht vorgeschrieben, aber nicht unzulässig. Er kann im Einzelfall sachgerecht sein, etwa, wenn die Staatsanwaltschaft vor der Einstellung innerdienstlich gehalten ist, einer Behörde vor der endgültigen Einstellungsentscheidung Gelegenheit zur Äußerung zu geben.[10] Entschließt sich die Staatsanwaltschaft trotz ursprünglich beabsichtigter Klageerhebung und dadurch veranlassten Abschlussvermerks noch zur Verfahrenseinstellung, so bleiben die Wirkungen des Vermerks erhalten. Der Abschlussvermerk ist jedoch **vor Anwendung des § 153a Abs. 1 erforderlich**, also bevor die erforderlichen Zustimmungen zur Erteilung der Auflagen oder Weisungen eingeholt werden.[11] Das ergibt sich zwar nicht aus dem Wortlaut der Vorschrift, jedoch aus dem systematischen Gesamtzusammenhang, der eine mindestens analoge Anwendung des § 169a gebietet. Denn die Anwendung des § 153a setzt (entgegen einer ebenso verbreiteten wie rechtlich unhaltba- 3

---

4 Vgl. AK/*Achenbach* 1 („Torso"); MüKo/*Kölbel*/*Neßeler* 1 („symbolischer Bekundungsakt"); NK/*Heghmanns* 2 (für eine ersatzlose Streichung der Vorschrift); Peters § 23 IV 1b (S. 161) („wirkt wie eine Ruine"); vgl. aber auch *Ranft* Rn. 1093 („wichtige Zäsur").

5 So LR/*Meyer-Goßner*[23] 5; ebenso Schmitt/Köhler/*Schmitt* 1; SK/*Albrecht* 1; *Gössel* § 10 B Ia; *Roxin*/*Schünemann* § 39, 34; dazu krit. *Bohnert* (Abschlußentscheidung) 16.

6 Für beschleunigtes Verfahren und Strafbefehl ergab sich dies bis 1975 aus der damaligen ausdrücklichen Regelung in den früheren § 212 Abs. 2 und § 407 Abs. 4 (vgl. die Kommentierung in der 22. Aufl.).

7 KMR/*Noltensmeier-von Osten* 1.

8 **A.A.** (Vorschrift gilt nicht) LR/*Meyer-Goßner*[23] 1.

9 LR/*Merz* § 175, 8; HK/*Zöller* 3; *Kohlhaas* NJW **1965** 1256.

10 Dazu näher LR/*Merz* § 170, 36 a.E.

11 Ebenso schon LR/*Meyer-Goßner*[23] § 153a, 50; ferner *Bohnert* (Abschlußentscheidung) 17 Fn. 17; HK/*Zöller* 3; MüKo/*Kölbel*/*Neßeler* 2; SK/*Albrecht* 2; SSW/*Andrä* 1; vgl. *Wissgott* Probleme rechtsstaatlicher Garantien im Ermittlungsverfahren, Diss. Göttingen 1983, 369, 409; **a.A.** KMR/*Noltensmeier-von Osten* 2; NK/*Heghmanns* 3; OK/*Gorf* 1.1.

ren Praxis) die Durchermittlung voraus und erfordert einen anklagereifen Sachverhalt,[12] und es muss auch gewährleistet sein, dass der Beschuldigte seine Zustimmung zu den Auflagen und Weisungen auf der Grundlage eines uneingeschränkten Akteneinsichtsrechts erteilen kann.

4 **3. Abschluss der Ermittlungen.** Der **Abschluss der Ermittlungen** ist eingetreten, sobald die Staatsanwaltschaft den Sachverhalt soweit als aufgeklärt ansieht, dass sie eine auf Klageerhebung oder Anwendung des § 153a Abs. 1 gerichtete Abschlussverfügung erlassen könnte; es muss also auch der Beschuldigte im Sinne des § 163a Abs. 1 vernommen worden sein. Bei **mehreren Beschuldigten** sind die Ermittlungen im Allgemeinen erst abgeschlossen, wenn für alle Abschlussreife eingetreten ist;[13] soll jedoch gegen einzelne Beschuldigte vorweg (unter Abtrennung des Verfahrens) Klage erhoben werden, so ist insoweit der Abschlussvermerk anzubringen. Auch nach dem Abschlussvermerk bleiben **weitere Ermittlungen** zulässig;[14] werden sie vorgenommen, so ist nach ihrer Beendigung kein erneuter Abschlussvermerk erforderlich (vgl. auch Rn. 6).

5 **4. Zeitpunkt und Form.** Aus der Pflicht zur unverzögerten Abschlussverfügung[15] folgt, dass der Abschlussvermerk alsbald nach Eintritt der Abschlussreife anzubringen ist. Es genügt die Form eines datierten und vom Staatsanwalt oder Amtsanwalt unterschriebenen Vermerks in den Akten, der keiner Begründung bedarf. Üblich ist der Satz: „Die Ermittlungen sind abgeschlossen" (vgl. Nr. 109 Abs. 3 RiStBV); andere Formulierungen, die dasselbe besagen, stehen dem gleich.

6 **5. Wirkungen.** Der Abschlussvermerk ist eine Prozesshandlung, die nicht zurückgenommen werden kann.[16] Eine Prozessvoraussetzung für das weitere Verfahren stellt er nicht dar.[17] Nach seiner Vornahme kann das Akteneinsichtsrecht nicht mehr beschränkt werden (§ 147 Abs. 2). Geschieht dies dennoch, so kann der Beschuldigte nach § 147 Abs. 5 Satz 2 mit dem Rechtsbehelf nach § 161a Abs. 3 eine gerichtliche Entscheidung herbeiführen.[18] Diese Wirkungen bleiben auch bestehen, wenn die Ermittlungen danach fortgesetzt werden, namentlich darf das Akteneinsichtsrecht auch hinsichtlich der später entstandenen Aktenteile nicht mehr beschränkt werden,[19] es sei denn, diese hätten nachträglich ermittelte, rechtlich selbstständige Taten im prozessualen Sinn zum Gegenstand,[20] die als solche ebenso gut in einem gesonderten Verfahren verfolgt werden könnten.

---

12 Vgl. LR/*Mavany* § 153a, 46.

13 HK/*Zöller* 3; KK/*Schmitt* 1; Schmitt/Köhler/*Schmitt* 2; NK/*Heghmanns* 4; OK /*Gorf* 3; SK/*Albrecht* 2; vgl. Nr. 109 Abs. 2 RiStBV.

14 Ausf. *Hildenstab* NStZ **2008** 249 ff.; OK /*Gorf* 7.4; ebenso HK/*Zöller* 1; HK-GS/*Ambos* 1; Schmitt/Köhler/*Schmitt* 2; NK/*Heghmanns* 6; Radtke/Hohmann/*Rettenmaier* 4; SSW/*Andrä* 3; **a.A.** *Strauß* NStZ **2006** 556 ff.; Radtke/Hohmann/*J. Kretschmer*[1] 1; dagegen überzeugend *Hildenstab* a.a.O.

15 Vgl. LR/*Merz* § 170, 11.

16 Anders *Bohnert* (Abschlußentscheidung) 17 Fn. 16, der die Aufhebung für möglich hält, wenn die Rechte des Beschuldigten „revidiert" werden sollen.

17 HK/*Zöller* 1; KK/*Schmitt* 1; Schmitt/Köhler/*Schmitt* 1; KMR/*Noltensmeier-von Osten* 3; NK/*Heghmanns* 6; SK/*Albrecht* 1; *Gössel* § 10 B Ic; *Bohnert* (Abschlußentscheidung) 17; *Bottke* StV **1986**.

18 Vgl. dazu auch *Schlothauer* StV **2001** 192, 193, dessen Meinung, dass die Regelung mangels Information des Beschuldigten über den Abschluss der Ermittlungen leerlaufend sei, § 147 Abs. 6 Satz 2 übersehen dürfte.

19 LG Koblenz StV **1988** 57; AK/*Achenbach* 3; Schmitt/Köhler/*Schmitt* 2; SK/*Albrecht* 6; *Eb. Schmidt* Nachtr. I 16; **a.A.** (früher) *Kohlhaas* NJW **1965** 1256 und LR[22] (für danach entstandene Aktenteile).

20 HK/*Zöller* 5; SK/*Albrecht* 6.

6. Verfahren nach Abschlussvermerk. Eine Mitteilung des Abschlussvermerks schreibt das Gesetz nicht (mehr) vor. War jedoch wegen Gefährdung des Untersuchungszwecks die Akteneinsicht versagt worden und entfällt diese Beschränkung erst infolge des Abschlussvermerks, so ist der Verteidiger hiervon zu unterrichten (§ 147 Abs. 6 Satz 2). Auch sonst kann (und sollte in der Regel) die Staatsanwaltschaft einer Bitte des Beschuldigten (Verteidigers) entsprechen, den Abschluss der Ermittlungen mitzuteilen.[21] Wird der Beschuldigte (Verteidiger) über den Abschluss der Ermittlungen informiert, so entspricht es mindestens dem Sinn der Regelung, dass – nach vollständiger Akteneinsicht – vor Klageerhebung ggf. mit Fristsetzung Gelegenheit zur Äußerung gegeben und also nicht unmittelbar nach Fertigung des Vermerks Anklage erhoben wird. In allen anderen Fällen braucht mit der Klageerhebung nicht zugewartet zu werden. Der Abschlussvermerk kann deshalb dann auch in der Verfügung enthalten sein, durch die die Klageerhebung veranlasst wird. 7

7. Fehlerfolgen. Der Abschlussvermerk kann weder, schon weil er niemanden beschwert, angefochten, noch kann seine Vornahme durch eine gerichtliche Entscheidung erzwungen werden.[22] Wird ohne Abschlussvermerk die öffentliche Klage erhoben, so ist das auf das weitere Verfahren ohne Einfluss.[23] 8

§ 170
Entscheidung über eine Anklageerhebung

(1) Bieten die Ermittlungen genügenden Anlaß zur Erhebung der öffentlichen Klage, so erhebt die Staatsanwaltschaft sie durch Einreichung einer Anklageschrift bei dem zuständigen Gericht.

(2) [1]Andernfalls stellt die Staatsanwaltschaft das Verfahren ein. [2]Hiervon setzt sie den Beschuldigten in Kenntnis, wenn er als solcher vernommen worden ist oder ein Haftbefehl gegen ihn erlassen war; dasselbe gilt, wenn er um einen Bescheid gebeten hat oder wenn ein besonderes Interesse an der Bekanntgabe ersichtlich ist.

Schrifttum

Arenhövel Die Unabhängigkeit der Staatsanwälte, FS Nehm (2006) 231; *Bach* Der Verdacht im Strafverfahren – abstrakt, Jura **2007** 12; *Bader* Zur Mitteilung der Einstellungsverfügung an den Beschuldigten, SJZ **1949** 722; *Blankenburg/Sessar/Steffen* Die Staatsanwaltschaft im Prozeß strafrechtlicher Sozialkontrolle (1978); *Blomeyer* Zur Haftung des Staates für Fehler des Staatsanwalts, JZ **1970** 715; *Bloy* Zur Systematik der Einstellungsgründe im Strafverfahren, GA **1980** 161; *Bohnert* Die Abschlußentscheidung des Staatsanwalts (1992); *Bottke* Zur Anklagepflicht der Staatsanwaltschaft, GA **1980** 298; *Breneselovic* Die Bindung der Staatsanwaltschaft an die höchstrichterliche Rechtsprechung (2013); *Carsten/Rautenberg* Die Geschichte der Staatsanwaltschaft in Deutschland bis zur Gegenwart (2012); *Deiters* Legalität und Normgeltung (2006); *Diehm* Der subjektive Anspruch auf effektive Strafverfolgung, in: Scheffczyk/Wolter (Hrsg.) Linien der Rechtsprechung des Bundesverfassungsgerichts, Bd. 4 (2016) 223; *Dölling* Polizeiliche Ermittlungstätigkeit und Legalitätsprinzip (1987); *Dünnebier* Die Bindung des Staatsanwalts ans Gesetz, JZ **1961** 312; *Fluck* Amtspflichtverletzung durch Staatsanwälte, NJW **2001** 202; *Füßer/Viertel* Der Anspruch auf Abschlußverfügung im Ermittlungsverfahren und seine Durchsetzung, NStZ **1999** 116; *Groß/Fünfsinn* Datenweitergabe im strafrechtlichen Ermittlungsver-

21 Ebenso AK/*Achenbach* 3; HK/*Zöller* 4; MüKo/*Kölbel/Neßeler* 3; bereits früher LR/*Meyer-Goßner*[23] 8; für eine entsprechende Pflicht SK/*Albrecht* 4.

22 KK/*Schmitt* 1; HK/*Zöller* 6; MüKo/*Kölbel/Neßeler* 1; SK/*Albrecht* 7; *Bottke* StV **1986** 120, 123 (auch nicht im Verfahren nach §§ 23 ff. EGGVG; ebenso Schmitt/Köhler/*Schmitt* 1); *Gössel* § 10 B Ic.

23 NK/*Heghmanns* 7; *Gössel* § 10 B Ic; vgl. auch BGH NJW **1967** 869.

fahren, NStZ **1992** 111; *Haft/Hilgendorf* Die Bindung der StA an die höchstrichterliche Rechtsprechung, FS StA Schleswig-Holstein (1992) 297; *Heide* Zur Benachrichtigungspflicht der Ermittlungsbehörden gegenüber einem nicht „als solchen" vernommenen Beschuldigten bei Einstellung des Verfahrens, NStZ **2008** 677; *Heinrich* Die gerichtliche Nachprüfbarkeit von Entscheidungen der Staatsanwaltschaft im Zusammenhang mit der Anklageerhebung, NStZ **1996** 110; *Hellebrand* Die Staatsanwaltschaft (1998); *Hergenröder* Das staatsanwaltschaftliche Verfahren – Eine Sekundäranalyse der Staatsanwaltschafts-Statistik unter besonderer Berücksichtigung regionaler Unterschiede in der Gesamtstruktur staatsanwaltschaftlicher Ermittlungsverfahren, Diss. Frankfurt/M. 1986; *Hieramente* Ne bis in idem in Europa – eine Frage der Einstellung, StraFo **2014** 445; *Hilger* Über die Pflicht der Staatsanwaltschaft zur unverzögerlichen Einstellung gemäß § 170 Abs. 2, JR **1985** 93; *von Hindte* Die Verdachtsgrade im Strafverfahren, Diss. Kiel 1973; *Koller* Die Staatsanwaltschaft – Organ der Judikative oder Exekutivbehörde? (1997); *Loos* Probleme der beschränkten Sperrwirkung strafprozessualer Entscheidungen, JZ **1978** 592; *Lucke* Das Verbot paralleler strafrechtlicher Ermittlungsverfahren, HRRS **2014** 407; *Lüttger* Der „genügende Anlaß" zur Erhebung der öffentlichen Klage, GA **1957** 193; *Mansdörfer* Das Recht des Beschuldigten auf ein unverzögertes Ermittlungsverfahren, GA **2010** 153; *Nagel* Rechtsschutz gegen verfahrenseinleitende und -fortführende Maßnahmen der Strafverfolgungsbehörden im Ermittlungsverfahren? StV **2001** 185; *Neu-Berlitz* Bestandskraft der Einstellungsverfügung nach § 170 II 1, Diss. Münster 1973; *Radtke* Zur Systematik des Strafklageverbrauchs bei verfahrenserledigenden Entscheidungen im Strafprozeß (1994); *ders.* Bestandskraft staatsanwaltlicher Einstellungsverfügungen und die Identität des wiederaufgenommenen Verfahrens, NStZ **1999** 481; *Rieß* Gerichtliche Kontrolle des Ermittlungsverfahrens? FS Geerds (1995) 501; *ders.* Plädoyer für ein Einstellungserzwingungsverfahren, FS Roxin (2001) 1319; *Sailer* Anklageerhebung und Gleichbehandlung, NJW **1977** 1138; *Helmut Schäfer* Das Recht eines früheren Beschuldigten auf Akteneinsicht und das Geheimhaltungsinteresse des öffentlichen Dienstes, MDR **1984** 454; *Schroeder* Zur Rechtskraft staatsanwaltschaftlicher Einstellungsverfügungen, NStZ **1996** 319; *Schroers* Zur Frage der Offenlegung von Entscheidungsvorgängen bei staatsanwaltlichen Abschlußverfügungen, FS Wolff (1998) 459; *Steffen* Haftung für Amtspflichtverletzungen des Staatsanwalts, DRiZ **1972** 153; *Steinberg* Verdacht als quantifizierbare Prognose? JZ **2006** 1045; *Tiedemann* Strafanzeigen durch Behörden und Rehabilitation Verdächtiger, JR **1964** 5; *Vordermayer/v. Heintschel-Heinegg* Handbuch für den Staatsanwalt (2015); *Weiland* Von Recht und Pflicht zur Anklageerhebung, NStZ **1991** 574; *Werner* Der Einfluß des Verletzten auf Verfahrenseinstellungen der Staatsanwaltschaft, Diss. Göttingen 1986; *Wohlers* Entstehung und Funktion der Staatsanwaltschaft (1994); *Zettel* Einstellungsverfügungen und -beschlüsse beim Zusammentreffen von Straftaten und Ordnungswidrigkeiten, MDR **1978** 531; *Zimmermann* Freiheit und Gebundenheit der Staatsanwaltschaft bei Anklageerhebung (1988).

Entstehungsgeschichte

Die Vorschrift hatte ursprünglich folgenden Wortlaut:

(1) Bieten die angestellten Ermittlungen genügenden Anlaß zur Erhebung der öffentlichen Klage, so erhebt die Staatsanwaltschaft dieselbe entweder durch einen Antrag auf gerichtliche Voruntersuchung oder durch Einreichung einer Anklageschrift bei dem Gerichte.

(2) Andernfalls verfügt die Staatsanwaltschaft die Einstellung des Verfahrens und setzt hiervon den Beschuldigten in Kenntnis, wenn er als solcher vom Richter vernommen oder ein Haftbefehl gegen ihn erlassen war.

Die Vorschrift blieb, abgesehen von geringfügigen sprachlichen Änderungen in Absatz 1 durch das VereinhG, sachlich bis zum 3. StRÄndG unverändert, das dem Absatz 2 seine jetzige Fassung gab (Art. 4 Nr. 23). Art. 1 Nr. 55 des 1. StVRG gab im Zusammenhang mit der Abschaffung der gerichtlichen Voruntersuchung dem Absatz 1 seine heutige Fassung. Bezeichnung bis 1924: § 168.

Übersicht

Alphabetische Übersicht

I. Allgemeines

1 **1. Bedeutung und Inhalt.** Die Vorschrift regelt die von der Staatsanwaltschaft am Ende des Ermittlungsverfahrens zu treffende **Abschlussentscheidung.**[1] Sie schreibt vor, bei Entscheidungsreife das Ermittlungsverfahren entweder durch **Klageerhebung** (Absatz 1) oder durch **Verfahrenseinstellung** (Absatz 2) zu beenden, und verwendet als Entscheidungskriterium für die Wahl zwischen diesen beiden Alternativen den Begriff des „genügenden Anlasses" (näher Rn. 22 ff.). Die Vorschrift ist Ausprägung des Legalitätsprinzips, denn die Staatsanwaltschaft ist beim Vorliegen der Voraussetzungen des Absatzes 1 zur Klageerhebung verpflichtet und die Regelung konkretisiert damit den in § 152 Abs. 2 verwendeten Begriff des „Einschreitens" nach der Sachverhaltserforschung (§ 160 Abs. 1). § 170 regelt weiter, dass die Abschlussentscheidung von der Staatsanwaltschaft zu treffen ist,[2] dass die Klageerhebung regelmäßig (vgl. aber Rn. 18) in der Form einer bei Gericht einzureichenden Anklageschrift vorgenommen wird und dass die Verfahrenseinstellung unter bestimmten Voraussetzungen dem Beschuldigten bekanntzugeben ist (Absatz 2 Satz 2). Was notwendiger Inhalt der Anklageschrift ist, bestimmt § 200; die Unterrichtung des Anzeigenden von der Einstellung ist in § 171 geregelt.

2 Die Vorschrift hat nur den **normalen Verfahrensgang** im Auge. Jedenfalls in ihrem ursprünglichen Sinngehalt (vgl. aber Rn. 22) erfasst sie mit dem Merkmal des „genügenden Anlasses" und seines Fehlens nicht die Fälle der Nichtverfolgung aufgrund von Begrenzungen des Legalitätsprinzips nach den §§ 153 ff., und sie erwähnt auch nicht die Erhebung der öffentlichen Klage auf andere Weise als durch Einreichung einer Anklageschrift (näher Rn. 18). Nach der **vollständigen gesetzlichen Regelung über die Abschlussentscheidung** unter Einbeziehung dieser Möglichkeiten ist die Staatsanwaltschaft verpflichtet, durch eine gesetzlich vorgesehene Entscheidung das Ermittlungsverfahren zu beenden, sobald der ermittelte Sachverhalt dies zulässt. Dazu bedarf es regelmäßig einer Sachverhaltserforschung (§ 160 Abs. 1), die eine Beurteilung des hinreichenden Tatverdachts im Sinne des § 203 ermöglicht. Der Sachverhalt braucht jedoch nicht vollständig erforscht zu werden, wenn bereits aufgrund eines geringeren Erkenntnisstandes eine gesetzlich mögliche verfahrensbeendende Entscheidung getroffen werden kann.[3] Bei **vorübergehenden Hindernissen** kann das Ermittlungsverfahren nach § 154f vorläufig eingestellt werden.

---

1 Bis zur Abschaffung der gerichtlichen Voruntersuchung bezog sie sich auch auf deren Einleitung und damit die Fortführung des Ermittlungsverfahrens in der Hand des Untersuchungsrichters; vgl. *Eb. Schmidt* 8; zur rechtshistorischen Entwicklung der Abschlussentscheidung vgl. *Bohnert* 21 ff.

2 Vgl. auch § 152 Abs. 1; zu den Ausnahmen s. Rn. 5.

3 Vgl. z.B. § 153 Abs. 1; § 153c Abs. 1; § 153d Abs. 1; § 154 Abs. 1; § 376.

Der Staatsanwaltschaft steht zwar namentlich bei der Frage, ob genügender Anlass zur Klageerhebung besteht, kein Ermessen zu (Rn. 17). Sie hat aber hierbei, ebenso wie bei der Entscheidung über die Art und den Umfang der Ermittlungstätigkeit, die Art der Klageerhebung und die Anwendung der §§ 153 ff., erhebliche **Beurteilungsspielräume**, die nach empirischen Untersuchungen in erster Linie deliktsspezifisch und nach antizipierten Aufklärungswahrscheinlichkeiten ausgefüllt werden.[4] Die Abschlussverfügung der Staatsanwaltschaft ist deshalb keine bloße Subsumtion, sondern lässt sich, namentlich unter Einbeziehung der durch § 153a Abs. 1 eröffneten Möglichkeiten, als ein in gewisser Weise mit der richterlichen Entscheidung durch Urteil verwandter **sozialer Gestaltungsakt** interpretieren.[5] Die Staatsanwaltschaft wird im Hinblick auf die Handhabung dieser Spielräume bei ihrer Abschlussentscheidung als spezielle **Diversionsinstanz** angesehen.[6] 3

Nach vorhandenen **statistischen Erkenntnissen**[7] überwiegt bei der Abschlussentscheidung der Staatsanwaltschaft die Verfahrenseinstellung. So wurden 2024 64,3 % der Ermittlungsverfahren eingestellt und in 16,1 % wurde die öffentliche Klage erhoben. Von den Einstellungen beruhten 48,6 % (= 31,2 % aller Ermittlungsverfahren) auf § 170 Abs. 2 und 44,1 % (= 28,4 % aller Ermittlungsverfahren) auf Vorschriften nach dem Opportunitätsprinzip. Von den Klageerhebungen waren 38,8 % (= 6,3 % aller Verfahren) Anklagen; 59,6 % (= 9,6 % aller Verfahren) waren Anträge auf Erlass eines Strafbefehls.[8] 4

2. Zuständigkeit. Zur Abschlussverfügung nach § 170 ist nur die Staatsanwaltschaft befugt. In Steuerstrafsachen (§ 386 Abs. 2 AO) kann die Finanzbehörde das Verfahren, wenn sie es selbständig führt (§ 399 Abs. 1 AO), nach § 170 Abs. 2 einstellen;[9] die öffentliche Klage kann sie nur in Form des Antrags auf Erlass eines Strafbefehls erheben (§ 400 AO).[10] 5

3. Ermittlungen

a) Erforderlichkeit. § 170 geht davon aus, dass der Abschlussentscheidung regelmäßig Ermittlungen zur Aufklärung des Sachverhalts vorangegangen sind, und zwar aufgrund der Generalermittlungsklausel des § 161 durch die Staatsanwaltschaft selbst (§ 160 Abs. 1, § 161 Abs. 1 Satz 1) oder auf deren Veranlassung durch die Polizei (§ 161 Abs. 1, § 163 Abs. 1). Allerdings vermag die Generalermittlungsklausel im Einzelfall eine erforderliche Einzeleingriffsermächtigung nicht zu ersetzen. Im Allgemeinen bedarf es aufgrund des Anfangsverdachts einer weiteren nachforschenden Tätigkeit, um die Voraussetzungen für die Abschlussentscheidung beurteilen zu können. Zu den Möglichkeiten der Sachverhaltserforschung sowie zu Art und Umfang der Ermittlungen s. die Erl. zu §§ 160, 161 und § 163. 6

Eine **Abschlussverfügung** kann jedoch auch **ohne Ermittlungen** im Sinne des § 160 Abs. 1 getroffen werden, namentlich, wie sich auch aus § 171 ergibt, bei einer Verfahrenseinstellung. Dies ist stets dann möglich, wenn bereits bei Einleitung des Ermittlungsverfahrens beurteilt werden kann, dass die Voraussetzungen einer zulässigen Abschlussentscheidung vorliegen. Für die **Erhebung der öffentlichen Klage** kommen hierfür z.B. Fälle in 7

---

4 Vgl. dazu u.a. *Blankenburg/Sessar/Steffen* 85, 300; *Kunz* Einstellung wegen Geringfügigkeit durch die Staatsanwaltschaft (1981) 73, 104; vgl. auch § 152, 40; *Barton* MSchrKrim. **1980** 206 ff.; *Bohnert* 134 ff.; siehe auch LR/*Mavany* Schrifttumsverzeichnis zu § 153.

5 *Kunz* KrimJ **1984** 39; *Rieß* NStZ **1981** 6 m.w.N.; BGHSt **62** 312.

6 *Kerner* in: Kerner (Hrsg.) Diversion statt Strafe? (1983) 9; s. auch Erl. zu § 152.

7 Statistischer Bericht – Staatsanwaltschaften – 2024, 2411-08: Art der Erledigung insgesamt.

8 Ebenda.

9 Klein/Jäger § 399, 87 AO; *Rüping* ZStW **95** (1983) 914 f.

10 Klein/Jäger § 400, 7 ff. AO; *Dißars* wistra **1997** 331.

Betracht, in denen der Staatsanwaltschaft mit einer Strafanzeige, etwa durch eine Verwaltungsbehörde, bereits ein vollständig bis zur Anklagereife ausermittelter Sachverhalt unterbreitet wird. In solchen Fällen bedarf es stets noch der Gewährung des rechtlichen Gehörs für den Beschuldigten (§ 163a Abs. 1) und, soweit noch nicht geschehen, der Aufklärung derjenigen Umstände, die für die Rechtsfolgenentscheidung von Bedeutung sein können (§ 160 Abs. 3 Satz 1). In der Praxis kommt indessen eine **Verfahrenseinstellung** ohne weitere Ermittlungen häufiger dann vor, wenn erkennbar ist, dass das den Strafverfolgungsbehörden zur Kenntnis gebrachte Verhalten nicht strafbar oder nicht verfolgbar ist,[11] etwa wenn ein nicht behebbares Verfahrenshindernis besteht, oder wenn schon bei der Einleitung des Ermittlungsverfahrens deutlich ist, dass die Voraussetzungen der §§ 153, 153b, 153c, 154 vorliegen oder bei einem Privatklagedelikt das öffentliche Interesse im Sinne von § 376 fehlt. Ohne weitere Ermittlungen ist ein Verfahren einzustellen, wenn nach dem Anzeigevorbringen keine „zureichenden tatsächlichen Anhaltspunkte für eine verfolgbare Straftat" (§ 152 Abs. 2) vorliegen.

8 **b) Umfang.** Die Ermittlungen brauchen nur soweit ausgedehnt zu werden, dass der Staatsanwaltschaft eine verfahrensabschließende Entscheidung möglich ist. Dazu bedarf es im Regelfall der Durchermittlung bis zur Anklagereife, also einer Erforschung aller belastenden und entlastenden Umstände, bis die Frage beantwortet werden kann, ob genügender Anlass zur Erhebung der öffentlichen Klage besteht (vgl. näher Erl. bei § 160). Doch kann, außer in den Fällen des § 153a, die Anklagereife offenbleiben, wenn mit geringerem Ermittlungsaufwand festgestellt werden kann, dass die Voraussetzungen einer Entscheidung nach §§ 153, 153b ff. oder einer Verweisung auf den Privatklageweg nach § 376 vorliegen. Hierauf können sich die Ermittlungen zunächst konzentrieren.

9 Sobald feststeht, dass die Ermittlungen, gleichgültig, ob aus tatsächlichen und/oder rechtlichen Gründen, keinen genügenden Anlass zur Erhebung der öffentlichen Klage geben können, ist das Verfahren einzustellen. Ermittlungen, die einen bestehen bleibenden, aber nicht hinreichenden Tatverdacht nur weiter entkräften könnten, sind nicht erforderlich. Insbesondere hat der Beschuldigte oder ein am Verfahrensausgang interessierter Verletzter oder Dritter oder auch die Öffentlichkeit keinen entsprechenden Anspruch. Es besteht also **keine Pflicht zur Rehabilitation** des Beschuldigten,[12] für den nach Einstellung des Verfahrens die Unschuldsvermutung (Art. 6 Abs. 2 EMRK) ohne Rücksicht auf die Stärke des verbleibenden Verdachts gilt.[13] Ebenso wenig ist die Staatsanwaltschaft bei Einstellungsreife zu weiteren Ermittlungen verpflichtet, um für Verletzte oder Dritte (z.B. Versicherungsgesellschaften) die Tatsachengrundlage für die Geltendmachung oder Ablehnung von Schadensersatzansprüchen zu schaffen.

10 Auf das **Fehlen der Schuldfähigkeit** im Sinne des § 20 StGB kann die Einstellung allerdings erst dann gestützt werden, wenn der hinreichende Tatverdacht einer rechtswidrigen Tat besteht, und zwar auch dann, wenn kein Sicherungsverfahren in Betracht kommt. Nach § 11 Abs. 1 Satz 1 Nr. 1 BZRG wird nämlich die Einstellung wegen Schuldunfähigkeit in das Bundeszentralregister eingetragen. Die damit verbundenen diskriminierenden Folgen dürfen einen Beschuldigten nicht treffen, bei dem die Tatbegehung unabhängig

---

11 *Eb. Schmidt* 28; *Hellebrand* 197.

12 LR/*Meyer-Goßner*[23] 36; KK/*Moldenhauer* 18; *Peters* § 50 III 2; *Bottke* StV **1986** 121; *Mörsch* Zur Rechtsstellung des Beschuldigten und seines Verteidigers im Vorverfahren unter Berücksichtigung der Aufgaben des gesamten Strafverfahrens, Diss. Mainz 1968, 50 f.; *Kalsbach* (LV zu § 172) 76 f.; *Tiedemann* JR **1964** 7; LR/*Esser*[27] Art. 6 EMRK, 687 f.; BVerfG Beschl. v. 19.12.1983 – 2 BvR 1731/82; vgl. auch Erl. zu § 153.

13 A.A. *Vogler* ZStW **89** (1977) 785 f. (Verdacht müsse in der günstigsten Art der Erledigung beseitigt werden).

von der Frage der Schuldfähigkeit nicht mindestens hinreichend wahrscheinlich ist. Umgekehrt ist es nicht zulässig, die Ermittlungen auf die Klärung der Frage der Schuldfähigkeit zu erstrecken, wenn schon im Übrigen kein hinreichender Tatverdacht besteht. In solchen Fällen wird das Ermittlungsverfahren nicht eingestellt, weil die Schuldfähigkeit fehlt oder dies nicht auszuschließen ist, sondern aus anderen Gründen. Eine Eintragung nach § 11 Abs. 1 Satz 1 Nr. 1 BZRG scheidet daher dann aus.

4. Unverzögerte Abschlussverfügung. Die Entscheidung über die Erhebung der öffentlichen Klage oder die Einstellung des Verfahrens ist unverzüglich zu treffen. Es gilt also nicht nur das Gebot der beschleunigten Durchführung der Ermittlungen (vgl. Erl. bei § 160), sondern auch die Pflicht, bei Anklage- oder Einstellungsreife die Abschlussverfügung alsbald vorzunehmen. Für die Klageerhebung folgt dies aus dem Beschleunigungsgebot (Art. 6 Abs. 1 Satz 1 EMRK); für die Einstellung ergibt es sich aus dem Grundsatz der Verhältnismäßigkeit, der das gesamte Verfahren beherrscht, denn schon die Verstrickung in ein Ermittlungsverfahren stellt für den Beschuldigten in vielfacher Hinsicht eine Belastung dar.[14] Das Verfahren ist daher bei „Anklagereife" alsbald durch Erhebung der öffentlichen Klage zu fördern,[15] bei „Einstellungsreife" ohne Verzögerungen einzustellen. **Einstellungsreife** liegt vor, wenn realistische und mit zumutbarem Aufwand mögliche Ermittlungshandlungen nicht mehr ersichtlich sind. Allerdings dürfen kostenintensive Ermittlungshandlungen nicht allein wegen der damit verbundenen Kosten unterbleiben. Die vage Hoffnung, dass noch verdachtsbegründende oder verdachtsverstärkende Umstände bekannt werden könnten, hindert die Einstellung nicht.[16] Eine rechtsstaatswidrige Verfahrensverzögerung liegt nicht vor, wenn die Staatsanwaltschaft das Ermittlungsverfahren zunächst nach § 170 Abs. 2 einstellt und erst im Laufe eines Klageerzwingungsverfahrens zur Anklageerhebung übergeht.[17] Eine grundlose Verzögerung der Abschlussentscheidung kann gegenüber dem Beschuldigten **Amtshaftungsansprüche** aus § 839 BGB oder **Entschädigungsansprüche** aus § 198 Abs. 1, § 199 GVG auslösen.[18] Mit der gesetzlichen Neufassung[19] der §§ 198, 199 GVG hat sich der Gesetzgeber bewusst für eine Kompensationslösung entschieden. Der Gedanke der Prävention wurde nur insoweit aufgegriffen, als der Entschädigungsanspruch eine Verzögerungsrüge (§ 198 Abs. 3 GVG) voraussetzt.[20] Vereinzelt wird dem Beschuldigten ein Recht auf Abschlussverfügung bei Einstellungsreife zugesprochen, das im Verfahren nach den §§ 23 ff. EGGVG in der Form der Verpflichtungsklage durchsetzbar sein soll.[21] Teilweise wird im Schrifttum aber auch für die Anerkennung einer objektiven Willkürgrenze, wie immer auch eine solche gezogen werden mag, plädiert, bei deren Überschreitung der Rechtsweg nach den §§ 23 ff. EGGVG eröffnet sein soll, sofern ein sofortiger Rechtsschutz geboten erscheint.[22] Einen gerichtlich durchsetzbaren Anspruch des Beschuldigten auf Verfahrenseinstellung gibt es nicht, denn es wäre systemwidrig, Rechtsschutz gegen das bloße Betreiben des Ermittlungsverfahrens schon vor dessen Ab- 11

---

14 Ausführlich *Hilger* JR **1985** 95 f. m.w.N.; vgl. auch *Bottke* StV **1986** 121 (kein gerichtlich durchsetzbares Recht auf zügige Bearbeitung); demgegenüber *Füßer/Viertel* NStZ **1999** 119 (überprüfbarer Anspruch auf Abschlussverfügung bei Einstellungsreife).

15 BGHSt **62** 312 (spätestens vor Eintritt der Verfolgungsverjährung).

16 *Hilger* JR **1985** 95; SK/*Albrecht* 16; teilw. **a.A.** *Lüttger* GA **1957** 198 Fn. 38 (angemessenes Abwarten).

17 BGH NStZ-RR **2002** 219.

18 BGHZ **20** 178; BGH (Z) AnwBl. **1958** 152; *Steffen* DRiZ **1972** 154; BGH NStZ **1988** 510; *Füßer/Viertel* NStZ **1999** 119; Grüneberg/*Sprau* § 839, 140 BGB; Schmitt/Köhler/*Schmitt* § 199, 3 f. GVG; LR/*Esser* Art. 6 EMRK 518.

19 Gesetz über den Rechtsschutz bei überlangen Gerichtsverfahren und strafrechtlichen Ermittlungsverfahren vom 24.11.2011 (BGBl. I S. 2302).

20 BGH NJW **2013** 385; vgl. auch LR/*Esser*[27] Art. 6 EMRK 509 ff. zu den Verfahrenseinzelheiten.

21 Befürwortend: *Füßer/Viertel* NStZ **1999** 119; ablehnend *Bohnert* 369 f.

22 LR/*Gerson*[27] § 23, 62 EGGVG; kritisch zu Rechtsschutzdefiziten *Nagel* StV **2001** 185 ff.

schluss für geboten zu halten.[23] Nur bei evidenter Verzögerung des Ermittlungsverfahrens und damit der Abschlussentscheidung nach § 170 kann ausnahmsweise eine mit dem Rechtsstaatsgebot unvereinbare Verzögerung vorliegen.[24]

12 Es erscheint fraglich, ob das geltende Recht einen unverzögerten Abschluss des Ermittlungsverfahrens und damit einen ausreichenden Rechtsschutz vor allem für den Beschuldigten sicherstellt. Die **Verfahrensdauer** hat sich weiterhin in den letzten Jahren auf einem stabilen Niveau mit eher geringfügigen Schwankungen eingependelt. Über 90 % aller Ermittlungsverfahren werden innerhalb der ersten sechs Monate abgeschlossen (2005: 93,7 %; 2010: 94,6 %; 2015: 94,9 %; 2020: 93,4 %; 2023: 93 %; 2024: 92,3 %).[25] Etwa 98 % aller Ermittlungsverfahren werden innerhalb von zwölf Monaten abschließend bearbeitet.[26] Damit sind etwa unverändert zwei Prozent aller Ermittlungsverfahren überjährig. Die durchschnittliche Verfahrensdauer lag im Jahr 2024 bei 2 Monaten. Die Ursachen hierfür mögen vielfältig sein und können hier nicht erforscht werden. Die recht hohe Zahl der überjährig anhängigen Ermittlungsverfahren lässt jedoch befürchten, dass sich darunter ein hoher Anteil abschlussreifer, nämlich einstellungsreifer Verfahren, befindet, ohne dass die verfahrensabschließende Entscheidung ohne Verzögerung getroffen worden ist.[27] De lege lata sind die Möglichkeiten eines effektiven Rechtsschutzes für den Beschuldigten gegen einen verzögerten Abschluss eines einstellungsreifen Ermittlungsverfahrens sehr begrenzt. Ob Maßnahmen im Rahmen der Dienstaufsicht (§ 147 Nr. 3 GVG) oder eine Verlagerung der Problematik in das Zivilrecht und auf die Zuerkennung eines Entschädigungsanspruchs (§§ 198, 199 GVG) letztlich geeignet sind, den Rechtsschutz für den mit einem offenen Ermittlungsverfahren belasteten Beschuldigten zu gewährleisten, dürfte eher zweifelhaft sein. Auch die Verzögerungsrüge nach § 198 Abs. 3 GVG hilft dem Beschuldigten nicht. Die Staatsanwaltschaft kann zwar auf entsprechende Rügen mit Abhilfe reagieren. Eine Beschwerdemöglichkeit für den Fall der Nichtabhilfe ist indes nicht vorgesehen. Der Weg über die §§ 23 ff. EGGVG in der Form der Verpflichtungsklage[28] erscheint ebenfalls ein unbefriedigender (theoretischer) Lösungsansatz zu sein,[29] der überdies von der obergerichtlichen Rechtsprechung abgelehnt wird,[30] zumal mit Änderung der §§ 198, 199 GVG eine Untätigkeitsbeschwerde unzulässig geworden ist.[31]

13 **De lege ferenda** stellen die Überlegungen von *Rieß* zu einem in Anlehnung an das **Klageerzwingungsverfahren** ausgestalteten und auf überjährige Verfahren begrenzten **Einstellungserzwingungsverfahren** einen dogmatischen Lösungsansatz in Form einer innerprozessualen Regelung dar, die dem Beschuldigten einen Anspruch auf Einstellung des Verfahrens bei Einstellungsreife zuerkennt.[32] Ein Regelungserfordernis besteht weiterhin

---

23 BVerfG Beschl. v. 30.5.2007 – 2 BvR 726/07.

24 BVerfG NStZ **1982** 430.

25 Statistisches Bundesamt Fachserie 10 Reihe 2.6. für 2000, 2005, 2010, 2015 S. 30; Statistische Bibliothek Tabelle 24211-11: Verfahrensdauer – Zeitreihe (2023.Korrektur der Ausgabe vom 15.8.2024); Statistischer Bericht – Staatsanwaltschaften – 2024, 2411-11: Verfahrensdauer – Zeitreihe.

26 Ebenda.

27 Vgl. zu möglichen Gründen für eine verzögerte Einstellung des Verfahrens *Rieß* FS Roxin 1325.

28 Vgl. insoweit *Füßer/Viertel* NStZ **1999** 118 ff.

29 Kritisch *Rieß* FS Roxin 1323.

30 Vgl. OLG Hamm MDR **1983** 255; OLG Stuttgart OLGSt Nr. 11 (wobei Antragsteller jeweils der Anzeigeerstatter und nicht der Beschuldigte war).

31 BGH NJW **2013** 385; LR/*Esser* Art. 6 EMRK, 529; a.A. MüKo/ Kölbel/Neßeler, Rn. 35.

32 *Rieß* FS Geerds 501 ff. (wo neben einer Anknüpfung an das Klageerzwingungsverfahren auch noch eine solche an das besondere Haftprüfungsverfahren nach den §§ 121, 122 zur Diskussion gestellt wurde); *Rieß* FS Roxin 1324 ff.; vgl. zu den Einzelheiten LR/Graalmann-Scherer[27] 13; siehe auch LR/*Esser* Art. 6 EMRK, 537f., der sich für die Einrichtung einer präventiven Untätigkeitsklage für das Strafverfahren ausspricht.

schon mit Blick auf die Anzahl der überjährigen Verfahren, die auch nach Einführung der Verzögerungsrüge nahezu unverändert blieb.

5. Tatbegriff

a) Einheitliche Abschlussentscheidung. Die Abschlussentscheidung kann hinsichtlich einer einheitlichen prozessualen Tat im Sinne des § 264 nur einheitlich ergehen;[33] es kann also, unabhängig von der materiellrechtlichen Frage der Tateinheit oder Tatmehrheit, bei *einer* prozessualen Tat nicht wegen einzelner Gesetzesverletzungen die öffentliche Klage erhoben und im Übrigen das Verfahren eingestellt werden. Wird (fälschlicherweise oder in Verkennung des Tatumfangs) so verfahren, so wird die gesamte Tat bei Gericht anhängig; die Einstellung ist gegenstandslos, kann aber ggf. in eine Stoffbeschränkung nach § 154a Abs. 1 umzudeuten sein.[34] Zur Frage des Zusammentreffens von Offizial- und Privatklagedelikt s. Erl. zu § 376, zur Bescheidung des Antragstellers s. § 171, 13. Eine unterschiedliche Abschlussentscheidung ist dagegen möglich, wenn einem Beschuldigten mehrere (prozessuale) Taten oder mehreren Beschuldigten eine Beteiligung an derselben prozessualen Tat vorgeworfen wird. 14

b) Zusammentreffen von Straftat und Ordnungswidrigkeit. Umfasst die durch die Abschlussverfügung zu erledigende Tat zugleich eine Ordnungswidrigkeit, so wird diese bei Erhebung der öffentlichen Klage automatisch mit anhängig und kann geahndet werden, wenn wegen der Straftat Strafe verhängt wird (§§ 21, 40, 45, 64 OWiG). Verneint die Staatsanwaltschaft den genügenden Anlass zur Klageerhebung wegen einer Straftat und stellt sie insoweit das Verfahren nach Absatz 2 ein, so ordnet sie zugleich wegen der **Ordnungswidrigkeit** die **Abgabe des Verfahrens** nach § 43 OWiG an die **Verwaltungsbehörde** an, wenn deswegen mindestens ein Anfangsverdacht besteht.[35] Ebenso kann die Staatsanwaltschaft verfahren, wenn sie bei einem **Privatklagedelikt** das öffentliche Interesse an der Erhebung der öffentlichen Klage verneint; sie ist in diesem Fall nicht gezwungen, zugleich die Ordnungswidrigkeit nach § 47 Abs. 1 OWiG einzustellen.[36] 15

Erlässt die Verwaltungsbehörde wegen der Ordnungswidrigkeit einen **Bußgeldbescheid und** legt der Betroffene hiergegen **Einspruch** ein, so wird die gesamte Tat einschließlich der Beurteilung unter dem Gesichtspunkt der Straftat rechtshängig. Das Gericht ist durch die Einstellung des Ermittlungsverfahrens durch die Staatsanwaltschaft nicht nur nicht gehindert, sondern sogar verpflichtet, das Ordnungswidrigkeitenverfahren nach § 81 OWiG in ein Strafverfahren überzuleiten und im Falle eines Tatnachweises den Betroffenen unter Aufhebung des Bußgeldbescheids nunmehr als Angeklagten zu verurteilen, sofern es den Straftatbestand bejaht.[37] 16

---

33 KK/*Moldenhauer* 19; KMR/*Noltensmeier-von Osten* 20; SK/*Albrecht* 12; *Eb. Schmidt* 5; *Meyer-Goßner* JR **1977** 216; *Solbach* DRiZ **1977** 181; vgl. RGSt 77 226; OLG Karlsruhe JR **1977** 215.

34 KG VRS **67** (1984) 124 (für den Fall des § 153 Abs. 1).

35 Näher KK-OWiG/*Lutz* § 43, 4 f.; vgl. auch § 153, 18 ff.; *Hellebrand* 301.

36 LG Oldenburg MDR **1981** 421; zweifelnd, wenn auch offengelassen BayObLG MDR **1977** 246; zum Ganzen ausführlich KK-OWiG/*Lutz* § 43, 16 ff.; s. auch ausführlich LR/*Wenske*[27] § 376, 10 f.; *Kellner* MDR **1977** 628; *Zettel* MDR **1978** 531; vgl. Rn. 37.

37 Zur ähnlichen Situation bei Anwendung des § 153 Abs. 1 s. § 153, 19 f.; zur Situation bei der Privatklage vgl. LR/*Wenske* § 376, 10 f.; KK-OWiG/*Lutz* § 43, 18 ff.; *Kellner* MDR **1977** 628; vgl. auch (zur nachträglichen Erklärung des besonderen öffentlichen Interesses im Sinne von § 230 StGB) OLG Hamburg NStZ **1986** 81.

17 **6. Kein Ermessen.** Bei der Abschlussentscheidung, namentlich bei der Frage, ob genügender Anlass zur Erhebung der öffentlichen Klage besteht, steht der Staatsanwaltschaft kein Ermessen zu. Sie hat vielmehr unbestimmte Rechtsbegriffe anzuwenden,[38] die ihr allerdings erhebliche Beurteilungsspielräume gewähren.[39] Die Rechtsanwendung ist bei Einstellung des Verfahrens nach Absatz 2 außerhalb des Klageerzwingungsverfahrens gerichtlich nicht überprüfbar (§ 172, 5). Gegen die Erhebung der öffentlichen Klage nach Absatz 1 kann der Angeschuldigte nicht im Verfahren nach §§ 23 ff. EGGVG vorgehen,[40] doch ist wegen der Identität des „genügenden Anlasses" mit dem „hinreichenden Tatverdacht" die Anwendung des unbestimmten Rechtsbegriffs in diesen Fällen stets inzident vom Gericht im Eröffnungsverfahren mit zu überprüfen. Die Einstellung des Verfahrens ist, sofern eine gerichtliche Überprüfung im Klageerzwingungsverfahren nicht zulässig ist, nicht analog §§ 23 ff. EGGVG gerichtlich überprüfbar.[41] Die Entscheidung über die Erhebung der öffentlichen Klage kann auch eine Amtspflichtverletzung im Sinne des § 839 BGB enthalten und unterliegt insoweit der zivilgerichtlichen Kontrolle.[42] Dagegen steht der Staatsanwaltschaft in den Fällen der §§ 153 ff. teilweise dahingehend ein echtes **Ermessen** zu, ob sie bei Vorliegen der Anwendungsvoraussetzungen von den jeweiligen Nichtverfolgungsermächtigungen Gebrauch machen will.[43] Insoweit wird im Rahmen ihrer zulässigen Ermessensausübung, die auch die Art der Anklageerhebung betrifft, teilweise vertreten, dass die Abschlussentscheidung einer **Verständigung** zwischen der Staatsanwaltschaft und dem Beschuldigten zugänglich ist.[44] Die Erörterungsbefugnis nach § 160b schließt nach dem Willen des Gesetzgebers und der Gesetzeskonzeption indes verbindliche Zusagen der Staatsanwaltschaft nicht mit ein.[45] Das gilt auch für erfolgte Zusagen der Staatsanwaltschaft zu Einstellungen in anderen Verfahren etwa nach § 154 Abs. 1 StPO im Rahmen von Verständigungsgesprächen nach § 257c (sog. Gesamtlösung).[46] Eine Bindungswirkung ergibt sich nach überwiegender Auffassung in der Literatur nur aus Vertrauensschutz- und Fairnesserwägungen, wenn der Beschuldigte auf eine Zusage der Staatsanwaltschaft bereits Vorleistungen erbracht hat.[47]

---

38 BVerfG NStZ **2002** 606; BGH (Z) NJW **1970** 1543; BGH (Z) NStZ **1988** 511; KK/*Moldenhauer* 4; Schmitt/Köhler/*Schmitt* 1; *Bloy* GA **1980** 162; *Hilger* JR **1985** 94; *Sailer* NJW **1977** 1138; *Shin* Anklagepflicht und Opportunitätsprinzip im deutschen und koreanischen Recht (1984) 26; *Steffen* DRiZ **1972** 153; *Vogel* Das öffentliche Interesse an der Strafverfolgung und seine prozessuale Bedeutung, Diss. München 1966, 94; **a.A.** von einem anderen Ermessensbegriff her, in der Sache aber wohl übereinstimmend *Lüttger* GA **1957** 203.

39 KK/*Moldenhauer* 4; Schmitt/Köhler/*Schmitt* 1 (nicht unerheblicher Beurteilungsspielraum); kein Ermessen: SK/*Albrecht* 28; **a.A.** *Störmer* ZStW **108** (1996) 517.

40 OLG Frankfurt NJW **1966** 363; LR/*Gerson*[27] § 23, 75 EGGVG m.w.N.

41 LR/*Gerson* § 23, 75 EGGVG; **a.A.** *Heinrich* NStZ **1996** 115.

42 BGHZ **20** 178; BGH (Z) NJW **1979** 1543; BGH (Z) NStZ **1988** 511; BGH NJW **1989** 96; BGHR BGB § 839 I 1 Staatsanwalt 3; dazu ausführlich *Blomeyer* JZ **1970** 715; *Steffen* DRiZ **1972** 153.

43 Vgl. näher (Ermessenspielraum) u.a. § 153c, 9; § 153e, 12; § 153f, 18, 34, 42 ff.; § 154, 27; § 154c, 11; § 154d, 16; (kein Ermessen) § 153, 42 f.; § 153a, 53; vgl. auch § 153b, 8; § 154, 27.

44 So etwa KK/*Moldenhauer* 12b; Schmitt/Köhler/*Schmitt* 14; Radtke/Homann/*Rettenmaier* 18 ff.; a.A. LR/*Erb* § 160b, 4 ff.; MüKo/*Jahn* § 160b, 31 ff.; Radtke/Homann/*Link* § 160b, 5.

45 LR/*Erb* § 160b, 2, 6, 10. Nach dem Willen des Gesetzgebers ist eine Verfahrensabsprache „zu diesem frühen Zeitpunkt und außerhalb der Beteiligung des Gerichts noch nicht möglich" (BTDrucks. **16** 12310 S. 12).

46 KK/*Weingarten* § 160b, 7; BGH NStZ **2017** 56.

47 KK/*Moldenhauer* 12b; KK/*Weingarten* § 160b, 7; KMR/*Noltensmeier-von Osten* § 160b, 11; Schmitt/Köhler/*Köhler* § 160b, 9 ff.; SK/*Albrecht* § 160b 10; MüKo/*Jahn* § 160b, 37.

II. Erhebung der öffentlichen Klage (Absatz 1)

1. Formen und Adressat der Klageerhebung. Neben dem in Absatz 1 allein erwähnten Normalfall der Klageerhebung durch Einreichung einer Anklageschrift (§ 199 Abs. 2, § 200) mit dem Ziel der Eröffnung des Hauptverfahrens (§§ 203, 207) gibt es folgende weitere, in der Vorschrift nicht genannte Möglichkeiten, durch die die öffentliche Klage im Sinne von § 170 Abs. 1 erhoben werden kann: **Antrag auf Aburteilung im beschleunigten Verfahren** (§§ 417 ff.), **Strafbefehlsantrag** (§ 407), **Nachtragsanklage** (§ 266), **Antrag auf Aburteilung im vereinfachten Jugendverfahren** (§§ 76 ff. JGG). In dem auf die Verhängung einer Maßregel der Besserung und Sicherung gerichteten **Sicherungsverfahren** (§§ 413 ff.) sowie im **selbständigen (Einziehungs-)Verfahren** (§§ 435 ff.) wird die öffentliche Klage durch die dort genannten Anträge erhoben; allerdings ist der Entscheidungsmaßstab in diesen Fällen nicht dem § 170 zu entnehmen, sondern den §§ 413 und 435, nach denen das Opportunitätsprinzip gilt. 18

Adressat der Klage ist das „zuständige Gericht", also das Gericht, das die von der Staatsanwaltschaft beantragte nächste Prozesshandlung vorzunehmen hat. Im Normalfall ist dies das Gericht, das über die Eröffnung des Hauptverfahrens entscheiden muss. Da diese Entscheidung nach § 199 Abs. 1 von dem für die Hauptverhandlung zuständigen Gericht zu treffen ist, ist die öffentliche Klage stets vor dem Gericht zu erheben, das die Staatsanwaltschaft für die Sachentscheidung für zuständig hält. Dieses ist durch die Zuständigkeitswahl nicht gebunden, sondern hat seine Zuständigkeit von Amts wegen zu prüfen.[48] 19

Mit der Klageerhebung werden die **Akten** dem Gericht vorgelegt. Die Ermittlungsakten werden mit der Vorlage bei Gericht zu den Strafakten. Es gilt der **Grundsatz der Aktenvollständigkeit**. Die Staatsanwaltschaft ist danach verpflichtet, dem Gericht vollständige Akten vorzulegen. Insbesondere steht ihr kein Auswahlrecht zu, bestimmte Ermittlungsergebnisse dem Gericht vorzuenthalten; zu den bei der Staatsanwaltschaft verbleibenden Handakten und zu den Spurenakten siehe Erl. zu § 199. Die **Mitteilung der Klageerhebung** an den Angeschuldigten obliegt nach § 201 dem Gericht, nicht der Staatsanwaltschaft (vgl. auch Erl. zu § 201). 20

2. Formelle Voraussetzungen. Vor der Erhebung der öffentlichen Klage ist der Beschuldigte nach § 163a Abs. 1 zu vernehmen. Der Abschluss der Ermittlungen ist gemäß § 169a in den Akten zu vermerken. 21

3. Materielle Voraussetzungen

a) Allgemeines. Die Beschreibung des materiellen Maßstabs für die Erhebung der öffentlichen Klage als „genügender Anlass" hat im Wesentlichen historische Gründe. Solange § 170 Abs. 1 auch den Antrag auf Eröffnung der gerichtlichen Voruntersuchung als Erhebung der öffentlichen Klage verstand, war es nicht möglich, für den in dieser Vorschrift einheitlich zu beschreibenden Entscheidungsmaßstab den in § 203 für die Eröffnung des Hauptverfahrens verwendeten Begriff des „hinreichenden Tatverdachts" auch in § 170 Abs. 1 zu benutzen. Die ganz h.M. ist jedoch schon damals davon ausgegangen, dass für den Fall der unmittelbaren Anklageerhebung der genügende Anlass im Sinne des § 170 22

48 §§ 6, 6a, 16; zu den unterschiedlichen verfahrensrechtlichen Regelungen bei einer abweichenden Zuständigkeitsbeurteilung durch das Gericht vgl. §§ 209, 209a, 408 Abs. 1 Satz 2; vgl. auch § 200, 48 ff.; 204, 4 ff.

Abs. 1 mit dem hinreichenden Tatverdacht im Sinne des § 203 gleichzusetzen ist.[49] Diese Gleichsetzung entspricht heute ganz überwiegender Auffassung,[50] der mindestens insoweit zuzustimmen ist, als der genügende Anlass zu Erhebung der öffentlichen Klage stets fehlt, wenn hinreichender Tatverdacht im Sinne des § 203 nicht vorliegt.

23 Die Beibehaltung des an sich nicht mehr erforderlichen Begriffs „genügender Anlass" trotz des Wegfalls der gerichtlichen Voruntersuchung und damit des Grundes für die gegenüber § 203 unterschiedliche Wortwahl durch den Gesetzgeber des 1. StVRG[51] lässt heute auch eine **neue Interpretation** des **„genügenden Anlasses"** als möglich erscheinen, die die Nichtverfolgungsermächtigungen nach den §§ 153 ff. sowie die Verneinung des öffentlichen Interesses nach § 376 mit einbezieht. Genügender Anlass zur Erhebung der öffentlichen Klage bestünde bei einer solchen Auslegung dann, wenn (1) kein Anlass für eine Einstellung nach den §§ 153 ff. besteht, (2) bei einem Privatklagedelikt das öffentliche Interesse an der Erhebung der öffentlichen Klage nach § 376 bejaht wird und (3) hinreichender Tatverdacht im Sinne von § 203 vorliegt.[52] Bei einer solchen Auslegung, der ein Vorrang der sog. Ermessenseinstellungen vor der Klageerhebung zu entnehmen sein könnte,[53] würde sich die in den §§ 153 ff. nicht geregelte Pflicht zur Einstellungsmitteilung unmittelbar (nicht nur analog) aus § 170 Abs. 2, § 171 ergeben.

24 **b) Hinreichender Tatverdacht.** Abgesehen von der in der vorstehenden Rn. erörterten Möglichkeit, in den Begriff des genügenden Anlasses die Einstellungsmöglichkeiten nach den §§ 153 ff. mit einzubeziehen, besteht für die Staatsanwaltschaft genügender Anlass zur Erhebung der öffentlichen Klage, wenn sie den hinreichenden Tatverdacht im Sinne des § 203 bejaht. Hinreichender Tatverdacht ist dann anzunehmen, wenn die nach Maßgabe des Akteninhalts vorzunehmende vorläufige Tatbewertung[54] ergibt, dass die Verurteilung wahrscheinlich ist.[55] Eine **hohe** Wahrscheinlichkeit der Verurteilung setzt die Annahme des hinreichenden Tatverdachts nicht voraus.[56] Auf die Erläuterungen zu diesem im Schrifttum und in der Rechtsprechung teilweise terminologisch und sachlich unterschiedlich ausgelegten Begriff bei § 203 wird daher verwiesen. Für die staatsanwaltschaftliche Abschlussverfügung ist allein maßgebend, ob die Staatsanwaltschaft den hinreichenden Tatverdacht bejaht; es kommt nicht darauf an, ob möglicherweise das Gericht die Sachlage anders beurteilen würde.[57] Zur Frage der Bindung an eine abweichende höchstrichterliche Rechtsprechung s. Rn. 26 f.

---

49 So z.B. *Eb. Schmidt* 18; LR/*Kohlhaas*[22] 4; *von Hippel* 244, 482; ausführlich m.w.N. *v. Hindte* 91; *Lüttger* GA **1957** 195 Fn. 14; **a.A.** *Miehe* FS Grünwald 379, 390 ff.; dagegen *Meyer-Goßner* ZRP **2000** 347; MüKo/*Wenske* § 203, 3; vgl. auch § 203, 6 ff.

50 Z.B. KK/*Moldenhauer* 3; *Schmitt*/*Köhler*/*Schmitt* 1; KMR/*Noltensmeier-von Osten* 4; SK/*Albrecht* 23; *Geppert* Jura **1982** 142; *Schlüchter* 400; ausführlich *Lüttger* GA **1957** 193 ff.; *Hellebrand* 230 ff.; *Meyer-Goßner* ZRP **2000** 347; **a.A.** *Miehe* FS Grünwald 379, 390 ff.; vgl. auch § 203, 10.

51 Aus den Gesetzesmaterialien (BTDrucks. 7 551 S. 78; 7 2600) einschließlich der Ausschussprotokolle ergibt sich allerdings kein Hinweis dafür, dass der Gesetzgeber mit der Aufrechterhaltung des Begriffs des „genügenden Anlasses" diese neue Interpretation begründen wollte.

52 Vgl. KK/*Moldenhauer* 8; *Schmitt*/*Köhler*/*Schmitt* 6; SK/*Albrecht* 23; *Geppert* Jura **1982** 143; *Hellebrand* 230 ff.; vgl. auch die Begründung zum Entwurf des StVÄG 1984, BTDrucks. **10** 1313 S. 35 (im Verhältnis zu § 153a Abs. 1).

53 Vgl. *Hellebrand* 232.

54 BGHSt **23** 306; OLG Hamburg StV **1996** 418; KG NJW **1997** 69; OLG Koblenz NJW **1994** 1887.

55 KK/*Schneider* § 203, 3 ff.; Schmitt/Köhler/*Schmitt* 1; SSW/*Rosenau* § 203, 3; vgl. auch § 203, 14 m.w.N.

56 So aber LR/*Rieß*[25] § 203, 12; ebenso SK/*Paeffgen* § 203, 12.

57 KK/*Moldenhauer* 4; Schmitt/Köhler/*Schmitt* 2; SK/*Albrecht* 27; MüKo/*Kölbel*/*Neßeler* 4; *Roxin* DRiZ **1997** 114; OLG Karlsruhe NJW **1974** 807.

c) Einzelfragen. Ebenso wenig wie ein fehlender Tatverdacht bei der Eröffnung des Hauptverfahrens durch andere Gründe ersetzt werden kann, besteht ein genügender Anlass zur Klageerhebung, wenn es an einem (täter- und deliktsneutral zu beurteilenden)[58] hinreichenden Tatverdacht fehlt. Kein genügender Anlass ist namentlich für sich allein das Interesse der Öffentlichkeit an einer gerichtlichen Klärung des Tatvorwurfs,[59] die Anklageerhebung zu dem Zweck, einen lästigen Anzeigeerstatter loszuwerden,[60] der nicht erklärte Verzicht auf eine Entschädigung für Strafverfolgungsmaßnahmen[61] oder das bloße Bedürfnis nach der gerichtlichen Klärung einer Rechtsfrage.[62] **Zweifelhafte Rechts- und Tatfragen** hat die **Staatsanwaltschaft selbst** und **in eigener Verantwortung** zu entscheiden;[63] insbesondere dürfen Beweisfragen nur dann der gerichtlichen Klärung und Entscheidung überlassen werden, wenn zur Behebung der Zweifel die besseren Aufklärungsmöglichkeiten der Hauptverhandlung erforderlich sind, etwa in **beweiswürdigungsrechtlich hoch sensiblen Fällen,** namentlich im Rahmen von Wirtschaftsstrafverfahren.[64] Beurteilt die Staatsanwaltschaft eine zweifelhafte Rechtsfrage jetzt anders als früher, so ist sie auch dann nicht an der Klageerhebung gehindert, wenn sie früher andere, gleichgelagerte Verfahren eingestellt hat und diese, etwa wegen Verjährung, nicht mehr wiederaufgenommen werden können.[65] Der Grundsatz **„in „dubio pro reo"** findet bei der Prüfung, ob genügender Anlass zur Erhebung der öffentlichen Klage besteht, keine unmittelbare Anwendung; er kann nur mittelbar eine Rolle spielen.[66] 25

d) Bindung an die höchstrichterliche Rechtsprechung? Nach wie vor sehr umstritten, wenn auch ohne nennenswerte praktische Bedeutung,[67] ist, ob die Staatsanwaltschaft an eine ständige (oder gefestigte) höchstrichterliche Rechtsprechung dahingehend gebunden ist, dass sie auch dann anklagen muss, wenn sie nach ihrer eigenen Rechtsauffassung ein nach der höchstrichterlichen Rechtsprechung strafbares Verhalten für straflos hält.[68] Der Bundesgerichtshof hat eine solche Bindung namentlich unter Berufung auf das Legalitätsprinzip bejaht.[69] Im Schrifttum wird diese Auffassung demgegenüber differenziert diskutiert.[70] Teilweise wird mit der von *K. Schäfer* entwickelten Begründung eine Verpflich- 26

---

58 *Lüttger* GA **1957** 199 ff. m.w.N.; *Kaiser* NJW **1965** 2383.

59 *Bockelmann* NJW **1960** 221; *Kaiser* NJW **1965** 2383; **a.A.** *Güde* NJW **1960** 516.

60 LR/*Meyer-Goßner*[23] 21; *Peters* § 23 IV 1b; *Kaiser* NJW **1965** 2383; *Lüttger* GA **1957** 195 Fn. 13.

61 Vgl. *Seebode* NStZ **1982** 145 f.

62 **A.A.** *Henkel* 312; vgl. aber Rn. 27.

63 Ausführlich *Lüttger* GA **1957** 213 ff.

64 KK/*Moldenhauer* 5; Schmitt/Köhler/*Schmitt* 1; MüKo/*Kölbel/Neßler* 15; SK/*Albrecht* 29; *Gerland* 308; LK/*Stuckenberg* § 203, 14; KK/*Schneider* § 203, 5; *von Hippel* 482; *Eb. Schmidt* 19; BGH NJW **1970** 1544; kritisch Gaede ZStW **2017** 911ff.

65 Teilweise **a.A.** *Sailer* NJW **1977** 1139 (Rechtsauffassungswandel müsse mitgeteilt werden).

66 OLG Bamberg NStZ **1991** 252; zur Bedeutung des Grundsatzes in dubio pro reo bei der Entscheidung über die Klageerhebung vgl. § 203, 13, 16.

67 Vgl. *Dünnebier* JZ **1961** 312; *Kaiser* NJW **1965** 2380; *Lüttger* GA **1957** 212 f.

68 Vgl. zum Streitstand LR/*K. Schäfer*[24] Einl. **13** 36 ff., der eine Bindung der Staatsanwaltschaft mit eingehender Begründung bejaht; ähnlich auch Singelnstein, Strafbare Strafverfolgung **2019** 101 ff., der ebenfalls eine Bindung an die obergerichtliche Rspr. annimmt, von der nur unter besonderen Anforderungen abgewichen werden dürfe; demgegenüber LR/*Kühne* Einl. I 24.

69 BGHSt **15** 155, 158 ff.; OLG Zweibrücken NStZ **2007** 420; KK/*Moldenhauer* 6.

70 Vgl. differenzierend Schmitt/Köhler/*Schmitt* Vor § 141, 11 GVG; ebenfalls differenzierend KMR/*Noltensmeier-von Osten* 8; *Arndt* NJW **1961** 1617; *Dünnebier* JZ **1961** 312; *Faller* JZ **1961** 478; *Koller* 368 ff.; *Lüttger* GA **1957** 211; *Roxin* DRiZ **1997** 115; *Krey* JA **1985** 64; *Krey/Pföhler* NStZ **1985** 150; eingehend *Breneselovic;* SK/*Albrecht* 32 ff.

tung der Staatsanwaltschaft kraft ihrer Stellung zur Mitwirkung an einer einheitlichen Rechtsanwendung bejaht.[71] Aus dieser Begründung wird bisweilen die weitere Konsequenz gezogen, dass auch schon vereinzelte obergerichtliche Entscheidungen, die die Strafbarkeit eines Verhaltens bejahen, zur Klageerhebung nötigen können.[72] Unbestritten ist bei den Anhängern der Bindungsthese, dass die Staatsanwaltschaft bei ihrer Mitwirkung im gerichtlichen Verfahren berechtigt (und verpflichtet) sei, ihre abweichende Rechtsauffassung zu vertreten und zu versuchen, eine Korrektur der (von ihr für falsch gehaltenen) Rechtsprechung herbeizuführen. Unbestritten ist wohl auch, dass die Staatsanwaltschaft im umgekehrten Fall, wenn sie also entgegen der Rechtsprechung ein Verhalten für strafbar hält, zur Anklage berechtigt sei.[73]

27 Die wohl besseren Gründe dürften jedoch dafür sprechen, dass die Staatsanwaltschaft **keiner Bindung an eine die Strafbarkeit bejahende obergerichtliche Rechtsprechung** unterliegt, sofern nicht (ausnahmsweise) die ständige Rechtsprechung zum Gewohnheitsrecht erstarkt ist. Die Bindungsthese läuft im Ergebnis auf einen „Interpretationsvorrang" der obergerichtlichen Rechtsprechung bei der Rechtsanwendung hinaus, den weder Art. 92 GG noch das Gewaltenteilungsprinzip rechtfertigt.[74] Auf das Legalitätsprinzip lässt sich, entgegen der Auffassung des Bundesgerichtshofs, die Bindung nicht stützen; aus ihm folgt nur, dass die Staatsanwaltschaft zur Verfolgung verpflichtet ist, *wenn* ein Verhalten aus Rechtsgründen strafbar erscheint. Es besagt aber nichts darüber, *wer* die Entscheidung über zweifelhafte Rechtsfragen zu treffen hat.[75] Insofern ergibt sich aus Art. 20 GG, dass die Staatsanwaltschaft als Wächterin des Gesetzes an Recht und Gesetz gebunden und aus § 150 GVG, dass sie in ihren amtlichen Verrichtungen vom Gericht unabhängig ist.[76] Für eine Bindung an die höchstrichterliche Rechtsprechung lässt sich daraus nichts herleiten.[77] Der Gesetzgeber hat (wohl abschließend) bei der Entscheidung über die Anklageerhebung lediglich in den Grenzen des Klageerzwingungsverfahrens das letzte Wort den Gerichten zugewiesen und damit Rechtsprechungsdivergenzen zwischen den verschiedenen Oberlandesgerichten in Kauf genommen, da Entscheidungen nach den §§ 172 ff. nicht gemäß § 121 Abs. 2 GVG zur Vorlage verpflichten. Schon aus diesem Grunde lässt sich die Bindungsthese nicht auf eine Pflicht der Staatsanwaltschaft zur Wahrung der Rechtseinheit stützen.[78] Gegen sie spricht in mehr praktischer Hinsicht weiter die Unschärfe des Begriffs einer ständigen oder gefestigten obergerichtlichen Rechtsprechung[79] und in mehr grundsätzlicher Hinsicht, dass die Bindung an eine anklagefreundliche Rechtsprechung dem Gedanken des Beschuldigtenschutzes zuwiderläuft, der darin liegt, dass der Verdächtige sich nur dann in öffentlicher Hauptverhandlung soll verantworten müssen, wenn unabhängig vonei-

71 LR/*K. Schäfer*[24] Einl. **13** 36 ff.; Schmitt/Köhler/*Schmitt* Vor § 141, 11 GVG; LR/*Krauß*[27] Vor § 141, 18; *Kausch* Der Staatsanwalt – ein Richter vor dem Richter (1980) 220.

72 So vor allem LR/*K. Schäfer*[24] Einl. **13** 41; wohl zustimmend *Schlüchter* 64 Fn. 161, dazu ausführlich krit. *Bottke* GA **1980** 306 ff.

73 LR/*K. Schäfer*[24] Einl. **13** 39; KK/*Moldenhauer* 7; KMR/*Noltensmeier-von Osten* 8; *Peters* Der neue Strafprozeß (1975) 96; *Lüttger* GA **1957** 213.

74 So von einem streng dogmatischen verfassungsrechtlichen Ansatz auch *Koller* 368 ff.

75 *Bottke* GA **1980** 303; **a.A.** *Schlüchter* 61.4.

76 *Bottke* GA **1980** 307; *Lüttger* GA **1957** 212; so wohl auch *Koller* 370 f.; abweichend LR/*K. Schäfer*[23] § 150, 1 GVG.

77 LR/*Franke*[26] Vor § 141, 17 GVG, § 150, 3 GVG; *Peters* Der neue Strafprozeß (1975) 96; so wohl auch *Bohnert* 302.

78 Ebenso *Bottke* GA **1980** 308 f.

79 *Bottke* GA **1980** 306; *Sarstedt* NJW **1964** 1756; *Seiler* Legalitätsprinzip und Weisungsrecht im Strafprozeß (1968) 22 („fest" muss nicht „richtig" heißen); *Bohnert* 301.

nander bei vorläufiger Tatbewertung die Staatsanwaltschaft als Anklagebehörde und das eröffnende Gericht die Strafbarkeit bejahen.[80]

e) Verfassungsrechtliche Bedenken. Für die Staatsanwaltschaft gilt, wie für jedes andere staatliche Organ der **Grundsatz der Verfassungsbindung**. Sie hat folglich die **Kompetenz zur Prüfung der Verfassungsmäßigkeit** einer Rechtsnorm, von der die Entscheidung über die Erhebung der öffentlichen Klage abhängt,[81] und ggf. die Pflicht zur verfassungskonformen Auslegung. Hält die Staatsanwaltschaft eine Rechtsnorm, aus der sich die Strafbarkeit oder Verfolgbarkeit ergibt, für verfassungswidrig, so ist zu unterscheiden: Handelt es sich um ein **vorkonstitutionelles Gesetz** oder um eine sonstige Rechtsnorm, die nicht dem Verwerfungsmonopol des Bundesverfassungsgerichts gemäß Art. 100 Abs. 1 GG unterliegt, so hat die Staatsanwaltschaft neben der Prüfungs- auch die **Verwerfungskompetenz**. Sie darf diese Rechtsnorm folglich nicht anwenden und hat daher das Verfahren einzustellen. Dies gilt nach der hier vertretenen Auffassung (Rn. 26) auch dann, wenn die Verfassungsmäßigkeit der Norm von einer ständigen oder gefestigten höchstrichterlichen Rechtsprechung bejaht wird. 28

Bei **nachkonstitutionellen Gesetzen**, die dem Verwerfungsmonopol des Bundesverfassungsgerichts unterliegen, hat die Staatsanwaltschaft **keine Verwerfungskompetenz**.[82] Sie kann auch nicht, anders als das mit der Sache befasste Gericht, die Frage nach Art. 100 Abs. 1 GG dem Bundesverfassungsgericht selbst direkt zur Entscheidung vorlegen.[83] Ohne Klageerhebung könnte die Staatsanwaltschaft eine verbindliche Entscheidung über die Verfassungswidrigkeit nur dadurch erreichen, dass sie über den Justizminister eine abstrakte Normkontrolle nach Art. 93 Abs. 1 Nr. 2 GG durch die jeweilige Landesregierung herbeiführt,[84] was voraussetzt, dass diese die Auffassung der Staatsanwaltschaft von der Verfassungswidrigkeit teilt und ein Normenkontrollverfahren für opportun hält.[85] Dieser Weg hat nur theoretische und keine praktische Bedeutung und wird zur Klärung der Frage vielfach nicht in Betracht kommen. Die Staatsanwaltschaft kann vielmehr auch aufgrund einer von ihr für verfassungswidrig gehaltenen Rechtsnorm die öffentliche Klage erheben und dabei zugleich beantragen, dass das für die Entscheidung über die Eröffnung zuständige Gericht im Eröffnungsverfahren eine Entscheidung des Bundesverfassungsgerichts nach Art. 100 Abs. 1 herbeiführt (siehe Erl. zu § 203). 29

4. Wirkungen der Klageerhebung. Die wirksam erhobene Klage ist Prozessvoraussetzung für das gerichtliche Verfahren.[86] Zu den Wirkungen der Klageerhebung s. Erl. zu § 151; zur Rücknahmebefugnis s. § 156 und die dort. Erl. 30

80 *Bottke* GA **1980** 309; ähnlich *Geppert* Jura **1982** 149.

81 *Faller* JZ **1961** 479; vgl. auch BVerfGE **12** 180, 185.

82 *Faller* JZ **1961** 479; **a.A.** teilw. *Bachof* AöR **87** (1962) 40 ff., der für die (allgemeine) Verwaltung eine beschränkte Verwerfungskompetenz bejaht.

83 Dürig/Herzog/Scholz/*Dederer* Art. 100, 67 ff.; *Faller* JZ **1961** 479.

84 *Faller* JZ **1961** 480.

85 Vgl. § 76 Abs. 1 Nr. 1 BVerfGG, wonach die abstrakte Normenkontrolle nur zulässig ist, wenn der Antragsteller (also die Bundes- oder Landesregierung oder ein Drittel der Mitglieder des Bundestages) die Norm für verfassungswidrig hält; **a.A.** *Faller* JZ **1961** 480 unter Hinweis auf § 76 Nr. 2 BVerfGG a.F., der die Regierung zum Normenkontrollantrag für verpflichtet hält, wenn die Staatsanwaltschaft (der Generalstaatsanwalt) die Verfassungswidrigkeit bejaht.

86 Vgl. LR/*Kühne* Einl. K 40; vgl. auch Erl. zu § 206a.

III. Einstellung des Verfahrens (Absatz 2)

31 **1. Allgemeines. Hinweise.** Die förmliche Einstellung des Verfahrens durch eine ausdrückliche, zu begründende Verfügung der Staatsanwaltschaft (Rn. 36) ist in jedem Ermittlungsverfahren in Bezug auf diejenigen Taten oder Beschuldigten erforderlich, hinsichtlich derer die öffentliche Klage nicht erhoben wird. Eine stillschweigende Einstellung durch bloßes Untätigbleiben der Staatsanwaltschaft ist nicht zulässig,[87] denn dadurch würde einem Antragsteller eine Überprüfung der Entscheidung genommen. Ob der Abschlussverfügung Ermittlungen vorangegangen sind, ist unerheblich (Rn. 7). Die Einstellung ist unverzüglich vorzunehmen, sobald Einstellungsreife vorliegt (Rn. 9 bis 11). Für die Einstellungsentscheidung selbst ist unerheblich, ob sich das Verfahren gegen Unbekannt oder gegen einen bekannten Tatverdächtigen richtet und ob in letzterem Fall der Einstellungsgrund darin besteht, dass schon für die Annahme einer strafbaren Tat oder nur für die Täterschaft des Beschuldigten hinreichende Anhaltspunkte fehlen. Besteht der Verdacht einer verfolgbaren Tat weiter, so berührt die Einstellung des Verfahrens gegen den bisherigen Beschuldigten nicht die Pflicht der Strafverfolgungsbehörden, im Rahmen der vorhandenen Aufklärungsmöglichkeiten weiter nach dem Täter zu forschen.

2. Arten der Einstellung

32 **a) Einstellung mangels genügenden Anlasses zur Erhebung der öffentlichen Klage.** Die in Absatz 2 erwähnte Einstellung hat in erster Linie den Fall vor Augen, dass es an einem hinreichenden Tatverdacht (Rn. 23) fehlt, etwa, weil das Verhalten, das den Gegenstand der Untersuchung bildet, aus Rechtsgründen nicht strafbar oder nicht verfolgbar ist, weil die Tatbegehung oder die Täterschaft nicht hinreichend wahrscheinlich (§ 203, 13 ff.) oder voraussichtlich mit prozessual zulässigen Mitteln nicht beweisbar ist (§ 203, 17), weil sich die Unschuld des Beschuldigten ergeben hat oder weil zu seinen Gunsten zu berücksichtigende Rechtfertigungs-, Schuld- oder Strafausschließungsgründe voraussichtlich nicht widerlegbar sein werden. **Parlamentarische Immunität** steht der Einstellung nicht entgegen, wenn die Abschlussentscheidung ohne Ermittlungen getroffen werden kann (§ 152a, 21) oder soweit eine allgemeine Genehmigung eingreift (§ 152a, 35 ff.). Ob in den Fällen des **§ 153a Abs. 1** die endgültige Entscheidung nach der Erfüllung der Auflagen oder Weisungen auf § 170 Abs. 2 beruht, ist umstritten (vgl. § 153a, 119).[88]

33 **b) Einstellungen nach den §§ 153 ff., 376.** Ob eine Einstellung nach § 153 Abs. 1, § 153b Abs. 1, §§ 153c, 153d, 153e Abs. 1, §§ 153f, 154 Abs. 1, § 154b Abs. 1 bis 3, §§ 154c, 154d Satz 3 eine solche aufgrund des § 170 Abs. 2 ist, oder ob in diesen Fällen die Einstellung ihre Rechtsgrundlage in den dortigen Vorschriften findet,[89] ist ohne praktische Bedeutung. Auch im letzteren Fall wird man die die Einstellungsmitteilung regelnden Bestimmungen des § 170 Abs. 2 und des § 171 Satz 1 mindestens analog anzuwenden haben (vgl. auch Nr. 89 Abs. 3, 101 Abs. 2, 103, 104 RiStBV). Gleiches gilt, wenn die Staatsanwaltschaft bei einem **Privatklagedelikt** ohne oder nach Durchführung von Ermittlungen das öffentliche Interesse an der Erhebung der öffentlichen Klage verneint.

---

87 **A.A.** wohl *Schmitt/Köhler*/Schmitt Einl. 123 und Schmitt/Köhler/*Schmitt* § 172, 6; vgl. auch (zur Frage der Zulässigkeit des Klageerzwingungsverfahrens) § 172, 6.

88 Zur Frage, ob nach Verweigerung der Zustimmung zur Anwendung des § 153a das Verfahren noch eingestellt werden kann, s. § 153a, 109.

89 So LR/*Meyer-Goßner*[23] 40.

c) Vorläufige Einstellungen. Vorläufige Einstellungen des Ermittlungsverfahrens nach § 153a Abs. 1 Satz 1, § 154d Satz 1, § 154e Abs. 1 und § 154f sind keine Einstellungen im Sinne des § 170 Abs. 2 (vgl. aber § 171, 7). Auch bei **örtlicher Unzuständigkeit** der Staatsanwaltschaft (§ 143 Abs. 1 GVG i.V.m. §§ 7 ff.) wird das Verfahren nicht eingestellt, sondern an die örtlich zuständige Staatsanwaltschaft abgegeben (vgl. die Erl. zu § 143 GVG). 34

d) Teileinstellung. Eine **Teileinstellung**, an die sich die Rechtsfolgen des § 170 Abs. 2 Satz 2, § 171 knüpfen, kommt nur in Betracht, wenn das Ermittlungsverfahren mehrere prozessuale Taten umfasst oder sich gegen mehrere Beschuldigte richtet (vgl. Rn. 14). Sie ist dann aber auch erforderlich, soweit nicht in vollem Umfang Anklage erhoben wird.[90] In dieser Einstellung liegt eine Trennung der bisher verbundenen Verfahren.[91] Keine Verfahrenseinstellung ist die Stoffbeschränkung nach § 154a (vgl. aber § 171, 6). 35

3. Form und Inhalt der Einstellungsentscheidung

a) Voraussetzungen. Vor einer beabsichtigten Einstellung braucht weder der Beschuldigte vernommen (§ 163a Abs. 1 Satz 1, zweiter Halbsatz) noch nach § 169a der Abschluss der Ermittlungen vermerkt zu werden. In Steuerstrafsachen (§ 386 AO) hat die das Ermittlungsverfahren führende Staatsanwaltschaft nach § 403 Abs. 4 AO vor der Einstellung die zuständige Finanzbehörde zu hören; ihrer Zustimmung zur Einstellung bedarf es aber nicht. Führt die Finanzbehörde das Steuerstrafverfahren nach § 399 Abs. 1 AO selbständig, so braucht sie die Staatsanwaltschaft vor der Einstellung des Verfahrens nicht zu hören. Hat eine Behörde oder eine Körperschaft des öffentlichen Rechts eine Strafanzeige erstattet, ist sie sonst am Ausgang des Verfahrens interessiert, oder hat ein oberstes Staatsorgan eine Ermächtigung zur Strafverfolgung erteilt oder einen Strafantrag wegen Beleidigung gestellt, so ist die Staatsanwaltschaft innerdienstlich gehalten, diesen Stellen unter Darlegung der für die Einstellung sprechenden Gründe Gelegenheit zur Äußerung zu geben (vgl. Nrn. 90, 211 Abs. 1 RiStBV). Ein privater Anzeigeerstatter oder Verletzter braucht vor der Einstellung nicht gehört zu werden. 36

b) Begründete Einstellungsverfügung. Die Einstellung erfolgt durch eine von einem zeichnungsberechtigten Beamten der Staatsanwaltschaft (Staatsanwalt oder im Rahmen der Zuständigkeit – vgl. § 142 Abs. 2 GVG – Amtsanwalt) zu unterschreibende **Verfügung** in den Akten, die nach allgemeiner und zutreffender Ansicht **stets zu begründen** ist.[92] Dabei kann, wenn dem Antragsteller ein begründeter Bescheid zu erteilen ist (§ 171), auf diesen Bezug genommen werden (s. aber auch § 171, 11 ff.).[93] Die **Begründung** muss auf jeden Fall die Rechtsgrundlage der Einstellung erkennen lassen. Auch bei einer Einstellung nach § 153 Abs. 1, § 153a Abs. 1, § 153b Abs. 1, § 154 Abs. 1, § 154e Abs. 1, § 154f ist grundsätzlich eine über die bloße Wiedergabe des Gesetzestextes hinausgehende Begründung erforderlich (vgl. Nrn. 89 Abs. 3, 101 Abs. 2, 103, 104 Abs. 3 i.V.m. Nr. 103 RiStBV). In Unbekanntsachen reicht in der Regel der Hinweis aus, dass ein Täter nicht ermittelt werden konnte. Sind jedoch umfangreiche Ermittlungen durchgeführt worden, die aber letztlich nicht zur Ermittlung eines Täters geführt haben, wird sich die Begründung zu Art, Umfang und Ergebnis dieser Ermitt- 37

---

90 KK/*Moldenhauer* 19; *Solbach* DRiZ **1977** 181; *von Heintschel-Heinegg* JA **1990** 111; *Hellebrand* 302.

91 Schmitt/Köhler/*Schmitt* 7.

92 KK/*Moldenhauer* 22; KMR/*Noltensmeier-von Osten* 23; SK/*Albrecht* 45; *Eb. Schmidt* 31; *Peters* § 50 III 2; *Hellebrand* 305 ff.; vgl. auch Nr. 88, 89 RiStBV.

93 Vgl. auch *Hellebrand* 306 f. mit Fallbeispielen.

lungen zu verhalten haben. Bei Einstellungen mangels hinreichenden Tatverdachts muss aus der Begründung hervorgehen, aus welchen rechtlichen oder tatsächlichen Gründen dieser verneint wird.[94] Formelhafte Wendungen genügen nicht; im Übrigen richten sich Art und Umfang der Begründung nach den Besonderheiten des Einzelfalls. Bei mehreren Einstellungsgründen genügt es, wenn die Einstellungsverfügung auf den überzeugendsten gestützt wird. Eine Einstellung mangels hinreichenden Verdachts einer rechtswidrigen Tat hat jedoch aus den unter Rn. 10 dargelegten Gründen Vorrang vor der wegen (feststehender oder nicht auszuschließender) Schuldunfähigkeit. Sind vor der Einstellung von einer anzeigenden Behörde, Körperschaft des öffentlichen Rechts oder einem obersten Staatsorgan bei deren Anhörung (Rn. 36 a.E.) Einwendungen erhoben worden, so ist die Staatsanwaltschaft innerdienstlich gehalten, hierauf einzugehen (vgl. Nrn. 90 Abs. 1 Satz 4, 211 Abs. 1 Satz 2 RiStBV).

38 **c) Nebenentscheidungen. Mitteilungen.** Mit der Einstellungsverfügung sind ggf. die erforderlichen Nebenentscheidungen (Rn. 47 ff.) zu verbinden. Zur Abgabe an die Verwaltungsbehörde wegen einer zu verfolgenden Ordnungswidrigkeit s. Rn. 15, wegen der Mitteilung an den Beschuldigten s. Rn. 39 ff., wegen der Mitteilung an Dritte s. § 171 und die dort. Erl.

4. Mitteilung an den Beschuldigten (Absatz 2 Satz 2)

39 **a) Anwendungsbereich und Voraussetzungen.** Das Gesetz schreibt nur in den in Absatz 2 Satz 2 genannten Fällen vor, den Beschuldigten von der Einstellung zu benachrichtigen (vgl. aber Rn. 43). Zulässig ist die Benachrichtigung aber stets.[95] Diese Mitteilungspflicht besteht, mindestens analog, auch bei Einstellungen nach den §§ 153 ff. und bei Verweisung des Anzeigeerstatters auf den Privatklageweg. Sie gilt zudem bei Abgabe des Verfahrens an die Verwaltungsbehörde zur Weiterverfolgung einer Ordnungswidrigkeit. Ob in letzterem Fall dem Beschuldigten mitgeteilt werden sollte, dass bei einem Einspruch gegen einen (noch nicht einmal ergangenen) Bußgeldbescheid mit einem Übergang ins Strafverfahren zu rechnen sei,[96] ist zweifelhaft und wohl eher zu verneinen. War das Verfahren zunächst eingestellt und dann wieder aufgenommen worden und wird es nunmehr erneut eingestellt, so ist eine neue Einstellungsmitteilung erforderlich; es genügt in diesem Fall, dass die die Mitteilungspflicht auslösenden Umstände nur vor der ersten Einstellung gegeben waren.[97] Dem Beschuldigten ist auch eine Teileinstellung mitzuteilen (Rn. 35), und zwar – entgegen landläufiger Praxis – auch dann, wenn im Übrigen gegen ihn Anklage erhoben wird. Hiermit darf nicht abgewartet werden, bis das Gericht die Mitteilung der Anklageschrift nach § 201 anordnet und die Zustellung bewirkt ist; doch kann sich, um Missverständnisse zu vermeiden, bei der Einstellungsmitteilung der Hinweis empfehlen, dass im Übrigen die Erhebung der öffentlichen Klage beabsichtigt sei. Die **Mitteilungspflicht entfällt**, sofern und solange der Aufenthalt des Beschuldigten nicht bekannt und mit zumutbaren Bemühungen nicht zu ermitteln und kein Zustellungsbevollmächtigter oder Verteidiger vorhanden ist. Insbesondere ist eine Ausschreibung zur Auf-

94 Beispiele für Einstellungsverfügungen bei *Hellebrand* 306 f.; vgl. auch ausführlich *Peters* § 50 III 2; *Eb. Schmidt* 31.

95 Schmitt/Köhler/*Schmitt* 10; KMR/*Noltensmeier-von Osten* 26; SK/*Albrecht* 53; vgl. *Gillmeister* StraFo **1996** 115 (der wegen der Subjektstellung des Beschuldigten dessen Benachrichtigung stets für erforderlich hält).

96 KK-OWiG/*Lutz* § 43, 14 (der in Einzelfällen aufgrund des Grundsatzes des fairen Verfahrens es für erforderlich hält, den Beschuldigten auf die weitere Anhängigkeit eines Bußgeldverfahrens hinzuweisen und die zuständige Verwaltungsbehörde zu benennen).

97 KMR/*Noltensmeier-von Osten* 26.

enthaltsermittlung nicht erforderlich und zulässig, die lediglich den Zweck verfolgt, der Mitteilungspflicht zu genügen.

Der **Beschuldigte ist „als solcher" vernommen** worden, wenn bei der Vernehmung zum Ausdruck gebracht worden ist, dass sich der Verdacht gegen ihn richtet.[98] Ob dabei die Formvorschriften für eine Beschuldigtenvernehmung eingehalten worden sind, ist unerheblich. Polizeiliche, staatsanwaltschaftliche und richterliche Vernehmung stehen einander gleich. Es genügt auch, wenn dem Beschuldigten Gelegenheit gegeben worden ist, sich schriftlich zu äußern (§ 136 Abs. 1 Satz 6, § 163a Abs. 1 Satz 3), und es muss wohl auch der Fall gleichbehandelt werden, dass der Beschuldigte lediglich zu seiner Vernehmung vorgeladen worden war, zu ihr aber nicht erschienen ist (vgl. Erl. zu § 163a). Das Gleiche wird zu gelten haben, wenn der Beschuldigte zwar zum Vernehmungstermin erschienen ist, aber – aus welchen Gründen auch immer – eine Vernehmungsniederschrift nicht gefertigt worden ist.[99] Dagegen genügt eine Vernehmung als Zeuge nicht;[100] sie kann aber, vor allem wenn hierbei auch Verdachtsgründe erörtert worden sind, die Mitteilungspflicht wegen eines besonderen Interesses auslösen. 40

Der **Erlass eines Haftbefehls** löst stets die Mitteilungspflicht aus. Es kommt nicht darauf an, ob er dem Beschuldigten überhaupt bekannt gemacht[101] oder gar vollstreckt worden ist.[102] Denn bereits der Umstand, dass ein Haftbefehl einmal existent war, bringt erhebliche Gefahren für den Beschuldigten mit sich und begründet deshalb ein gesetzlich vermutetes besonderes Interesse an der Mitteilung.[103] Der **Unterbringungsbefehl** nach § 126a steht dem Haftbefehl gleich. Durch den bloßen Antrag auf Erlass eines Haft- oder Unterbringungsbefehls wird die Mitteilungspflicht noch nicht ausgelöst. 41

Eine **Einstellungsmitteilung erbitten** kann der Beschuldigte formlos, auch gegenüber der Polizei, in jeder Lage des Verfahrens, auch noch nach dessen Einstellung. Auch der Verteidiger kann diese Bitte äußern. In der Anfrage nach dem Sachstand des Verfahrens wird regelmäßig das Verlangen nach einer Einstellungsmitteilung zu sehen sein, sofern eine solche noch nicht erteilt war. 42

Wann ein **besonderes Interesse an der Bekanntgabe** besteht, richtet sich nach den Umständen des Einzelfalls.[104] Es wird im Allgemeinen dann anzunehmen sein, wenn das Ermittlungsverfahren in der Öffentlichkeit oder auch nur im privaten Umfeld des Beschuldigten bekannt geworden ist, wenn, auch ohne dass es zu einer Vernehmung als Beschuldigter gekommen ist, gegen ihn Zwangsmaßnahmen, z.B. eine Durchsuchung, durchgeführt worden sind oder wenn eine Benachrichtigung nach § 101 Abs. 1, 4 bis 6 vorgenommen worden war. Das besondere Interesse an der Bekanntgabe muss für die Staatsanwaltschaft „ersichtlich" sein; sie ist nicht zu Nachforschungen verpflichtet, ob ein solches besteht. 43

b) Inhalt der Mitteilung, Begründung, Zustellung. Das Gesetz bestimmt lediglich, dass dem Beschuldigten der Umstand der Einstellung mitgeteilt wird; die Mitteilung der Gründe für die Einstellung wird hingegen nicht verlangt. Sie ist aber auch nicht verboten. Auf Antrag sind dem Beschuldigten die Einstellungsgründe regelmäßig mitzuteilen, wie Nr. 88 Satz 1 RiStBV ausdrücklich bestimmt, allerdings nur soweit, als kein schutzwürdiges 44

---

98 KK/*Moldenhauer* 25; KMR/*Noltensmeier-von Osten* 27.
99 So auch KMR/*Noltensmeier-von Osten* 27.
100 *Eb. Schmidt* 34; KMR/*Noltensmeier-von Osten* 27.
101 So auch KMR/*Noltensmeier-von Osten* 28.
102 So wohl *Eb. Schmidt* 34.
103 Ausführlich LR/*Meyer-Goßner*[23] 48; ebenso KK/*Moldenhauer* 26.
104 Sehr eng LR/*Kohlhaas*[20] Nachtr. S. 17 und ihm folgend *Eb. Schmidt* 34 (nach denen dieser Fall praktisch nur in Betracht komme, wenn der Beschuldigte ohnehin als solcher vernommen worden sei).

Interesse (insbesondere von Verletzten) entgegensteht. Die Einschränkung, dass keine schutzwürdigen Interessen entgegenstehen dürfen, sollte restriktiv ausgelegt werden. Keinesfalls können dem Beschuldigten Einstellungsgründe vorenthalten werden, die dem Antragsteller nach § 171 mitgeteilt werden. Nach Nr. 88 Satz 2 RiStBV ist dem Beschuldigten bei der Einstellungsnachricht mitzuteilen, dass sich seine Unschuld ergeben habe oder ein begründeter Verdacht nicht mehr bestehe; doch besteht kein Anspruch darauf, dass dies durch zusätzliche Ermittlungen geklärt wird (Rn. 9). Ein allgemeiner **Rechtsanspruch auf Mitteilung der Einstellungsgründe** besteht nach herrschender und zutreffender Meinung **nicht**.[105]

45 Kommt eine **Entschädigung für Strafverfolgungsmaßnahmen** nach dem StrEG in Betracht (§ 2 StrEG), so ist mit der Einstellungsmitteilung die in § 9 Abs. 1 Satz 5 StrEG vorgeschriebene Belehrung über das Antragsrecht zu verbinden.[106] Aus dieser Bestimmung folgt zugleich, dass über die Regelung in § 170 Abs. 2 Satz 2 hinaus eine Einstellungsmitteilung stets erforderlich ist, wenn während des Verfahrens die Voraussetzungen für einen Entschädigungstatbestand nach § 2 StrEG eingetreten waren.[107] In diesem Fall ist die Einstellungsmitteilung zuzustellen, im Übrigen genügt formlose Mitteilung.[108]

46 **c) Zeitpunkt.** Der Beschuldigte ist unverzüglich nach dem Erlass der Einstellungsverfügung von der Einstellung zu unterrichten. Damit darf nicht etwa zugewartet werden, bis feststeht, ob ein Verletzter die Frist für das Klageerzwingungsverfahren verstreichen lässt. Werden die Ermittlungen von der Staatsanwaltschaft wieder aufgenommen, nachdem der Beschuldigte eine Einstellungsmitteilung erhalten hat, so schreibt das Gesetz zwar nicht vor, ihn hierüber alsbald zu unterrichten. Ob sich dies aus allgemeinen Rechtsgrundsätzen, insbesondere der prozessualen Fürsorgepflicht und dem Anspruch auf „fair trial", ableiten lässt, könnte zweifelhaft sein, wird sich aber wohl, jedenfalls in besonders gelagerten Fällen, nicht von vornherein verneinen lassen.

5. Wirkungen und Folgen der Einstellung

47 **a) Ende der Beschuldigteneigenschaft.** Mit der Einstellung endet das Ermittlungsverfahren und damit auch die Beschuldigteneigenschaft[109] sowie die bisherige Beiordnung eines Pflichtverteidigers (§ 143 Abs. 1).[110] Solange jedoch noch ein Antrag auf gerichtliche Entscheidung nach § 172 Abs. 2 möglich ist, ist das Verfahren noch im Sinne des § 154e anhängig (§ 154e, 9), und es bleiben dem Beschuldigten die ihm aus seinem Status erwachsenden Rechte erhalten.[111] **Zwangsmaßnahmen** dürfen nicht über den Zeitpunkt der Verfahrensbeendigung hinaus aufrechterhalten werden.[112] Ein etwa bestehender Haftbefehl

---

105 Ausführlich *Peters* § 50 III 2; KK/*Moldenhauer* 28; *Eb. Schmidt* 35; *Bader* SJZ **1949** 722; **a.A.** *Grund* SJZ **1949** 506; *Tiedemann* JR **1964** 8; vgl. auch *Neu-Berlitz* 62 (die hieraus den Umfang der Sperrwirkung der staatsanwaltschaftlichen Einstellung ableiten will, aber damit die Dinge wohl auf den Kopf stellt); zur datenschutzrechtlichen Problematik vgl. *Groß*/*Fünfsinn* NStZ **1992** 111.

106 Schmitt/Köhler/*Schmitt* § 9, 2 f. StrEG; *Meyer* § 9, 26 StrEG.

107 Schmitt/Köhler/*Schmitt* § 9, 2 f. StrEG; *Meyer* § 9, 26 StrEG; *Kunz* § 9, 11 ff. StrEG.

108 KK/*Moldenhauer* 29; Schmitt/Köhler/*Schmitt* § 9, 2 StrEG; *Meyer* § 9, 4 StrEG; KMR/*Noltensmeier-von Osten* 32; *Eb. Schmidt* 36; vgl. auch Nr. 91 Abs. 1 Satz 2 RiStBV.

109 Schmitt/Köhler/*Schmitt* Einl. 81; KMR/*Noltensmeier-von Osten* 33; *Eb. Schmidt* 28; *v. Heydebreck* Die Begründung der Beschuldigteneigenschaft, Diss. Göttingen 1974, 137 ff.; *Lenckner* FS Peters 341 f.; *H. Schäfer* MDR **1984** 455.

110 OLG Celle 31.5.2021 – 5 StS 2/21, BeckRS **2021** 12613; MüKo/*Kölbel*/*Neßler* 23.

111 Vgl. *v. Heydebreck* a.a.O.; *Lenckner* a.a.O. Fn. 38.

112 Ausführlich *Hilger* JR **1985** 95; KMR/*Noltensmeier-von Osten* 34; MüKo/*Kölbel*/*Neßler* 23 f.

ist stets aufzuheben. Die Staatsanwaltschaft hat einen Antrag auf Aufhebung des Haftbefehls mit für den Richter bindender Wirkung zu stellen und zugleich die Entlassung des Beschuldigten anzuordnen (§ 120 Abs. 3). Ebenso sind die vorläufige Entziehung der Fahrerlaubnis (§ 111a), ein vorläufiges Berufsverbot (§ 132a) und Telekommunikationsüberwachungsmaßnahmen (§ 100e Abs. 5) aufzuheben sowie sichergestellte oder beschlagnahmte Beweismittel umgehend herauszugeben (§ 94 Abs. 4). Bei einer Teileinstellung (Rn. 35) ist zu prüfen, ob der verbleibende Tatvorwurf die Aufrechterhaltung von Zwangsmaßnahmen noch rechtfertigt. Beschlagnahmen können ggf. auch zur Durchführung eines objektiven Verfahrens (§ 435) aufrechterhalten werden.

b) Akteneinsicht steht gemäß § 147 dem Beschuldigten über einen Verteidiger zu.[113] 48
Für den Privatkläger richtet sich die Akteneinsicht nach § 385 Abs. 3,[114] für den Verletzten, Nebenklageberechtigten und Nebenkläger nach § 406e[115] und für sonstige Private nach § 475.[116] Auskünfte aus den Akten und Akteneinsicht an nichtöffentliche Stellen (z.B. Kreditinstitute oder Versicherungsunternehmen, soweit diese nicht Verletzte sind, Interessenschutzverbände) dürfen nach Einstellung des Verfahrens nur gewährt werden, wenn ein rechtliches Interesse an der Kenntnis der Information glaubhaft gemacht ist und der frühere Beschuldigte kein schutzwürdiges Interesse an der Versagung hat.[117] Zweifelhaft dürfte sein, ob die Befugnis des Beschuldigten aus § 147 mit dem Ende der Beschuldigteneigenschaft,[118] spätestens aber mit Ablauf der Frist für einen Antrag auf gerichtliche Entscheidung oder der Verwerfung eines solchen Antrags endet. Wenn schon nichtöffentlichen Stellen nach §§ 475, 477 Abs. 3 Nr. 1 Auskünfte aus den Akten und Akteneinsicht nach Einstellung des Verfahrens gewährt werden darf, wenn ein rechtliches Interesse an der Kenntnis der Information glaubhaft gemacht ist und der frühere Beschuldigte kein schutzwürdiges Interesse an der Versagung hat, muss letzterem über einen Verteidiger bei Vorliegen eines berechtigten Interesses (z.B. zu Verteidigungszwecken in anderer Sache oder zu einer sonstigen Rechtsverfolgung) ein Akteneinsichtsrecht in die Akten des eingestellten Verfahrens schon deshalb zugestanden werden, weil die Staatsanwaltschaft die Ermittlungen aufgrund neuer Tatsachen oder Beweismittel bis zum Eintritt der Verjährung jederzeit wiederaufnehmen kann. Die Entscheidung hierüber ist nach § 147 Abs. 5 Satz 2 anfechtbar. Die Akteneinsicht zu Forschungszwecken unterliegt den strengen Anforderungen von § 476.[119]

c) Kosten. Die Kosten des Ermittlungsverfahrens fallen bei einer Einstellung durch die 49
Staatsanwaltschaft regelmäßig der Staatskasse zur Last.[120] Der Beschuldigte trägt sie nie. Seine notwendigen Auslagen sind der Staatskasse nach § 467a Abs. 1 nur dann aufzuerlegen, wenn die Staatsanwaltschaft das Verfahren nach Rücknahme einer erhobenen Klage einstellt; erfor-

---

113 Vgl. aber EGMR NStZ **1998** 429 mit Anm. *Deumeland*; der EGMR hat in einem französischen Fall die Weigerung der Staatsanwaltschaft, dem Beschuldigten zu seiner Verteidigung in eigener Person Akteneinsicht zu gewähren und Kopien aus den Akten auszuhändigen, eine Verletzung des Art. 6 Abs. 1 und Abs. 3 EMRK gesehen und wegen der Verweigerung der Akteneinsicht einen Schadensersatzanspruch des Beschuldigten gegen den Staat anerkannt.

114 LR/*Wenske*[27] § 385, 9.

115 Schmitt/Köhler/*Schmitt* § 406e, 1.

116 BTDrucks. **14** 1484 S. 26 f.; *Brodersen* NJW **2000** 2541; *Hilger* NStZ **2001** 15 f.; näher LR/*Tillich*[27] Erl. zu § 475.

117 BTDrucks. **14** 1484 S. 28 f.

118 *H. Schäfer* MDR **1984** 455; verneinend LR/*Jahn*[27] § 147, 124 m.w.N.

119 *Graalmann-Scheerer* NStZ **2005** 434.

120 MüKo/*Kölbel/Neßeler* 25; KK/*Moldenhauer* 30; SK/*Albrecht* 59; KMR/*Noltensmeier-von Osten* 36.

derlich ist ein besonderer Gerichtsbeschluss.[121] Die Einstellungsverfügung enthält also **keine Kostenentscheidung.**[122] Eine dieser Rechtslage entsprechende Entscheidung wäre (als rein deklaratorische) unschädlich, eine davon abweichende rechtlich unbeachtlich. War das eingestellte Ermittlungsverfahren durch eine vorsätzlich oder leichtfertig erstattete **unwahre Anzeige** veranlasst worden, so sind die Kosten des Verfahrens und die notwendigen Auslagen des Beschuldigten nach § 469 dem Anzeigenden aufzuerlegen (vgl. Nr. 92 RiStBV). Das gilt gleichermaßen, wenn das Ermittlungsverfahren wegen Zurücknahme des Strafantrags, durch den es bedingt war, eingestellt wird (§ 470 Abs. 1). Die Staatsanwaltschaft hat einen entsprechenden Antrag bei Gericht zu stellen. Unter Umständen kommt ferner eine Erstattung der notwendigen Auslagen nach dem Gesetz über die Entschädigung für Strafverfolgungsmaßnahmen (StrEG) in Betracht, wenn die Tätigkeit des Verteidigers auf die Beseitigung einer entschädigungspflichtigen Strafverfolgungsmaßnahme gerichtet war.[123]

50 **d) Sperrwirkung der Einstellung?** Nach ganz h.M. bewirkt die Einstellung des Verfahrens durch die Staatsanwaltschaft nach § 170 Abs. 2 keinerlei Sperrwirkung.[124] Die Wiederaufnahme der Ermittlungen und die Erhebung der öffentlichen Klage bleiben danach jederzeit bis zum Eintritt der Verjährung und aus jedem Grunde zulässig.[125] Die Staatsanwaltschaft kann nach dieser Meinung das Verfahren „nach Belieben“[126] wiederaufnehmen, also nicht nur, entsprechend der Regelung in den §§ 174, 211, bei Bekanntwerden neuer Tatsachen oder Beweismittel,[127] oder bei einem Wandel in der Rechtsprechung, sondern auch ohne das Vorliegen solcher äußeren Anstöße bei einer rein intern anderen Beurteilung der rechtlichen oder tatsächlichen Lage, sei es durch denselben oder einen anderen Dezernenten. In der Praxis hat diese unbeschränkte Möglichkeit der Verfahrensfortsetzung keine nennenswerte Bedeutung, da einmal eingestellte Ermittlungsverfahren in aller Regel nicht ohne triftigen Grund wiederaufgenommen werden.[128] Im Schrifttum wird diese seit Langem gefestigte Rechtsauffassung für problematisch und diskussionswürdig erachtet.[129] Dabei wird für die **Annahme einer irgendwie gearteten Sperrwirkung staatsanwaltschaftlicher Einstellungen** das eher formale dogmatische Argument, das die Rechtskraftfähigkeit staatsanwaltschaftlicher Entscheidung deshalb verneint, weil nur gerichtliche Entscheidungen der Rechtskraft fähig sind, als keine unüberwindbare Schranke angesehen.[130] Teilweise wird eine Bestandskraft staatsanwaltschaftlicher Einstellungsentscheidungen auch mit dem – vorwiegend verwaltungsrechtlichen – Gedanken des Vertrauensschutzes gerechtfertigt.[131]

---

121 Vgl. Erl. zu § 467a.

122 KMR/*Noltensmeier-von Osten* 36.

123 GStA Bamberg NStZ **1994** 39.

124 Eine Einstellung nach Abs. 2 löst daher auch nicht das Doppelverfolgungsverbot gem. Art. 54 SDÜ aus, vgl. EuGH 29.6.2016 – C-486/14, NJW **2016** 2939 m. Anm. Kottek wistra **2016**, 355 und Wegner HRRS **2016** 396; BGH 28.7.2016 – 3 StR 25/16, NStZ **2017** 174; siehe auch Schmitt/Köhler/*Schmitt* 9 (Einstellung bei ausreichend ermitteltem Sachverhalt nach eingehenden Ermittlungen).

125 RGSt **67** 316; BGH NJW **2011** 2310; OLG Hamm VRS **58** (1980) 30; KK/*Moldenhauer* 23; Schmitt/Köhler/*Schmitt* 8; KMR/*Noltensmeier-von Osten* 37; *Loos* JZ **1978** 594; *Neu-Berlitz* 20 f.; *Radtke* NStZ **1999** 483.

126 *Loos* JZ **1978** 594.

127 *Radtke* NStZ **1999** 483; *ders.* (1994) 381 f.; **a.A.** *Schroeder* NStZ **1996** 320 (Umkehrschluss aus den § 174 Abs. 2, § 211 erscheint nicht gerechtfertigt).

128 Bosbach/Ackermann/Caba/*Bosbach* 1. Einstellung des Verfahrens Rn. 282.

129 Ausführlich *Neu-Berlitz;* vgl. auch *Loos* JZ **1978** 594; *Rieß* NStZ **1981** 9; ausführlich LR/*Rieß*[24] 45 ff.; *Radtke* (1994) 381 f.; *ders.* NStZ **1999** 483; *Schroeder* NStZ **1996** 319.

130 So etwa *Loos* JZ **1978** 594; dagegen *Neu-Berlitz* 44 ff.; LR/*Rieß*[24] 46.

131 Vgl. dazu ausführlich LR/*Rieß*[24] 46 f.

Nach dem gegenwärtigen Diskussionsstand dürfte als Minimallösung nur der Rückgriff auf das **Willkürverbot**[132] bleiben. Allerdings wird auch insoweit eine weitere Präzisierung erforderlich sein. Daher lässt sich derzeit wohl auch nur festhalten, dass eine Fortsetzung des eingestellten Ermittlungsverfahrens gegen denselben Beschuldigten und die Erhebung der öffentlichen Klage dann nicht zulässig ist, wenn hierfür kein sachlich gerechtfertigter Grund erkennbar ist.[133] Die Gründe für eine Wiederaufnahme der Ermittlungen unterliegen wegen der Grundsätze der Aktenvollständigkeit, Aktenwahrheit und Aktenklarheit stets einer umfassenden und vollständigen Dokumentation in den Akten. Mediales und/oder politisches Interesse rechtfertigt grundsätzlich keine Wiederaufnahme der Ermittlungen, sofern nicht neue Tatsachen oder Beweismittel (z.B. verwertbares Videomaterial) vorliegen. 51

§ 171
Einstellungsbescheid

[1]Gibt die Staatsanwaltschaft einem Antrag auf Erhebung der öffentlichen Klage keine Folge oder verfügt sie nach dem Abschluß der Ermittlungen die Einstellung des Verfahrens, so hat sie den Antragsteller unter Angabe der Gründe zu bescheiden. [2]In dem Bescheid ist der Antragsteller, der zugleich der Verletzte ist, über die Möglichkeit der Anfechtung und die dafür vorgesehene Frist (§ 172 Abs. 1) zu belehren. [3]§ 187 Absatz 1 Satz 1 und Absatz 2 des Gerichtsverfassungsgesetzes gilt entsprechend für Verletzte, die nach § 395 der Strafprozessordnung berechtigt wären, sich der öffentlichen Klage mit der Nebenklage anzuschließen, soweit sie einen Antrag auf Übersetzung stellen.

Schrifttum

Franzheim Zur Behandlung querulatorischer Strafanzeigen, GA **1978** 142; *Glang* Die Belehrungspflicht der Staatsanwaltschaft nach den §§ 171, 172 StPO, MDR **1954** 586; *Groß/Fünfsinn* Datenweitergabe im strafrechtlichen Ermittlungsverfahren, NStZ **1992** 111; *Kaiser* Die Rechtsstellung geisteskranker oder wegen Geistesschwäche entmündigter Antragsteller im staatsanwaltschaftlichen Ermittlungsverfahren, NJW **1960** 373; *Kockel/Vossen-Kempkens* Zur Sachbehandlung von unschlüssigen, haltlosen, beschimpfenden, sich inhaltlich wiederholenden „querulatorischen" Strafanzeigen, NStZ **2001** 178; *Reimers* Die Belehrung der Staatsanwaltschaft nach den §§ 171, 172 StPO, MDR **1955** 211; *Solbach* Rechtsmittelbelehrung bei Erteilung eines Einstellungsbescheides, DRiZ **1977** 181; *ders.* Einschränkung der Pflicht zur Erteilung eines Einstellungsbescheides nach § 171 StPO, DRiZ **1979** 181; *ders.* Zur Beschwerdebelehrung bei Erteilung des Einstellungsbescheides, DRiZ **1984** 476.

Entstehungsgeschichte

Satz 1 der Vorschrift war von Anfang an in der StPO enthalten; vor dem Wort „Antrag" enthielt er ursprünglich bis zur Neufassung durch das VereinhG die Worte „bei ihr angebrachten". Von 1944 bis zum VereinhG bestimmte Art. 2 § 9 Abs. 1 der 4. VereinfVO, dass die Staatsanwaltschaft den Anzeigeerstatter nur zu benachrichtigen hatte, wenn sie es für geboten hielt. Satz 2 wurde durch Art. 4 Nr. 24 des 3. StRÄndG eingefügt. Satz 3 wurde

132 *Rieß* NStZ **1981** 9; *Hilger* JR **1985** 95; kritisch *Radtke* NStZ **1999** 483.
133 Vgl. auch *Radtke* NStZ **1999** 483 Fn. 20, der de lege ferenda die Einführung einer den § 174 Abs. 2, § 211 entsprechenden Sperrwirkung für geboten hält.

durch Art. 1 Nr. 7 des Gesetzes zur Stärkung der Opferrechte im Strafverfahren (3. Opferrechtsreformgesetz) eingefügt. Bezeichnung bis 1924: § 169.

Übersicht

Alphabetische Übersicht

1 **1. Allgemeines. Bedeutung und Inhalt.** Die Vorschrift bestimmt in Satz 1, dass die Staatsanwaltschaft demjenigen, der die Strafverfolgung verlangt (Rn. 2), einen begründeten Bescheid (Rn. 11) zu erteilen hat, wenn sie das Verfahren wegen der prozessualen Tat, die den Gegenstand bildet, endgültig einstellt (Rn. 5 f.). Ob dieser Anzeigende Verletzter ist oder ob gegen die Einstellungsentscheidung das Klageerzwingungsverfahren statthaft wäre, ist für die **Bescheidungspflicht** nach Satz 1 unerheblich. Die in Satz 2 geregelte **Belehrungspflicht**, die mit der in § 35a für gerichtliche Entscheidungen getroffenen Regelung verwandt ist, betrifft lediglich die Fälle, in denen ein Klageerzwingungsverfahren statthaft wäre. Sie besteht also nur gegenüber dem anzeigenden Verletzten und auch hier nur insoweit, als das Klageerzwingungsverfahren nicht ausgeschlossen ist. Eine Pflicht, dem Anzeigenden oder auch nur dem Verletzten die **Erhebung der öffentlichen Klage** mitzuteilen, besteht für die Staatsanwaltschaft nicht. Allerdings verpflichtet das **Hinweisgebot des § 406i** die Staatsanwaltschaft (vgl. Nrn. 174a, 174b RiStBV), den Verletzten – möglichst frühzeitig – auf seine Befugnisse nach §§ 395, 396, 397a, 403 bis 406k, § 80 Abs. 3, § 81 JGG hinzuweisen. Auch kann dem Verletzten sowie seinem Rechtsanwalt unter den Voraussetzungen des § 406e Abs. 1 und 3 auf Antrag Einsicht in die Akten gewährt werden. Die Mitteilung an den Verletzten vom Ausgang des gerichtlichen Verfahrens regelt § 406d.

Eine Mitteilungspflicht gegenüber dem Verletzten über den Verfahrensausgang von Amts wegen besteht nicht; eine solche Mitteilung ist aber auch nicht verboten.

2. Anträge auf Erhebung der öffentlichen Klage

a) Begriff. Satz 1 begründet eine Bescheidungspflicht gegenüber demjenigen, der einen „Antrag auf Erhebung der öffentlichen Klage" gestellt hat. Dieser Begriff korrespondierte ursprünglich bis 1975 mit dem in § 158 Abs. 1 Satz 1 verwendeten Begriff des „Antrags auf Strafverfolgung". Nach der in diesem Kommentar vertretenen, inzwischen wohl auch nicht mehr umstrittenen Auffassung unterscheidet sich dieser Antrag von der bloßen Strafanzeige dadurch, dass zu der Wissensmitteilung des Anzeigenden über ein möglicherweise strafbares Verhalten das Verlangen auf Strafverfolgung hinzutritt.[1] Antrag auf Erhebung der öffentlichen Klage ist danach jedes, auch aus den Umständen erkennbare Verlangen des Anzeigenden, dass im Falle der Begründetheit der mitgeteilten Vorwürfe Strafverfolgung eintreten solle. Es braucht nicht ausdrücklich erklärt zu werden und ist meist auch mit der Verwendung des Wortes „Strafanzeige" verbunden. In einem Strafantrag (§§ 77 ff. StGB), einer Ermächtigung (§ 77e StGB) oder einem Strafverlangen (§§ 77e, 104a StGB) liegt stets der Antrag auf Erhebung der öffentlichen Klage.[2] Auch sonst wird er in Zweifelsfällen anzunehmen sein, namentlich, wenn die Strafanzeige vom Verletzten ausgeht und bei einer der in § 158 bezeichneten Stellen angebracht wird. Allerdings wird eine nur beiläufige Äußerung des Verletzten in anderem Zusammenhang, die das Verlangen nach Strafverfolgung nicht zu erkennen gibt, aber der Staatsanwaltschaft von Amts wegen Anlass zur Einleitung von Ermittlungen gegeben hat, keinen Antrag auf Erhebung der öffentlichen Klage darstellen.[3] Ein die Bescheidungspflicht auslösender Antrag auf Strafverfolgung liegt dann nicht vor, wenn der Anzeigende lediglich erreichen will, dass die Strafverfolgungsbehörden vom Sachverhalt Kenntnis nehmen, und wenn sein Vorbringen dies eindeutig erkennen lässt. Das ist beispielsweise der Fall, wenn er erkennbar nur eine nicht strafrechtliche, sondern etwa disziplinar- oder verwaltungsrechtliche Reaktion herbeiführen will, so wenn er die Anzeige bei einer nur insoweit zuständigen Behörde erstattet. Im Zweifelsfall ist jedoch ein Bescheid zu erteilen, um den Verletzten in der Wahrnehmung seiner prozessualen Rechte nicht zu beeinträchtigen. 2

Ein **Strafantrag im Sinne des § 158 Abs. 1 Satz 1**, also das zunächst auf Verdachtsklärung gerichtete Verlangen des Anzeigenden, beinhaltet regelmäßig auch den Antrag auf Erhebung der öffentlichen Klage. Etwas anderes ist nur dann anzunehmen, wenn auf eine Mitteilung des Ergebnisses der Verdachtsklärung ausdrücklich oder nach den Umständen eindeutig verzichtet wird (s. auch § 158). Die Bescheidungspflicht besteht auch, wenn der Antrag nicht bei der Staatsanwaltschaft gestellt war, sondern bei einer **anderen Behörde**, insbesondere bei der Polizei oder dem Amtsgericht (§ 158 Abs. 1).[4] 3

b) Nachträglicher und wiederholter Antrag. Ein bescheidungspflichtiger Antrag im Sinne des Satzes 1 kann auch gestellt werden, wenn bereits ein Ermittlungsverfahren wegen der angezeigten Vorwürfe läuft und, mindestens soweit dem Anzeigenden das Klageerzwingungsverfahren offenstehen würde, auch noch, wenn das Ermittlungsver- 4

---

1 Näher Erl. § 158, 7 f.; ebenso KK/*Moldenhauer* 1; Schmitt/Köhler/*Schmitt* 1; SK/*Albrecht* 2; KMR/*Noltensmeier-von Osten* 3; OLG Karlsruhe Justiz **1992** 187.

2 KK/*Moldenhauer* 1; Schmitt/Köhler/*Schmitt* 1; KMR/*Noltensmeier- von Osten* 3; SK/*Albrecht* 2.

3 OLG Oldenburg MDR **1987** 431.

4 So schon nach allg. M. bei der bis 1944 geltenden Fassung, die von den „bei ihr angebrachten" Anträgen sprach; vgl. LR/*Gündel*[19] 3; *Feisenberger* 2; *Eb. Schmidt* 3; vgl. auch Nr. 89 Abs. 1 RiStBV.

fahren bereits eingestellt worden ist,[5] denn damit kann der Antragsteller die Rechte nach § 172 auslösen (näher § 172, 47). Neue Tatsachen oder Beweismittel braucht der nachträgliche Antrag nicht zu enthalten. Bei **Wiederholung des Antrags** nach Einstellung und Bescheidung ist eine **erneute Bescheidung** erforderlich, wenn der weitere Antrag neue Umstände aufzeigt, insbesondere neue Tatsachen oder Beweismittel angibt, die noch nicht Gegenstand der vorangegangenen Prüfung waren (vgl. auch Rn. 5 a.E.). Einer erneuten Bescheidung bedarf es jedoch dann nicht, wenn der Antrag sich auf eine bloße Wiederholung des ursprünglichen Vorbringens beschränkt (vgl. auch § 172, 39 f.). Zum Umgang mit in der Praxis häufig vorkommenden querulatorischen Anträgen vgl. auch Rn. 9.

3. Einstellung des Ermittlungsverfahrens

5 **a) Fälle der Einstellung.** Die Bescheidungspflicht entsteht, wenn die Staatsanwaltschaft das Ermittlungsverfahren wegen einer prozessualen Tat in einer endgültig gemeinten Abschlussverfügung ohne Erhebung der öffentlichen Klage beendet.[6] § 171 unterscheidet zwar terminologisch, dass die Staatsanwaltschaft ohne Ermittlungen dem Antrag auf Erhebung der öffentlichen Klage „keine Folge" gibt oder nach Ermittlungen das Verfahren „einstellt" (vgl. auch § 170, 6 ff.), knüpft aber hieran keine unterschiedlichen Rechtsfolgen, sodass beide Fälle unter dem Begriff der Einstellung zusammengefasst werden können. Eine die Bescheidungspflicht auslösende Einstellung liegt vor, wenn die Staatsanwaltschaft nach § 170 Abs. 2 verfährt, oder, weil hierin eine Einstellung wegen einer Straftat liegt, wenn sie das Verfahren nach § 43 OWiG an die Verwaltungsbehörde abgibt. Die Vorschrift ist aber auf alle anderen Fälle der staatsanwaltschaftlichen Einstellung entsprechend anzuwenden, also bei Einstellungen nach den §§ 153 ff. und nach § 45 JGG sowie bei Verneinung des öffentlichen Interesses im Falle des § 376.[7] War das Verfahren bereits einmal eingestellt, wurden die Ermittlungen aber wieder aufgenommen und wird das **Ermittlungsverfahren erneut eingestellt**, so ist der Anzeigende dann erneut zu bescheiden, wenn er die Wiederaufnahme veranlasst hatte[8] oder wenn ihm gegen die erneute Einstellung das Klageerzwingungsverfahren offensteht (vgl. dazu § 172, 37 f.). Es ist aus verfahrensökonomischen Gründen nicht zu beanstanden, wenn die Staatsanwaltschaft dem Antragsteller und mutmaßlichen Verletzten vorab eine beabsichtigte Einstellung des Ermittlungsverfahrens mitteilt, auch wenn dies gesetzlich nicht ausdrücklich geregelt ist, sofern sich die Informationsweitergabe dabei auf solche Daten beschränkt, die dem Verletzten ohnehin von Gesetzes wegen nach § 171 oder § 406d und § 406e übermittelt werden müssten.[9]

6 **b) Teileinstellung.** Eine Bescheidungspflicht nach § 171 besteht, wenn das Ermittlungsverfahren mehrere prozessuale Taten zum Gegenstand hat oder mehrere Beschuldigte betrifft und wegen einzelner prozessualer Taten oder gegen einzelne Beschuldigte

---

5 OLG Dresden JW **1936** 2251 mit Anm. *Siegert*; OLG Neustadt MDR **1956** 247; KK/*Moldenhauer* 2; KMR/*Noltensmeier-von Osten* 6; SK/*Albrecht* 3.

6 Die Bescheidungspflicht nach Absatz 1 ist auch auf Verfahren der Europäischen Staatsanwaltschaft anwendbar; siehe hierzu Schmitt/Köhler/*Schmitt* 5a.

7 Allg. M.; vgl. KK/*Moldenhauer* 4; Schmitt/Köhler/*Schmitt* 4; SK/*Albrecht* 6; vgl. auch Nr. 89 Abs. 3, Nr. 101 Abs. 2 RiStBV; zur Begründung und Belehrung in diesen Fällen s. Rn. 14 ff.

8 KMR/*Noltensmeier-von Osten* 6.

9 BVerfG NJW **2002** 2772.

eingestellt wird (vgl. auch § 170, 35).[10] Die Vorschrift findet dagegen keine Anwendung, wenn die Staatsanwaltschaft innerhalb einer einheitlichen prozessualen Tat bestimmte Gesetzesverletzungen oder abtrennbare Teile nicht verfolgt, weil sie insoweit den hinreichenden Tatverdacht verneint oder nach § 154a verfährt. Doch kann auch in diesen Fällen eine Mitteilung an den Anzeigenden sachgerecht, im Einzelfall sogar unter dem Gesichtspunkt der Fürsorgepflicht geboten sein, etwa wenn der Anzeigende zugleich der Verletzte ist und sich gerade wegen der sich aus der weiteren Verfolgung ausgeschiedenen Gesetzesverletzungen oder Tatteile als Nebenkläger der öffentlichen Klage anschließen könnte (vgl. § 395 Abs. 5). Eine solche Mitteilung ist aber nie mit einer Belehrung nach Satz 2 zu verbinden.[11] Allerdings kann der Anzeigeerstatter die Entscheidung der Staatsanwaltschaft im Wege der sachlichen Dienstaufsichtsbeschwerde überprüfen lassen.

c) Vorläufige Einstellung. Abgabe. Bei vorläufiger Einstellung des Ermittlungsver- 7
fahrens ist § 171 nicht anzuwenden. Bei der Fristsetzung nach vorläufiger Einstellung nach **§ 154d** ergibt sich die Mitteilungspflicht aus dem dortigen Satz 2 (vgl. Erl. zu § 154d). Bei vorläufiger Einstellung nach **§ 154e** ist die Staatsanwaltschaft innerdienstlich nach Nr. 103 RiStBV und bei vorläufiger Einstellung nach **§ 154f** nach Nr. 104 Abs. 3 RiStBV zu einer Mitteilung verpflichtet. Für die vorläufige Einstellung nach § 153a s. Erl. zu § 153a. Die **Abgabe an eine andere Staatsanwaltschaft** ist dem Anzeigeerstatter ebenfalls mitzuteilen; er muss wissen, wo das auf seine Initiative hin eingeleitete Ermittlungsverfahren geführt wird, um eventuelle weitere Eingaben oder Sachstandsanfragen sogleich an die zuständige Staatsanwaltschaft richten zu können. Eine Begründung für die Abgabeentscheidung ist nicht erforderlich, kann aber im Einzelfall sinnvoll sein.

4. Bescheid an den Antragsteller

a) Empfänger. Ein Einstellungsbescheid ist jedem zu erteilen, der wegen der einge- 8
stellten Tat einen Antrag auf Erhebung der öffentlichen Klage (Rn. 2 f.) gestellt hat; bei mehreren Antragstellern sind alle zu bescheiden. Die Bescheidungspflicht entfällt bei **Verzicht**, der ausdrücklich oder konkludent erklärt werden kann und sich aus den Akten ergeben muss. Im Zweifelsfall ist ein Bescheid zu erteilen, um den Antragsteller nicht in seinen prozessualen Rechten zu beschränken. Einen Bescheid erhält auch, wer nicht (im zivilprozessualen Sinne) prozessfähig ist, doch wird man wohl mindestens eine (bürgerlichrechtliche) beschränkte Geschäftsfähigkeit oder, wenn diese fehlt, einen Antrag durch einen Vertreter verlangen müssen.[12] Die Mitteilung kann auch an einen Bevollmächtigten gerichtet werden.[13] Die Vollmacht sollte sich bei den Akten befinden. Die Frist nach § 172 Abs. 1 wird bei Mitteilung des Einstellungsbescheides an den Bevollmächtigten nur dann in Lauf gesetzt, wenn dieser eine allgemeine Zustellungsvollmacht hat oder zur Entgegennahme des Einstellungsbescheids bevollmächtigt ist.[14]

---

10 KK/*Moldenhauer* 5; Schmitt/Köhler/*Schmitt* 1; KMR/*Noltensmeier-von Osten* 13; SK/*Albrecht* 4.

11 KK/*Moldenhauer* 5; Schmitt/Köhler/*Schmitt* 1; SK/*Albrecht* 5.

12 KK/*Moldenhauer* 3; Schmitt/Köhler/*Schmitt* 1; SK/*Albrecht* 9 (Voraussetzung ist allein die Handlungsfähigkeit); *Solbach* DRiZ **1979** 181, der mindestens „Handlungsfähigkeit" verlangt. Zur Zulässigkeit des Klageerzwingungsverfahrens s. § 172, 42, 46; vgl. auch BVerfGE **1** 87 (zur Unzulässigkeit querulatorischer Verfassungsbeschwerden).

13 OLG Darmstadt GA **41** (1883) 302.

14 OLG Dresden JW **1933** 1608.

9 **b) Querulatorische Strafanzeigen** können die Bescheidungspflicht einschränken oder ganz entfallen lassen.[15] Eingaben, die auf erkennbar wahnhaften Vorstellungen beruhen, sind bereits nicht als Strafanträge im Sinne des § 158 Abs. 1 zu behandeln und lösen schon deshalb keine Bescheidungspflicht aus. Gleiches gilt für Eingaben, deren Inhalt im Wesentlichen beleidigenden oder verunglimpfenden Charakter hat; hier ist dem Einsender lediglich mitzuteilen, dass seine „Anzeige" nicht als Antrag im Sinne der §§ 158, 171 anzusehen ist.[16] Wiederholte Strafanzeigen, die inhaltlich nur das bisherige Vorbringen wiederholen, lösen keine Bescheidungspflicht aus (Rn. 4), wenn es sich bei den Strafanzeigen um Wiederholungen eines bereits in einem früheren Ermittlungsverfahren als haltlos festgestellten Tatvorwurfs handelt (gleicher Inhalt, gleiche Vorwürfe, dieselbe angezeigte Person),[17] bei sogenannten Anzeigeserien, in denen immer neue Personen als Beschuldigte benannt werden oder wenn die Strafjustiz erkennbar lediglich sinnlos beschäftigt werden soll bzw. Anzeigen in besonders großer Zahl nachweislich darauf abzielen, nur die Arbeit der Strafverfolgungsbehörden lahmzulegen.[18] Sie besteht ebenfalls nicht, wenn der Anzeigende geschäftsunfähig ist, was gegebenenfalls von der Staatsanwaltschaft zu klären und, wenn kein Fall der Betreuung wegen Krankheit oder Behinderung (§ 1814 Abs. 1 BGB) vorliegt, selbst zu entscheiden ist.[19] Ob und in welchem Umfang bei Kettenanzeigen überhaupt eine Bescheidungspflicht besteht, ist streitig.[20] Teilweise wird in diesen Fällen eine Bescheidungspflicht mit der Begründung verneint, der Anzeigende handele rechtsmissbräuchlich, denn er nutze die ihm in der Strafprozessordnung eingeräumten Rechte, um ausschließlich verfahrensfremde oder verfahrenswidrige Zwecke zu verfolgen.[21] Ob in derartigen Fällen oder bei Anzeigen mit pauschalen Beschuldigungen eine Verneinung oder Einschränkung der Bescheidungspflicht mit Hilfe des Instituts des „Rechtsmissbrauchs" zu begründen ist, erscheint zweifelhaft.[22] Auch Anzeigen von vermeintlichen Querulanten sind vielmehr stets daraufhin zu prüfen, ob sie Anlass für (von Amts wegen) durchzuführende Ermittlungen bieten. Es sollte auch nicht vorschnell eine besondere Hartnäckigkeit des Anzeigenden als querulatorisch angesehen werden. Zumindest bei der ersten Kettenanzeige wird eine Bescheidungspflicht anzunehmen sein, denn ansonsten würde sie für bestimmte Deliktsbereiche (§§ 258a, 339, 344 StGB)

15 Vgl. zum Nachfolgenden, auch zu Einzelfragen, insbes. *Franzheim* GA **1978** 142; *Solbach* DRiZ **1979** 181; *Kaiser* NJW **1960** 373; KK/*Moldenhauer* 7; Schmitt/Köhler/*Schmitt* 2; KMR/*Noltensmeier-von Osten 17*; SK/*Albrecht* 8.

16 *Solbach* DRiZ **1979** 181; KK/*Moldenhauer* 7.

17 BVerfG NJW **2017** 3141 (keine verfassungsrechtlichen Bedenken, wenn ein wiederholtes und nicht auf neue Tatsachen gestütztes Strafverfolgungsverlangen eines bereits beschiedenen Verletzten nur mit dem Hinweis auf die schon erfolgte Bescheidung beantwortet und damit lediglich ein erneutes Klageerzwingungsverfahren nicht eröffnet wird).

18 OLG Naumburg Beschl. v. 20.2.2013 – 1 VAs 6/12; OLG Karlsruhe, Beschl. v. 12.4.2018 – 2 VAs 25/18; OLGSt EGGVG § 23 Nr. 36.

19 *Solbach* DRiZ **1979** 181, der jedoch von „Handlungsunfähigkeit" spricht; *Kaiser* NJW **1960** 374; *Kockel/Vossen-Kempkens* NStZ **2001** 180 (Geschäftsunfähigkeit des Anzeigeerstatters muss durch entsprechendes Gutachten aus vormundschaftsgerichtlichen Vorgängen oder früheren Ermittlungs- oder Strafakten nachgewiesen sein).

20 Vgl. *Solbach* DRiZ **1979** 182; *Kröpil* JA **1997** 783, 786 hält Kettenanzeigen grundsätzlich für rechtsmissbräuchlich und verneint deshalb auch eine Bescheidungspflicht; *Kockel/Vossen-Kempkens* NStZ **2001** 180 (im Falle von Anzeigeserien hartnäckiger, uneinsichtiger, „bösartiger" Querulanten, in denen immer neue Personen als Beschuldigte benannt werden, erscheine ein Einstellungsbescheid untunlich, wenn die Strafjustiz erkennbar sinnlos beschäftigt werden solle); OLG Naumburg Beschl. v. 20.2.2013 – 1 VAs 6/12.

21 So *Kröpil* JA **1997** 786.

22 Ähnlich *Kockel/Vossen-Kempkens* NStZ **2001** 180 (die bei Kettenanzeigen – zu weitgehend – gegen Angehörige der Strafjustiz regelmäßig eine Bescheidung – nach Einschaltung des Abteilungs- oder Behördenleiters – für erforderlich halten).

grundsätzlich entfallen. Eine generelle Bescheidlosstellung eines Anzeigeerstatters ist unzulässig. Sie kommt nur in einem konkreten Verfahren in Betracht.[23]

c) Form des Einstellungsbescheids. Über die **Form des Einstellungsbescheids** enthält das Gesetz keine Vorschrift. Je nach den örtlichen Gepflogenheiten und den Umständen des Einzelfalls kann er in Briefform (mit Anrede und Grußformel) oder in Form einer in Tenor und Gründe geteilten Entscheidung, ggf. in Verbindung mit einem Begleitbrief erteilt werden.[24] Der zweite Weg ist insbesondere dann zweckmäßig, wenn die aktenmäßige Einstellungsverfügung dem Anzeigenden im Wortlaut mitgeteilt werden kann (vgl. aber auch § 170, 37). Mitteilung durch **einfachen Brief** genügt stets, wenn keine Belehrung nach Satz 2 erforderlich ist.[25] Die förmliche **Zustellung** des Einstellungsbescheids ist gesetzlich nicht vorgeschrieben.[26] Im Regelfall ist der Bescheid dem Anzeigenden formlos zu übersenden (Nr. 91 Abs. 2 Satz 1 RiStBV). Allerdings ist die Staatsanwaltschaft innerdienstlich gehalten, die Zustellung anzuordnen, wenn im Einzelfall Anhaltspunkte dafür bestehen, dass mit einer Beschwerde oder einem Antrag auf gerichtliche Entscheidung zu rechnen ist (Nr. 91 Abs. 2 Satz 2 RiStBV), denn der Nachweis der Fristwahrung ist nur bei förmlicher Zustellung zu führen. Zur Frage des Fristbeginns und der Fristwahrung s. § 172, 108 f. 10

d) Begründung des Einstellungsbescheids. § 171 Satz 1 schreibt ausdrücklich vor, dass der Einstellungsbescheid zu begründen ist.[27] Die Begründung soll den Anzeigenden darüber informieren, warum seinem Begehren nach Strafverfolgung nicht stattgegeben wird. Soweit ihm das Klageerzwingungsverfahren offensteht, soll sie ihm ferner die Entscheidung ermöglichen, ob er hiervon Gebrauch machen will. Eine sachlich überzeugende Begründung kann auch dazu beitragen, Gegenvorstellungen, Dienstaufsichtsbeschwerden, Beschwerden oder das Klageerzwingungsverfahren zu vermeiden. Bei der **Einstellung mangels genügenden Anlasses zur Erhebung der öffentlichen Klage** reicht es nicht aus, lediglich formelhaft mitzuteilen, dass ein solcher nicht bestehe oder dass dem Beschuldigten die Tat nicht nachgewiesen werden könne. Vielmehr muss unter Würdigung der Umstände des Einzelfalls dargelegt werden, aus welchen tatsächlichen oder rechtlichen Gründen kein genügender Anlass zur Anklageerhebung besteht.[28] Die Gründe müssen inhaltlich mit denen übereinstimmen, die die Einstellungsverfügung in den Akten (§ 170, 37) tragen. Es genügt aber, wenn in der Begründung des Bescheids einer von mehreren tragenden Gründen angegeben wird.[29] Untunlich ist es, zur Begründung der Einstellung ohne nähere Ausführungen auf den Inhalt von als Anlage dem Bescheid beigefügten Schriftstücken (z.B. Sachverständigengutachten, Abschlussvermerk der Polizei, Vernehmungsniederschriften von Zeugen, Behördenauskünften) Bezug zu nehmen. Es ist stets der Verhältnismäßigkeitsgrundsatz zu beachten.[30] Mitteilungen über die Privatsphäre des Beschuldigten[31] oder anderer Verfahrensbeteiligter sind auf das unerlässliche Maß zu be- 11

23 OLG Naumburg Beschl. v. 20.2.2013 – 1 VAs 6/12.

24 Vgl. dazu kontrovers *Felsch* DRiZ **1971** 197; *Hucko* DRiZ **1971** 310; *Solbach* DRiZ **1977** 181; *Hellebrand* 305 ff.; KK/*Moldenhauer* 10.

25 KK/*Moldenhauer* 11; KMR/*Noltensmeier-von Osten* 23.

26 **A.A.** OLG Celle NStZ **1990** 505 mit Anm. *Nöldeke* NStZ **1991** 52 und Anm. *Wagner* NStZ **1991** 201.

27 *Hellebrand* 306 f.

28 Schmitt/Köhler/*Schmitt* 3; KMR/*Noltensmeier-von Osten* 18; *Eb. Schmidt* § 170, 31; vgl. Nr. 89 Abs. 2 RiStBV.

29 *Hellebrand* 297.

30 MüKo/*Kölbel/Neßeler* 8a; OLG Thür. mit Anm Kölbel/Neßeler wistra **2022**, 126 und Dietrich/Pollähne StV **2023**, 116.

31 KK/*Moldenhauer* 9; zur Problematik bei Jugendlichen *Schaal/Eisenberg* NStZ **1988** 52.

schränken. Den Anzeigenden selbst belastende oder verletzende Gründe, wie etwa Zweifel an seiner Glaubwürdigkeit oder der Verdacht eines eigenen, die Strafbarkeit des Beschuldigten ausschließenden strafbaren Verhaltens dürfen nicht verschwiegen werden, wenn es auf sie ankommt.[32] Namentlich bei Rechtsausführungen ist, vor allem bei einem rechtsunkundigen Antragsteller, auf eine verständliche Fassung zu achten.[33] Zu den inhaltlichen Begründungsanforderungen an den Bescheid und Beschwerdebescheid des vorgesetzten Beamten der Staatsanwaltschaft bei einer Verletzung höchstpersönlicher Rechtsgüter, spezifischer Fürsorge- und Obhutspflichten in asymmetrischen Rechtsverhältnisse sowie bei Straftaten durch Amtsträger bei der Wahrnehmung hoheitlicher Aufgaben zur Sicherstellung des subjektiven Anspruchs auf effektive Strafverfolgung vgl. die Erl. zu § 172, 2, 118. Im Falle von **gravierenden Begründungsmängeln** insbesondere in Ermittlungsverfahren wegen der Verletzung höchstpersönlicher Rechtsgüter hat grundsätzlich ein neuer Bescheid zu erfolgen, es sei denn, es ist ein hinreichender Tatverdacht gegen den Beschuldigten auszuschließen.[34]

12 In **Unbekanntsachen** genügt als Begründung des Bescheids in aller Regel die Mitteilung, dass der Täter nicht ermittelt werden konnte. Bei **Teileinstellung** (Rn. 6) kann es angebracht sein, die Einstellungsbegründung mit der Mitteilung zu verbinden, dass gegen den Beschuldigten im Übrigen Anklage erhoben werde, doch sollte das nicht schematisch geschehen, sondern nur dann, wenn das weitere Verhalten des Anzeigeerstatters hiervon abhängen kann und auch sonst keine überwiegenden Interessen des Beschuldigten entgegenstehen. Wird nach **§ 154 Abs. 1** von der Verfolgung abgesehen, so sollten die Einzelheiten des anderen Verfahrens dem Anzeigenden nicht mitgeteilt werden. Bei einem Absehen von der Verfolgung nach **§ 153 Abs. 1** genügt die bloße Mitteilung, dass die Schuld des Beschuldigten als gering anzusehen wäre und kein öffentliches Interesse an der Strafverfolgung bestehe, in aller Regel nicht. Vielmehr dürfte eine nähere Begründung dann erforderlich sein, wenn das Absehen von der Verfolgung nach § 153 Abs. 1 aufgrund der Umstände des Einzelfalls aus der Sicht des – verletzten – Anzeigeerstatters problematisch erscheinen könnte oder aber wenn der Anzeigeerstatter hierauf bereits eingegangen war. Bei Einstellungen nach § 153 sollte im Einstellungsbescheid deutlich gemacht werden, dass die Schuldfrage offenbleibt. Keineswegs darf die Einstellungsbegründung zum Ausdruck bringen, dass die Staatsanwaltschaft von einer Schuld des Beschuldigten ausgehe (Art. 6 Abs. 2 EMRK; vgl. auch Erl. zu § 153).

13 Bei einer **Verweisung auf den Privatklageweg** sollte konkret bezogen auf den Einzelfall dargelegt werden, warum ein öffentliches Interesse an der Erhebung der öffentlichen Klage nicht besteht. Die Praxis begnügt sich allerdings vielfach mit der Wiederholung der Formel der Nr. 86 Abs. 2 RiStBV. Üblicherweise wird mit dem Einstellungsbescheid in diesen Fällen der Hinweis auf die Möglichkeit der Privatklage verbunden.[35] Betrifft das Ermittlungsverfahren in einer prozessualen Tat zusammentreffend **Offizial- und Privatklagedelikt**, so muss der Einstellungsbescheid darlegen, aus welchen Gründen das Offizialdelikt nicht verfolgt wird und warum kein öffentliches Interesse an der Verfolgung des Privatklagedelikts besteht. In diesen Fällen ist der Anzeigende, der zugleich der Verletzte ist, gemäß § 171 Satz 2 nur über die Möglichkeit des Klageerzwingungsverfahrens zu belehren, nicht auch über die

---

32 KK/*Moldenhauer* 9.

33 Vgl. Nr. 89 Abs. 4 RiStBV.

34 OLG Bremen StV **2018**, 268; zustimmend Schmitt/Köhler/*Schmitt 11;* a.A. LK/*Moldenhauer* 9; SK/*Abrecht* 14, die sich ausnahmslos für eine Neubescheidung aussprechen.

35 Schmitt/Köhler/*Schmitt* 4; *Solbach* DRiZ **1984** 477; *Weiland* JuS **1983** 125; kritisch zu den dabei teilweise verwendeten, unberechtigte Erwartungen weckende Formulierungen *Rieß* Verh. des 55. DJT (1984) Bd. I Teil C 23 Fn. 79.

ihm daneben offenstehende Möglichkeit, allein wegen des Privatklagedelikts Privatklage zu erheben.[36] Gibt die Staatsanwaltschaft unter Verneinung des öffentlichen Interesses an der Verfolgung des Privatklagedelikts die Sache zur Verfolgung der Ordnungswidrigkeit an die Verwaltungsbehörde ab (§ 170, 14 f.; § 376, 10 f.), so ist in dem Bescheid hierauf hinzuweisen. Dagegen ist die rein spekulative Belehrung an den Verletzten unangebracht, dass eine erhobene Privatklage unzulässig werde, *wenn* die Verwaltungsbehörde einen Bußgeldbescheid erlässt, *wenn* der Betroffene hiergegen Einspruch einlegt und *wenn* das Bußgeldverfahren in ein Strafverfahren übergeleitet wird.[37]

5. Belehrung (Satz 2)

a) Notwendigkeit. Die Belehrung soll den Antragsteller in den Stand setzen, die Frist des § 172 Abs. 1 einzuhalten, um später ggf. den Antrag auf gerichtliche Entscheidung stellen zu können. Sie ist deshalb nur erforderlich, soweit ein Klageerzwingungsverfahren rechtlich zulässig wäre.[38] Auf die stets gegebene Möglichkeit, sich mit einer (Dienstaufsichts-)Beschwerde an den vorgesetzten Beamten der Staatsanwaltschaft zu wenden, braucht nicht hingewiesen zu werden.[39] Auch wenn der Antragsteller der Verletzte ist, ist daher die **Belehrung nicht erforderlich**, wenn das Verfahren als Unbekanntsache eingestellt wird, weil kein Tatverdächtiger ermittelt werden konnte,[40] und wenn das Klageerzwingungsverfahren nach § 172 Abs. 2 Satz 3 ausgeschlossen ist (näher § 172, 21 ff.). Nach der in diesem Kommentar vertretenen, umstrittenen Auffassung (vgl. Erl. zu § 153a) ist das Klageerzwingungsverfahren auch bei der endgültigen Einstellung nach § 153a Abs. 1 nicht zulässig, sodass auch insoweit keine Belehrung erforderlich ist. Sie ist dagegen notwendig bei der endgültigen Einstellung nach § 154d Satz 3 (vgl. Erl. zu § 154d) und beim Zusammentreffen eines Offizialdelikts mit einem Privatklagedelikt in einer prozessualen Tat (vgl. Rn. 13). 14

Wer **Verletzter** ist, ist inzwischen in § 373b legal definiert und hier ebenso wie in § 172 zu beurteilen (vgl. § 172, 48 ff.). Soweit es um die Bescheidungspflicht geht, ist in Zweifelsfällen zunächst stets die Auffassung der Staatsanwaltschaft maßgebend. Nicht unzulässig ist es, in zweifelhaften Fällen den Antragsteller zu belehren (vgl. auch § 172, 120). Dabei ist es bei der Belehrung nach § 171 Satz 2, anders als bei der nach § 172 Abs. 2 Satz 2 (vgl. § 172, 120 a.E.), nicht angebracht, auf die zweifelhafte Rechtslage hinzuweisen,[41] denn für die Beschwerde zum vorgesetzten Beamten der Staatsanwaltschaft, die allein Gegenstand der hier geregelten Belehrung ist, kommt es darauf nicht an. Letzterer hat nämlich in jedem Fall – unter Umständen im Rahmen der Dienstaufsicht – die Beschwerde sachlich zu bescheiden. 15

---

36 *Solbach* DRiZ **1984** 476 ff.; Schmitt/Köhler/*Schmitt* 4; **a.A.** (keine Belehrung nach § 171 Satz 2) *Weiland* JuS **1983** 125.

37 **A.A.** LR/*Meyer-Goßner*[23] § 170, 20.

38 KK/*Moldenhauer* 12; Schmitt/Köhler/*Schmitt* 7; KMR/*Noltensmeier-von Osten 25*; *Glang* MDR **1954** 586; *Solbach* DRiZ **1977** 181; vgl. OLG Braunschweig NJW **1965** 598.

39 **A.A.** *Lueder* MDR **1960** 189; dagegen ausführlich LR/*Meyer-Goßner*[23] 14; ebenso *Solbach* DRiZ **1979** 181; **1984** 476, 478 Fn. 18.

40 Ausführlich LR/*Meyer-Goßner*[23] 15; ebenso KK/*Moldenhauer* 12; KMR/*Noltensmeier-von Osten* 25; *Glang* MDR **1954** 586; *Solbach* DRiZ **1977** 181; **a.A.** LR/*Kohlhaas*[22] 7; *Reimers* MDR **1955** 211; vgl. OLG Celle MDR **1956** 120; § 172, 20.

41 So *Glang* MDR **1954** 587; *Solbach* DRiZ **1977** 182.

16 **b) Inhalt.** Die Belehrung muss den Hinweis auf die Möglichkeit der Beschwerde an den vorgesetzten Beamten der Staatsanwaltschaft (regelmäßig den Generalstaatsanwalt) und die hierbei einzuhaltende zweiwöchige Frist (§ 172 Abs. 1 Satz 1) enthalten und angeben, dass die Frist auch bei Einreichung bei der Staatsanwaltschaft gewahrt wird, die das Ermittlungsverfahren eingestellt hat (§ 172 Abs. 1 Satz 2). Die Belehrung ist auch erforderlich, wenn davon ausgegangen werden kann, dass der Adressat des Einstellungsbescheids die Anfechtungsmöglichkeit kennt, etwa weil er Rechtsanwalt oder sonst rechtskundig ist. Über die Möglichkeit des späteren Antrags auf gerichtliche Entscheidung ist durch die einstellende Staatsanwaltschaft noch nicht zu belehren; dies geschieht erst bei Verwerfung bzw. Zurückweisung der Vorschaltbeschwerde (§ 172 Abs. 2 Satz 2). Etwas anderes gilt nur, wenn das Ermittlungsverfahren nach § 120 GVG vom Generalstaatsanwalt beim Oberlandesgericht oder nach § 142a GVG vom Generalbundesanwalt geführt und eingestellt wird, da in diesen Fällen das Klageerzwingungsverfahren unmittelbar zulässig ist (§ 172, 103). Hierüber ist bereits bei der Einstellung gemäß § 172 Abs. 2 Satz 2 zu belehren; die Belehrung nach § 171 Satz 2 entfällt in diesen Fällen.

17 **6. Fehler bei der Bescheidungs- und Belehrungspflicht.** Unterbleibt entgegen Satz 2 die Belehrung, oder ist sie in wesentlichen Punkten, etwa hinsichtlich der Frist oder des Adressaten, unrichtig oder unvollständig,[42] so läuft die Frist für die Vorschaltbeschwerde nach § 172 Abs. 1 nicht (§ 172 Abs. 1 Satz 3). Wird eine Belehrung nach Satz 2 erteilt, obwohl ein Klageerzwingungsverfahren nicht zulässig wäre, so wird es dadurch nicht zulässig. Wird, weil eine Belehrung nach Satz 2 nicht erforderlich ist, allein gegen die Bescheidungspflicht nach Satz 1 verstoßen, so ist dies ohne prozessuale Konsequenzen.

18 **7. Anspruch des Nebenklageberechtigten auf Übersetzung (Satz 3).** Die Einfügung von Satz 3 dient der Umsetzung von Art. 7 Abs. 3 der Opferschutzrichtlinie.[43] Danach haben Mitgliedstaaten zu gewährleisten, dass sprachunkundige Opfer im Einklang mit ihrer Stellung in der jeweiligen Strafrechtsordnung unentgeltlich Übersetzungen der wesentlichen Informationen in einer ihnen verständliche Sprache erhalten, um ihre Verfahrensrechte wahrnehmen zu können. Die Opferschutzrichtlinie nennt insoweit als Regelbeispiel in Art. 7 Abs. 3 Satz 2 die Übersetzung einer etwaigen verfahrensbeendenden Entscheidung. Da mit § 187 Abs. 4 GVG lediglich die Zuziehung eines Dolmetschers oder Übersetzers für Personen gesetzlich geregelt ist, die nach § 395 berechtigt sind, sich der öffentlichen Klage mit der Nebenklage anzuschließen, fehlte es an einer entsprechenden Regelung bei verfahrensbeendenden Entscheidungen im Ermittlungsverfahren. Satz 3 stellt durch die Bezugnahme auf § 187 Abs. 1 Satz 1 und Abs. 2 GVG nunmehr klar, dass der Inhalt verfahrensbeendender Entscheidungen der Staatsanwaltschaft ohne Erhebung der öffentlichen Klage dem Nebenklageberechtigten in einer für ihn verständlichen Sprache schriftlich mitgeteilt wird, soweit dies zur Ausübung seiner strafprozessualen Rechte erforderlich ist.

19 Hinsichtlich **Notwendigkeit** und **Umfang** der schriftlichen Übersetzung gelten die Grundsätze des § 187 Abs. 2 GVG entsprechend.[44] Dem der deutschen Sprache nicht mächtigen Nebenklageberechtigten ist danach in der Regel **auf Antrag** eine **schriftliche Übersetzung** der das Verfahren beendenden Entscheidung der Staatsanwaltschaft mitzuteilen. Eine nur auszugsweise schriftliche Übersetzung (§ 187 Abs. 2 Satz 2 GVG) wird in der Regel

---

42 KK/*Moldenhauer* 14; Schmitt/Köhler/*Schmitt* 8; KMR/*Noltensmeier-von Osten* 28; *Eb. Schmidt* 27.

43 Richtlinie 2012/29/EU des Europäischen Parlaments und des Rates vom 25.10.2012 über Mindeststandards für die Rechte, die Unterstützung und den Schutz von Opfern von Straftaten sowie zur Ersetzung des Rahmenbeschlusses 2001/220/JI.

44 BTDrucks. **18** 4621 S. 26.

nicht ausreichen, weil ein Nebenklageberechtigter zur Ausübung seiner strafprozessualen Rechte im Vorschaltbeschwerdeverfahren (§ 172 Abs. 1) und im Hinblick auf die hohen Anforderungen für die Begründung eines Antrags auf gerichtliche Entscheidung (§ 172 Abs. 3) auf die vollständige Begründung der Einstellungsentscheidung angewiesen ist.

Der nach Satz 3 letzter Halbsatz erforderliche **Antrag auf Übersetzung** ist an **keine Form** und **keine Frist** gebunden. Er kann bis zur Verfügung der verfahrensbeendenden Entscheidung der Staatsanwaltschaft, aber auch noch danach, etwa nach Bekanntmachung des Einstellungsbescheids in für den Nebenklageberechtigten nicht verständlicher Sprache, gestellt werden. Die Staatsanwaltschaft hat auch bei verspäteter Antragstellung eine schriftliche Übersetzung zu veranlassen und diese dem Nebenklageberechtigten bekanntzumachen. Im Falle einer Antragstellung nach der verfahrensbeendenden Entscheidung der Staatsanwaltschaft können sich im Klageerzwingungsverfahren Probleme bei einer Wiedereinsetzung in den vorigen Stand gegen die Versäumung der Frist zur Einlegung der (Vorschalt-)Beschwerde ergeben, bei denen es auf die Beachtung von Nr. 174a RiStBV im Ermittlungsverfahren **vor** der verfahrensbeendenden Entscheidung ankommen wird. Bei einem Verstoß gegen Nr. 174a RiStBV und nicht erfolgter Belehrung in einer verständlichen Sprache über das Antragserfordernis nach Satz 3 letzter Halbsatz wird wohl ein Belehrungsmangel anzunehmen sein, der einer nicht erteilten Belehrung gleichsteht. 20

Satz 3 gilt für den **Beschwerdebescheid** des vorgesetzten Beamten der Staatsanwaltschaft entsprechend. 21

Bei **Verzicht** des Nebenklageberechtigten auf Erteilung eines Bescheids bedarf es grundsätzlich keiner schriftlichen Übersetzung der verfahrensbeendenden Entscheidung. Stellt der Nebenklageberechtigte gleichwohl einen Antrag auf Übersetzung in eine für ihn verständliche Sprache, so dürfte hierin ein Widerruf des Verzichts liegen. Die Staatsanwaltschaft ist dann gehalten, ihre verfahrensbeendende Entscheidung dem Nebenklageberechtigten in einer für ihn verständlichen Sprache bekanntzumachen. 22

Eine **Übersetzung trotz Antrags** ist **nicht erforderlich** bei bloßer Wiederholung einer bereits beschiedenen Anzeige ohne neuen Sachvortrag (vgl. Rn. 4) oder bei Anträgen mit beleidigendem, herausforderndem oder erpresserischem Inhalt.[45] Das Gleiche gilt für querulatorische Anzeigeserien, die erkennbar nur dazu dienen, die Strafjustiz sinnlos zu beschäftigen (vgl. Rn. 9).[46] 23

Die Übersetzung der verfahrensbeendenden Entscheidung muss **kostenlos** zur Verfügung gestellt werden. Die anfallenden Übersetzungskosten hat daher stets die Staatskasse zu tragen (Art. 7 Abs. 3 Satz 1 Opferschutzrichtlinie).[47] 24

§ 172
Beschwerde des Verletzten; Klageerzwingungsverfahren

(1) [1]Ist der Antragsteller zugleich der Verletzte, so steht ihm gegen den Bescheid nach § 171 binnen zwei Wochen nach der Bekanntmachung die Beschwerde an den vorgesetzten Beamten der Staatsanwaltschaft zu. [2]Durch die Einlegung der Beschwerde bei der Staatsanwaltschaft wird die Frist gewahrt. [3]Sie läuft nicht, wenn die Belehrung nach § 171 Satz 2 unterblieben ist.

(2) [1]Gegen den ablehnenden Bescheid des vorgesetzten Beamten der Staatsanwaltschaft kann der Antragsteller binnen einem Monat nach der Bekanntmachung

45 BVerfG NJW **1953** 817; OLG Karlsruhe NJW **1973** 1658; BTDrucks. **18** 4621 S. 26.
46 BTDrucks. **18** 4621 S. 26.
47 BTDrucks. **18** 4621 S. 26.

gerichtliche Entscheidung beantragen. [2]Hierüber und über die dafür vorgesehene Form ist er zu belehren; die Frist läuft nicht, wenn die Belehrung unterblieben ist. [3]Der Antrag ist nicht zulässig, wenn das Verfahren ausschließlich eine Straftat zum Gegenstand hat, die vom Verletzten im Wege der Privatklage verfolgt werden kann, oder wenn die Staatsanwaltschaft nach § 153 Abs. 1, § 153a Abs. 1 Satz 1, 7 oder § 153b Abs. 1 von der Verfolgung der Tat abgesehen hat; dasselbe gilt in den Fällen der §§ 153c bis 154 Abs. 1 sowie der §§ 154b und 154c.

(3) [1]Der Antrag auf gerichtliche Entscheidung muß die Tatsachen, welche die Erhebung der öffentlichen Klage begründen sollen, und die Beweismittel angeben. [2]Er muß von einem Rechtsanwalt unterzeichnet sein; für die Prozeßkostenhilfe gelten dieselben Vorschriften wie in bürgerlichen Rechtsstreitigkeiten. [3]Der Antrag ist bei dem für die Entscheidung zuständigen Gericht einzureichen.

(4) [1]Zur Entscheidung über den Antrag ist das Oberlandesgericht zuständig. [2]Die § 120 und 120b des Gerichtsverfassungsgesetzes sind sinngemäß anzuwenden.

Schrifttum zu den §§ 172 bis 177

Bader Zur Form des Klageerzwingungsantrags, NJW **1958** 1307; *Bauer* Zum Begriff des Verletzten in der StPO, JZ **1953** 298; *Bischoff* Die Wiedereinsetzung bei der Versäumung der Beschwerdefrist des § 172 I StPO, NJW **1986** 2097; *ders.* Das Klageerzwingungsverfahren. Eine empirische Analyse mit Vorschlägen zur Reform, Diss. Münster 1987; *ders.* Die Praxis des Klageerzwingungsverfahrens, NStZ **1988** 63; *ders.* Die Begründung des Klageerzwingungsantrags, NJW **1988** 1308; *Burhoff* Das Klageerzwingungsverfahren, ZAP **2003** 369; *Deckenbrock/Dötsch* Heilung durch sachliche Einlassung bei § 172 Abs. 1 StPO? StraFo **2003** 372; *Delius* Neue Beiträge zur Auslegung des § 170 StPO, GA **43** (1895) 177; *Diehm* Der subjektive Anspruch auf effektive Strafverfolgung, Linien der Rechtsprechung des Bundesverfassungsgerichts Bd. 4 (2016) 223; *Dietz* Die Anklageerzwingung (1933); *Dünnebier* Das wiederholte Anklageerzwingungsverfahren, JR **1959** 49; *Ernst* Die Zuständigkeit für die Entscheidung über den Wiedereinsetzungsantrag bei Versäumung der Frist für die Vorschaltbeschwerde im Klageerzwingungsverfahren, SchlHA **2004** 140; *Esser/Lubrich* Anspruch des Verletzten auf Strafverfolgung Dritter: Der Kundus-Beschluss des Bundesverfassungsgerichts, StV **2017** 418; *Frisch* Der Begriff des Verletzten im Klageerzwingungsverfahren, JZ **1974** 7; *Glang* Die Belehrungspflicht des Staatsanwalts nach den §§ 171, 172 StPO, MDR **1954** 586; *Görg* Die Entstehung des strafprozessualen Anklageerzwingungsverfahrens als historische Konsequenz aus dem Wandel von der privaten zur staatlich monopolisierten Strafverfolgung (1995); *Gössel* Überlegungen zur Bedeutung des Legalitätsprinzips im rechtsstaatlichen Strafverfahren, FS Dünnebier (1982) 122; *Gräff* Probleme des Klageerzwingungsverfahrens – kritische Anmerkungen aus anwaltlicher Sicht, FS Kielwein (1989) 53; *Haas* Der Verletzte im Klageerzwingungsverfahren bei Eigentums- und Vermögensdelikten – eine Neubestimmung, GA **1988** 493; *Hall/Hupe* Die Wiederholung des Klageerzwingungsverfahrens, JZ **1961** 360; *Hardwig* Die Wiederholung des Klageerzwingungsverfahrens, GA **1959** 229; *Hefendehl* Der Begriff des Verletzten im Klageerzwingungsverfahren bei modernen Rechtsguts- und Deliktsstrukturen, GA **1999** 585; *Hilger* Über den Begriff des Verletzten im Fünften Buch der StPO, GA **2007** 287; *Hochheuser* Der Verletzte im Strafrecht, Diss. Bonn 1965; *Holz* Justizgewährungsanspruch des Verbrechensopfers, Diss. Freiburg 2006; *Hütwohl* Die Vorschaltbeschwerde im Assessorexamen, JuS **2014** 30; *Jans* Die Aushöhlung des Klageerzwingungsverfahrens (1990); *Jung* Die Stellung des Verletzten im Strafprozeß, ZStW **93** (1981) 1147; *Kalsbach* Die gerichtliche Nachprüfung von Maßnahmen der Staatsanwaltschaft im Strafverfahren (1967); *Kaster* Prozeßkostenhilfe für Verletzte und andere Berechtigte im Strafverfahren, MDR **1994** 1073; *Kirstgen* Das Klageerzwingungsverfahren, Diss. Bonn 1986; *Kleinknecht* Zur Beschwerde nach § 172 StPO, JZ **1953** 137; *Knögel* Die Problematik des Klageerzwingungsverfahrens nach §§ 172 ff. StPO, NJW **1966** 1400; *ders.* Noch einmal: Das Klageerzwingungsverfahren nach §§ 172 ff. StPO, NJW **1967** 383; *Kohlhaas* Das Klageerzwingungsverfahren in seiner neuen Form, GA **1954** 129; *ders.* Neue Komplikationen im Klageerzwingungsverfahren, NJW **1962** 950; *Koller* Die Staatsanwaltschaft – Organ der Judikative oder Exekutivbehörde? (1997); *Kröpil* Zur Erledigung des Klageerzwingungsverfahrens bei Wiederaufnahme staatsanwaltlicher Ermittlungen, NStZ **2010** 558; *Krumm* Begründungsanforderungen an den Klageerzwingungsantrag, StraFo **2011** 205; *ders.* Musterantrag im Klageerzwingungsverfahren wegen fahrlässiger Körperverletzung, SVR **2012** 36; *ders.* Klageerzwingungsanträge richtig stellen, NJW **2013** 2948; *ders.* „Ganz schön schwer!" – Der Klageerzwingungsantrag in der Praxis, NJ **2016** 241; *Kruse* Aus der Praxis: Die Rechtsmittelbelehrung im staatsanwaltlichen Einstellungsbescheid, JuS **2007** 822; *Kühne* Die tatsächliche Bedeutung von Opferrechten in der Deutschen Strafprozeßordnung, MSchrKrim. **69** (1986) 98; *Küpper* Das Klageerzwingungsverfahren, Jura **1989** 281; *Lambauer* Verfolgungserzwingung als Kontrolle des Staatsanwaltes und als Opferrecht, FS Burgstaller (2004) 281; *Langer* Zur Klageerzwingung wegen Verfolgung Unschuldiger, JR **1989** 95; *Lueder* Zur Anfechtung von Einstellungsbescheiden der Staatsanwaltschaft, MDR **1960** 189; *Machalke* Die Funktion des Oberlandesgerichts im Klageerzwingungsverfahren (1996); *Maiwald* Die Beteiligung des Verletzten am Strafverfahren, GA **1970** 33; *Hellm. Mayer* Klageerzwingungsverfahren und Opportunitätsprinzip, JZ **1955** 600; *Meyer-Krapp* Das Klageerzwingungsverfahren, Diss. Göttingen 2008; *Mittelbach* Zum Klageerzwingungsverfahren nach § 172 StPO, DRiZ **1954** 249; *Moller* Klageerzwingungsverfahren und berechtigtes Vergeltungsbedürfnis, NJW **1966** 1253; *Niese* Die Anklageerzwingung im Verhältnis zum Legalitäts- und Opportunitätsprinzip, SJZ **1950** 890; *ders.* Zur verfahrensmäßigen Behandlung der Beschwerde und zum Armenrecht im Anklageerzwingungsverfahren, JZ **1952** 647; *Nothmann* Klageerzwingungsrecht und Strafprozeßreform, GA **76** (1932) 71; *Oetker* Legalität, Opportunität, Klageerzwingung, GerS **105** (1935) 370; *Ostendorf* Das öffentliche Klageerzwingungsverfahren – ein notwendiges Institut zur Kontrolle der Staatsanwaltschaft, RuP **1980** 185; *Ostler* Das Klageerzwingungsverfahren (1931); *Peglau* Der Begriff des „Verletzten" iS von § 172 I StPO, Jura **1999** 55; *Pentz* Notanwalt für das Klageerzwingungsverfahren? NJW **1961** 862; *Pfohl* Die Richtlinie (EU) 2024/1203 über den strafrechtlichen Schutz der Umwelt (Teil 2) Sanktionen, Verfahrensrecht, Prävention und Reformbedarf, ZWH **2025** 45; *Pilgermair* Staatsanwaltschaft im 21. Jahrhundert. Aufgaben – Positionen – Perspektiven (2001); *Poppe* Die Bewilligung des Armenrechts im Klageerzwingungsverfahren, NJW **1953** 1500; *ders.* Keine Wiederholung des Klageerzwingungsverfahrens? NJW **1956** 1058; *Preuß* Das Klageerzwingungsverfahren: Ein Überblick über prüfungsrelevante Fragen, Jura **2016** 762; *Quarch* Zur Einführung: Das Klageerzwingungsverfahren, JA **2004** 650; *Rackow* Die Darstellung der Verletzteneigenschaft durch den Anwalt im Antrag auf gerichtliche Entscheidung im Klageerzwingungsverfahren, GA **2001** 482; *Rehwagen* Der Verletzte im Strafverfahren. Seine Rechtsstellung nach der Strafprozeßordnung und nach dem sowjetischen Strafprozeßrecht, Diss. München 1974; *Rieß* Die Rechtsstellung des Verletzten im Strafverfahren, Gutachten zum 55. DJT (1984), Verh. des 55. DJT Bd. 1 Teil C; *ders.* Alte und neue aktuelle Fragen im Klageerzwingungsverfahren – Notanwalt, Ermittlungserzwingung, NStZ **1986** 433; *ders.* Kostenfolgen des Klageerzwingungsverfahrens, NStZ **1990** 6; *Schäfer* Das Klageerzwingungsrecht des Beamten, DVBl. **1961** 776; *H. Schäfer* Die Einsicht in Strafakten durch den Verletzten – Der Konkursverwalter als Verletzter, wistra **1988** 216; *Schall* Der Verletzte im Klageerzwingungsverfahren bei Umweltdelikten, NStZ **2020** 569; *H. W. Schmidt* Der Klageerzwingungsantrag, SchlHA **1959** 138; *ders.* Keine Beiordnung eines Notanwalts im Klageerzwingungsverfahren, MDR **1965** 872; *Schneidewin* Das Klageerzwingungsverfahren nach Fristbestimmung gemäß § 154a StPO [jetzt: § 154d], JZ **1959** 307; *Schorn* Das Klageerzwingungsverfahren im Blickfeld der neueren Rechtsprechung, NJW **1965** 1517; *Schroeder* Zur Rechtskraft staatsanwaltlicher Einstellungsverfügungen, NStZ **1996** 319; *Schroers* Zur Frage der Offenbarung von Entscheidungsvorgängen bei staatsanwaltlichen Abschlussverfügungen, FS Wolff (1998) 459; *Schroth* Die Rechte des Opfers im Strafprozess (2005); *Schulz* Zur Beschwerde nach § 172 StPO, JR **1953** 215; *Schulz-Arenstorff* Die Zulässigkeitserfordernisse des Klageerzwingungsantrags, NJW **1978** 1302; *Schwarz* Einstellung des Klageerzwingungsverfahrens nach § 172 StPO, NJW **1958** 1816; *Schwarze* Der Antrag des Verletzten auf gerichtliche Entscheidung bei Ablehnung des Antrags auf strafgerichtliche Verfolgung, GerS **31** (1879) 284; *Singelnstein/Stolle* Völkerstrafrecht und Legalitätsprinzip – Klageerzwingungsverfahren bei Opportunitätseinstellungen und Auslegung des § 153f StPO, ZIS **2006** 118; *Solbach* Rechtsmittelbelehrung bei Erteilung eines Einstellungsbescheides, DRiZ **1977** 181; *Stoffers* Die Kostenentscheidung im Klageerzwingungsverfahren beim Sonderfall der „Ermittlungserzwingung", JurBüro **1993** 643; *Strüwer* Ein Beitrag zur Bestimmung des strafprozessualen Begriffs „Verletzter", Diss. Hamburg 1976; *Thode* Die Einstellungsbeschwerde im Strafverfahren, DRiZ **2007** 57; *Töwe* Das Klageerzwingungsverfahren, GerS **108** (1936) 262; *Vogel* Amtspflichten der Staatsanwaltschaft gegenüber Verletzten, wistra **1996** 219; *Weber* Zur Wirkung des Todes des Antragstellers auf das gerichtliche Klageerzwingungsverfahren, GedS A. Kaufmann (1986) 781; *Wehnert* Rechtliche und rechtstatsächliche Aspekte des Klageerzwingungsverfahrens (1988); *Weigend* Viktimologische und kriminalpolitische Überlegungen zur Stellung des Verletzten im Strafverfahren, ZStW **96** (1984) 761, 786; *Werner* Die Rechtsstellung des Verletzten im Strafverfahren bei staatsanwaltschaftlichen Verfahrenseinstellungen aus Opportunitätsgründen, NStZ **1984** 401; *ders.* Der Einfluß des Verletzten auf Verfahrenseinstellungen der Staatsanwaltschaft (1986); *Wiesen/Höfling* Probleme des Klageerzwingungsverfahrens aus staatsanwaltlicher Sicht unter besonderer Berücksichtigung der Judikatur des Oberlandesgerichts Saarbrücken, FS Kielwein (1989) 69; *Wölfl* Die Einschränkung der strafprozessualen Verletztenrechte durch das Jugendstrafverfahren, Jura **2000** 10; *Würdinger* Die Zeitenwende im Klageerzwingungsverfahren, HRRS **2016** 29; *Zielinski* Zur Verletztenstellung des einzelnen Aktionärs im Klageerzwingungsverfahren bei Straftaten zum Nachteil der Aktiengesellschaft, wistra **1993** 6.

Entstehungsgeschichte

Die Vorschrift hatte ursprünglich folgenden Wortlaut:

(1) Ist der Antragsteller zugleich der Verletzte, so steht ihm gegen diesen Bescheid binnen zwei Wochen nach der Bekanntmachung die Beschwerde an den vorgesetzten Beamten der Staatsanwaltschaft und gegen dessen ablehnenden Bescheid binnen einem Monat nach der Bekanntmachung der Antrag auf gerichtliche Entscheidung zu.
(2) Der Antrag muß die Tatsachen, welche die Erhebung der öffentlichen Klage begründen sollen, und die Beweismittel angeben, auch von einem Rechtsanwalt unterzeichnet sein. Der Antrag ist bei dem für die Entscheidung zuständigen Gericht einzureichen.
(3) Zur Entscheidung ist in den vor das Reichsgericht gehörigen Sachen das Reichsgericht, in anderen Sachen das Oberlandesgericht zuständig.

Sie blieb bis 1942 unverändert. Art. 9 § 2 Abs. 3 der 2. VereinfVO beseitigte das gesamte Klageerzwingungsverfahren und hob die Vorschrift deshalb auf; Art. 3 I Nr. 72 des VereinhG stellte sie unter Ersetzung des Wortes „Reichsgericht" durch „Bundesgerichtshof" unverändert wieder her.

Art. 4 Nr. 25 des 3. StRÄndG gab der Vorschrift ihren heutigen Aufbau und im Wesentlichen ihren heutigen Inhalt. Jedoch schloss Absatz 2 Satz 3 auch Übertretungen bis zu deren Beseitigung durch das EGStGB 1974 vom Klageerzwingungsverfahren aus. Die Aufzählung der Vorschriften am Ende dieses Satzes wurde durch Art. 3 Nr. 3 des 8. StRÄndG, durch Art. 21 Nr. 56 EGStGB 1974 und zuletzt durch Art. 1 Nr. 3 des Gesetzes zur strafverfahrensrechtlichen Verankerung des Täter-Opfer-Ausgleichs und zur Änderung des Gesetzes über Fernmeldeanlagen den Veränderungen bei den §§ 153 ff. angepasst. In Absatz 3 wurde das Wort „Armenrecht" durch Art. 4 Nr. 8 Buchst. b ProzeßkostenhG durch „Prozeßkostenhilfe" ersetzt. Absatz 4 erklärte ursprünglich in den erstinstanzlichen Strafsachen des Bundesgerichtshofs diesen für zuständig; er erhielt seine heutige Fassung durch Art. 2 Nr. 6 StaatsschStrafsG und Art. 3 Nr. 4 des 48. StrÄndG. Bezeichnung bis 1924: § 170.

Übersicht

Alphabetische Übersicht

I. Bedeutung und Struktur des Klageerzwingungsverfahrens

1. Zweck und Bedeutung

1 **a) Kontrolle des Legalitätsprinzips.** Der Begriff **Klageerzwingungsverfahren** hat sich in Wissenschaft und Praxis allgemein durchgesetzt[1] und nunmehr auch in der gesetzlichen Überschrift des § 172. Nach allgemeiner Auffassung dient es der Kontrolle des Legalitätsprinzips.[2] Anders als etwa bei einer subsidiären Privatklage[3] kann mit dem Klageerzwingungsverfahren das Anklagemonopol der Staatsanwaltschaft trotz gerichtlicher Kontrolle der Einstellungsentscheidung formal aufrechterhalten werden (vgl. auch Erl. zu § 151). Aus dieser dem geltenden Recht zugrundeliegenden Zweckbestimmung des Klageerzwingungsverfahrens als Mittel zur Gewährleistung der dem Legalitätsprinzip entsprechenden Anklagepflicht der Staatsanwaltschaft folgt einschränkend seine Unanwendbarkeit für die Durchbrechung des Legalitätsprinzips (vgl. § 172 Abs. 2 Satz 3, näher Rn. 21 ff.),[4] andererseits für die Bestimmung seiner Reichweite, dass seine Wiederholung grundsätzlich möglich ist, wenn und soweit für die Staatsanwaltschaft erneut die Anklagepflicht entsteht (näher Rn. 33 ff.).

---

1 Die Bezeichnung geht auf *Beling* 487 und *Rosenfeld* zurück; vgl. auch *Machalke* 40.

2 Vgl. statt aller OLG Hamburg GA **1961** 88; NJW **1963** 1122; KG NJW **1969** 108; OLG Bamberg NStZ **2010** 590; OLG Karlsruhe Justiz **1977** 206 (kein Klageerzwingungsverfahren mit dem Ziel, eine Wiedergutmachungsauflage nach § 153a Abs. 1 zu erreichen); KK/*Moldenhauer* 1; Schmitt/Köhler/*Schmitt* 1; *Eb. Schmidt* 1; *Beling* 487; *Gerland* 311; *v. Hippel* 340; *Ostler* 4 f.; *Gössel* FS Dünnebier 143; *Niese* SJZ **1950** 893; kritisch *Kirstgen* 49 ff., nach dessen Auffassung das Klageerzwingungsverfahren der Steigerung der Akzeptanz der staatsanwaltschaftlichen Strafverfolgung dienen soll.

3 Zur ursprünglichen Konzeption der RStPO sowie zur Einführung des Klageerzwingungsverfahrens, das erst von der Justizkommission des Reichstags durchgesetzt wurde und ohne Vorbild war, vgl. *Hahn* 22, 151, 728 ff., 1541 ff., 1839 ff.; *Kirstgen* 3 ff.; *v. Hippel* 340 Fn. 7; *Hall/Hupe* JZ **1961** 361; *Jans* 26 ff. (zur historischen Entwicklung); vgl. auch *Ostler* 5 f. (zu den Nachteilen der subsidiären Privatklage); *Görg* 115 f. (ebenfalls zur subsidiären Privatklage); *Schwarze* GerS **31** (1879) 286 f.; *Töwe* GerS **108** (1936) 262 ff. (zu den partikularrechtlichen Regelungen).

4 Vgl. u.a. OLG Celle NdsRpfl. **1963** 258; KK/*Moldenhauer* 41 ff.; Schmitt/Köhler/*Schmitt* 3; *Gerland* 311; ausführlich und kritisch *Kirstgen* 12 ff.; darüber, dass in anderen Rechtsordnungen das Klageerzwingungsverfahren oder ähnliche Einrichtungen auch bei Verfahrenseinstellungen aus Opportunitätsgründen in Frage kommen, vgl. *Jescheck/Leibinger* (LV zu § 152) 149, 381, 686; *Shin* (LV zu § 152) 158 (für Korea); vgl. auch die rechtsvergleichenden Hinweise bei *Rieß* Gutachten 111 Fn. 324.

b) Verletzter. Der konstruktive Gedanke, dem Privaten durch einen Antrag auf gerichtliche Entscheidung die Initiative zur Kontrolle des Legalitätsprinzips anzuvertrauen, erfordert nicht unbedingt eine Begrenzung des hierzu befugten Personenkreises; er wäre auch in der Weise realisierbar, diese Befugnis jedem Bürger einzuräumen.[5] Der Gesetzgeber hat sie aber im Wege einer Kompromissentscheidung[6] an ein limitierendes Prinzip geknüpft[7] und dabei durch die konkrete Bestimmung des antragsbefugten Personenkreises zugleich anerkannt, dass auch in einem öffentlichen Strafverfahren den Strafverfolgungsinteressen des Verletzten eine eigenständige Bedeutung zukommt.[8] Allerdings ist weniger die Fürsorge für den Verletzten, sondern vorwiegend die Sorge für das Legalitätsprinzip für die gesetzliche Ausgestaltung des Klageerzwingungsverfahrens maßgebend gewesen.[9] Nach dem geltenden Recht kann deshalb ein Strafverfolgungsinteresse des Verletzten außerhalb der Anklagepflicht der Staatsanwaltschaft nicht zur Anerkennung einer erweiterten Klageerzwingungsbefugnis für den Verletzten führen. Jedoch bietet der vorrangige Zweck des Verfahrens, das Legalitätsprinzip zu sichern, auch keinen Grund, den Verletztenbegriff besonders eng auszulegen.[10] Grundsätzlich gibt es über § 172 hinaus für den Verletzten keinen verfassungsrechtlich verbürgten **subjektiven Anspruch auf Strafverfolgung** eines anderen.[11] Allerdings hat das BVerfG bei unterbliebenen oder unzureichenden Ermittlungen oder Verfolgung von Gewaltverbrechen aus der staatlichen Schutzpflicht aus Art. 2 Abs. 2 Satz 1 und 2 i.V.m. Art. 1 Abs. 1 Satz 2 GG einen **Anspruch auf eine effektive Strafverfolgung** angenommen, wenn der Verletzte nicht in der Lage ist, erhebliche Straftaten gegen seine höchstpersönlichen Rechtsgüter – Leben, körperliche Unversehrtheit, sexuelle Selbstbestimmung und Freiheit der Person – abzuwehren und ein Verzicht auf die effektive Verfolgung entsprechender Taten per se geeignet sein kann, Zweifel an der Schutzbereitschaft und -fähigkeit staatlicher Organe gegenüber der Verhinderung von Übergriffen auf höchstpersönliche Rechtsgüter durch Dritte zu wecken.[12] Insbesondere bei einer Verletzung höchstpersönlicher Rechtsgüter, spezifischer Fürsorge- und Obhutspflichten in asymmetrischen Rechtsverhältnissen (z.B. Straf- und Maßregelvollzug, Abschiebehaft)[13] sowie Straftaten durch Amtsträger bei der Wahrnehmung hoheitlicher Aufgaben[14] hat das BVerfG einen **subjektiven Anspruch auf Strafverfolgung** in besonders gelagerten Einzelfällen bejaht. 2

c) Tatsächliche Bedeutung und rechtspolitische Einschätzung. In der Rechtswirklichkeit wird das Klageerzwingungsverfahren nur selten betrieben.[15] Jährlich werden mit 3

5 Vgl. zur subsidiären Privatklage und subsidiären Popularklage *Görg* 115 ff.; zur subsidiären Privatklage in Österreich *Machalke* 231 f. und kritisch 258.

6 Vgl. *Hahn* 1542, 1839 ff., 1994, 1995, 2076; die Beschränkung des Antragsrechts auf den Verletzten wurde erst in Dritter Lesung der Reichstagsberatungen eingeführt, da der Bundesrat die in der Zweiten Lesung beschlossene Erstreckung auf jeden Antragsteller für unannehmbar erklärt hatte; ausführlich auch *Schwarze* GerS **31** (1879) 291 ff.; zur rechtshistorischen Entwicklung *Görg* 118 ff., 154 ff.

7 Vgl. dazu *Frisch* JZ **1974** 9; *Kalsbach* 82 f.

8 Vgl. *Hall/Hupe* JZ **1961** 362; gegen deren Differenzierung in einen staatlichen und privaten Strafanspruch aber *Eb. Schmidt* Nachtr. I 1; vgl. ferner *Rieß* Gutachten 27 m.w.N. in Fn. 98.

9 Näher *Rieß* Gutachten 27 f. m.w.N.

10 So schon *Dietz* 76 gegen damalige entgegenlaufende Tendenzen der Rechtsprechung; ähnlich auch *Frisch* JZ **1974** 9.

11 BVerfG NStZ **2002** 606.

12 BVerfG Beschl. v. 26.11.2020 – 2 BvR 1510/20; *Diehm* 234, 235 m.w.N.

13 BVerfG NJW **2015** 3500.

14 BVerfG NStZ-RR **2015** 347, 348; NStZ-RR **2020** 148; medstra **2020** 296; NJW **2023** 1277.

15 *Bischoff* 96 ff.; *ders.* NStZ **1988** 63 f.

nahezu gleichbleibender Tendenz um die 3.000 Klageerzwingungsverfahren (einschließlich Prozesskostenhilfeanträge) bei den Oberlandesgerichten anhängig.[16] Damit wird nur eine geringe Anzahl staatsanwaltschaftlicher Einstellungen gerichtlich überprüft. Die Erfolgsquote ist niedrig.[17] Die strengen Anforderungen an die Zulässigkeitsvoraussetzungen (vgl. Rn. 145 ff.) führen dazu, dass die meisten Anträge als unzulässig verworfen werden. Der Nutzen des Klageerzwingungsverfahrens liegt insgesamt weniger in seiner praktischen Anwendung als in seiner Präventivwirkung. Insoweit wird es derzeit ganz überwiegend für notwendig gehalten.[18]

4 Vorschläge **de lege ferenda** zielen überwiegend auf eine Erweiterung des Klageerzwingungsverfahrens in Bezug auf die Antragberechtigten und auf Verfahrensvereinfachungen.[19] Teilweise wird auch gefordert, dem Verletzten das Klageerzwingungsverfahren oder ähnliche Kontrollinstrumente für Verfahrenseinstellungen durch die Staatsanwaltschaft nach den §§ 153 ff. zur Verfügung zu stellen.[20]

5 **2. Abschließende Regelung.** Die gerichtliche Überprüfung der staatsanwaltschaftlichen Einstellungsentscheidung ist in den §§ 172 ff. abschließend geregelt. Soweit danach dem Verletzten das Klageerzwingungsverfahren nicht zusteht, kann er auch nicht nach den §§ 23 ff. EGGVG vorgehen.[21] Die früher vertretene **Gegenmeinung**[22] hielt das Verfahren nach den §§ 23 ff. EGGVG wenigstens dann für möglich, wenn die Staatsanwaltschaft das Verfahren nach den §§ 153 ff. ohne gerichtliche Zustimmung einstellen kann. Ihr ist entgegenzuhalten, dass § 172 in Bezug auf die Anfechtung durch den Verletzten nach dem Willen des Gesetzgebers eine abschließende Regelung darstellt, bei der es im Sinne des § 23 Abs. 3 EGGVG „sein Bewenden" behalten soll.[23] Auch ist der Verletzte wohl nicht im Sinne des Art. 19 Abs. 4 GG in *seinen* Rechten verletzt, wenn die Staatsanwaltschaft den Sanktionsanspruch der Rechtsgemeinschaft nicht geltend macht.[24]

---

16 Stat. Bundesamt (Hrsg.) Fachserie 10, Reihe 2.3, 6.1. Geschäftsentwicklung von 2017 bis 2021 bei den Oberlandesgerichten.

17 Näher *Rieß* Gutachten 29; vgl. auch *Werner* NStZ **1984** 401; *Kühne* MSchrKrim. **69** (1986) 100 (für den Bezirk der Staatsanwaltschaft Trier, 1982); *Küpper* Jura **1989** 281; *Bischoff* 167 ff., 193 ff.; *ders.* NStZ **1988** 64; *Machalke* 68 f. (zum Verhältnis des Erfolgs von Klageerzwingungsverfahren und Dienstaufsichtsbeschwerden); *Krumm* NJ **2016** 241; *ders.* StraFo **2011** 205.

18 Vgl. m.w.N. *Rieß* Gutachten 111 mit Nachw. in Fn. 322 f.; Nachw. der früheren rechtspolitischen Diskussion ebda. Rn. 27 Fn. 96; *Töwe* GerS **108** (1936) 267 ff.; ähnlich *Kühne* MSchrKrim. **69** (1986) 101; *Jung* ZStW **93** (1981) 1166; *Maiwald* GA **1970** 50; *Machalke* 221 ff., 258; *Jans* 256; *Bischoff* NStZ **1988** 64.

19 Vgl. m.w.N. *Rieß* Gutachten 112; *Gössel* FS Dünnebier 144; aus dem früheren Schrifttum z.B. *Dietz* 77 ff.; *Ostler* 146 ff.; Vorschläge für eine Kontrolle des Legalitätsprinzips bei Straftaten ohne individuellen Verletzten mittels einer Klageerzwingungsbefugnis durch Abgeordnete bei *Ostendorf* RuP **1980** 203; *Bischoff* NStZ **1988** 64; vgl. Vorschläge für eine Vorlagepflicht des OLG an den BGH und Kostentragungspflicht des Antragstellers bei Verwerfung eines unzulässigen Antrags sowie bei Rücknahme *Machalke* 258 f.

20 *Rieß* Gutachten 113 m.w.N.; ähnlich *Jung* JR **1984** 312; *Schöch* NStZ **1984** 389; *Weigend* ZStW **96** (1984) 787; *Werner* NStZ **1984** 403; *Machalke* 233 ff., 258; *Jans* 265 ff.

21 OLG Bamberg JVBl. **1965** 262; OLG Celle und OLG Hamm, mitgeteilt bei *Altenhain* JZ **1965** 758 Fn. 16; OVG Lüneburg NJW **1972** 74; BayObLG Beschl. v. 27.3.2025 – 204 VAs 569/24; LR/*Gerson* § 23, 80 EGGVG; KK/*Mayer* § 23, 39 EGGVG; Schmitt/Köhler/*Schmitt* § 23, 12 EGGVG; *Eb. Schmidt* Nachtr. I 34; *Vogel* (LV zu § 153) 244 ff. m.w.N.

22 *Kalsbach* 88 ff.; ihm folgend *Rehwagen* 29, 210; vgl. auch KG JVBl. **1962** 20; die bei *Altenhain* JZ **1965** 757 Fn. 14 zitierte Entscheidung KG JVBl. **1961** 237 ist nicht einschlägig.

23 LR/*Böttcher*[26] § 23, 121 EGGVG; KK/*Mayer* § 23, 39 EGGVG; Schmitt/Köhler/*Schmitt* § 23, 12 EGGVG; *Kaiser* NJW **1961** 201; *Thierfelder* NJW **1961** 1101.

24 *Altenhain* JZ **1965** 758; *Kirstgen* 81; **a.A.** KG JVBl. **1962** 20; *Kalsbach* 92; wohl auch *Hellm. Mayer* JZ **1965** 604 (unter Berufung auf Art. 103 Abs. 1 GG).

3. Aufbau und dogmatische Struktur des Klageerzwingungsverfahrens

a) Übersicht über die gesetzliche Regelung. Das Klageerzwingungsverfahren nach den §§ 172 bis 177 ist in der Regel (zu den Ausnahmen vgl. Rn. 103) **zweistufig** aufgebaut.[25] Der gerichtlichen Entscheidung muss eine **fristgebundene Beschwerde an den „vorgesetzten Beamten der Staatsanwaltschaft"** (Rn. 101) vorausgehen (§ 172 Abs. 1). Deren besondere Voraussetzungen (Wahrung der Frist, Antragstellung nach § 171 Satz 1, Verletzteneigenschaft) haben lediglich für die Funktion dieser Beschwerde als **Vorschaltbeschwerde**[26] und damit als Zulässigkeitsvoraussetzung für den nachfolgenden Antrag an das Oberlandesgericht Bedeutung; sie sind für die stets gleichzeitig vorhandene Eigenschaft dieser Beschwerde als Dienstaufsichtsbeschwerde bedeutungslos (näher Rn. 9 f.). Gegen den **ablehnenden Bescheid des „vorgesetzten Beamten der Staatsanwaltschaft"** ist der **frist- und formgebundene Antrag auf gerichtliche Entscheidung** an das Oberlandesgericht eröffnet (§ 172 Abs. 2 Satz 1, Abs. 3, 4). Das (regelmäßig schriftliche) Verfahren vor dem Oberlandesgericht regelt § 173; § 176 gestattet dem Gericht fakultativ, die Entscheidung von einer Sicherheitsleistung durch den Antragsteller abhängig zu machen. § 174 regelt die gerichtliche Entscheidung und deren Folgen bei unbegründetem Antrag. § 177 knüpft hieran eine Kostenregelung. § 175 bestimmt, wie bei einem begründeten Antrag zu verfahren ist. 6

b) Rechtsnatur des Klageerzwingungsverfahrens. Die **Rechtsnatur des Klageerzwingungsverfahrens** ist dogmatisch noch nicht gänzlich geklärt. Das gerichtliche Verfahren ist ein von dem eigentlichen Strafverfahren abgesondertes, **verselbständigtes Zwischenverfahren**[27] mit begrenztem Prozessgegenstand und veränderten Prozessrollen. Der antragstellende Verletzte wendet sich gegen die Einstellungsentscheidung der Staatsanwaltschaft mit dem **Ziel der Erhebung der öffentlichen Klage** durch diese (§ 172 Abs. 3, § 175),[28] ohne dass deshalb die Staatsanwaltschaft in die Rolle der beklagten Prozesspartei gerät. Auch der Beschuldigte ist am Verfahren nicht in jedem Fall notwendig beteiligt; er ist jedoch zu hören, bevor die Erhebung der öffentlichen Klage angeordnet wird, der Antrag also Erfolg hat (§ 173, 6 f.). 7

Prozessgegenstand des Klageerzwingungsverfahrens ist nach seiner gesetzlichen Konstruktion die **Verpflichtung der Staatsanwaltschaft zur Klageerhebung**, also im Ergebnis das Vorhandensein eines hinreichenden Tatverdachts im Sinne des § 203. Das folgt insbesondere aus dem notwendigen Inhalt des Antrags (§ 172 Abs. 3) und der vom Gesetz vorgeschriebenen Entscheidung bei begründetem Antrag (§ 175). Die Aufhebung des Einstellungsbescheides hat demgegenüber nach Anbringung des Antrags auf gerichtliche Entscheidung gemäß § 172 Abs. 2 keine selbständige prozessuale Bedeutung. In der verwaltungsrechtlichen Terminologie weist das Klageerzwingungsverfahren daher eine gewisse Verwandtschaft mit einer Verpflichtungsklage auf. Eine davon zu trennende Frage ist, ob 8

---

25 Wie hier: SK/*Wohlers* 7; SSW/*Sing*/*Vordermayer* 2; im Schrifttum wird überwiegend die Ansicht vertreten, das Verfahren sei dreistufig aufgebaut, weil der Antrag auf Erhebung der öffentlichen Klage nach § 171 Satz 1 mit einbezogen wird; dieser Antrag ist aber nur Voraussetzung für die Antragbefugnis nach § 172 und nicht Teil des Klageerzwingungsverfahrens, vgl. KK/*Moldenhauer* 2; Schmitt/Köhler/*Schmitt* 5 ff.; KMR/*Noltensmeier-von Osten* 15.

26 *Kleinknecht* JZ **1952** 490; diese Terminologie hat sich inzwischen allgemein durchgesetzt, vgl. KK/*Moldenhauer* 4; Schmitt/Köhler/*Schmitt* 6; MüKo/*Kölbel*/*Neßeler* 35.

27 Vgl. *Beling* 487 mit der zutreffenden Bezeichnung „Prozeßeinlage"; ausführlich *Ostler* 13 ff. (S. 15: „parteiloses Verfahren auf Anstoß hin"); SK/*Wohlers* 1.

28 Ebenso Schmitt/Köhler/*Schmitt* 8; vgl. auch OLG Karlsruhe Justiz **1977** 206 (Unzulässigkeit des Verfahrens, wenn nur Schadenswiedergutmachung erstrebt wird).

als „Ermittlungserzwingung" in entsprechender Anwendung der §§ 172 ff. bei mangelnder Anklagereife auch eine bloße, der verwaltungsgerichtlichen Anfechtungsklage vergleichbare, Aufhebung der Einstellungsentscheidung zulässig ist, verbunden mit der Verpflichtung, bestimmte Ermittlungen vorzunehmen (dazu näher § 175, 16 ff.).

9 **c) Vorschaltbeschwerde nach Absatz 1 und Dienstaufsichtsbeschwerde.** Mit der Organisation der Staatsanwaltschaft als einer hierarchisch aufgebauten Behörde ist notwendig die Befugnis und Verpflichtung der Vorgesetzten zur Dienstaufsicht über die ihnen nachgeordneten Behörden und Beamten verbunden. Daraus folgt, dass der Vorgesetzte auf eine Beschwerde hin die Einstellungsentscheidung des einzelnen Staatsanwalts oder der nachgeordneten Staatsanwaltschaft zu überprüfen und ggf. aufzuheben hat und entweder die Fortsetzung der Ermittlungen oder bei Anklagereife die Erhebung der öffentlichen Klage anordnen kann. Solche (sachlichen) Dienstaufsichtsbeschwerden sind unabhängig davon möglich, ob der Beschwerdeführer Anzeigender oder Verletzter ist und ob das Klageerzwingungsverfahren nach § 172 Abs. 2 Satz 3 ausgeschlossen ist; sie sind an keine Frist gebunden.[29] Sie verpflichten den Vorgesetzten in aller Regel zu der gleichen Prüfung und Entscheidung, zu der die Beschwerde nach § 172 Abs. 1 Veranlassung geben kann. Die einschränkenden Voraussetzungen in § 172 Abs. 1 (Antragstellung, Verletzteneigenschaft und Fristwahrung) haben deshalb für die Prüfung durch den staatsanwaltschaftlichen Vorgesetzten nur insoweit Bedeutung, als dass die Zulässigkeit der Beschwerde nach § 172 Abs. 1 neben weiteren Voraussetzungen (§ 172 Abs. 2 und 3) Zulässigkeitsvoraussetzung für einen Antrag auf gerichtliche Entscheidung ist. Eine Beschwerde hat daher regelmäßig **Doppelcharakter**, und zwar als **Vorschaltbeschwerde nach § 172 Abs. 1** und als (sachliche) **Dienstaufsichtsbeschwerde nach § 147 Nr. 3 GVG.**[30]

10 Der **Doppelcharakter** führt dazu, dass der vorgesetzte Beamte der Staatsanwaltschaft deshalb auch eine Beschwerde, die er als Vorschaltbeschwerde nach § 172 Abs. 1 für unzulässig hält, weil sie verspätet eingelegt ist, dem Beschwerdeführer die Anzeigenden- oder Verletzteneigenschaft fehlt oder das Klageerzwingungsverfahren nicht eröffnet ist (§ 172 Abs. 2 Satz 3), zwar in dem Beschwerdebescheid als **unzulässig zurückweist.**[31] **Zugleich** hat er aber **stets** die Beschwerde als **Dienstaufsichtsbeschwerde zu behandeln** und das Beschwerdevorbringen im Wege der Dienstaufsicht **sachlich zu prüfen** und **zu bescheiden.**[32] Soweit der vorgesetzte Beamte der Staatsanwaltschaft die Beschwerde als Vorschaltbeschwerde als unzulässig zurückweist, hat er dem Beschwerdeführer die nach § 172 Abs. 2 Satz 2 vorgesehene Belehrung stets zu erteilen, denn es obliegt allein dem Oberlandesgericht, die Zulässigkeit der Beschwerde als Voraussetzung für seine eigene Sachentscheidung zu prüfen. Dabei ist das Oberlandesgericht an die dem Beschwerdebescheid zugrundeliegende Auffassung des vorgesetzten Beamten der Staatsanwaltschaft zu den Gründen für die Unzulässigkeit der Vorschaltbeschwerde nicht gebunden (vgl. näher

---

29 KK/*Moldenhauer* 7; Schmitt/Köhler/*Schmitt* 18; SK/*Wohlers* 6; teilw. **a.A.** *Lueder* MDR **1960** 189, der zwischen einer befristeten staatsanwaltschaftlichen Sachbeschwerde mit „Rechtsmittelcharakter" und der allgemeinen Dienstaufsichtsbeschwerde unterscheiden will.

30 KK/*Moldenhauer* 7; Schmitt/Köhler/*Schmitt* 18; SK/*Wohlers* 6; SSW/*Sing*/*Vordermayer* 3; *Eb. Schmidt* 8; ausführlich *Ostler* 44.

31 KK/*Moldenhauer* 13; Schmitt/Köhler/*Schmitt* 14; KMR/*Noltensmeier-von Osten* 7; vgl. auch OLG Hamm NJW **1973** 1056; OLG Nürnberg MDR **1964** 524; *Kleinknecht* MDR **1972** 69; **a.A.** SSW/*Sing*/*Vordermayer* 23.

32 Vgl. zum Unterschied zwischen dem förmlichen Beschwerdebescheid nach § 172 Abs. 1 und dem Dienstaufsichtsbeschwerdebescheid OLG Hamm NStZ **1990** 450 f. mit Anm. *Schmid*; OLG Stuttgart NStZ-RR **1996** 143, wonach der Dienstaufsichtsbeschwerdebescheid als förmlicher Beschwerdebescheid bezeichnet und dem Beschwerdeführer § 172 Abs. 2 Satz 2 erteilt werden soll, ist nicht zu folgen.

Rn. 117 f.). Der Beschwerdeführer muss einem Beschwerdebescheid zweifelsfrei entnehmen können, ob über seine Beschwerde als Vorschaltbeschwerde nach § 172 Abs. 1 und/oder (sachliche) Dienstaufsichtsbeschwerde nach § 147 Nr. 3 GVG entschieden worden ist.

Wegen des Doppelcharakters der Vorschaltbeschwerde steht dem Beschwerdeführer gegen den ablehnenden Bescheid des vorgesetzten Beamten der Staatsanwaltschaft neben dem **Antrag auf gerichtliche Entscheidung nach § 172 Abs. 2 Satz 1** auch der Weg der **(weiteren) Dienstaufsichtsbeschwerde** bei dem höheren Vorgesetzten (§ 147 Nr. 2 GVG) offen; beide sind unabhängig voneinander. Die (weitere) Dienstaufsichtsbeschwerde bewirkt namentlich nicht den Verlust des Rechts, gerichtliche Entscheidung zu beantragen,[33] jedoch wird durch ihre Einlegung der Lauf der Monatsfrist nach § 172 Abs. 2 Satz 1 nicht gehemmt, auch wenn innerhalb dieser Frist über die Dienstaufsichtsbeschwerde noch nicht entschieden ist.[34] Nicht zu folgen ist der vereinzelt im Schrifttum vertretenen Auffassung, wonach eine sachliche Auseinandersetzung des Generalstaatsanwalts mit dem Vorbringen des Beschwerdeführers im Beschwerdebescheid trotz nicht fristgerechter Einlegung der Beschwerde die Fristversäumung heilen könne mit der Folge, dass dann ein Antrag auf gerichtliche Entscheidung jedenfalls nicht mit der Begründung, die Frist zur Einlegung der Vorschaltbeschwerde sei nicht eingehalten worden, als unzulässig verworfen werden kann.[35] 11

II. Sachlicher Anwendungsbereich des Klageerzwingungsverfahrens

1. Endgültige Einstellung wegen prozessualer Tat

a) Endgültige Einstellung. Für das Klageerzwingungsverfahren ist nur Raum, wenn die Staatsanwaltschaft das Verfahren endgültig eingestellt hat,[36] ihre Einstellung also der Sache nach auf § 170 Abs. 2 stützt (vgl. auch § 171, 5 ff.). Es kommt jedoch nicht auf die Bezeichnung an; auch wenn die Staatsanwaltschaft die Einstellung fälschlich als „vorläufig" bezeichnet, in Wirklichkeit aber eine endgültige Verfahrensbeendigung beabsichtigt, ist das Klageerzwingungsverfahren zulässig,[37] nicht aber bei tatsächlich bloß vorläufiger Einstellung.[38] Völlige Untätigkeit der Staatsanwaltschaft, nicht aber eine bloße verzögerliche Sachbehandlung (vgl. dazu § 170, 11), soll der endgültigen Einstellung gleichstehen.[39] Praktisch dürfte das, wenn dem Verfahren ein Antrag nach § 171 zugrunde liegt, aber kaum vorkommen. Unerheblich ist, ob die Staatsanwaltschaft bereits die öffentliche Klage erhoben hatte und das Verfahren erst nach deren Zurücknahme einstellt. Unzulässig ist das Klageerzwingungsverfahren grundsätzlich, wenn die endgültige Einstellung nicht mangels hinreichenden Tatverdachts, sondern aufgrund einer das Legalitätsprinzip begrenzenden Ermächtigung erfolgte (näher Rn. 21 ff.). 12

---

33 Schmitt/Köhler/*Schmitt* 18; *Eb. Schmidt* 8.

34 *Eb. Schmidt* 8; vgl. auch OLG Hamburg MDR **1984** 775 (Bedingung einer erfolglosen weiteren Beschwerde macht den Antrag nach § 172 Abs. 2 nicht unzulässig).

35 So *Deckenbrock/Dötsch* StraFo **2003** 372, 373.

36 OLG Bamberg NStZ **2010** 590; SK/*Wohlers* 32; MüKo/*Kölbel/Neßeler* 25; KK/Moldenhauer 49.

37 OLG Frankfurt NJW **1972** 1875 (wo dies aus der Abschlussverfügung „weglegen" hergeleitet wird); KK/*Moldenhauer* 6.

38 OLG Hamm JZ **1959** 324; OLG München Alsb.E **1** 370; KK/*Moldenhauer* 6; *Schneidewin* JZ **1958** 623; offengelassen von OLG Frankfurt NJW **1972** 1875; teilw. **a.A.** früher *Ostler* 52; für den Sonderfall der Anwendung des § 154d (s. § 154d, 19 f.) auch *Schneidewin* JZ **1959** 308; s. aber auch Rn. 18 a.E.

39 KK/*Moldenhauer* 6; KMR/*Noltensmeier-von Osten* 56; *Beling* 489 Fn. 1; SK/Wohlers 32.

13 **b) Prozessuale Tat.** Nach ganz h.M. muss das Verfahren wegen einer Tat im prozessualen Sinne insgesamt eingestellt worden sein.[40] Mit dem Klageerzwingungsantrag kann nicht geltend gemacht werden, dass die Staatsanwaltschaft nicht die vom Antragsteller für richtig gehaltene rechtliche Qualifikation vorgenommen,[41] den vollen Tatumfang nicht zutreffend beschrieben oder bestimmte Gesetzesverletzungen[42] oder Einzelakte einer (inzwischen durch die Rechtsprechung weitgehend abgeschafften) fortgesetzten Handlung oder Teilakte einer natürlichen Handlungseinheit nicht in die Anklage aufgenommen habe. Dies gilt auch dann, wenn es sich bei den von der Anklage nicht erfassten Teilen der (prozessualen) Tat um ein materiell-rechtlich selbständiges Delikt handelt oder wenn die Klage durch Strafbefehlsantrag erhoben wird.[43] Denn in all diesen Fällen ist, wie sich aus § 155 Abs. 2, § 264 ergibt, die gesamte Tat bereits Gegenstand des gerichtlichen Verfahrens; der auf Erhebung der öffentlichen Klage gerichtete Antrag würde deshalb ins Leere gehen. Ein vollständiger Austausch der Tatsachengrundlage zwischen Ermittlungsverfahren und Klageerzwingungsantrag ist nicht zulässig.[44]

14 Die (früher) vom OLG Hamm vertretene **Gegenmeinung**[45] hält es für zulässig, mit dem Klageerzwingungsverfahren auch geltend zu machen, dass die Anklage den Schuldumfang der Tat nicht erschöpfe. Im Ergebnis läuft diese Auffassung auf eine im Verfahren nach §§ 172ff. durchsetzbare Verpflichtung zur Nachbesserung einer bereits erhobenen Anklage hinaus. Dies ist weder mit dem Wortlaut der gesetzlichen Regelung noch mit dem Zweck des Klageerzwingungsverfahrens zu vereinbaren. Es würde darüber hinaus, wenn das Oberlandesgericht erst entschiede, nachdem die Anklage bereits zugelassen ist (§§ 203, 207), zu kaum lösbaren dogmatischen Problemen führen.[46]

15 Wird ein einheitliches Ermittlungsverfahren wegen **mehrerer prozessualer Taten** oder gegen **mehrere Beschuldigte** geführt und erhebt die Staatsanwaltschaft teilweise die öffentliche Klage, während sie das Verfahren im Übrigen wegen einzelner Taten[47] oder gegen einzelne Beschuldigte einstellt, so ist im Umfang der Einstellung das Klageerzwingungsverfahren zulässig.

2. Verfahrenshindernisse. Parlamentarische Immunität

16 **a) Verfahrenshindernisse allgemein.** Zum hinreichenden Tatverdacht gehört auch das Vorliegen der Verfahrensvoraussetzungen und das Fehlen von Verfahrenshindernissen (vgl. Erl. zu § 203). Die Staatsanwaltschaft hat daher, wenn Verfahrensvoraussetzungen fehlen und sie Verfahrenshindernisse für gegeben hält, das Verfahren nach§ 170 Abs. 2 einzustellen. Hiergegen ist grundsätzlich das Klageerzwingungsverfahren möglich.[48] Mit ihm kann also geltend gemacht werden, dass – entgegen der Meinung der Staatsanwalt-

---

40 OLG Braunschweig NJW **1959** 1145; NdsRpfl. **1958** 220 (bei teilw. Ermittlungsfortsetzung); OLG Karlsruhe NJW **1977** 62 mit Anm. *Ries* NJW **1977** 860 = JR **1977** 215 mit Anm. *Meyer-Goßner*; früher ebenso KG JW **1936** 2251; OLG Rostock GA **52** (1905) 102; KK/*Moldenhauer* 48; Schmitt/Köhler/*Schmitt* 38; KMR/*Noltensmeier-von Osten* 16; *Kirstgen* 169; *Solbach* DRiZ **1977** 181.

41 OLG Braunschweig NJW **1959** 1145.

42 OLG Karlsruhe NJW **1977** 62.

43 OLG Karlsruhe NJW **1977** 62; **1977** 860 mit Anm. *Ries;* vgl. auch Rn. 41.

44 OLG Stuttgart Justiz **2007** 281.

45 OLG Hamm MDR **1965** 765 (2. StS) für den Fall unselbständiger Teile einer einheitlichen Tat; NJW **1974** 68 (5. StS) mit Anm. *Bliesener* NJW **1974** 874 für den Fall einer materiell-rechtlich selbständigen Straftat; ebenso *Schorn* NJW **1965** 1518.

46 Vgl. dazu *Meyer-Goßner* JR **1977** 216.

47 KG HRR **1936** 994.

48 Ausführlich und sehr klar *Ostler* 111f.

schaft – der Beschuldigte der deutschen Gerichtsbarkeit unterliege, ein wirksamer Strafantrag gestellt sei (wenn es sich bei dem Antragsdelikt um ein Offizialdelikt handelt), Strafklageverbrauch nicht eingetreten sei[49] usw. Gleiches gilt für die Frage, ob eine Straftat unter eine Amnestie fällt.[50] Dass entgegen der Auffassung der Staatsanwaltschaft ein **besonderes öffentliches Interesse an der Strafverfolgung** im Sinne des § 182 Abs. 5, § 183 Abs. 2, § 184i Abs. 3, § 205 Abs. 1 Satz 2, § 230 Abs. 1, §§ 248a, 303c StGB vorliege, kann im Klageerzwingungsverfahren nicht geltend gemacht werden, da diese besondere Verfahrensvoraussetzung durch eine unüberprüfbare Entscheidung der Staatsanwaltschaft begründet wird (strittig, vgl. Erl. zu § 206a). Die Frage, ob dann, wenn wegen der Verneinung einer Verfahrensvoraussetzung, etwa der deutschen Gerichtsbarkeit, der Sachverhalt überhaupt nicht aufgeklärt worden ist, die Entscheidung des Oberlandesgerichts auf eine „Ermittlungserzwingung" lauten kann, ist bei § 175, 16 ff. erörtert.

b) Parlamentarische Immunität. Unterliegt der Beschuldigte der parlamentarischen Immunität, so kann gegen ihn die öffentliche Klage nicht ohne Genehmigung des Parlaments erhoben werden und es dürfen, sofern keine allgemeine Genehmigung vorliegt, was allerdings nach der Parlamentspraxis weitgehend der Fall ist (vgl. Erl. zu § 152a), auch keine Ermittlungshandlungen gegen ihn vorgenommen werden. In der Praxis können mehrere Fallgruppen vorkommen: Die Staatsanwaltschaft kann, weil eine allgemeine Genehmigung vorlag oder eine auf das Ermittlungsverfahren beschränkte Genehmigung durch das Parlament erteilt war, den Sachverhalt bis zur Abschlussreife aufklären, von der Erhebung der öffentlichen Klage aber absehen, weil sie entweder keinen hinreichenden Tatverdacht bejaht oder trotz eines solchen einen Antrag auf Genehmigung der Strafverfolgung nicht stellt. Sie kann aber auch, weil keine allgemeine Genehmigung zur Strafverfolgung vorlag, das Verfahren ohne Ermittlungen einstellen, sodass keine Entscheidungsreife über den hinreichenden Tatverdacht gegeben sein muss. In welchem Umfang bei den verschiedenen Fallgruppen das Klageerzwingungsverfahren möglich ist, lässt sich angesichts der spärlichen Literatur und Rechtsprechung nicht einheitlich beurteilen.[51] 17

Mit dem Klageerzwingungsverfahren kann stets und uneingeschränkt geltend gemacht werden, dass das Verfahrenshindernis der **Immunität** nicht vorliege,[52] weil der Beschuldigte der Immunität nicht unterliege, die Genehmigung zur Strafverfolgung erteilt sei oder es einer solchen wegen Ergreifung auf frischer Tat (vgl. Erl. zu § 152a) nicht bedürfe. Denn hier würde die Staatsanwaltschaft ein Verfahrenshindernis als gegeben annehmen, das in Wirklichkeit nicht besteht. Teilt das Oberlandesgericht die Meinung des Antragstellers, so hat es bei Entscheidungsreife die Klageerhebung nach § 175 Abs. 1 anzuordnen. Dies gilt auch dann, wenn die Staatsanwaltschaft, was häufig sachgerecht sein dürfte (vgl. Erl. zu § 152a und § 206a), das Verfahren zunächst nur vorläufig eingestellt hat. Der Grundsatz, dass eine bloß vorläufige Einstellung das Klageerzwingungsverfahren nicht eröffnet, gilt für diesen Fall nicht. Zur Frage der mangelnden Entscheidungsreife s. § 175, 16 ff. 18

3. Bestimmter Beschuldigter. Das Klageerzwingungsverfahren ist nur gegen einen mindestens bestimmbaren Beschuldigten zulässig, da es auf Erhebung der öffentlichen Klage abzielt und eine solche ohne Bezeichnung des Angeschuldigten nicht möglich ist 19–20

49 OLG Zweibrücken OLGSt StPO § 172 Nr. 51.

50 KK/*Moldenhauer* 45.

51 KG JR **1959** 432; OLG Karlsruhe MDR **1963** 523; OLG Köln NJW **1977** 1463; KK/*Moldenhauer* 45; KMR/*Noltensmeier-von Osten* 18; ausführlich *Kirstgen* 181 ff.

52 KMR/*Noltensmeier-von Osten* 18.

(§ 155 Abs. 1). Ein Klageerzwingungsverfahren gegen Unbekannt, das erst zur Ermittlung eines Beschuldigten führen soll, ist unzulässig.[53] Es genügt aber, wenn der Beschuldigte durch im Antrag bezeichnete Tatsachen eindeutig bestimmbar ist;[54] er muss nicht notwendig schon im Ermittlungsverfahren mit Namen zutreffend bezeichnet sein. Das Klageerzwingungsverfahren ist deshalb auch möglich, wenn die Staatsanwaltschaft das Ermittlungsverfahren gegen Unbekannt geführt und eingestellt hat, der Antragsteller aber geltend macht, dass sich aufgrund des Ermittlungsergebnisses der hinreichende Tatverdacht gegen eine bestimmte Person ergebe (vgl. auch Rn. 145).[55] Gegen einen in seinem Heimatstaat wohnenden Ausländer, dessen die deutschen Strafverfolgungsbehörden nicht habhaft werden können, kann wegen vorläufiger Einstellungsreife (§ 154f) das Klageerzwingungsverfahren nicht betrieben werden.[56] Ist der Aufenthalt des Beschuldigten unbekannt, so ist ein Antrag auf gerichtliche Entscheidung unzulässig, weil er von vorn herein nicht zu dem verfolgten Ziel der Erhebung der öffentlichen Klage führen kann.[57] Ein gegen Verantwortliche einer GmbH & Co. KG gerichteter Klageerzwingungsantrag ist nicht zulässig, weil er die Identität des oder der Beschuldigten nicht erkennen lässt.[58]

4. Ausnahmen vom Klageerzwingungsverfahren (Absatz 2 Satz 3)

21 **a) Allgemeines.** In welchen Fällen der endgültigen Verfahrenseinstellung auch für den antragstellenden Verletzten das Klageerzwingungsverfahren nicht gegeben ist, regelt (nicht ganz vollständig, vgl. Rn. 30) seit 1953 Absatz 2 Satz 3. Bereits vorher hatte die Rechtsprechung unter weitgehender Zustimmung des Schrifttums im Grundsatz die Auffassung vertreten, dass bei Einstellungen nach dem sog. Opportunitätsprinzip das Klageerzwingungsverfahren nicht eröffnet sei. Für **Privatklagedelikte** war das unbestritten, für **Einstellungen nach den §§ 153 ff.** zwar im Grundsatz anerkannt, in der Reichweite jedoch umstritten.[59] Die Gesetzesänderung von 1953 hat im Wesentlichen klarstellende Bedeutung gehabt, wenn sie auch im Bereich der §§ 153 ff. das Klageerzwingungsverfahren wohl über die damals herrschende Meinung hinaus zurückgedrängt hat.[60]

22 Der **Ausnahmekatalog** des Absatzes 2 Satz 3 ist bei dieser Entstehungsgeschichte vom Zweck des Klageerzwingungsverfahrens her **dahingehend** zu **interpretieren**, dass das Klageerzwingungsverfahren immer dann und soweit nicht möglich ist, als die staatsanwaltschaftliche Einstellung auf der (richtigen) Anwendung einer gesetzlichen Vorschrift beruht, die sich als Ausnahme von der Anklagepflicht darstellt. Mit ihm kann also z.B. bei einem Privatklagedelikt nicht geltend gemacht werden, dass ein öffentliches Interesse an der Erhebung der öffentlichen Klage bestehe, bei einer Einstellung nach § 153 nicht, dass

---

53 OLG Celle MDR **1956** 120 Ls.; GA **1956** 359; OLG Düsseldorf VRS 77 (1989) 226; wistra **1992** 357; OLG Hamburg NJW **1958** 34; JR **1961** 32; MDR **1993** 1226; OLG Hamm JMBlNRW **1964** 236; VRS **100** (2001) 43; OLG Koblenz NJW **1977** 1462; OLG München NJW **1956** 356 Ls.; OLG Oldenburg MDR **1986** 692; OLG Stuttgart Justiz **1987** 80; KK/*Moldenhauer* 35.

54 OLG Düsseldorf NJW **1959** 2130; wistra **1992** 358; OLG Hamburg JR **1958** 10 mit Anm. *Dünnebier*; OLG Karlsruhe GA **1977** 313; NStZ-RR **2001** 114; VRS **113** (2007) 46; OLG Köln JR **1954** 390 (Beschuldigter muss in erkennbarer Weise bezeichnet sein); offengelassen von OLG Oldenburg MDR **1986** 692; OLG Stuttgart Justiz **1987** 80.

55 Ähnlich *Kohlhaas* NJW **1962** 951.

56 OLG Stuttgart NStZ **2003** 682.

57 KG Beschl. v. 17.9.2004 – 3 Ws 362/04; SK/Wohlers 33.

58 OLG Stuttgart Justiz **2004** 128.

59 Dazu LR/*Kohlhaas*[20] 5 m.w.N.; *Niese* SJZ **1950** 647; *Ostler* 75 ff.

60 Näher *Dallinger* JZ **1953** 439 f.; kritisch dazu *Eb. Schmidt* 24; *Hochheuser* 95; *Hellm. Mayer* JZ **1955** 604; *Niese* JZ **1952** 647; zustimmend *Mittelbach* DRiZ **1954** 259; ausführlich *Jans* 216 ff.

die Schuld des Täters nicht gering oder ein öffentliches Interesse an der Verfolgung vorhanden sei, bei einer solchen nach § 154 nicht, dass die zu erwartenden Rechtsfolgen der Tat doch beträchtlich ins Gewicht fielen. Dagegen ist das Klageerzwingungsverfahren auch in diesen Fällen mit der Behauptung zulässig, dass die allgemeinen gesetzlichen Voraussetzungen für die Ausnahme von der Anklagepflicht überhaupt nicht vorlägen. Der Verletzte kann also seinen Antrag auf die Behauptung stützen, es läge kein Privatklage-, sondern ein Offizialdelikt vor oder die Einstellung nach § 153 sei gesetzwidrig, weil der hinreichende Verdacht eines Verbrechens bestehe.

b) Privatklagedelikte (Absatz 2 Satz 3, erster Halbsatz). Hat die prozessuale Tat, die 23
Gegenstand des Klageerzwingungsverfahrens ist, **ausschließlich Privatklagedelikte** zum Gegenstand, so ist das Klageerzwingungsverfahren stets unzulässig, weil der Verletzte die Möglichkeit hat, durch Erhebung der Privatklage eine gerichtliche Entscheidung zu erreichen.[61] Dies gilt sowohl, wenn die Staatsanwaltschaft ohne oder nach eigenen Ermittlungen das öffentliche Interesse an der Erhebung der öffentlichen Klage (§ 376) verneint, als auch, wenn sie nach dessen Bejahung das Verfahren nach § 170 Abs. 2 mangels hinreichenden Tatverdachts einstellt (vgl. aber Rn. 31);[62] denn auch diese Entscheidung hindert weder die Erhebung der Privatklage, noch bindet sie das Gericht im Privatklageverfahren. Wird der Antrag aber auf die Behauptung gestützt, es handele sich in Wahrheit um ein Offizialdelikt, so ist er, falls die sonstigen Voraussetzungen vorliegen, insoweit zulässig.[63] Verneint das Gericht den hinreichenden Tatverdacht des Offizialdelikts, so hat es den Antrag, soweit er diese Behauptung betrifft, als unbegründet, im Übrigen als unzulässig zu verwerfen.[64]

Betrifft die angezeigte Tat im Sinne von § 264 sowohl ein **Offizial- als auch ein Pri-** 24
vatklagedelikt, so ist das Klageerzwingungsverfahren insgesamt zulässig, wenn der Antragsteller auch hinsichtlich des Offizialdelikts Verletzter ist.[65] Hinsichtlich des Umfangs der gerichtlichen Prüfung ist je nach dem Ergebnis des Offizialdelikts zu unterscheiden: Hält das Gericht den Antrag insoweit für begründet, so muss es auch über das Bestehen eines hinreichenden Tatverdachts für das Privatklagedelikt mit entscheiden, da die dann anzuordnende Erhebung der öffentlichen Klage nur einheitlich geschehen kann.[66] Wird der Antrag wegen des Offizialdelikts für unbegründet erachtet, besteht also insoweit kein Anlass zur Erhebung der öffentlichen Klage, so ist der Vorwurf des Privatklagedelikts nicht sachlich zu prüfen, sondern der Antrag insoweit als unzulässig zu verwerfen.[67] Betreffen hingegen Offizialdelikt und Privatklagedelikt zwei selbständige prozessuale Taten,[68] so ist stets nur der Vorwurf des Offizialdelikts sachlich zu prüfen.

---

61 KG JR **1967** 392 mit Anm. *Kohlhaas*; OLG Karlsruhe NJW **1983** 353; KK/*Moldenhauer* 39; SK/*Wohlers* 40; *Eb. Schmidt* 24; *Dallinger* JZ **1953** 439 m.w.N. in Fn. 65; **a.A.** *Schorn* NJW **1965** 1518, der die durch das 3. StRÄndG veränderte Gesetzeslage übersieht; vgl. aber auch Rn. 31 für das Jugendstrafverfahren.

62 Insoweit **a.A.** OLG München SJZ **1950** 930; *Niese* SJZ **1950** 896.

63 Vgl. auch *Mittelbach* JR **1954** 230 für den vergleichbaren Fall der Ordnungswidrigkeit.

64 KK/*Moldenhauer* 40; teilw. **a.A.** OLG Karlsruhe NJW **1983** 352, das bei einem ggf. als Körperverletzung zu verfolgenden Heileingriff die Anwendung des § 340 StGB verneint und den Antrag insgesamt als unzulässig verwirft; vgl. auch (im Ergebnis zutreffend) OLG Celle NdsRpfl. **1959** 96 sowie NdsRpfl. **1963** 258 (Antrag insgesamt unbegründet); ebenso Schmitt/Köhler/*Schmitt* § 174, 2.

65 OLG Celle NdsRpfl. **1959** 96; OLG Koblenz VRS **63** (1982) 360; KK/*Moldenhauer* 40; Schmitt/Köhler/*Schmitt* 2; KMR/*Noltensmeier-von Osten* 19; SK/*Wohlers* 41; zum Verhältnis zu Gefährdungsdelikten s. Rn. 58.

66 OLG Koblenz NJW **1960** 734 Ls.; OLG Frankfurt NStZ-RR **2006** 47; KK/*Moldenhauer* 40.

67 OLG Celle NdsRpfl. **1959** 96; OLG Koblenz NJW **1985** 1409; OLG Stuttgart Justiz **1990** 372 Ls.; vgl. auch § 174, 7.

68 Vgl. auch OLG Celle NdsRpfl. **1959** 96, wo (ungenau) auf materiell-rechtliche Tatmehrheit abgestellt wird.

25 Die gleichen Grundsätze müssen entgegen der noch h.M.[69] aber auch gelten, wenn der **Antragsteller** nur durch das Privatklagedelikt, **nicht** aber **durch** das in derselben Tat enthaltene **Offizialdelikt verletzt ist**, etwa bei seiner fahrlässigen Körperverletzung und einer durch dieselbe Handlung begangene fahrlässige Tötung eines anderen.[70] Denn auch in diesem Fall wäre, falls der hinreichende Verdacht des Offizialdelikts besteht, dem Verletzten das Privatklageverfahren verschlossen (vgl. Erl. zu § 374). Der entscheidende Grund für den Ausschluss der Privatklagedelikte vom Klageerzwingungsverfahren liegt aber in der Möglichkeit, dass der Verletzte eine gerichtliche Entscheidung durch die Privatklage herbeiführen kann. Diese Möglichkeit besteht in derartigen Fällen gerade nicht.

26 **c) Einstellungen nach §§ 153 ff. (Absatz 2 Satz 3, zweiter Halbsatz).** Nach dem nunmehr eindeutigen Gesetzeswortlaut[71] ist das **Klageerzwingungsverfahren unzulässig**, wenn die Staatsanwaltschaft das Verfahren nach § 153 (geringe Schuld und fehlendes öffentliches Interesse), § 153b (Absehen von Strafe), § 153c (Auslandstaten), § 153d (Nachteil für die Bundesrepublik Deutschland), § 153e (tätige Reue), § 153f (Verfolgung einer nach §§ 6 bis 15 Völkerstrafgesetzbuch strafbaren Tat),[72] § 154 (nicht beträchtlich ins Gewicht fallende Rechtsfolgenerwartung), § 154b (Auslieferung und Ausweisung) oder § 154c (Opfer einer Nötigung oder Erpressung) eingestellt hat. Der Ausschluss betrifft jedoch nur die Frage, ob die jeweiligen besonderen Anwendungsvoraussetzungen der Vorschrift vorgelegen haben, also etwa die Frage der geringen Schuld, des fehlenden öffentlichen Interesses, des Nicht-beträchtlich-ins-Gewicht-Fallens der zu erwartenden Rechtsfolge usw. Dagegen ist das **Klageerzwingungsverfahren** mit der Behauptung **zulässig**, dass die allgemeinen gesetzlichen Grenzen der jeweiligen Vorschrift nicht eingehalten worden seien.[73] Der Antragsteller kann also den Klageerzwingungsantrag z.B. im Falle des § 153 (und des § 153a) auf die Behauptung stützen, es liege ein Verbrechen vor,[74] im Falle des § 153c, die Tat sei keine Auslandstat im Sinne dieser Vorschrift, im Falle des § 153f, ob die Tatbestandsvoraussetzungen des § 153f Abs. 1 oder 2 erfüllt sind,[75] wobei bei Vorliegen der Tatbestandsvoraussetzungen die eigentliche Ermessensausübung des § 153f Abs. 1 oder 2, also das Ermessen im engeren Sinne, nicht justiziabel ist, sondern nur dahingehend gerichtlich überprüfbar ist, ob überhaupt Ermessen ausgeübt und die Grenze der Willkür überschritten wurde,[76] im Falle des § 154b, der Beschuldigte sei weder ausgeliefert noch ausgewiesen worden, im Falle des § 154c, es sei keine Nötigung oder Erpressung begangen.[77] Denn mit dieser Behauptung macht er geltend, die Staatsanwaltschaft habe gegen die weiterhin

69 Ausdrücklich OLG Bremen MDR **1959** 324; ähnlich OLG Celle NdsRpfl. **1959** 95 und OLGSt StPO § 172 Nr. 59; NStZ-RR **2016** 285 (Leitsatz); OLG Frankfurt NStZ-RR **2006** 47 (zulässiges und begründetes Gesuch wegen des Offizialdelikts); darauf, dass der Antragsteller auch durch das Offizialdelikt verletzt sein müsse, stellen auch ab OLG Koblenz VRS **63** (1982) 360; OLG Stuttgart NJW **1997** 1320; LR/*Meyer-Goßner*[23] 127; KK/Moldenhauer 40; BeckOK/*Gorf* 21; Schmitt/Köhler/*Schmitt* 2; aber diese Einschränkung offen gelassen OLG Celle NStZ-RR **2004** 369; und fehlt bei Müko/*Kölbel/Neßeler* 32; Radtke/Hohmann/*Rettenmaier* 18; SK/*Wohlers* 41.

70 So der Fall OLG Bremen MDR **1959** 324; wie hier aber in einem gleichgelagerten Fall OLG Zweibrücken OLGSt § 172 S. 115.

71 Zur früheren Rechtslage s. Rn. 21 Fn. 50 und 51; zur rechtspolitischen Beurteilung Rn. 4.

72 OLG Stuttgart NStZ **2006** 117; **a.A.** *Singelnstein/Stolle* ZIS **2006** 118, 122.

73 *Peters* § 57 IV (S. 536); MüKo/*Kölbel/Neßeler* 30; Schmitt/Köhler/*Schmitt* 3; SK/*Wohlers* 38.

74 OLG Bamberg NStZ **2011** 534; OLG Hamm MDR **1997** 285; OLG Karlsruhe Justiz **1990** 28; *Peters* § 57 IV (S. 536); Schmitt/Köhler/*Schmitt* 3.

75 OLG Stuttgart NStZ **2006** 117.

76 OLG Stuttgart NStZ **2006** 117; kritisch *Ambos* NStZ **2006** 434, 437 f.

77 *Peters* § 57 IV (S. 536).

bestehende Anklagepflicht verstoßen. Doch prüft das Gericht nur nach, ob diese Behauptung zutrifft, die Anwendung der speziellen Anwendungsvoraussetzungen unterliegt nicht seiner Beurteilung.

Bei Anwendung des **§ 153a** ist das Klageerzwingungsverfahren gegen die vorläufige Einstellung ausdrücklich ausgeschlossen.[78] Nach der in diesem Kommentar vertretenen, umstrittenen Auffassung gilt dies auch für die endgültige Einstellung nach der Erfüllung der Auflagen oder Weisungen.[79] Bei einer Stoffbeschränkung nach **§ 154a** entfällt das Klageerzwingungsverfahren schon deshalb, weil wegen der Tat im Übrigen die öffentliche Klage erhoben wird. Gegen eine endgültige Einstellung des Verfahrens nach **§ 154d** Satz 3 ist das Klageerzwingungsverfahren eröffnet,[80] nicht hingegen gegen eine vorläufige Einstellung des Verfahrens nach § 154d Satz 1.[81] Bei **§ 154e** scheidet das Klageerzwingungsverfahren schon deshalb aus, weil es sich nicht um eine endgültige, sondern nur um eine vorläufige Einstellung handelt (vgl. Erl. zu § 154e). 27

Hat die Staatsanwaltschaft das Verfahren wegen **mehrerer prozessualer Taten** oder **gegen mehrere Beschuldigte** teilweise mangels genügenden Anlasses zur Erhebung der öffentlichen Klage und teilweise nach den §§ 153 ff. eingestellt, so ist, auch wenn der Antragsteller durch alle diese Taten verletzt ist, der Antrag nur in Bezug auf die zuerst genannten Einstellungen zulässig.[82] 28

Lehnt die Staatsanwaltschaft einen Antrag des Verletzten ab, ein nach den §§ 153 ff. eingestelltes **Verfahren fortzusetzen**,[83] so ist hiergegen das Klageerzwingungsverfahren dann zulässig, wenn mit ihm geltend gemacht wird, dass die Verfahrensfortsetzung geboten gewesen sei, weil aufgrund neuer Tatsachen oder Beweismittel (vgl. Rn. 33 f.) die allgemeinen gesetzlichen Voraussetzungen der Einstellungsvorschrift nicht (mehr) vorlägen. In Betracht kommt z.B. in den Fällen des § 153 oder § 153a die Behauptung, dass ein Verbrechen vorliege, in den Fällen des § 154 der Umstand, dass wegen der Bezugstat (vgl. Erl. zu § 154) überhaupt keine Sanktion verhängt oder diese weggefallen sei. Nicht geltend gemacht werden kann, dass die sonstigen Beurteilungsmaßstäbe sich verändert hätten, also etwa aufgrund neuer Tatsachen oder Beweismittel die Schuld nicht mehr als gering anzusehen sei, ein öffentliches Interesse an der Verfolgung doch bestehe oder die zu erwartende Sanktion beträchtlich ins Gewicht falle, denn insoweit handelt es sich weiterhin um Beurteilungsfragen, die nach dem klaren Wortlaut des Gesetzes und seinem Zweck dem Klageerzwingungsverfahren nicht zugänglich sind. 29

d) Verfahren gegen Jugendliche. Im **Verfahren** gegen **Jugendliche** sowie gegen Heranwachsende bei Anwendung des Jugendstrafrechts ist das Klageerzwingungsverfahren zulässig, soweit die Staatsanwaltschaft der Anklagepflicht unterliegt,[84] also stets dann, wenn das Verfahren mangels hinreichenden Tatverdachts eingestellt wird, wozu auch die 30

---

78 BVerfG NJW **2002** 815, 816.

79 Vgl. näher § 153a, 119 f.; **a.A.** KK/*Moldenhauer* 42; SK/*Wohlers* 38; MüKo/*Kölbel*/*Neßeler* 30; OLG Hamm MDR **1993** 460; **1997** 285; OLG Karlsruhe Justiz **1990** 28.

80 OLG Brandenburg NJ **1997** 377; OLG Nürnberg StraFo **2011** 184.

81 OLG Stuttgart NStZ-RR **2003** 145.

82 KK/*Moldenhauer* 43.

83 Zu den Möglichkeiten der Verfahrensfortsetzung vgl. Erl. zu § 153; § 153a; § 153c; § 154; § 154c; § 170.

84 OLG Braunschweig NJW **1960** 1214; OLG Hamm NJW **1960** 1968 Ls.; OLG Oldenburg MDR **1970** 164; *Eisenberg*/*Kölbel* § 45, 64 JGG m.w.N.; KK/*Moldenhauer* 46; *Giesler* Recht der Jugend **1961** 86; *Pentz* NJW **1958** 819; **a.A.** OLG Frankfurt MDR **1959** 415; offengelassen von OLG Hamburg MDR **1971** 596; zur Frage, ob die Staatsanwaltschaft danach noch nach § 45 JGG verfahren darf, s. § 175, 9.

mangelnde Reife nach § 3 Satz 1 JGG gehört.[85] Es ist, über die Einstellung nach §§ 153 ff. hinaus, ausgeschlossen, wenn das Verfahren nach § 45 JGG eingestellt wird, obwohl diese Vorschrift in § 172 Abs. 2 Satz 3 nicht genannt ist.[86] Denn es handelt sich insoweit um eine mit den §§ 153 ff. verwandte Einstellung, die eine Ausnahme von der Anklagepflicht darstellt.

31 Bei **Privatklagedelikten** ist im Verfahren **gegen Jugendliche** (nicht aber gegen Heranwachsende) das **Klageerzwingungsverfahren zulässig**, wenn die Staatsanwaltschaft das Verfahren eingestellt hat, weil kein hinreichender Tatverdacht besteht. Wegen des Ausschlusses der Privatklage gegen Jugendliche (§ 80 Abs. 1 Satz 1 JGG) kann der Verletzte hier nicht auf die Möglichkeit verwiesen werden, Privatklage zu erheben.[87] Dagegen ist kein Klageerzwingungsverfahren möglich, wenn die Einstellungsentscheidung der Staatsanwaltschaft auf den in § 80 Abs. 1 Satz 2 JGG genannten Gründen beruht, weil es sich insoweit um Einschränkungen des Legalitätsprinzips handelt.[88]

32 **5. Keine entsprechende Anwendung in anderen Verfahren.** Auch soweit in anderen Verfahrensgesetzen die Vorschriften der Strafprozessordnung für entsprechend anwendbar erklärt werden, ist ein Klageerzwingungsverfahren nicht möglich. Für das **Bußgeldverfahren** ist dies in § 46 Abs. 3 Satz 3 OWiG ausdrücklich bestimmt. Im **anwaltsgerichtlichen Verfahren** gegen Rechtsanwälte enthält § 122 BRAO ein dem Klageerzwingungsverfahren ähnliches Erzwingungsverfahren, bei dem allein der Vorstand der Rechtsanwaltskammer antragsberechtigt ist und auf das die §§ 173 bis 175 entsprechend anwendbar sind (§ 122 Abs. 3 BRAO). § 172 gilt nicht (§ 122 Abs. 4 BRAO).[89] Für das **beamtenrechtliche Disziplinarverfahren** gelten die Vorschriften des Bundesdisziplinargesetzes bzw. der Disziplinargesetze der Länder entsprechend sowie für das **Disziplinarverfahren gegen Notare** § 96 BNotO i.V.m. den Vorschriften des Bundesdisziplinargesetzes. Ein Klageerzwingungsverfahren ist danach gesetzlich nicht vorgesehen.

6. Wiederholung und Nachholung des Klageerzwingungsantrags

33 **a) Allgemeines.** Die Meinungen darüber, ob und unter welchen Voraussetzungen der Verletzte das Klageerzwingungsverfahren wiederholen oder es auch einleiten kann, nachdem er den ersten Einstellungsbescheid nicht fristgerecht angefochten hat, waren lange Zeit geteilt, die Rechtsprechung hat geschwankt.[90] Weitgehend unbestritten ist stets gewesen, dass das Klageerzwingungsverfahren nicht nach Fristablauf aufgrund des bereits bekannten

---

85 Zur Frage der Überprüfung der Strafmündigkeit nach § 1 JGG vgl. *Eisenberg/Kölbel* § 1, 24 ff. JGG; *Bohnert* NStZ **1988** 255.

86 OLG Braunschweig NJW **1960** 1214; OLG Hamm NJW **1960** 1968 Ls.; Schmitt/Köhler/*Schmitt* 3; *Eisenberg/Kölbel* § 45, 64 JGG (es sei denn, die Staatsanwaltschaft hat die ihr durch § 45 JGG gesetzten Grenzen überschritten); ebenso *Pentz* NJW **1958** 819.

87 OLG Braunschweig NJW **1960** 1214; OLG Oldenburg MDR **1970** 164; OLG Stuttgart NStZ **1989** 136 mit abl. Anm. *Brunner*; KK/*Moldenhauer* 46; Schmitt/Köhler/*Schmitt* 2; *Giesler* Recht der Jugend **1961** 87; *Pentz* NJW **1958** 819; *Eisenberg/Kölbel* § 80, 8 JGG.

88 OLG Braunschweig NJW **1960** 1214; OLG Hamburg MDR **1971** 596; OLG Stuttgart NStZ **1989** 136 mit abl. Anm. *Brunner*; KK/*Moldenhauer* 46; Schmitt/Köhler/*Schmitt* 2; KMR/*Noltensmeier-von Osten* 20; enger *Pentz* NJW **1958** 819.

89 Vgl. näher LR/*Meyer-Goßner*[23] 147; ebenso die Regelungen in § 107 Patentanwaltsordnung, § 115 Steuerberatungsgesetz und § 86 Wirtschaftsprüferordnung.

90 Ausführliche Darstellung der Entwicklung bei LR/*Meyer-Goßner*[23] 137 ff.; zur Entwicklung der Rechtsprechung *Machalke* 87 ff.; *Dünnebier* JR **1959** 47 ff.; *Kirstgen* 137 ff.; *Hall/Hupe* JZ **1961** 360; vgl. ferner *Hardwig* GA **1959** 229.

Ermittlungsergebnisses betrieben werden kann,[91] mag auch die Staatsanwaltschaft bei unveränderter tatsächlicher Grundlage zu einer Verfahrensfortsetzung in der Lage und ggf. nach dem Legalitätsprinzip verpflichtet sein (vgl. § 170, 50). Andernfalls würde die Fristbestimmung in Absatz 1 Satz 1 und Absatz 2 Satz 1 ihre Bedeutung verlieren. Es war lange Zeit umstritten, ob die einmalige Durchführung des Verfahrens oder die Versäumung der Antragsfristen das Klageerzwingungsrecht des Verletzten dergestalt verbrauche, dass auch bei neuen Tatsachen oder Beweismitteln dem Verletzten das Klageerzwingungsverfahren für alle Zukunft verschlossen sei. Während die Rechtsprechung zunächst in solchen Fällen eine Wiederholung oder verspätete Durchführung gestattete,[92] schwenkte sie im Anschluss an eine Entscheidung des Kammergerichts aus dem Jahre 1913[93] weitgehend auf die „Verbrauchstheorie" um.[94] Hieran hielt sie, trotz überwiegenden Widerspruchs im Schrifttum, zunächst auch nach 1945 fest.[95] Erst im Jahr 1957 brachte eine weitere Entscheidung des Kammergerichts eine erneute Wende.[96] Die heute ganz h.M. geht, mit einigen Differenzierungen im Detail, dahin, dass der Klageerzwingungsantrag wiederholt oder auch nach Fristablauf gestellt werden kann, wenn der Antragsteller neue (erhebliche) Tatsachen oder Beweismittel vorträgt, aber auch, wenn die Staatsanwaltschaft von sich aus die Ermittlungen wieder aufgenommen hat und das Verfahren erneut einstellt.[97]

Der heute herrschenden Auffassung ist zuzustimmen, dass **Nova** grundsätzlich eine **Wiederholung** des Klageerzwingungsverfahrens **gestatten**. Entscheidend ist insoweit nicht eine rein begriffliche, sondern eine teleologisch wertende Auslegung, die auf den Zweck des Klageerzwingungsverfahrens abstellt.[98] Es soll die Einhaltung der Anklagepflicht durch die Staatsanwaltschaft gewährleisten und muss folglich im Prinzip auch insoweit zulässig sein, wie für die Staatsanwaltschaft das Legalitätsprinzip verbindlich ist. Da die Staatsanwaltschaft aber auch nach der Einstellung des Verfahrens neuen tatsächlichen Erkenntnissen nachgehen und, wenn diese erheblich sind, ihre Entscheidung revidieren und ggf. die öffentliche Klage erheben muss, ist kein durchschlagender Grund ersichtlich, diese Ausprägung der Anklagepflicht von der Kontrolle durch das Klageerzwingungsverfahren auszunehmen. 34

Im Einzelnen sind folgende **Fallgruppen** zu unterscheiden: (1) Der Verletzte lässt auf einen Einstellungsbescheid der Staatsanwaltschaft hin die Frist nach Absatz 1 Satz 1 oder nach Absatz 2 Satz 1 ungenutzt verstreichen. (2) Die Staatsanwaltschaft nimmt aufgrund 35

---

91 **A.A.** (außer in den Fällen des § 174 Abs. 2) früher *Delius* GA **43** (1895) 186; vgl. auch *Dalcke* GA **40** (1892) 257; **41** (1893) 93 ff.

92 Nachw. bei *Dünnebier* JR **1959** 47; *Machalke* 87.

93 GA **62** (1916/1917) 188; bereits früher OLG Jena GA **41** (1893) 93.

94 Zur Entwicklung der Rechtsprechung m.w.N. *Machalke* 87 ff.

95 Vgl. OLG Bamberg NJW **1956** 1083; OLG Celle NdsRpfl. **1951** 19; NJW **1956** 482; **1958** 1791; OLG Düsseldorf NJW **1961** 2321; OLG Hamm JMBlNRW **1967** 58 (seither sind keine Entscheidungen mit dieser Auffassung mehr veröffentlicht worden).

96 KG JR **1957** 150; **1964** 470; **1983** 345; seither ebenso OLG Braunschweig NJW **1961** 934; OLG Bremen Rpfleger **1962** 387; OLG Hamburg NJW **1963** 1121 (unter Aufgabe der früheren Meinung MDR **1950** 437); OLG Nürnberg MDR **1964** 524; **1965** 845; OLG Stuttgart MDR **1991** 79; OLG Zweibrücken MDR **1987** 341; **1991** 79; wohl auch OLG Schleswig bei *Ernesti/Jürgensen* SchlHA **1982** 122 Nr. 61; offengelassen von OLG Hamm MDR **1965** 930 (jedenfalls nicht bei dem Antragsteller bekannten Nova); OLG Neustadt GA **1961** 125.

97 Im Schrifttum (teilweise nur zu einzelnen Fallgruppen) KK/*Moldenhauer* 58 ff.; Schmitt/Köhler/*Schmitt* 37; KMR/*Noltensmeier-von Osten* 118 ff.; *Eb. Schmidt* Nachtr. I 11; *Dünnebier* JR **1959** 47 ff.; *Hall/Hupe* JZ **1961** 363 f.; *Hardwig* GA **1959** 334 ff.; *Kleinknecht* JZ **1952** 489 und FS Bruns 189; *Kohlhaas* GA **1954** 135 und NJW **1962** 950; *Niese* SJZ **1950** 894; *Poppe* NJW **1956** 1058; *H. W. Schmidt* SchlHA **1959** 140; **a.A.** wohl nur *Knögel* NJW **1966** 1400; *Schorn* NJW **1965** 1518 (beide ohne nähere Auseinandersetzung mit der jetzt ganz h.M.); zusammenfassend *Machalke* 87 ff.

98 So zu Recht *Hardwig* GA **1959** 233 f.

der Vorschaltbeschwerde nach Absatz 1 oder von Amts wegen die Ermittlungen wieder auf und stellt das Verfahren danach erneut ein. (3) Der Klageerzwingungsantrag wird zurückgenommen oder als unzulässig verworfen. (4) Er wird als unbegründet nach § 174 verworfen, oder es wird die Eröffnung des Hauptverfahrens abgelehnt. (5) Das Verfahren wird durch rechtskräftigen Strafbefehl oder durch rechtskräftiges Urteil abgeschlossen.

36 **b) Klageerzwingungsverfahren nach Fristablauf.** Hat der Verletzte den Einstellungsbescheid oder die Beschwerdeentscheidung des vorgesetzten Beamten der Staatsanwaltschaft zunächst hingenommen, so kann er nach Fristablauf aufgrund der bereits bekannten Umstände zwar Dienstaufsichtsbeschwerde erheben (Rn. 9), das Klageerzwingungsverfahren ist ihm jedoch verschlossen.[99] Verlangt er jedoch unter Angabe neuer Tatsachen oder Beweismittel erneut die Erhebung der öffentlichen Klage, so ist dieser neue Antrag von der Staatsanwaltschaft zu bescheiden (§ 171, 5) und gegen diese neue Entscheidung ist das Klageerzwingungsverfahren zulässig.[100] Entscheidend ist dabei, ob die vom Antragsteller vorgebrachten Tatsachen oder Beweismittel im Zeitpunkt der ersten Einstellung der Staatsanwaltschaft bekannt waren. Ob der Antragsteller sie schon damals hätte vorbringen können, ist ohne Bedeutung.[101] Dass die Nova gegen den Einstellungsbescheid erheblich sind, gehört nicht zur Zulässigkeit, sondern zur Begründetheit des Klageerzwingungsantrags.[102] Die bloße Wiederholung eines schon einmal der Staatsanwaltschaft unterbreiteten Sachverhalts ohne Angabe neuer Tatsachen oder Beweismittel eröffnet nicht noch einmal das Klageerzwingungsverfahren. Andernfalls hätte es der Verletzte in der Hand, durch bloße Wiederholung seines Anzeigevorbringens, die gesetzliche Frist für den Antrag auf gerichtliche Entscheidung beliebig neu zu eröffnen.[103] Zum notwendigen Inhalt des Antrags in diesen Fällen s. auch Rn. 145 ff.

37 **c) Wiederaufnahme der Ermittlungen durch die Staatsanwaltschaft.** Nach der in diesem Kommentar vertretenen umstrittenen Meinung (Rn. 115 f.) ist die Vorschaltbeschwerde erfolgreich und damit erledigt, wenn die Staatsanwaltschaft von sich aus oder auf Anweisung des vorgesetzten Beamten die Ermittlungen wieder aufnimmt.[104] Gegen eine erneute Einstellung ist das Klageerzwingungsverfahren (nach Durchführung eines erneuten Vorschaltbeschwerdeverfahrens) uneingeschränkt zulässig. Darauf, ob die erste Beschwerde fristgerecht eingelegt war, kommt es nicht an.[105] Nach der Gegenmeinung, nach der die Wiederaufnahme der Ermittlungen das Klageerzwingungsverfahren nicht erledigt, würde nach Erteilung des neuen Einstellungsbescheides die Fortführung des Klageerzwingungsverfahrens unmittelbar mit dem Antrag auf gerichtliche Entscheidung möglich sein.

38 Setzt die Staatsanwaltschaft das Verfahren von sich aus fort, indem sie die **Ermittlungen von Amts wegen wieder aufnimmt**, so beseitigt sie damit zumindest konkludent die frühere Einstellungsentscheidung[106] und muss, wenn sie nicht die öffentliche Klage erhebt, das Verfahren erneut einstellen. Gegen diese Einstellungsverfügung ist das Klageerzwingungsverfahren ebenso zulässig, wie wenn es sich um die erste Einstellung

---

99 OLG Hamburg NJW **1963** 1121; KG JR **1957** 150; OLG Neustadt GA **1961** 124, 125; OLG Schleswig bei *Ernesti/Jürgensen* SchlHA **1982** 122 Nr. 61; *Dünnebier* JR **1959** 49.

100 KG JR **1964** 470 Ls.; **a.A.** OLG Düsseldorf NJW **1961** 2321; vgl. auch für den Sonderfall einer „Nachtragsanzeige“ nach dem Antrag nach § 172 Abs. 2 OLG München MDR **1964** 170 und Rn. 182.

101 **A.A.** OLG Hamm MDR **1965** 930; *Kirstgen* 141; *Hardwig* GA **1959** 236.

102 KG JR **1957** 150, 151; **a.A.** *Hardwig* GA **1959** 238.

103 OLG Düsseldorf wistra **1991** 40; OLG Stuttgart NStZ-RR **1997** 177; OLG Celle StRR **2011** 446.

104 OLG Bamberg NStZ **2010** 590; OLG Brandenburg NStZ-RR **2005** 45; OLG Jena NStZ-RR **2007** 223.

105 Vgl. auch Rn. 115, 130; **a.A.** OLG Schleswig SchlHA **1954** 386.

106 OLG Bamberg NStZ **2010** 590.

handeln würde. Denn mit der Wiederaufnahme der Ermittlungen zeigt die Staatsanwaltschaft, dass sie aufgrund ihrer Sachverhaltserforschungs- und Anklagepflicht Veranlassung zu weiterer Tätigkeit sieht. Insoweit muss sie sich dann auch im Klageerzwingungsverfahren der gerichtlichen Überprüfung dahingehend stellen, ob ihr Verhalten dem Legalitätsprinzip entspricht.[107]

d) Neues Klageerzwingungsverfahren nach gerichtlichem Klageerzwingungsverfahren. Innerhalb der Monatsfrist des Absatz 2 Satz 1 kann ein **zurückgenommener oder als unzulässig verworfener** Antrag uneingeschränkt erneuert werden, ohne dass es einer neuen Vorschaltbeschwerde bedarf. Nach Fristablauf entspricht die Rechtslage derjenigen, die gelten würde, wenn der Verletzte überhaupt kein Klageerzwingungsverfahren betrieben hätte. Er kann also mit einem auf Nova gestützten Antrag bei der Staatsanwaltschaft erneut die Klageerhebung beantragen und gegen den ablehnenden Bescheid das Klageerzwingungsverfahren durchführen.[108] 39

Im Ergebnis das Gleiche gilt, wenn der Antrag nach **§ 174 als unbegründet verworfen** worden ist. Zwar kann die Staatsanwaltschaft in einem solchen Fall die öffentliche Klage nur aufgrund neuer Tatsachen oder Beweismittel erheben (§ 174 Abs. 2). Sie ist hierzu aber nach dem Legalitätsprinzip auch verpflichtet, sofern keine Ausnahmevorschrift eingreift (§ 174, 14), und diese fortbestehende Anklagepflicht kann vom Verletzten durch das Klageerzwingungsverfahren kontrolliert werden.[109] Zur ebenso zu beurteilenden Lage bei Ablehnung der Eröffnung des Hauptverfahrens s. Erl. zu § 211; zu den Anforderungen an den Klageerzwingungsantrag in diesem Fall s. Rn. 151. War die Sperrwirkung nach § 174 (oder nach § 211) eingetreten, und nimmt die Staatsanwaltschaft aufgrund neuer Tatsachen oder Beweismittel die Ermittlungen wieder auf, so hat sie jedenfalls den Verletzten, der das Klageerzwingungsverfahren erfolglos betrieben hatte, von der erneuten Einstellung zu bescheiden, auch wenn er keinen neuen Antrag nach § 171 gestellt hatte, was in der Praxis die Regel sein dürfte. Lehnt die Staatsanwaltschaft nach Verwerfung eines Klageerzwingungsantrags als unbegründet die Wiederaufnahme der Ermittlungen bei neuem, aber nicht erheblichem Tatsachenvortrag ab, so soll nach Durchführung des Vorschaltbeschwerdeverfahrens ein neuer Klageerzwingungsantrag nicht in jedem Fall, sondern nur dann zulässig sein, wenn sich dem Antrag selbst offenkundig entnehmen lässt, dass die Staatsanwaltschaft unter Verletzung des Legalitätsprinzips die Wiederaufnahme der Ermittlungen abgelehnt hat.[110] Hat der Antragsteller von den ihm nach § 172 Abs. 1 und 2 zustehenden Rechtsbehelfen nicht frist- und formgerecht Gebrauch gemacht, so ist ein erneuter Klageerzwingungsantrag gegen den Bescheid, mit dem die Staatsanwaltschaft die Wiederaufnahme des Verfahrens ablehnt, unzulässig.[111] Das gilt auch dann, wenn ein Antrag auf gerichtliche Entscheidung als unzulässig verworfen worden ist und der Antragsteller danach, ohne dass Nova ersichtlich sind, eine neue Strafanzeige wegen desselben Lebenssachverhalts erstattet.[112] 40

---

107 **A.A.** Schmitt/Köhler/*Schmitt* 37, nur zulässig, wenn der Verletzte die Wiederaufnahme durch Nova veranlasst hatte. So auch OLG Köln NStZ **2003** 682.

108 BVerfG Beschl. v. 22.5.2017 – 2 BvR 1453/16; OLG Hamburg NJW **1963** 1121 (auch zur Bedeutung der neuen Beweismittel); *Dünnebier* JR **1959** 49.

109 OLG Braunschweig NJW **1961** 934; OLG Bremen Rpfleger **1962** 387; KG JR **1983** 345 (zu § 211); OLG Nürnberg MDR **1964** 524; **a.A.** OLG Hamm JMBlNRW **1967** 58; OLG Düsseldorf NJW **1964** 1594 (zu § 211).

110 OLG Düsseldorf wistra **1991** 40.

111 OLG Stuttgart NStZ-RR **1997** 177.

112 OLG Düsseldorf NStZ-RR **2004** 146; OLG Rostock v. 13.5.2004 – 1 Ws 46/04.

41 **e) Klageerzwingungsverfahren nach rechtskräftigem Strafbefehl oder Urteil.** Obwohl nach § 410 der **Strafbefehl** nach Ablauf der Einspruchsfrist die Wirkung eines rechtskräftigen Urteils erlangt, ist nach h.M. eine Weiterverfolgung der Tat mindestens dann zulässig, wenn sich herausstellt, dass die von ihm erfasste Tat ein Verbrechen ist.[113] Diese Verfolgung geschieht aber ausschließlich im Wege der **Wiederaufnahme des Verfahrens** (§ 373a) und nicht mehr, wie nach der Rechtslage vor Inkrafttreten des StVÄG 1987, durch Einleitung eines neuen Ermittlungsverfahrens und Erhebung einer neuen Anklage.[114]

III. Persönlicher Anwendungsbereich des Klageerzwingungsverfahrens

1. Allgemeines

42 **a) Übersicht.** Das Klageerzwingungsverfahren kann nur betreiben, wer den Antrag auf Erhebung der öffentlichen Klage nach § 171 gestellt hat (Antragsteller, näher Rn. 47) und zugleich Verletzter (näher Rn. 48 ff.) ist. Er muss ferner noch leben und prozessfähig sein oder durch seinen Vertreter handeln (näher Rn. 46). Bei Beschwerden an den vorgesetzten Beamten der Staatsanwaltschaft nach Absatz 1 sind diese besonderen persönlichen Voraussetzungen nur insoweit von Bedeutung, als diese als Vorschaltbeschwerde Zulässigkeitsvoraussetzung für das gerichtliche Verfahren nach Absatz 2 bis 4 ist, nicht jedoch, soweit sie als Dienstaufsichtsbeschwerde die Pflicht zur sachlichen Nachprüfung des Einstellungsbescheides auslöst (Rn. 10). Deshalb spielt die Frage der Prozessfähigkeit und der richtigen Vertretung hier noch keine Rolle; beschränkte Geschäftsfähigkeit im bürgerlichrechtlichen Sinne genügt (§ 171, 8).

43 **b) Mehrere Verletzte. Mehrere** antragstellende **Verletzte** sind unabhängig voneinander zum Klageerzwingungsverfahren befugt. Die Fristen nach Absatz 1 und Absatz 2 laufen für jeden von ihnen gesondert, die persönlichen Voraussetzungen müssen ebenfalls für jeden von ihnen vorliegen. Wird der Einstellungsbescheid oder die Belehrung nach § 171 Satz 2 gegenüber einem von mehreren Verletzten unterlassen, so kann dieser, ggf. nach nachträglicher Anzeigeerstattung (vgl. Rn. 47), das Klageerzwingungsverfahren auch noch betreiben, wenn die anderen Verletzten die Frist nicht genutzt haben oder wenn ihr Antrag als unzulässig verworfen worden ist. Ist dagegen ein Klageerzwingungsantrag eines anderen Verletzten als unbegründet verworfen worden, so wirkt die Sperrwirkung des § 174 Abs. 2 gegen alle durch diese Tat Verletzten, auch wenn sie erst später von der Einstellung erfahren. In diesem Fall können sie das Klageerzwingungsverfahren nur nach Beibringung neuer Tatsachen oder Beweismittel betreiben.

44 **c) Tod des Verletzten.** Die Befugnis zur Klageerzwingung ist nach der ganz h.M. höchstpersönlich. Sie geht nicht auf die Angehörigen oder Erben des Verletzten über.[115] Dies

---

113 Vgl. ausführlich zum Umfang der Rechtskraft des Strafbefehls LR/*Gössel*[26] § 410, 18 ff., 21; KK/*Maur* § 410, 15; Schmitt/Köhler/*Schmitt* § 410, 12; zur früheren Rechtslage BVerfGE **65** 377.

114 Vgl. LR/*Gössel*[26] § 373a, 6 ff.; KK/*Tiemann* § 373a, 1; *Rieß/Hilger* NStZ **1987** 205 f.; zur früheren Rechtslage ausführlich LR/*Rieß*[24] 41.

115 OLG Braunschweig NdsRpfl. **1954** 91; OLG Celle NStZ **1988** 568; VRS **130** (2016) 113; OLG Düsseldorf GA **1984** 129 (analog § 402); NJW **1992** 2370; wistra **1994** 155; OLG Hamm NStZ **1986** 327; OLG Karlsruhe Justiz **1981** 323; OLG Kiel HESt **2** 92; OLG Koblenz NJW **1985** 1409; OLG Stuttgart NJW **1986** 3153; OLG Brandenburg NStZ-RR **2009** 245; OLG Bamberg OLGSt StPO § 172 Nr. 47; OLG Schleswig SchlHA **2007** 286; **ältere** Rechtspr. bei LR/*Meyer-Goßner*[23] 50; vgl. *Weber* 782 ff., 788, der die Befugnis zur Fortsetzung des Klageerzwingungsver-

gilt nicht nur, wenn die Verletzung höchstpersönliche Rechtsgüter betrifft, sondern auch bei Eigentums- und Vermögensdelikten.[116] Dass das Strafantragsrecht nach § 77 Abs. 2 StGB in bestimmten Fällen auf Angehörige übergehen kann, begründet kein Klageerzwingungsrecht.[117] Stirbt der Verletzte während des gerichtlichen Klageerzwingungsverfahrens, so erledigt sich der Antrag; es ergeht weder eine Sach- noch eine Kostenentscheidung.[118] Zur Klarstellung sollte der Antrag auf gerichtliche Entscheidung durch das Oberlandesgericht für erledigt erklärt werden.

d) Juristische Personen. Behörden. Juristische Personen, Verbände, privatrechtliche Vereinigungen, Körperschaften und Behörden sind, soweit sie unmittelbar verletzt sind (vgl. Rn. 59 ff.), zum Klageerzwingungsverfahren berechtigt.[119] Das setzt voraus, dass sich die Straftat gegen die ihnen zugeordneten Rechtsgüter richtet (vgl. Rn. 61). Für sie handelt das jeweils vertretungsberechtigte Organ. Bei **Insolvenz** handelt der Insolvenzverwalter (§ 27 Abs. 1, § 22 Abs. 1, § 56 InsO),[120] wenn es sich um eine Straftat handelt, die gegen das zur Insolvenzmasse gehörende Vermögen des Gemeinschuldners gerichtet ist (vgl. Rn. 89). Sofern ein ausländischer Verein[121] oder eine ausländische Gesellschaft[122] das Klageerzwingungsverfahren betreibt, bedarf es regelmäßig Darlegungen zu den Vertretungsverhältnissen sowie zur Prozessfähigkeit. 45

e) Prozessfähigkeit. Vertretung. Der Antragsteller muss für das gerichtliche Klageerzwingungsverfahren wegen der möglichen Anschlussbefugnis als Nebenkläger und der vermögensrechtlichen Konsequenzen eines unbegründeten Antrags (§ 177) prozessfähig im zivilrechtlichen Sinne (§ 52 ZPO), also voll geschäftsfähig sein.[123] Fehlt die Prozessfähigkeit, so können die gesetzlichen Vertreter für den Klageerzwingungsberechtigten handeln.[124] Sind sie, wie etwa die Eltern, zur gemeinsamen Vertretung befugt (§§ 1626 ff. BGB),[125] so müssen sie, wenn nicht der eine den anderen bevollmächtigt hat, den Antrag gemeinsam stellen. Fallen Vermögens- und Personensorge auseinander, so dürfte trotz der vermögensrechtlichen Konsequenzen eines unbegründeten Antrags (§ 177) wegen des höchstpersönlichen 46

---

fahrens den Erben des verstorbenen Antragstellers sowie den Antragsberechtigten nach § 361 Abs. 2 einräumen will.

116 OLG Düsseldorf wistra **1994** 155; OLG Hamm NJW **1977** 64; OLG Karlsruhe Justiz **1981** 323; **1985** 361; OLG Stuttgart Justiz **1986** 196; OLG Brandenburg NStZ-RR **2009** 245; im Ergebnis **a.A.** (weil er die Erben selbst als Verletzte behandelt) *Eb. Schmidt* § 171, 14; ebenso *Weber* 781 ff., 785; dagegen zutreffend *Frisch* JZ **1974** 12 Fn. 50.

117 OLG Hamm NJW **1977** 64; OLG Karlsruhe Justiz **1981** 323; LK/*Greger*/*Weingarten* § 77, 57 StGB.

118 OLG Braunschweig NdsRpfl. **1954** 32; OLG Düsseldorf GA **1984** 129; OLG Karlsruhe Justiz **1981** 323; KK/*Moldenhauer* 57; SK/Wohlers 22; **a.A.** *Ostler* 125 (Verfahren ist mit Sachentscheidung zu beenden, weil der Antragsteller nur Anstoß geben müsse); ebenso *Dietz* 58 und *Weber* 783.

119 Vgl. auch OLG Düsseldorf NJW **1979** 2525 (Strafantragsrecht bei einer nicht rechtsfähigen Untergliederung einer Partei); OLG Brandenburg NJ **2008** 518; OLG Bamberg wistra **2016** 122.

120 KG JW **1935** 963 (zum Konkursverwalter); zum Begriff des Verletzten im Sinne von § 406d ausführlich LR/*Hilger*[26] Vor § 406d, 8 sowie *Hilger* GA **2007** 287 und LR/*Hilger* Vor 5. Buch.

121 KG Beschl. v. 9.11.2015 – 3 Ws 554/15.

122 OLG Stuttgart NJW **2009** 3524.

123 OLG Düsseldorf MDR **1989** 377; OLG Dresden DRiZ **1931** Nr. 131; OLG Hamburg NJW **1966** 1934; KG JR **1960** 29 mit Anm. *Dünnebier*; OLG Nürnberg GA **1965** 118; im Schrifttum heute einhellige Meinung; zur früher vereinzelt vertretenen Gegenmeinung *Ostler* 18 f.

124 OLG Düsseldorf MDR **1989** 377.

125 Vgl. *Kohlhaas* NJW **1960** 3; Stiefeltern sind als solche nicht antragsberechtigt, OLG Kassel GA **38** (1891) 368.

Charakters des Klageerzwingungsrechts die Befugnis dem Personensorgeberechtigten zustehen.[126] Ist der eine gesetzliche Vertreter verhindert, weil sich das Ermittlungsverfahren gegen ihn als Beschuldigten richtet (z.B. bei Verdacht einer Sexualstraftat z.N. des leiblichen Kindes), so bedarf es der Bestellung eines Pflegers nach § 1809 BGB durch das Gericht. Gewillkürte Vertretung ist stets zulässig. Dauernd Geisteskranke (§ 104 Nr. 2 BGB) sind mangels Geschäftsfähigkeit nicht befugt, alleine einen Klageerzwingungsantrag zu stellen. Vielmehr können das nur deren Betreuer als gesetzliche Vertreter (§ 1823 BGB) im Rahmen ihres Wirkungskreises für sie tun.[127] Solange die Prozessfähigkeit des Verletzten zweifelhaft ist, ist er als prozessfähig zu behandeln. Einer wegen Vermögenslosigkeit gelöschten Gesellschaft ist das Betreiben des Klageerzwingungsverfahrens regelmäßig nicht eröffnet. Mit der Löschung verliert die Gesellschaft nämlich ihre Rechtsfähigkeit und damit nach § 52 ZPO auch ihre Prozessfähigkeit.[128]

47 **2. Antragsteller nach § 171.** Das Klageerzwingungsverfahren setzt voraus, dass der Verletzte bereits den Antrag auf Strafverfolgung im Sinne des § 171 wegen der Tat gestellt hat, die Gegenstand des Klageerzwingungsantrags sein soll.[129] Dieser Antrag kann jedoch auch noch während des Ermittlungsverfahrens und sogar auch noch nach Einstellung des (zunächst auf andere Weise eingeleiteten) Ermittlungsverfahrens gestellt werden; damit wird das Klageerzwingungsverfahren eröffnet (§ 171, 4). Ohne eine solche nachträgliche Anzeige sowie ohne Vorschaltbeschwerde beim vorgesetzten Beamten kann ein anderer Verletzter nicht in ein laufendes oder bereits als unzulässig erledigtes Klageerzwingungsverfahren eintreten.[130] Auch ein anderer durch dieselbe Tat Verletzter muss daher zunächst durch einen Antrag einen begründeten Einstellungsbescheid erreichen und darf die Vorschaltbeschwerde grundsätzlich nicht überspringen (vgl. auch Rn. 43).[131] Allerdings verbietet die Rechtsschutzgarantie des Art. 19 Abs. 4 GG, einen von der Rechtsordnung eröffneten Rechtsbehelf durch eine überstrenge Handhabung ineffektiv zu machen und leer laufen zu lassen.[132] Hängt die Zulässigkeit des Antrags auf gerichtliche Entscheidung davon ab, dass die Staatsanwaltschaft zuvor gegenüber dem Verletzten einen ausdrücklichen ablehnenden Bescheid erlassen hat und wäre die Weigerung, einen solchen zu erlassen, einer gerichtlichen Nachprüfung entzogen, so hätte es die Staatsanwaltschaft in der Hand, die in Absatz 2 gesetzlich vorgesehene gerichtliche Überprüfung ihrer Einstellungsentscheidungen dauerhaft zu vereiteln. Daher kann ein Antragsteller, der Verletzter ist, ungeachtet eines Unterbleibens der Mitteilung nach § 171 Satz 1 Beschwerde nach Absatz 1 einlegen und nach Durchführung des Vorschaltbeschwerdeverfahrens das Klageerzwingungsverfahren betreiben. In gleicherweise steht dem Zugang zum Klageerzwingungsverfahren eine Weigerung der Generalstaatsanwaltschaft, die Beschwerde nach Absatz 1 förmlich zu bescheiden, nicht entgegen.[133]

---

126 Vgl. auch LR/*Hilger*[26] § 374, 35 ff.; LR/*Wenske* § 395, 18.

127 OLG Karlsruhe FamRZ **2015** 1312.

128 OLG Hamburg wistra **2015** 80.

129 OLG Breslau GA **76** (1933) 174; OLG Braunschweig NJW **1965** 598; OLG Hamm JZ **1962** 171; OLG Karlsruhe NJW **1986** 1276; Justiz **1992** 187; OLG Oldenburg MDR **1987** 431; KK/*Moldenhauer* 17; Schmitt/Köhler/*Schmitt* 5; KMR/*Noltensmeier-von Osten* 6.

130 **A.A.** OLG Dresden JW **1936** 2251 mit Anm. *Siegert*; OLG Neustadt MDR **1956** 247; LR/*Kohlhaas*[22] § 171, 2; *Ostler* 46 ff., 121; wie hier KK/*Moldenhauer* § 171, 2; LR/*Meyer-Goßner*[23] § 171, 3; KMR/*Noltensmeier-von Osten* § 171, 2; *Schorn* NJW **1965** 1517.

131 OLG Neustadt GA **1961** 125 f.

132 BVerfGE 77 275, 284; **96** 27, 39.

133 BVerfG Beschl. v. 22.5.2017 – 2 BvR 1453/16; BVerfG NStZ-RR **2025** 144; BGH Beschl. v. 21.1.2014 – 5 AR (VS) 29/13.

3. Verletzter. Allgemeines

a) Begriff des Verletzten. Bisher musste der Verletztenbegriff, der in zahlreichen Vorschriften der Strafprozessordnung verwendet wird, ausschließlich anhand einer am spezifischen Zweck der einzelnen Vorschriften orientierten Auslegung präzisiert werden.[134] Mit der Einführung des § 373b durch das Gesetz zur Fortentwicklung der Strafprozessordnung und zur Änderung weiterer Vorschriften vom 25.6.2021 hat der Gesetzgeber in Umsetzung der sog. Opferschutzrichtlinie eine Legaldefinition des „Verletzten" geschaffen, die für das gesamte Strafverfahrensrecht gilt.[135] Änderungen bei der Begriffsbestimmung sind damit jedoch nicht verbunden, weil sich der Gesetzesbegriff an die in der Rechtsprechung und im Schrifttum zu § 172 entwickelten Kriterien anlehnt und ihre wesentlichen Wertungselemente, aber auch Randunschärfen[136] übernimmt.[137] 48

Nach § 373b Abs. 1 ist entweder eine unmittelbare Beeinträchtigung eines strafrechtlich geschützten Rechtsguts oder das unmittelbare Erleiden eines sonstigen Schadens erforderlich. Im Einklang mit der allgemeinen Auffassung zu § 172, die eine **weite Auslegung** des Verletztenbegriffs zur Sicherung des Legalitätsprinzips für geboten hält (vgl. Rn. 2),[138] stellt der Gesetzgeber nunmehr klar, dass nicht nur betroffene Rechtsgutsträger individualschützender Delikte erfasst werden (1. Alternative), sondern auch Personen, die unmittelbar einen (sonstigen) Schaden aus der Verletzung eines nicht individualschützenden Delikts erleiden (2. Alternative). Letzteres soll erklärtermaßen der Fall sein, wenn der Straftatbestand (mindestens auch) dem Schutz rechtlich anerkannter Individualinteressen dient.[139] Daher verbleibt es auch insoweit bei dem zu § 172 entwickelten Abgrenzungskriterium des **rechtlich anerkannten Interesses,** um eine vom Gesetz nicht gewollte Popularklage auszuschließen.[140] Wer nur als Mitglied der Rechtsgemeinschaft durch die Straftat betroffen ist, ist nicht Verletzter im Sinne der §§ 172, 373b.[141] 49

Entscheidend und ausreichend für die Verletzteneigenschaft ist – nunmehr auch nach dem Willen des Gesetzgebers – das Bestehen einer besonderen von der Rechtsordnung 50

---

134 Vgl. LR/Graalmann-Scherer[27] 48 ff. und die Übersichten bei *Frisch* JZ **1974** 8 ff.; *Kirstgen* 84 ff.; *Strüwer* 1 ff.; *Hefendehl* GA **1999** 584 ff.; *Haas* GA **1988** 493 ff. (bezogen auf Eigentums- und Vermögensdelikte); ausführliche Darstellung des früheren Meinungsstandes bei *Dietz* 28 ff.; *Kalsbach* 83 ff.; *Ostler* 31 ff.; vgl. auch *Henkel* 184 ff.; **a.A.** früher z.B. *Nothmann* GA **76** (1932) 74; äußerlich einheitlicher Begriff auch bei *Strüwer* 184 (zusammenfassend), der aber, worauf *Jung* ZStW **93** (1981) 1149 Fn. 7 zutreffend hinweist, ohne Binnendifferenzierungen nicht auskommt.

135 Vgl. zur Entstehungsgeschichte des § 373b LR/*Wenske* § 373b; KK/*Allgayer* § 373b 4 ff.

136 Kritischer LR/*Meyer-Goßner*[23] 51, der von einer „verworrenen" Kasuistik spricht; kritisch ebenfalls *Hefendehl* GA **1999** 584 ff.; positiv aber z.B. *Kalsbach* 88 (vielfach nützliche Hinweise).

137 BTDrucks. **19** 27654 S. 41; Schmitt/Köhler/*Schmitt* § 373b, 4; zum bestehenden Konsens: *Peters* § 57 IV (S. 536); *Kirstgen* 87.

138 So z.B. in der Rechtsprechung schon RGSt **23** 361 (anders aber RGSt **69** 108); OLG Hamburg NJW **1955** 1770; OLG Stuttgart Justiz **1976** 306; OLG Düsseldorf NStZ **1995** 49; OLG Stuttgart NJW **2001** 840; im Schrifttum KK/*Moldenhauer* 18; Schmidt/Köhler/*Schmitt* 10; KMR/*Noltensmeier-von Osten* 28; SK/*Wohlers* 23; SSW/*Sing*/*Vordermayer* 12; *Eb. Schmidt* § 171, 12; *Küpper* Jura **1989** 281; **a.A.** *Kirstgen* 88 ff. (der aus den Gegeninteressen des Beschuldigten die Notwendigkeit einer engeren Auslegung herleitet); teilweise auch die frühere Auffassung, vgl. z.B. OLG Hamburg GA **37** (1889) 310 (mit sachlich zutreffender Verneinung der Verletzteneigenschaft).

139 BTDrucks. **19** 27654 S. 100 f.; Schmitt/Köhler/*Schmitt* 9 ff. und § 373b, 4; KK/Allgaier § 373b, 8 ff.; LR/*Wenske* § 373b, 25; MüKo/*Kölbel*/*Neßeler* 15.

140 Vgl. zur Auslegung des Verletztenbegriffs vor Einführung des § 373b: Graalmann-Scherer[27] 48 ff.; *Hefendehl* GA **1999** 589.

141 Heute allg. M., vgl. z.B. KK/*Moldenhauer* 28; *Frisch* JZ **1974** 11; *Ostendorf* RuP **1980** 200 f.; kritisch *Hefendehl* GA **1999** 589.

anerkannten **spezifischen Nähebeziehung** zwischen der behaupteten Tat und dem Antragsteller. Jemand ist also nur dann Verletzter im Sinne der §§ 172, 373b, wenn die nach seiner Behauptung übertretene Norm (mindestens auch) seine rechtlich anerkannten Interessen schützen soll.[142]

51 In der Auseinandersetzung insbesondere zum berechtigten Interesse stehen sich, mit vielfachen Differenzierungen im Einzelnen und ohne ihren Ausgangspunkt stets konsequent für die Fallentscheidung durchzuhalten, vom methodischen Ansatz her **zwei Grundauffassungen** gegenüber. Eine vor allem in der Rechtsprechung, aber auch von Teilen des Schrifttums vertretene Auffassung knüpft an den **Rechtsgutsbegriff** an.[143] Sie verlangt eine Beeinträchtigung des Betroffenen in seinen Rechten, Rechtsgütern oder rechtlich anerkannten Interessen,[144] wobei kontrovers beurteilt wird, ob es sich – so die überwiegende Meinung – um eine (allerdings weit auszulegende) „unmittelbare" Beeinträchtigung handeln muss,[145] oder ob eine „mittelbare" reicht.[146] Eine andere Auffassung knüpft an das **Genugtuungs- oder Vergeltungsinteresse** des Betroffenen an.[147] Sie stellt darauf ab, ob und inwieweit ein solches Interesse von der gesamten Rechtsordnung als berechtigt anerkannt wird. Allerdings kommt auch diese Auffassung, wenn sie die Frage beantworten muss, wann dieses Interesse als berechtigt anzusehen ist, ohne einen Rückgriff auf den **Schutzbereich** der nach der Behauptung des Antragstellers verletzten Norm nicht aus.

52 Ausgangspunkt für die Prüfung der Verletzteneigenschaft, die – nach beiden Grundauffassungen und der in diesem Kommentar weiterhin vertretenen Meinung –[148] an das berechtigte Interesse anknüpft, ist stets der **Schutzbereich der** (zumindest mit-) **verletzten Strafrechtsnorm.**[149] Dieses Verständnis entspricht dem Opferbegriff der Opferschutzrichtlinie, die eine Beeinträchtigung verlangt, die direkte Folge einer Straftat war (Art. 2 Abs. 1 Buchst. a Ziff. I der Opferschutzrichtlinie)[150] und somit in den Schutzbereich der verletzten Strafrechtsnorm fällt.

---

142 OLG Karlsruhe NJW **1986** 1277, das die Frage nach dem Rechtsgut des § 130 StGB offen lässt und hierauf abstellt; vgl. auch KK/*Moldenhauer* 18d; MüKo/*Kölbel/Neßeler* 15; Schmitt/*Köhler/Schmitt* 9.

143 Zum materiell-rechtlich noch keineswegs abschließend geklärten Rechtsgutbegriff vgl. z.B. m.w.N. LK/*Walter* Vor § 13, 8 ff.; *Weigend* ZStW **98** (1986) 49 ff.; *ders.* NJW **1987** 1173; *Koriath* GA **1999** 561 ff.

144 Nachw. bei LR/*Meyer-Goßner*[23] 45; ähnlich KK/*Moldenhauer* 19; vgl. auch LR/*Hilger*[26] Vor 5. Buch 15 ff., 18.

145 In der Rechtsprechung z.B. RGSt **69** 108; OLG Düsseldorf NStZ **1995** 49; OLG Hamburg JR **1980** 480 mit Anm. *Bloy*; OLG Hamm NJW **1972** 1874; NStZ **1986** 327; KG JR **1954** 391; OLG Karlsruhe NJW **1986** 1277; OLG Koblenz GA **1981** 326; NJW **1985** 1409; OLG Köln NJW **1972** 1338: OLG München NJW **1985** 2430; OLG Stuttgart Justiz **1976** 306 (nicht notwendig der Rechtsgutträger); KK/*Moldenhauer* 19; Schmitt/Köhler/*Schmitt* 9 f.; KMR/*Noltensmeier-von Osten* 28; SK/*Wohlers* 24; *Henkel* 191 (m.w.N. in Fn. 12, 13); sehr eng *Beling* 488 Fn. 2; ähnlich *Kirstgen* 95; zur Verletzteneigenschaft bei Eigentums- und Vermögensdelikten vgl. *Haas* GA **1988** 493.

146 So etwa RGSt **23** 361; RMilGE **10** 190; OLG Bremen NJW **1950** 960; früher OLG Kassel GA **73** (1929) 389; *Gerland* 166, 311; *v. Kries* 271; wohl auch *zu Dohna* 143 und *Ostler* 34 ff.; offengelassen von OLG Braunschweig NdsRpfl. **1965** 17; BayObLG NJW **1953** 714.

147 So (mit Varianten im Einzelnen) *Eb. Schmidt* § 171, 12; *Frisch* JZ **1974** 7 ff.; *Strüwer* 129; *Bloy* JR **1980** 480; *Geppert* Jura **1982** 144; *Kalsbach* 83 f.; *Maiwald* GA **1970** 52; kritisch *Ostendorf* RuP **1980** 201 ff. (unter recht weiter Interpretation des Genugtuungsinteresses); in der Rechtsprechung verwendet (neben dem Unmittelbarkeitsbegriff) OLG Stuttgart Justiz **1976** 306 das Genugtuungsinteresse; weit. Nachw. bei LR/*Rieß*[24] Fn. 116.

148 Vgl. LR/*Graalmann-Scherer*[27] 52.

149 Ebenso *Bloy* JR **1980** 481; *Frisch* JZ **1974** 11 f.; *Strüwer* 133.

150 Richtlinie 2012/29EU des Europäische Parlaments und des Rates vom 25.10.2012 über Mindeststandards für die Rechte, die Unterstützung und den Schutz von Opfern von Straftaten sowie zur Ersetzung des Rahmenbeschlusses 2001/220/JI (ABl. 2012 L 315, 57); vgl. auch BTDrucks. **19** 27654 S. 100 f.; so auch AK/*Wohlers* 25; MüKo/*Kölbel/Neßeler* 15; a.A. LK/*Moldenhauer* 18d, der allerdings für das „Unmittelbarkeitskriterium" im Gleichklang mit der hiesigen Auffassung allein darauf abstellt, ob „die übertretene Norm – jedenfalls auch –

Für die Frage, wieweit der (weit auszulegende und hier spezifisch zu verstehende) Schutzbereich der Norm reicht, kann daher auch nach dem Verletztenbegriff des § 373b unverändert auf das **berechtigte Genugtuungsinteresse** des Antragstellers abgestellt werden. Es ist also danach zu fragen, ob, abstrakt und generalisierend, die von der behaupteten Straftat betroffene Person wegen einer Verletzung ihrer rechtlich anerkannten Positionen ein spezielles Interesse an der Ahndung des Normbruchs hat. Auf ein konkretes Genugtuungs- oder Vergeltungsinteresse im Einzelfall kommt es dabei nicht an, mag dies in der Regel durch die Stellung des Klageerzwingungsantrags auch evident sein. Als neben dem Genugtuungsinteresse maßgebender Abgrenzungstopos zur Bestimmung der Verletzteneigenschaft sollte aber auch das **berechtigte Schutzinteresse** des Antragstellers gegenüber einer Entlastung des Beschuldigten auf seine Kosten anerkannt werden. Denn die Diskussion zur Stellung des Verletzten im Strafverfahren hat deutlich gemacht, dass seine besondere Position nicht nur durch ein spezifisches Genugtuungsinteresse, sondern auch dadurch legitimiert wird, dass er in besonderem Maße als Objekt von Entlastungsbemühungen des Beschuldigten erscheinen kann und sich unter Umständen gegen dessen Schuldzuweisungen verteidigen muss. Bei der Verwendung dieser Abgrenzungsgesichtspunkte erübrigt es sich wohl, zusätzlich noch auf die Frage zurückzugreifen, ob der Verletzte in seinen Rechtspositionen unmittelbar oder mittelbar betroffen ist, denn dieses Merkmal hat sich, wie die Handhabung in der Praxis zeigt, als wenig trennscharf erwiesen.[151] 53

b) Gesetzliche Vorentscheidungen. Auf die vorstehend entwickelten Abgrenzungsgesichtspunkte für die Verletzteneigenschaft braucht überall da nicht zurückgegriffen zu werden, wo bereits der Gesetzgeber die spezifische Nähebeziehung des durch die Tat Betroffenen dadurch anerkannt hat, dass er ihm eine besondere Einwirkungsmöglichkeit auf den Sanktionsanspruch der Rechtsgemeinschaft einräumt.[152] Denn es wäre mit der besonderen Funktion des Verletztenbegriffs auch im Sinne des § 373b im Anwendungsbereich des § 172, in erster Linie ein Popular-Klageerzwingungsverfahren auszuschließen, nicht zu vereinbaren, einerseits die besondere Position eines Betroffenen durch spezielle Befugnisse anzuerkennen, andererseits ihm aber die Einwirkungsmöglichkeit auf die Geltendmachung des Sanktionsanspruchs der Rechtsgemeinschaft zu versagen. **Verletzter im Sinne des § 172** ist deshalb stets, ohne dass es einer weiteren Begründung bedarf, der unmittelbar **Strafantragsberechtigte**[153] und der zum Anschluss als **Nebenkläger** Berechtigte,[154] nicht dagegen ohne Weiteres der im Adhäsionsverfahren Antragsbefugte, weil es sich insoweit nicht um eine Mitwirkung an der Durchsetzung des Sanktionsanspruchs der Rechtsgemeinschaft handelt. Der Gesetzgeber hat dies durch den eingefügten Satz 2 in § 403 zur Erfassung des mittelbar Verletzten nunmehr klargestellt. Das gleiche gilt für die §§ 406d ff.[155] 54

---

die Rechte dieser Person schützen will"; ähnlich auch KMR/*Noltensmeier-von Osten* 29, die zwar an eine strenge Orientierung allein am Schutzzweck nicht mehr festhalten will, wenngleich es aber weiterhin das maßgebliche Kriterium sein soll.

151 Ebenso *Bloy* JR **1980** 481; sehr scharf („inhaltslose Formel") *Kalsbach* 86; kritisch auch schon *Dietz* 31 ff.

152 Vgl. auch *Frisch* JZ **1974** 12; OLG Celle NStZ-RR **2011** 280; SK/*Wohlers* 26; a.A. MüKo/Kölbel/Neßeler 16.

153 KMR/*Noltensmeier-von Osten* 30; Schall NStZ **2020**, 569; a.A. OLG Oldenburg StraFo **2022** 204.

154 KMR/*Noltensmeier-von Osten* 30; SK/*Wohlers* 26; *Frisch* JZ **1974** 12; zweifelnd *Blei* NJW **1955** 332; OLG Karlsruhe VRS **113** (2007) 46; OLG Celle NStZ-RR **2011** 280; a.A. OLG Oldenburg StraFo **2022** 204.

155 Vgl. Schmitt/Köhler/*Schmitt* Vor § 406d, 2; zur Identität des Verletztenbegriffs in § 172 und §§ 406d ff. vor § 373b vgl. LR/*Graalmann-Scherer*[27] 54; s. aber auch *Hilger* GA **2007** 287 und LR/*Hilger*[26] Vor 5. Buch 20b. OLG Koblenz StV **1988** 332 mit Anm. *Schlothauer*; OLG Karlsruhe NStZ **1994** 50 f.; vgl. auch die Materialien zum Opferschutzgesetz, Begründung des Gesetzentwurfs BTDrucks. **10** 5305 S. 10 ff., 17 f.

55 **c) Schutzbereich der Strafrechtsnorm.** Strafvorschriften, die ausschließlich **gemeinschaftsbezogene Rechtsgüter** schützen sollen, können die Verletzteneigenschaft nicht begründen (vgl. aber auch Rn. 56), und zwar auch dann nicht, wenn der Antragsteller vorträgt, dass er ein besonderes persönliches Interesse an der Erhaltung dieses Rechtsguts habe.[156] Ebenso wenig ist jemand ohne eine rechtlich anerkannte spezifische Nähebeziehung Verletzter, wenn **fremde Individualrechtsgüter** betroffen sind, denn auch dies würde auf ein Popular-Klageerzwingungsverfahren hinauslaufen.[157]

56 Es reicht aber aus, dass die nach der Behauptung des Antragstellers verletzte Strafrechtsnorm nur **nachrangig** oder als **Nebenzweck** ein ihn betreffendes individuelles Rechtsgut schützt, selbst wenn ihr Schutzbereich in erster Linie staatliche Interessen, Gemeinschaftswerte oder fremde Individualrechtsgüter schützt.[158] Deshalb können beispielsweise Aussagedelikte die Verletzteneigenschaft begründen (näher Rn. 71 ff.). Gleiches gilt für **idealkonkurrierende** oder **gesetzeskonkurrierende Gesetzesverletzungen**. So kann etwa durch ein Staatsschutzdelikt, das tateinheitlich mit einem Betrug zusammentrifft, der durch Betrug Geschädigte verletzt sein. Da das Klageerzwingungsverfahren sich stets auf die Tat im prozessualen Sinne bezieht, gilt dies auch, wenn mehrere materiell-rechtlich in Realkonkurrenz stehende Taten eine prozessuale Tat bilden.

57 **Außerhalb des Schutzbereichs der verletzten Norm** steht im Sinne des § 172, wer nicht auf der Opfer-, sondern auf der Täterseite steht, namentlich wer als **Teilnehmer** oder **Mittäter** an der Tat beteiligt ist.[159] Ihm fehlt daher die Verletzteneigenschaft im Sinne des § 172. Für sogenannte notwendige Teilnehmer gilt dies jedoch nicht uneingeschränkt.[160] Außerhalb des Schutzbereichs der verletzten Norm steht auch, wer sich bewusst und absichtlich der Verletzung aussetzt. **Einverständnis** und **Einwilligung** betreffen daher für das Klageerzwingungsverfahren nicht erst die Frage der Tatbestandsmäßigkeit oder Rechtswidrigkeit, sondern **schließen** bereits die **Verletzteneigenschaft aus.**[161] Dies gilt auch dort, wo die materielle Strafbarkeit bestehen bleibt, weil es sich nicht um einwilligungsfähige Rechtsgüter handelt. Wer pornografische Schriften erwirbt oder pornografische Veranstaltungen besucht, in der Erwartung dessen, was ihm geboten wird, kann nicht als Verletzter das Klageerzwingungsverfahren betreiben.[162]

58 **d) Gefährdungsdelikte.** Abstrakte und konkrete Gefährdungsdelikte, etwa nach den §§ 315 ff. StGB, haben zwar vielfach auch den Sinn, bereits im Vorfeld die Schädigung von Individualrechtsgütern zu verhindern; ihr eigentlicher Schutzbereich betrifft aber die Aufrechterhaltung eines allgemeinen Sorgfaltsstandards. Ob bei konkreten Gefährdungsdelikten der Träger des Individualrechtsguts, dessen Vorfeldschutz das Gefährdungsdelikt dient, dann Verletzter ist, wenn sein Rechtsgut gefährdet wird,[163] ist im Grundsätzlichen und im Einzelnen noch wenig geklärt. Dabei ist zu bedenken, dass zahlreiche Gefährdungsdelikte, insbesondere Straßenverkehrsdelikte, Individualrechtsgüter betreffen, die

---

156 Vgl. z.B. OLG Koblenz OLGSt a.F. § 172, S. 123; SK/*Wohlers* 28.

157 Wohl weitergehend *Frisch* JZ **1974** 13 Fn. 60, mit Erwägungen zur Prozessstandschaft.

158 So z.B. BGH JZ **1954** 357 (zu § 61 Nr. 2 a.F.); OLG Celle NdsRpfl. **1967** 181; *Frisch* JZ **1974** 11; *Strüwer* 136 (unter Hinweis auf § 823 Abs. 2 BGB); wohl enger OLG München NJW **1956** 356 Ls.

159 OLG Hamburg JR **1980** 480 mit Anm. *Bloy* (für den Angestifteten); OLG Schleswig GA **1956** 330 (für den Gehilfen und Mittäter); KMR/ *Noltensmeier-von Osten* 30; *Frisch* JZ **1974** 13 (Rechtsgedanke der Verwirkung); *Kirstgen* 119 ff.

160 Vgl. auch Rn. 75, 78; **a.A.** wohl *Frisch* JZ **1974** 13.

161 So auch KMR/*Noltensmeier-von Osten* 30.

162 OLG Hamburg NJW **1972** 117; zur Frage der Einwilligung nach § 228 StGB vgl. LR/*Rieß*[24] 57.

163 Verneinend KG JR **1967** 392 mit Anm. *Kohlhaas*; LR/*Meyer-Goßner*[23] 70; **a.A.** *v. Kries* 271; *Strüwer* 135; *Frisch* JZ **1974** 11; wohl auch *Bauer* JZ **1953** 299; differenzierend m.w.N. *Kirstgen* 110 ff.

im Falle ihrer Verletzung als Privatklagedelikte erscheinen und schon deshalb dem Klageerzwingungsverfahren nicht zugänglich sind. Bei Anerkennung der Verletzteneigenschaft durch vorverlagerte Gefährdungsdelikte würde diese gesetzlich gewollte Begrenzung unterlaufen werden.[164] In der Rechtsprechung wird jedoch teilweise ein Betroffener eines konkreten Gefährdungsdelikts im Straßenverkehr jedenfalls dann als Verletzter angesehen, wenn nach dem zugrundeliegenden Sachverhalt ein tödlicher Ausgang des Unfalls nahegelegen hat.[165] Wenn in derselben prozessualen Tat ein Gefährdungs- und ein Verletzungsdelikt zusammentreffen, ist der vom letzteren Betroffene Verletzter.[166]

e) Behörden, öffentlich-rechtliche Anstalten und Körperschaften sind Verletzte, 59
soweit sich die Tat gegen solche ihnen zugeordnete Rechtsgüter richtet, die ihnen zur Erfüllung ihrer Aufgaben zur Verfügung stehen, etwa bei Eigentums- oder Vermögensdelikten, die der Behörde zugeordnete Vermögenswerte betreffen.[167] Gleiches wird anzunehmen sein, wenn Strafvorschriften dem spezifischen Schutz des Tätigkeitsbereichs der Behörde dienen sollen; so ist beispielsweise die frühere Bundespost als Verletzte bei Wertzeichenfälschung nach § 148 StGB behandelt worden.[168] Verletzter ist wohl auch der Subventionsgeber in Fällen des Subventionsbetruges (§ 264 StGB). Ebenfalls verletzt ist eine Behörde, der die Wahrnehmung oder Ausübung eines Individualrechtsguts übertragen worden ist, so das Jugendamt, dem die Personensorge zusteht, bei Entziehung Minderjähriger (§ 235 StGB).[169] Bei einer Verletzung der Unterhaltspflicht (§ 170 StGB) ist der Träger der Sozialhilfe oder ein anderer öffentlicher Versorgungsträger, der an Stelle des eigentlich unterhaltsverpflichteten Täters den Unterhalt an den Unterhaltsberechtigten mit öffentlichen Mitteln sicherstellt, Verletzter.[170]

Nicht verletzt sind dagegen Behörden und andere öffentlich-rechtlich organisierte 60
Stellen durch Straftaten gegen die Allgemeinheit, wenn zu ihrem Aufgabenbereich lediglich der Schutz, die Kontrolle oder Verwaltung derjenigen Rechtsgüter gehört, die durch die Strafvorschrift geschützt werden. Denn hier würde die Anerkennung der Verletzteneigenschaft zu einer Kontrolle der Strafverfolgungsbehörde durch andere Zweige der Staatsverwaltung führen, die mit der Funktion des Klageerzwingungsverfahrens nicht vereinbar ist.[171] Nicht verletzt ist deshalb die Naturschutzbehörde bei Verstößen gegen die Naturschutzbestimmungen,[172] eine Wasserbehörde bei Verstößen gegen §§ 324, 324a StGB, das Wohnungsamt bei Verstößen gegen Wohnraumbewirtschaftungsvorschriften,[173] die Finanzbehörde bei Steuerstraftaten,[174] die Straßenverkehrsbehörde oder die Polizei bei Verstößen gegen straßenverkehrsrechtliche Vorschriften, eine Behörde, die eine strafbewehrte Verordnung erlassen hat, bei Verstößen gegen diese[175] (z.B. § 184f

---

164 So auch OLG Stuttgart NJW **1997** 1320; OLG Brandenburg, Beschl. vom 17.9.2025 – 1 Ws 101/25.

165 OLG Brandenburg VRS **113** (2008) 373; OLG Celle NStZ-RR **2004** 369.

166 So OLG Stuttgart NJW **1997** 1320; OLG Koblenz VRS **63** (1982) 359 (das die Klageerzwingungsbefugnis bei tateinheitlich zusammentreffender Straßenverkehrsgefährdung mit fahrlässiger Körperverletzung bejaht hat).

167 Vgl. OLG Hamm NJW **1958** 640 für den Sozialhilfeempfänger bei Unterhaltspflichtverletzung; **a.A.** *Kirstgen* 115, der die Verletzteneigenschaft von Behörden stets verneint.

168 OLG Koblenz JR **1984** 163 mit Anm. *Lampe*; vgl. auch Rn. 70.

169 OLG Düsseldorf JR **1981** 386 mit Anm. *Bottke* (zum Strafantrag).

170 OLG Hamm NStZ-RR **2003** 116.

171 KMR/*Noltensmeier-von Osten* 31; KK/*Moldenhauer* 29; **a.A.** teilweise früher Rechtsprechung und Schrifttum, vgl. m.w.N. *Dietz* 36 ff.

172 OLG Celle MDR **1967** 515.

173 OLG Rostock ZStR **1943** 635.

174 Ausführlich *Hübschmann/Hepp/Spitaler/Hellmann* § 403, 43 ff. AO.

175 OLG Jena Alsb.E **1** 384; OLG Rostock Alsb.E **1** 385.

StGB i.V.m. der Sperrbezirksverordnung), das Kreiswehrersatzamt bei Wehrpflichtentziehung gemäß § 109a StGB,[176] die Rechtsanwaltskammer bei Verstößen gegen das frühere Rechtsberatungsmissbrauchsgesetz,[177] die Ärztekammer bei unerlaubter Ausübung der Heilkunde,[178] der Dienstherr eines bestochenen Amtsträgers,[179] die Ausländerbehörde bei Vergehen gegen das Aufenthaltsgesetz,[180] der Bundesbeauftragte für Migration, Flüchtlinge und Integration oder das Bundesamt für Migration und Flüchtlinge bei Vergehen gegen das Aufenthaltsgesetz, die Insassenvertretung einer Justizvollzugsanstalt bei dem Vorwurf der Körperverletzung im Amt (§ 340 StGB) bei Doppelbelegung von Hafträumen.[181]

61 **f) Privatrechtliche Vereinigungen und Verbände** sind unzweifelhaft verletzt, wenn sich die Straftat gegen die ihnen zugeordneten Rechtsgüter (Hausrecht, Eigentum, Vermögen) richtet.[182] Sie werden aber grundsätzlich nicht schon dadurch zu Verletzten im Sinne der §§ 171, 172 i.V.m. § 373b, dass zu ihrem satzungsmäßigen Zweck die Pflege gemeinschaftsbezogener Rechtsgüter oder fremder Individualinteressen gehört, weil dies auf die Anerkennung eines (kooperativen) Popularantrags hinauslaufen würde. Nicht verletzt ist daher beispielsweise ein Kinderschutzbund bei Kindesmisshandlungen oder Verstößen gegen die Jugendschutzbestimmungen, ein Bund gegen Missbrauch der Tiere bei Tierquälerei,[183] eine Umweltschutzorganisation bei Verstößen gegen das Umweltstrafrecht, ein Verband zur Förderung gewerblicher Interessen bei Vermögensstraftaten gegen seine Mitglieder,[184] der Verband der Sinti und Roma bei einer auf die Gruppe bezogenen Volksverhetzung (§ 130 StGB),[185] eine Religionsgemeinschaft hinsichtlich einer von ihr wegen Volksverhetzung gestellten Strafanzeige[186] oder ein Bund der Steuerzahler bei Steuerdelikten. Sofern sich die Straftat gegen fremde Individualrechtsgüter richtet, können sie aber in Vertretung des individuellen Verletzten aufgrund einer Vollmacht dessen Antragsrecht wahrnehmen.[187]

62 Die **Verletzteneigenschaft** solcher Verbände und Vereinigungen wird dagegen wohl zu **bejahen** sein, soweit die Vertretung rechtlich geschützter Interessen nicht nur zu ihrem satzungsmäßigen Zweck gehört, sondern ihnen darüber hinaus durch die Rechtsordnung deren Geltendmachung ausdrücklich zugewiesen worden ist, sei es ausschließlich oder neben dem individuellen Betroffenen. Verletzt sein können daher nach dem Urheberrechtsgesetz gebildete **Verwertungsgesellschaften** bei Straftaten gegen das Urheberrecht,[188] früher nach § 13 Abs. 2 AGB-Gesetz unmittelbar klagebefugte Verbraucher-

---

176 **A.A.** OLG Hamm MDR **1973** 516; wie hier KK/*Moldenhauer* 29; KMR/*Noltensmeier-von Osten* 22; *Kirstgen* 116.

177 OLG Celle JR **1967** 348 mit Anm. *Kohlhaas*; OLG Karlsruhe Justiz **1966** 105; vgl. OLG Braunschweig JW **1933** 560 mit Anm. *v. Scanzoni* (Beleidigung von Rechtsanwälten).

178 OLG Stuttgart NJW **1969** 569.

179 OLG Nürnberg NStZ **1997** 254 (für den Dienstherrn von Amtsträgern von Truppen der NATO-Staaten).

180 OLG Karlsruhe NJW **1987** 1835; NStZ **1997** 254 (zum früheren Ausländergesetz).

181 GenStA Hamburg v. 1.7.2003 – Zs 369/03.

182 Zur Verletzteneigenschaft nicht rechtsfähiger Vereinigungen bejahend OLG Düsseldorf NJW **1979** 2525 (Strafantragsbefugnis eines Unterbezirks einer politischen Partei); OLG Brandenburg OLGSt StPO § 172 Nr. 46.

183 OLG Hamm MDR **1970** 946 und Beschl. v. 30.10.2025 – 1 Ws 265/25; s. auch Rn. 100.

184 OLG Braunschweig MDR **1971** 1028; vgl. aber auch OLG Hamburg NJW **1962** 2216.

185 OLG Karlsruhe NJW **1986** 1276.

186 BVerfG Beschl. v. 3.12.2024 – 1 BvR 752/24.

187 **A.A.** *Kirstgen* 118; wohl weitergehend (Prozessstandschaft) *Frisch* JZ **1974** 13 Fn. 69.

188 Vgl. das Gesetz über Urheberrecht und verwandte Schutzrechte v. 9.9.1965 (BGBl. I S. 1294), zuletzt geändert durch Art. 1 des UrhWissG v. 1.9.2017 (BGBl. I S. 3346), insbesondere § 54h UrhG.

schutzverbände bei Verstößen gegen verbraucherschützende Vorschriften,[189] Verbände zur Förderung gewerblicher Interessen bei Straftaten des gewerblichen Rechtsschutzes.[190] Allerdings handelt es sich bei den in Betracht kommenden Straftaten überwiegend um Privatklagedelikte,[191] sodass das Klageerzwingungsverfahren schon deshalb ausscheidet. Verletzt sein können ferner Gewerkschaften bei Straftaten gegen das ihnen gesetzlich zuerkannte Streik- oder Mitbestimmungsrecht.[192] Auch der Betriebsrat kann bei Behinderung der Betriebsratstätigkeit (§ 119 BetrVG) durch den Arbeitgeber Verletzter sein.[193]

4. Einzelne Tatbestände. Kasuistik

a) Allgemeines. Hinweise. Wer als Verletzter anzusehen ist, ist bei jedem einzelnen Straftatbestand nach den im vorstehenden Abschnitt dargelegten Grundsätzen in erster Linie unter Berücksichtigung des Schutzbereichs der jeweiligen Strafrechtsnorm zu bestimmen. Das kann in Einzelfällen eine auch im Rahmen eines Großkommentars nicht zu leistende Analyse der materiell-strafrechtlichen Tatbestände erfordern. Eine auch nur annähernd vollständige Untersuchung des Besonderen Teils des materiellen Strafrechts unter dem Blickwinkel des Verletztenbegriffs im Sinne des §§ 172, 373b fehlt. Deshalb kann nachfolgend auch nur ein grobes Gesamtbild vermittelt werden, bei dem ein Schwerpunkt auf der Wiedergabe der bisherigen Rechtsprechung liegt,[194] die weiterhin gilt. Bei dieser ergibt sich oft die Bejahung der Verletzteneigenschaft nur inzident daraus, dass der Antrag materiell geprüft wird. Bei ihrer Würdigung muss ferner berücksichtigt werden, dass sie teilweise den Verletztenbegriff des § 77 StGB oder des § 22 zum Gegenstand hat, dass sie aus verschiedenen Zeiten stammt und dass ihr Schwergewicht, ebenso wie das der Darstellungen im Schrifttum und auch der nachfolgenden Erläuterungen naturgemäß auf Grenz- und Zweifelsfällen liegt. So bedarf es keiner näheren Darlegungen, dass beispielsweise der seiner Freiheit Beraubte, das Opfer einer Vergewaltigung oder sexuellen Nötigung, der Verletzte einer gefährlichen Körperverletzung (§ 224 StGB) oder einer Körperverletzung im Amt (§ 340 StGB), der Eigentümer einer gestohlenen oder unterschlagenen Sache, der durch einen Betrug Getäuschte und infolgedessen an seinem Vermögen Geschädigte oder der Eigentümer eines durch Brandstiftung vernichteten Gegenstandes als Verletzte anzusehen sind. 63

Auffallend ist jedoch, dass durchaus **zweifelhafte Grenzfälle** vielfach weder in der Rechtsprechung noch im Schrifttum behandelt worden sind. In diesen Fällen ist eine zweifelsfreie Antwort nicht gesichert. Dabei spielt auch eine Rolle, dass die für die Verletzteneigenschaft nicht selten entscheidende materiell-rechtliche Frage nach dem Schutzzweck der jeweiligen Strafrechtsnorm nicht durchweg als abschließend geklärt angesehen werden kann. Solche materiell-strafrechtlichen Unsicherheiten schlagen notwendigerweise vielfach, wenn auch nicht stets, auf die verfahrensrechtliche Beurteilung, wer Verletzter ist, durch. 64

189 Vgl. früher § 13 Abs. 2 AGB-Gesetz (zum 1.1.2000 außer Kraft getreten).
190 OLG Hamburg NJW **1962** 2216; dagegen *Kirstgen* 117; vgl. aber auch OLG Braunschweig MDR **1971** 1028.
191 Vgl. § 374 Abs. 1 Nr. 7, 8; s. aber § 108a UrhG.
192 So auch KK/*Moldenhauer* 30.
193 OLG Stuttgart NStZ **1989** 31.
194 Umfangreiche Nachw. der älteren Rechtsprechung namentlich bei Alsb.E **1** Nr. 359 bis 374; *Nothmann* GA **76** (1932) 71 ff.

65 Bei einer **versuchten Tat** ist regelmäßig derjenige als Verletzter anzusehen, der nach dem Tatplan bei Vollendung der Tat verletzt sein würde.[195] Bei der **Beteiligung** (Anstiftung oder Beihilfe) ist die Verletzteneigenschaft nach dem Charakter der Haupttat zu beurteilen (s. auch Rn. 94). Wegen der Möglichkeit, die Verletzteneigenschaft aus einem ideal- oder gesetzeskonkurrierenden Delikt heraus zu begründen s. Rn. 56.

66 **b) Staatsschutzdelikte und Ähnliches (§§ 80 ff. StGB).** Der überwiegende Teil der hier in Betracht kommenden Delikte schützt ausschließlich gemeinschaftsbezogene Rechtsgüter, sodass schon deshalb, soweit nicht durch dieselbe Tat auch andere Delikte verwirklicht werden, das Klageerzwingungsverfahren ausscheidet.[196] Daher ist bei einer Straftat nach § 86a StGB nicht der einzelne Staatsbürger Verletzter.[197] Als **Verletzte** anzusehen sind jedoch trotz der durch das OpferRRG aufgehobenen Nebenklagebefugnis der Bundespräsident in den Fällen des **§ 90 StGB** und das verunglimpfte Organ in den Fällen des **§ 90b StGB**. Bei Straftaten gegen ausländische Staaten (**§§ 102, 104 StGB**) dürften diese als Verletzte anzusehen sein, da Schutzgegenstand mindestens auch die Interessen des ausländischen Staates sind.[198] Zur **Wehrpflichtentziehung** s. Rn. 60 mit Fn. 161.

67 Bei Nötigung von Verfassungsorganen (**§§ 105 ff. StGB**) sind die betroffenen Verfassungsorgane verletzt (vgl. auch Rn. 59). Bei **Wahldelikten** (§§ 107 ff. StGB) ist weder der einzelne Wahlberechtigte wegen des Gemeininteresses an der ordnungsgemäßen Zusammensetzung des Vertretungsorgans noch ein ohnehin gewählter Wahlbewerber verletzt, wohl aber ein möglicherweise infolge der behaupteten Straftat nicht gewählter Kandidat.[199]

68 **c) Widerstand gegen die Staatsgewalt und Straftaten gegen die öffentliche Ordnung (§§ 111 bis 145d StGB).** Die Vorschriften schützen zwar überwiegend gemeinschaftsbezogene Rechtsgüter, doch umfasst bei einer Reihe von Tatbeständen der Schutzbereich der Norm auch oder sogar überwiegend individuelle Rechtsgüter. **Verletzter ist** insoweit: der genötigte Amtsträger bei den **§§ 113, 114 StGB**,[200] bei Verstrickungsbruch (**§ 136 StGB**) derjenige, zu dessen Gunsten die staatliche Verstrickung vorgenommen worden ist,[201] nicht aber die die Verstrickung bewirkende Behörde; beim unerlaubten Entfernen vom Unfallort (**§ 142 StGB**) sind es die anderen Unfallbeteiligten.[202] Bei Hausfriedensbruch (**§ 123 StGB**) ist der Hausrechtsinhaber zwar verletzt, doch ist das Klageerzwingungsverfahren ausgeschlossen, weil es sich um ein Privatklagedelikt handelt. Dagegen ist in den Fällen des schweren Hausfriedensbruchs (**§ 124 StGB**)[203] der betroffene Hausrechtsinhaber als zum Antrag nach § 172 Abs. 2 berechtigter Verletzter anzusehen. Ob in den Fällen des Landfriedensbruchs (**§ 125 StGB**) die durch die Gewalttätigkeiten betroffenen Einzelnen verletzt sind, hängt von der umstrittenen Frage nach dem Schutzgut des Tatbestands ab,[204]

---

195 **A.A.** für untauglichen Versuch aber OLG Saarbrücken OLGSt § 172 S. 91; differenzierend *Kirstgen* 108 ff.
196 Heute ganz h.M.; **a.A.** früher RGSt **55** 62 und teilw. das Schrifttum; vgl. *Dietz* 36 ff. m.w.N.; *Gerland* 166.
197 OLG Düsseldorf NJW **1988** 2906; VerfGH Saarland LVerfGE 32, 355.
198 Vgl. m.w.N. LK/*Weiß* Vor § 102, 1 und § 102, 1 f. StGB.
199 OLG Freiburg NJW **1951** 86 (Gemeinderatswahlen).
200 BGH VRS **22** (1962) 435 (zu § 61 Nr. 2 a.F.); *Herb. Schäfer* DVBl. **1961** 776 f.; **a.A.** *M. J. Schmid* JZ **1980** 56; zum Schutzbereich der Vorschriften vgl. LK/*Rosenau* § 113, 3 StGB.
201 *Nothmann* GA **76** (1932) 76.
202 KMR/*Noltensmeier-von Osten* 44; zum Schutzbereich des § 142 vgl. LK/*Herb* § 142, 1 StGB.
203 Vgl. zum geschützten Rechtsgut LK/*Krüger* § 124, 1 StGB.
204 Vgl. dazu m.w.N. LK/*Krauß* § 125, 1 ff. StGB; *Kühl* NJW **1986** 876.

dürfte aber wohl eher zu verneinen sein. Bei öffentlicher Aufforderung zu Straftaten (**§ 111 StGB**) ist verletzt, wer durch die Straftat verletzt wäre, zu der aufgefordert wird, sofern er nach den Tatumständen hinreichend konkretisiert ist; das Gleiche gilt bei der Nichtanzeige geplanter Verbrechen **(§ 138 StGB)**.[205]

Regelmäßig **nicht verletzt** sind, unbeschadet einer Verletzung durch hinzutretende 69
Tatbestände, die durch Gefangenenbefreiung oder Gefangenenmeuterei (**§§ 120, 121 StGB**) Betroffenen, die durch eine kriminelle oder terroristische Vereinigung (**§§ 129, 129a, 129b StGB**) Gefährdeten und bei Belohnung und Billigung einer Straftat (**§ 140 StGB**) die durch diese Taten Verletzten. Ebenso fehlt es wohl stets an einem individuellen Verletzten bei Straftaten nach den **§§ 127, 132, 132a,**[206] **134, 145, 145a, 145c, 145d StGB**. Auch begründet die Ausstrahlung eines Gewaltdarstellungen enthaltenden Films durch das Fernsehen bei dem Zuschauer keine Verletzteneigenschaft.[207] Die Rechtsprechung hat ferner die Verletzteneigenschaft verneint bei Angehörigen einer durch **§ 132a StGB** geschützten Berufsgruppe.[208] Dagegen wird sie bei den einzelnen Angehörigen einer durch Volksverhetzung betroffenen Bevölkerungsgruppe zu bejahen sein,[209] da § 130 StGB neben dem öffentlichen Frieden auch die Menschenwürde des Einzelnen schützt.[210] Religionsgesellschaften in der Rechtsform einer juristischen Person sind keine Teile der Bevölkerung im Sinne von § 130 StGB und daher auch nicht Verletzte.[211]

d) Geld- und Wertzeichenfälschung (§§ 146 bis 152b StGB). Schutzbereich dieser 70
Tatbestände ist in erster Linie die Sicherheit und Funktionsfähigkeit des Geldverkehrs sowie des Verkehrs mit Wertpapieren und Wertzeichen;[212] es werden also vorwiegend gemeinschaftsbezogene Rechtsgüter geschützt, sodass individuelle Verletzte meist nicht in Betracht kommen. Als solche können auch nicht die Notenbanken angesehen werden (vgl. Rn. 60). Das gilt uneingeschränkt für die Tatbestände des **§ 146 Abs. 1 Nr. 1 und 2**, des **§ 149** und des **§ 152a StGB**.[213] Dagegen hat die Rechtsprechung die frühere Bundespost bei der Fälschung von Postwertzeichen als Verletzte bei **§ 148 StGB** angesehen;[214] nach der Privatisierung in die Deutsche Post AG dürften verbliebene Zweifel an der Verletzteneigenschaft bei § 148 StGB ausgeräumt sein. Auch andere Behörden, die besondere Wertzeichen ausgeben, etwa die Justizkassen früher bei Kostenmarken, können Verletzte sein, ebenso wohl auch private Emittenten von nach **§ 151 StGB** geschützten Wertpapieren. Bei **§ 146 Abs. 1 Nr. 3 StGB** und bei **§ 147 StGB** ist bei der gebotenen weiten Auslegung des Verletztenbegriffs auch der gutgläubige Empfänger der in Verkehr gebrachten Falsifikate als Verletzter anzusehen.[215]

---

205 Vgl. zum Schutzzweck m.w.N. LK/*Krauß* § 138, 1 f. StGB.

206 OLG Brandenburg Beschl. v. 29.11.2010 – 1 Ws 172/10.

207 OLG Koblenz NStZ **1998** 40.

208 OLG Frankfurt bei *Endres* StV **1982** 600; OLG Brandenburg Beschl. v. 29.11.2010 – 1 Ws 172/10.

209 BVerfG Beschl. v. 22.6.2006 – 2 BvR 1421/05; OLG Stuttgart CR **2006** 542; OLG Karlsruhe NJW **1986** 1276 (anders aber für Verbände solcher Gruppen); **a.A.** OLG München NJW **1985** 2430; ähnlich schon OLG Dresden Alsb.E **1** 391 (zu § 130 StGB a.F.); dagegen (wie hier) *Nothmann* GA **76** (1932) 82; ebenso KK/*Schmid* 23.

210 LK/*Krauß* § 130, 2, 10, 13 f. StGB m.w.N.

211 OLG Stuttgart NJW **2002** 247; **2002** 2893.

212 LK/*Kudlich*/*Ruß* Vor § 146, 6 StGB.

213 Vgl. schriftl. Bericht des BTRAussch. zum 2. WiKG **10** 5058 S. 26 ff., wo auf die Parallelen zu §§ 146, 149 StGB hingewiesen wird; zum Schutzbereich der Vorschrift auch *Achenbach* NJW **1986** 1838; *Otto* wistra **1986** 153.

214 OLG Koblenz JR **1984** 163 mit Anm. *Lampe*.

215 Ebenso *Nothmann* GA **76** (1932) 77; *Strüwer* 138; **a.A.** wohl *Kirstgen* 104.

71 **e) Rechtspflegedelikte (§§ 153 bis 165, 339, 356 StGB).** Obwohl insbesondere bei den §§ 153 ff. StGB in erster Linie die Rechtspflege geschütztes Rechtsgut ist,[216] ist in Rechtsprechung und Schrifttum inzwischen allgemein anerkannt, dass grundsätzlich die durch diese Straftaten **beeinträchtigten Verfahrensbeteiligten** als **Verletzte** im Sinne der §§ 171, 172, 373b angesehen werden können. Denn der hinter dem Schutz der Rechtspflege stehende Gedanke ist der der Wahrheitsfindung und Entscheidungsrichtigkeit und diese wird nicht als Selbstzweck, sondern vielmehr auch im Interesse der Verfahrensbeteiligten gewährleistet. Unzweifelhaft verletzt ist daher diejenige Prozesspartei (Kläger, Beklagter, Privatkläger, Angeklagter, Nebenintervenient, Beigeladener usw.), bei der durch die Falschaussage, den Meineid, die falsche eidesgleiche Bekräftigung oder die Rechtsbeugung[217] die Entscheidung zu ihrem Nachteil beeinflusst worden ist.[218] Dies gilt bei den Aussagedelikten nach überwiegender und zutreffender Meinung auch schon dann, wenn, was Frage des Einzelfalls ist, nur die Beweislage infolge des strafbaren Verhaltens verschlechtert wird.[219] Für die Beurteilung, ob der Antragsteller durch ein Eides- oder Aussagedelikt verletzt ist, ist die Sach- und Rechtslage im Zeitpunkt des Antrags auf gerichtliche Entscheidung bzw. der Entscheidung darüber maßgebend.[220] Die Verletzteneigenschaft soll aber entfallen, wenn sich das Rechtspflegedelikt überhaupt nicht merkbar auf die Entscheidung und Prozesslage ausgewirkt hat.[221] Der von einer falschen Verdächtigung **(§ 164 StGB)** Betroffene ist auch dann Verletzter, wenn das Verfahren gegen ihn eingestellt oder er freigesprochen worden ist.[222]

72 **Nicht** als **Verletzte** der Rechtspflegedelikte anzusehen sind die Mitglieder der betreffenden Rechtspflegeorgane (Richter, ebenso Mitglieder eines parlamentarischen Untersuchungsausschusses),[223] ebenso wenig in der Regel Personen, die ohne am Verfahren beteiligt zu sein, nur ein allgemeines[224] oder auch bloß wirtschaftliches Interesse am Verfahrensaus-

---

216 Ausführlich LK/*Wolters*/*Ruß* Vor § 153, 2 ff. StGB.

217 Vgl. hierzu *Nothmann* GA **76** (1932) 77; vgl. auch OLG Bremen NStZ **1986** 120, wo über den gegen einen Staatsanwalt gerichteten Vorwurf der Rechtsbeugung im Klageerzwingungsverfahren sachlich entschieden wurde; OLG Karlsruhe NStZ-RR **2001** 162 (bei dem Tatvorwurf der Rechtsbeugung sind solche Personen nicht als Verletzte anzusehen, die weder am (Bezugs-) Verfahren beteiligt noch unmittelbar in einem Individualrechtsgut betroffen sind).

218 OLG Brandenburg StRR **2010** 42; OLG Hamburg HESt **3** 25; OLG Köln JMBlNRW **1967** 23 und die in den nachfolgenden Fn. Genannten; im Schrifttum heute allg. M.; **a.A.** früher z.B. OLG Kiel Alsb.E **1** 394 (im Falle einer Privatklage, aber mit allg. Ausführungen); zum früheren Meinungsstand ausführlich *Nothmann* GA **76** (1932) 78 ff.; vgl. auch OLG Dresden NStZ-RR **1998** 338 (bei Tatvorwurf der Rechtsbeugung durch den Staatsanwalt ist die Verletzteneigenschaft nur dann gegeben, wenn gegen die Einstellungsverfügung des jetzigen Beschuldigten der Rechtsweg nach § 172 ausgeschöpft wurde).

219 OLG Bremen NJW **1950** 960 (Arrestverfahren gegen Wechselprotestschuldner); NStZ **1988** 39; OLG Düsseldorf MDR **1988** 695; NStZ **1995** 49; StraFo **2001** 21; **2001** 165; OLG Frankfurt MDR **1974** 1036; OLG Hamburg NJW **1954** 1619; **1970** 1561; OLG Hamm NJW **1961** 1687; OLG Jena OLGSt § 172 Nr. 41; OLG Saarbrücken OLGSt § 172 S. 91; OLG Schleswig SchlHA **2002** 153; KK/*Moldenhauer* 26; KMR/*Noltensmeier-von Osten* 42; vgl. auch (zu § 61 Nr. 2 a.F.) BGH JZ **1954** 357.

220 OLG Düsseldorf wistra **1989** 199; NStZ **1995** 49; OLG Köln JMBlNRW **1967** 23; OLG Schleswig SchlHA **2002** 153.

221 OLG Hamm NJW **1961** 1687; Beschl. v. 9.5.2017 – III – 4 Ws 67/17; OLG Köln JMBlNRW **1967** 23; OLG Saarbrücken SaarlRuStZ **1953** 28; OLGSt § 172 S. 91 (beim untauglichen Versuch); **a.A.** wohl OLG Bremen NJW **1950** 961.

222 Vgl. OLG Hamburg Alsb.E **1** 393.

223 OLG Brandenburg StRR **2010** 42.

224 OLG Hamm NStZ-RR **2016** 373.

gang haben.[225] Ein Wahlverteidiger ist nicht Verletzter einer von ihm behaupteten Rechtsbeugung, soweit das Gericht seinem Mandanten einen weiteren Anwalt als Pflichtverteidiger beigeordnet hat, denn der Wahlverteidiger wird dadurch nicht unmittelbar in einem eigenen, durch § 339 StGB geschützten Rechtsgut betroffen.[226] Enthält die falsche Aussage zu Lasten eines anderen den Vorwurf einer ehrenrührigen Handlung, also tateinheitlich zusammentreffend eine üble Nachrede und damit ein Privatklagedelikt, so ist nach der in diesem Kommentar vertretenen (umstrittenen) Auffassung das Klageerzwingungsverfahren zulässig (vgl. Rn. 25). Bei **Parteiverrat** (§ 356 StGB) ist der Mandant, nicht aber dessen Prozessgegner verletzt.[227]

Betrifft oder bezweckt das Rechtspflegedelikt die Entlastung in einem **Strafverfahren**, so sprechen gute Gründe dafür, den Verletzten in jenem Verfahren regelmäßig als 73
auch durch das Aussagedelikt (oder die Rechtsbeugung) verletzt anzusehen, und zwar ohne Rücksicht darauf, ob er sich dem Strafverfahren als Nebenkläger angeschlossen oder sich sonst beteiligt hat. Denn durch einen ungerechtfertigten Freispruch des früheren Angeklagten wird das spezifische strafrechtliche Genugtuungsinteresse des Verletzten (Rn. 53) berührt, und die fehlende Parteistellung des Verletzten liegt an den Besonderheiten des Strafverfahrens. Es kommt also nicht entscheidend darauf an, ob durch den wegen eines Aussagedelikts erfolgenden Freispruch die Ersatzansprüche des Geschädigten gefährdet werden.[228] Bei einander widersprechenden Zeugenaussagen im Strafverfahren ist allerdings ein Zeuge nicht allein schon deshalb als Verletzter anzusehen, weil das Gericht seiner Aussage nicht gefolgt ist, sofern er nicht durch die für glaubhaft erachtete Zeugenaussage des jetzigen Beschuldigten Schaden erlitten hat.[229] Im Zivilprozess wird ein Zeuge durch die im selben Prozess geleisteten falschen uneidlichen Aussagen anderer Zeugen ebenfalls nicht (unmittelbar) verletzt.[230] Der an einem Zwangsvollstreckungsverfahren nicht beteiligte Gläubiger ist grundsätzlich nur mittelbar durch eine falsche Vermögensauskunft des Schuldners (§ 807 ZPO) in seiner Entscheidung über die gerichtliche Durchsetzung seiner Ansprüche betroffen und damit nicht Verletzter.[231]

f) Straftaten gegen die Religion und Weltanschauung (§§ 166 bis 168 StGB). Bei 74
§ 166 StGB wird das einzelne Mitglied der Religionsgemeinschaft oder Weltanschauungsvereinigung nicht als verletzt angesehen,[232] jedoch die Gesellschaft oder Vereinigung als solche.[233] Bei den §§ 167, 167a StGB sind die Teilnehmer der geschützten Veranstaltung Verletzte.[234] Bei Störung der Totenruhe (§ 168 StGB) sind die Angehörigen des Toten Verletzte.[235] Sie erlangen den Gewahrsam an der Leiche eines im Krankenhaus Verstorbenen

225 OLG Hamburg NJW **1954** 1619 (Testprozess); *Bauer* JZ **1954** 358 (künftiger Erbe); vgl. auch OLG Hamburg JR **1925** Rspr. Nr. 1940 (widersprechende Aussagen); **a.A.** für den an der Zwangsvollstreckung nicht beteiligten Gläubiger im Hinblick auf § 903 ZPO in den Fällen des § 807 ZPO OLG Celle NdsRpfl. **1971** 214; *Nothmann* GA **76** (1932) 79; OLG Karlsruhe NStZ-RR **2001** 114.

226 KG v. 26.10.2001 – 3 Ws 406/01.

227 OLG Hamm NJW **1976** 120 Ls.

228 So aber KG GA **63** (1916/1917) 342; LR/*Meyer-Goßner*[23] 65, ablehnend insgesamt KK/*Moldenhauer* 26.

229 OLG Düsseldorf VRS **98** (2000) 136.

230 OLG Stuttgart Justiz **1989** 68.

231 OLG Frankfurt NStZ-RR **2002** 174.

232 OLG Dresden Alsb.E **1** 391 (zu § 166 a.F. StGB); KG Beschl. v. 9.5.2001 – 3 Ws 638/00.

233 OLG Hamburg MDR **1962** 594; KK/*Moldenhauer* 23; KMR/*Noltensmeier-von Osten* 46; *Eb. Schmidt* Nachtr. I § 171, 9; **a.A.** *Dalcke/Fuhrmann/Schäfer*[37] 3.

234 OLG Hamburg MDR **1962** 594.

235 OLG Frankfurt NJW **1975** 217.

frühestens mit dem Angebot zur Herausgabe,[236] in jedem Fall aber mit deren Herausgabe.[237]

75 **g) Straftaten gegen den Personenstand, die Ehe und Familie (§§ 169 bis 173 StGB).** Bei dem Tatbestand der **Personenstandsfälschung** (§ 169 StGB) besteht das geschützte Rechtsgut in dem Allgemeininteresse an der Feststellbarkeit des Personenstandes.[238] Zweifelhaft dürfte demgegenüber sein, ob der Tatbestand der **Verletzung der Fürsorge- oder Erziehungspflicht** (§ 171 StGB) ausschließlich gemeinschaftsbezogene Rechtsgüter verletzt.[239] Vielmehr wird wohl die Person unter sechzehn Jahren, der gegenüber die Fürsorge- oder Erziehungspflicht gröblich verletzt worden ist, im Sinne von § 172 verletzt sein.[240] Der nicht sorgeberechtigte Vater ist daher nicht Verletzter.[241] Bei **Verletzung der Unterhaltspflicht** (§ 170 StGB) ist der Unterhaltsberechtigte verletzt, nach der Rechtsprechung auch der Träger der Sozialhilfe.[242] Folgt man dem, so muss man auch einen Dritten als verletzt ansehen, der rechtlich verpflichtet ist, den Unterhaltsbedarf anstelle des vorrangig verpflichteten Täters zu decken, so etwa die Großeltern bei Unterhaltspflichtverletzung des Vaters (vgl. § 1606 Abs. 2 BGB). Zweifelhaft dürfte es jedoch sein, auch denjenigen als verletzt anzusehen, der aus einer bloß sittlichen Pflicht heraus für den Unterhalt aufkommt, etwa ein neuer Lebensgefährte oder Ehegatte der Mutter bei Unterhaltsleistungen gegenüber deren Kind.[243] Bei **Doppelehe** (§ 172 StGB) hat die Rechtsprechung den gutgläubigen Ehegatten, auch nach Scheidung der Ehe, als Verletzten angesehen;[244] nach der heute ganz herrschenden Rechtsgutbestimmung[245] ist dem zuzustimmen. Bei **Beischlaf zwischen Verwandten** (§ 173 StGB) dürfte der Partner regelmäßig Verletzter sein,[246] denn geschütztes Rechtsgut sind nicht nur Ehe und Familie, sondern ist auch die psychische Integrität des Partners.[247] Die Verletzteneigenschaft wird sich überdies häufig aus anderen Tatbeständen (§§ 174, 176 und 177 StGB) ergeben.

76 **h) Straftaten gegen die sexuelle Selbstbestimmung (§§ 174 bis 184j StGB).** In den Fällen der §§ 174, 174a, 174b, 174c, 176, 176a, 176b, 176c, 177, 178, 180 und 182 StGB ist zweifellos die missbrauchte oder genötigte Person verletzt.[248] Die Rechtsprechung hat unter überwiegender Zustimmung des Schrifttums auch den Ehemann sowie bei unverheirateten, in häuslicher Gemeinschaft lebenden Kindern die Eltern als Verletzte angese-

---

236 KG NStZ **1990** 185.

237 OLG Zweibrücken MDR **1992** 503.

238 LK/*Wiedner* § 169, 14 StGB (aber auch die entsprechenden Interessen der Einzelpersonen); *Fischer* § 169, 2 StGB (auch das Interesse des Betroffenen); a.A. Lackner/Kühl/*Heger* § 169, 1 (Individualinteresse wird nur mittelbar geschützt).

239 Ausführlich zum Streitstand LK/*Wiedner* § 171, 10 StGB; *Fischer* § 171, 2 StGB; **a.A.** LR/*Rieß*[24] 75.

240 Vgl. BGH MDR **1979** 949 (zu dem früheren § 170d StGB: die Strafvorschrift ist nicht dazu geeignet und bestimmt, das Ausbleiben mütterlicher Zuwendung zu ahnden).

241 OLG Brandenburg FamRZ **2009** 1257.

242 OLG Hamm NJW **1958** 640.

243 Vgl. demgegenüber LR/*Rieß*[24] 75 (erwägenswert).

244 KG JR **1960** 388; *Eb. Schmidt* Nachtr. I § 171, 5.

245 LK/*Wiedner* § 172, 11 StGB m.w.N. (Rechtsgut ist sowohl die rechtliche Institution der Ehe als auch – mit vermögensrechtlichem Einschlag – die daraus folgende gegenseitige Pflichtbindung der Ehepartner.

246 **A.A.** LR/*Rieß*[24] 75; *Nothmann* GA **76** (1932) 76.

247 So auch *Fischer* § 173, 2 StGB m.w.N.; BGHSt **39** 327, 329 (Ehe und Familie sind in § 173 StGB jedenfalls die überragenden Rechtsgüter, die geschützt werden sollen).

248 OLG Stuttgart NStZ-RR **2012** 116.

hen.[249] Dem kann nach der Neubestimmung des Rechtsguts bei diesen Tatbeständen[250] nicht zugestimmt werden.[251] Eine Ausnahme dürfte wohl aber für die sorgeberechtigten Eltern in Fällen des § 182 StGB zu erwägen sein.

Bei **exhibitionistischen Handlungen** (§ 183 StGB) und **Erregung öffentlichen Ärgernisses** (§ 183a StGB) sind die durch die jeweilige Tat Belästigten als Verletzte anzusehen. 77
Zweifelhaft ist die Behandlung der **Verbreitung pornografischer Inhalte** (§ 184 StGB). Die allein dem Jugendschutz und dem Schutz der Rechtsgemeinschaft dienenden Tatbestände des § 184 Abs. 1 Nr. 1 bis 5, 7 bis 9 StGB dürften dem Klageerzwingungsverfahren als abstrakte Gefährdungsdelikte mangels eines individuellen Verletzten nicht zugänglich sein. Etwas anderes gilt nur für § 184 Abs. 1 Nr. 6 StGB, wo die Intimsphäre des Empfängers (Schutz des Einzelnen vor unerwünschter Konfrontation mit Pornografie) als geschütztes Rechtsgut anzusehen ist.[252] Keine individuellen, zum Klageerzwingungsverfahren berechtigten Verletzten existieren in den Fällen der §§ 184a, 184b, 184c, 184e StGB. Bei **jugendgefährdender Prostitution** (§ 184g StGB) ist nur diejenige Person unter achtzehn Jahren verletzt, bei der die Gefahr der Schädigung der psychischen Entwicklung nicht nur abstrakt besteht, sondern bereits eingetreten ist.[253] Bei **sexueller Belästigung** (§ 184i StGB) ist die belästigte Person verletzt, deren Recht auf sexuelle Selbstbestimmung durch die Tathandlung unmittelbar beeinträchtigt wird.[254] Bei **Straftaten aus Gruppen** (§ 184j StGB) kommt die bedrängte Person als Verletzte in Betracht.[255]

Die Rechtsprechung hat auf der Grundlage des früheren Rechts die Prostituierte weder als Verletzte der **Zuhälterei** (§ 181a StGB)[256] noch der Kuppelei (jetzt: **Ausbeutung von Prostituierten**, § 180a StGB) angesehen.[257] Dem kann nicht zugestimmt werden.[258] 78
Zum Schutzbereich der Tatbestände der §§ 180a und 181a StGB gehören auch die persönliche und wirtschaftliche Unabhängigkeit sowie die (sexuelle) Selbstbestimmung der Prostituierten.[259] Zutreffend erscheint allerdings weiterhin, dass ein Hauseigentümer durch die Unterhaltung eines bordellartigen Betriebes durch seinen Nachbarn nicht verletzt ist,[260] denn davon ausgehende Belästigungen liegen gänzlich außerhalb des Schutzbereichs der Normen des Sexualstrafrechts.

i) Beleidigung (§§ 185 bis 200 StGB). Beleidigung (§§ 185 bis 200 StGB) ist, abgesehen von den in § 194 Abs. 4 StGB genannten Fällen, stets Privatklagedelikt (§ 374 Abs. 1 79

---

249 OLG Celle NJW **1960** 835; KMR/*Noltensmeier-von Osten* 40; *Eb. Schmidt* Nachtr. I § 171, 5; vgl. auch *Ostler* 38.

250 Vgl. m.w.N. LK/*Hörnle* Vor § 174, 34 ff. StGB; *Fischer* Vor § 174, 5 f. StGB (nicht geschützt ist die Sittlichkeit, Ehre oder Familienehre sowie die sexuelle Betätigung als solche).

251 Ebenso KK/*Moldenhauer* 24; *Strüwer* 34; *Kirstgen* 96; OLG Stuttgart NStZ-RR **2012** 116.

252 *Fischer* § 184, 2 StGB (wo aber auch bei § 184 Abs. 1 Nr. 5 und 7 StGB ein Schutz des Bürgers vor unerwünschter Konfrontation mit Pornografie bejaht wird); BGHSt **34** 97; BGH NStZ-RR **2005** 309.

253 LK/*Laufhütte*/*Roggenbuck*[12] § 184f, 6 StGB; *Fischer* § 184g, 4 StGB.

254 *Fischer* § 184i, 3 StGB.

255 *Fischer* § 184j, 6 StGB.

256 RGSt **69** 107 (zu § 61 Nr. 2 a.F.); vgl. auch BGHSt **9** 74; **18** 284 f. (zu § 7 Abs. 1 StGB).

257 BGHSt **9** 74 (zu § 61 Nr. 2 a.F.); OLG Hamm NJW **1972** 1874; Schmitt/Köhler/*Schmitt* 12; *Frisch* JZ **1974** 8, 12; zweifelnd *Eb. Schmidt* § 171, 25.

258 Ebenso KMR/*Noltensmeier-von Osten* 40; *Strüwer* 134.

259 Vgl. jeweils m.w.N. LK/*Laufhütte*/*Roggenbuck*[12] § 180a, 1 StGB a.F.; § 181a, 1 StGB a.F.; *Fischer* § 180a, 2 StGB; § 181a, 3 StGB.

260 OLG Hamburg GA **37** (1889) 310; w.N. bei *Nothmann* GA **76** (1932) 83.

Nr. 2) und dadurch dem Klageerzwingungsverfahren entzogen. Auf teilweise strittige Fragen, wer Verletzter sein kann,[261] kommt es daher hier nicht an.

80 **j) Verletzung des persönlichen Lebens- und Geheimnisbereichs (§§ 201 bis 205, 353a bis 355 StGB).** § 202 StGB ist Privatklagedelikt, sodass das Klageerzwingungsverfahren ausscheidet. Bei dem **Vorbereiten des Ausspähens und Abfangens von Daten** (§ 202c StGB) begründet ein aus der Funktion als Chefredakteur einer Zeitschrift hergeleitetes, lediglich allgemeines Interesse an der Strafverfolgung keine Verletzteneigenschaft.[262] Im Übrigen ist als Verletzter in den Fällen der **§§ 203, 204 StGB** sowohl der Anvertrauende,[263] als auch, bei Drittgeheimnissen, der materielle Geheimnisträger anzuerkennen.[264] Angehörige eines Verstorbenen, gegenüber dem die Verletzung der ärztlichen Schweigepflicht in Betracht kommt, sind nicht Verletzte.[265] Ein Krankenhaus bzw. dessen Rechtsträger ist nicht Verletzter, soweit dem Beschuldigten eine Verletzung von Privatgeheimnissen (§ 203 StGB) im Zusammenhang mit der beruflichen Tätigkeit im Krankenhaus durch Preisgabe von Patientendaten vorgeworfen wird.[266] Die gleichen Grundsätze gelten für **§ 355 StGB**. Bei **§ 202a StGB** ist der über die Daten Verfügungsberechtigte verletzt.[267] Bei **§ 353d StGB** wird man, sofern man die vorherrschende Auffassung teilt, dass die Vorschrift verschiedene Schutzzwecke hat,[268] im Falle der Nr. 2 erwägen können, denjenigen als Verletzten anzusehen, dessen Geheimnis durch den Ausschluss der Öffentlichkeit geschützt ist, falls dieser auf §§ 171b, 172 Nr. 2 und 3 GVG beruhte. Bei **§ 353d Nr. 3 StGB** kann Verletzter sein, wer durch die öffentliche Mitteilung der Anklageschrift oder anderer amtlicher Schriftstücke bloßgestellt wird, denn der Schutzzweck besteht hier nicht nur in der Unbefangenheit von Verfahrensbeteiligten, sondern er zielt auch auf den Schutz der Beteiligten vor Bloßstellungen ab.[269] In den **§§ 353a, 353b StGB** werden nur staatliche und sonstige öffentliche Interessen geschützt, sodass kein Verletzter im Sinne des § 172 vorhanden ist.

81 **k) Straftaten gegen das Leben (§§ 211 bis 222 StGB).** Dass bei einem versuchten Tötungsdelikt in aller Regel derjenige verletzt ist, gegen den sich die Tat richtet, steht außer Zweifel. Eine Ausnahme gilt bei versuchter **Tötung auf Verlangen** (§ 216 StGB), vgl. Rn. 57.[270]

82 Für vollendete vorsätzliche und fahrlässige Tötungsdelikte (§§ 211 ff.) sowie erfolgsqualifizierte Delikte mit Todesfolge (§§ 176d, 178 StGB, § 221 Abs. 3 StGB, § 227 Abs. 1 StGB, § 238 Abs. 3 StGB, § 239 Abs. 4 StGB, §§ 252, 306c StGB) werden durch § 373b Abs. 2 bei kausaler Verknüpfung des Todes und der untersuchten Tat die dort genannten **Angehörigen** und **nahestehenden Personen** dem Verletzten i.S.d. Absatz 1 gleichgestellt.[271] Dies entspricht im Wesentlichen der bisherigen Rechtsprechung der Oberlandesgerichte und

261 Vgl. dazu m.w.N. LR/*Meyer-Goßner*[23] 61.

262 OLG Köln JMBlNRW **2008** 238.

263 OLG Hamm NStZ **1986** 327; vgl. auch OLG Schleswig NJW **1985** 1090 mit Anm. *Wente* NStZ **1986** 366.

264 OLG Köln NStZ **1983** 412 mit Anm. *Rogall* (wo der Klageerzwingungsantrag des Drittgeheimnisträgers materiell geprüft wird); vgl. auch Rn. 57 (zur Frage der Einwilligung).

265 OLG Stuttgart Justiz **2006** 236.

266 KG JR **2001** 480.

267 Zum Zweck der Vorschrift schriftl. Bericht des BTRAussch. zum 2. WiKG, BTDrucks. **10** 5058 S. 28; *Achenbach* NJW **1986** 1837; *Möhrenschlager* wistra **1986** 139.

268 *Fischer* § 353d, 2 StGB.

269 BVerfGE **71** 216; OLG Hamburg NStZ **1990** 283; OLG Köln JR **1980** 473 mit Anm. *Bottke*.

270 *Kirstgen* 121 f.

271 Vgl. OLG Oldenburg StraFo **2022**, 204 zu den Anforderungen an die „direkte Folge".

des BVerfG[272] sowie der allgemeinen Auffassung im Schrifttum, die nach ursprünglichem Zögern[273] die in § 395 Abs. 2 Nr. 1 genannten Personen (Kinder, Eltern, Geschwister, Ehegatten oder Lebenspartner von durch rechtswidrige Taten getöteten Personen) ganz überwiegend als Verletzte im Sinne des § 172 anerkannt haben.[274] § 373b Abs. 2 erweitert den Anwendungsbereich mit Nr. 2, 3 und 5 auf Angehörige in gerader Linie, Unterhaltsberechtigte und in einem gemeinsamen Haushalt lebende Lebensgefährten.[275]

Der Personenkreis des § 373b Abs. 2 ist im Gegensatz zur früheren an § 395 Abs. 2 Nr. 1 **83**
anknüpfenden Rechtslage[276] abschließend. Sonstige enge Lebensgemeinschaften[277] oder dem Getöteten nahestehende Personen, wie etwa Verlobte, Nichten oder Neffen, Pflegeeltern, Pflegekinder, Stiefeltern, Stiefkinder, Stiefgeschwister usw.,[278] sind nur noch unter den Voraussetzungen des Absatzes 2 Nr. 2 dem Verletzten gleichgestellt, wenn eine häusliche Gemeinschaft bestand.[279] Das gilt auch für auf Dauer angelegte nichteheliche (auch gleichgeschlechtliche) Lebensgemeinschaften sowie für den Partner einer nach Sinti-Art[280] oder (nur) nach islamischem Recht geschlossenen Ehe. Für das Bestehen einer Lebensgemeinschaft ist maßgeblich, ob eine tatsächlich gelebte soziale Beziehung zum Getöteten vorliegt.[281] Nicht erforderlich ist eine partnerschaftliche Verantwortungsgemeinschaft[282] oder „intime Lebensgemeinschaft".[283] Nach dem Willen des Gesetzgebers muss es sich um Personen handeln, die sich nahestehen und bei denen durch die Tötung des Lebensgefährten eine „zumindest seelische Beeinträchtigung im Regelfall naheliegt."[284] Damit greift er die in diesem Zusammenhang in der Rechtsprechung und Literatur entwickelten Kriterien auf, die darauf abstellen, ob die betroffene Person infolge ihres persönlichen Verhältnisses zum Getöteten in ihrem Leben selbst schwer betroffen ist und deshalb ohne Rücksicht auf die finanziellen Folgen ein persönliches Leid empfindet.[285] Bloße Wohngemeinschaften, freundschaftliche oder auch geschäftliche Beziehungen reichen daher nicht aus.[286]

Sind nach diesen Grundsätzen **mehrere Personen** durch ein vollendetes Tötungsde- **84**
likt verletzt, so steht jedem von ihnen das Antragsrecht zu; nähere Verwandte schließen

---

272 BVerfG medstra **2019** 35.

273 Ausführlich m.N. der Entwicklung LR/*Meyer-Goßner*[23] 52 ff.; *Kirstgen* 97 Fn. 1; vgl. auch *Eb. Schmidt* § 171, 14; *Kohlhaas* GA **1954** 132; *Strüwer* 141 f.

274 OLG Celle MDR **1959** 60; OLG Celle VRS **130** (2016) 113; OLG Frankfurt MDR **1963** 1368; OLG Hamburg NJW **1955** 1770; OLG Hamm MDR **1952** 247; NStZ **1986** 327; KG JR **1957** 71; enger *Strüwer* 143, der lediglich eine analoge Anwendung des § 395 Abs. 2 Nr. 1 für möglich hält; KMR/*Noltensmeier-von Osten* 35; *Frisch* JZ **1974** 12; *Kirstgen* 98; **a.A.** bei Geschwistern noch (beiläufig) OLG Koblenz NJW **1977** 1461; KK/*Moldenhauer* 21.

275 Hinsichtlich der Einzelheiten LR/*Wenske* § 373b, 33 ff.; Schmitt/Köhler/*Schmitt* § 373b, 11 ff.; KK/*Allgayer* § 373b, 13 ff.; MüKo/*Schreiner* § 373b, 21 ff.

276 *Frisch* JZ **1974** 12; **a.A.** *Strüwer* 145; *Kirstgen* 99.

277 LR/*Meyer-Goßner*[23] 56 unter Hinweis auf OLG Kiel HESt **2** 92; ebenso KMR/*Noltensmeier-von Osten* 35; ähnlich *Frisch* JZ **1974** 12; vgl. auch OLG Hamm MDR **1952** 247.

278 **A.A.** OLG Celle VRS **130** (2016) 113 (Stiefvater).

279 Weitergehend zur alten Rechtslage LR/*Graalmann-Scherer*[27] 83.

280 Vgl. BVerfG NJW **1993** 3316 zu § 395 Abs. 2 Nr. 1, wonach es verfassungsrechtlich nicht zu beanstanden ist, wenn der Partner einer nach Sinti-Art geschlossenen Ehe keine Nebenklagebefugnis nach § 395 Abs. 2 Nr. 1 hat.

281 Schmitt/Köhler/*Schmitt* § 373b, 12; ähnlich auch KK/*Allgayer* § 373b, 16; MüKo/*Schreiner* § 373b, 32, die hierfür indiziell ua auf die Sicherstellung des gemeinsamen Lebensunterhalts, die gemeinsame Lebensführung, die Versorgung von Kindern abstellen.

282 **A.A.** LR/*Wenske* § 373b, 40.

283 LR/*Wenske* § 373b, 37; Schmitt/Köhler/*Schmitt* § 373b, 11 f.

284 BTDrucks. **19** 27654 S. 102.

285 Vgl. LR/*Graalmann-Scherer*[27] 83.

286 OLG Celle MDR **1959** 60 (Fernfahrerkameradschaft).

entferntere nicht aus.[287] Bei lediglich versuchten Tötungsdelikten ist wie bei Körperverletzungsdelikten (Rn. 86) nur derjenige verletzt und deshalb zum Klageerzwingungsverfahren befugt, gegen den sich die Tat richtet.

85 Bei **Schwangerschaftsabbruch** (§ 218 StGB) ist stets die Schwangere selbst als Verletzte anzusehen, wenn die Tat gegen ihren Willen erfolgte; man wird in diesem Fall wohl aber auch den Erzeuger als Verletzten ansehen können. Vor der Reform dieses Rechtsgebiets ist teilweise angenommen worden, dass der Ehemann durch eine von der Schwangeren selbst oder mit ihrem Willen vorgenommene Abtreibung verletzt sei.[288] Das wird heute nicht aufrechtzuerhalten sein. Die Sondervorschriften der **§§ 218b bis 219b StGB** begründen keine Verletzteneigenschaft im Sinne des § 172.

86 **l) Straftaten gegen die körperliche Unversehrtheit.** Bei **Körperverletzung (§§ 223 bis 229, 231, 340 StGB)** spielt die Verletzteneigenschaft wegen § 172 Abs. 2 Satz 3 i.V.m. § 374 Abs. 1 Nr. 4 in den Fällen der §§ 223 und 229 StGB keine Rolle. In den übrigen Fällen sind nur diejenigen verletzt, die durch die Tat in ihrer Gesundheit betroffen sind, nicht etwa, wie bei vollendeten Tötungsdelikten, Angehörige.[289] Nicht verletzt ist, weil sein Interesse außerhalb des Schutzzwecks der Tatbestände liegt, wem infolge der Körperverletzung Leistungen entgangen sind oder wer zu ihrem Ausgleich Leistungen erbracht hat, wie Versicherungsgesellschaften und Krankenkassen.[290]

87 **m) Straftaten gegen die persönliche Freiheit (§§ 234 bis 241a StGB).** Regelmäßig ist (nur) derjenige verletzt, in dessen Bewegungs- oder Entschlussfreiheit aufgrund des jeweiligen Tatbestandes eingegriffen wird.[291] Die Verletzteneigenschaft spielt bei § 240 Abs. 1 bis 3 StGB und § 241 Abs. 1 bis 3 StGB jedoch wegen § 374 Abs. 1 Nr. 5 keine Rolle. Fallen, wie etwa in den Fällen der §§ 239a, 239b StGB, das Tatobjekt in der Person des Entführten und der Genötigten auseinander, so sind beide verletzt. Bei der **Entziehung Minderjähriger** (§ 235 StGB) ist (nur) das Jugendamt verletzt, wenn ihm das Personensorgerecht zusteht, auch wenn das Kind bei Pflegeeltern untergebracht ist.[292] Bei **Kinderhandel** (§ 236 StGB) ist in jedem Fall in den Fällen des Absatzes 1 das betroffene Kind und in den Fällen des Absatzes 2 die betroffene Person unter achtzehn Jahren als verletzt anzusehen. Bei Zwangsheirat (§ 237 StGB) ist die Person verletzt, deren Recht auf freie Eheschließung und selbstbestimmte (Ehe-)Partnerwahl verletzt worden ist oder werden soll.[293] Bei **Nachstellung** (§ 238 Abs. 1 StGB) ist nur derjenige verletzt, dem unbefugt nachgestellt wird, nicht aber von den Tathandlungen mittelbar Betroffene wie z.B. Nachbarn, Arbeitskollegen. Bei **§ 238 Abs. 2 StGB** ist derjenige verletzt, der durch die Tat in die Gefahr des Todes oder einer schweren Gesundheitsschädigung gebracht worden ist; bei **§ 238 Abs. 3 StGB** sind die nach § 395 Abs. 2 Nr. 1 zur Nebenklage Befugten Verletzte, im Übrigen gilt § 373b Abs. 2 (vgl. Rn. 82 f.).

---

287 Ausführlich LR/*Meyer-Goßner*[23] 57; wohl auch *Frisch* JZ **1974** 13; **a.A.** LR/*Kohlhaas*[22] 8a cc; *Kohlhaas* GA **1954** 131.

288 OLG Hamburg GA **74** (1930) 314; *Eb. Schmidt* § 171, 16 und Nachtr. I 5 m.N.

289 **A.A.** für den Fall der freiwilligen Sterilisation der Ehefrau *Eb. Schmidt* § 171, 15 und Nachtr. I 4, der den Ehemann als Verletzten ansehen will. Die Frage dürfte durch die materiell-rechtliche Entwicklung gegenstandslos sein.

290 OLG Rostock Alsb.E **1** 396; *Eb. Schmidt* § 171, 15; *Kohlhaas* GA **1954** 133; teilw. **a.A.** (für den Ehemann) *Ostler* 40.

291 Vgl. OLG Koblenz NJW **1985** 1409 (Witwe nicht Verletzte einer an ihrem Ehemann begangenen Freiheitsberaubung).

292 OLG Düsseldorf JR **1981** 386 mit Anm. *Bottke* (zum Strafantragsrecht).

293 Vgl. zum geschützten Rechtsgut *Fischer* § 237, 3 StGB.

n) Straftaten gegen Eigentum, Vermögen, Wettbewerb, Sachbeschädigung (§§ 242 bis 255, 263 bis 266b, 283 bis 305a StGB)

aa) Allgemeines. Je nach der tatbestandlichen Struktur und dem unterschiedlichen Schutzbereich kommen jeweils mehrere Verletzte in Betracht; der Schutzbereich des Tatbestandes muss aber ihre spezifischen Interessen mit einbeziehen. Deshalb ist beispielsweise ein einzelner Steuerzahler oder ein Gemeindeangehöriger nicht durch Untreue, Betrug oder Unterschlagung zum Nachteil öffentlicher Haushalte verletzt,[294] ebenfalls nicht die Partei in einem Scheidungsverfahren durch einen vom Gegner gegenüber der Staatskasse bei Erlangung von Prozesskostenhilfe verübten Betrug.[295] Nach wie vor wenig geklärt ist, ob bei Schädigung juristischer Personen Gesellschafter, Aktionäre, Geschäftsführer und am Gewinn beteiligte Angestellte als solche verletzt sind.[296] Grundsätzlich ist im Einklang mit der Rechtsprechung der Oberlandesgerichte davon auszugehen, dass – wegen der eigenständigen Rechtspersönlichkeit der juristischen Person[297] – lediglich diese als unmittelbar betroffen und damit als Verletzte im Sinne von § 172 anzusehen ist.[298] So ist bei einer Untreue des Geschäftsführers oder Generalbevollmächtigten einer GmbH z.N. der Gesellschaft nur diese unmittelbar Verletzte; die Gesellschafter sollen als nur mittelbar Verletzte im Klageerzwingungsverfahren nicht antragsberechtigt sein.[299] Anders kann es sein, wenn die juristische Person mit dem dahinter stehenden Vermögensträger wirtschaftlich weitgehend eine Einheit bildet.[300] Jedenfalls bei einer breiten Streuung von auch gewinnabhängigen Beteiligungsrechten erscheint die Anerkennung einer Verletztenstellung eher zweifelhaft, weil das in die Nähe eines Popular-Klageerzwingungsverfahrens führen würde. 88

Insolvenzverwalter und Testamentsvollstrecker sollen nach der Rechtsprechung nicht durch Straftaten gegen die von ihnen zu verwaltende Masse verletzt sein.[301] Selbst wenn man dem folgt, kann der Verwalter aber das Klageerzwingungsverfahren für die verletzte Insolvenzmasse oder den Nachlass ausüben (Rn. 45).[302] Dagegen sind die Gläubiger als Verletzte angesehen worden, wenn nach früherem Recht der Konkursverwalter 89

---

294 OLG Köln MDR **1952** 568 (Untreue z.N. des Bundes); OLG Kassel GA **38** (1891) 368 (Betrug und Unterschlagung z.N. einer Gemeinde).

295 OLG Düsseldorf MDR **1988** 77; KG JR **1960** 388 (Scheidungsverfahren).

296 Vgl. dazu teilw. kontrovers und meist zu den §§ 22, 61 Nr. 2 a.F. RGSt **69** 127; BGHSt **1** 298; KG JW **1937** 767; JR **1954** 391; OLG Kiel HESt **2** 89; *Eb. Schmidt* § 171, 18; *Frisch* JZ **1974** 11; KG Beschl. v. 18.12.2000 – 3 Ws 492/00; OLG Frankfurt Beschl. v. 21.12.2006 – 2 Ws 151/06 (Aktionäre sind nur mittelbar Verletzte und daher im Klageerzwingungsverfahren nicht antragsberechtigt); vgl. Rn. 100 (Aktionär und Gesellschafter einer GmbH).

297 Im Gegensatz zu rechtsfähigen Personengesellschaften (z.B. KG), die mangels Rechtspersönlichkeit nicht Vermögensträger sein können, vgl. nur OLG Celle wistra **2014** 34; siehe zum Ganzen auch Brand, GA **2019** 747.

298 OLG Karlsruhe NJW **2019** 950; OLG Frankfurt Beschl. v. 21.4.2010 – 2 Ws 147/08 (unter Hinweis auf das konzernrechtliche Trennungsprinzip); im Grundsatz ebenso OLG Stuttgart, Beschl. v. 4.12.2000 – 1 Ws 222/00 (juris, Rn. 9 ff.); die Verletzteneigenschaft des Kleinaktionärs einer AG ebenfalls ablehnend OLG Braunschweig, Beschl. v. 23.9.1992 – Ws 48/91, wistra **1993** 31 ff.; in diese Richtung auch OLG Braunschweig, Beschl. v. 4.8.1992 – Ws 58/92.

299 OLG Stuttgart wistra **2001** 198; OLG Celle NJW **2007** 1223.

300 So auch, wenngleich offen gelassen OLG Karlsruhe NJW **2019**, 950.

301 KG GA **71** (1927) 47; HRR **1938** Nr. 636 (Konkursverwalter); OLG Koblenz NStZ **1988** 89 (Konkursverwalter); KG JR **1964** 470 (Testamentsvollstrecker); kritisch *H. Schäfer* wistra **1988** 216; **a.A.** *Eb. Schmidt* Nachtr. I § 171, 8.

302 OLG Köln ZInsO **2011** 288.

eine die Masse schädigende Vermögensstraftat begeht;[303] Gleiches muss beim Testamentsvollstrecker für die Erben gelten. Nicht verletzt ist der **künftige Erbe** des Verletzten.[304]

90 **bb) Einzelne Delikte.** Bei **Diebstahl** und **Unterschlagung** ist neben dem Eigentümer auch der Gewahrsamsinhaber bzw. der Anvertrauende verletzt.[305] Teilweise wird auch derjenige als Verletzter angesehen, dem – ohne Eigentümer zu sein – gegen den Täter ein zivilrechtlicher Ausgleichsanspruch (z.B. Schadensersatz- oder Bereicherungsanspruch) zusteht.[306] Bei **Raub** und **Erpressung** ist daneben auch der Genötigte verletzt. Bei **Sachbeschädigung** kommt das Klageerzwingungsverfahren nur in den Fällen der §§ 304, 305, 305a StGB in Betracht. Hier wird neben dem Eigentümer auch der dinglich oder persönlich Nutzungsberechtigte als Verletzter angesehen.[307] Entsprechendes wird man auch für **Datenveränderung** (§ 303a StGB) und **Computersabotage** (§ 303b StGB) annehmen können. Neben demjenigen, der die Daten gespeichert hat, kann deshalb auch der vom Inhalt der Daten Betroffene verletzt sein.[308] Nach der wohl h.M. wird bei **§ 303a StGB** als geschütztes Rechtsgut das Interesse des Verfügungsberechtigten an der unversehrten Verwendbarkeit der gespeicherten Daten angesehen.[309] Wohl eher vereinzelt geblieben ist dagegen die Auffassung, dass auch das Vermögen in seiner spezialisierten Ausprägung in Daten bzw. Programmen geschützt werde.[310]

91 Bei **Betrug** (§ 263 StGB) soll neben dem an seinem Vermögen Geschädigten oder Gefährdeten auch der bloß Getäuschte als Verletzter anzusehen sein, wenn ihm wegen der schädigenden Vermögensdispositionen eine Ersatzforderung droht;[311] folgt man dieser Auffassung, so liegt es nahe, beim **Computerbetrug** (§ 263a StGB), bei dem es auf Täuschung und Irrtum nicht ankommt,[312] unter den gleichen Voraussetzungen den bloß für den Datenverarbeitungsvorgang Verantwortlichen neben dem in seinem Vermögen Geschädigten als verletzt anzusehen. Bei Prozessbetrug gilt nicht der Zedent, sondern nur der Zessionar der umstrittenen Forderung als Verletzter.[313] Beim versuchten Prozessbetrug des Klägers ist regelmäßig der Beklagte verletzt.[314] Allerdings wird die Verletzteneigenschaft teilweise verneint, wenn ein Schaden nicht entstanden war und der Antragsteller erhebliche Zeit hatte verstreichen lassen.[315] Ein zum Unterhalt Verpflichteter ist durch einen (versuchten) Betrug zum Nachteil des Unterhaltsberechtigten nur mittelbar geschädigt und daher nicht Verletzter.[316] Bei **Subventionsbetrug** (§ 264 StGB) ist der Subventionsgeber Verletzter (Rn. 59), bei den **Insolvenzstraftaten** (§§ 283 ff. StGB), die mindestens auch dem Interesse der Gläubiger an einer Befriedigung ihrer geldwerten Ansprüche die-

---

303 OLG Dresden Alsb.E **1** 397; *Eb. Schmidt* § 171, 21.

304 OLG Stuttgart NJW **1986** 3153; **a.A.** *Eb. Schmidt* § 171, 18; vgl. *Frisch* JZ **1974** 12 Fn. 50.

305 *Eb. Schmidt* § 171, 18.

306 *Haas* GA **1988** 498.

307 BayObLG JR **1982** 25 mit krit. Anm. *Rudolphi* (zum Strafantrag); LG Aachen MDR **1983** 689 (zur Nebenklage); *Eb. Schmidt* § 171, 18; **a.A.** *Kirstgen* 96.

308 Vgl. schriftl. Bericht des BTRAussch. BTDrucks. **10** 5058 S. 34 zum 2. WiKG; *Möhrenschlager* wistra **1986** 141 f.; BayObLG wistra **1993** 305 mit Anm. *Hilgendorf* JR **1994** 478.

309 LK/*Wolff*[12] § 303a, 4 StGB; *Fischer* § 303a, 2 StGB.

310 So *Haft* NStZ **1987** 10; *Welp* Informatik und Recht **1988** 448; **a.A.** *Bühler* MDR **1987** 455; *Frommel* JuS **1987** 668; *Fischer* § 303a, 2 StGB.

311 *Eb. Schmidt* § 171, 18; **a.A.** *Strüwer* 135; *Kirstgen* 96.

312 LK/*Tiedemann*/*Valerius*[12] § 263a, 2 ff., 13 StGB; *Fischer* § 263a, 2 StGB.

313 OLG Koblenz OLGSt a.F. § 172 S. 95; GA **1981** 324.

314 OLG Bamberg NStZ **1982** 247; OLG Celle NJW **2008** 1463.

315 OLG Braunschweig NdsRpfl. **1965** 17; dagegen *Moller* NJW **1966** 1253.

316 OLG Nürnberg Beschl. v. 16.11.2006 – 1 Ws 655/06.

nen,[317] die betroffenen Gläubiger. Die Einzelheiten sind jedoch insoweit nach wie vor vielfach noch ungeklärt. Bei **Wucher** (§ 291 StGB) ist der Bewucherte Verletzter.[318]

Beim **Kapitalanlagebetrug** (§ 264a StGB) besteht das geschützte Rechtsgut in erster Linie in dem Vertrauen der Allgemeinheit in den Kapitalmarkt,[319] sodass bereits deshalb kein individueller, zum Klageerzwingungsantrag berechtigter Verletzter in Betracht kommt. Auch wenn die Vorschrift gleichermaßen dem Schutz individueller Vermögensinteressen von Kapitalanlegern dienen mag,[320] so bleibt die Verletzteneigenschaft aufgrund des Charakters eines abstrakten Gefährdungsdelikts[321] weiterhin zweifelhaft (vgl. Rn. 58). Bei **Vorenthalten und Veruntreuen von Arbeitsentgelt** (§ 266a StGB) dienen die Absätze 1 und 2 nach den gesetzgeberischen Intentionen[322] dem Schutz der Solidargemeinschaft der Versicherten, sodass insoweit die im Einzelfall betroffenen Sozialversicherungsträger als Verletzte angesehen werden können (vgl. Rn. 59), daneben wohl auch, mindestens wegen ihrer Ersatzpflicht, die Einzugsstellen.[323] In dem untreueähnlichen Fall des Absatzes 3[324] ist der betroffene Arbeitnehmer Verletzter. Bei **Missbrauch von Scheck- und Kreditkarten** (§ 266b StGB)[325] wird die Verletzteneigenschaft ähnlich wie bei der Untreue zu beurteilen sein. Verletzter ist daher der Aussteller der Scheck- oder Kreditkarte, denn dessen Vermögen schützt die Vorschrift. 92

o) Urkundenfälschung (§§ 267 bis 281 StGB). Obwohl nach der ganz h.L. Schutzgegenstand der Urkundenfälschungsdelikte die Sicherheit und Zuverlässigkeit des Rechtsverkehrs ist, wird man als Nebenzweck bei einigen Delikten davon ausgehen müssen, dass auch der Einzelne geschützt wird, dessen Beweisposition durch die Tat beeinträchtigt ist.[326] Deshalb ist in den Fällen des **§ 267 StGB** derjenige Verletzter, zu dessen Nachteil die gefälschte Urkunde im Rechtsverkehr gebraucht wird oder bei bloßer Herstellung oder Verfälschung nach dem Tatplan gebraucht werden soll.[327] Zweifelhaft, aber wohl zu bejahen ist, ob auch derjenige verletzt ist, dessen Name oder Ausstellereigenschaft missbraucht wird. Die gleichen Grundsätze gelten für die Fälschung technischer Aufzeichnungen **(§ 268 StGB)** und wohl auch für die Fälschung beweiserheblicher Daten **(§ 269** 93

---

317 Zum Schutzbereich m.w.N. LK/*Tiedemann* Vor § 283, 45 ff. StGB; *Fischer* Vor § 283, 3 StGB.

318 OLG Hamm NJW **1972** 1874 (wo bei Verneinung der Verletzteneigenschaft nach § 180a StGB dieser Tatbestand sachlich geprüft wird).

319 LK/*Mosbacher* § 264a, 94 StGB; *Fischer* § 264a, 2 StGB.

320 So LK/*Mosbacher* 264a, 94 StGB, der eine Verletzteneigenschaft bejaht; *Cerny* MDR **1987** 272.

321 Vgl. *Achenbach* NJW **1986** 1839; *Weber* NStZ **1986** 485 f.; *Knauth* NJW **1987** 28; *Cerny* MDR **1987** 272; differenzierend LK/*Tiedemann/Vogel*[12] § 264a, 16 StGB; ebenso *Fischer* § 264a, 2 StGB (Vorschrift dient auch dem Schutz individueller Vermögensinteressen der Anleger); OLG Braunschweig wistra **1993** 31 (Verletzteneigenschaft für den Fall bejaht, dass der einzelne Anleger aufgrund eines unrichtigen Prospekts Anteile gezeichnet hat und damit eine Vermögensschädigung oder -gefährdung eingetreten ist); ebenso *Zielinski* wistra **1993** 8.

322 Vgl. RegE 2. WiKG, BTDrucks. **10** 318 S. 25; *Martens* wistra **1986** 155; *Achenbach* NJW **1986** 1839; *Weber* NStZ **1986** 487.

323 *Martens* wistra **1986** 155.

324 RegE 2. WiKG, BTDrucks. **10** 318 S. 26 f.; schriftl. Bericht BTRAussch. BTDrucks. **10** 5058 S. 31; *Achenbach* NJW **1986** 1839; *Martens* wistra **1986** 158; *Weber* NStZ **1986** 487; MüKo/Radtke § 266b, 6.

325 Vgl. zum Rechtsgut und zur Struktur der Vorschrift schriftl. Bericht des BTRAussch. BTDrucks. **10** 5058 S. 32 f.; *Otto* wistra **1986** 152; LK/*Möhrenschlager*[12] § 266b, 2 StGB; *Fischer* § 266b, 2 f. StGB.

326 *Fischer* § 267, 1 StGB, der im Hinblick auf die Regelbeispiele des durch das 6. StrRG eingefügten Absatzes 3 Nr. 1 und 2 StGB meint, dass § 267 StGB nunmehr auch als Vermögensdelikt anzusehen ist; vgl. auch OLG Karlsruhe Justiz **1988** 400.

327 Ebenso *Nothmann* GA **76** (1932) 80 f.

StGB).[328] Bei Urkundenunterdrückung **(§ 274 StGB)** wird man als Verletzten denjenigen ansehen können, dem der zum Tatbestand gehörende „Nachteil" zugefügt werden soll. Bei der Ausstellung eines zu Lasten des Patienten inhaltlich unrichtigen Gesundheitszeugnisses **(§ 278 StGB)** ist dieser Verletzter. Anders verhält es sich hingegen, wenn der ausstellende Arzt in dem Gesundheitszeugnis lediglich den unzutreffenden Eindruck hervorruft, den Patienten selbst untersucht zu haben.[329]

94 **p) Begünstigung, Strafvereitelung, Hehlerei, Geldwäsche, Vollrausch (§§ 257 bis 261, 323a StGB).** Das für die Anwendung des § 172 bei diesen Tatbeständen gemeinsam Charakteristische ist ihre (untechnisch gesprochen) akzessorische Natur, die es nahelegt, im Grundsatz die Verletztenstellung auf der Grundlage der „Haupttat" zu beurteilen. Das gilt jedenfalls für die **Begünstigung** (§ 257 StGB)[330] und **Hehlerei** (§ 259 StGB),[331] bei denen derjenige Verletzter ist, der durch die Vortat verletzt wurde. Bei **Vollrausch** (§ 323a StGB) ist für die Verletzteneigenschaft die Rauschtat maßgebend,[332] sofern es sich nicht bei der im Rausch begangenen Tat um ein in § 374 Abs. 1 Nr. 1 bis 6 genanntes Vergehen handelt. In diesen Fällen ist das Klageerzwingungsverfahren nicht eröffnet, weil die Straftat nach § 323a StGB dann ein Privatklagedelikt ist (§ 374 Abs. 1 Nr. 6a). Selbst wenn man § 323a StGB als abstraktes Gefährdungsdelikt ansieht,[333] macht doch die als objektive Strafbarkeitsbedingung hinzutretende Rauschtat einen rechtlich anerkannten Bezug zu spezifischen Rechtsgütern des Einzelnen deutlich.

95 Da bei der **Strafvereitelung** (§ 258 StGB) ausschließlich die staatliche Rechtspflege als geschütztes Rechtsgut angesehen wird[334] und damit nur die Allgemeininteressen der Rechtsgemeinschaft betroffen sind, liegt das Genugtuungsinteresse des durch die Vortat Verletzten nicht mehr im Schutzbereich des Tatbestandes. Das Klageerzwingungsverfahren scheidet folglich aus.[335]

96 Ähnlich verhält es sich bei der **Geldwäsche** (§ 261 StGB). Nach dem umstrittenen Schutzbereich der Vorschrift[336] wird in den Fällen des Absatzes 1 S. 1 Nr. 1, 2 und des Absatzes 2 das Klageerzwingungsverfahren wohl unzulässig sein, weil die Vorschrift die staatliche Rechtspflege und somit Allgemeininteressen und keine Individualrechtsgüter schützt. Für die Fälle des Absatzes 1 S. 1 Nr. 3, 4 dürften allerdings die für die Hehlerei entwickelten Grundsätze gelten, weil insoweit auch das durch die Vortat verletzte Rechtsgut Schutzgegenstand ist.

---

328 Vgl. dazu *Achenbach* NJW **1986** 1837; *Möhrenschlager* wistra **1986** 134; RegE 2. WiKG BTDrucks. **10** 318 S. 31 ff., schriftl. Bericht BTRAussch. BTDrucks. **10** 5058 S. 33.

329 OLG Stuttgart Justiz **1988** 492.

330 *Strüwer* 139; **a.A.** (für Begünstigung im Amt nach § 348 a.F. StGB) OLG München NJW **1956** 356 Ls.

331 Zum Charakter der Hehlerei als Vermögensdelikt LK/*Walter* § 259, 1 StGB; *Fischer* § 259, 1 StGB.

332 Vgl. für die gleichgelagerte Problematik bei § 395 Abs. 1 ebenso LG Oldenburg MDR **1982** 75; LR/*Hilger*[26] § 395, 16.

333 Vgl. zum umstrittenen Schutzzweck m.w.N. LK/*Spendel*[11] § 323a, 69 f. StGB; *Fischer* § 323a, 2 StGB.

334 LK/*Walter* § 258, 1 StGB; BGHSt **45** 101.

335 OLG Düsseldorf wistra **1992** 357; OLG Frankfurt NStZ-RR **1998** 279; OLG Stuttgart Justiz **2002** 414.

336 Vgl. BTDrucks. **12** 989 S. 27, wonach in Absatz 1 die staatliche Rechtspflege und in Absatz 2 auch das durch die Vortat verletzte Rechtsgut Schutzgegenstand ist; ebenso *Hetzer* NJW **1993** 3299; *Otto* Jura **1993** 331 (nur die Rechtspflege); demgegenüber *Salditt* StraFo **1992** 122 (nur das durch die Vortat verletzte Rechtsgut); *Lampe* JZ **1994** 125 („legaler Wirtschafts- und Finanzkreislauf"); *Barton* StV **1993** 190 („Universalrechtsgut der inneren Sicherheit"); Lackner/Kühl/Heger § 261, 1 StGB (danach soll in Abs. 1 Nr. 1, 2 die inländische Rechtspflege geschützt werden, während in Abs. 2 Nr. 3, 4 das durch die Vortat verletzte Interesse zum Schutzgegenstand gehört); *Fischer* § 261, 2 f. StGB.

q) Gemeingefährliche Straftaten u.ä. (§§ 306 bis 330a StGB). Bei der sehr unterschiedlichen Struktur der Tatbestände lassen sich für die Verletzteneigenschaft allgemeine Regeln kaum aufstellen, zumal die Problematik wenig erörtert ist. Soweit solche Straftaten sich zugleich oder in erster Linie gegen konkrete Individualrechtsgüter richten, sind die insoweit Betroffenen nach den bisher dargelegten Grundsätzen Verletzte, so etwa der Eigentümer oder der Nutzungsberechtigte der in Brand gesetzten Gegenstände (§§ 306 bis 306f StGB), das Verkehrsunternehmen in den Fällen der § 315 Abs. 1 Nr. 1, § 315b Abs. 1 Nr. 1 StGB sowie das Telekommunikationsunternehmen in den Fällen des § 317 StGB, ebenso der Genötigte in den Fällen der § 316a, § 316c StGB. Bei einer fahrlässigen Gefährdung des Straßenverkehrs soll der Antragsteller jedenfalls dann Verletzter sein, wenn ein tödlicher Unfall des Antragstellers nahegelegen hat.[337] Nach der in diesem Kommentar vertretenen, umstrittenen Auffassung (Rn. 58) ist dagegen derjenige nicht verletzt, dessen Rechtsgüter lediglich durch Gefährdungsdelikte gefährdet werden. Wird eine Allgemeingefahr verlangt (z.B. §§ 313, 314 StGB), so ist nicht schon dadurch jeder verletzt, dessen Rechtsgut nach den konkreten Umständen gefährdet wird. In Fällen des § 323c StGB ist nur derjenige Verletzter, dessen geschütztes Rechtsgut durch die unterlassene Hilfeleistung gefährdet worden ist.[338] 97

Durch **Straftaten gegen die Umwelt** (§§ 324 ff. StGB) können entgegen der in der Rechtsprechung vertretenen Auffassung[339] durchaus auch diejenigen verletzt sein, an deren Individualrechtsgütern ein konkreter Schaden entsteht.[340] So kann der Grundstückseigentümer, auf dessen Grundstück unbefugt gefährliche Abfälle abgelagert worden sind (§ 326 StGB), Verletzter sein, wenn es dadurch zu einer Verunreinigung des Bodens gekommen ist, für dessen Beseitigung er verantwortlich ist.[341] 98

r) Amtsdelikte (§§ 331 bis 357 StGB). Soweit die Amtsdelikte nur eine Qualifikation allgemeiner Tatbestände darstellen (unechte Amtsdelikte) oder dieselbe Schutzrichtung wie solche haben, ist die Verletzteneigenschaft nach den gleichen Grundsätzen wie bei dem allgemein geltenden Delikt zu beurteilen, so etwa in den Fällen der §§ 340, 348, 352, 353 StGB.[342] Bei **Aussageerpressung** (§ 343 StGB) ist der Genötigte verletzt, bei **Verfolgung Unschuldiger** und **Vollstreckung gegen Unschuldige** (§§ 344, 345 StGB) derjenige, gegen den sich die rechtswidrige Verfolgungsmaßnahme richtet.[343] Bei **Verleitung eines Untergebenen zu einer Straftat** (§ 357 StGB) ist dieser nicht verletzt (Rn. 57), wohl aber der durch die vom Untergebenen begangene Tat Verletzte, da es sich um eine Sonderform der Beteiligung handelt. **Bestechung** (§ 334 StGB) und **Vorteilsgewährung** (§ 333 StGB) betreffen die generelle Gefährdung des Staatsapparats und haben damit einen ausschließlich gemeinschaftsbezogenen Schutzbereich, sodass es keinen Verletzten im Sinne des § 172 99

337 OLG Celle NStZ-RR **2004** 369; OLG Brandenburg VRS **114** (2008) 373.

338 OLG Düsseldorf VRS **83** (1992) 351.

339 OLG Köln NJW **1972** 1338 hinsichtlich des geschädigten Grundeigentümers bei einem Verstoß gegen das Wasserhaushaltsgesetz (jetzt § 324 StGB); ähnlich schon OLG Dresden Alsb.E **1** 392 (bei Verstoß gegen Gewerbeordnung); OLG Karlsruhe v. 3.8.2004 – 1 Ws 157/03 mit Anm. *Schall* NStZ-RR **2006** 263; festhaltend OLG Karlsruhe NJW **2019** 2950.

340 Ebenso KMR/*Noltensmeier-von Osten* 52; Schmitt/Köhler/*Schmitt* 10 (sofern der Einzelne in seinen individuellen Rechtsgütern – wie Gesundheit, Vermögen – unmittelbar beeinträchtigt ist); Schall NStZ **2020** 569; **a.A.** LR/*Rieß*[24] 96.

341 So auch Schall NStZ **2020** 569; KK/Moldenhauer 28 und Pfohl ZWH **2025** 45 (unter richtlinienkonformer Auslegung mit Blick auf Art. 15 der RL (EU) 2024/1203 über den strafrechtlichen Schutz der Umwelt ...).

342 Zur Falschbeurkundung im Amt (§ 348 StGB) OLG Stuttgart Justiz **1989** 198; **2004** 213.

343 OLG München NStZ **1985** 549; OLG Düsseldorf JR **1989** 118 mit Anm. *Langer* JR **1989** 95.

gibt.[344] Der Dienstherr eines bestochenen Amtsträgers ist daher nicht Verletzter.[345] Die **Bestechlichkeit im Gesundheitswesen** (§ 299a StGB) und die **Bestechung im Gesundheitswesen** (§ 299b StGB) sollen den fairen Wettbewerb im Gesundheitswesen und das Vertrauen der Patienten in die Integrität heilberuflicher Entscheidungen schützen.[346] Bestecher und Bestochener sind nicht Verletzte, sondern Täter. Patienten, private Krankenversicherungen und gesetzliche Krankenkassen sowie Kassenärztliche Vereinigungen und Berufsverbände kommen als Verletzte nicht in Betracht, weil sie durch die Tathandlungen nicht unmittelbar in ihren Rechten verletzt sind.[347] Wegen Parteiverrats und Rechtsbeugung s. Rn. 71 ff., wegen der verschiedenen Geheimhaltungsdelikte Rn. 80.

100 **s) Nebenstrafrecht.** Ob der einzelne Aktionär bei Straftaten gegen das Aktiengesetz (§§ 399 bis 404a AktG) Verletzter ist, ist umstritten.[348] Hier gilt es zu differenzieren. Bei Verstößen gegen aktienrechtliche Informationspflichten wird der Aktionär wohl als Verletzter anzusehen sein, es sei denn, dass er trotz falscher Auskunft seitens des Vorstandes oder des Aufsichtsrats bereits im Besitz der begehrten Information ist.[349] Hingegen ist der einzelne Aktionär bei Vermögensstraftaten von Vorstands- oder Aufsichtsratsmitgliedern zum Nachteil der Aktiengesellschaft nicht Verletzter.[350] Zur Frage der Verletzteneigenschaft des Aktionärs bei Prospekt- oder Kapitalanlagebetrug s. Rn. 88 und Rn. 92. Bei einem **Vergehen gegen das Aufenthaltsgesetz** ist weder die Ausländerbehörde verletzt[351] noch das Bundesamt für Migration und Flüchtlinge. Bei einer **Behinderung der Betriebsratstätigkeit** (§ 119 Abs. 1 Nr. 2 BetrVG) ist der – nach § 119 Abs. 2 BetrVG strafantragsberechtigte – Betriebsrat als Verletzter anzusehen, wenn durch die Tat in seine nach den §§ 43, 45 BetrVG verbrieften Rechte eingegriffen worden sein könnte.[352] **Devisenvergehen** sollen nur allgemeine Interessen betreffen und deshalb dem Klageerzwingungsverfahren nicht zugänglich sein.[353] Straftaten nach dem **Lebensmittel-, Bedarfsgegenstände- und Futtermittelgesetzbuch** (§§ 58, 59 LFGB) begründen keine Verletzteneigenschaft bei einem Konkurrenten des Beschuldigten.[354] Bei Verstößen gegen das frühere **Rechtsberatungsmissbrauchsgesetz** ist die Anwaltskammer nicht verletzt.[355] Ob bei der **Tierquälerei** der Eigentümer des Tieres als Verletzter anzusehen ist, ist umstritten.[356] Da die Vorschriften des Tierschutzgesetzes auf den Schutz des Tieres und nicht des Eigentümers oder Halters abstellen, ist der Eigentümer oder Halter eines verletzten oder getöteten Tieres nicht Ver-

---

344 OLG Koblenz OLGSt n.F. § 172 Nr. 13; LK/*Sowada* § 332, 40 StGB.

345 OLG Nürnberg NStZ **1997** 254.

346 BTDrucks. **18** 6446 S. 13; *Graalmann-Scheerer* MedR **2017** 601, 602.

347 *Graalmann-Scheerer* MedR **2017** 601, 602.

348 Bejahend OLG Kiel HESt **2** 89; *Eb. Schmidt* § 171, 18; *Frisch* JZ **1974** 11; *Zielinski* wistra **1993** 8; verneinend KK/*Müller*[3] 19, 27; differenzierend KK/*Moldenhauer* 30a (bei Verstößen gegen aktienrechtliche Informationspflichten nach den §§ 399 ff. AktG); *Haas* GA **1988** 499 (Aktionär ist nicht Inhaber von Anspruch gegen den Täter); OLG Braunschweig wistra **1993** 31; OLG Frankfurt NJW **2011** 691.

349 OLG Braunschweig wistra **1993** 31.

350 OLG Braunschweig wistra **1993** 31; **a.A.** *Zielinski* wistra **1993** 8.

351 OLG Karlsruhe NJW **1987** 1835; NStZ **1997** 254.

352 OLG Stuttgart NStZ **1989** 31.

353 KG JR **1954** 391.

354 OLG Hamburg DRZ **1933** Nr. 128.

355 OLG Celle JR **1967** 348 mit Anm. *Kohlhaas*; OLG Karlsruhe Justiz **1966** 105.

356 OLG Stuttgart Justiz **1976** 306 (Eigentümer ist Verletzter); demgegenüber OLG Celle NStZ **2007** 483; OLG Stuttgart Justiz **2010** 309; OLG Braunschweig NStZ **2014** 174 (Eigentümer oder Halter ist nicht Verletzter).

letzter. Eine Privatperson, die sich dem Tierschutz verpflichtet fühlt, ist bei einem Vergehen gegen § 17 TierSchG nicht Verletzte.[357]

IV. Beschwerde an den vorgesetzten Beamten der Staatsanwaltschaft (Absatz 1)

1. Allgemeines. Die in Absatz 1 aufgestellten besonderen Voraussetzungen für die Beschwerde an den vorgesetzten Beamten der Staatsanwaltschaft entfalten ihre Bedeutung erst für die Zulässigkeit des Antrags auf gerichtliche Entscheidung nach den Absätzen 2 bis 4, s. näher Rn. 9 ff. In dieser Funktion als **Vorschaltbeschwerde** setzt die Beschwerde voraus, dass sie fristgerecht eingelegt wird und dass der Beschwerdeführer den Antrag auf Erhebung der öffentlichen Klage gestellt hat (Rn. 47) und Verletzter (Rn. 48 ff.) ist. 101

2. Zuständigkeit und Adressat

a) Vorgesetzter Beamter der Staatsanwaltschaft ist die zunächst vorgesetzte staatsanwaltschaftliche Behörde, nicht etwa der Behördenleiter der Staatsanwaltschaft, deren Dezernent den Einstellungsbescheid erteilt hat. Regelmäßig ist dies der **Generalstaatsanwalt** beim Oberlandesgericht (§ 142 Abs. 1 Nr. 2 GVG), und zwar auch dann, wenn die Einstellungsverfügung von einem **Amtsanwalt** getroffen worden ist, der organisatorisch, auch im Rahmen einer besonderen Abteilung für Amtsanwaltssachen, zur Behörde der Staatsanwaltschaft beim Landgericht gehört. Nur wenn die Amtsanwaltschaft als selbständige Behörde organisiert ist, ist der vorgesetzte Beamte der Behördenleiter der Staatsanwaltschaft beim Landgericht.[358] In diesen Fällen ist gegen dessen Beschwerdeentscheidung unmittelbar der Antrag an das Oberlandesgericht zulässig. Der Generalstaatsanwalt ist auch zuständig, wenn der Einstellungsbescheid von einem in einer **Zweigstelle** der Staatsanwaltschaft, etwa am Sitz einer auswärtigen Strafkammer, tätigen Dezernenten erteilt worden ist. 102

b) Beschwerde entfällt. Die **Beschwerde entfällt**, wenn der Einstellungsbescheid vom Generalbundesanwalt (§ 142a Abs. 1 Satz 1 GVG) oder vom Generalstaatsanwalt beim Oberlandesgericht (§ 142a Abs. 2 GVG) erlassen worden ist, also insbesondere in **Staatsschutz-Strafsachen** nach § 142a GVG oder wenn der Generalstaatsanwalt im Wege seines Devolutionsrechts (§ 145 GVG) die Ermittlungen an sich gezogen hat. In diesen Fällen kann und muss unmittelbar gegen den Einstellungsbescheid nach § 171 der Antrag auf gerichtliche Entscheidung nach § 172 Abs. 2 gestellt werden.[359] Denn Absatz 1 setzt einen der einstellenden Staatsanwaltschaft übergeordneten staatsanwaltschaftlichen Beamten voraus. Der Generalbundesanwalt ist aber nicht der Landesstaatsanwaltschaft übergeordnet; die Justizminister sind keine staatsanwaltschaftlichen Beamten und haben daher keine staatsanwaltschaftlichen Befugnisse. 103

c) Adressat. Die Vorschaltbeschwerde muss eine Entscheidung des vorgesetzten Beamten der Staatsanwaltschaft erstreben, kann aber mit fristwahrender Wirkung auch 104

357 OLG Stuttgart Justiz **2017** 199 (Genehmigung von Primatenversuchen); OLG Hamm Beschl. v. 30.10.2025 – 1 Ws 265/25.

358 *Eb. Schmidt* 4.

359 RGSt **55** 62; OLG Bamberg NStZ **1989** 544 mit Anm. *Rieß*; OLG Karlsruhe NJW **1986** 146; OLG Koblenz OLGSt § 172 S. 135; **a.A.** früher z.B. OLG Rostock Alsb.E **1** 367 (1904); *Dietz* 46 m.w.N.

bei der Staatsanwaltschaft eingelegt werden, die das Verfahren eingestellt hat (Absatz 1 Satz 2).[360] Dies ist in der Praxis üblich und schon deshalb zweckmäßig, weil sich die Akten dort befinden und die Staatsanwaltschaft ohnehin prüfen muss, ob ihr das Beschwerdevorbringen Anlass gibt, ihre Entscheidung zu ändern. Der Charakter als Vorschaltbeschwerde geht auch nicht dadurch verloren, dass der Antragsteller in erster Linie eine Abhilfeentscheidung der Staatsanwaltschaft und nur hilfsweise eine solche der vorgesetzten Behörde oder die Erhebung der öffentlichen Klage erst nach Durchführung weiterer Ermittlungen[361] verlangt.

105 Wird mit der Beanstandung der Einstellung erkennbar *nur* eine Überprüfung durch die sachbearbeitende Staatsanwaltschaft erstrebt, so handelt es sich um eine **Gegenvorstellung** und nicht um eine Vorschaltbeschwerde nach Absatz 1, und zwar auch dann nicht, wenn sie innerdienstlich vom Vorgesetzten beschieden wird. In einem solchen Fall wird einerseits die Frist nach Absatz 1 nicht gewahrt, andererseits durch den Bescheid des vorgesetzten Beamten noch nicht die Frist nach Absatz 2 in Lauf gesetzt. Es ist aber **nicht** erforderlich, dass **ausdrücklich** eine Entscheidung des vorgesetzten Beamten verlangt wird,[362] vielmehr genügt es, wenn sich dies aus dem Gesamtzusammenhang des Vorbringens ergibt. In Zweifelsfällen wird dies bei jedem gegen einen Einstellungsbescheid gerichteten Vorbringen des Antragsberechtigten anzunehmen sein.

106 **3. Form und Inhalt.** Für **Form und Inhalt** der Beschwerde nach Absatz 1 enthält das Gesetz keine Vorschriften. Die Beschwerde kann ohne Mitwirkung eines Rechtsanwalts eingelegt werden. **Schriftform** ist zwar üblich und zweckmäßig, jedoch nicht zwingend erforderlich. Das Fehlen der Unterschrift ist unschädlich, wenn sich Person und Erklärungswille aus dem Schriftstück zweifelsfrei ergeben. Die Einlegung per Telefax reicht aus.[363] Da die Vorschriften der Strafprozessordnung für die Einlegung der Beschwerde nach § 172 Abs. 1 keine Schriftform vorsehen, kam nach dem früheren § 41a eine Einlegung durch Einreichung eines elektronischen Dokuments nicht in Betracht.[364] Nunmehr kann unter den Voraussetzungen des § 32a Abs. 1, 2 die formlose Beschwerde auch als **elektronisches Dokument** übermittelt werden.[365] Für Rechtsanwälte schreibt § 32d die elektronische Übermittlung nicht als Rechtspflicht, sondern nur als Regelpflicht und somit nicht als Wirksamkeitsvoraussetzung vor.[366] Sie kann zudem **mündlich** oder **fernmündlich** bei der Staatsanwaltschaft angebracht werden; sie ist dann durch den zuständigen Urkundsbeamten zu beurkunden.[367] Da in aller Regel bei fernmündlicher Einlegung die Identität des Anrufers nicht sogleich überprüft werden kann, kann es sich im Einzelfall empfehlen, dem Anrufer die sonstigen Möglichkeiten der Beschwerdeeinlegung trotz bereits erfolgter schriftlicher Belehrung noch einmal aufzuzeigen. **Vertretung** im Willen und in der Erklärung ist zulässig. Der Nachweis der Vertretungsbefugnis kann auch noch nach Fristablauf erbracht werden, doch muss sie innerhalb der Beschwerdefrist bestanden haben. Prozess-

---

360 Die Frage war vor der Gesetzesänderung durch das 3. StRÄndG streitig, wurde aber überwiegend verneint, vgl. m.w.N. LR/*Kohlhaas*[23] 3b; *Dietz* 47.

361 OLG Braunschweig NdsRpfl. **1953** 94.

362 So LR/*Meyer-Goßner*[23] 13.

363 Vgl. Vor § 42, 26 ff.

364 LR/*Graalmann-Scheerer* § 41a, 4; so auch Schmitt/Köhler/*Schmitt* § 41a, 4.

365 Schmitt/Köhler/*Köhler* § 32a, 4.

366 KK/*Graf* § 32d 2.

367 OLG Stuttgart NStZ **1989** 42.

fähigkeit des Beschwerdeführers ist für die Beschwerde nach Absatz 1 noch nicht erforderlich (vgl. Rn. 42 und § 171, 8).

Die Beschwerde muss mindestens das Verfahren und die Einstellung bezeichnen, gegen die sie sich richtet, und erkennen lassen, dass eine Entscheidung des vorgesetzten Beamten der Staatsanwaltschaft erstrebt wird (Rn. 105). Eine **Begründung** ist, anders als beim Antrag auf gerichtliche Entscheidung nach den Absätzen 2 und 3, **nicht erforderlich,**[368] wenn es auch in aller Regel zweckmäßig sein dürfte, mit der Beschwerde Tatsachen vorzutragen, aus denen sich ergibt, warum nach Auffassung des Beschwerdeführers genügender Anlass zur Erhebung der öffentlichen Klage besteht. 107

4. Frist

a) Allgemeines. Bedeutung. Die Beschwerde muss binnen zwei Wochen nach Bekanntmachung des Einstellungsbescheids an den Antragsteller eingelegt werden (Absatz 1 Satz 1). Für die Fristberechnung gilt § 43. Die Frist wird gewahrt durch Einlegung bei der Staatsanwaltschaft, die den Einstellungsbescheid erteilt hat (Absatz 1 Satz 2) oder beim vorgesetzten Beamten (Rn. 102), nicht aber durch Eingang bei einer anderen Stelle (vgl. auch Vor § 42, 13 ff.). Die Frist ist nicht gewahrt, wenn der in Haft befindliche Anzeigeerstatter die Beschwerde innerhalb der Frist des § 172 Abs. 1 zu Protokoll des Amtsgerichts des Verwahrungsorts erklärt, das Protokoll aber erst nach Fristablauf bei der Staatsanwaltschaft, die das Verfahren eingestellt hat, eingeht. Denn § 299 Abs. 2 findet in einem solchen Fall keine Anwendung.[369] Für die Pflicht zur sachlichen Prüfung der Einstellungsentscheidung durch den vorgesetzten Beamten ist die Einhaltung der Frist ohne Bedeutung (Rn. 10); hierauf kommt es erst bei der Frage der Zulässigkeit des Antrags auf gerichtliche Entscheidung an (Rn. 127). Ob und von wem gegen die Versäumung der Frist **Wiedereinsetzung in den vorigen Stand** bewilligt werden kann, ist umstritten; die Frage wird unter Rn. 133 ff. behandelt. 108

b) Frist läuft nicht. Die **Frist läuft nicht**, wenn dem Antragsteller überhaupt kein Einstellungsbescheid erteilt worden ist, mag er auch auf andere Weise von der Einstellung Kenntnis erlangt haben. Sie läuft ferner kraft ausdrücklicher gesetzlicher Regelung (Absatz 1 Satz 3) nicht, wenn die nach § 171 Satz 2 vorgeschriebene Belehrung unterblieben oder in wesentlichen Punkten unrichtig (§ 171, 17) ist. Darauf, ob der Antragsteller auch ohne Belehrung die Möglichkeit des Klageerzwingungsverfahrens und die vorgeschriebene Frist für die Beschwerde nach § 172 Abs. 1 gekannt hat, kommt es nicht an. Der Antragsteller ist im Falle einer Nichtbescheidung nicht gehindert, gegen die Behandlung seiner Strafanzeige Beschwerde einzulegen und anschließend gegebenenfalls ein Klageerzwingungsverfahren zu betreiben.[370] 109

c) Fristbeginn. Die förmliche Zustellung des Einstellungsbescheids ist, wenn dem Antragsteller die Beschwerde nach Absatz 1 offensteht, vom Gesetz nicht vorgeschrieben[371] 110

368 **A.A.** *Eb. Schmidt* 6.

369 OLG Düsseldorf MDR **1988** 165.

370 BVerfG NJW **2017** 3141; BGHR StPO § 171 Strafanzeige 1 (Gründe).

371 OLG Düsseldorf MDR **1960** 603; OLG Hamburg JR **1955** 193 mit Anm. *Kohlhaas*; OLG Hamm JMBlNRW **1954** 206; JR **1963** 271; vgl. auch OLG Bremen GA **1958** 308; **a.A.** OLG Celle NStZ **1990** 505 mit abl. Anm. *Nöldeke* NStZ **1991** 52.

und entgegen früherer Praxis[372] auch nicht mehr die Regel.[373] Sie dient nur dem sicheren Nachweis des Zugangs des Einstellungsbescheids und ist immer dann zweckmäßig, wenn im Einzelfall Anhaltspunkte dafür bestehen, dass mit einer Beschwerde oder einem Antrag auf gerichtliche Entscheidung zu rechnen ist (vgl. Nr. 91 Abs. 2 Satz 2 RiStBV). Bloße Zustellungsmängel hindern den Fristbeginn nicht, wenn der Nachweis geführt werden kann, dass die Mitteilung den Antragsteller erreicht hat.[374] Im Übrigen gelten bei förmlicher Zustellung für den Fristbeginn die Vorschriften der ZPO über die Ersatzzustellung (§§ 178 ff. ZPO), insbesondere durch Niederlegung oder durch Übergabe an einen Vertreter, nicht etwa beginnt die Frist erst mit der späteren tatsächlichen Kenntniserlangung.[375]

111 Wird durch **formlose Mitteilung** bekanntgemacht, etwa durch einfachen oder eingeschriebenen Brief, auch gegen Empfangsbekenntnis oder Rückschein, so richtet sich der Fristbeginn nach § 130 BGB.[376] Es kommt also darauf an, ob die Sendung in den Machtbereich des Empfängers gelangt ist und damit die Möglichkeit der tatsächlichen Kenntniserlangung besteht.[377] Nicht entscheidend ist, ob der Empfänger tatsächlich Kenntnis genommen hat;[378] ggf. ist, wenn er hierzu ohne Verschulden nicht in der Lage war, Wiedereinsetzung zu gewähren. Ist ein **Zustellungsbevollmächtigter** vorhanden, so beginnt die Frist auch mit der Mitteilung oder Zustellung an ihn.

5. Abhilfe. Entscheidung auf die Beschwerde

112 **a) Allgemeines. Überblick.** Die Einstellungsentscheidung ist auf die Beschwerde hin unter Würdigung ihres Vorbringens stets sachlich zu prüfen, und zwar wegen des Doppelcharakters der Beschwerde auch dann, wenn sie als Vorschaltbeschwerde etwa wegen verspäteter Einlegung oder fehlender Verletzteneigenschaft des Beschwerdeführers unzulässig sein sollte. Zu dieser Sachprüfung ist zunächst der Behördenleiter der sachbearbeitenden Staatsanwaltschaft berufen, und zwar auch dann, wenn die Beschwerde unmittelbar beim vorgesetzten Beamten eingelegt worden war, hier im Zusammenhang mit der Übersendung der Akten an den vorgesetzten Beamten (vgl. Nr. 105 RiStBV). In der Praxis haben Behördenleiter diese Befugnis in aller Regel auf den Vertreter oder Abteilungsleiter delegiert. Wird der Beschwerde abgeholfen, so wird eine Entscheidung des vorgesetzten Beamten entbehrlich, andernfalls hat dieser die Möglichkeit der Abhilfe.[379] Der Beschwerde wird abgeholfen, wenn die öffentliche Klage erhoben wird, nach umstrittener Auffassung aber auch dadurch, dass die Ermittlungen wieder aufgenommen werden, der Einstellungsbescheid nach § 171 also nicht aufrechterhalten wird (Rn. 115 f.). Die Verwerfung der Beschwerde steht nur dem vorgesetzten Beamten, in der Regel also dem Generalstaatsanwalt, zu. Dieser braucht selbstverständlich (§ 144 GVG) nicht persönlich zu entscheiden; unter dem Begriff des vorgesetzten Beamten ist vielmehr die vorgesetzte Behörde zu verstehen.

---

372 LR/*Rieß*[24] 108.

373 Vgl. Nr. 91 Abs. 2 RiStBV, wonach der Einstellungsbescheid im Regelfall formlos mitgeteilt wird.

374 *Ostler* 59 f.; vgl. auch OLG Düsseldorf MDR **1960** 603.

375 OLG Hamm JR **1963** 271; *Kohlhaas* JR **1955** 193; **a.A.** OLG Hamburg JR **1955** 193 (mit überholtem Hinweis auf fehlende Wiedereinsetzungsmöglichkeit); offengelassen OLG Bremen GA **1958** 308; vgl. LR/*Graalmann-Scheerer* § 37, 55 ff.

376 OLG Düsseldorf MDR **1960** 603; vgl. auch OLG Karlsruhe NJW **1986** 146.

377 KK/*Moldenhauer* 8; Schmitt/Köhler/*Schmitt* 16; OLG Stuttgart VRS **116** (2009) 114.

378 So aber LR/*Meyer-Goßner*[23] 17.

379 OLG Bamberg NStZ **2010** 590.

b) Abhilfe durch Klageerhebung. Wird aufgrund der Beschwerde die öffentliche Klage erhoben, so hat der Beschwerdeführer sein Ziel erreicht. Es kommt nicht darauf an, ob dies durch Anklage, im beschleunigten Verfahren oder durch Strafbefehlsantrag geschieht und ob es durch die sachbearbeitende Staatsanwaltschaft oder auf Weisung des vorgesetzten Beamten oder durch diesen selbst in Ausübung des Devolutionsrechts (§ 145 Abs. 1 GVG) geschieht. Die Beschwerde hat sich dadurch endgültig erledigt. Sie lebt auch dann nicht wieder auf, wenn die Staatsanwaltschaft die erhobene Klage zurücknimmt und das Verfahren wieder einstellt; vielmehr ist in diesem Fall erneut nach § 171 zu verfahren und gegen den erneuten Einstellungsbescheid eine neue Beschwerde zulässig. Der **Beschwerdeführer wird** von der Klageerhebung formlos **benachrichtigt** (Nr. 105 Abs. 4 RiStBV); es bedarf keines ausdrücklichen Ausspruchs, dass der Beschwerde stattgegeben werde. Bevor die öffentliche Klage erhoben wird, ist erforderlichenfalls nach § 169a zu verfahren (vgl. die Erl. zu § 169a). 113

Eine Abhilfe durch Klageerhebung liegt auch dann vor, wenn vor dieser dem Beschwerdevorbringen in tatsächlicher Hinsicht durch **einzelne Ermittlungen** nachgegangen wird, sei es durch die sachbearbeitende Staatsanwaltschaft selbst, sei es durch den vorgesetzten Beamten.[380] Eine Abhilfe durch Wiederaufnahme der Ermittlungen liegt erst vor, wenn letzteres aktenkundig gemacht und dem Beschwerdeführer mitgeteilt worden ist. 114

c) Abhilfe durch Wiederaufnahme der Ermittlungen. Nach heute h.M.[381] wird der Beschwerde auch dadurch abgeholfen, dass die Staatsanwaltschaft von sich aus oder aufgrund einer Weisung des vorgesetzten Beamten die Ermittlungen wieder aufnimmt und dies dem Beschwerdeführer mitgeteilt wird. Denn damit wird der Einstellungsbescheid, gegen den sich die Beschwerde richtet, gegenstandslos, und ein ablehnender Bescheid des vorgesetzten Beamten, der Voraussetzung für den Klageerzwingungsantrag wäre, ist nicht vorhanden. In der Praxis hilft die Staatsanwaltschaft relativ häufig auf eine Beschwerde hin ab und nimmt die Ermittlungen wieder auf.[382] Einer Begründung bedarf die Mitteilung an den Beschwerdeführer nicht; sie kann aber im Einzelfall sinnvoll sein. Zweckmäßig und üblich ist der Hinweis, dass im Falle der erneuten Einstellung ein weiterer Bescheid erteilt wird. Die Beschwerde ist durch die Wiederaufnahme der Ermittlungen endgültig erledigt; stellt die Staatsanwaltschaft das Verfahren erneut ein, so ist dem Antragsteller ein neuer Bescheid nach § 171 zu erteilen, gegen den dann wiederum die Beschwerde nach § 172 Abs. 1 und soweit diese durch den vorgesetzten Beamten verworfen werden sollte, der Antrag auf gerichtliche Entscheidung möglich ist.[383] Hebt der Generalstaatsanwalt auf die Beschwerde des Verletzten den Bescheid der Staatsanwaltschaft auf und erhebt Letztere die öffentliche Klage, so berechtigt dies nicht zum Anschluss als Nebenkläger nach § 395 Abs. 2 Nr. 2, denn die Erhebung der öffentlichen Klage ist in diesem Fall nicht durch einen Antrag auf gerichtliche Entscheidung (§ 172 Abs. 2, § 175) erfolgt.[384] 115

---

380 KMR/*Noltensmeier-von Osten* 9, 12.

381 OLG Hamm JMBlNRW **1963** 45; OLG Bamberg NStZ **2010** 590; im Ergebnis auch JZ **1958** 622; ausführlich *Kleinknecht* JZ **1952** 489; *Schneidewin* JZ **1958** 623; KK/*Moldenhauer* 12; KMR/*Noltensmeier-von Osten* 9; Schmitt/Köhler/*Schmitt* 13; *Schmidt* SchlHA **1959** 139; *Schulz* JR **1953** 215; *Solbach* DRiZ **1977** 181; differenzierend OLG Braunschweig NdsRpfl. **1953** 94.

382 *Wehnert* 144; *Thode* DRiZ **2007** 58.

383 OLG Zweibrücken MDR **1987** 341 Ls.

384 LG Waldshut-Tiengen StraFo **2004** 99; OLG München NStZ **1986** 376; LR/*Hilger*[26] § 395, 5 m.w.N.; KK/*Senge* § 395, 7; *Schmitt/Köhler*/Schmitt § 395, 9.

116 Nach der von *Niese*[385] ausführlich begründeten **Gegenmeinung** erledigt die bloße Wiederaufnahme der Ermittlungen die Beschwerde nicht. Sie bleibt hiernach anhängig, bis ihr, nach Abschluss der weiteren Ermittlungen, entweder durch Erhebung der öffentlichen Klage stattgegeben oder sie ausdrücklich zurückgewiesen wird. Die Mitteilung über die Wiederaufnahme der Ermittlungen stellt nur einen Zwischenbescheid dar.[386] Nach dieser Auffassung kommt es folglich für die Frage, ob die Frist für die Vorschaltbeschwerde gewahrt ist, allein auf die Beschwerde gegen den ersten Einstellungsbescheid an.[387] Diese Meinung kann zwar zutreffend darauf verweisen, dass die Frage, ob die Klage zu erheben ist, Verfahrensgegenstand zumindest des gerichtlichen Klageerzwingungsverfahrens ist (Rn. 8) und dass über dieses Begehren des Antragstellers durch die bloße Wiederaufnahme der Ermittlungen noch nicht positiv entschieden ist. Ihr ist aber entgegenzuhalten, dass die Existenz einer endgültigen Einstellungsentscheidung eine weitere formale Voraussetzung des Klageerzwingungsverfahrens darstellt und dass diese durch Wiederaufnahme der Ermittlungen beseitigt worden ist. Die herrschende Meinung vom Abhilfecharakter der Ermittlungswiederaufnahme ist dogmatisch mindestens ebenso gut begründbar. Sie erscheint auch praxisgerechter, wenn man anerkennt, dass die erneute Einstellung möglicherweise auf der Grundlage eines gänzlich neuen Ermittlungsergebnisses ihrerseits das Klageerzwingungsverfahren voll neu eröffnet.[388]

117 **d) Entscheidung des vorgesetzten Beamten.** Wird der Beschwerde nicht, durch Klageerhebung oder Wiederaufnahme der Ermittlungen, abgeholfen, so ist über sie, wegen des Doppelcharakters (Rn. 9) stets nach Sachprüfung, zu entscheiden. Damit wird dem antragstellenden Verletzten der Weg zum Oberlandesgericht eröffnet, es sei denn, dass in der Beschwerdeentscheidung nunmehr die Einstellung nicht mehr auf das Fehlen des hinreichenden Tatverdachts, sondern auf eine Ausnahme von der Anklagepflicht gestützt wird. Sofern die Beschwerde für unzulässig gehalten wird, etwa wegen Fristversäumung oder weil der Antragsteller und Beschwerdeführer nicht Verletzter ist, ist zunächst die Beschwerde als Vorschaltbeschwerde als unzulässig zu verwerfen. Zugleich ist aber wegen ihres Doppelcharakters als sachliche Dienstaufsichtsbeschwerde in eine Sachprüfung einzutreten und zu prüfen, ob sich Letztere als begründet erweist. Der Beschwerdeführer muss dem Beschwerdebescheid zweifelsfrei entnehmen können, ob die Beschwerde als Vorschaltbeschwerde für unzulässig erachtet worden ist. Denn nur dann wird er in die Lage versetzt, in einem Antrag auf gerichtliche Entscheidung die Tatsachen, die die Erhebung der öffentlichen Klage begründen sollen, vollständig mitzuteilen (vgl. Rn. 147) und ggf. fristgerecht einen Antrag auf Wiedereinsetzung gegen die Versäumung der Frist zur Einlegung der Beschwerde nach § 172 Abs. 1 zu stellen.[389]

118 Die Zurückweisung der Beschwerde bedarf stets der **Begründung**,[390] in der darzulegen ist, warum der Beschwerde kein Erfolg beschieden ist. Das ergibt sich, wenn man

---

385 JZ **1952** 647; ihm folgend LR/*Kohlhaas*[22] 3; *Eb. Schmidt* 9 ff.; *Hardwig* GA **1959** 237; *Rehwagen* 33 f.; in der Rechtsprechung OLG Celle JZ **1952** 488; OLG Oldenburg NJW **1954** 166; wohl auch OLG Düsseldorf JMBlNRW **1963** 194.

386 OLG Celle JZ **1952** 488.

387 Vgl. insbesondere *Eb. Schmidt* 11 und *Niese* JZ **1952** 649, nach denen ein erneuter Einstellungsbescheid prozessual nicht sachgerecht und eine erneute Vorschaltbeschwerde gegen ihn zwar möglich, aber nicht erforderlich sei; vgl. auch Rn. 130.

388 Vgl. ausführlich *Schneidewin* JZ **1958** 623.

389 So auch KK/*Moldenhauer* 13; Schmitt/Köhler/*Schmitt* 14; KMR/*Noltensmeier-von Osten* 12 f.; **a.A.** LR/*Rieß*[24] 115.

390 **A.A.** früher *Ostler* 50; *Schwarze* GerS **31** (1879) 299.

nicht § 34 analog anwenden will, mindestens daraus, dass der Beschwerdeführer beurteilen können muss, ob ein Antrag nach Absatz 2 Erfolg verspricht. Enthält die Beschwerde keine neuen Gesichtspunkte, hat die Staatsanwaltschaft den Sachverhalt umfassend aufgeklärt und zutreffend rechtlich gewürdigt, so genügt eine Verweisung auf die Ausführungen in dem angefochtenen Einstellungsbescheid. Einer ausführlichen Begründung in dem Beschwerdebescheid bedarf es jedoch stets dann, wenn der Generalstaatsanwalt den Sachverhalt in tatsächlicher und/oder rechtlicher Hinsicht anders als die Staatsanwaltschaft würdigt. Der in der jüngeren Rechtsprechung des BVerfG[391] für bestimmte Fallkonstellationen[392] anerkannte **subjektive Anspruch auf Strafverfolgung** wirkt sich auf den Umfang der Begründung staatsanwaltschaftlicher Einstellungs- und generalstaatsanwaltschaftlicher Beschwerdeentscheidungen aus.[393] Den Strafverfolgungsbehörden obliegt es, ihre Verpflichtung zur effektiven Strafverfolgung nicht nur durch eine detaillierte und vollständige Dokumentation des Ermittlungsverlaufs in den Akten zu erfüllen. Die Dokumentation und die Begründung der Einstellungs- und Beschwerdeentscheidungen müssen auch inhaltlich so beschaffen sein, dass es den zur Überprüfung berufenen Oberlandesgerichten möglich ist, die Erfüllung der Verpflichtung zur effektiven Strafverfolgung einer eigenständigen gerichtlichen Kontrolle zu unterziehen.[394] Hebt der Generalstaatsanwalt die Entscheidung der Staatsanwaltschaft aus tatsächlichen Gründen, weil Letztere den Sachverhalt nicht hinreichend aufgeklärt hat, und/oder aus rechtlichen Gründen auf, so teilt er dem Beschwerdeführer in dem Beschwerdebescheid mit, dass der Bescheid der Staatsanwaltschaft aufgehoben worden ist und die Staatsanwaltschaft die Ermittlungen wieder aufnehmen wird. Zur Vermeidung von Nachfragen rechtsunkundiger Beschwerdeführer kann es sich empfehlen, zusätzlich darauf hinzuweisen, dass die Staatsanwaltschaft zu gegebener Zeit in der Sache neu entscheiden und dem Beschwerdeführer einen neuen Bescheid erteilen wird. Die Gründe für die Aufhebung der Entscheidung der Staatsanwaltschaft muss der Generalstaatsanwalt in dem an den Beschwerdeführer gerichteten Bescheid nicht im Einzelnen mitteilen. Es kann dies aber immer dann tun, wenn es nach Lage des Einzelfalls sachgerecht erscheint. Auf jeden Fall sind die Gründe für die Aufhebung des Bescheids der Staatsanwaltschaft aber in den Akten zu dokumentieren.[395] Es reicht nicht aus, dass der Generalstaatsanwalt nach Aufhebung der staatsanwaltschaftlichen Entscheidung die Akten der Staatsanwaltschaft mit einer zu deren Handakten zu nehmenden Rückschrift zurücksendet, aus der sich die Gründe für die Aufhebung und eventuelle Anweisungen und Hinweise an die Staatsanwaltschaft ergeben. Vielmehr müssen sich die Gründe für die Aufhebung der Entscheidung der Staatsanwaltschaft stets aus den Akten ergeben. Nur so kann ein Beschwerdeführer prüfen, ob Staatsanwaltschaft und Generalstaatsanwalt ihrer gesetzlichen Verpflichtung zur Einhaltung des Legalitätsprinzips nachgekommen sind. Im Falle eines Antrags auf gerichtliche Entscheidung nach erneuter Einstellung des Ermittlungsverfahrens und Zurückweisung der hiergegen eingelegten (neuen) Vorschaltbeschwerde ist es zudem für das Oberlandesgericht durchaus von Interesse, die rechtlichen Erwägungen von Staatsanwaltschaft und Generalstaatsanwalt während des gesamten Verfahrens zur Kenntnis zu bekommen. Aber auch ein Beschuldigter und sein Verteidiger müssen zur Wahrung der Verteidigungsrechte den Akten entnehmen können, welchen Aufklärungsbedarf der Generalstaatsanwalt noch sieht und welche rechtlichen Erwägungen Letzterer angestellt hat. Der Grundsatz des fairen Verfahrens

---

391 *Diehm* 223 ff. m.w.N.; BVerfG NStZ-RR **2015** 347 („Blocksperre"); NJW **2015** 3500 („Kundus").
392 Schmitt/Köhler/*Schmitt* 1a; *Diehm* 223, 233 ff.
393 *Diehm* 223, 243.
394 BVerfG NJW **2015** 150, 151; **2015** 3500, 3501; NStZ-RR **2015** 347, 348; 2020, 675; vgl. auch Rn. 2 a.E.
395 Vgl. zur Praxis *Thode* DRiZ **2007** 57 f.

gebietet es, dass die Akten vollständig sind. Dazu gehört es auch, dass die Begründung der Entscheidung des Generalstaatsanwalts, wie auch immer sie ausgefallen ist, aktenkundig und damit den Verfahrensbeteiligten über die Akteneinsicht zugänglich ist. Es versteht sich von selbst, dass rein innerdienstliche Vorgänge (z.B. Veranlassung der Einleitung eines Disziplinarverfahrens gegen einen Mitarbeiter der Staatsanwaltschaft, Anordnung eines Mitarbeitergesprächs) nicht Gegenstand eines Beschwerdebescheids oder einer zu den Akten zu nehmenden Rückschrift an die Staatsanwaltschaft sein dürfen. In derartigen Fällen sind vielmehr gesonderte Dienstaufsichtsvorgänge anzulegen. Auch das Argument, dass Staatsanwaltschaft und Generalstaatsanwaltschaft nach außen hin als Einheit aufzutreten hätten, verfängt nicht, wenn es – wie hier – um die Sicherstellung und Wahrnehmung prozessualer Rechte von Verfahrensbeteiligten geht.

119 **6. Mitteilung und Belehrung.** Sowohl die Abhilfeentscheidung als auch die Zurückweisung der Beschwerde sind dem Beschwerdeführer mitzuteilen; im ersteren Fall genügt formlose Mitteilung. Auch die Zurückweisung der Beschwerde wird im Regelfall formlos mitgeteilt (vgl. Nr. 105 Abs. 5 i.V.m. Nr. 91 Abs. 2 RiStBV).[396]

120 Der ablehnende Bescheid ist nach Absatz 2 Satz 2 mit einer **Belehrung** des verletzten Antragstellers zu verbinden. Dies gilt auch dann, wenn bereits der Einstellungsbescheid nach § 171 Satz 2 überflüssigerweise (§ 171, 16) eine solche Belehrung enthielt.[397] Die Belehrung ist auch notwendig, wenn die Vorschaltbeschwerde für verspätet oder aus sonstigen Gründen für formal nicht in Ordnung angesehen wird,[398] und – entgegen der h.M. – auch, wenn die Verletzteneigenschaft verneint wird, dies aber umstritten ist.[399] Denn in diesen Fällen hat das Oberlandesgericht die Zulässigkeit der Beschwerde als Voraussetzung für seine eigene Sachentscheidung zu prüfen und ist an die der Beschwerdeentscheidung zugrundeliegende Auffassung des vorgesetzten Beamten der Staatsanwaltschaft nicht gebunden. Der Beschwerdeführer kann daher seine die Unzulässigkeit der Beschwerde bestreitende Auffassung mit dem fristgebundenen Antrag auf gerichtliche Entscheidung vortragen. Das Gesetz schreibt zwar nicht vor, in solchen Fällen die Rechtslage in der Belehrung deutlich zu machen, etwa indem auf die Zweifel an der Verletzteneigenschaft hingewiesen wird,[400] doch ist dies zulässig und auch zweckmäßig.

121 **Keine Belehrung** ist erforderlich, wenn der Antrag auf gerichtliche Entscheidung nach Absatz 2 Satz 3 ausgeschlossen ist.[401] Ist er nur teilweise möglich, so ist die Belehrung hierauf zu beschränken. Eine **unzutreffende Belehrung** macht den Antrag auf gerichtliche Entscheidung nicht zulässig; eine **unterlassene** oder **mangelhafte Belehrung** hat nur zur Folge, dass die Frist nach Absatz 2 Satz 1 nicht in Lauf gesetzt wird (Absatz 2 Satz 2, zweiter Halbsatz).

122 Ihrem **Inhalt** nach muss die Belehrung umfassen: das Recht, die gerichtliche Entscheidung zu beantragen (Absatz 2), die Antragsfrist (Absatz 2 Satz 1), den Adressaten des An-

---

396 OLG Düsseldorf MDR **1960** 603; **a.A.** *Eb. Schmidt* Nachtr. I 6; ob OLG Bremen GA **1958** 306 die Auffassung vertritt, dass Zustellung zwingend erforderlich sei, erscheint zweifelhaft.

397 *Kohlhaas* GA **1954** 134.

398 OLG Hamm NStZ **1990** 450; OLG Oldenburg NJW **1967** 1814; OLG Stuttgart Justiz **1996** 347; **a.A.** KG JR **1982** 210; wohl auch OLG Nürnberg MDR **1964** 524.

399 Insoweit **a.A.** LR/*Meyer-Goßner*[23] 35; wohl auch KK/*Moldenhauer* 16 (in Zweifelsfällen muss der Generalstaatsanwalt durch Weglassen einer Belehrung entscheiden), der wohl übersieht, dass die Auffassung des Generalstaatsanwalts nicht immer rechtlich auch zutreffend sein muss und bei Nichtbelehrung dann der Beschwerdeführer in seinen prozessualen Rechten verletzt sein kann; wie hier *Solbach* DRiZ **1977** 182.

400 So aber *Glang* MDR **1954** 587.

401 KK/*Moldenhauer* 16; Schmitt/Köhler/*Schmitt* 19; *Glang* MDR **1954** 586.

trags (Absatz 3 Satz 3) und das Erfordernis der Unterzeichnung durch einen Rechtsanwalt (Absatz 3 Satz 2). Nicht belehrt zu werden braucht über die Notwendigkeit, die antragsbegründenden Tatsachen und Beweismittel anzugeben, weil das nicht zur Form, sondern zum Inhalt des Antrags gehört,[402] und über die Möglichkeit der Gewährung von Prozesskostenhilfe.[403] Es ist aber zweckmäßig, den Beschwerdeführer in dem Beschwerdebescheid auch darüber zu belehren, dass in dem Antrag auf gerichtliche Entscheidung die Tatsachen, welche die Erhebung der öffentlichen Klage begründen sollen und die Beweismittel anzugeben sind (Absatz 3 Satz 1).

V. Antrag auf gerichtliche Entscheidung (Absätze 2 bis 4)

1. Voraussetzungen

a) Allgemeines. Hinweise. Der Antrag auf gerichtliche Entscheidung ist nur zulässig, wenn die Staatsanwaltschaft das Verfahren endgültig eingestellt hatte (Rn. 12) und die Ermittlungen nicht zwischenzeitlich wiederaufgenommen hat (Rn. 115 f.), der Antragsteller bereits den Antrag auf Erhebung der öffentlichen Klage nach § 171 gestellt hatte (Rn. 47) und Verletzter (Rn. 48 ff.) ist. Der Antragsteller muss prozessfähig oder durch seinen gesetzlichen Vertreter vertreten sein (Rn. 46). Der Antrag ist **unzulässig**, soweit das Klageerzwingungsverfahren ausgeschlossen ist, weil die Einstellung auf einer Anwendung von das Legalitätsprinzip begrenzenden Ausnahmen beruht (näher Rn. 21 ff.). Dies gilt auch dann, wenn ursprünglich die Einstellung auf das Fehlen eines hinreichenden Tatverdachts gestützt war, auf die Vorschaltbeschwerde hin aber die sachbearbeitende Staatsanwaltschaft oder der vorgesetzte Beamte die Einstellung nachträglich auf eine dieser Grundlagen umgestellt hat.[404] Unerheblich ist für die Zulässigkeit des Antrags auf gerichtliche Entscheidung, ob die Einstellung auf tatsächlichen oder rechtlichen Gründen beruht und ob aus materiell-rechtlichen Gründen die Strafbarkeit oder aus prozessualen Gründen lediglich die Verfolgbarkeit verneint worden ist. Zur Wiederholung des Antrags s. Rn. 39 f. 123

b) Erfolglose Vorschaltbeschwerde. Im Normalfall ist ferner Zulässigkeitsvoraussetzung für den Antrag an das Gericht, dass auf eine zulässige Vorschaltbeschwerde nach Absatz 1 hin der vorgesetzte Beamte der Staatsanwaltschaft einen diese zurückweisenden Bescheid erteilt hat. Dabei kommt es aber nicht darauf an, ob dieses aus Sachgründen oder aus formellen Gründen geschehen ist, und im letzteren Fall auch nicht darauf, ob sich der vorgesetzte Beamte (unzulässigerweise, vgl. Rn. 117) auf die formelle Zurückweisung beschränkt hat.[405] Auch darf die Zulässigkeit des Klageerzwingungsantrags nicht davon abhängig gemacht werden, dass der vorgesetzte Beamte über die Beschwerde nach § 172 Abs. 1 durch förmlichen Bescheid entschieden und nicht lediglich eine Entscheidung im Rahmen der Dienstaufsicht getroffen hat. Andernfalls läge es in der Hand des vorgesetzten 124

---

402 OLG Neustadt NJW **1960** 2304 Ls.; OLG Nürnberg NStZ-RR **1998** 143; *Eb. Schmidt* Nachtr. I 7; *Solbach* DRiZ **1984** 478.

403 *Solbach* DRiZ **1977** 181; **a.A.** *Glang* MDR **1954** 587; SK/*Wohlers* 54.

404 Zur umstrittenen (in diesem Kommentar verneinten) Anwendbarkeit der §§ 153 ff. im gerichtlichen Klageerzwingungsverfahren s. § 174, 8 ff.

405 OLG Oldenburg NJW **1967** 1814; **a.A.** früher z.B. OLG Jena, mitgeteilt bei *Dalcke* GA **41** (1893) 94 f. mit krit. Bemerkungen; dagegen auch schon *Delius* GA **43** (1895) 184.

Beamten, die in Absatz 2 gesetzlich vorgesehene Überprüfung der eigenen Entscheidung dauerhaft zu vereiteln.[406]

125 Die Notwendigkeit der **Vorschaltbeschwerde entfällt**, wenn der Einstellungsbescheid vom Generalbundesanwalt oder einem Generalstaatsanwalt erteilt worden ist (Rn. 103). Auf ihr Fehlen kommt es auch dann nicht an, wenn der Antragsteller eine neue selbständige Tat zum Gegenstand macht und der Generalstaatsanwalt sie in seinen die Klageerhebung ablehnenden Bescheid mit einbezieht, denn darin ist eine Einstellung durch den Generalstaatsanwalt in Ausübung seines Devolutionsrechts zu sehen.[407] Nicht entbehrlich ist die Vorschaltbeschwerde aber dann, wenn der Generalstaatsanwalt eine bereits vom ersten Einstellungsbescheid erfasste Tat, gegen die keine Beschwerde eingelegt worden war, in seinen Ablehnungsbescheid mit einbezieht; hier bleibt das gerichtliche Klageerzwingungsverfahren unzulässig.[408]

126 **2. Adressat.** Der Antrag ist an das zuständige Gericht (Absatz 4, näher Rn. 176 f.) zu richten. Die Einreichung bei der Staatsanwaltschaft oder dem Generalstaatsanwalt hat keine fristwahrende Wirkung; auch nicht die bei den auswärtigen Zivilsenaten eines Oberlandesgerichts.[409] Wegen der Verpflichtung zur alsbaldigen Weiterleitung s. § 44, 41 f.

3. Fristen

127 **a) Antrag gegen den ablehnenden Bescheid des vorgesetzten Beamten der Staatsanwaltschaft (Absatz 2 Satz 1).** Der Antrag muss in der gesetzlich vorgeschriebenen Form (Rn. 140 ff.) innerhalb eines Monats nach Bekanntmachung der Zurückweisung der Vorschaltbeschwerde oder, soweit eine solche nicht erforderlich ist (Rn. 125), nach Bekanntmachung des Einstellungsbescheids nach § 171 gestellt werden. Die Fristberechnung richtet sich nach § 43; wegen des Fristbeginns gelten die Erläuterungen in Rn. 108 f. entsprechend. Wegen der Frist, wenn Prozesskostenhilfe beantragt wird, s. Rn. 171 ff. Die **Frist läuft nicht**, solange der Bescheid auf die Vorschaltbeschwerde nicht bekanntgemacht worden ist, oder wenn dieser keine oder eine unvollständige (vgl. Rn. 122) Belehrung über das Antragsrecht enthält (Absatz 2 Satz 2, zweiter Halbsatz).

128 Innerhalb der Monatsfrist müssen die **inhaltlichen Mindestanforderungen** an den Antrag nach Absatz 3 Satz 1 (Rn. 145 ff.) erfüllt werden; die Nachbesserung einer unvollständigen Begründung nach Fristablauf macht den Antrag nicht zulässig.[410] Lediglich ergänzende Ausführungen können dagegen auch später vorgebracht werden. Ob bei einem fristgerecht gestellten Antrag neue Tatsachen oder Beweismittel vorgebracht werden können, ist umstritten,[411] aber zu bejahen. Das Gericht hat seiner Entscheidung generell auch neue Tatsachen oder Beweismittel zugrunde zu legen, und es kann nicht entscheidend darauf ankommen, von wem sie ihm nahegebracht werden, zumal eine dem § 352 Abs. 1 letzter Satzteil entsprechende Regelung fehlt. Die Gegenmeinung würde nur dazu führen, dass der Antragsteller mit den dann nicht von der Sperrwirkung des § 174 Abs. 2 erfassten Nova ein neues Klageerzwingungsverfahren betreiben könnte.

---

406 BerfVG NStZ-RR **2025** 144.

407 Vgl. auch OLG Nürnberg MDR **1964** 524 (verspätete Vorschaltbeschwerde unschädlich, wenn Generalstaatsanwalt in ihr enthaltene neue Tatsachen und Beweismittel in seinem ablehnenden Bescheid sachlich würdigt).

408 OLG Neustadt GA **1961** 125.

409 OLG Karlsruhe Justiz **1980** 207.

410 OLG Köln JMBlNRW **1962** 260; OLG München NStZ **1984** 282; OLG Nürnberg NStZ-RR **1998** 143.

411 Bejahend KG JR **1957** 151; verneinend OLG Hamm NJW **1963** 2284.

b) Vorschaltbeschwerde (Absatz 1 Satz 1). Zulässigkeitsvoraussetzung für den Antrag auf gerichtliche Entscheidung ist auch die **Einhaltung der zweiwöchigen Frist** für die **Vorschaltbeschwerde** gemäß Absatz 1 Satz 1 (vgl. näher Rn. 108 ff.), soweit nicht ausnahmsweise die Vorschaltbeschwerde entbehrlich ist (Rn. 125). Der Antrag auf gerichtliche Entscheidung ist deshalb als unzulässig zu verwerfen, wenn diese Frist versäumt wurde.[412] Ob sie gewahrt wurde, entscheidet das Oberlandesgericht, ohne an die Auffassung des vorgesetzten Beamten der Staatsanwaltschaft gebunden zu sein. 129

War einer ersten Vorschaltbeschwerde dadurch abgeholfen worden, dass die **Ermittlungen wiederaufgenommen** wurden (Rn. 115), und ist danach das Verfahren erneut eingestellt worden, so kommt es auf die **Einhaltung der Frist gegen die letzte Einstellungsentscheidung** an.[413] Denn nach der in diesem Kommentar vertretenen, inzwischen wohl h.M. erledigt die Wiederaufnahme der Ermittlungen die Beschwerde endgültig. Nach der Gegenmeinung, die der Wiederaufnahme der Ermittlungen keinen Abhilfecharakter zubilligt, sondern die Beschwerde als weiterhin anhängig betrachtet (Rn. 116), ist die Einhaltung der Frist gegen den ersten Einstellungsbescheid maßgebend.[414] In der Rechtsprechung wird ferner die Auffassung vertreten, dass das gerichtliche Klageerzwingungsverfahren nur zulässig sei, wenn die Beschwerdefrist gegenüber **jedem Einstellungsbescheid** gewahrt sei,[415] oder dass es **differenzierend** darauf ankomme, ob der Beschwerdeführer mit seiner ersten Beschwerde nur die Wiederaufnahme der Ermittlungen erstrebt habe, dann sei der zweite Bescheid maßgebend, oder ob er bereits die Erhebung der öffentlichen Klage zum Ziel gehabt habe, dann komme es auf den ersten Bescheid an.[416] Dem ist aus den bereits in der 23. Aufl., Rn. 85, von *Meyer-Goßner* dargelegten Gründen nicht zu folgen.[417] Die Einhaltung der Beschwerdefrist nach Absatz 1 Satz 1 gegen die letzte Einstellung reicht auch dann aus, wenn der Beschwerdeführer gegen die erste Einstellung überhaupt keine Beschwerde eingelegt, sondern die Staatsanwaltschaft die Ermittlungen von Amts wegen wieder aufgenommen hatte (vgl. Rn. 38). 130

c) Wiedereinsetzung bei Versäumung der Frist für den Antrag auf gerichtliche Entscheidung. Gegen die Versäumung der Frist für den Antrag nach Absatz 2 Satz 1 ist Wiedereinsetzung in den vorigen Stand nach Maßgabe der §§ 44 ff. zulässig, und zwar auch dann, wenn der Antrag zwar rechtzeitig angebracht ist, aber nicht den Voraussetzungen des Absatzes 3 entspricht.[418] Gegen die die Wiedereinsetzung ablehnende Entschei- 131

---

412 OLG Bremen NJW **1947/1948** 394; OLG Hamm JMBlNRW **1963** 45; **1976** 286; JZ **1958** 622; KG JR **1982** 210; OLG Köln VRS **43** (1972) 193; OLG Oldenburg JW **1935** 3652 mit Anm. *Siegert*; OLG Stuttgart NJW **1977** 62; KK/*Moldenhauer* 31; Schmitt/Köhler/*Schmitt* 34; SK/*Wohlers* 84; *Fuhrmann* JZ **1972** 166; *Kleinknecht* MDR **1972** 69; **a.A.** LR/*Wendisch*[24] § 44, 13 a.E.; in der dort erwähnten Entscheidung OLG München NJW **1977** 2367 hat dieses nicht den Klageerzwingungsantrag als unbegründet verworfen, sondern das Wiedereinsetzungsgesuch an die von ihm für zuständig gehaltene Staatsanwaltschaft zurückgegeben.

413 KK/*Moldenhauer* 9; Schmitt/Köhler/*Schmitt* 16; LR/*Meyer-Goßner*[23] 85; *Kleinknecht* JZ **1952** 489; *Kirstgen* 145 ff.; *Schmidt* SchlHA **1959** 138; *Schneidewin* JZ **1958** 623; *Schulz* JR **1953** 215; *Solbach* DRiZ **1977** 181; vgl. auch OLG Hamm NJW **1957** 1730; **a.A.** OLG Düsseldorf NStZ **1989** 193 mit abl. Anm. *Rieß*.

414 OLG Düsseldorf JMBlNRW **1963** 194; NStZ **1989** 193 mit abl. Anm. *Rieß*; OLG Oldenburg NJW **1954** 166; *Eb. Schmidt* 11; *Niese* JZ **1952** 648; *Hardwig* GA **1959** 237; *Schorn* NJW **1965** 1518; **a.A.** OLG Celle NJW **1990** 60 Ls., das bei wiederholter Einstellung für die Frist nach § 172 Abs. 1 Satz 1 unter Aufgabe der früheren Rechtsprechung (OLG Celle JZ **1952** 488) nunmehr auf den letzten Einstellungsbescheid abstellt.

415 OLG Düsseldorf JMBlNRW **1983** 48; OLG Hamm JMBlNRW **1963** 45 (3. StS); **1976** 286 (2. StS); OLG Schleswig SchlHA **1954** 386.

416 OLG Braunschweig NdsRpfl. **1953** 94; OLG Hamm (1. StS) JZ **1958** 622 mit Anm. *Schneidewin*.

417 Vgl. auch ausführlich *Kleinknecht* JZ **1952** 490; *Schneidewin* JZ **1958** 623.

418 OLG Koblenz VRS **64** (1983) 33; vgl. § 44, 9; **a.A.** *Schmidt* SchlHA **1959** 140.

dung ist wegen § 304 Abs. 4 Satz 2 kein Rechtsmittel gegeben. Zur Wiedereinsetzung bei einem Antrag auf Prozesskostenhilfe s. Rn. 172 ff.

132 **Verschulden seines Rechtsanwalts** ist dem Antragsteller nach herrschender Meinung auch dann zuzurechnen, wenn ihn kein eigenes Verschulden an der Fristversäumung trifft.[419] Dem kann jedenfalls für das Klageerzwingungsverfahren, in dem Anwaltszwang besteht und die Ausweichmöglichkeit der Antragstellung zu Protokoll des Urkundsbeamten der Geschäftsstelle fehlt, nicht zugestimmt werden.[420] Den Antragsteller kann aber ein die Wiedereinsetzung ausschließendes eigenes Verschulden treffen, wenn er den Rechtsanwalt zu spät beauftragt[421] oder sonst durch ein zurechenbares Verhalten zur Fristversäumung durch den Rechtsanwalt beiträgt.[422]

133 **d) Wiedereinsetzung bei Versäumung der Frist für die Vorschaltbeschwerde.** Bei einer Versäumung der Frist für die Vorschaltbeschwerde nach Absatz 1 Satz 1 gelten nach verbreiteter Auffassung die §§ 44 ff. jedenfalls nicht unmittelbar, weil sie sich nur auf gerichtliche Fristen beziehen sollen.[423] Rechtsprechung und Schrifttum haben deshalb lange Zeit die Möglichkeit einer Wiedereinsetzung verneint.[424] Inzwischen entspricht es aber der ganz h.M., dass die **Wiedereinsetzung zulässig** ist. Soweit nicht die §§ 44 ff. unmittelbar angewendet werden,[425] wird dies entweder auf ihre analoge Anwendung[426] oder auf eine analoge Anwendung der § 70 Abs. 2, § 60 Abs. 4 VwGO bzw. § 32 VwVfG[427] oder auf einen allgemeinen Rechtsgedanken gestützt.[428] Die (mindestens analoge) Anwendung der §§ 44 ff. dürfte die sachgerechteste Lösung darstellen. Umstritten ist aber, ob zur Entscheidung über den Wiedereinsetzungsantrag stets der vorgesetzte Beamte der Staatsanwaltschaft, also in der Regel der Generalstaatsanwalt,[429] oder stets das Oberlandesgericht[430] zuständig ist. Teilweise wird auch eine verfahrensabhängige Zuständigkeit des Oberlandesgerichts angenommen, und zwar dann, wenn der Generalstaatsanwalt den Antragsteller bereits sachlich beschieden hatte.[431] Schließlich wird die Zuständigkeit des Oberlandesgerichts jedoch verneint, wenn der Antragsteller zwar einen Wiedereinsetzungsantrag,

---

419 Vgl. MüKo/Valerius § 44, 60 m.w.N.; LR/*Claus/Erb/Nicknig* § 44, 58 m.w.N.; OLG Düsseldorf NStZ **1989** 193 mit abl. Anm. *Rieß*; VRS **84** (1993) 227; JMBlNRW **1993** 80; OLG Nürnberg NStZ-RR **1998** 143; KK/*Moldenhauer* 32; Schmitt/Köhler/*Schmitt* 25; KMR/*Noltensmeier-von Osten* 78.

420 Ebenso LR/*Meyer-Goßner*[23] 86; SK/*Weßlau/Deiters* § 44, 37; wohl auch *Eb. Schmidt* § 44, 15; MüKo/Valerius § 44, 60 m.w.N.; **a.A.** LR/*Claus/Erb/Nicknig* § 44, 64.

421 OLG Hamburg JR **1953** 31.

422 Vgl. zu den ähnlich liegenden Fällen des Eigenverschuldens bei einem Versäumnis des Verteidigers ausführlich LR/*Claus/Erb/Nicknig* § 44, 51.

423 Beachtliche Zweifel an dieser Auffassung bei *Eb. Schmidt* § 44, 3 m.N. aus dem älteren Schrifttum; für unmittelbare Anwendung des § 44 auch LR/*Meyer-Goßner*[23] 24.

424 Nachw. bei § 44, 11 ff.; *Eb. Schmidt* § 44, 3; *Wendisch* Anm. zu OLG Düsseldorf OLGSt n.F. § 44, 8, 11 f.

425 Vgl. m.w.N. LR/*Claus/Erb/Nicknig* § 44, 12 Fn. 31.

426 Vgl. m.w.N. LR/*Claus/Erb/Nicknig* § 44, 12 Fn. 32.

427 Vgl. m.w.N. LR/*Claus/Erb/Nicknig* § 44, 12 Fn. 33.

428 Vgl. m.w.N. LR/*Claus/Erb/Nicknig* § 44, 12 Fn. 34; früher bereits *Ostler* 63.

429 OLG Celle MDR **1972** 67 mit Anm. *Kleinknecht* = JR **1972** 164 mit Anm. *Fuhrmann*; OLG Hamm NJW **1973** 1055; OLG München NJW **1977** 2365 (mit ausführlicher Darstellung des Meinungsstandes, jedenfalls, solange der Beschwerde noch nicht abgeholfen worden ist); OLG Oldenburg NJW **1967** 1815.

430 OLG Hamm (3. StS) NStZ **1990** 450 mit abl. Anm. *Schmid* = NStZ **1991** 146 mit Anm. *Asper*; KG JR **1982** 209; OLG Koblenz GA **1981** 324; OLGSt n.F. § 172 Nr. 10; OLG Nürnberg MDR **1972** 67; OLG Stuttgart NJW **1977** 61; Schmitt/Köhler/*Schmitt* 17; *Eb. Schmidt* Nachtr. I § 44, 2; *Kleinknecht* MDR **1972** 69.

431 OLG Celle MDR **1980** 335; OLG Düsseldorf OLGSt n.F. § 172 Nr. 3; OLG Köln VRS **43** (1972) 193; KK/*Moldenhauer* 11; *Kirstgen* 156 f.; *Bischoff* NJW **1986** 2098; vgl. auch OLG München NJW **1977** 2367.

aber noch keinen Antrag auf gerichtliche Entscheidung nach § 172 gestellt hat.[432] Wegen der Gründe für die verschiedenen Auffassungen im Einzelnen s. § 44, 12 f.

Wie bereits von *Meyer-Goßner* in der 23. Auflage (Rn. 22 ff.) ausführlich begründet, ist stets das **Oberlandesgericht** zur **Entscheidung über den Wiedereinsetzungsantrag** bei Versäumung der Frist für die Vorschaltbeschwerde **zuständig**.[433] Denn die Frist für die Vorschaltbeschwerde ist zwar gegenüber dem Generalstaatsanwalt wahrzunehmen, sie ist aber als Zulässigkeitsvoraussetzung für die Sachprüfung allein für den Antrag auf gerichtliche Entscheidung von Bedeutung, da der Generalstaatsanwalt wegen des Doppelcharakters der Beschwerde diese stets sachlich zu prüfen und zu bescheiden hat (vgl. Rn. 10; 117). Nach § 46 Abs. 1, der im Rahmen der §§ 44 ff. (mindestens) analog anwendbar ist, ist zur Entscheidung über die Wiedereinsetzung das Gericht berufen, das bei rechtzeitiger Handlung zur Entscheidung in der Sache selbst berufen wäre. Auf die Rechtzeitigkeit der Vorschaltbeschwerde als gesondert zu prüfende Entscheidungsvoraussetzung kommt es aber nur für die vom Oberlandesgericht zu treffende Entscheidung an. Ob es darüber hinaus auch eine Überforderung des Generalstaatsanwalts darstellen würde, nach einer von ihm schon getroffenen Sachentscheidung noch über das Wiedereinsetzungsgesuch zu entscheiden,[434] oder ob wegen einer Bindungswirkung der staatsanwaltschaftlichen Entscheidung für das Oberlandesgericht rechtsstaatliche Bedenken erhoben werden könnten,[435] kann dahinstehen. 134

Aus der hier vertretenen Auffassung ergeben sich folgende **Konsequenzen**: Der Antragsteller muss den Wiedereinsetzungsantrag stets binnen einer Woche nach Wegfall des Hindernisses stellen; ist die Vorschaltbeschwerde noch beim Generalstaatsanwalt anhängig ggf. also vor der Entscheidung über diese. Angebracht werden kann er in diesem Fall sowohl beim Oberlandesgericht (§ 45 Abs. 1 Satz 2), was freilich, weil die Sache bei diesem noch nicht anhängig ist, wenig zweckmäßig wäre, als auch beim Generalstaatsanwalt (§ 45 Abs. 1 Satz 1). Erfährt der Antragsteller erst durch den Beschwerdebescheid, dass er die Frist versäumt hat (vgl. Rn. 117), so ist der Wiedereinsetzungsantrag binnen einer Woche zweckmäßigerweise unmittelbar beim Oberlandesgericht zu stellen. Einer Nachholung der versäumten Handlung (§ 45 Abs. 2 Satz 2), also einer nochmaligen Vorschaltbeschwerde, bedarf es in diesem Fall nicht, denn über sie ist ja bereits entschieden (vgl. Rn. 117). Die Monatsfrist für den Antrag auf gerichtliche Entscheidung wird durch die Wochenfrist für den Wiedereinsetzungsantrag nicht berührt. 135

Solange der Generalstaatsanwalt **noch nicht** ablehnend **über die Vorschaltbeschwerde entschieden** hat, ist eine Entscheidung über den Wiedereinsetzungsantrag weder geboten noch überhaupt möglich.[436] Der Wiedereinsetzungsantrag wird gegenstandslos, sofern der Beschwerde durch den Generalstaatsanwalt abgeholfen wird. Nach Zurückweisung der Vorschaltbeschwerde als unzulässig (vgl. Rn. 117), ist über den bereits gestellten Wiedereinsetzungsantrag zu entscheiden, und zwar durch das Oberlandesgericht. Die Akten sind daher in diesem Fall dem Oberlandesgericht vorzulegen. Dabei kommt es nicht darauf an, ob bereits ein Antrag auf gerichtliche Entscheidung nach Absatz 2 Satz 1 gestellt ist, denn der Antragsteller kann Grund haben, vor allem im Hinblick auf die mit der Beauftragung eines 136

432 OLG Düsseldorf NJW **1988** 431; OLG Stuttgart NStZ-RR **1996** 239.

433 LR/ *Claus/Erb/Nicknig* § 44, 12; **a.A.** LR/*Wendisch*[24] § 44, 11 ff. mit ausführlicher Begründung der Gegenmeinung; OLG Düsseldorf OLGSt n.F. Nr. 12 mit Anm. *Wendisch* 8 ff.; *Deckenbrock/Dötsch* StraFo **2003** 372, 374.

434 So LR/*Meyer-Goßner*[23] 25.

435 So LR/*Meyer-Goßner*[23] 25; **a.A.** LR/*Wendisch*[24] § 44, 14; *Fuhrmann* JR **1972** 166.

436 KG JR **1982** 210.

Rechtsanwalts im Klageerzwingungsverfahren verbundenen Gebühren,[437] zunächst geklärt wissen zu wollen, ob er infolge der Gewährung von Wiedereinsetzung überhaupt einen zulässigen Klageerzwingungsantrag stellen kann.[438]

137 Das **Oberlandesgericht entscheidet** über den Wiedereinsetzungsantrag nach Maßgabe des § 45 ohne Rücksicht auf die Erfolgsaussicht eines etwaigen Klageerzwingungsantrags und ohne Rücksicht darauf, ob ein solcher überhaupt schon gestellt ist, wenn er noch gestellt werden kann. Soweit Wiedereinsetzung gewährt wird, gilt damit die Zulässigkeitsvoraussetzung der fristgerechten Vorschaltbeschwerde (Rn. 129), und nur diese, als gewahrt. Erweist sich der Wiedereinsetzungsantrag als unzulässig oder unbegründet, so ist er zu verwerfen, und falls ein Antrag auf gerichtliche Entscheidung bereits vorliegt, auch dieser, weil die Vorschaltbeschwerde nicht fristgerecht eingelegt ist, als unzulässig zu verwerfen. Die Entscheidung ist trotz § 46 Abs. 3 wegen § 304 Abs. 4 Satz 2 unanfechtbar. Die **Entscheidung** über den Wiedereinsetzungsantrag wird für **entbehrlich** gehalten, wenn ein bereits vorliegender Klageerzwingungsantrag aus anderen Gründen als wegen Versäumung der Frist für die Vorschaltbeschwerde unzulässig und die Heilung dieser Zulässigkeitsmängel nicht zu erwarten ist.[439]

138 **Hat** der **Generalstaatsanwalt** entgegen der hier vertretenen Auffassung **Wiedereinsetzung gewährt**, so ist das Oberlandesgericht hieran nach den gleichen Grundsätzen gebunden, die bei der Entscheidung eines unzuständigen Gerichts gelten.[440] Eine die Wiedereinsetzung verwerfende Entscheidung bindet das Oberlandesgericht dagegen nicht.[441]

139 Aus der die Entscheidungskompetenz des Generalstaatsanwalts bejahenden **Gegenmeinung** ergeben sich folgende **Konsequenzen**: Die Entscheidung über den Wiedereinsetzungsantrag steht stets dem Generalstaatsanwalt zu; er hat sie zusätzlich zu der immer erforderlichen Sachentscheidung zu treffen. Der Wiedereinsetzungsantrag ist stets an den Generalstaatsanwalt zu richten, auch wenn der Antragsteller erst nach der Beschwerdeentscheidung von der Fristversäumung erfährt. Die Anbringung des Wiedereinsetzungsantrags beim Oberlandesgericht, auch im Zusammenhang mit der Stellung des Antrags auf gerichtliche Entscheidung, wahrt die Frist nicht. Ein vom Generalstaatsanwalt dem Oberlandesgericht zugeleiteter Wiedereinsetzungsantrag ist diesem zurückzugeben.[442] Die Entscheidung des Generalstaatsanwalts über die Wiedereinsetzung ist sowohl im Falle ihrer Gewährung als auch im Falle ihrer Ablehnung unanfechtbar und für das Oberlandesgericht stets bindend.[443] Nicht zu folgen ist der vereinzelt im Schrifttum vertretenen Auffassung, eine Versäumung der Frist zur Einlegung der Vorschaltbeschwerde nach § 172 Abs. 1 sei als geheilt anzusehen, wenn der Generalstaatsanwalt sich in dem Beschwerdebescheid, sei es auch nur hilfsweise, „zur Sache eingelassen" hat.[444]

---

437 *Bischoff* NJW **1986** 2098.

438 **A.A.** LR/*Meyer-Goßner*[23] 26, der die Entscheidung über den Wiedereinsetzungsantrag für entbehrlich hält, wenn kein Antrag auf gerichtliche Entscheidung gestellt wird; ihm folgend: OLG Düsseldorf OLGSt n.F. § 44 Nr. 12 mit abl. Anm. *Wendisch* 8 ff.; OLG Hamm NStZ **1990** 450 mit abl. Anm. *Schmid*; dagegen *Asper* NStZ **1991** 146.

439 Ebenso *Kleinknecht* MDR **1972** 70.

440 OLG Hamm NJW **1973** 1055; vgl. § 46, 17; **a.A.** *Fuhrmann* JR **1972** 166.

441 **A.A.** die die Zuständigkeit des Generalstaatsanwalts bejahende Gegenmeinung, vgl. m.w.N. LR/*Wendisch*[24] § 44, 11 ff.; *Bischoff* NJW **1986** 2099; *Kirstgen* 158 (keine Bindung an die verwerfende Entscheidung, auch soweit Generalstaatsanwalt zuständig ist).

442 OLG München NJW **1977** 2367.

443 LR/*Wendisch*[24] § 44, 14 m.w.N.

444 *Deckenbrock/Dötsch* StraFo **2003** 372, 374.

4. Form

a) Schriftform. Der Antrag auf gerichtliche Entscheidung muss **schriftlich** angebracht werden, was sich aus Absatz 3 Satz 2 mindestens mittelbar dadurch ergibt, dass seine Unterzeichnung durch einen Rechtsanwalt vorgeschrieben ist. Antragstellung zu Protokoll des Urkundsbeamten der Geschäftsstelle sieht das Gesetz, ebenso wie bei der Revisionsbegründung des Privatklägers (§ 390 Abs. 2) und des Nebenklägers,[445] nicht vor.[446] An der Schriftform fehlt es bei unleserlichen Angaben.[447] Der schriftlichen Einlegung steht die durch **Telekopie** erfolgende gleich.[448] Die bloße **fernmündliche** Antragstellung genügt indes nicht, auch wenn hierüber ein Aktenvermerk gefertigt wird.[449] Im Klageerzwingungsverfahren hat die Antragstellung per **Telefax**[450] zunehmend an Bedeutung gewonnen und bleibt auch mit Blick auf die Möglichkeit einer elektronischen Übermittlung nach § 32d als wirksamer Übertragungsweg bestehen. Die Übermittlung des Antrags auf gerichtliche Entscheidung als **elektronisches Dokument** unterliegt nur der Sollvorschrift des § 32d Satz 1. Sie ist somit keine Wirksamkeitsvoraussetzung.[451] Ein formgerechter Antrag liegt hingegen nicht vor, wenn die Antragsschrift von einer Anwaltskanzlei mittels Computerfax eingereicht wird, das an dem für die Unterschrift vorgesehenen Platz lediglich das Wort „Rechtsanwalt", nicht aber einen Namen trägt, da die Person des Erklärenden nicht bestimmbar ist.[452] 140

b) Durch Rechtsanwalt. Der Antrag muss von einem Rechtsanwalt unterzeichnet sein, auch wenn eine Behörde Antragsteller ist.[453] Ist der Rechtsanwalt selbst verletzt, so kann er den Antrag **in eigener Sache** stellen.[454] Im Übrigen bedarf er der **Vollmacht** des Antragstellers, die bei Einreichung des Antrags bestanden haben muss[455] und (mindestens auf Verlangen) dem Gericht nachzuweisen ist. Der Nachweis braucht allerdings nicht innerhalb der Monatsfrist zu geschehen.[456] **Andere Personen** können den Antrag nicht wirksam stellen, auch wenn sie als Verteidiger auftreten könnten (§ 138).[457] Befreiung vom Antragserfordernis ist nicht möglich.[458] Zur Beiordnung eines Notanwalts s. Rn. 159 ff. 141

---

445 BGH NStZ **1992** 347; LR/*Hilger*[26] § 401, 4.

446 De lege ferenda für die Möglichkeit *Rieß* Gutachten, 112; vgl. Beschluss III 18 der strafrechtlichen Abteilung des 55. DJT (Verh. des 55. DJT, 1984, Bd. II S. L 190).

447 BGHSt **33** 44 = StV **1985** 135 mit Anm. *Hamm.*

448 BGHSt **31** 7.

449 So auch LR/*Wendisch*[24] Vor § 42, 8 f.

450 S. auch LR/*Wendisch*[24] Vor § 42, 31; OLG Koblenz NJW **1990** 1002.

451 Vgl. zur Ablehnung der Ausdehnung des Anwendungsbereichs des § 32d Satz 2 nur BGH, Beschl. v. 4.7.2023 – 4 StR 171/23.

452 OLG Frankfurt ITRB **2004** 80; *Graalmann-Scheerer* FS Nehm 278 f.

453 OLG Celle ZStW **42** (1921) 175; OLG München MDR **1957** 247; OLG Celle JR **2025**, 96 mit abl. Anm. Remke.

454 OLG Bremen MDR **1971** 507; KG GA **1962** 311; KMR/*Noltensmeier-von Osten* 70; zur Frage des Akteneinsichtsrechts *Hilger* NStZ **1988** 441.

455 OLG Düsseldorf MDR **1983** 153 (spätestens innerhalb der Monatsfrist); vgl. RGSt **66** 267; LR/*Jesse*[26] § 297, 4 f., 7.

456 BGHSt **36** 259, 260; OLG Kassel JW **1930** 666 mit Anm. *Friedlaender*; **a.A.** (früher) KG GA **59** (1912) 477; JW **1931** 1765 mit abl. Anm. *Drucker*; vgl. auch *Klee* GA **68** (1920) 90.

457 Das gilt auch für einen Strafverteidiger und Rechtslehrer an einer deutschen Hochschule, der nicht gleichzeitig Rechtsanwalt ist; vgl. OLG Zweibrücken NJW **2022** 1693; OLG Bamberg StV **2022** 139; abl. Feltes StraFo **2022** 178.

458 OLG Koblenz NJW **1982** 61.

142 Der Rechtsanwalt muss bei einem **Gericht der Bundesrepublik Deutschland** zugelassen sein,[459] doch muss das Gericht, bei dem er zugelassen ist, nicht zum Bezirk des Oberlandesgerichts gehören, bei dem der Antrag gestellt wird. Ein **amtlich bestellter Vertreter** (§ 53 Abs. 4 BRAO) oder ein **Abwickler** (§ 55 BRAO) kann den Antrag im Rahmen seiner Befugnisse stellen. Dies setzt aber seine Zulassung zur Rechtsanwaltschaft voraus.[460] Im **Ausland zugelassene Rechtsanwälte** können den Antrag grundsätzlich nicht stellen. Für solche, die **in der EU zugelassen** sind, richtet sich die Antragsbefugnis nach §§ 1 ff. EuRAG.[461]

143 **c) Unterzeichnung. Übernahme der Verantwortung.** Der Rechtsanwalt muss den Antrag eigenhändig und handschriftlich unterzeichnen; insoweit gelten die gleichen Anforderungen wie bei der Revisionsbegründung.[462] Für per Telefax oder Computerfax übermittelte Anträge ist die handschriftliche Unterzeichnung entbehrlich, Namensangabe genügt.[463] Im Fall einer elektronischen Übermittlung muss das Dokument mit einer qualifizierten elektronischen Signatur versehen sein (§ 32a Abs. 3). Dieser bedarf es indes nicht, wenn die Übermittlung über das besondere elektronische Anwaltspostfach erfolgt. In diesem Fall reicht es aus, dass der Antrag von dem Rechtsanwalt einfach signiert und über dessen Postfach als sicheren Übermittlungsweg übertragen wird (§ 32a Abs. 3, Abs. 4 S. 1 Nr. 2).[464] Eine **Mitunterzeichnung durch den Antragsteller** ist **nicht** erforderlich,[465] aber unschädlich und rechtfertigt nicht ohne weitere Anzeichen den Schluss, der Rechtsanwalt habe die Verantwortung für den Inhalt des Antrags nicht übernehmen wollen.[466]

144 Die Unterzeichnung des Antrags durch einen Rechtsanwalt soll die Einhaltung der inhaltlichen Anforderungen gewährleisten und dem Gericht die Prüfung völlig grundloser Anträge ersparen.[467] Deshalb gehört zum Erfordernis der anwaltlichen Unterschrift nach allg. M., dass der Rechtsanwalt den Antrag prüft und für ihn **inhaltlich die Verantwortung übernimmt**.[468] Das ist regelmäßig zu vermuten, wenn der Antrag von ihm verfasst und unterzeichnet ist.[469] Genügt ein Antrag diesen Anforderungen nicht, so ist er unzulässig, so wenn der Rechtsanwalt lediglich unter eine Antragschrift seines Mandanten ohne

---

459 OLG Hamburg NJW **1962** 1689; OLG Köln MDR **1955** 311; OLG München MDR **1957** 247; *H.W. Schmidt* SchlHA **1959** 138.

460 **A.A.** LR/*Rieß*[24] 140.

461 Vgl. im Einzelnen das Gesetz über die Tätigkeit europäischer Rechtsanwälte in Deutschland (EuRAG) vom 9.3.2000 (BGBl. I S. 182) i.V.m. der Berichtigung vom 21.8.2000 (BGBl. I S. 1349), zuletzt geändert durch Art. 2 des Gesetzes zur Umsetzung der Berufsanerkennungsrichtlinie und zur Änderung weiterer Vorschriften im Bereich der rechtsberatenden Berufe (AnwBerRÄndG) vom 12.5.2017 (BGBl. I S. 1121).

462 Vgl. näher LR/*Franke*[26] § 345, 18 ff.

463 Vgl. näher LR/*Franke*[26] § 345, 23.

464 Schmitt/Köhler/*Köhler* § 32a, 5 ff.; Schmitt/Köhler/Schmitt § 345 15; BGH NStZ-RR **2023** 115.

465 **A.A.** teilweise die Meinung zur früheren Fassung (vgl. LR/*Kohlhaas*[20] 9a) unter missverständlicher Deutung des Wortes „auch" im damaligen Absatz 2 Satz 1; vgl. auch *Kohlhaas* GA **1954** 137.

466 *Eb. Schmidt* 16; einschränkend LR/*Meyer-Goßner*[23] 95.

467 So z.B. BGH NStZ **1987** 336 (für die Revisionsbegründung); OLG Hamburg GA **1958** 116; KG JR **1956** 431.

468 OLG Düsseldorf NJW **1989** 1002; **1989** 3296; KG GA **60** (1913) 478; OLG Hamm NStZ-RR **2001** 300; BerlVerfGH NJW **2004** 2728; OLG Köln MDR **1973** 515; OLG München NStZ **1984** 281 (maßgebliche Mitgestaltung des Antragsvorbringens); OLG Stuttgart OLGSt § 172 S. 61; KK/*Moldenhauer* 33; *H. W. Schmidt* SchlHA **1959** 139; *Schorn* NJW **1965** 1518; kritisch *Beling* 187 Fn. 2; vgl. auch zur ähnlichen Situation bei der Revisionsbegründung LR/*Franke*[26] § 345, 27 ff.

469 OLG Koblenz MDR **1973** 515.

eigene Nachprüfung Namen und Anwaltsstempel setzt[470] oder wenn er seiner Unterschrift Zusätze hinzufügt, die ergeben, dass er eine Prüfung nicht vorgenommen hat oder die Verantwortung ablehnt.[471] Ob sich dies auch, wenn der Antrag mit Deckblatt und Unterschrift des Anwalts versehen ist, aus der äußeren Form und dem Inhalt ableiten lässt,[472] ist im Einzelfall zu entscheiden. Ist das Antragsvorbringen offensichtlich zwischen dem Briefbogen als Deckblatt und der letzten Seite mit der Unterschrift des Rechtsanwalts in die Antragsschrift einkopiert worden, wofür in formaler Hinsicht das äußere Erscheinungsbild und in inhaltlicher Hinsicht die unzureichende Qualität des Vortrags als Indiz sprechen können, wird in aller Regel davon auszugehen sein, dass nicht der unterzeichnende Rechtsanwalt die Antragsschrift gefertigt hat, sondern ein nicht berechtigter Dritter. Ein solcher Antrag wäre unzulässig.[473]

5. Notwendiger Inhalt (Absatz 3 Satz 1)

a) Grundsatz. Kritik. Absatz 3 Satz 1 verlangt, dass der Antrag die Tatsachen, die die 145
Erhebung der öffentlichen Klage begründen sollen, und die Beweismittel angeben muss. Er erhebt damit diese inhaltlichen Mindestanforderungen zu Zulässigkeitsvoraussetzungen für den Antrag.[474] Weitere inhaltliche Anforderungen, die sich als Zulässigkeitsvoraussetzungen verstehen ließen, enthält das Gesetz nicht. **Zweck der Vorschrift** ist erkennbar, das Gericht in den Stand zu setzen, ohne Studium der Akten (vgl. auch § 173 Abs. 1, wonach die Akten nur auf Verlangen vorzulegen sind) allein aufgrund der innerhalb der Antragsfrist eingereichten Unterlagen zu entscheiden, ob, die Richtigkeit des Antragsvorbringens und seine Beweisbarkeit unterstellt, genügender Anlass zur Erhebung der öffentlichen Klage besteht und dem Antrag stattzugeben wäre.[475] Das Gericht soll also ohne weiteres Aktenstudium unzulässige und unschlüssige Anträge alsbald ablehnen können.[476] Aus diesem Zweck lässt sich auch noch ableiten, dass im Antrag die formellen Zulässigkeitsvoraussetzungen des gerichtlichen Klageerzwingungsantrags dargelegt werden müssen.[477] Der Antragsteller muss also in tatsächlicher Hinsicht behaupten, dass er als Verletzter zur Stellung des gerichtlichen Klageerzwingungsantrags berechtigt ist und dass ein Sachverhalt vorliegt, der den hinreichenden Tatverdacht einer verfolgbaren Straftat gegen einen bestimmten Beschuldigten begründet.[478] Er muss ferner angeben, dass und welche Beweismittel hierfür zur Verfügung stehen. Weitere Anforderungen an den Inhalt des Antrags lassen sich als Zulässigkeitsvoraussetzungen weder aus dem Wortlaut noch aus dem Zweck des Gesetzes ableiten. Die Darlegungsanforderungen dürfen insgesamt jedoch nicht über-

---

470 OLG Düsseldorf NJW **1990** 1002; OLG Hamburg JW **1929** 2774; GA **1958** 116; MDR **1983** 780 Ls.; OLG Karlsruhe Justiz **1980** 207; OLG Köln MDR **1973** 515 (auch bei Beifügung eines Prüfvermerks); OLG Schleswig SchlHA **2008** 234.

471 BGH NJW **1988** 210 (für den Fall der Unterzeichnung einer Rechtsmittelschrift mit dem Zusatz „i.A."); OLG Düsseldorf NJW **1989** 3296 (Unterzeichnung der Antragschrift mit dem Zusatz „i.V. für den nach Diktat verreisten Rechtsanwalt" zweifelhaft); VRS **91** (1996) 182; KG GA **60** (1913) 478; JR **1956** 431; OLG Kassel GA **40** (1892) 181; OLG Stuttgart OLGSt § 172 S. 61.

472 So OLG Düsseldorf JMBlNRW **1988** 22; OLG Hamm VRS **100** (2001) 310; OLG München NStZ **1984** 282.

473 OLG Frankfurt NStZ-RR **2002** 15.

474 Grundsätzlich **a.A.** *Knögel* NJW **1966** 1400; **1967** 383, der lediglich die Formvorschrift als Zulässigkeitsvoraussetzung ansehen will.

475 So z.B. OLG Celle MDR **1962** 693; ähnlich OLG Koblenz OLGSt n.F. § 172 Nr. 15; OLG Schleswig NStZ **2013** 302; OLG Zweibrücken Beschl. vom 25.3.2025 – 1 Ws 205/24; Schmitt/Köhler/*Schmitt* 26a.

476 BVerfGE **14** 211; BVerfG NStZ **2007** 272; NJW **2004** 1585, 1586; **2016** 44 ff.; WM **2007** 654.

477 So OLG Karlsruhe MDR **1962** 953; BVerfG medstra **2025** 122.

478 BVerfG medstra **2016** 354.

spannt werden, sondern müssen durch den Gesetzeszweck geboten sein. Die Grenze des verfassungsrechtlich Zulässigen ist jedenfalls dann überschritten, wenn der Antragsteller sich mit rechtlich Irrelevantem auseinandersetzen soll.[479]

146 Die **Rechtsprechung** hat sich, unter Billigung eines Teils des Schrifttums,[480] von diesem Ausgangspunkt so weit entfernt, dass ihre Anforderungen an den Antrag zum **formalistischen Selbstzweck** zu werden drohen. Das gilt namentlich für ein überstrenges Bezugnahmeverbot und vor allem für die Forderung, dass der Antragsteller den Verlauf des Verfahrens darstellen und sich mit den Einstellungsbescheiden inhaltlich auseinandersetzen müsse. Sie hält hieran trotz zunehmender Kritik im Schrifttum[481] fest, wobei die Anforderungen an das Antragsvorbringen überwiegend eher verschärft als zurückgenommen werden. Allerdings ist in der Rechtsprechung (bislang jedoch noch vereinzelt) ein vermittelnder und pragmatisch orientierter Ansatz nicht zu übersehen.[482] Dessen ungeachtet erscheint der Appell an die Rechtsprechung auch weiterhin angebracht, die überstrengen Anforderungen auf das sachlich gebotene Maß zu reduzieren, insbesondere im Hinblick auf die Gewährleistung eines **Anspruchs auf effektive Strafverfolgung**. Da von der Erfüllung der formellen Anforderungen an den Klageerzwingungsantrag die Gewährung des Rechtsschutzes für den Verletzten abhängt, dürfen die **Formerfordernisse nicht weitergehen**, als es durch ihren **Zweck geboten** ist.[483] Das Klageerzwingungsverfahren kann seinem Zweck, der Kontrolle des Legalitätsprinzips (vgl. Rn. 1), nur dann gerecht werden, wenn nicht von vornherein der Rechtsschutz für den Verletzten durch überstrenge Anforderungen an den Antrag eingeschränkt wird. Die inhaltlichen Antragserfordernisse dürfen nicht dazu führen, dass die Verwerfung des Antrags als unzulässig mittels Formularbeschluss durch das Oberlandesgericht letztlich zur Regel wird. Der Zweck des Klageerzwingungsverfahrens, nämlich eine Kontrolle des Legalitätsprinzips, wäre dann ebenso wie der Rechtsschutz des Verletzten als Antragsteller nicht mehr gewährleistet. Solange die Rechtsprechung hier nicht einen vermittelnden Standpunkt einnimmt, wird es sich jedoch bei der Antragstellung auch weiterhin empfehlen, Bezugnahmen gänzlich zu vermeiden und den Antrag eher mehr als zu wenig auszuführen. Dabei ist auch zu berücksichtigen, dass der Antrag in Bezug auf die als Zulässigkeitsvoraussetzungen geltenden Mindestanforderungen nur innerhalb der einmonatigen Antragsfrist ergänzt werden kann (Rn. 128), wenn auch ein unvollständiger Antrag nicht vor Ablauf der Frist als unzulässig verworfen werden darf. Ein Antrag, der kein ernstzunehmendes sachliches Anliegen enthält, sondern lediglich der Beschimpfung von Amtsträgern oder anderen Personen

---

479 BVerfG NStZ **2007** 272; NJW **2016** 44; NStZ-RR **2024** 384.

480 Vgl. KK/*Moldenhauer* 34 ff.; Schmitt/Köhler/*Schmitt* 26 ff.; MüKo/*Kölbel/Neßeler* 61 ff.; früher bereits *Mittelbach* DRiZ **1954** 259 f.

481 KMR/*Noltensmeier-von Osten* 92; Schmitt/Köhler/*Schmitt* 26a (Anforderungen dürfen nicht überspannt werden); *Peters* FS Dünnebier 65 Fn. 34; *Rieß* Gutachten 112; *Kirstgen* 132 ff.; *Rehwagen* 35; *Schulz-Arenstorff* NJW **1978** 1302; *Bischoff* 314 ff.; NJW **1988** 1308; NStZ **1988** 64; *Wehnert* 61 ff.; *Stoffers* NStZ **1993** 497; *Rieß* NStZ **1989** 545 und Anm. zu OLG Celle OLGSt § 172 Nr. 25 S. 7 ff.; **a.A.** *Machalke* 137 ff., 143 (mit den wenig überzeugenden Argumenten, dass die strengen Anforderungen den zu Unrecht Beschuldigten vor weiteren Ermittlungen und die Oberlandesgerichte vor einer Untergrabung ihrer Autorität schützen); bereits früher kritisch z.B. *Beling* ZStW **38** (1917) 618 (nur Individualisierung, keine Substantiierung); *Dietz* 76 f.; *Knögel* NJW **1966** 1400; *Moller* NJW **1966** 1253; *Ostler* 66 f.

482 Vgl. OLG Celle NStZ **1989** 43 (unter Aufgabe der früher vertretenen Auffassung, dass die Wiedergabe des Inhalts der Bescheide und die Auseinandersetzung mit ihnen zu den formellen Voraussetzungen des Antrags gehören) mit Anm. *Rieß*; OLG Bamberg NStZ **1989** 544 mit Anm. *Rieß*.

483 BVerfG NJW **2000** 1027; NStZ **2007** 272, 273; BVerfGK **14** 211; BVerfG NJW **2016** 44 ff.; WM **2007** 654; NStZ-RR **2015** 347. BayVGH BayVerwBl. **2001** 746; **2004** 493; BerlVerfGH NJW **2004** 2728; vgl. auch *Stoffers* NStZ **1993** 498 f.

dient, erweist sich als unzulässig,[484] denn ein solcher Missbrauch steht nicht mehr unter dem durch Art. 19 Abs. 4 GG gewährleisteten Schutz des Verfahrensgrundrechts auf effektiven Rechtsschutz. Haben Antragsteller und Beschuldigter über den vermögensrechtlichen Verfahrensgegenstand im Zivilprozess einen Vergleich geschlossen, so fehlt dem Antragsteller das Rechtsschutzinteresse für den Klageerzwingungsantrag, es sei denn, es liegt ein unwirksamer oder wegen arglistiger Täuschung angefochtener Vergleich vor.[485]

b) Angaben zur Zulässigkeit des Antrages. Sofern es sich nicht schon aus dem 147
die Strafbarkeit begründenden Vortrag ergibt, muss der Antrag in tatsächlicher Hinsicht dartun, dass der Antragsteller **Verletzter** ist.[486] Bei Zweifeln an der Verletzteneigenschaft besteht insoweit ein erhöhter Darlegungsbedarf.[487] Des Weiteren muss der Antrag den Verletzten als **Anzeigeerstatter im Sinne des § 171** sowie als **Beschwerdeführer der (fristgerechten) Vorschaltbeschwerde**[488] ausweisen. Dazu bedarf es regelmäßig der Mitteilung des Einstellungsbescheides, der Angabe, wann dieser bekanntgemacht und gegen ihn Beschwerde eingelegt ist.[489] Der Darlegungspflicht hinsichtlich der Einhaltung der Frist für die Vorschaltbeschwerde[490] genügt der Antragsteller bereits dann, wenn er die rechtzeitige Absendung der Beschwerdeschrift an die Staatsanwaltschaft bzw. an den vorgesetzten Beamten der Staatsanwaltschaft mitteilt.[491] Vereinzelt lässt die Rechtsprechung es genügen, wenn die Wahrung der Fristen nach § 172 Abs. 1 und 2 sich aus der Antragsschrift in Verbindung mit deren Anlagen ergibt.[492] Der Antragsteller hat ferner mitzuteilen, dass die Beschwerde zurückgewiesen und wann der Beschwerdebescheid bekanntgemacht worden ist.[493] Einer Darlegung der Frist des § 172 Abs. 2 Satz 1 bedarf es dann nicht, wenn sich deren Einhaltung aus den Akten ergibt.[494] Im Wortlaut brauchen die Bescheide nicht mitgeteilt zu werden,[495] wohl aber müssen die Gründe, die

---

484 BVerfGE **2** 225, 229; BVerfG NVwZ **2015** 1673; KG NJW **1969** 151; OLG Karlsruhe NJW **1973** 1658; OLG Stuttgart Justiz **2002** 553.

485 OLG Stuttgart NJW **2002** 2191.

486 OLG Braunschweig NdsRpfl. **1992** 268; OLG Düsseldorf AnwBl. **1986** 156; OLG Hamburg NJW **1970** 1561 (für den Fall eines Aussagedelikts); OLG Hamm NStZ **1986** 327; OLG Koblenz NJW **1977** 1461; OLG Saarbrücken OLGSt § 172 S. 91; OLG Schleswig SchlHA **1959** 219; OLG Stuttgart OLGSt n.F. Nr. 23; OLG Bamberg OLGSt StPO § 172 Nr. 57; wistra **2016** 122, 123; OLG Frankfurt NJW **2011** 691 ff.; KK/*Moldenhauer* 35; Schmitt/Köhler/*Schmitt* 27a; KMR/ *Noltensmeier-von Osten* 87; SK/*Wohlers* 79; vgl. auch Anm. *Rieß* zu OLG Celle OLGSt Nrn. 24 und 25 S. 8.

487 OLG Braunschweig NdsRpfl. **1992** 268.

488 OLG Bamberg OLGSt StPO § 172 Nr. 57.

489 BVerfG EuGRZ **2006** 308; NJW **2004** 1585.

490 KG NStZ-RR **2016** 176.

491 OLG Düsseldorf MDR **1993** 567; MDR **1994** 193; OLG Hamburg MDR **1988** 518; OLG Hamm NStZ **1992** 250 mit krit. Anm. *Asper* NStZ **1992** 555; MDR **1993** 566; NStZ-RR **2003** 177.

492 BVerfG NStZ-RR **2021** 315; OLG Bamberg NStZ **1990** 202; OLG Düsseldorf StraFo **2000** 22; OLG Stuttgart NStZ-RR **2009** 245; KK/*Moldenhauer* 38 (der die Mitteilung der Einhaltung der Beschwerdefrist nach § 172 Abs. 1 nicht als Formerfordernis für den Antrag auf gerichtliche Entscheidung ansieht); **a.A.** OLG Hamm NStZ-RR **1997** 308; VRS **109** (2005) 351 (Angabe des Tags des Posteinwurfs der Beschwerdeschrift und noch zwei Postbeförderungstage bis zum Fristablauf); KG JR **1989** 260; OLG Karlsruhe NStZ **1982** 520; OLG Schleswig SchlHA **1991** 125.

493 OLG Karlsruhe Justiz **1977** 466 Ls.; OLG Celle StraFo **2011** 226; OLG Düsseldorf StraFo **2000** 22; OLG Stuttgart NStZ-RR **2009** 245; OLG Bamberg NStZ-RR **2012** 248.

494 OLG Frankfurt (3. StS) NStZ-RR **2007** 209 (unter Aufgabe seiner früheren ständigen Rechtsprechung (NStZ-RR **2003** 268); OLG Frankfurt (2. StS) NStZ-RR **2006** 311; OLG Stuttgart NStZ-RR **2009** 245; OLG Celle StraFo **2011** 226.

495 BVerfG NJW **1993** 382 mit Anm. *Stoffers* NStZ **1993** 497.

zur Einstellung des Verfahrens und zur Zurückweisung der Beschwerde geführt haben, vollständig mitgeteilt werden. Die Rechtsprechung verlangt allerdings, wohl immer noch zu weitgehend, einerseits die Mitteilung des Inhalts der angefochtenen Bescheide[496] und untersagt andererseits die Aufnahme von Ablichtungen aus den Akten in die Antragsschrift.[497] Die Anforderungen an den Inhalt des Klageerzwingungsantrags werden damit in einer mit Art. 19 Abs. 4 GG kaum noch zu vereinbarenden Weise überspannt. Wenn schon die Mitteilung des Inhalts der angefochtenen Bescheide verlangt wird, dann muss es zur Vermeidung von reinen zum Selbstzweck werdenden Schreibübungen zulässig sein, durch Einfügung von Ablichtungen in die Antragsschrift deren Inhalte mitzuteilen.[498] Würde sich aus der datenmäßigen Darstellung ergeben, dass Fristen versäumt sind, so müssen auch die Tatsachen angegeben werden, aus denen folgt, dass dies nicht der Fall ist,[499] etwa, dass eine vorgeschriebene Rechtsbehelfsbelehrung nicht erteilt worden ist oder unrichtig war oder dass rechtzeitig ein Wiedereinsetzungsantrag gestellt worden ist (vgl. Rn. 135).

148 Dass darüber hinaus der **Gang des Ermittlungsverfahrens** im Allgemeinen geschildert werden müsse, kann entgegen der herrschenden Meinung[500] nicht verlangt werden; für die vom Oberlandesgericht zu treffende Entscheidung ist es grundsätzlich ohne Bedeutung, was die Staatsanwaltschaft im Ermittlungsverfahren getan oder unterlassen hat (vgl. Rn. 153 ff.). In jüngster Zeit sind jedoch in der Rechtsprechung zaghafte Tendenzen erkennbar, einem weiteren Ausufern an die inhaltlichen Antragserfordernisse durch eine strenge Zweckbindung entgegenzuwirken.[501] Diese Entwicklung ist zu begrüßen. Der Zweck des Klageerzwingungsverfahrens, der in der Kontrolle des Legalitätsprinzips besteht (vgl. Rn. 1), wird gefährdet, wenn überspannte inhaltliche Anforderungen an den Klageerzwingungsantrag nur in Ausnahmefällen zu einer Prüfung der Begründetheit des Antrags führen.[502] Darüber hinaus könnte eine Überspannung der inhaltlichen Antragserfordernisse den Verletzten in seinem Grundrecht aus Art. 19 Abs. 4 GG auf einen wirkungsvollen Rechtsschutz sowie in seinen Rechten als Verletzter einer Straftat einschränken.[503] Der Antrag auf gerichtliche Entscheidung muss ferner den **Beschuldigten** in

---

496 So OLG Hamm MDR **1971** 680; KG JR **1983** 345; OLG Schleswig bei *Ernesti/Jürgensen* SchlHA **1982** 122; OLG Stuttgart Justiz **1979** 235; **1984** 189; **a.A.** OLG Celle OLGSt n.F. § 172 Nr. 25 mit Anm. *Rieß*.

497 OLG Düsseldorf StV **1983** 498; OLG Schleswig SchlHA **1988** 110.

498 So auch KK/*Moldenhauer* 37; vgl. auch BVerfG NStZ **2024** 384 (ausreichend ist die Wiedergabe des wesentlichen Inhalts der staatsanwaltschaftlichen Entscheidung).

499 OLG Karlsruhe NStZ **1982** 520.

500 So etwa OLG Bamberg NStZ **1989** 543; OLGSt StPO § 172 Nr. 57; OLG Düsseldorf NJW **1989** 3296; KG JR **1983** 345; NJW **1969** 109; VRS **86** (1994) 120; OLG Koblenz NJW **1977** 1462; OLG Schleswig SchlHA **1959** 218; NStZ **1989** 286 mit Anm. *Wohlers* NStZ **1990** 98; OLG Koblenz Beschl. v. 21.5.2007 – 2 Ws 272/07; OLG Brandenburg Beschl. v. 8.8.2024 – 2 Ws 88/24 (S); KK/*Moldenhauer* 38 (Darstellung des Gangs des Ermittlungsverfahrens in „großen Zügen"); Schmitt/Köhler/*Schmitt* 26 („in groben Zügen"); KMR/*Noltensmeier-von Osten* 87 („in groben Zügen"); *Mittelbach* DRiZ **1954** 259; *Schmidt* SchlHA **1959** 140; **a.A.** OLG Celle (2. StS) MDR **1987** 518; OLG Celle (1. StS) OLGSt § 172 Nr. 25 mit zust. Anm. *Rieß* 7 ff.; *Bischoff* 314 ff.; *Wehnert* 61 ff.; SK/*Wohlers* 75; MüKo/*Kölbel*/*Neßeler* 68; vermittelnd OLG Bamberg NStZ **1989** 544 (Anforderungen an den Umfang der Darstellung des Gangs des Ermittlungsverfahrens richten sich nach der Schwierigkeit der Rechts- und Beweislage) mit Anm. *Rieß* NStZ **1989** 545; BVerfG medstra **2016** 354, NStZ-RR **2025** 117.

501 BVerfG NStZ-RR **2024** 384; NJW **1993** 382 mit zust. Anm. *Stoffers* NStZ **1993** 498; NJW **2000** 1027; SächsVerfGH NJW **2004** 2729, 2730; OLG Celle MDR **1987** 518 (2. StS); OLGSt § 172 Nr. 25 mit zust. Anm. *Rieß* 7 ff.; OLG Bamberg NStZ **1989** 543 mit Anm. *Rieß* NStZ **1989** 545.

502 *Bischoff* 168 ff.; NStZ **1988** 64; *Wehnert* 151; *Machalke* 192 ff.

503 BVerfG NJW **1993** 382 mit zust. Anm. *Stoffers* NStZ **1993** 499; NJW **2000** 1027; *Diehm* 223 ff., 244 zu den Auswirkungen.

erkennbarer Weise bezeichnen (näher Rn. 20).[504] Kann der Beschuldigte nicht namhaft gemacht werden, so ist er wenigstens so genau zu umschreiben, dass seine Identifizierung möglich ist.[505] Ein gegen Verantwortliche einer GmbH & Co. KG gerichteter Klageerzwingungsantrag ist nicht zulässig, weil er die Identität des oder der Beschuldigten nicht erkennen lässt.[506]

Beruht die Einstellung auf einer Vorschrift, die im **Klageerzwingungsverfahren nicht überprüft** werden kann (vgl. Rn. 21 ff.), so müssen die Tatsachen angegeben werden, aus denen folgt, dass dies ausnahmsweise doch der Fall ist, also etwa im Falle des § 376, dass ein Offizialdelikt vorliegt, in den Fällen der §§ 153, 153a, dass ein Verbrechen gegeben ist. 149

c) Angabe der die Erhebung der öffentlichen Klage begründenden Tatsachen. 150
Der Beschwerdeführer muss die Tatsachen vollständig angeben, die den hinreichenden Tatverdacht begründen, in erster Linie also die Tatsachen, aus denen sich die Erfüllung der Tatbestandsmerkmale einer Straftat in objektiver und subjektiver Hinsicht[507] und, soweit das hiernach einer Erörterung bedarf, das Fehlen von Rechtfertigungs-, Schuldausschließungs-, Entschuldigungs- und Strafausschließungsgründen ergibt.[508] Die bloße Wiedergabe des Inhalts der Ermittlungsakten genügt dafür nicht.[509] Bei einem Unterlassungsdelikt sind in der Antragsschrift auch die tatsächlichen Entstehungsgründe der Handlungspflicht des Beschuldigten darzulegen.[510] Der Antragsteller braucht nicht zu behaupten, dass er von der Strafbarkeit des angezeigten Verhaltens überzeugt sei, auch muss sich eine entsprechende Gewissheit aus seinem Vortrag nicht ergeben. Denn für die Erhebung der öffentlichen Klage, die Ziel des Klageerzwingungsverfahrens ist, genügt eine Verurteilungswahrscheinlichkeit.[511] Für die Zulässigkeit des Antrags kann nicht gefordert werden, dass die angegebenen Tatsachen das Ermittlungsergebnis vollständig wiedergeben und dass sie zutreffen. Dies ist vielmehr eine Frage der Begründetheit des Antrags, von der die Zulässigkeit nicht abhängig gemacht werden kann.[512] **Neue Tatsachen oder Beweismittel**, die der Staatsanwaltschaft bei Zurückweisung der Vorschaltbeschwerde noch nicht bekannt waren, können auch noch während des gerichtlichen Klageerzwingungsverfahrens vorgebracht werden und sind vom Oberlandesgericht zu berücksichtigen.[513] Ein vollständiger Austausch der Tatsachengrundlage

---

504 OLG Düsseldorf VRS **77** (1989) 226; wistra **1992** 357; OLG Stuttgart Justiz **1987** 80; OLG Zweibrücken JBl. **2006** 155; BVerfG StV **2017** 373.

505 OLG Karlsruhe NStZ-RR **2001** 114.

506 OLG Stuttgart Justiz **2004** 128.

507 OLG Stuttgart NJW **1989** 2552; OLG Koblenz NStZ-RR **2007** 317; OLG Brandenburg Beschl. v. 11.7.2024 – 2 Ws 63/24 (S); OLG Zweibrücken Beschl. v. 25.3.2025 – 1 Ws 205/24; BVerfG NStZ-RR **2020** 115.

508 OLG Neustadt GA **1955** 313; OLG Stuttgart Justiz **1973** 101; **1979** 235; *Schmidt* SchlHA **1959** 139.

509 OLG Koblenz OLGSt § 172 Nr. 15 (für den Fall, dass eine Ablichtung der Ermittlungsakte in den Antrag eingefügt wird, ohne Darlegung, aus welchen Teilen des Aktenauszugs der Antrag begründet wird); OLG Celle StraFo **2025** 367 (bloße Verbindung weniger eigener Ausführungen mit zahlreichen eingefügten Dokumenten erfüllt insbesondere dann nicht die Anforderungen, wenn das Gericht selbst einzelne Passagen heraussuchen müsste, um den entscheidenden Sachverhalt zu erkennen); BVerfG Beschl. v. 31.7.2024 – 2 BvR 846/24.

510 OLG Karlsruhe NStZ-RR **2001** 114.

511 Vgl. LR/*Rieß*[25] § 203, 12 der unter hinreichendem Verdacht den am Ende des Ermittlungsverfahrens stehenden dringenden Verdacht versteht; vgl. auch LR/*Stuckenberg* Erl. zu § 203 sowie § 170, 24.

512 Ähnlich *Eb. Schmidt* Nachtr. I 8.

513 KG JR **1957** 151; KK/*Moldenhauer* 38; Schmitt/Köhler/*Schmitt* 31; *Kohlhaas* GA **1954** 137; offengelassen von OLG Hamm NJW **1963** 2284; (zur umstrittenen Frage, ob das auch noch nach Fristablauf geschehen kann, s. Rn. 128).

zwischen dem Ermittlungsverfahren und dem Klageerzwingungsantrag ist jedoch nicht zulässig.[514]

151 Dass die **Verfahrensvoraussetzungen** gegeben sind und keine **Verfahrenshindernisse** entgegenstehen, ist ebenfalls in tatsächlicher Hinsicht darzulegen, wenn dies nach Sachlage zweifelhaft erscheinen kann, denn auch das ist Voraussetzung für die Erhebung der öffentlichen Klage.[515] Sofern es darauf ankommt, ist daher anzugeben, durch welche Handlung die Verjährung unterbrochen worden ist;[516] bei einem Antragsdelikt müssen die Tatsachen vorgetragen werden, aus denen sich ergibt, dass frist- und formgerecht Strafantrag vom Antragsberechtigten gestellt worden ist.[517] Wird die Klageerhebung beantragt, nachdem die Sperrwirkung der §§ 174, 211 eingetreten war, so muss der Antrag die erheblichen neuen Tatsachen oder Beweismittel dartun; dazu gehört auch die Mitteilung der tatsächlichen und rechtlichen Begründung des Beschlusses, der die Sperrwirkung herbeigeführt hat.[518] Bei Doppelbegründung des die Sperrwirkung auslösenden Verwerfungsbeschlusses hat der Antragsteller die Nova so umfassend vorzutragen, dass **sämtliche Verwerfungsgründe** davon erfasst werden.[519] Ist vor der Einstellung des Ermittlungsverfahrens bereits der Erlass eines Strafbefehls rechtskräftig abgelehnt worden, weil der Beschuldigte der ihm zur Last gelegten Tat nicht hinreichend verdächtig sei, so müssen im Antrag auf gerichtliche Entscheidung die tragenden Gründe der Ablehnungsentscheidung mitgeteilt werden.[520] Haben die Strafverfolgungsbehörden die Aufnahme neuer Ermittlungen deswegen abgelehnt, weil das Ermittlungsverfahren wegen des identischen Sachverhalts bereits zu einem früheren Zeitpunkt gemäß § 170 Abs. 2 eingestellt und die dagegen gerichtete Beschwerde sowie der Klageerzwingungsantrag verworfen worden sind, so müssen im Antrag auf gerichtliche Entscheidung auch die frühere Strafanzeige und die Gründe der früheren Verneinung des genügenden Anlasses zur Erhebung der öffentlichen Klage im Einstellungs- und Beschwerdebescheid dargelegt werde. Ohne eine derartige Darlegung ist der Klageerzwingungsantrag unzulässig.[521]

152 **d) Beweismittel.** Der Antrag muss ferner Beweismittel angeben, und zwar auch dann, wenn sie im Ermittlungsverfahren bereits bekannt waren und auch verwertet worden sind.[522] Es muss also aus ihm hervorgehen, was für die Richtigkeit des Tatsachenvortrags spricht und womit er in der erstrebten Hauptverhandlung bewiesen werden soll. Dabei sind die Beweismittel, aus denen sich ein hinreichender Tatverdacht hinsichtlich der geschilderten Straftat ergibt, nicht nur zu benennen, sondern auch deren wesentlichen Inhalt so darzustellen, dass der genügende Anlass zur Erhebung der öffentlichen Klage schlüssig dargetan und eine Irreführung des Gerichts über den Inhalt und den Wert der Beweismittel ausgeschlossen ist.[523] Dass alle im Ermittlungsverfahren verwendeten Beweismittel angegeben und gewürdigt werden, verlangt das Gesetz nicht. So ist es nicht

---

514 OLG Stuttgart Justiz **2007** 281.

515 OLG Stuttgart Beschl. v. 6.7.2015 – 6 Ws 2/15 Rn. 70.

516 OLG Hamburg NStZ **1985** 41 Ls. (es sei denn, dass Akteneinsicht verweigert wurde); OLG München NJW **1973** 2120; KK/*Moldenhauer* 36; Schmitt/Köhler/*Schmitt* 29; KMR/*Noltensmeier-von Osten* 83.

517 OLG Celle NJW **1962** 693; OLG Düsseldorf StV **1982** 558; OLG Karlsruhe wistra **1995** 154; OLG Hamm NStZ **2003** 177; KK/*Moldenhauer* 36; Schmitt/Köhler/*Schmitt* 28; KMR/*Noltensmeier-von Osten* 83.

518 KG JR **1983** 345; *Ostler* 105.

519 Vgl. auch § 174, 14 und LR/*Rieß*[25] § 211, 13a sowie LR/*Stuckenberg* Erl. zu § 211.

520 OLG Frankfurt NStZ-RR **2002** 78.

521 OLG Frankfurt NJW **2003** 3145.

522 Vgl. *Dietz* 54; *Ostler* 65; *Beling* ZStW **38** (1917) 617 zur großzügigeren Praxis des damaligen RMilG; vgl. auch RMilGE **6** 155; **8** 186; OLG Stuttgart Justiz **2002** 229.

523 OLG Zweibrücken Beschl. v. 25.3.2025 – 1 Ws 205/24; OLG Stuttgart Beschl. v. 20.1.2021 – 1 Ws 1/21.

erforderlich, bei mehreren Sachverständigengutachten die Fragestellungen sowie die Ergebnisse sämtlicher Gutachten vollständig im Wortlaut mitzuteilen.[524] Es ist auch keine Frage der Zulässigkeit, sondern eine solche der Begründetheit des Antrags, ob die Beweismittel zum Nachweis der mit ihnen verbundenen Tatsachenbehauptungen ausreichen. Es muss jedoch aus dem Antrag erkennbar sein, dass für alle zu seinem notwendigen Inhalt gehörenden Tatsachen Beweismittel vorhanden sind.[525] Auch die Einlassung des Beschuldigten kann ein Beweismittel im Sinne dieser Vorschrift sein,[526] etwa, wenn er den Sachverhalt einräumt und lediglich die rechtliche Würdigung umstritten ist. Eine gegen ihn wegen desselben Lebenssachverhalts erhobene Anklage muss der Antragsteller zur Einschätzung der Beweislage in dem Antrag vollständig mitteilen.[527] Zu den in dem Antrag erforderlichen Darlegungen gehört auch die Darstellung eines über dessen Gegenstand anhängigen oder anhängig gewesenen Zivilprozesses oder Verwaltungsgerichtsverfahrens.[528] Tatsachen, die dem Antrag den Boden entziehen können, sind mitzuteilen.[529] Äußert der Antragsteller selbst Zweifel an der Beweisbarkeit des Vorwurfs, so erweist sich der Antrag als unzulässig.[530] Stellt die Staatsanwaltschaft das Ermittlungsverfahren mit der Begründung ein, nach einem aussagepsychologischen Gutachten seien Aussagetüchtigkeit und Aussagezuverlässigkeit von Zeugen als fraglich anzusehen, so soll der Vortrag einer genauen Rekonstruktion der Aussageentstehung und Aussageentwicklung unabdingbar sein.[531]

e) Auseinandersetzung mit den angefochtenen Bescheiden. Die Rechtsprechung **153**
verlangt fast einhellig als Zulässigkeitsvoraussetzung, dass die angefochtenen Einstellungsbescheide nicht nur mitgeteilt, sondern auch gewürdigt werden. Der Antragsteller muss hiernach darlegen, aus welchen Gründen die die Einstellung tragenden Erwägungen nicht richtig sind.[532] Zur Begründung wird neben praktischen Bedürfnissen ausgeführt, dass der Staatsanwaltschaft mit dem Antrag eine Verletzung des Legalitätsprinzips und damit ihrer Amtspflicht vorgeworfen werde.[533] Nach Auffassung des Bundesverfassungsgerichts[534] ist diese Rechtsprechung verfassungsrechtlich, namentlich im Hinblick auf Art. 19 Abs. 4 GG, nicht zu beanstanden. Allerdings dürfen die Anforderungen an die Formerfordernisse des

---

524 BVerfG NJW **2016** 44 ff.

525 OLG Celle OLGSt § 172 Nr. 24 mit Anm. *Rieß*; *Beling* ZStW **38** (1917) 619.

526 *Krumm* StraFo **2011** 208.

527 OLG Stuttgart NStZ-RR **2002** 79.

528 OLG Stuttgart NStZ-RR **2003** 331.

529 OLG Koblenz NStZ-RR **2007** 317.

530 OLG Stuttgart Justiz **2005** 253.

531 OLG Stuttgart Justiz **2007** 260.

532 OLG Bamberg OLGSt StPO § 172 Nr. 57; OLG Düsseldorf GA **1982** 376; NJW **1988** 1337; **1989** 3296; OLG Hamm JMBlNRW **1957** 130; MDR **1971** 680; KG NJW **1969** 108; JR **1983** 345; OLG Koblenz NJW **1977** 1462; OLG Köln JR **1954** 396; OLG München MDR **1980** 250; OLG Schleswig SchlHA **1959** 122 Nr. 60; NStZ **1989** 286 mit zust. Anm. *Wohlers* NStZ **1990** 98; OLG Stuttgart Justiz **1978** 235; **1984** 189; im Schrifttum ebenso KK/*Moldenhauer* 38; Schmitt/Köhler/*Schmitt* 26; LR/*Meyer-Goßner*[23] 92; *Langer* JR **1989** 96; einschränkend (Anforderungen richten sich nach der Schwierigkeit der Rechts- und Beweislage und dürfen nicht überspannt werden) OLG Bamberg NStZ **1989** 544 mit Anm. *Rieß* NStZ **1989** 545.

533 So z.B. OLG Düsseldorf GA **1982** 376; NJW **1988** 1337; OLG Hamm MDR **1971** 680; KG NJW **1969** 108; OLG Köln JR **1954** 390; OLG Schleswig NStZ **1989** 286; OLG Stuttgart Justiz **1984** 190; *Mittelbach* DRiZ **1954** 259, dagegen *Eb. Schmidt* 14 und Nachtr. I 8; *Knögel* NJW **1966** 1400; **1967** 383; *Wohlers* NStZ **1990** 98.

534 BVerfG (Vorprüfungsausschuss) NJW **1979** 364 Ls.; **1993** 382 (2. Kammer des 2. Senats) mit Anm. *Stoffers* NStZ **1993** 497.

Klageerzwingungsantrags nicht weitergehen, als es durch ihren Zweck geboten ist.[535] Damit ist allerdings nicht gesagt, dass die insoweit nur unter dem Gesichtspunkt einer Verfassungsverletzung zu überprüfende Auslegung auch einfachgesetzlich richtig ist. Teilweise wird die Auffassung vertreten, dass die inhaltliche Auseinandersetzung dann entbehrlich sei, wenn sich der Antrag schon aufgrund des unvollständigen Vorbringens als unbegründet erweise.[536]

154 Dieser Auffassung ist zu widersprechen. Die inhaltliche Auseinandersetzung mit den Einstellungsgründen der Staatsanwaltschaft ist **keine Zulässigkeitsvoraussetzung** der gerichtlichen Entscheidung.[537] Der Antragsteller tut allerdings schon im eigenen Interesse gut daran, sich mit der der Einstellung zugrundeliegenden Auffassung der Staatsanwaltschaft argumentativ auseinanderzusetzen und darzulegen, aus welchen rechtlichen Gründen sie nicht zutrifft, welche Tatsachen oder Beweismittel nicht berücksichtigt worden sind oder warum die von der Staatsanwaltschaft vorgenommene (vorläufige) Beweiswürdigung nicht trägt. Doch betrifft das allein die Frage der Begründetheit des Antrags. Es kann offenbleiben, ob mit dem Klageerzwingungsantrag der Staatsanwaltschaft tatsächlich eine Verletzung des Legalitätsprinzips vorgeworfen wird, denn auch daraus würde sich das Erfordernis einer eingehenden inhaltlichen Auseinandersetzung nicht ableiten lassen.[538] Die behauptete Pflicht zur inhaltlichen Auseinandersetzung als Zulässigkeitsvoraussetzung weist darüber hinaus auch in der Auslegung der Rechtsprechung keine festen Konturen auf und kann keine limitierende Funktion erfüllen, denn das Oberlandesgericht hat von Amts wegen auf einen in tatsächlicher Hinsicht ausreichend substantiierten Antrag das Vorliegen eines hinreichenden Tatverdachts zu prüfen und ist dabei weder an die Gründe des Einstellungsbescheids noch an die des Klageerzwingungsantrags gebunden. Überdies wird – allerdings noch vereinzelt – zu Recht im Schrifttum darauf hingewiesen, dass auch im Rahmen der §§ 172 ff. der Gedanke des Opferschutzes und des Anspruchs auf rechtliches Gehör aus Art. 103 Abs. 1 GG eine bedeutsame Rolle spielt.[539]

155 **f) Bezugnahmen.** Da der Antrag aus sich heraus verständlich sein muss, sind **Bezugnahmen auf** andere, dem Gericht nicht gleichzeitig oder mindestens innerhalb der Antragsfrist vorgelegte **Schriftstücke** stets **unbeachtlich**; sie können die notwendigen Angaben nicht ersetzen.[540] Das gilt namentlich für die staatsanwaltschaftlichen Ermittlungsakten allgemein,[541] aber auch für die angefochtenen Einstellungsbescheide und die Beschwerde an den vorgesetzten Beamten der Staatsanwaltschaft.[542] Wenn man entgegen der hier vertretenen Meinung der Auffassung ist, dass der Antrag auch eine inhaltliche Auseinandersetzung mit den Einstellungsbescheiden enthalten muss, kann dies auch nicht in Form einer bloßen Verweisung auf die Begründung der Vorschaltbeschwerde geschehen. Unschädlich ist eine

535 BVerfG NJW **2000** 1027.

536 OLG München MDR **1980** 250; offengelassen von OLG Stuttgart Justiz **1979** 236.

537 Ebenso *Kleinknecht*[35] 28; *Schulz-Arenstorff* NJW **1978** 1302; *Bischoff* 314 ff.; *ders.* NStZ **1988** 1308; *Stoffers* NStZ **1993** 497.

538 *Schulz-Arenstorff* NJW **1978** 1303.

539 So *Stoffers* NStZ **1993** 497, 499.

540 OLG Celle MDR **1956** 247; NJW **2008** 2202; NdsRpfl. **2010** 285; OLG Düsseldorf NJW **1959** 219; VRS **84** (1993) 450; OLG Hamburg NJW **1970** 1561 (auch für die die Verletzteneigenschaft begründenden Tatsachen); OLG Koblenz VRS **48** (1975) 279; OLG Saarbrücken wistra **1995** 36; KK/*Moldenhauer* 37; Schmitt/Köhler/*Schmitt* 30; KMR/*Noltensmeier-von Osten* 80.

541 OLG Hamm JMBlNRW **1963** 87; OLG Koblenz NJW **1977** 1461; **a.A.** *Beling* 489 Fn. 5.

542 OLG Kiel NJW **1947/1948** 497 Nr. 702; OLG Köln JR **1954** 391; OLG Neustadt GA **1955** 313.

nur ergänzende Bezugnahme auf Darlegungen, die über den notwendigen Inhalt des Antrags hinausgehen.[543]

Bezugnahme auf dem Antrag beigefügte Schriftstücke sind nach der wohl überwiegenden Meinung jedenfalls dann beachtlich, wenn diese Schriftstücke als Anlage gekennzeichnet sind, von der Unterzeichnung der Antragsschrift durch den Rechtsanwalt mit gedeckt werden[544] und wenn die Bezugnahme so eindeutig ist, dass ihr Inhalt zusammen mit dem Antrag eine in sich geschlossene und verständliche Sachdarstellung enthält.[545] Insgesamt ist die Rechtsprechung, wie im vergleichbaren Fall der Revisionsbegründung (vgl. Erl. zu §§ 344, 345), jedoch streng und formalistisch, sodass statt der Bezugnahme auf Anlagen ihre wörtliche Übernahme in den Antrag selbst zu empfehlen ist,[546] die allerdings nicht dazu führen darf, dass die geschlossene und vollständige Sachdarstellung (Rn. 150) durch die bloße inhaltliche Übernahme von Aktenteilen ersetzt wird.[547] Es genügt keinesfalls, wenn sich der Antragsteller damit begnügt, einem unvollständigen Antrag Konvolute von Schriftstücken und Aktenteilen anzufügen, ohne dabei anzugeben, wo dort die fehlenden Angaben gefunden werden sollen.[548] Es genügt auch nicht, wenn er stattdessen einen nahezu vollständigen Aktenauszug in Ablichtung in seine Antragsschrift einfügt, ohne deutlich zu machen, welche eigene Tatsachendarstellung sich hieraus ergeben soll.[549] Eine Bezugnahme auf fremdsprachliche Urkunden oder sonstige Schriftstücke ist nicht zulässig.[550] 156

g) Folgen des mangelhaften Antrags. Fehlt dem Antrag der notwendige Mindestinhalt, so ist er als unzulässig zu verwerfen.[551] Eine Sperrwirkung nach § 174 Abs. 2 ist damit nicht verbunden. Innerhalb der Monatsfrist kann der Antrag in substantiierter Form wiederholt werden.[552] Das Oberlandesgericht ist zwar nicht verpflichtet, einer Bitte des im Klageerzwingungsverfahrens als Vertreter des Antragstellers tätigen Rechtsanwalts zu entsprechen, ihm einen Hinweis zu geben, falls es weitere Darlegungen für die Zulässigkeit 157

---

543 Vgl. OLG Hamburg HESt **2** 106; DRZ **1947** 237; OLG Brandenburg Beschl. v. 1.8.2025 – 2 Ws 37/25 (S).

544 Vgl. OLG Hamburg HRR **1928** Nr. 801; OLG Koblenz NJW **1977** 1461.

545 OLG Koblenz NJW **1977** 1461; OLGSt § 172 Nr. 15; OLG Neustadt GA **1955** 313; OLG Stuttgart Justiz **1973** 101; OLG Tübingen DRZ **1949** 165; OLG Schleswig bei *Ernesti/Jürgensen* SchlHA **1982** 122 Nr. 60 (bloße Beifügung ohne ausdrückliche Bezugnahme reicht nicht aus); *Eb. Schmidt* 15; *Mittelbach* DRiZ **1954** 260; sehr großzügig (auch für frühere Anträge) *Ostler* 66; *Schwarze* GerS **31** (1879) 300; vgl. auch OLG Hamburg DRZ **1947** 321; sehr eng OLG Kassel JW **1930** 666 mit Anm. *Friedlaender*; OLG Hamm MDR **1971** 680 hat (ohne Einzelheiten) Bezugnahmen für unzulässig erklärt; jede Bezugnahme, die nicht nur der Erklärung dient, hält OLG Düsseldorf StV **1983** 498 für unbeachtlich.

546 Vgl. aber auch die formalistische Entscheidung OLG Düsseldorf StV **1983** 498, wonach selbst die „Einfügung" der in Bezug genommenen Anlagen in die Antragsschrift unwirksam sein soll; kritisch insoweit auch KK/*Moldenhauer* 37; BVerfG medstra **2019** 35.

547 OLG Celle NStZ **1997** 406; NdsRpfl. **2010** 285; OLG Hamm NStZ-RR **2015** 81.

548 BVerfG Beschl. v. 30.1.2017 – 2 BvR 225/16; OLG Stuttgart Justiz **1973** 101; OLG Hamm VRS **107** (2004) 197; OLG Stuttgart NStZ-RR **2003** 331; Justiz **2006** 372 Ls.; NStZ **2007** 664 (zur Beifügung fremdsprachlicher Urkunden ohne beglaubigte Übersetzung in die deutsche Sprache); BVerfG Beschl. v. 31.7.2024 – 2 BvR 846/24; OLG Celle StraFo **2025** 367.

549 OLG Celle NStZ **1997** 406; NdsRpfl. **2010** 285; OLG Hamm NStZ-RR **2015** 81; OLG Koblenz OLGSt n.F. § 172 Nr. 15.

550 OLG Stuttgart Justiz **2007** 260.

551 OLG Stuttgart Beschl. v. 20.1.2021 – 1 Ws 1/21; OLG Koblenz NJW **1977** 1462; im Schrifttum allg. M.; **a.A.** nur *Knögel* NJW **1966** 1400; **1967** 384; kontrovers wird im Schrifttum nur behandelt, was zum Mindestinhalt gehört.

552 OLG München DStR **1937** 171; *Kohlhaas* GA **1954** 137.

oder Begründetheit des Antrags für erforderlich hält;[553] je nach Sachlage kann ein solcher Hinweis aber aus Gründen der prozessualen Fürsorgepflicht gleichwohl geboten sein.

158 **6. Zurücknahme des Antrags.** Die **Zurücknahme des Antrags** ist möglich, solange das Oberlandesgericht über ihn noch nicht entschieden hat.[554] Damit entfällt die Entscheidungsbefugnis des Oberlandesgerichts; dem Antragsteller sind jedoch durch besonderen Beschluss die durch den Antrag veranlassten Kosten aufzuerlegen (§ 177, 2). Die Antragsrücknahme löst keine Sperrwirkung nach § 174 Abs. 2 aus, sodass mit ihrer Hilfe der Antragsteller dieser Konsequenz einer zu erwartenden ungünstigen Entscheidung entgehen kann. Einer Erneuerung des Antrags innerhalb der Antragsfrist steht die Zurücknahme nicht entgegen. Die Zurücknahme des Klageerzwingungsantrags enthält keine Zurücknahme eines Strafantrags im Sinne des § 77 StGB, wenn dies nicht besonders erklärt wird. Die Zurücknahme kann durch den Antragsteller selbst, nicht nur durch den Rechtsanwalt, erklärt werden; einer besonderen Form bedarf sie nicht.[555] Wirksam wird sie mit dem Zugang (vgl. Vor § 42, 6 ff.) beim Oberlandesgericht. Entscheidet dieses noch danach in Unkenntnis der Zurücknahme über den Antrag, so ist diese Entscheidung ohne Wirkung. Sie führt, wenn sie den Antrag verwirft, nicht die Sperre des § 174 Abs. 2 herbei und löst, wenn sie ihm stattgibt, nicht die Verpflichtung der Staatsanwaltschaft zur Erhebung der öffentlichen Klage oder zur Durchführung weiterer Ermittlungen (vgl. § 175, 16 ff.) aus.

7. Notanwalt

159 **a) Allgemeines.** Ob dem Verletzten zur Stellung eines gerichtlichen Klageerzwingungsantrags in analoger Anwendung des § 78b ZPO ein Rechtsanwalt beigeordnet werden kann, ist seit langem umstritten.[556] Ein nicht unerheblicher Teil der Oberlandesgerichte[557] und des Schrifttums[558] bejaht es. Die von der bisherigen Mehrzahl der Oberlandesgerichte und im Schrifttum vertretene Gegenmeinung[559] lehnt es mit unterschiedlicher Begründung ab.[560] Überwiegend wird heute die für eine Analogie erforderliche Regelungslücke mit der Begründung verneint, dass der Gesetzgeber spätestens mit dem Prozesskostenhil-

---

553 OLG Nürnberg NStZ-RR **2002** 112.

554 KMR/*Noltensmeier-von Osten* 116; *Eb. Schmidt* 26; OLG München Alsb.E **1** 435.

555 Vgl. *Dietz* 56.

556 Vgl. zum früheren Meinungsstand die Nachw. bei *Rieß* NStZ **1986** 434.

557 OLG Bamberg NJW **2007** 2274; OLG Saarbrücken NJW **1964** 1534 mit Anm. *Meyer* NJW **1964** 1973; OLG Koblenz MDR **1970** 164; Rpfleger **1973** 219; NJW **1982** 61; OLG Stuttgart JZ **1952** 284; Justiz **2001** 222; OLG Jena Beschl. v. 8.3.2005 – 1 Ws 56/04; OLG Brandenburg Beschl. v. 12.5.2021 – 1 Ws 42/21 (S) und Beschl. v. 13.9.2023 – 1 Ws 129/23 (S); OLG Frankfurt Beschl. v. 15.2.2023 – 7 Ws 23/23; OLG Köln FamRZ **2025** 1213; BVerfG Beschl. v. 25.2.2025 – 2 BvR 131/25.

558 KK/*Moldenhauer* 55; Radtke/Hohmann/*Rettenmaier* 31; Graf/*Gorf* 24.1; KMR/*Noltensmeier-von Osten* 75; LR/*Meyer-Goßner*[23] 113; *Küpper* Jura **1989** 284; *Meyer-Goßner* NStZ **1985** 234; *Niese* JZ **1952** 267; *Pentz* NJW **1961** 862; *Rieß* NStZ **1986** 434; im zivilprozessualen Schrifttum *Anders/Gehle* § 78b, 1 ZPO.

559 OLG Bremen NStZ **1986** 475 (früher offengelassen in MDR **1966** 1020; Rpfleger **1971** 436); OLG Celle NStZ **1985** 234 mit Anm. *Meyer-Goßner*; OLG Düsseldorf NStZ **1985** 571; MDR **1995** 193; VRS **84** (1993) 450; OLG Frankfurt NJW **1965** 599 Ls.; NStZ **1981** 491; OLG Hamburg MDR **1965** 407; offengelassen in MDR **1985** 783; OLG Hamm NJW **1960** 164; MDR **1988** 990; NStZ **1995** 562; NJW **2003** 3286; VRS **113** (2007) 292; Beschl. v. 11.2.2014 – 1 Ws 23/14; OLG Köln OLGSt § 172 S. 49; OLG Schleswig SchlHA **1960** 179; **1961** 220; OLG Frankfurt/M. Beschl. v. 15.2.2023 – 7 Ws 23/23, das aber bei hinreichender Aussicht auf Erfolg des Klagerzwingungsantrags ausnahmsweise eine Beiordnung eines Notanwalts für zulässig erachtet; im Schrifttum MüKo/*Kölbel/Neßeler* 52; *Eb. Schmidt* Nachtr. I 9b; *Meyer* NJW **1964** 1973; *H.W. Schmidt* MDR **1965** 873.

560 Nachw. der verschiedenen Argumente bei *Rieß* NStZ **1986** 434.

fegesetz durch Unterlassen einer ausdrücklichen Verweisung auf § 78b ZPO die Frage verneinend entschieden habe.[561] Teilweise wird auch die Vergleichbarkeit der Sachverhalte bestritten.[562]

Richtigerweise ist die **Möglichkeit der Bestellung eines Notanwalts zu bejahen.**[563] 160
Das Fehlen einer Regelungslücke, also eine bewusste Entscheidung des Gesetzgebers gegen den Notanwalt, lässt sich aus der Untätigkeit des Gesetzgebers bei der Änderung des § 172 durch das 3. StRÄndG und das Prozesskostenhilfegesetz schon deshalb nicht ableiten, weil die Frage des Notanwalts außerhalb des Regelungsbereichs der damaligen punktuellen Novellierungen lag.[564] Es kann daher dahingestellt bleiben, ob es auf diesen Willen des historischen Gesetzgebers heute überhaupt noch ankommen kann. Vergleichbar ist der in § 78b ZPO geregelte Sachverhalt mit der Situation im Klageerzwingungsverfahren insbesondere dadurch, dass in beiden Fällen eine Vertretung durch einen Rechtsanwalt zwingend und ohne Ausweichmöglichkeiten vorgeschrieben ist. Kein tragfähiges Gegenargument stellt der Umstand dar, dass im Zivilprozess – bis zur Neufassung durch Art. 1 Nr. 1 des Gesetzes zur Änderung des Gesetzes zur Neuordnung des Berufsrechts der Rechtsanwälte und der Patentanwälte vom 17.12.1999[565] – nur die Vertretung durch einen bei dem jeweiligen Gericht zugelassenen Rechtsanwalt möglich war.[566] Dies folgt schon daraus, dass § 78b ZPO auch für das verwaltungsgerichtliche Verfahren mit Anwaltszwang[567] sowie für das Verfahren vor dem Bundesfinanzhof[568] gilt, obwohl dort jeder deutsche Anwalt auftreten kann. Den Lokalisationsgrundsatz hat der Gesetzgeber im Übrigen inzwischen durch Art. 1 Nr. 1 des Gesetzes zur Änderung des Gesetzes zur Neuordnung des Berufsrechts der Rechtsanwälte und der Patentanwälte vom 17.12.1999, und zwar für das gesamte Bundesgebiet, weitgehend aufgehoben.[569]

b) Einzelfragen. Ein Notanwalt kann in analoger Anwendung des § 78b ZPO nur auf 161
Antrag des Beschwerdeführers bestellt werden. Einfache Schriftform oder wohl auch Antragstellung zu Protokoll des Urkundsbeamten der Geschäftsstelle reicht aus. Der Beschwerdeführer muss darlegen, dass er trotz der unbeschränkten Auswahlmöglichkeit bei der Beauftragung eines Rechtsanwalts auf unzumutbare Schwierigkeiten gestoßen ist. Er muss also nachweisen, nicht bloß behaupten, dass er eine gewisse Zahl von Anwälten erfolglos um die Übernahme des Mandats gebeten hat;[570] dass er lediglich vermutet, er

---

561 So die OLG Bremen, Celle, Düsseldorf, Frankfurt, Hamm und Schleswig; OLG Köln NStZ-RR **2008** 117 (analoge Anwendung von § 78b ZPO zur Sicherstellung effektiven Rechtsschutzes und wegen Beachtung des allgemeinen Gleichheitssatzes geboten).

562 So z.B. OLG Frankfurt NStZ **1981** 491; OLG Hamm MDR **1988** 990; *Meyer* NJW **1964** 1972; *H. W. Schmidt* MDR **1965** 872.

563 Ausführlich LR/*Meyer-Goßner*[23] 113; *Rieß* NStZ **1986** 433 ff.; SK/*Wohlers* 59.

564 Näher *Meyer-Goßner* NStZ **1985** 235; *Rieß* NStZ **1986** 434; OLG Köln NStZ-RR **2008** 117.

565 BGBl. I S. 2448.

566 So aber z.B. *Meyer* NJW **1964** 1973; dagegen ausführlich *Rieß* NStZ **1986** 435 f.

567 *Anders/Gehle* § 78b, 3 ZPO m.w.N.

568 *Anders/Gehle* § 78b, 3 ZPO; BFH NJW **1978** 448.

569 BGBl. I S. 2448; vgl. OLG Stuttgart Justiz **2001** 222, das nach der Abschaffung des Lokalisationsprinzips durch die Neufassung des § 78 Abs. 1 und 2 ZPO unter Aufgabe der früheren Rechtsprechung nunmehr auch im Klageerzwingungsverfahren die Beiordnung eines Notanwalts in entsprechender Anwendung von § 78b ZPO für zulässig erachtet.

570 OLG Rostock Beschl. v. 23.6.2021 – 20 Ws 152/21; OLG Bamberg NJW **2007** 2274; OLG Bremen MDR **1966** 1020; Rpfleger **1971** 436; OLG Koblenz NJW **1982** 328; OLG Köln NStZ-RR **2008** 117; vgl. auch OLG Hamburg MDR **1985** 783 (ggf. Anfrage bei der Rechtsanwaltskammer); *Anders/Gehle* § 78b, 4 ZPO.

werde keinen Anwalt finden, reicht nicht aus.[571] Der Antrag ist als unzulässig zu verwerfen, wenn es an diesen Darlegungen fehlt.[572] Er ist als unbegründet zu verwerfen, wenn ein Klageerzwingungsantrag aussichtslos wäre, seine Unzulässigkeit oder Unbegründetheit also eindeutig erkennbar ist. Anders als bei der Prozesskostenhilfe (vgl. Rn. 165) reicht aber mangelnde Erfolgsaussicht nicht aus.[573] Damit diese Prüfungen angestellt werden können, muss der Antrag eine Begründung enthalten;[574] es gelten insoweit ähnliche Grundsätze wie bei der Prozesskostenhilfe (Rn. 167). Das Gericht ist nicht verpflichtet, den Antragsteller zu einer Ergänzung eines mangelhaften Antrags aufzufordern; es kann über den Antrag sogleich entscheiden.

162 Über den Antrag entscheidet der Strafsenat des Oberlandesgerichts, nicht etwa nur dessen Vorsitzender, nach Anhörung der Staatsanwaltschaft (§ 33 Abs. 2) durch Beschluss. Der Anhörung des Beschuldigten bedarf es nicht. Der den Antrag ablehnende Beschluss ist nach § 34 2. Alt. zu begründen. Beschwerde ist in jedem Fall unzulässig (§ 304 Abs. 4 Satz 2, der den § 78b Abs. 2 und § 78c Abs. 3 ZPO vorgeht). Aufgrund des dem Antrag stattgebenden Beschlusses ordnet der Vorsitzende einen von ihm auszuwählenden Rechtsanwalt bei (§ 78c Abs. 1 ZPO). Abweichend von § 78c Abs. 1 Satz 1 ZPO ist nicht erforderlich, dass er bei dem Oberlandesgericht zugelassen ist. Wegen der **Wiedereinsetzung** gegen die Versäumung der Antragsfrist gelten die Ausführungen der Rn. 172 ff. entsprechend.

8. Prozesskostenhilfe

163 **a) Allgemeines. Anwendbare Vorschriften.** Die lange Zeit sehr umstrittene Frage,[575] ob dem Antragsteller Prozesskostenhilfe gewährt werden kann, ist durch das 3. StRÄndG bejahend entschieden worden.[576] Absatz 3 Satz 2 zweiter Halbsatz verweist insoweit auf die für bürgerliche Rechtsstreitigkeiten geltenden Vorschriften, also auf die §§ 114 bis 127 ZPO. Diese Verweisung gilt jedoch wegen der Besonderheiten des Strafprozesses und des Klageerzwingungsverfahrens nicht uneingeschränkt; sie betrifft in erster Linie die Voraussetzungen und Wirkungen der Prozesskostenhilfe, weitgehend aber auch das Verfahren.[577] **Unanwendbar** sind namentlich § 118 Abs. 1 Satz 3 bis 5, § 119, § 121 Abs. 2, § 122 Abs. 2, §§ 125, 126, 127 Abs. 1 Satz 2 und 3, Abs. 2 bis 4 ZPO. Die Bewilligung von Prozesskostenhilfe kommt in erster Linie für die Beiordnung eines Rechtsanwalts zur Stellung eines Klageerzwingungsantrags in Betracht, regelmäßig also vor der Einreichung des Antrags selbst. Sie ist aber trotz des insoweit nicht ganz klaren Wortlauts des Gesetzes auch noch möglich, wenn der Antrag bereits angebracht ist, insbesondere, um Befreiung von einer nach § 176 Abs. 1 angeordneten Sicherheitsleistung zu erlangen (§ 122 Abs. 1 Nr. 2 ZPO).

164 **b) Voraussetzungen.** Der Antragsteller muss nach Maßgabe der in den §§ 114 bis 116 ZPO getroffenen Regelung nach seinen **persönlichen und wirtschaftlichen Verhältnissen** die Kosten für das Klageerzwingungsverfahren nicht, nur zum Teil oder nur in Raten

571 OLG Koblenz NJW **1982** 338; OLG Hamm VRS **113** (2007) 293.

572 OLG Koblenz MDR **1970** 164; Rpfleger **1973** 219 (behandelt solche Anträge als unbegründet); OLG Hamm NJW **2008** 117.

573 *Anders/Gehle* § 78b, 5 ZPO.

574 OLG Hamburg MDR **1985** 783.

575 Nachw. z.B. bei LR/*Kohlhaas*[20] 9b; *Eb. Schmidt* 20; *Niese* JZ **1952** 649; *Dietz* 56 f.; kritisch zur Neuregelung wegen vermeintlicher Besserstellung des Minderbemittelten *Mittelbach* DRiZ **1954** 260.

576 Bereits vor dem Inkrafttreten, aber nachdem die Änderung bereits beschlossen war, hatte BVerfGE **2** 336 entschieden, dass die Versagung des Armenrechts gegen Art. 3 GG verstoße.

577 Vgl. LR/*Hilger*[26] § 379, 20 ff. und die Zusammenstellung bei *Poppe* NJW **1953** 1501.

aufbringen können. Als **Kosten** kommen in Betracht: die Gebühr für das Klageerzwingungsverfahren[578] und die insoweit entstehenden Auslagen der Staatskasse, die Gebühr für den Rechtsanwalt[579] sowie eine etwa nach § 176 auferlegte Sicherheit, regelmäßig also, wenn nicht etwa im Zuge der eigenen Ermittlungen des Oberlandesgerichts kostenintensive Sachverständigengutachten erforderlich werden, keine sehr erheblichen Beträge. Nicht in die Berechnung einzubeziehen sind die ggf. nach § 177 dem Antragsteller aufzuerlegenden notwendigen Auslagen des Beschuldigten (§ 177, 7 f.),[580] da insoweit die Prozesskostenhilfe die Erstattungspflicht nicht berührt (§ 123 ZPO). Der Antragsteller muss ferner schon für den Antrag auf Prozesskostenhilfe **prozessfähig** sein oder durch seinen gesetzlichen Vertreter vertreten werden.[581]

Sachlich verlangt § 114 ZPO **hinreichende Aussicht auf Erfolg**. Sie setzt voraus, dass die materiellen und formellen Voraussetzungen des Klageerzwingungsantrags vorliegen oder voraussichtlich bei Mitwirkung eines Rechtsanwalts zu erbringen sein würden. Dies muss der Prozesskostenhilfeantrag darlegen (Rn. 167). Hinreichende Erfolgsaussicht ist nicht gegeben, wenn der Klageerzwingungsantrag unzulässig wäre, beispielsweise, weil das Klageerzwingungsverfahren überhaupt nicht eröffnet, der Antragsteller ersichtlich nicht Verletzter ist, die Vorschaltbeschwerde fehlt oder verspätet ist oder die Frist für den Klageerzwingungsantrag bereits abgelaufen ist, sowie dann, wenn der Antrag wegen Fehlens eines hinreichenden Tatverdachts als unbegründet erscheinen würde. Ob die weitere sachliche Voraussetzung des § 114 ZPO, dass der Antrag **nicht mutwillig** sein darf, für das Klageerzwingungsverfahren eine Rolle spielt, ist umstritten und wohl eher zu verneinen.[582] Der dazu allgemein entwickelte Maßstab, dass darauf abzustellen sei, was eine verständige, ausreichend bemittelte Partei in einem gleichliegenden Fall tun würde,[583] bezieht sich im Wesentlichen auf hier nicht passende wirtschaftliche Überlegungen. Allenfalls könnten Fälle in Betracht kommen, in denen sicher abzusehen ist, dass ein gerichtlich anhängiges Verfahren gegen den Angeklagten nach den §§ 153 ff. eingestellt werden würde.[584] 165

c) Antrag. Der **Antrag** auf Gewährung von Prozesskostenhilfe kann **schriftlich** oder **zu Protokoll der Geschäftsstelle** (§ 117 Abs. 1 ZPO) gestellt werden. Für den nicht auf freiem Fuß befindlichen Antragsteller gilt § 299 Abs. 2 nach h.M. nicht.[585] Vertretung durch einen Rechtsanwalt ist nicht erforderlich, soweit nicht mit dem Prozesskostenhilfeantrag der Antrag auf gerichtliche Entscheidung selbst verbunden wird.[586] Die Frist für den Klageerzwingungsantrag gilt im Ergebnis auch für den Prozesskostenhilfeantrag (Rn. 172); innerhalb dieser Frist muss die Erklärung zu den persönlichen und wirtschaftlichen Verhält- 166

578 Zurzeit € 87 (vgl. Nr. 3200 KVGKG).

579 Vgl. § 53 Abs. 1 RVG. Die Gebühr beträgt derzeit für den gewählten Rechtsanwalt 48 € bis 552 €, für den im Wege der Prozesskostenhilfe beigeordneten 240 € (Nr. 4301 VV zum RVG).

580 **A.A.** LR/*Meyer-Goßner*[23] 101; vgl. auch *Poppe* NJW **1953** 1500.

581 OLG Hamburg NJW **1966** 1934; KG JR **1960** 29 mit Anm. *Dünnebier*; im Schrifttum allg. M.; **a.A.** OLG Nürnberg GA **1965** 118.

582 Ähnlich *Poppe* NJW **1953** 1501; **a.A.** wohl LR/*Meyer-Goßner*[23] 102; KK/*Moldenhauer* 52; *Kohlhaas* GA **1954** 137.

583 Vgl. *Anders/Gehle* § 114, 35 ZPO.

584 So auch *Poppe* NJW **1953** 1501.

585 KG JR **1964** 28; OLG Stuttgart Justiz **1983** 342; LR/*Jesse*[26] § 299, 6; **a.A.** OLG Bremen NJW **1962** 169; LR/*Meyer-Goßner*[23] 105 a.E.

586 Vgl. *Kohlhaas* GA **1954** 138.

nissen auf den amtlich vorgeschriebenen Vordrucken abgegeben werden.[587] Der Antrag kann nicht unter einer Bedingung gestellt werden;[588] unschädlich, weil bloß die gesetzlichen Voraussetzungen enthaltend, wäre freilich die Bedingung, dass ein Klageerzwingungsantrag aussichtsreich erscheint.

167 Der Antrag bedarf stets der **Begründung** (§ 117 Abs. 1 Satz 2 ZPO), die auch dartun muss, dass hinreichende Erfolgsaussicht besteht. Dazu gehört mindestens die Mitteilung der Tatsachen, aus denen sich die formellen Voraussetzungen für das Klageerzwingungsverfahren ergeben (Rn. 147), sowie eine kurze Angabe des Sachverhalts, der eine Beurteilung der materiellen Erfolgsaussicht gestattet.[589] Die Anforderungen dürfen aber nicht überspannt werden, da Anwaltszwang nicht besteht und auch bei Mitwirkung eines Anwalts für dieses Gesuch nicht verlangt werden kann, dass der Rechtsanwalt die Arbeit für einen vollständigen Klageerzwingungsantrag erbringt.[590] Bezugnahmen sind daher hier zulässig.[591] Eine inhaltliche Auseinandersetzung mit den Einstellungsbescheiden ist für das Prozesskostenhilfegesuch auch dann nicht erforderlich, wenn sie entgegen der in diesem Kommentar vertretenen Auffassung mit der herrschenden Rechtsprechung für den Klageerzwingungsantrag für notwendig gehalten wird (Rn. 153 f.).[592] Diese Erleichterungen gelten allerdings dann nicht, wenn zugleich mit dem Prozesskostenhilfeantrag ein vollständiger Antrag nach § 172 Abs. 2 Satz 1, Abs. 3 gestellt wird.

168 **d) Verfahren und Entscheidung.** Vor der Entscheidung ist die Staatsanwaltschaft stets zu hören (§ 33 Abs. 2). Eine **Anhörung des Beschuldigten** ist bei Ablehnung des Gesuchs entbehrlich. Sie ist aber stets erforderlich, wenn die Gewährung von Prozesskostenhilfe in Betracht kommt und bezieht sich nur auf die Erfolgsaussicht des – unter Umständen erst noch zu stellenden – Klageerzwingungsantrags. Zwar ist der Beschuldigte nicht Partei des Klageerzwingungsverfahrens und schon gar nicht des vorgeschalteten Prozesskostenhilfeverfahrens. Die Gewährung von Prozesskostenhilfe beeinträchtigt aber seine Position insoweit, als mit ihr die Befreiung von der Pflicht verbunden ist, eine nach § 176 angeordnete Sicherheitsleistung zu erbringen, die auch dem Schutz des Beschuldigten dient. Darüber hinaus wird in aller Regel mit der Entscheidung über das Prozesskostenhilfegesuch eine Vorentscheidung über den Klageerzwingungsantrag selbst getroffen. Einzelne **Ermittlungen**, auch über die Frage des hinreichenden Tatverdachts, im Sinne des § 173 Abs. 3 sind zulässig (§ 118 Abs. 2 Satz 2, 3 ZPO). Ist nur ein Prozesskostenhilfegesuch, aber noch kein Klageerzwingungsantrag gestellt, so sollten sich diese Ermittlungen allerdings darauf beschränken, die hinreichende Erfolgsaussicht dieses Gesuchs festzustellen.[593]

---

587 OLG Koblenz MDR **1985** 957; OLG Stuttgart Justiz **1984** 368; **a.A.** OLG Celle NdsRpfl. **1995** 73; OLG Düsseldorf JMBlNRW **1988** 215; OLG Hamm MDR **1996** 861; OLG Stuttgart NStZ **1985** 41; vgl. § 117 Abs. 3, 4 ZPO i.V.m. der Prozesskostenhilfeformularverordnung (PKHFV) vom 6.1.2014 (BGBl. I S. 34).

588 OLG Hamburg MDR **1984** 775.

589 OLG Bremen OLGSt a.F. § 172 S. 126; OLG Celle GA **1957** 276; NdsRpfl. **1987** 38; OLG Düsseldorf VRS **83** (1992) 272; MDR **1992** 1071; wistra **1992** 359 (Benennung des Beschuldigten auch im Prozesskostenhilfeantrag erforderlich); OLG Hamburg NJW **1966** 1934; MDR **1985** 604 Ls.; OLG Hamm NStZ-RR **1998** 279; **2000** 244; OLG Köln OLGSt § 172 S. 113; OLG Koblenz MDR **1972** 886; OLG Stuttgart Justiz **1983** 342; KK/*Moldenhauer* 51; Schmitt/Köhler/*Schmitt* 26; vgl. auch OLG Karlsruhe NJW **1973** 1658 (Unzulässigkeit eines Antrags, der nur Beschimpfungen enthält); OLG Dresden BeckRS **2019** 21780; OLG Schleswig SchlHA **2025** 193.

590 OLG Köln OLGSt a.F. § 172 S. 113.

591 *Kohlhaas* GA **1954** 138; *Mittelbach* DRiZ **1954** 260; *Poppe* NJW **1953** 1501; einschränkend (allgemeiner Hinweis auf Akteninhalt reicht nicht aus) OLG Bremen OLGSt a.F. § 172 S. 126.

592 A.A. OLG Frankfurt/M. BeckRS **2017** 147627.

593 *Poppe* NJW **1953** 1501.

Über die **Gewährung der Prozesskostenhilfe** entscheidet das Oberlandesgericht durch stets unanfechtbaren (§ 304 Abs. 4 Satz 2) **Beschluss**. Die Ablehnung ist zu begründen (§ 34 2. Alt.). Der Antrag wird zurückgewiesen, wenn seine formellen Voraussetzungen (Rn. 165) nicht vorliegen, wenn der Antragsteller die persönlichen Voraussetzungen nicht erfüllt oder wenn es an der hinreichenden Erfolgsaussicht fehlt, und zwar je nach Sachlage als unzulässig oder unbegründet, woran sich keine unterschiedlichen Rechtsfolgen knüpfen. Die **Aufhebung der Bewilligung** ist unter den Voraussetzungen des § 124 ZPO zulässig. 169

e) Wirkung. Die **Wirkung** einer Entscheidung, durch die Prozesskostenhilfe bewilligt wird, besteht zunächst darin, dass die Pflicht zur Leistung einer nach § 176 auferlegten Sicherheitsleistung entfällt (§ 122 Abs. 1 Nr. 2 ZPO) und die Verpflichtung zur Zahlung von Gerichtskosten sich nach § 122 Abs. 1 Nr. 1 Buchst. a ZPO richtet. 170

Da der Klageerzwingungsantrag nur durch einen Rechtsanwalt gestellt werden kann, besteht bei Bewilligung von Prozesskostenhilfe regelmäßig Anspruch auf **Beiordnung eines Rechtsanwalts** nach § 121 Abs. 1 ZPO. Beizuordnen ist dem Antragsteller der vertretungsbereite Rechtsanwalt seiner Wahl, wenn er einen solchen bezeichnet. Eine Auswahl und Bestellung durch den Vorsitzenden erfolgt nur, wenn der Antragsteller keinen Rechtsanwalt findet (§ 121 Abs. 5 ZPO). **Keine Beiordnung** eines Rechtsanwalts ist dagegen in der Regel erforderlich, wenn der Klageerzwingungsantrag bereits vor Anbringung des Prozesskostenhilfegesuchs gestellt war und diese nunmehr mit dem Ziel begehrt wird, die Befreiung von einer auferlegten Sicherheit oder die Kostenfolgen nach § 122 Abs. 1 Nr. 1 ZPO zu erreichen. Denn die einzige zwingend an die Mitwirkung eines Rechtsanwalts geknüpfte Prozesshandlung liegt dann bereits vor; die Voraussetzungen des § 121 Abs. 3 und 4 ZPO werden nur ausnahmsweise gegeben sein. 171

f) Frist. Wiedereinsetzung. Das Prozesskostenhilfegesuch als solches ist nicht fristgebunden.[594] Es ist zulässig, solange das Klageerzwingungsverfahren gerichtlich anhängig ist. Allerdings setzt die Bewilligung voraus, dass überhaupt noch eine für die Wirkungen der Prozesskostenhilfe relevante Sachlage eintreten kann, denn die Prozesskostenhilfe kann allenfalls bis zum Zeitpunkt der Antragstellung zurückbezogen werden.[595] Die Frage der Fristwahrung und der Heilung einer versäumten Frist stellt sich hiervon abgesehen nur in Bezug auf die Monatsfrist nach Absatz 2 Satz 1. Diese wird stets gewahrt, wenn zugleich mit dem Prozesskostenhilfeantrag innerhalb der Monatsfrist ein den gesetzlichen Anforderungen entsprechender Klageerzwingungsantrag gestellt wird. Dazu muss der Antragsteller einen Rechtsanwalt finden, der ohne vorherige Prozesskostenhilfebewilligung die sehr formstrenge und aufwändige Arbeit der Fertigung einer Antragsschrift[596] auf sich nehmen will. Die Einreichung des **Prozesskostenhilfegesuchs** allein wahrt die **Antragsfrist** nach Absatz 2 Satz 1 **nicht**. Allerdings stellt der Umstand, dass der Antragsteller auf die Bewilligung von Prozesskostenhilfe angewiesen ist oder dies zumindest ohne Verschulden annehmen konnte, einen **Wiedereinsetzungsgrund** dar. Da der minderbemittelte Antragsteller in Bezug auf die ihm zur Verfügung stehende Frist nicht schlechter gestellt werden darf als der wohlhabende,[597] darf er für das Prozesskostenhilfegesuch die Monats- 172

594 OLG Düsseldorf JMBlNRW **1988** 215.
595 *Anders/Gehle* § 119, 11 ff. ZPO m.w.N.
596 Siehe Muster bei KMR/*Noltensmeier-von Osten* 95.
597 OLG Celle MDR **1977** 160; vgl. BVerfGE **40** 42; **41** 23.

frist voll ausschöpfen,[598] muss sie aber hierfür auch einhalten, denn andernfalls wäre die Fristversäumung nicht allein auf sein Unvermögen zurückzuführen, den Antrag ohne Prozesskostenhilfe zu stellen, und damit nicht unverschuldet.

173 In der Praxis bedeutet dies, dass der Antragsteller, der meint, Anspruch auf Prozesskostenhilfe zu haben, **innerhalb der Monatsfrist** des Absatzes 2 Satz 1 den **Prozesskostenhilfeantrag** stellen muss.[599] Er ist aber nicht verpflichtet, dies so rechtzeitig zu tun, dass bei normalem Geschäftsgang über ihn noch vor Ablauf der Monatsfrist entschieden werden kann.[600] Mit der Entscheidung über den Prozesskostenhilfeantrag und der Mitteilung darüber an den Antragsteller entfällt jedoch das der Fristwahrung entgegenstehende Hindernis, damit wird die **Wiedereinsetzungsfrist** nach § 45 Abs. 1 Satz 1 in Lauf gesetzt. Wird Prozesskostenhilfe bewilligt und erst danach nach § 121 Abs. 1 oder Abs. 5 ZPO ein Rechtsanwalt beigeordnet, so beginnt die Frist erst mit der Beiordnung. Der Antragsteller muss nunmehr binnen **einer Woche** den Klageerzwingungsantrag stellen und zugleich Wiedereinsetzung in den vorigen Stand beantragen;[601] versäumt er allein dieses, so kann und sollte Wiedereinsetzung von Amts wegen gewährt werden (§ 45 Abs. 2 Satz 2). Hingegen kommt eine Aussetzung der Frist zur Stellung des Antrags auf gerichtliche Entscheidung nicht in Betracht, weil es sich bei der Frist des Absatzes 2 Satz 1 um eine gesetzliche Frist handelt.[602]

174 Ob Prozesskostenhilfe bewilligt oder abgelehnt wird, ist für die Frage der Wiedereinsetzung grundsätzlich unerheblich. Bei **Ablehnung der Prozesskostenhilfe** kann jedoch **keine Wiedereinsetzung** gewährt werden, wenn für die Fristversäumung nicht allein der Umstand ursächlich war, dass der Antragsteller minderbemittelt ist und deshalb einen Prozesskostenhilfeantrag stellen musste, sondern auch ein anderer Umstand, an dem ihn ein Verschulden trifft. Das ist beispielsweise der Fall, wenn der Prozesskostenhilfeantrag abgelehnt worden ist, weil er nicht substantiiert ist[603] oder wenn die persönlichen Voraussetzungen für die Prozesskostenhilfe nicht vorlagen und der Antragsteller hiermit auch nicht rechnen konnte.

175 **Schwierigkeiten und Unbilligkeiten** können sich aus den unterschiedlichen Fristen für die Wiedereinsetzung (eine Woche) und für das Klageerzwingungsverfahren (ein Monat) ergeben. Die ganz h.M. lässt die Wochenfrist nach § 45 Abs. 1, innerhalb derer zugleich die versäumte Handlung vorzunehmen ist, der eigentlich vom Gesetz eingeräumten Monatsfrist vorgehen und zwingt damit den erst jetzt beigeordneten Rechtsanwalt zu einer beschleunigten Bearbeitung und Antragstellung. Sie verkürzt damit die dem Antragsteller zur Verfügung stehende Zeit gegenüber einem nicht auf Prozesskostenhilfe angewiesenen Antragsteller erheblich, was insbesondere wegen der strengen inhaltlichen Anforderungen an den Antrag (vgl. Rn. 147 ff.) nicht unbedenklich erscheint. Der Bundesgerichtshof hat für den Fall der Versäumung der Revisionsbegründungsfrist wegen unzulässiger Mehrfachverteidigung zwar die Wochenfrist durch die Monatsfrist des § 345 Abs. 1 ersetzt, dies jedoch mit den besonderen Umständen begründet,[604] sodass die Rechtsprechung, wie auch die Entwicklung gezeigt hat, nicht dazu neigt, diesen Gedanken zu verallgemeinern. Es

598 BVerfG NJW **1993** 720; OLG Bremen NJW **1962** 169; OLG Celle MDR **1977** 160; OLG Hamm Rpfleger **1961** 81; KK/*Moldenhauer* 31; Schmitt/Köhler/*Schmitt* 25.

599 OLG Hamburg MDR **1984** 775; OLG Koblenz MDR **1985** 957; OLG Stuttgart Justiz **1983** 342; **1984** 369.

600 So z.B. noch LR/*Kohlhaas*[22] 12e; *Eb. Schmidt* 21; *Kohlhaas* GA **1954** 138.

601 OLG Celle MDR **1977** 160; OLG Hamburg MDR **1984** 775; KK/*Moldenhauer* 31; *Dallinger* JZ **1953** 440; a.A. Schmitt/Köhler/*Schmitt* 25; OLG Hamburg StraFo 2007, 157.

602 OLG Düsseldorf NJW **1987** 2453.

603 Vgl. Rn. 167; OLG Stuttgart Justiz **1973** 100.

604 BGHSt **26** 335, 338 f.; vgl. LR/*Claus/Erb/Nicknig* § 45, 31 m.w.N.

kann aber jedenfalls dann bei Versäumung der sich aus § 45 Abs. 2 Satz 2 ergebenden Wochenfrist für den Klageerzwingungsantrag selbst eine erneute Wiedereinsetzung beantragt und bewilligt werden, wenn auch mit zumutbaren Anstrengungen die verkürzte Frist nicht eingehalten werden konnte und deshalb insoweit kein Verschulden vorliegt. Stets einzuhalten ist aber die Wochenfrist für den Wiedereinsetzungsantrag selbst nach § 45 Abs. 1 Satz 1. Gleiche Grundsätze gelten, wenn die Prozesskostenhilfe noch vor Ablauf der Monatsfrist gewährt wird, der verbleibende Zeitraum aber nur noch wenige Tage beträgt.

VI. Entscheidung des Gerichts

1. Zuständigkeit. Zuständig für die Entscheidung über den Klageerzwingungsantrag ist das **Oberlandesgericht** (Absatz 4), und zwar ein Strafsenat in der Besetzung mit drei Richtern (§ 122 Abs. 1 GVG). **Örtlich zuständig** ist das Oberlandesgericht, in dessen Bezirk die Staatsanwaltschaft ihren Sitz hat, die den Einstellungsbescheid erlassen hat. Eine Entscheidung in der Sache kann das Oberlandesgericht aber nur treffen, wenn im Zeitpunkt seiner Entscheidung eine Staatsanwaltschaft, die zu seinem Bezirk gehört, zur Anklageerhebung zuständig wäre,[605] also, wegen § 143 Abs. 1 GVG, wenn in diesem überhaupt ein Gerichtsstand begründet wäre.[606] Ist dies nicht oder nicht mehr der Fall, so ist der Antrag als unzulässig zu verwerfen; der Antragsteller kann dann bei der örtlich zuständigen Staatsanwaltschaft seine Rechte weiterverfolgen.[607] Solche Fälle können etwa eintreten, wenn in einem gegen mehrere Beschuldigte geführten Ermittlungsverfahren nur durch die Person eines Beschuldigten ein Gerichtsstand begründet wird, das Verfahren gegen diesen aber eingestellt wird und insoweit ein Klageerzwingungsverfahren nicht betrieben oder der Antrag zurückgewiesen wird. Beauftragt das Landesjustizministerium nach § 145 Abs. 1, § 147 Nr. 2 GVG eine in einem anderen Oberlandesgerichtsbezirk als der Tatortstaatsanwaltschaft liegende Staatsanwaltschaft mit der Wahrnehmung der staatsanwaltschaftlichen Aufgaben, so richtet sich die örtliche Zuständigkeit des Oberlandesgerichts im Klageerzwingungsverfahren allein nach dem Sitz der beauftragten Staatsanwaltschaft, auch wenn im Bezirk dieses Oberlandesgerichts kein Gerichtsstand begründet ist.[608] 176

In **Staatsschutz-Strafsachen** im Sinne der §§ 74a, 120 GVG ist das nach § 120 GVG zuständige Oberlandesgericht für das Klageerzwingungsverfahren zuständig (Absatz 4 Satz 2). Die Zuständigkeit dieses Oberlandesgerichts für Sachen, die vor die nach § 74a GVG zuständige Sonderstrafkammer gehören würden und bei denen der Einstellungsbescheid von einer Staatsanwaltschaft beim Landgericht erlassen ist, folgt aus der sinngemäßen Anwendung des § 120 Abs. 3, 4 GVG.[609] Wäre das Oberlandesgericht im ersten Rechtszug nach § 120 GVG zuständig und ist die Einstellung vom Generalstaatsanwalt beim Oberlandesgericht verfügt worden (§ 142a Abs. 2 GVG), so ist örtlich das Oberlandesgericht zuständig, das auch als erkennendes Gericht des ersten Rechtszuges zuständig wäre (§ 120 Abs. 5 GVG). Stammt der Einstellungsbescheid vom Generalbundesanwalt (§ 142a Abs. 1 GVG), so ist jedes Oberlandesgericht zuständig, das für die Entscheidung in der Sache 177

605 OLG Karlsruhe NStZ **2015** 717 f.

606 OLG Oldenburg NJW **1954** 166; KK/*Moldenhauer* 56.

607 OLG Oldenburg NJW **1954** 166; KK/*Moldenhauer* 56.

608 OLG Karlsruhe NStZ **2015** 717 f.; Schmitt/Köhler/*Schmitt* 33a.

609 Vgl. auch BGHSt **28** 103, 105 f., wo der BGH hiervon ohne nähere Begründung ausgeht; BTDrucks. **V** 4086 S. 10.

zuständig wäre.[610] Der Antragsteller kann den Antrag also, wenn mehrere Gerichtsstände vorhanden sind, nach seiner Wahl an verschiedene Oberlandesgerichte richten.

178 **2. Ausschließung und Ablehnung.** Für die **Ausschließung** eines Richters gelten die §§ 22, 23. Ein Richter ist nicht deshalb ausgeschlossen, weil er in dem Verfahren mitgewirkt hat, in dessen Verlauf die behauptete Straftat begangen sein soll.[611] **Ablehnung wegen Besorgnis der Befangenheit** ist in sinngemäßer Anwendung des § 24 zulässig.[612] Sie ist aber nicht mehr möglich, wenn der Ablehnungsantrag erst nach der Entscheidung des Gerichts angebracht wird.[613]

179 **3. Inhalt.** Der Antrag auf gerichtliche Entscheidung wird als **unzulässig** verworfen, wenn seine Zulässigkeitsvoraussetzungen nicht vorliegen,[614] als **unbegründet**, wenn es am genügenden Anlass zur Erhebung der öffentlichen Klage, also am hinreichenden Tatverdacht (§ 170, 21), fehlt. Die Einzelheiten sind bei § 174 erläutert. Zur Entscheidung bei **begründetem Antrag** s. die Erl. zu § 175. Eine Einstellung nach den §§ 153 ff. ist im gerichtlichen Klageerzwingungsverfahren nicht zulässig (umstritten, s. näher § 174, 8 ff.).

180 **4. Absehen von der Entscheidung.** Das Oberlandesgericht sieht von einer Entscheidung über das Klageerzwingungsbegehren ab, wenn der Antrag zurückgenommen wird (vgl. Rn. 158), ebenso bei Tod des Antragstellers (vgl. Rn. 44) oder des Beschuldigten. Einer besonderen Einstellung des Verfahrens bedarf es in diesen Fällen nicht, ggf. ist eine Kostenentscheidung zu treffen (§ 177, 4).

181 Von einer Entscheidung wird auch abgesehen, wenn wegen der **Tat**, die Gegenstand des Klageerzwingungsantrags ist, ein Verfahren **gerichtlich anhängig** wird. Dazu kann es kommen, wenn die Staatsanwaltschaft, wozu sie auch nach dem Antrag auf gerichtliche Entscheidung jederzeit berechtigt ist, aufgrund neuer Tatsachen oder Beweismittel oder nur aufgrund einer veränderten Bewertung der Umstände die öffentliche Klage erhebt, wenn diese von einer anderen Staatsanwaltschaft in einem anderen Verfahren erhoben wird oder wenn in einem dieselbe Tat betreffenden Bußgeldverfahren nach § 81 OWiG der Übergang ins Strafverfahren erfolgt. Einer Rücknahme des Antrags bedarf es nicht.[615] Zur Frage, ob in diesen Fällen eine Feststellungsentscheidung ergehen kann, s. § 175, 25. Eine in Unkenntnis anderweitiger Anhängigkeit ergehende Entscheidung über den Klageerzwingungsantrag wird als gegenstandslos anzusehen sein.

182 Anders als bei der Vorschaltbeschwerde (vgl. Rn. 115) erledigt sich der Antrag grundsätzlich nicht dadurch, dass die Staatsanwaltschaft, wozu sie allerdings berechtigt ist, von Amts

---

610 Vgl. BTDrucks. **V** 4086 S. 10, 13.

611 OLG Düsseldorf NJW **1982** 2832 (für den Fall des Meineidsvorwurfs gegen einen im früheren Verfahren vernommenen Zeugen).

612 BGH wistra **2009** 446; näher LR/*Siolek* § 24, 40 ff.; ferner OLG Koblenz NStZ **1983** 470; *Ostler* 18.

613 OLG Hamm NJW **1976** 1701; **a.A.** OLG Saarbrücken NJW **1975** 399 mit abl. Anm. *Meyer-Goßner* NJW **1975** 1179; OLG Koblenz NStZ **1983** 470 (für den Fall eines Nachverfahrens nach § 33a); vgl. aber auch OLG Koblenz NStZ **1983** 471 (keine Rückwirkung der Ablehnungsentscheidung auf den ursprünglichen Beschluss); vgl. auch OLG Schleswig SchlHA **1976** 44; LR/*Siolek* § 25, 16.

614 OLG Celle NStZ-RR **2008** 78 (wenn er auf ein unmögliches Ziel gerichtet ist – Unzulässigkeit bei fehlendem Haftgrund gegenüber im Ausland lebenden Beschuldigten); OLG Stuttgart NStZ **2003** 682.

615 **A.A.** früher z.B. OLG München Alsb.E **1** 425; *Dietz* 60 (Verwerfung des Antrags als unzulässig, wenn keine Rücknahme erfolgt); dagegen (wie hier) *Ostler* 123 f.

wegen oder aufgrund des Antragsvorbringens die **Ermittlungen wieder aufnimmt.**[616] Der Antragsteller kann freilich aufgrund dieser Wiederaufnahme der Ermittlungen den Antrag (mit der Kostenfolge des § 177) zurücknehmen. Ihm steht dann bei erneuter Einstellung das Klageerzwingungsverfahren uneingeschränkt wieder offen (Rn. 38). Nimmt der Antragsteller seinen Antrag auf gerichtliche Entscheidung nicht zurück, so bleibt dieser anhängig. Das Oberlandesgericht hat in diesem Fall trotz der wiederaufgenommenen Ermittlungen über den Antrag noch zu entscheiden. Allerdings ist es wohl zulässig, dass das Oberlandesgericht jedenfalls dann bis zum Abschluss der neuen Ermittlungen seine Entscheidung zurückstellt, wenn der Antragsteller zustimmt und wenn es aufgrund der Ermittlungen als naheliegend erscheint, dass ein derzeit noch unbegründeter Antrag sich als begründet erweisen könnte. Nach einer in der Rechtsprechung vertretenen Auffassung[617] soll das Oberlandesgericht auch dann den Antrag für erledigt erklären können, wenn der Antragsteller neben seinem Klageerzwingungsantrag eine „Nachtragsanzeige" mit neuen Tatsachen oder Beweismitteln bei der Staatsanwaltschaft erstattet und diese die Ermittlungen wiederaufgenommen hat.

§ 173
Verfahren des Gerichts nach Antragstellung

(1) Auf Verlangen des Gerichts hat ihm die Staatsanwaltschaft die bisher von ihr geführten Verhandlungen vorzulegen.

(2) Das Gericht kann den Antrag unter Bestimmung einer Frist dem Beschuldigten zur Erklärung mitteilen.

(3) Das Gericht kann zur Vorbereitung seiner Entscheidung Ermittlungen anordnen und mit ihrer Vornahme einen beauftragten oder ersuchten Richter betrauen.

Schrifttum

Siehe bei § 172.

Entstehungsgeschichte

Die Vorschrift ist, abgesehen von der Zeit der Beseitigung des Klageerzwingungsverfahrens (vgl. Entstehungsgeschichte zu § 172), im Wesentlichen unverändert geblieben. Lediglich der letzte Satzteil von Absatz 3 lautete ursprünglich „eines seiner Mitglieder, den Untersuchungsrichter oder den Amtsrichter beauftragen" und erhielt seine heutige Fassung erst durch Art. 1 Nr. 56 1. StVRG. Bezeichnung bis 1924: § 171.

Übersicht

616 OLG München MDR **1964** 170; OLG Bamberg NStZ **1989** 543 mit insoweit zust. Anm. *Rieß* NStZ **1989** 545; **a.A.** OLG Koblenz NStZ **1990** 48; OLG Zweibrücken MDR **1987** 341; OLG Bamberg NStZ **2010** 590; wistra **2016** 123; OLG Brandenburg NStZ-RR **2005** 45; OLG Jena NStZ-RR **2007** 223.

617 OLG München MDR **1964** 170 (jedenfalls, wenn die Akten noch nicht dem OLG vorgelegt worden sind, das Verfahren erst eingestellt und hiergegen wieder Vorschaltbeschwerde eingelegt worden ist); ebenso LR/*Meyer-Goßner*[23] 122.

1 **1. Bedeutung der Vorschrift.** Die Vorschrift regelt (nicht umfassend) das vom Gericht einzuhaltende Verfahren. Aus ihr ergibt sich, wie aus den §§ 174, 175, dass für das Gericht auch im Klageerzwingungsverfahren die **Instruktionsmaxime** gilt.[1] Gegenstand der gerichtlichen Prüfung und Entscheidung ist also in tatsächlicher Hinsicht nicht allein das Vorbringen des Antragstellers. In rechtlicher Hinsicht ist das Gericht weder an die rechtliche Würdigung im Klageerzwingungsantrag gebunden, noch an die, die dem Einstellungs- oder Beschwerdebescheid zugrunde liegt.[2] Allerdings ist das Oberlandesgericht auf die Untersuchung derjenigen prozessualen Tat beschränkt, die Gegenstand des Klageerzwingungsantrags nach § 172 Abs. 2 Satz 1 ist und die durch die nach § 172 Abs. 3 Satz 1 geforderten Angaben ausreichend konkretisiert ist.[3] Auch insoweit ist das Gericht zur eigenen Sachverhaltsfeststellung aber nur insoweit berechtigt (und verpflichtet), als das Klageerzwingungsverfahren zulässig ist. Ziel der Tätigkeit des Gerichts ist lediglich die Gewinnung einer Entscheidungsgrundlage über das Vorliegen eines hinreichenden Tatverdachts im Sinne des § 203.

2 Das gerichtliche Klageerzwingungsverfahren ist noch **Bestandteil des Ermittlungsverfahrens**, also nach der Terminologie der StPO des Verfahrens zur Vorbereitung der öffentlichen Klage, wenn auch in der Hand des Gerichts und teilweise aufgrund besonderer Vorschriften. Es gilt deshalb **Freibeweis**,[4] und es sind die Vorschriften über das Ermittlungsverfahren ergänzend heranzuziehen.

3 **2. Vorlage der Ermittlungsakten.** Absatz 1 gibt dem Gericht lediglich die Befugnis, von der Staatsanwaltschaft die Vorlage der „bisher von ihr geführten Verhandlungen" zu verlangen, also die Akten des Ermittlungsverfahrens beizuziehen. Dazu gehören auch von der Staatsanwaltschaft beigezogene und ausgewertete Beiakten.[5] Die Vorlage der Akten ist regelmäßig unerlässlich, wenn sich der Antrag nicht von vornherein als unzulässig erweist, denn er allein ist keine ausreichende Grundlage für die Entscheidung des Gerichts in sachlicher Hinsicht.[6] In der Praxis legt daher die Staatsanwaltschaft die **vollständigen** Akten regelmäßig ohne besondere Aufforderung des Gerichts zugleich mit ihrer stets erforderlichen Stellungnahme (Rn. 5) vor,[7] wenn nicht das Gericht hierauf zunächst erkennbar verzichtet.

4 Vorzulegen sind die **gesamten Akten** des Ermittlungsverfahrens, wie im Falle des § 199 Abs. 2 Satz 2. Auf die Erläuterungen zu § 199 wird verwiesen. Betrifft das Ermittlungsverfahren mehrere prozessuale Taten, so umfasst die Vorlagepflicht nach Absatz 1 diejenigen Akten und Beiakten nicht, deren Inhalt ausschließlich für Beschuldigte bedeutsam ist, die nicht vom Klageerzwingungsantrag betroffen sind, ebenso wenig diejenigen

1 *Ostler* 21 ff.; vgl. auch (im Einzelnen zu weitgehend) Knögel NJW **1966** 1400; **1967** 383.

2 BVerfG NJW **2002** 2859: Die Ausgestaltung des Verfahrens steht im pflichtgemäßem Ermessen des OLG. Es stellt zudem ohne Bindung an die Entscheidungen der staatsanwaltschaftlichen Behörden eigene tatsächliche und rechtliche Erwägungen an und nimmt dabei eine vorläufige Beweisbarkeitsprognose vor.

3 MüKo/*Kölbel*/*Neßeler* 1 f.

4 *Ostler* 119.

5 So auch MüKo/*Kölbel*/*Neßeler* 2; vgl. Erl. zu § 199.

6 *Eb. Schmidt* 1; vgl. auch *Peters* § 57 IV (S. 537: Gesetzgeber verfährt umständlich).

7 KK/*Moldenhauer* 1; KMR/*Noltensmeier-von Osten* 1.

trennbaren Akten, die sich nur mit den persönlichen Verhältnissen solcher Beschuldigter befassen, gegen die sich der Klageerzwingungsantrag nicht richtet. Im Übrigen steht es im Ermessen des Gerichts, ob es, etwa bei besonders umfangreichen Ermittlungsakten, auf die Vorlage bestimmter Unterlagen (etwa Spurenakten, Beweismittelordner, Protokolle über Telefonüberwachungen oder Beiakten) zunächst verzichtet. Ist das nicht der Fall, so sind auch diese Unterlagen, da sie Aktenbestandteil sind, dem Gericht vorzulegen.[8] Zur Frage, ob einzelne Aktenteile unter Berufung auf **§ 96** von der Vorlage ausgenommen werden können, s. die Erl. zu § 96 und § 199.

3. Anhörungen

a) Staatsanwaltschaft. Die **Staatsanwaltschaft** ist gemäß § 33 Abs. 2 stets zu hören,[9] 5
auch wenn der Antrag, ohne dass die Beiziehung der Ermittlungsakten erforderlich wird, als unzulässig verworfen werden soll. Anzuhören ist der **Generalstaatsanwalt** beim Oberlandesgericht, in den Fällen des § 142a Abs. 1 Satz 1 GVG der **Generalbundesanwalt**. Die Staatsanwaltschaft muss Gelegenheit haben, sich zu den Entscheidungsgrundlagen zu äußern, auf die das Gericht bei seiner abschließenden Entscheidung zurückgreifen wird. Deshalb ist ggf. eine nochmalige Anhörung erforderlich, wenn das Gericht Ermittlungen nach Absatz 3 angestellt hat, wenn der Beschuldigte sich geäußert hat oder wenn der Antragsteller ergänzende Ausführungen gemacht hat.

b) Beschuldigter. Der **Beschuldigte** kann, wie Absatz 2 klarstellt, stets gehört wer- 6
den.[10] Von dieser Möglichkeit wird das Gericht aus verfahrensökonomischen Gesichtspunkten im Allgemeinen dann keinen Gebrauch machen, wenn der Antrag alsbald als unzulässig zu verwerfen ist oder wenn sich aus der Stellungnahme der Staatsanwaltschaft oder den beigezogenen Ermittlungsakten ersichtlich seine Unbegründetheit ergibt. Hingegen besteht eine **Verpflichtung zur Anhörung** des Beschuldigten, wenn das Gericht dem Antrag stattgeben will. Das folgt aus § 175 Satz 1 und (unabhängig hiervon) aus dem Anspruch auf rechtliches Gehör (Art. 103 Abs. 1 GG).[11] Ist hiergegen verstoßen worden, so ist die Anhörung im Verfahren nach § 33a nachzuholen. Es ist unzulässig, den Beschuldigten auf sein Äußerungsrecht im Zwischen- und Hauptverfahren zu verweisen.[12] Sofern der Beschuldigte zuvor im Ermittlungsverfahren noch nicht über seine Rechte aus § 136 Abs. 1, § 163a belehrt worden ist, ist diese Belehrung zugleich mit der Anhörung vorzunehmen.[13] Eine weitere Anhörung wird nach der Durchführung von Ermittlungen erforderlich, wenn dabei gewonnene Tatsachen oder Beweismittel zu seinem Nachteil verwertet werden sollen.[14] Eine bisher nicht durchgeführte Beschuldigtenvernehmung nach §§ 136, 163a ist in jedem Fall dann durchzuführen, wenn das Gericht beabsichtigt, die Erhebung der öffentlichen Klage anzuordnen.[15]

8 SK/*Wohlers* 3.
9 Heute allg. M.; die abweichende Auffassung von *Ostler* 116, der § 309 analog anwenden will, ist vereinzelt geblieben. Rechtliches Gehör ist aber bereits mit Übersendung des Antrags durch die StA gewährt, siehe auch MüKo/*Kölbel*/*Neßeler* 3.
10 OLG Karlsruhe VRS **113** (2007) 46 ff.
11 BVerfGE **17** 356, 362 (vor der Ergänzung des § 175 Satz 1); ebenso BVerfGE **19** 31, 36; **42** 172, 175.
12 BVerfGE **42** 172, 174.
13 KK/*Moldenhauer* 2.
14 LR/*Meyer-Goßner*[23] 5.
15 Vgl. § 175, 3; MüKo/*Kölbel*/*Neßeler* 4.

7 Nach Absatz 2 wird der Beschuldigte dergestalt gehört, dass ihm der Antrag unter **Fristbestimmung** zur Erklärung mitgeteilt wird. **Zustellung** ist wegen der Fristsetzung erforderlich. Die Frist muss so ausreichend bemessen werden, dass dem Beschuldigten, ggf. nach Einschaltung eines Verteidigers, eine sachgerechte Stellungnahme möglich ist. Dass eine Fristverlängerung je nach den Umständen des Einzelfalls zulässig ist, versteht sich von selbst. Zu berücksichtigen ist auch eine Stellungnahme, die nach Fristablauf, aber vor der Entscheidung eingeht. **Wiedereinsetzung** gegen die Versäumung der Erklärungsfrist ist **zulässig**.

8 **c) Antragsteller.** Die §§ 172 ff. enthalten keine besonderen Vorschriften über die Anhörung des Antragstellers. Es gilt daher § 33 Abs. 3. Das Gericht muss somit den Antragsteller hören, wenn es den Antrag verwerfen und diese Entscheidung auf Tatsachen oder Beweismittel stützen will, die aufgrund von Beweiserhebungen im Klageerzwingungsverfahren zutage getreten sind[16] oder die die Staatsanwaltschaft in der Stellungnahme mitgeteilt hat.[17] Gleiches muss für die Äußerung des Beschuldigten gelten, sofern diese neue Tatsachen enthält. Es dürfte darüber hinaus wohl auch geboten sein, dem Antragsteller zur Stellungnahme der Staatsanwaltschaft und ggf. des Beschuldigten auch dann rechtliches Gehör zu gewähren, wenn diese lediglich Rechtsausführungen enthalten, jedenfalls dann, wenn es sich um solche handelt, die gegenüber den Einstellungsbescheiden neue Gesichtspunkte aufzeigen.[18]

9 **4. Vorläufige Einstellung und Aussetzung des Verfahrens.** Der für das gesamte Strafverfahren geltende Grundsatz der Beschleunigung ist auch im Klageerzwingungsverfahren zu beachten. Doch können auch in diesem der Entscheidung Hindernisse vorübergehender Art entgegenstehen, die es rechtfertigen können, die Entscheidung für eine bestimmte Zeit zurückzustellen. Ob insoweit **§ 154f oder § 205 analog** anzuwenden ist, oder ob man die **Befugnis zum Innehalten** aus einem allgemeinen Rechtsgedanken herleiten will, ist eine dogmatische Frage ohne praktische Bedeutung. Jedenfalls kann die Entscheidung über den Klageerzwingungsantrag bei vorübergehenden, ihr entgegenstehenden Hindernissen einstweilen und unter Wahrung des Beschleunigungsgebots zurückgestellt werden.

10 Mit der **Entscheidung kann** deshalb **abgewartet** werden, wenn das Gericht dem Antrag stattgeben will, aber der vorherigen Anhörung des Beschuldigten ein in seiner Person liegendes vorübergehendes Hindernis im Sinne von § 154f oder § 205 entgegensteht. Ebenso kann die Aussetzung der Entscheidung geboten sein, wenn der Antragsteller in einem verwaltungsrechtlichen Verfahren die Versagung einer Aussagegenehmigung oder eine Sperrerklärung nach § 96 anfechten will, falls es für die Entscheidung des Oberlandesgerichts auf dieses Beweismittel ankommt.[19] Gleiches gilt (Rechtsgedanke der §§ 154d, 262), wenn ein **präjudizieller Rechtsstreit** anhängig ist. Ob das Oberlandesgericht darüber hinaus § 154d auch insoweit entsprechend anwenden kann, dass es dem Antragsteller zur Austragung des präjudiziellen Rechtsstreits eine Frist setzt,[20] erscheint zweifelhaft.

11 Ein Abwarten mit der Entscheidung ist auch dann möglich und unter Umständen sogar geboten, wenn die **Staatsanwaltschaft** bei ihrer Anhörung **erklärt**, nunmehr die

---

16 MüKo/*Kölbel/Neßeler* 3.

17 BVerfGE **19** 32, 37.

18 BVerfGE **19** 32, 36 hat dies offengelassen.

19 OLG Hamburg JR **1958** 110 mit Anm. *Dünnebier.*

20 So noch KMR/*Müller* 2.

öffentliche Klage erheben zu wollen.[21] Geschieht das, so erledigt sich der Antrag damit; es bedarf dann weder seiner Rücknahme noch seiner Verwerfung (§ 172, 181).[22] Nach Lage des Einzelfalls kann eine Zurückstellung der Entscheidung auch dann in Betracht zu ziehen sein, wenn die Staatsanwaltschaft von sich aus die Ermittlungen wieder aufnimmt (§ 172, 182), um deren Ergebnis abzuwarten.

5. Ermittlungen des Gerichts (Absatz 3)

a) Allgemeines. Die Vorschrift ermächtigt, was sich ohne sie nicht ohne Weiteres von 12
selbst verstehen würde, mit ihrem ersten Satzteil das Gericht zu Ermittlungen; im zweiten Satzteil bestimmt sie, wer damit betraut werden kann. Sie weicht zwar im Wortlaut nicht unerheblich von § 202 ab, dürfte aber doch im Grundsatz wie dieser auszulegen sein. Das Ziel der Ermittlungen ist dadurch begrenzt, dass sie der **Vorbereitung der Entscheidung über den Klageerzwingungsantrag** dienen müssen. Sie werden also regelmäßig die Frage betreffen, ob ein hinreichender Tatverdacht besteht.[23] Auch zur Ermittlung des Namens eines bestimmten Beschuldigten können die Ermittlungen dienen.[24] Es ist jedoch unzulässig, ergänzende Ermittlungen zur Feststellung eines unbekannten Täters anzuordnen.[25] Die Ermittlungen können auch die Zulässigkeit des Antrags betreffen, etwa, wenn es um die Verletzteneigenschaft geht.

Alle **Arten von Ermittlungen**, die im vorbereitenden Verfahren vorgenommen wer- 13
den können, sind auch hier zulässig. Dabei können auch die dafür erforderlichen **Zwangsmaßnahmen**, etwa Durchsuchungen oder Beschlagnahmen, angeordnet werden.[26] Zur Anordnung der Untersuchungshaft ist das Gericht dagegen im Klageerzwingungsverfahren nicht befugt,[27] wohl auch nicht zur Anordnung der Unterbringung in einem psychiatrischen Krankenhaus nach § 81. Der Antragsteller kann als Zeuge vernommen werden.[28] Eine richterliche Vernehmung des Beschuldigten in dieser Eigenschaft und über seine Anhörung nach Absatz 2 hinaus ist möglich (vgl. auch § 175, 3). Statt der Durchführung von Vernehmungen kann sich das Gericht, da Freibeweis gilt, auch mit der Einholung (freiwilliger) schriftlicher Äußerungen begnügen, wenn der Sachverhalt im Sinne einer Verdachtsklärung dadurch genügend aufgeklärt werden kann.

Hinsichtlich des **Umfangs der Ermittlungen** enthält Absatz 3, anders als § 202, der 14
von einzelnen Beweiserhebungen spricht, keine Einschränkungen. Das Gericht kann also auch, sofern dies erforderlich ist, umfangreiche und komplexe Ermittlungen veranlassen oder durchführen.[29] Zu der damit in Zusammenhang stehenden, streitigen Frage, ob das Gericht dies, wenn erforderlich, auch tun muss, oder ob es sich auf die Aufhebung der Einstellungsentscheidung beschränken kann, s. § 175, 16 ff. Folgt man der dort vertretenen Auffassung, so dürfen die Ermittlungen aber nicht darauf hinauslaufen, dass das Oberlandesgericht ein vollständiges Ermittlungsverfahren durchführt.[30]

---

21 *Eb. Schmidt* 2.
22 Zur Frage, ob eine Feststellungsentscheidung ergehen kann, s. § 175, 25.
23 OLG Bamberg NStZ-RR **2008** 10 ff.; OLG Celle NStZ-RR **2011** 280 Ls.
24 OLG Hamburg JR **1958** 110 mit Anm. *Dünnebier*; vgl. näher § 172, 20.
25 OLG Hamburg MDR **1961** 252; vgl. aber auch § 175, 18.
26 *Ostler* 119.
27 *Ostler* 119.
28 *Dietz* 59; *Ostler* 119.
29 **A.A.** OLG München StraFo **2014** 422 f. (§ 173 Abs. 3 ist eng auszulegen); entgegen OLG München NJW **2007** 3734.
30 OLG Hamm NStZ **2009** 162 f.; StV **2002** 128; OLG Brandenburg VRS **114** (2008) 373 ff.; OLG Zweibrücken NStZ-RR **2001** 387; OLG Celle NStZ-RR **2011** 280 Ls.; *Rieß* NStZ **1986** 433, 436 ff.; § 175, 18; MüKo/*Kölbel/Neßeler* 6.

15 **b) Anordnung der Ermittlungen.** Die **Anordnung der Ermittlungen** erfolgt durch einen Beschluss des Senats; eine prozessleitende Verfügung des Vorsitzenden reicht nicht aus[31] (vgl. aber unten Rn. 19). Der Vorsitzende (oder auch der Berichterstatter) kann aber sachverhaltsaufklärende Maßnahmen vornehmen oder veranlassen, durch die keine Handlungspflichten der Betroffenen ausgelöst werden, so etwa Bitten um schriftliche Äußerungen. Die Anordnung muss die einzelnen Ermittlungsmaßnahmen konkret bezeichnen. Es genügt nicht, wenn lediglich „die erforderlichen Ermittlungen" dem beauftragten oder ersuchten Richter übertragen werden.

16 **c) Durchführung der Ermittlungen. Mitteilungen.** Nach dem zweiten Halbsatz der Vorschrift kann das Gericht einen beauftragten Richter, also ein Mitglied des Senats oder einen ersuchten Richter (vgl. §§ 156, 157 GVG), mit der Vornahme der Ermittlungen betrauen. Daraus wird vielfach, wie bei § 202, geschlossen, dass die Staatsanwaltschaft und die Polizei zwar befugt,[32] aber nicht verpflichtet seien, Ermittlungsaufträgen aufgrund eines Beschlusses nach Absatz 3 nachzukommen.[33] Das erscheint in dieser Form unzutreffend. Maßgebend sind insoweit vielmehr die Amtshilfegrundsätze. Es ist auch zulässig, Ermittlungshandlungen, etwa Vernehmungen, durch alle Mitglieder des beschließenden Strafsenats vorzunehmen.[34]

17 Da das Klageerzwingungsverfahren Bestandteil des Ermittlungsverfahrens ist (Rn. 2), gelten für die nach Absatz 3 vorgenommenen richterlichen Untersuchungshandlungen die **§§ 168 bis 168e**. Über die Vereidigung ist nach § 62 zu entscheiden. Das **Ergebnis der Ermittlungen** ist der Staatsanwaltschaft stets (§ 33 Abs. 2), dem Beschuldigten und dem Antragsteller[35] dann **mitzuteilen**, wenn es Tatsachen oder Beweismittel enthält, die zu ihrem Nachteil verwertet werden sollen (§ 33 Abs. 3). Selbstverständlich ist es auch zulässig und wird in der Regel geboten sein, einem Beteiligten ein ihm günstiges Beweisergebnis mitzuteilen.

18 **d) Ermittlungen der Staatsanwaltschaft. Ermittlungen der Staatsanwaltschaft** sind während des gerichtlich anhängigen Klageerzwingungsverfahrens uneingeschränkt zulässig. Ein Vorrang der vom Oberlandesgericht angeordneten Ermittlungen nach § 173 Abs. 3 dergestalt, dass die staatsanwaltschaftliche Tätigkeit in diese nicht störend eingreifen darf, besteht rechtlich wohl nicht.[34]

19 Es ist auch nicht unzulässig und kommt in der Praxis häufig vor,[35] dass die Staatsanwaltschaft einem **Ermittlungsersuchen** des Oberlandesgerichts oder auch nur einer prozessleitenden Bitte des Vorsitzenden nachkommt, in der weitere Ermittlungen in eine bestimmten Richtung angeregt werden. Ein Ermittlungsbeschluss im Sinne des Absatzes 3 ist dafür nicht erforderlich. Vielmehr genügt es, die Zielrichtung der Ermittlungen allgemein zu bestimmen und die Einzelheiten der Staatsanwaltschaft zu überlassen. Diese ist aber **nicht verpflichtet**, solchen Bitten nachzukommen. Es sollte auch bedacht werden, dass der Antragsteller möglicherweise gerade die bisher von der Staatsanwaltschaft durchgeführten Ermittlungen als unvollständig angesehen hat und der Staatsanwaltschaft misstraut.

---

31 KK/*Moldenhauer* 3; KMR/*Noltensmeier-von Osten* 12; *Knögel* NJW **1967** 383.

32 Insoweit **a.A.** *Knögel* NJW **1967** 383.

33 KK/*Moldenhauer* 3; KMR/*Noltensmeier-von Osten* 13; *Kohlhaas* NJW **1962** 951.

34 *Ostler* 118; KMR/*Noltensmeier-von Osten* 14.

35 KK/Moldenhauer 3.

§ 174
Verwerfung des Antrags

(1) Ergibt sich kein genügender Anlaß zur Erhebung der öffentlichen Klage, so verwirft das Gericht den Antrag und setzt den Antragsteller, die Staatsanwaltschaft und den Beschuldigten von der Verwerfung in Kenntnis.

(2) Ist der Antrag verworfen, so kann die öffentliche Klage nur auf Grund neuer Tatsachen oder Beweismittel erhoben werden.

Schrifttum

Siehe bei § 172.

Entstehungsgeschichte

Die Vorschrift war durch Art. 9 Abs. 3 der 2. VereinfVO vom 13.8.1942[1] – wie das gesamte Klageerzwingungsverfahren – gestrichen worden; durch Art. 3 I Nr. 72 des VereinhG vom 12.9.1950[2] wurde sie in der ursprünglichen Fassung wiederhergestellt. Bezeichnung bis 1924: § 172.

Übersicht

1. Bedeutung. Die Vorschrift regelt in Absatz 1 die **Verwerfung des unbegründeten** 1
Antrags und die **Mitteilungen hierüber**. In Absatz 2 knüpft sie an diese Entscheidung eine **beschränkte Sperrwirkung**. Die kostenrechtlichen Folgen der Entscheidung sind in § 177 geregelt. Voraussetzung für die hier und in § 175 geregelte Sachentscheidung ist ein **zulässiger Klageerzwingungsantrag**.

2. Unzulässige Anträge. Dass ein unzulässiger Klageerzwingungsantrag zu verwerfen 2
ist, ergibt sich nicht aus § 174. Es folgt daraus, dass eine Sachentscheidung nur möglich ist, wenn die Voraussetzungen vorliegen, von denen das Gesetz ihre Zulässigkeit abhängig macht.[3] Unzulässig ist der Antrag namentlich, wenn der Antragsteller nicht Anzeigender (§ 172, 47) oder Verletzter (§ 172, 48 ff.) ist, wenn das Klageerzwingungsverfahren nicht eröffnet ist (§ 172, 21 ff.),[4] wenn die Frist für die Vorschaltbeschwerde oder den Antrag (§ 172, 127 ff.) verstrichen ist oder wenn der Antrag nicht in der vorgeschriebenen Form (§ 172, 140 ff.) oder mit dem gesetzlichen Mindestinhalt (§ 172, 145 ff.) eingereicht ist.

Die Verwerfung des Antrags als unzulässig löst **keine Sperrwirkung** nach Absatz 2 3
und **keine Kostenfolge** nach § 177 aus (§ 177, 3). Sie steht der **erneuten Antragstellung**

1 RGBl. I S. 508.
2 BGBl. I S. 455, 629.
3 *Eb. Schmidt* § 173, 3; vgl. auch *Ostler* 110 ff.
4 Insoweit früher (vor Einfügung des § 172 Abs. 2 Satz 3) **a.A.** *Ostler* 112 f. (Antrag unbegründet).

innerhalb der Antragsfrist nicht entgegen. Das Oberlandesgericht tut jedoch gut daran, auch bei einem schon gestellten – unzulässigen – Antrag auf gerichtliche Entscheidung den Ablauf der Antragsfrist abzuwarten, denn bis dahin kann der Antragsteller den schon gestellten Antrag nachbessern oder einen Antrag neu stellen. Schon wegen dieser unterschiedlichen Wirkungen muss die verwerfende Entscheidung deutlich machen, dass der Antrag als unzulässig verworfen wird. Die Verwerfung des Antrags kann **nicht alternativ** auf seine Unzulässigkeit oder Unbegründetheit gestützt werden. Allerdings ist es zulässig, bei einem unzulässigen Antrag **hilfsweise** darauf hinzuweisen, dass er auch sachlich keinen Erfolg gehabt hätte.[5]

4 Die Entscheidung, durch die der Antrag als unzulässig verworfen wird, ist dem Antragsteller und der Staatsanwaltschaft nach § 35 **bekanntzumachen**;[6] Zustellung ist nicht erforderlich (§ 35 Abs. 2 Satz 2). **Mitteilung an den Beschuldigten** ist nur dann notwendig, wenn er nach § 173 Abs. 2 gehört worden ist;[7] in diesem Fall ist davon auszugehen, dass er an dem Ausgang des Klageerzwingungsverfahrens interessiert ist. Bei einem unzulässigen Antrag ist der vorher nicht gehörte Beschuldigte nicht „betroffen" im Sinne von § 35. Ihm gegenüber besteht daher keine Mitteilungspflicht. Zum Inhalt der Entscheidung und zur Anfechtbarkeit s. Rn. 11, 13.

3. Unbegründete Anträge

5 **a) Allgemeines.** Der Klageerzwingungsantrag wird (mit der Sperrwirkung des Absatzes 2, s. Rn. 15) als unbegründet verworfen, wenn sich „kein genügender Anlass zur Erhebung der öffentlichen Klage" ergibt. Die Vorschrift verwendet damit den Begriff, der auch für die Abschlussverfügung der Staatsanwaltschaft in § 170 Abs. 1 benutzt wird (vgl. näher § 170, 21 ff.). Er stimmt mit dem **hinreichenden Tatverdacht** im Sinne von § 203 überein.[8] Nach der Entstehungsgeschichte und dem systematischen Zusammenhang ist es ausgeschlossen, an dieser Stelle in den Begriff des fehlenden „genügenden Anlasses" auch das Vorliegen der Voraussetzungen der §§ 153 ff. mit einzubeziehen (vgl. auch § 170, 22; Rn. 9 f.). Das Gericht hat daher aufgrund der Ergebnisse des Ermittlungsverfahrens und etwaiger eigener Ermittlungen nach § 173 Abs. 3 zu entscheiden, ob wegen der vom Antrag erfassten prozessualen Tat (§ 172, 13) hinreichender Tatverdacht besteht. Verneint es dies, so ist der Antrag als unbegründet zu verwerfen. Das kann auch mit einer anderen Begründung geschehen, als sie dem Einstellungsbescheid nach § 170 Abs. 2 oder dem Beschwerdebescheid zugrunde liegt.[9]

6 Betrifft das Klageerzwingungsverfahren **mehrere prozessuale Taten** oder **mehrere Beschuldigte** und fehlt es nur hinsichtlich einzelner Taten oder Beschuldigter am hinreichenden Tatverdacht, so ist nur insoweit der Antrag zu verwerfen und im Übrigen nach § 175 die Erhebung der öffentlichen Klage anzuordnen. Beide Entscheidungen können in einem einheitlichen Beschluss getroffen werden. Es kann aber auch die Verwerfung des Antrags zunächst nur auf die entscheidungsreifen Taten oder einzelne Beschuldigte beschränkt werden, etwa wenn im Übrigen weitere Ermittlungen nach § 173 Abs. 3 erforderlich sind.

---

5 *Ostler* 129, der dies in bestimmten Fällen für empfehlenswert hält.
6 KK/*Moldenhauer* 1; *Ostler* 129.
7 KK/*Moldenhauer* 1; Schmitt/Köhler/*Schmitt* 1.
8 OLG Rostock NStZ-RR **1996** 272; OLG München FamRZ **2006** 973 f.; OLG Bamberg NStZ-RR **2008** 10 ff.
9 *Eb. Schmidt* 2.

b) Privatklagedelikte. Ordnungswidrigkeit. Ergibt die Prüfung bei einer einheitlichen prozessualen Tat, dass hinsichtlich des in zulässiger Form zum Gegenstand des Klageerzwingungsverfahrens gemachten Offizialdelikts kein hinreichender Tatverdacht besteht, wohl aber wegen eines Privatklagedelikts, so darf insoweit wegen § 172 Abs. 2 Satz 3 nicht die Erhebung der öffentlichen Klage beschlossen werden. Der Antrag ist hinsichtlich des (sachlich geprüften) Offizialdelikts als unbegründet, im Übrigen als unzulässig zu verwerfen.[10] Die Sperrwirkung des Absatzes 2 betrifft dann nur das Offizialdelikt.[11] Das Gleiche gilt, wenn lediglich der hinreichende Verdacht einer Ordnungswidrigkeit verbleibt. 7

c) Anwendbarkeit der §§ 153 ff. Die **Anwendbarkeit der §§ 153 ff.** im gerichtlichen Klageerzwingungsverfahren ist umstritten. Ein Teil der Rechtsprechung und des Schrifttums hält sie nicht mehr für möglich, sobald der Klageerzwingungsantrag beim Oberlandesgericht angebracht ist.[12] Von der wohl überwiegenden Zahl der Oberlandesgerichte[13] und einem Teil des Schrifttums[14] wird im Ergebnis die Möglichkeit bejaht, trotz hinreichenden Tatverdachts (oder unter Offenlassen der Frage) von der Anordnung der Klageerhebung nach § 175 abzusehen, wenn die Voraussetzungen des § 153 gegeben sind. Die Befürworter dieser Auffassung berufen sich im Wesentlichen auf prozessökonomische Überlegungen, wobei die dogmatische Begründung unterschiedlich ist. Vereinzelt wird die Auffassung vertreten, dass (mit Zustimmung des Oberlandesgerichts) die **Staatsanwaltschaft** noch während des gerichtlich anhängigen Klageerzwingungsverfahrens das Verfahren nach § 153 Abs. 1 **einstellen**, d.h. also die Einstellungsverfügung auswechseln könne, mit der Folge, dass der Klageerzwingungsantrag damit wegen § 172 Abs. 2 Satz 3 unzulässig werde.[15] Teilweise wenden die **Oberlandesgerichte** § 153 Abs. 1 oder Abs. 2 analog an und **stellen** mit Zustimmung der Generalstaatsanwaltschaft **das Strafverfahren ein.**[16] Schließlich wird die Auffassung vertreten, dass es am „genügenden Anlass zur Erhebung der öffentlichen Klage" im Sinne des § 174 Abs. 1 auch dann fehle, wenn die Voraussetzungen des § 153 vorliegen und die Staatsanwaltschaft dieser Sachbehandlung zustimme. In diesem Fall sei der **Antrag** wegen der in § 172 Abs. 2 Satz 3 getroffenen Regelung als **unzulässig** ohne die Kostenfolge des § 177 zu verwerfen.[17] Folgt man dieser in der Rechtsprechung vertretenen Ansicht, so ist kein Grund ersichtlich, sie nicht auch auf die übrigen Fälle der Einstellungen nach den §§ 153 ff. anzuwenden.[18] 8

---

10 Umstritten; vgl. näher § 172, 24 ff. m.w.N.

11 So auch, obwohl sie den Antrag insgesamt für unbegründet halten: KK/*Moldenhauer* 3; Schmitt/Köhler/*Schmitt* 6.

12 OLG Hamburg VRS **38** (1970) 442; KK/*Moldenhauer* 4; *Eb. Schmidt* 3 und Nachtr. I; *A. Schäfer* JZ **1958** 702; MüKo/*Kölbel/Neßeler* 2. Zur (inzwischen unumstrittenen) Anwendung der §§ 153 ff. nach Klageerhebung durch das mit der Sache befasste Gericht s. § 175, 14.

13 OLG Braunschweig NJW **1958** 1361; NStZ **2014** 174 f.; OLG Celle MDR **1985** 249; OLG Hamm NJW **1975** 1984; OLG Karlsruhe Justiz **1977** 104; OLG Köln JMBlNRW **1962** 261; OLG Stuttgart MDR **1982** 954.

14 *Kleinknecht/Meyer*[37] 3; *Kirstgen* 166 ff.; *Schwarz* NJW **1958** 1816; *Bohnert* 354.

15 So noch Müller in KMR/*Müller* 4; vgl. auch § 172, 123.

16 OLG Braunschweig JZ **1958** 701 mit Anm. *A. Schäfer* (§ 153 Abs. 2 analog; Kostenfolge nach § 471 Abs. 3 Nr. 2); OLG Celle MDR **1985** 249 (§ 153 Abs. 1 analog); ähnlich *Kleinknecht/Meyer*[37] 3 (Erledigung des Antrags infolge der Anwendung des § 153 Abs. 2 analog, Kostenfolge nach § 467 Abs. 4).

17 Zuerst OLG Köln JMBlNRW **1962** 261 (jedenfalls wenn Einstellung offensichtlich geboten); ferner OLG Hamm NJW **1975** 1984; OLG Karlsruhe Justiz **1977** 104; OLG Stuttgart MDR **1982** 954; *Schwarz* NJW **1958** 1816.

18 So ausdrücklich *Kirstgen* 170; OLG Stuttgart NJW **1997** 3103; OLG Braunschweig NStZ **2014**, 174; **a.A.** *Kleinknecht/Meyer*[37] 3 (zu § 153a); KK/*Moldenhauer* 4; Schmitt/Köhler/*Schmitt* 3.

9 Entgegen der in der Rechtsprechung inzwischen vorherrschenden Meinung ist, wie bereits von *Meyer-Goßner* in der 23. Auflage (Rn. 5 ff.) ausführlich begründet, die **Anwendbarkeit der §§ 153 ff.** nach Anbringung eines zulässigen Klageerzwingungsantrags bei Gericht **ausgeschlossen.** Nach dem Wortlaut des § 153 wäre es zwar möglich, dass während des gerichtlichen Klageerzwingungsverfahrens die Staatsanwaltschaft noch § 153 Abs. 1 anwendet, denn zu diesem Zeitpunkt ist die öffentliche Klage noch nicht erhoben.[19] Dem steht aber entgegen, dass sich die Staatsanwaltschaft, nachdem ihre gerade nicht auf § 153 Abs. 1 gestützte Einstellungsentscheidung Gegenstand eines selbständigen gerichtlichen Verfahrens geworden ist (§ 172, 7), von dieser nicht einseitig lösen und damit nachträglich die Unzulässigkeit eines ursprünglich zulässigen Klageerzwingungsantrags herbeiführen kann. Dem gleichen Einwand ist auch die Begründung ausgesetzt, nach der das Oberlandesgericht den Antrag als unzulässig verwirft, weil es nachträglich die Voraussetzungen des § 153 bejaht und die Zustimmung der Staatsanwaltschaft herbeiführt.[20] Der Begriff des „genügenden Anlasses" bedeutet bei § 174 Abs. 1 nichts anderes als hinreichenden Tatverdacht (vgl. § 170, 22 ff.; Rn. 5). Es wäre im Übrigen ungereimt, den genügenden Anlass zur Erhebung der öffentlichen Klage wegen Vorliegens der Voraussetzungen des § 153 zu verneinen, den Klageerzwingungsantrag aber als *unzulässig* zu verwerfen. In Betracht käme in diesem Fall allenfalls seine Verwerfung als *unbegründet.* Dass so verfahren wird, um die Kostenfolge des § 177 für den Antragsteller zu vermeiden, mag zwar vom Ergebnis her sachgerecht erscheinen, belegt aber nur zu deutlich die Unhaltbarkeit des dogmatischen Ansatzes. Einer Einstellung durch das Oberlandesgericht selbst[21] steht nicht nur der (allenfalls durch eine Analogie überwindbare) Wortlaut des § 153 Abs. 1 entgegen, sondern vor allem der Umstand, dass es sich beim gerichtlichen Klageerzwingungsverfahren um ein verselbständigtes Zwischenverfahren außerhalb des eigentlichen Strafverfahrens handelt (§ 172, 7). Das Oberlandesgericht kann nicht die Befugnis haben, ein Ermittlungsverfahren einzustellen, mit dem es insgesamt überhaupt nicht befasst ist.[22]

10 Es besteht neben diesen dogmatischen Bedenken aber auch **kein praktisches Bedürfnis** für die Anwendung der §§ 153 ff., die aus rechtspolitischer Sicht ebenfalls problematisch erscheint. Die Behauptung, dass das Verfahren nach Erhebung der öffentlichen Klage ohnehin nach diesen Vorschriften eingestellt werden würde, ist eine reine Spekulation[23] und lässt sich empirisch nicht belegen. Liegen die Voraussetzungen des § 153 vor, so haben bereits die Staatsanwaltschaft und spätestens der Generalstaatsanwalt bei der Entscheidung über die Vorschaltbeschwerde (vgl. § 172, 112) die Möglichkeit, von der Verfolgung nach dieser Vorschrift abzusehen. Ist dies nicht geschehen, so ist davon auszugehen, dass die Staatsanwaltschaft und der Generalstaatsanwalt die Anwendung des § 153 nicht für sachgerecht gehalten haben. Seine Anwendung erst im gerichtlichen Klageerzwingungsverfahren könnte den jedenfalls beim Verletzten verständlichen Argwohn auslösen, dass nunmehr das Interesse vorherrsche, seinen begründeten Antrag zu Fall zu bringen.

4. Entscheidung

11 **a) Inhalt.** Die Entscheidung ergeht durch **Beschluss**. Sie ist mit einer Kostenentscheidung nach § 177 zu verbinden, wenn der Antrag als unbegründet verworfen wird. Der

19 So der noch von KMR/*Müller* 4 empfohlene dogmatische Weg; vgl. aber jetzt KMR/*Noltensmeier-von Osten* 13.
20 So die OLG Hamm, Karlsruhe, Köln, Stuttgart, vgl. Fn. 17.
21 So die in Fn. 14 Genannten.
22 KK/*Moldenhauer* 4 („funktionelle Zuständigkeiten dürfen nicht auf den Kopf gestellt werden").
23 Näher LR/*Meyer-Goßner*[23] 6.

Beschluss muss schon wegen der Kostenentscheidung erkennen lassen, ob der Antrag als unzulässig oder als unbegründet verworfen wird. Er ist nach § 34 zu **begründen**;[24] dies ist bei der Verwerfung als unbegründet vor allem für den Umfang der Sperrwirkung nach Absatz 2 von Bedeutung.[25]

b) Mitteilung. Kraft ausdrücklicher gesetzlicher Regelung ist der Beschluss der Staatsanwaltschaft (regelmäßig also dem Generalstaatsanwalt beim Oberlandesgericht), dem Antragsteller und dem Beschuldigten bekanntzumachen, Letzterem auch dann, wenn er zum Klageerzwingungsantrag nicht gehört worden ist (vgl. § 173, 6).[26] Die Gegenmeinung[27] findet nicht nur im Wortlaut keine Stütze, ihr ist auch entgegenzuhalten, dass der Beschuldigte stets über die ihm günstige Sperrwirkung des Beschlusses gemäß Absatz 2 unterrichtet werden muss. Zustellung ist in keinem Fall erforderlich (§ 35 Abs. 2 Satz 2).[28] 12

c) Anfechtung. Gegen den Beschluss, der den Klageerzwingungsantrag als unzulässig oder unbegründet verwirft, ist wegen § 304 Abs. 4 Satz 2 **keine Beschwerde** statthaft. Auf eine **Gegenvorstellung** oder auch **von Amts wegen** kann das Gericht einen als *unzulässig* verworfenen Antrag ändern.[29] Nicht abänderbar ist jedoch wegen der materiellen Rechtskraft gemäß Absatz 2 die Entscheidung, die den Antrag als *unbegründet* verwirft.[30] 13

5. Strafklageverbrauch (Absatz 2). Wird der Antrag als unbegründet verworfen, so kann die öffentliche Klage nur aufgrund **neuer Tatsachen** oder **Beweismittel** erhoben werden. Die Entscheidung hat die gleiche Sperrwirkung wie die Ablehnung der Eröffnung des Hauptverfahrens nach § 211, mit dem Absatz 2 wörtlich übereinstimmt. Die Verwerfung des Antrags nach § 174 Abs. 2 soll eine „rechtskräftige Aburteilung" i.S. des Art. 54 SDÜ darstellen und bei Vorliegen der übrigen Voraussetzungen des Art. 54 SDÜ ein Auslieferungshindernis begründen.[31] Wegen des Umfangs der Sperrwirkung, wegen des Umfangs der Sperrwirkung bei Doppelbegründung, wegen des Begriffs der neuen Tatsachen oder Beweismittel, wegen ihrer Bedeutung im weiteren Verfahren vgl. Erl. zu § 211. Bei Vorliegen relevanter neuer Tatsachen oder Beweismittel gilt für die Staatsanwaltschaft erneut das Legalitätsprinzip. Zur Möglichkeit der **Wiederholung des Klageerzwingungsverfahrens** in diesen Fällen s. § 172, 39 f. 14

Keine Sperrwirkung tritt ein, wenn der Antrag zurückgenommen oder seine Rücknahme nach § 176 fingiert wird, wenn das Oberlandesgericht sonst von einer Entscheidung absieht (§ 172, 180) oder wenn der Antrag als unzulässig verworfen wird.[32] Ebenso wenig tritt die Sperrwirkung nach Absatz 2 ein, wenn der anzeigende Verletzte von den Rechtsbehelfen nach § 172 Abs. 1 oder 2 überhaupt nicht oder nicht fristgerecht Gebrauch macht; in solchen Fällen ist lediglich *diesem* Verletzten das Klageerzwingungsverfahren ohne Vorliegen von Nova verschlossen.[33] Sofern ein Verfahrenshindernis zur Verwerfung des An- 15

---

24 BVerfG NJW **2020** 1877 zum Erfordernis einer nachvollziehbaren und willkürfreien Beweiswürdigung.

25 Zur Frage der Zulässigkeit von Doppelbegründungen bei der Ablehnung der Eröffnung des Hauptverfahrens vgl. LR/*Rieß*[25] § 204, 12a ff. m.w.N.

26 KK/*Moldenhauer* 9; Schmitt/Köhler/*Schmitt* 4.

27 *Eb. Schmidt* 5 (Mitteilung an Beschuldigten nur, wenn nach § 173 Abs. 2 gehört).

28 Heute allg. M.; **a.A.** früher *Feisenberger* 2; sowie (teilweise) LR/*Kohlhaas*[22] 3; *Müller*/*Sax*[6] 3.

29 OLG Nürnberg MDR **1964** 524 (für den Fall eines tatsächlichen Irrtums).

30 OLG Nürnberg MDR **1966** 351; KK/*Moldenhauer* 5; Schmitt/Köhler/*Schmitt* 5.

31 OLG Innsbruck NStZ **2000** 665.

32 OLG Celle NJW **1958** 1972.

33 **A.A.** OLG Hamm MDR **1965** 930 unter Verwechselung der Sperrwirkung des Absatzes 2 mit dem Verlust des Antragsrechts; wie hier KK/*Moldenhauer* 8; Schmitt/Köhler/*Schmitt* 6.

trags führt, darf die öffentliche Klage nur aufgrund von neuen Tatsachen oder Beweismitteln erhoben werden, die diesen Verwerfungsgrund betreffen.[34]

§ 175
Anordnung der Anklageerhebung

[1]Erachtet das Gericht nach Anhörung des Beschuldigten den Antrag für begründet, so beschließt es die Erhebung der öffentlichen Klage. [2]Die Durchführung dieses Beschlusses liegt der Staatsanwaltschaft ob.

Schrifttum

Siehe bei § 172.

Entstehungsgeschichte

Die Vorschrift war durch Art. 9 § 2 Abs. 3 der 2. VereinfVO – wie das gesamte Klageerzwingungsverfahren – aufgehoben worden; durch Art. 3 I Nr. 72 des VereinhG wurde sie in der ursprünglichen Fassung wiederhergestellt. Die Worte „nach Anhörung des Beschuldigten" in Satz 1 wurden erst durch Art. 8 Nr. 3 des StPÄG 1964 eingefügt. Bezeichnung bis 1924: § 173.

Übersicht

Alphabetische Übersicht

---

34 So auch KK/*Moldenhauer* 7.

1. Begründeter Antrag. Das Gericht hat die Erhebung der öffentlichen Klage zu beschließen, wenn es den zulässigen Klageerzwingungsantrag (§ 174, 2 f.) für begründet hält. Er ist begründet, soweit nach den Ergebnissen des vorbereitenden Verfahrens und etwaiger ergänzender Ermittlungen nach § 173 Abs. 3 **hinreichender Tatverdacht** wegen eines Offizialdelikts besteht (§ 174, 5). Besteht nur hinsichtlich einzelner von mehreren (prozessualen) Taten oder von mehreren Beschuldigten hinreichender Tatverdacht, so ist nur insoweit nach § 175 zu verfahren (§ 174, 6). Wegen der (umstrittenen) Unanwendbarkeit der §§ 153 ff. s. § 174, 8 ff. 1

2. Verfahren und Entscheidung

a) Anhörung des Beschuldigten. Die Erhebung der öffentlichen Klage darf erst beschlossen werden, nachdem der Beschuldigte gemäß § 173 Abs. 2 unter Mitteilung der Antragsschrift gehört worden ist (vgl. näher § 173, 6 f.).[1] Ausnahmsweise kommt die Anordnung der Erhebung der öffentlichen Klage ohne vorherige Anhörung des Beschuldigten in Betracht, wenn letzterer unbekannten Aufenthalts ist und sie außerdem den Zweck der Anordnung gefährden würde (§ 33 Abs. 4 Satz 1). Sobald aber der Aufenthalt bekannt ist, ist die Anhörung unverzüglich nach § 33a nachzuholen.[2] Denn nur dann kann der Beschuldigte durch eine Einlassung eventuell noch die Entscheidung über die Eröffnung des Hauptverfahrens beeinflussen. 2

Die Anhörung nach § 173 Abs. 2, § 175 Satz 1 ersetzt nicht die **Beschuldigtenvernehmung** nach § 163a Abs. 1 Satz 1.[3] Deshalb ist eine bisher nicht durchgeführte Beschuldigtenvernehmung gemäß §§ 136, 163a nachzuholen, bevor das Oberlandesgericht die Erhebung der öffentlichen Klage beschließt.[4] Das kann entweder im Verfahren nach § 173 Abs. 3 oder dergestalt geschehen, dass das Gericht die Staatsanwaltschaft um die Durchführung der Vernehmung bittet (vgl. § 173, 19). Entgegen teilweiser[5] Ansicht genügt es nicht, dass die Staatsanwaltschaft nach Erlass des Beschlusses die Beschuldigtenvernehmung nachholt.[6] Denn bereits mit dem Beschluss wird darüber entschieden, dass die öffentliche Klage erhoben wird; der Sinn der Beschuldigtenvernehmung liegt aber darin, dem Beschuldigten die Möglichkeit zu geben, noch auf diese Entscheidung Einfluss zu nehmen. 3

1 OLG Celle wistra **2014** 194; OLG Hamm StV **2002** 128 mit Anm. *Lilie*; OLG Braunschweig wistra **1993** 31.
2 KG JR **1988** 480.
3 So aber KK/*Moldenhauer* 1.
4 SK/*Wohlers* 7; MüKo/*Kölbel*/*Neßeler* 1.
5 LR/*Meyer-Goßner*[23] § 163a, 14 und § 175, 2 (der allerdings auch die vorherige Beschuldigtenvernehmung empfiehlt).
6 SK/*Wohlers* 7.

4 **b) Inhalt des Beschlusses.** Der Beschluss muss erkennen lassen, gegen wen, wegen welchen Sachverhalts und aufgrund welcher Strafbestimmungen die öffentliche Klage erhoben werden soll;[7] er muss also diejenigen Angaben enthalten, die bei Erhebung der öffentlichen Klage in den Anklagesatz (§ 200) aufzunehmen sind.[8] Das geschieht zweckmäßigerweise in der Form, dass das Gericht einen vollständigen Anklagesatz formuliert, dem es etwa den Satz voranstellt: „Die Staatsanwaltschaft hat wegen folgender Tat die öffentliche Klage zu erheben".[9] Die übrigen für die Anklage vorgeschriebenen Bestandteile braucht der Beschluss nicht zu enthalten. Das Gericht, bei dem die öffentliche Klage erhoben wird, ist nicht anzugeben,[10] weil insoweit die Staatsanwaltschaft nicht gebunden ist (Rn. 11). Zur **Entscheidungszuständigkeit** s. § 172, 176f.

5 Das Erfordernis einer **Begründung** ergibt sich in der Regel nicht aus § 34, da die Entscheidung **unanfechtbar** ist (§ 304 Abs. 4 Satz 2) und mit ihr auch kein Antrag im Sinne des § 34 abgelehnt wird.[11] Dennoch ist es angebracht und in der Praxis üblich, dass das Gericht begründet, aus welchen tatsächlichen oder rechtlichen Gründen es entgegen der im Einstellungsbescheid der Staatsanwaltschaft und der im Beschwerdebescheid der Generalstaatsanwaltschaft dargelegten Auffassung den hinreichenden Tatverdacht bejaht, denn die Erwägungen müssen sowohl die Staatsanwaltschaft bei der Klageerhebung als auch das eröffnende Gericht und vor allem der Beschuldigte für seine sachgerechte Verteidigung kennen.[12] Das Oberlandesgericht stellt dabei ohne Bindung an die Entscheidungen der Staatsanwaltschaft und Generalstaatsanwaltschaft eigene tatsächliche und rechtliche Erwägungen an und nimmt dabei eine vorläufige Beweisprognose vor.[13]

6 **c) Kostenentscheidung.** Eine **Kostenentscheidung** enthält der Beschluss des Gerichts **nicht**. Die Kosten des Klageerzwingungsverfahrens sind Kosten des Strafverfahrens. Die Kostenentscheidung des Urteils oder des Beschlusses, der das Verfahren abschließt, umfasst sie daher.[14] Der Antragsteller kann sich dem Verfahren nach erfolgreichem Klageerzwingungsverfahren gemäß § 395 Abs. 2 Nr. 2 als Nebenkläger anschließen; seine im Klageerzwingungsverfahren entstandenen notwendigen Auslagen gehören zu den im Falle der Verurteilung durch den Angeklagten gemäß § 472 Abs. 1 zu erstattenden Nebenklagekosten.[15]

7 **d) Mitteilungen.** Der Beschluss ist dem Antragsteller und der Staatsanwaltschaft mitzuteilen. Nach einer verbreiteten Meinung soll die Mitteilung an den **Beschuldigten** zwar zulässig und üblich, aber nicht zwingend erforderlich sein, weil er am Verfahren nicht beteiligt sei und durch die Anklageerhebung unterrichtet werde.[16] Es ist jedoch nicht einsehbar, warum der Beschuldigte, dessen Anhörung § 175 vorschreibt, nicht als Betroffener im Sinne von § 35 anzusehen sein soll (§ 35, 4), zumal er durchaus ein Interesse daran

---

7 KK/*Moldenhauer* 3; Schmitt/Köhler/*Schmitt* 2; KMR/*Noltensmeier-von Osten* 5.

8 Teilweise **a.A.** *Feisenberger* 1 (rechtliche Würdigung ist nicht anzugeben); dagegen zu Recht *Eb. Schmidt* Nachtr. I 8.

9 Ähnlich *Eb. Schmidt* Nachtr. I 8; *Ostler* 138.

10 **A.A.** *Eb. Schmidt* Nachtr. I 8; *Ostler* 138.

11 *Eb. Schmidt* Nachtr. I 9.

12 Für Begründung auch KK/*Moldenhauer* 3; **a.A.** SK/*Wohlers* 8; MüKo/*Kölbel*/*Neßeler* 3.

13 BVerfG NJW **2002** = Kriminalistik **2003** 269 Ls. mit Anm. *Vahle.*

14 *Rieß* NStZ **1990** 6, 10.

15 OLG Koblenz NStZ **1990** 48; OLG München MDR **1986** 427; KK/*Moldenhauer* § 177, 4; Schmitt/Köhler/*Schmitt* § 177, 3.

16 KK/*Moldenhauer* 5; LR/*Meyer-Goßner*[23] 5; *Eb. Schmidt* Nachtr. I 9; *Gerland* 313; *Ostler* 139; wie hier KMR/*Noltensmeier-von Osten* 9.

haben kann, zumindest auf die Entscheidung der Staatsanwaltschaft über die Klageart und das anzurufende Gericht einzuwirken. Der Grundsatz des fairen Verfahrens wird regelmäßig eine Mitteilung an den Beschuldigten gebieten.[17] Wird sie unterlassen, so hat dies aber keine Rechtsfolgen. **Zustellung** ist in allen Fällen **entbehrlich**.[18]

3. Durchführung des Beschlusses (Satz 2)

a) Bindung der Staatsanwaltschaft. Der Beschluss nach Satz 1 bewirkt nicht, dass das Hauptverfahren eröffnet ist,[19] und noch nicht einmal, dass das Verfahren schon damit gerichtlich anhängig wird. Vielmehr ordnet Satz 2, um das Akkusationsprinzip formell zu wahren an, dass die Durchführung des Beschlusses der Staatsanwaltschaft obliegt. Sie hat also nach Anbringung des Abschlussvermerks gemäß § 169a die öffentliche Klage zu erheben und ist dabei an den Beschluss und die darin enthaltene rechtliche Würdigung gebunden.[20] Sie darf also nicht mehr in Frage stellen, dass wegen der im Beschluss bezeichneten Tat der hinreichende Tatverdacht der in ihm genannten Delikte besteht,[21] ist aber in ihrem Anklagesatz an die vom Gericht gewählte Formulierung nicht wörtlich gebunden. Die Klageerhebung muss unverzüglich erfolgen; ggf., etwa wenn der Beschuldigte inzwischen ausgeliefert oder ausgewiesen worden ist, müssen die erforderlichen Gestellungsmaßnahmen veranlasst werden. 8

Die Staatsanwaltschaft darf das Verfahren **nicht** mehr nach den §§ 153 ff. **einstellen** (s. aber Rn. 24 a.E.).[22] Gleiches gilt auch im Jugendstrafverfahren für die Einstellung nach **§ 45 JGG**. Der im jugendstrafrechtlichen Schrifttum teilweise vertretenen Gegenmeinung[23] ist der eindeutige Wortlaut der Vorschrift entgegenzuhalten; Besonderheiten des Jugendstrafverfahrens, die nach § 2 JGG berücksichtigt werden könnten, vermögen hier keine Abweichung zu begründen. Zu einer Einstellung nach **§ 153d Abs. 1** und nach **§ 153c Abs. 1 und Abs. 2** unter den Voraussetzungen des § 153c Abs. 3 und 4 ist die Staatsanwaltschaft dagegen **berechtigt**.[24] Ist die öffentliche Klage bereits erhoben, so kann die Staatsanwaltschaft in den Fällen des Absatzes 1 Satz 1 Nr. 1, 2 und des Absatzes 3 die Klage in jeder Lage des Verfahrens und somit auch noch nach Eröffnung des Hauptverfahrens zurücknehmen (Absatz 4) und das Verfahren einstellen (vgl. Erl. zu § 153c). Es wäre ein sinnloser, rein formaler Umweg, sie zur Erhebung einer Klage zu verpflichten, die sie alsbald zurücknehmen könnte. 9

Eine **Klagerücknahme** (§ 156) zu dem Zweck, das Verfahren durch Einstellung zu beenden, ist **unzulässig**, sodass praktisch eine Rücknahme nur dann in Betracht kommt, wenn die Staatsanwaltschaft danach in anderer Form, namentlich vor einem anderen Gericht, die Klage erneut erheben will.[25] Eine **Ausnahme** gilt in den Fällen des § 153c Abs. 4 und des § 153d (vgl. Erl. zu § 153c). 10

---

17 So auch SK/*Wohlers* 10; MüKo/*Kölbel/Neßeler* 3.

18 KK/*Moldenhauer* 5; KMR/*Noltensmeier-von Osten* 9; **a.A.** (für den Antragsteller) LR/*Kohlhaas*[22] 2b.

19 So de lege ferenda *Ostler* 147 f.

20 Teilweise **a.A.** *Oetker* GerS **105** (1935) 374, nach dem eine Weisung des vorgesetzten Beamten, keine Klage zu erheben, der Klagepflicht vorgehen soll. Eine solche (heute wohl kaum denkbare) Weisung wäre rechtswidrig.

21 KK/*Moldenhauer* 6 f.; Schmitt/Köhler/*Schmitt* 3; KMR/*Noltensmeier-von Osten* 11.

22 KK/*Moldenhauer* 7; Schmitt/Köhler/*Schmitt* 3; KMR/*Noltensmeier-von Osten* 12.

23 *Eisenberg* § 45, 42 JGG.

24 **A.A.** LR/*Meyer-Goßner*[23] 7; wohl ebenso ablehnend KK/*Moldenhauer* 7; SSW/*Sing/Vordermayer* 4; Schmitt/Köhler/*Schmitt* 3 („nicht mehr nach §§ 153 I, 153a I einstellen"); KMR/*Noltensmeier-von Osten* 12 („nicht mehr nach dem Opportunitätsgrundsatz [§§ 153, 153a] einstellen"); wie hier SK/*Wohlers* 12.

25 Ebenso Schmitt/Köhler/*Schmitt* 3; SK/Wohlers 12; KMR/*Noltensmeier-von Osten* 14; *Eb. Schmidt* Nachtr. I 10.

11 **b) Gericht und Klageart.** Nach § 175 beschließt das Oberlandesgericht die Erhebung der öffentlichen Klage. Es kann aber der Staatsanwaltschaft nicht vorschreiben, vor welchem Gericht und in welcher Form sie diesem Beschluss nachkommt. Es obliegt daher ihrer selbstständig zu treffenden und ggf. im Eröffnungsverfahren nach §§ 209, 209a zu überprüfenden Entscheidung, vor welchem **sachlich zuständigen** Gericht sie die Klage erheben will.[26] Unter mehreren **örtlich zuständigen** Gerichten hat sie die Auswahl zu treffen.[27] Erklärt sich das angerufene Gericht für örtlich unzuständig (vgl. Erl. zu § 204), so muss die Staatsanwaltschaft entweder hiergegen vorgehen oder erneut Klage bei einem zuständigen Gericht erheben, denn zur Durchführung des Beschlusses gehört, dass die Klageerhebung eine gerichtliche Sachentscheidung über die Klage ermöglichen muss.[28]

12 Auch die **Klageart** steht der Staatsanwaltschaft grundsätzlich frei. Sie kann eine Anklageschrift einreichen, Antrag auf Entscheidung im beschleunigten Verfahren nach den §§ 417 ff. oder (in Jugendsachen) im vereinfachten Jugendverfahren nach den §§ 76 ff. JGG stellen oder in einem bereits anhängigen Strafverfahren eine Nachtragsanklage nach § 266 erheben. Lehnt das Gericht in den zuletzt genannten Fällen die Aburteilung in dieser Verfahrensart mangels Eignung ab, so bleibt die Staatsanwaltschaft verpflichtet, im Normalverfahren Anklage zu erheben.

13 Eine Klageerhebung durch **Strafbefehlsantrag** wird nach verbreiteter Meinung zwar für wenig sachgerecht, aber für zulässig gehalten.[29] Dem ist zuzustimmen. Rechtliche Bedenken ergeben sich auch nicht daraus, dass im Falle eines erlassenen und rechtskräftigen Strafbefehls wegen der in § 396 Abs. 1 Satz 3 getroffenen Regelung der Anschluss des Verletzten als Nebenkläger nicht wirksam werden kann. Die durch das Klageerzwingungsverfahren dem Verletzten erwachsenen notwendigen Auslagen (Rn. 6) können dem Angeklagten nach § 472 Abs. 3 Satz 1 mit dem Strafbefehl auferlegt werden, weil der Antragsteller mit der Entscheidung nach § 175 die potenzielle Anschlussbefugnis als Nebenkläger und somit zugleich die Position nach § 406h erwirbt, die eine Auslagenerstattung nach Absatz 3 ermöglicht.[30] Es ist also nicht mehr erforderlich, dass der Nebenklagebefugte sich (nur deshalb) dem Verfahren anschließt, um eine Erstattung seiner notwendigen Auslagen für die Zuziehung eines Rechtsanwalts im Ermittlungsverfahren zu erreichen.

14 **c) Über die Pflicht zur Erhebung der öffentlichen Klage hinausgehende Verpflichtungen** bestehen für die Staatsanwaltschaft nicht. Abgesehen von der beschränkten Rücknahmemöglichkeit (Rn. 10) ist ihre Stellung die gleiche, als wenn sie von sich aus die öffentliche Klage erhoben hätte.[31] Sie kann einer **gerichtlichen Einstellung** nach den § 153 Abs. 2, § 153a Abs. 2, § 153b Abs. 2, § 153e Abs. 2, § 47 JGG **zustimmen**,[32] eine Einstellung nach den § 154 Abs. 2, § 154b Abs. 2 beantragen, in der Hauptverhandlung eine andere Rechtsauffassung als das Oberlandesgericht vertreten oder Freispruch beantragen. Die

---

26 OLG Karlsruhe NStZ **2015** 717.

27 OLG Koblenz VRS **63** (1982) 361; KK/*Moldenhauer* 6; KMR/*Noltensmeier-von Osten* 11; **a.A.** wohl *Eb. Schmidt* Nachtr. I 8.

28 *Ostler* 139.

29 KK/*Moldenhauer* 6; Schmitt/Köhler/*Schmitt* 3; SK/*Wohlers* 13; SSW/*Sing*/*Vordermayer* 5; weitergehend LK/*Graalmann-Scherer*[27] 13; Radtke/Hohmann/*Rettenmaier* 6; a.A. LR/*Rieß*[24] 13 (rechtlich unzulässig).

30 SK/*Wohlers* 13; KMR/*Noltensmeier-von Osten* § 177, 4; Schmitt/Köhler/*Schmitt* § 177, 3; LR/*Kurtze* § 472, 14; LR/*Wenske* § 406h, 2; Rieß NStZ **1990**, 6, 9, der aber eine vorsorgliche Anschlusserklärung nach Anordnung der Anklageerhebung (§ 175) verlangt; a.A. LR/*Graalmann-Scherer*[27] 13; MüKo/*Kölbel*/*Neßeler* § 177, 5.

31 *Eb. Schmidt* Nachtr. I 10.

32 Heute allg. M.; **a.A.** früher OLG Kiel SchlHA **1947** 297; OLG Stuttgart DRZ **1949** 450; *Schwarz* NJW **1958** 1816; enger neuerdings *Kirstgen* 190 ff. (nur, wenn Nova die Einstellung rechtfertigen).

Staatsanwaltschaft ist nicht verpflichtet, gegen einen Nichteröffnungsbeschluss nach § 204, einen Einstellungsbeschluss nach den §§ 206a, 206b oder ein freisprechendes Urteil Rechtsmittel einzulegen.

4. Sonstige Rechtswirkungen des Beschlusses. Der Verletzte, der das Klageerzwingungsverfahren betrieben hat, kann sich nach § 395 Abs. 2 Nr. 2 dem gerichtlichen Verfahren als **Nebenkläger** anschließen, auch wenn er sonst nicht zu den nebenklagebefugten Verletzten gehört (vgl. Erl. zu § 395 und unten Rn. 49). Im Übrigen hat der Beschluss für das weitere Verfahren keine Bindungswirkung,[33] und zwar auch nicht für das Oberlandesgericht selbst, falls es, etwa als Rechtsmittelgericht, später erneut mit der Sache befasst ist.[34] 15

5. Anordnung, Ermittlungen durchzuführen?

a) Allgemeines. In Rechtsprechung und Schrifttum ist streitig,[35] ob unter besonderen Voraussetzungen die Entscheidung des Oberlandesgerichts, wenn sich der Antrag nicht von vornherein als unzulässig (§ 174, 2 ff.) oder unbegründet erweist, auch dahin lauten kann, dass die Staatsanwaltschaft Ermittlungen durchzuführen habe.[36] Letzteres haben inzwischen mehrere **Oberlandesgerichte**[37] und auch das **BVerfG**[38] für den Fall bejaht, dass die Staatsanwaltschaft den Anfangsverdacht aus rechtlichen Gründen verneint und deshalb den Sachverhalt in tatsächlicher Hinsicht überhaupt nicht aufgeklärt hat. Die Anordnung weiterer Ermittlungen durch die Staatsanwaltschaft wird auch dann für zulässig erachtet, wenn letztere in einem Kernbereich der zu untersuchenden Tat unvollständig ermittelt hat und umfangreiche Nachforschungen notwendig sind.[39] Diese Entscheidungen sind im Schrifttum zunächst auf Ablehnung gestoßen.[40] Dabei ist darauf verwiesen worden, dass auch in diesen Fällen von der Möglichkeit eigener Ermittlungen nach § 173 Abs. 3 Gebrauch zu machen sei, und zwar selbst dann, wenn das im Ergebnis dazu führe, dass praktisch das gesamte Ermittlungsverfahren vom Strafsenat des Oberlandesgerichts durchzuführen sei. Inzwischen hat sich die Gegenmeinung im Schrifttum jedoch weitgehend durchgesetzt.[41] 16

Obwohl der Wortlaut der §§ 171, 172, 173 Abs. 3 und § 175 dem entgegenzustehen scheint, ist in **Ausnahmefällen** statt der Klageerzwingung eine **bloße Ermittlungserzwingung anzuerkennen**. Durch die Entwicklung der StPO insgesamt und namentlich durch 17

33 OLG Karlsruhe NJW **1977** 63.

34 KK/*Moldenhauer* 8; Schmitt/Köhler/*Schmitt* 4.

35 Vgl. früher (ablehnend) *Schneidewin* JZ **1959** 308 und (ihm folgend) LR/*Meyer-Goßner*[23] § 173, 11; SK/*Wohlers* 2; KK/*Moldenhauer* 3; **a.A.** Schmitt/Köhler/*Schmitt* 2; KMR/*Noltensmeier-von Osten* 7; MüKo/*Kölbel*/*Neßeler* § 173, 6.

36 Ausführlich zur Problematik *Rieß* NStZ **1986** 436 (unter III).

37 OLG München (2. StS) NJW **2007** 3734; OLG Brandenburg OLG-NL 2004, 240; OLG Braunschweig wistra **1993** 33; OLG Bremen MedR **1984** 112, 113; StV **2018** 268; KG NStZ **1990** 355 mit Anm. *Wohlers* NStZ **1991** 300 = JZ **1991** 46 mit Anm. *Eisenberg*; NStZ-RR **2014** 14; OLG Koblenz NStZ **1995** 50; OLG Zweibrücken GA **1981** 94 = NStZ **1981** 193 (nur Ls.) mit Anm. *Kuhlmann*; NStZ **2007** 420; OLG Karlsruhe Justiz **2003** 271; **2005** 253; OLG Hamm StV **2002** 128 mit Anm. *Lilie*; NStZ **2009** 162; OLG Celle 2 Ws 94/02 vom 26.4.**2002**; wistra **2014**, 194; OLG Köln NStZ-RR **2003**, 212; OLG Oldenburg StraFo **2022**, 204; **a.A.** OLG München (3. StS) StraFo **2014** 422.

38 BVerfGE NStZ-RR **2021**, 146.

39 OLG Zweibrücken NZV **2001** 387; OLG Koblenz OLGSt StGB § 77b Nr. 1.

40 *Kuhlmann* NStZ **1981** 193; *Wohlers* NStZ **1991** 301; KK/*Moldenhauer* 3; SK/*Wohlers* § 173, 13.

41 *Rieß* NStZ **1986** 437 (noch zweifelnd Gutachten 112 Fn. 332); *Kirstgen* 175 ff.; *Stoffers* NStZ **1993** 499; Schmitt/Köhler/*Schmitt* 2; KMR/*Noltensmeier-von Osten* § 172, 112.

die Abschaffung der gerichtlichen Voruntersuchung[42] ist nachträglich eine vom Gesetzgeber nicht bedachte Regelungslücke entstanden, die durch richterliche Rechtsfortbildung geschlossen werden muss.[43] Solange es die gerichtliche Voruntersuchung gab, konnte die öffentliche Klage im Sinne des § 175 auch dadurch erhoben werden, dass die Staatsanwaltschaft einen Antrag auf gerichtliche Voruntersuchung stellte.[44] Dazu war es nicht erforderlich, dass der Sachverhalt auch in tatsächlicher Hinsicht bis zur Entscheidungsreife über den hinreichenden Tatverdacht aufgeklärt war.[45] Diese Möglichkeit ist mit der Abschaffung der gerichtlichen Voruntersuchung entfallen; das Oberlandesgericht wäre nunmehr, wenn es den Anfangsverdacht abweichend von der dem Einstellungsbescheid zugrundeliegenden Auffassung der Staatsanwaltschaft aus Rechtsgründen bejaht, gezwungen, den Sachverhalt bis zur Entscheidungsreife über den hinreichenden Tatverdacht auch in tatsächlicher Hinsicht vollständig aufzuklären und damit die der Staatsanwaltschaft obliegende Ermittlungstätigkeit (vgl. § 160 Abs. 1) zu übernehmen. Unter Umständen müsste das Oberlandesgericht ein kompliziertes Ermittlungsverfahren durchführen.[46] Das ist aber mit der prinzipiellen Rollenverteilung der StPO umso weniger vereinbar, als gerade durch das 1. StVRG, das mit der Beseitigung der Voruntersuchung diese Regelungslücke herbeigeführt hat, das Ermittlungsverfahren stärker als früher unter die alleinige Verantwortung der Staatsanwaltschaft gestellt werden sollte.[47]

18 **b) Verhältnis zur eigenen Ermittlungstätigkeit des Oberlandesgerichts.** Die bloße Anordnung, Ermittlungen durchzuführen, darf das Oberlandesgericht nur dann treffen, wenn die zur Entscheidung über den hinreichenden Tatverdacht noch erforderliche Sachverhaltsaufklärung im Ergebnis darauf hinauslaufen würde, dass das Gericht vollständig oder in wesentlichen Punkten ein selbständiges Ermittlungsverfahren durchführen müsste. Das wird regelmäßig der Fall sein, wenn an sich erforderliche Ermittlungen überhaupt noch nicht vorgenommen worden sind.[48] Es ist aber auch möglich, wenn zwar durch die Staatsanwaltschaft oder die Polizei der Sachverhalt in einem beschränkten Umfang aufgeklärt worden ist, diese Aufklärung aber nach der Rechtsauffassung des Oberlandesgerichts in hohem Maße unvollständig ist. Die Anordnung an die Staatsanwaltschaft, die Ermittlungen zur Feststellung eines unbekannten Täters aufzunehmen, ist unzulässig. Sie wird aber dann ausnahmsweise als zulässig angesehen, wenn die Staatsanwaltschaft rechtsirrig einen Anfangsverdacht einer strafbaren Handlung einer lebenden Person verneint, völlig unzulänglich ermittelt, grobe, den Kernbereich der zu ermittelnden Tatbestände betreffende Ermittlungsfehler begangen oder abwegige Schlussfolgerungen aus den ermittelten Tatsachen gezogen hat.[49]

19 Dagegen muss das Oberlandesgericht nach **§ 173 Abs. 3** verfahren, also die **Ermittlungen selbst durchführen** oder veranlassen, wenn der Sachverhalt im Ermittlungsverfahren an sich aufgeklärt ist, in einzelnen Punkten oder unter bestimmten Aspekten eine ergänzende Klärung erforderlich erscheint, etwa, wenn noch die Einholung eines Sachver-

---

42 Durch Art. 1 Nr. 57 des 1. StVRG; vgl. Einl. Abschn. J 46.

43 Näher *Rieß* NStZ **1986** 437; ablehnend *Wohlers* NStZ **1991** 301.

44 LR/*Kohlhaas*[22] 2; *Eb. Schmidt* 2 ff.; *Beling* 491 Fn. 3.

45 Vgl. z.B. *Ostler* 137.

46 Befürwortend *Wohlers* NStZ **1991** 301.

47 RegE 1. StVRG, BTDrucks. 7 551 S. 37 ff.; *Rieß* NStZ **1986** 438; **a.A.** *Wohlers* NStZ **1991** 301, der in einer Verpflichtung der Staatsanwaltschaft zur Durchführung von Ermittlungen eine funktionelle Unterordnung sieht; OLG Brandenburg VRS **114** (2008) 373; OLG Celle OLGSt StPO § 172 Nr. 54.

48 OLG München NJW **2007** 3734; KG NStZ-RR **2014** 14.

49 OLG Rostock v. 12.3.2004 – 1 Ws 120/03.

ständigengutachtens notwendig erscheint oder wenn einem bestimmten ent- oder belastenden Vorbringen noch nachgegangen werden muss. Um solche ergänzenden Ermittlungen im Sinne des § 173 Abs. 3 handelt es sich auch dann, wenn das Gericht die Staatsanwaltschaft bittet, Ermittlungen durchzuführen, und wenn diese dem Ersuchen freiwillig nachkommt (§ 173, 19), das Klageerzwingungsverfahren also weiterhin bei Gericht anhängig bleibt.

c) Verfahren. Entscheidung. Wirkungen. Das vom Gericht einzuhaltende **Verfahren** entspricht, auch wenn lediglich eine Ermittlungsanordnung in Betracht kommt, dem des normalen Klageerzwingungsverfahrens. Unerheblich ist, ob der Verletzte die Erhebung der öffentlichen Klage oder lediglich die Ermittlungsanordnung begehrt hat; auch in letzterem Fall ist das Gericht nicht gehindert, gegebenenfalls nach eigenen Ermittlungen nach § 173 Abs. 3, alsbald die Erhebung der öffentlichen Klage zu beschließen. 20

Die **Entscheidung** ergeht bei einer Ermittlungsanordnung dahin, dass die Staatsanwaltschaft verpflichtet ist, die aufgrund der Rechtsauffassung des Gerichts erforderlichen Ermittlungen durchzuführen. Der (zu begründende) Beschluss ist den Beteiligten bekanntzumachen; die Mitteilung an den Beschuldigten kann ausnahmsweise unterbleiben, wenn und solange die Voraussetzungen des § 33 Abs. 4 Satz 1 vorliegen. Eine Kostenentscheidung enthält der Beschluss nicht.[50] 21

Der Beschluss, durch den die Durchführung von Ermittlungen angeordnet wird, erledigt das Klageerzwingungsverfahren. Seine **Wirkung** besteht zunächst darin, dass die Staatsanwaltschaft, wie aus dem auch in diesem Fall anwendbaren § 175 Satz 2 folgt, den Sachverhalt so aufzuklären hat, wie dies zur Entscheidung über die Anklagereife bei Zugrundelegung der Rechtsauffassung des Gerichts erforderlich ist. Die Entscheidung hat weiter zur Folge, dass die Staatsanwaltschaft nach Abschluss der erforderlichen Ermittlungen eine **neue Abschlussverfügung** zu treffen hat, gegen die, falls mit ihr das Verfahren wiederum nach § 170 Abs. 2 eingestellt wird, dem Verletzten erneut das Klageerzwingungsverfahren offensteht.[51] 22

Der antragstellende Verletzte ist an dem aufgrund des Beschlusses durchgeführten Ermittlungsverfahren zwar noch nicht als **Nebenkläger** beteiligt, denn die Anschlussbefugnis nach § 395 Abs. 2 Nr. 2 setzt die Erhebung der öffentlichen Klage voraus. Allerdings wird man ihm wohl die Rechte aus § 406h einräumen müssen, denn danach wird lediglich auf die Befugnis zum Anschluss als Nebenkläger nach § 395 abgestellt. Die Befugnis zum Anschluss als Nebenkläger hängt entscheidend davon ab, ob nach dem Stand der Ermittlungen im Zeitpunkt der Entscheidung eine Anschlussberechtigung in Betracht kommen kann (vgl. Erl. zu dem früheren § 406g). Da ein Anschluss als Nebenkläger nur möglich, aber nicht erfolgt sein muss, wird man demjenigen Verletzten, der durch einen Antrag nach § 172 Abs. 2 immerhin die Anordnung der Durchführung von Ermittlungen erreicht hat, die Rechte aus § 406h zubilligen müssen. Ihm ist nicht zuzumuten, darauf zu vertrauen, dass die Staatsanwaltschaft im weiteren Verfahren nachdrücklich auch seine Interessen beachten wird (vgl. Erl. zu § 395). Der antragstellende Verletzte kann sich nach § 395 Abs. 2 Nr. 2 als Nebenkläger anschließen, wenn die Staatsanwaltschaft aufgrund der neu vorgenommenen Ermittlungen die öffentliche Klage erhoben hat. 23

Durch den Beschluss entsteht für die Staatsanwaltschaft **keine weitergehende Bindung** als die, die notwendigen Ermittlungen vorzunehmen. Sie ist insbesondere nicht verpflichtet, Rechtsmittel einzulegen, wenn zur sachgerechten Durchführung der Ermittlungen die richterliche Anordnung von Zwangsmaßnahmen, etwa Durchsuchungen, 24

50 OLG Zweibrücken GA **1981** 96; vgl. Rn. 6; *Stoffers* JurBüro **1993** 645.
51 OLG Zweibrücken GA **1981** 96.

Beschlagnahmen oder die Anordnung von Untersuchungshaft, erforderlich wird und das Gericht dahingehende Anträge ablehnt. Anders als bei der Anordnung der Erhebung der öffentlichen Klage (vgl. Rn. 9) muss man die Staatsanwaltschaft in diesem Fall wohl für befugt halten, das Verfahren nach den §§ 153 ff. einzustellen. Denn dass insoweit die Einstellungsvoraussetzungen gegeben sind, kann sich gerade aufgrund der nunmehr durchgeführten Ermittlungen herausstellen.

25 **6. Feststellungsbeschluss?** Erhebt die Staatsanwaltschaft während des gerichtlich anhängigen Klageerzwingungsverfahrens die öffentliche Klage, so ist damit der Klageerzwingungsantrag erledigt, ohne dass es einer Entscheidung über ihn bedarf (§ 172, 181). Obwohl der Antragsteller dadurch sein mit dem Antrag verfolgtes Ziel (§ 172, 7) erreicht hat, ist in Rechtsprechung und Schrifttum streitig, ob er nach § 395 Abs. 2 Nr. 2 befugt ist, sich dem Verfahren als Nebenkläger anzuschließen.[52] Lehnt man die Anschlussbefugnis als Nebenkläger in diesen Fällen ab, so ist dem Antragsteller damit auch die Möglichkeit verschlossen, seine durch das Klageerzwingungsverfahren entstandenen notwendigen Auslagen vom verurteilten Beschuldigten ersetzt zu halten (vgl. Rn. 6). Bei dieser Sachlage hat das OLG München eine **feststellende Entscheidung** dahingehend getroffen, **dass** der **Klageerzwingungsantrag erfolgreich** war.[53] Durch die Erhebung der öffentlichen Klage sei das ursprüngliche Antragsziel prozessual überholt; das Rechtsschutzinteresse des Antragstellers an einer bloßen Feststellung ergebe sich aus der damit verbundenen Möglichkeit, sich dem Verfahren nach § 395 Abs. 2 Nr. 2 als Nebenkläger anzuschließen und auf diese Weise gegen den verurteilten Beschuldigten den Anspruch auf Ersatz der notwendigen Auslagen geltend zu machen. Das Oberlandesgericht knüpft in dieser Entscheidung erkennbar an den in der Regelung des § 28 Abs. 1 Satz 4 EGGVG enthaltenen Rechtsgedanken an.[54]

26 Es sprechen **gute Gründe für den Lösungsweg** des OLG München. Mit ihm kann in dogmatisch wohl tragfähiger Weise der Unbilligkeit begegnet werden, dass derjenige Verletzte, der sein Ziel ohne Sachentscheidung des Oberlandesgerichts erreicht, schlechter gestellt ist, als derjenige, bei dem die Staatsanwaltschaft erst durch einen ausdrücklichen Beschluss zur Erhebung der öffentlichen Klage angewiesen werden muss.

27 Der Feststellungsbeschluss des Oberlandesgerichts ergeht nur auf besonderen **Antrag des Antragstellers**.[55] Voraussetzung ist, da er an die Stelle einer bejahenden Sachentscheidung tritt, dass der **Klageerzwingungsantrag zulässig** war. Zweifelhaft und weiter klärungsbedürftig erscheint, ob der Feststellungsbeschluss stets ergehen muss, wenn die Staatsanwaltschaft nach Anhängigwerden des gerichtlichen Klageerzwingungsverfahrens von sich aus die öffentliche Klage erhoben hat, oder er darüber hinaus voraussetzt, dass das Oberlandesgericht selbst den genügenden Anlass zur Erhebung der öffentlichen Klage (§ 174, 5) bejaht. Folgt man der wohl vorzugswürdigeren ersten Möglichkeit, so kann der Beschluss, anders als der, der die Erhebung der öffentlichen Klage anordnet, nicht die **Rechtswirkung** haben, dass die Staatsanwaltschaft nicht mehr zu einer Rücknahme der Klage berechtigt ist (Rn. 10); seine Wirkung besteht dann nur darin, dass der Verletzte sich nach § 395 Abs. 2 Nr. 2 dem Verfahren als Nebenkläger anschließen und als Teil der

---

52 Befürwortend: OLG München NStZ **1986** 376; NStZ-RR **2011** 378; LR/*Wenske* § 395, 49; KK/*Allgayer* § 395, 7; SK/*Wohlers 16*; MüKo/*Kölbel/Neßeler* 8; *Rieß* NStZ **1990** 10; ablehnend: OLG Frankfurt NJW **1979** 995; Schmitt/Köhler/*Schmitt* § 395, 9.

53 OLG München NStZ **1986** 376.

54 Ebenso § 113 Abs. 1 Satz 4 VwGO; § 115 Abs. 3 StVollzG; zur Problematik der Feststellung der Rechtswidrigkeit bei prozessualer Überholung im Beschwerdeverfahren s. Erl. Vor § 304.

55 Vgl. § 28 Abs. 1 Satz 4 EGGVG.

notwendigen Auslagen der Nebenklage auch die im Klageerzwingungsverfahren entstandenen Auslagen geltend machen kann.[56]

Nach den gleichen Grundsätzen kann ein Feststellungsbeschluss auch ergehen, wenn die prozessuale Tat, die Gegenstand des Klageerzwingungsverfahrens war, **auf andere Weise gerichtlich anhängig** wird (vgl. § 172, 181). 28

§ 176
Sicherheitsleistung durch den Antragsteller

(1) [1]Durch Beschluß des Gerichts kann dem Antragsteller vor der Entscheidung über den Antrag die Leistung einer Sicherheit für die Kosten auferlegt werden, die durch das Verfahren über den Antrag voraussichtlich der Staatskasse und dem Beschuldigten erwachsen. [2]Die Sicherheitsleistung ist durch Hinterlegung in barem Geld oder in Wertpapieren zu bewirken. [3]Davon abweichende Regelungen in einer auf Grund des Gesetzes über den Zahlungsverkehr mit Gerichten und Justizbehörden erlassenen Rechtsverordnung bleiben unberührt. [4]Die Höhe der zu leistenden Sicherheit wird vom Gericht nach freiem Ermessen festgesetzt. [5]Es hat zugleich eine Frist zu bestimmen, binnen welcher die Sicherheit zu leisten ist.

(2) Wird die Sicherheit in der bestimmten Frist nicht geleistet, so hat das Gericht den Antrag für zurückgenommen zu erklären.

Schrifttum

Siehe bei § 172.

Entstehungsgeschichte

Die Vorschrift wurde durch Art. 9 § 2 Abs. 3 der 2. VereinfVO – wie das gesamte Klageerzwingungsverfahren – gestrichen; durch Art. 3 I Nr. 72 des VereinhG wurde sie in der ursprünglichen Fassung wiederhergestellt. Absatz 1 Satz 1 enthielt in Zusammenhang mit dem damaligen § 472 (vgl. § 177 Fn. 2) früher hinter den Worten „über den Antrag" noch die Worte „und durch die Untersuchung"; diese Worte wurden durch Art. 21 Nr. 57 des EGStGB 1974 gestrichen. Bezeichnung bis 1924: § 174. Durch Art. 14 Nr. 3 des Zweiten Gesetzes zur Modernisierung der Justiz (2. Justizmodernisierungsgesetz) vom 22.12.2006[1] wurde in Absatz 1 nach Satz 2 der jetzige Satz 3 eingefügt und die bisherigen Sätze 3 und 4 wurden die Sätze 4 und 5.

Übersicht

56 Insoweit unpräzise der 3. Ls. der Entscheidung OLG München NStZ **1986** 376; s. auch *Rieß* NStZ **1990** 6, 9.
1 BGBl. I S. 3416.

1 **1. Zweck und Anwendungsbereich.** Mit der Vorschrift, der in der Praxis kaum Bedeutung zukommt,[2] soll ein Missbrauch des Klageerzwingungsverfahrens verhindert und der nach § 177 mögliche Kostenerstattungsanspruch gesichert werden.[3] Die Vorschrift hat durch die Beseitigung des früheren § 472[4] erheblich an Bedeutung verloren, da die Kosten des eigentlichen Klageerzwingungsverfahrens im Allgemeinen nicht sehr erheblich sein werden.

2 Die teilweise sehr scharfe **Kritik** an der Bestimmung[5] erscheint nicht gänzlich gerechtfertigt, zumal das Klageerzwingungsverfahren nicht, wie sonst vielfach (vgl. §§ 66 ff. GKG), Gebühren- und Auslagenvorschüsse kennt und es auch im Interesse des Beschuldigten liegen kann, den Ersatz seiner notwendigen Auslagen (§ 177, 7) gesichert zu sehen. Es ist auch nicht systemwidrig, dass bei unzulässigen Anträgen keine Sicherheitsleistung auferlegt werden kann.[6] Abgesehen von dem dogmatischen Argument, dass bei der Verwerfung eines unzulässigen Antrags dem Antragsteller keine Kosten auferlegt werden können (§ 177, 3), ist von der Sache her zu berücksichtigen, dass in diesen Fällen weder nennenswerte Auslagen der Staatskasse durch Ermittlungen nach § 173 Abs. 3 noch Auslagen des Beschuldigten entstehen, da dessen Anhörung im Allgemeinen nicht geboten sein wird. Bei verständiger und zurückhaltender Handhabung, die die Umstände des Einzelfalls berücksichtigt,[7] kann die Vorschrift durchaus nützliche Wirkungen entfalten.

3 Die Auferlegung einer Sicherheitsleistung ist nur **für die in § 177 genannten Kosten** (vgl. § 177, 5 ff.) möglich. Sie kommt nicht in Betracht, wenn der Antrag als unzulässig zu verwerfen wäre. Vor der Anordnung einer Sicherheitsleistung ist daher die Zulässigkeit des Antrags zu prüfen und zu bejahen,[8] allerdings ohne dass diese (inzidente) Zulässigkeitsbejahung das Gericht bindet. Auch noch nach Auferlegung einer Sicherheitsleistung kann der Antrag als unzulässig verworfen werden, wenn sich dies erst später herausstellt. Bei Bewilligung von **Prozesskostenhilfe** darf keine Sicherheitsleistung auferlegt werden (§ 172 Abs. 3 Satz 2 Hs. 2 i.V.m. § 122 Abs. 1 Nr. 2 ZPO).[9] Eine bereits getroffene Anordnung nach § 176 wird gegenstandslos, wenn danach Prozesskostenhilfe beantragt und bewilligt wird. Zwar bedarf es in diesem Fall keiner Aufhebung des die Sicherheitsleistung anordnenden Beschlusses wegen der zwingenden gesetzlichen Regelung. Zur Klarstellung empfiehlt es sich jedoch, den Beschluss aufzuheben. Auch außerhalb der für die Prozesskostenhilfe geltenden Grenzen kann eine schlechte Vermögenslage des Antragstellers für das Gericht ein Grund sein, von dem Verlangen nach Sicherheitsleistung abzusehen.[10]

4 **2. Art und Höhe der Sicherheitsleistung.** Nach Absatz 1 Satz 2 kann, wie in § 379 Abs. 2, Sicherheit durch Hinterlegung von barem Geld oder Wertpapieren, nicht durch Pfandbestellung oder Bürgschaft, bewirkt werden; abweichend von § 108 Abs. 1 Satz 2 ZPO und § 234 Abs. 1 und 3 BGB kommt es bei den Wertpapieren weder auf die Mündelsicherheit an noch gilt die Beschränkung auf drei Viertel des Kurswertes. Der Antragsteller kann zwischen den beiden Arten wählen. Die Hinterlegung erfolgt nach den Vorschriften des

---

2 Zur abweichenden Praxis früherer Jahre vgl. KG JW **1935** 309.

3 *Schwarze* GerS **31** (1879) 303 m.N.

4 Vgl. § 177, 1 Fn. 1.

5 Vor allem *Eb. Schmidt* 1 ff.; ihm folgend LR/*Meyer-Goßner*[23] 1 f.; KK/*Moldenhauer* 6; SK/*Wohlers* 1.

6 So aber *Eb. Schmidt* 2; LR/*Meyer-Goßner*[23] 1.

7 So schon *Schwarze* GerS **31** (1879) 303; ferner *Ostler* 149; enger LR/*Meyer-Goßner*[23] 3 (grundsätzlich von Sicherheitsleistung absehen); *Eb. Schmidt* 4 (äußerste Zurückhaltung).

8 OLG München JurBüro **1983** 1209; OLG Zweibrücken JurBüro **1985** 564; KK/*Moldenhauer* 5; Schmitt/Köhler/*Schmitt* 1.

9 KK/*Moldenhauer* 5; Schmitt/Köhler/*Schmitt* 1.

10 KG JW **1935** 309.

Hinterlegungsgesetzes bei der Hinterlegungsstelle des Amtsgerichts am Sitz des Oberlandesgerichts. Der Antragsteller hat die Hinterlegung dem Oberlandesgericht nachzuweisen. Für die **Einhaltung der** nach Absatz 1 Satz 4 zu bestimmenden **Frist** kommt es nur auf den Zeitpunkt der Hinterlegung an; ein verspäteter Nachweis ist unschädlich. Nach Absatz 1 Satz 3 kann eine Sicherheitsleistung jedoch nunmehr auch auf andere Weise bewirkt werden, sofern eine von Satz 2 abweichende Regelung in einer aufgrund von § 1 ZahlVGJG erlassenen Rechtsverordnung getroffen worden ist. Der Verordnungsgeber kann nach § 1 Abs. 3 ZahlVGJG in eigener Verantwortung über die Art und Weise einer unbaren Zahlung und über die Nachweise von unbaren Zahlungen Regelungen treffen. Als unbare Zahlungsmöglichkeiten kommen insbesondere Zahlungen mit Girocard, Kreditkarte und Einzugsermächtigung in Betracht.[11] Dabei ist es Sache des jeweiligen Verordnungsgebers, die Regelung über den unbaren Zahlungsverkehr so auszugestalten, dass die Zahlung nur dann als geleistet angesehen werden kann, wenn die Zahlung tatsächlich sichergestellt ist. Nach § 1 Abs. 3 Satz 2 ZahlVGJG ist die Barzahlung weiter zu gewährleisten, wenn dem Zahlungspflichtigen, hier dem Antragsteller im Klageerzwingungsverfahren, eine unbare Zahlung nicht möglich oder wenn Eile geboten ist. Im Übrigen steht die Barzahlung nach Absatz 1 Satz 2 für die Bewirkung der Sicherheitsleistung im Klageerzwingungsverfahren gleichrangig neben der Möglichkeit der unbaren Zahlung, sofern der Verordnungsgeber von der Verordnungsermächtigung des Absatzes 1 Satz 3 den Gebrauch gemacht hat. Für das Klageerzwingungsverfahren wird Absatz 1 Satz 3 i.V.m. zu erlassenden Rechtsverordnungen in den Ländern und für den Bund kaum praktische Bedeutung entfalten.

Die **Höhe der Sicherheitsleistung** bestimmt das Gericht nach seinem Ermessen. Auch 5
wenn Absatz 1 Satz 3 insoweit von „freiem" Ermessen spricht, muss es sich bei der Ermessensausübung von sachgerechten Gesichtspunkten leiten lassen und darf nicht willkürlich handeln. Unzulässig wäre es beispielsweise, eine die voraussichtlichen Kosten deutlich übersteigende Sicherheit in prohibitiver Absicht zu bestimmen. Für die Höhe sind in erster Linie die überschlägig zu berechnenden Kosten des Antragsverfahrens für die Staatskasse und den Beschuldigten maßgebend, da es Zweck der Sicherheit ist, diese Ansprüche zu sichern. Dass die Sicherheitsleistung niedriger bemessen wird, schließt das Gesetz nicht aus. Dies kann namentlich im Hinblick auf die wirtschaftlichen Verhältnisse des Antragstellers angebracht sein.[12] Bis zum Ablauf der Frist ist das Gericht befugt, seine Bestimmung über die Höhe der Sicherheitsleistung von Amts wegen aufgrund neuer Erkenntnisse oder auf eine Gegenvorstellung des Antragstellers zu dessen Gunsten zu ändern.

Aufzuerlegen ist stets eine **einheitliche Sicherheit** für die Kosten der Staatskasse und 6
die notwendigen Auslagen des Beschuldigten. Es ist aber wohl zulässig und kann im Hinblick auf die sonst möglichen Schwierigkeiten (Rn. 14) zweckmäßig sein, in dem die Auferlegung der Sicherheitsleistung anordnenden Beschluss die **Teilbeträge** zu beziffern, die der Sicherung der Kosten der Staatskasse und der notwendigen Auslagen des Beschuldigten dienen.

3. Fristbestimmung. Die Bestimmung der Leistungsfrist obliegt dem Gericht nach 7
pflichtgemäßem Ermessen. Sie muss so ausreichend bemessen sein, dass der Antragsteller realistischerweise zur Beschaffung der für die Sicherheitsleistung erforderlichen Mittel in der Lage ist. Die Frist kann von Amts wegen oder auf Antrag vor ihrem Ablauf verlängert werden. Gegen eine unverschuldete Fristversäumung ist die **Wiedereinsetzung** in den

11 BTDrucks. **16** 3038 S. 30.
12 SK/*Wohlers* 5.

vorigen Stand möglich.[13] Wird sie gewährt, nachdem bereits ein Beschluss nach Absatz 2 ergangen ist, so wird dieser gegenstandslos (§ 46, 14).

4. Verfahren und Entscheidung

8 **a) Ermessen.** Ob das Gericht von § 176 Gebrauch machen will, entscheidet es nach pflichtgemäßem Ermessen. Abweichend von der für die Privatklage geltenden Regelung ist ein Antrag des Beschuldigten weder erforderlich, noch, wenn er vorliegt, für das Gericht bindend. Als Leitlinien für die Ermessensausübung kommen namentlich in Betracht: die Höhe der bei einer Entscheidung nach § 177 zu erwartenden Kosten, die nach den Umständen des Einzelfalls zu beurteilende Notwendigkeit, die Erstattungsansprüche gegen den Antragsteller zu sichern, die Zumutbarkeit der Sicherheitsleistung für diesen und die Erfolgsaussicht des Antrags.

9 **b) Zeitpunkt.** Die Anordnung kann erst ergehen, wenn das Gericht den Antrag aufgrund einer ersten Prüfung für zulässig hält (Rn. 3). Sie muss aber nicht notwendig alsbald danach getroffen, sondern kann auch noch im Laufe der nach § 173 vorzunehmenden Maßnahmen nachgeholt werden. Veranlassung hierfür kann etwa bestehen, wenn sich erst bei Prüfung der Akten des Ermittlungsverfahrens herausstellt, dass kostenaufwendige Ermittlungen erforderlich werden. In einer entscheidungsreif gewordenen Sache, bei der keine weiteren Kosten zu erwarten sind, wäre es aber nicht sachgerecht, noch eine Sicherheitsleistung anzuordnen.

10 **c) Entscheidung. Mitteilung.** Vor einer beabsichtigten Anordnung der Sicherheitsleistung ist die Staatsanwaltschaft zu hören (§ 33 Abs. 2).[14] Die Anhörung des Beschuldigten und des Antragstellers ist zwar gesetzlich nicht vorgeschrieben, aber zulässig und kann im Einzelfall zweckmäßig sein. Die Entscheidung ergeht durch Beschluss des Strafsenats, der nicht anfechtbar ist (§ 304 Abs. 4 Satz 2) und keiner Begründung bedarf. In dem Beschluss sind die Höhe der Sicherheitsleistung und die nach Absatz 1 Satz 4 bestimmte Frist anzugeben. Einen Hinweis auf die Folgen der Fristversäumung (Absatz 2) schreibt das Gesetz nicht vor; er kann im Einzelfall aber sinnvoll sein. Der Beschluss ist wegen der Fristsetzung förmlich zuzustellen (§ 35 Abs. 2).[15]

11 **5. Folgen der Fristversäumung.** Wird die Sicherheit nicht fristgerecht (Rn. 3) geleistet, so ist der Antrag nach der zwingenden Regelung des Absatzes 2 mit der Kostenfolge des § 177 durch Beschluss des Gerichts für zurückgenommen zu erklären.[16] Das gilt auch, wenn innerhalb der Frist nur eine Sicherheit geleistet worden ist, die hinter der festgesetzten Höhe zurückbleibt. Eine verspätet geleistete Sicherheit kann wegen des eindeutigen Wortlauts die Entscheidung nach Absatz 2 nicht hindern, und zwar auch dann nicht, wenn die Sicherheitsleistung und ihr Nachweis nach Fristablauf, aber vor Erlass des Rücknahmebeschlusses vorgenommen worden sind. Eine Ausnahme gilt nur, wenn gegen die Fristversäumung Wiedereinsetzung gewährt wird (Rn. 7). Ein **neuer Antrag** auf gerichtliche Entscheidung ist zulässig, wenn die Frist nach § 172 Abs. 2 Satz 1 noch nicht abgelaufen ist.

---

13 KK/*Moldenhauer* 4.
14 KMR/*Noltensmeier-von Osten* 4; SK/*Wohlers* 4; SSW/*Sing*/*Vordermayer* 2; *Eb. Schmidt* 6.
15 KK/*Moldenhauer* 3; SK/*Wohlers* 7; SSW/*Sing*/*Vordermayer* 2; *Eb. Schmidt* 6.
16 Der Beschluss löst die Gerichtsgebühr von zurzeit 87 € nach Nr. 3200 KVGKG aus.

6. Geleistete Sicherheit

a) Keine Kostenentscheidung nach § 177. Wird das Klageerzwingungsverfahren beendet, ohne dass eine Kostenentscheidung nach § 177 ergeht, weil eine Entscheidung nach § 175 getroffen wird, das Klageerzwingungsverfahren erledigt ist oder weil sich der Antrag doch noch als unzulässig erweist (§ 177, 3), so ist die geleistete Sicherheit freizugeben. Da das Gesetz hierfür keine Vorschriften enthält, ist § 109 ZPO entsprechend anzuwenden, wobei allerdings die Besonderheiten des Klageerzwingungsverfahrens zu berücksichtigen sind. Deshalb scheidet die Fristsetzung zur Klageerhebung nach § 109 Abs. 1 ZPO ebenso aus wie die Anfechtbarkeit der Rückgabeentscheidung nach § 109 Abs. 4 ZPO. Vielmehr hat das Oberlandesgericht auf Antrag des Antragstellers und nach Anhörung des Beschuldigten (§ 33 Abs. 3), zu dessen Gunsten die Sicherheit auch geleistet worden ist, durch unanfechtbaren Beschluss (§ 304 Abs. 4 Satz 2) die Rückgabe der Sicherheitsleistung anzuordnen. 12

b) Auferlegung der Kosten nach § 177. Werden dem Antragsteller die Kosten auferlegt, so dient die Sicherheitsleistung der Befriedigung der Kostengläubiger, also der Staatskasse und des Beschuldigten. Der Zugriff auf die Sicherheitsleistung richtet sich nach den Vorschriften des Hinterlegungsgesetzes, insbesondere nach §§ 21 ff. HintG. Übersteigt die geleistete Sicherheit die vom Antragsteller der Staatskasse und dem Beschuldigten zu erstattenden Kosten oder befriedigt dieser die Kostengläubiger, ohne dass ein Rückgriff auf die Sicherheitsleistung notwendig ist, so ist die (ggf. überschießende) Sicherheitsleistung, wie in Rn. 12 dargelegt, freizugeben. 13

Erhebliche **Probleme** können sich ergeben, wenn die geleistete **Sicherheit** die **Kosten** der Staatskasse und des Beschuldigten zusammen **nicht deckt**. Für diesen singulären Fall, dass eine einheitliche Sicherheitsleistung zur Befriedigung zweier Gläubiger dient, lässt sich aus dem Gesetz wohl keine zwingende Lösung ableiten. Die bisher ersichtlich nicht erörterte Frage dürfte in der Praxis ohne Bedeutung sein. Geht man mit der hier vertretenen Auffassung (Rn. 6) davon aus, dass das Oberlandesgericht in seinem die Höhe der Sicherheitsleistung bestimmenden Beschluss auch zum Ausdruck bringen kann, welche Teilbeträge zur Sicherung der unterschiedlichen Kosten auferlegt werden, so wird, falls eine solche Entscheidung getroffen worden ist, sie auch für den Zugriff auf eine der Höhe nach letztlich unzureichende Sicherheitsleistung zu beachten sein. Konsequenterweise müsste man das Oberlandesgericht und nicht die Hinterlegungsstelle des Amtsgerichts dann auch als berechtigt und verpflichtet ansehen, über die Verteilung einer unzureichenden Sicherheit nachträglich zu entscheiden. 14

§ 177
Kosten

Die durch das Verfahren über den Antrag veranlaßten Kosten sind in den Fällen der §§ 174 und 176 Abs. 2 dem Antragsteller aufzuerlegen.

Schrifttum

Siehe bei § 172.

Entstehungsgeschichte

Die Vorschrift wurde durch Art. 9 § 2 Abs. 3 der 2. VereinfVO – wie das gesamte Klageerzwingungsverfahren – gestrichen; durch Art. 3 I Nr. 72 des VereinhG wurde sie in der ursprünglichen Fassung wiederhergestellt. Bezeichnung bis 1924: § 175.

Übersicht

1 **1. Allgemeines. Bedeutung.** Die Vorschrift bestimmt, dass der Antragsteller die Kosten des Klageerzwingungsverfahrens zu tragen hat, wenn der Antrag als unbegründet verworfen oder zurückgenommen wird. Weitere Vorschriften über die Auferlegung oder Verteilung der im Klageerzwingungsverfahren selbst entstandenen Kosten oder über eine Ersatzpflicht eines nachfolgenden gerichtlichen Verfahrens enthält das Gesetz nicht.[1] Daraus folgt nach allgemeinen Grundsätzen,[2] dass in den von der Vorschrift nicht erfassten Fällen im Klageerzwingungsverfahren Kosten nicht erhoben und notwendige Auslagen nicht erstattet werden. Unberührt bleibt die Befugnis, nach **§ 469** dem Antragsteller die Verfahrenskosten und die notwendigen Auslagen des Beschuldigten aufzuerlegen, wenn die Voraussetzungen dieser Bestimmung vorliegen.

2 **2. Auferlegung der Kosten.** Die Kosten sind nach dem Wortlaut der Vorschrift dem Antragsteller aufzuerlegen, wenn der Antrag als **unbegründet verworfen** (Fall des § 174) oder wenn wegen Nichtleistung einer Sicherheit die **Rücknahme des Antrags fingiert wird** (Fall des § 176 Abs. 2). Dem steht der Fall gleich, wenn der Antrag auf gerichtliche Entscheidung zurückgenommen wird, denn was bei einer vom Gericht zu erklärenden Rücknahme anzuordnen ist, muss bei einer tatsächlichen Rücknahme erst recht gelten.[3] Die Gegenmeinung[4] behandelt im Falle tatsächlicher Rücknahme des Antrags diesen kostenrechtlich wie einen unzulässigen Antrag mit der Folge, dass Kosten nicht erhoben und nicht erstattet werden. Eine analoge Anwendung des § 177 wird nicht für sachgerecht gehalten, weil im Falle der tatsächlichen Rücknahme des Antrags anders als in den Fällen der fingierten Rücknahme mangels Sicherheitsleistung nach § 176 Abs. 2 der Antrag die Zulässigkeitshürde noch nicht überwunden hat und durch die Kostenfreiheit die Rücknahmebereitschaft gefördert werden soll. Diese Auffassung berücksichtigt indessen nicht hinreichend, dass der Antrag auch nach Durchführung von nach § 173 Abs. 3 ange-

---

1 Bis 1975 gestattete es der damalige § 472, nach erfolgreichem Klageerzwingungsverfahren, dem Antragsteller die Verfahrenskosten und die notwendigen Auslagen des Angeschuldigten aufzuerlegen, wenn dieser nicht verurteilt wurde. Die Vorschrift (zuletzt kommentiert in der 22. Aufl.) wurde durch Art. 21 Nr. 142 EGStGB 1974 aufgehoben; vgl. auch die berechtigte scharfe Kritik von *Eb. Schmidt* Nachtrag II § 472, 1.

2 Vgl. Erl. Vor § 464 und § 464.

3 OLG Düsseldorf GA **1983** 219; MDR **1989** 932; OLG Koblenz OLGSt Nr. 9; Schmitt/Köhler/*Schmitt* 1; SK/*Wohlers* 2; *Rieß* NStZ **1990** 6, 9; vgl. auch OLG Stuttgart Justiz **2000** 49 und KK/*Moldenhauer* 1 (Kostenentscheidung jedenfalls dann veranlasst, wenn das OLG zum Zeitpunkt der Rücknahme bereits in die Begründetheitsprüfung eingetreten war).

4 OLG Hamburg VRS **122** (2012) 280; OLG Hamm Beschl. v. 19.7.2012 – 1 Ws 344/12 (Kostenentscheidung jedenfalls dann nicht veranlasst, wenn der Antrag nach § 172 Abs. 2 offensichtlich unzulässig gewesen wäre); OLG Celle NdsRpfl. **1988** 242; OLG München JurBüro **1983** 1209; OLG Zweibrücken MDR **1985** 250.

ordneten, aber erfolglos gebliebenen weiteren Ermittlungen noch zurückgenommen werden kann, die erhebliche gerichtliche Auslagen verursacht haben können. Soweit durch die Kostenfreiheit die Förderung der Rücknahmebereitschaft erreicht werden soll, wird übersehen, dass dies zu Lasten des Beschuldigten gehen kann, dem die Erstattung der ihm erwachsenen Auslagen (z.B. für Teilnahme an richterlich angeordneter kommissarischer Vernehmung) selbst dann versagt bleibt, wenn er mit eigenen Auslagen am Verfahren beteiligt war und der Antragsteller unmittelbar vor einer Entscheidung durch den Senat seinen Antrag noch zurücknimmt, um einer sicher voraussehbaren Verwerfung als unbegründet mit der Kostenfolge des § 177 zu entgehen. De lege ferenda erscheint hier eine den unterschiedlichen Interessen gerechter Rechnung tragende, differenzierende Kostenregelung erwägenswert.[5] Keine Zurücknahme des Antrags liegt vor, wenn der Beschuldigte während des Klageerzwingungsverfahrens verstirbt. In diesem Fall ist das Verfahren für erledigt zu erklären.[6] Das gilt gleichermaßen, wenn der Antragsteller während des Klageerzwingungsverfahrens stirbt.[7] Eine Kostenentscheidung ergeht in diesen Fällen nicht.[8] Die Kosten einer erfolglosen Gehörsrüge sollen im Klageerzwingungsverfahren in analoger Anwendung von § 465 dem Verletzten[9] bzw. dem Antragsteller der angezeigten Straftat aufzuerlegen sein.

3. Keine Auferlegung der Kosten. Dem Antragsteller werden keine Kosten auferlegt, 3
wenn der Antrag als **unzulässig** verworfen wird.[10] Für eine Auferlegung der Kosten insoweit fehlt es an einer gesetzlichen Grundlage. Voraussetzung für die Auferlegung der Kosten ist nach § 177, dass ein Fall des § 174 oder § 176 Abs. 2 vorliegt. Ein Fall des § 174 ist aber nur dann gegeben, wenn der Antrag auf gerichtliche Entscheidung nach § 174 Abs. 1 als unbegründet, nicht hingegen, wenn der Antrag als unzulässig verworfen wird. Eine Auferlegung der Kosten unterbleibt ferner, wenn der Klageerzwingungsantrag **erledigt** ist, z.B. bei Tod des Antragstellers oder Beschuldigten (§ 172, 180; s. auch § 175, 25 ff.),[11] nach Aufhebung des Beschwerdebescheids durch den vorgesetzten Beamten der Staatsanwaltschaft (§ 172 Abs. 2 Satz 1)[12] oder, für die insoweit entstehenden Kosten, wenn eine unzulässige **Gegenvorstellung** gegen die Verwerfung des Antrags erhoben worden war.[13] Das Fehlen einer Kostenentscheidung hat zur Folge, dass Gerichtskosten nicht vom Antragsteller eingefordert werden dürfen, dass der Beschuldigte ihm etwa erwachsene notwendige Auslagen (z.B. Verteidigerkosten) nicht vom Antragsteller ersetzt erhält[14] und dass der Antragsteller seine Kosten stets selbst tragen muss. Sofern man anerkennt, dass das Oberlandesgericht die Staatsanwaltschaft verpflichten kann, (weite-

---

5 *Rieß* NStZ **1990** 6, 9.

6 *Rieß* NStZ **1990** 6, 9.

7 **A.A.** *Weber* GedS A. Kaufmann 781.

8 OLG Düsseldorf GA **1984** 129 (mindestens, wenn keine Kostenfolgen für den verstorbenen Antragsteller entstanden sind); OLG Karlsruhe Justiz **1981** 323.

9 OLG Koblenz Beschl. v. 13.5.2015 – 2 Ws 289/14.

10 OLG Bamberg NJW **1952** 239; OLG Bremen NJW **1947/1948** 394; MDR **1984** 164; OLG Kiel GA **43** (1895) 418; OLG Koblenz NJW **1977** 1461 Ls.; **1985** 1409 a.E.; OLGSt n.F. § 172 Nr. 15; OLG Nürnberg MDR **1966** 351; OLG Zweibrücken JurBüro **1985** 564; OLG Brandenburg Beschl. v. 6.12.2024 – 2 Ws 131/24; KK/*Moldenhauer* 1; Schmitt/Köhler/*Schmitt* 1; *Eb. Schmidt* 3; *Ostler* 128; *Rieß* NStZ **1990** 6, 8.

11 OLG Schleswig bei *Ernesti/Lorenzen* SchlHA **1986** 106 Nr. 31; *Rieß* NStZ **1990** 6, 7.

12 OLG Jena NStZ-RR **2007** 223.

13 OLG Nürnberg MDR **1966** 351.

14 KK/*Moldenhauer* 1.

re) Ermittlungen durchzuführen, fehlt es auch insoweit an einer Kostenregelung.[15] Zur Kostentragungspflicht bei **erfolgreichem Klageerzwingungsantrag** s. § 175, 6.

4 **4. Entscheidung.** Die Kostenregelung des § 177 ist zwingend. Für eine entsprechende Anwendung des Rechtsgedankens des § 473 Abs. 4 Satz 1 aus Billigkeitsgründen ist kein Raum.[16] Die Entscheidung ist in dem Beschluss auszusprechen, der den Antrag als unbegründet verwirft oder durch den er nach § 176 Abs. 2 für zurückgenommen erklärt wird. In den übrigen Fällen der Antragsrücknahme wird die Verpflichtung des Antragstellers zur Kostentragung in einem besonderen Beschluss festgestellt.[17] **Keine Kostenentscheidung** enthält der Beschluss, der die Erhebung der öffentlichen Klage anordnet, der den Antrag als unzulässig verwirft oder der (deklaratorisch) ausspricht, dass von einer Entscheidung abgesehen werde (vgl. aber § 175, 25 ff.). Die Kostenentscheidung ist wegen § 304 Abs. 4 Satz 2 stets **unanfechtbar**.

5. Umfang der Kostentragungspflicht

5 **a) Allgemeines. Zeitraum.** Aufzuerlegen sind die durch das „Verfahren über den Antrag veranlassten Kosten". Dazu gehören alle Kosten, die der Staatskasse oder dem Beschuldigten (Rn. 7) **nach Anbringung des Antrags auf gerichtliche Entscheidung** und **infolge der Behandlung dieses Antrags** entstanden sind, nicht aber solche, die infolge der Vorschaltbeschwerde nach § 172 Abs. 1 erwachsen sind. Ordnet das Oberlandesgericht lediglich an, Ermittlungen durchzuführen (**Ermittlungszwang**, vgl. § 175, 16 ff.), so gehören die Kosten des deshalb durchgeführten Ermittlungsverfahrens auch dann nicht zu den nach § 177 zu behandelnden Kosten, wenn die Staatsanwaltschaft danach das Verfahren erneut einstellt und der Verletzte hiergegen erfolglos das Klageerzwingungsverfahren betreibt.

6 **b) Kosten der Staatskasse** sind die im Falle einer Entscheidung nach § 177 gemäß Nr. 3200 KVGKG zu erhebende Gebühr[18] sowie die Auslagen der Staatskasse, namentlich solche, die durch ergänzende Ermittlungen nach § 173 Abs. 3 entstanden sind. Auslagen, die durch staatsanwaltschaftliche oder polizeiliche Ermittlungen nach Anbringung, aber vor Entscheidung über den Klageerzwingungsantrag entstehen, stellen dem Klageerzwingungsverfahren zuzurechnende Kosten dar, sofern diese Ermittlungen von der Staatsanwaltschaft oder der Polizei aufgrund eines Beschlusses nach § 173 Abs. 3 im Wege der Amtshilfe durchgeführt werden. Anders verhält es sich, wenn die Staatsanwaltschaft während des Laufes des Klageerzwingungsverfahrens von sich aus oder, was in der Praxis häufiger vorkommt, auf informelle Bitte oder Anregung des Senatsvorsitzenden kostenträchtige – weitere – Ermittlungen durchführt.[19] War dem Antragsteller **Prozesskostenhilfe** bewilligt und insbesondere ein Rechtsanwalt beigeordnet worden, so richtet sich die Verpflichtung zur Kostenerstattung nach § 122 Abs. 1 Nr. 1 ZPO.

---

15 *Rieß* NStZ **1990** 6, 7, 10.

16 OLG Bremen Beschl. v. 18.8.2017 – 1 Ws 174/16.

17 Vgl. LR/*Hilger*[26] § 464, 30 und § 473, 5 ff.

18 Derzeit 87 €; allerdings kann das Gericht die Gebühr auf die Mindestgebühr des § 34 Abs. 2 GKG von 15 € herabsetzen.

19 *Rieß* NStZ **1990** 6, 7.

c) **Notwendige Auslagen des Beschuldigten.** Die **notwendigen Auslagen des Beschuldigten** gehören ebenfalls zu den dem Antragsteller zur Last fallenden Kosten.[20] Zwar weicht der Wortlaut der Vorschrift insoweit vom Sprachgebrauch der §§ 464 ff. ab, als dort die Kosten des Verfahrens terminologisch von den notwendigen Auslagen der Beteiligten unterschieden werden, während § 177 nur von den „Kosten" spricht. Aber der Wortlaut spricht andererseits auch nicht von den Kosten „des Verfahrens" und erwähnt die dem Beschuldigten erwachsenen „Kosten" ausdrücklich bei der Bemessung der Sicherheit in § 176 Abs. 1 Satz 1. Wird der Antrag auf gerichtliche Entscheidung als unbegründet verworfen, so hat der Beschuldigte gegen den Antragsteller Anspruch auf Ersatz seiner notwendigen, durch das Klageerzwingungsverfahren entstandenen Auslagen. Als solche kommen zunächst eigene Kosten des Beschuldigten für Zeitversäumnis sowie Reisekosten zwecks Teilnahme an richterlichen Vernehmungen in Betracht, die aufgrund eines Beschlusses nach § 173 Abs. 3 stattfinden und bei denen dem Beschuldigten nach § 168c eine Anwesenheitsrecht zusteht. 7

Die **Höhe der** zu erstattenden **notwendigen Auslagen** richtet sich nach § 464a Abs. 2 (vgl. die dort. Erl.). Allerdings kommt eine Erstattung der Auslagen für die Hinzuziehung eines **Verteidigers** oder sonst eines **Rechtsanwalts** nur insoweit in Betracht, als der Beschuldigte nicht ohnehin im Ermittlungsverfahren einen Verteidiger hatte. Denn dann sind die Kosten für den Verteidiger nicht durch das Klageerzwingungsverfahren veranlasst, und die Verteidigergebühr für das Vorverfahren entgilt alle Tätigkeiten des Verteidigers im Ermittlungsverfahren.[21] 8

---

20 OLG Stuttgart NJW **1962** 2021; OLG Koblenz NStZ **1990** 48; KK/*Moldenhauer* 3; Schmitt/Köhler/*Schmitt* 2; *Poppe* NJW **1953** 1500; *Stoffers* JurBüro **1993** 644.

21 *Rieß* NStZ **1990** 6, 8; OLG Koblenz JurBüro **2014** 592.

Sachregister

S

W